*BOUQUINS*

*COLLECTION DIRIGÉE PAR*

*GUY SCHOELLER*

JACQUES LOURCELLES

# DICTIONNAIRE DU CINÉMA

## LES FILMS

* * *

ROBERT LAFFONT

*Première édition 1992*
*Première réimpression 1993*

* * *



*ISBN : 2-221-05465-2*

# AVANT-PROPOS

Complément aux deux volumes du *Dictionnaire du cinéma* consacrés aux réalisateurs puis aux acteurs, le présent ouvrage contient un ensemble de films cherchant à refléter les différents aspects du cinéma dans ce qu'il a de meilleur et de plus durable. Ensemble limité presque exclusivement aux longs métrages de fiction avec acteurs et qui vise à recomposer, dans ses innovations successives, ses ruptures et sa continuité, le tissu d'une histoire du cinéma où le Temps a déjà fait son tri. (A travers mille cinq cents notices, quelque trois mille films de toutes langues et de toutes nationalités se trouvent analysés, appréciés ou simplement évoqués : ils ont été mis, le plus souvent possible, en corrélation les uns avec les autres.) On a ainsi tenté, en quelque sorte, d'ajouter aux six volumes du *Dictionnaire des œuvres* Laffont-Bompiani (publié dans cette même collection) un volume qui fût entièrement consacré au cinéma. Raison pour laquelle, à l'instar de ce dictionnaire, on a inclus, pour la plupart des films, un résumé relativement détaillé, objectif et neutre, et clairement détaché des éléments – plus subjectifs – d'analyse et d'appréciation qui le suivent. Dans un petit nombre de cas, en raison du très grand intérêt dramatique de certains films, on a donné un résumé, séquence par séquence, de l'intrigue. Cela nous amène à préciser, quitte à ce que cette pétition de principe paraisse à quelques-uns surannée, que le cinéma n'a pas été assimilé ici à une activité de loisir parmi d'autres, ni les films à un magma audio-visuel uniforme et indifférencié, tout juste bon à alimenter les cases de plus en plus nombreuses et avides des programmes de télévision. Même si le cinéma n'est vieux que d'un petit siècle, des cinéastes comme Lang, Mizoguchi, Hitchcock ou Walsh n'ont pas été traités ici autrement que ne le sont, dans des dictionnaires analogues consacrés à la peinture, à la musique ou à la littérature, les plus grands créateurs dans ces différents domaines (et, s'il faut citer quelques noms, disons par exemple Breughel, Schubert, Balzac ou Tchekhov). Cela dit, les œuvres des grands cinéastes n'ont pas seules rempli les pages de ce livre. Bien des films dits mineurs y figurent, car le talent, autant que le génie, nourrit la substance la plus précieuse du cinéma et mérite la reconnaissance du public.

Dans le même esprit, les films dits de genres ont été largement représentés, puisque c'est à l'intérieur de ces genres que s'est très souvent affirmée la créativité du cinéma. On a par contre laissé de côté autant que possible ce que Michel Grisolia a un jour appelé dans une chronique les « classiques de l'ennui ». D'une manière évidente, la période 1930-1960 aura eu la part plus belle que la période 1960-1990. Dans la première, le cinéma – miraculeusement – se trouvait sans se chercher ; dans la seconde, il se cherche, se cherche et se cherche encore. Par ailleurs, le recul qu'on a sur les années 1930-1960 rend plus aisée et plus assurée l'évaluation esthétique. Un certain nombre de films de l'époque muette ont été évoqués, même si la part qui est consacrée à celle-ci aurait mérité d'être plus vaste.

Deux remarques encore, avant de laisser la place aux films. Ce livre n'est pas un livre de souvenirs. Quatre-vingt-quinze pour cent des films ont été revus durant la rédaction de l'ouvrage (1983-1990) et nous avons essayé, dans la mesure de nos moyens, de parler du passé au présent. Il est fréquent, d'autre part, que les auteurs de dictionnaires ne mentionnent pas leurs sources, comme s'ils avaient la science infuse. Cela n'est pas notre cas et nous avons mentionné les nôtres avec le plus grand soin, tant dans les rubriques bibliographiques elles-mêmes que dans le corps des notices. Au même titre que les films, elles ont fait l'objet d'une sélection et nous nous permettons de recommander au lecteur de s'y référer.

Il me faut maintenant remercier quelques-unes des personnes sans qui ce travail n'aurait pu être mené à son terme, soit qu'elles m'aient fourni des renseignements, facilité l'accès à des films ou à des sources écrites, soit qu'elles aient travaillé sur le manuscrit lui-même : Claude Beylie, Jean Bloch, Gilbert Botella, Robert Botella, Stéphane Bourgoin, Patrick Brion, Graham Bury, Roger Dagieu, Bernard Eisenschitz, William K. Everson, Françoise Fossier, Françoise Gacon, Olivier Gamble, Claude Gauteur, Jean Gili (et la section cinéma du centre Georges Pompidou), Henri Guieysse, Pierre Guinle, Bob Kalish, Paul Karmy, Roland Lacourbe, Italo Manzi, Bernard Martinand (et la Cinémathèque Française), David Meeker (et le British Film Institute), Gilbert Mizrahi, Simon Mizrahi, Claude Nissant, Daniel Palas, Valérie Pineau-Valencienne, Jacques Salles, Bertrand Tavernier, Pascal Thomas. Un remerciement spécial est dû à Didier Bertrand qui a bien voulu relire et annoter l'intégralité du texte. Impossible, enfin, de ne pas évoquer les innombrables heures de conversation cinéphilique que j'ai pu avoir, au fil des années et des décennies, avec tant d'interlocuteurs passionnés, autant et parfois plus que moi, par le cinéma. Elles ont pour une part abouti à ce livre, la chaleur et l'enthousiasme du moment en moins. Elles sont à mon sens indissociables de l'amour et de la connaissance du cinéma. (A cet égard, la disparition progressive des ciné-clubs, salles de répertoire et autres lieux de rencontres cinématographiques me paraît un peu inquiétante.) Avec certains de ces interlocuteurs, le contact s'est parfois perdu. Si, par hasard, tel d'entre eux retrouvait quelque part dans ces pages l'écho d'une conversation lointaine et s'il lui venait alors à l'idée de la renouer, cette conversation, les efforts dépensés à ce livre n'auraient pas été, du moins en ce qui me concerne, tout à fait inutiles.

Jacques LOURCELLES

# MODE D'EMPLOI

Chaque notice se compose de trois rubriques : d'un générique, d'un résumé, d'un commentaire et éventuellement d'une rubrique bibliographique.

A) GÉNÉRIQUES : d'une manière générale, ils ne contiennent que les noms figurant sur la copie. Par exception, tel technicien ou auteur peut apparaître dans l'un de nos génériques avec la mention « non crédité », quand sa collaboration occulte au film en question est notoire. Mais c'est dans le commentaire du film que figurent, s'il y a lieu, les remarques critiques concernant la validité de telle ou telle mention donnée au générique de la copie.

1) *Titre* : chaque film est appelé le plus généralement par son titre français suivi, pour un film étranger, du titre original (figurant entre parenthèses). Quand le titre français est tombé en désuétude (ex. *Cœurs brûlés* pour *Morocco, Jeux dangereux* pour *To Be or Not To Be*), ce qui est relativement fréquent, surtout lors des ressorties (ex. *Rendez-vous* pour *The Shop Around the Corner*), c'est le titre original qui apparaît en tête de la notice et le ou les titres français qui figurent entre parenthèses. La mention *id.* entre parenthèses indique que le titre original est identique au titre «français » ou plus exactement au titre utilisé en France (ex. *La strada*). Quand un film a plusieurs titres, soit français, soit originaux, ils sont séparés par une barre de fraction (/).

2) *Inédit en France* : cette mention est utilisée pour désigner les films non distribués commercialement en France. Elle n'exclut nullement que le film ait été montré dans des festivals, des cinémathèques, lors de « semaines » consacrées à des cinémas nationaux, ou bien de « semaines » organisées par des revues, et bien entendu à la télévision. La mention « Inédit en France » tend donc à avoir une portée de plus en plus relative qui, dans certains cas, n'a plus rien à voir avec l'audience réelle du film. Quand un film étranger, inédit en France, est désigné par un titre français, il s'agit d'un titre fixé et admis par l'usage (et qui a cours dans les festivals, les cinémathèques, etc.).

3) *Date* : nous avons choisi d'indiquer pour chaque film la date de sortie dans son pays d'origine. Dans le cas d'un film étranger sorti en France plusieurs années après sa sortie dans son pays d'origine, cette date est également indiquée.

4) *Durée* : elle a été le plus souvent relevée lors d'une projection du film. Pour les films muets, la durée est généralement remplacée par la longueur, mesurée en mètres ou en bobines, chaque bobine correspondant plus ou moins à une durée de 10 minutes si le film est projeté à la vitesse conforme à celle en usage à l'époque de son tournage (entre 18 et 24 images).

5) *Production* : la raison sociale des maisons de production est suivie du nom ou des noms (figurant entre parenthèses) des producteurs les plus importants dans la genèse du film. Les maisons de distribution ne sont indiquées que lorsqu'elles ont eu une part dans la production et que leur stabilité et leur importance font de ce renseignement un outil durable pour rechercher le film.

6) *Photographie* : le nom du chef opérateur est suivi de la mention du format (sauf quand il s'agit d'un format standard) et éventuellement de la couleur. Quand le film est en noir et blanc, aucune mention particulière n'est indiquée. La mention « Panavision », quand elle figure dans l'un de nos génériques, n'est utilisée que pour désigner un format (proche du Cinémascope). Elle ne l'est pas quand elle désigne seulement, au générique de la copie, un objectif, et que le format du film est alors un format standard.

7) *Les rubriques* : décors, costumes, chorégraphie, générique, effets spéciaux ne figurent dans les génériques que lorsqu'elles correspondent à un apport particulièrement créatif du film en question dans ces différents domaines.

8) *Interprétation* : les noms des acteurs et actrices sont suivis du nom des rôles qu'ils interprètent (figurant entre parenthèses) dans le corps principal de l'ouvrage. Les noms des rôles ne figurent pas, sauf exception, dans le « Supplément ».

B) RÉSUMÉS : ils sont parfois précédés du signe ⛔ (= sens interdit) qui invite le lecteur à n'en prendre connaissance que s'il a déjà vu le film ou en connaît la substance. Cela, afin d'éviter que cette lecture ne lui gâche le plaisir de la surprise constituée par la découverte des péripéties finales de l'intrigue. Pour que ce résumé soit clairement détaché du commentaire, il ne comporte généralement qu'un seul paragraphe. Dans le « Supplément », résumé et commentaire ne sont pas séparés par un alinéa. Quand l'action n'est pas datée, c'est qu'elle se déroule à l'époque où le film a été tourné.

C) COMMENTAIRES : il sont précédés du signe ☞. Dans un but de clarté, l'italique a été réservé aux titres de films, tandis que les titres de pièces, de romans, nouvelles et de toutes autres sortes d'ouvrages sont donnés en romain et entre guillemets. L'astérisque * placé après un film indique qu'une notice individuelle a été consacrée à ce film dans le corps du livre ou dans le « Supplément ». Les remakes ont été indiqués le plus souvent possible mais sans viser à l'exhaustivité (laquelle est d'ailleurs quasiment inaccessible en ce domaine).

D) BIBLIOGRAPHIE : cette rubrique est essentiellement réservée aux ouvrages consacrés en totalité au film analysé dans la notice. L'exhaustivité a été recherchée (sinon obtenue) en ce qui concerne les publications, en revues ou en volumes, des scénarios et des découpages. La mention *scénario et dialogues* désigne une continuité narrative et dialoguée du film, séquence par séquence ; la mention *découpage* désigne une description de tous les plans de ce film, nettement séparés les uns des autres et donc repérables individuellement. Cette dernière mention est généralement suivie du nombre de plans contenus dans le film. Les articles ou fragments d'ouvrage ne figurent dans la rubrique BIBLIO. qu'accessoirement et lorsqu'ils nous ont paru revêtir une importance particulière pour éclairer tel ou tel aspect du film.

## ABRÉVIATIONS UTILISÉES

| | |
|---|---|
| AIP | American International Pictures |
| BIBLIO. | bibliographie |
| bob. | bobine/bobines |
| Chor. | chorégraphie |
| COL. | Columbia |
| Cost. | costumes |
| d'ap. | d'après |
| Déc. | décors |
| Eff. sp. | Effets spéciaux |
| Fox | Twentieth Century-Fox (avant 1935 la Fox faisait cavalier seul et, pour cette période, la mention Fox n'est donc pas une abréviation) |
| Int. | interprétation |
| m | mètre/mètres |
| MGM | Metro-Goldwyn-Mayer |
| Mus. | musique |
| Mus. dir. | direction de la musique |
| P. | pièce |
| PAR. | Paramount |
| Phot. | photographie |
| Prod. | production |
| R. | roman |
| Réal. | réalisation |
| Sc. | scénario |
| U | Universal |
| UI | Universal International (la même firme à partir de 1946) |
| UA | United Artists (Artistes Associés) |

# A

**ABATTOIR 5**
**(Slaughterhouse Five)**

1972 – USA (103') • *Prod.* UI /Vanadas (Paul Monash) • *Réal.* GEORGE ROY HILL • *Sc.* Stephen Geller d'ap. R. « Slaughterhouse-Five or the Children's Crusade » de Kurt Vonnegut Jr. • *Phot.* Miroslav Ondricek (Technicolor) • *Mus.* Glen Gould • *Int.* Michael Sacks (Billy Pilgrim), Ron Leibman (Paul Lazzaro), Eugene Roche (Edgar Derby), Sharon Gans (Valencia Merble), Valerie Perrine (Montana Wildhack), Roberts Blossom (Wild Bill Cody), Sorrell Booke (Lionel Merble).

Billy Pilgrim, citoyen américain moyen, a la faculté – qu'il ne peut d'ailleurs contrôler – de se promener à travers toutes les périodes de sa vie. Ses allées et venues continuelles dans le Temps le ramènent tantôt dans son enfance, tantôt durant les années de guerre, où il fut prisonnier en Allemagne (il occupait « l'abattoir 5 ») et assista aux bombardements de Dresde, dont il fut l'un des rares survivants. Des années après son mariage, alors qu'il se rendait en avion à un congrès d'opticiens, il eut le pressentiment de l'accident qui allait survenir, mais ne put rien empêcher. L'avion s'écrasa dans la neige, et Billy eut la chance de sortir vivant de la catastrophe. Il subit une opération crânienne et commença alors ses « voyages ». Sa femme, qui avait conduit sa Cadillac comme une folle pour venir le rejoindre à l'hôpital, était morte, victime d'une asphyxie provoquée par les gaz d'échappement. Billy préféra ensuite vivre seul avec son chien plutôt qu'avec sa fille et son gendre. Ses voyages le ramènent souvent sur la planète Tralfamadore où l'ont entraîné des extra-terrestres. Là, sous un dais qui le protège de l'air irrespirable de cette planète pour les humains, il coule des jours paradisiaques aux côtés de Montana Wildhack, une ravissante starlette que les extra-terrestres lui ont donnée comme compagne, curieux de voir comment les humains cohabitent et copulent. Billy connaît parfaitement les circonstances de sa mort : il est assassiné lors d'une conférence qu'il prononce à Philadelphie par un ancien soldat à demi fou, Paul Lazzaro, qu'il avait connu en Allemagne et qui le tient pour responsable de la mort d'un ami. Mais cela n'a aucune importance car sur Tralfamadore le Temps n'a ni commencement, ni milieu, ni fin.

☞ Le talent éclectique – sans doute trop éclectique – de George Roy Hill l'a amené à signer des divertissements superficiels et extrêmement rentables avec de grandes stars hollywoodiennes (*Butch Cassidy et le Kid*, 1969, *L'arnaque*, 1973). Une autre partie de son œuvre, plus secrète, révèle un cinéaste attachant qui sait mettre au service de ses propres angoisses et incertitudes un matériau littéraire riche, foisonnant et souvent incongru (cf. *The World of*

*Henry Orient, Deux copines... un séducteur,* 1964, d'après le roman de Nora Johnson, ou *Le monde selon Garp,* 1982, d'après John Irving). Le livre de Kurt Vonnegut a particulièrement stimulé sa virtuosité formelle, mais il s'est bien gardé, pour autant, de tomber dans la prétention, la lourdeur ou la gravité. Le heurt de courtes séquences se bousculant dans un fouillis non chronologique est un procédé dont abusèrent les cinéastes des années 60 et 70. Ici, il détermine le corps même du récit. Il traduit le déséquilibre d'un être qui a rompu ses amarres avec les valeurs et le Temps d'autrui, et s'est laissé envahir par sa propre subjectivité, laquelle fait office pour lui de paradis artificiel. George Roy Hill a voulu donner à la continuité kaléidoscopique du récit un ton également composite fait d'ironie, d'insolite et de cauchemar. Sa tentative est sur ce plan très réussie, même si elle a décontenancé une partie du public, et notamment les aficionados du livre de Vonnegut. Fondamentalement, il s'agit d'un film humaniste où l'angoisse existentielle et les expériences traumatisantes du héros – sa prise de conscience de l'absurdité et des horreurs de la guerre – se trouvent exprimées par un recours à la fois minutieux et désinvolte aux méthodes de narration et au contenu dramatique de la SF la plus moderne. La désinvolture peut cacher un grand désarroi devant le réel et beaucoup de pudeur : ces deux éléments sont caractéristiques de la personnalité de George Roy Hill. Son Billy Pilgrim, au-delà de l'aspect insolite de sa personnalité, est aussi un M. Tout-le-Monde auquel chaque spectateur peut s'identifier. C'est un personnage complexe et limpide, comme l'est le récit de ses pérégrinations à travers le Temps. Les séquences de la guerre en Allemagne se signalent paradoxalement par leur caractère réaliste et convaincant, et figurent, dans ce domaine, parmi les plus fortes du cinéma américain contemporain.

## A BOUT DE SOUFFLE

1960 – France (87') • *Prod.* Imperia, SNC • *Réal.* JEAN-LUC GODARD • *Sc.* Godard d'ap. un synopsis de François Truffaut • *Phot.* Raoul Coutard • *Mus.* Martial Solal • *Int.* Jean Seberg (Patricia Franchini), Jean-Paul Belmondo (Michel Poiccard), Daniel Boulanger (l'inspecteur Vital), Henri-Jacques Huet (Antonio Berruti), Roger Hanin (Carl Zumbart), Van Doude (le journaliste), Liliane Robin (Liliane), Michel Fabre (adjoint de Vital), Jean-Pierre Melville (Parvulesco), Richard Balducci (Tolmatchoff), Claude Mansard (Claudius Mansard).

(Les copies du film ne contiennent aucun générique.) A Paris, une jeune Américaine, vendeuse du « New York Herald Tribune » sur la voie publique, et un jeune voleur de voiture qui a tué un policier, ont une liaison. La jeune femme donnera son amant à la police et provoquera ainsi sa mort.

☞ Tout ou presque tout est d'emprunt dans cette pâle décalcomanie de *film noir* américain : le sujet, le genre et les thèmes tirés du cinéma hollywoodien, l'actrice Jean Seberg reprise telle quelle de *Bonjour tristesse** de Preminger. Pourtant le film sera considéré comme une révolution dans le cinéma français ankylosé de l'époque. Sur le plan matériel et financier, le fait qu'il ait coûté trois ou quatre fois moins qu'un film moyen tout en remportant un succès immédiat et considérable lui vaudra une cohorte d'imitateurs. Sur le plan visuel, son style brouillon, brutal, qui supprime – c'est sa principale innovation – les liaisons traditionnelles du récit cinématographique (ouverture au noir, fondu, etc.) apparaîtra comme l'image même de la jeunesse. Sur le plan du sujet, « les jeunes », entité vague et envahissante, deviendront pour longtemps le sujet principal des fictions du cinéma français. Certes le cinéma français, engoncé dans la dictature de ses metteurs en scène quinquagénaires et sexagénaires (souvent talentueux), dans ses rigidités syndicales et professionnelles, avait bien besoin d'un bain de jouvence. Mais le remède fut sans doute pire que le mal. Tous les éléments constitutifs de la mise en scène furent touchés. L'absence de préparation et de construction dans le scénario amollira toutes les histoires (celle d'*A bout de souffle* est exsangue). Le tournage systématique en extérieurs annihilera peu à peu la vie des studios. La photo de style « reportage » rendra caduque – pour un temps – toute recherche dans ce domaine. Seule l'arrivée en vedette de Jean-Paul Belmondo peut être considérée comme un élément novateur. Passant par la suite sans effort du film dit d'auteur au film « commercial », cassant les cloisonnements et les clivages conventionnels, l'acteur prépara la voie à un type de comédien polyvalent dont Gérard Depardieu fournit aujourd'hui le modèle. Avec la même approche du réel agressive et glaciaire, Godard se consacrera ensuite à dépeindre, non sans complaisance, la confusion mentale de sa génération, ample matière à des dizaines de films. La seule raison pour laquelle *A bout de souffle* doit être encore mentionné aujourd'hui, c'est qu'il marque, comme une borne milliaire, l'entrée du cinéma dans l'ère de la perte de son innocence et de sa magie naturelle. Entrée dont un seul film ne saurait être évidemment tenu pour responsable. Après *A bout de souffle,* le cinéma, comme blessé, sera plus triste, moins créatif, plus conscient de lui-même – *self-conscious* comme disent les Anglo-Saxons avec une discrète nuance péjorative.

N.B. Une grande partie de l'histoire de la Nouvelle Vague est liée au progrès de la crédulité chez le public de cinéma et chez le public en général. Beaucoup se mirent à croire ce que ces cinéastes disaient de leurs films, et l'ont ensuite répété. Or l'originalité majeure – et incontestable celle-là – des cinéastes de la Nouvelle Vague, c'est que personne avant eux n'avait osé dire autant de bien de soi et autant de mal des autres. Quelques exemples entre mille. « On a toujours cru que la N.V., c'était le film bon marché contre le film cher. Pas du tout. C'était simplement le bon film, quel qu'il soit, contre le mauvais film ». « Leur cinéma [celui des cinéastes qui n'appartiennent pas à la N.V.], c'était l'irréalité totale. Ils étaient coupés de tout (...). Ils ne vivaient pas leur cinéma. J'ai vu un jour Delannoy entrer dans le studio de Billancourt avec sa petite serviette : on aurait dit qu'il entrait dans une compagnie d'assurances ». (Personnellement, nous préférons avec le recul et même sans recul la sacoche et certains films de Delannoy à toute l'œuvre de Godard.) « Avant la guerre, entre, par exemple, *La belle équipe** de Duvivier et *La bête humaine** de Renoir, il y avait une différence, mais seulement de qualité. Tandis que maintenant entre un de nos films et un film de Verneuil, Delannoy, Duvivier ou Carné, il y a vraiment une différence de nature. » Ces propos de Godard illustrant ce que Freddy Buache avait appelé avec à peine d'exagération « l'arrogance fasciste » de la Nouvelle Vague figurent dans les « Cahiers du cinéma », n° 138 (1962). Remake américain *Breathless* (1983) par Jim McBride avec Richard Gere et Valérie Kaprisky.

BIBLIO. : scénario et dialogues *in* « L'Avant-Scène » n° 79 (1968). Contient aussi le scénario initial de Truffaut. Reconstitution du film en photogrammes dans la collection « Bibliothèque des classiques du cinéma », Balland, 1974.

## A CHACUN SON DESTIN (To Each His Own)

1946 – USA (122') • *Prod.* PAR. (Charles Brackett) • *Réal.* MITCHELL LEISEN • *Sc.* Charles Brackett, Jacques Thery • *Phot.* Daniel L. Fapp • *Mus.* Victor Young • *Int.* Olivia de Havilland (Miss Norris), John Lund (Captain Cosgrove / Gregory), Roland Culver (Lord Desham), Mary Anderson (Corinne Piersen), Philip Terry (Alex Piersen), Bill Goodwin (Mac Titton), Virginia Welles (Liz Lorimer), Victoria Horne (Daisy Gingras), Belle Ingham (Alma Macrorie), Griff Barnett (Mr. Norris).

Carton : « Les mystères les plus profonds viennent des gens, et en général des gens qui paraissent les moins mystérieux. Prenez Miss Norris par exemple, une Américaine d'âge moyen, marchant dans une rue de Londres pendant le black-out, la veille du nouvel an... » Miss Norris va effectuer une surveillance antiaérienne, une partie de la nuit, en compagnie de Lord Desham qui, comme elle, se dévoue à cette tâche ingrate pendant que la plupart des gens ne pensent qu'à passer un bon réveillon. Alors qu'il inspecte le toit du bâtiment, Desham fait une chute qui pourrait être mortelle ; il ne doit son salut qu'à la présence d'esprit de Miss Norris. Pour se remettre de ses émotions, il prend un verre avec elle. Tous deux sont des solitaires, ayant depuis longtemps passé le cap de la maturité. Ils sont restés fidèles à une partie de leur passé qui est morte aujourd'hui mais à laquelle ils sont viscéralement attachés. Lord Desham a perdu durant la Première Guerre sa femme et son fils, victimes d'une épidémie. Miss Norris, quant à elle, préfère garder le silence sur le secret de sa vie. Desham veut l'inviter à dîner mais, ayant appris par un ami officier que le jeune soldat Gregory Piersen allait arriver cette nuit à Londres pour y passer quelques jours de permission, elle bondit à la gare où elle apprend que son train a un retard indéterminé. Durant cette longue attente nocturne, elle se remémore son passé. Dans sa petite ville natale de Piersen Falls, elle travaillait dans le drugstore de son père. En 1918, le capitaine Cosgrove, aviateur et héros militaire, avait effectué une démonstration lors d'une fête destinée à promouvoir la vente de bons pour l'effort de guerre. Épuisé, il avait fait une sieste dans la pharmacie et c'est en le regardant dormir qu'elle était tombée amoureuse de lui. Quelques mois plus tard, enceinte, elle apprend qu'il est mort au combat. Quoique plusieurs docteurs lui recommandent un avortement pour éviter le risque d'une péritonite, elle décide de garder l'enfant en mémoire de son amour pour Cosgrove. Elle accouche secrètement à New York. Avec la complicité d'une infirmière, elle s'arrange pour que le bébé, un garçon, soit déposé sur le seuil de la maison de ses voisins, les Piersen, à Piersen Falls. Elle compte ainsi pouvoir l'adopter au su et au vu de tous et éviter l'indignité d'être reconnue comme fille-mère. Malheureusement, les Piersen prennent possession du bébé avant elle et veulent l'adopter. Elle se laisse persuader par son père que l'enfant sera plus heureux chez eux. Après la mort de son père, ayant vainement essayé de devenir la nurse de l'enfant, elle quitte Piersen Falls pour New York où elle cherche à s'oublier dans la frénésie du travail. Elle fait fortune comme directrice d'une firme de produits de beauté. De loin en loin, elle voit son fils à la faveur de rencontres ménagées dans des lieux publics par son père adoptif, Alex Piersen, un ancien amoureux qu'elle avait repoussé et qui est toujours épris d'elle. Elle réussit à récupérer l'enfant contre promesse de renflouer les Piersen menacés de faillite. Mais l'enfant s'ennuie avec elle et elle le rend définitivement à sa mère adoptive... Le train de Gregory arrive et interrompt cette plongée dans le passé. Miss Norris reconnaît, parmi la foule des soldats, Gregory qui ressemble à son père. Il ignore toujours qui elle est. Se présentant comme une vieille amie de ses parents, elle s'offre à le loger, éperdue de bonheur à l'idée de le garder à ses côtés pendant quelques jours. Mais sa permission n'est que de quelques heures et il veut les consacrer à sa fiancée, Liz Lorimer. La complexité des formalités administratives les empêche de se marier aussi vite qu'ils le voudraient. Lord Desham, qui veut plaire à Miss Norris, use de son influence pour organiser un mariage express entre les deux jeunes gens et s'arrange pour que Gregory comprenne qui est Miss Norris. Au cours du bal qui suit le mariage improvisé, il s'approche d'elle et murmure : « Je crois que c'est notre danse, mère. »

☞ Les personnages de Mitchell Leisen sont, pour la plupart, des solitaires, des excentriques, des esthètes, cachés parfois sous la peau d'individus moyens. Fidèles à un principe de vie, à un attachement ou à une passion qui sont la part la plus précieuse d'eux-mêmes, ils sont également, comme tout un chacun, ballottés par les aléas de l'existence et contraints alors à évoluer, à changer, voire à dissimuler leur sensibilité toujours à vif sous une apparente dureté. Aussi la direction d'acteurs, toujours juste, intense et très moderne chez Leisen, consiste-t-elle pour lui à faire apparaître chez ses comédiens une fixité, une permanence, une flamme qui résistent aux péripéties souvent cruelles de l'intrigue et finissent parfois par en triompher. La composition superbe d'Olivia de Havilland dans ce film est l'un des triomphes de la carrière de Leisen. Il ne voulait pas, à l'origine, entendre parler de cette histoire qui rappelait trop les mélodrames d'avant-guerre et notamment ceux de John Stahl, mais il céda finalement à l'actrice qui avait exigé de l'avoir comme metteur en scène. (Elle avait déjà joué sous sa direction dans l'excellent *Hold Back the Dawn,* autre scénario de Charles Brackett, écrit celui-là avec Billy Wilder.) Usant en perfectionniste et en spécialiste d'une foule de détails significatifs dans le décor, les costumes, les coiffures, Leisen a recréé avec une exactitude et une minutie qui sont sa marque de fabrique l'atmosphère des différentes époques que traverse l'intrigue. Il a ainsi pu peaufiner les trois visages successifs de l'héroïne : la jeune fille naïve et passionnée du drugstore de province, la femme d'affaires de New York qui croit régler tous ses problèmes par le travail et par l'argent, la vieille fille endurcie et bougonne de Londres qui cache avec autorité ses frustrations et ses secrets. A travers ces visages, il a voulu appréhender une même sensibilité d'écorchée vive, malmenée par la vie. Le prologue avec Roland Culver (15') et le retour au présent dans la dernière partie (24') comptent parmi les meilleures séquences du mélodrame hollywoodien. Dans cette dernière partie, la découverte de l'identité de sa mère par le jeune soldat est à la fois préparée et retardée avec une élégance, une retenue, une science des effets et, pour finir, un lyrisme éclatant et bref qui confinent au sublime. Dans la fin originelle, Miss Norris expliquait longuement à son fils qui elle était. Leisen refusa de la tourner et obligea Brackett à en écrire une autre. Celui-ci recomposa la chronologie des séquences et inventa cette ultime réplique supérieure à tous les discours et qui est restée célèbre dans les annales du genre.

BIBLIO. : on lira sur ce film comme sur tous les autres de Leisen l'excellent livre de David Chierichetti : « Hollywood Director. The Career of Mitchell Leisen », New York, Curtis Books, 1973. Leisen, ses comédiens et ses collaborateurs, y commentent longuement leur travail.

## A CHACUN SON DU
### (A ciascuno il suo)

1967 – Italie (99') • *Prod.* Cerno Film (Giuseppe Zaccariello) • *Réal.* ELIO PETRI • *Sc.* Elio Petri, Ugo Pirro • *Phot.* Luigi Kuveiller (Technicolor) • *Mus.* Luis Enriquez Bakalov • *Int.* Gian-Maria Volonte (Paolo Laurana), Irène Papas (Luisa Roscio), Gabriele Ferzetti (l'avocat Rosello), Salvo Randone (le Pr Roscio), Mario Scaccia (le curé de Saint-Anne), Laura Nucci (la mère de Paolo), Franco Tranchina (Dr Roscio).

Dans une petite ville de Sicile, un pharmacien connu pour ses nombreuses aventures extra-conjugales est abattu lors d'une partie de chasse avec son ami, le Dr Roscio. La police et la rumeur publique concluent à une vendetta provoquée par la jalousie. Il venait en effet de recevoir des menaces de mort sous forme de lettre anonyme. Peu satisfait de ces conclusions, un ami du Dr Roscio, Paolo Laurana, professeur, intellectuel, ancien communiste, mène son enquête personnelle. A Palerme, il découvre que Roscio s'apprêtait à dénoncer un notable local compromis avec les milieux les plus corrompus de la ville. C'est donc lui qui était essentiellement visé dans le double assassinat. Interrogeant deux prêtres (seuls lecteurs de l'« Osservato Romano », journal d'où ont été tirés les caractères de la lettre anonyme), Laurana apprend que le notable le plus important de la petite ville est l'avocat Rosello, cousin de Luisa, la veuve de Roscio. La lecture du journal intime du docteur, retrouvé par Luisa, le confirme dans ses soupçons. Luisa, dont Laurana est devenu secrètement et presque inconsciemment amoureux, lui dira qu'elle a été la maîtresse de son cousin et qu'elle n'a jamais aimé son mari. Elle fait – plus ou moins volontairement – tomber Laurana dans un piège. Quatre hommes le kidnappent et lui prennent la clé du casier où il a déposé le journal intime. Puis, dans une carrière, ils déposent son corps à l'intérieur d'une baraque qu'ils font sauter à la dynamite. Après l'enterrement de Laurana, a lieu le mariage de Luisa et de Rosello. Les notables se congratulent. Ils pourront dormir encore longtemps sur leur deux oreilles.

☞ Œuvre de dénonciation sociale et politique tirée du roman de Leonardo Sciascia et dont le contenu s'insère dans le cadre d'une intrigue policière à énigme. C'est le film le plus accompli de ce type qu'ait réalisé Petri après l'abandon de la veine intimiste de *I giorni contati* *. Les mœurs de la petite ville (réunions sur les terrasses des maisons, dans les cafés), la psychologie obscure de ses habitants sont décrites avec une minutie insidieuse et passionnante. Le portrait de l'intellectuel, à la fois solide et velléitaire, lucide et complexé, maladroit et terriblement obstiné, vivant en marge de la vie sociale de la ville, la connaissant mal, alors que pour le bien de son enquête elle ne devrait avoir aucun secret pour lui, est en tous points remarquable (cf. la scène étonnante où le prêtre lui dit : « Mais où donc vivez-vous, vous ne savez rien ! »). C'est le triomphe de Gian-Maria Volonte dans un type de rôle qui lui convient parfaitement. Il travaille ici dans une totale communion d'idées avec le réalisateur. Le ton général du film est dominé par un sentiment d'angoisse et d'impuissance devant l'échec inévitable du héros. On devine qu'il mourra et que les salauds qu'il aura à peine dérangés dans leurs trafics (la mafia n'est pas nommée) continueront de vivre après lui comme s'il n'avait jamais existé. Ce propos dur et très convaincant sera caricaturé et alourdi de poncifs par Petri lui-même dans son *Enquête sur un citoyen au-dessus de tout soupçon,* 1970.

N.B. On lira avec profit la remarquable interview de Petri *in* « Elio Petri », ouvrage collectif dirigé par Jean A. Gili et publié par la faculté de Nice. Le chapitre concernant *A chacun son dû* montre à l'évidence que les intentions de Petri sont plus claires que son film (cf. le rôle joué par Luisa tel que le décrit Petri), ce qui n'enlève de mérite ni aux unes ni à l'autre.

## ACTE DE VIOLENCE
### (Act of Violence)

1948 – USA (82') • *Prod.* MGM (William H. Wrigh) • *Réal.* FRED ZINNEMANN • *Sc.* Robert L. Richards d'ap. une histoire de Collier Young • *Phot.* Robert Surtees • *Mus.* Bronislau Kaper • *Int.* Robert Ryan (Joe Parkson), Van Heflin (Frank R. Enley), Janet Leigh (Edith Enley), Mary Astor (Pat), Berry Kroeger (Johnny), Connie Gilchrist (Martha), Phyllis Thaxter (Ann), Taylor Holmes (Gavery), Will Wright (Pop).

Frank Enley, un ex-G.I., s'est installé avec sa femme et son bébé en Californie. Un inconnu, Joe Parkson, vient à sa recherche pour le tuer. Frank dit d'abord à sa femme qu'il s'agit d'un fou qui s'imagine avoir été, durant la guerre, sa victime. Peu à peu, la vérité se fait jour : dans un camp de prisonniers nazi, Frank avait trahi ses compagnons en révélant un projet d'évasion. Les autorités du camp avaient laissé la tentative s'accomplir afin de procéder au massacre des évadés. Joe est le seul survivant du groupe, bien décidé à se venger. Frank, désespéré par le remords et la menace qui pèse sur lui, erre dans les bars de Los Angeles. Il rencontre une prostituée qui le met en contact avec un avocat douteux. Ce dernier confie à un complice la mission d'assassiner Joe. Frank, sous l'effet de l'alcool, consent d'abord à l'exécution du plan puis, le moment venu, veut empêcher l'homme de tirer. Il reçoit la balle destinée à Joe et meurt.

☞ Soigné et efficace tant dans l'écriture du scénario que dans la mise en scène, le film se rattache par plusieurs éléments essentiels au courant du *film noir.* D'abord, il montre les effets lointains et les traumatismes psychologiques de la Seconde Guerre mondiale agissant sur le comportement de deux individus qui, sans cela, auraient vraisemblablement été des citoyens normaux et sans histoire. Cette expérience les a transformés en malades, incapables d'oublier l'un sa lâcheté, l'autre son désir pathologique de vengeance. Ensuite, le rapport des deux personnages n'existe que dans la violence – une violence destructive et désespérée qui ne résoudra le conflit que par l'élimination de l'un des antagonistes. Enfin et surtout, *Acte de violence* figure dans le champ du *film noir* par le portrait qu'il dessine d'un personnage sombrant peu à peu dans un total désarroi moral et évoluant alors au sein d'un univers nocturne et cauchemardesque proche de la folie. A mesure qu'il progresse, ne « chargeant » aucun des deux personnages plus que l'autre, le film échappe de plus en plus au manichéisme et plonge le spectateur dans un climat d'ambiguïté, ou plutôt de perplexité, morale, caractéristique du genre. Par ailleurs, l'intrigue, simple et linéaire, permet d'approfondir la situation et les personnnages dans une forme narrative proche, par sa densité, de la nouvelle.

## A DES MILLIONS DE KILOMÈTRES DE LA TERRE (20 Million Miles to Earth)

1957 – USA (82') • *Prod.* COL. (Charles H. Schneer) • *Réal.* NATHAN HERTZ JURAN • *Sc.* Bob Williams et Christopher Knopf d'ap. une histoire de Charlott Knight et Ray Harryhausen • *Phot.* Irving Lippman (Cinémascope) • *Mus.* Mischa Bakaleinikoff • *Int.* William Hopper (Calder), Joan Taylor (Marisa), Frank Puglia (Dr Leonardo), John Zaremba (Judson Uhi), Thomas B. Henry (général A. D. MacIntosh), Tito Vuolo (commissaire sicilien), Jan Arvan (Signore Contino).

Au large de la Sicile, des pêcheurs voient un engin spatial s'écraser dans la mer. Ils sauvent un homme qui a pu s'en échapper avant qu'il coule. Un gosse vend une espèce de pomme de terre gélatineuse qu'il a trouvée sur la plage à un entomologiste campant dans les environs. L'objet devient un petit animal pourvu d'une queue et à forme vaguement humaine (il a deux bras et deux jambes). L'animal grossit et grandit à vue d'œil. Il détruit bientôt les barreaux de sa cage et s'évade. L'engin spatial revenait de Vénus. Le survivant participe aux recherches. Il combat le monstre dans un hangar. Aidé par l'armée, il parvient à emprisonner dans un filet et à immobiliser par électrocution la créature riche en soufre. Le monstre repose maintenant, allongé et enchaîné dans un laboratoire. A la faveur d'un accident, il se libère de ses chaînes. Plus tard, il combattra et tuera un éléphant. L'armée, avec ses chars, ses lance-flammes et ses bazookas, le traque jusqu'à Rome où il détruit une partie des ruines avant d'être abattu au Colisée.

☞ Cinquième long métrage auquel ait participé le grand animateur de monstres et créateur d'effets spéciaux Ray Harryhausen. Le film eut pour point de départ un projet (scénario et dessins) de Harryhausen lui-même, « The Giant Ymir », datant de 1952. Malgré de trop longs bavardages entre les personnages pour décider comment éliminer le monstre, malgré l'inévitable idylle entre le rescapé de Vénus et la fille de l'entomologiste, l'œuvre est importante à plus d'un titre. La créature imaginée par Harryhausen est vraiment le personnage principal et le centre de l'intrigue. Elle se transforme et grandit au cours de ce qu'on peut appeler une véritable « biographie ». Enfin et surtout, elle évolue dans un site (les ruines de Rome) propice à l'exécution de séquences spectaculaires que Ray Harryhausen avait envie de réaliser depuis longtemps. (Dans le projet initial, il s'agissait de Paris). Ajoutons que la mise en scène en scope noir et blanc de Nathan Juran est honorable et contient parfois d'assez beaux plans (par exemple : les chevaux effrayés par le monstre).

## ADIEU AUX ARMES (L') (A Farewell to Arms)

1932 – USA (90') • *Prod.* PAR. • *Réal.* FRANK BORZAGE • *Sc.* Benjamin Glazer et Oliver H.P. Garrett d'ap. R. d'Ernest Hemingway • *Phot.* Charles Lang • *Mus.* Ralph Rainger, John Leipold, Bernard Kaun, Paul Marquardt, Herman Hand, W. Franke Harling • *Int.* Gary Cooper (lieutenant Frederick Henry), Helen Hayes (Catherine Barkley), Adolphe Menjou (major Rinaldi), Mary Philips (Helen Ferguson), Jack La Rue (le prêtre), Blanche Frederici (infirmière-chef), Henry Armetta (Bonello).

En Italie, durant la Première Guerre mondiale, les amours tragiques d'un ambulancier de l'armée américaine, le lieutenant Frederick Henry, et d'une infirmière, Catherine Barkley. Quand il est blessé, c'est elle qui le soigne. Un prêtre les marie. Frederick doit retourner sur le front. Pour ne pas l'inquiéter, Catherine lui a caché qu'elle attend un enfant. Animé par la conviction qu'un soldat ne doit pas s'attacher trop profondément à une femme, le meilleur ami de Frederick, officier et chirurgien, avait essayé de le séparer de Catherine. Maintenant, persévérant dans cette idée, il retourne à l'envoyeur les lettres que l'un et l'autre s'adressent. Sans nouvelles de Catherine, Frederick déserte pour partir à sa recherche. Il la trouve en Suisse, gravement malade et ayant perdu son bébé. Elle meurt dans ses bras.

☞ Première adaptation d'un roman de Hemingway à l'écran. Filmée par Borzage, cette adaptation s'intègre totalement à son univers et n'a plus grand-chose à voir avec l'œuvre originale et notamment avec son foisonnement romanesque. La guerre n'est ici qu'une toile de fond servant à l'évocation d'un amour plus fort que les obstacles et les séparations, plus profond que la mort. Cet amour naît et se développe selon une ligne mélodique extrêmement simple qui progresse avec peu de détours jusqu'à l'explosion lyrique des scènes finales. C'est seulement lorsque le héros a décidé de déserter et traverse des champs de bataille, des routes encombrées, que la guerre est véritablement visualisée par le cinéaste. A ses yeux, la tragédie intime vécue par le couple et l'inachèvement terrestre de leur amour constituent le meilleur plaidoyer pacifiste qu'on puisse imaginer contre les horreurs absurdes de la guerre. Si le couple formé par Gary Cooper et Helen Haynes n'est pas toujours entièrement convaincant (sauf dans les retrouvailles sublimes de la fin), Cooper, découvert par Henry King, démontre dès les premières années de sa carrière son aisance prodigieuse à passer avec le même génie de l'univers de Sternberg à celui de Borzage, de Lubitsch, de Hawks ou de Wellman.

N.B. Une seconde fin existe, tournée par Borzage, où la guérison de Catherine est présentée, de manière ambiguë, comme possible. Remake par Charles Vidor en 1957 (spectaculaire mais peu émouvant). En 1951, dans *Force of Arms (Les amants de l'enfer),* Curtiz avait traité une histoire très semblable, transposée dans le contexte de la Deuxième Guerre mondiale.

## ADIEU MON AMOUR / ADIEU A TON AMOUR
### (Wadaat Hobak)

1956 – Égypte (110') • *Prod.* Les Films Farid El Atrache • *Réal.* YOUSSEF CHAHINE • *Sc.* El Sayed Bedeir • *Phot.* Ahmed Khorched • *Mus.* Farid El Atrache • *Int.* Farid El Atrache (lieutenant Ahmed Yousri), Chadia (Houriya), Ahmed Ramzy (compagnon de chambre), Tewfik El Dekn (le commandant), Abdel Salam El Naboulsi (compagnon de chambre).

Dans un camp militaire, un sous-lieutenant, Ahmed, condamné par la médecine, est logé dans la chambre 15, réservée aux convalescents. Il ignore la gravité de son état, et l'infirmière demande aux cinq occupants de la chambre de se montrer compréhensifs et amicaux à son égard. C'est ce qu'ils essaient de faire avec la meilleure volonté du monde, mais Ahmed, misanthrope et aigri, les rabroue constamment. « Es-tu sûre qu'il va mourir bientôt ? demande l'un des hommes à l'infirmière. Sinon, c'est moi qui le tuerai. » Cela dure jusqu'au moment où les cinq soldats souhaitent à Ahmed un bon anniversaire et lui font cadeau d'un bel uniforme. Profondément touché, Ahmed les remercie et salue en eux ses premiers amis. Maladroitement, il tente de séduire l'infirmière, qui répond à ses avances. Il se dépense sans compter pour la fête du camp. Il entend alors un officier déclarer que ces efforts vont précipiter sa fin, inéluctable. Dans un premier mouvement, Ahmed reproche à ses amis et à l'infirmière de l'avoir trompé. Puis, revenant à de meilleurs sentiments, il accepte de participer à la fête et chante, sans doute pour la dernière fois de sa vie, devant le public.

☞ Les comédies musicales de Chahine sont de beaucoup supérieures à la moyenne du genre. On sait que le film musical, extraordinairement populaire en Égypte, est aussi un genre terriblement codifié et rigide, surtout lorsque y apparaissent des vedettes à la célébrité aussi immense que celle d'Oum Kalsoum ou de Farid El Atrache. Au lieu de valoriser en lui l'habituel séducteur de foules, Chahine réussit à brosser avec le légendaire Farid une petite étude de caractère qui lui sert en outre à mélanger étroitement les tons – humour et mélodrame – comme l'exigent les différents publics de ce type de film. Contrairement à ce qui se passe dans la plupart des « musicaux » égyptiens, ce ne sont pas seulement les personnages secondaires entourant Farid qui engendrent le comique, mais Farid lui-même dans son personnage de misanthrope amer et taciturne, décourageant toutes les bonnes volontés. Farid évoluera peu à peu du ridicule à l'émouvant et sera même gentiment brocardé – audace sans pareille – dans ses tentatives de séduction vis-à-vis de l'infirmière. Si les péripéties du scénario restent assez pauvres, les dialogues sont parfois savoureux. La partie finale visant à tirer les larmes du public féminin est moins réussie, mais elle est aussi la plus brève. Quoi qu'il en soit, il suffit de comparer ce film aux œuvres d'un Badrakan par exemple pour mesurer, même dans cette partie de sa carrière vouée aux commandes, le talent inventif de Chahine, sa juvénilité, son ironie et son adresse. Le scénario reprend de très près celui de *The Hasty Heart (Le dernier voyage),* tiré d'une pièce de John Patrick et réalisé par Vincent Sherman, 1949.

## ADMIRABLE CRICHTON (L') (Male and Female)

1919 – USA (9 bob.) • *Prod.* PAR. • *Réal.* CECIL B. DEMILLE • *Sc.* Jeanie MacPherson d'ap. la comédie « The Admirable Crichton » de Sir James M. Barrie • *Phot.* A. Wyckoff • *Int.* Gloria Swanson (Lady Mary Lasenby), Raymond Hatton (Ernest Woolley), Lila Lee (Tweeny), Theodore Roberts (Lord Loam), Robert Cain (Lord Brockelhurst), Julia Faye (Susan), Rhys Darby (Lady Eileen Duncraigie).

Un groupe de Londoniens de la haute société fait une promenade en mer. Une inattention du marin à la barre amène le bateau à heurter les rochers. Le groupe trouvera refuge sur une île déserte dans les mers du Sud. Crichton, le majordome, le plus vigoureux et le plus actif des naufragés, veut prendre le commandement et surtout obliger chacun à faire sa part du travail commun. La notion de service, explique-t-il, remplace ici l'argent. Il se heurte à un refus général. Il se bâtit alors une tente à l'écart des autres et se confectionne une soupe. Un à un, les naufragés viendront vers lui et prendront ses ordres. Lady Mary Lasenby, une jeune aristocrate, sera la bonne derrière à le faire. Le temps passe. Lady Mary et une ex-soubrette se disputent maintenant la faveur de servir Crichton à table. Lady Mary, qui s'était autrefois scandalisée du mariage d'une amie avec son chauffeur, est sur le point d'épouser Crichton, quand, au milieu de la cérémonie, un bateau apparaît au loin. A Londres, chacun a repris son rang. Crichton épouse la soubrette et part avec elle mener une existence idyllique dans la campagne américaine. Lady Mary, quant à elle, fait languir son fiancé, Lord Brockelhurst...

☞ Troisième des six films de DeMille avec Gloria Swanson. DeMille considéra comme une victoire personnelle d'avoir pu obtenir les droits, très recherchés, de la célèbre pièce de Sir James M. Barrie (l'auteur de « Peter Pan »). Adaptée sur un rythme lent, propice à l'étude minutieuse du comportement et de l'évolution des personnages, elle lui donnait l'occasion de dire le fond de sa pensée sur les rapports de classes et entre sexes tels qu'ils ont été déformés par la civilisation. Durant la brève période où se recrée dans l'île l'état de nature, les artificielles hiérarchies sociales disparaissent ; l'homme et la femme se retrouvent, sans hypocrisie et sans voile, face à leurs désirs, à leurs qualités individuelles, à la vérité de leurs conditions et de leurs situations dans l'univers. L'état de nature n'est rien moins qu'égalitaire : d'autres alliances se créent, plus en rapport avec la vérité fondamentale des êtres et de chaque individu. Propos sérieux, voire corrosif, que le matériau unanimement apprécié de la pièce de Barrie permettait d'exprimer sous un jour spectaculaire et divertissant, à l'abri des atteintes de la censure. DeMille ajouta à la pièce un épisode « babylonien » de son cru, c'est-à-dire baroque et extravagant, qu'il introduisit par la lecture d'un poème tiré d'un recueil emporté par Crichton : « Et je serai un roi babylonien – Et tu seras mon esclave chrétienne. » Gloria Swanson y supporta avec un courage salué par toute l'équipe le compagnonnage d'un lion. La modification du titre original de la pièce suscita des remous mais fut approuvée par Barrie lui-même. DeMille craignait que le public américain n'aille penser à quelque histoire d'« amiral » et de marine.

N.B. Autres versions de la pièce de Barrie : en Grande-Bretagne (1918, par Basil Gill ; en 1957 par Lewis Gilbert) ; aux USA, en comédie musicale – très réussie –, sous le titre *We're Not Dressing* (1934) par Norman Taurog.

## ADVENTURE IN MANHATTAN

Inédit en France. 1936 – USA (73') • *Prod.* COL. • *Réal.* EDWARD LUDWIG • *Sc.* Sidney Buchman, Harry Sauber, Jack Kirkland d'ap. une histoire de Joseph Krumgold suggérée par « Purple and Fine Linen » de May Edington • *Phot.* Henry Freulich • *Mus. dir.* Maurice Stoloff • *Int.* Jean Arthur (Claire Peyton), Joel McCrea (George Melville), Reginald Owen (Blackton Gregory), Thomas Mitchell (Phil Bane), Herman Bing (Tim, le garçon de café), Victor Kilian (Marc Gibbs), Robert Warwick (Phillip).

George Melville, un journaliste spécialisé dans les affaires criminelles, possède un flair proche de la divination. Son assurance et sa confiance en lui-même exaspèrent au plus haut point ses confrères. Il prétend connaître l'identité du chef de gang responsable du vol d'un rubis fabuleux qui défraie la chronique. C'est selon lui un certain André Berlea que tout le monde croit mort et qui opère ainsi dans une parfaite tranquillité posthume. Berlea est un collectionneur passionné qui dérobe des œuvres d'art de grand style, non pour leur valeur, mais pour le plaisir de les posséder. Melville rencontre dans la rue une jeune mendiante qui lui vole son portefeuille. Il la suit et la voit ressortir d'un salon de coiffure toute pomponnée et vêtue d'une robe élégante. Elle lui dit en pleurant qu'elle doit aller retrouver son enfant de quatre ans que son ex-mari l'empêche de voir depuis longtemps. C'est aujourd'hui l'anniversaire de l'enfant, et elle veut lui apporter un cadeau. Pour preuve de sa bonne foi, elle demande à Melville de la suivre. Son mari, dès qu'elle arrive, lui indique la chambre de la fillette : elle entre et s'évanouit devant un petit cercueil où repose son enfant mort. Melville l'emmène chez lui. Elle lui demande d'aller rechercher la bague de l'enfant. Il retourne dans la maison du mari, qui est maintenant déserte. Mais un nouvel occupant armé d'un revolver surgit pour lui apprendre qu'il a été victime d'une machination et que son heure est venue. Apparaissent soudain les collègues de Melville qui, avec l'aide d'un mécène, Gregory, et de la troupe théâtrale qu'il finance, ont voulu lui donner une leçon et lui jouer une bonne farce. Le même gang qui avait volé le rubis dérobe une précieuse toile de maître. Le chef de gang n'est autre que Gregory, anciennement Berlea. Il dit à ses complices qu'il respecte en Melville un adversaire digne de lui. Melville ignore bien entendu les véritables activités de Gregory. La farce que lui ont jouée ses collègues n'a nullement entamé son assurance : il prédit maintenant qu'un certain diamant sera dérobé par le gang samedi à onze heures du soir dans le coffre d'une banque. Claire Peyton, la jeune actrice qui avait joué les mendiantes, parle à Gregory (dont elle ignore le rôle de chef de gang) de cette prédiction. Gregory annule alors l'exécution qui devait bien avoir lieu ce soir-là. D'ailleurs, les policiers surveillent la banque. Melville est renvoyé par son rédacteur en chef et sombre dans la dépression. Claire et Gregory le conduisent jusqu'au train qui le mènera dans une maison de repos. Le samedi suivant, Gregory, maintenant débarrassé de son ennemi, met à exécution son plan. Dans le sous-sol de la salle où a lieu la représentation de la pièce qu'il commandite – un drame de guerre montrant l'enfer des tranchées –, il fait exploser la cloison qui le sépare du trésor qu'il convoitait dans les caves de la banque (contiguë au théâtre). Sur scène la « guerre » fait rage et couvre le bruit de l'explosion. Le plan réussit admirablement, à cela près que Claire s'est aperçue de la manœuvre. Gregory s'enfuit avec le diamant. Mais il doit repasser chez lui pour prendre son précieux tableau, et là Melville et des policiers l'attendent... La fausse dépression du journaliste suscite la colère de Claire qui s'était inquiétée pour lui. Elle jure de se venger... en l'épousant.

☞ Avant de trouver son domaine d'élection – le film d'aventures exotiques et solaires –, où il triomphera dans les années 50, Edward Ludwig, l'un des grands méconnus du cinéma hollywoodien, a longuement hésité entre plusieurs genres. De 1932 à 1944, plusieurs de ses films (cf. *The Man Who Reclaimed His Head,* 1934, ou *The Man Who Lost Himself,* 1941) témoignent de son goût très vif pour l'insolite tout autant que de son irrésolution quant au type de film qui lui conviendrait le mieux. *Adventure in Manhattan* est la plus réussie des œuvres de cette époque que nous connaissions de lui. Ludwig prend comme cadre (mais ce n'est qu'un cadre) ce milieu de journalistes exubérants et bavards si cher à la Columbia des années 30 et y dessine les prémisses d'une fausse comédie américaine qui est aussi une fausse comédie policière. L'enjeu réel de l'intrigue est le combat sans merci que se livrent deux esthètes respectueux l'un de l'autre et s'affrontant par fictions et stratagèmes interposés : un mélodrame morbide cache une farce et une petite vengeance ; une représentation théâtrale très dramatique facilite un hold-up. Le goût d'affirmer sa supériorité conduit chacun des deux protagonistes vers une solitude hautaine et criminelle pour le premier, ironique et désabusée pour le second. On retrouvera quelque chose de cet orgueil aristocratique dans les personnages d'aventuriers que créera plus tard Ludwig. Ici, le spectateur est constamment surpris par une intrigue riche en séquences à double fond, en énigmes ingénieusement bâties et résolues. Ludwig avance à grands pas dans son récit, sans souci de la vraisemblance immédiate. Il dédaigne aussi de mettre en valeur ses tours de prestidigitateur, ce qui a pour effet d'en augmenter l'efficacité. Il entraîne derrière lui un spectateur intrigué et ravi par cette aisance, cette étrange sobriété de grand conteur.

## AFFAIRE CICÉRON (L')
## (Five Fingers)

1952 – USA (108') • *Prod.* Fox (Otto Lang) • *Réal.* JOSEPH L. MANKIEWICZ • *Sc.* Michael Wilson d'ap. « Opération Cicero » de L.C. Moyzisch • *Phot.* Norbert Borodine • *Mus.* Bernard Herrmann • *Int.* James Mason (Cicero-Ulysses Diello), Danielle Darrieux (comtesse Anna), Michael Rennie (George Travers), Walter Hampden (Sir Frédéric), Oscar Karlweis (Moyzisch), Herbert Berghof (colonel von Richter), John Wengraf (Von Papen).

Mars 1944 à Ankara, capitale de la Turquie neutre. Associé à son ancienne patronne, la comtesse Slaviska, veuve d'un général polonais pro-allemand, l'espion d'origine albanaise Diello, présentement valet à l'ambassade britannique, fournit aux Allemands contre de fortes sommes d'argent des documents ultra-secrets. Von Ribbentrop lui attribue le pseudonyme « Cicéron ». Des agents de l'Intelligence Service arrivent à l'ambassade pour enquêter sur les fuites qui s'y produisent. La comtesse et Diello projettent alors de partir ensemble. Mais la comtesse faussera compagnie à son associé et filera en Suisse avec son magot. A Istanbul, Diello fournit aux Allemands un dernier lot de pellicule contenant des renseignements sur le débarquement contre 10 000 livres anglaises. Installé à Rio, où il avait toujours rêvé de vivre riche et oisif, il apprend avec stupéfaction qu'il a été payé en fausse monnaie. Compensation non négligeable pour l'amour-propre de Cicéron et pour son sens de l'humour : la comtesse a subi en Suisse la même mésaventure. Il éclate alors d'un rire vengeur et inextinguible.

☞ Évocation libre mais documentée de la destinée d'un des plus célèbres espions de la Seconde Guerre mondiale, sur lequel même aujourd'hui toute la lumière n'est pas faite (et ne le sera probablement jamais). Interprété par James Mason, dans l'un de ses plus beaux rôles, l'espion devient un pur héros de Mankiewicz. Élégant, hautain, amoureux de lui-même, savourant ses propres machinations à la fois comme spectacle, comme jeu intellectuel et comme moyen de dominer les autres, il sera finalement vaincu par le Destin ou par l'Histoire qui, pour Mankiewicz, réduisent l'homme, si brillant soit-il, à ses justes proportions : celles d'un fantoche, à peine plus avancé en fin de parcours que ceux qu'il croyait manipuler. Vision du monde pessimiste mais infiniment séduisante car Mankiewicz éprouve une fascination que peut-être son intelligence condamne pour ces êtres d'exception, capables pour un moment de se donner à eux-mêmes et aux autres l'illusion de la supériorité. Tenant à faire participer le spectateur à sa fascination, Mankiewicz témoigne d'une grande adresse dans l'utilisation du réalisme (sept semaines de tournage en Turquie) et dans le maniement du suspense (cf. la séquence de la dernière séance de photographie exécutée par Cicéron). Il élimine aussi avec habileté tous les éléments (le sang, la violence physique, la trivialité) nuisibles à la séduction de son divertissement. Comme Preminger, mais sans doute avec moins de profondeur, il excelle à rendre attachants, voire même poignants, des personnages qui devraient être antipathiques (cf. Lydecker dans *Laura**, Korvo dans *Whirlpool**, Van Ryn dans *Dragonwyck**). C'est qu'ils appartiennent tous, par leurs qualités qu'ils utilisent comme des vices, à la catégorie de l'« humain, trop humain ». Ils font trop confiance à leur intelligence ou à leur orgueil qui finalement les perdent. Ce sont aussi de grands solitaires, et des insatisfaits sensibles à l'ironie présente en toute chose. Plus qu'un film ironique, *Five Fingers* est en effet un film sur l'ironie même (cette ironie qui n'existerait pas sans les imbéciles qui ne peuvent la comprendre, ni même concevoir qu'elle existe). La principale ironie de la destinée de Cicéron est évidente et tient dans le fait que les nazis n'utiliseront jamais les documents de premier ordre qu'il leur avait livrés (lui-même s'en doutait un peu et croyait d'ailleurs à la défaite allemande). Ironie plus subtile, que le machiavélique espion ait été « refait » par une petite comtesse à la cervelle d'oiseau, mais cupide et calculatrice comme lui, et qui n'est en définitive que sa propre caricature, à vingt crans au-dessous. Ironie plaisante, qu'elle soit à son tour spoliée de tout ce qu'elle avait cru gagner et voler deux fois. Ironie suprême enfin, que cette histoire immorale où chacun des héros se croit au-dessus des lois, des patries et d'autrui voie la morale triompher sur tous les plans.

N.B. « Ce titre dénué de sens, *Five Fingers*, a dit Mankiewicz, vint de Zanuck. » Selon la publicité, il était censé symboliser l'avidité et l'appât du gain.

## AFFAIRE EST DANS LE SAC (L')

1932 – France (48') • *Prod.* Pathé. • *Réal.* PIERRE PRÉVERT • *Sc.* Jacques Prévert d'ap. Akos Rathony • *Phot.* Alphonse Gibory, Eli Lotar • *Mus.* Maurice Jaubert • *Int.* Jacques-Bernard Brunius (le client au béret), Étienne Decroux (Deboisé, le chapelier), Lora Hays (Gloria Hollister), Gildès (Hollister), Carette (Clovis), Jean-Paul Dreyfus (Jean-Paul Dutilleul), Lou Bonin, dit Tchimoukov (l'agent de police), Marcel Duhamel, Ghislaine May, Lucien Raimbourg, Guy Decomble.

Un jeune homme assez mou et rêveur, Jean-Paul Dutilleul, suit une jeune fille, Gloria, jusque chez elle. Comme elle est la fille du millionnaire Hollister, le roi du buvard, les prétendants se pressent chaque jour dans son salon. Hollister s'ennuie à mourir tout au long de la journée. Il accepterait volontiers Dutilleul comme gendre si celui-ci était capable de le faire rire. Mais comme il n'est pas drôle du tout, Hollister le fait jeter dehors. Le chapelier d'en face entraîne Dutilleul dans une entreprise qui doit lui rapporter à lui-même la fortune et au jeune homme la main de sa belle. Il s'agit de kidnapper le jeune frère de Gloria. Le chapelier touchera la frère de Gloria. Le chapelier touchera la rançon, et Dutilleul, se posant en sauveur, ramènera l'enfant à la maison et sera récompensé par une promesse de mariage. La nuit, le chapelier, son employé Clovis et Dutilleul procèdent au kidnapping. Clovis monte par une échelle chez le millionnaire et en ressort avec un sac. Mais, le sac une fois ouvert dans l'arrière-boutique du chapelier, c'est le vieux Hollister qui en sort. Il est d'ailleurs ravi de cet enlèvement qui enfin le distrait et lui rappelle sa jeunesse (il avait commencé sa carrière de millionnaire par trois petits meurtres). Un client, à qui Clovis avait vendu une casquette au lieu d'un béret (et ce client tenait absolument à porter un simple béret, un béret français) vient rendre la casquette et emprunte au millionnaire son béret. Il se laisse convaincre par un ami d'aller demander la main de Gloria. A cause du béret, il est pris pour le ravisseur et on lui donne les dix mille dollars de rançon. Le chapelier l'assomme, lui vole l'argent et disparaît. Hollister ne veut rien entendre pour rentrer chez lui, il s'amuse trop en la compagnie du boute-en-train Clovis. Ce dernier devra le chloroformer pour le ramener chez lui. Hollister, quoique ayant retrouvé son béret (repris par son domestique sur la tête du pseudo-ravisseur) se plaint amèrement de l'absence de Clovis. Il promet à Dutilleul la main de sa fille, s'il lui ramène Clovis dont il veut faire son bouffon. Dutilleul s'exécute et épouse Gloria. Quelques années plus tard, le couple se promène dans le quartier. Des cris se font entendre derrière le rideau de fer de la boutique du chapelier, fermée depuis les incidents qui ont entraîné le mariage de Dutilleul et de Gloria. On lève ce rideau et, de la boutique, s'échappe le client au béret. Il a une longue barbe blanche et réclame en gémissant : « Un béret, rien qu'un tout petit béret de rien du tout. »

☞ Premier travail important de Jacques Prévert pour le cinéma. Tourné en huit jours par son frère, à l'instigation de Charles David, directeur des studios Pathé-Natan, dans un décor de *La merveilleuse journée* (de Robert Wyler et Yves Mirande), *L'affaire est dans le sac* est une satire burlesque et loufoque de tous les mélos, feuilletons et films d'action qui ont fait le bonheur des spectateurs depuis les origines du cinéma. Satire également de tous les comportements humains dans une société bourgeoise, ici brocardée par un anarchiste doublé d'un poète et d'un humoriste. Le film fut comparé à ceux des Marx Brothers, aux burlesques français et américains, sans que ces comparaisons puissent éclairer une œuvre qui, à vrai dire, était jusque-là sans exemple. C'est une pochade où le verbe, c'est-à-dire les boutades, les inventions saugrenues qui en constituent la trame, se sont faites chair à travers le talent d'une troupe nombreuse d'amis et de complices. Pour la plupart, ils font partie du groupe Octobre (célèbre groupe théâtral de gauche dirigé par Lou Bonin et qui constituait l'un des deux tronçons de la troupe d'amateurs Prémices fondée en 1929). Le plaisir qu'ils ont pris à jouer cette petite farce lui a donné son unité – son éternité aussi, car elle n'a pas pris une ride en cinquante ans. Ayant choqué lors d'une projection corporative, le film n'eut pas de sortie commerciale, mais devint un classique dans les ciné-clubs et les cinémathèques.

## AFFAIRE MATTEI (L')
### (Il caso Mattei)

1971 – Italie (120') • *Prod.* Vides (Franco Cristaldi) • *Réal.* FRANCESCO ROSI • *Sc.* Francesco Rosi, Tonino Guerra, Nerio Minuzzo, Tito De Stefano • *Phot.* Pasqualino de Santis (Technicolor) • *Mus.* Piero Piccioni • *Int.* Gian-Maria Volonte (Enrico Mattei), Renato Romano (journaliste), Gianfranco Ombuen (Ferrari), Edda Ferronao (Mme Mattei), Accursio Di Leo (notable sicilien), Aldo Barberito (officiel), Dario Micaelis (officier des carabiniers), Peter Baldwin (McHale), Franco Graziosi (ministre), Elio Jotta (général), Luciano Colitti (Bertuzzi).

Évocation de la vie d'Enrico Mattei, président de l'ENI (Ente Nazionale Idrocarburi), considéré comme l'un des hommes les plus puissants d'Italie, qui mourut dans un accident d'avion en octobre 1952, sans qu'on sache jamais s'il avait été victime d'un complot et d'un assassinat.

☞ Cette œuvre ambiguë et complexe ajoute sans doute un genre nouveau – phénomène peu fréquent depuis trente ans – à l'histoire du récit cinématographique : le film-enquête retraçant simultanément la biographie d'un homme et les progrès des recherches à son sujet. Rosi lui-même apparaît dans le film, interroge des journalistes et tâche de faire avancer leur travail. Il accumule des renseignements et des points de vue, mais la vérité ultime échappe toujours. Ce type de structure correspond-il à un progrès du récit cinématographique ou au contraire amorce-t-il son irrémédiable décadence ? La même question se pose à propos d'un « docu-drame » comme *Family Life** de Ken Loach et s'ajoute sur le plan formel à toutes celles que fait naître le film sur les plans policier, social et politique. Nul doute que Rosi ne se trouve comme un poisson dans l'eau au milieu de toutes ces interrogations qui lui permettent de manifester sa virtuosité de narrateur, de directeur d'acteurs et de metteur en scène. Moins énigmatique, la vie de Mattei ne l'intéresserait pas autant. Rosi éprouve à son égard cette fascination trouble que lui inspirent tous ces personnages de *heavies* charismatiques ou franchement antipathiques qu'il aime étudier dans ses films (cf. l'affairiste interprété par Rod Steiger dans *Main basse sur la ville,* le mafioso Lucky Luciano interprété par Volonte dans le film consacré à ce personnage). Mattei est le plus passionnant d'entre eux car l'usage qu'il fait du pouvoir, sans cesser d'être ambigu, a une tout autre envergure que celui qu'en faisaient le requin de l'immobilier ou le bandit sicilien. A l'intérieur même du point de vue de Rosi, une autre ambiguïté se crée : le genre et la structure nouvelle du film sont une conséquence du rationalisme de l'auteur, de sa soif de vérité, mais le contenu du film lui-même manifeste de sa part une tendance irrationnelle à se laisser impressionner – et parfois même submerger – par l'inquiétant mystère, par la volonté de puissance quasi illimitée qui émane des figures qu'il décrit. Profondément bancale, c'est-à-dire bancale dans ses profondeurs, oscillant entre le rationalisme de sa méthode et une certaine irrationalité de son contenu le plus personnel, l'œuvre de Rosi, qui passionne les intellectuels, n'est pas sans susciter un malaise – justement sur le plan intellectuel.

BIBLIO. : scénario et dialogue *in* « *Il caso Mattei, un "corsaro" al servizio della republica* », Cappelli, Bologne, 1972. Contient la continuité dramatique du film visionné à la moviola, une biographie de Mattei et un interview de Rosi.

## AFFAIRE NINA B. (L')

1961 – France (105') • *Prod.* Ciné-Alliance/Filmsonor • *Réal.* ROBERT SIODMAK • *Sc.* Roger Nimier, d'ap. R. de Johannes Mario Simmel • *Phot.* Michel Kelber • *Mus.* Georges Delerue • *Int.* Nadja Tiller (Nina Berrera), Pierre Brasseur (Michel Maria Berrera), Walter Giller (Holden), Charles Régnier (Schwerdtfeger), Hubert Deschamps (Romberg), Jacques Dacqmine (Dr Zorn), Maria Meriko (Mila).

Après la fin de la guerre, un aventurier tient sous sa coupe des industriels allemands sur lesquels il possède des documents les faisant apparaître comme des criminels de guerre. Son ex-secrétaire, devenue sa femme, vit malheureuse à ses côtés, malgré le luxe dont il l'entoure. Elle tentera de se suicider. Lui-même meurt d'une crise cardiaque, victime de ses propres machinations, du surmenage ou d'une tentative d'empoisonnement due à sa femme.

☞ Siodmak connut en Europe une fin de carrière erratique et très inégale. Il faut en retenir ce film étrange – attachante incursion dans le dédale moral de l'Allemagne du « miracle économique » d'après guerre. Paradoxalement, ce film entièrement allemand par son sujet et sa matière a été tourné en France où il fut plus facile à Siodmak de trouver un financement. Adaptée d'un best-seller de Simmel, l'intrigue chaotique, souvent obscure mais toujours surprenante, est pleine de personnages au relief et au mystère qui ne s'épuisent pas, le film terminé. Il en résulte une œuvre bancale, incertaine mais terriblement expressive. Siodmak tâtonne, comme il l'a fait tout au long de sa carrière, à la recherche d'un style original qui fournirait l'impossible synthèse entre un classicisme glacé à la Fritz Lang et le baroquisme échevelé d'un Welles. Autre fidélité à lui-même : il continue à considérer le récit policier et criminel comme le meilleur moyen de sonder les âmes et d'évaluer le climat social d'une époque. Bons dialogues de Roger Nimier qui résistent aux pièges de la postsynchronisation et de la coproduction.

## AFFAIRES SONT LES AFFAIRES (LES)

1942 – France (75') • *Prod.* Les Moulins d'Or (Manégat) • *Réal.* JEAN DRÉVILLE • *Sc.* Léopold Marchand d'ap. P. d'Octave Mirbeau • *Phot.* Nicolas Bourgassof • *Mus.* Henri Verdun • *Int.* Charles Vanel (Isidore Lechat), Renée Devillers (Germaine Lechat), Jacques Baumer (Gruggh), Robert Le Vigan (Phinck), Jean Debucourt (vicomte de La Fontenelle), Germaine Charley (Mme Lechat), Lucien Nat (Lucien Garraud), Jean Paqui (Xavier Lechat), Aimé Clariond (marquis de Porcellet).

A la fois intraitable et peu scrupuleux en affaires, Isidore Lechat, ancien prolétaire comme il se plaît à le répéter, s'est bâti une fortune considérable. Lui qui se vante de ne jamais lire, il possède un journal influent, habite dans un château Louis XIII, Vauperdu, et brigue la députation dans sa circonscription. Deux affairistes de petite envergure viennent lui proposer l'acquisition d'une chute d'eau dans la région de Grenoble. Lechat met à jour leur malhonnêteté et s'arrange pour les déposséder de la plupart de leurs intérêts dans l'affaire. A partir d'un projet de mariage de sa fille avec le fils d'un aristocrate du voisinage, Lechat échafaude une combinaison qui doit lui permettre d'agrandir son domaine. Mais sa fille, écœurée par ses calculs et son insatiable férocité, prend la fuite avec un chimiste, employé de la maison, qu'elle aimait depuis longtemps. Le même jour, son fils fait une chute de cheval mortelle. Lechat est désespéré, mais saura encore corriger à son avantage le contrat que lui donnaient à signer les deux aigrefins, espérant profiter de sa douleur et de son inattention.

☞ Sur un thème familier au cinéma français de la décennie précédente, une impitoyable satire de l'affairisme, de l'arrivisme, du culte de l'argent. Remarquable composition de Charles Vanel. Dans un rôle qui n'est pas tout à fait son emploi (et qui avait d'abord été proposé à Raimu), Vanel exprime en effet la violence de son personnage et l'âpreté de la pièce de Mirbeau où toutes les classes sociales en prennent pour leur grade. Dréville et ses comédiens réussissent aussi à préserver ce qui fait l'originalité principale de la pièce : son irrésistible progression vers le drame et la tragédie. Le récit débute en effet par une caricature de mœurs à la Flers et Caillavet et évolue peu à peu vers une étude sociale et psychologique à la Balzac.

## AFFAMEURS (LES)
**(Bend of the River)**

1952 – USA (91') • *Prod.* U I (Aaron Rosenberg) • *Réal.* ANTHONY MANN • *Sc.* Borden Chase d'ap. R. « Bend of the Snake » de Bill Gulick • *Phot.* Irving Glassberg (Technicolor) • *Mus.* Hans J. Salter • *Int.* James Stewart (Glyn McLyntock), Arthur Kennedy (Emerson Cole), Julia Adams (Laura Baile), Rock Hudson (Troy Wilson), Lori Nelson (Margie Baile), Jay C. Flippen (Jeremy Baile), Chubby Johnson (capitaine Mello), Howard Petrie (Tom Hendricks), Stepin Fetchit (Adam), Henry Morgan (Shorty) Royal Dano (Long Tom).

1847. Glyn McLyntock conduit un convoi de fermiers vers l'Oregon. Il compte s'installer avec eux et mettre fin à une vie d'errance et d'aventures. En chemin, il sauve de la potence, en faisant usage de ses armes, Emerson Cole, accusé d'avoir volé un cheval. Cole ne cache pas à McLyntock qu'il a effectivement volé ce cheval. C'est ainsi que les deux hommes deviennent amis. A la nuit tombée, les Indiens attaquent le campement. Laura Baile, la fille du chef de la communauté des fermiers, Jeremy Baile, est blessée par une flèche à l'épaule. Cole lance son poignard sur un Indien qui allait tuer McLyntock. Le convoi arrive à Portland. Là, un marin, Tom Hendricks, persuade McLyntock de charger hommes et matériel sur son vapeur. Dans un bar, Cole abat, soi-disant parce qu'il a triché, un joueur qui l'accusait d'être un de ces bandits fameux de la frontière du Missouri. Le bateau achève son itinéraire au voisinage des rapides. Le reste de la route devra être fait à pied, à cheval et en chariot. Dans la verdoyante vallée, la colonisation commence. Mais, quand arrive l'hiver, Jeremy Baile s'inquiète sérieusement de ne pas avoir reçu les provisions achetées à Hendricks. La ville est transformée par la folie de l'or. Hendricks, auparavant honnête, est devenu un profiteur. Les provisions réservées pour les colons ont vu leur valeur multipliée par cinquante, et Hendricks n'a plus du tout l'intention de les céder au prix anciennement convenu. Laura, restée à Portland pour se soigner, travaille, tout comme Cole, au bar de Hendricks. Elle est très attirée par l'atmosphère de la ville qu'elle ne veut plus quitter. McLyntock a fait charger de son propre chef les provisions sur le bateau. Hendricks l'apprend. Bagarre, fusillade, poursuite : Cole se range aux côtés de McLyntock pour l'aider à rejoindre, avec Laura, le bateau. Jeremy Baile reste très méfiant vis-à-vis de Cole. Il le compare à une pomme pourrie qui, comme telle, ne peut manquer de gâter le reste de la cargaison. McLyntock s'élève contre ce préjugé, songeant secrètement à lui-même. Quand il faut quitter le bateau et continuer sur la terre ferme, McLyntock oblige les hommes qui avaient chargé les provisions à bord à les véhiculer jusqu'au campement dans la montagne contre promesse d'une forte prime. Un complot se forme parmi eux pour s'emparer des provisions et les vendre au camp des chercheurs d'or, prêts à les payer n'importe quel prix. Un des hommes tabasse McLyntock et le laisse à demi mort. Cole n'a pu résister à l'appât du gain et a pris la tête du complot. McLyntock lui jure qu'il se vengera. Il suit de loin les chariots qui progressent dans la neige vers le camp des mineurs. Il abat un à un les hommes partis dans la nuit pour le tuer. Alors que les chariots traversent un fleuve, commence dans l'un d'entre eux un long corps à corps entre McLyntock et Cole qui se continuera dans l'eau. Cole périt noyé. McLyntock est ramené sur la rive à l'aide d'une corde. On voit la trace ancienne d'une autre corde sur son cou. Comme Cole, il avait fait autrefois partie des bandits du Missouri et, comme lui, il avait échappé de peu à la pendaison. Jeremy Baile reconnaît qu'il s'est trompé et que parfois les hommes peuvent ne pas ressembler à des pommes ! Les provisions parviennent au campement. Les ranchers sont sauvés. McLyntock monte dans le chariot de Laura.

☞ Deuxième western d'Anthony Mann dans la série des cinq avec James Stewart. Premier film en couleurs du réalisateur. Le propos de *Bend of the River* prolonge d'une façon naturelle, organique et féconde celui de *Winchester 73**. Le manichéisme se subtilise et s'enrichit : à une opposition « biblique » entre deux frères succède ici une confrontation plus nuancée entre deux amis au passé commun, offrant en quelque sorte deux images morales divergentes d'un même et unique personnage. Le film devient ainsi un éloge de la volonté puisque c'est à force de volonté que McLyntock (James Stewart) se séparera de Cole (Arthur Kennedy) avant d'avoir à entamer avec lui une lutte mortelle. Très différent du « méchant traditionnel », le personnage finalement négatif de Cole ne manquera, durant toute une partie du récit, ni de charme ni de sympathie. Le thème du rachat moral circule d'une manière discrète et presque secrète à l'intérieur d'une vaste épopée collective qui se développe à travers différents paysages luxuriants et verdoyants, rendus à la fois plus réalistes et plus magnifiques par un superbe emploi de la couleur. C'est, parmi les cinq films du cycle, celui où la violence du personnage principal est replacée dans la perspective la plus positive, celui où le thème de la vengeance, qui occupe les vingt dernières minutes du récit, bénéficie du maximum de justifications morales et sociales. On remarquera que cette vengeance est, dans la mise en scène, exprimée en grande partie par le procédé de la litote. Seul des cinq incarnations de James Stewart, le personnage de McLyntock semble ici réussir sans arrière-pensée et sans regret sa métamorphose en rancher, son intégration dans une communauté sociale presque organisée. Pour toutes ces raisons, *Bend of the River* est le film le plus serein de la série. Il est presque inutile de dire que c'est aussi l'un des plus beaux westerns de l'histoire du cinéma.

## AFONIA

Inédit en France. 1975 – URSS (92') • *Prod.* Studios Mosfilm • *Réal.* GEORGUI DANELIA • *Sc.* Alexandre Borodiansky • *Phot.* Serguei Vronsky (Sovscope, couleurs) • *Mus.* Moisei Veinberg • *Int.* Leonid Kouravliev (Afanassi Borstsov dit Afonia), Evgueni Leonov (Kolia), Borislav Brondoukov (Fedoul), Evguenia Simonova (Katia), Nina Maslova (la fille aux yeux de sirène), Valentina Tasilina.

Moscou. Pris entre ses obligations sociales et professionnelles, un plombier je-m'en-foutiste essaie de rester lui-même et de découvrir son port d'attache.

☞ A travers un personnage central fantaisiste, plus fruste et plus combinard que celui de *Il était une fois un merle chanteur**, mais tissé dans la même étoffe instable et rebelle à l'endoctrinement, Danelia fait l'éloge de tous les marginaux. Refusant à son récit la part d'arbitraire que comporte la recherche systématique d'une unité de ton, Daniela alterne avec virtuosité et fluidité satire sociale, chronique mélancolique, onirisme et observation réaliste. Il trouve ainsi une autre unité, de style celle-là, qu'on pourrait qualifier de poétique à condition d'inclure dans le terme la forte dose d'humour que le film contient. Ainsi les scènes répétées où le plombier est jugé par ses pairs pour faute professionnelle possèdent une étonnante cocasserie. Et ici comme dans d'autres films, Danelia, poète et humoriste, prouve abondamment qu'il est un des meilleurs cinéastes soviétiques contemporains.

## AGATHA (id.)

1977 – USA (105') • *Prod.* Stweetwall Productions, Casablanca Filmworks. First Artists/Warner (Jarvis Astaire, Gavrik Losey) • *Réal.* MICHAEL APTED • *Sc.* Kathleen Tynan, Arthur Hopcraft d'ap. l'histoire de Kathleen Tynan • *Phot.* Vittorio Storaro (Technicolor) • *Mus.* Johnny Mandel • *Int.* Dustin Hoffman (Walley Stanton), Vanessa Redgrave (Agatha Christie), Helen Morse (Evelyn), Tony Britton (William Collins), Timothy Dalton (Kenward), Celia Gregory (Nancy Neele), Alan Badel (Lord Brackenbury).

Élégant essai de résolution fictive de l'énigme posée par la disparition d'Agatha Christie durant onze jours en décembre 1926. On sait que la romancière refusa toujours de s'en expliquer, y compris dans son autobiographie. Voici ce que les auteurs imaginent. Agatha, désespérée par la trahison de son mari, se rend dans la station balnéaire de Harrogate. En général, on maquille un crime en suicide. Mais Agatha ne saurait agir comme le commun des mortels. Elle maquille un suicide (le sien) en crime. Elle veut ainsi faire inculper et condamner sa rivale. Un journaliste amoureux d'Agatha l'a suivie. Il déjoue son plan et l'empêche de réussir. Par amour pour Agatha, qui ne lui accorde rien, il consent au plus grand sacrifice qu'on puisse demander à un homme de sa profession : il gardera le silence sur l'escapade criminelle de sa bien-aimée.

☞ Idée originale que d'inventer un mystère pour en élucider un autre, bien réel celui-là, et d'ajouter ainsi un roman supplémentaire à l'œuvre abondante de l'héroïne. Le scénario et la réalisation essaient de retrouver quelques-uns des éléments de l'équilibre sur lequel reposent beaucoup de livres de la romancière : une part de romanesque et de couleur locale (avec ici la merveilleuse reconstitution de Harrogate), une part de suspense et de violence, sans oublier l'habileté machiavélique dans la préparation du crime. Comme dans les romans d'Agatha Christie, la violence est feutrée dans sa présentation, mais très poussée dans ses effets. Car c'est bien d'un crime qu'il s'agit : Agatha et sa rivale devaient mourir dans la même toile d'araignée. La réussite de ce film mineur est évidente. Le jeu de Vanessa Redgrave, pudique et réservé comme il sied dans un film anglais qui se respecte, indique bien que l'essentiel de l'histoire tient dans une douloureuse histoire d'amour déçu. Et dans ce domaine l'intelligence supérieure de l'héroïne ne pouvait l'aider en rien, sinon à se perdre.

## AGE D'OR (L')

1930 – France (67') • *Prod.* Vicomte de Noailles • *Réal.* LUIS BUNUEL • *Sc.* Luis Buñuel, Salvador Dali • *Phot.* Albert Duverger • *Mus.* Mendelssohn, Mozart, Beethoven, Debussy, Wagner, Georges Van Parys • *Int.* Lya Lys (la femme), Gaston Modot (l'homme), Caridad de Laberdesque (la femme de chambre), Lionel Salem (le comte de Blangis/Jésus-Christ), Max Ernst (le chef des bandits), Germaine Noizet (la marquise de X.), Pierre Prévert (Peman, un bandit).

Buñuel résume ainsi le film dans « Mon Dernier Soupir », Robert Laffont, 1982 : « Pour moi, il s'agissait [...] d'un film d'amour fou, d'une poussée irrésistible qui jette l'un vers l'autre, quelles que soient les circonstances, un homme et une femme qui ne peuvent jamais s'unir. »

☞ Le deuxième film de Buñuel a une continuité apparemment plus logique, plus décelable en tout cas, que son premier, *Un chien andalou.* Un couple, par la force de son désir et de son amour, y bouscule toutes les bienséances, les rituels des corps constitués, les tabous de la bourgeoisie. Cela, au milieu d'images irrationnelles, cocasses, oniriques ou franchement sacrilèges. Ces images, à l'inverse de ce qui se passe dans *Un chien andalou,* ne constituent pas le corps du film, mais sont les prolongements ou les incidences de telle ou telle séquence. Ce maître film de l'avant-garde n'utilise aucun des procédés habituels du genre : flou, surimpression, ralenti, accéléré, etc. Dès ses débuts, Buñuel a immédiatement compris quelle charge de réalisme le cinéma pouvait apporter à ses inventions les plus osées et les plus extravagantes, à condition d'utiliser la caméra sobrement et comme un simple miroir. Son style, dès l'origine, est parfaitement classique. On pourrait presque dire sans exagérer que c'est un style neutre. De telle sorte que le cinéma a donné aux idées et aux rêves buñueliens, non cette mollesse et ce flou propres aux élucubrations habituelles de l'avant-garde, mais au contraire la force des évidences coulées dans le marbre. C'est la leçon la plus notable de l'œuvre, et l'originalité à laquelle Buñuel est resté fidèle toute sa vie. Cela dit, le film le plus scandaleux de son époque ne saurait aujourd'hui scandaliser qui que ce soit. Seule peut-être, dans la séquence finale, l'assimilation entre un célèbre héros sadien et le Christ du catéchisme garde une force blasphématoire réelle. On observe ici l'un des plus étranges pouvoirs du cinéma : en quelques dizaines d'années, un objet de scandale s'y transforme en document d'histoire.

N.B. Produit par le mécène Charles de Noailles qui risqua l'excommunication, le film sortit quelques jours au Studio 28 puis, ayant provoqué un scandale, fut interdit par la Préfecture de Police. Pendant cinquante ans, le film ne fut projeté qu'en privé et dans les cinémathèques. Il sortit commercialement à New York en 1980 et à Paris en 1981. Cas à peu près unique dans l'histoire du cinéma.

BIBLIO. : découpage avant tournage (243 plans) *in* « L'Avant-Scène » nº 27-28 (1963), précédé du « Manifeste des Surréalistes à propos de *L'âge d'or* ». Découpage après montage de la dernière séquence (plans 302 à 633) *in* « L'Avant-Scène » nº 315-316 (1983).

## AGENCE MATRIMONIALE

1952 – France (109') • *Prod.* Coopérative Générale du Cinéma-Silver Films • *Réal.* JEAN-PAUL LE CHANOIS • *Sc.* Jean-Paul Le Chanois, France Roche et Jacques Rémy • *Phot.* Marc Fossard • *Int.* Bernard Blier (Noël Pailleret), Michèle Alfa (Gilberte), Carette (Jérôme), J.-P.

Grenier (Jacques), Yolande Laffon (la mère de Noël), Madeleine Barbulée (Céline), Anne Campion (Viviane), Marcelle Praince (Mme Martin), Suzanne Nivette (Léonie), Jean d'Yd (un père).

Élevé et couvé par une mère abusive, un employé de banque d'une petite ville de province, Noël Pailleret, a laissé échapper la femme qu'il aimait, une amie d'enfance, Gilberte, à la fois par timidité et par obéissance envers sa mère. Il se rend à Paris pour hériter de sa tante et se retrouve à la tête d'une petite agence matrimoniale. Il compte liquider l'affaire puis s'intéresse progressivement à ce travail d'abord sous la pression amicale des clients de l'agence puis par compassion et aussi par fraternité pour des êtres isolés et solitaires que leur timidité éloigne du bonheur. Il revoit Gilberte, maintenant divorcée, qui lui reproche sa trop longue absence et sa soumission à sa mère. Ils refont connaissance. Gilberte est amenée à apprécier de plus en plus les qualités de Noël à travers l'énergie et la bonne volonté dont il fait preuve dans son travail. Il échappera enfin à l'emprise de sa mère. Gilberte et lui reparleront mariage.

☞ Au carrefour d'un néo-réalisme à la française et de la tradition de l'étude de mœurs très écrite et très élaborée sous son apparente nonchalance (genre que Becker a mené à sa perfection), cette petite comédie humaine riche d'une centaine de personnages, présente un tableau significatif et varié de la petite bourgeoisie française au sortir de la guerre. Le ton est suffisamment divers, bon enfant, parfois un peu geignard, pour refléter les différentes couleurs que l'auteur a voulu donner à son sujet. Beaucoup d'invention dans les dialogues, les personnages, l'interprétation. L'un des meilleurs rôles de Bernard Blier, l'acteur le plus caractéristique de cette période du cinéma français (1945-1955). Succulente composition de Carette en factotum cynique de l'agence. Le tempo général du film, extrêmement vif mais sans la moindre accélération artificielle, prouve de la part du réalisateur une très grande maîtrise.

N.B. Le précédent film de Le Chanois, sur un scénario de Joffé, *Sans laisser d'adresse,* avait sensiblement le même ton, les mêmes ambitions et les mêmes qualités que celui-ci. Il racontait la journée d'un chauffeur de taxi parisien et entraînait le spectateur dans toutes sortes de milieux (la rédaction de « France-soir », une réunion syndicale à la Mutualité etc.).

## AGENT X 27/X 27 (Dishonored)

1931 – USA (91') • *Prod.* PAR. • *Réal.* JOSEF VON STERNBERG • *Sc.* Daniel H. Rubin • *Phot.* Lee Garmes • *Mus.* Karl Hajos • *Int.* Marlene Dietrich (X 27), Vicor McLaglen (lieutenant Kranau), Lew Cody (colonel Kovrin), Gustav von Seyffertitz (chef du service secret), Warner Oland (général von Hindau), Barry Norton (jeune lieutenant), Davison Clark (officier).

Vienne, 1915. Veuve d'un capitaine mort sur le front, une jeune femme a sombré dans la misère et la prostitution. Elle est engagée comme espionne au service de son pays sous le matricule X 27. Sa première mission consiste à séduire le général von Hindau, suspecté d'intelligence avec l'ennemi. Elle découvre chez lui un message dissimulé dans une cigarette. « Quelle belle soirée nous aurions passée ensemble, dit-il, si vous n'étiez pas une espionne et moi un traître ! » – « Nous ne nous serions jamais connus », répond X 27. Il passe dans une autre pièce et se suicide. Elle veut confondre également son complice, l'officier russe Kranau, mais il est trop fort pour elle et il lui échappe. Une fascination réciproque ressemblant à de l'amour les réunit désormais au sein même de la guerre qu'ils se livrent. X 27 reçoit comme deuxième mission d'obtenir des renseignements sur la prochaine offensive russe. Déguisée en paysanne, elle devient femme de chambre dans l'hôtel où se réunit le haut-commandement. Elle vole à un officier des renseignements qu'elle transcrit sous forme de partition musicale. Kranau la fait prisonnière et brûle la partition. Elle drogue son vin et réussit à s'enfuir. De mémoire, elle rejoue au piano la partition devant des officiers viennois, reconstituant ainsi, dans une cacophonie proche de la musique moderne, le contenu des messages. Grâce à cela, les Autrichiens remportent d'importants succès militaires. Kranau est fait prisonnier. X 27 demande à l'interroger personnellement afin de lui permettre de fuir. Cette initiative lui vaut de passer devant le peloton d'exécution.

☞ Troisième des sept films de Sternberg avec Marlene Dietrich. C'est sans doute le plus beau après *Morocco**. Le mythe de Marlene s'enrichit de traits définitifs : un orgueil absolu dans la passion ou dans l'échec ; un don de dissimulation utilisé avec une grande parcimonie ; un charme physique où la fascination se mêle à la morbidité. (Ces traits se retrouveront, un peu modifiés, vingt et un ans plus tard dans le western qu'elle tourna avec Fritz Lang, *Rancho Notorious**.) Marlene devient ainsi une sorte d'Ange de la Mort conduisant à leur perte les hommes qui l'approchent au cours d'un itinéraire où elle-même est détruite. Le style de Sternberg joue sur le contraste entre la folie baroque des idées, des inventions (ex. : la partition jouée par Marlene pour reconstituer le message secret) et le classicisme glacial des décors et du découpage. Seules les nuances de la lumière rendent à l'inspiration son baroque originel. La dernière séquence est anthologique. Marlene, avant d'être fusillée, se regarde dans le métal luisant de l'épée que lui tend le jeune officier, chef du peloton d'exécution. Cet officier, dont Marlene a essuyé les larmes, a une crise nerveuse et refuse de donner l'ordre de tirer. Il est remplacé. Marlene se remet du rouge à lèvres avant d'être abattue par une rafale de balles.

## AGUIRRE, LA COLÈRE DE DIEU
### (Aguirre, der Zorn Gottes)

1972 – Allemagne (93') • *Prod.* Werner Herzog Production • *Réal.* WERNER HERZOG • *Sc.* Werner Herzog • *Phot.* Thomas Mauch (couleurs) • *Mus.* Popol Vuh • *Int.* Klaus Kinski (Don Lope de Aguirre), Helena Rojo (Iñez de Atienza), Del Negro (frère Gaspar de Carvajal), Ruy Guerra (Don Pedro de Ursua), Peter Berling (Don Fernando de Guzmán), Cecilia Rivera (Flores de Aguirre), Dany Ades (Perucho).

En 1560, une expédition espagnole, placée sous le commandement de Pizarro, part à la conquête de l'Eldorado, contrée mythique inventée par les Indiens ayant subi l'oppression des Espagnols. Le moine Gaspar de Carvajal tient le journal de l'aventure. Après le passage du dernier défilé des Andes, les membres de l'expédition traversent une interminable zone de marécages. Pizarro décide de construire trois radeaux et d'envoyer sur un des affluents de l'Amazone une quarantaine d'hommes à la recherche de vivres et de renseignements. Il nomme comme chef Don Pedro de Ursua (que sa fiancée Iñez de Atienza ne voudra pas quitter) et comme second Don Lope de Aguirre (accompagné de sa fille Flores). La descente des rapides se révèle extrêmement périlleuse. Les hommes de l'un des radeaux pris dans un tourbillon seront retrouvés morts, victimes de mystérieux Indiens qu'on ne voit jamais. Aguirre n'a nulle intention de retourner vers Pizarro. Animé par le désir de conquérir une gloire impérissable comme Cortés au Mexique, il fait détruire les radeaux et fomente une brève révolte où Ursua sera destitué et blessé. Il le remplace par Guzmán qu'il amènera plus tard à se proclamer « empereur d'Eldorado ». Au cours d'un procès fictif, il fait condamner Ursua à la pendaison, mais Guzmán le gracie. Le groupe part sur un nouveau radeau, trouve dans un village des ossements prouvant la présence d'Indiens cannibales dans la région. Maintenant les eaux sont calmes, et la progression du radeau est extrêmement lente. Le silence règne. Un homme est tué par une flèche minuscule tirée par un agresseur invisible. Carvajal essaie de convertir un Indien et de le persuader que la Bible contient la parole de Dieu. « Il ne parle pas », dit l'Indien en jetant le livre avant d'être massacré. Plus tard Guzmán est abattu. Aguirre envoie alors des soldats pendre Ursua. Au passage du radeau, des Indiens s'agitent sur le rivage en poussant des exclamations et des cris de joie. Le sens de leurs gesticulations est à peu près le suivant : « Voilà de la viande fraîche qui passe. » Les Espagnols incendient un village et trouvent du sel dont ils étaient depuis longtemps privés. La fiancée d'Ursua disparaît dans la forêt. Aguirre fait décapiter un soldat qui voulait faire demi-tour. D'autres victimes tombent sous les coups d'ennemis invisibles. Le radeau commence à dériver en cercles. Le moral est au plus bas. Les hommes sont abrutis de fatigue. Un bateau apparaît au sommet d'un arbre. Carvajal puis la fille d'Aguirre sont abattus par des flèches. Aguirre monologue en pensée sur ses conquêtes futures (« Nous mettrons l'Histoire en scène comme d'autres mettent en scène des tragédies ») dans son radeau envahi par les singes.

☞ Après divers courts et longs métrages relevant à des degrés divers de l'avant-garde et s'adressant à un public restreint (à l'exception des *Nains aussi ont commencé petits*), Herzog en 1972 filme un admirable documentaire sur les handicapés (*Le pays du silence et de l'obscurité*) et signe avec *Aguirre* un film dont l'originalité et l'universalité toucheront pour la première fois un vaste public. S'ouvre dans son œuvre une courte période de créativité géniale (1972-1974) située entre le moment où l'auteur a dénoué l'écheveau de ce qu'il avait à dire et celui où il se mettra à se recopier lui-même. *Aguirre* a la force, ressuscitée, du romantisme allemand. A travers la mégalomanie délirante de son héros, Herzog y appréhende en poète, en visionnaire, le goût du pouvoir comme goût de la chimère, de l'absolu, du néant. La somptueuse lenteur des images et du récit, l'insertion saisissante de l'action dans une nature luxuriante et dangereuse communiquent l'idée de progression irrésistible, puis d'engloutissement (non moins irrésistible), enfin d'échec et de gloire inutile. Échec sans résonnance historique auquel l'art seul peut donner un sens et une sorte de légitimation esthétique. Le style sublime de Herzog s'y emploie tout en montrant aussi l'absurdité ontologique de la colonisation et du missionnariat.

N.B. Le tournage fut particulièrement mouvementé, périlleux et conflictuel. Herzog en témoigne dans une passionnante interview accordée à Simon Mizrahi (brochure de presse du film). Herzog dit notamment : « La plupart des risques, il faut être honnête, c'était moi et l'opérateur qui les avons courus. Nous étions les seuls sur le radeau obligés de nous déplacer partout. Les autres étaient attachés par des cordes au radeau. Si quelqu'un avait été emporté par une vague, nous aurions pu le sauver. Mais non pas l'opérateur et moi ; il était impossible de nous attacher, nous devions être partout en même temps. » Le film a été tourné avec très peu de son direct. La version postsynchronisée allemande a la préférence de Herzog. Elle n'a pas été distribuée en France où l'on a vu surtout la version anglaise sous-titrée. La version française est correcte.

BIBLIO. : découpage (447 plans ; une mention spéciale désigne les plans de plus de trente secondes) *in* « L'Avant-Scène » n° 210 (1978). Première version du scénario (narration avec peu de dialogues) *in* Werner Herzog : « Scénarios », Hachette POL, 1981. Le volume, publié d'abord à Munich, Skellig, 1977, comprend aussi les scénarios de *Signes de vie, Les nains aussi ont commencé petits, Fata Morgana.*

## AIGLE DES MERS (L')
## (The Sea Hawk)

1940 – USA (126') • *Prod.* Warner (Hal B. Wallis) • *Réal.* MICHAEL CURTIZ • *Sc.* Howard Koch et Seton I. Miller • *Phot.* Sol Polito • *Mus.* Erich Wolfgang Korngold • *Int.* Errol Flynn (captain Geoffrey Thorpe), Brenda Marshall (doña María), Claude Rains (don José Alvarez de Cordoba), Donald Crisp (Sir John Burleson), Flora Robson (reine Elizabeth), Alan Hale (Carl Pitt), Henry Daniell (Lord Wolfingham), Una O'Connor (Miss Latham), James Stephenson (Abbott), Gilbert Roland (capitaine Lopez), William Lundigan (Danny Logan), Montagu Love (Philippe II).

Angleterre, 1585. Le capitaine Thorpe fait partie des Sea Hawks qui regrettent que la flotte de la reine n'ait pas pour des raisons financières une importance suffisante pour lutter avec sa rivale, l'Espagne. Ils ont entamé une lutte personnelle proche de la piraterie pour lutter contre les vaisseaux espagnols. L'Albatros, le navire de Thorpe, attaque le galion transportant l'ambassadeur espagnol et sa nièce doña María. Le but de Thorpe est d'en délivrer les nombreux sujets anglais condamnés aux galères par la justice espagnole. Ceux-ci peinent comme des bêtes aux rames du vaisseau. La reine condamne officiellement cette entreprise, pourtant elle approuve en secret Thorpe quand il lui expose son projet d'aller dérober aux Espagnols un convoi d'or et de bijoux dans la jungle panaméenne. Thorpe et ses amis dressent une embuscade, mais ce sont eux qui tombent dans un piège des Espagnols, renseignés par leur espion à la cour d'Angleterre, Lord Wolfingham. Thorpe et les siens deviennent à leur tour des galériens. Ils réussissent à briser leurs chaînes et à s'échapper puis s'emparent d'un document fournissant la preuve qu'une armada va être lancée contre l'Angleterre. Ce document sera communiqué à la reine, cependant que Thorpe au cours d'un duel spectaculaire abat le traître Wolfingham, avant de rejoindre doña Maria, sa bien-aimée.

☞ L'archétype parfait du film d'aventures maritimes, notamment à cause de la prodigieuse séquence d'abordage qui ouvre le récit. La première mouture du scénario consistait en une adaptation par Delmer Daves du roman de Rafael Sabatini, « The Sea Hawk », déjà filmé en 1924 par Frank Lloyd. Puis Seton I. Miller écrivit une histoire inspirée de la vie de Sir Francis Drake et racontant les aventures du groupe des Sea Dogs qui enrichissaient la couronne d'Angleterre par leurs actes de piraterie. L'expression fut transformée en celle, plus élégante, de Sea Hawks, qui semblait faire allusion au roman de Sabatini, avec lequel le contenu du scénario était maintenant sans rapport. L'ampleur exceptionnelle du budget (1 700 000 dollars), du plateau et des décors laissa à Curtiz une liberté totale pour parfaire son style, composer à loisir ces spectaculaires mouvements d'appareil et ces jeux d'ombres gigantesques sur les murs des châteaux qui sont comme sa marque de fabrique. Il fait la preuve de l'étendue de son registre de dramaturge et de styliste, car le film, ainsi que l'interprétation de Flynn, n'ont plus rien de commun avec la truculence, la gaieté dynamique de *Capitaine Blood**. C'est ici un film aux tonalités denses, âpres, plutôt nocturnes, situant ses personnages dans une succession de lieux clos (galère, jungle, etc.) où sont mis principalement en valeur la tension, l'effort héroïque et douloureux des participants. Le noir et blanc se trouve ainsi parfaitement justifié du point de vue esthétique. L'idylle, réduite au minimum, consiste surtout en adieux, en longues absences et en regrets. Flynn est au sommet de son brio et de sa fougue, mais sur le versant sobre, voire tragique, et totalement dénué d'ironie, de sa personnalité, tout à fait à l'opposé de *Capitaine Blood**. La partition d'Erich Wolfgang Korngold est justement célèbre pour sa puissance et son modernisme.

N.B. Les copies qui circulent depuis la ressortie américaine de 1947 sont généralement amputées de 18'.

BIBLIO. : scénario et dialogues publiés par The University of Wisconsin Press, 1982. Longue préface de Rudy Behlmer, montrant notamment l'influence du producteur Hal Wallis dans la stylisation du film. Témoin ce *memo* de Wallis : « Je veux m'assurer que, lorsque vous filmerez [...] la prise du « Madre de Dios » par les esclaves, vous ne tournerez aucune scène de bataille ; je préfère que vous filmiez cela d'une manière mystérieuse, inquiétante, en montrant seulement des ombres apparaissant derrière le bastingage, sautant sur le pont, rampant [...] et bondissant [...] sur les marins espagnols. Je suis sûr que cela sera beaucoup plus efficace que si nous nous embarquions dans une de ces batailles avec des gens brandissant des épées de bois. » Il continue en donnant des indications très précises sur la lumière qu'il veut dans la scène.

## AIGLE NOIR (L')
## (The Eagle)

1925 – USA (7 bob.) • *Prod.* Art Finance Corp. • *Réal.* CLARENCE BROWN • *Sc.* Hans Kraly • *Phot.* George Barnes, Dev Jennings • *Int.* Rudolph Valentino (Vladimir Doubrovski), Vilma Banky (Mascha Troekouroff), Louise Dresser (la tsarine), Albert Conti (Kuschka), James Marcus (Kyrilla Troekovroff), George Nichols (le juge), Carrie Clark Ward (tante Aurelia).

En Russie, le lieutenant de la garde impériale Vladimir Doubrovski rattrape le carrosse emballé d'une jeune fille et de sa gouvernante. Il est ainsi remarqué de la tsarine Catherine II, qui lui fait des avances on ne peut plus directes. Vladimir les repousse et préfère prendre la fuite. Furieuse, la tsarine lance contre lui un mandat d'arrêt. Vladimir apprend que son père a été dépossédé de ses biens par Kirilla avec la complicité d'un juge vénal. Il se rend au chevet de son père agonisant et, devant les paysans du voisinage prêts à l'aider, jure de se venger. En peu de temps, il devient célèbre comme justicier sous le nom de l'« Aigle Noir ». Ses hommes capturent la jeune fille autrefois sauvée par Doubrovski, Mascha, qui n'est autre que l'enfant unique de Kirilla. L'Aigle Noir la relâche car il ne s'attaque pas aux femmes. Il lui dit galamment : « Vous êtes aussi libre que vous êtes jolie..., autant dire tout à fait libre. » Sous l'identité du professeur de français de la jeune fille, Leblanc, il se présente au château de Kirilla. Il tombe amoureux de Mascha, laquelle commence d'ailleurs à se douter de quelque chose. Une nuit, il fait irruption, masqué, dans la chambre de Kirilla qui le supplie à genoux de l'épargner. Mascha arrive et désarme l'Aigle Noir. Il fuit par la fenêtre. La jeune fille découvre alors que le revolver n'était pas chargé. Doubrovski reparaît quelques instants plus tard sous l'identité du professeur. « Tant que je serai là, murmure-t-il à l'oreille de Mascha, votre père ne sera pas blessé. » Les cosaques ont capturé le principal lieutenant de l'Aigle Noir. Kirilla le fouette. Doubrovski révèle alors sa véritable identité et parvient à fuir à cheval avec sa dulcinée, après avoir libéré son lieutenant. Il est arrêté par la police de la tsarine. Mascha l'épouse dans la prison. La tsarine signe à regret sa condamnation à mort. Mais, aussitôt après, l'officier, qui a remplacé Doubrovski dans ses faveurs, lui fait signer un autre document : le passeport d'un certain Leblanc... Le couple, libéré, salue dans le carrosse qui s'éloigne la tsarine.

☞ Avant-dernier film de Rudolph Valentino, et son plus célèbre avec *Le fils du cheikh**. Le récit de Pouchkine donne lieu à un roman d'amour et d'aventures où l'amour domine nettement l'action. Marivaudage un peu libre avec la tsarine, passion romanesque et caracolante du héros pour sa belle, dominante mélodramatique quand les amants sont captifs et se marient à la veille de l'exécution : le film développe toutes les variations aptes à mettre en valeur la personnalité physique et le charme de la star masculine. Freda, dans son remake, accentuera au contraire l'action, le dynamisme, les métamorphoses physiques du héros (presque inexistantes ici) et surtout le thème de la vengeance, le dilemme du héros et les rapports subtils se nouant entre ennemis mortels. Toutes choses qui n'occupent chez Clarence Brown qu'une place infime dans l'économie d'une œuvre vouée avant tout à enflammer l'imagination romanesque du public féminin de l'époque. Très beaux décors de William Cameron Menzies.

## AIGLE NOIR (L')
### (Aquila nera)

1946 – Italie (109') • *Prod.* CDI/Lux Film • *Réal.* RICCARDO FREDA • *Sc.* Mario Monicelli, Stefano Vanzina et Riccardo Freda d'ap. la nouvelle « Doubrovski » d'Alexandre Pouchkine. • *Phot.* Rodolfo Lombardi • *Mus.* Franco Casavola • *Int.* Rossano Brazzi (Vladimir Doubrovski), Irasema Dilian (Mascha Petrovitch), Gino Cervi (Kirilla Petrovitch), Rina Morelli (Irene), Harry Feist (Serge Ivanovitch), Paolo Stoppa (un bandit), Inga Gort (Marie).

En Russie, au début du XIXᵉ siècle, Kirilla Petrovitch décide de s'emparer, avec la complicité d'un gouverneur, d'un juge et d'un commissaire, du domaine des Doubrovski. Vladimir Doubrovski, jeune officier de la garde impériale à Saint-Pétersbourg, est appelé au chevet de son père qui agonise et meurt dans une écurie, après avoir été comme tant d'autres spolié de tous ses biens par Kirilla Petrovitch. Vladimir jure de le venger. Le juge corrompu qui vient occuper la demeure des Doubrovski sera le premier coupable qu'il abattra. A la tête d'une bande de justiciers chevaleresques composée de victimes de Kirilla, Vladimir Doubrovski devient célèbre et redouté sous le surnom de l'« Aigle Noir ». La bande détrousse les voitures des riches et des profiteurs. Un jour celle de la fille de Kirilla Petrovitch, Mascha, est arrêtée par les bandits. Frappé par la beauté de la jeune fille, l'Aigle Noir la libère et, ramassant son mouchoir, lui dit qu'il le lui rendra chez elle le soir même à minuit. Vladimir s'introduit ensuite chez Kirilla sous l'identité du nouveau précepteur allemand de Mascha que ses hommes ont capturé. Fasciné par Mascha, il la courtise sous cette fausse identité, mais elle lui préfère visiblement l'Aigle Noir. L'exécution de Kirilla pose maintenant à Vladimir un grave problème de conscience. Le prince Sergei, vieil ami de Kirilla, arrive au château, flanqué du vrai précepteur libéré par les hommes de l'Aigle Noir. Sergei est l'ennemi juré de Doubrovski. Les deux hommes devaient d'ailleurs se battre en duel mais Vladimir avait dû ajourner la rencontre pour se rendre auprès de son père mourant. Sergei en avait profité pour le faire passer pour un lâche. Se voyant reconnu, Vladimir tire sur le grand lustre de la salle à manger du château et dans la confusion parvient à fuir hors de chez Kirilla. Ce dernier a promis la main de sa fille à Sergei. Malgré le désespoir de Mascha amoureuse de l'Aigle Noir-Doubrovski, Kirilla reste inflexible et refuse de revenir sur sa décision. Mascha appelle Vladimir à son secours grâce à un anneau qu'il lui avait laissé à cette intention. Le bijou tombe entre les mains d'un vagabond qui, heureusement, rencontre Vladimir dans une taverne. Ses hommes envahiront à cheval le château juste avant le mariage. Vladimir combat Sergei en duel et l'abat. Kirilla emmène sa fille dans sa voiture. Vladimir se lance à leur poursuite. La voiture, après une folle embardée, tombe dans un ravin. Kirilla meurt et les amants sont réunis.

☞ Troisième adaptation du récit de Pouchkine « Doubrovski » après celle de Clarence Brown avec Valentino (1925) et celle du russe Alex Ivanovsky (1937). Deuxième film de cape et d'épée de Freda, *L'Aigle Noir* participe à cette renaissance du genre amorcée par l'auteur avant même la chute du fascisme dans *Don Cesar de Bazan.* Le film est un immense succès commercial : il est le numéro un au Box-office italien de 1946, la première année où l'Italie retrouve une production quantitativement normale avec 43 longs métrages. D'où sa double importance pour l'œuvre de Freda, confirmé dans ses choix, et pour l'évolution d'une partie du cinéma italien. Diamétralement opposés au néo-réalisme naissant mais aussi au calligraphisme finissant de Soldati et de Castellani, l'esprit et le dynamisme de la mise en scène de Freda ouvrent la voie à un renouvellement triomphal du film d'aventures, dans le droit fil de cette tradition héroïque et spectaculaire consubstantielle à toute l'histoire du cinéma italien. Freda se sert du film d'aventures pour exalter les forces de vie, à l'opposé des chants funèbres du calligraphisme (il n'est que de comparer le film à *Un colpo di pistola,* autre adaptation de Pouchkine, due à Castellani). Freda s'attache aussi à donner tout leur relief à des personnages de héros individualistes forgeant de leurs mains et contre tous les obstacles leur propre destin. Là encore, il est à contre-courant. Il tourne le dos à la grisaille unanimiste du néo-réalisme, à sa résignation plus ou moins avouée, comme aussi à sa prodigieuse faculté d'attention au présent. Avant tout, son œuvre est celle d'un styliste aux qualités multiples, dont les préférences et les parti pris vont souvent dans le sens du goût du grand public. Rythme savant du découpage ; stylisation splendide de la reconstitution plastique ; scènes d'action collective, duels et poursuites au brio effréné ; fantaisie et puissance : pourquoi ces qualités seraient-elles abandonnées au seul cinéma américain ? Toute l'œuvre de Freda, dès ses origines, se rebelle contre cette idée. Aussi le réalisateur essaiera-t-il de prouver que la vieille

Europe, au sortir d'un conflit mondial qui à bien des égards l'a dévitalisée, possède encore du ressort, qu'elle est capable d'illustrer de manière créatrice et vigoureuse un récit qui, après tout, comme ceux de Dumas, Dante, Hugo, adaptés ensuite par l'auteur, lui appartient en propre.

N.B. Cinq ans plus tard, Freda donnera une suite très brillante à ce film sous le titre : *La vendetta di Aquila Nera* (*La vengeance de l'Aigle Noir*, 1951).

## AIGLE VOLE AU SOLEIL (L')
### (The Wings of Eagles)

1957 – USA (110') • *Prod.* MGM (Charles Schnee) • *Réal.* JOHN FORD • *Sc.* Frank Fenton, William Wister Haines d'ap. la vie et les récits de Frank W. Weade • *Phot.* Paul C. Vogel (Metrocolor) • *Mus.* Jeff Alexander • *Int.* John Wayne (Frank W. « Spig » Wead), Maureen O'Hara (Minne Wead), Dan Dailey (Carson), Ward Bond (John Dodge), Ken Curtis (John Dale Price), Edmund Lowe (amiral Moffett), Barry Kelley (capitaine Jock Clark).

En 1919, l'officier de marine et pilote Frank W. « Spig » Wead veut développer le rôle jusque-là très effacé de l'aviation à l'intérieur de la US Navy en lui apportant le plus de publicité possible. Il persuade ainsi ses chefs de participer à différentes compétitions où les aviateurs de la Navy s'opposeront à ceux de l'Army. Wead et son équipe établiront plusieurs records en hydravion. Les fêtes au cours desquelles les membres de la Navy ou de l'Army célèbrent leurs victoires respectives sont souvent perturbées par les perdants qui viennent faire le coup de poing et déclencher de gigantesques bagarres de tartes à la crème. Les activités de Frank entraînent pour sa femme Minne des déplacements continuels qui finissent par la lasser. Le couple a perdu un bébé et a maintenant des jumelles. Celles-ci reconnaissent à peine leur père quand il leur rend visite. Durant l'une de ces rares visites, Frank entend pleurer l'un des enfants, court vers leur chambre et fait une chute grave dans l'escalier. Il est atteint d'une paralysie bilatérale et croit ne jamais pouvoir remarcher. Il invite sa femme à se séparer de lui et à vivre sa vie en élevant ses enfants. C'est son meilleur ami, le sergent Carson, qui lui remontera le moral tout au long de sa rééducation. A force de volonté, Wead accomplit des progrès miraculeux et peut bientôt se tenir debout avec deux cannes. Carson lui conseille alors d'écrire. De nombreux manuscrits de Wead sont refusés par les éditeurs. Puis, un cinéaste de Hollywood voulant réaliser un film sur les porte-avions, Wead est recommandé pour écrire le scénario. Il en écrira beaucoup d'autres au fil des années. Après le succès de *Ceiling Zero* (mis en scène par Howard Hawks), il retrouve par hasard Carson devenu chauffeur de taxi. Celui-ci le pousse à renouer avec sa femme. Frank va la voir à San Francisco : le couple envisage de reprendre la vie commune. Mais ce projet n'aboutira pas : Pearl Harbor survient, et Frank se rend à Washington pour mettre au service de l'amirauté ses qualités de stratège. Il mène à bien la réalisation de son idée : créer des mini-porte-avions rapides (jeeps porte-avions) qui ravitailleront en équipages et en appareils neufs les gros porte-avions, essentiels dans les batailles. Il assistera lui-même aux opérations à bord d'un de ces porte-avions et participera à la reconquête des îles du Pacifique. Lors d'une attaque aérienne, Carson – qui a repris du service à ses côtés – est blessé en lui faisant rempart de son corps. Victime ensuite d'une crise cardiaque, Wead ne veut plus être à charge de personne et préfère prendre sa retraite. Lors de ses adieux officiels, tous ses pairs sont présents, y compris ses rivaux et anciens amis de l'Army.

☞ Les films de la vieillesse de Ford se répartissent en deux catégories, selon qu'ils sont récapitulatifs des thèmes, des lieux, des genres et des situations illustrés par le cinéaste durant toute sa carrière (le western : *La prisonnière du désert**, *L'homme qui tua Liberty Valance**, *Les Cheyennes ;* l'Irlande : *Quand se lève la lune ;* bilan d'une vie au temps de la retraite et de la mort : *La dernière fanfare*) ou qu'ils témoignent, plus que tous les autres films réalisés auparavant par Ford, d'une liberté, d'une fantaisie, d'une absence de sérieux qui les ont fait souvent sous-estimer (*Les deux cavaliers, La taverne de l'Irlandais*). *L'aigle vole au soleil*, unanimement méprisé lors de sa sortie, se range sans conteste dans cette seconde catégorie. Dans un désordre savant et spontané qui est bien entendu un effet de l'art, Ford mêle la biographie édifiante, le mélodrame, le film de guerre au burlesque le plus échevelé. Cette variété peinte par l'auteur en images colorées et toujours lumineuses séduit l'œil tout autant qu'elle touche le cœur et satisfait l'esprit. Racontant la vie du bien réel Frank Wead, Ford fait de lui un héros fordien à part entière, un être qui a besoin de plusieurs « familles » et qui finit toujours par choisir – s'il doit choisir – celle où il est le plus utile aux autres. Car, si le thème central du film est celui du bonheur, recherché partout, que ce soit dans l'équilibre et l'harmonie, dans la fébrilité de la lutte et de la compétition, ou dans l'adversité la plus tragique, Ford a du bonheur la conception la moins hédoniste qu'on puisse imaginer. Le bonheur de ses personnages est en effet proportionnel à leur intégration dans un univers exigeant d'eux énergie et dévouement. Guidé par un instinct de conservation qui s'identifie totalement chez lui au sens du devoir et du sacrifice, Wead sacrifiera sa famille à cette autre famille que constituent pour lui l'armée et son patriotisme. (Devenu inutile à l'armée, il la quittera aussi à la fin du film.) Ainsi la réussite de son existence – mais jamais lui-même n'emploierait ce mot – aura-t-elle été fondée, comme c'est le cas pour beaucoup de héros fordiens, sur une suite de brisures, d'abandons, de rejets volontaires qui indiquent combien cette œuvre, l'œuvre de Ford en général, est loin de la mièvrerie et de l'autosatisfaction sénile où on a voulu parfois l'enfermer. Plénitude et frustration y constituent la trame permanente de la vie, mêlées à une mélancolie qui pénètre jusqu'au cœur des plus belles réussites.

N.B. Auteur de récits journalistiques et de romans, Frank Wead (1895-1947) signa notamment les scénarios de *Dirigible* (1931, Capra) ; *Hell Divers* (1931, George Hill) dont on voit des extraits dans le film ; *Air Mail* (1932, Ford) ; *The Citadel* (1938, King Vidor) ; *I Wanted Wings* (1941, Leisen) ; *They Were Expendable* (1945, Ford). A noter que la composition de Ward Bond dans *The Wings of Eagles* est bâtie à la ressemblance de Ford lui-même.

## A L'EST D'EDEN
## (East of Eden)

1954 – USA (115') • *Prod.* Warner (Elia Kazan) • *Réal.* ELIA KAZAN • *Sc.* Paul Osborn d'ap. R. de John Steinbeck • *Phot.* Ted McCord (Cinémascope, Warnercolor) • *Mus.* Leonard Rosenman • *Int.* Julie Harris (Abram), James Dean (Cal Trask), Raymond Massey (Adam Trask), Richard Davalos (Aron Trask), Jo Van Fleet (Kate), Burl Ives (shérif Sam Cooper), Lois Smith (Ann).

Salinas, 1917. Le jeune Cal se sent mal aimé de son père, le paysan Adam Trask, un homme rigoriste et puritain, féru de lectures bibliques, qui lui a toujours préféré son frère Aron. Cal cherche par tous les moyens à regagner l'amour et l'estime de son père. Il a récemment découvert que sa mère n'est pas morte peu après sa naissance comme le lui avait fait croire son père. Elle tient une maison close très prospère dans la ville voisine de Monterey. Cal s'approche de chez elle et voudrait lui parler. Après diverses tentatives, il engage la conversation avec elle. Victime elle aussi du rigorisme d'Adam, elle avait décidé de le quitter. Adam vient de perdre sa fortune dans une tentative ratée pour congeler des salades et donner ainsi de nouveaux débouchés au marché des primeurs. Cal voudrait regagner l'argent perdu de son père. Il emprunte 5 000 dollars à sa mère et se lance avec un ami d'Adam dans la culture des haricots, pariant sur le fait que les États-Unis participeront bientôt à la guerre, ce qui fera grimper inévitablement le prix des denrées alimentaires. Ses prévisions sont rapidement vérifiées par les faits. Le jour de l'anniversaire de son père, Cal lui donne un paquet de dollars en cadeau (montant de sa part rachetée à son associé). Mais le père refuse cet argent qu'il estime gagné sur le dos des paysans. Au même moment, Aron annonce ses fiançailles avec la jeune Abram : le père le félicite et lui dit qu'il ne pouvait recevoir plus beau cadeau. Une fois encore, Aron est donné en exemple à Cal. Pour se venger, Cal entraîne son frère chez sa mère dont celui-ci ignorait, comme lui, l'existence et les activités. Traumatisé par cette rencontre, Aron s'enivre et décide immédiatement de s'enrôler. Sur le quai de la gare, le père voit partir le convoi et est victime d'une attaque. Il reste paralysé et peut mourir d'un jour à l'autre. Abram, amoureuse de Cal, supplie Adam de pardonner à son fils et de faire un geste pour le retenir. Le père trouve la force d'articuler quelques mots et demande à son fils de rester auprès de lui pour le soigner.

☞ Premier des trois films de James Dean en vedette. Adapté de Steinbeck, c'est ici une variation sur l'histoire de Caïn et Abel, revue et corrigée par la psychanalyse et une nouvelle morale. Le point de vue adopté et défendu dans le récit est constamment celui de Caïn. Tous les personnages gravitant autour de lui, à l'exception d'Abram, sont responsables de ses complexes, de son déséquilibre et de cette soif inassouvie d'amour et d'estime qui explicitent la plupart de ses actes. L'investigation psychologique et psychanalytique menée ici ne recherche ni l'objectivité ni le réalisme. Elle aboutit au contraire à ce que le monde soit vu à travers le regard d'un seul personnage dont les souffrances, les alternatives d'espoir et de désespoir engendrent, comme des vagues, les mouvements lyriques de l'action. Lié à l'emploi de la couleur et du Cinémascope que Kazan utilise pour la première fois, ce lyrisme inaugure une nouvelle direction dans son œuvre, plus ouverte désormais à l'autobiographie, plus poétique et plus libérée des règles de la dramaturgie classique. Kazan valorise surtout les moments forts : scènes de l'anniversaire du père refusant le cadeau de son fils, scène où Cal entraîne son frère auprès de leur mère. Le film entier tend ainsi à devenir une suite de tensions et de paroxysmes au sein d'une trajectoire un peu simpliste qui élimine de l'action les nuances, les transitions et les ombres. Mais *A l'est d'Eden* restera surtout comme un portrait de James Dean en adolescent tourmenté, infiniment séduisant, encore tout pétri d'enfance et évoluant loin, très loin – à des années-lumière – de l'autonomie et de la maturité de l'âge adulte.

BIBLIO. : scénario et dialogues *in* « L'Avant-Scène » nº 163 (1975).

## ALEXANDRE NEVSKI (id).

1938 – URSS (100') • *Prod.* Mosfilm • *Réal.* SERGUEI MIKHAILOVITCH EISENSTEIN • *Sc.* P. Pavlenko et S. Eisenstein • *Phot.* E. Tissé • *Mus.* S. Prokofiev • *Int.* N. Tcherkassov (le prince Alexandre Nevski), N. Okhlopkov (Vassily Bouslaï), A. Abrikosov (Gavrilo Olebsitch), D. Orlov (Ignat), V. Massalinova (Amelfa Timofeevna), V. Ivasheva (Olga), A. Danilova (Vassilissa).

Au XIIIe siècle, les chevaliers teutoniques se sont lancés contre la Russie, à peine remise d'une sanglante invasion mongole. A Novgorod, le peuple est partisan d'appeler à son secours le jeune prince Alexandre, vainqueur des Suédois sur la Neva. En effet, les chevaliers allemands ont déjà envahi Pskov où ils jettent les enfants dans le feu avec la bénédiction des autorités ecclésiastiques qui les accompagnent. Des envoyés de Novgorod approchent Alexandre qui fait recruter des paysans. Il prépare la stratégie qu'il appliquera sur le lac Peïpous entièrement gelé : attirer l'ennemi au centre puis l'enserrer sur les côtés comme entre les pinces d'une tenaille. Le 5 avril 1249, le combat a lieu et se déroule comme Alexandre l'avait prévu. Le lac se fendille et engloutit les chevaliers teutoniques plus lourds avec leurs armures et leurs montures que les Russes avec leurs légères cottes de mailles. A Skov, les vainqueurs défilent triomphalement. Olga, une jeune fille russe, choisit pour mari l'un des deux prétendants, maintenant couverts de gloire, qui la courtisaient depuis longtemps ; quant à l'autre, il s'unira à une vaillante combattante de l'armée. Alexandre adresse à l'univers entier un discours lourd de menace : « Qui viendra avec l'épée chez nous, périra par l'épée. »

☞ Comme *Le cuirassé Potemkine**, c'est encore ici une commande (personnellement soutenue par Staline) que réalise Eisenstein. Les visées du film sont à l'évidence patriotiques et tournées vers un avenir immédiat. Il ne s'agit plus d'exprimer l'idéologie marxiste, mais d'illustrer une propagande nationaliste, à tel point que Bardèche et Brasillach ont pu admirer dans *Alexandre Nevski* « le plus émouvant des films fascistes ». Effectivement, Eisenstein emploie la figure de la « métaphore historique détournée », utilisée à foison à la même époque dans le cinéma fasciste italien et dans le cinéma nazi. Avec l'idéologie marxiste disparaissent aussi chez Eisenstein les partis pris formels qu'elle avait engendrés et la créativité que ceux-ci avaient apportée à *La grève** et au *Cuirassé Potemkine**. Ici le formalisme eisensteinien se borne à bâtir pour le héros Alexandre une statue de stuc, mais se révèle plus heureux quand il se livre à des recherches plastiques et esthétisantes dans le célèbre morceau de bravoure de la bataille sur le lac. Le parlant n'a rien apporté à Eisenstein. Celui-ci ne possède aucun sens du dialogue dramatique, et les discussions entre personnages filmés en plans rapprochés relèvent du pire académisme ; chacun déclame son texte comme un tract verbal. L'effort de caractérisation des deux amoureux d'Olga est d'une extrême gaucherie, tout comme les scènes de l'épilogue, après le combat. Ce film de 1938 pourrait dater de 1932 ou 1933. Le cinéma parlant n'intéresse Eisenstein qu'autant qu'il est sonore et permet d'ajouter aux images le contrepoint de l'admirable musique de Prokofiev et des chœurs chantés en *off*. En ce qui concerne le combat sur le lac, cette longue partie de trente minutes qui seule mérite aujourd'hui de retenir l'attention vaut surtout par ses plans généraux. Leur beauté plastique est due aux casques et aux armures des chevaliers, aux mouvements de foule quand cette foule est réduite à des heurts picturaux de volumes, de masses et de lignes. Les plans rapprochés montrant des soldats russes proférant une ou deux phrases tout en pourfendant l'adversaire s'intègrent très mal à l'ensemble et sont souvent catastrophiques. L'idée du lac qui se craquelle, spectaculaire dans son principe, ne l'est réellement sur l'écran que dans un seul plan, extrêmement elliptique : celui du chevalier déjà à demi noyé dont la tunique finit de s'engloutir dans les eaux. (Il est vrai que la séquence du lac fut tournée en juillet sur la terre ferme.) Dans ce film bâtard et inégal qu'il a jugé lui-même la plus superficielle et la moins personnelle de ses œuvres, Eisenstein est à l'aise avec les casques, les armures, la stratégie abstraite du combat, les masses blanches du lac et du ciel, les chevaux, la nature. Mais il ne sait que faire des hommes. Ils n'apparaissent dans le prologue et l'épilogue (qui occupent quand même les deux tiers de la durée) que pour livrer le message patriotique et nationaliste. Eisenstein, dans *Alexandre Nevski*, n'a pas encore appris à intégrer l'homme dans son formalisme, maintenant que ce formalisme a supplanté dans son œuvre l'idéologie. Il lui faudra pour cela les deux époques, les tourments et la malédiction d'*Ivan le Terrible**.

BIBLIO. : scénario *in* « Eisenstein : Three Films », éd. Jay Leyda, Harper and Row, New York, 1974 (avec *Le cuirassé Potemkine** et *La grève**).

## ALEXANDRIE POURQUOI ? (Iskandariah Leh ?)

1978 – Égypte (133') • *Prod.* Misr International Films • *Réal.* YOUSSEF CHAHINE • *Sc.* Youssef Chahine, Mohsen Zayed • *Phot.* Mohsen Nasr (couleurs) • *Mus* Fouad El Zahiry • *Int.* Mohsen Mohiedine (Yehia), Naglaa Fathi (Sarah), Farid Chawqi (Chaker Pacha), Ezzat El Alayli (Morsi, le trafiquant), Mahmoud El Meligui (le père de Yehia), Mohsena Tawfiq (la mère de Yehia), Ahmed Mehrez (Adel Bey).

A Alexandrie, dans les années de guerre, le jeune fils d'un petit avocat trop honnête pour faire fortune se découvre une vocation d'acteur. Il obtient son admission à l'école de Pasadena (Californie) et réunit à grand-peine l'argent pour partir.

☞ Chahine exprime la vitalité d'un peuple jusque dans la confusion de sa mise en scène. Rares sont les films qui empruntent à autant de styles différents : mise en scène approximative, caméra à la main, proche de la Nouvelle Vague ; fantasmagories felliniennes ; recréation spectaculaire des événements à la manière hollywoodienne ; mais là les moyens manquent, et Chahine ne s'en tire que grâce à un montage alterné de plans d'actualités et de plans tournés par lui. Le genre auquel le film appartient n'est pas moins composite : tableau politique et social d'une époque troublée, autobiographie, satire de mœurs, etc. Dans ce grouillement, dans ce brassage d'événements et de personnages, Chahine essaie de trouver sa propre identité et celle de son pays. L'Égypte y est décrite – souvent avec humour – comme un lieu de passage historique, encombré de trajectoires multiples d'occupants, de trafiquants, d'émigrés, terre où l'on aborde pour toutes sortes de motifs et que l'on quitte pour des raisons raciales (familles fuyant à l'approche des Allemands) ou professionnelles (départ du jeune apprenti héros pour les États-Unis). Grâce à sa vivacité naturelle, à sa générosité créatrice, le style de Chahine ne s'engloutit pas dans ce désordre ; au contraire un rythme prenant s'en dégage, l'humour et l'émotion s'y côtoient à la mesure du sujet traité, grouillant de vie et de diversité. La force de Chahine depuis *Gare centrale**, c'est de regarder du même œil, avec une curiosité et une chaleur humaine égales, les personnages typiques et les individus marginaux, les petits détails de la vie quotidienne et les grands bouleversements de l'Histoire et de la politique, tous entremêlés dans une dramaturgie et un montage plus élaborés qu'il n'y paraît. Avant tout, Chahine est un grand cinéaste vivant, jamais théorique ni sentencieux, comme l'époque contemporaine en connaît peu.

N.B. Faut-il pardonner à cet admirateur de Hollywood l'anachronisme énorme par lequel il fait projeter en 1942-43 à Alexandrie un extrait d'*Un Américain à Paris* ?*

BIBLIO. : découpage (721 plans), *in* « L'Avant-Scène » n° 341 (1985).

## ALIBI (L')

1937 – France (84') • *Prod.* BN Films (Buchouzer et Nash), Tellus Film (G. Levy) • *Réal.* PIERRE CHENAL • *Sc.* Marcel Achard, Jacques Companeez, Pierre Chenal, Herbert Juttke • *Phot.* Ted Pahle • *Mus.* Georges Auric, Jacques Dallin • *Int.* Louis Jouvet (le commissaire Calas), Erich von Stroheim (Winckler), Jany Holt (Hélène), Margo Lion (Dany), Foun-Sen (l'assistante de Winckler), Albert Préjean (André Laurent), Florence Marly (la maîtresse de Gordon), Philippe Richard (Gordon).

A Paris, Winckler, vedette de music-hall, exécutant un numéro de télépathie, tue son plus grand ennemi, Gordon, un gangster de Chicago. Il donne une forte somme à Hélène, une entraîneuse du cabaret où il travaille, pour qu'elle dise à la police qu'il a passé la nuit du crime avec elle. L'inspecteur Calas est persuadé de la culpabilité de Winckler et du mensonge d'Hélène. Il tend à celle-ci un piège. Il charge un de ses subordonnés, André Laurent, de la séduire. Laurent est ensuite arrêté comme coupable présumé du meurtre de Gordon. Amoureuse de Laurent et voulant le sauver, Hélène avoue la vérité au commissaire. Winckler se suicide. Son secrétaire tire sur Hélène qui survit à ses blessures. Laurent saura la persuader que l'amour qu'elle éprouve pour lui est payé de retour.

☞ L'un des plus grands succès commerciaux du cinéma français des années 30. Bon exemple de la capacité de ce cinéma à susciter, à côté des adaptations théâtrales et des œuvres originales des grands auteurs, des produits de consommation courante, efficaces et impersonnels. Le film est intégralement conventionnel et dépourvu de contexte concret. Il est régi par les règles abstraites d'un genre, ici celles du récit policier : atmosphère plus ou moins crapuleuse, scènes de violence (toujours en nombre limité dans le cinéma français), recherche du coupable, non pour le connaître – il est connu tout de suite –, mais pour le punir (là, une petite originalité), enfin manichéisme sans nuance. Ce manichéisme est un peu battu en brèche par le thème même du film : le mensonge. Au mensonge de l'héroïne répond en effet celui, assez cruel, du policier qui lui fournit un amant pour la perdre. Chenal a beaucoup pesté contre la fin heureuse, imposée par le producteur. On peut se demander s'il a eu raison. À film conventionnel, fin conventionnelle. Un dénouement tragique aurait détonné par une gravité que le reste du film n'a pas. Dans le genre, Decoin, avec *Entre onze heures et minuit**, battra de cent coudées Chenal, cinéaste qui n'est vraiment intéressant que lorsqu'il devient un auteur, un maître ès fantaisie et ruptures de ton. La « rigueur » (il vaudrait mieux dire la rigidité) superficielle de *L'alibi* ne lui permet pas de donner sa mesure. Mais après le demi-échec commercial de *L'homme de nulle part**, il lui fallait redresser la barre. De ce point de vue, réussite complète.

## ALICE AU PAYS DES MERVEILLES
### (Alice in Wonderland)

1951 – USA (75') • *Prod.* Walt Disney (distribué par RKO) • *Réal.* WALT DISNEY (et Clyde Geronimi, Hamilton Luske Wilfred Jackson) • *Sc.* Winston Hibler, Bill Peet, Joe Rinaldi, Bill Cottreil, Jo Grant, Del Connell, Ted Sears, Erdman Penner, Milt Banta, Dick Kelsey, Dick Huemer, Tom Oreb, John Walbridge d'ap. Lewis Caroll • *Phot.* Technicolor • *Mus.* Oliver Wallace • *Int.* Voix de Katryn Beaumont (Alice), Ed Wynn (le chapelier), Richard Haydn (la chenille), Sterling Holloway (le chat de Chester), Jerry Colonna (le lièvre de Mars), Verna Felton (la reine de cœur), Pat O'Malley (Walrus, Carpenter, Tweedledee et Tweedledum).

A côté de sa répétitrice qui l'ennuie en lui lisant un livre d'histoire, la jeune Alice s'endort dans l'herbe et pénètre dans un monde à elle, un monde imaginaire qu'elle a toujours rêvé de posséder. Un lapin blanc, porteur d'une montre et affolé à l'idée d'être en retard, excite sa curiosité. Pour la satisfaire, elle se lance à sa poursuite et tombe dans un long et interminable puits de mine comme il n'en existe que dans les rêves. La serrure d'une porte qu'elle trouve à la fin de sa chute l'invite à boire une liqueur qui la transforme en créature minuscule. Elle avale ensuite un bonbon qui la transforme en géante. Courant après le lapin, elle tombe sur les jumeaux Tweedledee et Tweedledum qui, comme deux cabots de music-hall, tiennent à lui chanter l'histoire des huîtres victimes de leur curiosité. Alice arrive ensuite à la maison du lapin où elle mange un bonbon qui la fait grandir, grandir à tel point que ses bras et ses jambes sortent par les fenêtres de la maison. Elle mange une carotte et redevient minuscule. Elle rencontre des fleurs qui la prennent pour une mauvaise herbe puis une chenille, fumeuse de narguilé, qui lui assure que si elle mange un champignon d'un certain côté elle grandira et, de l'autre, elle rapetissera. Alice essaie les deux possibilités puis lèche à peine le champignon de manière à retrouver sa taille normale. Le chat de Chester qui apparaît et disparaît à volonté, laissant planer son sourire dans l'espace, lui dit que tout le monde est un peu fou par ici. Elle assiste à la party donnée par le lièvre de Mars et le chapelier fou en l'honneur de leur non-anniversaire (qui a lieu 364 fois par an). Elle retrouve le lapin pressé et commence à en avoir assez du non-sens omniprésent dans la région et de toutes ces créatures étranges, l'oiseau-pelle, l'oiseau-cage, le chien-balai, qui la peuplent. Le chat de Chester lui indique un raccourci qui devrait la ramener chez elle, mais la conduit en fait dans le royaume labyrinthique de la capricieuse et tyrannique reine de cœur dont le lapin pressé est le grand chambellan. Tous ses sujets, ainsi qu'elle-même, sont pareils à des cartes. La reine invite Alice à une partie truquée de croquet. Alice ne se laisse pas faire et provoque sa colère. Elle passe en jugement. Grandissant et rapetissant comme à son habitude, elle prend la fuite et, à travers le trou de la serrure déjà rencontrée, elle se voit en train de dormir. Elle se réveille et repart avec sa répétitrice dans le monde réel de la campagne anglaise.

☞ Le plus audacieux et le plus risqué des longs métrages d'animation de Walt Disney. Dès les années 20, Disney avait pensé tirer du livre de Lewis Caroll une série de courts métrages. Dans les années 30 et 40, il songea à un long métrage mêlant animation et personnages réels. Mary Pickford, Gingers Rogers, Luana Patten (la petite héroïne de *Mélodie du Sud*) furent successivement envisagées pour le rôle d'Alice (cf. Leonard Maltin : « The Disney films », Bonanza Books, New York, 1973). En fait, après cinq ans de travail, fut prêt à sortir un long métrage entièrement basé sur les procédés classiques de l'animation. L'adaptation du livre avait posé, on s'en doute, maints problèmes à Disney qu'il résolut avec brio et invention, mais sans parvenir à atteindre sa perfection habituelle. Il donna comme ligne directrice à l'intrigue (il fallait bien en trouver une) la curiosité naturelle d'Alice, commune à toutes les petites filles, laquelle se transforme peu à peu en lassitude vis-à-vis de ce monde absurde où elle est plongée, avant de faire place à un désir très intense de rentrer au bercail. Pour astucieux qu'il soit, ce fil est bien ténu, pas toujours convaincant et n'a pas permis d'offrir au public un dénouement très satisfaisant. Disney réduisit les quatre-vingt-dix personnages du livre à une trentaine. Il en supprima certains, en condensa d'autres en un seul. Ainsi les reines et la duchesse sont toutes résumées dans la reine de cœur. Enfin, il créa de toutes pièces le personnage de la serrure. Même ainsi réduites, ces créatures semblent en surnombre et font d'*Alice* une succession d'aventures mal reliées entre elles et sans réelle progression. Cela dit, de nombreux épisodes restent inoubliables : la chute dans le vide, la fable des huîtres, le chœur des fleurs, les apparitions du chat. Et le personnage d'Alice, sans susciter l'émotion ou la sympathie qui caractérisent les héros de Disney, est dans son dessin d'une finesse de trait et de couleurs tout à fait ravissante. *Alice* fut à son époque le long métrage de Disney qui marcha le moins bien : ce semi-échec était contenu dans le projet lui-même. Pourtant, *Alice,* dont le principal défaut est sans doute d'être trop riche d'ambitions et de trouvailles visuelles, ne démérite pas devant *Blanche-Neige** ou *Fantasia.* Comme pour *Pinocchio**, le film contribua à faire mieux connaître les personnages de Lewis Caroll dans toutes sortes de pays. Ce qui n'est pas non plus un mince mérite.

N.B. Autres versions (avec acteurs). Aux États-Unis : par Martin J. Faust (1915) ; par Norman Z. McLeod (1933) ; par Bud Townsend (1975), version érotique ; en Grande-Bretagne : par Cecil Hepworth et Percy Stow (1903) ; par Dallas Bower, Lou Bonin et Marc Maurette (1948) coproduction franco-britannique tournée à Londres, mêlant acteurs et marionnettes (Raymond Bussières figure dans la distribution et Albert Lewin a collaboré au scénario), sortie aux États-Unis quelques jours après la version de Disney ; par William Sterling (1972).

## ALIEN
**(Alien / Le huitième passager)**

1979 – USA (115') • *Prod.* Fox (Gordon Carroll, David Giller, Walter Hill) • *Réal.* RIDLEY SCOTT • *Sc.* Dan O'Bannon, Ronald Shusett • *Phot.* Derek Vanlint, Denys Ayling (Cinémascope, DeLuxe Color) • *Eff. sp.* Brian Johnson, Nick Adler • *Mus.* Jerry Goldsmith, Howard Hanson, W.A. Mozart • *Int.* Tom Skerritt (capitaine Dallas), Sigourney Weaver (Ripley), Veronica Cartwright (Lambert), Harry Dean Stanton (Brett), John Hurt (Kane), Ian Holm (Ash), Yaphet Kotto (Parker).

De retour d'une mission de routine, le vaisseau spatial Astromo aborde une planète inconnue. Son équipage constitué de sept cosmonautes découvre dans l'épave d'un ancien vaisseau une mystérieuse forme de vie se développant à l'intérieur d'œufs géants. Une substance sautant de l'un de ses œufs se plaque au visage de Kane, l'un des cosmonautes, et le féconde en quelque sorte par la bouche, avant de disparaître et d'être un peu plus tard retrouvée « morte. » Kane aura ensuite la poitrine déchirée par une créature jaillissant de son corps et pourvue de mâchoires terrifiantes. La créature monstrueuse grandira, changera d'aspect, se cachera dans les replis du vaisseau, décimant peu à peu l'équipage. Les astronautes, avant de mourir, auront le temps de découvrir qu'ils avaient été sacrifiés par leur compagnie qui souhaitait les voir ramener à tout prix une de ces créatures. La seule survivante, Ripley, réussira à envoyer le monstre dans le vide des espaces infinis.

☞ Sans originalité particulière dans son scénario (sauf la révélation au milieu du récit de ce que l'ingénieur de l'équipage est en réalité un robot), *Alien*, deuxième film de Ridley Scott, marque cependant une date dans l'évolution de la SF cinématographique. A cause de l'excellence de ses décors et de ses maquettes, de ses effets spéciaux et de son « monstre », l'un des plus affreux qu'on ait vu (au moins dans les séquences centrales), le mariage de la SF et de l'horreur est ici poussé plus loin qu'il ne l'avait jamais été. Seul, trois ans plus tard, le remake de *La Chose** de Hawks par John Carpenter saura prendre, dans ce domaine, le relais. Pour l'essentiel, le mérite du film revient à un fabuleux travail d'équipe entre plusieurs peintres et dessinateurs de talent (Ron Cobb, Chris Foss, Hans Rudi Giger, illustrateur notamment des œuvres de Lovecraft, Carlo Rambaldi qui créera plus tard *E.T.**), et les techniciens en effets spéciaux dirigés par Brian Johnson. A noter enfin que le film fut tourné aux studios anglais Bray, berceau de la plupart des productions Hammer.

N.B. Le film eut une suite : *Aliens* (*Aliens, le retour*) de James Cameron, 1986. Sigourney Weaver a été retrouvée par miracle dans l'espace. Elle retourne dans la planète LB 426 avec une équipe de Marines pour exterminer les monstres et leur descendance. Plus mouvementée que le premier film mais presque aussi sophistiquée et impressionnante visuellement, cette suite joue surtout la carte de la bande dessinée dans la veine sombre, hagarde et moderne du genre. Les deux films constituent sur le plan visuel un ensemble important dans la SF récente...

BIBLIO. : reconstitution du premier film en mille photogrammes, Avon Books, New York, 1979. Numéro spécial (43 *bis*) de la revue « Métal Hurlant » consacré à la genèse du film (septembre 1979).

## ALLEMAGNE, ANNÉE ZÉRO (Germania anno zero / Deutschland im Jahre null)

1947 – Franco-italo-allemand (version originale allemande : 68', version italienne : 74', version française : 74') • *Prod.* Tevere Film (Alfredo Guarini et Roberto Rossellini), Salvo d'Angelo Production (Rome), Sadfi (Berlin) et UGC (Paris) • *Réal.* ROBERTO ROSSELLINI • *Sc.* Roberto Rossellini, Carlo Lizzani, Max Colpet d'ap. une idée de Basilio Franchina • *Phot.* Robert Juillard • *Mus.* Renzo Rossellini • *Int.* Edmund Meschke (Edmund Koeler), Ernst Pittschau (le père d'Edmund), Ingetraud Hintze (Eva), Franz Krüger (Karl-Heinz), Erich Gühne (Enning).

Berlin, été 1947. Dans la ville dévastée, le petit Edmund Koeler est le soutien de sa famille. Son père, malade, ne peut travailler. Son frère aîné, un ancien de la Wehrmacht, se terre dans la maison. Sa soeur, qui hante les bars, se refuse encore à tomber dans la prostitution. Renvoyé, parce que trop jeune, du cimetière où il travaillait à creuser des tombes, Edmund essaie de vendre une balance pour le compte du locataire chez qui sa famille est hébergée. Il rencontre son ancien maître d'école, Enning, qui a quitté l'enseignement et vit chez un riche protecteur (qui semble goûter la compagnie des très jeunes garçons). Enning confie à Edmund un disque – un discours d'Hitler – pour qu'il aille le vendre à des G.I. à la Chancellerie. Ayant effectué cette mission sans bavure, Edmund se livre à diverses rapines avec une bande d'adolescents. Le père, de plus en plus malade et sous-alimenté, passe quelques jours à l'hôpital durant lesquels il peut enfin manger à sa faim. Quand il est de retour à la maison, Edmund, influencé par des propos tenus par Enning sur la nécessité d'éliminer les faibles, donne à son père du thé empoisonné. Le vieil homme meurt. Edmund raconte son acte à Enning qui, horrifié, le traite de monstre. Le gosse s'enfuit. Un peu plus tard, il se jette du haut d'un immeuble en ruines.

☞ Troisième volet de la trilogie de Rossellini sur la guerre (après *Rome, ville ouverte** et *Paisa**). *Allemagne, année zéro* fait admirablement le lien entre ces deux œuvres essentiellement documentaires et la série des films intimistes avec Bergman. En effet, placée dans un contexte où l'état présent d'une société est décrit avec une extraordinaire intensité, c'est avant tout l'histoire d'un seul personnage, le petit Edmund, que veut raconter Rossellini. En ce sens, le film représente la quintessence du néo-réalisme selon la méthode rossellinienne. « Le néo-réalisme, a-t-il écrit, consiste à suivre un être, avec amour, dans toutes ses découvertes, toutes ses impressions. Il est un être tout petit au-dessous de quelque chose qui le domine et qui, d'un coup, le frappera effroyablement au moment précis où il se trouve librement dans le monde, sans s'attendre à quoi que ce soit. Ce qui importe avant tout pour moi, c'est cette attente ; c'est elle qu'il faut développer, la chute devant rester intacte. » (« Cahiers du cinéma », août-sept. 1955, repris dans le volume « Rossellini. Le Cinéma révélé ».) Cet accompagnement minutieux par la caméra d'un être vulnérable a entraîné ici l'emploi de plans assez longs et *Allemagne, année zéro* est un film beaucoup moins découpé (248 plans) que *Rome, ville ouverte** ou *Paisa**. De l'Italie à l'Allemagne, l'œuvre de Rossellini étend son territoire qui va être bientôt à l'échelle de l'Europe puis d'un continent (les Indes). Sur l'Allemagne, comme sur tous ses sujets et ses personnages, Rossellini entend jeter un regard social qui soit aussi moral. Pour lui le champ de l'investigation sociale et le champ de l'investigation morale se recoupent exactement. Il a exprimé ses intentions avec une telle netteté qu'on ne peut mieux faire que de citer ses propos : « Les Allemands étaient des êtres humains comme les autres ; qu'est-ce qui avait pu les amener à ce désastre ? La fausse morale, essence même du nazisme, l'abandon de l'humilité pour le culte de l'héroïsme, l'exaltation de la force plutôt que celle de la faiblesse, l'orgueil contre la simplicité. C'est pourquoi j'ai choisi de raconter l'histoire d'un enfant, d'un être innocent que la distorsion d'une éducation utopique amène à perpétrer un crime en croyant accomplir un acte héroïque. Mais la petite flamme de la morale n'est pas éteinte en lui : il se suicide pour échapper à ce malaise et à cette contradiction. » (« Cahiers du cinéma », novembre 1955, repris dans le volume « Rossellini. Le Cinéma révélé ».) Quant à la fiction, loin de la mépriser, Rossellini l'utilise pour désigner le scandale partout où il s'est logé : ici dans le crime et le suicide de l'enfant, ou bien, dans *Europe 51**, dans l'enfermement final d'Irène. Les caractéristiques de son style – sobriété confinant à l'impassibilité (là, Rossellini rejoint Mizoguchi), brutalité documentaire, c'est-à-dire art du document brut, absence de sentimentalité, attention extrême à autrui – deviennent, à mesure que le destin du petit Edmund se referme sur lui, de plus en plus bouleversantes. Il faut y ajouter une concision, une rapidité d'évocation (comparable à ce qu'est la rapidité d'élocution chez un narrateur oral) qui proviennent à la fois de sa très grande pudeur, de la connaissance intime qu'il a du sujet et de la confiance qu'il met dans la maturité du spectateur ; cette confiance s'est parfois retournée contre lui.

BIBLIO. : découpage (248 plans) dans le volume « Roberto Rossellini : la trilogia della guerra », Bologne, Cappelli Editore, 1972 (traduit en anglais chez Grossman, New York 1973).

## ALLONSANFAN (id).

1975 – Italie (100') • *Prod.* Una cooperativa cinematogra (Giuliani G. De Negri) • *Réal.* PAOLO et VITTORIO TAVIANI • *Sc.* Paolo et Vittorio Taviani • *Phot.* Giuseppe Ruzzolini (couleurs) • *Mus.* Ennio Morricone • *Int.* Marcello Mastroianni (Fulvio Imbriani), Lea Massari (Charlotte), Mimsy Farmer (Mirella), Laura Betti (Esther), Claudio Cassinelli (Lionello), Bruno Cirino (Tito), Benjamin Lev (Vanni Peste), Luisa de Santis (Fiorella).

1816. La Restauration en Italie. Après l'effondrement de l'empire napoléonien, les souverains ont retrouvé leurs trônes. A Milan, Fulvio Imbriani, noble et musicien, est libéré par la police. Il avait été emprisonné à cause de son affiliation à une secte de carbonari : les Frères Sublimes. Il rejoint, épuisé, la propriété de sa famille où vit sa sœur Esther, mariée à un officier autrichien, et y passe sa convalescence. Il réapprend à goûter avec soulagement et presque volupté les joies du bonheur individuel et privé. Sa maîtresse et ancienne compagne de lutte, Charlotte, qui lui a donné un garçon, Massimiliano, réapparaît. Elle est bientôt rejointe par le groupe des Frères, déguisés en chasseurs, dont Fulvio ne peut plus supporter la naïveté ardente, l'idéalisme, le regard toujours fixé vers le futur. Esther a prévenu les autorités. Fulvio reste passif. Le groupe est attaqué, arrêté en partie, mais non totalement décimé. Charlotte, elle, est mortellement touchée. Fulvio retrouve son jeune fils et projette de partir avec lui pour l'Amérique. A l'enterrement de Charlotte, les Frères surgissent de nouveau, prêts à une nouvelle expédition révolutionnaire dans le Sud, parlant toujours d'armes et d'argent. Fulvio feint de partager leurs vues, mais se promet en lui-même de ne jamais les revoir. Il prend du bon temps avec son fils avant de le reconduire à sa pension. Il s'approprie l'argent des Frères destiné à acheter des armes et se débarrasse de l'encombrant Lionello, qui se noiera par accident après avoir été entraîné par Fulvio dans un projet de suicide à deux. Mirella, la maîtresse de Lionello, veut tuer Fulvio mais il la persuade qu'il a agi ainsi par amour pour elle et réussit même à la séduire. Il lui demande de le blesser à la jambe pour faire croire aux Frères qu'il a été attaqué par des pirates. Il s'évanouit devant les Frères et se retrouve malgré lui dans leur bateau en route vers le sud. Toujours confiants, quoique sans armes, dans la réussite de leur expédition, les Frères débarquent et donnent à Fulvio l'occasion d'accomplir son ultime trahison. Il les dénonce comme s'étant alliés avec le redoutable bandit Vanni la Peste qui les a rejoints et il fait courir le bruit qu'ils sont venus piller la région. Les paysans vont à leur rencontre et font un massacre. Fulvio pense y avoir échappé en se dévêtant de la chemise rouge que portent tous les Frères. Mais, après avoir entendu de la bouche d'Allonsanfan, l'un des plus jeunes et des plus exaltés parmi les Frères, le récit délirant de leur victoire et de leur alliance avec les paysans, après y avoir cru, il remet sa chemise rouge et est alors abattu.

☞ Si elle possède une unité thématique incontestable, l'œuvre des frères Taviani est formellement très inégale et d'une appréhension globale malaisée. Leurs premiers films sont les plus intéressants, les plus élaborés. L'œuvre prend son élan avec *Les subversifs* (1967), *Saint Michel avait un coq*, presque un chef-d'œuvre, et trouve son sommet avec *Allonsanfan*. Ensuite, elle ne fait que s'appauvrir. Si *Padre padrone* reste passionnant par son sujet, la forme commence à se diluer et va tomber de plus en plus dans une sorte de bâclage résigné et dans une paradoxale mièvrerie qui aboutiront aux échecs de *Kaos* et de *Good Morning Babilonia*. Tout est politique chez les Taviani. Cela ne les empêche pas dans leurs meilleurs films (et surtout dans celui-ci) d'accéder à l'universel. Même l'Histoire, malmenée par eux à des fins expressives et symboliques, est mise au service de l'aspect politique de l'œuvre. Ici, l'apparition des Chemises Rouges et les tentatives d'expédition dans le Sud sont nettement antidatées. Une grande partie de la réflexion des Taviani concerne l'engagement physique et moral du militant révolutionnaire. Les auteurs insistent particulièrement sur son divorce mental d'avec le présent, sur sa projection et parfois son enfermement dans le futur et dans l'utopie : d'où l'importance et le poids singulier dans cette œuvre des séquences imaginaires, oniriques ou délirantes. Comme ils le disent eux-mêmes, ils veulent mettre en avant « la réaffirmation créatrice de l'utopie, de l'utopie comme moment de la vérité » (cf. Jean

Gili, « Le Cinéma italien », 10/18, 1978). Le thème spécifique d'*Allonsanfan* est celui du resurgissement inopiné, répétitif et insupportable du passé dans la vie du héros (ou de l'anti-héros), obligé de traîner ce passé avec lui comme un boulet. Dans une certaine mesure, c'est presque un thème comique, et le film contient parfois une ironie grinçante extraordinaire, quoique toujours très discrète (cf. les deux scènes où le groupe des Frères Sublimes réapparaît au loin dans la propriété de Fulvio et à l'enterrement de Charlotte, suscitant en *off* les commentaires désabusés du héros). La vérité de ce thème, original et rarement traité, pourrait émaner d'expériences et de biographies parfaitement étrangères à la politique. Dans le film, le personnage de Fulvio ne sait fuir ce passé, toujours renaissant, qu'à travers une succession de trahisons qui traduisent son impuissance. Les Taviani traitent leur sujet en lui donnant la dimension de l'opéra, grâce à un lyrisme distancié et superbe où se retrouvent deux des principales caractéristiques de leur style : lenteur extrême et quasi liturgique du rythme, découpage semi-baroque qui gonfle l'importance et l'intensité de certains détails, de certains instants au détriment d'une vision globale et équilibrée de chaque scène. Le film et le héros avancent dans un déséquilibre constant, toujours sur le point de basculer du côté opposé à leur volonté. Fulvio perd ainsi ses amis qu'il aimait et estimait. Quant aux Taviani, leur réflexion se voudrait positive, dynamique et dialectique ; elle est le plus souvent entraînée, de par leur fébrilité esthétique, sur la pente d'un pessimisme poignant et sans recours. La composition magnifique de Mastroianni exprime sans effort l'élégance aristocratique, la fatigue, le désenchantement, la veulerie pitoyable et toute l'humanité de son personnage. Une fois encore, la musique de Morricone surprend tout le monde et conditionne de manière spectaculaire le contenu et la réussite du film.

BIBLIO. : scénario et dialogues du film définitif publié chez Cappelli, Bologne, 1974 (avec une interview des Taviani). Le volume contient aussi *Saint Michel avait un coq*.

## A L'OMBRE DES POTENCES
**(Run for Cover)**

1955 – USA (92') • *Prod.* PAR. (William H. Pine et William C. Thomas) • *Réal.* NICHOLAS RAY • *Sc.* Winston Miller d'ap. une histoire de Harriet Frank, Jr. et Irving Ravetch • *Phot.* Daniel Fapp (Technicolor) • *Mus.* Howard Jackson • *Int.* James Cagney (Matt Dow), Viveca Lindfors (Helga Swenson), John Derek (Davey Bishop), Jean Hersholt (Swenson), Grant Withers (Gentry), Ernest Borgnine (Morgan), Ray Teal (le shérif).

Juste après avoir fait connaissance, Matt Dow, un homme d'une cinquantaine d'années, et Davey Bishop, un jeune homme de vingt ans, sont pris pour des bandits et tenus pour responsables de l'attaque d'un train par les habitants de la ville voisine de Madison, déjà victimes d'une semblable attaque il y a peu de temps. Le shérif et la patrouille qu'il a réunie tirent sur les deux hommes sans leur donner aucune chance de se rendre. Ils les auraient bientôt pendus s'ils ne reconnaissaient en Davey l'un des leurs. Matt n'a qu'une égratignure, mais Davey est très gravement blessé, notamment à la jambe. Il est recueilli dans la ferme de la Suédoise Helga Swenson et de son père, et soigné par Helga et Matt. Il se remet de ses diverses blessures, mais restera boiteux toute sa vie. Pour racheter leur erreur, les habitants de Madison proposent à Matt Dow le poste de shérif qu'il accepte en prenant Davey pour adjoint. La banque est alors attaquée par deux hommes. L'un est capturé sur les lieux mêmes et conduit à la prison, l'autre, Morgan, est poursuivi par Matt qui le ramène bientôt à la ville. Mais en son absence Davey n'a pu empêcher les habitants de pendre le prisonnier. Plus tard, Davey sera assommé par Morgan, qui prendra la fuite. Matt demande à son père la main d'Helga que, durant toute cette période, il a appris à connaître et à aimer. Un dimanche matin, alors que la plupart des habitants sont rassemblés à l'église, un groupe de bandits attaquent la banque et font sauter la salle des coffres à la dynamite. Gentry, l'un d'entre eux, tient les fidèles en respect. Il a autrefois connu Matt en prison, et ce dernier, victime à l'époque d'une erreur judiciaire, devra s'expliquer devant ceux qui l'ont choisi comme shérif. Avec Davey, il part à la poursuite des bandits en territoire comanche. Ils traversent une tempête de sable. Davey tire sur Matt et le blesse au bras. Il lui avoue qu'il s'était mis d'accord avec Morgan et qu'il est de mèche avec la bande. Matt et Davey retrouvent les cadavres des bandits abandonnés par les Indiens qui n'ont pas touché à l'argent. Matt est encore prêt à donner à Davey une seconde chance. Les deux hommes doivent se dissimuler au passage des Indiens puis traverser la nuit un fleuve à la nage. Au milieu de l'eau, Matt en difficulté appelle Davey à son secours, mais celui-ci l'abandonne et nage vers la rive. Matt réussit à s'agripper à un tronc d'arbre. Il parvient jusqu'aux ruines d'une cité indienne et retrouve Davey en compagnie de Morgan qu'il abat aussitôt. Quelques instants plus tard, Morgan animé d'un dernier souffle de vie saisit son revolver et vise Matt. Davey tire sur Morgan pour l'empêcher de tuer Matt, mais Matt interprète mal son geste, croit que le jeune homme veut le tuer et l'abat. Il comprend trop tard sa méprise. Il rapporte l'argent à la ville, vante le comportement de Davey et rejoint Helga.

☞ Après *Johnny Guitare**, Nicholas Ray prend encore une fois le western à rebours et, au sein de cet univers de violence, met l'accent, tant dans son style que chez plusieurs de ses personnages (en particulier Matt et Helga), sur des valeurs de douceur, de tendresse, d'entraide, de générosité, de pardon. C'est, à Hollywood, l'époque bénie du film d'auteur durant laquelle les genres traditionnels abritent les recherches et la thématique la plus intime des metteurs en scène. Ray bâtit son film sur une relation père/fils qu'il a souvent traitée. L'adulte utilise son expérience et ce qui lui reste d'énergie et de confiance en la vie pour tenter de sauver un adolescent en perdition. Mal à l'aise dans sa peau et dans le monde, le jeune homme est victime à la fois de la malchance, de la société et de sa propre faiblesse de caractère. C'est un personnage tragique, et, à ce titre, il a droit au respect de l'auteur. Nulle mièvrerie dans ce film tendre et élégiaque auquel le pessimiste malgré lui qu'est Nicholas Ray ne peut s'empêcher de donner, comme aux *Ruelles du malheur** (où le même John Derek finissait sur la chaise électrique), un dénouement très noir. Parallèlement à sa relation tragiquement interrompue avec l'adolescent, le personnage de Cagney, un homme d'âge mûr, trouve, après un long itinéraire de malheurs et de déception, le chemin de la sérénité et de l'amour. Cette double et contradictoire ligne de force inflige au récit une brisure continue. Elle est caractéristique, dans la qualité d'émotion qu'elle produit, de l'univers de Nicholas Ray.

## A L'OUEST RIEN DE NOUVEAU
**(All Quiet on the Western Front)**

1930 – USA (152' réduites à 103') • *Prod.* U (Carl Laemmle) • *Réal.* LEWIS MILESTONE • *Sc.* G. Abbott, M. Anderson, Dell Andrews d'ap. R. de Erich Maria Remarque • *Phot.* Arthur Edeson • *Mus.* David Broekman • *Int.* Lew Ayres (Paul Baümer), Louis Wolheim (Katczinsky), John Wray (Himmelstoss), Raymond Griffith (Gérard Duval), George « Slim » Summerville (Tjaden), Russell Gleason (Müller), William Bakewell (Albert), Beryl Mercer (la mère de Paul).

Pendant la Première Guerre mondiale, un groupe de très jeunes Allemands, engagés volontaires dès leur sortie de l'école, font dans les tranchées le dur apprentissage du feu. Paul Baümer, gravement blessé à la cuisse mais ayant pu survivre, revient en permission chez sa mère. Il retourne voir dans sa classe le professeur qui, par ses discours bellicistes enflammés, l'avait exhorté à partir. Aux élèves avides de l'entendre raconter ses exploits, il dira laconiquement : « On a essayé de ne pas se faire tuer. C'est tout. » Il est alors traité de lâche. Sa permission finie, il retourne au front. Il s'aperçoit que les gens comme lui, qui ont trop longtemps combattu, ne se sentent plus chez eux à l'arrière. Son groupe de camarades a été décimé. Le vétéran qui les avait pris sous sa protection comme un père est blessé à son tour et meurt sur les épaules de Paul qui le porte. Enfin, c'est Paul lui-même qui disparaît, alors qu'il tendait la main vers un papillon dont la beauté le fascinait.

☞ Tiré d'un best-seller de Erich Maria Remarque, c'est le film qui, de toute l'histoire du cinéma américain, a exprimé avec le plus de force et d'efficacité, sinon de subtilité, un message pacifiste et antimilitariste, dans une voie déjà ouverte par King Vidor (*The Big Parade,* 1926) et Walsh (*What Price Glory**, 1926). Superproduction devant marquer la reprise des studios Universal par le fils de Carl Laemmle pour ses vingt et un ans. Le projet fut d'abord proposé à Herbert Brenon, puis à Paul Fejos (qui avait fait acheter le roman par la firme) avant d'aboutir entre les mains de Levis Milestone. Le message passe surtout grâce à l'extrême mobilité et à l'extrême violence (jamais vues jusque-là) des scènes de combats de tranchées dans le début du film et, d'une façon générale, dans toutes les scènes – et elles sont nombreuses – qui ont trait à la mort. La dernière scène, dont l'idée est due à Karl Freund (scénaristes et metteur en scène ne savaient comment conclure l'action) resta légendaire. Milestone montre d'ailleurs plus de brio à faire mourir ses personnages qu'à les faire vivre. Son style assez gris et vieillot rend uniformément ennuyeuses les scènes intimes. La version originale de 152' (aujourd'hui rarissime) fut ramenée à 103' quelques années après la première sortie. Cela eut un double effet : les personnages devinrent encore plus sommaires et l'antimilitarisme du film éclata comme un tract, avec une vigueur et une violence accrues.

N.B. Suite avec *The Road Back* (*Après,* James Whale, 1937) : le retour à la vie civile et les déceptions des survivants de *A l'Ouest rien de nouveau.* (Seuls Slim Summerville et son personnage sont communs aux deux films).

BIBLIO. : scénario et dialogues *in* « Best American Screenplays » édité par Sam Thomas, Crown Publishers, New York, 1987. Une fin non retenue, écrite par Werner Klinger (acteur et réalisateur allemand), a été publiée dans la revue « Experimental Cinema », juin 1930.

## AMANTS CRUCIFIÉS (LES)
### (Chikamatsu Monogatari)

1954 – Japon (102') • *Prod.* Daiei, Kyoto (Masaichi Nagata) • *Réal.* KENJI MIZOGUCHI • *Sc.* Yoshikata Yoda, Matsutaro Kawaguchi d'ap. P. « Daikyoji Sekireki » de Chikamatsu Monzaemon • *Phot.* Kazuo Miyagawa • *Mus.* Fumio Hayasaka • *Int.* Kazuo Hasegawa (Mohei), Kyoko Kagawa (Osan), Eitaro Shindo (Ishun), Sakae Ozawa (Sukeemon), Yoko Minamida (Otama), Haruo Tanaka (Doki), Chieko Naniwa (Oko).

Kyoto au XVIIIe siècle. Osan, l'épouse d'Ishun, le grand imprimeur des calendriers du palais impérial, demande à Mohei, l'employé préféré de son mari, de lui consentir un prêt dont elle a besoin pour son frère et sa mère. Elle a déjà tant sollicité son mari à ce sujet qu'elle ne veut plus l'importuner. Mohei, qui aime en secret Osan, n'est que trop heureux de l'obliger. Il a l'intention d'utiliser le sceau de l'imprimeur pour obtenir cet argent. Un autre employé devine son projet et Mohei va aussitôt avouer au patron ses mauvais desseins. Il est enfermé dans l'entrepôt. A la suite d'un concours de circonstances, Osan est surprise par son mari aux côtés de Mohei. Compromise bien qu'elle n'ait rien à se reprocher, et lassée des infidélités de son mari qui présentement courtise sa servante Otama, elle-même amoureuse de Mohei, Osan préfère quitter la maison. Mohei fuit avec elle. Les deux fuyards sont obligés, pour échapper aux recherches lancées par l'imprimeur, de se faire passer pour frère et sœur. Ils traversent le lac Biwa en barque dans l'intention de se suicider. Mohei avoue à Osan qu'il l'aime depuis longtemps. Elle l'ignorait et cet aveu sincère lui enlève toute envie de mourir. Alors qu'on recherche les cadavres des deux noyés, Osan et Mohei ont gagné la montagne. Mohei tente de fuir pour épargner le déshonneur à Osan ; celle-ci le rattrape et lui reproche sa cruauté. Il la supplie de retourner chez son mari. Mohei se réfugie avec elle chez son père au pied du mont Atago. Le père cache les deux amants mais est contraint par les villageois d'alentour, sur qui retombera le châtiment pour avoir protégé les fuyards, de révéler leur cachette. Osan est emmenée. Un peu plus tard, le père délie les liens de son fils prisonnier. Osan séjourne chez son frère et sa mère. Elle refuse de revenir chez son mari qui lui a pardonné. Mohei la rejoint. Le frère les dénonce, mais ils échappent de peu à l'arrestation. Les biens d'Ishun ont été confisqués et sa maison est ruinée, suite à cette honte dont il est tenu responsable et qu'il a voulu cacher aux autorités. Des rivalités professionnelles ont également précipité sa chute. Osan et Mohei sont finalement retrouvés. Ligotés l'un à l'autre sur une charrette, ils vont subir le châtiment réservé aux amants coupables, la crucifixion. Le long du chemin, les assistants remarquent le bonheur et la sérénité peints sur leur visage, alors qu'ils sont conduits vers le supplice.

☞ La féodalité décrite par Mizoguchi : un univers où chacun a sa place fixée dans la hiérarchie des devoirs et du respect, où chaque acte accompli a lieu comme à la face du monde, où l'ordre ainsi bâti tend à éliminer toute vie privée, toute liberté. Mais celle-ci réapparaît dans l'amour et dans le jeu imprévu des passions. C'est une liberté tragique qui recrée, entre les amants, des devoirs et un respect qui rendent alors dérisoires ceux édictés par la société. Sur le plan esthétique, un tel univers convient idéalement à Mizoguchi. Pour lui, l'*être* des personnages ne peut exister que dans l'intensité et la tragédie. Chaque geste, chaque intonation, chaque sentiment des deux héros surgit dans un présent qui est l'éternité et où l'anecdotique, le superficiel, le sans-portée ne sauraient trouver place. Intensément heureux et malheureux, les « amants crucifiés » transgressent les lois de leur univers social et sont au-delà de tout jugement. Ils apparaissent comme les seuls vrais vivants du film et, à ce titre, exercent une fascination aussi bien sur les autres personnages de l'intrigue que sur le spectateur. L'art, la certitude (on dirait que toute maladresse lui est inconnue), l'acharnement tranquille avec lesquels Mizoguchi met en œuvre cette fascination dans les cadrages, le grain de la photo ou le jeu des interprètes font de lui, au moins dans sa dernière période, le cinéaste par excellence ; une sorte d'égal, de contemporain dans l'éternité d'un Goethe ou d'un Shakespeare, auxquels le matériau littéraire ici utilisé a pu d'ailleurs être comparé.

**AMANTS DE LA NUIT (LES)**
**(They Live by Night)**

1949 – USA (95') • *Prod.* RKO (John Houseman) • *Réal.* NICHOLAS RAY • *Sc.* Charles Schnee, Nicholas Ray d'ap. R. « Thieves like us » d'Edward Anderson • *Phot.* George E. Diskant • *Mus.* Leigh Harline • *Int.* Cathy O'Donnell (Keechie), Farley Granger (Bowie), Howard Da Silva (Chickamaw), Jay C. Flippen (T. Dub), Helen Craig (Mattie), Will Wright (Mobley), Ian Wolfe (Hawkins).

Trois condamnés à perpétuité, T. Dub, Chickamaw et Bowie, se sont évadés de prison. Bowie, le plus jeune (vingt-trois ans dont sept sous les verrous) tombe amoureux de Keechie, la nièce de Chickamaw. Ancien machiniste dans une fête foraine, Bowie a été emprisonné pour avoir assisté à un meurtre sans y participer. Les trois évadés effectuent un hold-up à la banque de Zelton. Peu après, Bowie est blessé dans un accident de voiture et Chickamaw tue le policier qui voulait les interroger. Bowie est soigné par Keechie. Les deux jeunes gens prennent le bus pour fuir la région et se marient en quatrième vitesse lors d'un arrêt. Ils louent un bungalow isolé dans un motel. Chickamaw retrouve leur trace et oblige Bowie à participer à un hold-up qui échoue et où T. Dub trouve la mort. Un peu plus tard, on apprend que Chickamaw a été tué dans un bar. Bowie et Keechie fuient le motel et arrivent dans la région du Mississipi. Keechie, enceinte, est souffrante. Bowie oblige Mattie, la femme d'un codétenu du trio qui n'avait pu s'enfuir, à les héberger dans son motel. Elle les dénoncera aux autorités pour obtenir la libération anticipée de son mari. Bowie est abattu par la police près du bungalow de Keechie alors qu'il allait lui rendre une dernière visite. Il avait décidé de la quitter pour longtemps afin de lui éviter de participer à sa vie de bête traquée.

☞ Premier film de Nicholas Ray, inscrit dans le cadre à la fois strict ėt propre à toutes les transgressions du *film noir.* Dès sa première œuvre, et quasi spontanément, Ray devient un expert de la transgression des genres. Il néglige encore plus que Huston dans *Asphalt Jungle** l'action proprement dite, escamote plusieurs scènes spectaculaires et passe carrément en ellipse la bagarre où Howard Da Silva (Chickamaw) trouve la mort. Ce qui l'intéresse, c'est de plonger son couple d'innocents, Bowie et Keechie, dans un monde nocturne et violent, composé presque uniquement de lieux de passage (motel, salle d'attente, autoroute, etc.) où suintent la mélancolie et l'angoisse des personnages qui les traversent. Le relief sauvage des personnages secondaires, Chickamaw le borgne, Mattie la donneuse, qui en eux-mêmes intéressent peu Nicholas Ray, servira à exalter la jeunesse et la vulnérabilité des deux héros, décrits avec ce ton de lyrisme tendre et poignant qui n'a jamais eu autant de force que chez lui. Comme beaucoup de ses films, il s'agit ici essentiellement d'une œuvre poétique, c'est-à-dire dans laquelle la figure de la métaphore oriente toute l'intrigue du film, dans ses développements comme dans ses parenthèses. Le déphasage, l'inadaptation au milieu (à un milieu pourri) qui caractérisent les deux héros représentent la meilleure image que Ray a pu trouver pour exprimer l'exil intérieur de l'homme et ce sentiment d'étrangeté à tout et d'abord à eux-mêmes que ressentent certains êtres tout au long de leur vie.

N.B. John Houseman qui, à la RKO, donna sa première chance à Nicholas Ray et fut l'un des producteurs les plus créatifs d'Hollywood rappelle (*in* « Cahiers du cinéma » n° 143) que le film fut conservé trois ans dans les blockhaus de la firme tout comme *The Set-Up** de Robert Wise. « Finalement quand Hughes décida de vendre la compagnie, on sortit ces films de leur blockhaus et on les jeta sur le marché. *Les amants de la nuit* fut complètement ignoré à sa première sortie américaine en tant que film B, et ne fut réellement connu que bien plus tard grâce à la télévision. » Mais entre temps, l'Europe avait découvert le film et Nicholas Ray. Il faut ajouter que, malgré quelques superficielles ressemblances de scénario, le film n'a rien à voir ni avec *You Only Live Once** (que Ray n'avait pas vu à l'époque) ni avec *Gun Crazy**. Remake sous le titre *Thieves Like Us* par Robert Altman en 1974.

## AMANTS DU CAPRICORNE (LES) (Under Capricorn)

1949 – USA (112') • *Prod.* Warner Bros, Transatlantic Pictures (Sydney Bernstein et Alfred Hitchcock) • *Réal.* ALFRED HITCHCOCK • *Sc.* James Bridie, Hume Cronyn d'ap. R. de Helen Simpson • *Phot.* Jack Cardiff (Technicolor) • *Mus.* Richard Addinsell • *Int.* Ingrid Bergman (Lady Henrietta Flusky), Joseph Cotten (Sam Flusky), Michael Wilding (Charles Adare), Margaret Leighton (Milly), Jack Watling (Winter), Cecil Parker (Sir Richard), Denis O'Dea (Corrigan).

Sydney, 1831. Charles Adare, le cousin du nouveau gouverneur anglais, fait la connaissance de Sam Flusky, un bagnard « émancipé » comme il y en avait beaucoup dans la région à cette époque. Flusky est devenu un riche propriétaire foncier. Ancien garçon d'écurie marié à une aristocrate irlandaise, Lady Henrietta, il avait tué le frère de celle-ci, hostile comme le reste de sa famille à la mésalliance de sa sœur. Henrietta est par ailleurs une amie de la sœur de Charles. Les Flusky vivent exclus de la bonne société de Sidney. Henrietta qui s'adonne à la boisson subit une sorte de déséquilibre mental intermittent lié aux souffrances de l'exil et de sa vie conjugale. Elle avait émigré en Australie pour être aux côtés de son mari durant ses années de bagne. Mais, après la libération de Sam, le couple n'était plus parvenu à communiquer. Charles Adare s'emploie à redonner à Henrietta le goût de vivre et la persuade tout d'abord de reprendre en main sa maison. Il a presque réussi et son triomphe est évident lorsque Henrietta qu'il avait amenée au bal du gouverneur y fait sensation. Mais, poussé par la gouvernante d'Henrietta, Milly, qui aime en secret Flusky et excite habilement sa jalousie, ce dernier se rend à la réception et y crée un scandale. Henrietta avoue alors à Charles qui souhaiterait la ramener avec lui en Irlande que c'est elle qui a tué son frère quand il menaçait la vie de Sam. Sam s'était accusé à sa place et avait endossé son crime. Après l'esclandre du bal, Sam chasse Adare et le blesse accidentellement. Il veut rompre avec sa femme. Refusant de confirmer officiellement les aveux d'Henrietta qui s'est accusée auprès du gouverneur, il est arrêté pour avoir blessé Adare. Pour le sauver, celui-ci prétend s'être blessé lui-même. Sam découvre alors le rôle maléfique de Milly. Non seulement elle poussait Henrietta à boire, s'appliquant à l'empoisonner peu à peu, mais elle la terrorisait en déposant dans son lit une de ces têtes réduites d'Indiens dont on fait commerce dans la région. Taisant son amour pour Henrietta, Adare quitte le pays, laissant derrière lui un couple réconcilié.

☞ Entre *Rebecca** et *Vertigo**, une de ces rêveries romantiques d'Hitchcock où un portrait féminin fait le fond de l'intrigue. Le scénario avait été choisi par Hitchcock car il plaisait à Ingrid Bergman, une des vedettes hollywoodiennes les plus recherchées de l'époque. Par un emploi systématique et admirablement fluide des plans longs et mouvementés – technique reprise de *La corde**, mais avec une autre finalité –, par une lenteur et une solennité voulues du récit, une dramatisation plus discrète que d'habitude, une ellipse quasi totale des scènes d'action, Hitchcock donne à ses personnages et aux relations qui se nouent entre eux une étrange épaisseur romanesque. Ce qui se passe à l'intérieur de leur cœur est la véritable matière du film. Les thèmes hitchcockiens du faux coupable et de l'aveu salvateur ont un rôle tout à fait insolite dans l'économie de l'intrigue puisque le faux coupable l'est ici volontairement et que le contenu de l'aveu repose en réalité sur la révélation d'un sacrifice dont le bénéficiaire ne veut plus être seul à avoir connaissance. Tous les personnages vont à l'extrême de leurs sentiments, qui sont en l'occurrence de grands sentiments, et une suite de sacrifices réciproques les enchaîne les uns aux autres plus solidement qu'un complot. Même l'ange noir du film (la gouvernante Milly) agit par un sentiment d'amour profond qui, sans aucunement l'absoudre, la met parfois au niveau des autres personnages. *Under Capricorn* est aussi un des plus beaux Technicolor de l'histoire du cinéma. Superbe musique de Richard Addinsell, le compositeur de *Sea Devils**. Incompris par le public et la critique (à l'exception des rédacteurs des « Cahiers du cinéma »), détesté sur le moment par Hitchcock qui vit dans son insuccès un grand motif de honte (ce qui prouve après tout beaucoup d'humilité), ce film où la parole a une extrême importance, notamment en tant qu'exorcisme du passé, est un des joyaux de l'œuvre hitchcockienne.

BIBLIO. : on lira le remarquable article de Jean Domarchi consacré au film « Le chef-d'œuvre inconnu » publié dans le nº 39 des « Cahiers du cinéma » (octobre 1954, réédité en 1980), premier ensemble jamais publié sur le cinéaste. « Si la littérature moderne n'a plus le temps de raconter une histoire et si le mythe de l'anti-héros est un prétexte commode pour résoudre des problèmes qui n'intéressent que les seuls techniciens, qui, demande Domarchi, se chargera de narrer à l'homme sa propre histoire ? »

## AMANTS DU PONT SAINT-JEAN (LES)

1947 – France (115') • *Prod.* G. Fif et A. Landau • *Réal.* HENRI DECOIN • *Sc.* Jean Aurenche et René Wheeler • *Phot.* Jacques Lemare • *Mus.* Henri Verdun • *Int.* Gaby Morlay (Maryse), Michel Simon (Garonne), Nadine Alari (Augusta), Paul Frankeur (Girard), Marc Cassot (Pilou), Pauline Carton (la tante Marguerite), Madeleine Suffel (la parente), René Génin (Labique).

Entre Tournon et Valence, pendant vingt kilomètres aucun pont n'enjambe le Rhône. Si l'on veut passer d'une rive à l'autre, il faut avoir une barque ou utiliser les services d'un passeur. D'un côté, c'est la Drôme et de l'autre, l'Ardèche. Dans un petit village de la Drôme vivent depuis dix-sept ans dans le concubinage et les disputes, deux espèces de clochards : le vieux Garonne, braconnier, passeur et surtout fainéant, et Maryse, une folle de Chaillot de sous-préfecture quoique parisienne. Ils habitent une vieille bicoque prêtée par la commune. Garonne a brûlé l'escalier qui reliait le rez-de-chaussée au premier et il faut maintenant utiliser une échelle. Quand Garonne veut empêcher Maryse de sortir, il retire l'échelle. L'ouvrier Pilou, le fils de Garonne, est amoureux d'Augusta, fille de Boiron, le maire de Saint-Jean, village situé de l'autre côté de la rive. Le maire et sa sœur, une religieuse, ne veulent pas entendre parler d'union avec le fils d'un homme qui vit dans le péché depuis si longtemps. Aussi Augusta invite-t-elle Garonne et Maryse à se marier au plus vite. Elle accompagne sa demande de quelques billets de mille francs. Pilou, pour forcer le destin, enlève Augusta. Son père, bouleversé par la découverte d'un couple de noyés amené par le fleuve, dit à Garonne et Maryse qu'il est d'accord pour le mariage. Mais, durant leur bref séjour à la ville voisine, Augusta préfère rendre sa liberté à Pilou et retourne chez son père. Maryse et Garonne célèbrent leur mariage. Durant la nuit de noces, Garonne, pris de boisson, traite sa femme de pouffiasse et la fait accidentellement tomber de l'échelle. Au matin, elle quitte le domicile conjugal. Les effets de sa chute se font ressentir. Elle s'écroule et meurt au bord du Rhône. Garonne, comme s'il avait entendu son appel, accourt auprès d'elle et attribue sa mort au bijou qu'il lui avait donné après l'avoir pris à la noyée. Il se laisse emmener par les gendarmes, ayant depuis longtemps trois mois de prison à purger. Arrivé sur un pont, il saute dans le Rhône.

☞ Henri Decoin a réalisé avec brio de nombreux films de genre. Il est également l'auteur de films plus inattendus et insituables comme celui-ci, chronique pittoresque, anarchisante et poétique qui doit beaucoup à ses deux scénaristes, Aurenche et Wheeler. Sa localisation – les bords du Rhône avec ses deux rives qui sont comme deux mondes différents – est insolite, de même que les personnages et l'interprétation. Certains acteurs forcent leur emploi jusqu'à la caricature et le grotesque (Michel Simon, Gaby Morlay), d'autres jouent carrément le contre-emploi (Pauline Carton en religieuse). Insolite, l'intrigue elle-même ne l'est pas moins, par son caractère constamment imprévisible. Sinueuse comme le fleuve qui lui sert d'inspiration, elle déroule le cours de destinées baroques, obéissant à une logique plus profonde que celle de la psychologie. Un jeune couple d'amants tragiques qu'on aurait pu croire – à tort – issu du réalisme poétique se défait avant l'heure, sans raison et sans drame, tandis qu'un vieux couple, querelleur et inséparable, à qui le sacrement du mariage et un bijou volé ont porté la poisse, se retrouve réuni dans la mort.

## AMANTS TRAQUÉS (LES)
## (Kiss the Blood Off My Hands)

1948 – USA (80') • *Prod.* UI (Richard Vernon) • *Réal.* NORMAN FOSTER • *Sc.* Leonardo Bercovici, Ben Maddow, Walter Bernstein, Hugh Gray, d'ap. R. de Gerald Butler • *Phot.* Russell Metty • *Mus.* Miklos Rozsa • *Int.* Joan Fontaine (Jane Wharton), Burt Lancaster (Bill Saunders), Robert Newton (Harry Carter), Lewis L. Russell (Tom Widgery), Aminta Dyne (la propriétaire), Grizelda Hervey (Mme Paton), Jay Novello (le capitaine).

Un vétéran américain de la Seconde Guerre mondiale se réadapte difficilement à la vie civile. Son séjour dans un camp de prisonniers l'a profondément marqué. A Londres, il tue accidentellement un homme dans un pub et, au cours de sa fuite, rencontre une infirmière qui le fera travailler dans son hôpital. Mais un maître-chanteur survient. Il se montre très entreprenant avec l'infirmière qui le poignarde. Le couple se lance dans une fuite éperdue puis se ravise et décide de se rendre.

☞ Le caractère asocial et sauvage de ce pur héros de *film noir* interprété par Burt Lancaster trouve une justification psychologique et sociale, tout à fait conforme aux lois du genre, dans le traumatisme de son expérience guerrière. Ce traumatisme a eu pour effet d'accentuer jusqu'à la rendre pathologique la violence naturelle du personnage. Après *The Killers** et *Brute Force**, Burt Lancaster incarne un de ces personnages tourmentés qui lui vont à merveille, vulnérables sous leur apparente solidité, oscillant constamment entre la douceur et la férocité. Le thème du couple en fuite, cher également au *film noir*, est traité avec force et habileté. L'interprétation de Joan Fontaine exprime de façon convaincante cette attirance d'un personnage pour son contraire, qu'elle va suivre dans sa trajectoire tragique. Douce, effacée et maternelle, l'infirmière est, en effet, fascinée par les explosions de violence incontrôlables de son partenaire. Elle croit pouvoir modifier son comportement (et cet espoir l'attache encore plus à lui), alors qu'en réalité c'est elle qui est entraînée dans son sillage et devient, par l'enchaînement des circonstances, criminelle à son tour. Dénouement en forme de semi-*happy end* assez décevant. Photo et musique de tout premier ordre.

**AMARCORD (id.)**

1973 – Italo-français (127') • *Prod.* Franco Cristaldi Produzioni (Rome), PECF (Paris) • *Réal.* FEDERICO FELLINI • *Sc.* Federico Fellini, Tonino Guerra • *Phot.* Giuseppe Rotunno (Technicolor) • *Mus.* Nino Rota • *Int.* Magali Noël (La Gradisca), Armando Brancia (le père de Titta), Ciccio Ingrassia (l'oncle fou), Pupella Maggio (la mère de Titta), Bruno Zanin (Titta), Stefano Proietti (Oliva), Peppino Ianigro (le grand-père de Titta), Luigi Rossi (l'avocat), Gennaro Ombra (Biscein).

Dans cette ville italienne endormie dans les années 30, les « manine », flocons de duvet voltigeant dans l'air, annoncent la fin de l'hiver. On allume des feux de joie sur la grand-place. On brûle l'hiver en effigie. La ville et l'époque sont racontées tantôt par Biscein, un marchand ambulant, alcoolique et rougeaud ou par l'avocat, un homme savant et érudit, qui s'adressent l'un et l'autre à la caméra, tantôt par l'adolescent Titta, le fils d'Aurelio et de Miranda qui emplissent la maison du bruit de leurs disputes et de leurs menaces de suicide, jamais mises à exécution. A l'école, Titta subit passivement le défilé grotesque des professeurs et remarque surtout la prof de maths à cause de son opulente poitrine. Il remarque aussi, et n'est pas le seul, Volpina, une demi-folle lubrique, qui excite les ouvriers des chantiers. Mais sa préférence va à Gradisca, sorte de star locale qui se promène à travers la ville avec ses sœurs dans des tenues et des maquillages savants. Un jour, il essaie vainement de s'approcher d'elle au cinéma. Une part de sa légende vient de ce qu'elle a autrefois orné la couche d'un prince au Grand-Hôtel, ce palace où Biscein aurait soi-disant « consommé » en une seule nuit dix-huit pensionnaires du harem d'un émir de passage dans la ville. Toutes ces femmes, Titta les évoque verbalement dans sa confession au curé qui lui demande avec insistance quand et combien de fois il se touche, habitude qui selon lui fait pleurer Saint Louis. Pour commémorer le 21 avril, un défilé et une fête gymnique ont lieu lors de la visite d'un dignitaire fasciste. La nuit venue, un gramophone fait insolemment entendre l'« Internationale » du haut d'un toit et les tireurs fascistes mettront un certain temps à en venir à bout. Le père de Titta est convoqué par les autorités et accusé d'avoir tenu des propos anti-fascistes. On lui fait boire de l'huile de ricin. Une fois par mois, la famille sort de l'asile l'oncle Teo pour le promener. Cette fois, il monte dans un arbre et hurle pendant cinq heures : « Je veux une femme. » Une religieuse naine venue en compagnie de deux infirmiers saura le faire descendre de son perchoir, ce que nul avant elle n'avait réussi. Tous les habitants vont de nuit sur les eaux assister au passage du paquebot « Rex », la plus belle construction navale du régime, auquel elle sert d'emblême. L'automne arrive. Le grand-père de Titta se perd dans le brouillard et se croit déjà mort. La nuit, les habitants aperçoivent comme dans une féérie les coureurs des « Mille miles ». Titta, resté seul avec la buraliste à la gigantesque poitrine, jure qu'il peut la soulever et s'exécute. Elle lui donne ses seins à sucer mais le maladroit souffle dedans. La neige un jour se met à tomber en abondance sur la ville, événement rarissime qui suscite la stupéfaction admirative de tous les habitants. On bat des records historiques. La mère de Titta meurt. Gradisca se marie avec un carabinier qui l'emmènera vivre dans une autre région. Après le repas de noces, on lui dit adieu. Elle ne sera pas oubliée. Les « manine » de nouveau apparaissent, flottant dans l'air et bouclant la boucle de cette année mythique.

☞ Évocation des souvenirs d'un homme de cinquante ans qui peut être Fellini, Guerra et beaucoup d'Italiens, *Amarcord* (Io me ricordo, Je me souviens, en dialecte romagnol) est un bric-à-brac picaresque, grotesque, à moitié onirique, haut et riche en couleurs car la plastique est toujours l'élément fort dans les derniers Fellini. L'humour y est présent à travers d'innombrables et complaisantes notations sexuelles et scatologiques. Le film exprime le regard d'un vieil homme, à tout le moins d'un homme usé, sur la jeunesse. Elle est maintenant si éloignée de lui qu'elle en devient comme étrange, insaisissable et presque irréelle. Pour la ramener à lui et à quelque chose qui ait un sens pour lui, Fellini élabore une métaphore, dont il faut lui laisser la responsabilité, entre la vie de province, le fascisme et l'adolescence, trois réalités qu'unit à ses yeux (il s'en est expliqué dans une lettre à Gian Luigi Rondi) un mélange de somnolence, d'agressivité, de complexes enfouis et surtout d'impuissance. Sur le plan du rythme, le film, totalement et volontairement invertébré, est parfois difficile à supporter. Au cinéma, c'est en général le rythme – les déficiences du rythme – qui font payer aux auteurs leur complaisance envers eux-mêmes ; ou plutôt c'est le spectateur qui la paie. Dans *Amarcord,* chaque séquence prise isolément vaut mieux que l'ensemble du film.

N.B. Deux séquences non retenues dans le montage final figurent dans l'émission de télévision « Fellini al cestino » (Fellini au panier), présentée sur FR3 le 23 décembre 1987.

BIBLIO. : le scénario a paru sous deux formes : une narration littéraire publiée comme un roman (« Fellini et Guerra : *Amarcord* », Rizzoli Editore, Milan, 1973, traduit chez Gallimard en 1976) et en tant que découpage relevé à la moritone (974 numéros) dans la célèbre collection publiée chez Cappelli à Bologne en 1974. Traduction chez Seghers, 1974.

## AMBRE
### (Forever Amber)

1947 – USA (140') • *Prod.* Fox (William Perlberg) • *Réal.* OTTO PREMINGER • *Sc.* Philip Dunne, Ring Lardner, Jr., Jerome Cady d'ap. R. de Kathleen Winsor • *Phot.* Leon Shamroy (Technicolor) • *Mus.* David Raksin • *Int.* Linda Darnell (Ambre St. Clair), Cornel Wilde (Bruce Carlton), Richard Greene (Lord Almsbury), George Sanders (Charles II), Glenn Langan (capitaine Rex Morgan), Richard Haydn (comte de Radcliffe), John Russell (Black Jack Mallard), Margaret Wycherly (Mrs. Spong), Jessica Tandy (Nan), Anne Revere (Mother Red Cap), Jane Ball (Corinne), Robert Coote (Sir Thomas Dudley), Alan Napier (Landale), Leo G. Carroll (Matt Goodgroome), Natalie Draper (comtesse de Castelmaine).

1644. Le Parlement anglais et l'armée de Cromwell se sont révoltés contre la tyrannie du roi Charles Ier et l'Angleterre est à feu et à sang. Au milieu des combats, un bébé est déposé sur le seuil de la maison de Matt Goodgroome dans le village de Marygreen (comté d'Essex). Le linge brodé dans lequel l'enfant est enveloppé indique qu'on l'a prénommé Ambre. Ambre sera élevée par Matt Goodgroome et sa femme. 1660. Cromwell est mort. La famille des Stuart, en la personne de Charles II, est remontée sur le trône. Ambre, refusant le mariage que veut lui imposer Matt, suit à Londres un soldat du roi, le baron Bruce Carlton, qu'elle a rencontré dans une auberge et qu'elle rejoint, sans lui avoir demandé son avis, se faisant passer pour sa cousine, dans la chambre qu'il occupe dans la capitale. Il ne tarde pas à succomber à son charme et lui achètera plusieurs toilettes. Ils passent ensemble quelques jours de bonheur complet et il est évident, quoique Bruce ne semble pas s'en rendre compte, que la jeune femme est follement éprise de lui. Venu à Londres pour solliciter du roi, en paiement de ses services, plusieurs navires afin de mener une activité de corsaire au service de la couronne, Bruce obtient enfin ce qu'il désire grâce à l'intervention de Lady Barbara, comtesse de Castelmaine, une ancienne maîtresse à lui, devenue aujourd'hui la favorite du roi. Mais le roi exige que Bruce parte le soir même. Il quitte Ambre sans lui dire adieu. A son réveil, elle en éprouve une immense déception et attribue à sa médiocre situation l'attitude de Bruce à son égard. Désormais son seul but sera de s'élever, de devenir au moins son égale pour qu'il puisse l'épouser un jour. Bruce lui ayant laissé deux cents livres, elle est la victime d'aigrefins, passe en justice et fait un séjour en prison. Elle y rencontre Black Jack Mallard, un bandit de grand chemin, qui lui propose une association. Ils s'échapperont ensemble de la prison et uniront leurs talents pour s'enrichir. Jouant cartes sur table, Ambre lui révèle qu'elle est enceinte. Après leur évasion, elle accouche d'un garçon dans l'antre de Mother Red Cap. Mettant son charme au service des entreprises de Black Jack, elle l'aide à dévaliser les bourgeois. Une nuit, Black Jack est abattu par des policiers, Ambre se réfugie dans une maison inconnue, celle du capitaine Rex Morgan dont elle devient la maîtresse et qui lui proposera le mariage. Grâce à un ami dramaturge, Morgan l'aide à devenir actrice au Théâtre Royal de Drury Lane, poste qui lui assure *de facto* la protection du roi. Elle y sera d'ailleurs remarquée par Charles II dont elle repousse l'invitation car, ce soir-là, Bruce fait sa réapparition dans les coulisses. Folle de joie, Ambre l'entraîne à la campagne où vit leur petit garçon qu'elle a prénommé Bruce. Le bonheur de leurs retrouvailles sera de courte durée car, Morgan les ayant surpris ensemble et s'estimant offensé en tant que fiancé officiel d'Ambre, Bruce se verra imposer un duel à l'épée où, contre sa volonté, il doit exterminer son adversaire. Après quoi, il préfère disparaître. Désemparée et cherchant toujours à s'élever dans la hiérarchie de la noblesse, Ambre épouse le vieux comte de Radcliffe. Elle échange un titre contre sa beauté dont le vieillard est d'ailleurs tout à fait incapable de disposer. Quelque temps plus tard, ayant appris que Bruce débarquait des marchandises dans le port, elle se rend en toute hâte à Londres, indifférente à la peste qui ravage la ville. Mais Bruce a contracté la terrible maladie. Ambre le soigne et le sauvera non seulement de la peste mais aussi des mauvais desseins d'une vieille et monstrueuse garde-malade, Mrs. Spong, qui voulait l'étrangler pour lui dérober ses bijoux. C'est elle qu'Ambre devra étrangler pour l'empêcher de commettre son forfait. Pendant une courte absence de la jeune femme, Bruce voit apparaître Radcliffe et apprend de lui qu'il est son mari. Une troisième fois, il disparaît sans avoir dit adieu à Ambre. Elle reprend sa vie monotone avec Radcliffe. Lors de la visite annuelle que le comte fait à la cour, elle est remarquée à nouveau et même reconnue par le roi qui l'invite à dîner. Mais Radcliffe, arguant de l'inquiétude que lui inspire la progression du feu à travers Londres (nous sommes en 1666) empêche sa femme d'accepter l'invitation. Une fois de retour dans la demeure de son mari, elle s'aperçoit qu'il l'a enfermée dans sa chambre, alors que les flammes embrasent les immeubles avoisinants. Elle a une dispute avec lui. C'est à ce moment qu'un domestique, fort comme un turc et souvent humilié par son maître, emporte le vieillard dans ses bras et le jette comme un fétu de paille dans le feu... Ambre est devenu la favorite de Charles II. Lors d'une promenade, elle revoit Bruce, maintenant installé en Virginie, en compagnie de sa jeune épouse Corinne à qui il fait visiter Londres. Elle invite Corinne à la table du roi et la laisse seule, tard dans la soirée, en tête à tête avec lui. Elle pense provoquer ainsi un scandale qui la servira en brisant le mariage de Bruce. Mais son petit complot échoue et le roi, dont l'amour-propre a été froissé par cette preuve trop évidente d'absence d'amour, lui ordonne de quitter Whitehall. Ambre revoit une dernière fois Bruce qu'elle aime toujours et qui est venu lui demander de lui permettre d'emmener son fils en Virginie. Elle s'est d'abord révoltée à cette idée puis, profitant d'un mouvement de l'enfant vers son père, les laisse partir tous les deux...

☞ Adaptée du best-seller, audacieux pour l'époque, de Kathleen Winsor, c'est sans doute la plus maîtrisée des superproductions américaines. Les choses pourtant avaient mal commencé puisqu'au bout de quelques semaines de tournage le metteur en scène John Stahl et la vedette principale, Peggy Cummins, avaient été renvoyés par Zanuck avant que Preminger, sous contrat à la Fox, ne soit contraint de reprendre le projet, ne fasse réécrire le scénario et ne se rende alors totalement maître de l'entreprise. Situation un peu comparable à celle où il s'était trouvé à la veille de tourner *Laura**, à deux différences essentielles près, à savoir qu'ici le projet n'émanait nullement de lui (il y était au contraire opposé) et que l'interprète qu'il aurait voulue pour le rôle (Lana Turner) dut finalement céder la place à Linda Darnell, transformée pour l'occasion en blonde. On ne saurait pourtant imaginer d'Ambre plus parfaite. A travers son personnage, Preminger a étudié le conflit de l'ambition et de l'affectivité, dépeignant une héroïne placée dans la situation, non de préférer son ambition à ses sentiments, mais de s'imaginer que seule son ambition peut servir son affectivité. S'étant choisi un partenaire plutôt veule et indécis, épris de respectabilité, elle passera son existence à s'endurcir et à espérer que de cet endurcissement lui viendra à la fin le bonheur. Elle connaîtra une série de déceptions qui auraient leur place dans un mélodrame, mais que Preminger a voulu replacer dans la plus glaciale des études de mœurs, située au sein d'une reconstitution historique à la fascinante splendeur plastique. Le film devient ainsi une rêverie sur l'impossible sécheresse de cœur, sur le fiasco d'une héroïne qui n'en finit pas de se perdre dans ses calculs et ses complots dont elle attend vainement le salut. Elle est la sœur de nombreuses autres héroïnes premingériennes, et par exemple de Cécile dans *Bonjour tristesse**. Son échec, sa tristesse, son état de déception presque permanent s'étalent devant elle comme des gouffres, tandis que pour le spectateur sa froideur même la rend plus poignante que si elle versait des torrents de larmes. Sa brève et très tumultueuse trajectoire s'effectuera en outre parmi la plus extraordinaire collection de cyniques, d'élégantes crapules et de monstres jamais rassemblée dans un film. *Ambre* fut à son époque l'un des plus coûteux produits de la Cité du cinéma. Cela se voit sur l'écran et on ne saurait décrire le goût, la richesse des costumes et des décors, la somptuosité du Technicolor manié avec génie par Leon Shamroy (notamment dans les gros plans de Linda Darnell). Tout ce faste sert de miroir à l'acidité désabusée des dialogues et à la désillusion des personnages (« J'ai lutté toute l'après-midi contre le feu dans les docks, dit Charles II à sa maîtresse, je ne me serais jamais tant démené pour monter sur le trône, si j'avais su qu'on demandait autant à un roi »). Chez cet adepte de la technique invisible qu'est Preminger, l'art des mouvements d'appareil est ici à son comble et dans la courte scène de l'accouchement de Linda Darnell, le réalisateur livre ce qui est peut-être le plus beau plan-séquence de l'histoire du cinéma. Par son génie plastique, qui n'est que l'un de ses génies, *Ambre* est d'ailleurs aussi éloigné de nous et de ce qu'on voit aujourd'hui au cinéma que peut l'être, par exemple, un tableau de Velasquez ou de Rembrandt.

N.B. L'audace de nombreuses situations et dialogues du film, son absence de happy end et de fin moralisante étaient tout à fait à contre-courant de l'époque. Preminger dut aller avec les dirigeants de la Fox supplier les représentants de la « Ligue catholique de décence », aujourd'hui disparue, de ne pas condamner le film. L'humiliation qu'il en conçut et les coupes qu'il dut accepter furent parmi les germes de cet immense désir d'indépendance qu'il ne put satisfaire qu'à partir de *L'homme au bras d'or*. La plupart des copies (du moins en France et en Angleterre) se terminent quand Linda Darnell regarde Cornel Wilde et l'enfant s'éloigner. Mais Preminger avait tourné une scène supplémentaire pour la fin du film : Ambre, après avoir accepté l'invitation à dîner de Sir Thomas Dudley, l'écuyer du roi, allait à sa table de coiffure et se regardait longuement en se maquillant tout comme l'héroïne de *Bonjour tristesse** dans les scènes qui ouvrent et concluent ce film.

BIBLIO. : sur la première version avortée du film, voir « The First *Amber* » de Gary Smith *in* « Films in Review », février 1989. L'auteur ne peut préciser la durée exacte de ce premier tournage : 6 à 10 jours selon le scénariste Philip Dunne, deux mois selon Vincent Price (qui interprète le rôle plus tard confié à Richard Greene). A noter que le rôle de Charles II, où George Sanders se montrera comme à son habitude extraordinaire, est tenu ici par Reginald Gardiner.

## AMERICA AMERICA (id.)

1964 – USA (177' puis 168') • *Prod.* Warner-Athena Entreprises Corporation (Elia Kazan) • *Réal.* ELIA KAZAN • *Sc.* Kazan d'ap. son R. • *Phot.* Haskell Wexler • *Mus.* Manos Hadjidakis • *Int.* Stathis Gialellis (Stavros Topouzoglou), Frank Wolff (Vartan Damadian), Harry Davis (Isaac Topouzoglou), Elena Karam (Vasso Topouzoglou), Estelle Hemsley (la grand-mère), Gregory Rozakis (Hoanness Gardashian), Lou Antonio (Abdul), Salem Ludwig (Odysseus Topouzoglou), John Marley (Garabet), Johanna Frank (Vartuhi), Linda Marsh (Thomna Sinnikoglou), Paul Mann (Aleko Sinnikoglou), Robert H. Harris (Aratoon Kebabian), Katharine Balfour (Sophia Kebabian).

Turquie, 1866. Dans les montagnes d'Anatolie, patrie ancestrale des Grecs et des Arméniens conquise par les Turcs il y a cinq siècles, le jeune grec Stavros Topouzoglou et son ami arménien Vartan Damadian songent à émigrer en Amérique. Des deux minorités, c'est la grecque qui, pour le moment, a le moins mauvais sort. Dans le village de Stavros, les Turcs incendient l'église où s'est réfugiée la communauté arménienne. Vartan est tué en combattant. Plus que jamais, Stavros sent qu'il doit partir. D'ailleurs son père, un commerçant qui collaborait avec les Turcs et auquel les récents événements ont ouvert les yeux, a pris la décision de l'envoyer chez son cousin Ulysse, marchand de tapis à Constantinople. Stavros ira là-bas en éclaireur préparer l'installation de la famille. Le père réalise tous ses biens et confie l'argent à Stavros. Durant le voyage, celui-ci se fait déposséder par un voleur, puis par un jeune escroc qu'il finira par tuer dans la montagne. A Constantinople, le cousin est bien déçu de voir arriver Stavros les mains vides. Stavros le quitte et va travailler comme portefaix sur le port le jour et comme plongeur dans un restaurant la nuit. Son but est de réunir au plus vite le prix de la croisière pour les États-Unis (cent dix livres turques). Un ami, Garabet, l'entraîne chez une prostituée qui lui dérobe tout ce qu'il avait déjà réussi à mettre de côté. Stavros assiste à une réunion clandestine de conspirateurs anarchistes à laquelle participe Garabet et échappe miraculeusement à la mort quand la police investit les lieux. Blessé, il parvient à se traîner jusqu'à la maison du cousin Ulysse et, dans les jours qui suivent, se résigne au projet que celui-ci avait formé pour lui, à savoir le marier avec l'une des quatre filles – toutes laides – du richissime négociant en tapis Sinnikoglou, lequel désespère de trouver un gendre et d'avoir des fils. Stavros plait à Thomna, l'une des filles, et le mariage est sur le point de se conclure. Au lieu des cinq cent livres de dot que propose le père, Stavros n'en veut que cent dix. Dès qu'il les a, il rompt avec sa fiancée et achète son billet de bateau. Parmi les passagers, il reconnaît un jeune vagabond souffreteux, Hoanness, qu'il avait rencontré en Anatolie et auquel il avait donné une paire de chaussures. Hoanness rêvait, lui aussi, de connaître l'Amérique. Il fait partie d'un groupe de sept jeunes gens engagés par un Américain qui les fera travailler comme cireurs. S'il y avait une place pour lui, Stavros ne demanderait pas mieux que de partager leur sort. Durant la traversée, il devient l'amant de Mme Kebabian, la femme d'un émigré arménien qui a fait fortune en Amérique. Le mari trompé, averti de son infortune, menace de faire réexpédier Stavros en Turquie. Le paquebot arrive en rade de New York. Hoanness, sujet à des accès de toux de plus en plus violents, se suicide après avoir laissé sur le pont ses chaussures et un mot pour Stavros.

Celui-ci prend son identité et, sous le nom de Hoanness devenu Jo Arness, accomplit les formalités de débarquement. Dans les années suivantes, il fera venir un à un tous ses parents en Amérique, à l'exception de son père qui mourra sur sa terre natale.

☞ C'est à ce jour le testament de Kazan, les trois titres postérieurs à ce film n'étant que des œuvres mineures dans sa carrière. Après *America America,* Kazan consacrera en effet le meilleur de lui-même à ses activités de romancier. Comme Welles (quand il n'adapte pas Shakespeare), Kazan se soucie surtout de raconter des histoires aptes à éclairer notre siècle dans ses origines, ses fondations et sa spécificité. *America America* est ainsi une chronique familiale qui contient à la fois un extrait des archives des Kazan (l'auteur étant lui-même l'un des neveux du héros) et une évocation d'une partie des racines de l'Amérique. A travers un passionnant roman d'initiation et d'apprentissage, c'est la situation et la psychologie particulière de l'émigré qui ont retenu Kazan. La ruse, l'obstination, un certain endurcissement de la peau, sinon du cœur, deviennent chez l'émigré une seconde nature, en tant que « vertus » indispensables à sa survie. En même temps, Kazan qui a toujours manifesté une sorte de génie à trouver le général dans le particulier, donne à cette occasion sa propre vision de la condition humaine : quelque chose comme une course d'obstacles à travers un champ de ruines. Alors que Welles décrit, dans *Mr. Arkadin,** un émigré exceptionnel, vivant en marge des lois et du commun, Kazan cherche, lui, à retrouver la figure centrale de l'émigré ordinaire, celui qui s'est absorbé, noyé dans la foule américaine jusqu'à en devenir partie intégrante. Pour autant, son aventure est loin d'être dénuée de caractère mythique puisqu'elle est avant tout recherche fiévreuse de la Terre Promise et d'une inaccessible sérénité. Plus libre que dans ses films réalisés pour les grands studios, Kazan a renoncé ici au style « synthétique » qui avait vu son aboutissement dans l'utilisation lyrique du cinémascope (*A l'est d'Eden,* Le fleuve sauvage* *). Il a choisi pour *America America* un style beaucoup plus analytique et haché où les gros plans et le montage retrouvent une grande importance et semblent retourner aux origines russes du cinéma. Sur le plan strictement dramatique, le film est moins contrôlé, moins maîtrisé que dans les œuvres précédentes, quand l'art de Kazan puisait une partie de sa force dans la collaboration avec de grands écrivains, tels Steinbeck, Tennessee Williams, William Inge, etc. Le rythme est souvent défaillant et l'importance donnée à certaines séquences (ex. la description de la vie au sein de la famille Sinnikoglou) transforment celles-ci en immenses parenthèses qui menacent d'engloutir tout le film. Les techniques narratives du roman et du film se mélangent ici sans faire bon ménage. Mais l'inspiration de Kazan est si concrète, si vraie et d'une sincérité si rare que le flot des épisodes, même quand il se ralentit, entraîne le plus souvent l'adhésion et même l'enthousiasme du spectateur.

BIBLIO. : scénario et dialogues *in* « L'Avant-Scène » n° 311-312 (1983). Ce numéro comprend un article de Claude Beylie faisant le point sur l'œuvre écrite de Kazan. A propos de son premier livre, rédigé en France, « America America », Beylie écrit : « C'est à la fois une autobiographie déguisée, le scénario d'un film qu'il avait peine à monter (après l'échec commercial de l'admirable *Fièvre dans le sang**) et le décorticage, un peu laborieux, de personnages qui ne prendront vraiment corps qu'au tournage : un pense-bête à l'usage d'un réalisateur parvenu au faîte de sa carrière, qui voit refluer brusquement tous les fantômes de sa jeunesse et souhaite y mettre bon ordre avant de les faire revivre sur l'écran (...) Malgré l'ambition de l'entreprise, ce n'était là encore qu'un travail d'appoint, une sorte de volumineux carnet de notes en marge d'un film. »

## AMOUR C'EST GAI, L'AMOUR C'EST TRISTE (L')

1971 – France (95') • *Prod.* Argos Films (Anatole Dauman) • *Réal.* JEAN-DANIEL POLLET • *Sc.* Remo Forlani, Jean-Daniel Pollet • *Phot.* Jean-Jacques Rochut (Eastmancolor) • *Mus.* Jean-Jacques Debout • *Int.* Claude Melki (Léon), Jean-Pierre Marielle (Maxime), Chantal Goya (Arlette), Bernadette Laffont (Marie), Marcel Dalio (M. Paul),

Jacques Doniol-Valcroze, Luc Moullet, Remo Forlani, Henri Guybet, Jacques Robiolles, Dominique Zardi, Rufus, Christian de Tilière.

Léon, tailleur dans le quartier de la porte Saint-Denis, aime le travail soigné. Il fait à un client son quatorzième essayage pour une veste. Dans l'atelier de Léon passent beaucoup de clients, mais ils viennent en majorité pour sa sœur Marie qui est censée leur faire les cartes, les tarots, le marc de café etc., en réalité elle se livre avec eux à d'autres exercices que, dans sa grande naïveté, Léon semble ignorer. Un matin, il trouve dans le lit de sa sœur un Grec et annonce tout de go à Maxime, l'amant de Marie, qu'il est cocu. Maxime explique à Léon son erreur et lui dit qu'il est en quelque sorte le manager de sa sœur. Léon tombe des nues. Arlette, une native de Morlaix que Marie a rencontrée à la pharmacie Canone du boulevard Sébastopol où elle venait acheter des pilules pour se suicider, est hébergée dans l'atelier de Léon. Arlette plait beaucoup à Léon que sa timidité paralyse. Ils passent les soirées à écouter la télévision des voisins (quand elle marche) et parfois Léon lit à Arlette des romans de science-fiction qu'il adore. Il a plus ou moins convaincu Marie de se limiter à la voyance. Mais l'argent rentre mal et Maxime pique des colères. Un soir, apparaît M. Paul, industriel important dans la toile à laver. C'est un ancien client de Marie. Il est déçu d'apprendre qu'elle n'exerce plus. Il invite cependant Arlette et Léon à un dîner de roi. Il fait même venir des tsiganes dans l'atelier. On boit beaucoup, surtout lui. En proie à un délire éthylique (« Plus de TVA ! Plus de barrières sexuelles ! Le grand rut ! »), il s'écroule tout d'un coup sur le sol. Il paraît mort. Maxime qui revient de week-end avec Marie, le transporte dans la chambre. Soudain il reprend conscience et file... avec Arlette. Dans les jours qui suivent, Maxime fait une grève de la faim parce que Marie ne veut plus travailler. Ayant fait la vie pendant quelque temps à Paris, Arlette revient toute changée et « rachète » Maxime à Marie. A nouveau les clients défilent dans l'atelier. Léon les éconduit, car il aime toujours Arlette. Il paie de sa poche l'argent que doit toucher Maxime. A la fin, il en a assez et envoie pour de bon un client à Arlette. Celle-ci ne peut aller jusqu'au bout. Elle préfère rentrer à Morlaix. Léon l'accompagne à la gare mais ne se déclare pas. Maxime et Marie partent s'installer à Pithiviers. L'atelier va être bien grand et bien vide pour Léon, maintenant seul. Quand son client du quinzième essayage lui demande à propos d'Arlette : « Franchement Léon, qu'est-ce que t'as bricolé pendant qu'elle était là, cette petite ? », il répond : « J'ai vécu. Poil aux oreilles ».

☞ « Les choses tristes, douloureuses, plus belles pour l'esprit, y trouvent plus de prolongements que les choses heureuses. Le mot soir plus beau que le mot matin, le mot nuit que le mot jour, le mot automne que le mot été, le mot adieu que le mot bonjour, le malheur plus beau que le bonheur, la solitude plus belle que la famille, la société, le groupement, la mélancolie plus belle que la gaieté, la mort que la naissance. A talent égal, l'échec plus beau que le succès. Le grand talent restant ignoré plus beau que l'auteur à grands tirages, adoré du public et célébré chaque jour. Un écrivain de grand talent mourant dans la pauvreté plus beau que l'écrivain mourant millionnaire. L'homme, la femme qui ont aimé, ont été aimés, finissant leur vie dans une chambre au dernier étage, n'ayant pour fortune et pour compagnie que leurs souvenirs, plus beau que le grand-père entouré de ses petits-enfants et que la douairière encore fêtée dans son aisance. D'où cela vient-il, qui se trouve chez chacun de nous à des degrés différents ? Y a-t-il au fond de nous, plus ou moins, un désenchantement, une mélancolie qui se satisfont là – et qu'il faut détester et rejeter comme un poison. » Dans ces lignes admirables de Paul Léautaud (« Notes retrouvées » », 1942) apparaît avec évidence la substance de ce film, ce poison qui, d'une certaine manière, a aussi corrodé la carrière de Jean-Daniel Pollet. A notre époque, au cinéma, la plupart des tabous moraux, sociaux, politiques, sexuels etc., sont tombés. Il en reste deux au moins encore debout : la maladie incurable et l'échec (parfois, autre maladie incurable). Tous ceux qui s'en sont mêlés le savent. Le spectateur de cinéma, surtout français, aime que les personnages de films réussissent et soient, si possible, immortels. Le poison de l'échec et du goût pour l'échec a trouvé dans ce film très insolite, à la théâtralité affirmée, où le caricatural, le farfelu, parfois le glauque, le lyrisme et l'irréalisme, le calcul et l'improvisation se mêlent constamment, un espace idéal. Dans cet espace, le texte savoureux de Forlani et la figure superbe de Melki font merveille. L'alliance entre Pollet et Melki a quelque chose d'unique, d'infiniment plus profond par exemple que le lien autobiographique et narcissique qui relie Truffaut à Jean-Pierre Léaud. Sans Melki, Pollet ne ferait pas de comédies. Sans Pollet, Melki n'est rien. Ils sont l'un à l'autre une sorte d'instrument indispensable (quoique la très forte nature comique de Melki eût mérité de stimuler les meilleurs réalisateurs ; elle était sans doute trop forte pour le cinéma français contemporain). A travers Melki-Léon, Pollet a décrit l'échec, né ici d'un sentiment d'exclusion, comme une farce et comme une tragédie. Il a dessiné un être si parfaitement grotesque qu'il en devient presque héroïque. Dans le personnage de Léon et dans le film en général, le gai et le triste n'alternent pas mais sont les côtés pile et face de la réalité, unis en une indivisible dualité tonale – qu'on peut aussi appeler poésie. Pollet avait rencontré Melki sur le lieu de tournage – un bal populaire – de son court métrage *Pourvu qu'on ait l'ivresse.* Il décida de faire de lui le héros de ce court métrage. Le personnage Melki-Léon réapparut dans *Rue Saint-Denis,* sketch de *Paris vu par* (1965) (le seul sketch qui mérite qu'on se souvienne de ce film). Après *L'amour c'est gai...,* on vit encore Léon dans *L'Acrobate* (1976), où il devient danseur de tango professionnel.

N.B. A qui souhaiterait faire un voyage express dans les arcanes du cinéma français parlant, nous nous permettons de recommander l'itinéraire suivant ; *Boudu sauvé des eaux** (Renoir, 1932), *Merlusse** (Pagnol, 1934), *Baccara** (Mirande, 1936), *Mon père avait raison* * (Guitry, 1936), *Faisons un rêve** (Guitry, 1936), *Un carnet de bal** (Duvivier, 1937), *Hôtel du Nord** (Carné, 1938), *Édouard et Caroline** (Becker, 1951), *Le plaisir** (Ophuls, 1952), *La vie d'un honnête homme** (Guitry, 1952), *Le carrosse d'or** (Renoir, 1953), *Pickpocket** (Bresson, 1959), *L'amour c'est gai, l'amour c'est triste* (Pollet, 1971).

## AMOUR DE L'ACTRICE SUMAKO (L')
### (Joyu Sumako no koi)

1947 – Japon (96') • *Prod.* Shochiku, Kyoto (Hisao Itoya) • *Réal.* KENJI MIZOGUCHI • *Sc.* Yoshikata Yoda d'ap. P. « Karumen Yukinu » de Hideo Nagata • *Phot.* Shigeto Miki • *Mus.* Hisato Osawa • *Int.* Kinuyo Tanaka (Sumako Matsui), So Yamamura (Hogetsu Shimamura), Eijiro Tono (Shoyo Tsubouchi), Kikue Mori (Ichiko Shimamura), Chieko Higashiyama (Shinpei Nakayama), Teruko Kishi (Sen), Eitaro Ozawa (Kichizo Nakamura).

Au début du siècle, dans une école d'art dramatique dont l'un des buts est de dépasser le kabuki en servant le théâtre étranger contemporain, Shimamura, quarante-deux ans, termine son cours sur Ibsen. Il parle du conflit entre la nécessité de vivre honnêtement et l'amère réalité de la vie sociale. « La sincérité faisant face à des situations désespérées, conclut-il, caractérise l'ère du théâtre moderne inaugurée par Ibsen. » Lors de la réunion des dirigeants de l'école, il est autorisé à monter « Maison de poupée ». Encore faut-il qu'il trouve une Nora digne du rôle. L'actrice Sumako Matsui a décidé de quitter son deuxième mari. Elle explique à Shimamura qu'elle a déjà tenté de se suicider à cause de ses deux échecs conjugaux. Elle ne peut supporter la vie qu'en vivant pleinement à la fois comme femme et comme actrice. Shimamura est persuadé d'avoir trouvé en elle sa Nora. Les répétitions commencent. Sumako, éprise de perfection, travaille son texte jour et nuit. Shimamura refuse d'assister au rendez-vous officiel où sa fille doit rencontrer son fiancé. Ces formalités lui semblent désormais dépassées. Il estime que sa fille doit trouver par elle-même l'amour et l'homme qui lui convient. Ce faisant, il la rend très malheureuse car elle pense qu'elle restera célibataire toute sa vie. La représentation de « Maison de poupée » est un succès. Shimamura et Sumako ne veulent plus se quitter ; rien ne compte plus pour eux que leur travail commun pour la défense du théâtre. Tous deux abandonnent leur famille respective pour vivre ensemble. Un ami de Shimamura se déclare prêt à l'aider. L'actrice et le metteur en scène fondent le Théâtre d'Art qui ne vivra qu'un an, victime de dissensions internes. Pour des raisons financières, Sumako qui a triomphé dans « Résurrection », doit accepter de participer à des tournées lointaines qui l'épuisent et ne la mettent pas en condition de donner son maximum. Après quoi la troupe trouve enfin un lieu fixe pour répéter, un théâtre officiel abrite leurs représentations. Sumako est souffrante durant quelques jours. Puis c'est Shimamura qui s'écroule pendant une répétition. On minimise son mal, une pneumonie très sérieuse qui l'emporte en quelques jours. Sumako pense ne plus être capable de jouer en son absence. Elle continuera cependant et remportera un triomphe. Il lui arrive de demander à Shimamura, devant son portrait, si elle a bien joué. Elle interprète « Carmen ». Pendant l'entracte, elle répète encore inlassablement et exhorte son partenaire à mettre plus de passion dans la scène du crime. On apprend qu'elle s'est suicidée après la représentation. Devant son corps entouré de fleurs, ses amis, ses collègues lui rendent un dernier hommage ainsi qu'à Shimamura : tous deux auront ouvert la voie au théâtre moderne.

☞ Œuvre essentielle, quoique peu connue, de Mizoguchi. Venant immédiatement après *Cinq femmes autour d'Utamaro*, L'amour de l'actrice Sumako* présente certains aspects essentiels du credo esthétique de Mizoguchi, et les deux films, dans ce domaine, se complètent admirablement. *Utamaro** évoquait le génie solitaire d'un peintre du passé ; *Sumako* décrit le travail collectif d'une actrice (morte en 1918) et d'un metteur en scène de théâtre presque contemporains. *Sumako* est avant toute autre chose un film sur la passion, l'intensité de vie qui habite les deux personnages et les amènent à se reconnaître indispensables l'un à l'autre. A elle seule, cette intensité balaie dans leur vie privée les rituels sociaux dépassés comme elle secoue, dans leur travail, la poussière académique du vieux théâtre. Elle est, dans un même mouvement, destructrice et libératrice ; elle a quelque chose d'impitoyable que l'art de Mizoguchi, déjà extrêmement raffiné à cette époque, sait rendre poignant. L'immobilité des plans, la place des personnages dans le cadre créent une émotion dont les ultimes retombées (cf. la scène où Shimamura quitte sa femme, sa belle-mère et sa fille) ont toujours lieu *off,* hors l'espace du plan, et n'existent finalement que dans le cœur du spectateur. C'est dans ce film, où les personnages usent leurs forces au service de ce qu'il faut bien appeler (quoique l'expression ait été souvent galvaudée) une religion de l'art, que Mizoguchi, comme dans *Utamaro,* et toujours par personnages interposés, parle le plus précisément de lui-même.

N.B. Le même sujet (vie de l'actrice Sumako Matsui) fut traité la même année dans *L'actrice* de Teinosuke Kinugasa.

## ANDREI ROUBLEV (id.)

1967 (année de production) – URSS (175') • *Prod.* Mosfilm • *Réal.* ANDREI TARKOVSKI • *Sc.* Andreï Mikhalkov Kontchalovski, A. Tarkovski • *Phot.* Vadim Youssov (Sovscope, quelques plans en couleurs) • *Mus.* Vjatcheslav Outchinnikov • *Int.* Anatoli Solonitzine (Andreï Roublev), Nikolaï Sergeev (Teophane), Irma Raouch (la folle), Nicolai Bourliaiev (Boriska), Ivan Lapikov (Kyril), Iouri Nazarov (le grand-duc), Sos Sarkissian (le Christ), Nikolai Bourliaiev (Boris).

Un paysan vole durant quelques instants dans une machine volante puis s'écrase au sol. Le début du XV^e^ est l'époque où l'État russe centralisé commence à s'édifier. LE FOU DU ROI (1400).

Dans un monastère un homme en transe chante et va torse nu sous la pluie. Il est arrêté et emprisonné. On brise son instrument. THÉOPHANE LE GREC (1405). Le moine Kyril, peintre d'icônes, va voir à Moscou le célèbre peintre Théophane dont il voudrait devenir l'assistant. Il le flatte et critique l'art d'un moine du même monastère, Andreï Roublev. Plus tard, au monastère, c'est Andreï Roublev que vient chercher un envoyé de Théophane. Roublev dit adieu, le cœur gros, à son ami Daniel. Kyril, dépité, quitte le monastère en insultant les moines qu'il compare aux marchands du temple. LA PASSION SELON ANDREI (1406). Théophane explique à Andreï que selon lui le mal recommence éternellement. Dieu, aujourd'hui, serait à nouveau crucifié. Andreï est effrayé par ce pessimisme qu'il ne peut ni ne veut partager. LA FÊTE (1408). Andreï assiste à une bacchanale paysanne. Hommes et femmes se baignent nus. Andreï est attaché à un arbre. Une femme se frotte à lui. Il dit que cet amour-là est bestial. Des hommes d'armes mettent fin à la fête. LE JUGEMENT DERNIER (1408). Andreï hésite à peindre sur les murs de la cathédrale du Kremlin à Moscou une fresque représentant le Jugement dernier. Il a scrupule à terroriser le peuple par de telles visions. Il assiste à l'invasion des Tartares, conduite par le frère félon du grand-duc. Massacres, supplices, destructions. C'est maintenant au tour de Théophane de s'élever contre le désespoir d'Andreï. « Attaquer le mal, lui dit-il, c'est attaquer l'humanité. » Andreï est tourmenté à l'idée d'avoir tué un homme pour protéger une jeune fille, simple d'esprit. LE SILENCE (1412). Andreï a fait vœu de silence. Il ne peint plus. Ses aides ont été tués ou ont disparu. Kyril reparaît et supplie qu'on l'accepte de nouveau au monastère. LA CLOCHE (1423). Un adolescent affirme avoir reçu de son père le secret de l'alliage des fondeurs, qui ont tous été tués. Il dirige avec une autorité presque tyrannique les gigantesques travaux qui aboutiront à la création d'une cloche géante et magnifique. Le fou du début accuse Andreï d'être responsable de son emprisonnement de dix années. Kyril avoue à Andreï que c'est lui qui, par jalousie de son talent, avait trahi le fou et quitté le monastère. Aujourd'hui, il exhorte Andreï à peindre de nouveau. La cloche est bénie en présence du grand-duc. Elle retentit magnifiquement. L'adolescent en pleurs dit à Roublev qu'il a menti : son père ne lui avait transmis aucun secret. Qu'importe, dit Roublev, puisque la cloche existe. Le talent du jeune homme lui a donné le goût de créer à nouveau. Ils iront ensemble prodiguer leur talent. Le film s'achève par la présentation – en couleurs – des œuvres de Roublev.

☞ L'extrême formalisme du style de Tarkovski prolonge la tradition eisensteinienne et s'écarte radicalement des deux principales tendances du renouveau du cinéma russe dans les années 60 et 70 : la prise en compte analytique et réaliste du présent (lignée Panfilov) ; le désir de retrouver les liens profonds unissant le présent au passé (lignée Kontchalovsky et Mikhalkov). Assumant le risque de l'ésotérisme et même de la complaisance à l'ésotérisme, Tarkovski s'intéresse avant toutes choses à ses impressionnants mouvements d'appareil pétrissant l'espace d'une manière insolite et surprenante, à ses recherches d'ambiances apocalyptiques et extra-temporelles. Le thème abordé ici – la recherche tâtonnante d'un humanisme spirituel, seul rempart contre la barbarie, le paganisme et les excès de la religion – lui permet de s'enfoncer dans ce Moyen Age indifférencié où baignent la plupart de ses films. Dans cet espace fantasmagorique qui est comme le berceau de l'Etre, l'homme semble en gestation, créature embryonnaire et encore engluée dans le limon originel, plutôt bestial, dont il lui faudra s'extraire – et la tâche paraît infinie – pour parvenir un jour à la conscience morale et à la conscience tout court. A l'avant-garde de cet effort humain et surhumain se trouve l'artiste (Andreï Roublev ou bien le jeune fondeur de cloches) entraînant après lui un peuple de fantômes, dont il est à la fois le berger, l'interprète et l'émanation suprême.

BIBLIO. : scénario (avant tournage), Éditeurs Français Réunis, 1970. Découpage (376 plans) *in* « Kinematek », n° 41, Berlin (1969).

## ANGE BLEU (L') (Der Blaue Engel)

1930 – Allemagne (110') • *Prod.* Erich Pommer-Production, UFA-Sound-Film • *Réal.* JOSEF VON STERNBERG • *Sc.* Robert Liebmann d'ap. R. « Professor Unrat » de Heinrich Mann (1905) • *Phot.* Gunther Rittau, Hans Schneeberger • *Mus.* Friedrich Hollander • *Int.* Emil Jannings (Pr Immanuel Rath), Marlene Dietrich (Lola-Lola), Kurt Gerron (Kiepert), Rosa Valetti (Guste), Hans Albers (Mazeppa), Reinhold Bernt (le clown), Hans Roth (le bedeau).

Ayant confisqué à ses élèves plusieurs photos de la chanteuse Lola-Lola, le vieux professeur de lycée Immanuel Rath va assister à son numéro au cabaret de L'Ange Bleu. Il se rend ensuite dans sa loge et lui reproche de recevoir et de corrompre plusieurs de ses élèves. Fasciné par elle, il invente un prétexte pour retourner la voir et passe la nuit dans sa loge. Le lendemain, ses élèves le chahutent de plus belle. Quand le directeur s'apprête à lui faire des reproches, il l'arrête en déclarant qu'il va épouser la chanteuse. Il la demande effectivement en mariage. Cela la fait d'abord mourir de rire puis elle dit oui. Quoiqu'il lui en coûte, Rath l'accompagne dans ses tournées et vend dans la salle des photos d'elle. Quatre années passent. Le directeur de la troupe annonce à Rath qu'il devra faire son numéro de clown dans sa ville natale. Il refuse d'abord, puis accepte cette nouvelle humiliation, comme il a accepté toutes les autres. La salle de L'Ange Bleu est comble. Tout le monde a voulu voir l'ancien professeur. Sur la scène son partenaire lui écrase des œufs sur la tête et il doit crier « Cocorico ». Voyant que Lola se fait embrasser en coulisse par un bellâtre, il la poursuit et l'étranglerait si on ne les séparait. Il sort hagard dans les rues enneigées et on le retrouvera mort à son bureau, dans son ancienne classe.

☞ Premier film parlant (et le seul en allemand) de Marlene Dietrich qui avait déjà tourné une quinzaine d'œuvres muettes dont six en vedette. Premier des sept titres qu'elle tourne en cinq ans avec Sternberg. Le réalisateur, rappelons-le, avait d'abord souhaité Brigitte Helm pour incarner Lola-Lola. S'il est évident que Sternberg a métamorphosé Marlene en elle-même, il est tout à fait abusif de dire qu'il l'a découverte. Tout en ayant le mérite d'inaugurer une prestigieuse série de films, *L'Ange Bleu* est loin d'être le meilleur d'entre eux. C'est, à tous points de vue, une œuvre encore mal dégagée de sa gangue. L'intrigue est à la fois trop lente dans son rythme et trop précipitée dans son déroulement dramatique. Le style essentiellement baroque et onirique de Sternberg se détache assez mal de l'influence encore prépondérante de l'expressionnisme. A l'inverse des autres films de la série, Marlene a ici un rôle assez conventionnel et son personnage en est à peine un. Il existe surtout par une succession de numéros musicaux où le charme et la sensualité de Marlene amorcent déjà ce qui deviendra un mythe. « Le succès du film, avait prédit Heinrich Mann, l'auteur du roman original, viendra des cuisses nues de Miss Dietrich. » Pour le reste, l'unité et la grandeur du film tiennent dans la composition d'Emil Jannings qui renouvelle encore, surtout dans les scènes finales (où le son est magistralement utilisé), le thème de la déchéance d'un homme, illustré notamment dans les *Variétés** et *Le dernier des hommes**.

N. B. Une version anglaise (vraisemblablement plus courte) a été tournée avec les mêmes acteurs en même temps que l'allemande. Pâle remake en 1958 par Edward Dmytryck avec Curt Jurgens et May Britt. Le film n'obtint aucun succès.

BIBLIO. : scénario et dialogues dans le volume n° 6 de la collection « Classic Film Scripts », Lorrimer, Londres, 1968 et *in* « L'Avant-Scène » n° 57 (1966). Le scénario anglais et la préface de Sternberg de l'édition Lorrimer ont été republiés en volume chez Frederick Unger à New York, en 1979, avec la traduction du roman de Heinrich Mann. Sternberg écrit : « Ceci est une traduction autorisée de la continuité du film [...] Aucun scénario ne fut écrit. La plus grande partie du film fut improvisée sur le plateau. Il y avait très peu de dialogue anglais ; il s'agissait surtout d'argot berlinois. Dietrich et Jannings se parlaient en anglais dans la version anglaise. La version allemande et l'anglaise furent filmées l'une après l'autre [...] Comme il s'agissait du premier film parlant tourné en Allemagne, les conditions d'enregistrement furent très primitives ; le doublage et le mixage n'existaient pas. »

## ANGE DE LA RUE (L')
## (Street Angel)

1928 – USA (100') *Prod.* Fox (William Fox) •*Réal.* FRANK BORZAGE •*Sc.* Marion Orth, Katherine Hilliker, H.H. Caldwell, Philip Klein et Henry Roberts Seymonds d'ap. P. de Monckton Hoffe •*Phot.* Ernest Palmer, Paul Ivano •*Int.* Janet Gaynor (Angela), Charles Farrell (Gino), Alberto Rabagliati (un policier), Gino Conti (un policier), Guido Trento (Neri), Henry Armetta (Mascetto), Louis Liggett (Beppo).

A Naples, Angela, une jeune fille pauvre, n'a d'autre ressource que le vol pour se procurer les remèdes nécessaires à sa mère agonisante. Elle est arrêtée et passe en jugement, mais parvient à fuir du tribunal et à se cacher dans le tambour d'un cirque ambulant. Elle devient plus tard la vedette du cirque et rencontre un peintre, Gino, qui par amour pour elle se joint à la troupe. A la suite d'une chute, elle se casse la cheville et doit quitter le cirque, en compagnie de Gino. C'est la misère pour tous les deux. Elle est reconnue par un policier et emprisonnée. Une prostituée, sortie avant Angela, dit à Gino la « vérité » sur elle. Il part à sa recherche sur les quais embrumés, « Je vais chercher, dit-il, un visage d'ange qui ait le cœur noir comme l'enfer ». Il la retrouve et l'étranglerait, s'il ne voyait dans l'église où elle s'est réfugiée un portrait qu'il avait peint d'elle autrefois et qu'un antiquaire peu scrupuleux a transformé en madone du XVIII^e^. « Au moins, j'ai pu te peindre ainsi ! » lui dit-il dans un élan d'amour qui scelle leur réconciliation.

☞ Mélodrame élégiaque dans la lignée de *Seventh Heaven* * que le film suit immédiatement dans la filmographie de Borzage. On y trouve les thèmes chers à l'auteur : la sublimation et la rédemption des êtres par l'amour ; leur innocence plus forte que la malédiction sociale qui souvent les frappe. Perdus dans le monde matériel, les personnages de Borzage ne peuvent se retrouver que dans la relation d'amour – tendresse et passion mêlées – qui les unit au-delà des obstacles et des péripéties les plus dramatiques de leur vie. Au sein du style lyrique de Borzage, la plastique est ici l'élément fort de l'expression. La lumière et l'ombre, savamment distillées, enserrent cruellement les personnages ou créent autour d'eux un refuge quasi onirique. Les décors, dans le vase clos du studio, sont construits expressément pour que les éclairages leur ajoutent un deuxième niveau d'artifice (au sens noble du terme) et de beauté. Cet univers plastique n'est expressionniste qu'en apparence car, tour à tour enfer et paradis, il possède une ambivalence profondément étrangère à ce mouvement et qui n'a de sens que dans la thématique de Borzage.

## ANGE DES MAUDITS (L')
## (Rancho Notorious)

1952 – USA (89') • *Prod.* RKO (Howard Welsch) • *Réal.* FRITZ LANG • *Sc.* Dan Taradash d'ap. une histoire « Gunsight Whitman » de Sylvia Richards • *Phot.* Hal Mohr (Technicolor) • *Mus.* Emil Newman • *Int.* Marlene Dietrich (Altar Keane), Arthur Kennedy (Vern Haskell), Mel Ferrer (Frenchy Fairmont), Gloria Henry (Beth Forbes), William Frawley (Baldy Gunder), Lisa Ferraday (Maxine), John Raven (le croupier de Chuck-a-Luck), Lloyd Gough (Kinch), Jack Elam (Geary), Dan Seymour (Comanche Paul), George Reeves (Wilson), Rodric Redwing (Rio), Frank Ferguson (Preacher), John Doucette (Whitney), Fuzzy Knight (le barbier), Francis MacDonald (Harbin).

Une petite ville du Wyoming en 1870. Juste après que le jeune rancher Vern Haskell ait donné une broche à sa fiancée, celle-ci est violée et tuée par un bandit au cours d'un hold-up. En quelques secondes, l'univers et le bonheur de Vern se sont écroulés. Bien décidé à se venger, il part à la recherche du meurtrier, sans avoir le moindre renseignement sur lui. Ce dernier abat son complice, lequel, agonisant, sera retrouvé par Vern. Il murmure le mot Chuck-a-Luck qui oriente les recherches de Vern. Cette expression désigne en l'occurrence, non l'habituelle roue verticale des salons de jeux dans l'Ouest, mais un ranch dont Vern va tenter de retrouver la propriétaire : la légendaire Altar Keane. Cette ancienne chanteuse de saloon avait été, autrefois, renvoyée par son patron et à cette occasion avait fait la connaissance d'un des plus célèbres tireurs de l'Ouest, Frenchy Fairmont. Il lui avait permis de gagner un fortune à la roue truquée du saloon. Vern apprend que, pour l'heure, Frenchy est en prison. Il se fait volontairement arrêter afin de rejoindre le bandit dans sa cellule et pouvoir ainsi devenir son ami. Les deux hommes s'évadent ensemble puis rejoignent Chuck-a-Luck, le ranch mystérieux où Altar Keane, moyennant dix pour cent de leurs gains, abrite les hors-la-loi qui cherchent un refuge et une cachette. La règle immuable du lieu est qu'on n'y pose jamais de questions. Altar présente Vern aux autres pensionnaires. Parmi eux, un balafré, ami du beau sexe, attire particulièrement son attention. Un soir qu'elle chante en robe noire pour ses hôtes, Altar porte la broche donnée par Vern à sa fiancée. Le bijou saute aux yeux du jeune homme mais l'arrivée du shérif l'empêche de pousser plus loin ses investigations. Vern aide Altar à se débarrasser du shérif puis commence à courtiser son hôtesse, provoquant ainsi la jalousie de Frenchy. Lors d'un hold-up organisé par Frenchy, Kinch, le véritable assassin de la fiancée de Vern, essaie vainement d'abattre ce dernier. Vern ne s'en aperçoit même pas et va porter sa part de butin à Altar. Il l'interroge habilement sur la provenance de la broche. Elle cite le nom de Kinch. Vern, enfin en possession du renseignement qu'il recherchait depuis si longtemps, essaie de provoquer Kinch en duel dans un bar. Lâchement l'autre s'y refuse et sera arrêté par le shérif. Très peu de temps après, il est libéré par ses complices. Tous s'imaginent qu'Altar les a trahis ou va les trahir. Ils se rendent au ranch où une fusillade éclate. Kinch est tué. Altar s'élance au devant de Frenchy pour le protéger et reçoit une balle qui lui était destinée. Elle est mortellement atteinte. Après sa mort, Vern et Frenchy quittent ensemble le ranch maintenant désert.

☞ Ce film sublime passa complètement inaperçu à sa sortie. Même les « Cahiers du cinéma », pourtant attentifs à la carrière américaine de Lang, ne lui consacrèrent pas la moindre critique. Dernier des trois westerns de Lang, c'est le seul où le cinéaste intègre complètement les données du genre à son univers intime. Les thèmes langiens de la vengeance, de la violence, de la solitude, des sociétés secrètes trouvent ici une expression à la fois renouvelée et comme exotique, quoiqu'elle s'insère admirablement dans le cadre traditionnel du western. Sur le plan formel, le temps est l'objet d'une utilisation extrêmement variée. Trois sortes de temps existent dans le film : le temps du récit proprement dit ; celui – concentré – de la séquence accompagnée par la ballade-leitmotiv du film et résumant la longue recherche d'indices menée par Vern ; enfin le temps des trois flash-backs qui recomposent la figure mythique de l'aventurière Altar Keane, un personnage entièrement conditionné par son passé (ce qui vaut aussi pour l'actrice elle-même). Sur le plan du sens, ce temps est néanmoins absolument uniforme, figé, privé de projet et de liberté : c'est le temps de la vengeance et d'un monde réduit aux dimensions d'une obsession et d'une idée fixe. L'espace du film reflète la même dualité. Varié et riche sur le plan formel, somptueux, lourd, flamboyant, presque baroque, c'est aussi un espace fermé, mort, ne débouchant sur rien, sinon sur la répétition cyclique, fatale, sanglante des faits ayant enclenché le récit. La mort d'Altar Keane à la fin est un écho, parmi d'autres, de la mort de la jeune femme assassinée dans la deuxième séquence. Le décor de studio outrageusement artificiel qui marque la frontière entre le monde extérieur et le ranch a fait l'objet de discussions et de polémiques parmi les cinéphiles. Sans doute, Lang, plus libre de ses moyens, aurait-il choisi un décor naturel. Mais, tel quel, ce décor ne fait que renforcer, peut-être d'une manière trop démonstrative, la structure close, asphyxiée de cette histoire « de haine, de meurtre et de vengeance », le caractère d'absolue étanchéité de ce western pessimiste et, jusqu'à un certain degré, expressionniste. Pèse en effet sur les personnages une malédiction plus lourde que celle qui découle du péché originel dans les films d'Hitchcock. Ces personnages, qu'ils soient animés de bonnes ou de mauvaises intentions, se retouvent tous du même côté de la barrière – le mauvais côté. Au cours de son périple, Vern Haskell ne peut que se détruire et détruire ceux qui l'entourent ; mais il ne peut pas non plus ne pas se venger. Il appartient à une humanité déchue pour laquelle la notion de pardon n'a plus de sens ni même d'existence. Il appartient, comme tous les hommes, à une race maudite.

## ANGE IVRE (L')
## (Yoidore tenshi)

1948 – Japon (98') • *Prod.* Toho • *Réal.* AKIRA KUROSAWA • *Sc.* Keinosuke Uekusa • *Phot.* Takeo Ito • *Mus.* Fumio Hayasaka • *Int.* Takashi Shimura (le Dr Sanada), Toshiro Mifune (Matsunaga), Reizaburo Yamamoto (Okada), Michiyo Kogure (Nanae), Chieko Nakakita (Miyo), Noriko Sengoku (Gin).

Un quartier d'une ville d'après-guerre situé autour d'une sorte de mare pestilentielle, peut-être creusée dans le cratère d'une bombe, où s'accumulent débris calcinés, ruines et détritus en tous genres. Un jeune gangster blessé vient trouver un docteur qui lui extrait une balle de la main. Sans anesthésie, car le docteur déteste ce genre de petit truand. Il diagnostique aussitôt une tuberculose chez son client. Le lendemain, il se propose de le soigner, mais le gangster le repousse brutalement. Donnant toujours des conseils d'hygiène aux adultes et aux enfants du quartier empesté par la présence de la mare, le docteur est, pour sa part, un alcoolique invétéré, mécontent de lui-même et de sa vie plus encore que des autres. Le gangster, après avoir réfléchi, se présente une deuxième fois chez le docteur. Leur rencontre dégénère à nouveau en pugilat. Le jeune homme revient encore muni de sa radio. Le docteur lui ordonne la sobriété : pas d'alcool, pas de femmes. Le jeune homme continue à passer sa vie au cabaret où il sera giflé par le docteur. Jouant avec son ancien « boss », un homme violent et impitoyable, récemment sorti de prison, le jeune gangster perd beaucoup d'argent. Une nuit, le docteur est réveillé : son malade a eu une grave hémorragie. L'ancien « boss » recherche une jeune femme qui est présentement l'assistante du docteur et dont il prétend qu'elle est sa femme. Il veut la reprendre. L'infirmière a peur de lui et veut lui échapper. Le docteur héberge son patient. Ce dernier va voir le « boss » qui l'humilie en lui jetant un peu d'argent en aumône et en lui confisquant son territoire. Dépossédé de tout, le jeune homme se bat désespérément avec lui. Durant la lutte, il crache le sang. L'empoignade se prolonge sur le sol d'un couloir où se sont répandus divers pots de peinture. Le jeune homme est poignardé. Il sera enterré aux frais d'une entraîneuse qui l'avait toujours aimé. Le docteur, impuissant à le sauver, voit avec satisfaction une autre de ses malades, une jeune fille atteinte de tuberculose, quasiment guérie de son mal à force de discipline et de volonté.

☞ Septième film de Kurosawa et sa première grande réussite artistique. L'auteur lui-même considère *L'ange ivre* comme sa première œuvre entièrement personnelle. La trame du récit est constituée par les relations conflictuelles du gangster et du docteur, deux êtres complémentaires et profondément insatisfaits. Une génération les sépare. Ils se disent leurs quatre vérités, se frappent, s'injurient mais ne peuvent plus bientôt se passer l'un de l'autre. Ce double itinéraire psychologique bénéficie d'un traitement fortement dramatisé quant au déroulement de l'action, aux personnages et à la direction d'acteurs. (Le face à face des deux grands acteurs du cinéma japonais, Takashi Shimura et Toshiro Mifune existait déjà, avec un contenu un peu semblable, dans *Au-delà* *du col enneigé* de Senkichi Taniguchi, 1947, réalisé d'après un scénario de Kurosawa.) Quant au décor, il est quasiment expressionniste. Film achevé en lui-même, *L'ange ivre* annonce toute l'œuvre ultérieure de Kurosawa. Le quartier autour du marais délimite un microcosme de misère sociale, semblable à celui de *Dodes'caden**. Mais surtout, le personnage du docteur constitue déjà l'une de ces figures de Juste que Kurosawa dessinera souvent dans ses films, par exemple dans *Vivre**, ou *Barberousse**. A ses yeux, le Juste n'est nullement un être planant au-dessus de la communauté humaine. Pareil à ses frères d'infortune, il a ses propre tares et ses faiblesses. Mais, par son désir viscéral de se rendre utile (attitude qu'on retrouve chez beaucoup de personnages de Ford), il transcende son échec individuel et le transforme en réussite altruiste. A partir de ses déceptions personnelles, il trace un chemin vers une sorte d'ascèse qui le réconcilie avec le monde environnant, si âpre et si déprimant soit-il. Le désespoir a rarement le dernier mot dans l'œuvre de Kurosawa.

BIBLIO. : scénario et dialogues *in* « Complete Works of Akira Kurosawa », tome 3 (édition bilingue japonaise et anglaise). Dans le même volume *Un merveilleux dimanche*.

## ANGÈLE

1934 – France (140') • *Prod.* Films Marcel Pagnol • *Réal.* MARCEL PAGNOL • *Sc.* Marcel Pagnol d'ap. R. de Jean Giono « Un de Baumugnes » • *Phot.* Willy • *Mus.* Vincent Scotto • *Int.* Henri Poupon (Clarius Barbaroux), Orane Demazis (Angèle), Fernandel (Saturnin), Annie Toinon (Philomène Barbaroux), Édouard Delmont (Amédée), Jean Servais (Albin), Andrex (Louis), Charles Blavette (Tonin).

Angèle, la fille de maître Clarius, propriétaire d'une ferme modeste au creux d'un vallon de Provence, est séduite par un musicien de la ville. Il l'emmène à Marseille et la fait « travailler ». Elle y accouche d'un enfant. Saturnin le simple, ancien enfant de l'Assistance élevé par Clarius à qui il voue une reconnaissance éperdue, retrouve la trace d'Angèle dans les rues chaudes de Marseille. Il la ramène à son père. S'estimant déshonoré par la faute de sa fille, Clarius ne lui offre comme refuge à elle et à son enfant qu'une cachette dans une cave. Elle vivra là terrée comme un animal, coupée de tout contact avec autrui. Le vieux journalier Amédée est envoyé en reconnaissance à la ferme par Albin, un berger de Baumugnes, passionnément amoureux d'Angèle. Engagé par la femme de Clarius, Amédée remet sur pied la ferme que la misanthropie du maître, ses accès de colère et son chagrin rentré menaient tout droit à la ruine. Il réussit à s'assurer de la présence d'Angèle à la ferme, parvient même à la voir et va tout raconter à Albin. Aussitôt le berger arrive sur les lieux. Il signale sa présence à Angèle en jouant de l'harmonica et la fait sortir de sa cave. Elle l'aime aussi. Le couple s'en va. Clarius veut leur tirer dessus mais en est empêché par Amédée qui rejoint un peu plus tard les amoureux et conseille à Albin, malgré le danger, de faire officiellement sa demande au père. Albin rebrousse chemin et lève les scrupules de Clarius qui ne voulait pour rien au monde donner à un honnête garçon sa fille déshonorée. L'ordre et la paix reviennent sur la colline. Amédée reprend sa route vers une autre place.

☞ Abandonnant Marseille pour l'arrière-pays provençal, Pagnol appauvrit dans une certaine mesure la multiplicité d'inspiration de la trilogie et oriente cette chronique paysanne vers le mélodrame littéraire, basé sur le thème-clé, si fréquent dans son œuvre, de l'enfant naturel. Le mélange des genres n'est plus que très inégalement respecté. Seul Fernandel, dont c'est ici la première apparition dans l'univers pagnolesque, réintroduit le comique à travers un personnage insolite qui tient de l'émissaire, du messager, du bouffon et du réconciliateur. Saturnin le simple contemple en effet l'action plus qu'il n'y participe. Son rôle se borne à suggérer – et cela sans le recours des mots – que la solution aux conflits des personnages n'est pas dans la morale, dans le strict respect d'un code d'honneur figé, mais dans une présence attentive, innocente et chaleureuse à autrui. Son rôle, le plus humoristique du film, est aussi le plus original et le plus grave. La scène où il retrouve Angèle à Marseille est restée l'une des plus célèbres de Pagnol. *Angèle* est aussi le premier long métrage où Pagnol ait pu réunir des conditions de tournage idéales. Producteur, propriétaire de studios, de laboratoires et même d'un camion-son (luxe inouï à l'époque), il a autour de lui une équipe de techniciens et de comédiens toute à sa dévotion et pour qui le temps ne compte pas. Chaque membre de l'équipe se livre, comme Pagnol lui-même, à toutes sortes de tâches, cinématographiques et non cinématographiques. Témoignage de Suzanne de Troye, monteuse, script, etc. : « Ça n'avait aucun rapport avec le travail en studio à Paris. Avant de tourner un film, par exemple *Angèle* qui fut le premier, on a vécu dans la colline, dans une ferme que Pagnol avait achetée dans le vallon. Alors, il a fallu d'abord aménager la ferme. Ce n'était pas du montage. Et puis il a fallu aussi faire des routes parce que c'était un endroit isolé, la ferme était abandonnée depuis longtemps. Pagnol avait à l'époque un grand amour pour la dynamite, alors on dynamitait certains endroits où le rocher abritait des routes. Ainsi, les endroits où nous voulions tourner devenaient accessibles [...] Il s'est bien passé trois mois à faire des routes avant de tourner. » (*in* « Cahiers du cinéma » nº 173). Pour la technique, Pagnol tient avant tout à sauvegarder la liberté et la tranquillité d'esprit des acteurs. Il filme de longues scènes cinq ou six fois de suite avec des bobines de 300 mètres (10' de film) et sous un angle ou avec un objectif différents, mais il n'utilise à chaque fois qu'une seule caméra. Si un acteur se trompe ou sort du champ, on rattrape au montage son erreur en utilisant le même moment de la scène tiré d'une autre des six bobines. Il n'est pas rare d'ailleurs que Pagnol choisisse comme la meilleure une prise où un acteur hésite ou bute sur un mot. Il sacrifie tout au rythme des échanges de répliques et à la justesse des intonations.

BIBLIO. : scénario et dialogues : 1) Fasquelle, 1953 ; 2) *in* « Œuvres dramatiques. Théâtre et cinéma », Gallimard, 1954 ; 3) *in* tome IV des O.C. au Club de l'Honnête Homme, 1971 (la préface est ici en édition originale et sera reprise dans « Confidences », Julliard, 1981, et Presses Pocket, 1983) ; 4) Éditions Pastorelly, 1974 (avec la préface. Le volume contient aussi *Naïs*) ; 5) Presses Pocket, 1976 (sans la préface).

## ANGEL IN EXILE

Inédit en France – 1948. USA (90') • *Prod.* Republic (Herbert J. Yates) • *Réal.* ALLAN DWAN, PHILIP FORD • *Sc.* Charles Larson • *Phot.* Reggie Lanning • *Mus.* Nathan Scott • *Int.* John Carroll (Charlie Dakin), Adele Mara (Raquel Chavez), Thomas Gomez (Dr Esteban Chavez), Barton MacLane (Max Giorgo), Alfonso Bedoya (Ysidoro Alvarez), Grant Whiters (le shérif), Paul Fix (Carl Spitz), Art Smith (Ernie Coons), Howland Chamberlain (Higgins).

Printemps 1939, en Californie. Charlie Dakin sort d'un pénitencier, ayant purgé sa peine. Son ancien complice et ami Ernie Coons l'attend en voiture ; il a caché le produit de leur hold-up – une quantité d'or équivalent à un million de dollars – dans une mine désaffectée de l'Arizona. Après avoir fait enregistrer leur mine, Charlie et Ernie s'y rendent, filés par deux autres complices, Max Giorgio et Carl Spitz, qui leur avaient déjà fait subir des violences pour qu'ils révèlent leur cachette. Arrivés dans la mine, Charlie et Ernie ont la surprise de voir qu'elle est voisine d'un village espagnol fondé par les Jésuites au XVIIe siècle, San Gabriel, dont les habitants vivent dans le culte de la Dame Bleue, fantôme d'une aristocrate espagnole qui, une fois par siècle, accomplit un miracle. L'employé du bureau d'enregistrement, Higgins, exerce un chantage auprès de Charlie et de Ernie. Il exige une part du butin pour leur simplifier les formalités administratives et les renseigner sur le meilleur moyen d'écouler l'or. Les trois hommes conviennent de dire qu'il provient de la mine. Charlie engage des ouvriers parmi les habitants de San Gabriel qui aussitôt crient au miracle car la mine était depuis longtemps épuisée. Ils voient dans Charlie un émissaire de la Dame Bleue et le révèrent à l'égal d'un dieu. Durant une épidémie de typhoïde, sa seule présence et les récits qu'il donne de sa rencontre avec la Dame Bleue permettent aux malades de triompher de la maladie. Entre temps, les deux anciens complices sont arrivés et ont obligé Charlie et Ernie à s'associer avec eux. Au moment du partage, Giorgio abat Higgins et les quatre ex-associés s'entretuent. Charlie, seul survivant du massacre, fait appeler le shérif et lui indique où se trouve le magot. Il demande que la récompense soit versée aux habitants du village. Emmené par la police, il dit à Raquel, amoureuse de lui, qu'il reviendra. « Je reviens toujours. »

☞ Cette merveilleuse histoire ne s'apparente à aucun genre connu. Elle ne pouvait être racontée que par Allan Dwan. Elle mélange des structures hétérogènes – récit policier et violent, conte semi-fantastique situé dans un lieu magique à la limite de l'irréel, allégorie morale sur la rédemption d'un hors-la-loi – qui se trouvent unifiées et transcendées par le ton intimiste du cinéaste, sa bonhomie chaleureuse et son habileté dramatique. Faisant passer insensiblement le spectateur du banal à l'extraordinaire, du mensonge à la vérité, de la superstition à la foi, Dwan nous attache à ses personnages et nous les rend proches – du moins certains d'entre eux – comme des amis. Bien entendu, il raconte toujours la même histoire : celle d'un personnage solitaire et marginal qui, après bien des aventures et des péripéties, découvre enfin son havre de paix. On remarque que Dwan n'a même pas besoin de grands acteurs ni de beaucoup d'argent pour parvenir à ses fins : rendre les spectateurs *pareils à des enfants*, suspendus à la voix du conteur, attendant tout de son expérience et de sa sagesse.

N.B. Philip Ford, co-signataire du film, remplaça Allan Dwan malade pendant une semaine.

## ANGE ROUGE (L')
## (Akai Tenshi)

1966 – Japon (105') • *Prod.* Daiei (Ikuo Kubodera) • *Réal.* YASUZO MASUMURA • *Sc.* Ryoso Kasahara et Yorichika Arima • *Phot.* Setsuo Kobayashi (Cinémascope) • *Mus.* Sei Ikeno • *Int.* Ayako Wakao (Sakura Nishi), Shinsuke Ashida (Okabe), Yusuke Kawasu (Oriha-ra), Ranko Akagi (l'infirmière Iwashima), Ayako Ikegami (l'infirmière Tsurusaki).

1939, en Mandchourie pendant la guerre sino-japonaise. Une infirmière raconte ce qu'elle a vu et vécu. Tous les hôpitaux militaires où elle a travaillé sont plus horribles les uns que les autres. Dans l'un, rempli de simulateurs mais aussi de vrais malades mentaux, elle a été agressée par cinq ou six hommes ; l'un d'entre eux l'a violée. Dans l'hôpital suivant, elle est l'assistante d'un chirurgien qui fait des amputations à la chaîne et le plus souvent sans anesthésie ; les membres coupés s'entassent dans un baquet. Elle retrouve l'homme qui l'avait violée en piteux état ; elle lui pardonne et insiste auprès du chirurgien pour qu'il ait une transfusion de sang ; le chirurgien accepte à condition qu'elle vienne chez lui le soir même. La transfusion ne sauvera pas le mourant. Le soir, chez lui, le chirurgien fait se déshabiller l'infirmière et réclame une piqûre de morphine ; elle se couche auprès de lui mais il ne la touche pas car il « n'est plus un homme ». Plus tard, à l'hôpital, elle soigne un malade amputé des deux bras. Il lui demande de le caresser, ce qu'elle fait. Il lui dit que ses pieds sont devenus aussi sensibles que l'étaient autrefois ses mains. Il voudrait toucher ses cuisses avec ses pieds ; elle accepte. Plus tard, aux bains, elle fait l'amour avec lui. Il se suicidera en sautant du haut d'un toit. Elle dira : « C'est moi qui l'ai tué. J'ai eu tort de lui faire connaître ce bonheur. » Elle se sent amoureuse du chirurgien. Il lui explique que la morphine dont il a besoin (et qu'il compare au patriotisme nécessaire aux soldats pour qu'ils trouvent le courage de combattre) l'a rendu impuissant. Elle demande à partir avec lui sur le front. Une prostituée, là-bas, est atteinte du choléra. On isole ses compagnes. Les soldats entendent alors utiliser les infirmières comme des prostituées. A la veille de l'offensive finale, qui laisse peu d'espoir aux Japonais, l'infirmière réapprend à faire l'amour au chirurgien. Après le combat, elle erre, seule rescapée, parmi les innombrables cadavres d'hommes et de femmes qui jonchent le sol.

☞ Représentant prolixe et éclectique d'une certaine nouvelle vague japonaise (cf. aussi *Passions juvéniles** de Ko Nakahira, 1956), Masumura a travaillé pour la Daiei, la firme des derniers chefs-d'œuvre de Mizoguchi (dont il fut l'assistant) jusqu'à sa faillite en 1971. Il explore de nouveaux territoires dans l'audace et la violence. L'univers paroxystique, apocalyptique de *L'ange rouge* se situe quelque part entre Goya et Céline. L'utilisation très travaillée du scope noir et blanc, notamment dans les scènes d'horreur collective (où des centaines de blessés hurlent à l'hôpital), confère à l'intrigue une grandeur tragique, sensible aussi dans les dialogues, par exemple dans les scènes entre l'infirmière et le chirurgien. La pureté impassible des traits de l'héroïne imprime à sa compositon et à son jeu une fascination puissante. Son personnage n'est à proprement parler ni bénéfique ni maléfique. Compatissante en maintes circonstances, unissant le sexe et la mort, elle est quelque chose de plus subtil : une sorte d'émanation atroce et logique des horreurs de la guerre parmi lesquelles elle évolue comme un spectre, au-delà du Bien et du Mal.

## ANGES DU BOULEVARD (LES) (Malu Tianshi)

1937 – Chine (100') • *Prod.* Mingxing Réal. YUAN MUZHI • *Sc.* Yuan Muzhi • *Phot.* Wu Yinxian • *Mus.* He Luting • *Int.* Zhao Dan (le trompettiste), Wei Heling (le vendeur de journaux), Zhou Xuan (la petite chanteuse), Zhao Huishen (la prostituée), Chen Yiting (le tuteur), Liu Jinyu (sa femme), Qian Qianli (le coiffeur).

Les bas-fonds de Shanghai en 1935. Une adolescente est poussée vers la prostitution par sa belle-mère. L'ami de la jeune fille, un voisin, se révolte contre ces tentatives et cela amène une brouille passagère entre les deux jeunes gens. Ils se réconcilient peu après. Le jeune homme veut intenter un procès à la maquerelle sans savoir au juste ce qu'est un procès et que cela nécessite de l'argent. Il prend la fuite avec la jeune fille. La sœur de cette dernière, déjà prostituée depuis longtemps, les rejoint puis est abattue par l'amant de sa belle-mère, venu récupérer l'adolescente.

☞ L'une des œuvres les plus célèbres du cinéma chinois des années 30. Humour et mélodrame font bon ménage dans cette description tendre et spontanée d'un couple de très jeunes gens que leur misère sociale et leur ignorance (celle-ci découlant de celle-là) isolent complètement du monde. Ils sont proches des couples de Borzage et leur amour est la seule chose qui ne soit pas pour eux une énigme. Une certaine convention dans les personnages secondaires et une absence de réelle peinture de milieux enlèvent au film beaucoup de sa force documentaire, et de sa force tout court. Mais l'essentiel est que le plaidoyer social, non dénué de virulence, passe ici par une attention délicate aux êtres et par une sensibilité qui, dans une certaine mesure, ont gardé au film sa fraîcheur et sa jeunesse.

## ANGES DU PÉCHÉ (LES)

1943 – France (73') • *Prod.* Synops • *Réal.* ROBERT BRESSON • *Sc.* Robert Bresson, R.P. Raymond Léopold Bruckberger, Jean Giraudoux • *Phot.* Philippe Agostini • *Mus.* Jean-Jacques Grünenwald • *Int.* Renée Faure (Anne-Marie), Jany Holt (Thérèse), Louis Seigner (le directeur de la prison), Louise Sylvie (la prieure), Mila Parély (Madeleine), Marie-Hélène Dasté (Mère Saint-Jean), Georges Colin (le chef de la P.J.), Paula Dehelly (mère Dominique), Silvia Monfort (Agnès), Yolande Laffon (la mère d'Anne-Marie).

Les dominicaines de la congrégation de Béthanie, fondée en 1867 par le Père Lataste, ont pour principale mission d'accueillir en leur sein les réprouvées et les condamnées de la justice des hommes, une fois qu'elles ont purgé leur peine. Arrivent à peu près au même moment dans le couvent, Madeleine, une jeune femme que la Mère prieure est allée chercher en voiture à sa sortie de prison, lui permettant ainsi d'échapper à ceux qui l'attendaient, et Anne-Marie, une jeune fille de la haute bourgeoisie qui se sent appelée à mener la vie monacale et à aider de toutes ses forces à la réhabilitation de ses sœurs. Le noviciat de Madeleine et d'Anne-Marie durera un an, période probatoire pendant laquelle elles peuvent partir ou être renvoyées à tout moment. Durant ses visites à la prison, Anne-Marie s'intéresse particulièrement à la plus révoltée de toutes les prisonnières, la jeune Thérèse, qui hurle interminablement dans son cachot, se dit condamnée injustement et n'a que la vengeance en tête. Elle est à la veille de sa libération. Le jour de sa sortie, Anne-Marie l'attend et la supplie de venir avec elle. Thérèse la traite de folle et s'en va. Elle achète un revolver et tire à bout portant sur l'homme dont elle voulait se venger. Puis elle se rend au couvent et y demande asile. « Quel bonheur ! » s'écrie Anne-Marie qui se croit pour quelque chose dans sa décision. Thérèse ne tarde pas à se plaindre de son zèle. Avertie par Thérèse qu'un complot se monte contre elle, Anne-Marie, selon l'usage du couvent, demande « la correction fraternelle » à ses sœurs. Elle s'agenouille successivement devant chaque cellule, attendant que chacune des sœurs lui dise son opinion sur elle. Toutes sont d'accord pour souligner son amour-propre excessif et son entêtement. Plus tard, selon un autre usage du couvent, elle « proclame » ses sœurs, c'est-à-dire qu'elle les accuse publiquement, en l'occurrence de caresser hypocritement le chat de Mère Saint-Jean afin de se faire bien voir d'elle. Pour dérisoire qu'il soit, le scandale qu'elle cause dans la communauté lui vaut une pénitence qu'elle refuse d'accomplir. Elle est alors renvoyée. La mère prieure qui l'a toujours soutenue par estime de son caractère lui demande, la voyant désespérée, de considérer son départ comme un sacrifice plutôt que comme un châtiment. Toutes les nuits, Anne-Marie qui vit dans une grange voisine vient prier dans le jardin du couvent sur la tombe du Père Lataste. Un matin, les religieuses la trouvent évanouie et la portent à l'infirmerie. Elle est mourante mais ne sent pas la mort venir, confiante que Dieu ne la laissera pas partir sans qu'elle ait rempli une partie au moins de sa mission. Dans un entretien qu'elle a avec Thérèse, elle lui demande pardon de sa conduite naïve et maladroite, ayant deviné le caractère tragique de sa destinée. Mais Thérèse ne veut rien entendre. Elle fuit dans le jardin où Anne-Marie essaie de la poursuivre, tombe et ne peut se relever. Ramenée dans sa cellule, agonisante, elle n'a pas la force de prononcer ses vœux. Thérèse dit à sa place, avant qu'elle meure, les paroles sacrées puis va se rendre aux policiers que leur enquête a menés jusqu'à elle au couvent.

☞ Premier long métrage de Robert Bresson. Le cinéaste, qui est loin d'être à cette époque un théoricien, sent instinctivement que son œuvre a besoin pour s'accomplir d'un matériau fort, riche, et brûlant d'un intense feu intérieur. Giraudoux, Cocteau, Bernanos le lui fourniront. Ici, la langue pure, limpide et cependant chatoyante de l'auteur d'« Ondine » (dans un des derniers textes qu'il écrivit avant de disparaître), ainsi qu'une intrigue finement mais fortement dramatisée, permettent au cinéaste d'accomplir cette ascèse visuelle vers laquelle il tend. Le dépouillement, qui est surtout ici affaire de lumière, s'applique logiquement à une matière riche ; de quoi, sans cela, se dépouillerait-elle ? Si le théâtre est présent dans le film par la construction du récit, l'importance des dialogues et des monologues, il ne doit pas faire négliger chez Bresson la part, plus importante encore, du romancier, du créateur de caractères, puisque chez lui le caractère est comme l'écorce de l'âme des personnages. Avec Anne-Marie, âme agitée, orgueilleuse, obstinée, que sa soif d'absolu amènera à se briser contre les obstacles du monde, Bresson livre une ébauche tout à fait passionnante du personnage du curé d'Ambricourt, le héros du *Journal d'un curé de campagne**. Ébauche aussi, d'une certaine manière, de tous ses personnages à venir. Anne-Marie et le jeune prêtre témoignent l'un comme l'autre de cette jeunesse éternelle, encore proche de l'enfance (Renée Faure dans son interprétation rend cela admirablement), dont Bernanos écrivit : « Je me dis aussi que la jeunesse est un don de Dieu, et comme tous les dons de Dieu, il est sans repentance. Ne sont jeunes, vraiment jeunes, que ceux qu'Il a désignés pour ne pas survivre à leur jeunesse. »

BIBLIO. : Jean Giraudoux, « Le film de Béthanie », Gallimard, 1943 (le livre contient quelques dialogues non conservés dans le film).

## ANGES MARQUÉS (LES) (The Search)

1948 – USA - Suisse (105') • *Prod.* MGM-Praesens Film • *Réal.* FRED ZINNEMANN • *Sc.* Richard Schweizer, David Wechsler, Paul Jarrico • *Phot.* Emil Berna • *Mus.* Robert Blum • *Int.* Montgomery Clift (Ralph Stevenson), Aline MacMahon (Mrs. Murray), Ivan Jandl (Karel Malik), Wendell Corey (Jerry Fisher), Mary Patton (Mrs. Fisher), William Rogers (Tom Fisher), Jarmila Novotna (Hannak Malik).

En Allemagne, après la guerre, aux abords d'un centre de regroupement d'enfants ayant connu les camps de concentration, deux enfants s'échappent d'un camion, car ils croient être conduits vers un four crématoire. L'un des deux meurt noyé, après une fuite éperdue ; l'autre, errant, finit par être recueilli par un soldat américain qui l'apprivoise, lui apprend quelques mots d'anglais et devient son ami. Pendant ce temps, la mère de l'enfant recherche désespérément son fils. Le soldat croit pouvoir emmener avec lui l'enfant en Amérique, mais il doit finalement se résigner à le ramener dans le centre de regroupement d'où il s'était échappé. C'est là que sa mère, qui s'était fait engager parmi le personnel, le retrouve enfin.

☞ Deuxième des cinq films que Zinnemann a consacrés, dans la première partie de sa carrière, à l'analyse des conséquences morales et psychologiques de la Seconde Guerre mondiale (cf. *The Seventh Cross, La septième croix,* 1944, odyssée d'un groupe d'évadés d'un camp de concentration nazi ; *Act of Violence, Acte de violence**, 1948, *film noir* décrivant la fuite d'un homme cherchant à oublier son passé et sa trahison envers ses compagnons de détention ; *The Men, C'étaient des hommes,* 1950, sur la réadaptation à la vie civile des soldats grands blessés de guerre ; la première et l'une des meilleures interprétations de Marlon Brando. Enfin *Teresa, id.,* 1951, sur le retour aux États-Unis d'un vétéran ayant épousé en Europe une jeune Italienne.) Dans un style sobre et digne, *The Search* aborde la description des horreurs de la guerre à travers le traumatisme durable qu'elle continue d'exercer sur l'esprit et le corps de jeunes enfants ayant vécu l'atrocité des camps. Dans la première partie (sans doute la plus remarquable), Zinnemann présente avec intensité et d'une façon quasi documentaire l'hyper-anxiété, la pétrification, la passivité pathologique de ces enfants incapables de concevoir qu'on veuille s'intéresser à eux autrement que pour les torturer ou les éliminer. La seconde partie, plus individualisée, consiste en un mélodrame assez prenant et finalement optimiste montrant la rééducation globale, à la fois physique et mentale, d'un de ces enfants pris en charge par un adulte sensible et compréhensif. Par cet équilibre entre l'horreur sans limite des premières séquences et le message d'espoir qui se dégage de la suite du récit, l'humanisme de Zinnemann s'exprime dans des nuances assez convaincantes et assez riches. Le film s'inscrit aussi dans la série des films suisses humanistes produits par la Praesens (producteur Lazare Wechsler) dont la plupart furent réalisés par Leopold Lindtberg.

## ANIKI-BOBO (id.)

1942 – Portugal (102') • *Prod.* Antonio Lopes Ribeiro • *Réal.* MANOEL DE OLIVEIRA • *Sc.* Manoel de Oliveira d'ap. « Meninos Milionarios » de Rodrigues de Freitas • *Phot.* Antonio Mendes • *Mus.* Jaime Silva Filho • *Int.* Nascimento Fernandes (le patron du magasin), Fernanda Matos (Teresinha), Horacio Silva (Carlitos), Antonio Santos (Eduardinho), Antonio Morais Soares (Pistarim), Feliciano David (Pompeu), Manuel Sousa (le philosophe).

A Porto, au sein d'une bande de gosses qui font souvent l'école buissonnière, deux gamins rivalisent de passion pour les beaux yeux d'une fillette, laquelle désire plus que tout au monde une belle poupée entrevue dans la vitrine d'un magasin.

☞ Premier long métrage de fiction réalisé par Manoel de Oliveira. Avant d'être un film d'intrigue et d'action, *Aniki-Bobo* se voit comme une suite de croquis urbains centrés sur des gosses. La ville participe étroitement à leur vie, à leurs jeux et au film. On aurait tort d'y voir pour autant une œuvre néo-réaliste. La caractéristique de son intrigue, c'est d'être quasiment une histoire d'adultes (on peut penser à « Carmen ») transposée dans un univers d'enfants. Tentation, séduction, rivalité virile, conflit physique, malentendu et démêlés en justice, toutes les péripéties viennent du mélodrame et de la tragédie. Ce parti pris *réduit* sans doute le mystère spécifique de l'enfance, mais enlève au film toute mièvrerie. On y chercherait en vain l'allégresse ou la juvénilité d'œuvres telles que *Les disparus de Saint-Agil** (Christian-Jaque, 1938) ou *Émile et les détectives* (Gérard Lamprecht, 1931). On sentirait plutôt au contraire, tout au long d'un récit faussement réaliste, la lourde et sombre atmosphère des histoires de gouapes et de gangsters, à la Sternberg, où les instincts se libèrent dans des actions d'éclat qui engendrent la tragédie.

## A NOUS LA LIBERTÉ

1931 – France (82') • *Prod.* Société des Films Sonores Tobis • *Réal.* RENÉ CLAIR • *Sc.* René Clair • *Phot.* Georges Périnal, Georges Raulet • *Mus.* Georges Auric • *Int.* Raymond Cordy (Louis), Henri Marchand (Émile), Paul Ollivier (l'oncle), Rolla France (Jeanne), Germaine Aussey (Maud), André Michaud (le contremaître), Léon Lorin (un monsieur âgé).

Deux copains, Émile et Louis, tentent de s'évader de prison. Seul Louis réussit. Après quelques larcins qui lui permettent de subsister, il fait fortune dans le commerce de disques et possède bientôt sa première usine. Le travail à la chaîne qu'il impose à ses ouvriers ressemble tout à fait à celui qu'il subissait en prison. Émile, devenu clochard après sa libération, est arrêté de nouveau pour vagabondage. Voulant se suicider, il suspend une corde aux barreaux de sa cellule qui cèdent alors sous le poids. Il peut ainsi s'échapper. Il contemple une jeune femme à sa fenêtre, charmé par sa voix, sans savoir que le son qu'il entend provient en fait d'un phonographe. S'étant querellé avec un boucher vindicatif qui le poursuit, il se dissimule dans la file des demandeurs d'emploi de l'usine de Louis et se retrouve engagé malgré lui. Il reconnaît dans le grand patron son copain d'antan, mais a bien du mal à se faire reconnaître de lui. Ayant renoué, les deux amis chantent leur air favori « A nous la liberté ». Tandis que Louis chasse sa maîtresse en titre qui va rejoindre un bellâtre, Émile courtise une secrétaire de l'usine qui n'est autre que la jeune femme qu'il admirait à sa fenêtre en face de la prison. Comme elle est la nièce de son comptable, Louis plaide la cause d'Émile, mais ce dernier ne tarde pas à comprendre que la jeune fille en aime un autre. Une bande de truands montrent à Louis une photo de lui en prisonnier. Ils espèrent ainsi le faire chanter et veulent tout simplement partager sa fortune avec lui. Louis les enferme dans la salle des coffres. Puis il remplit une valise de billets et s'apprête à filer. Émile libère sans le vouloir les bandits. L'un d'entre eux s'empare de la valise mais, poursuivi par la police, doit l'abandonner sur le toit. Les truands sont arrêtés. Louis sait qu'ils parleront. Lors de l'inauguration de sa nouvelle usine entièrement mécanisée, il en fait don aux ouvriers. Ceux-ci désormais n'auront plus qu'à surveiller le travail des machines tout en jouant aux cartes, en pêchant à la ligne ou en dansant. Alors que les officiels se disputent les billets poussés par le vent hors de la valise ouverte sur le toit, Louis et Émile, vêtus en vagabonds, repartent en chantant sur les chemins de la liberté.

☞ C'est sans doute le film le plus surfait de tout le cinéma français des années 30. Son cocktail de mièvrerie sèche et laborieuse, d'irréalisme, de burlesque timide, de satire jamais aboutie, son absence de rigueur dans la conduite de l'intrigue, sa direction d'acteurs d'une pauvreté et d'une fausseté de ton navrantes (cela apparaissait moins dans les films muets de René Clair, le meilleur de son œuvre) sont aujourd'hui insupportables. La courte séquence du travail à la chaîne eut le bonheur d'inspirer Chaplin pour ses *Temps modernes**, gagnant ainsi par intérim un droit à l'immortalité. Chaplin fut accusé de plagiat, mais René Clair refusa de s'associer au procès que la Tobis souhaitait intenter aux Artistes Associés. Il prouvait là son élégance, mais savait bien aussi tout ce que son propre film devait, au niveau des intentions, à Chaplin lui-même. Pour ces quelques minutes d'écran à la postérité glorieuse, *A nous la liberté* mérite-t-il d'être sauvé ? Rien n'est moins sûr, et nous ne le citons ici que comme repoussoir à tout ce que le cinéma français de cette époque a créé de vivant, d'original et de fort dans le domaine de la comédie, qu'il s'agisse des œuvres de Pierre Colombier ou d'Yves Mirande, de Pagnol ou de Guitry, de Carné ou de Renoir.

BIBLIO. : scénario et dialogues *in* « L'Avant-Scène » n° 86. Le texte contient quelques scènes absentes des copies de la ressortie de 1950.

## APARAJITO
## (L'Invaincu)

1956 – Inde (113') • *Prod.* Epic Films Calcutta • *Réal.* SATYAJIT RAY • *Sc.* Satyajit Ray d'ap. R. de Bibhutibhusan Bannerjee • *Phot.* Subrata Mitra • *Mus.* Ravi Shankar • *Int.* Kanu Bannerjee (Harihar Ray), Karuna Bannerjee (Sarbojaya), Pinaki Sen Gupta (Apu enfant), Smaran Ghosal (Apu adolescent), Subodh Ganguly (le directeur d'école), Charuprakash Ghosh (Nandababu), Kali Charan Ray (l'imprimeur).

1920. La famille d'Apu s'est donc installée à Bénarès. Apu a maintenant dix ans et court dans les rues de la ville, voyant souvent son père, Harihar Ray, sur les escaliers qui dominent le Gange, en train de lire des textes sacrés devant des groupes de fidèles. C'est là sa principale ressource. A la veille de la fête annuelle de Diwali, Harihar rentre fiévreux. Plus tard, encore très faible, il reprend son travail mais s'écroule dans une rue. On le ramène chez lui. Durant la nuit, il demande de l'eau sacrée qu'Apu va chercher. Il meurt peu après. La mère d'Apu, Sarbojaya, se résout à partir avec son fils pour le village d'un parent, un prêtre, qui souhaite qu'Apu apprenne les rites brahmaniques afin qu'il devienne prêtre à son tour. En tant qu'apprenti prêtre, Apu gagne un peu d'argent. Mais il brûle d'aller à l'école avec les autres enfants et fait part de son désir à sa mère, lui posant ainsi un grave problème financier. Il rentre cependant à l'école et y fait de brillantes études. A seize ans, ses résultats lui valent une bourse de dix roupies par mois pour aller poursuivre des études scientifiques à Calcutta. Cette nouvelle cause à sa mère bonheur et tristesse. Après une première et vive réaction de colère, elle lui fait don de toutes ses économies. Apu part joyeux pour Calcutta. Là-bas il est logé gratuitement chez un imprimeur mais doit travailler pour lui durant la nuit. Ce qui fait que, parfois, il s'endort pendant les cours. Il passe de courtes vacances chez sa mère. Le soir de son arrivée, elle essaie de lui dire qu'elle est malade mais s'aperçoit qu'il s'est endormi en l'écoutant. Il repart vers la ville. Au dernier moment, à la gare, il comprend qu'il a quitté sa mère trop brutalement (elle ne l'avait pas réveillé à l'heure) et il retourne chez elle pour un jour, prétextant qu'il a raté son train. A Calcutta, la vie reprend comme avant : travail nocturne, études, préparation des examens. L'état de sa mère empire mais elle s'abstient de lui écrire pour ne pas troubler ses études. Une amie, la voyant au plus mal, envoie une lettre à Apu. Il arrive au village mais trop tard. Il s'assoit sur le sol et pleure comme un enfant. Il repartira presque immédiatement étudier à Calcutta.

☞ Deuxième volet de la trilogie d'Apu (non prévu au départ et tourné grâce au succès du premier film *Pather Panchali**). Les personnages sont transplantés dans divers lieux : Bénarès, un village, Calcutta. A cause de cela, le film est placé sous le signe d'un certain appauvrissement de leur vie sociale et familiale. Mort du père, exil, séparation : Satyajit Ray décrit, avec une douceur infinie et une émotion discrètement sublimée, les épreuves que vivent ses héros. Cinéaste doué au plus haut point du « génie du lieu », il exprime aussi dans leur variété les ambiances, les atmosphères de ces sites nouveaux pour eux. A travers toute la durée du film, et plus spécialement dans sa dernière demi-heure, l'accent est mis sur une relation mère-fils ayant, dans la présence comme dans l'absence, une rare intensité. Sollicitude inquiète et parfois jalouse de la mère. Égoïsme instinctif d'Apu, soudain corrigé (scène du retour de la gare) par une prescience de la souffrance maternelle. Moins riche en faits et en personnages que *Pather Panchali**, *Aparajito* possède une ligne mélodique extrêmement pure et attachante. Dans le mouvement inexorable de la succession des générations et d'un certain progrès social (Apu a la chance de pouvoir étudier et choisit clairement cette voie), les personnages font l'expérience, non de la plénitude (qui caractérise, elle, le style de l'auteur) mais de la solitude et de la frustration affective.

BIBLIO. : voir *Pather Panchali**.

## APE MAN (THE)

Inédit en France. 1943 – USA (64') • *Prod.* Monogram Banner Prod. (Sam Katzman, Jack Dietz) • *Réal.* WILLIAM BEAUDINE • *Sc.* Barney Sarecky d'ap. une histoire de Karl Brown • *Phot.* Mack Stengler • *Mus. dir.* Edward Kay • *Int.* Bela Lugosi (Dr James Brewster), Wallace Ford (Jeff Carter), Louise Currie (Billie Mason), Minerva Urecal (Agatha Brewster), Henry Hall (Dr George Randall), J. Farrell MacDonald (le capitaine), Emile Van Horn (le singe).

Informée de la disparition de son frère, la sœur du Dr James Brewster, installée en Europe, revient aux États-Unis. Au cours de ses recherches, Brewster s'est malgré lui transformé à moitié en singe. Il a le crâne et les joues velus d'un gorille, animal auquel il emprunte aussi sa démarche courbée et pesante. Pour retourner à l'état normal, il a besoin d'une injection de liquide rachidien que son collègue, le Dr George Randall, refuse de lui administrer car elle implique la mort du sujet sur lequel on prélève le liquide. Brewster s'introduit chez Randall avec un vrai gorille qui étrangle son domestique. Brewster prélève alors le liquide dans la moelle épinière de la victime et sa sœur, armée d'un revolver, oblige Randall à effectuer l'injection. Pendant un certain temps, Brewster se sent mieux, peut se redresser et marcher normalement. Mais bientôt d'autres injections sont nécessaires. Le gorille, guidé par Brewster, tue un commerçant sortant de sa boutique et une jeune femme dans son lit. Brewster exige de Randall qu'il lui fasse les injections dont il a besoin mais Randall brise volontairement le bocal contenant le liquide prélevé sur les deux victimes. Brewster l'étrangle. Une reporter-photographe trop curieuse tombe aux mains de Brewster dans son laboratoire secret. Il la poursuit et va s'élancer sur elle pour la tuer quand il est massacré par le gorille, juste avant l'arrivée de la police et des autres journalistes.

☞ Lointain avatar de *Murders in the Rue Morgue* (Florey, 1932) et de *Island of Lost Souls** (Kenton, 1933), cette minuscule production de la Monogram, firme célèbre pour ses westerns Z dans les années 30 et 40, a été réalisée par le véloce et polyvalent Beaudine (il donna cette même année sept autres films) sur le ton de l'humour et de la dérision. C'est une clownerie pour adultes où le « comic relief », cette encombrante convention destinée dans les anciens films fantastiques à faire contrepoids aux séquences d'horreur, est étendue à la dimension du film entier. « Quel gâchis j'ai fait ! » s'exclame avec regret Lugosi, moitié homme et moitié singe, quand il retrouve sa sœur. Pour sauver les meubles, William Beaudine a décidé très volontairement d'adopter ce ton comique, tout à fait opposé, par exemple, à celui choisi par Roy William Neill dans le film précédent de Lugosi, *Frankenstein Meets the Wolf Man, Frankenstein rencontre le loup-garou**. La comparaison des deux films permet de mesurer le degré de relative liberté dont pouvaient quand même disposer les réalisateurs à l'intérieur de ce type de sous-produits fantastiques. *The Ape Man* amuse encore aujourd'hui certains cinéphiles fanatiques du genre. Leur regard ironique et complice est tout à fait en accord avec l'esprit dans lequel Beaudine a travaillé. Ne fait-il pas intervenir à maintes reprises dans l'intrigue un personnage excentrique et burlesque qui tantôt commente l'action, tantôt y participe directement en guidant les journalistes vers la maison du monstre ou en détournant de son chemin pour la sauver une jeune fille qui allait être victime du gorille ? Dans les dernières images du film, le journaliste Wallace Ford l'interroge : « Mais enfin qui êtes-vous ? » « Je suis l'auteur de l'histoire », répond-il.

N.B. Lugosi et son « ape man » devaient revenir l'année suivante dans *Return of the Ape Man* (Phil Rosen, 1944).

## APPAT (L')
### (The Naked Spur)

1953 – USA (94') • *Prod.* MGM (William Wright) • *Réal.* ANTHONY MANN • *Sc.* Sam Rolfe, Harold Jack Bloom • *Phot.* William Mellor (Technicolor) • *Mus.* Bronislau Kaper • *Int.* James Stewart (Howard Kemp), Janet Leigh (Lina Patch), Robert Ryan (Ben Vandergroat), Ralph Meeker (Roy Anderson), Millard Mitchell (Jesse Tate).

Un rancher, Howard Kemp, se faisant passer pour shérif, recherche Ben Vandergroat, un homme accusé de meurtre et dont la tête est mise à prix. Kemp a été autrefois victime d'une femme à qui il avait confié son ranch, avant de partir pour la guerre. Elle l'avait trahi et avait vendu la propriété. Aujourd'hui, Kemp est prêt à tout pour obtenir la somme nécessaire au rachat de son bien. Il rencontre sur sa route un vieux chercheur d'or malchanceux, Jesse Tate, qui n'a jamais, au cours de sa longue existence, trouvé le moindre filon. Kemp lui donne une petite somme d'argent pour qu'il lui indique une piste. Ben est posté sur une hauteur d'où il peut déclencher à volonté des avalanches contre ses poursuivants. Kemp essaie vainement de grimper jusqu'à lui. Une autre rencontre de hasard, Roy Anderson, un soldat chassé de la Cavalerie, donnera un coup de main à Kemp et immobilise Ben en le prenant à revers. Dès qu'ils apprennent par Ben, trop content de révéler les secrets de Kemp, le montant de la prime offerte pour sa capture, le vieillard et l'ex-soldat réclament à Kemp une association à parts égales, un partage à trois du butin escompté. Pour le moment, Kemp est obligé de céder aux exigences de ses nouveaux associés. Roy est accompagné de la très jeune Lina Patch, la fille d'un de ses amis. Au cours du long voyage vers la ville, Ben va essayer de sauver sa tête en divisant ses adversaires, excitant tantôt la jalousie de Roy et de Kemp, attirés l'un et l'autre par Lina, tantôt suggérant au vieux Tate qu'il a connaissance d'un riche filon minier et serait peut-être prêt à le partager avec lui. Roy, traqué par une bande d'Indiens pour avoir violé la fille de leur chef (d'où son renvoi de l'armée), n'hésite pas à prendre le risque d'engager avec eux un combat dont les Blancs sortiront miraculeusement indemnes, sauf Kemp blessé à la jambe. Lina le soigne. Durant son délire provoqué par la fièvre, Kemp la confond avec son ancienne fiancée Mary et c'est là que Ben, qui connaît Kemp depuis longtemps, révélera aux autres le but que vise Kemp en recherchant la prime. Il leur fait habilement comprendre que Kemp, pour récupérer son ranch, ne pourra se contenter d'un tiers de la somme. Le groupe reprend la route. Ben essaie de faire tomber Kemp de cheval en desserrant la sangle de sa selle. Tentative manquée, car Kemp remonte aussitôt à cheval. Une pluie torrentielle oblige le petit groupe à s'abriter dans une caverne. Ben demande à Lina d'aller bavarder avec Kemp tandis qu'il tente de prendre la fuite par une autre issue de la grotte. Nouvel échec. Il persuade ensuite le vieux Tate de fuir avec lui en lui faisant miroiter une très lucrative association dans l'exploitation de sa mine. Le vieil homme se laisse tenter et paie de sa vie sa faiblesse : une fois libéré, Ben l'abat froidement. Puis il se réfugie avec Lina sur une falaise, poste d'observation idéal d'où il compte bien se débarrasser de ses deux adversaires. Kemp arrive jusqu'à lui et lui lance son éperon en pleine figure. Puis c'est Roy qui tire sur lui.

Ben et Roy tombent dans un torrent dont ils ne ressortiront pas vivants. Kemp récupère le corps de Ben et le charge sur son cheval. Cédant aux instances de Lina qui lui promet de l'épouser s'il renonce à toucher la prime, il enterre le cadavre sur place. Ils partiront ensemble pour la Californie.

☞ Troisième film du cycle des cinq westerns d'Anthony Mann avec James Stewart, et le premier dont Borden Chase ne soit pas le scénariste. Mann continue à la Metro un ensemble cohérent de films, commencé à la Universal, et qu'il terminera à la Columbia. Les scripts de Borden Chase écrits pour Mann chez Universal (et surtout *Bend of the River**, et *The Far Country**) présentent en général l'itinéraire assez rectiligne d'un personnage qui, au contact de diverses communautés plus ou moins organisées et socialisées, forge peu à peu sa propre personnalité morale. Ici, au contraire, nous sommes dans la nature « nue » : quatre aventuriers (et une femme) s'y déplacent et s'y affrontent, guidés essentiellement par leur cupidité. Ce thème qui, en lui-même, ne passionne pas l'auteur va lui servir à souligner le caractère puissamment névrotique des personnages. A ses yeux, tout individualisme est entaché d'une composante névrotique quand l'individu est abandonné à lui-même et à la solitude, laquelle va inévitablement de pair avec la violence, la destruction et la mort. A la fin de ce périple qui est aussi une hécatombe, il n'y aura qu'un survivant, sauvé sur le plan moral par une femme. Formellement, *The Naked Spur* est celui des cinq films du cycle dont la virtuosité est la plus spectaculaire. Elle est contenue dans les prémisses mêmes et les partis pris du récit. Unité d'action. Un minimum de personnages. Aucun intérieur, fût-ce une quelconque baraque ou un saloon. Pas un seul instant de répit : les séquences où l'action s'arrête ou semble s'arrêter servent au contraire à la préparation de quelque ruse, de quelque machination qui va éclater dans la séquence suivante. Le décor, généralement abrupt, escarpé, dangereux (falaises, torrent, caverne) offre à la violence de l'homme et à ses pulsions sauvages autant d'occasions *naturelles* et variées (écrasement, engloutissement etc.) pour s'exprimer. Ce chef-d'œuvre de rigueur et de virtuosité mérite d'être considéré comme le plus maîtrisé et le plus passionnant des westerns.

## ARAIGNÉES (LES)
**(Die Spinnen)**

1919-1920 – Allemagne (I : 1 951 m II : 2 219 m) I Le Lac d'Or (Der Goldene See) II Le cargo d'esclaves (Das Brillantenschiff) • *Prod.* Decla-Film • *Réal.* FRITZ LANG • *Sc.* F. Lang • *Phot.* I Emil Schünemann II Karl Freund • *Int.* Carl de Vogt (Kay Hoog), Lil Dagover (la prêtresse Naela), Ressel Orla (Lio-Sha), Georg John (Dr Telphas), Rudolf Lettinger (Terry Landon), Thea Zander (sa fille), Reiner Steiner (le capitaine).

I LE LAC D'OR. Kay Hoog, un yatchman de San Francisco, a trouvé une bouteille à la mer contenant un message qui décrit un trésor inca situé sous un lac. Il se lance à la recherche de ce trésor et entre en compétition avec Les Araignées, redoutable société secrète – et internationale – de bandits, dirigée par une Asiatique, Lio-Sha. Sur un territoire inca où nul Blanc n'a pénétré, Kay Hoog sauve la vie de la jeune prêtresse du Soleil en tuant un serpent qui s'approchait d'elle. Avec la jeune femme, il accède bientôt à la caverne aux trésors située sous le Lac d'Or. Mais le grand prêtre veut obliger la prêtresse à pratiquer des sacrifices humains, notamment sur la personne de Lio-Sha, prisonnière. Kay Hoog fait alors irruption dans le temple et emmène la prêtresse tandis que les hommes de Lio-Sha se battent avec les prêtres. Kay Hoog et la prêtresse seront repêchés en mer par un navire. A San Francisco, Lio-Sha vient remercier Kay Hoog de son aide. Elle lui avoue son amour tout en réclamant le plan du Vaisseau aux diamants. Kay Hoog la repousse et lui présente celle qu'il aime : la prêtresse. Peu après, Kay Hoog retrouvera le cadavre de sa bien-aimée allongé dans le jardin, une petite araignée posée sur la poitrine. II LE CARGO D'ESCLAVES. Kay Hoog cherche maintenant désespérément à se venger des

Araignées. Le gang est obsédé par l'idée de mettre la main sur le diamant à tête de Bouddha qui assurerait à ses propriétaires la domination de l'Asie. Les bandits cambriolent une banque, mais sans trouver la pierre. Kay Hoog et la police investissent séparément un building où les Araignées recèlent leurs trésors. Plusieurs bandits sont tués ou arrêtés et, sur le corps de l'un d'entre eux, Kay Hoog prend une amulette d'ivoire qui lui permettra de pénétrer, à ses risques et périls, dans la cité souterraine du quartier chinois de San Francisco. Là, il s'arrange pour prendre connaissance des intentions de Lio-Sha. Après diverses péripéties, il se fait transporter, caché dans une malle, sur le bateau « La Tornade » à bord duquel se trouve Lio-Sha. Aux Indes, un des complices de la bande hypnotise un fakir pour qu'il révèle l'emplacement du diamant. Selon le fakir, qui mourra d'une crise cardiaque à l'issue de la séance, il se trouverait dans la maison du roi des diamants, John Terry, à Londres. Un message relatant ces faits est envoyé à bord de « La Tornade ». Kay Hoog réussit à s'en emparer. Les Araignées percent le coffre de Terry, ne trouvent rien et kidnappent sa fille dans l'espoir de l'échanger contre le diamant. Terry confie à Kay Hoog qu'il ne comprend rien à l'affaire, car il n'a jamais possédé le diamant à tête de Bouddha. Il montre à Kay Hoog un livre de bord ayant appartenu à l'un de ses ancêtres, celui qui fonda au XVIe siècle la fortune de la famille. Selon les indications du grimoire, un trésor et la fabuleuse pierre seraient quelque part aux Malouines. Kay Hoog s'y rend, découvre le trésor mais est capturé par les Araignées. Il réussit à s'échapper la nuit où le gang est victime des vapeurs mortelles se dégageant d'un volcan. Il sera le seul survivant. A Londres, grâce aux renseignements d'un détective de l'agence Pinkerton, il libère la fille de Terry, hypnotisée et captive dans un hôtel.

☞ Troisième et cinquième films de Lang. Ce fut pendant longtemps les œuvres les plus anciennes qu'on ait vues de lui. Mais à la fin des années 80 fut redécouvert *Harakiri* (*Madame Butterfly*), le film – d'ailleurs assez mineur – tourné par Lang entre les deux épisodes des *Araignées*. L'énumération des influences qu'il pourrait avoir subies (films antérieurs de Joe May, serial américain, Feuillade) n'éclaire que faiblement le film, car *Les Araignées* est avant tout un surprenant et prophétique catalogue des thèmes, situations, principes de mise en scène que Lang développera jusqu'à l'ultime fin de sa carrière. Citons notamment : la vengeance, les sociétés secrètes, les mondes souterrains, parallèles, à la fois pervertis et hors d'atteinte (cité chinoise souterraine, territoire inca), la solitude tragique de l'homme au sein de l'univers, la fascination de la mort, la femme comme puissance salvatrice et comme puissance destructrice. Et, déjà, l'assassinat d'une femme déclenche ici une vengeance contre une autre femme, comme dans *Rancho Notorious**. Mais surtout le film est régi par les deux principes antagonistes qui animeront l'intégralité de l'œuvre de Lang : un principe de raréfaction, d'abstraction et d'épure dans la mise en scène, un principe d'abondance et de prolifération dans les éléments constitutifs de l'intrigue : personnages, lieux et situations. Quant au décor, pivot de la création langienne, il sera le seul élément de la mise en scène à obéir alternativement, selon les différents moments de la trajectoire du film, à l'un ou l'autre de ces deux principes. A la luxuriance du temple inca de la première partie s'opposera par exemple (dans une séquence géniale) la nudité glacée et labyrinthique du décor de la banque pillée par les Araignées au début du IIe épisode. D'où le goût permanent et si profond de Lang pour le film à épisodes dont les jeux de miroirs, les symétries, les reprises de figures permettent d'imposer au spectateur une fascination aussi bien visuelle qu'intellectuelle. Dans ce film au titre hautement symbolique, l'univers est, en effet, une immense toile d'araignée où tous les moyens de communication (de la bouteille à la mer au vol de pigeon voyageur en passant par le message radio et le téléphone ;

du train au navire de haut bord en passant par le ballon ou le parachute) deviennent des armes au service d'une volonté de puissance maléfique. Le film apparaît déjà comme essentiellement langien par son inquiétante gravité (à des années-lumière du pittoresque et de la naïveté de ses modèles) et par la façon dont il appréhende l'ambivalence de l'univers qui est à la fois matière et imagination, réalité et cauchemar, mais toujours méticuleusement terrifiant dans l'un et l'autre aspects.

N.B. Le deuxième épisode s'appelait initialement *Das Sklavenschiff* (traduction littérale : *Le cargo d'esclaves*). Elle a servi comme titre français d'exploitation pour cet épisode. La traduction littérale du titre original tel qu'il apparaît dans le film est *Le vaisseau aux diamants*. Le film complet devait, selon une première conception, comporter quatre épisodes.

## ARGENT (L')

1928 – France (3 700 m) • *Prod.* Ciné-Mondial/Cinégraphic • *Réal.* MARCEL L'HERBIER • *Sc.* Marcel L'Herbier d'ap. R. d'Émile Zola • *Phot.* Jules Kruger, Jean Lefort, Louis Le Bertre • *Int.* Brigitte Helm (la baronne Sandorf), Pierre Alcover (Nicolas Saccard), Yvette Guilbert (la Méchain), Alfred Abel (Alphonse Gundermann), Marie Glory (Line Hamelin), Henry Victor (Jacques Hamelin), Jules Berry (Huret), Raymond Rouleau (Jantron).

Une lutte âpre et souvent secrète oppose Nicolas Saccard, directeur de la Banque Universelle, et le grand banquier Alphonse Gundermann, directeur entre autres d'un important trust pétrolier. Gundermann remporte une victoire en empêchant, grâce à un intermédiaire, que soit votée une augmentation de capital pour la Continental Eagle, une filiale de Saccard. Saccard, que beaucoup croient ruiné, est abandonné par sa maîtresse, la baronne Sandorf, qui passe à l'ennemi et rejoint Gundermann. Saccard se met en tête de financer les recherches d'un aviateur sans fortune, Jacques Hamelin, qui lui a été présenté par le journaliste Huret. Hamelin veut exploiter des terrains pétrolifères en Guyane. Saccard fait croire à tout le monde que Gundermann est avec lui dans cette affaire. Il demande à Hamelin d'accepter la vice-présidence de la société créée pour appuyer son projet. Hamelin accepte, à la condition de pouvoir organiser un grand raid de 7 000 kilomètres au-dessus de l'Océan pour rejoindre la Guyane avec un nouveau carburant semblable à celui qu'on pourra fabriquer avec le pétrole extrait là-bas. Il entend ainsi rester lui-même. Saccard, ravi, voit dans l'opération un prodigieux moyen de publicité. Cette condition, par contre, désole sa femme Line. Gundermann fait acheter en sous-main par ses correspondants étrangers des actions de la Banque Universelle, accumulant ainsi des « munitions ». Après le départ du raid, l'agitation boursière est à son comble et le titre monte, tout comme l'émotion et l'angoisse de Line. On annonce alors qu'on a vu l'avion de Hamelin tomber en flammes dans l'océan. Saccard reçoit, lui, un télégramme codé annonçant que l'aviateur a atterri sain et sauf à l'endroit fixé. Saccard rachète à bas prix les actions en dégringolade et s'apprête à faire ainsi d'énormes bénéfices. Il empêche Line de se suicider en la mettant au courant de la vérité. Hamelin construit sur place son premier puits. L'épuisement provoque chez lui des troubles de la vision. Saccard donne à Line un chéquier au nom de son mari sur lequel elle pourra tirer, grâce à une procuration, tous les chèques qu'elle voudra. Au cours d'une party chez la baronne Sandorf, celle-ci répète à Saccard ce qu'on murmure partout : il va droit à la faillite. Elle utilise sa séduction et son habileté pour le mettre hors de lui et lui extorquer au profit de Gundermann un renseignement sur l'état de ses affaires. Saccard annonce à Line qu'il va donner une grande fête en son honneur. Il lui dit qu'il la désire depuis toujours. Elle éclate d'abord de rire puis se met à pleurer, quand elle comprend que Saccard est sérieux. Il la menace de mener son mari en correctionnelle à cause des chèques sans provision qu'elle a signés grâce au chéquier qu'il lui a donné. La baronne Sandorf confiera à

Line que Saccard s'est livré à diverses irrégularités. Lors de la soirée donnée pour elle, Line s'apprête à tirer sur Saccard mais en est empêchée par la baronne. Sa mort en effet ferait remonter en flèche les actions de la Banque Universelle. Conseillée par la baronne, Line vend ses titres. Gundermann en fait autant sur les grandes places internationales. Saccard est arrêté. Jacques revient et est arrêté également. Le choc augmente ses troubles de vision. Ses deux yeux sont maintenant atteints. Saccard et lui passent devant le tribunal. Le procureur dira : « Ce procès est le procès de l'argent. » Il ajoutera en s'adressant à Saccard à propos de Jacques : « Vous avez failli salir un héros. » Gundermann promet, dès qu'il détiendra la majorité des actions de la Banque Universelle, d'honorer toutes les demandes justifiées. Il fait ainsi œuvre de salubrité publique en réalisant de gros bénéfices. L'action contre Saccard et Jacques s'éteint en partie. Jacques est libéré. Sa vue s'améliore. Saccard a encore six mois à faire. Il songe à sa prochaine affaire et y associe déjà son gardien.

☞ Dernier film muet de Marcel L'Herbier (et son meilleur avec *L'inhumaine,* bilan formel des Arts déco et de toute une époque, malheureusement desservi par une interprétation et un scénario insuffisants). *L'argent* fut redécouvert dans les années 60 et considéré alors par certains comme un phare de la modernité. Sans qu'il soit besoin d'aller aussi loin, le film prouve en tout cas que L'Herbier n'est pas du tout le cinéaste académique qu'on a vu en lui pendant des décennies. Ici les recherches avant-gardistes des années 20 explosent et trouvent leur aboutissement dans un film totalement neuf qui a sa place à côté des plus grandes œuvres du muet, *Metropolis**, *Napoléon** etc. Le film est basé essentiellement sur deux « mariages formels » très audacieux. En premier lieu, union étonnante du montage court (et souvent *très* court : 1 952 plans pour une durée de 130' soit 6 secondes et demi en moyenne par plan) et des mouvements d'appareil, alors qu'en général le montage court se nourrit de plans fixes. Dans les décors le plus souvent gigantesques, la caméra (ou plutôt les caméras) enferment les personnages dans une frénésie dont ils ne sont pas les maîtres. Cette frénésie exprime la toute-puissance de l'argent sur les lieux, la société, les individus. La multiplicité des mouvements d'appareil brefs comme l'éclair a pour effet d'éliminer radicalement la pesanteur et les conventions du découpage classique, les plans moyens et intermédiaires, les raccords banals. C'est comme si l'argent, loin d'être le sujet passif et inerte de la mise en scène, mettait lui-même en scène le film, ordonnait et contrôlait les allées et venues des personnages, ce qui est après tout le propos essentiel de L'Herbier. Pour la célèbre séquence de la Bourse, L'Herbier filma pendant trois jours sur les lieux mêmes avec deux mille figurants, quinze caméras et « une installation mécanique surprenante [permettant] de laisser tomber de la Coupole (vingt-deux mètres) un appareil de prises de vue fonctionnant automatiquement sur la Corbeille en ébullition » (cf. « Jaque Catelain présente Marcel L'Herbier », Éditions Jacques Vautrain, 1950). Un montage parallèle donne l'impression que l'avion d'Hamelin survole la Corbeille filmée en plongée à partir de la Coupole. Le second mariage formel sur lequel repose le film unit toute cette virtuosité technique à une direction d'acteurs sobre, froide, souvent impassible, où ne se retrouve aucun des tics du cinéma commercial français de l'époque ni aucune des boursouflures de l'avant-garde. Autre élément de modernisme : les acteurs jouent, non seulement avec leur visage, mais avec tout le poids de leur corps, avec leur silhouette massive ou filiforme, avec leurs déplacements, traqués qu'ils sont en permanence, ou précédés, ou dépassés, ou rejoints, par les multiples caméras ultra-mobiles dont nous avons parlé. Par son caractère volontairement négatif et polémique, le moteur du film – à savoir la haine de l'argent et de la spéculation – a écarté du récit toute sentimentalité, toute grandiloquence pour donner lieu à une allégorie brûlante et glacée, à une vaste fresque abstraite et intemporelle résultant de l'actualisation du roman de

Zola. En changeant d'époque, la matière du roman a gagné en abstraction et n'a rien perdu en actualité. *L'argent* est en quelque sorte la version ambitieuse, épique et grandiose de « Ces Messieurs de la Santé », comédie satirique de Paul Armont et Léopold Marchand qui fera les beaux soirs du théâtre de boulevard au début des années 30 et que filmera Pierre Colombier.

N.B. Jean Dréville fut invité par L'Herbier à filmer un journal de tournage intitulé *Autour de L'argent.* Ce court métrage passionnant est devenu aussi célèbre que le film lui-même. Remake de *L'argent* par Pierre Billon (1936).

BIBLIO. : découpage (1 952 plans) *in* « L'Avant-Scène » n° 209 (1978).

## ARGENT DE LA VIEILLE (L')
## (Lo Scopone scientifico)

1972 – Italie (118') • *Prod.* Dino De Laurentiis, Intermaco • *Réal.* LUIGI COMENCINI • *Sc.* Rodolfo Sonego • *Phot.* Giuseppe Ruzzolini (Eastmancolor) • *Mus.* Piero Piccioni • *Int.* Alberto Sordi (Peppino), Silvana Mangano (Antonia), Joseph Cotten (George), Bette Davis (la milliardaire), Domenico Modugno (Righetto), Mario Carotenuto (le « professore »), Antonella Demaggi (Cleopatra).

Une vieille Américaine richissime vient à Naples tous les ans pour jouer son habituelle partie de « scopone scientifico » (un jeu de cartes) avec Peppino, chiffonnier habitant dans un bidonville, et Antonia, sa femme. Comme chaque fois, les deux miséreux espèrent « plumer » leur partenaire, bien que jusqu'ici ils n'y soient jamais parvenu. La vieille leur prête un million de lires qu'ils auront tôt fait de perdre. La deuxième partie oblige Peppino à s'endetter. Lors de la troisième partie, Peppino et sa femme ont enfin la revanche qu'eux-mêmes et tout le bidonville attendaient depuis longtemps. Ils gagnent plusieurs dizaines de millions de lires. Bravant la maladie, la vieille femme veut jouer encore et toujours. Elle finira par sortir gagnante du jeu après que Peppino, feignant la maladie, s'est fait remplacer par le soupirant d'Antonia, un joueur professionnel. Au moment de son départ, la fille du couple, la jeune Cleopatra, ayant pris conscience du piège dans lequel tombent à chaque fois ses parents, offre à la vieille dame, en guise de cadeau d'adieu, un gâteau... empoisonné.

☞ Tiré par Rodolfo Sonego d'un fait divers dont il avait été lui-même le témoin, cette fable anti-capitaliste extrêmement virulente et adroite est une allégorie de la lutte des classes et de la puissance de l'argent. Elle a stimulé comme jamais le talent de Comencini. L'argent attire l'argent et il est dans sa logique d'éliminer à la longue aussi bien le hasard que l'adresse. La vieille femme, immensément plus riche que ses adversaires, *doit* gagner. Il suffit pour cela qu'elle joue assez longtemps. Le côté abstrait et distancié de la fable est équilibré par un modèle de distribution : face à l'impitoyable Bette Davis, l'humain, le trop humain et fébrile Alberto Sordi lutte à sa manière contre les moulins à vent. Rarement dans un film divertissement et message social auront été liés d'une manière aussi indissociable et aussi brillante.

N.B. Le film sortit en France en 1977 avec cinq ans de retard grâce à l'attaché de presse Simon Mizrahi, directement responsable de la sortie d'un certain nombre de chefs-d'œuvre du cinéma italien écartés par les distributeurs. Citons notamment du même Comencini *A cavallo della tigre* (*A cheval sur le tigre,* 1961, sortie en France : 1976) *Casanova**, 1969, sortie en France : 1976) ; et de Dino Risi *Una vita difficile* (*Une vie difficile**, 1961, sortie en France : 1976), *Straziami ma di baci saziami* (*Fais-moi très mal mais couvre-moi de baisers,* 1968, sortie en France : 1973), *Vedo nudo* (*Une poule, un train... et quelques monstres,* 1960, sortie en France : 1972).

## ARMATA BRANCALEONE (L')

Inédit en France. 1966 – Italo-français (115') • *Prod.* Fair Film (Mario Cecchi Gori), Rome, les Films Marceau, Paris • *Réal.* MARIO MONICELLI • *Sc.* Age, Scarpelli, Monicelli • *Phot.* Carlo di Palma (Technicolor) • *Mus.* Carlo Rustichelli •

*Int.* Vittorio Gassman (Brancaleone da Norcla), Catherine Spaak (Matilda), Gian-Maria Volonte (Teofilatto), Maria Grazia Buccella (la veuve), Barbara Steele (Teodora), Enrico Maria Salerno (Zenon), Carlo Pisacane (Abacuc).

L'Italie de l'an mille. Un petit groupe de bandits offre un parchemin pris sur la dépouille d'un chevalier à un autre chevalier, Brancaleone de Norcia, gonflé de lui-même et maladroit comme pas un. Le parchemin lui assure la possession de la forteresse de Casteldoro. Avec son « armée » – les trois bandits et un vieux marchand juif, Abacuc, traînant derrière lui son coffre dans lequel il se cache au moindre danger – Brancaleone prend la route en direction de sa forteresse. En chemin il croise le fer avec Teofilatto, chevalier de Byzance, qui lui propose un marché : Brancaleone ira le rendre à son père contre une rançon qu'ils partageront ensuite ensemble. Brancaleone refuse et préfère continuer sa route vers la forteresse. Teofilatto se joint à son groupe. Ils pénètrent dans une ville déserte qu'ils s'apprêtent à piller. Brancaleone y rencontre une jeune femme qui s'offre à lui mais, lorsqu'il apprend que la peste a ravagé la ville, il détale avec les autres sans demander son reste. Ils rencontrent un groupe de pèlerins en route vers la Terre Sainte et se mettent à les suivre. Il leur faut bientôt s'avancer sur un pont de bois branlant qui fait une première victime. Les pèlerins baptisent de force Abacuc pour se concilier la bienveillance divine. Plus loin une passerelle cause la noyade du chef des pèlerins, le moine Zenon. Brancaleone et les siens préfèrent alors reprendre le chemin de la forteresse. Ils sauvent des mains d'un groupe de bandits la pucelle Matilda et son tuteur qui, agonisant, fait jurer à Brancaleone de protéger sa pupille et de la conduire saine, sauve et intacte, à son futur et riche époux. Après la mort de son tuteur, la pucelle veut se donner à Brancaleone et le suivre jusqu'à la citadelle. Le chevalier la repousse à cause de son serment. Ses hommes et lui assistent à la noce. Le mari, furieux, assure que sa femme n'est pas vierge. Matilda désigne Brancaleone comme son suborneur alors qu'en fait elle s'est donnée à Teofilatto. Brancaleone est placé dans une cage suspendue dans les airs. Il doit y rester jusqu'à ce que mort s'ensuive. Ses compagnons le délivrent. Apprenant que Matilda a été enfermée dans un monastère par son époux, il court la délivrer. Mais elle ne veut pas être sauvée. Brancaleone accepte alors la combine de Teofilatto et le ramène à son père chez les ducs de Byzance qui sont tombés dans la dépravation et la dégénérescence la plus grande. Séduit par la tante de Teofilatto, Brancaleone devra subir son rituel sado-masochiste avant de prendre la fuite. Ses compagnons et lui retrouvent le pèlerin tombé du pont. Il vit dans une grotte en compagnie d'une ourse. Elle l'a sauvé et est très jalouse. Le pèlerin devra échapper à sa vigilance pour partir avec l'armée Brancaleone. Après la mort d'Abacuc, l'armée arrive aux abords de la forteresse. Elle est acclamée par le peuple qui espère ainsi être protégé des pirates sarrasins qui, chaque année, viennent piller la récolte. Brancaleone élabore contre les Sarrasins un plan sophistiqué qui échoue lamentablement. Il se retrouve avec ses compagnons suspendu à une corde au-dessus de longues hallebardes. Heureusement les chevaliers chrétiens accourent à la rescousse. « Vive la chrétienté ! » s'écrie Brancaleone. Las ! Leur chef n'est autre que le chevalier auquel les bandits avaient dérobé le parchemin. A nouveau, c'est la mort imminente, cette fois par pendaison, pour Brancaleone et ses hommes. Mais le moine Zenon, qui a survécu à sa noyade, viendra les délivrer à nouveau et les emmène à la croisade. Brancaleone s'y élance de bon cœur. Sa minuscule armée l'accompagne.

☞ Ce film justement célèbre n'est jamais sorti en France. Il est à bien des égards unique dans l'histoire du cinéma. Dans un Moyen Age de fantaisie, barbare, anti-conventionnel, démystificateur et pleinement convaincant se déroule une épopée picaresque aux cent épisodes où s'équilibrent merveilleusement le burlesque, la farce, l'aventure, la satire historique. La verve de tous les collaborateurs s'est additionnée pour donner un chef-d'œuvre insolite et extraordinairement drôle. Verve des scénaristes à l'invention dramatique prodigieuse, qui bâtissent un dialogue dans une langue composite à la fois populaire et littéraire, brutale et sophistiquée. Verve des acteurs : Gassman grandiose et pitoyable, dans l'un de ses nombreux rôles inoubliables. Il fait même parfois penser à Don Quichotte. Verve du metteur en scène qui mêle avec un art consommé élégance plastique et bouffonnerie gestuelle. Superbe extravagance des couleurs de Carlo di Palma, des costumes, des décors et des coiffures de Piero Gherardi. Quatre ans plus tard, la même équipe (Monicelli, Age, Scarpelli, Gassman) récidivera avec *Brancaleone alle crociate* (*Brancaleone s'en va-t-aux croisades*) qui ne sortira en France qu'en 1977. Ce deuxième film raffine encore sur les qualités du premier et y ajoute une dimension supplémentaire, celle du fantastique (duel de Brancaleone avec la Mort). Dans la dernière partie, le texte est écrit en vers, l'audace et la virtuosité des scénaristes n'ayant plus de limites.

## ARMOIRE VOLANTE (L')

1948 – France (90') • *Prod.* CICC • *Réal.* CARLO RIM • *Sc.* Carlo Rim • *Phot.* Nicolas Hayer • *Mus.* Georges Van Parys • *Int.* Fernandel (Alfred Puc), Berthe Bovy (la tante Léa), Pauline Carton (Mme Ovide), Louis Florencie (le notaire), Germaine Kerjean (Mme Coufignac), Yves Deniaud (Martinet), Maximilienne (la commandante), Gaston Modot (un gangster), Marcel Pérès et Henry Charrett (les déménageurs).

Lors d'une vague de froid, la tante octogénaire d'un percepteur récemment nommé à Paris part avec deux déménageurs chercher ses meubles à Clermont. Pendant le voyage de retour, elle meurt. L'un des déménageurs dépose son cadavre dans une armoire faisant partie du mobilier transporté. A peine arrivé à Paris, le camion est volé, les meubles confiés à un receleur qui les revend aussitôt. Le percepteur se lance alors dans une recherche mouvementée de l'armoire et du corps de sa tante. Elle le conduira notamment dans un hôtel de passe transformé plus tard en asile de l'Armée du Salut, à l'hôtel Drouot, dans un théâtre en feu, puis sur un torrent. Il se réveille enfin de ce qui n'était qu'un cauchemar, juste avant le départ de sa tante pour Clermont.

☞ Deux sources d'inspiration comique se partagent le film : un humour parisien satirique et cynique (avec des aphorismes comme : « Un ministre qui tient ses promesses, c'est une sorte de parjure au fond. ») et un humour noir, insolite, onirico-fantastique, beaucoup moins fréquent dans le cinéma français. Le film est d'un bout à l'autre très soigné, et même fignolé (photo, cadrages, interprétation, dialogues), mais c'est surtout le début, le voyage dans la neige et le froid, qui est réussi. Là, l'onirisme s'exprime par la plastique plus encore que par les péripéties proprement dites. Dans la suite, l'invention, quoique toujours assez riche, ne parviendra pas à empêcher le rythme de s'essouffler, sans doute à cause d'un manque de consistance des personnages. Composition originale, introvertie mais un peu terne de Fernandel. Le film est intéressant en ceci, qu'une certaine conception de la comédie héritée de l'avant-guerre (générosité foisonnante de l'intrigue, importance et multiplicité des seconds rôles, structure camouflée de film à sketches) s'y mêle à un effort de renouvellement méritoire, même s'il n'est pas complètement abouti.

## ARNAQUEUR (L')
## (The Hustler)

1961 – USA (135') • *Prod.* Fox (Robert Rossen) • *Réal.* ROBERT ROSSEN • *Sc.* R. Rossen et Sidney Carroll d'ap. R. de Walter Tevis • *Phot.* Gene Shufton (Cinémascope) • *Mus.* Kenyon Hopkins • *Int.* Paul Newman (Eddie Felson), Jackie Gleason (Minnesota Fats), Piper Laurie (Sarah Packard), George C. Scott (Bert Gordon), Myron McCormick (Charlie Burns), Murray Hamilton (Findlay), Michæl Constantine (Big John), Stefan Gierasch (Preacher), Jake LaMotta (le barman).

Le jeune Eddie Felson, dit « Fast Eddie », un as du billard, arnaque avec son vieux compère et associé Charlie Binns de petits joueurs trop présomptueux. Les deux hommes n'ont pas de domicile fixe. Eddie est lassé de cette vie errante et médiocre. Son rêve est de défier à New York le champion Minnesota Fats dans une partie au finish. Elle durera quarante heures. Au bout de vingt-cinq heures, Eddie gagne dix-huit mille dollars. Mais il tient à ce que Fats s'avoue vaincu. A partir de là, il se met à boire, fléchit et reperd tout ce qu'il avait gagné. Son associé qui voulait qu'il arrête avant la chute est furieux. Eddie le quitte définitivement. Il drague dans une gare Sarah Packard, une fille solitaire et alcoolique qui boite depuis l'enfance (elle a eu la polio). Elle écrit des nouvelles à ses heures perdues. Elle devient sa maîtresse. Un joueur professionnel, Bert Gordon, qui avait qualifié Eddie, durant sa partie avec Fats, de « born loser » (perdant né) veut néanmoins le commanditer mais en empochant soixante quinze pour cent des bénéfices, s'il y en a. Eddie refuse. Dans les bas quartiers, il arnaque un petit joueur arrogant et ne peut résister au plaisir de lui donner une leçon en montrant sa force. Après la partie, les amis du perdant cassent les pouces d'Eddie. Sarah l'aide à traverser l'épreuve de sa convalescence et, une fois remis, Eddie accepte la proposition de Gordon. Celui-ci l'emmène à Louisville, Kentucky, et lui fait rencontrer Findlay, l'héritier richissime d'une fabrique de tabac qui aime à s'encanailler avec les joueurs de billard. Eddie lui soutire un bon paquet d'argent. Sarah a tenu à accompagner Eddie. Gordon voudrait l'écarter de la route de son poulain et, au besoin, l'avilir. Cédant à ses tendances auto-destructrices, Sarah se donne à lui et se suicide. Bourré de remords car il s'estime responsable de la mort de Sarah qu'il aimait, Eddie veut reconquérir sa dignité en remportant une victoire décisive sur Minnesota Fats. Sa rage et son désespoir lui donnent la force de gagner. Mais il refuse de verser à Gordon son pourcentage. Il le menace de mort au cas où Gordon tenterait quelque chose contre lui. Gordon renonce à sa part à condition qu'Eddie ne mette plus jamais les pieds dans une salle de billard.

☞ Si l'on tente de faire le bilan de l'œuvre de Rossen (dix films et une quinzaine de scénarios), elle apparaîtra certainement inachevée, décevante, sans doute malchanceuse et par instants passionnante. En cela, Rossen ressemble étrangement à ses personnages. Sur le plan de la réussite pure, son œuvre de scénariste (avec ces chefs-d'œuvre d'adaptation que sont *The Sea Wolf** et *The Strange Love of Martha Ivers**) semble plus satisfaisante que son œuvre de réalisateur. Si sa parabole politique un peu laborieuse *All the King's Men* (*Les fous du roi,* 1949) a toujours bénéficié d'un succès d'estime, seul *L'arnaqueur* lui permit de trouver le contact avec le grand public. Ce film (comme une grande partie de l'œuvre de Rossen) traite un thème essentiellement américain : la réussite. Ce thème revêt aux États-Unis une importance quasi pathologique. Rossen l'aborde à travers un personnage complexe de « loser ». Il définit ici le « loser » comme un être de talent à qui manque la force de caractère nécessaire pour exploiter au maximum son talent et qui cherche à perdre en s'abritant derrière différents alibis (alcoolisme, fatigue, etc.). Le film développe l'équation : réussite = talent + caractère. Dans l'intrigue, l'épreuve de la souffrance et du remords trempera le caractère du héros. Mais *L'arnaqueur* baigne aussi dans une ambiguïté qui ne semble pas toujours volontaire. Le film développe d'une part un propos volontariste et relativement optimiste (Newman sortira fortifié de ses épreuves) au sein d'un univers marqué par l'influence du fatalisme désespéré du cinéma hollywoodien des années 40, et notamment du *film noir*. A cause de cela, le bilan relativement positif de l'itinéraire de Newman et le dénouement sont loin d'être convaincants. D'autre part, Rossen garde un point de vue critique sur la notion de réussite et suggère que les « gagneurs », les êtres hantés par la réussite (et donc le besoin de dominer autrui) sont souvent « des pervers, des tordus, des infirmes » et ont droit, à ce titre, à sa sympathie. Cet aspect de la réflexion de Rossen est véhiculé par le personnage attachant et essentiel de Piper Laurie. Elle est faite de la même eau que Newman mais a plus de lucidité, de désespoir et de vulnérabilité que lui. *L'arnaqueur* cherche enfin à s'éloigner du cinéma de genre des années 50 en utilisant une étude de milieu moins pour son contenu réaliste et social que pour sa valeur de symbole et de représentation morale et philosophique de l'homme. Cette ambition, qui a amené Rossen à dédramatiser dans une certaine mesure le récit et à le priver d'une bonne part de son dynamisme interne, est elle aussi ambiguë, à demi-achevée et pas entièrement convaincante, car *L'arnaqueur* reste bien un film *sur* le monde du billard et doit à cela l'essentiel de son impact sur le public. On ne sait, en définitive, si la réussite du film tient à la relative audace de Rossen (tentatives pour se détacher du cinéma de genre des années 50) ou à sa non moins relative prudence : *L'arnaqueur* n'est, en effet, en aucune façon un film révolutionnaire. Sa tendance au symbolisme et à l'abstraction est heureusement contrebalancée par la force de son interprétation (Newman, Jackie Gleason, George C. Scott, Murray Hamilton, Piper Laurie) qui donne un grand relief aux personnages et lui permet de garder toujours un pied dans le concret.

N.B. Une suite-remake a été tournée par Martin Scorsese (*The Color of Money, La couleur de l'argent,* 1986). Elle est tirée d'ailleurs lointainement d'un second roman de Walter Tevis (1984) basé sur le personnage de Felson (sur Walter Tevis, voir l'article de Tom Milne *in* « Monthly Film Bulletin », mars 1987). Newman incarne son personnage plus vieux de vingt-cinq ans. Entre les mains de Scorsese, le film devient l'histoire tout à fait insignifiante, mais comique par endroits, d'un pépé sentencieux et nostalgique se donnant un mal de chien pour apprendre la vie à un petit frimeur de troisième zone. La deuxième partie, où Newman se remet à jouer et veut savoir si son poulain l'emportera sur lui, est totalement inepte. Le vrai sujet du film n'est plus l'arnaque mais la frime, sujet qui tient sans doute à cœur à Scorsese, l'un des plus « frimeurs » parmi les metteurs en scène de sa génération (voir ici son utilisation de la grue et des effets de montage). Les personnages féminins sont à la fois envahissants et inexistants.

BIBLIO. : scénario et dialogues *in* Robert Rossen, « Three screenplays » (avec *All the King's men* et *Lilith*), Doubleday, New York, 1972. Il s'agit du scénario du film réel. Un appendice indique les différences avec le scénario de tournage.

## ASCENSEUR POUR L'ÉCHAFAUD

1958 – France (90') • *Prod.* Nouvelles Éditions de Films (J. Thuillier) • *Réal.* LOUIS MALLE • *Sc.* Louis Malle, Roger Nimier et Noël Calef, d'ap. R. de Noël Calef • *Phot.* Henri Decae • *Mus.* Miles Davis • *Int.* Maurice Ronet (Julien Tavernier), Jeanne Moreau (Florence Carala), Georges Poujouly (Louis), Jean Wall (Simon Carala), Félix Marten (Christian Subervie), Hubert Deschamps (le substitut), Lino Ventura (le commissaire Cherier), Ivan Petrovich (Horst Bencker), Yori Bertin (Véronique), Elga Andersen (Frieda Bencker).

A Paris dans le VIIIe arrondissement, Julien Tavernier, un ancien d'Indochine, supprime son patron, Simon Carala. Florence Carala, sa femme, est la maîtresse de Julien et, si le meurtre a été accompli par Julien seul, il a été prémédité à deux. Ayant laissé un indice compromettant, Julien retourne sur les lieux du crime, un immeuble de bureaux désert après la fermeture, et se trouve coincé dans l'ascenseur pendant toute la nuit. Un adolescent, Louis, lui « emprunte » sa voiture et conduit sa petite amie dans un motel. Surpris au moment où il essayait la Mercedes d'un couple de touristes allemands, Louis les abat tous les deux. Au matin, le meurtre des touristes est d'abord attribué à Julien. Florence est bien décidée à mettre tout en œuvre pour sauver son amant, quoiqu'elle ait d'abord cru, durant cette nuit d'attente, que Julien lui avait faussé compagnie. Elle retrouve les deux adolescents qui ont raté leur suicide et se rend au motel pour mettre la main sur un rouleau de photos prises pendant la nuit et qui devraient innocenter

Julien. Mais une autre photo du même rouleau permettra à la police de préciser la culpabilité respective des quatre personnages.

☞ Le premier film historique de la Nouvelle Vague, réalisé par un jeune homme de vingt-quatre ans, situation tout à fait exceptionnelle dans le contexte du cinéma français de l'époque. Sorti en janvier 1958, le film précède d'un an *Les quatre cents coups** et de deux ans *A bout de souffle**. D'une manière significative, le plus formaliste et le plus méticuleux des metteurs en scène de la Nouvelle Vague commence son œuvre par un exercice de style, un film de genre où l'autobiographie n'a aucune part. Film non dénué de filiations, *Ascenseur pour l'échafaud* se rattache à Vadim par une recherche des lieux et des atmosphères les plus extérieurement modernes (citons aussi la musique : les improvisations du trompettiste Miles Davis) ainsi qu'à Astruc par l'abstraction glacée du style, censée donner au récit une hauteur de ton et une noblesse tragiques. C'est là que se situe la principale rupture avec le cinéma antérieur : dans une ambition plus formelle que thématique qui ne veut rien avoir de commun avec les trivialités, la grisaille réaliste ou pseudo-réaliste du film policier français traditionnel, et qui cherche à imposer un univers autonome créé par la photo, la musique, les silences et la seule volonté du réalisateur. Sur ce plan, le film, dans sa virtuosité froide, a relativement peu vieilli, hormis certains dialogues ampoulés de Nimier desservis encore par la diction artificielle de Jeanne Moreau (excellente par ailleurs dans les scènes muettes, heureusement les plus nombreuses). Louis Malle, dans cet *opus* 1, pose discrètement les premiers jalons de sa thématique personnelle. Elle est axée autour de deux pôles principaux : la tentation du crime et de l'abjection (en particulier chez les plus jeunes de ses personnages) et d'autre part, la distance intérieure que cette abjection crée alors entre le héros et lui-même ; distance qui, dans d'autres films, pourra être favorisée par d'autres expériences. Cette abjection, qu'on pourrait appeler aussi une décomposition, le cinéaste la regarde moins en moraliste qu'en entomologiste. Il est si captivé parfois par son sujet qu'il lui arrive d'éprouver à son égard une certaine complaisance.

## ASSASSINAT DU PÈRE NOËL (L')

1941 – France (105') • *Prod.* Continental-Films • *Réal.* CHRISTIAN-JAQUE • *Sc.* Pierre Véry, Charles Spaak • *Phot.* Armand Thirard • *Mus.* Henry Verdun • *Int.* Harry Baur (Cornusse), Raymond Rouleau (le baron), Renée Faure (Catherine), Marie-Hélène Dasté (la mère Michel), Robert Le Vigan (Villard), Fernand Ledoux (le maire), Bernard Blier (le brigadier), Héléna Manson (Marie Coquillot), Jean Brochard (Ricomet), Jean Parédès (Kapel), Georges Chamarat (Valcourt).

⊖ Dans un village de Savoie coupé reste du monde par le mauvais hiver, le père Cornusse, qui fabrique des mappemondes et enchante les enfants par ses récits de voyages (imaginaires), fait chaque année sa tournée du Père Noël. Il a une fille, Catherine, que voudrait bien épouser l'instituteur, un libre-penseur. Cette année-là, le baron Roland est rentré au château après dix ans d'absence. Misanthrope à sa façon, il a appris quatorze langues mais préfère maintenant garder le silence. Durant ses nombreux voyages, il n'a pas trouvé la compagne qu'il cherchait. Il invite Catherine dont, depuis l'enfance, il avait enflammé l'imagination romanesque, à venir au château choisir pour le réveillon une robe à son goût. Le père Cornusse a commencé sa tournée. Chacun lui donne un petit verre et bientôt il n'est même plus capable de tenir debout. Au milieu de la messe de minuit, on s'aperçoit que le Père Noël a disparu, comme l'anneau de Saint-Nicolas, trésor révéré de la petite église. Pour faire plaisir à leur petit frère, un infirme cloué au lit et désespéré par la disparition du Père Noël, les deux autres fils de la gardienne du château partent à sa recherche. Ils retrouveront son cadavre dans la neige. On le porte dans la maison de Cornusse qui, à la stupéfaction générale, est bien vivant. On regarde de plus près le corps revêtu de la houppelande : c'est celui d'un inconnu au village. Le baron, ligoté, dit avoir été assommé et dépouillé de cette houppelande qu'il avait enfilée pour continuer la tournée de Cornusse. Le maire, entouré du Conseil municipal, entame une enquête en pestant contre les gendarmes incapables de trouver leur route vers le village. Il est vrai qu'elles sont toutes coupées à cause de la neige. La folle du village, la mère Michel, toujours à la recherche de son chat, accuse le pharmacien. Qui la prendrait au sérieux ? Et pourtant, elle a raison : un gendarme révélera qu'il avait comploté le vol de l'anneau avec un complice, plus tard assassiné de ses mains. Cornusse, désenivré par le drame, n'a plus qu'à achever sa tournée. Il se rend directement chez le petit malade et lui offre la mappemonde dont il rêvait. Avant de la lui donner, il réussira à le faire marcher. C'est peut-être un miracle. C'en est un autre en tout cas que le baron ait trouvé en Catherine, qui vivait si près de lui, la femme idéale qu'il avait cherchée en vain dans ses lointains voyages.

☞ Dans ce film à coup sûr ambitieux, Christian-Jaque filmant pour la deuxième fois un roman de Pierre Véry essaie de retrouver la veine poétique, fantastique et policière des *Disparus de Saint-Agil**. Il n'y réussit qu'à moitié et le miracle des *Disparus* ne se reproduit pas. Les faiblesses du scénario en sont sans doute la cause. Les très nombreux personnages, les images insolites qui surgissent çà et là dans le récit, et l'action policière proprement dite restent d'un bout à l'autre du film mal soudés entre eux et ne se constituent jamais en unité harmonieuse. La plupart des rôles manquent d'épaisseur : Harry Baur et Le Vigan forcent le leur dans l'espoir de lui donner une intensité qu'il n'a pas. Parmi les images les plus mémorables, figurent bien entendu celle des enfants appelant à travers la nuit le Père Noël et découvrant un cadavre. Quant à l'intrigue policière, elle reste décevante et un peu en marge de l'action ; sa résolution est banale et beaucoup trop terre à terre. On doit aussi déplorer une absence d'unité de point de vue chez Christian-Jaque et Spaak qui ne décident jamais si leur récit est livré au niveau des enfants ou à celui des adultes. Pourtant, éparse et un peu fabriquée, la poésie qui baigne le film est indéniable et ne se laisse pas oublier. Très caractéristique de la période de l'Occupation dans le cinéma français, elle a un registre assez étendu allant du bizarre au touchant et de l'inquiétant au cocasse.

## ASSASSIN HABITE AU 21 (L')

1942 – France (84') • *Prod.* Continental Films • *Réal.* HENRI-GEORGES CLOUZOT • *Sc.* Stanislas-André Steeman et Henri-Georges Clouzot d'ap. R. de Stanislas-André Steemann • *Phot.* Armand Thirard • *Mus.* Maurice Yvain • *Int.* Pierre Fresnay (le commissaire Wens), Jean Tissier (Lallah Poor), Suzy Delair (Mila-Malou), Huguette Vivier (Yana), Odette Talazac (Mme Point), Noël Roquevert (Linz), Pierre Larquey (Colin), René Génin (l'ivrogne), Gabriello (l'agent Pussot), Raymond Bussières (Turlot), Balpêtré (le ministre), Jean Despeaux (Kid Robert).

⊖ Divers crimes ont été commis à Paris par un mystérieux assassin qui laisse toujours sur place des cartes de visite au nom de M. Durand. Les victimes sont dévalisées avant d'être tuées. Ayant obtenu un renseignement selon lequel le coupable se trouverait à la pension des Mimosas, avenue Junot, le commissaire Wens s'y installe sous l'identité d'un pasteur. Parmi les pensionnaires, on dénombre une vieille fille, auteur d'un roman policier, qui met en scène les habitants de la pension, un médecin colonial en retraite, Linz, un artisan qui fabrique des automates, Colin, un fakir de music-hall, Lallah Poor, un boxeur aveugle, Kid Robert etc. Comme dans toutes les petites communautés vivant en vase clos, les commérages vont bon train. Colin accuse Linz d'être un avorteur. Wens retrouve ce dernier dans sa chambre en train de fouiller sa valise. La pétulante Mila-Malou, apprentie chanteuse et maîtresse de Wens qui avait refusé de lui donner sa nouvelle adresse, a retrouvé sa trace et vient loger, elle aussi, à la pension. La romancière est retrouvée assassinée dans sa baignoire. Wens, obligé de révéler sa véritable identité après avoir été assommé par Mila-Malou qui l'avait pris pour un agresseur, fait arrêter Colin. Mais les crimes ne s'arrêtent pas pour autant. C'est ensuite Linz qui est arrêté. Un cadavre apparaît alors dans la malle du fakir lors de son numéro à l'Empire-Clichy. C'est celui d'un journaliste qui prétendait tout savoir sur M. Durand. Wens arrête le fakir. Mais la liste des victimes continue de s'allonger. La continuation des meurtres entraîne la libération des trois pensionnaires des Mimosas. La directrice organise une fête en leur honneur. C'est l'occasion d'une réconciliation générale, car les suspects n'avaient cessé de se charger les uns les autres. Wens semble savoir qui est M. Durand. Sous la menace d'un revolver, le fakir le conduit jusqu'à un chantier désert où arrivent également ses deux complices Linz et Colin, car il y avait trois Durand... C'est là le fin mot de l'énigme. Le sinistre trio s'apprête à tuer Wens et à faire disparaître son corps dans la chaux vive. Pour gagner du temps, Wens flatte les trois hommes et leur dit qu'ils sont des esthètes du crime, compliment auquel ils se montrent particulièrement sensibles. Il leur demande ensuite lequel d'entre eux a eu la géniale idée du pseudonyme commun. Le trio se dispute alors la paternité de la trouvaille et la police surgit, guidée par Mila-Malou qui venait de comprendre la vérité et avait suivi, comme le Petit Poucet, la trace des cartes de visite de M. Durand disséminées par Wens le long du chemin.

☞ Premier film de Clouzot qui travaillait déjà depuis dix ans dans le cinéma comme scénariste-adaptateur et comme réalisateur de versions françaises de films étrangers. Le succès du *Dernier des six* (Georges Lacombe, 1941) qu'il avait tiré de Steeman lui apporte cette commande où il sera, cette fois, seul maître à bord. Il s'agit encore d'un roman de Steeman, mais adapté avec une totale liberté. Comme Becker avec son *Dernier atout**, sorti quelques semaines auparavant, Clouzot fait donc ses premières armes dans le divertissement policier, genre très prisé à l'époque. L'attrait principal du film vient de la caractérisation pittoresque et variée des différents personnages. Elle fait le lien avec le cinéma d'avant-guerre où les acteurs de second plan supplantaient souvent – en talent et en relief – les vedettes. Mais ici ces silhouettes admirablement campées s'accumulent et défilent sur un rythme extrêmement nerveux et moderne, « à l'américaine », qui ne laisse aucun répit au spectateur et prouve la maîtrise déjà grande du « débutant ». Les germes de son futur univers y apparaissent nettement. Pour s'exprimer en mineur et avec beaucoup d'humour, la misanthropie et la misogynie de l'auteur (cf. le personnage de Mila-Malou, enquiquineuse de haute volée, qui apporte à Suzy Delair, alors compagne du réalisateur, une célébrité immédiate) n'en inspirent pas moins la quasi-totalité des développements de l'intrigue. Cruauté, cupidité, égocentrisme farouche, complicité perverse dans le crime sont quelques-unes des caractéristiques des personnages troubles et vicieux qui peuplent ce divertissement plaisant, mais assurément plus proche du vitriol que de l'eau de rose.

N.B. Pierre Fresnay et Suzy Delair jouaient déjà leur rôle respectif de Wens et de Mila-Malou dans *Le dernier des six.* Remake argentin assez terne de *L'assassin habite au 21* sous le titre *La muerte camina en la lluvia* [*La mort marche sous la pluie*], 1948, de Carlos Hugo Christensen (à qui l'on doit une bonne adaptation de la célèbre nouvelle de William Irish « If I Should Die Before I Wake » sous le titre *Si muero antes de despertar*, 1952). On remarquera de multiples similitudes de scénario entre *L'assasssin habite au 21* et le film anglais *Strange Boarders* (Herbert Mason, 1938), tiré du roman de Edgar Phillips Oppenheim, « Strange Boarders of Paradise Crescent », où un membre de l'Intelligence Service (joué par Tom Walls) s'installe dans une pension de famille où habite un espion non identifié, est suivi par sa femme farfelue et jalouse (Renée Saint-Cyr) et découvre à la fin que la plupart des pensionnaires sont membres du même réseau. Gilliat, coscénariste du film anglais, ne parle pas du roman de Steeman ni du film de Clouzot mais précise par contre que Hitchcock aurait pris dans *Strange Boarders* plusieurs idées pour *Saboteur* (cf. « Launder et Gilliat » par Geoff Brown, BFI, Londres, 1977).

## ASSASSIN SANS VISAGE (L')
**(Follow Me Quietly)**

1949 – USA (59') • *Prod.* RKO (Herman Schlom) • *Réal.* RICHARD FLEISCHER • *Sc.* Lillie Hayward d'ap. une histoire de Francis Rosenwald et Anthony Mann • *Phot.* Robert de Grasse • *Mus.* Leonid Raab • *Int.* William Lundigan (Grant), Dorothy Patrick (Ann), Jeff Corey (Collins), Nestor Paiva (Benny), Charles D. Brown (Mulvaney), Paul Guilfoyle (Overbeck), Edwin Max (le juge).

⊖ Une journaliste suit dans son enquête un policier lancé sur la piste d'un étrangleur qui en est à sa septième victime. Le tueur procède toujours de la même manière, attaque quand il pleut, et laisse près de sa victime des indices et une lettre signée « Le Juge » où il explique qu'il est investi d'une mission pour détruire le Mal. Le policier en arrive à être obsédé par son enquête. Grâce aux indices et aux nombreux renseignements recueillis sur « Le Juge », il fait faire un mannequin à sa ressemblance, le photographie et distribue les clichés. Le mannequin est en quelque sorte le contraire d'un portrait-robot car seuls les traits de son visage manquent. A l'aide des photos, le policier obtient des témoignages significatifs de la part d'un libraire et d'une serveuse de bar. Il guette le tueur et réussit à le capturer au terme d'une poursuite dans une usine à gaz. Il met ainsi les menottes au « Juge », un vieillard triste et rabougri qui ne lui oppose aucune résistance. Mais des fuites provenant des canalisations et provoquées par la fusillade le font brusquement penser à la pluie. Alors il devient fou et, au cours d'une lutte féroce avec le policier, fait une chute mortelle.

☞ Film policier des débuts de la carrière de Fleischer. Œuvre déjà brillante et passionnante, quoique réalisée avec quatre sous. Son appartenance au courant du *film noir* prête à discussion. C'est que Fleischer, plus qu'à l'atmosphère de l'époque, à la violence et à l'action extérieure, s'intéresse ici presque exclusivement à la psychopathologie du tueur, domaine qui va hanter une grande partie de son œuvre. Il met aussi l'accent sur les rapports obsessionnels qui se nouent entre le policier et sa proie. Les habitudes du tueur, à la fois précises et impénétrables, sont minutieusement décrites par Fleischer à travers l'obstination du policier à les assimiler. Cette minutie dans la relation de comportements échappant à la raison ouvre sur le fantastique, c'est-à-dire sur l'insolite et l'improbable, mais gorgés d'une forte dose de réalisme et de cruauté : ainsi la scène étonnante où le tueur, ayant pris la place du mannequin dans un fauteuil du bureau du policier, l'écoute monologuer dans l'ombre.

## ASSOCIATION CRIMINELLE
**(The Big Combo)**

1955 – USA (80') • *Prod.* UA/Security-Theodora (Sidney Harmon) • *Réal.* JOSEPH H. LEWIS • *Sc.* Philip Yordan • *Phot.* John Alton • *Mus.* David Raksin • *Int.* Cornel Wilde (Leonard Diamond), Richard Conte (Mr. Brown), Jean Wallace (Susan Lowell), Brian Donlevy (McClure), Robert Middleton (Peterson), Lee Van Cleef (Fante), Helen Walker (Alicia).

Le policier Leonard Diamond cherche désespérément à prouver la culpabilité de l'intouchable Mr. Brown, un chef de bande à la tête d'un important trafic d'argent, contre lequel on n'a jamais rien pu prouver. Sa maîtresse, Susan Lowell, impuissante à se soustraire à son emprise, tente de se suicider. A l'hôpital où Diamond l'interroge alors qu'elle n'est encore qu'à demi consciente, elle mentionne le nom d'une certaine Alicia. Recourant à tous les moyens dont il peut disposer, Diamond fait arrêter un grand nombre de complices de Brown, espérant que quelque nouveau fait se produira, qui aidera son enquête. Brown lui-même est interrogé et soumis à différents tests. Une fois relâché, il lance ses deux tueurs, Fante et Mingo, sur Diamond qui est alors capturé. Utilisant l'appareil acoustique de son second, McClure, comme d'un instrument de torture, Brown oblige Diamond à supporter des sons d'une extrême intensité qui provoquent son évanouissement. Puis il l'enivre et le ramène inconscient au domicile de son supérieur hiérarchique. Continuant son enquête avec encore plus d'obstination qu'auparavant, Diamond apprend qu'Alicia est la femme légitime de Brown. Il soupçonne son mari de l'avoir assassinée lors d'une croisière. Il retrouve le capitaine du bateau, devenu, avec la protection de Brown, un riche antiquaire. L'homme refuse de parler mais sera néanmoins abattu par Fante et Mingo. Diamond presse Susan, dont il est depuis longtemps amoureux, de quitter Brown. Il lui parle d'Alicia. Elle en parle à son tour à Brown qui décide cette fois d'éliminer Diamond. Les deux tueurs mitraillent sa chambre où se trouvait seulement Rita, une ancienne maîtresse à lui. Susan a quitté Brown et donne à Diamond une photo récente d'Alicia. Grâce à ce document, Diamond retrouve sa trace et comprend que c'est son supérieur dans le gang que Brown avait tué lors de la croisière. Il l'avait ensuite accroché à l'ancre du bateau. McClure, jaloux de Brown qui l'avait autrefois supplanté et le traite maintenant en esclave, essaie de monter les deux tueurs contre lui. Mais au dernier moment Mingo et Fante tournent leurs armes contre McClure. Plus tard, Brown essaie de se débarrasser des deux tueurs, obligés de se terrer dans une cave. Il leur rend visite et laisse auprès d'eux... une bombe. L'un des deux hommes survit un certain temps à l'explosion, horriblement brûlé. Diamond le pousse à parler en lui montrant le cadavre de son collègue. L'agonisant, avant de mourir, accuse Brown. Mais Brown a disparu après avoir tué un policier et emmené Susan. Diamond demande à Alicia si elle a une idée des projets de Brown. Il le retrouve dans un hangar où Brown attend un avion. Susan aveugle Brown avec un phare de voiture, permettant ainsi à Diamond de l'arrêter.

☞ *Film noir* magistral et méconnu, n'ayant suscité à sa sortie, et même chez les « aficionados » du genre, qu'une indifférence polie. Toutes les caractéristiques du chef-d'œuvre sont pourtant réunies : admirable photo de John Alton transformant chaque décor en un espace inquiétant, mal défini, rempli de pièges atroces ; acuité et sombre ironie des dialogues ; direction d'acteurs plus poussée que d'habitude chez le réalisateur, disposant pour une fois de comédiens de premier plan. Toutes les scènes à deux personnages, nombreuses comme toujours dans le *film noir*, sont étonnantes de variété et d'intensité. Lewis dessine avec le personnage interprété par Richard Conte un monstre glacial comme il les affectionne : Mr. Brown a en effet érigé la haine et la férocité en critères absolus de réussite. Tout au long du film, les scènes de violence, domaine où Lewis est presque l'égal d'un Fritz Lang, sont d'une audace inouïe pour l'époque. Témoin la deuxième scène du « sonotone », une des séquences les plus étonnantes de l'histoire du genre. Sur le point de faire exécuter son second qui a voulu le trahir, Richard Conte lui enlève brutalement son appareil acoustique. Il lui dit qu'il lui épargnera ainsi le bruit des balles. Suit un plan – génial – des rafales de mitraillette vues en muet. Lewis s'attache aussi à suggérer la domination sexuelle de l'héroïne par son amant à l'aide de plans qui s'aventurent aux limites extrêmes de ce que pouvait tolérer la censure de l'époque.

## ASSOIFFÉ (L')/ASSOIFFÉ (Pyaasa)

1957 (sorti en France en 1985) – Inde (140') • *Prod.* Guru Dutt Films • *Réal.* GURU DUTT • *Sc.* Guru Dutt, Abrar Alvi • *Phot.* V.K. Murthy • *Mus.* S.D. Burman • *Int.* Mala Sinha (Meena, puis Mme Ghosh), Guru Dutt (Vijay), Waheeda Rehman (Gulab, la prostituée), Johnny Walker (Abdul Satter, le masseur), Rehman (M. Ghosh, l'éditeur), Kum Kum, Shyam.

Le poète Vijay, ancien étudiant, vit en marginal à Calcutta. Il se livre à de petits travaux, proches de la mendicité. Personne ne veut le publier. Un éditeur lui offre un emploi de secrétaire mais refuse d'éditer ses poèmes. Vijay retrouve en la femme de cet éditeur, Meena, un grand amour de sa jeunesse. Elle l'avait quitté parce qu'il était pauvre et qu'elle aime l'argent plus que tout au monde. Mais aujourd'hui elle affirme que son amour a ressurgi. Ayant appris la mort de sa mère, Vijay noie son désespoir dans l'alcool. Il est recueilli par une prostituée, son amie. Il passe pour mort après avoir été blessé en essayant d'empêcher un mendiant, à qui il venait de donner sa veste, d'être écrasé par un train. La prostituée fait publier à ses frais un volume de ses poèmes qui remportent un succès public considérable. Vijay reprend conscience à l'hôpital et, quand il proclame qu'il est Vijay, le poète, il est pris pour un fou. L'éditeur et les deux frères de Vijay refusent de le reconnaître afin de continuer à toucher le pactole de ses droits d'auteur. Grâce à un ami, Vijay parvient à s'échapper de l'asile et apparaît à la commémoration solennelle du premier anniversaire de sa mort. Tout le monde le reconnaît. Mais, dégoûté par le battage fait autour de son succès « posthume », il annoncera au public qu'il n'est pas le Vijay qu'on admire aujourd'hui. Cela provoque une sorte d'émeute. Vijay part loin de la ville en compagnie de la prostituée.

☞ Guru Dutt utilise avec habileté les structures traditionnelles du film musical indien (longs passages chantés ponctuant l'action et la commentant, rôles secondaires pittoresques et comiques, identification du spectateur au héros) pour faire une œuvre sincère et originale, autobiographique à plus d'un titre, et surtout infiniment plus critique et plus noire que ne l'est habituellement ce type de film. Dans l'évocation du destin du poète-chanteur Vijay, Guru Dutt, réalisateur et interprète du rôle principal, a mis beaucoup de lui-même : de ses aspirations et de ses déceptions, de son romantisme et de son attirance profonde pour la mort (« Je ne me sentirai mieux que lorsque je quitterai cette terre » dit quelque part Vijay). Il clame aussi son horreur pour une société uniquement basée sur l'argent et le profit, pour une culture qui « vénère les morts et écrase les vivants ». Dépassant le présent, le film possède un véritable contenu prophétique. Dutt se suicida avant quarante ans. Il ne fut connu (si peu que ce soit) hors de son pays qu'après sa mort. *L'assoiffé* fut cependant un triomphe commercial et, comme le note Henri Micciollo *in* « Anthologie du cinéma » nº 83, « dans le cinéma hindi, cette conjoncture d'un film de très grande qualité et d'un gros succès populaire est un exemple quasi unique. Guru Dutt ne retrouvera pas cette chance une deuxième fois. » Avec le recul du temps, *L'assoiffé* apparaît comme un film inégal et composite, mais attachant de bout en bout. Il l'est par exemple jusque dans son effort assez discutable de transposition hollywoodienne, presque minnellienne, des rêves du héros. Il comprend au moins une séquence remarquable : quand le poète, ivre de désespoir, chante, en les traversant, les rues chaudes et misérables de sa ville, Calcutta. Par son goût millénaire de la musique et du chant, par son attachement à des valeurs strictement morales et spirituelles en perdition, par un irrésistible penchant pour la retraite et le départ hors du monde, la figure mi-fictive mi-réelle du poète Vijay-Dutt est très représentative d'un certain humanisme indien. Elle témoigne aussi d'une révolte fondamentale qui se refuse à avoir seulement un contenu social, même si ce contenu est déjà très présent ici.

## ASSURANCE SUR LA MORT
### (Double Indemnity)

1944 – USA (106') • *Prod.* PAR. (Joseph Sistrom) • *Réal.* BILLY WILDER • *Sc.* B. Wilder et Raymond Chandler d'ap. R. de James M. Cain • *Phot.* John Seitz • *Mus.* Miklos Rozsa • *Int.* Fred MacMurray (Walter Neff), Barbara Stanwyck (Phyllis Dietrichson), Edward G. Robinson (Barton Keyes), Porter Hall (Jackson), Jean Heather (Lola Dietrichson), Tom Powers (Mr. Dietrichson), Byron Barr (=Gig Young) (Nino Zachette).

A Los Angeles, un courtier en assurances, Walter Neff, est fasciné par une de ses clientes, Phyllis Dietrichson. Neff et Phyllis préparent et exécutent ensemble l'assassinat de Mr. Dietrichson, le mari de Phyllis, après que Neff lui ait fait signer à son insu une police d'assurances sur la vie. Les deux complices croient avoir accompli le crime parfait. Mais le paiement de la prime est retardé par l'enquête que mène un ami et collègue de Neff, Barton Keyes, le très méticuleux chef du contentieux. Neff découvre en peu de temps que Phyllis a sans doute déjà tué la première femme de son mari, qu'elle n'a songé durant toute cette machination qu'à se servir de lui et qu'il a probablement un rival. Il compte faire endosser le crime à ce dernier ; mais au cours de leur dernier entretien, Phyllis tire sur Neff qui l'abat, juste après qu'elle lui ait déclaré son amour. Blessé à mort, Neff dicte au magnétophone sa confession à l'intention de Keyes.

☞ Troisième film américain et première œuvre importante de Billy Wilder avec un générique prestigieux à la rubrique scénario : Chandler (dans son premier travail pour le cinéma) adaptant James Cain avec Wilder lui-même. (Chandler déclara que sa collaboration avec Wilder avait abrégé ses jours ; Wilder, lui, sembla ravi de l'apport de Chandler et en particulier de ses dialogues, très différents du matériau original.) Relatant un fait divers réel, et d'ailleurs assez banal, le film est à double fond. C'est d'abord une œuvre significative et historiquement importante dans le courant du *film noir*. A l'intérieur de la structure policière, la notion de fatalité remplace le suspense sur l'identité du coupable : dès les premiers mots du dialogue (confession de Neff), le spectateur sait tout de l'auteur du crime et de son échec final. Le personnage de la « femme fatale » est parfaitement représenté dans ses traits les plus caractéristiques : charme physique, perversité morale, cupidité, mesquinerie, férocité bourgeoises. L'autre aspect primordial du film, plus précisément wildérien, c'est d'être un duel d'intelligences : intelligence des deux criminels face à celle de l'enquêteur Keyes (E.G. Robinson). Le personnage de l'enquêteur, accessoire pour l'aspect *film noir* de l'œuvre, devient ici essentiel. La scène capitale du film et la plus typique de l'apport de Wilder est celle où le patron de la compagnie d'assurances, un idiot complet qui croit jouer au plus fin, convoque dans son bureau, sans rien comprendre à ce qui se trame, les deux criminels ainsi que Keyes, qui, lui, commence à entrevoir la vérité, mais ne l'atteindra cependant jamais par lui-même. Ce deuxième aspect réintroduit très habilement, sur le plan dramatique, le suspense des films policiers traditionnels. Il ajoute encore au pessimisme de l'auteur. Wilder se plaît en effet à observer la nocivité du rôle de l'intelligence dans le destin de ses héros, et de quel maigre secours elle leur sera, une fois qu'ils auront mis le pied dans l'engrenage. Quant à l'enquêteur, malgré son flair, ses connaissances et toute sa pratique, il n'y aura vu que du feu. Wilder partage avec deux autres cinéastes ce souci de toujours scruter le rôle de l'intelligence dans le cours du destin des personnages : Preminger, viennois comme lui et autre élève de Lubitsch, et Mankiewicz. Cette recherche qui leur est naturelle à tous les trois donne à leurs intrigues une saveur à la fois ironique et désenchantée, très stimulante sur le plan de l'art. Elle est peut-être, dans le cinéma américain, la part la plus cachée et la plus spécifique du goût européen.

N.B. Juste avant la sortie du film furent coupées les scènes finales : procès et exécution dans la chambre à gaz de Walter Neff. La fin définitive est si réussie (Keyes allumant la cigarette de Neff) qu'on ne saurait les regretter.

BIBLIO. : scénario et dialogues *in* « The Best Film Plays of 1945 » édité par John Gassner et Dudley Nichols, New York, Crown, 1946.

## ATALANTE (L')

1934 – France (78') • *Prod.* Jacques Louis-Nounez • *Réal.* JEAN VIGO • *Sc.* Jean Vigo, Albert Riéra, Jean Guinée • *Phot.* Boris Kaufman • *Mus.* Maurice Jaubert • *Int.* Michel Simon (le père Jules), Jean Dasté (Jean), Dita Parlo (Juliette), Gilles Margaritis (le camelot), Louis Lefebvre (le mousse), Fanny Clar (la mère de Juliette), Raphaël Diligent (le trimardeur).

Une noce sort d'une église de campagne. Les jeunes mariés, Jean et Juliette, se dirigent vers le fleuve où est amarrée leur péniche, « L'Atalante ». Jean est batelier. Il a pour second le père Jules, toujours flanqué d'un gosse qui complète l'équipage. Jules est un vieux bourlingueur pittoresque avec son chat sur l'épaule, son accordéon et ses tatouages. La péniche n'a pas vu de femme depuis belle lurette : Juliette a fort à faire pour y mettre de l'ordre. Elle commence par laver des quantités de linge. La péniche descend lentement vers Paris. Juliette a hâte de voir pour la première fois la grande ville. Elle ressent parfois de l'impatience et même de l'ennui. Jean n'est plus aussi empressé qu'aux premiers jours et qu'aux premières nuits. Le père Jules montre à Juliette les trésors qu'il a entassés dans sa cabine : des boîtes à musique, un magnifique automate chef d'orchestre, un phono cassé qu'il n'a pas eu le temps de réparer, un éventail de Chine ou du Japon, une navaja... Il se déshabille et lui montre aussi ses tatouages. Jean survient ; une colère le prend et il frappe sa femme. Plus tard, il s'excusera. On arrive à Paris. Comme le père Jules est descendu sans demander son reste (pour aller voir une cartomancienne qui lui proposera « le grand jeu »), le couple doit demeurer à bord pour garder le bateau. Quand Jules rentre, il est ivre ; il faut le porter au lit. Jean décide que dans ces conditions il vaut mieux repartir de suite. Juliette n'aura pas vu Paris. Pour la dédommager, Jean l'emmène dans une guinguette. Elle y danse avec un camelot qui la courtise et veut même l'emmener à Paris. Nouvel accès de colère de Jean. Il frappe le camelot et le met en fuite. Juliette, dans la nuit, quitte la péniche. Quand il s'en aperçoit, Jean, au lieu d'attendre sa femme, fait repartir la péniche. Juliette retourne sur le quai où « L'Atalante » n'est plus. Elle se fait voler son sac à la gare, cherchera du travail et louera une chambre en ville. Pendant ce temps, Jean se morfond et ne pense qu'à l'absente. Il se jette même à l'eau pour voir s'il y verra le visage de Juliette, comme c'est le cas, disait-elle, pour les vrais amoureux. Au fond de l'eau Juliette apparaît en mariée fantomatique et souriante. Jean s'occupe de moins en moins du bateau. La Compagnie convoque Jules et il pourrait y avoir du grabuge. Jules décide de prendre les choses en main et va chercher Juliette. Il la retrouve dans un magasin de disques. Il la prend sur son dos et la ramène à « L'Atalante ». D'abord gênés quand ils se retrouvent face à face, les mariés roulent bientôt à terre, enlacés. « L'Atalante » repart.

☞ Malgré l'interdiction de *Zéro de conduite**, le producteur Jacques Louis-Nounez, toujours confiant dans le génie de Vigo, tient à travailler de nouveau avec lui. « Il aimait Vigo, dit Louis Chavance, comme son fils, il risquait tout avec lui » (cf. « Cahiers du cinéma » nº 53). Il lui propose une histoire volontairement anodine qui ne pourra ainsi susciter d'ennuis du côté de la censure. Il table sur le fait que Vigo mettra tout son talent et toute sa fébrilité dans le style et la façon de la raconter. Simenon (cf. lettre incluse dans le volume « Œuvre de cinéma » ; voir Biblio.) tuyaute Vigo sur les canaux, les écluses, les paysages intéressants à filmer. Le tournage (un mois environ) est difficile (conditions météorologiques, santé de Vigo) mais ne sera jamais interrompu. L'état de Vigo s'aggravant, c'est Louis Chavance qui s'occupera seul du montage définitif. Après la première présentation corporative, les exploitants réclament des coupes, qui sont effectuées. Les témoignages divergent quant à l'attitude de Vigo – approbation ou refus – vis-à-vis de ces coupes et de l'adjonction de la chanson « Le chaland qui passe » (qui donnera son nouveau titre au film) dans la partition de Jaubert. Le film sort dans une bonne salle (Colisée) et à une bonne date (septembre 1934) mais n'a aucun succès. La presse souligne son originalité. Vigo meurt le mois suivant. Le film ressortira sous son vrai titre et dans une forme plus proche de l'original en octobre 1940. Excellent accueil critique. Succès moyen. *L'Atalante* est en rupture totale avec la majeure partie du cinéma français des années 30, cinéma de prose dur et réaliste, parfois cynique, ne tolérant la poésie qu'à dose homéopathique. Fragile et souvent balbutiant, *L'Atalante* n'est au contraire que poésie, traversée de quelques éclairs surréalistes (la séquence sous-marine). Formellement, le film dépasse de beaucoup *Zéro de conduite**, mais surtout au niveau théorique, comme véhicule d'un « art poétique » plus que comme réussite concrète et charnelle. Ses caractéristiques : dédramatisation extrême, refus du psychologisme, accent mis sur des instants privilégiés, sur des détails infimes ou curieux, sur des personnages (le camelot Margaritis) qui peuvent surgir de n'importe où et disparaître comme ils sont venus, sans raison ni logique. La ligne directrice de *L'Atalante* est molle et douce et très incertaine : ennui, première crise et fausse dislocation d'un couple après l'extase des noces. L'art poétique de Vigo, s'il a fait peu de vrais disciples (exemple Jacques Rozier), a impressionné, comme le font toujours les œuvres de rupture, quantité de critiques et de cinéphiles. Seul Michel Simon fait le lien entre le cinéma de l'époque et Vigo. Personnage secondaire devenu principal par le seul relief de son interprétation, dont Vigo vit tout de suite le parti qu'il pouvait en tirer, il donne au film sa pesanteur. Il souligne aussi, sans l'avoir voulu, l'inachèvement de tout ce qui, dans ce film, n'est pas lui.

BIBLIO. : scénario et dialogues *in* Jean Vigo : « Œuvre de cinéma », Cinémathèque Française – Lherminier, 1985. Ce volume très riche contient beaucoup de documents importants, un historique du film (résumé plus haut) et les différents états du scénario. A noter que les plans de Dita Parlo cherchant du travail ne figurent pas dans la copie passée en 1983 au ciné-club d'Antenne 2, par ailleurs infiniment supérieure (luminosité, son, relief des paysages) à celles, en général très contretypées, présentées autrefois dans les ciné-clubs et à la Cinémathèque.

## AUBE DE LA FAMILLE OSONE (L')/ LE MATIN DE LA FAMILLE OSONE
### (Osoneke no asa)

Inédit en France. 1946 – Japon (81') • *Prod.* Shochiku • *Réal.* KEISUKE KINOSHITA • *Sc.* Eijiro Hisaita • *Phot.* Hiroshi Kusuda • *Mus.* Takaaki Asai • *Int.* Haruko Sugimura, Eitaro Ozawa, Mitsuko Miura, Eijiro Tono, Shin Tokudaiji.

La famille Osone se compose de la mère, veuve, de ses quatre enfants dont une fille, de l'oncle (frère du père décédé) et de sa femme. Le père avait éduqué ses fils dans les idées libérales. Lui-même avait des conceptions d'avant-garde concernant l'agriculture et l'économie rurale. Noël 1943 : l'un des fils est arrêté pour avoir écrit un article pacifiste. A cause de cette « honte », l'oncle, un colonel aux idées ultra-bellicistes, rompt les fiançailles de sa nièce sans même lui demander son avis. Le deuxième frère, un peintre, est enrôlé. Il se désespère à la pensée de devoir abandonner son art. Décembre 1944 : l'oncle et sa femme se sont installés à la maison. Le plus jeune des trois frères s'engage volontairement. L'oncle est ravi. Printemps 1945 : la mère est brisée par la mort de son fils peintre. L'oncle est furieux de la reddition de l'armée. La fille se demande à quoi servent tous ces sacrifices. Elle s'oppose violemment à son oncle qui, grâce à ses relations, accumule les provisions, alors que les paysans connaissent la famine. Un camarade vient annoncer la mort du jeune engagé. La mère chasse l'oncle. Peu après le fiancé de la fille revient et le fils journaliste est libéré. Une nouvelle aube s'annonce pour la famille Osone et pour le Japon. Tout est à rebâtir.

☞ Située dans un lieu unique, une intéressante chronique familiale des années tragiques de la fin de la Seconde Guerre mondiale au Japon. Bien qu'il s'agisse d'un débat d'idées et de conceptions politiques, Kinoshita s'intéresse avant tout aux réactions des individus. Une grande partie du récit est filmée en plans rapprochés, la caméra guettant les moindres réactions physiques des personnages aux événements. Pour Kinoshita, les grands bouleversements sociaux et politiques se lisent d'abord dans la chair des individus qui les traversent. A cause de cela, on ne s'étonnera pas que l'auteur ait pu signer juste avant ce film une œuvre idéologiquement opposée (*L'armée,* 1944). Autant le militarisme est valorisé dans ce film, autant il est brocardé dans *L'aube de la famille Osone.* Mais à travers les deux intrigues et au-delà de tout opportunisme, c'est la description des déchirements individuels qui compte pour Kinoshita. Auteur de quarante-huit films, il a œuvré dans de nombreux genres. Au genre élégiaque, doux amer, appartient son film le plus célèbre *Comme une fleur des champs,* 1955. On peut lui préférer de beaucoup ces deux chroniques historiques et sociales ou bien ses comédies satiriques, comme *Carmen revient au pays natal,* 1951, premier film japonais en couleurs où l'acteur fétiche de Ozu, Chishu Ryu, se révèle excellent dans le registre comique.

### AU BONHEUR DES DAMES

1930 – France (2 000 m) • *Prod.* Film d'Art (Vandal et Delac) • *Réal.* JULIEN DUVIVIER • *Sc.* Noël Renard d'ap. R. d'Émile Zola • *Phot.* Armand Thirard et René Guychard • *Int.* Dita Parlo (Denise), Pierre de Guingand (Octave Mouret), Germaine Rouer (Mme Desforges), Armand Bour (Baudu), Ginette Maddie (Clara), Adolphe Candé (le baron Hartmann), Nadia Sibirskaïa (Geneviève).

Une orpheline, Denise, arrive par le train à Paris et se rend chez son oncle Baudu dont la boutique, le « Vieil Elbeuf », est en train de faire faillite à cause de la proximité du grand magasin d'en face, « Au bonheur des dames ». L'essor du « Bonheur des dames » est dû notamment à la publicité, et déjà à la gare, comme partout dans Paris, de nombreux hommes-sandwiches en font la réclame. Ne trouvant pas d'emploi chez son oncle, Denise se fait engager comme mannequin au « Bonheur des dames ». Au cours d'une réunion mondaine, le directeur du grand magasin est présenté à un millionnaire prêt à commanditer l'agrandissement de son commerce. La fille de Baudu voit son fiancé l'abandonner pour une employée du « Bonheur des dames », car il en a assez de la misère. Coup fatal pour la jeune fille qui, déjà malade, s'alite et meurt. Baudu maudit le directeur du grand magasin, amoureux de sa nièce. Il s'élance à travers le magasin pour le tuer, veut tirer dans la foule, court dans la rue et est écrasé par un autobus. Le temps a passé. Le directeur du « Bonheur des dames » a, lui aussi, ses problèmes, et veut démissionner. C'est Denise, devenue sa femme, qui doit lui redonner courage. Le Progrès est cause de tout.

☞ Dernier film muet de Duvivier. Sur le plan de l'adaptation, le film est discutable et vieillot tant du point de vue dramatique que social et historique. Les caractères et l'interprétation sont assez pauvres. Absence d'évolution dramatique intéressante : le « Vieil Elbeuf » est déjà moribond quand le grand magasin est au faîte de sa prospérité. L'actualisation de l'intrigue enlève au conflit des deux commerces l'essentiel de sa portée historique. Mais sur le plan technique, le film est éblouissant. Il possède la virtuosité des plus brillants films anglais (Hitchcock), américains (Leni) ou allemands (Murnau), de la fin du muet. De grands travellings aident à créer les atmosphères et renforcent l'impact des scènes d'action (cf. les travellings rapides montrant la panique de la foule dans l'avant-dernière séquence). L'alternance entre les longs plans fixes sur les personnages pétrifiés dans la douleur ou la surprise, et les brefs mouvements d'appareil saisissant au vol leurs déplacements prouve la maîtrise du cinéaste dans les domaines du découpage et du montage. Même aisance à mêler le décor et les extérieurs réels. C'est ici le Progrès qui joue le rôle de la fatalité et donne au déroulement de l'action cette noirceur fiévreuse, caractéristique de l'univers du cinéaste.

N.B. Autre adaptation du roman de Zola par André Cayatte en 1943. Film honnête et un peu laborieux qui replace l'œuvre dans son véritable contexte historique.

### AU BORD DE LA MER BLEUE
**(Ou samovo sinevo moria)**

1935 – URSS (71') • *Prod.* Mejrabpomfilm et Azerfilm • *Réal.* BORIS BARNET (Co-R. S. Mardanov) • *Sc.* K. Mints • *Phot.* Viktor Aden • *Mus.* Sergei Pototski • *Int.* Elena Kouzmina (Macha), Lev Sverdline (Youssouf), Nicolaï Kriout-chov (Aliocha), Semen Svachenko (le président du kolkhoze de pêcheurs).

Un navire a coulé dans la mer Caspienne. Pendant deux jours et deux nuits, Aliocha et Youssouf, seuls rescapés, ont dérivé avant d'être sauvés par des pêcheurs au large d'une île de l'Azerbaïdjan. Aliocha a un ordre de mission comme mécanicien. Il sera le seul mécanicien au kolkhoze « Feux du communisme » installé sur l'île. Youssouf a, lui aussi, un ordre de mission. Les deux hommes participent à la vie et aux travaux des pêcheurs. Ils tomberont amoureux de Macha, chef du kolkhoze. Un matin, Aliocha se dit malade et refuse d'aller pêcher. Il se rend en secret à la ville voisine et achète un collier et des fleurs qu'il offrira à Macha. Youssouf, très fâché de ce manquement à la discipline commune, mais aussi très jaloux, dénonce Aliocha au conseil du kolkhoze. Ou peut-être imagine-t-il seulement qu'il le fait. En mer, Aliocha conseille à Youssouf d'épouser Macha. Celui-ci se met aussitôt à rêver à la noce, aux enfants qu'il aura avec sa bien-aimée. Il se ravise et veut s'effacer devant son camarade, puis il change d'avis à nouveau. Durant la tempête, Macha est emportée par une vague. Ni Aliocha ni Youssouf ne réussiront à la sauver. « Feux du communisme » est le seul kolkhoze à ne pas s'associer aux fêtes marquant la fin de la période de pêche. Et puis Youssouf un peu plus tard aperçoit Macha arrivant sur la plage, portée par les vagues. « Qui est mort ? » demande-t-elle en remarquant l'atmosphère de deuil qui règne au village, « C'est toi ! ». Youssouf et Macha dansent de bonheur et tandis que les kolkhoziens immobilisent Youssouf pour lui essayer le costume qu'ils lui ont offert, Aliocha va faire sa cour à Macha. Il ressort de chez elle pour annoncer à Youssouf que c'est lui qu'elle aime. En réalité, elle ne pense qu'à son fiancé, servant dans la flotte du Pacifique depuis quatre ans. Aliocha et Youssouf quittent définitivement l'île.

☞ Superbe morceau de poésie dû au plus inspiré et au plus artiste des cinéastes russes. Premier film parlant du réalisateur, *Au bord de la mer bleue* garde encore un pied dans le muet et permet aux personnages de s'exprimer tantôt par le silence, tantôt par la parole (assez peu de paroles) et tantôt par le chant. Œuvre dionysiaque, tout en elle jaillit et se transforme joyeusement en son contraire. L'intrigue n'est composée que d'événements minuscules, impondérables et d'ailleurs souvent improvisés sur le plateau, et pourtant les personnages donnent l'impression de vivre une grande aventure. La plupart des séquences utilisent un montage court, haché et possèdent à la fin une grande ampleur lyrique due à l'intérêt égal que l'auteur porte aux paysages et aux personnages. Ces derniers sont de pauvres diables dépouvus de tout, des sortes de clowns proches des héros de Gosho ou de Jacques Rozier, et pourtant ils donnent de véritables leçons de vie. Dépourvu de message politique, le film délivre au bout du compte un message de gaieté, de félicité et de reconnaissance envers la vie. La critique russe de l'époque fut sanglante (cf. les documents réunis dans l'excellente publication du Festival de Locarno « Boris Barnet », 1985). On reprocha notamment au film son vide, son formalisme, son manque d'imagination, sa naïveté, son artifice. Un des critiques (Hermann Khokhlov) regrette que la mer « constitue en quelque sorte le personnage principal du film », ce qui en un sens n'est pas faux, mais il regrette encore plus que « ce personnage ne suscite aucune sympathie particulière ». A qui chercherait à aborder l'immense continent cinématographique russe, on ne saurait mieux conseiller que de commencer par ce film. Car il n'est pas d'œuvre plus originale, plus libre de tous les canons esthétiques et idéologiques, plus intimement proche de celui qui l'a faite et mieux accordée à cette infinie vitalité cosmique de l'univers qu'ont toujours cherché à restituer, à toutes les époques, les meilleurs films russes.

## AU BOUT DE LA NUIT
### (Something Wild)

1961 – USA (112') • *Prod.* UA (George Justin) • *Réal.* JACK GARFEIN • *Sc.* Jack Garfein, Alex Karmel • *Phot.* Eugen Shuftan • *Mus.* Aaron Copland • *Générique* Saul Bass • *Int.* Carroll Baker (Mary Ann), Ralph Meeker (Mike), Mildred Dunnock (Mrs. Gates), Charles Watts (Warren Gates), Jean Stapleton (Shirley Johnson), Martin Kosleck (le propriétaire), Clifton James (le détective Bogarde).

New York durant un été torride. Après avoir été violée dans un parc, une jeune étudiante ne supporte plus la vie dans sa famille ni son travail à l'Université. Elle disparaît, loue un studio misérable dans un quartier périphérique et se trouve un travail de vendeuse dans un Prisunic. Elle tolère difficilement ses collègues qui la jugent sauvage et distante, et un jour dans le magasin elle manque s'évanouir. Après une promenade nocture dans la ville déserte, elle tente, à l'aube, de sauter d'un pont dans le fleuve. Un passant l'en empêche et l'emmène dans le petit sous-sol où il habite. Il se met à la servir avec un dévouement total et presque comique, mais il ne veut pas la laisser sortir. Le soir, il rentre ivre. Au cours d'un affrontement, elle lui donne un coup de pied dans l'œil. Le lendemain, il n'a plus aucun souvenir de ce qui s'est passé. Il la garde toujours prisonnière. « Vous êtes ma dernière chance », lui dit-il. Il continue à s'occuper minutieusement d'elle. Il porte maintenant un bandeau sur l'œil. Au bout de quelque temps, il la demande en mariage. Elle lui apprend que c'est elle qui l'a frappé et est responsable de la perte de son œil. Il lui dit en pleurant que, malgré cela, il a besoin d'elle. Il laisse la porte ouverte. Elle fait une longue promenade en ville puis retourne dans le sous-sol. L'hiver est arrivé. Il neige. Sa mère à qui elle avait donné son adresse vient la voir à l'improviste. Sa fille lui présente son mari. Elle va avoir un bébé. La mère est catastrophée mais doit accepter la situation.

☞ Deuxième et jusqu'ici dernier film de Jack Garfein. Le réalisateur a déclaré qu'il ne pouvait tourner que lorsqu'il avait le coup de foudre pour une histoire et que cela ne lui était arrivé que deux fois dans sa vie. *Something Wild* est, trente ans après, une sorte d'équivalent du *Solitude** de Fejos. C'est aussi pour le spectateur l'occasion de faire, en creux, un bilan social et formel des métamorphoses du cinéma américain à partir du traitement de deux sujets voisins. La ville a changé en pire (promiscuité et incommunicabilité multipliées par cent, délinquance, sentiment d'infernale solitude). Mais c'est toujours l'évolution d'un couple, ici bizarre, névrotique, presque inconcevable, qui exprime le mieux les caractéristiques du milieu urbain, étant à la fois leur reflet et leur remède. La direction d'acteurs, loin de la limpidité et du lyrisme de Fejos, est fortement influencée par l'« Actors Studio », école à laquelle Garfein, disciple de Kazan, fut mêlé de près dans ses activités théâtrales. (A noter qu'il fut l'assistant de Kazan pour *Baby Doll*, film qui révéla Carroll Baker, l'héroïne de *Something Wild*, que Garfein devait par la suite épouser.) Cette direction d'acteurs exprime avec une grande intensité physique les traumatismes, les frustrations et une certaine folie des personnages. S'y ajoute ici une certaine lourdeur germanique, expressionniste, propre à la mise en scène de Garfein et à la photo de Shuftan, et que le spectateur ressent comme le poids d'une civilisation trop lourde sur la conscience et l'équilibre psychique, fragile, des personnages. Film marginal mais essentiel pour la compréhension de l'évolution du cinéma américain du début des années 60, quand la névrose commence à faire partie intégrante des caractéristiques de l'Américain moyen.

## AU CŒUR DE LA NUIT
## (Dead of Night)

1945 – Angleterre (104') • *Prod.* Ealing (Michael Balcon) • *Réal.* BASIL DEARDEN, ALBERTO CAVALCANTI, ROBERT HAMER, CHARLES CRICHTON • *Sc.* John Baines, Angus MacPhail, T.E.B. Clarke d'après des histoires originales de H.G. Wells, E.F. Benson, John Baines et Angus MacPhail • *Phot.* Jack Parker, H. Julius • *Mus.* Georges Auric • *Int.* 1) *Narration principale* (Basil Dearden) : Mervyn Johns (Walter Craig), Roland Culver (Eliot Foley), Mary Merrall (Mrs. Foley), Frederick Valk (Dr Van Straten), Renée Gadd (Mrs. Craig) 2) *The Hearse Driver* (Alberto Cavalcanti) : Antony Baird (Hugh Grainger), Judy Kelly (Joyce Grainger) Milles Malleson (le cocher du corbillard) 3) *The Christmas Story* (Alberto Cavalcanti) : Sally Ann Howes (Sally O'Hara), Michael Allan (Jimmy Watson), Robert Wyndham (Dr Albury) 4) *The Haunted Mirror* (Robert Hamer) : Googie Whiters (Joan Courtland), Ralph Michael (Peter Courtland), Esme Percy (l'antiquaire) 5) *The Ventriloquist's Dummy* (Alberto Cavalcanti) : Michael Redgrave (Maxwell Frere), Hartley Power (Sylvester Kee), Allan Jeayes (Maurice Olcott), John Maguire (Hugo), Elisabeth Welch (Beulah), Magda Kun (Mitzi), Garry Marsh (Harry Parker) 6) *The Golfing Story* (Charles Crichton) : Basil

Radford (George Parratt), Naunton Wayne (Larry Potter), Peggy Brian (Mary Lee).

Un architecte est invité dans la villa d'un client pour discuter d'un travail. Aussitôt arrivé, il affirme avoir déjà vu en rêve, ou plutôt dans un cauchemar, les lieux où il se trouve, ainsi que les invités du propriétaire. Sceptiques ou non, les personnes présentes se mettent chacune à raconter divers épisodes insolites ou fantastiques de leur vie. Un invité avait été victime d'un grave accident de voiture. Par une nuit d'insomnie, à la clinique, il se lève, ouvre les rideaux et voit qu'il fait jour. Un corbillard passe. Le lendemain, sortant de la clinique, il s'apprête à monter dans un bus quand il découvre que le conducteur est le même homme qui conduisait le corbillard. A cause de cela, il ne monte pas dans le bus qui a, presque aussitôt après, un terrible accident. Sa vision prémonitoire lui a sauvé la vie. Une jeune femme jouait à cache-cache lors d'une fête costumée dans un château. Elle se retrouva nez à nez avec un garçonnet en larmes. Il dit que sa demi-sœur veut le tuer. Elle comprendra un peu plus tard que son interlocuteur-enfant n'était que le fantôme d'un ancien habitant du château. Une autre invitée raconte qu'elle avait fait cadeau à son fiancé d'un miroir. Quand il s'y regardait, il voyait le reflet d'une autre pièce que celle dans laquelle il se trouvait. Il raconta sa vision à sa fiancée. Profondément troublée, elle voulut retarder le mariage qui eut lieu néanmoins à la date fixée. Le mari eut de nouveau sa vision. L'épouse apprit de l'antiquaire qui lui avait vendu le miroir qu'il avait appartenu à un homme, victime, il y a plus d'un siècle, de paralysie, à la suite d'un accident de chasse. Fou de jalousie, il avait voulu tuer sa femme. Aujourd'hui, le propriétaire actuel du miroir subit l'emprise de l'ancien propriétaire. Effectivement, il tente d'étrangler sa femme. Celle-ci brise le miroir. Son mari ne garde alors aucun souvenir de ce qui s'est passé. L'architecte veut quitter la villa car, dit-il, une horrible menace pèse sur lui. Un des invités, un docteur, le supplie de rester. Les récits reprennent. Deux hommes courtisaient la même femme. Elle les aimait autant l'un que l'autre. Ils décidèrent de la jouer au golf. Le perdant se suicida par noyade. Il revint hanter et persécuter son rival. Un jour, il ne se rappela plus les gestes magiques qui lui permettaient de disparaître et dut alors suivre ce rival comme son ombre. Ce dernier dut se marier en présence du fantôme et n'osa embrasser sa femme devant lui. Finalement ce fut lui qui disparut. L'autre – l'ancien perdant – n'eut plus qu'à rejoindre l'épouse dans son lit. Le docteur qui avait empêché le départ de l'architecte prend à son tour la parole. Il avait rendu visite en prison à un ventriloque. Puis il avait pris connaissance de deux témoignages sur son cas. Le ventriloque s'était mis à faire preuve d'une jalousie pathologique vis-à-vis de sa marionnette qu'il soupçonnait de vouloir s'associer à un confrère. Il tua le confrère en question. Dans la prison, la marionnette lui affirma qu'elle avait décidé de le quitter. Il la détruisit sauvagement. Puis il tomba dans un état de prostration dont il ne sortit que pour parler avec la voix de la marionnette, donnant à ceux qui l'observaient l'impression qu'il était devenu cette marionnette. Les récits sont terminés. L'architecte qui redoutait que quelque chose d'horrible ne se produise est poussé par une force mystérieuse à étrangler le docteur, narrateur du dernier conte, qui l'avait amené à rester. Puis il se réveille chez lui comme s'il venait de rêver. On l'appelle au téléphone pour l'inviter. Il se rend dans la villa de son client et se retrouve dans les mêmes lieux et en présence des mêmes personnes qu'au début du récit...

☞ Film tout à fait extraordinaire à sa date. Il jongle en effet, comme on ne l'avait jamais fait avant lui, avec plusieurs thèmes fantastiques chers à la spéculation et à la fiction modernes : les rêves prémonitoires, le temps, les miroirs, les dédoublements de personnalité. Le relatif académisme de la mise en scène présente au moins deux avantages. Grâce à lui, la pluralité des auteurs et réalisateurs ne nuit pas à l'unité de ton ni de style. En second lieu, cette sobriété académique amène le spectateur à subir de plein fouet la fascination intrinsèque des thèmes plutôt que le scintillement formel ou la virtuosité de leur mise en place. On a sans doute trop vanté l'épisode du ventriloque. Il n'est pas supérieur au reste de l'histoire et sa postérité (l'épisode de la série télé « Alfred Hitchcock Presents » intitulé *And So Died Riabouchinska* de Robert Stevenson, 1956, et surtout *Magic** de Richard Attenborough, 1978) vaut peut-être mieux que lui. D'ailleurs, l'originalité primordiale de *Dead of Night*, c'est sa construction d'ensemble, ses méandres, ses ramifications, l'insertion des différents récits au sein d'une histoire mère où rêve et réalité demeurent vertigineusement indissociables.

## AU NOM DU PEUPLE ITALIEN/ LE PETIT JUGE
### (In nome del popolo italiano)

1971 – Italie (105') • *Prod.* International Apollo Films (Edmondo Amati) • *Réal.* DINO RISI • *Sc.* Age, Scarpelli • *Phot.* Sandro d'Eva (Technicolor) • *Mus.* Carlo Rustichelli • *Int.* Ugo Tognazzi (le juge Mariano Bonifazi), Vittorio Gassman (Lorenzo Santenocito), Yvonne Furneaux (Lavinia Santenocito), Ely Galleani (Silvana Lazzarini), Pietro Tordi (Pr Rivaroli), Renato Baldini (Ceriani), Simonetta Stefanelli (la fille de Santenocito).

Détestant d'une façon viscérale les combines et le grand affairisme, un petit juge s'efforce de compromettre un PDG dans l'affaire qu'il est chargé d'instruire, le meurtre d'une call-girl.

☞ Fantastique face à face d'acteurs (Tognazzi contre Gassman) qui est aussi une investigation poussée sur les conflits qui agitent et pourrissent en profondeur la société italienne des années 60 et 70. En particulier, le conflit entre un idéalisme moins pur qu'il n'y paraît et un matérialisme trop triomphant pour être tout à fait honnête. Risi renvoie les deux clans dos à dos et s'ingénie à révéler des germes de corruption des deux côtés de la barrière. Avec Risi, la comédie italienne met son nez partout et se mêle constamment de ce qui ne la regarde pas. Elle donne ici l'un de ses chefs-d'œuvre, inquiétant et grinçant ; elle trouve son plaisir et sa jubilation à bousculer toutes les certitudes sociales, morales ou politiques.

## AURORE (L')
### (Sunrise)

1927 – USA (11 bob.) • *Prod.* Fox Corporation • *Réal.* F.W. MURNAU • *Sc.* Carl Mayer d'ap. « Die Reise nach Tilsit » de Hermann Sudermann • *Phot.* Charles Rosher et Karl Struss • *Int.* George O'Brien (Ansass), Janet Gaynor (Indre), Bodil Rosing (la servante), Margaret Livingston (la fille de la ville), J. Farrell MacDonald (le photographe), Ralph Sipperly (le coiffeur), Jane Winton (la manucure).

Sous-titre du film : « Un chant à propos de deux êtres ». L'action se passe à n'importe quelle époque, en n'importe quel pays. C'est l'été, le temps des vacances et du tourisme dans un village situé au bord d'un lac. Un paysan délaisse sa femme. Il est attiré par une touriste, une vamp venue de la ville. Elle veut l'emmener là-bas, faire en sorte qu'il se débarrasse de sa femme. « Ne pourrait-on la noyer ? » Le paysan bondit pour étrangler sa maîtresse qui a eu cette idée. La tentative d'étranglement se transforme en étreinte passionnée. La fille de la ville reviendra à la charge, reparlera de son projet. Le paysan propose à sa femme une promenade sur le lac. Elle en est tout heureuse. Au milieu du lac, le mari arrête de ramer, se lève, menaçant. La femme comprend ses intentions et croise ses mains pour prier. L'homme se remet à ramer. La barque accoste. La femme court, éperdue, et monte dans un tramway. Le mari la suit et monte derrière elle. Le tramway va vers la ville. Le couple s'installe dans un café. Le mari achète un gâteau puis des fleurs à sa femme. Ils assistent à un mariage. Il lui demande pardon et elle l'embrasse. Elle le conduit chez le barbier. Ils vont chez un photographe. Ils renversent une petite statuette, reproduction de la Vénus de Milo, croient l'avoir cassée et recherchent les morceaux qui manquent. Ils s'amusent comme des fous à Luna Park. Ils vivent une sorte de seconde lune de miel. Voyage de retour en tramway puis en barque. Le vent se lève. Tempête. La femme est portée par les roseaux qui devaient permettre au mari de se sauver après le meurtre de sa femme. L'homme parvient, seul, à nager vers la rive. Il supplie les villageois de l'aider à retrouver sa femme. On la recherche avec des lanternes partout sur le lac. Enfin, son corps est retrouvé. Elle est vivante. Le mari, qui n'est pas encore au courant, veut étrangler la fille de la ville. Il desserre l'étau de ses mains autour du cou de celle-ci quand il entend crier qu'on a retrouvé sa femme. La fille de la ville quitte le village. Le paysan assiste au réveil de sa femme et l'embrasse.

☞ L'œuvre la plus symphonique, la plus synthétique, la plus cosmique et en définitive la plus lumineuse de Murnau. Sur l'invitation de William Fox (qu'avait enthousiasmé *Le dernier des hommes*)*, Murnau part travailler en Amérique. Il bénéficiera là-bas d'une liberté totale et d'un budget plus vaste que tout ce qu'il avait connu jusque-là. Adapté d'une nouvelle de Sudermann (qui finissait mal), le film contient plusieurs mouvements qui existent à la fois dans une grande indépendance et dans une non moins grande – mais plus essentielle – interdépendance. La partie qui va jusqu'au pardon de l'épouse après la séquence du mariage dans l'église constitue à elle seule une unité et un film. Puis vient la peinture comique du bonheur retrouvé des deux époux dans ce paradis irréel, ludique et exotique de la ville ; un lieu pour s'amuser et non un lieu pour vivre. Enfin, le retour vers le village oblige le héros à subir les conséquences de son intention, non exécutée, de meurtre. Sa souffrance lui permettra de reconquérir sa propre identité, son équilibre et sa liberté. Le film est beaucoup plus allemand qu'américain (ce qui prouve entre autres la liberté dont a pu disposer le cinéaste) mais est également très différent des œuvres tournées par Murnau en Allemagne. L'expressionnisme est encore présent dans le décor du village, dans l'abstraction « généralisante » de l'intrigue. Mais il est dépassé et sublimé au profit d'un réalisme au second degré qu'on pourrait qualifier de spirituel et de métaphysique. Murnau crée, notamment par un emploi génial et discret de la profondeur des champs, des espaces de liberté – la lande autour du village, le lac, etc., – où les personnages, sur un plan spirituel et métaphysique, doivent découvrir par eux-mêmes et par-delà les pièges du destin, le sens de leur destinée en faisant un usage maléfique ou positif de cette liberté. La femme prouvera sa liberté en surmontant la peur de ce qu'elle a découvert chez son mari, puis en lui pardonnant. Le cosmos entier participe à la quête des deux personnages qu'il rythme en surface et dans ses profondeurs. Le vent, la tempête, la sérénité de l'eau ou du ciel font partie du drame comme les pensées et les actes des personnages. Murnau, aussi habile à diriger les acteurs qu'à créer une atmosphère ou à bâtir un découpage, sait rendre expressives les silhouettes et la démarche générale des interprètes autant que les diverses émotions qui passent sur leur visage. A travers la sobriété, le lyrisme, la variété des tons et cette secrète tendresse dont le cinéaste est capable envers ses personnages, jamais l'ambition d'un « cinéma total », latente dans l'œuvre des plus grands metteurs en scène, n'a été aussi près qu'ici d'être réalisée.

N.B. Remake par Veit Harlan en 1939 sous le titre du récit de Sudermann.

BIBLIO. : découpage original de Carl Mayer avec les annotations de Murnau et découpage plan par plan d'après une copie *in* « L'Avant-Scène » n° 148 (1974) (texte des cartons en anglais et en français). Publication essentielle pour la connaissance de l'œuvre de Murnau.

## AU SERVICE DE LA GLOIRE
**(What Price Glory ?)**

1926 – USA (120') • *Prod.* Fox. • *Réal.* RAOUL WALSH • *Sc.* James T. O'Donohoe d'ap. P. de Laurence Stallings et Maxwell Anderson • *Phot.* John Marta, Barney McGill, John Smith • *Int.* Victor McLaglen (capitaine Flagg), Edmund Lowe (sergent Harry Quirt), Dolores Del Rio (Charmaine), William V. Mong (Cognac Pete), Phyllis Haver (Shanghai

Mabel), Elena Jurado (Carmen), Leslie Fenton (lieutenant Moore), Sammy Cohen (Lipinsky).

Que ce soit à Pékin, aux Philippines ou en France, le sergent Harry Quirt et le sergent Flagg ne cessent jamais de se quereller, de se moquer l'un de l'autre, rivaux en tout, et surtout en amour. Dans ce domaine, c'est toujours Harry Quirt, plus jeune, plus élégant, moins lourd et moins brutal que son rival, qui triomphe. En 1917, les deux amis sont séparés. Flagg est nommé capitaine et, dans un petit village français, courtise Charmaine, la fille de « Cognac Pete », hôtelier et patron de bar. Il participe aux grandes boucheries de la Première Guerre mondiale dans le Nord de la France et consigne dans ses carnets l'horreur que lui inspirent ces combats. Plus tard, il dira, faisant l'instruction de très jeunes recrues : « Il y a quelque chose de pourri dans ce monde qui tous les trente ans doit être arrosé du sang de jeunes gens comme eux ». Quirt réapparaît comme sergent-chef de la compagnie dirigée par Flagg. Charmaine est immédiatement fascinée par lui, par son allure, par sa faconde, par ses tours de prestidigitation. Elle oublie vite son « Papa Flagg ». Le père de Charmaine exige que celui qui a « abîmé » sa fille l'épouse et lui verse cinq cents dollars. Heureusement pour Quirt, Charmaine se refuse à être l'objet d'une telle transaction. Nouveaux combats, nouvelles atrocités. Charge à la baïonnette dans les tranchées et masques à gaz. Quirt est blessé. Avant même d'être guéri, il s'enfuit de l'hôpital et rejoint Flagg. Les deux hommes veulent se battre pour Charmaine, puis Quirt propose qu'on la tire aux cartes. Flagg gagne, mais c'est Quirt qui depuis longtemps a gagné le cœur de Charmaine. Flagg s'efface. La compagnie doit repartir. « Ils sont revenus une fois, puis une deuxième fois, se lamente Charmaine, ils ne reviendront pas une troisième. » La compagnie s'éloigne. Flagg soutient Quirt qui n'est pas encore très solide.

☞ Avec *Le voleur de Bagdad**, c'est ici le film muet le plus célèbre de Walsh. Tourné dans les nouveaux studios de la Fox à Westwood, considérés comme les plus modernes d'Amérique, il est tiré de la pièce de Laurence Stallings et Maxwell Anderson achetée à prix d'or par les dirigeants de la firme. Mais le scénario a « cassé » en partie la structure théâtrale de la pièce. Le génie de Walsh éclate à chaque séquence dans sa vitalité et sa diversité. Une première ligne de force qu'on pourrait dire picaresque, d'une sensualité franche et sans complexe, chemine à travers la description de la rivalité permanente des deux sergents, à travers ces portraits de femmes brossés en quelques traits (Shanghai Mabel qui « a divorcé de l'Armée pour mieux s'unir à la Marine » ; filles de bar pas bégueules aperçues à Bar-le-Duc) ou plus approfondis, comme celui de l'héroïne interprétée par Dolores del Rio, personnage à la fois sensuel et maternel (cf. les scènes avec le jeune soldat interprété par Leslie Fenton). Cette ligne à la progression sinueuse, en croise une autre, où Walsh note, sans pathos, sans indignation superflue, mais dans le feu de l'action, l'imbécillité monstrueuse de la Grande Guerre, son gâchis immonde de chair à canon prélevée sur la jeunesse du monde entier. Cette deuxième ligne de force est faite de brusquerie, d'ironie, de colère rentrée : ne pas donner à la guerre d'autre importance ni d'autre signification que celles de sa monstruosité. Outre la modernité du ton, on remarquera celle du jeu, de la construction, composée d'une suite de séquences aux durées très inégales, de croquis d'atmosphère saisis sur le vif, comme un journal de guerre que tiendrait l'auteur, aussi bon peintre qu'il est bon dramaturge. Admirables entre autres : la lecture des lettres sous la pluie ; un bastringue à Bar-le-Duc avec son pianiste à la jambe de bois. La plupart des spectateurs de l'époque (du moins ceux qui savaient lire sur les lèvres) ont noté l'audace des propos entre Quirt et Flagg ; certains même s'en formalisèrent. Walsh reprit ses deux personnages dans *The Cockeyed World* (*Têtes brûlées*) en 1929 et dans *Women of All Nations* en 1931. John Ford adapta à nouveau la pièce originale sous le même titre en 1952.

**AUTANT EN EMPORTE LE VENT**
**(Gone With the Wind)**

1939 – USA (222') • *Prod.* David O. Selznick (distribué par MGM) • *Réal.* VICTOR FLEMING • *Sc.* Sidney Howard • *Phot.* Ernest Haller (Technicolor) • *Mus.* Max Steiner • *Déc.* William Cameron Menzies • *Int.* Clark Gable (Rhett Butler), Vivien Leigh (Scarlett O'Hara), Leslie Howard (Ashley Wilkes), Olivia de Havilland (Melanie Hamilton), Hattie McDaniel (Mammy), Thomas Mitchell (Gerald O'Hara), Barbara O'Neil (Mrs. O'Hara), Laura Hope Crews (tante Pittypat Hamilton), Harry Davenport (Dr Meade), Ona Munson (Belle Watling), Evelyn Keyes (Suellen O'Hara), Ann Rutherford (Carreen O'Hara), Butterfly McQueen (Prissy), Eddie Anderson (oncle Peter), Jane Darwell (Maybelle Merriwether), Victor Jory (Jonas Wilkerson), Yakima Canutt (soldat rénégat), George Reeves (Brent Tarleton), Fred Crane (Stuart Tartelon).

A Atlanta, après que onze États du Sud ont fait sécession pour se réunir en une Confédération, tout le monde s'attend à la guerre et on ne parle que de ça. Mais Scarlett O'Hara, la fille aînée, coquette et pleine de vie, de Gerald O'Hara, le propriétaire du domaine de Tara, a d'autres soucis. Elle s'inquiète du mariage de son ancien amoureux, Ashley Wilkes, avec sa cousine Melanie. Au pique-nique donné par Ashley dans sa demeure de Twelve Oaks, Scarlett, prête à tout pour empêcher ce mariage, avoue à Ashley qu'elle l'aime, juste avant de le gifler quand il la repousse. Rhett Butler, un invité autour duquel flotte un parfum de scandale (il aurait été renvoyé de West Point, aurait « déshonoré » une jeune fille sans vouloir « réparer », etc.) assiste, caché, à la scène et provoque ainsi la fureur de Scarlett. On annonce que la guerre est déclarée. Rhett, à l'inverse des autres invités, ne la voit pas gagnée d'avance pour le Sud. Le Nord, selon lui, est mieux armé et mieux préparé aux combats. Par dépit, Scarlett accepte la proposition de mariage du jeune frère de Melanie, Charles Hamilton, et les deux mariages, le sien et celui d'Ashley et de Melanie, auront lieu en même temps, juste avant le départ des mariés pour le front. Charles meurt d'une pneumonie au début de la guerre. Scarlett, en jeune veuve qui déteste le noir, accepte la suggestion de sa mère d'aller vivre avec Melanie à Atlanta. Scarlett y voit une occasion de reconquérir Ashley. Lors d'un bal donné au profit de l'hôpital militaire, Rhett, fêté en héros de la guerre, danse avec Scarlett et donne pour cela cent cinquante dollars or aux œuvres des organisatrices. Il veut entendre Scarlett lui dire : Je t'aime. « Jamais » s'écrie-t-elle. La bataille de Gettysburg a fait de nombreuses victimes dans les rangs sudistes. Rhett, persuadé que le Sud ne se relèvera pas, est furieux de ce gachis. Lors d'une permission de trois jours, Ashley recommande à Scarlett de veiller sur Melanie que sa bonté naturelle rend aveugle aux entreprises de sa rivale. Scarlett dit à nouveau, et en vain, à Ashley qu'elle l'aime. Les combats se rapprochent dangereusement de la ville. Les blessés s'entassent dans l'hôpital où l'on manque de tout et notamment de chloroforme. Écœurée par le spectacle d'une amputation pratiquée sans anesthésie, Scarlett sort et rencontre dans la rue Rhett qui lui propose de l'emmener à l'étranger. Choquée mais secrètement tentée par cette offre qu'elle ne peut accepter – n'a-t-elle pas juré de s'occuper de Melanie maintenant enceinte ? – elle le plante là. Durant trente-cinq jours Atlanta tient sous le feu des canons, mais bientôt les Nordistes pénètreront dans la ville. Scarlett va chercher le Dr Meade pour qu'il accouche Melanie. Elle voit les milliers de blessés et de morts allongés sur le sol, à la gare. Le docteur ne peut quitter les malades et les agonisants. Scarlett devra, avec l'aide d'une jeune esclave noire simple d'esprit, accoucher Melanie. Quand le bébé est né, elle fait appeler Rhett, qui hante les mauvais lieux de la ville, afin qu'il la conduise, elle, Melanie et la jeune esclave, jusqu'à Tara. La voiture de Rhett, chargée des trois femmes et du bébé, traverse les entrepots en feu. Au milieu du chemin, Rhett décide, par amour des causes perdues, de rejoindre ses compagnons d'armes. Il embrasse Scarlett qui le gifle, scandalisée qu'il la laisse là en pleine déroute. Mais il a reconnu en elle une volonté de fer et sait qu'elle atteindra son but. Effectivement, elle réussira à conduire Melanie et son bébé à Tara. Le domaine est dévasté. La mère de Scarlett est morte de la typhoïde. Son père a perdu l'esprit. Les Nordistes ont tout emporté et Scarlett, affamée, jure qu'elle fera tout – mentir, voler, tricher et éventuellement tuer – pour ne plus avoir jamais faim... Scarlett et ses deux sœurs travaillent d'arrache-pied à remettre la plantation en état et à cultiver le coton. Scarlett tue un soldat pillard qui avait pénétré dans la maison. Le Sud s'est rendu. La guerre est finie. Ashley rentre chez lui. Il pense qu'il n'a plus sa place en ce monde. Scarlett, qui l'aime toujours, voudrait partir avec lui au Mexique. Mais comment pourrait-il abandonner Melanie et son enfant ? Le père de Scarlett fait une chute mortelle alors qu'il poursuivait à cheval un contremaître venu pour tenter d'acquérir Tara à vil prix. C'est qu'en effet Scarlett doit trouver de toute urgence trois cents dollars, réclamés comme impôt sur le domaine. Elle va voir Rhett emprisonné par des Nordistes victorieux qui veulent mettre la main sur sa fortune. Pour le moment, sa situation l'empêche de rien prêter à Scarlett. Pour sauver Tara, celle-ci épouse le fiancé de sa sœur, propiétaire d'un magasin très prospère. Elle développe les activités de la scierie de son mari en utilisant des bagnards comme ouvriers. Elle est attaquée sur une route par deux vagabonds, ex-Nordistes. Un Noir vient à la rescousse et la sauve. Une expédition punitive est décidée contre les deux agresseurs. En lui procurant un alibi, Rhett sauvera Ashley qui y avait participé et risquait d'être arrêté. Le mari de Scarlett a péri dans l'aventure. Rhett lui propose de l'épouser. Ils font leur voyage de noces à la Nouvelle-Orléans. Grâce à l'argent de Rhett, Tara est restauré et Scarlett fait construire une luxueuse demeure à Atlanta. Scarlett accouche d'une fillette. Ne voulant plus jamais avoir d'enfant de peur d'être enlaidie, elle interdit sa porte à Rhett qui va se réfugier chez la prostituée Belle Watling. Rhett élève sa fille Bonnie en respectant les règles et les traditions de la bonne société afin qu'elle puisse, plus tard, en faire partie. Scarlett est vue en compagnie d'Ashley et cela fait jaser les commères de la ville. Rhett ne doute pas que sa femme aime toujours Ashley mais il la force à assister à la party donnée en l'honneur de celui-ci afin qu'elle ne perde pas la face. Ce soir-là, Rhett redevient pour une nuit l'amant de Scarlett. Le lendemain, il lui annonce sa décision de divorcer et emmène Bonnie à Londres. Comme elle réclame sa mère, il ramène l'enfant à Tara. Scarlett est enceinte. Au cours d'une dispute avec Rhett, elle fait une chute dans le grand escalier de leur maison et perd l'enfant. Franchissant un obstacle avec son poney, Bonnie fait une chute mortelle sous les yeux de ses parents. Cette nouvelle tragédie sonne le glas du couple Rhett-Scarlett. Melanie est à nouveau enceinte. Elle savait qu'elle courait ainsi un très gros risque : elle mourra après avoir vainement essayé de réconcilier les deux époux. Contemplant la douleur infinie d'Ashley, Scarlett comprend enfin qu'il n'a jamais aimé qu'une seule femme : Melanie. Scarlett tente de retenir Rhett, alors qu'il veut partir. – « Que deviendrai-je ? » demande-t-elle. – « Frankly, my dear, I don't give a damn » (Franchement, ma chère, je m'en fous complètement) lance-t-il en s'en allant. Restée seule, Scarlett comprend, comme le lui avait dit son père, que la seule réalité de sa vie est Tara. Elle décide d'y retourner, ne perdant pas espoir d'y faire un jour revenir Rhett.

☞ *Autant en emporte le vent*, *GWTW*, comme l'appellent les Américains, n'est le film hollywoodien par excellence que pour ceux qui connaissent mal Hollywood. Loin d'être un modèle, ou la résultante des méthodes et des règles en usage dans la Cité du cinéma, il en est plutôt l'exception – monumentale, caricaturale et assez monstrueuse quant à sa genèse. A cette exception, le phénoménal succès public donna les dimensions d'un mythe. Tout ce qu'on sait d'ailleurs sur le succès du livre et la préparation du film invite à penser que l'impact dont bénéficia le film fut le prolongement logique et presque inévitable de celui du livre. Reste la longévité du succès de *GWTW* (au fil des ressorties de 1947, 1961, 1968) qui, elle, n'est due qu'au film lui-même. On estime à cent millions les spectateurs qui avaient vu le film en 1956. A partir de 1978, date à laquelle la chaîne de télévision CBS acheta les droits du film trente cinq millions de dollars pour vingt ans – somme qui battit un nouveau record – ils deviennent innombrables. Le producteur David O'Selznick doit être considéré d'un bout à l'autre de l'entreprise comme le principal responsable des qualités et des défauts du film, et même en quelque sorte comme son auteur. Il y a déjà là une anomalie considérable par rapport au système hollywoodien. Certes, les producteurs avaient une influence décisive sur le choix des sujets, des matériaux et sur la dimension des films qui en étaient tirés mais peu d'entre eux auront mis l'obstination de Selznick à vouloir en être le scénariste ou le metteur en scène par personne interposée. Il alla souvent jusqu'à empiéter carrément sur les prérogatives de ses collaborateurs. Même sur le plan financier, il fit cavalier seul et ne put s'entendre, pendant la préparation et le tournage, avec la MGM qui ne fit que distribuer le film. Quoique cela ait longtemps suscité des discussions et des polémiques, il est à peu près admis aujourd'hui que les meilleurs films hollywoodiens sont des films d'auteur, l'auteur étant dans la plupart des cas le réalisateur. Ceci n'implique nullement la négation du caractère collectif de la création des films, caractère dont *GWTW* fournit, au cours de sa genèse, une illustration poussée jusqu'à l'absurde. Une quinzaine de scénaristes et trois réalisateurs principaux collaborèrent au film. Parmi les scénaristes, il faut citer Sidney Howard (seul crédité au générique), Oliver H. P. Garrett, Ben Hecht, John van Drutten, John Balderston, Jo Swerling, F. Scott Fitzgerald, Barbara Keon, Wilbur C. Kurts, Val Lewton, Charles MacArthur, John Lee Mahin, Donald Ogden Stewart et bien entendu David Selznick lui-même. La version-mère du scénario est due à Sidney Howard, qui ne put voir le fruit de son travail puisqu'il mourut accidentellement dans sa ferme en août 1939. En ce qui concerne l'apport de Scott Fitzgerald, le plus célèbre des scénaristes du film, il semble qu'aucune scène de lui ne figure dans le montage définitif et que son travail – néanmoins important – consista surtout, après les révisions de Garrett, à remodeler la conduite de l'intrigue dans le sens d'une plus grande fidélité au roman. Entre le moment où Selznick acheta les droits du roman (juin 1936) et le premier jour de tournage (26-1-1939), Cukor fut considéré comme le metteur en scène du film et participa activement à la préparation. (A noter que la scène de l'incendie du dépôt de munitions d'Atlanta avait été tournée en décembre 1938 avant le premier jour officiel du tournage par Cukor et le décorateur William Cameron Menzies qui utilisèrent sept caméras.) Les fonctions de réalisateur de Cukor cessèrent après moins de quinze jours de tournage (13-2-1939). Les raisons de sa démission-renvoi sont nombreuses et complexes. On a beaucoup commenté le fait que Cukor, « woman's director » par excellence, déplaisait à Clark Gable qui se jugeait désavantagé par rapport à Vivien Leigh. Cukor, de son côté, avait approuvé la version du scénario de Sidney Howard et se montra très mécontent des révisions demandées à H.P. Garrett et à Barbara Keon par Selznick et de l'introduction de plus en plus fréquente de ce dernier dans son travail. Selznick d'autre part critiqua la mollesse du style de Cukor. Après avoir notamment tourné la scène du bal de charité, Cukor céda la place à Victor Fleming, choisi par Gable sur une liste de trois ou quatre noms proposés par Selznick. Vivien Leigh et Olivia de Havilland, désemparées par le départ de Cukor, continuèrent en cachette l'une de l'autre et en cachette de Fleming à répéter avec Cukor et à solliciter ses conseils. Le 1er mai 1939, Sam Wood remplaça Fleming dont la santé ne supportait plus les tensions et les charges qu'imposait la réalisation de cette œuvre mammouth. Sam Wood travaillera jusqu'à la fin juin ; on lui attribue une trentaine de minutes dans le montage final du film et notamment la scène du soldat pillard abattu par Scarlett et la séquence fameuse des blessés de la gare d'Atlanta. A eux trois, Cukor, Fleming et Sam Wood auront filmé 88 heures de film dont un tiers environ fut tiré. Sur le plan technique, le chef-opérateur Lee Garmes fut remplacé le 30 mars par Ernest Haller (seul crédité au générique). Durant la période Fleming, c'est Ben Hecht, John van Druten et John Balderston qui eurent l'action la plus déterminante sur le scénario ; Selznick inventa le principe, conservé depuis, d'intégrer au scénario manipulé par les collaborateurs du film toutes les additions et corrections sous forme de pages colorées ; dès lors le scénario de *GWTW* reçut l'appellation de « rainbow script » (le scénario arc-en-ciel). A un moment, il fut même question de solliciter la collaboration de l'écrivain et acteur comique Robert Benchley. Cela fit éclater de rire Margaret Mitchell qui avait toujours refusé de travailler à l'adaptation de son livre. Elle déclara qu'il n'y avait pas de raison à ce stade de ne pas engager Groucho Marx, William Faulkner ou Erskine Caldwell. C'est sans doute sur le plan du scénario que ce « collectivisme » excessif eut l'influence la plus néfaste, dénoncée d'ailleurs par Cukor. Le film s'orienta ainsi vers un genre nouveau où s'exprime sans doute l'essentiel de la personnalité de Selznick (surtout si l'on compare *GWTW* avec *Duel au soleil** et *La renarde**, deux autres produits Selznick mais qui, eux, possèdent un délire, une fougue, un lyrisme baroque qui font complètement défaut ici). *GWTW* peut être en effet considéré comme un gigantesque roman-photo sur toile de fond historique prenant pour base une relation d'amour-passion romantique et impossible, constamment pertubée et remise en question par des disputes allant jusqu'à l'extrême violence. Si l'intrigue garde encore une relative cohérence dramatique dans la première partie (jusqu'au retour à Tara), la deuxième partie répète à l'infini la mésentente et l'échec de la relation Rhett-Scarlett. La fin, nullement convaincante, n'en est pas vraiment une et l'intrigue pourrait tout aussi bien reprendre avec de nouvelles tentatives de Scarlett pour reconquérir Rhett. Ce roman-photo prend ainsi des allures de roman-fleuve où la juxtaposition répétitive des événements n'obéit pas à une dynamique d'ensemble mais semble échapper constamment à la maîtrise de ses auteurs. Là encore, *GWTW* représente une exception flagrante par rapport à la plupart des grands films hollywoodiens dont la dramatisation serrée et implacable fascine encore aujourd'hui les spectateurs. Le genre créé par les incidents et les péripéties du tournage, et aussi par la volonté erratique de Selznick, emprunte à la fois au mélodrame et au récit historique ; c'est un sous-genre hybride dont la dramatisation incertaine, la durée molle et comme liquéfiée connaîtront le succès que l'on sait à l'ère de la télévision triomphante. Plutôt qu'une image exemplaire de la grandeur d'Hollywood, *GWTW* est le prototype de ces innombrables feuilletons qui apparaîtront quelques années plus tard à la télévision et tendront à transformer le cinéma en quelque chose d'autre, qui est peut-être sa mort. Cela dit, le film est loin d'être indifférent. Son principal point fort tient dans son interprétation ou, plus exactement, dans la justesse du choix de ses comédiens. Dès que les droits du livre furent acquis par Selznick, cela devint une affaire publique et presque nationale de choisir les interprètes idéaux pour Rhett et Scarlett. Le courrier des fans milita majoritairement pour Clark Gable dans le rôle de Rhett et on peut dire que, dans une certaine mesure, c'est le public qui l'a choisi (quoique Errol Flynn, Gary Cooper, Ronald Colman, Warner Baxter, Fredric March, entre autres, eussent été envisagés). Le choix de Scarlett fut beaucoup plus épineux. Citons quelques-unes des actrices dont le nom fut évoqué, parmi lesquelles plusieurs, et non des moindres, firent un bout d'essai pour tenter d'obtenir le rôle : Bette Davis, Katharine Hepburn,

Paulette Goddard, Lana Turner, Ann Sheridan, Frances Dee, Tallulah Bankhead (qui fut aussi envisagée pour Belle Watling, personnage qui, à l'évidence, lui convenait mieux), Margaret Sullavan, Jean Arthur, Susan Hayward, Joan Crawford, Irene Dunne, Claudette Colbert, Joan Bennett, Loretta Young et même... Lucille Ball. Finalement Selznick préféra Vivien Leigh qui lui avait été proposée par son frère Myron. Son choix s'avéra audacieux (Vivien Leigh était anglaise et s'était fait connaître surtout au théâtre), original et parfaitement conséquent. Moins d'hésitation entrera dans la distribution du rôle de Melanie. Joan Fontaine, pressentie, refusa et conseilla qu'on prît sa sœur Olivia de Havilland. (Parmi les autres actrices envisagées figurent Geraldine Fitzgerald, Andrea Leeds, Anne Shirley, Priscilla Lane, Katherine Locke et Marsha Hunt qui joua le rôle un seul jour.) Dans les grands rôles, seul Leslie Howard, qui traîne tout au long du film son flegme britannique d'éternel ennuyé, paraît peu à sa place et on aurait préféré voir Randolph Scott, Ray Milland, Melvyn Douglas ou Lew Ayres dont les noms avaient circulé pour le rôle d'Ashley. Leslie Howard ne l'accepta d'ailleurs que du bout des lèvres et parce que Selznick lui avait promis qu'il jouerait avec Ingrid Bergman dans le remake américain d'*Intermezzo* (que l'actrice avait déjà joué en Suède sous la direction de Gustav Molander). Selznick bombarda même pour ce film Leslie Howard producteur associé car il savait que l'acteur tenait à élargir le champ de ses activités dans le cinéma. Les petits rôles furent choisis avec le même soin maniaque, tatillon et finalement très efficace. Ils contribuèrent à donner à l'œuvre son homogénéité. Un autre mérite capital du film est son emploi du Technicolor trichrome qui n'en était qu'à sa quatrième année d'existence dans le domaine du long métrage. Les recherches plastiques qui marquent un grand nombre de scènes sont plus mémorables que les événements qui s'y déroulent. Grâce à de multiples trouvailles picturales, comme la sombre dominante rouge sang de la scène de l'escalier entre Rhett et Scarlett, le caractère superficiel de l'intrigue et des personnages change de registre, et le film accède parfois à une sorte de préciosité qui transcende sa médiocrité narrative de roman de gare. De ce point de vue au moins, le film témoigne d'un caractère alchimique qui – ne serait-ce qu'à un niveau subliminal – peut expliquer la longévité de son succès. Ne garde-t-il pas au plus profond de lui-même l'empreinte du *goût* de Cukor qui l'avait si longtemps préparé ? Et ce n'est pas le moindre paradoxe de ce film que sa phase la plus créative ait vraisemblablement eut lieu *avant* son tournage. Néanmoins, pour qui veut saisir la poésie spécifique du Sud en cette période de son histoire, la puissante épaisseur romanesque des conflits qui s'y sont déroulés, c'est vers un tout autre film qu'il faut regarder, à savoir le superbe *Band of Angels* (*L'esclave libre**) réalisé par Raoul Walsh dix-huit ans plus tard.

BIBLIO. : si *GWTW* est le film dont le tournage a été le plus commenté, le seul scénario disponible jusqu'à une date récente ne correspond malheureusement pas à la version filmée mais est un mélange des différentes versions écrites qui, s'il avait été tourné, durerait selon son éditeur environ cinq heures. Le volume, publié à Londres chez Lorrimer, s.d., contient une intéressante préface d'Andrew Sinclair. Sur la genèse du film, voir *« GWTW*, the Making of *Gone With the Wind »* par Gavin Lambert. Atlantic, Little, Brown, 1973 puis Bantam Books, 1976 ; « Pictorial history of *Gone With the Wind* » par Gerald Gardner et Harriet Nodell Gardner, Bonanza Books, 1983 ; Roland Flamini : « Scarlett, Rhett and a Cast of Thousands » New York, MacMillan, 1975 (traduit en français sous le titre « Ce fabuleux tournage d'*Autant en emporte le vent* », Montréal, L'étincelle, 1977) ; Jacques Zimmer : « *Autant en emporte le vent* », J'ai lu, 1988. Voir aussi l'ouvrage collectif : « *Gone With the Wind* as Book and Film » édité par Richard Harwell, University of South Caroline Press puis New York, Paragon House Publishers, 1987. Ne pas oublier évidemment les « Mémos » de Selznick (traduits chez Ramsay) ainsi que le chapitre consacré au film *in* « David O. Selznick's Hollywood » de Ronald Haver, Knopf, New York, 1980, le livre de cinéma le plus somptueux jamais publié à ce jour. Un passionnant documentaire de 130' produit par la famille Selznick et dirigé par David Hinton *Gone With the Wind. The Making of a Legend* (1988) a été consacré à la genèse et au tournage du film. Pour le 50e anniversaire du film, le scénario de tournage a été publié chez Delta, N.Y., déc. 89.

## AUTOBIOGRAPHIE D'UNE PRINCESSE
### (Autobiography of a Princess)

1975 – USA (50') • *Prod.* Ismail Merchant • *Réal.* JAMES IVORY • *Sc.* Ruth Prawer Jhabvala • *Phot.* Walter Lassally (couleurs) • *Mus.* Vic Flick • *Int.* James Mason (Cyril Sahib), Madhur Jaffrey (la Princesse), Keith Varnier, Diane Fletcher, Timothy Bateson, Johnny Stuart, Nazrul Rahman.

A Londres, comme tous les ans le jour de l'anniversaire de son père défunt, une princesse indienne reçoit pour le thé le vieux précepteur anglais du maharajah. Ensemble, ils regardent des films d'amateurs tournés autrefois et évoquent le passé.

☞ Subtil, ambigu, distillant un malaise qui est aussi son charme, ce film de 50' ressemble à certaines pièces modernes en un acte, celles de Pinter notamment. Tout y reste en suspens, à l'état d'énigme, à peine dévoilé par les bavardages superficiels ou les propos volontairement feutrés des personnages. Ainsi faut-il faire effort pour deviner la personnalité réelle du prince hindou, objet de cette petite commémoration annuelle. Ce qui fut sans doute son égoïsme, son inconscience d'un autre âge doit être déchiffré à travers l'admiration puérile que lui voue sa fille, comme à travers les réticences, l'apparent respect manifestés par le précepteur. La jeune femme et le vieil homme sont, pour des raisons différentes, deux nostalgiques, deux passéistes, enfouis dans un monde qui n'existe déjà plus que dans leurs souvenirs. Quoique proches l'un de l'autre dans leur démarche, ils ne communiquent guère entre eux et leur relation reste de pure forme, limitée aux exigences de la politesse. On sent aussi chez le vieillard des velléités d'iconoclaste qui ne peuvent jamais se concrétiser. James Ivory, toujours fasciné par les rituels sociaux de l'Inde, par leur anachronisme et leur disparition (ou leur transformation), donne ici son œuvre la plus étrange et la plus accomplie, proche par sa substance et son mystère de Henry James.

Biblio. : scénario, dialogues et récit de tournage *in* « Autobiography of a Princess also Being the Adventures of an American Director in the Land of Maharajahs », John Murray, Londres, 1975.

## AUTOPSIE D'UN MEURTRE
### (Anatomy of a Murder)

1959 – USA (160') • *Prod.* COL. – Carlyle Prod. (Otto Preminger) • *Réal.* OTTO PREMINGER • *Sc.* Wendell Mayes d'ap. R. de Robert Traver • *Phot.* Sam Leavitt • *Mus.* Duke Ellington • *Int.* James Stewart (Paul Biegler), Lee Remick (Laura Manion), Ben Gazzara (Lt. Frederick Manion), Joseph N. Welch (juge Weaver), Kathryn Grant (Mary Pilant), Arthur O'Connell (Parnell MacCarthy), Eve Arden (Maida Rutledge), George C. Scott (Claude Dancer), Murray Hamilton (Alphonse Paquette).

Dans le Michigan, Paul Biegler, un petit avocat sur la touche, anciennement procureur, accepte de défendre le lieutenant Manion, coupable de l'assassinat du patron de bar Barney Quill qui avait selon lui violé sa femme, Laura. Biegler, travaillant avec son vieil ami et collègue Parnel MacCarthy, un Irlandais alcoolique, et sa fidèle secrétaire Maida Rutledge, devra prouver à la barre la réalité du viol et défendre l'accusé sous les motifs, confirmés par un psychiatre de l'armée, de « folie temporaire » et d'« impulsion irrésistible ». Il lui faudra aussi se défendre contre l'habileté d'un avocat en renom, Claude Dancer, venu assister la partie adverse, laquelle cherchera à mettre en avant la jalousie et la brutalité permanentes de l'accusé à l'égard de sa femme. Elle essaiera aussi de suggérer que Laura avait peut-être eu des relations antérieures avec Barney Quill. La pièce à conviction numéro un, le slip déchiré de Laura, qui manquait au dossier, sera apporté à la dernière audience par la propre fille du patron de bar. Manion est acquitté. Venant chercher ses honoraires dans le camping où séjournait le couple, Biegler ne trouve qu'un mot laissé par son client : « J'ai dû partir, poussé par une ... impulsion irrésistible. »

☞ L'un des plus grands succès commerciaux de Preminger tiré du best-seller écrit par un avocat en retraite. L'habileté dramatique du réalisateur est ici à son comble et se manifeste dans tous les éléments de sa mise en scène. Emploi magistral des intérieurs et extérieurs réels qui mêlent le public à l'air que respirent les personnages du drame (chez Preminger, recherche de l'authenticité et virtuosité dramatique vont toujours de pair). Juxtaposition explosive de talents confirmés (James Stewart), de nouveaux venus (George C. Scott, Lee Remick, Ben Gazzara) et de « guests stars » (l'avocat de Boston, Joseph N. Welch, le « tombeur » de McCarthy, dans le rôle du juge ; Duke Ellington, dans un petit rôle, signant sa première participation au cinéma). Sans oublier un générique superbe de Saul Bass et le travail admirable du chef opérateur Sam Leavitt. Les fils savamment emmêlés de l'intrigue créent un climat d'ambiguïté morale qui sert à dégager le propos libéral de l'auteur : mieux vaut innocenter un coupable que condamner un innocent. Mais c'est dans les interstices de cette habileté qu'il faut discerner ce qui intéresse vraiment Preminger. Le sujet véritable du film, c'est moins les détours d'un fait divers sordide donnant lieu à une joute judiciaire riche en ruses, péripéties et coups bas de toutes sortes, en audaces visuelles et verbales (chargées comme dans *La lune était bleue* de souligner la liberté du cinéaste vis-à-vis de toutes les formes de censure) que la régénérescence d'un petit groupe de personnages de bonne volonté : le trio Stewart-O'Connell-Eve Arden. (Stewart en avocat marginalisé reprenant goût au travail ; Arthur O'Connell en alcoolique abandonnant son vice ; Eve Arden en secrétaire discrète et omniprésente, heureuse enfin de servir à quelque chose. L'actrice, une vieille « pro », trouve ici le rôle de sa vie.) Cela faisait un certain temps déjà que Preminger se montrait de plus en plus passionné par les personnages positifs dont l'énergie, endormie sous l'effet d'une meurtrissure ou de quelque déception, se réveille soudain, se lance dans l'action et se mêle à nouveau au monde. Il aurait pu signer avec Bernard Shaw cette pétition de principe figurant dans la préface de « Sainte Jeanne » : "Il n'y a pas de traître dans cette pièce. Le crime, comme la maladie, n'est pas intéressant. C'est quelque chose dont il faut se débarrasser avec l'assentiment général, voilà tout. Ce qui nous intéresse réellement, c'est ce que les hommes font de mieux, avec les meilleures intentions, et ce que les hommes et les femmes normaux estiment devoir faire, quelles que soient leurs intentions." Après avoir dépeint la fascination du vertige et des gouffres dans quelques-uns des meilleurs *films noirs* hollywoodiens, ou dans des chroniques intimistes et déchirantes (comme *Bonjour tristesse**), Preminger se laissera ensuite tenter par la fascination inverse, celle des êtres qui réussissent peu à peu à s'extirper de leur marais intime et jettent aux orties leurs mauvais démons. Cette nouvelle tendance, apparue pour la première fois à fond dans *L'homme au bras d'or* et dont on trouverait déjà les premisses dans *Fallen Angel**, montre seulement le bout de l'oreille dans *Autopsie d'un meurtre.* Elle n'en finira plus d'envahir et d'éclairer les films ultérieurs de Preminger.

N.B. En 1965, Preminger intenta un procès, sans espoir mais exemplaire, contre les firmes Columbia et Screen Gems qui avaient vendu le film à la télévision et l'avait laissé amputer pour des raisons de censure locale ou pour y insérer des spots publicitaires (jusqu'à 13 interruptions pour un seul passage).

BIBLIO. : Richard Griffith : « Anatomy of a Motion Picture », St. Martin Press, New York, 1959 (récit de tournage illustré de photos de Gjon Mili et Al St. Hilaire).

## AVANT LE DÉLUGE

1953 – Franco-italien (138') • *Prod.* UGC-Documento Films • *Réal.* ANDRÉ CAYATTE • *Sc.* André Cayatte et Charles Spaak • *Phot.* Jean Bourgoin • *Mus.* Jean-Jacques Grunenwald • *Int.* Bernard Blier (M. Noblet), Marina Vlady (Liliane Noblet), Isa Miranda (Mme Boussard), Jacques Castelot (Montesson), Balpêtré (Dutoit), Jacques Chabassol (Jean Arnaud), Jacques Fayet (Richard Dutoit), Clement Thierry (Phillipe Boussard), Roger Coggio (Daniel Epstein), Delia Scala (Josette), Line Noro (Mme Arnaud), Paul Frankeur (Charles Boussard).

En 1950, au début de la guerre de Corée, quatre jeunes gens et une jeune fille sont déboussolés par le climat de panique entretenu autour d'eux par leurs parents à propos du déclenchement possible d'un troisième conflit mondial. Ils décident de partir ensemble pour une île paradisiaque. Afin de se procurer l'argent nécessaire au voyage, ils dérobent la collection de timbres d'un affairiste douteux. Au cours de l'expédition, un veilleur de nuit est tué et plus tard l'un des garçons, un Juif, est exécuté par deux de ses camarades qui s'imaginent qu'il les aurait dénoncés.

☞ Les défauts majeurs du style de Cayatte (manque de subtilité et de nuance, exagération démonstrative dans la construction du récit, recours parfois complaisant au mélodrame) ne doivent pas dissimuler ce que le film a d'original et même d'extraordinaire dans le contexte ultra-confiné du cinéma français du début des années 50. Ce qui intéresse Cayatte, c'est de montrer, quitte à l'exagérer, la part de paranoïa existant dans l'appréhension que font les adultes d'une réalité politique globale qui leur échappe. Il cherche aussi à dénoncer le danger de contagion que cette attitude fait peser sur les cerveaux de certains adolescents de l'époque, quel que soit leur milieu. A cet égard, les quatre cibles retenues – l'antisémitisme délirant d'un condamné de la Libération, le socialisme utopique d'un père qui essaie d'entretenir avec ses enfants des rapports intelligents et modernes, la fureur spéculative d'un propriétaire cherchant à sauvegarder son bien, le côté « mère abusive » d'une femme protégeant son fils de toute influence extérieure – sont judicieusement choisies et servent le propos de l'auteur. Elles lui permettent de dresser un tableau assez varié et paroxystique des mentalités de l'après-guerre en France, aux débuts de la guerre froide. Film un peu paranoïaque lui-même sur le sujet de la paranoïa, *Avant le déluge* est aussi un document intéressant sur la faillite d'un système d'éducation où les parents essaient de modeler les enfants à leur image.

## AVEC ANDRÉ GIDE

1952 – France • *Prod.* Panthéon Prod. • *Réal.* MARC ALLÉGRET • *Sc.* Marc Allégret, Dominique Drouin • *Phot.* Pierre Petit • *Mus.* Chopin. Commentaire dit par A. Gide, J. Desailly, G. Philipe.

Évocation de la vie et de l'œuvre de Gide à l'aide de documents liés à un passé ancien (photos, plans muets) et d'une série de rencontres et de dialogues suscités et filmés au présent par Marc Allégret, neveu de l'écrivain. Gide commente sa double appartenance, normande et méridionale. Il lit le passage célèbre de « Si le grain ne meurt » où, enfant, il s'était fait pousser un ongle pour atteindre une bille inaccessible enchâssée dans un mur. Il évoque avec Jean Schlumberger la création de la NRF. L'influence mondiale de cette maison d'édition est attribuée à l'absence de complaisance des auteurs envers eux-mêmes, au caractère collectif des jugements portés. Gide interroge l'avocat Maurice Garçon sur le rôle du bon juré et sur la présence du juge aux délibérations du jury. Plans muets de Gide avec Sartre. Avec Martin du Gard. Gide discute avec Pierre Herbart de leur voyage en URSS. Aujourd'hui, Gide écrirait encore son livre sur le sujet, mais ne le publierait pas, songeant à l'inutilité de cette publication. Il assiste à une répétition des « Caves du Vatican » (en scène : Renée Faure et Roland Alexandre). Gide grand-père : il fait un tour avec des allumettes devant ses petits-enfants. Plans muets de Gide jouant aux échecs avec Vadim, aux cartes avec la « Petite Dame ». En compagnie d'une jeune pianiste à qui il donne des conseils, il monologue sur son adoration pour Chopin. Le talent pianistique vise selon lui à susciter le ravissement plutôt que l'étonnement. Gide préfère le Chopin intime au Chopin brillant.

☞ Document précieux et d'un grand intérêt sur l'un des écrivains importants du siècle, filmés dans les mois qui précèdent sa mort. Conçu d'abord comme un court métrage, le film est présenté aux spectateurs du Festival de Venise en 1951 dans une version de 62' (celle qui est résumée ici) puis sort en salles au printemps 1952 dans une durée de 80'. C'est sans doute le meilleur témoignage cinématographique qu'on possède sur un écrivain français ; et ils ne sont pas légion. Le film a quelque chose d'unique dans son caractère à la fois libre et composé, et en cela déjà il rend bien hommage à Gide. La jeunesse d'esprit de l'écrivain, la multiplicité de ses curiosités sont restituées à l'écran, ainsi que l'autorité et la fascination qu'il pouvait exercer sur ses proches et sur certains de ses interlocuteurs. On regrette l'impasse totale faite sur la sexualité. Elle est à mettre en relation avec les blocages de l'époque. Sans doute inévitable, elle est néanmoins scandaleuse s'agissant de Gide qui fit tant pour sortir le sujet de l'ombre et briser les tabous qui s'y attachaient. On peut à loisir considérer le film comme un film de fiction, étant donné que Gide a toujours estimé que l'un des rôles de l'écrivain était de se créer un personnage, d'y rester fidèle et d'être en quelque sorte le romancier de soi-même. Cette conception est assez démodée mais fait encore des adeptes. C'est la force de Gide de l'avoir illustrée, lui, avec beaucoup de naturel (ce qui est paradoxal) et encore plus de charme. « Nous vivons, a-t-il dit, pour représenter. »

## AVEC LE SOURIRE

1936 – France (98') • *Prod.* Films Marquis • *Réal.* MAURICE TOURNEUR • *Sc.* Louis Verneuil • *Phot.* Armand Thirard • *Mus.* Charles Borel-Clerc • *Int.* Maurice Chevalier (Victor Larnois), André Lefaur (M. Villary), Marcel Vallée (Pascaud), Mary Glory (Gisèle), Milly Mathis (la caissière), Paule Andral (Mme Villary), Marcel Simon (le directeur des Beaux-Arts).

Victor Larnois arrive sans un sou à Paris. Il rencontre Gisèle, une girl jouant dans une revue au Palace. Pour lui payer à déjeuner il vole un chien qu'il rapporte à son maître, un baron, ce qui lui vaut une grosse récompense. Larnois loge dans le même hôtel que Gisèle et essaie de travailler comme ouvreur de portières au Palace. Le chasseur en titre le maltraite et, un peu plus tard, apprenant qu'il est cocu, Larnois le met au courant de son infortune. Le chasseur court le constater de visu, se saoule de désespoir et se fait renvoyer par Villary, le directeur grincheux mais scrupuleusement honnête du Palace. Larnois, toujours entreprenant et de bonne humeur, est engagé à sa place. Bientôt il s'occupe aussi de la vente des programmes et fait renvoyer le secrétaire de Villary qui ne l'aimait pas et qu'il remplace aussitôt. Ne sachant pas écrire, ce qui est fâcheux pour un secrétaire, il prend pendant quelques mois des leçons dans une classe d'enfants de six-sept ans. L'un des deux associés de Villary a disparu dans un accident d'avion. Larnois imagine de faire dire dans la presse que la victime s'est suicidée par désespoir d'amour pour Gisèle. Elle est ainsi lancée et devient la vedette du spectacle. Larnois prend au passage dix pour cent sur les bénéfices qu'elle fait faire au théâtre, et la conseille sur la façon d'interpréter ses chansons. Il insiste sur le fait que chaque type de spectateur doit pouvoir s'imaginer qu'elle fait partie de sa catégorie. Il interprète lui-même, pour qu'elle en soit bien persuadée, « Le Chapeau de Zozo » sur quatre tons successifs : distingué, populaire, apache et efféminé. Après avoir beaucoup monté, les recettes baissent car en réalité Gisèle n'a pas de talent. Villary se fâche avec son deuxième associé. Larnois, grâce à ses économies et à un prêt de Villary lui-même, rachète la part de l'ex-associé. Il devient le codirecteur du Palace. Il épouse Gisèle et la fait renoncer au théâtre. Suivant ses traces, elle monte une petite machination pour que la femme de Villary croie que son mari la trompe. Celui-ci est forcé, sur pression de sa femme, d'abandonner la direction du théâtre et Larnois se retrouve seul aux commandes du Palace. Poussé par Gisèle, il vise maintenant à conquérir la direction de l'Opéra et l'obtient bientôt, ainsi qu'une décoration, des mains du surintendant des Théâtres qu'il a fait chanter. Pendant ce temps, Villary, d'une honnêteté toujours aussi pointilleuse, a fait faillite dans la pharmacie puis dans la direction d'un petit journal d'opinion « Le vengeur ».

Il est même condamné pour diffamation à un mois de prison et tombe dans la misère la plus noire. Un soir, il ouvre la portière de Larnois au bras de Gisèle. Reconnaissant envers son ancien bienfaiteur et associé, Larnois lui fait exécuter des « exercices de sourire » et l'engage comme secrétaire. A Cannes où le couple prend des vacances, Villary, malgré ses rhumatismes, est devenu un vieil homme poli, aimable et charmant.

☞ Comme *Baccara** sorti l'année précédente, *Avec le sourire,* comédie de mœurs flirtant avec la comédie musicale, écrite directement pour le cinéma par Louis Verneuil, est un des films les plus caractéristiques et les plus brillants de la période. Il donne à entendre avec une clarté pour ainsi dire cristalline le ton de l'époque. Mirande et Verneuil, deux dramaturges prolifiques, sont l'un et l'autre à examiner de très près pour comprendre de l'intérieur l'esprit du cinéma français des années 30. Mais alors que Mirande a écrit une multitude, d'ailleurs très inégale, de scénarios originaux, Verneuil dont une quinzaine de pièces seront filmées de 1929 à 1939, n'en a écrit que trois (cf. *Dora Nelson,* René Guissart, 1935 et *Sa meilleure cliente,* Pierre Colombier, 1932). *Avec le sourire* est de loin le meilleur. Succession de courtes scènes incisives et extrêmement drôles faisant progresser l'action et la découverte des caractères sur un rythme rapide, le texte de Verneuil, mis en scène avec fluidité, recul et élégance par Maurice Tourneur, fait le portrait d'un cynique absolu qui recourt pour réussir à son légendaire sourire et à son charme. Il utilise aussi, le cas échéant, le mensonge, la délation, le chantage. L'originalité spécifique du film est qu'au lieu d'être grinçant il est léger, charmant, insidieux, à double fond, comme le sourire de son héros lui-même. Le propos du film s'exprime à trois niveaux : par de nombreux aphorismes ; par l'impact de certaines scènes significatives qui le résument totalement (cf. celle où Chevalier éconduit avec des compliments un vieux cabot qui le juge charmant, alors que le même cabot traitera de vache le directeur grincheux qui l'engage) ; par un parallélisme constant entre l'irrésistible ascension du charmeur prêt à tout et la ruine de l'homme intègre mais peu affable. Le personnage de Larnois passe pour avoir été inspiré par Léon Volterra, directeur de plusieurs théâtres parisiens qui avait commencé par vendre des programmes. Verneuil raconte la carrière de Volterra dans son passionnant livre de souvenirs « Rideau à neuf heures » (édité à New York, Éditions de la Maison Française, 1944, puis à Paris, Deux Rives, 1945, mais dont – hélas – seul le premier tome est paru). Verneuil excelle à faire sentir que, si la réussite de Larnois est fulgurante, c'est aussi parce qu'elle va dans le sens de cette immense entreprise d'autosatisfaction, de cette fuite éperdue devant la réalité auxquelles on assista durant toute la décennie. Le « Y a du bonheur pour tout le monde » chanté par Chevalier fait écho au « Tout va bien qu'on se le dise » chanté quelques années plus tôt par Milton, autre adepte de la méthode Coué dans *Nu comme un ver* (Léon Mathot, 1933). Notons au passage l'excellente composition, à la fois stylisée et réaliste, de Maurice Chevalier. Sa carrière cinématographique, si elle battit de l'aile après guerre, fut très brillante avant 1940 grâce à des auteurs comme Lubitsch, Mamoulian, Duvivier ou Siodmak.

## AVENTURE DE Mme MUIR (L') (The Ghost and Mrs. Muir)

1947 – USA (104') • *Prod.* Fox (Fred Kohlmar) • *Réal.* JOSEPH L. MANKIEWICZ • *Sc.* Philip Dunne d'ap. R. de R. A. Dick • *Phot.* Charles Lang • *Mus.* Bernard Herrmann • *Int.* Gene Tierney (Lucy Muir), Rex Harrison (le fantôme du capitaine Daniel Gregg), George Sanders (Miles Fairley), Edna Best (Martha), Vanessa Brown (Anne Muir), Anna Lee (Mrs. Miles Fairley), Robert Coote (Coombe), Nathalie Wood (Anna Muir, enfant).

Londres au début du siècle. Veuve depuis peu, Lucy Muir, une femme très belle, obstinée, un peu fragile, quitte sa belle-famille pour aller vivre avec sa fillette au bord de la mer. Contrairement aux souhaits de l'agent immobilier

Coombe, elle tient à louer un cottage qui a la réputation d'être hanté par le fantôme du capitaine Daniel Clegg. Loin d'être terrorisée, Lucy est fascinée à l'idée d'habiter avec un fantôme. Un soir, il lui apparaît. Charmé par son courage, sa détermination mais aussi son amour pour cette maison d'où l'on voit la mer et l'horizon infini, le fantôme de Clegg consent à prendre à l'essai Lucy comme locataire. Jusque-là il avait chassé, en les effrayant, tous ses prédécesseurs. Son vœu est de faire de la maison un asile pour vieux marins. Ayant mené une vie d'aventure, Clegg est aussi, à sa manière, un poète et, malgré son langage peu châtié d'homme de la mer, un être délicat et raffiné. Lucy apprend qu'elle est ruinée de la bouche de sa belle-mère et de sa belle-sœur qui veulent l'emmener avec elles à Londres. Le fantôme les chasse sans ménagement et il fera de même avec Coombe, venu faire sa cour à Lucy. Pour la tirer de ses ennuis d'argent, le fantôme lui propose de lui dicter ses mémoires de marin, qu'elle placera sans peine chez l'éditeur londonien Sproule, un amoureux de la mer. Dans les bureaux de la maison d'édition, Lucy rencontre Miles Fairley, gentleman distingué et cynique qui écrit sous le pseudonyme de « Oncle Neddy » des livres pour enfants universellement connus. Miles fait la cour à Lucy. Pour lui, elle délaisse un peu son fantôme et commence sérieusement à penser à un remariage. Imposant silence à sa jalousie, le fantôme de Clegg vient voir une dernière fois Lucy durant son sommeil et lui murmure que toute leur aventure n'a été qu'un rêve qu'elle a fait. Lucy se rend à Londres pour signer son contrat avec l'éditeur, puis va chez Miles. Elle apprend alors qu'il est marié et père de famille. Elle rentre dans son cottage que désormais elle ne quittera plus. Les années passent. Sa fille, devenue adulte, lui présente son fiancé. Bientôt c'est sa petite-fille qui, dans une lettre, lui annonce ses fiançailles. Un soir, elle somnole dans son fauteuil ; le verre de lait qu'elle tient dans sa main tombe à terre. Elle est morte. Clegg réapparaît et l'appelle : « Come, my dear ». Tous deux sortent de la maison et, marchant vers la mer, entrent dans l'éternité.

☞ L'un des chefs-d'œuvre de Mankiewicz et l'un des plus beaux films hollywoodiens. Dans ce troisième film réalisé pour la Fox, qu'il n'a pas écrit lui-même, dont il a seulement corrigé le scénario, peaufinant notamment le personnage de Miles Fairley, Mankiewicz s'exprime aussi profondément que dans les œuvres qu'il a tirées de ses propres scripts . *L'aventure de Mme Muir* offre un alliage rare, presque unique, entre l'expression d'une intelligence déliée et caustique et un goût romantique de la rêverie s'attardant sur les déceptions, les désillusions de l'existence. Le film n'appartient à aucun genre connu et crée lui-même son genre pour raconter, avec une poésie déchirante, la supériorité mélancolique du rêve sur la réalité, le triomphe de ce qui aurait pu être sur ce qui a été. C'est également un film sur la solitude, sur ces âmes insatisfaites et rêveuses à qui la solitude justement ouvre la voie vers la connaissance de la nature, vers une forme lointaine et presque immatérielle de bonheur. Tous les éléments de la mise en scène, des acteurs au décor, des dialogues à la photo, sont superbes et marqués du sceau de la perfection. Sublime partition de Bernard Herrmann. Accompagnant la méditation de l'auteur, elle souligne jusqu'à le faire parfois exploser le lyrisme contenu de l'œuvre. Grâce à elle, par exemple, les plans de mouettes et de vagues, ceux où Gene Tierney marche le long de la plage, qui indiquent le passage du temps, figurent parmi les plus beaux du film, alors qu'ils auraient pu en être les plus banals.

BIBLIO. : découpage (448 plans) *in* « L'Avant-Scène » nº 237 (1979).

## AVENTURES DE DON JUAN (LES)
**(Adventures of Don Juan)**

1949 – USA (110') • *Prod.* Warner (Jerry Wald) • *Réal.* VINCENT SHERMAN • *Sc.* George Oppenheimer, Harry Kurnitz d'ap. une histoire de Herbert Dalmas • *Phot.* Elwood Bredell (Technicolor) • *Mus.* Max Steiner • *Int.* Errol Flynn (Don Juan de Marana), Viveca

Lindfors (reine Margaret), Robert Douglas (duc de Lorca), Alan Hale (Leporello), Romney Brent (roi Philippe III), Ann Rutheford (Donna Elena), Robert Warwick (le comte de Polan).

Reconnaissant envers l'ambassadeur d'Espagne à Londres de l'avoir tiré d'un mauvais pas, Don Juan promet de s'amender et de n'avoir d'autre souci désormais que le service de son pays. Il rentre à Madrid et est engagé par la reine comme prévôt d'armes. Faisant route vers l'Espagne où il rapporte un trésor à la couronne, l'ambassadeur est capturé, puis emprisonné et torturé par le duc de Lorca qui veut s'emparer du pouvoir. Par un concours de circonstances, Don Juan apprend le rapt. Il prévient la reine, mais est arrêté par les sbires de Lorca. Il se retrouve dans la même forteresse que l'ambassadeur. Ses amis viennent le délivrer et emmènent l'ambassadeur en piteux état. Puis Don Juan vole au secours de la reine, dont la vie est menacée depuis que Lorca ne cache plus ses mauvais desseins. Don Juan tue Lorca en duel puis quitte Madrid. Il s'éloigne de la reine à cause de ses sentiments pour elle, quoique celle-ci lui ait proposé de partir avec lui.

☞ Ce n'est ni la meilleure réalisation de Vincent Sherman ni le meilleur rôle de Flynn et pourtant cette variation originale et peu orthodoxe sur le thème de Don Juan dispense un plaisir sans mélange. C'est un Don Juan légèrement vieillissant qu'incarne ici Flynn, lui-même vieilli, ayant perdu en peu d'années sa jeunesse triomphante de *The Sea Hawk**. Ce Don Juan-là n'a même plus la mémoire de ses conquêtes et voudrait avoir tenu un journal pour se les remémorer à loisir. Il regrette le temps où Madrid était gai. Sa réputation commence à lui peser. Faut-il alors s'étonner que, se livrant tout entier à l'aventure politique, il soit devenu un autre Don Juan, repenti, presque fidèle à un amour platonique ? Don Juan paradoxal, Ruy Blas au petit pied, Flynn communique à son personnage une ironie charmante et parfois mélancolique qui ne l'empêche pas de se montrer encore, en plusieurs circonstances, un bretteur magnifique. Si le film se ralentit parfois, les dialogues et le rythme interne de certaines séquences (ex. la première) sont le plus souvent excellents. La couleur, les décors somptueux et fascinants de la Warner rendent un digne hommage à cette Espagne du XVIIe siècle propice à toutes les rêveries romanesques.

N.B. Le film comprend des plans de deux films de Curtiz : *La vie privée d'Elizabeth d'Angleterre**, 1939 et *Les aventures de Robin des Bois**, 1940. Il est connu pour avoir beaucoup mieux marché en Europe qu'aux USA et amorça le déclin de Flynn au box-office.

## AVENTURES DE HADJI (LES)
## (The Adventures of Hajji Baba)

1954 – USA (89') • *Prod.* Allied Artists (Walter Wanger) distribué par Fox • *Réal.* DON WEIS • *Sc.* Richard Collins • *Phot.* Harold Lipstein (DeLuxe Color, Cinémascope) • *Mus.* Dimitri Tiomkin • *Int.* John Derek (Hadji Baba), Elaine Stewart (Fawzia), Thomas Gomez (Osman Aga), Amanda Blake (Banah), Paul Picerni (Nour El Din), Rosemarie Bowe (Aïcha), Ronald Randolph (le calife).

Le jeune Hadji, barbier et masseur de son emploi, quitte son échoppe d'Ispahan pour aller tenter fortune. « Je porte les attributs d'un barbier, dit-il à ses amis en les quittant, mais j'ai les désirs d'un prince . » Les circonstances l'amènent à aider la ravissante mais égoïste et capricieuse princesse Fawzia à échapper aux guerriers de son père, le calife, qui veut la marier à Mohammed Khan. Fawzia ne rêve, elle, qu'à Nour El Din dont la réputation de cruauté ne lui fait pas peur. Hadji et Fawzia se joignent à la caravane du marchand Osman Aga qui s'apprête à aller vendre la superbe danseuse Aïcha à Nour El Din dont elle ne déparera pas le harem. Hadji fait passer Fawzia, déguisée en jeune garçon, pour son apprenti. Il la sauve encore une fois des mains de deux guerriers qui tentaient de la ramener à son père. Dans le désert, Fawzia, pour une fois d'humeur paisible, dit à Hadji combien elle admire son courage. Il répond qu'il a surtout pensé à la magnifique émeraude qu'elle lui a promise. Ils sont tous deux capturés par les hommes du calife, lesquels doivent subir l'assaut de redoutables Amazones qui chargent debout sur leur cheval, et dont le chef, Banah, est une ancienne pensionnaire du harem de Nour El Din auquel elle voue une haine mortelle. Fawzia et Hadji se retrouvent prisonniers de ces Amazones, tout comme Aïcha et les membres de la caravane de Osman Aga. Reconnue, la princesse Fawzia est suspendue par les bras à une potence au-dessus des rochers. Hadji subit le même sort pour avoir voulu la délivrer. Fawzia, se croyant promise à la mort, avoue alors sans ambages son amour à Hadji. Ils sont sauvés par Nour El Din qui avait repris Aïcha aux guerrières. Hadji réclame son émeraude et abandonne Fawzia à Nour El Din. Mais elle ne veut plus l'épouser depuis qu'elle a pris conscience de sa férocité, de son inconstance et de ses visées impérialistes sur toute la Perse. Pour la ramener à de meilleurs sentiments, Nour El Din lui fait visiter sa fabuleuse collection de fioles de poisons. Le calife confie à Hadji la mission de lui ramener sa fille. Aidé par Aïcha qui entend rester la favorite de Nour El Din et qui endort les gardes, Hadji enlève la princesse et la conduit auprès de son père. Devenu le plus populaire héros d'Ispahan, il possède bientôt en Fawzia la plus admirée des épouses de Perse.

☞ Dans le cinéma hollywoodien d'après-guerre, le courant du film d'aventures orientales, adaptées de près ou de loin des « Mille et Une Nuits » fut quantitativement peu important mais s'illustra par des tendances variées. A la Universal dans les années 40, ce courant donna lieu par exemple à toutes sortes de récits spectaculaires à l'usage des enfants où l'innovation récente de la couleur fut particulièrement mise en valeur (cf. *Arabian Nights,* John Rawlins, 1942, ou *Ali Baba and the Forty Thieves,* Arthur Lubin, 1944). A la fin des années 50, le conte oriental retrouva son caractère fantastique, favorisé par des effets spéciaux particulièrement attrayants (*Le septième voyage de Sinbad**, Nathan Juran, 1958). Situé entre ces deux périodes, *Les aventures de Hadji* représente une tentative à peu près unique – au moins par sa qualité – de valoriser, dans un récit non fantastique, la dimension adulte, élégante et discrètement érotique du conte oriental. Don Weis, dans ce qui est sans nul doute le meilleur film de sa carrière, a fait preuve d'un raffinement plastique et d'un raffinement tout court absolument extraordinaires où l'apport du « color consultant », le célèbre photographe George Hoyningen-Huene (collaborateur de Cukor pour tous ses films en couleurs de *A Star Is Born** à *The Chapman Report*) fut vraisemblablement déterminant. Le film manifeste, en effet, une très grande exigence à tous les niveaux : dans ses décors, à la luxuriance savamment abstraite ; dans ses costumes, fantaisistes et bariolés et toujours d'une parfaite unité de style ; dans la beauté racée de ses interprètes : superbes Elaine Stewart et Rosemarie Bowe. John Derek n'est pas mal non plus, tel un lointain cousin de Fabrice del Dongo. Avec beaucoup d'art et de légèreté, Don Weis fait respirer au spectateur l'air de la grande aventure purifié de toute grandiloquence comme de ces facilités burlesques qui sont souvent la plaie du genre. Le demi-sourire du conteur ajoute enfin constamment la note ironique sans laquelle une œuvre de ce genre serait incomplète ; un certain désabusement est ici nécessaire à celui qui raconte l'histoire comme à celui qui l'écoute.

N.B. La critique américaine, si rarement lucide, ignora, bien entendu, ce film qu'elle aurait dû encenser. Bosley Crowther, le critique du « New York Times », révéla son obscène mauvais goût en déclarant qu'il aurait préféré voir Bob Hope dans le rôle de John Derek. Le film ne dut sa réputation qu'à la clairvoyance de certains cinéphiles français et en particulier des MacMahoniens.

## AVENTURES DE PINOCCHIO (LES)
### (Le avventure di Pinocchio)

1972 – Italie-France-Allemagne (version cinéma sortie en France en 1975 : 135', version télévision : 324') • *Prod.* RAI (Rome), – ORTF (Paris) – Bavaria Film

(Munich) – Sampaolo Film, Cinepat (Rome) • *Réal.* LUIGI COMENCINI • *Sc.* Suso Cecchi D'Amico et Luigi Comencini d'ap. R. de Carlo Collodi • *Phot.* Armando Nannuzzi (Technicolor) • *Mus.* Fiorenzo Carpi • *Déc., cost.* Piero Gherardi, Arrigo Breschi • *Int.* Andrea Balestri (Pinocchio), Nino Manfredi (Geppetto), Franco Franchi (Le Chat), Ciccio Ingrassia (Le Renard), Gina Lollobrigida (la Fée), Mario Adorf (directeur du cirque), Domenico Santoro (Lucignolo), Vittorio De Sica (le Juge), Ugo D'Alessio (Maître Cerise), Lionel Stander (Mangiafuoco), Zoe Incrocci (La Limace), Carlo Bagno (propriétaire du chien Melampo) et les marionnettes du Théâtre Colla de Milan.

PREMIER ÉPISODE (56'). Un village de Toscane vers la fin du XIX^e siècle. Misère et froid. Deux employés du forain et marionnettiste Mangiafuoco, « Le Chat », et « Le Renard », font la parade pour leur spectacle. Un des prospectus qu'ils distribuent donne l'idée au très pauvre menuisier Geppetto de se fabriquer une marionnette qui lui tiendra compagnie dans son extrême solitude. Il emprunte une bûche de noyer à son voisin et collègue Maître Cerise. Quoique très avare, Maître Cerise lui en a donné une qui l'inquiétait beaucoup et dont il voulait se débarrasser car elle ... parle. A peine terminée, la marionnette façonnée par Geppetto, et baptisée par lui Pinocchio, se met à bouger et à parler. Durant la nuit, alors que Geppetto dort, une fée aux traits semblables à ceux de la défunte épouse de Geppetto, transforme la marionnette en un enfant de chair et de sang. Mais en contrepartie de ce don, elle exige de lui qu'il soit un petit garçon sage et obéissant. Elle le menace de le retransformer, à chaque faute qu'il commettra, en un pantin de bois. Au matin, Geppetto n'en croit pas ses yeux : il a devant lui la réalisation de son vœu le plus cher – un petit garçon bien à lui. Affamé, Pinocchio vole un fromage à un pêcheur. Il échappe aux gendarmes qui le poursuivent. C'est Geppetto, considéré comme son père, qui sera arrêté et emprisonné. Pinocchio rentre seul chez Geppetto. Il brûle les outils de celui-ci pour alimenter le feu et cherche désespérément de quoi manger. En pleine nuit, il va demander à un voisin un peu de nourriture : celui-ci lui verse une grande bassine d'eau sur la tête. DEUXIÈME ÉPISODE (55'). Pinocchio rentre à nouveau dans la maison de Geppetto. Il écrase un grillon qui voulait lui faire la morale et se brûle les pieds au feu allumé dans la cheminée. Il redevient marionnette. Libéré de prison, Geppetto est déçu de voir qu'il avait rêvé et que Pinocchio n'est rien d'autre que la marionnette qu'il avait façonnée. Il lui retaille les pieds et, peu de temps après, elle redevient un enfant. Pinocchio promet d'être sage. Geppetto tient absolument à ce qu'il aille à l'école. Il vend sa casaque pour lui acheter un livre de classe et lui fabrique un vêtement. Insulté par les commères qui le considèrent déjà comme un cancre, Pinocchio se détourne du chemin de l'école. Attiré par le bagout du Chat et du Renard durant la parade, il vend son livre pour assister au spectacle de Mangiafuoco qui présente le triomphe de la Lumière et de l'Électricité sur l'obscurantisme et les ténèbres. Devinant en lui une marionnette semblable à elles, les marionnettes appellent, durant la représentation, Pinocchio à monter parmi elles sur la scène. Celui-ci redevient alors une créature de bois. Contrarié par le désordre que Pinocchio met dans son spectacle, Mangiafuoco l'enferme dans une cage. Geppetto attend vainement Pinocchio à la sortie de l'école. Il apprend qu'il s'est rendu au théâtre de marionnettes. Geppetto se dirige vers la mer sur les traces de Mangiafuoco, persuadé que celui-ci lui a volé son enfant. Voulant faire cuire son mouton lors d'une halte de la roulotte, Mangiafuoco demande qu'on brûle la nouvelle marionnette. Mais entre temps elle est redevenue un enfant. Lassé de leur esclavage, Le Chat et Le Renard quittent le service de Mangiafuoco auquel Pinocchio raconte son histoire. Mangiafuoco éternue plusieurs fois, signe chez lui d'une vive émotion. Pinocchio empêche que la marionnette Arlequin soit brûlée à sa place. TROISIÈME ÉPISODE (52'). Mangiafuoco donne à Pinocchio cinq pièces d'or et lui conseille de rejoindre son père. L'enfant parle de ce don au Chat et au Renard et méprise les avertissements d'une poule et d'une luciole. Les deux compères se font inviter à dîner par Pinocchio qui dépense là une de ses pièces. Revêtus d'un drap blanc, ils essaient de le dévaliser dans une forêt. Pinocchio leur échappe et court vers une maison sur pilotis qui se trouve être, ce qu'il ignore, la maison de la fée. « Tout le monde est mort dans cette maison » dit la fée. Les deux compères que l'enfant n'a pas reconnus s'emparent de lui et, comme il prétend avoir perdu les pièces (en fait, il les a cachées), ils le pendent, non loin de la maison de la fée qui laisse faire. Mais c'est la marionnette de bois qui retombe hors du nœud coulant qui allait étouffer l'enfant. La marionnette court vers la maison de la fée. Pinocchio est bien malade et doit être soigné par deux médecins. Quand il lui arrive de mentir, son nez s'allonge démesurément, au point qu'il traite la fée de sorcière. Peu après, elle le retransforme en petit garçon. Il va récupérer ses pièces dans la fontaine où il les avait cachées. Le Chat et Le Renard le persuadent de les planter dans le potager aux miracles car, selon eux, si elles sont correctement arrosées, elles se multiplieront. Alors que Pinocchio, crédule, s'est éloigné pour aller chercher de l'eau, les deux compères s'emparent des pièces en ricanant. QUATRIÈME ÉPISODE (53'). Comprenant grâce à un paysan qu'il a été grugé, Pinocchio va raconter son histoire au juge qui ne trouve pas d'autre remède à l'affaire que d'emprisonner l'enfant. Pendant ce temps, sur les quais, Geppetto retrouve dans une boîte à ordures le vêtement de Pinocchio et se décide à partir pour les Amériques où Mangiafuoco s'est rendu. Il répare dans ce but une vieille barque endommagée. A l'intérieur de sa prison, Pinocchio s'accuse de plusieurs délits pour pouvoir bénéficier de l'amnistie. Sur la route, un dragon animé par des enfants lui fait peur. Il découvre qu'on est en plein carnaval. En chemin, il tombe sur le tombeau de la fée. Une inscription dit qu'elle est morte à cause de lui. Pinocchio pleure un bon coup et puis s'endort sur la pierre. A son réveil, il déclare à l'intention de la fée : « Tu es peut-être morte de chagrin, mais moi je vais mourir de faim si je ne trouve pas quelque chose à manger ». Il vole du pain et du raisin à un paysan qui l'oblige, pour se venger et pour que Pinocchio puisse payer sa dette, à remplacer son chien de garde. Attaché par un collier relié à une longue chaîne en fer, Pinocchio fait arrêter des voleurs de poules. Le paysan, qui connaît Geppetto pour l'avoir aperçu sur les quais, libère Pinocchio qui s'en va donc à la recherche de son père vers la mer. Il arrive juste à temps pour voir Geppetto, qui a pris la mer à bord de sa minuscule barque, sombrer dans les flots. Devant l'indifférence générale, Pinocchio se jette à l'eau pour le sauver. Mais en vain. Reprenant conscience sur la grève où les vagues l'ont amené, Pinocchio fait la connaissance du jeune Lucignolo caché sous une barque renversée. Lucignolo est un garnement qui fuit la police. Il impressionne beaucoup Pinocchio par sa tranquille audace et sa connaissance du monde. S'attachant à ses pas, il vole avec lui des beignets. CINQUIÈME ÉPISODE (55'). Lucignolo qui, lui, ne s'attache à personne, a disparu. Pinocchio le recherche à travers le village. Il refuse les petites tâches qu'on lui propose contre un peu de nourriture. Il fait la queue avec les pauvres pour obtenir un bol de soupe. La fée, qui distribue la soupe (elle n'était donc pas morte), fait semblant de ne pas le reconnaître. Elle l'entraîne chez elle où sa servante, La Limace, reconnaît bien Pinocchio. La fée lui fait servir un repas et lui annonce que son père n'est pas mort. Elle l'oblige à aller à l'école où il devient un élève modèle. Elle lui suggère, en guise de récompense, d'organiser chez elle une fête pour ses petits camarades. Pinocchio retrouve à l'école Lucignolo, amené de force par le directeur. Lucignolo s'arrange pour se faire renvoyer. Pinocchio fait de même afin de pouvoir le suivre. Lucignolo s'apprête à partir pour le Pays des Merveilles, paradis à l'usage des enfants où ceux-ci sont dispensés de tout travail et vivent comme en une fête perpétuelle. Nourriture, bonbons et jouets sont distribués là-bas gratuitement. Pinocchio et Lucignolo se disent adieu. La nuit est tombée. Pinocchio rentre à la maison de la fée, mais trop tard pour assister à la fête donnée pour ses petits camarades. La Limace, avant de lui permettre d'entrer, le fait attendre longuement sous la pluie puis lui sert un repas de carton. Scandalisé par cet accueil, Pinocchio court rejoindre Lucignolo. A dos d'âne, tous deux font route, avec un groupe d'enfants, vers le Pays des Merveilles où ils profiteront tout à loisir des réjouissances et des bienfaits qui y sont dispensés. SIXIÈME ÉPISODE (53'). Le lendemain matin, à leur réveil, Pinocchio et Lucignolo s'aperçoivent, comme tous les autres enfants invités au Pays des Merveilles, qu'ils ont maintenant de longues oreilles d'âne. Ils essaient de s'échapper et sont alors complètement transformés en ânes. Pinocchio est séparé de Lucignolo et vendu à un directeur de cirque qui le malmène au cours de la représentation. La fée est présente parmi les spectateurs. Estropié à la suite d'une chute, l'âne est vendu à un homme qui veut le noyer pour fabriquer un tambour avec sa peau. L'homme accroche des pierres au cou de l'animal et le pousse à l'eau. L'âne se transforme en marionnette, laquelle, rejetée à la mer par son propriétaire, nage vers le large et est avalée par un requin géant (à moins qu'il ne s'agisse d'une baleine). Dans le ventre du monstre, la marionnette retrouve Geppetto, fou de joie à ces retrouvailles. Geppetto vit là dans une grande sérénité d'esprit ; la cargaison des bateaux qu'avale le monstre lui fournit tout ce qu'il peut désirer. La lecture des livres remplace pour lui avantageusement le spectacle de la nature. Déçu quand même de retrouver un Pinocchio en bois, il critique les méthodes d'éducation de la fée et va jusqu'à la traiter de sorcière. Le lendemain matin, la marionnette est redevenue un petit garçon ou plutôt s'est dissociée définitivement de l'enfant. Pinocchio restera pour toujours un être de chair et de sang. Pour l'heure, son principal désir est de s'échapper hors du ventre du monstre. Geppetto, lui, n'en voit pas l'utilité. Ce qui est refuge et paradis pour le père est prison pour l'enfant. Celui-ci saura persuader Geppetto de s'enfuir sur le dos d'un thon obligeant qui les conduit jusqu'à la rive. Sur terre, Pinocchio entraîne joyeusement vers la vie son père retrouvé.

☞ Le film a été montré en France en deux versions : une version-digest assez maladroitement bâtie de 135' (sortie en salles) et une version de six épisodes de 55' environ, programmée plusieurs fois à la télévision, qui représente l'œuvre originale de Comencini. Cette version est même plus longue de 35 - 40' que la version télévisée italienne. Elle contient notamment deux scènes inédites : le superbe spectacle de marionnettes avec la Fée Électricité, et la visite rendue par la fée à Pinocchio, âne blessé, dans les coulisses du cirque. Écrit en 21 mois, tourné en 23 semaines pour un budget de huit cent millions de lires (important à l'époque, mais assez dérisoire aujourd'hui), le film représente un modèle d'adaptation littéraire, équilibrant à la perfection respect et admiration pour l'œuvre originale (considérée en Italie comme une sorte de Bible laïque) et libre interprétation de son sens. Comencini s'est trouvé dans une situation particulièrement favorable, pouvant illustrer chacun des épisodes du livre et faire un sort à tous ses personnages, qu'il a représentés tantôt sous une forme animale (le grillon, le thon, le requin, etc.) tantôt sous une forme humaine (Le Chat, Le Renard, La Limace, etc.). Il en a eu le temps (au tournage et sur l'écran). Il en a eu les moyens financiers. Le scénario qu'il a écrit avec la grande Suso Cecchi D'Amico est admirable par sa cohérence, son ingéniosité et sa maturité. Il ne pouvait être question, dans une œuvre aussi longue et aussi mouvementée, de présenter comme chez Collodi (et chez Disney) une marionnette qui ne s'incarnerait en un être de chair et de sang qu'à la toute fin du récit. Comencini et sa scénariste ont eu recours à une solution aussi adroite et élégante que riche de significations. La fée au début de l'histoire fait don de l'incarnation à Pinocchio puis le punit, à chaque fois qu'il déchoit, en le rendant marionnette à nouveau. (Au total, Pinocchio est marionnette pendant une heure environ du récit.) Cet habile parti pris dramatique permet aux deux auteurs de montrer la fée, rendue odieuse par les multiples régressions qu'elle fait subir à l'enfant, comme la gardienne inflexible et cruelle d'une Loi morale très répressive. Son personnage est affecté d'un cœfficient négatif qui aide le sens du film à s'épanouir librement à travers ses nombreux épisodes. Poète et peintre chaleureux de l'enfance, Comencini a mis en scène ici, plus encore que dans aucun de ses autres films, *le roman de l'énergie enfantine*, apte sinon à sauver le monde, du moins à le faire progresser sur les chemins de la liberté, de la spontanéité, de la générosité. Les qualités soulignées chez l'enfant Pinocchio – fierté, courage, insolence, curiosité, sens de l'amitié, obstination, révolte – sont de celles qui, aux yeux de Comencini, peuvent contribuer à remplacer la vieille morale conventionnelle par une autre, plus juste et plus humaine. Du livre de Collodi, Comencini a tenu à donner une vision à dominante réaliste sur le plan social et optimiste sur le plan moral. Avec un immense talent, il a rendu plus concret que dans le livre le cadre social et historique où se déroulent les aventures de l'enfant-marionnette : ce village de Toscane frigorifié et affamé au cours d'un rude hiver de la fin du XIXe siècle. A la quête du père, fondement du livre de Collodi, s'ajoute ici une non moins significative et attachante quête du fils. En effet, non seulement le père et le fils se recherchent mutuellement (en montage parallèle) tout au long du film, mais à la fin le fils, en extrayant presque contre son gré son père du ventre de la baleine, le met en quelque sorte au monde une deuxième fois et lui offre une seconde naissance qui sert d'apothéose à l'œuvre. Comencini a aussi considérablement développé le personnage de Lucignolo, le cancre libertaire et indépendant qu'admire et aime Pinocchio. Son talent de directeur d'acteurs, appliqué à des enfants, n'a jamais été aussi évident que dans les scènes où ces deux personnages sont réunis. Cela ne veut nullement dire que les adultes ont été moins bien traités et Nino Manfredi par exemple en vieil homme usé et fragile, a donné l'une des plus belles compositions de sa carrière.

BIBLIO. : sur le détail de l'adaptation, voir J. Lourcelles : « A la recherche de Pinocchio » *in* « Fiction », octobre, novembre, décembre 1973. A l'occasion de la sortie de ce nouveau *Pinocchio* (1972), une traduction de l'œuvre de Collodi a été publiée chez G.P. Rouge et Or, ornée d'illustrations qui rendent justice à la beauté plastique du film. Elle a été préfacée par Comencini.

## AVENTURES DE ROBIN DES BOIS (LES)
### (The Adventures of Robin Hood)

1938 – USA (102') • *Prod.* Warner (Hal B. Wallis) • *Réal.* MICHAEL CURTIZ et WILLIAM KEIGHLEY • *Sc.* Norman Reilly Raine et Seton I. Miller • *Phot.* Tony Gaudio, Sol Polito (Technicolor) • *Mus.* Erich Wolfgang Korngold • *Int.* Errol Flynn (Robin des Bois), Olivia de Havilland (Marian), Basil Rathbone (Sir Guy de Gisbourne), Claude Rains (le prince Jean), Patric Knowles (Will Scarlet), Eugène Pallette (Frère Tuck), Alan Hale (Little John), Melville Cooper (shérif de Nottingham), Ian Hunter (Richard Cœur de Lion), Montagu Love (l'évêque de Black Canons).

En 1191, le roi d'Angleterre Richard Cœur de Lion est parti pour la Croisade. Il a laissé la régence à son ami Longchamps mais son frère, le prince Jean, appuyé par les barons normands et en particulier Sir Guy de Gisbourne, convoite le trône. En attendant, il persécute les pauvres, surtout s'ils sont Saxons, en les taxant et en les pillant de mille et une façons. C'est donc une aubaine pour les Normands et un triste jour pour les Saxons quand on apprend que Richard a été capturé, à son retour de la Croisade, par le roi Léopold d'Autriche qui réclame une rançon. Robin de Locksley, un seigneur épris de justice et de liberté, s'est rendu célèbre à travers tout le royaume en menant avec une poignée d'hommes une rébellion contre Jean et les puissants Normands. Il s'introduit, seul, au château de Nottingham durant le festin donné par Sir Guy en l'honneur de Jean. Il traite publiquement de félons Jean, qui vient de se proclamer lui-même Régent, ainsi que ses partisans. Bien qu'entouré d'hommes en armes, Robin réussit à quitter sain et sauf le château. Il fait dans les jours qui suivent deux recrues de choix en la personne de Little John, une espèce de géant, et de Frère Tuck, un moine obèse mais expert à manier l'épée. Dans la forêt de Sherwood, la foule de ses partisans, rassemblée à son appel, jure de dépouiller les riches au profit des pauvres et de chasser l'usurpateur. Les supplices et les exécutions de Saxons redoublent dans le royaume, mais souvent leurs responsables sont châtiés sur-le-champ par une flèche décochée par Robin ou l'un de ses hommes. Sir Guy a récolté en pressurant les paysans une rançon destinée en principe à acheter la libération de Richard mais qui doit en réalité servir à permettre à Jean de s'emparer du trône. Robin et ses hommes, cachés dans les arbres, attaquent le cortège de Sir Guy et mettent la main sur la rançon. Lady Marian, la pupille de Jean que celui-ci a promise à Sir Guy, fait partie des prisonniers. Robin la persuade que la capture du trésor par ses hommes n'est pas un forfait mais tout au contraire une précaution pour s'assurer que la rançon sera effectivement versée au roi Léopold. Visitant son camp, Lady Marian constate que Robin a délaissé sa vie facile de seigneur pour défendre les pauvres et lutter contre l'injustice. Sir Guy, Lady Marian et les autres prisonniers sont bientôt relâchés. Jean organise alors un tournoi afin de tendre un piège à Robin. En tant que meilleur archer, il gagne la Flèche d'or et est aussitôt fait prisonnier et condamné à mort. Lady Marian veut sa libération et prend contact avec ses fidèles. Le jour de la pendaison, ceux-ci le libèrent en pleine place publique. Robin, durant la nuit, grimpe dans les appartements de Lady Marian pour la remercier et lui déclarer son amour. Cet amour est réciproque. Dans la taverne fréquentée par les amis de Robin, le roi Richard et ses amis, déguisés en moines, sont repérés par l'évêque de Black Canons qui va faire aussitôt son rapport à Jean, lequel décide l'assassinat de son frère. Lady Marian, au courant de ses intentions, écrit à Robin mais Sir Guy s'empare de la missive et dénonce Marian à Jean. Elle est jugée et condamnée à mort. Much, un des fidèles de Robin, tue l'émissaire envoyé pour assassiner Richard. Robin, ignorant leur véritable identité, rançonne les faux moines et proclame sa fidélité envers Richard qui, alors, se découvre à lui. Le jour du couronnement de Jean, Robin et sa troupe, ainsi que Richard, s'introduisent à Nottingham. Richard se montre à la foule et bannit Jean, l'usurpateur. Robin tue en duel Sir Guy et libère Lady Marian. Le roi affirme son intention de réconcilier à tout jamais les Normands et les Saxons. Il donne Lady Marian à Robin.

☞ Le plus célèbre et le plus aimé des films d'aventures américains des années 30. Pour beaucoup de cinéphiles, le film représente la quintessence, jamais dépassée, du cinéma hollywoodien. Ce fut à son époque la plus grosse production Warner jamais réalisée. Hal Wallis avait décidé qu'elle bénéficierait de la couleur. Le procédé Technicolor à trois couleurs en était dans sa troisième année d'existence depuis *Becky Sharp* (Mamoulian, 1935). *Robin des Bois* fut environ le quinzième titre filmé selon ce procédé. William Keighley tourna deux mois (octobre et novembre 1937) avant d'être remplacé par Curtiz. On lui reprochait ses retards (une quinzaine de jours) et une touche trop légère et manquant de vigueur dans les scènes d'action. Curtiz tourna encore un mois et demi et le film s'acheva avec trente-huit jours de retard et un dépassement considérable de budget. Curtiz avait filmé la plupart des intérieurs et ajouté certains plans aux scènes d'action tournées en extérieurs par Keighley (par exemple des plans de Robin et de ses compagnons grimpant aux arbres et investissant la forêt avant l'attaque du cortège de Sir Guy). Le scénario paraît simple mais nécessita plusieurs moutures et beaucoup de travail. Il s'articule autour de sept morceaux de bravoure principaux : l'apparition insolente de Robin au château de Nottingham ; son duel amical sur la rivière avec Little John ; sa rencontre avec Frère Tuck ; l'attaque du convoi de Sir Guy ; le tournoi de la Flèche d'or ; la libération de Robin auprès de la potence ; la bataille finale et le duel entre Robin et Sir Guy. Sans être jamais surabondant, le récit donne ainsi au spectateur l'impression de disposer d'une inépuisable réserve de péripéties. Dans son résultat final, le film est assez impersonnel. Cela arrive souvent dans les très grosses superproductions américaines (cf. *Autant en emporte le vent**, *Cléopâtre* de Mankiewicz). Une grande partie de l'énergie des cinéastes est dépensée en effet à sauver les meubles, à tenter de préserver une unité d'ensemble, à maintenir le budget dans des limites raisonnablement déraisonnables. On frôle souvent la catastrophe et les réalisateurs se succèdent aux commandes du navire. Dans *Robin des Bois,* cette impersonnalité n'est nullement gênante car le genre, admirablement servi par la légèreté élégante de Keighley et la force dynamique de Curtiz, suffit au bonheur du spectateur et à la beauté de l'œuvre. On ne trouve rien à reprocher à ce récit d'aventures délié, aérien, où les Bons ont beaucoup plus d'importance que les Méchants et entraînent le spectateur dans une sarabande d'événements légendaires aux couleurs toniques et chatoyantes. Si les séquences vraiment caractéristiques du style de Curtiz, à savoir cette dureté plastique qui lui est propre, ce sens du gigantisme plus architecturé et plus géométrique que celui de De-Mille, sont assez rares, elles sont en revanche admirables. Citons seulement le procès de Lady Marian éclairé aux chandelles et le célèbre duel Flynn-Rathbone dont une partie se passe en ombres chinoises sur une des gigantesques colonnes du château.

N.B. Parmi les nombreux autres films basés sur le personnage de *Robin des Bois* signalons le remarquable *Robin Hood* (*Robin des Bois,* Dwan, 1922), un des meilleurs Douglas Fairbanks ; le plaisant *The Story of Robin Hood* (*Robin des Bois et ses joyeux compagnons*) de Ken Annakin, tourné en Angleterre et produit par Walt Disney, 1952 ; enfin le long métrage d'animation produit par la même firme *Robin Hood* (*Robin des Bois,* 1973), d'une qualité moyenne.

BIBLIO. : découpage (410 plans) publié par The University of Wisconsin Press, 1979. Préface de Rudy Behlmer analysant les étapes du scénario et la genèse du film. Le même Behlmer a réuni les documents épistolaires relatifs au fonctionnement de la Warner de 1935 à 1951 dans le volume « Inside Warner Bros », Weidenfeld and Nicolson, Londres, 1935 (travail équivalent à celui que le même auteur avait fait pour les « Memos » de Selznick). Il y est beaucoup question de *Robin des Bois.* Enfin Behlmer a retrouvé trois sources de documents filmés, la plupart en couleurs – ce qui est extraordinaire – sur le tournage du film : un petit film d'amateur réalisé par un tout jeune homme dans la forêt de Chico (à cinq cents kilomètres au nord de Los Angeles – scènes de la forêt de Sherwood) ; un film de Seton I. Miller, l'un des scénaristes (scènes du festin de Nottingham et de la pendaison) ; un film dû à Basil Rathbone et à l'un de ses amis concernant surtout les duels et les scènes d'action (cf. l'article de Philippe Garnier « The Making of Robin des Bois » *in* « Libération » du 7-1-1986).

## AVENTURES DU CAPITAINE WYATT (LES)
### (Distant Drums)

1951 – USA (101') • *Prod.* Warner (Milton Sperling) • *Réal.* RAOUL WALSH • *Sc.* Niven Busch et Martin Rackin d'ap. une histoire de Niven Busch • *Phot.* Sid Hickox (Technicolor) • *Mus.* Max Steiner • *Int.* Gary Cooper (capitaine Quincy Wyatt), Mari Aldon (Judy Beckett), Richard Webb (lieutenant Richard Tufts), Arthur Hunnicutt (Monk), Ray Teal (Mohair), Robert Barrat (général Zachary Taylor), Clancy Cooper (sergent Shane).

Floride, 1840. Les États-Unis luttent vainement depuis des années contre les Indiens Séminoles. Le lieutenant de marine Richard Tufts est chargé de mettre une embarcation au service de Quincy Wyatt, un officier hors du commun qui vit avec sa petite troupe de quarante hommes dans une île, sur le terrain même des combats, ayant rompu tout contact avec l'armée régulière, ses usages et sa discipline. Il porte lui-même une tenue plus proche de celle d'un trappeur que d'un soldat. Très respecté de tous, Wyatt a un fils de six ans dont la mère, une princesse indigène, est aujourd'hui décédée. Le plan de Wyatt est d'attaquer et de détruire le fort voisin où les Séminoles se ravitaillent en armes, grâce à des contrebandiers. Il pense pouvoir réussir sans autre appui que les quelques dizaines d'hommes de son régiment. Il a obtenu pour cette entreprise téméraire l'accord du général Zachary Scott. L'attaque a lieu de nuit. Après une brève échauffourée avec les contrebandiers, Wyatt et ses hommes découvrent l'arsenal et libèrent quelques prisonniers blancs capturés par les trafiquants d'armes ; puis on fait sauter le fort. Il s'agit maintenant d'échapper aux Séminoles. Ils arrivent en masse sur la plage au long de laquelle mouille l'embarcation de Tufts. Impossible de monter à bord. Wyatt décide de passer par les marais, zone fertile en dangers de toutes sortes, grouillante de serpents et de crocodiles. Il y a deux cents kilomètres à parcourir dans cet enfer. Wyatt sépare ses hommes en deux groupes : les uns partiront à pied, les autres courront avec lui le risque de demeurer sur place pour bâtir des pirogues. Dès qu'elles sont construites, elles filent vers le lieu du rendez-vous, la clairière des tombeaux sacrés des Séminoles, monticules de terre sous lesquels les cadavres sont enterrés debout. Durant le voyage, Wyatt a fait plus ample connaissance avec l'une des prisonnières, Judy Beckett, qui cherche à se faire passer pour une jeune fille de la haute société de Savannah. Wyatt devine immédiatement qu'elle vient, comme lui, d'une des régions les plus pauvres de Géorgie. Elle est hantée par le désir de retrouver le meurtrier de son père, un aristocrate de la ville. Dans la clairière, un seul rescapé du premier groupe est présent au rendez-vous. Les autres ont été massacrés ou capturés. Wyatt s'empare d'un Séminole en pointant vers lui la gueule ouverte d'un serpent. L'Indien indique l'endroit où sont cachés les prisonniers. Mais quand les soldats y parviennent, après avoir marché longtemps dans les marais, l'eau montant jusqu'à leur poitrine, il est trop tard. Les prisonniers ont été donnés en pâture aux crocodiles. Wyatt et ses hommes réintègrent leur île, dévastée par les Indiens. Wyatt ordonne à chaque soldat de se creuser un trou individuel pour se défendre contre l'ennemi. Il confie à Judy que sa femme a été tuée, non par des Indiens, mais par de jeunes soldats ivres ; il a depuis longtemps renoncé à la vengeance. Il défie le chef des Séminoles en un combat singulier – duel au couteau dans la rivière – afin d'éviter des morts inutiles. En effet, leur chef mort, les Indiens s'enfuient aussitôt. Le général Zachary Scoot et ses troupes arrivent ; le jeune fils de Wyatt, que celui-ci n'espérait plus revoir, est avec eux. Les soldats l'ont trouvé caché dans la jungle. Ils partent sur les traces des Séminoles, tandis que Judy, modifiant ses plans, restera dans l'île en compagnie de Wyatt et son fils.

☞ Rencontre d'un grand metteur en scène et d'un grand acteur, *Distant Drums* représente la quintessence du film d'aventures américain. Les péripéties et la trame (reprises d'*Objective, Burma !, Aventures en Birmanie* *) comptent peu, servent surtout à envelopper, comme la peau enveloppe un organisme vivant, le propos du cinéaste qui est d'ordre à la fois plastique et moral et d'un tel classicisme dans l'un et l'autre domaine qu'il décourage le commentaire. Le film combine les beautés de l'épure (du croquis d'architecture), de la peinture et de quelque chose qui est un mouvement constant de l'image et qu'il faut bien appeler le cinéma. Le cinéma, ici, non seulement déplace les lignes, mais les dirige toutes dans le sens d'une méditation morale, simple et évidente, livrée par un réalisateur qui filme comme il respire. Si *Distant Drums* sacrifie au culte du héros – Wyatt est ainsi présenté : « soldat, homme des marécages, grand seigneur, infatigable » – le héros qu'il donne à voir n'a rien d'un surhomme. Wyatt est là pour incarner le meilleur et le plus naturel de l'homme, en route vers la sérénité. Par deux fois dans les dialogues est évoquée une histoire de vengeance (passé de Mari Aldon et passé de Cooper) et dans les deux cas il s'agira à la fin d'une vengeance dépassée et abandonnée. En ce qui le concerne, Wyatt se sent aussi éloigné de l'armée régulière à laquelle il appartient que des Indiens contre lesquels il combat. Cet individualiste n'est en accord qu'avec lui-même et avec le paysage. Ce parfait héros walshien est donc un solitaire, mais sans mélancolie ni amertume. Droiture, équilibre, maîtrise du danger, ces notions à la fois physiques et morales, qui caractérisent son action, veulent une narration nette, rectiligne, sans bavure, qui comble l'œil par une vivante et fascinante transcription plastique. Elle existe ici pleinement dans ce film achevé et laconique.

## AVENTURES EN BIRMANIE
**(Objective, Burma !)**

1945 – USA (142') • *Prod.* Warner (Jerry Wald) • *Réal.* RAOUL WALSH • *Sc.* Ranald MacDougall, Lester Cole, d'ap. une histoire de Alvah Bessie • *Phot.* James Wong Howe • *Mus.* Franz Waxman • *Int.* Errol Flynn (capitaine Charles R. Nelson), William Prince (lieutenant Sydney Jacobs), James Brown (sergent John Treacyl), George Tobias (caporal Gabby Gordon), Henry Hull (Mark Williams), Warner Anderson (colonel J. Carter), John Alvin (Charles Hogan).

Il y a deux ans que le général Stilwell a été chassé de la Birmanie par les Japonais barrant ainsi aux Américains la route vers la Chine. L'armée a préparé activement la reconquête du pays. En prélude à cette action, un groupe de soldats, sous la direction du capitaine Nelson, est parachuté dans la jungle. Ils ont pour mission la destruction d'une station-radar non suffisamment localisée pour être bombardée. Un journaliste, Marks Williams, accompagne les hommes. Il est beaucoup plus âgé qu'eux et saute en parachute pour la première fois de sa vie. Le groupe attaque la station par surprise, décime les soldats japonais en train de déjeuner et fait sauter au TNT toutes les installations. Cette première partie de la mission, entièrement réussie, a été presque dérisoirement facile à accomplir. Mais maintenant il faut rentrer et les difficultés commencent. L'avion qui devait ramener les soldats à la base est contraint de faire demi-tour car une centaine de Japonais arrivent et Nelson demande par radio qu'on annule l'atterrissage. Deux jours plus tard, et après quarante-cinq kilomètres d'une marche lente et harassante dans la jungle, a lieu le premier parachutage de vivres. Auparavant les hommes se sont scindés en deux groupes. Nelson apprend qu'il ne pourra être ramené avec ses hommes en avion car il n'y a plus de piste d'atterrissage utilisable dans la région. Les soldats seront ravitaillés tous les quatre jours. Le groupe de Nelson retrouve les deux seuls survivants de l'autre groupe, victime d'un épouvantable massacre. Les hommes atteignent un village birman, abandonné le matin même par les Japonais. Ils abattent les sentinelles encore présentes et découvre les corps atrocement suppliciés de leurs camarades. Un agonisant supplie Nelson de l'achever et meurt en lui parlant. Après une fusillade, les Américains fuient les Japonais réapparus dans le village et laissent des morts sur le terrain. Lors du deuxième parachutage de vivres, Nelson reçoit de nouveaux ordres : il faut abandonner le chemin du retour vers la base et progresser vers le Nord. Les soldats n'ont pas le temps d'emporter les caisses de ravitaillement car des Japonais, postés en embuscade, leur tirent dessus. Ils avancent péniblement dans la jungle, traversent des rivières, ne réussissent pas à signaler leur présence à un avion qui les cherche. Le vieux journaliste, usé par la fatigue, commence à perdre la boule. Les soldats escaladent une colline, lieu du rendez-vous fixé par les nouveaux ordres. Il n'y a rien aux alentours et cela les désespère. On retrouve le journaliste mort. Grâce à une petite glace de poche, Nelson signale sa présence à un avion qui parachute des vivres. Mais les Japonais ont repéré le groupe et, à la nuit tombée, attaquent la colline. Un d'entre eux, parlant américain, piège un soldat et le tue. Mais son compagnon ne tombe pas dans le panneau et se débarrasse du Japonais avec une grenade. La lumière d'une torche illumine les Japonais au bas de la colline. Ils subissent des pertes sévères et abandonnent le terrain. Le lendemain, au jour, le groupe voit une multitude d'avions envahir le ciel birman. « Il pleut des parachutes ! » s'écrie un soldat. Nelson contacte son supérieur et lui remet une poignée de plaques d'identité, celles des soldats qui ont payé de leur vie la destruction de la station-radar. Il rentre en avion avec ses hommes.

☞ Un des très grands chefs-d'œuvre de Walsh et le chef-d'œuvre du film de guerre américain (avec *Les nus et les morts* * du même Walsh et *Les maraudeurs attaquent* * de Fuller). Dans deux précédents films avec Errol Flynn, Walsh avait dépeint la guerre comme un jeu (*Desperate Journey* *), comme une occasion insolite et inattendue de salut individuel (*Uncertain Glory* *). Il la montre dans *Objective, Burma !* comme une aventure collective grave et mobilisatrice de toutes les énergies. Le jeu de Flynn, sans fioritures ni ironie, est à l'image de ces intentions. C'est ici le triomphe absolu de l'art classique où le concret et l'abstrait, la description analytique et synthétique de la réalité, l'emploi des gros plans et des plans généraux, des plans courts et des plans longs, la litote et le spectaculaire s'harmonisent à la perfection et donnent lieu à une œuvre qui, réalisée à chaud, dans un contexte et des visées militantes précises, atteint immédiatement à l'intemporel. On verra cette œuvre dans cinquante ans avec la même admiration qu'elle inspire aujourd'hui. Le film est fascinant par le génie avec lequel Walsh décompose constamment les différentes phases d'une action, les diverses réactions de ceux qui l'accomplissent, pour les recomposer presque aussitôt en donnant une vision globale de cette action et de l'attitude physique et mentale des combattants. Qu'il s'agisse des multiples activités du camp interrompues par l'annonce d'un *briefing* dans une heure ; du calme, de la nervosité ou de l'anxiété des parachutistes avant un saut ; de ce saut lui-même ; des diverses attitudes des soldats face à la fatigue, au danger, au découragement, ou à un renouveau d'espoir et d'énergie, Walsh opère une synthèse de la réalité qui englobe tous ses aspects sans en privilégier artificiellement aucun. Certes le film ne se cache pas d'être la description d'une victoire non encore totalement acquise. Avec une sobriété étonnante (et qui tranche avec le ton un peu ronflant de beaucoup de films de guerre de l'époque), il montre cette victoire en germe, et plus qu'en germe, dans la solidarité profonde, tangible des membres du groupe et de leur chef. Chacun se fond, autant par volonté que par besoin viscéral de survivre, dans le groupe et dans le processus de l'action à accomplir. Tout en donnant à chaque personnage ses caractéristiques, Walsh fuit le pittoresque fordien aussi bien que ces notations névrotiques qui abonderont dans le film de guerre hollywoodien des années 50. Au cœur même du combat livré par son pays, il entend témoigner de ce que l'urgence, le danger, la volonté de survivre, le courage suscitent, dans la cellule saine qu'il a choisi d'examiner, des réactions immunitaires contre les risques de destruction interne et des réactions d'agressivité contre l'ennemi externe. Il veut montrer aussi que, dans les deux cas, ces réactions sont suffisamment puissantes pour obtenir la victoire. Une part d'espoir, une part de réalisme (une part, également, de surnaturel cosmique, sensible dans la manière de filmer et d'appréhender la nature) animent ainsi cette œuvre où Walsh, grâce à ses talents de chroniqueur, de peintre et de poète épique, a pu saisir l'instant avec un immense recul et conférer à une page d'histoire immédiate les accents de l'éternité.

N.B. Le film, dans ses diverses ressorties, a été souvent amputé. La cassette commerciale Warner Home Video présente la durée originale du film en v.o. sous-titrée (sous le titre *Objective, Burma !*). Assez bonne restitution de la photo de James Wong Howe.

## AVENTURES EXTRAORDINAIRES DE MISTER WEST AU PAYS DES BOLCHEVIKS (LES)

**(Neobychainiye priklucheniya Mistera Westa v stranye bolschevikov)**

1924 – URSS (2600 m) • *Prod.* Goskino • *Réal.* LEV KOULECHOV • *Sc.* Nicolai Assieiev, Vsevolod Poudovkine • *Phot.* Alexander Levitsky • *Int.* P. Podobied (Mrs. West), B. Barnet (Jeddy, le cowboy), A. Khokhlova (la « comtesse »), V. Poudovkine (Ivan), S. Komarov (le borgne), L. Obolenskii (l'élégant), V. Lopatina (Elly), G. Kharlampiev (Senka Svichtch).

Un riche Américain, Mr. West, part visiter le pays des Bolcheviks que les journaux de son pays décrivent comme d'épouvantables bandits assoiffés de sang. Il prend la précaution d'emmener avec lui comme garde du corps un vigoureux cow-boy. Dès son arrivée à Moscou, West est la proie d'un groupe d'escrocs. Ils exploitent, pour l'effrayer et lui extorquer de l'argent, les idées que West s'était forgées dans son pays sur les Bolcheviks. Le cow-boy qui avait perdu, dès le début du voyage, la trace de celui qu'il était censé protéger, viendra le délivrer. Guidé par un représentant soviétique, West visite alors le « vrai Moscou » dans ses aspects culturels et laborieux.

☞ Fut considéré à l'époque par les Russes eux-mêmes comme le premier film soviétique capable de soutenir, sur le plan technique (photo, montage) et dramatique, la comparaison avec les œuvres venues de l'étranger. Cette satire des idées fausses circulant en Amérique sur la Russie des années 20 se présente sous la forme d'une divertissante comédie d'aventures, au rythme assez vif, imité (ou parodié) des serials américains. Comme il arrive souvent au cinéma, la satire et surtout la propagande qui la sous-tend rechignent à obéir aux intentions des auteurs et finissent par se retourner contre eux. Dès qu'il a posé le pied sur la terre russe, West est bel et bien victime d'escrocs. Qu'il s'agisse de vrais ou faux bandits n'importe guère pour lui puisqu'il doit subir leurs mauvais traitements. Même équivoque sur le plan formel : cette parodie du serial américain devient en fait un hommage au genre, dont les qualités imprègnent et vivifient ladite parodie. Le phénomène n'eut besoin d'aucun recul dans le temps pour s'accomplir : il fut remarqué – et regretté – dès la sortie du film. Quant à West lui-même, il apparaît comme un personnage éminemment sympathique, ouvert, curieux de tout, plus décidé à détruire les préjugés qu'à les consolider. Son ingénuité naturelle, aventureuse, l'assimile à un héros de Jules Verne. L'interprétation burlesque, caricaturale, excessive et expressive de tous les acteurs est une parfaite illustration des théories de la FEKS, la « Fabrique de l'Acteur Excentrique » fondée par Kozintsev, Trauberg et Youtkevitch. Elle donne au film sa fantaisie, qui est réelle et ne sert aucune idéologie.

## AVENTURES FANTASTIQUES DU BARON MUNCHHAUSEN (LES)

**(Münchhausen)**

1943 – Allemagne (3662 m) • *Prod.* UFA. • *Réal.* JOSEF VON BAKY • *Sc.* Berthold Bürger (= Erich Kastner) • *Phot.* Werner Krien, Konstantin Irmen-Tschet (Agfacolor) • *Mus.* Georg Haentzschel • *Int.* Hans Albers (baron Münchhausen), Brigitte Horney (Catherine II), Ilse Werner (princesse Isabelle d'Este), Käthe Haack (baronne Münchhausen), Hans Brausewetter (Freiherr von Hartenfeld), Leo Slezak (sultan Abdul-Hamid), Hermann Speelmans (Christian Kuchenreuther), Wilhelm Bendow (Mondmann), Ferdinand Marian (Cagliostro), Marina von Ditmar (Sophie von Riedesel), Gustav Waldau (Casanova).

A la recherche, non de l'argent ou du pouvoir, mais de l'aventure, du surnaturel et de l'amour, le baron de Münchhausen, auquel Cagliostro a fait don de l'immortalité, parcourt l'univers. Il va de la Russie de la Grande Catherine à la Turquie des sultans et des harems, il court de Venise à la Lune.

☞ Pour célébrer son vingt-cinquième anniversaire, la UFA produit à l'apogée du Reich ce qui fut le plus gros budget de l'histoire du cinéma allemand. Mais ce conte fantastique et semi-philosophique, émaillé de remarques sur la vie, la vieillesse et la mort, n'a aucune intention propagandiste. Il veut seulement stimuler et charmer l'imagination à travers une cavalcade de péripéties extrêmement inventives. A la fois naïf et humoristique, le film lie habilement le thème du voyage dans l'espace à celui du voyage dans le temps. Quand subitement, après un bal XVIII^e^, Münchhausen allume l'électricité, quand une jeune femme s'enfuit en automobile et que les danseuses en crinolines se mettent à évoluer sur un rythme de tango, à chaque vision du film, notre surprise reste aussi forte. La magie onirique du cinéma joue ici à plein, favorisée par l'ingéniosité des trucages (où se retrouve un peu de l'esprit d'enfance de Méliès), par la splendeur des costumes et des décors, par les délicates et lumineuses tonalités de l'Agfacolor. Un presque chef-d'œuvre auquel manque seulement le rythme qu'aurait insufflé au récit un metteur en scène plus maître de son art.

N.B. Outre Méliès (*Les hallucinations du baron de Münchhausen,* 1911), Münchhausen ou son équivalent français, le baron de Crac, a inspiré trois auteurs de dessins animés : Émile Cohl, *Les aventures du baron de Crac,* 1909 ; Karel Zeman, *Baron Prasil, Baron de Crac,* 1961 ; Jean Image, *Les fabuleuses aventures du baron de Münchhausen,* 1979.

## AVENTURE VIENT DE LA MER (L') (Frenchman's Creek)

1944 – USA (110') • *Prod.* PAR. (B.G. De Sylva) • *Réal.* MITCHELL LEISEN • *Sc.* Talbot Jennings d'ap. R. de Daphné Du Maurier • *Phot.* George Barnes, Charles Lang (Technicolor) • *Mus.* Victor Young • *Int.* Joan Fontaine (Dona St. Columb), Arturo de Cordova (Jean Benoit Aubrey), Basil Rathbone (Lord Rockingham), Nigel Bruce (Lord Godolphin), Cecil Kellaway (William), Ralph Forbes (Harry St. Columb), Harald Ramond (Edmond).

Londres 1668. Lady Dona St. Columb ne peut plus supporter les mondanités de la capitale et surtout la compagnie de Lord Rockingham que lui impose constamment son mari. Elle se rend avec ses enfants dans sa résidence de Navron au bord de la mer. La région passe pour être infestée de pirates, mais Dona ne prend guère cette menace au sérieux. Pourtant elle est capturée par un des hommes du pirate français, Aubrey, dont le bateau est ancré dans une crique voisine. Elle comprend qu'Aubrey a pris l'habitude en son absence de séjourner dans sa demeure. Elle ne lui en veut pas car elle est aussitôt séduite par son comportement aristocratique et par son mode de vie fascinant et dépourvu de contrainte. De son côté, il déclare être depuis longtemps amoureux de son portrait, accroché dans sa chambre à coucher. Elle demande à participer à une de ses virées au cours de laquelle un navire appartenant à un parent de son voisin Lord Goldophin sera capturé. Réunis à dîner à Navron pour préparer une riposte, le mari de Dona, Lord Rockingham et tous les nobles de la région sont dévalisés par le pirate et ses hommes. Rockingham, au courant des relations entre Dona et le pirate, croit pouvoir obtenir les faveurs de la jeune femme grâce à un chantage. Quand il voit qu'il n'en est rien, il tente de l'étrangler. Celle-ci, pour se défendre, le poignarde et le fait tomber du haut d'un escalier, provoquant sa mort. Aubrey n'a pu rejoindre son bateau. Il est fait prisonnier. Dona réussit à le faire évader mais, au dernier moment, ne se résout pas à partir avec lui, car il lui faudrait pour cela abandonner ses enfants.

☞ Tout est original dans ce film au raffinement extrême qui devint, dit-on, après de multiples dépassements et cent quatre jours de tournage, le plus gros budget jamais dépensé à cette date. Au lieu du film d'action attendu, le récit développe une rêverie enchantée à laquelle se laisse aller Leisen à partir de deux personnages qui lui ressemblent. Le pirate et la lady sont en effet deux esthètes cherchant à fuir la routine et la médiocrité quotidienne dans un monde de splendeur, de jeu, de divertissement et de liberté. Les dialogues, abondants et littéraires, expriment bien la lucidité des personnages – et celle de l'auteur – quant à leur recherche d'un idéal sans doute inaccessible. Leisen, qui venait de terminer *Lady in the Dark* *, eut peu de temps pour préparer le film. Il s'occupa principalement des décors, des costumes et des accessoires qui figurent parmi les plus fastueux du cinéma américain. Il dut laisser au scénario d'origine ses méandres, ses lenteurs et accepter un duo de vedettes assez insolite en lieu et place des interprètes qu'il aurait souhaités (Ray Milland et Claudette Colbert). Ces contraintes finirent toutes par servir le film dont l'ultime gloire fut d'être tourné en Technicolor avec un goût et un sens plastique rarement égalés (voir notamment les plans sublimes du bateau pirate avançant dans la brume alors que les marins chantent les différentes phases de la manœuvre). C'est enfin rendre hommage au public de l'époque que de rappeler que ce film d'esthète, si étranger aux règles, si inhabituel dans son propos, fut à sa sortie l'un des plus grands succès commerciaux de l'année.

## AVENTURIER DU RIO GRANDE (L')
### (The Wonderful Country)

1959 – USA (96') • *Prod.* DRM Productions (Robert Mitchum) distribué par UA • *Réal.* ROBERT PARRISH • *Sc.* Robert Ardrey d'ap. R. de Tom Lea • *Phot.* Floyd Crosby, Alex Philipps (Technicolor) • *Mus.* Alex North • *Int.* Robert Mitchum (Martin Brady), Julie London (Ellen Colton), Gary Merrill (major Colton), Pedro Armendariz (gouverneur Castro), Jack Oakie (Travis Hight), Albert Dekker (capitaine Rucker), Charles McGraw (Doc Stovall), Victor Mendoza (général Castro).

L'Américain Martin Brady a autrefois tué le meurtrier de son père et s'est réfugié, pour fuir la justice, au Mexique. Il est devenu le garde du corps, l'homme à tout faire de la famille des Castro qui se sont installés en maîtres dans le nord du pays. Brady retourne au Texas afin d'acheter des armes pour les Castro. Son cheval, effrayé, fait une embardée et retombe sur lui. Brady a la jambe cassée et restera de ce fait un certain temps dans la région. Un ami de son père, capitaine des Texas Rangers, l'invite à combattre dans ses rangs. Brady fait la connaissance de Colton, le commandant du fort Jefflin, et de sa femme Ellen. Colton voudrait obtenir de lui des renseignements sur la situation des Apaches au Mexique et sur les intentions des Castro à leur endroit. Brady songe sérieusement à rester au Texas, d'autant plus qu'Ellen lui a fait une forte impression, mais il est amené à abattre en état de légitime défense un homme qui venait de blesser mortellement l'un de ses amis. Il doit retraverser le Rio Grande. Il retombe sous la coupe des Castro, au milieu des intrigues qui opposent les deux frères : Cipriano l'aîné, et le cadet, un général. Cipriano est devenu gouverneur et exige de Brady qu'il le débarrasse de son frère, censé vouloir le renverser. Brady refuse et fuit dans la montagne. Il accompagne un détachement militaire en lutte contre un groupe d'Apaches. Le détachement est commandé par Colton, gravement blessé. Au cours d'une escarmouche, les Indiens sont défaits et laissent sur le terrain les armes et les munitions que Brady, à cause de sa blessure, n'avait pu livrer aux Castro. Entre-temps, elles avaient été volées. Colton meurt. Brady s'apprête à repasser définitivement le Rio Grande et à rejoindre Ellen, mais il doit auparavant éliminer un tueur lancé sur ses traces par le général. Son cheval qu'il avait baptisé « Lacrimas » (Larmes) est blessé dans la bagarre. Brady est contraint de l'abattre. Avant de franchir le fleuve, il abandonnera ses armes à côté du cadavre de l'animal.

☞ Western mélancolique, lyrique par endroits, où Parrish a donné le meilleur de lui-même. Le principal défaut de ses films, qui a empêché son œuvre d'avoir l'envergure de celle d'un Daves ou d'un Anthony Mann, c'est l'absence de nécessité interne, l'aspect souvent feuilletonesque de ses intrigues, pleines de détours et de personnages inutiles. Mais ici le film trouve son unité dans deux éléments forts : son thème principal, la régénérescence morale d'un homme pris entre deux modes de vie, deux cultures, deux patries, et la superbe composition de l'image qui donne aux hésitations du héros, aux vicissitudes de son destin (marquées chacune par une traversée du Rio Grande) leur relief et leur densité particulière. Forte influence des westerns d'Anthony Mann avec James Stewart sur le personnage d'aventurier vulnérable et déchu qu'interprète – admirablement – Robert Mitchum. L'acteur s'est intéressé au film au point d'en être le producteur. On notera aussi une ressemblance entre l'itinéraire de son personnage et celui du héros du *Jugement des flèches* * qui essayait, lui aussi, de changer de peau en changeant de nationalité. A la fureur baroque de Fuller succède ici une méditation élégiaque, sensible et tendre, mais dénuée de toute mièvrerie. Grâce à elle, le récit acquiert ce ton personnel, intime que Parrish cherche toujours à donner à ses films.

# B

## BABY FACE

1933 – USA (76') • *Prod.* Warner (Ray Griffith) • *Réal.* ALFRED E. GREEN • *Sc.* Gene Markey, Kathryn Scola, Mark Canfield • *Phot.* James Van Trees • *Int.* Barbara Stanwyck (« Baby Face » Lily Powers), George Brent (Trenholm), Donald Cook (Stevens), Margaret Lindsay (Ann Carter), Arthur Hohl (Ed Semple), John Wayne (Jimmy McCoy), Henry Kolker (Carter).

L'irrésistible ascension de Lily Powers, d'abord employée dans le minable speakeasy de son père (bar clandestin durant la Prohibition) situé dans une ville minière. Son père était prêt à la vendre à un politicien pour un peu de protection. Après sa mort, elle grimpe dans un train de marchandises et file tout droit vers New York. Elle trouve rapidement un poste dans une banque et là, se servant successivement d'une dizaine d'hommes sensibles à son charme et de plus en plus haut placés dans la hiérarchie des employés, elle franchit tous les échelons de la réussite. Un des cadres supérieurs de la banque qu'elle a quitté pour le président tuera ce président et se suicidera sur son cadavre. Même cette tragédie sert les intérêts de Lily qui touche une forte somme pour se taire. Elle dira noblement au conseil d'administration qu'elle a été victime des circonstances. On l'envoie à Paris dans une succursale. Elle devient la maîtresse du P.-D.G. mais cette fois tombe réellement amoureuse de lui. Ils se marient. Elle hésite à lui confier son argent pour le sauver quand il est en difficulté. Puis elle se décide, mais trop tard car il vient de se suicider. Il survivra à ses blessures. Les deux époux reprendront la vie commune dans le travail et l'honnêteté, à Pittsburgh.

☞ Une étude de mœurs audacieuse et forte, très rythmée, conçue avant l'instauration du code Hays puis remaniée ensuite. Stimulée par un scénario sans concessions (sauf à la fin), Barbara Stanwyck, l'une des plus grandes, sinon la plus grande actrice américaine, donne un véritable récital de ses possibilités : dureté élégante, froideur, obstination, sophistication glacée, ironie auxquelles s'ajoutent constamment une lucidité désabusée, une insatisfaction d'elle-même qui rendent le personnage tout à fait attachant. Certains commentateurs ont vu dans le rôle de Lily Powers une première mouture de son personnage de femme fatale et criminelle de *Double Indemnity** (Billy Wilder). Mais ici sa composition est plus étonnante encore et beaucoup plus osée, car elle est plongée dans un contexte réaliste dénué de tout fatalisme et hors des conventions d'un genre. Elle incarne un personnage de la vie de tous les jours, proche du spectateur, dont l'action et la réussite obéissent aux règles d'un univers impitoyable et immoral qui ne lui laisse aucun autre moyen pour triompher.

**BABY FACE NELSON**
**(L'ennemi public)**

1957 – USA (85′) • *Prod.* UA (Al Zimbalist) • *Réal.* DON SIEGEL • *Sc.* Daniel Mainwaring d'ap. une histoire de Robert Adler • *Phot.* Hal Mohr • *Mus.* Van Alexander • *Int.* Mickey Rooney (Lester Gillis/Nelson), Carolyn Jones (Sue), Sir Cedrick Hardwicke (Doc Saunders), Leo Gordon (John Dillinger), Ted De Corsia (Rocco), Anthony Caruso (Hamilton), Jack Elam (Fatso), Emile Meyer (Mac).

En 1933, Lester M. Gillis, un truand dont la taille est inversement proportionnelle à la violence, quitte la prison. Le gangster qui l'a aidé à en sortir, Rocco, lui demande d'assassiner un leader syndical. Il refuse. Ayant fait exécuter ce contrat par quelqu'un d'autre, Rocco piège Gillis chez qui la police découvrira l'arme du crime. Il est à nouveau emprisonné. Sue, sa maîtresse, une caissière de bar passionnément amoureuse de lui, l'aide à s'évader durant son transfert à Joliet. Sitôt libre, Gillis, qui se fait maintenant appeler « Baby Face Nelson », abat Rocco et deux de ses hommes. Il dévalise une droguerie mais est blessé. Sue le mène à la clinique du Dr Saunders, un ami de la pègre. « Baby Face » entre dans la bande de Dillinger. Dissimulés dans la camionnette d'une entreprise de plomberie, les truands attaquent des convoyeurs de fonds. Dillinger est blessé. Plus tard, « Baby Face » téléphone à sa place à leur contact, Fatso, qui vient apporter à la bande les plans de la prochaine affaire. Mais Fatso a été suivi. Les policiers approchent de la planque des truands. « Baby Face » et les autres disparaissent par l'arrière. « Baby Face » revient cependant abattre quelques flics. Après la mort de Dillinger, « Baby Face » devient l'ennemi public numéro un. Avec d'autres complices, il attaque une banque et prend le directeur en otage. Celui-ci ne devra son salut qu'à sa petite taille, caractéristique qu'il partage avec « Baby Face » qui, à cause de cela, le libère. Fatso, arrêté, est obligé par la police de présenter à la bande le plan d'une banque à attaquer. Déguisés en convoyeurs, « Baby Face » et ses hommes s'introduisent dans ladite banque mais « Baby Face » enferme ses complices dans la salle des coffres, ressort seul avec son butin après avoir jeté dans le public des grenades fumigènes qui lui permettent d'échapper aux policiers qui croyaient l'avoir piégé. Il file en voiture avec Sue. Poursuivi, il est mortellement blessé. Sue le traîne jusqu'au cimetière où il la supplie de l'achever. Ce qu'elle fait.

☞ Le film qui fit admettre Siegel comme un grand cinéaste, quoique sa carrière fût déjà jalonnée de titres importants. *Baby Face Nelson* représente le triomphe du style sec, violent, rectiligne. On est très loin maintenant des ambiguïtés, des méandres nocturnes et poisseux du *film noir*. La force du film tient à son unité où un style s'impose malgré l'extrême modicité du budget. Abondance de scènes de jour éclairées d'une lumière crue qui retire toute aura aux personnages. Violence sans lyrisme des gestes et du découpage. Interprétation sobre et efficace d'une distribution où personne ne joue à la star, où grands et petits rôles ont la même importance. Pareil à ses compagnons, « Baby Face » est décrit comme un animal féroce au comportement dénué d'hésitation et d'états d'âme. Siegel ne lui trouve aucune excuse. Le handicap mal digéré de sa petite taille le pousse à frapper encore plus fort, à aller encore plus vite. La vitesse est la caractéristique centrale de son destin et de la mise en scène. Le héros (et le film) foncent sur une ligne droite jusqu'à la conflagration finale. Cette vitesse influencera tout le cinéma policier ultérieur et notamment les biographies de *Machine Gun Kelly* (Corman, 1958) et de *Legs Diamond** (Boetticher, 1960).

N.B. Apprenant que le plan de travail était amputé de plusieurs jours, Siegel et son cameraman Hal Mohr battirent un record en filmant 55 plans (la plupart avec mouvements d'appareil) lors du dix-septième et dernier jour du tournage (cf. Stuart M. Kaminsky : « Don Siegel Director », Curtis Books, New York, 1974).

## BACCARA

1935 – France (89′) • *Prod.* Productions André Daven • *Réal.* YVES MIRANDE (supervision de Léonide Moguy) • *Sc.* Yves Mirande • *Phot.* Michel Kelber, Philippe Agostini, Louis Née • *Mus.* Jean Lenoir • *Int.* Jules Berry (André Leclerc), Lucien Baroux (Charles Plantel), Chantal Marcelle (Elsa Barienzi), Marcel André (Lebel).

La belle Elsa Barienzi, fixée en France depuis dix-huit ans, est la maîtresse du banquier Gourdine, un étranger qui spécule contre le franc. Pour qu'elle puisse devenir française, son avocat, Me Lebel, très attiré par sa beauté, lui fait épouser moyennant finances l'un de ses amis, André Leclerc, un personnage marginal, fantaisiste et cynique, habitué des tapis verts et des champs de courses. Leclerc a d'abord refusé la proposition puis l'a acceptée car Plantel, son vieux copain de tranchée avec lequel il vit, lui a fait comprendre que leurs finances étaient au plus bas. Lors de la cérémonie, Leclerc est frappé par la « beauté émouvante » de son épouse dont il tombe éperdument amoureux. Il gagne des sommes élevées au baccara tandis que Plantel réalise de bonnes opérations en Bourse, mais ce pactole ne peut lui enlever la mélancolie que lui inspire son étrange union avec cette Elsa que maintenant il adore. Il rôde constamment autour de son appartement et ne cesse de penser à elle. « Si je lui rendais les 150 000 francs, dit-il à Plantel, cela ferait un vrai mariage d'amour. » Effectivement, il rapporte la somme à Lebel et couvre Elsa de fleurs. Un soir, n'en pouvant plus, il se rend chez elle et lui avoue son amour. Ils passent la nuit ensemble. Cette même nuit, Gourdine dont les escroqueries ont été découvertes a pris la fuite. Elsa est arrêtée. Par peur du scandale, Lebel qui pourtant la courtisait de moins en moins discrètement refuse de la défendre. Leclerc l'y forcera, un revolver à la main. Elsa est interrogée par le juge d'instruction. Elle passe en procès comme complice de Gourdine, accusé de corruption de fonctionnaire. Elle invoque sa totale ignorance des escroqueries de son protecteur. Leclerc est appelé comme témoin. Lebel révèle qu'il est un héros de la guerre de 14-18. Il a eu sept citations et sept blessures et a sauvé de la mort son camarade Plantel. A son corps défendant, Leclerc doit avouer qu'il reçoit une pension. Il en profite pour dire son fait à l'opinion publique qui a si mal traité, après la guerre, les héros qu'elle envoyait à la boucherie. Elsa est acquittée. Elle s'en va avec Leclerc et l'indéfectible Plantel vivre quelque part loin des mesquineries du monde.

☞ Premier film important d'Yves Mirande comme metteur en scène et œuvre capitale pour la compréhension du cinéma français des années 30. Cette comédie de mœurs (genre où a longtemps excellé le cinéma français) est portée à la fois par un dialogue vif, brillant, nerveux, abondant mais complètement affranchi des conventions et des pesanteurs théâtrales, et par l'élégance, le charme, le dynamisme, l'énergie électrique des acteurs, en tête desquels figure Jules Berry dans ce qui est peut-être le rôle le plus riche et le plus nuancé de toute sa carrière. A travers son personnage, le film exprime admirablement le passage de la désillusion au cynisme, l'une des principales lignes de force du cinéma français de l'époque. Constatant avec une secrète amertume la quasi-disparition de certaines valeurs, l'ancien héros militaire interprété par Berry va renchérir sur l'immoralité ambiante, fondant désormais sa vie sur la négation pure et simple de ces valeurs. Indifférent aux implications politiques de cette attitude (son personnage, vu d'un autre point de vue, pourrait devenir un militant du colonel de La Rocque), Mirande préfère peindre en lui un marginal, un individualiste et écrire pour son plaisir, avec une feinte désinvolture, la petite chronique morale – sèche et insolente – de son temps.

N.B. Dans la préfacc de Louis Verneuil à sa pièce « Guignol » (*in* « Théâtre Complet », tome IV, Brentano's, New York, 1944) on trouvera un remarquable portrait biographique de Jules Berry, cet acteur un peu mystérieux et tout à fait unique dont le recul du temps révèle de mieux en mieux le génie.

**BACK STREET**
**(Histoire d'un amour)**

1932 - USA (93') • *Prod.* U (Carl Laemmle, Jr.) • *Réal.* JOHN STAHL • *Sc.* Gladys Lehman, Lynn Starling d'ap. R. de Fannie Hurst • *Phot.* Karl Freund • *Int.* Irene Dunne (Ray Schmidt), John Boles (Walter Saxel), June Clyde (Freda Schmidt), George Meeker (Kurt Shendler), ZaSu Pitts (Mrs. Dole), Shirley Grey (Francine), Doris Lloyd (Mrs. Saxel), Jane Darwell (Mrs. Schmidt).

A Cincinnati, peu avant la Prohibition, une jeune femme, Ray Schmidt, repousse la proposition de mariage du jeune propriétaire d'un magasin de cycles. Elle l'aime bien, mais ne l'aime pas. Dans une gare, à peu de temps de là, elle rencontre celui qui va être l'amour de sa vie, Walter Saxel, un jeune banquier. Il pense à la présenter à sa mère et lui fixe rendez-vous près d'un kiosque à musique. Un empêchement de dernière heure amène Ray à lui faire faux bond. Cinq ans plus tard, ils se retrouvent à New York. Walter est marié. Il lui achète un appartement. Commence pour Ray une vie d'ennui, d'attente et de frustration, passée dans les coulisses de l'existence de Walter. Elle conseille à une amie d'agir exactement à l'opposé de sa conduite. Durant une longue absence de Walter, parti pour l'Europe, elle retrouve le marchand de cycles qui a réussi dans la construction automobile. Il lui renouvelle sa proposition. Elle accepte et rentre dans sa famille. Mais Walter vient l'y rechercher. Désormais, et plus encore qu'avant, elle vivra dans son ombre, le suivant, un peu à l'écart, dans tous ses déplacements. Seule, l'épouse de Walter ignore la situation. Après une croisière, le fils de Walter fait une scène à Ray et lui demande de quitter son père. Walter raconte à son fils ce qu'a été sa rencontre avec Ray et l'histoire de leur vie. Peu après, il est victime d'une attaque de paralysie. Il meurt dans un ultime appel téléphonique adressé à Ray. Celle-ci s'imagine alors ce qui se serait passé si elle avait pu se rendre au rendez-vous du kiosque à musique. Puis elle meurt à son tour.

☞ L'un des mélodrames illustres de John Stahl, grand maître du genre en Amérique avant-guerre. La force de son style repose sur sa pureté, sa sobriété, son classicisme (loin des élans baroques et délirants d'un Borzage), son refus de toute rupture de ton (à l'inverse des recherches d'un McCarey). L'émotion naît de cette pureté : la caméra se veut le simple miroir du jeu digne, sans soubresauts, sans paroxysme, des interprètes. De même que les personnages sont enfermés dans une seule situation dont ils ne pourront jamais sortir leur vie durant, de même le spectateur est peu à peu envahi par cette mélancolie se changeant en tristesse, par cette tristesse se changeant en désespoir, qui se dégagent de l'uniformité mélodique du style. Stahl ne plaide même pas, comme Mizoguchi, pour une sorte de résignation métaphysique. Il ne plaide pour rien. Il montre des vies à jamais tronquées, fustrées et qu'aucune décision émanant de tel ou tel personnage n'aurait eu le pouvoir de transformer. Il ne fait appel à aucune fatalité sociale. Il sent instinctivement que toute explication d'ordre matériel, social ou logique à laquelle il pourrait souscrire ruinerait la mélodie fragile et sourde qu'il est en train de composer. Discrètement, il évoque la fatalité tout court, celle de l'amour et du temps. C'est pourquoi le flash-back imaginaire de la fin, très original en lui-même, a une telle force et une telle nécessité : c'est seulement dans leur imagination que les personnages ont la faculté de changer leur destin ; c'est seulement dans la mort (ou dans l'éternité) qu'ils peuvent espérer se rejoindre sans connaître d'obstacle. Remakes par Robert Stevenson (1941), voir notice suivante, et par David Miller (*Back Street, Histoire d'un amour*, 1961).

**BACK STREET (id.)**

1941 - USA (89') • *Prod.* U (Bruce Manning) • *Réal.* ROBERT STEVENSON • *Sc.* Bruce Manning, Felix Jackson d'ap. R. de Fannie Hurst • *Phot.* William Daniels • *Mus. dir.* Charles Previn • *Int.* Charles Boyer (Walter Saxel), Margaret Sullavan (Ray Smith), Richard Carlson (Curt Stanton), Frank McHugh (Ed Porter), Frank Jenks (Harry), Tim Holt (Richard Saxel), Peggy Stewart (Freda Smith).

☞ A quelques détails près, les péripéties sont les mêmes que dans l'original de John Stahl, *Back Street, Histoire d'un amour** (1932). Une différence pourtant : on est en 1900, puis en 1905 et en 1928. Le pittoresque d'une évocation rétro (avec, par exemple, en ouverture, l'essai de la première voiture automobile dans les rues de Cincinnati) n'ajoute rien au sujet, d'autant que Stevenson n'y puise nullement l'occasion d'un commentaire social plus précis ou plus circonstancié. Le style de Stevenson est infiniment moins pur, moins cohérent, moins élégant que celui de Stahl. Il demeure d'une neutralité prosaïque en essayant de copier servilement le modèle sans chercher à le renouveler de l'intérieur. Dans cette copie non conforme au plan du style, il faut cependant saluer une belle composition de Margaret Sullavan, hélas beaucoup moins bien entourée que ne l'était Irene Dunne. Le talent de l'actrice et un scénario très solide dans sa simplicité font un film acceptable et même émouvant, surtout si l'on n'a pas vu la première version.

## BAIONNETTE AU CANON
**(Fixed Bayonets)**

1951 – USA (92') • *Prod.* Fox (Jules Buck) • *Réal.* SAMUEL FULLER • *Sc.* S. Fuller d'ap.R. de John Brophy • *Phot.* Lucien Ballard • *Mus.* Roy Webb • *Int.* Richard Basehart (caporal Denno), Gene Evans (sergent Rock), Michael O'Shea (sergent Lonergan), Richard Hylton (Wheeler), Craig Hill (lieutenant Gibbs), Skip Homeier (« Belvedere » Whitey), Henry « Bomber » Kulkovich (Vogl).

En Corée, par un froid glacial, un petit groupe de quarante-huit soldats sacrifiés effectue une action de diversion et d'arrière-garde pour permettre au gros de la troupe (quinze mille hommes) de se replier à travers un col enneigé. Un caporal dont l'obsession est de se trouver un jour dans l'obligation de commander voit tomber un à un ses supérieurs. Mis au pied du mur, il prend le commandement et se révèle apte à accomplir sa tâche.

☞ Deuxième film de guerre de Fuller et le plus classique de style parmi ceux qu'il a signés. Le fait qu'il s'agisse du premier travail de l'auteur pour une grande compagnie explique en partie le caractère relativement traditionnel et sage de la mise en scène. Cela n'empêche pas le film de se présenter sous la forme insolite d'un cauchemar qui se transforme peu à peu (pour le personnage principal) en réalité. Ce vibrant hommage à l'infanterie, « la reine des batailles », contient aussi, comme toujours chez Fuller, de nombreuses scènes remarquables par leur efficacité et leur originalité : ainsi celle où Gene Evans, croyant masser le pied gelé d'un de ses hommes, découvre qu'il se masse en réalité lui-même. Tout au long du film, Fuller s'attache à montrer que, dans cet environnement inhumain qu'est la guerre, l'homme ne peut rester véritablement humain que par un dépassement sauvage de ses propres phobies, de ses propres limites. Il illustre son propos dans l'histoire centrale, mais aussi dans de petits panneaux latéraux où figure par exemple l'anecdote de ce brancardier qui, s'opérant lui-même, découvre qu'il peut aussi soigner les autres.

## BAISERS VOLÉS

1968 – France (90') • *Prod.* Films du Carrosse-Artistes Associés • *Réal.* FRANÇOIS TRUFFAUT • *Sc.* François Truffaut, Claude de Givray, Bernard Revon • *Phot.* Denys Clerval (Eastmancolor) • *Mus.* Antoine Duhamel et chansons de Charles Trenet • *Int.* Jean-Pierre Léaud (Antoine), Delphine Seyrig (Mme Tabard), Claude Jade (Christine), Michel Lonsdale (M. Tabard), Harry Max (Henri), André Falcon (M. Vidal), Daniel Ceccaldi (M. Darbon), Claire Duhamel (Mme Darbon).

Antoine Doinel qui s'était engagé pour trois ans dans l'armée – sans doute par désespoir d'amour – est réformé définitivement pour instabilité caractérielle. Le père de la jeune Christine, qu'il aime mais avec laquelle il ne peut jamais s'entendre tout à fait, lui trouve un travail de veilleur de nuit dans un hôtel. Il est renvoyé pour avoir favorisé sans le vouloir les activités d'un détective privé, M. Henri, qui cherchait à faire un constat d'adultère dans l'une des chambres. M. Henri fait entrer Antoine à l'agence Blady pour laquelle il travaille. Enquêtes, recherches, filatures deviennent l'ordinaire d'Antoine. Il retrouve ainsi dans un cabaret de la Rive gauche un prestidigitateur recherché par son ancien ami. Ce dernier aura une crise de nerfs quand il apprendra que son compagnon lui a faussé compagnie pour se marier. Jouant ce qu'on appelle les « périscopes », Antoine se fait ensuite engager comme manutentionnaire dans un magasin de chaussures dont le propriétaire a demandé à l'agence de résoudre l'énigme suivante : « Personne ne m'aime et je veux savoir pourquoi. » Antoine éprouve une admiration sans borne pour la femme du patron qu'il compare à une apparition. Sensible à cet hommage et à l'émotion extrême du jeune homme en sa présence (n'a-t-il pas répondu : « Oui, Monsieur » à une question qu'elle lui posait, avant de disparaître dans une fuite éperdue ?), elle vient le retrouver pour une unique et romanesque rencontre dans sa chambre meublée. Doinel quitte l'agence où le vieil Henri est mort subitement au milieu d'un coup de fil. Il devient réparateur de télévision pour SOS 9999. Sous prétexte de lui faire réparer son poste, Christine, qui s'était un peu brouillée avec lui, l'appelle. Ils passent la nuit ensemble et font le lendemain des projets d'avenir. Alors qu'ils sont assis sur un banc, un inconnu qui avait suivi Christine depuis plusieurs jours s'adresse à elle et lui propose sur le ton le plus solennel une union définitive avec lui, si elle a le courage de rompre les « liens provisoires qui (l')attachent à des personnes provisoires ». Surpris et troublé, Antoine regarde le fou s'éloigner.

☞ Le film est dédié à la Cinémathèque Française d'Henri Langlois et commence par un plan tourné à l'extérieur de la salle de Chaillot. Troisième des cinq épisodes du cycle d'Antoine Doinel commencé en 1958 avec *Les quatre cents coups**. L'histoire d'Antoine Doinel est celle d'un embourgeoisement désiré mais impossible. Certains êtres trop équilibrés rêvent leur vie sur le mode de l'aventure et de l'extraordinaire. Doinel essentiellement instable, le rêve, lui, sur le mode de la stabilité et de l'embourgeoisement. Il aime ainsi une petite bourgeoise très éloignée de lui. Il occupe divers boulots qui ne masquent que très provisoirement son état de marginal inquiet, presque halluciné. C'est dans *Baisers volés* que ces caractéristiques apparaissent le plus nettement, à travers les méandres d'un récit multiple et inventif, insolite dans son réalisme (cf. le trajet d'un pneumatique dans les sous-sols parisiens), proche paréclairs de Feuillade et Buñuel. Les scénarios de Truffaut auxquels a collaboré Bernard Revon, modestes et pointillistes, sont parmi ceux qui conviennent le mieux au talent du réalisateur. A sa sortie en septembre 1968, le propos de *Baisers volés* allait tout à fait à contre-courant et on attribua à Godard cette aimable appréciation sur le film de son ancien compagnon de la Nouvelle Vague : « On a été baisés. On a été volés. »

BIBLIO. : scénario et dialogues *in* « Les Aventures d'Antoine Doinel », Mercure de France, 1970.

## BALKAN EXPRESS
**(Balkan Ekspres)**

Inédit en France. 1983 – Yougoslavie (105') • *Prod.* Art films 80 et Inex films • *Réal.* BRANKO BALETIC • *Sc.* Gordan Milric • *Phot.* Zivko Zalar (couleurs) • *Mus.* Zoran Simjanovic • *Int.* Dragan Nikolic, Bora Todorovic, Tanja Boskovic, Olivera Markovic, Velimir Zivojinovic, Ratko Polic.

1941. Le Balkan Express, un groupe de musiciens-voleurs composé de quatre hommes et une femme, Lili, écume les trains yougoslaves. La guerre arrive. Les voleurs s'installent dans un appartement abandonné par ses propriétaires mais en sont chassés par des soldats. Deux membres du groupe, dont le chef, disparaissent dans la bagarre. Peut-être ont-ils été tués. Les deux autres échappent par miracle au recrutement pour le travail forcé. Après avoir retrouvé Lili dans un asile de nuit, ils fréquentent un bal où deux officiers allemands tabassent le chanteur de l'orchestre pour qu'il interprète « Lilli Marlene ». Un garçon du restaurant poignarde l'un des officiers et prend le maquis. Les trois rescapés du Balkan Express vont tenter de survivre par la ruse et éventuellement la collaboration. Lili couche avec un officier allemand. La nuit où il a rendez-vous avec elle, les deux compagnons de Lili le font tomber à l'eau pour pouvoir ensuite le sauver et s'attirer sa reconnaissance. Mais l'épisode du sauvetage devra rester secret car, cette nuit-là, l'officier était théoriquement de service. S'ils parlent, les deux voleurs iront en camp de concentration. Une autre nuit, ils assomment un autre Allemand, toujours dans l'espoir de gagner sa reconnaissance en se portant à son secours. Las ! le soldat est un communiste qui les prend pour des partisans. Ils échapperont une seconde fois au recrutement forcé grâce à son intervention. Photographiés pendant une réception donnée en l'honneur d'un haut gradé allemand, ils sont maintenant considérés comme des collaborateurs. Pour prouver aux habitants des environs qu'il n'en est rien, ils cachent une fillette juive. Ils sont ensuite enrôlés par les maquisards dans une mission visant à faire sauter le restaurant où ont lieu les bals, lors d'une réception d'officiers allemands. L'amant de Lili s'aperçoit de la présence de la fillette et oblige les musiciens du Balkan Express qui ont retrouvé leur chef à jouer en continuité. Pas de pause pour filer à distance des bombes. Les membres de l'orchestre tentent une sortie désespérée et abattent plusieurs Allemands. Ils périront les uns après les autres dans la fusillade et l'explosion du restaurant. La fillette, sauvée, est emmenée en barque par un maquisard.

☞ Film caractéristique du renouveau du cinéma yougoslave à la fin des années 70 et au début des années 80 qui aboutira au succès international de *Papa est en voyage d'affaires** (Emir Kusturica, 1985). Qualités principales de ce *Balkan Express* : sens du rythme et du spectacle populaire, ironie, vitalité, profusion narrative « à l'italienne », message (ou anti-message) moral tendant à prouver, au terme d'une démonstration parfaitement réussie, que cyniques ou patriotes, lâches ou courageux, marginaux ou intègres, tous les « occupés » finissent un jour par prendre le chemin de la résistance et par lui apporter, bon gré mal gré, leur aide objective. L'odyssée de ces cinq héros malgré eux projette ainsi une lumière réaliste sur tous les mouvements de résistance quels qu'ils soient. Loin d'être constitués uniquement de héros à 100 pour 100, ils font feu de tout bois pour parvenir à la victoire. Truculence, cruauté, réalisme contribuent ici à livrer une page d'histoire haute en couleurs et tout à fait à l'opposé de l'habituelle imagerie d'Épinal des pays socialistes. Reconstitution et interprétation excellentes.

## BALLADE BERLINOISE
**(Berliner Ballade)**

1948 – RFA (89') • *Prod.* Comedia (Alf Teichs) • *Réal.* ROBERT A. STEMMLE • *Sc.* Gunther Neumann • *Phot.* Georg Krause • *Mus.* Werner Eisbrenner, Gunther Neumann • *Int.* Gert Fröbe (Otto Normalverbraucher = Otto consommateur moyen), Aribert Wascher (Anton Zeithammer = Anton qui martèle le temps), Tatjana Sais (Ida Holle), Ute Sielisch (Eva Wandel), Otto E. Hasse (le réactionnaire), Werner Oehlschlager (le raisonneur), Hans Deppe (Emil Lemke), Erwin Biegel (le monsieur des services municipaux), Karl Schönböck (le reporter radio), Eduard Wenk (l'instructeur).

En 2048, on présente à la télévision allemande un film vieux de cent ans retraçant les aventures du soldat démobilisé Otto, sorte de M. Tout-le-Monde, réintégrant la capitale maintenant divisée en quatre secteurs. Il retrouve sa maison à moitié détruite, occupée par un trafiquant du marché noir et une femme qui a monté une officine matrimoniale. On lui laisse une pièce qui n'a plus que trois murs, le quatrième donnant – c'est le cas de le dire – sur la rue. Son problème numéro un est la nourriture. Il en rêve tout au long des nuits. Pour apaiser ses fringales, il vend le peu de mobilier qui lui reste, y compris sa balance. Il travaille dans une imprimerie qui ferme bientôt ses portes, puis comme gardien de nuit dans un grand magasin. Un cambriolage a lieu pendant qu'il dort et il est renvoyé. Il devient serveur dans un cabaret. Lors d'un bal masqué, il rencontre une jeune fille dont il tombe amoureux et qu'il ne tarde pas à épouser. Berlin peu à peu reprend goût à la vie et recommence à s'amuser. Les réformes monétaires, les réunions politiques se multiplient. Les militants reprennent du poil de la bête. Otto se bagarre avec l'un d'entre eux et se retrouve dans un cercueil. Mais il n'est pas mort. Il se relève et va assister à son propre enterrement où il demande qu'en lieu et place de son cadavre on enterre les vieilles peurs, l'égoïsme, l'indifférence, la mauvaise humeur et surtout la haine. Le bon sens reviendra, pense-t-on, vers 1960.

☞ Tableau satirique de l'après-guerre en Allemagne. Le commentaire *off* est plus abondant que les dialogues. Il contient cette ironie tantôt grinçante tantôt souriante avec laquelle l'auteur tient à s'adresser au public pour lui décrire les aspects négatifs de la vie berlinoise (famine, paperasserie administrative, désordre et passivité, survivance des vieux démons agressifs de l'Allemagne). A côté d'eux, il indique certains aspects positifs, quelques signes de renouveau, sensibles au sein de la population de son pays et du monde. De nombreuses saynètes caricaturales, oniriques, symboliques, souvent chorégraphiques et musicales, ainsi que des chansons illustrées d'exemples visuels (« Le monde est une immense salle d'attente ») s'insèrent dans la trame de l'action. Celle-ci tient plus du discours, constamment imprégné d'humour, que d'une intrigue véritablement construite. Un Gert Fröbe hagard et émacié (il devait beaucoup changer par la suite !) incarne avec talent ce personnage anonyme qui, ressurgissant d'entre les ruines, retrouve peu à peu le sens de la solidarité sociale. L'œuvre est originale par son ton et sa structure, même si, à l'intérieur de cette structure, certains de ses développements et de ses inventions narratives ont vieilli.

**BAMBI (id.)**

1942 – USA (69') • *Prod.* Walt Disney (distribué par RKO) • *Réal.* WALT DISNEY (Supervising director : David D. Hand) • *Sc.* Perce Pearce, Larry Morey, George Stallings, Melvin Shaw, Carl Fallberg, Chuck Couch, Ralph Wring d'ap. R. de Felix Salten • *Phot.* Technicolor • *Mus.* Frank Churchill, Edward Plumb • *Int.* Peter Behn (voix de Thumper, Panpan).

Un jour de printemps, la forêt se réveille toute bruissante de la grande nouvelle : un jeune prince, le faon Bambi, est né. Il noue connaissance avec les autres créatures de la forêt et se fait des amis : le lapin Thumper (Panpan), un putois qu'il baptise – par erreur – Fleur, un papillon qui se pose sur sa queue. Après la pluie, sa mère l'emmène dans la plaine dont elle ne manque pas de lui signaler le danger : ici il n'y a plus ni cachette ni protection. Bambi rencontre Faline qui le trouble. Les animaux respectent tous le père de Bambi, le Grand Prince de la forêt, le plus vieux et le plus sage de tous les cerfs. Des tirs de fusil retentissent et les bêtes courent au plus profond du bois. L'automne est venu. Puis l'hiver et la neige. Thumper apprend à Bambi à se tenir debout sur la glace. Bambi dit à sa mère que l'hiver lui semble bien long et qu'il a faim. Bientôt le premières herbes printanières font leur apparition sur la neige. Bambi et sa mère s'en approchent pour les savourer. Soudain sa mère crie à Bambi de courir sans se retourner. Des coups de fusil éclatent autour d'eux. Une fois à l'abri, Bambi ne retrouve pas sa mère. Le Grand Prince lui explique qu'il ne pourra plus jamais la revoir et qu'il doit maintenant apprendre à marcher seul. A nouveau, c'est le printemps et sa fièvre si caractéristique dont la chouette détaille les méfaits au putois, au lapin, à Bambi qui a grandi et dont la tête s'orne maintenant de bois magnifiques. Chacun d'eux trouvera une compagne à son goût. Bambi revoit Faline. Il doit se battre avec un rival pour la conquérir. Le Grand Prince met une fois encore les animaux en alerte : les hommes sont là et, cette fois, ils sont nombreux. Leurs chiens poursuivent et traquent Faline. Bambi réussit à les repousser. Dans sa fuite, il est blessé. Le

Grand Prince l'oblige à se relever car le feu d'un campement d'hommes se propage à travers la forêt tout entière. Bambi et Faline regardent de loin le feu qui embrase l'horizon. Le calme est revenu. Faline a donné naissance à deux faons. Bambi est devenu à son tour le Grand Prince de la forêt et son père peut s'effacer.

☞ Quatrième long métrage d'animation de Walt Disney. Adapté du livre de l'Autrichien Felix Salten, c'est un chef-d'œuvre de charme et de grâce. C'est le film de Disney qui délaisse le plus les péripéties de l'action proprement dite, les gags, la caricature. *Bambi* est avant tout une symphonie visuelle basée sur le rythme des saisons, les cycles de l'existence, le renouvellement des générations. Le décor de la forêt, sa lumière tamisée, ses différents plans et leur relief, ont été particulièrement soignés par les collaborateurs de Disney. Le rendu des mouvements des animaux atteint également la perfection. Pendant les cinq ans que dura la genèse du film (la plus longue de tous les grands Disney), le studio fut transformé en véritable zoo. Les animateurs purent ainsi observer sur le vif la croissance des deux faons et de divers animaux, destinés à apparaître dans le film. L'anthropomorphisme de Disney, si souvent critiqué, possède ici un contenu paradoxal puisqu'il avertit *contre* l'Homme. Avec un sens étonnant de l'ellipse, l'Homme (qu'on ne verra jamais) est montré comme le grand destructeur, à la fois par ses armes et par le feu, par sa volonté et par accident. Il tue les animaux, abîme l'environnement. L'anthropomorphisme permet d'observer l'homme d'un autre point de vue et de le juger. A travers sa douceur et son enchantement plastique, ce film pré-écologique dit bien ce qu'il veut dire.

N.B. Le carton de remerciement à Sidney Franklin s'explique par le fait que celui-ci renonça à ses droits sur le livre de Salten au profit de Disney et fut conseiller artistique sur le film.

BIBLIO. : de nombreux livres et albums ont été consacrés à *Bambi*. Le volume publié par Penguin en 1982 reconstitue la continuité du film en 92 photos. Couleurs très fidèles à l'original.

**BANDERA (LA)**

1935 – France (100') • *Prod.* Société Nouvelle de Cinématographie • *Réal.* JULIEN DUVIVIER • *Sc.* Julien Duvivier, Charles Spaak d'après R. de Pierre Mac Orlan • *Phot.* Jules Krüger, Marc Fossard • *Mus.* Jean Wiener, Roland Manuel • *Int.* Jean Gabin (Pierre Gilieth), Annabella (Aïcha la Slaoui), Margo Lion (Planche à pain), Robert Le Vigan (Fernando Lucas), Viviane Romance (la fille), Pierre Renoir (le capitaine Weller), Gaston Modot (le soldat Muller).

Auteur d'un meurtre rue Saint-Vincent à Paris, Pierre Gilieth s'expatrie à Barcelone. Dépouillé par des escrocs, crevant de faim, il s'enrôle dans la Légion espagnole. Il y sera persécuté par un autre légionnaire dissimulant sous l'uniforme son identité de policier. Au Maroc, Gilieth trouve l'amour en la personne d'une danseuse de bordel, Aïcha la Slaoui, et meurt avec ses camarades dans une expédition impossible pour défendre un poste du Riff. Le policier sera seul à survivre.

☞ Aidé par des acteurs prestigieux et tous admirablement à leur place (sauf Annabella appelée après le début du tournage pour remplacer une actrice défaillante), Duvivier hisse un reportage romanesque sur la Légion espagnole au niveau du mythe. La mémoire de l'époque restera marquée par le personnage de l'aventurier désespéré qu'incarne Gabin, retrouvant dans l'exil et le danger, dans l'ordre marginal de la Légion, une autre dignité, une dignité tragique. Le style visuel de Duvivier est souvent magistral ; sa caméra traqueuse et obstinée enveloppe les personnages dans une toile d'araignée serrée dont ils ne sortiront pas (à cet égard, Duvivier apparaît comme l'anti-Renoir). Et il est typique de son style que les scènes les plus réussies soient toutes des scènes d'intérieur. Unanimité de la critique de l'époque pour vanter le ton exaltant et positif de l'œuvre. Unanimité contraire en 1959, lors de la ressortie, pour stigmatiser un folklore vieillot et déplaisant. La vérité est sans doute ailleurs, dans un troisième film apparaissant clairement aujourd'hui dans cette *Bandera* devenue classique. Une œuvre quasi morbide où le pessimisme de Duvivier s'ingénie à portraiturer avec une jubilation sauvage (qui éclate dans les scènes finales) un petit groupe d'êtres retirés du monde des vivants et déjà passés du côté de la mort. Comme si leur courage suicidaire, leur ivresse à combattre n'étaient que l'expression viscérale de leur haine de la vie. Plus encore que l'idéologie ou que la mythologie d'une époque, Duvivier exprime, sous couvert de fidélité à une œuvre littéraire, ses fantasmes noirs et ses démons personnels.

BIBLIO. : scénario et dialogues *in* « L'Avant-Scène » n° 285-286 (1982).

## BANDIT (LE)
### (The Naked Dawn)

1955 – USA (82') • *Prod.* UI (James O. Radford) • *Réal.* EDGAR GEORGE ULMER • *Sc.* Nina et Herman Schneider • *Phot.* Fredrick Gately (Technicolor) • *Mus.* Herschel Burke Gilbert • *Int.* Arthur Kennedy (Santiago), Betta St. John (Maria), Eugene Iglesias (Manuel), Roy Engel (Guntz), Charlita (Tita, la chanteuse), Tony Martinez (Vicente), Francis McDonald (le veilleur de nuit).

Au Mexique, deux paysans, Santiago et Vicente, victimes des révolutions et des contre-révolutions, sont devenus voleurs. Une nuit, ils dévalisent un wagon de marchandises. Vicente est mortellement blessé par un veilleur de nuit. Pour l'apaiser et faciliter son agonie, Santiago lui décrit les splendeurs du Paradis. Après avoir enterré son ami, Santiago découvre dans une vallée la petite ferme d'un jeune homme d'origine indienne, Manuel, dix-neuf ans, et de sa femme Maria, fraîche et belle, que son mari traite un peu comme une esclave. Outre qu'il abuse de son autorité, Manuel est faible, cupide, hypocrite et bigot. Santiago le paie pour qu'il le conduise en camion à la ville voisine de Matamaros. Là, Santiago remet son chargement de montres volées à Guntz, l'organisateur du coup. Comme celui-ci refuse de payer la totalité de la somme due, Santiago le pend à moitié et vide son coffre-fort. Avec Manuel, il va dans un cabaret et distribue au jeune homme une partie de son argent pour ses futurs enfants. Les deux hommes rentrent à la ferme. Manuel est obsédé par l'argent que possède encore Santiago. Il a l'intention de le tuer pendant son sommeil mais Santiago ne dort pas et croit que le jeune homme vient à lui dans l'intention de s'excuser à propos d'une dispute qu'ils ont eue. Le lendemain, Maria, qui depuis longtemps en a assez des brutalités de son mari, demande à Santiago de l'emmener avec lui. Celui-ci lui vante tour à tour les avantages de sa vie de liberté et de voyages puis en décrit avec amertume les inconvénients : il ne sait jamais où il va dormir, n'a pas d'amis, a souvent faim. La jeune femme persiste dans son désir de partir. Manuel tente une seconde fois d'assassiner Santiago, mais un serpent surgit et Santiago le tue, sauvant ainsi la vie du jeune homme. Manuel en pleurs confesse ses mauvais desseins à Santiago qui quitte la ferme en compagnie de Maria. Mais Guntz a retrouvé la trace de Manuel. Avec deux acolytes, il s'apprête à le pendre. Santiago revient sur ses pas, sauve une seconde fois la vie de Manuel et abat Guntz qui, avant de mourir, lui tire une balle dans le dos. Santiago réunit Manuel et Maria, puis les quitte car sa route, dit-il, prend une autre direction. Manuel se repent de sa cupidité et traitera mieux sa femme. Le jeune couple n'a pas compris que Santiago était mortellement blessé. Resté seul, Santiago meurt au pied d'un arbre, se rappelant les paroles de consolation qu'il avait prodiguées à son ami Vicente.

☞ Tout ce que le cinéma peut exprimer se trouve dans ce « petit » film, mi-western, mi-récit d'aventures, à la limpidité et à la richesse de sens confinant au sublime. En vingt-cinq ans de carrière, Ulmer a eu le temps de digérer les influences les plus lointaines et les plus fécondes (le Kammerspiel pour l'expressivité des décors réduits, Murnau pour l'universalité et la densité cosmique du propos). Pressé par les circonstances, il a également cultivé jusqu'au génie son sens de l'économie dramatique et de l'économie tout court. *The Naked Dawn* représente la somme de son œuvre et en même temps le film est si simple, si accessible qu'il peut lui servir d'introduction. C'est une « morality play » (fabliau à portée morale antérieur à la Renaissance) comme l'auteur les aime, racontant l'histoire d'un jeune homme accablé de défauts mais encore malléable et entrant, grâce à un aîné, sur une voie où il trouvera peut-être le moyen de s'améliorer. Son mentor est un voleur, personnage non respectable par excellence, mais qui a pour lui son expérience et sa lucidité. A l'inverse du jeune homme, il ne se paie pas de mots et de faux semblants. Cela n'est que la trame de l'œuvre qui contient aussi une parabole à plusieurs niveaux et offre une série très riche de variations sur l'errance et la vie sédentaire, la dilapidation et l'accumulation des biens, l'exclusion et la participation, la lucidité et l'hypocrisie. Toute vérité, dans ce récit aux dialogues littéraires et pleins de sens, est nuancée par son contraire. Formellement, le film reflète cette dualité. Pour son deuxième film en couleurs (le premier *Babes in Bagdad, Les mille et une filles de Badgad*, 1952, était une farce où la couleur était utilisée de façon burlesque), Ulmer confère aux apparences une douceur, une luminosité, une rondeur, une richesse de pâte qu'on a pu dire renoiriennes (voir en effet sa peinture du personnage de Betta St. John). En même temps, à travers le personnage d'Arthur Kennedy, le film distille une mélancolie poignante qui se hausse aisément au tragique. Le talent unique du cinéaste est tout entier contenu dans la première séquence (un aventurier aide son compagnon à entrer dans la mort). Ici l'émotion est à son comble, est déjà une émotion de fin de film, alors que l'histoire commence à peine. Le grand Herschel Burke Gilbert (*Carmen Jones**, *While the City Sleeps**, *Beyond a Reasonable Doubt**) a composé la musique de ce film.

N.B. Nina et Herman Schneider : ces deux noms au générique du film ont longtemps constitué une énigme pour les cinéphiles. Ils sont en fait le pseudonyme de Julian Halevy, scénariste mis sur la Liste Noire dont le vrai nom apparaîtra plus tard notamment aux génériques de *Circus World* (*Le plus grand cirque du monde*, Henry Hathaway, 1964) et de *Custer of the West* (*Custer, homme de l'Ouest*, Robert Siodmak, 1967).

## BARBAROSA

Inédit en France. 1982 – USA (90') • *Prod.* ITC. Production Wittliff, Nelson, Busey (Paul N. Lazarus III) • *Réal.* FRED SCHEPISI • *Sc.* William D. Wittliff • *Phot.* Ian Baker (Panavision, couleurs) • *Mus.* Bruce Smeaton • *Int.* Gary Busey (Karl Albert Westoff), Willie Nelson (Barbarosa), Gilbert Roland (Don Braulio Zavala), Isela Vega (Josephina Zavala), Danny De La Paz (Eduardo Zavala), Alma Martinez (Juanita), George Voskovec (Herman Pahmeyer).

Karl, un jeune fermier texan, fuit sa terre après avoir tué non intentionnellement son beau-frère. Il rencontre dans le désert un vieux bandit mexicain, Barbarosa, à la réputation quasi mythique. Barbarosa est poursuivi par toutes sortes de gens qui rêvent d'avoir sa tête. Leur destin commun d'hommes traqués les rapproche. Barbarosa est abattu par le cruel Angel et sa bande, qui ordonne à Karl d'enterrer son cadavre. En piochant la terre, Karl s'aperçoit que Barbarosa est toujours vivant. La nuit, Barbarosa prendra la fuite après avoir enterré jusqu'à la tête Angel et les deux beaux-frères de Karl venus l'assassiner mais abattus à bout portant par Angel. La nouvelle de la résurrection de Barbarosa augmente dans le peuple la dimension mythique du personnage. Barbarosa va visiter sa femme, Josephina, fille de son pire ennemi, Don Braulio, qui depuis trente ans éduque les enfants et les jeunes de son clan dans la haine de Barbarosa. Ayant échappé plusieurs fois à la mort, Karl et Barbarosa se séparent. Le beau-père de Karl, qui a maintenant perdu trois fils, veut plus que jamais la tête du jeune homme. Par maladresse, il tue le père de Karl au lieu de Karl lui-même et ce dernier, pour se défendre, est obligé de l'abattre. Barbarosa revient chercher Karl et les deux hommes à nouveau font route ensemble. Constamment traqué par Eduardo, jeune membre de la tribu de Don Braulio, Barbarosa est finalement poignardé par lui. La mort, cette fois, ne lâchera pas sa proie. Karl jure à Barbarosa de cacher son cadavre et sa mort à tous, afin qu'il vive longtemps dans la mémoire de ses ennemis. Il faut pour cela que Karl rattrape Eduardo. Assommé par ce dernier, il ne peut mettre son dessein à exécution. Don Braulio organise une grande fête pour le retour victorieux d'Eduardo : elle est interrompue par Frank qui, ayant pris l'apparence de Barbarosa, tue Eduardo. Tous sont ébahis ou terrifiés devant cette nouvelle résurrection de Barbarosa.

☞ Cette saga pleine de vengeances et de morts violentes a été réalisée par un jeune metteur en scène australien, venu aux Amériques mettre son talent à l'épreuve en tournant un western. Son film est beaucoup plus proche de l'esprit sud-américain, de l'esprit gaucho par exemple, que de l'Amérique du Nord. Dans une nature splendide et indifférente à l'homme, s'exprime une violence sauvage, spontanée, rarement sadique, qui semble être justement le langage de l'homme par opposition au silence lointain de la nature. L'humour, le sang, le risque, le courage élevé au rang de vertu mythique sont les ingrédients d'une action truculente et colorée, mais dépourvue de la complaisance visuelle des westerns italiens ou des films de Peckinpah. Cette action essaie de donner sa part d'éternité à la figure de l'homme à cheval passant son existence à jouer à cache-cache avec la mort. C'est pourquoi l'idée finale est assez belle et confère son ultime logique à un récit parfois desservi par une mise en scène désordonnée, formaliste et manquant de maturité. Mais il faut saluer en Schepisi un cinéaste qui brasse l'espace avec une belle vigueur et sait choisir des interprètes de grand talent (Gary Busey, Willie Nelson et Gilbert Roland) capables de recréer ces personnages d'aventuriers fiévreux, légendaires, *bigger than life*, dont est si avare le cinéma contemporain.

## BARBE-NOIRE, LE PIRATE
**(Blackbeard, the Pirate)**

1952 – USA (98') • *Prod.* RKO (Edmund Grainger) • *Réal.* RAOUL WALSH • *Sc.* Allan LeMay d'ap. une histoire de DeVallon Scott • *Phot.* William E. Snyder (Technicolor) • *Mus.* Victor Young • *Int.* Robert Newton (Barbe-Noire), Linda Darnell (Edwina Mansfield), William Bendix (Ben Worley), Keith Andes (Robert Maynard), Torin Thatcher (Morgan), Irene Ryan (Alvina), Alan Mowbray (Noll, le fou).

Au XVIIe siècle, la route des Indes est infestée de pirates. Sur un navire dont s'est emparé le célèbre Ned Teach, alias Barbe-Noire, se retrouvent Edwina Mansfield, la ravissante fille adoptive de Sir Henry Morgan capturée par le pirate, et Robert Maynard, un médecin qui s'est introduit parmi l'équipage avec l'intention de voler le livre de bord. Maynard est en effet payé par le gouverneur de la Jamaïque pour démasquer Sir Henry Morgan, pirate repenti, qui a reçu mission du roi d'Angleterre de pourchasser ses anciens collègues et qui, en fait, n'a pas cessé de s'acoquiner avec eux. Le livre de bord permettra sans doute de prouver sa duplicité. Edwina, fille de pirate elle-même, trimballe avec elle les joyaux du trésor de Morgan à qui elle les a volés. Mais sa suivante, trop bavarde, en a parlé à Barbe-Noire, vivement intéressé par cette révélation. Ayant mis la main sur le trésor, Barbe-Noire refuse de le partager avec son équipage et l'enterre dans une île sous une grosse pierre. Après un rude combat avec les hommes de Morgan, Barbe-Noire tire sur un indigène qui se trouve être son sosie. Il a bien manigancé son coup car Morgan, coupant la tête du cadavre, s'imagine qu'il s'agit de celle de son ennemi et l'expose sur la place de Port-Royal. Pour prix de son exploit, il devient gouverneur de la Jamaïque. Plus tard, il apprend que Barbe-Noire n'est pas mort et a reformé son équipage. Il monte à bord d'un galion espagnol pour tenter le pirate qui, comme de bien entendu, ne voudra pas laisser filer cet appât magnifique. Barbe-Noire, cette fois, n'a pas le dessus. En mauvaise posture, il se sert alors d'Edwina, à nouveau tombée entre ses pattes, comme otage. Les hommes de Morgan reçoivent l'ordre d'abandonner le combat. Barbe-Noire va sur l'île chercher son trésor. Ses hommes le surprennent quand il veut le transborder dans une chaloupe. Bagarre... Le trésor tombe à la mer, perdu pour tous. Furieux, les marins enterrent Barbe-Noire dans le sable, laissant seulement sa tête dépasser. Elle est bientôt fouettée par la marée. Maynard et Edwina, amoureux l'un de l'autre, fuient ensemble vers le large, détournant les yeux de cet horrible spectacle.

☞ Œuvre tout à fait mineure de Walsh (scénario compliqué et bâclé, budget insuffisant) et pourtant indispensable à sa filmographie. C'est que la figure de Barbe-Noire, à partir d'une série d'épisodes confus et sans grand intérêt, *sort* admirablement. Ce monstre joyeux et féroce, spécimen d'humanité venu comme d'une autre planète, n'a jamais été aussi bien dépeint dans sa vitalité, sa truculence, son amoralité, sa démesure. Créature solitaire, il appartient à une race dont il serait pour ainsi dire l'unique représentant. Il possède tous les vices et tous les appétits de l'homme, mais portés à une dimension suprahumaine qui, à l'évidence, fascine et met en joie notre cinéaste. Walsh le dépeint dans une atmosphère plastique raffinée qui apparemment ne lui coûte aucun effort. Avec quelques éléments de décor, un mât, une voile, un morceau de ciel, avec aussi la beauté de Linda Darnell, il dessine, dans le mouvement, de fugitifs tableaux de maîtres dignes souvent, par leur splendeur, des grands peintres espagnols.

## BARBEROUSSE
**(Akahige)**

1965 – Japon (180') • *Prod.* Toho-Kurosawa Film Production (Ryuzo Kikuchima et Tomoyuki Tanaka) • *Réal.* AKIRA KUROSAWA • *Sc.* Ryuzo Kikushima, Hideo Oguni, Masato Ide et A. Kurosawa d'ap. R. de Shugoto Yamamoto • *Phot.* Asakazu Nakai et Takao Saito (Cinémascope) • *Déc.* Yoshiro Muraki • *Mus.* Masaru Sato • *Int.* Toshiro Mifune (Kyojo Niide dit Barberousse), Yuzo Kayame (Noboru Yasumoto), Yoshio Tsuchiya (Handayu Mori), Tatsuyoshi Ehara (Genzo Tsugawa), Reiko Dan (Osugi), Kyoko Kagawa (la jeune folle), Kamatari Fujiwara (Rokusuke), Akemi Nigishi (Okuni), Tsutomu Yamazaki (Sahachi), Miyuki Kuwano (Onaka), Eijiro Tono (Goheiji), Takashi Shimura (Tokubei), Terumi Niki (Otoyo), Haruko Sugimura (Kin), Yoko Naito (Masae), Ken Mitsuda (le père de Masae), Kinuyo Tanaka (la mère de Noboru), Chishu Ryu (le père de Noboru), Yoshitaka Zushi (le petit Choji).

A la fin de l'ère Tokugawa (XIX^e^ siècle), le jeune Yasumoto, ayant étudié la médecine hollandaise à Nagasaki, retourne à Edo où il rend visite au directeur de l'hôpital public Koishikawa. Ce directeur, Kyojo Niide, surnommé Barberousse, est un personnage au caractère violent, obstiné, autoritaire mais qui suscite dans son entourage admiration et dévotion. Barberousse a en effet consacré sa vie aux pauvres et a même institué une consultation gratuite. Yasumoto apprend qu'il doit devenir le collaborateur principal de Barberousse, ce qui lui cause une vive déception car il pensait être attaché au shogunat. Il va s'employer à violer tous les règlements intérieurs institués par Barberousse afin de se faire renvoyer. Dans un pavillon à part vit une femme cloîtrée, d'une très grande beauté, mais atteinte d'une folie extrêmement dangereuse qui a déjà provoqué la mort de ses trois amants. Il est interdit de l'approcher. Yasumoto croit pouvoir la soigner. Il l'écoute raconter son enfance, les multiples viols qu'elle a subis ; soudain elle lui plante son épingle à cheveux dans la nuque. Yasumoto ne doit son salut qu'à l'arrivée de Barberousse. Soigné pendant quelques jours pour l'éraflure qu'il a subie, il reprend avec un peu moins d'assurance son éducation forcée auprès de Barberousse. Il verra mourir deux hommes. Le premier, Rokusuke, agonise en silence, victime d'une tragédie qui a empoisonné sa vie. Sa fille a dû épouser l'amant de sa mère, sur ordre de cette dernière. Elle vient chez Barberousse après la mort de son père afin de lui confier ses jeunes enfants dont Barberousse donnera la garde à un couple du voisinage. Elle a poignardé son mari, ne le blessant que légèrement. Barberousse arrangera son affaire auprès du commissaire en exerçant sur lui un chantage dont il n'est pas fier. L'autre agonisant est Sahachi, une sorte de saint, adoré de tous ses voisins. Il a passé sa vie à les aider. Avant de mourir, il tient à livrer son secret. Sa femme, qu'il adorait, avait disparu lors d'un tremblement de terre. Un jour, il l'avait rencontrée avec un bébé. Elle lui avait alors avoué qu'elle était déjà mariée, avant de le connaître, à un homme qu'elle avait dû épouser par gratitude, en raison des services qu'il avait rendus à sa famille qui vivait dans une grande misère. Après cet aveu, ne pouvant sortir de la situation inextricable où elle se débattait, elle s'était poignardée devant lui. Pour la garder auprès de lui, Sahachi l'avait enterrée sous son atelier. Et c'est le squelette de cette femme qu'on venait de retrouver dans l'éboulement de sa maison. De plus en plus passionné par les expériences auxquelles sa vie dans l'hôpital l'amène à participer, Yasumoto suit Barberousse dans ses tournées. Il le voit infliger un régime frugal à un riche client dont la seule maladie est de s'empiffrer du matin au soir. Barberousse réclame pour cela des honoraires énormes qu'il consacrera aux pauvres. Il arrache à une directrice de maison close une fillette de douze ans qu'elle voulait faire « travailler ». Barberousse doit à cette occasion faire le coup de poing contre une nuée d'agresseurs et s'en tire admirablement bien. La fillette, qui n'a connu que malheurs et mauvais traitements, se conduit comme un animal sauvage. Elle est atteinte d'une fièvre et Barberousse la confie à Yasumoto. Ce sera sa première patiente. A force d'attention et de soins, il réussit à l'apprivoiser. Et c'est elle qui à son tour le soignera quand il aura la fièvre. Elle a fait la connaissance d'un gamin de sept ans qu'on appelle « le petit rat ». Il vole des vivres pour nourrir sa famille. La fillette décide de lui donner les restes de son repas et tout ce qu'elle pourra ramasser dans la cuisine de l'hôpital ; mais elle le prie de ne plus voler. Un jour, il lui dit adieu car sa famille va émigrer dans un pays lointain et merveilleux. En fait, toute la famille sera retrouvée empoisonnée à la mort-aux-rats dans un suicide collectif. Barberousse réussira à sauver la mère, le père et le petit rat. Ayant atteint une sorte de sérénité dans sa vie privée, Yasumoto accepte d'épouser la sœur de sa fiancée qui l'avait trahi avant son arrivée à l'hôpital. Après le mariage, et alors que son beau-père l'a fait nommer médecin du shogunat, il supplie Barberousse de le garder avec lui. « Tu le regretteras » déclare le vieux médecin en grommelant comme à son habitude.

☞ *Barberousse* peut être considéré comme le volet central d'une trilogie humaniste comprenant aussi *Vivre** (1952) et *Dodes'caden** (1970). Chacun de ces films d'une durée exceptionnellement longue fait vivre tout un peuple de personnages allant de l'enfance à l'extrême vieillesse et décrit des séries d'expériences résumant des destinées entières. *Barberousse,* de l'aveu même de Kurosawa, fut le plus ambitieux de ses films. Son tournage s'étala sur deux ans et se déroula dans un immense décor de village entièrement construit, où le réalisateur installa, selon les plans, de une à cinq caméras. Utilisant en maître l'espace élargi du cinémascope, les plans longs et les objectifs à très longue focale, Kurosawa réussit à donner à son œuvre l'ampleur beethovénienne qu'il souhaitait. Ces trois films se sont donné pour tâche d'explorer le gouffre sans fin et sans fond de la misère humaine dans une optique qui, empruntant à la fois à Hugo et à Dostoïevsky, exclut le désespoir et le pessimisme absolus. Deux idées-forces, parmi de nombreuses autres, ordonnent la richesse du film et lui confèrent son exceptionnelle densité humaine. Plusieurs personnages de l'intrigue apprennent à consacrer leur vie à soulager la détresse d'autrui. Ils tirent de ce sacerdoce et de leur activité incessante une force et une harmonie qui, sans cela, leur auraient fait défaut. En sauvant les autres, ils se sauvent eux-mêmes. Cette force et cette harmonie n'ont rien à voir avec le bonheur au sens traditionnel du terme. N'excluant pas la colère ni le désespoir, elles constituent pourtant, aux yeux de Kurosawa, l'expérience la plus poussée que l'homme puisse faire de la plénitude de sa condition. Cette expérience sera accomplie à différents niveaux, par Barberousse, par Yasumoto et par la jeune fille qui soigne Yasumoto, comme en témoigne la construction très savante du film, riche en méandres, en échos, en facettes, où les personnages retrouvent souvent, chez autrui, leurs propres dilemmes et leurs propres angoisses. L'autre idée-force exprimée par les personnages et les péripéties du film est que la plupart des maux physiques de l'homme cachent une misère morale qui en est tout à la fois l'origine, l'inspiration secrète et l'explication. Kurosawa s'est toujours refusé à séparer le spirituel et le matériel dans l'homme. C'est une des raisons qui expliquent que l'ensemble de son œuvre ait obtenu, auprès du public de nombreux pays, une faveur si durable et si étrangère à la mode.

## BARON FANTOME (LE)

1942 – France (99') • *Prod.* Consortium de Productions de films • *Réal.* SERGE DE POLIGNY • *Sc.* Serge de Poligny, Louis Chavance, Jean Cocteau • *Phot.* Roger Hubert • *Mus.* Louis Beydts • *Int.* Jany Holt (Anne), Alain Cuny (Hervé), Odette Joyeux (Elfy), André Lefaur (Eustache Dauphin), Gabrielle Dorziat (Mme de Saint-Hélie), André Alerme (le colonel), Marguerite Pierry (Fébronie).

En 1826, un baron somnambule disparaît dans les ruines de son manoir. Sa petite nièce, venue habiter au château, se désole de ne pouvoir épouser l'officier qu'on lui destine car elle est sans dot. Sa meilleure amie, la fille de sa nourrice, brûle, quant à elle, d'un amour secret pour le neveu de l'ancien domestique du château. La découverte, dix ans plus tard, du testament du baron, faite en même temps que celle de son corps momifié et d'un trésor, aidera les deux couples à trouver le bonheur.

☞ Comme souvent chez Serge de Poligny, le sujet et l'atmosphère, à la fois poétiques, romantiques et parafantastiques, sont originaux ; mais ils sont desservis par une construction dramatique lâche et désordonnée dont les nombreuses chutes de tension dispersent l'intérêt. Ce défaut est heureusement amoindri ici par le fait que la complexité de l'entrelacs amoureux séparant et réunissant tour à tour les quatre protagonistes s'accommode assez bien d'un récit sinueux et hésitant. Avec une poésie douloureuse qui lui est propre, Serge de Poligny sait peindre de façon attachante ces personnages d'exclus que leur situation sociale, un héritage lourd à porter ou les secrets de leur vie intime embarrassent jusqu'au désespoir. D'une manière assez moderne – c'est aussi un de ses mérites – se côtoient dans son œuvre des personnages très divers et authentiques dans leur diversité. Des créatures cocasses et insolites (comme ce braconnier que sa maîtresse et cuisinière oblige à se transformer en dauphin de Louis XVI) voisinent avec d'autres, graves ou tragiques. De cette juxtaposition naissent d'intéressantes ruptures de ton. Avec une sorte de dandysme littéraire, tous les personnages sont placés par l'auteur sous l'invocation de ce baron nihiliste et misanthrope qu'interprète Jean Cocteau. Dans son testament, il parle de sa mélancolie qui l'a poussé à se cacher pour vivre et pour mourir avant de conclure : « Si on ne trouve pas ce document, eh bien qu'on se débrouille ! » C'est un original, un marginal comme l'a été à sa façon, dans le cinéma français, Serge de Poligny. *Le baron fantôme* est aussi l'un de ces quelques films célèbres (une dizaine tout au plus) qui alimentèrent le courant fantastique du cinéma français de l'Occupation.

BIBLIO. : scénario et dialogues *in* « L'Avant-Scène » nº 138-139 (1973) avec une préface de Serge de Poligny « Comment est né *Le baron fantôme* ».

## BARON OF ARIZONA (THE)

Inédit en France. 1950 – USA (96') • *Prod.* Lippert Productions • *Réal.* SAMUEL FULLER • *Sc.* Samuel Fuller (titre emprunté à un article paru dans « The American Weekly » • *Phot.* James Wong Howe • *Mus.* Paul Dunlap • *Int.* Vincent Price (James Addison Reavis), Ellen Drew (Sofia de Peralta-Reavis), Beulah Bondi (Lona Morales), Vladimir Sokoloff (Pepito Alvarez), Reed Hadley (John Griff), Robert Barrat (juge Adams), Robin Short (Lansing).

Le 14 février 1912, l'Arizona est devenu l'un des États d'Amérique. Le gouverneur Taft et quelques-uns de ses proches sont réunis. John Griff, expert en faux et auteur d'un ouvrage qui fait autorité sur le sujet, raconte l'aventure d'un des plus étranges amoureux de l'Arizona, James Addison Reavis, qui s'était baptisé lui-même « Le Baron de l'Arizona ». Il travaillait au cadastre de Santa Fé. Il savait que le gouvernement reconnaissait les prétentions des héritiers de territoires espagnols à posséder leurs biens : « Le gouvernement américain est très honnête », faisait-il remarquer. Il avait bâti un plan surprenant et insensé pour devenir propriétaire de tout l'Arizona. A Phœnix, en 1872, il avait contacté Pepito Alvarez, le père adoptif d'une fillette et l'avait persuadé que celle-ci était en réalité Sofia de Peralta, descendante de Miguel de Peralta (personnage qu'il avait fabriqué de toutes pièces), auquel le roi d'Espagne avait donné en 1748 des territoires considérables. Reavis fait élever l'enfant comme la future baronne qu'elle doit être et lui donne une gouvernante. Il grave sur une pierre le témoignage de legs du roi. Mais le plus difficile reste à faire. Il se rend dans un monastère en Espagne. Il fait pendant trois ans son noviciat dans le couvent afin de pouvoir un jour pénétrer dans la bibliothèque et falsifier (grâce au livre de Griff il est devenu expert en la matière) le recueil des donations officielles de Ferdinand VI. Il apprend alors avec effarement qu'un deuxième exemplaire du recueil se trouve chez un marquis, secrétaire du roi à Madrid. Se croyant découvert par la police, Reavis fuit en carriole et a un accident. Il est recueilli et soigné par des gitans dont le chef, une femme, tombe plus ou moins amoureux de lui. Elle veut qu'il se sauve avec elle. Il la persuade de cambrioler la propriété du marquis. Lors d'une fête qu'il donne et pendant que Rita, la gitane, lit dans les lignes de la main de la marquise, Reavis falsifie le second registre. Il épouse ensuite sa protégée, Sofia, à Paris. Depuis l'enfance, l'amour et la reconnaissance se mêlent dans les sentiments qu'elle éprouve vis-à-vis de son bienfaiteur. A Phœnix où il arrive en grande pompe avec son épouse, le Baron de l'Arizona fait valoir ses droits. A Washington où règne la stupéfaction, Griff est engagé pour enquêter. Le directeur d'une compagnie de chemin de fer achète cinquante mille dollars à Reavis le droit de traverser son territoire. Un journaliste travaillant pour Pulitzer l'appellera « l'homme qui a changé la géographie ». De nombreux mineurs doivent racheter leurs biens. Mais l'un d'entre eux, Lansing, ne l'entend pas de cette oreille. Il jette une bombe dans la propriété de Reavis et mène la révolte. Un représentant du ministère de l'Intérieur vient proposer vingt-cinq millions de dollars à Reavis pour ses terres, mais il refuse. Un procès a lieu. Griff et le gouvernement sont incapables d'apporter la preuve concrète des falsifications de Reavis. Pepito, effrayé par le tour que prennent les événements, avoue à Reavis qu'il connaissait les parents de Sofia mais qu'il s'est tu afin qu'elle bénéficie du fabuleux héritage. Reavis décide alors de dire la vérité à Griff. Celui-ci venait de découvrir une preuve tangible de sa culpabilité : l'encre utilisée pour falsifier le livre du monastère n'était pas de même composition que l'originale. La foule s'empare de Reavis et veut le lyncher. La corde au cou, il affirme en hurlant que, si on le pend, on ne pourra jamais prouver tout à fait que l'Arizona ne lui appartient pas. Il fait six ans de prison. A sa sortie, sa femme l'attend.

☞ Deuxième film de Fuller, et toujours pour le producteur Lippert de la « Poverty Row » (le coin des studios pauvres à Hollywood). Mais cette fois, Fuller dispose de quinze jours de tournage, soit cinq de plus que pour *J'ai tué Jesse James**, et de la prestigieuse collaboration du photographe James Wong Howe qui a tenu à faire le film. C'est encore un western, mais l'originalité du sujet, basé sur un personnage réel, et la liberté de Fuller par rapport au genre sont encore cent fois plus flagrantes que dans *Jesse.* James Addison Reavis est l'une des créatures les plus étonnantes qui aient stimulé l'imagination de Fuller. (Il inventera notamment le rôle de Griff et les épisodes espagnols.) Voleur grandiose, son ambition démesurée, son orgueil, sa volonté de puissance, sa fantaisie, sa folie, parfois sa violence (dont Fuller note quelques éclats cinglants, par exemple dans la scène où il frappe les deux hommes venus lui extorquer une confession), céderont finalement le pas devant l'amour. A ce propos, une réplique est restée célèbre. Griff demande à Reavis pourquoi il a fini par avouer. Il répond : « Je suis tombé amoureux de ma femme. » Si *Le baron de l'Arizona* est le film de Fuller qui finit le mieux, son dénouement est loin d'être conventionnel ou artificiel. Aimant la femme qu'il a inventée, suscitée, élevée, façonnée, Reavis reste fidèle à lui-même et à sa propre création. Des atmosphères nocturnes et pluvieuses traversées par la lumière des torches ou par la fièvre d'un rêve fou, une grande mobilité de caméra, une ironie savoureuse (qui fait parfois penser à celle de Sirk dans *A Scandal in Paris**), l'expérience quasi monstrueuse mais si humaine d'un personnage qui va jusqu'aux limites de lui-même et de ses désirs : tels sont les éléments que Fuller a mis en œuvre pour nous convaincre que cette histoire extraordinaire méritait d'être contée. Bien que bénéficiant d'une photo assez travaillée, le style du film est encore relativement sec (ce n'est pas un défaut) comme celui de *J'ai tué Jesse James** et sans doute pour la même raison : la modicité du budget. Le film n'a pas la démesure baroque, les fulgurances qu'on connaîtra plus tard à Fuller. C'est le style d'un reporter qui raconte plus que celui d'un poète qui délire ; ce qui valait peut-être mieux pour rendre crédible cette ahurissante intrigue. Tout marginal qu'il est, Fuller obéit dans ce film à la grande règle que se sont imposée à un moment ou à un autre de leur carrière les artistes d'Hollywood : quand les moyens manquent ou sont maigres, on y remédie par la profusion des péripéties, la richesse des personnages, des atmosphères et des détails, par une invention sans limite et sans frein. Aux cinéastes ou apprentis cinéastes qui pleurent parfois sur leur pénurie, on ne peut que conseiller de regarder attentivement ce film : il n'y a pas de meilleure école !

## BATAILLE DE L'EAU LOURDE (LA)

1948 – France-Norvège (96') • *Prod.* Trident, Paris et Hero Film, Oslo • *Réal.* JEAN DRÉVILLE avec la collaboration de Titus Viebe-Muller • *Sc.* Jean Dréville, Jean Marin, Deana Robertson avec la collaboration de Knut Haukelid, Claus Helberg, Jens Poulsen d'ap. reportage de Jean Marin « Pourquoi l'Allemagne n'a pas fabriqué la bombe atomique » paru dans « France Illustration ». Commentaire de Jean Marin et Pierre Laroche • *Phot.* Marcel Weiss, Hilding Blakh • *Mus.* Günnar Stenstovald • *Int.* Knut Haukelid, Jens Poulsen, Claus Helberg et les parachutistes des corps francs norvégiens.

L'eau lourde, utilisée dans la désintégration de l'uranium, est un élément important de la chaîne qui mène à la fabrication de la bombe atomique. Elle descend, en Norvège, des montagnes du Télémark et est distillée par une usine, qui, en 1939, accepte de vendre son stock aux autorités françaises après l'avoir refusé aux nazis. Ce stock, si convoité, est véhiculé, à la faveur de diverses ruses, jusqu'au Collège de France à Paris. Avril 1940 : les Allemands envahissent la Norvège. Le précieux chargement est convoyé jusqu'à la prison de Riom et ira ensuite en Angleterre. Ayant à détruire l'usine que les Allemands veulent faire fonctionner à plein rendement, la résistance norvégienne préfère entreprendre des actions de sabotage plutôt que des bombardements. En octobre 1942, quatre parachutistes norvégiens atterrissent dans les montagnes du Télémark. Ils ont des centaines de kilomètres à parcourir. Affamés, ils trouvent refuge dans une cabane et recherchent d'introuvables troupeaux de rennes. Ils rétablissent le contact-radio avec les Anglais. Ceux-ci leur envoient un commando de quatre hommes que les Allemands captureront et tueront. Un autre commando mieux entraîné rejoindra sans dommage les hommes de la cabane. Pendant que deux d'entre eux gardent la cabane, une poignée de saboteurs pénètre dans l'usine et y provoque une explosion. Après quelque temps, les Allemands ont réparé l'usine. Elle sera plus tard endommagée par des bombardements. Les Allemands veulent transférer leur stock d'eau lourde en Allemagne. Par miracle, le ferry-boat qui doit transporter le chargement reste un certain temps sans surveillance. Des résistants y mettent une bombe à retardement qui explosera dix heures plus tard, le 22 février 1944. Ce jour-là, les Allemands perdent leur dernière chance de mettre au point la bombe atomique.

☞ Inaugurée dans *Les cadets de l'océan* (1942), la veine réaliste et documentaire de Dréville se continuera dans *Le grand rendez-vous* (1949), récit semi-romancé sur la préparation du débarquement américain en Afrique du Nord en 1942, puis *Normandie-Niémen* (1959), évocation d'un groupe de pilotes cantonnés en Afrique du Nord qui n'acceptent pas les ordres de Pétain et vont combattre aux côtés des Soviétiques. Cette veine culmine dans *La bataille de l'eau lourde* où le romanesque et l'invention dramatique sont totalement et volontairement absents. Les acteurs sont des non-professionnels et dans la plupart des cas furent eux-mêmes les héros des événements relatés. Le néo-réalisme trouve ici un écho fécond qui se prolongera peu dans le cinéma français. Pourtant les réactions du public firent de cette œuvre austère un triomphe commercial. Il semble que, pour un instant, la guerre, réservoir d'événements et de situations extraordinaires, ait appris aux cinéastes et au public français que la réalité dépassait parfois la fiction et que la description non enjolivée, sévère et drue de la réalité pouvait l'emporter en intérêt dramatique sur la fiction la plus débridée. Un commentaire relativement sobre et précis accompagne constamment le déroulement de l'action. Ce réalisme n'est pas sans favoriser l'éclosion d'une poésie discrète mais forte, et jamais sollicitée. Elle émane naturellement de la lumière crépusculaire des montagnes norvégiennes, de l'obstination secrète de ces skieurs qui zèbrent la neige à peine éclairée, de ce combat fantomatique et presque abstrait prolongeant à l'autre bout du monde, de manière assourdie, les fracas sanglants qui déchiraient la planète.

N.B. Dans l'ouvrage de E. Papillon et C. Guiget « Jean Dréville. Quarante ans de cinéma », Aulnay-sous-Bois, 1984, Jean Dréville explique qu'il avait été convenu avec les coproducteurs que, dans les pays dépendant de la Norvège pour la distribution, le générique porterait « Mise en scène : Titus Viebe-Muller (un monteur qui avait préparé le film). Supervision : Dréville » et que dans les pays dépendant de la France on lirait « Mise en scène : Dréville. Collaboration technique : Viebe-Muller ». Le négatif français ayant été usé par le grand nombre de copies tirées, c'est le négatif suisse portant le libellé norvégien qui servit ensuite. La copie conservée à la Cinémathèque Française porte en effet ce libellé. Dréville revendique l'entière paternité du film, qui ne lui a d'ailleurs jamais été contestée. Le prologue où paraissent les savants Joliot-Curie, Alban, Kowarski, Dautry a été réalisé par Jean Epstein. Remake américain par Anthony Mann *The Heroes of Telemark* (*Les héros de Télémark,* 1975). C'est l'un des moins bons films du grand réalisateur.

## BATAILLE DU RAIL (LA)

1946 – France (85') • *Prod.* Coopérative Générale du Cinéma Français • *Réal.* RENÉ CLÉMENT • *Sc.* René Clément, Colette Audry • *Phot.* Henri Alekan • *Mus.* Yves Baudrier • *Int.* Jean Clarieux (un cheminot), Jean Daurand (un autre cheminot), Tony Laurent (Camargue), Lucien Desagneaux (Athos), Robert Leray (le chef de gare), Léon Pauléon (le cheminot prisonnier), Jean Rauzéna (le classeur de trains).

Tableau de la Résistance dans les chemins de fer français à la veille du débarquement. La région de Chalon-sur-Saône. On dépose, on retire des messages cachés sous les wagons. On cache aussi des hommes qui veulent passer la ligne de démarcation : dans la cage réservée aux chiens, dans un wagon-citerne à demi rempli. Les cheminots retardent au maximum les convois de troupes. On colle de fausses étiquettes sur les wagons. On incise des boyaux de freins. On déverse sur la voie le carburant. On pose des bombes aimantées à l'extérieur des wagons. Un groupe de cheminots est exécuté devant un mur près des voies. Les hommes sont abattus un par un. Tous les conducteurs font siffler leur machine au moment de l'exécution. Un cheminot apprend la nouvelle du débarquement en écoutant les messages de la radio de Londres. Les Allemands ordonnent la mise sur pied d'un convoi de douze trains vers la Normandie baptisé « Pépin de pomme ». Sur sa moto, le cheminot file de nuit vers la gare voisine de Saint-André et organise avec la complicité du chef de gare, qu'on laissera ligoté pour faire croire à une action des maquisards, le blocage des voies, préalablement sectionnées, par une locomotive et ses wagons. Les travaux seront longs le lendemain pour dégager les rails. Un homme scie un maillon de la chaîne qui permet à la grue de soulever les wagons. L'un d'entre eux, à peine hissé, retombe lourdement sur la voie. Quand elle est dégagée, un train part mais doit s'arrêter à l'endroit où le rail a été coupé. Des maquisards attaquent le train et le lancent sur les voies en machine arrière. Le cheminot essaiera vainement de le faire dérailler. On promène ainsi des convois sur tout le réseau. Le convoi « Pépin de pomme » est composé d'un wagon blindé suivi de douze trains placés à peu de distance les uns des autres. Le blindé est précédé d'un wagon contenant des rails au cas où la voie serait endommagée. Les maquisards attaquent le blindé, rempli de mitrailleuses. Le combat est rude. Un tank sort du blindé et ratisse le périmètre environnant. Le conducteur du premier des trains est prévenu que son engin va sauter sur une bombe au kilomètre 212. Les autres trains sont dirigés sur le secteur électrique. Des pannes provoquées par les cheminots les empêchent d'avancer. Le convoi est bombardé. Les Allemands fuient en utilisant tous les moyens de transport sur lesquels ils peuvent mettre la main (vélos, charrettes, etc.). Le chef de gare de Saint-André installe un drapeau tricolore à la fenêtre de la gare. Le premier train « libre » s'élance sur les rails.

☞ Premier des six films de René Clément consacrés à la Seconde Guerre mondiale (cf. *Le père tranquille**, 1946 ; *Les maudits**, 1947 ; *Jeux interdits**, 1951 ; *Le jour et l'heure*, 1962 ; *Paris brûle-t-il ?*, 1967). A l'exception du dernier, ils constituent un ensemble passionnant dont chacune des parties s'enrichit d'être vue en comparaison avec les autres. *La bataille du rail* représente une entreprise à peu près unique dans l'histoire du cinéma français. Clément utilise les moyens et les méthodes du néo-réalisme pour bâtir une épopée hagiographique de la résistance ferroviaire en France. Il commence à écrire le scénario en septembre 1944 et à tourner en avril 1945. Le film est conçu d'abord comme un documentaire de deux bobines pour la Coopérative Générale du Cinéma Français. Comme dans *Rome, ville ouverte** (qui, lui aussi, devait être à l'origine un documentaire), la « méthode » néoréaliste s'invente spontanément sur le tas pour adapter le tournage aux nécessités du moment. On tire avec de vraies munitions car on n'a pas les moyens de se procurer des balles à blanc. On fait dérailler un vrai train filmé par trois caméras (séquence très spectaculaire). Des acteurs peu connus et des cheminots constituent la distribution. Pas d'intrigue unitaire et savamment composée, mais une succession d'épisodes reliés entre eux par le seul fil chronologique de l'Histoire. Dialogues fonctionnels aussi peu écrits que possible. Épopée hagiographique, disions-nous : pour l'hagiographie, il appartient aux historiens de déterminer jusqu'à quel point elle colle à la réalité. C'est un fait qu'aucun tiraillement vers le bas n'existe dans le film. Tous les personnages sont des héros à part entière, prêts à se sacrifier, soudés matériellement et moralement à la cause commune. Sur le plan formel, cette solidarité engendre de façon naturelle l'épopée. Il est intéressant de comparer le film à *Jericho**. Calef et Spaak atteignaient un certain ton épique – moins net qu'ici – par des moyens formels plus traditionnels (acteurs connus au relief pittoresque, dialogues très écrits, action ramassée et très dramatisée), mais présentaient une vision beaucoup plus nuancée et variée de la réalité psychologique ambiante. *La bataille du rail*, malgré son succès immédiat, public et critique, resta sans réelle postérité. En tant que film d'action, l'œuvre est exceptionnelle également, et c'est à notre connaissance le seul film français qui fasse bonne figure, par son ampleur et sa technicité, auprès des grands films de guerre américains tels que *Aventures en Birmanie** ou *Convoi vers la Russie**.

## BATTEMENT DE CŒUR

1939 – France (97') • *Prod.* Ciné-Alliance (Gregor Rabinovitch) • *Réal.* HENRI DECOIN • *Sc.* Villème et Coppet, Michel Duran • *Phot.* Robert Le Febvre • *Mus.* Paul Misraki • *Int.* Claude Dauphin (Pierre de Rougemont), Danielle Darrieux (Arlette), Saturnin Fabre (M. Aristide), Jean Tissier (Roland), André Luguet (l'ambassadeur), Junie Astor (l'ambassadrice), Marcelle Monthil (Mme Aristide).

Aristide, un entreprenant sexagénaire, a créé une école de vol destinée à ceux qui veulent réussir dans le délicat métier de pickpocket. Il recrute ses élèves grâce aux petites annonces et le plus souvent les postulants sont des chômeurs qui croient trouver chez lui un travail honnête et qu'il initie aux techniques du vol à la tire. Sa dernière recrue, Arlette, n'a que dix-huit ans et s'est évadée de la maison de redressement d'Amiens. Le vol ne lui dit rien du tout mais elle s'y met « pour rester honnête », c'est-à-dire suivant le conseil de son ami Yves, autre élève d'Aristide, pour gagner de quoi s'acheter un mari fictif avec lequel elle contractera un mariage blanc. Seule façon pour elle d'échapper définitivement à la maison de correction. Dans la rue, elle repère un passant élégant. Elle le suit et lui vole son épingle de cravate sur la plate-forme d'un autobus. Il a vu son manège, la rejoint dans un cinéma et l'entraîne de force chez lui. C'est un ambassadeur. Il oblige Arlette à assister à un bal – et à voler sa montre à un jeune attaché, Pierre de Rougemont, à qui elle a été présentée comme la nièce du baron Dvorak. L'ambassadeur veut seulement savoir si sa femme le trompe et si la photo de celle-ci se trouve bien, comme il le soupçonne, dans le boîtier de la montre de Pierre. Mais Arlette a prestement retiré la photo avant de remettre la montre à l'ambassadeur, maintenant tout à fait rassuré quant à la vertu de sa femme. Arlette, trouvant Pierre charmant, a voulu ainsi lui éviter toutes sortes d'ennuis, voire un duel. Elle n'a plus maintenant qu'à remettre la montre à sa place et à quitter les lieux, sa mission terminée. Mais Pierre la suit, lui fait la cour et obtient d'elle pour le lendemain un rendez-vous dans une gare. Elle s'y rendra mais pour avouer la vérité à Pierre et lui dire du même coup adieu. Pierre l'installe chez lui et envisage de lui donner comme mari fictif son vieil ami Roland, un diplomate qui a raté sa carrière pour cause de légèreté. Devant le maire, Arlette réfléchit et dit non. Pierre obligera le baron Dvorak à adopter officiellement sa « nièce » puis prendra la place de Roland. A l'issue de la cérémonie, Arlette pleure sous sa voilette, comme elle le fait toujours quand elle est heureuse.

☞ Quatrième des huit films de Decoin tournés avec Danielle Darrieux entre 1937 et 1955. Ce fut le plus populaire à l'époque et c'est celui qui est resté le plus célèbre. Il repose sur un mélange de comédie de situations et de comédie sentimentale que seuls le charme juvénile et l'humour de Darrieux ont pu transformer en réussite. En fait, ni l'un ni l'autre de ces deux aspects n'est très convaincant. Pour les situations, et malgré quelques jolis détails (le maire félicitant Arlette d'avoir réfléchi et dit non au cours de la cérémonie de mariage), l'invention s'essouffle vite, tombe souvent à plat et, dans la deuxième partie, ne se renouvelle pas. (Rien à voir sur ce plan avec le brio d'un film comme *J'étais une aventurière** ou même *Caprices** avec également Danielle Darrieux.) La comédie sentimentale reste assez pauvre et le personnage masculin (Claude Dauphin) est fade et d'ailleurs sacrifié. *Battement de cœur* est le film d'actrice à l'état pur où les qualités de celle-ci, les nuances, la gaieté et la séduction de son jeu compensent absolument les lacunes du scénario et de la mise en scène (ici très en retrait par rapport à celle de *Retour à l'aube* du même Decoin).

## BÉATRICE CENCI (id.)

1941 – Italie (82') • *Prod.* Manenti • *Réal.* GUIDO BRIGNONE • *Sc.* Thomaso Smith • *Phot.* Giovanni Stallich • *Mus.* Alberto Ghislanzoni • *Int.* Carola Höhn (Beatrice Cenci), Giulio Donadio (Francesco Cenci), Osvaldo Valenti (Giacomo Cenci), Tina Lattanzi (Lucrezia), Elli Parvo (Angela), Sandro Ruffini (le juge Moscato), Luigi Pavese (Catalano).

Contraint à l'exil en province, le comte Cenci oblige sa famille à partir avec lui. Seul son fils Giacomo reste à Rome pour faire ripaille et participer à des orgies en attendant – et en espérant – la mort de son père. Lassée de la brutalité du comte, Béatrice, sa fille, écrit à son frère pour lui demander secours. Celui-ci l'aide à préparer son enlèvement, mais le jour même où il devait avoir lieu on retrouve le cadavre du comte, tombé d'un balcon. Au cours de l'enquête, les indices s'accumulent, accusant Béatrice. Elle sera décapitée juste avant que n'éclate la preuve de son innocence.

☞ Une mise en scène infiniment trop sage et académique prive le film de l'intensité et de la démesure nécessaires à la reconstitution de la chronique sanglante de la famille Cenci. Le scénario, édulcorant et transformant la réalité historique de manière à faire de Béatrice une innocente victime, incline le film vers le mélodrame bourgeois et, plus encore, vers l'intrigue policière (l'enquête occupe une bonne moitié du récit). La reconstitution d'époque ne manque pas d'allure comme dans la plupart des films historiques italiens des années 30. Interprétation terne d'où se détache le jeu sobre et inquiétant, à l'éclat glacial, d'Osvaldo Valenti.

N.B. Autres versions : par Mario Caserini en 1908 et Riccardo Freda en 1956 (titre français : *Le château des amants maudits**).

## BEAU FIXE SUR NEW YORK
### (It's Always Fair Weather)

1955 – USA (102') • *Prod.* MGM (Arthur Freed) • *Réal.* GENE KELLY, STANLEY DONEN • *Sc.* Betty Comden, Adolph Green • *Phot.* Robert Bronner (Cinémascope, Eastmancolor) • *Mus.* André Previn •*Int.* Gene Kelly (Ted Riley), Dan Dailey (Doug Hallerton), Cyd Charisse (Jackie Leighton), Dolores Gray (Madeline Bradville), Michael Kidd (Angie Valentine), David Burns (Tim), Jay C. Flippen (Charles Z. Culloran).

Trois soldats, amis inséparables, qui viennent de faire la guerre ensemble, Ted, Dough et Angie, parient avec le barman de leur café habituel qu'ils se reverront ici même, au bar, dans dix ans jour pour jour, le 10 octobre 1955. Durant cette période, Ted dont la fiancée s'est mariée avec un autre ne fera pas la grande carrière politique que ses amis imaginaient pour lui. Play-boy et joueur professionnel, il a gagné au jeu au début de l'année 1955 un boxeur et commence alors à se mêler au milieu de la boxe. Dough n'est pas devenu le peintre qu'il voulait être. Il s'est mis à faire de la publicité et se retrouve aujourd'hui employé richement payé d'une firme travaillant pour la télévision. Angie qui voulait être un grand cuisinier a ouvert une boutique de hamburgers dans une ville de province. A la date prévue, chacun des trois amis arrive au rendez-vous, persuadé que les autres ne viendront pas. Ils vont déjeuner dans un grand restaurant mais très vite leurs différences sociales, leurs caractères opposés ne leur laissent aucun doute sur le fait qu'ils sont devenus des étrangers. Chacun regrette même en son for intérieur d'être venu au rendez-vous. Ils rencontrent au restaurant une employée de la firme de Dough, Jackie Leighton. Elle coordonne un programme de télévision : « Minuit avec Madeline », sponsorisé par une marque de lessive. C'est une femme de tête, une femme libérée aussi, titulaire de trois licences et possédant un savoir encyclopédique, ce qui n'empêche pas Ted de lui faire la cour. Le programme qu'elle supervise contient une séquence particulièrement aimée du public, « Le Chagrin de Manhattan », où un invité-surprise est choisi parmi la foule des spectateurs assistant au tournage de l'émission en direct. Il est appelé à monter sur scène et se voit congratulé et couvert de cadeaux pour un événement particulièrement émouvant et édifiant de sa vie. Madeline, la présentatrice de l'émission, et Jackie décident que les trois ex-G.I. fêtant leurs retrouvailles feraient trois invités-surprises parfaits. Elles s'arrangent pour que les trois hommes soient présents dans la salle lors de l'enregistrement de l'émission. Évidemment, ils n'ont été prévenus de rien. Interviewé en direct, Dough dira que cette soirée représente pour lui le « climax » de dix années de dégradation personnelle, Angie refusera les cadeaux qu'on lui offre et Ted conclura en avouant que ces retrouvailles leur ont fait découvrir à tous les trois qu'ils se haïssaient. Ces propos ne sont pas exactement ceux qu'attendaient les organisateurs de l'émission. Soudain des gangsters surgissent dans la salle pour corriger Ted d'avoir empêché le match truqué au cours duquel son poulain devait « se coucher » (Ted a en effet, avec l'aide de Jackie, assommé son boxeur après avoir appris la combine). Ted s'arrange pour que le chef de la bande fasse à son insu des aveux devant les caméras. Dans la gigantesque bagarre qui s'ensuit, le trio des inséparables se reforme face à l'ennemi. Pour fêter leur « victoire » ils prendront un dernier verre ensemble avant de se séparer à nouveau. Ted s'en va au bras de Jackie dont l'amour lui a redonné une certaine confiance en lui-même.

☞ La plus originale et la plus audacieuse des comédies musicales écrites par Comden et Green, mises en scène par Donen et Kelly et produites par le grand producteur Arthur Freed (que Donen, un jour, invité à donner son opinion sur lui, salua par cette déclaration laconique : « Thank God »). Dans l'esprit de Kelly, *It's Always Fair Weather* devait être à *On the Town** ce que « Vingt ans après » sont aux « Trois Mousquetaires ». Avec *On the Town** Donen et Kelly avait déjà « sorti » la comédie musicale de l'univers clos des scènes de théâtre pour la faire évoluer en extérieurs réels à travers New York. Ils continuent ici leur entreprise de renouvellement en inscrivant à l'intérieur du genre une véritable comédie dramatique, tendant parfois au drame psychologique. Son contenu, très amer et très caustique, est basé sur les thèmes du désenchantement et de l'échec. Comme *The Band Wagon**, écrit par les mêmes scénaristes, *It's Always Fair Weather* introduit dans la comédie musicale la notion de « temps vécu » et ne se prive pas de souligner les déceptions et la mélancolie des personnages. (Au passage le film satirise également la démagogie de certaines émissions de télévision, la bêtise et le mercantilisme de la publicité, la corruption des milieux de la boxe.) Le miracle est que cette thématique étonnamment âpre ait stimulé comme jamais l'invention des chorégraphes, danseurs, acteurs, etc. auxquels le Cinémascope (utilisé pour la deuxième fois par Donen) propose de nouveaux défis. Quatre numéros particulièrement mémorables doivent être cités. Durant la nuit d'ivresse qui précède leur séparation, les trois amis dansent dans les rues de New York et s'accrochent aux pieds des couvercles de boîtes à ordures. Pendant le repas qui scelle leurs retrouvailles chacun des trois amis chante en *off* sur l'air du « Beau Danube bleu » ses regrets d'être venu au rendez-vous. Au cours d'une party, Dan Dailey, complètement ivre, exprime le dégoût que lui inspire sa réussite en se livrant à une exhibition volontairement clownesque et de mauvais goût : il se coiffe notamment la tête d'un abat-jour et chevauche un canapé comme s'il s'agissait d'un cheval de bataille. Enfin, dans un ton plus joyeux, on n'oubliera pas le merveilleux numéro de Gene Kelly traversant Times Square sur patins à roulettes, tout ragaillardi à l'idée d'avoir pu susciter l'amour de Cyd Charisse. Ce film extraordinairement brillant et abouti dans sa tentative d'aller à contre-courant connut un échec commercial complet. Kelly estima qu'il s'agissait aussi d'un échec artistique et arrêta là sa collaboration avec Donen. Ce dernier confia à Hugh Fordin (*in* « The World of Entertainment », 1975) que le tournage fut un cauchemar (« an absolute one hundred per cent nightmare »). Une dizaine d'années auparavant il avait déclaré aux « Cahiers du cinéma » (nº 143) : « J'ai été enthousiasmé par le scénario à la fois subtil et virulent, et j'ai adoré tourner ce film. »

N.B. Un ballet de dix minutes « Jack et les Géants de l'espace » (solo de Michael Kidd avec des enfants) fut coupé de la copie définitive.

**BEDLAM (id.)**

1946 – USA (79') • *Prod.* RKO-Radio (Val Lewton) • *Réal.* MARK ROBSON • *Sc.* Carlos Keith (= Val Lewton), Mark Robson d'ap. « Bedlam », planche nº 8 de la série « The Rake's Progress » de William Hogarth • *Phot.* Nicholas Musuraca • *Mus.* Roy Webb •*Int.* Boris Karloff (Master Sims), Anna Lee (Nell Bowen), Billy House (Lord Mortimer), Richard Fraser (Hannay), Glenn Vernon (le fou « doré »), Ian Wolfe (Sidney Long), Jason Robards Sr (Olivier Todd).

Angleterre, 1761. Les Anglais ont appelé cette époque « l'âge de la Raison »... Sur les toits de l'asile de Sainte-Mary de Bethlehem (Bedlam), un homme essaie de s'enfuir. Un gardien lui écrase la main et provoque ainsi sa chute mortelle. Le carrosse de lord Mortimer et de sa maîtresse, l'actrice Nell Bowen, passe par là. Lord Mortimer, qui pourtant n'est pas un tendre, est fort mécontent de la mort du détenu, une connaissance à lui. Le lendemain, le directeur de l'asile, le cruel Master Sims, qui a institué un système de visites payantes à Bedlam, est reçu par Mortimer. Ils conviennent ensemble de l'organisation d'un spectacle donné par les fous qui aura lieu chez Mortimer à l'occasion d'une réception. Lors de ce grand banquet d'aristocrates, un fou, sous le costume de la Raison, vient prononcer quelques mots. Enduit de peinture à l'or, il meurt étouffé. Une chanteuse distrait ensuite les invités. Nell Bowen demande à visiter l'asile. Elle sera guidée par Master Sims : « Les porcs, commente-t-il, je les laisse pourrir. Les lions, je les encage. » Bien qu'elle s'en défende auprès du quaker Hannay, Nell est plus émue qu'elle ne veut bien le dire par le sort accablant réservé aux malades et aux détenus de Bedlam. Le quaker la persuade d'obtenir de l'argent de Mortimer, afin d'améliorer les conditions de vie des pensionnaires. Elle y parvient, mais Master Sims explique perversement à Mortimer que ce sera de l'argent perdu et celui-ci revient sur sa décision. Nell l'insulte et fait tant et si bien qu'il la dépossède. Master Sims tente une réconciliation. Mortimer lui offre un billet de trois cents livres et le mariage. En guise de réponse, Nell place le billet entre deux tranches de pain et le mange. Master Sims convainc Mortimer de faire interner Nell. Après un simulacre de procès où elle n'a même pas droit à un avocat, Nell devient une pensionnaire de Bedlam. Dominant sa peur, elle fait preuve de compassion et se montre secourable aux autres détenus. Pour la mater, Sims la fait entrer dans la cage d'un homme enchaîné qu'elle apprivoise et qui l'aidera à fuir. Les détenus intentent alors un procès fictif à Sims. Il les persuade habilement de l'acquitter. Mais une jeune femme le frappe, la curée commence et il finira emmuré vivant dans le ciment. Nell et le quaker demandent à voir Master Sims. Devant un mur fraîchement cimenté, le quaker devine ce qui s'est passé. Lui et Nell s'occuperont désormais de Bedlam. L'année suivante, l'asile est reconstruit et sa réputation sinistre peu à peu s'estompera.

☞ Onzième film produit par Val Lewton et le cinquième (et dernier) réalisé par Mark Robson pour ce producteur génial. C'est, disons-le tout net, un des films les plus extraordinaires du cinéma américain. Par sa critique du Siècle des Lumières, il fait preuve d'un modernisme stupéfiant et recoupe avec beaucoup d'avance le contenu de certaines œuvres de dramaturges et d'essayistes contemporains. On pense souvent, en particulier, au « Marat-Sade » de Peter Weiss. Comme pour *La septième victime**, on peut considérer qu'il s'agit là d'une œuvre à part entière de Val Lewton auquel Robson a servi d'intermédiaire fidèle et compréhensif. Malgré un budget réduit, la plastique du film est l'élément essentiel de l'œuvre. Le scénario est d'ailleurs donné comme s'inspirant de « Bedlam », le huitième tableau de la série « The Rake's Progress » de Hogarth. C'est cet aspect qui exprime le mieux (avec l'ironie du dialogue) la réflexion développée par l'auteur. La structure thématique de *La septième victime** reposait sur une opposition manichéenne entre le Bien, assimilé à l'Etre, et le Mal (le satanisme) assimilé au non-être. Ici, l'opposition fondamentale qui alimente le film est d'ordre plus moral, social et politique que métaphysique. Les principales péripéties de l'intrigue illustrent en effet l'antithèse entre l'égoïsme (coquetterie, frivolité, cynisme, cruauté, voyeurisme et indifférence à autrui, etc.) et la charité (don de soi, intérêt pour l'autre, etc.). Cette antithèse en commande toute une série d'autres, de portée politique et philosophique : Tories contre Whigs, raison contre folie, pessimisme contre rousseauisme. L'audace du film est de faire passer la raison du côté de l'égoïsme et du cynisme, alors que la folie rejoindra le camp de la nature, de la spontanéité, de la solidarité et de l'espoir. Le film retrace, en effet, l'itinéraire d'une femme voulant passer d'une série (Tory, pessimisme, frivolité, etc.) à l'autre (charité, rousseauisme, etc.). Au cours de cette mutation, elle perdra tous ses biens, son statut social (d'ailleurs instable car, de manière significative, les auteurs ont fait d'elle une actrice) ainsi que sa raison. Ou du moins ce vernis superficiel de raison dont se glorifie une partie de la classe aristocratique pour assouvir sa cupidité et ses vices. Bien sûr, le diable est présent dans l'intrigue et c'est Karloff qui l'incarne sous les traits de Master Sims, personnage satanique par sa cruauté impitoyable mais aussi par la subtilité de ses raisonnements. (Il interdit l'accès de Bedlam au quaker sous prétexte qu'il n'a pas d'arme : or le règlement exige qu'on dépose ses armes en entrant.) Très nombreuses séquences prodigieuses d'invention et d'originalité : les fous scandant le nom de Nell quand le quaker, à l'extérieur, l'appelle ; le banquet-spectacle ; le procès de Karloff avec le fou qui répète : « Je suis Salomon. Coupez-le en deux. »

## BELLE DE JOUR

1966 – France (105') • *Prod.* Paris Film Productions, Five Film. Robert et Raymond Hakim • *Réal.* LUIS BUNUEL • *Sc.* Luis Buñuel, Jean-Claude Carrière d'ap. R. de Joseph Kessel • *Phot.* Sacha Vierny (Eastmancolor) • *Int.* Catherine Deneuve (Séverine), Jean Sorel (Pierre), Michel Piccoli (Husson), Geneviève Page (Anaïs), Francisco Rabal (Hippolyte), Pierre Clémenti (Marcel), Francis Blanche (M. Adolphe), Françoise Fabian (Charlotte), Maria Latour (Mathilde), Georges Marchal (le duc), François Maistre (le professeur), Macha Méril (Renée), Muni (Pallas).

Ayant appris qu'une de ses amies faisait des passes dans une maison de prostitution clandestine, Séverine, jeune bourgeoise masochiste, mariée à un interne des hôpitaux, prend contact avec la directrice d'une de ces maisons et commence à travailler pour elle. A l'inverse de la plupart de ses collègues, ce n'est pas l'argent qui est à l'origine de sa décision. Elle ne travaille que l'après-midi et se fait appeler « Belle de Jour ». Cette expérience la rend plus libre et plus joyeuse, la rapproche intérieurement et sexuellement de son mari et mettra peut-être un terme à ses rêveries et à ses fantasmes.

☞ *Belle de Jour* va plus loin qu'aucun film avant lui dans la juxtaposition objective de scènes oniriques et de scènes réalistes. Cette juxtaposition est perverse en elle-même dans la mesure où, repérable au début, elle abolira peu à peu la frontière entre les deux types de scènes. Ainsi dans l'épisode du truand amoureux de Séverine, il est impossible de faire la part entre le réel et l'imaginaire. Pour brouiller encore mieux les pistes, Buñuel fera dire par exemple à Séverine que ses rêves l'ont quittée, à l'intérieur même d'une séquence vraisemblablement onirique. A travers le portrait de cette héroïne masochiste dessiné avec force, maestria et recul, Buñuel entend suggérer que le rêve et la réalité ne font qu'un (l'un étant partie de l'autre et réciproquement), que Séverine, dite « Belle de Jour », n'est ni plus normale ou anormale qu'aucun de ses clients, dont certains autrefois suscitaient son mépris ; ni plus normale ou anormale que n'importe lequel des spectateurs. Du refoulement à une sorte de libération, elle franchit une série d'étapes qui lui permettront d'aimer mieux son mari ; Buñuel les décrit dans un style au classicisme paisible, insidieux et fascinant. « *Belle de Jour,* écrit-il dans "Mon dernier soupir", fut peut-être le plus grand succès commercial de ma vie, succès que j'attribue aux putains du film plus qu'à mon travail. »

BIBLIO. : scénario et dialogues *in* « L'Avant-Scène » n° 206 (1978).

## BELLE ÉQUIPE (LA)

1936 – France (101') • *Prod.* Ciné-Arys Production • *Réal.* JULIEN DUVIVIER • *Sc.* Charles Spaak, Julien Duvivier • *Phot.* Jules Krüger, Marc Fossard • *Mus.* Maurice Yvain • *Int.* Jean Gabin (Jean), Charles Vanel (Charles), Raymond Aimos (Raymond dit Tintin), Viviane Romance (Gina), Micheline Cheirel (Huguette), Raphaël Medina (Mario), Charles Dorat (Jacques), Jacques Baumer (M. Jubette), Marcelle Géniat (la grand-mère), Raymond Cordy (l'ivrogne), Charles Granval (le propriétaire), Charpin (le gendarme).

Cinq amis – quatre ouvriers au chômage et un réfugié espagnol, Mario – gagnent à la loterie et décident, sous l'impulsion de l'un d'entre eux, Jean, d'acheter sur les bords de la Marne un bout de terrain avec une maison en ruines qu'ils transformeront eux-mêmes en guinguette. Ils la baptisent « Chez nous ». Le premier à quitter la « belle équipe » est Jacques, parce qu'il se sent amoureux d'Huguette, la fiancée de Mario. Il avait toujours voulu aller au Canada. Peu avant l'inauguration officielle de la guinguette, les quatre associés invitent leurs amis et connaissances à visiter les lieux. Raymond, monté sur le toit, fait une chute mortelle qui gâche la fête. Le soir de sa mort, Mario, ayant reçu un arrêté d'expulsion, quitte avec Huguette le territoire français. Jean et Charles restent seuls, bien décidés à ouvrir quand même la guinguette. Mais Jean est devenu l'amant de l'ex-femme de Charles, Gina, un modèle pour photographes. Quand il voit que Charles est décidé à briser leur association à cause d'elle (car Charles n'a jamais cessé d'aimer sa femme), il lui propose d'aller ensemble envoyer promener Gina. Ce qu'ils font. Mais le jour de l'ouverture de la guinguette, alors que les clients se pressent en masse dans le nouvel établissement, Gina revient pour se venger. Elle réussit à monter Charles contre Jean. Charles accuse son ami non seulement de lui avoir pris sa femme, mais d'avoir poussé Jacques à partir, causé l'accident de Raymond et dénoncé Mario. Fou de désespoir, Jean le tue d'une balle de revolver. Quand le gendarme vient l'arrêter, il ne cesse de répéter : « C'était une belle idée... une belle idée. »

☞ Comme dans *Le crime de M. Lange**, l'atmosphère du Front populaire imprègne le film : une fraternité joyeuse, un sentiment que tout est brusquement possible dans la disparition miraculeuse des obstacles et des hiérarchies. Mais pour le pessimiste invétéré qu'est Duvivier, il ne peut s'agir là que d'une illusion provisoire, d'une utopie vouée à la plus amère des déceptions. Et *La belle équipe* n'est rien d'autre que l'histoire d'une douloureuse et fatale déception. La grandeur d'âme d'un des amis, le statut politique d'un autre, la malchance du troisième et la rivalité sentimentale des deux derniers viendront à bout de la belle équipe et de la belle idée, avec peut-être, de la part de l'auteur, une délectation morose qui donne au film son lyrisme secret. Gabin incarne ici sa plus belle figure de héros populaire auquel le temps a donné une sorte de valeur mythique. Devant l'échec du film et sous la pression du producteur, Duvivier tournera une seconde fin : Viviane Romance, venue séparer Vanel et Gabin, s'en retourne bredouille, cependant qu'un télégramme de Jacques (Charles Dorat) apprend aux deux amis sa prochaine arrivée. Curieusement la première fin (la seule en accord avec la substance et l'esprit général du film) est, dans son contexte immédiat, beaucoup plus faible et plus artificielle que l'autre. Un revolver apparaît, venu d'on ne sait où ; les accusations de Vanel sonnent faux, tout comme l'explosion de violence de Gabin. On comprend qu'elle ait rebuté le public, non pour son fond, mais dans sa forme. Comme quoi la mise en scène est affaire non seulement de cohérence interne mais aussi, et peut-être plus encore, de justesse dans le détail, de vérité dans l'instant. Et à vrai dire aucune des deux fins n'est parfaite.

**BELLE ESPIONNE (LA)**
**(Sea Devils)**

1953 – USA (90') • *Prod.* RKO (David Rose) • *Réal.* RAOUL WALSH • *Sc.* Borden Chase inspiré du R. « Les Travailleurs de la mer » de V. Hugo • *Phot.* Wilkie Cooper (Technicolor) • *Mus.* Richard Addinsell • *Int.* Yvonne De Carlo (Drouette), Rock Hudson (Gilliatt), Maxwell Reed (Rantaine), Denis O'Dea (Lethierry), Michael Goodliffe (Ragan), Bryan Forbes (Willie), Jacques Brunius (Joseph Fouché), Gérard Oury (Napoléon).

Guernesey, 1804. Un contrebandier anglais, Gilliatt, conduit en France à bord de son bateau une jeune Française qui lui raconte une fable selon laquelle elle est à la recherche de son frère, disparu après le massacre de leur famille en 1793. La jeune femme est en réalité une espionne travaillant au service des Anglais. Elle se fait passer pour une comtesse française dont elle est le sosie et doit ainsi obtenir des renseignements concernant l'emplacement de la flotte de Napoléon et ses plans d'invasion de l'Angleterre. Gilliatt découvre que la jeune femme dont il est tombé amoureux lui a menti. Mais il se trompe sur son compte et pense qu'elle travaille pour les Français. Il la kidnappe et la ramène en Angleterre, mettant en péril sa mission car elle doit recevoir le lendemain dans son château – c'est-à-dire le château de la comtesse dont elle a usurpé l'identité – Napoléon et son état-major. Elle retourne en France à bord du bateau de Rantaine, un contrebandier rival de Gilliatt, lequel est ligoté dans la cale après une tentative ratée pour s'emparer du bateau de son ennemi et empêcher la jeune femme de continuer son travail d'espionne. Celle-ci persuade Rantaine d'épargner Gilliatt puis réintègre son château où elle accueille Napoléon et parvient à écouter sa discussion avec son état-major. Mais Fouché a piégé la fausse comtesse et l'enferme dans la crypte de son château. Le domestique de la prisonnière, qui est aussi son complice, réussit avant d'être abattu à lancer un pigeon voyageur qui va porter un message à Lethierry, l'homme dont l'espionne reçoit ses ordres. Il libère Gilliatt qu'il avait fait emprisonner et lui demande d'aller sauver la jeune femme dont il lui révèle qu'elle sert la cause anglaise. A nouveau Gilliatt fait route vers la France et accomplit sa mission. Après une longue poursuite, sa bien-aimée, à la barbe de Fouché, le rejoindra à son bord.

☞ Géniale fusion du cinéma de prose et du cinéma de poésie. La prose tient ici à la force spécifique de la narration, rigoureuse dans ses méandres, construite sur un rythme tour à tour alangui et précipité, et toujours d'une étonnante plénitude malgré (ou grâce à) l'imperceptible ironie de l'auteur. La poésie, elle, est dans la métrique du récit, dans ses rimes discrètes et riches (les allées et venues entre la côte anglaise et la France), dans une splendeur plastique qui veut que les extérieurs baignent constamment dans une douce lumière crépusculaire et contrastent avec des intérieurs subtilement lumineux. Tout est assourdi dans ce film parfait (« C'est à voix basse qu'on enchante », dit Georges Poulet) et la minceur de l'intrigue et des personnages est ici aussi nécessaire à notre plaisir et à l'harmonie de l'œuvre que le sont, dans d'autres films de Walsh, la force explosive des caractères et l'âpreté tragique de l'action. Elle seule permet en l'occurrence à la fantaisie de l'auteur de s'épanouir, à la grâce et à l'élégance des personnages de s'accorder d'une façon presque onirique avec la magie des extérieurs. Limpide, alchimique, la beauté de ce film entraîne le spectateur fasciné dans les arcanes du cinéma.

N.B. Dans son autobiographie *Notes for a Life* (Collins, Londres, 1974), le futur metteur en scène Bryan Forbes, alors petit acteur sans contrat, raconte son amitié avec Walsh (il avait déjà tourné dans *World in His Arms**) et la façon habile et amusante dont celui-ci l'imposa à la production à la place de Barry Fitzgerald. Il lui permit même de réécrire son rôle, conçu à l'origine pour un acteur beaucoup plus vieux. Le chapitre XXXII contient un portrait savoureux de Walsh. A noter que celui-ci, quand il parle de son film, utilise l'expression : « a piece of horseshit » (qu'on pourrait traduire par quelque chose comme « de la crotte de bique »). Façon pittoresque et imagée de confirmer la remarque de Borges : « Peut-être, pour réussir ce qu'on entreprend, vaut-il mieux ne pas y attacher une importance extrême. » Appelé originellement *Toilers of the Sea*, le film se voulait une adaptation des « Travailleurs de la mer ». Le roman de Hugo n'est présent dans la version finale que par quelques noms propres et la localisation du récit.

## BELLE ET LA BETE (LA)

1946 – France (96') • *Prod.* André Paulvé • *Réal.* JEAN COCTEAU (Conseiller technique : René Clément) • *Sc.* J. Cocteau d'ap. le conte de Mme Leprince de Beaumont • *Phot.* Henri Alekan • *Mus.* Georges Auric • *Int.* Jean Marais (La Bête, Avenant et le Prince), Josette Day (Belle), Marcel André (le marchand), Mila Parély (Adélaïde), Nane Germon (Félicie), Michel Auclair (Ludovic), Raoul Marco (un marchand).

Dans le « vague pays des contes de fées », un marchand ruiné a un fils, Ludovic, et trois filles. Belle, la plus douce d'entre elles, est devenue l'esclave consentante des deux autres, vaniteuses et frivoles, Félicie et Adélaïde. Le marchand apprend qu'un de ses vaisseaux, dont il était sans nouvelles, est arrivé au port. Il doit s'y rendre. Félicie et Adélaïde lui demandent de leur rapporter toutes sortes de présents. Belle veut seulement une rose. Les marchandises sauvées n'ont servi qu'à payer une partie des dettes du marchand qui, sur le chemin du retour, s'égare la nuit dans la forêt et pénètre dans une mystérieuse demeure où des bras sortant des murs portent des chandeliers qui éclairent les couloirs et où, sans qu'il ait rien demandé, un repas lui est servi. Il s'endort. Au matin, il cueille dans le jardin une fleur pour Belle, ce qui suscite la colère du maître des lieux, une sorte de monstre vêtu comme un prince et dont la tête chevelue et poilue ressemble à celle d'un lion. La Bête, car c'est ainsi qu'on l'appelle, réclame la vie du marchand, ou celle de l'une de ses filles qui voudrait le remplacer en paiement de la rose. Le marchand reçoit un cheval pour rentrer chez lui, et on lui indique une formule magique qui fait aller l'animal en tout lieu désiré. Sitôt chez lui, le marchand raconte son histoire. Belle prend aussitôt le cheval, prononce la formule magique et s'en va faire la prisonnière. Dès qu'elle voit La Bête, elle s'évanouit. La Bête la prend dans ses bras et la porte dans la chambre préparée pour elle. La Bête dit qu'elle ne l'importunera qu'une fois par jour pour lui poser à chaque fois la même question : « Voulez-vous être ma femme ? » Belle répond toujours non. Mais peu à peu, en regardant vivre le monstre, elle s'habitue à lui et même s'attache à lui. Ayant vu dans un miroir magique son père en train d'agoniser, elle supplie La Bête de la laisser partir. La Bête lui donne une semaine et ajoute que Belle provoquera sa mort si elle ne revient pas. Pour preuve ultime de confiance et pour la forcer à revenir, La Bête donne à Belle la clé du pavillon où elle enferme ses véritables richesses. De retour chez son père, où les meubles emportés par l'huissier à cause des dettes de jeu de Ludovic sont revenus comme par miracle, elle lui rend la santé et le sourire. Son père se mourait surtout de ne plus la voir. Il l'interroge sur La Bête. « Ce monstre est bon », dit-elle, et les larmes qu'elle pleure sur lui deviennent des diamants qu'elle donne à son père. Les deux sœurs, Ludovic et son ami Avenant, un peu fiancé à Belle, complotent pour s'emparer des richesses de La Bête.

L'une de ses sœurs subtilise à Belle la clé du pavillon. Ludovic et Avenant montent sur le cheval de La Bête et prononcent la formule magique. Belle est retournée chez La Bête qui se meurt car son chagrin d'amour l'a presque tuée. Descendant à l'intérieur du pavillon, Avenant reçoit une flèche tirée par une statue de Diane. Il meurt en devenant La Bête, cependant que celle-ci devient un beau et jeune prince qui a les traits d'Avenant. « Mes parents ne croyaient pas aux fées. Elles les ont punis en ma personne. Je ne pouvais être sauvé que par un regard d'amour », explique-t-il à Belle qu'il emmène dans les airs vers son royaume, où ils se marieront.

☞ Le chef-d'œuvre de Cocteau. D'où vient l'immense réussite de ce film ? D'abord de ce que l'illustre écrivain, peintre et touche-à-tout qu'est Cocteau a adoré le *faire* au sens le plus concret du terme. Il a adoré le compagnonnage de l'équipe, la création manuelle des trucages et tout ce qui constitue la fabrication du cinéma, qu'il a appelé « le refuge de l'artisanat ». « J'aime toujours ce que je fais, dit-il. Mais pour un homme comme moi, incliné vers la tristesse, la besogne du studio est merveilleuse. Elle m'a révélé les joies de l'esprit d'équipe, de la collaboration étroite avec des artisans » (*in* « Entretiens sur le cinématographe », Belfond, 1973). Réussite aussi parce que Cocteau illustre à la perfection un genre, le merveilleux, qu'il renouvelle de fond en comble avec son innocence et son invention de poète. Ce genre, dont le plus beau spécimen cinématographique vient donc d'un pays dit cartésien, exige un rituel, un cérémonial qui transforme les inventions les plus délirantes, les plus gratuites en règles absolues, en évidences intangibles. Le récit de *La Belle et la Bête* où la plastique et la musique sont essentielles est fait de promenades, de voyages, de découvertes de lieux à la fois somptueux et surprenants qui imposent silence au scepticisme et à l'incrédulité. Le merveilleux parle de la peur, de la mort mais en gardant ses distances. Il ne doit pas faire mourir de peur le spectateur ni sombrer dans le morbide. Il contient toujours des raisons d'espérer et entretient une sorte de gratitude vis-à-vis de la beauté du monde. Le merveilleux se déroule dans un temps à lui, hors du temps réel et de toutes époques. Ceci convient idéalement à Cocteau : son XVII^e siècle de fantaisie est une création née entièrement de sa main et de son imagination. Le film ne mélange pas les époques. Il invente sa propre époque. Contrairement à ce qui se passera dans *Orphée**, l'opacité du réel n'offre à la vision du cinéaste aucun obstacle. Elle a pour ainsi dire disparu. Cocteau ne saurait oublier non plus qu'il est poète de mots. Les dialogues, qu'il a voulus minimes, lapidaires, essentiels, sont magnifiés notamment par la diction et la voix pathétiques de Jean Marais. « Une voix d'infirme, de monstre douloureux », dit Cocteau dans le journal du film. Enfin *La Belle et la Bête* appartient à cette lignée de films qui, par tel ou tel de leurs éléments, ont quelque chose d'*unique* : cet élément est ici le maquillage incroyable de Jean Marais qui demandait à chaque pose quatre heures de travail aux maquilleurs et que l'acteur ne pouvait supporter qu'au prix d'efforts infinis.

N.B. Autres versions : *Beauty and the Beast*, USA, Edward L. Cahn, 1963 (adaptation assez lointaine, la Bête est un loup-garou mais, comme dans le conte original, un baiser d'amour lui enlève sa monstruosité), *Beauty and the Beast*, USA, Fielder Cook, 1976, téléfilm extrêmement terne avec George C. Scott et Trish Van Devere. Il existe aussi une version tchèque de 1979 réalisée par Juraj Herz.

BIBLIO. : Cocteau a tenu pendant le tournage un journal du film : « La Belle et la Bête, journal d'un film » J.-B. Janin, 1946 ; Éd. du Palimugre, 1946 ; Éd. du Rocher, Monaco, 1958 ; Éd. Rombaldi, 1971. (Cette dernière édition constitue la première partie du tome II des œuvres de J. Cocteau et est illustrée par Édouard Dermit.) Le livre est passionnant ; il complète le film et même en fait partie. Cocteau décrit tous les aspects de la réalisation, et particulièrement le type de photo qu'il a demandé à Alekan : « Alekan a entendu dire au studio que tout ce que je trouve admirable passe pour raté, mal éclairé, fromage blanc [...]. Les gens ont, une fois pour toutes, décidé que ce qui est flou est poétique. Or, comme à mes yeux, la poésie, c'est la précision, le chiffre, je pousse Alekan vers l'inverse de ce qui semble poétique aux imbéciles [...]. Il m'arrive d'éclairer plus un visage qu'un autre, d'éclairer plus une chambre qu'il ne se devrait ou moins, de donner à une chandelle la force d'une lampe. Chez La Bête (parc), j'adopte une sorte de crépuscule qui correspond mal à l'heure où Belle sort. J'enchaînerai peut-être même ce crépuscule avec un clair de lune si j'en ai besoin. Ce n'est du reste pas parce que je traite une féerie que j'en use si librement avec le réalisme. Un film est une écriture en images et je cherche à lui communiquer un climat qui correspond davantage aux sentiments qu'aux faits. » Cocteau décrit aussi les nombreuses maladies (anthrax, eczéma) qui l'affectèrent durant le tournage et l'obligèrent à l'interrompre (Marais fut également malade et Mila Parely eut un accident). Au cours du livre, le film apparaît comme une aventure, une sorte d'exercice spirituel et la conséquence complexe mais logique d'un travail d'archéologie intime. « Mon travail est un travail d'archéologue. Le film existe (préexiste). Il me faut le découvrir dans l'ombre où il dort, à coups de pelle et à coups de pioche. Il m'arrive de l'abîmer à force de hâte. Mais les fragments intacts brillent d'un beau marbre. » Par ailleurs, rarement un cinéaste aura été aussi lucide sur le film en train de se faire et sur le film une fois fait : « Avec le recul, je constate que le rythme du film est un rythme de récit. Je raconte. Il semble que, caché derrière l'écran, je dise : alors, il se passa telle ou telle chose. Les personnages n'ont pas l'air de vivre, mais de vivre une vie racontée. » Le scénario et les dialogues du film ont été publiés en Amérique (en édition bilingue) par Robert M. Hammond, New York, 1970. Il s'agit d'un scénario de tournage, minutieusement annoté en ce qui concerne les modifications apportées dans le film définitif. Hammond révèle l'existence d'un ensemble de séquences (coupées en France), dont Cocteau parle dans son journal, et au cours desquelles Ludovic et Avenant se travestissent en femmes et se font passer pour Félicie et Adélaïde afin d'extorquer de l'argent à un drapier. Curieusement, la copie américaine visionnée par Hammond contient la fin – incompréhensible – de ce groupe de séquences. Enfin, la continuité du film a été reconstituée à l'aide de photogrammes dans la collection « Bibliothèque des classiques du cinéma », Balland, 1975.

## BELLES ANNÉES DE MISS BRODIE (LES)
### (The Prime of Miss Jean Brodie)

1969 – Angleterre (116') • *Prod.* Fox (Robert Fryer) • *Réal.* RONALD NEAME • *Sc.* Jay Presson Allen d'ap. R. et P. de Muriel Spark • *Phot.* Ted Moore (DeLuxe Color) • *Mus.* Rod McKuen • *Int.* Maggie Smith (Jean Brodie), Robert Stephens (Teddy Lloyd), Pamela Franklin (Sandy), Celia Johnson (Miss Mackay), Gordon Jackson (Gordon Lowther), Jane Carr (Mary McGregor), Diane Grayson (Jenny).

Édimbourg, 1932. Dans une école assez conservatrice, Miss Brodie, professeur quadragénaire et célibataire, utilise avec ses élèves qu'elle appelle « ses filles » des méthodes pédagogiques anticonformistes. Elle entretient avec elles et particulièrement avec ses préférées des relations beaucoup plus personnelles que les autres professeurs, les invitant par exemple à passer le week-end dans la propriété de son amant, le professeur de musique. Elle cherche à leur inculquer l'individualisme plus que l'esprit d'équipe, le goût de la beauté et des arts plutôt que celui de la vérité et des sciences exactes. Elle les entraîne aussi dans ses fantasmagories romanesques et politiques et leur dit notamment qu'elles doivent se préparer à être des héroïnes, des artistes ou des muses. Elle leur fait enfin l'éloge de Mussolini et collecte des fonds pour Franco. Ne voulant plus céder depuis trois ans à son ancien amant, le professeur de dessin, toujours amoureux d'elle, elle « pousse dans son lit », selon l'expression qu'il emploiera dans un mouvement de colère, une de ses élèves préférées, Jenny, qu'elle croit faite pour connaître et inspirer la passion. C'est pourtant une autre de ses préférées, Sandy, qui deviendra l'amante du professeur de dessin. Mary, une enfant particulièrement influençable, rejoindra l'Espagne pour retrouver son frère et combattre avec lui ; elle mourra dans le mitraillage d'un train avant d'être arrivée. Bouleversée par cette mort dont Miss Brodie porte à ses yeux la responsabilité, Sandy rejette l'influence de son professeur et éclaire sur ses méthodes le conseil d'administration de l'école. Miss Brodie, que sa directrice avait maintes fois essayé de renvoyer, doit quitter sur l'heure l'établissement.

☞ Sans constituer un genre à part entière, les sujets se déroulant en milieu scolaire ont toujours inspiré particulièrement les cinéastes britanniques. C'est que le monde du collège est une institution qui a toujours entretenu avec la société anglaise des liens étroits, privilégiés et révélateurs (cf. entre autres

*The Browning Version**, 1951, ou *Kes*, de Kenneth Loach, réalisé la même année que *Miss Brodie*). *Les belles années de Miss Brodie* est un spécimen intéressant appartenant à cette lignée de films. La construction dramatique, très habile, dessine un caractère complexe et original et présente en même temps de manière évolutive le propos des auteurs. De la reconstitution pittoresque et assez ironique d'une école écossaise des années 30, de la description amusée d'un personnage excentrique et attachant, on passe insensiblement à la dénonciation corrosive d'une forme particulièrement nocive d'abus de pouvoir. Les notions de dévouement et d'influence pédagogique se trouvent ici détournées par un personnage qui se trompe lui-même et se paie de mots. La cible visée n'est ni l'enseignement réactionnaire ni l'enseignement modernisant, car le film cherche seulement à faire réfléchir le spectateur sur la relation enseignant-élève. Mise en scène sobre et convaincante de Ronald Neame, servant à égalité le relief pittoresque du milieu et des personnages et leur complexité sous-jacente, l'humour de certaines situations et la gravité du sujet. Interprétation excellente de Maggie Smith et de toutes ses jeunes partenaires.

## BELLISSIMA (id.)

1951 – Italie (105') • *Prod.* Bellissima Film (Salvo d'Angelo) • *Réal.* LUCHINO VISCONTI • *Sc.* Cesare Zavattini, Suso Cecchi d'Amico, Francesco Rosi, Luchino Visconti • *Phot.* Piero Portalupi et Paul Ronald • *Mus.* Franco Mannino d'ap. Donizetti • *Int.* Anna Magnani (Maddalena), Walter Chiari (Annovazi), Tina Apicella (la fillette), Alessandro Blasetti (lui-même), Gastone Renzelli, Tecla Scarano, Lola Braccini.

Une femme pauvre de Rome dépense toute son énergie et ses économies pour que sa fillette soit choisie, parmi des centaines d'autres, pour être la vedette du prochain film de Blasetti. Ulcérée par les rires qui saluent la projection du bout d'essai de sa progéniture, elle refusera catégoriquement de signer le contrat qu'on propose à sa fille.

☞ Plus qu'à la dénonciation de la cruauté, consciente ou non, des milieux du cinéma, c'est à une description à la fois concrète et allégorique de l'Italie tout entière que vise le film. Et c'est ce qui en fait le prix. Italie éternelle et Italie désorientée de l'après-guerre s'incarnent l'une et l'autre dans la personne et dans le personnage d'Anna Magnani. Survitalité (elle est d'un bout à l'autre du récit un véritable maelström), fausse naïveté (pas dupe une seconde des combines dont elle accepte elle-même d'être victime), exagération théâtrale des sentiments (sorte de protection inconsciente contre les difficultés quotidiennes), fierté naturelle et volontiers ombrageuse sont les traits parfois contradictoires qui la caractérisent en tant que femme et en tant qu'Italienne. Bien sûr, c'est la vision de Zavattini qui est en jeu ici, beaucoup plus que celle de Visconti. En témoigneraient, s'il était besoin, le dynamisme simplificateur du propos ainsi que son optimisme, affirmé résolument envers et contre tout.

BIBLIO. : découpage (320 plans) publié chez Cappelli Editore, Bologne, 1978.

## BETE HUMAINE (LA)

1938 – France (105') • *Prod.* Paris Film Production (Robert Hakim) • *Réal.* JEAN RENOIR • *Sc.* Jean Renoir d'ap. R. d'Émile Zola • *Phot.* Curt Courant • *Mus.* Joseph Cosma • *Int.* Jean Gabin (Lantier), Simone Simon (Séverine), Fernand Ledoux (Roubaud), Julien Carette (Pecqueux), Colette Régis (Victoire), Jenny Hélia (Philomène Sauvagnat), Gérard Landry (Henri Dauvergne), Jacques Berlioz (Granmorin), Jean Renoir (Cabuche), Blanchette Brunoy (Flore).

Le sous-chef de gare du Havre, Roubaud, a eu une brève altercation avec un voyageur important qui peut nuire à sa carrière. Il demande à sa jeune et belle femme, Séverine, de contacter à Paris son parrain, Granmorin, un homme influent chez qui sa mère avait autrefois travaillé comme bonne et qui peut aujourd'hui l'aider. Au retour de cette entrevue, Roubaud fait avouer à Séverine qu'elle a été autrefois la maîtresse de son parrain. Qui sait même si elle ne serait pas sa fille ? Fou de jalousie, Roubaud complote l'assassinat de Granmorin qui aura lieu dans le compartiment du train où Séverine lui a fixé rendez-vous. A l'arrivée du train au Havre, le cadavre est découvert et les voyageurs sont interrogés. Parmi eux se trouve Jacques Lantier, conducteur de la « Lison », sa locomotive, actuellement immobilisée pour réparation. Il retournait au Havre en voyageur. Il a vu la jeune femme passer dans le couloir mais comprend à son regard qu'elle le supplie de se taire. Ce qu'il fait. Le braconnier Cabuche est accusé du meurtre. Jacques Lantier, victime d'une lourde hérédité alcoolique, subit occasionnellement des crises de mélancolie le plongeant dans la tristesse ou dans une violence furieuse qui le rend inconscient de ses actes. Un jour, il a même manqué étrangler Flore, son amie d'enfance, mais le passage d'un train lui a soudainement rendu ses esprits. Lantier revoit plusieurs fois Séverine. Il est amoureux d'elle, mais elle dit qu'elle a seulement besoin d'un bon camarade. Lantier lui fait visiter sa locomotive remise en état. Séverine ne tarde pas à se donner à Lantier. Roubaud n'ignore rien de cette liaison. Séverine amène peu à peu Lantier à se familiariser avec l'idée de tuer Roubaud. Une nuit, entre les voies, Roubaud fait sa ronde. Lantier, placé derrière lui, s'apprête à l'assommer mais ne peut aller jusqu'au bout de son geste. Séverine le quitte. Lors d'un bal des cheminots, il lui dit qu'il est d'accord pour tuer Roubaud puisque c'et le seul moyen de la garder. Mais quand il se retrouve seul avec elle, la violence d'une crise le submerge et c'est elle qu'il étrangle, puis poignarde. Au bal, le chanteur de l'orchestre continue d'interpréter « Le Petit Cœur de Ninon ». Lantier erre toute la nuit. Au matin, il arrive presque en retard pour le départ de la « Lison » qu'il doit conduire. Son ami et coéquipier Pecqueux ne l'a jamais vu dans cet état. Au cours du voyage, Lantier se jette du train. Pecqueux fermera les yeux du cadavre.

☞ Le projet de cette adaptation contemporaine de Zola n'émane pas de Renoir mais du producteur Raymond Hakim et c'est Gabin qui demanda à être dirigé par Renoir. Beaucoup des personnages de Renoir dans ses films d'avant-guerre sont des créatures tragiques. Ici, la fatalité, « ce personnage qui doit figurer dans toute grande œuvre » (*dixit* Renoir), est beaucoup plus présente que dans ses autres films. Chez Lantier, elle est pathologique, inscrite dans son sang et son hérédité. Elle n'est pas moins présente chez Roubaud, personnage qui serait falot si sa jalousie et sa passion morbide pour sa femme ne le transformaient en criminel démoniaque et sans remords. Elle a presque autant d'importance chez Séverine qui, malgré sa séduction, ses calculs à la fois enfantins et pervers, se sait exilée du bonheur. De cette tragédie naturaliste, Renoir essaie de tirer une œuvre quasi musicale, une symphonie en noir et blanc où chaque interprète apporte son ton et sa note personnels : opacité lourdaude et inquiétante de Ledoux, affectation féline de Simone Simon, romantisme lyrique de Gabin (particulièrement net dans ses déclarations à Simone Simon, dans ses confessions à Blanchette Brunoy et à Carette durant la scène finale), ironie goguenarde et amicale de Carette, témoin impuissant de la tragédie. Comme toujours chez Renoir, le réalisme le plus minutieux est un tremplin vers quelque chose d'autre, ici vers une appréhension lyrique de la fatalité. L'admirable photo de Curt Courant s'exerce tantôt à créer ces huis-clos étouffants (logement de Roubaud forçant Séverine aux aveux), ces nappes d'ombre où les personnages se laissent emporter par le diable (voies de chemin de fer nocturnes et désertes), tantôt à suivre, de la locomotive, ces trajets rectilignes 'et visuellement très contrastés, entre ciel et terre, là où l'ombre et la lumière se répartissent d'une manière toujours changeante et toujours fascinante. La figure-mère du film est cet interminable élancement vers la sortie du tunnel, quand les personnages espèrent voir enfin surgir la lumière et vont en fait à la rencontre inévitable de leur destin et de leur mort.

N.B. Remake américain par Fritz Lang : *Human Desire, Désirs humains**, 1954.

**BIDONE (IL) (id.)**

1955 – Italie (108') • *Prod.* Titanus-SGC • *Réal.* FEDERICO FELLINI • *Sc.*

F. Fellini, Ennio Flaiano, Tullio Pinelli • *Phot.* Otello Martelli • *Mus.* Nino Rota • *Int.* Broderick Crawford (Augusto), Richard Basehart (« Picasso »), Franco Fabrizi (Roberto), Lorella de Luca (Patrizia), Alberto de Amicis (Rinaldo), Riccardo Garone (Riccardo).

Trois petits voleurs, un quinquagénaire, Augusto, et deux autres plus jeunes, « Picasso » et Roberto, commettent à travers la campagne romaine des escroqueries plus ou moins bien combinées. L'une d'entre elles consiste à faire croire à une paysanne ou à un paysan qu'un trésor est enfoui dans son champ depuis la guerre à côté du cadavre d'un homme assassiné. On déterre un (faux) trésor et des ossements d'homme, déposés là quelques heures auparavant par un complice. Augusto est déguisé en Monsignore, émissaire d'un cardinal romain spécialement désigné pour régler cette affaire délicate ; « Picasso » est un jeune abbé et Roberto le chauffeur. Le Monsignore prétend détenir le testament de l'assassin repenti, lequel lègue le trésor au propriétaire du champ à condition qu'il fasse dire cinq cents messes pour son salut. Chaque messe vaut mille lires ; le paysan, pour garder le trésor, paie rubis sur l'ongle et le tour est joué. Une autre escroquerie consiste à faire croire aux habitants d'un bidonville qu'on va leur attribuer des logements neufs. Mais ils doivent payer, pour figurer sur la liste, un terme d'avance. Parfois le trio escroque tout simplement des pompistes en leur laissant en gage de faux manteaux de luxe. Les trois hommes exécutent la plupart de leurs forfaits avec honte et humiliation. Non parce qu'ils détroussent les plus démunis mais parce qu'ils souhaiteraient opérer sur une plus grande échelle. « Picasso », qui a une vocation de peintre, est marié et père de famille. Il mène avec sa femme Iris et sa fillette une existence familiale heureuse tout en leur cachant la nature de ses activités. Lors d'un réveillon passé avec d'autres escrocs, Iris devine à peu près l'origine de ses revenus et « Picasso » est effrayé à l'idée qu'elle pourrait le quitter. Roberto ne s'intéresse qu'aux femmes et particulièrement aux vieilles, à condition qu'elles soient nanties et qu'il puisse espérer en tirer quelque chose. Augusto, lui, voit la vieillesse venir et ressent plus que les deux autres l'échec de toute sa vie. Vivant comme un célibataire, il a en réalité un fille, étudiante, qu'il ne voit que très rarement. Un jour, il l'invite à déjeuner à la campagne puis ils vont au cinéma. Là, Augusto tombe sur deux anciennes victimes qui le font arrêter, sous les yeux de sa fille. A sa sortie de prison, un an plus tard, il refait le coup du Monsignore avec d'autres complices. Il voudra leur faire croire qu'il n'a pas eu le courage de prendre l'argent des victimes (qu'il destinait en fait à sa fille pour l'aider dans ses études). Ils retrouveront les billets sur lui et le lapideront, avant de l'abandonner en contrebas de la route. Resté seul, il essaiera de remonter vers la route mais n'aura pas la force de l'atteindre.

☞ C'est le film qu'il faut recommander même – et peut-être surtout – aux détracteurs de Fellini. C'est le seul film de l'auteur où les personnages aient une véritable épaisseur psychologique et tragique, servie par une interprétation admirable. La grande chance de *Il Bidone* fut de bénéficier de la présence de Broderick Crawford. Fellini avait souhaité Bogart ou Fresnay et dut « se rabattre » sur Crawford, alors dans la meilleure période de sa carrière (cf. *Désirs humains**, *Le temps de la colère**). Il donne à son personnage un relief et une gravité inespérés. Les escroqueries décrites ici sont à la fois misérables, crédibles et très italiennes, car faisant appel à la ruse et au sens du théâtre. A l'égard de tous les personnages, Fellini exprime une même compassion où la complaisance pour une fois n'a aucune part : son point de vue est non mélodramatique sur les victimes, non démagogique sur les voleurs. Ces derniers, à demi abandonnés de Dieu, vivent dans un monde d'humiliation et de misère morale pire encore que celui de leurs victimes. Ils sont néanmoins montrés comme des êtres responsables et libres de leur destin. Quelques années plus tard, à l'époque de la « comédie italienne », ils auraient fait des monstres tout à fait présentables ; mais là n'est pas l'inspiration de Fellini. Sobre et peu démonstrative, la force du film montre que Fellini aurait pu devenir, s'il l'avait souhaité, autre chose que le peintre assez provincial d'une société elle-même provinciale ou que le narrateur un peu décadent de ses propres fantasmes.

BIBLIO. : scénario et dialogues (sans indications techniques), Flammarion, 1956. On trouvera un journal du tournage « Journal d'un bidoniste », écrit par Dominique Delouche, assistant de Fellini, dans le livre de Geneviève Agel : « Les Chemins de Fellini », Éditions du Cerf, 1956. Découpage dans « Il Primo Fellini », Cappelli, 1969. (Le volume contient aussi *Lo Sceicco Bianco, I Vitelloni*, La Strada**)

## BIENVENUE Mr. CHANCE (Being There)

1979 – USA (130') • *Prod.* UA (Andrex Braunsberg) • *Réal.* HAL ASHBY • *Sc.* Jerzy Kosinski d'ap. son R. • *Phot.* Caleb Deschanel (Metrocolor) • *Mus.* John Mandel • *Int.* Peter Sellers (Chance), Shirley MacLaine (Eve Rand), Melvyn Douglas (Benjamin Rand), Jack Warden (président « Bobby »), Richard Dysart (Dr Robert Allenby), Richard Basehart (Vladimir Skrapinov), Ruth Attaway (Louise).

N'ayant jamais quitté la demeure de son protecteur, un simple d'esprit s'est adonné depuis l'enfance au jardinage. Il ne possède aucune autre information sur le monde extérieur que les images qui lui viennent de son poste de télévision, allumé en permanence. A la mort de son protecteur, il doit quitter sa maison et se trouve abandonné, sans ressources, livré à lui-même pour la première fois de sa vie dans les rues de Washington. Le hasard l'amène à entrer en contact avec une famille proche de la présidence. Fascinant tous ceux qui l'approchent par sa radieuse simplicité et le mystère impénétrable de ses origines, il devient en peu de temps le conseiller numéro un du président des États-Unis. Et ce n'est là que le début de son extraordinaire ascension...

☞ Le roman de Jerzy Kosinski (1970) propose une allégorie en forme de conte voltairien, écrite à la mesure de notre époque. Une époque où les plus hautes couches de la société, parvenues à un point extrême de sophistication et de déliquescence, ne savent plus à quel saint se vouer en matière de politique et surtout de philosophie. Cette crise de conscience et d'autorité les amène à confondre la sagesse la plus profonde et la débilité mentale, à célébrer comme un gourou le parfait analphabète, à révérer chez une créature presque autistique le miracle de l'omniscience. L'adaptant lui-même pour l'écran, Kosinski a encore amélioré sa fable, l'enrichissant de détails, de dialogues, de développements inventifs et percutants. Il restait à trouver, pour incarner ce récit en images et le rendre crédible, l'acteur idéal qui donnerait vie à son abstraction. Ce fut Peter Sellers. Son interprétation, dans le rôle le plus difficile de sa carrière, peut à juste titre être qualifiée de géniale. Tour à tour malicieux et poignant, familier et lointain, Peter Sellers trouve dans ses ressources d'acteurs le juste – et improbable – équilibre entre le caractère allégorique de son personnage et une très grande charge concrète d'émotion. Il y ajoute un mystère bien à lui, une pudeur, une réserve qui dotent le film de cette part d'incertitude et d'ambiguïté sans laquelle la plus pénétrante des fables n'aurait été à la fin qu'une mécanique bien rodée.

## BIENVENUE Mr. MARSHALL (Bienvenido Mr. Marshall)

1952 – Espagne (75') • *Prod.* Uninci, SA • *Réal.* LUIS GARCIA BERLANGA • *Sc.* Luis Garcia Berlanga, J.A. Bardem, Miguel Mihura • *Phot.* Manuel Berenguer • *Mus.* Jesus G. Leoz • *Int.* Lolita Sevilla (Carmen Vargas), Manolo Moran (Manolo), Jose Isbert (don Pablo, le maire), Alberto Romea (don Luis), Elvira Quintilla (señorita Eloisa), Luis Perez de Leon (don Cosme), Felix Fernandez (don Emiliano).

Le maire du petit village de Villar del Rio (1 642 âmes) apprend officiellement la visite prochaine des délégués américains du Plan Marshall. On lui fait comprendre qu'il doit s'attendre à des largesses de toutes sortes de la part des visiteurs américains. Aussi convient-il de les recevoir dignement. Après avoir rejeté diverses idées suggérées par le conseil municipal, telles que banderolles de bienvenue, arc de triomphe, fontaines lumineuses, etc., le maire confie l'organisation de la réception à Manolo, l'imprésario de la chanteuse andalouse Carmen Vargas qui se produit actuellement dans le grand café local. Suivant les directives de Manolo, tous les habitants s'habillent en costumes folkloriques andalous. On applique sur les maisons de fausses façades qui rendent le village pareil à un décor d'opérette. Cela ravira, assure Manolo, l'âme enfantine des Américains. Après la répétition générale de la cérémonie, chacun est appelé à indiquer le cadeau qu'il désire recevoir des Américains. La nuit précédant leur arrivée est peuplée, pour les habitants de Villar del Rio, de rêves et de cauchemars. Le prêtre, méfiant à l'égard des Américains et de leurs diverses religions, est enlevé et jugé par le Ku Klux Klan. L'hidalgo Don Luis qui déteste les Américains et les Indiens s'imagine en conquistador, mais se trouve bientôt déposé dans un chaudron bouillant par des cannibales à l'œil concupiscent. Le maire se voit devenir shérif et est terrorisé par l'ennemi public numéro un. Un paysan rêve qu'on lui parachute un tracteur. Le grand jour est arrivé : hélas on aura à peine le temps de voir passer les Américains dont le cortège automobile traverse en trombe le village. Il ne reste plus qu'à rendre les costumes, à enlever les décors et à payer en nature les frais de ce carnaval. Villar del Rio restera ce qu'il a toujours été : un village comme les autres.

☞ Talentueuse farce satirique marquant le renouveau du cinéma espagnol au début des années 50. Avec une acidité tempérée de bonhomie, Berlanga, associé à Bardem pour le scénario, se moque de ses contemporains, de leur naïveté et de leurs fols espoirs. La responsabilité des notables est bien marquée ; et ce sont les paysans et le petit peuple qui feront les frais de leur crédule servilité. Les intentions satiriques des auteurs sont largement explicitées par un abondant commentaire *off* attribué à un conteur invisible (Fernando Rey). Le merveilleux José Isbert donne à l'humour des auteurs une truculence intemporelle et efficace. Aujourd'hui encore, le film a gardé tout son sel, mis à part les désuètes séquences oniriques qui alourdissent, au lieu de l'étoffer, cette comédie percutante en forme d'apologue.

## BIQUEFARRE

1984 – France (90') • *Prod.* Midas SA, Mallia Films, Caisse Régionale de Crédit Agricole de l'Aveyron, National Endowment for the Humanities • *Réal.* GEORGES ROUQUIER • *Sc.* Georges Rouquier • *Phot.* André Villard (Eastmancolor) • *Mus.* Yves Gilbert • *Int.* Henri Rouquier (Henri), Maria Rouquier (Marie), Roger Malet (Raoul Pradal), Roch Rouquier (Roch), Raymond Rouquier (Raymond), André Benaben (Marcel), Christian Viguier (Christophe).

☞ Trente-huit ans après *Farrebique**, dans les mêmes lieux et avec les mêmes interprètes, Rouquier peut donner une suite à son film grâce à une bourse obtenue pour lui par des universitaires de Cornell. Aux USA, on se souvient de *Farrebique**. Cette suite enrichit de façon importante et homogène la réflexion du premier film et désormais c'est un tout unique (unique aussi en son genre) que constituent les deux films. Très judicieusement, Rouquier a évité d'utiliser les techniques du cinéma direct. Il a conservé les mêmes méthodes d'approche de la réalité paysanne que dans *Farrebique** et recréé selon ses propres termes « une fiction si près de la réalité qu'elle pourrait paraître la réalité elle-même ». Les interprètes y jouent des rôles très proches de ce qu'ils sont dans la réalité, avec un sérieux, une application, une ingéniosité qui deviennent peu à peu extrêmement convaincants. Deux lignes de force ordonnent le film : la description de la vie agricole d'aujourd'hui – ceci est plutôt du domaine du cadre – et la présentation des tractations financières aboutissant à la vente du domaine de Biquefarre, trop petit pour que son propriétaire, qui préfèrera devenir jardinier à Toulouse, puisse espérer l'exploiter sans perte ; et ceci est plutôt du domaine de l'action. Ces tractations exprimen le souci numéro un des petits propriétaires de l'Aveyron et de beaucoup d'autres régions. « Pour acheter le matériel moderne, explique Rouquier, il faut produire. Pour produire, il faut s'agrandir. Pour s'agrandir, il faut emprunter. C'est l'engrenage, comme dit Raoul, le personnage du film qui refuse cette voie. » Raoul réussira néanmoins à vendre Biquefarre au prix qu'il souhaite (mais pas plus) et à l'acheteur qu'il souhaite. C'est-à-dire à celui qui, selon lui, en a le plus besoin, car il possède la plus petite exploitation : le jeune maître de Farrebique, qui conclura l'affaire avec les économies de son père, lequel, paralysé, fera agir son frère à sa place. Le tableau de la vie agricole moderne est à bien des égards accablant. Les villes n'ont pas été déplacées vers la campagne, comme le voulait un humoriste, mais en l'espace d'une génération chaque ferme s'est transformée en une petite usine bruyante et polluante. Tels des apprentis sorciers, les paysans manipulent des poisons chimiques fatals à toutes les races d'insectes, parfois dangereux pour eux-mêmes. L'identité de forme et de méthode entre les deux films met en évidence la disparition complète de la poésie et d'une certaine harmonie entre l'homme et son milieu. Elles tenaient à la relative solitude des individus, à la solidarité du groupe (famille, village), à une communion spontanée des paysans avec les éléments naturels. Aujourd'hui, l'individu possède tous les moyens de communiquer, mais le groupe s'est défait, éparpillé, ou est devenu très fragile. Pour les éléments naturels, il suffit de voir plus haut (bruit, pollution, laideur). Et pour les animaux, on a souvent le sentiment d'être revenu à la case-départ du *Sang des bêtes* ; c'est comme un nouveau massacre, un nouveau martyr des innocents. Toutes ces sombres remarques émanent cependant d'un artiste non sectaire qui pèse ses images, recherche ce que le confort a fait perdre et gagner aux hommes et décrit sans pessimisme ce qui n'est peut-être après tout qu'une étape ingrate dans l'éternel processus d'adaptation de l'homme à son milieu. Ce processus dépasse l'auteur et ses personnages. A la fin du film, le domaine de Farrebique raffermi, régénéré est prêt pour d'autres métamorphoses. Les pouvoirs du cinéma, utilisés ici avec sagesse et pénétration, avec aussi beaucoup d'émotion vraie, nourrissent la réflexion du spectateur. Volontairement, l'auteur laisse celui-ci libre de ses pensées et de ses jugements, et comme un peu perdu dans un monde changeant et difficile à saisir.

## BIRICHINO DI PAPA (IL)

Inédit en France. 1943 – Italie (79') • *Prod.* Lux Film • *Réal.* RAFFAELLO MATARAZZO • *Sc.* Matarazzo, Alessandro de Stefani, Cesare Zavattini d'ap. l'opéra-comique de Henny Koch • *Phot.* Clemente Santoni • *Mus.* Nino Rota •*Int.* Chiaretta Gelli (Nicoletta), Armando Falconi (Leopoldo Giovannini), Dina Galli (la marquise), Alemia Chellini (Elisa), Anna Vivaldi (Livia), Carlo Campanini (avocat Marchi), Paola Borboni.

L'adolescente Nicoletta est un garçon manqué, toujours à courir les chemins, à s'occuper des chevaux, ce qui provoque la désolation de sa tante mais ravit son père, Leopoldo, qui avait rêvé d'avoir un fils. La sœur aînée de Nicoletta va se marier avec le fils d'une marquise, laquelle exige que Nicoletta, dont l'éducation à son avis laisse à désirer, s'inscrive au collège dont elle est la présidente. Il ne faut pas longtemps pour que Nicoletta soit considérée comme un cancre et comme la honte de l'école. Elle ne peut participer à la fête annuelle du collège car elle est consignée dans sa chambre puis dans un dortoir. Sa voix d'or accompagne cependant les évolutions chorégraphiques des élèves. Durant cette même fête, Nicoletta s'évade et rejoint sa sœur maintenant mariée. Elle découvre que celle-ci, trompée par son mari, est très malheureuse. Elle la pousse à la révolte et l'entraîne à quitter le domicile conjugal pour la maison d'un malheureux avocat sans client, chez qui elles s'installent toutes deux comme dans un hôtel. Par l'intermédiaire de l'avocat, Nicoletta obtiendra la réconciliation des deux familles et celle des époux.

☞ Œuvre complémentaire de *Giorno di nozze** (le film précédent de Matarazzo) avec lequel il a en commun beaucoup de qualités et une grande partie de sa distribution. Matarazzo cherche moins ici à atteindre par sa verve comique l'universalité qu'à poser sur l'ère fasciste un regard acerbe et prodigieusement ironique. *Il birichino di Papa* prend en effet directement pour cible, avec un ton à la fois acide et bon enfant, la respectabilité, le culte des conventions et des rites sociaux en vigueur à l'époque. Et c'est très logiquement que cette satire s'inscrit dans le genre de comédie le plus caractéristique du cinéma italien des années 30 : le film de collèges féminins. Comme *Giorno di nozze**, il s'agit d'un mélodrame *rentré* – et transformé, par la grâce du style, en comédie. Les personnages les plus sympathiques sombreraient bientôt dans le malheur et le désespoir sans l'intervention joyeuse de l'héroïne, une petite révoltée de quinze ans. Par son indépendance d'esprit et son énergie, elle met au jour les tares d'une société hypocrite et contraignante, sauve sa sœur du naufrage et empêche le film de basculer dans la noirceur la plus totale. La qualité de l'interprétation, le rythme de chaque séquence et de l'ensemble, l'acuité du regard de l'auteur métamorphosant en satire la fiction la plus anodine et la plus innocente sont dignes d'un grand maître de la mise en scène. Extraordinaire composition comique de Carlo Campanini dans le rôle de l'avocat. Séquence anthologique de la fête gymnique du collège.

## BLANCHE-NEIGE ET LES SEPT NAINS
### (Snow White and the Seven Dwarfs)

1937 – USA (83') • *Prod.* RKO (Walt Disney) • *Réal.* WALT DISNEY avec la collaboration de David Hand, Perce Pearce, Larry Morey, William Cottrell, Wilfred Jackson, Ben Sharpsteen, Hamilton Luske, Vladimir Tytla, Fred Moore, Norman Ferguson, Tom Codrick, Gustaf Tenggren, Kenneth Anderson, Kendall O'Connor, Hazel Sewell, Albert Hurter, Joe Grant, Frank Thomas, Dick Lundy, Arthur Babbitt, Eric Larson, Milton Rahl, Robert Stokes, James Algar, Al Eugster, Cy Young, Joshua Meador, Ugo D'Orsi, George Rowley, Les Clark, Fred Spencer, Bill Roberts, Bernard Garbutt, Grim Natwick, Jack Campbell, Marvin Woodward, James Culhan, Stan Quackenbush, Ward Kimball, Wolfgang Reitherman • *Sc.* Disney, Ted Sears, Otto Englander, Earl Hurd, Dorothy Ann Blann, Richard Creedon, Dick Rickard, Merrill De Maris, Webb Smith d'ap. les Contes de Grimm • *Phot.* Technicolor • *Mus. et Lyrics* Frank Churchill, Larry Morey, Paul J. Smith, Leigh Harline • *Voix :* Adriana Caselotti (Blanche-Neige), Harry Stockwell (le Prince), Lucille LaVerne (la Reine), Scotty Mattraw (Bashful/Timide), Roy Atwell (Doc/Prof), Pinto Colwig (Grumpy/Grincheux) et (Sleepy/Dormeur), Billy Gilbert (Sneezy/Atchoum), Otis Harlan (Happy/Joyeux), Moroni Olsen (le miroir magique), Stuart Buchanan (le garde-chasse), Manon Darlington (oiseaux), The Fraunfelder Family (roucoulements).

La Reine, belle-mère de la Princesse Blanche-Neige, demande chaque jour à son miroir magique qui, dans son royaume, est la plus belle. Tant que le miroir répond que c'est la Reine, Blanche-Neige, à qui sa belle-mère fait porter des haillons et impose les plus durs travaux, est à l'abri du danger. Mais un jour le miroir, qui ne saurait mentir, dit que Blanche-Neige est la plus belle. La Reine demande alors à son garde-chasse d'amener celle-ci dans un endroit écarté, de la tuer et de rapporter son cœur dans un coffret. L'homme n'aura pas la cruauté de poignarder la Princesse et lui dira de fuir. Elle traverse la forêt, épouvantée par la nuit et les animaux qui la peuplent. Au matin, elle découvre qu'ils sont doux et amicaux et leur demande où trouver un abri pour dormir. Ils la conduisent jusqu'à une minuscule maisonnette, vide pour le moment, très sale et très désordonnée où Blanche-Neige imagine que vivent des enfants, peut-être des orphelins. Le nom de chacun d'eux est gravé au pied de leur lit. En fait ce sont des nains, et plus tout jeunes, à part le cadet qu'on appelle Simplet. Ils travaillent tous dans une mine de diamant. Leur nom exprime leur caractère ou un trait marquant de leur personnalité : Grincheux, Joyeux, Timide, Prof. (le plus savant de tous), Atchoum qui éternue sans cesse, Dormeur et Simplet, muet comme une carpe. Leur travail fini, ils retournent vers la maison, sont étonnés de la propreté qui y règne et se demandent quel est ce monstre qui dort au premier, étalé sur trois lits. Ils envoient Simplet en éclaireur : il redescend horrifié d'avoir vu une sorte de fantôme. Les nains montent tous ensemble et découvrent avec stupéfaction la ravissante Princesse endormie. Elle leur demande la permission de rester : elle nettoiera tout et fera la cuisine pour eux. Cette dernière proposition les remplit d'aise. Mais avant que de leur donner à dîner, Blanche-Neige exige qu'ils se lavent. Grincheux sera le plus rétif : ses compagnons le laveront de force. La Reine apprend de son miroir où se trouve Blanche-Neige qu'elle croyait morte (le cœur que lui a rapporté son garde-chasse est celui d'un cochon). Pleine de rage et de haine, la Reine se transforme en vieille et affreuse sorcière et commence à fabriquer une belle pomme rouge empoisonnée. Pendant ce temps, dans la maisonnette, Blanche-Neige et les nains, ignorants du danger, dansent et chantent gaiement. Blanche-Neige évoque son bien-aimé qu'elle n'a vu qu'une fois : « Un jour mon Prince viendra... » Puis tout le monde va dormir. Les nains offrent à Blanche-Neige leur chambre au premier et se mettent à somnoler – et à ronfler – là où ils peuvent. La Reine, ou plutôt la Sorcière, a fini de fabriquer la pomme. Elle se dirige en barque vers la maison des nains. Elle frappe à la porte, alors que ceux-ci sont partis travailler. Les animaux et les oiseaux sentent immédiatement le grand péril qui menace Blanche-Neige et courent chercher les nains, qui arriveront trop tard. Blanche-Neige a déjà mordu dans la pomme dont la Sorcière lui a dit qu'elle réalisait tous les vœux. Elle tombe dans un sommeil semblable à la mort. Les nains poursuivent la Sorcière jusque dans la montagne. Foudroyée, elle tombe dans un gouffre. Deux vautours descendent lentement vers elle. Les nains ont fabriqué pour leur Princesse un cercueil de verre et d'or. Accablés de chagrin, tout comme les animaux de la forêt, ils la veillent jour et nuit. Jusqu'à ce que le Prince Charmant arrive et, d'un baiser d'amour, la réveille. Blanche-Neige dit alors adieu aux nains, joyeux de sa résurrection et de son bonheur. Puis elle s'éloigne à cheval, guidée par son Prince vers le château nimbé de lumière...

☞ Ce film, le premier long métrage sonore d'animation jamais réalisé au cinéma, représente sans doute le plus fantastique pari financier et esthétique de toute l'histoire d'Hollywood. La réalisation de ces 83 minutes d'animation manqua engloutir l'empire que s'étaient bâti Disney et son frère Roy en dix ans de succès (1923-1937) et plus de deux cents courts métrages. La conception et le tournage du film s'étalèrent sur quatre ans (1934-1937) et la phase de fabrication proprement dite dura dix-huit mois. Elle nécessita le concours de sept cent cinquante techniciens qui, dans les dernières semaines, travaillèrent comme des fous pour achever leur œuvre avant Noël 1937. Le budget était passé de cent cinquante mille dollars à un million sept cent cinquante mille dollars. Un très grand scepticisme avait entouré cette gageure. Elle fut considérée comme une folie (quel spectateur resterait dans son fauteuil pendant une heure et demie pour regarder un dessin animé ?) avant de connaître un succès foudroyant, triomphal et légendaire : vingt millions de spectateurs durant les trois premiers mois. On reste stupéfait de la créativité de Disney qui, pour un coup d'essai, réunit dans une synthèse parfaite tant d'éléments nouveaux. Les énumérer revient à célébrer la gloire du film. Une narration de caractère fantastique à la fois linéaire et pleine de suspense, utilisant avec discrétion les montages parallèles des meilleurs récits d'angoisse. Un découpage calqué sur celui des films à personnages réels où le travail de la caméra a autant d'importance que les évolutions des personnages (Disney utilisa la nouvelle caméra Multiplane qui permettait de donner l'illusion du relief dans les déplacements des personnages au milieu des éléments du décor. On l'avait inaugurée pour le court métrage *The Old Mill* de 1937.)

Une structure semi-musicale, sans doute préférable à la structure entièrement musicale qui avait été envisagée d'abord. (La partition du film contient d'ailleurs plusieurs succès aussi légendaires que le film lui-même : « Heigh Ho », « Some day my Prince will come », « Whistle while you work », etc.) Un ensemble de personnages et d'animaux qui souligne l'étendue et la variété de la palette de Disney et de ses collaborateurs. Pour la première fois, Disney crée un personnage féminin dont le réalisme doit le disputer à la grâce et à l'élégance. A bien des égards, Blanche-Neige (pour les mouvements de laquelle la danseuse Marge Champion servit de modèle dans la séquence de l'entrée dans la maison) est le plus réussi de tous ses personnages humains. Les nains réintroduisent une certaine dose de caricature et d'humour, tandis que les animaux apportent cette diversité touchante et cocasse, indissociable de l'univers Disney. Le nom et la personnalité des nains, avant de conquérir l'universalité qui s'attache à eux, ne jaillirent du cerveau et des pinceaux des collaborateurs de Disney qu'après d'innombrables brouillons et hésitations. Deux des nains furent créés en rapport avec une vedette du show-business : Simplet d'après Eddie Collins, comique de music-hall (si drôle dans *Drums Along the Mohawk** de Ford) et Atchoum d'après Billy Gilbert dont le numéro comportait des éternuements. Outre qu'il est un parfait film d'action et de mise en scène, *Blanche-Neige* est aussi un chef-d'œuvre pictural où la grâce, la fantaisie et l'acuité triomphent à parts égales. Si certains s'obstinent à appeler cette grâce mièvrerie, il s'agit là d'un contresens et d'une faute de goût qui ne sont dommageables que pour eux. Quant à l'acuité, elle éclate avec évidence dans les nombreuses séquences basées sur ce sentiment universel et premier qu'est la peur. Peur de Blanche-Neige traversant la forêt (séquence géniale par sa plastique, son découpage et son mouvement). Peur – comique – des nains à l'idée du monstre qui a pénétré dans leur maison. Peur du spectateur devant les entreprises de la Reine. Les séquences de sa transformation, de son voyage vers la maison de Blanche-Neige puis de sa fuite dans la montagne constituent d'inoubliables moments de cinéma fantastique. Rappelons qu'en ce qui concerne les tons plastiques du film, Disney les voulut aussi variés que possible et le plus souvent en demi-teintes, très loin du coloriage excessif et vulgaire qu'on trouve dans la plupart des ouvrages et reproductions tirés du film. De décennie en décennie, les ressorties de *Blanche-Neige* prouvèrent sa pérennité par-delà les multiples évolutions et transformations du cinéma. On ne peut guère s'en étonner : ne s'agit-il pas après tout du plus beau film du monde ?

N.B. Dans les années 20, Disney avait déjà eu un projet de long métrage en noir et blanc, tiré d'« Alice » de Lewis Carroll. Il l'abandonna quand la Paramount décida d'adapter le livre (*Alice in Wonderland* de Norman Z. McLeod, 1933). Trois séquences de *Blanche-Neige* disparurent au montage : la mère de Blanche-Neige meurt en lui donnant la vie ; le repas des nains mangeant leur soupe ; la construction par les nains d'un lit pour Blanche-Neige. La séquence du repas fut présentée à la télévision américaine dans un programme Disney en 1956.

BIBLIO. : d'innombrables ouvrages furent tirés de ce film. Peu d'entre eux ont une valeur documentaire ou picturale. Citons : « Walt Disney's sketch book of *Snow White and the Seven Dwarfs* », Collins, Londres, 1938 (album de croquis utilisés pour la préparation des principaux personnages) et « Walt Disney's *Snow White and the Seven Dwarfs* » The Viking Press, New York, 1979 (récit de l'intrigue accompagnée de croquis et de photos, postface sur la genèse du film par Steve Hulett). Reconstitution du film en cent vingt photogrammes (couleurs très fidèles) chez Penguin, 1980.

## BLANCHES COLOMBES ET VILAINS MESSIEURS
### (Guys and Dolls)

1955 – USA (149') • *Prod.* MGM (Samuel Goldwyn) • *Réal.* JOSEPH L. MANKIEWICZ • *Sc.* Joseph L. Mankiewicz d'ap. la comédie musicale de Jo Swerling et Abe Burrows tirée d'une histoire de Damon Runyon « The Idylls of Sarah Brown » • *Phot.* Harry Stradling (Eastmancolor, Cinémascope) • *Mus.*

Frank Loesser • *Chorégraphie* Michael Kidd • *Int.* Frank Sinatra (Nathan Detroit), Marlon Brando (Sky Masterson), Jean Simmons (Sarah Brown), Vivian Blaine (Adélaïde), Stubby Kaye (Nicely-Nicely Johnson), B.S. Pully (Big Jule), Robert Keith (lieutenant Brannigan), Sheldon Leonard (Harry the Horse), Regis Toomey (Arvid Abernathy), Veda Ann Borg (Laverne), Kathryn Givney (la générale Cartwright).

A Broadway, Nathan Detroit est aux abois. Il a besoin de mille dollars pour louer le garage qui abritera, l'espace d'une nuit, son tripot volant. Pour gagner cette somme, il parie avec le célèbre joueur et séducteur Sky Masterson qu'il ne sera pas capable de convaincre la jeune salutiste Sarah Brown de passer quelques heures avec lui à Cuba. Sky passe à l'attaque mais Sarah, prude et effarouchée, semble une citadelle quasi imprenable. La providence va le servir. La supérieure de Sarah, la générale Cartwright, déçue des mauvais résultats de la Mission dans ce quartier où pourtant le travail ne devrait pas manquer, décide de la fermer. Sky propose alors à Sarah de lui amener douze pécheurs garantis et repentis à la prochaine nuit de prières organisée par la Mission, si elle accepte de venir prendre un verre avec lui à Cuba. Arrivée là-bas, Sarah apprécie plus que de raison les boissons exotiques d'un estaminet local et subit une transformation complète. Elle participe à une danse endiablée qui se termine en bagarre générale. Elle tombe amoureuse de Sky et celui-ci préfère, afin de limiter les dégâts, la ramener dès l'aube à New York. Les clients de Nathan qui a perdu son pari et n'a donc pu leur louer son garage ont utilisé pendant la nuit la Mission pour jouer aux dés. Sky a toutes les peines du monde à convaincre Sarah qu'il n'est pour rien dans la combine. Il s'emploie néanmoins à tenir sa promesse. Dans les égouts – le nouveau lieu de rencontre des joueurs de Nathan – Sky joue mille dollars contre la présence de chacun d'eux à la nuit de prières de la Mission. Il gagne. Les truands honteux doivent chanter et prier dans les locaux de l'Armée du Salut. La générale Cartwright félicite Sarah et revient sur sa décision. Deux mariages couronnent ce triomphe de la morale sur la pègre de Times Square : celui de Nathan avec la danseuse Adélaïde qui attendait ce jour depuis quatorze ans et celui de Sky avec Sarah.

☞ Œuvre singulière et originale, pleine d'aspérités et de bizarreries, dont les multiples incidents de parcours durant la genèse et le tournage se transformèrent miraculeusement en qualités sur l'écran. C'est la seule et unique comédie musicale de Mankiewicz et c'est avant tout un « produit » Goldwyn. La pièce d'origine, tirée des célèbres personnages de gangsters satiriques chers à Damon Runyon, avait triomphé pendant trois ans à Broadway. Plusieurs producteurs étaient sur les rangs pour l'adapter et ce fut Goldwyn qui l'emporta (il dut payer les droits un million de dollars et la bande-annonce du film insista lourdement sur cette somme exorbitante qui finalement correspondit à moins d'un cinquième du budget final !) C'est lui aussi qui choisit Mankiewicz et Brando (après que Gene Kelly n'ait pu être obtenu de la MGM où il était sous contrat). Goldwyn préféra Brando à Sinatra qui dut se contenter du second rôle. La rivalité entre les deux acteurs empoisonna partiellement le tournage mais donna sans doute un tonus supplémentaire à leur jeu. Pour apaiser l'inquiétude légitime de Brando à la veille de jouer dans un type de film entièrement nouveau pour lui, Mankiewicz lui envoya ce télégramme rassurant : « Je comprends votre appréhension étant donné que vous n'avez jamais fait de comédie musicale. N'ayez cependant aucun – je répète : aucun – souci : moi non plus. Amitiés. Jo » (cité par Kenneth L. Geist *in* « Pictures Will Talk », Charles Scribner's Sons, New York, 1978). Le choix de Jean Simmons, à la place de Grace Kelly que Goldwyn n'avait pu obtenir, est également insolite. Son talent éclectique lui permit une fois de plus de se tirer d'affaire le plus honorablement du monde. Par sa pudeur, son effroi devant la vie, un certain repliement sur soi, son personnage est le seul du film qui entretienne des liens avec l'univers habituel de Mankiewicz. Quant à Vivian Blaine, au jeu acide et outré, Mankiewicz tint à la faire passer directement de la pièce au film, la préférant à Marilyn Monroe qui avait sollicité le rôle et à Betty Grable (choix de Goldwyn). Il remodela le script à son idée et le rendit encore plus théâtral, s'il est possible, que la pièce elle-même. La construction se singularise en effet par une abondance de scènes à deux, démesurément longues et pourtant jamais ennuyeuses. A son génie, bien connu, de la psychologie et d'un certain lyrisme retenu et poignant (cf. *The Ghost and Mrs. Muir**), Mankiewicz ajoute ici un véritable génie de la caricature et du grotesque qui assure au film son unité. Non seulement les personnages sont caricaturaux, mais il en va de même des gigantesques décors (reconstruction stylisée de sites new-yorkais), de la chorégraphie brillante de Michael Kidd et du jeu des acteurs, en particulier de Marlo Brando étonnant dans l'autodérision sobre, dans une intelligente et savoureuse parodie de lui-même. Pour la chorégraphie, signalons seulement les séquences géniales de l'ouverture (activités des passants dans les rues de Broadway) et celle des danseurs cubains. *Guys and Dolls* n'est à l'évidence qu'une œuvre mineure et de circonstance dans la carrière de Mankiewicz. Mais chez un tel cinéaste, le genre mineur (et les commandes) stimulent parfois l'invention et font jaillir le plus inattendu des talents. En avance sur son temps, ce film à la fois grinçant et souriant trouverait plus facilement aujourd'hui son public.

## BLONDE VÉNUS (id.)

1932 – USA (92') • *Prod.* PAR. • *Réal.* JOSEF VON STERNBERG • *Sc.* Jules Furthman et S.K. Lauren d'ap. une histoire de J. von Sternberg • *Phot.* Bert Glennon • *Mus.* Oscar Potoker • *Int.* Marlene Dietrich (Helen Faraday), Herbert Marshall (Edward Faraday), Cary Grant (Nick Townsend), Dickie Moore (Johnny Faraday), Gene Morgan (Ben Smith), Rita La Roy (« Taxi Belle » Hooper), Robert Emmett O'Connor (Dan O'Connor).

Pour payer le voyage et les soins de son mari, Edward Faraday, chimiste américain gravement atteint par les rayons X, Helen, une ancienne chanteuse de cabaret allemande, reprend du service. Afin d'obtenir de l'argent plus vite, elle accepte un don du riche play-boy Nick Townsend. Son mari part se faire soigner en Europe. Helen quitte le show-business et vit avec son garçonnet de cinq ans richement entretenue par Nick dont elle tombe peu à peu amoureuse. Edward revient plus tôt que prévu. Il est complètement guéri. Il constate l'infidélité de sa femme et exige la garde de l'enfant. Helen disparaît alors avec son fils. Elle travaille comme chanteuse dans diverses villes américaines. Son mari la fait rechercher activement. Trop repérable, elle ne peut plus se produire sur scène et tombe dans la misère. Elle préfère rendre l'enfant à son père. Il la rembourse de la somme qu'elle lui avait donnée et lui interdit désormais de revoir son fils. Helen est sur le point de sombrer dans l'alcoolisme et la déchéance, puis se reprend et devient en peu de temps une grande vedette. A Paris, elle revoit Nick qui veut l'épouser. Il tient à ce qu'elle revoie son fils et la conduit auprès de lui. Quelques minutes suffiront à Nick pour comprendre qu'il doit s'effacer. Helen et Edward se réconcilient aux côtés de leur enfant.

☞ Cinquième des sept films de Marlene dirigés par Sternberg. Sans avoir l'originalité ni le génie de *Morocco** ou de *Dishonored**, *Blonde Vénus* enrichit et renouvelle l'image de l'actrice. Sternberg en fait ici, comme c'était la mode à l'époque pour les grandes stars hollywoodiennes, une héroïne de mélodrame. L'intrigue est peu convaincante en elle-même et le film vaut surtout par cette collection de visages de Marlene rassemblés dans la même histoire. On la verra tour à tour maternelle, souffrante, tentée par la déchéance et l'autodestruction, triomphante et sophistiquée – notamment dans ses deux célèbres numéros musicaux : « Hot Voodoo », où elle apparaît recouverte d'une peau de singe et « I Could Not Be Annoyed » qu'elle interprète vêtue d'un smoking blanc. Le baroquisme de Sternberg, discret dans le récit proprement dit, explose dans ces morceaux de bravoure. La photo laiteuse, scintillante et nacrée de Bert Glennon est une merveille.

**BLUEBEARD (id.)**

1944 – USA (73') • *Prod.* PRC (Leon Fromkess) • *Réal.* EDGAR G. ULMER • *Sc.* Pierre Gendron d'ap. une histoire de Arnold Phillips et Werner H. Furst • *Phot.* Jockey A. Feindel • *Mus.* Leo Erdody • *Int.* John Carradine (Gaston Morel), Jean Parker (Lucille), Nils Asther (inspecteur Lefevre), Ludwig Stossel (Lamarté), George Pembroke (inspecteur Renard), Teala Loring (Francis), Sonia Sorel (Renée), Henry Kolker (Deschamps), Emmett Lynn (le soldat), Anne Sterling (Jeanette).

Au siècle dernier, un tueur de femmes terrorise Paris. Les jeunes filles et les jeunes femmes n'osent plus sortir seules. Un marionnettiste célèbre, qui est également peintre, Gaston Morel, invite une jeune modiste, Lucille, à assister à la représentation de « Faust » de Gounod qu'il donne avec ses deux collaborateurs, la jeune Renée et un assistant surnommé le Soldat. Après la représentation, il explique à Lucille que toutes les marionnettes qu'il a fabriquées l'ont été à l'image de femmes qu'il connaissait. Il a créé la marionnette de Marguerite en utilisant comme modèle une jeune femme qu'il aimait et qui est morte. Il propose à Lucille de poser pour une marionnette. Après le départ de Lucille, Renée fait une scène de jalousie à Morel et lui rappelle qu'il a assassiné de nombreuses jeunes femmes. Bien mal lui en prend : elle est tuée à son tour par le marionnettiste qui va jeter son cadavre dans la Seine. L'inspecteur chargé de l'enquête sur la série des meurtres a reconnu dans un portrait de femme récemment acquis par un duc une des victimes du mystérieux tueur. Il se refuse à interroger le marchand Lamarté qui a négocié la toile car il le croit complice du tueur. La sœur de Lucille, Francine, fiancée à l'inspecteur, échafaude alors un plan pour découvrir l'identité du peintre. Un soi-disant ami du duc (il s'agit en fait d'un policier) sollicite Lamarté pour obtenir que l'auteur du portrait de femme, dont le talent l'a vivement impressionné, fasse le portrait de sa fille. Celle-ci sera incarnée bien entendu par Francine elle-même. Le soi-disant ami et sa fille se disent de passage à Paris pour un temps très court et désireux d'emporter au plus vite le tableau en Amérique du Sud. Lamarté, appâté par la bonne affaire, oblige le peintre, c'est-à-dire Morel, sur lequel il exerce depuis longtemps déjà un chantage, à accepter la commande. Morel met comme condition qu'il n'y ait aucun témoin et que même la jeune fille ne puisse le voir : il peindra son reflet dans une glace. Les policiers encerclent le magasin de Lamarté au-dessus duquel a lieu la séance de pose. Mais, reconnu par Francine, Morel l'étrangle avec sa cravate et réussit à échapper à la police. Lucille reconnaît dans l'arme du crime la cravate qu'elle avait recousue pour le marionnettiste. Elle se rend dans son atelier où, par amour pour elle, il lui fait des aveux. Amoureux autrefois d'une jeune fille, Jeanette, qu'il avait trouvée dans la rue et qu'il avait ramenée chez lui pour la peindre, faisant d'ailleurs grâce à elle son premier bon tableau, il avait découvert plus tard qu'elle ne correspondait nullement à l'image idéalisée qu'il s'en était fait. Elle était prostituée et lui avait proposé, en ricanant, de le payer pour ses bons soins. Il l'avait étranglée. A partir de là tous les portraits de femmes qu'il peignit se mirent à ressembler à Jeanette et, à chaque fois, une irrésistible envie de tuer le modèle s'emparait de lui. Il avoue même à Lucille le meurtre de sa sœur. « Elle aurait été un obstacle à notre bonheur », dit-il en guise de justification. Lucille lui annonce qu'elle a déjà prévenu la police. Il tente de l'étrangler mais elle survivra à cette agression. Poursuivi, Morel fuit par les toits et tombe dans la Seine...

☞ Il y aurait méprise à juger les films d'Ulmer et particulièrement celui-ci selon les critères appliqués aux œuvres dramatiques traditionnelles : habileté de la construction, subtilité des personnages, suspense et rythme du récit. Ulmer, que rien de tout cela n'intéresse, ne songe à travers l'histoire qu'il raconte qu'à poursuivre une très ancienne rêverie, née de l'expressionnisme allemand et de Murnau. Cette rêverie concerne les rapports de l'ombre et de la lumière, du mécanique et du vivant. Dans l'univers du personnage principal de ce film (pareil à beaucoup d'autres chez Ulmer), l'ombre a presque entièrement absorbé la lumière, le mécanique a triomphé du vivant. Le Barbe-Bleue ici présenté, dans une vision très libre du personnage, revit indéfiniment une expérience décevante où l'idéal a été vaincu, souillé par la trivialité du réel, et dont le souvenir, à jamais obsédant, a rendu son existence tragiquement mécanique. Loin de le libérer, la création artistique, chaque fois qu'il s'y livre, réveille et ranime sa blessure, nourrit son obsession et le contraint à allonger la liste de ses crimes. La robotisation de l'homme sous l'effet du malheur, thème traité ici par Ulmer, tend à faire de Barbe-Bleue un esthète romantique et byronien revu, corrigé et profondément modifié par l'expressionnisme allemand. Comme à son habitude, Ulmer aime à semer l'itinéraire de ses personnages de toutes sortes d'objets et de masques, de symboles et de simulacres qui soulignent à l'envi, avec une minutie perverse, le caractère tragique de leur condition ; et les fils invisibles reliant Barbe-Bleue à son destin ressemblent à ceux qui lui servent à manipuler ses superbes marionnettes. On est libre bien entendu de ne pas suivre Ulmer dans son délire et ses rêveries ; mais, sans eux, son œuvre n'est plus qu'une enveloppe vide qui peut prêter à sourire par sa provocante pauvreté matérielle. Si on le suit, on découvrira en lui un des plus fascinants créateurs de formes et de sortilèges de l'histoire du cinéma. Pour ce qui est de l'universalité, il ne l'a rencontrée qu'une fois (dans *The Naked Dawn**) et c'était bien assez pour démontrer son génie aux sceptiques.

## BOB LE FLAMBEUR

1956 – France (100') • *Prod.* OGC, Studios Jenner, Play Art, Cyme, Protis Films, • *Réal.* JEAN-PIERRE MELVILLE • *Sc.* Jean-Pierre Melville, Auguste Le Breton • *Phot.* H. Decaë • *Mus.* E. Barclay et J. Boyer • *Int.* Roger Duchesne (Bob), Isabelle Corey (Anne), Daniel Cauchy (Paulo), Guy Decomble (commissaire Ledru), André Garret (Roger), Claude Cerval (Jean), Colette Fleury (sa femme), Gérard Buhr (Marc), Howard Vernon (McKimmie), Simone Paris (Yvonne), René Havard (inspecteur Morin).

A Montmartre, Robert Montagné, dit Bob le Flambeur, un vieux jeune homme de cinquante ans, est un ancien truand à demi repenti qui passe ses nuits dans les tripots et ses après-midi sur les champs de courses. Il est admiré par Paulo, le fils d'un de ses amis d'avant la guerre, qui rêve de l'imiter. Bob apprend par un ami, spécialiste de l'ouverture des coffres, que celui du casino de Deauville contenait, l'an dernier, à la veille du Grand Prix, la somme faramineuse de huit cents millions. Bob, que le jeu vient de laisser à peu près sans un sou, décide de monter le coup de sa vie. Il persuade son ami d'y participer avec lui, trouve un financier, lequel exige 50 pour 100 de l'affaire, et prend des contacts avec toutes sortes d'hommes de main auxquels il interdit de tirer et qu'il entraînera comme un commando de parachutistes. Paulo est bien entendu associé au projet. Mais il parle de l'affaire à une petite entraîneuse que lui a présentée Bob et qu'il veut impressionner. Celle-ci à son tour en parle à un proxénète, ennemi de Bob et indicateur de police. La jeune femme se confesse à Bob qui engueule Paulo. Celui-ci, pour effacer son erreur, abattra l'indicateur avant qu'il ait pu prévenir les policiers. Mais ils seront renseignés par la femme du croupier qui avait fourni à la bande le plan du casino ; elle estime en effet que son mari a été mal rétribué pour sa collaboration. Le commissaire Ledru, ami de Bob qui l'a autrefois sauvé d'une balle, tente vainement de le joindre pour qu'il annule le coup. A Deauville, Bob passe la nuit à jouer, gagne énormément à tous les jeux et en oublie presque le motif de sa visite. Les policiers arrivent sur les lieux à cinq heures du matin en même temps que les truands. Fusillade.

Paulo est tué. Bob est arrêté. Mais s'il a un bon avocat, le coup ayant été à peine commencé, il s'en tirera avec le minimum. De toute façon, une fortune l'attend à sa sortie, celle qu'il a gagnée cette nuit et qui représente une bonne partie du contenu du coffre qu'il était venu dévaliser.

☞ Le premier film policier de Melville est aussi son œuvre la plus originale et la plus attachante. C'est une ballade intimiste sur un quartier (Montmartre) et sur un personnage vieillissant, solitaire, sans illusion ni sur lui-même ni sur le monde, qui se veut marginal par une sorte d'élégance de dandy. Il est vraisemblable que Melville a mis dans Bob beaucoup de lui-même. Le sens de l'économie (le film coûta trois à cinq fois moins cher que la moyenne des productions de l'époque), une pointe d'autobiographie, le ton mi-ironique et mi-pathétique du récit impressionneront beaucoup la Nouvelle Vague qui verra dans ce film un modèle (qu'elle sera d'ailleurs incapable d'égaler). *Bob le Flambeur* doit beaucoup à Huston et à *Asphalt Jungle** en particulier : même préférence accordée aux personnages par rapport à l'intrigue (il ne se passe pratiquement rien dans le film de Melville), même vision pessimiste et taciturne du monde et, chez les personnages, même indifférence fondamentale à l'égard de l'échec et de la réussite, considérés comme des caprices sans importance du destin. Le film contient aussi une part de rêverie sur l'amitié virile, sur la dignité des truands d'autrefois, sur le rôle relativement secondaire de l'érotisme et de la femme dans la vie des hommes, toutes choses dont Melville aimait beaucoup parler sans être tout à fait sûr qu'elles existent (cf. ses entretiens avec Rui Nogueira, Seghers, 1973). Il regretta d'avoir confié l'écriture des dialogues à Auguste Le Breton (dans le seul but de pouvoir mettre un nom célèbre sur l'affiche). Pourtant la convention de ces dialogues permet au film d'exister comme film de genre, dans les interstices duquel Melville a su glisser ce qui lui tenait le plus à cœur et qui prend alors beaucoup de relief. Eût-il été plus libre de sa matière qu'il l'aurait probablement moins bien maîtrisée. Plus tard, étant totalement libre, il s'orientera vers une abstraction extrême qu'il sera de plus en plus difficile de distinguer de l'extrême académisme.

## BOIS SACRÉ (LE)

1939 – France (80') • *Prod.* Bervia Films • *Réal.* LÉON MATHOT, ROBERT BIBAL • *Sc.* Carlo Rim d'ap. P. de Robert de Flers et Gaston Arman de Caillavet • *Phot.* René Gaveau, Christian Gaveau et Nicolas Hayer • *Mus.* Marceau Van Hoorebecke • *Int.* Elvire Popesco (Francine Margerie), Victor Boucher (Paul Margerie), Gaby Morlay (Adrienne Champmorel), André Lefaur (M. Champmorel), Germaine Charley, Marcel Dalio (le danseur), Armand Bernard (des Fargottes).

Une femme de lettres, membre de divers jurys littéraires, intrigue avec énergie pour être décorée.

☞ C'est le pendant exact de *L'habit vert** (1937). Carlo Rim, scénariste, rajeunit un succès de Flers et Caillavet datant de 1911, comme venait de le faire deux ans auparavant Louis Verneuil avec une pièce des mêmes auteurs datant de 1913. Dans les deux cas, un vaudeville satirique et cynique brocarde les mœurs artistiques et littéraires, les mondanités de la IIIe République avec un accent particulier porté ici sur (ou plutôt contre) le féminisme. La distribution comprend trois comédiens de *L'habit vert**. Elle est d'une verve étonnante, notamment de la part de Popesco, G. Morlay et Dalio. La similitude de ton, d'intention, de contenu entre les deux œuvres est totale, l'apport individuel des scénaristes et réalisateurs disparaissant dans l'expression de l'esprit global d'une époque. On ne s'est pas privé de critiquer le statisme de ce cinéma. « Drame, comédie de boulevard, vaudeville, mélos, adaptations, écrit Jean-Piere Jeancolas, tout est hors du temps, dans un espace indéterminé où règnent les mêmes divans, les mêmes meubles laqués, les mêmes tapis. Les mêmes larbins y débouchent la même bouteille de champagne que le même banquier (ou industriel, ou notaire – qu'importe, on le voit si rarement travailler) offre à la même demi-mondaine » (*in* « Les Français et leur cinéma », Maison de la culture de Créteil, Éric Losfeld, 1973). Mais sur le plan d'une certaine futilité sociale, il existe précisément dans cette ère 1870-1940 une cohérence, une fixité qui justifient qu'on ait pu adapter sans anachronisme des succès d'avant 1914 pour stigmatiser des mœurs encore actuelles entre 1930 et 1940. Dans *Le bois sacré* et *L'habit vert**, le ton est aussi frivole que la matière. On est dans le registre de ce qu'on pourrait appeler l'« inconscience de la fin d'une époque ». A l'opposé, une autre série de films, basés en général sur des scénarios originaux (*L'entraîneuse**, *Café de Paris**, *La règle du jeu**, etc.) accumulent avec lucidité les signes avant-coureurs d'une rupture imminente. Sur le plan formel, la caractéristique de beaucoup d'adaptations de succès théâtraux comiques (dont le diptyque *Bois sacré – Habit vert** fournit un spécimen parfait) tient dans une dimension anti-réaliste de folie et de démesure. Elle s'ajoute à la construction vaudevillesque des pièces et à la verve satirique des auteurs pour permettre aux interprètes de donner libre cours à leur fantaisie délirante, source de plaisir sans mélange pour le spectateur. Le recours aux mots d'auteur est une habitude érigée en règle absolue. Ils se hissent parfois au niveau de l'aphorisme ou de la sentence morale et leur force satirique vaut pour toutes les époques : « Une femme honnête est une femme qui a eu de la chance » – « Le fait qu'un peintre soit meilleur qu'un autre est contraire à l'égalité et à la fraternité. » (André Lefaur en directeur des Beaux-Arts).

## BONHEUR (LE)

1935 – France (100') • *Prod.* Pathé-Cinéma • *Réal.* MARCEL L'HERBIER • *Sc.* d'ap. P. d'Henry Bernstein • *Phot.* Harry Stradling • *Mus.* Billy Colson • *Int.* Gaby Morlay (Clara Stuart), Charles Boyer (Philippe Lutcher), Paulette Dubost (Louise), Michel Simon (Noël Malpiaz), Claude Roussell (la dactylo), Jean Toulout (Me Balbant), Jaque Catelain (Geoffroy de Chabré).

Un caricaturiste de talent, Philippe Lutcher, tire sur une star de l'écran, Clara Stuart, à la sortie d'un music-hall. La vedette n'est que blessée. Au procès, il explique que par conviction anarchiste et antisociale il a voulu être l'auteur d'un attentat qui fasse le plus de bruit possible. La gloire s'attachant aujourd'hui aux seuls sportifs et vedettes de cinéma, il n'avait le choix, dit-il, qu'entre ces deux catégories de victimes. Clara vient à la barre et dans un petit discours préparé à l'avance, extrêmement affecté, réclame la grâce du coupable. Cela exaspère profondément Lutcher qui traite Clara de « profiteuse de la bêtise humaine ». S'accusant aussitôt d'avoir appris par cœur son discours, elle réclame de nouveau la grâce de Lutcher mais avec une sincérité maintenant tout à fait maladroite. Elle supplie même qu'on lui confie l'accusé : « Donnez-le moi, donnez-le moi ! » Lutcher est condamné à quelques mois de prison. Clara ne pense plus qu'à lui et divorce. Elle l'attend à l'aube à sa sortie de prison et l'emmène chez elle. Il lui apprend que, lorsqu'il l'avait visée, il était déjà amoureux d'elle, et c'est pourquoi sa main avait tremblé. Il est amené à assister incognito à une scène de tournage de son dernier film, basé sur leur histoire, ce qu'elle n'avait pas voulu lui avouer, et qui reproduit l'assassinat manqué de l'anarchiste. Son amertume devant ce spectacle indique à Lutcher qu'il vaut mieux rompre. D'ailleurs ses amours avec Clara n'auraient pu durer. Clara est désespérée. Lutcher lui demande de penser à lui quand elle tournera un gros plan. Ainsi pourra-t-il la rencontrer un jour dans une salle obscure en contemplant son dernier film.

☞ Le mérite majeur de cette adaptation assez libre d'une insolite pièce de Bernstein est d'avoir fait sortir tout le monde de ses gonds et de ses habitudes. Gaby Morlay n'est pas ici la bourgeoise adultère, faussement coupable et vraiment malheureuse, qu'elle a jouée tant de fois et notamment chez L'Herbier.

Elle ne témoigne en rien de cette spontanéité primesautière, basée sur une assimilation permanente entre son rôle et sa propre nature. Elle est au contraire une femme complexe, sophistiquée, insincère qui, lorsqu'elle devient sincère, ne comprend plus très bien ce qui lui arrive et ce qu'elle éprouve. En face d'elle, Charles Boyer interprète un de ces rôles d'exaltés, confiés le plus souvent dans le cinéma français à Pierre Blanchar ou à Jean-Louis Barrault (qui d'ailleurs avait joué le pièce à la scène). La mise en scène de L'Herbier, pour rendre compte des fréquentes sautes de ton de l'intrigue et de ses rebondissements inattendus, devient étrangement mouvementée, aventureuse, presque baroque, alors que L'Herbier en général, depuis le début du parlant, pousse le classicisme jusqu'à l'académisme. Chacun des participants du film se retrouve bientôt placé dans un mélodrame délirant à la Borzage, un poème d'amour fou unissant en des noces jamais consommées le bourreau à sa victime, la réalité à son image. Le film n'a même plus un ton spécifiquement français. Tout se passe comme si le mélodrame, genre international et universel par excellence, dictait ses propres règles, imposait sa loi aux auteurs et aux interprètes sans se soucier de leur origine, de leur style habituel ou de leur emploi. Le mélodrame *bouleverse* ici, au sens propre, tous les rôles et laisse le spectateur médusé.

N.B. C'est durant le tournage de ce film que L'Herbier, assez sérieusement blessé sur le plateau, obtient ses indemnités non pas en tant que technicien-employé mais comme auteur de l'œuvre, créant ainsi un précédent important dans l'histoire juridique du cinéma français.

## BONJOUR TRISTESSE (id.)

1957 – USA (93') • *Prod.* COL.-Wheel Prod. (Otto Preminger) • *Réal.* OTTO PREMINGER • *Sc.* Arthur Laurents d'ap. R. de Françoise Sagan • *Phot.* George Périnal (Technicolor, Cinémascope ; quelques séquences tirées en noir et blanc) • *Mus.* Georges Auric • *Int.* Deborah Kerr (Anne Larsen), David Niven (Raymond), Jean Seberg (Cécile), Mylène Demongeot (Elsa Mackenbourg), Geoffrey Horne (Philippe), Walter Chiari (Pablo), Martita Hunt (la mère de Philippe), Elga Andersen (Denise), Jean Kent (Hélène Lombard), Roland Culver (Henri Lombard), David Oxley (Jacques).

Cécile mène à Paris avec son père Raymond une vie libre et dissolue, allant de réceptions en dîners, de cocktails en night-clubs. Elle change aussi souvent de soupirants que son père de maîtresses. Mais depuis un certain temps une tristesse, une amertume permanente gâte ses plaisirs. Cela date de l'année dernière. Son père et elle avaient passé les mois d'été, en amis, en complices de toujours dans une superbe villa de la Côte d'Azur. Avec eux, il y avait Elsa, la dernière maîtresse en date de Raymond, une fille sympathique et frivole dont la peau brûlée supportait mal le soleil. Cécile venait de rencontrer Philippe, un étudiant en droit. Mais Raymond avait également invité à la villa – avant de faire la connaissance d'Elsa – une amie de son ancienne femme, Anne. Dessinatrice de mode, intelligente, épanouie et encore très séduisante, Anne avait d'abord été surprise et choquée par la présence d'Elsa. Très vite, elle avait monopolisé l'attention de Raymond au point qu'Elsa, vexée, avait quitté les lieux. Anne et Raymond parlaient maintenant mariage. Pour Cécile, un changement complet de vie et d'habitudes s'annonçait. Anne voulait que Cécile se remette au travail pour passer en septembre le bac qu'elle avait raté à la session de juin. Elle voulait aussi qu'elle cesse de voir Philippe. Et Raymond subjugué, passant dans le camp de l'ennemie, approuvait ces décisions. La volonté, l'intelligence de Cécile s'étaient mises en branle. Elle avait échafaudé une petite machination pour se débarrasser d'Anne. Elsa et Philippe feraient semblant de s'aimer. Guidé par Cécile, Raymond les découvrirait ensemble en plusieurs endroits. Le piège avait fonctionné encore plus vite que prévu. Raymond, piqué au vif, avait demandé à revoir Elsa. Anne les avait surpris ensemble. Elle avait entendu Raymond déclarer à Elsa que s'il avait parlé mariage avec Anne c'était parce qu'une femme comme elle souhaite toujours entendre ces mots-là. Anne, bouleversée, avait aussitôt pris sa voiture. Cécile n'avait pas eu le temps de la retenir. Dans un virage dangereux, la voiture d'Anne s'était écrasée au bas de la falaise. Cécile et Raymond étaient rentrés à Paris. Aujourd'hui Raymond ne prononce plus jamais le mot suicide. Cécile se demande en elle-même s'il fait, lui aussi, semblant d'être gai et insouciant comme avant. Quand elle est devant sa table de maquillage, des larmes inondent peu à peu son visage reflété par le miroir.

☞ A cheval entre deux périodes, le film occupe une place à part dans l'œuvre de Preminger. C'est le seul où l'auteur ait donné à un petit sujet, de caractère intimiste et tragique (figurant en général dans la première partie de son œuvre), les attributs – le scope, la couleur – qu'il réserve le plus souvent au traitement de grands sujets politiques et sociaux. Pour bien marquer la double nature, la nature un peu hybride du film, il a fait tirer en noir et blanc les séquences du récit qui se déroulent au présent. Les deux types de séquences (le passé en couleur, le présent en noir et blanc) sont unifiés par un commentaire *off* très important dans le film car il oriente à la fois sa structure, son contenu émotionnel et moral. Il projette l'héroïne et le film dans une sorte d'éternité glacée, et pourtant poignante pour le spectateur, où la narratrice revit et ressasse indéfiniment une histoire qui l'a fait sortir, sans doute irrémédiablement, de l'univers libre et insouciant de l'enfance-adolescence et de sa connivence avec son père. L'histoire de *Bonjour tristesse* est celle d'un paradis à tout jamais perdu pour l'héroïne sous l'effet conjugué de sa lucidité et d'une volonté perverse d'agir et de triompher. S'y ajoute sans doute un désir plus secret encore d'immobiliser le temps à sa guise. Cécile cherche à prolonger jusqu'à satiété le confort d'une cellule familiale réduite à sa plus simple expression, celle d'une relation père-fille incluant en elle-même avec une perfection interdite toutes les relations qui peuvent unir deux êtres. Que Preminger ait voulu adapter le roman célèbre de Françoise Sagan ne saurait surprendre puisque son intrigue ressemblait beaucoup à l'un de ses premiers films, *Angel Face, Un si doux visage**, 1953. L'obstination étant l'une de ses vertus cardinales, il ne s'est pas laissé influencer par le monumental insuccès de *Sainte Jeanne** et a repris l'actrice qu'il y avait découverte, Jean Seberg, ayant décelé puis façonné en elle une personnalité physique, un talent entièrement nouveaux et fascinants (*Sainte Jeanne** et *Bonjour tristesse* auront été hélas les deux seuls grands films de Jean Seberg à l'orée d'une carrière qu'on aurait voulue plus riche et, partant, plus heureuse). Une influence discrète de la peinture abstraite (que Preminger aimait tant collectionner) se fait jour dans la mise en scène du film. Le visage – les visages – de Jean Seberg se découpent, au gré des séquences, sur des fonds unis et colorés selon une dynamique plastique qui joue autant sur le caractère unique et autonome de chaque séquence que sur leur adhésion et leur confrontation contrastée à l'ensemble du récit. C'est, plus nettement encore que les autres films de Preminger, un film de plasticien autant que de dramaturge.

## BONNE COMBINE (LA)
## (Mister 880)

1950 – USA (90') • *Prod.* Fox (Julian Blaustein) • *Réal.* EDMUND GOULDING • *Sc.* Robert Riskin d'ap. un article de St Clair McKelway • *Phot.* Joseph La Shelle • *Mus.* Sol Kaplan • *Int.* Burt Lancaster (Steve Buchanan), Dorothy McGuire (Ann Winslow), Edmund Gwenn (Skipper Miller), Millard Mitchell (Mac), Minor Watson (juge O'Neil), Howard St John (policier), Hugh Sanders (Thad Mitchell).

Les agents du Trésor américain spécialisés dans la recherche des faux-monnayeurs réussissent en général assez vite à retrouver et à confondre les coupables. Mais depuis une dizaine d'années un petit « artisan » solitaire de New York, Skipper, déjoue toutes leurs investigations. Insaisissable, il fabrique sur une petite presse qu'il appelle « cousin Henry » les quelques billets d'un dollar nécessaires à sa subsistance. Ceux-ci sont de fabrication plus qu'approximative et s'enrichissent même d'une faute d'orthographe dans le nom de Washington. Skipper est également brocanteur et il lui arrive d'utiliser ses faux dollars pour offrir aux gamins du voisinage l'occasion de s'amuser à Coney Island. Le nouveau policier chargé de l'enquête met un point d'honneur à la réussir. Il retrouve une jeune femme, traductrice de français à l'ONU, qui a reçu sans le savoir et mis en circulation deux faux dollars de Skipper. Le policier et son équipe commencent à fréquenter assidûment l'entourage de Skipper sans parvenir à l'identifier. Ils le guettent dans les endroits où il a l'habitude de faire passer ses faux billets, mais il leur file toujours entre les doigts. Peu à peu cependant l'étau se resserre et, un jour, Skipper est arrêté. La justice se montre clémente à son égard en raison de son grand âge, de sa conduite héroïque durant la guerre et surtout d'une sorte d'innocence naturelle qui séduit tous ceux qui l'approchent. Quand le juge lui demande pourquoi il ne réclame pas la pension de quatre-vingt dollars à laquelle il a droit en tant que vétéran, il répond que jamais il ne voudrait coûter une telle somme à l'État alors que quarante dollars lui suffisent amplement pour vivre. Quand ils venaient à lui manquer, il s'adressait au cousin Henry.

☞ Robert Riskin, le scénariste de Capra, a tiré d'un fait divers réel un récit inventif, aussi amusant que touchant. L'interprétation pleine de finesse de Dorothy McGuire et d'Edmund Gwenn lui rend parfaitement justice. Outre ses dons de directeur d'acteurs, Edmund Goulding est tout à fait l'homme de la situation par le goût qu'il a toujours manifesté, surtout après-guerre, pour les personnages marginaux et curieux. A l'inverse de Capra, il n'essaie pas de tirer de la description de son héros un enseignement moral ou un quelconque commentaire social. A ses yeux, la peinture d'un tel personnage trouve sa propre justification en elle-même, étant suffisamment insolite pour mériter d'être faite et regardée. Ce point de vue de pur observateur se révèle assez moderne. Et le spectateur y est d'autant plus sensible que le « regard froid » de Goulding n'exclut pas ici la tendresse.

## BONNIE AND CLYDE (id.)

1967 – USA (111') • *Prod.* Tatira-Hiller Production/Warner • *Réal.* ARTHUR PENN • *Sc.* David Newman et Robert Benton • *Phot.* Burnett Guffey (Technicolor) • *Mus.* Charles Strouse • *Int.* Warren Beatty (Clyde Barrow), Faye Dunaway (Bonnie Parker), Michael J. Pollard (C.W. Moss), Gene Hackman (Buck Barrow), Estelle Parsons (Blanche Barrow), Dub Taylor (Malcolm Moss), Gene Wilder (Eugene Grizzard), Denver Pyle (Frank Hamer), Evans Evans (Velma Davis).

L'odyssée sanglante de Bonnie Parker et de Clyde Barrow commence au Texas dans les années 30. Dès qu'elle le vit, Bonnie fut fascinée par Clyde et quitta pour lui le bar où elle travaillait. Il avait fait de la prison. Il dévalise devant elle, pour l'impressionner, une boutique puis ils filent en voiture. Il la prévient tout de suite qu'il s'intéresse peu à l'amour (il est d'ailleurs impuissant). Il lui apprend à se servir d'une arme. Ils rencontrent une famille de paysans spoliés de leur ferme par une banque. Ils invitent le paysan à tirer, pour se défouler, sur son ancienne maison. Clyde veut dévaliser une banque, mais – comble de malchance – elle a fait faillite. Un pompiste, le jeune C.W. Moss, rencontré sur la route, quitte sa station-service pour accompagner Bonnie et Clyde dans leurs virées et leurs pillages. Après un hold-up, Clyde tue un homme accroché à sa voiture qui gênait sa fuite. Le trio va rejoindre le frère de Clyde, Buck, récemment sorti de prison, et sa femme Blanche dans leur ferme. La police cerne la maison et, au cours de la fusillade, Buck tue un policier. Le groupe réussit à s'enfuir. Dans leur voiture, qui est maintenant leur vraie maison, les gangsters lisent avec fierté les articles abondants que la presse leur consacre. Au Missouri, ils capturent un Texas Ranger, Frank Hamer, et l'obligent à poser avec eux. Après un autre hold-up, ils s'emparent de la voiture d'un inconnu qui deviendra pendant quelques heures leur ami. Mais, quand ils apprennent qu'il est employé de pompes funèbres, ils le larguent dans la nature. Le groupe se rend ensuite chez la mère de Bonnie que celle-ci veut voir une dernière fois. Pique-nique familial. Moss et Blanche font des courses et sont repérés par la police. Nouvelle fusillade générale. Buck est blessé mortellement. Blanche, également blessée, est capturée. Bonnie, Clyde et Moss vont se réfugier chez le père de ce dernier, Malcolm Moss. Frank Hamer interroge habilement Blanche à la clinique. Sa blessure l'a rendue aveugle. Elle donne l'identité de Moss, inconnue jusque-là de la police. Pour la première fois Bonnie et Clyde ont réussi à faire l'amour. Clyde veut épouser sa compagne. Sur une route, non loin de la ferme de Malcolm Moss, Bonnie et Clyde sont abattus par des tireurs postés en embuscade.

☞ En 1958, dans un petit film B nerveux et crépusculaire, William Witney avait raconté l'histoire de Bonnie Parker *(The Bonnie Parker Story).* Bonnie y apparaissait comme une véritable furie libertaire, méprisant les hommes de son entourage (son mari et ses amants), les menant à la baguette par son astuce, sa détermination, son audace. Sur le plan strictement narratif, le film de Penn, plus riche et plus soigné, n'apporte aucun élément nouveau (et Faye Dunaway ressemble beaucoup à Dorothy Provine, la Bonnie de Witney, en moins violent). Il n'est pas vraiment supérieur au film de Witney et est souvent plus conventionnel. Sa principale originalité, qu'il doit en partie à l'immortel *Gun Crazy** de Joseph H. Lewis, est de décrire la saga de deux hors-la-loi sanglants comme une histoire de couple : un couple bancal formé par un impuissant et une femme frustrée (qui l'était, semble-t-il, avant même de connaître son partenaire). A l'époque de sa sortie, le film était déjà un peu démodé dans sa conception des personnages, héritée de Kazan, dont Penn a toujours été une sorte de continuateur moins créatif : à savoir deux névrosés bourrés de problèmes psychologiques et sexuels cherchant confusément à les exorciser par la violence. C'est surtout l'immaturité des deux personnages qui semble avoir fasciné Arthur Penn. Il les a dépeints comme deux enfants dégénérés, sans but, révoltés contre une société d'adultes qui n'a à leur offrir que son incohérence, sa faiblesse, son ordre absurde et injuste. Les fermiers sont ruinés par les banques qui à leur tour font faillite. Bonnie et Clyde prélèvent leur dîme au passage, s'opposant à un système, non à des individus. L'immense succès du film (sorti en France début 1968) vint pour une bonne part de son actualité sociologique. La crise des années de la Dépression décrite ici avec humour et un grand sens de l'absurde concernait aussi, d'une certaine manière, la décennie alors finissante, tant par son contenu que par le ton avec laquelle elle était abordée. Le film plut également pour sa violence baroque, chorégraphique, esthétisante et assez complaisante, en avance de plus d'un an sur celle de *La horde sauvage** qu'elle précédait par les ralentis sanglants de sa dernière séquence montrant les soubresauts et la chute des deux héros criblés de balles.

N.B. Les deux scénaristes, David Newman et Robert Benton, passèrent vite à la mise en scène. Robert Benton signa plusieurs films intéressants. Plus que le très surfait *Kramer vs Kramer* (1979), il faut signaler *Bad Company* (1972), son premier film, western dans la veine cruelle, cette veine où se retrouvent dans les années 70 les rares films de valeur d'un genre en voie de disparition (cf. *A Gunfight, Dialogue de feu* de Lamont Johnson, 1971 ; *Ulzana's Raid, Fureur apache** de Robert Aldrich, 1972 ; *The Spikes Gang* de Richard Fleischer, 1974).

BIBLIO. : scénario et dialogues *in* « The Bonnie and Clyde Book » édité par Sandra Wake et Nicola Hayden, Lorrimer, Londres, 1972. Le volume contient des interviews des principaux collaborateurs et des articles critiques. Également dans le volume « Best American Screenplays » édité par Sam Thomas, Crown Publishers, New York, 1987.

## BOOM (IL)

Inédit en France. 1963 – Italie (92') • *Prod.* Dino de Laurentiis Cinematografica • *Réal.* VITTORIO DE SICA • *Sc.* Cesare Zavattini • *Phot.* Armando Nannuzzi • *Mus.* Piero Piccioni • *Int.* Alberto Sordi (Giovanni Alberti), Gianna Maria Canale (sa femme Silvia), Elena Nicolai (signora Bausetti), Silvio Battistini (Riccardo), Ettore Geri (Bausetti), Mariolina Bovo (signora Faravalli), Antonio Mambretti (Faravalli).

Depuis son mariage avec Silvia, la fille d'un général, Giovanni Alberti a quitté son emploi et s'est lancé dans les affaires. Il mène une vie luxueuse et mondaine. Mais il a fait des dettes et est maintenant aux abois. Au cours de réceptions où se retrouve la Jet Society du début des années 60, il essaie désespérément d'emprunter de l'argent. Il rend visite à un gros entrepreneur et se heurte à un refus catégorique. Son épouse par contre, une femme vieille et laide, lui donne un rendez-vous secret. Quand il se présente à son domicile, elle lui recommande de ne parler de cette rencontre à personne, pas même à sa femme. Puis elle en vient au fait : vendrait-il un de ses yeux ? Le visage d'Alberti se fige brusquement comme dans un arrêt sur l'image. Il s'attendait bien à devoir payer en nature, mais pas de cette façon-là. Il demande à réfléchir. Silvia, ayant appris sa ruine, retourne chez son père. Alberti accepte alors la proposition de la femme de l'entrepreneur : ce dernier a un œil de verre et souhaite le remplacer... par un vrai. Alberti subit un examen oculaire. Il doit remonter le moral de l'entrepreneur qui a une peur bleue de l'opération. Ayant reçu une avance, Alberti donne une grande fête où il dit à ses « amis » leur quatre vérités. Dans la chambre de sa femme, il se cache un bras sous la veste et demande : « M'aimerais-tu encore si j'étais manchot ? » Le matin de l'opération, il regarde son bébé dormir en fermant un œil pour voir quelle impression ça fait. A l'hôpital, on l'installe sur une table d'opération côte à côte avec le « receveur », encore plus effrayé que lui. Pris de panique, Alberti se relève et court jusque dans la rue. La femme de l'entrepreneur le rattrape. Vaincu, la tête basse, il regagne avec le groupe de ses poursuivants, tous en blouse blanche, l'hôpital.

☞ Seule contribution intéressante de De Sica à l'esprit grinçant de la « comédie italienne ». Il faut vraiment que l'ambiance du temps soit à l'amertume et à la dérision pour que celles-ci trouvent un chemin jusque dans l'univers de l'optimiste et chaleureux De Sica. Écrite par Zavattini, cette fable cruelle et déplaisante nous entraîne à la suite de son malheureux héros dans les coulisses désolantes du « boom » économique. De Sica l'a cependant traitée dans un style relativement tendre et sans agressivité excessive. Le film manifeste aussi une virtuosité technique assez rare chez l'auteur (cf. les nombreux mouvements d'appareil reliant les personnages entre eux dans les scènes où Sordi cherche de l'argent et le montage savant qui rassemble ces mouvements). L'humanité de De Sica s'accorde parfaitement à celle de Sordi qui n'a pourtant tourné que deux fois avec lui (ici et l'année précédente dans le médiocre *Jugement Dernier*). De Sica a dirigé Sordi en accentuant dans son personnage et dans son jeu tout ce qui le rapproche d'un enfant, qu'on peut manipuler, convaincre, désespérer et réjouir dans la même minute. Il a fait en sorte que le spectateur, anxieux et complice, retrouve dans ce personnage une image de sa propre vulnérabilité.

## BOUDU SAUVÉ DES EAUX

1932 – France (85') • *Prod.* Société Sivius (Films Michel Simon) • *Réal.* JEAN RENOIR • *Sc.* Jean Renoir, Albert Valentin, d'ap. P. de René Fauchois • *Phot.* Marcel Lucien • *Mus.* Raphaël, Johann Strauss • *Int.* Michel Simon (Boudu), Charles Granval (Édouard Lestingois), Marcelle Hainia (sa femme, Emma), Séverine Lerczinska (Anne-Marie), Jean Dasté (l'étudiant), Max Dalban (Godin), Jean Gehret (Vigour), Jacques Becker (le poète sur le banc).

Le clochard Boudu, très affecté par la mort de son chien, saute dans la Seine depuis le pont des Arts. Lestingois, libraire épicurien et voltairien, l'a vu commettre ce geste de désespoir et saute à son tour à l'eau pour le sauver. Il le ramène dans sa boutique sur le quai et, avec l'aide d'un sauveteur professionnel qui n'a jamais sauvé personne, le fait revenir à lui en lui appliquant de grandes claques sur la figure. Il lui donne des vêtements et lui fait servir un repas. Capricieux, râleur, Boudu est incapable d'éprouver le moindre sentiment de reconnaissance. « Je n'ai jamais dit merci à personne, moi ! » déclarera-t-il plus tard avec fierté. Le pittoresque et l'absence d'affection du bonhomme fascinent le libraire qui l'accueille chez lui et lui donne une chambre. A partir de là, pour cet homme placide, les ennuis commencent. La nuit, il ne peut plus aller retrouver la bonne car Boudu a décidé de dormir par terre dans l'antichambre. Le lendemain, Boudu lutine la bonne, renverse son plateau, cire ses chaussures avec le couvre-lit en soie, laisse les robinets ouverts, etc., etc., mais surtout crache dans « La physiologie du mariage » de Balzac, ce qui, même pour un homme aussi tolérant que Lestingois, est insupportable. C'est à Mme Lestingois, bourgeoise revêche et plutôt frustrée, qu'il incombe de renvoyer l'intrus. Mais, séduite par ce clochard aux allures de faune, elle tombe dans ses bras. Après cela, elle sera folle de lui. Un jour, les deux couples – Boudu et Mme Lestingois, le libraire et sa bonne – se retrouvent face à face... Pour sauver les apparences et remettre un peu d'ordre dans la maison, on marie Boudu, qui vient de gagner à la loterie, avec la bonne. La noce se promène en barque sur la rivière, mais l'embarcation tombe à l'eau. Boudu en profite pour disparaître et retourner à son ancienne vie de paresse et de délices.

☞ C'est le film de la liberté dans la technique, dans la dramaturgie, dans la philosophie des personnages et dans ces personnages eux-mêmes. Adaptée d'une pièce que Michel Simon avait jouée une trentaine de fois et dont la substance fut, dans la lettre et dans l'esprit, très modifiée par Renoir, l'intrigue de *Boudu* est dénuée de toute rhétorique dramatique, n'a que faire des effets longuement préparés à l'avance et des scènes bien conduites. Elle trouve sa plénitude dans le déroulement de chaque instant qui passe, et pour cette raison ne ressemble à aucune des comédies de l'époque. Toute l'action est comme une paisible et sinueuse digression autour du personnage principal, incarnation d'une philosophie de la nature et du naturel à laquelle son ami et sauveur, le libraire, souscrit en théorie mais qu'il ne peut supporter de voir pratiquer concrètement chez lui. Autour de Boudu, Renoir a installé, grâce à une utilisation très étonnante de la profondeur de champ et des longs mouvements d'appareil, une atmosphère de nonchalance, de langueur et d'euphorie visant à morceler au minimum les gestes et les déplacements des personnages. Aucun film peut-être n'a fait corps à ce point avec son acteur principal. On n'imagine pas *Boudu* sans Michel Simon et d'ailleurs sans lui, qui l'a inspiré et produit, le film n'existerait pas. *Boudu* exprime quelques-unes des virtualités du caractère protéiforme de Renoir : la paresse, l'abandon à la nature, l'anarchisme, la fascination pour l'eau (qu'il partageait avec Maupassant). Le plaisir dispensé par ce film qui semble rajeunir à chaque décennie est sans mélange.

N.B. Remake « à côté de la plaque » par Paul Mazursky *Down and Out in Beverly Hills (Le clochard de Beverly Hills*, USA, 1986).

## BOUFFON DU ROI (LE)
## (The Court Jester)

1955 – USA (95') • *Prod.* PAR. (Norman Panama, Melvin Frank) • *Réal.* MELVIN FRANK, NORMAN PANAMA • *Sc.* Norman Panama, Melvin Frank • *Phot.* Ray June (Technicolor) • *Mus.* Victor Schoen – Chansons de Sylvia Fine et Sammy Cahn • *Chor.* James Starbuck • *Int.* Danny Kaye (Hawkins), Glynis Johns (Jeanne), Basil Rathbone (Sir Ravenhurst), Angela Lansbury (Gwendoline), Cecil Parker (le roi Roderick), Mildred Natwick (Griselda), Robert Middleton (Sir Griswold), Michel Pate (Sir Locksley), John Carradine (Giacomo), Alan Napier (Sir Brockhurst).

Au Moyen Age, Roderick, l'usurpateur du trône d'Angleterre, a fait massacrer toute la famille de son prédécesseur. Mais un bébé de sang royal a échappé à la mort. Les partisans de l'ancien roi se sont regroupés autour de « Renard Noir » et protègent le rejeton. L'un de ces partisans, chanteur de foire, se fait passer à la cour pour le nouveau bouffon du roi et aidera au triomphe de la justice et de la légitimité.

☞ Cette comédie mouvementée riche en péripéties et en malentendus présente une agréable satire des films de chevalerie hollywoodiens dans un Technicolor bariolé et pimpant, des décors et des costumes soignés. C'est l'un des meilleurs Danny Kaye dont la fantaisie, sensible surtout aux enfants, et le talent vocal se trouvent bien employés. Adroitement réalisé, le film contient quelques séquences spectaculaires où l'importance des moyens et de la figuration apporte à la situation un surcroît de comique : ainsi la scène de l'initiation forcée – et bâclée – de Danny Kaye à la chevalerie et l'attaque du château par les nains dans la grande tradition des finales de films de cape et d'épée. On peut préférer ce film au très surfait *La vie secrète de Walter Mitty (The Secret Life of Walter Mitty,* Norman Z. McLeod, 1947).

## BOULEVARD DES PASSIONS (LE)
### (Flamingo Road)

1949 – USA (94') • *Prod.* Warner (Jerry Wald) • *Réal.* MICHAEL CURTIZ • *Sc.* Robert et Sally Wilder • *Phot.* Ted McCord • *Mus.* Max Steiner • *Int.* Joan Crawford (Lane Bellamy), Zachary Scott (Fielding Carlisle), Sydney Greenstreet (Titus Semple), David Brian (Dan Reynolds), Gladys George (Lute-Mae Sanders), Virginia Huston (Annabelle Weldon), Fred Clark (Doc Waterson).

A Boldon City, petite ville du Sud des États-Unis, Lane Bellamy, une danseuse de burlesque travaillant dans les foires, abandonne son patron poursuivi par des créanciers. Elle se retrouve sans argent et sans toit. Fielding Carlisle, l'adjoint du shérif, la prend sous sa protection et la fait engager dans un restaurant comme serveuse. Carlisle obéit au doigt et à l'œil à son chef, Titus Semple, l'homme le plus influent de la ville qui veut faire de lui un sénateur, voire un gouverneur. Titus est amoureux du pouvoir et ses méthodes sont loin d'être orthodoxes. Il a pour projet de faire épouser à Carlisle une héritière qui servira sa carrière et voit immédiatement en Lane une adversaire, à cause de l'attirance qu'elle exerce sur son protégé. Il la fait renvoyer de son restaurant et veut qu'elle quitte la ville. Elle vient le trouver pour avoir une explication avec lui. Le ton monte : elle le gifle et lui jure qu'elle ne partira pas. Il la fait alors arrêter pour racolage. En prison, une détenue lui conseille de se faire engager dans la taverne de Lute-Mae. C'est là que se retrouvent, pour discuter, boire, jouer et rencontrer des filles, divers notables et politiciens gravitant autour de Dan Reynolds, le plus actif d'entre eux, un entrepreneur de construction qui a partie liée avec Titus. Une fois libérée, Lane se rend chez Lute-Mae qui la trouve immédiatement sympathique et l'engage. Un jour, Lane soigne Reynolds qui a la gueule de bois et il tombe amoureux d'elle. Il lui fait visiter son chantier, lui explique que, sans appui politique, il n'aurait jamais pu faire progresser son entreprise. Pendant ce temps, Carlisle épouse son héritière et est élu sénateur, ce qui suscite l'indignation et l'ironie du seul journaliste honnête de la ville. Carlisle rencontre par hasard dans un restaurant new-yorkais Lane au bras de Reynolds qu'elle a épousé il y a peu. Restée seule un moment avec Carlisle, elle lui dit qu'autrefois elle l'aimait. Elle habite maintenant dans le quartier chic de Boldon, sur la Flamingo Road, comme elle l'avait toujours souhaité. Titus et Reynolds dont les intérêts étaient jusque-là semblables ont aujourd'hui chacun leur candidat pour le poste de gouverneur. Reynolds s'oppose à ce que Titus fasse régner, par Carlisle interposé, ses méthodes habituelles de corruption dans tout l'État. Le shérif, s'étant querellé avec Carlisle qu'il a toujours méprisé pour sa veulerie et son penchant pour l'alcool, brigue maintenant le poste de sénateur pour lui-même. Il monte une machination contre Reynolds, le faisant accuser d'utiliser de la main-d'oeuvre gratuite. Reynolds est abandonné par tous ses alliés que Titus soumet à un chantage. Complètement ivre et désespéré, Carlisle rend visite à Lane dans sa belle maison de Flamingo Road et se suicide chez elle. Ce scandale est pain bénit pour Titus. Lane se rend chez lui et, un revolver à la main, lui intime de lever les accusations qui pèsent sur son mari. Au cours de l'affrontement, Titus s'empare du revolver mais sera blessé mortellement. Lane se retrouve une seconde fois en prison. Reynolds s'emploie à la faire libérer. Les époux, que les derniers événements avaient séparés, sont prêts à se réconcilier.

☞ Michael Curtiz est mort un peu trop tôt (1962) pour pouvoir être de son vivant découvert, analysé et fêté comme il le méritait par les cinéphiles qui ont tant de raisons de lui être reconnaissants. Défiant l'analyse thématique, son œuvre immense est placée sous le signe d'une prodigieuse et continuelle variété. Variété dans les sujets, les genres, les tons, mais aussi dans les publics auxquels elle s'adresse. Pas un type de spectateur qui, à un quelconque âge de sa vie, ne puisse trouver sa pâture dans l'un des 165 films qu'il a réalisés en Hongrie, son pays natal, en Autriche, en Allemagne et bien entendu aux États-Unis. *Flamingo Road* occupe le n° 136 dans la filmographie donnée par Jack Edmund Nolan (*in* « Films in Review », novembre 1970) et s'adresse à la maturité du spectateur. Comme dans *Mildred Pierce* (1945) et *Bright Leaf* (1950), Curtiz y parle de l'ambition, de la lâcheté, de la corruption et – aspect particulier de ce film – de la menace qu'elles font peser, d'une façon quotidienne et insidieuse, sur la démocratie. Le premier talent de Curtiz est d'être un grand narrateur. Il traite ses sujets à partir d'une ample moisson de faits et de personnages, saisis en quelques traits dans leur relief particulier, dans un grouillement social ou historique caractéristique d'une époque ou d'un milieu donné. Chez Curtiz, qui s'accommode mal de petits moyens, un plan égale souvent une séquence et une séquence tout un film pour ce qui est de la quantité d'informations, d'impressions et de notations offerte au spectateur. Dans ce foisonnement qui, sur le plan dramatique, reste toujours limpide (par la grâce et l'habileté du conteur), Curtiz parfois se perd, et nous nous perdons avec lui, non d'ailleurs sans un certain plaisir. Parfois au contraire, comme c'est le cas dans ce film, un point de vue général domine, que les multiples séquences et personnages sont chargés d'enrichir, de mettre à l'épreuve ou de nuancer, selon un art de la digression utile que Curtiz possède au plus haut degré. Il jette ici un regard désabusé mais non désespéré sur la démocratie. Sa survie dépend, au fil des jours, de la non-indifférence des citoyens, même les plus modestes, à la chose politique, de certaines limites imposées à la corruption ambiante (laquelle ne disparaîtra vraisemblablement jamais tout à fait du corps social) et bien entendu de la vitalité individuelle des victimes réelles ou potentielles de cette corruption. Point de vue pragmatique où l'individualisme et une certaine dose de conscience sociale convergent harmonieusement. On verra au cours de l'intrigue un semi-corrompu (le personnage de David Brian) devenir le « héros » de cette histoire sans héros. Une femme ambitieuse, à moitié perdue dans ses rêves de réussite, se retrouvera dans la peau d'une justicière malgré elle, traversant de part en part les différentes couches sociales de la ville et ses lieux les plus significatifs. Tout cela donne un récit plein de méandres où le romanesque, l'amertume, la lucidité et une légitime curiosité pour les monstres (le personnage de Sydney Greenstreet) font bon ménage, parmi les moiteurs nocturnes d'une petite ville banale entre toutes.

## BOULEVARD DU CRÉPUSCULE
**(Sunset Boulevard)**

1950 – USA (115') • *Prod.* PAR. (Charles Brackett) • *Réal.* BILLY WILDER • *Sc.* Charles Brackett, Billy Wilder et D.M. Marshman, Jr. • *Phot.* John F. Seitz • *Mus.* Franz Waxman • *Int.* William Holden (Joe Gillis), Gloria Swanson (Norma Desmond), Erich von Stroheim (Max von Mayerling), Nancy Olson (Betty Schaefer), Fred Clark (Sheldrake), Lloyd Gough (Morino), Jack Webb (Artie Green).

Hollywood. A cinq heures du matin, la police fait irruption chez l'ancienne et richissime star du muet, Norma Desmond. Le cadavre d'un homme assez jeune flotte dans la piscine. Il s'agit de Joe Gillis : c'est lui qui, d'outre-tombe, raconte son histoire. Scénariste aux abois, poursuivi sur l'autoroute par deux créanciers qui veulent récupérer sa voiture, il pénètre un jour par hasard dans le domaine et dans la vie de Norma Desmond. Elle habite dans cette somptueuse maison-fantôme bâtie à l'époque de sa gloire durant les années 20. Pris d'abord pour un employé des pompes funèbres venant enterrer son chimpanzé, Joe est amené à réécrire pour elle un scénario (exécrable), *Salomé*, qu'elle a écrit dans l'intention d'en jouer le rôle principal sous la direction de Cecil B. DeMille avec qui elle a beaucoup tourné autrefois. Tout cela n'existe pour le moment que dans sa tête et son rêve de chaque instant est de recommencer à tourner. Elle installe chez elle Joe Gillis d'abord récalcitrant, puis consentant. Elle a sous ses ordres un maître d'hôtel zélé, Max, qui semble vivre dans sa dévotion. Il lui envoie régulièrement un faux courrier de « fans » dont Norma se délecte, croyant ainsi que le public attend avec impatience son retour. Elle revoit souvent ses anciens films dans sa salle de projection privée et invite à l'occasion pour un bridge des gloires du muet, aujourd'hui complètement oubliées. Elle envoie le scénario terminé à la Paramount. Lors du réveillon du nouvel an, elle a loué les services d'un petit orchestre. Joe est le seul invité. Il comprend que Norma est amoureuse de lui et il a avec elle une explication orageuse. Il quitte la maison pour finir la nuit chez des amis. Il téléphone à Max de lui rapporter ses affaires et apprend que Norma a tenté de se suicider en s'ouvrant les veines. Il revient vers elle et ne la quittera plus, devenant son amant et vivant désormais complètement à ses crochets. Ayant reçu du studio de multiples appels auxquels elle n'a pas répondu car elle ne veut pas avoir affaire à un sous-fifre, Norma se rend elle-même à la Paramount où tourne DeMille. Il n'ose pas lui dire que ce n'est pas d'elle mais de sa vieille et rutilante Isotta-Fraschini dont on a besoin pour un film. Norma quitte le studio en croyant mordicus qu'elle va bientôt tourner. Elle s'y prépare activement en subissant toutes sortes de soins de beauté. Gillis, pendant ce temps, écrit en secret un scénario avec une jeune lectrice du studio, Betty Schaefer. Ils tombent amoureux l'un de l'autre. Jalouse, Norma téléphone à la jeune fille et Joe la fait venir dans la maison de Norma pour lui révéler la vérité sur ses moyens d'existence. Puis il lui dit adieu. Il commence ensuite à faire ses malles. Ne pouvant supporter d'être abandonnée par lui, Norma le tue à coups de revolver. On retire son corps de la piscine. Devenue folle, Norma confond les opérateurs des actualités venus pour la filmer avec les cameramen du studio. C'est Max von Mayerling, son maître d'hôtel, autrefois son premier mari et l'un de ses trois réalisateurs favoris, qui « met en scène » son départ...

☞ Hollywood s'est dépeint souvent lui-même mais jamais (sauf chez Cukor) avec cette force, cette vérité, cette universalité. Outre un portrait féroce et réaliste de la Cité du cinéma et de sa faune particulière (vieilles stars à demi-folles, apprentis-scénaristes aux dents longues, etc.), *Boulevard du Crépuscule* est aussi un film sur ceux qui ont besoin de la fiction pour vivre, sur l'amour non partagé, sur la vieillesse, sur l'ambition. C'est enfin une histoire de fantômes qui mettent la main sur un vivant et ne rendront qu'un cadavre, lequel racontera lui-même son histoire. Aussi bon narrateur que brillant directeur d'acteurs, sachant être à la fois ironique et poignant, Wilder déploie toutes ces richesses avec un sens aigu de l'équilibre et du classicisme. Les interférences de la réalité et de la fiction sont ici multiples et vertigineuses. Stroheim (dont Swanson avait dans la réalité saccagé la carrière de metteur en scène) joue son premier mari, l'un de ses metteurs en scène et l'inconditionnel serviteur de sa gloire déchue. Les scènes entre Swanson et DeMille (elle fut dans la réalité et dans la fiction ici présentée l'interprète de plusieurs de ses chefs-d'œuvre) sont les plus étonnantes que l'usine à films ait engendrées à propos d'elle-même. Miroir du cinéma, de ses splendeurs pitoyables et de ses rêves cruels, *Boulevard du Crépuscule* peut être vu, détaché de son auteur et du reste de son œuvre, comme un film unique et parfait. Il mériterait d'être anonyme.

N.B. Dans une première version du début du film, on amenait le corps de William Holden à la morgue de Los Angeles. Là, il prenait part à une conversation entre douze cadavres se racontant leur décès. La séquence fit rire le public et fut supprimée. La demeure de style espagnol habitée par Norma Desmond appartenait au milliardaire Paul Getty. Elle était située sur Wilshire Boulevard et fut détruite à la fin des années 50.

BIBLIO. : découpage (418 plans) *in* « Bianco e nero » (novembre-décembre 1951).

## BOURREAUX MEURENT AUSSI (LES)
### (Hangmen Also Die)

1943 – USA (131' souvent amputées) • *Prod.* Arnold Productions (Arnold Pressburger) distribué par UA • *Réal.* FRITZ LANG • *Sc.* Fritz Lang, Bertolt Brecht, John Wexley • *Phot.* James Wong Howe • *Mus.* Hanns Eisler • *Int.* Brian Donlevy (Dr Franz Svoboda), Walter Brennan (Pr Novotny), Anna Lee (Mascha Novotny), Gene Lockhart (Emil Czaka), Dennis O'Keefe (Jan Horek), Alexander Granach (Alois Gruber), Margaret Wycherly (tante Ludmilla Novotny), Nana Bryant (Mme Novotny), Hans von Twardowski (Richard Heydrich), Lionel Stander (chauffeur de taxi), Reinhold Schünzel (inspecteur Ritter).

Prague en 1941 et 1942. Le résistant qui a abattu Heydrich, le Dr Svoboda, est recueilli durant le couvre-feu par Mascha, fille du professeur et historien Novotny, après que celle-ci l'a déjà aidé sans le connaître à échapper aux hommes de la Gestapo qui le traquaient dans les rues de la ville. Ce même soir, le Pr Novotny est arrêté comme otage avec quatre cents autres habitants de Prague. La jeune fille subira, dans les jours qui suivent, plusieurs interrogatoires avant que Svoboda ne vienne en personne la faire échapper aux poursuites en se faisant passer pour son amant. Durant ces interrogatoires, on fera notamment croire à la jeune fille que son père va être exécuté, alors qu'il ne figure pas sur la liste des victimes. Plusieurs centaines d'otages ont déjà été abattus quand le brasseur Emil Czaka, qui joue double jeu en faisant partie de la Résistance et en collaborant avec la Gestapo, est piégé par une partie des membres de son réseau. Le seul alibi qui lui avait permis d'échapper dans un passé récent à une condamnation comme traître est son ignorance présumée de la langue allemande. Lors d'un banquet au restaurant, un garçon raconte devant lui en allemand une plaisanterie contre Hitler et Czaka éclate alors de rire... Plus tard, les membres de la Résistance tchèque alliés à de nombreux citoyens de la ville le feront passer, par leurs témoignages, pour l'assassin de Heydrich et on trouvera chez lui le cadavre de Gruber, un enquêteur de la Gestapo, tué par Jan Harek, le fiancé de Mascha. Les responsables de la police allemande feront semblant de croire à sa culpabilité pour sauver la face.

☞ Produit en dehors des grands studios par un producteur indépendant que Lang connaissait de longue date, le film doit à la présence de Brecht comme scénariste d'avoir suscité un intérêt particulier chez les commentateurs. Sans avoir rien d'extraordinaire quant au résultat, la collaboration Lang-Brecht fut assez houleuse et se termina par une dispute, causée principalement par le fait que Lang dut réduire environ de moitié, une semaine avant le tournage, un scénario trop long. (Un troisième homme, John Wexley, fut choisi en fonction de sa connaissance conjointe de l'allemand et de l'anglais – Brecht ne parlait pas anglais – et il y eut également un conflit Wexley-Brecht suscité par une rivalité d'auteurs et des problèmes de signature au générique.) Quoi qu'il en soit, le scénario des *Bourreaux meurent aussi* (d'abord intitulé « Trust the People », « No Surrender », « The Silent City », titres infiniment moins bons que le dernier choisi) est loin de posséder la linéarité parfaite ou l'entrelacs subtil et ultra-élaboré des grands chefs-d'œuvre de Lang. L'intrigue est en effet composée de blocs assez rigides et (trop) autonomes : introduction et présentation des dignitaires nazis ; relation Mascha-Svoboda ; séquences consacrées aux otages ; élimination du brasseur Czaka. Ces blocs se trouvent relativement unifiés – et c'est là où le film devient passionnant et de plus en plus langien – par le climat de véracité documentaire créé autour des événements fictifs de l'intrigue (écrite, rappelons-le, à chaud, très près des événements relatés) et surtout par l'évolution de la figure-mère du film (le piège), laquelle est aussi l'une des figures de base de toute l'œuvre de Lang. Cette figure connaît dans le film quatre avatars principaux, de plus en plus amples et collectifs. Mascha et Svoboda tendent d'abord un piège purement « sonore » aux policiers de la Gestapo en se faisant passer pour des amoureux dans une pièce remplie de micros. Puis ils jouent les amants surpris dans une chambre où le résistant blessé et soigné par Svoboda se cache. Le brasseur Czaka est une première fois piégé (et sa connaissance de l'allemand révélée) lors d'une scène de banquet impliquant une douzaine de personnages. Enfin c'est l'ensemble du mouvement de résistance à Prague et un grand nombre de citoyens de la ville qui collaboreront pour faire de lui, par leurs témoignages truqués, le (faux) assassin de Heydrich. Il faut noter que, sur le plan de l'efficacité concrète et du but à atteindre, tous ces pièges fonctionneront parfaitement mais que cependant personne ne sera dupe. Le policier Gruber avait fini par déjouer les deux premiers pièges avant d'être tué et les autorités nazies (cf. l'insert final du rapport codé) n'ignoreront rien du complot monté contre Czaka. (Le piège est ici particulièrement sophistiqué et réussi puisque sa principale victime, à savoir la Gestapo, bien que consciente qu'il s'agit d'un piège, ne peut le dénoncer mais doit au contraire l'avaliser.) Lang a tenu à décrire les nazis comme des monstres, des brutes, des tortionnaires, mais non comme des imbéciles. Cela augmente la tension, la menace, la valeur d'avertissement d'un film destiné à informer le public américain à une époque où ceux-ci étaient encore en pleine « activité ». En incluant bientôt tout le peuple de Prague dans son orbe, la figure abstraite du piège connaît donc dans ce film une évolution vers l'épique, un contenu positif et libératoire tout à fait originaux dans l'œuvre de Lang. Outre qu'elle exprime avec évidence la mainmise habituelle de Lang (à la fois conceptuelle, architecturale et plastique) sur son matériau, l'évolution de cette figure témoigne de l'effort du réalisateur pour transformer une construction assez chaotique et parfois littéraire en pur récit d'action. Le nazisme pour Lang doit être dénoncé sans phrase dans une trajectoire unitaire où la description des attitudes et des gestes des personnages, l'évaluation de leurs motifs et le jugement qu'il faut porter sur eux, loin de faire obstacle à la progression dramatique de l'action, doivent au contraire la nourrir et lui donner une densité inoubliable. Pour Lang, un film n'est totalement réussi, quelle que soit son ambition ou la gravité de son propos, que lorsqu'il a intégré en lui-même, ou retrouvé, le foisonnement narratif intense, l'implacable et incessant mouvement dramatique du feuilleton. La scène où Walter Brennan, à la veille d'être exécuté, récite à sa fille une lettre destinée à son jeune fils, fait exception à ce parti-pris et est néanmoins très belle. Il semble qu'on puisse en attribuer l'écriture, comme celle de la plupart des dialogues mis dans la bouche du personnage de Novotny, à Brecht.

BIBLIO. : entretiens et documents *in* « Film Kritik », Munich, nº 223, juillet 1975 (numéro consacré au film). Brecht : « Journal de travail », L'Arche, 1976. James K. Lyon : « Bertolt Brecht in America », Princeton University

Press, 1980. Lotte H. Eisner : « Fritz Lang », Cahiers du Cinéma – Éditions de l'Étoile – Cinémathèque Française, 1984 (chapitre 8).

## BOUTIQUE DE LA FAMILLE LIN (LA) (Linjia Puzi)

1959 – Chine (83') • *Prod.* Studios de Pékin • *Réal.* SHUI HUA • *Sc.* Xia Yan d'ap. nouvelle de Mao Dun • *Phot.* Qian Jiang (couleurs) • *Mus.* He Shide • *Int.* Xie Tian, Ma Wei, Yu Lan, Zhao Ziye, Chen Shu.

En 1931, dans un petit bourg de la province de Zhejiang, l'invasion de la Mandchourie par le Japon a provoqué comme partout ailleurs le boycott des marchandises japonaises. Le commerçant Lin est obligé, pour éviter la faillite, de maquiller des produits d'importation japonaise en produits chinois. Nombreuses, outre celle-ci, sont les difficultés qu'il a à affronter : graisser la patte des autorités, accorder des réductions de prix plus importantes que ses concurrents, payer ses dettes aux fournisseurs, à la banque, etc. Et, pour tout arranger, un officiel, pourvu déjà de plusieurs concubines, lui réclame sa fille en mariage. Emprisonné arbitrairement, il dépense tous ses fonds pour obtenir sa libération. Ruiné, il ne voit d'autre salut que la fuite. Il lèse ainsi tous les pauvres gens qui avaient placé chez lui de l'argent et dont le seul revenu provenait des intérêts qu'il leur versait. La Révolution viendra ultérieurement balayer ces désordres et ces injustices.

☞ Grande unité d'action et de ton dans ces tableaux de la vie de province axés sur les difficultés matérielles d'un petit commerçant qui n'en peut mais. Grâce à un scénario habile, tous les grands problèmes sociaux et politiques de l'heure convergent vers sa boutique et s'y mêlent d'une manière inextricable. Ils font ainsi son malheur, celui de ses proches et des plus pauvres que lui. Non dénuée d'ironie, cette étude balzacienne où l'argent, tel un dieu absent et lointain, règle le sort des pauvres humains, condamne moins le boutiquier lui-même que le système totalement corrompu qui l'opprime et le contraint à opprimer les autres. Il est intéressant de constater que, sauf le dénouement, l'ensemble des notations critiques contenues dans cette œuvre de 1959 va dans le même sens que la plupart des films de la période pré-révolutionnaire. Le scénariste Xia Yan ne fut guère apprécié, paraît-il, des Gardes Rouges dont il passe pour avoir été l'un des souffre-douleur.

## BRATS (Les bons petits diables)

1930 – USA (2 bob.) • *Prod.* MGM (Hal Roach) • *Réal.* JAMES PARROTT • *Sc.* H.M. Walker, Leo McCarey, Hal E. Roach • *Phot.* George Stevens • *Int.* Stan Laurel (lui-même/son fils), Oliver Hardy (lui-même/son fils).

Pendant que leurs pères essaient de jouer aux dames puis au billard, le petit Stan et le petit Oliver se battent et cassent tout dans la maison avant de consentir à se mettre au lit. Les pères doivent alors chanter une berceuse. Les gosses réclament ensuite un verre d'eau. M. Hardy, complaisant, s'apprête à le leur donner. Il ouvre la porte de la salle de bains où les robinets de la baignoire ont été laissés ouverts par les garnements et un déluge envahit la pièce.

☞ L'un des premiers « two-reelers » parlants de Laurel et Hardy. L'un des plus étonnants aussi, avec les deux comiques jouant chacun deux rôles. Dans le rôle des gosses, Laurel et Hardy évoluent parmi un mobilier géant destiné – entre autres trucages – à créer l'impression de leur petite taille. Procédé utilisé plus tard dans des films comme *The Devil-Doll* (Tod Browning, 1936), *Dr Cyclops* (Ernest Shoedsack, 1940), *L'homme qui rétrécit** (Jack Arnold, 1957), *Un amour de poche* (Pierre Kast, 1957), *Nono Nénesse*, comédie inachevée de Jacques Rozier et Pascal Thomas (1976). Le film acquiert une très grande pureté visuelle du fait qu'aucun personnage secondaire, qu'aucune péripétie extérieure n'intervient dans l'action. L'espace de la mise en scène est ainsi tout entier consacré à valoriser les bourdes, les maladresses, l'agressivité infantile des deux compères démultipliés en deux couples aux réactions très voisines. Car il est bien évident que le film n'oppose pas deux adultes à deux enfants mais quatre individus parfaitement puérils et parfaitement épanouis dans leur puérilité. Sont ainsi soulignés jusqu'au vertige l'esprit d'enfance, l'aspect onirico-burlesque de l'univers spécifique des deux compères. Les trucages renforcent ici de manière fascinante l'impression de rêve et d'irréalité que communique toujours leur univers.

## BREAKING OF THE DROUGHT (THE)

Inédit en France. 1920 – Australie (80') • *Prod.* Golden Wattle Film Syndicate (Franklyn Barrett) • *Réal.* FRANKLYN BARRETT • *Sc.* Jack North, Franklyn Barrett d'ap. P. de Bland Holt • *Phot.* Franklyn Barrett • *Int.* Trilby Clark (Marjorie Galloway), Dustan Webb (Tom Wattleby), Charles Beetham (Jo Galloway), Marie La Varre (Olive Lorette), John Faulkner (Varsy Lyddleton), Rawdon Blandford (Gilbert Galloway), Nan Taylor (Mme Galloway).

Jo Galloway est un de ces pionniers qui ont réussi à faire vivre avec succès une exploitation dans le Bush australien. Son fils Gilbert peut ainsi aller étudier la médecine à Sydney. Mais il y fait de mauvaises rencontres : en particulier Varsy, un homme corrompu qui lui emprunte constamment de l'argent pour aller jouer aux courses, et une aventurière, Olive, de mèche avec lui pour ruiner Gilbert. Gilbert tire des chèques sur le chéquier de sa mère, volé par Varsy, en imitant la signature de celle-ci. Quand les parents de Gilbert connaissent de grosses difficultés financières à cause de la sécheresse et viennent à la ville consulter leur banquier, il leur apprend dans quelle situation catastrophique ils se trouvent. Mais la mère préfère dire qu'elle a bien signé les chèques afin d'éviter la prison à son fils. C'est la ruine. Le père devient éboueur. Tom, depuis longtemps amoureux de la sœur de Gilbert, revient des Indes où il a fait fortune en vendant des chevaux. Il ne peut se confier tout à fait à celle qu'il aime, car il a été marié autrefois à Olive dans les griffes de qui Gilbert est tombé. Varsy, toujours à court d'argent, cherche à voler les bijoux de sa complice endormie. Elle se réveille, et il l'étrangle. Pris en flagrant délit, il se suicide en se jetant par la fenêtre. Tom sauve Gilbert pris dans un incendie de forêt après qu'il a quitté la ville afin de mener une vie plus proche de la nature. Tom rétablit ensuite la famille Galloway dans ses terres et épouse celle qu'il aime. La pluie revient enfin, qui assurera la fortune de tous.

☞ L'un des deux seuls films qui subsistent de l'œuvre abondante de Franklyn Barrett. Il s'agit essentiellement d'un mélodrame mondain très archaïque stigmatisant les mœurs dissolues et artificielles de la ville par opposition à l'existence saine et rude de la campagne. Le film n'offrirait guère d'intérêt si la morale de l'histoire ne s'exprimait à travers le contrepoint visuel fourni par une description semi-documentaire des conditions de vie de la paysannerie australienne. Conditions particulièrement dures et même tragiques lors des sécheresses cycliques qui frappent le pays. C'est une de ces périodes de sécheresse (1902) qui fut à l'origine de la pièce de Bland Holt et une autre, en 1919, à l'origine du film. La situation géographique et climatique particulière d'une région, et surtout sa transcription véridique et violente par le cinéma, viennent ici contrebalancer puissamment la dramaturgie poussiéreuse et les clichés bien pensants d'un mélodrame d'un autre âge.

## BRÈVE RENCONTRE (Brief Encounter)

1945 – Angleterre (86') • *Prod.* IP-Cineguid (Anthony Havelock Allan, Ronald Neame) • *Réal.* DAVID LEAN • *Sc.* David Lean, Ronald Neame d'ap. P. en un acte « Still Live » de Noël Coward tirée du recueil « Tonight at 8 : 30 » • *Phot.* Robert Krasker • *Mus.* Rachmaninov • *Int.* Celia Johnson (Laura Jesson), Trevor Howard (Dr. Alec Harvey), Stanley Holloway (Albert Godby), Joyce Carey (Myrtle Bagot), Cyril Raymond (Fred Jesson), Everley Gregg (Dolly Messiter), Margaret Barton (Beryl Walters).

L'hiver 1938-1939. Le jour de leurs adieux, une femme mariée et mère de deux enfants, Laura Jesson, se remémore sa relation passionnée de quelques semaines avec un médecin, Alec Harvey, rencontré dans la petite ville de Mitford où elle vient faire, le jeudi, ses courses hebdomadaires. Laura et Alec avaient lié connaissance par hasard, s'étaient revus plusieurs jeudis de suite et avaient dû bientôt s'avouer leur amour. Presque immédiatement le caractère clandestin de leur relation et l'obligation de mentir à leurs proches les avaient plongés dans un très grand malaise. Un jour, Alec avait demandé à Laura de venir le retrouver dans l'appartement d'un ami. Elle avait d'abord refusé l'invitation puis n'avait pu s'empêcher de le rejoindre. L'ami en question étant rentré plus tôt que prévu, Laura avait dû fuir par la porte de service. Alec avait compris ce jour-là que leur amour était déjà sur sa fin. Il avait accepté un poste à Johannesburg. Quand sa rêverie s'achève, Laura entend son mari, qui semble avoir tout compris, la remercier de lui être revenue.

☞ Première œuvre entièrement personnelle de David Lean, *Brève rencontre* est le film symbole d'une certaine tendance du cinéma anglais à laquelle on a à tort assimilé la totalité de ce cinéma : une esthétique de la grisaille mise au service d'une éthique de la résignation. Dans cette tragédie petite-bourgeoise, la banalité des sentiments s'exprime, non par la froideur d'un constat, mais par un lyrisme frôlant le pompiérisme sans jamais y tomber complètement. Ce lyrisme est dû en partie – mais en partie seulement – à l'utilisation, restée célèbre, du Concerto pour piano de Rachmaninoff. On peut critiquer l'esprit du film, non sa cohérence formelle. La sobriété des acteurs, la concentration d'une grande partie de l'action dans ce buffet de gare à la fois triste et trivial (hérité de la pièce de N. Coward dont il était le décor unique), la photo de Robert Krasker, la construction en flash-back et la narration à la première personne par l'héroïne créent un univers bien réel, plutôt émouvant, qui résiste au temps et prend même avec le recul, comme le note John Russell Taylor (dans sa préface à la publication du script dans « Classic Film Scripts ») valeur de document sur un mode de vie et un code moral aujourd'hui disparus.

BIBLIO. : découpage (302 plans) *in* « Three British Screenplays » (avec *Odd Man Out** de Carol Reed et *Scott of the Antartic* de Charles Frend, Methuen, Londres, 1950). Scénario et dialogues dans le volume nº 48 de la collection « Classic Film Scripts », Lorrimer, Londres, 1974, édition révisée en 1984. La première de ces deux publications est la plus intéressante car elle est la seule à fournir un véritable découpage technique du film. Le scénario figure aussi dans le volume « Masterworks of the British Cinema », Harper and Row, New York, 1974 (avec *Le troisième homme**, *Noblesse oblige** et *Samedi soir et dimanche matin*).

## BRIGADOON (id.)

1954 – USA (102') • *Prod.* MGM (Arthur Freed) • *Réal.* VINCENTE MINNELLI • *Sc.* Alan Jay Lerner d'ap. comédie musicale de Lerner et Frederick Loewe • *Phot.* Joseph Ruttenberg (Anscocolor-Cinémascope) • *Mus.* Loewe, Lerner • *Int.* Gene Kelly (Tommy Albright), Van Johnson (Jeff Douglas), Cyd Charisse (Fiona Campbell), Elaine Stewart (Jane Ashton), Barry Jones (M. Lundie), Hugh Laing (Harry Beaton), Albert Sharpe (Andrew Campbell), Virginia Bosler (Jean Campbell), Jimmy Thompson (Charlie Dalrymple).

Dans les Highlands d'Écosse, deux chasseurs américains, Jeff Douglas, grand buveur, matérialiste et sceptique, et Tommy Albright, un être plus tourmenté et plus sensible que son ami, se perdent au milieu d'une forêt et découvrent soudain Brigadoon, un village qui n'existe sur aucune carte. Les villageois sont en liesse et s'apprêtent à célébrer le mariage de la jeune Jean Campbell avec Charlie Dalrymple. L'ambiance qui règne au village, les costumes anciens des habitants, leur réserve et leur surprise devant des étrangers intriguent beaucoup Tommy. Ayant découvert dans une Bible la date de naissance de Fiona, la sœur aînée de Jean, vers laquelle il se sent très attiré, Tommy se met à lui poser des questions. Elle le conduit alors chez le maître d'école qui lui raconte l'étrange destin de Brigadoon. Autrefois, le pasteur, se sentant vieillir et redoutant pour son village l'action néfaste des sorcières, avait réclamé et obtenu du Seigneur un miracle. Chaque soir, à partir d'un certain jour de 1754, les habitants de Brigadoon s'endormiraient pour un siècle. Ce voyage immobile à travers le temps leur permettrait d'échapper aux sorcières. C'est aujourd'hui leur deuxième résurrection. Mais si un natif de Brigadoon s'éloignait et passait le pont, le village disparaîtrait à jamais. Le maître d'école ajoute qu'au cas où un étranger, par amour pour un habitant de Brigadoon, souhaiterait y rester pour toujours, il le pourrait. On procède à la cérémonie nuptiale. Mais un soupirant éconduit par Jean, profondément malheureux d'avoir été repoussé, menace de franchir le pont. On le poursuit avec des torches à travers la forêt. Jeff, tirant sur un oiseau, l'abat accidentellement. Tommy songe à rester à Brigadoon avec Fiona, mais le scepticisme de Jeff quant à la réalité de ce qu'ils viennent de vivre ces dernières heures sème le doute dans son esprit et dans son cœur. La nuit tombe. Une brume se lève et fait disparaître Brigadoon. De retour à New York, Tommy annule un projet de mariage et comprend trop tard que ses amours et son véritable bonheur sont restés à Brigadoon. Il y retourne cependant et la force de son sentiment pour Fiona provoque un autre miracle : elle lui apparaît. Tommy s'avance alors vers elle pour la rejoindre.

☞ Adapté d'un succès de Broadway (créé en 1947), *Brigadoon* est de par son argument, ses partis pris stylistiques et son atmosphère générale, le plus minnellien de tous les films du réalisateur. A partir d'un sujet de conte fantastique très original, le film oppose le monde réel à l'imaginaire. Chez Minnelli, l'imaginaire recèle toujours une intensité, une douceur envoûtante, une promesse de bonheur que la réalité ne saurait offrir. Dans *Brigadoon*, l'imaginaire ne triomphe pas seulement dans telle séquence ou dans tel aspect de l'œuvre, comme c'est souvent le cas chez Minnelli, mais tout au long de l'intrigue jusqu'à son dénouement. La création de cet « ailleurs » onirique et fascinant impliquait évidemment l'utilisation intensive du studio, et *Brigadoon* est le film de studio à l'état pur, qui n'aurait pu être réalisé nulle part ailleurs qu'à Hollywood et plus particulièrement à la Metro. Le fait que Gene Kelly, engagé à l'époque dans des recherches tout à fait opposées (cf. *Un jour à New York**) ait souhaité voir le film se tourner en extérieurs réels, souligne bien la différence radicale de conception qui existe entre les comédies musicales de Minnelli et celles du tandem Kelly-Donen. On construisit dans un seul décor gigantesque les deux lieux principaux de l'action, le village de Brigadoon et les collines écossaises, peintes par George Gibson qui avait travaillé sur le ballet final d'*Un Américain à Paris**. Les oiseaux, note Hugh Fordin (« The World of Entertainment ! ») venaient s'y perdre, abusés par le talent du peintre. L'usage des couleurs (le rouge et surtout le jaune, privilégié par le procédé Ansco), les longs mouvements d'appareil moelleux et sophistiqués suivant en douceur les évolutions des danseurs, le jeu ouaté de Cyd Charisse et des autres habitants du village font de *Brigadoon* le sommet des recherches minnelliennes dans le domaine de la comédie musciale. Cela n'empêche pas la verve satirique du réalisateur, jamais complètement endormie, de réapparaître dans la séquence superbe – la seule réaliste du film – du restaurant new-yorkais bondé où Kelly prend la décision de retourner à Brigadoon.

N.B. Comme les premiers Cinémascopes de la MGM, le film a été également tourné en format standard. Son thème a été transposé de manière « horrifique » dans *2000 Maniacs** de Hershell Gordon Lewis.

## BRIGITTE ET BRIGITTE

1965 – France (76') • *Prod.* Moullet et Cie • *Réal.* LUC MOULLET • *Sc.* Luc Moullet • *Phot.* Claude Creton • *Int.* Françoise Vatel (petite Brigitte), Colette Descombes (grande Brigitte), Claude Melki (Léon), Michel Gonzalès (Jacques), Éric Rohmer (le professeur Scherer), Claude Chabrol (l'oncle obsédé), Samuel Fuller (lui-même), Pierre-Richard Bré et André Téchiné (deux cinéphiles).

Dans une gare parisienne, deux jeunes provinciales, l'une venue des Alpes, l'autre des Pyrénées, se rencontrent et constatent qu'elles se ressemblent, ont la même allure et sont habillées de manière semblable. Elles portent aussi le même prénom. On est à la fin octobre et il est déjà bien tard pour s'inscrire à la Sorbonne, trouver une chambre et un bon restaurant universitaire. L'une des deux Brigitte qui veut faire géographie est bousculée et légèrement blessée dans une manifestation d'étudiants grévistes ; l'autre, qui fait allemand, subit le même sort dans une manifestation d'anti-grévistes. Constatant que tout leur réussit mieux à deux, elles décident d'habiter ensemble et de choisir, par élimination, les mêmes études : une licence d'anglais. Elles suivent des cours de philologie et remarquent qu'il y a bien peu de garçons dans les amphithéâtres et qu'on y entend partout, comme sur un chantier, le vacarme des travaux alentour. Pendant leurs loisirs, elles notent de zéro à vingt les sites et monuments parisiens. Elles vont à un bal où elles sont les seules femmes, entourées de Noirs et d'Arabes : l'une des deux Brigitte gagne à une loterie son poids en sucre et rencontre Léon. L'autre Brigitte, moins frivole que sa camarade, prépare un exposé sur le cinéma américain. Elle interroge des cinéphiles qui lui donnent des opinions contradictoires ; elle rencontre le metteur en scène Samuel Fuller et son enquête se termine par l'interview d'un illuminé qui se rend fréquemment à l'étranger pour voir des films d'Edward Ludwig. Son professeur critiquera sa méthode d'investigation trop directe et lui reprochera de ne pas s'être bornée à étudier les textes déjà écrits sur le cinéma. Léon et un autre garçon qui veut faire du cinéma invitent les deux Brigitte à la campagne où le plus difficile est de se nourrir : en effet, comme par un fait exprès les poules refusent de pondre et les vaches ne veulent pas se laisser traire. Les examens arrivent. L'une des Brigitte triche en recourant à un dictionnaire caché dans les toilettes. Elle est reçue à l'écrit. L'autre, plus petite, n'a pu atteindre le livre placé au-dessus de la chasse d'eau et est recalée. Une dispute s'ensuit. La Brigitte reçue passe l'oral tandis que l'autre lui pique son petit ami, le futur cinéaste.

☞ Filmé avec des moyens de fortune, c'est pratiquement le seul film burlesque de la Nouvelle Vague et rien qu'à ce titre il mérite d'être signalé. Une trame farfelue et loufoque, irréaliste au possible, mais piquée de notations parfois très justes, recrée à sa façon l'atmosphère de la vie estudiantine parisienne au milieu des années 60. Le film contient des passages à vide (tout ce qui se passe hors Paris) mais dans ses meilleurs moments il évoque le style de Jerry Lewis metteur en scène, celui de *The Bellboy** (1960) et de *The Errand Boy** (1962). Mêmes personnages catapultés de l'extérieur dans un monde absurde auxquels ils ne s'intégreront jamais, ou alors trop bien ; et dans ce cas les deux fausses jumelles évoquent l'autre Lewis, Carroll. Même continuité dramatique fondée sur le gag plus que sur une intrigue construite. L'extrême indigence du budget (digne du grand Edgar Ulmer dont Luc Moullet avait donné la première filmographie, *in* « Cahiers du cinéma » nº 58, 1956) accentue encore le schématisme et l'abstraction volontaire d'un film où la vérité du détail jaillit toujours d'une vision anti-conformiste et pataphysique de la réalité.

## BROADWAY

1929 – USA • *Prod.* U (Carl Laemmle, Jr.) • *Réal.* PAUL FEJOS • *Sc.* Edward T. Lowe, Jr., Charles Furthman, d'ap. P. de Philip Dunning et George Abbott • *Phot.* Hal Mohr • *Mus.* Howard Jackson, Bert Fiske • *Int.* Glenn Tryon (Roy Lane), Evelyn Brent (Pearl), Merna Kennedy (Billie Moore), Thomas E. Jackson (Dan McCorn), Leslie Fenton (Jim « Scar » Edwards), Robert Ellis (Steve Crandall), Otis Harlan (Porky Thompson), Paul Porcasi (Nick Verdis), Fritz Feld (Mose Levett).

Roy Lane, « song and dance man », meneur de revue au Paradise Club, est amoureux de Billie Moore, la principale girl de la troupe. Mais Billie semble fascinée par l'élégant Steve Crandall, un bootlegger qui a des intérêts dans le club. Il abat le gangster « Scar » Edwards qui lui avait volé un camion de marchandises. Avec un acolyte, Steve transporte son cadavre hors du cabaret. Le policier Dan McCorn surveille de près les activités de Crandall. Billie accepte un bracelet du même Crandall. Les disputes entre Roy et Billie, qui autrefois s'entendaient bien, sont nombreuses. McCorn arrête Roy qui, au cours d'un affrontement avec Crandall, l'a menacé de mort après avoir saisi le revolver que le trafiquant pointait dans sa direction. Billie refuse de témoigner contre Crandall. Cela n'empêche pas Roy d'être bientôt relâché. Dans sa voiture, Crandall reçoit une balle qui transperce son chapeau et échappe ainsi de justesse à la mort. Dans le cabaret, Pearl, l'ancienne fiancée de « Scar », l'entend parler de son meurtre et l'abat. McCorn conclura volontairement au suicide tandis que Roy et Billie, réconciliés, volent vers le succès.

☞ Avant que ne s'épanouisse dans son œuvre le ton intimiste de ses chefs-d'œuvre européens du parlant *(Marie, légende hongroise*, Tempêtes, Gardez le sourire)*, Fejos se plut à être un esthète, un virtuose de la caméra. (Il n'y a que dans *Solitude** que cette double tendance vers la virtuosité et vers le dépouillement élégiaque s'équilibre parfaitement.) Dans *Broadway*, premier film américain dont le budget s'éleva à un million de dollars, l'intrigue a peu d'intérêt. Seules comptent l'atmosphère et surtout la manière dont la caméra, par ses arabesques et son brio, va exprimer cet univers de luxe, de plaisir facile, baignant dans une atmosphère de corruption pouvant mener jusqu'au crime. A l'occasion de ce film, le Dr Paul Fejos comme l'appellent certains critiques de l'époque (en raison de ses activités de bactériologiste) dessina lui-même et fit construire pendant des semaines une grue géante, unique à l'époque, armée d'un bras gigantesque et silencieux de quinze mètres, capable d'effectuer une trajectoire circulaire de 360 ° et d'adopter tous les angles de prise de vue imaginables. Interrogé par Richard Koszarski, (« Film Comment », septembre-octobre 1974) le chef-opérateur Hal Mohr s'étend longuement sur cette merveille qu'il utilisa pour la dernière fois pour *Le fantôme de l'Opéra** d'Arthur Lubin (1943). Cette grue une fois construite, il fallut bâtir un décor à sa mesure et le petit cabaret miteux prévu au départ devint un night-club aussi vaste que Grand Central Station. Hal Mohr juge cette transformation ridicule et nuisible au scénario. Pourtant cela permet au Paradise Club de devenir l'emblème du tape-à-l'œil et des tourbillons de Broadway. Dans une certaine mesure, Fejos se laissa engloutir par sa propre virtuosité. On reconnaît cependant sa personnalité au regard tendre et lucide qu'il porte sur ses personnages. Etres naïfs, vulnérables, menacés par toutes les tentations et presque perdus dans un monde de cruauté et d'artifice qui n'est pas fait pour eux, leur rêve n'est que de danser et de chanter, de s'aimer et d'avoir du succès. Mais dans l'atmosphère trouble de la Prohibition à Broadway, il leur faudra, pour accomplir ce rêve, frôler la tragédie. Fejos n'a pas cherché à donner de Broadway une vision réaliste. Il y voit plutôt l'occasion de bâtir une allégorie abstraite, presque infernale, comme en témoigne la séquence prégénérique (chronologiquement, l'une des premières de cette importance) présentant une sorte de démon hilare, en surimpression sur une maquette de Broadway, en train de répandre de l'alcool dans les artères du quartier.

N.B. Il existe une version muette et une version sonore. Ceux qui ont vu les deux préfèrent en général la muette. La version commentée ici est la copie muette de la Cinémathèque Française (110' à 16 images seconde). Les intertitres, amputés, sont à 90 pour 100 illisibles. (La durée de la version sonore sortie en mai 1929 est de 105'). La séquence finale en Technicolor est considérée jusqu'ici comme perdue. Remake en 1942 par William A. Seiter.

## BRONCO APACHE
**(Apache)**

1954 – USA (89') • *Prod.* U A (Harold Hecht) • *Réal.* ROBERT ALDRICH • *Sc.* James R. Webb d'ap. R. « Bronco

Apache » de Paul Wellman • *Phot.* Ernest Laszlo (Technicolor) • *Mus.* David Raksin • *Int.* Burt Lancaster (Massaï), Jean Peters (Nalinle), John McIntire (Al Sieber), Charles Buchinsky (Bronson) (Hondo), John Denner (Weddle), Paul Guilfoyle (Santos), Ian McDonald (Clagg).

Après la reddition de Géronimo, l'Indien Massaï, ayant pu s'échapper du train qui conduit ses frères vers les réserves de Floride, continue à se battre seul contre les Blancs. Il se considère comme le seul Apache restant au monde. Une Indienne l'accompagne dans sa lutte, souvent contre sa volonté. Elle porte un enfant de lui. Fasciné par l'exemple des Cherokees qui, grâce à l'agriculture, ont su rester libres et en bonne harmonie avec les Blancs, Massaï se met à cultiver le maïs. Il mène un dernier combat contre des militaires quand il entend les premiers vagissements de son bébé. Déposant les armes, il rejoint alors sa cabane.

☞ Troisième film d'Aldrich dans sa période de plus intense créativité. Le film est un jalon important du western moderne par son sujet et la réflexion qu'il comporte. Son personnage principal : un Indien et, qui plus est, un Indien observé avec sympathie et respect par l'auteur. Anthony Mann (*Devil's Doorway*, 1950) et Delmer Daves (*Broken Arrow**, 1950) avaient déjà montré de semblables personnages, mais ici l'Indien a nettement plus de caractère, de relief, de densité psychologique que les précédents. Le propos de l'œuvre ne manque pas de subtilité. Aldrich dépeint un cas d'individualisme absolu, mélange de paranoïa et de lucidité. Le héros affirme que tous les Blancs et tous les Indiens sont ses ennemis et qu'il n'en a plus pour longtemps à vivre, ce qui est vrai à la fois subjectivement et objectivement. Grâce à la femme qui l'accompagne, élément d'équilibre positif mais insuffisant, il est en passe de recréer une civilisation à lui tout seul, à l'écart des deux peuples. Aldrich sait rendre sensible l'aspect lyrique et presque exaltant de cette tentative, mais aussi son côté désespéré et suicidaire. La fin heureuse n'est évidemment pas celle qu'avait voulue Aldrich : Massaï devait être abattu par un scout indien de l'armée, qui convoitait sa femme. Les Artistes Associés imposèrent une deuxième fin qui fut d'abord rejetée, puis acceptée par Lancaster, coproducteur du film. Elle est si artificielle – en fait le récit donne surtout l'impression d'être inachevé – qu'elle n'est guère gênante, le spectateur se sentant pratiquement obligé de rétablir mentalement un dénouement tragique, seule conclusion possible à l'entreprise de Massaï. Comme plus tard dans *Run of the Arrow**, le western met ici en valeur un personnage d'exclu, placé dans une situation inextricable qui résume poétiquement et tragiquement les conflits historiques d'une époque.

## BRUNE BRULANTE (LA) (Rally 'Round the Flag, Boys !)

1958 – USA (106') • *Prod.* Fox (Leo McCarey) • *Réal.* LEO McCAREY • *Sc.* L. McCarey, Claude Binyon d'ap. R. de Max Shulman • *Phot.* Leon Shamroy (Cinémascope, DeLuxe Color) • *Mus.* Cyril J. Mockridge • *Int.* Paul Newman (Harry Bannerman), Joan Collins (Angela Hoffa), Joanne Woodward (Grace Bannerman), Jack Carson (capitaine Hoxie), Dwayne Hickman (Grady Metcalf), Tuesday Weld (Comfort Goodpasture), Gale Gordon (colonel Thorwald), Murvyn Vye (Oscar Hoffa), O.Z. Whitehead (Isaac Goodpasture).

Harry Bannerman, habitant de la petite cité paisible de Putnam's Landing située à quatre-vingt kilomètres au nord de New York où il se rend quotidiennement pour son travail, serait un homme parfaitement heureux si son épouse Grace ne participait activement aux innombrables comités de la ville et ne mettait ainsi en péril l'équilibre de leur vie conjugale. Quand les natifs de Putnam's Landing apprennent que l'armée a acheté un terrain attenant à leur ville pour s'y livrer à des expériences top secret, ils constituent aussitôt un nouveau comité et c'est bien entendu Grace Bannerman qui en est la présidente. Elle désigne son mari pour aller à Washington obtenir du Pentagone que l'armée fasse ses expériences ailleurs. Harry accomplit sa mission sans grande conviction et se heurte à un refus. Il a la stupéfaction de trouver dans sa chambre d'hôtel une compatriote, Angela Hoffa, épouse délaissée qui essaie depuis longtemps de le séduire. Elle s'est inscrite à l'hôtel sous le nom de sa femme. Un peu plus tard, c'est Grace elle-même qui, voulant lui faire une surprise, rejoint son mari et le surprend au beau milieu de ce qu'elle croit être un duo d'amour. De retour à Putnam's Landing, Harry tente vainement d'expliquer la vérité à sa femme, mais celle-ci veut maintenant divorcer. Un détachement militaire dirigé par le catastrophique capitaine Hoxie (qui déteste tous les civils en bloc) débarque à Putnam's Landing. Les femmes avec leurs landaus et leurs bébés font un piquet de grève sur le terrain militaire. La télévision est également de la partie. Harry, officier naval de réserve, est rappelé dans l'active par le général Thorwald pour calmer sur place les esprits. Il essaie de persuader sa femme d'intégrer les militaires au spectacle patriotique annuel qu'elle est en train de préparer. Une lettre du ministre de la Guerre, très flatteuse pour elle, la prie d'agir dans le même sens (c'est en réalité un faux fabriqué par Harry). Le spectacle – l'arrivée des pèlerins du « Mayflower » parmi les Indiens – tournera à la catastrophe. En effet, les jeunes gens de la ville, jouant les Indiens, ont décidé d'infliger une bonne raclée aux militaires qui courtisent leurs petites amies. Le « Mayflower » sera coulé. L'armée, dans un but d'apaisement, décide de révéler à quelques notables de la ville la nature de sa mission ; il s'agit d'envoyer dans l'espace un petit chimpanzé. La fusée partira prématurément avec à son bord le capitaine Hoxie qui a pris sans le vouloir la place de l'animal...

☞ Cet avant-dernier film de McCarey entièrement tourné vers le présent, sans nostalgie ni passéisme (à la différence de *An Affair to Remember**) est une satire allègre de l'*american way of life*. Sa merveilleuse réussite tient au fait que McCarey évolue constamment sur la corde raide puisque les personnages ici caricaturés sont tous très sympathiques et ne possèdent pas une once de méchanceté. McCarey travaille dans la douceur, livre ses gags, d'une inspiration très pure, sur un rythme et avec une élégance chorégraphiques que souligne encore la sobriété presque nue des décors. Le burlesque réapparaît à petites doses dans le personnage du balourd capitaine Hoxie campé, dans une complicité parfaite avec le réalisateur, par l'excellent Jack Carson. Paul Newman, pour sa première comédie, montre des talents d'humoriste que tel ou tel de ses films antérieurs laissait entrevoir très épisodiquement. Trois portraits de femmes enrichissent enfin une intrigue parfaitement maîtrisée et qui sait prendre son temps : Joanne Woodward en ménagère saisie par le sens des responsabilités sociales, Joan Collins, exquise tentatrice qui ne parviendra pas à ses fins, Tuesday Weld, adolescente survoltée en proie à ses premiers émois sexuels.

## BUBU (id.)

1970 – Italie (99'). Sorti en France en 1977 • *Prod.* BRC • *Réal.* MAURO BOLOGNINI • *Sc.* Giovanni Testori, Mario Di Nardu, M. Bolognini d'ap. R. « Bubu de Montparnasse » de Charles-Louis Philippe • *Phot.* Ennio Guarnieri (Eastmancolor) • *Mus.* Carlo Rustichelli • *Int.* Ottavia Piccolo (Berta), Massimo Ranieri (Piero), Antonio Falsi (Bubu), Luigi Proietti (Giulio), Gianna Serra (Bianca).

L'Italie du Nord au début du siècle. Bubu, un ouvrier boulanger, en a assez de travailler pour un salaire de misère. Voulant le garder auprès de lui, sa maîtresse Berta, une jeune ouvrière, devient prostituée. Elle rencontre un étudiant, Piero, aux idées généreuses et progressistes, qui tombe amoureux d'elle. Elle découvre bientôt qu'elle a la syphilis. Elle entre dans un hôpital pour se faire soigner. Bubu, à bout de ressources, commet un vol et se fait arrêter. Sortie de l'hôpital, Berta ne trouve pas Bubu, toujours en prison, et revoit Piero. Après la mort de son père, elle décide de changer de vie et d'abandonner la prostitution. Elle s'installe chez Piero où Bubu, libéré, vient avec un autre proxénète la reprendre de force. Elle demande de l'aide à Piero mais celui-ci ne peut rien pour elle.

☞ Bolognini est un des plus grands plasticiens du cinéma contemporain. C'est en même temps un analyste social et politique dont les vues s'expriment sans pathos et avec une grande intensité. *Bubu* est l'un des films où la fusion entre ces deux aspects de son œuvre s'opère le mieux. Bolognini portraiture aussi bien des villes (Trieste dans *Senilita*, Florence dans *La viaccia*) que des individus et souvent les premières sont plus inoubliables que les seconds. Il montre simultanément l'amère beauté et la cruauté des lieux où les personnages sont prisonniers, victimes de la prison sociale qu'installent autour d'eux la misère, l'injustice, la pétrification de la société, l'omniprésence de rapports humains fondés uniquement sur l'argent. Les péripéties de l'intrigue ont chez lui moins d'importance que le poids que celle-ci fait peser sur les personnages : qu'ils se débattent ou non, leur destin est scellé. Avec plus de succès que Visconti, car son goût est infiniment plus sûr et plus subtil, Bolognini s'est employé à tirer des conséquences esthétiques et morales du calligraphisme italien des années 40. (Dans *Bubu*, son univers pictural subit aussi l'influence des Macchiaioli, de l'impressionnisme et de Toulouse-Lautrec.) Sous les différentes couleurs qu'elle revêt, la beauté a chez Bolognini les maléfices et les séductions morbides d'une mort lente, d'une décomposition ; c'est là le seul type d'évolution que la société et les personnages qu'il décrit puissent connaître. Son thème de prédilection, traité sans afféterie ni complaisance, est en effet cette irréversible décadence sociale dont il sait faire un objet de contemplation et de réflexion et, selon qu'on passe du plan plastique au plan social et politique, un objet d'émerveillement ou de dégoût.

N.B. Les extérieurs de *Bubu* ont été tournés à Milan et à Turin. « Puis j'ai fait, dit Bolognini, une espèce de collage pour suggérer une ville industrielle du Nord » (entretien avec Jean Gili dans le volume « Bolognini » publié en trois langues par l'Instituto Poligrafico Dello Stato, 1977).

## BUNGALOW POUR FEMMES
## (The Revolt of Mamie Stover)

1956 – USA (93') • *Prod.* Fox (Buddy Adler) • *Réal.* RAOUL WALSH • *Sc.* Sydney Boehm d'ap. R. de William Bradford Huie • *Phot.* Leo Tover (DeLuxe Color-Cinémascope) • *Mus.* Hugo Friedhofer • *Int.* Jane Russell (Mamie Stover), Richard Egan (Jim), Joan Leslie (Analee), Agnes Moorehead (Bertha Parchman), Jorja Curtright (Jackie), Michael Pate (Harry Adkins), Kathy Marlowe (Zelda), Jean Willes (Gladys).

Sur un bateau en route vers Honolulu, Mamie Stover, une entraîneuse expulsée de San Francisco par la police, rencontre un romancier fortuné, Jim Blair, qui s'intéresse à elle. Bien décidée à gagner le plus d'argent possible, Mamie travaille dans un dancing d'Honolulu, fréquenté surtout par des soldats américains. Elle revoit Jim qui délaisse pour elle sa fiancée. Elle se sert de lui pour effectuer quelques opérations bancaires interdites par la directrice du dancing qui, flanquée d'un homme de main assez brutal, impose à ses pensionnaires une discipline très stricte. Après le bombardement de Pearl Harbor, Mamie profite de l'affolement général pour racheter à des prix dérisoires des immeubles qu'elle louera ensuite à l'armée. Sa fortune augmente avec les mois qui passent. Jim et elle ont le projet de se marier. Avant de retourner au front, Jim fait promettre à Mamie de quitter le dancing. Mais la directrice augmente tellement sa commission que Mamie continue de travailler pour elle. Une photo de Mamie circule parmi les soldats de la Navy. Jim en a connaissance et pourra constater au dancing même que Mamie n'a tenu aucune de ses promesses. Il rompt définitivement avec elle. Mamie distribuera la fortune qu'elle avait amassée et rentrera au pays.

☞ L'un des quelques films de Walsh (plus nombreux qu'il n'y paraît) basés sur une héroïne féminine : cf. *The Man I Love, Sea Devils**, *Band of Angels**, *The Sheriff of Fractured Jaw,*

*Esther and the King.* Très souvent, ces héroïnes ont un handicap de base à surmonter (ici éducation loupée et démission paternelle) pour atteindre leur but ou trouver leur équilibre. Quoique édulcoré, le portrait de Mamie Stover se situe totalement en dehors du manichéisme d'un certain cinéma hollywoodien et trouve là son originalité. Walsh, qui est le contraire d'un puritain, ne se sent nullement porté à condamner l'ambition de Mamie Stover ni les moyens qu'elle emploie pour la satisfaire. En a-t-elle d'autres d'ailleurs à sa disposition ? Son amour de l'argent exprime une soif d'honorabilité, un goût de s'élever qui la rapproche d'autres personnages de Walsh extrêmement différents d'elle, comme le héros de *Gentleman Jim**. Mais par sa fureur d'amasser, qu'elle ne pourra plus contenir, elle appartient bien à cette famille pathologique où se recrute un grand nombre de héros de Walsh après-guerre. Dans chaque film qu'il a réalisé en scope, Walsh utilise admirablement et diversement ce format. Ici, pour un scénario écrit à l'économie, découpé en peu de lieux et en peu de scènes, il obtient du scope, tant sur le plan plastique que dramatique, un rythme ample et calme qui lui permet de regarder son héroïne d'un œil à la fois tranquille et critique, familier et distant. Son génie éclate aussi dans ce brio à cerner en quelques scènes, ou en quelques plans, la silhouette définitive et pourtant subtile d'un personnage secondaire (la tenancière du dancing jouée par Agnes Moorehead), le contour inoubliable d'un personnage épisodique (le marin fébrile qui se ruine en tickets pour pouvoir jouer aux cartes avec une des entraîneuses). Le relatif affadissement subi par le roman de Bradford Huie ne doit pas dissimuler les mérites non négligeables de ce film.

## BUNNY LAKE A DISPARU (Bunny Lake is Missing)

1965 – Grande-Bretagne (107') • *Prod.* COL. (Otto Preminger) • *Réal.* OTTO PREMINGER • *Sc.* John et Penelope Mortimer d'ap. R. de Evelyn Piper • *Phot.* Denys Coop (Cinémascope) • *Mus.* Paul Glass • *Int.* Carol Lynley (Ann Lake), Keir Dullea (Steven Lake), Laurence Olivier (l'inspecteur Newhouse), Noel Coward (Wilson), Martita Hunt (Ada Ford), Anna Massey (Elvira), Clive Revill (Andrews), Finlay Currie (le réparateur de poupées), Lucie Mannheim (la cuisinière), Meg Jenkins (la sœur), Victor Maddern (le chauffeur de taxi), Adrienne Corri (Dorothy).

⊖ A Londres, une jeune Américaine, Ann Lake, arrivée depuis peu dans la ville, a conduit ce matin pour la première fois sa fillette à l'école. Non mariée, elle vit avec son frère Steven, un journaliste. Ce même jour, Steven s'est occupé de leur déménagement et elle le rejoint dans leur nouvel appartement. Elle y fait la connaissance du propriétaire, un excentrique imbu de lui-même qui écrit des livres et travaille pour la BBC. Érotomane à ses heures, il collectionne les masques et les objets curieux, comme ce fouet ayant (peut-être) appartenu à Sade. A la fin de la matinée, Ann va chercher Bunny à l'école. L'enfant reste introuvable. Dans le tumulte de cette première journée d'école, personne ne se rappelle l'avoir vue. Steven, qu'Ann a appelé par téléphone, la rejoint et ils fouillent partout dans l'école. Au dernier étage vit Miss Ford, co-fondatrice de l'école et aujourd'hui retirée. Elle écrit un livre sur l'imagination des enfants et écoute au magnétophone le récit de leurs cauchemars. C'est une originale qui n'est à Ann et à Steven d'aucune aide. Steven appelle la police. L'inspecteur Newhouse se rend sur les lieux et essaie de se mettre dans la peau de l'enfant. Il interroge Ann dans les bureaux de la police puis va avec elle dans son nouvel appartement : toute trace de l'enfant – ses effets personnels, ses jouets, son passeport, ses photos – a disparu. Newhouse demande à Ann de dresser la liste des personnes qui ont vu Bunny. Bouleversée par le cauchemar qu'elle est en train de vivre, Ann comprend maintenant que l'inspecteur met en doute l'existence de sa fillette. Newhouse interroge Miss Ford qui lui révèle que Steven lui a appris que, dans son enfance, Ann s'était inventé une compagne imaginaire qu'elle avait appelée Bunny. Miss Ford s'étonne que Steven s'inquiète plus pour sa sœur que pour l'enfant. La nuit est tombée. Dans les archives, on ne retrouve nulle trace du chèque envoyé par Steven pour régler la scolarité de Bunny. L'inspecteur interroge Steven et le met en contradiction avec ce qu'il avait dit à Miss Ford. Celle-ci traite Steven de menteur. Énervé, il déclare qu'il va maintenant rechercher l'enfant par lui-même. Dans un pub où il l'a emmenée pour qu'elle mange quelque chose, l'inspecteur continue d'interroger Ann. Elle lui dit que Steven lui avait proposé un avortement, mais qu'elle avait refusé. Elle n'a pas épousé le père de l'enfant pour la simple raison qu'elle ne l'aimait pas. Steven survient. Estimant que l'inspecteur a outrepassé ses prérogatives, notamment en faisant fouiller son appartement et en essayant d'obtenir des confidences de sa sœur, il se dispute violemment avec lui. Un peu plus tard, il annonce à Ann qu'il a pris rendez-vous avec un détective. Ann retrouve un ticket de la boutique où elle avait donné à réparer la poupée de Bunny. Elle tient là une preuve matérielle indubitable de l'existence de l'enfant. Elle se rue en taxi, malgré l'heure avancée, dans la boutique du réparateur qui la reçoit et lui donne la poupée. Steven l'avait suivie : il brûle la poupée et assomme Ann qu'il conduit inconsciente dans un hôpital, déclarant qu'elle se livre à des divagations à propos d'un enfant imaginaire. Reprenant conscience au milieu de la nuit, Ann réussit à s'échapper de l'hôpital (son départ sera signalé à l'inspecteur Newhouse) et retourne dans l'ancienne maison qu'elle habitait avec son frère. Elle le voit enterrer dans le jardin les objets personnels de Bunny. Il tire l'enfant du coffre de la voiture où il l'avait cachée après l'avoir endormie. Il retire sa cravate dont il donne l'impression de vouloir se servir pour étrangler l'enfant. Ann essaie de parvenir jusqu'à lui, de pénétrer dans son univers mental perturbé en lui parlant comme la petite fille qu'elle était quand ils jouaient ensemble dans leur enfance. Sa tentative réussit et, pour gagner du temps, elle l'amène à participer à quelques-uns de leurs jeux favoris, comme colin-maillard. Elle veut cacher Bunny dans la serre, mais Steven la surprend et reprend l'enfant. Elle s'asseoit sur une balançoire et elle demande à son frère de la pousser. Il le fait avec une violence de plus en plus accentuée. La police et l'inspecteur arrivent. Ann se précipite vers l'enfant, qu'elle emmène. « Dormez bien toutes les deux, maintenant que vous existez » dit l'inspecteur.

☞ L'essentiel de la carrière de Preminger s'inscrit entre *Laura** et ce film. *Bunny Lake*, quoique filmé hors Hollywood, sur un sujet moins riche et avec des acteurs (Laurence Olivier excepté) moins prestigieux, boucle la boucle d'une œuvre qui, plus qu'aucune autre, aura cherché à expérimenter les pouvoirs spécifiques du cinéma. Comme dans *Laura**, le mouvement interne du film vise à ce qu'il se dépouille progressivement de ses enveloppes – celles du film policier, du film à suspense et de mystère, du film psychiatrique, voire du film d'atmosphère fantastique – pour révéler en son centre, en son noyau, quelque chose qu'à défaut d'autre appellation on nommera *poésie*. Poésie ne signifie pas ici arabesque, decorum, délire mais au contraire mise à nu, rigueur, fascination et envoûtement. Cette poésie est la résultante paradoxale de l'emploi d'une prose sobre, économe, qui commente au minimum les actions et les comportements des personnages et qui respecte certaines règles qu'elle s'est elle-même fixées : densité de la dramaturgie (un récit sans ruse qui s'étale sur quatorze heures), limpidité et probité de la mise en scène proprement dite où la virtuosité des mouvements d'appareil ne triche jamais avec l'espace ni avec le spectateur. Au cours d'un tournage effectué uniquement en décors réels, le rôle dévolu à la caméra et aux mouvements d'appareil est de permettre au découpage de rendre la succession des plans la plus invisible possible, dans ce rêve inaccessible d'un film qui ne serait constitué que d'un seul plan. Dans bien des cas, le plan ne s'achèvera que lorsqu'il n'y a pas moyen, matériellement et physiquement, de le continuer plus longtemps dans l'espace ou la portion d'espace où il se déroule. Tant par l'éclat diamantaire de la photo (qui est comme un sublime adieu au noir et blanc) que par la construction du récit (l'histoire, commencée au milieu de la matinée, devient nocturne à la 47e minute du récit et s'achèvera quelques heures après minuit) et par les expériences vécues par les personnages, *Bunny Lake* est un poème de la nuit. Cette nuit du film décrit les liens et les zones de vide existant entre les personnages. Elle fait apparaître une sorte de dénominateur commun dans les attachements qui caractérisent ces personnages (attachement de l'enfant pour sa poupée, de la vieille institutrice pour son travail, de l'érotomane pour ses passions, du frère pour la sœur) : leur caractère pathologique *plus ou moins* prononcé. Entre ce plus et ce moins, il y a l'espace d'une tragédie. Par ailleurs, ces attachements si forts ne changent rien à l'irrémédiable solitude des êtres. Pour que le film soit vraiment poésie, il faut encore que le silence – et cette extrême attention qui surgit du silence – recouvrent tout ce qui est dit dans l'histoire et qui ne peut y figurer que comme un secret et comme une évidence. A ces règles qui constituent une manière d'art poétique jamais formulé en clair, Preminger en ajoute une autre, qui lui est peut-être encore plus personnelle. L'envoûtement créé chez le spectateur par la musique secrète et le mouvement du film doit s'accompagner d'une distance que ce spectateur sent constamment entre lui et les personnages. Ils ne sont pas lui et il n'est pas eux. Ce refus de tomber dans les pièges et la complaisance de l'identification fait alors de la mise en scène un invisible et perpétuel défi. Il constitue aussi la suprême beauté du film, et bien entendu, pour un artiste comme Preminger, la recherche de la beauté est l'ultime raison d'être de l'acte de filmer ; la beauté est d'ailleurs à ses yeux inséparable du monde et de tout ce qu'on peut en dire.

N.B. Le film était un projet ancien de Preminger, longtemps retardé car le réalisateur ne trouvait pas de fin satisfaisante à son gré. Celle du livre, où le kidnapping de l'enfant est attribué à une ex-institutrice de l'école devenue à moitié folle, ne lui convenait pas. Un deuxième scénario imagina comme coupable une femme richissime en mal d'enfant. Dans la version définitive, le personnage de Steven fut totalement inventé pour le film. Rappelons que c'est dans *Bunny Lake* qu'on trouve le dernier générique de Saul Bass pour Preminger (après ceux de *Carmen Jones**, *L'homme au bras d'or*, *Sainte Jeanne**, *Bonjour tristesse**, *Autopsie d'un meurtre**, *Exodus**, *Advise and Consent*, *Le cardinal**, *In Harm's Way*). Dans ses livres « Confessions of an Actor » et « On Acting », Laurence Olivier n'a que des jugements négatifs et méprisants sur son rôle, sur le film et sur Preminger lui-même qu'il qualifie d'« égotiste à la main lourde » et dont il s'étonne qu'il ait pu réaliser un film aussi inspiré que *Carmen Jones**. Cela ne manque pas de surprendre, étant donné l'intelligence de l'acteur et, en l'occurrence, la qualité de son interprétation au service d'un rôle jugé sans doute trop modeste pour lui. Preminger voulut montrer pour une fois un Laurence Olivier sans masque ni maquillage – à nu pour ainsi dire, et tel qu'on ne le voit pratiquement jamais à l'écran. Il y a parfaitement réussi et l'interprétation de Laurence Olivier est aussi sobre qu'ironique et discrètement émouvante.

BIBLIO. : compte-rendu des premiers jours de tournage *in* J. Lourcelles : « Otto Preminger », Seghers, 1965.

# C

## CABINET DES FIGURES DE CIRE (LE)/LES TROIS HOMMES DE CIRE
### (Das Wachsfigurenkabinett)

1924 – Allemagne (2 147m) • *Prod.* Neptun Film • *Réal.* PAUL LENI • *Sc.* Henrik Galeen • *Phot.* Helmar Lerski • *Int.* Emil Jannings (Harun Al-Rashid), Conrad Veidt (Ivan le Terrible), Werner Krauss (Jack l'Éventreur), Wilhelm Dieterle (l'écrivain/le boulanger Assad), Olga von Balaieff (la fille du propriétaire/Zarah), John Gottowt (le propriétaire de la baraque).

PROLOGUE (7'). Dans un Luna-Park, un jeune écrivain doit rédiger à titre publicitaire trois histoires concernant les trois figures principales d'un petit musée de cire. La fille du patron regarde, admirative, l'écrivain en train d'écrire. Le bras cassé du mannequin d'Harun Al-Rashid fournit à celui-ci la matière de sa première histoire. PREMIER RÉCIT (48'). Le calife Harun Al-Rashid, le plus léger des souverains, qu'une épouse par jour suffit à peine à contenter, convoite Zarah (à qui la fille du patron du musée prêtera ses traits dans l'imagination de l'écrivain). Zarah est la femme du boulanger Assad (auquel l'écrivain lui-même prête ses traits). Le calife ordonne à son Grand Vizir de tuer Assad pour avoir le champ libre. Le Vizir, un très vieil homme, n'en fera rien mais contera fleurette à la boulangère qui en est vivement impressionnée au point de regarder de haut son mari. Assad, pour reconquérir l'estime de sa femme qu'il aime passionnément, lui promet de s'emparer de la bague magique du calife qui exauce tous les vœux. La nuit, alors qu'Assad est parti accomplir sa promesse, le calife déguisé s'introduit chez Zarah. Assad, arrivé devant le lit où repose le calife – ou du moins ce qu'il croit être le calife – lui coupe le bras et l'emporte. Poursuivi par les gardes, il réintègre précipitamment le domicile conjugal. Le calife doit alors se cacher dans le four. Assad annonce à sa femme incrédule qu'il a tué le calife. Il lui remet et le bras coupé et la bague avant d'être fait prisonnier par les gardes d'Harun. Ce dernier murmure à Zarah que, lorsqu'il s'absente la nuit, il laisse toujours dans son lit un mannequin à son image. C'est le bras du mannequin qu'a coupé le mari. Pour effrayer les gardes, Zarah proclame que grâce à la bague elle va faire apparaître sur-le-champ le calife, qui apparaît en effet. Les gardes prennent leurs jambes à leur cou. Zarah demande ensuite que son mari devienne boulanger en chef du calife. Celui-ci accepte et donne sa bénédiction au couple. DEUXIÈME RÉCIT (36'). Le sadique Ivan le Terrible, tsar de toutes les Russies, prend plaisir à contempler l'agonie des victimes qu'il fait torturer dans les souterrains de son palais. Il tient contre sa poitrine un sablier qui mesure exactement le temps qui leur reste à vivre. Aussi paranoïaque que sadique, il croit toujours qu'on veut l'assassiner – ce qui d'ailleurs n'est pas entièrement faux – et fait tuer son alchimiste, soupçonné de comploter sa mort. Il n'accepte d'assister au mariage de la fille d'un boyard et donc de quitter le Kremlin qu'à la condition de changer de costume avec le père de la mariée. Il se rend en traîneau vers le lieu de la noce. En chemin un tireur vise et croit assassiner le tsar. Soudain Ivan surgit : « Le tsar est plus fort que la mort » s'écrie-t-il. C'est son hôte qui est mort à sa place. Au cours d'une fête lugubre, il oblige les convives à danser. Le marié s'oppose à lui car il courtise sa femme. L'homme est conduit vers la chambre de torture. Sa femme, qui se refuse à Ivan, est obligée d'assister à son supplice. On annonce au tsar qu'il a été empoisonné. Cette fausse nouvelle le rend fou et il passera le reste de son existence à retourner un sablier pour retarder le moment de sa mort. TROISIÈME RÉCIT (8'). L'écrivain fatigué s'endort. Dans une succession de décors qui se surimpressionnent les uns aux autres, Jack l'Éventreur le poursuit, alors qu'il s'enfuit avec la fille du directeur, sa bien-aimée. Au terme d'une course effrayante, l'écrivain se réveille. Il embrasse la jeune fille.

☞ « Le chant du cygne expressionniste » (Sadoul, « Histoire du cinéma », tome IV). Mais ce chant est quasiment une parodie, une satire moqueuse et pleine de virtuosité de l'expressionnisme et notamment du *Cabinet du Dr Caligari** dont il reprend un des lieux principaux (la fête foraine) et une partie du titre. Ce serait commettre un contresens que d'ignorer la dimension comique du film. Elle est particulièrement nette dans le premier récit, le plus caractéristique et le plus abouti. Ce petit conte des Mille et Une Nuits aussi soigné qu'humoristique enferme dans des décors pleins d'alvéoles, de coupoles et d'escaliers torves des personnages qui ne peuvent y circuler qu'en se baissant, en se contorsionnant, en prenant toutes sortes de positions grotesques. *Idem* dans le deuxième épisode où le tsar Ivan est décrit comme un pauvre fou, certes redoutable mais inspirant encore plus de pitié que de terreur et que ses obsessions transformeront *in fine* en pantin, en mécanique à répétition. Le dernier épisode (qui n'est en fait qu'un bref épilogue) satirise l'aspect onirique de l'expressionnisme. Ce « chaos de formes » (Lotte Eisner), amas informe plutôt que multiforme, de surimpressions, de mouvements de caméra et d'angles insolites finit par nier tout espace et conclut, par un grand éclat de rire salvateur, l'intrigue particulière du film et l'histoire de l'expressionnisme. L'expressionnisme n'est plus ici pour Leni que l'occasion de ciseler des petits cauchemars décoratifs et sophistiqués où la terreur et l'humour se côtoient dans un équilibre talentueux. C'est bien ce talent-là que les Américains recherchèrent chez Leni quand ils l'engagèrent et qu'il vint travailler pour eux aux États-Unis, peaufinant une trilogie de divertissements mi-horrifiques mi-humoristiques qui créèrent un genre nouveau (*The Cat and the Canary, La volonté du mort*, 1927, *The Chinese Parrot, Le perroquet chinois*, 1927 et surtout *The Last Warning, Le dernier avertissement**, 1929).

N.B. C'est par manque d'argent que ne fut pas tournée la quatrième histoire prévue, celle du magicien italien Rinaldo Rinaldini dont on voit l'effigie dans les plans du musée.

## CABINET DU Dr CALIGARI (LE)
## (Das Cabinet des Dr Caligari)

1920 – Allemagne (1 703m) • *Prod.* Decla-Film (Rudolf Meinert) • *Réal.* ROBERT WIENE • *Sc.* Carl Mayer et Hans Janowitz • *Phot.* Willy Hameister • *Int.* Werner Krauss (Dr Caligari), Conrad Veidt (Cesare), Lil Dagover (Jane Olsen), Friedrich Feher (Francis), Hans Heinrich von Twardowski (Alan), Rudolf Lettinger (le père de Jane), Rudolf Klein-Rogge (le criminel).

*Le film est divisé en cinq « actes » (ou bobines).* PREMIER ACTE. Dans la cour d'un asile psychiatrique, deux fous, un jeune et un vieux, parlent assis sur un banc. Une jeune femme en robe blanche passe devant eux. Le jeune homme, Francis, raconte à son compagnon les épisodes dramatiques de sa vie. Dans sa ville natale d'Holstenwall, son ami Alan l'emmène à la foire. Le Dr Caligari est allé demander au secrétaire de mairie l'autorisation d'exhiber Cesare, le somnambule. On le fait longtemps attendre. A la foire, il harangue les passants pour qu'ils entrent sous sa tente. DEUXIÈME ACTE. Le secrétaire de mairie a été assassiné à l'aide d'un instrument très pointu. A la foire, Caligari parle aux badauds de son phénomène, Cesare le somnambule. Agé de vingt-trois ans, il dort depuis sa naissance. Sous la tente, devant les spectateurs, Caligari ouvre une sorte de cercueil, placé à la verticale, où apparaît Cesare. Caligari le réveille et affirme que Cesare est capable de répondre à toutes les questions, concernant aussi bien le passé que l'avenir. Alan demande : « Jusqu'à quand vivrai-je ? » « Jusqu'à l'aube », répond Cesare. Francis et Alan aiment la même jeune fille. Ils décident de la laisser choisir celui qu'elle préfère sans pour autant cesser d'être amis. Alan, dans son lit, est agressé et poignardé. TROISIÈME ACTE. Francis apprend la mort de son ami et songe à la prophétie du somnambule. Il prévient la jeune fille et demande à son père, un médecin de la santé publique, l'autorisation d'aller examiner le somnambule. Un homme est arrêté un couteau à la main, alors qu'il allait perpétrer une tentative de meurtre sur une vieille femme. Francis et le docteur se rendent dans la roulotte de Caligari. Ils lui demandent de réveiller Cesare. Ils lisent dans le journal que l'auteur des crimes mystérieux a été arrêté. QUATRIÈME ACTE. L'homme arrêté affirme qu'il n'a rien à voir avec les deux premiers meurtres. La jeune fille, inquiète de l'absence prolongée de son père, se rend dans la roulotte de Caligari qui lui montre Cesare. Effrayée, elle s'enfuit. Après l'enterrement de son ami, Francis va rôder autour de la roulotte et regarde pendant longtemps Cesare dormir dans son cercueil. La même nuit, Cesare pénètre dans la chambre de la jeune fille et l'emporte, évanouie. Il passe par les toits. Poursuivi, il abandonne son fardeau avant de s'écrouler un peu plus loin. Francis et le père de la jeune fille sont à son chevet. Elle accuse Cesare. Perplexe, Francis affirme qu'il a vu Cesare endormi dans son cercueil. CINQUIÈME ACTE. La police découvre qu'il n'y avait qu'un mannequin dans le cercueil de Cesare. Francis poursuit Caligari jusqu'à la porte d'un asile psychiatrique. Là, il demande s'il y a un malade nommé Caligari. On le conduit auprès du directeur : c'est Caligari. Il ressort, très effrayé. La nuit, pendant que le directeur dort dans sa villa, Francis et ses assistants fouillent dans ses papiers. Ils y découvrent un livre datant de 1726 sur le somnambulisme. On y évoque la figure du mystique Caligari qui commettait des meurtres par l'intermédiaire d'un somnambule qu'il avait hypnotisé. Francis découvre aussi le journal du directeur de l'asile : il a consigné ses expériences sur un de ses malades somnambules. Il a noté qu'il est lui-même devenu la proie d'une obsession et qu'il la voit inscrite partout sur les murs et dans l'espace : « Je dois devenir Caligari. » Cesare est retrouvé endormi dans un champ. On le conduit chez le directeur de l'asile auquel Francis demande de lever le masque. Le directeur a une crise. On lui met la camisole de force et il ne sortira plus de sa folie. Ainsi se termine le récit de Francis. Dans la cour de l'asile se trouvent, parmi les malades, la jeune fille et Cesare. Francis propose le mariage à la jeune fille. Il a une crise : « Ce n'est pas moi qui suis fou, s'écrie-t-il, c'est Caligari. » On lui met la camisole de force. Le directeur de l'asile est à son chevet et déclare : « Il me prend pour Caligari. J'ai enfin compris sa folie. Je connais désormais le chemin de sa guérison. »

☞ Ce film-manifeste de l'expressionnisme a sans doute été trop étudié (et souvent trop critiqué) comme manifeste et pas assez comme film. En tant que manifeste, il a donné lieu, de par son influence, à des excès parfois grotesques comme dans le film de Karl Heinz Martin *Von Morgens bis Mitternach* (*De l'aube à minuit*, 1920) où une histoire essentiellement réaliste (un employé de banque vole de l'argent dans la caisse et passe la journée à le dépenser) n'avait nul besoin d'un traitement expressionniste. En tant que film individuel, il s'agit d'une œuvre moderne, surprenante, percutante et quasi inattaquable. Ce fut d'abord un beau travail de création collective. Il y eut à l'origine un scénario de Carl Mayer et Hans Janowitz basé sur un fait divers et destiné à critiquer, à travers la figure du psychiatre-hypnotiseur-bateleur-assassin par procuration, les excès de l'autoritarisme dans tous les domaines, administratif, social, politique aussi bien que psychiatrique. Le producteur Erich Pommer – ou son représentant, le réalisateur Rudolf Meinert – confia l'aspect plastique du film aux trois décorateurs Hermann Warm, Walter Reimann, Walter Rohrig. Parmi eux, Warm eut un rôle prépondérant. Celui-ci estimait que l'image cinématographique devait être une sorte d'idéogramme et s'opposait à toute solution de continuité entre le caractère graphique de l'image et celui des intertitres. L'emploi systématique du studio, des toiles peintes, les déformations les plus audacieuses du décor, tous procédés où le producteur trouva, en ce qui le concerne, une source non négligeable d'économie, visent à couper le film du réel immédiat. Le film cesse d'être un miroir de la réalité sensible pour ne plus entretenir avec elle qu'un rapport conceptuel et intellectuel. La mise en scène du film fut alors proposée à Fritz Lang qui la refusa mais intervint de manière capitale dans son élaboration. Il proposa de justifier l'irréalisme du décor en faisant du narrateur du récit l'un des pensionnaires de l'hôpital de Caligari. Quand Robert Wiene est chargé de la réalisation, le film possède déjà une cohérence parfaite. Il sera le récit de la divagation d'un fou située dans un espace intérieur, intime, obsessionnel impliquant la disparition de toute distance réaliste entre les objets ainsi que la disparition de toute image réaliste de la nature dont les éléments (arbres, route, etc.) sont représentés par des décors fabriqués de toutes pièces comme sur une scène de théâtre. L'espace du film devient alors cauchemardesque et morbide, non seulement parce que nous sommes à l'intérieur du cerveau d'un fou, mais aussi parce qu'il a été entièrement façonné par l'esprit et la main de l'homme. Le scénario, en dehors des partis pris esthétiques et plastiques qui viendront le servir, possède une très grande force intrinsèque. Il procède par bonds, par surprises vertigineuses jusqu'à la dernière image. Rappelons les deux plus mémorables d'entre elles : découverte – à l'intérieur du récit du fou – que Caligari est non seulement bateleur, assassin mais aussi psychiatre ; découverte, après la fin du récit du fou, que Caligari est le psychiatre personnellement attaché à soigner le narrateur. La totale cohérence de ce cauchemar ouvre ainsi d'étonnants horizons sur la folie du narrateur et sur la folie en général. Elle est pour une part – la part qui s'exprime sur le plan plastique dans le film – déformatrice, délirante, hallucinée. Elle est pour une autre part – celle qui s'exprime dans le film sur le plan dramatique – hyper-logique, convaincante et fascinante. C'est la collusion à l'intérieur du film entre une vision plastique cauchemardesque et fantasmatique de la folie et une appréhension dramatique parfaitement et implacablement architecturée de cette folie qui fait le mérite spécifique de *Caligari.* A cet égard, le film reste un modèle. L'interprétation n'est pas le point fort du film. Elle préserve cependant la subtilité de chaque rôle. Le narrateur fou (Friedrich Feher) est naturellement le personnage le plus normal, le plus banal. C'est ainsi qu'il se voit. Caligari (Werner Krauss) a au moins deux apparences et deux identités (bateleur, psychiatre). Aux dernières secondes, le récit lui en ajoute une troisième, la plus surprenante de toutes. Cesare (Conrad Veidt) a lui aussi plusieurs identités et plusieurs rôles. C'est, à l'intérieur du récit, un assassin et une victime (puisqu'il agit *malgré* lui). C'est, postérieurement au récit du fou, un malade et peut-être encore une victime. Car, bien que la narration soit dominée par le « je » du fou et donc non objective, son contenu impressionne le spectateur jusqu'à devenir, à ses yeux, raisonnable. Le dénouement survient si tard et est si bref qu'il ajoute à notre perplexité au lieu de dissiper nos doutes, et cela d'autant plus que les derniers plans du film (ceux qui sont postérieurs au récit du fou) sont *encore* stylistiquement expressionnistes. Le fou (la folie) a peut-être raison. C'est là l'ultime message d'un film dont l'inquiétude et le doute constituent la substance principale.

N.B. Intéressante transposition moderne de l'histoire, même si elle n'est pas entièrement réussie, dans *Cabinet of Caligari,* Roger Kay, USA, 1962, d'après un scénario de Robert Bloch.

BIBLIO. : scénario publié 1) *in* « Films of Tyranny » de Richard B. Bysne, Madison, Wisconsin, 1966 (les plans sont numérotés et analysés). Dans le même volume, scénario du *Golem* de 1920 et de *Nosferatu**. 2) dans la collection « Classic Film Scripts » n° 20, Lorrimer, Londres. 3) *in* « L'Avant-Scène » n° 160-161 (1975). Le numéro contient aussi le scénario de *Dracula, Le cauchemar de Dracula**, Fisher, 1958.

## CABIRIA (id.)

1914 – Italie (4 500m) • *Prod.* Itala Film (Turin) • *Réal.* PIERO FOSCO (GIOVANNI PASTRONE) • *Sc.* G. Pastrone et Gabriele D'Annunzio • *Phot.* Segundo de Chomon, Giovanni Tomatis, Augusto Battagliotti, Natale Chiusano • *Int.* Letizia Quaranta (Cabiria), La petite Catena (Cabiria enfant), Gina Marangoni (la nourrice Croessa), Dante Testa (Karthalo), Umberto Mozzato (Fulvio Axilla), Bartolomeo Pagano (Maciste), Raffaele di Napoli (Bodastoret), Emilio Vardannes (Hannibal), Edoardo Davesnes (Hasdrubal), Italia Almirante Manzini (Sophonisbe), Vitale De Stefano (Massinissa), Alex Bernard (Syphax), Enrico Gemelli (Archimède), Luigi Chellini (Scipion), Ignazio Lupi (Arbace).

Sous-titre du film : « Vision historique du IIIe siècle avant J.-C. PREMIER ÉPISODE. Le patricien romain Batto regagne sa villa donnant sur l'Etna et revoit sa fillette Cabiria. Malgré les prières dites pour apaiser le dieu de l'Etna, le volcan se réveille. Une éruption nocturne détruit toutes les maisons alentour. Des esclaves de Batto s'enfuient par un escalier souterrain et s'emparent au passage de ses trésors cachés. Le lendemain, on recherche vainement Cabiria dans les décombres. DEUXIÈME ÉPISODE. Après s'être partagé le butin, les esclaves sont capturés par des pirates phéniciens. Cabiria et sa nourrice, mêlées au groupe des esclaves, sont vendues au marché de Carthage. Un acheteur les acquiert dans l'intention de les sacrifier au culte de Moloch. Pendant ce temps, le sénateur Fulvio Axilla et son fidèle esclave Maciste doué d'une force herculéenne arrivent en secret à Carthage pour observer le fonctionnement de cette nation rivale de Rome. Ils fréquentent l'auberge de Bodastoret, homme timoré et cupide. Fouettée pour avoir voulu faire croire que Cabiria était malade afin de lui éviter le supplice, la nourrice est laissée pour morte. Elle survit néanmoins et rencontre Fulvio qu'elle supplie de sauver l'enfant. Elle lui remet un anneau qui lui sauvera la vie dans les plus grands dangers à condition qu'il se montre lui-même secourable à autrui. Dans le temple de Moloch, Fulvio et Maciste enlèvent Cabiria qui allait être brûlée dans le ventre de la statue géante du dieu. Poursuivis, ils se cachent chez Bodastoret. TROISIÈME ÉPISODE. Hannibal, le glaive de Carthage, traverse les Alpes et menace la sécurité de Rome. Massinissa, le roi numide, est l'hôte d'Hasdrubal, général carthaginois qui lui promet sa fille Sophonisbe. L'aubergiste Bodastoret va dénoncer aux prêtres de Moloch la présence chez lui de la fillette volée au dieu. Fulvio et Maciste sont à nouveau poursuivis. Fulvio se jette à l'eau tandis que Maciste confie l'enfant à une inconnue qui n'est autre que Sophonisbe. Il est capturé et enchaîné à une meule. Le sénateur, lui, fait route vers Rome qu'il veut protéger des entreprises d'Hannibal. QUATRIÈME ÉPISODE. Le temps a passé. Archimède, qui utilise sa science pour créer d'ingénieuses machines de guerre, a réussi à concentrer les rayons du soleil dont la puissance sert ainsi à incendier la flotte romaine devant Syracuse. Fulvio, soldat à bord de l'un des vaisseaux, tente en vain de calmer la panique des marins. Il nage vers la mer d'Aréthuse. A cause de l'anneau donné autrefois par la nourrice de Cabiria, il est secouru par trois hommes. Ils le conduisent chez Batto qui reconnaît l'anneau de sa fillette. Fulvio lui dit qu'il recherchera son enfant s'il retourne à Carthage. CINQUIÈME ÉPISODE (et le dernier à être indiqué par un carton dans les copies visionnées). Hasdrubal a donné sa fille à Syphax qui a supplanté son rival Massinissa en Numidie et l'a relégué dans le désert. Sophonisbe s'abandonne à la mélancolie. Scipion, chef des armées romaines victorieuses en Espagne et maintenant en Afrique, envoie Fulvio espionner le système de défense de Carthage. Là, il retrouve Bodastoret devenu très riche et l'oblige à le conduire auprès de Maciste qui trouve alors la force de rompre ses chaînes. L'effroi qu'il éprouve à se retrouver face à Maciste provoque la mort de Bodastoret. Un envoyé d'Hasdrubal, Karthalo, est chargé de persuader Syphax de s'élancer contre les Romains. Karthalo admire intensément Élissa, l'esclave préférée de Sophonisbe (qui n'est autre que Cabiria devenue adulte). Fulvio et Maciste désespèrent de retrouver leur chemin vers Rome. Massinissa, qui a repris du poil de la bête, jure à Scipion, son allié, de brûler le camp de Syphax. Il met sa promesse à exécution. Fulvio et Maciste voient de loin les lueurs de l'incendie et sont faits prisonniers par les soldats carthaginois. Prise de pitié pour eux, Élissa-Cabiria leur apporte de l'eau. Carthage subit un terrible siège. Pour tromper son ennui, Maciste écarte les barreaux de sa geôle. Sophonisbe rêve et fait interpréter son rêve : la défaite de son peuple est due à la colère de Moloch, privé de l'une de ses proies. Élissa-Cabiria est enlevée mais Maciste, qui s'est échappé, la délivre à nouveau. Après que Syphax se soit rendu aux Romains, les habitants de Carthage sont contraints d'en faire autant. Scipion concède à ses soldats vingt-quatre heures de pillage. Sophonisbe s'offre à Massinissa. Sous son influence, il est prêt à renier la foi romaine. Fulvio et Maciste, enfermés dans une cave remplie de victuailles et de vins, subissent un long siège. Massinissa veut savoir qui sont ces deux courageux obstinés et leur offre la vie sauve. Mais Sophonisbe reprend la liberté de Cabiria qui ne pourra plus voir la lumière du jour avant d'être sacrifiée à Moloch. Sophonisbe assure à Fulvio qu'elle est morte. Scipion oblige Massinissa à lui livrer Sophonisbe comme butin de guerre. Massinissa fait parvenir à celle-ci un bijou contenant du poison. Elle se suicide et, avant de mourir, ordonne la libération de Cabiria. Fulvio et Cabiria, amoureux l'un de l'autre, regagnent Rome sous la protection amicale de Maciste.

☞ Premier *très* long métrage et première superproduction de l'histoire du cinéma, *Cabiria* est un jalon capital dans l'évolution du film à grand spectacle et du film tout court. Il comporte pour ainsi dire au complet les éléments – mélodrame, aventures, faste, prodiges, compagnonnage permanent du quotidien, du merveilleux et de l'Histoire – qui constitueront pendant des décennies la substance du cinéma à grand spectacle. En ce sens, il annonce très précisément DeMille aussi bien que Griffith. Son influence est particulièrement décisive en ce qui concerne la recherche de parallélismes entre les diffèrents éléments de l'intrigue, entre les histoires et l'Histoire, entre les héros familiers inventés de toutes pièces et les grandes figures historiques connues de tous. Sa principale faiblesse est l'absence totale de relief des personnages eux-mêmes et des acteurs. A cause d'elle, ce monument du cinéma risque d'être considéré par beaucoup de spectateurs d'aujourd'hui comme un monument d'ennui. Paradoxalement, c'est sans doute ce défaut de base qui entraîna et accentua la vogue du personnage de Maciste, futur mythe du cinéma italien, paraissant ici pour la première fois. Seul de tous les héros du film, il a de la présence, du pittoresque, attire la sympathie et, sans que personne vraisemblablement l'ait voulu ni même deviné, il est devenu l'unique star de ce feuilleton grandiose aux comparses sans âme. Parmi ces derniers, même la petite Cabiria (qui dans l'économie mélodramatique du récit évoque indirectement la figure de Cosette) a bien du mal à susciter la compassion. Maciste représente la seule invention concrète et chaleureuse qui soit sortie, dans cette œuvre, de l'imagination contournée et académique de D'Annunzio, co-auteur du scénario et seul auteur des intertitres, les plus effroyablement littéraires et emberlificotés de l'histoire du cinéma. Les mouvements d'appareils, autre attraction du film, effectués à l'aide d'un chariot spécialement conçu pour le film, sont nombreux mais d'une amplitude toujours très limitée. Leur rôle se borne à d'incessants recadrages. Tantôt ces recadrages correspondent à une appréhension dynamique et assez moderne du déplacement d'un personnage au sein du décor, alors mis en valeur par ce déplacement. Tantôt, s'approchant au plus près de la partie considérée comme la plus passionnante du plan, ces mouvements traduisent confusément un appel à briser la dictature du plan général et expriment le désir – impossible à satisfaire à l'époque – d'un découpage plus libre, plus articulé où le sujet serait, quand il le mérite, vu en gros plan ou en plan moyen. Ils donnent alors au film une tension, un frémissement interne qui manquent à la plupart de ses péripéties. Ils sont l'esquisse, pour ainsi dire préhistorique, des zooms modernes. Si *Cabiria* reste intéressant à voir aujourd'hui, c'est en tant que film entièrement tourné vers le futur, appelant ardemment de ses vœux une plus grande liaison entre les éléments constitutifs du spectacle, entre les plans à l'intérieur d'une séquence, entre les personnages et les épisodes qu'ils vivent, afin que l'émotion – c'est-à-dire finalement la liaison entre le public et le film – soit elle aussi plus forte et plus synthétique. Et c'est là que *Cabiria* livre sa véritable identité, tant pour l'historien du cinéma que pour le spectateur avide de fiction et de divertissement : il est le monument des acquis et des lacunes du cinéma à un moment où cet art, moins de vingt ans après sa naissance, entrait dans sa toute première maturité.

BIBLIO. : publication des vingt-neuf feuillets autographes de Pastrone, premier état du scénario de *Cabiria* (sous le titre provisoire de *Il Romanzo della Fiamme* puis de *La Vittima eterna*) dans un hommage à Pastrone *in* « Centrofilm » n° 14, Turin, 1960. Ce texte sera repris avec d'autres documents dans le volume *Cabiria* publié par le Museo Nazionale del Cinema de Turin en 1977 qui reconstitue (de manière exemplaire) en 622 photogrammes, les 519 plans et intertitres du film d'après une copie de 1931. A noter que pour chaque plan, la durée et le « teintage » sont indiqués (parmi les douze types de couleurs que comporte l'ensemble de la copie : jaune, blanc-bleu, rouge, rouge-bleu, azur, vert, rose, rose-bleu, bleu, orange, vert clair, vert-bleu).

## CAFÉ DE PARIS

1938 – France (82') • *Prod.* Régina • *Réal.* YVES MIRANDE, GEORGES LACOMBE • *Sc.* Yves Mirande • *Phot.* Christian Matras, Robert Juillard • *Mus.* Georges Van Parys, Armand Bernard • *Int.* Jules Berry (Louis Fleury), Véra Korène (Geneviève Lambert), Simone Berriau (Odette), Jacques Baumer (le commissaire), Pierre Brasseur (Le Rec), Julien Carette (un journaliste), Jacques Grétillat (Lambert), Florence Marly (Estelle), Marcel Vallée (un inspecteur), Maurice Escande (le marquis de Perelli), Roger Gaillard (le substitut), Robert Pizani (le dramaturge), Marcel Simon (le directeur), Alexandre Rignault (Révillac), Claude Lehmann (le pianiste), Marcel Carpentier, Jean Coquelin (les trafiquants).

⊖ Le soir du réveillon, les clients se pressent nombreux – ambassadeurs, députés, écrivains affairistes, personnages brillants ou douteux, femmes entretenues, bourgeoises en goguette, etc. – au Café de Paris, l'un des endroits chics de la capitale. A minuit, les lumières s'éteignent. Quand elles se rallument, Lambert, le directeur d'un petit journal de chantage, est retrouvé poignardé. Nombreux sont ceux qui, à l'intérieur de la salle, le détestaient et auraient eu des raisons de le tuer : ses voisins par exemple, des trafiquants d'armes qu'il comptait dénoncer et avec lesquels il n'a pu s'entendre financièrement, malgré l'intervention – intéressée – du marquis de Perelli ; ou bien un autre client, Le Rec, qui, s'étant vu refuser par Lambert la main de sa fille, avait proféré contre lui des menaces peu avant le crime ; ou encore sa femme elle-même, Geneviève Lambert, qui dînait ce soir incognito avec son amant Louis Fleury, un homme qui l'adore depuis un an déjà et à qui, par honte de son mariage, elle n'avait jamais voulu révéler sa véritable identité. Elle s'était éclipsée pendant l'extinction des lumières et un policier était allé la rechercher chez elle, lui apprenant par là même l'assassinat de son mari. Voyant que Fleury est soupçonné, elle s'accuse du crime pour l'innocenter. Peu après, c'est lui qui fera de même. Mais lors de la reconstitution du meurtre il se révèle incapable, à cause d'une ancienne blessure de guerre, de porter le coup fatal qui a tué Lambert. Une cliente remarque que le pianiste de l'orchestre ne jouait pas pendant que les lumières étaient éteintes. Les recherches s'orientent alors vers lui. Il avoue que sa sœur, enceinte de Lambert chez qui elle travaillait comme secrétaire et qui voulait l'abandonner, s'est suicidée ce matin. Le pianiste a voulu la venger. L'enquête est close. Des querelles étaient nées entre les clients suspectés durant les minutes précédentes. Elles disparaissent comme par enchantement et font place soudain aux habituels salamalecs.

☞ Ce film, l'un des plus brillants du cinéma français des années 30 est le premier volet de ce qu'on peut considérer, avec *Derrière la façade**, 1939, et *Paris-New York*, 1940, comme une trilogie d'œuvres satiriques à multiples personnages, offrant le panorama caustique et cynique d'une société qui vit sans le savoir ou sans trop s'en préoccuper ses dernières heures de plaisir avant l'apocalypse. Cette trilogie est complétée par *Elles étaient douze femmes**, 1940, qui évoque, à partir des mêmes principes dramatiques, les débuts de la guerre. *Café de Paris* est le plus parfait et le plus classique des trois, basé sur les unités de temps, de lieu et pour ainsi dire de costume (tenue de soirée de rigueur), et sur une multiplicité d'actions convergentes qui permettent de dépeindre en quelques traits fulgurants une grande variété de types sociaux. On est surpris de voir que l'aspect policier de l'intrigue, simple faire-valoir à l'étude de mœurs, fonctionne encore aussi bien aujourd'hui. Il ajoute son dynamisme et ses grincements particuliers au propos cinglant du moraliste au petit pied qu'est Yves Mirande. C'est toute la corruption, l'hypocrisie, le cynisme d'une époque qui défilent ici, incarnés par une multitude d'acteurs plus brillants les uns que les autres : Jules Berry, Pierre Brasseur, Carette, Maurice Escande, Jacques Baumer, etc.

## CAFÉ DU CADRAN (LE)

1946 – France (80') • *Prod.* Safia-Dispa • *Réal.* JEAN GEHRET • *Sc.* Pierre Bénard, Henry Decoin • *Phot.* Jacques Lemare • *Mus.* Henri Dutilleux • *Int.* Blanchette Brunoy (Louise Couturier), Bernard Blier (Julien Couturier), Nane Germon (Jeanne), Aimé Clariond (Luigi), Félix Oudart (Gregorio), Jeanne Morlet (la concierge), Robert Seller (Biscarra), Robert Le Fort (Jules), Jean Deninx (Dumur).

Le Café du Cadran, situé près de l'Opéra, en face du célèbre Café de Paris, fait sa réouverture avec un couple de nouveaux patrons, des Auvergnats, Louise et Julien Couturier. Ils offrent une tournée gratuite, comme le veut la coutume. Louise, la patronne, se sent vite fatiguée, dépaysée. S'il ne tenait qu'à elle, elle rentrerait au pays. Mais son mari au contraire se réjouit de la bonne affaire qu'il a faite. Le café marche bien grâce à la proximité d'un journal, d'un théâtre et à une clientèle de fidèles habitués. Le couple vit dans un entresol étroit situé au-dessus de la salle réservée aux clients. « On va avoir une vie merveilleuse tous les deux ! » s'exclame Julien. – « Mais c'est tellement bas de plafond ! » répond Louise navrée. Parmi les habitués dont les problèmes sont débattus au fil des jours dans le brouhaha du café, il y a un groupe de journalistes. Dumur, le plus virulent d'entre eux, se scandalise que son journal soit sur le point d'être vendu. Il pousse ses camarades à la révolte et à la démission. Quant à lui, malin et arriviste, il manœuvre pour devenir rédacteur en chef du journal transformé. Il abandonnera sa fiancée et aura ses habitudes à l'établissement d'en face, le prestigieux Café de Paris. Le violoniste de ce haut lieu des mondanités parisiennes, Luigi, porte encore beau malgré ses cinquante ans passés. Il fait une cour de moins en moins discrète à Louise, qui y est sensible car Luigi l'impressionne en recréant pour elle l'atmosphère d'une vie de luxe et de plaisir – la « vie parisienne » – qu'elle imagine sans la connaître. Il provoque ainsi la jalousie de Gregorio, alcoolique et bon vivant, ouvrier-joaillier de son emploi. Soûl dès six heures du matin, il donne dans le café d'où Julien est parfois obligé de le chasser des sérénades au clairon. Poussée à devenir plus coquette à la fois par son mari et par Luigi, Louise achète robes, lingerie et manteaux sans compter. Pour faire face à ces dépenses, Julien accepte de travailler pour un gros bookmaker. Quand celui-ci est arrêté, Julien devient sérieusement inquiet. Louise a menti à son mari pour pouvoir passer une soirée en compagnie de Luigi. Gregorio, dont la première femme a filé à l'anglaise, met au courant le bistrot, son « confrère » en infortune. Quand Louise rentre au milieu de la nuit, Julien tire sur elle à bout portant. Quelques semaines plus tard, le café rouvre à nouveau avec un autre couple de patrons. Seuls les garçons et les clients ne changent pas au Café du Cadran.

☞ Un populisme de bon aloi caractérise ce film qui connut un gros succès à sa sortie. Son intérêt résulte de son insertion dans l'époque, du reflet qu'il en donne et surtout de sa référence constante et contrastée avec le *Café de Paris**, lieu bien parisien situé en face du Café du Cadran, et film de Yves Mirande (1938). Un seul point commun entre les deux films : leur structure théâtrale, leur unité de lieu (encore plus poussée au Café du Cadran et liée à un autre parti pris : l'absence de toute musique extérieure au plan). A partir de là, tout s'oppose. Mirande décrivait les hautes classes avec une juvénilité dans le cynisme jamais démentie, une débauche de personnages et de mots brillants qui accusent son ironie et sa distance. *Le Café du Cadran* traite au contraire des classes moyennes – employés, ouvriers, petits journalistes – avec une bonhomie, une familiarité de ton qui se veut attentive et la moins distante possible. (Et si l'interprétation est ultra-professionnelle comme celle de *Café de Paris**, elle rejette ces numéros d'acteur qui pullulent chez Mirande.) Sous la bonhomie perce une amertume assez forte, en rapport avec le point de vue choisi. Là aussi, opposition radicale avec *Café de Paris**. Quoique breton d'origine, Mirande parle en Parisien du parisianisme. Gehret adopte, lui, le point de vue de la province sur Paris, ville exotique et dangereuse où les couples se détruisent, où l'arrivisme l'emporte sur la loyauté et la camaraderie, où les chagrins se noient dans l'alcool vingt-quatre heures sur vingt-quatre, où les plus honnêtes gens du monde s'acoquinent avec des personnages douteux pour payer leurs dettes. Dans les deux cas, la ville est critiquée, mais différemment. Le thème du retour à la terre, en faveur durant l'Occupation, a influencé le film qui exprime aussi la personnalité de Jean Gehret, auteur de plusieurs récits paysans (*Tabusse, Le crime des justes**) assez intéressants. Une seule fausse note dans le film : l'assassinat final, très artificiel qui souligne à l'excès un point de vue déjà parfaitement clair dans le reste du film. Il est vrai aussi que cette péripétie tragique permet le bouclage final de l'intrigue : le café rouvre comme au début, image de la ville Moloch où sont sacrifiés les naïfs, les fragiles, les romantiques et tous ceux qui n'ont pas la peau assez dure pour triompher de ses pièges.

N.B. Selon certaines sources, la réalisation proprement dite serait due à Decoin.

## CAFÉ EUROPA EN UNIFORME (G.I. Blues)

1960 – USA (104') • *Prod.* PAR. (Hal B. Wallis) • *Réal.* NORMAN TAUROG • *Sc.* Edmund Beloin, Henri Garson • *Phot.* Loyal Griggs (Technicolor) • *Mus.* Joseph L. Lilley • *Int.* Elvis Presley (Tulsa McCauley), James Douglas (Rick), Robert Ivers (Cooky), Juliet Prowse (Lili), Leticia Roman (Tina), Sigrid Maier (Marla), Arch Johnson (sergent McGraw).

Trois soldats en garnison en Allemagne ont l'intention d'ouvrir un night-club lorsqu'ils seront rendus à la vie civile. Pour se procurer l'argent nécessaire, l'un des trois amis fait avec d'autres soldats du régiment le pari de réussir à passer une nuit en compagnie de Lili, une inaccessible vedette de cabaret. Il tiendra sa gageure mais avec pour chaperon un bébé car il est devenu, pour rendre service à un ami, baby-sitter malgré lui.

☞ Le premier film d'Elvis Presley après son service militaire. L'armée a collaboré au film et en a même assuré la promotion. C'est un Elvis assagi mais au répertoire très varié qui se représente devant ses fans. Le principal mérite du film est d'ailleurs de mettre en valeur cette variété : rock, romance, berceuse et même un duo avec une marionnette, « Wooden Heart », qui est le clou musical du film. Couleurs et photo agréables.

## CALCUTTA VILLE CRUELLE (Do Bigha Zameen)

1953 – Inde (langue hindi) (142') • *Prod.* Bimal Roy • *Réal.* BIMAL ROY • *Sc.* Salil Choudhary • *Phot.* Kamal Bose • *Mus.* Salil Choudhary • *Int.* Balraj Sahni (Shambhu), Nirupa Roy (Parvati), Rattan Kumar (Kanhaiya), Murad (Zamindar).

Un paysan du Bengale, Shambhu, refuse de vendre son lopin de terre à un riche propriétaire terrien qui en a besoin pour construire une usine. Furieux, le propriétaire lui réclame alors le paiement immédiat de ses dettes. Le tribunal ne lui ayant accordé que trois mois de délai, Shambhu se rend à Calcutta dans l'espoir d'y trouver un travail lucratif. Son jeune fils l'accompagne sans lui demander son avis. Arrivés en ville, ils dorment sous un pont et se font voler leur maigre bagage et leur argent. Seule compensation à leurs déboires, l'adulte et l'enfant ne tardent pas à se faire des amis chez une logeuse, acariâtre mais bonne fille, qui les a recueillis. Le père apprend à tirer un pousse-pousse et le gosse devient cireur. L'argent rentre un peu et ils envoient des mandats à la mère, restée au village. Mais Shambhu est accidenté et l'enfant perd sa boîte de cireur. Il devient le complice d'un jeune voleur de son âge et reçoit 50 roupies. Le père, malade, frappe violemment son fils quand il apprend l'origine de l'argent. Il veut aller travailler avant d'être guéri. Le gosse écrit à sa mère de venir au plus vite. A peine arrivée à Calcutta, elle est la proie facile d'un homme qui l'attire chez lui et se jette sur elle. Elle prend la fuite et est écrasée sur la chaussée. C'est son mari qui la mène en pousse-pousse à l'hôpital. Là, le gosse qui a subtilisé un sac à une passante s'accuse d'avoir provoqué la mort de sa mère en devenant un voleur. Guéris de leurs blessures, mais non de leur misère, le père, la mère et l'enfant voient leur terre, confisquée, se transformer en chantier de construction.

☞ L'un des rares films indiens montrés en Europe dans les années 50, après sa présentation au festival de Cannes 1954 où il obtint un prix. (Il s'agissait d'ailleurs d'une version réduite de 86'.) Riche en péripéties, d'un rythme alerte et maîtrisé, utilisant avec adresse le montage parallèle, ce récit de la découverte par un père et son fils de la grande ville « qui prend tout et ne donne rien » se refuse à tomber dans un pessimisme total. Avec une tendresse qui fait penser à De Sica, Bimal Roy montre, entre le sourire et les larmes, que le dénuement de ses personnages n'altère jamais complètement ni leur sens moral ni leur énergie ni une certaine innocence qui les caractérise. Dans les faits, le constat reste pourtant accablant et l'auteur ne dit pas comment les trois personnages pourront sortir de l'ornière où ils sont tombés, maintenant qu'ils n'ont plus ni attaches ni ressources. Cette œuvre d'inspiration humaniste n'est pas dépassée aujourd'hui. Elle constitue une étape intéressante sur la voie d'une dénonciation sociale radicale qui aboutira, par exemple, à l'œuvre d'un Mrinal Sen.

## CAMBRIOLEUR (LE) (The Burglar)

1957 – USA (90') • *Prod.* COL.-Samson Productions (Louis W. Kellman) • *Réal.* PAUL WENDKOS • *Sc.* David Goodis d'ap. son R. • *Phot.* Don Malkames • *Mus.* Sol Kaplan • *Int.* Dan Duryea (Nat Harbin), Jayne Mansfield (Gladden), Martha Vickers (Della), Peter Capell (Baylock), Mickey Shaughnessy (Dohmer), Stewart Bradley (Charlie), Phoebe Mackay (Sœur Sara).

A Philadelphie, un petit gang de trois hommes et une femme, Gladden, s'empare d'un collier d'émeraudes appartenant à Sœur Sara, la protégée d'un milliardaire qui s'occupe d'œuvres charitables et spiritualistes. Harbin oblige ses associés, Baylock et Dohmer, à rester avec lui jusqu'à ce que les remous causés par l'affaire se soient estompés. L'atmosphère devient vite irrespirable et Harbin préfère envoyer Gladden à Atlantic City. Elle est la fille du truand qui avait recueilli Harbin quand il était adolescent. Il lui avait appris le métier et lui avait fait jurer de protéger sa fille, s'il lui arrivait malheur. Effectivement, quelques années plus tard, il mourait lors d'un casse. En l'absence de Gladden, Harbin rencontre une femme, Della, qui paraît profondément blessée par la vie. Il ne tarde pas à s'apercevoir qu'elle est la complice d'un policier, Charlie, qui l'avait repéré sur les lieux du coup, près de l'appartement de sœur Sara. Charlie et Della comptent mettre la main sur le collier à leur profit. Charlie a d'ailleurs séduit Gladden à Atlantic City. Harbin décide de se rendre là-bas avec ses deux complices. Sur l'autoroute, ils sont poursuivis par la police et Dohmer abat un flic avant d'être tué à son tour. Harbin et Baylock s'installent dans une cabane sur la plage. Harbin donne le collier à Gladden et la met en garde contre Charlie. Celui-ci tue Baylock et exige de Harbin qu'il lui remette le collier. Harbin indique à Charlie que l'objet se trouve à l'hôtel où vit Gladden. Chargée de le surveiller, Della laissera filer Harbin. Il donne rendez-vous à Gladden dans une fête foraine. Charlie les rejoint. Harbin lui offre le collier contre la liberté de Gladden. Charlie feint d'accepter puis abat Harbin de plusieurs balles. Della dénonce alors son complice à la police et il est arrêté.

☞ Premier film de Paul Wendkos, petit maître baroque qui se situe ici dans la lignée d'Orson Welles et de *La dame de Shanghai**. *Le cambrioleur* est avant tout un exercice de style où l'auteur peaufine ses effets de montage (qu'il a d'ailleurs signé au générique), accumule les liaisons curieuses entre séquences, les atmosphères et les cadrages insolites. Ce qu'on pourrait appeler la « claustration intérieure » des personnages de David Goodis est abordée uniquement de l'extérieur et à travers une débauche, parfois un peu vaine, de procédés spectaculaires. L'intrigue n'intéresse guère Wendkos, et au bout de vingt minutes, on sait tout des personnages qui vont se survivre à eux-mêmes jusqu'à la fin du film. En cela, *Le cambrioleur* est caractéristique de la dernière période du *film noir*, fin crépusculaire d'un genre lui-même crépusculaire. *Le cambrioleur* est un peu au *film noir* ce qu'est au western *L'homme au fusil** de Richard Wilson, autre ancien collaborateur d'Orson Welles.

## CANZONE DELL' AMORE (LA)

Inédit en France. 1930 – Italie (76') • *Prod.* Cines • *Réal.* GENNARO RIGHELLI • *Sc.* d'ap. la nouvelle « In Silenzio » de Luigi Pirandello • *Phot.* Ubaldo Arata, Massimo Terzano • *Mus.* C.A. Bixio • *Int.* Dria Paola (Lucia), Isa Pola (Anna), Mercedes Brignone (la gouvernante), Elio Steiner (Enrico), Camillo Pilotto (le père), Nello Rocchi (l'enfant de quatorze mois), Olga Capri (la logeuse).

A Rome, Lucia, une étudiante en art lyrique est fiancée à un condisciple. Elle apprend par un télégramme que sa mère est gravement malade. Elle arrivera trop tard pour la voir encore vivante. Elle découvre que celle-ci avait un bébé. Son amant, le père de l'enfant, s'est enfui pour chercher fortune. Sans un sou, Lucia abandonne ses études et travaille dans un magasin de disques pour vivre et élever l'enfant. Elle n'a plus donné signe de vie à son fiancé. Un jour, elle le retrouve par hasard alors qu'il est venu accompagner une autre étudiante, autrefois jalouse d'elle, qui enregistre un disque dans le studio situé à l'intérieur du magasin. Lucia met rapidement fin à l'entretien avec son ancien fiancé et disparaît en courant à travers la ville. L'amant de sa mère, qui a réussi et est maintenant extrêmement riche, rend visite à Lucia. Il avoue ses torts et demande à reprendre l'enfant. Elle refuse. Plus tard elle décide de rendre l'enfant à son père puis de se suicider. Son fiancé surgit chez elle juste avant qu'elle commette l'irréparable.

☞ Premier film parlant italien. L'interprétation et le sujet (quoique tiré de Pirandello) ne présentent guère d'intérêt. Mais la technique est d'une qualité et d'une mobilité éblouissantes, très supérieures à celles de beaucoup d'autres premiers films parlants connus (par exemple *Le chanteur de jazz* d'Alan Crosland et *The Singing Fool* de Lloyd Bacon aux USA ou *Les trois masques* d'André Hugon en France). Le film est riche en mouvements d'appareil effectués tant en décor qu'en extérieurs réels. Il contient des scènes de groupe d'une animation prodigieuse et notamment un plan-séquence parfait : la caméra part d'un groupe de jeunes gens marchant sur une route, monte jusque dans un arbre où sont cachés les deux héros, filme leur entretien puis redescend avec eux sur la route. De nombreuses scènes (par exemple celles tournées sur le balcon de l'appartement de l'héroïne face aux balcons des appartements voisins vers lesquels plonge la caméra) utilisent avec brio la profondeur de champ visuelle et sonore. La voix *off* et le chant *off* aident à créer des parallélismes entre séquences se déroulant dans des lieux différents. Toute cette virtuosité, si insolite dans les débuts du film parlant en Europe, donne au film un lyrisme qui ne doit quasiment rien à l'intrigue et aux personnages.

N.B. Deux versions : allemande (*Liebeslied* de Constantin J. David) et française (*La dernière berceuse* de Jean Cassage) furent tournées parallèlement.

## CAPITAINE BLOOD
### (Captain Blood)

1935 – USA (118' réduites ensuite à 98') • *Prod.* Warner First National-Cosmopolitan • *Réal.* MICHAEL CURTIZ • *Sc.* Casey Robinson d'ap. R. de Rafael Sabatini • *Phot.* Hal Mohr • *Mus.* Erich Wolfgang Korngold • *Int.* Errol Flynn (Peter Blood), Olivia de Havilland (Arabella Bishop), Lionel Atwill (colonel Bishop), Basil Rathbone (capitaine Levasseur), Ross Alexander (Jeremy Pitt), Guy Kibbee (Hagthorpe), Henry Stephenson (Lord Willoughby).

Angleterre, 1685. Parce qu'il a soigné un rebelle au roi Jacques II, le médecin Peter Blood, ex-aventurier, est condamné à la pendaison. Sa peine est commuée et il est vendu comme esclave à Port Royal à la Jamaïque. Son acquéreur est Arabella Bishop, nièce du colonel Bishop, qui veut lui éviter de tomber aux mains d'un cruel propriétaire de mines de soufre. Grâce à elle, Blood devient le médecin personnel du gouverneur, atteint de goutte. Il prépare activement son évasion. Une occasion lui est donnée de quitter Port Royal, lors d'une attaque de pirates espagnols. Blood et ses compagnons esclaves capturent l'un des bateaux des pirates et éliminent ses propriétaires. Ils se constituent en confrérie de boucaniers et écument les Caraïbes. A l'île de la Tortue, le célèbre pirate français Levasseur propose à Blood de s'associer avec lui. Blood, non sans réserve, accepte. Levasseur s'empare d'un bateau anglais à bord duquel se trouvent un émissaire du roi, lord Willoughby, et Arabella. Blood veut racheter la jeune fille à son associé et doit pour cela le tuer en duel sur l'île de Virgen Magra. Fin d'une association qui n'aurait jamais dû commencer. Arabella clame son mépris à Blood pour ses nouvelles activités de pirate. Chevaleresque jusqu'à l'extrême bêtise, comme le dit Willoughby, Blood entend cependant la ramener à Port Royal, quitte à tomber entre les mains des marins de la flotte anglaise. Blood apprend alors que la France et l'Angleterre sont en guerre. Willoughby propose à Blood et à ses compagnons de rentrer dans la Marine royale. Tous ricanent mais changent d'avis en apprenant que Jacques II a fui en France et a été remplacé sur le trône par le bon roi Guillaume d'Orange. Blood et son équipage s'élancent contre les navires français et remportent une éclatante victoire. Arabella avoue son amour à Blood et lui dit de s'éloigner de son oncle, maintenant gouverneur de la Jamaïque, car il a juré de le pendre. Elle ignore que Bishop a été destitué de son poste pour avoir préféré aller chasser les pirates plutôt que se défendre contre l'ennemi national. Il est remplacé par Blood qui l'appelle affectueusement ... son oncle.

☞ Divertissement jeune, important et novateur qui, cinquante ans après sa sortie, n'a pas pris une ride. Deuxième film d'Errol Flynn avec Curtiz (sur les douze qu'ils feront ensemble) mais son premier en vedette (dans un rôle prévu pour Robert Donat). Première des huit apparitions du couple Flynn-Olivia de Havilland, l'un et l'autre quasiment inconnus jusque-là. Première musique d'Erich Wolfgang Korngold. Le film est essentiel, en tant que point de départ et premier aboutissement, dans les carrières de ses vedettes et dans la rénovation d'un genre (aventures de cape et d'épée et film de pirates) par Curtiz. Tous les participants de ce *Capitaine Blood* se trouvèrent placés sous une bonne étoile et bénéficièrent durablement de leur participation au film. C'est surtout le personnage de Flynn qui, se créant ici sous nos yeux, tire du film le plus de présence et de relief. Charme, fougue, équilibre entre juvénilité et maturité, sans oublier une certaine vulnérabilité aux à-coups du destin et à la souffrance d'autrui, telles sont les caractéristiques d'un héros qui n'a rien d'un superman et unit à une grande élégance naturelle une naïveté chevaleresque presque constamment touchante. (Walsh remodèlera considérablement le personnage légué par Curtiz dans le sens de l'ambiguïté, de l'humour, de l'intensité tragique.) Le travail de Curtiz – action incessante, vastes décors, grande figuration, mouvements d'appareil complexes, absence surprenante de pathos et de boursouflure – est évidemment celui d'un vieux routier et d'un grand professionnel. Curtiz signe ici son *opus* 102 selon la filmographie donnée par Jack Edmund Nolan dans « Film in Review », novembre 1970. Mais ce déjà vieux cinéaste qui tourne depuis plus de vingt ans aimera toujours à emprunter les chemins de la découverte et de l'innovation. « Ce film, dit Christian Viviani (*in* « Curtiz », Anthologie du cinéma, nº 73), marque nettement un virage dans le style de Curtiz : son romantisme s'éclaircit et sa nervosité devient décontraction ; tout en ne renonçant ni au baroque ni aux efforts expressionnistes (le début du film, les scènes dans la galère) il s'oriente vers une certaine préciosité qui n'est jamais uniquement décorative. »

N.B. Première adaptation du roman de Rafael Sabatini en 1924 par David Smith. On remarquera chez Curtiz l'emploi habile (et financièrement prudent) des maquettes et miniatures dans les plans généraux des séquences maritimes. *Captain Blood* fut écourté dans toutes ses ressorties, comme plus tard *The Sea Hawk**. (La version complète est aujourd'hui disponible en cassette vidéo américaine.) Autre adaptation du roman de Sabatini : *Fortunes of Captain Blood* (*Les nouvelles aventures du Capitaine Blood*, Gordon Douglas, 1950) avec Louis Hayward. Suite dans *The Son of Captain Blood* (*Le fils du Capitaine Blood*, film américano-italo-espagnol de Tulio Demicheli, 1962), interprété par le propre fils d'Errol Flynn, Sean Flynn. Ann Todd reprend le rôle de Olivia de Havilland et joue donc la mère de Blood.

## CAPITAINE DE CASTILLE
### (Captain from Castille)

1947 – USA (145') • *Prod.* Fox (Lamar Trotti) • *Réal.* HENRY KING • *Sc.* Lamar Trotti d'ap. un R. de Samuel Shellabarger • *Phot.* Charles Clarke et Arthur E. Arling (Technicolor) • *Mus.* Alfred Newman • *Int.* Tyrone Power (Pedro De Vargas), Jean Peters (Catana Perez), Cesar Romero (Hernando Cortez), Lee J. Cobb (Juan Garcia), John Sutton (Diego De Silva), Antonio Moreno (Don Francisco De Vargas), Thomas Gomez (père Bartolomeo Romero), Alan Mowbray (Pr Botello), Barbara Lawrence (Luisa De Caravajal).

Espagne, 1518. Le père et la mère de Pedro De Vargas ont été arrêtés par Diego De Silva, représentant de l'Inquisition. Sa jeune sœur de douze ans a été torturée à mort. Pedro lui-même a été emprisonné. Il s'évade de sa geôle après avoir tué en duel De Silva, responsable de tous ses malheurs. Catana Perez, une servante d'auberge amoureuse de lui, et un ami, Juan Garcia, devenu geôlier dans cette prison pour demeurer auprès de sa mère, prisonnière de l'Inquisition, l'ont aidé dans sa fuite. Ils ont également favorisé l'évasion des parents de Pedro qui trouveront refuge en Italie. Pedro, Garcia et Catana s'enrôlent dans les rangs d'Hernando Cortez et partent à la conquête du Nouveau Monde. L'embarquement a lieu à La Havane. Une fois au Mexique, l'armée de Cortez recevra à plusieurs reprises des ambassadeurs et des présents de l'empereur Montezuma qui fait demander à Cortez de quitter le territoire. Pedro a raconté son histoire et le meurtre qu'il avait commis au Père Romero qui accompagne les troupes. Celui-ci lui fait jurer de prier pour l'âme de De Silva. Pedro, de plus en plus sensible à l'amour et au dévouement de Catana, veut l'épouser malgré l'abîme qui sépare leurs conditions sociales. Il déjoue une conjuration de voleurs cherchant à dérober le trésor de Cortez. Au cours de cet épisode, il est blessé et le médecin-astrologue Botello cautérisera avec un fer à vif la plaie qu'il a au crâne, assurant ainsi son salut. Pour retirer définitivement de l'esprit de ses hommes tout désir de rebrousser chemin et pour bien montrer à Montezuma sa détermination, Cortez fait brûler ses vaisseaux. Il combattra d'autre part les troupes envoyées par le gouverneur de Cuba. Parmi les officiers qui l'ont aidé figure De Silva qui avait survécu à son duel avec Pedro. Il a l'intention d'apporter l'Inquisition dans les rangs de Cortez, lequel s'y oppose énergiquement. Un Indien, ancien esclave de De Silva, que celui-ci avait autrefois pourchassé, l'assassine une nuit dans sa tente. Pedro, dont le conflit avec De Silva est bien connu, est arrêté pour ce crime et va être pendu. Catana le poignarde pour lui éviter ce déshonneur, juste avant que son innocence ne soit révélée. Pedro échappera à la mort. L'armée de Cortez repart au devant de Montezuma. Catana suit la troupe, portant l'enfant qu'elle a donné à Pedro.

☞ L'élégance visuelle du film, sa splendeur plastique aident King à atteindre cette hauteur de ton dans le romanesque qu'il recherche si obstinément. Ni la truculence, ni le pittoresque, ni les surprises et les détours du destin ne l'intéressent en tant que tels. La notion d'aventure (et aucun film n'est plus aventureux que celui-ci) est utilisée pour mettre les personnages, et surtout le personnage central, en face de leur vérité. Quand il s'engage dans la troupe de Cortez, Pedro De Vargas a tout perdu, sauf précisément l'essentiel, qui va se révéler à lui dans les étranges décors du Nouveau Monde (filmés réellement au Mexique). De son catholicisme, il expérimentera la plus difficile vertu : celle du pardon, appliquée ici à son pire ennemi. Conséquence de son respect pour les êtres (qu'ils soient d'une autre race ou d'une autre classe que la sienne), lui viendra comme un présent du ciel cet amour d'une servante dont il n'aurait jamais pensé pouvoir faire un jour sa femme. Les paroxysmes de sa vie, qu'ils soient d'amour, de haine ou de désespoir, sont traités par King avec une grande réserve, celle-là même qui rend ses films incomparables à ceux des cinéastes de sa génération (Walsh, Dwan ou Ford). Le spectaculaire y jaillit toujours d'un récit fondamentalement et volontairement austère. L'émotion reste comme cachée, protégée par une apparente impassibilité. L'auteur haïrait d'imposer cette émotion par le recours au pathétique ou par l'identification du spectateur aux personnages. Ainsi l'étonnante scène où Catana poignarde Pedro pour lui éviter la honte d'une exécution, geste qui évoque tant de liens complexes entre les deux personnages, est-elle traitée avec la même froideur « plastique » qu'une scène d'action et de mouvement comme cette poursuite à cheval dans la nuit – fabuleusement belle – quand Pedro veut aider ses parents à fuir vers l'Italie.

## CAPITAINE SANS PEUR
**(Captain Horatio Hornblower)**

1951 – USA (117') • *Prod.* Warner (Gerry Mitchell) • *Réal.* RAOUL WALSH • *Sc.* Ivan Goff, Ben Roberts,

Aeneas McKenzie d'ap. deux R. de C.S. Forester « The Happy Return » et « Flying Colours » • *Phot.* Guy Green (Technicolor) • *Mus.* Robert Farnon • *Int.* Gregory Peck (capitaine Horatio Hornblower), Virginia Mayo (Lady Barbara), Robert Beatty (lieutenant William Bush), Terence Morgan (second lieutenant Gerard), Moultrie Kelsall (lieutenant Crystal), James Kenney (Mr. Midshipman Longley), James Robertson Justice (Quist), Stanley Baker (Mr. Harrison), Denis O'Dea (amiral Leighton), Alex Mango (El Supremo).

En 1807, alors que l'Angleterre est en guerre contre Napoléon, une frégate de trente-huit canons, la « Lydia », commandée par le capitaine Horatio Hornblower, homme bourru et austère mais d'une immense valeur et adoré de ses hommes, accomplit une mission secrète dans le Pacifique. Après sept mois de route, Hornblower prend contact avec un allié de l'Angleterre Don Julian Alvarado, dit *El Supremo*, afin de lui remettre un stock d'armes et de munitions. Il est en révolte contre les Espagnols et, de ce fait, affaiblit la puissance d'un allié de Napoléon, ce qui lui vaut d'être protégé par les Anglais. Mégalomane et arrogant, *El Supremo* ordonne à Hornblower de lui remettre la « Natividad », bâtiment espagnol de soixante canons dès qu'il s'en sera emparé. Hornblower accomplit cet exploit, de nuit, avec quelques hommes, en se glissant à bord et en prenant l'équipage par surprise. Il met aux fers les officiers sur la « Lydia » pour leur éviter d'être massacrés par *El Supremo* à qui il abandonne la « Natividad ». Quelques jours plus tard, un petit bateau espagnol demande à parlementer avec la « Lydia ». Hornblower apprend qu'à la suite d'un renversement d'alliances les Anglais sont maintenant associés aux Espagnols dans la lutte contre Napoléon. Une femme est montée à bord avec les émissaires espagnols, Lady Barbara Wellsley, sœur du duc de Wellington. Fuyant l'épidémie de fièvre jaune qui sévit à Panama, elle demande à regagner l'Angleterre et Hornblower ne peut faire autrement que d'accéder à sa demande. Avec son équipage, il s'attaque à la « Natividad » et, après un combat acharné et de multiples manœuvres audacieuses couronnées de succès, il parvient à la détruire. Durant le voyage de retour, Hornblower et Lady Barbara tombent amoureux l'un de l'autre. Hornblower veille sa passagère pendant trois jours et trois nuits alors qu'elle est victime de la fièvre après s'être elle-même consacrée à soigner les blessés. Mais Hornblower est marié et Lady Barbara s'apprête, quant à elle, à épouser l'amiral Leighton. A Plymouth, Hornblower apprend que sa femme est morte en couches en lui donnant un garçon. Il reçoit le commandement du « Sutherland », un vaisseau de plus de soixante-dix canons faisant partie de l'escadre de Leighton. Il détruit quatre navires français ancrés à La Teste, un port français sur l'Atlantique. Fait prisonnier avec son équipage, il s'évade durant son transfert vers Paris avec deux de ses hommes. Le trio réussit à remonter par petites étapes jusqu'à Nantes. Là, déguisés en marins hollandais, les trois hommes s'emparent d'un bateau convoyant des prisonniers anglais et le ramènent en Angleterre. A Plymouth, à Londres et un peu partout dans le pays, Hornblower est salué en héros. Le roi le nomme chevalier. Il retrouve son fils et sa chère Barbara, maintenant veuve de Leighton.

☞ Ce superbe divertissement hollywoodien où le Technicolor est roi est sans doute le plus somptueux film d'aventures maritimes de l'après-guerre. Il a été tourné en Angleterre et sur la Côte d'Azur (à Nice et à Villefranche). Le décor de la « Lydia » fut le plus grand vaisseau d'époque jamais reconstitué en Angleterre, dans les studios ultra-modernes de Denham dirigés par Alexandre Korda. On peut juger que, par rapport aux moyens mis en œuvre, le relief des personnages laisse à désirer. Mais d'un autre côté, c'est la minceur même des personnages, leur caractère entièrement et uniquement héroïque qui stimulent la rêverie suscitée par cette bande dessinée au classicisme inventif et harmonieux. L'action et l'aventure comptent plus que ceux qui les vivent. Filant à toute allure, elles sont comme un miroir fascinant tendu au spectateur pour qu'il s'y plonge avec la fiévreuse imagination de l'enfance. Le film possède ainsi un très puissant pouvoir onirique (lié en partie à la constante réussite des héros dans leurs entreprises). A partir de là, l'improbable localisation géographique de certaines séquences (où Nantes prend les allures d'un petit port méditerranéen) n'a plus guère d'importance. Et ce film sans truculence et sans démesure – les deux registres de prédilection de l'auteur – démontre plus qu'aucun autre le génie multiple de Walsh. Construisant avec Gregory Peck une caractérisation simple, humoristique et efficace pour le personnage de Hornblower, il n'essaie même pas de transformer l'acteur en héros walshien (ce qu'il fera l'année suivante dans *Le monde lui appartient**). Il cisèle entre lui et Virginia Mayo, dans un registre qu'il n'affectionne guère mais où il est quand même génial, des scènes d'amour pudiques à la douceur et à l'élégance incomparables. A tout moment, le film invente en mineur quelque nouveau développement, ajoute à l'ensemble une tonalité inattendue (un portrait à l'eau-forte d'un mégalomane grotesque, *El Supremo ;* une scène sobre et discrètement émouvante quand Lady Barbara donne un baiser maternel à un jeune marin agonisant). Cette diversité de tons et de moyens fait aussi partie de ce sens de l'aventure que possède au plus haut point le réalisateur. Pour le reste, c'est-à-dire l'action et la bagarre, Edmond T. Gréville, assistant du film, a décrit à merveille (*in* « Présence du cinéma », n° 13) la méthode et l'explosive vitalité du vieux maître. Parlant des acteurs et des figurants, il écrit : « Walsh les lance littéralement dans l'image, dans une pagaille inouïe, de préférence sans répétition. Il compte sur l'instinct, sur la spontanéité des réactions humaines : "Si on leur tape dessus, ils seront bien obligés de se défendre" proclame-t-il. Et soudainement il improvisait un mouvement d'appareil, un panoramique, un cadrage. Les cadreurs, les chefs-opérateurs tombaient comme des mouches et c'est Guy Green qui, seul, put terminer les prises de vue. La scène ainsi tournée comporte-t-elle des maladresses, des bavures ? Walsh ne recommence pas. Il préfère tourner des plans de coupe qui permettront d'éliminer les morceaux douteux au montage, et de conserver la fraîcheur initiale de l'action. Il "voyait" d'ailleurs la manière dont il monterait une séquence pendant qu'il la tournait. Il ne recommence jamais plus de deux ou trois fois, pensant qu'au-delà l'acteur devient une mécanique et son jeu stéréotypé. »

## CAPRICES

1941 – France (80') • *Prod.* Continental • *Réal.* LÉO JOANNON • *Sc.* Léo Joannon, Jacques Companeez, André Cayatte • *Phot.* Jules Kruger • *Mus.* Georges Van Parys • *Int.* Danielle Darrieux (Lise), Albert Préjean (Philippe), Germaine Reuver (la mère), Jean Parédès (Constant), Christiane Ribes (la grue), Alfred Pasquali (le metteur en scène), Colette Régis (la vieille dame).

Déguisée en vendeuse de fleurs pour un bal costumé auquel elle a décidé de ne pas assister, Lise, une actrice d'un certain renom, rencontre dans un restaurant chic un mystérieux célibataire, Philippe, qui se définit lui-même comme un personnage de conte de fées, un enchanteur. La prenant pour ce qu'elle paraît être, il lui offre pour une nuit une robe splendide, des bijoux de prix. Ils passent le réveillon du nouvel an ensemble et vont notamment dans le restaurant d'où Lise venait de se faire expulser *manu militari* quand elle était apparue en bouquetière. Elle s'offre alors une petite vengeance de sa façon en faisant courir dans la salle le bruit que le grand lustre risque de tomber sur la clientèle : le directeur sera obligé de le décrocher. L'enchanteur et sa Cendrillon deviennent vite amoureux l'un de l'autre, mais sans vouloir se l'avouer. Avec les camarades de sa troupe à court d'argent, Lise jouera à son inconnu une comédie – celle de la pauvre héroïne de mélodrame exploitée par une famille impossible – dans l'espoir qu'il deviendra commanditaire de la pièce actuellement en répétition. Il mise à côté de la plaque et offre à Lise un magasin de fleurs. Elle devra alors lui jouer une seconde comédie pour parvenir à ses fins : celle de la petite actrice évaporée et entretenue par de vieux protecteurs libidineux. Laissant éclater sa jalousie, Philippe commandite effectivement la pièce mais se venge des pièges où il est tombé en faisant croire à Lise qu'il est un faux-monnayeur international recherché par toutes les polices. Quand elle découvre la vérité, elle se venge à son tour en le faisant arrêter. Durant la nuit qu'ils passent ensemble au poste, il lui avoue qu'il n'est qu'un banal industriel, fabricant de réfrigérateurs. Au matin, libérés, ils s'en vont main dans la main.

☞ Plaisante et adroite fantaisie écrite par Jacques Companeez (non crédité) et donnant à Danielle Darrieux l'occasion d'un rôle à transformation proche de ceux qu'elle avait joués avant guerre. Elle compose avec Albert Préjean une sorte de couple giralducien encanaillé dans une intrigue de cinéma du samedi soir. Un marivaudage mouvementé, qui fait parfois penser à Lubitsch, mêle constamment le mensonge, la comédie, la réalité et cette part de rêve que suscitait presque toujours dans ses films le charme juvénile de Danielle Darrieux. L'intrigue met d'ailleurs habilement en valeur les deux comédiens-vedettes, qui paraissent ici plus à leur avantage en tant que couple que dans *Quelle drôle de gosse* (1935) du même réalisateur. A une Danielle Darrieux exquise et parfaite comme à son habitude, Préjean donne la réplique dans ce qui devait être son dernier rôle de séducteur. Léo Joannon, plus talentueux avant 1945 que dans ses derniers films, a réalisé un divertissement léger en forme de bulle de savon, qui n'était pas si simple à réussir. Il a d'ailleurs raté à moitié les dernières séquences et le dénouement, ce qui souligne par contraste la finesse et le brio du début de l'histoire, avec notamment le délicieux intermède du lustre décroché – et brisé.

## CAPTIVE AUX YEUX CLAIRS (LA)

**(The Big Sky)**

1952 – USA (140' réduites à 122') • *Prod.* RKO - Winchester Pictures (Howard Hawks) • *Réal.* HOWARD HAWKS • *Sc.* Dudley Nichols d'ap. un R. de A.B. Guthrie, Jr. • *Phot.* Russell Harlan • *Mus.* Dimitri Tiomkin • *Int.* Kirk Douglas (Jim Deakins), Dewey Martin (Boone Caudell), Elizabeth Threatt (Teal Eye), Arthur Hunnicutt (Zeb), Buddy Baer (Romaine), Steven Geray (Jourdonnais), Hank Worden (« Poor Devil »), Jim Davis (Streak), Henri Letondal (Labadie), Robert Hunter (Chouquette), Booth Colman (Pascal).

1832, au Kentucky. Deux amis, Jim Deakins et Boone Caudell, embarquent avec le vieux Zeb, l'oncle de Boone, à bord du « Mandan ». (Les trois hommes s'étaient retrouvés dans la même cellule de prison à Saint Louis.) Le « Mandan » va remonter le Missouri pendant plus de deux mille kilomètres. Une telle expédition n'a jamais été tentée auparavant et a pour but de favoriser des relations commerciales avec les Indiens pieds-noirs, ce que jusqu'à présent la très officielle Compagnie des Fourrures n'avait pu réussir. Mais le capitaine du « Mandan », le Français Jourdonnais, possède une arme secrète : Teal Eye, la fille d'un chef pied-noir, qu'il a sauvée alors qu'elle dérivait en canoë lors de combats entre les Aigles et sa tribu. Il compte la ramener à son père et profiter de sa reconnaissance pour entamer des échanges avec sa tribu. Sur certaines parties du fleuve, il faut haler le bateau... Au cours d'une de ces manœuvres, l'Indienne tombe à l'eau. Elle est sauvée par Boone qui, comme Jim, pense constamment à elle. Sa présence provoquera souvent une tension entre les deux hommes. Plus tard, Jim doit être amputé d'un doigt. Zeb, après l'avoir soûlé, procède à l'amputation en une fraction de seconde. Jim n'a rien senti mais pleure après son doigt qu'il veut absolument récupérer dans l'herbe. Il songe à la coutume indienne qui exige qu'un homme soit enterré en entier, s'il veut être accueilli par les dieux... Depuis le départ, Zeb redoute un mauvais coup de la Compagnie, prête à tout pour éliminer la concurrence. Effectivement, une nuit, un groupe d'hommes tuent un des marins aux abords du campement, puis capturent l'Indienne et commencent à incendier le bateau. Ils sont bientôt poursuivis, rattrapés et l'Indienne reprise. Au dernier poste de la Compagnie, les marins vont voir McMasters, le directeur, et récupèrent de force l'équivalent des provisions que ses hommes de main ont brûlées. Puis ils remontent à bord. Au cours d'une fête, un homme qui dansait reçoit une flèche qui lui traverse le cou. Les Aigles suivront le bateau de la rive, pendant trois longs jours, sans rien tenter. Puis ils disparaissent et attaquent enfin le bateau à l'arrêt. Le combat durera jusqu'à la nuit. Boone, suivi par l'Indienne, part à la recherche de Jim, disparu juste avant le début des hostilités pour chasser. Il le retrouve blessé à la jambe, dévoré de fièvre ; et l'Indienne le pressera contre elle pour le réchauffer, car la présence des Aigles empêche d'allumer un feu. Sur le chemin du retour, ils découvrent des Blancs mêlés aux Aigles et comprennent que des hommes de la Compagnie ont lancé la tribu sur le sentier de la guerre. Au camp, quelques Blancs, qui croient que l'Indienne a disparu, proposent à Jourdonnais de lui racheter son stock de provisions. Jim et Boone les abattent en un instant, sans leur laisser le temps de riposter. Juste à ce moment, l'Indienne disparaît, à la désolation de Jourdonnais, maintenant privé de sa meilleure monnaie d'échange. Mais un peu plus tard, alors que le « Mandan » est en difficulté au milieu d'un fort courant, l'équipage voit apparaître une cohorte de Pieds-Noirs à cheval qui haleront le bateau. C'est Teal Eye qui les a appelés à la rescousse. Au camp indien, les échanges battent leur plein. Les marins remporteront un véritable trésor de peaux et de fourrures. L'Indienne donne à Jim un insigne, signifiant ainsi qu'elle le considère comme son frère. Jim devra s'en contenter. Quant à Boone, elle l'accueille sous sa tente. La tribu célébrera en grande pompe leur mariage, à la vive surprise du marié lui-même. Il préfère remonter à bord du « Mandan » qui va bientôt repartir. Jim, qui l'a vu dédaigner ce qu'il convoitait le plus au monde, ne lui adresse plus la parole. Alors, pour ne pas perdre son estime, Boone change d'avis et retourne vers Teal Eye. Les deux amis se reverront lors de la prochaine expédition, dans un an.

☞ Superbe chronique d'aventures et d'amitié, coulée dans le moule d'un western. Si le film a un rythme *fluvial*, lent ou rapide, emporté ou serein, c'est tout simplement qu'il raconte la remontée d'un fleuve par un petit groupe de pionniers courageux, décidés et raisonnablement appâtés par le profit qu'ils espèrent tirer de cette aventure. Chez Hawks, le scénario est toujours la carte exacte du film, sans ruse ni alibi. L'existence du fleuve au centre de l'œuvre n'a ici aucune portée métaphysique comme chez Ford (*Young Mr Lincoln**) où elle exprime le destin d'un homme et l'écoulement du temps. Pas plus cette odyssée n'ambitionne-t-elle d'avoir l'aspect tellurique, cosmique et épique de celle que raconte, par exemple, Walsh dans *The Big Trail**. Chez Hawks, les hommes sont tout simplement des hommes, filmés à hauteur d'œil dans les limites et la plénitude de leur condition terrestre ; et c'est de là que vient le charme spécifique – et très puissant – de ce film. Ce ne sont ni des surhommes ni des êtres appelés par quelque instinct obscur et collectif à se dépasser eux-mêmes. Mais, chacun à sa manière, ils ont un sentiment inné et très vif de leur propre dignité. S'il est, dans le cinéma américain, l'un des meilleurs peintres de l'amitié, Hawks pense cependant que le rôle de la femme est plus important, comme élément durable et stabilisateur, dans la vie des hommes. Ceci à la différence de Walsh qui, dans ses histoires d'amitié (*What Price Glory ?* *par exemple) montre qu'elle est toujours plus stable et plus forte que la succession des conquêtes féminines qui occupent sans en modifier vraiment le cours la tumultueuse existence de ses couples d'amis. A noter que Hawks n'apprécie guère *The Big Sky* et en a toujours très peu parlé. Il estime s'être trompé en choisissant Kirk Douglas, incapable d'exprimer convenablement ce rapport d'amitié avec Dewey Martin essentiel à l'intrigue. Il a souvent raconté que la scène célèbre de l'amputation du doigt avait été refusée par

John Wayne à l'époque de *Red River* * et qu'il s'était toujours promis de la réutiliser un jour quelque part.

N.B. Le film fut originellement distribué dans une durée (inhabituelle à l'époque) de 140', bientôt ramenée par les distributeurs à 122'. Hawks a précisé à Joseph McBride (« Hawks par Hawks », Ramsay, 1987) qu'à son avis ces coupes avaient brisé le succès du film, qui avait été très vif lors des premiers jours où le film fut montré dans sa version complète pour diminuer notablement ensuite.

## CAPTIVE CITY (THE)

Inédit en France. 1952 – USA (91') • *Prod.* UA (Theron Warth) • *Réal.* ROBERT WISE • *Sc.* Karl Lamb, Alvin Josephy, Jr. d'ap. Alvin Josephy, Jr. • *Phot.* Lee Garmes • *Mus.* Jerome Moross • *Int.* John Forsythe (Jim Austin), Joan Camden (Harg Austin), Harold J. Kennedy (Don Carey), Marjorie Crossland (Mme Sirak), Victor Sutherland (Murray Sirak), Ray Teal (Gilotte), Martin Milner (Phil Harding), Hal K. Dawson (Nelson).

En route vers Washington pour déposer devant la commission du sénateur Kefauver sur les agissements de la mafia, Jim Austin, le rédacteur en chef d'un journal de la petite ville de Kennington (36 000 h.) et sa femme s'arrêtent dans un bureau de police. Se sentant poursuivis, ils réclament une escorte. En attendant que celle-ci arrive et pour éviter tous les risques, Austin préfère enregistrer sa déposition au magnétophone. Il avait été sollicité pour un rendez-vous secret par un détective, Nelson, qui enquêtait sur un bookmaker, Sirak, pour le compte de son ex-épouse. Le détective affirme avoir découvert que Sirak, membre de la mafia, verse régulièrement de l'argent à la police locale. D'abord sceptique, Austin change d'attitude quand il apprend peu de temps après que Nelson a été assassiné et surtout quand il constate que la police fait bien peu d'efforts pour retrouver les coupables. Menant sa propre enquête, Austin découvre peu à peu que la mafia a investi la ville grâce à un abondant réseau de bookmakers et qu'un entrepôt de la banlieue sert de lieu de rencontre à des gangsters connus. Le jeune photographe qui avait pris en photo trois d'entre eux est tabassé et le document volé. La maison d'Austin est maintenant surveillée vingt-quatre heures sur vingt-quatre et lui-même est suivi dans tous ses déplacements. L'ex-Mme Sirak vient le trouver et lui révèle le nom de l'assassin de Nelson. Le cadavre de la dénonciatrice est retrouvé peu après. Se sentant impuissants à lutter sur place, Jim Austin et sa femme décident d'aller témoigner à Washington. Austin a terminé son enregistrement. Une escorte est mise à sa disposition. Devant la commission qu'il préside, le sénateur Kefauver en personne déclare que le crime doit d'abord et avant tout être pourchassé et jugulé au niveau local.

☞ L'un des meilleurs films de Robert Wise sur le plan formel et visuel. Contrastant avec les moiteurs et les ambiguïtés baroques d'un Siodmak, le style que Wise met en œuvre dans ce *film noir* de la fin du genre est sec, glacial, efficace, précis. Il donne à un « documentaire social » (l'un des avatars du *film noir* après 1950) la force terrifiante d'un récit de SF. Le Mal a envahi cette ville moyenne et apparemment paisible de la province américaine en commençant par grignoter ses bases les plus modestes et les plus vitales. Le petit journaliste se retrouve confronté à une puissance maléfique tentaculaire devant laquelle il se sent, en tant qu'individu, quasiment désarmé. Wise, renouvelant avec plus de brio son expérience du *Jour où la terre s'arrêta,* réussit parfaitement à concilier deux entreprises. Il délivre un message social actualisé et particularisé (sur la nécessité de s'organiser contre « le crime organisé ») et en même temps il exprime son angoisse personnelle et permanente devant la dégradation de la société moderne. A ses yeux, celle-ci est victime d'une gangrène dont la progression irrésistible sape ses fondations en se nourrissant de violence, de silence et de secret. Ce sera encore, vingt ans plus tard, le thème de l'admirable *Andromeda Strain**.

## CARAVANE VERS L'OUEST (LA) (The Covered Wagon)

1923 – USA (86') • *Prod.* PAR. (James Cruze) • *Réal.* JAMES CRUZE • *Sc.* Jack Cunningham • *Phot.* Karl Brown • *Int.* Lois Wilson (Molly Wingate), J. Warren Kerrigan (Will Banion), Ernest Torrence (Jackson), Charles Ogle (M. Wingate), Ethel Wales (Mme Wingate), Alan Hale (Sam Woodhull), Guy Oliver (Kit Carson), Tully Marshall (Bridger).

Le 24 mai 1848 au Kansas un immense convoi de chariots s'apprête à parcourir les deux mille miles qui le séparent de l'Oregon. Beaucoup de ceux qui participent au voyage n'arriveront pas au but, rebroussant chemin par découragement ou mourant en route. Il y aura aussi des naissances. Molly Wingate, la fille du chef général du convoi, est courtisée par Will Banion et par Sam Woodhull. Les deux hommes se battront pour elle. Sam, un aventurier à l'âme noire, fait courir le bruit que Banion a été chassé de l'armée pour avoir volé du bétail. Le père de Molly demande alors à Banion d'éviter désormais sa fille. Le convoi arrive devant un grand fleuve. Banion dit que ce n'est pas là le bon endroit pour le traverser, l'eau étant trop profonde. Sam est d'un avis contraire. Combattant avec leurs poings, les deux hommes s'engagent dans une lutte à mort mais Banion, vainqueur, préférera épargner son adversaire. Plus loin, on traverse le fleuve. Les meubles doivent être abandonnés sur la rive. Au début de l'automne, on atteint le Wyoming. On chasse le bison. Un trappeur qui s'est joint au convoi dit qu'on a trouvé de l'or en Californie. Le convoi se séparera alors en deux groupes : ceux qui vont vers la Californie parmi lesquels figure Banion, ceux qui continuent vers l'Oregon. Une fois dessoûlé, le trappeur se rappelle que Banion a été blanchi de l'accusation qui pesait sur lui : le bétail qu'il avait pris était destiné à sauver son régiment qui allait mourir de faim. Molly reçoit à ce moment une flèche tirée par un Indien. A l'aube, les Indiens attaquent les chariots qui se trouvent encerclés. Seul un gosse réussit à franchir le barrage et à prévenir Banion qui vient à la rescousse avec ses hommes. Ayant triomphé des Indiens, Banion repart sans avoir revu Molly car il s'imagine qu'elle ne veut plus de lui. Le convoi vers l'Oregon aura encore un dernier obstacle à franchir : la neige. Mais au printemps 1849 le but est atteint. En Californie, Banion apprend que Molly l'attend. Venu pour le tuer, Sam est abattu par un ami de Banion. Banion a maintenant son destin tout tracé : il ne lui reste plus qu'à aller en Oregon retrouver et embrasser Molly.

☞ Tant par l'ambition de dépeindre une réalité historique que par l'importance des moyens mis en œuvre, c'est le premier grand western épique américain ; c'est aussi, diront Fenin et Everson (*in* « The Western », Penguin Books, 1977), la première épopée américaine qui ne vienne pas de Griffith. Son retentissement fut mondial et, à Hollywood même, entraîna le triplement de la production annuelle de westerns. Sur le plan historique, l'importance du film est indéniable. Sur le plan esthétique, il en va tout autrement. Si le scénario contient des scènes clés qui impressionnèrent le public (traversée du fleuve, chasse aux bisons, attaque indienne), il est très faible dans sa continuité dramatique et dans ses personnages principaux, ternes et conventionnels. On remarque cependant les silhouettes originales et picaresques des trappeurs joués par Tully Marshall et Ernest Torrence. A part quelques plans généraux qui valorisent des extérieurs bien choisis (Nevada, Great Salt Lake), la mise en scène est indifférente et ne comporte aucun élément significatif ou véritablement spectaculaire.

N.B. James Cruze utilisa comme conseiller technique pour les questions indiennes le colonel Tim McCoy qui allait devenir dans les années suivantes l'une des plus grandes stars du western.

## CARDINAL (LE) (The Cardinal)

1963 – USA (176') • *Prod.* COL.-Gamma Prod. Inc. (Otto Preminger) • *Réal.* OTTO PREMINGER • *Sc.* Robert Dozier d'ap. R. « The Cardinal » de Henry Morton Robinson • *Phot.* Leon

Shamroy (Panavision-Technicolor) • *Mus.* Jerome Moross • *Int.* Tom Tryon (Stephen Fermoyle), Carol Lynley (Mona Fermoyle), Burgess Meredith (père Ned Halley), Romy Schneider (Anne-Marie), Raf Vallone (cardinal Alfeo Quarenghi), Jill Hayworth (Lalage Menton), Tullio Carminati (cardinal Giacobbi), Ossie Davis (père Edward Gillis), John Huston (cardinal Glennon), Pat Henning (Hercule Menton), Russ Brown (Dr Heller), Chill Wills (Monsignor Whittle), Peter Weck (Kurt von Hartmann), Josef Meinrad (cardinal Innitzer).

Rome, 1939. Durant la cérémonie où il est fait cardinal, Stephen Fermoyle se souvient des principales étapes de sa vie. En 1917, il est ordonné prêtre à Rome par le cardinal Quarenghi, son protecteur et ami. Il retourne à Boston, sa ville natale, où son père est receveur de bus, afin de seconder le responsable d'une petite paroisse. Sa sœur Mona veut épouser un jeune juif qui a promis de se convertir mais changera d'avis devant l'étroitesse d'esprit de sa future belle-famille. Le mariage n'aura pas lieu et Mona est au désespoir. Stephen va demander à son supérieur hiérarchique, l'archevêque Glennon, l'imprimatur pour un ouvrage qu'il vient de terminer. Glennon veut dompter ce qu'il croit être de l'orgueil chez Stephen et l'envoie au fin fond du Canada dans une paroisse presque abandonnée dont le responsable, le père Halley, en est au stade terminal d'une sclérose qui a handicapé la moitié de sa vie. Stephen l'assiste dans ses derniers moments, profondément impressionné par le courage et l'humilité du vieil homme auquel Glennon viendra lui-même donner l'extrême-onction. Il prend alors Stephen comme secrétaire particulier. Celui-ci, après diverses recherches, retrouve Mona enceinte des œuvres d'un danseur de tango professionnel avec qui elle faisait un numéro. L'accouchement se présente très mal et Stephen doit interdire, selon les commandements de l'Église, qu'on sacrifie l'enfant pour sauver la mère. Cette décision, sans doute trop rigoriste, trop formaliste, provoquera chez lui une profonde crise de conscience dont souffre sa vocation religieuse. Il décide, sur conseil de Glennon, de retourner pour un temps à la vie laïque avant de quitter définitivement, s'il en sent toujours la nécessité, la prêtrise. Il va donner, pour une école internationale de langues, des cours d'anglais dans diverses villes et séjourne notamment à Vienne en 1924. Une de ses élèves, Anne-Marie, tombe amoureuse de lui et consacre tout son temps à lui faire oublier sa vocation. Elle échouera. Stephen retourne dans le giron de l'Église. Les années passent. Rome, 1934. Stephen demande à partir pour la Géorgie assister un prêtre noir dont l'église, où se côtoient des fidèles de races blanche et noire, a été incendiée par des éléments racistes de la ville. Le cardinal Giacobbi, qui est loin d'apprécier Stephen autant que Quarenghi, lui obtient du pape cette autorisation dans l'espoir que son initiative se retournera contre lui. En Géorgie, Stephen est emmené et fouetté par les hommes du Ku Klux Klan qui ne peuvent tolérer son engagement aux côtés du prêtre qui a intenté un procès aux incendiaires. Son intervention n'aura pas été inutile puisque, pour la première fois dans cette région, un groupe de Blancs sera condamné (pour des délits mineurs) sur le seul témoignage d'un Noir. De retour à Rome, Fermoyle est nommé évêque. Le Vatican l'envoie à Vienne afin de signifier au cardinal Innitzer de ne plus donner son appui à Hitler et au national-socialisme en appelant à voter oui au plébiscite. Il revoit à cette occasion Anne-Marie dont le mari se suicide après avoir projeté de s'expatrier. Favorable au nazisme, Anne-Marie comprend son erreur et se réfugie à la nonciature que doit fermer Stephen. Le cardinal Innitzer, convoqué par Hitler, découvre l'inanité de toutes les promesses que celui-ci lui avait faites avant le plébiscite. Anne-Marie est arrêtée et n'a plus le courage moral de se défendre. Devenu cardinal, Fermoyle prononce une allocution dans laquelle il exhorte ses auditeurs à lutter contre le totalitarisme, à défendre les libertés partout où elles sont menacées.

☞ Aussi à l'aise dans les budgets moyens que dans les superproductions, dans le traitement des grands et des petits sujets, Preminger, à travers cette fresque monumentale, analyse une institution, raconte l'histoire d'un homme et donne une représentation du monde. L'origine de l'intérêt de Preminger pour le roman d'Henry Morton Robinson (publié en 1950) tient dans la possibilité qu'il lui donnait de décrire l'Église en tant qu'institution politique ; et ce type d'institutions l'a toujours fasciné (cf. son film précédent sur le Sénat américain, *Advise and Consent, Tempête à Washington,* 1962). Il montre dans l'Église une organisation dotée de règles, d'une hiérarchie assurant sa pérennité, et dont les membres, à des degrés divers, sont à la fois obéissants et libres. Il a vu dans l'Église « un intéressant mélange de totalitarisme et, sinon de démocratie, du moins d'autonomie laissée aux individus ». Représentant actif de cette institution, le personnage central part à la recherche de lui-même, traverse une grave crise qui conforte sa vocation initiale (née sous l'influence de l'environnement familial) et découvre peu à peu les valeurs qu'il essaiera de faire triompher dans le monde. Chemin faisant, il expérimente jusqu'à ses plus extrêmes limites la marge d'autonomie qui lui est laissée, usant notamment de diplomatie tant avec ses alliés qu'avec ses ennemis. Cela fait de lui un personnage ultra-premingérien, où l'auteur a peut-être mis plus encore de lui-même qu'à l'accoutumée. Dans le personnage interprété par Huston, tyrannique, injuste en apparence, mais en fait passionnément attaché à la justice et à la vérité, Preminger s'est également dépeint en partie ; d'où la force et l'étonnante qualité d'ironie qui se dégagent du premier antagonisme Tryon-Huston. A l'intérieur de l'œuvre de Preminger, *Le cardinal* est aussi le seul film où les lieux, les héros et certains personnages historiques entretiennent avec l'auteur un certain rapport autobiographique. (L'épisode de Vienne fut entièrement ajouté au roman original et permit à l'auteur de revisiter des lieux qu'il avait quittés depuis trente ans.) Cet aspect doit être noté, mais non privilégié, au sein d'un film qui englobe par ailleurs une vaste quantité d'espaces, d'expériences, de conflits historiques et privés. Loin que cette profusion d'éléments aboutisse à la dispersion, Preminger y voit au contraire l'occasion d'opérer une synthèse aussi épurée qu'élégante. Il s'agit toujours pour lui de tailler un cristal reflétant l'essence de la réalité, obtenue à partir de sa diversité matérielle et humaine, à partir des contrastes infinis qui l'animent. *Le cardinal* fait un sort particulier au contraste qui existe entre le cheminement à peu près rectiligne de la volonté d'un homme et la prolifération agressive des préjugés, toujours renaissant comme les têtes de l'hydre, que cet homme et cette volonté auront à affronter. Plus la réalité décrite est complexe, diverse, ambiguë, plus le cristal qui la reflète doit être, pour l'auteur, pur et fascinant par sa pureté. On retrouve dans cette immense superproduction cette façon unique de filmer, à la fois enveloppante et distanciée, de Preminger. L'intrigue contient certes des digressions, des récits adjacents, mais elle les ramène toujours, sans ralentissement ni désordre, à une voie centrale. Cette voie centrale est éclairée par une sérénité, une lumière qui résultent d'un équilibre entre le dandysme personnel de l'auteur et sa volonté de défendre certaines valeurs sans lesquelles le monde deviendrait tout à fait inhabitable.

## CARMEN JONES (id.)

1955 – USA (107') • *Prod.* Fox – Carlyle Prod. (Otto Preminger) • *Réal.* OTTO PREMINGER • *Sc.* Harry Kleiner d'ap. P. de Oscar Hammerstein II tirée d'un opéra-comique de Georges Bizet, Meilhac et Halévy, d'ap. la nouvelle de Mérimée • *Phot.* Sam Leavitt (DeLuxe Color, Cinémascope) • *Mus.* Herschel Burke Gilbert d'ap. Georges Bizet • *Gén.* Saul Bass • *Chor.* Herbert Ross • *Int.* Dorothy Dandridge (Carmen Jones), Harry Belafonte (Joe), Olga James (Cindy Lou), Pearl Bailey (Frankie), Joe Adams (Husky Miller), Diahann Carroll (Myrt), Roy Glenn (Rum), Nick Stewart (Dink), Brock Peters (sergent Brown), Voix de Marilyn Horne (Carmen), LeVern Hutcherson (Joe), Bernice Peterson (Myrt), Brock Peters (Rum), Marvin Hayes (Husky Miller), Joe Crawford (Dink).

En Amérique, durant la Seconde Guerre mondiale. Cindy Lou rend visite à son fiancé, le caporal Joe, dans le camp militaire de Jacksonville où il est stationné. Il va quitter ce camp le lendemain pour entrer à l'école de pilotage. A la cantine, Carmen Jones, une ouvrière de l'atelier de parachutes installé à l'intérieur du camp, aguiche Joe en présence de Cindy Lou. Joe, après le départ de Carmen, demande Cindy Lou en mariage. A l'atelier, Carmen se bat violement avec une collègue ; elle est arrêtée et c'est Joe qui doit la conduire immédiatement à la prison de Masonville. Il l'emmène dans sa jeep. A un passage à niveau, elle lui fausse compagnie et grimpe dans un train de marchandises. Joe la rattrape et la ramène, ficelée, dans son véhicule qui, un peu plus loin, ayant provoqué la chute d'une passerelle, s'enfonce dans l'eau. Carmen conseille à Joe d'aller prendre le train pour Masonville à la ville voisine qui se trouve être sa ville natale. Là, elle l'attire chez elle et lui prépare à dîner. Elle tentera de le séduire et il ne pourra résister à son charme. Il s'aperçoit plus tard qu'elle a disparu en lui laissant un mot. Cindy Lou rend visite à Joe qui purge sa peine en prison. Il ne pense qu'à Carmen dont il vient de recevoir une rose. Tous les soirs, celle-ci l'attend au café de Billy Pastor. Un soir arrive triomphalement Husky Miller, célèbre champion de boxe. Il remarque Carmen et exige de son manager qu'il obtienne que Carmen l'accompagne dans sa tournée à Chicago. Frankie, amie du manager, essaie d'amener Carmen à faire le voyage, car Husky a la réputation d'être très généreux quand il obtient ce qu'il veut. Ce même soir, Joe enfin libéré, rejoint Carmen dans le café. Il a une altercation avec un supérieur, le sergent Brown, et le met K.-O. Pour éviter la prison, il prend la fuite avec Carmen et tous deux se rendent à Chicago dans le même train que Husky Miller. Joe, recherché par la police militaire, ne peut plus quitter sa chambre. Carmen, qui ne peut vivre que libre comme l'air, va assister à l'entraînement de Husky Miller et, le soir, le rejoint dans sa suite où il séjourne avec sa bande. Carmen se fait tirer les cartes et la Mort apparaît dans son jeu. Elle embrasse violemment le boxeur. Joe, fuyant la police qui a découvert son adresse, se rend au gymnase où Husky s'entraîne. Il voit Carmen dans les bras du boxeur ; armé d'un couteau, il bondit sur lui. On les sépare et Joe se sauve juste avant l'arrivée de la police. Il a repoussé Cindy Lou, venu le chercher. Husky monte sur le ring et triomphe de son adversaire. A la sortie du match, Joe attend Carmen et l'attire dans une pièce à part. Là, il la supplie de reprendre leur vie commune. Elle refuse. Il la menace. Elle méprise ses menaces et il l'étrangle. La police l'emmène.

☞ Quoiqu'il ait inspiré de nombreux cinéastes, de Walsh à DeMille, de Lubitsch à Feyder, le personnage inventé par Mérimée trouve sa seule incarnation parfaite et véritablement créatrice à l'écran dans cette *Carmen Jones*, tranposition de la nouvelle de Mérimée à l'époque contemporaine dans un milieu de Noirs américains. Cette re-création est le fruit d'une longue série de transpositions et à ce propos il faut préciser que le scénario du film s'éloigne, sur quelques points non négligeables, du livret de la pièce musicale d'Oscar Hammerstein II (notamment par l'absence ici de toute responsabilité de Carmen dans la querelle de Joe avec son sergent). Plus que tous les précédents avatars du personnage, *Carmen Jones* opère, de par son sens et son point de vue, un retour aux sources mériméennes : Carmen y est vue avec recul, avec distance, avec froideur, comme un personnage partiellement et sans doute essentiellement insaisissable. Les composantes du personnage – le flamboiement, la fascination érotique, le fatalisme, la tragédie – font l'objet d'une tentative de rénovation qui vise à replacer définitivement la figure de l'héroïne au centre du drame (tous les autres personnages n'existent que par rapport à elle) et à éliminer de son environnement la couleur locale, le pittoresque et la mièvrerie qui en découle. Cela dit, même s'il y paraît moins que dans d'autres adaptations, la nature de l'œuvre de Hammerstein est, par définition, théâtrale et conventionnelle (aucun milieu noir aussi homogène n'existe en Amérique). Bien conscient de cela, Preminger a essayé de pulvériser ces conventions par une utilisation magistralement réaliste de l'espace et du décor, appréhendé à travers le nouveau format du Cinémascope. Peu de films sont allés aussi loin dans le refus de l'expressionnisme. Le camp militaire, la cantine self-service, telle rue populeuse de Chicago, un ring de boxe y présentent un caractère d'anonymat et en même temps de *présence* immédiate indéniable qui a favorisé cette mise à nu et cette renaissance de la tragédie de Carmen. Chronologiquement, le film se situe à mi-parcours entre les deux carrières de Preminger. Sa Carmen, quoiqu'avec quelques différences notables (l'absence de caractère névrotique et nostalgique par exemple) peut se ranger parmi les personnages typiques de ses premiers films (*Fallen Angel**, *Angel Face**, etc.) qui dépensent leur énergie à se rapprocher de la mort et qui, dans leur flamboiement, sont des êtres intensément négatifs. Mais par la façon dont l'auteur situe son personnage dans un espace ouvert, ample, dynamique, le film anticipe sur les fresques « positives » de sa deuxième période (*Exodus**, *Le cardinal**, etc.). Sur le plan esthétique, cette situation médiane est à l'origine de la tension souterraine de ce film, de cet écartèlement si bien montré chez l'héroïne, entre une énergie vitale et sexuelle débordante et une adhésion à un fatalisme morbide quasi séculaire. Écartèlement qui a renouvelé durablement l'apparence et la substance du personnage de Carmen. Preminger, agissant pour la deuxième fois en producteur indépendant (après *La lune était bleue*), eut du mal à imposer son projet. Les Artistes Associés ayant refusé cette Carmen noire, c'est Zanuck, son ancien ennemi d'avant *Laura**, devenu depuis son principal défenseur, qui l'aida à la faire accepter par la Fox. Mais Preminger n'obtint qu'un budget extrêment limité pour un film musical et dut le tourner dans le délai phénoménalement court de quatre semaines. A la différence des autres films interprétés entièrement par des Noirs (*Green Pastures*, William Keighley, 1936, *Cabin in the Sky*, Minnelli, 1943), *Carmen Jones* connut un large succès et Preminger note dans son autobiographie : « *Carmen Jones* est un des rares films que j'ai réalisés à avoir fait l'unanimité de la critique et du public ». Seule une interdiction absurde, émanant des héritiers de Bizet, empêcha le public français de connaître le film en distribution normale avant 1981 ; mais évidemment les cinéphiles avaient franchi les frontières pour le voir.

N.B. Premier générique de Saul Bass pour Preminger. Durant sa collaboration avec le réalisateur (1954-1965), le premier à lui avoir demandé un générique de film, Saul Bass sera sur le plan graphique une sorte de « double » de Preminger. Même recherche, chez ces deux créateurs, de l'idée forte et nécessaire, de l'élégance, de la simplicité alliée à l'efficacité. Dorothy Dandridge et Harry Belafonte ont été doublés (à la perfection) pour les parties chantées par Marilyn Horne et LeVern Hutcherson. Pearl Bailey chante elle-même sa partition. Outre Dorothy Dandridge et Imperio Argentina (voir notice suivante), les principales Carmen du cinéma furent Asta Nielsen (dirigée par Urban Gad, *Der Tod in Sevilla*, 1913), Geraldine Farrar (DeMille, 1917), Pola Negri (Lubitsch, 1918), Raquel Meller (Jacques Feyder, 1926), Dolores Del Rio (*The Loves of Carmen*, Raoul Walsh, 1927), Viviane Romance (Christian-Jaque, 1943), Rita Hayworth (*The Loves of Carmen*, Charles Vidor, 1948, première Carmen en couleurs), Laura Del Sol (Carlos Saura, 1983), Hélène Delavault, Zehawa Gal et Eva Saurova (dans les trois versions de *La Tragédie de Carmen*, Peter Brook, 1983), Julia Migenes-Johnson (Francesco Rosi, 1984).

BIBLIO. : sur les comparaisons entre les Carmen de Bizet, Hammerstein, Preminger, voir Olivier Eyquem : « A propos de quelques Carmen » *in* « L'Avant-Scène » n° 211-212 (1978). Liste des Carmen plus ou moins lointainement tirées de Bizet *in* « L'Avant-Scène » n° 360 (1987). Sur les démêlés du film en France voir *in* « Présence du cinéma » n° 11 (1962) Roger Ferdinand :

« L'affaire *Carmen Jones* » et Michel Mourlet : « De Velasquez à Picasso ou de Bizet à Preminger ».

## CARMEN LA DE TRIANA/ANDALUSISCHE NACHTE

Inédit en France. 1938 – Espagne-Allemagne (95') • *Prod.* Froelich-Film, Hispano-Film-Production, Berlin • *Réal.* FLORIAN REY •*Sc.* Florian Rey, Padilla-Rey, Perello • *Phot.* Reimar Kuntze • *Mus.* Jose Munoz Modella, Juan Mostazo, Hanson Milde • *Int.* Imperio Argentina (Carmen), Rafael Rivelles (brigadier José Navarro), Manuel Luna (Antonio Vargas Heredia), Pedro Fernandez Cuenca (Juan), Pedro Barreto (Salvador).

1835. A Séville la gitane Carmen, grâce à l'obligeance du brigadier Don José, peut aller voir son amant le torero Antonio Vargas Heredia dans sa prison. Chanteuse professionnelle, elle fait son numéro dans un cabaret où elle a invité Don José. Énervée par une femme qui tourne autour du brigadier, elle se bagarre violemment avec elle : les deux adversaires roulent sur la scène et Carmen blesse son ennemie à la joue avec un tesson de bouteille. Don José est chargé de la conduire à la prison. Elle l'attire chez elle sous prétexte de se changer et cette nuit-là Don José ne retournera pas à la caserne. Il est dégradé et condamné à deux ans de prison au château de Gibraltar. Dans les montagnes, Carmen et ses amis contrebandiers organisent l'attaque de la carriole qui transporte le prisonnier et le libèrent. Contre son gré, Don José doit mener la vie des contrebandiers. Carmen l'avait prévenu : « Celui qui m'aimera devra vivre comme je l'entends. » Avant une opération nocturne des contrebandiers, Carmen se tire les cartes. Elles sont mauvaises. Une diseuse de bonne aventure aux allures de sorcière la confirme dans ses craintes : « L'homme que tu aimes finira mal par ta faute. » Elle essaie en vain de persuader Don José de ne pas participer à l'opération prévue. Effectivement, cette nuit-là Don José est blessé. Carmen se tient à côté de lui, délirant de fièvre et victime d'hallucinations : « Et si tout cela n'avait été qu'un songe ? » demande-t-il à Carmen. Don José une fois guéri, Carmen renoue avec le torero qui a été libéré et trafique avec les contrebandiers. Don José est décidé à aller se rendre. Carmen empêche ses deux amants de se battre. Au cours d'une corrida, Antonio, fasciné par Carmen, a un moment d'inattention. Il se fait encorner et piétiner par le taureau. Don José a rejoint la caserne et a communiqué à ses anciens collègues des renseignements sur les contrebandiers. Ceux-ci sont cernés par les militaires. Don José meurt au cours de l'escarmouche. Il sera réhabilité à titre posthume. Doublement endeuillée, Carmen pleure les deux hommes qu'elle aimait.

☞ Après le succès de *Nobleza Batura* (1934) et de *Morena Clara* (1936), deux films qui ont surtout un intérêt folklorique et régionaliste, le metteur en scène Florian Rey et son épouse Imperio Argentina, la vedette la plus populaire de l'Espagne des années 30, se rendent à Berlin pour tourner une version de « Lola Montès ». Voyant qu'Hitler et Goebbels veulent en faire une œuvre de propagande, ils préfèrent se rabattre sur une version de « Carmen », plus propice à un divertissement non politique. Mis en scène avec plus de virtuosité technique que les films précédents de Florian Rey, tourné en studio par un froid glaciaire, *Carmen la de Triana* vaut surtout par ses séquences musicales, à cause de la qualité de la musique et du talent vocal et chorégraphique d'Imperio Argentina. Plus proche de la nouvelle de Mérimée que du livret de Meilhac et Halévy mais assez éloignée de l'une et l'autre, la conception du personnage de Carmen, modelée par le respect de certaines conventions morales de l'époque et par l'interprétation de la comédienne-chanteuse, n'est pas indifférente. Imperio Argentina donne à sa Carmen une allure fière, jamais superficielle, le plus souvent grave et tragique. Carmen devient un personnage presque constamment noir et maléfique, qui a plus d'élégance et d'autorité que de sensualité. Née sous une mauvaise étoile, elle porte la guigne à ceux qu'elle séduit et qu'elle aime, et les fêtes qu'elle anime ont tendance à sombrer dans le deuil et la mélancolie. D'ailleurs, cette « pasionaria » du mauvais œil survivra tristement à ses amants.

N.B. En même temps que cette version espagnole, fut tournée par Herbert Maisch une version allemande jouée et chantée également par Imperio Argentina. La version espagnole sortit en France sous le titre *Nuits d'Andalousie.*

## CAROLINE CHÉRIE

1950 – France (140') • *Prod.* Cinephonic-Gaumont (François Chavanne, Alain Poiré) • *Réal.* RICHARD POTTIER • *Sc.* Jean Anouilh d'ap. un R. de Cécil Saint-Laurent • *Phot.* Maurice Barry • *Mus.* Georges Auric • *Int.* Martine Carol (Caroline de Bièvre), Jacques Dacqmine (Gaston de Sallanches), Marie Déa (Mme de Coigny), Pierre Cressoy (Pont-Bellanger), Germaine Kerjean (la Chabannes), Paul Bernard (Boismussy), Jane Marken (Cathy), Nadine Alari (Charlotte Berthier), Yvonne de Bray (la duchesse), Alfred Adam (le postillon), Raymond Souplex (Belhomme), Jacques Varenne (marquis de Bièvre).

Caroline de Bièvre fête ses seize ans le 14 juillet 1789. Elle est emportée à travers la France dans la tourmente révolutionnaire à la recherche de son unique amour, Gaston de Sallanches. Elle lui gardera toujours sa fidélité, malgré de nombreuses aventures au travers desquelles la séduction qu'elle inspire lui permet souvent d'échapper aux plus grand périls.

☞ Beaucoup plus qu'un récit licencieux, le film est une chronique élégante, sarcastique, souvent atroce des journées révolutionnaires vécues du côté de quelques individus persécutés. L'épisode le plus significatif est celui de la sinistre maison de santé du Dr Belhomme auquel ses pensionnaires, des aristocrates, versent pour chaque journée de séjour des sommes fabuleuses afin d'échapper à la guillotine. Richard Pottier met son talent, très méconnu, au service de l'insolence et de l'invention romanesque de Jacques Laurent, de l'humour sardonique, cruel et glacé de Jean Anouilh. Le style surprend par sa dureté intermittente et son unité dans la sobriété. Ce qui a pu paraître osé à l'époque semble tout à fait pudique aujourd'hui et, de ce point de vue aussi, le film reste sobre. Le temps, qui si souvent accentue et met en lumière les complaisances, les a gommées ici. C'est sans doute qu'elles étaient moins marquées qu'on ne l'a dit. Le film offre à Martine Carol son meilleur rôle et celui qui la transforma immédiatement en star.

N.B. Deux suites en couleurs, très inférieures au premier film : *Un caprice de Caroline chérie,* Jean Devaivre, 1952, et *Le fils de Caroline chérie*, Jean Devaivre, 1954, ce dernier film sans Martine Carol. Autre adaptation très pauvre et très bâclée du roman par Denys de La Patellière, *Caroline chérie,* film franco-germano-italien sorti en 1968, avec France Anglade dans le rôle principal (Saint-Laurent signe seul le scénario).

## CARREFOUR/AU CARREFOUR
**(Shizi jietou)**

1937 – Chine (108') • *Prod.* Studios Mingxing (Shanghaï) • *Réal.* SHEN XILING •*Sc.* Shen Xiling • *Phot.* Zhou Shimu, Wang Yuru • *Mus.* He Luting • *Int.* Zhao Dan (Zhao), Bai Yang (Yang), Lü Ban (A'tang), Sha Meng (Liu), Ying Yin (Yao), Yi Ming (Xu), Bi Qiuxia (la mère de Xu).

Shanghai, 1937. Quatre étudiants diplômés sont sans travail. L'un d'entre eux veut se noyer. Zhao, son ami, l'en empêche. Zhao habite un meublé sordide et se querelle constamment avec sa voisine Yang, dont il n'est séparé que par une mince cloison de bois. Quoique voisins, ils ne se sont jamais rencontrés dans l'immeuble : elle travaille de jour dans une filature et il effectue un travail de nuit comme correcteur d'épreuves. Cette situation dure jusqu'à ce que la jeune fille, après l'avoir remarqué plusieurs fois dans le bus et être sortie avec lui, apprenne enfin au jeune homme qu'elle est précisément cette voisine qu'il déteste. Les deux jeunes gens, amoureux l'un de l'autre, perdent leur emploi et se séparent. Mais bientôt ils ne peuvent supporter d'être loin de l'autre et décident de faire front ensemble contre leurs difficultés. On apprend alors le suicide de l'ami que Zhao avait sauvé au début du récit.

☞ Avec pour matériau les graves problèmes de l'heure (misère, chômage, etc.), Shen Xiling a voulu tenir la gageure de réaliser une comédie légère. Il y a réussi grâce à la spontanéité et à la vivacité de ses acteurs, grâce aussi à un marivaudage tendre et inventif, habilement composé à partir d'un tissu d'anecdoctes minuscules mais attachantes en dépit d'un certain manque de rythme. Ce que veut montrer l'auteur, c'est que le désespoir des personnages n'a rien de fondamental ni d'essentiel à leur caractère. Il n'est que le produit d'une situation sociale extrêmement difficile. Dès que celle-ci s'améliore, la joie de vivre revient aux personnages. On voit alors clairement qu'ils sont beaucoup plus près des héros de Borzage ou de Fejos (on pense souvent à *Solitude**), voire de Capra, que de ceux de Carné. Même si les premiers plans (très beaux) du port de Shanghai évoquent irrésistiblement le réalisme poétique.

## CARREFOUR DE LA MORT (LE) (Kiss of Death)

1947 – USA (98') • *Prod.* Fox (Fred Kohlmar) • *Réal.* HENRY HATHAWAY •*Sc.* Ben Hecht et Charles Lederer d'ap. une histoire de Eleazar Lipsky • *Phot.* Norbert Brodine • *Mus.* David Buttolph • *Int.* Victor Mature (Nick Bianco), Brian Donlevy (D'Angelo), Coleen Gray (Nettie), Richard Widmark (Tommy Udo), Karl Malden (sergent William Cullen), Taylor Holmes (Earl Howser).

New York. Peu avant Noël, Nick Bianco est arrêté à la suite d'un hold-up commis avec trois complices dans une bijouterie. Ce n'est pas la première fois que Nick, qui a vu dans son enfance son père tué sous ses yeux par un policier, a affaire à la justice. Au cours d'un interrogatoire, l'assistant du procureur, D'Angelo, insiste sur le fait qu'il a deux fillettes à élever, et veut le persuader ainsi de « donner » ses complices, ce qui lui vaudra la clémence des juges. Nick refuse obstinément. Mais quand il apprend durant son emprisonnement que sa femme s'est suicidée, qu'on l'a laissée dans la misère et qu'elle avait été la maîtresse de Rizzo, l'un des coauteurs du hold-up, il se met à table. Il est trop tard maintenant pour obtenir une remise de peine, mais il a au moins la possibilité d'aller voir ses enfants dans l'orphelinat où Nettie, une jeune femme amoureuse de lui, qu'il épousera à sa sortie, les a placées. D'Angelo et Nick mettent au point un plan destiné à faire passer Rizzo pour le mouchard. Tombant dans le panneau, l'avocat marron de Nick charge Tommy Udo, un tueur sadique et névropathe, d'éliminer Rizzo. Ne le trouvant pas chez lui, Udo projette dans l'escalier sa mère infirme. Il est sûr d'avance que Rizzo comprendra le message et filera à l'étranger. Libéré sur parole, Nick Bianco est chargé de devenir l'ami d'Udo qu'il avait connu autrefois et d'obtenir ses confidences. Il apprend ainsi que Udo vient de commettre un nouveau meurtre. D'Angelo obligera Nick à témoigner à son procès ; après quoi on tirera un trait sur sa condamnation. Mais Udo, contrairement à toute attente, gagne son procès. Nick, dévoré d'angoisse, envoie sa femme et ses deux fillettes en province et tente d'effrayer Udo en le menaçant de nouvelles révélations. C'est peine perdue. Nick ne voit alors d'autre issue que de se faire abattre volontairement par Udo en présence de la police qu'il a prévenue à cet effet. Udo est capturé. Grièvement blessé, Nick survivra néanmoins et pourra retrouver sa famille.

☞ La sobriété exemplaire du récit, l'équilibre et la sérénité du style de Hathaway, l'application méthodique du parti pris réaliste et documentaire adopté par la Fox dans ces années-là (extérieurs réels à New York et dans diverses prisons dont Sing Sing, absence de musique, etc.) ne doivent pas nous faire croire à une œuvre simple et claire. Car ce *film noir* sans atmosphère onirique, sans femme fatale, sans plongée dans le subconscient des personnages, appartient cependant de plein droit au genre par sa profonde ambiguïté. Laissons de côté le personnage, resté célèbre, du tueur ricanant et monstrueux incarné par Richard Widmark que cette première interprétation saisissante propulsera immédiatement au rang de vedette. (Notons seulement que cette interprétation prend encore plus de relief du fait de la sobriété générale du film.) L'ambiguïté concerne Rick Bianco (Victor Mature) et tout ce qui l'entoure. Est-il bon, est-il méchant ? Est-il un infâme mouchard ou bien une victime de la société, de la police et de la justice ? L'assistant du procureur qui lui parle avec une sollicitude presque paternelle est-il un humaniste ou un roué cherchant seulement à obtenir des aveux ? Entre ses mains, doit-on considérer Nick Bianco comme sa dupe, comme un vengeur qui ne lésine pas sur les moyens ou simplement comme un homme désespéré et aux abois ? L'étonnante dignité de l'interprétation de Victor Mature ajoute encore du mystère à ces questions dont la réponse sera laissée à la libre appréciation du spectateur. Et c'est bien là un des triomphes spécifiques du *film noir* que d'abandonner le spectateur, au terme d'un récit apparemment limpide, en pleine perplexité morale.

N.B. Hathaway a précisé (*in* « Positif » nº 135) que Philip Dunne non crédité au générique avait écrit les dernières scènes du film, celles qui suivent le départ en train de la famille de Nick. Remake en western, beaucoup plus violent et sadique, par Gordon Douglas *The Fiend who Walked the West*, 1958 (Robert Evans reprend le rôle de Richard Widmark).

## CARREFOURS DE LA VILLE (LES)
### (City Streets)

1931 – USA (83') • *Prod.* E. Lloyd Sheldon • *Réal.* ROUBEN MAMOULIAN • *Sc.* Dashiell Hammett, Oliver H.P. Garrett, Max Marcin • *Phot.* Lee Garmes • *Mus.* J.A. Goodrich, M.M. Paggie • *Int.* Gary Cooper (The Kid), Sylvia Sidney (Nan), Paul Lukas (Maskal), William « Stage » Boyd (McCoy), Guy Kibbee (Pop Cooley), Stanley Fields (Blackie), Wynne Gibson (Agnes).

Parce qu'elle a aidé son beau-père, un gangster, à cacher l'arme qui lui a servi à tuer un complice dont voulait se débarrasser Maskal, un caïd de la bière à l'époque de la Prohibition, la jeune Nan est emprisonnée. Pour la sortir de là, son amoureux, le Kid, un forain champion de tir, accepte de rentrer dans la bande de Maskal, ce qu'autrefois Nan l'avait souvent supplié de faire. Mais aujourd'hui, dans la solitude de sa cellule, elle a réfléchi et elle est désolée d'apprendre que le Kid est maintenant un riche truand qui se pavane en col de fourrure au volant d'une somptueuse limousine. A sa sortie de prison, Maskal organise une fête en l'honneur de Nan. Il lui fait une cour pressante. Rapide en besogne, il envoie deux de ses tueurs éliminer le Kid, mais celui-ci réussit à leur échapper. Il retourne, malgré les supplications de Nan, à la soirée pour s'expliquer avec Maskal. Afin d'empêcher leur rencontre dont elle redoute qu'elle soit fatale au Kid, Nan fixe un rendez-vous à Maskal et se rend chez lui. Là, en présence de Nan, Maskal est assassiné par sa maîtresse qu'il venait de jeter dehors. Celle-ci accuse Nan. Le Kid prend la direction de la bande et emmène Nan. Les gangsters, persuadés de la culpabilité de la jeune femme, voudrait que le Kid se débarrasse d'elle. En fait, c'est d'eux dont il se débarrassera en prenant le large en compagnie de Nan. Le couple essaiera d'aller le plus loin possible et d'oublier le monde pourri de la Prohibition.

☞ Deuxième titre de Mamoulian et unique scénario original de Dashiell Hammett. C'est un film de gangsters original et insolite puisque construit du point de vue de deux héros qui n'auraient jamais dû évoluer dans ce milieu et y resteront, de par leur romantisme, leur jeunesse et leur innocence, tout à fait étrangers jusqu'au bout de l'histoire. Trois scènes à deux, intensément lyriques, ponctuent le récit et sont restées justement célèbres : celle du bord de mer au début, du parloir dans la prison et celle où vers la fin Sylvia Sidney essaie d'empêcher Cooper d'aller rejoindre Paul Lukas. Le maître-technicien qu'est Mamoulian fait preuve d'un constant brio formel, bâtissant son récit et sa mise en scène avec des inserts d'objets, des ombres, des mouvements d'appareil savants qui, mêlés au jeu fiévreux des deux héros, élaborent une synthèse extraordinairement féconde entre l'art du muet et le parlant. La bande-son, quant à elle, contient plusieurs innovations marquantes (dialogues *off* pendant la rêverie de l'héroïne en prison, répercussion déformée du bruit des balles à travers le téléphone dans la scène du meurtre de Paul Lukas, etc.). Pour ce qui est de l'univers décrit, Mamoulian ne cache pas le dégoût et l'immense mépris qu'il lui inspire. Cette attitude contraste avec une certaine complaisance trouble que le cinéma américain a souvent manifesté à cette époque vis-à-vis de ses gangsters et de ses héros de la pègre. Ici, quelques ellipses fulgurantes, une brève altercation sauvage entre un client de restaurant et Maskal aussitôt défendu par ses tueurs ou bien l'abjection joviale et souriante du personnage de Guy Kibbee expriment avec force ce climat de violence féroce et permanente, caractéristique d'un monde déshumanisé et perdu. Cette alliance du formalisme et d'une très forte détermination morale de la part de l'auteur constituent l'attachante spécificité de ce film.

## CARROSSE D'OR (LE)

1953 – France-Italie (100') • *Prod.* Panaria Films (Francesco Alliata), Hoche Productions (Ray Ventura) • *Réal.* JEAN RENOIR • *Sc.* Jean Renoir, Renzo Avenzo, Giulio Macchi, Jack Kirkland, Ginette Doynel, inspiré de la P. de Prosper Mérimée « Le Carrosse du Saint-Sacrement » • *Phot.* Claude Renoir, Ronald Hill (Technicolor) • *Mus.* Antonio Vivaldi, Archangelo Corelli, Olivier Metra, arrangements : Gino Marinuzzi • *Int.* Anna Magnani (Camilla/Colombine), Duncan Lamont (Ferdinand, le vice-roi), Odoardo Spadaro (Don Antonio), Riccardo Rioli (Ramon), Paul Campbell (Felipe Aquierre), Nada Fiorelli (Isabelle), George Higgins (Martinez).

Au XVIII^e siècle, une troupe de la Commedia dell'arte donne des représentations dans une colonie espagnole d'Amérique du Sud. Camilla, la vedette, qui tient le rôle de Colombine, est courtisée simultanément par trois hommes : le vice-roi qui lui fait don de son magnifique carrosse d'or, au risque d'être déposé par la noblesse, si l'archevêque y consent ; un jeune officier espagnol, Felipe, rencontré sur le bateau, qui ira combattre les Indiens et découvrira là-bas une autre vie, loin de la civilisation, et offrira à Camilla de partir avec lui ; enfin Ramon, le torero, qui n'est que muscle et vanité et lui propose de partager sa gloire et ses plaisirs. A cause de Camilla, le roi a presque perdu son trône ; l'officier et Ramon se sont battus en duel et sont arrêtés. Pour réconcilier tout le monde, Camilla donne son carrosse à l'archevêque qui l'utilisera pour apporter plus vite aux moribonds les sacrements de l'Église. Elle découvre que sa vraie vie n'est pas dans ses amours entre lesquels elle ne sait choisir mais sur le théâtre où elle est comblée.

☞ Le chef-d'œuvre absolu de Renoir. Le plus civilisé et le plus européen de tous les films. Les motifs d'admiration sont ici innombrables : construction en actes plus habile encore, dans sa géniale simplicité, que celle de *La règle du jeu**, utilisation raffinée et savante de la profondeur de champ dans le théâtre, au palais du roi et surtout dans l'appartement de Camilla, splendeur harmonieuse des couleurs, et cette lumière claire et dorée qu'on n'a jamais revue depuis sur un écran. Il est plus facile d'aimer ce film (qu'on peut revoir cent fois avec le même plaisir) que d'en pénétrer le cœur. Sans doute se trouve-t-il dans le caractère protéiforme du personnage de Camilla, portrait tout à la fois de la condition humaine selon Renoir, de son auteur lui-même, de ses aspirations et de sa vision du monde. Protée : symbole et incarnation de l'envie faustienne de mener plusieurs existences. Camilla ressent avec plénitude, avec une intensité déchirante, l'appel de l'exubérance de la vie ; elle en ressent aussi la frustration. Une vie, c'est trop peu. Toutes les vies, c'est impossible. Entre les deux, ou plutôt au-delà des deux, il y a le théâtre, ce mirage incarné, ce remède à la mélancolie et à toutes les frustrations. Certes Renoir rend hommage au théâtre, mais ce serait une erreur que de limiter le sens du film à cet hommage-là. Le théâtre apparaît ici, bien évidemment, comme réalité concrète (Renoir n'exprime rien qui ne passe d'abord par le concret) mais surtout comme métaphore. Il est le réceptacle de toutes les aspirations humaines à la totalité, à la plénitude ; il est le miroir de l'âme sensible et avide de l'héroïne et de celle de son auteur. Il représente un dépassement, encore réel, de la réalité : le théâtre ou la métempsycose préférée de l'Occidental. Synthèse de l'art plastique et de l'art dramatique, musique et confession intime, *Le carrosse d'or* est l'un de ces quelques films qui permettent de croire à la supériorité du cinéma sur tous les autres arts.

N.B. Le film existe en trois versions : anglaise, française et italienne. La version anglaise doit être considérée au sens strict comme l'originale puisqu'on y entend le son direct du tournage. Pourtant – car tout est paradoxe chez Renoir – la version doublée en français nous paraît de beaucoup supérieure. Les voix y sont plus variées, plus pittoresques, plus drôles et si l'on peut dire plus « concrètes ». Elles ajoutent à l'élégance et à l'ironie mesurée du dialogue un élément picaresque dont on ne peut plus se passer une fois qu'on l'a goûté. Les acteurs qui se doublent eux-mêmes (Anna Magnani, Odoardo Spadaro) sont encore meilleurs dans leur doublage que dans leur travail original. Par contre Jean Debucourt, dans la version anglaise, est horriblement mal doublé. Quant à la version italienne, elle a le mérite de faire parler Anna Magnani dans sa langue originale. En tant que version doublée, elle paraît toutefois moins colorée et moins variée que la version française.

## CASABLANCA (id.)

1943 – USA (102') • *Prod.* Warner (Hal B. Wallis) • *Réal.* MICHAEL CURTIZ • *Sc.* Julius J. et Philip G. Epstein et Howard Koch d'ap. P. « Everybody Comes to Rick's » de Murray Burnett et Joan Alison • *Phot.* Arthur Edeson • *Mus.* Max Steiner • *Int.* Humphrey Bogart (Rick Blaine), Ingrid Bergman (Ilsa Lund Laszlo), Paul Henreid (Victor Laszlo), Claude Rains (le capitaine Louis Renault), Conrad Veidt (le major Heinrich Strasser), Sydney Greenstreet (señor Ferrari), Peter Lorre (Ugarte), Marcel Dalio (le croupier), S.Z. Sakall (Carl), Madeleine Lebeau (Yvonne), Dooley Wilson (Sam), Joy Page (Annina Brandel), John Qualen (Berger), Leonid Kinskey (Sascha), Helmut Dantine (Jan Brandel), Ludwig Stossel (Mr Leuchtag), Dan Seymour (Abdul).

1941, Casablanca est, au terme d'un itinéraire Paris-Marseille-Oran, l'étape obligée de tous ceux qui, fuyant l'Europe occupée par les nazis, veulent rejoindre Lisbonne afin de s'embarquer pour les États-Unis. Beaucoup doivent attendre longtemps l'heure de leur départ et tirent fébrilement des plans. L'annonce de l'assassinat de deux courriers allemands, porteurs de documents très importants, provoque une vague d'arrestations dans la ville. Elles sont menées par le capitaine Renault, préfet de police vichyssois, corrompu et cynique. Il y met d'autant plus de zèle qu'il reçoit la visite du major Strasser, un officier important du IIIe Reich. L'un des endroits les plus célèbres et les plus diversement fréquentés de la ville est le Café Américain de Rick, ancien opposant aux fascistes en Éthiopie et en Espagne. Renault compte y arrêter l'assassin des deux courriers en présence de Strasser auprès duquel il espère ainsi se faire mousser. Ugarte, un petit aventurier qui gagne sa vie en vendant de faux visas, avoue à Rick qu'il va faire ce soir l'affaire de sa vie : il s'apprête à négocier à prix d'or des lettres de transit signées du général Weygand et volées aux deux courriers. Ugarte confie à Rick ces documents pour quelques heures (« Parce que vous me méprisez, vous êtes la seule personne en qui j'ai confiance », dit-il à Rick). Renault annonce à Rick la venue d'un chef important de la Résistance, Victor Laszlo, échappé d'un camp de concentration nazi. Il ajoute qu'il a reçu des ordres impératifs pour que Lazlo ne quitte pas la ville. Rick parie avec lui vingt mille francs que Laszlo réussira à le faire et confirme ainsi Renault dans l'idée qu'il cache, sous son apparence cynique, l'âme d'un idéaliste et d'un sentimental. Un peu plus tard, Ugarte est arrêté pour le meurtre des deux Allemands. Il tente de s'échapper, tire sur un de ses poursuivants et est repris. Laszlo arrive avec sa compagne Ilsa (à laquelle il est secrètement marié) et cherche en vain à contacter Ugarte dont il apprend l'arrestation. Ilsa reconnaît Sam, le pianiste du bar et insiste pour qu'il joue un air du bon vieux temps : « As the Time Goes by. » Dès qu'il entend cet air qui met les larmes aux yeux d'Ilsa, Rick accourt, furieux. Il avait interdit à Sam de le jouer. Il reconnaît en Ilsa une femme qu'il avait aimée autrefois. Resté seul, il passe une partie de la nuit à se saouler et à penser à elle. Il l'avait rencontrée à Paris et ils avaient passé ensemble quelques jours de passion et de bonheur au milieu de la tourmente, puisqu'ils avaient même assisté à l'arrivée des Allemands dans la capitale. Ils s'étaient fixé rendez-vous pour partir ensemble pour Marseille. Ilsa n'était pas venue à la gare et avait fait parvenir à Rick un mot d'adieu. Durant cette nuit où ses souvenirs sont revenus en foule, Rick reçoit la visite d'Ilsa. Elle lui affirme qu'elle est entrée par hasard au Café Américain, sans savoir qu'il en était le patron. Elle essaie de se justifier et commence à lui parler de Laszlo, le grand amour de sa jeunesse. Mais Rick la rudoie et elle s'en va. Le lendemain, dans le bureau de Renault, Strasser se fait un plaisir d'apprendre à Laszlo la mort d'Ugarte et lui propose un visa contre les noms des principaux chefs de la Résistance en Europe. L'entretien tourne court. Au marché Rick rencontre Ilsa et s'excuse pour sa conduite d'hier soir. Elle lui révèle qu'elle était déjà mariée à Laszlo quand ils se sont rencontrés à Paris. Laszlo apprend de la bouche de Ferrari, le directeur du Blue Parrot, établissement rival du Café Américain convoité par Ferrari, que c'est probablement Rick qui détient les lettres de transit nécessaires à son départ. Plus tard au Café Américain, Laszlo essaie d'obtenir de Rick les fameuses lettres. Rick refuse. Quand Laszlo lui demande pourquoi, Rick répond : « Je vous suggère de le demander à votre femme. » Alors que des Allemands entonnent des chants patriotiques, Laszlo réplique par « la Marseillaise » que reprennent en chœur l'orchestre et de nombreux clients. Le soir même, Ilsa va supplier Rick de lui donner les lettres, indispensables à la lutte que doit mener son mari. Elle traite Rick de lâche et d'égoïste et le menace même de son revolver. Puis elle lui avoue qu'elle l'aime encore. A l'époque de leur rencontre à Paris, elle croyait son mari mort. Le jour de leur départ pour Marseille, elle avait appris qu'il était vivant. Elle arrache à Rick la promesse qu'il aidera Laszlo. La même nuit, ce dernier se fait arrêter après avoir participé à une réunion clandestine. Le lendemain, Rick propose un marché à Renault. Il sait que Renault n'a pas de motif valable pour garder Laszlo. Il lui dit qu'il compte utiliser les lettres pour lui-même et pour Ilsa qu'il veut enlever à son mari. Si Renault veut bien fermer les yeux sur leur départ, il lui livrera Laszlo sur un plateau, avec cette fois des charges suffisantes pour l'emprisonner longtemps : Renault n'aura qu'à l'arrêter au moment où lui, Rick, lui remettra les lettres. Impressionné par le cynisme de Rick qui semble dépasser encore le sien, Renault accepte. Mais le plan ne se déroulera pas comme prévu. Au moment où Renault va arrêter Laszlo, Rick sort son revolver. Il conduit Laszlo et Ilsa à l'aéroport et les met dans l'avion qui s'envole pour Lisbonne. Il abat Strasser qui voulait appeler la tour de contrôle. Faisant volte-face, Renault qui n'avait jamais aimé Strasser, « couvre » Rick. Tous deux s'éloignent côte à côte dans l'aéroport brumeux. Rick a gagné son pari, et une grande amitié commence.

☞ C'est vraisemblablement le film américain le plus aimé des Américains eux-mêmes. Dans le dictionnaire Maltin, il est désigné comme « notre candidat au titre de meilleur film hollywoodien de tous les temps ». Cela tient sans doute, dans ce qu'il a de bon et de moins bon, à sa nature de feuilleton qu'il partage avec *Autant en emporte le vent**, autre film adoré des Américains. Le caractère exceptionnel de *Casablanca*, dans la grande production hollywoodienne, est qu'il a été – involontairement – conçu, écrit et tourné comme un feuilleton, aucun de ses créateurs ne connaissant la destination de l'histoire, laquelle resta jusqu'au bout « à suivre » ». Les frères Epstein, Philip G. et Julius, scénaristes, racontent une vague histoire tirée d'une pièce (dont on oublie toujours l'existence dans la genèse de *Casablanca*) à Hal Wallis et à Selznick. Elle les enthousiasme au point que ce dernier « prêtera » à la Warner Ingrid Bergman qu'il avait sous contrat et à qui il assure qu'elle trouvera là un rôle magnifique. Les frères Epstein se mettent au travail avec Howard Koch envoyé en renfort (il venait d'écrire *The Sea Hawk**, pour Curtiz et *The Letter* pour Wyler). Le scénario progresse mal ; il y a de bonnes répliques, des caractères, des péripéties intéressantes mais pas de ligne directrice. Les Epstein se font habilement transférer sur un autre film et Koch reste seul dans la galère. Il écrit alors l'histoire dans sa continuité, sans savoir où il va, chaque scène tirant sa logique et son mouvement de ce qui la précède immédiatement. Deux semaines avant le tournage, il a écrit quarante pages, soit un tiers du scénario, qui plaisent beaucoup à Curtiz. « Mais, note Koch (voir Biblio.), Mike était tellement soucieux et en appétit d'un script que n'importe quelles scènes lui auraient paru bonnes. » A ce stade, Koch reçoit de l'aide de Bogart et des autres acteurs principaux. On discute, on boit du whisky ; des idées jaillissent. Tous ont conscience de participer à une situation pirandellienne : six personnages en quête d'histoire. Le premier jour du tournage, Koch a écrit environ la moitié du script. Dans le dernier tiers du tournage, il apportera ses scènes au jour le jour et recevra même un memo lui signifiant que chaque jour sans script coûtera à la production trente mille dollars. Ceci, dit-il, n'augmenta guère ma sérénité. A ce moment, Curtiz commence à parler des scènes écrites à différents membres de l'équipe et leur demande fréquemment leurs avis. Des changements surviennent dans le texte, auxquels Koch ne comprend rien. Il s'étonne, met en avant la logique des caractères. Curtiz lui répond : « Ne vous souciez pas de la logique. Je fais aller tout ça si vite que tout le monde n'y verra que du feu. » Mais c'est le même Curtiz qui, pour satisfaire la logique et la légitime curiosité du public, exige qu'on inclue le flash-back de la rencontre à Paris. Koch estimera plus tard que l'importance accordée par Curtiz à l'aspect romantique et sentimental de l'histoire et son goût à lui, Koch, pour la caractérisation des personnages et les aspects politiques de l'intrigue, ont fait bon ménage et donné lieu à un récit assez équilibré. A noter que si deux fins furent écrites, seule celle qu'on voit à l'écran fut tournée (l'autre montrait Bergman restant à terre avec Bogart). Quoiqu'il en soit, cette « méthode » de tournage irrita prodigieusement Curtiz, Bogart et les autres. Bergman en particulier aurait voulu savoir lequel des deux hommes son personnage aimait vraiment afin de le jouer convenablement. Quand elle interrogeait Curtiz, il répondait « On ne sait pas encore, essaie de nous jouer ça... entre deux » (cf. l'autobiogaphie de Bergman, « My Story », traduite chez Fayard en 1980). Elle n'en est jamais revenue de voir un film réalisé dans ces conditions (qu'elle qualifie de grotesques et d'affreuses) faire si bonne figure aux Oscars – nommé huit fois, *Casablanca* obtint les oscars du meilleur scénario ( ! ), du meilleur metteur en scène et du meilleur film – et surtout devenir au fil des annés un classique adulé par les étudiants, les habitués des cinémathèques et l'Amérique toute entière. Peut-on essayer de juger le film en dehors du culte qui lui est rendu ? L'ennui majeur avec les feuilletons, c'est qu'il ne s'y passe rien d'essentiel. Les personnages, l'atmosphère, les clivages moraux sont donnés au départ et la progression du récit, plus ou moins habile, ne fait qu'exploiter, c'est-à-dire révéler ou cacher, selon les besoins de la dramaturgie, certains aspects de ces données. Il faut dire que l'habileté est ici extrême, notamment dans la manière dont le passé de Bergman est révélé à petites doses, en trois ou quatre fois, à Bogart et au spectateur. Outre son absence de progression réelle, dissimulée sous un mouvement extérieur constant, le film traîne avec lui une pénible et continuelle sentimentalité de midinette (Bergman, les yeux presque toujours embués de larmes, paraît ici dans l'une de ses compositions les moins émouvantes). D'autre part, tout ce qui est extérieur au décor du café (où se déroulent les meilleures scènes), c'est-à-dire les rues, l'aéroport, la figuration, représente le summum de la « fabrication » hollywoodienne. On est dans un monde créé de toutes pièces qui tire sa force de l'actualité du sujet traité (et Dieu sait si elle est ici capitale !) beaucoup plus que de la texture réelle du film. (Dix-huit jours après la première, les Alliés débarquèrent à Casablanca.) Cela dit, les qualités de *Casablanca* sont loin d'être négligeables. Il y a d'abord la variété et la richesse de l'interprétation jusque dans les plus petits rôles, de Conrad Veidt à Peter Lorre, de Claude Rains à S.Z. Sakall. Il faut noter aussi l'humour souvent cinglant des dialogues, mais malheureusement le film n'est humoristique *que* dans ses dialogues (cf. la réplique de Conrad Veidt à Claude Rains : « Vous répétez cette expression IIIe Reich comme si vous souhaitiez qu'il y en ait d'autres – Je prendrai ce qui vient », répond C. Rains. Un peu plus loin, Bogart est interrogé sur sa nationalité. « Je suis un ivrogne » répond-il et Claude Rains d'ajouter « Ce qui fait de lui un véritable citoyen du monde »). Mais l'élément dominant du film, c'est bien entendu le romantisme rassurant, mais de bon aloi, qui émane du personnage de Rick et qui cimenta le mythe de Bogart. Toute l'Amérique s'est reconnue – et continue de se reconnaître – avec délices dans ce personnage, dans son cynisme et son pragmatisme de façade recouvrant un idéalisme à toute épreuve. Étant donné le caractère « légendaire » du film, y a-t-il lieu de faire la fine bouche ? On fera simplement remarquer qu'il y a autant de différence entre *Casablanca* et *To Have and Have Not**, variation consciente sur le précédent, superbe d'élégance, de décontraction et d'humour, œuvre où il se passe *vraiment* quelque chose dans les relations des personnages, qu'entre par exemple *Autant en emporte le vent** et *Band of Angels**, qu'entre un « film-culte » (notion douteuse servant à désigner un film dont les défauts autant que les qualités assurent la pérennité) et un chef-d'œuvre, qu'entre un film de mécanicien et un film d'auteur. Et pour ce qui est du vrai Curtiz, il vaut mieux le chercher dans ses films avec Errol Flynn et dans *The Sea Wolf**.

BIBLIO. : scénario et dialogues *in* « Best Film Plays of 1943-1944 », New York, Crown Publishers, 1945. Également dans le livre d'Howard Koch, « Casablanca, Script and Legend », New York, The Overlook Press, 1973 (précieuse préface de Koch sur la genèse du film). Reconstitution du film en 1 400 photogrammes (avec dialogues complets) par Richard J. Anobile, New York, Universe Books, 1974 (préface-interview d'Ingrid Bergman).

## CASANOVA

1927 – France (132') • *Prod.* Ciné-Alliance, Société des Cinéromans • *Réal.* ALEXANDRE VOLKOFF •*Sc.* Alexandre Volkoff, Norbert Falk et Ivan Mosjoukine • *Phot.* Nicolas Toporkoff, Fedote Bourgassof et Léonce-Henri Burel • *Int.* Ivan Mosjoukine (Giacomo Casanova), Diane Karenne (Maria Mari), Suzanne Bianchetti (Catherine II), Jenny Jugo (Thérèse), Rudolf Klein-Rogge (le tsar), Rina de Liguoro (la Corticelli), Nina Kochitz (la comtesse Vorontzeff), Carlo Tedeschi (l'huissier Menucci), Michel Simon (un sbire de Menucci).

1760. La république de Venise est en pleine décadence. Symbole parfait de cette époque, le chevalier Casanova de Seingalt mène une vie de plaisirs et d'aventures conforme à son idéal (ou à son absence d'idéal). Il se débarrasse de l'huissier Menucci en lui échangeant sa dette contre le livre de Salomon, grimoire plein de secrets magiques permettant à celui qui les possède de devenir tout-puissant. Casanova expérimente lui-même devant Menucci les vertus du livre en se faisant grossir démesurément la tête et le corps (grâce à un ingénieux système actionné par ses domestiques). Ainsi Menucci, convaincu, emporte-t-il le livre. Le chevalier donne une réception pour le départ de la célèbre danseuse Corticelli qui s'est montrée accueillante à ses désirs. Au cours de la fête, un ballet de femmes dénudées utilisant comme accessoires les épées des gentilshommes présents est la principale attraction de la soirée. Casanova y rencontre en duel Orloff, lieutenant de la garde impériale russe, qui convoite aussi la danseuse. Casanova l'emporte mais la Corticelli saura réconcilier les adversaires. Menucci veut jeter dans le canal le livre magique dont les effets lui inspirent de la frayeur. Ses deux sbires lui conseillent de le remettre aux autorités. Accablé de pétitions contre le chevalier dues à des maris trompés ou à des femmes repoussées, le Conseil des Dix trouve enfin matière à mettre Casanova en mauvaise posture : il est accusé de sorcellerie. On lui tend un piège lors de son rendez-vous nocturne avec Lady Stanhope mais il échappe à ses poursuivants en sautant dans le canal et se rendra plus tard, complètement trempé, au domicile de sa belle. Il est temps pour lui de changer d'air. Il traverse l'Autriche et dans une auberge sauve la jeune Thérèse des entreprises d'un duc qui l'avait tout bonnement « achetée » à sa mère pour ses plaisirs. Il l'emmène sur son cheval mais tombe dans une embuscade dressée par des bandits. Il se retrouve seul, dépouillé de ses biens au milieu de la campagne. Un M. Dupont, fournisseur de modes auprès de Catherine de Russie, lui offre l'hospitalité de son carrosse. Casanova lui prendra plus tard son passeport et son identité pour franchir la frontière russe à la poursuite d'une belle inconnue. A Saint Pétersbourg, il présente à Catherine les derniers modèles de Paris en lingerie fine et essaie même devant elle, pour qu'elle en juge le bel effet, une robe à paniers. Casanova retrouve Orloff qui, amoureux de Catherine, est sur le point de renverser le tsar Pierre III son mari, un demi-fou colérique qui trompe odieusement sa femme avec la grosse baronne Voronzoff. Le tsar une fois réduit à merci, Catherine se couronne impératrice. Elle a un faible pour Casanova, lequel a enfin retrouvé son inconnue, la comtesse vénitienne Maria Mari en déplacement avec son époux. Jalouse, Catherine fait reconduire à la frontière les Mari. Casanova enlève la comtesse mais, poursuivi, doit sauter du carrosse en marche. Durant les fêtes du carnaval de Venise, il enlèvera de nouveau la comtesse à la barbe de son mari et l'emmènera à Murano. Mais les circonstances le conduiront à voler une fois encore au secours de Thérèse, conduite au couvent par le duc. Casanova a contre lui une horde d'adversaires. Il tue le duc et, blessé par la comtesse qui a tiré sur lui dans un accès de jalousie, il est emprisonné. Il moisit plusieurs mois dans « Les Plombs » et serait même exécuté si ses amis ne lui faisaient passer de quoi scier ses barreaux. Il s'évade par les toits alors que le carnaval bat de nouveau son plein. La comtesse, quant à elle, a décidé d'entrer au cloître. Obligé de fuir, Casanova jure à Thérèse en pleurs de revenir la chercher. Il monte à bord d'un bateau, non sans avoir hésité car son regard avait un moment croisé celui – adorable – d'une femme de pêcheur assise sur le quai.

☞ La restauration du film, effectuée avec talent par Renée Lichtig pour le cinquantenaire de la Cinémathèque française (1986), remet en lumière le talent de petit maître – au moins dans sa période muette française (ses films parlants sont exécrables) – d'Alexandre Volkoff, émigré russe tour à tour acteur, scénariste et metteur en scène. Les mérites de ce *Casanova* dépassent de beaucoup ceux du cinéma d'illustration largement pratiqué en France durant les années 20. La variété des épisodes, la légèreté du ton, la vivacité du rythme, un humour espiègle qui souvent donne des ailes à la mise en scène, une pointe de fantastique et des qualités plastiques évidentes dans la présentation des différents lieux de l'action (Venise, l'Autriche, Saint Pétersbourg) font du film un divertissement mineur mais pleinement réussi. Et ce *Casanova* figure assurément parmi les longs métrages muets français les plus agréables à regarder aujourd'hui.

N.B. La copie restaurée contient une séquence de nuit au carnaval de Venise coloriée au pochoir (environ 8'). Dans la version italienne du film, la comtesse, au lieu de se cloîtrer, était condamnée à mort et exécutée pour avoir comploté le meurtre de son mari. Mosjoukine, acteur moins admirable que ne le disent les historiens nés avant Quatorze, rejouera Casanova dans un film parlant assez horrible de René Barberis (1933). Il y est doublé pour la voix par Jean Galland.

## CASANOVA, UN ADOLESCENT A VENISE

### (Infanzia, vocazione e prime esperienze di Giacomo Casanova Veneziano)

1969 – Italie (125') • *Prod.* Mega Film (Ugo Santalucia) • *Réal.* LUIGI COMENCINI •*Sc.* Luigi Comencini, Suso Cecchi d'Amico d'ap. les Mémoires de Casanova • *Phot.* Aiace Parolin (Technicolor) • *Mus.* Fiorenzo Carpi • *Int.* Leonard Whiting (Casanova), Claudio De Kunert (Casanova enfant), Maria Grazia Bucella (Zanetta), Senta Berger (Giulietta Cavamacchia), Lionel Stander (don Tosello), Tina Aumont (Marcella), Cristina Comencini (Angela), Mario Peron (le père de Casanova), Wilfrid Brambell (Malipiero), Sofia Dionisio (Bettina).

Fils de comédiens, le jeune Vénitien Giacomo Casanova est confié par ses parents, qui n'ont pas le temps de s'occuper de lui, à sa grand-mère. A huit ans, c'est un garçon plutôt fragile, renfermé, atteint de saignements de nez fréquents soignés à l'occasion par une espèce de sorcière. Il revoit sa mère quand elle revient de Londres. Elle a eu dans trois pays trois enfants de maris différents. Le père de Giacomo, Gaetano, fatigué et humilié par les infidélités d'une femme plus jeune que lui, ne veut plus entendre parler de théâtre. Ayant manqué se noyer, il est opéré pour une tumeur à l'oreille par un chirurgien célèbre, tout fier d'utiliser pour cette trépanation son nouveau matériel de vrilles, marteaux, scies, etc. Cette opération-spectacle se déroule devant un public nombreux de parents, d'amis, de voisins et de curieux de la haute société. Elle se clôt par la mort du patient. Gaetano qui n'avait pas exclu ce dénouement avait pris soin de recommander son aîné Giacomo aux deux frères Grimani. Ceux-ci envoient l'enfant à Padoue où il séjourne dans une école misérable et sans hygiène ; il y mange mal, dort dans un couloir, attrape des poux et doit être tondu. Le prêtre Don Gozzi, ayant remarqué ses dons pour l'étude, l'invite à demeurer chez lui. Là, la jeune sœur du prêtre, Bettina, s'occupe de Giacomo, le lave et l'enfant connaît à cette occasion ses premiers émois sexuels. Jaloux d'un rival qui passe la nuit dans la chambre de Bettina, Giacomo menace de tout dire. Pour détourner l'attention, Bettina devient hystérique et doit être exorcisée. Un jeune et séduisant prêtre, Don Mancia, se charge de l'opération en s'enfermant avec elle. Giacomo, dans sa précocité, n'a aucun mal à deviner ce qu'ils peuvent faire. Et quand Don Gozzi lui vantera les mérites de la carrière ecclésiastique, seul recours pour un jeune roturier intelligent comme lui, Giacomo entrera complètement dans ses vues. Dix ans plus tard, en 1742, Casanova réapparaît en abbé à Venise. Il devient le protégé du vieux marquis Malipiero qui participa pendant plusieurs décennies au gouvernement de Venise avant de prendre sa retraite. Casanova partage sa table, sa très riche bibliothèque et est en principe son directeur de conscience. Grand amateur de tendrons, Malipiero compte sur Casanova pour lui en procurer et favoriser notamment ses amours avec une adolescente qu'il a récemment remarquée dans une procession religieuse. Le jeune abbé est amené à visiter dans le parloir d'un couvent (lieu de rendez-vous et de mondanités) des sœurs converses afin de parler latin avec l'une d'entre elles, Lucia, fille de la princesse Contarini. Il suscite l'amour de la novice Angela. Prêchant pour le Carême, il s'attire l'admiration émue des dames vénitiennes. Il trouve dans la quête un billet doux et l'attribue à Angela. En fait, c'est la célèbre et ravissante courtisane Millescudi (« Mille écus ») qui veut le voir de près et tient à lui enseigner ce qu'est une pécheresse. Le jeune homme n'a pas encore prononcé ses vœux de chasteté et cette expérience lui servira toute sa vie. Plus tard, il assiste à la pendaison de Don Mancia, préalablement dépouillé de tous ses vêtements et ornements ecclésiastiques : il avait étranglé sa maîtresse.

Casanova découvre ainsi les inconvénients de la prêtrise. Angela qui ne veut pas retourner au couvent le presse de l'épouser. Mais elle est aussi pauvre que lui. Il la laissera partir et se consolera de ce « sacrifice » dans les bras des deux jolies cousines d'Angela. Après quoi, il fait brûler son vêtement d'abbé par un domestique. Il n'en a plus besoin : sa carrière de libertin commence.

☞ Tirée des cinq premiers chapitres des « Mémoires de Casanova » et de l'œuvre de différents autres mémorialistes de l'époque, c'est ici la chronique à demi réussie de l'enfance et de la jeunesse de Casanova, et de la vie quotidienne à Venise et à Padoue dans la première moitié du XVIII$^{e}$ siècle. Au cinéma, la chronique a besoin pour justifier ses vues cavalières, sa féconde dispersion anecdotique, d'un axe, d'une ligne de force solide. C'est l'enseignement qu'on pouvait tirer notamment de ces deux admirables chroniques que sont *Le Voci bianche* (*Le sexe des anges**, 1963) et *Una vergine per il principe* (*Une vierge pour le prince*, 1965) de Pasquale Festa Campanile. Dans ce *Casanova*, cette ligne de force manque. Certes, dans la première partie, Comencini exprime son thème de prédilection : l'enfant livré à lui-même, laissé dans une sorte d'abandon, dû ici, au sein d'une société théâtrale et superficielle, à la carence de toutes valeurs, notamment affectives et morales. Mais ce thème ne donne à l'ensemble de la première partie ni cohérence ni dynamique. Dans la seconde partie, le jeune Casanova (très mal interprété par l'élégant et somnambulique ectoplasme nommé Leonard Whiting) connaît quelques expériences qui font la transition avec sa carrière de libertin que le film ne montrera pas. La seconde partie est de trop et en même temps en appelle une troisième. Ce film qui aurait dû comporter une ou trois parties se relève mal d'une construction bâtarde et indéfendable. Reste, au long d'une suite d'épisodes et d'anecdotes relativement bien choisis, décrits sur un ton ironique et cruel, le raffinement de Comencini, aristocrate de la couleur et de la composition. Ce raffinement, ainsi que la beauté de Senta Berger, de Tina Aumont et de quelques autres comédiennes fort bien mises en valeur, suffit à nourrir le plaisir du spectateur. A noter aussi que sa collaboration avec Piero Gherardi, dessinateur des décors et des costumes, a parfois entraîné le cinéaste vers une mollesse, un fouillis, une certaine poudre aux yeux qui conviennent mieux à l'onirisme fellinien qu'au travail d'analyse réaliste pratiqué par Comencini. C'est précisément cette exigence de réalisme (ici génératrice de surprises dans le détail social et historique de l'action) qui a amené Comencini à subir l'influence de Pietro Longhi dont le tableau « Le Rhinocéros » inspira l'une des scènes du film.

BIBLIO. : scénario original (avant tournage) publié par la Casa del Mantegna, Province de Mantoue, 1987.

## CASQUE D'OR

1951 – France (96') • *Prod.* Paris Film Production – Spéva Film • *Réal.* JACQUES BECKER • *Sc.* Jacques Becker, Jacques Companeez • *Phot.* Robert Le Febvre • *Mus.* Georges Van Parys • *Décors* Jean d'Eaubonne • *Int.* Simone Signoret (Marie), Serge Reggiani (Manda), Claude Dauphin (Leca), Raymond Bussières (Raymond), Gaston Modot (Danard), Paul Barge (inspecteur Juliani), Dominique Davray (Julie), Fernand Trignol (patron de l'Ange Gabriel), Daniel Mendaille (patron de la guinguette), Roland Lesaffre (Anatole), William Sabatier (Roland).

Au début du siècle à Paris, les amours d'une prostituée de la bande de Belleville, Casque d'or (elle avait réellement existé) et de Manda, l'ouvrier charpentier, ex-truand ayant voulu s'acheter une conduite. Manda, provoqué, tue dans un duel au couteau le « protecteur » de Casque d'or, Roland. Les deux amants vivent alors quelques jours de paix et de bonheur à la campagne, à Joinville. Mais le chef de bande Leca, représentant en vins et spiritueux dans le civil, convoite Casque d'or. Il « donne » à la police un membre de sa bande, Raymond, qui est aussi le meilleur ami de Manda. Il espère ainsi que, par fidélité envers son ami injustement accusé du meurtre de Roland, Manda ira se rendre. Son raisonnement a visé juste et Manda tombe dans ce piège tendu à son honnêteté. Aidé par Casque d'or, il s'évadera en compagnie de Raymond, tué au cours de l'échauffourée par un policier. Ayant eu connaissance de la machination de Leca, Manda le poursuit jusque dans la cour d'un commissariat et l'abat. Casque d'or loue une chambre donnant sur la prison et assiste au supplice de son amant guillotiné.

☞ Le tragique latent et disséminé, éclatant parfois à l'improviste dans plusieurs films de Becker (*Goupi Mains-Rouges**, *Falbalas*), s'étale ici au grand jour et constitue le propos premier de l'œuvre. Les héros sont victimes de leur condition sociale autant que de leur destin individuel. Ils vivent dans un monde cruel dont Becker a tenu à donner une description sobre, dépourvue de trivialité et de pittoresque. C'est que la fille et l'ouvrier, à cause d'une sorte de dignité qui leur est propre, apparaissent l'un et l'autre supérieurs à leur destin. Le tragique de leur histoire s'incarne dans une reconstitution précise et attachante de la périphérie de Paris dans les années d'avant 1914. Cette intensité concrète dans la recréation vivante d'une époque et d'un milieu – costumes, attitudes, parler des personnages –, ce relief dans les gestes et les voix des acteurs (tous à peu près inoubliables et trouvant ici leur meilleur rôle) font de Becker le cinéaste français par excellence. Rien de théorique chez lui, nulle obéissance à un parti pris esthétique qui viendrait entacher l'homogénéité et la sincérité de l'œuvre. La matière, seule, parle dans ses films. Elle est façonnée par un artiste exigeant et minutieux comme un artisan. *Casque d'or* connut à sa sortie un insuccès notoire. A cause de « la lenteur du tempo, l'absence de toute ellipse, l'abondance des temps morts », selon Becker lui-même (*in* « Cahiers du cinéma » n° 32). On pourrait dire aussi : pour la noirceur sans concession du ton et pour l'irruption du tragique là où l'on attendait une certaine futilité et le pittoresque des romans populaires. Quelques années plus tard, comme ce fut le cas pour *Le carrosse d'or** ou *Le plaisir**, autres échecs commerciaux mémorables, le film était devenu aux yeux de tous un classique du cinéma français.

BIBLIO. : scénario et dialogues *in* « L'Avant-Scène » n° 43 (1964).

## CAUCHEMAR DE DRACULA (LE)

**(Dracula** ; titre U.S. : **Horror of Dracula)**

1958 – Angleterre (82') • *Prod.* Hammer (Anthony Hinds) • *Réal.* TERENCE FISHER •*Sc.* Jimmy Sangster d'ap. R. de Bram Stoker • *Phot.* Jack Asher (Technicolor) • *Mus.* James Bernard • *Int.* Peter Cushing (Dr Van Helsing), Christopher Lee (le comte Dracula), Michael Gough (Arthur Holmwood), Melissa Stribling (Mina Holmwood), John Van Eyssen (Jonathan Harker), Carol Marsh (Lucy), Olga Dickie (Gerda).

Mai 1885. Jonathan Harker s'introduit dans le château du comte Dracula, quelque part en Europe centrale, en qualité de bibliothécaire. Son intention est d'éliminer le comte, grand maître du vampirisme dont la propagation serait une calamité pour le monde. Mais il est victime de son hôte avant d'avoir pu agir. Se réveillant dans sa chambre, il constate la présence des deux morsures fatidiques à son cou. Au crépuscule, descendant dans la crypte où les vampires dorment dans leur cercueil, il a le temps de plonger un pieu dans la poitrine de la jeune femme vampirisée et séquestrée par Dracula. C'est en effet la seule façon de libérer son âme à tout jamais. Elle redevient alors une très vieille femme. Mais Dracula s'est réveillé avec la nuit et a disparu de son cercueil... Le Dr Van Helsing, poursuivant des études sur le vampirisme, arrive dans la région à la recherche de Harker dont il connaissait les intentions. La servante de l'auberge lui confie en secret le manuscrit du journal de Harker. Van Helsing trouve dans la crypte du château son ami endormi dans un cercueil et s'apprête à le transpercer.... De retour à Londres il annonce à Arthur Holmwood, frère de Lucy, la fiancée de Harker, la mort de leur ami commun. Lucy est actuellement victime d'une étrange et incompréhensible anémie.

C'est que chaque nuit, toute palpitante, elle attend et reçoit la visite de Dracula. Un matin, on la retrouve morte. En fait elle est passée dans le monde des morts-vivants. Van Helsing la retrouve et lui applique sur le front un petit crucifix qui y laisse une marque indélébile. Plus tard, il lui enfonce un pieu dans la poitrine. Avec Holmwood, il part sur le continent à la poursuite du comte. Pendant ce temps, Mina Holmwood, la femme d'Arthur, a été appelée dans la nouvelle retraite de Dracula, chez un entrepreneur de pompes funèbres... Revenu bredouille, Van Helsing comprend tout de suite l'état de Mina. Il veut qu'elle serve d'appât pour capturer Dracula qui vient à nouveau la visiter. Une transfusion de sang sauve provisoirement Mina. Van Helsing découvre que le cercueil de Dracula est installé dans la propre cave des Holmwood, mais il arrive trop tard. Dracula a emporté Mina dans son château. Holmwood et Van Helsing s'y rendent en toute hâte. Un long corps à corps oppose Dracula à Helsing qui, l'aube venant, s'accroche aux rideaux pour les arracher. Les rayons du soleil inondent la pièce et réduisent le vampire en poussière, laquelle est bientôt balayée par le vent, cependant que Mina redevient normale.

☞ Entre deux résurrections brillantes de Frankenstein (*The Curse of Frankenstein**, 1957 et *The Revenge of Frankenstein**, 1958), la compagnie anglaise Hammer et Terence Fisher s'attaquent à Dracula. Ils n'avaient pas été les seuls. En Amérique, après l'âge d'or Universal des années 30 et 40, Herbert L. Strock pour American International (*Blood of Dracula*, 1958) et Paul Landres, pour United Artists (*The Return of Dracula*, 1958) avaient consacré également deux films de série Z au célèbre vampire. La supériorité de Fisher sur eux est immense : il réadapte l'œuvre originale de Bram Stoker, il bénéficie d'un budget limité mais honnête et surtout il utilise un atout impressionnant dans une œuvre où le sang est le personnage principal : la couleur. Son apport est un travail d'illustration consciencieux, soigné, quoique sans génie, dont la principale nouveauté tient dans la précision, le caractère non elliptique des séquences sanglantes : vieille femme à la poitrine transpercée d'un pieu, canines proéminentes et souvent rouges de sang des vampires. Sans oublier un aspect érotique discret mais osé pour l'époque : attente passionnée de Dracula par Lucy la nuit sur sa couche. Chez le spectateur, nul réel frisson d'horreur mais une surprise constante devant la force d'évidence avec laquelle le mythe est tranquillement et minutieusement réincarné. Christopher Lee est un Dracula sobre, convaincant, proche de Stoker ; il joue surtout de sa taille et de ses traits longilignes. Il lui manque sans doute cette étincelle de folie qu'aura par exemple, dans une composition plus risquée, le Jack Palance du *Dracula* de Dan Curtis (*Dracula et ses femmes-vampires*, 1973). D'une façon générale, Dracula revisité par la Hammer et par Fisher possède beaucoup moins de brillant et de perversité que Frankenstein. Fisher, quant à lui, progressera beaucoup par la suite, notamment en ce qui concerne l'originalité et la cruauté de la narration, la direction d'acteurs, l'adjonction de personnages pittoresques et de péripéties secondaires, le raffinement et la minutie de la mise en scène. A voir l'ensemble de son œuvre, il est clair qu'il a toujours préféré Frankenstein.

N.B. La séquence de la désintégration de Harker a été entièrement coupée au montage. Celle de Dracula a été réduite à l'époque pour de nombreux pays et le reste aujourd'hui dans les copies télé.

BIBLIO. : scénario et dialogues *in* « L'Avant-Scène » n° 160-161 (1975). Le numéro contient aussi *Le cabinet du Dr Caligari**.

## CAVE SE REBIFFE (LE)

1961 – France (98') • *Prod.* Cité Films Jacques Bar et Compagnia Cinematographica Mondiale • *Réal.* GILLES GRANGIER • *Sc.* Albert Simonin, Gilles Grangier, Michel Audiard d'ap. R. d'Albert Simonin • *Phot.* Louis Page • *Int.* Jean Gabin (Ferdinand Maréchal), Martine Carol (Solange Mideau), Bernard Blier (Charles Lepicard), Françoise Rosay

(Mme Pauline), Frank Villard (Éric Masson), Maurice Biraud (Robert Mideau), Ginette Leclerc (Léa Lepicard).

Un ancien tenancier de maison close dépérit depuis qu'une loi scélérate lui a interdit toute activité dans sa branche. Il envisage de se reconvertir dans la fausse monnaie quand, par deux amis, l'occasion lui en est donnée. Manquant d'expérience dans cette spécialité, il tient à se concilier la participation d'un truand célèbre, orfèvre en la matière, qui a pris sa retraite dans une île tropicale. Il parvient à le convaincre de revenir en France et de s'associer au projet. Mais le truand est vorace. Ayant mené l'affaire à bien, il faussera compagnie à ses associés et s'envolera avec le butin, accompagné du graveur qui a fabriqué les faux billets et pour lequel il s'est découvert une tendresse toute paternelle.

☞ C'est peut-être le meilleur et le plus significatif de tous les dialogues écrits par Audiard. À lui seul, le dialogue se révèle ici capable de transformer le genre du film, d'en extraire le sens et de créer un second degré facétieux à partir du plus traditionnel des matériaux. Il suffit en effet que les personnages parlent la langue d'Audiard, avec son ironie, son argot sophistiqué, sa rhétorique délirante et irréaliste, mais aussi ses aphorismes, ses astuces, ses emprunts à différents vocabulaires techniques pour qu'une banale « série noire », correctement mise en scène par Grangier, devienne un film comique baroque exprimant la vision « anar-réac » du dialoguiste : éloge des grands marginaux et des vrais ouvriers ; mépris rigolard pour les profiteurs et les enrichis ; misogynie féroce. Une nostalgie qui se moque d'elle-même, présente tout au long du film, entraîne la réussite particulière des scènes mettant face à face ou faisant monologuer les acteurs les plus anciens et les plus célèbres de la troupe : cf. le bref duo Gabin-Rosay et le long monologue par lequel Gabin entreprend de « séduire » le graveur. Audiard bâtit sans rechigner pour Gabin un rôle à la fois sur mesure et plus grand que nature : celui d'un caïd infaillible comme le pape, intelligent, cultivé, expert dans tous les domaines, d'une autorité sans égale et qui en trompant ses associés ne fait que leur rendre la monnaie de leur pièce, innocent même de ce crime-là. Ce personnage mythique, délirant et un tant soit peu mégalomane, éloigne le film du filon pseudo-réaliste de la série noire française à la Becker. On sent d'ailleurs *a posteriori* tout au long du film l'impatience d'Audiard à raconter une histoire entièrement soumise à ses désirs et à ses délires, baroque et cocasse non seulement dans son verbe ou dans ses personnages, mais aussi dans son intrigue et sa construction dramatique : ce sera quelques années plus tard *Faut pas prendre les enfants du bon Dieu pour des canards sauvages*, 1968, la première mise en scène d'Audiard. Pourtant ses dialogues resteront toujours la part la plus originale de son œuvre.

## CE BON VIEUX SAM
**(Good Sam)**

1948 – USA (114') • *Prod.* RKO-Rainbow Pictures (Leo McCarey) • *Réal.* LEO McCAREY • *Sc.* Ken Englund d'ap. une histoire de McCarey et John D. Klorer • *Phot.* George Barnes • *Mus.* Robert Emmett Dolan • *Int.* Gary Cooper (Samuel R. Clayton), Ann Sheridan (Lulu Clayton), Ray Collins (le révérend Daniels), Edmund Lowe (H.C. Borden), Joan Lorring (Shirley Mae), Clinton Sundberg (Nelson), Louise Beaver (Chloe), Dick Ross (Claude).

Samuel R. Clayton, marié et père de deux enfants, est affligé d'un vice épouvantable, d'une irrépressible manie : il est bon, généreux, charitable. Il aime son prochain plus que lui-même et ne peut s'empêcher de l'aider. Si ses voisins ont la malchance que leur voiture tombe en panne à la veille de partir à la campagne, il leur prête la sienne. Quitte à devoir payer la facture du garagiste pour l'autre véhicule ou à se voir poursuivi en justice parce que le conducteur, myope comme une taupe, a provoqué un accident et que lui, en tant que propriétaire de la voiture, est légalement responsable. Le patron du grand magasin où Sam travaille comme vendeur lui reproche toujours d'accorder trop de temps et d'attention à certains clients qui n'achètent que des babioles ; mais parfois une de ces clientes sans importance, ravie par l'amabilité de Sam, dépense beaucoup d'argent dans le magasin. La maison familiale des Clayton est souvent envahie par les bénéficiaires de la générosité de Sam. Claude, le frère de sa femme Lulu, qui a été blessé durant la guerre, traîne indéfiniment sa flemme dans l'appartement. Plus tard, une jeune collègue de Sam, qui avait tenté de se suicider après le départ de son petit ami, un homme marié, trouve refuge chez les Clayton. (Elle finira par épouser Claude.) Quand Lulu n'en peut plus, elle n'a d'autre recours que d'aller se confier au pasteur de la paroisse. « Votre mari boit-il ? – Non. – Joue-t-il ? – Non. – Aime-t-il une autre femme ? – Il aime l'humanité entière. » Pour elle, la coupe débordera quand elle apprendra que son mari a prêté à un jeune couple qui attend un enfant l'argent qu'elle destinait à la maison de ses rêves, qu'elle avait enfin trouvée. Elle ne peut s'empêcher de fondre en larmes. Par bonheur, un peu plus tard, le couple rembourse son prêt. Ils ont vendu avec bénéfice la station-service qu'ils avaient achetée grâce à l'argent de Sam et ils ont même un emploi pour Claude. Hélas, Sam se fait dérober le montant de la collecte qu'il avait organisée auprès de ses collègues, comme chaque année à Noël, pour les nécessiteux. Il demande à son banquier de lui prêter la somme mais se heurte à un refus. Sa femme, voulant suivre son exemple, a donné tous les meubles à l'Armée du Salut avant de déménager. Sam n'ose pas lui dire qu'il n'a plus l'argent de la maison. Déçu par les refus successifs de ceux qu'il a sollicités, il va se saouler dans un bar. Sa famille, inquiète, l'attend dans la nouvelle maison pour fêter Noël. Le banquier vient s'excuser auprès de Mrs. Clayton de son attitude. Il accordera le prêt à son mari. Complètement ivre, Sam est recueilli puis ramené à sa famille par une équipe de l'Armée du Salut qui chante et collecte des fonds dans les rues. Éperdue de reconnaissance, Mrs. Clayton remercie les salutistes et leur dit combien elle se félicite de leur avoir donné ses meubles le matin même.

☞ Parabole morale et religieuse, comédie de caractères, autobiographie partielle sont les trois aspects principaux de cette œuvre chaleureuse et jubilatoire que McCarey a réalisée après ses deux triomphes, *Going my Way** et *The Bells of St. Mary's**. Dans le monde terriblement égoïste et replié sur lui-même où il vit, notre bon Samaritain moderne est tenté d'en faire trop pour rétablir l'équilibre. Sans cacher que la famille de Sam frôle constamment le désastre du fait de sa générosité sans borne, McCarey a préféré insister sur le côté cocasse et infiniment réjouissant de son personnage. La *vis comica* de McCarey s'alimente ainsi à deux sources : le caractère et les excès du héros, la description des nombreux profiteurs et parasites qui pullulent autour de lui, attirés par le miel de sa bonne nature. La science comique de l'auteur, forgée à l'école des burlesques du muet, n'a rien perdu de son efficacité. Voir ainsi la préparation du gag et l'organisation de l'espace dans la scène où Cooper force un conducteur de bus à attendre une femme obèse qui traverse péniblement la rue et qui, au lieu de monter dans le véhicule, s'engouffre dans un magasin. Même talent pour la caricature-express, le portrait-minute hilarant et inoubliable : par exemple le garagiste décrivant les différents bruits que fait sa femme durant ses crises d'asthme. Les proches de McCarey remarquèrent qu'il avait mis beaucoup de lui dans le personnage de Cooper (épisode, par exemple, du prêt de la voiture) et lui-même fut obligé d'en convenir. Cela peut expliquer la chaleur et la vérité du personnage. Pour le fond, cette expression ultra-comique d'une vision religieuse, et plus précisément chrétienne, du monde reste unique dans l'histoire du cinéma.

N.B. Le film ne fut qu'un demi succès, donnant partiellement raison à ceux qui avaient tenté de détourner McCarey de ce projet, jugeant le personnage principal invraisemblable, malade ou bien fou ! Quoique sa durée soit assez longue (près de deux heures), plusieurs scènes importantes du film, notamment dans le grand magasin, avec Edmund Lowe et à l'Armée du Salut, sont restées sur le plancher de la salle de montage. Elles sont attestées par le jeu des photos de presse.

## CERTAINS L'AIMENT CHAUD (Some Like it Hot)

1959 – USA (105') • *Prod.* UA (Billy Wilder) • *Réal.* BILLY WILDER • *Sc.* Billy Wilder et I.A.L. Diamond d'ap. une histoire de Robert Thoeren et M. Logan • *Phot.* Charles Lang • *Mus.* Adolph Deutsch • *Int.* Marilyn Monroe (Sugar Kowalczyk), Tony Curtis (Joe/Josephine), Jack Lemmon (Jerry/Daphne), George Raft (Spats), Pat O'Brien (Mulligan), Joe E. Brown (Osgood Fielding III), Nehemiah Persoff (Little Bonaparte), Joan Shawlee (Sweet Sue), George Stone (Toothpick Charlie), Dave Berry (Beinstock), Billy Gray (Poliakoff).

Chicago, hiver 1929. Froid et neige. Deux musiciens d'orchestre, un saxophoniste, Joe, et un contrebassiste, Jerry, ont perdu leur emploi après une rafle dans un « speakeasy » dissimulé derrière une boutique de pompes funèbres. Plus tard, ils ont le malheur d'assister dans un garage au massacre de la Saint-Valentin ordonné par le gangster Spats Colombo. Se sachant traqués par Spats et ses tueurs qui veulent éliminer ces deux témoins gênants, Joe et Jerry n'hésitent plus à accepter un travail dans un orchestre féminin qui se rend en tournée en Floride. Déguisés en femmes, ils font le voyage en train de nuit avec les membres de l'orchestre. Pour Jerry, le spectacle de toutes ces femmes en petite tenue est un véritable supplice de Tantale. Une « orgie » alcoolique s'organise malgré lui dans sa couchette... On s'installe à l'hôtel. Joe et Jerry sont tous les deux tombés amoureux de la blonde Sugar, la chanteuse de l'orchestre. Elle a subi dans le passé de nombreux déboires sentimentaux dans des orchestres masculins et ne travaille plus désormais qu'avec des collègues de son sexe. Elle paraît bien décidée à trouver en Floride un millionnaire. En fait de millionnaire, Jerry a attiré l'attention et la convoitise du richissime Osgood Fielding III qui ne cesse de l'importuner. En bon camarade, Jerry s'efface devant Joe et va favoriser ses entreprises auprès de Sugar. Il sort avec Osgood pour que Joe, qui s'est fait passer pour un millionnaire auprès de Sugar, puisse emmener celle-ci sur le yatch dudit Osgood. Durant cette soirée mémorable, Joe explique à Sugar, pour mieux la séduire, que depuis une expérience sentimentale qui s'est terminée tragiquement il ne ressent plus rien devant les femmes. Sugar s'emploiera à faire disparaître cette insensibilité. Par un hasard malheureux, Spats Colombo vient séjourner dans le même hôtel que l'orchestre. Poursuivis par lui et ses tueurs, Joe et Jerry sont amenés à se réfugier sous la table du banquet donné en l'honneur de Spats par son ami Little Bonaparte. Le clou de la soirée, c'est le mitraillage en règle de Spats et de ses hommes. A nouveau, les deux amis sont les témoins involontaires d'une tuerie. Repérés par Little Bonaparte, ils s'élancent en une fuite éperdue vers le yatch d'Osgood. Joe révèle à Sugar sa double et même triple identité. Ils se marieront à la première occasion. Jerry doit lui aussi passer aux aveux et avouer à Osgood qu'il n'est pas une femme. Osgood lui lance alors sa légendaire réplique : « Personne n'est parfait. »

☞ Le plus grand succès commercial de Billy Wilder, précédant ses échecs des années 60 et 70 (qui lui feront dire, à l'époque des films-catastrophes : « Les vrais films-catastrophes, c'est moi qui les fais »). L'intrigue de *Certains l'aiment chaud* unit le burlesque le plus échevelé à une cascade de situations assez audacieuses pour l'époque, le tout placé dans le contexte violent d'un film de gangsters de la Prohibition. Ce cocktail original et explosif ravit le public. Pour en valoriser les composantes, Wilder et I.A.L. Diamond évitent la complication dans la conduite du récit et dans le détail des scènes. Chacune d'entre elles est traitée sans détour et sans ruse, dans une très grande franchise d'approche et avec cette relative lenteur qu'affectionne Wilder car elle lui permet d'explorer à fond les possibilités comiques de ses personnages. De nombreuses scènes sont ainsi traitées comme un tout (cf. la somptueuse ouverture dans le bar clandestin) et ce qui serait ailleurs un défaut n'en est pas un chez Wilder. Ses comédies peuvent se diviser en deux catégories selon qu'elles comportent ou non un élément mélodramatique. *Certains l'aiment chaud* appartient évidemment à la deuxième catégorie, mais sous la caricature perce souvent ce qu'on pourrait appeler les « bons sentiments » des personnages. Amitié de Joe pour Jerry dont les témoignages concrets ne manqueront pas. Naïveté et même une sorte d'innocence chez Sugar que pourtant Wilder n'épargne pas (alcoolisme, cupidité, etc.). Marilyn Monroe, dirigée pour la seconde fois par Wilder (après *Sept ans de réflexion*, qui a beaucoup vieilli) trouve ici l'un de ses rôles les plus attachants. Plus tard, dans ses comédies non mélodramatiques *(Kiss Me, Stupid, Front Page)*, le regard de Wilder deviendra totalement féroce et la noirceur de ces films est peut-être la cause, malgré leur immense talent, de leur insuccès.

N.B. Le film est le remake de l'excellent *Fanfare d'amour** de Richard Pottier (1935). Le même thème (un travesti participe à un orchestre féminin) a été illustré dans le film suédois *Framför Lilla Märka* (traduction littérale : *En avant la petite Lilla*) de Hasse Ekman, 1945. Quand son personnage joue à se faire passer pour un millionnaire, Tony Curtis emprunte la voix de Cary Grant. Il donne ainsi la plus longue imitation d'une star par une autre star dans un film hollywoodien.

BIBLIO. : scénario et dialogues, New York, The New American Library (Signet Books), 1959 (un des tout premiers scripts de film publiés en livre de poche aux États-Unis).

## CÉSAR

1936 – France (135') • *Prod.* Films Marcel Pagnol • *Réal.* MARCEL PAGNOL • *Sc.* Marcel Pagnol • *Phot.* Willy • *Mus.* Vincent Scotto • *Int.* Raimu (César), Pierre Fresnay (Marius), Fernand Charpin (Panisse), Orane Demazis (Fanny), André Fouché (Césariot), Alida Rouffe (Honorine), Milly Mathis (tante Claudine), Maupi (le chauffeur), Paul Dullac (Escartefigue), Robert Vattier (M. Brun), Doumel (Fernand), Delmont (le docteur), Thommeray (le curé).

Vingt ans ont passé depuis la fin de *Fanny**. Dans ce troisième volet de la trilogie commencée avec *Marius**, César va chercher le curé pour confesser Panisse mourant. Celui-ci tient à parler en présence de ses amis afin qu'ils ne croient pas qu'il a commis des péchés inavouables. Puis resté seul avec le prêtre à la demande de ce dernier, il refuse catégoriquement de dire à son « fils » Césariot qu'il est en réalité le fils de Marius. Il meurt sans avoir cédé à la volonté du prêtre. C'est Fanny alors qui accomplit cette volonté et dit la vérité sur sa naissance à Césariot, brillant polytechnicien de vingt ans. Césariot parle à cœur ouvert avec son grand-père et apprend qu'il est brouillé avec Marius depuis treize ans. Césariot se rend ensuite, en secret, dans le garage de Marius à Toulon et, se faisant passer pour un journaliste, observe son père et s'entretient avec lui. Par goût de la galéjade, l'associé de Marius fait croire à cet étranger que Marius et lui se livrent à diverses activités prohibées par la loi : hold-up, cambriolage et même trafic de drogue. Césariot gobe tout cela et rentre épouvanté et indigné à Marseille. Plus tard, l'associé de Marius apprend la véritable identité de Césariot et raconte sa gaffe à Marius. Celui-ci vient à Marseille pour avoir une explication avec sa famille. Il dit à César et à Fanny leur quatre vérités, se justifie de certaines erreurs de jeunesse et prouve à Césariot qu'il n'a pas à rougir de son père. Conformément aux vœux de César et de Césariot et pour éclaircir définitivement une situation embrouillée, Marius et Fanny, qui n'ont jamais cessé de s'aimer, se marient. Ils espèrent bien avoir un jour des enfants qui porteront leur nom.

☞ *Marius** avait été produit par la Paramount et tourné dans les studios de Joinville par Alexandre Korda. *Fanny** fut produit par Pagnol lui-même en association avec les Établissements Braunberger-Richebé et tourné dans les studios de Billancourt par Marc Allegret. *César*, seul des trois épisodes à être écrit directement pour le cinéma, est produit par « Les Films Marcel Pagnol » seuls et dirigé uniquement par

Pagnol dans ses studios de Marseille et en extérieurs dans les environs. Progression rectiligne et logique d'un amoureux du cinéma vers l'indépendance absolue. Après le choc que fut pour lui la découverte du parlant, Pagnol n'a pas mis longtemps à comprendre que la réussite d'un film dépend pour beaucoup de la qualité et de la cohérence de l'organisation de son tournage ainsi que du degré de contrôle que peut exercer sur cette organisation le réalisateur. Vue aujourd'hui, la trilogie apparaît comme un seul et même long film très homogène en dépit des conditions assez diverses qu'a connues son tournage, et où il est presque vain de chercher à savoir quel est le meilleur épisode. Legère supériorité (alors que son contenu dramatique est légèrement inférieur) de *Fanny** pour l'équilibre entre les intérieurs et les rares et précieux extérieurs baignant le film dans l'atmosphère de la ville et du port qui marquent à jamais ses péripéties. Réalisation un peu plus recherchée et un peu moins réussie de *César* qui comporte notamment des « aérations » inutiles comme l'épisode burlesque de Raimu figurant dans le cortège mortuaire de Panisse avec un chapeau, qui n'est pas le sien, trop petit pour lui. Sur le plan de la force mythique des personnages, c'est évidemment *Marius** qui l'emporte. Tout au long de cette saga familiale et tribale, un double regard est posé par Pagnol sur ses personnages. Ils sont les figures hautement pittoresques et exotiques d'une fable régionaliste et fortement particularisée qui ne pouvait se passer qu'en un seul petit espace, très étroit, de la planète. Ils incarnent aussi des types universels chargés d'exprimer pour le plus vaste public des thèmes éternels tels que le conflit des générations, l'amour partagé et pourtant impossible, le contraste entre la rêverie romantique (désir décevant de l'ailleurs) et la plénitude banale de la réalité quotidienne. Allers et retours constants entre le particulier et l'universel, émotion et recul ironique : c'est tout l'art de Pagnol. Cette saga n'aurait pas tant plu au public si elle n'avait été portée, d'un bout à l'autre, par une sorte de suspense sentimental. Pagnol, en véritable dramaturge, donne tour à tour raison à chacun de ses personnages, et parfois contre tous les autres. (La trilogie est en effet dépourvue de méchants et de boucs émissaires.) Mais le public voudrait bien – là est le suspense du film – qu'à la fin les raisons de Marius et de Fanny l'emportent – non pas séparément mais en même temps. La fin du premier épisode montre le départ volontaire de Marius et sa triste séparation d'avec Fanny. La fin du deuxième épisode voit encore un départ de Marius, cette fois contre son gré, et une autre séparation. A la fin de *César*, Marius et Fanny s'en vont – enfin – ensemble. Le public avait attendu cela pendant cinq ou six ans, ayant participé par son enthousiasme et sa fidélité au développement naturel et presque organique de l'œuvre. Les personnages de cette trilogie, comme tous les grands personnages de fiction, avaient sans doute fini par échapper à leur auteur ; ils n'échappèrent pas au public, responsable de leur épanouissement, de leur réapparition et de leur immortalité. Partout, Pagnol, en classique instinctif qu'il est, a recherché l'économie : dans l'intrigue dont la simplicité biblique permit d'approfondir le développement des caractères ; dans son refus d'ajouter aux nouveaux épisodes des personnages nouveaux, évitant ainsi au fil dru et serré de l'histoire initiale de s'alourdir de développements feuilletonesques ; dans la présence de la ville, à la fois discrète et prodigieusement concrète. Au seul dialogue est permise la prolixité. Elle témoigne, pour le plus grand agrément du public, du caractère et des émotions des personnages. Ce sont tous des bavards, des comédiens, des menteurs qui parlent autant pour cacher leurs sentiments que pour les exprimer. Leur faconde est un effet de leur pudeur autant que de leur nature expansive. Par le dialogue, tantôt Pagnol satirise ses personnages, soulignant leur ignorance, leur roublardise, leur mauvaise foi : et le texte qui sort de leur bouche est alors humoristique, réaliste et si particularisé qu'on pourrait l'étudier pour sa seule valeur documentaire et ethnologique ; tantôt, quand ils sont émus ou malheureux, Pagnol les lance dans des tirades dont le lyrisme, animé par un souffle puissant, s'élève alors bien au-dessus du réalisme et du régionalisme. Ces changements de ton sont souvent fulgurants. C'est bien sûr dans la voix, les intonations et le jeu de Raimu qu'ils passent le mieux. La seconde d'avant, le spectateur riait encore, retenu au sol par le relief et la densité de ces personnages si concrets, et le voilà soudain propulsé dans les nuages, dans la poésie et dans l'universel.

N.B. Le film existe sous deux formes : une première version de 165′ environ (dont une copie nitrate figure dans les collections de la Cinémathèque de Toulouse) et qui semble être celle exploitée lors de la sortie du film et une autre version de 135′ correspondant à la version d'après-guerre et qui est celle qu'on connaît depuis quarante ans par sa diffusion dans les salles de répertoire ou à la télévision. Cette deuxième version n'est pas seulement une version écourtée de la première mais contient environ 20′ de séquences nouvelles. Le matériel commun aux deux versions est environ de 115′ et la première version contient un matériel « original » (*id est* non repris dans la seconde version) de 50′ environ. Si l'on mettait bout à bout la totalité des séquences « originales » de chaque version, on aboutirait donc à un film de 185′ environ. L'ensemble de ce matériel figure dans le texte publié du scénario « César » qui lui-même comprend deux versions (à partir de 1967, le texte est largement remanié), mais ce scénario contient aussi des scènes qui ne figurent dans aucune des deux versions filmées et n'ont sans doute (?) jamais été tournées. C'est dans la première partie de la version d'après guerre (c'est-à-dire du début jusqu'à l'enterrement de Panisse) que se trouvent les scènes absentes de la première version. Il s'agit de deux ensembles de séquences comprenant d'une part des scènes préparant la confession de Panisse et cette confession elle-même et d'autre part une discussion entre César et le curé au chevet de Panisse. On peut émettre l'hypothèse que c'est parce qu'elles ont été jugées trop ironiques vis-à-vis de la religion et de la confession en particulier que ces séquences n'ont été présentées au public qu'après guerre dans un contexte moins sensible. En tout cas, il est étonnant de constater que ce morceau d'anthologie qu'est la confession de Panisse n'a donc vraisemblablement pas été connu du public d'avant guerre. Dans cette première partie (c'est-à-dire avant l'enterrement de Panisse), la version d'avant guerre contient deux scènes non retenues dans la seconde version : arrivée de Césariot à la gare et accueil par Fanny ; scène comique entre l'enfant de chœur, la tante et la mère de Fanny dans la cuisine. Mais l'essentiel du métrage de la première version non repris après guerre figure dans la deuxième partie, après la mort de Panisse. Le rythme du film s'en trouve dès lors sensiblement modifié. La plupart des scènes dramatiques sont beaucoup plus longues et le personnage de Césariot est beaucoup plus nuancé. Parmi ces scènes non reprises dans la deuxième version, la plus notable est celle où avec beaucoup de mauvaise foi César interroge ses amis pour savoir s'il est oui ou non un homme coléreux. Cette scène figure bien entendu dans les deux textes publiés du scénario de *César*. La comparaison entre les cinq versions de l'œuvre (deux versions filmées, deux scénarios publiés et la pièce tirée du film après guerre) mériterait une étude approfondie.

BIBLIO. : le scénario de *César* existe dans sept éditions principales. On peut citer comme unique dans l'histoire du cinéma le fait que, sur un plan littéraire, Pagnol ait obtenu avec le texte d'un scénario un succès populaire équivalent à celui d'un roman ou d'une pièce. 1) Fasquelle, 1937 ; 2) *in* « Œuvres Dramatiques – Théâtre et cinéma », Gallimard, 1954 ; 3) Le Livre de Poche, 1956 ; 4) *in* « Œuvres Complètes » tome 3, Éditions de Provence, 1967. Première édition du texte remanié (appelé dans les éditions ultérieures « texte définitif ») et de la préface. Dans cette préface, Pagnol explique pourquoi il a renoncé en 1935 à faire de *César* une pièce. Il explique aussi que c'est en racontant le film à une nonagénaire qui n'avait pas le temps d'attendre le tournage pour connaître la fin de l'histoire qu'il réussit à bâtir la continuité du récit qui jusque là lui avait donné du fil à retordre. La vieille femme mourut huit jours après son récit. Réelle ou inventée, l'anecdote est très belle ; 5) *in* « Œuvres Complètes » du Club de l'Honnête Homme, tome 1, 1970, avec la préface ;

6) Éditions Pastorelly, 1970, avec la préface ; 7) Presses Pocket, 1976, sans la préface. La préface seule figure dans le volume « Confidences » Julliard 1981, Presses Pocket, 1983. Le texte de la pièce a été publié *in* Réalités, série littéraire et théâtrale 1, 1947.

## CES MESSIEURS DE LA SANTÉ

1933 – France (109′) • *Prod.* Pathé-Nathan • *Réal.* PIERRE COLOMBIER • *Sc.* Paul Armont, Léopold Marchand d'ap. leur P. • *Phot.* Curt Courant • *Mus.* Jacques Dallin • *Int.* Raimu (Jules Tafard alias Gédéon), Edwige Feuillère (Fernande), Pauline Carton (Mme Génissier), Lucien Baroux (Amédée), Paul Amiot (le commissaire de police), Yvonne Hébert (Claire), Guy Derlan (Zwerch), Pierre Stephen (Hector).

Avant qu'ait lieu son procès pour escroqueries boursières, le banquier Tafard s'évade de la Santé en droguant son gardien. Il se fait engager au pair et à l'essai comme homme à tout faire par Mme Génissier, directrice d'une vieille fabrique de corsets, où travaille une ancienne maîtresse à lui. En peu de temps, il gagne la confiance de chacun, conseille la patronne et sa belle-fille Fernande dans leurs placements, est nommé directeur commercial et fait grimper les bénéfices de l'entreprise qu'il modernise par le recours à la publicité et à la confection. Il s'emploie à donner le goût du luxe aux enfants de la patronne, procurant invitations et robes du soir à Fernande, cheval de course et voiture à son mari. La fabrique de corsets devient bientôt la plaque tournante de toutes sortes de trafics et de marchandises : motocyclettes, meubles, fromages et même des mitrailleuses vendues à un pays étranger. La police s'inquiète ; un commissaire vient enquêter sur place, mais Tafard lui rive son clou en lui prouvant que ses achats sont (apparemment) en règle. Toutefois Mme Génissier, effrayée, exige son renvoi. Il part fonder la banque Gédéon dont elle tient à devenir avec ses enfants les seuls commanditaires. Tafard, maintenant Gédéon, émet 100 000 actions pour des mines (inexistantes) dans l'Esterel qu'il repassera, son bénéfice fait, à une banque concurrente. Catastrophe : il y a bien des mines de quelque chose dans l'Esterel et Gédéon ne détient plus aucun titre. Il découvre par ailleurs que Mme Génissier et les siens ont vendu leurs actions sans même le consulter. Il voit rouge et engueule Mme Génissier qui répond à ses insultes en le traitant de repris de justice. Il appelle aussitôt la police judiciaire et avoue que Tafard et Gédéon ne font qu'un. Si on avait mis si peu d'empressement à le rechercher, c'est que son procès gêne tout le monde. Mais maintenant il faut bien l'arrêter. Ses anciennes affaires ayant prospéré, on n'a plus à lui reprocher que son évasion. On le laisserait volontiers en liberté mais il tient à purger sa peine à la Santé. C'est qu'il a un plan : durant son séjour à l'ombre, son fondé de pouvoir, le fidèle Zwerch, va racheter en sous-main, pour une bouchée de pain, toutes ses valeurs, que son emprisonnement aura fait dégringoler. Quand il sortira de prison, dans quelques semaines, sa fortune et celle de son associé auront centuplé.

☞ A la différence de beaucoup de films français des années 30 reprenant des succès (vaudevilles, farces militaires, satires, opérettes) datant des années 1910 et 20 ou même antérieures, cette comédie de Pierre Colombier est tirée d'une pièce de Paul Armont et Léopold Marchand (adroitement adaptée pour l'écran par les auteurs eux-mêmes) de facture récente et d'une actualité brûlante en relation avec les récents scandales financiers. La pièce avait été créée en avril 1931 au Théâtre de Paris par Raimu qui, seul de la troupe avec Guy Derlan, reprit son rôle au cinéma (Derlan sera encore dans la reprise de la pièce au même théâtre en 1953 où Raymond Souplex jouera Tafard). Œuvre brillante, datant d'une époque où le théâtre français avait une vigueur éclatante, elle se situe dans la lignée de « Knock » (1923) et de « Topaze » (1928), et est basée sur un type de personnage dont il faut chercher l'apogée cinématographique dans *Avec le sourire** écrit par Louis Verneuil et mis en scène par Maurice Tourneur. « Ces Messieurs de la Santé » fait le portrait d'un arriviste surdoué, opérant dans le domaine du commerce et de la finance, habile à capter la confiance d'autrui, aimant à prendre des risques et trouvant là plus de plaisir que dans les gains eux-mêmes. C'est avant tout un joueur. Ce personnage suscita, dès la sortie de la pièce, des réserves morales car il s'attirait de la part des spectateurs la même sympathie qu'éprouvent à son égard les autres personnages de l'intrigue. « Les moralistes, note l'auteur de la revue de presse de "La Petite Illustration" (25 juillet 1931), ne manqueront pas de considérer comme un signe des temps qu'un "écumeur de l'épargne" ou un "requin de la finance" dont la fortune insolente est toujours bâtie sur la ruine des pauvres gens qu'il a dupés, nous escroque par surcroît notre sympathie et notre admiration. » Et si certains critiques ne virent pas ou refusèrent de voir l'aspect démystificateur et dénonciateur de cette satire cynique, d'autres, plus lucides, surent reconnaître le talent des auteurs, non sans toutefois éprouver une certaine gêne devant l'audace du personnage central. Le critique de « Comœdia », Armory, écrit à son propos : « C'est le justicier d'un système pourri qui, se haussant au-dessus des préjugés mesquins, veut rétablir le juste équilibre et se sert de l'argent et de la spéculation comme d'armes, voire de scalpels. Pièce dangereuse malgré tout. Mais combien actuelle ! » Pierre Colombier s'empare de ce personnage avec la même jubilation qu'il avait éprouvée à raconter les aventures du débrouillard Milton dans le célèbre *Roi des resquilleurs* en 1930, puis dans *Le Roi du cirage* en 1931. Colombier fait bénéficier la pièce de son dynamisme inné, de son sens du rythme, sensibles tant au niveau de chaque séquence qu'au niveau de l'ensemble du récit dont la progression, à l'image de celle du « héros », est fulgurante et irrésistible. Il met à son service son don de la caricature à la fois féroce et joyeuse. Sa verve se déploie aussi bien dans les intérieurs relativement confinés de cette odyssée de l'entregent commercial et de la filouterie boursière que dans les rues encombrées de Paris où il avait déjà suivi à la trace les pérégrinations de l'infatigable Milton. Fait dans le plaisir et pour le plaisir, sans souci d'une quelconque spécificité du cinéma, à une époque (1933) où le cinéma français n'avait pas encore trouvé techniquement son équilibre et sa maturité (ils ne seront tout à fait acquis qu'en 1935-1936), le film témoigne d'une jeunesse formelle et d'une acuité sociologique tout à fait réjouissantes.

## C'EST ARRIVÉ DEMAIN
### (It Happened Tomorrow)

1944 – USA (84') • *Prod.* Arnold Pressburger distribué par U A • *Réal.* RENÉ CLAIR • *Sc.* Dudley Nichols, René Clair, Helen Fraenkel sur une idée de Lewis R. Foster d'ap. les histoires de Lord Dunsany, Hugh Wedlock, Howard Snyder • *Phot.* Archie Stout • *Int.* Dick Powell (Larry Stevens), Linda Darnell (Sylvia), Jack Oakie (Cigolini), Edgar Kennedy (l'inspecteur Mulrooney), John Philliber (Pop Benson), Ed Brophy (Jake Schomberg), George Cleveland (Mr. Gordon).

New York à la fin du siècle dernier. Discutant avec ses collègues, un journaliste de l'« Evening News », Larry Stevens, affirme qu'il donnerait bien dix ans de sa vie pour pouvoir connaître les nouvelles du lendemain. Il assiste dans un music-hall au numéro d'un artiste se livrant à un exercice de transmission de pensée et de prédiction de l'avenir avec sa partenaire qui est aussi sa nièce, la jeune et jolie Sylvia. Larry lie connaissance avec elle et la raccompagne en fiacre. Dans la nuit, l'archiviste du journal apparaît et lui donne, conformément à son vœu un exemplaire de l'« Evening News » du lendemain. Son patron veut renvoyer Larry mais celui-ci est maintenant sûr de recevoir au contraire une augmentation. Il écrit en effet un article sensationnel sur le hold-up qui va avoir lieu à l'Opéra le soir même. Il se rend au théâtre où le hold-up est effectivement commis. Il attire ainsi les soupçons de la police à qui il tente d'expliquer la vérité, mais bien entendu sans être cru. Pour le sortir de là, Sylvia prétend que c'est elle qui avait prévu le hold-up et l'avait annoncé à Larry. Lors de son numéro, elle prédit qu'une jeune femme va se noyer. Larry assiste à une deuxième apparition de l'archiviste qui lui donne un tuyau concernant l'arrestation des bandits et lui remet à nouveau un exemplaire du journal du lendemain. Il y est écrit que Larry s'est jeté à l'eau pour sauver une jeune femme de la noyade. Il va jusqu'au fleuve où justement Sylvia a sauté. Elle explique à Larry qu'elle a fait cela pour prouver à tout le monde et notamment à la police qu'elle avait vraiment le don de prédire l'avenir. Elle n'avait pas du tout l'intention de se tuer. Larry et Sylvia s'éloignent discrètement du fleuve. Larry prête des vêtements masculins à la jeune fille, dont l'oncle croira *mordicus* qu'elle a passé la nuit en galante compagnie. Il voudra même tuer Larry. Larry écrit l'article sur l'arrestation des bandits et continue de remonter dans l'estime de son patron. Troisième apparition de l'archiviste : Larry le supplie de lui donner une dernière fois le journal du lendemain car il a l'intention de faire fortune en jouant aux courses. Pour son malheur, Larry lit en première page qu'il a été mortellement blessé dans le hall de l'hôtel Saint-Georges. Désormais il n'a plus qu'une idée en tête : épouser Sylvia, gagner une grosse fortune et faire de sa femme son héritière. Le mariage a lieu. Puis, la mort dans l'âme, Larry voit tous ses chevaux gagner un à un. Preuve que le journal ne se trompe jamais. A la sortie du champ de courses, un inconnu lui dérobe son portefeuille et ses gains. Larry se lance à sa poursuite. Arrêté pour excès de vitesse, il essaie vainement de se faire garder au poste. De retour au journal, il apprend que l'archiviste est mort depuis plusieurs jours. Dans une rue, il retrouve par hasard son voleur. Nouvelle poursuite jusque sur les toits. Bagarre, fusillade, et tout le monde se retrouve dans le hall de l'hôtel Saint-Georges. Le voleur est abattu par le policier. On trouve dans sa poche le portefeuille et les papiers d'identité de Larry dont le décès sera annoncé à tort dans l'« Evening News ». Toute à la joie de retrouver son époux sain et sauf, Sylvia lui prédit une vie de bonheur. Effectivement, cinquante ans plus tard, au milieu de ses enfants et petits-enfants, le couple fête ses noces d'or.

☞ Deuxième des quatre films américains tournés par René Clair. Bien que tout à fait mineur, c'est le meilleur des six tournés en anglais par Clair et l'un des titres qui a le moins vieilli de toute sa filmographie. Il est vrai que certains des défauts majeurs du cinéaste – sécheresse de ton et d'inspiration, propension à l'artifice et à l'irréalisme – font ici relativement bon ménage avec la substance, fantastique, de ce conte voltairien. Le message philosophique a beau être mince (éloge de l'ignorance où l'homme se trouve des limites de son destin puisque cette ignorance est la condition même de sa liberté et de son bonheur), le film est néanmoins adroitement joué et se laisse voir sans ennui, malgré certains méandres inutiles de l'intrigue où l'on reconnaît bien René Clair. Par ailleurs, cette agréable et presque anodine spéculation sur le temps annonce les vertiges – autrement impressionnants – du film à sketches anglais *Au cœur de la nuit**.

## C'EST MA VIE, APRÈS TOUT !
### (Whose Life Is It, Anyway ?)

1981 – USA (120') • *Prod.* MGM (Lawrence P. Bachmann) • *Réal.* JOHN BADHAM • *Sc.* Brian Clark, Reginald Rose d'ap. P. de Brian Clark • *Phot.* Mario Tosi (couleurs) • *Mus.* Arthur B. Rubinstein • *Int.* Richard Dreyfuss (Ken Harrison), John Cassavetes (Dr Michael Emerson), Christine Lahti (Dr Claire Scott), Bob Balaban (Carter Hill), Kenneth McMillan (le juge Wyler), Kaki Hunter (Mary J. l'infirmière), Thomas Carter (John l'aide-infirmier).

Après un accident de voiture, un jeune sculpteur se retrouve paralysé des quatre membres. Ne pouvant exercer son métier ni accomplir aucune des activités qui le retiennent à la vie, il décide de mourir. Pour cela, il faut nécessairement qu'il ait la possibilité de quitter l'hôpital et le service des soins intensifs où il est maintenu en vie contre son gré. Il engage un avocat pour défendre son point de vue. L'avocat fait valoir la clause de l'*habeas corpus* et le malade, reconnu mentalement sain, obtient juridiquement gain de cause. Il pourra mourir en paix, et même en restant à l'hôpital, s'il le désire.

☞ La survie artificielle (appelée par Buñuel « la plus raffinée des tortures modernes ») est l'un des problèmes nouveaux et cruciaux que les progrès de la médecine posent à la déontologie médicale, à la justice et à la morale. La plupart du temps, les malades placés en état de survie n'ont pas voix au chapitre car leur cerveau est gravement lésé. Ici, au contraire, le héros a une activité cérébrale normale et réclame le droit de décider par lui-même de son sort. C'est précisément le fonctionnement parfait de son cerveau qui le pousse à mourir en lui infligeant une torture de tous les instants, donnant à son corps des ordres qu'il ne peut exécuter, suscitant en lui des désirs qu'il ne peut satisfaire. Le malade utilisera ses dernières ressources d'énergie à obtenir sa libération dans la mort. Adaptant une pièce de Brian Clark, la réalisation de John Badham est brillante, honnête et digne. Elle s'appuie sur un réalisme de bon aloi (reconstitution de l'atmosphère de l'hôpital, description du comportement du personnel hospitalier, des proches du malade) et sur une interprétation remarquable de Richard Dreyfuss. Le film est conjointement un superbe mélodrame, un récit à thèse et une œuvre au contenu entièrement inédit, du type de ceux que recherche John Badham, toujours à l'affût de la nouveauté des sujets. Ce sujet donne à l'individualisme américain une occasion tout à fait paradoxale – poignante et pourtant pleine d'humour – de s'exprimer. Car le film est surtout essentiellement américain : par son audace tranquille et son suprême mépris des tabous (cf. aussi, sur le thème de la maladie incurable, *Phœnix and Griffin, Le sourire aux larmes**, 1976, de Daryl Duke ou *The End, Suicidez-moi docteur,* 1978 de Burt Reynolds), par sa revendication individualiste affirmée envers et contre tout, par un humour dévastateur et grinçant extrêmement difficile à manier, étant donné la nature du sujet. Un Français a nommé cet humour : la politesse du désespoir. Mais seuls les Américains semblent capables de l'employer.

## CETTE NUIT ET TOUJOURS (Tonight and Every Night)

1945 – USA (92') • *Prod.* COL. (Victor Saville) • *Réal.* VICTOR SAVILLE • *Sc.* Lesser Samuels et Abe Finkel d'ap. P. « Heart of a City » de Lesley Storm • *Phot.* Rudy Mate (Technicolor) • *Mus.* Jules Styne • *Int.* Rita Hayworth (Rosalind Bruce), Lee Bowman (Paul Lundy), Janet Blair (Judy Kane), Marc Platt (Tommy Lawson), Leslie Brooks (Angela), Florence Bates (May Tolliver), Professeur Lamberti (Waldo).

Racontée par un machiniste, la vie d'un music-hall de Londres, « The Music Box » », qui ne manqua pas une seule représentation durant toute la période du *blitz*. Lors d'une alerte, le public est invité à descendre au sous-sol et un spectateur, l'officier Paul Lundy, rencontre alors l'une des stars de la revue, Rosalind. Elle délaissera pour lui un danseur de la troupe que tentera alors de consoler Judy, l'autre vedette du show. Ayant appris le mariage et le départ prochains de Rosalind, le danseur va prendre un verre dans un bar voisin où il est rejoint par Judy. A cet instant, le bar est entièrement détruit par une bombe.

☞ Malgré une intrigue banale et une chorégraphie des plus pauvres, cette petite comédie musicale qui suit dans la carrière de Rita Hayworth le célèbre *Cover Girl**, *La reine de Broadway*, Charles Vidor, 1946, contient au moins un élément d'originalité : le cadre et l'époque (le *blitz* londonien) qui, bien que traités sans aucun réalisme, confèrent néanmoins au film un certain dramatisme historique inhabituel au genre. Avec cohérence, les auteurs ont été jusqu'à donner à l'intrigue une conclusion tragique pour deux des quatre protagonistes, ce qui d'ailleurs leur a été reproché à l'époque. Un Technicolor assez beau dans les tonalités sombres (caves, coulisses du théâtre) et les deux numéros « érotiques » de Rita Hayworth, dans les limites de ce que pouvait être l'érotisme à Hollywood en 1945 (« You Excite Me » et son striptease accompagné au xylophone) méritent également d'être signalés.

## CETTE SACRÉE VÉRITÉ
**(The Awful Truth)**

1937 – USA (92′) • *Prod.* COL. (McCarey) • *Réal.* LEO McCAREY • *Sc.* Vina Delmar d'ap. P. d'Arthur Richman • *Phot.* Joseph Walker • *Mus.* Ben Oakland • *Int.* Cary Grant (Jerry Warrimer), Irene Dunne (Lucy Warrimer), Ralph Bellamy (Daniel Leeson), Molly Lamont (Barbara Vance), Cecil Cunningham (la tante Patsy), Esther Dale (Mme Leeson), Alexandre d'Arcy (Armand Duvalle), Joyce Compton (Toots Binswanger).

Après quelques années de mariage, deux New-Yorkais, Lucy et Jerry Warriner, décident de divorcer. Jerry est jaloux notamment d'Armand Duvalle, le professeur de chant de sa femme. Le jugement du tribunal donne à Lucy la garde de Mr. Smith, le chien adoré du couple. Une fois séparée de son mari, Lucy ne tarde pas à s'ennuyer. Elle fait la connaissance d'un voisin, Daniel Leeson, un riche rancher de l'Oklahoma, toujours flanqué de sa mère. Leeson devient vite très amoureux de Lucy et la demande en mariage. Jerry, sans vouloir l'avouer, ne rêve que de reconquérir sa femme. Il ne cesse de la relancer sous divers prétextes, comme par exemple d'user de son droit de visite auprès de Mr. Smith, et la plaisante sans pitié sur la vie passionnante qu'elle va mener, si elle se remarie, à Oklahoma City. Ayant appris qu'elle avait rendez-vous avec Armand Duvalle, Jerry, dévoré de jalousie, se précipite chez lui pour découvrir que sa femme donne en fait un récital de chant devant un petit parterre d'invités. Plus tard, Lucy qui aime encore son mari reçoit Duvalle et lui demande de convaincre Jerry qu'ils n'ont jamais eu de relations coupables. Jerry arrive à l'improviste et Armand doit se cacher dans une autre pièce de l'appartement. Puis c'est Leeson qui survient avec sa mère, très inquiète des rumeurs qui circulent concernant les aventures de Lucy. Jerry se cache à son tour dans la pièce où se trouve déjà Duvalle. Le tête-à-tête des deux hommes se transforme aussitôt en bagarre. Le vacarme attire l'attention de Leeson et de sa mère aux yeux desquels la réputation de Lucy est dès lors définitivement compromise. Dans les jours qui suivent, Lucy lit dans la rubrique mondaine du journal que Jerry sort de plus en plus souvent avec une riche héritière. On parle bientôt de fiançailles. Rendant visite à son mari et répondant à sa place au téléphone, Lucy met Jerry dans l'embarras et il doit la faire passer pour sa sœur afin de mettre fin aux soupçons de sa fiancée. Un jour que Jerry est reçu par sa future belle-famille, Lucy apparaît et se présente comme la sœur de Jerry. Elle se livre à une telle exhibition, jouant les filles vulgaires et alcooliques, que les membres de la famille sont bien vite persuadés que Jerry n'est pas du tout un parti convenable pour la jeune fille. Jerry conduit sa femme complètement ivre dans un pavillon appartenant à sa tante Patsy où le couple, logeant dans des chambres contiguës dont la porte de communication ferme mal, se réconciliera pour de bon.

☞ L'une des plus célèbres comédies américaines d'avant-guerre et le film le plus connu de McCarey pour cette période, avant les tardives redécouvertes cinéphiliques de *Ruggles of Red Gap** (1934) et *Make Way for Tomorrow** (1937). Au cours d'un marivaudage destiné à souligner la force du lien conjugal, McCarey se livre à une suite de variations et d'arabesques sur le désir frustré, le dépit amoureux et la jalousie que les deux ex-époux éprouvent encore l'un vis-à-vis de l'autre pendant la période de quatre-vingt-dix jours qui les sépare de la date effective de leur divorce. La plupart des scènes visent à mettre un des deux protagonistes mal à l'aise, cependant que l'autre triomphe avec une satisfaction non dissimulée jusqu'à ce qu'il se retrouve à son tour dans la situation d'être brocardé par son « adversaire ». Avec une finesse et une élégance sans pareilles McCarey tire parti d'éléments extérieurs à l'action (par exemple le chien Mr. Smith), de situations de vaudeville (mais le film dans son ensemble n'est pas un vaudeville) ou bien encore de ces astuces inventées par l'un des protagonistes pour démonter et déséquilibrer l'autre. Ces éléments, situations, astuces changent et se renouvellent dans chaque séquence tout en évitant l'écueil de la discontinuité, notamment par un emploi savant des plans très longs. McCarey cultive chez ses interprètes une spontanéité permanente, une justesse et une invention miraculeuse du geste qui doivent beaucoup à l'improvisation. C'est là une méthode de travail où le réalisateur était passé maître depuis sa collaboration avec les grands comiques (Laurel et Hardy, Charley Chase, etc.) de la fin du muet et des débuts du parlant. Ralph Bellamy, l'un des acteurs du film, déclara à ce propos (cf. « Film Fan Monthly », septembre 1970) : « Nous avons tourné moins de six semaines et sans aucun script. Leo savait tout le temps ce qu'il faisait, mais il était bien le seul. » Chaque matin, selon une habitude qui mettait son producteur, Harry Cohn, en furie, McCarey apportait sur le plateau des feuilles volantes couvertes de petits morceaux de dialogues qu'il remettait aux acteurs, stupéfaits de ne jamais connaître la totalité de leur rôle. Certains jours, il n'apportait rien du tout et passait la matinée à jouer du piano et à chercher des idées. (Sur le plateau de chacun de ses films, McCarey ne manquait jamais de transporter son instrument.) Si Harry Cohn apparaissait en hurlant : « Mais vous ne faites que jouer du piano, alors ? », il répondait : « Je compose une chanson pour le film. » Cela ne l'empêcha pas d'achever le tournage en n'utilisant que les deux tiers du budget prévu. Sans atteindre les sommets de ses plus grands chefs-d'œuvre, *Cette sacrée vérité* possède une perfection quasi intemporelle. En particulier, ses gags, discrètement burlesques, menés sur un rythme vif mais qui n'a rien d'artificiel, témoignent d'une sobriété, d'une absence d'outrance qui aujourd'hui encore, comme à sa sortie, suscitent la jubilation reconnaissante du public. *Cette sacrée vérité* valut à McCarey un Oscar pour la réalisation. Il aurait de beaucoup préféré voir récompenser *Make Way for Tomorrow**, l'un de ses films maudits, qu'il aimait entre tous.

N.B. Remake en couleurs et en comédie musicale : *Let's Do it Again*, Alexander Hall, 1953.

## CHAGRINS D'AMOUR
**(Smilin' Through)**

1941 – USA (100') • *Prod.* MGM (Victor Saville) • *Réal.* FRANK BORZAGE • *Sc.* Donald Ogden Stewart, John Balderson d'ap. P. de Jane Cowl et Jane Murfin • *Phot.* Leonard Smith (Technicolor) • *Mus.* Herbert Stothart • *Int.* Jeanette McDonald (Kathleen/Moonyean Clare), Brian Aherne (Sir John Carteret), Gene Raymond (Kenneth Wayne/Jeremy Wayne), Ian Hunter (le révérend Owen Hardind), Frances Robinson (Ellen), Patrick O'Moore (Willie), Eric Lonsdale (Charles).

En 1897, en Angleterre, Sir John Carteret vit toujours dans le souvenir de sa fiancée irlandaise, Moonyean Clare, morte il y a trente ans. Il recueille la nièce de celle-ci, Kathleen, une enfant de cinq ans dont les parents ont péri noyés. Elle grandit auprès de lui et rencontre vingt ans plus tard dans un manoir abandonné Kenneth Wayne, le fils des anciens propriétaires du lieu, élevé en Amérique et venu combattre dans l'armée britannique. Quand il apprend que Kathleen et Kenneth sont devenus des amis, Sir John est atterré. Il explique à sa nièce que le père de Kenneth, Jeremy Wayne, amoureux fou de Moonyean, l'avait tuée d'une balle de revolver le jour de ses noces, juste avant le mariage. Lorsqu'il est question que Kathleen épouse Kenneth, Sir John menace de ne plus jamais la revoir. Kenneth part pour le front sans que le mariage ait lieu. Il revient blessé aux deux jambes et, pour que Kathleen ne se sente pas obligée de l'épouser par pitié, il lui fait comprendre qu'il ne l'aime plus. Ce sera Sir John qui, dominant sa haine pour les Wayne, apprendra à Kathleen que Kenneth l'aime toujours. Sir John meurt doucement et rejoint dans l'autre monde sa fiancée adorée, tandis que Kathleen et Kenneth se retrouvent dans celui-ci.

☞ Premier film en couleurs de Borzage. La délicatesse infinie de son style s'accommode aussi bien d'une certaine austérité de moyens que, comme ici, d'une multiplicité de richesses accumulées dans un même film : Technicolor somptueux, mélodies irlandaises filées par la voix d'or de Jeanette McDonald, dramatisation sans faille d'une pièce aux péripéties éprouvées (et déjà filmée deux fois en 1922 et en 1932 par Sidney Franklin). C'est que Borzage, plus qu'aucun autre cinéaste de l'histoire du cinéma, est le peintre de l'amour et des sentiments intérieurs des personnages – sentiments si délicats et en même temps si intenses qu'ils ont vocation à se prolonger jusque dans l'éternité. Par essence, ces sentiments se jouent du temps et de l'espace et transforment de manière naturelle et inéluctable les mélodrames de Borzage en poèmes fantastiques et métaphysiques. Dans *Smilin' Through*, Borzage nous fait passer d'une époque à l'autre puis nous prend par la main pour nous conduire dans l'éternité. Il nous montre les mêmes acteurs incarnant plusieurs personnages qui sont, d'une certaine façon, le même personnage continuant sa destinée ou corrigeant les errements d'un ancêtre. Le Gene Raymond de 1917 rachète sur un plan beaucoup plus métaphysique que moral la faute du Gene Raymond de 1867. Le double personnage de Jeanette McDonald rétablit en deux moments différents du temps le courant d'amour qui la reliait à deux êtres apparemment antagonistes (ils l'étaient dans le temps ; ils ne le sont pas dans l'éternité). *Smilin' Through*, bien que peu connu, est ainsi le film-type de Borzage : un film rêvé, rendu presque immatériel par le contrôle, d'une douceur ineffable, que le cinéaste exerce sur sa matière et par l'imprégnation quasi magique des images par le déroulement de sa méditation. Le raffinement plastique et musical du film, celui de son interprétation (où des acteurs assez ingrats, tel Brian Aherne, donnent le meilleur d'eux-mêmes) n'ont rien de formaliste. Ils composent une incantation destinée à faire remonter le spectateur aux sources vives des sentiments les plus intenses que puisse éprouver l'humanité : l'amour et la haine. Aux yeux de Borzage, la haine n'est nullement antithétique de l'amour. Elle en est pour ainsi dire la caricature provisoire, incomplète et frustrée. Un jour, elle finira immanquablement par être submergée et transformée par lui.

## CHAINES CONJUGALES
### (A Letter to Three Wives)

1949 – USA (103') • *Prod.* Fox (Sol C. Siegel) • *Réal.* JOSEPH L. MANKIEWICZ • *Sc.* Joseph L. Mankiewicz, Vera Caspary d'ap. la nouvelle « One of Our Hearts » et le R. « Letter to Five Wives » de John Klempner • *Phot.* Arthur Miller • *Mus.* Alfred Newman • *Int.* Jeanne Crain (Deborah Bishop), Linda Darnell (Lora May Hollingsway), Ann Sothern (Rita Phipps), Kirk Douglas (George Phipps), Paul Douglas (Porter Hollingsway), Barbara Lawrence (Babe Finney), Jeffrey Lynn (Brad Bishop), Celeste Holm (voix de Addie Ross).

⊖ Une petite ville américaine typique et banale à vingt kilomètres de New York. Juste avant de prendre le bateau pour s'occuper d'un groupe d'orphelins pendant une journée de promenade et de jeux sur l'Hudson River, trois amies reçoivent une lettre d'Addie Ross, une autre habitante de la ville, leur annonçant qu'elle a filé définitivement avec l'un de leurs maris. La lettre ne précise pas lequel. Tout au long de la journée, chacune des trois femmes se demandera avec anxiété si c'est elle qui a été abandonnée et revoit à cette occasion un épisode significatif de sa vie conjugale. Deborah Bishop repense à sa première sortie avec le groupe des amies de son mari, Brad, un ancien officier. Nouvelle dans la ville, elle avait peur de tout : d'être mal coiffée, mal habillée, de faire honte à son mari. Elle avait appris, au cours de cette soirée où elle avait commis pas mal de bévues et de maladresses, que son mari avait autrefois songé à épouser Addie Ross, une femme dont tous les hommes de la ville admiraient l'élégance et le goût. Rita Phipps, journaliste de radio, se remémore une autre soirée : elle avait invité chez elle sa patronne, Mrs. Manleigh, dans le secret espoir qu'elle pourrait engager son mari, George, qui végétait comme instituteur avec un salaire de misère. Mais George avait eu le malheur de critiquer l'influence nuisible et abrutissante de certains feuilletons radiophoniques et surtout de la publicité. Ses remarques avaient scandalisé Mrs. Manleigh, mettant ainsi par terre le projet de sa femme. A vrai dire George n'avait nullement l'intention de troquer un métier qui lui convenait et qu'il jugeait utile à la société contre une activité plus lucrative qu'il méprisait. De plus, Mrs. Manleigh avait malencontreusement brisé ce soir-là un disque précieux offert à George par Addie Ross qui, elle, à l'inverse de sa femme, n'avait pas oublié son anniversaire. Lora May Hollingsway, la troisième amie, repense à ses premières sorties avec Porter Hollingsway, propriétaire d'une chaîne de grands magasins. Elle occupait un poste très modeste dans l'un de ses magasins et vivait avec sa mère dans un logement constamment secoué par le passage du train sur la ligne de chemin de fer voisine : c'est à cette époque qu'elle avait séduit Porter par son charme et sa beauté. Lui tenant la dragée haute, elle l'avait peu à peu amené au mariage. Lui aussi admirait la classe d'Addie Ross dont il avait même un portrait dans sa luxueuse demeure. Les trois amies rentrent chez elles. Rita retrouve George avec soulagement. Lora May découvre avec beaucoup d'étonnement que Porter ne l'a pas quittée comme elle le croyait. Au cours du dîner qui devait réunir les trois couples, Deborah, ayant reçu de son mari un mot lui annonçant qu'il sera absent pour la nuit, apprend à ses amis que Brad l'a quittée. Porter la détrompe : c'est lui qui était parti avec Addie avant de revenir sur sa décision. Cet aveu donne à Lora May un argument de poids au cas où elle aurait voulu divorcer. Mais ce n'est nullement son intention. Elle aime son mari, dont la fortune seule a créé un malentendu constant entre les deux époux.

☞ Modèle de comédie de mœurs. Une construction très habile introduit la notion de suspense dans un domaine où elle est en général absente. Ce suspense n'est pas seulement une habileté dramatique ; il va au cœur des problèmes vécus par les trois héroïnes, victimes d'une insécurité psychologique permanente et d'une certaine anxiété quant à la solidité de leurs liens conjugaux. Les cibles principales de cette satire sociale où la verve de Mankiewicz paraît pour la première fois dans toute son acidité et son brillant sont : le snobisme, l'inculture, le rôle prédominant de l'argent dans tous les rouages de la vie sociale et même conjugale. Mankiewicz, plus libre qu'auparavant d'écrire ce qui lui plaît, cède à une certaine verbosité, seul élément à avoir vieilli dans cet excellent film, toujours d'actualité (il arrive encore que, lors de son passage sur telle ou telle chaîne de télévision américaine, il soit amputé de la tirade de Kirk Douglas contre la publicité). Comme dans beaucoup de films hollywoodiens, le propos de l'auteur se répercute et est sensible également dans les voix, les visages, les corps et la beauté des actrices. Il suffit, pour comprendre ce que l'auteur veut dire, de contempler le charme juvénile, presque mélodramatique de Jeanne Crain, l'élégance tendue d'Ann Sothern, femme émancipée mais en réalité très dépendante de son mari, la séduction ravageuse de la sublime Linda Darnell, à la fois madone et putain. Élégance suprême de l'emploi de la voix *off*, seule manifestation tangible de la présence de la voleuse de maris qui croit tirer les ficelles de l'histoire et se retrouve à la fin bredouille. Le verre de champagne qui se brise au dernier plan, accompagné du « Goodbye Everybody » de la narratrice, est un trait de génie.

N.B. Le scénario comportait au départ cinq héroïnes (cf. le titre du roman de Klempner, auteur également de la nouvelle qui servit de base au film), Sol C. Siegel et Vera Caspary en retirèrent une. Puis Zanuck, avec l'accord de Mankiewicz, en enleva encore une autre, une mère obsédée par son ambition pour son fils, rôle qui aurait dû échoir à Anne Baxter. Dans sa biographie très documentée de Mankiewicz, « Pictures Will Talk », New York, Charles Scribner's Sons, 1978, Kenneth L. Geist raconte l'anecdote suivante. Pour obtenir la mine de dégoût qu'il souhaitait voir apparaître sur le visage de Linda Darnell quand elle regarde le portrait encadré d'Addie Ross, Mankiewicz fit mettre dans le cadre une photo de Preminger costumé en officier nazi (rôle qu'il avait souvent joué). Linda Darnell était en effet très mécontente des deux films qu'elle venait d'interpréter sous la direction de Preminger, *Crime passionnel** et *Ambre**, et l'astuce fonctionna parfaitement. Mankiewicz, quant à lui, nie totalement la véracité de l'anecdote et affirme qu'il s'agit d'une pure invention d'attaché de presse.

N.B. Remake sous forme de téléfilm par Larry Elikann (USA, 1985). On retrouve dans la distribution Ann Sothern.

## CHAMBRE VERTE (LA)

1978 – France (94') • *Prod.* Les Films du Carrosse/Artistes Associés • *Réal.* FRANÇOIS TRUFFAUT • *Sc.* François Truffaut et Jean Gruault d'ap. des thèmes de Henry James • *Phot.* Nestor Almendros (Eastmancolor) • *Mus.* Maurice Jaubert • *Int.* François Truffaut (Julien Davenne), Nathalie Baye (Cécilia Mandel), Jean Dasté (Bernard Humbert), Jean-Pierre Moulin (Gérard Mazet), Antoine Vitez (le secrétaire de l'évêque), Jane Lobre (Mme Rambaud), Jean-Pierre Ducos (le prêtre).

Une petite ville de l'Est de la France en 1924. Julien Davenne, rédacteur au « Globe », vieux journal dont les abonnés, très vieux également, disparaissent un à un, est un rescapé des tranchées. Il a perdu durant la Grande Guerre la plupart de ses amis et s'accuserait presque au plus profond de lui-même de leur avoir survécu. Il a perdu également sa jeune femme Julie, âgée de vingt-deux ans, peu après leur mariage. Depuis, il vit dans le culte des morts et de Julie en particulier. Pour consoler un ami subissant un deuil comparable au sien, il lui fait part de sa conviction la plus intime : « Nos morts nous appartiennent si nous acceptons de leur appartenir. » Il sera scandalisé par l'attitude de cet ami qui se remariera peu de temps après son deuil. Davenne fait la connaissance de la secrétaire d'un commissaire-priseur, Cécilia Mandel qui, comme lui, se sent portée à affectionner les morts mais dans un état d'esprit inverse de celui de Davenne qui, selon elle, les aime « contre les vivants ». Davenne est amené, pour son travail, à rédiger la notice nécrologique de Paul Massigny, politicien connu qui fut autrefois son ami d'enfance et qu'il détesta ensuite. La conduite de Massigny a contribué à lui donner le dégoût de l'ambition et de la compétition sociale. Après l'incendie de sa chambre au cours duquel une grande partie de ses souvenirs et de ses photos de Julie a été détruite, Davenne commande à un artisan une statue de cire à la ressemblance de Julie. Mais il la juge ratée et obligera l'artisan à la détruire. Il obtient ensuite d'un évêque l'autorisation de doter une chapelle en ruine et de la restaurer pour en faire un lieu de culte consacré à ses morts, à tous ceux qu'il a aimés et admirés. Il y fait brûler en permanence une quantité de cierges qui constituent comme un autel de lumière autour du portrait de Julie qui, dans la chapelle, occupe la place d'honneur. Il demande à Cécilia d'être avec lui la gardienne du temple. Elle y célébrera comme Davenne le souvenir de ses morts qui se résument pour elle en un seul mort. Allant pour la première fois chez elle, Davenne découvre qu'elle a été la maîtresse de Massigny. Bien qu'elle ait eu, comme Davenne, à souffrir à cause de lui, elle est restée son adoratrice. Davenne ne peut accepter que Massigny soit représenté dans la chapelle. Il rompt avec Cécilia et se cloître dans sa chambre, n'ayant plus le désir de vivre. Cécilia ne supporte pas de ne pas le voir et lui écrit qu'elle l'aime. Il retourne dans la chapelle et y rencontre Cécilia. Il a pardonné à Massigny et veut maintenant le voir figurer parmi ses morts. Il meurt en annonçant à Cécilia sa décision. Elle allume un cierge en prononçant le nom de Julien Davenne.

☞ C'est sans doute le film le plus original et le plus attachant de François Truffaut. On est surpris d'une telle maturation des thèmes et du style, peu courante dans l'œuvre de Truffaut elle-même et dans le cinéma français contemporain. Trois nouvelles de Henry James, « L'autel des morts », « Les amis des amis », « La bête de la jungle » ont aidé Truffaut à préciser et à incarner dramatiquement sa réflexion sur la mort. Le film est le reflet intime de cette réflexion et en dit sans doute plus long encore sur son auteur que la saga semi-autobiographique de Doinel. La morbidité de Davenne est vue d'abord sous un aspect positif et cela constitue la première originalité du film. Davenne lutte de toutes ses forces contre l'ingratitude et l'indifférence des vivants, si répandues, à l'égard des morts. Que Davenne finisse par les aimer plus que les vivants – attitude condamnée par l'héroïne – donne au film une coloration fantastique et pousse le personnage vers la monstruosité. Mais là, la touche de Truffaut est légère et poignante ; autre originalité. Quoique cela ne soit jamais dit, cette morbidité a à voir avec l'enfance ; elle est en partie un repli infantile devant l'action, la société et la vie. Julie représente pour Davenne une sorte de mère parfaite et en tous cas irremplaçable. Comme le dit Jean Mambrino (dans sa préface à la publication du scénario dans « L'Avant-Scène »), le film est enfin « douloureusement matérialiste » puisque Davenne ne peut imaginer de présence aux morts qui ne soit liée à un souvenir tangible de leur existence (objet, photo, etc.), à un culte matériel rendu à leur mémoire (chapelle, cierge, etc.). Le classicisme sec de la mise en scène de Truffaut, le lyrisme très contenu des dialogues et de l'interprétation (Truffaut avait d'abord pensé à Charles Denner pour le rôle principal), la belle photo obscure d'Almendros (peut-être un peu trop apprêtée et superficiellement élégante) font une œuvre qui n'est pas en elle-même magique et surnaturelle et ne souhaite d'ailleurs pas l'être. Elle oriente néanmoins, au-delà des intentions de l'auteur, l'émotion et la réflexion du spectateur dans ce sens.

N.B. L'insuccès commercial du film n'a rien d'inexplicable puisqu'en France la mort et *a fortiori* le culte des morts sont, comme la maladie incurable, des thèmes tabous qui, au cinéma, tiennent de manière quasi automatique le public à distance.

BIBLIO. : scénario et dialogues *in* « L'Avant-Scène » nº 215, (1978).

## CHANTAGE
## (Blackmail)

1929 – Angleterre (73′) • *Prod.* British International Pictures (John Maxwell) • *Réal.* ALFRED HITCHCOCK • *Sc.* Alfred Hitchcock, Benn W. Levy, Garnett Weston, Charles Bennet d'ap. P. de Charles Bennet • *Phot.* Jack Cox • *Mus.* Campbell, Connely • *Int.* Anny Ondra (Alice White), Sara Allgood (Mrs. White), John Longden (le détective Frank Webber), Charles Paton (Mr. White), Donald Calthrop (Tracy), Cyril Ritchard (l'artiste), Harvey Braban (l'inspecteur).

Une patrouille de Scotland Yard arrête un suspect dans un quartier populaire de Londres. Dans les bureaux du Yard, l'homme est identifié par une femme. Il est ensuite incarcéré. L'un des membres de la patrouille, Frank Webber, est attendu à la sortie de son travail par sa petite amie, Alice White. Ils doivent passer la soirée ensemble. Ils se disputent et, sans être vu d'elle, Frank la voit sortir du café où a eu lieu la dispute en compagnie d'un artiste-peintre. Alice accepte de monter chez lui. Le peintre se conduit d'abord en gentleman puis saute sur elle pour la prendre de force. La main d'Alice saisit un couteau et le poignarde. Alice erre dans les rues toute la nuit et rentre à l'aube chez ses parents qui tiennent un bureau de tabac. Dans le voisinage, on ne parle que du meurtre. Frank est chargé de l'enquête et trouve un gant d'Alice dans l'atelier du peintre. Il rejoint Alice au bureau de tabac ; là le couple est approché par un maître chanteur qui a vu le peintre rentrer chez lui avec Alice et qui possède son deuxième gant. Profitant de la situation, le maître chanteur se fait inviter à prendre le petit déjeuner par les parents d'Alice. Pendant ce temps, Frank reçoit un coup de fil d'un collègue et apprend que le maître chanteur, un repris de justice, est aussi le suspect numéro un du crime, à la suite du témoignage de la concierge qui l'a vu rôder autour de l'immeuble. Muni de ces renseignements, Frank va tâcher de redresser la situation au profit d'Alice. En attendant l'arrivée de son collègue, il tente un coup de poker. « Ce sera donc, dit-il au maître chanteur, votre parole contre celle d'Alice. » Quand l'autre policier arrive, le maître chanteur préfère disparaître par la fenêtre. Il pénétrera ensuite, traqué par les policiers, dans le Bristish Museum dont il traverse plusieurs salles et la bibliothèque. Il escalade ensuite le toit du musée en forme de coupole et fait une chute mortelle sans avoir pu se disculper. L'affaire est classée. Ignorante de la mort du maître chanteur, Alice se présente à Scotland Yard et veut tout avouer à l'inspecteur. Le hasard veut que celui-ci, très occupé, confie son interrogatoire... à Frank. Alice lui avoue son crime, ce que jusque-là elle n'avait jamais fait aussi nettement. Frank gardera pour lui son secret, la persuade de ne rien dire de plus et, libres l'un et l'autre, ils sortent ensemble des bureaux de la police.

☞ Premier film parlant d'Hitchcock et du cinéma anglais. Il avait été prévu et commencé comme un film muet mais Hitchcock, anticipant astucieusement sur le désir des producteurs, avait pris ses précautions pour qu'on puisse aussi en faire une œuvre majoritairement parlante. Seule la première séquence reste totalement fidèle à l'esthétique du muet. Son aspect extrêmement documentaire donne le ton du film, un ton qu'on retrouve de loin en loin dans la carrière d'Hitchcock (cf. par exemple *The Wrong Man**). Par la méthode qu'il utilise, sinon par son style – le suivi méthodique du personnage le plus impliqué dans le drame et le plus vulnérable – Hitchcock est indéniablement un précurseur du néo-réalisme. Mais cet accompagnement du personnage central est semé de signes prémonitoires ou expiatoires, augmentant peu à peu l'angoisse de ce personnage. Leur abondance manifeste à la fois l'originalité et la virtuosité diabolique d'Hitchcock (il en sera de même dans *The Wrong Man**). Voir l'utilisation particulièrement brillante du tableau représentant un clown moqueur, le doigt pointé vers qui le regarde : c'est tantôt tel ou tel personnage de l'intrigue, et tantôt le spectateur lui-même, auquel Hitchcock n'oublie jamais de penser. La volonté de suivre le personnage le plus éprouvé par le drame (ici Alice White) entraîne une grande fluidité de la caméra, mais Hitchcock ne recherche jamais – sauf dans la séquence d'ouverture : adieu à une forme d'art, le muet, que l'auteur appréciait beaucoup – le tour de force spectaculaire. A noter que même dans la poursuite au British Museum où le fil de l'intrigue aurait pu oublier le personnage d'Alice, de nombreux inserts de celle-ci viennent rappeler sa présence et son dilemme moral au sein de cette séquence, la plus spectaculaire du film. Le film dans son ensemble (à l'image du clown représenté dans le tableau) est placé sous le signe de l'ambiguïté et de l'ironie. La thématique hitchcockienne met en relief, comme elle l'avait fait souvent jusque-là, la culpabilité de la femme adultère, laquelle sombrera, après sa première faute, dans la tragédie et dans une culpabilité beaucoup plus grave. Son désir d'aveu à la fin (à la police) et ses aveux réels (à son fiancé) l'absolvent en partie aux yeux d'Hitchcock et expliquent qu'une justice immanente (la mort du maître chanteur) la laisse *in fine* libre de ses mouvements. Hitchcock a toujours affirmé (quelques années après la réalisation du film et trente ans plus tard à François Truffaut) qu'il aurait préféré terminer le film par l'incarcération d'Alice, effectuée par Frank lui-même, séquence qui aurait fait écho à la séquence initiale. Mais les producteurs exigèrent un happy end. Le paradoxe est que ce happy end imposé enrichit par de nombreuses variations le sens et la thématique proprement hitchcockienne du film. La libération finale de l'héroïne valorise en le soulignant le contenu moral et rédempteur de l'aveu. L'ambiguïté morale du film se trouve considérablement renforcée du fait que deux coupables (une criminelle et un policier ayant dissimulé plusieurs éléments essentiels au cours de son enquête et ayant exercé une sorte de chantage sur le maître chanteur) n'auront jamais été inquiétés ; cela à une époque où on ne plaisantait pas, dans les films, avec le châtiment des coupables. Enfin le happy end vient couronner l'ironie latente de toute l'intrigue, vaste comédie des erreurs où le Bien et le Mal ont constamment changé de camp et interverti leur rôle. Ce dernier aspect, non prévu dans le projet initial, finit à force d'être paradoxal par devenir anti-hitchcockien et sert au moins à préciser la limite que Hitchcock, sauf ici, n'aura jamais dépassée.

N.B. A une époque où les techniques actuelles de post-synchronisation n'existaient pas, Anny Ondra qui avait un fort accent tchèque fut néanmoins « doublée » par Joan Barry (l'héroïne de *Rich and Strange**). Joan Barry, installée dans une cabine voisine du plateau, prononçait le dialogue d'Anny Ondra que celle-ci mimait en interprétant son rôle. A partir de 1983, le National Film Theater de Londres mit à la disposition du public et des chercheurs la version muette du film (qui n'avait d'ailleurs jamais été perdue). Elle avait été exploitée à l'époque quelques mois après la version parlante dans les cinémas non encore équipés pour le son et représente en quelque sorte le troisième *état* de *Blackmail* puisqu'on sait que le film fut d'abord tourné en muet, puis retourné partiellement en version parlante, celle-là même qui sortit la première en Angleterre à grand renfort de publicité comme « le premier long métrage entièrement parlant réalisé en Grande-Bretagne ». La continuité des deux versions est quasiment identique. Mais dans certaines séquences importantes, notamment celle du viol et du petit déjeuner, la version muette est plus découpée, sans que cela modifie en profondeur l'impact ou le sens de ces séquences. La comparaison entre les deux versions n'apporte guère de surprise ; elle confirme la conception essentiellement muette du film et souligne le caractère surajouté de certains effets sonores, désuets aujourd'hui. Pour le reste, si la version muette paraît plus pure et peut donc dans cette mesure être préférée, la version parlante prouve une adaptation parfaite d'Hitchcock au nouveau moyen d'expression, en dépit d'un certain statisme inévitable – et d'ailleurs nullement gênant – dans quelques plans. A vrai dire, durant toute sa carrière, Hitchcock ne renonça jamais à utiliser, quand il le jugeait opportun, les techniques héritées du muet (découpage vif variant les points de vue, montage court, etc.). Son art d'expérimentation permanante lui interdisait de se priver d'aucune technique susceptible, à un moment ou à un autre, d'enrichir sa narration. Sur la comparaison entre les deux versions, voir Charles Barr « *Blackmail* : Silent and Sound » *in* « Sight and Sound », printemps 1983.

## CHANT DE BERNADETTE (LE)
**(The Song of Bernadette)**

1943 – USA (156′) • *Prod.* Fox (William Perlberg) • *Réal.* HENRY KING • *Sc.* George Seaton d'ap. R. de Franz Werfel • *Phot.* Arthur Miller • *Mus.* Alfred Newman • *Int.* Jennifer Jones (Bernadette Soubirous), Charles Bickford (Abbé Peyramale), Vincent Price (Procureur Dutour), Gladys Cooper (Sœur Marie-Thérèse Vauzous), Anne Revere (Louise Soubirous), Lee J. Cobb (Dr Dozous), Aubrey Mather (Lacade, maire de Lourdes), William Eythe (Antoine), Roman Bohnen (François Soubirous), Linda Darnell (La Dame), Patricia Morison (Impératrice Eugénie), Charles Dingle (Jacomet), Sig Rumann (Louis Bouriette), Dalio (Callet).

11 février 1858. A Lourdes, le père Soubirous se réveille de très bon matin pour aller chercher du travail. Ancien meunier, il est aujourd'hui au chômage. Le seul travail qu'il trouvera consiste à transporter et à brûler les linges souillés de l'hôpital dans le dépotoir communal sur la colline de Massabielle. Il a deux filles. Bernadette, l'aînée, âgée de quatorze ans, est la plus fragile (elle est sujette à des crises d'asthme) et à l'école la moins brillante des deux. Elle reconnaît volontiers qu'elle est bête et que sa tête est peu faite pour l'étude. Allant chercher du bois sur la colline avec sa sœur et une amie, elle a une apparition : une Dame d'une grande beauté, vêtue de blanc, lui sourit dans la grotte de Massabielle. Sa mère ne s'étonnera

guère de cet événement, l'attribuant à son imagination de jeune fille. Le père, lui, reste sceptique. Ce jour-là, un peu de bonheur arrive dans la maison des Soubirous : le père se voit offrir un emploi fixe de palefrenier et les voisins, dont le bébé a été guéri de ses convulsions, apportent des vivres pour le dîner. La Dame a demandé à Bernadette de revenir la voir à la grotte quinze jours de suite, mais sa mère le lui interdit. Devant son chagrin, elle changera d'avis. Des processions vers la grotte commencent à avoir lieu, mais seule Bernadette voit la Dame. Les journaux parlent de l'événement. Le maire, parce qu'il se veut un homme de progrès, et le procureur impérial, parce qu'il hait le fanatisme et estime que les « visions » de Bernadette pourraient l'alimenter, sont les ennemis déclarés de la jeune fille, tout comme le policier Jacomet qui craint que l'ordre public soit troublé. Au cours de l'une de ses apparitions, la Dame demande à Bernadette de se laver à la source. Bernadette creuse la terre à l'endroit indiqué et se couvre les joues de terre. L'eau jaillira quelques instants plus tard. Un homme, aveugle d'un œil, ayant mouillé de cette eau son visage et cet œil, verra de nouveau. Un bébé à l'agonie, paralysé des jambes, est plongé par sa mère dans l'eau de la grotte : il est immédiatement guéri. C'est le début d'innombrables pèlerinages de malades et d'invalides. Lors de sa dernière visite à Bernadette, la Dame lui dit : « Je suis l'Immaculée Conception ». L'abbé Peyramale ne pourra croire que Bernadette n'ait pas été poussée par quelqu'un à prononcer ces paroles dont elle ignore elle-même le sens. Le procureur impérial décide d'utiliser une loi de 89 pour interdire la source aux visiteurs et fait fermer la grotte. Cette loi stipule que l'eau doit être examinée par des chimistes, et le procureur compte bien que cela ne se fera pas en un jour. Mais la gouvernante du fils de Napoléon III vient « voler » de l'eau pour le bébé de l'impératrice Eugénie. Celle-ci attribuera la guérison de l'enfant à l'eau de la grotte dont l'empereur ordonne aussitôt la réouverture. Une commission épiscopale vient interroger Bernadette et les bénéficiaires de l'eau miraculeuse. L'abbé Peyramale annonce à Bernadette qu'ayant persisté dans toutes ses déclarations concernant la Dame, y compris dans celle qui concerne l'Immaculée Conception, elle devra désormais vivre parmi les Sœurs de Nevers. Elle dit adieu à ses parents et au jeune Antoine, amoureux d'elle, qui lui annonce qu'il ne se mariera jamais. Au couvent, elle est persécutée par la responsable des novices, Sœur Vauzous, qui n'a jamais cru en sa sincérité. « Que sais-tu de la souffrance ? » lui demande-t-elle un jour. Bernadette lui montre alors son genou ulcéré. Elle est atteinte de tuberculose osseuse, une maladie qui provoque chez le commun des mortels des souffrances intolérables mais qu'elle supporte avec douceur et résignation. Sœur Vauzous demande pardon à Dieu de sa haine et de son envie à l'égard de Bernadette dont l'agonie commence. Les membres de la commission d'enquête viennent lui lire le Protocole de 1858 afin qu'elle en confirme les termes. « Je l'ai vraiment vue » répète-t-elle. Après une longue absence, le procureur revient à Lourdes, atteint d'un cancer du larynx. Il se dit navré par le spectacle qu'offre la ville remplie de pèlerins. Mais, devant la grotte, il demandera à Bernadette de prier pour lui. Alors qu'elle avait perdu tout espoir de revoir La Dame, celle-ci vient lui faire une dernière visite au terme de son agonie. Comblée, Bernadette entre alors dans la mort – et dans sa nouvelle vie.

☞ On pourrait donner comme sous-titre au film : « Du sublime ». Le roman de l'Autrichien Franz Werfel venait de paraître en 1942. En 1940, Werfel avait dû se cacher à Lourdes. Il s'était juré d'écrire l'histoire de Bernadette s'il réussissait à aborder un jour en Amérique. La substance extrêment riche du livre aurait pu donner lieu à plusieurs films différents. Elle fut l'objet, de la part du scénariste George Seaton et de Henry King, d'un travail de sélection rigoureux quant aux épisodes, aux personnages et aux significations. King a envisagé l'histoire de Bernadette selon trois axes principaux : une religiosité naïve, proche de l'esprit et du style de ces images pieuses qu'elle aimait tant ; le roman cruel de la destinée d'une jeune fille qui déclenche sans l'avoir voulu des vagues d'admiration et d'adoration, mais suscite aussi le scepticisme, la critique et l'agressivité de son entourage immédiat ; enfin le récit d'une intense expérience spirituelle et mystique. Pour King, ces aspects ne sont pas contradictoires ni antithétiques. Ils expriment des angles de vue différents que le film se doit d'harmoniser – c'est du moins la fonction qu'il lui attribue – avec émotion et cohérence. En tant qu'auteur, King s'est sans doute plus particulièrement intéressé au dernier aspect. Bernadette vit durant sa brève existence une de ces expériences qui usent les nerfs, brûlent le corps et l'âme, telles qu'il en a décrites dans plusieurs de ses films. Mais, à ses yeux, trop dépouillée, privée de son contexte social et même romanesque, l'histoire de Bernadette aurait perdu – ou à tout le moins n'aurait pu révéler – tout son sens. Qu'on l'observe d'un point de vue matérialiste ou spiritualiste, l'élévation, la plénitude que connaît Bernadette en si peu d'années représentent l'aboutissement du plus long, du plus intense parcours mental qu'il lui était possible d'effectuer à partir du dénuement complet où elle se trouvait avant les apparitions de celle qu'elle n'a jamais appelée autrement que La Dame. Avec beaucoup de sens, le film commence par la séquence où le père, au plus bas de l'échelle sociale, accomplit cet humble et presque dégradant travail sur la colline de Massabielle. Et cette dégradation devient le point de départ, dans l'espace et dans le temps, du prodigieux itinéraire de la jeune fille. C'est là un des apports particuliers de King, comme en témoigne son entretien – l'un des très rares qu'on possède de lui – dans la revue « Écran 78 » (nos 70 et 71). Seule la dernière partie du film, dans le couvent de Nevers, atteint à un réel dépouillement après l'évocation variée et précise de l'univers psychologique et social de Bernadette. L'usage répété du gros plan y apparaît comme quelque chose d'exceptionnel et de nécessaire par contraste avec la prépondérance accordée au plan général dans la plupart des autres séquences. Jennifer Jones, alors âgée de vingt-quatre ans, était sous contrat avec David Selznick. C'est lui qui choisit pour elle le rôle de Bernadette comme nouveau départ de sa carrière et la prêta pour ce faire à la Fox (Elle avait joué précédemment dans quelques films de moindre importance sous son vrai nom, Phyllis Isley.) Si l'on compare ce rôle avec ceux qu'elle joua plus tard sous la direction de King Vidor (*Duel au soleil**, *Ruby Gentry**), de Dieterle (*Portrait of Jennie**), ou de Powell (*La renarde**), il faut bien admettre que Jennifer Jones fut sans doute la plus éclectique de toutes les actrices hollywoodiennes. Elle jouera encore deux fois sous la direction de King dans *Love Is a Many-Splendored Thing, La colline de l'adieu*, 1955, superbe adaptation du roman autobiographique de Han Suyin situé à Hong-Kong et dans *Tender Is the Night, Tendre est la nuit*, 1962, adaptation à demi réussie du roman de Fitzgerald et dernier film du réalisateur. *Le chant de Bernadette* connut un immense succès populaire. King le cite en tête de ses quatre films préférés avant *State Fair*, *Twelve O'Clock High** et *Alexander's Ragtime Band**.

## CHANT DU MISSOURI (LE)
## (Meet Me in Saint Louis)

1944 – USA (113') • *Prod.* MGM (Arthur Freed) • *Réal.* VINCENTE MINNELLI • *Sc.* Irving Brecher et Fred F. Finklehoffe d'ap. « 5135 Kensington Avenue » (nouvelle extraite du recueil « The Kensington Stories ») de Sally Benson • *Phot.* George Folsey (Technicolor) • *Mus. et lyrics* Hugh Martin et Ralph Blane • *Chor.* Charles Walters • *Int.* Judy Garland (Esther Smith), Margaret O'Brien (Tootie Smith), Lucille Bremer (Rose Smith), Joan Carroll (Agnes Smith), Mary Astor (Mrs. Smith), Leon Ames (Mr. Alonzo Smith), Tom Drake (John Truett), Marjorie Main (Katie), Harry Davenport (Grandpa), June Lockhart (Lucille Ballard), Henry H. Daniels, Jr. (Lon Smith), Hugh Marlowe (colonel Darly), Chill Wills (Mr. Neely), Robert Sully (Warren Sheffield).

Saint Louis, Missouri. ÉTÉ 1903. Alors qu'on ne parle que de l'Exposition universelle qui va avoir lieu sept mois plus tard dans la ville, toute la famille Smith est en révolution, car Rose, l'aînée des quatre filles, attend un coup de fil de son amoureux, le jeune Warren Sheffield. Contrairement à toutes les prévisions, il ne se déclare pas. Lors d'une fête donnée en l'honneur de Lon, le fils de la maison, qui part pour l'université de Princeton, Esther et la petite Tootie dansent le cake-walk. Esther flirte avec son voisin John Truett qu'elle voulait rencontrer depuis longtemps. AUTOMNE 1903. Les enfants fêtent Halloween par des déguisements, des masques, un feu de joie. Courageuse et terrorisée, Tootie va jeter de la farine au visage du terrible voisin Braukoff et lui dit qu'elle le déteste. Elle accuse Truett de l'avoir frappée alors qu'au contraire le jeune homme l'avait prise sous sa protection à la suite d'une farce qui aurait pu mal tourner. Scandalisée par le comportement de Truett, Esther va lui dire son fait puis doit s'excuser quand elle apprend que sa petite sœur a menti. Au grand regret de tous, le père, un avocat, annonce que la famille va s'installer à New York où une promotion l'attend. HIVER 1903. Lors d'un grand bal, Truett demande à Esther de l'épouser. En pleurs à cause du prochain départ vers New York, Tootsie détruit tous ses bonshommes de neige. Ce que voyant, le père décide que la famille restera à Saint Louis. Warren se propose enfin à Rose. ÉTÉ 1904. Toute la famille en liesse visite l'Exposition.

☞ Ce grand succès commercial, minutieusement élaboré par Arthur Freed qui prit le risque de produire une comédie musicale aussi coûteuse à partir d'un scénario original et peu dramatisé, est l'œuvre la plus caractéristique de la première partie de la carrière de Minnelli (quoique le réalisateur ait remplaçé Cukor mobilisé). Cette première partie se caractérise sur le plan esthétique par une surcharge décorative poussée jusqu'au baroque, laquelle se trouve justifiée ici par le parti pris nostalgique et passéiste, comme elle l'est, dans *Le pirate*, par le parti pris d'extravagance parodique ou, dans *Yolanda et le voleur*, par l'onirisme omniprésent. Le passé relativement lointain où se situe l'intrigue de *Meet Me in Saint Louis* représente en effet un *autre monde* dont la recréation nécessite et stimule l'imagination visuelle de Minnelli. Le film est aussi la première chronique familiale de l'auteur, qui inscrira dans ce genre plusieurs de ses chefs-d'œuvre. A mesure que progressera son œuvre, Minnelli, sans renoncer aux fantasmagories et à la sophistication visuelle qu'il adore, tournera de moins en moins le dos au réalisme, et son univers y gagnera en étendue et en universalité. Dans ses premiers films jusqu'à *Madame Bovary*, la mièvrerie volontaire et sophistiquée de son style peut heurter de nombreux spectateurs. Elle provient de la primauté accordée au décor sur les personnages. Elle est la base du travail à partir de laquelle s'édifiera une œuvre souvent sous-estimée comme superficeille et purement décorative. En réalité, ces artifices décoratifs constitueront peu à peu une architecture où l'Amérique dévoilera souvent une grande partie de sa vérité et de ses aspirations cachées. Ici, un seul personnage ressort vraiment : la petite Tootie, interprétée par Margaret O'Brien. Dans son excellent livre de souvenirs « A Life on Film », Mary Astor (qui joue la mère) a raconté quelle bonne comédienne et quelle petite peste elle était : elle pouvait pleurer toutes les larmes de son corps sans ressentir la moindre émotion ; elle passait son temps à déplacer les objets sur le plateau pour rendre fou l'accessoiriste (et sans doute aussi la script). Mais son personnage, une fillette qui se félicite d'avoir eu la chance de naître dans sa ville préférée, éprouvera tout au long de l'intrigue une gamme de sentiments beaucoup plus étendue que celle des adultes qui l'entourent.

## CHANTONS SOUS LA PLUIE
**(Singin' in the Rain)**

1952 – USA (103') • *Prod.* MGM (Arthur Freed) • *Réal.* GENE KELLY et STANLEY DONEN • *Sc.* Betty Comden et Adolph Green • *Phot.* Harold Rosson (Technicolor) • *Chansons* Nacio Herb Brown (musique) et Arthur Freed (lyrics) • *Int.* Gene Kelly (Don Lockwood),

Donald O'Connor (Cosmo Brown), Debbie Reynolds (Kathy Selden), Jean Hagen (Lina Lamont), Millard Mitchell (R.F. Simpson), Rita Moreno (Zelda Zanders), Douglas Fowley (Roscoe Dexter), Cyd Charisse (danseuse), Kathleen Freeman (Phoebe Dinsmore, professeur de diction), Bobby Watson (professeur de diction).

1927. C'est la grande première, au « Chinese Theater » sur Hollywood Boulevard, du film muet très attendu *The Royal Rascal*. A l'extérieur de la salle, Don Lockwood, la vedette masculine, fait face à la foule de ses admirateurs et raconte au micro d'une radio, en les enjolivant, ses souvenirs d'enfance, ses débuts dans le show-business, ses activités de cascadeur à Hollywood, enfin sa rencontre avec sa partenaire actuelle, Lina Lamont. Il se garde bien de dire que dans la réalité il la déteste, car il est censé avoir avec elle, pour les fans des magazines de cinéma, une idylle tout à fait romantique. Après la projection du film, qui est un succès, il s'engueule une fois de plus avec elle et la plante là. Poursuivi par ses fans, il trouve refuge dans la voiture de Kathy Selden, jeune comédienne de théâtre qui fait mine de mépriser le cinéma et de n'avoir vu pratiquement aucun de ses films. Elle le reconduit jusqu'à chez lui et lui adresse des critiques qui le dépriment un peu. Lors de la party donnée par son producteur, R.F. Simpson, patron de Monumental Pictures, il a la surprise de retrouver Kathy en petite girl jaillissant d'un gâteau avec d'autres danseuses pour divertir les invités. Vexée, elle veut lui envoyer une tarte à la crème en pleine figure mais atteint... Lina. Durant cette party, le producteur a projeté à ses hôtes un test de cinéma parlant. Quelques jours plus tard, Don s'apprête à jouer dans son nouveau film *The Duelling Cavalier*, une histoire d'amour située à l'époque de la Révolution Française. Il n'a pas oublié Kathy ni ses critiques et regrette que l'incident de la party ait provoqué son renvoi du Coconut Grove où elle travaillait. Cosmo Brown, compositeur ami de Don, essaie de lui remonter le moral en lui chantant « Make 'Em Laugh ». Tournant avec Lina, Don apprend que c'est elle qui a fait renvoyer Kathy. Il l'insulte au cours du plan mais, comme le film est muet, les spectateurs n'y verront que du feu et croiront à une scène d'amour passionnée. Simpson interrompt le tournage et décide que *The Duelling Cavalier* sera un film entièrement parlant. Le triomphe du *Chanteur de jazz*, le premier film parlant, exige en effet qu'on s'adapte immédiatement à la nouvelle technique sous peine d'un échec cinglant. Mais il y a un *hic* : Lina a une voix de crécelle tout à fait ridicule et sans rapport avec son physique. Simpson assiste au tournage de plusieurs séquences musicales dans ses studios et remarque Kathy parmi les girls. Il veut lui confier un rôle important mais elle lui avoue que c'est elle qui a envoyé le gâteau à la figure de Lina. Don dit que cela n'a aucune importance et en profite pour lui préciser qu'il n'est nullement fiancé à Lina, comme le disent tous les magazines. Il l'entraîne sur un plateau vide qu'il transforme à l'aide de toutes sortes d'éclairages et d'accessoires pour lui déclarer – en chantant – son amour (« You Were Meant For Me »). Beaucoup d'acteurs doivent désormais prendre des cours de diction, Lina plus encore que les autres, bien que les résultats ne soient guère encourageants. Don et Cosmo en profitent pour se moquer gentiment de leur professeur (numéro « Moses »). On retourne une scène de *Duelling Cavalier*. Lina ne comprend jamais où se trouve le micro et fait le désespoir de son metteur en scène et de l'ingénieur du son. A la première, ce sera un désastre : la voix de Lina et la mauvaise qualité du son provoquent une rigolade générale. Toute la nuit, les trois amis, Don, Cosmo et Kathy, refléchissent à cet échec. Don est plus déprimé que jamais et s'estime fini. Kathy et Cosmo le réconfortent et lui conseillent de transformer, avant sa sortie, *The Duelling Cavalier* en comédie musicale. Don voit de nouveau la vie en rose et les trois amis chantent ensemble « Good Mornin' ». Mais Lina ne sait pas plus chanter que parler : qu'importe, Kathy s'offre à la doubler. A la nuit tombée, après avoir raccompagné Kathy chez elle, Don chante sa joie sous la pluie, seul dans une rue, jusqu'à ce qu'un policier interloqué l'amène à reprendre un comportement « normal ». Au studio, Kathy enregistre la chanson « Should I ? » pour Lina et Cosmo dirige l'orchestre. *The Duelling Cavalier* comportera aussi des scènes modernes : Don raconte à Simpson l'argument d'un long ballet « The Broadway Melody » dans lequel il incarne un jeune chanteur et danseur qui fait ses classes dans le burlesque, le vaudeville (au sens américain du terme), les Ziegfeld Follies, avant de triompher à Broadway. Au cours de l'une des séquences, il danse avec une vamp dans un sous-sol de café et elle semble plus fascinée par les bijoux que par lui. Kathy double en secret le texte de Lina. Celle-ci surgit alors dans le studio et hurle de colère. Elle exigera de Simpson que le nom de Kathy soit supprimé du générique et que désormais celle-ci ne fasse rien d'autre que du doublage. Mais les amis de Kathy auront leur revanche après la première du film, qui est un triomphe. Lina tient en effet à aller parler elle-même au public qui lui réclame une chanson. Elle supplie Kathy de l'aider. Celle-ci chantera, cachée derrière un rideau. Mais Don, Cosmo et Simpson lui-même, excédés par les exigences de la star, s'empresseront de relever le rideau et le public découvrira alors la supercherie... et ce qu'est le doublage. Kathy fuit vers la sortie, mais Don la retient en lui chantant « You Are My Lucky Star ». Désormais ils auront leur nom côte à côte sur l'affiche pour le prochain film de Monumental Pictures, *Singin'in the Rain.*

☞ La gloire de ce film, dont la séquence montrant Gene Kelly chantant et dansant sous la pluie est devenue l'emblème par excellence de la comédie musicale hollywoodienne, n'a cessé de grandir au fil des années. A partir des années 70, le film a commencé de figurer sur les listes des plus grands classiques du cinéma établies par les historiens et critiques à côté de titres comme *Le cuirassé Potemkine* * et *Citizen Kane* *. Et peut-être que dans quelques décennies, au train où vont les choses, ces titres auront disparu de telles listes, alors que *Chantons sous la pluie* y figurera toujours... Comme ce fut le cas pour beaucoup de triomphes hollywoodiens, sa gestation – mais seulement au tout début – fut assez difficile et quelques-uns de ses participants notoires auraient préféré ne pas en être (phénomène identique, en beaucoup plus accentué, pour *Autant en emporte le vent** et *Casablanca* *). Les deux scénaristes, Betty Comden et Adolph Green, allèrent jusqu'à faire la grève pour ne pas avoir à l'écrire. Ils se retrouvèrent, selon leurs propres termes (cf. Biblio.) « piégés comme des rats dans une grange en feu » quand ils eurent découvert que leur contrat les obligeait à bâtir une histoire à partir des seules chansons écrites par Arthur Freed et Nacio Herb Brown, alors qu'ils auraient voulu travailler sur des œuvres de Irving Berlin, Cole Porter, Rodgers et Hammerstein, etc. Arthur Freed, le fondateur de la célèbre « Freed Unit », responsable à la MGM de quelques-unes des meilleures comédies musicales jamais filmées, avait été dans sa jeunesse parolier d'un vaste catalogue de mélodies composées par Nacio Herb Brown. Amenés tout de suite à penser qu'il fallait recréer l'époque à laquelle ces chansons, pour la plupart destinées à des films, avaient été écrites (fin des années 20 et début des années 30), Comden et Green imaginèrent d'abord de raconter l'histoire d'un acteur de westerns chantants, rôle prévu pour Howard Keel. Puis ils décidèrent de raconter tout simplement les débuts du parlant à Hollywood. Une fois lancé sur ses bons rails, le projet progressa très vite (à l'exception de l'écriture difficile des premières scènes cf. Biblio.). Les deux scénaristes s'inspirèrent d'événements réels, par exemple la ruine de la carrière de John Gilbert qui, comme la vedette masculine du *Duelling Cavalier*, version parlante, avait cru pouvoir prononcer les mêmes phrases (« I love you, I love you, I love you ») que celles qu'il avait l'habitude de dire durant les tournages en muet. « L'astuce, écrivent Comden et Green, consista évidemment à s'arranger pour qu'un matériau tragique comme celui-là puisse s'insérer dans une comédie légère et satirique contenant quinze ou vingt chansons de Freed et Brown ». Dès lors, Gene Kelly devint le seul interprète possible. Le documentaire et la satire produisirent dans le film le plus divertissant des mélanges. A l'écart de la révolution de *On the Town* *, *Chantons sous la pluie* prolonge astucieusement, en ce qui concerne le sujet, les comédies musicales de type *Quarante-deuxième rue* * qui montrent la préparation de spectacles scéniques et théâtraux. Ici, il s'agira de films, enfantés dans la période la plus troublée de l'histoire hollywoodienne. La magie durable du film provient pour l'essentiel de ce cadre qui lui fournit son originalité de base (née comme on l'a vu d'une contrainte imposée aux scénaristes) ; de son invention constante ; de son ton de satire légère et jamais méchante (encore que le personnage de Jean Hagen, admirablement interprété, ait suscité de manière irrésistible la causticité des auteurs) ; enfin et surtout de son inaltérable bonne humeur. *Chantons sous la pluie* offre en effet le rare exemple, toutes catégories confondues, d'un film résolument optimiste du début à la fin et où le professionnalisme, la ténacité, l'amitié et l'amour viennent à bout de toutes les difficultés. Musicale ou non, chaque séquence apporte sa pierre à une construction lumineuse et cohérente à laquelle on peut seulement reprocher l'insuffisante justification du ballet final « The Broadway Melody », superbe morceau de bravoure mais dont on voit mal qu'il puisse figurer dans *The Duelling Cavalier*. La séquence se termine d'ailleurs par une pirouette, puisque le producteur à qui Don Lockwood, le personnage joué par Kelly, a raconté le ballet pour avoir son opinion, répond : « Je ne peux pas vraiment le visualiser tant que je ne l'ai pas vu sur un écran ». A l'inverse, l'évocation en flash-back des années de formation de Don Lockwood qui, à elle seule, est aussi riche que tout un film, figure parmi les plus belles introductions de film qu'on ait vues. Ayant tout minutieusement préparé ensemble, Kelly et Donen se répartirent les scènes, qu'ils tournèrent séparément sur des plateaux différents. On n'a jamais su exactement ce que l'un et l'autre avaient filmé mais la simple logique invite à penser que les scènes où Kelly n'était pas furent plus spécialement tournées par Donen ! Comden et Green, quant à eux, attribuent le succès du film à la cohésion du quatuor qu'ils formaient avec Kelly et Donen et « au professionnalisme avisé [des deux réalisateurs] réussissant à maintenir au sein de leur travail une impression de spontanéité insouciante et dénuée d'effort. » On ne saurait mieux dire et, effectivement, dans son sujet comme dans sa forme, dans ses personnages comme dans ses péripéties, *Chantons sous la pluie* représente l'aboutissement suprême d'un art où, à force de travail, toute trace de travail a pu être effacée. En cela, le film exprime aussi « l'âme de la danse ».

N.B. Dans les séquences où Kathy Selden (Debbie Reynolds) double Lina Lamont (Jean Hagen) en train de parler, c'est en réalité Jean Hagen qui double Debbie Reynolds en train de la doubler. Dans les séquences ou Kathy Selden double Lina Lamont en train de chanter, c'est la chanteuse Betty Royce qui double Debbie Reynolds. Outre les chansons anciennes de Freed et Brown, le film contient deux chansons nouvelles : « Moses » (écrite par Roger Edens, Comden et Green) et « Make 'Em Laugh » de Freed et Brown, plagiat de « Be a Clown » de Cole Porter (tiré de *The Pirate* de Minnelli). Donen a confié à Hugh Fordin (cf. son livre « The World of Entertainment ! ») que Kelly et lui n'eurent jamais le courage de dire à Freed que c'était une chanson volée. « Il faut le tact et l'élégance de Cole Porter, note Fordin, pour avoir choisi d'ignorer le fait ».

BIBLIO. : scénario et dialogues (sans les lyrics) publiés dans la collection : « The MGM Library of Film Scripts », New York, The Viking Press, 1972. Remarquable préface de Comden et Green. Ils expliquent notamment leur embarras au début de l'écriture du script quand ils avaient rédigé trois introductions se passant à New York et à Hollywood : la première du film muet, l'interview de Don Lockwood, la rencontre de Don avec Kathy qu'il perd ensuite de vue. Steve, le mari de Betty Comden, résolut le problème en conseillant aux deux scénaristes de conserver les trois introductions à la file : ce qu'ils firent en les concentrant toutes à Hollywood. Cette découverte, évidente aujourd'hui, leur donna « l'impression d'être Champollion décodant les hiéroglyphes de la Pierre de Rosette ».

## CHARGE DES TUNIQUES BLEUES (LA) (The Last Frontier)

1955 - USA (97') • *Prod.* COL. (William Fadiman) • *Réal.* ANTHONY MANN • *Sc.* Philip Yordan et Russel S. Hugues d'ap. R. « The Gilded Rooster » de Richard Emery Roberts • *Phot.* William Mellor (Technicolor-Cinémascope) • *Mus.* Leigh Harline • *Int.* Victor Mature (Jed Cooper), Guy Madison (capitaine Glenn Riordan), Robert Preston (colonel Frank Marston), James Whitmore (Gus Rideout), Anne Bancroft (Corinna Marston), Russell Collins (capitaine Clarke), Peter Whitney (sergent-major Decker).

En 1860, trois trappeurs, deux Blancs, Jed Cooper et Gus Rideout, et un Indien, sont dépouillés de leurs biens par les Indiens de Red Cloud qui voit d'un mauvais œil l'installation sur son territoire des soldats américains du Fort Shallan. Les trois hommes n'ont d'autre ressource que de se faire engager comme scouts civils au fort. Vivement intéressé par les activités, le mode de vie des soldats ainsi que par la femme du colonel Marston, le commandant du fort, Jed Cooper voudrait devenir soldat lui aussi afin de pouvoir porter le bel uniforme bleu des cavaliers. Mais il doit d'abord faire ses preuves comme éclaireur. Marston est habité par un désir pathologique de revanche depuis qu'il a perdu ses hommes dans un affrontement contre l'armée sudiste. On l'a surnommé à cette occasion le boucher de Shyloh. Pour redorer son blason bien terni, Marston ne voit d'autre moyen qu'une victoire spectaculaire contre les Indiens. Et il entend les attaquer immédiatement. Jed Cooper a observé au voisinage du fort d'importants regroupements de tribus. Il met tout en œuvre pour repousser la réalisation du projet de Marston jusqu'aux premières neiges. Mais rien n'y fait. Marston ordonne une sortie avec l'ensemble de la garnison. Sur le terrain, Jed Cooper s'efforcera de limiter les dégâts. Il signale une embuscade tendue aux soldats par les Indiens et ramène les survivants au fort. Marston et le meilleur ami de Cooper, Gus, figurent parmi les victimes. Cooper est enrôlé dans l'armée et portera l'uniforme qu'il convoitait.

☞ Réalisé juste après la fin du cycle de ses westerns avec James Stewart, *The Last Frontier* fournit à Anthony Mann l'occasion de décrire un personnage beaucoup plus fruste et plus instinctif, mais non moins complexe, que ceux interprétés par James Stewart. Le trappeur Jed Cooper est, dans ses rapports avec la « civilisation », tour à tour fasciné, perplexe ou violemment choqué. La peinture de ce personnage s'inscrit au sein d'une confrontation entre deux modes de vie qui, historiquement, n'allaient pas tarder à devenir antagonistes : Mann examine comment l'indépendance semi-sauvage du trappeur va peu à peu se transformer en une soumission à l'ordre, à la nouvelle forme de société qu'incarnent les soldats du fort. Chaque séquence apporte sa contribution à une tentative d'analyse comparative assez subtile et nuancée où les dialogues, comme dans tous les westerns modernes, ont autant d'importance que les scènes d'action. Cette analyse ne cherche pas de conclusion définitive et comporte une bonne dose de scepticisme. L'enrôlement final de Cooper n'est sans doute qu'une étape dans son itinéraire et ne correspond nullement à un éloge de la civilisation contre l'état sauvage ou semi-sauvage. Tout au long du film, Mann s'emploie d'ailleurs à montrer ce que la civilisation peut receler de barbarie (la rage vengeresse du commandant du fort) et, en revanche, ce que la vie dite sauvage implique de symbiose avec l'ordre naturel des choses. Il observe, non sans une certaine nostalgie, que ce qui sera désormais interdit, ou impossible, c'est la double appartenance, la double « nationalité » d'un personnage comme le trappeur, proche à la fois des Indiens et des Blancs, à cheval entre le monde de la nature, de la liberté et celui d'une organisation sociale stricte et contraignante, telle que la préfigure l'existence du fort. La civilisation oblige tout le monde à choisir. Mann, qui dans ses westerns avec James Stewart, ne s'était pas privé de prôner les avantages du « law and order » semble céder ici à une certaine tentation nostalgique, assez rare dans son œuvre. C'est que pour lui le triomphe du « law and order » est une nécessité absolue dans un monde dominé par la ville ; or sa méditation se situe ici dans un univers pré-urbain où le type de civilisation qui aboutira au développement intensif des villes n'en est qu'à ses tout premiers pas. Visuellement, la mise en scène de Mann est d'une science et d'une élaboration prodigieuses. L'habileté avec laquelle Mann renouvelle dans son deuxième film en Cinémascope sa maîtrise de l'espace force l'admiration. Comme la plupart des grands metteurs en scène américains, Mann a su tout de suite utiliser le scope pour les possibilités qu'il offre dans l'ordre de la profondeur de champ, permettant d'embrasser l'espace à deux ou trois niveaux différents (cf. la première scène de l'encerclement par les Indiens et la scène avant le combat final où Jed Cooper découvre l'embuscade indienne). Entre ses mains, le scope réussit même le tour de force d'augmenter la mobilité de la caméra. Le nouveau format se révèle ainsi parfaitement apte à appréhender, par exemple, la progression reptilienne du trappeur au sein de la nature, ou son quasi-mimétisme avec la forêt et les obstacles naturels, toutes choses qui le rendent si proche des Indiens. Avec la même virtuosité, le scope servira à décrire la géométrie artificielle du fort, les alignements réguliers de la garnison, petit îlot d'ordre et de civilisation perdu dans l'immensité de territoires encore sauvages – mais plus pour très longtemps.

## CHARGE FANTASTIQUE (LA)
### (They Died With Their Boots on)

1941 – USA (140') • *Prod.* Warner (Hal B. Wallis) • *Réal.* RAOUL WALSH • *Sc.* Wally Kline et Aeneas Mackenzie • *Phot.* Bert Glennon • *Mus.* Max Steiner • *Int.* Errol Flynn (George Armstrong Custer), Olivia de Havilland (Elizabeth Bacon Custer), Arthur Kennedy (Edward « Ned » Sharp, Jr.), Charles Grapewin (California Joe), Gene Lockhart (Samuel Bacon), Anthony Quinn (Crazy Horse), Stanley Ridges (Major Romulus Taipe), John Litel (général Philip Sheridan), Walter Hampden (William Sharp), Sydney Greenstreet (général Winfield Scott), Regis Toomey (Fitzhugh Lee), Hattie McDaniel (Callie).

West Point 1857. Le jeune cadet George Armstrong Custer, vêtu d'un uniforme flamboyant qu'il s'est fait tailler à la ressemblance de celui de Murat, arrive tout fringant à la célèbre école militaire. Il est victime d'une farce de Ned Sharp qui sera tout au long de sa vie son principal ennemi. Le plus mal noté des élèves de sa promotion, mais expert dans tous les exercices militaires et apte plus qu'aucun autre à susciter l'enthousiasme de ses subordonnés, Custer se trouve breveté avec un an d'avance pour pouvoir aller s'enrôler à Washington, peu après les débuts de la guerre de Sécession, dans le 2$^{e}$ de Cavalerie. Le général Scott, dont il s'est fait un ami, accélère son affectation. En 1861, Custer participe à la bataille de Bull Run. Il refuse d'obéir à son supérieur Ned Sharp, le met K.-O. et passe à l'attaque au lieu de suivre un ordre de retraite, en récompense de quoi le général Sheridan lui donnera un congé et une médaille. A Monroe, Michigan, dans sa ville natale, Custer retrouve la jeune Elizabeth Bacon pour qui il avait eu le coup de foudre à West Point et demande à l'épouser quand il sera devenu général. Son avancement va d'ailleurs plus vite que ses plus fols espoirs et le voilà effectivement devenu général à la tête de la Brigade du Michigan, promotion qu'il prendra d'abord pour une bonne farce. Une fois de plus, il désobéit aux ordres et prend l'initiative d'aller attaquer les troupes de Jeb Stuart à Hanovre avec le 7$^{e}$ régiment du Michigan. C'est un échec. Il repart à l'assaut avec les 5$^{e}$ et 6$^{e}$ régiments ; nouvel échec. Avec le 1$^{er}$ régiment, il provoque l'abandon de Stuart et permet ainsi aux Nordistes de remporter la victoire à Gettysburg. A son retour, il est fêté en héros et épouse Elizabeth. Ned Sharp et son père William Sharp veulent faire la paix avec lui et lui demandent d'être le président de leur compagnie de chemin de fer. Ils espèrent ainsi, grâce à la gloire attachée à son nom, vendre des quantités d'actions. Custer refuse. Maintenant que la guerre est finie, l'inactivité lui pèse. Sa femme devra solliciter auprès du général Scott une affectation pour lui, car il s'est mis à boire. Sacrifiant son confort et sa vie dorée, elle part avec Custer pour Fort Lincoln, au Dakota. Le premier fait d'armes de Custer sera d'arrêter Crazy Horse, le chef des Sioux. Il découvre que Ned Sharp, propriétaire d'un bar, vend des fusils aux Indiens. Sans se soucier des procédures légales, il fait fermer ce bar et met fin au trafic d'armes. Crazy Horse est libéré par l'un des siens. Custer remodèle le 7ᵉ de Cavalerie et lui donne sa chanson fétiche, l'air irlandais « Garry Owen ». Il pacifie la région. Crazy Horse promet que son peuple abandonnera tous ses territoires, à condition qu'on lui laisse le sanctuaire des Black Hills. Il menace de réunir toutes les tribus et de livrer un dernier et sanglant combat si l'accord, une fois signé, était violé. Tout cela n'arrange pas les affaires de Ned Sharp qui, afin que le commerce reprenne, fait courir le bruit, avec son père et le major Paipe (avec qui Custer était autrefois entré en conflit à West Point), qu'il y a de l'or dans les Black Hills. Les trois hommes ont besoin, pour la réussite de leur plan, que Custer soit éliminé. Taipe fait rouvrir le bar de Sharp avant de passer en revue, en tant que commissaire du Gouvernement, le régiment de Custer. Tous les cavaliers sont ivres : c'est une débandade générale. Fou de rage, Custer frappe Taipe. A Washington, il passe en cour martiale. Se sachant victime d'une conspiration, il ne parvient pas à se faire entendre et ne pourra prouver que Taipe a été acheté par Ned Sharp et son père. Il va supplier le Président Ulysse Grant de lui restituer son commandement et obtient gain de cause. Comme Crazy Horse l'avait annoncé, les tribus indiennes effectuent leur fusion, depuis que les Black Hills sont infestées de chercheurs d'or. A la veille de l'ultime combat, Custer oblige Sharp à vider avec lui une bouteille d'alcool. Custer porte un toast à la gloire et Sharp à l'argent. Quand ce dernier est ivre-mort, Custer le fait emmener sur le lieu des combats. Puis il dit adieu à sa femme et lit dans son journal intime qu'elle a le pressentiment du désastre. A la bataille de Little Big Horn (25-6-1876), les hommes du valeureux 7ᵉ de Cavalerie, luttent à dix contre un, tombent dans une embuscade et sont massacrés. Ned Sharp, qui n'avait pas d'autre issue que de combattre, meurt les armes à la main, peu avant que Custer reçoive le coup fatal. Son sacrifice a aidé l'infanterie du général Terry à tenir jusqu'à l'arrivée du général Sheridan. Après la mort de Custer, sa femme utilise une lettre de lui pour obliger Taipe à démissionner et obtient que le territoire des Black Hills soit définitivement rendu aux Sioux.

☞ Premier des sept films qu'il tourna avec Errol Flynn à la Warner, c'est ici le chef-d'œuvre épique de Walsh pour les années 40 et 50. Flynn était un peu fatigué de la direction dictatoriale de Curtiz avec qui il avait fait douze films en six ans et cette lassitude, heureuse pour l'histoire du cinéma, permit à Walsh d'explorer chez lui de nouvelles formes de sensibilité et de développer, à travers une prestigieuse série de films, d'autres facettes de sa personnalité, tantôt pathétiques, tantôt ironiques ou cyniques. Prenant ses distances avec l'Histoire, laissant de côté l'aspect ambigu et contesté du Custer réel, Walsh bâtit avec Flynn une figure délibérément mythique, chargée d'exprimer son culte de l'héroïsme et des valeurs qu'il considère comme essentielles. Custer apparaît ici comme un homme qui voit juste, qui parle vrai, qui hait les compromis et dont le sacrifice sans illusion servira en même temps la cause de son pays et celle des Indiens. A travers les péripéties d'une fresque biographique s'étalant sur vingt ans, Walsh voit aussi dans ce personnage l'occasion de donner libre cours à sa haine de la basse politique, de l'affairisme et de la dictature de l'argent. Certes Flynn incarne un personnage tout d'une pièce : néanmoins les vertus qu'il défend et le mépris qu'il éprouve pour les Sharp, Taipe et autres tristes sires cohabitent mal en lui et le pousseront finalement sur la voie du sacrifice et de la tragédie. Le film contient, surtout dans la dernière partie, quelques-unes des meilleures séquences de l'œuvre de Walsh. On ne peut oúblier la scène émouvante et élégante des adieux de Flynn à Olivia de Havilland (dans ce dernier des huit films qu'ils tournèrent ensemble) et, bien entendu, la charge finale où triomphe le style unique de Walsh, alliant comme personne n'a su le faire l'ampleur à la trépidation, la frénésie des plans rapprochés à la sérénité grandiose des plans d'ensemble, véritables tableaux, égaux en génie à la plus belle peinture américaine et, par exemple, à celle de Remington que Walsh adorait.

N.B. Signalons quelques-unes des apparitions les plus importantes du personnage de Custer à l'écran : sous les traits de Ronald Reagan, en jeune ami et compagnon d'armes de Jeb Stuart (Errol Flynn) luttant contre John Brown (Raymond Massey) dans le très noir et très dramatique *Santa Fe Trail* de Michael Curtiz (1940) ; dans *Fort Apache** de Ford (1948) ; en ridicule et abominable ganache (Robert Mulligan) dans *Little Big Man* (1970), la grande fresque picaresque et démystificatrice inspirée à Arthur Penn par le roman de Thomas Berger. En 1967, Robert Siodmak tourna en Espagne un film consacré à Custer (*Custer of the West*) interprété par Robert Shaw. C'est une œuvre qui essaie de ménager la chèvre et le chou et où Siodmak ne réussit pas, malgré ses efforts, à livrer une synthèse convaincante du personnage. Custer a également inspiré, de près ou de loin, de nombreux personnages de western qui empruntent d'autres noms : ainsi l'officier joué par Robert Preston dans *The Last Frontier** d'Anthony Mann (1955).

## CHARGE HÉROIQUE (LA)
## (She Wore a Yellow Ribbon)

1949 – USA (103') • *Prod.* RKO - Argosy Pictures (John Ford, Merian C. Cooper) • *Réal.* JOHN FORD • *Sc.* Frank S. Nugent, Laurence Stallings d'ap. une nouvelle « War Story » de James Warner Bellah • *Phot.* Winton C. Hoch (Technicolor) • *Mus.* Richard Hageman • *Int.* John Wayne (capitaine Nathan Brittles), Joanne Dru (Olivia Dandridge), John Agar (lieutenant Flint Cohill), Ben Johnson (sergent Tyree), Harry Carey, Jr. (lieutenant Pennel), Victor McLaglen (sergent Quincannon), Mildred Natwick (Mme Allshard), George O'Brien (major Allshard), Arthur Shields (Dr O'Laughlin).

En 1876, après la défaite et la mort de Custer, dix mille Indiens commencent à se réunir pour marcher contre les Blancs. Le capitaine Nathan Brittles, à quelques jours de la retraite, effectue sa dernière patrouille. Ce sera un échec complet, car à cause de la femme et de la nièce du commandant du fort qu'il doit mener à la diligence, il ne pourra prendre le risque d'empêcher les Indiens de faire leur jonction, de s'approvisionner en fusils auprès d'un trafiquant d'armes et de massacrer des planteurs. Mais, durant les dernières minutes de son commandement, Brittles effectue un raid audacieux contre le camp où se sont regroupés des milliers d'Indiens et il met en fuite leurs chevaux, évitant ainsi une guerre sanglante. Quand il croit quitter définitivement l'armée et la cavalerie, il est nommé chef des éclaireurs civils.

☞ Troisième long métrage de Ford en couleurs et deuxième volet de sa trilogie sur la cavalerie américaine (chronologiquement, le film commence là où se terminait *Fort Apache**). Quoique se déroulant dans un laps de temps très limité, le film dédaigne les trajectoires denses et rectilignes et est construit comme une chronique ; il s'appuie sur une suite de séquences, de morceaux de bravoure aux tons très divers mettant l'accent tantôt sur un personnage, tantôt sur une situation ou un aspect particulier de la vie traditionnelle de la cavalerie. Dramatiquement, c'est là une originalité typiquement fordienne qui ira en s'accentuant jusqu'à la fin de la carrière de l'auteur. Avec ce film, Ford commence à prendre pour axe principal de son œuvre une réflexion sur la retraite et la vieillesse, période douloureuse pour l'homme car son destin risque alors de devenir celui d'un être inactif et surtout inutile. Situation qui dans l'univers fordien constitue la plus redoutable des épreuves. Cette peur d'être inutile engendre par contraste le regret des plénitudes d'antan et une certaine nostalgie. On sent d'un bout à l'autre du film le désir chez Ford de ne pas succomber à la tentation du désespoir. Il invente ainsi une double pirouette (charge finale et mise en fuite des chevaux ; rappel de l'ex-capitaine) pour permettre à son héros de finir malgré tout en beauté. Le film est notable également par les audaces de coloriste de Ford. L'individualisation très marquée des couleurs, le recours à des dominantes fortes poussé jusqu'à l'irréalisme servent la dramatisation de certaines scènes (cf. l'opération d'un blessé dans un chariot en marche sous un ciel d'orage) et accentuent dans certaines autres le lyrisme intense et familier où se reconnaît le ton unique de l'auteur : ainsi le monologue de John Wayne devant la tombe de sa femme.

## CHARLATAN (LE)
**(Nightmare Alley)**

1947 – USA (110') • *Prod.* Fox (George Jessel) • *Réal.* EDMUND GOULDING • *Sc.* Jules Furthman d'ap. R. de William Lindsay Gresham • *Phot.* Lee Garmes • *Mus.* Cyril J. Mockridge • *Int.* Tyrone Power (Stanton Carlisle), Joan Blondell (Zeena), Colleen Gray (Molly), Helen Walker (Dr Lilith Ritter), Taylor Holmes (Grindle), Mike Mazurki (Bruno), Ian Keith (Pete).

Jeune homme ambitieux et rusé, Stan Carlisle est l'assistant de Zeena qui fait dans les foires un numéro plutôt minable de télépathie avec son mari Pete, alcoolique au dernier degré. Stan rêve de posséder le code secret qui permit autrefois à Zeena et à Pete de connaître la célébrité dans un numéro autrement brillant de télépathie. Pete meurt à la suite de l'absorption d'une bouteille d'alcool à brûler que Stan lui a donnée par erreur. Zeena lui enseigne le code et il devient son partenaire. Mais, ayant séduit la jeune Molly, il est obligé de l'épouser. Il reprend avec elle le numéro qu'il exécutait avec Zeena et se produit dans les hôtels de luxe sous l'appellation de « The Great Stanton ». Sur scène, avec une habileté consommée, il mêle à ses prédictions et à ses devinettes des considérations d'ordre moral et spirituel. Il fait la connaissance d'une psychologue/psychanalyste, Lilith Ritter, qui enregistre sur disque les déclarations de ses clients. Stan utilise ces précieuses informations, qu'elle lui confie, pour améliorer ses dons de médium durant ses représentations, puis pour gagner la confiance et ramener à la religion le magnat Ezra Grindle. Stan demande même à sa femme Molly de personnifier un amour défunt du vieil homme. Elle doit se promener, telle une apparition, parmi les arbres de sa propriété. Mais, horrifiée par le sacrilège qu'elle pense être en train de commettre, elle vend la mèche au beau milieu de son exhibition. Stan doit quitter la ville. Lilith lui remet l'argent qu'il avait obtenu de Grindle et qu'il lui avait demandé de placer dans son coffre. Elle a seulement pris la précaution de remplacer toutes les grosses coupures par des billets d'un dollar. Quand il s'en aperçoit, Stan retourne chez elle et découvre alors qu'il a trouvé son maître : Lilith en effet se met à le traiter comme un de ses malades et menace même de le faire interner. Cet échec, annoncé par les tarots de Zeena comme l'avait été autrefois la mort de Pete, lui porte un coup sévère. Il commence à boire, devient clochard et se fait engager dans une foire comme « geek », cette attraction monstrueuse qui l'avait toujours fasciné et qui est confiée en général à une épave humaine qu'on présente au public comme une créature à mi-chemin entre l'homme et la bête. Une des caractéristiques du « geek » est son aptitude à dévorer des poulets vivants. Alors qu'il est en plein *delirium tremens*, Molly reconnaît Stan et parvient à l'apaiser.

☞ C'est George Jessel, le célèbre acteur de music-hall devenu producteur, qui fait acheter à la Fox les droits de l'étrange roman de William Lindsay-Gresham dont chacun des chapitres tient son titre d'une des vingt-deux lames du Tarot. Et c'est Tyrone Power qui, pour renouveler son image, tient à en interpréter le rôle principal à la consternation de Jessel lui-même et du grand patron Zanuck (cf. l'excellent dossier de Bernard Eisenschitz dans la réédition de la traduction du livre chez Christian Bourgois en 1986). Power réclame Goulding comme metteur en scène, lequel venait de le diriger l'année précédente dans un rôle original du *Fil du rasoir*, d'après Somerset Maugham. Grand directeur d'actrices (Garbo, Bette Davis) Goulding était lui-même un excentrique et un marginal. (Il lui arriva d'exiger qu'un tournage se déroulât entièrement de nuit sous le prétexte que les acteurs donneraient là le meilleur d'eux-mêmes). Il avait un penchant secret pour les personnages curieux, que le déroulement inégal et souvent académique de sa carrière l'empêcha de développer à fond. Mais il put donner sa mesure dans ce *Charlatan* qui présente un « méchant » pas comme les autres : il s'agit avant tout d'un être fasciné par la chute, la déchéance, et la sienne en particulier, qu'il juge inévitable. Il n'est si expert à tromper les autres et à exploiter leur crédulité, particulièrement sur le plan spirituel, que parce qu'il est lui-même, bien qu'il s'en défende, perméable à la superstition. On ne sait s'il croit en Dieu, mais il croit au Destin, à la Providence, à la Fatalité, et surtout à leur puissance destructrice. Power est remarquable dans ce rôle, comme d'ailleurs dans tant d'autres où il avait déjà démontré l'extraordinaire variété de ses dons, et notamment cette tendance à l'ambiguïté (cf. *L'incendie de Chicago**). L'adaptation du roman par Jules Furthman est dense, concise, d'un rythme excellent, pleine d'ellipses stimulant l'attention du spectateur, même si certains épisodes ne sont pas dénués d'artifice (le mariage forcé de Stan avec Molly). Servie par la magnifique photo de Lee Garmes, la mise en scène mobile, inquiétante, glaciale de Goulding explore les bas-fonds du show-business américain. Elle fait du personnage de Power un homme dans la foule (nombreux plans où on le voit circuler parmi elle comme un renard guettant sa proie) puis le transforme en homme au-dessus de la foule, car il y a aussi chez cet être complexe un dangereux sentiment de supériorité et de surpuissance qu'il avait d'ailleurs clairement décelé en lui-même (cf. la première séquence où il énumère les raisons qui lui font aimer les métiers de la foire). Si la toute fin (rencontre avec Molly) prend des allures de happy end un peu lénifiant, le dénouement dans son ensemble - Carlisle devenant le « geek » qui le fascinait au début - n'a rien de moralisant et obéit à la logique fatale qui a dominé, durant tout le film, l'intrigue et le personnage.

## CHARLES MORT OU VIF

1969 – Suisse (92') • *Prod.* Groupe 5 et SSR (A. Tanner) • *Réal.* ALAIN TANNER • *Sc.* A. Tanner •*Phot.* Renato Berta • *Mus.* Jacques Olivier • *Int.* François Simon (Charles Dé), Marcel Robert (Paul), Marie-Claire Dufour (Adeline), André Schmidt (Pierre Dé, fils de Charles), Maya Simon (Marianne Dé, fille de Charles), Michèle Martel, Jo Excoffier.

Charles Dé fête le centième anniversaire de son usine horlogère genevoise, fondée par son grand-père, un ouvrier jurassien libertaire. Il est interviewé par la télévision mais au lieu des habituels lieux communs sur l'esprit d'entreprise, il exprime son profond désarroi. Il estime s'être laissé vaincre par ce qu'il repoussait le plus dans sa jeunesse : le conformisme, un désir excessif de sécurité. En proie à une grave crise morale, il disparaît et loge sous un faux nom dans un petit hôtel. Il rencontre dans un café un couple formé par un artisan-peintre indépendant, Paul, et sa compagne, la fille d'un juge. Il leur prête sa voiture et les accompagne jusque chez eux, une bâtisse située dans la campagne genevoise. Il expose les raisons qu'il a de détester l'automobile et alors Paul bascule le véhicule dans un ravin. Cela amuse beaucoup Charles. Le couple l'invite à loger avec lui. Charles aide Paul à peindre ses enseignes et fait la cuisine. Il passe le reste de son temps à lire, à réfléchir, à boire, à délirer, à parfaire en toute lucidité l'échec de sa vie. Un jour, il présente sa fille, une étudiante en lettres contestataire, à ses hôtes. Pour éviter à Paul de sombrer dans la médiocrité, elle lui donne à apprendre par cœur chaque jour une citation, un aphorisme ou un proverbe. Le fils de Charles que la disparition de son père gêne pour gérer l'usine fait filer sa sœur par un détective. Le peintre s'est blessé à la main et ne peut plus travailler. Charles laisse sur la table une liasse de billets « volés » dans sa propre usine avec un mot d'adieu. Mais Paul le retrouve dans un café voisin. C'est là que Charles lui dit qu'il faut regarder le présent avec les yeux de l'avenir. Le détective fait son rapport au fils de Charles. Deux infirmiers d'une clinique psychiatrique viennent pour emmener Charles. Il n'oppose pas de résistance.

☞ Ce premier long métrage de fiction d'Alain Tanner marque le grand réveil du cinéma suisse. Le film est produit par l'intermédiaire du « Groupe 5 » fondé en 1968 par Tanner, Goretta, Jean-Louis Roy, Michel Soutter et Jean-Jacques Lagrange. Ce groupe, rappelle Freddy Buache (dans « Le cinéma suisse ») « n'est pas une firme de production » mais « un utile instrument de concertation » qui en l'occurrence obtient de la télévision suisse romande une subvention pour un film réalisé par chacun des membres du groupe, lesquels assumeront ensuite à titre individuel, et parfois avec une aide fédérale, le reste des risques de production. *Charles mort ou vif* peut être défini comme un poème contestataire, corrosif avec tendresse, mélancolique jusqu'à un certain désespoir. Son idée-force est de s'incarner, non dans un adolescent ou un personnage jeune, mais dans un homme d'une soixantaine d'années qui fait le bilan de sa vie, s'interroge sans complaisance sur lui-même et veut repartir à zéro. Le zéro en question, on s'en doute, est alors bien difficile à atteindre. Tanner montre la contestation de 1968 comme une dépression soudaine surgissant au sein même du bien-être, comme une insatisfaction émanant de la satiété ; il était logique que son expression la plus vraie vînt de Suisse. Le talent de Tanner est déjà là tout entier : les épisodes du film naissent avec fantaisie, avec un sens aigu de l'inopiné et du véridique, comme d'une sorte de vide comparable à la toile blanche du peintre. Cet art d'invention et de jonglerie redoute plus que tout l'esprit de sérieux et va, s'il le faut, chercher le vrai par-delà le réalisme. Parfois ce vide d'où est sorti le film l'attire, l'absorbe comme un gouffre et le film exprime alors, plus que tout autre chose, une attirance pour le néant ; ceci sera de plus en plus net dans les œuvres ultérieures de Tanner et notamment dans *Messidor*. *Charles mort ou vif* apporta aussi la révélation d'un très grand comédien, François Simon, digne fils de son père Michel, mais totalement inconnu hors des frontières suisses. Son style tourmenté, précieux, pathétique, drôle et constamment insolite donne au film son indispensable épaisseur concrète.

BIBLIO. : scénario et dialogues *in* « L'Avant-Scène » n° 108 (1970).

## CHARLOT AU MUSIC-HALL (A Night in the Show)

1915 – USA (2 bob.) • *Prod.* Essanay • *Réal.* CHARLES CHAPLIN • *Sc.* C. Chaplin • *Phot.* Rollie Totheroh • *Int.* Charles Chaplin (le gentleman/l'ivrogne du poulailler), Edna Purviance (la jeune femme de l'orchestre), Dee Lampton (le petit garçon de l'avant-scène), Leo White (spectateur), Wesley Ruggles (spectateur), John Rand (le chef d'orchestre), May White (la danseuse), Bud Jamison et James T. Kelly (les chanteurs).

Charlot, gentleman en smoking à moitié ivre, s'installe au deuxième rang d'un music-hall. Sa voisine fort laide lui déplaît et il dérange plusieurs fois ses voisins pour aller s'asseoir au premier rang. Au même moment, au balcon, un clochard éméché (sorte de double populaire du Charlot d'en bas) commence à provoquer diverses perturbations. Charlot gratte une allumette sur le crâne chauve d'un musicien dans la fosse d'orchestre. Il regarde le chef, placé à cinquante centimètres de lui, avec des jumelles et imite à son intention, le trouvant hirsute, les gestes d'un singe. Il reçoit un coup de baguette malencontreux et répond par des coups de poing. On l'installe de force ailleurs. Il remarque une jeune femme, seule, qu'il fait sourire. Il va s'asseoir à côté d'elle. Peu après, son mari la rejoint et la main de Charlot et celle de l'homme se rencontrent sur les genoux de la jeune femme. Charlot préfère s'esquiver et va s'installer dans une avant-scène. Une danseuse obèse de style oriental suscite ses quolibets. Il va sur scène la relever alors qu'elle vient de tomber mais c'est lui qui est alors écrasé par son poids. Les spectateurs applaudissent, croyant à un numéro préparé. Charlot est rejeté *manu militari* dans sa loge. Il met l'un des animaux de la charmeuse de serpents dans le pavillon du trombone d'un musicien de l'orchestre. Sur scène, un numéro de duettistes - un grand et un petit homme - a succédé à la charmeuse. Charlot ne les apprécie guère et leur fait signe de déguerpir. Le public partage son opinion et bombarde les chanteurs de projectiles divers. Seul le petit homme reste en scène. Charlot se déplace pour aller lui jeter une tarte en pleine figure. Numéro suivant : un magicien, costumé en Satan, fait surgir un feu. Le clochard du balcon l'arrose avec la lance d'incendie. Bientôt tous les spectateurs, y compris Charlot, bénéficient de l'ondée.

☞ *Opus* 47 de Chaplin et douzième des quatorze Essanay. Très brillant, ce « deux bobines » est caractéristique non plus seulement de la cruauté physique du personnage, présente dans bon nombre de ses premières apparitions, mais de sa cruauté psychologique et mentale. Le metteur en scène et le personnage se montrent l'un comme l'autre impitoyables envers les *has-been*, les diverses nullités de ce petit music-hall crasseux, semblable vraisemblablement à certains de ceux qu'avait connus Chaplin lors de ses premières tournées. Musiciens pleins de tics ou à demi gâteux, artistes minables à la dignité dérisoire (le plus grand des duettistes, le visage dégoulinant des projectiles et légumes divers qu'il a reçus, salue encore le public avant de s'éclipser) sont épinglés d'un trait incisif par le metteur en scène, doué d'un sens aigu de l'observation. Ils sont pareillement maltraités par le sans-gêne, la goujaterie, les facéties féroces de Charlot lui-même auquel l'ivrognerie fournit un alibi à peine décent. Cette cruauté a le mérite d'éviter à l'auteur l'écueil fatal à tous les burlesques : la mièvrerie. A noter que Chaplin joue ici deux rôles : le mondain bien habillé de l'orchestre et le clochard éthylique du balcon. Leurs comportements sont tout à fait analogues, malgré l'abîme social qui les sépare.

## CHARLOT FAIT UNE CURE (The Cure)

1917 – USA (2 bob.) • *Prod.* Mutual • *Réal.* CHARLES CHAPLIN • *Sc.* C. Chaplin • *Phot.* Rollie Totheroh • *Int.* Charles Chaplin (Charlot), Edna Purviance (la jeune fille), Eric Campbell (le goutteux), Henry Bergman (masseur), John Rand (masseur), Albert Austin (le garçon).

Charlot, en veste blanche et canotier, fait un séjour dans une station thermale. C'est un alcoolique invétéré. Il s'est fait apporter dans sa chambre sa malle remplie de bouteilles d'alcool. Il titube devant le bassin d'eau minérale et au milieu des curistes. Il a bien du mal à franchir la porte tambour et provoque maintes catastrophes. Sa principale victime est un grand curiste obèse et goutteux dont la jambe est à demi enfouie dans un pansement. Celui-ci courtise une belle jeune femme qui est tout à fait du goût de Charlot. Le directeur prend ombrage de la collection de bouteilles de Charlot et ordonne à un employé de les détruire. Celui-ci ne trouve rien de mieux que de s'en débarrasser en les jetant dans le bassin d'eau minérale. Charlot en maillot contemple avec terreur le masseur exercer son art sur un client qu'il réduit à l'état de pauvre pantin disloqué. Il préfère se passer de ses services. Rhabillé, il constate que tous les curistes sont en liesse. Ils dansent ou sont allongés sur le sol. La jolie curiste veut obliger Charlot à goûter à l'eau minérale. Après s'être fait prier, il s'y résout et trouve qu'elle n'a pas mauvais goût. Il en boit un broc entier. Le lendemain, il a une sévère gueule de bois. La jeune femme lui apprend que le bassin était plein d'alcool. Il lui jure de ne plus jamais boire.

☞ En 1916, la firme Mutual signe à Chaplin un fabuleux contrat de 670 000 dollars et lui construit le « Lone-Star Studio ». Chaplin s'engage à tourner un « deux bobines » par mois. Il tiendra à peu près ses délais et réalise douze films entre mars 1916 et juillet 1917. « Les films de la Mutual, écrit Jean Mitry *in* "Tout Chaplin", Seghers, 1972, marquent l'apogée et la plénitude de l'art chaplinesque dans une esthétique parfaitement équilibrée. Ce n'est pas encore le Charlot douloureux du *Gosse** ou des *Lumières de la ville**, le Charlot qui va naître avec *Une vie de chien**. Mais ce n'est plus le funambule des Keystone, le fantoche symbolique des Essanay. » *The Cure* est le dixième Mutual et précède juste *L'émigrant**. Chaplin délaisse ici le côté social et montre un Charlot ludique, estival, bien habillé, sans problème d'argent, qui transforme un lieu de repos en espace désordonné et orgiastique. C'est l'un des courts métrages de l'auteur où son génie de la chorégraphie, de la pantomine et de l'expression corporelle est le mieux mis en valeur, en particulier dans les scènes où Charlot est en maillot et exécute une petite danse faunesque pour amadouer deux clients du gymnase sur la tête desquels il avait balancé ses chaussures. Kevin Brownlow, dans la première des trois émissions de sa série de télévision « Chaplin inconnu », a montré la genèse du film à travers un prodigieux matériel de chutes. Comme à son habitude, Chaplin crée le film sans script en évoluant et en réfléchissant au milieu du décor. Les plans de *The Cure* sont numérotés de 1 à 622 (et chez lui plan et prise sont synonymes puisque d'une part il filme toutes les répétitions et que d'autre part il invente quelque chose de nouveau à chaque « prise »). On observe ainsi Chaplin, dans l'ordre chronologique du tournage, en train de modifier le décor, sa propre tenue, de créer des gags à partir d'incidents de tournage (la canne prise dans la porte tambour), d'ajouter et supprimer des personnages et des scènes entières (par exemple celle du ballet des malades en petites voitures), toujours hanté par une exigence de concentration, d'harmonie et de logique. Aucun document filmé n'a donné aussi concrètement l'impression de voir un génie au travail.

## CHARLOT PATINE
### (The Rink)

1916 – USA (2 bob.) • *Prod.* Mutual • *Réal.* CHARLES CHAPLIN • *Sc.* C. Chaplin • *Phot.* Rollie Totheroh • *Int.* Charles Chaplin (le garçon de restaurant), Edna Purviance (la jeune fille), Franck J. Coleman (le père de la jeune fille), Eric Campbell (Mr. Stout), Henry Bergman (Mrs Stout), Albert Austin (cuisinier/patineur), John Rand (un garçon).

Charlot est serveur dans un restaurant new-yorkais. Il fait l'addition du gros Mr Stout en se référant aux miettes qui s'étalent sur son gilet. Charlot est en constante bagarre avec ses collègues et le cuisinier à l'office. Les chutes du personnel et des plateaux ne se comptent plus. Sur le plateau d'un collègue, Charlot remplace le plat par une serpillière, une brosse, un savon, etc... Une autre fois, c'est un chat vivant qui est servi à un client. Après le départ de Mr. Stout, arrive Mrs. Stout. Le couple ne s'entend guère. Mrs. Stout est aussi grosse que son mari. Charlot arrache les bras d'un fauteuil pour qu'elle puisse s'y asseoir. Elle plaît beaucoup à un client, le père de la jolie Edna. Il s'invite à sa table. A l'heure de la pause, Charlot se rend à la patinoire voisine. Il y rencontre la jolie Edna que le gros Stout poursuit de ses assiduités. Charlot guide Edna débutante en patinage et, tenant Stout au bout de sa canne, l'envoie valdinguer à l'autre extrêmité de la piste. Il donne sa carte à Edna et se fait passer pour un « monsieur » : Sir Cecil. Ils prennent rendez-vous pour le soir même. Le père d'Edna, rentré chez lui, téléphone à Mrs. Stout sous le prétexte de lui présenter sa fille. Tout ce beau monde se retrouve lors d'une party à la patinoire. Mrs. Stout, son mari et le père d'Edna sont très gênés de voir arriver Sir Cecil, alias le garçon de restaurant qui est au courant de toutes leurs manigances. Chacun d'eux lui recommande le silence pour éviter le scandale. Charlot veut bien se taire mais ne tarde pas à se colleter avec Mr. Stout et ensuite avec tous les invités qui sont loin d'avoir son habileté sur patins. Deux policiers viennent à la rescousse. La poursuite se continue dans la rue où Charlot s'accroche à une voiture, narguant ses adversaires.

☞ *Opus* 57 de Chaplin et huitième des douze films Mutual. Les gags se succèdent ici sur un rythme effréné. Deux décors : le restaurant, la patinoire. Le restaurant paraît un endroit assez bourgeois. Pourtant, à cause des bagarres entre garçons, de la « qualité » de leur service, à cause des clients gros et difformes, d'une certaine saleté et trivialité répandue partout, ce décor s'incruste dans la mémoire comme un des hauts lieux du sordide urbain, si présent dans toute l'œuvre de Chaplin. Certes ce n'est pas la misère de l'asile de nuit ou de la boutique de l'usurier représentés ailleurs, mais le faux luxe de l'endroit engendre un dégoût indissolublement lié aux gags et aux catastrophes qui s'y déroulent. La patinoire est l'opposé du restaurant, c'est un lieu de divertissement, de légèreté, de plaisir. Charlot y prend sa revanche et affirme sur un plan physique, grâce à l'agilité gracieuse et à la virtuosité de ses évolutions, la différence radicale qui existe entre lui et les clients du restaurant, les mondains grotesques (la belle Edna exceptée) présents à la party. Trois genres au moins cohabitent harmonieusement dans cette petite bande d'un infini talent : la satire sociale, le burlesque chorégraphique reliés ensemble par un ciment vaudevillesque. C'est la stupéfiante vivacité du rythme, de la mise en scène et de l'acteur Chaplin qui permettent à tant de richesse de se contenir dans une durée aussi courte.

## CHARLOT RENTRE TARD
**(One A.M.)**

1916 – USA (2 bob.) • *Prod.* Mutual • *Réal.* CHARLES CHAPLIN • *Sc.* C. Chaplin • *Phot.* Rollie Totheroh, William C. Foster • *Int.* Charles Chaplin (le noctambule), Albert Austin (le chauffeur de taxi).

Un noctambule rentre chez lui complètement ivre au milieu de la nuit. Il ne trouve pas sa clé et passe par la fenêtre. Puis il la retrouve, repasse par la fenêtre et rentre alors par la porte. Il glisse maintes fois sur le tapis et a peur des animaux empaillés reposant sur le sol. Il court après un verre posé sur une table tournante qu'il entraîne, sans s'en rendre compte, dans sa course. Il entame alors l'ascension de l'escalier qui mène au premier étage. Il essaie cinq fois de suite de monter et retombe toujours en bas des marches. Il utilise alors un matériel d'alpiniste mais la corde à laquelle il s'est accroché le ramène en bas une fois de plus. La septième tentative semble la bonne mais le balancier de la pendule, au mouvement d'une amplitude particulièrement large, le renvoie à son point de départ. A la huitième tentative, il redescend enroulé dans le tapis de l'escalier. Pour les ascensions suivantes, il évite l'escalier et grimpe au premier en escaladant le porte-manteau. Il pénètre enfin dans sa chambre et doit maintenant se colleter avec le lit pliant vertical placé dans une armoire. Il ne sortira pas vainqueur de cette lutte et préfère dormir dans sa baignoire.

☞ *Opus* 53 de Chaplin et quatrième des douze films Mutual. C'est un pur exercice de virtuosité, rarissime dans l'œuvre de Chaplin. Mais Chaplin était capable aussi de ce genre d'exploits qui montrent que son art pouvait triompher dans toutes les catégories du burlesque. Pendant plus de vingt minutes, un noctambule en tenue de soirée (qui pourrait être celui de *A Night in the Show**) se heurte aux objets et exécute un monologue visuel, un one-man show tiré d'anciens numéros de music-hall, qui semble se passer dans un autre univers. Seuls Méliès et Keaton ont été capables d'une telle performance. Chaplin appréciait peu ce film. Il était à vrai dire moins obsédé par les rapports avec les objets que par les rapports avec ses semblables.

## CHARLOT SOLDAT
**(Shoulder Arms)**

1918 – USA (3 bob.) • *Prod.* First National • *Réal.* CHARLES CHAPLIN • *Sc.* C. Chaplin • *Phot.* Rollie Totheroh • *Int.* Charles Chaplin (un soldat américain), Edna Purviance (la jeune Française), Sydney Chaplin (sergent américain/le Kaiser), Henry Bergman (officier américain/barman américain), Albert Austin (officier américain/chauffeur du Kaiser).

Charlot, en uniforme, fait l'exercice. Exténué, il s'endort sous sa tente. Il est maintenant sur le front, dans une tranchée. Il mène la vie dangereuse et monotone des « poilus » : obus qui pleuvent, distribution de lettres et de colis (plus rares que les obus), attentes, gardes de nuit, etc. Quand il reçoit, dans un colis, un camembert, il enfile aussitôt son masque à gaz et préfère finalement lancer le fromage dans la tranchée adverse. Quand il pleut pour de bon, il lui faut dormir dans une casemate à moitié inondée. Charlot participe à un assaut et à la prise de la tranchée ennemie. Il se porte volontaire pour une mission dont il apprend ensuite qu'il a peu de chance d'en réchapper. Déguisé en vieille souche d'arbre, il doit avancer, pareil à un épouvantail, parmi les lignes ennemies et réussit à empêcher l'exécution d'un allié. Il se réfugie dans une maison en ruine où vit une jeune Française. Il retourne contre un groupe d'Allemands une mitrailleuse que ceux-ci venaient d'apporter. Charlot a juste le temps de s'extirper de la maison avant qu'elle s'écroule. Il sauve la jeune Française arrêtée par les Allemands pour complicité avec l'ennemi. Il enfile un uniforme allemand et, avec l'aide de la jeune fille et d'un prisonnier qu'il vient de libérer, il s'empare de la voiture du Kaiser et... du Kaiser lui-même. Il est porté en triomphe par ses compagnons d'armes. Tout ceci n'était qu'un rêve car, sous la tente, il est tiré de son sommeil profond par deux camarades.

☞ *Opus* 63 de Chaplin et deuxième des huit films pour la First National. C'est aussi le deuxième « trois bobines » de sa carrière après *Une vie de chien**. Chaplin progresse à pas de géants vers le long métrage. D'ailleurs, dans une première version refusée par la First National, le film faisait cinq bobines (Kevin Brownlow a inclus dans la troisième émission de son « Charlot inconnu » une séquence coupée du film : une scène de visite médicale très drôle avec Albert Austin). Avec déjà la même incroyable audace dont il témoignera dans *Le dictateur**, Chaplin ose réaliser à chaud une comédie burlesque et satirique, pleine de notations émouvantes, sur la vie des tranchées. Cette audace ravira le public mais, si on se replace dans l'époque, on peut aisément imaginer que cela n'était pas gagné d'avance. C'est la première moitié du film qui est la plus originale et la plus étonnante : description du quotidien de la tranchée où la faculté d'adaptation du personnage fait merveille, tandis que le cinéaste, lui, évite toute grandiloquence pour évoquer la bouffonnerie tragique de la guerre. L'ambition du film reçut l'approbation du grand public. Elle n'en impressionna pas moins les critiques et les intellectuels car Chaplin accomplissait couramment ce miracle de réconcilier tous les publics. Delluc écrivit : « Ce film justifie tout ce qu'on peut attendre du cinéma. Nous sommes vraiment là dans le domaine fastueux de l'illimité. [...] Nous n'aurions pas osé en espérer autant. » Et d'ajouter : « Charlie Chaplin est un acteur shakespearien » (cf. « Écrits cinématographiques I », Cinémathèque Française, 1985).

## CHARLOT VAGABOND
**(The Tramp)**

1915 – USA (1 bob.) • *Prod.* Essanay •*Réal.* CHARLES CHAPLIN • *Sc.* C. Chaplin • *Phot.* Rollie Totheroh • *Int.* Charles Chaplin (le vagabond), Edna Purviance (la fille du fermier), Bud Jamison (voleur), Lloyd Bacon (le fiancé), Paddy McGuire (le garçon de ferme), Leo White (voleur), Fred Goodwins (le fermier).

Charlot est seul sur la route. Des voitures le frôlent et manquent le renverser. Coquet, il essuie ses vêtements avec un petit plumeau. Il s'assoit contre un arbre et se cure les ongles. Un voleur lui dérobe une partie de son repas puis agresse la fille d'un fermier. Charlot le met en fuite. Le voleur rejoint deux complices. A un moment, Charlot tient dans ses mains les billets appartenant à la jeune fille, convoités par les voleurs. Il hésite une seconde à lui rendre l'argent puis, ému par sa beauté, lui tend les billets. Il devra ensuite se débarrasser des trois acolytes. Il est invité par le père, reconnaissant, de la jeune fille. Solitaire et timide, Charlot n'ose pas manger à la table de ses hôtes. Il dévore sa nourriture debout, à part. Il est employé comme journalier par le fermier qui a besoin de bras. Armé d'une fourche, Charlot commet toutes sortes de bévues. Il coltine avec le garçon de ferme des sacs de farine, provoquant des catastrophes. On le verra aussi arroser le pied des arbres et essayer de traire une vache en actionnant sa queue comme une pompe. Les trois voleurs rôdent autour de la maison, animés de mauvaises intentions. Avec le père de la jeune fille et le garçon de ferme, Charlot complote un plan de défense. Alors que les voleurs grimpent à une échelle posée contre le mur, Charlot les assomme un par un et le fermier les met en fuite avec son fusil. Les voleurs répondent, en s'enfuyant, par un tir fourni. Charlot est blessé à la jambe. Il est soigné par la jeune fille et son père et mène bientôt une existence de coq en pâte. Mais le fiancé de la jeune fille arrive. Charlot comprend qu'il est temps pour lui de s'effacer. Il laisse un mot à la jeune fille : « Je vois bien que vous ne m'aimez pas assez. Je préfère partir. » Il s'éloigne de dos sur la route, la silhouette triste et défaite. Mais en un clin d'œil il se reprend et adopte une démarche plus dynamique.

☞ Premier film (à ne pas confondre avec *The Vagabond*, *Charlot musicien*, 1916) où le personnage de Charlot est réellement complet dans toutes ses dimensions : vestimentaire, sociale, comique et pathétique. Il aura fallu à Chaplin une quarantaine de films (*The Tramp* est son *opus* 41) et seulement quinze mois depuis sa première apparition (*Making a Living* de Henry Lehrman réalisé en janvier 1914) pour arriver à ce résultat. Évolution fulgurante qui amène Chaplin des ébauches saccadées et schématiques de ses débuts à un récit parfait, aux tons variés et admirablement harmonisés (burlesque, absurde, mouvementé, mélancolique), présentant en un condensé savant la biographie complète de ce qui allait devenir un mythe. A partir de ce film, Charlot est en pleine possession de son destin. Et la route se trouve déjà à l'origine comme au terme de ses aventures personnelles et immortelles.

## CHARME DISCRET DE LA BOURGEOISIE (LE)

1972 – France (105') • *Prod.* Greenwich Film (Serge Silberman) distribué par Fox • *Réal.* LUIS BUÑUEL • *Sc.* L. Buñuel et Jean-Claude Carrière • *Phot.* Edmond Richard (Eastmancolor) • *Int.* Fernando Rey (l'ambassadeur), Paul Frankeur (M. Thévenot), Delphine Seyrig (Mme Thévenot), Bulle Ogier (Florence), Stéphane Audran (Mme Sénéchal), Jean-Pierre Cassel (M. Sénéchal), Julien Bertheau (l'évêque), Claude Piéplu (le colonel), Michel Piccoli (le ministre), Muni (la paysanne), François Maistre (le commissaire), Pierre Maguelon (le brigadier sanglant), Milena Vukotic (la bonne).

L'ambassadeur de Miranda, un État d'Amérique du Sud, se livre à un trafic de drogue avec un groupe de bourgeois français, ses amis. Mais chaque fois qu'ils veulent se rencontrer pour dîner, une circonstance imprévue vient contrecarrer leur projet.

☞ Le chef-d'œuvre de la dernière période française de Buñuel, cette période qui vit le réalisateur se renouveler complètement sur le plan formel sans cesser d'être lui-même avec toutes ses contradictions : anarchiste mais adepte d'un art sobre et classique (surtout dans le découpage et la direction d'acteurs), anticlérical mais obsédé de religion, etc. Avec Jean-Claude Carrière il a écrit ce qu'on pourrait appeler un vaudeville fantastique et métaphysique, un récit à tiroirs où l'imaginaire des personnages et leur réalité sociale s'imbriquent de manière à susciter constamment la stupéfaction, le rire et la complicité du spectateur. Cette complicité est le dernier triomphe de Buñuel et, dans ce film, le vertige lui-même ne va pas sans humour. Le charme discret, mais puissant, du film, c'est que sous la surface policée d'une comédie à la française se déroulant dans un salon, vit tout un grouillement souterrain de rêves, de fantasmes, d'obsessions, de délires qui peu à peu envahiront cette surface même. Pour Buñuel, la comédie sociale est un théâtre mais l'inconscient de l'homme, si peuplé, si étrange, si drôle parfois, en est un autre, et ces deux théâtres se chevauchent, s'entremêlent sans cesse pour donner au film sa structure insolite et unique. Buñuel reprendra cette structure dans son film suivant, *Le fantôme de la liberté,* un peu moins réussi dans l'ensemble mais contenant nombre d'idées surprenantes, comme celle de la fillette assistant en personne à l'enquête que mène la police sur son kidnapping.

BIBLIO. : scénario et dialogues *in* « L'Avant-Scène » nº 135 (1973).

## CHARRETTE FANTOME (LA) (Körkarlen)

1921 – Suède (1 866 m) • *Prod.* A.B. Svenks Filmindustri • *Réal.* VICTOR SJOSTROM • *Sc.* V. Sjöström d'ap. R. « Le Charretier de la Mort » de Selma Lagerlöf • *Phot.* Julius Jaenzon • *Int.* Victor Sjöström (David Holm), Hilda Borgström (sa femme), Tore Svennberg (Georges, conducteur de la charrette), Astrid Holm (Edit, la salutiste), Lisa Lundholm (Maria), Einar Axelsson (le frère de David), Tor Weijden (Gustafsson), Concordia Selander (la mère d'Edit).

Une salutiste agonisante demande à revoir l'un de ses protégés, David Holm, qu'elle aurait voulu plus que tout autre voir rentrer dans le droit chemin. Cette nuit, la nuit de la Saint-Sylvestre, David la passe à boire en compagnie de deux clochards dans un cimetière. Au cours de la conversation, il évoque la charrette fantôme et son cocher armé d'une faux qui vient chercher les morts pour les emmener dans l'autre monde. Le cocher transporte ainsi un homme très riche qui s'est suicidé dans son bureau en se tirant une balle de revolver, puis un pauvre pêcheur qui se noie et qu'il vient prendre au fond de l'eau. David explique qu'à chaque début d'année le cocher cède sa place pour un an, avant les douze coups de minuit, au dernier homme mort en état de péché. Les trois clochards se disputent. L'un d'eux frappe David sur le crâne avec une bouteille. David s'écroule. Minuit sonne. Le cocher survient et examine avec David son passé. Ouvrier menuisier, marié et père de deux enfants, David, jusque-là heureux, sombra dans l'alcool. Il fit même de la prison. A sa sortie, n'ayant retrouvé personne chez lui, il alla sonner à la porte d'un asile de l'Armée du Salut. Edit, une salutiste, s'occupa particulièrement de lui et pria ardemment pour son âme. Une fois ce récit terminé, le cocher contraint David à se présenter devant Edit, sa bienfaitrice. Ils évoquent alors la suite de la destinée de David. Edit était parvenue à retrouver sa femme et ses enfants, les avaient installés dans un logement décent puis avait réconcilié les deux époux. Mais l'alcool reprit David à nouveau. Un jour, il défonça à la hache la porte de la pièce où sa femme l'avait enfermé. David pleure à cette évocation. Avant de mourir, la salutiste supplie le cocher de libérer David. Mais il ne se laisse pas fléchir et fait monter David à côté de lui. David découvre que sa femme est sur le point de s'empoisonner. Brisé de chagrin, il supplie le cocher d'épargner celle-ci. La sincérité de sa douleur et de son repentir fait que son vœu est exaucé et que du même coup, le cocher ayant disparu, il se retrouve vivant à côté d'elle et de ses enfants. Il ne lui reste plus qu'à la supplier de le pardonner.

☞ De tous les films du monde, ceux du riche courant suédois muet (1915-1923) furent les premiers à être considérés spontanément et unanimement comme des œuvres d'art, ce qui arriva un peu plus tard aux œuvres de l'expressionnisme allemand. Les deux courants ont en commun de baigner dans le fantastique, dans un mysticisme tantôt lyrique et tantôt romantique. Mais alors que l'expressionnisme déforme l'image par le baroquisme du décor et de l'architecture, par le jeu délirant des acteurs, pour la faire ainsi accoucher de son sens et de son expressivité, les Suédois utilisent la force *réaliste* de l'image, une grande sobriété, une absence totale d'artifice (et notamment de maquillage) dans l'interprétation comme support à leurs rêveries morales et mystiques. A la différence de *Terje Vigen* (1916) et des *Proscrits* (1917), *La charrette fantôme* contient peu d'extérieurs. C'est un film d'intérieur, de studio, presque de huis-clos. La nature étant le plus souvent tenue à l'écart, la maîtrise des éclairages et des mouvements des acteurs doit seule exprimer, dans l'espace réduit du plan, les conflits qui agitent l'âme tourmentée des personnages. Par là, *La charrette fantôme* se rapproche des partis pris expressionnistes. Mais ce rapprochement n'est qu'apparent et laisse bientôt entrevoir la différence fondamentale séparant les deux esthétiques. Le procédé de la surimpression sert dans *La charrette fantôme* de voie de passage entre le monde des vivants et le monde des morts. Les images de la charrette et du cocher armé de sa faux traversant les murs puis emportant avec lui le reflet impalpable des cadavres sont d'une extrême simplicité. Elles veulent être simples pour pouvoir être fortes. On jugera de leur force en se rappelant que toutes ces images qui, mises bout à bout, feraient moins de cinq minutes de projection, ont suffi à assurer au film une sorte d'immortalité. C'est bien aussi l'immortalité de l'image que recherchait l'expressionnisme. Mais, à l'inverse des Suédois, il l'a trouvée le plus souvent dans la complexité savante et parfois morbide de son invention formelle (cf. par exemple *Les Trois Lumières** où la Mort s'incarne aussi dans un des personnages du drame). Dans le film de Sjöström, l'image la plus évocatrice, celle qui résume sans doute le mieux la simplicité magique de l'invention du cinéaste, montre la charrette courant la nuit sur la mer. Cette apparition conserve encore, soixante ans plus tard, toute sa puissance et reste mystérieusement protégée des atteintes du Temps.

N.B. Remakes français (inégal, confus et artificiel) par Julien Duvivier (1939) et suédois par Arne Mattsson (1958).

## CHARTREUSE DE PARME (LA)

1947 – France-Italie (170') • *Prod.* André Paulvé et Scalera Films • *Réal.* CHRISTIAN-JAQUE • *Sc.* Pierre Véry, Pierre Jany, Christian-Jaque d'ap. R. de Stendhal • *Phot.* Nicolas Hayer et Romolo Garrone • *Mus.* Renzo Rossellini • *Int.* Gérard Philipe (Fabrice del Dongo), Renée Faure (Clélia Conti), Maria Casarès (La Sanseverina), Lucien Coëdel (Rassi), Maria Michi (Marietta), Louis Salou (Ernest IV), Louis Seigner (Grillo), Tullio Carminati (le comte Mosca), Enrico Glori (Giletti), Attilio Dottesio (Ferrante Palla).

A Parme, sous la tyrannie du prince Ernest, Fabrice del Dongo, le neveu de la Sanseverina, maîtresse du comte Mosca, Premier ministre, a été arrêté puis emprisonné à la tour Farnese. Le prétexte de son arrestation est qu'il a tué en légitime défense le chef d'une troupe de comédiens dont il courtisait l'une des pensionnaires. En réalité, les motifs de son emprisonnement sont à la fois politiques et privés. Fabrice est un libéral opposé à la dictature régnant à Parme. Et le Prince qui convoite depuis longtemps la Sanseverina considère d'un mauvais œil l'intérêt passionné qu'elle porte à son neveu. Il voit dans cette arrestation un moyen de chantage propre à lui obtenir ses faveurs. Fabrice est condamné à vingt ans de réclusion. De sa geôle, il a jeté les yeux sur Clélia, la fille du gouverneur de la forteresse, et pour la première fois de sa vie il se sent profondément amoureux. Le chef de la police, Rassi, ordonne au geôlier de Fabrice, qu'il tient par un chantage sordide, d'empoisonner petit à petit le prisonnier. Il suppute que la mort de Fabrice éloignera de Parme la Sanseverina et par conséquent le comte Mosca et qu'il pourra ainsi devenir Premier ministre. Clélia, qui répond à l'amour de Fabrice, a deviné qu'on voulait l'assassiner. Avec la Sanseverina et l'anarchiste illuminé Ferrante Palla, elle organise l'évasion de Fabrice. Mais celui-ci, une fois loin de Clélia, s'ennuie à mourir. Il va rôder autour de la forteresse et se fait capturer à nouveau. Clélia, qui avait juré à la Madone de ne jamais revoir Fabrice si son évasion réussissait, a entre-temps accepté le mariage de raison que lui proposait son père. La Sanseverina se donne au Prince pour obtenir la libération de son neveu. Après quoi, résignée à vivre sans lui, elle épouse Mosca et quitte Parme. La révolution gronde dans la principauté. Palla assassine le Prince. Rassi, nommé Premier ministre, rétablit l'ordre. Fabrice rend une dernière visite à Clélia. Ils s'aiment pour la seule et unique fois de leur vie. Fabrice ira ensuite s'enfermer pour le restant de son existence dans le couvent de la Chartreuse.

☞ Adaptation ambitieuse mais on ne peut plus réductrice de l'œuvre de Stendhal. Pierre Véry, dans l'un de ses moins bons travaux, a pris (ou a été obligé de prendre) un parti curieux. Il a supprimé tout ce qui précède l'arrivée de Fabrice à Parme (Waterloo, etc.) pour développer avec une relative abondance, mais aussi beaucoup d'infidélité, les épisodes qui suivent son évasion, c'est-à-dire la partie jugée de façon unanime la moins passionnante du roman. Ce parti pris aboutit à une théâtralisation de l'intrigue, resserrée autour de Parme et de la tour Farnese, qui pourtant – et c'est là le paradoxe – ne confère aucune force aux séquences très ternes de l'emprisonnement et de l'évasion. En limitant l'espace de l'intrigue, Christian-Jaque s'est enfermé lui-même dans un carcan qui l'a empêché de déployer ses qualités dynamiques les plus naturelles. Rien ne subsiste du charme rêveur du livre ni de la complexité de ses implications politiques dans ce film qui n'est pas non plus un bon récit d'aventures. La plupart des acteurs et des rôles sont très inférieurs aux personnages originaux, sauf Gérard Philipe et Maria Casarès qui aurait pu faire une Sanseverina idéale si elle ne butait constamment contre les limites étroites du rôle qu'on lui a écrit. Passe encore que Renée Faure (Clélia) soit insignifiante, ce qui est néanmoins dommage, que Louis Salou (Ernest) et Lucien Coedel (Rassi) réduisent leur rôle à des marionnettes (c'était en partie l'intention de Stendhal) ; mais que Mosca, interprété par Tullio Carminati, soit rabaissé au rang de comparse terne et sans personnalité, c'est là une erreur impardonnable. Tous les acteurs italiens sont d'ailleurs mal dirigés et leur doublage n'arrange rien. Le film, fausse superproduction, ne vaudrait guère d'être mentionné si les décors, la photo et, d'une façon générale, la plastique ne fournissaient à la célèbre intrigue un cadre visuel, une imagerie somme toute acceptables (même si Parme est filmée à Rome). Et puis surtout la présence de Gérard Philipe, qui aura ainsi durant sa brève carrière donné son interprétation des deux principaux héros stendhaliens, transcende tous les défauts du film pour livrer de Fabrice une vision intense et originale. C'est un Fabrice situé au bord du fantastique, hanté par son amour, qu'incarne le comédien. Il fait passer insensiblement son personnage d'un cadre romantique français un peu mièvre, un peu gravure de mode, à une gravité fantomatique, proche du romantisme allemand. Sa mince silhouette, ses traits émaciés justifient le noir et blanc, la seule vraie beauté du film. Et la photo de Nicolas Hayer prend plaisir à sertir d'ombre un visage à moitié dévoré par la mort, bientôt inoubliable.

N.B. En 1981, Mauro Bolognini a tiré du roman de Stendhal un assez beau feuilleton de télévision en six épisodes avec Marthe Keller (La Sanseverina), Gian Maria Volonte (Mosca), Andrea Occhipinti (Fabrice), coproduction italo-germano-française programmée sur FR3 en décembre 1981 et janvier 1982.

BIBLIO. : Pierre Véry : « la Chartreuse de Parme », Éditions Self, 1948. Une curiosité dans l'histoire de la « novelization ». Pierre Véry a réécrit le roman de Stendhal, précédé d'une préface en forme de lettre ouverte à Georges Charensol où il justifie de manière embarrassée son travail d'adaptateur. Le livre est infidèle à Stendhal (comment en serait-il autrement à moins de le réinventer textuellement comme fait le héros de Borges, Pierre Ménard, avec « Don Quichotte » ?). Il l'est aussi à Christian-Jaque, car il contient de nombreuses scènes non tournées.

## CHASSE AU GANG
**(Crime Wave/The City Is Dark)**

1954 – USA (73') • *Prod.* Warner Brothers (Bryan Foy) • *Réal.* ANDRÉ DE TOTH • *Sc.* Crane Wilbur, Bernard Gordon et Richard Wormser d'ap. l'histoire « Criminals Mark » de John et Ward Hawkins • *Phot.* Bert Glennon • *Mus.* David Buttolph • *Int.* Gene Nelson (Steve Lacey), Phyllis Kirk (Ellen), Sterling Hayden (détective Sims), James Bell (Daniel O'Keefe), Ted de Corsia (Doc Penny), Charles Buchinsky (= Charles Bronson) (Ben Hastings), Ned Young (Gat Morgan), Jay Novello (Dr Otto Hessler), Timothy Carey (Johnny).

Trois hommes dévalisent une station-service et tuent un policier. L'un d'eux, blessé, meurt peu après. Les deux autres persécutent un de leurs anciens compagnons de cellule qui, libéré, tentait de mener une existence normale, afin de l'obliger à participer avec eux à un autre hold-up.

☞ Utilisant une photo crue et réaliste, De Toth relate avec le moins de détours, le moins d'ornement possible, un épisode banal et brutal de la guerre permanente entre policiers et gangsters. Il suit la voie des films policiers documentaires produits par Mark Hellinger à la Warner et Louis de Rochemont à la Fox mais diverge avec eux sur l'emploi des moyens. La nudité visuelle remplace ici l'omniprésent commentaire. Le regard critique est profondément intégré à la narration. Ainsi De Toth ne se prive pas de faire sentir combien les préjugés et les méthodes de certains policiers (recourant par exemple au chantage pour se constituer des « indics ») empêchent souvent à tout jamais la réinsertion sociale des anciens détenus. Non seulement la photo, mais le jeu des acteurs, l'agencement des péripéties (où la part du hasard est ménagée de façon à accroître le suspense) concourent à communiquer cette impression de reportage que recherche l'auteur et pour laquelle il est prêt à dissimuler soigneusement son métier et son art. Quoique mineur, le film est intéressant en ceci qu'il montre comment le réalisme, qui était l'une des tendances constitutives du *film noir* (notamment dans la description de la violence), a fini, à force d'être développée pour elle-même, par détruire l'équilibre même et la spécificité du genre. Ici déjà cette destruction est accomplie.

## CHASSES DU COMTE ZAROFF (LES)/LA CHASSE DU COMTE ZAROFF
**(The Most Dangerous Game)**

1932 – USA (63') • *Prod.* RKO (Merian C. Cooper et Ernest B. Schoedsack) • *Réal.* ERNEST B. SCHOEDSACK et IRVING PICHEL • *Sc.* James A. Creelman d'ap. une histoire de Richard Connell • *Phot.* Henry Gerrard • *Mus.* Max Steiner • *Int.* Joel McCrea (Bob Rainsford), Fay Wray (Eve Trowbridge), Leslie Banks (comte Zaroff), Robert Armstrong (Martin Trowbridge), Noble Johnson, Steve Clemento (domestiques tartares).

Le bateau de Bob Rainsford, célèbre chasseur, et de ses amis se heurte à des récifs proches de l'île de Branx et explose. Seul survivant, Rainsford aborde sur l'île qu'il croit inhabitée. Il pénètre dans un château où vit le comte Zaroff avec son domestique muet, le cosaque Ivan, et d'autres serviteurs. Zaroff est ravi de cette rencontre car il admire la carrière et les écrits de Rainsford. Il lui présente les rescapés du précédent naufrage, Martin Trowbridge et sa sœur Eve. Pour Zaroff aussi, la chasse est l'affaire essentielle de l'existence. « Ma vie n'a été qu'une chasse glorieuse » proclame-t-il avec orgueil. Il raconte qu'un jour, s'étant lassé de la chasse et donc de tout ce qui le rattachait à la vie, il avait décidé de chasser un autre gibier, le plus dangereux de tous. Il refuse de préciser lequel. C'est son secret. Rainsford ne tarde pas à le découvrir quand, guidé par Eve, il pénètre dans la salle des trophées de Zaroff où des têtes d'hommes sont accrochées au mur ou conservées dans un bocal. Il y verra aussi le cadavre de Martin, fraîchement ramené d'une « chasse ». Eve est emmenée par les serviteurs de Zaroff, tandis que Rainsford, lui, est enchaîné. Il refuse l'offre de son « hôte » de participer à ses chasses et le traite de fou. Zaroff lui avoue qu'il déplace lui-même les bouées aux abords de l'île pour se procurer ainsi le gibier humain dont il a besoin. Il propose ou plutôt impose à Rainsford ce qu'il appelle une « partie d'échecs en plein air ». Rainsford, armé d'un couteau, aura toute la nuit pour lui échapper. Si, à quatre heures du matin, il n'a pas été abattu par Zaroff, celui-ci lui laissera la vie sauve et il pourra quitter l'île avec Eve. Si Rainsford est tué, Eve appartiendra à Zaroff. « Ce n'est qu'après la chasse, dit-il, que l'homme connaît la véritable extase de l'amour. » Rainsford et Eve marchent longuement et péniblement à travers la jungle de l'île dont ils découvrent la superficie minuscule. Elle leur laisse peu de chance. Sans perdre courage, Rainsford et Eve construisent un « piège malais » à l'intention de Zaroff. Si le mécanisme fonctionne, un tronc d'arbre de plusieurs tonnes s'effondrera sur lui. Mais Zaroff, armé de son arc tartare, déjoue le piège. Il va chercher un fusil à longue portée pour abattre Rainsford comme un léopard. Eve et Rainsford recouvrent de branchages un espace ouvrant sur un gouffre. Mais là encore le piège est déjoué par Zaroff. Les deux fugitifs se dissimulent dans le brouillard, hors de la portée de son arme. Zaroff lance sur eux ses chiens. Les fugitifs courent vers les rapides. Pendant qu'il lutte avec un des molosses, Rainsford est visé par Zaroff et tombe à l'eau. Zaroff est apparemment vainqueur, quelques secondes avant quatre heures. Un peu plus tard, Rainsford réapparaît au château. Le chien seul avait été touché. Mauvais perdant, Zaroff sort son revolver. Au cours de la bagarre, il est transpercé par une flèche qu'il destinait à Rainsford. Eve et Rainsford quittent l'île en canoë. Agonisant, Zaroff les vise avec son arc, mais, brisé par ce dernier effort, tombe dans la fosse aux chiens.

☞ Œuvre capitale du cinéma fantastique des années 30. Le genre fantastique, dans l'économie générale du cinéma américain de cette époque, est le refuge des histoires, des pensées, des expériences interdites ailleurs. La figure froidement monstrueuse, lucidement sadique de Zaroff ne pouvait émerger avec cette netteté d'aucun film d'aventures, d'aucun western ni même d'aucun policier de la période. Étonnant par son scénario et l'audacieuse clarté des dialogues, le film ne l'est pas moins par ses qualités de mise en scène. La sécheresse concise, documentaire, presque ethnologique du récit reste aussi moderne aujourd'hui qu'elle l'était en 1932. Elle n'exclut pas une grande recherche plastique : la photo de cette jungle embrumée entre ciel et mer a une qualité graphique de gravure qu'on retrouve dans la plupart des films de Schoedsack. On ne peut plus y distinguer ce qui est de l'ordre du décor et de l'ordre de la réalité. Nulle complaisance dans la description du fou Zaroff. Mais les commentaires qui ont salué l'originalité du film n'en ont pas été, eux, toujours dépourvus. L'œuvre a, au contraire, un paradoxal contenu humaniste. Tout ce cauchemar est bâti pour que les rôles soient inversés, pour que Rainsford puisse ressentir, au moins une fois dans sa vie, les sentiments de la bête traquée. Au moment où le bateau s'échoue, il était en train d'expliquer à ses amis : « Le monde se divise en deux catégories : les chasseurs et le gibier. Par chance, je fais partie des chasseurs. Rien ne pourra jamais changer cela. » Au cours de la chasse, il dira : « Les animaux que je chassais, maintenant je comprends ce qu'ils ressentaient. » *Les chasses du comte Zaroff* constitue donc en tout état de cause un cauchemar à visée morale, servi par une absence de sentimentalité et de pathos absolument inoubliable.

N.B. Outre les deux remakes « officiels », *A Game of Death* (Robert Wise, 1946) et *Run for the Sun (La course au soleil,* Roy Boulting, 1956), *Zaroff* a engendré toute une postérité de films parmi lesquels nous mentionnerons particulièrement l'excellent *The Naked Prey* (*La proie nue* de et avec Cornel Wilde, 1966).

BIBLIO. : scénario et dialogue *in* « L'Avant-Scène » nº 295-296 (1982). Le nº 6 (1963) de la revue « Midi-Minuit fantastique » est partiellement consacré au film et contient le texte de la nouvelle originale de Richard Connell.

## CHASTE SUZANNE (LA)

1937 – France (90') • *Prod.* British Unity Pictures • *Réal.* ANDRÉ BERTHOMIEU • *Sc.* Jean Boyer d'ap. opérette tirée par Jean Gilbert de « Fils à papa », P. d'Anthony Mars et Maurice Desvallières • *Phot.* Roy Clark • *Mus.* Jean Gilbert • *Int.* Meg Lemonnier (Suzanne Pomarel), Raimu (M. des Aubrays), Blanchette Brunoy (Jacqueline), Henri Garat (René Boislurette), Blanche Denège (Mme des Aubrays), Serge Flateau (Hubert), Jean Témerson (Alexis), Gildès (Dominique), Charles Dechamps (Pomarel).

Un académicien sévère qui décerne des prix de vertu se transforme, la nuit, en joyeux bambocheur bien connu du personnel des cabarets parisiens. Surpris au Moulin-Rouge par des membres de sa famille, il est l'objet d'un chantage amical et se voit contraint de dire amen au mariage de sa fille avec un prétendant dont il ne voulait pas entendre parler.

☞ Film intéressant parce qu'à cheval entre les deux types de comédie les plus représentés dans le cinéma français des années 30. Pour une part, c'est un vaudeville cynique, solidement construit, rempli de mots d'auteur « vaches » et baignant dans un climat d'amoralité clairement affichée. C'est la tendance parisienne de la comédie cinématographique d'avant-guerre en France. D'un autre côté, *La chaste Suzanne* est une opérette légère aux couplets agréables, à l'atmosphère un peu irréaliste et tendre. Cet aspect-là, minoritaire dans le film, représente ce qui pouvait plaire à la fois, dans la comédie de l'époque, à un public anglais, allemand, italien, etc. C'est la tendance lyrique – et plus spécialement allemande – de la comédie européenne d'avant-guerre (cf. *Le chemin du paradis** où cette tendance est la plus aboutie). Les films qui jouent sur les deux tableaux sont rares et c'est ce caractère hybride qui fait remarquer cette œuvre, par ailleurs tout à fait mineure. Plus que le jeu de Raimu, ici un peu en dessous de lui-même, il faut apprécier la prestation parfaite dans la caricature et le nervosisme de Charles Dechamps, en officier de réserve cocu et fort mécontent de l'être.

N.B. Parallèlement fut tournée par Berthomieu une version anglaise *The Girl in the Taxi* où Frances Day joue le rôle de Meg Lemonnier. Remake argentin *La casta Susana* (Benito Perojo, 1944).

## CHAT (LE)

1971 – France (83') • *Prod.* Lira Films – Cinétel – Gafer – Comacico – Unitas Film • *Réal.* PIERRE GRANIER-DEFERRE • *Sc.* Pierre Granier-Deferre et Pascal Jardin d'ap. R. de Georges Simenon • *Phot.* Walter Wottitz • *Mus.* Philippe Sarde • *Int.* Jean Gabin (Julien Bouin), Simone Signoret (Clémence Bouin), Annie Cordy (Nelly), Jacques Rispal (le médecin), Nicole Desailly (l'infirmière), Harry Max (le retraité), Yves Barsacq (l'architecte).

Julien et Clémence Bouin, lui ancien ouvrier typographe, elle ancienne trapéziste, vieillissent dans un pavillon de Courbevoie promis, comme tout le quartier avoisinant, à la destruction. Ils ont autour d'eux, comme paysage sonore et visuel, le vacarme des démolisseurs et l'apparition de grands immeubles modernes qui les repoussent peu à peu dans un *no man's land.* Julien et Clémence ne se parlent guère. C'est surtout Julien qui n'a plus envie de communiquer avec sa femme. Afin de faire sentir à son mari qu'elle existe encore, Clémence ne connaît que les voies de la méchanceté. Son chat « Greffier » étant le seul être que Julien affectionne encore, c'est à lui qu'elle s'en prendra. Elle l'accuse d'avoir saccagé la collection de quotidiens que Julien conserve religieusement dans sa cave. Elle essaie ensuite de perdre l'animal dans un supermarché. Enfin elle le tue avec un revolver que Julien, lors d'une dispute, lui avait donné pour satisfaire une éventuelle envie de suicide. Après avoir déposé le cadavre de son chat dans une boîte à ordures, Julien va s'installer dans un hôtel de passe dirigé par une ancienne maîtresse à lui. Après quelques jours, il s'inquiète de la santé de sa femme qui ne sort plus de chez elle. Il décide d'habiter à nouveau avec elle mais lui fait le serment qu'il ne lui adressera plus jamais la parole. Il lui envoie des mots griffonnés sur de petits morceaux de papier qu'elle collectionne. Un jour, en les regardant, elle s'écroule, victime d'une crise cardiaque. Quelque temps plus tard, Julien avale des barbituriques et meurt à l'hôpital.

☞ Il faudrait écrire un livre sur les adaptations de Simenon à l'écran. Le romancier, qui est notre Balzac (ceci n'est plus aujourd'hui contesté par personne), s'est de plus en plus appliqué à n'intervenir en rien dans la préparation des films adaptés de ses œuvres et même à s'abstenir de les juger quand ils sont achevés. Cette indifférence volontaire est sa façon de respecter la liberté créatrice des artistes travaillant dans un domaine qui lui est étranger. (On lui prêta cependant l'intention, au début des années 30, de diriger lui-même *La tête d'un homme.*) Il eût été étrange qu'un aussi riche réservoir de fictions n'ait pas une influence sur le cinéma français. Cela commence avec les brumes de *La nuit du carrefour,* son atmosphère à couper au couteau, ses personnages flous, trop flous sans doute, qui permettent à Renoir de composer un film quasi expérimental, une symphonie visuelle où la psychologie est remplacée par beaucoup de mystère et d'opacité. Par la suite, les romans de Simenon confirmèrent de grands cinéastes dans leurs ambitions (Duvivier avec *La tête d'un homme,* 1933 et *Panique**, 1946, Daquin avec *Le voyageur de la Toussaint**, 1942) mais, beaucoup plus souvent encore, aidèrent des cinéastes au talent plus modeste à donner le meilleur d'eux-mêmes. Decoin a rarement été mieux inspiré que dans *Les inconnus dans la maison**, 1941 (adapté par Clouzot) et que dans *La vérité sur Bébé Donge,* 1951. Molinaro signa son meilleur film avec *La mort de Belle,* 1960. Saslavsky fit de même avec *La neige était sale,* 1953 (qui est à notre avis la meilleure adaptation cinématographique de Simenon). Delannoy lui-même se montra rarement aussi sensible que dans son *Maigret et l'affaire Saint-Fiacre**. *Le chat* (la plus intéressante des quatre adaptations de Simenon par Granier-Deferre, avant *La veuve Couderc,* 1972, *Le train,* 1973 et *L'Étoile du Nord,* 1982, tirée du « Locataire ») donne au réalisme pointilliste et minutieux du réalisateur l'occasion de s'épanouir. Cet enfer conjugal, où le silence volontaire de l'un des protagonistes exprime une mésentente irrémédiable, présente un huis-clos paradoxal puisque ouvert sur le monde : sur des paysages urbains en pleine mutation et dont les changements visibles accusent la vieillesse et l'isolement des deux héros. Car, plus encore que les cruautés et l'usure de l'amour, la vieillesse est le vrai sujet du film. Pour l'exprimer, Granier-Deferre, fidèle à une longue tradition du cinéma français, a eu recours au talent de deux monstres sacrés qui trouvent là, l'un et l'autre, l'un des derniers grands rôles de leur riche carrière. Pour Gabin, c'est même tout simplement le dernier, car ce qu'il tourna ensuite ne compte guère. Excellent mélange, c'est-à-dire mélange invisible, (où triomphe la virtuosité technique de Granier-Deferre) entre le studio et les extérieurs réels. Remarquable et discrète musique de Philippe Sarde, alors à ses débuts.

N.B. Malgré certaines modifications, le film est globalement fidèle au roman. On regrette toutefois la disparition de la différence sociale qui séparait les deux époux : lui ouvrier, elle fille de bourgeois et de gros propriétaire. On regrette aussi une transformation importante apportée à leur biographie : chez Simenon, ils s'étaient mariés après la soixantaine. C'est d'ailleurs l'histoire du remariage tardif de sa mère que Simenon avait transposée dans son roman.

## CHATEAU DES AMANTS MAUDITS (LE)
**(Beatrice Cenci)**

1956 – Italo-Français (93') • *Prod.* Electra Compagnia Cinematografica – Attilio Riccio (Rome) et Franco-London Film (Paris) • *Réal.* RICCARDO FREDA • *Sc.* Filippo Sanjust, Riccardo Freda, Jacques Rémy d'ap. un sujet d'Attilio Riccio • *Phot.* Gabor Pogany (Eastmancolor-Cinémascope) • *Mus.* Franco Mannino • *Int.* Micheline Presle (Lucrezia), Gino Cervi (Francesco Cenci), Mireille Granelli (Beatrice Cenci), Fausto Tozzi (Olimpio Calvetti), Frank Villard (le juge Ranieri), Claudine Dupuis (Martina), Antonio De Teffé (Giacomo Cenci), Emilio Petacci (Marzio Catalano).

1598. Francesco Cenci a quitté Rome et s'est refugié avec sa famille dans son château de la Petrella dans les Abruzzes. Le nouvel intendant Olimpio a ramené la jeune Beatrice, la fille de Francesco, qui s'enfuyait à travers la forêt. Il ignorait tout du malheur de la jeune fille, victime de la jalousie équivoque, de la tyrannie, de la cruauté sans limite de son père. Son frère Giacomo, un être veule qui est devenu l'amant de sa belle-mère Lucrèce, ne peut lui être d'aucun secours. Quant à Lucrèce elle-même, c'est une femme hypocrite qui déteste sa belle-fille Beatrice. L'amour que porte spontanément Olimpio à

Beatrice sera bientôt payé de retour. Pour mettre fin aux dettes que Giacomo a contractées à Rome, Francesco veut l'envoyer rejoindre un régiment espagnol dans les Flandres. Giacomo décide alors de se débarrasser de son père. Il remet à Lucrèce un poison qu'elle placera dans un faisan préparé pour la prochaine fête que doit donner Francesco. Mais Lucrèce n'ose pas finalement accomplir le geste fatal. Beatrice avoue à son père qu'elle est amoureuse d'Olimpio et qu'elle a l'intention de l'épouser. Fou de colère et de jalousie, Cenci la fouette sauvagement avant de frapper Olimpio qui quitte le château. Il y revient en secret pour voir Beatrice et bien décidé à tuer Francesco. Dès que Francesco le voit, il arme son fusil et s'avance sur son balcon qui s'écroule. Cenci fait alors une chute mortelle. Le juge Ranieri est chargé de l'enquête, cependant que les Cenci, de retour à Rome, y mènent à nouveau une vie de fêtes et de divertissements. Aux yeux du juge, Giacomo est le principal suspect en tant que seul bénéficiaire, par héritage, de la mort de Francesco. Pour le défendre, Lucrèce accuse Olimpio. Durant le procès, Lucrèce et Beatrice subissent la torture. Lucrèce n'avoue rien, tandis que Beatrice, plus fragile, s'accuse ainsi qu'Olimpio. Plus tard, elle se rétractera mais sera néanmoins condamnée à mort. Pendant ce temps, Olimpio réunit les preuves de la culpabilité de Giacomo en interrogeant deux anciens domestiques du château. Le vieux Marco, agonisant, avoue avoir scié les planches du balcon sur ordre de Giacomo. Il laisse à Olimpio une confession écrite. Mais, sur la route, Olimpio est abattu par les mêmes hommes qui ont assassinés Marco. Il aura juste le temps, avant de mourir, de remettre le manuscrit à un messager qui le porte à Ranieri. Quand Ranieri en prend connaissance, il est trop tard : au château Saint-Ange, la hache du bourreau vient de retomber sur la gorge de Beatrice. Il ne reste plus au juge qu'à arrêter Giacomo et Lucrèce...

☞ Premier Cinémascope de Riccardo Freda. Sur écran large, avec un budget très moyen auquel il sait donner l'apparence de la magnificence, Freda célèbre en images somptueuses les noces du mélodrame et de l'Histoire. Ce que l'Histoire perd en véracité, le mélodrame le regagne en fébrilité, en lyrisme, en intensité dans la peinture d'un passé revécu au présent. Beatrice est métamorphosée ici en sublime héroïne de mélodrame et la continuité du récit offre, à la manière d'un opéra, une juxtaposition lyrique et plastique de moments forts piqués sur la trame de son destin inexorablement tragique. Pourtant le dynamisme et la capacité d'entraînement de la mise en scène de Freda sont tels que le spectateur, vers la fin, se prend à rêver que cette histoire est inventée, qu'elle se recrée au fur et à mesure qu'on la lui raconte et que Beatrice, par on ne sait quel miracle, pourrait échapper à son sort. L'originalité du style de Freda – une permanente et vivante contestation de l'académisme – repose sur une attention égale accordée au dynamisme d'ensemble du récit et à la composition plastique de chaque scène. Cette synthèse de la dynamique et de la plastique, toujours très naturelle chez Freda, et qui fait passer sur quelques imperfections dans le scénario et la direction d'acteurs, trouve dans ce film une de ses meilleures applications. Autres versions par Mario Caserini (1908) et Guido Brignone (1941).

## CHATEAU DU DRAGON (LE) (Dragonwyck)

1946 – USA (103') • *Prod.* Fox (Ernst Lubitsch) • *Réal.* JOSEPH L. MANKIEWICZ • *Sc.* Joseph L. Mankiewicz d'ap. R. de Anya Seton • *Phot.* Arthur Miller • *Mus.* Alfred Newman • *Int.* Gene Tierney (Miranda Wells), Walter Huston (Ephraim Wells), Vincent Price (Nicholas Van Ryn), Glenn Langan (Dr Jeff Turner), Anne Revere (Abigail Wells), Spring Byington (Magda), Connie Marshall (Katrina Van Ryn), Henry Morgan (Bleecker), Vivienne Osborne (Johanna Van Ryn), Jessica Tandy (Peggy O'Malley).

Mai 1844. Fille d'un fermier modeste mais indépendant du Connecticut, Miranda Wells est invitée par un lointain cousin par alliance, Nicholas Van Ryn, riche descendant des premiers propriétaires hollandais de la vallée de l'Hudson, à séjourner dans son château de Dragonwyck, près de New York, afin de tenir compagnie à sa fille Katrina, âgée d'une dizaine d'années. Brûlant du désir de connaître autre chose du monde que la ferme familiale, Miranda est émerveillée devant l'immensité et la somptuosité du manoir. Personnage hautain et raffiné, Van Ryn vit assez solitaire entre une femme insatisfaite, Johanna, qui ne songe qu'à manger et sa fillette Katrina, laquelle déclarera froidement à Miranda qu'elle n'aime pas ses parents. Lors de son arrivée, une des domestiques du château, Magda, assure à Miranda qu'elle regrettera bientôt d'y être venue : l'endroit subit en effet l'influence maléfique d'une aïeule de Van Ryn qui s'était suicidée parce que son mari, qui ne la comprenait pas, lui avait brisé le cœur. Parfois, la nuit, il est donné à certains occupants de Dragonwyck de l'entendre chanter et jouer du clavecin. Lors de la kermesse annuelle des fermiers, Miranda rencontre le jeune Dr Turner dont les idées libérales s'opposent à celles de Van Ryn, fervent défenseur des privilèges séculaires acquis à sa famille. C'est le jour où, selon la coutume, les fermiers doivent payer leur loyer en argent ou en nature à Van Ryn, installé comme un monarque dans son fauteuil ancestral sculpté dans la pierre. Mais un vent de révolte souffle à travers la région et l'un des fermiers, Bleecker, qui refuse de payer le tribut, tentera de poignarder Van Ryn qui venait de lui ordonner de quitter sa terre. Le Dr Turner a pu désarmer le fermier, sauvant ainsi la vie à Van Ryn. Quelque temps plus tard, Johanna atteinte d'un rhume en profite pour s'aliter et remercie son mari d'avoir orné sa chambre d'un précieux laurier-rose. Dans la nuit, en présence du Dr Turner qui était venu réclamer à Van Ryn un procès équitable pour Beecker arrêté à la suite d'une rixe, elle meurt sans que le docteur puisse comprendre la cause réelle de son décès. Cette même nuit, Miranda avait dû réconforter la petite Katrina, terrorisée par le chant de l'aïeule qu'elle était seule à entendre. Miranda retourne dans la maison de son père. Quelques semaines plus tard, Van Ryn vient la demander en mariage et les parents réticents doivent consentir à cette union que Miranda appelle de ses vœux. Mais, de retour à Dragonwyck, elle commencera à regarder son mari d'un autre œil. Il s'élève avec cruauté contre la présence dans la demeure de Peggy, la petite servante infirme à laquelle Miranda est très attachée. « Les corps déformés me dépriment » déclare-t-il. Elle découvre aussi qu'il se moque du Bien et du Mal et que ses sentiments religieux sont peu développés. « Je ne crois qu'à moi-même » dit-il. Elle le rend cependant fou de joie en lui apprenant qu'elle est enceinte, lui donnant ainsi une chance d'avoir ce fils que sa première femme n'avait pu lui donner. Mais l'enfant, atteint d'une malformation cardiaque, mourra juste après son baptême. Van Ryn s'enferme dans une tour du château et s'adonne à la drogue. Le Dr Turner, qui a réfléchi sur l'étrange mort de Johanna, accuse Van Ryn de l'avoir préméditée et provoquée par la présence du laurier-rose, plante au parfum aussi vénéneux qu'un poison mortel. Les deux hommes en viennent aux mains. Quand le maire, accompagné d'un grand nombre de fermiers (auxquels la loi permet maintenant de racheter leurs terres), vient pour arrêter Van Ryn, celui-ci s'apprête à tirer mais est abattu avant d'avoir pu le faire. Miranda quitte définitivement le château et invite le Dr Turner, amoureux d'elle depuis longtemps, à lui rendre visite dans le Connecticut.

☞ Première mise en scène de Mankiewicz (qui avait avant cela écrit ou produit plus de quarante films). Il avait déconseillé à la Fox, qui ne l'avait pas suivi, l'achat du roman de Anya Seton, notamment à cause de sa trop grande ressemblance avec *Rebecca** et de la mièvrerie du personnage de Turner. C'est essentiellement pour pouvoir travailler avec Lubitsch qu'il admirait énormément qu'il accepta de mettre en scène le film. Producteur-réalisateur à la Fox depuis 1943, Lubitsch, ressentant les effets de la maladie cardiaque qui l'emporterait en 1947, avait déjà été obligé en 1944 d'abandonner le tournage de *A Royal Scandal* à Preminger, avant de confier celui de *Dragonwyck* à Mankiewicz qui devait travailler sous sa supervision. Mankiewicz dément aujourd'hui avoir eu de mauvaises relations avec Lubitsch et conteste formellement la véracité des différentes anecdotes qui circulent à ce sujet (Mankiewicz demandant par exemple à Zanuck d'interdire Lubitsch de plateau et celui-ci venant rôder en cachette aux alentours). En tout cas le nom de Lubitsch n'apparut pas au générique. Mais selon Vincent Price, Lubitsch demanda la suppression de son nom, suite à une coupe effectuée par Zanuck dans les séquences du laurier-rose, à vrai dire assez obscures (cf. Kenneth L. Geist « Pictures Will Talk. The Life and Films of Joseph Mankiewicz »). Ayant bénéficié de l'apport et des conseils du chef opérateur Arthur Miller (qu'il retrouvera pour *Chaînes conjugales**), Mankiewicz livre avec cet opus 1 une œuvre très maîtrisée, non seulement sur le plan dramatique mais aussi sur le plan visuel, et qui compte parmi ses chefs-d'œuvre. De l'atmosphère gothique, il retient surtout un cadre qui permet de mettre en valeur le monstre d'orgueil, le survivant d'un autre âge qu'est Nicholas Van Ryn. Outre une discrète satire du snobisme des aristocrates (cf. la scène du bal où Miranda s'affronte à plusieurs invitées), il exprime tout au long du film ses idées libérales face au credo, au comportement féodal de Van Ryn. Saisis dans un univers à la très grande beauté plastique, tous les personnages, et jusqu'aux plus épisodiques, ont du relief, l'équilibre du scénario ayant permis de ne défavoriser personne. Gene Tierney incarne une jeune fille rêveuse et insatisfaite, mais qui a aussi, par d'autres côtés, les pieds sur terre. Son personnage constitue une introduction déjà très élaborée à celui qu'elle jouera dans *The Ghost and Mrs. Muir**, le chef-d'œuvre absolu de l'auteur. Œuvre parfaitement digne d'admiration et qui se suffirait à elle-même si nous ignorions l'évolution ultérieure de la carrière de Mankiewicz, *Dragonwyck* nous fascine surtout aujourd'hui par la façon dont l'auteur y esquisse déjà avec beaucoup de netteté sa vision des deux sexes : l'homme, pétri d'orgueil et cherchant toujours à dominer le monde comme s'il s'agissait d'une scène de théâtre, la femme, prise entre ses rêves et la réalité, entre ses désirs et son bon sens, vulnérable et fragile, mais plus solide, plus réaliste à la fin que bon nombre de ses partenaires masculins.

## CHAT NOIR (LE)
## (The Black Cat)

1934 – USA (65') • *Prod.* U (Carl Leammle) • *Réal.* EDGAR GEORGE ULMER • *Sc.* Peter Ruric et E.G. Ulmer d'ap. une histoire d'Edgar Allan Poe • *Phot.* John Mescal • *Mus.* Heinz Roemheld • *Int.* Boris Karloff (Hjalmar Poelzig), Bela Lugosi (Dr Vitus Verdegast), David Manners (Peter Alison), Jacqueline Wells (Joan Alison), Lucille Lund (Karen), Egon Brecher (majordome), Anna Duncan (la bonne).

A bord de l'Orient-Express entre Budapest et Vizhegrad, un couple de jeunes mariés américains, Joan et Peter Alison, font la connaissance d'un psychiatre hongrois, le Dr Vitus Verdegast, qui se rend à Gombas chez son ami Poelzig, un grand architecte. Verdegast a fait après la guerre quinze ans de prison durant lesquels sa femme et sa fille sont mortes. L'autobus où les trois voyageurs prennent place après leur descente du train a un accident. Le chauffeur est tué et Joan contusionnée : Verdegast et Peter portent celle-ci chez Poelzig. Resté seul avec Poelzig, Verdegast lui crie sa haine et son mépris. Il lui reproche d'avoir pendant la guerre vendu le fort qu'il commandait aux Russes et d'avoir ainsi envoyé des milliers d'hommes à la prison ou à la mort. Poelzig a construit sa demeure sur l'emplacement même du fort et donc sur un gigantesque charnier. Verdegast lui reproche aussi d'avoir emmené sa femme Karen dans un long périple qui s'est terminé ici. Verdegast a une peur panique et irraisonnée des chats : il en tue un sous les yeux de Joan. Durant la nuit, Poelzig conduit Verdegast dans une sorte de crypte où se trouvait autrefois l'arsenal du fort. Il lui montre Karen debout dans un cercueil de verre, embaumée et conservée dans toute sa beauté comme d'autres créatures blondes rassemblées auprès d'elle. Karen est morte, affirme Poelzig, d'une pneumonie. Verdegast veut le tuer mais en est empêché par le passage d'un chat noir qui est peut-être la réincarnation du précédent. Poelzig rejoint dans sa chambre la fille de Karen et de Verdegast qui est devenue sa compagne et que son père croit morte. Le lendemain, Joan va mieux mais Poelzig n'a nulle intention de la laisser repartir. Un domestique assomme Peter et l'enferme dans la cave. Verdegast devine que Joan va avoir un rôle dans la cérémonie sanglante que Poelzig, prêtre d'un culte satanique, va tenir à l'occasion de la pleine lune. Il joue la liberté de la jeune femme aux échecs contre Poelzig mais perd la partie. Joan croise la fillette de Karen et lui apprend que son père, toujours vivant, est venu la chercher. La cérémonie a lieu devant un groupe de fidèles vêtus de capes noires. Verdegast réussit à libérer Joan. Il apprend à son tour de celle-ci que sa fille est vivante et mariée à Poelzig. Il ne découvrira que son cadavre car Poelzig vient de la tuer. Verdegast attache Poelzig à la potence qui lui sert à embaumer ses cadavres et commence à l'écorcher vif. Peter a pu s'échapper de la cave. Il tue par erreur Verdegast. Agonisant, ce dernier laisse partir le couple avant de faire exploser la maison.

☞ Les débuts et la fin de la carrière d'Ulmer sont marqués par deux films célèbres (les seuls de toute son œuvre à l'avoir été à leur sortie même) : *Le chat noir* et *The Naked Dawn* (*Le bandit**, 1958), réalisés l'un et l'autre pour la Universal. Sans ces deux titres, on peut se demander combien de temps aurait pris la reconnaissance du génie d'Ulmer. (Certes il participa au célèbre film collectif *Menchen am Sonntag, Les hommes, le dimanche,* Allemagne, 1929, documentaire romancé et prénéo-réaliste décrivant le week-end de cinq jeunes gens de condition modeste, mais cette collaboration lui apporta moins de gloire qu'aux autres co-auteurs Siodmak, Wilder et Zinnemann.) *Le chat noir* qui eut le privilège d'être réalisé durant l'âge d'or fantastique de la Universal, ne compte pas vraiment parmi ses chefs-d'œuvre (ils datent tous des années 40 et 50), mais c'est néanmoins une œuvre entièrement personnelle, sans grand rapport avec les autres films de Karloff ou de Lugosi dirigés par Whale, Browning, Freund, etc. Nulle habileté, nulle progression dramatique chez Ulmer. Ici nous sommes, dès les premières images, de l'autre côté du miroir, là où s'est égaré pour son malheur un couple de banals touristes américains. Le monde décrit par Ulmer est plus mystérieux et plus improbable que celui de l'Atlantide. Son altérité, sa folie incommensurable, son caractère pétrifié et fantomatique, les tenues et les comportements de ceux qui l'habitent, la nudité futuriste du décor laissent à penser que tout ici existe dans une autre dimension temporelle. « Ne sommes-nous pas tous deux morts ici, à Marmoros, il y a quinze ans ? » demande Poelzig à Verdegast. Le monde où ils « vivent » maintenant est comme le prolongement métaphysique, infernal et atroce, d'une longue agonie. Ce caractère d'étrangeté radicale que possède le film se trouve renforcé par ce qu'on pourrait appeler « l'absence de précaution oratoire » d'Ulmer, l'un des aspects les plus frappants de son style. Cet unique héritier de Murnau a traversé l'histoire du cinéma comme un spectre, donnant toujours l'impression de s'adresser directement à la postérité, par-delà ses contemporains et autres spectateurs provisoires de ses films. Le cinéma hollywoodien, dans les replis souterrains de son organisation géniale, lui laissa miraculeusement toute liberté de s'exprimer. Si on lui donna peu d'argent, on ne lui demanda en retour aucune concession. D'ailleurs, il n'aurait pas su en faire.

BIBLIO. : scénario et dialogues *in* « L'Avant-Scène » nº 338 (1986). Un long et passionnant texte de Paul Mandell, publié dans la revue « American Cinematographer » d'octobre 1984, étudie en détail les différences existant entre le film final et le script original – annoté de la main d'Ulmer – que l'auteur a eu en sa possession. Mandell indique en outre que c'est parce qu'il avait séduit Shirley Alexander, la femme du neveu préféré de Carl Laemmle, Sr. Max Alexander, qu'Ulmer fut renvoyé de la Universal et commença ce long et étrange périple de plus de vingt ans à travers le cinéma *underground* hollywoodien. Renvoi curieux en effet si l'on songe que *Le chat noir* fut de toute la production Universal de 1934 le film qui rapporta le plus d'argent. Shirley Alexander devint Shirley Ulmer et accompagna le travail de son mari durant toute sa vie. Elle avait annoncé il y a quelques années qu'elle publierait ses souvenirs de script-girl. On les attend depuis avec impatience.

## CHAUSSONS ROUGES (LES) (The Red Shoes)

1948 – Angleterre (126') • *Prod.* The Archers (Michael Powell et Emeric Pressburger) • *Réal.* MICHAEL POWELL • *Sc.* Emeric Pressburger et Keith Winter • *Phot.* Jack Cardiff (Technicolor) • *Mus.* Brian Easdale • *Chor.* Robert Helpmann • *Int.* Anton Walbrook (Boris Lermontov), Moira Shearer (Victoria Page), Marius Goring (Julian Craster), Leonide Massine (Ljubov), Robert Helpmann (Ivan Boleslawsky), Albert Basserman (Ratov), Esmond Knight (Livy), Ludmilla Tcherina (Boronskaja), Jean Short (Terry), Gordon Littman (Ike).

Un jeune compositeur inconnu, Julian Craster, étudiant au Conservatoire, s'aperçoit que son maître révéré lui a volé l'une de ses œuvres et l'a insérée dans la partition d'orchestre d'un ballet qu'il dirige à Covent Garden. Il s'en plaint à Boris Lermontov, le directeur de la célèbre troupe de ballet. Lermontov lui demande d'oublier cet emprunt sans doute inconscient et l'engage comme répétiteur d'orchestre. Parallèlement, Lermontov fait la connaissance d'une jeune danseuse, Victoria Page, qui brûle de passion pour son art. Il l'engage et la fait figurer parmi les danseuses de sa troupe qui se produiront à Paris. Sa vedette actuelle, Boronskaja, ayant annoncé qu'elle allait se marier, Lermontov la renvoie car il juge cette décision incompatible avec sa vocation de ballerine. Il a toujours estimé qu'une danseuse devait choisir entre les bonheurs de la vie privée et un indispensable et total dévouement à son art. Cette conviction est devenue chez lui une véritable obsession. Il donne à Julian un argument de ballet, « Les Chaussons rouges », tiré d'Andersen, afin qu'il en réécrive entièrement la partition. « Les Chaussons rouges » évoque une jeune danseuse, victime de ses propres chaussons de danse. Quand elle est lasse de danser, ses chaussons l'obligent à continuer. De fatigues en extases, ils la conduiront jusqu'à la mort. Le ballet est répété à l'Opéra de Monte-Carlo, résidence principale de la troupe Lermontov. Après un travail harassant, Victoria triomphe dans le rôle principal des « Chaussons rouges ». Elle se voit ensuite confier par Lermontov les grands rôles du répertoire dans « La boutique fantasque », « Coppélia », « Les Sylphides », etc. Lermontov découvre alors que Julian et elle filent le parfait amour. Sa hantise le reprend et il chasse immédiatement Julian. Victoria démissionne. Lermontov renoue avec Boronskaja et l'emploie de nouveau. Mais quand Victoria revient dans la région, Lermontov la supplie de retravailler avec lui. La voyant seule, il s'imagine que son mariage avec Julian bat de l'aile. Il lui rappelle qu'il a toujours espéré faire d'elle l'une des plus grandes ballerines du siècle. Le soir où Victoria est sur le point d'interpréter de nouveau devant le public monégasque « Les chaussons rouges », elle apprend par la radio que Julian qui devait diriger l'orchestre pour la première de son opéra à Covent Garden s'est fait porter malade. Il surgit dans la loge de Victoria et la supplie de ne pas danser. Lermontov l'exhorte au contraire à conserver son rôle et réussit à la persuader. Julian s'en va. Victoria se sent brisée de souffrances et d'élans contradictoires. Au moment d'entrer en scène, ses chaussons l'entraînent vers une terrasse surplombant la gare où Julian va prendre son train : elle se jette alors dans le vide. Lermontov, désolé, annonce au public qu'elle ne dansera plus jamais. Allongée sur le sol, Victoria agonisante demande à Julian de lui retirer ses chaussons.

☞ Première tentative de Powell et Pressburger en vue de réaliser, à partir d'un scénario original, ce « spectacle total » où la couleur est un élément essentiel et qui aboutira à l'audacieuse perfection des *Contes d'Hoffmann**. Le film possède un triple contenu : genèse artistique d'un ballet ; description psychologique (d'une authenticité jamais vue jusque-là) de l'univers fermé et quasi névrotique de la danse classique ; réflexion sur l'art et les sacrifices qu'il impose. Ces thèmes ultra-sérieux n'engendrent pas cependant une œuvre laborieuse ou sentencieuse, car Powell s'exprime uniquement dans et par le spectacle. Son talent, unique dans le cinéma anglais jusqu'à l'arrivée de Ken Russell, est synthétique et polyvalent : s'y enchevêtrent constamment, pour nourrir les aspects dramatiques et visuels du récit, le rationnel d'une part, c'est-à-dire la recherche du document vrai et de la véracité, le délire et le baroque d'autre part, qui ne sont rien d'autre que le résultat de cet effort de véracité poussé dans ses ultimes retranchements et appliqué à des sujets – ici la passion artistique – que la seule rationalité ne suffirait pas à appréhender. Cette passion recèle une étonnante puissance de destruction et d'autodestruction. Elle apparaît dans le film sous une double forme : 1) psychologique, avec le riche et subtil portrait de Lermontov que son obsession de la beauté transforme souvent en monstre ; 2) métaphorique et fantastique, avec l'argument du ballet investissant peu à peu la réalité du film. L'héroïne expérimentera jusque dans la mort le conflit entre bonheur individuel et dévotion à son art. On admirera chez Powell la cohérence d'une démarche selon laquelle le strict réalisme initial finit toujours, à force de s'enrichir, par baigner dans un fantastique profond, relevé d'une pointe d'ésotérisme. On admirera plus encore le foisonnement visuel de son style qui alimente cette démarche et en vérifie le bien-fondé. Peu de cinéastes auront eu à ce point les *moyens* de leur ambition. Œuvre à la fois expérimentale et parfaitement aboutie, *Les chaussons rouges,* à sa sortie, intrigua plus qu'il ne combla le public anglais. Par contre aux États-Unis et au Japon, le succès critique et commercial fut immense. Et le film demeura longtemps le seul titre étranger figurant parmi les quatre-vingts meilleures recettes au box-office américain.

BIBLIO. : Mark Gibbon : « *The Red Shoes* ballet : a critical study » Londres, Saturn Press, 1948 (Reprint, avec le livre du même auteur sur *The Tales of Hoffmann**, chez Garland, Londres et New York, 1977).

## CHEMIN DU PARADIS (LE)
## (Die Drei von der Tankstelle)

1930 – Allemagne (98') • *Prod.* UFA (Eberhard Klagemann) • *Réal.* WILHELM THIELE • *Sc.* Franz Schulz, Paul Frank • *Phot.* Franz Planer • *Mus.* Werner Richard Heymann (+ lyrics de Robert Gilbert) • *Int.* Willy Fritsch (Willy), Oskar Karlweis (Kurt), Heinz Rühmann (Hans), Fritz Kampers (le consul Cossmann), Lilian Harvey (Lilian Cossmann), Olga Tschechowa (Edith von Turoff), Kurt Gerron (Dr Kalmus), Felix Bressart (l'huissier).

Trois amis inséparables, Willy, Kurt et Hans apprennent qu'ils sont ruinés. Ils doivent travailler mais ne savent rien faire. Ils montent une station-service sur une route qui en manquait. Une jolie cliente, Lilian, est servie tour à tour par les trois amis qui tombent l'un après l'autre amoureux d'elle. Lilian est la fille du consul Cossmann, présentement sur le point de se remarier. Les trois amis, voulant sortir au même moment pour aller à un rendez-vous avec Lilian, se disputent et règlent leur différend par un combat de boxe. Lilian parle de ses problèmes à sa future belle-mère qui lui conseille d'inviter les trois amis à une fête donnée par son père et d'en profiter pour mettre les choses au point. Elle présente à son père son favori, Willy. Les trois amis, furieux de la coquetterie de Lilian, ne veulent plus la revoir et décident de fermer la station-service. Afin d'arranger la situation, la belle-mère de Lilian (entre-temps son père s'est marié) propose aux trois amis, vu leur grande expérience en la matière, de diriger un garage important acquis par Cossmann. Lilian s'y fait engager comme secrétaire. Les trois amis apprennent que c'est sa belle-mère qui les a commandités. Willy dicte à Lili une lettre de démission : mais celle-ci tape en réalité son contrat de mariage avec lui. Tout s'achève par des danses et des embrassades. Kurt et Hans devront se consoler de la perte de leur meilleur ami.

☞ Écrite et composée spécialement pour le cinéma, c'est la comédie musicale la plus célèbre en Europe au début du parlant. Sa relative « aération » surprit agréablement le public. Sur le plus mince des canevas, le trio d'amis et Lilian Harvey égrènent des airs charmants, vifs ou mélancoliques, qui parlent d'amour et d'amitié. Plusieurs sont restés célèbres : « Ein Freund, ein guter Freund » (Avoir un bon copain) et « Liebling, mein Herz lasst dich grüssen », duo chanté par Willy Fritsch et Lilian Harvey alors que la pluie bat sur les vitres de la station-service, le plus joli moment du film. Tout ici est un hommage à la musique, prétexte à chanter et à danser en toutes occasions et en tous lieux : à travers la maison des trois amis saisis par un huissier (ballet des déménageurs emportant leurs meubles), devant la station-service ou dans un bureau austère, soudain transformé en paradis par ces évolutions joyeuses. Même le klaxon de la voiture de Lilian Harvey émet quelques notes réjouissantes qui sont une invite au chant et à la danse. Légèreté, gaieté, irréalité caractérisent un film qui ignore les pesanteurs du réel et fascina ainsi le public par sa grâce et sa transparence de bulle de savon. L'année suivante, le couple vedette, le compositeur et le librettiste refirent équipe pour un autre triomphe *Der Kongress tantz (Le congrès s'amuse)*. A noter que la version française du *Chemin du paradis* (Co-réal. Max de Vaucorbeil), à la différence de celle du *Congrès s'amuse,* est excellente : Henri Garat, René Lefebvre et Jacques Maury y reprennent les rôles de Willy Fritsch, Heinz Rühmann et Oskar Karlweis. Remake allemand en 1955 par Hans Wolff où cette fois Willy Fritsch interprète le consul Cossmann.

## CHERCHEUSES D'OR
### (Gold Diggers of 33)

1933 – USA (94') • *Prod.* Warner • *Réal.* MERVYN LEROY • *Sc.* Erwin Gelsey, James Seymour, David Bochm, Ben Markson d'ap. P. de Avery Hopwood • *Phot.* Sol Polito • *Chansons* Al Dubin et Harry Warren • *Chor.* (et direction des numéros musicaux) Busby Berkeley • *Int.* Joan Blondell (Carol), Aline MacMahon (Trixie), Ruby Keeler (Polly), Dick Powell (Brad), Warren William (J. Lawrence), Guy Kibbee (Peabody), Ginger Rogers (Fay), Ned Sparks (Barney).

Après tant de répétitions interrompues, de spectacles annulés par manque d'argent, trois amies, Polly, Carol et Trixie, artistes de music-hall vivant sous le même toit, trouvent enfin du travail dans le nouveau show que monte Barney. Polly lui présente le jeune pianiste et compositeur inconnu, Brad, dont elle est amoureuse. Barney est si séduit par le modernisme de sa musique qu'il lui propose d'écrire toute la partition. Seulement voilà : Barney est encore à court d'argent. Le pianiste, qu'on croyait désargenté, apporte les quinze mille dollars qui manquaient. Trixie commence à se demander si Brad ne serait pas un cambrioleur. Le chanteur vedette étant victime d'un lumbago, Brad doit le remplacer le soir de la première. Il a fait taire ses scrupules et ses hésitations à monter sur scène pour sauver le spectacle. Mais le lendemain la presse révèle que l'héritier d'une des plus vieilles familles de Boston a fait ses débuts – d'ailleurs couronnés de succès – sur les planches. Son frère aîné Lawrence, flanqué de Peabody, le vieil avocat de la famille, vient faire à Brad de sévères remontrances, assorties de menaces. Il lui coupera les vivres s'il persiste dans son projet d'épouser Polly. Lawrence et Peabody se rendent ensuite à l'appartement des filles. Le hasard veut qu'ils prennent Carol pour Polly, laquelle Carol se met à jouer à fond les « gold diggers ». Autant pour s'amuser que pour se venger des préjugés de Lawrence et de son mépris envers le monde du spectacle, Carol entreprend de le séduire. Trixie ne perd pas non plus son temps et se fait épouser par Peabody. Carol et Lawrence, qui ne s'y attendaient pas, sont tombés réellement amoureux l'un de l'autre. Lawrence ne peut décemment plus s'opposer au mariage de son frère avec Polly que d'ailleurs il avait prise, avant d'être détrompé, pour une jeune fille de bonne famille égarée malgré elle dans l'univers vulgaire du show-business. Polly et Brad n'ont pas attendu son autorisation et se sont déjà mariés. Il ne reste plus à Lawrence et à Carol qu'à passer, eux aussi, devant Monsieur le maire.

☞ Premier film d'une série de trois ayant pour héroïnes de jeunes artistes de music-hall à la recherche d'un travail, de la fortune et de l'amour durant la Dépression. Les morceaux de bravoure sont constitués par les numéros musicaux spectaculaires et la chorégraphie géométrique inventés par Busby Berkeley. Après les *Gold Diggers of 33* viendront celles de 35 (mise en scène de Berkeley lui-même) et celles de 37 (mise en scène de Lloyd Bacon) à quoi on peut ajouter les *Gold Diggers in Paris* (Ray Enright, 38) qui n'ont plus grande ressemblance ni aucun acteur commun avec les films précédents. Les *Gold Diggers of 33* enchaînent sur le succès triomphal de *42e Rue** que Mervyn LeRoy n'avait pu diriger pour des raisons de santé. Il prend sa revanche ici. On peut à juste titre s'étonner et regretter que les scènes de comédie prennent autant de place par rapport aux grands numéros musicaux de Berkeley. Outre la répétition interrompue de « We're in the money »qui ouvre le film (chanté par Ginger Rogers), il n'y en aura que trois : « Pettin' in the park », « The Shadow waltz » (avec les violons lumineux) et « Remember my forgotten man ». Le marivaudage qui occupe les parties non musicales est traité dans un style sec et mécanique par LeRoy, constamment tenté – et constamment empêché – de faire basculer le film dans la satire sociale à part entière. Mais la convention veut que la comédie musicale ne puisse sortir tout à fait de son ton habituel d'honnête mièvrerie, pourtant battue en brèche par une volonté de réalisme social et par une certaine audace dans la description du comportement des personnages. Le paradoxe de cette série de films est qu'elle tire son originalité d'un effort de réalisme et qu'en même temps elle reste d'une extrême prudence (teintée parfois d'hypocrisie) dans la mise en œuvre concrète de ce réalisme. Gageons que ce compromis entre la mièvrerie et l'audace fit beaucoup pour le succès du film. Seul le personnage de Trixie, plus âgé et plus caricatural que les autres, sera autorisé à devenir une véritable « gold digger ». Carol tombera opportunément amoureuse de sa proie. Quant à Polly et à Brad, ils sont les éternels et innocents jeunes premiers comblés par la fortune et qu'aucun calcul, aucune arrière-pensée ne sauraient effleurer. Curieusement, ce sont les numéros musicaux qui reflètent le mieux cet effort de réalisme et d'audace. Voir le regard lubrique du célèbre marmot de « Pettin' in the park », relayé dans les scènes de comédie par celui de Peabody ressemblant à un chien essoufflé. Voir surtout le contenu social du dernier numéro « Remember my forgotten man » illustrant le désarroi matériel et moral des soldats de retour de la guerre et encore plus cruellement frappés que les autres citoyens par le choc de la Dépression. Il y a là une virulence qui n'existe pas dans les séquences non musicales.

BIBLIO : scénario et dialogues publiés par The University of Wisconsin Press, 1980. Il s'agit d'un scénario de tournage suivi de notes précisant les différences avec le film terminé. Préface de Arthur Hove.

## CHÉRIE, JE ME SENS RAJEUNIR
### (Monkey Business)

1952 – USA (97') • *Prod.* Fox (Sol C. Siegel) • *Réal.* HOWARD HAWKS • *Sc.* Ben Hecht, I.A.L. Diamond, Charles Lederer d'ap. une histoire de Harry Segall • *Phot.* Milton Krasner • *Mus.* Leigh Harline • *Int.* Cary Grant (Dr Barnaby Fulton), Ginger Rogers (Edwina Fulton), Charles Coburn (Oliver Oxley), Marilyn Monroe (Lois Laurel), Hugh Marlowe (Harvey Entwistle), Henri Letondal (Dr Siegfried Kitzel), Robert Cornthwaite (Dr Zoldeck).

Un chimiste, Barnaby Fulton, poursuit des recherches en vue de découvrir un sérum de rajeunissement. En son absence, Esther, un chimpanzé femelle de six mois, a ouvert sa cage et mélangé les ingrédients que le savant a coutume d'utiliser. Puis elle verse le liquide ainsi obtenu dans le distributeur d'eau du laboratoire. Barnaby absorbe une dose de son produit puis boit de l'eau du distributeur. Il attribue évidemment à son produit le vertige qu'il ressent et le changement presque instantané que subissent sa personnalité et son corps. Il n'a plus besoin de lunettes pour bien voir. Il se fait couper les cheveux à la mode des adolescents, achète une voiture de sport, emmène Lois Laurel, la séduisante secrétaire de son patron, patiner et nager avec lui à la piscine. Au bout de huit heures, il redevient ce qu'il était et s'endort. A son réveil, il raconte à sa femme Edwina son aventure. C'est elle maintenant qui absorbe volontairement le produit pour que son mari puisse en observer les effets sur autrui. Comme lui, elle boit ensuite de l'eau du distributeur. Elle se met à faire des farces, agresse Lois dont elle est jalouse et tient à toute force à emmener son mari dans l'hôtel où ils avaient passé leur lune de miel. Après avoir dansé, ils se disputent à propos de la mère d'Edwina, à propos aussi de son ancien flirt, Harvey Entwistle, aujourd'hui avocat. Barnaby, jeté dehors, se retrouve sans lunettes et en pyjama dans le couloir de l'hôtel. Il tombe dans le conduit destiné au linge sale. Sa femme, redevenue normale, le retrouve le lendemain matin à la porte de la buanderie. Devant les réactions provoquées par son sérum, Barnaby voudrait en oublier la formule et médit de la jeunesse. Dans le laboratoire, il boit avec sa femme plusieurs tasses de café fait avec l'eau du distributeur. Le couple se transforme cette fois, non en adolescents, mais en gamins insupportables de neuf ou dix ans. Persuadé que Barnaby lui a caché l'ingrédient secret qui rend son produit efficace, son patron, Oxley, lui propose des jouets et autres babioles pour le faire parler. Nouvelle dispute entre Barnaby et Edwina qui se couvrent mutuellement de peinture. Edwina téléphone à son boy friend, l'avocat, pour faire enrager Barnaby. Le sommeil la prend et elle s'allonge. Un bébé du voisinage grimpe sur son lit. A son réveil, dégrisée, elle s'imagine qu'il s'agit de son mari. Elle le prend précautionneusement dans ses bras et le porte à Oxley qui tente de lui arracher la formule. Pendant ce temps Barnaby, déguisé en Indien, s'est allié à une bande de gosses pour scalper le malheureux avocat. Edwina chante au bébé la chanson préférée de Barnaby afin qu'il s'endorme et redevienne lui-même. Le véritable Barnaby survient et met fin à la méprise. Les savants ont tous bu de l'eau du laboratoire. Ils jouent à s'arroser et à se battre comme des gamins. On découvre que c'est Esther qui a fabriqué le mélange dont la totalité vient d'être jetée. Oxley n'a plus qu'à tenter d'obtenir d'Esther qu'elle refasse son mélange....

☞ *Bringing up Baby* (*L'impossible Monsieur Bébé,* 1938), *I Was a Male War Bride* (*Allez coucher ailleurs,* 1949) et *Monkey Business,* ces trois chefs-d'œuvre de Hawks interprétés par Cary Grant, figurent en bonne place parmi les comédies les plus folles du cinéma américain. Hawks les a traitées cependant avec une sobriété, un équilibre de construction, une sérénité qui se sont encore accentués, affinés au fil des années. C'est que la *sérénité* est ici le message : garder la tête froide, ne pas retomber en enfance. Le même phénomène qui avait eu lieu dans l'œuvre d'Hitchcock avec *L'inconnu du Nord-Express** (1951) s'est reproduit chez Hawks avec *Monkey Business :* un élément permanent de la thématique de l'auteur est devenu, l'espace d'un film, le moteur dramatique essentiel de l'action. L'ensemble de l'œuvre de Hawks est en effet un éloge de la maturité, une critique virulente de toutes les régressions, mécaniques, sexuelles, infantiles. Cet éloge a dicté ici les péripéties loufoques d'une intrigue que son audace et sa logique interne ont transformée en fable de science-fiction. Dans un article célèbre, « Génie de Howard Hawks » (« Cahiers du cinéma », mai 1953), qui est comme l'acte de naissance de la critique cinématographique moderne, Jacques Rivette commente ainsi le propos de Hawks : « L'adolescence, l'enfance sont des états barbares dont nous sauve l'éducation ; l'enfant se distingue mal du sauvage qu'il imite en ses jeux ; dès que bue la précieuse liqueur, le plus digne vieillard s'absorbe dans l'imitation d'une guenon. On reconnaît ici une conception classique de l'homme, qui ne saurait être grand que par acquis et par maturité : terme de son progrès, sa vieillesse le juge. » Ajoutons que si l'ensemble du film est destiné à être reçu par le spectateur avec recul et sérénité, certaines de ses séquences, prises isolément et vues du point de vue d'un seul personnage, ne manquent pas de lui faire partager – et avec quelle intensité ! – le vertige qu'éprouve soudain ce personnage. Voir en particulier la scène où Ginger Rogers croit que le bébé qui a grimpé sur son lit n'est autre que son mari, ramené par l'élixir de jouvence à l'état de nourrisson. Ici le vertige déclenche le rire, le nourrit et le fige en même temps. C'est d'ailleurs un privilège du classicisme, dans sa forme la plus parfaite, que de savoir faire varier au cours de l'œuvre l'attitude, les émotions, les points de vue du spectateur, selon que celui-ci en considère la totalité ou bien seulement telle ou telle partie.

## CHEVALIER DE LA NUIT (LE)

1954 – France (88') • *Prod.* Télouet Films-Zodiaque Productions • *Réal.* ROBERT DARÈNE • *Sc.* Jean Anouilh • *Phot.* Roger Hubert • *Mus.* J.J. Grunenwald • *Int.* Renée Saint-Cyr (Bella), Jean-Claude Pascal (le chevalier de Segard), Jean Servais (le châtelain-ermite), Grégoire Aslan (le préfet de police), Annette Poivre (Blanche), Marie Darène (la jeune fille), Hubert Noël (le jeune homme).

Un couple désuni, le chevalier de Segard et sa femme Bella, une ancienne ballerine, accepte pour une nuit l'hospitalité d'un châtelain qui est un peu le diable. L'épouse reproche constamment à son mari, excédé, de n'être plus le jeune homme idéaliste et tendre qu'elle aimait autrefois. Resté seul avec son hôte, le châtelain lui confie qu'il peut l'aider à régler définitivement ses problèmes conjugaux. Chaque homme, selon lui, souffre à l'intérieur de lui-même d'une dualité de personnalités bonne et mauvaise qui est à l'origine de tous ses maux. Si le chevalier veut bien se prêter à l'expérience qu'il lui propose, le châtelain abolira pour lui cette dualité. Segard accepte. Dès lors, des incendies répétés éclatent dans Paris, provoqués, semble-t-il, par le même homme. La police enquête. Tous les indices accusent Segard. Il comprend peu à peu que c'est son double, c'est-à-dire son moi « positif », dissocié et réincarné à la suite de l'expérience du châtelain, qui utilise les vertus purificatrices du feu chaque fois qu'une injustice ou une cruauté est commise devant lui. Le chevalier va à la rencontre de ce double, bien décidé à l'assassiner. Mais c'est le double « positif » qui survivra et rejoindra Bella, ravie.

☞ Cette contribution peu connue de Jean Anouilh au cinéma constitue une variation originale et quasi faustienne sur le thème de Jekyll et Hyde. Une atmosphère de conte fantastique du XIXe siècle est savamment mise en place grâce à un décor, une photo et une musique de qualité. L'interprétation reste un peu raide et maladroite. Sur un plan poétique et abstrait, Anouilh fournit une illustration élégante, insolite et assez complexe d'un thème qui lui est cher : le pourrissement d'un couple, victime de l'usure du temps et d'une trop longue promiscuité. Pour une fois, la conclusion de l'intrigue est optimiste.

## CHEVALIER MYSTÉRIEUX (LE)
**(Il cavaliere misterioso)**

1948 – Italie (93') • *Prod.* Lux Film – Dino De Laurentiis • *Réal.* RICCARDO FREDA • *Sc.* R. Freda, Mario Monicelli, Stefano Vanzina • *Phot.* Rodolfo Lombardi • *Mus.* Alessandro Cicognini • *Int.* Vittorio Gassman (Giacomo Casanova), Maria Mercader (Élisabeth), Yvonne Sanson (Catherine II), Gianna-Maria Canale (comtesse Lehmann), Elli Parvo (la Dogaresse), Sandra Mamis, Giovanni Hinrich, Dante Maggio, Vittorio Duse, Antonio Centa, Guido Notari.

Pour sauver de la mort son frère, secrétaire de la Dogaresse et injustement accusé par elle d'avoir volé une lettre compromettante, Giacomo Casanova promet à la Dogaresse de retrouver le document. Elle lui donne un mois, au terme duquel son frère sera exécuté. La lettre mentionne une adhésion de Venise à une alliance secrète contre la Russie. Muni d'une adresse et d'une bague confiées par son frère, Casanova se rend à Vienne où vivait Hilde, une femme que son frère a aimée et qui est morte. A l'adresse indiquée, 22 Burgstrasse, on refuse de lui ouvrir. Casanova lie connaissance avec une jeune femme sortant de la maison ; il lui arrache un rendez-vous auquel elle ne se rendra pas. Casanova escalade de nuit le mur d'enceinte de la maison. Après une bagarre avec plusieurs sbires, il se retrouve au milieu d'une réunion de conspirateurs slaves à laquelle on l'invite à participer à cause de la bague qu'il porte et qui appartient à Hilde, membre de la conjuration. Le chef des conspirateurs, le comte Ipatieff, songe même à lui confier le soin de remettre en main propre à l'impératrice Catherine II la fameuse lettre. Il escompte qu'elle la rendra publique pour avoir le plaisir de se venger du Doge et de la Dogaresse en les déconsidérant auprès de toute l'Europe. Sur le conseil d'un des conjurés, Polsky, il se ravise et enferme la lettre dans un coffre. Lors d'une grande fête donnée par Ipatieff, Casanova se montre galant envers l'hôtesse, la comtesse Paola, et reconnaît en la personne de sa dame de compagnie son inconnue du rendez-vous manqué, la jeune Élisabeth. Elle lui permet de s'introduire la nuit dans la maison. Casanova a retenu la combinaison du coffre mais hélas il est vide. Casanova est surpris par Polsky et doit se battre en duel avec lui. L'ayant tué, il prend la fuite en passant par l'alcôve de Paola. Plus tard, dans un relais sur la route de Saint-Pétersbourg, il entre en contact avec le comte Lehmann qui est en réalité une comtesse, et des plus ravissantes. Voulant la séduire, il se fera assommer par son domestique. En mission secrète, la comtesse remet la lettre à Catherine II. Lors d'une chasse, Casanova porte secours à l'impératrice victime d'une chute de cheval. Il la raccompagne chez elle et s'arrange pour remplacer, dans son coffret, la lettre par une autre. Ayant réuni tous les ambassadeurs étrangers, Catherine II fait lire la lettre à haute voix. Mais le document est en fait une missive ironique de Casanova adressée à l'impératrice... Casanova est poursuivi par les Cosaques. Dans une auberge, il rencontre Élisabeth, chassée par Ipatieff, et perd de précieuses minutes à essayer de la convaincre qu'elle est son seul et véritable amour. Elle prend place avec lui sur son traîneau. Ils échappent aux Cosaques dont les chevaux s'engloutissent dans une rivière après avoir provoqué l'écroulement d'un pont. Mais Élisabeth est mortellement touchée... Casanova remet la lettre à la Dogaresse et obtient la libération de son frère. Surprise par la mélancolie de Casanova, elle l'interroge sur ses amours. « Quelqu'un aurait-il réussi à vous enlever une femme ? » demande-t-elle – Oui, un rival contre lequel il est impossible de lutter. – Lequel donc ? – La mort. »

☞ Après *Don Cesar de Bazan* et le premier *Aquila nera**, deux œuvres qui rendaient au film d'aventures italien sa vigueur, son picaresque, son dynamisme originels, en opposition avec le calligraphisme morbide de la période fasciste, Freda signe ce *Cavalier mystérieux*, un récit au ton beaucoup plus personnel et l'un de ses chefs-d'œuvre. Sa virtuosité l'amène à inclure un portrait original de Casanova (Gassman alors à ses débuts – c'est ici son septième film – est le plus racé et le plus crédible de tous les Casanova de l'écran) dans un récit d'aventures polyvalent qui possède, selon les séquences, la progression énigmatique et obscure d'un récit policier ou l'atmosphère insolite et angoissante d'un conte presque fantastique (les scènes à Vienne). Sans oublier évidemment ce climat d'intrigue et de marivaudage glacé, à travers lequel Freda donne sa vision du XVIII<sup>e</sup>. Il plante ici avec brio son univers personnel : un monde de perfidie, de calcul et de cruauté, où la sincérité est toujours perdante, éclairé par une élégante lumière crépusculaire. Comme toujours chez lui, l'aspect plastique du film (décor, costumes, photo) est extrêmement soigné, mais n'est nullement cultivé pour lui-même. Il se trouve toujours relié, merveilleusement, à une conception ultra-dynamique du récit cinématographique. A cet égard, les séquences finales de la poursuite en traîneau, qui utilisent toutes les variations de blanc, sont exemplaires. Elles ont grande allure et délivrent, mêlée à leur somptuosité visuelle, une note de désenchantement et d'amertume caractéristique de l'auteur.

BIBLIO. : le découpage de la dernière bobine du film (79 plans) a été publié dans le numéro de « Présence du cinéma » consacré à Riccardo Freda (printemps 1963).

## CHEVALIERS DU TEXAS (LES)
## (South of St. Louis)

1949 – USA (88') • *Prod.* Warner (Milton Sperling) • *Réal.* RAY ENRIGHT • *Sc.* Zachary Gold et James R. Webb • *Phot.* Karl Freund (Technicolor) • *Mus.* Max Steiner • *Int.* Joel McCrea (Kip Davis), Alexis Smith (Rouge de Lisle), Zachary Scott (Charlie Burns), Dorothy Malone (Deborah Miller), Douglas Kennedy (Lee Price), Alan Hale (Jake Evarts), Victor Jory (Luke Cottrell), Bob Steele (Slim Hansen), Monte Blue (capitaine Jeffery).

Au Texas, pendant la guerre de Sécession, trois fermiers, amis inséparables, voient leur ranch détruit par un pillard nordiste, Luke Cottrell. Après lui avoir cassé la figure dans un bar, l'un des trois amis, Lee, s'engage dans l'armée régulière sudiste, tandis que les deux autres, Charlie et Kip, se livrent à la contrebande d'armes au profit du Sud. Quand le Sud marque des points, Kip voudrait cesser ce trafic, mais Charlie, trouvant qu'il rapporte gros, n'a aucune envie d'y renoncer. La paix revenue, ce sont les Texas Rangers qui assurent l'ordre dans la région. Lee en fait partie. Sa femme est l'ancienne fiancée de Kip, Deborah. Depuis qu'elle l'a quitté, Kip a sombré dans l'alcool. Deborah vient le supplier d'empêcher que son mari soit tué par Charlie et sa bande. Charlie hésite à déclencher l'embuscade où doivent tomber ses deux anciens amis. Dans l'affrontement qui s'ensuit sur la place de la ville, Charlie est tué par son second, lequel est abattu peu après par Kip. Kip épouse une ancienne chanteuse de saloon. Ensemble, ils rebâtiront le ranch des trois amis.

☞ Petit western non dénué d'originalité ni de talent. Le scénario, riche en lieux et en péripéties, est basé sur un trio de personnages : trois amis, trois destins et trois formes d'aventures, mais aussi trois évolutions morales différentes à partir d'une situation commune. C'est là que le manichéisme du genre subit quelques variations (quelques entorses) intéressantes, liées au contexte particulièrement trouble de la guerre civile. Lee (Douglas Kennedy) est un homme d'ordre que ni ses aventures personnelles ni les événements politiques ne sauraient transformer. A l'opposé, Charlie (Zacharie Scott) passe peu à peu, les circonstances, la défaite, l'appât du gain aidant, de l'autre côté de la barrière. Entre les deux, il y a Kip, que les aléas de sa vie privée éloignent de ses anciens amis, et que le Bien et le Mal n'intéressent plus. Pour un peu, il deviendrait un personnage désabusé et désespéré de *film noir*, une sorte d'épave. Personnage d'autant plus original qu'il est interprété par Joel McCrea, peu habitué à ces errances (ou alors elles sont tragiques, et cela donne *Colorado Territory**). Le caractère inhabituel des personnages s'explique aussi par le fait que la ligne générale de l'intrigue et les cinq protagonistes viennent de *The Roaring Twenties* de Walsh (1939), tout comme *Colorado Territory** (1949), est une adaptation de *High Sierra** (1941). C'était en effet une politique de la Warner que de transférer dans un genre différent telle ou telle intrigue aux vertus dramatiques éprouvées. L'interprétation de *South of St. Louis* est dans son ensemble de qualité, y compris les « méchants », Victor Jory et Bob Steele. Très beau Technicolor de Karl Freund prouvant l'éclectisme de ce grand artiste de la photo.

## CHEVAUCHÉE FANTASTIQUE (LA)
## (Stagecoach)

1939 – USA (97') • *Prod.* Walter Wanger Productions distribué par UA • *Réal.* JOHN FORD • *Sc.* Dudley Nichols d'ap. « Stage to Lordsburg », d'Ernst Haycox • *Phot.* Bert Glennon • *Mus.* Richard Hageman • *Int.* John Wayne (Ringo Kid), Claire Trevor (Dallas), John Carradine (Hatfield), Thomas Mitchell (Dr Josiah

Boone), Andy Devine (Buck), Donald Meek (Samuel Peacock), Louise Platt (Lucy Mallory), Tim Holt (lieutenant Blanchard), George Bancroft (shérif Curly Wilcox), Berton Churchill (Henry Gatewood), Tom Tyler (Hank Plummer), Chris Pin Martin (Chris), Francis Ford (Billy Pickett).

A travers un territoire menacé par les Apaches et leur chef Geronimo, sur le pied de guerre, la diligence conduite par Buck se dirige vers Lordsburg. Elle a à son bord : Doc Boone, un médecin alcoolique et philosophe ; Peacock, placier en whisky, bourgeois timoré que Doc surveille de près à cause du précieux contenu de sa mallette d'échantillons ; Dallas, une prostituée que les dames patronnesses de Tonto ont chassée de la ville ; Hatfield, un joueur professionnel natif du Sud ; Lucy Mallory, l'épouse enceinte d'un officier qu'elle va rejoindre ; Gatewood, banquier de Tonto qui a levé le pied avec 50 000 dollars ; enfin le shérif Curly Wilcox, parti à la recherche de Ringo Kid, un hors-la-loi connu et aimé dans toute la région. Ringo montera dans la diligence à la sortie de Tonto et sera tout de suite arrêté par Curly. En fait Curly, ancien ami de son père, veut surtout l'empêcher d'aller à Lordsburg et de s'y faire tuer. Ringo a en effet l'intention d'abattre les trois frères Plummer pour venger le meurtre de son père et de son frère. Premier arrêt : Dry Fork. Le détachement militaire qui avait jusque-là accompagné la diligence doit maintenant prendre une autre direction. Les occupants de la diligence votent, à l'exception de Buck et de Peacock, pour la continuation du voyage, malgré l'absence d'escorte et de protection. Deuxième arrêt : Apache Wells. Mrs. Mallory apprend que son mari a été blessé. Elle s'évanouit. Elle accouchera d'une fille grâce aux bons soins de Doc, préalablement dessoûlé par une abondante quantité de café. C'est Dallas qui s'occupe du bébé. Boone et Dallas, les deux exclus du groupe, ont peu à peu regagné l'estime de leurs compagnons de voyage, notamment sous l'influence de Ringo qui courtise Dallas et la demandera même en mariage. La diligence repart. Un pont a été brûlé par les Indiens : les chevaux traversent à gué la rivière. Peacock, à l'intérieur de la diligence, est frappé par une flèche. Il survivra à sa blessure. Les Indiens attaquent et poursuivent longuement la diligence. Buck est blessé peu gravement. Hatfield, lui, est frappé à mort juste au moment où il allait sacrifier sa dernière balle pour éviter le pire à Mrs. Mallory. La cavalerie arrive et sauve la mise des survivants. A Landsburg, le banquier est arrêté. Le télégraphe a été réparé plus vite qu'il ne pensait. Ringo demande quelques minutes au shérif qui, devant sa détermination, le laisse aller à la rencontre des Plummer. Un duel aura lieu dans une rue obscure de la ville, dont il ressortira vivant, ayant tué ses adversaires. Le shérif l'invite alors à franchir au plus vite la frontière avec Dallas.

☞ La quintessence du western classique qui, à l'époque, parut étonnamment moderne par le renouvellement complet du genre qui s'y manifestait. L'équilibre entre, d'une part, les scènes d'action, le climat de menace, de danger mortel qui pèse sur les voyageurs et, d'autre part, la description fouillée, drue, laconique de chacun des personnages, a pu être égalé par la suite, mais jamais dépassé. Équilibre aussi, et de la même perfection, entre le théâtre et le mouvement, le lieu clos et l'immensité cosmique, l'anecdotique et l'essentiel, l'aventure et le message. Comme toujours chez Ford, le dynamisme du film ne vient pas des mouvements d'appareil qui sont très rares et, pour cette raison, d'une étonnante efficacité (cf. l'apparition de Ringo devant la caméra ou le pano latéral légendaire sur les Indiens postés sur la colline). A la mobilité de la caméra, Ford préfère une utilisation extrêmement variée de tous les types de plans et particulièrement des gros plans, assez nombreux ici dans un genre qui en général ne les affectionne pas. Le scénario de Dudley Nichols s'inspire bien entendu de Maupassant (« Boule de suif » et autres nouvelles), l'écrivain français qui, avec Hugo, a le plus marqué les grands cinéastes américains. Ford, qui réalise ses films avec la même liberté que d'autres écrivent des livres, ne cache pas où vont ses préférences. Les exclus de la (bonne) société, les poètes, les alcooliques sont des êtres selon son cœur. Mais il ne doute pas non plus que dans des circonstances exceptionnelles, comme celles décrites ici, les préjugés à leur encontre puissent fondre comme neige au soleil. Sauf peut-être pour les hommes d'argent qui vivent dans un monde à part et n'ont d'ailleurs aucun préjugé. L'indifférence du banquier Gatwood est égale pour la prostituée et pour la femme enceinte, pour le hors-la-loi et pour le shérif. Seul compte pour lui d'arriver à temps avec sa cassette (ou plutôt sa mallette). Dans *La chevauchée fantastique,* premier de ses quatorze westerns parlants, Ford tourne pour la première fois dans la Monument Valley qu'il rendra légendaire. Il a lui-même répondu aux critiques qui jugèrent la poursuite trop longue et invraisemblable. « Pourquoi les Indiens ne tirent-ils pas sur les chevaux ? – S'ils avaient fait cela, dit Ford, ils auraient mis fin au film. » Il a également donné des précisions plus sérieuses. « Les Indiens s'intéressaient aux chevaux plus qu'aux Blancs. Ils en avaient besoin. Par ailleurs, à cheval, ils tiraient très mal. » Beaucoup d'écrits ont tenté d'analyser les raisons de la préférence de Ford pour les westerns. Lui-même sur ce sujet a déclaré éloquemment : « Les westerns, je n'en vois jamais mais j'adore en faire. Pourquoi ? Parce qu'on les tourne surtout en extérieurs. On est là en plein air, loin du brouillard et des autoroutes. On est là avec une bande de cascadeurs qui sont tous vos amis. On mange bien – j'ai toujours insisté sur la nécessité d'avoir la meilleure nourriture possible en extérieurs. On travaille de l'aube au crépuscule, et ainsi on dort comme un bébé. C'est la grande vie : comment ne pas l'aimer ? »

N.B. Remake homonyme très plat de Gordon Douglas (1966).

BIBLIO. : un des scénarios les plus souvent publiés de l'histoire du cinéma : 1) *in* « Twenty Best Film Plays », New York, Crown Publishers, 1943 ; 2) *in* « Great Film Plays », New York, Crown Publishers, 1959 ; 3) *in* « L'Avant-Scène » n° 22 (1963) ; 4) dans la collection Classic Film Scripts, n° 30, Londres, Lorrimer ; 5) en pocket book, New York, Simon and Schuster, 1971. (Le volume contient l'histoire originale de Ernest Haycock) ; 6) reconstitution du film en 1 200 photogrammes par Richard J. Anobile, New York, Darien House, 1975. En guise de préface, des commentaires de Ford tirés du magazine « Action » dont nous avons extrait les propos cités plus haut.

## CHEVAUX DE FEU (LES)
### (Teni zabytyh predkov)

1966 – URSS (95') • *Prod.* Studio Alexandre Dovjenko • *Réal.* SERGUEI PARADJANOV • *Sc.* S. Paradjanov et Ivan Tehendel d'ap. nouvelle de Miklhail Kotzubinsky • *Phot.* Juri Ilienko • *Mus.* Miroslav Skorik • *Int.* Ivan Mikolaitchouk (Ivan), Larissa Kadotchnikova (Marichka), Tatiana Bestaeva (Palagna), Spartak Bagachvili (Jura le sorcier), Nicolai Grinko (le berger), Leonide Engibarov (Miko le muet).

L'action, située dans les Carpates à une époque indéterminée mais lointaine, est divisée en chapitres intitulés : Ivan et Marichka ; Les Alpages ; Solitude ; Ivan et Palagna ; Les Masques de Noël ; C'est demain le printemps ; Le Sorcier ; Envoûtement et mort d'Ivan ; Picta. Après la messe, le père du jeune Ivan, se bat avec un adversaire qui le tue d'un coup de hache. Le sang envahit l'écran ainsi que l'ombre de chevaux rouges en plein galop. Ivan pense plus à Marichka, la fille de l'homme qui a tué son père, qu'à la mort de celui-ci. Devenus adultes, les deux amants projettent de se marier en dépit de l'antagonisme de leurs familles. Présentement, Ivan, au grand désespoir et à la honte de sa mère, doit aller travailler comme valet dans les alpages. Il demande à Marichka de l'attendre pendant l'hiver. Cherchant à le rejoindre dans les montagnes et voulant sauver un mouton, Marichka fait une chute mortelle dans un torrent. Ivan devient très solitaire, maigrit et vieillit à vue d'œil. Palagna, une femme pleine de désir pour lui, l'amènera au mariage. Les vieilles femmes lavent Ivan pour la cérémonie au terme de laquelle les époux sont laissés seuls, attachés l'un à l'autre par un joug, les yeux recouverts d'un bandeau. Durant Noël et ses fêtes, Ivan se lamente de ce que Palagna ne lui ait pas encore donné d'enfant. Nue dans la campagne, elle invoque les saints pour obtenir une descendance. Une espèce de sorcier maîtrise une tempête ravageant la région. Il remarque Palagna et la prend. Dans une taverne, Ivan et le sorcier se battent sauvagement. Ayant trouvé son maître, le sorcier envoûte Ivan qui erre halluciné dans les montagnes. Le fantôme de Marichka l'entraîne dans la mort. Les mêmes vieilles femmes qui avaient lavé le futur marié lavent maintenant son cadavre. Comme le veut la coutume, on s'agite autour du cercueil, lui-même agité d'un mouvement trépidant.

☞ Paradjanov s'intéresse peu à l'intrigue et à la dramaturgie. Pour répondre à son ambition, un film doit être comme un objet artisanal, aux facettes multiples reflétant le folklore, les coutumes, les rites quotidiens, l'inconscient et le conscient d'un peuple : ici les Goutzouls des Carpates. Souvent la caméra court dans tous les sens comme si le temps pressait et allait manquer pour mener à bien cette quête à la fois poétique et ethnologique. La fantasmagorie ciselée en esthète par Paradjanov est d'une beauté étrange et précieuse, due en partie à son authenticité plastique aussi bien que musicale. Paradjanov approfondira ses recherches formelles dans *Sayat Nova* (1969), un film-objet libéré de tout lien avec la dramaturgie classique et avec quelque forme de dramaturgie que ce soit. Son indépendance d'esprit et son extrême esthétisme ont valu à l'auteur de continuelles persécutions.

## CHIEN DES BASKERVILLE (LE) (The Hound of the Baskervilles)

1939 – USA (80') • *Prod.* Fox. (Darryl F. Zanuck) • *Réal.* SIDNEY LANFIELD • *Sc.* Ernest Pascal d'ap. une histoire de Arthur Conan Doyle • *Phot.* Peverell Marley • *Mus.* Cyril J. Mockridge • *Int.* Richard Greene (Sir Henry Baskerville), Basil Rathbone (Sherlock Holmes), Wendy Barrie (Beryl Stapleton), Nigel Bruce (Dr Watson), Lionel Atwill (James Mortimer), John Carradine (Barryman), Barlowe Borland (Mr. Frankland), Beryl Mercer (Mrs. Mortimer), Ralph Forbes (Sir Hugo Baskerville).

Un épais mystère entoure la mort de Sir Charles Baskerville dans la lande de Dartmoor. Son neveu vient habiter la demeure ancestrale et semble menacé, lui aussi, de mort violente. Une légende voudrait qu'un chien mythique et géant poursuive de sa haine les Baskerville de génération en génération. Le célèbre détective Sherlock Holmes accompagné de son inséparable ami, le Dr Watson, résoudra l'énigme dont le fin mot est beaucoup plus terre à terre.

☞ Le principal mérite du film est d'inaugurer la série prestigieuse des quatorze Sherlock Holmes interprétés par Basil Rathbone. Comme s'il n'avait fait toute sa vie que se préparer à jouer ce rôle illustre, Basil Rathbone est déjà, dans ce premier essai, un Sherlock Holmes parfait que nul autre interprète ne pourra effacer. D'une façon originale, les caractéristiques, les goûts du personnage (le violon, les déguisements, etc.) sont présents ici au même titre que son génie de la déduction. La dernière phrase du film contient même une allusion directe à son penchant pour la drogue. La Fox avait bien fait les choses en construisant un gigantesque décor gothique pour représenter la lande de Dartmoor, si vaste, dit-on, que le jeune premier Richard Greene s'y perdit. Roy William Neill viendra plus tard ajouter une touche de causticité, d'élégance et de morbidité personnelles aux épisodes ultérieurs d'une série dont ce premier maillon est déjà plus qu'honorable. La série se compose de quatorze films : les deux premiers (celui-ci et *The Adventures of Sherlock Holmes* d'Alfred Werker) furent produits par la Fox en 1939 et sont situés à l'époque de Conan Doyle ; les douze autres ont été produits de 1942 à 1946 par la Universal avec des budgets beaucoup plus restreints et transposent l'action à l'époque contemporaine. Le meilleur d'entre eux est à notre avis *The Woman in Green,* 1945, de Roy William Neill avec l'excellente Hillary Brooke et Henry Daniell dans le rôle de Moriarty.

N.B. Autres versions : en France (production Éclair, 1915), en Allemagne (Richard Oswald, 1915 et 1929), en Angleterre (V. Gareth Gundrey, 1931,

Terence Fisher, 1959, Paul Morrissey, 1977). La version Morrissey est (veut être) comique : Peter Cook joue Sherlock Holmes et son complice Dudley Moore est à la fois Watson et la mère de Sherlock.

## CHIENNE (LA)

1931 – France (100') • *Prod.* Braunberger/Richebé • *Réal.* JEAN RENOIR • *Sc.* Jean Renoir, André Girard d'ap. R. de Georges de La Fourchardière et la P. tirée de ce roman par André Mouézy-Éon • *Phot.* Théodore Sparkuhl • *Mus.* Eugénie Buffet, Toselli • *Int.* Michel Simon (Maurice Legrand), Janie Marèze (Lucienne Pelletier, dite « Lulu »), George Flamant (« Dédé »), Magdelaine Bérubet (Adèle Legrand), Roger Gaillard (Alexis Godart), Jean Gehret (Dugodet), Alexandre Rignault (Hector Langelarde), Romain Bouquet (Henriot), Henri Guisol (Amédée).

Méprisé par ses collègues, persécuté par sa femme Adèle, une horrible mégère, Maurice Legrand, caissier dans un magasin de bonneterie en gros, trouve sa seule distraction dans la peinture. Une nuit, il rencontre Lulu et la défend contre son proxénète, Dédé, qu'elle adore malgré les mauvais traitements qu'il lui fait subir. Legrand revoit Lulu, l'installe dans ses meubles et décore son appartement avec ses propres tableaux que sa femme voulait jeter. Dédé, toujours à court d'argent, emporte deux des tableaux et les vend à un marchand qui semble vivement intéressé. Il lui présentera plus tard Lulu comme étant l'auteur des toiles, signées Clara Wood. Le premier mari d'Adèle, un adjudant disparu durant la guerre de 1914-1918, réapparaît et veut extorquer de l'argent à Legrand. Celui-ci lui donne la clé de son appartement et l'invite à venir prendre lui-même les économies d'Adèle, un soir qu'ils seront au théâtre. En fait, il a tout manigancé pour remettre les époux en présence et pouvoir ainsi reprendre sa liberté. Il se rend chez Lulu qu'il trouve au lit avec Dédé. Il repart aussitôt mais revient le lendemain matin pour la supplier de s'arracher à l'emprise de Dédé. Elle ricane et Legrand, humilié jusqu'au tréfonds de lui-même, la poignarde avec un coupe-papier. Dédé est arrêté pour ce meurtre, jugé, condamné et exécuté. Legrand, lui, est renvoyé discrètement par son patron qui a constaté ses vols dans la caisse. Épilogue : Legrand, devenu clochard, rencontre un collègue qui n'est autre que l'ancien mari d'Adèle, aujourd'hui défunte. Legrand qui ouvre les portières reçoit vingt francs d'un riche automobiliste sortant d'une galerie où celui-ci vient d'acheter un de ses tableaux : un autoportrait. Les deux clochards s'apprêtent à faire bombance avec cette petite fortune.

☞ Premier long métrage parlant et premier grand chef-d'œuvre de Renoir. L'intrigue de cette œuvre parfaite baigne dans un naturalisme sordide que Renoir a voulu transformer et transcender par un ensemble d'éléments qui constituent la beauté spécifique du film. On peut les énumérer brièvement : 1) le tragique, la présence de la fatalité dans la plupart des épisodes ; 2) un humour sardonique qui permet à l'auteur de régler ses comptes avec « la société », une notion et une réalité à l'intérieur desquelles le protéiforme Renoir ne s'est jamais senti tout à fait à son aise. La société engendre ici cette perpétuelle comédie des erreurs et des mensonges où, par exemple, un pur salaud est condamné pour le seul crime qu'il n'a pas commis, où le véritable assassin n'est même pas inquiété, où un clochard est l'auteur des chefs-d'œuvre que marchands et collectionneurs négocieront à prix d'or ; 3) la sobriété géniale de l'interprétation de Michel Simon. L'invention délirante, la fantaisie, le pittoresque sont ici laissés à l'extraordinaire Georges Flamant. Avec ce film et avec *Boudu**, qui sont comme les deux moitiés d'une pomme, Michel Simon se montre sans doute l'acteur le plus complet de l'histoire du cinéma, tour à tour introverti et extraverti, réservé et expansif, lunaire et solaire. Et, à la fin de l'histoire, Legrand devient en quelque sorte son contraire et son double, c'est-à-dire Boudu. N'oublions pas enfin la beauté constante du « cadre », que les plans soient fixes ou en mouvement. Cette beauté n'est pas picturale mais proprement cinématographique. Elle culmine chez Renoir dans la décennie des années 30 et particulièrement ici, dans *Toni** et dans *La grande illusion**. Elle n'est pas gravement atteinte, serait même plutôt soulignée par la réduction qu'impose la télévision. Elle est un élément de force, presque d'abstraction et aussi de distance dans l'univers si concret de Renoir. Signe caractéristique de l'unité profonde d'une œuvre par ailleurs séduisante à cause de son foisonnement, le premier long métrage parlant et le dernier film de Renoir commençent et finissent tous deux sur un théâtre en miniature, « le petit théâtre de Jean Renoir », où passent en sarabande les paradoxes, les bonheurs et les misères de ces « pauvres hommes » auxquels fait allusion le personnage de Guignol en présentant les trois héros de *La chienne* dans le prologue.

N.B. En 1930, Firmin Gémier avait joué au théâtre une adaptation scénique du roman de La Fouchardière par Mouézy-Éon (cf. le livre de C. Gauteur et A. Bernard sur Michel Simon, PAC, 1975). Remake de *La chienne* par Fritz Lang : *Scarlet Street, La rue rouge,* 1945.

BIBLIO. : scénario et dialogues *in* « L'Avant-Scène » nº 162 (1975). Sur le tournage et les événements qui l'ont suivi (accident mortel de Janie Marèze dans la voiture conduite par Georges Flamant), sorte de continuation tragique de la fiction du film, voir Jean Renoir « Ma vie et mes films », Flammarion, 1974. Sur la genèse de l'œuvre quatre témoignages passionnants (Renoir, Braunberger, Richebé, Autant-Lara) se trouvent en totale contradiction sur plusieurs points importants. *Choix du roman de La Fouchardière.* Braunberger : « Mon frère avait découpé dans "L'œuvre" une grande partie de "La chienne" qui paraissait en feuilleton. Un jour où j'allais prendre un avion au Bourget, mon frère m'a donné ce qu'il avait rassemblé, me disant : « Tiens, voilà peut-être une bonne idée pour Renoir » (*in* « Cinémamémoire », Centre Georges Pompidou, 1987). Richebé : « Je lis "La chienne" de Georges de La Fouchardière. C'est Mouézy-Éon qui a porté le sujet au théâtre et qui en possède les droits cinématographiques Je traite donc avec lui » (*in* « Au-delà de l'écran », Pastorelly, 77). Renoir : « Je me mis en contact avec plusieurs producteurs et leur proposai un projet tiré d'un roman de La Fouchardière intitulé "La chienne" »(*in* « Ma vie et mes films »). *Choix de Renoir comme metteur en scène.* Braunberger : « Bien que mon associé, Roger Richebé, n'eût pas très confiance en Jean Renoir car on lui avait dit qu'il dépassait les devis [...], il fut tout de même d'accord après plusieurs semaines de discussion pour que Renoir tourne *La chienne.* » Richebé : « L'ostracisme qui écarte alors Jean Renoir de la profession [...] me semble tout à fait injuste. Je lui demande donc de porter *La chienne* à l'écran. » *Choix de Michel Simon.* Braunberger : « Initialement, Renoir avait eu l'idée d'engager Harry Baur pour jouer Legrand. Je n'ai pas eu de mal à le convaincre que Michel Simon pourrait être fantastique dans le rôle. » Renoir : « Dans *La chienne* je voyais la possibilité de situations passionnantes pour Catherine Hessling et Michel Simon. » Richebé : « Jean Renoir me suggéra d'engager Michel Simon pour le rôle du Père Legrand. » *Participation de Paul Fejos au montage.* Braunberger : « Richebé dit avoir fait travailler Paul Fejos sur le montage du film, ce n'est pas exact. Il en a peut-être eu l'intention, mais cela ne s'est jamais fait. » Renoir : « [Richebé] pensa pouvoir faire arranger le film à sa façon au montage. Il demanda au metteur en scène Fejos de se charger de l'opération. Lorsque celui-ci apprit que je n'étais pas d'accord, il refusa. » Richebé : « Fejos préparait à ce moment-là *Fantômas.* Je le fis appeler et lui demandai de monter *La chienne.* J'ai suivi son travail. Les scènes remises à leur vraie place, le film retrouvait son rythme. Et du même coup la qualité qui était la sienne. » Quant à Autant-Lara, dans « Les Fourgons du malheur », Carrère, 1987, il décrit sur trente-cinq pages le rôle – secret – de Fejos qui, selon lui, sauva complètement le film. Il donne en même temps un saisissant portrait de ce très grand cinéaste avant de conclure : « Foutu boulot, de rétablir la vérité. » Au vu de ces différents témoignages, *La chienne* semble bien être en effet l'un des films les plus pirandelliens de l'histoire du cinéma !

## CHILD OF DIVORCE

Inédit en France. 1946 – USA (62') • *Prod.* RKO (Lillie Hayward) • *Réal.* RICHARD FLEISCHER • *Sc.* Lillie Hayward d'ap. P. « Wednesday's Child » de Leopold L. Atlas • *Phot.* Jack Mac Kenzie • *Mus.* Leigh Harline • *Int.* Sharyn Moffett (Bobby), Regis Toomey (Ray), Madge Meredith (Joan), Walter Reed (Michael), Una O'Connor (Nora), Doris Merrick (Louise), Harry Cheshire (juge), Selmer Jackson (Dr Sterling), Lilian Randolph (Carrie).

La mère de Bobby, une fillette de huit ans, a une liaison qui dure depuis un an. Elle annonce un soir à son mari, un homme d'affaires, qu'elle va le quitter. A son avis, dit-elle, ils n'auraient jamais dû se marier et Bobby est née trop tôt. Le tribunal qui prononce le divorce confie l'enfant à sa mère pour les mois d'école et à son père pour les vacances. La mère s'est remariée ; elle est allée habiter chez son nouveau mari avec sa fille. Bobby est constamment triste et ne pense qu'à son départ en vacances. Sa mère estime que l'enfant lui gâche la vie et qu'il vaudrait mieux qu'elle soit confiée définitivement à son père. Les vacances arrivent. Bobby, toute heureuse, se rend chez son père qui, lui aussi, est sur le point de se remarier. Bobby a l'impression d'être de trop. Profondément déçue, elle tombe malade. Le docteur dit aux deux parents réunis que, pour son équilibre, la fillette doit habiter à demeure chez l'un des deux, ou bien aller en pension. Les parents choisissent la deuxième solution. Bobby vit maintenant dans un collège de jeune filles. Elle a une petite camarade plus âgée qu'elle, fille de parents divorcés également, qui lui explique que les parents, d'ordinaire, quand ils sont séparés, viennent d'abord régulièrement, puis de moins en moins souvent, puis qu'ils se contentent d'écrire et d'envoyer des cadeaux. Les deux fillettes pensent à leur avenir : il leur faudra attendre d'être adultes pour avoir un foyer.

☞ Premier film de Richard Fleischer. C'est déjà un chef-d'œuvre. Parce que le film se situe en dehors des genres traditionnels (ce n'est surtout pas un mélodrame), on peut y voir à nu le talent de Fleischer : celui d'un analyste des relations sociales pour qui réalisme est toujours synonyme de cruauté. Fleischer analyse ici cette situation particulière de certains enfants du divorce qui, loin d'être réclamés à toute force par l'un ou l'autre parent, sont rejetés par les deux. Ce rejet s'effectue en douceur, avec une bonne dose de gêne et d'hypocrisie que Fleischer examine sans complaisance mais aussi sans pitié. Un grand nombre de scènes montre les enfants entre eux, c'est-à-dire au cœur même de la vérité et de la dureté de leur situation. Le rejet dont ils sont victimes les place dans une solitude qui leur donne parfois une maturité prématurée (à cet égard la dernière scène est géniale). La mise en scène de Fleischer est aiguë, précise, sans fioritures ; les dialogues de Lillie Hayward d'une justesse et d'un modernisme étonnants.

## CHOSE D'UN AUTRE MONDE (LA)
## (The Thing from Another World)

1951 – USA (87') • *Prod.* RKO -Winchester Pictures (H. Hawks) • *Réal.* CHRISTIAN NYBY (en fait HOWARD HAWKS) • *Sc.* Charles Lederer d'ap. l'histoire « Who Goes There » de John Wood Campbell, Jr. • *Phot.* Russell Harlan • *Mus.* Dimitri Tiomkin • *Int.* Kenneth Tobey (capitaine Patrick Hendry), Margaret Sheridan (Nikki), Dewey Martin (chef de base), Robert Cornthwaite (Dr Carrington), Douglas Spencer (Skeely), James Young (lieutenant Eddie Dykes), Robert Nichols (lieutenant Ken Erikson).

Le capitaine Hendry de l'armée de l'Air est appelé dans une station du pôle Nord où une équipe de savants a signalé la chute d'un objet volant qui pourrait être un météorite ou un engin spatial venu d'une autre planète. Sur les lieux, l'engin enfoncé sous la glace a la forme parfaitement ronde d'une soucoupe volante. Pour réchauffer le périmètre où elle est enfouie, les militaires font exploser une bombe thermique qui provoque alors une autre explosion détruisant complètement le vaisseau. Ils aperçoivent une forme vivante sous leurs pieds et découpent alors un bloc de glace qui la contient et qu'ils rapportent au camp. Le Dr Carrington, prix Nobel, responsable de l'expédition scientifique, voudrait communiquer avec « la chose » mais Hendry, attendant des ordres du haut commandement, défend qu'on y touche. Le bloc de glace ayant fondu sous l'effet d'une couverture électrique que l'un des hommes a placée dessus, une créature de forme humanoïde s'en échappe. Les hommes retrouveront dans la neige un de ses bras arraché par les chiens. Ce bras n'est constitué ni de chair ni de sang et ne possède aucune terminaison nerveuse. Il est irrigué par un liquide vert, comparable à de la sève. La créature apparaît comme une sorte de légume géant qui se nourrit de sang (on trouvera dans la serre un chien vidé de tout son sang) et peut se reproduire très rapidement. Carrington se livre en secret à une expérience : il arrose de plasma des graines contenues dans la main (arrachée) de la créature ; elles poussent en quelques heures et respirent en poussant des vagissements semblables à ceux des bébés. La créature blesse un des savants et en tue deux autres. On l'enferme dans la serre dont la porte est barricadée. Les militaires commencent à se demander si la créature n'est pas venue en éclaireur sur terre en vue d'une conquête ultérieure de la planète. Dans cette hypothèse, les extra-terrestres auraient pour intention de se nourrir du sang des terriens. On décide de détruire la créature en l'arrosant de pétrole car les tirs de balles sont sur elle sans effet. Plus tard, on l'attire dans un piège, contrairement à la volonté de Carrington qui, ayant essayé de communiquer avec la créature, avait été blessé par elle. Prise dans ce piège, la créature est électrocutée et totalement anéantie.

☞ Signé par le monteur de *To Have and Have Not**, *The Big Sleep**, *Red River**, le film appartient entièrement à Hawks : il l'a conçu et produit, en a supervisé de très près la préparation et la réalisation. Hawks aborde la science-fiction avec une sobriété, une rigueur, une austérité quasi rosselliniennes. Ce parti pris, par lequel le plus classique et sans doute le plus autoritaire des grands cinéastes américains de sa génération prouve qu'aucun genre ne saurait le faire sortir de ses gonds, est appliqué au détriment de l'invention, des péripéties, de l'horreur pure. On peut donc le juger dommageable au genre. Mais le genre avait bien besoin, à cette époque, d'une telle austérité pour compenser ses nombreux accès de puérilité. Le film illustre le débat traditionnel entre la légitime curiosité de la science et la non moins légitime nécessité de protéger l'espèce humaine. Hawks lance le débat mais ne prend pas clairement parti. Il renvoie les adversaires dos à dos : le savant est un fanatique de la connaissance à tout prix ; les militaires commettent au début de grandes erreurs qui rendent impossible tout examen du vaisseau. Plus tard, ils se montreront des as de la destruction utile. Étant des gens simples, décontractés, solidaires, tournés vers l'action, ils ont, plus que le savant, la sympathie du réalisateur. Certains ont voulu voir dans le film, en particulier à cause de l'avertissement final du journaliste : « Surveillez le ciel », un apologue anti-rouge lié au contexte de la guerre froide. Cette hypothèse semble assez risquée.

N.B. Brillant remake de John Carpenter (1982) qui, dans la lignée d'*Alien**, joue, lui, à fond la carte de l'horreur.

## CHOSES DE LA VIE (LES)

1969 – France (98') • *Prod.* Lira Films, Sonocam • *Réal.* CLAUDE SAUTET • *Sc.* Jean-Loup Dabadie, Claude Sautet, Paul Guimard d'ap. R. de Paul Guimard • *Phot.* Jean Boffety (Eastmancolor) • *Mus.* Philippe Sarde • *Int.* Michel Piccoli (Pierre), Romy Schneider (Hélène), Léa Massari (Catherine), Gérard Lartigau (le grand fils), Jean Bouise (François), Hervé Sand (le camionneur), Henri Nassiet (le père de Pierre), Boby Lapointe (le routier).

Allant rejoindre sa maîtresse avec laquelle il avait tenté de rompre, un architecte séparé de sa femme est victime d'un grave accident de voiture. Dans son coma, il revoit des fragments de sa vie. Il meurt à l'hôpital. Sa femme et sa maîtresse croiront toutes deux qu'il était prêt à leur revenir.

☞ Claude Sautet quitte très vite, après deux films (*Classe tous risques*, 1959 ; *L'arme à gauche*, 1964), le cinéma d'action pour rénover à sa façon « la qualité française » et se faire le chroniqueur attentif de la bourgeoisie actuelle. Son coup de maître est d'adapter ici un roman où une dramatisation somme toute assez classique (malgré le fractionnement de la mémoire) s'organise à partir d'une réalité ultra-courante mais jamais traitée de front au cinéma : l'accident automobile. Dans ses œuvres ultérieures, *César et Rosalie, Vincent, François, Paul et les autres, Mado*, les personnages augmenteront en nombre, apportant chacun à l'intrigue un problème supplémentaire à évoquer, illustrant une situation conflictuelle représentative des difficultés que les hommes et les femmes d'aujourd'hui ont à affronter. Ces films composent peu à peu une mosaïque sociologique du monde contemporain où le « je » du réalisateur apparaît le moins possible. Il n'y a que dans *Max et les ferrailleurs* où Sautet ait consenti à être plus personnel et, à notre avis, plus attachant. L'avenir dira si cette sociologie un peu fade, si raisonnable, qui fuit le lyrisme autant que la satire et la dérision, aura été quelque chose d'autre que du journalisme consciencieux.

BIBLIO. : scénario et dialogues *in* « l'Avant-Scène » n° 101 (1970).

## CHROMOSOME 3
### (The Brood)

1979 – USA (91') • *Prod.* Les Productions Mutuelles, Elgin International Productions, Canadian Film Development Corporation (Claude Héroux) • *Réal.* DAVID CRONENBERG • *Sc.* David Cronenberg • *Phot.* Marc Irwin (couleurs) • *Mus.* Howard Shore • *Int.* Oliver Reed (Dr Hal Raglan), Samantha Eggar (Nola Carveth), Art Hindle (Frank Carveth), Cindy Hinds (Candice Carveth), Henry Beckman (Barton Kelly), Nuala Fitzgerald (Juliana Kelly), Susan Hogan (Ruth Mayer).

La discorde et la maladie sont en passe de briser le couple de Nola et Frank Carveth. Nola est soignée pour troubles nerveux dans la clinique du célèbre Dr Raglan, l'Institut de Psychoplasmics, où sont expérimentées de nouvelles techniques de traitement psychiatriques. Dans des entretiens avec ses patients, ayant parfois lieu en public, Raglan joue le rôle des parents avec lequel les malades sont ou ont été en conflit. Le but de sa thérapie est d'amener le corps des patients à exprimer et à éliminer les pensées et les tendances secrètes qui les minent. Depuis longtemps Frank n'a pas eu l'autorisation de voir sa femme. Il observe que le dos de sa fillette, Candice, se couvre de plaies, lesquelles sont peut-être le résultat de sa visite hebdomadaire chez sa mère. La mère, puis le père de Nola, divorcés depuis longtemps et responsables, selon elle, de l'avoir maltraitée durant son enfance, sont assassinés à quelques jours d'intervalle par un monstre de la taille d'un enfant qui s'écroule, comme vidé de toute son énergie vitale, après le deuxième meurtre. Examiné par le médecin de la police, le cadavre du monstre nain se révèlera privé de dents, de nombril, d'organes génitaux. L'institutrice de Candice est agressée et tuée à son tour dans son école par deux monstres semblables. Après le meurtre, ils emmènent avec eux Candice jusqu'à la clinique de Raglan. Celui-ci expliquera à Frank que ces monstres sont les enfants nés de la rage de sa femme. Il lui permet de la voir et souhaite même que Frank puisse la calmer. Nola lui montre son ventre d'où se détache une énorme pustule une sorte de sac, contenant un bébé-monstre. Déchirant avec ses dents la membrane qui enferme l'enfant, elle l'exhibe à l'air libre. Elle constate le dégoût que ce spectacle inspire à son mari et ses tendances agressives reprennent alors le dessus. Ses enfants, c'est-à-dire les monstres, sautent sur Raglan et le tuent avant de s'en prendre à Candice. Nola préfèrerait la tuer plutôt que la rendre à son mari. Frank doit étrangler Nola pour que les monstres retombent inertes sur le sol. Il s'enfuit de la clinique en emmenant Candice dont le corps commence à se couvrir d'étranges pustules...

☞ Le Canadien David Cronenberg est le meilleur spécialiste contemporain du morbide spectaculaire. A l'inverse de l'école de Val Lewton, il fuit la litote comme la peste et tout se lit chez lui dans l'image et surtout dans la monstruosité de l'image. C'est même en quelque sorte le vrai sujet du film : les élans et les tendances agressives de l'héroïne, loin de se terrer dans l'ombre de sa conscience ou de son inconscient, éclatent à la surface du monde et donnent naissance à des monstres qui en sont, sur l'écran, la matérialisation cauchemardesque. Une dramaturgie assez traditionnelle, bâtie sur la lente révélation du secret des personnages, mène peu à peu le spectateur vers un malaise de plus en plus pénible, conclu par un paroxysme inattendu d'horreur (l'accouchement de l'héroïne). Les films de Cronenberg reflètent, à la manière d'un miroir déformant, l'agressivité et le chaos de la société contemporaine. Le fantastique est chez lui un prolongement direct du présent. « Je crois que je suis plus conscient de la présence et de la proximité du chaos que la plupart des gens » dit-il dans une interview publiée dans un ouvrage collectif concernant ses films (« The Shape of Rage, the Films of David Cronenberg », Toronto General Publishing, 1983). Ici, les enfants du divorce ou de couples en conflit sont ces petits mutants incroyablement féroces et tarés qui pratiquent des coupes sombres au sein de la famille bancale et inhospitalière où ils sont apparus. Les amateurs de fantastique apprécieront que ce commentaire sur l'explosion du noyau familial engendre une variation aussi insolite sur les thèmes classiques de l'apprenti sorcier et des enfants diaboliques.

## CHUTE DE LA MAISON USHER (LA)

1928 – France (1 500 m) • *Prod.* Films Jean Epstein • *Réal.* JEAN EPSTEIN • *Sc.* d'ap. les nouvelles « La Chute de la maison Usher », « Portrait ovale », « Beatrix », d'Edgar Poe • *Phot.* Georges Lucas, Jean Lucas • *Déc.* Pierre Kéfer • *Int.* Marguerite Gance (Madeline Usher), Jean Debucourt (Roderick Usher), Charles Lamy (le visiteur), Pierre Hot, Fournez-Goffard (le médecin), Luc Dartagnan (le domestique), Pierre Kéfer.

Un voyageur arrive à l'auberge du village et demande à être conduit au domaine des Usher. Un paysan l'y mène dans sa carriole mais refuse de s'approcher du manoir. Le visiteur, seul ami de Roderick Usher, a été appelé par ce dernier, inquiet pour la santé de sa femme, victime de langueur et d'anémie. Son médecin ne peut plus rien pour elle. Roderick la peint constamment, comme tous les Usher l'ont fait avant lui avec leur épouse. Mais il apparaît que la vitalité de la jeune femme l'abandonne de plus en plus pour aller enrichir la beauté du tableau. « C'est là qu'elle est la plus vivante » constate le médecin en contemplant son portrait. Après un repas en tête à tête avec son visiteur, Madeline s'étant fait excuser, le châtelain est repris par le besoin de peindre. Il éloigne son ami à qui il conseille une promenade digestive dans les bois avoisinants. Madeline, au cours de la séance de pose, s'écroule. Roderick, nouvel adepte du magnétisme, veut se persuader qu'elle n'est pas vraiment morte. Il fait porter son cercueil dans une crypte voisine de la maison mais interdit qu'on le cloue. Monotonie et silence envahissent le domaine. Le moindre bruit — marteau de la pendule, corde brisée d'une guitare — exaspère les nerfs tendus à l'extrême du châtelain. Lors d'une nuit d'orage particulièrement chargée en électricité, le cercueil tombe dans la crypte. Roderick voit Madeline avancer vers lui dans ses voiles blancs. La maison, frappée par la foudre, s'enflamme de toutes parts. Roderick, Madeline et le visiteur s'en éloignent précipitamment.

☞ L'intrigue ténue, attachante et morbide de Poe donne à Epstein, représentant économe et obstiné de l'avant-garde française des années 20, l'occasion de créer un « espace-temps » dont l'envoûtement ne saurait rien devoir, selon le credo du cinéaste, aux habiletés, aux ruses du théâtre et du roman mais tout à la puissance spécifique et quasi mystique du cinéma. La nature (arbres décharnés, marais, brume, orage), les objets, l'espace du décor, les visages, façonnent à eux seuls l'atmosphère qui doit exprimer l'univers du cinéaste. Bien que contemporain des Arts Déco, cet univers est beaucoup plus proche de l'Art Nouveau, d'une fin de siècle décadente et uniquement attachée aux valeurs esthétiques. Quelque part entre Huysmans et Wilde, l'artiste (dont Roderick Usher représente une incarnation allégorique) est seul capable, par son art, de triompher de la matière et des apparences. Mais son triomphe est amer car il laisse derrière lui, une fois l'œuvre accomplie, un monde appauvri, vampirisé, exsangue. Le talent principal d'Epstein tient à une certaine sobriété, une certaine nudité dans le baroque et le délire. Les procédés qu'il emploie (surimpression de bougies géantes lors du transfert du cercueil, travellings rapides au ras du sol avant l'embrasement du manoir) couronnent une pratique du cinéma reposant, pour l'essentiel, sur une utilisation maîtrisée, savante, épurée jusqu'à l'abstraction, des paysages naturels, des acteurs et des cadrages. Les immenses pièces de la maison Usher, parcourues de courants d'air glacé ou au contraire traversées par ce trop-plein d'énergie électrique voué à les détruire, possèdent sur le plan esthétique une grande force dans l'expression d'un déséquilibre fondamental et sans remède. Cette force n'a nul besoin, pour s'exprimer, des effets et des trucages à répétition de la mauvaise avant-garde ni du bric-à-brac cher au fantastique traditionnel.

N.B. Autres versions : en Angleterre *The Fall of the House of Usher* (George Ivan Barnett, 1950) ; aux États-Unis : par Curtis Harrington (court métrage de 1942), par Roger Corman (*House of Usher*, 1960), premier d'un cycle de huit films adaptés plus ou moins librement de Poe.

BIBLIO. : découpage (660 plans) *in* « L'Avant-Scène » n° 313-314 (1983).

## CHUTE D'UN CAID (LA) (The Rise and Fall of Legs Diamond)

1960 – USA (101') • *Prod.* Warner (Milton Sperling) • *Réal.* BUDD BOETTICHER • *Sc.* Joseph Landon et Budd Boetticher • *Phot.* Lucien Ballard • *Mus.* Leonard Rosenman • *Int.* Ray Danton (Legs Diamond), Karen Steele (Alice), Elaine Stewart (Monica), Jesse White (Leo Bremer), Simon Oakland (lieutenant Moody), Robert Lowery (Arnold Rothstein), Warren Oates (Eddie Diamond).

Dans les années 20 commence l'ascension du gangster Jack Diamond. Grâce à son charme brutal et à son culot, il séduit un professeur de danse qui deviendra sa femme. De ses talents de danseur naîtra son surnom de « Legs ». Après plusieurs vols audacieux, il se retrouve en prison. Libéré, il intrigue pour devenir garde du corps, puis homme de confiance d'un gangster célèbre. Quand ce dernier meurt, il se met sans complexe à rançonner les principaux associés de son ancien patron, bien renseigné sur leurs agissements du fait de sa liaison avec la maîtresse de l'un d'entre eux. Il défenestre Moran qui volontairement avait blessé aux jambes son frère de manière à le rendre paralysé à vie. Au retour d'un voyage en Europe effectué pour satisfaire sa femme et durant lequel il passe son temps dans des cinémas à visionner des actualités sur la Prohibition, sa chance commence à tourner. Le syndicat, regroupant maintenant des gangsters des quatre coins des États-Unis, ne veut plus entendre parler de son racket, qui provoque des vagues et se fait beaucoup trop remarquer dans la presse. Sa femme devenue alcoolique forme le vœu qu'on la tue afin qu'elle soit lavée de la honte de l'avoir aimé. Elle le quitte. Diamond appelle l'ancienne maîtresse de son patron qui avait été aussi la sienne. Elle renoue avec lui. Mais c'est dans le seul but de lui voler son revolver. Il mourra désarmé.

☞ L'ascension de Diamond est décrite par Boetticher à l'aide de multiples petites séquences très ramassées, très inventives, enchaînées sur un rythme nerveux, électrique et avec un sens extraordinaire de la litote qui stimule, comme rarement, l'attention du spectateur. Un humour très caustique accompagne le spectacle des exactions du gangster, que rendent provisoirement invulnérable son inconscience, sa vanité et son impitoyable férocité. S'agit-il d'éliminer un rival en amour, il lui écrase le pied sous une boîte à ordures. Faut-il remporter un concours de danse, il allume avec son briquet la robe de la partenaire du concurrent le mieux placé. Boetticher donne ici son maximum, grâce aussi à un style de photo très cru qui chasse de l'image et du propos toute ambiguïté. Le *film noir* a vécu et Boetticher tourne le dos au genre et à ses arabesques vénéneuses. Il cultive une netteté d'écriture, sèche et documentaire. Malheureusement, il abandonne ce style et cet humour qui lui avaient si bien réussi, dans la dernière partie consacrée à la chute du gangster. Diamond ayant été dépeint comme une baudruche dans la première moitié du récit, on attend que celle-ci se dégonfle dans la seconde avec la même concision, la même vigueur de ton. Or Boetticher a voulu hausser ce ton d'un cran, en quête d'une gravité tragique pour laquelle il n'est pas fait. Son récit sombre alors dans le pathos. Cherchant à élargir la dimension de son personnage, l'auteur finit par en brouiller la figure, jusque-là nette et convaincante. Cette dualité d'aspects et leur inégale réussite sont caractéristiques de Boetticher, l'un des très rares metteurs en scène américains de sa génération à méconnaître ses limites, à posséder plus d'ambition et d'orgueil que d'envergure et de moyens.

**CIBLE (LA)**
**(Targets)**

1968 – USA (90') • *Prod.* PAR. (Peter-Bogdanovich) • *Réal.* PETER BOGDANOVICH • *Sc.* P. Bogdanovich d'ap. une histoire de Polly Platt et Peter Bogdanovich • *Phot.* Laszlo Kovacs (Pathécolor) •*Mus.* Charles Greene, Brian Stone • *Int.* Boris Karloff (Byron Orlok), Tim O'Kelly (Bobby Thompson), Nancy Hsueh (Jenny), James Brown (Robert Thompson), Sandy Baron (Kip Larkin), Arthur Peterson (Ed Loughlin), Mary Jackson (Charlotte Thompson), Peter Bogdanovich (Sammy Michaels).

A Hollywood, Byron Orlock, un vieil acteur célèbre pour ses films d'horreur, annonce qu'il va prendre sa retraite. Il se juge vieux, fatigué, démodé. Sa décision affecte profondément son producteur ainsi qu'un jeune metteur en scène, Sammy Michaels, auteur d'un scénario écrit sur mesure pour Orlock qu'il comptait diriger dans un rôle plus humain et plus nuancé que ceux qu'il avait joués dans le passé. Après bien des hésitations, Orlock accepte — ce sera ses adieux au public — d'aller présenter son dernier film, *The Terror* (Corman, 1963), dans un *drive-in*. Dans une autre partie de la ville, un jeune homme de bonne famille apparemment sain et équilibré se met brusquement à tirer à bout portant sur sa femme, sa mère et un livreur qui venait d'arriver. Avec une provision de munitions, il s'installe sur un bâtiment surplombant une autoroute et abat plusieurs automobilistes. Il se rend enfin au *drive-in* où va passer *The Terror* et, caché derrière l'écran, tire sur des spectateurs. Chacun étant muré dans le silence de son propre véhicule, il faudra un certain temps pour qu'on s'aperçoive du massacre. Orlock, s'avançant vers le tireur descendu de sa cachette, le saisit et le remet aux policiers.

☞ Premier film de Peter Bogdanovich (qui n'a pas fait mieux depuis) et dernier rôle important de Boris Karloff. Deux récits sont juxtaposés dans *Targets*. Il y a d'abord un film de cinéphile (ce qu'a toujours été Bogdanovich). Bogdanovich profite ici de l'occasion que lui offre son producteur, Roger Corman, qui a en effet Karloff sous contrat pour quelques jours encore et invite le metteur en scène débutant à utiliser son idole. (Karloff travaillera pour Bogdanovich cinq jours sur les vingt-cinq que comporte le tournage complet.) Bogdanovich livre donc un premier récit anecdotique, qu'on peut dire semi-autobiographique, hommage à Karloff qui se trouve dans le film face à Bogdanovich lui-même. Il y ajoute un second récit réaliste et horrible, tiré d'un fait divers sanglant (d'ailleurs fréquent aux États-Unis). Ce second récit chemine parallèlement au premier et ne le rencontrera qu'à la toute fin. Il expose, sans la commenter outre mesure, la violence d'une société en décomposition. La relation entre les deux récits, due à des circonstances matérielles très contraignantes, est mystérieuse et féconde. Il appartient à chaque spectateur de l'expliciter par lui-même. Elle est de l'ordre de la spéculation, cette spéculation qui a été le nerf du fantastique moderne dans les années 60 et 70. Bogdanovich oppose l'horreur du passé, l'horreur de l'art (la première histoire) à l'horreur du présent, à l'horreur issue de la réalité (seconde histoire). A l'intérieur de chaque histoire, cette opposition se trouve renforcée d'une façon spectaculaire et presque baroque. Karloff, vieux, au bout du rouleau, est acteur et joue dans des films à costumes. Le tueur est jeune, a sa vie devant lui, ne joue aucun rôle (ou n'en joue qu'un, ce qui revient au même) et opère dans des lieux (autoroute, *drive-in*) qui ne sont susceptibles d'aucun dépaysement dans le temps. Ils sont fonctionnels et sans nul doute possible contemporains, ne serait-ce que par leur double et contradictoire fonction : ils attirent les foules mais favorisent l'isolement des individus. Il n'y aura finalement qu'une seule rencontre, un seul point de contact, tragique, à la fin, entre les deux histoires. Que suggère cette opposition, si méthodiquement accentuée ? Que l'Amérique a rompu avec son passé, son art, ses mythologies, ses idéalisations rassurantes ou terrifiantes, et que cette rupture est sanglante, monstrueuse et finalement impossible. C'est peut-être là qu'on comprend le mieux le recours instinctif de l'auteur au fantastique. Il avait à dire en même temps deux choses contradictoires. Que l'Amérique doit se créer un présent neuf, mais que ce présent est déjà empoisonné. Que l'Amérique veut un présent détaché de son passé mais qu'elle ne cesse de penser au passé. Mythologie et réalité, présent et passé, pourtant, ne s'accordent plus. D'où un immense désarroi que l'auteur a voulu exprimer sous la forme insolite et génératrice de malaise d'un conte fantastique inavoué.

## CIEL D'ENFER (Seraa fil Wadi)

1954 – Égypte (105') • *Prod.* Gabriel-Talhami • *Réal.* YOUSSEF CHAHINE • *Sc.* Ali El Zorkani • *Phot.* Ahmed Khorched •*Mus.* Fouad El Zaheri • *Int.* Faten Hamama, Omar Charif, Zaki Rostom, Farid Chawki, Abdel Warès Assar.

Dans un village d'Égypte, le Pacha voit d'un mauvais œil que le fils de son régisseur, dont il a financé les études agronomiques, utilise ses connaissances pour améliorer la qualité de la canne à sucre cultivée par ses paysans. Après avoir inondé leurs champs lors d'une crue du Nil, le Pacha fait assassiner par son neveu un cheik du voisinage, aimé et respecté de tous. Puis il s'arrange pour que la responsabilité du meurtre retombe sur son régisseur. Ce dernier, sauvé de justesse du lynchage, est jugé légalement et condamné. Son fils met tout en œuvre pour prouver son innocence tandis qu'il est poursuivi par le fils du cheik qui veut, lui, venger la mort du sien. Après une ultime lutte à mort dans les ruines de Karnak, le Pacha agonisant avoue la vérité. Sa fille et le fils du régisseur qui s'aimaient depuis l'enfance pourront s'unir en paix.

☞ Triomphe d'un cinéma narratif et dynamique que Chahine abandonnera à la fin des années 60. Le récit, très animé, contient des éléments de critique sociale surgissant au sein d'une structure assez archaïque de mélodrame manichéen et romanesque. Chahine essaie d'adapter à la description de la réalité de son pays la notion toute hollywoodienne d'« action pure ». Reposant sur un renouvellement continuel de péripéties dramatiques, cette notion qui est aussi une méthode vise à retenir l'attention et la curiosité du spectateur sans lui laisser un instant de répit. Faisant bon usage de cette méthode, Chahine cherche à équilibrer réflexion et spectacle à travers une intrigue parfaitement rodée, composée d'une suite de conflits révélant dans un mouvement incessant la nature des forces en présence. Mais cet équilibre ne sera jamais parfait. La recherche du spectaculaire l'emporte de beaucoup (avec notamment un remarquable emploi dramatique des extérieurs) sur l'analyse des personnages, qui, eux, restent la plupart du temps trop tranchés, trop schématiques. C'est pour leur donner plus de subtilité et de vérité que Chahine brisera un jour le carcan dramatique où il s'enferme ici avec pas mal de brio.

## CIEL EST A VOUS (LE)

1943 – France (105') • *Prod.* Raoul Ploquin • *Réal.* JEAN GRÉMILLON • *Sc.* Albert Valentin, Charles Spaak • *Phot.* Louis Page • *Mus.* Roland Manuel • *Int.* Charles Vanel (Pierre Gauthier), Madeleine Renaud (Thérèse Gauthier), Jean Debucourt (M. Larcher), Anne Vandenne (Lucienne Ivry), Léonce Corne (Dr Maulette), Raymonde Vernay (Mme Brissard), Raoul Marco (Noblet), Michel François (Claude), Paul Demange (Petit).

Vivant à côté d'un aérodrome, Thérèse et Pierre Gauthier, un couple de garagistes de Villeneuve, petite ville des Landes, se prennent de passion pour l'aviation. C'est d'abord le mari qui, en cachette de sa femme partie s'occuper de la gérance d'un grand garage de Limoges, donne des baptêmes de l'air tous les jours à cinq heures. Il se fait engueuler d'importance quand elle découvre le pot aux roses. Elle-même, un jour, monte en avion. Quand elle redescend à terre, elle dit à son mari : « Pierre, je ne t'empêcherai plus jamais de voler. » Madeleine gagne de nombreuses coupes. Puis elle décide de battre le record féminin de distance en ligne droite. Toutes les économies du couple, et même le piano de leur fille, laquelle aurait voulu entrer au Conservatoire, passeront à la préparation de l'épreuve. Pendant le raid, Thérèse et son avion qui n'a pas de radio sont portés disparus. Rentré à Villeneuve, Pierre est traité d'assassin par sa belle-mère. On l'insulte constamment au téléphone. Mais quand sa femme dépasse le record précédent de plusieurs centaines de kilomètres, Pierre est, avec elle, fêté comme un héros par toute la communauté.

☞ Le chef-d'œuvre de Grémillon et le plus beau film de l'Occupation avec *Le corbeau**. Les deux films, opposés dans leur contenu, ont été l'un et l'autre victimes d'un malentendu. On prit pour œuvre de circonstance un film qui contenait aux yeux de son auteur le plus intemporel des propos : un éloge de la passion, de l'artisanat, de l'obstination, du goût de la perfection, vertus qui caractérisent à travers son histoire une certaine vision de la France. A cause du travers de l'esprit français qui consiste à dénigrer à toutes époques les œuvres bâties sur les « bons sentiments », confondus avec l'expression de quelque nostalgie d'un ordre moral, on ne peut pas vraiment s'étonner des réactions qui saluèrent le film à sa sortie (février 1944). Décrivant une passion, Grémillon n'a pourtant pas caché ce qu'elle a de dévastateur et de presque sauvage dans le moins sauvage des milieux. Mais par sa limpidité, sa grisaille étudiée et ses teintes chardoniennes, *Le ciel est à vous* est le film de la transcendance. Ses personnages, du fait de la relation d'amour qui les lie, y sont entraînés au-delà d'eux-mêmes. Leur aventure, calquée sur celle d'un couple ayant réellement existé, sera brève ; eux-mêmes sortiront à peine de l'anonymat. Leur héroïsme rejoint quelque chose d'impersonnel qui est comme inscrit dans l'espace et la matière des lieux où ils vivent. A travers eux, à travers l'élan qui les pousse à sortir d'eux-mêmes, à lancer un défi à la nature et à la banalité des jours, Grémillon a pour ainsi dire radiographié l'âme d'un pays. S'il avait peint des constructeurs de cathédrale, il n'aurait pas procédé autrement. Les difficultés rencontrées par l'équipe en pleine guerre firent du tournage une sorte d'odyssée voisine de celle que relate le film.

BIBLIO. : scénario et dialogues *in* « L'Avant-Scène » n° 276 (1981).

## CINQ FEMMES AUTOUR DE UTAMARO

**(Utamaro o meguru gonin no onna)**

1946 – Japon (106') • *Prod.* Shochiku, Kyoto • *Réal.* KENJI MIZOGUCHI • *Sc.* Yoshikata Yoda d'ap. une idée de Kanji Kunieda • *Phot.* Shigeto Miki • *Mus.* Hisato Osawa, Tamezo Mochizuki • *Int.* Minosuke Bando (Utamaro), Kinuyo Tanaka (Okita), Kotaro Bando (Seinosuke), Toshiko Iizuka (Takasode), Hiroko Kawasaki (Oran), Mitsuaki Minami (Kano), Eiko Ohara (Yokie), Shotaro Nakamura (Shozaburo).

Le célèbre peintre d'estampes Utamaro (1753-1806), ayant vivement critiqué les œuvres du peintre officiel Kano, provoque la colère de Seinsosuke, disciple et futur gendre de ce dernier. Utamaro propose de régler l'affaire, non par les armes, mais par le dessin. Il corrige un portrait que vient de dessiner Seinosuke, lequel est convaincu alors de la maîtrise absolue d'Utamaro dont il devient aussitôt le disciple. Comme son maître, il veut vivre humblement dans les bas quartiers parmi le peuple et les geishas, à la recherche de la beauté idéale. Il renonce à son mariage avec la fille de Kano. Utamaro, très impressionné par la finesse hors du commun de la peau d'une geisha, Tagasode, dessine à même son dos un portrait de femme, destiné à devenir un tatouage. Peu après, Tagasode fuit avec le fils d'un commerçant, Shozaburo, amant en titre d'Okita, propriétaire d'une maison de thé fréquentée par Utamaro. Depuis un certain temps, Utamaro manque d'inspiration. Ses amis le convient à assister à un spectacle propre à le stimuler : un groupe de servantes, réunies par un seigneur pour leur très grande beauté, pêchent en petite tenue des poissons qu'elles ramassent à la main au bord de la mer. La beauté non sophistiquée de l'une d'entre elles frappe Utamaro qui lui demande de poser pour lui dans sa tenue de pêche. Le disciple Seinosuke est également bouleversé par la beauté de la servante et partira vivre avec elle. Utamaro a été arrêté pour une illustration jugée trop libre, accompagnant la publication d'un roman. Il est condamné à demeurer chez lui menottes aux mains pendant cinquante-deux jours. Okita a retrouvé Tagasode et Shozaburo. Elle fait kidnapper ce dernier qui avoue bien volontiers ses torts envers elle. Il est mis en demeure par ses deux maîtresses de choisir celle qu'il préfère. Il dit qu'il les aime toutes les deux. Okita le poignarde, ainsi que sa rivale. Elle confesse à Utamaro qu'elle ne regrette rien de sa vie et se prépare à affronter la mort. Les mains enfin libres après cinquante-deux jours, Utamaro se remet fiévreusement à peindre.

☞ D'une structure complexe et dense, ce film aux personnages multiples est l'un des plus complets de Mizoguchi sur le plan de la thématique. La figure légendaire d'Utamaro donne à Mizoguchi l'occasion de se livrer à une sorte d'autoportrait indirect, passionné et sincère. Pour Utamaro comme pour Mizoguchi lui-même, la beauté de la femme représente à la fois le contenu ultime de l'œuvre et la plus ardente des stimulations à créer. La femme est au terme et à l'origine de l'œuvre. L'obsession de la femme, l'obsession de la beauté idéale et celle de la création se confondent pour l'artiste et c'est justement le caractère polyvalent de cette obsession — elle n'est jamais uniquement sexuelle ou sentimentale ou esthétique — qui sauve l'artiste de la tragédie où basculent souvent ses modèles et leurs partenaires. L'intérêt particulier de ce film dans l'œuvre de Mizoguchi est qu'à un point de vue masculin se superpose constamment un point de vue féminin s'incarnant dans la trajectoire d'une destinée de femme dont la passion amoureuse ira jusqu'à la tragédie. Se juxtaposent ainsi et s'entremêlent dans le même film un art poétique et une vision tragique de la condition féminine, celle-là même qui alimente la plupart des chefs-d'œuvre de Mizoguchi. D'où la richesse foisonnante d'un film qui, s'il n'a pas la perfection formelle des derniers Mizoguchi, est néanmoins indispensable à la connaissance du credo intime de l'auteur.

## 5 000 DOIGTS DU Dr T. (LES) (The 5 000 Fingers of Dr T.)

1953 – USA (88') • *Prod.* COL. (Stanley Kramer) • *Réal.* ROY ROWLAND • *Sc.* Dr Seuss et Allan Scott • *Phot.* Frank Planer (Technicolor) • *Mus.* Frederick Hollander • *Int.* Peter Lind Hayes (Zabladowski), Mary Healy (Mme Collins), Hans Conried (Dr Terwilliker), Tommy-Rettig (Bart), John Heasley (Whitney), Robert Heasley (Judson), Noel Cravat (sergent Lunk), Henry Kulky (Stroogo).

Persécuté par son professeur de piano et par sa mère qui le pousse à pratiquer intensément cet instrument, un gamin d'une dizaine d'années s'endort et se met à rêver. Son professeur devient un abominable tyran qui a organisé un concert où 500 enfants (donc 5 000 doigts) seront obligés de jouer ses œuvres sur un clavier géant. Il a hypnotisé et séquestré la mère de l'enfant et s'apprête à l'épouser. Avec l'aide d'un plombier, le gosse réussira à libérer ses camarades et à mettre fin à la tyrannie musicale du maître. Il se réveille et, prolongeant son rêve dans la réalité, amène sa mère à tomber dans les bras du sympathique plombier.

☞ Conçue par le Dr Seuss (Theodor Geisel), auteur-illustrateur de livres pour enfants, cette comédie musicale aux apparences surréalistes est célèbre pour son originalité au sein du système hollywoodien. Celle-ci tient tout entière dans l'idée de base du film et dans certains développements du scénario à l'inspiration proche de Lewis Carroll. Il s'agit en effet d'un film onirique à 95 pour 100 illustrant les angoisses et la lassitude d'un enfant face à certaines exigences du monde adulte à son égard. Au plan du résultat, le film se révèle superficiel et décevant par son absence de maîtrise et par son irrésolution. S'il semble tourner volontairement le dos à la féerie, il manque aussi des qualités d'étrangeté et d'horreur qui auraient pu donner lieu à un véritable cauchemar. Dans cette direction, sa timidité est extrême. Au lieu de l'horreur et de la fascination attendues, on est confronté à pas mal de laideur et de balourdise (tant dans la conception générale du film que dans ses décors et son interprétation). Le film avait aussi l'ambition d'être satirique. C'était courir beaucoup de lièvres à la fois. Ce qui lui a surtout manqué, c'est un auteur. Stanley Kramer, le producteur, devait regretter plus tard de ne pas l'avoir dirigé lui-même. Meilleure séquence (celle où l'on entrevoit ce qu'aurait pu être le film, réussi) : le ballet des virtuoses non pianistiques relégués, tels des lépreux, dans un lointain donjon.

## CINQ SOIRÉES
### (Pyat'vecherov)

1978 – URSS (100') • *Prod.* Mosfilm • *Réal.* NIKITA MIKHALKOV • *Sc.* N.Mikhalkov et Alexandre Adabachian d'ap. P. d'Alexandre Volodine • *Phot.* Pavel Lebechev (noir et blanc et couleurs), • *Mus.* Yuri Mikhalkov •*Int.* Lioudmila-Gourtchenko (Tamara Vassilievna), Stanislas Lioubchine (Alexandre Iline), Valentina Telichkina (Zaia), Larissa Kuznecova (Katia), Igor Nefedov (Slava), Alexandre Adabachian (Timoleev).

Un homme retrouve à Moscou une ancienne maîtresse — le grand amour de sa vie — et à cette occasion fait avec elle le bilan de son existence, à mesure que tombent les faux-semblants et le voile des habitudes.

☞ Avec une grande intensité poétique, Mikhalkov réinvente dans une œuvre contemporaine l'esprit de Tchekhov : un indicible mélange, chez les personnages, de nostalgie et d'amour du présent, de fierté et d'insatisfaction, de résignation mélancolique et d'espoir. La vraie vie est ailleurs, mais l'homme peut avancer d'un pas vers cet ailleurs, à condition de rester fidèle à la fois à sa rêverie et à ses exigences morales. Ce qui n'était chez Tchekhov qu'un idéal inaccessible semble pouvoir devenir ici une réalité. Enfermant sa caméra dans quelques décors et intérieurs imprégnés de l'âme de leurs habitants, Mikhalkov réussit la gageure de livrer un tableau minutieux et profond de la vie moscovite et de l'évolution des mentalités entre 1940 et 1960.

## CINQ SOUS DE LAVARÈDE (LES)

1939 – France (125') • *Prod.* Société de Production du film Les Cinq Sous (Maurice Wurtz) • *Réal.* MAURICE CAMMAGE • *Sc.* Jean-Louis Bouquet René Wheeler, J. Rioux d'ap. R. de Paul d'Ivoi et Henri Chabrillat • *Phot.* Georges Clerc, Jean-P. Goreaud, Édouard Meyer • *Mus.* Casimir Oberfeld • *Int.* Fernandel (Armand Lavarède), Josette Day (Miss Aurett), Jeanne Fusier-Gir (Djali, la princesse hindoue), Marcel Vallée (Bouvreuil), Jean Dax (Murlington), Mady Berry (la concierge), Andrex (Jim Strong), André-Roanne (John Smith), Jean Témerson (Tartinovich), Henri Nassick (Jack) Félix Oudart (le capitaine), Albert Duvaleix (le notaire).

Pour toucher l'héritage d'un cousin, Armand Lavarède doit effectuer le tour du monde avec une pièce de cent sous en poche et en moins de cent jours. Deux arbitres surveillent sa performance : Sir Murlington, honnête, et Bouvreuil, beaucoup moins honnête car, créancier de Lavarède, il guette son héritage qu'il doit empocher intégralement si Lavarède échoue. Les circonstances vont obliger le voyageur à se déguiser sans cesse. Tournant les pages de la partition de son ami le pianiste virtuose Tartinovitch durant la croisière Paris-New York du « Normandie », il a revêtu une jaquette de prestidigitateur d'où s'échappent toutes sortes d'animaux. Il chante à cette occasion « Je suis une petite nature ». Vêtu d'un uniforme de bagnard et rasé, il est condamné à la chaise électrique dans une prison de San Francisco à la place de l'ennemi public numéro un. Sous le costume d'un révérend, il sauve la fille de Sir Murlington, prisonnière de l'ennemi public numéro trois. Il effectue la traversée Paris-Calcutta dans un cercueil et sous l'identité d'un trafiquant de drogue chinois. Il descend à terre sous l'uniforme du capitaine et achète aux enchères, sans le vouloir, un régiment de bayadères parmi lesquelles se trouve Djali, princesse hindoue qu'il sera ultérieurement obligé d'épouser, devenant ainsi maharadjah. Lors d'un attentat, il devient bayadère lui-même et chante « Par Brahma » sur un navire en route vers Port-Saïd. Il sera ensuite radio, et pas des plus brillants, sur un avion qui regagne Marseille. Là, il se déguise en flic pour échapper à ses fans. Poursuivi par de vrais policiers, après avoir été assommé par des trafiquants d'alcool, il fera le voyage vers Paris en slip dans un wagon de marchandises rempli de cochons. Il vole une voiture à Marly-le-Roy, puis une bicyclette et arrive vainqueur de la dernière étape du Tour de France au Parc des Princes. Il gagne ainsi l'héritage et le cœur de Miss Murlington.

☞ Premier film à multiples déguisements de Fernandel. Il récidivera souvent par la suite (cf. entre autres *L'héritier des Mondésir*, Albert Valentin, 1939, et *Une vie de chien*, Cammage, 1941). C'est aussi l'un de ses plus grands succès de l'avant-guerre. Maurice Cammage, l'un des artisans les plus lourds du cinéma français de cette époque, est ici comme galvanisé par un scénario très inventif qui mêle allègrement aventures et burlesque. Ce mélange habile, dû autant aux qualités des adaptateurs (Bouquet, Wheeler) qu'à celles du roman original, nourrit la fantaisie délirante du film et lui donne un rythme endiablé du début à la fin. Comme personnage, Fernandel est toujours le jouet de circonstances contraires et se voit contraint à une sorte de *passivité inventive* qui lui va comme un gant. En tant qu'acteur, il a à peine le temps d'en faire trop dans un déguisement donné que d'autres péripéties surviennent pour lui en imposer un autre et stimuler ainsi ses qualités comiques. On notera que la cocasserie des séquences exotiques est dénuée de toute arrière-pensée raciste comme de tout paternalisme.

N.B. Première version en 1927 par Maurice Champreux avec Georges Biscot dans le rôle principal.

## CINQUIÈME VICTIME (LA) (While the City Sleeps)

1956 – USA (100') • *Prod.* RKO (Bert E. Friedlob) • *Réal.* FRITZ LANG • *Sc.* Casey Robinson d'ap. R. « The Bloody Spur » de Charles Einstein • *Phot.* Ernest Laszlo • *Mus.* Herschel Burke Gilbert • *Int.* Dana Andrews (Edward Mobley), Rhonda Fleming (Dorothy Kyne), George Sanders (Mark Loving), Thomas Mitchell (John Day Griffith), Vincent Price (Walter Kyne, Jr.), Sally Forrest (Nancy Liggett), Ida Lupino (Mildred Donner), John Barrymore, Jr. (Robert Manners, le « tueur au rouge à lèvres »), James Craig (Harry Kritzer), Robert Warwick (Amos Kyne), Ralph Peters (Meade), Vladimir Sokoloff (George Pilski), Mae Marsh (Mrs. Manners), Sandy White (Judith Fenton, la première victime).

Après la mort d'Amos Kyne, patron d'un empire de presse s'étendant sur toute l'Amérique et dont le plus beau fleuron est le quotidien « New York Sentinel », son fils et héritier, Walter Kyne, Jr., dépourvu de toute compétence journalistique, devine aisément que les quatre principaux responsables du journal, Mark Loving, directeur de l'agence de presse Kyne, Griffith, le rédacteur en chef, Harry Kritzer, chef du département photo et Edward Mobley, l'éditorialiste nº 1, le méprisent. Pour se donner de l'importance à leurs yeux, il crée le poste de directeur général et laisse entendre qu'il le confiera à celui d'entre eux qui aura le mieux fait ses preuves, notamment en découvrant « le tueur au rouge à lèvres » qui a récemment assassiné chez elle une femme seule en laissant cette inscription sur le mur « Demandez à ma mère ». Il est probable que le tueur a déjà commis ou commettra d'autres meurtres semblables et, juste avant de mourir, Amos Kyne avait manifesté son intérêt pour cette affaire. Mobley, journaliste de talent mais dénué d'ambition personnelle — c'est du moins ce qu'il prétend – ne participe pas directement à la compétition. Chacun des trois concurrents officiels, Loving, Griffith et Kritzer, cherche cependant à l'avoir de son côté, en particulier à cause de ses relations dans la police. Mobley est fiancé à Nancy Liggett, la secrétaire de Loving. Elle lui demande de se mettre au service de Griffith, à son avis le plus honnête des trois. Mobley prend contact avec son ami, le lieutenant de police Kaufman, qui lui apprend qu'une jeune institutrice a été assassinée dans les mêmes conditions que la première victime. De son côté, Loving n'a pas été inactif et a obtenu de Meade, le spécialiste des affaires criminelles du journal, un tuyau : on a arrêté le concierge de l'immeuble de la première victime. A cause de cela, Loving croit un moment qu'il a pris l'avantage. Mais le tuyau émane d'une source non officielle et ne sera d'ailleurs pas confirmé. Loving doit en stopper la diffusion par son agence de presse de crainte d'un procès en diffamation. Mobley rapporte à Griffith ce qu'il a appris de Kaufman sur le meurtre de l'institutrice. Par honnêteté professionnelle, Griffith communique l'information à Loving pour son agence. Dans son émission quotidienne de télévision, Mobley choisit de frapper un grand coup en s'adressant directement au criminel qu'il décrit comme un homme jeune et fort, amateur de bandes dessinées relatant des crimes, ayant des problèmes avec sa mère et obsédé par sa haine des femmes. Le criminel l'écoute en effet et correspond à ce signalement. Mobley fait tout son possible pour l'exaspérer et le défier. Il demande ensuite à Nancy, qu'il avait présentée à l'antenne — sans lui demander son avis — comme sa fiancée officielle, de servir d'appât pour une éventuelle tentative de meurtre de la part du « tueur au rouge à lèvres ». Loving, quant à lui, n'a pas renoncé à obtenir l'appui de Mobley et charge sa maîtresse, Mildred Donner, journaliste au Sentinel, de le séduire pour qu'il rejoigne leur camp. Mildred, à qui la mission n'est pas désagréable, fait ce qu'elle peut mais, Mobley étant ce soir-là complètement ivre, elle n'arrivera à rien d'autre qu'à se faire embrasser dans un taxi. Ses commérages exciteront la jalousie de Nancy sans servir la cause de Loving. Le troisième postulant, Harry Kritzer, se donne beaucoup moins de mal que ses deux rivaux. Étant l'amant et le protégé de l'épouse de Walter Kyne, Dorothy, il estime avoir là le plus solide des atouts. En plaçant l'homme qu'elle a choisi au poste créé par son mari, Dorothy veut ainsi se venger de son mépris pour ses facultés intellectuelles et du fait qu'il l'a pour ainsi dire « achetée » en l'épousant. Ayant marqué des points grâce aux informations remises par Griffith, Loving vient en outre de conclure un contrat très important avec une chaîne de télévision. Plus que jamais, il se croit assuré de la victoire. Nancy, jalouse des pseudo-frasques de son fiancé avec Mildred, refuse de jouer plus longtemps les appâts pour Mobley. Mais il est trop tard : le tueur l'a suivie, après avoir repéré son appartement situé sur le même palier que la garçonnière où Kritzer reçoit habituellement Dorothy. Contrefaisant la voix de Mobley, il frappe à la porte. Justement parce qu'elle croit qu'il s'agit de Mobley, Nancy refuse d'ouvrir. Fou de rage, le tueur s'engouffre dans l'appartement de Kritzer au moment où Dorothy y entrait. Il l'agresse et tente de l'étrangler. Elle se défend comme une lionne et réussit à se réfugier chez Nancy. Le tueur s'enfuit. De sa fenêtre, Nancy indique à Mobley et au lieutenant Kaufman la direction qu'il a prise. Après une longue poursuite dans le tunnel du métro, il est arrêté. Prêt à tout pour l'emporter, l'« honnête » Griffith, ayant appris de Mobley la nouvelle de l'arrestation avant tout le monde, prépare en hâte une édition spéciale. Elle paraîtra avant même que Loving soit mis au courant, et sans photo pour que Kritzer soit maintenu à l'écart. Pour perfectionner sa « une », Griffith a lancé Mildred sur les traces de la femme agressée par le tueur, c'est-à-dire Dorothy. Mildred trouvera ensemble Kritzer et Dorothy sortant de chez Nancy. A eux trois, ils concocteront un plan qui donnera la victoire et le poste de directeur général à ... Kritzer. Dégoûté, Mobley démissionne. En voyage de noces en Floride avec Nancy, il apprendra par la presse que Kyne est revenu sur sa décision. Griffith est nommé directeur général, Mildred devient la secrétaire personnelle de Kyne, Kritzer sera l'ambassadeur itinérant du groupe Kyne et Mobley lui-même se voit propulsé rédacteur en chef du Sentinel....

☞ Avant-dernier film américain de Lang. Un des sommets de sa carrière ; à notre avis, son meilleur film. A partir d'un roman, mais surtout à partir de récits de faits divers découpés dans des journaux et qu'il avait l'habitude — conservée jusqu'à la fin de sa vie, alors même qu'il ne travaillait plus — de collectionner, Lang écrit minutieusement le scénario avec Casey Robinson et ce sera l'un des plus sophistiqués de sa carrière. Préparation non moins minutieuse du tournage qui permet de garder, le budget du film étant tout à fait moyen, les interprètes prestigieux rassemblés dans la distribution (George Sanders, Ida Lupino, Thomas Mitchell, Rhonda Fleming, etc.) seulement quatre ou cinq jours chacun, alors qu'on a l'impression de les voir présents tout au long de l'intrigue. (Seul Dana Andrews a dû bénéficier d'un nombre de journées un peu plus important.) L'ambition du film est immense, la perfection de son style, dont les éléments dédaignent de se mettre en valeur, sobre et efficace. Lang veut donner à voir un panorama assez vaste de la société américaine, fondée à ses yeux sur la compétition et le crime. Comment la compétition et le crime en sont venus à être indissolublement liés, c'est là son propos, d'où découlent les caractéristiques de son style, obéissant toutes à une esthétique de la nécessité que nul autre cinéaste n'a poussée aussi loin. Créateur solitaire et exigeant, Lang n'est toutefois nullement à part du courant américain le plus novateur. *While the City Sleeps* intègre et même intériorise en quelque sorte la révolution apportée l'année précèdente au récit policier par *Kiss Me Deadly**. Désormais il n'y a plus de bons ni de méchants dans l'intrigue. La férocité de la compétition a ramené toutes les individualités au même niveau, au degré zéro de la morale et de la considération pour autrui. Qu'on examine à la loupe (c'est ce que fait le film) le comportement de chacun des personnages impliqués dans l'action, on verra ou bien qu'ils n'ont aucune idée de ce qui pourrait leur tenir lieu de morale, ou bien — et c'est pire encore — qu'ils sacrifient à leur ambition les quelques scrupules qu'ils pourraient avoir, comportement considéré comme normal dans la société où ils évoluent. A partir de là, le criminel que recherchent si ardemment les journalistes pour obtenir un poste devient non seulement leur proie, mais aussi leur miroir. Il arrive qu'il soit plus digne de pitié qu'eux. Lang conduit ici à un degré de perfection absolue son art des liaisons nécessaires ou mêmes fatales entre les séquences. Que ce soit par un élément de dialogue, par un élément visuel, par un personnage ou par l'effet d'une cause dramatique particulière, les séquences s'enchaînent les unes aux autres selon un rythme et une progression logique qui semblent obéir à quelque fatum, lequel n'est en réalité que la conséquence des initiatives croisées de chacun des protagonistes occupés à supplanter, à utiliser ou à annihiler l'autre — vaste toile d'araignée où finalement tous se trouvent pris. Raffinement suprême de la mise en scène : ces cloisons vitrées qui, à l'intérieur des bureaux du journal, séparent les personnages en leur permettant de se voir et donnent au récit la possibilité de mener plusieurs séquences de front, saisies dans une interaction permanente. Cet entrelacs magistral est vu dans la lumière superbe d'une photo métallique aux éclats de scalpel. Après maints avatars et métamorphoses, se trouvant repensé à travers l'expérience et le style d'un cinéaste méticuleux et génial, le microcosme expressionniste réapparaît ici — peut-être pour la dernière fois — lavé de toutes ses scories, doté d'une pureté expressive dont l'abstraction et la concentration fascinent. C'est une petite portion d'enfer où les créatures s'agitent, se croyant libres et actives, sous le regard d'un cinéaste qui ne cherche rien d'autre qu'à bien voir et à bien donner à voir le réel, mais en gardant sur toutes choses le point de vue de Sirius.

N.B. Le format du film pose, comme pour *Beyond a Reasonable Doubt**, le film suivant de Lang, un problème épineux qu'on ne peut résoudre qu'en faisant appel à un point de vue esthétique. Le film, non tourné en Cinémascope, fut exploité à l'origine en Superscope (format large utilisé à la RKO et résultant d'un traitement de l'image effectué en labo), puis en format normal. Lequel est le meilleur ? A notre avis, c'est le format large, le seul dans lequel, par exemple, les mouvements d'appareil ou le décor du journal trouvent leur véritable impact. Même si le Superscope était « fabriqué » en labo, Lang savait que le film sortirait sur écran large et sa mise en scène était pensée en fonction de cela. Même remarque pour *Beyond a Reasonable Doubt** où, pour ne citer que celle-là, la première séquence du condamné à mort avançant vers la chaise électrique, est de toute évidence conçue pour le format large. L'examen des photos du film révèle qu'un certain nombre de séquences ou fins de séquences ont été supprimées au montage final dans un but de resserrement dont témoigne d'ailleurs toute la conception du film. L'absence de l'une de ces séquences est néanmoins un peu regrettable : celle du petit complot entre James Craig, Rhonda Fleming et Ida Lupino (dont nous voyons les prémisses sur le palier de l'appartement de Sally Forrest) et qui se situait dans l'appartement de James Craig. Cette lacune rend une des séquences suivantes un peu énigmatique (celle où James Craig le prend de haut avec Vincent Price et où Ida Lupino annonce à Sanders et à Mitchell qu'ils sont deuxièmes ex-æquo) et surtout elle enlève à la construction d'ensemble du film une petite part d'unité, cette construction voulant en effet que chacun des personnages les plus importants aient à un moment ou à un autre une relation avec tous les autres. Ce n'est que dans cette séquence que la relation Rhonda Fleming-Ida Lupino pouvait exister. Les témoignages amicaux et favorables à Lang émanant de collaborateurs de sa période américaine des années 50 sont relativement rares. Celui de l'opérateur Ernest Laszlo n'en est, dans ce contexte, que plus précieux. Il a confié à Frederick W. Ott (*in* « The Films of Fritz Lang », The Citadel Press, Secaucus, N.J. 1979) : « Fritz Lang était l'artiste et le technicien complet, supérieur même à cet égard à William Dieterle. J'ai eu nettement l'impression qu'il connaissait tous les aspects de la fabrication des films. Il pouvait être, bien sûr, un maître d'œuvre assez dur, mais si vous faisiez votre travail et montriez de l'enthousiasme, il devenait le meilleur ami que vous ayez jamais eu. J'ai admiré son professionnalisme, comme la plupart des interprètes et techniciens. Il y a eu quelques moments difficiles, principalement avec Dana Andrews et John Barrymore, Jr., mais pour l'essentiel le tournage s'est déroulé sans heurts ». Voir aussi le témoignage du monteur Gene Fowler, Jr. *in* Alfred Eibel : « Fritz Lang », Présence du Cinéma, 1964.

## CIRQUE (LE)
### (The Circus)

1928 – USA (70') • *Prod.* William Hinckley • *Réal.* CHARLES CHAPLIN • *Sc.* Charles Chaplin • *Phot.* Rollie Totheroh • *Int.* Chaplin (le vagabond), Allan Garcia (directeur du cirque), Merna Kennedy (sa fille, l'écuyère), Harry Crocker (Rex, le danseur de corde), George David (le prestidigitateur), Betty Morissey (la femme escamotée), Henry Bergman (vieux clown).

Poursuivi à travers une fête foraine par un policier qui l'a trouvé en possession d'un portefeuille volé qu'un pickpocket avait mis dans sa poche pour s'en débarrasser, Charlot aboutit sur la piste d'un cirque. Il sabote sans le vouloir le numéro du prestidigitateur et fait un triomphe auprès du public qui croit assister à une attraction prévue dans le programme. Il est engagé comme clown et tombe amoureux de l'écuyère, constamment martyrisée par son père, le directeur. Le cirque est au bord de la faillite. Après quelques essais non concluants, Charlot est renvoyé. Il est repris un peu plus tard comme accessoiriste. A nouveau poursuivi jusque sur la piste, cette fois par un cheval qui lui en veut, il déclenche encore l'hilarité générale. Le directeur le garde comme accessoiriste mais avec l'intention de faire de lui — sans le lui dire — la vedette du spectacle. Toujours poursuivi par le fameux cheval, Charlot se retrouve enfermé dans la cage du lion. L'écuyère le libère, après s'être d'abord évanouie de peur. Elle lui apprend qu'il est la star du cirque. Menaçant le directeur de partir, il obtient alors plus de considération et un salaire décent. L'écuyère tombe amoureuse de Rex, le beau funambule brun, nouvelle attraction du cirque. Charlot est jaloux et triste ; bientôt il ne fait même plus rire dans son numéro de clown. Lors d'une absence de Rex, il le remplace sur le fil. Il a pris la précaution de se munir d'une ceinture de sécurité qu'il porte autour de la poitrine et qu'actionne un accessoiriste au sol. Au beau milieu de son numéro, la ceinture se décroche. Charlot doit terminer son exhibition au péril de sa vie, importuné de surcroît par des petits singes qui le pincent et le déshabillent. Plus tard, comme le directeur continue de frapper sa fille, Charlot la défend et se fait à nouveau renvoyer. La nuit venue, l'écuyère le rejoint. Charlot va chercher Rex et pousse les amoureux à se marier. Ils repartent heureux avec la caravane du cirque, cependant que Charlot préfère s'en aller en solitaire vers son destin.

☞ Le film est tourné pendant l'une des périodes les plus difficiles de la vie de Chaplin puisqu'il a à subir la campagne de diffamation que mène à travers l'Amérique Lita Grey pour obtenir son divorce et qui conduira le cinéaste au bord de la dépression nerveuse. Cette campagne rejaillira sur le succès du *Cirque* qui sera mieux accueilli en Europe que dans son pays d'origine. Ses ennuis amenèrent Chaplin à retarder pendant un an la fin du tournage et la sortie du film. La deuxième séquence (poursuite du vagabond à travers la fête foraine) est particulièrement éblouissante. Elle constitue un des sommets de l'art burlesque de Chaplin, où le rythme a tant d'importance et donne sa *musique* propre et son ordonnance à la profusion jaillissante des gags. Chez Chaplin, le rythme et la chorégraphie jouent par rapport aux gags le même rôle que le mélodrame par rapport à l'intrigue : un rôle unificateur, amplificateur et lyrique. Pour l'essentiel, et à part cette séquence, *Le cirque* est une œuvre très équilibrée, amère et triste, se déroulant sur un rythme assez lent. Le vagabond est devenu peu à peu un personnage entièrement positif et même héroïque, et nous assistons ici à un premier aboutissement de cette évolution. Il rend le bien pour le mal et, malheureux lui-même, fait le bonheur des autres. Ses rapports avec le directeur qui le renvoie et le réengage constamment ont, en moins systématique, cet aspect de « douche écossaise » qui caractérisera l'amitié épisodique du millionnaire et de Charlot dans le film suivant de Chaplin, *Les lumières de la ville**. On notera cette particularité significative et étrange du personnage, ici confronté à l'univers du show-business : quand il est malheureux, il perd ses vertus comiques. Chaplin n'a pas connu lui-même cette influence néfaste de sa vie privée sur son art ; mais sans doute l'a-t-il redoutée parfois et a-t-il voulu ici l'exorciser.

N.B. La troisième émission de Kevin Brownlow et David Gill de la série « Chaplin inconnu » (diffusée en France en juillet 1983) contient des scènes importantes que Chaplin n'a jamais intégrées au film. L'une d'entre elles est particulièrement réussie. Charlot veut se faire valoir auprès de l'écuyère. Dans un café, il paie un client pour le tabasser. Le client accepte, reçoit l'argent, les coups et file. Surgit alors le jumeau du client que Charlot confond avec l'autre. Il se met à le frapper, croyant avoir affaire au même. L'autre réagit et met K.-O. Charlot. C'est son rival, le funambule, qui vient alors à son secours et la scène se termine exactement à l'opposé de ce que voulait Charlot : l'écuyère admirera encore plus le funambule. Malgré leur qualité, ces scènes se déroulant à l'extérieur du cirque ont été supprimées par Chaplin, sans doute dans une recherche d'unité dramatique. On mesure ici (l'extrême) exigence de Chaplin dans ce domaine.

## CISCO KID (THE)

1931 – USA (61') • *Prod.* Fox • *Réal.* IRVING CUMMINGS •*Sc.* Alfred A. Cohn d'ap. une histoire de O'Henry •*Phot.* Barney McGill • *Int.* Warner Baxter (The Cisco Kid), Nora Lane (Sally Benton), Edmund Lowe (Sergent Mickey Dunn), Chris-Pin Martin (Gordito), Willard Robertson (Enos Hankins), Douglas Haig (Billy), Charles Stevens (Lopez).

Poursuivi et blessé par les hommes du sergent Mickey Dunn, le Cisco Kid, célèbre et original hors-la-loi mexicain, est soigné par une fermière, victime d'un banquier malhonnête sur le point de faire saisir sa ferme. Par reconnaissance pour son hôtesse, le Kid dévalise la banque de l'indélicat personnage et remet à la fermière la somme qui lui permettra d'éviter la saisie. Mickey Dunn a rattrapé le Kid, mais lui laisse finalement franchir la frontière mexicaine.

☞ Suite de *In Old Arizona* (1929) en plus réussi et en beaucoup plus fauché. (On sait que c'est durant le tournage de *In Old Arizona*, le premier parlant américain filmé en extérieurs, que Walsh qui jouait le rôle de Cisco Kid perdit un œil. Il fut remplacé par Cummings comme metteur en scène et par Warner Baxter comme interprète.) Le western du début des années 30 ne se pique guère, sauf exception, de réflexion sociale ou historique. Il préfère divertir ou donner à rêver, par exemple à partir de la figure mythique d'un bandit au grand cœur, comme ce célèbre Cisco Kid chanté par O'Henry. Protecteur de la veuve et de l'orphelin, c'est un galant homme, et un poète à ses heures. Situé dans les paysages pittoresques et exotiques, se déroulant au rythme d'une musique folklorique endiablée, un tel western se veut aussi mince et léger qu'une ritournelle. Il remet à plus tard le soin de parler de morale. A côté du *serial* au manichéisme systématique et fastidieux, à côté des grandes fresques de la conquête de l'Ouest genre *The Big Trail**, et avant l'éclosion du western réflexif de l'après-guerre, il faut conserver une place dans la mémoire du cinéma à ces petites chroniques aventureuses de l'Ouest. Avant-programmes dénués de toute ambition mais non de brio ou de poésie, elles ne servaient qu'à préparer le spectateur au plat de résistance, parfois plus indigeste.

## CITÉ SANS VOILES (LA) (The Naked City)

1948 – USA (96') • *Prod.* UI (Mark Hellinger) • *Réal.* JULES DASSIN • *Sc.* Albert Maltz, Malvin Wald d'ap. une histoire de M. Wald • *Phot.* William Daniels • *Mus.* Miklos Rosza, Frank Skinner • *Int.* Barry Fitzgerald (lieutenant Dan Muldoon), Howard Duff (Frank Niles), Dorothy Hart (Ruth Morrison), Don Taylor (Jimmy Halloran), Ted De Corsia (Garzah), House Jameson (Dr Stoneman), Anne Sargent (Mrs. Halloran), Adelaide Klein (Mrs. Batory), Grover Burgess (Mr. Batory), David Opatoshu (Ben Miller).

Un vieux routier de la police enquête avec son jeune assistant sur le meurtre d'un mannequin qui participait à un trafic de bijoux volés.

☞ Le film est avant tout un portrait de ville, New York, filmée sous tous ses angles par Dassin. Il n'y a aucun doute que la ville soit le personnage principal de l'action. Au demeurant, le genre policier fournit au réalisateur un excellent prétexte pour dépeindre — avec un grand talent — toutes sortes de lieux dans toutes sortes de lumières aux différentes heures du jour et de la nuit. Le genre policier aide aussi Dassin à faire sentir la ville comme une sorte de corps individuel animé de sa respiration propre, possédant ses rythmes personnels et bien à lui. Ce corps fascine, attire et dévore les créatures les plus faibles. En cela, il est monstrueux, mais Dassin ne peut s'empêcher de montrer que ce monstre a aussi sa beauté et un étrange pouvoir d'enchantement maléfique. Le réalisateur lui-même n'y résiste pas, tout au moins en tant que peintre. A cause de cela, le moralisme présent dans le film, notamment dans la description de l'environnement social de la victime, est constamment dépassé et intégré à une vision plus vaste, plus frémissante, plus ambiguë et presque luciférienne, de la ville et du monde. Cette vision rappelle, toutes proportions gardées, l'ouverture de « La Fille aux yeux d'or » de Balzac. Elle a empêché le film de trop vieillir, malgré l'encombrant commentaire *off* qu'il traîne comme un boulet et qui était la manie du producteur Mark Hellinger.

BIBLIO. : découpage publié par Southern Illinois University Press, 1979. Postface de Malvin Wald.

**CITIZEN KANE (id.)**

1941 – USA (119') • *Prod.* RKO/Mercury Theatre Production (Orson Welles), • *Réal.* ORSON WELLES • *Sc.* Herman J. Mankiewicz, Orson Welles • *Phot.* Gregg Toland • *Mus.* Bernard Herrmann • *Dec.* Van Nest Polglase, Perry Ferguson, Darrell Silvera • *Int.* Orson Welles (Charles Foster Kane), Joseph Cotten (Jedediah Leland), Dorothy Comingore (Susan Alexander Kane), Everett Sloane (Mr. Bernstein), George Coulouris (Walter Parks Thatcher), Ray Collins (James W. Gettys), Ruth Warrick (Emily Norton Kane), Erskine Sanford (Herbert Carter), William Alland (Jerry Thompson), Agnes Moorehead (Mrs. Kane), Richard Baer (Hillman), Paul Stewart (Raymond).

Sur la grille entourant le domaine de Xanadu un panneau porte l'inscription « No trespassing » (Défense d'entrer). A l'intérieur du château meurt un homme solitaire. Il laisse tomber une boule de verre contenant une maisonnette enneigée et prononce le mot « Rosebud » (bouton de rose). Une infirmière recouvre son corps. Une bande d'actualités cinématographiques résume la vie et la carrière de cet homme, Charles Foster Kane, en quelques séquences. Kane, vivant dans la somptueuse demeure qu'il s'était fait construire, Xanadu, qui devait d'ailleurs rester inachevée, y avait entassé d'innombrables pièces de collection, et notamment des sculptures qu'il laissait le plus souvent dans leurs caisses, sans les ouvrir. Il possédait trente-sept journaux, une chaîne de radio, des immeubles, des navires, etc. En 1868, sa mère, hôtelière, reçut en paiement d'un débiteur un titre de propriété concernant une mine d'or abandonnée au Colorado. Elle contenait un filon fabuleux et se révéla être la troisième mine du monde. Au cours de sa carrière publique, Kane fut qualifié tantôt de communiste, tantôt de fasciste ; lui se disait simplement américain. De 1895 à 1941, il adopta toutes les positions politiques, fut tour à tour aimé et haï. Sa première femme, nièce du Président des États-Unis, divorça en 1916 et mourut deux ans plus tard avec leur fils dans un accident d'avion. Kane épousa ensuite une chanteuse d'opéra, Susan Alexander, pour laquelle il construisit l'Opéra de Chicago. Leur mariage se termina aussi par un divorce. Briguant en 1916 le mandat du gouverneur de l'État de New York, il ne fut pas élu. Un scandale dans sa vie privée (on l'avait vu en compagnie d'une chanteuse, celle-là même qui fut plus tard sa seconde épouse) lui enleva toutes ses chances. Après la crise de 1929, son empire fut entamé. Il affirma à la radio qu'il n'y aurait pas de guerre. Il devint un vieillard qu'on n'écoutait plus et mourut à 70 ans. Fin de la bande d'actualités : après l'avoir visionnée, le directeur de l'agence qui l'a produite donne pour mission à l'un de ses journalistes, Thompson, d'enquêter sur le sens du dernier mot prononcé par Kane : « Rosebud ». Thompson se rend d'abord dans le cabaret de Susan Alexander à Atlantic City. Ivre, elle refuse de le recevoir. Thompson est ensuite autorisé à lire le manuscrit des mémoires de Thatcher, le tuteur de Kane. PREMIER FLASH-BACK. En 1871, contre la volonté de son père, la mère de Kane avait confié l'enfant à Thatcher qui gérait sa fortune. Le petit Charles avait repoussé et frappé Thatcher avec son traîneau. Il était désespéré de devoir quitter ses parents. A vingt-cinq ans, ayant été renvoyé de nombreux collèges, il possédait la sixième fortune du monde. Parmi toutes ses possessions, la seule qui l'intéresse vraiment est le petit journal l'« Inquirer » qu'il va diriger personnellement selon des méthodes nouvelles. L'« Inquirer » dénoncera tous les scandales, y compris celui d'une compagnie de chemin de fer dont Kane est l'un des principaux actionnaires. En 1929, il renoncera à tous ses journaux. « Si je n'avais pas été riche, dit-il, j'aurais pu devenir un grand homme ». RETOUR AU PRÉSENT : Thompson va trouver Bernstein, le bras droit de Kane. DEUXIÈME FLASH-BACK. Bernstein évoque la reprise en mains par Kane de l'« Inquirer ». Kane s'installe dans les bureaux du journal pour y vivre vingt-quatre heures sur vingt-quatre. Il écrit et publie une déclaration de principes dans laquelle il jure d'être le champion des droits du citoyen et de dire toujours la vérité. Le tirage de l'« Inquirer » dépasse bientôt celui de son rival de « Chronicle » qui lui était vingt fois supérieur. Il est vrai qu'en six ans Kane a débauché toute l'équipe de rédacteurs du « Chronicle ». Un grand banquet, agrémenté de girls venant faire leur numéro, fête le succès du journal. Kane achète en Europe le plus gros diamant du monde. Il épouse Emily Norton, nièce du Président des États-Unis. RETOUR AU PRÉSENT. Bernstein émet l'hypothèse que Rosebud est peut-être quelque chose que Kane avait perdu. Il conseille à Thompson d'aller interroger Leland, condisciple et meilleur ami de Kane avant leur brouille. Thompson se rend à l'hôpital Huntington où Leland vit en permanence, à cause de son grand âge. Celui-ci déclarera notamment à Thompson, à propos de Kane : « Ses actes étaient brutaux [...] Il avait une sorte de grandeur [...] Il ne livrait jamais rien de lui-même [...] Il avait des quantités d'opinions différentes ». TROISIÈME FLASH-BACK. Leland évoque la vie conjugale de Kane avec sa première femme. Ils ne se voyaient qu'au petit déjeuner. Emily reprochait à son mari de passer tout son temps au journal et d'y publier des attaques contre son oncle, le Président. RETOUR AU PRÉSENT. Commentaire de Leland : « Kane voulait de l'amour mais il n'en avait pas à donner ». QUATRIÈME FLASH-BACK. Leland évoque la rencontre de Kane, une nuit dans la rue, avec une inconnue, Susan Alexander, qui avait mal aux dents et l'avait invité chez elle. Elle travaillait dans un magasin au rayon musique. Elle voulait devenir chanteuse. Durant sa campagne électorale, Kane traîne dans la boue son adversaire Gettys. Celui-ci veut obliger Kane à renoncer à sa candidature sous la menace de révéler sa liaison avec Susan ; Kane refuse. Gettys fait publier un article sur cette liaison. Kane est abandonné par sa femme et perd l'élection. Leland, qui tient la rubrique dramatique à l'« Inquirer », reproche à Kane de vouloir concéder par charité aux travailleurs des droits que ceux-ci méritent de gagner par eux-mêmes. Il lui reproche aussi de ne s'intéresser qu'à lui-même. Les deux hommes ne se parleront plus pendant des années et Leland demande à être muté à Chicago. Kane épouse Susan et construit pour elle l'Opéra de Chicago. Elle fait ses débuts dans « Salammbô ». Faisant le compte rendu de la première, Leland écrit qu'elle n'est qu'un amateur sans aucune compétence. Complètement ivre, il s'endort sur sa machine, Kane achèvera l'article à sa place dans la même veine avant de renvoyer Leland avec un chèque de 25 000 dollars. RETOUR AU PRÉSENT. Commentaire de Leland. « Il a voulu prouver qu'il était encore honnête ». Thompson se rend à nouveau chez Susan et réussit à la faire parler. CINQUIÈME FLASH-BACK. Elle évoque les pénibles leçons de chant auxquelles Kane la contraignait. C'était lui et non elle qui voulait qu'elle devienne une diva. Après l'échec de sa première à Chicago, elle hurle contre l'article de Leland, lequel renverra par la suite à Kane le manuscrit de sa déclaration de principes. Kane oblige sa femme à continuer sa carrière de cantatrice à travers l'Amérique et la soutient par de bons articles publiés dans ses journaux. Après une tentative de suicide de Susan, il renonce à la faire chanter. Tous deux vivent seuls dans l'immense et lugubre Xanadu qu'il vient de faire construire. Susan fait et refait un gigantesque puzzle. Un pique-nique organisé en grande pompe au bord de la mer sera encore plus lugubre. Les deux époux se disputent. Susan fait ses malles. RETOUR AU PRÉSENT. Pour en savoir plus sur Rosebud qui ne lui dit rien, Susan conseille à Thompson d'interroger Raymond, le majordome de Xanadu, qui a travaillé onze ans au service de Kane. Il consent à parler contre la somme de 1 000 dollars. SIXIÈME FLASH-BACK. Après le départ de Susan, Kane saccage tout dans la chambre de celle-ci puis, tenant la boule de cristal dans sa main, murmure « Rosebud ». RETOUR AU PRÉSENT. Le majordome n'a rien d'autre à dire sur « Rosebud ». Les photographes prennent sous tous les angles Xanadu et les gigantesques collections de Kane. On brûle de vieux objets, parmi lesquels le traîneau du petit Charles portant cette inscription que personne, sauf son propriétaire, n'aura lue : « Rosebud ». Sur la grille de Xanadu, il y a toujours ce panneau : « No trespassing ».

☞ L'impact du film fut tel à sa sortie et dans l'immédiat après-guerre qu'il fut toujours cité — et l'est encore aujourd'hui — parmi les dix meilleurs films de l'histoire du cinéma dans les listes faites par les historiens, les critiques et les cinéphiles. Tout récemment encore, dans « The Top 100 Movies » de John Kobal, Londres, Pavilion Books, 1989, qui rassemble quatre-vingts listes de films de tous les pays, *Citizen Kane* arrive en première position. Une grande part — et sans doute la part essentielle — de son originalité existait déjà sur le papier, avant même le premier jour de tournage. Elle a trait à la construction du film, laquelle renferme au moins trois éléments nouveaux. Tout d'abord une sorte de sommaire, de table des matières du film apparaît dans la bande d'actualités résumant au début le film de la vie et la carrière de Kane. Ce faisant, elle indique les principaux points que développera l'intrigue. Ici, originalité absolue : à notre connaissance, aucun autre film ne comporte ce type d'introduction. Deuxième élément nouveau : l'utilisation systématique et multiple de flash-backs qui confère à *Citizen Kane* la structure d'ensemble d'un film-enquête. Ces flash-backs émanent de cinq narrateurs différents contactés par le journaliste-enquêteur. L'un de ces narrateurs, le tuteur de Kane, Thatcher, n'apparaît à l'origine du premier de ces flash-backs que comme auteur de mémoires lus par le journaliste ; mais on le voit en chair et en os ailleurs dans le film. Détour imprévu relançant avec virtuosité la curiosité du spectateur : le premier narrateur rencontré par le journaliste (Susan Alexander) refuse d'abord de parler et son témoignage n'apparaîtra qu'en cinquième position dans les six flash-backs. Bien que n'étant pas le premier film, loin de là, à utiliser le flash-back, qui apparaît en force dans l'histoire du cinéma avec *The Power and the Glory*, *Thomas Garner*, 1933 de William K. Howard sur un scénario de Preston Sturges présentant des analogies de structure et de contenu avec *Citizen Kane*, puis avec *Le jour se lève**, 1939, de Carné, le film de Welles marque une date très importante dans l'utilisation de ce procédé. Troisième élément nouveau : le fait que, si la plupart des séquences contenues dans les flash-backs se complètent, comme il est normal, quant aux événements qu'elles relatent, certaines se répètent et donnent différents points de vue sur le même événement : la première de « Salammbô » par exemple est racontée successivement par Leland (quatrième flash-back) et par Susan (cinquième flash-back). Ce type de répétition ou variation de points de vue sur un même événement passé apparaît sans doute pour la première fois dans un film. La postérité de ce procédé sera relativement abondante : citons les célèbres exemples de *Rashomon** de Kurosawa (1951) où ce procédé est la base même du film et *La comtesse aux pieds nus** de Mankiewicz (1954). Toute cette construction très novatrice de *Citizen Kane* n'est cependant pas sans faille ni sur le plan de la cohérence ni sur celui de l'équilibre des parties. Après avoir montré son personnage uniquement à travers des témoignages, des écrits, des bandes d'actualités, Welles lui-même renie ce procédé et redevient un véritable narrateur-dieu pour révéler au spectateur dans la dernière séquence et par le moyen d'une narration directe le sens de « Rosebud ». D'autre part, l'importance accordée à la description de Kane comme Pygmalion raté (dans ses relations avec sa seconde épouse) paraît très excessive par rapport à tous les autres aspects de la vie de Kane. Quoi qu'il en soit, cette construction impressionna beaucoup le public et la critique. On peut estimer qu'elle le fit d'autant mieux que le personnage qu'elle était destinée à portraiturer n'est pas du tout à la hauteur de la subtilité structurale du film et manque singulièrement de substance. C'est là où le film paraît très inférieur à sa réputation. Kane est sans doute la plus belle « auberge espagnole » de l'histoire du cinéma dans le sens le plus négatif de l'expression ; c'est une baudruche, une enveloppe vide dont la principale réalité provient de deux éléments extérieurs. Le premier est la relation qu'il entretient avec sa « clé » (William Randolph Hearst) et qui lui donne, en tant que magnat de la presse et manipulateur de l'opinion américaine, une certaine valeur sociologique (même si Hearst n'est pas la seule clé de Kane — on cite aussi Basil Zaharoff, Howard Hughes, etc. — sa biographie et celle de Kane sont suffisamment voisines et riches en similitudes pour que Kane puisse être considéré comme une traduction cinématographique de Hearst). Le second est la ressemblance qu'il a avec Welles lui-même : mégalomanie, volonté constante de s'affirmer devant soi-même ou à la face du monde, tentation et fascination de l'inachevé, etc. Sur le plan dramatique, la plus belle réussite de Welles fut de susciter chez le public, face à ce gagneur, la compassion qu'on éprouve habituellement à l'égard des *losers*. (A noter que le film lui-même, à l'image de Kane, perdit malgré son succès de l'argent à sa sortie et ne devint bénéficiaire qu'au fil des ressorties.) Si certains, comme Sartre dans son célèbre article de « L'Écran français » (du 1-8-45), en partie renié, critiquèrent le film comme intellectualisant et esthétisant, leur réaction doit être également mise en relation avec le caractère paradoxalement falot du personnage en tant que héros de fiction. Kane est en effet presque totalement dépourvu d'épaisseur romanesque ou psychologique. Toute sa force est dans son mythe qui fait de lui un colosse aux pieds d'argile. Welles créera et interprétera des personnages autrement riches avec ceux d'Arkadin dans *Dossier secret** et du policier Quinlan dans *Touch of Evil**. Sur le plan visuel, *Citizen Kane* contient une série de procédés (courtes focales, plongées et contre-plongées, présence des plafonds dans le cadre, objets en amorce, etc.) que Welles n'a pas inventés mais dont il fait les figures de style d'une rhétorique baroque qui lui appartient en propre. C'est ici qu'il y a lieu de poser deux questions. *Citizen Kane* est-il un film révolutionnaire ? un film moderne ? Les idées reçues qui circulent à travers la plupart des histoires du cinéma nous imposent de répondre par l'affirmative ; mais c'est peut-être aller un peu vite en besogne. Stylistiquement, la dette de Welles vis-à-vis du passé est considérable : influence de l'expressionnisme dans les décors, les éclairages et jusque dans le schématisme de certains personnages secondaires, renforcé par la médiocrité de la direction des actrices (les acteurs masculins, eux, sont excellents) ; influence du cinéma russe dans le morcellement analytique et volontaire de la construction (jamais poussé aussi loin auparavant) et du découpage proprement dit. A cet égard, *Citizen Kane*, par son retour aux sources russes, paraît le contraire d'un film moderne, le cinéma moderne (Lang, Mizoguchi, Preminger) se voulant au contraire synthétique et d'une seule coulée, cherchant à faire oublier au maximum la présence et le rôle du montage dans ce désir irréalisable d'un film composé d'un seul plan long et parfaitement lisse. La révolution wellesienne n'aurait donc eu lieu que relativement à certaines habitudes hollywoodiennes. Reste la question de la profondeur de champ et de l'emploi du plan-séquence qui en découle, figure de style qui est l'une des bases du cinéma moderne et que Welles utilise. Mais chez lui la profondeur de champ est employée de manière si démonstrative, si voyante qu'elle se signale encore plus à l'attention, sans être plus riche de sens, que la succession des plans du découpage traditionnel. En ce qui concerne le célèbre plan de la découverte par Kane de la tentative de suicide de Susan (avec le verre et la fiole en amorce), considéré comme l'exemple parfait du plan-séquence avec profondeur de champ, loin de correspondre à un emploi réaliste, global, synthétique, totalisant, de l'espace cinématographique, il résulte — on le sait aujourd'hui — d'un trucage réalisé à l'intérieur de la caméra. Le plan fut d'abord filmé avec le point fait sur l'avant-plan éclairé, tandis que l'arrière-plan était noir et invisible, puis on fit défiler la pellicule en arrière pour refilmer le plan à nouveau avec l'avant-plan noir et le point fait sur l'arrière-plan éclairé. Welles se révèle ici, comme Kane, un manipulateur et un prestidigitateur hors pair ; et les principales victimes de sa manipulation sont ses thuriféraires, au premier rang desquels figure André Bazin. Après avoir jugé « naturelle » la mise en scène de ce plan, Bazin parle du « réalisme » de ce découpage en profondeur. « Réalisme en quelque sorte ontologique, écrit-il, qui restitue à l'objet et au décor leur densité d'être, leur poids de présence, réalisme dramatique qui se refuse à séparer l'acteur du décor, le premier plan des fonds, réalisme psychologique qui replace le spectateur dans les vraies conditions de la perception, laquelle n'est jamais tout à fait déterminée a priori » (*in* André Bazin : « Orson Welles », Editions du Cerf, 1972, Ramsay, 1988). Dans les trois domaines où Bazin le situe, ce soi-disant réalisme n'est que le produit des manipulations de Welles visant à enfermer la réalité dans un cadre dont la rigidité, l'extrême artifice, le caractère contraignant et figé sautent aux yeux, même si l'on ignore comment le plan a été fabriqué. C'est d'ailleurs une sorte d'aberration que de parler de réalisme, ontologique de surcroît, à propos de Welles qui s'en éloigne si radicalement par sa nature de baroque, sa vocation de prestidigitateur et de maître en artifices, son goût du déguisement, des maquillages et des postiches. Ces derniers sont d'ailleurs souvent détestables dans *Citizen Kane*, quoique rendus nécessaires par le fait que Welles incarne à vingt-cinq ans un homme qui en a entre vingt-six et soixante-dix. Sartre, lui, écrivait : « Tout est analysé, disséqué, présenté dans l'ordre intellectuel, dans un faux désordre qui est seulement la subordination de l'ordre des événements à celui des causes : tout est mort. Les inventions techniques du film ne sont pas faites pour rendre la vie. Il y a d'admirables photos [...] Seulement bien souvent on a l'impression que l'image « se préfère » ; nous sommes constamment débordés par ces images trop ridées, grimaçantes à force d'être travaillées. Comme un roman dont le style se pousserait toujours au premier plan et dont on oublierait à chaque instant les personnages ». (Ce texte figure notamment dans l'excellent ouvrage d'Olivier Barrot : « L'Écran Français, 1943-1953, histoire d'un journal et d'une époque », Les Éditeurs Français Réunis, 1979). Dernière question : *Citizen Kane* eut-il une influence prépondérante sur l'évolution de la mise en scène cinématographique ? Là encore, la plupart des historiens répondent par l'affirmative, et certains avec une exagération tout à fait délirante. Esthétiquement, l'influence concrète du film doit être cantonnée au *film noir* par l'intermédiaire de sa construction de film-enquête et par sa thématique de la nostalgie de l'enfance, du paradis perdu que résume le mot de passe « Rosebud ». C'est avec raison que Robert Ottoson, dans la préface à son « Reference Guide to the American Film Noir 1940-1950 », Scarecrow Press, 1981, place *Citizen Kane* parmi les huit facteurs principaux ayant déterminé la naissance du genre (après l'expressionnisme allemand, le réalisme poétique français, le roman policier « hard-boiled », le recours aux extérieurs comme élément d'économie dans le cinéma d'après-guerre, le climat de désespoir engendré par la guerre et la difficulté des anciens soldats à se réadapter à la société, l'intérêt pour la psychanalyse et pour Freud, enfin le néo-réalisme italien). S'agissant d'un cinéaste essentiellement baroque, l'influence de Welles fut forcément très limitée, les baroques ayant toujours représenté une infime minorité dans le cinéma d'Hollywood et d'ailleurs. Outre son influence sur quelques petits maîtres ayant vécu dans son orbe (Richard Wilson, Paul Wendkos), Welles marqua dans une certaine mesure la génération des nouveaux cinéastes américains des années 50 : Aldrich (surtout dans *Kiss Me Deadly**), N. Ray et Fuller. Mais là où *Citizen Kane* eut le rôle le plus déterminant, c'est dans la façon dont le public et surtout les cinéphiles et les cinéastes en herbe regardèrent le cinéma et la place du metteur en scène à l'intérieur de la création cinématographique. Étant le contraire d'une éminence grise mais un homme envahissant et cherchant toujours à prouver à autrui son propre génie, Welles devint pour certains l'emblème spectaculaire du metteur en scène-auteur. L'aurait-il été à ce point s'il n'avait pas été aussi, à l'intérieur du film, l'interprète du rôle principal ? A ce jeune homme de vingt-cinq ans, ayant déjà derrière lui les carrières de peintre, de journaliste, d'acteur, de directeur de troupe, d'homme de théâtre et de radio, la RKO confia pour son premier film un gros budget et une liberté totale incluant même – privilège suprême – le contrôle du montage final. A ce titre, *Citizen Kane,* avant même le premier jour de tournage, était déjà une bombe. Le génie publicitaire et auto-publicitaire de Welles, qui impressionna tant les cinéastes de la Nouvelle Vague française, fit le reste. A tel point qu'on oublia même, pendant une trentaine d'années, l'apport pourtant essentiel du co-scénariste Herman J. Mankiewicz, l'aîné brillant de Joseph L., qui faisait tant d'ombre à son cadet que celui-ci déclara un jour : « Je sais ce qu'on inscrira sur ma tombe : Ci-gît Herm... Je veux dire Joe Mankiewicz. » Après tout, une grande part de la substance et de la construction du film, ainsi que l'immortel « Rosebud », appartiennent en propre à Herman J. Mankiewicz qui écrivit seul les deux premiers états du scénario. (Il ne faut pas minimiser non plus l'apport du chef-opérateur Gregg Toland et du musicien Bernard Herrmann, même si le travail de ce dernier n'est ici qu'un pâle brouillon de ce qu'il fera plus tard pour Mankiewicz ou Hitchcock.) En conclusion, on pourrait presque dire que *Citizen Kane* fut plus important pour l'histoire de la critique cinématographique que pour l'art du cinéma proprement dit. *Citizen Kane* a appris à beaucoup de spectateurs à mieux voir les films et à mieux juger de l'importance du metteur en scène à l'intérieur de cette création collective qu'est la réalisation d'un film. Evidemment, ils auraient pu le faire sans lui. Pour le reste, excepté Hitchcock, Ford et deux ou trois autres, et contrairement à l'assertion de ceux qui pensent que Welles modifia profondément avec ce film le statut du réalisateur à Hollywood, la plupart des grands metteurs en scène hollywoodiens (Lang, Walsh, Tourneur, Sirk, etc.) restèrent, après comme avant Welles, relativement dans l'ombre. Et, pour la plupart d'entre eux, cette discrétion leur convenait. Comment auraient-ils eu besoin de Welles pour s'affirmer ?

BIBLIO. : scénario et dialogues *in* « L'Avant-Scène » nº 11 (1962). « The *Citizen Kane* Book », Boston, Little, Brown, 1971, contient le scénario de tournage et la retranscription minutieuse du découpage du film réel. Dans sa célèbre préface, « Raising Kane », Pauline Kael attribue à Herman Mankiewicz l'essentiel de l'écriture du script. Sans doute excessive, sa prise de position a le mérite de relancer le débat sur le sujet. Voir aussi Robert L. Carringer : « The Making of *Citizen Kane* », Londres, John Murray, 1985. Examen détaillé de la genèse du film dans ses différents aspects. Documents originaux (ex. photo de la scène de la maison close, plus tard remplacée par celle du banquet de l'« Inquirer » avec les girls) Pour la genèse du scénario, voir Richard Meryman : « The Wit, World and Life of Herman Mankiewicz », New York, William Morrow, 1978. Dans cette biographie, l'auteur affirme avoir retrouvé l'origine du traîneau de Kane : une bicyclette appartenant au jeune Mankiewicz. « Elle lui fut volée alors qu'il s'était mal conduit et, en guise de châtiment, ne fut jamais remplacée. La bicyclette devint le symbole de l'amertume d'Herman causée par son père prussien et le manque d'affection ressenti durant son enfance ». Sur la foi de différents témoignages et notamment d'un assistant de Welles, l'auteur affirme aussi que Welles employa tous les moyens pour décourager Mankiewicz de signer avec lui le scénario au générique.

## CLANDESTINS (LES)

1946 – France (95') • *Prod.* Ciné Sélection • *Réal.* ANDRÉ CHOTIN • *Sc.* Pierre Lestringuez d'ap. récit de Lucien Barnier • *Phot.* Georges Million • *Mus.* Wal-Berg • *Int.* Georges Rollin (Laurent), Constant Rémy (le prêtre), Samson Fainsilber (Dr Vetter), Suzy Carrier (Nicole), Guillaume de Sax (le père de Nicole).

Avril 1944. A Paris, des résistants impriment un journal clandestin. Ils sont dénoncés et les Allemands envahissent leur local. Un typo blessé est recueilli par une jeune fille dont le père est collaborateur. Il est soigné par un médecin juif habitant l'immeuble. Rétabli, le typo identifie le mouchard qui est abattu. Il prend le maquis, suivi contre sa volonté par la jeune fille. Elle entraîne également son frère. Ensemble, avec leurs camarades, ils font sauter une voie de chemin de fer. Le médecin qui leur fabriquait de fausses cartes d'identité est arrêté, torturé et rendu aveugle à la suite de coups de gourdin reçus en pleine face. Le groupe de résistants attaque le Q G allemand, eux-mêmes déguisés en Allemands. Le frère de la jeune fille meurt durant le coup. Août. La Libération. A Paris, le père collaborateur dit qu'il ne sait plus où est le bien, où est le mal. Il pleure la mort de son fils. Le typo arrive et rejoint la jeune fille, sa fiancée.

☞ Ce film sorti en avril 1946 n'a pas une grande valeur artistique. Son originalité est ailleurs : dans la proximité entre la date des événements relatés et celle du tournage. Il en résulte une sorte de réalisme à chaud, élémentaire, véridique, brutal et assez impressionnant. La fiction est à peine fiction et la vérité s'est insinuée dans ce récit qui n'a pas eu le temps de devenir une œuvre d'art et cherche seulement à raconter le présent le plus vite possible. Cela lui donne un certain intérêt documentaire et historique. On a les *Rome, ville ouverte** qu'on peut. Au demeurant, le film n'est nullement méprisable et prouve aussi, contrairement à une idée fausse largement répandue, que la Résistance fut présente dans la fiction populaire de l'époque et pas seulement dans les films de René Clément (cf. *Peloton d'exécution*, Berthomieu, 1945, *Vive la liberté*, Jeff Musso, 1946, *Mission spéciale*, Maurice de Canonge, 1946, *Les démons de l'aube*, Yves Allégret, 1946, *Nuits d'alerte*, Léon Mathot, 1946).

## CLASSE 84 (Class of 1984)

1982 – USA (96') • *Prod.* UFD (Arthur Kent) •*Réal.* MARK LESTER •*Sc.* Mark Lester, John Saxton, Tom Holland d'ap. une histoire de Tom Holland • *Phot.* Albert Dunk (couleurs) • *Mus.* Lalo Schifrin • *Int.* Perry King (Andy Morris), Timothy Van Patten (Peter Stegman), Stefan Arngrim (Drugstore), Michael Fox (Arthur), Keith Knight (Barnyard), Lisa Langlois (Patsy), Neil Clifford (Fallon).

Un gang de jeunes qui se livre au trafic de drogue et à toutes sortes de violences sévit dans l'impunité à l'intérieur de la Lincoln High School. Un professeur de musique, récemment nommé, essaie de mettre fin à ces exactions. Après le viol de son épouse perpétré à titre de vengeance par le gang, il éliminera physiquement un par un tous ses membres.

☞ Ce récit d'« ultra-violence » est caractéristique d'une série de bandes commerciales qu'on peut définir comme la postérité lointaine et abâtardie d'*Orange mécanique**, modifiée de surcroît sous la double influence des films d'auto-défense (cf. *Death Wish, Un justicier dans la ville* de Michael Winner, 1974) et des films d'horreur les plus sanglants. Le film se situe en milieu scolaire et se trouve ainsi participer à une réflexion permanente du cinéma américain sur les rapports enseignants-étudiants (cf. *Blackboard Jungle, Up the Down Staircase**, etc.). Rapports placés le plus souvent sous le signe de la violence. Les excès et la complaisance même de certaines péripéties de *Classe 84* ne sont pas sans comporter une analyse sociologique primaire du libéralisme policier et judiciaire américain, de la démission et de la politique de l'autruche pratiquées par les autorités universitaires. Cette analyse donne lieu à quelques séquences originales. Celle notamment où un professeur alcoolique, honteux de sa passivité, ne trouve d'autre solution que de faire sa classe revolver au poing, et obtient alors de ses élèves des résultats étonnants. Celle aussi du massacre final qui se clôt par l'apparition du dernier survivant du gang pendu au-dessus des sages exécutants d'un concert de Tchaïkovski donné devant les parents d'élèves et un jury musical.

## CLEPSYDRE (LA)
## (Sanatorium pod clepsydra)

1972 – Pologne (120') • *Prod.* Film Polski (Silesia Film Unit) • *Réal.* WOJCIECH HAS • *Sc.* W. Has d'ap. nouvelles de Bruno Schulz • *Phot.* Witold Sobocinski (Eastmancolor) • *Mus.* Jerzy Maksymiuk •*Int.* Jan Nowicki (Joseph), Tadeusz Kondrat (le père), Irena Orska (la mère), Halina Kowalska (Adela), Gustav Holoubek (Dr Gotard).

Un homme se rend dans un sanatorium où son père agonise et où lui-même demande à être soigné. Le directeur lui explique qu'en fonction de la relativité du temps sur laquelle il travaille et qu'il utilise comme matériau de sa thérapeutique son père est mort partout ailleurs, mais pas ici. L'homme va traverser, à l'intérieur du sanatorium et dans ses environs immédiats, des pièces délabrées, des jardins secrets et hétéroclites où revivent — et n'ont peut-être jamais cessé de vivre — son enfance (il parle avec lui-même enfant et sa mère lui parle comme à un enfant), son père, commerçant juif en tissus, des personnages historiques (Bismarck, Edison), des soldats, des anonymes qui prennent parfois l'aspect d'automates et se brisent quand ils tombent...

☞ *Le manuscrit trouvé à Saragosse* (1965), tiré du roman de Potocki, avait frappé le spectateur par sa truculence picaresque et osée (rarissime dans un film de l'Est) et par sa construction en récits gigognes qui tendait vers l'hermétisme au sein d'un univers de visionnaire profondément fantastique. Has récidive ici avec une œuvre tout aussi insolite, adaptée de textes de Bruno Schultz, le « Kafka polonais » (Jean-Loup Passek). La truculence en est absente, l'audace intermittente, le fantastique plus affirmé et plus délirant que jamais. A ce musée du temps et à ses horreurs la couleur apporte un élément essentiel qui enrichit beaucoup les décors fantasmagoriques et morbides qu'affectionne l'auteur. Plus qu'un film sur la mémoire, *La clepsydre* est une œuvre dominée par l'obsession de la décrépitude et de la décomposition. A cause de cela, Has aurait été, s'il l'avait voulu, et l'est déjà en quelque sorte, le meilleur illustrateur de Poe à l'écran. Il faut signaler que ce film où le personnage principal erre comme dans un labyrinthe (un labyrinthe chronologique), où la plupart des scènes se répètent trois ou quatre fois avec d'infimes variations, constituera un calvaire pour le spectateur cartésien, épris de narrations claires, denses et progressives.

## CLOCHES DE SAINTE-MARIE (LES)
## (The Bells of St. Mary's)

1945 – USA (126') • *Prod.* RKO – Rainbow Pictures (Leo McCarey) • *Réal.* LEO McCAREY • *Sc.* Dudley Nichols d'ap. une histoire de Leo McCarey • *Phot.* George Barnes • *Mus.* Robert Emmet Dolan • *Int.* Bing Crosby (Père O'Malley), Ingrid Bergman (Sœur Mary-Benedict), Henry Travers (Mr. Horace P. Bogardus), Ruth Donnelly (Sœur Michael), Rhys Williams (Dr McKay), William Gargan (le père de Patsy), Joan Carroll (Patsy), Dickie Tyler (Eddie), Una O'Connor (Mrs. Breen).

Le Père O'Malley vient remplacer le Père Fogarty qui s'est usé à la tâche en supervisant le fonctionnement de l'école paroissiale de Sainte-Marie tenue par des sœurs. Il rencontre la sœur supérieure, Sœur Bénédicte, et s'aperçoit vite que leurs conceptions pédagogiques s'opposent sur bien des points. Sœur Bénédicte a appris au jeune Eddie à « tendre l'autre joue » et le gamin passe pour un lâche dans les bagarres qui l'opposent régulièrement à un autre gosse, lequel fait l'admiration du Père O'Malley pour sa pugnacité. Sœur Bénédicte achète un manuel de boxe et entraîne son « poulain » de manière à ce qu'il puisse enfin l'emporter sur son adversaire. De son côté, le Père O'Malley a admis dans l'école une adolescente, Patricia, que sa mère, abandonnée par son mari, un pianiste, a élevée seule. Patricia n'est pas une brillante élève et O'Malley l'aide à rédiger sa rédaction sur les cinq sens afin qu'elle reprenne confiance en elle-même. Il lui explique notamment qu'il existe un sixième sens sans lequel l'usage des cinq autres est gravement incomplet : le bon sens. En toute naïveté, les sœurs de Sainte-Marie prient ardemment pour que leur voisin, M. Bogardus, un homme d'affaires égoïste et féroce, leur fasse don de l'immeuble jouxtant leur école qu'il est en train de restaurer à grands frais. Elles s'imaginent que leurs prières suffiront à exaucer leur vœu. Bogardus, lui, ne rêve que d'annexer l'école qui tombe en ruines pour en faire un parking. Victime de surmenage, il souffre du cœur. O'Malley conseille au docteur qui soigne Bogardus de suggérer à son client que le bien qu'on fait autour de soi est le meilleur remède contre toutes les affections physiques et morales. Effectivement, comme par miracle, Bogardus découvre le bonheur d'être bon et donne son immeuble à l'école. O'Malley retrouve le mari de la mère de Patricia et réunit les deux époux. A la veille de passer son examen de fin d'année, Patricia voit son père (qu'elle ne connaît pas) en compagnie de sa mère et s'imagine que celle-ci a une liaison. Elle rate son examen. O'Malley tente de convaincre Sœur Bénédicte de lui remonter ses notes, mais celle-ci reste inflexible. Le jour de la remise des diplômes, Patricia avouera à sœur Bénédicte qu'elle a fait exprès de rater son examen afin de rester une année de plus à l'école. O'Malley lui présente son père et elle voit – enfin – ses parents réunis. Sœur Bénédicte est atteinte d'un début de tuberculose. Le docteur demande à O'Malley de la faire muter dans un climat plus sec, en Arizona par exemple, mais sans la mettre au courant de son mal pour ne pas la démoraliser. Au moment de lui faire ses adieux, O'Malley ne peut supporter le désarroi de la sœur qui s'imagine qu'elle est sanctionnée pour avoir mal accompli sa tâche. Il lui annonce qu'elle a la tuberculose. Radieuse et reconnaissante, elle le remercie avec effusion : « Vous m'avez rendu le bonheur ».

☞ Après le triomphe imprévu de *Going My Way* *, (*La route semée d'étoiles*), McCarey, ne trouvant pas de scénario digne de ce film, décide de lui donner une suite. Il reprend le même personnage de prêtre interprété par Bing Crosby et l'envoie cette fois accomplir son sacerdoce parmi des religieuses dans un lieu tout pareil à celui de *Going My Way* * : un oasis de calme et de sérénité situé au cœur de la grande ville. Dans cet ermitage, d'ailleurs menacé de disparition, toutes sortes de problèmes humains, qui n'ont rien perdu aujourd'hui de leur actualité (séparation des parents, sentiment d'abandon des enfants, échec scolaire, etc.) viendront chercher et trouver une solution paisible et harmonieuse. *Les cloches de Sainte-Marie* est un *Going My Way* * moins mouvementé dans lequel l'accent mis sur l'aspect féminin de la vie monacale et sur les vertus mariales du catholicisme apporte à l'œuvre un surcroît de douceur et de limpidité. Une dramaturgie souple, invisible, supérieurement habile et inventive, expose l'action sous la forme d'un chapelet de très longues scènes qui semblent indépendantes les unes des autres tant elles ont leur durée, leur contenu, leur émotion propres. Elles sont en réalité profondément reliées entre elles par leur inspiration et leur finalité communes : mettre en pratique une conception souriante de la spiritualité et de la bonté comme catharsis permanente, comme remède providentiel à tous les maux physiques et moraux de l'humanité. Chacune de ces scènes (le discours inaugural d'O'Malley face à une assemblée de nonnes auxquelles la vision d'un chat jouant avec le chapeau du prêtre donne le fou rire ; la leçon de boxe donnée à un enfant par la sœur supérieure ; la représentation de la Nativité jouée par des bébés etc.) apparaît comme une improvisation géniale, créée dans le pur présent du tournage par un réalisateur dont le *bonheur d'expression* (et chez McCarey cette formule trouve vraiment tout son sens) n'a d'égal que la fermeté des convictions. Moins abondante que dans *Going My Way**, la musique, qu'elle soit d'inspiration religieuse ou profane, baigne le film. Le père O'Malley dira à propos d'un personnage, exprimant là directement l'opinion de McCarey : « J'aime quelqu'un qui aime la musique. » Le personnage interprété par Bergman a été inspiré à McCarey par l'une de ses tantes, co-fondatrice du couvent du Cœur Immaculé à Hollywood, et il a donné son nom, Bénédicte, à l'héroïne. Bergman trouve ici son plus beau rôle en ce sens qu'on n'imagine personne capable de le jouer à sa place et de le porter à un tel degré d'épanouissement et de plénitude. A chaque vision, le film replace le spectateur dans cette zone affective de lui-même où le rire et les larmes communiquent, où la distance entre les personnages et lui s'abolit, car il entre sans effort en contact avec ce que ces personnages ont en eux de meilleur et de plus bénéfique. Les films de McCarey n'ont d'ailleurs pas d'autre but : « J'aime qu'on rie, j'aime qu'on pleure, disait-il, j'aime que l'histoire raconte quelque chose et je veux que le public à la sortie de la salle se sente plus heureux qu'il ne l'était en entrant. »

N.B. On peut lire à la fin du chapitre VIII de l'autobiographie d'Ingrid Bergman rédigée en partie à la troisième personne (« Ma Vie », Fayard, 1980) : « Ce fut un film heureux, durant le tournage duquel se déroula la traditionnelle remise des Oscars décernés par l'Académie des Arts. » L'année précédente, c'est-à-dire en 1943, Ingrid avait été désignée pour son interprétation de Maria dans *Pour qui sonne le glas,* mais elle avait été évincée par Jennifer Jones (*The Song of Bernadette**). Maintenant, elle était « nommée » pour *Hantise* *. Avant que la meilleure actrice n'ait été proclamée, Bing Crosby et Leo McCarey obtinrent respectivement l'Oscar du meilleur acteur et du meilleur metteur en scène pour *La route semée d'étoiles* *. Lorsqu'à son tour elle reçut son Oscar, Ingrid remercia l'assemblée en ces termes : « Je suis profondément reconnaissante de cette récompense. Et je suis particulièrement contente de la recevoir en ce moment, car je tourne actuellement un film intitulé *Les cloches de Sainte-Marie* avec Mr. Crosby et Mr. McCarey et j'avais bien peur que, me voyant arriver demain sur le plateau les mains vides, ils ne m'adressent plus la parole ! »

## CLUB DES TROIS (LE)
### (The Unholy Three)

1925 – USA (7 bob.) • *Prod.* MGM (Browning) • *Réal.* TOD BROWNING • *Sc.* Waldemar Young d'ap. une histoire de Tod Robbins • *Phot.* David Kesson • *Int.* Lon Chaney (Echo), Mae Busch (Rosie), Matt Moore (Hector MacDonald), Victor McLaglen (Hercule), Harry Earles (Tweedledee), Harry Betz (Regan), Edward Connelly.

Trois monstres de foire, l'athlète Hercule, le ventriloque Echo et le nain Tweedledee, ont l'habitude d'effectuer leur numéro, tandis qu'une complice à eux, Rosie, joue les pickpockets parmi la foule. Les trois acolytes décident de monter une escroquerie plus savante et plus rémunératrice. Ils ouvrent une boutique de perroquets muets que Echo fait « parler » en présence des acheteurs potentiels grâce à ses dons de ventriloque. Une fois rentrés chez eux, les clients mécontents convoquent en général les vendeurs pour leur faire constater le mutisme obstiné de leur acquisition. Echo, utilisant toujours son fameux don, est alors à même de leur prouver qu'ils se trompent. Il prend la précaution de se déguiser en grand-mère et pousse dans un landau le nain Tweedledee, censé être un inoffensif bébé. Ayant repéré les lieux, les bandits reviennent ensuite cambrioler les maisons. Après un coup qui a mal tourné, la responsabilité d'un meurtre commis par Hercule et le nain retombe sur Hector, le nouveau comptable de la bande. Rosie est amoureuse de lui. Elle jure à Echo de partager sa vie s'il parvient à sauver Hector. Au procès, Echo s'accuse et s'arrange pour être libéré ainsi qu'Hector. Parallèlement, le nain et Hercule ne s'entendent pas dans leurs combines pour spolier Echo de sa part de butin et s'entretuent par chimpanzé interposé. Après le procès, Rosie déclare à Echo qu'elle est prête à accomplir sa promesse. Il éclate de rire et la délie de son serment.

☞ Quatrième des dix collaborations Tod Browning-Lon Chaney. Ce scénario insensé et parfois obscur, mais doté d'une excellente progression dramatique, permet une fois de plus à Tod Browning d'exprimer sa fascination pour les monstres. Ils sont regroupés ici en une communauté, à l'opposé de *The Unknown**, 1927, où Lon Chaney occupera seul la vedette. Cette réunion hétérogène de monstres accentue encore l'extravagance du récit auquel s'ajoute un élément de satanisme mêlé d'humour qui sera absent de *The Unknown**, film volontairement plus homogène, plus linéaire et plus tragique. L'intrigue du *Club des trois* comprend à titre d'alibi des éléments mélodramatiques et moralisants, auxquels l'auteur ne s'intéresse guère. Il le laisse d'ailleurs bien voir. Ce qui le passionne, c'est de montrer que ces monstres ont une logique à eux, féroce et sans compromis, et surtout qu'ils possèdent une intensité de vie que les acteurs expriment à travers un jeu instinctif, non théâtral, constamment étonnant. Le nain, dans cette optique, est le plus avantagé. Il vole dans une certaine mesure la vedette à Lon Chaney qui se rattrape en utilisant ses dons pour le maquillage et le travestissement. Le couple formé par la fausse grand-mère et le faux bébé est un des plus insolites qui aient jamais paru sur un écran. Cette histoire de ventriloque escroc appelait évidemment un remake parlant : il fut réalisé cinq ans plus tard par Jack Conway et interprété par Lon Chaney dans son unique film parlant.

## CLUB HAVANA

Inédit en France. 1945 – USA (62') • *Prod.* PRC • *Réal.* EDGAR GEORGE ULMER • *Sc.* Raymond L. Schrock d'ap. une histoire de Fred L. Jackson • *Phot.* Benjamin N. Kline • *Mus.* Howard Jackson • *Int.* Tom Neal (Bill Porter), Margaret Lindsay (Rosalind), Don Douglas (Johnny Norton), Isabelita (elle-même), Dorothy Morris (Lucy), Ernest Truex (Willy Kingston), Renie Riano (Mme Cavendish).

Une soirée au Club Havana. Six couples entremêlent leurs destins au son de musiques exotiques. Une femme plus très jeune apprend que son amant veut rompre. A l'inverse, à une table voisine, un couple se reconstitue. La délaissée va aux toilettes et avale des somnifères. Un jeune médecin, présent dans la salle avec sa fiancée, la sauvera. Les somnifères appartenaient à une veuve riche et cynique, fort laide et chargée d'enfants. Elle met au point, en leur présence, un mariage d'affaires avec un partenaire capable de faire fructifier son capital. Le pianiste du club possède une information permettant de détruire l'alibi d'un gangster, présent également dans la salle. Il vient de tuer une chanteuse de cabaret. Le pianiste téléphone à la police mais la standardiste, amoureuse du gangster, lui rapporte la conversation. Quand la police arrive et emmène le gangster, le pianiste est soulagé. Il accepte de confier son revolver à sa fiancée, la chanteuse Isabelita qui se produit au club. Il ignore que le gangster a chargé un tueur de l'abattre. Le club ferme ses portes. La standardiste, prise de remords, écrase le tueur avec sa voiture. Celui-ci a juste le temps de lui loger une balle en plein front. La police emmène le pianiste. Il témoignera. L'homme qui voulait rompre jure maintenant à l'ex-suicidée qu'il ne saurait se passer d'elle.

☞ L'un des films les plus parfaits et les plus typiques du réalisateur. En soixante minutes, à l'aide d'un budget dérisoire (on parla à juste titre de *Grand Hôtel* du pauvre), Ulmer présente une vingtaine de personnages principaux et filme cinq numéros musicaux, le tout sur un rythme paisible qui accorde à chacun son temps de parole, son fragment de destin. Comédie humaine en réduction, en miniature même, c'est ici ou jamais l'occasion de parler de microcosme. Cette miniaturisation exprime à merveille le point de vue d'Ulmer sur le monde, qui est toujours le point de vue de Sirius ou de Mars. La terre vue de la planète Mars, comme dans tous les films d'Ulmer. Les hommes et les femmes sont ces marionnettes à la fois dérisoires et pathétiques qui font trois petits tours et puis s'en vont, sous le regard compatissant et lointain du génial disciple de Murnau. L'ange du bizarre n'apparaît pas spécialement dans tel ou tel aspect de l'intrigue, ni dans le genre auquel elle appartient. Il est présent partout : dans la distance du regard du cinéaste aussi bien que dans cet enchevêtrement hétéroclite, cet inventaire express des passions humaines (cynisme, désespoir, amour tendre, amour meurtrier etc.).

## COLLINE DES POTENCES (LA)
**(The Hanging Tree)**

1958 – USA (106') • *Prod.* Warner (Martin Jurow et Richard Shepherd – A Baroda Prod.) • *Réal.* DELMER DAVES • *Sc.* Wendell Mayes et Halstead Welles d'ap. R. de Dorothy Johnson • *Phot.* Ted McCord (Technicolor) • *Mus.* Max Steiner • *Int.* Gary Cooper (Joe Frail), Maria Schell (Elizabeth Mahler), Karl-Malden (Frenchy Plante), Ben Piazza (Rune), Karl Swenson (Tom Flaunce), Virginia Gregg (Edna Flaunce), George C. Scott (George Grubb), John Dierkes (Society Red).

1873. Le Dr Frail, un homme au passé trouble (on murmure qu'il a incendié sa maison après le suicide de sa femme), s'installe au sein d'une petite agglomération de chercheurs d'or au Montana. Il sauve un jeune voleur, Rune, traqué par les gens du cru et en passe d'être lynché. Il le soigne et l'oblige à payer sa dette à son égard en devenant son domestique. Frail se révèle à l'occasion un redoutable joueur de poker et agit comme quelqu'un qui n'est pas décidé à se laisser marcher sur les pieds : il chasse à coups de revolver le guérisseur George Grubb qui tient contre lui des discours enflammés. C'est également un médecin dévoué qui fait bénéficier gratis de ses soins les familles les plus pauvres. La seule rescapée d'une attaque de diligence, Elizabeth Mahler, une jeune femme venue de Suisse tenter sa chance dans l'Ouest, est retrouvée par le prospecteur Frenchy. Présentement aveugle, brûlée par le soleil, en état de choc et d'insolation, elle ne veut pas lâcher le bidon d'eau qu'il lui a donné. Frail réussit à la faire parler et la recueille chez lui au grand dam des bigotes locales. Il se bagarre violemment avec Frenchy qui voulait embrasser de force sa protégée en profitant de son infirmité. Le moment venu, Frail enlève à Elizabeth son bandeau et peu à peu elle réapprend à voir, se promenant parmi les fleurs sur la colline qui surplombe toute la région. Elle ne cache pas sa reconnaissance et sa tendresse envers Frail qui pourtant la repousse et veut même qu'elle retourne en Suisse. Vexée, elle s'associe pour l'exploitation d'une mine avec Frenchy et Rune que Frail a libéré de son obligation de le servir. Elle obtient un prêt en donnant comme garantie un bijou de famille qu'elle croit valoir une fortune mais qui est en fait sans valeur. C'est Frail qui, dans la coulisse et sans qu'elle en sache rien, lui assure ce financement. Avec ses deux associés, elle installe une descente d'eau qui irrigue bientôt son terrain. Mais l'or tarde à apparaître. Elle apprend, à cause de la malveillance des bigotes locales, l'origine de son prêt. Elle n'en est que plus reconnaissante à Frail dont elle comprend mal la réserve. Un arbre déraciné s'est abattu sur son terrain : dans ses racines apparaissent des multitudes de pépites. Frenchy fête l'événement, et, à moitié ivre, veut prendre de force Elizabeth qu'il désirait depuis longtemps. Frail survient et lui tire dessus. Frenchy, en reculant, tombe dans un gouffre. Le guérisseur monte contre Frail la population qui s'apprête à le lyncher. Elizabeth offre alors son or à la meute, seul moyen de sauver Frail de la mort et de lui montrer en même temps tout l'amour qu'elle a pour lui.

☞ L'œuvre de Daves dont la richesse a jusqu'ici été insuffisamment étudiée est une œuvre charnière dans l'histoire du cinéma américain. Elle se situe entre les grands pionniers d'Hollywood (DeMille, Ford, Dwan), dont il lui arrive de partager le rousseauisme, le classicisme ou la générosité d'inspiration, et les révolutionnaires de l'après-guerre (Aldrich, Mann, Ray, Fuller) dont elle est contemporaine et parfois très proche par les innovations, les bouleversements qu'elle introduit au sein des habitudes et des vieilles traditions hollywoodiennes. Révolutionnaire plus tranquille qu'Aldrich, Mann et les autres mais non moins obstiné, Daves malmène les genres autant qu'un Ray ou un Fregonese, pulvérise le manichéisme traditionnel et, à travers le désordre formel que sa nature bouillonnante et féconde sème un peu partout, renouvelle profondément le cinéma hollywoodien. (Juste après *La colline des potences,* il s'inventera même un genre pour lui tout seul, une nouvelle mouture de mélodrame social, coloré et baroque — cf. *A Summer Place** et la série qui en découla — consacrée aux problèmes de la jeunesse et à leurs relations avec les adultes.) Il est particulièrement à l'aise dans le western, genre qu'il a étudié, traité et illustré en savant et en historien autant qu'en poète. *La colline des potences,* l'avant-dernière de ses dix incursions dans le genre, représente en quelque sorte la somme insolite et parfois baroque de son apport. La plupart des films de Daves (films de guerre, *films noirs,* westerns) tendent plus ou moins, par tel ou tel de leurs aspects, à devenir des mélodrames. Celui-ci n'échappe pas à la règle. Son héroïne maltraitée par le sort, abandonnée, seule au monde, provisoirement aveugle, dominée par un sentiment de dévotion et d'amour envers son bienfaiteur, est un pur personnage de mélodrame. Le mélodrame représente pour Daves le genre qui, entre tous, valorise les émotions des personnages, plus importantes à ses yeux que la conduite rigoureuse d'une intrigue. Les mouvements à la grue qu'il affectionne et qui sont souvent sans rapport logique et immédiat avec l'intrigue, magnifient ces émotions qui à leur tour, en tant que relais, servent à faire communier le spectateur avec le paysage. Le lyrisme de la caméra cherche à exprimer avec la même intensité les émotions des personnages et une vision panthéiste de la nature, poétiquement accordée à ces émotions, lesquelles ont sur le plan moral une valeur purificatrice en elles-mêmes et émanent de personnages nullement simples au départ et même souvent ambigus. C'est là un autre apport de Daves, ennemi juré du manichéisme. Le personnage de Gary Cooper est ici à la fois héroïque et diabolique, un peu monstrueux et très vulnérable. Son passé mystérieux est plein de secrets comme celui d'un héros d'Anthony Mann. Mais plus baroque que Mann, Daves se plaira à ne jamais l'éclaircir tout à fait. Il multiplie au contraire les contradictions dans sa psychologie – générosité et autoritarisme, dévouement et caractère possessif – afin de faire tomber les certitudes morales du spectateur. Car les films de Daves, souvent documentaires, ont aussi un but pédagogique : dessiller les yeux du spectateur, battre en brèche les préjugés et les idées reçues. Débuts spectaculaires de George C. Scott dans un rôle de guérisseur et de prédicateur enfiévré ; son personnage, marginal mais essentiel, a pour mission d'incarner dans l'intrigue ce que Daves déteste le plus au monde : le fanatisme, antichambre de la violence, de la folie et de la mort.

## COLLINES BRULANTES
### (The Burning Hills)

1956 – USA (94') • *Prod.* Warner (Richard Whorf) • *Réal.* STUART HEISLER • *Sc.* Irving Wallace d'ap. un sujet de Louis L'Amour • *Phot.* Ted McCord (Technicolor-Cinémascope) • *Mus.* David Buttolph • *Int.* Tab Hunter (Trace Jordan), Natalie Wood (Maria Colton), Skip Homeier (Jack Sutton), Eduard Franz (Jacob Lantz), Earl Holliman (Mort Bayliss), Claude Akins (Ben Hindeman), Ray Teal (Joe Sutton).

Son frère venant d'être assassiné, Trace Jordan va trouver dans la ville voisine d'Esperanza le patron de la bande des tueurs responsables du meurtre. C'est un gros propriétaire, Joe Sutton, qui depuis longtemps élimine tous les éleveurs qui s'installent à moins de cinquante kilomètres de ses terres. Au cours de la discussion, Jordan en état de légitime défense blesse grièvement Sutton. Il est désormais traqué par le fils Sutton, Jack, et sa bande. En l'absence de tout shérif dans la ville, son but est d'aller informer la garnison la plus proche des agissements de Sutton. Il est aidé activement dans son entreprise par la jeune Maria Colton, née de mère mexicaine et de père américain ; ce dernier a été autrefois tué par la bande de Sutton à laquelle elle voue une haine mortelle. Elle soignera Jordan quand il sera blessé, le cachera dans une mine désaffectée et le rejoindra un peu plus tard dans une autre cachette qu'elle lui avait indiquée, après avoir drogué les membres de la bande et, en particulier, Jack Sutton qui voulait la faire parler. Un groupe de Comanches éliminera une grande partie de la bande et, à l'issue d'une longue bagarre, Jordan viendra à bout de Jack Sutton. La route est maintenant libre pour aller contacter la garnison.

☞ Western parfaitement classique (l'un des tout derniers du genre) trouvant son originalité dans l'extrême jeunesse des deux protagonistes. Natalie Wood, dans l'un de ses meilleurs rôles, campe avec vivacité et dynamisme cette jeune fille en révolte qui, nantie d'un frère et d'un oncle passablement lâches et paresseux, doit tenir tête à elle seule à toute une bande de tueurs. Si le film contient beaucoup de violence (Heisler est, comme Hathaway et Gordon Douglas, orfèvre en la matière), cette violence n'est rien d'autre que la conséquence d'un élan contrarié des deux héros vers la paix et le bonheur. Sans complaisance ni pathos, le film est en effet d'une grande santé. Le métier éclectique et quasi infaillible de Stuart Heisler valorise particulièrement l'espace et les paysages. La très longue bagarre finale au milieu des rochers n'est pas indigne d'Anthony Mann.

N.B. Durant une courte maladie d'Heisler, quelques scènes en studio et notamment dans la mine furent tournées par le producteur Richard Whorf (lui-même réalisateur de 1944 à 1951).

## COLONEL BLIMP
## (The Life and Death of Colonel Blimp)

1943 – Angleterre (160') • *Prod.* The Archers (Michael Powell, Emeric Pressburger) • *Réal.* MICHAEL POWELL • *Sc.* M. Powell, E. Pressburger • *Phot.* Georges Périnal (Technicolor) • *Mus.* Allan Gray • *Int.* Anton Walbrook (Theo Kretschmar-Schuldorff), Roger Livesey (Clive Candy), Deborah Kerr (Edith/Barbara/Angela), Roland Culver (colonel Betteridge), James McKechnie (Spud Wilson), Albert Lieven (von Ritter), Arthur Wontner (conseiller d'ambassade), David Hutcheson (Hoppy), Ursula Jeans (Frau von Kalteneck), John Laurie (Murdoch), Felix Aylmer (l'évêque), Carl Jaffe (von Reumann), David Ward (Kaunitz).

1942. L'armée anglaise organise des manœuvres pour la défense de Londres. « La guerre doit commencer à minuit », telle est la consigne. Mais un jeune officier des « Home Guards », Spud Wilson, estime que dans la lutte contre les nazis aucune règle ne doit être respectée et que tous les coups sont permis, pourvu qu'ils soient efficaces. Aussi décide-t-il de commencer l'attaque à six heures et de capturer le général Clive Candy et d'autres haut gradés dans un bain turc. Le coup réussit parfaitement. Après une algarade dans la piscine avec le jeune Wilson, le vieux général Candy se remémore ce qu'il était lui-même, quand il avait l'âge de ce blanc-bec, quarante ans auparavant. Ayant appris par une jeune Anglaise, Edith Hunter, travaillant à Berlin qu'une propagande particulièrement calomnieuse salissait l'Angleterre en cette époque de fin de guerre des Boers (Clive avait obtenu en Afrique du Sud la « Victoria Cross »), il se rend contre l'avis de ses chefs dans la capitale allemande pour rencontrer un certain Kaunitz, le principal instigateur de cette campagne. Il l'insulte dans un café connu de la ville et insulte également le régiment dont il fait partie. Un duel est organisé entre Candy et le lieutenant Theo Kretschmar-Schuldorff, choisi pour défendre l'honneur de son régiment. Durant la convalescence qui suit le duel où ils ont été l'un et l'autre blessés, les deux hommes deviennent amis. Theo tombe amoureux d'Edith et en fait part à Candy qu'il prenait à tort pour son fiancé. Theo épousera Edith. Ce n'est qu'un peu plus tard que Clive verra clair dans son cœur et découvrira qu'il était lui aussi profondément amoureux d'Edith. Ayant laissé passer la femme de sa vie, il en gardera pour toujours la nostalgie au cœur. De retour à Londres, il sort avec la sœur d'Edith, afin de la retrouver un peu en elle, mais cette relation ne donnera rien. Il occupe les années suivantes à chasser et à couvrir de trophées les murs de l'immense demeure de sa tante, que celle-ci a mise à sa disposition. En 1914, pendant la guerre, il découvre dans un couvent français une infirmière qui a une ressemblance frappante avec Edith. Elle s'appelle Barbara Wynne et deviendra bientôt sa femme. Apprenant la nouvelle de l'armistice, Candy se félicite que les « bonnes » méthodes de combat l'aient emporté sur les ruses infâmes de l'ennemi allemand. Il rend visite à son ami Theo dans un camp de prisonniers, mais celui-ci refuse de lui parler. Plus tard, à sa libération, Theo lui téléphone de la gare. Les deux hommes se revoient. Theo est amer et désespéré. Candy le présente aux amis de son club et lui assure que les Anglais n'ont nulle envie d'humilier leur ennemi vaincu mais veulent au contraire collaborer à son relèvement. Les années passent. Barbara meurt en 1926. Candy s'adonne de nouveau à la chasse, seule activité capable de lui faire tolérer son chagrin. Puis ce sont les événements de Munich. Theo qui a quitté l'armée en 1920 demande à émigrer en Angleterre. Il est veuf d'Edith et ses deux fils sont de « bons » nazis. Lui-même déteste ce qui se passe en Allemagne. Candy, qui a repris du service, le revoit et veut l'aider à rester en Angleterre. Il devait parler à la radio mais à la dernière minute son discours a été annulé. Il est furieux. Theo comprend pourquoi on ne l'a pas laissé parler. Il tente de lui expliquer que les anciennes méthodes de guerre sont devenues caduques devant le nouvel ennemi nazi. « Ce n'est pas une guerre de gentlemen » déclare-t-il à Candy qui a du mal à s'adapter aux réalités présentes. Il trouve à se rendre utile dans les « Home Guards », chargés de la défense de Londres. Il a choisi comme chauffeur une jeune femme, Angela Cannon, dite Johnny, qui ressemble étrangement à Edith et à Barbara. Elle est fiancée au lieutenant Wilson dont la ruse, couronnée de succès, est comme une illustration concrète des propos de Theo. Contre les nazis, il faut oublier toutes les règles. Candy affirme à Theo qu'il agira pour que Wilson ne soit pas puni.

☞ Première production des « Archers » la firme de Powell et Pressburger. Première collaboration de Powell avec le grand décorateur Alfred Junge. La longueur, la variété d'aspects, l'étrangeté de ce film riche et dense ne trouvent leur sens et leur justification qu'en référence à une nostalgie et à une appréhension du cinéma comme art total qu'on retrouverait presque partout dans l'œuvre de Powell. La vie du colonel Blimp est évoquée à la fois sous l'angle individuel et collectif, sentimental et moral, politique et patriotique. L'histoire du film est celle d'un homme, d'un pays et de l'évolution de certaines valeurs (honneur, esprit de caste, etc.) qui auront eu à connaître durant la première moitié du XXᵉ siècle des révisions déchirantes. Formellement, *Colonel Blimp* allie la virtuosité à l'émotion la plus subtile, le grand spectacle à l'intimisme et à l'extrême sobriété. Il n'est que de comparer, par exemple, l'attaque du bain turc au début et le monologue (superbe) d'Anton Walbrook expliquant aux autorités les raisons qu'il a de vouloir émigrer en Angleterre. L'évocation de Powell plonge dans trois dimensions au moins : le présent (car le film se veut actuel et engagé), le passé (l'action s'étale sur quarante ans) et enfin cette dimension de la rêverie et de la subjectivité qui sont à proprement parler hors du temps. Grâce à cette rêverie, le réalisme de l'œuvre est constamment imprégné d'une poésie insolite et presque fantastique. Elle émane en particulier de la présence successive des trois héroïnes incarnées par Deborah Kerr. Blimp donne ainsi l'impression d'avoir passé son existence entière en compagnie de la même femme dont la jeunesse, toujours intacte, confère au récit un troublant parfum d'éternité. Toute cette richesse formelle s'inscrit harmonieusement dans une œuvre au baroque sobre et délicat (ces termes ne sont pas antinomiques chez Powell) qui obéit, par ses mouvements rapides et lents, à une structure quasi musicale. Interprétation particulièrement remarquable, dans le registre de l'émotion discrète, de la dignité et d'un certain humanisme sans phrase, d'Anton Walbrook et de Roger Livesey. Le vieillissement de ce dernier est l'un des plus réussis de l'histoire du cinéma.

N.B. Le ministère de l'Information tenta d'abord, sous l'impulsion de Churchill lui-même, d'empêcher la réalisation du film. On refusa notamment de libérer Laurence Olivier, alors en service dans l'armée de l'Air, qui devait jouer le rôle principal. On voulut ensuite retarder la diffusion du film à l'étranger aux motifs qu'il était défaitiste, rendait l'armée ridicule et contenait certaines séquences (ex. le non-respect par le jeune officier de l'heure réglementaire des manœuvres) comme pouvant sembler favorables à une attaque de type Pearl Harbor. Cette polémique accentua encore le grand succès du film. Une intéressante correspondance officielle (et secrète) à ce sujet a été publiée dans « Powell, Pressburger and Others », édité par Ian Christie pour le Bristish Film Institute en 1978. On peut se demander (c'est une hypothèse personnelle) si ce n'est pas le titre du film plus que son contenu réel qui hérissa les officiels. *Colonel Blimp* fait allusion à un personnage de caricature créé par le dessinateur David Low pour le quotidien « London Evening Standard ». Dans cette caricature, le personnage est caractérisé par une mentalité réactionnaire, des attitudes ridicules et pompeuses. Dans le film, Blimp ne ressemble à rien de tout cela, ne serait-ce que parce que l'essentiel de l'histoire est raconté en flash-back et plonge dans la subjectivité du narrateur. L'aspect autobiographique et autocritique du récit ne fait que renforcer pour le spectateur l'humanité et la lucidité du personnage. Le film a été la plupart du temps amputé de 40 ou 50'. Ce n'est que récemment qu'il a été restitué dans sa longueur originale. (Il est disponible en cassette en Angleterre.)

## COMICOS
### (Les Comédiens)

1953 – Espagne (95') • *Prod.* Union Film • *Réal.* JUAN ANTONIO BARDEM • *Sc.* J.A. Bardem • *Phot.* Ricardo Torres • *Mus.* Isidro B. Maiztegui, Jesus Ronco • *Int.* Carlos Casaravilla (Carlos), Christian Galve (Ana), Fernando Rey (Miguel), Emma Penella (Marga). Mariano Asquerino (Don Antonio), Rosario Garcia Ortega (Dona Carmen), Rafael Alonso (Blasco).

Ana Ruiz, une jeune actrice de vingt-cinq ans, joue de petits rôles d'ingénue dans une médiocre troupe itinérante de province. Les comédiens voyagent souvent la nuit, dans des conditions inconfortables, car ils n'ont pas les moyens de manquer une seule représentation. Ana, malgré sa lassitude naissante, a encore l'espoir de rencontrer un jour sa chance. Miguel, un jeune premier, s'est joint à la troupe par amour pour elle. Ana répond à cet amour mais, tout en affirmant que le théâtre ne représente plus pour elle qu'un moyen de subsistance, refuse de renoncer à son métier pour épouser Miguel. Celui-ci n'a plus le feu sacré et quitte la troupe à l'improviste. Dans la nouvelle pièce qui vient d'être acceptée par le directeur, Ana pense avoir le premier rôle, mais il échoit finalement à la directrice, laquelle a pourtant depuis longtemps dépassé l'âge de le jouer. Ana rencontre Marquez, un impresario. Il lui fait miroiter une réussite assurée si elle consent à devenir sa maîtresse. Il lui reproche de laisser passer sa chance par trop de passivité. Le dégoût gagne Ana à l'idée de satisfaire ainsi son ambition et elle repousse Marquez. La directrice étant malade, Ana la remplace et remporte un vif succès. Cela ne l'empêche pas de devoir rendre son rôle le lendemain. Qu'importe, elle attendra patiemment une nouvelle chance.

☞ Après avoir écrit et réalisé plusieurs films avec Berlanga, l'autre artisan du renouveau du cinéma espagnol dans les années 50, Bardem signe ici sa première œuvre en solitaire. Ce fils de comédiens la consacre logiquement au théâtre et à l'amour du théâtre. Cet amour n'est peut-être jamais aussi caractéristique que lorsqu'il est saisi, comme ici, dans l'atmosphère triviale et décourageante des tournées d'une troupe de troisième ordre. C'est la première originalité du film. Pour exprimer son point de vue sur les personnages et l'atmosphère de leur vie quotidienne, Bardem, comme dans le scénario de *Bienvenue Mr. Marshall**, recourt abondamment au commentaire *off* (mis ici dans la bouche de l'héroïne). Avec force et une discrète virtuosité, il décrit la réalité de l'univers théâtral à travers l'anxiété et la solidarité des acteurs un soir de générale ; leur va-et-vient constant et parfois comique entre leurs problèmes personnels (en coulisse) et leur travail sur la scène ; ou encore à travers la tension et le trac d'une débutante dans son premier grand rôle. D'une manière indirecte et insidieuse, Bardem décrit aussi la société espagnole contemporaine. La communication y est malaisée, les hiérarchies rigides ; la jeunesse a du mal à y trouver sa place et son équilibre.

## COMPAGNONS DE LA MARGUERITE (LES)

1967 – France-Italie (85') • *Prod.* Balzac-Le Film d'art-Atica-Boreal (Paris) – Mercurfin Italiana (Milano) • *Réal.* JEAN-PIERRE MOCKY • *Sc.* J.P. Mocky et Alain Moury • *Phot.* Léonce-Henry Burel •*Mus.* Gérard Calvi • *Int.* Claude Rich (Jean-Louis Matouzec), Francis Blanche (inspecteur Leloup), Paola Pitagora (Martine Leloup), Michel Serrault (Papin), Catherine Darcy (Françoise Matouzec), Jean Tissier (le concierge), R.J. Chauffard (commissaire Rudel), Marcel Pérès (gendarme), Roger Legris (le juge), Michel Lonsdale, Claude Mansard.

Matouzec, jeune employé de la Bibliothèque nationale au département de la restauration des manuscrits, veut changer d'épouse car la sienne, Françoise, téléphile acharnée, n'ouvre jamais la bouche et ne lui prépare que des plats surgelés. Il publie une petite annonce afin de trouver un autre couple avec lequel il pourrait, le plus légalement du monde, changer de femme. Il assure que l'opération doit se dérouler avec le minimum de frais pour les deux partis. Il compte en effet utiliser ses grands talents de restaurateur pour aller modifier dans les mairies les registres d'état civil. La police, et particulièrement la brigade des Us et Coutumes, s'intéresse à son cas en la personne de l'inspecteur Leloup. Celui-ci, afin d'entrer dans l'intimité de Matouzec, se prétend candidat à l'échange qu'il propose. Matouzec emmène aussitôt la jeune et ravissante épouse de Leloup, Martine, et lui donne en contrepartie Françoise, la téléphile. En un temps record, Leloup se retrouve officiellement divorcé et remarié. Il hurle de rage et va désormais passer le plus clair de son temps à essayer de prendre Matouzec en flagrant délit. Ce dernier sait qu'il peut faire profiter les autres de ses dons et devenir ainsi un bienfaiteur de l'humanité. Il fonde un mouvement, Les Compagnons de la Marguerite, destiné à multiplier les échanges « légaux » et sans frais entre couples mal assortis, quitte à ruiner pour cela la profession des avocats. Recourant à sa méthode habituelle, Matouzec remarie l'épouse d'un collègue de Leloup, l'inspecteur Papin lancé à ses trousses, à un commissaire veuf. Ravi de l'affaire, car sa femme était une véritable harpie, Papin démissionne pour passer avec armes et bagages dans le camp de Matouzec dont il devient le meilleur allié. Une gigantesque course-poursuite s'organise entre le généreux faussaire et les policiers, qui utilisent vainement contre lui déguisements, caméra cachée et autres ruses plus déloyales les unes que les autres. A la fin, Matouzec est capturé, emprisonné, jugé. Leloup chante victoire et vient à la barre parler contre lui. Mais son témoignage est déclaré nul et non avenu car Matouzec a pris soin de supprimer son nom et sa date de naissance sur les registres de l'état civil, privant ainsi le policier de toute existence légale...

☞ C'est dans ses premiers films que Jean-Pierre Mocky s'est exprimé le plus complètement, quand sa verve s'accordait à celle de grands acteurs pittoresques et baroques (Francis Blanche, Bourvil, Michel Serrault, etc.) et n'était pas annihilée par ce bâclage, ce goût pervers et résigné de la vitesse et de l'économie qui allaient envahir et gâcher une grande partie de son œuvre. Chez Mocky, la satire, l'humour grinçant poussés jusqu'à l'extravagance se donnent libre cours tantôt dans le registre d'une certaine lourdeur voulue et agressive (*Snobs*), tantôt dans le registre d'une légèreté ludique (*Un drôle de paroissien, Les compagnons de la Marguerite*), voire fantastique (*La cité de l'indicible peur*). Comme dans toute satire, le point de départ est réaliste : Mocky évoque ici l'instabilité conjugale galopante de la société contemporaine et le fait dans des termes qui flattent ses propres tendances anarchisantes. Cette instabilité, loin d'être condamnée, stimule au contraire l'imagination et l'ingéniosité de personnages marginaux et sympathiques. On les verra s'opposer à l'autorité et aux forces de l'ordre social dans une gigantesque partie de « gendarmes et voleurs » (semblable à celle d'*Un drôle de paroissien*) où les voleurs bien sûr auront le dernier mot. La qualité insolite de l'interprétation, une invention constante dans le détail des scènes et dans les dialogues, l'allégresse iconoclaste d'un cinéaste qui jamais ne se prend au sérieux font des huit premiers films de Mocky un ensemble original et pour ainsi dire unique dans le cinéma français. *Les compagnons de la Marguerite* marque le sommet et la fin de la période la plus féconde – jusqu'ici – de la carrière de l'auteur.

## COMPARTIMENT DE DAMES SEULES

1934 – France (70') • *Prod.* CDF • *Réal.* CHRISTIAN-JAQUE • *Sc.* J.H. Blanchon d'ap. P. de Maurice Hennequin et Georges Mitchell • *Phot.* Harry Stradling, Louis Page • *Mus.* Jacques Météhen, Pierre Fontaine • *Int.* Alice Tissot (Mme Monicourt), Armand Bernard (Robert de Mérinville), Pierre Larquey (Monicourt), Janine Merrey (Nicole), Christiane Delyne (Mme Petit-Roncin), Louis Baron fils (Petit-Roncin), Pierre Stephen (Philippe Thomery).

Pour punir son gendre qui a médit d'elle et qui n'entend pas subir sa tyrannie, une belle-mère conçoit une terrible vengeance. Elle lui fait croire qu'elle fut la belle inconnue qu'il eut un jour l'occasion de « connaître » dans un compartiment de dames seules... Dès lors, une seule conclusion s'impose pour le héros : celle qu'il vient d'épouser est en réalité... sa fille.

☞ Pur vaudeville, très fonctionnel, dosant à parts égales la rigueur et l'absurde, la logique et le délire. Les dialogues qu'on souhaiterait plus brillants ont néanmoins l'avantage de ne jamais chercher à se faire valoir pour eux-mêmes. Armand Bernard domine une distribution remarquable de toute la hauteur de son talent et de sa surprenante autorité. Il peut tout se permettre, et par exemple de lancer – sans la moindre vulgarité – cet anathème contre son implacable ennemie : « Que le Diable la constipe ! » Christian-Jaque, dans un de ses très nombreux films alimentaires des années 1932-37, maîtrise un genre difficile à exploiter au cinéma mais qui, lorsque l'œuvre est réussie, devient, comme l'a dit Feydeau, l'envers exact de la tragédie classique, tournant en dérision ses situations inextricables et ses sentiments plus grands que nature.

## COMPLICES DE LA DERNIÈRE CHANCE (LES)
### (The Last Run)

1972 – USA (99') • *Prod.* MGM (Carter De Haven) • *Réal.* RICHARD FLEISCHER • *Sc.* Alan Sharp • *Phot.* Sven Nykvist (Panavision, Metrocolor) • *Mus.* Jerry Goldsmith • *Int.* George C. Scott (Harry Garmes), Tony Musante (Paul Rickard), Trish Van Devere (Claudie Scherrer), Collen Dewhurst (Monique), Aldo Sanbrell (Miguel), Robert Coleby (motard), Antonio Tarruella (autostoppeur).

Vivant seul dans un village de pêcheurs au Portugal, Harry Garmes, anciennement lié à la pègre de Chicago, abandonné par sa femme après la mort de leur enfant de trois ans, n'a plus d'affection que pour une vieille prostituée et pour sa BMW modèle 1957 dont il prend soin plus que de lui-même. Il décide de remplir, après neuf ans d'inaction, un dernier contrat afin de se prouver à lui-même qu'il en est encore capable. Il doit conduire un prisonnier évadé, Paul Rickard, d'Espagne en France jusqu'à un rendez-vous où Rickard retrouvera ceux qui ont préparé son évasion. Rickard l'oblige d'abord à le mener chez sa maîtresse, la jeune Claudie Scherrer, ce qui n'était pas prévu au programme. Rickard a tendance à considérer Garmes comme un *has-been* mais changera d'avis au cours de sa cavale, devant le sang-froid et l'esprit d'initiative de son guide qui le sauvera de plusieurs embûches et surtout d'un piège mortel tendu par ceux qu'il devait rencontrer. Garmes tue deux des trois hommes venus pour abattre Rickard ; et Rickard lui-même se débarrasse du troisième. Garmes demande alors des explications à Rickard. Pourquoi ses anciens complices l'ont-ils fait sortir de prison pour le tuer ? Rickard avoue avoir été mêlé à une tentative d'assassinat politique manqué. Et il n'a pas fini d'être traqué. Sur la route, au terme d'une très longue poursuite, Garmes sème l'une des deux voitures qui le filaient et Rickard élimine, à l'arrêt, les occupants de l'autre véhicule. Amoureux de Claudie, mais ne croyant guère à la promesse qu'elle lui a faite de partir avec lui, Garmes va s'employer à sauver le couple. Il mène Rickard et Claudie jusqu'à son village de pêcheurs au Portugal où il possède un bateau qui pourrait les emmener vers l'Afrique du Nord. Mais le petit port a déjà reçu la visite d'autres ennemis de Rickard : Garmes sera abattu au cours d'une fusillade qui permet à Rickard et à Claudie de filer. En guise d'éloge funèbre, jetant un dernier regard sur le cadavre avant de disparaître dans la nuit, Rickard murmure à l'intention de Claudie : « Il était déjà mort depuis des années. »

☞ Fleischer reprend (à son tout début) un film abandonné par Huston et le transforme en film d'auteur à cent pour cent, prouvant ainsi son génie de l'adaptation, en grand Hollywoodien qu'il a toujours été, et son génie tout court. Son propos est sensiblement le même que dans *The New Centurions** (qu'il réalisera l'année suivante), mais intériorisé ici dans un seul personnage. Le thème véritable des deux films, où George C. Scott interprète avec autant de talent un truand et un flic, c'est la perte d'adhésion d'un homme à son milieu, à la réalité et au monde qui l'entoure. Les raisons en sont sociales et morales dans *The New Centurions** ; purement individuelles dans *The Last Run*. Elles apparaissent au sein d'un récit laconique, extrêmement sobre et maîtrisé, d'une élégante et poignante sécheresse. Structuralement, le *film noir* trouve ici son ultime développement, à la fois dans l'abstraction visuelle des situations où évoluent les personnages et dans la mélancolie morbide du héros éprouvant au plus profond de lui-même la décomposition de tout ce qui constituait son univers.

## COMTE DE MONTE-CRISTO (LE)

1942 – France (1re époque, *Edmond Dantès* : 90' – 2e époque, *Le châtiment* : 94') • *Prod.* Regina • *Réal.* ROBERT VERNAY • *Sc.* Charles Spaak d'ap. R. d'Alexandre Dumas • *Phot.* Victor Arménise • *Mus.* Roger Désormières avec extraits d'œuvres de Boccherini, Weber, Rossini et Johann Strauss • *Int.* Pierre Richard-Willm (Edmond Dantès), Michèle Alfa (Mercédès), Lise Delamare (Haydée), Alexandre Rignault (Caderousse), Aimé Clariond (M. de Villefort), Line Noro (La Carconte), Marie-Hélène Dasté (Mme de Villefort), Marcel Herrand (Bertuccio), Charles Granval (Morel), Louis Salou (Beauchamp), Ermete Zacconi, (l'abbé Faria).

En 1814, le marin Edmond Dantès, pris à tort pour un conspirateur bonapartiste, est arrêté le soir de ses fiançailles, puis incarcéré au château d'If. N'ayant jamais pu obtenir d'être jugé, il y reste prisonnier vingt ans, durant lesquels il devient l'ami et l'élève d'un autre détenu, l'abbé Faria. Celui-ci, au moment de mourir, lui révèle la cachette d'un trésor fabuleux dans l'île de Monte-Cristo. Dantès s'évade et, à Paris, sous l'identité du comte de Monte-Cristo, utilise cet argent à récompenser ceux qui l'aident à se venger des trois principaux responsables de son incarcération.

☞ Remarquable adaptation du livre de Dumas. Le mérite en revient au tout premier chef au scénariste Charles Spaak dont le talent se mesure et se constate mieux ici que dans beaucoup de films plus célèbres auxquels il a collaboré. Son travail est un modèle d'adaptation intelligente, fidèle et dynamique, qui sait conserver un certain foisonnement à l'intrigue sans jamais la faire dévier de sa ligne directrice. Ce travail s'appuie sur une progression dramatique régulière, rythmée, claire, sur un découpage de l'action en scènes nombreuses et assez brèves, dénuées de toute insistance démonstrative ou mélodramatique ; enfin sur un dialogue sobre, élégant et sans apprêt. L'autre mérite du film tient à son interprétation, homogène et de grande qualité. Alexandre Rignault, Line Noro, Aimé Clariond, Marcel Herrand sont particulièrement remarquables autour de Pierre Richard-Willm, le meilleur Monte-Cristo de l'histoire du cinéma. L'acteur a autant de panache et d'allure en victime qu'en justicier. Décor et reconstitution historique sont, comme dans beaucoup de films de l'époque, assez pauvres. Mais leur effacement contribue à recentrer l'attention du spectateur sur le seul récit.

N.B. Les versions de « Monte-Cristo » sont très nombreuses. On en compte déjà cinq aux USA entre 1908 et 1912. Parmi les plus importantes, citons aux USA celles de Emmett J. Flynn avec John Gilbert (1922), celle de Rowland V. Lee (assez décevante malgré sa réputation) avec Robert Donat (1934). En France succédèrent à Pierre Richard-Willm, mais sans retrouver son brio, Jean Marais (toujours sous la houlette de Robert Vernay et toujours en deux épisodes – l'un des derniers films français de ce type à être exploités en France – et cette fois en couleurs, 1954-55), puis Louis Jourdan dirigé par Autant-Lara (1961). A l'époque du muet, Léon Mathot avait interprété Dantès sous la direction de Henri Pouctal (*Monte-Cristo*, 1917) et Jean Angelo sous la direction de Henri Fescourt (*Monte-Cristo*, 1929).

## COMTESSE AUX PIEDS NUS (LA)
### (The Barefoot Contessa)

1954 – USA (128') • *Prod.* UA – Figaro Inc. (Mankiewicz) • *Réal.* JOSEPH L. MANKIEWICZ • *Sc.* J.L. Mankiewicz • *Phot.* Jack Cardiff (Technicolor) • *Mus.* Mario Nascimbene • *Int.* Humphrey Bogart (Harry Dawes), Ava Gardner (Maria Vargas), Edmond O'Brien (Oscar Muldoon), Marius Goring (Alberto Bravano), Valentina Cortese (Eleanora Torlato-Favrini), Rossano Brazzi (Vincenzo Torlato-Favrini), Elizabeth Sellars (Jerry), Warren Stevens (Kirk Edwards), Mari Aldon (Myrna), Franco Interlenghi (Pedro), Bessie Love (Mrs. Eubanks), Jim Gerald (M. Blue).

Un cimetière de la Riviera italienne par un jour de grande pluie. On enterre la star hollywoodienne Maria d'Amato, née Maria Vargas. PREMIER FLASH-BACK (RÉCIT DE HARRY). Le scénariste et réalisateur Harry Dawes qui dirigea les trois films de la brève et fulgurante carrière de Maria fut aussi son ami, son confesseur et un peu son psychanalyste. Il se remémore sa première rencontre avec elle dans une taverne de Madrid où elle dansait. Le richissime producteur Kirk Edwards, en quête d'un nouveau visage, était venu la voir avec une starlette, son « public relations » Oscar Muldoon et Dawes. Maria qui ne s'asseyait jamais en compagnie des clients n'avait pas voulu faire d'exception pour Kirk Edwards avant même de découvrir quel être odieux, quel dictateur mégalomane il était. C'est Dawes qui avait dû aller la prier de se montrer. Il l'avait surprise pieds nus dans sa loge, cachée derrière une tenture avec son amant. Plus tard, elle lui avait confié qu'enfant, ses parents n'ayant pas d'argent pour lui acheter des chaussures, elle marchait souvent pieds nus dans la boue lors des bombardements de la guerre civile et même qu'elle s'enterrait dans cette boue pour se protéger. Allant beaucoup au cinéma, Maria connaissait Dawes de réputation, au même titre que

Lubitsch, Fleming, Van Dyke ou La Cava. Une fois assise à la table des Américains, elle avait été exaspérée par le bagout insincère de Muldoon et le comportement glacial de Kirk Edwards. Elle était partie. Dawes avait dû, sur ordre d'Edwards, la retrouver et la convaincre de prendre aussitôt l'avion pour Hollywood, ce qu'elle avait fait, uniquement pour contrarier sa mère qu'elle détestait. Avec anxiété, elle avait demandé à Dawes s'il pourrait l'aider à devenir une bonne actrice. Retour au cimetière. DEUXIÈME FLASH-BACK (RÉCIT DE HARRY). Le test de Maria avait séduit et impressionné tout le monde. Dawes avait pris sur lui d'inviter à la projection quelques producteurs européens afin que Kirk ne puisse enterrer la carrière de Maria en détruisant la pellicule, si jamais il en avait eu envie, comme cela lui était déjà arrivé dans le passé. Retour au cimetière. TROISIÈME FLASH-BACK (RÉCIT D'OSCAR). La première du film de Maria avait été un triomphe, quand tomba la nouvelle que son père avait tué sa mère. Cela pouvait faire chuter le film partout dans le monde. Indifférente à ce genre de considérations, Maria était allée au tribunal défendre son père. Elle n'avait pas hésité pour cela à charger sa mère. Sans le vouloir, par sa seule sincérité, elle avait ému le public et, contrairement aux prévisions d'Oscar, sa popularité en avait été décuplée. Retour au cimetière. QUATRIÈME FLASH-BACK (RÉCIT DE HARRY). L'étoile de Kirk commence à pâlir. Au cours d'une party qu'il donne dans l'appartement loué par Maria, il s'oppose publiquement au milliardaire chilien Alberto Bravano, un oisif égoïste et mondain, qui rêve d'inviter Maria sur son yatch pour la montrer à ses amis. Kirk interdit à Maria d'accepter l'invitation, ce qu'elle s'empresse de faire. D'ailleurs, après trois films, la vie hollywoodienne la fatigue et ne l'amuse plus. Muldoon change aussi de patron. Il dit son fait à Kirk et accepte l'offre d'emploi de Bravano. Retour au cimetière. CINQUIÈME FLASH-BACK (RÉCIT D'OSCAR). Pas plus qu'elle ne s'était donnée à Kirk, Maria ne se donna à Bravano. Elle avait des liaisons clandestines et brèves avec des hommes qui ne comptaient pas dans sa vie. Mais elle mena avec Bravano l'existence stérile et décadente des célébrités internationales qui hantaient la Riviera. Son groupe évoluait autour d'un prétendant au trône qui en était le plus bel ornement. Un soir, au casino, Bravano accusa Maria de lui avoir porté la guigne et l'insulta. Ils en vinrent aux mains quand un étranger au groupe, le comte Torlato-Favrini, s'approcha de Bravano et le gifla. Puis il sortit au bras de Maria. Retour au cimetière. SIXIÈME FLASH-BACK (RÉCIT DE TORLATO-FAVRINI). Dernier descendant d'une grande famille italienne qui s'éteignait, le comte avait vu par hasard, au volant de sa voiture, Maria danser dans un camp gitan. Le même hasard avait voulu qu'il la retrouve au casino. Là, dans la salle de jeux, elle avait emprunté quelques plaques à Bravano, les avait changées puis avait passé l'argent, par la fenêtre, à un homme. D'où, un peu plus tard, la colère, les insultes de Bravano et la gifle du comte. Ne sachant nullement qui elle était – ce qui avait beaucoup surpris Maria –, subjugué uniquement par son charme et sa présence, il l'avait aussitôt emmenée dans sa somptueuse demeure de Rapallo. Il n'avait pas fallu longtemps pour que l'idée s'imposât à lui de l'épouser. Retour au cimetière. SEPTIÈME FLASH-BACK (RÉCIT DE HARRY). Dawes avait lu dans la presse qu'elle allait épouser le comte. Un jour, alors qu'il repérait des extérieurs à Santa Margarita, il l'avait vue apparaître, rayonnante de bonheur, telle Cendrillon amoureuse – pour la première fois de sa vie – du Prince. Il avait été témoin à leur mariage, non sans éprouver une certaine inquiétude quant au sort de Maria. Cette inquiétude avait augmenté quand elle était venue lui raconter (flash-back dans le flash-back) que, le soir de ses noces, son mari lui avait montré un document militaire faisant état d'une blessure de guerre datant d'octobre 1942 qui l'avait rendu impuissant. Depuis, elle avait eu une liaison avec un domestique et était enceinte de lui. Quand elle était partie, Dawes avait vu qu'une voiture suivait la sienne. Il s'était rendu en toute hâte au palais du comte mais était arrivé trop tard : le Prince venait de tuer Cendrillon, après avoir abattu son amant. Retour au cimetière. Fin de la cérémonie. Le comte part entre deux gendarmes sous l'œil de Dawes. Demain, celui-ci tournera un autre film. Le travail – et le cinéma – continuent.

☞ Le film le plus personnel, le plus libre, le plus complet de Mankiewicz, sinon le plus parfait. Mankiewicz travaille ici en producteur indépendant pour les Artistes Associés, ou plutôt *avec* les Artistes Associés, firme connue pour laisser les coudées franches à ses auteurs. Mankiewicz écrit seul le scénario (dont il avait d'abord pensé faire un roman) de sorte que l'écriture et la mise en scène sont comme un seul et même acte dont l'unité et la cohérence n'ont à subir aucune intervention, aucune pression extérieure. Mankiewicz dessine en même temps le portrait d'un personnage et d'une société, ou plutôt de trois petites sociétés, de trois microcosmes : le cinéma hollywoodien, un groupe d'errants et d'exilés richissimes menant sur la Riviera une vie fascinante et dérisoire, enfin le palais d'une grande famille aristocratique italienne en voie d'extinction. Ces trois mondes sont placés par Mankiewicz sous le signe d'une certaine décadence, subtilement modulée d'un décor à l'autre : la barbarie et les faux-semblants le disputent à l'exquise pourriture d'une civilisation en décomposition, déjà entrée dans la mort. Traversant ces mondes, il y a la figure de Maria, héroïne d'une beauté irréelle, inaccessible et faussement sereine, qui veut se prouver à elle-même qu'elle est libre. Mais cette liberté n'engendrera pour elle que frustration et tragédie. Comment la liberté individuelle, le plus précieux des biens, peut-elle devenir constructive, créatrice de bonheur et utile aux autres ? C'est là une question qui court en filigrane d'une grande partie de l'œuvre de Mankiewicz et que l'auteur a laissée le plus souvent sans réponse. A travers ce film, Mankiewicz révèle plus qu'ailleurs, et apparemment sans effort ni inutile pudeur, sa vraie nature : celle d'un lyrique que la colère et souvent la rage empoignent, celle d'un analyste à l'ironie et à la lucidité impitoyables, doublé d'un poète et d'un rêveur. Ces différents aspects émanent des méandres savants de la construction du film (huit flash-backs racontés par quatre narrateurs), dont la substance emprunte plus au roman qu'au théâtre. En superficie, *La comtesse* adopte la même méthode pour décrire le monde du cinéma que *Eve** pour décrire celui du théâtre. Les différences entre les deux films sont toutefois plus importantes que leurs ressemblances. Les multiples témoignages contenus dans les flash-backs de *La comtesse,* qui n'expriment pas des points de vue radicalement différents, ne cherchent pas non plus à cerner une vérité psychologique et sociale sur un plan d'exactitude, disons policière, comme le faisait, selon le goût de l'époque, la narration en forme d'enquête de *Eve**. Leur raison d'être est de dessiner autour d'une vérité proprement insondable (le cœur de Maria) des arabesques poétiques, nostalgiques et diversement lyriques qui aboutissent toutes à ce chant funèbre qu'est profondément le film. Une sombre et prenante conception aristocratique du monde, qui n'exclut pas un évident libéralisme social et politique, amène souvent Mankiewicz à penser que les êtres les plus doués et les plus libres ne sont pas faits pour le bonheur et que, plus ils s'accomplissent, plus ils sèment autour d'eux, sans le vouloir, destruction et regret. Qu'on l'aborde au niveau de ses interprètes et de ses personnages, de sa construction, de ses dialogues et de ses monologues – un océan de texte –, de son aspect plastique (premier film en couleurs de l'auteur), *La comtesse aux pieds nus* paraît également riche et presque inépuisable. Mankiewicz y parle de tout ce qui lui tient à cœur (et même de certains aspects de la fiscalité américaine !), s'y dépeint à moitié sous les traits de l'honnête et fatigué Harry Dawes, y commente par le menu ses admirations et ses haines, ses hantises et ses nostalgies. Et finalement le plus attachant du film est sans doute que toute cette richesse en arrive à donner au récit l'allure d'une confession intime où le moi de l'auteur se révèle peu à peu au travers de la profusion baroque de ses digressions.

N.B. Le film peut être considéré comme un film à clés mais, comme il en va de toutes les grandes œuvres, ces clés, une fois connues, ne disent pas grand chose sur le fond du sujet traité. Contre l'avis de Mankiewicz lui-même, Rita Hayworth a été évoquée à propos de Maria Vargas. Quant à Kirk Edwards, son personnage présente des ressemblances avec Howard Hughes. Comme il y avait menace de procès, Mankiewicz, après une entrevue avec Hughes, préféra couper quelques phrases de son texte.

BIBLIO. : scénario et dialogues *in* « L'Avant-Scène » nº 68 (1967). Le texte a été établi d'après un scénario prêté par Mankiewicz et comprend de nombreux passages non tournés ou coupés au montage.

## CONDAMNÉ AU SILENCE
### (The Court-Martial of Billy Mitchell)

1955 – USA (100') • *Prod.* United States Production (Milton Sperling), distribué par Warner • *Réal.* OTTO PREMINGER • *Sc.* Milton Sperling et Emmet Lavery • *Phot.* Sam Leawitt (Warnercolor, Cinémascope) • *Mus.* Dimitri Tiomkin • *Int.* Gary Cooper (général William Mitchell), Charles Bickford (général James Guthrie), Rod Steiger (major Allan Gullion), Ralph Bellamy (sénateur Frank Reid), Elizabeth Montgomery (Margaret Landsdowne), Fred Clark (colonel Moreland), James Daly (colonel Herbert A. White), Jack Lord (Zachary Lansdowne), Peter Graves (capitaine Elliott), Herbert Heyes (général John J. Pershing), Darren McGavin (Russ Peters), Will Wright (amiral William S. Sims), Dayton Lummis (général MacArthur), Ian Wolfe (Président Calvin Coolidge), Carleton Young (aide de camp de Pershing), Phil Arnold (Fiorello LaGuardia).

Dans les années 20, le général Billy Mitchell lutte ardemment pour que soit reconnu et développé le rôle de l'aviation dans l'armée américaine. Il voudrait même que l'aviation constitue une branche séparée à côté de l'Army et de la Navy. Il doit apporter la démonstration que des avions chargés de bombes peuvent couler un cuirassé. Mais les limites trop strictes imposées à la tentative (avions volant à trop haute altitude, bombes trop légères) la mènent immanquablement à l'échec. Lors d'une seconde tentative, Mitchell passe outre aux ordres reçus et coule en quelques secondes le cuirassé. Il est rétrogradé au rang de colonel et confiné à Fort Huston, Texas. Ayant écrit aux autorités militaires des quantités de lettres restées sans réponse, ayant essayé en vain de parler au général Pershing, ayant surtout appris la mort en vol de plusieurs de ses hommes et de son ami personnel Zachary Lansdowne à cause de la vétusté du matériel et de l'impréparation des missions, il décide de frapper un grand coup en convoquant des journalistes pour une conférence de presse. Il déclare que ces accidents sont la conséquence directe de l'incompétence et de la criminelle négligence du Ministère de la Guerre. Il sait que ces propos l'amèneront tout droit en cour martiale. C'est ce qu'il veut, afin de pouvoir défendre publiquement son point de vue sur la nécessité absolue de prendre en considération le rôle de l'aviation dans les guerres modernes. A Washington, le procès a lieu dans un entrepôt éloigné, les hauts responsables de l'armée voulant lui donner le moins de publicité possible. Mitchell est défendu par un avocat militaire assisté de son vieil ami, le sénateur Reid. Mais Reid ne peut pas grand chose devant l'obstination du général Guthrie, président du tribunal, à vouloir se borner à juger si oui ou non Mitchell a prononcé les déclarations qui lui sont reprochées. Il n'accepte de recevoir aucun des témoins qui pourraient apporter une justification au contenu de ces propos, car il juge qu'il n'y a pas de justification possible à la désobéissance. Comme Mitchell refuse de se rétracter, Reid a alors l'idée lumineuse de convoquer à la barre la veuve de Lansdowne, mort héroïquement en mission, que nul ne peut refuser d'écouter. Elle dira que plusieurs officiers de la Navy ont fait pression sur elle pour qu'elle ne parle pas. A la suite de son témoignage, les membres du tribunal décident d'entendre les témoins proposés par la défense.

C'est alors un défilé de personnalités compétentes – officiers, amiral, sénateur – qui confirment toutes le bien-fondé des propos de Mitchell. Le Président Coolidge s'inquiète de la façon dont se déroule ce procès où l'armée tout entière est mise en accusation. Mitchell est atteint d'une crise de malaria la veille du jour où il doit s'exprimer à la barre. Il surmontera sa fièvre pour répondre aux questions de Reid. Puis il est confronté à un nouvel accusateur, le major Allan Gullion, expert légiste de grande réputation dépêché par l'armée aux abois. S'appuyant sur les nombreuses correspondances adressées par Mitchell au Ministère de la Guerre, il tente non seulement de faire passer l'acccusé pour un soldat indiscipliné mais aussi pour un fou. Il amène Mitchell à confirmer – avec force détails – sa lettre du 14-12-1923 dans laquelle il affirme que l'ennemi japonais bombardera un jour la flotte américaine à Pearl Harbor. A l'issue de cet interrogatoire, Mitchell explose et déclare tout net que, si être un bon soldat consiste à obéir passivement aux ordres quels qu'ils soient, sans réfléchir à leur contenu, il préfère ne pas en être un. La cour rend son verdict : Mitchell est jugé coupable et suspendu de toute fonction militaire pour une durée de cinq ans. A un journaliste qui lui demande, alors qu'il a revêtu ses vêtements civils : « Et maintenant, que ressentez-vous à l'égard de l'armée ? », il répond : « L'armée ne me doit rien, je dois tout à l'armée ».

☞ Après une douzaine d'œuvres essentiellement intimistes, plongeant dans le gouffre des cœurs et des âmes, c'est le premier film où Preminger s'ouvre aux « grands » sujets à contenu historique, social ou politique. C'est peu de dire qu'il s'en tire bien : sa carrière puise là un nouveau souffle et Preminger va désormais figurer en bonne place parmi les grands cinéastes ayant administré la preuve de leur capacité à se renouveler de fond en comble ; ils ne sont pas légion. L'un des paradoxes de l'évolution de sa carrière est que, délaissant l'intimisme, Preminger va parler plus intimement de lui-même, comme il le fera en particulier dans *Exodus** et *Le cardinal**. Ce qui l'a intéressé dans l'étonnante destinée de Billy Mitchell, c'est cet étrange recours à la publicité, cette prise de parole publique et le détour – par la presse et la justice – qu'elle avait nécessité à l'intérieur d'un système démocratique et libéral dont les failles et les soupapes de sécurité se trouvaient du même coup soulignées. Billy Mitchell est ainsi une sorte de héros paradoxal de la liberté d'expression qui devra se faire violence pour parler tout en s'imposant à lui-même des limites. Il ne voudra jamais combattre trop agressivement l'armée et fera tout son possible pour respecter la dignité d'une institution à laquelle, même renvoyé, il continuera au fond de lui-même d'appartenir. Preminger a aimé en Billy Mitchell son intégrité, son obstination, peut-être sa candeur, et bien entendu le fait qu'il ait eu raison avant tout le monde (la plus dangereuse et la plus héroïque façon d'avoir raison). Il a trouvé en Gary Cooper l'interprète rêvé, au jeu complètement vierge, sans métier et sans ruse (du moins en apparence), Cooper donnant toujours l'impression de jouer pour la première fois, avec même une sorte d'hésitation géniale dans tout ce qu'il fait et qui apparaît ici comme le résultat direct d'une méditation intense et spontanée sur le sens de son rôle. Tournant le dos au spectaculaire, l'usage magistral du Cinémascope (utilisé ici pour la troisième fois par le réalisateur et d'une façon toujours différente) surprit les spectateurs de la première heure. Le nouveau format donnait à la mise en scène un naturel dans la solennité, une tranquillité dans le sublime, qui étaient ceux-là même que Cooper manifestait dans son jeu. Le format du film, où l'air semblait tout d'un coup pouvoir circuler plus librement autour des personnages, était en prise directe avec son contenu le plus profond. Et ce film au sujet on ne peut plus sérieux possédait ainsi une légèreté inattendue. L'art, la vérité, pour Preminger, ne doivent pas *peser* sur les choses, mais aider au contraire à leur épanouissement ou à leur libération. Pas de film moins sentencieux, moins lourd, moins enfermé que celui-ci, qui montre le très bref passage du soldat Mitchell hors de l'anonymat, lui si pressé au fond d'y retourner et qui mourra avant d'avoir vu – peut-être était-ce mieux ainsi – la réalisation trop véridique de ses prophéties.

## CONDITION DE L'HOMME (LA) (Ningen no joken)

1959-1961 – Japon I : 200', II : 180', III : 190') • *Prod.* Shochiku/Ninjin Club • *Réal.* MASAKI KOBAYASHI • *Sc.* Zenzo Matsuyama, Koichi Inagaki, Masaki Kobayashi d'ap. R. de Jumpei Gomikawa • *Phot.* Yoshio Miyajima • *Mus.* Chuji Kinoshita • *Int.* Tatsuya Nakadai (Kaji), Michiyo Aratama (Michiko), Keiji Sada (Kageyama), So Yamamura (Okishima), Eitaro Ozawa (Okazaki), Seiji Miyaguchi (Wang Chen Li), Shinji Nambara (Kao), Ineko Arima (Yang Chun-Lan), Kei Sato (Shinjo), Taketoshi Naito (Tange), Tamao Nakamura, Hideko Takamine, Chishu Ryu.

I – PAS DE PLUS GRAND AMOUR. 1943. Kaji, un jeune Japonais, est nommé conseiller auprès du chef du personnel des mines de charbon en Mandchourie du Sud. Il est l'auteur d'un rapport sur le sujet. Il part avec sa femme. Vent et poussière sous un ciel éternellement plombé composent le paysage désolé des environs de la mine. Sur place, Kaji s'emploie à améliorer le salaire des ouvriers et à lutter contre le système des équipes qui encourage la corruption. La police militaire l'oblige à augmenter ses effectifs d'un contingent de six cents prisonniers chinois. Ceux-ci sont internés à l'écart de la mine dans un camp entouré de fils électrifiés. Les prisonniers sont, à leur descente des wagons, en si piteux état que Kaji demande au directeur de la mine qu'on les nourrisse pendant un mois avant de les faire travailler. Sur le conseil d'un de ses supérieurs, Kaji amène trente filles aux prisonniers (car la mine est pourvue d'un bordel). Chen, un Chinois élevé au Japon et devenu l'ami de Kaji, tombe amoureux d'une prostituée. Elle le persuade d'obtenir un arrêt de courant de quelques minutes. Onze prisonniers peuvent ainsi s'échapper. Malgré cela, Kaji a rempli sa mission : il a augmenté de 20 pour 100 le rendement global de la mine. Il fait un pacte avec les prisonniers, ce qui n'empêche pas l'évasion de dix-huit d'entre eux. Opposé aux méthodes douces de Kaji, un des dirigeants de la mine met sur pied un guet-apens. Chen, averti par la prostituée de ce qui se trame, essaie vainement de prévenir Kaji. Puis il se jette contre les fils électrifiés et meurt électrocuté tout comme plusieurs prisonniers qui avaient cru pouvoir s'échapper en voyant le courant coupé. Plus tard, un chef d'équipe accuse injustement sept prisonniers de tentative d'évasion. Kaji se sent placé devant un dilemme : agir comme un assassin déguisé en humaniste en cautionnant les autorités du camp ou bien être un homme digne de ce nom en s'opposant à elles. Le chef de la police décapite avec sa propre épée (préalablement humidifiée car elle est ainsi plus tranchante) trois des sept prisonniers. Kaji ose alors le défier. Les autres prisonniers en profitent pour se révolter. L'exécution est suspendue. Kaji est torturé puis renvoyé de la mine. Il apprend sa mobilisation et, presque en même temps, l'évasion de trente autres prisonniers. Cette seconde nouvelle déclenche chez lui un éclat de rire sauvage.

II – LE CHEMIN VERS L'ÉTERNITÉ. Par moins trente degrés, Kaji fait son apprentissage à la caserne. Il apprend à connaître les rigueurs de la discipline militaire de son pays, ainsi que son illogisme et sa cruauté. Le seul moment de joie qu'il connaisse durant cette période est dû à l'arrivée de sa femme, première épouse à avoir tenté ce long voyage pour retrouver son conjoint. Kaji et sa femme ont droit à une chambre séparée pour une nuit. Au cours des exercices de marche particulièrement éprouvants, un soldat myope et faible de constitution a dû être ramené en charrette. A cette humiliation s'ajouteront diverses brimades infligées par les anciens. L'une d'entre elles, ressentie comme la plus cruelle (on le force à adopter le maintien et le comportement d'une prostituée), le poussera au suicide. Kaji, considéré par beaucoup de ses camarades comme un communiste, essaie vainement de faire condamner Yoshida, l'instigateur de la brimade. La division de Kaji part vers la frontière. Kaji pense un moment à déserter avec son ami Shinjo, puis surmonte cette tentation. Shinjo est accusé d'avoir laissé s'échapper un pêcheur suspecté d'espionnage. Shinjo est emprisonné mais, un feu de broussailles s'étant déclaré, il prend la fuite. Yoshida le poursuit et tombe dans un marécage ; il est sauvé par Kaji mais meurt un peu plus tard. Kaji fait un séjour à l'hôpital où règne également une discipline toute militaire mêlant violence et respect aveugle pour la hiérarchie. Guéri, Kaji est envoyé sur le front. Un lieutenant avec lequel il a noué des relations amicales lui confie l'entraînement des recrues, âgées de 20 à 44 ans. Kaji réclame alors la séparation des bleus et des anciens, se souvenant des cruautés inutiles que les anciens infligent par tradition aux nouveaux. Cette requête est acceptée et renforce encore la haine des anciens pour Kaji. Au cours d'un affrontement particulièrement violent entre eux et lui, Kaji est blessé. Il déclare alors : « Notre véritable ennemi, ce ne sont pas les anciens, mais l'armée tout entière. » Le lieutenant envoie Kaji et ses recrues, dont l'entraînement a été un succès, sur le front. Après la défaite d'Okinawa, la débandade des armées japonaises commence. La majeure partie des recrues de Kaji est massacrée lors de l'avance des chars russes. Kaji lui-même doit tuer l'un de ses hommes devenu fou. Quand les chars ont disparu, Kaji s'écrie : « Je suis un monstre mais je m'en sortirai. »

III – LA PRIÈRE D'UN SOLDAT. Sur leur route, Kaji et deux autres soldats rencontrent un groupe de civils (prostituées, mères avec enfants, bourgeois) qui se joignent à eux. Le manque de nourriture crée des conflits que l'énergie témoignée par Kaji (elle est un sujet d'admiration pour tous) permet le plus souvent de résoudre. Kaji ne pourra cependant empêcher la mort d'un enfant. Il retrouve chemin faisant son ami Tange. Tous deux s'interrogent sur l'avenir du Japon. Kaji est très pessimiste quant au relèvement du pays. Ayant trouvé refuge et vivres dans une ferme, le groupe est attaqué de tous côtés par l'ennemi. Il compte de nombreuses victimes mais n'est pas entièrement décimé. Voyant un camion « rouge » foncer volontairement sur une colonne de réfugiés japonais, Kaji commence à se poser des questions sur cette Armée rouge que ses convictions le portaient autrefois à respecter. Continuant leur route, Kaji et son groupe pénètrent dans un hameau mandchou, peuplé de réfugiés. Ceux-ci craignent beaucoup moins les Russes que l'armée japonaise. Les soldats et les femmes du village s'abandonnent à une frénésie sexuelle à laquelle Kaji refuse de participer. Lors de l'arrivée d'un détachement russe, une des réfugiées supplie Kaji de ne pas entamer un combat qui répandrait inutilement le sang des réfugiés. Kaji accepte donc de se rendre. Envoyé dans un camp de travail, il observe que les officiers japonais sont beaucoup mieux traités que les simples soldats. Ces derniers risquent constamment de mourir de faim. Kaji est interrogé par des officiers russes. On l'accuse d'être un meneur. Parlant au nom de tous ses frères non gradés, il répond : « Le fait que le socialisme vaille mieux que le fascisme ne suffira pas à sauver nos vies. » On reproche aussi à Kaji d'avoir poussé un de ses compatriotes, auquel il avait déjà sauvé la vie, à chercher parmi les ordures un supplément de nourriture nécessaire à sa survie. L'homme mourra à la suite de mauvais traitements et de punitions diverses. Kaji tue l'officier japonais qui collaborait avec les autorités du camp et parvient à s'évader. Il mendie ou vole le peu de nourriture dont il a besoin. Il espère toujours rejoindre sa femme Michiko qu'il n'a pas vue depuis 700 jours. Il s'écroule dans la neige et meurt.

☞ Ce film, le plus long de l'histoire du cinéma à avoir été exploité commercialement, est considéré par certains historiens comme marquant, en tant que production indépendante, le début de la nouvelle vague japonaise. Il est en fait l'héritier direct de Kurosawa. Ne seraitce d'abord que par le classicisme de sa forme, à la fois très ample et très dramatisée. L'action et la réflexion s'y trouvent constamment emmêlées, cette dernière engendrant un débat d'idées qui progresse à travers de très longues scènes de dialogue, comme chez l'auteur de *Vivre** et de *Barberousse**. Cette vaste fresque, profondément enracinée dans le climat de défaite historique du Japon, procède d'un double mouvement. Elle contient une critique des valeurs sacrées du Japon (autoritarisme, hiérarchie, discipline, culte de l'armée) et, en même temps, une tentative erratique, envahie par le doute, pour substituer à un humanisme nationaliste détruit par sa propre cruauté et ses faux-semblants un humanisme plus vrai et plus universel. Kaji, porte-parole de l'auteur (qui partage avec lui son expérience de la guerre) a les qualités d'un leader et d'un honnête homme. Dans tous les groupes qu'il côtoie, sa rébellion et même sa simple présence révèlent la fausseté des valeurs sur lesquelles s'appuient ces différents groupes. Quant à l'espoir théorique représenté par le socialisme, il sera peu à peu détruit par les expériences de Kaji au contact de l'Armée rouge. Sa mort, après un long itinéraire de courage, d'interrogation, de doute et d'échec, est une invitation à la réflexion active du spectateur, comme l'était celle du héros d'*Harakiri**, interprété par le même Tatsuya Nakadai, l'acteur fétiche de Kobayashi. L'errance et la quête des valeurs entreprise par le héros se développent dans ce qu'on pourrait appeler un gigantesque couloir de mine, une suite d'épisodes à la tonalité spectrale. Inspirée par le désespoir, mais non désespérante elle-même, l'odyssée de Kaji représente au contraire l'ultime sursaut d'une humanité refusant l'engloutissement dans les ténèbres de la terre. Là encore, la filiation avec Kurosawa est évidente, même si Kobayashi est loin d'avoir les fulgurances de style, la maturité du maître et surtout sa compassion quasi hugolienne envers les créatures auxquelles il a donné vie.

## CONQUÉRANTS (LES)
**(Dodge City)**

1939 – USA (105') • *Prod.* Warner (Hal B.Wallis) • *Réal.* MICHAEL CURTIZ •*Sc.* Robert Buckner • *Phot.* Sol Polito, Ray Rennahan (Technicolor) • *Mus.* Max Steiner • *Int.* Errol Flynn (Wade Hatton), Olivia de Havilland (Abbie Irving), Ann Sheridan (Ruby Gilman), Bruce Cabot (Jeff Surrett), Frank McHugh (Joe Clemens), Alan Hale (Rusty Hart), John Litel (Matt Cole), Henry Travers (Dr Irving), Henry O'Neill (colonel Dodge), Victor Jory (Yancey), William Lundigan (Lee Irving).

La ville de Dodge City, baptisée du nom de l'officier qui l'a créée, connait la rançon de son succès et de son expansion en tant que plaque tournante du commerce du bétail. Le désordre s'y est installé. On y boit, on y joue, on y tue. Un aventurier, qui a participé à la construction du chemin de fer, accepte de devenir shérif pour rétablir l'ordre. Il y réussira en s'opposant victorieusement à une bande de hors-la-loi, responsable directement ou indirectement de plusieurs assassinats dont seront victimes des acheteurs de bétail, un enfant et un journaliste.

☞ Le premier (et le seul en couleurs) des trois westerns de Curtiz interprétés par Errol Flynn (cf. *Virginia City, Santa Fe Trail*). A son époque, cette trilogie sur l'histoire de l'Ouest apporta au western un regain considérable de vigueur et d'ambition. Le style de Curtiz, à la fois vigoureux et limpide, reflète d'abord cette faculté étonnante qu'a le cinéaste d'utiliser au maximum de leurs possibilités les budgets très variés qui lui sont confiés. Ici le budget est fabuleux et Curtiz élabore une fresque gigantesque, mouvementée, riche en contrastes. Pourtant ceux-ci ne semblent guère l'intéresser ; ou plutôt il ne cherche pas à les mettre particulièrement en valeur. Il préfère les couler, sans les faire disparaître, dans une continuité au ton égal, serein, mesuré, aussi éloigné de la dramatisation à outrance que de la lenteur un peu académique dans laquelle tombent souvent les films aux budgets énormes. Les personnages ne se détachent jamais tout à fait de leur environnement : ils le suscitent et servent à l'expliquer. De même, les diverses péripéties d'une action ultra-classique ne cherchent pas à favoriser l'apparition d'un point de vue original. Il semble plutôt que Curtiz vise à appréhender, à serrer au plus près la normalité du genre qu'il illustre, autant pour le servir que pour se l'approprier. Il donne à voir une page d'histoire où tous les faits présentés et minutieusement reconstitués créent l'Histoire sans qu'aucun événement ou personnage exceptionnel (marginal, excentrique) y figure. C'est l'ensemble de l'aventure collective représentée ici qui est exceptionnel, et non tel ou tel de ses aspects. Cette recherche de la normalité et, par son intermédiaire, de l'essence d'un genre (le western comme fresque historique) est conduite par Curtiz avec une probité exemplaire. Cela explique peut-être l'influence durable que le film a exercée sur toute une génération de cinéphiles et le fait que certains d'entre eux le citent comme étant à l'origine de leur passion pour le cinéma.

## CONQUÉRANTS D'UN NOUVEAU MONDE (LES)
**(Unconquered)**

1946 – USA (146') • *Prod.* PAR. (DeMille) • *Réal.* CECIL B. DEMILLE • *Sc.* Charles Bennett, Frederic M. Frank et Jesse Lasky, Jr. d'ap. R. de Neil H. Swanson • *Phot.* Ray Rennahan (Technicolor) • *Mus.* Victor Young • *Int.* Gary Cooper (capitaine Christopher Holden), Paulette Goddard (Abigail Martha Hale), Howard da Silva (Martin Garth), Boris Karloff (Guyasuta), Cecil Kellaway (Jeremy Love), Ward Bond (John Fraser), Katherine DeMille (Hannah), Henry Wilcoxon (capitaine Steele), Sir C. Aubrey Smith (Sir Bernard Grenfell, juge), Victor Varconi (capitaine Simeon Ecuyer), Virginia Grey (Diana), Porter Hall (Leach), Mike Mazurki (Dave Bone), Robert Warwick (Pontiac), Alan Napier (Sir William Johnson), Marc Lawrence (Sioto), Lloyd Bridges (lieutenant Hutchins).

Londres, 1763. La condamnation à mort de la jeune Abigail Hale est commuée en exil dans les colonies d'Amérique du Nord où elle devra servir pendant quatorze ans comme esclave. Sur le bateau qui la mène dans le Nouveau Monde, elle attire l'attention de Garth, trafiquant d'armes en affaire avec les Indiens, lequel organise sur le champ une vente aux enchères. Pour éviter qu'elle tombe entre les mains de ce sinistre personnage, le capitaine Chris Holden surenchérit et achète Abigail qu'il libère avant d'arriver à terre. Par une tricherie, Garth s'empare du titre de propriété d'Abigail et confie celle-ci à son second, Dave Bone. Chris Holden apprend de la bouche de sa fiancée, Diana, qu'en son absence elle a épousé son frère. A Pittsburgh, la rumeur court que l'Indien Pontiac est en train de réunir les différentes tribus de la région en vue d'une attaque contre les Blancs. Chris Holden est chargé d'aller porter aux Indiens des « ceintures de paix ». L'un de ses deux compagnons ayant été tué, il découvre un tomahawk neuf du même type que ceux que vend Garth. Dans la taverne de Dave Bone, il retrouve Abigail devenue servante et l'emmène dans la maison de son ami John Fraser où il lui fait prendre un bain. Lors du bal donné au Fort Pitt en l'honneur de l'anniversaire du souverain Georges III, Abigail portera la splendide robe verte que Chris destinait à sa fiancée. Elle est furieuse quand il lui avoue que, bien qu'il soit très sensible à sa beauté, il a surtout besoin d'elle comme appât pour attirer Garth. Celui-ci survient en effet au milieu du bal et grâce à ses faux documents reprend possession d'Abigail. Retournant à la taverne, il est convoqué par son « ami » Guyasuta, chef des Indiens Senecas et père de son épouse Hannah. Guyasuta projette d'attaquer tous les forts de la région et a déjà commencé ses raids. Jalouse d'Abigail, Hannah ne fait rien pour empêcher qu'elle soit torturée par les siens. Mais Chris Holden, désobéissant aux ordres du commandant du Fort Pitt, est parti à sa recherche. Il apparaît à la tribu dans un nuage de fumée destiné à les impressionner. Utilisant la ruse et une boussole, il se fait passer momentanément pour une sorte de dieu et obtient la libération d'Abigail. Il fuit avec elle en canoë sur les rapides. Les Indiens, ayant découvert qu'ils se sont fait piégés, les poursuivent. Le canoë bascule dans les immenses chutes d'eau. Chris et

Abigail se raccrochent miraculeusement à une branche d'arbre. Plus tard, ils découvrent les cadavres de John Fraser et des siens massacrés par les Indiens. Dans le fort voisin, tous les soldats ont été également massacrés. Un vieillard agonisant raconte que les Indiens les ont pris par traîtrise et les ont convaincus de hisser le drapeau blanc avant de les exterminer. Chris et Abigail, qui avaient projeté de partir vers l'Est, se doivent de retourner au Fort Pitt pour éviter à ses occupants de subir le même sort. Arrivé au fort, Chris est condamné à mort pour désertion par une cour martiale. Abigail promet à Garth qu'elle sera à lui s'il fait libérer Chris. Garth organise son évasion au cours de laquelle il compte bien le faire tuer. Mais Hannah, par désespoir d'amour, se fera tuer à sa place. Chris va chercher quelques hommes en renfort, place les joueurs de cornemuse au premier rang et charge des cadavres de soldats dans la suite du convoi. Son stratagème met en fuite les Indiens qui encerclaient le Fort Pitt où Garth et Bone avaient persuadé les six cents occupants de se rendre. Holden tue Garth et épouse Abigail. Ils s'installeront dans l'Ouest.

☞ Cette gigantesque superproduction est sans doute le plus caractéristique des films non religieux tournés par DeMille dans les années 40 et 50. Le film peut être défini par une triple appartenance : historique ; épique et aventureuse ; baroque et délirante. Par son cadre et l'époque à laquelle il se déroule, il évoque une page très ancienne de l'histoire des États-Unis, avant la proclamation de l'Indépendance. Par son intrigue, il se présente comme une épopée riche en aventures spectaculaires, parfois proches du *serial*. (En rapport avec le célèbre feuilleton du muet *The Perils of Pauline*, le film fut plaisamment dénommé : *The Perils of Paulette*). Par un certain nombre de séquences, il équivaut à un cauchemar sadique et terrifiant qui s'adresse à l'inconscient du spectateur et nourrit ses angoisses infantiles et enfouies : cf. les apparitions de l'Indien Guyasuta pour lequel DeMille choisit judicieusement le maître du fantastique Boris Karloff. A l'intérieur du film, le contraste, la cohabitation entre d'une part le souci d'extrême authenticité accordé au détail et à l'apparence des scènes (le siège du Fort Pitt est un des plus saisissants et véridiques tableaux de guerre du cinéma américain) et d'autre part l'extravagance, le délire coloré et savamment organisé de nombreux épisodes, portent la marque spécifique du génie de DeMille. Ce génie, qui fait constamment la nique à l'académisme et continue de surprendre de génération en génération, n'est toujours pas admis par certains.

N.B. Dans son autobiographie, DeMille rend hommage au figurant Robert Baughman qui, dans la séquence du siège du Fort Pitt, continua de jouer du tambour quand une boule de feu vint atterrir sur son instrument et lui brûla la main. Le plan est en effet magnifique.

## CONTES DE LA LUNE VAGUE APRÈS LA PLUIE (LES)
**(Ugetsu monogatari)**

1953 – Japon (97') • *Prod.* Daiei (Masaichi Nagata) • *Réal.* KENJI MIZOGUCHI • *Sc.* Matsutaro Kawaguchi, Yoshikata Yoda d'ap. deux nouvelles « L'auberge d'Asaji » et « La lubricité du serpent » tirées du recueil « Ugetsu Monogatari » de Akinari Ueda. • *Phot.* Kazuo Miyagawa • *Mus.* Fumio Hayasaka • *Int.* Machiko Kyo (Wakasa), Masayuki Mori (Genjuro), Kinuyo Tanaka (Miyagi), Sakae Ozawa (Tobei), Mitsuko Mito (Ohama), Kikue Mori (Ukon), Ryosuke Kagawa (le chef du village).

A la fin du XVIe siècle au bord du lac Biwa dans la région d'Omi. La menace que fait peser sur le village l'arrivée prochaine de l'armée du seigneur Shibata pousse le potier Genjuro et son beau-frère Tobei (qui rêve, lui, de devenir un samouraï) à travailler intensément pour amasser le plus d'argent possible. Quand l'armée arrive et que la plupart des villageois se cachent afin d'éviter d'être tués ou emmenés de force, Genjuro prend de gros risques en allant, malgré les conseils de prudence de sa femme Miyagi, vérifier le bon fonctionnement de son four et la cuisson de ses poteries. Il réussit à tout sauver et met sa marchandise sur une barque où il prend place avec Miyagi et son fils, Tobei et la femme de celui-ci, Ohama. Au cours de son périple sur le lac Biwa en direction d'Omi où les affaires sont, dit-on, florissantes, le petit groupe rencontre un pêcheur blessé qui, avant de mourir, le met en garde contre la présence des pirates. Genjuro et Tobei débarquent leurs femmes contre la volonté de celles-ci et leur ordonnent de rentrer au village par les petites routes. Puis ils vont vendre leurs poteries sur les marchés. Une femme au maintien insolite et fascinant, la princesse Wakasa, fille unique du seigneur Kutso, complimente Genjuro sur la qualité de sa production et lui demande de livrer les objets qu'elle a choisis au manoir Kutsuki. Tobei, toujours travaillé par ses rêves de gloire, achète avec son bénéfice une armure et une lance de samouraï tandis que, loin de là, sa femme est contrainte de se livrer à la prostitution. Au manoir, la princesse demande à Genjuro de l'épouser. Elle danse pour lui, passe la nuit et se baigne en sa compagnie. Elle exige en retour une obéissance absolue. Elle l'emmène en pique-nique au bord du lac. « C'est le paradis » murmure Genjuro, envoûté. Pendant ce temps, sa femme, tombée dans la misère, est attaquée et tuée par des soldats. Tobei s'attribue fallacieusement un fait d'armes (la décapitation d'un grand général) et va porter la tête de la victime en trophée à son ennemi. Il devient ainsi un samouraï glorieux jusqu'à ce qu'il retrouve sa femme au fond d'un bordel. Après une explication orageuse, ils décident de reprendre la vie commune. Genjuro, de son côté, a appris que la princesse Wakasa appartient au royaume des ombres où elle l'aurait emmené avec elle s'il ne s'était fait tatouer sur le dos, suivant en cela le conseil d'un prêtre, une prière à Bouddha, protection contre les tentations maléfiques de l'au-delà. Le manoir où il avait connu l'extase amoureuse n'est en réalité qu'un amas de ruines. Il retourne chez lui et retrouve Miyagi et son fils. Mais le lendemain il apprend que c'est encore un fantôme qu'il a vu là : sa femme a été tuée et son fils a été élevé par le chef du village. Miyagi appartient désormais à un autre univers d'où elle continuera cependant à parler à son mari, qui se remet lentement au travail.

☞ Tiré de deux nouvelles du recueil « Les Contes de la lune vague après la pluie » de Akinari Ueda (publié en 1776), le film le plus célèbre de Mizoguchi se présente sous la forme d'un roman d'initiation décrivant les destinées emmêlées ou parallèles de quatre personnages. Les deux femmes paieront de leur vie ou de leur malheur les erreurs de leurs maris et leur permettront ainsi d'atteindre la sagesse en perdant leurs illusions. Trois éléments peuvent expliquer l'extraordinaire rayonnement de cette œuvre. Dans chacun de ses films, Mizoguchi décrit un pan de l'expérience des hommes : ici celle de la guerre, la plus universelle de toutes, devant laquelle toute existence se trouve fondamentalement remise en question. La guerre est aussi un puissant révélateur de caractères : elle met en lumière le goût de la gloire et du paraître chez Tobei, la cupidité et la sensualité de Genjuro. *Les contes de la lune vague* sont enfin le plus mouvementé des films de Mizoguchi : une tension, une frénésie perpétuelle l'habitent et aucun film de l'auteur n'est aussi rempli de mouvements d'appareil. Cette frénésie s'apaise dans les séquences fantastiques, où Genjuro fait l'expérience de l'extase amoureuse (séquences sublimes du bain et du pique-nique) et plus tard appréhende l'existence d'autres univers. Comme *Pursued** de Walsh, comme *Ordet** de Dreyer, *Les contes de la lune vague* entend décrire la totalité cosmique du monde. Le fond du cœur de l'homme, les mystères du ciel, le visible et l'invisible sont leur sujet, et il est sans limites.

BIBLIO. : scénario et dialogues *in* « L'Avant-Scène » n°179 (1977). Dans les passionnants souvenirs sur Mizoguchi par le scénariste Yoda Yoshikata, *in* « Mizoguchi », « Cahiers du cinéma », hors série septembre 1978, on trouvera une série de lettres de Mizoguchi écrites à Yoda pendant la préparation du scénario des *Contes*.

## CONTES DES CHRYSANTHÈMES TARDIFS
**(Zangiku monogatari)**

1939 – Japon (143') • *Prod.* Shochiku • *Réal.* KENJI MIZOGUCHI • *Sc.* Yoshikada Yoda, Matsutaro Kawaguchi d'ap. R. de Shofu Muramatsu • *Phot.* Shigeto Miki, Yozo Fuji • *Mus.* Shiro Fukai • *Int.* Shotaro Hanayagi (Kikunosuke Onoue), Kakuko Mori (Otoku), Kokichi Takada (Fukusuke Nakamura), Nobuko Fushimi (Onaka), Gonjuro Kawarasaki (Kikugoro Onoue), Yoko Umemura (Osato, femme de Kikugoro).

Kikunosuke, le fils d'un acteur très célèbre, lui-même acteur, s'attache à une servante de sa famille qui est la seule personne de son entourage à avoir le courage de lui dire que son jeu est défectueux. Cette relation avec la servante amène Kikunosuke à se brouiller avec les siens. Il part jouer dans une troupe de province. La servante le rejoint au bout d'un an. La mort du directeur de la troupe oblige Kikunosuke à entrer dans un théâtre ambulant. Pendant plusieurs années, il y perfectionne son art grâce aux conseils de sa compagne. Quand le théâtre ambulant est victime de la concurrence des lutteuses féminines, elle parvient à le faire engager dans la troupe d'un acteur célèbre. Il y remporte un triomphe. Mais cet acteur avait mis comme condition qu'elle rompe avec Kikunosuke. Ce qu'elle fait. Kikunosuke se réconcilie avec sa famille et devient aussi célèbre que son père. Il revoit sa compagne mourante. Il lui dit que son père les a pardonnés et la considère comme sa belle-fille légitime.

☞ Une fois encore chez Mizoguchi, l'esprit de sacrifice d'une femme amoureuse donne au récit son axe et son aboutissement. Ici la femme, pour Mizoguchi, n'est pas seulement le soutien essentiel de l'homme sur le plan moral et sentimental mais aussi sur le plan esthétique. Quoique de condition très modeste, l'héroïne a un goût très sûr et aussi solide que son amour pour son compagnon et que son désir de l'aider à progresser. La technique de Mizoguchi, toujours passionnante à observer dans ses progrès et ses étapes, n'a pas encore atteint l'intense sobriété qu'elle allait acquérir après guerre. Certes Mizoguchi essaie déjà d'obtenir une tension et une émotion maximum dans de longs plans-séquences, où les personnages sont cadrés d'assez loin et n'apparaissent jamais en gros plans. A cet égard, la séquence de la dernière rencontre des deux héros est un des sommets de l'art de Mizoguchi. Mais le plus souvent il se plait à décrire l'univers clos et étroit des planches et des coulisses à l'aide de nombreux mouvements d'appareil complexes et presque « ophulsiens » du fait des obstacles matériels qui surgissent constamment entre la caméra et les acteurs. Parfois, dans certaines scènes, son plaisir et sa manière de filmer nous intéressent plus que ce qu'il filme. Cela ne devait plus jamais se produire dans les chefs-d'œuvre d'après 1945.

## CONTES D'HOFFMANN (LES)
**(The Tales of Hoffmann)**

1951 – Angleterre (127' réduites à 115') • *Prod.* The Archers (Michael Powell, Emeric Pressburger) • *Réal.* MICHAEL POWELL • *Sc.* Dennis Arundell d'ap. opéra d'Offenbach, livret de Jules Barbier. • *Phot.* Christopher Challis (Technicolor), • *Mus.* Jacques Offenbach • *Chor.* Frederick Ashton • *Int.* Moira Shearer (Stella/Olympia), Robert Rounseville (Hoffmann), Robert Helpmann (Lindorff/Coppelius/Dr Dapertutto/Dr Miracle), Pamela Brown (Nicklaus), Ludmilla Tchérina (Giulietta), Leonide Massine (Schlemil/Franz/Spalanzani), Ann Ayars (Antonia).

A Nuremberg, le poète Hoffmann et le conseiller Lindorff aiment tous les deux la ballerine Stella. A l'entr'acte de la représentation qu'elle vient de donner, Hoffmann évoque dans une taverne remplie d'étudiants le souvenir de trois femmes aimées (qui sont aussi trois visions de Stella). A Paris, le poète aime Olympia qui n'est qu'une poupée. Mais grâce aux lunettes miraculeuses fabriquées par Coppelius, Hoffmann la voit vivante. Trompé pour une question d'ordre financier par Spalanzani, le « père » d'Olympia, Coppelius, brise la poupée. A Venise, Hoffmann aime Giulietta, une courtisane, qui a déjà pris son reflet à Schlemil. Elle s'emparera aussi de celui de Hoffmann qui, par jalousie, tuera Schlemil avant de voir Giulietta partir en compagnie de Pittichinaccio, le mauvais génie du poète. Dans une île grecque, Hoffmann aime Antonia que la phtisie dévore. Elle ne devrait plus chanter mais le diabolique Dr Miracle lui fait entendre la voix de sa mère, cantatrice elle aussi et morte de la même maladie. Cette voix lui enjoint de continuer à exercer son art. Antonia chante et meurt dans un ultime effort pour satisfaire sa mère. Retour à la taverne de Nuremberg. Hoffmann hébété, ivre mort, n'a pas reçu le message d'amour de Stella, détourné par Lindorff (alias Coppelius, alias Pittichinaccio, alias Dr Miracle) qui s'éloigne au bras de la danseuse.

☞ C'est infiniment plus qu'un simple opéra filmé. C'est chronologiquement, dans l'histoire du cinéma, la deuxième tentative après *Les chaussons rouges** (1948) d'un spectacle total, mais sans paroles, construit à partir de ces éléments de base que sont la musique, le chant, la chorégraphie, les couleurs, un récit structuré et une métamorphose perpétuelle et surprenante de l'espace. La mise en scène fourmille d'inventions visuelles : l'escalier dessiné en à-plat sur le sol et acquérant un relief irréel par une contre-plongée verticale ; la jambe de la poupée démantibulée continuant à danser ; les personnages du prologue réapparaissant par surimpression sur la toile du rideau qui tombe ; on pourrait citer cent autres exemples. Le but de cette mise en scène est de nier, de briser constamment l'espace scénique à force d'astuces techniques, parfois géniales, pour recréer l'espace sans limites de l'imaginaire des personnages. Pour Powell, le moins réaliste de tous les cinéastes de sa génération, l'imaginaire seul rend compte de la vraie nature des personnages, de leurs relations, de leur place dans le cosmos ; et tout film de Powell tend à devenir avec plus ou moins de bonheur un poème métaphysique. Eu égard à son contenu onirique, l'opéra-comique d'Offenbach (créé en 1881) offrait à Powell une matière particulièrement stimulante. La structure du film, reprise avec quelques modifications du livret de Jules Barbier, superpose trois visages de la femme dans ses relations avec le poète qui la convoite et la rêve en même temps. Olympia la poupée est une enfant indocile et capricieuse qui n'appartient pas à ce monde. Giulietta la tentatrice suscite un désir semblable à un piège ou à une fatalité ; en prenant son reflet au poète, elle lui prend aussi son identité et son âme. Enfin il y a Antonia, l'artiste, que son talent conduira directement à la mort (thème voisin des *Chaussons rouges**). Un fort élément de morbidité court à travers le film. Exprimé en couleurs lourdes et sombres, il se détache d'une forêt de signes mystérieux susceptibles d'interprétations diverses. On reconnaît bien là Powell. Dans plusieurs de ses films, la vie est vue comme un bref moment de frénésie, perdu dans le vide infini du temps et des autres univers, guetté à tout instant par la putréfaction propre à la chair mais aussi à l'esprit. Elle est alors l'œuvre du diable ou du mal, représenté ici par les rôles et les masques variés de Robert Helpmann. Avant Ken Russell et Syberberg, on saluera en Powell le visionnaire, le généreux pionnier, l'inventeur méticuleux de délires baroques, musicaux et plastiques, qui aujourd'hui encore n'ont rien perdu de leur charme.

BIBLIO. : Monk Gibbon : « The Tales of Hoffmann, a Study of the Film », Saturn Press, Londres, 1951. Volume consacré en partie au tournage du film. Reprint en un seul volume avec l'album semblable sur *The Red Shoes**, Garland, Londres et New York, en 1977.

## CONVOI DES BRAVES (LE) (Wagonmaster)

1950 – USA (86') • *Prod.* RKO/Argosy Pictures (John Ford, Merian C. Cooper) • *Réal.* JOHN FORD • *Sc.* Frank S. Nugent, Patrick Ford • *Phot.* Bert Glennon • *Mus.* Richard Hageman • *Int.* Ben Johnson (Travis Blue), Harry Carey, Jr. (Sandy Owens), Joanne Dru (Denver), Ward Bond (Elder Wiggs), Charles Kemper (oncle Shiloh Clegg), Alan Mowbray (Dr A. Locksley Hall), Jane Darwell (sœur Ledeyard), Russell Simpson (Adam Perkins), James Arness (Floyd Clegg) Hank Worden (Luke Clegg).

Dans les années 1870, deux maquignons, Travis Blue et Sandy Owens, acceptent de guider un groupe de Mormons vers la vallée de San Juan dans l'Utah. Chemin faisant, au milieu du désert, se joignent au convoi un vendeur d'élixir, le Dr A. Locksley Hall et deux femmes mortes de soif qui se produisent avec lui dans les foires. Plus tard, le sinistre clan des Clegg, le père et ses quatre fils, réclamera l'hospitalité aux Mormons durant un bal en plein air destiné à fêter l'arrivée du convoi près d'une rivière. Les Clegg entendent se mêler aux Mormons pour fuir une patrouille qui les traque à la suite de plusieurs meurtres qu'ils ont commis. Une bande d'Indiens Navajos fait ensuite son apparition : la tribu n'apprécie guère les Blancs de manière générale, mais fait une exception pour les Mormons. Ceux-ci sont invités au camp des Navajos et initiés à leurs danses. Un des Clegg agresse une Indienne : les Mormons le font fouetter pour éviter le pire. Owens se sent attiré par une jeune Mormon tandis que Travis fait, de son côté, une discrète proposition de mariage à Denver, l'une des deux femmes qui accompagnent le docteur. Proposition assez brutalement repoussée. Les Clegg s'emparent par la force et la menace de la direction du convoi. Travis et Sandy préfèrent rester momentanément passifs pour éviter un massacre. La patrouille arrive ; les Clegg se cachent dans les chariots et elle n'y voit que du feu. Les Mormons creusent une ornière dans le roc pour permettre à leurs chariots de traverser une passe difficile. Le dernier chariot contient le trésor des Mormons : leur provision de grain. Le père Clegg abat le conducteur. Sandy, qui avait été désarmé par les Clegg, a pu trouver une arme. Il s'en sert alors et la fusillade commence. Les quatre fils Clegg mourront, ainsi que leur père qui tentait encore une fois d'abattre un homme dans le dos. Le convoi atteint enfin le terme de son voyage, la vallée de San Juan.

☞ Auteur (non crédité) de l'histoire originale, Ford a déclaré qu'il avait atteint dans ce film exactement ce qu'il cherchait. Il a voulu retrouver, dans sa simplicité, la quintessence de tous les westerns à partir de variations sur l'un de ses thèmes de prédilection : la quête de la Terre promise. Œuvre de peintre et œuvre musicale (par son tempo, ses reprises) autant que de conteur, *Wagonmaster* montre des communautés errantes, parfois marginales ou rejetées (Mormons, saltimbanques, etc.) allant de l'avant, poussées vers le but qu'elles se sont fixé par une force beaucoup plus profonde que la volonté individuelle. Franchissement d'obstacles constamment renouvelés, élimination des poisons (l'ignoble clan Clegg), il s'agit pour Ford de peindre la nature humaine dans ce qu'elle a de plus vital, c'est-à-dire cette recherche individuelle et collective de la paix, de la sérénité qui prend toujours chez lui l'allure d'une longue errance, d'un voyage, jalonné de danses, de fêtes, d'épisodes sanglants ou familiers. Au sein de ce qu'on a pu appeler une « épopée intime », Ford ne dramatise rien, ne valorise aucune péripétie en elle-même. La soif, les sables mouvants, les chemins impraticables, les mauvaises rencontres et cent autres incidents ne possèdent par eux-mêmes aucune signification isolée, sinon de s'insérer avec le maximum de limpidité dans le dessein général de l'œuvre : une randonnée éternelle – aussi éternelle que l'homme lui-même – vers le port, contenue tout entière dans ce titre emprunté à O'Neil que Ford avait donné à l'un de ses films, plus ambitieux et moins réussi que celui-ci, *The Long Voyage Home*.

BIBLIO. : scénario et dialogues en volume chez Frederick Ungar, New York, s.d., dans la collection « RKO Classic Screenplays ».

## CONVOI VERS LA RUSSIE
### (Action in the North Atlantic)

1943 – USA (127') • *Prod.* Warner (Jerry Wald) • *Réal.* LLOYD BACON • *Sc.* John Howard Lawson, A.I.Bezzerides et W.R.Burnett d'ap. une histoire « Heroes Without Uniform » de Guy Gilpatrick • *Phot.* Ted McCord • *Mus.* Adolph Deutsch • *Int.* Humphrey Bogart (Joe Rossi), Raymond Massey (capitaine Steve Jarvis), Alan Hale (Boats O'Hara), Julie Bishop (Pearl), Ruth Gordon (Mme Jarvis), Sam Levene (Chips Abrams), Dane Clark (Johnny Pulaski) Peter Whitney

(Whitey Lara), Dick Hogan (cadet Robert Parker), Minor Watson (amiral Hartridge), J.M. Kerrigan (Caviar Jinks).

Un pétrolier américain est torpillé par un sous-marin allemand. Quelques survivants, après plusieurs jours passés en mer, sont recueillis et ramenés à terre dans l'attente d'une nouvelle affectation. Le capitaine Jarvis rentre chez lui et retrouve sa femme ; son second, Rossi, rencontre une chanteuse de bar et l'épouse. Les deux hommes se retrouvent à bord du « Sea Witch », navire faisant partie d'un convoi de bateaux alliés en route vers Murmansk. Au cours d'un combat dans l'Atlantique nord, le « Sea Witch » est séparé du reste du convoi. Le lendemain le « Sea Witch », resté inaccessible aux sous-marins ennemis, est attaqué par deux bombardiers de la Luftwaffe. Jarvis ayant péri au cours de ces affrontements, Rossi prend le commandement et réussit à détruire le sous-marin qui traquait depuis longtemps le « Sea Witch ». Protégé par l'aviation russe, le navire arrive intact à Murmansk.

☞ Archétype parfait du film de guerre maritime à l'américaine, réalisé à chaud (1943) avec ses éléments de propagande circonstancielle : ici, glorification de la marine soviétique. En tant que divertissement dramatique, le film possède deux atouts majeurs : une flopée de personnages au relief étonnant, tant par l'interprétation que par des dialogues percutants et humoristiques, une série attendue de séquences spectaculaires très réussies. La première d'entre elles est la plus remarquable : après avoir coulé le pétrolier, le sous-marin allemand détruit encore, en fonçant dessus, le canot de sauvetage où s'étaient réfugiés quelques survivants. Le lien entre la psychologie des personnages et le caractère spectaculaire du film est naturel et logique. C'est que la guerre est ressentie ici par chacun comme une affaire individuelle, un compte personnel à régler avec l'ennemi. A partir du moment où il a perdu son navire, le capitaine Jarvis n'a plus qu'une idée en tête : prendre sa revanche sur le sous-marin responsable de sa défaite. Il mourra d'ailleurs à la tâche. Le spectaculaire n'est pas seulement visuel. Il s'appuie aussi sur un suspense solide et sur une bonne dose d'astuce. La guerre que se livrent le « Sea Witch » et le sous-marin est avant tout une guerre des nerfs, un assaut de ruse et d'ingéniosité (séquence nocturne où le vaisseau fait le silence complet des machines pour échapper à la détection du sous-marin ; séquence où un incendie est allumé à bord pour attirer ce sous-marin à la surface). Le film est tout à fait impersonnel — et cela d'autant plus que, Loyd Bacon l'ayant abandonné en milieu de parcours, il fut repris par Byron Haskin, assisté de Don Siegel. Mais impersonnalité, dans le cinéma américain, n'est pas toujours synonyme de médiocrité. Parfois même, comme ici, c'est le contraire : l'impersonnalité des collaborateurs a aidé le film à devenir une sorte de bilan des qualités accumulées dans un genre donné. Surtout, comme c'est encore le cas ici, quand le budget mis à la disposition des cinéastes est considérable.

## CORBEAU (LE)

1943 – France (93') • *Prod.* Continental-Films • *Réal.* HENRI-GEORGES CLOUZOT • *Sc.* Louis Chavance, Henri-Georges Clouzot • *Phot.* Nicolas Hayer • *Mus.* Tony Aubin • *Int.* Pierre Fresnay (Germain), Micheline Francey (Laura), Pierre Larquey (Vorzet), Ginette Leclerc (Denise), Héléna Manson (Marie), Noël-Roquevert (Saillens), Jeanne Fusier-Gir (la mercière), Antoine Balpêtré (Dr Delorme), Louis Seigner (Dr Bertrand), Sylvie (la mère du cancéreux), Roger Blin (le cancéreux), Pierre Bertin (le sous-préfet), Jean Brochard (Bonnevi), Palau (le receveur).

⊖ « Une petite ville, ici ou ailleurs »... sur laquelle s'abat en peu de temps un millier de lettres anonymes signées « Le corbeau ». Elles provoquent drames sur drames : disputes, suicide, internement, meurtre. Le personnel hospitalier de la ville est particulièrement concerné et visé par les lettres.

☞ Deuxième film de Clouzot. Œuvre capitale dans l'histoire du cinéma français. L'éblouissante perfection formelle du film (agencement du scénario, découpage, interprétation) aboutit à un récit complexe mais assez bref de 93' qui décrit en profondeur, à travers une douzaine de personnages, l'atmosphère sociale d'une petite ville française des années 30. La peinture de Clouzot (c'est-à-dire ses images) est plus noire que sa philosophie (c'est-à-dire ses dialogues) qui met en avant la relativité des notions morales et invite ainsi à une certaine modération de jugement. Le film, indiscutablement sincère (malgré les apparences, Clouzot est le contraire d'un cinéaste roublard), provoqua un ébranlement profond dans le public et la critique à cause de la formidable rupture de ton qu'il introduisait par rapport au cinéma d'avant-guerre. La férocité de l'analyse sociale, si fréquente dans les films français des années 30, apparaît ici glaciale, absolument dénuée d'ironie. Elle est crue, directe, n'offre aucune échappatoire au public dans le rire ou la dérision. L'auteur croit viscéralement à ses monstres et oblige le spectateur à se contempler en eux comme dans un miroir. Produit par la firme allemande Continental, mais non distribué en Allemagne, *Le corbeau* heurta si brutalement l'idéalisme « résistant » qu'il fut interdit à la Libération comme anti-français. Ses auteurs (Chavance et Clouzot) furent frappés d'une interdiction de travail à vie (levée quelques années plus tard). Il faut évidemment s'indigner d'une telle mesure de censure, mais sans oublier à quel point elle est un hommage, dont Clouzot se serait bien passé, à la force d'un film qui, selon le credo de son auteur, a pour cible principale tout idéalisme, tout romantisme quel qu'il soit. Sur le plan du sens, semblable mésaventure arriva, mais inversée, à Grémillon pour *Le ciel est à vous**. Son génie à décrire des personnages passionnés et illuminés par leur passion lui valut le reproche d'avoir œuvré dans le sens de la propagande pétainiste. Clouzot était trop négatif et Grémillon trop positif. Ainsi les deux plus grands films de l'Occupation furent-ils victimes, chacun à sa manière, de contresens liés à leur puissance expressive. *Le corbeau* comporte peut-être une seule faiblesse. La résolution de l'énigme (culpabilité du vieux médecin interprété par Larquey) est loin d'être aussi stimulante et satisfaisante pour l'esprit que ne l'a été tout au long du film le développement de l'intrigue. Il est significatif que le seul point important où les auteurs se sont écartés de la réalité paraisse aujourd'hui le plus contestable. Le film, on le sait, est basé sur l'affaire Angèle Laval de Tulle qui défraya la chronique au début des années 20. La coupable était une femme de trente-cinq ans, hystérique avouée. A vrai dire, cette « faiblesse », si c'en est une, équivaut à un aveu. Par delà sa prodigieuse vérité psychologique sur une certaine France de la délation et du pourrissement, le film est aussi, et peut-être avant tout, un portrait de son auteur, de ses phantasmes, de ses appréhensions, de ses cauchemars. Le docteur qu'interprète Larquey n'est pas un coupable tout à fait convaincant. Mais il polarise toutes les obsessions de Clouzot mieux que n'aurait pu le faire un personnage au comportement relevant d'un diagnostic net. Bien que l'art de Clouzot donne l'illusion de l'objectivité, son film ne fournit pas un exposé réaliste et complet de la petite société qu'il décrit. En réalité, nous restons prisonniers d'un cercle très restreint de « possédés », victimes de leurs névroses et de leurs frustrations. Enfermés dans une asphyxiante promiscuité, malades et soignants se révèlent tous aussi atteints les uns que les autres. C'est que, pour Clouzot, l'espèce humaine (une espèce particulièrement malsaine) trouve sa seule diversité dans la variété, au demeurant infinie, de ses maladies et de ses tares.

N.B. Grande similitude de sujet et de scénario avec le film anglais *Poison Pen* de Paul L. Stein, 1939, tiré d'une pièce de Richard Llewellyn et peut-être du même fait divers ou d'un fait divers semblable. La coupable est ici assez proche de l'héroïne de Tulle. Très théâtral dans son ensemble, le film contient au moins une excellente scène : pendant l'office, la cloche de l'église se met à sonner et on y découvre pendue une jeune suspecte injustement accusée.

Remake américain, tourné au Canada par Preminger sous le titre *The 13th Letter* (1951). Inédit en France, c'est l'un des moins bons films du réalisateur. Ajoutons qu'Yves Boisset situe, lui aussi, une scène capitale de *Radio Corbeau* (1989) dans une église. C'est même la scène finale, où a lieu la révélation du coupable qui a installé un haut-parleur pour diffuser son message enregistré. La scène emprunte à la fois au *Corbeau* et à *La fiancée du pirate** de Nelly Kaplan.

BIBLIO. : scénario et dialogues : 1) *in* « Le Monde illustré théâtral et littéraire », n°10, (1947) 2) en volume, La Nouvelle Édition, 1948 3) *in* « L'Avant-Scène » n°186 (1977).

## CORBEAUX ET MOINEAUX
**(Wuya yu maque)**

1949 – Chine (110') • *Prod.* Kunlun • *Réal.* ZHENG JUNLI • *Sc.* Chen Baichen, Shen Fu, Wang Lingu, Xu Tao, Zhao Dan, Zheng Junli • *Phot.* Miao Zhenhua, Hu Zhenhua • *Mus.* Wang Yunjie • *Int.* Zhao Dan, Wei Heling, Sun Daolin, Huang Zongying, Wu Yin, ShangguanYunzhu, Wang Pei.

Shanghai, hiver 1948. Vivant de spéculations et de malversations, Hou Yibo, un profiteur lié au Kuomintang, a accaparé avec sa maîtresse une maison appartenant à Kong, un vieux correcteur d'épreuves travaillant dans un journal. Hou a dénoncé comme communiste le fils de Kong, mort durant la guerre contre le Japon. Aujourd'hui Hou veut vendre la maison et donne congé aux locataires : à Kong, à Hua, un instituteur vélléitaire et timoré, ainsi qu'à un vendeur ambulant de conserves américaines sur les marchés, surnommé « Petit Boss ». Chacun va d'abord essayer de s'en sortir individuellement, avec les moyens du bord et pas mal d'astuce. Hua sollicite un appartement de son directeur d'école ; celui-ci lui demande en échange de le renseigner sur les mouvements de révolte qui agitent l'établissement. Hua hésite, puis préfère renoncer à l'appartement. Il hésite aussi à participer à une grève et sera pourtant arrêté comme gréviste. Sa femme se laisse courtiser par Hou dans l'espoir de rester locataire dans la maison. Quand Hou se montre trop pressant, elle le traite de monstre. Petit Boss croit obtenir de Hou un arrangement privilégié, valable pour lui seul. Sa femme confie à Hou toutes ses marchandises en gage (y compris un précieux flacon de pénicilline). Avec l'argent reçu, elle compte spéculer sur l'or. La nuit venue, la foule se presse autour de la banque pour acheter de l'or. On voit même des aveugles avec leur canne blanche se diriger hâtivement vers les bureaux et faire la queue comme les autres. A la suite d'un incident, Petit Boss et sa femme seront malmenés et blessés et devront rentrer chez eux bredouilles. Des sbires, payés par Hou, saccagent l'appartement de Kong afin de l'intimider et le pousser à partir. Les autres le pressent de réagir mais depuis longtemps déjà Kong s'est abandonné au désespoir et ne croit plus en la justice. La fillette de Hua a contracté une pneumonie. Pour la soigner, la servante de Hou vole le flacon de pénicilline. Petit Boss et sa femme se remettent peu à peu de leurs blessures. Entre temps le prix de l'or a monté et s'est stabilisé à un très haut niveau. « C'est moi qui suis déstabilisé » dit Petit Boss. En fait, il est ruiné. Et maintenant Hou refuse de rendre les marchandises prises en gage. C'est alors que les habitants de la maison trouvent ensemble le courage de faire front contre lui. Le ministère où il travaille quitte Nankin. Hou et sa maîtresse, voyant que tout est perdu, prennent la fuite vers Taïwan. Hua, qui a été relaché, revient auprès de sa famille. Après la prise de Shanghai par les communistes, les habitants fêtent dans la joie le nouvel an 1949.

☞ Le plus célèbre des films chinois réalisés conjointement à la victoire des communistes. « Le script donné aux autorités en vue d'obtenir l'autorisation de tournage était faux, amputé des attaques contre le régime encore en place ; et le tournage lui-même commencera plusieurs mois avant la prise de Shanghai, mais la production, interdite rapidement par les autorités du Kuomintang qui avaient découvert la supercherie, dut se poursuivre dans la clandestinité jusqu'en septembre 1949 » (*in* « Voyage autour du cinéma chinois », Association Culturelle des Cinéastes Associés, 1983). Tous les personnages ont du relief, même si c'est parfois un relief caricatural, comme dans le cas des deux méchants (Hou et sa maîtresse). Par contre les héros « positifs » ne manquent pas, eux, de nuance : tendance à l'attentisme chez l'instituteur ; appât du gain et goût naïf de la spéculation chez le couple des marchands ambulants. Le scénario est habilement agencé pour démontrer que les locataires spoliés n'ont chance de s'en sortir que s'ils renoncent à agir séparément et à utiliser les mêmes combines que leurs adversaires. Unis, et portés par le grand mouvement de l'Histoire, ils triompheront aisément. La mise en scène donne à la narration la fluidité et la souplesse nécessaires pour présenter de façon vivante ce petit cours de politique appliquée. Tant sur le plan de la dénonciation sociale que sur celui de la réussite artistique, le film est loin d'égaler les meilleures œuvres du cinéma chinois des années 30 (*Carrefour**, *Shanghai d'hier et d'aujourd'hui**, etc.). Il témoigne néanmoins d'un dynamisme rénovateur (non dépourvu d'humour) et d'une certaine dose d'énergie créatrice, reflétant ainsi le désir des cinéastes de l'époque de s'associer concrètement, sans solennité ni pathos, aux grands événements en cours.

## CORDE (LA)
**(Rope)**

1948 – USA (80') • *Prod.* Warner-Transatlantic Pictures, (Alfred Hitchcock) • *Réal.* ALFRED HITCHCOCK • *Sc.* Arthur Laurents d'ap. P. de Patrick Hamilton adaptée par Hume Cronyn • *Phot.* Joseph Valentine et William V. Skall (Technicolor) • *Mus.* Léo F. Forbstein d'ap. Francis Poulenc • *Int.* James Stewart (Rupert Cadell), John Dall (Shaw Brandon), Farley Granger (Philip), Joan Chandler (Janet Walker), Sir Cedric Hardwicke (Mr. Kentley), Constance Collier (Mme Atwater), Edith Evanson (Mme Wilson, la gouvernante), Douglas Dick (Kenneth Lawrence), Dick Hogan (David Kentley).

Un appartement new-yorkais à la fin d'une soirée d'été. Deux jeunes homosexuels, Shaw et Philip, viennent d'étrangler avec une cordelette leur camarade de collège, David. Ils ont commis ce crime par jeu intellectuel, pour expérimenter des théories qui empruntent à Nietzsche, à l'acte gratuit, à un dandysme intellectuel dont l'influence leur vient de leur ancien professeur Rupert Cadell. C'est Shaw surtout qui a mené le jeu et il n'est pas peu fier de sa « réussite ». Philip, quant à lui, est plutôt horrifié par l'acte auquel il vient de participer. Pour conférer à cette journée un caractère vraiment mémorable, Shaw a invité à un cocktail les parents de la victime : son père, dont la femme, malade, est absente, sa tante, une vieille femme superficielle et snob, et sa fiancée Janet. Shaw demande à la bonne de placer les verres et les victuailles sur le coffre où est enfermé le cadavre. Il a également convié l'ancien fiancé de Janet, Kenneth, à qui il conseille de renouer avec ses anciennes amours. Dernier invité du cocktail ; le Pr Cadell lui-même, le seul capable aux yeux de Shaw d'apprécier l'acte commis et peut-être même de le deviner. Au cours de la réunion, Cadell fait comme à son habitude un complaisant étalage de ses théories sur le meurtre : c'est selon lui un art qui doit être réservé à l'élite, laquelle recrutera à son gré ses victimes parmi les êtres inférieurs. Le père de David ne peut supporter ce badinage et demande à voir les éditions originales – but de sa visite – que Shaw a mises de côté pour lui. Tous sont de plus en plus étonnés de l'absence de David. Le père, qui a téléphoné à sa femme morte d'inquiétude, quitte les lieux avec les autres invités afin de prévenir la police de la disparition de son fils. Cadell, alerté par plusieurs indices (le malaise grandissant de Philip, le traquenard tendu par Shaw aux deux anciens amoureux Kenneth et Janet, le refus de Shaw d'ouvrir le coffre, la découverte du chapeau de David que lui a donné la bonne à la place du sien), revient dans l'appartement sous un faux prétexte et commence à parler de David. Shaw entre dans son jeu et alimente ses soupçons. Cadell explique comment s'est déroulé, à son avis, le meurtre (séquence reprise textuellement de *The Suspect** de Siodmak). Il exhibe alors la cordelette du crime dont Shaw, par provocation, s'était servi pour ficeler les livres emportés par le père de David. Philip, exaspéré par ce jeu du chat et de la souris, bondit sur le revolver que Shaw avait, quelques instants auparavant, sorti de sa poche. Cadell essaie de le lui arracher des mains. Une balle part, blessant légèrement Cadell qui garde le revolver. Il ouvre le coffre. Ce qu'il y voit, lui explique Shaw, est le produit de ses théories. Accablé, Cadell tire par la fenêtre plusieurs balles. Le murmure des gens d'alentour alertés par les détonations monte vers la baie vitrée. On entend la sirène d'une voiture de police. Les trois hommes, prostrés, attendent.

☞ Premier film d'Hitchcock en couleurs, premier des quatre tournés avec James Stewart, premier où le metteur en scène apparaît comme coproducteur. Date importante dans la carrière d'Hitchcock, *La corde* est aussi l'un des films les plus sérieux qu'il ait jamais tournés. Il est basé sur la formule qui, pendant plus de quarante ans, aura séduit les publics du monde entier : un extrême formalisme mis au service d'émotions élémentaires, de thèmes universels, liés pour la plupart à la morale. Réaliser un film en un seul plan a toujours été le rêve – plus ou moins avoué et conscient – de bon nombre de metteurs en scène. En fait, ce rêve correspond au passage à la limite de l'une des deux principales attitudes esthétiques possibles au cinéma : étant donné l'inévitable morcellement de la création cinématographique, ou bien l'accentuer et le prendre comme point de départ de recherches esthétiques valorisant le montage et la multiplication des espaces, ou bien nier ce morcellement en façonnant une continuité qui absorbe tous les espaces en un seul espace, tous les plans en un seul plan. Le cinéma de fascination (Lang, Preminger, Siodmak, etc.) cultivé dans les années 40 aux États-Unis portera cette tendance à son plus haut degré de raffinement en développant l'usage du plan-séquence. Et il n'est pas étonnant qu'Hitchcock qui considère chaque film comme une gageure, un exercice de style, une manière nouvelle de sidérer le public, ait eu à cette époque le désir d'étendre les possibilités du plan-séquence à la dimension d'un film entier. Pragmatique, formaliste, mais non esthète, Hitchcock va tenter cette gageure en la prenant d'abord au pied de la lettre : un plan, c'est un plan ; donc pas de changement de lieu, donc temps continu, donc pas un seul raccord visible (ce qui va impliquer l'utilisation d'astuces et de trucages visuels puisque techniquement aucun plan ne peut durer plus de dix minutes de projection). La gageure nous ramène ainsi au théâtre le plus clos et le plus claustrophobique, alors que dans l'esprit d'un Preminger par exemple le rêve du film en un seul plan a quelque chose de cosmique : il s'agit d'abattre les murailles autour de la réalité pour appréhender celle-ci dans une seule coulée uniforme et dans un espace continu. Curieusement, dans *La corde,* le parti-pris, la logique de départ se perdent en route ou, si l'on veut, s'évanouissent en un harmonieux compromis. Serait-ce que la pure virtuosité lasse finalement très vite le maître du suspense ? En tout cas un changement de plan sur deux sera absolument normal et visible, le suivant s'effectuera sur le dos d'un personnage (fondu au noir déguisé), et le dernier fondu au noir aura lieu exceptionnellement sur le couvercle du coffre. Alors qu'en moyenne un film comporte entre deux cents et six cents plans, *La corde* n'en comporte que onze (respectivement de 1'54", 9'36", 7'51", 7'18", 7'09", 9'57", 7'36", 7'47", 10', 4'36", 5'39"). Les dix changements de plan s'opèrent de la manière suivante : 1) changement de plan correspondant à un changement de lieu (c'est le seul du film : on passe de l'extérieur à l'intérieur de l'appartement) 2) sur le dos de John Dall 3) normal 4) sur le dos de Douglas Dick 5) normal 6) sur le dos de John Dall 7) normal 8) sur le dos de John Dall 9) normal 10) sur le couvercle du coffre. Par ailleurs ce film qui refuse le montage est extrêmement découpé et autoritaire dans sa mobilité et sa manière d'appréhender l'espace. Là aussi, il va à l'encontre de l'optique du plan-séquence à la Preminger qui vise à faire oublier au spectateur l'existence de la caméra. Ici, la caméra reste, du début à la fin, très présente : elle est comme toujours chez Hitchcock le personnage principal de l'histoire, entraînant dans son sillage un spectateur soumis et comblé. Mis en place avec délectation par Hitchcock, ce huis-clos où la caméra circule au milieu des cloisons escamotables et des meubles à roulettes comprend la plus belle « découverte » de l'histoire du cinéma (maquette de New York gagnée peu à peu par la nuit) et ne vise enfin qu'à un seul but : accentuer de manière stupéfiante la tension et le malaise suscités par l'intrigue. Aucun film d'Hitchcock, à part *Psychose** (où le malaise débouche à intervalles réguliers sur la terreur), n'aura engendré une atmosphère aussi irrespirable. L'abjection des deux assassins est relayée à un autre niveau par la médiocrité des autres personnages (notons qu'Hitchcock a évité de mettre dans leur bouche le moindre dialogue brillant). Le père lui-même, qu'Hitchcock écarte de la médiocrité ambiante, participe au malaise général en tant que victime pitoyablement impuissante – après le mort lui-même – de cet holocauste absurde. Quant au personnage de James Stewart (le professeur), il est aux yeux d'Hitchcock le plus coupable de tous. A cet égard, *La corde* est un film relativement exceptionnel dans l'œuvre d'Hitchcock : le spectateur ne peut s'identifier à aucun des personnages, sinon peut-être au mort dans le coffre qui attend ( ? ) que ses assassins soient reconnus et jugés. Pour le reste, *La corde* occupe une place centrale au sein de l'édifice hitchcockien parce qu'il consolide justement la morale traditionnelle — universaliste dans son principe — de l'auteur et élimine comme monstrueuse toute tentative de morale individuelle, élitiste, qui donnerait à un seul être ou à une seule catégorie d'êtres une place à part dans la société. Le film souligne aussi la responsabilité de l'intellectuel dont les paroles, les écrits, les théories, les paradoxes doivent être considérés par lui-même et par les autres avec autant de sérieux que s'ils étaient des actes. On voit que l'œuvre ne plaisante guère. C'est un autre aspect du secret d'Hitchcock : personne avant lui n'avait osé être aussi grave en sachant rester aussi divertissant.

## CORNIAUD (LE)

1965 – Franco-italien (110') • *Prod.* Robert Dorfmann – Films Corona (France) – Explorer Films 58 (Rome) • *Réal.* GÉRARD OURY • *Sc.* Gérard Oury, Marcel Jullian, Georges et André Tabet • *Phot.* Henri Decae (Eastmancolor, Franscope) • *Mus.* Georges Delerue • *Int.* Bourvil (Antoine Maréchal), Louis de Funès (Léopold Saroyan), Venantino Venantini (Mickey), Henri Genès (l'adjudant), Saro Urzi (le garagiste), Lando Buzzanca (le coiffeur), Pierre Roussel (le maître d'hôtel).

Maréchal, représentant en layette, s'apprête à partir en vacances pour l'Italie quand le PDG Saroyan à bord de sa grosse voiture rentre dans sa 2CV et la démolit complètement. Pour dédommager sa victime, Saroyan, qui est en réalité un chef de gang international, se propose de lui prêter une Cadillac qu'il devra convoyer de Naples à Bordeaux. Maréchal, ravi, ignore bien entendu que la Cadillac est chargée d'or, d'héroïne et de bijoux volés. Durant tout le voyage, il est suivi par Saroyan qui surveille de loin sa marchandise. Une troisième voiture, celle d'un gang rival, participe aussi à l'équipée. Au cours du périple, les pare-chocs en or seront remplacés par un garagiste indélicat, la drogue s'échappera des impacts de balles tirées lors d'une bagarre entre les deux gangs, et la batterie remplie de bijoux sera jetée, comme défectueuse, par Maréchal. Seul le plus gros diamant du monde restera fixé au klaxon, mais sera retrouvé en présence de la police. Maréchal, comprenant à la fin toute l'histoire, se réservera une petite vengeance personnelle.

☞ L'astuce du film et son triomphe furent de réunir deux grands comiques français dans un scénario qui les sert autant l'un que l'autre grâce à une série de contrastes savamment ménagés. Naïveté, placidité, innocence chez Bourvil qui accomplit en toute inconscience un merveilleux voyage et fait même le joli cœur sans se douter des dangers qu'il traverse. Nervosisme, anxiété, malhonnêteté chez De Funès, trafiquant déjà puni par les soucis que lui cause son projet avant de l'être par son échec. Le thème du voyage donne une apparence d'unité à une série de sketches n'entretenant souvent qu'un rapport assez lâche avec le sujet, mais où De Funès et Bourvil s'illustrent tantôt ensemble, tantôt séparément. Gérard Oury ne force jamais la note et maintient un équilibre prudent entre burlesque, parodie policière, comique de situations et comique de caractères. Cette prudence lui permet d'atteindre une certaine variété dans les effets et de plaire à tous les publics.

## COUP DE L'ESCALIER (LE) (Odds Against Tomorrow)

1959 – USA (96') • *Prod.* UA – Harbel Productions (Robert Wise) • *Réal.* ROBERT WISE • *Sc.* John O. Killens et Nelson Gidding d'ap. R. de William P. McGivern • *Phot.* Joseph Brun • *Mus.* John Lewis • *Int.* Harry Belafonte (Johnny Ingram), Robert Ryan (Earl Slater), Gloria Grahame (Helen), Shelley Winters (Lorry), Ed Begley (Dave Burke), Will Kuluva (Bacco), Mae Barnes (Annie), Carmen de Lavallade (Kitty), Richard Bright (Coco), Fred J. Scollay (Cannoy), Lou Gallo (Moriarty).

New York. Dave Burke, ex-policier sexagénaire autrefois renvoyé pour corruption, prépare le hold-up d'une banque. Il convainc Johnny Ingram et Earl Slater d'être ses complices. Ingram, un Noir, chanteur dans un cabaret, criblé de dettes à cause de sa passion pour le jeu, vit séparé de sa femme qu'il aime encore. Il est père d'une fillette. Slater, vétéran de la Seconde Guerre, amer et violent, n'est jamais parvenu à se réintégrer complètement à la vie civile. Le coup, qui doit avoir lieu au crépuscule dans une petite ville de l'État de New York, semble assez facile mais ratera à cause du comportement raciste de Slater qui l'amène à ne pas faire confiance à Ingram durant l'opération. Burke est tué par la police. Slater et Ingram s'entre-tuent au-dessus d'une cuve de gaz qui explose. On retrouve leurs deux corps carbonisés, impossibles à identifier.

☞ Postérité directe de *The Asphalt Jungle**. La psychologie et les personnages comptent infiniment plus que l'exécution du hold-up qui ne dure que quelques minutes à la fin du film et dont le déroulement n'est lui-même qu'un reflet du caractère des protagonistes. Comme eux, il est voué à l'échec. Le film apparaît en effet comme une sorte d'élégie glaciale et prenante, comme une pavane pour l'agonie de trois *losers*, de trois *has-been* saisis dans un univers urbain qui les encercle et les asphyxie. On a parlé de plaidoyer anti-raciste. C'est beaucoup plus vrai de *Crossfire** (Ryan y jouait le rôle d'un antisémite et d'un meurtrier) que de ce film où les tendances racistes de Slater ne sont qu'un élément supplémentaire venant s'ajouter, presque absurdement, à toutes les autres raisons qui motivent l'échec de sa vie. « Et en plus il est raciste » se borne à noter Wise avec une sombre et discrète ironie qui n'exclut pas de sa part une compassion ni même un étrange respect pour son personnage. Le relief de l'interprétation (dans une action sans rôle principal où les trois protagonistes, très loin de tout manichéisme, ont la même force et la même présence), l'aspect à la fois géométrique et réaliste de l'image donnent sa grandeur à ce film qu'on peut considérer comme le terminus du *film noir*.

## COUPLE IDÉAL (LE)

1945 – France (82') • *Prod.* SUF • *Réal.* BERNARD-ROLAND • *Sc.* Pierre Léaud, André Cayatte, Michel Duran • *Phot.* Claude Renoir • *Mus.* Georges Van Parys • *Int.* Raymond Rouleau (Diavolo et Henri), Yves Deniaud (Julien), Hélène Perdrière (Diana), Denise Grey (Antoine), Marcel Vallée (le metteur en scène de Diavolo), Jean Lanier (Justex), Annette Poivre (Titine), Jacqueline Pierreux (Pearl Black), Simone Signoret (Annette), Sinoël (le châtelain), Paul Demange (le metteur en scène de Justex), Guy Decomble (Bouzillon), Roger Blin (le somnambule).

En 1912, Diavolo, populaire héros de serials fantastiques, file sur l'écran le parfait amour avec sa partenaire Diana qu'il sauve des pires embûches. Ils représentent pour le public le couple idéal. Dans la réalité, leurs relations sont beaucoup plus orageuses. En fait, Diana tient la dragée haute à Diavolo qui le supporte mal. Poussés par leur manager, une extravagante qui s'habille au masculin et se fait appeler Antoine, Diavolo et Diana doivent participer à la « Nuit des Vedettes » organisée par un grand music-hall. Une bousculade monstre s'y produit, au cours de laquelle Diavolo est arrêté par erreur par la police. Aidé par la Providence, Antoine découvre un sosie de Diavolo, livreur-cycliste à l'accent faubourien, qu'elle pousse sur la scène, et le public n'y verra que du feu. Pour embêter sa partenaire qui l'a laissé exprès moisir au commissariat toute la nuit, Diavolo disparaît. La production organise un concours de sosies de Diavolo, car il faut tourner d'urgence afin de ne pas se laisser devancer par Justex, le rival de Diavolo dans le cœur des foules. Par ce concours Antoine espère remettre la main sur le cycliste qu'il a perdu de vue. Il reparaît en effet à cette occasion et signe un contrat. Mais, sur le plateau, on ne tarde pas à regretter l'élégance et le talent du vrai Diavolo. Justex, quant à lui, se frotte les mains. Il a par ailleurs soudoyé l'opérateur Bouzillon qui sabote les prises de vues en tournant par exemple la manivelle à l'envers. Les *rushes*, présentés en avant-première aux critiques, sont catastrophiques. Enfin Diavolo revient. Justex contre-attaque : il tend à Diana un bouquet empoisonné. Elle s'évanouit et il l'enlève. Il la retient prisonnière dans le château moyenâgeux où il tourne le quatorzième et dernier épisode de son feuilleton. L'équipe de Diavolo se mêle aux figurants déguisés en fantômes et sème la pagaille sur le plateau. Costumé en singe, Diavolo retrouve et libère Diane qui répondra enfin à son amour.

☞ Avec une verve très supérieure à celle du *Silence est d'or**, Bernard-Roland évoque avant René Clair l'âge héroïque du cinéma et recrée le petit monde des studios et des feuilletons d'avant 1914 au travers d'une intrigue (rivalité entre deux vedettes de l'époque) qui transpose dans la réalité le contenu de ces feuilletons eux-mêmes. Cette transposition est naturellement parodique et la parodie se trouve ici renforcée par un rythme, une gesticulation qui veulent imiter (avec artifice dans la première partie, avec plus de bonheur dans la seconde) les anciens films burlesques. Un double hommage satirique est ainsi rendu au cinéma muet dans deux de ses genres les plus caractéristiques (le burlesque et le feuilleton). Ce divertissement sans prétention joue avec brio le jeu (à peine) pirandellien du film dans le film. Il contient quelques séquences assez inventives, à l'humour paradoxal, comme celle du concours de sosies où Raymond Rouleau, jouant à être le sosie de lui-même, parvient finalement sous divers maquillages et postiches... à ne pas se faire reconnaître. La séquence des *rushes* ratés salue en passant, par ses trucages, l'œuvre de Méliès.

## COURONNE DE FER (LA)
**(La corona di ferro)**

1941 – Italie (106') • *Prod.* ENIC-Lux • *Réal.* ALESSANDRO BLASETTI • *Sc.* Corrado Ravolini, Renato Castellani, Guglielmo Zorzi, Alessandro Blasetti, Giuseppe Zucca d'ap. un sujet de Alessandro Blasetti et Renato Castellani • *Phot.* Vaclav Vich, Mario Craveri • *Mus.* Alessandro Cicognini • *Int.* Elisa Cegani (Elsa et la mère d'Elsa), Luisa Ferida (Tundra et la mère de Tundra), Rina Morelli (la vieille fileuse), Gino Cervi (le roi Sedemondo), Massimo Girotti (Licinio et son fils Arminio), Osvaldo Valenti (Éribert), Paolo Stoppa (Trifilli), Umberto Silvestri (Farkas), Ugo Sasso (Nacarete).

A une époque indéterminée, quelques siècles après J.-C., Licinio, roi de Kindaor, a défait un peuple voisin au terme de combats acharnés. Mais, au lieu de l'opprimer et de l'humilier, il lui offre des conditions de paix équitables et généreuses. Son frère Sedemondo, par contre, homme au cœur dur qui rêve de gouverner Kindaor, n'accepte pas sa magnanimité et le tue pour s'emparer du pouvoir. Monté sur le trône, il est troublé par une obscure prophétie concernant son petit neveu Arminio, fils du roi assassiné. Pour en être débarrassé, il fait abandonner l'enfant, de nuit, dans la vallée des lions d'où personne n'est jamais revenu. En fait non seulement Arminio survit, mais il est même soigné et élevé par les fauves. Les années passent. Dans les montagnes, un tremblement de terre ouvre un passage par lequel Arminio peut sortir de la vallée. Un jour, il rencontre Tundra, la fille du roi vaincu par son père longtemps auparavant. Il ne sait rien d'elle ; elle ignore tout de lui. Mais dès qu'Arminio apprend que la jeune fille ne vit que pour venger son père et son peuple, il se propose de l'aider. Le roi Sedemondo a organisé un grand tournoi et Arminio s'y présente. La récompense du vainqueur, ce sera la main d'Elsa, fille de Sedemondo. Celui-ci croit qu'Arminio est mort, mais l'ancienne prophétie l'inquiète toujours. Arminio remporte le tournoi, mais épouse Tundra au lieu d'Elsa ; il succède au roi Sedemondo et, unissant les deux peuples par son mariage, instaure une ère de justice et de paix. Le symbole en est la couronne de fer sacrée, faite avec les clous de la croix du Christ qu'Arminio ceindra avec Tundra (repris de « Le cinéma, grande histoire illustrée du 7e art », volume 2, Éditions Atlas, 1982).

☞ Impression toujours mêlée – et comment pourrait-il en être autrement ? – devant ce « monstre » cinématographique à l'interprétation et au style composites et inégaux, au rythme incertain, à l'intrigue presque incompréhensible à force d'emprunts et d'influences subies. Citons pêle-mêle : l'expressionnisme allemand, Wagner et les Nibelungen, les chansons de geste médiévales, Shakespeare, les légendes romaines, la saga de Tarzan, etc. Œuvre tour à tour imbibée de religiosité et de paganisme, de légendes, de mythes et de contes de bonne femme, elle fait appel tantôt aux effets primaires d'un merveilleux de pacotille, tantôt contient de magnifiques trouvailles baroques. Elle vante la paix mais chante encore mieux la guerre, la trouble exaltation des batailles, des complots, des rancunes. Si la raison d'être d'un film est avant tout d'exprimer la nature de celui qui l'a fait, il est permis de penser que le brouillon et bouillant Blasetti à qui la Lux avait laissé une immense liberté et un budget quasi illimité a signé là son chef-d'œuvre. En tout cas une œuvre unique dans l'histoire du cinéma.

BIBLIO : « *La corona di ferro.* Un modo di produzione italiano », Di Giacomo Editore, Rome, 1985 : ouvrage collectif dirigé par Claver Salizzato et Vito Zagarrio sur la genèse, le tournage et l'accueil du film.

## COUSINE ANGÉLIQUE (LA)
**(La prima Angelica)**

1973 – Espagne (105') • *Prod.* Elias Querejeta P.C. • *Réal.* CARLOS SAURA • *Sc.* Rafael Azcona et Carlos Saura • *Phot.* Luis Cuadrado (Eastmancolor) • *Int.* José Luis Lopez Vazquez (Luis), Lina Canalejas (Angelica), Maria Clara Fernandez de Loayza (Angélique, enfant), Fernando Delgado (Anselmo), Lola Cardona (la tante Pilar, jeune), Encarna Paso (la mère de Luis), José Luis Heredia (Felipe Sagun), Josefina Diaz (la tante Pilar, âgée), Pedro Sempson (père de Luis).

A l'occasion du transfert des ossements de sa mère, morte il y a vingt ans, dans le caveau familial à Ségovie, Luis, célibataire de quarante-cinq ans, venu de Barcelone, se replonge profondément dans le passé. Il habite chez sa tante Pilar, mère de sa cousine Angélique qui autrefois dans les années 1936-38, au temps de la guerre civile, alors qu'il n'était qu'un gamin d'une dizaine d'années, avait été sa petite camarade de jeux et sans doute ses premières amours. Aujourd'hui Angélique, mère d'une fillette qui ressemble trait pour trait à ce qu'elle était autrefois, est mariée à un promoteur immobilier qui, au moins dans l'esprit de Luis, ressemble étonnamment au père redouté de la petite Angélique. Ce père était autrefois l'ennemi du père de Luis, mis au ban de la famille comme républicain et anti-franquiste. Angélique adulte récite un poème que Luis prétendait avoir écrit pour elle et qui est en réalité, comme il n'hésite plus à l'avouer aujourd'hui, dû à la plume de Machado. Dormant dans ce lit où il dormait autrefois quand ses parents, à son grand regret, l'avait confié à sa grand-mère, il regarde l'endroit où se trouvait le lavabo (aujourd'hui déposé au grenier) devant lequel sa mère se déshabillait sous les yeux de l'enfant plus ou moins endormi. C'est dans ce même lit qu'il faisait l'horrible cauchemar de la « nonne mortifiée » : une religieuse s'avançait vers lui, la bouche fermée par un cadenas, les stigmates aux mains, et un ver répugnant sortant de la poitrine. Une des parentes de Luis, entrée dans les ordres, avait effectivement les stigmates. Lors d'un pique-nique sur les lieux de leur prochaine résidence, alors que le mari d'Angélique est allé faire la sieste dans la voiture, Angélique, sa fillette et Luis jouent au disque, bref moment d'insouciance pendant lequel le passé semble n'avoir jamais existé. Autrefois, le prêtre de son école avait voulu faire avouer à Luis qu'il avait eu des gestes indécents envers Angélique. Luis montre à la fille d'Angélique une inscription sur une colonne où figurent côte à côte le nom de sa mère et le sien. Au grenier, il retrouve avec Angélique ses anciens cahiers d'écriture. Monté avec elle sur le toit, il l'embrasse, alors que, venue du passé, résonne la voix autoritaire du père d'Angélique réclamant sa fille. L'Angélique d'aujourd'hui est loin d'être heureuse avec son mari. Luis, qui n'a pas mieux réussi qu'elle à équilibrer sa vie, doit retourner à Barcelone. Il monte avec la fille d'Angélique sur un vélo prêté par un de ses camarades. Cette balade ramène le souvenir d'une autre promenade, interdite celle-là, qu'avaient fait les deux enfants pendant la guerre. Des soldats franquistes les avaient ramenés à la maison. Le père d'Angélique avait fait mettre Luis à genoux et l'avait fouetté avec son ceinturon. Est-ce à cela que pense Angélique quand, rêveuse après le départ de Luis, elle coiffe les cheveux de sa fille ?

☞ La meilleure réussite de Carlos Saura, basée sur une confrontation, une interpénétration permanente d'images exprimant le passé et le présent, l'Espagne franquiste et l'Espagne d'aujourd'hui (1973). Le mélange inextricable du passé et du présent est, depuis les années 60, la « tarte à la crème » d'un certain cinéma intellectualisant et littéraire. Ce procédé, qu'on peut dire issu de la vogue du flash-back à la fin des années 40 (en particulier dans le *film noir*), a fini par s'étendre à tous les genres du cinéma classique et même à la comédie (cf. *Voyage à deux*, Donen, 1967). Après la suppression des modes de liaison traditionnels (fondu au noir, fondu enchaîné, etc.) décrétée par la Nouvelle Vague française, suivie en cela par les mouvements de jeunes cinéastes du monde entier, il devenait tentant pour tous les cinéastes de naviguer à travers le temps sans avoir à fournir au spectateur des repères dont il se passait de mieux en mieux. Saura franchit un degré supplémentaire de sophistication dans le passage non signalé du présent au passé en faisant intervenir son héros adulte dans toutes les séquences où il devrait être enfant, et cela sans jamais avoir recours à un acteur enfant. Il n'est toutefois pas l'inventeur de cette variété insolite de flash-back, qui figurait déjà dans *Les fraises sauvages** (Bergman, 1957). Passant outre à l'humour et à la cocasserie d'un tel procédé, Saura l'utilise surtout pour suggérer, de façon parfois pathétique, l'identité mentale et intérieure de la personne humaine dont le temps modifie seulement les traits, l'apparence extérieure. Saura n'ignore pas que, dans un film où passé et présent se côtoient abondamment, c'est toujours le passé qui se trouve valorisé, alors que le présent est réduit à une suite de moments futiles et sans épaisseur. Il se sert de cette évidence pour montrer, dans le cas de l'Espagne, combien le passé est encore rivé au présent et pèse sur lui de tout son poids. La nostalgie n'a rien à faire dans ce portrait mental d'un Espagnol reflétant un déchirement intime et personnel mais aussi, et sans qu'il y ait lieu de faire la différence, les déchirements d'un pays tout entier. La virtuosité et la sincérité de l'auteur réussissent ici à extirper de procédés stylistiques assez discutables une émotion et des vérités propres à la mentalité espagnole. Elles expriment aussi, dans les meilleurs moments du film, une vérité universelle, à savoir l'incapacité fondamentale de l'homme à vivre uniquement dans le présent. On sait gré à Saura d'avoir été par ailleurs très économe de plans « imaginaires » (un seul plan de la mort du père du héros fusillé par les franquistes, lequel, dans la réalité, a survécu à la guerre civile) et de plans oniriques (cf. cependant l'inévitable séquence bunuélienne, chez cet héritier de Buñuel, dans le cauchemar avec la nonne). La compositon de José Luis Vazquez, l'un des meilleurs acteurs espagnols contemporains, entre pour beaucoup dans la réussite du film.

## COVER GIRL
**(La reine de Broadway)**

1944 – USA (107') • *Prod.* COL. (Arthur Schwartz) • *Réal.* CHARLES VIDOR • *Sc.* Virginia Van Upp, Marion Parsonnet, Paul Gangelin d'ap. une histoire de Erwin Gelsey • *Phot.* Rudolph Maté, Allen M. Davey • *Chansons* : Jerome Kern et Ira Gershwin • *Chor.* Val Raset et Seymour Felix • *Int.* Rita Hayworth (Rusty Parker/Maribelle Hicks), Gene Kelly (Danny McGuire), Lee Bowman (Noel Wheaton), Phil Silvers (Genius), Otto Kruger (John Coudair), Jess Barker (John Coudair, jeune), Eve Arden (Cornelia Jackson), Leslie Brooks (Maurine Martin).

Une chanteuse et danseuse d'un petit cabaret de Brooklyn, Rusty Parker, devient du jour au lendemain cover-girl et passe en couverture d'un grand magazine new-yorkais. Choisie parmi de très nombreuses postulantes, elle a bénéficié d'une coïncidence : le directeur du magazine, John Coudair, était amoureux de sa grand-mère, Maribelle Hicks, à qui elle ressemble trait pour trait. Danny McGuire, le patron du cabaret où se produit Rusty, est aussi son fiancé. Il éprouve du dépit et de la mélancolie à l'idée que Rusty va l'abandonner pour les mirages de Broadway. Il ne comprend pas que Rusty l'aime vraiment et son attitude entraîne une brouille et le départ de Rusty. Il ferme alors son établissement. Rusty se produit dans le grand théâtre de Noel Wheaton, un ami de Coudair, qui la demande en mariage. Durant la cérémonie, Rusty, imitant en cela sa grand-mère qui devait convoler avec Coudair, répond au maire qui lui demande si elle veut épouser Noel : « J'ai bien peur que non ». Et elle court retrouver Danny...

☞ Très inégale, tour à tour brillante et décevante, cette comédie musicale assez célèbre est typique à la fois d'un certain blocage du genre et d'un immense désir de renouvellement à la veille de la révolution et du grand bol d'air frais qu'allaient lui apporter Kelly et Donen dans *On the Town**. L'intrigue s'enlise le plus souvent dans ses conventions ; les numéros musicaux ne parviennent pas à s'intégrer vraiment au déroulement de l'action et semblent constamment vouloir outrepasser les limites contraignantes que leur impose leur conception trop scénique. Deux numéros réussissent pourtant à le faire de manière créatrice : le numéro « Make Way for Tomorrow » où Rita Hayworth, Gene Kelly et Phil Silvers sortent en chantant et en dansant d'un petit restaurant dans la rue (véritable prélude à *Chantons sous la pluie**) et le numéro « Alter Ego » — clou du film — où Kelly danse, également dans une rue, avec son double en surimpression. La chorégraphie de ce numéro est due à Kelly et à Donen. « C'était la chose la plus dure que j'avais faite jusque-là, dira Kelly, une véritable torture sur le plan technique, et je ne voudrais pas avoir à la recommencer [...] Nous utilisâmes une caméra fixe pour obtenir la précision des mouvements et Stanley Donen — sans qui ce numéro n'aurait pu être exécuté — indiquait les différents tempos au cameraman. Nous avons répété la séquence pendant un mois et l'avons tournée en quatre jours ; et il fallut encore beaucoup de temps pour la monter ». (cf. Tony Thomas : « The Films of Gene Kelly », The Citadel Press, Secaucus, N.J., 1974). La liberté de manœuvre que Kelly obtint à la Columbia et qu'on lui avait refusée à la MGM lui permit ensuite, le film ayant eu du succès, de retravailler comme il l'entendait à la Metro. Quelques flashbacks, assez artificiellement amenés, permettent d'autre part à Rita Hayworth de jouer un deuxième rôle, celui de sa propre grand-mère. Un de ces flash-backs lui donne l'occasion d'effectuer un numéro satirique (« Poor Girl ») assez réussi. Le ton du numéro contraste avec la mélancolie assez conventionnelle du reste de l'intrigue et atteste lui aussi, quoiqu'avec une grande timidité, de ce besoin de renouvellement du genre cherchant à tâtons de nouvelles sources d'humour.

## CRIME DE L'ORIENT-EXPRESS (LE)
## (Murder on the Orient Express)

1974 – USA (128') • *Prod.* PAR. (John Brabourne et Richard Goodwin) • *Réal.* SIDNEY LUMET • *Sc.* Paul Dehn d'ap. R. d'Agatha Christie • *Phot.* Geoffrey Unsworth (Panavision, Technicolor) • *Mus.* Richard Rodney Bennett • *Int.* Albert Finney (Hercule Poirot), Lauren Bacall (Mrs. Hubbard), Martin Balsam (Bianchi), Ingrid Bergman (Greta Ohlsson), Jacqueline Bisset (comtesse Andrenyi), Jean-Pierre Cassel (Pierre), Sean Connery (colonel Arbuthnot), John Gielgud (Beddoes), Wendy Hiller (princesse Dragomiroff), Anthony Perkins (Hector McQeen), Vanessa Redgrave (Mary Debenham), Rachel Roberts (Hildegarde Schmidt), Richard Widmark (Ratchett), Michael York (comte Andrenyi).

Dans les années 30, un voyageur de l'express Istambul-Calais, autrefois auteur du kidnapping d'une fillette, est retrouvé assassiné. Le détective belge Hercule Poirot résoudra pendant le voyage l'énigme posée par ce meutre.

☞ Cinquante-quatre ans après la publication du premier roman d'Agatha Christie arrive la première superproduction tirée de l'un de ses livres. Volontairement frivole et sophistiquée, cette adaptation joue avant tout sur les prestiges de son interprétation cosmopolite. On regarde plus les acteurs qu'on ne s'intéresse aux personnages (mention spéciale à Ingrid Bergman). L'autre séduction du film, c'est le charme luxueux et désuet de son décor, le train lui-même, et de ses costumes. La composition d'Albert Finney en Poirot est en elle-même œuvre de décorateur et de costumier autant que création individuelle d'acteur. Logique avec lui-même, Lumet fait un film décoratif où tout devient décoratif, y compris la composition des acteurs. L'adaptation se base, non sans raison, sur le fait que tout le monde (ou presque) connaît le fin mot de l'histoire et sur le refus de la contemporanéité, à l'inverse de l'original. La fidélité chronologique au roman (publié en 1934) déplace en effet de manière on ne peut plus infidèle l'intérêt de l'action proprement dite vers la recréation, émerveillée et ironique, d'une époque révolue. C'est le film rétro par excellence. Néanmoins on ne peut pas dire qu'il s'agisse d'un film impersonnel, car la résolution de l'intrigue met en jeu ce qui a été, d'un bout à l'autre de la carrière de Lumet, l'intérêt central de son œuvre, à savoir la dynamique de groupe, sujet qui l'a toujours fasciné, sinon obsédé.

## CRIME DE MONSIEUR LANGE (LE)

1935 – France (82') • *Prod.* Obéron (André Halley des Fontaines) • *Réal.* JEAN RENOIR • *Sc.* Jacques Prévert, Jean Renoir d'ap. une idée de Jean Castanier • *Phot.* Jean Bachelet • *Mus.* Jean Wiener, Joseph Kosma • *Int.* Jules Berry (Paul Batala), René Lefèvre (Amédée Lange), Florelle (Valentine Cardès), Nadia Sibirskaïa (Estelle), Sylvia Bataille (Edith), Henri Guisol (le fils Meunier), Marcel Lévesque (le concierge), Odette Talazac (la concierge), Maurice Baquet (leur fils, Charles), Jacques Brunius (l'homme au chien), Marcel Duhamel (le contremaître), Jean Dasté (le maquettiste), Sylvain Itkine (l'inspecteur Juliani, cousin de Batala).

A la frontière belge, un couple en fuite, Amédée Lange et Valentine, louent une chambre dans un petit hôtel. Les clients du bar se demandent si Lange n'est pas l'assassin que toutes les polices recherchent. Valentine leur raconte l'histoire de Lange pour qu'ils puissent juger par eux-mêmes s'ils doivent le laisser échapper à la justice. Lange était un rêveur et un timide. Employé de l'imprimerie de l'affairiste Batala, un escroc pourchassé par ses créanciers, il passait son temps à écrire les aventures d'Arizona Jim, un personnage de roman populaire issu de son imagination fertile. Batala accepte un jour de les publier mais pour insérer – à l'intérieur même du texte – des publicités pharmaceutiques. Valentine, la patronne de la blanchisserie installée au rez-de-chaussée de l'immeuble de l'imprimerie, fut autrefois la maîtresse de Batala, qu'elle considère comme le plus grand salaud qu'elle ait jamais rencontré. Elle est maintenant amoureuse de Lange que sa distraction de poète rend aveugle à cet amour. Le fils des concierges, Charles le cycliste, est ramené blessé d'un accident de la circulation. Après un passage à l'hôpital, Charles, victime d'une fracture, en a pour deux mois à se remettre, allongé dans l'exiguë loge familiale. Il est amoureux d'Estelle, une employée de Valentine. Mais la mère de Charles empêche celle-ci de revoir son fils qui, selon elle, a mieux à faire que de fréquenter une blanchisseuse. Après la visite d'un inspecteur de police qu'il a refusé de recevoir, Batala décide de filer à l'anglaise. Valentine et Lange – ce dernier a enfin cédé aux avances de la blanchisseuse – apprennent par la radio la mort de Batala dans un accident de train. Le policier revient. C'est en fait un retraité ou plutôt un démissionnaire de la police. Cousin de Batala, il venait le solliciter pour un petit emploi. Il est maintenant l'héritier de l'imprimerie. Avec son accord et celui de Meunier, le fils du principal créancier, les ouvriers décident de sauver l'imprimerie en se regroupant en coopérative. Premier geste symbolique et bienfaisant des membres de la « coopé » : on enlève le panneau publicitaire qui masquait la fenêtre de la chambre de Charles. Il pourra maintenant, en attendant qu'on lui enlève son plâtre, profiter de la lumière et de l'air du dehors. Estelle lui annonce qu'elle est enceinte de Batala, mais l'enfant ne vivra pas. « Arizona Jim » publié en fascicule sous forme de roman-photo obtient un gigantesque succès. Batala, qui a survécu à l'accident ferroviaire et a emprunté la soutane d'un prêtre voyageant dans son compartiment, revient à l'imprimerie pour reprendre possession de l'affaire et mettre fin à la coopérative. Cela, le soir d'un banquet où les membres de la « coopé » fêtent leur nouvelle prospérité. Lange, voyant dans la réapparition de Batala la fin d'un beau rêve et le retour aux anciennes combines, l'abat avec un revolver. Le fils Meunier le conduit avec Valentine à la frontière. Les auditeurs du récit de Valentine prennent le parti de laisser le couple passer en Belgique.

☞ On l'a dit et répété : le film est tout imprégné de l'esprit du Front populaire. Caméléon idéologique, Renoir choisit d'exprimer cette idéologie-là sous la forme idéalisée mais percutante d'une sorte de féerie, selon l'expression de François Truffaut. La fée Carabosse paraît ici sous les traits de l'ignoble Batala (Jules Berry dans son rôle le plus célèbre, mais non le plus subtil ni le plus complet). Contre lui sont ligués dans leur ensemble les bons, les sympathiques, les généreux : ouvriers, prolétaires et même les héritiers nantis quand ils sont assez farfelus pour adhérer aux idéaux de la coopérative sans même savoir ce qu'est une coopérative (le personnage d'Henri Guisol, fils du principal créancier). Le film tourné sans improvisation respecte à la lettre le scénario le plus militant et le plus combatif qu'ait écrit Prévert. Le message libertaire du film ne se contente pas de vanter les mérites et la perfection morale de l'entreprise autogérée ; il justifie l'assassinat du méchant en le sanctifiant pour ainsi dire par l'approbation d'un jury populaire (incarné symboliquement par les clients du bar auxquels l'intrigue est racontée). Formellement, Renoir apporte au credo de Prévert l'extraordinaire grouillement de vie que suscite notamment l'emploi d'une technique de plans longs, de mouvements d'appareil à la trajectoire sinueuse et imprévisible où viennent se croiser les différents types d'humanité évoluant dans les couloirs, les ateliers, la loge et la cour du petit immeuble abritant l'imprimerie Batala. Tous les acteurs – une bande d'admirables copains venus en partie du groupe « Octobre » – sont excellents. Sur le plan de l'interprétation, Renoir réussit à faire se côtoyer un lyrisme spontané, obtenu plus spécialement des actrices, et un sens de la caricature farfelue ou cinglante. La synthèse de ces deux tons communique, au-delà de tout réalisme, une impression de vérité précieuse et inoubliable.

## CRIME DES JUSTES (LE)

1948 – France (90') • *Prod.* Les Gémeaux et André Sarrut • *Réal.* JEAN GEHRET • *Sc.* André Chamson • *Phot.* Georges Million • *Mus.* Henri Dutilleux • *Int.* Claudine Dupuis (Clémence), Jean Debucourt (Conseiller), Frédérique Hébrard (Jeannette), Jean-Marc Lambert (Maurice), Nane Germon (Mme Combaroux), Jane Morlet (Mme Clauzel), Jean Gosselin (le fils Carrière).

Dans un village des Cévennes, le chef de la famille Arnal est respecté de tous et joue depuis des années le rôle d'arbitre dans les conflits locaux. Pour cette raison, on l'a surnommé « Conseiller ». Sa fille adoptive, sourde et muette, accouche d'un enfant. Le père est un des fils Arnal. Par peur du scandale, « Conseiller » interdit qu'on appelle un docteur et le bébé, malade, ne tarde pas à mourir. Dès lors, « Conseiller » ne sort plus de chez lui. Un jour cependant il appelle le maire et les gendarmes afin d'avouer la vérité et délivrer ainsi sa conscience.

☞ Honorable adaptation du roman de Chamson, pourtant partiellement édulcoré : il s'agit dans le livre d'un inceste véritable. La lenteur du rythme, un tournage effectué entièrement en extérieurs et une photo soignée ont permis à l'intrigue de s'enraciner assez profondément dans les paysages cévenols et la réalité paysanne. On y voit un monde coupé du monde où un fait divers qui pourrait n'être que sordide acquiert par cet isolement une véritable dimension tragique. Cet enracinement est caractéristique du cinéma français des années 40 ; il disparaîtra peu à peu au cours de la décennie suivante.

## CRIME ÉTAIT PRESQUE PARFAIT (LE)
### (Dial M for Murder)

1954 – USA (105') • *Prod.* Warner Bros (Alfred Hitchcock) • *Réal.* ALFRED HITCHCOCK • *Sc.* Frederic Knott d'ap. sa P. • *Phot.* Robert Burks (Warnercolor-3-D) • *Mus.* Dimitri Tiomkin • *Int.* Ray Milland (Tony Wendice), Grace Kelly (Margot Wendice), Robert Cummings (Mark Halliday), John Williams (l'inspecteur Hubbard), Anthony Dawson (Lesgate).

⊖ Londres. Craignant que sa riche épouse Margot, amoureuse d'un écrivain américain, ne divorce et ne le prive ainsi de sa fortune, Tony Wendice, ancien champion de tennis, médite de la tuer. Il convoque un ancien camarade de collège, Lesgate, devenu un petit escroc sans envergure, et, par la persuasion et le chantage, l'oblige à accomplir à sa place le meurtre de sa femme. Tony, au moment du crime, sera vu à son club et aura ainsi un magnifique alibi. Mais les choses tournent autrement que prévu. Margot se défend comme une lionne et plante une paire de ciseaux dans le dos de son agresseur qui n'y survit pas. Tony amène habilement Scotland Yard à penser que sa femme aurait agi de manière délibérée parce que Lesgate la faisait chanter. Mais l'inspecteur Hubbard, ayant flairé l'odeur du crime dans les agissements de Tony, lui tend un piège et le confond. Une petite clé provoquera la perte du presque parfait criminel.

☞ Film de circonstance tourné par Hitchcock pour boucler un contrat et considéré, en raison de son absence apparente d'ambition, comme mineur. Hitchcock, dans ses entretiens avec Truffaut, enfonce le clou. C'est pourtant l'une des œuvres les plus éblouissantes et les plus significatives du maître du suspense. L'action est pour les neuf dixièmes *enfermée* dans un unique décor comme l'était celle de *La corde** et comme le sera celle du film suivant de l'auteur, *Fenêtre sur cour**. Hitchcock s'impose cette contrainte comme élément d'unité et de logique et aussi comme stimulant à sa propre virtuosité. *Dial M for Murder* a été tourné en relief 3-D, procédé nécessitant le port de lunettes pour le spectateur et qui fut, pour ce film, très vite abandonné. Ce n'est que très récemment que les Américains retirèrent des copies en relief de

*Dial M* qu'on put voir à Paris dans ce procédé lors de sa ressortie – triomphale – de l'Action-Christine (1982). Le relief 3-D n'est ici, pour ainsi dire, qu'un immense et jubilant pléonasme, car même « en plat » la mise en scène d'Hitchcock, explorant le peu d'espace que lui concède son quasi unique décor, possède un relief extraordinaire. Hitchcock avait même dédaigné de recourir aux effets chocs habituellement employés pour mettre en valeur le procédé et s'était contenté d'installer la caméra dans une fosse, de manière à ce que l'objectif soit assez souvent au niveau du plancher. Plus qu'aucun autre de ses films, *Dial M for Murder* pose le problème de la virtuosité chez Hitchcock. Sert-elle à exprimer ou à cacher le sujet réel du film ? On peut répondre : aux deux à la fois et on aura là l'une des clés de l'œuvre d'Hitchcock, l'une des plus ambivalentes de l'histoire du cinéma, et du comportement public de son auteur dans ses interviews, apparitions et innombrables présentations clownesques de sa série de télévision « Alfred Hitchcock Presents ». La virtuosité et le comportement d'Hitchcock visent à envelopper dans un leurre parfait une vérité sulfureuse qui s'imposait à lui comme une évidence mais qu'il cherchait à repousser de toutes ses forces, à savoir que le crime représente pour certains êtres l'accomplissement ultime. Disciple secret de De Quincey et de son « De l'assassinat... », il a dessiné, à côté de criminels complexés et honteux, un nombre plus grand encore de criminels parfaitement à l'aise dans leur peau, créatures sataniques auquel le crime fournit leur seule raison d'être. Parmi eux, le personnage interprété ici par Ray Milland est un des plus inquiétants. S'il ne réussit pas le crime parfait, il n'est pas loin d'être, sur le plan psychologique et mental, le criminel parfait, doué d'ingéniosité, d'audace, de persuasion et d'une impassibilité souveraine. John Dall dans *La corde** avait ces mêmes qualités, mais il agissait plutôt *par intérim*, dominé par l'influence à demi volontaire de son maître (James Stewart) et surtout il était très mal « secondé » par Farley Granger. Contre ce qui lui paraissait être une vérité d'évidence (la vocation criminelle de certains êtres), Hitchcock s'est défendu de différentes manières. Il se persuada et voulut persuader les autres, ce qui n'était pas bien difficile, que ses films étaient de purs divertissements, tout à fait sans conséquence. Et, à l'intérieur des films eux-mêmes, il s'arrangea pour faire triompher dans l'intrigue la morale la plus traditionnelle, même quand cela fut passé de mode. Il ne put néanmoins s'empêcher, en tant que créateur de personnages, de souligner la supériorité intellectuelle, le charme, le dandysme, la fascination, l'aura tragique qui se dégageaient de certains coupables par rapport aux innocents et aux justiciers, plutôt anodins, falots ou ternes, même quand ces derniers se montrent relativement adroits dans l'accomplissement de leur tâche. Hitchcock les dote alors du sens de l'humour (cf. ici le personnage de l'inspecteur Hubbard interprété par John Williams). Comme beaucoup de cinéastes hollywoodiens, mais pour des raisons touchant dans son cas plus spécialement à la morale, Hitchcock a enfoui dans ses films en apparence les plus superficiels une partie du sens caché de son œuvre. C'est pourquoi plus un film de lui paraîtra mineur, plus il risque d'être essentiel.

## CRIMEN DE ORIBE (EL)

Inédit en France. 1950 – Argentine (85') • *Prod.* Mapol – Torres Rios – Rodolfo Hansen • *Réal.* LEOPOLDO TORRES RIOS et LEOPOLDO TORRE NILLSSON • *Sc.* Adolfo Bioy Casares d'ap. son R. « El perjurio de la nieve » adapté par Arturo Cerretani • *Phot.* Hugo Chiesa • *Mus.* Alberto Soifer, Bernardo Stalman (extraits de Debussy, Berlioz) • *Int.* Roberto Escalada (le journaliste), Carlos Thompson (Oribe), Raul de Lange (Vermeren), Maria Concepcion Cesar, Paula Darlan.

En Patagonie, un journaliste de Buenos Aires tombe en panne de voiture la nuit. Il est intrigué par l'étrange manège qui se déroule dans une maison où vivent en reclus depuis un an un Danois, Vermeren, et ses quatre filles. Chaque soir, comme s'il s'agissait d'un rituel, l'homme allume les bougies d'un arbre de Noël sur le devant de la maison et aussitôt, aux fenêtres, des lumières apparaissent... Dans la pension où il s'est installé, le journaliste fait la connaissance du poète Oribe sur lequel il a autrefois écrit un article. Il essaie de se renseigner sur la famille Vermeren. Le Danois, lui dit-on, ne tolère aucune visite et reçoit même les gens à coups de fusil. Malgré cela, le journaliste retourne vers sa maison et tente vainement d'engager la conversation avec lui. Il se rend ensuite dans une clinique où est soignée la dame de compagnie de la famille : elle dit qu'elle a vécu cinq ans avec le Danois et qu'il est fou. Auprès des pensionnaires de l'hôtel, Oribe s'attribue la brève rencontre du journaliste avec le Danois. Le journaliste assiste devant la maison au déroulement intégral du rituel quotidien : les bougies qu'on allume, les fenêtres qui s'éclairent, les quatre filles qui chantent un chant de Noël. Il est décidé à pénétrer dans la maison cette nuit. Le lendemain matin, il se réveille avec la gueule de bois. Sa mémoire est confuse. Il se rappelle seulement que c'est Oribe qui l'a poussé à boire. Il apprend qu'une des quatre filles est morte. Les deux hommes pénètrent dans la maison du Danois et contemplent celui-ci, accablé. Vermeren est persuadé que quelqu'un s'est introduit la nuit dans la maison et a provoqué la mort de sa fille. Un docteur présent affirme que le certificat de décès de la jeune fille aurait du être signé il y a un an. Vermeren se met alors à parler. Il raconte qu'il y a un an, la veille de Noël, l'une de ses filles, Lucia, avait été victime d'une crise cardiaque. Le docteur ne lui avait donné que quelques heures à vivre. Vermeren décida que sa fille ne pouvait pas mourir cette nuit-là. Il s'était rappelé l'histoire d'un paysan de son pays qui, à force de volonté, avait arrêté la marche du temps. Vermeren et ses filles feraient de même. Ils répéteraient désormais chaque jour avec minutie les gestes accomplis durant cette veille de Noël : ainsi arrêteraient-ils le cours du temps et empêcheraient-ils Lucia de mourir. La méthode avait bien fonctionné jusqu'à ce qu'un étranger entre dans la maison et vienne s'immiscer dans le rituel. Le poète Oribe s'attribue la responsabilité de ce que le Danois considère comme un crime. Plus tard, le journaliste découvrira que c'est bien lui et non Oribe qui a visité la maison cette nuit-là. Il dit à Oribe : « Vous voulez vous laisser tuer pour un rêve que vous n'avez même pas rêvé vous-même. » Le Danois en effet est bien décidé à venger la mort de sa fille. Oribe révèle au journaliste qu'autrefois, par une étrange prémonition, il avait écrit un poème intitulé « Lucia Vermeren ». Oribe va prendre le train à la gare de Buenos Aires. Il croit avoir habilement semé un homme qui le traque et téléphone au journaliste pour lui annoncer la bonne nouvelle. Au cours de la conversation, il est abattu par Vermeren. Le journaliste se rend à la gare où il voit le cadavre du poète et aperçoit son meurtrier, prisonnier de la police. Vermeren a maintenant complètement sombré dans sa folie.

☞ Premier film de Leopoldo Torre Nillsson, co-réalisé, comme son deuxième, avec son père Leopoldo Torres Rios (1899-1960). Tiré d'un roman de Bioy Casares, c'est un conte fantastique insolite, envoûtant et complexe. Il témoigne, comme *Donde mueren las palabras* * de Hugo Fregonese (1946), d'un goût prononcé de certains cinéastes argentins indépendants pour ce genre, de l'audace thématique étonnante et quasi unique pour l'époque qu'ils y manifestaient, enfin d'une ouverture d'esprit particulière du public argentin pour ce type de récit, sans laquelle ces films n'auraient pu vraisemblablement être réalisés. Dans *El Crimen de Oribe,* une audacieuse spéculation sur le temps, vaincu par l'amour et la volonté, s'accompagne d'une vision originale de la poésie. Le poète Oribe ne vit pas concrètement la réalité mais l'atteint par le rêve, l'imagination, la prémonition. On peut le considérer simultanément comme un escroc, un usurpateur et un médium. Il mourra par intérim pour un « crime » qu'il n'a pas commis. Ce thème de la mort par intérim est également borgésien (on sait que Borges et Bioy Casares ont écrit de nombreux ouvrages en collaboration) et sera illustré avec talent dans le meilleur film tiré jusqu'ici d'un récit de Borges, *Hombre de la esquina rosada* de René Mugica (1962).

## CRIME PASSIONNEL
**(Fallen Angel)**

1946 – USA (98') • *Prod.* Fox (Otto Preminger) • *Réal.* OTTO PREMINGER • *Sc.* Harry Kleiner d'ap. R. de Marty Holland • *Phot.* Joseph La Shelle • *Mus.* David Raksin • *Int.* Alice Faye (June Mills), Dana Andrews (Eric Stanton), Linda Darnell (Stella), Charles Bickford (Mark Judd), Anne Revere (Clara Mills), Bruce Cabot (Dave Atkins), John Carradine (Pr Hadley), Percy Kilbride (Pop), Olin Howlin (Joe Ellis), Hal Taliaferro (Johnson).

⊖ Sans un sou, ne pouvant payer pour un trajet plus long, Eric Stanton, trente ans, descend du bus en pleine nuit à l'arrêt de la petite ville de Walton dans la région de San Francisco. Il s'acoquine avec deux charlatans dont l'un, le Pr Madley, fait un numéro de spiritisme. Stanton aidera à sa promotion. Il fait la connaissance d'une serveuse de bar, Stella, qui a autour d'elle sa petite cour d'admirateurs silencieux. Son rêve est de se marier, d'avoir une maison et de l'argent. Fasciné par elle, Stanton lui promet le mariage et la fortune à condition qu'elle ait un peu de patience. Il entreprend de séduire June Mills, provinciale sans grande expérience, fille nantie de l'ancien maire aujourd'hui décédé. En moins d'une semaine, il l'épouse. Mais durant sa nuit de noces il ne peut s'empêcher d'aller retrouver Stella qui, apprenant qu'il est marié, l'éconduit. Le lendemain matin, June lui apprend que Stella a été assassinée. Mark Judd, un policier new-yorkais en retraite qui fréquente le bar où travaillait Stella, aide la police locale à mener l'enquête. Il procède à un interrogatoire musclé du dernier amant en date de Stella, Dave Atkins, et interroge ensuite Stanton. Celui-ci file illico à San Francisco avec June. Ils passent la nuit dans un hôtel minable où Eric raconte à June, avec la plus grande franchise, son existence ratée, son immense lassitude. Pour la première fois peut-être de sa vie, il accepte de se regarder lui-même avec lucidité. Le lendemain, en pleine ville, June est arrêtée. Eric mène ses propres investigations et retourne à Walton. Il accuse Judd du meurtre de Stella qu'il courtisait depuis deux ans et qui l'avait repoussé car il n'arrivait pas à obtenir son divorce. Judd ne cherche pas à nier et sort son revolver avant d'être désarmé par le patron du bar. Il est arrêté. Eric repart avec June vers un avenir meilleur.

☞ Réalisé sur la lancée de *Laura**, avec le même acteur principal, le même chef opérateur et le même musicien, *Fallen Angel* se déroule dans un milieu beaucoup moins sophistiqué et possède une ligne dramatique plus simple, plus linéaire. Il présente la même élégance formelle, ce même mélange stylisé de fascination et de recul qui enferme le spectateur dans un prisme parfait. C'est un vrai *film noir* avec son atmosphère de sourde mélancolie, sa trouble ambiguïté attachée comme un parfum à l'ambiance de quelques lieux obsédants (le « club » informel des admirateurs de Stella dans le bar est à cet égard exemplaire), mais où Preminger s'est plu à tracer, pour son héros, un chemin positif vers la lucidité, tout à fait à contre-courant du genre. La grande scène de la confession à Alice Faye est le moment capital où le héros bascule, s'extrait en quelque sorte de l'ombre et de la brume de ses échecs antérieurs pour reprendre – peut-être seulement à titre provisoire – les rênes de son propre destin. Ce mouvement de reconquête de soi-même est caractéristique de certains héros premingériens et s'applique surtout aux personnages masculins ; aux héroïnes est réservé plus spécialement le privilège de la chute et de l'exploration des gouffres. Direction d'acteurs admirable. Alice Faye, dans son avant-dernier rôle, pénètre avec talent dans un univers qui lui est étranger, où sa blondeur et sa naïveté sont subtilement décalées. Dana Andrews, l'un des acteurs clés du grand cinéma hollywoodien des années 40 et 50, exprime comme à son habitude les incertitudes de la maturité. Linda Darnell qui n'aimait pas ce film (sa première collaboration avec Preminger) y trouve néanmoins l'un de ses meilleurs rôles. Ange déchu de l'histoire (quoique selon les termes du scénario l'expression s'applique au personnage de Dana Andrews), elle est en réalité au-delà du bien et du mal. Son rôle consiste à faire passer, des personnages de l'intrigue aux spectateurs de la salle, cette fascination qu'elle exerce aussi facilement sur les uns que sur les autres.

N.B. Le roman de la mystérieuse Marty Holland d'où a été tiré le scénario fut traduit dans la « Série noire » en 1955 (n° 270) sous le titre « Le Resquilleur ». Une nouvelle de Marty Holland avait également inspiré le dernier *film noir* de Siodmak (*The File on Thelma Jordon, La femme à l'écharpe pailletée**, 1949).

## CRISE EST FINIE (LA)

1934 – France (74') • *Prod.* PAR.– Néro-Film (Seymour Nebenzahl) • *Réal.* ROBERT SIODMAK • *Sc.* Max Kolpé, Jacques Constant d'ap. nouvelle de K. Siodmak et Dr Friedrich Kohner • *Phot.* Eugen Schüfftan • *Mus.* Jean Lenoir, Franz Wachsmann • *Int.* Albert Préjean (Marcel), Danielle Darrieux (Nicole), Suzanne Dehelly (Olga), Régine Bary (Lola), René Lestelly (René), Marcel Carpentier (Bernouillin), Jeanne Loury (Mme Bernouillin).

Une troupe de comédiens et de chanteurs termine une longue tournée en province. Nicole, doublure de la vedette, croit qu'elle va enfin pouvoir la doubler et occuper le devant de la scène. Mais à la toute dernière seconde la vedette, disparue, réapparaît. Dépitée, furieuse, Nicole l'enferme dans une chaise à porteurs et la remplace sur scène. Après la représentation, la vedette, détestée de ses camarades, fait une grosse colère. Tout le monde prend parti pour Nicole. Elle est renvoyée et la troupe dissoute. Les artistes sans le sou décident de se rendre ensemble à Paris. Ils cherchent individuellement du travail : c'est le fiasco. Olga, amie de la concierge de l'Élysée-Clichy, réussit à loger tous ses camarades dans ce théâtre inoccupé. Ils y mangent, ils y dorment. Marcel se dit que voilà l'occasion rêvée de monter son opérette « La crise est finie », laquelle fait un pied de nez à la morosité du temps. Usant de ruse, de séduction, les acteurs récoltent ici et là les matériaux qui leur manquent. Nicole accepte de sortir avec le gros Bernouillin, marchand de pianos, afin qu'il en prête un à la troupe. Jalousie de Marcel, amoureux de Nicole. Bernouillin, qui n'a rien obtenu, fait reprendre le piano. Mais Olga l'achète avec ses économies. Bernouillin contre-attaque en louant le théâtre et en tentant d'en expulser la troupe. On le fait basculer dans la trappe située sous la scène. Comme il ne peut y rester indéfiniment, Marcel décide qu'on jouera la première du spectacle le soir même. Tout Paris accourt et c'est un immense succès.

☞ Le film a par rapport à l'époque la même visée que l'opérette dont il raconte la naissance : cultiver un optimisme systématique, en contradiction flagrante avec la réalité du moment, mais qui doit par sa force de contagion la transformer ou au moins la faire oublier. *La crise est finie,* film, remporta un triomphe commercial qui légitime en quelque sorte le succès attribué dans le scénario à « La crise est finie », opérette. A partir d'un sujet tout à fait convenu, imitant les films américains type *42nd Street**, Siodmak bâtit une comédie vraiment musicale où les parties chantées débordent souvent les scènes de répétitions et viennent s'immiscer dans l'action proprement dite (ex. les vignettes montrant les acteurs à la recherche d'un emploi). Le film est extrêmement enlevé grâce à l'entrain communicatif de ses mélodies et au dynamisme de ses mouvements d'appareil. En cela, il n'est guère français dans sa mise en scène ni dans son style. Par contre son inspiration l'est complètement, se situant dans le droit fil du « Tout va bien – ne pensons plus à la crise » chanté l'année précédente par Milton dans *Nu comme un ver.* La plupart des films français des années 30 où l'on constate une harmonie dynamique entre la musique et la mise en scène ont été dirigés, sauf exception, par des metteurs en scène allemands ou bien sont les versions françaises de films dont la version mère est allemande (cf. *Le chemin du paradis**, 1930). A l'intérieur de ce courant, l'apport de Siodmak (qui a les yeux tournés vers l'Amérique) est d'imprimer au récit une nervosité, une fébrilité assez étonnantes. Parfois même – notamment dans les scènes de coulisses au début – il retrouve dans le comportement des acteurs (jouant des rôles d'acteurs) un certain réalisme dont l'œuvre se veut, par définition, résolument dépourvue. On pourrait penser du film qu'il n'a rien à voir avec l'univers, dur et sombre, de Siodmak. Il s'y rattache néanmoins de façon négative, puisque chez Siodmak, metteur en scène *noir* par excellence, la gaieté, la joie de vivre ne peuvent être que le produit d'un artifice, d'une convention volontaire ; et c'est bien ce qu'elles sont ici.

## CRISS CROSS
**(Pour toi, j'ai tué)**

1948 – USA (87') • *Prod.* U I (Michael Kraike) • *Réal.* ROBERT SIODMAK • *Sc.* Daniel Fuchs d'ap. R. de Don Tracy • *Phot.* Frank Planer • *Mus.* Miklos Rozsa • *Int.* Burt Lancaster (Steve Thompson), Yvonne de Carlo (Anna), Dan Duryea (Slim Dundee), Steve McNally (Pete Ramirez), Richard Long (Slade Thompson), Tom Pedi (Vincent), Percy Helton (Frank), Alan Napier (Finchley).

Dans le quartier de Bunker Hill, Steve Thompson, s'apprête à participer à l'attaque de son propre fourgon blindé avec la bande de Slim Dundee. Il y a huit ans, Steve était revenu à Los Angeles avec le secret espoir – qu'il n'osait s'avouer à lui-même – de retrouver Anna, une femme dont il avait divorcé deux ans auparavant et dont il continuait de subir l'envoûtement. Ils avaient recommencé à se voir quand subitement Steve apprit le mariage d'Anna avec Slim Dundee, un gangster notoire. Anna avait assuré à Steve qu'elle avait été détournée de lui par sa famille et ses amis, en particulier son meilleur ami, le policier Pete Ramirez, qui l'avait menacée d'internement si elle continuait de le fréquenter. Alors Steve avait eu l'idée de ce hold-up qui lui permettrait de fuir avec l'argent et surtout d'emmener Anna qui l'attendrait, cachée dans une bicoque au bord de la mer. Mais aujourd'hui le hold-up ne se déroule pas comme Steve l'avait prévu. Dans la fumée des gaz lacrimogènes obscurcissant le pont où le fourgon est immobilisé, Steve comprend que Slim veut l'abattre. Il se défend comme un beau diable et sauve la moitié de l'argent, ce qui le fera passer pour un héros dans la presse. Il est blessé, Slim également. Un complice de Slim emmène Steve de force hors de l'hôpital. Steve a le bras et une partie de la poitrine dans le plâtre. Il donne dix mille dollars au complice pour qu'il le conduise jusqu'à Anna (à qui Slim avait confié la partie du butin qu'il avait pu emporter). Voyant Steve blessé et ne voulant pas s'embarrasser de lui, Anna s'apprête à l'abandonner. Slim survient et abat froidement le couple alors que retentissent les sirènes de la police.

☞ Tourné dans un climat de grande indépendance juste après la mort du producteur Mark Hellinger, bénéficiant du talent de collaborateurs librement choisis par Siodmak, cette « étude de l'avilissement d'un homme faible et passionné » (selon la formule de Borde et Chaumeton) est un des *films noirs* les plus cohérents dans son style et sa philosophie. Par ses thèmes d'abord : amour obsessionnel, violence froide et calculée, succession et entremêlement de trahisons (évoquées par le titre original), angoisse de la mort toujours proche. Mais surtout par l'apport du flash-back au fatalisme inhérent au genre. Au bout de dix minutes de projection environ commence un flash-back amorcé par la voix *off* du héros, qui durera plus de la moitié du métrage total du film. La relation de ce flash-back envahissant avec le reste de la narration livre le secret de ce film, d'une grande partie de l'œuvre de Siodmak et du *film noir* en général. Le présent n'y a pas d'existence propre. Il n'offre aux personnages aucune ouverture sur le futur, aucune liberté de manœuvre, aucune liberté tout court. Il n'est qu'une impasse où aboutit inexorablement le passé, un prolongement asphyxié et quasi posthume de ce passé. Les minutes que vivra le héros pendant le hold-up, l'angoisse des quelques heures qui suivront (admirable séquence de l'hôpital) découlent inévitablement de son amour obsessionnel pour Anna, lui-même ranimé, réincarné dans une série de rencontres fatidiques intensément détaillées par la mise en scène à l'intérieur du flash-back. Le personnage d'Yvonne de Carlo possède, au sein de la thématique du genre, une certaine originalité. Si elle occupe, dans l'intrigue, la fonction de femme fatale, elle n'en a guère l'aura, la magie lointaine, la fascination (sauf peut-être dans la scène de ses retrouvailles avec Steve). Anna représente avant tout l'expression d'un égoïsme à la fois mesquin et sauvage luttant impitoyablement pour sa survie dans la jungle des villes. Une version petite-bourgeoise de la femme fatale qu'on avait déjà entr'aperçue dans *Double Indemnity**. Pour ce qui est du décor, du nombre de lieux, c'est ici le film le plus épuré de Siodmak. Les endroits les plus banals lui conviennent. Il lui suffit d'un étroit couloir de bar donnant sur un plateau de danse, d'une anonyme chambre d'hôpital, pour projeter ses personnages dans cet univers irrespirable, déprimant parce que sans durée créatrice, auquel nous a habitués le *film noir*.

## CROISÉE DES DESTINS (LA)
**(Bhowani Junction)**

1956 – USA (110') • *Prod.* MGM (Pandro S. Berman) • *Réal.* GEORGE CUKOR • *Sc.* Sonya Levien et Ivan Moffat d'ap. R. de John Masters • *Phot.* Frederick A. Young (Eastmancolor, Cinémascope) • *Mus.* Miklos Rozsa • *Int.* Ava Gardner (Victoria Jones), Stewart Granger (colonel Savage), Bill Travers (Patrick Taylor), Abraham Sofaer (Surabhai), Francis Matthews (Ranjit Kasel), Marne Maitland (Govindaswami), Peter Illing (Ghanshyam « Davay »), Edward Chapman (Thomas Jones), Lionel Jeffries (lieutenant Graham McDaniel).

Indes, 1947. Le colonel anglais Rodney Savage, responsable du trafic ferroviaire, doit défendre contre tout désordre la gare de triage de Bhowani. Il a à lutter contre deux sortes d'adversaires : les militants du parti du Congrès, partisans de la non-violence, menés par Surabhai, et les terroristes communistes de Davay qui, durant les manifestations, se mêlent aux non-violents pour accomplir des actes de destruction et de sabotage. Savage réquisitionne une Anglo-indienne, Victoria Jones, membre de l'armée britannique, qui rentrait dans son village natal pour une permission. Sa mère est hindoue ; son père est anglais et travaille comme mécanicien de locomotive à la gare de Bhowani. L'imminent départ des Anglais ravive chez Victoria le désarroi que lui a toujours causé sa double origine. Son fiancé, Patrick Taylor, métis comme elle, estime qu'ils doivent l'un et l'autre lier leur sort à celui des Anglais et se considérer comme des Anglais à part entière. Mais, pour Victoria, les choses ne sont pas si simples. Elle est profondément ulcérée, par exemple, quand le colonel fait jeter par des intouchables des seaux d'ordure sur les militants non-violents allongés sur les voies pour bloquer le passage d'un convoi de soldats britanniques. Taylor au contraire s'amuse de cette mesure et de son efficacité au point que Victoria, scandalisée par son attitude, se dispute violemment avec lui. Dans la ville, des émeutes commencent, des incendies s'allument, suite aux événements ayant eu lieu à la gare. Victoria confie à son ami hindou Ranjit qu'elle se sent complètement déracinée. Victime d'une tentative de viol perpétrée par le lieutenant McDaniel, elle se défend et l'assomme avec une barre de fer, provoquant ainsi involontairement sa mort. Couverte de sang et au bord de l'hystérie, elle est emmenée par Ranjit qui l'héberge chez lui. La mère de Ranjit, une militante liée à Davay, trouve qu'elle ferait une bonne épouse pour son fils. Davay (dont Victoria ignore les activités terroristes) s'occupe de cacher le corps de McDaniel et de le maquiller en victime des émeutes. Il assassine une sentinelle, témoin de la tentative de viol. Victoria, bouleversée par le remords, s'habille dès lors en Indienne et se met à fréquenter Ranjit qui voudrait l'épouser. Davay fait dérailler un train. Le colonel Savage oblige Victoria à soigner les blessés. Subissant plusieurs interrogatoires de police, elle comprend que l'homme qui l'a aidée en dissimulant le cadavre est le terroriste responsable de la catastrophe ferroviaire. Son désarroi est à son comble. Elle accepte d'embrasser la religion sikh pour se rapprocher de Ranjit mais prend la fuite au cours de la cérémonie. Elle confesse à Savage le crime qu'elle a commis. Elle passe devant une commission d'enquête qui conclut à la légitime défense. Libérée, elle sort régulièrement avec Savage, très impressionné depuis leur première rencontre par la beauté de Victoria. Une nuit, Davay l'oblige sous la menace à arrêter un train conduit par un collègue de son père, puis à y monter avec lui. Il s'apprête à commettre un sabotage dans un tunnel. Savage et Taylor poursuivent le train et rejoignent Davay dans le tunnel. Davay blesse mortellement Taylor avant d'être abattu par Savage. Le train que voulait faire sauter Davay compte parmi ses passagers Gandhi. Savage demande Victoria en mariage. Mais elle refuse de se déraciner encore plus en quittant l'Inde. Victoria et Savage se disent adieu, car Savage doit maintenant rejoindre son nouveau poste. Dans le train qui l'éloigne de Victoria, il raconte son histoire à un supérieur qui agira pour le faire revenir à Bhowani où il pourra épouser la jeune femme.

☞ On admirera d'abord combien Cukor, aussi à l'aise dans cette superproduction tournée loin d'Hollywood en scope et en couleurs que dans un récit intimiste filmé en huis-clos et en noir et blanc, a su s'immerger dans la réalité et les problèmes complexes de l'Inde pour dépeindre avec maîtrise ses grouillements de foule, ses conflits et ses manifestations aux dimensions démesurées. Cet esthète impénitent a trouvé là d'innombrables occasions de splendeur. Tout lui est prétexte à faire surgir la beauté : le reflet d'un incendie (ou d'une chaudière de locomotive) sur le visage inquiet d'Ava Gardner, une manifestation de rue où les infinies bigarrures de la foule fascinent son œil de peintre, et jusqu'à cette tentative de viol accomplie au milieu de la nuit. Comme la plupart de ses films, celui-ci est à multiples facettes : une femme profondément divisée est aimée par trois hommes qui s'adressent chacun à un aspect différent d'elle-même – à l'Anglaise, à l'Indienne, à la femme. En exposant ses problèmes, Cukor ne cesse jamais de mettre en valeur sa beauté, rehaussée par les divers costumes que lui imposent son rôle et son destin (Ava Gardner n'a jamais été plus resplendissante). Est-elle faite pour être anglaise, ou bien indienne ? Sans sous-estimer la cruauté de ce dilemme, Cukor répond : elle est surtout faite pour être heureuse. Et le dénouement la verra effectivement comblée, plus belle encore quand le bonheur l'illumine.

N.B. Cukor s'est souvent plaint du remontage du film par la production qui ajouta la construction en flash-back et supprima plusieurs scènes avec Ava Gardner, jugées trop érotiques. Le contenu des scènes de la gare déplaisant aux autorités locales, elles furent tournées, comme les intérieurs, en Angleterre, alors que la majeure partie du film avait été réalisée au Pakistan. Il est impossible de saisir la différence.

## CROISIÈRE DU NAVIGATOR (LA)
### (The Navigator)

1924 – USA (56') • *Prod.* Metro-Goldwyn Pictures (Joseph M. Schenck) • *Réal.* DONALD CRISP, BUSTER KEATON • *Sc.* Clyde Bruckman, Joseph Mitchell, Jean Havez • *Phot.* Elgin Lessley, Byron Houck • *Int.* Buster Keaton (Buster), Kathryn McGuire (Betsy), Frederick Vroom (son père), Noble Johnson, Clarence Burton, H.M. Clugston.

Durant la Première Guerre mondiale, des agents de l'étranger veulent empêcher la livraison du navire « Le Navigator ». Ils ligotent le capitaine et l'armateur et laissent le bateau dériver. A son bord se retrouvent seuls et sans l'avoir voulu Buster et Betsy, la fille de l'armateur. Buster s'est trompé de bateau et croit faire une croisière, prévue à l'occasion de sa lune de miel. Mais sa dulcinée (qui est précisément Betsy, la fille de l'armateur) avait refusé de l'épouser et Buster s'était résigné à passer seul cette lune de miel. L'un et l'autre mettent un certain temps à se rencontrer, jouant malgré eux à cache-cache sur le navire désert et se faisant mutuellement peur. Élevés tous les deux dans le luxe et l'oisiveté, ils ne savent rien faire de leurs dix doigts. La préparation des repas, dans l'immense cuisine du bateau, leur pose de graves problèmes. Apercevant un grand paquebot, ils ne savent quel pavillon choisir pour signaler leur présence et hissent le pavillon de quarantaine. Ils tombent à l'eau et se repêchent mutuellement. Quelques semaines plus tard, ils se sont adaptés à la situation et un ingénieux système de poulies leur permet de se fabriquer des repas sans effort. Ils voient enfin la terre mais des cannibales les attendent sur la rive. Une voie d'eau fait dériver lentement le bateau vers eux. Buster revêt un scaphandre et va réparer l'avarie. Pendant ce temps, les indigènes se sont emparés de Betsy. Buster apparaît sur la plage en scaphandre et effraie ainsi les sauvages. Buster et Betsy regagnent le bateau, elle ramant à califourchon sur lui qui sert de barque. Mais les cannibales, obstinés, montent nombreux à bord du « Navigator ». Buster et sa dulcinée se défendent à l'aide de fusées de détresse trouvées sur le navire. Ils s'emparent d'une des embarcations des sauvages. Ils sont rejoints par leurs poursuivants et s'apprêtent à s'enfoncer au fond des eaux quand un sous-marin sur lequel ils avaient posé le pied leur offre un refuge providentiel.

☞ Quatrième long métrage de Keaton. Sa maîtrise de la mise en scène est maintenant totale et ce huis-clos, ouvert seulement sur une multitude de dangers mortels, stimule au plus haut point son génie de géomètre et de chorégraphe. Le couple des héros n'est pas seulement en lutte avec les objets mais se trouve plongé dans un univers entièrement hostile. Sans la Providence (qui s'appelle au cinéma happy end), le couple disparaîtrait dans l'abîme, comme le montre bien le plan de l'ultime baiser des deux héros dont la tête seule sort de l'eau. La peur ressentie par les personnages inspire au cinéaste ses plus beaux gags. Exemple : la série des portes de cabines qui s'ouvrent ou se referment selon le rythme régulier du tangage. Quand Buster voit toutes les portes s'ouvrir en même temps, l'effroi qui se lit dans ses yeux et dans son corps atteint à une pureté d'expression que bien peu de réalisateurs spécialisés dans le fantastique ont su obtenir. Le gag avait été précédé par un autre, non moins admirable : un tableau représentant un marin au regard dur (Donald Crisp) se balance au gré du tangage derrière le hublot de la cabine de Buster. Quand le visage du marin apparaît au centre du hublot (et ressemble alors à un visage humain), Buster, pris de panique, saute en l'air. Sens de l'aventure, intensité des sentiments premiers (peur, stupéfaction, etc.) poussée jusqu'à un degré presque fantastique, mise en scène géométrique et modulée selon un espace-temps que chaque gag recrée et investit avec une invention toujours renouvelée : les éléments constitutifs de l'art de Keaton, progressivement mis au point dans ses courts métrages, sont tous présents ici et contribuent à faire de ce film son premier chef-d'œuvre absolu. Ce fut aussi son plus gros succès commercial.

## CROIX DE BOIS (LES)

1931 – France (110') • *Prod.* Pathé-Natan • *Réal.* RAYMOND BERNARD • *Sc.* Raymond Bernard, Roland Dorgelès d'ap. R. de Roland Dorgelès • *Phot.* Jules Kruger, Ribault • *Int.* Pierre Blanchar (Gilbert Demachy), Charles Vanel (caporal Bréval), Gabriel Gabrio (Sulphart), Jean Galland (capitaine Cruchet), Aimos (Fouillard), Antonin Artaud (Vieublé), Paul Azaïs (Broucke), René Bergeron (Ramel), Raymond Cordy (Valron), Marcel Delaître (sergent Berthier), Pierre Labry (Bouffioux).

En 1916, durant la guerre des tranchées, l'odyssée de Gilbert Demachy, étudiant en droit, engagé volontaire ; de Sulphart, ouvrier d'usine qui dès son arrivée l'a pris sous sa protection ; du caporal Bréval, pâtissier dans le civil, qui attend toujours en vain une lettre de sa femme ; et de quelques-uns de leurs camarades. Une nuit, ils entendent des coups de pioche sous la tranchée : les Allemands installent une mine. Ils ne peuvent quitter le poste. Deux jours et deux nuits plus tard, la relève arrive. Quelques minutes après le départ de la compagnie, la mine saute et quinze hommes de la relève meurent. Plus tard, la compagnie reçoit l'ordre de partir à la conquête d'un village. L'attaque durera dix jours. Une partie des hommes est bloquée dans un cimetière. Bréval va chercher de l'eau et est touché près du puits. Demachy le ramène sur son dos. En mourant, il maudit sa femme puis lui pardonne. Tous croient mourir dans le cimetière mais il y aura des survivants. Après la victoire et cet immense effort, il leur faut encore défiler dans le village. Première vague de permissionnaires. Sulphart en fait partie. De retour, il racontera à Demachy sa visite aux parents de ce dernier. Les permissions sont supprimées. La compagnie s'installe dans une autre tranchée plus solidement construite. Nouvel assaut. Sulphart est blessé à la main. On devra lui enlever deux doigts. « Ça ne fait rien, je ne suis pas pianiste. » Demachy est blessé dans un endroit isolé. Il se force à tenir jusqu'à la nuit. Des brancardiers passent au loin sans le voir. Il meurt seul dans l'obscurité.

☞ Cette adaptation du roman de Roland Dorgelès est placée par Raymond Bernard sous le signe de ce qu'on pourrait appeler un réalisme épique ; deux termes qui peuvent sembler contradictoires mais cette contradiction, apparente, exprime le propos du film, à la fois hagiographique et dénonciateur. L'épopée dans ce film vise à montrer la solidarité, le courage des soldats, l'espèce de bonne humeur héroïque avec laquelle ils allaient au sacrifice et au casse-pipe. (Tout ceci attesté par l'Histoire.) Le réalisme, c'est en l'occurrence le refus du romanesque (on ne saura presque rien de la vie de chacun d'eux), de l'emphase, de l'effusion lyrique, du pathos et de l'indignation verbale. A cet égard, *Les croix de bois* se situe aux antipodes du *J'accuse** de Gance. Raymond Bernard cherche avant tout à livrer une vision documentaire de l'hallucinant cauchemar que fut cette guerre afin d'en inspirer l'horreur au spectateur. Les faits doivent parler d'eux-mêmes : ceci qui paraît banal aujourd'hui ne l'était pas du tout dans le cinéma français de l'époque. Pour atteindre son but, R. Bernard attacha autant d'importance aux ambiances sonores qu'aux images. Et Jacques Salles, dans sa monographie sur l'auteur (*in* Anthologie du cinéma, tome XI, 1983) souligne avec raison la qualité et l'originalité de la bande-son qui contient les premiers mélanges de pistes du cinéma français. En effet, sans ces mélanges, les différents bruis des batailles (sifflements, détonations, etc.) auraient couvert les dialogues. Il avait aussi fallu innover durant le tournage lui-même et disposer une succession de micros plus ou moins éloignés de la source sonore pour qu'elle fût, dans le cas des bruits les plus violents, correctement enregistrée. On tourna les extérieurs sur les lieux mêmes de l'action et notamment dans la région de Reims avec des figurants anciens combattants. Chaque jour des récupérateurs de l'armée devaient sonder et déminer le terrain. « Il arrivait aussi qu'ils mettent à jour des cadavres mutilés, dont certains purent être identifiés et dont la découverte plongeait chaque fois davantage techniciens et acteurs dans cette horreur profonde que beaucoup d'entre eux avaient réellement connue. » (J. Salles *op. cit.*)

N.B. Le film de Howard Hawks *The Road to Glory, Les chemins de la gloire,* 1936, (un des moins bons de ceux qu'il a réalisés durant les années 30) est partiellement inspiré du roman de Roland Dorgelès et du film de Raymond Bernard.

## CROWN VERSUS STEVENS

Inédit en France. 1936 – Angleterre (66') • *Prod.* Warner-First National (Irving Asher) • *Réal.* MICHAEL POWELL • *Sc.* Brock Williams d'ap. R. « Third Time Unlucky » de Laurence Maynell • *Phot.* Basil Emmott • *Int.* Beatrix Thomson (Doris Stevens), Patrick Knowles (Chris Jansen), Reginald Purdell (Alf), Glennis Lorimer (Molly), Allan Jeayes (inspecteur Carter), Frederick Piper (Arthur Stevens), Googie Withers (Ella).

Un jeune employé offre une bague de grand prix à sa fiancée. Elle disparaît avec le bijou, qui n'est pas encore payé. Ni son patron ni l'usurier qui lui a vendu la bague ne consentent à aider le jeune homme. L'usurier est assassiné. La femme du patron du jeune homme est l'auteur de ce meurtre. Le jeune homme connaît la vérité mais se tait pour ne pas perdre sa place. Il doit également repousser les avances de la femme criminelle. L'enquête progresse et arrive peu à peu jusqu'à elle. Elle endort son mari afin de pouvoir ensuite l'asphyxier dans le garage. Le jeune homme sauve son patron de la mort. La coupable s'apprête à rendre des comptes à la justice.

☞ Roman de gare transcendé, dans la mise en scène, par un naturalisme tragique, abstrait, glacial, où la misogynie est reine, évoquant avec dix ans d'avance *Scarlet Street* de Fritz Lang. Le film, qui prend place parmi les premiers essais de l'auteur, réalisés avec de tout petits moyens, est intéressant par son recours à l'abstraction et à la cruauté. Cette double tendance correspond chez Powell à un goût profond et sert également ici à ennoblir un matériau prosaïque. Le mariage de la cruauté et du formalisme trouvera son aboutissement dans le chef-d'œuvre de l'auteur, *Peeping Tom.* *

N.B. En 1927, 5 pour 100 seulement des films passant sur les écrans anglais sont des productions nationales. Une décision du Parlement (« The Cinematograph Films Act ») stipule que désormais ce pourcentage devra s'élever progressivement, par paliers, jusqu'à 30 pour 100. Destiné à l'origine à encourager l'industrie cinématographique britannique, cette loi va avoir pour conséquence indirecte de favoriser une production de films très courts à budgets minuscules, connus sous l'appellation de « quota quickies ». Si l'industrie n'a donc pas été vraiment aidée par cette loi, un certain nombre de cinéastes (dont Powell est le meilleur exemple) trouvèrent dans cette discipline de la pauvreté l'occasion de faire leurs classes et un stimulant à leur invention. De 1931 à 1938, Powell réalisera vingt-quatre de ces « quota quickies » (cf. aussi *The Phantom Light**). Une bonne partie d'entre eux est considérée aujourd'hui comme perdue.

## CUIRASSÉ POTEMKINE (LE) (Bronenosetz Potemkin)

• 1926 – URSS (version courte : 1780m, version longue : 1850m) • *Prod.* Goskino • *Réal.* SERGUEI MIKHAILOVITCH EISENSTEIN • *Sc.* Eisenstein, Nina Agadjanova • *Phot.* Edouard Tissé • *Mus.* Chostakovitch (pour la réédition de 1976) • *Int.* Alexandre Antonov (marin Vakoulintchouk), Grigori Alexandrov (lieutenant Guliarovsky), Vladimir Barsky (Golikov), Beatrice Vitoldi (femme au landau), I. Bobrov (conscrit humilié), Alexandre Liouchine (officier), Andrei Fait (officier au piano), Konstantin Feldman (étudiant), Yulia Eisenstein (femme apportant de la nourriture aux mutins), Mikhail Gomarov (marin), Prokopenko (mère du garçonnet assassiné), Repnikova (femme sur l'escalier).

Eisenstein résume ainsi son film dans « La non-indifférente nature, vol. 1 » publié chez 10-18, 1976 (partiellement consacré au *Potemkine*) : « Iʳᵉ PARTIE – DES HOMMES ET DES VERS. Exposé de l'action. Le climat sur le cuirassé. Viande véreuse. Effervescence parmi les marins. IIᵉ PARTIE – LE DRAME DE TENDRA (DRAME EN MER, dans la copie visionnée) « Branle-bas ! ». Refus de manger la soupe véreuse. La scène de la bâche. « Frères ! ». Le refus de tirer. Le soulèvement. Massacre des officiers. IIIᵉ PARTIE – L'APPEL DU MORT (LE MORT DEMANDE JUSTICE, dans la copie visionnée). Les brumes. Le corps de Vakoulintchouk dans le port d'Odessa. Lamentations sur le cadavre. Le meeting de l'indignation. Le drapeau rouge est hissé. IVᵉ PARTIE – L'ESCALIER D'ODESSA. Fraternisation de la rive et du cuirassé. Les yoles apportent des provisions. La fusillade sur l'escalier d'Odessa. Le coup de semonce du cuirassé sur le Q.G. des généraux (N.B. en fait, les canons du cuirassé font voler en poussière le théâtre d'Odessa où était installé ce Q.G.). Vᵉ PARTIE – LA RENCONTRE AVEC L'ESCADRE. La nuit de veille. La rencontre avec l'escadre. La machine. « Frères ! ». L'escadre refuse de tirer. Le cuirassé passe victorieusement au milieu de l'escadre. »

☞ Deuxième film d'Eisenstein. Pour les historiens et la plupart des cinéphiles, c'est le film le plus célèbre du monde, toujours cité et souvent en première place dans les palmarès internationaux des meilleurs films de l'histoire du cinéma. Jusqu'en 1952 (date à laquelle fut levée son interdiction officielle en France, et le film fut pareillement interdit dans plusieurs autres pays d'Europe), on ne pouvait le voir qu'en ciné-club et en cinémathèque. Ce huis-clos préserve, comme le gel, les réputations. Tout comme *Zéro de conduite**, film « maudit » par excellence, *Le cuirassé Potemkine* fait partie des vingt ou trente premiers films que voit tout cinéphile avant même de savoir s'il sera cinéphile. L'interdiction, la malédiction changent ainsi de sens : film maudit = film que tout le monde a vu avant de voir les autres ; film maudit = film que tout le monde aime et respecte avant de connaître les autres. Cette « tragédie en cinq actes », selon les propres termes d'Einsenstein, fut à l'origine une commande destinée à commémorer le vingtième anniversaire de la révolution en relatant un grand nombre d'événements de l'année 1905. L'épisode de la mutinerie du Potemkine sera seul conservé comme base du scénario. (Le film entier obéit d'ailleurs, au niveau du scénario, du plan et de la séquence, à une esthétique de la partie pour le tout.) On peut voir l'ensemble de l'œuvre d'Eisenstein comme une tentative d'alliance, vouée très progressivement à l'échec, entre l'idéologie (communiste) et le formalisme. Dans *La grève**, le premier, le plus jeune et le plus bouillonnant des films d'Eisenstein, l'alliance est totale. On dirait une lune de miel. L'absence de personnages individualisés (l'une des bases des théories dramatiques d'Eisenstein) provoque un jaillissement d'énergie qui s'accorde, d'une manière quasi instinctive, à l'idéologie. Celle-ci engendre des partis pris dont la mise en pratique se révèle à la fois stimulante sur le plan créatif et enrichissante pour cette idéologie même. Quoique déjà beaucoup plus intellectualisé, *Le cuirassé Potemkine* marque dans cette alliance un point d'équilibre. Dans chacune des cinq parties (plus proches, n'en déplaise à Eisenstein, aux mouvements d'une œuvre musicale qu'aux actes d'une tragédie) un élément s'individualise et crée le dynamisme autour duquel s'organise l'unité visuelle de l'épisode. Dans I, c'est l'équipage dégoûté, s'opposant comme un seul homme aux officiers. Dans II, c'est la fraction minoritaire des mutins et particulièrement Vakoulintchouk, « le premier à s'être mutiné et le premier à l'avoir payé de sa vie ». Dans III, la dépouille de Vakoulintchouk attire à elle la foule en procession. Dans IV, la foule, corps multiple, est le substitut des mutins et vit à sa place son martyre. Dans V, le Potemkine, entité maintenant indestructible, entraîne à lui seul l'adhésion de toute l'escadre. Dans chaque partie aussi, le montage isole des objets dont la fonction individualisante (le monocle de l'officier hautain, plus tard massacré) a été longuement commentée. Après *Potemkine*, l'idéologie sera chez Eisenstein progressivement dévorée par le formalisme, à mesure que la figure d'un héros individuel s'élèvera pour dominer l'intrigue et la matière du film. A qui verrait aujourd'hui, si cela est encore possible, *Le cuirassé Potemkine* avec un œil neuf, c'est sans doute la partie III qui paraîtra la plus étonnante, avec ses plans de bateaux amarrés dans la brume, ses longues files de pèlerins (le mot vient de lui-même à l'esprit) appelés par la présence irradiante du mort. Cette partie, lente et solennelle, mais comme animée d'un mouvement perpétuel, donne à voir la révolution comme une mystique de la fraternité. Elle est l'incarnation la plus expressive du credo initial d'Eiseinstein.

N.B. On peut avancer l'hypothèse qu'Édouard Tissé qui venait de tourner comme chef opérateur *Le bonheur juif* d'Alexis Granowsky (chronique de la vie juive en Russie dans les années 1880, d'après S. Aleichem), dont une partie se passe sur les escaliers d'Odessa, suggéra à Eiseinstein de choisir cette localisation pour filmer la plus célèbre séquence de son film. En 1930, les Allemands présentèrent une version sonorisée et dialoguée du film. En 1943, le film américain *Seeds of Freedom* ajoute aux plans (sonorisés et dialogués) du film d'Eisenstein des séquences contemporaines dirigées par Hans Burger où figurent notamment Henry Hull (dans le rôle d'un chef de guérilla luttant contre les Nazis et racontant aux jeunes recrues les événements de 1905) et Aline MacMahon (citoyenne d'Odessa). Albert Maltz a écrit les dialogues, et l'ensemble de la production est placé sous la direction de William Sekely. En 1950, circula une version comportant une musique de N. Krioukov. (Elle était plus courte que la version de 1926 car des plans avaient été censurés ou perdus.) C'est la version qu'on découvrit dans les ciné-clubs. En 1976, une version plus complète (et la plus proche de la version de 1926) fut accompagnée d'une musique de Chostakovitch. C'est cette version qui est passée à la télévision en 1984.

BIBLIO. : scénario *in* « L'Avant-Scène » n° 11 (continuité narrative). Dans la collection « Classic Film Scripts » n° 5, Londres, Lorrimer. Dans la collection « Chedevri Sovetskogo Kino » Moscou, Iskousstvo, 1969 (découpage de 1 472 plans, intertitres compris). Dans le livre de Jay Leyda : « Einsenstein : Three films » New York, 1974 (avec *Octobre* et *Alexandre Nevsky**).

## CULOTTES ROUGES (LES)

1962 – France (104') • *Prod.* Cinétel-Silver Film (Robert Dorfmann) • *Réal.* ALEX JOFFÉ • *Sc.* Alex Joffé, Étienne Bierry, Pierre Corti • *Phot.* Jean Penzer • *Mus.* Jean Marion • *Int.* Bourvil (Fendard), Laurent Terzieff (Antoine Rossi), Étienne Bierry (Schmidt), Teddy Billis, Jacques Balutin, Antoine Bourseiller, Rudy Lenoir.

En 1940, dans un camp de prisonniers en Allemagne se côtoient deux catégories d'individus : des « planqués » qui se sont intégrés à la vie des camps et se livrent à diverses besognes tolérées par les Allemands et des évadés récidivistes qu'on a obligés à porter des culottes rouges pour mieux les surveiller et les repérer. Rossi, l'une des célèbres « culottes rouges », se réfugie entre deux tentatives d'évasion chez Fendard, lequel cumule les fonctions de sacristain et de souffleur-machiniste durant les répétitions de « Phi-Phi », opérette montée par les soldats du camp. Rossi, avec son sans-gêne, ses exigences dictatoriales, sa témérité est une véritable calamité pour Fendard qui s'était organisé une petite existence confortable et douillette dans les sous-sols du théâtre. Lors de la représentation de « Phi-Phi », Rossi se cache dans une caisse de vêtements et Fendard le conduit ainsi hors du camp. Mais Fendard lui-même rentre trop tard et se trouve alors transformé en évadé involontaire. Il retourne auprès de Rossi et – renversement de situation – c'est lui maintenant qui devient un poids mort pour la « culotte rouge ». Rossi se montre odieux avec lui et, au moment du passage d'un train, le bouscule pour sauter dans un wagon. Mais, ayant pris pour cachette la place du chien, il est repris par les Allemands tandis que Fendard, après un voyage sous les essieux du train, se retrouvera libre en France.

☞ Décrivant assez peu l'atmosphère des camps et donnant à voir un nombre réduit de personnages, le film se concentre tout entier sur une opposition de caractères. Celle-ci ne manque pas d'une certaine originalité, mêlée à une cruauté qui sans doute dérouta le public. Le courageux récidiviste de l'évasion (interprété par Terzieff) se double d'un égoïste orgueilleux et méprisant qui n'a nulle considération pour ceux qu'il côtoie, même quand ceux-ci l'aident ou lui sauvent la vie. La lâcheté servile de son partenaire (interprété par Bourvil) n'exclut pas, à l'inverse, une bonne dose de générosité et le personnage fera preuve d'une humanité plus grande et plus complexe que celle du « héros » qu'il est amené à protéger. Bourvil est évidemment favorisé par le scénario. Il se livre à une composition extrêmement savoureuse, à partir d'un rôle plus intéressant et plus riche (mais beaucoup moins apprécié du public) que celui que lui donnera quatre ans plus tard Gérard Oury dans la triomphale *Grande vadrouille,* située dans un contexte historique voisin.

**CYCLE (LE)**
**(Dayereh cycle)**

1974 – Iran (100') • *Prod.* Telfilm (Téhéran) • *Réal.* DARIUSH MEHRJUI • *Sc.* D. Mehrjui, GH Sahedi • *Phot.* Hushang Beharlu (Eastmancolor) • *Int.* Saïd Kangarani (Ali), Ezat Entezami (Sameri), Nassirian Fourouzan (Zahra), Bahman Forsi (le docteur), Esmaïl Mohammad (le père).

Au sud de Téhéran, un très vieil homme à l'aspect misérable et son jeune fils Ali se dirigent, au terme d'une longue marche, vers un hôpital de construction très moderne où le vieillard, atteint de graves troubles intestinaux, veut se faire admettre. Mais on ne l'y accepte pas. A la porte de l'hôpital, un homme en voiture lui demande s'il veut gagner un peu d'argent. A la nuit tombée, le père et le fils sont conduits dans un camion rempli d'hommes vers un building où règne un désordre indescriptible : des clochards, des drogués, toutes sortes de miséreux sont là pour se faire prélever du sang et gagner ainsi quelques rials. Le père proteste qu'il est malade et n'a pas de sang à donner. L'homme qui a amené le groupe en camion touche une commission. Ali reçoit un peu d'argent et retourne avec son père à l'hôpital : ils n'obtiennent un rendez-vous que pour quinze jours plus tard. Mais une infirmière à qui Ali a tapé dans l'œil dit que le malade est un parent à elle et ainsi on accepte de le soigner dès le lendemain. En attendant, l'infirmière lui donne une casserole de riz. Plus tard, elle procure à Ali, qu'elle fait passer pour son neveu, divers petits boulots : livrer une cargaison de poulets, descendre un cadavre à la cave, etc. Au cours d'une réunion du personnel de l'hôpital, un médecin dénonce une fois de plus le sang contaminé qu'on lui apporte et qui vient de tuer une malade. Il affirme que le sang fourni à l'hôpital provient à longueur d'année de quelques centaines de drogués. Depuis longtemps il lutte en vain pour obtenir l'installation d'un petit laboratoire à l'intérieur de l'hôpital. L'infirmière conquise par Ali l'invite à aller vendre à l'extérieur, sur un étal, du riz volé dans les cuisines de l'hôpital. A ses clients, Ali parle de la combine du sang. La nuit venue, il en fait monter un certain nombre dans un camion qui les emmène dans le building où ont lieu les prélèvements. Le principal trafiquant de sang, impressionné par le dynamisme d'Ali, le convoque dans son luxueux appartement et le prend comme assistant. Pour satisfaire une demande urgente, Ali trouve deux « patients » auxquels on prélèvera du sang à l'intérieur même d'une voiture filant à toute allure vers l'hôpital. Pendant ce temps, le père d'Ali est mort. A l'enterrement, un ami frappe Ali qui n'a pas prononcé les prières rituelles.

☞ Produit avec l'aide du ministère de la Santé et de la Télévision iranienne, puis interdit pendant deux ans, c'est le troisième film important de Dariush Mehrjui qui s'était fait connaître par *La vache* (1969) et *Le facteur* (1971), deux films évoquant les milieux ruraux. Mehrjui décrit ici le lumpen prolétariat de Téhéran dans un conte cruel où l'exploité finit par devenir exploiteur à son tour en se livrant à un trafic particulièrement horrible qui n'a pas lieu qu'en Iran. Le style de Mehrjui unit les méandres d'une étude de mœurs à l'italienne, pleine de notations incisives, atroces et parfois cocasses – sur la corruption étalée partout, sur l'inertie de l'administration et diverses autres tares paralysant la société iranienne – à la rigueur d'une fable impitoyablement logique et dévastatrice. Richesse foisonnante de l'observation et condamnation sans appel des inégalités d'une société en voie de dissolution : telles sont les deux caractéristiques d'une œuvre maîtrisée et lucide où l'on peut lire presque en clair l'annonce d'inévitables bouleversements. Le vrai sujet du film est d'ailleurs le désordre, et son cortège de victimes. *Le cycle* marque le point culminant d'un cinéma iranien ambitieux, brutalement stoppé par l'arrivée des ayatollahs.

N.B. Le film inaugura en avril 1982 l'excellente série de Jean Lacouture et Jean-Louis Guillebaud « Cinéma sans visa », seule émission de télévision à avoir accompli en France ce qui devrait être l'une des missions fondamentales de la télévision par rapport au cinéma : faire connaître des cinématographies peu ou pas représentées dans la distribution commerciale, à l'aide d'œuvres marquantes montrées au public dans un environnement (présentation, débat) aidant à en saisir le sens et la portée. « Cinéma sans visa » prit fin en août 1986 après avoir présenté une quarantaine de films de trente-deux pays.

## CYRANO ET D'ARTAGNAN

1963 – Franco-Italo-Espagnol (146') • *Prod.* Circé (Paris), C.C. Champion (Rome), Agata Films (Madrid) • *Réal.* ABEL GANCE • *Sc.* Abel Gance d'ap. Alexandre Dumas et Edmond Rostand • *Phot.* Otello Martelli, Picon Borel (Eastmancolor) • *Mus.* Michel Magne • *Int.* José Ferrer (Cyrano), Jean-Pierre Cassel (D'Artagnan), Sylva Koscina (Ninon), Dahlia Lavi (Marion), Henri Crémieux (Messire Jean), Michel Simon (Mauvières), Polidor (Théophile), Gabrielle Dorziat (Françoise), Guy Henry (Athos), Bob Morel (Porthos), Berardi (Aramis).

Ayant testé sans succès sa nouvelle machine volante, Cyrano de Bergerac part pour Paris après avoir dit adieu à son vieux père qui lui a enseigné sa botte secrète. En chemin il rencontre le jeune d'Artagnan, un autre Gascon, tout aussi menteur, pauvre en fortune et assoiffé d'aventures que lui. Les deux hommes deviennent vite amis et inséparables. Ils volent ensemble les sacs d'or et d'écus de l'âme damnée de Richelieu, « L'Homme rouge » qui, sous prétexte de taxes et d'impôts, dépouille les régions qu'il traverse. A Paris, d'Artagnan, admis comme suppléant chez les mousquetaires de Tréville, est le second de Porthos dans le duel qui l'oppose à Cyrano. Porthos blessé, Cyrano et d'Artagnan doivent croiser le fer mais font bientôt cause commune contre les gardes du Cardinal. Capturé, d'Artagnan doit jurer avec ses camarades de servir Richelieu. Il se retrouve ainsi dans le camp opposé à Cyrano, fidèle serviteur de la reine. Cyrano est attiré par les hommes du Cardinal dans une embuscade organisée par la bande des Écorcheurs. Grâce à sa botte secrète, il les élimine un par un et occit en dernier leur chef, La Colombe. Sa réputation dans Paris est maintenant immense. Cyrano et d'Artagnan ont rencontré les célèbres courtisanes Marion Delorme et Ninon de Lenclos. Les quatre personnages tombent amoureux les uns des autres mais hélas sans réciprocité. Marion a remarqué Cyrano qui aime Ninon, laquelle n'a d'yeux que pour d'Artagnan, intéressé seulement par Marion. Cyrano propose à son ami d'intervertir les rôles dans le lit de leurs belles. Masqués, Cyrano et d'Artagnan rejoignent respectivement la nuit Ninon et Marion. Les deux femmes, croyant avoir passé la nuit avec l'homme de leur choix, sont ravies. Preuve, dit Cyrano, que les sens l'emportent sur le cœur. Il a d'autant plus raison que la seule nuit où ces dames auront reçu dans leur ruelle celui qu'elles croient aimer se soldera par un fiasco complet. Sur l'oreiller, Ninon et Marion, appartenant aux camps politiques opposés, renseignent leurs amants sur le secret des complots. Ceux-ci en toute loyauté échangent leurs renseignements. Jusqu'au jour où Ninon découvre Cyrano dans son lit et, furieuse, met fin à l'imbroglio. D'Artagnan libère Cyrano prisonnier du Cardinal. Les deux hommes s'entendent pour tâcher d'épargner à la France les souffrances d'une guerre civile. Cyrano persuade la reine de ne pas soutenir la conjuration de Cinq-Mars. Puis il réunit d'Artagnan et Marion. Ninon, quant à elle, a disparu. Cyrano retourne dans sa province. Il a la surprise de voir sa maison, autrefois ravagée, remise à neuf tout comme son laboratoire. Ses inventions sont de nouveau prêtes à être testées, ses œuvres rééditées. Ninon est la cause de tout cela. Cyrano lui jure d'oublier le ciel et ses expériences aéronautiques si elle consent à rester avec lui. Et la voix de Gance de conclure en citant La Fontaine : « La Providence aux yeux fous/ Sait ce qu'il nous faut mieux que nous. »

☞ Dernier film d'Abel Gance pour le cinéma. Malgré de nombreuses imperfections, c'est ce que Gance a donné de meilleur (avec quelques scènes de *La tour de Nesle*) depuis la Libération. Une fois encore, il a cherché – et trouvé –

la difficulté. L'inspiration de cette fantaisie pseudo-historique est en effet ambitieuse et multiple : aventures de cape et d'épée, conte galant à la Boccace, portrait baroque mais fidèle de Cyrano, poète, rêveur, bretteur, inventeur et savant. Dans ce personnage fascinant et divers, voué à l'incompréhension, Gance a sans doute reconnu des parties de lui-même. Le tournage fut épineux et mal accordé aux nécessités du projet : coproduction italo-hispano-française avec une distribution internationale et hétéroclite où aucun interprète n'est parfait pour son rôle tout en possédant d'évidentes qualités. La post-synchronisation est la plupart du temps catastrophique, handicap considérable pour un film où les dialogues sont abondants et importants. Cet album d'images riches et séduisantes (en particulier dans les rouges) s'apprécierait mieux en muet. Semblable à toute la carrière de Gance (à l'exception de *Napoléon**), *Cyrano et d'Artagnan* apparaît comme un rêve somptueux et décevant, dont une petite part seulement des virtualités a trouvé sur l'écran sa forme définitive. En cela, le film est hyper-gancien. Si approximatif qu'il soit, il témoigne d'une très grande singularité par rapport à la production française de l'époque.

# D

## DAHLIA BLEU (LE)
## (The Blue Dahlia)

1946 – USA (99′) • *Prod.* PAR. (George Marshall, John Houseman) • *Réal.* GEORGE MARSHALL • *Sc.* Raymond Chandler • *Phot.* Lionel Lindon • *Mus.* Victor Young • *Int.* Alan Ladd (Johnny Morrison), Veronica Lake (Joyce Harwood), William Bendix (Buzz Wanchek), Howard da Silva (Eddie Harwood), Will Wright (Dad Newell), Hugh Beaumont (George Copeland), Doris Dowling (Helen Morrison).

Johnny Morrison, un aviateur, revient du Pacifique avec deux compagnons de combat, Buzz Wanchek et George Copeland. Buzz a été trépané : le bruit, la musique lui mettent les nerfs à vif et il est alors incapable de contrôler son agressivité. Johnny revoit sa femme, Helen, mais ne peut reprendre la vie commune avec elle. Infidèle et alcoolique, elle a causé par son imprudence la mort de leur enfant. Peu après la rupture, le cadavre d'Helen est retrouvé dans son hôtel. Son amant, Eddie Harwood, directeur du cabaret « Le Dahlia bleu », est parmi les premiers suspects. Le détective de l'hôtel lui soutire quelques dollars en le faisant chanter. Johnny figure aussi, bien entendu, parmi les suspects. Il préfère se cacher de la police pour essayer de découvrir lui-même le coupable. Il est aidé par Joyce Harwood, la femme d'Eddie, qu'il a rencontrée par hasard et dont il découvre tardivement l'identité. Une note écrite par Helen le met sur la piste d'Eddie, déjà coupable d'un meurtre. Johnny, kidnappé et frappé par l'associé d'Harwood, réussit à se libérer. Au cours de la bagarre, Eddie est tué accidentellement. Buzz, sujet à de fréquentes pertes de mémoire, s'est accusé auprès de la police du meurtre d'Helen. Il l'avait rencontrée dans un bar et suivie dans son bungalow juste avant le drame. Johnny se présente aux policiers et démontre l'innocence de Buzz. Au cours de l'explication qui s'ensuit, la culpabilité du détective de l'hôtel est établie. Il est abattu alors qu'il tentait de s'enfuir.

☞ Le seul scénario original de Raymond Chandler, écrit à partir d'un roman inachevé. Une abondante littérature critique est consacrée aux travaux hollywoodiens des grands romanciers américains. *Le Dahlia bleu* n'échappe pas à la règle et pourtant il aurait pu être écrit par le plus anonyme des scénaristes d'Hollywood. L'intrigue policière, relativement simple pour une fois, est terne de bout en bout et son dénouement, conventionnel et peu crédible, ne résiste guère à l'examen (il fut d'ailleurs imposé à Chandler par le studio cédant aux objections de la Navy : Buzz était le coupable initialement prévu). Ce que le film a de meilleur, il le doit au genre et à ce climat de décomposition où baignent tant de chefs-d'œuvre du *film noir* : une fin de guerre particulièrement traumatisante ; des couples à la dérive ; des blessures physiques ou morales altérant, chez certains personnages, leur perception de la réalité et conférant à leur comportement une dangereuse composante paranoïaque. La mise en scène de Marshall est impersonnelle et impeccable dans sa neutralité. Marshall utilise le flegme habituel du couple Alan Ladd-Veronica Lake. Il peaufine pour Ladd les inévitables scènes de tabassage et de pugilat au point que l'un des protagonistes, Don Costello, se brisera l'orteil au tournage, ce qui amènera une modification de détail du scénario. En un seul point les virtualités du scénario et le travail du réalisateur se recoupent de manière positive et créatrice : le personnage de William Bendix. Cet excellent acteur incarne une pitoyable victime de la guerre, sympathique parce que déboussolée, mais très inquiétante par sa violence mal contrôlée. En bref, *Le Dahlia bleu* est intéressant comme spécimen standardisé d'un genre qui, même à ce degré moindre de qualité, reste étrangement prenant par sa sophistication, sa cohérence et sa vérité.

BIBLIO. : Raymond Chandler : « The Blue Dahlia, a Screenplay », Elm Tree Books, Londres, 1976. Le volume contient un récit de John Houseman relatant la genèse pittoresque du scénario de Chandler. Il est si pittoresque (beaucoup plus en tout cas que le film lui-même) qu'on peut se demander s'il est exact, d'autant plus qu'il ignore (ou contredit) certains faits connus, et attestés par Chandler lui-même, comme l'intervention de la Navy.

## DAISY KENYON
### (Femme ou maîtresse)

1947 – USA (99') • *Prod.* Fox (Otto Preminger) • *Réal.* OTTO PREMINGER • *Sc.* David Hertz d'ap. R. d'Elizabeth Janeway • *Phot.* Leon Shamroy • *Mus.* David Raksin • *Int.* Joan Crawford (Daisy Kenyon), Dana Andrews (Dan O'Mara), Henry Fonda (Peter Lafan), Ruth Warrick (Lucile O'Mara), Petty Ann Garner (Rosamund O'Mara), Connie Marshall (Mariette O'Mara), Martha Stewart (Mary Angelus).

New York, Greenwich Village. Daisy Kenyon, dessinatrice pour des magazines, est la maîtresse de Dan O'Mara, avocat célèbre, marié et père de deux enfants. Elle n'a plus aucun espoir de l'épouser jamais et il lui arrive de penser que leur amour appartient au passé. Elle le dit parfois à Dan qui refuse de l'admettre. Elle rencontre Peter, un soldat qui, avant la guerre, dessinait des bateaux. Peter éprouve de grandes difficultés à retrouver son équilibre au sein de la vie civile ; sa femme est morte dans un accident cinq ans auparavant. Quand il propose à Daisy de l'épouser, elle accepte, voyant là surtout une bonne occasion de mettre fin à sa liaison bancale avec Dan. Ils vont passer leur lune de miel dans un cottage que possède Dan au bord de la mer. La nuit, il a souvent des cauchemars causés à la fois par la guerre et le souvenir de sa femme. Daisy revient à New York pour son travail. Dan refuse de s'avouer vaincu. Il se présente à son domicile et essaie de renouer avec elle, quitte à user de la force. Daisy le frappe violemment au visage. Rentré chez lui, il lui téléphone pour s'excuser et lui dit qu'elle seule compte dans sa vie. Sa femme entend la conversation et décide aussitôt de divorcer. Elle menace de mettre Daisy en cause si son mari ne lui accorde pas la garde des enfants. Dan demande à Daisy, en présence de Peter, si elle accepterait de témoigner. Peter laisse sa femme libre de sa décision et préfère s'esquiver, ce que Daisy comprend mal. Elle consent à paraître au procès mais Dan fera interrompre les audiences pour lui éviter l'épreuve des interrogatoires et du scandale. Il prend tous les torts sur lui. Daisy vit maintenant séparée de son mari. Dan convoque Peter pour lui demander de signer les papiers concernant son divorce avec Daisy. Très flegmatique, Peter affirme qu'il les signerait volontiers, mais à condition que Daisy le lui *demande*. Pour réfléchir et retrouver son équilibre, elle se rend dans le cottage. Dan et Peter la rejoignent et la pressent de prendre une décision. S'estimant persécutée, Daisy monte dans sa voiture et fonce sur une route neigeuse où son véhicule fera plusieurs tonneaux. Elle en sort indemne. Quand elle rentre au cottage, les deux hommes sont là, attendant son verdict. Dan la prend à part, évoque des souvenirs et fait l'éloge de leur amour. Daisy dit que cet amour n'existe plus et rejoint son mari qui attendait patiemment son heure et n'avait jamais douté de sa décision. « En ce qui concerne ces techniques de combat civilisé, vous n'êtes que des enfants comparés à moi », lui dit-il en souriant.

☞ C'est ici qu'il faut parler d'épure – expression souvent galvaudée – et même d'épure racinienne, si l'on considère que l'action obéit au seul jeu des passions et se trouve dépourvue de tout événement accidentel ou extérieur. Aucun film à notre connaissance n'a été aussi loin dans cette direction. La passion, chez ces êtres ultra-civilisés, est loin d'être simple, car constamment mêlée de calcul, de froideur, et d'hésitation. Cela rend paradoxalement opaques et mystérieux ces personnages raisonnables, d'autant plus que le film cherche à circonscrire en eux cette zone d'ombre où se pèsent et où se prennent les décisions. Joan Crawford s'épuise à tâtonner entre deux partenaires. L'instabilité apparente du premier (Henry Fonda), toute provoquée par des causes matérielles, recouvre sans doute une grande sérénité. La fausse assurance du second (Dana Andrews) le rend parfois vacillant comme un enfant. La mise en scène reflète fidèlement le lacis des hésitations de l'héroïne ; elle s'attache à épouser la logique intime d'un personnage qui s'apparente parfois à l'héroïne de la pièce de Shaw, « Candida ». Film étrange dont la maîtrise enveloppe et protège le secret des personnages tout en cherchant à l'exprimer. Il en résulte pour eux un grand pouvoir de fascination.

## DAME DE SHANGHAI (LA)
**(The Lady from Shanghai)**

1948 – USA (88') • *Prod.* COL. (Harry Cohn) • *Réal.* ORSON WELLES • *Sc.* Orson Welles d'ap. R. « If I Should Wake Before I Die » de Sherwood King • *Phot.* Charles Lawton, Jr. • *Mus.* Heinz Roemheld • *Int.* Rita Hayworth (Elsa Bannister), Orson Welles (Michael O'Hara), Everett Sloane (Arthur Bannister), Glenn Anders (George Grisby), Ted de Corsia (Sidney Broome), Erskine Sanford (le juge), Gus Schilling (Goldie), Louis Merrill (Jake), Carl Frank (le procureur Galloway), Richard Wilson (l'assistant de Galloway), Errol Flynn (marin sur le yatch).

A San Francisco, l'Irlandais Michael O'Hara, aventurier et idéaliste – il a tué un espion franquiste durant la guerre d'Espagne – porte secours, la nuit, dans un parc à une jeune femme blonde, Elsa, agressée par trois voyous. Il tombe immédiatement amoureux d'elle. Elle est mariée à un célèbre avocat, Arthur Bannister, un demi-invalide qui ne se déplace qu'avec deux cannes. Bannister propose à Michael un job comme marin à bord de son yatch. Après avoir d'abord refusé, Michael accepte, surtout à cause d'Elsa. Lors d'une croisière dans les Caraïbes, Michael apprendra à connaître les étranges relations qui unissent Bannister, son associé George Grisby et Elsa. Il comparera ces trois personnages à des requins qu'il a vus un jour s'entre-dévorer et dont le sang rougissait la mer. Pendant une escale à Acapulco, Grisby propose cinq mille dollars à Michael pour l'assassiner et signer sa confession. De retour à San Franscisco, il renouvellera son offre, assortie de quelques explications. Ce n'est qu'une fois « assassiné » que Grisby pourra mener, sous une autre identité et dans une île lointaine, la vie tranquille et paradisiaque à laquelle il aspire. Quant à Michael, la confession qu'il aura signée ne saurait le faire condamner puisqu'on ne retrouvera jamais le cadavre de Grisby. Michael et Elsa ont un rendez-vous secret dans un aquarium. Elsa voudrait que Michael l'emmène avec lui loin d'ici et le met en garde contre le piège que contient inévitablement la proposition de Grisby. Malgré cet avertissement, Michael accepte le marché et accomplit le plan prévu par Grisby. Une nuit, sur la plage, il tire plusieurs balles qui sont censées l'atteindre. Michael ignore que Grisby vient de blesser mortellement un détective payé par Bannister pour surveiller Elsa et ses fréquentations. Un peu plus tard, on retrouve le cadavre de Grisby, et Michael, du fait de la confession écrite qu'il avait rédigée, a maintenant bien besoin d'un avocat. Bannister s'offre à le défendre et Michael ne peut faire autrement que d'accepter. Peu avant que le verdict ne soit rendu, Bannister déclare à Michael qu'il sera ravi d'avoir, pour la première fois de sa carrière, perdu un procès. Il s'attend à ce que Michael soit condamné à la chambre à gaz. Sur l'injonction d'Elsa, Michael absorbe un poison dans le prétoire, ou plutôt feint de l'absorber, et profite de la confusion générale provoquée par son geste pour prendre la fuite hors de l'enceinte du tribunal. Il se cache dans un théâtre chinois où Elsa le rejoint. Ayant absorbé malgré lui une petite partie du poison, il s'écroule. Elsa le fait emmener par deux hommes dans un Luna Park désert. A travers son délire, où il se voit errer parmi des décors fantomatiques de Luna Park, Michael comprend qu'Elsa avait prémédité avec Grisby le meurtre de son mari, non seulement pour se débarrasser de lui mais surtout pour toucher le montant de son assurance. Il comprend aussi qu'après le meurtre non prévu du détective par Grisby, Elsa avait décidé de tuer ce dernier, devenu trop gênant. Bannister surgit. Dans une galerie de miroirs qui reflète à l'infini leur image, Bannister et Elsa s'entretuent. Plein de dégoût pour toute cette histoire et pour lui-même, Michael abandonne Elsa, agonisante, à son sort. Il sait qu'un document rédigé par Bannister l'innocentera. Il compte sur le temps pour oublier Elsa.

☞ Parler de Welles et particulièrement de ce film, c'est être contraint de détruire certaines légendes fragiles comme des châteaux de sable et auxquelles seuls la crédulité, la négligence, le manque de sérieux de nombreux commentateurs ont donné une longévité inespérée. Dans plusieurs interviews et notamment dans celle accordée en 1964 à Juan Cobos, Michel Rubio et José Antonio Pruneda pour la revue espagnole « Film Ideal » (et repris *in* « Cahiers du cinéma », nº 165), Welles élabore la fable suivante. Ayant un urgent besoin d'argent pour le Mercury Theater, il téléphone de Boston à Harry Cohn, le patron de la Columbia à Hollywood : « Je lui ai dit : “J'ai une histoire extraordinaire pour vous si vous m'envoyez par télégramme 50 000 dollars dans une heure, à valoir sur un contrat que je signerai pour la faire”. Cohn demande : “Quelle histoire ?” J'étais en train de téléphoner du guichet du théâtre ; à côté, il y avait une tablette avec des livres de poche, et je lui donne le titre de l'un d'eux « Lady from Shanghai ». Je lui ai dit : “Achetez le roman et je ferai le film.” Une heure plus tard, nous avons reçu l'argent. Après, j'ai lu le livre, il était horrible, je me suis donc mis à écrire à toute vitesse une histoire. » Une simple recherche du livre de Sherwood King suffisait à montrer l'inanité des propos de Welles. Son titre original est en effet « If I Should Die Before I Wake » et ce n'est qu'au cours du travail sur le scénario qu'il fut changé en *The Lady from Shanghai.* En 1976, William Castle, dont l'essentiel de la carrière se déroula à la Columbia, publie ses mémoires « I'm Gonna Scare the Pants off America » et, dans le chapitre intitulé « Mutiny on the Zaca », raconte la véritable histoire du film, à vrai dire assez simple et assez conforme aux mœurs hollywoodiennes. Son but n'est pas de réfuter les élucubrations de Welles – il n'est même pas sûr qu'il les connaisse – et Castle porte d'ailleurs une grande estime au Wonder Boy. A partir du roman de Sherwood King, dont il estimait qu'il contenait la matière d'un film intéressant, Castle avait écrit un traitement de dix pages destiné à un projet qu'il voulait réaliser lui-même. En l'absence de Harry Cohn, le responsable du département scénario rejette le projet sous le prétexte que l'héroïne est une meurtrière et que Harry Cohn détestera ça. De par son contrat, le traitement qu'a écrit Castle appartient juridiquement à la Columbia et il ne peut pas en faire grand-chose. Dépité par le refus qu'il vient d'essuyer, Castle envoie son texte à Welles. Un mois plus tard, celui-ci lui écrit (Castle reproduit la lettre dans son livre) qu'il adore l'histoire et il invite Castle à écrire le scénario d'arrache-pied en lui précisant qu'il ne parlera à personne du projet sans son approbation. Hélas, très peu de temps après, Castle apprend que Cohn est émerveillé du génie de Welles à dénicher des bons sujets comme « If I Should Die Before I Wake ». Il apprend aussi que Cohn a signé à Welles un juteux contrat de 150'000 dollars pour produire, diriger, écrire et interpréter le film. Castle ravalera sa déception de ne pouvoir réaliser – ni même écrire – le film lui-même en songeant à l'expérience passionnante que va représenter pour lui sa collaboration avec Welles. Il sera en effet, avec Richard Wilson, producteur associé du film, c'est-à-dire dans son cas factotum. Son travail consistera en particulier à négocier la location du célèbre yacht d'Errol Flynn, le « Zaca », sur lequel Welles tient absolument à tourner. Castle filmera aussi des plans d'insectes et de reptiles divers pour le film. Outre un confortable paquet de dollars, Flynn exige de piloter lui-même le « Zaca », qu'il appelle « le vaisseau », durant tout le tournage. Castle inclut dans son chapitre un journal de tournage tenu par lui à l'époque et dont l'aspect le moins cocasse n'est pas que Flynn y occupe le devant de la scène, imposant silence par sa muflerie et son inconscience à tous, y compris au Wonder Boy lui-même. Seule, Rita Hayworth semble capable de lui tenir tête. Sans parvenir à empêcher *La dame de Shanghai* d'être un échec commercial, le génie publicitaire de Welles réussira au moins à faire passer le film pour ce qu'il n'est pas, à savoir un specimen exceptionnel du courant du *film noir*. En réalité, le personnage de femme fatale de Rita Hayworth, transformée pour l'occasion à grand renfort de publicité en blonde oxygénée, n'est ni plus criminel ni plus noir que beaucoup d'héroïnes du genre (cf. entre autres exemples Barbara Stanwyck dans *Double Indemnity**). L'intrigue n'est ni plus riche ni plus originale, ni même plus obscure que celle de pas mal d'autres *films noirs*. Seule une certaine indifférence du réalisateur vis-à-vis de la conduite du récit l'a rendue un peu plus confuse qu'elle n'aurait dû l'être, Welles s'intéressant surtout à émailler l'action de répliques littéraires et poétiques, d'ailleurs assez belles, sur le mal, la corruption et la fin du monde. « Give my love to the sunrise » (Salue l'aurore pour moi) dira, par exemple, Rita Hayworth à Orson Welles avant de mourir. Globalement, *La dame de Shanghai* se situe dans la moyenne du genre, laquelle était, comme on sait, d'un niveau artistique très élevé. Mais il suffit de comparer le film à des chefs-d'œuvre comme *Phantom Lady**, *Out of The Past**, ou *Gilda** pour que ses limites apparaissent nettement. *La dame de Shanghai* possède néanmoins trois mérites qui sont loin d'être négligeables. Sur le plan plastique et dramatique, le film donne à l'espace et au climat traditionnel du *film noir* une ouverture maritime qui, paradoxalement, en augmente la moiteur et l'asphyxie. En laissant libre cours à son instinct baroque, Welles rend plus évidente qu'elle ne l'a jamais été la filiation du genre avec l'expressionnisme, au point même que la scène du rêve apparaît comme une variation presque trop scolaire sur les motifs de *Caligari**. Enfin l'interprétation d'Everett Sloane, la véritable star du film, est excellente. Pour le reste, Welles s'est donné à lui-même un rôle assez flou et contradictoire et, en ce qui concerne Rita Hayworth, sorte de statue de glace, elle semble surtout paralysée par l'ascendant exercé sur elle par son metteur en scène, alors en instance de divorce avec elle. En tant qu'actrice et en tant que mythe, elle ne donnera sa vraie mesure que dans les films de Charles Vidor *(The Lady in Question, Gilda*)* et de Vincent Sherman *(Affair in Trinidad)*.

## DAME D'ONZE HEURES (LA)

1947 – France (97') • *Prod.* Neptune • *Réal.* JEAN DEVAIVRE • *Sc.* Jean-Paul Le Chanois d'ap. R. de Pierre Apestéguy • *Phot.* René Gaveau • *Mus.* Joseph Kosma • *Int.* Paul Meurisse (Stanislas Octave Seminario, dit S.O.S.), Micheline Francey (Muriel Pescara), Jean Tissier (Guillaume), Pierre Louis (Paul Wantz), Junie Astor (Hélène Tassin), Mady Berry (Brigitte), Pierre Renoir (Gérard Pescara), Gilbert Gil (Charles Pescara), Jean Debucourt (Dr Vermeulen), Jean Brochard (le juge d'instruction).

Stanislas Octave Seminario, dit S.O.S., neveu d'un juge d'instruction, enquête sur une affaire de lettres anonymes reçues par la famille de son ancienne fiancée. Le frère, puis le père de celle-ci seront victimes d'empoisonnements criminels avant que l'énigme soit résolue par le fringant détective.

☞ Brillant début de Jean Devaivre. Le film se situe au carrefour des récits de détectives-séducteurs à la Raymond Rouleau et des intrigues poético-policières à la Pierre Véry. Il est suffisamment original pour dépasser ses influences. Devaivre utilise un style de récit (et de montage) très morcelé, discontinu et baroque, qui a pour effet de mettre en valeur, en les détachant de leur contexte réaliste, nombre d'images insolites et inquiétantes à la forte puissance onirique. Habitants d'une villa pétrifiés dans l'attente de lettres anonymes ; asile d'aliénés retentissant dans la nuit des cris de ses pensionnaires ; illusionniste prédisant une mort prochaine à l'un de ses spectateurs ; chaton brusquement empoisonné au contact d'un médaillon et emporté dans un sac ; péniche lourde de secrets, baptisée d'un nom de fleur et amarrée à la berge d'un canal du Nord : tout le film regorge de lieux, de personnages étranges et disparates. Ils se trouvent, grâce au talent du narrateur, enchaînés les uns aux autres par l'implacable logique du rêve. Rien de gratuit dans cette intrigue qui retombe finalement sur ses pieds, satisfaisant l'esprit cartésien de certains amateurs de romans policiers, sans pour autant abolir l'effet de surprise et de dépaysement provoqués chez le spectateur par la plupart des péripéties. Ce ton personnel devait se retrouver dans le film suivant de Devaivre, une biographie insolite de Paul-Louis Courier *(La ferme des sept péchés *)*. Interprétation homogène dans sa diversité et dominée par le flegme et l'efficacité de Paul Meurisse (paraissant ici dans ses dernières heures de sobriété).

## DAMES DU BOIS DE BOULOGNE (LES)

1944 – France (90') • *Prod.* Films Raoul Ploquin • *Réal.* ROBERT BRESSON • *Sc.* Robert Bresson, Jean Cocteau d'ap. un récit contenu dans « Jacques le fataliste et son maître » de Denis Diderot • *Phot.* Philippe Agostini • *Mus.* Jean-Jacques Grünenwald • *Int.* Paul Bernard (Jean), Maria Casarès (Hélène), Elina Labourdette (Agnès), Jean Marchat (Jacques), Lucienne Bogaert (Mme D.), Yvette Etiévant (la bonne).

Hélène apprend de son meilleur ami que son amant, Jean, ne l'aime plus. Elle prend l'initiative de la rupture, mais jure en elle-même de se venger. Elle fait se rencontrer, devant la cascade du bois de Boulogne, Jean et la jeune Agnès, qui vit, en compagnie de sa mère ruinée, de la complaisance de ses amants. Elle manœuvre habilement pour que Jean ait envie de revoir Agnès et tombe désespérément amoureux d'elle. Le piège fonctionne à merveille. Jean épouse Agnès qui l'aime aussi. Après la cérémonie, Hélène lui lance : « Vous avez épousé une grue. » Agnès, qui avait vainement essayé de dire la vérité à Jean sur elle-même, est victime de plusieurs syncopes. Jean la supplie : « Accroche-toi à la vie de toutes tes forces. Accroche-toi à moi. Je t'aime. » Agnès lui murmure : « Je reste .»

☞ Deuxième long métrage de Bresson, caractérisé par des dialogues et un style de jeu d'une haute tenue théâtrale, qui sont, pour l'agrément du spectateur, à l'opposé des théories que l'auteur soutiendra – et essaiera de mettre en pratique – par la suite. Tirée de Diderot (« Jacques le fataliste »), l'anecdote aurait pu donner lieu à un parfait mélodrame populaire. Vengeance, machination, honte attachée à une mésalliance sont les principaux moteurs de l'intrigue, sans oublier le spectaculaire retournement final : la maîtresse du jeu perd tout, ayant fait le bonheur de celui qu'elle voulait perdre. Il est passionnant d'observer à quel point la différence entre mélodrame (populaire) et tragédie (noble) tient uniquement à une question de forme, et plus précisément encore à un choix de forme. Bresson, qui choisit la tragédie, s'emploie à gommer le romanesque, l'imprévu, la relative invraisemblance des péripéties. Il atténue autant que faire se peut les ruptures de ton (cf. en particulier, l'ellipse du trivial dans une machination dont la base repose sur lui). Il recherche la sobriété – et même une certaine pauvreté – dans le choix des décors et des lieux. Il valorise la décence et la retenue dans l'expression des sentiments. Même au plus fort de ses frustrations d'amoureux repoussé, Paul Bernard reste d'une exquise dignité. La noblesse du style naît ici d'une tolérance minimale aux aspérités de l'intrigue, au laisser-aller dans le mouvement extérieur des passions. Seul leur feu intérieur est jugé digne de nourrir le tragique de l'œuvre. Lui seul aussi confère au récit sa brillance, son rayonnement un peu sec, qui ne vient plus des objets ou du cadre, mais des êtres. Dans sa cohérence policée, l'œuvre est admirable, comme le sont tout autant, dans leur désordre et leur « indécence » baroques, certains mélodrames populaires.

BIBLIO. : dialogues seuls, publiés dans « Les Cahiers du cinéma » nos 75, 76, 77 (1957). Découpage (358 plans) *in* « L'Avant-Scène » no 196 (1977). Très abondant journal de tournage du film (allant du 10-4-1944 au 10-2-1945) publié par Paul Guth sous le titre : « Autour des Dames du bois de Boulogne », Julliard, 1945.

## DAMNÉS DE L'OCÉAN (LES) (The Docks of New York)

1928 – USA (8 bob.) • *Prod.* Famous Players-Lasky-Paramount • *Réal.* JOSEF VON STERNBERG • *Sc.* Jules Furthman d'ap. une histoire, « The Dock Walloper », de John Monk Saunders • *Phot.* Harold Rosson • *Int.* George Bancroft (Bill Roberts), Betty Compson (Sadie), Olga Baclanova (Lou), Clyde Cook (« Sugar » Steve), Mitchell Lewis (le mécanicien), Gustav von Seyffertitz (« Hymn Book » Harry), Lillian Worth (l'amie de Steve).

Le port de New York. Un soutier, Bill Roberts, sauve de la noyade une jeune femme, Sadie, qui voulait se suicider. Il la porte dans ses bras jusqu'au Sandbar où elle retrouve ses esprits. Sa beauté séduit Bill. Voulant tout essayer au moins une fois, il lui propose de l'épouser le soir même. Un pasteur est appelé et il célèbre le mariage dans le bar enfumé au milieu des clients qui se livrent à une grande beuverie. Bill est amené à faire le coup de poing contre Steve, son supérieur à bord du bateau sur lequel il travaille. Steve, marié à une entraîneuse du Sandbar, Lou, essayait de courtiser Sadie. Le lendemain matin, Steve annonce à Bill qu'il est viré. Il reprend sa cour auprès de Sadie et sera retrouvé grièvement blessé dans sa chambre. Sadie est d'abord accusée, puis Lou se dénonce et est embarquée par la police. Bill dit adieu à Sadie, car il n'a jamais manqué de sa vie le départ d'un navire. Elle lui recoud sa chemise en pleurant puis le jette dehors. A bord de son bateau, Bill se ravise, saute à la mer et rejoint la rive à la nage. C'est pour apprendre que Sadie a été arrêtée. Au tribunal, on l'accuse de porter des vêtements volés, ceux que Bill lui avaient offerts avant la noce. Bill s'accuse du vol et écope soixante jours de prison. Il demande à Sadie de l'attendre. Ce sera, dit-il, « sa dernière traversée ». « Je t'attendrai toute la vie », répond Sadie.

☞ La poésie des ports et de la mer a inspiré un grand nombre de films muets. Elle tient, dans la filmographie personnelle de Sternberg, un rôle assez important. Elle exprime en général une mélancolie, un sentiment de désillusion lié à un rêve brisé ou non réalisé, et, d'un autre côté, une truculence lourde, des atmosphères picaresques et même vulgaires : la rêverie retombe constamment dans le réel qui lui tend un reflet d'elle-même déformé et grotesque. Ces éléments sont présents – et brillamment présents – dans *Les damnés de l'océan* mais ne constituent pas l'intérêt principal du film, qui vaut surtout comme expression-limite de l'art poétique de Sternberg au temps du muet. Pour lui, le cinéma est avant tout jeux de lumière, d'ombre et de brume, expression raffinée et savante d'un érotisme partout présent ; le décor et la composition plastique de l'image y sont beaucoup plus importants que l'action proprement dite ; et les personnages ont une valeur et un relief plus symboliques que psychologiques et réalistes. Dans *Les damnés de l'océan,* Sternberg livre aussi, à partir d'un matériau dramatique relativement pauvre, une sorte de condensé emblématique et quelque peu dérisoire de tous les types de relations qui peuvent unir (ou séparer) un couple – une sorte d'histoire-express de la guerre et de l'amour des sexes. Deux aspects du film sont restés très modernes : l'absence de sentimentalisme, le refus de plonger dans le passé des personnages pour expliquer leur comportement. On n'aura que très peu d'informations sur eux. Sternberg les fait vivre et les montre tout entiers dans leur présent, laissant au spectateur le soin de les apprécier pour ce qu'ils sont aujourd'hui.

**DAMNÉS DU CŒUR (LES)**
**(The Godless Girl)**

1928 – USA (12 bob.) • *Prod.* Pathé (DeMille) • *Réal.* CECIL B. DEMILLE • *Sc.* Jeanie MacPherson et Beulah Marie Dix • *Phot.* J. Peverell Marley • *Int.* Lina Basquette (Judy Craig), George Duryea (Robert Hathaway), Noah Beery, Sr. (le gardien-chef), Eddie Quillan (Samuel), Marie Prevost (Dora), Mary Jane Irving (la victime accidentée), Kate Price, Gertrude Quality, Hedwig Reicher (les gardiennes), Julia Faye, Emily Barrye, Jacqueline Dyrese, Viola Louise (les détenues), Lyle Talbot (le détenu coiffeur).

Dans l'Amérique des années 20, les sectes antireligieuses sont puissantes. Leur influence s'étend jusque dans les collèges. La jeune Judy Craig dirige ainsi une sorte de petite secte athée dans son école. Le jour où la secte va introniser le jeune Bozo qui finalement ne sera pas accepté (par manque de sérieux et de conviction), un groupe adverse d'âpres et fanatiques défenseurs de la religion, dirigé par Bob Hathaway, fait irruption dans le local où s'était réunie la secte. Une bagarre s'ensuit qui se continue dans l'escalier. Au cours de l'échauffourée, une jeune fille fait une chute mortelle. On accuse de sa mort Judy, Bob et Bozo. Ils sont enfermés dans une maison de correction qui a tout du pénitencier. Ils subiront les sévices d'un gardien-chef particulièrement sadique. Judy devient l'amie d'une jeune chrétienne, Mame, et se met à lire la Bible. Bob, de son côté, s'humanise et réussit à contacter Judy. Il apprend peu à peu à la connaître. Les deux jeunes gens tombent amoureux l'un de l'autre et parviennent à s'enfuir. Ils sont vite repris. Après leur retour, un incendie se déclare dans la section des femmes. Bob libère Judy qui, attachée par une menotte à une poutrelle, aurait sans son aide péri carbonisée. Poursuivant Bob, le gardien-chef s'agrippe à une porte métallique où passe un courant électrique et est sur le point de mourir électrocuté. Mais Bob le sauve également. Le gardien-chef parle en faveur des trois amis, qui sont libérés un peu plus tard avec Mame.

☞ Comme la plupart des œuvres muettes de DeMille, *The Godless Girl*, son dernier film muet, est une brillante démonstration morale. Elle engendre un récit d'action particulièrement mouvementé et spectaculaire. Les milieux sociaux et les types de récit les plus variés ont été utilisés par DeMille comme cadre et comme milieu vivant pour ses démonstrations. *The Godless Girl* a la spécificité de se dérouler uniquement dans un milieu de jeunes, ce qui permet à DeMille de stigmatiser le fanatisme de la jeunesse et, à travers lui, le fanatisme tout court. S'il se sert du manichéisme comme structure dynamique pour animer ses récits, DeMille se garde bien d'aboutir à une vision manichéenne de la morale. Il renvoie dos à dos deux fanatismes, le religieux et l'antireligieux, et les fait se dissoudre dans les expériences que traverseront les personnages principaux. Comme toujours chez DeMille, ces expériences, ces aventures, où se manifeste le doigt de Dieu (ici dans l'incendie du pénitencier), servent à leur ouvrir les yeux sur le monde et sur eux-mêmes. La virtuosité stupéfiante de la mise en scène se voit moins que dans les films de DeMille réalisés à la fin des années 10 car, à l'époque de *The Godless Girl*, une grande partie du cinéma américain et européen (Murnau, Leni) l'avait rejoint dans cette virtuosité. La scène de la bagarre et de l'accident dans l'escalier est néanmoins l'une des plus étonnantes de toute son œuvre. Nombre de détails spectaculaires, audacieux dans leur violence et leur aspect insolite, émaillent le film. Ainsi les mains serrées des deux amoureux séparés par un grillage qui se mettent littéralement à fumer quand le gardien-chef fait passer un courant électrique à travers ce grillage. Lorsque l'héroïne peut retirer sa main, elle y voit une petite croix qu'a dessinée dans sa chair le grillage électrisé. ·Toutes les séquences se déroulant dans le décor du pénitencier (conçu par Mitchell Leisen) possèdent d'ailleurs une dureté et un réalisme confondants pour l'époque. Et jamais chez DeMille l'humour ne perd ses droits. Il retire à la démonstration tout caractère sentencieux, tout excès de gravité. Il s'exprime notamment à travers le personnage très inventif de Bozo, interprété par Eddie Quillan, jeune acteur venu de chez Mack Sennett que DeMille – fait exceptionnel de sa part – a laissé improviser. Notons d'autre part, en ce qui concerne l'interprétation, que DeMille ne redoute nullement de rompre ici avec le star-system en donnant la vedette à deux semi-inconnus. George Duryea ne deviendra star que plus tard et dans le western sous le nom de Tom Keene. Il interprétera en 1934 un autre film hors norme *Our Daily Bread** de King Vidor. Comme *La foule** (King Vidor, 1928) et *Solitude** (Paul Fejos, 1928), *The Godless Girl* contient, ne serait-ce qu'à ce titre, une grande part d'expérimentation. On la reconnaît à Fejos et à Vidor ; on la dénie généralement à DeMille qui fut pourtant, de tous les metteurs en scène hollywoodiens, l'un des plus « pionniers » et l'un des plus novateurs dans tous les domaines de la création cinématographique.

## DANS LES GRIFFES DU VAMPIRE
### (Curse of the Undead)

1959 – USA (77') • *Prod.* UI (Joseph Gershenson) • *Réal.* EDWARD DEIN • *Sc.* Edward et Mildred Dein • *Phot.* Ellis W. Carter • *Mus.* Irving Gertz • *Int.* Eric Fleming (le pasteur Dan), Michael Pate (Drake Robey), Kathleen Crowley (Dolores Carter), John Hoyt (Dr Carter), Bruce Gordon (Buffer), Edward Binns (le shérif), Jimmy Murphy (Tim Carter), Jay Adler (le barman).

Une mystérieuse épidémie touche une petite localité californienne : des jeunes filles meurent inexplicablement, le cou percé de deux plaies. Le Dr Carter meurt, lui aussi, dans les mêmes conditions. Son fils, Jimmy, pense qu'il a été tué par l'un des hommes de main de Buffer qui convoite ses terres sur lesquelles il empiète déjà. Il défie Buffer et meurt, tué à la loyale. Mais le véritable responsable de la mort des jeunes filles et du docteur est en réalité Drake Robey, un vampire, réincarnation d'un habitant de la région qui s'était suicidé après avoir tué son frère pour une femme. Drake est employé comme « gunman » par la fille de Carter qui cherche à venger son père et son frère. Il la vampirise et tombe amoureux d'elle. Invulnérable, il sera cependant éliminé par le pasteur qui a découvert sa vraie nature et utilise contre lui une balle incrustée d'une petite croix en argent.

☞ Étonnant croisement de genres (western et vampirisme) réalisé ici pour la première fois. Le style se veut sobre et sérieux. Quelques années plus tard, William Beaudine dans son *Billy the Kid vs. Dracula*, 1966, jouera, lui, sur le côté farce et délirant d'un tel mélange. Les décors du western sont ici noyés d'ombre, imbibés de morbidité. (En tant que vampire, le personnage joué par Michael Pate présente plusieurs anomalies : il se promène parfois de jour, est capable d'amour et embrasse une femme sur les lèvres.) Plane sur tout le film l'ombre du grand Val Lewton dans l'entourage duquel Edward Dein travailla. Scénariste de série B, il collabora à l'écriture de *The Leopard Man** (Tourneur, 1943). Il signa comme réalisateur un autre film insolite sur le thème du rajeunissement par le sang (en fait il s'agit de liquide céphalo-rachidien prélevé sur les membres d'une tribu africaine !), *The Leech Woman, La femme sangsue*, 1959, cinquième et dernier titre de sa courte carrière. *Curse of the Undead* doit aussi sa mélancolie et sa tristesse particulière au fait qu'il est comme une épitaphe placée au carrefour de la disparition de deux genres : le grand western des années 50 et le fantastique « gothique » tel que l'avait pratiqué la Universal pendant trois décennies.

## DARK STAR (id.)

1974 – USA (83') sorti en France en 1980 • *Prod.* Jack H. Harris Enterprises • *Réal.* JOHN CARPENTER • *Sc.* John Carpenter, Dan O'Bannon • *Phot.* Douglas Knapp (Metrocolor) • *Effets spéciaux* : Dan O'Bannon • *Mus.* John Carpenter • *Int.* Brian Nacelle (Doolittle), Andreijah Panich (Talby), Cal Kuniholm (Boiler), Dan O'Bannon (Pinback), Joe Saunders (commandant Powell), Miles Watkins (contrôleur), Cookie Knapp (voix de l'ordinateur).

Vers 2250, à bord du vaisseau spatial « Dark Star », quatre cosmonautes, Doolittle, Talby, Boiler et Pinback, accomplissent depuis des années leur mission : bombarder des planètes instables en vue d'une future colonisation de la région. Le vaisseau est sujet à des pannes et à des défauts de fonctionnement de plus en plus fréquents. L'ennui, l'isolement, la nostalgie des activités terrestres (Doolittle, qui a remplacé après sa mort le commandant Powell, chef de l'expédition, regrette jusqu'à en être obsédé ses activités de « surfer »), le sentiment de l'inutilité de leur mission détruisent peu à peu le moral des quatre hommes. Après le passage du vaisseau à travers une tempête d'astéroïdes, un laser de communication a été endommagé mais la panne est difficile à localiser. La bombe nº 20, un organisme très sophistiqué et doué de la parole, est sommée à deux reprises par la voix féminine de l'ordinateur de rentrer dans son habitacle. Un signal défectueux a provoqué ces deux fausses sorties et elle obéit en bougonnant. « C'est la dernière fois » affirme-t-elle. C'est à Pinback que revient la corvée de nourrir la mascotte du vaisseau, un extra-terrestre ramené d'une planète voisine. Cet être extrêmement facétieux qui a la forme d'un gros ballon monté sur deux courtes pattes joue à cache-cache avec Pinback, lequel se retrouve bientôt suspendu dans le vide, accroché à la margelle du conduit de l'ascenseur puis sous le plancher dudit ascenseur. Il parvient à grand-peine à remonter dans la cabine. Furieux, il tire une balle anesthésiante sur l'extra-terrestre qui alors éclate et se dégonfle : il n'était composé que de gaz. La bombe nº 20, appelée par un signal en vue de la destruction d'une planète instable, sort une troisième fois à l'air libre. A l'insu de ses compagnons, Talby a en effet localisé le laser défectueux mais a malencontreusement pénétré dans le champ de son rayon. Si on ne trouve pas un moyen de faire rentrer la bombe dans son habitacle, elle va se mettre elle-même à feu et explosera dans quelques minutes, détruisant en même temps le vaisseau. En plein désarroi, Doolittle va demander conseil au commandant Powell conservé dans un caisson cryogénique. Avec beaucoup de difficultés, il ouvre la bouche pour déclarer qu'il faut parler avec la bombe. Doolittle entame alors avec elle une longue conversation philosophique et phénoménologique et tente de lui prouver que sa connaissance de la réalité, alimentée par un simple rayon électrique, est objectivement nulle. Interloquée, la bombe dit : « Il faut que j'y réfléchisse » et rentre dans son habitacle. Les cosmonautes poussent un ouf de soulagement. Mais quand Doolittle rentre à l'intérieur du vaisseau, Talby est éjecté dans l'espace par le sas d'évacuation. Un peu plus tard, la bombe ayant progressé dans sa réflexion (« Je suis seule au monde... Je suis dans les ténèbres... que la lumière soit ! ») explose et pulvérise le vaisseau. Talby s'éloigne, emporté par l'astéroïde Phenix qu'il avait toujours rêvé de contempler de près. Et Doolittle progresse vers la Terre sur un débris de « Dark Star » qui ressemble beaucoup à une planche de surf. Mais au contact de l'atmosphère terrestre il sera inévitablement carbonisé et transformé en étoile filante.

☞ John Carpenter se veut le rénovateur des genres hollywoodiens et l'héritier de Hawks (il a signé un remake réussi de *La chose d'un autre monde**). Il a sans doute beaucoup lu la critique française mais jusqu'à présent son œuvre n'est pas encore à la hauteur de ses ambitions. Il s'est surtout intéressé à la SF, au film d'horreur, au policier. *Dark Star* est son premier film, commencé comme un court métrage pour l'école de cinéma de l'University of South California. Le tournage prit ensuite de plus amples proportions et s'étala sur trois ans et demi. On a voulu y voir une parodie de *2001 : l'odyssée de l'espace** ; selon Carpenter lui-même il s'agirait plutôt d'un hommage à la SF cinématographique des années 50 qu'il adore. En fait, le film est entièrement original. Conçu à l'origine comme une blague de potache, il décrit avec un humour qui n'est pas seulement parodique la tristesse et la monotonie de la vie dans les espaces intersidéraux, les difficultés de communication qui se créent entre les cosmonautes, l'espèce d'abandon qui pèse sur eux. Les séquences de la recherche de l'extra-terrestre constituent une sorte de brouillon comique d'*Alien**. Dans les deux films, l'apport de Dan O' Bannon est déterminant. Il cumule ici les fonctions de co-scénariste, décorateur, superviseur des effets spéciaux, acteur et monteur. Le clou de *Dark Star*, c'est évidemment la conversation philosophique entre la bombe et le cosmonaute. L'humour intellectuel d'une telle séquence reste unique dans le genre. Malgré ses moyens très limités, *Dark Star* est riche en invention, possède un ton constamment insolite et révèle dans les scènes d'action (séquence de l'ascenseur) une grande efficacité dramatique. Mais son point fort est l'humour qui régénère aussi de l'intérieur un récit policier comme *Assault on Precinct 13*, 1976 (titre français : *Assaut*), libre variation sur le thème de *Rio Bravo**.

BIBLIO. : talentueuse « novelization » due à la plume d'Alan Dean Foster, Ballantine Books, New York, 1974.

## DARO UN MILIONE

Inédit en France. 1935 – Italie (77') • *Prod.* Novella Film • *Réal.* MARIO CAMERINI • *Sc.* Mario Camerini, Ercole Patti, Ivo Perilli, Cesare Zavattini d'ap. un sujet de Giaci Mondaini, Cesare Zavattini • *Phot.* Otello Martelli, Massimo Terzano • *Mus.* Gian Luca Tocchi • *Int.* Vittorio De Sica (Gold), Assia Noris (Anna), Luigi Almirante (Blim), Mario Gallina (Primesore), Franco Coop, Claudio Ermelli, Cesare Zoppetti.

Quelque part dans le sud de la France. Un millionnaire, lassé de sa vie artificielle et facile, saute de son yatch pour se noyer. Il fait ainsi, dans l'eau, la rencontre d'un clochard qui, pour des raisons exactement opposées, avait formé le même projet que lui. Le millionnaire sauve le clochard. Il dit à son nouveau compagnon qu'il envie sa pauvreté. En effet, il ne sait jamais, à cause de sa fortune, si ses amis, ses maîtresses sont vraiment sincères. Il se déclare prêt à donner un million à qui aurait envers lui un geste spontané de bonté. Les deux hommes dorment à la belle étoile. Le lendemain, le clochard qui a emprunté au millionnaire sa tenue de soirée, confie à la presse les déclarations que celui-ci lui a faites et qui sont aussitôt reproduites à la une. Elles font le bonheur des miséreux et des clochards ; en effet tous les bourgeois, avides d'argent, se montrent soudain charitables, invitent des pauvres dans leur maison, espérant tomber sur le millionnaire et s'attirer sa reconnaissance. Pendant ce temps, celui-ci, vêtu des hardes du clochard, fait la connaissance de la costumière d'un cirque qu'il aide à retrouver un chien savant et expert en calcul. Il tombe amoureux d'elle. Le directeur du cirque organise sur la piste un grand repas gratuit pour les pauvres, dans l'idée que le millionnaire sera parmi eux. Après quoi, les invités bénéficient d'un spectacle et du tirage d'une loterie. Le millionnaire crée la pagaye et est renvoyé de l'enceinte du cirque. La costumière prend alors sa défense et ment au directeur en affirmant qu'il s'agit du millionnaire qu'on recherche et qu'il faut donc ménager. Ayant entendu la conversation, le millionnaire croit à tort que la jeune fille a deviné son identité. Il est profondément déçu. Le clochard, sommé de désigner le millionnaire parmi les invités du cirque, désigne un de ses confrères clochards pour permettre au vrai millionnaire de garder l'incognito nécessaire à sa tranquillité. La jeune fille et le millionnaire se quittent. Elle lui glisse une pièce de monnaie dans la main pour qu'il puisse passer la nuit sous un toit. Comblé par ce geste de bonté totalement désintéressé, le millionnaire reprend confiance en la vie et entraîne la jeune fille sur son yatch.

☞ Cette œuvre de Camerini représente ce que le cinéma des « téléphones blancs » a donné de meilleur et de plus caractéristique dans le genre de la comédie douce-amère. Le film traduit et épouse à merveille la double nature contradictoire de ce cinéma qui voudrait à la fois garder un pied dans le réel et un autre dans le rêve, c'est-à-dire dans un univers paradisiaque et parfait où les bergères (ici une pudique et timide costumière de cirque) ne peuvent épouser que les princes (ici un séduisant millionnaire propriétaire de yatch). Le fil extrêmement ténu de la narration, sur lequel Camerini greffe avec une élégance et une légèreté inimitables une multitude de petits gags à la drôlerie presque immatérielle, permet au film de progresser comme sur la corde raide entre ces deux tendances. Le sujet évoque bien la misère douloureuse de toute une partie de la société ainsi que l'égoïsme calculateur et cynique d'une autre partie de cette société, mais il le fait dans un ton d'humour si délié et si aérien, en choisissant pour personnages des héros et des acteurs si gracieux et si éloignés des pesanteurs du réel (De Sica, Assia Noris) que la satire de mœurs prend constamment des allures de conte de fées. Et c'est bien là, dans cette instabilité permanente et charmante, que réside le message d'un film et d'un cinéma incapables – et au fond non désireux – de choisir entre le réalisme (dénonciation des tares du monde réel) et un message d'espoir sans doute non fondé mais très agréable à exprimer. Le talent de Camerini, appliqué à un objet qui lui convient parfaitement, transforme en qualités esthétiques l'absence de rigueur du scénario (que Zavattini aurait voulu encore plus abstrait et moins narratif) tout comme les mirages conventionnels d'un cinéma qui, en des mains moins expertes et surtout moins légères, resterait un pur et simple cinéma d'aliénation. Il appartiendra à De Sica metteur en scène (*Maddalena zero in condotta**) et à Matarazzo (*Giorno di nozze**, *Il birichino di papa**) de jouer la carte de la rigueur et de retourner les conventions de ce cinéma pour en révéler de façon plus ou moins corrosive l'inanité et les faux-semblants. Notons qu'il s'agit ici du premier travail de Zavattini pour le cinéma et de sa première rencontre avec De Sica.

## DAVID HARUM

1915 – USA (5 bob.) • *Prod.* Famous Players (Adolphe Zukor) • *Réal.* ALLAN DWAN • *Sc.* d'ap. R. de Edward Noyes Westcott • *Phot.* Hal Rosson • *Int.* William H. Crane (David Harum), Harold Lockwood (John Lenox), May Allison (Mary Blake), Kate Meeks (tante Polly), Hal Clarendon (Chet Jimson), Russel Bassett (général Woolsey), Guy Nichols (Perkins).

Dans une petite ville de province vit le banquier David Harum, un être bon et plein de fantaisie qui aime encore plus ses chevaux que ses affaires. Il n'est jamais aussi heureux que lorsqu'il peut créer du bonheur autour de lui. En remplacement d'un employé indélicat se livrant au trafic de faux billets, il engage le jeune John Lenox, ruiné depuis le décès de son père. John est invité à habiter chez sa vieille tante Polly qui a déménagé ses quelques effets de la misérable chambre d'hôtel où il logeait. Elle fond en larmes quand il la remercie. A New York où il se rend pour affaires et aussi pour se renseigner sur une terre apparemment sans valeur laissée en héritage à John par son père, David Harum rencontre une jeune fille oisive qui s'ennuie. Il lui propose de devenir institutrice dans sa ville et là elle retrouve John qu'elle avait déjà rencontré lors d'une croisière avant qu'il soit ruiné. Le comptable renvoyé se venge en plaçant des faux billets dans le sac de John. Mais David saura le démasquer. Il lève l'hypothèque qui pesait sur la maison d'une vieille femme dont le mari lui était autrefois venu en aide quand il était enfant. Le petit David était allé en cachette au cirque grâce à la générosité de cet homme. Au retour, son père l'attendait, un morceau de bois à la main, prêt à le frapper. Ce jour-là l'enfant avait décidé de quitter la maison paternelle, ayant en poche pour tout subside la pièce que lui avait donnée l'homme qui l'avait invité au cirque. David Harum dit à la vieille femme qu'il lui paie aujourd'hui les intérêts de cette pièce. Une lettre apprend à David que le terrain reçu en héritage par son protégé recèle du pétrole. John et Mary n'ont plus qu'à se marier avec la bénédiction de David Harum.

☞ Maître du western et du film d'action dans les années 50, maître du film d'aventures historiques à la fin du muet, Allan Dwan fut aussi maître de la comédie, genre qu'il préférait à tous les autres et qu'il pratiqua sous une infinité de formes. Il le fit d'un bout à l'autre de sa carrière et dès les années 10. *David Harum*, le plus ancien long métrage qu'on connaisse de lui (sorti en même temps que *Naissance d'une nation**) fournit un bon exemple de sa thématique et de ses bonheurs formels. Dwan y livre sa vision personnelle du manichéisme. La bonhomie, la gentillesse de certains personnages leur permettent de franchir allègrement les barrières séparant les générations. Leurs activités témoignent de cette contagion du bonheur qui s'étend en cercles concentriques autour de leur propre personne. En face d'eux, les méchants, que Dwan n'a jamais pu prendre tout à fait au sérieux, restent ces pantins ridicules qu'agitent toujours les mêmes ficelles. L'intérêt de cette thématique de la joie et du triomphe inévitable des bons sentiments est d'être servie par l'un des styles les plus vifs et les plus vivants qui soient, la fraîcheur d'âme des personnages devant se traduire par une égale fraîcheur de ton de la part du conteur. Travelling avant et arrière pour suivre le personnage principal, notamment quand il salue ses nombreux amis dans la rue (Dwan installa pour la première fois sa caméra sur une Ford), usage malicieux de la profondeur de champ (plan où David Harum, situé en amorce, voit au loin, sur une route parallèle, le cheval qu'il a vendu se cabrer dans son attelage) dénotent une technique déjà très élaborée, qui se garde d'exhiber sa virtuosité et se veut toute au service des personnages, dans la lumière chaleureuse et idyllique de la province américaine. Pourtant, comme le rappelle Dwan lui-même (*in* Bogdanovich : « Allan Dwan, the Last Pioneer », Praeger, New York, 1971), sa recherche du mouvement fut loin de recueillir tous les suffrages. Elle déplut à certains spectateurs. Pris d'une sorte de vertige, ils durent s'accrocher à leur fauteuil et s'en plaignirent aux directeurs de salles.

N.B. Remake en 1934 par James Cruze avec Will Rogers dans le rôle principal.

## DAYS OF WINE AND ROSES
**(Le jour du vin et des roses)**

1963 – USA (116') • *Prod.* Warner (Martin Manulis) • *Réal.* BLAKE EDWARDS • *Sc.* J.P. Miller d'ap. sa P. télévisée • *Phot.* Philip H. Lathrop • *Mus.* Henry Mancini • *Int.* Jack Lemmon (Joe Clay), Lee Remick (Kirsten Arnesen), Charles Bickford (Ellis « Pop » Arnesen), Jack Klugman (Jim Hungerford), Alan Hewitt (Leland), Tom Palmer (Ballefoy), Debbie Megowan (Debbie Clay).

Joe Clay, agent de relations publiques à San Francisco, est amené pour son travail à organiser de nombreuses parties, à fournir des filles à ses clients et à boire plus que de raison. Il épouse une secrétaire, Kirsten, qui devient sous son influence une adepte de la bouteille. A cause de son vice, Joe change plusieurs fois de travail en quelques années et le couple, en pleine débâcle financière, va finalement s'installer à la campagne chez le père de Kirsten, un horticulteur. Joe parvient à se tenir à l'écart de l'alcool pendant plusieurs semaines. Mais bientôt le couple n'y tient plus et s'offre pendant une nuit une orgie d'alcool. Joe détruit la serre de son beau-père pour retrouver une bouteille cachée. En proie à une crise de *delirium tremens*, il se retrouve à l'hôpital. Un ex-alcoolique le convainc de s'inscrire aux Alcooliques Anonymes. Mais Kirsten, elle, refuse de se considérer comme une alcoolique. Elle quitte le domicile conjugal. Joe la retrouve dans un motel et, pour se rapprocher d'elle, se remet à boire. Nouveau séjour à l'hôpital. Joe, vivant avec sa fille dans un modeste logement, réussira à retrouver la sobriété. Kirsten, qui a eu une collection d'amants, le supplie de la reprendre mais, comme elle ne veut pas essayer de renoncer à l'alcool, il la repousse.

☞ Deuxième film dramatique de Blake Edwards (après le discutable policier *Experiment in Terror*, 1962) et le meilleur qu'il ait réalisé à ce jour dans ce registre. C'est Jack Lemmon qui le réclama pour diriger cette adaptation cinématographique d'un célèbre téléfilm de J.P. Miller. L'acteur pensait que Blake Edwards corrigerait le mélodrame par son humour efficace et personnel. Calcul on ne peut plus juste. En effet, Edwards utilise ici le drame, mêlé de comédie, pour exprimer les variations cyclothymiques des personnages. Leurs sautes d'humeur entraînent des sautes de ton qui, à chaque fois, font bifurquer le film dans un genre différent. Sans lourdeur, sans insistance, Blake Edwards laisse bien voir que la vulnérabilité, la fragilité des personnages sont à l'origine de leur passion pour l'alcool, laquelle, loin d'y mettre fin, provoque alors chez eux un déséquilibre complet. Dans la longue série des films hollywoodiens sur l'alcoolisme, celui-ci a pour grande originalité de présenter un alcoolisme à deux, un alcoolisme de couple. Dans des scènes étonnantes, Blake Edwards dépeint la complicité des deux époux dans leur vice sous un jour tantôt amusant, truculent, tantôt dramatique et fatal. A la fin, l'alcool, qui a soudé provisoirement le couple, le détruira. Admirable interprétation de Jack Lemmon et de Lee Remick. C'est une autre complicité – celle du metteur en scène et de ses interprètes – qui donna au film son modernisme, son instabilité si expressive et le fit échapper au carcan d'un genre trop précis : le « docudrame » à visée moralisante.

N.B. Le téléfilm de J.P. Miller avait été filmé pour la télévision par John Frankenheimer avec Cliff Robertson et Piper Laurie. Charles Bickford jouait déjà le rôle qu'il reprit ensuite au cinéma. Diffusion sur CBS en octobre 1958.

## DÉBUT (Naciala)

1970 – URSS (95') • *Prod.* Lenfilm • *Réal.* GLEB PANFILOV • *Sc.* Evgueni Gabrilovitch et G. Panfilov • *Phot.* Dimitri Dolinine (Sovscope) • *Mus.* Vadim Bibergan • *Int.* Inna Tchourikova (Pacha Stroganova), Leonide Kouravliev (Arkadi), Nina Skomorokova (Zina), Valentina Telichkina (Valia), Mikhail Konovo (Pavlik).

Une jeune ouvrière d'usine se sent une vocation pour le métier d'actrice. Elle fait partie d'un groupe de théâtre local et joue de petits rôles. Elle tombe amoureuse d'un jeune homme déjà marié et devra disputer son bonheur à l'épouse de celui-ci. Un cinéaste conquis par sa spontanéité, son absence de sophistication, lui offre d'interpréter Jeanne d'Arc dans un film. Critiquée par certains responsables au vu des premiers *rushes*, elle veut repartir dans sa province. Le réalisateur saura l'en dissuader. Une fois terminé, le film obtient un triomphe.

☞ Ce *Début* repose presque entièrement sur le talent d'Inna Tchourikova, interprète favorite et épouse du réalisateur. Le film est assez moderne en ce sens qu'il cherche à livrer dans leur simultanéité les différents visages de l'héroïne, tant dans sa vie privée (amante timide, maladroite et soudain passionnée) que professionnelle (comédienne contestée, déçue puis triomphante). A ces visages se surimpressionne constamment et subtilement la figure de celle qu'elle interprète (Jeanne d'Arc) en lui faisant don de tout son feu intérieur. Refusant la progression classique, le film est pictural avant d'être dramatique ou biographique. Plus qu'une chaîne d'événements, Panfilov semble avoir voulu fixer sur l'écran sa représentation d'une humanité idéale, simple et opiniâtre dans ses clans, dépourvue d'artifice jusque dans ses caprices ou ses détours, encore proche de ses sources vives et de la Nature.

## DECISION AT SUNDOWN

Inédit en France. 1957 – USA (77') • *Prod.* COL. (Harry Joe Brown) • *Réal.*

BUDD BOETTICHER • *Sc.* Charles Lang, Jr. d'ap. un sujet de Vernon L. Fluharty • *Phot.* Burnett Guffey (Technicolor) • *Mus.* Heinz Roemheld • *Int.* Randolph Scott (Bart Allison), John Carroll (Tate Kimbrough), Karen Steele (Lucy Summerton), Valerie French (Ruby James), Noah Beery, Jr. (Sam), John Archer (Dr Storrow), Andrew Duggan (shérif Swede Hansen), Ray Teal (Morley Chase).

Dans une petite ville de l'Ouest, Sundown, un étranger, Bart Allison, vient interrompre la noce de Tate Kimbrough, qui tient la population en coupe réglée. Autrefois, Tate avait pris la femme de Bart, laquelle s'était ensuite suicidée. Bart est venu pour se venger et tuer Tate. Il apprendra, lors de son passage à Sundown, que sa femme ne lui avait jamais été fidèle. Le conflit entre les deux hommes rend les habitants conscients – et honteux – de la sujétion qu'ils ont accepté de subir. Un certain nombre d'entre eux désarme le shérif et ses adjoints après qu'ils ont tué le compagnon de Bart à qui on avait promis la vie sauve s'il quittait la ville. Plus tard, la maîtresse de Bart, toujours amoureuse de lui, le blesse à l'épaule pour l'empêcher d'affronter Tate en duel. Les deux hommes quitteront séparément la ville.

☞ La mise en scène sobre jusqu'à la neutralité, rugueuse et comme protestante de Boetticher a fait des émules (Monte Hellman par exemple). A peine corrigée dans sa rigidité par la nonchalance et l'arrogance rigolarde de Randolph Scott, elle s'éloigne autant du dramatisme puissant et tragique d'un Anthony Mann que de la douceur lyrique d'un Delmer Daves. L'originalité spécifique de ce western à l'intérieur de la série des sept tournés par Boetticher avec Randolph Scott est la place donnée à la prise de conscience collective de la ville face à la violence du conflit opposant les deux antagonistes. Les habitants passent de la passivité à la mauvaise conscience et de la mauvaise conscience à la honte pure et simple avant d'entrer enfin dans la rébellion active. Quant aux deux ennemis, Boetticher les renvoie dos à dos avec leurs torts réciproques, loin de tout manichéisme. Plus que leur aventure individuelle, c'est, à travers elle, l'itinéraire moral d'une communauté qui l'a intéressé ici.

N.B. Des sept westerns de Boetticher avec Randolph Scott, on recommandera plus particulièrement le dernier, *Comanche Station* (1960). Le premier (*Seven Men From Now, Sept hommes à abattre,* 1956), qui fit connaître Boetticher en France, a beaucoup vieilli. Cette série ne représente à notre avis ni le meilleur de l'œuvre du réalisateur ni même ce qu'il a donné de plus intéressant dans le genre. On peut légitimement préférer *Seminole* (L'expédition du Fort King,* 1953) ou même *Horizons West (Le traître du Texas,* 1952), mini-fresque très riche et très mouvementée se déroulant après la Guerre de Sécession.

## DÉDÉE D'ANVERS

1947 – France (100') • *Prod.* Sacha Gordine • *Réal.* YVES ALLÉGRET • *Sc.* Jacques Sigurd et Yves Allégret d'ap. R. d'Ashelbé • *Phot.* Jean Bourgoin • *Mus.* Jacques Besse • *Int.* Simone Signoret (Dédée), Bernard Blier (Monsieur), Jane Marken (Germaine), Marcel Pagliero (Francesco), Marcel Dalio (Marco), Marcel Dieudonné (le trafiquant).

Une prostituée d'Anvers a le coup de foudre pour un marin italien et s'apprête à partir avec lui. Son « protecteur » ne l'entend pas de cette oreille et abat le marin. Pour se venger, la prostituée et le patron du bar où elle travaillait l'assassinent en l'écrasant avec une voiture.

☞ La collaboration Yves Allégret-Jacques Sigurd fut, particulièrement dans ses premiers titres *(Dédée d'Anvers, Une si jolie petite plage, Manèges),* un avatar décadent du « réalisme poétique » de Carné-Prévert. Réagissant contre l'optimisme de pacotille d'une partie du cinéma français de l'immédiat après-guerre, et suivant aussi la pente de leur caractère propre (en fait surtout celui du scénariste), Allégret et Sigurd tombent à pieds joints dans les excès d'un naturalisme complaisant et dépassé. Ils ne réussissent ni à approfondir le caractère des personnages ni à exprimer une vision réellement tragique de la vie. A l'inverse de ce qui se passe dans les films de Daquin et de Pagliero (lui-même acteur dans ce film), le lieu central de l'action (la « maison » de Dédée) n'est, malgré la très remarquable photo de Jean Bourgoin, qu'un cadre conventionnel et un carrefour de clichés. Interprétation spectaculaire de Simone Signoret et aussi de Dalio dans l'un des rôles les plus crapuleux de sa carrière, qui en fut prodigue. Le paradoxe est que pas mal de talent et de sincérité soient ici réunis pour un résultat décevant, superficiel et parfois même ridicule.

## DEEP IN MY HEART
### (Au fond de mon cœur)

1954 – USA (132') • *Prod.* MGM (Roger Eden) • *Réal.* STANLEY DONEN • *Sc.* Leonard Spigelgass d'ap. « Deep in My Heart » d'Elliott Arnold (sous-titre du livre : « A Story Based on the Life of Sigmund Romberg ») • *Phot.* George Folsey (Eastmancolor) • *Mus.* Adolph Deutsch • *Int.* Jose Ferrer (Sigmund Romberg), Merle Oberon (Dorothy Donnelly), Helen Traubel (Anna Mueller), Doe Avedon (Lillian Harris Romberg), Tamara Toumanova (Gaby Deslys), Paul Stewart (Bert Townsend), Isobel Elsom (Mrs. Harris), Walter Pidgeon (J.J. Schubert), Paul Henreid (Florenz Ziegfeld). Guest stars : Rosemary Clooney, Gene et Fred Kelly, Jane Powell, Vic Damone, Ann Miller, William Olvis, Cyd Charisse, James Mitchell, Howard Keel, Tony Martin et Joan Weldon.

New York dans les années 10. Sigmund Romberg, un musicien hongrois émigré aux États-Unis, travaille comme pianiste et chef d'orchestre sur la Deuxième Avenue dans la taverne d'Anna Mueller, le Café Vienna. Un imprésario lui dit que les chansons qu'il compose, d'inspiration viennoise, sont totalement démodées. Il faut faire du « ragtime ». Romberg suit son conseil et, avec autant de dégoût que de brio, écrit « La Danse du gigot de mouton » qui obtient un grand succès. Dans la foulée, Romberg vendra d'autres chansons au célèbre entrepreneur de spectacles J.J. Schubert. Mais l'orchestration et le rythme sur lequel Gaby Deslys, la chanteuse vedette de la revue de Schubert, interprète l'une de ses mélodies lui déplaisent tellement qu'il décide de refuser le mirobolant contrat de cinq ans offert par Bert Townsend, représentant officiel de Schubert. La librettiste Dorothy Donnelly qui a toujours pris le parti de Romberg lui conseille d'accepter en attendant mieux. Il écrit ainsi pour Schubert plusieurs revues (dont « The Whirl of the Wind ») qui sont des succès mais qu'il déteste. Il brûle surtout de voir représenter son opérette « Maytime », obstinément refusée par Townsend. Il obtient enfin gain de cause grâce à une petite machination montée par Dorothy visant à faire croire à Schubert que Romberg allait s'associer au grand Ziegfeld pour la monter. « Maytime » est un succès. Romberg décide alors de produire seul sa prochaine pièce « The Magic Melody ». Il remporte un échec cuisant. Il fait amende honorable et retourne travailler auprès de Townsend et de ses deux collaborateurs habituels, Judson et Butterfield. Le trio va à la campagne réécrire en un temps record « Jazza-doo » et c'est là que Romberg rencontre Lillian, qui sera l'amour de sa vie. Mais sa mère et elle, bourgeoises jusqu'au bout des ongles, regardent de haut ses activités. Un jour, les ayant invitées pour le thé, il leur raconte « Jazza-doo » en interprétant tous les rôles. Il ne s'attire de leur part qu'une indifférence polie. Une plaisanterie de Townsend qui a fait envoyer de la part de Romberg un bouquet de violettes à toutes les clientes de l'hôtel achèvera de brouiller le musicien avec Lillian. Comme après chaque première, on fête le succès de « Jazza-doo » à la taverne d'Anna Mueller. Idem pour « Artists and Models », et Lillian fera alors une brève apparition à la taverne au bras de son boy friend. Dansant avec Romberg, elle lui déclare que l'amour ne suffit pas à faire les bons mariages. Mais à la fin de la première représentation de « The Student Prince », elle est là dans la salle vide, prête à accepter la proposition de mariage de Sigmund, comblé de bonheur. Après leur mariage, il fait représenter « Princesse Flavia », « The Desert Song » et « My Maryland ». Sa fidèle amie et collaboratrice, Dorothy Donnelly, disparaît, emportée par la maladie. Elle a demandé qu'Anna lui chante une dernière fois « Auf Wiedersehn », l'une de ses préférées parmi les mélodies de Romberg. Celui-ci travaille maintenant avec Oscar Hammerstein. Ils écrivent « New Moon », un triomphe, puis deux flops, « East Wind » et « May Wine ». « Sunny River », leur œuvre suivante, n'obtient que des critiques réticentes. Le jeune public confond maintenant les pièces de Romberg avec des opéras. Lillian juge qu'il est temps que Romberg donne un concert, à la tête d'un orchestre symphonique, à Carnegie Hall, car sa musique fait partie du patrimoine américain. Au cours de cette apothéose, Romberg dira au public : « Ce qu'il y a de merveilleux dans la musique, c'est qu'elle n'est jamais ni tout à fait nouvelle ni tout à fait la même. Et c'est lorsque vous l'aimez le plus que vous pensez l'avoir déjà entendue et – qui sait ? – peut-être l'avez-vous déjà entendue – au fond de votre cœur. »

☞ Après avoir fait sortir, de manière révolutionnaire, la comédie musicale de l'univers confiné du show-business et des salles de théâtre pour qu'elle respire enfin l'air de la rue (dans *Un jour à New York**), Donen se plaît ici à adopter la démarche inverse et à rendre hommage à la comédie musicale traditionnelle dans sa forme la plus scénique et la plus théâtrale. Une succession de lieux clos ponctue la biographie de Romberg car, outre les scènes de théâtre, le principal lieu de l'action est la taverne d'Anna Mueller où se fêtent toutes les premières. Chaque numéro est magnifié par un travail de caméra assez savant mais qui ne cherche jamais à cacher les limites du décor, le carton-pâte, les artifices de la représentation scénique. Donen fait au contraire de ces contraintes et de ces conventions une source de beauté, d'émotion et de spectaculaire. Le film rend ainsi hommage à la musique populaire, à sa sentimentalité de bon aloi qui n'exclut ni la fantaisie ni la puissance. Donen dépeint en Sigmund Romberg (1887-1951), compositeur « populaire » par excellence, auteur de quatre-vingts pièces et revues, de deux mille chansons, un homme simple, épanoui, amusant et digne, plus fasciné par la bourgeoisie que bourgeois lui-même, attiré aussi par l'universalité des émotions de M. Tout-le-Monde dont il a fait la matière de sa musique. La non-sophistication du personnage s'étend au film entier avec une détermination qui, dans un genre où la sophistication est reine, finit par devenir audacieuse. Le film comporte d'ailleurs de nombreux éléments d'originalité. Et d'abord sa distribution où, hors les numéros musicaux avec *guest stars*, ne se retrouve aucun des habitués du genre : Jose Ferrer, superbe *outsider*, effectue ici une création mémorable ; Helen Traubel, cantatrice wagnérienne, paraît pour la première fois à l'écran (on devait la revoir dans *Ladies' Man** de Jerry Lewis) ; et même l'ingrate et insolite débutante Doe Avedon sert bien un rôle souvent peu sympathique. Loin de vouloir aérer l'action quand elle ne se passe pas sur scène, Donen, on l'a dit, prend plaisir à la rétrécir encore plus, comme dans la séquence du petit salon où Jose Ferrer raconte sa prochaine comédie en mimant tous les rôles. Sa prestation géniale et infiniment drôle est rendue plus savoureuse encore par l'incompréhension des deux bourgeoises constipées pour qui le personnage dépense – inutilement – tant de vitalité et de talent. Ultime originalité : Donen s'est plu, à travers Romberg, à dessiner le portrait d'un grand artiste toujours légèrement *en retard* sur son temps. Romberg n'a donné dans la mode que contraint et forcé. Il a remporté des triomphes souvent contre son gré et ses œuvres les plus précieuses étaient à ses yeux des mélodies que personne, sauf sa vieille amie Anna Mueller, n'était capable d'interpréter convenablement. Dans le cadre qu'il s'est lui-même fixé, *Deep in my Heart* possède une cohérence et une perfection qui n'ont rien à envier à celles d'*Un jour à New York** ou de *Chantons sous la pluie**.

N.B. Liste des huit numéros musicaux avec *guest stars* : 1) Rosemary Clooney (et Jose Ferrer) dans « Mr. and Mrs. » tiré de « The Midnight Girl » ; 2) Gene et Fred Kelly dans « I Love to Go Swimming with Women » tiré de « Dancing Around » ; 3) Vic Damone dans « Road to Paradise » et Jane Powell dans « Will You Remember » tirés de « Maytime » ; 4) Ann Miller dans « It » tiré de « Artists and Models » ; 5) William Olvis dans « Serenade » tiré de « The Student Prince » ; 6) Cyd Charisse et James Mitchell dans « One Alone » tiré de « The Desert Song » ; 7) Howard Keel dans « Your Land and My Land » tiré de « My Maryland » ; 8) Tony Martin et Joan Weldon dans « Lover, Come Back to Me » tiré de « New Moon ». A noter que « Jazza-doo » est inventé pour les besoins du film et ne figure pas dans la liste des œuvres de Romberg.

## DÉESSE (LA)
## (Devi)

1960 – Inde (93') • *Prod.* Satyajit Ray Productions • *Réal.* SATYAJIT RAY • *Sc.* Satyajit Ray d'ap. une nouvelle de Prabhat Kumar Mukherjee • *Phot.* Subrata Mitra • *Mus.* Ali Akbar Khan • *Int.* Chhabi Biswas (Kalikinkar Roy), Soumitra Chatterjee (Umaprasad), Sharmila Tagore (Doyamoyee), Karuna Bannerjee (Hara Sundari), Purnendu Mukherjee (Tarapada), Arpan Chowdhury (Khoka), Anil Chatterjee.

Au Bengale, au début du XIXᵉ siècle, un seigneur affirme à la suite d'une révélation qu'il a eue durant un rêve que sa belle-fille, Doyamoyee, âgée de dix-sept ans, dont il apprécie infiniment la tendresse et la soumission, est la réincarnation de la déesse Kali. Cette affirmation amène l'entourage immédiat de la jeune femme à la considérer comme un être à part, malgré la résistance de son mari, étudiant à Calcutta. Il semble que Doyamoyee ait eu le pouvoir de guérir un enfant malade amené par un mendiant. Le seigneur lui confie ensuite le soin de soigner son propre petit-fils, neveu de Doyamoyee. L'enfant meurt peu après. Le mari de Doyamoyee accuse le seigneur d'être responsable de cette mort. Doyamoyee sombre dans la folie.

☞ Satyajit Ray traite ici une anecdote propice à instruire le procès de l'hindouisme, mais surtout celui de l'obscurantisme et du mauvais usage des religions, aggravés par les inégalités sociales. L'extrême sobriété, la réserve et le recul qui caractérisent son style l'amènent à ne juger des comportements mentaux et des idéologies qu'en fonction des effets qu'ils provoquent. Comme si ce n'était pas lui qui, dans l'intrigue, inventait *aussi* ces effets. Cette réserve n'est en fait qu'une ruse dramatique et stylistique qui confère un poids d'autant plus grand à la condamnation portée. Mort d'un enfant, dislocation d'un ménage, folie et désintégration psychologique de l'héroïne (elle en arrive à se demander si elle ne serait pas effectivement la déesse) sont les péripéties successives qui sanctionnent la rêverie délirante d'un vieillard trop puissant et trop écouté. Dans sa densité expressive, le film a la force et le laconisme d'une nouvelle de Maupassant. Il nous rappelle à propos que Satyajit Ray, au-delà des convictions sociales et philosophiques qu'il exprime, est avant tout un conteur. Et c'est en tant que conteur qu'il a le don de susciter la réflexion du spectateur.

## DÉGOURDIS DE LA ONZIÈME
## (LES)

1937 – France (91') • *Prod.* Productions Maurice Lehmann • *Réal.* CHRISTIAN-JAQUE • *Sc.* Jean Aurenche, René Pujol, Jean Anouilh d'ap. P. d'André Mouézy-Éon et C. Daveillans • *Phot.* Marcel Lucien • *Mus.* Casimir Oberfeld • *Int.* Fernandel (Patard, le premier dégourdi), Pauline Carton (Hortensia), André Lefaur (le colonel), Saturnin Fabre (M. Burnous), Ginette Leclerc (Nina Vermillon), Rivers cadet (Pomme, le deuxième dégourdi), Albert Malbert (le troisième dégourdi).

En 1906, dans la garnison de Montauban. Veuf depuis deux ans, ayant juré à sa femme une fidélité posthume absolue, le colonel a besoin de se calmer les nerfs. Il fait faire des marches forcées à ses hommes, car il n'aime pas marcher seul. Pour les distraire, il décide de monter pour la fête du régiment une des nombreuses tragédies écrites par sa sœur, « L'Orgie romaine », en cinq actes et en vers. Les soldats Pomme, Salée et Patard joueront les principaux rôles masculins. L'inspecteur général Burnous, chargé de rédiger un rapport sur la moralité des troupes, arrive en pleine répétition et croit assister à une orgie réelle. Avant d'être lavé de tout soupçon, le colonel se sera consolé dans les bras de la vedette féminine, Nina Vermillon.

☞ L'une des meilleures (et chronologiquement l'une des dernières) comédies militaires des années 30. Le genre est typique d'une époque sans complexe où le but suprême était de divertir le public, non de l'impressionner ou de l'édifier. On hésite à appeler le film un vaudeville, car il n'est basé sur aucune des situations vaudevillesques traditionnelles. En fait, l'intrigue progresse avec une liberté qui n'a d'égal que sa décontraction. Un seul quiproquo sert de prétexte à des variations sans fin sur les frustrations sexuelles des personnages. La mise en scène enjouée et virevoltante de Christian-Jaque donne le sentiment d'une improvisation continuelle. Pour l'essentiel, le plaisir du public provient de l'inépuisable invention gestuelle et burlesque de Fernandel, unique dans le cinéma français.

## DE L'AMOUR

1964 – France/Italie (90') • *Prod.* Pléiade, Cocinor, Marceau, Cinesecolo • *Réal.* JEAN AUREL • *Sc.* Cécil Saint-Laurent et Jean Aurel d'ap. « De l'amour », de Stendhal • *Phot.* Edmond Richard • *Mus.* André Hodevi • *Int.* Anna Karina, Philippe Avron, Michel Piccoli, Elsa Martinelli, Jean Sorel, Joanna Shimkus, Cécil Saint-Laurent.

Le commentateur (Jacques Laurent), présent dans l'image, assiste aux chassés-croisés de plusieurs couples d'aujourd'hui et tente d'éclairer leur comportement à l'aide de citations empruntées à Stendhal.

☞ Ce film original qui se veut « influencé par Stendhal » entend rendre hommage à son inspirateur et rester fidèle à son style sec et passionné, à sa liberté de ton, à son insolence, à son absence de préjugés. Il y parvient et donne une preuve supplémentaire de la modernité des analyses stendhaliennes. Les années qui suivirent l'apparition de la Nouvelle Vague en France furent remplies de ces films voués à la psychologie amoureuse (cf. Kast, Doniol-Valcroze, François Moreuil, etc.) qui cherchaient à briller par un ton élégant et libertin au sens que Roger Vailland donnait à ce mot. Ils ne réussissaient le plus souvent qu'à être infiniment laborieux. *De l'amour*, grâce aux talents conjugués d'Aurel et de Laurent, réunis dans leur admiration commune pour Stendhal, les résume et les domine tous de très loin.

## DÉLIT DE FUITE
### (Hikinige)

1966 – Japon (94') • *Prod.* Toho (Sanezumi Fujimoto) • *Réal.* MIKIO NARUSE • *Sc.* Zenzo Matsuyama • *Phot.* Rokuro Nishigaki (Tohoscope) • *Mus.* Masaru Sato • *Int.* Hideko Takamine (Kuniko Bannai), Yasuhiro Komiya (Takeshi), Eitaro Ozawa (le mari de Kuniko), Yoko Tsukasa (Kinuko Kakinuma), Kaoru Hirata (Ken'ichi), Jin Nakayama (Ogasawara), Toshio Kurosawa (Koji), Natsuko Kahara (Fumie, la bonne).

Au volant de sa voiture, la femme d'un industriel écrase un enfant. Elle croit (ou veut croire) que l'enfant n'est que légèrement blessé, et elle ne s'arrête pas, à cause de la présence de son amant dans le véhicule. En fait, l'enfant est mort. Le mari de la responsable de l'accident, sur le point de devenir président d'une importante firme de motos, veut à tout prix éviter le scandale. Il obtient que son chauffeur s'accuse à la place de sa femme et doit lui promettre pour cela de le garder comme employé au-delà de l'âge légal de la retraite. Au procès, l'homme est condamné à une légère amende. Kuniko, la mère de l'enfant, est une jeune veuve travaillant comme femme de ménage dans un restaurant. Elle retrouve par hasard un témoin oculaire de l'accident : une femme qui affirme avoir vu une conductrice au volant mais se rétractera par la suite. Kuniko s'introduit au foyer de l'industriel comme domestique et mène une enquête avec l'aide de son frère, un petit truand ayant déjà reçu du mari une forte somme pour se taire. Bientôt, Kuniko n'a plus aucun doute sur l'identité de la coupable. Elle envisage alors diverses manières de se venger, y compris sur la personne de l'enfant de sa patronne, du même âge que le sien. Rongée par l'insomnie et le remords, la responsable de l'accident finit par s'empoisonner après avoir étranglé son fils. Un moment soupçonnée, Kuniko est arrêtée. Elle sera rapidement relâchée mais tombe dans un délire où elle ne cesse de s'accuser de ce double meurtre.

☞ Quatre-vingt-sixième et avant-dernier film de Naruse, destiné à avertir le spectateur sur les dangers de la circulation urbaine. Il est passionnant d'observer comment Naruse a réussi à intégrer une histoire aussi fortement dramatisée à son univers, tout de mouvance, de flottement et de fluidité, semblable à ces nuages qui fournissent l'image clé de son œuvre. Le film est composé d'un très grand nombre de courtes séquences. Aucune (à l'exception des toutes dernières) n'est paroxystique en elle-même. Parmi elles figurent des flash-backs mettant l'accent sur les difficultés sociales de l'héroïne (Kuniko), mais aussi des flashes oniriques, plus courts encore, évoquant ses tentations de meurtre. Toutes ces séquences, quelle que soit leur nature, sont mises en scène par Naruse avec calme, application et sérénité. Leur accumulation seule parvient à alimenter, de l'intérieur, une très grande tension, née de la description du calvaire enchevêtré des deux femmes. Le calvaire de l'une s'achève dans l'infanticide et le suicide, celui de l'autre dans la folie. Mais le chemin pour y arriver est sinueux, incertain. C'est là que Naruse réintroduit son thème de prédilection : l'hésitation d'un personnage ballotté entre des courants contraires que sa volonté est impuissante à dominer quoiqu'elle cherche toujours à le faire. Ce thème apparaît entre autres dans les diverses méthodes de vengeance sur lesquelles l'héroïne n'en finit pas de spéculer : projeter l'enfant par-dessus un pont ; hors du « scenic railway » ; l'asphyxier au gaz ; asphyxier le mari ; asphyxier la mère et l'enfant réunis. Quitte à faire sourire le spectateur par un humour presque buñuelien (qui pourtant ne rompt jamais l'extrême tension du récit), Naruse reste ainsi fidèle, tant par son style visuel que par les circonvolutions de l'intrigue, à l'essence de son art.

## DÉLIVRANCE
**(Deliverance)**

1971 – USA (106') • *Prod.* Warner (John Boorman) • *Réal.* JOHN BOORMAN • *Sc.* James Dickey d'ap. son R. • *Phot.* Vilmos Zsigmond (Technicolor) • *Mus.* Eric Weissberg et Steve Mandel • *Int.* John Voight (Ed), Burt Reynolds (Lewis), Ned Beatty (Bobby), Ronny Cox (Drew), James Dickey (le shérif), Billy McKinney (le montagnard), Herbert Coward (l'homme édenté).

Dans les Appalaches, au nord de la Géorgie, quatre citadins entreprennent la dangereuse descente en canoë d'un fleuve destiné à disparaître après la construction d'un barrage qui l'engloutira sous un gigantesque lac artificiel. La première journée se passe à franchir allégrement des rapides en frôlant les rochers. Lewis, l'instigateur de l'expédition, pêche à l'arc. Il parle de la survie en milieu naturel et des règles auxquelles il faudra se conformer quand le « système » et les machines auront échoué. Pour lui cette perspective est plutôt exaltante. Le lendemain, Ed et Bobby, abordant les premiers sur la rive, sont agressés par deux paysans armés, semi-débiles et en cela semblables à beaucoup d'autres habitants de cette région « épargnée » par la civilisation. Ed est attaché à un arbre par l'un des paysans, tandis que Bobby est humilié et violé par l'autre. Lewis, survenu sans bruit, transperce d'une flèche l'auteur du viol. Son compagnon prend la fuite. Après une discussion avec Drew, le quatrième citadin, partisan de prévenir la police, Lewis met aux voix l'enterrement immédiat du cadavre et obtient gain de cause. Les quatre hommes remontent ensuite dans leur canoë. Drew tombe à l'eau sans son gilet de sauvetage. Les deux canoës se brisent ; Lewis a une fracture ouverte à la cuisse. Drew reste introuvable. Lewis pense qu'il a été abattu par le second paysan. Ed escalade la paroi du rocher qui surplombe le fleuve et transperce d'une flèche la gorge d'un chasseur dont il n'est pas complètement sûr qu'il s'agisse du paysan recherché. Ed et Bobby plongent son cadavre dans le fleuve, lesté d'une grosse pierre. Peu après, ils retrouvent le cadavre désarticulé de Drew mais ne peuvent s'assurer non plus qu'il ait été atteint par balle. On immerge également son corps. Arrivés à la ville d'Aintry, le terme du voyage, Ed et Bobby mettent au point une version des faits. Lewis, soigné pour sa fracture, dira qu'il ne se souvient de rien. Le shérif n'est pas dupe mais ne peut rien prouver. Il conseille aux hommes de ne pas revenir dans la région. De retour auprès de sa femme et de son enfant, Ed aura ses nuits hantées par des cauchemars.

☞ L'un des très grands films américains des années 70. Comme *The Deer Hunter** (Michael Cimino, 1978), il offre cette dualité très moderne d'être à la fois un récit d'action extrêmement intense et « physique » et une parabole aux développements philosophiques solidement charpentés, quoique semés de doute et d'ambiguïté. A travers une virée écologique qui se transforme en cauchemar sanglant et shakespearien, Boorman présente la fascination pour la vie primitive comme une forme de régression mentale particulièrement dangereuse et perverse, conduisant tout droit à la tragédie. L'homme moderne doit accepter la civilisation, même si ses bases lui paraissent souvent douteuses ; certes l'animalité qui sommeille en lui réactive périodiquement un penchant à la nostalgie, une rêverie sur l'Eden. Mais ce penchant n'a aucune chance de se satisfaire dans le monde actuel, sauf comme ici dans l'horreur pure et simple. Les autochtones de cette région sans pollution et sans progrès technique vivent les derniers jours d'un univers dégénérescent qu'il serait absurde de regretter quand il aura disparu. Boorman utilise un rythme assez lent, une trame aux péripéties volontairement limitées, un découpage ample faisant peu appel aux ressources du montage pour donner le maximum de retentissement concret et cosmique à chacun des développements de cette anti-épopée. Comme beaucoup de films actuels, *Délivrance* baigne dans une lumière fantastique et inquiétante, aussi vacillante que les certitudes des personnages. Tournage sur les lieux mêmes de l'action et dans l'ordre chronologique de séquences.

BIBLIO. : James Dickey : « Deliverance, a screenplay », Southern Illinois University Press, 1982 (scénario avant tournage, avec une postface de l'auteur).

## DÉMON DES ARMES (LE) (Gun Crazy/Deadly Is the Female)

1950 – USA (87') • *Prod.* King Brothers (Frank et Maurice King) distribué par UA • *Réal.* JOSEPH H. LEWIS • *Sc.* MacKinlay Kantor et Millar Kaufman d'ap. une histoire de MacKinlay Kantor • *Phot.* Russell Harlan • *Mus.* Victor Young • *Int.* Peggy Cummings (Annie Laurie Starr), John Dall (Bart Tare), Berry Kroeger (Packett), Morris Carnovsky (le juge Willoughby), Anabel Shaw (Ruby Tare), Harry Lewis (Clyde Boston), Nedrick Young (Dave Allister), Mickey Little (Bart à sept ans), Rusty Tamblyn (Bart à quatorze ans).

Alors même qu'il n'était qu'un enfant, Bart Tare, élevé par sa sœur dans la petite ville de Cashrille, avait pour les armes une sorte de culte. Plus même : une fascination. Il ne pensait pas à tuer, détestait même abattre des animaux, mais prouver son habileté au tir était la seule activité qui lui donnât l'impression d'être quelqu'un. Ayant volé un revolver, il fut envoyé en maison de correction pour quatre ans. Après son service militaire, il rencontre dans une foire Laurie Stan qui exécute un numéro de tir. A peine se sont-ils entrevus, que leur union est scellée – pour l'éternité. Bart est engagé par le patron de Laurie. Mais comme celui-ci s'est habitué à considérer son employée comme sa propriété, Bart et Laurie ne resteront pas longtemps chez lui. Ils se marient et dépensent rapidement tout l'argent qu'ils possèdent. Laurie propose de faire un hold-up. Bart se révolte d'abord à cette idée, mais Laurie saura se montrer persuasive. Drugstores, postes d'essence, et puis des banques : la sarabande infernale a commencé et elle n'est pas près de s'arrêter. Grâce à leur ancien patron, la police identifie le couple. Bart répète à Laurie qu'il n'a jamais voulu être un tueur. Laurie n'a pas de ces scrupules, ayant d'ailleurs déjà tué un homme avant de connaître Bart. Elle propose un compromis : réaliser un très gros coup, pour pouvoir ensuite s'arrêter définitivement. Ils le préparent minutieusement. Bart se fait engager comme employé dans un abattoir où Laurie travaille au service de la comptabilité. Au jour dit, à l'heure fixée, ils s'emparent de la paie des employés dans les bureaux de l'administration des abattoirs. Le coup réussit, mais Laurie laisse deux cadavres sur le terrain. Ils sont sur le point de se séparer comme ils avaient prévu de le faire pour des raisons de sécurité, mais ils n'en ont pas la force et préfèrent rester rivés l'un à l'autre. Ils s'apprêtent à passer au Mexique quand ils découvrent que les numéros des billets volés ont été relevés. Ils se réfugient sans plus attendre chez la sœur de Bart. Les deux amis d'enfance de Bart, adjoints du shérif, le pressent de se rendre. Bart et Laurie fuient à travers la montagne. Ils doivent abandonner leur voiture, puis traverser un marais. Pris dans ce piège mortel, Bart tient à dire à Laurie qu'il ne regrette rien. On entend les voix des amis de Bart annoncer que le marais est cerné. Pour l'empêcher de tirer, Bart abat Laurie, avant d'être lui-même abattu.

☞ Un joyau du *film noir*. Aucun aspect directement social ici, mais une plongée dans l'univers mental de deux personnages particulièrement névrotiques, reliés entre eux par une sexualité plus intense que de coutume chez les couples en fuite qui peuplent le genre, et par un amour instinctif et profond, au-delà des mots. On a beaucoup parlé à leur propos d'« amour fou ». Dans le dialogue, le personnage de Bart compare son union avec Laurie à celle d'une arme et de ses munitions. Un ensemble de qualités formelles soudées ensemble par une nécessité esthétique profonde (et par le manque d'argent) font du film un chef-d'œuvre : expressionnisme de la photo, précision fulgurante des cadrages et des mouvements d'appareil, virtuosité des plans-séquences (le célèbre hold-up filmé en un seul plan), utilisation réaliste et inventive des extérieurs réels, énergie et sécheresse du montage. Sans oublier deux acteurs étonnants qui trouvent le rôle de leur vie dans cette manière inoubliable et sublime de coller à leur personnage : la perversité enchaînée à l'immaturité avec, chez l'un comme chez l'autre, une trace encore sensible – mais lointaine et souillée – de l'enfance. Sans la moindre complaisance à leur égard, Joseph H. Lewis manifeste vis-à-vis de ses deux héros une sorte de curiosité distante et très attentive : celle qu'on doit à la monstruosité quand elle est aussi parfaite et qu'elle devient alors, comme c'est le cas ici, un document brut sur certaines anomalies de la nature humaine.

N.B. Acteur de théâtre, John Dall ne fit qu'une très brève carrière cinématographique (1945-1950). Il parut dans deux grands chefs-d'œuvre : ce film-ci et *La corde**. Dans le film d'Hitchcock, il entraîne son partenaire dans la perversité alors qu'ici c'est lui qui y est entraîné.

## DÉMONS DE LA LIBERTÉ (LES) (Brute Force)

1947 – USA (96') • *Prod.* U I (Mark Hellinger) • *Réal.* JULES DASSIN • *Sc.* Richard Brooks d'ap. une histoire de Robert Patterson • *Phot.* William Daniels, David S. Horsley • *Mus.* Miklos Rozsa • *Int.* Burt Lancaster (Joe Collins), Hume Cronyn (le capitaine Munsey), Charles Bickford (Gallagher), Sam Levene (Louie), Howard Duff (« Soldier »), Yvonne De Carlo (Gina), Ann Blyth (Ruth), Ella Raines (Cora), Anita Colby (Flossie), Art Smith (Dr Walters), John Hoyt (Spencer), Ray Teal (Jackson), Charles McGraw (Andy).

Un groupe de prisonniers prépare une évasion qui échouera et finira dans le sang. Les détenus auront du moins pu éliminer le gardien sadique qui les persécutait.

☞ Le grand film sur les prisons des années 40, équivalent de ce que fut *I Am a Fugitive from a Chain Gang** pour les années 30. Une dramaturgie fondée sur le huis-clos, l'asphyxie et une violence extrême succèdent, d'une façon beaucoup plus désespérée encore, à la dynamique tragique de la fuite en avant utilisée par Mervyn LeRoy. Un scénario de fer, dû à Richard Brooks, une interprétation parfaite jusque dans les plus petits rôles, la sobriété efficace du travail de Dassin sont les qualités principales du film. Au premier degré, au niveau du scénario, des intentions et de la générosité humaniste de Dassin, le film est un apologue sur la force brutale vouée à détruire elle-même, à terme, la puissance qu'elle s'est d'abord acquise. A un niveau plus profond, cet apologue exprime une vision pessimiste et sans recours de la condition humaine. Son véritable sujet, c'est l'impossible libération de l'homme, prisonnier jusqu'à la mort de ses souvenirs (différents flashbacks insistent sur cet aspect), de ses faiblesses et de ses obsessions, dont la pire, aux yeux de Dassin, prend la forme d'un insatiable appétit de puissance.

## DE NOUVEAUX HOMMES SONT NÉS
**(Proibito rubare)**

1948 – Italie (95') • *Prod.* Lux Film (Carlo Ponti, Gigi Martello) • *Réal.* LUIGI COMENCINI • *Sc.* Suso Cecchi d'Amico, Luigi Comencini, Armando Curcio d'ap. une idée de Gigi Martello • *Phot.* Aldo Tonti • *Mus.* Nino Rota • *Int.* Adolfo Celi (Don Pietro), Tina Pica (la cuisinière), Mario Russo (Peppinello), Luigi Dermasti, Clemente De Michele, Carlo Della Posta, Carlo Barbieri, Ettore G. Mattia et trente enfants napolitains.

En route vers l'Afrique, un missionnaire se fait voler sa valise à la gare de Naples. Dans ses efforts pour la récupérer, il découvre d'un coup toute la misère de la ville, et spécialement celle des enfants. Il décide de rester à Naples et d'y fonder dans un bâtiment en ruine une « Città dei ragazzi » pour héberger les petits voleurs exploités par les adultes. Mais, dès l'ouverture, il est dépassé par les événements et doit faire face à l'arrivée de centaines de gamins. Le commissaire du quartier lui confie vingt garçons qu'il va faire vivre en communauté, donnant à chacun sa part de responsabilité. Mais les subventions qui devaient soutenir la « Città » n'arrivent pas. Un jour, on découvre dans une urne des liasses de billets et les jours suivants il en sera de même. Il s'agit en réalité du produit de la vente d'un lot de montres volées confié par un adulte à la bande. Un gamin a pris sur lui de les vendre au profit de la « Città ». Quand il apprend la vérité, le prêtre s'évanouit. Peu après, il fait un beau discours et obtient que la plainte contre les enfants soit enlevée et que leur garde lui soit maintenue.

☞ Premier film de Comencini. Enfance et misère, deux des principaux thèmes qui inspireront le cinéaste durant toute sa carrière, sont déjà présents ici. Avec douceur et une nuance d'ironie, Comencini étale sous les yeux du spectateur le tableau cruel et accablant de la misère napolitaine. Il décrit avec sympathie ce personnage de missionnaire naïf et bien intentionné, mais ne se fait pas trop d'illusion sur son efficacité. Dans certaines séquences, surtout au début, la mise en scène souple et fluide donne l'impression de s'effectuer avec la complicité de toute la ville, tant le cinéaste possède déjà ce don de s'identifier avec les paysages et les réalités humaines qu'il décrit. A sa manière, ce film modeste et mineur participe à ce complet renouveau, à la fois esthétique et moral, qu'a connu le cinéma italien dans l'immédiat après-guerre.

N.B. Le héros du film fait allusion et ressemble au père Flanagan, prêtre américain qui inspira *Boys Town* (*Des hommes sont nés,* Norman Taurog, 1938). Les distributeurs français choisirent un titre français qui faisait, lui aussi, référence à ce film.

## DERNIER ATOUT

1942 – France (105') • *Prod.* Essor Cinématographique Français • *Réal.* JAC-

QUES BECKER • *Sc.* Maurice Aubergé, Louis Chavance, Pierre Bost • *Phot.* Nicolas Hayer • *Mus.* Jean Alfaro • *Int.* Mireille Balin (Bella Score), Raymond Rouleau (Clarence), Georges Rollin (Montès), Catherine Cayret (Pearl), Pierre Renoir (Rudy Score), Noël Roquevert (Gonzalès), Maurice Baquet (Mickey), Jean Debucourt (Thomas).

Carical, capitale d'un État imaginaire d'Amérique du Sud en 1940. A l'examen de fin d'année de l'École de police, deux aspirants, Montès et Clarence se retrouvent ex æquo. Autant Montès est sympathique à tous ses camarades, autant Clarence suscite leur agacement par son assurance, sa morgue, son insolente décontraction. Pour se départager, ils demandent au patron qu'on les lance sur une affaire criminelle. Les voilà tous les deux enquêtant sur l'assassinat, commis à l'hôtel Babylonia, d'un certain M. Collins. Le Collins en question n'est autre que Toni Amanito, ennemi public numéro un aux États-Unis. Montès obtient rapidement les aveux de sa veuve qui s'accuse du crime. Et l'affaire s'arrêterait là (Montès est d'ailleurs nommé major de la promotion), si les deux aspirants ne sentaient que la veuve, la célèbre « Femme aux perles », n'est pas la vraie coupable. Ils concluent un pacte d'alliance pour tenter de trouver la solution de l'énigme. Clarence, en possession de 200 000 dollars d'Amanito, est enlevé par la bande de Rudy Score, ancien complice d'Amanito et plus tard trahi par lui. Clarence apprend qu'un homme de Rudy Score a assassiné Amanito. Mais ce que veut par-dessus tout Rudy, c'est récupérer le magot d'Amanito auquel il estime avoir droit. Or, les 200 000 dollars n'en représentent que la moitié. Clarence qui courtise par calcul la sœur de Rudy Score feint de s'associer à la bande et de vouloir toucher un pourcentage. Rudy récupère la deuxième moitié du magot – un collier de perles – des mains de la veuve d'Amanito, relâchée entre-temps par la police qui veut la filer. Mais elle est abattue par un des bandits. Clarence communique avec Montès et avec la police par la ligne téléphonique de Score, branchée sur un haut-parleur. Score déjoue la manœuvre et va procéder à l'exécution de Clarence, lequel est sauvé *in extremis* par ses camarades. Au terme d'une poursuite de voitures s'achevant dans un tunnel, Rudy Score sera abattu et Clarence s'en tirera avec une légère blessure. Le patron décide de créer une nouvelle tradition à l'École de police : il y aura désormais deux majors à chaque promotion.

☞ Les vraies premières armes de Jacques Becker (après deux courts métrages et un long, *L'or du Cristobal*, qu'il renonça à terminer). Sur un canevas de film policier américain, Becker prouve sans la moindre trace d'effort que la virtuosité et l'élégance du style sont chez lui qualités naturelles et comme innées. Cet exercice de style unit déjà à merveille la minutie à l'humour. Car si l'auteur prend son travail on ne peut plus au sérieux, il se garde bien d'en faire autant vis-à-vis de lui-même. Il a déjà sa façon bien personnelle – honnête, approfondie et ironique – de fouiller son sujet jusqu'à communiquer au spectateur un sentiment euphorique de perfection. Cette perfection concerne tous les éléments de la mise en scène : rythme dynamique de l'action et du découpage, invention des péripéties, relief des personnages, du plus important au plus fugitif. Si ce ne sont pas encore de vrais caractères, ce sont déjà beaucoup plus que des silhouettes.

## DERNIER AVERTISSEMENT (LE)
## (The Last Warning)

1929 – USA (8 bob.) • *Prod.* U (Carl Laemmle) • *Réal.* PAUL LENI • *Sc.* Alfred A. Cohn, Robert F. Hill et J.G. Hawks, d'ap. P. « The Last Warning » de Thomas F. Fallon et R. « House of Fear » de Wadworth Camp • *Phot.* Hal Mohr • *Int.* Laura La Plante (Doris Terry), Montague Love (Arthur McHugh), John Boles (Quayle), Roy d'Arcy (Harvey Carlton), Bert Roach (Mike Brody), Margaret Livingston (Evalynda Hendon), Mack Swain (Robert Bounce).

⊖ Dans un grand théâtre de Broadway, l'acteur John Woodford meurt assassiné en pleine représentation, alors que sa main vient de toucher un candélabre. La police enquête. Les principaux suspects sont la vedette féminine, Doris Terry, la doublure de Woodford, Quayle, le partenaire de Woodford, Carleton, amoureux, comme Quayle et comme Woodford, de la jeune Doris. Quand le coroner arrive, le cadavre a disparu. L'affaire est classée faute de preuves. Le théâtre rouvre après trois ans sous l'impulsion du dramaturge McHugh (il s'agit en fait d'un policier) qui veut monter à nouveau « Le piège », la pièce durant laquelle Woodford était mort, avec ses créateurs d'origine. Les répétitions commencent dans le théâtre abandonné et sale, plein de vieux papiers et de toiles d'araignées. Les deux frères Bounce, directeurs du théâtre, assistent aux répétitions. L'aîné, au profil sinistre de vieille chouette, a reçu un télégramme signé Woodford lui interdisant de rouvrir son théâtre. Bounce, Jr., plus frivole que son frère, courtise une jeune actrice de la troupe. Carleton, qui reprend le rôle de Woodford, trouve dans sa brochure des menaces de mort. McHugh et quelques acteurs se voient bientôt enfermés dans une loge sous la porte de laquelle passe de la fumée. McHugh défonce la porte. Plus tard, Doris manque être écrasée par un élément de décor (un escalier) tombant des cintres. On répète la scène « fatale » : Carleton est foudroyé tout comme Woodford et disparaît. On entend des cris et des grattements dans les murs. McHugh abat la cloison qui murait l'ancienne loge de Woodford : par un passage secret surgit Carleton qui s'écroule et meurt. Divers indices semblent accuser Doris et Quayle. Pour prouver son innocence, ce dernier demande à jouer le rôle de Woodford. McHugh, menacé de mort par un « dernier avertissement » appelle des policiers en renfort. Le rideau se lève sur la première représentation. McHugh sait que, grâce à un dispositif ingénieux, un fil électrique a été relié au candélabre et peut électrocuter celui qui y touche. Au moment crucial, McHugh fait stopper la représentation. Des éléments de décor s'envolent dans les cintres. Le coupable, caché à l'intérieur d'une pendule, disparaît par une trappe comme un fantôme. On le poursuit longuement à travers le théâtre. On parvient enfin à lui arracher son masque : c'est le régisseur. Il accuse Bounce, Jr. de l'avoir obligé à tout manigancer afin qu'il puisse racheter à bas prix les actions du théâtre. Quant à la fille que Bounce poursuivait de ses assiduités, elle appartient à la police et le confond. Doris et Quayle, délivrés enfin de tout soupçon, peuvent s'aimer librement.

☞ Concluant à la fois la carrière de Paul Leni et une ère de divertissement policier et horrifique très en vogue dans les dernières années du muet, cet exercice de style prouve à quel degré de sophistication formelle était parvenu le cinéma à la veille du parlant. Sur le plan du sujet, il s'agit d'un « whodunit » classique (intrigue policière basée sur la révélation tardive du coupable) aux multiples personnages décrits avec beaucoup d'humour et un relief superficiel, situé dans un lieu clos propice à toutes les virtuosités. C'était le décor même où fut tourné le célèbre *Fantôme de l'Opéra** de Rupert Julian (1925). Sur le plan visuel, la caméra, entre les mains du maître Hal Mohr (qui travailla aussi avec Curtiz et Fejos), se glisse partout, sous le rideau de scène, par les interstices des décors, etc. Dans les plans subjectifs, elle s'amuse à reproduire la vision d'une vieille femme, le visage recouvert d'une toile d'araignée, ou celle du « fantôme » se balançant à une corde. Peu importe que l'intrigue nous laisse froid comme le marbre. L'essentiel est que la plupart des plans suscitent encore aujourd'hui étonnement et admiration à cause de leur brio. Une dernière fois avant l'arrivée de la parole, ils restituent la magie paradoxale du silence dans ce lieu plein de trappes et de chausse-trappes, de passages secrets, de coins d'ombre où l'on peut voir sans être vu, de décors surgissant du vide ou subitement évanouis – un plateau de théâtre.

N.B. Il existe une version parlante, très maladroite selon les critiques de l'époque, comprenant 25 minutes de dialogues sur les 87 que dure le film. Remake : *The House of Fear* (Joe May, 1939).

## DERNIER CAMP TZIGANE (LE) (Posledni tabor)

1935 – URSS (85′) • *Prod.* Mejrabpomfilm • *Réal.* EVGUENI SCHNEIDER et MOÏSE GOLDBLATT • *Sc.* Zinovia Markina et Mikhail Vituhnovski • *Phot.* N. Prozorovski • *Mus.* Grigori Lobatchev • *Int.* A. Granah (Danilo), Nikolai Mordvinov (Judko), Maria Sinelnikova (Tira, sa femme), Lalia Tchernaia (Alta), Mikhail Janchin (Ivan Liho), Petr Savin (Senka), Fedor Blajevitch (président du kolkhoze).

Un convoi tzigane progresse à travers la pluie et la tempête. Les premières gouttes d'eau tombent sur un bébé installé dans un chariot et le font pleurer. On traverse un fleuve. La corde qu'une fille sur la rive a attachée à la roue d'un chariot se casse. Le bac file vers le rapide. Un homme doit abandonner son chariot et son cheval. Le convoi arrive au kolkhoze. Alta, la fille de Judko, a volé des poules ; on la surprend : elle les rend ; on lui en donne une : elle la rend aussitôt. Plus tard elle chantera en pleurant. Les kolkhoziens voudraient convaincre Judko de participer aux travaux des champs. Un kolkhozien lui apprend à faucher. Au grand conseil des Tziganes qui se tient à ciel ouvert, le vieux chef Danilo, détenteur de la loi orale, dira que cette loi a été transgressée par Judko. En conséquence, il doit partir. Judko tire sa charrette sans cheval où sa famille a pris place. Épuisé de fatigue, il tombe. Les kolkhoziens viennent l'aider. Un repas fête l'entrée de Judko dans sa nouvelle maison. Les Tziganes vont-ils commencer à s'intégrer au kolkhoze ? Danilo qui ne peut le supporter poignarde Alta et accuse de ce crime une jeune kolkhozienne (dont le fiancé courtisait Alta). Mais celle-ci n'est pas morte et dit la vérité. Conformément à la loi tzigane, Danilo et Judko règlent leur conflit par un duel au fouet dans la forêt. Danilo est vaincu, mais vivant. Le visage d'Alta resplendit de bonheur.

☞ Document et œuvre d'art : telle est la double nature de ce western de l'autre bout du monde. La défense de la thèse de l'intégration des Tziganes au kolkhoze est responsable dans l'intrigue des développements mélodramatiques et du manichéisme. Au-delà de cette thèse, c'est la confrontation entre deux modes de vie qui retient l'attention et constitue le principal intérêt du film. Sa valeur ethnologique et son authenticité apparaîtront de plus en plus précieuses avec les années. Par comparaison avec la civilisation ancestrale des Tziganes qui les a modelés et burinés, les sympathiques kolkhoziens semblent bien naïfs et mal dégrossis. Ce n'était sans doute pas dans les intentions du film, mais la propagande au cinéma a souvent de ces effets de boomerang. Les premières séquences (voyage des Tziganes) possèdent un lyrisme plastique étonnant qui réapparaîtra dans plusieurs séquences, et notamment dans celle où le vieux Danilo porte dans ses bras le corps d'Alta et l'exhibe devant les hommes en train de boire et de fraterniser.

## DERNIER DES HOMMES (LE) (Der Letzte Mann)

1924 – Allemagne (2 036 m) • *Prod.* Universum Films AG (Decla Film der UFA) • *Réal.* FRIEDRICH WILHELM MURNAU • *Sc.* Carl Mayer • *Phot.* Karl Freund • *Déc.* Robert Herlth, Walter Rohrig • *Int.* Emil Jannings (le portier de l'hôtel), Maly Delschaft (sa fille), Max Hiller (son fiancé), Emilie Kurtz (sa tante), Hans Unterkircher (le directeur), Olaf Storm (le jeune client), Hermann Valentin (le riche client), Emma Wyda (une voisine), Georg John (le veilleur de nuit).

A Berlin, le portier du grand hôtel Atlantic est fier de sa livrée, une redingote galonnée qu'il arbore avec satisfaction en lissant ses épaisses moustaches. Mais son âge lui rend de plus en plus difficile l'accomplissement des tâches quotidiennes qu'exige sa fonction : décharger par exemple les volumineuses malles des clients et les porter à bout de bras jusqu'au hall. Il doit parfois s'asseoir pour se reposer et cette pause n'échappe pas au directeur. Le soir, il rentre chez lui et aux abords de son immeuble tout le monde le salue avec respect. Le lendemain matin, sa fille qui va bientôt se marier secoue sa redingote et prépare des gâteaux. Retournant à son travail, il a la stupéfaction de voir un autre homme à la porte de l'hôtel dans la même tenue que lui et accomplissant son travail. Le directeur lui apprend qu'il l'a remplacé et lui confie maintenant une autre tâche dans l'hôtel, plus en rapport avec son âge. C'est avec désespoir que le portier rend son précieux uniforme. Quand il sort de l'hôtel, il a l'impression que le building lui tombe sur la tête. Le soir, comme un voleur, il va reprendre sa redingote dans le placard dont il a gardé la clé et l'enfile pour rentrer chez lui. Il participe au repas de noces de sa fille et oublie ses malheurs dans les fumées de l'alcool et l'atmosphère de liesse régnant dans la maison. Il se voit même devant l'hôtel soulevant comme une plume une énorme malle autour de laquelle s'affairent une demi-douzaine de grooms. Le lendemain, il repart vers l'hôtel, vêtu de sa redingote qu'il dépose pour la journée à la consigne de la gare. Puis il va occuper son nouveau poste : la garde des toilettes et lavabos au sous-sol de l'hôtel. A l'heure du repas, loin de la salle luxueuse où les clients font bombance, il mange son bol de soupe, seul, assis dans un coin. La tante de son gendre a décidé de lui faire une surprise et vient lui porter une gamelle de nourriture. Elle découvre ses nouvelles attributions et s'enfuit horrifiée. Le portier doit brosser la veste, cirer les chaussures d'un client qui, mécontent de sa lenteur, va se plaindre au directeur. La tante rentre à la maison et raconte ce qu'elle a vu. Elle est entendue par une voisine qui écoute aux portes et bientôt la nouvelle de la destitution du portier se répand à travers l'immeuble. Le soir, il va reprendre sa redingote à la consigne et rentre chez lui. Son gendre le met dehors et sa fille ne peut rien pour lui. Son seul refuge est maintenant les lavabos de l'hôtel où il doit passer la nuit et où le veilleur de nuit le réconfortera de son mieux en lui mettant un manteau sur les épaules. A ce point du récit un carton apparaît : « C'est ici que le film devrait se terminer. Dans la vie réelle, le malheureux vieillard n'aurait plus rien d'autre à attendre que la mort. Mais l'auteur eut pitié de lui et a inventé un épilogue à peine croyable. » Le portier, en effet, a reçu un fabuleux héritage. Un millionnaire excentrique qu'il avait aidé durant son agonie lui a légué sa fortune. L'ex-portier fait un repas pantagruélique à l'hôtel Atlantic et invite le veilleur de nuit à partager ses agapes. Plus tard, il fait monter un mendiant dans sa voiture et s'éloigne triomphalement de l'hôtel en faisant un signe d'adieu de la main.

☞ Au carrefour de l'expressionnisme et du réalisme, le film présente la virtuosité des dernières œuvres du muet (*Variétés** de Dupont, 1925, *The Last Warning** de Paul Leni, 1929, ou *Au bonheur des dames** de Duvivier, 1930), à cette différence près qu'on est en 1924, et que ce film-bilan peut être vu aussi comme un film pionnier. Il y a dans *Le dernier des hommes,* un des très rares films muets à être dépourvus de tout intertitre, la plus formidable concentration d'énergie, de talent et de procédés stylistiques divers mis en œuvre pour exprimer, par le dehors de l'homme et des choses, le dedans de l'homme et de la réalité. Les attitudes infiniment variées de Jannings qui pousse à leur paroxysme la plasticité et le don de métamorphose des grands acteurs expressionnistes, l'utilisation de tous les types de cadrages et d'une gamme illimitée de mouvements d'appareil, le recours aux plans subjectifs et oniriques, la prolifération des effets de montage (parallélisme, métaphore, etc.), la magie abstraite et pourtant terriblement précise des décors, l'importance dramatique et symbolique accordée aux objets servent un thème de caractère intime et universel : la déchéance d'un homme vue tout à la fois de l'extérieur et de l'intérieur de lui-même. La thématique du film est loin d'être simple. Car *Le dernier des hommes* est aussi un film sur la vieillesse, âge de la vie où les illusions du paraître pourraient et devraient s'atténuer, alors que chez le portier de l'hôtel Atlantic elles culminent. Toute son aventure se limite à l'échange d'une livrée contre une autre, et le contraste entre l'orgueil qu'il tirait de la première et l'humiliation que lui cause la seconde a quelque chose d'aberrant, qui ajoute encore au caractère pitoyable de sa destinée. Murnau sait décrire dans une même vision synthétique l'immense souffrance de son personnage et son aliénation. Celui-ci ne vit en effet que dans le regard d'autrui et, pour établir un lien avec le film précédent de Murnau, *Nosferatu**, on pourrait dire qu'il est vampirisé par le regard d'autrui. Pour en exprimer le poids sur la conscience du portier, Murnau a donné à la plupart des personnages qui l'entourent l'allure d'apparitions démoniaques. Elles n'existent – dans la seconde partie – que pour supplicier le héros prisonnier d'un univers urbain tumultueux et complètement coupé de la nature (selon l'un des principes de l'expressionnisme). Le réalisme initial du sujet, des personnages, des situations, qui pourrait faire du film un archétype parfait du Kammerspiel, inventé par Carl Mayer, est métamorphosé par l'expressionnisme de la forme et la virtuosité géniale de Murnau. Elle aboutit à une densité extrême que certains ont essayé de désigner par le terme de « surréalité ». Le deuxième dénouement (ou épilogue) reste mystérieux dans sa genèse et ajoute encore à la « surréalité » de l'œuvre. Il a été réclamé par Jannings et les producteurs, voulu par Carl Mayer et sans doute tourné par Murnau, mais dans un style plus sobre et plus linéaire que le reste du film. Il faut dire que cet épilogue (d'une durée équivalente à vingt pour cent du métrage total) est superbe et apporte au récit un élément de complémentarité, de contradiction interne, de distanciation, d'onirisme et de dérision tout à fait extraordinaire. Il souligne aussi l'emprise du Destin sur ce personnage, tantôt rabaissé et avili, tantôt relevé jusqu'à un sommet de gloire sociale auquel il n'aurait jamais cru pouvoir accéder. Ce dénouement reste fidèle au thème central du film en montrant chez le vieillard la fascination qu'exercent sur lui les illusions du paraître, liées à celles de la jouissance la plus matérialiste. Le portier, dans cet épilogue, demeure l'homme, le pantin et aussi l'être complètement solitaire, quoique façonné par le regard d'autrui, qu'il a toujours été.

N.B. Il peut être intéressant de remarquer que certains analystes ont vu dans l'aventure du portier privé de son uniforme une représentation symbolique de l'Allemagne à cette époque de son histoire : « Erich von Stroheim, écrit Jean Domarchi (*in* "Murnau", Anthologie du cinéma, 1965), avouait qu'il ne pouvait voir sans pleurer la scène où le directeur d'hôtel dépossédait Jannings de cet uniforme. Il lui semblait assister à une scène de dégradation militaire. Aucun Allemand ne peut rester insensible à la perte de l'uniforme ; mais la signification véritable du film va bien au-delà de cette dégradation car, en fait, ce dont il est question, c'est du sort même de l'Allemagne condamnée au désarmement par les Alliés et incapable de se "faire" à cette situation toute nouvelle. » Remake par Harald Braun en 1955.

BIBLIO. : découpage d'après copie suisse (390 plans, sans l'épilogue) *in* Borde, Buache, Courtade : « Le cinéma réaliste allemand », Serdoc, Lyon, 1965. Découpage d'après copie française *in* « L'Avant-Scène » n° 190-191 (1977) : 370 plans et 55 pour l'épilogue. Chaque plan est illustré par un ou plusieurs photogrammes et le nombre d'images dans le plan est indiqué, ce qui donne à cette publication un intérêt exceptionnel. On lira aussi dans le chapitre III du livre de Lotte Eisner « Murnau », Le Terrain Vague, 1964, le texte du décorateur Robert Herlth.

## DERNIÈRE CARAVANE (LA) (The Last Wagon)

1956 – USA (97') • *Prod.* Fox (William B. Hawks) • *Réal.* DELMER DAVES • *Sc.* James Edward Grant, Daves et Gwen Bagni Gielgud, d'ap. une histoire de G.B. Gielgud • *Phot.* Wilfrid M. Cline (Cinémascope-DeLuxe Color) • *Mus.* Lionel Newman • *Int.* Richard Widmark (Comanche Todd), Felicia Farr (Jenny Putnam), Susan Kohner (Jolie Normand), Tommy Rettig (Billy Putnam), Stephanie Griffin (Valinda Normand), Ray Stricklyn (Clint), Nick Adams (Ridge), Carl Benton Reid (général Howard), Timothy Carey (Cole Harper).

Arizona, 1875. Todd le Comanche, un Blanc surnommé ainsi parce qu'il a vécu vingt ans avec les Comanches, a tué les trois frères Harper. Le quatrième frère, qui est shérif, s'empare de lui et tient à toucher la prime attachée à sa capture. Les deux hommes rencontrent sur leur route un convoi civil et se joignent à lui. Les membres de la caravane sont vite scandalisés par la façon dont le shérif traite son prisonnier. Mais Todd ne tarde pas à éliminer son tortionnaire. Un soir, les jeunes gens du convoi décident d'aller prendre un bain de minuit. Quand ils reviennent, leurs parents ont été massacrés par les Apaches. Seul Todd a survécu. Il réussira à conduire les jeunes gens à travers le désert et le Canyon de la Mort et à les ramener sains et saufs à la ville. Lors de son procès, Todd explique que les frères Harper avaient violé sa femme, puis l'avaient assassinée ainsi que ses deux enfants. Il est acquitté grâce au témoignage d'une jeune femme du convoi, Jenny : elle fait valoir que durant le périple de la caravane Todd a sauvé plusieurs vies. Après le verdict, Todd et Jenny partent ensemble.

☞ Quatrième western de Daves, réalisé par un maître du genre qui trouve toujours l'occasion d'y relier un aspect documentaire et spectaculaire à une réflexion morale. Pour Daves, *La dernière caravane* est d'abord, selon ses propres termes, « un manuel de survie dans le désert », quand il faut à la fois lutter avec les éléments naturels, ne pas perdre son chemin, se procurer des vivres et de l'eau, et surtout se dissimuler au regard des Indiens. Le héros incarné par Widmark est un des plus complexes qu'ait dessinés Delmer Daves. C'est un adepte d'une philosophie de la nature à la Thoreau mais aussi un pragmatiste et un violent dont la violence se trouve, sinon justifiée, du moins « relativisée » par Daves, étant donné le caractère hostile et cruel de l'univers où il évolue. Dans cet univers, les préjugés raciaux abondent et Daves a choisi de les étudier ici au sein d'un groupe de jeunes (comprenant une métisse) dont les diverses réactions le passionnent. Le film fait ainsi le lien avec les mélodrames de la fin de sa carrière, consacrés aux problèmes psychologiques et sentimentaux de la jeunesse. Pour Daves, à la différence de Nicholas Ray, la violence est moins une pulsion individuelle qu'un phénomène social : elle est la résultante directe, empoisonnée, de toutes les formes de racisme et des innombrables clivages sociaux qui séparent les hommes. Formellement, le film prouve une maîtrise stupéfiante dans le traitement de l'espace et de la couleur. C'est un des westerns « durs » de Daves où le lyrisme a peu de part, sinon dans la très belle scène nocturne où les deux héros (Richard Widmark et Felicia Farr) s'avouent leurs sentiments, délivrés de leur pudeur par l'attente de la mort et de l'arrivée imminente des Indiens.

## DERNIÈRE ÉTAPE (LA)
**(Ostatni Etap)**

1948 – Pologne (100') • *Réal.* WANDA JAKUBOWSKA • *Sc.* W. Jakubowska et Gerda Schneider • *Phot.* Bencion Monastyrski • *Mus.* Roman Palester • *Int.* Barbara Drapinska, Wanda Bartowna, Tatiana Gorecka, Antonina Gorecka, Alina Janowska, Zofia Mrozowska, Barbara Fijewska.

La vie quotidienne dans la section des femmes du camp de concentration d'Auschwitz. Arrivées fréquentes de nouveaux convois de toutes nationalités, de toutes tailles. Les nouvelles arrivantes sont séparées des leurs, déshabillées, tondues, tatouées. Elles sont à mille lieues de se douter du sort qui va leur être réservé. Parmi les anciennes prisonnières, une femme accouche. Ses camarades attribuent son bébé à une morte pour lui donner une chance de survie. Précaution inutile : un des docteurs le tue avec une piqûre. Les autorités nazies essaient de perfectionner le fonctionnement du camp. On présente la maquette de la nouvelle chambre à gaz qui devrait permettre d'anéantir 50 000 personnes par jour. Au camp, un orchestre jouant des musiques légères accompagne le travail des prisonnières. C'est pendant ce travail que sont effectuées les « sélections » de femmes désignées pour les chambres à gaz. Le manque de soins et de médicaments, les brimades (dues à la fois aux soldats nazis et aux surveillantes recrutées parmi les déportées elles-mêmes), les abominables conditions de vie du camp causent de nombreuses morts avant même les « sélections ». Néanmoins, la résistance s'est organisée à l'intérieur du camp ; un prisonnier apporte des médicaments ainsi que la nouvelle de la défaite allemande de Stalingrad. Une commission internationale vient visiter le camp. Des draps, des couvertures ont été sortis en hâte ; on a repeint les baraquements. Les visiteurs ne soupçonneront rien de la véritable nature du camp. Une seule femme (une infirmière russe communiste) a la force de dénoncer ce qui se passe au camp. Un officier la fait passer pour folle et les membres de la commission n'insistent pas. Après leur départ, elle est torturée à mort. Le front s'est rapproché. Il est maintenant à deux cents kilomètres. Mais les nazis projettent de raser le camp et de liquider tous les prisonniers. Une déportée interprète réussit à faire passer à l'extérieur un message d'appel au secours. Avant d'être pendue, elle peut se suicider grâce à un couteau donné par un prisonnier. Dans un dernier sursaut d'énergie, elle rend espoir à ses camarades, quand soudain les avions russes envahissent le ciel.

☞ Peu d'années après les faits, reconstitution documentaire vigoureuse des horreurs d'Auschwitz, due à deux anciennes déportées polonaises, la réalisatrice et la scénariste. Autant que le permet le cinéma de l'époque, les auteurs ont essayé de reproduire dans tout son détail la vie atroce du camp. Là où l'image s'arrête, « car le spectacle de l'horreur a ses limites », un commentaire *off* prend le relais. Il est facile d'imaginer dans le contexte du cinéma des années 40 l'impact que put avoir sur le public, malgré ses litotes, cette première recréation de l'univers concentrationnaire nazi. La propagande communiste et stalinienne reste relativement discrète. Par son humanité et un certain lyrisme, le film se refuse au désespoir absolu. Après tant de documentaires et de fictions sur le sujet, il garde encore aujourd'hui sa force dénonciatrice.

## DERNIÈRES VACANCES (LES)

1947 – France (95') • *Prod.* LPC • *Réal.* ROGER LEENHARDT • *Sc.* Roger Leenhardt et Roger Breuil d'ap. une idée de Maurice Junod • *Phot.* Philippe Agostini • *Mus.* Guy Bernard • *Int.* Michel François (Jacques Simonet), Odile Versois (Juliette Lherminier), Berthe Bovy (tante Délie), Pierre Dux (Valentin Simonet), Renée Devillers (Cécile), Jean d'Yd (Walter Lherminier), Christiane Barry (Odette), Frédéric Munié (Édouard).

Une famille de la grande bourgeoisie protestante est obligée de vendre le domaine ancestral de Torrigne dans le Midi. Durant l'été 1933, le dernier où toutes les générations, tous les membres du clan seront réunis, les enfants montent une première conspiration pour éloigner le représentant des acquéreurs. Mais Juliette, l'adolescente, se fait un peu courtiser par lui et les enfants n'atteindront pas leur but. Son cousin Jacques, amoureux d'elle, aura connu cet été-là son premier chagrin d'amour et ses premiers moments de solitude.

☞ Le premier des deux longs métrages de Roger Leenhardt et pratiquement le seul film des années 40 qui décrive et analyse la décennie précédente. Insuccès total à sa sortie, il fut remis à sa vraie place par l'action des ciné-clubs, si utiles et efficaces dans les années 40 et 50. C'est le film des adieux : à l'enfance, à la famille, du moins dans sa forme ancienne et tribale, regroupée dans un espace et un domaine bien à elle ; à une ère sociale et à une époque révolues. Leenhardt voudrait se persuader que tous ces abandons auxquels les personnages doivent consentir sont dans l'ordre logique et naturel des choses. Mais ils laisseront des regrets et des blessures secrètes dont on ne saura jamais si elles auraient pu être évitées ou si elles constituent la trame normale de la vie. Ce film aux accents chardonniens où la souffrance perce sous la sérénité, livre ses notations, ses analyses, ses portraits dans un style délié et limpide – magnifiques plans-séquences, absence d'effets de montage – dont la modernité fut d'abord rejetée par le public. Il n'y vit sur le moment que sécheresse et maladresse. Le film montre aussi que ce sont les poètes qui font la meilleure sociologie, emmêlant le fil des destinées individuelles à celui des groupes sociaux et des moments privilégiés de l'Histoire. Œuvre attachante et inépuisable.

N.B. C'est parce que George Lacombe puis Henri Calef lui avaient refusé de mettre en scène son scénario que Leenhardt finalement le réalisa lui-même (cf. « Les Yeux ouverts » entretiens de Leenhardt avec Jean Lacouture, Éditions du Seuil, 1979).

BIBLIO. : scénario et dialogues *in* « Le Monde illustré théâtral et littéraire » nº 28 (1948) et *in* « L'Avant-Scène » nº 255 (1980).

## DERNIER SAFARI (LE)
### (The Last Safari)

1967 – Angleterre (110') • *Prod.* PAR. (Henry Hathaway) • *Réal.* HENRY HATHAWAY • *Sc.* John Gay d'ap. R. « Gillighan's Last Elephant » de Gerald Hanley • *Phot.* Ted Moore (Technicolor) • *Mus.* Johnny Dankworth • *Int.* Stewart Granger (Miles Gilchrist), Kaz Garas (Casey), Gabriella Licudi (Grant), Johnny Sekka (Jama), Liam Redmond (Alec Beaumont), David Munyua (Chongu), John De Villiers (Rich).

En Afrique. Après qu'un guide de safari, Miles Gilchrist, déçu par son métier, a refusé le contrat qu'il lui proposait, un jeune et arrogant milliardaire américain, Casey, s'attache à ses pas. Vivant avec une métisse, Grant, qui ne le supporte que pour son argent, Casey est fasciné par la personnalité de Gilchrist. Il apprend par Grant que celui-ci, se sentant responsable de la mort d'un ami piétiné par un éléphant, s'apprête à partir en expédition pour tuer cet animal. Malgré les rebuffades que lui fait subir Gilchrist, Casey s'obtine à le suivre. Il se tire à son avantage de tous les pièges nés de la végétation alentour et aidera même Gilchrist à sauver un groupe de Blancs prisonniers dans un village masai. Les deux hommes, devenus amis, s'associent alors pour chasser l'éléphant. Gilchrist face à l'animal perd son sang-froid et risque d'être piétiné, comme son compagnon, par un troupeau d'éléphants. La deuxième fois qu'il a l'animal dans son champ de tir, il se refuse à l'abattre. Le safari est terminé. Gilchrist a retrouvé sa confiance en lui-même et Casey a appris l'humilité. Grant, quant à elle, reste dans un équilibre instable entre deux mondes.

☞ Hathaway est l'un des très rares réalisateurs hollywoodiens à avoir pu prolonger de manière féconde jusque dans les années 60 et 70 une œuvre commencée dans les années 30. Aucun de ses films n'est plus libre dans sa narration, plus riche dans ses thèmes et son observation psychologique que ce *Dernier safari.* Le grand conteur qu'est Hathaway entremêle digressions et portraits, souligne l'interaction des sentiments des personnages, donne sa vision de la nouvelle Afrique et exprime, chemin faisant, quelques vérités morales qui lui tiennent à cœur. Tout cela dans un mouvement incessant de l'action, une évolution interne continue chez les personnages. Le touriste américain tout à fait antipathique au départ, fasciné par un aventurier qui le méprise et par ce mépris même, modifiera peu à peu l'image que l'autre (et le public) ont de lui. Le chasseur finira même par s'apercevoir que cet intrus a un rôle à jouer dans son destin. Parallèlement, le scénario de John Gay élabore une métaphore subtile entre le rejet de Casey (le touriste) causé par son argent et ses propres préjugés et celui de la métisse qui ne trouve sa place ni dans l'Afrique d'hier ni dans celle d'aujourd'hui. De sorte que les trois personnages vivent ensemble un déséquilibre aux origines diverses : difficulté à s'intégrer et à comprendre l'autre chez l'Américain, nostalgie, remords et sentiment d'être dépassé chez le guide-chasseur, écartèlement racial et social chez la métisse. Ce déséquilibre nourrit l'action, la réflexion du cinéaste et s'atténuera diversement chez les personnages au cours de l'intrigue. Chacun d'eux, à la fin du voyage, aura appris quelque chose d'essentiel sur lui-même.

## DERNIERS CHRYSANTHÈMES
### (Bangiku)

1954 – Japon (101') • *Prod.* Toho (Sanezumi Fujimoto) • *Réal.* MIKIO NARUSE • *Sc.* Sumie Tanaka, Toshiro Ide, Fumiko Hayashi • *Phot.* Masao Tamai

• *Mus.* Ichiro Saito • *Int.* Haruko Sugimura (Kin Kurahashi), Ken Uehara (Tabe), Sadako Sawamura (Nobu), Chikako Hosokawa (Tamae), Yuko Mochizuki (Tomi), Ineko Arima (Sachiko).

Une ancienne geisha consacre tout son temps à faire fructifier son argent, louant des chambres ou prêtant à intérêt. Deux de ses anciennes collègues sombrent dans la misère, l'alcoolisme et surtout la tristesse, abandonnées qu'elles sont par leurs enfants. L'héroïne, quant à elle, préfère vivre seule, sans attache. Parfois elle revoit certains de ses amants. Ils ont bien changé. Ils viennent en général la voir pour lui emprunter de l'argent. Elle sait le plus souvent rester inflexible.

☞ A travers le thème de la vieillesse et des différentes manières de la vivre, Naruse exprime un point de vue d'un pessimisme radical sur la condition humaine. La solitude n'est pas chez lui cette étrange béatitude que connaissent les personnages d'Ozu et par laquelle ils entrent en contact avec les grandes vérités, les cycles inévitables de l'existence. La solitude, l'abandon sont traités par Naruse sur un ton plus cru, plus naturaliste. Ils n'apportent aucune compensation aux personnages ni sur le plan philosophique ni sur le plan moral, auxquels ces personnages n'accèdent d'ailleurs pour ainsi dire pas. Longues nuits d'insomnie, morosité des jours, frivolité et superficialité de la vieillesse, pires encore que celles de la jeunesse, voilà la matière de sa peinture. Le point commun de ces personnages avec ceux d'Ozu, c'est qu'ils acceptent sans révolte leur destin et leur malheur. Mais cette absence de révolte n'est rien d'autre chez eux qu'un vide, une impuissance qui les rend à la fin démunis de tout. Dans sa description, Naruse pousse très loin, comme toujours, le refus de la dramatisation. Cette austérité l'aide à regarder du même œil apparemment impassible ses trois personnages, qu'il ne juge pas, mais pour lesquels il a sans doute une affection secrète – entomologiste saisi par une forme, très discrète, de tendresse.

## DERNIERS JOURS DE POMPEI (LES)
### (Gli ultimi giorni di Pompei)

1926 – Italie (3 863 m) • *Prod.* S.A. Grandi Film (Rome) • *Réal.* CARMINE GALLONE, AMLETO PALERMI • *Sc.* Amleto Palermi d'ap. R. de Bulwer Lytton • *Phot.* Victor Armenise, Alfredo Donelli • *Int.* Rina de Liguoro (Ione), Maria Korda (Nydia), Victor Varkonyi (= Varconi) (Glauco), Bernhard Goetzke (Arbace), Emilio Ghione (Galeno), Livia Maris (Julia), Carlo Gualandri (Clodio), Ferruccio Biancini (Olintus).

A Pompéi, le bel Athénien Glauco, multiplie les conquêtes. Trois femmes surtout sont amoureuses de lui et interviendront dans son destin : Julia, la fille d'un riche marchand, Nydia, une esclave aveugle que Glauco a affranchie et arrachée à ses maîtres cruels, des taverniers, qui la battaient, enfin Ione, une Grecque désirée également par Arbace, le mystérieux et sensuel grand-prêtre égyptien du temple d'Isis, puissant dans ce monde et dans l'autre. A cause de cette rivalité amoureuse, Glauco devient l'ennemi juré d'Arbace. Ayant poignardé l'un de ses anciens protégés (le frère d'Ione) parce qu'il menaçait de révéler la vérité sur sa personnalité diabolique, Arbace accuse de ce forfait Glauco. Le jeune homme passait en effet par hasard sur le lieu du crime en proie à des hallucinations dues à l'absorption d'un philtre d'amour donné par Nydia (laquelle l'avait subtilisé à Julia). Jugé, condamné, Glauco sent dans sa prison l'appel de la foi chrétienne et se retrouve dans l'arène face aux lions. Nydia, pendant ce temps, n'a pas cessé de se démener pour lui. Elle amène dans le cirque un autre prêtre d'Isis, témoin du meurtre et plus tard enfermé par Arbace qu'il avait voulu faire chanter. Le prêtre clame l'innocence de Glauco. C'est alors que le Vésuve entre en éruption, engloutissant la ville et faisant des milliers de morts, dont Arbace. Glauco, Ione et Nydia l'aveugle se retrouvent sur un petit bateau parmi les rares survivants de la catastrophe. Glauco serre dans ses bras Ione. Désespérée, l'aveugle se jette à l'eau, à quelques mètres de Glauco qui n'aura jamais deviné l'intensité et la fidélité de son amour.

☞ C'est l'un des meilleurs péplums italiens muets et c'est celui qu'il faut voir aujourd'hui si l'on veut goûter un peu du charme puissant qui assura la renommée du genre, dans ses productions les plus anciennes. Infiniment supérieur aux œuvres de Pastrone et de Guazzoni, le film révèle à quel point le péplum est un « patchwork », un genre essentiellement composite. S'y trouvent en effet mélangés l'histoire et la mythologie, le quotidien et le surnaturel, le roman-photo pour midinettes et le baroque le plus échevelé, les vieilles ficelles du mélodrame et la force parfois étonnante d'un véritable élan poétique. Suivant la trame du roman fameux de Bulwer Lytton (1834), Gallone multiplie les lieux populeux et pittoresques, les scènes insolites et souvent audacieuses pour l'époque, comme cette danse des prêtresses d'Isis et le strip-tease de l'une d'entre elles vêtue en momie égyptienne (elle défait lentement ses bandelettes...). Gallone donne également du relief à plusieurs personnages, et notamment au prêtre Arbace qu'interprète Bernard Goetzke, l'inoubliable interprète de La Mort dans *Les Trois Lumières** de Fritz Lang. Bien entendu le spectaculaire est roi et tous les éléments de l'intrigue, si divers soient-ils, lui sont soumis. A cet égard, l'éruption du Vésuve causant ses premiers ravages dans le cirque surpeuplé constitue un morceau d'anthologie au gigantisme rarement égalé dans le cinéma mondial, si ce n'est par *Scipion l'Africain**, l'autre superproduction mammouth de Gallone.

N.B. Autres versions : 1900 (G.B., Walter Booth) ; 1908 (It., Luigi Maggi) ; 1913 (It., Mario Caserini) ; 1935 (USA, Ernest Schoedsack) ; 1948 (France-Italie, Marcel L'Herbier) ; 1960 (It., Mario Bonnard). A noter que le film de Schoedsack présente une intrigue qui n'a presque plus aucun rapport avec le livre de Bulwer Lytton.

## DERRIÈRE LA FAÇADE

1939 – France (85') • *Prod.* Régina • *Réal.* YVES MIRANDE avec la collaboration de Georges Lacombe • *Sc.* Y. Mirande • *Phot.* Victor Arménise, Robert Juillard • *Mus.* André Gailhard • *Int.* Gaby Morlay (Gaby), Lucien Baroux (Boucheron), Elvire Popesco (Mme Rameau), Jules Berry (Alfredo), Marguerite Moreno (Mme Matthieu), André Lefaur (Corbeau), Gaby Sylvia (Madeleine), Michel Simon (Picking), Betty Stockfeld (l'Anglaise), Eric von Stroheim (Éric), Andrex (André), Carette (le soldat), Aimé Clariond (le président Bernier), Jacques Dumesnil (le mari), Paul Faivre (le concierge), Marcel Simon (Jules), Jacques Baumer (l'inspecteur Lambert), Gabrielle Dorziat (Mme Bernier).

La propriétaire d'un immeuble de rapport situé en plein Paris est retrouvée assassinée. Deux policiers commencent aussitôt leur enquête. Éléphants dans la porcelaine, ils s'immiscent brutalement dans la vie privée des habitants, mettant au jour sans crier gare drames et comédies.

☞ Le généreux Mirande qui dilapide en un film la substance de quinze s'amuse ici comme un fou et nous entraîne avec lui à travers cette galerie de portraits, cette fourmilière d'anecdotes où passe toute une société. Jeu de massacre, bilan critique d'une époque, le film a cette volonté « panoramique » qui découle à la fois de la générosité créatrice du scénariste et de l'acidité du peintre de mœurs. En cela, Mirande apparaît, entre Guitry et Renoir, comme l'un des auteurs les plus représentatifs de son temps. Peut-être a-t-il ici la dent un peu moins dure, l'œil un peu plus tendre que dans *Café de Paris**, qu'il venait d'achever. S'il n'y a pas plus d'innocents dans *Derrière la façade* que dans *Café de Paris**, on y trouve par contre quelques ingénus, des fantaisistes et même de vrais amoureux. Les marginaux semblent figurer en plus grand nombre, chez Mirande, dans les couches modestes de la société que dans le gratin. Mais moralement le bilan est à peu près identique. Si pauvreté n'est pas vice, elle n'est pas non plus une vertu. Pour l'interprétation, une fois encore tout le cinéma français ou presque est rassemblé ici, non plus en frac et en robe de soirée, mais en tenue de ville, et le spectacle est toujours aussi réjouissant.

On ne sait à qui donner la palme et pourquoi faudrait-il la donner ? Évoquons seulement pour mémoire Michel Simon en artiste lanceur de couteaux (« Je fais ça sur une musique de Mozart, moi ! »), André Lefaur en collectionneur kleptomane et irresponsable, la grande Gaby Morlay en femme adultère. Il est difficile de dire ce qu'on doit admirer le plus dans son personnage, sa candeur et son inconscience ou sa monumentale duplicité. Elle a deux amants cachés chez elle, l'un sous son lit, l'autre derrière un paravent. Son mari les a vus et lui demande ce qu'ils font là. Elle répond placidement : « Je ne sais pas. »

## DERSOU OUZALA
### (Dersu Uzala)

1975 – URSS-Japon (136') • *Prod.* Mosfilm/Nippon Herald Production (Nikolai Shizov, Yoichi Matsue) • *Réal.* AKIRA KUROSAWA • *Sc.* Akira Kurosawa, Yuri Nagibin d'ap. l'œuvre de Vladimir Arseniev • *Phot.* Asakazu Nakai, Yuri Gantman, Fyodor Dobronravov (couleurs) • *Mus.* Isaac Swarts • *Int.* Maxime Munzuk (Dersou Ouzala), Yuri Solomine (Vladimir Arseniev), Svetiana Danilchenko (sa femme), Dima Kortishev (Vova, son fils), Schemeiki Chokomorov.

1902. Avec un groupe de soldats, le capitaine Arseniev est chargé de faire un relevé topographique de la région d'Oussouri en pleine taïga sibérienne. Au bivouac nocturne apparaît un vieux chasseur d'origine mongole, Dersou Ouzala. Petit, trapu, il a passé toute sa vie dans la taïga et ne sait plus son âge ; sa famille est morte de la vérole. Menant une vie errante, il construit sa maison ou plante sa tente au hasard des chemins. Arseniev se sent immédiatement attiré par ce personnage hors du commun témoignant d'une sagesse millénaire. Dersou accepte de servir de guide à l'expédition. Il sait lire les empreintes, connaît tous les signes qui permettent de deviner ce qui s'est passé ou ce qui va se passer dans la taïga. Il épate les soldats par son habileté au tir. Le groupe rencontre un vieux Chinois, seul depuis quarante-cinq ans. Il ne faut pas le déranger, dit Dersou, car il rêve. On lui donne quelques provisions ; au matin il prend congé en s'inclinant sans dire un mot. La dernière phase de leur recherche topographique conduit Arseniev et son guide sur un lac gelé, dans le silence menaçant des espaces glacés. Le vent se lève et efface les traces des voyageurs. Dersou dit à son compagnon qu'ils sont égarés. Pour avoir la vie sauve, il leur faut couper le plus d'herbe possible avant la tombée de la nuit. Arseniev s'écroule, épuisé de fatigue. Il se réveille à l'aube dans une hutte d'herbe façonnée par Dersou qui a utilisé comme charpente provisoire le trépied de l'appareil de visée. Dersou a ainsi sauvé la vie d'Arseniev, et ce ne sera pas la dernière fois. L'expédition continue dans le froid, la neige, la fatigue et la faim. Lors d'une halte dans une cabane où les hommes mangent du poisson, Arseniev invite Dersou à venir à la ville. Il refuse. Il doit chasser les zibelines. Il ne veut pas d'argent en paiement de ses services mais seulement quelques cartouches. On se dit adieu. Printemps 1907. Le dégel. Arseniev retourne dans la région pour un nouveau travail d'exploration. Il retrouve Dersou qui redevient son guide. Il a gagné beaucoup d'argent avec les zibelines mais a été dévalisé par un marchand qui l'a fait boire. Au matin, dans un brouillard épais qui se dissipera vite, Dersou discerne les traces d'un tigre. Il se met à lui parler comme à un homme et le raisonne pour qu'il s'en aille. Plus tard, il échange des coups de feu avec huit bandits kounkhouses. Les soldats d'Arseniev découvrent ligotés dans l'eau trois hommes à demi morts. Ils les laissent à la garde d'une troupe de paysans assez nombreux et assez décidés pour venir à bout des kounkhouses. Une partie des soldats traverse le fleuve sur un radeau qui prend de la vitesse en direction des rapides. Dersou pousse Arseniev à l'eau et reste seul à bord. Puis il saute à son tour et s'accroche à un tronc d'arbre. Il indique aux soldats quel arbre abattre pour qu'il puisse s'y accrocher et regagner la rive. L'automne approche. Dersou blesse mortellement un tigre et dès lors se croit la victime du dieu Kanga dont il redoute la vengeance. Il devient irritable. Il s'aperçoit que ses yeux voient mal et en est désespéré. Il ne pourra plus vivre de la chasse comme avant. Arseniev l'invite chez lui à la ville. Dersou habite dans son foyer en compagnie de sa femme et de son jeune fils. Mais il ne s'acclimate pas à une vie sédentaire. Il voudrait planter sa tente au milieu de la rue. Il faut qu'il reparte dans les collines. Arseniev lui donne un bon fusil à viseur moderne. Plus tard, un télégramme le convoque pour reconnaître le cadavre de son vieil ami. Dersou a été tué pour son fusil. Arseniev restera auprès de lui jusqu'à ce que son corps soit recouvert par la terre de la taïga.

☞ Le grand retour de Kurosawa après l'échec commercial de *Dodes' caden**, sa tentative de suicide, sa maladie, son long silence. Invité par Guerassimov à faire un film en coproduction avec l'URSS, Kurosawa se souvient d'une lecture ancienne, les mémoires de l'explorateur russe Arseniev, qu'il propose comme base de scénario. Dans cette œuvre grandiose et simple, Kurosawa l'humaniste dépeint à travers le vieux chasseur Dersou un mélange immémorial de sagesse et de savoir, d'expérience et de perspicacité, d'adaptation au milieu et de bonté d'âme. Ce mélange nous ramène à l'origine de toutes les civilisations, occidentales aussi bien qu'orientales, quand elles ne s'étaient pas encore scindées entre elles, opposées, spécialisées, et bien avant qu'elles ne se coupent du milieu vivant où elles étaient nées. Kurosawa décrit aussi avec un grand respect l'animisme naïf de Dersou qui parle comme à des hommes au feu, au vent, à l'eau et au tigre. Dans cet animisme, tout communique en une sorte de fraternité cosmique. C'est elle qui inspire les pensées de Dersou quand il songe au blaireau, aux poissons et à toutes les formes de vie qui habitent la taïga, quand il laisse des provisions pour le futur occupant éventuel de la cabane abandonnée. Le message du film est clair : au-delà de cette fraternité, point de salut pour l'homme ni pour le monde. Ce retour aux sources de la civilisation et de la morale, effectué dans un style ample et familier, possède l'actualité de l'universel.

## DES GENS SANS IMPORTANCE

1955 – France (101') • *Prod.* Cocinor – Chaillot Films – Ardenne Films • *Réal.* HENRI VERNEUIL • *Sc.* Henri Verneuil, François Boyer d'ap. R. de Serge Groussard • *Phot.* Louis Page • *Mus.* Joseph Kosma • *Int.* Jean Gabin (Jean Viard), Françoise Arnoul (Clotilde), Yvette Étiévant (Solange Viard), Paul Frankeur (Barchandea), Robert Dalban (Gillier), Dany Carrel (Jacqueline Viard), Pierre Mondy (Berty), Lila Kédrova (Mme Vacopoulos), Héléna Manson (Mme Germaine).

Dans un relais situé à quelques dizaines de kilomètres de Bordeaux, un routier marié et père de trois enfants, Jean Viard, tombe amoureux d'une serveuse, Clo, beaucoup plus jeune que lui. Sa liaison, comme d'ailleurs sa vie conjugale, est rendue difficile par ses absences prolongées. S'étant querellé avec son contremaître, Jean est renvoyé. Insatisfaite de son existence au relais, Clo est allée à Paris. Elle travaille comme bonne dans un hôtel de passe. Jean apprend en même temps que sa femme – par une lettre ouverte et lue à haute voix par leur fille aînée – que Clo est enceinte. Jean quitte aussitôt le domicile conjugal. A l'insu de Jean, Clo est allée chez une avorteuse. Malade, elle accompagne néanmoins Jean qui doit conduire une bétaillère. Au cours du trajet, son état empire. Jean appelle une ambulance. Clo mourra avant d'arriver à l'hôpital. Jean reprend la vie commune avec sa femme.

☞ Ultimes retombées crépusculaires du « réalisme poétique ». La tragédie naissait chez Carné et Prévert de l'idéalisme de certains personnages confronté aux trivialités du réel. Ici cet « idéalisme » s'est altéré, transformé en désenchantement, fatigue, mauvaise colère, etc. Il est devenu trivial à son tour. Jeunes ou vieux, les personnages paraissent n'avoir connu qu'un horizon bouché et une totale absence d'espoir. Victimes de leur milieu, de leurs habitudes, ils sont, comme leurs lointains homologues de *Quai des brumes** et du *Jour se lève**, condamnés à l'échec et à la séparation dans la mort. Même si la fatalité a régressé de plusieurs crans, est devenue une sorte de malchance médiocre, elle n'en continue pas moins à peser sur eux de tout son poids. La maturité, le classicisme minutieux, le naturalisme épuré de la photo et de la mise en scène dont témoigne ce film (plans longs ou plans-séquences efficaces et invisibles, justesse et intensité de la direction d'acteurs) ne se retrouvèrent jamais plus par la suite chez Verneuil.

## DÉSHABILLAGE IMPOSSIBLE (LE)

1900 – France (2′) • *Prod.* Star-Film • *Réal., Sc.* et *Phot.* GEORGES MÉLIÈS • *Int.* Georges Méliès (le voyageur).

Un voyageur descend dans une auberge. A peine a-t-il accroché pardessus et chapeau au porte-manteau de sa chambre qu'il se retrouve vêtu de nouveaux vêtements. Il se déshabille derechef et le manège se poursuit sur un rythme endiablé. L'homme devient enragé. Il tente de se coucher, mais le lit disparaît..., les rideaux du baldaquin s'envolent et l'homme tombe à terre. Il se relève, et recommence à quitter pantalon et redingote, puis, dans une gesticulation étourdissante, retire sept gilets, les uns après les autres. Le film s'arrête lorsqu'il s'apprête à enlever un huitième gilet... (description empruntée à l'admirable « Essai de reconstitution du catalogue de la Star-Film » publié par les descendants de Méliès au Service des Archives du Film du CNC, 1981).

☞ Chronologiquement le vingt-neuvième film des cent quarante-quatre conservés, ou retrouvés, de Méliès à la date de parution du catalogue (totalisant environ treize heures de projection). Œuvre parfaite et parfaitement insolite du magicien de Montreuil. L'interprétation, l'idée, la réalisation (et le génie) du film sont de Méliès seul. Le « one-man show » absolu. Le prince de l'illusion se fait ici prince du vertige. A partir d'une situation combinant répétition et impuissance, il met en doute la réalité, et le spectateur finit par être troublé autant que le protagoniste lui-même. Le film n'a besoin que de quelques secondes pour faire passer le spectateur derrière le miroir et lui communiquer le malaise qu'on garde de certains rêves au réveil. On s'interroge moins sur le rêve lui-même que sur l'univers où il a eu lieu. Comme trucages : les habituels arrêts de caméra et un accéléré dont les rédacteurs du catalogue disent qu'il est le seul à figurer dans les films conservés de la Star-Film. Une imitation ultérieure de Ferdinand Zecca (*Baignade impossible*, 1901) fait toucher du doigt le génie de Méliès. Dans ce remake, un homme se déshabille interminablement près d'une rivière dans l'intention de s'y baigner. Mais l'étendue du décor (extérieur réel), la profondeur de champ au lieu du huis-clos de Méliès, les vêtements entassés par terre, quantité négligeable si on la compare à leur présence tangible et obsédante sur un porte-manteau au milieu du plan de Méliès, appauvrissent l'idée de départ et vident l'image de tout mystère, de tout vertige.

## DÉSIRÉ

1937 – France (93′) • *Prod.* Cinéas (Serge Sandberg) • *Réal.* SACHA GUITRY • *Sc.* Sacha Guitry d'ap. sa P. • *Phot.* Jean Bachelet • *Mus.* Adolphe Borchard • *Int.* Sacha Guitry (Désiré), Jacqueline Delubac (Odette), Arletty (Madeleine), Pauline Carton (Adèle), Jacques Baumer (Montignac), Saturnin Fabre (Corniche), Alys Delonde (Mme Corniche), Geneviève Vix (la comtesse).

Désiré, un valet stylé et adorant son métier, est engagé par Odette Cléry, maîtresse en titre du ministre Montignac. Odette téléphone à l'ancienne patronne de Désiré qui lui révèle que celui-ci a eu « un geste » extrêmement grave qui a motivé son renvoi. Odette annule aussitôt l'engagement de Désiré qui lui demande des explications. Elle a interprété le fameux « geste » comme celui d'un voleur. Désiré se récrie et clame son innocence. Il a eu en réalité avec sa patronne une relation qui n'a rien à voir avec celle d'un voleur et de sa victime ! Il rassure Odette en lui disant qu'elle n'est pas du tout son type et il reste ainsi à son service. Le lendemain, toute la maisonnée, le nouveau valet, la cuisinière, la femme de chambre, Odette et Montignac, se rendent dans la villa que les patrons possèdent à Deauville. Là, la nuit, Désiré fait des rêves érotiques, parle dans son sommeil et fait allusion à plusieurs reprises à sa patronne. Il réveille par ses gémissements la femme de chambre qui dort dans une pièce voisine. Odette de son côté a des rêves semblables, prononce en dormant le nom de Désiré et réveille le ministre. Selon « La clef des songes », ouvrage acheté dans un kiosque de gare qui passe de main en main, un tel comportement implique de la part du rêveur un amour inconscient pour son partenaire imaginaire. Le gouvernement ayant démissionné, Montignac doit rentrer à Paris. Il voyage de nuit dans la voiture de son ami Corniche. Désiré et Odette ont, durant cette nuit-là, une explication décisive. Désiré préfère quitter définitivement le service de sa patronne. Avant de lui dire adieu, il lui conseille de ne plus essayer de se faire épouser par le ministre (qui, alors, immanquablement la tromperait) et ajoute qu'elle devrait reprendre le théâtre, activité flatteuse pour son amant. Quant à lui, il ne servira plus désormais que des hommes seuls.

☞ *Faisons un rêve** et *Mon père avait raison** sont des pièces où la construction a une rigueur et une simplicité absolues. *Désiré* est, au contraire, la pièce des arabesques, des digressions, des parenthèses, des remarques sur tout et sur rien, des apartés. Guitry y décrit, comme il l'a fait souvent, les rapports des maîtres et des serviteurs. Les uns et les autres sont solidaires et dans cette solidarité la société trouve son assise. Dans la position qu'ils occupent, les domestiques voient mieux la réalité et la maîtrisent plus. Ce paradoxe est illustré par Guitry avec une finesse, une légèreté, une ironie convaincantes. Ses remarques ont également un contenu prophétique. Aujourd'hui il n'y a plus de domestiques et la société est sens dessus dessous ! La perfection et le génie (car il faut bien parler de génie) des films que Guitry a réalisés avant guerre ne tiennent pas du miracle (le miracle viendra plus tard). Ils tiennent à des raisons solides et aisées à discerner : 1) Les pièces de Guitry avaient déjà passé victorieusement l'épreuve du temps quand il les a filmées. Les filmer dix, vingt ans après, c'était les relire, les sonder, vérifier leurs vertus classiques et intemporelles. Guitry a certes choisi de filmer ses meilleures pièces, mais on peut regretter qu'il n'y ait pas de films tirés de « Je t'aime », « Béranger » et « Monsieur Prud'homme a-t-il vécu ? », la plus originale et la plus étrange de ses œuvres. 2) Guitry filme ses pièces à l'époque de la plus grande fécondité du cinéma français et alors qu'il a pour partenaire la plus talentueuse et la plus photogénique de ses épouses, celle qui eut aussi le plus de personnalité. Jacqueline Delubac a laissé dans la mémoire cinéphilique l'image d'une femme réservée et pourtant épanouie, passionnée mais indépendante, au jeu moderne, dépourvu de lourdeur et de parti pris. Sa spontanéité, son charme ironique et jamais mièvre s'harmonisent parfaitement au jeu réglé comme du papier à musique des grands professionnels qui l'entourent, tels Jacques Baumer, Raimu ou Gaby Morlay, auxquels elle ajoute une note de fraîcheur tout à fait précieuse et indispensable. 3) Guitry utilise le cinéma comme un moyen, non comme une fin. Il ne nourrit aucune chimère quant à sa spécificité. Son style cinématographique, bourré d'innovations presque invisibles à force de légèreté, est fonctionnel, limpide, moderne ; c'est le contraire du style de l'avant-garde, toujours arriéré et daté. Il a la transparence et la pureté du cristal. Guitry ne fait jamais d'aérations inutiles. Par contre, il utilise avec souplesse et naturel les commodités qu'offre le cinéma. Par exemple, le propos de *Désiré* étant pour une part de montrer le parallélisme existant entre le monde des domestiques et le monde des patrons, il passe sans cesse de l'un à l'autre avec la facilité et l'évidence que permettent les ressources du montage cinématographique. A leur tour, ces commodités entraînent une certaine réécriture du texte qui n'est jamais sacré pour l'auteur lui-même. 4) La personnalité de Guitry acteur est évidemment – à cette époque – au coeur de ses films et de leur génie. Personnalité centrale mais non omniprésente. Guitry s'intéresse de très près à ses collaborateurs. Il suffit de voir la netteté, la rigueur dans la fantaisie, que certains de ses acteurs (ex. : Saturnin Fabre) ont chez lui et n'ont pas chez d'autres metteurs en scène pour juger de son exigence et de l'acuité de sa direction d'acteurs. Alain Resnais fait remarquer (*in* « Cinéma 84 », supplément au nº 311, 1984) que dans *Désiré* le style de jeu propre à Guitry évolue de la composition (Guitry se montrant d'abord, acte I, transformé en domestique) au réalisme (Guitry redevenant ensuite lui-même, acte II, puis un homme comme les autres, acte III, qu'on verra même, selon Resnais, « aborder aux rives du tragique »). En réalité, rien n'est plus faux : à tous les moments du film, Guitry est *à la fois* un domestique et un homme, et en tant qu'homme un individu original et unique qui ne se prive pas d'exprimer ses vues sur toutes choses, de juger autrui avec autorité et perspicacité. C'est même l'un des aspects les plus évidents du sens de l'œuvre que de présenter ce valet, parce que valet, comme le mieux placé pour juger clairement du monde et de la société où il vit. Jusqu'à la toute dernière scène, quand il quitte sa patronne, Guitry est bien ce domestique déférent, consciencieux, stylé (et stylisé) dans tous ses gestes et attitudes qu'on a vu apparaître aux premières scènes du film – une sorte d'archétype du valet content de l'être, avec même cette pointe de masochisme paisible qui renforce pour lui le plaisir de servir. Il est aussi, et d'un bout à l'autre de l'œuvre, cet homme singulier, capable de séduire, d'observer et de donner des conseils, qu'il ne peut jamais s'empêcher d'être. C'est, dans le jeu de Guitry, la présence permanente et harmonieuse de ces divers éléments (et non leur succession méthodique et artificielle) qui crée, entre autres multiples raisons, le ravissement constant du spectateur.

N.B. Dans *La vie à deux* (Clément Duhour, 1958), basé partiellement sur la pièce « Désiré », Gérard Philipe reprend dans un tout autre style, plus mièvre et contourné mais néanmoins intéressant, le rôle joué par Guitry.

## DÉSIRS HUMAINS
### (Human Desire)

1954 – USA (90') • *Prod.* COL. (Lewis J. Rachmil) • *Réal.* FRITZ LANG • *Sc.* Alfred Hayes d'ap. R. « La Bête humaine » d'Émile Zola et le film de Jean Renoir. • *Phot.* Burnett Guffey • *Mus.* Danièle Amfitheatrof • *Int.* Glenn Ford (Jeff Warren), Gloria Grahame (Vicki Buckley), Broderick Crawford (Carl Buckley), Edgar Buchanan (Alec Simmons), Kathleen Case (Ellen Simmons), Diane Delaire (Vera Simmons), Grandon Rhodes (John Owens), Peggy Maley (Jean), Dan Seymour (barman).

Carl Buckley, employé des chemins de fer, est marié à une femme beaucoup plus jeune que lui, Vicki. Renvoyé de son poste, il demande à sa femme d'aller trouver John Owens, homme influent et gros client des chemins de fer, pour qu'il intercède en sa faveur et lui fasse regagner son poste. La mère de Vicki fut autrefois employée de maison chez Owens. Vicki passe une après-midi chez Owens et obtient gain de cause. En proie à une jalousie insurmontable, Buckley fait avouer à Vicki qu'elle a cédé à Owens, comme elle l'avait fait souvent avant son mariage. Il l'oblige à fixer un rendez-vous à Owens dans son compartiment, puis s'y rend avec elle et le tue. Durant le trajet, Vicki est obligée de draguer un collègue de son mari, Jeff Warren, mécanicien de locomotive revenu à son poste après trois ans de guerre en Corée. Warren se trouve en effet par hasard sur le chemin de Buckley qui veut rentrer dans son compartiment. Pendant l'enquête et l'instruction, Jeff niera avoir vu Vicki dans le train où le meurtre a eu lieu. Jeff et Vicki se revoient ; ils deviennent amants. Jeff veut même épouser Vicki. Elle le convainc peu à peu de tuer Buckley. Elle veut surtout récupérer une lettre que son mari l'avait obligée à écrire à Owen et qu'il avait reprise sur le cadavre. Buckley a sombré dans l'alcool et a de nouveau perdu son emploi. Jeff le suit sur les voies de chemin de fer mais n'a pas le courage de donner le coup de grâce à cette épave. Vicki lui reproche de manquer de cran. Dégoûté de sa réaction et conscient d'avoir été manipulé, il lui donne la fameuse lettre qu'il a reprise à Buckley et rompt avec elle. Vicki quitte son mari qui la rejoint dans son compartiment. Impuissant à la convaincre de reprendre la vie avec elle, il l'étrangle. Aux commandes de la locomotive, Jeff pense déjà à autre chose, au bal des cheminots de samedi prochain, à la fille de son vieux compagnon de travail Alec Simmons qui est amoureuse de lui.

☞ Le producteur Jerry Wald, enthousiasmé par une récente vision de *La bête humaine** de Renoir, demande à Fritz Lang d'en faire une nouvelle adaptation. Lang et son scénariste Alfred Hayes abordent donc le roman de Zola à travers l'adaptation de Renoir dont ils retirent tout ce qui est étude de milieu et influence pathologique de l'hérédité sur le mental du héros. Comme plusieurs films américains de Lang, *Désirs humains* est discrètement mais fortement relié à l'expressionnisme. Il s'agit d'un expressionnisme abstractisé, obtenu à partir de certains éléments réalistes (et plutôt ingrats sur le plan plastique) de la vie américaine. Ils sont traités par Lang d'une manière quasi alchimique et, une fois vidés de tout aspect social concret, finissent par servir son propos. Deux personnages de damnés, Carl Buckley et sa femme, se déchirent dans un univers asphyxié et glacé d'appartements neutres ou tristes, de compartiments nus, de quais de gare sortis de nulle part, de lignes ferroviaires au tracé rectiligne et contraignant qui sont comme une image de leur propre destin. Carl et Vicki tentent obscurément d'entraîner dans leur sillage un troisième homme, le mécanicien Jeff, qui finalement leur échappera. Sur le plan dramatique et psychologique, l'originalité du film est de recentrer l'intérêt sur le personnage vieillissant de Carl Buckley, superbement interprété par Broderick Crawford, alors au mieux de sa forme. Comme dans l'autre remake de Renoir par Fritz Lang, *Scarlet Street* inspiré de *La chienne**, le sujet du film devient les rapports d'un presque vieillard avec une jeune femme et la jalousie quasi ontologique que le partenaire le plus vieux éprouve pour l'autre du seul fait de leur différence d'âge. Comme le note Philippe Demonsablon dans son excellente critique du film (*in* « Cahiers du cinéma » n° 50), le personnage de B. Crawford essaiera désespérément de reconquérir sa femme en l'associant à un meurtre : « La scène où l'idée de la vengeance, ou plus exactement du meurtre, s'impose à Broderick Crawford, écrit Demonsablon, cette scène ne requiert aucune explication puisque le meurtre revêt un caractère mythique : reconquérir l'autre en l'associant à la culpabilité. (...) Que la damnation apparaisse *aussi* comme un moyen désespéré de communication, voilà bien un aspect du mythe de Faust que rejoint *Human Desire.* » Sur le plan formel, le film est une pièce maîtresse de l'œuvre américaine de Lang. C'est une épure constamment en mouvement qui vise à faire découler le plaisir esthétique du spectateur de la progression inexorable des relations et du destin des personnages. Le spectateur est en effet fasciné par le spectacle d'un fatum accomplissant son œuvre à travers des contrastes d'ombre et de lumière, à travers l'architecture et l'entrecroisement des lignes horizontales et verticales au sein de l'espace où se joue la tragédie. Seule la hauteur de vues du réalisateur l'empêche de sombrer dans le sordide et le pitoyable. Car c'est en fin de compte à leur degré de soumission à ce fatum (qui existe à l'intérieur d'eux-mêmes) que Lang juge ses personnages. Imposé ou non par la production, le sursaut final de Jeff n'a rien de conventionnel à l'intérieur du film. C'est l'ultime réaction d'un individu pour sauver sa liberté et c'est aussi la dernière réaction de ce type chez un personnage de Lang.

## DESPERATE

Inédit en France. 1947 – USA (73') • *Prod.* RKO (Michel Kraike) • *Réal.* ANTHONY MANN • *Sc.* Harry Essex, Martin Rackin d'ap. une histoire de Dorothy Atlas et Anthony Mann • *Phot.* Georges E. Diskant • *Mus.* Paul Sawtell • *Int.* Steve Brodie (Steve Randall), Audrey Long (Anne Randall), Raymond Burr (Walt Radak), Douglas Fowley (Pete), William Challee (Reynolds), Jason Robards, Sr. (Ferrari), Freddie Steele (Shorty).

Steve Randall, un camionneur récemment marié, est appelé pour effectuer un travail dont on lui cache qu'il est commandé par des gangsters. Il devient sans le vouloir complice d'un hold-up. Au cours d'une fusillade avec la police, un policier est tué et le frère cadet du chef de gang, Walt Radak, est capturé. Radak tient Steve pour responsable et veut l'obliger à endosser le meurtre. Mais le camionneur réussit à échapper au gang. Dès lors, il vit traqué avec sa femme enceinte. Il va se rendre à la police mais le commissaire préfère le relâcher pour appâter le gros gibier. Sa belle-mère chez qui le couple s'est réfugié demande que la cérémonie de mariage soit à nouveau célébrée, mais à la tchèque. Au cours de la fête, un émissaire de Radak apparaît. Steve fuit encore avec sa femme qui a reçu des menaces et qu'il envoie en Californie. Puis il affronte Radak qui, l'ayant à sa merci, veut le tuer à l'heure même où son frère passera sur la chaise électrique. Longue attente. La police arrive. Steve abat Radak dont le corps rebondit plusieurs fois dans une cage d'escalier.

☞ Film de la fin de ce qu'on peut appeler la période d'apprentissage d'Anthony Mann. Sa réflexion personnelle, sur un plan à la fois moral et formel, commence à acquérir une grande densité et une grande autonomie. Pour ce qui est du sujet, *Desperate* est d'une originalité flagrante à l'intérieur du *film noir* et de son univers, où pénètre involontairement un Américain moyen auquel chaque spectateur peut s'identifier. Le thème du couple traqué, dénué ici de tout lyrisme morbide, est traité avec un réalisme vigoureux et émouvant. Au centre d'une description et d'une dénonciation de la violence, le seul dépositaire des valeurs sera un individu isolé et vulnérable qui devra apprendre à n'obtenir son salut que de lui-même. En effet, la police (émanation de la société) adopte à son égard une attitude pragmatique et cynique et ne vise qu'à l'utiliser au maximum. L'individualisme est ici valorisé alors que ses excès seront critiqués, et parfois sévèrement, dans les westerns que Mann tournera ensuite. C'est que sa morale et sa philosophie sont toujours fonction du milieu et de l'époque où se déroule l'action. Dans *Desperate*, au sein d'un milieu urbain en voie de pourrissement, c'est l'individualisme – et lui seul – qui redonne sa force à la morale. Sur le plan formel, le traitement de l'espace et de la lumière est l'objet des soins particuliers du réalisateur. Mann est déjà à la recherche de cet équilibre entre l'expressionnisme (la dramatisation) et le réalisme qu'il ne cessera de perfectionner tout au long de sa carrière et d'une manière particulièrement subtile dans le western. Voir par exemple les scènes de réunions entre gangsters ; une lampe fixée au plafond est bousculée par les personnages au gré de leurs affrontements et engendre des variations d'éclairage exprimant dramatiquement la tension qui existe entre eux.

## DESTIN FABULEUX DE DÉSIRÉE CLARY (LE)

1941 – France (113') • *Prod.* CCFC • *Réal.* SACHA GUITRY • *Sc.* Sacha Guitry • *Phot.* Jean Bachelet • *Mus.* Adolphe Borchard • *Int.* Sacha Guitry (Napoléon), Gaby Morlay (Désirée Clary), Aimé Clariond (Joseph Bonaparte), Geneviève Guitry (Désirée, jeune fille), Lise Delamare (Joséphine), Jean-Louis Barrault (Napoléon Bonaparte), Jacques Varennes (Bernadotte), Yvette Lebon (Julie Clary), Georges Grey (Junot), Maurice Teynac (Marmont), Noël Roquevert (Fouché), Jean Périer (Talleyrand).

Désirée Clary, fille d'un négociant de Marseille, naît en 1777. Onze ans plus tard, son père refuse devant elle l'hospitalité à un sous-officier, Bernadotte, pourtant muni d'un billet de logement. Amour de jeunesse de Bonaparte, Désirée devient sa fiancée alors que sa sœur Julie épouse Joseph, le frère du futur empereur. Mais Napoléon rencontre Joséphine et rompt avec Désirée. Celle-ci a reçu des propositions de mariage de plusieurs officiers de Bonaparte. Elle choisit de répondre oui à Bernadotte. Ce n'est pas un mariage d'amour, mais de vengeance, dirigé contre son ancien fiancé. A ce moment de son récit, le narrateur, Sacha Guitry, choisit de l'interrompre pour présenter ses collaborateurs et annoncer que trois des principaux rôles, Désirée, Julie et Napoléon vont changer d'interprètes. Ce dernier rôle échoit au narrateur lui-même. Rendant le bien pour le mal, car si Désirée se contente de le haïr, Bernadotte conspire contre lui, Napoléon couvre le couple de biens et de titres. Alors que l'Empereur accumule victoires sur victoires, la rancune de Désirée reste toujours aussi tenace. Elle confie à sa sœur qu'à son avis Bernadotte envie inconsciemment l'Empereur. Il finit par tomber en disgrâce. C'est alors que les Suédois lui demandent, eu égard à la mansuétude dont il a fait preuve durant l'occupation du pays, de devenir le personnage le plus important du royaume. Il accepte, mais à la condition que le vieux roi Charles XIII, sans descendance, l'adopte officiellement. Après la mort de celui-ci, Bernadotte, naturalisé suédois, devenu protestant, montera sur le trône. En attendant, Désirée participe à Paris, sans bien les comprendre, à diverses conspirations contre l'Empereur. La Suède rejoint les autres pays d'Europe dans leur coalition contre lui. Quand Napoléon est envoyé à Sainte-Hélène, Désirée, soudain prise de remords vis-à-vis de celui qu'elle a toujours aimé, fera tout, mais en vain, pour adoucir son sort. Après la mort de Napoléon, Bernadotte est à son tour assailli de remords. Désirée agira secrètement pour le retour des cendres.

☞ Deuxième fresque historique de Guitry, après *Remontons les Champs-Élysées**, *Les perles de la couronne** méritant plus l'appellation de fantaisie que de fresque ! Hasard et prédestination : le film entier est basé sur ces deux thèmes qui ont toujours fasciné Guitry. Les événements qui contredisent ou qui signalent cette prédestination sont légion dans le film. Ils ont été savamment rassemblés (ou inventés) par Guitry. Il s'est arrangé pour qu'ils constituent autant de séquences insolites, autant de gags ingénieux ou charmants. Pour les présenter dans un ordre significatif, qui ne peut être en aucun cas celui de la simple chronologie, Guitry a besoin de se promener dans le temps, voire dans un temps imaginaire (une quatrième dimension humoristique et bien à lui) où il cisèle par exemple de petites utopies comme celle du greffier rédigeant l'acte de naissance de Molière et poussant un « ah ! » d'admiration. Il reprend le procédé, inauguré dans le *Roman d'un tricheur**, du narrateur-démiurge, intervenant à tout propos dans le récit et utilisant ainsi, mieux que personne ne l'a fait dans le cinéma français, les pouvoirs spécifiques du cinéma parlant. La prédestination a ceci d'original dans ce film qu'elle s'exerce sur un personnage (Désirée Clary) dénué de toute originalité particulière. C'est comme si la prédestination qui s'attache en général au génie (autre thème de prédilection de Guitry) s'élargissait ici jusqu'à concerner les *proches* du génie. Le film est aussi l'histoire d'un couple et de ses relations étranges, passionnées, en continuelle métamorphose, et pourtant toujours décevantes pour les deux partenaires. Elles continueront encore de se transformer après la mort de l'un d'entre eux. On remarquera qu'elles sont pour une fois décrites par l'auteur sans aucun cynisme, et qu'à l'intérieur du couple c'est l'homme le plus « fautif ». Il essaiera de se racheter de son vivant ; elle tentera, elle, de le faire quand il sera vaincu ou disparu. Au-delà de l'autobiographie toujours sous-jacente chez Guitry dans ses descriptions de couples, au-delà des allusions à l'actualité (la destinée de ces deux Français installés sur le trône de Suède offre une métaphore insolite de l'Occupation), l'auteur donne libre cours à sa fantaisie imaginative et baroque, à ce goût de la spéculation qui ne l'a jamais quitté. Un goût que le cinéma – Guitry aura tôt fait de s'en apercevoir – pouvait satisfaire plus qu'aucun autre moyen d'expression.

## DETENUTO IN ATTESA DI GIUDIZIO

Inédit en France. 1971 – Italie (102') • *Prod.* Documento Film (Gianni Hecht Lucari) • *Réal.* NANNI LOY • *Sc.* Sergio Amidei, Emilio Sanna d'ap. une idée de Rodolfo Sonego • *Phot.* Sergio D'Offizi (Eastmancolor) • *Mus.* Carlo Rustichelli • *Int.* Alberto Sordi (Giuseppe Di Noi), Elga Andersen (sa femme Ingrid), Lino Banfi (le directeur de la prison), Antonio Casagrande (le juge), Mario Pisu (le psychiatre).

Un géomètre italien, émigré depuis sept ans en Suède où il a créé une petite entreprise de bâtiment, revient passer avec sa femme, une Suédoise, et ses deux enfants, quelques semaines de vacances dans son pays natal. Mais, à la frontière, il est arrêté, et commence alors pour lui un étrange voyage. Séparé de sa famille, il est trimballé d'un bureau à l'autre, d'une prison à l'autre sans savoir de quoi on l'accuse. Il traversera même une révolte de prisonniers avant d'être conduit dans un asile psychiatrique. Un beau jour, son innocence est reconnue et il peut regagner la Suède, encore sous le choc des événements absurdes qu'il vient de vivre.

☞ Un des films les plus authentiquement kafkaïens de l'histoire du cinéma, auquel ne manque même pas cette dimension d'humour désespéré que les intellectuels français ont progressivement retirée, depuis l'époque de l'existentialisme, à l'auteur du « Château » et du « Procès ». Après *Mafioso** (1961) et *Il Boom** (1963), Alberto Sordi utilise encore une fois sa prodigieuse popularité pour s'aventurer – avec un courage qu'il convient de saluer – dans un film à l'audace quasi expérimentale. La dramaturgie de *Detenuto* ne comporte en effet rien d'autre qu'un long et interminable itinéraire absurde où l'humiliation, la passivité, le désarroi et la frayeur du héros sont les seuls ressorts dramatiques offerts à la curiosité du spectateur. La dénonciation des errements et de la dictature de l'administration judiciaire et carcérale possède, sur le plan formel, une force expressive, une sobriété qui font froid dans le dos. Nanni Loy est tout à fait l'homme de la situation. Ce réalisateur peu connu en France a signé plusieurs films très originaux par leur structure, leur construction ou leur thématique. Outre une assez brillante suite au *Pigeon* de Monicelli (*Audace colpo dei soliti ignoti, Hold-up à la milanaise,* 1959), citons *Le quattro giornate di Napoli* (*La Bataille de Naples,* 1962) minutieuse reconstitution historique qui confine parfois au génie par sa richesse et sa maturité ; *Made in Italy* (*A l'italienne,* 1965), film à sketches à la construction surprenante dans la lignée des *Monstres** ; *Il padre di famiglia* (*Jeux d'adultes,* 1967), chronique de l'échec d'un couple basé sur un fourmillement de notations insolites et justes. Toute l'œuvre de Nanni Loy est d'ailleurs placée sous le signe d'un certain fourmillement, d'un éparpillement maîtrisé d'épisodes et de personnages par quoi l'auteur essaie d'appréhender la complexité inquiétante de la réalité contemporaine.

## DETOUR (id.)

1945 (sortie en France : 1990) – USA (65') • *Prod.* PRC (Leon Fromkess) • *Réal.* EDGAR G. ULMER • *Sc.* Martin-Goldsmith • *Phot.* Benjamin H. Kline • *Mus.* Leo Erdody • *Int.* Tom Neal (Roberts), Ann Savage (Vera), Claudia Drake (Sue), Edmund MacDonald (Haskell), Tim Ryan (Gus), Esther Howard (Hedy), Roger Clark (Dillon).

Un pianiste, Al Roberts, traverse en auto-stop les États-Unis pour aller retrouver son amie en Californie. Il provoque accidentellement la mort du conducteur qui l'avait pris dans son véhicule. Il cache le cadavre et prend la voiture. Plus tard, il rencontre une jeune femme, Vera, qui a connu la victime. Persécuté par elle, qui veut l'obliger à participer à une escroquerie concernant un héritage, Al sera amené à la tuer, elle aussi, par accident. Remâchant son histoire, il attend désormais sans crainte ni espoir l'arrivée de la police.

☞ L'un des nombreux chefs-d'œuvre d'Edgar George Ulmer, le seul véritable cinéaste « underground » de l'histoire du cinéma. La pauvreté légendaire des conditions de travail à la PRC (six jours de tournage dans des décors et avec un budget dérisoires) invite le cinéaste, disciple de Murnau, à polir l'expressionnisme de son style : chaque détail obtiendra le maximum de relief et d'expressivité en surgissant sur fond de néant. Le film porte la thématique du *film noir* (flash-back, femme fatale, pessimisme et fatalisme) à son apogée avec une minutie maniaque, un sens de l'absurde proprement ulmérien. Cette implacable initiation au cauchemar ne peut déboucher, au réveil, que sur la mort ou l'enfermement définitif. Le film combine constamment deux motifs opposés, linéaire et circulaire. Sur la ligne droite de l'autoroute, un fatum omniprésent impose à la volonté du héros des détours imprévus qui finiront par l'annihiler. Cette double figure culmine avec une évidence presque invraisemblable dans l'extraordinaire séquence du meurtre involontaire final : le héros tire brutalement sur le fil du téléphone dont il ne voit que la partie rectiligne, cependant que dans la pièce à côté, derrière la porte fermée, le même fil enserre la gorge de la victime et l'étrangle. La ligne droite (en espace ouvert) est assimilée à la solitude, à la déambulation, au désespoir ; le cercle (en huis clos) à la promiscuité, au meurtre et à l'enfer.

## 2000 ANS SOUS LES VERROUS
**(20 000 Years in Sing Sing)**

1933 – USA (77') • *Prod.* Warner – First National (Robert Lord) • *Réal.* MICHAEL CURTIZ • *Sc.* Wilson Mizner et Brown Holmes, Courtney Territt et Robert Lord d'ap. le livre de Lewis E. Lawes • *Phot.* Barney McGill • *Mus.* Bernhart Kaun • *Déc.* Anton Grot • *Int.* Spencer Tracy (Tom Connors), Bette Davis (Fay), Lyle Talbot (Bud), Louis Calhern (Joe Finn), Arthur Byron (Mr. Long), Warren Hymer (Hype), Grant Mitchell (Dr Ames).

Plein d'insolence, Tom Connors, un jeune chef de gang déjà célèbre, pénètre dans la prison de Sing Sing pour y purger une peine de détention à vie. Il est persuadé que Finn, son associé, va le faire sortir de là très vite, avec l'aide de ses amis politiciens. Le directeur de la prison, Long, intelligent et compétent, réussit à mater Tom Connors sans recourir à la violence, en le laissant simplement subir les conséquences de son obstination. Tom refuse-t-il de porter l'uniforme des prisonniers : Long le laisse se promener en petite tenue dans la cour et supporter ainsi les moqueries de ses codétenus et les rigueurs du froid. Tom refuse-t-il de travailler : il croupira dans sa geôle jusqu'à ce que, rendu fou par l'ennui et l'oisiveté, il supplie qu'on l'autorise à aller casser des pierres dans la carrière. Plus tard, Tom s'abstient de participer à une tentative d'évasion organisée par plusieurs de ses camarades, laquelle finira dans le sang. Sa petite amie, Fay, a été victime d'un grave accident d'auto. Le directeur permet à Tom d'aller la voir, en lui faisant jurer sur l'honneur qu'il réintégrera la prison le jour même. Chez Fay, Tom se bagarre avec Finn qui l'a trahi et qui, de plus, est responsable de l'accident de Fay. Fay tire sur Finn pour protéger Tom, et l'abat. Tom rentre quand même à la prison, sachant bien qu'il sera accusé du meurtre. Ce qui se produit en effet. Avant d'aller sur la chaise électrique, il interdit à Fay de témoigner pour lui et de dire la vérité.

☞ Sur le plan du contenu social, le film sert d'antithèse et de complément d'information au célèbre *I Am a Fugitive from a Chain Gang** de Mervyn LeRoy, produit quelques mois auparavant par la même firme. Le scénario s'attache à démontrer le côté « positif » que peut comporter la détention pour les prisonniers et pour la société, quand elle est organisée et surveillée par des hommes responsables et compétents. Le scénario défend également les avantages de l'« honor system », sorte de contrat moral passé dans certaines circonstances entre le détenu et les autorités. Par-delà l'aspect social, Curtiz, grâce à sa mise en scène admirablement dynamique, économe et précise, rend surtout sensibles au spectateur le destin mouvementé et tragique des personnages, les aléas de leur existence, l'évolution de leurs sentiments. L'histoire d'amour entre Tracy et Bette Davis, qui tient en peu de scènes, est l'une des plus poignantes du cinéma. Curtiz ne juge pas : il observe, il montre, il installe le spectateur au beau milieu des faits et de leur complexité, sans tolérer dans son récit une seconde de répit, de mollesse ou de banalité.

## 2001 : L'ODYSSÉE DE L'ESPACE (2001 : A Space Odyssey)

1968 – Grande-Bretagne – USA (160' ramenées à 141') • *Prod.* MGM (Stanley Kubrick) • *Réal.* STANLEY KUBRICK • *Sc.* S. Kubrick et Arthur C. Clarke • *Phot.* Geoffrey Unsworth (Technicolor, panavision) • *Effets spéciaux* Stanley Kubrick, Wally Weevers, Douglas Trumbull, Con Pederson, Tom Howard • *Déc.* Tony Masters, Harry Lange, Ernie Archer • *Mus.* Aram Khatchaturian, Gyorgy Liget, Johann Strauss, Richard Strauss • *Int.* Keir Dullea (David Bowman), Gary Lockwood (Frank Poole), William Sylvester (Dr Heywood Floyd), Daniel Richter (le guetteur de lune), Leonard Rossiter (Smyslov), Margaret Tyzack (Elena), Robert Beatty (Halvorsen), Sean Sullivan (Michaels), Douglas Rain (voix de Hal).

Le film est composé de quatre parties ; seul le début de la deuxième n'est pas indiqué par un intertitre. L'AUBE DE L'HOMME. Une tribu d'hommes ressemblant à des singes ou de singes ressemblant à des hommes vivent en compagnie d'animaux dont ils subissent parfois les agressions. Ils disputent à une autre tribu la possession d'un point d'eau. Un matin, ils trouvent dressé sur le sol un grand monolithe noir de forme parallélépipédique ; ils l'examinent avec attention et s'enhardissent même à le toucher. Sous l'influence de ce monolithe, un des hommes-singes a l'inspiration de se servir d'un os comme d'une arme. Dès lors les hommes-singes deviennent carnivores et peuvent s'entretuer... Quatre millions d'années plus tard, en 2001, des vaisseaux spatiaux voyagent autour de la Terre et des autres planètes. Le savant américain, le Dr Heywood Floyd, après une halte à la station spatiale nº 5, se rend sur la Lune. A Clavius, il est chargé de recommander aux savants de maintenir le secret le plus absolu sur la fantastique découverte qu'ils viennent de faire. Il va ensuite avec quelques astronautes contempler la découverte en question : un monolithe noir semblable à celui que les hommes-singes avaient trouvé sur leur territoire. Selon les savants, il a été enterré *volontairement* il y a quatre millions d'années. MISSION JUPITER. DIX-HUIT MOIS PLUS TARD. Un énorme vaisseau américain, le Discovery, fait route vers la planète Jupiter pour un voyage de neuf mois. L'équipage compte les astronautes David Bowman et Frank Poole, trois savants en état d'hibernation et l'ordinateur Hal 9 000, le plus évolué de ce type, dont le cerveau commande toutes les manœuvres du voyage. Les astronautes ignorent jusqu'à présent le but de la mission. Hal ayant déclaré qu'une panne allait se produire sur une antenne dans un délai de soixante-douze heures, Bowman quitte le vaisseau à l'intérieur d'une mini-capsule pour aller chercher la partie du mécanisme soi-disant défectueuse. L'ayant rapportée dans le vaisseau, il constate avec Poole qu'elle est en parfait état. Hal propose de la replacer sur l'antenne. Devant cette erreur qui les inquiète beaucoup, Bowman et Poole se demandent s'il ne faudrait pas déconnecter Hal, manœuvre qui n'a jamais été effectuée jusqu'ici avec un ordinateur de ce type. Comment Hal, qui réagit tout à fait comme un être humain, prendra-t-il la chose ? Les deux hommes croient parler hors de portée auditive de l'ordinateur, mais celui-ci lit leurs paroles sur leurs lèvres. Quand Poole sort dans l'espace pour remettre en place le fragment du mécanisme, Hal provoque sa mort ainsi que celle des trois hommes en hibernation. Bowman sort dans une capsule pour récupérer Poole mais ne peut pas revenir dans le vaisseau dont Hal bloque les entrées. Bowman réintègre le vaisseau par l'issue de secours. Il déconnecte l'ordinateur qui, au cours de l'opération, le suppliera de revenir sur sa décision, s'excusera de sa mauvaise conduite et promettra enfin de s'amender. Devant la détermination de Bowman, il dit : « J'ai peur... mon cerveau faiblit. » Puis il chante une petite chanson, « Daisy », que lui avait apprise son premier constructeur. Bowman prend ensuite connaissance d'un message enregistré avant le départ du vaisseau. Destiné à l'équipage, il était resté jusque-là secret : « Il y a dix-huit mois a été découverte la première preuve formelle de l'existence d'une forme de vie intelligente extra-terrestre. Elle était enfouie à quinze mètres de profondeur sous le sol lunaire, près du cratère de Tycho. A l'exception d'une onde radio très puissante émise en direction de Jupiter, le monolithe noir de quatre millions d'années est resté parfaitement inerte. Son origine et son but sont encore aujourd'hui un mystère total. » JUPITER ET AU-DELA DE L'INFINI. Bowman est aspiré dans une autre dimension de l'espace et du temps. Il traverse un maelstrom indescriptible de couleurs, de paysages, de galaxies en éruption. Il se retrouve dans une chambre de style Louis XVI. Il y vieillit et, aux approches de la mort, voit devant son lit un monolithe noir parallélépipédique. Il renaît sous la forme d'un fœtus astral flottant au-dessus de la Terre.

☞ Comme le dit Jacques Goimard (cf. Biblio.) : « *2001* est le premier film depuis *Intolérance** qui soit à la fois une superproduction et un film expérimental. » A l'inverse de plusieurs superproductions hollywoodiennes, celle-ci émane, pour le sens et la forme, d'un seul homme et ne passa pas de main en main, malgré une genèse assez longue (1964-1968) durant laquelle le budget initial grossit de six millions à dix millions et demi de dollars. Pour autant, ce n'est nullement l'œuvre d'un homme seul et, en premier lieu, l'apport du scénariste et écrivain de SF Arthur C. Clarke fut très important. Début 1964, Kubrick proposa à Clarke d'écrire un scénario en vue d'un film de SF qui prendrait d'abord la forme d'un roman écrit à deux. Le point de départ du roman et du film fut les nouvelles de Clarke « The Sentinel » (écrite en 1948), ainsi que « Encounter in the Dawn » (1950) et « Guardian Angel » (1950). Le travail d'écriture et la préparation du film durèrent jusqu'au 29-12-65, date du premier jour de tournage. Le tournage lui-même s'étala environ sur sept mois (aux studios Boreham Wood en Angleterre) et la post-production (plus de deux cents plans du film nécessitèrent des effets spéciaux) n'arriva à son terme qu'au début 1968. Le travail et l'inspiration de Kubrick visèrent deux buts parallèles : réaliser le film de SF le plus spectaculaire à ce jour (avec les maquettes, les effets spéciaux les plus soignés et les plus sophistiqués, grâce notamment au talent de Douglas Trumbull) et livrer une sorte de poème philosophique sur le destin de l'Homme dans sa relation au Temps, au progrès et à l'univers. Cette double ambition aboutit à une œuvre à la construction très originale et très risquée, faite de quatre blocs relativement autonomes, qui met aussi en valeur la virtuosité de Kubrick et sa volonté de parcourir le champ presque complet du genre (comme le remarque Bernard Eisenschitz *in* « Cahiers du Cinéma » nº 209 : « La maîtrise de Kubrick apparaît dans la juxtaposition et le brassage de quatre grands motifs caractéristiques : SF préhistorique, anticipation à court terme, voyages interplanétaires, enfin grandes galaxies, mutants en hyperespace »). Basiquement, *2001* est un film d'angoisse – une angoisse étale, comme glaciaire, dont la substance est pour ainsi dire consubstantielle à l'existence de l'homme dans l'univers. C'est l'angoisse – physique et métaphysique – de l'homme perdu dans les espaces infinis, mais aussi guetté, à toutes époques, par la prochaine étape – inéluctable – du progrès scientifique, qui ne manquera pas d'être pour lui plus destructrice encore que constructive. Mais *2001* est aussi un film de spéculation : l'influence des extra-terrestres (se manifestant par le monolithe), la mutation finale du héros engendreront peut-être une forme de vie et de développement moins décevante, moins imparfaite que celle que nous connaissons. A cet égard, le film peut être jugé optimiste. Mais alors que le pessimisme de Kubrick est *ressenti* comme une évidence pendant la plus grande partie du film (où même la vie quotidienne des personnages, devenus les simples servants des machines et du cerveau qui les commande, engendre une déprimante monotonie pareille à l'« ennui mortel de l'immortalité » désigné un jour par Cocteau), son « optimisme » reste purement spéculatif et, comme tel, n'existe qu'avec un immense point d'interrogation. Optimisme à vrai dire très relatif puisque tout ce qui pourrait advenir à l'homme de meilleur lui viendrait d'ailleurs et sans qu'il l'ait décidé. Kubrick semble même émettre l'hypothèse que toute l'évolution scientifique de l'homme peut être déterminée par l'intervention d'extra-terrestres. Sur le plan formel, Kubrick alterne avec une merveilleuse plénitude l'aspect contemplatif (évolution des vaisseaux dans l'espace) et l'aspect dramatique (cf. l'extraordinaire duel entre Keir Dullea et l'ordinateur Hal 9000 qui n'aura pas le dernier mot). Il parsème les vastes nappes d'angoisse répandues dans le film d'étroites zones d'humour. Humour tantôt relativement secret (échange de banalités entre les astronautes), tantôt plus évident (utilisation de la musique de Johann Strauss). Tout ce qu'on sait de l'élaboration du film, des hésitations et des tâtonnements du Kubrick montre qu'il a voulu aller de plus en plus loin dans le sens du silence, de l'économie, du secret et du mystère. Il a ainsi supprimé le commentaire *off* du début, réduit au minimum les membres de l'équipage du Discovery, renoncé à montrer les extra-terrestres. Cette direction a été très bénéfique au film. Elle a stimulé, comme jamais on n'avait osé le faire avant lui dans un film de ce budget, l'imagination du spectateur. (Et il est significatif que la plupart des commentaires écrits sur *2001* tant en Europe qu'aux États-Unis soient dans l'ensemble d'un très haut niveau.) Elle a eu également pour effet de gommer dans le style la tendance de Kubrick à souligner lourdement ses effets et son propos : de tous ses films, *2001* est le plus sobre, le plus complet et le plus abouti. En ce qui concerne l'histoire de la SF cinématographique, *2001* qui créa à sa sortie un choc dont l'écho n'est pas encore éteint aujourd'hui, se situe à l'orée d'une décennie où le genre allait devenir prédominant après avoir été minoritaire et marginal pendant cinquante ans à Hollywood.

N.B. Arthur Clarke écrivit une suite à son roman d'où fut tiré un film *2010* (titre français identique) réalisé par Peter Hyams (1984). Keir Dullea retrouvait son rôle. Développant surtout un propos politique, encourageant une alliance entre Américains et Russes, l'œuvre manquait d'envergure et était même très inférieure à certains des autres films de SF de Hyams comme *Capricorn One* (1978) ou *Outland* (1981).

BIBLIO : quelques mois après la sortie de *2001* sortit le livre (homonyme) du film, signé par Arthur C. Clarke seul, New York, New American Library, 1968 (traduit chez Robert Laffont). Le découpage du film (643 plans) est paru dans « L'Avant-Scène » n° 231-232 (1979), précédé d'une importante préface de Jacques Goimard dont on recommandera aussi la critique écrite à chaud pour « Fiction », novembre 68 : l'auteur y confesse sa perplexité et son admiration face à une œuvre qui, ne l'oublions pas, parut à l'époque, même aux yeux des spécialistes, très ésotérique. Sur le tournage et les trucages, voir Jerome Agel : « The Making of *2001* », New York, New American Library, 1970. (Pour ce recueil de textes et de documents, l'auteur eut accès aux dossiers de Kubrick. Ouvrage considéré jusqu'à il y a peu de temps comme le best-seller des livres américains sur le cinéma.) On lira aussi Arthur C. Clarke : « The Lost Worlds of *2001* », New York, New American Library, 1972 (livre de bord du scénariste) ; Carolyn Geduld : « Filmguide to *2001 : a Space Odyssey* », Indiana University Press, 1973 (études, chronologie et bibliographie) ; Jean-Paul Dumont et Jean Monod : « Le Fœtus astral », Christian Bourgois, 1970 (sans doute la première étude structuraliste sur un film).

## DEUX NIGAUDS CONTRE FRANKENSTEIN
### (Abbott and Costello Meet Frankenstein)

1948 – USA (83') • *Prod.* UI (Robert Arthur) • *Réal.* CHARLES T. BARTON • *Sc.* Robert Lees, Frederic I. Rinaldo, John Grant • *Phot.* Charles von Enger • *Mus.* Frank Skinner • *Int.* Bud Abbott (Chick Young), Lou Costello (Wilbur Grey), Bela Lugosi (Dracula), Lon Chaney, Jr. (Lawrence Talbot), Glenn Strange (le monstre), Lenore Aubert (Sandra Mornay), Jane Randolph (Joan Raymond), Frank Ferguson (Mr. McDougal).

En Floride, deux bagagistes, Chick et Wilbur, livrent dans un « musée des horreurs » les cercueils du comte Dracula et du monstre créé par Frankenstein. Dracula sort de son cercueil, hypnotise Wilbur et réveille le monstre, très affaibli, qu'il confie à une doctoresse afin qu'elle lui redonne sa vigueur d'antan tout en le laissant entièrement sous le contrôle de sa volonté à lui, le comte. Réticente, la doctoresse est hypnotisée à son tour, puis vampirisée. Au cours d'un bal masqué, elle cherche à vampiriser Wilbur qui est poursuivi comme d'autres invités par le « Wolf Man » (loup-garou) venu détruire Dracula et le monstre de Frankenstein. Wilbur est finalement capturé par Dracula qui, aidé par la doctoresse, a l'intention de greffer son cerveau au monstre. Chick et le « Wolf Man » le délivrent. Le « Wolf Man » se noie avec Dracula ayant pris l'aspect d'une chauve-souris, tandis que l'assistant de la doctoresse embrase la créature de Frankenstein.

☞ Parmi les 34 longs métrages tournés entre 1940 et 1956 par le tandem comique Bud Abbott-Lou Costello, un certain nombre reprend, pour les brocarder, des personnages de films hollywoodiens, la plupart du temps fantastiques. *Deux Nigauds contre Frankenstein* est chronologiquement le premier d'entre eux. Le principe de la série consistait à effectuer la parodie des grandes œuvres fantastiques de la Universal depuis 1931, en y apportant le même soin (notamment dans les maquillages), en utilisant si possible les mêmes décors et les mêmes interprètes, auxquels s'ajoutaient bien entendu les deux célèbres ahuris dans leurs pitreries habituelles. Sur le plan du budget, la parodie n'était nullement le parent pauvre de l'original. Ce titre, le premier de la série, fit bonne mesure en parodiant trois films à la fois : le *Dracula** de Tod Browning (avec Bela Lugosi), le *Frankenstein** de James Whale (Glenn Strange remplaçant Boris Karloff dans le rôle du monstre comme il l'avait déjà fait dans *House of Frankenstein** de Erle C. Kenton) et *The Wolf Man* de George Waggner avec Lon Chaney, Jr. Le succès de la série fut considérable, surtout auprès des enfants. Après guerre, les films originaux n'étant souvent plus en distribution, toute une génération de cinéphiles apprit à connaître les monstres sacrés de la Universal à travers ces parodies respectueuses et soignées. Le comique bon enfant et simpliste d'Abbott et Costello fonctionne ici selon un schéma aux vertus éprouvées : Lou est toujours le seul à être mis en présence du surnaturel et donc à être terrorisé. Ses frayeurs à répétition suscitent le scepticisme narquois et méprisant de son partenaire. Dans ces films, ce n'est pas le spectateur qui est censé avoir peur, mais un personnage burlesque intégré à l'intrigue. Ce relais crée l'humour et désamorce le fantastique sans en altérer les vertus pittoresques. On peut même préférer la présente composition de Lugosi à celle de son Dracula de 1931.

N.B. Autres parodies fantastiques avec Abbott et Costello : *A and B Meet the Killer, Boris Karloff* (*Deux Nigauds chez les tueurs*), Charles Barton, 1949. *A and B Meet the Invisible Man (Deux Nigauds* et *l'homme invisible*), Charles Lamont, 1951. *A and B Meet Dr Jekyll and Mr. Hyde* (*Deux Nigauds contre Dr Jekyll et Mr. Hyde*), Charles Lamont, 1954. *A and B Meet the Mummy* (*Deux Nigauds et la Momie*), Charles Lamont, 1955. Ajoutons deux parodies non fantastiques *A and B Meet Captain Kidd* (Charles Lamont, 1952, inédit en France) avec Charles Laughton qui reprend son rôle du film *Captain Kidd (Capitaine Kidd,* Rowland V. Lee, 1945) et *A and B Meet the Keystone Cops* (Charles Lamont, 1955, inédit en France) ressuscitant les célèbres flics de Mack Sennett, lui-même présent en personne dans le film.

## DEUX ROUQUINES DANS LA BAGARRE
### (Slightly Scarlet)

1956 – USA (99') • *Prod.* RKO/Filmcrest Productions (Benedict Bogeaus) • *Réal.* ALLAN DWAN • *Sc.* Robert Blees d'ap. R. « Love's Lovely Counterfeit » de James M. Cain • *Phot.* John Alton (Technicolor, Superscope) • *Mus.* Louis Forbes • *Int.* John Payne (Ben Grace), Arlene Dahl (Dorothy Lyons), Rhonda Fleming (June Lyons), Kent Taylor (Jansen), Ted de Corsia (Sol Caspar), Lance Fuller (Gauss), Buddy Baer (Lenhardt), Roy Gordon (Marlowe), Frank Gerstle (Dietz).

June Lyons va chercher sa sœur Dorothy à sa sortie de prison. Névrosée, kleptomane, nymphomane à ses heures, Dorothy a été condamnée pour vol et est aujourd'hui libérée sur parole. June travaille comme secrétaire de Jansen, candidat bien placé à la mairie. Il veut lutter contre la corruption de la ville et particulièrement contre le gangster Caspar. Ben Grace, un petit truand travaillant pour le compte de Caspar mais cherchant à le supplanter, tombe amoureux de June et lui fournit, pour qu'elle les donne à Jansen, des renseignements sur Caspar. Il la prévient notamment que Caspar va s'en prendre au directeur de journal Marlowe qui mène campagne contre le banditisme. Effectivement, Marlowe est assassiné par Caspar. Jansen propose à June de l'épouser. Elle remet à plus tard sa réponse. Jansen est élu maire. Caspar est obligé de s'éloigner. Ben prend sa place à la tête du gang et développe ses activités dans le domaine des jeux. Dorothy est de nouveau arrêtée pour vol. June demande à Ben de tirer sa sœur de là. Il fait intervenir son ami Dietz qu'il avait aidé à devenir shérif. Mais Jansen passe un savon à Dietz et Dorothy devra se présenter devant la justice. Elle estime que June ne l'a pas suffisamment aidée et, comme elle est de surcroît jalouse de ses amours avec Ben, elle se dispute avec elle. Ben a mis la main sur une partie du magot de la bande et propose à June de filer avec lui. Dorothy échappe à sa sœur et se rend dans la maison de Ben où Caspar fait irruption. Il trouve Dorothy, déjà à demi abrutie par l'alcool, tout à fait à son goût. Il l'emmène dans sa villa au bord de la mer où June, partie à sa recherche, la retrouve. June gifle Dorothy avant de tirer avec un fusil de pêche sous-marine sur Caspar qui la menaçait. Celui-ci aura encore la force de tirer sur Ben qui vient d'arriver et qui, une fois blessé, appelle la police. Il fait en sorte que Caspar soit surpris par les policiers en train de tirer sur lui. Caspar est arrêté. Ben, le corps troué de balles, est emmené sur une civière. Il a une chance de survivre.

☞ Œuvre baroque et somptueuse, quoique faite avec presque rien, tant sur le plan dramatique que financier. C'est un film d'auteur à cent pour cent où l'auteur en question, le vénérable Allan Dwan, chargé d'ans et de merveilles, hollywoodien jusqu'au bout des ongles, ne suit aucune règle, ignore superbement le genre où il travaille, ne respecte que son bon plaisir et marque, en dépit de tout, son territoire dans l'espace de sa mise en scène. Cet étrange *film noir* en couleurs est illuminé par le travail de son vieux complice John Alton et se trouve ainsi transformé en féerie visuelle où la beauté, la magnificence du monde – ainsi cette plage nocturne, ces rochers battus par les vagues sur lesquels est construite la villa du gangster – ont plus d'importance que l'action (qui n'en a aucune), que les personnages et que le genre lui-même. Si John Payne a bien l'ambiguïté traditionnelle des héros de *films noirs,* les deux sœurs, Rhonda Fleming et Arlene Dahl, se voient métamorphosées, l'une en personnage moralisateur de mélodrame (la sœur aînée protégeant contre vents et marées sa cadette) et l'autre en héroïne de conte érotique. Dans cette ville corrompue servant de décor à l'action, le ver est dans le fruit mais, dans une certaine mesure, il sert à souligner la splendeur du fruit, tout comme l'architecture de la ville sert à magnifier la nature qui continue de s'épanouir à ses confins, plus forte que les constructions et les dépravations humaines. A travers les méandres d'une intrigue policière de troisième zone, l'œil du spectateur retient surtout la pureté bleutée de l'air et de l'eau, ces brassées de fleurs bariolées jetées au milieu des plans et ces deux superbes héroïnes qui traversent l'histoire sans y participer vraiment, évoluant entre deux mondes, entre deux rêves, et parfois sublimement intégrées à la composition triangulaire des plans.

## DEUX SŒURS (LES)
**(Zimei Hua)**

1933 – Chine (82') • *Prod.* Studios Mingxing • *Réal.* ZHENG ZHENGQIU • *Sc.* Zheng Zhengqiu d'ap. sa P. « La dame riche et la prisonnière » • *Phot.*

Dong Keyi • *Int.* Hue Die (Da Bao/Er Bao), Zheng Xiaoqiu (Tao Ge), Xuan Jinglin (la mère), Tan Zhiyuan, Gu Meijun.

Deux sœurs sont séparées dès leur plus tendre enfance. Le père abandonne le foyer conjugal en emmenant avec lui la plus jolie des deux. Il se livre à un trafic d'armes et plus tard donnera sa fille à un général. L'autre sœur mène une vie de misère et se marie à un maçon qui meurt victime d'un accident du travail. Elle devient la nourrice du bébé de sa sœur sans savoir qu'il s'agit de son neveu. Ayant tué accidentellement une servante, elle est emprisonnée. Le père des deux femmes est contraint par son épouse qui l'a retrouvé de mettre les deux sœurs en présence. Émue et cédant pour la première fois de sa vie à un mouvement de compassion, la plus riche viendra en aide à l'autre et la fera sortir de prison.

☞ Ce mélodrame au style archaïque et homogène fut un triomphe commercial en Chine. Il donna l'occasion à ses auteurs de valoriser de façon spectaculaire le talent de l'actrice Hu Die (ou Hu Tieh, aussi appelée Miss Butterfly Wu), ici interprète d'un double rôle. Le film impressionna aussi le public par des trucages alors inédits, utilisés dans les plans où figurent ensemble les deux sœurs. L'une et l'autre représentent bien entendu les deux visages de la Chine : celle des oisifs, des égoïstes, des profiteurs, des trafiquants, et celle des pauvres qui suent sang et eau pour survivre et déploient au milieu de leurs efforts des trésors de générosité et d'humanité. Ce manichéisme social et moral, fondement du mélodrame traditionnel, trouve à s'incarner ici dans une intrigue très primitive et d'autant plus significative qu'elle est pure de toute nuance, de toute subtilité. A ce titre, elle mérite d'intéresser les historiens du genre.

## D'HOMME A HOMMES

1948 – France (96') • *Prod.* RIC • *Réal.* CHRISTIAN-JAQUE • *Sc.* Charles Spaak, Christian-Jaque • *Phot.* Christian Matras • *Mus.* Joseph Kosma • *Int.* Jean-Louis Barrault (Henri Dunant), Hélène Perdrière (Elsa Kastner), Berthe Bovy (Mme Dunand), Bernard Blier (Coquillet), Louis Seigner (Philibert Routorbe), Jean Debucourt (Napoléon III), Denis d'Inès (général Dufour), Maurice Escande (Jérôme de Lormel).

Henri Dunant, colon suisse en Algérie, veut présenter à Napoléon III une supplique concernant l'irrigation de ses terres. Allant à la recherche de l'Empereur, il assiste à la bataille de Solférino, voit le sort atroce des blessés et décide incontinent de se mettre à leur service. Propagandiste infatigable, il obtient la création d'une société de secours international, fondée à Genève, la Croix-Rouge. Mais il a dilapidé pour ses œuvres des fonds qui ne lui appartenaient pas. Il est jugé et condamné. On lui demande de démissionner de la société qu'il a créée. Il tombe dans une grande misère. Il réapparaît au siège de Paris en 1870 où il donne, comme à son habitude, de sa personne pour aider les blessés. Puis il entre dans un hospice de vieillards où il apprendra qu'on lui a décerné le premier prix Nobel de la Paix.

☞ Christian-Jaque, le plus éclectique des cinéastes français (quel genre n'a-t-il pas abordé ?) se devait de réaliser quelques biographies de grands hommes à l'époque où ce genre florissait en France, dans les années 40. C'est l'occasion pour lui d'exprimer, comme il le fera plus tard dans *Si tous les gars du monde,* ses idéaux humanitaires et sa confiance naïve mais sincère dans le progrès moral de l'homme. Il a cherché à montrer ici, à travers l'histoire de la naissance de la Croix-Rouge, la concrétisation d'une parcelle infime et pourtant bien réelle de cette grande utopie : la paix universelle. A cet égard, la scène la plus typique du film est celle où Dunant au siège de Paris brandit le drapeau de son organisation et fait cesser pendant quelques instants le tir des combattants, permettant ainsi à une barque de blessés de franchir en sécurité le fleuve. Sans atteindre jamais à un grand souffle, la mise en scène de Christian-Jaque évite constamment les pièges de l'académisme. Alliant les mérites d'un scénario sans temps mort à ceux d'une interprétation convaincante, *D'homme à hommes* est en effet une œuvre honorable qui, grâce à son succès, atteignit les buts qu'elle s'était fixés.

BIBLIO. : intéressante « novelization » par Gilbert Sigaux (illustrée de photos), Éditions de Flore, 1948.

## DIABLE AU CORPS (LE)

1946 – France (110') • *Prod.* Transcontinental Films (Paul Graetz) • *Réal.* CLAUDE AUTANT-LARA • *Sc.* Jean Aurenche et Pierre Bost d'ap. R. de Raymond Radiguet • *Phot.* Michel Kelber • *Mus.* René Cloérec • *Int.* Gérard Philipe (François Jaubert), Micheline Presle (Marthe Grangier), Jean Debucourt (M. Jaubert), Jean Varas (Jacques Lacombe), Denise Grey (Mme Grangier), Pierre Palau (M. Marin), Maurice Lagrenée (le médecin).

Dans la banlieue parisienne, durant la guerre 14-18, la liaison passionnée de François, adolescent de dix-sept ans, élève de seconde, et de Marthe, de deux ans son aînée, infirmière bénévole dans son lycée transformé partiellement en hôpital. Ils font connaissance alors qu'elle est déjà fiancée. Après une petite brouille et un rendez-vous manqué avec François, elle se marie. Les deux amants se reverront très souvent dans l'appartement de Marthe qu'elle occupe seule maintenant, puisque son mari est au front. Elle est enceinte de François. Celui-ci se déclare d'abord très heureux et s'apprête à aller parler au mari. Mais il n'en fait rien. La fin de la guerre approche. Lassée de l'immaturité et des lâchetés de François, Marthe quitte un jour l'appartement sans laisser d'adresse. François court vers la gare et la retrouve dans le train. Elle lui dit qu'elle a décidé d'aller accoucher chez sa grand-mère en Bretagne où personne ne la connaît. Ils font un dîner d'adieu à Paris. Marthe se trouve mal et François appelle la mère de celle-ci. Elle emmène sa fille et repousse François qui ne résiste pas. Il n'aura jamais le courage de s'expliquer avec le mari de Marthe. Elle meurt peu après l'accouchement en prononçant le nom de son amant.

☞ Un vernis desséché et académique a recouvert la plus grande partie du film. Il faut faire un effort pour se remettre en mémoire qu'il suscita à sa sortie un petit scandale à travers la France, lointain écho de celui qui accueillit la parution du roman de Radiguet en 1923. Une autre guerre avait ravivé les susceptibilités. Pourtant le travail d'Autant-Lara reste solide. L'image est soignée et élaborée. Les mouvements d'appareil cherchent à saisir les personnages au plus près de leurs réactions et de leurs émotions. L'interprétation mérite des éloges. C'est l'adaptation qui gâche en partie le film. Elle manque singulièrement de feu et de sincérité, et ses défauts sont nombreux : laborieuse construction en flash-back à partir de l'enterrement de Marthe – piètre substitut à la narration à la première personne du livre ; dialogues pâles et abondants, souvent conventionnels ; petites ruses dramatiques affaiblissant l'intensité du drame (ex. : les amants dans leur maison croient que le mari arrive ; c'est un autre soldat, venu en messager, qui frappe à la porte). Seules les dernières scènes – retrouvailles dans le train, dîner d'adieu, maladie et mort de Marthe – parviennent à émouvoir. Pour la raison sans doute que la nature du jeu de Gérard Philipe (comme d'ailleurs celle du cinéma français de l'époque) était beaucoup plus apte à exprimer le malheur, l'échec, la tristesse des destins manqués que la bouleversante spontanéité des sentiments. Gérard Philipe fait passer avec talent la faiblesse de caractère et la lâcheté enfantine de François : en somme tout le « négatif » un peu mesquin du personnage. Mais l'autre face du rôle, incandescente et romantique, est absente.

N.B. Autant-Lara a déclaré que c'est son pacifisme viscéral et permanent qui l'a poussé à adapter le roman de Radiguet. Cette inspiration n'est pas du tout évidente dans le film. Il estime d'autre part que le scénario de son film est supérieur à l'intrigue du roman, en ce sens qu'il est fidèle (plus fidèle même que le livre lui-même) à ce qu'avait écrit Radiguet avant les coupes pratiquées sous l'influence de Cocteau. Deux remakes en 1986, l'un, australien, de Scott Murray, l'autre, italien, de Marco Bellochio (exécrable).

BIBLIO. : scénario et dialogues (version intégrale conforme au découpage original), Pierre Lherminier, 1984. Le volume contient un important dossier sur la genèse et l'accueil du film. On peut notamment y lire : « Le syndicat des techniciens de la production cinématographique (CGT) – et d'abord les techniciens mêmes du film, totalement solidaires du réalisateur – jouèrent un rôle non négligeable, menaces de grève à l'appui, pour empêcher en définitive le sabotage de l'entreprise par le producteur. Lequel, non content d'avoir arraché à Claude Autant-Lara l'abandon de séquences importantes prévues au découpage et à l'écourtement de certaines autres, prétendait aller au-delà, remettant notamment en question la structure même du film, fondée sur un flash-back. »

## DIABLE BOITEUX (LE)

1948 – France (130') • *Prod.* Union Cinématographique Lyonnaise • *Réal.* SACHA GUITRY • *Sc.* Sacha Guitry d'ap. sa P. • *Phot.* Nicolas Toporkoff • *Mus.* Louis Beydts • *Int.* Sacha Guitry (Charles-Maurice de Talleyrand-Périgord), Lana Marconi (Mme Grand puis Mme Talleyrand), Georges Spanelly (le comte de Montrond), Robert Dartois (le comte Rémusat), Renée Devillers (la duchesse de Dino), Emile Drain (Napoléon Ier / valet de Talleyrand), Henry Laverne (Louis XVIII/ valet de Talleyrand), Maurice Teynac (Charles X / valet de Talleyrand), Philippe Richard (Louis-Philippe / valet de Talleyrand), Georges Grey (Caulaincourt), Jeanne Fusier-Gir (Marie-Thérèse Champignon), José Noguero (le duc de San Carlos), Jacques Varennes (le général de La Fayette), Maurice Schutz (Voltaire), Pauline Carton (la chiromancienne), José Torrès (Don Juan d'Azcona), Robert Seller (le prince de Polignac), Maurice Escande (Metternich), Jean Debucourt (le baron de Humboldt).

Charles-Maurice de Talleyrand-Périgord naît le 2 février 1754 à Paris. Affecté d'un pied bot, il sera ordonné prêtre à son corps défendant. Il deviendra évêque. Ses trois domestiques présentent ainsi leur maître au quatrième d'entre eux, nouvellement arrivé dans la maison : « C'est le diable ! » Talleyrand fut successivement monarchiste, jacobin, ministre sous le Directoire ; aujourd'hui il est le conseiller intime de l'Empereur. Pour ses intimes et sa domesticité, c'est avant tout « un grand seigneur ». Ayant vu un de ses serviteurs l'imiter en boitant, il les force tous les quatre à boiter pendant vingt-quatre heures. Une jeune femme, Mme Grand, se présente chez lui pour savoir si Napoléon compte envahir l'Angleterre, car elle a là-bas de l'argent placé. Charmé par son ingénuité et sa beauté, Talleyrand l'épousera peu après. Il veut démissionner de son poste de Grand-Chambellan car Napoléon – à qui il ne cache pas qu'il préférait Bonaparte – se méfie de lui. Napoléon le nomme vice-grand électeur. Visite de la vieille Marie-Thérèse Champignon, émissaire de Louis XVIII. Elle fut autrefois l'une des premières maîtresses de Talleyrand qui l'appelait « le petit pâtissier ». Elle adore conspirer. Talleyrand qui critique la politique internationale de Napoléon et la guerre qu'il mène en Espagne lui laisse quelque espoir pour un retour prochain du Roi. Sur ordre de l'Empereur, il doit avec sa femme recevoir les Infants d'Espagne. Il donne en leur honneur des fêtes somptueuses à Valençay et découvre à cette occasion que sa femme le trompe. De retour d'Erfurt, il avise l'Empereur qu'il va le trahir. Napoléon le traite de voleur. « Tout ce qui est exagéré est insignifiant. » dit Talleyrand. Il conseille à l'Empereur de rétablir les Bourbons sur le trône d'Espagne et de tendre la main à l'Angleterre. Réponse de Napoléon : « Vous êtes de la merde dans un bas de soie. » Talleyrand et sa femme se séparent définitivement. Napoléon abdique et part pour l'île d'Elbe. « Si je n'avais pas abandonné l'Empereur, dira Talleyrand à cette occasion, j'aurais trahi la France. » Le « petit pâtissier » suit Napoléon par amour des perdants. Retour de Louis XVIII. Au congrès de Vienne où la Prusse, l'Autriche, l'Angleterre et la Russie se partagent l'Europe, Talleyrand rompt l'isolement de la France en passant des traités avec l'Autriche et l'Angleterre. Retour de l'Empereur. Talleyrand a conseillé au Roi de disparaître. Il reviendra peu après. « Il faudrait que les Français cessent d'agir les uns contre les autres », dit Talleyrand. Mort de Louis XVIII. Son frère Charles X, avide de pouvoir, monte sur le trône, rétablit la censure et restaure le droit divin contrairement aux avis de Talleyrand qui n'a pas d'influence sur lui. Talleyrand reçoit dans sa maison le duc d'Orléans et La Fayette. Louis-Philippe succède à Charles X et nomme Talleyrand ambassadeur en Angleterre. Il conclut avec les Anglais cette alliance qui avait été le vœu le plus ardent de sa vie. Il meurt en 1838.

☞ D'abord scénario (refusé par la censure) puis pièce, sous le titre « Talleyrand », et film enfin. Guitry joue la pièce de janvier en avril 1948 au théâtre Édouard VII. On ne l'avait pas vu sur une scène depuis 1944 dans « N'écoutez pas, mesdames ». Après une générale houleuse, la première représentation est un succès. C'est là que Guitry dira la phrase célèbre : « Décidément, on ne peut compter sur personne. » En tant que film, *Le diable boiteux* est par excellence une œuvre de transition. Mise en scène rigide, statique, lourde, plus qu'elle ne l'a jamais été chez Guitry. A l'exception de Jeanne Fusier-Gir (« le petit pâtissier »), la plupart des personnages sont de simples faire-valoir de l'auteur. La fantaisie, la légèreté, le dynamisme de l'avant-guerre sont loin. Et Guitry n'a pas encore trouvé, dans la forme, cette sécheresse, cette amertume, cette causticité géniale et féroce qui naîtront avec *La poison** (1951). Le film vaut essentiellement par la relation qui s'établit entre l'auteur et son personnage, projection mythique de certains aspects de Guitry lui-même. Les tracasseries subies par l'auteur à la Libération trouvent un écho, un exutoire grandiose dans le mépris, l'incompréhension, les calomnies endurées par le grand diplomate tout au long de sa vie. Talleyrand-Guitry s'en console par la conscience de sa propre intelligence, par la certitude de son indéfectible patriotisme. Outre qu'il donne à Guitry acteur l'occasion d'une composition physique saisissante, le personnage de Talleyrand sert aussi à exprimer une certaine « mégalomanie organisatrice » propre à l'auteur. Il n'y a pas loin du petit groom du *Roman d'un tricheur**, maître fictif de toutes les activités de l'hôtel, à Talleyrand lui-même qui accueille les souverains, leur conseille d'apparaître ou disparaître au gré des mouvements de l'Histoire, lesquels lui donnent toujours raison. Symboliquement, insolemment, les quatre acteurs qui interprètent ses domestiques jouent aussi Napoléon, Louis XVIII, Charles X, Louis-Philippe.

N.B. La pièce et le film diffèrent sur plusieurs points. On regrettera, dans le film, l'absence de la scène de la mort (très émouvante au théâtre). En fait, elle fut tournée puis coupée (et non retenue dans le texte publié du film). Il n'en reste qu'un plan très bref qui conclut l'œuvre.

BIBLIO. : le texte du film a été publié sous le titre « le Diable boiteux, scènes de la vie de Talleyrand » aux Éditions de l'Élan, 1948. Le texte de la pièce intitulée « Talleyrand » est paru dans le tome VIII de la série « Cinq cents ans d'Histoire de France », Solar, 1950 ; dans le tome XII du « Théâtre », Librairie Académique Perrin, 1962 ; dans le tome IX du « Théâtre complet », Club de l'Honnête Homme, 1974. Dans sa préface, Guitry précise : « Quant aux erreurs de lieux ou de dates que j'ai pu faire, qu'on ne prenne pas la peine de me les signaler – elles sont voulues. » Rappelons enfin que Talleyrand sera le meneur de jeu-narrateur de *Napoléon* (1955) qui reprend plusieurs scènes, traitées de façon souvent académique, du *Diable boiteux.*

## DIABLESSE EN COLLANT ROSE (LA)
## (Heller in Pink Tights)

1960 – USA (100') • *Prod.* PAR. (Carlo Ponti, Marcello Girosi), • *Réal.* GEORGE CUKOR • *Sc.* Dudley Nichols, Walter Bernstein d'ap. une histoire de Louis L'Amour • *Phot.* Harold Lipstein (Technicolor) • *Mus.* Daniele Amfitheatrof • *Chor.* Val Raset • *Int.* Sophia Loren (Angela Rossini), Anthony Quinn (Tom Healy), Margaret O'Brien (Della Southby), Steve Forrest (Clint Mabry), Ramon Novarro (DeLeon), Eileen Heckart (Lorna Hathaway), Edmund Lowe (Manfred « Doc » Montague), George Matthews (Sam Pierce), Edward Binns (shérif McClain).

A l'époque des Wyatt Earp et des Jesse James, une petite troupe de théâtre ambulant parcourt l'Ouest. Elle passe souvent d'un État à l'autre dans la plus grande précipitation à cause des dettes importantes que laisse partout la vedette féminine, Angela. Deux hommes briguent ses faveurs : le directeur de la troupe et un tueur professionnel, amené à sauver la vie des acteurs menacés par les Indiens. C'est à son directeur, pourtant plus âgé qu'elle, que sourira finalement Angela.

☞ Plus que son éclectisme, la fidélité de Cukor à lui-même mérite d'être soulignée dans cet unique western de sa carrière. On y retrouve en particulier sa tendresse pour les comédiens et pour les vicissitudes de leur destinée ainsi que la peinture des hésitations sentimentales d'une femme tiraillée entre plusieurs modes de vie, entre plusieurs partenaires. Le scénario est hélas assez pauvre, parfois même languissant, et la richesse du film doit être cherchée dans l'image et particulièrement dans les couleurs, d'une grande profusion et d'une rare splendeur. Cukor se paie même le luxe de réaliser sa plus belle séquence de coloriste en illustrant le thème principal du western en général, à savoir la violence : quand il montre les Indiens incendiant les oripeaux et la carriole abandonnés par les acteurs. D'un bout à l'autre du film, la violence est d'ailleurs prise tout à fait au sérieux et décrite comme telle. Ce point nous rappelle à propos que Cukor, dans toutes ses comédies aux tons si variés, n'a jamais cessé de cultiver un certaine forme de réalisme. Le burlesque pur et l'onirisme ne font pas partie de son univers. Même dans une œuvre mineure comme celle-ci, qui pourtant s'y prêtait.

## DIABOLIQUES (LES)

1954 – France (116') • *Prod.* Filmsonor-Vera Films (H.-G. Clouzot) • *Réal.* HENRI-GEORGES CLOUZOT • *Sc.* H.-G. Clouzot, Jérôme Geronimi, René Masson, Frédéric Grendel d'ap. R. « Celle qui n'était plus » de Boileau et Narcejac • *Phot.* Armand Thirard • *Mus.* Georges Van Parys • *Int.* Simone Signoret (Nicole), Paul Meurisse (Michel Delasalle), Véra Clouzot (Christina), Charles Vanel (Fichet), Jean Brochard (Plantiveau), Noël Roquevert (M. Herboux), Pierre Larquey (Drain), Georges Chamarat (Dr Loisy), Jacques Varennes (Pr Bridoux), Thérèse Dorny (Mme Herboux), Michel Serrault (M. Raymond), Jean Témerson (domestique de l'hôtel), Georges Poujouly (le jeune Soudieu), Yves-Marie Maurin (le jeune Moynet).

Michel Delasalle, l'odieux directeur de l'Institution qui porte son nom, maltraite autant sa femme légitime Christina, native d'Amérique du Sud et véritable propriétaire de cet internat privé pour garçons, que sa maîtresse, Nicole Horner, enseignante dans l'établissement. Les deux femmes sont amies et Nicole tâche de persuader Christina de supprimer son mari. Elles l'attirent dans la maison que l'enseignante possède à Niort et là, après lui avoir donné du whisky empoisonné, elles le noient dans la baignoire. C'est Nicole qui accomplit l'essentiel de la besogne. Après quoi, Christina et elle ramènent durant la nuit le cadavre à l'école et le plongent dans la piscine. Christina se meurt d'angoisse. Elle est loin d'être une criminelle endurcie et Nicole lui a en quelque sorte forcé la main. Le cadavre ne réapparaît pas à la surface de la piscine. Quand elle est vidée, point de cadavre non plus. Différents signes manifestent la présence de Michel dans l'école. Cardiaque, Christina doit s'aliter et son médecin lui ordonne de ne plus quitter sa chambre. Nicole préfère s'éloigner de la pension. Une nuit, Michel réapparaît sous les yeux de sa femme... Après le dénouement, Clouzot fit figurer sur la copie l'avertissement suivant : « Ne soyez pas diaboliques ! Ne détruisez pas l'intérêt que pourraient prendre vos amis à ce film. Ne leur racontez pas ce que vous avez vu. »

☞ Le film eut à sa sortie un immense impact commercial, supérieur encore à celui des autres films de Clouzot, qui était le plus souvent considérable. Outre un habile lancement publicitaire, on peut l'attribuer pour l'essentiel à l'intrigue simple, efficace, sans méandres, et au dénouement-choc concoctés par Boileau et Narcejac. *Les diaboliques* est cependant loin d'être l'un des meilleurs Clouzot. L'étude de milieu, où triomphe généralement l'auteur du *Corbeau**, est ici terne et assez pauvre. Les personnages secondaires, à l'exception de l'extraordinaire Roquevert en voisin-alibi, manquent de relief. Une simple revision du film suffit à prouver, s'il en était besoin, le gouffre qui sépare *Les diaboliques* de *Vertigo** d'Hitchcock, autre adaptation de Boileau et Narcejac basée sur le thème de la réapparition d'un « mort ». Alors que quatre-vingts pour cent de la force des *Diaboliques* disparaît à tout jamais après la résolution de l'intrigue, le film d'Hitchcock se trouve au contraire grandi et enrichi après le dévoilement de l'énigme (qui a d'ailleurs lieu bien avant la fin du récit). *Les diaboliques* reste cependant encore visible aujourd'hui à cause du style net, sobre et froid de Clouzot (sauf dans la toute fin grand-guignolesque et guignolesque tout court). Et aussi parce que Clouzot a su rendre émouvant et non artificiel le personnage interprété par sa propre femme qu'il avait fait découvrir dans *Le salaire de la peur** : Christina est en effet, au-delà de toutes les ruses de l'intrigue, la seule véritable et permanente victime d'une histoire somme toute assez banale.

N.B. Comme très souvent chez Clouzot, le tournage fut mouvementé et pénible. Simone Signoret en témoigne dans son livre « La nostalgie n'est plus ce qu'elle était » : « La tension devint extrême du jour où il me dit très méchamment : "Je n'aurais jamais dû vous laisser lire la fin du scénario" [...] Il avait dit là une chose formidablement intelligente et c'est moi qui ne l'ai pas comprise [...] J'ai eu tort. [...] Après la tension ce fut l'enfer et puis l'apocalypse [...] J'avais signé un contrat de huit semaines avec Clouzot, on entrait dans la quinzième semaine de tournage. On en fit seize. Il ne m'en paya que huit. Il avait très bien préparé un contrat que j'avais lu très mal. »

## DIAMANTS SUR CANAPÉ
**(Breakfast at Tiffany's)**

1961 – USA (115') • *Prod.* PAR. (Martin Jurow, Richard Shepherd) • *Réal.* BLAKE EDWARDS • *Sc.* George Axelrod d'ap. R. de Truman Capote • *Phot.* Franz Planer (Technicolor) • *Mus.* Henry Mancini • *Int.* Audrey Hepburn (Holly Golightly), George Peppard (Paul Varjak), Patricia Neal (« 2.E. »), Buddy Ebsen (Doc Golightly), Martin Balsam (O.J. Berman), Mickey Rooney (Mr. Yunioshi), Vilallonga (José Da Silva Perriera).

Dans un immeuble de New York deux voisins, Holly Golightly et Paul Varjak, se rencontrent. Holly est une jeune femme élégante, un peu extravagante, à qui ses nombreuses relations masculines assurent l'existence luxueuse dont elle ne saurait se passer. Jalouse de son indépendance, ayant pourtant besoin de protection, elle se compare elle-même à un animal sauvage. Elle éprouve parfois des peurs soudaines et sans objet qu'elle apaise en allant se promener devant les vitrines du grand bijoutier Tiffany's, un endroit rassurant où rien de néfaste ne saurait arriver. Une fois par semaine, elle rend visite à un prisonnier à Sing Sing, plus ou moins lié à la mafia. Elle bavarde avec lui, recueille de sa bouche un message codé et touche pour cela un paquet de dollars. Elle n'a pas l'impression de faire quelque chose d'illégal, mais plutôt de rendre service à un vieil ami. Elle donne souvent des parties, reçoit toutes sortes de gens, et notamment des milliardaires qu'elle songe parfois à épouser. Paul est un écrivain, auteur d'un seul livre, et n'a rien publié depuis plusieurs années. Il est entretenu par une femme mariée qui, un beau jour, lui annonce qu'elle est suivie. Paul entraîne ce « suiveur » dans un parc et, là, apprend qu'il s'agit du mari de Holly. Il est vétérinaire et fermier, il a au moins cinquante ans. Il dit que sa femme a quitté les siens et a changé d'identité pour venir dans la grande ville. Il voudrait qu'elle revienne vivre avec lui. Holly, par l'intermédiaire de Paul, le revoit, l'embrasse mais refuse obstinément de repartir avec lui. Elle a dit d'ailleurs à Paul que son mariage avait été annulé depuis longtemps. A la demande de Holly, Paul et elle vont s'enivrer dans un bar. Elle parle d'épouser un milliardaire. Dispute. Paul revient la voir le lendemain ; le milliardaire qu'elle voulait épouser s'est remarié pour la quatrième fois. Paul a vendu une histoire. Il est heureux. Ils vont ensemble chez Tiffany's et se font graver pour quelques dollars un anneau trouvé dans une boîte de gâteaux secs. Ils visitent une bibliothèque publique et vérifient que le livre de Paul s'y trouve. Ils volent des masques dans un grand magasin. Paul rompt avec sa maîtresse. Mais Holly parle encore d'épouser un milliardaire, un grand propriétaire brésilien. Elle a une crise nerveuse quand elle apprend la mort de son frère qu'elle adorait. Elle est arrêtée pour complicité dans un trafic de drogue (ses visites à Sing Sing). Un ami paie sa caution. A sa sortie de prison, pour se prouver à elle-même qu'elle est libre, qu'elle n'appartient à personne et que personne ne lui appartient, elle jette son chat, que Paul lui avait rapporté, hors du taxi. Quelques instants plus tard, elle le recherche, affolée, sous la pluie. L'ayant retrouvé, elle s'élance vers Paul et fond en larmes dans ses bras.

☞ Quand le film sortit en 1962, on n'avait rien vu de comparable à cette comédie sentimentale douce-amère, très sophistiquée quoique basée sur des situations souvent triviales, qui négligeait l'action proprement dite pour ne s'intéresser vraiment qu'aux personnages. Et encore pas à tous les personnages : aux deux héros seulement. Pour les autres, c'était ou bien des silhouettes (admirablement burlesques parfois, comme ce Japonais ennemi du bruit et fasciné par Holly qu'incarnait un Mickey Rooney méconnaissable) ou bien des « figurants » rassemblés dans une party bigarrée, élégante, satirique. (Pour Blake Edwards toute la comédie du monde peut tenir dans une party.) Mais ici il s'intéresse essentiellement à un couple. La grâce acide d'Audrey Hepburn (dans son meilleur rôle), la neutralité attentive et un peu veule de George Peppard dessinent deux êtres attachants en constant déséquilibre, des personnages de Musset déambulant sans but dans la ville aux gratte-ciel. Ils rêvent d'indépendance et c'est le nom qu'ils donnent à leur insatisfaction. Dans cette love story à l'allure très moderne, souriante et pleine de larmes, sans effets, sans gags, sans recherche de la surprise, qui mélange les tons ou plutôt les superpose au prix d'une certaine dissonance précieuse, Blake Edwards, à partir du meilleur matériau dramatique qu'il ait eu à filmer, ménage des zones d'ombre et d'imprécision, des marges de vide. S'y engouffrent les rêves des personnages, leur malaise, leur vague à l'âme, presque leurs angoisses. On évitera toutefois de parler de névrose, car cette évocation de caractères fuit la pathologie : elle veut être, dans des tons pastel, quelque chose comme de la peinture mêlée à de la poésie.

## DIBBOUK (LE)
**(Dybuk)**

Inédit en France. 1938 – Pologne (94', certaines sources de l'époque indiquent 122') • *Prod.* Ludwig Previs, Irving Geist • *Réal.* MICHAEL WASZYNSKI • *Sc.* S.A., Kacyzna et Marek Arenstein d'ap. P. « Between Two Worlds » de Sholom Anski • *Mus.* H. Kon • *Int.* Abraham Morewski (le rabbin de Miropol), R. Samberg (le voyageur messager), M. Libman (Sender), Lili Liliana (Léa), G. Lamberger (Nisson), Leon Libgold (Channon).

La Pologne au XIXe siècle. Sender et Nisson sont deux amis d'enfance qui habitent maintenant dans des régions éloignées. Pour rester liés, ils font le serment de marier leurs enfants qui ne sont pas encore nés. Sender est bientôt père d'une petite fille, Léa, dont la mère meurt en la mettant au monde. Nisson, quant à lui, se noie au cours de la traversée d'un lac au moment même où sa femme accouche d'un garçon, Channon. A dix-huit ans, Channon va faire ses études religieuses à Brinitz, la ville de Sender. Un voyageur dépêché d'En-Haut facilite son voyage. Il apparaîtra et disparaîtra plusieurs fois au cours de l'action qu'il commente et explique aux personnages eux-mêmes. Logé chez Sender dont il ignore qu'il était l'ami de son défunt père, Channon tombe amoureux de Léa à laquelle Sender a déjà trouvé un riche fiancé. Grâce à un chant que Channon a appris à Léa, Sender découvre que le jeune homme est le fils de son ami Nisson. Mais, très préoccupé par l'argent, il ne peut ni ne veut rompre le mariage en cours. Channon, délaissant le Talmud pour la Cabale qui l'avait toujours fasciné, invoque par désespoir Satan. Il propose de donner son corps, son âme, son intelligence, son savoir en échange de la vierge Léa. Il meurt foudroyé dans la synagogue. Avant son mariage, Léa se rend sur sa tombe. Il s'incarne alors en elle, sous la forme d'un « dibbouk », esprit errant qui trouve refuge dans le corps d'un être qu'il a autrefois aimé. « Je porterai nos deux âmes », dit Léa. Au cours de la cérémonie nuptiale, elle crie à celui qu'elle doit épouser : « Ce n'est pas toi mon fiancé. » Tel un médium, elle se met alors à parler avec la voix de Channon. Ayant reconnu la présence d'un dibbouk, tous les invités se sauvent. Sender va demander l'aide du célèbre rabbin de Miropol et doit lui avouer qu'il a rompu la parole donnée, autrefois, à son défunt ami. A minuit, Sender comparait devant le tribunal de la Thora qui déclare qu'il ne saurait être reconnu coupable de n'avoir pas tenu une promesse concernant un être qui n'était pas encore né. Nisson qui, pour la circonstance, était réapparu d'entre les morts n'accepte pas ce verdict. A la suite de ce procès, le rabbin somme plusieurs fois le dibbouk de quitter le corps de Léa. Devant son refus, il jette alors l'anathème sur lui au cours d'une cérémonie qui voit la défaite de l'esprit. Le dibbouk dit alors à Léa que, chassé de son corps, il est contraint de s'emparer de son âme. Léa accepte de lui donner son âme et meurt.

☞ Pendant que, dans la région de New York, Sidney M. Goldin, Edgar Ulmer, Maurice Schwartz, Joseph Seiden, Henry Lynn réalisaient des films parlés en yiddish (la période la plus florissante de cette production marginale fut les années 30), en Pologne, quelques réalisateurs, dont le plus prolifique fut Joseph Green, suscitaient avec les moyens du bord un petit courant d'œuvres similaires. Parmi ces films, *Le Dibbouk* est celui qui connut la diffusion la plus large. Inspiré de l'œuvre dramatique célèbre d'Anski, le film n'est pas trop théâtral. Une certaine influence tardive de l'expressionnisme s'y fait sentir (cf. le décor du cimetière) mais le film contient aussi des extérieurs réels. Réalisé dans un style primitif mais authentique et prenant, il a moins pour intention de présenter les aspects familiers et pittoresques de la vie juive (comme c'est le cas de beaucoup de films yiddish) que de donner corps à une légende mystique où l'idée de Destin inspire les principaux développements. Il s'agit d'un Destin personnel et vengeur qui fait retomber sur les fils et les filles les fautes des pères. Le film dévide cette légende en aspirant, malgré la modicité de ses moyens, au spectacle total : le chant et la danse, des paraboles et des apparitions tendent à faire intervenir dans l'action toute la sagesse et la folie des hommes, en appellent à la fois au monde visible et au monde invisible, lesquels, comme chez Murnau, ne cesseront de s'interpénétrer. A noter que Michael Waszynski (1904-1965) fut d'ailleurs à ses débuts l'assistant de Murnau. A la différence de Joseph Green, citoyen américain venant filmer l'été en Pologne, Waszynski fit l'essentiel de sa carrière de réalisateur en Pologne de 1929 à 1939, puis il travailla en Italie comme directeur artistique avant de devenir vice-président des Productions Bronston en Espagne.

N.B. Pour fêter le cinquantième anniversaire de la fondation (1918) du Théâtre Habimah de Moscou (où fut créée en 1922 la pièce d'Anski, sous la direction de Vachtangov et la supervision de Stanislavsky), la première coproduction germano-israélienne vit le jour en 1968. Intitulée *The Dybbuk*, il s'agissait d'une adaptation modernisée de la pièce, mise en scène par Ivan Lengiel. Dans la distribution on relevait les noms de David Opatoshu, Peter Frye, Tina Wodetzsky, Tutte Lemkov.

BIBLIO. : intéressant article de Rob Edelman « Yiddish Cinema » *in* « Films in Review », juin-juillet 1978. L'auteur répertorie une cinquantaine de longs métrages tournés aux États-Unis (de 1924 à 1969) et une quinzaine en Pologne (de 1925 à 1939).

## DICTATEUR (LE)
## (The Great Dictator)

1940 – USA (125') • *Prod.* UA (Chaplin) • *Réal.* CHARLIE CHAPLIN • *Sc.* C. Chaplin • *Phot.* Rollie Totheroh,

Karl Struss • *Mus.* Chaplin d'après des thèmes de Brahms, Wagner • *Int.* Chaplin (Adenoid Hynkel/le barbier), Paulette Goddard (Hannah), Jack Oakie (Benzino Napaloni), Henry Daniell (Garbitsch), Reginald Gardiner (Schultz), Billy Gilbert (Herring), Maurice Moskovich (Mr. Jaeckel), Emma Dunn (Mrs. Jaeckel), Bernard Gorcey (Mr. Mann), Paul Weigel (Mr. Agar), Grace Hayle (Madame Napaloni), Carter De Haven (ambassadeur), Chester Conklin (client dans le salon de coiffure), Leo White (le barbier d'Hynkel).

Combattant pour son pays, la Tomania, en 14-18, un soldat sauve un officier blessé et s'envole avec lui dans un avion qui doit ensuite atterrir en catastrophe. Après un long séjour à l'hôpital, il est devenu amnésique et rejoint le ghetto où il possède une échoppe de barbier. Il ignore que le dictateur Hynkel a pris le pouvoir et a prononcé des discours enflammés contre les Juifs. Le ghetto est souvent pillé et ses habitants malmenés. Une bande de miliciens s'en prend à lui mais, grâce à leur chef Schultz qui n'est autre que l'officier qu'il avait sauvé, le barbier n'est pas longtemps inquiété. Le dictateur Hynkel, voulant contracter un gros emprunt auprès du banquier juif Epstein, ordonne que cessent les persécutions. Une atmosphère paisible s'installe au ghetto et le barbier flirte avec la belle Hannah dont il a transformé la coiffure. Poussé par son conseiller Garbitsch, Hynkel rêve de conquérir le monde. Il joue avec une mappemonde qui, semblable à un gros ballon de baudruche, éclate bientôt entre ses mains. Après le refus d'Epstein de consentir le prêt demandé, les persécutions reprennent de plus belle dans le ghetto. Les troupes d'assaut n'épargnent le barbier et Hannah que parce qu'elles obéissent encore aux ordres de Schultz et ignorent qu'il a été mis en état d'arrestation par Hynkel qui le juge trop tendre. Mieux informés, les miliciens reviennent et brûlent l'échoppe du barbier. Schultz s'évade et tient une réunion secrète dans le ghetto. Il a demandé à Hannah de placer une pièce de monnaie dans l'une des parts du gâteau distribuées aux conjurés afin de désigner par le sort lequel d'entre eux devrait assassiner Hynkel. Mais Hannah a mis une pièce dans chaque part et le projet est abandonné. Le barbier et Schultz s'échappent par les toits. Ils sont capturés et envoyés dans un camp de concentration. Hannah, elle, a pu rejoindre un pays voisin, l'Osterlich, que Hynkel et Napaloni, le dictateur de Bacteria, rêvent de conquérir. Hynkel reçoit officiellement son rival (qui est aussi son allié) et les deux tyrans tentent chacun de se mettre en valeur aux dépens de l'autre en toutes circonstances. C'est à qui, par exemple, sera juché sur le siège le plus haut. Le barbier et Schultz s'évadent du camp. Le barbier, sosie de Hynkel, est pris pour lui. Il doit mener les troupes à la conquête de l'Osterlich et prononcer un discours face aux vaincus. Dans une longue homélie, il fait appel au bon sens et à la solidarité du genre humain pour mettre fin aux haines fratricides et à la guerre.

☞ L'audace stupéfiante du film paraît peut-être plus étonnante encore trente ou quarante ans après sa sortie qu'elle ne le fut à l'époque. (Rappelons que le film, interdit pendant toute la guerre, ne sortit en France qu'en 1945.) Lors de la ressortie française de 1958, François Mars écrivait dans « Les Cahiers du cinéma », nº 87 : « Jamais film et film burlesque n'a été à ce point *engagé.* Rarement, jamais peut-être, depuis le "J'accuse" de Zola, en quelque domaine artistique que ce soit, un homme de bonne volonté ne s'est ainsi levé avec tant de dignité généreuse pour offrir sa seule personne en écran au destin cruel d'une époque en marche. A revoir *Le dictateur* j'ai évoqué par éclairs les dérisoires et sublimes grèves de la faim de Gandhi. » En tant qu'artiste, Chaplin accumule ici toutes les gageures. Non seulement il fait œuvre comique en parlant des persécutions raciales, des dictatures, de la montée et du triomphe du nazisme mais, loin de l'allégorie et de la fable, plonge tout le film à la fois dans l'actualité la plus immédiate et dans la prophétie, hélas, la plus exacte. L'avenir allait montrer très vite que les personnages de l'Histoire ne seraient pas moins grotesques ni moins monstrueux que les fantoches chaplinesques. Scénariste infiniment habile (cf. la juxtaposition et l'entremêlement des scènes du ghetto et des scènes montrant l'emploi du temps de Hynkel), Chaplin utilise pour la première fois le son et surtout le dialogue avec autant d'acuité satirique que l'image (cf. le fabuleux discours de Hynkel fait de mots inventés comme l'était la chanson finale des *Temps modernes**, cf. aussi la scène où Hynkel, ayant dansé avec la femme de Napaloni à la souplesse d'hippopotame, la félicite avec des adjectifs qui expriment son admiration dans un subtil decrescendo : « Your dancing, Madam, was superb... excellent... very good... good »). Comme metteur en scène (on ne peut dire ici qu'il ne sait pas faire bouger sa caméra) et comme acteur (dans l'éblouissant double rôle du bourreau et de la victime), il n'a jamais été plus génial. Dans une progression allant du rappel de ses anciens films (la dénonciation burlesque des atrocités de la guerre de *Charlot soldat**) à un message lancé à l'humanité tout entière, Chaplin cherche autant à découvrir un nouveau territoire comique qu'à essayer d'intervenir, à sa façon, dans le cours des événements mondiaux. Il exprime ainsi sa conception du cinéma comme art total, synthèse du burlesque, du mime, de la chorégraphie, de la satire et d'un message moral et politique à portée universelle.

## DIEU A BESOIN DES HOMMES

1950 – France (100') • *Prod.* Transcontinental Film (Paul Graetz) et Fox • *Réal.* JEAN DELANNOY • *Sc.* Jean Aurenche et Pierre Bost d'ap. R. « Un recteur de l'île de Sein », de Henri Queffelec • *Phot.* Robert Le Febvre • *Mus.* René Cloérec • *Int.* Pierre Fresnay (Thomas Gourvennec), Madeleine Robinson (Jeanne Gourvennec), Andrée Clément (Scholastique Kerneis), Daniel Gélin (Joseph Le Berre), Louise Sylvie (La Karabassen), Daniel Ivernel (François Guiller), Marcelle Géniat (la mère Gourvennec), Balpêtré (le père Gourvennec), Jean d'Yd (grand-père Gourvennec).

Au milieu du XIXe siècle, dans l'île de Sein, le dernier curé vient de quitter les fidèles, effrayé par leur immoralité. Mais Dieu manque cruellement aux habitants de l'île. Ils poussent le sacristain à remplacer le prêtre. Celui-ci accomplira son office avec l'obstination et la ferveur d'une âme simple.

☞ Le sujet, dont l'audace fit grand bruit à l'époque, a gardé une part de son actualité. Les villages ou petites localités reculées, privées d'assistance religieuse, sont devenues légion. Mais sans doute n'y voit-on pas les réactions passionnées que l'auteur analyse ici. La reconstitution visuelle de l'île (au pied du Fort de Romainville) et la composition de Pierre Fresnay ne manquent ni de force ni d'une certaine noblesse. Elles sont ce qui touche encore le spectateur aujourd'hui. En revanche, la description trop pittoresque des habitants de l'île a beaucoup vieilli. En particulier le personnage – pourtant passionnant – du fils qui tue sa mère, voyant en elle une possédée, est appréhendé à un niveau trop anecdotique et dépourvu de toute intensité tragique. Par ailleurs, l'humour satirique, voire cynique, des dialogues d'Aurenche et Bost s'accorde mal avec la vision « honnête » et bien-pensante de Delannoy. Ces dialogues ont contribué au rétrécissement et au déséquilibre de l'œuvre. L'éloge et la critique de la religiosité auraient pu former les deux pôles d'une œuvre plus ample et plus ambitieuse. Ils cohabitent ici avec difficulté, dans un film bancal mais souvent attachant.

N.B. On trouvera des documents sur le travail du décorateur René Renoux dans le volume consacré à Jean Delannoy par « Les Amis de Ciné-sous-Bois », Aulnay-sous-Bois, 1985. Delannoy aurait préféré avoir Gérard Philipe dans le rôle principal, c'est-à-dire un homme plus jeune chez qui le renoncement aurait été plus net et plus significatif.

## DILLINGER EST MORT
### (Dillinger è morto)

1969 – Italie (94') • *Prod.* Pegaso Film (Alfred Levy, Ever Haggiag) • *Réal.* MARCO FERRERI • *Sc.* Marco Ferreri et Sergio Bazzini • *Phot.* Mario Vulpiani (Eastmancolor) • *Mus.* Teo

Usuelli • *Int.* Michel Piccoli (Glauco), Anita Pallenberg (sa femme), Annie Girardot (la domestique).

Une soirée et une nuit dans la vie de l'ingénieur Glauco. Il se fait la cuisine, regarde des films de vacances en gesticulant devant l'écran, démonte et nettoie un vieux revolver qu'il repeindra ensuite en rouge. (L'arme était enveloppée dans un vieux journal datant du jour de la mort de Dillinger.) Il passe quelques instants dans le lit de sa domestique. Il mime plusieurs fois son suicide et tire plusieurs balles (réelles) sur sa femme endormie par un somnifère. Il quitte l'appartement. Il rejoint plus tard à la nage un grand voilier en partance pour Tahiti. Il remplace à son bord le cuisinier qui venait de mourir.

☞ Description expérimentale et quasi muette de l'angoisse, de l'aliénation de l'homme contemporain perdu dans ses objets, dans son confort, dans les sons et les images que diffuse à longueur de jour son poste de télévision. Le film peut être vu comme un rêve ou comme une métaphore de l'insomnie, aspiration vers le néant du sommeil ou de la mort. La durée du film est étouffante et castratrice, suite de gestes privés de devenir et de finalité, filmés en longs plans-séquences volontairement dépourvus de dynamisme interne. Dans la vacuité de cette durée, le meurtre de sa femme représente aussi bien, pour le personnage, le geste le plus gratuit ou le plus significatif qu'il pouvait commettre. La vision de ce film et la vision du monde qui s'y exprime paraîtront à beaucoup une mauvaise farce. C'est ce que veut l'auteur. A l'intérieur de l'œuvre désespérée, iconoclaste, tératologique de Ferreri, *Dillinger est mort* est une sorte de sommet, une anti-fable, un anti-drame, quelque chose comme un long interlude de télévision qu'on peut regarder en mangeant ou en pensant à autre chose. Une expression - limite de la fascination du vide.

N.B. Ferreri bâtira seize ans plus tard le dénouement de *I Love You* en utilisant des plans de celui de *Dillinger est mort.*

## DINGUE DU PALACE (LE) (The Bellboy)

1960 – USA (72') • *Prod.* PAR. (Jerry Lewis) • *Réal.* JERRY LEWIS • *Sc.* Jerry Lewis • *Phot.* Haskell Boggs • *Mus.* Walter Scharf • *Int.* Jerry Lewis (Stanley), Alex Gerry (le directeur de l'hôtel), Bob Clayton (chef des grooms), Kerkie Styles, Sonny Sands, Eddie Shaeffer, David Landfield (grooms).

Le producteur exécutif de la Paramount (interprété par Jack Kruschen) avertit le public que le film qu'il va voir ne comporte ni histoire ni intrigue. C'est, dit-il, un « journal visuel relatant quelques semaines de la vie d'un dingue complet ». Stanley, le dingue en question, travaille dans un palace de Miami Beach. Il fait partie de l'armée des grooms qui ont pour mission d'être aux petits soins des clients et de satisfaire tous leurs caprices.

☞ Premier film de Jerry Lewis comme metteur en scène, tourné en moins d'un mois en décors réels à l'hôtel Fontainebleau en Floride. Ce coup d'essai est un véritable coup de maître. Œuvre de burlesque pur, cultivant la virtuosité, l'abstraction, la jubilation du gag pour le gag, *The Bellboy* est dépourvu de toute sentimentalité (cas à peu près unique chez Lewis) et s'adresse au spectateur comme à un initié et un complice. Ton déjà inimitable : pour Lewis, le spectateur doit être capable d'apprécier l'audace, la liberté, la modernité d'une mise en scène sans qu'elles aient le moins du monde à être soulignées. Lewis a transformé sans effort son personnage d'éternel adolescent frustré en adulte. Adulte esclave de ses chefs, de ses clients et d'une manière générale de tous ceux qu'il a l'occasion d'approcher. Mais cet esclave exerce parfois sur eux un étrange pouvoir. Maladroit par nature (mais peut-on vraiment *juger* une nature aussi insolite ?), Stanley est avant tout un expérimentateur qui bricole éternellement avec le temps et l'espace, le vide et le plein, le nombre et le surnombre, le possible et l'impossible. Les gags entassés ici constituent un catalogue inépuisable de variations sur ces thèmes, traversées d'apparitions subites de Stan

Laurel (joué par Bill Richmond, plus tard scénariste de Lewis), l'ange tutélaire du film. En quelques secondes, Stanley installe des centaines de chaises dans une salle de spectacle vide. Devant un comptoir vide, dans un bar où il cherche une place, apparaissent en un éclair, comme pour lui faire la nique, cinquante clients. Si Stanley promène des chiens, il n'y en a pas moins de plusieurs dizaines accrochés à ses basques. Stanley est aussi le double, le sosie de Jerry Lewis, la star bien connue, et Milton Berle qui n'en croit pas ses yeux se voit aussitôt doté d'un double à son tour, parmi les garçons d'hôtel. Un client déguste un ananas invisible; Stanley, d'abord étonné, se met vite au diapason et en ramasse un morceau, qu'il déguste en connaisseur. Dans la grande salle vide qu'il avait quelque temps auparavant remplie de chaises, il dirige un orchestre imaginaire, parfaitement audible, à défaut d'être visible. Et si Stanley photographie la façade de l'hôtel avec un flash à trois heures du matin, voici soudain qu'il fait entièrement jour comme à midi. La (fausse) maladresse de Stanley offre une image burlesque mais bien concrète de la surpuissance imaginative de l'enfance. Elle est un sésame donnant accès à d'autres univers. Fasciné par les multiples cadrans du tableau de bord d'un long-courrier, Stanley succombe à la tentation de piloter et s'offre une petite promenade dans les airs. Il lance avant de disparaître un dernier gag au public : il se met à parler. On avait à peine remarqué qu'il était resté muet jusque-là. Jerry Lewis, le seul burlesque complet du cinéma américain contemporain, a-t-il une marque de fabrique, un signe caractéristique à quoi il serait impossible de ne pas le reconnaître ? Celui-ci peut-être : dans leur profusion même, ses gags produisent toujours une double impression de plénitude et d'inquiétude.

## DINNER AT EIGHT
### (Les invités de huit heures)

1933 – USA (110') • *Prod.* MGM-David O. Selznick • *Réal.* GEORGE CUKOR • *Sc.* Herman J. Mankiewicz et Frances Marion d'ap. P. d'Edna Ferber et George S. Kaufman (dialogues additionnels de Donald Ogden Stewart) • *Phot.* William Daniels • *Mus.* Dr William Axt • *Int.* Marie Dressler (Carlotta Vance), John Barrymore (Larry Renault), Wallace Beery (Dan Packard), Jean Harlow (Kitty Packard), Lionel Barrymore (Olivier Jordan), Lee Tracy (Max Kane), Edmund Lowe (Dr Wayne Talbot), Billie Burke (Millicent Jordan), Madge Evans (Paula Jordan), Jean Hersholt (Jo Stengel), Karen Morley (Mrs. Wayne Talbot), Louise Closser Hale (Hattie Loomis), Phillips Holmes (Ernest De Graff), Grant Mitchell (Ed Loomis).

Dans l'anxiété et la précipitation, Millicent Jordan organise un grand dîner en l'honneur de Lord et Lady Ferncliffe, un couple de Londoniens richissimes de passage à New York. Elle ignore que son mari, transporteur maritime depuis des générations, connaît dans ses affaires, suite à la Dépression, de sérieuses difficultés. De plus, il subit les premiers accès d'une grave affection cardiaque. Il contacte Dan Packard, un affairiste cherchant à se lancer dans la politique, pour lui demander de l'aide. Mais Packard a l'intention de racheter en sous-main, par l'intermédiaire d'hommes de paille, les actions de la firme de Jordan. Ce dernier demande à sa femme d'inviter à son dîner Dan et sa femme Kitty, une blonde oxygénée qui passe ses journées au lit. Millicent accepte à contrecœur, peu réjouie de voir des personnages aussi vulgaires figurer à sa table. Une autre de ses invitées, Carlotta, une ex-actrice dans le besoin, que Jordan avait autrefois vainement demandée en mariage et pour laquelle il nourrit une amitié durable, cherche à vendre ses actions. Elle les cède à un certain Baldridge sans savoir qu'il s'agit d'un des prête-noms de Packard. Un convive masculin manquant à l'appel, Millicent téléphone à Larry Renault, une ancienne star, aujourd'hui alcoolique et déchu, dont elle ignore qu'il est depuis quelques mois l'amant de sa fille Paula. Pour lui, Paula est prête à rompre ses fiançailles. Renault essaie pourtant de décourager Paula. Il a trente ans de plus qu'elle et, dit-il, un cœur usé par d'innombrables idylles et trois mariages. Après le départ de Paula, Renault reçoit dans sa suite de l'hôtel Versailles son agent qui ne lui a obtenu qu'un rôle minuscule dans la pièce où il comptait avoir la vedette. Plus tard, son arrogance naturelle, largement augmentée par l'alcool, l'amènera à se fâcher avec le producteur de la pièce et avec son propre agent. Le directeur de l'hôtel vient lui réclamer sa chambre qu'il n'a pas réglée depuis longtemps. Renault n'a plus un sou. Après avoir ouvert le gaz, il s'installe dans un fauteuil et attend la mort, dans une pose avantageuse. Millicent va, elle aussi, de catastrophe en catastrophe. Ses domestiques se sont battus ; l'un est à l'hôpital, l'autre en prison. Pire encore, les Ferncliffe se sont décommandés. A huit heures tapantes néanmoins, les premiers invités commencent à arriver : Carlotta, Hattie, une vieille cousine qui n'est jamais invitée mais qui l'a été exceptionnellement ce soir en raison des défections, son mari Ed, un cinéphile qui regrette que ce dîner le prive de son film quotidien, le Dr Talbot, amant de Kitty Packard, qui a juré à sa femme de lui redevenir fidèle. Carlotta apprend à Paula le suicide de Renault qui logeait dans le même hôtel qu'elle, mais cache la nouvelle aux autres invités pour ne pas gâcher la soirée de son amie. Elle raisonne Paula et la pousse à ne pas rompre ses fiançailles. Après une dispute homérique avec son mari, Kitty, qui veut accomplir au moins une bonne action dans sa vie, oblige Dan à mettre fin à ses combines financières et à aider Jordan. Sinon, elle menace de ruiner, par ses révélations, sa carrière politique. Millicent apprend par le Dr Talbot la gravité de l'état de son mari. Ce dernier lui confie qu'il est au bord de la faillite. Pleine de compassion pour cet époux trop délaissé, Millicent annule sa soirée au théâtre et promet de faire désormais des économies... Le dîner peut commencer.

☞ Premier film de Cukor pour la MGM. C'est aussi sa première œuvre importante dans la série de ces portraits de groupe (cf. aussi *The Women**, *The Chapman Report*) qu'il réussit à merveille et dont la richesse psychologique, la vérité sociologique ne se sont pas altérées avec les années. Le groupe décrit ici est l'un des plus complets qu'ait réunis Cukor, car il comprend des gens du spectacle (que l'auteur a souvent traités isolément) mêlés à des « civils » et à des représentants de différentes couches sociales. A noter que chez ce peintre de la femme (mais il faut se garder de trop limiter le talent de Cukor), les personnages masculins ont souvent autant d'importance, sinon plus, que les femmes. L'atmosphère de l'époque, le désarroi, l'angoisse latente provoquée par la Dépression imprègnent profondément le film. La plupart des personnages ressentent durement sur leurs épaules le poids du monde et de leurs soucis : vieillesse, faillite, amours contrariées. Autre caractéristique spécifique de l'art de Cukor : sa compassion à l'égard des personnages futiles. A ses yeux, ils ont souvent une sensibilité plus vive et plus de propension à souffrir que les autres. Leurs petits tracas égalent pour eux les plus grandes catastrophes. *Dinner at Eight* tente ainsi d'englober dans son petit univers clos une grande variété humaine et sociologique, traitée à l'aide de tons eux-mêmes très variés : ironie et sérieux, cruauté et tendresse, servant à présenter un théâtre qui tient à la fois du guignol et de la tragédie. La virtuosité naturelle de Cukor, subtilement mêlée de pathétique, sert ce dessein avec une perfection et une homogénéité qui apparaissent mieux encore si on compare, par exemple, le film avec *Grand Hôtel*, œuvre proche de celle-ci par ses personnages et sa distribution, mais très inégale et souvent caricaturale, réalisée l'année précédente par Edmund Goulding.

N.B. Cukor donne ici à Jean Harlow son premier rôle comique important. Il compare son style et sa personnalité (séduction, manière de dire les répliques comiques sans paraître consciente de leur sens) à ceux de Marilyn Monroe. Marie Dressler remplace Constance Collier dans le rôle que celle-ci tenait à la scène. Cukor tenta d'abord de lui donner une élégance semblable à celle de C. Collier ou d'une Ethel Barrymore. Puis il changea complètement de point de vue « Qu'est-ce que je suis en train de faire ! se dit-il. J'ai à ma disposition une femme douée d'une personnalité fabuleuse. Le public l'adore. Ce qui compte, c'est le talent. Elle a de la puissance, de la grandeur, une sorte de magnificence. Certes, elle est plus vulgaire que Barrymore ou Collier mais il est facile de croire qu'elle a été une grande actrice. Voilà ce qu'il faut éviter quand on fait un film : se mettre en travers du chemin. Au cinéma, ce que vous *êtes* compte plus que ce que vous *jouez.* » (cf. Carlos Clarens « George Cukor », Secker and Warburg, Londres, 1976).

## DISPARUS DE SAINT-AGIL (LES)

1938 – France (99') • *Prod.* Dimeco Productions • *Réal.* CHRISTIAN-JAQUE • *Sc.* Jean-Henri Blanchon, Jacques Prévert d'ap. R. de Pierre Véry • *Phot.* Marcel Lucien, André Germain • *Mus.* Henri Verdun • *Int.* Erich von Stroheim (Walter), Armand Bernard (Mazeau), Robert Le Vigan (l'homme invisible), Marcel Mouloudji (Philippe Macroy), Michel Simon (Lemel), Aimé Clariond (le directeur), Serge Grave (André Beaume), Jean Claudio (Mathieu Sorgue), René Génin (Donadieu).

⊖ Dans le collège provincial de Saint-Agil, trois élèves, Beaume, Macroy et Sorgue, ont constitué la société secrète des « Chiche-capons » destinée à préparer leur départ pour les États-Unis. Les réunions ont lieu la nuit dans la salle de sciences naturelles. A l'issue de l'une de ces réunions, alors que ses deux camarades sont retournés au dortoir, Sorgue, resté seul pour écrire son roman, voit apparaître un homme qui, tel une ombre, disparaît aussitôt. Le lendemain, après la classe d'anglais, c'est lui qui disparaît. Au cours d'une réusion, le professeur de dessin Lemel, homme aigri et souvent ivre, accuse son collègue Walter, professeur de langues vivantes, d'être responsable de cette disparition. Les deux hommes se détestent depuis longtemps. Lemel ne manque jamais une occasion de dire à Walter qu'il fait peur aux enfants, ce que lui reproche aussi le directeur. Le mystérieux personnage qu'avait vu apparaître Sorgue rend visite à Lemel et joue avec lui au loto. Il lui dit de s'abstenir de boire car cela pourrait devenir dangereux. Quelques jours plus tard, alors que Beaume a reçu une carte d'Amérique signée Sorgue, Macroy disparaît à son tour. A la fête de l'école et lors de la représentation d'« Hernani » par les enfants, Lemel, complètement ivre, insulte une fois de plus Walter et fait en tombant d'un balcon une chute mortelle. Accident ou assassinat ? Beaume sera le dernier Chiche-capon à disparaître, mais il le fera pour se livrer à son enquête personnelle sur les événements mystérieux qui se déroulent au collège. Il reprend à Walter la carte postale de Sorgue que le professeur avait subtilisée afin de mener, lui aussi, son enquête. Beaume, maintenant rassuré sur les mobiles de l'adulte, qui sont les mêmes que les siens, va travailler main dans la main avec lui. Beaume découvre derrière le tableau noir de la salle de sciences naturelles un passage secret qu'emprunte le mystérieux visiteur de Lemel. Il le suit jusqu'aux abords d'un moulin à l'intérieur duquel Sorgue occupe son temps à noircir des feuilles de papier. Il a été kidnappé, mais nullement maltraité, par une bande de faux-monnayeurs. Lemel, leur complice, effectuait le travail de gravure. La nuit, sous la direction de Walter, les enfants envahissent le moulin et délivrent Sorgue. Les bandits prennent la fuite. Sorgue accuse le directeur de l'avoir kidnappé. C'est également lui qui avait tué Lemel pour l'empêcher de tout révéler. Quant à Macroy, il revient tout simplement du Havre où il s'est fait prendre alors qu'il tentait de jouer les passagers clandestins à bord d'un navire en partance pour les Amériques. Les réunions nocturnes de la société des Chiche-capons reprennent : Walter a maintenant l'insigne honneur d'en faire partie.

☞ L'un des meilleurs films de Christian-Jaque et l'un de ces quelques films français d'avant guerre dont la réputation et le succès n'ont jamais pâli jusqu'à aujourd'hui. Ce succès est dû à la qualité de l'interprétation. (Du côté des adultes, plusieurs « monstres sacrés » maintiennent leur talent dans les limites de la sobriété. Du côté des enfants : jeu naturel et sans mièvrerie aucune.) Il est dû aussi à une profonde identité de vues entre Christian-Jaque et Pierre Véry. Chez les deux hommes, même culte de l'esprit d'enfance (aventures et imagination). Même goût pour les personnages au relief accentué, étrange mais ni caricatural ni outré. Même recherche d'un humour constant qui ne doit jamais nuire à l'apparition de l'insolite, du mystère et du drame. Si le film est plus réussi que *Sortilèges* ou *L'assassinat du Père Noël**, il le doit aussi à une mise en scène plus rigoureuse, plus nue, en particulier dans le traitement du décor qui ne cherche pas à accrocher l'attention pour lui-même et par lui-même. C'est toujours quand il se risque à de modestes incursions vers le classicisme, à partir de sujets pas trop ambitieux, que le talent de Christian-Jaque est le plus convaincant.

N.B. La petite troupe d'acteurs enfants réunie ici se reformera à nouveau dans *L'enfer des anges* (Christian-Jaque, 1939) et dans *Les cadets de l'océan* (Jean Dréville, 1942). Signalons aussi que *Les Anciens de Saint-Loup,* film assez réussi, écrit par Pierre Véry d'après son roman et réalisé par Georges Lampin, constitue une sorte de "suite et fin" aux *Disparus,* même si les personnages en sont différents.

## DIVINE (LA)
## (Shen nu)

1934 – Chine (80') • *Prod.* Lianhua • *Réal.* WU YONGGANG • *Sc.* Wu Yonggang • *Phot.* Hong Weilie • *Int.* Ruan Lingyu, Zhang Zhizhi, Li Keng, Li Junpan.

Une prostituée élève seule son bébé. Elle tente de trouver un autre travail mais tombe sous la coupe d'un souteneur. L'enfant grandit et entre à l'école. Des parents d'élèves ayant appris les activités de sa mère exigent le renvoi de l'enfant. Le directeur plaide sa cause, mais en vain. L'enfant est renvoyé. Sa mère décide de partir avec lui dans un lieu où personne ne les connaîtra. Mais le souteneur a découvert la cachette de ses économies et les a dilapidées au jeu. Folle de rage, elle le tue. Elle est emprisonnée. Le directeur d'école élèvera l'enfant, lui faisant croire selon le vœu exprimé par sa mère que celle-ci est morte.

☞ Le thème de l'exploitation de la femme est beaucoup plus, dans le cinéma chinois d'avant guerre, que la constante d'un genre (le mélodrame) ou d'un auteur. Il représente pour les cinéastes le meilleur moyen de décrire concrètement une société gangrenée par l'argent et la commercialisation de toutes choses, y compris des rapports humains. (Il est rare en effet de trouver un film chinois où un gros plan de pièce de monnaie ou de billet n'apparaisse à un moment ou à un autre dans le découpage et ne constitue alors un « climax » important dans l'intrigue.) S'ajoute ici la dénonciation d'un moralisme abusif qui fait retomber sur l'enfant les préjugés, déjà discutables en eux-mêmes, s'exerçant sur la mère. Ruan Lingyu, actrice au jeu moderne et sobre, fut une figure mythique du cinéma chinois. Elle se suicida à vingt-cinq ans, un an après ce film. Sa vie avait de quoi fournir la matière de plusieurs mélodrames.

## DIX COMMANDEMENTS (LES)
## (The Ten Commandments)

1923 – USA (14 bob.) • *Prod.* PAR. (Famous Players-Lasky) • *Réal.* CECIL B. DEMILLE • *Sc.* Jeanie MacPherson • *Phot.* Bert Glennon, J. Peverell Marley et Ray Rennahan pour la couleur • *Déc.* Paul Iribe • *Int. Épisode biblique.* Theodore Roberts (Moïse), James Neill (Aaron), Estelle Taylor (Miriam), Charles de Rochefort (Ramsès), Julia Faye (l'épouse du Pharaon), Terence Moore (le fils aîné du Pharaon), Lawson Butt (Dathan). *Épisode moderne.* Richard Dix (John McTavish), Rod La Rocque (Dan McTavish), Edythe Chapman (Martha McTavish), Leatrice Joy (Mary Leigh), Nita Naldi (Sally Lung, l'eurasienne).

PREMIÈRE PARTIE (époque ancienne, 46'). Le peuple hébreu réduit en esclavage travaille péniblement à la construction des pyramides et autres édifices destinés à éterniser dans la pierre la gloire des Égyptiens. Durant le transport d'un Sphinx, un homme est tué. Moïse réclame à Ramsès la libération du peuple d'Israël. Ramsès refuse. Dieu fait périr les aînés des familles égyptiennes. Moïse réitère sa demande, qui est alors acceptée. Les Hébreux quittent l'Égypte. N'obtenant pas de son dieu la résurrection de son fils, Ramsès lance son armée et ses chars à la poursuite du peuple d'Israël en marche. Les chars arrivent au bord de la mer Rouge. Un mur de feu s'élève pour séparer Juifs et Égyptiens. Puis les eaux s'ouvrent et laissent le passage aux Juifs. Les Égyptiens empruntent le même chemin et périssent noyés (plans sous-marins comme dans la version de 1956). Moïse est parvenu au sommet du Sinaï. Le texte des dix commandements apparaît en surimpression d'une éruption volcanique. Au camp, en bas, Aaron, frère de Moïse, fait fabriquer le Veau d'or. Pendant ce temps, Moïse grave les commandements sur des tablettes. Des orgies se déroulent autour du Veau d'or. La reine de la fête devient lépreuse. Moïse jette les tablettes sur la foule. La foudre détruit le Veau d'or. DEUXIÈME PARTIE (époque moderne, 80'). A San Francisco, Mrs. McTavish lisait la Bible à ses deux fils, Dan et John. Dan trouve le texte démodé. Il ne croit pas en Dieu. Une jeune fille affamée, Mary, vole de la nourriture à Dan alors qu'il déjeunait au « Quick Lunch », puis se réfugie auprès de John, qui est charpentier. Il l'invite chez lui, et les quatre personnages prennent leur repas ensemble. John est amoureux de Mary et la courtise. Mais elle partira avec Dan qui, lassé des interdictions et des habitudes dévotes de sa mère, quitte le foyer familial. Dan a épousé Mary et est devenu bijoutier. Il courtise Sally, une métisse franco-chinoise. Mary monte parfois bavarder avec John qui présentement s'occupe de la restauration d'une église. Elle confie à John à propos de son mari : « Je crois qu'il n'existe plus qu'un commandement qu'il n'a pas violé. Il n'a tué personne. » Elle fait une chute et reste accrochée à un pylône. John lui sauve la vie. Le chef de chantier avoue à Dan, responsable financier de cette restauration, qu'on ne met qu'un douzième de ciment dans le béton. Un jour, le mur de l'église s'effondre sur Mrs. McTavish. Avant de mourir, elle dit à Dan qu'elle regrette de lui avoir montré un Dieu de colère plutôt qu'un Dieu d'amour. Le chef de chantier et Dan sont la proie d'une feuille de chantage. Le chef de chantier empêche Dan de se suicider. Celui-ci veut emprunter de l'argent à Sally ainsi que certains bijoux qu'il lui avait donnés. Sally (qui s'était échappée d'un camp de lépreux) refuse en disant : « La pauvre Sally s'enrhumerait sans ses perles. » Dan lui tire dessus et la tue. Il part en barque sur une mer démontée. Il s'écrasera sur un récif tandis que John, grâce à la Bible, remonte le moral de Mary qui se croyait à tort atteinte de la peste.

☞ Quarante-cinquième titre et premier film biblique de DeMille. Jamais jusque-là DeMille n'avait eu à sa disposition un aussi gros budget. Passé en cours de route de 600 000 à 1 200 000 dollars, le coût du film fut le germe d'une brouille avec Adolph Zukor et entraîna une rupture. De 1926 à 1931, les films de DeMille ne furent plus produits par Famous Players-Lasky-Paramount. A part cette brève parenthèse, on sait que l'intégralité de la carrière de DeMille se déroula à la Paramount. Le script des *Dix Commandements* avait été choisi à la suite d'un concours organisé dans le public par un attaché de presse de DeMille. Un montant de mille dollars devait récompenser la meilleure idée de scénario pour un film. DeMille s'étonna du nombre de sujets religieux proposés par le public et porta son choix sur la lettre d'un correspondant du Michigan qui avait écrit cette phrase : « Vous ne pouvez briser les dix commandements – ce sont eux qui vous briseront. » Étant donné certaines réticences des financiers devant un film entièrement biblique, DeMille opta pour une construction dramatique comportant un prologue biblique suivi d'une histoire moderne qui transposerait à l'époque contemporaine certains aspects du message biblique. Malgré l'importance du budget, DeMille ne put aller tourner sur les lieux de l'action (ce qu'il fit en

1956). Il dut faire évoluer ses 2 500 figurants et ses 4 000 animaux (dont 200 chameaux) dans la région de Guadalupe en Californie, dans le Mojave Desert et à Balboa Beach. « Ce fut, écrit Charles Higham (*in* "Cecil B. DeMille", Charles Scribner's Sons, New York, 1973), le plus extraordinaire safari de l'histoire du cinéma. » Cette gigantesque armée vécut en complète autarcie, utilisant les services de trois douzaines de vaches pour le lait, d'un hôpital de campagne, d'un service de téléphone, d'un orchestre de jazz et d'un restaurant capable de distribuer 7 500 repas par jour. DeMille accepta en outre la proposition de la société Technicolor de filmer la partie biblique avec une caméra supplémentaire. (Un certain nombre de plans couleurs figurent dans les copies récemment tirées par le DeMille Trust.) S'appuyant sur une préparation minutieuse et sur le talent des décorateurs Paul Iribe et Mitchell Leisen, ce prologue a vraiment grande allure. Le génie plastique et épique de DeMille y éclate tout du long et réserve maintes surprises comme ces plans sous-marins des Égyptiens engloutis dans la mer Rouge. La partie moderne se situe dans la bonne moyenne de la production DeMille des années 20. Elle possède plus de force que de fantaisie. Ce n'est en effet que dans le somptueux remake de 1956 que DeMille put lier indissolublement, dans une œuvre parfaitement cohérente, la grandeur épique du sujet et la force démonstrative (dans le bon sens du mot) de la dramatisation, aspects qui restent séparés ici.

## DIX COMMANDEMENTS (LES)
**(The Ten Commandments)**

1956 – USA (222') • *Prod.* PAR. (Cecil B. DeMille) • *Réal.* CECIL B. DEMILLE • *Sc.* Aeneas MacKenzie, Jesse L. Lasky, Jr., Jack Gariss, Frederic M. Frank d'ap. la Bible, le Coran, Flavius Josèphe, Eusèbe, Philon et « Prince of Egypt » de Dorothy Clarke Wilson, « Pillar of Fire » du Révérend J.H. Ingraham, « On Eagle's Wings » du Révérend A.E. Southon • *Phot.* Loyal Griggs (Vistavision – Technicolor) • *Effets spéciaux* John P. Fulton • *Mus.* Elmer Bernstein • *Int.* Charlton Heston (Moïse), Yul Brynner (Ramsès), Anne Baxter (Nefertiri), Edward G. Robinson (Dathan), Yvonne De Carlo (Sephora), Debra Paget (Lilia), John Derek (Josué), Sir Cedric Hardwicke (Sethi), Nina Foch (Bithiah), Martha Scott (Yochabel), Judith Anderson (Memnet), Vincent Price (Baka), John Carradine (Aaron), Olive Deering (Miriam), Douglas Dumbrille (Jannes), Frank De Kova (Abiram), Henry Wilcoxon (Pentaur), Eduard Franz (Jethro), Donald Curtis (Mered), Lawrence Dobkin (Hur Ben Caleb), H.B. Warner (Aminabad), Julia Faye (Elisheba).

Inquiet des rumeurs de révolte qui courent parmi les esclaves hébreux de Goshen, le pharaon Sethi ordonne que tous les nouveaux-nés mâles de ce peuple soient exterminés. Pour donner une chance à son bébé de survivre, Yoshabel le place dans un couffin qu'elle abandonne au fleuve. L'enfant est recueilli par la fille du pharaon, Bithiah, récemment veuve, qui l'adopte et l'élèvera comme son fils en cachant son origine. Elle lui donne le nom de Moïse (= sauvé des eaux). Seule sa servante Memnet sait qu'il s'agit du fils d'une esclave. Vingt ans plus tard, Moïse revient triomphalement d'Éthiopie, ayant remporté de nombreuses victoires dont la gloire rejaillit sur le pharaon Sethi. Ce dernier hésite s'il léguera son trône à son fils Ramsès ou à Moïse. Tous deux aiment la jeune Nefertiri qui ne cache pas sa préférence pour Moïse. Déçu par Ramsès qui a failli à la tâche qu'il lui avait confiée – à savoir la construction d'une ville en son honneur à Goshen – Sethi en confie maintenant la responsabilité à Moïse, tandis qu'il charge Ramsès d'enquêter sur ce mystérieux libérateur dont parlent tant les Hébreux. A Goshen, Moïse humanise les conditions de vie des esclaves. Alerté par la jeune Lilia, il fait libérer son fiancé, le sculpteur de pierre Josué, et sauve la vie d'une vieille femme dont il ignore qu'elle est sa mère. Il fait distribuer du blé aux esclaves et leur accorde un jour de repos sur sept. Ces mesures charitables accroissent leur capacité de travail. Ramsès les présente à son père comme la preuve de la trahison de Moïse. Sethi se rend à Goshen et, contrairement aux prévisions de Ramsès, est émerveillé par le travail accompli par Moïse. La servante Memnet révèle à Nefertiri l'origine de son bien-aimé Moïse et menace d'en parler à tous car elle ne peut tolérer l'idée qu'un Hébreu monte un jour sur le trône d'Égypte. Nefertiri la tue et se trouve contrainte de confesser son crime à Moïse. Elle lui apprend aussi son origine et le nom de sa mère. Moïse se rend auprès de Yoshabel et l'oblige à confirmer qu'elle est bien sa mère. Il fait connaissance avec son frère Aaron et sa sœur Miriam. Il décide de travailler parmi les siens à la fabrication de briques et voit de plus près encore la misère de ses frères de race, ainsi que l'horrible cruauté de leur condition. Nefertiri vient le réclamer comme rameur. Elle le ramène au palais et essaie vainement de le persuader qu'il sera plus utile à son peuple s'il succède à Sethi sur le trône d'Égypte. Josué libère Lilia des mains de Baka, un des architectes et maîtres d'œuvre de Goshen, qui, séduit par sa beauté, l'avait installée chez lui. Baka fait fouetter Josué. Moïse survient et l'étrangle, avant de révéler à Josué qu'il est hébreu. Josué voit aussitôt en lui le Libérateur annoncé. Le contremaître Dathan, Hébreu vendu aux Égyptiens, entend leur conversation et la rapporte à Ramsès. Sethi donne Nefertiri et l'Égypte à Ramsès et fait effacer le nom de Moïse de chaque tablette, livre, colonne ou monument d'Égypte où il figurait. Il abandonne le sort de Moïse à la décision de Ramsès. Celui-ci ne veut pas le tuer de peur d'en faire un martyr. Il l'abandonne au millieu du désert avec un sceptre de bois et un jour de vivres. Pendant ce temps, Dathan, devenu gouverneur de Goshen, a obtenu les faveurs de Lilia en lui promettant d'épargner Josué. Moïse marche longtemps à travers le désert et est recueilli par Jethro et ses filles au pied de la Montagne Sacrée du Sinaï. Il devient l'ami de Jethro et des autres cheikhs en les aidant à bien vendre leur laine. Prié de choisir entre les filles de Jethro, il épouse l'aînée Sephora qui lui donnera un fils. Dans son palais, Sethi meurt en prononçant le nom de Moïse. Moïse monte au sommet du Sinaï et voit le Buisson Ardent. Il entend la voix de Dieu, le Dieu d'Abraham, d'Isaac et de Jacob, qui n'a pas de nom, et qui lui commande d'emmener le peuple hébreu hors d'Égypte. Après cette expérience, les cheveux, les traits, l'âme de Moïse sont transformés. Prenant son bâton de berger, il se rend auprès de Ramsès et lui transmet la volonté de Dieu : « Let my people go ». Moïse aura beau transformer les eaux du Nil en sang, assoiffer l'Égypte pendant sept jours, faire tomber de la grêle enflammée, laisser le pays dans l'obscurité pendant trois jours : Ramsès reste inflexible et ordonne que tous les premiers nés hébreux soient tués, à commencer par le fils de Moïse. Nefertiri, qui aime toujours Moïse, sauvera Sephora et son fils en les emmenant tous deux dans sa caravane. Moïse retourne contre les enfants et le peuple d'Égypte la décision de Ramsès. Une traînée pestilentielle se répand sur le sol, entraînant dans la mort tous les premiers nés d'Égypte. Le fils de Ramsès n'est pas épargné. Ramsès cède enfin à Moïse mais trop tard pour que son fils puisse être sauvé. Toutes les tribus du peuple d'Israël, guidées par Moïse, Aaron et Josué (qui a arraché Lilia à Dathan) quittent l'Égypte en direction de la Montagne Sacrée. Fou de rage et de désespoir de n'avoir pu obtenir de son dieu qu'il ressuscite son enfant, Ramsès, à la tête de ses armées, se lance aux trousses des tribus d'Israël, lesquelles se trouvent acculées devant la mer Rouge. Moïse obtiendra de Dieu qu'il ouvre les flots pour leur laisser le passage. Les chars égyptiens les talonnent et empruntent le même chemin quand soudain les eaux se referment sur eux pour les engloutir. Ramsès, qui n'a pas participé à la curée, revient dans son palais et déclare à Nefertiri à propos de Moïse : « Son dieu est Dieu. » Les tribus d'Israël campent au pied du Sinaï. Elles attendent quarante jours le retour de Moïse, monté au sommet de la montagne. Profitant de leur découragement, Dathan exhorte les Hébreux à repartir vers l'Égypte. Il fait construire à Aaron une statue de dieu – le Veau d'or – destinée à les précéder et à les protéger durant leur voyage de retour. Tandis qu'en haut de la montagne une boule de feu traduisant la volonté divine grave dans la pierre les dix commandements, le peuple hébreu se livre autour du Veau d'or à toutes les impiétés. Moïse, redescendu, jette les tablettes où sont gravées les commandements sur le Veau d'or. Dieu punit les impies en les faisant errer pendant quarante ans dans le désert. Au-delà du Jourdain, ils voient enfin la Terre promise. C'est le moment où Moïse les quitte et s'en va seul continuer sa route.

☞ C'est, selon ses dires, l'actualité du message biblique qui conduisit DeMille à entreprendre, au milieu des années 50, un remake de son premier film biblique de 1923. *Les dix commandements* raconte en effet l'odyssée allégorique du combat de la Liberté contre toutes les formes de totalitarisme. Le destin voulut que DeMille signe là son testament, élaboré avec plus de soin encore et dans une liberté de manœuvre, une tranquillité d'esprit plus grandes que pour aucun de ses autres films. La Paramount lui signa pour ainsi dire un chèque en blanc. Estimé à 8 millions de dollars, le budget grimpa sans encombre jusqu'à 13. L'écriture du scénario s'étala sur trois ans et une préparation extrêmement poussée et minutieuse précéda de deux ans le tournage proprement dit. Un abrégé des recherches et de la documentation rassemblée pour le film a été publié par Henry S. Noerdlinger (voir Biblio.) dans un volume qui donne un aperçu du caractère polyvalent et approfondi des différentes enquêtes effectuées avant tournage. Instinctivement, DeMille chercha à synthétiser les aspects restés séparés dans la première version : la force didactique, la dramatisation de l'intrigue, la stylisation plastique de l'image, la recherche de l'épique et du spectaculaire. En ce qui concerne la dramatisation, il choisit de raconter l'histoire de l'individu Moïse, soit en reprenant certaines hypothèses faites par les historiens pour combler les lacunes biographiques de la Bible, soit en en formulant d'autres pour le film. « Le devoir de tout historien, a-t-il déclaré, est de donner un récit exact de faits connus et prouvés. Le devoir de tout dramaturge est de remplir les lacunes entre ces faits. » Une part d'imagination entrait ainsi dans le film, donnant au merveilleux chrétien une nouvelle jeunesse expressive. Inventés de toutes pièces ou tirés de l'Histoire et réinterprétés, un certain nombre de personnages gagnaient alors une subtilité, voire une ambiguïté inattendues (cf. le personnage de Nefertiri). Cette fois, contrairement à ce qui s'était passé en 1923, DeMille put aller sur place et le film bénéficia de moyens plus colossaux encore. Insurpassable sur le plan du spectaculaire (le départ des Hébreux hors d'Égypte est sans doute la séquence la plus peuplée de toute l'histoire du cinéma), *Les dix commandements* reste néanmoins fidèle, sur le plan plastique, au style volontairement archaïque de DeMille et à sa vision d'un espace à deux dimensions. « La disposition des volumes et leur appréhension [...], écrit Michel Mourlet (*in* « Cahiers du cinéma », nº 97), font de ses plans, trop souvent, une peinture à plat. Mais, en somme, pourquoi DeMille se fut-il soucié de l'espace ? Un homme et une femme déshabillés à l'antique, des palmes balancées, une passion simple lui suffisaient pour établir dans l'ordre des gestes un équivalent des fresques égyptiennes, d'où la perspective est absente, non le cœur. » Étant l'un des plus sobres et l'un des moins délirants de ses films, *Les dix commandements* manifeste aussi l'aptitude unique de DeMille à manipuler, disposer, intégrer dans le format 1,33 des dizaines de milliers de figurants et d'animaux (20 000 figurants et 15 000 animaux) avec la précision maniaque d'un miniaturiste. On reconnaît enfin le plus précieux de sa manière dans cette volonté de piquer de détails familiers et touchants une trame historique et religieuse qui, sans eux, risquerait de tomber dans le gigantisme et la déshumanisation.

N.B. Le prologue (2' environ) où DeMille vient présenter son film au public devant un rideau de scène est généralement omis des copies de ressortie et de celles qui passent à la télévision. Il figure dans l'un des tirages du film sur cassettes commerciales américaines.

BIBLIO. : Henry S. Noerdlinger : « Moses and Egypt », Los Angeles, University of South California Press, 1957. Préface de DeMille. Ce volume étonnant qui résume les recherches entreprises pour le fim sur Moïse, les pharaons, les moyens de transport, l'architecture, les costumes et les ornements, les coiffures, les bijoux, l'alimentation et les arts de l'Égypte ancienne a été traduit en français chez Mame à Tours, en 1957, sous le titre « Moïse et l'Égypte ». Voir aussi l'article très documenté sur la photo et les trucages du film publié dans la revue « American Cinematographer », novembre 1956 ; l'autobiographie – toujours non traduite en français – de DeMille, Prentice-Hall Inc, Englewood Cliffs, New Jersey, 1959 ; le livre de Charles Higham sur DeMille chez Charles Scribner's Sons, New York, 1973 ; et l'anthologie de commentaires de DeMille sur ses films *in* « Présence du cinéma », nº 24-25 automne 1967.

## DOCTEUR JEKYLL ET Mr. HYDE
### (Dr Jekyll and Mr. Hyde)

1941 – USA (112') • *Prod.* MGM (Victor Fleming) • *Réal.* VICTOR FLEMING • *Sc.* John Lee Mahin d'ap. R. de Robert Louis Stevenson • *Phot.* Joseph Ruttenberg • *Mus.* Franz Waxman • *Int.* Spencer Tracy (Dr Jekyll, Mr. Hyde), Ingrid Bergman (Ivy Peterson), Lana Turner (Beatrix Emery), Donald Crisp (Sir Charles Emery), Barton MacLane (Sam Higgins), C. Aubrey Smith (l'évêque), Peter Godfrey (Poole), Sara Allgood (Mrs. Higgins), Frederic Worlock (Dr Heath).

☞ Le scénario reprend fidèlement l'adaptation assez infidèle du film de Mamoulian (aucune des deux héroïnes n'existe, par exemple, dans le livre de Stevenson), mais il le replace dans une atmosphère plus conventionnelle et plus moralisante. L'élégance plastique du travail de Joseph Ruttenberg (notamment dans la mise en valeur des deux actrices, dans l'éclairage – superbe – des séquences nocturnes dans les rues de Londres) et un certain étirement romanesque, non dénué de charme, de toute l'action succèdent ici à l'acuité, à l'audace, à la densité de la mise en scène de Mamoulian. L'interprétation est le point fort de ce film qui a plus d'allure que d'invention. Spencer Tracy montre une fois encore la variété de son registre et sa puissance de renouvellement. Et surtout le casting inversé des deux vedettes féminines (qui fit couler beaucoup d'encre à l'époque) renouvelle dans une certaine mesure le contenu des deux rôles. Tout le monde s'attendait à ce que Lana Turner jouât la fille des rues et Bergman la riche et noble fiancée de Jekyll. Mais Bergman voulut interpréter pour une fois une « mauvaise fille » et Fleming, cédant à son désir, inversa les rôles. Le résultat est que les deux héroïnes, dénuées l'une et l'autre de perversité, deviennent deux victimes, deux personnages de mélodrame. (Katherine Hepburn devait déclarer que Spencer Tracy aurait souhaité l'avoir comme partenaire dans les deux rôles d'Ivy et de Beatrix. Cette idée d'un double rôle féminin est originale et mériterait d'être exploitée.) Techniquement, les quatre transformations de Jekyll en Hyde et de Hyde en Jekyll sont très décevantes. Basées sur une banale succession de surimpressions en gros plan, elles correspondent par rapport aux extraordinaires trucages du film de Mamoulian à une régression surprenante.

N.B. Le roman (en fait une longue nouvelle) de Stevenson a été filmé de très nombreuses fois. La plupart des adaptations sont de qualité. A l'époque du muet, la plus importante est celle de John S. Robertson (1920) produite par la Paramount et interprétée par John Barrymore. Elle se passe au XIXᵉ siècle tandis qu'une version « rivale » de la même année, produite par la Pioneer, est contemporaine et interprétée par Sheldon Lewis (*Réal.* Louis Mayer). A l'époque du parlant, outre les deux versions commentées, la plus brillante est certainement celle de Jerry Lewis *The Nutty Professor, Docteur Jerry et Mister Love**, 1963. Elle avait été précédée, dans le genre burlesque, par un film très ancien joué par Stan Laurel, *Dr Pyckle and Mr. Pride*, tourné en 1925 dans le décor de *The Hunchback of Notre Dame*, l'adaptation du roman de Hugo par Wallace Worsley. Hors des États-Unis, signalons parmi de multiples versions une adaptation danoise en 1910 par August Blom ; le film de Murnau, *Der Januskopf*, en 1920, avec Conrad Veidt ; en 1950, une insolite adaptation argentine, *El extrano caso del hombre y la bestia* de Mario Soffici (qui interprète aussi le rôle principal). Dans la première moitié, le film essaie de faire croire à deux personnages différents ; l'action est située dans un décor urbain de *film noir* (poursuites dans le métro, dans un dépôt de tramway, etc.). En 1959, Renoir tourne une version quasi expérimentale *Le testament du Dr Cordelier* et, en 1972, dans le film anglais de Roy Ward Baker *Dr Jekyll and Sister Hyde* le rôle-titre est interprété par un homme (Ralph Bates) et une femme (Martine Beswick). En 1960, Terence Fisher avait illustré le thème dans un film à la fois original et décevant (*The Two Faces of Dr Jekyll, Les deux visages du Dr Jekyll*, sorti en France en 1969) qui, avant Jerry Lewis, faisait de Hyde un personnage beau et attirant. Ajoutons encore une version mexicaine, *El Hombre y el Monstruo,* 1958, de Rafael Baledon. Au lieu d'être un savant, Jekyll est ici un pianiste jaloux et meurtrier qui se transforme en loup-garou. Quand il est dans cet état, seule la main de sa mère peut, en le touchant, lui redonner une apparence humaine. En tout état de cause, les versions Mamoulian et Fleming doivent beaucoup sur le plan dramatique à l'adaptation théâtrale du roman de Stevenson par Thomas Russel Sullivan (1887), jamais mentionnée au générique de ces films, et sur le plan de l'atmosphère à la version muette de Robertson (scénario de Clara S. Beranger).

### DOCTEUR JEKYLL ET Mr. HYDE (Dr Jekyll and Mr. Hyde)

1932 – USA (81') • *Prod.* PAR. (Rouben Mamoulian) • *Réal.* ROUBEN MAMOULIAN • *Sc.* Samuel Hoffenstein et Percy Heath d'ap. R. de Robert Louis Stevenson • *Phot.* Karl Struss • *Int.* Fredric March (Dr Jekyll, Mr. Hyde), Miriam Hopkins (Ivy Pierson), Rose Hobart (Muriel Carew), Holmes Herbert (Dr Lanyon), Halliwell Hobbes (Carew), Edgar Norton (Poole), Tempe Pigott (Mme Hawkins).

Londres, à la fin du siècle. Dans un amphithéâtre bondé, le célèbre Dr Jekyll fait une conférence où il déclare notamment que la nature de tout homme est double, écartelée entre deux tendances contradictoires vers le Bien et vers le Mal. Il se dit sur le point de réussir à séparer, à l'intérieur de l'homme, ces deux tendances, seul moyen selon lui de permettre au Bien de s'élever jusqu'à des sommets jamais atteints. Ses propos suscitent l'enthousiasme des uns et les ricanements des autres. Le père de sa fiancée Muriel lui impose d'attendre huit mois avant d'épouser sa fille et, malgré l'insistance de Jekyll, restera inflexible. Dans la rue, une nuit, Jekyll porte secours à une prostituée, Ivy Pierson, frappée par un client, et la reconduit jusqu'à sa chambre. Pleine de gratitude, elle l'embrasse et l'invite à revenir. Jekyll est plongé dans le trouble. Après de longues recherches effectuées dans son laboratoire, il avale une mixture qui le transforme en un être simiesque, heureux de sa vitalité sauvage, débordant d'instincts violents et sensuels qu'il ne songe qu'à satisfaire. Il part à la recherche d'Ivy qu'il retrouve dans une taverne en train de chanter. Il l'oblige à venir à sa table. Sous l'identité de Hyde, il reviendra souvent chez elle, la torturant physiquement et moralement. Jekyll, voyant le mauvais tour qu'elles ont pris, décide de mettre fin à ses expériences. Il envoie une forte somme d'argent à Ivy qui vient le remercier et lui parle à cette occasion de l'esclavage qu'elle subit de la part de Hyde. Jekyll lui affirme que Hyde ne la tourmentera jamais plus. Mais alors que Jekyll se délasse dans un parc, il voit un chat dévorer un oiseau et cette image violente redéclenche en lui, sans qu'il l'ait voulu, le processus de transformation en Hyde. Hyde bondit chez Ivy, lui dit son secret (« Je suis Jekyll ») et l'étrangle. Il essaie de rentrer chez lui mais, ayant volontairement jeté la clé de son laboratoire quand il avait décidé d'interrompre ses expériences, il ne peut y parvenir. Il envoie un message à son ami Lanyon, lui demandant d'aller chercher certaines fioles dans son laboratoire et de les remettre à un certain Mr. Hyde qui se présentera pour les prendre. Mais quand Hyde arrive, Lanyon, très inquiet, exige des nouvelles de Jekyll et menace l'inconnu avec son revolver. Hyde n'a pas d'autre solution que de se retransformer devant lui. Il lui raconte toute son aventure. Lanyon, épouvanté, lui dit qu'il a violé la loi divine et doit s'attendre désormais à tous les châtiments. Jekyll va rendre sa parole à Muriel et se transforme à nouveau, involontairement, en Hyde. Il frappe violemment un domestique. De retour dans son laboratoire, il redevient Jekyll et essaie d'égarer la police. Mais Lanyon le désigne comme l'agresseur du domestique. Troisième retransformation involontaire en Hyde. Bagarre. Un policier l'abat. Mort, il reprend le visage et les traits sereins de Jekyll.

☞ Troisième film de Mamoulian et première adaptation parlante du « Dr Jekyll et Mr. Hyde », avant celles de Victor Fleming, Jerry Lewis, Renoir, etc. On peut estimer que c'est la meilleure de toutes. L'esthète, le formaliste Mamoulian, qui ne fit jamais deux fois le même film, livre en effet la plus incisive et la plus osée des adaptations du roman de Stevenson tant sur le plan des dialogues que sur celui de l'image et du comportement des personnages. Mamoulian profite pour ainsi dire des derniers instants de liberté offerts aux cinéastes hollywoodiens avant l'instauration du code de censure pour mettre en valeur le contenu sexuel de l'histoire. Jekyll est un fiancé frustré, obligé d'attendre, pour satisfaire aux convenances du temps, la date encore lointaine de son mariage. Hyde s'abandonne jusqu'aux sévices et au crime à ses pulsions sexuelles, réprimées par son alter ego. Et ainsi Mamoulian n'oppose plus, à travers Jekyll et Hyde, deux images du Bien et du Mal, mais plutôt deux types de personnages diversement complexés et déformés par la société et la civilisation. Comme la plupart des films de Mamoulian, celui-ci comporte beaucoup de virtuosité et plusieurs innovations techniques : longs plans subjectifs (entrée de Jekyll dans l'amphithéâtre, première transformation) destinés selon l'aveu même de l'auteur à ce que le spectateur *devienne* lui-même Jekyll et Hyde ; usage spectaculaire des surimpressions (jambes de Miriam Hopkins longuement superposées aux deux amis marchant dans la rue ; visage tourmenté de Jekyll demandant pardon à Dieu et apparaissant sur le clavier du piano de Muriel). La transformation en un seul plan dans le parc fut effectuée à l'aide de filtres et sa réussite demeure surprenante encore aujourd'hui. C'est sans doute le plus beau trucage de ce type jamais réalisé. Enfin Mamoulian, pour accompagner les transformations de l'homme en monstre, imagina différentes sortes de sons insolites et finit par dessiner ceux qu'il désirait à même la pellicule, offrant ainsi au public le premier exemple de son synthétique à l'écran.

BIBLIO. : reconstitution du film en 1 600 photogrammes (avec dialogues intégraux) par Richard J. Anobile, Universe Books, New York, 1975.

## DOCTEUR JERRY ET MISTER LOVE
### (The Nutty Professor)

1963 – USA (107') • *Prod.* PAR. (Ernest D. Glucksman) • *Réal.* JERRY LEWIS • *Sc.* Jerry Lewis et Bill Richmond d'ap. « Dr Jekyll et Mr. Hyde » de Robert Louis Stevenson • *Phot.* W. Wallace Kelley (Technicolor) • *Mus.* Walter Scharf • *Chansons* Lil Mattis, Louis Yule Brown, Johnny Mercer, Harold Arlen • *Int.* Jerry Lewis (Julius à deux ans, Pr Julius Ferris Kelp, Buddy Love), Stella Stevens (Stella Purdy), Del Moore (Dr Hamius R. Warfield), Kathleen Freeman (Millie Lemmon), Med Flory (l'étudiant Bragnewski), Howard Morris (Elmer Kelp), Elvia Allman (Edwina Kelp).

Julius F. Kelp, professeur de chimie dans un collège, est un grand maladroit au physique ingrat, avec ses dents mal plantées, sa myopie, sa voix de fausset. Ses expériences de chimiste se terminent souvent par d'énormes explosions qui endommagent le bâtiment où il travaille. Il est chahuté par ses élèves. Un d'entre eux l'enfermera même dans un placard, d'où la jolie et compatissante Stella Purdy, qui fait aussi partie de sa classe, viendra l'extirper. Kelp est très humilié. Pour devenir plus costaud, il va dans un gymnase travailler ses muscles. Piètre résultat. Il utilise alors ses dons de chimiste pour se fabriquer une mixture qui le transforme en quelqu'un d'autre, que tout le monde regarde et admire : Buddy Love, un play-boy à la voix d'or, sûr de lui, amoureux de lui-même, autoritaire et violent à l'occasion. Buddy Love se rend à la cafeteria des étudiants. Il invite Stella à danser puis chante en s'accompagnant au piano. En voiture, il se déclare à Stella mais sa voix redevient celle de Kelp et il préfère s'éclipser. Kelp se remémore son enfance et ses parents : sa mère, une mégère, humiliait constamment son père. Le bébé Kelp dans son parc s'exclamait tristement : « My poor dada ! » Kelp reprend une dose de sa mixture et réapparaît sous les traits de Buddy Love devant Stella, fascinée. Mais sa voix encore une fois le trahit et il doit disparaître à nouveau. A la fête du collège, Buddy Love est la vedette des attractions. En quelques minutes, il a fait la conquête du directeur (la terreur de Kelp) et le manipule comme un enfant. Quand Kelp veut avaler une nouvelle dose de sa mixture, dont les effets sont de plus en plus courts, il s'aperçoit que sa pie a dévoré le papier sur lequel était inscrite la formule. Il doit appeler ses parents à qui il l'avait confiée. Durant son numéro, face aux élèves rassemblés devant le podium, Buddy Love se retransforme en Kelp. Il relate alors ses expériences au public et décide de s'accepter comme Kelp. Il déclare en substance : « Acceptez-vous vous-même. Si vous n'avez pas d'estime pour vous-même, comment les autres pourraient-ils en avoir ? » Stella part avec lui pour l'épouser. Quant aux parents de Kelp, ils vendent maintenant des flacons du précieux élixir, le tonic Kelp, aux élèves. Grâce à lui, le père de Kelp a repris de l'ascendant sur sa femme. Par précaution, Stella en a emporté deux bouteilles dans ses poches.

☞ Quatrième film de Jerry Lewis comme metteur en scène. Idée presque géniale, dans cette variation brillante sur le thème de Jekyll et Hyde, que d'avoir incarné la malignité de Hyde dans un crooner play-boy odieusement narcissique et méprisant. Certains spécialistes du mythe de Lewis virent là l'apparition au grand jour de la face cachée du personnage. Il est plus évident que Lewis a visé en Buddy Love son ancien partenaire Dean Martin. Mais d'une façon plus générale, il a stigmatisé à travers lui quelques tares du show-business américain et de la société américaine tout entière. Malheureusement le déroulement répétitif de l'intrigue, les gags trop rares, les rôles secondaires médiocres et la mièvrerie du personnage interprété par la charmante Stella Stevens ont appauvri la force de la fable. Bien que Lewis contrôle chaque centimètre de sa mise en scène, notamment par l'emploi magistral de la couleur et des mouvements d'appareil, bien que la séquence de la première transformation soit un morceau d'anthologie, ce *Nutty Professor* est une occasion à demi manquée. La critique de l'époque, en France, fut délirante. Son enthousiasme était provoqué par le film lui-même mais aussi par des espoirs fondés sur le développement ultérieur de la carrière de Jerry Lewis comme metteur en scène. Personne ne pouvait deviner en 1963 qu'il avait déjà tous ses chefs-d'œuvre derrière lui (*The Bellboy***, *The Ladies'Man***, *The Errand Boy***).

BIBLIO. : scénario et dialogues *in* « L'Avant-Scène » n° 35 (1964).

## DOCTEUR LAENNEC

1948 – France (100') • *Prod.* Films Maurice Cloche • *Réal.* MAURICE CLOCHE • *Sc.* Jean Bernard-Luc d'ap. une idée de Maurice Cloche • *Phot.* Claude Renoir • *Mus.* Jean-Jacques Grünenwald • *Int.* Pierre Blanchar (René Laennec), Jany Holt (Madeleine Bayle), Saturnin Fabre (Laennec père), Mireille Perrey (Jacquemine Dargout), Pierre Dux (Récamier), Janine Viénot (Marianne), Geymond Vital (Bayle).

Laennec se lamente de ses efforts impuissants devant les ravages de la phtisie. Son meilleur ami et collègue meurt de la terrible maladie. Laennec découvre l'auscultation et invente le stéthoscope, ce qui donne à rire à la plupart de ses confrères. Il professe aussi l'opinion, scandaleuse pour ses pairs, qu'il faut connaître une maladie avant de chercher à la soigner. Ses recherches l'amènent ainsi à découvrir qu'il n'y a pas plusieurs phtisies, comme on le croyait à l'époque, mais différentes phases de la même maladie. Il aura juste le temps de rédiger son traité de l'auscultation avant d'être à son tour emporté par son ennemie de toujours.

☞ La biographie édifiante fut un genre à succès dans le cinéma français des années 1945-1955, peut-être inspiré par la volonté inconsciente de retrouver la trace du « positif » et de certaines valeurs après une si longue période de bouleversements et de destructions. Quoi qu'il en soit, le genre, souvent beaucoup moins « pompier » qu'on ne l'a dit, permet ici à Maurice Cloche d'évoquer avec une belle vigueur narrative une série de faits passionnants ayant trait aux balbutiements de la médecine moderne, il y a moins de cent cinquante ans. Par son jeu chaotique et naturellement baroque, Pierre Blanchar exprime sans avoir à forcer son talent les affres de son personnage, le rendant ainsi fraternel au public. Avec *Monsieur Vincent**, *Docteur Laennec* représente à l'évidence le meilleur de l'œuvre de Maurice Cloche qu'on se gardera, précisément à cause de ces deux films, de placer trop bas. Ses deux premiers films, adaptations littéraires soignées de Germaine Acremant et de Daudet, *Ces dames aux chapeaux verts* et *Le Petit Chose,* méritent aussi d'être vus, sans oublier *Sixième étage* (1939), agréable mélo populiste.

## DODES' CADEN
### (Dodes' Ka-den)

1970 – Japon (126') • *Prod.* Yonki no Kai/Toho (Yoichi Matsue, Akira Kurosawa) • *Réal.* AKIRA KUROSAWA • *Sc.* Akira Kurosawa, Hideo Oguni, Shinobu Hashimoto d'ap. le recueil de nouvelles « Quartier sans soleil » de Shugoro Yamamoto • *Phot.* Takao Saito, Yasumichi Tukuzawa (couleurs) • *Mus.* Toru Takemitsu • *Int.* Hoshitaka Zushi (Rokuchan, le jeune garçon fou), Kin Sugai (Okuni, sa mère), Junzaburo Ban (Shima, l'employé aux tics), Kyoko Tange (sa femme), Hisashi Igawa (Masuda), Hideko Ogiyama (Tatsu, sa femme), Shinsuke Minami (Ryotaro, père de famille nombreuse), Yoko Kusunoki (Misao, sa femme), Noboru Mitani (le mendiant), Hiroyuki Kawase (son fils).

Un bidonville installé, comme une décharge, dans un paysage désolé et fantomatique, à la périphérie d'une grande cité. Vit là toute une communauté d'exclus, de fous et de sages, de rêveurs et d'alcooliques, subissant les effets d'une misère intolérable qui se répercutent en eux différemment selon leur caractère, leur âge et la fragilité de leur équilibre nerveux. Rokuchan, un adolescent, parcourt du matin au soir la région en conduisant un tram imaginaire et en répétant l'onomatopée « Dodes'caden » qui imite le bruit des roues sur les rails. Shima, un homme ravagé de tics, est marié à une femme détestée de tous, qui, lorsqu'il reçoit des amis, les regarde de haut, prête à les insulter. Un soir, cela provoque la colère d'un des hôtes qui estime que Shima mérite une meilleure épouse. Il l'exhorte à jeter celle-ci dehors. Le mari prend alors la défense de sa femme qui l'a tant aidé. Les deux hommes en viennent aux mains. L'invité, comprenant son erreur, se confond bientôt en excuses. Ryotaro, un père de famille dont la femme aguiche tous les hommes, se voit demander par ses cinq enfants s'il est bien leur père. On murmure que chacun d'eux a un père différent. Il leur répond que, puisqu'il les aime, ils sont tous ses enfants. La jeune Katsuko s'épuise au long des jours et des nuits à fabriquer des fleurs artificielles. Kyota, le mari de sa tante, la viole. Enceinte, elle poignardera pour des raisons obscures un vendeur de saké qui était le seul à lui témoigner de la sympathie. Il ne porte pas plainte. Kyota prend ses affaires et file sans demander son reste. Un homme vit prostré, dans un état proche de l'autisme, depuis le départ de sa femme. Elle revient et essaie vainement de pénétrer dans son univers. Elle repartira sans avoir réussi à lui faire ouvrir la bouche. Deux jeunes ivrognes, constamment imbibés d'alcool, échangent chaque soir, sans même s'en rendre compte, leur femme et leur baraque. C'est là un objet permanent de scandale pour les commères de l'endroit qui tiennent salon autour de la fontaine. Un père se nourrit des restes que son garçonnet rapporte des restaurants de la ville dont il fait chaque soir la tournée. L'adulte dépeint à l'enfant avec force détails la maison qu'ils auront un jour avec grille d'entrée, piscine, etc. Victime d'une intoxication alimentaire, l'enfant meurt et son père, enterrant ses cendres, songe encore à la somptueuse demeure dont il avait coutume de l'entretenir. Le vieil artisan Tamba est le bon génie de l'endroit. Une nuit, un cambrioleur lui dérobe un coffret. « Non pas ça, dit Tamba, ce sont mes outils. » Il lui donne de l'argent à la place et le laisse partir. Plus tard, il refusera de le reconnaître devant un policier. Il calme un forcené brandissant un sabre en lui proposant de tenir l'arme un moment pour qu'il puisse se reposer. A un désespéré cherchant à se suicider, il donne un poison que l'autre absorbe aussitôt. Puis il change d'avis et traite son bienfaiteur d'assassin. Tamba lui annonce alors qu'il n'a absorbé qu'une inoffensive poudre digestive. A la nuit tombante, Rokuchan abandonne son tram et rentre chez sa mère, fourbu et satisfait, tel un ouvrier ayant accompli sa journée de travail.

☞ Ce microcosme de la détresse humaine est aussi un microcosme de la condition humaine, façonné par Kurosawa avec une compassion infinie et des trésors d'humour. Cet humour a quelque chose d'hugolien et concerne particulièrement l'imaginaire de certains personnages, la bonté radieuse de certains autres, comme surnaturelle dans ce cloaque. Il donne au film une densité exceptionnelle. Un rythme lent, répétitif et poignant entrelace les histoires les unes aux autres et enferme les personnages autant dans leur rêve que dans la réalité. C'est pour eux une seule et même prison dont ils ne réussiront pas à s'extirper. La plupart ne le veut même pas. Imaginaire et réel, misère atroce et drôlerie, hyper-réalisme et lyrisme fantastique (notamment dans les décors et l'emploi de la couleur, que Kurosawa utilise ici, tardivement, pour la première fois) sont emmêlés par l'auteur avec une audace tranquille que peu de cinéastes pourraient lui disputer : il s'agit d'aboutir, à l'aide de tant de personnages et de tons différents, à cette vision globale de l'humanité qu'on trouvera aussi dans *Vivre**, *Barberousse** et *Dersou Ouzala**. Le microcosme prend alors des allures de fresque. C'est là qu'il faut saisir le génie spécifique de Kurosawa, beaucoup plus que dans les grandes machines de *Kagemusha* ou de *Ran*.

BIBLIO. : scénario et dialogues *in* « Complete Works of Akira Kurosawa », vol. 1, Kinema Jumpo-sha, Tokyo, 1971. Édition bilingue japonaise et anglaise. Minutieuse description des personnages et des lieux. Chaque plan est illustré par un ou plusieurs photogrammes.

## DONDE MUEREN LAS PALABRAS

Inédit en France. 1946 – Argentine (78') • *Prod.* Artistas Argentinas Associados • *Réal.* HUGO FREGONESE • *Sc.* Ulysses Petit de Murat et Homero Manzi • *Phot.* José M. Beltran • *Mus.* Juan José Castro (extraits de Beethoven, Chopin, etc.) • *Int.* Enrique Muiño (Victorio), Dario Garzay (Dario), Hector Mendez (Rozelio), Linda Lorena (Fedora), Aurelia Ferrer (Maria), Italo Bertini (Carletti), René Mugica (Antonio), Pablo Cumo (Boletero), Maria L. Hurtado (Aurora), José A. Vazquez (Leandro), Enrique Ferraro (director), Maria Ruanova (primera ballerina), les marionnettes de Podrecca.

Musicien et machiniste dans une troupe de marionnettistes, un vieil homme brisé par le malheur a des distractions fréquentes. Il accumule bévue sur bévue. Dans sa loge, il parle avec une grande exaltation à un portrait de jeune femme, comme s'il s'agissait d'une personne vivante. A la demande de ses camarades, le directeur de la troupe, qui pourtant l'aime bien, est obligé de le renvoyer. Il continuera à l'employer comme veilleur de nuit. Dans le théâtre déserté, il surprend un jeune homme, Dario, qui vient en cachette jouer du piano toutes les nuits. Il est pauvre et ne possède pas d'instrument. Le vieil homme, charmé par son talent, lui donne un peu d'argent et lui dit mystérieusement : « Je t'enseignerai tout ce que je sais. » Dario revient le lendemain et, au fil des jours, devient l'ami et le disciple du vieillard. « Cela ne suffit pas d'étudier, lui dit-il, il faut être attentif aux silences et aux rumeurs du monde. » Au cours de longues promenades, il lui enseigne sa philosophie de l'art et de la musique. Au théâtre, il découvre la photo de la nouvelle poupée-vedette, fabriquée par un sculpteur à la ressemblance du portrait qu'il conserve précieusement dans sa loge. Quand il voit sur la scène la poupée elle-même, il fait un scandale et court à la maison du sculpteur. Il entre par effraction et emporte l'ébauche sculptée qui a servi à façonner la poupée. De retour dans sa loge, il murmure au portrait : « Nous partirons loin, là où personne ne se souviendra de nos crimes. » On le poursuit. Portant la poupée dans ses bras, il grimpe sur le toit du théâtre. Il s'arrête soudain, pétrifié. Tout son passé lui revient en mémoire. Chef d'orchestre et chorégraphe adulé du public, il avait écrit un ballet allégorique. Au cours de la générale, sa fille, danseuse étoile, qui s'était exténuée durant les répétitions, s'effondra en scène pour ne plus se relever, vaincue par l'effort. Peu à peu, le vieil homme revient à la réalité et au présent. Il se consacrera désormais à développer le talent de Dario, son fils spirituel qui remplacera un peu sa fille. Dario devient rapidement un virtuose célèbre.

☞ Produit en toute liberté au sein du petit groupe de production Artistas Argentinos Associados fondé par des metteurs en scène, ce deuxième film de Fregonese (et le premier qu'il ait signé seul) est une œuvre profondément personnelle et originale. L'esthétisme et les recherches formelles de l'auteur, sensibles ultérieurement dans son travail sur les genres hollywoodiens, apparaissent ici en clair dans un conte d'inspiration wildienne contenant une réflexion ambivalente sur l'art et le génie. L'art, assimilé à une religion, absorbe la vitalité de ses officiants et, dépassant les limites de celle-ci, peut se faire éventuellement le complice des forces de mort (cf. les séquences évoquant le passé du vieux musicien). Mais c'est l'art aussi qui sauve le héros du remords, du désespoir et du néant et le remet en contact avec les forces de vie, en lui permettant, par personne interposée, de créer à nouveau et d'accomplir son salut comme homme et comme artiste. Le développement dramatique de cette réflexion, plus proche du XIX^e^ siècle que du XX^e^, s'exprime dans une atmosphère para-fantastique qui évoque le roman de Gaston Leroux « Le Fantôme de l'Opéra » (sur un scénario inverse et dépourvu de violence). Avec une richesse formelle très insolite, le film met en jeu l'art de la marionnette, la sculpture, la musique, le ballet et la poésie. Il contient le plus long ballet intégré jusque-là à une œuvre cinématographique et devance ainsi *Les chaussons rouges** de Michael Powell (1948) et *Invitation à la danse* de Gene Kelly (1956). Son titre provient d'une citation de Heine : « Là où meurent les paroles... commence la musique. »

## DONNA DELLA MONTAGNA (LA)

Inédit en France. 1943 – Italie (95') • *Prod.* Lux (Dino De Laurentiis) • *Réal.* RENATO CASTELLANI • *Sc.* Renato Castellani d'ap. R. « I giganti innamorati » de Salvator Gotta • *Phot.* Massimo Terzano • *Mus.* Nino Rota • *Int.* Marina Berti (Zosi), Amedeo Nazzari (Rodolfo Morigi), Maurizio D'Ancora (Luca), Oscar Andriani (Bertoni), Maria Jacobini (Maria), Fanny Marchio (Diana), Pietro Meynet (le guide alpin).

Veuf d'une épouse qu'il adorait et qu'il idéalisait, un ingénieur travaillant sur un chantier dans la montagne, Rodolfo Morigi, est l'objet d'un amour idolâtre et obstiné de la part d'une jeune fille de la haute société romaine. Il finit par consentir à l'épouser mais, ne pouvant supporter de vivre à Rome loin du souvenir de son ancienne femme qui le hante, il retourne dans la montagne. Sa deuxième femme l'y rejoint et vit dans son ombre, comme une servante. Elle a appris que la première femme de son mari était loin d'être l'épouse exemplaire qu'il s'imaginait. Mais pour ne pas briser ses illusions et le seul bonheur qui lui reste, elle préfère se taire. Son cousin ne partage pas ce point de vue et ouvre les yeux de l'ingénieur. Surmontant son désarroi et sa colère, l'ingénieur envisage alors de mener une vie normale avec sa femme.

☞ Après *Un colpo di pistola* et *Zaza**, c'est ici le troisième volet, important et méconnu, de ce qu'on peut considérer comme la trilogie « calligraphique » de Castellani. Un quart du film, qui consistait principalement en intérieurs à tourner à Cinecittà (séquences autour du second mariage de Nazzari), ne put être réalisé à cause des événements politiques de septembre 1943. Cette lacune importante nuit à la compréhension du récit, mais non à son unité visuelle et plastique. Fidèle à l'essence du calligraphisme, le film est placé sous le signe de la mort ; les personnages sont hantés et obsédés par le souvenir (ou le désir) d'un bonheur impossible ; et le traitement des extérieurs fournit un contrepoint lyrique et expressif aux tourments de ces âmes en détresse. Le film débute par une admirable séquence d'enterrement sous la pluie. La description de l'obsession morbide du héros est poussée assez loin. (Il fait installer dans son appartement la croix arrachée à la tombe de son épouse dans le cimetière.) Mais surtout, la fidélité amoureuse de l'héroïne, prenant la forme d'une servitude, d'un avilissement volontaires, d'une sorte d'ascèse masochiste, donne lieu à des scènes d'une originalité et d'une intensité remarquables (séquence où elle donne à manger au chien ; retrouvailles avec son cousin). Happy end conventionnel et en contradiction avec le propos général de l'œuvre.

## DOSSIER SECRET
**(Confidential Report)**

(Titre de tournage et deuxième titre français : *Mr. Arkadin* ; c'était le titre voulu par Welles) 1955 – France-Espagne (99') • *Prod.* Warner-Mercury Production (Welles), Film Organisation SA (Paris) Cervantes Films, Sevilla Films Studios (Madrid) • *Réal.* ORSON WELLES • *Sc.* Orson Welles • *Phot.* Jean Bourgoin • *Mus.* Paul Misraki • *Int.* Orson Welles (Gregory Arkadin), Robert Arden (Guy Van Stratten), Paola Mori (Raina Arkadin), Michael Redgrave (Trebitsch), Patricia Medina (Mily), Akim Tamiroff (Jacob Zouc), Mischa Auer (le dresseur de puces), Katina Paxinou (Sophie Radzineicki), Grégoire Aslan (Bracco), Peter Van Eyck (Tadeus), Frédéric O'Brady (Oskar), Suzanne Flon (la baronne Nagel), Gert Frobe (le policier).

Un 25 décembre au matin, au large de Barcelone, on a repéré un avion vide. L'explication de ce mystère cause un grand scandale... Un petit aventurier, Guy Van Stratten, arrive à Munich en possession d'un dossier complet, qu'il a patiemment échafaudé, sur le célèbre milliardaire Gregory Arkadin. Mais il lui reste à protéger le vieux Jacob Zouc, une sorte de clochard, à le cacher et à le sauver d'une mort certaine afin d'échapper lui-même à la mort. Il explique à Zouc pourquoi il en est ainsi. Une nuit, à Naples, un certain Bracco est mort à ses pieds sur le port. Il venait d'être poignardé par un boiteux. Il eut juste le temps, pour se venger, de murmurer à l'oreille de Mily, l'amie de Van Stratten, deux noms : Gregory Arkadin et Sophie Radzineicki. Ces deux noms devraient leur apporter la fortune s'ils savaient s'y prendre. A Juan-les-Pins, Van Stratten lie connaissance avec Raina, la fille d'Arkadin, pour arriver jusqu'à son père. Arkadin surveille en effet sa fille avec une jalousie maladive et la fait suivre constamment. Van Stratten se rend avec Raina en Espagne et assiste à un bal masqué dans un château. C'est là qu'il voit Arkadin pour la première fois. Arkadin devine que Van Stratten, qui aimerait bien le faire chanter, ne sait en vérité rien sur lui. Il lui offre une forte somme pour rassembler un dossier sur son passé avant 1927 ; il se prétend en effet atteint d'amnésie sur tout ce qui concerne sa biographie avant cette date. Il se rappelle seulement avoir été en Suisse possesseur d'une somme de deux cent mille francs suisses grâce à laquelle il bâtit sa fortune. Van Stratten accepte la mission et l'argent. Il sillonne l'Europe pour recueillir des renseignements et rencontre à Copenhague un dresseur de puces qui lui parle de la fameuse Sophie, chef d'un gang tout-puissant à Varsovie, avant et pendant la guerre. De son côté, Mily, qui voyage en yacht avec Arkadin, retrouve la trace d'un affairiste, Tadeus, qui lui suggère d'aller voir à Amsterdam l'antiquaire Trebitsch. Van Stratten y va à sa place et apprend de la bouche de l'antiquaire que Sophie est toujours vivante. Une certaine baronne Nagel, qui lui vend des robes, devrait savoir où elle vit. Van Stratten contacte également Oskar, le premier mari de Sophie, une épave en manque de drogue. C'est au Mexique que Van Stratten retrouve enfin Sophie elle-même, mariée à un général. Dans son gang, qui se livrait à la traite des blanches et à divers autres trafics (notamment avec les nazis) se trouvaient Zouc, Athabadzé, né à Tiflis (qui se fera appeler plus tard Arkadin) et le boiteux qui a tué Bracco. Athabadzé était le grand amour de Sophie ; il lui avait volé deux cent mille francs or avant de disparaître. Sophie aurait pu démasquer Arkadin depuis longtemps mais, en souvenir du passé, elle ne l'a jamais fait. Van Stratten retourne en Espagne où Raina lui dit que son père n'a jamais été amnésique. Il apprend aussi que Mily, Sophie et Oskar ont été tués par Arkadin qui se sert de lui pour localiser, puis éliminer jusqu'au dernier, ses anciens complices. Ayant terminé son récit, Van Stratten tente de faire comprendre à Zouc le danger qui le menace et la nécessité de se cacher. Mais tout ce qui intéresse Zouc, c'est de manger un peu de foie gras. En cette nuit de Noël, Van Stratten parcourt la ville pour en trouver. Pendant ce temps, Zouc est assassiné. Dès lors, Van Stratten n'a plus qu'un désir : tout raconter à Raina. Entre lui et Arkadin, c'est une course de vitesse qui commence. Arkadin ne peut trouver de place sur un vol régulier et emprunte un avion particulier pour atteindre l'aéroport de Barcelone. Il demande à la tour de contrôle de le mettre en rapport avec sa fille. Van Stratten la persuade de faire croire à son père qu'elle lui a déjà parlé. Se croyant découvert, Arkadin saute de son avion. Raina ne peut pardonner à Van Stratten la mort de son père et s'éloigne de lui à jamais...

☞ Voir commentaires à la notice *La soif du mal**.

BIBLIO. : découpage (1 035 plans) in « L'Avant-Scène » n° 291-92 (1982). Précédé d'un interview où Welles déclare notamment que la *novelization* « Mr. Arkadin », publiée sous son nom chez Gallimard à l'époque de la sortie du film (1955), a été en réalité écrite par Maurice Bessy.

## DOUCE

1943 – France (104') • *Prod.* Pierre Guerlais • *Réal.* CLAUDE AUTANT-LARA • *Sc.* Pierre Bost, Jean Aurenche d'ap. R. de Michel Davet • *Phot.* Philippe Agostini • *Mus.* René Cloérec • *Int.* Odette Joyeux (Douce), Roger Pigaut (Fabien Marani), Madeleine Robinson (Irène Comtat), Jean Debucourt (Engelbert de Bonafé), Marguerite Moreno (Mme de Bonafé), Richard Francoeur (Julien), Gabrielle Fontan (Estelle).

Douce, une adolescente, dernière descendante de la lignée aristocratique des Bonafé, tombe amoureuse du palefrenier de la maison. Elle le persuade de l'enlever. Le soir même, ils vont au théâtre. Le théâtre brûle. Douce meurt. Le palefrenier et sa maîtresse, que celui-ci avait fait engager comme institutrice auprès de Douce, quittent la maison sous les malédictions de la grand-mère.

☞ L'acuité de ton de cette satire sociale ; la force descriptive avec laquelle Autant-Lara appréhende ses personnages, qui sont pour la plupart des insatisfaits, des frustrés s'étiolant dans la nostalgie ou pourrissant dans la méchanceté ; la variété des registres – mélancolique, âpre et corrosif, comique – où se développe l'intrigue, font de ce film le chef-d'œuvre de l'auteur, constamment redécouvert par des générations successives de cinéphiles. Outre une interprétation superbe et un dialogue plus que brillant, on admirera les talents conjugués du décorateur (Jacques Krauss) et du chef-opérateur (Philippe Agostini) apportant à Autant-Lara une aide précieuse pour élaborer cette atmosphère confinée, éclairée au gaz et à la bougie, où dépérissent les personnages dans une fin de siècle qui correspond aussi à la fin d'une société et d'une époque.

**DOWNSTAIRS**

Inédit en France. 1932 – USA (77') • *Prod.* MGM • *Réal.* MONTA BELL • *Sc.* Melville Baker, Lenore Coffee d'ap. une histoire de John Gilbert • *Phot.* Harold Rosson • *Int.* John Gilbert (Karl Schneider), Paul Lukas (Albert), Virginia Bruce (Anna), Hedda Hopper (la comtesse), Reginald Owen (le baron), Olga Baclanova (la baronne), Lucien Littlefield (François).

A Vienne, Albert, domestique du baron et de la baronne Von Bergen, se marie dans la demeure de ses maîtres. Même cette nuit-là, on le sonne ; il doit se lever, renvoyer un serveur ivre et le remplacer. Au nouveau chauffeur, Karl Schneider, qui commence son service dans la maison, il explique sa conception de la domesticité. Pour lui, le monde d'en bas (*downstairs*), de l'office, obéit à des règles beaucoup plus simples que le monde d'en haut (*upstairs*), celui des maîtres. Ces règles sont : loyauté totale envers les patrons, respect aveugle de tout ce qui peut survenir en haut. Absolument dénué de scrupules, Karl est en complet désaccord avec Albert. Il n'a pour règle de vie que la poursuite de son intérêt et de son plaisir. Il tourne autour de la femme d'Albert, Anna, et lui offre une bague qu'il a ramassée dans la voiture de la baronne. Quand cette dernière traite Anna de voleuse et veut la renvoyer, Karl fait comprendre à la baronne qu'il est au courant d'un certain rendez-vous galant auquel elle s'est rendue récemment. La baronne déclare aussitôt que le bijou ne lui appartient pas. Karl s'attire ainsi la reconnaissance d'Anna qu'il invite dans un cabaret afin de la séduire. Ses assiduités amènent Albert, son supérieur dans la hiérarchie domestique de la maison, à le renvoyer sous un prétexte futile. Dans un mouvement de colère, Anna dit à son mari qu'elle éprouve pour Karl une sorte d'amour tout à fait nouveau pour elle et qui la rend folle. Elle reproche à Albert d'être trop parfait, trop rigide dans son comportement et sa morale. Par un nouveau chantage, Karl obtient de la baronne d'être maintenu dans sa place. Ultérieurement, la baronne parlera de ce chantage à Albert, lui disant qu'il y a des circonstances où les femmes incomprises sont contraintes d'adopter une conduite étrange. A cette occasion, elle l'invitera à plus d'indulgence envers sa femme. Utilisant toujours son arme favorite, Karl veut enlever Anna en la menaçant de tout révéler à son mari. Albert manque étrangler le chauffeur mais en est empêché par l'arrivée impromptue du baron. Il feint de se réconcilier avec Karl, puis lui ordonne de partir sur l'heure. Il l'oblige à rendre l'argent qu'il avait extorqué à la vieille cuisinière, absolument fascinée par son charme. Karl ira retrouver son ancienne place et son ancienne patronne.

☞ Antérieure à la mise en œuvre du code de censure américain (le code Hays), cette étude de mœurs originale est d'une grande maturité et peut être rapprochée de films comme *Payment Deferred* (Lothar Mendes, 1932) ou *Baby Face** (Alfred E. Green, 1933). Des personnages ordinaires, n'ayant aucune vocation à devenir des « méchants » à part entière, y utilisent tous les moyens à leur portée, notamment le chantage et le crime, pour parvenir à leurs fins et satisfaire leurs ambitions. Ici, deux conceptions opposées de la domesticité recouvrent deux attitudes opposées devant la vie : un rigorisme strict, qui va jusqu'à s'aveugler lui-même pour conserver au monde une apparence d'ordre et d'équilibre ; un cynisme totalement dénué de scrupules mettant à profit les faiblesses d'autrui. L'audace du film est de ne jamais tomber dans le manichéisme, de présenter ces deux attitudes comme deux déviations du sens moral et du bon sens. Le chien de garde et l'escroc représentent deux anti-héros aussi éloignés l'un que l'autre de la vraie morale (d'ailleurs sans représentant dans le film). Outre les protagonistes, tous les personnages, que ce soit dans le monde d'en haut ou dans celui d'en bas (rapprochés par de constants parallélismes dus à la caméra et au montage) possèdent leur relief, leur vie propre, éventuellement leur faille, qui rendent le film passionnant. Interprétation de tout premier ordre. A l'époque, les échotiers se plurent à rapporter que le scénario écrit par John Gilbert avait été vendu à la MGM pour un dollar. En s'attribuant ce rôle de crapule de charme, l'acteur tentait – vainement – de redonner un second souffle à sa carrière déclinante depuis le début du parlant.

## DRACULA (id.)

1931 – USA (75') • *Prod.* U (Carl Laemmle) • *Réal.* TOD BROWNING • *Sc.* Garrett Fort d'après P. de Hamilton Deane et John L. Balderston tirée du R. de Bram Stoker • *Phot.* Karl Freund • *Int.* Bela Lugosi (Dracula), Helen Chandler (Mina), David Manners (Harker), Dwight Frye (Renfield), Edward van Sloan (Van Helsing), Frances Dade (Lucy Weston), Herbert Bunston (Dr Seward).

La Transylvanie au XIXe siècle. Méprisant les conseils de prudence que lui prodiguent les habitants de la région, le notaire Renfield se rend au rendez-vous nocturne que lui a donné à un croisement de routes le comte Dracula. La voiture de Dracula l'attend, conduite par un cocher anonyme qui n'est autre que Dracula lui-même, laissant bientôt place à une chauve-souris voletant au-dessus des chevaux. Renfield est reçu dans le château à demi en ruine du comte qui l'a fait venir pour signer le bail de l'abbaye de Carfax près de Londres où il compte s'installer. Il lui fait boire un vin empoisonné puis le vampirise. Sur le bateau en route vers l'Angleterre, Renfield est devenu l'esclave de Dracula. Le navire arrive à quai chargé d'un équipage de cadavres. A son bord, le seul être apparemment vivant est Renfield. Il a sombré dans le délire et ne songe plus qu'à dévorer mouches, araignées et autres insectes divers. Dans un théâtre, Dracula se présente au Dr Seward, directeur d'une clinique proche de l'abbaye où le vampire a élu domicile, dormant le jour dans des caisses contenant de la terre de Transylvanie. Dracula vampirise Lucy, une amie de Mina, la fille du Dr Seward. Le professeur Van Helsing, savant qui a consacré sa vie à étudier les phénomènes paranormaux, constate la présence dans le cou de Lucy de deux petites plaies résultant des morsures du vampire. Devenue plus tard la « mystérieuse femme en blanc », Lucy défrayera la chronique des faits divers par ses méfaits. Renfield, soigné à la clinique, profère des menaces contre Mina et exige d'être libéré. Mina raconte à Van Helsing son cauchemar de l'autre nuit : le savant relève également sur son cou les marques du vampire. Il aura bientôt l'occasion de constater l'absence de reflet de Dracula dans les miroirs. On retrouve Mina inconsciente dans le jardin. Elle a été encore une fois la proie du vampire. Ranimée, elle dit à son fiancé que tout est fini pour eux. Van Helsing ordonne qu'on emplisse la chambre de la jeune fille d'une plante qui repousse les vampires. Dracula et Van Helsing se défient mutuellement. Dracula affirme que, si Mina meurt pendant la nuit, elle lui appartiendra pour l'éternité. Mina tente d'hypnotiser puis de vampiriser son fiancé. A Van Helsing qui survient, brandissant un crucifix, elle avoue qu'elle a été contrainte de boire du sang de Dracula. Le vampire la conduit dans l'abbaye. Il anéantit Renfield mais ne pourra rien contre Mina, car il est devancé par l'aube. Alors qu'il repose dans son cercueil, Renfield lui perce le cœur avec un pieu. Toute frémissante, Mina appelle son père et se jette dans les bras de son fiancé.

☞ Bâtard dans sa conception, inégal dans sa réalisation, c'est le film qui popularisa dans le cinéma américain la figure de Dracula (déjà présente dans le *Nosferatu* de Murnau). Pour ce faire, la source littéraire utilisée par Tod Browning ne fut pas malheureusement le roman original de Bram Stoker, mais une adaptation théâtrale à succès de Hamilton Deane et John L. Balderston. Comme interprète, Browning avait souhaité Lon Chaney (qui mourut en 1930). Conrad Veidt et Paul Muni furent ensuite envisagés ; et c'est finalement Bela Lugosi qui fut choisi. Acteur de théâtre avant tout (quoiqu'il ait déjà paru dans plusieurs dizaines de films), hongrois de surcroît, il avait joué pendant longtemps la pièce, qui l'avait fait connaître. Cette double origine théâtrale, par le scénario et par le choix de l'acteur principal, va limiter la portée du film. Statique et souvent maladroit dans son déroulement dramatique (parenthèse trop longue sur Renfield, par exemple), le film pâtit aussi du jeu antique et déphasé, trop pittoresque, trop extérieur de Lugosi. Celui-ci transfère sa composition de la scène à l'écran sans l'adapter au nouveau moyen d'expression. Une bonne utilisation des décors et la photo de Karl Freund sont les éléments vivants et fascinants du film. Toutes les séquences anthologiques se trouvent dans le prologue en Transylvanie (ajouté à la pièce), où figurent notamment les trois épouses de Dracula. Par leurs déplacements lents et chorégraphiques, par leurs longues robes blanches, ces créatures muettes et infiniment insolites accentuèrent singulièrement la magie du film. Par-delà ses défauts, ce Dracula possède deux mérites majeurs. Il propose un catalogue assez complet et stimulant pour le public de l'époque (malgré plusieurs ellipses visuelles très regrettables) des caractéristiques et attributs légendaires des vampires (transformation en chauve-souris et en loups ; sommeil diurne dans des cercueils emplis de terre ramenée de Transylvanie, etc.). Il relance la vogue du fantastique qui deviendra, à la Universal, l'un des genres majeurs et enclenche au sein de cette même firme une série de variations brillantes sur le thème du vampirisme (cf. *Dracula's Daughter, La fille de Dracula**, de Lambert Hillyer, 1936, *Son of Dracula* de Robert Siodmak, 1943, *House of Dracula, La maison de Dracula,* de Erle C. Kenton, 1945).

N.B. Un épilogue, où Edward Van Sloan (Van Helsing) souhaite bonne nuit au public et affirme que les vampires existent, a été coupé dès les premières ressorties. Une version espagnole destinée au marché mexicain a été produite par Paul Kohner, réalisée dans les mêmes décors par George Melford et interprétée par Carlos Villarias. William Everson, dans « More Classics of the Horror Film », Citadel, 1986, explique que cette version, commencée alors que Browning en était au milieu de son tournage, a pu bénéficier de la vision des *rushes* du premier *Dracula*. Elle comporterait certaines améliorations par rapport au travail de Browning et est beaucoup plus longue que l'américaine (102').

BIBLIO. : récit de la genèse des deux versions par George Turner : « The Two Faces of *Dracula* » *in* « American Cinematographer », mai 1988.

## DROIT DU PLUS FORT (LE) (Faustrecht der Freiheit)

1975 – RFA (123') • *Prod.* Tango-Film (Rainer Werner Fassbinder) • *Réal.* RAINER WERNER FASSBINDER • *Sc.* Rainer Werner Fassbinder, Christian Hohoff • *Phot.* Michael Ballhaus (Eastmancolor) • *Mus.* Peer Raben • *Int.* Rainer Werner Fassbinder (« Fox » Franz Biberkopf), Peter Chatel (Eugen Theiss), Karlheinz Böhm (Max), Harry Baer (Philip), Adrian Hoven (le père d'Eugen).

Fox, un forain homosexuel est peu à peu dépouillé de sa fortune, gagnée à un concours, par Eugen, son ami, sorte de vampire bourgeois, plus raffiné que lui, qui le conduira jusqu'au suicide.

☞ Avec une froideur brechtienne qui dispense les personnages d'avoir le moindre relief individuel, Fassbinder décrit dans chacun de ses nombreux films une caste différente de minoritaires, de marginaux, d'opprimés. Il refuse de se rendre compte que ces minorités additionnées arrivent à reconstituer le tissu complet de la société. Et s'il n'y a dans cette société que des victimes et des exploités, où sont les exploiteurs et les bourreaux ? Ne pouvant donner de réponse à une question que ses films posent en des termes absurdes, l'auteur trouve ses boucs émissaires dans une bourgeoisie abstraite et désincarnée où personne ne veut se reconnaître. Le bourreau, c'est toujours l'autre. L'œuvre de Fassbinder, abondante, bâclée sous son apparente rigueur, exprimant toutes les idées reçues de l'époque, est comme le « Café du Commerce », lugubre et plein de courants d'air, de ce vingtième siècle finissant. Les générations futures y verront peut-être un document sociologique, mais rien n'est moins sûr.

## DROLE DE DRAME

1937 – France (109') • *Prod.* Productions Corniglion-Molinier • *Réal.* MARCEL CARNÉ • *Sc.* Jacques Prévert d'ap. R. « The Lunatic at Large or His First

Offence » de J. Storer Clouston • *Phot.* Eugen Schüfftan • *Mus.* Maurice Jaubert • *Déc.* Alexandre Trauner • *Int.* Françoise Rosay (Margaret Molyneux), Michel Simon (Irwin Molyneux alias Félix Chapel), Jean-Louis Barrault (William Kramps), Louis Jouvet (Archibald Soper, évêque de Bedford), Jean-Pierre Aumont (Billy), Henri Guisol (Buffington), Alcover (Bray), Jenny Burnay (Mme Pencil), René Genin (le balayeur).

Londres au début du siècle. Sur un coup de tête, Mme Pencil, la cuisinière de Margaret Molyneux, qui aurait tant voulu être écuyère, rend son tablier à sa patronne. Margaret Molyneux, une digne bourgeoise anglaise, est paniquée à l'idée de ce départ, le soir même où elle doit recevoir le cousin de son mari, Archibald Soper, évêque de Bedford. Soper vient de faire une conférence contre la mauvaise littérature, et notamment contre « Le crime modèle », infâme roman policier au succès scandaleux, écrit par Félix Chapel, pseudonyme cachant un mystérieux auteur qui n'est autre que Molyneux lui-même, le pacifique époux de Margaret, connu pour ses recherches sur le mimétisme du mimosa. Lors du dîner, Margaret reste en cuisine pour préparer le repas et ne se montre pas. Soper trouve cette absence très bizarre et Molyneux invente toutes sortes de mensonges maladroits pour la justifier. Soper reste coucher au domicile de son cousin et, très inquiet, appelle Scotland Yard. L'inspecteur Bray, quand il arrive sur les lieux, a déjà son opinion toute faite : Molyneux a tué sa femme. Bray arrête comme complice Billy, le laitier. Amoureux d'Eva, la bonne, Billy vient fréquemment dans les cuisines de la maison et y dépose – bénévolement – des bouteilles de lait que personne ne boit et qui s'entassent en quantité considérable. Margaret, qui craint plus que tout de passer pour une imbécile, s'est réfugiée avec son mari dans un petit hôtel du quartier chinois de la ville. Molyneux reçoit de son éditeur la proposition d'écrire des articles sur la disparition de Margaret, qui lui seront grassement payés. Poussé par sa femme (c'est elle déjà qui l'a obligé à écrire des romans policiers), Molyneux, sous l'identité de Chapel, réintègre son domicile envahi par les journalistes. Il avoue à sa femme que toutes ses idées lui viennent d'Eva, laquelle les tient de Billy, rêveur à l'imagination fertile. Les malheurs de Molyneux ne font que commencer. Il voit avec stupeur les policiers, à la recherche du cadavre, creuser la terre de son jardin et saccager ses précieux mimosas. Et puis surtout William Kramps, le célèbre tueur de bouchers, qui habite présentement une chambre voisine de celle de Margaret dont il est tombé amoureux, lit dans le journal que Chapel loge chez Molyneux. Il voue à Chapel une haine sans nom car il estime que « Le crime modèle » est responsable de sa carrière de criminel. Arrivant au domicile de Molyneux, il tente de l'égorger. Molyneux, terrorisé, se tire de ce mauvais pas en disant qu'il a empoisonné Chapel, puis emprunté son identité. Il avoue aussi avoir tué sa femme. Éperdu d'admiration pour ce collègue dans le crime, Kramps devient aussitôt son ami. Complètement ivre, il l'entraîne auprès de sa bien-aimée, Margaret. Cette nuit-là, l'évêque de Bedford, déguisé en Écossais et portant des lunettes noires, se glisse chez Molyneux pour récupérer un programme de music-hall compromettant, dédicacé par une chorus-girl, qu'il avait égaré lors de sa précédente visite. Molyneux, de retour, montre à Kramps ses mimosas. Sur le conseil d'un journaliste farfelu, il enferme dans une chambre l'homme au kilt soupçonné d'être l'assassin recherché. L'inspecteur Bray, appelé à nouveau sur les lieux, accuse officiellement l'évêque du meurtre de Mme Molyneux. Celle-ci apparaît et essaie de se faire reconnaître comme vivante. Apprenant l'identité de son soupirant, qu'elle voit nu de surcroît, elle s'évanouit. Kramps la trouve soudain moins belle. Sous l'identité de Chapel qu'il ne quittera jamais plus, Molyneux a la surprise de voir sa tante à demi folle tester en sa faveur car elle le prend justement pour un autre. La foule amassée autour de la maison veut lyncher l'évêque.Bray essaie de la calmer en lui disant que Margaret Molyneux est vivante. Kramps, par grandeur d'âme, s'accuse du meurtre de Molyneux – puisqu'il faut qu'il y ait un meurtre et que la foule réclame du sang. Il se laisse arrêter et compte bien s'échapper, comme chaque fois qu'il est emprisonné. La foule le suit en criant : « A mort ! »

☞ Une œuvre parfaite qui défie le temps. Ce deuxième film du réalisateur marque la naissance de l'équipe Carné-Prévert-Jaubert-Trauner. Il déconcerte le public qui le siffle et, la critique faisant chorus, *Drôle de drame* n'entrera dans la légende que lors des ressorties d'après-guerre. Adaptant avec Prévert un roman policier anglais peu connu dont le producteur Corniglion-Molinier avait les droits, Carné dressa, en guise de distribution, une liste d'acteurs sensationnels et les obtint tous. Le tournage ne dura que vingt-trois jours. A partir d'une intrigue à la fois complexe et limpide dans son déroulement, la fantaisie baroque du film s'appuie sur un dosage savant d'éléments disparates : le burlesque, l'absurde, le non-sens et la satire. Un ballet de fous évoluant comme dans un autre monde saccage allègrement les bases mêmes de la société bourgeoise : goût de l'argent, respect des hiérarchies, culte de l'honorabilité. Tous les acteurs sont drôles, et même Françoise Rosay. Cinquante ans après, leur exquise bouffonnerie, comme celle des dialogues, reste intacte. A côté de Jouvet, Simon, Barrault dans des compositions devenues mythiques, n'oublions pas l'inénarrable Alcover en inspecteur de Scotland Yard. Il garde dans cette comédie loufoque la même obstination bornée de taureau en colère qu'on lui avait vue dans ses rôles dramatiques de bagnard ou de policier du tsar.

BIBLIO. : scénario et dialogues (avec de nombreuses scènes non tournées ou bien coupées au montage) *in* « L'Avant-Scène » n° 90 (1969). Volume de photogrammes avec dialogues complets paru chez Balland, 1974. Intéressante préface de J.-L. Barrault. Nouvelle publication en volume dans les œuvres de Jacques Prévert chez Gallimard, 1986 (avec le scénario de *La fleur de l'âge*, film inachevé de Carné, 1947).

## DUCK SOUP
**(La soupe au canard)**

1933 – USA (72') • *Prod.* PAR. (B.P. Schulberg) • *Réal.* LEO McCAREY • *Sc.* Bert Kalmar, Harry Ruby, Nat Perrin, Arthur Sheekman, Norman Krasna • *Phot.* Henry Sharp • *Mus.* Bert Kalmar, Harry Ruby • *Int.* Groucho Marx (Rufus T. Firefly), Harpo Marx (Pinky), Chico Marx (Chicolini), Zeppo Marx (Bob Rolland), Margaret Dumont (Mrs. Gloria Teasdale), Louis Calhern (ambassadeur Trentino), Verna Hillie (secrétaire), Raquel Torres (Vera Marcal), Edgar Kennedy (vendeur de cacahuètes).

La richissime Mrs. Teasdale, veuve de l'ancien président de Freedonia, accepte de renflouer les caisses du pays à condition que Rufus T. Firefly, pour lequel elle a de l'admiration et un petit faible, succède à son mari et prenne la tête du gouvernement. Son vœu est exaucé. Mais l'ambassadeur de Sylvania, le fourbe Trentino, voudrait épouser Mrs. Teasdale pour régner en maître sur la Freedonia. Il envoie deux espions, Chicolini et Pinky, en Freedonia mais ils sont tellement nuls que cela n'arrange guère ses affaires. Pourtant Chicolini se retrouve un beau jour ministre de la Guerre. Au cours d'une garden-party, Firefly insulte l'ambassadeur Trentino et on parle de guerre. Mrs. Teasdale s'emploie à réconcilier les deux hommes mais n'aboutit qu'à les faire se disputer de plus belle. Trentino envoie ses deux espions s'emparer des plans de bataille de la Freedonia, qui se trouvent pour l'heure chez Mrs. Teasdale. Chicolini et Pinky ont tous deux la même idée : se déguiser en Firefly. Il y a donc maintenant trois Firefly en circulation. Chicolini est découvert et passe en justice. Firefly gifle l'ambassadeur et, cette fois, c'est vraiment la guerre entre la Freedonia et la Sylvania. Elle est marquée par divers incidents : Firefly, par exemple, tire sur ses propres troupes. Mais des renforts arrivent et Trentino doit se rendre.

☞ Dernier film des Marx Brothers pour la Paramount. A l'époque, il déconcerta le public mais deviendra au fil des années leur œuvre la plus appréciée et la plus célèbre. McCarey a décrit ses difficiles conditions de travail avec le groupe. Il avait le plus grand mal à réunir les quatre frères sur le plateau. Ils amenaient fréquemment avec eux une escouade de gagmen, toujours différents. Leurs manies, leurs caprices de grandes coquettes étaient nombreux. Ils quittaient parfois le plateau à dix-huit heures pile au beau milieu d'une scène : « Nous avons fini par devenir de bons amis, conclut McCarey, mais je préfère payer pour les voir au cinéma plutôt que les diriger moi-même » (cf. J. Lourcelles « McCarey », Anthologie du cinéma, nº 70). Comme pressé d'en finir, McCarey accéléra le rythme du film, poussa à sa limite le génie spécifique des Marx en donnant une sorte de condensé-express, qui a très bien vieilli, de leurs bouffonneries, extravagances et absurdités en tous genres. Aucun des frères n'eut droit à un numéro musical individuel. Mais jamais leurs tendances anarchisantes, leur verve iconoclaste – *Duck Soup* est pour une grande part une satire de l'héroïsme militaire, de la diplomatie et de toute forme d'autorité – ne se sont exprimées plus librement dans un film.

**Biblio.** : scénario et dialogues dans le volume nº 36 de la collection « Classic Film Scripts » (avec *Monkey Business*), Lorrimer, Londres, 1972 et *in* « L'Avant-Scène » (avec *Monkey Business*) nº 305-306 (1983).

## DU COTÉ D'OROUET

1973 – France (150') • *Prod.* NEF/ORTF/Callipix • *Réal.* JACQUES ROZIER • *Sc.* Jacques Rozier, Alain Raygot • *Phot.* Colin Mounier (couleurs) • *Mus.* David Aellen • *Int.* Caroline Cartier (Caroline), Danièle Croisy (Joëlle), Françoise Guégan (Karin), Bernard Menez (Gilbert), Patrick Verde (Patrick).

En septembre, sur la côte vendéenne, les vacances de trois filles dans une villa face à l'océan : Joëlle, qui veut suivre un régime pour maigrir, son amie Karin et la cousine de celle-ci, Caroline. Virées, fous rires, rencontres. Joëlle tombe sur Gilbert, son chef de bureau à Paris. En fait, Gilbert n'est pas là par hasard et compte bien utiliser ses vacances à conquérir Joëlle. Il n'arrivera pas à ses fins, gêné en plus par l'apparition du beau Patrick, expert à la voile et tellement plus adroit que lui. Lassé de ses échecs et des moqueries qu'il suscite de la part des filles, il quitte les lieux. Son départ précède de peu celui de Karin qui, sur un coup de tête, rentre à Paris. On regrettera Gilbert comme on regrette, déjà, la fin des vacances.

☞ Aujourd'hui, l'expérimentation est admise, reconnue et même encouragée dans tous les genres, sauf dans la comédie où elle est en général ou bien rejetée ou bien ignorée. Rozier pratique obstinément, en solitaire, un comique expérimental très simple en apparence, assez sophistiqué en réalité, dont l'originalité, telle qu'elle apparaît dans le plus caractéristique de ses films, peut être résumée en cinq points principaux. 1) La recherche plastique compte beaucoup dans ce comique. Rozier peint des aquarelles en mouvement qui amusent et veulent faire rire. Pour une partie du public, il y a déjà là une incompatibilité. Le comique doit être brutal, grossier, cynique ou dévastateur. Non que l'ironie soit absente des films de Rozier. Mais elle est volontairement diffuse, diluée, délavée pourrait-on dire, comme la couleur bleue dans un ciel de pluie. 2) Ce comique est très contemplatif. Filmer *Du côté d'Orouet*, c'est filmer du côté de Flaherty. Ici, l'immobilité, le mouvement lent sont plus drôles que le mouvement vif. Autre obstacle et pour un public plus large encore : l'auteur, à l'intérieur de ses films, commente peu et n'explique rien. Il faut les *regarder* pour les comprendre. 3) Le seul présent, le « pur » présent intéresse Rozier, coupé autant que possible de ses liens avec le passé et avec le futur. Le présent, c'est-à-dire l'instant, l'impalpable et insaisissable instant que la caméra pourtant parvient à saisir, est alors dilaté, observé à la loupe par l'auteur. Par le miracle de sa façon de filmer, ce présent devient aussitôt un présent magique, recomposé, le présent de la mémoire et de la poésie. Filmer *Du côté d'Orouet*, c'est alors filmer du côté d'Ozu et *Du côté d'Orouet* est le seul film français qui ressemble, par exemple, à *Jours de jeunesse** du maître japonais. Les deux films expriment, à partir de l'observation des faits les plus simples, une nostalgie insidieuse et puissante. 4) Dans cette quête de l'instant, rien de trop préparé ne doit contrarier la genèse et l'épanouissement spontanés du film. Le scénario, contenu entièrement dans la tête du réalisateur, se réduit à un canevas sur lequel broderont les interprètes, utilisant parfois quelque chose de leurs relations hors film. 5) Rozier se refuse à faire intervenir aucun événement important dans l'action. Grâce notamment au réalisme des dialogues et de la bande-son, il serre au plus près les personnages en donnant à voir leurs aventures les plus minuscules, les plus dérisoires, les plus futiles, les plus étroitement personnelles. Malgré cela, ou sans doute à cause de cela, ses films sont de vraies comédies de mœurs, une mine d'observations, un miroir de l'époque et des gens. Voir en particulier l'espèce de désarroi des personnages coupés de leurs habitudes urbaines, devant réapprendre à se nourrir, à faire la cuisine, etc. Voir aussi, de leur part, une certaine inaptitude au bonheur, alors que le bonheur est leur unique souci, occupe constamment leurs pensées et leurs désirs. On fera ici la même remarque que pour Leenhardt et ses *Dernières vacances** : ce sont toujours les poètes qui font la meilleure sociologie.

N.B. Le film, tourné en 16 mm, ne fut jamais « gonflé » en 35, ce qui explique le caractère confidentiel de sa distribution.

## DUEL (id.)

1971 – USA (74' puis 90') • *Prod.* U I (George Eckstein) • *Réal.* STEVEN SPIELBERG • *Sc.* Richard Matheson d'ap. sa nouvelle. • *Phot.* Jack A. Marta (couleur) • *Mus.* Billy Goldenberg • *Int.* Dennis Weaver (David Mann), Cary Loftin (routier), Eddie Firestone (propriétaire du café), Charles Steel (le vieil homme), Shirley O'Hara (serveuse).

Sur une route américaine à peu près déserte, un énorme camion-citerne poursuit de sa vindicte un automobiliste installé dans une voiture de tourisme. Ce conducteur, un représentant de commerce plutôt timoré, ne verra jamais en entier le pilote du camion et échappera plusieurs fois à la mort. Ayant entraîné le camion vers un précipice, il parvient à sauter hors de sa voiture juste avant que le camion ne la tamponne et ne s'écrase avec elle dans le vide.

☞ Spectaculaire début dans le long métrage du jeune Spielberg, alors âgé de vingt-quatre ans. Il n'avait réalisé jusque-là que des épisodes pour des séries de télévision. *Duel*, filmé en seize jours, fut d'ailleurs conçu à l'origine pour le petit écran (1971) puis sortit dans les salles en Europe (1973) et aux États-Unis (1983) avec un métrage un peu plus long, incluant notamment la scène avec l'épouse du héros, absente du téléfilm. Tiré d'une nouvelle de Matheson, *Duel* témoigne d'une rare intelligence des moyens dramatiques et visuels du cinéma. Le film provoque le malaise de deux façons différentes, admirablement orchestrées : en se situant d'abord constamment à cheval, ou plutôt en porte à faux, entre le réalisme et le fantastique, l'état de veille et le cauchemar, le subjectif et l'objectif ; en utilisant ensuite avec un art consommé les ressources cinématographiques du monologue intérieur. L'impact du film, obtenu à partir d'éléments réalistes et objectifs, est celui d'un cauchemar subjectif où le héros-narrateur est en proie à sa propre lâcheté (ici référence obligée au personnage de « La chute » de Camus), à l'angoisse, à la peur, à la solitude. Il ne peut communiquer son angoisse à personne car, victime d'un fou (ou d'un phénomène sur lequel sa raison n'a aucune prise), il est lui-même pris pour un fou. Cette solitude s'accentue encore quand il s'aperçoit que le camion et son conducteur n'en veulent qu'à lui (épisode saisissant du camion poussant pour l'aider et non pour le détruire le car contenant les enfants). Dans ce cauchemar, l'antagoniste est investi d'une surpuissance, d'une surénergie qui font défaut au sujet vivant le cauchemar. Le film exprime aussi un point de vue global, d'une grande cruauté, sur la civilisation mécanique et notamment automobile. La machine, dotée d'une puissance supérieure à celle de l'homme, reflète dans son comportement les vices mêmes de l'homme : agressivité, rancune, malignité. Par la puissance qu'elle détient, elle les rend plus dangereux et plus nuisibles, décuplant ainsi les tendances « noires » et maléfiques de l'homme. Parce qu'ils voudront se situer de plain-pied dans le fantastique, alors que Spielberg sait créer un climat d'intensité fantastique à partir de bases narratives réalistes, d'autres films réalisés sur le même sujet (*The Car,* Elliot Silverstein, 1977, *Christine,* John Carpenter, 1983) seront infiniment moins efficaces. Sur cette civilisation mécanique et automobile, Spielberg jettera un regard plus ironique et plus sardonique dans un film brillant qui n'aura pas la chance de plaire au grand public, *The Sugarland Express,* 1974.

## DUEL AU SOLEIL
**(Duel in the Sun)**

1946 - USA (135') • *Prod.* David O. Selznick • *Réal.* KING VIDOR • *Sc.* David O. Selznick, Oliver H.P. Garrett d'ap. R. de Niven Busch • *Phot.* Lee Garmes, Harold Rosson, Ray Rennahan (Technicolor) • *Mus.* Dimitri Tiomkin • *Int.* Jennifer Jones (Pearl Chavez), Gregory Peck (Lewt McCanles), Joseph Cotten (Jesse McCanles), Lionel Barrymore (Senator McCanles), Lillian Gish (Mrs McCanles), Walter Huston (« The Sin Killer »), Herbert Marshall (Scott Chavez) Charles Bickford (Sam Pierce).

Après que son père a tué sa propre femme et l'amant de celle-ci, une jeune métisse est recueillie par la famille d'un sénateur propriétaire d'un immense domaine au Texas. Celui-ci a deux fils, Jess et Lewt. Il favorise Lewt, pourtant sur la pente de devenir un hors-la-loi, car il reconnaît en lui les passions et l'énergie farouche de sa jeunesse. Et puis Lewt prend son parti quand il s'oppose à l'arrivée du chemin de fer sur son territoire. Jess, légaliste et équilibré, préfère quitter la demeure familiale, maudit par son père. La métisse, convoitée par Lewt, connaîtra avec lui une longue relation d'amour et de haine, riche en péripéties, culminant dans un duel sauvage dans la montagne au cours duquel les deux amants s'entre-tueront.

☞ Vidor dans son autobiographie ne cache pas que le film est avant tout « l'enfant de Selznick ». A maintes reprises, Selznick lui apporta des scènes écrites le jour même qui l'obligèrent à retourner ce qu'il venait à peine d'achever ; ou bien Selznick ne quittait plus le plateau pour contempler son épouse et actrice préférée, Jennifer Jones, et la petite histoire a retenu que dans ces moments-là son souffle bruyant gâcha souvent l'enregistrement sonore des prises. Bien que King Vidor n'ait été ici que l'exécutant de Selznick, abandonnant d'ailleurs son poste avant la fin du tournage, le film comporte de nombreux thèmes et personnages qui par leur nature et leur dimension s'accordent tout à fait à l'univers vidorien. Pour somptueux qu'il soit (en particulier à cause de la couleur), le film reste très inégal et se ressent d'un manque d'homogénité dû à la façon dont il a été élaboré. Scènes trop longues, manque de rythme, mauvaise harmonisation entre les épisodes historiques et collectifs d'une part et les scènes passionnelles et intimes d'autre part sont parmi les défauts de *Duel au soleil.* C'est une œuvre à deux têtes, l'une regardant vers la Bible, l'autre vers le roman-feuilleton familial proche de *Autant en emporte le vent**. Avec ses défauts, elle reste néanmoins une sorte de monument, ne serait-ce que par son budget, gigantesque pour un western, et comporte au moins deux grands moments : l'ouverture, due à William Dieterle, quand le père de l'héroïne regarde danser celle qu'il va bientôt assassiner, et bien entendu le final dont la démesure toute vidorienne annonce *Ruby Gentry**. La composition de Jennifer Jones demeura célèbre dans les annales hollywoodiennes pour son intensité érotique. Accessoirement, elle prouvait l'éclectisme de l'actrice qui avait interprété, peu d'années auparavant, Bernadette Soubirous dans le sublime film de Henry King (*The Song of Bernadette**, 1943). Comme pour *Autant en emporte le vent**, la liste est longue des metteurs en scène qui ont collaboré au film. Sont le plus souvent cités : William Dieterle, William Cameron Menzies, Sternberg (comme conseiller pour la photo), B. Reeves Eason et Otto Brower (seconde équipe) ; enfin Selznick lui-même.

**DUMBO (id.)**

1941 – USA (64') • *Prod.* Walt Disney (distribué par RKO) • *Réal.* WALT DISNEY (Supervising director : Ben Sharpsteen) • *Sc.* Joe Grant, Dick Huemer, Otto Englander • *Phot.* Technicolor • *Mus.* Oliver Wallace, Frank Churchill (Lyrics : Ned Washington) • *Int.* Voix de Edward Brophy (Timothy Mouse), Herman Bing (chef de piste), Verna Felton (éléphant), Sterling Holloway (cigogne), Cliff Edwards (Jim Crow).

Mme Jumbo, éléphant dans un cirque itinérant, a reçu en retard son bébé, délivré par une cigogne qui avait perdu son chemin avant d'arriver en Floride. Le nouveau venu, Jumbo, Jr., crée la surprise en dépliant ses oreilles qui sont immenses. Elles lui valent aussitôt, de la part des méchantes langues du cirque, les « amies » de Mme Jumbo, le surnom de Dumbo (le bêta). Sa mère ne l'en aimera que plus et commence par utiliser ses grandes oreilles, source de moquerie, pour le langer. Le cirque voyage en train. Avant l'aube, on plante la tente. Dans la journée, les clients viennent visiter la ménagerie. Des garnements se moquent de Dumbo. La mère en fesse un avec sa trompe, provoquant une panique dans l'enceinte du cirque. Elle est mise en quarantaine dans une vieille roulotte. Le rat Timothy prend Dumbo sous sa protection. Il suggère au patron du cirque, pendant son sommeil, de faire de Dumbo le clou du numéro de la pyramide des éléphants. Dumbo sera placé au sommet de la pyramide et agitera un drapeau. Malheureusement, le numéro, une fois réalisé, tourne à la catastrophe et le chapiteau s'écroule. Dumbo ne sera plus utilisé, en bouche-trou, que dans un numéro de clowns. C'est la honte pour les autres éléphants qui se croient atteints dans leur dignité et se détournent encore plus de lui. Un soir, Timothy et Dumbo s'enivrent sans le vouloir. Après avoir fait toutes sortes de rêves, Dumbo se réveille sur une branche d'arbre à côté des corbeaux. Comment est-il arrivé jusque-là ? C'est donc qu'il peut voler, conclut Timothy. Effectivement, il vole. Il en administrera la preuve au cours de son numéro de clown. La gloire est immédiate. Les journaux parlent de l'éléphant volant à travers le monde entier. Désormais Dumbo et sa mère sont traités royalement et bénéficient d'un wagon privé dans le train qui transporte le cirque.

☞ Après les délires, les immenses et coûteuses ambitions de *Fantasia* (qui fut mal reçu à son époque aux États-Unis), *Dumbo,* quatrième long métrage d'animation de Disney, fut une entreprise beaucoup plus modeste à tous points de vue. Ce film, le plus court de Disney, l'un des moins chers et des plus rapides à tourner (il coûta deux ou trois fois moins que certains autres et sa réalisation ne s'étala que sur dix-huit mois) figure néanmoins parmi les plus populaires de l'auteur. Même les spectateurs qui ne sont pas des « disneymanes » acharnés gardent une secrète tendresse pour lui. La simplicité de l'histoire, la rareté des dialogues, le soin apporté aux détails et aux gags, une trame nette et sans détour, le don de sympathie des trois personnages principaux (Dumbo, sa mère et Timothy) peuvent expliquer l'universalité et la permanence de ce succès. Notons aussi qu'il n'y a pas, pour une fois, de vrai méchant dans l'intrigue, à part quelques commères médisantes, allégrement satirisées, qui représentent l'opinion publique dans ce qu'elle a de plus mesquin et de plus venimeux. Dans cette petite fable moralisante qui ne cesse jamais d'être divertissante, Disney illustre deux thèmes qui lui sont chers : l'instinct et l'amour maternels, et ce qu'on appellerait aujourd'hui le droit à la différence. Le second thème s'exprime notamment par une défense des marginaux, des perdants, des humiliés et offensés de tout poil dont les soi-disant infirmités peuvent devenir soudainement de véritables dons magiques et engendrer les plus grands triomphes. Quant à Disney lui-même, ses dons de metteur en scène (voir les séquences de la construction du chapiteau et de la chute de la pyramide aux cadrages extraordinairement variés) égalent comme toujours ses dons de peintre (voir l'unique séquence onirique que se soit autorisé ce film voué à l'économie). L'animation, elle, est tout simplement parfaite. Les créatures nées de l'imagination de Disney ont désormais le maintien, les mouvements, la grâce ou la maladresse des êtres vivants.

## DUPES (LES)
### (Al Makhdu'un)

1972 – Syrie. (90'). • *Prod.* Organisme Général du Cinéma • *Réal.* TEWFIK SALAH • *Sc.* T. Salah d'ap. une nouvelle du recueil « Des hommes au soleil » de Ghassan Kanafani • *Mus.* Salhi El Ouadi • *Int.* Muhammad Khayr-Halwani, Abder-Rahman Al Rashi, Bassam Lufty.

A partir de Bassorah, trois déracinés arabes, un vieux paysan, un jeune militant recherché par la police et un adolescent appartenant à une famille nombreuse tentent de passer au Koweit. Après avoir subi (ou évité) les pièges que tendent aux émigrants de faux passeurs professionnels, ils rencontrent un camionneur qui accepte de leur faire franchir la frontière dans sa citerne. A cause de la chaleur, l'épreuve devient un supplice infernal. Les trois hommes doivent y séjourner à deux reprises six ou sept minutes aux deux postes frontières. La première étape est franchie avec succès. Mais au second poste, le camionneur est retardé par les plaisanteries des employés de la douane. Il retrouvera dans sa citerne trois cadavres qu'il abandonne dans une décharge.

☞ Sixième film de l'Égyptien Tewfik Salah qui est loin d'être un débutant puisque son premier film *(La ruelle des fous)* date de 1955. Stagiaire de Maurice Cam en 1950, familier de la cinémathèque de l'avenue de Messine, il tourne cinq films en Égypte puis s'exile en Syrie à partir de 1969. *Les dupes* est son premier film syrien, tiré d'une nouvelle du Palestinien Ghassan Kanafani. Le récit s'empêtre d'abord dans l'évocation assez confuse du passé des trois émigrants (tirée de documents filmés par Salah avant 1967). Puis il trouve le ton juste quand commence le voyage en citerne. C'est alors, avec une nudité et une extrême cruauté proche de certaines nouvelles de Maupassant (sur la guerre de 1870 par exemple), que le style de Salah parvient à la fois à accrocher sérieusement l'attention du spectateur et à élaborer une métaphore percutante de l'abandon universel où sont laissés les Palestiniens, représentés ici par un vieillard, un jeune homme et un adolescent. Même celui qui voulait les aider (pour de l'argent) n'aura pu que les conduire, par un raccourci atroce, vers la mort. Dans la majeure partie de son récit, Tewfik Salah a bien compris que seule la froideur impassible du conteur pouvait rendre justice, d'une façon digne, au destin horrible et pitoyable de ses personnages, tout en exprimant avec force sa propre colère souterraine.

## DU SANG POUR DRACULA
### (Dracula cerca sangue di vergine e... mori di sete/Dracula vuole vivere : cerca sangue di vergine/ Blood for Dracula/ Andy Warhol's Young Dracula/Andy Warhol's Dracula)

1974 – Franco-italien (90') • *Prod.* Compagnia Cinematografica Champion (Carlo Ponti), Rome/Jean Yanne, Jean-Pierre Rassam, Paris. An Andy Warhol presentation. • *Réal.* PAUL MORRISSEY • *Sc.* P. Morrissey • *Phot.* Luigi Kuveiller (Eastmancolor, Cinémascope) • *Mus.* Claudio Gizzi • *Int.* Udo Kier (Dracula), Joe Dallessandro (Mario), Vittorio De Sica (le marquis Di Fiori), Milena Vukotic (Esmeralda), Dominique Darel (Saphiria), Stefania Casini (Rubinia), Silvia Dionisio (Perla), Roman Polanski (paysan), Arno Juerging (Anton).

A la fin du XVIIIe siècle, dans sa Roumanie natale, le comte Dracula passe son temps entre son fauteuil à roulettes et son cercueil. Il est déprimé, abattu, au bord de la cachexie. Il lui manque sa nourriture essentielle : du sang de vierge. Pour en trouver, il décide de suivre les conseils de son domestique Anton, et lui qui déteste voyager, abandonner son environnement habituel, ses collections d'objets familiers (fleurs séchées, oiseaux empaillés), il se rend en Italie où l'influence encore prédominante de la morale et de la religion catholique devrait lui permettre de donner satisfaction à ses besoins. Il se fait passer pour un veuf richissime désirant se marier et obligé par tradition familiale d'épouser une vierge bon teint.

La chance semble d'abord lui sourire. Dans une petite ville, il fait la connaissance d'un noble ruiné, le marquis Di Fiori, qui l'invite dans son manoir. Di Fiori se pique d'onomastique et se dit très rassuré par la consonance du patronyme du comte, car à son avis tous les noms finissant en *ula* sont de bon augure. Flanqué d'une épouse très cupide, Di Fiori a quatre filles dont trois, en âge nubile, doivent être casées. Deux d'entre elles, Saphiria et Rubinia, se donnent entre elles du plaisir ou s'en font donner par le jardinier Mario, un jeune homme qui ne fait pas mystère de ses convictions révolutionnaires. Le pauvre Dracula ignore cela et, dès qu'il a vampirisé Saphiria, son teint verdit, ses yeux roulent dans ses orbites ; il doit recracher avec des souffrances atroces ce sang impur qui est pour lui comme un poison. Il revit une expérience semblable avec Rubinia avant de s'écrier pathétiquement : « Le sang de ces putains me tue ! » Les deux femmes deviennent néanmoins des semi-vampires et préservent son secret. Perla, la cadette (13 ans) est trop jeune pour que ses parents songent à l'offrir en mariage au comte. Mario, le premier, a compris que Dracula est un vampire. Il dépucelle Perla afin de la protéger des attaques du monstre. Une fois qu'elle a quitté la pièce où son initiateur vient de la déflorer, Dracula en est réduit à lécher la flaque de sang virginal à plat ventre sur le sol. Reste Esmeralda l'aînée, vieille fille type, la plus tournée vers le passé et la plus solitaire des quatre sœurs. Avec elle, la vampirisation fonctionne à merveille. Elle devient la sœur, la compagne, l'égale de Dracula – un vampire à part entière. Quand Dracula, mutilé par le jardinier, est étendu agonisant sur le sol, elle viendra se coucher sur lui, s'empalant du même coup sur le pieu fiché dans la poitrine du vampire.

☞ Disciple d'Andy Warhol et bien supérieur, cinématographiquement parlant, à son maître, Paul Morrissey a filmé à la même époque, pour les mêmes producteurs et avec la même équipe technique, deux adaptations de Frankenstein (*Chair pour Frankenstein*) et de Dracula. La première est en relief, et l'autre en plat. L'une (*Dracula*) est réussie, l'autre pas. *Du sang pour Dracula* contient un brillant essai de renouvellement du personnage du célèbre vampire, transformé ici en créature pitoyable et comique, constamment humiliée, sans que disparaisse jamais l'originalité fondamentale du personnage. A savoir : sa double nature de bourreau et de victime, son caractère aristocratique et décadent, son appartenance, romantique et tragique, à une race déchue en voie d'extinction. Grâce à l'humour et à l'adresse de Morrissey, le comique de situation intervient sans arrêt dans ce récit fantastique. C'est un comique qui émane de la position perpétuellement inconfortable du personnage. Sédentaire et obligé de voyager, amateur – par nécessité – de vierges et ne tombant que sur des créatures dépravées, pris à son propre piège durant tout son périple, Dracula est, de plus, confronté à son exacte antithèse, le vigoureux étalon Mario dont les convictions politiques et révolutionnaires annoncent sa ruine comme une certitude historique. Ce rôle est incarné par Joe Dallessandro, acteur fétiche des « documentaires sociaux » de Morrissey. Délivré ici du souci artificiel d'avoir à fabriquer des effets pour le relief, Morrissey a consacré tous ses soins à l'interprétation, au décor, à l'élégance de la mise en scène et à cet équilibre original entre la drôlerie et le pathétique qui redonne une certaine nouveauté au personnage de Dracula.

# E

## ÉCOLE BUISSONNIÈRE (L')

1949 – France (115') • *Prod.* Coopérative Générale du Cinéma Français • *Réal.* JEAN-PAUL LE CHANOIS • *Sc.* Jean-Paul Le Chanois • *Phot.* Marc Fossard. • *Mus.* Joseph Kosma • *Int.* Bernard Blier (Pascal Laurent), Édouard Delmont (M. Arnaud), Juliette Faber (Lise Arnaud), Jean Aquistapace (l'antiquaire La Verdière), Marcel Maupi (le pharmacien), Dany Caron (Cécile), Henri Poupon (l'examinateur d'histoire), Pierre Coste (Albert).

« Ce film est dédié à Mme Montessori (Italie), à MM. Claparède (Suisse), Bekulé (Tchécoslovaquie), Decroly (Belgique), Freinet (France), pionniers de l'éducation moderne. » Grand blessé de 1918, un jeune instituteur normalien, Pascal, prend en octobre 1920 son premier poste dans le village de Salèzes en Haute-Provence. Il rompt avec la discipline formaliste et militaire de son prédécesseur, le vieil Arnaud, et utilise notamment l'estrade comme bois de chauffage pour venir à bout de l'humidité de la classe. A cette nouvelle, le vieux maître manque d'avoir une attaque. Le but de Pascal dans son enseignement est de faire jaillir l'âme (la personnalité) de chacun de ses élèves et de stimuler leur soif de savoir. Les adultes et surtout les notables du village sont sceptiques à l'égard de ces belles intentions. En classe, Pascal anime des cours sur la bicyclette, les escargots, etc. Il fait faire aux élèves des enquêtes sur divers sujets, leur demande d'interroger leur père sur leur métier, leur mère sur leurs recettes de cuisine. Les enfants construisent une usine électrique miniature au bord du torrent. Pascal gagne la confiance d'Albert, le cancre et la tête brûlée du village, plusieurs fois recalé au certificat d'études, en lui confiant un appareil photo. A Noël, Pascal est invité par la famille d'un élève qui lui montre comme un trésor une vieille machine à écrire. Cela donne à l'instituteur une idée : il achète des caractères d'imprimerie et fait écrire et composer à ses élèves un petit journal. Les enfants se passionnent pour l'entreprise et acquièrent chemin faisant toutes sortes de connaissances. N'ayant pas de papier, ils impriment leurs textes au dos de bulletins de vote périmés. Pascal leur demande en outre de voter entre eux pour choisir parmi les histoires qu'ils ont écrites celle qui sera publiée. Ils vendent ensuite leur travail dans tout le village. Plusieurs notables, et notamment un antiquaire empêché par les connaissances d'un élève d'acheter pour une bouchée de pain un précieux fauteuil à une vieille paysanne, sont maintenant les ennemis déclarés de l'instituteur. Pour leur faire comprendre la situation, l'instituteur lit aux enfants la tirade sur la calomnie de « Figaro ». Le conseil municipal demande sa révocation, mais l'inspecteur ne trouve rien à redire à l'enseignement novateur du maître. Pascal promet au conseil de se faire muter si tous ses élèves ne sont pas reçus au certificat d'études. Cela n'empêche pas certains notables d'exercer des pressions auprès des parents pour qu'ils retirent leurs enfants de l'école. Pascal est provisoirement suspendu. A l'oral du certificat, même Albert est reçu. Il impressionne l'examinateur d'histoire qui voulait le coller en lui parlant de la Déclaration des droits de l'homme. Pascal rentre au village. Lise, la fille d'Arnaud, institutrice des filles, qui s'était toujours refusée à appliquer ses méthodes, lui fait maintenant les yeux doux.

☞ Petit miracle dans le cinéma français de l'époque, ce film hautement sérieux possède les vertus distrayantes du plus efficace des divertissements et remporta d'ailleurs un immense succès commercial. Acte de foi dans la disponibilité du public, il témoigne d'un optimisme et d'un appétit de renouveau bien caractéristique de l'après-guerre. (On sentira le même enthousiasme quelques mois plus tard dans le *Rendez-vous de juillet** de Becker.) L'abondance, la justesse, la richesse de sens des notations dont fourmille l'intrigue (certaines, comme la déception de l'antiquaire empêché de faire une bonne affaire par la faute d'un gosse trop savant, sont inoubliables), la conviction et la simplicité de l'interprétation dominée par Bernard Blier, acteur-clé de la période, servent à merveille l'ambition méritoire d'un sujet entièrement nouveau dans le cinéma français de l'époque. C'est à l'aide de discrètes mais constantes références religieuses – dans le vocabulaire, dans les situations – que ce film rigoureusement laïc bâtit son personnage d'instituteur pionnier. Façon comme une autre de désigner dans la fonction enseignante une sorte d'apostolat. Comme pour parfaire son enseignement, l'agressivité et l'injustice manifestées à l'égard de l'instituteur par les principaux notables du village offrent à ses élèves l'occasion d'une supplémentaire et très instructive leçon de vie.

## ÉCOLE DES COCOTTES (L')

1958 – France (100') • *Prod.* Productions Métropolitaines de Films • *Réal.* JACQUELINE AUDRY • *Sc.* Pierre Laroche d'ap. P. de Paul Armont et Marcel Gerbidon • *Phot.* Marcel Grignon • *Mus.* Georges Van Parys • *Int.* Dany Robin (Ginette Masson), Fernand Gravey (le comte Stanislas de la Ferronière), Bernard Blier (M. Labaume), Odette Laure (Amélie), Robert Vattier (Racinet), Darry Cowl (Gégène), Suzanne Dehelly (Mme Bernoux), Jean-Claude Brialy (Robert).

Poussée par sa concierge et par un professeur de belles manières qui la persuade que l'état de courtisane représente une fonction sociale essentielle, Ginette prend un ami sérieux, le passementier Labaume, et commence son ascension dans le monde. Elle essaie de caser sa meilleure amie auprès de l'associé de Labaume, Racinet. Elle échoue et c'est elle qui devient la maîtresse de Racinet. Bientôt elle est une des reines de Paris. Revoyant son ancien amant, un pianiste, elle a un bref accès de mélancolie à l'idée qu'elle a sacrifié son bonheur sur l'autel de la galanterie et des mondanités.

☞ Spécialiste de la grivoiserie 1900, Jacqueline Audry adapte avec une jubilation non dissimulée ce célèbre vaudeville d'Armont et Gerbidon (créé en 1918). L'ironie dont elle fait preuve et le métier d'une troupe de vieux routiers (mettant en valeur par contraste la fraîcheur naïve de Dany Robin) restituent à ce monument d'un autre âge ses qualités d'étude de mœurs, sa verdeur et sa vigueur. L'auteur s'amuse en outre à en dégager, quarante ans après sa création, une sorte d'allégorie bouffonne sur l'aliénation féminine.

N.B. Première version assez drôle et pleine de verve par l'excellent Pierre Colombier (1935). Rappelons qu'au théâtre Harry Baur, Gabriel Signoret et Max Dearly s'illustrèrent dans le rôle de Stanislas, Raimu dans celui de Labaume (qu'il joua aussi chez Colombier), Jane Marnac et Spinelly dans celui de Ginette.

## ÉCRIT SUR DU VENT
### (Written on the Wind)

1956 – USA (98') • *Prod.* U I (Albert Zugsmith) • *Réal.* DOUGLAS SIRK

• *Sc.* George Zuckerman d'ap. nouvelle de Robert Wilder • *Phot.* Russell Metty (Technicolor) • *Mus.* Frank Skinner • *Int.* Rock Hudson (Mitch Wayne), Lauren Bacall (Lucy Hadley), Robert Stack (Kyle Hadley), Dorothy Malone (Marylee Hadley), Robert Keith (Jasper Hadley), Grant Williams (Biff Miley), Harry Shannon (Hank Wayne).

Au Texas, Mitch Wayne présente une dessinatrice de publicité qu'il vient de rencontrer, Lucy, à son ami d'enfance Kyle Hadley, le fils du roi du pétrole Jasper Hadley. Pour impressionner la jeune femme, Kyle l'emmène dans son avion personnel jusqu'à Miami et l'installe dans une somptueuse chambre d'hôtel pleine de robes et de parures. Comme cela ne suffit pas, il lui propose de l'épouser et le fait sur-le-champ. Pendant un an, cette union met fin à ses angoisses perpétuelles (il dormait autrefois avec un revolver sous son oreiller), à ses complexes, à ses crises éthyliques. Mitch Wayne travaille comme ingénieur chez le père de Kyle, lequel lui a toujours manifesté beaucoup plus d'estime et de confiance qu'à son propre fils. La sœur de Kyle, Marylee, une superbe blonde, est amoureuse depuis l'enfance de Mitch qui n'éprouve à son égard que des sentiments fraternels. Elle n'a pas renoncé à le séduire un jour et, entre deux tentatives, s'offre des inconnus rencontrés çà et là dans la région. Quand il apprend de son médecin qu'il est stérile, Kyle redevient la proie de ses anciens démons. Son père, mis au courant des virées de Marylee, meurt d'une crise cardiaque. Marylee, n'arrivant toujours pas à ses fins avec Mitch, monte son frère contre lui, si bien que lorsque Lucy annoncera à Kyle qu'elle est enceinte, celui-ci accusera aussitôt Mitch de félonie. Certes Mitch aime Lucy depuis leur première rencontre mais ils n'ont rien à se reprocher. Kyle et Mitch en viennent aux mains. Mitch jette Kyle dehors. Lucy fait une fausse couche. Kyle revient plus ivre que jamais et brandit une arme devant Mitch. Marylee veut le désarmer et il se tire accidentellement une balle mortelle. Mitch passe en procès : divers témoins viennent dire qu'ils l'ont entendu proférer des menaces de mort à l'encontre de Kyle. Mais Marylee, après avoir commencé par mentir, raconte ce qui s'est passé réellement et l'innocente. Mitch s'en va en compagnie de Lucy tandis que Marylee reste seule avec la fortune et les puits de pétrole de son père.

☞ *Écrit sur du vent* représente comme *The Tarnished Angels* (*Pylône,* 1957) une direction nouvelle dans l'œuvre mélodramatique de Sirk. L'intrigue n'est plus basée sur des accidents générateurs de bouleversements et de révélations (cf. *Magnificent Obsession** ou *All That Heaven Allows**) mais sur une exacerbation des sentiments (négatifs pour la plupart : envie, frustration, échec, etc.) que l'auteur exprime par une suite de paroxysmes baroques à la fois dramatiques et visuels. Les personnages sont placés dans une atmosphère résolument moderne que Sirk maîtrise absolument sur le plan plastique, mais un peu moins à notre avis sur le plan dramatique et psychologique. Plus modernes dans leur apparence et leurs intentions, *Écrit sur du vent* et *Pylône* ont moins bien vieilli que par exemple *Magnificent Obsession**, construit sur une intrigue déjà filmée dans les années 30. Sirk s'y livrait à un travail de rénovation, d'approfondissement thématique plus classique dans sa méthode, mais beaucoup plus surprenant et plus fécond qu'ici. Dans *Écrit sur du vent,* seuls la plastique (admirable travail de Russell Metty) et, dans une moindre mesure, le jeu des acteurs (surtout chez Dorothy Malone) transcendent, grâce à une sorte d'exaspération lyrique des conflits, une matière qui pourrait être celle d'un mauvais roman de gare ou d'un feuilleton télé bourré de poncifs et de conventions (cf. le personnage de Rock Hudson). L'analyse sociale de la bourgeoisie, si fine, si convaincante dans les mélodrames de Sirk produits par Ross Hunter, ne trouve pas son équivalent dans cette description un peu superficielle de la décadence d'une grande famille de pétroliers. *Écrit sur du vent,* qui éparpille son talent justement aux quatre vents, a joué un rôle considérable dans la prise en compte par les cinéphiles de l'importance de l'œuvre de Sirk. Cela n'est pas négligeable. Et pourtant il manque au film cette dimension d'ironie, évidente ou secrète, qui magnifie de l'intérieur la plupart des chefs-d'œuvre de Sirk.

## ÉDOUARD ET CAROLINE

1951 – France (85') • *Prod.* UGC et CICC • *Réal.* JACQUES BECKER • *Sc.* Annette Wademant et Jacques Becker • *Phot.* Robert Le Febvre • *Mus.* Jean-Jacques Grünenwald • *Int.* Anne Vernon (Caroline), Daniel Gélin (Édouard), Betty Stockfeld (Lucy Barville), Jacques François (Alain Beauchamp), Élina Labourdette (Florence Borck), Jean Galland (Claude Beauchamp), Yette Lucas (la concierge).

Un jeune couple se prépare pour aller en soirée. Le mari, Édouard, pianiste virtuose mais inconnu et complètement fauché, doit se produire devant un parterre de gens du monde invités par l'oncle de sa femme, Caroline. Une dispute survient entre les époux pour un motif futile. Caroline parle de divorcer. Édouard se rend seul à la soirée, bientôt rejoint par sa femme, accompagnée de son cousin, amoureux d'elle. Édouard, l'esprit ailleurs, ne peut achever son morceau et prend la fuite. Un Américain, organisateur de concerts, a cependant été séduit par son talent et lui propose de s'occuper de sa carrière. De retour dans leur appartement, les époux se réconcilient.

☞ Unité de temps, deux décors, un fil conducteur ténu mais solide : rarement au cinéma le comique d'observation et la satire de mœurs ont paru dans une telle pureté, exempte de tout effet burlesque, de tout gag rapporté ou superflu. L'interprétation, d'une suprême élégance dans la caricature, est un régal – en particulier celle de Jean Galland dans le rôle d'un grand bourgeois snob et cérémonieux. Le raffinement et la limpidité de l'art de Jacques Becker atteignent ici leur sommet. Pour les avoir vus vivre l'espace d'une soirée, le spectateur est mis par l'auteur dans la confidence des personnages au point d'avoir l'impression de tout savoir sur eux, sur leur appartenance sociale, leurs manies, leurs faiblesses et leur caractère. Chef-d'œuvre de perfection classique à la française, où la vérité, captée avec une extrême exactitude, s'offre le luxe de paraître superficielle.

N.B. Deux ans plus tard en 1953, avec en partie la même équipe (Annette Wademant, Anne Vernon, Daniel Gélin), Becker tournera une œuvre très proche d'*Édouard et Caroline, Rue de l'Estrapade*. Moins parfaitement classique qu'*Édouard et Caroline, Rue de l'Estrapade* possède néanmoins une adresse, une grâce et un charme merveilleux. Il faut d'autre part mettre au crédit de la virtuosité de Becker le fait qu'il ait pu signer deux films de qualité équivalente en bénéficiant pour l'un (*Rendez-vous de juillet**) d'une complète liberté de manœuvre (six mois de tournage, faculté d'improviser à sa guise) et en subissant pour l'autre (*Édouard et Caroline*) des contraintes sévères, voire même draconiennes. Dans son agréable recueil de souvenirs, « Hier à la même heure », Acropole, 1988, Anne Vernon écrit : « Le tournage d'*Édouard et Caroline* ne fut pas une partie de plaisir. L'atmosphère sur le plateau était survoltée. Le producteur qui n'avait aucune confiance dans le script [...] ne s'engageait que sur le minimum et nous avait fait des contrats misérables. Cinq semaines et pas un jour de plus étaient prévues pour le tournage, et tout retard devait être remboursé par le metteur en scène lui-même. Dans ces conditions, Becker devait décider vite, ne jamais hésiter, ne pas tourner plus de deux prises, faute de pellicule. Pour cet artiste anxieux, c'était source d'affreux tourments. »

## EL
## (Tourments/id.)

1952 – Mexique (89') • *Prod.* Tepayac Nacional Films, Oscar Dancigers • *Réal.* LUIS BUNUEL • *Sc.* Luis Buñuel et Luis Alcoriza d'ap. R. « Pensamientos » de Mercedez Pinto • *Phot.* Gabriel Figueroa • *Mus.* Luis Hernandez Breton • *Int.* Arturo de Cordova (Francisco Galvan de Montemayor), Delia Garces (Gloria), Luis

Beristain (Raul Conde), Aurora Walker (Doña Esperanza), Carlos Martinez Baena (le Père Velasco), Manuel Donde (Pablo), Fernando Casanova (Beltran).

Lors d'une cérémonie religieuse dans une église de Mexico, un homme a le coup de foudre pour une fidèle. C'est un propriétaire qui essaie de récupérer par des procès des terrains de la ville ayant appartenu très anciennement à sa famille. L'intensité de sa passion fait qu'il réussit à arracher la femme à son fiancé, un architecte, et à l'épouser. Quelque temps plus tard, elle confie ses malheurs à son ancien fiancé. Son mari est atteint d'une jalousie maladive et totalement injustifiée. Il la sépare du monde. Il la torture. Pour la punir de fautes imaginaires, il a été jusqu'à tirer sur elle plusieurs balles de revolver à blanc. Un autre jour, il a voulu la projeter dans le vide du haut du clocher d'une église. L'état mental du mari ne cesse d'empirer. Se croyant toujours trompé, il imagine que tout le monde est au courant de sa disgrâce et se moque de lui. Lors d'un service religieux, il saisit le prêtre à la gorge, s'imaginant l'avoir vu ricaner. Le temps a passé. La femme a épousé son ancien fiancé. Le mari s'est retiré au couvent et, sous une défroque de moine, dit avoir trouvé la sérénité. Mais on le voit zigzaguer bien curieusement quand il s'éloigne dans le jardin du presbytère.

☞ Sans rapport direct avec la réalité mexicaine, le film est une étude psychopathologique menée de main de maître par Buñuel. A travers l'exposé d'un cas de jalousie paranoïaque et délirante chez un représentant de la haute bourgeoisie, l'auteur dénonce aussi, avant que cela ne soit devenu une mode, les excès du « machisme » social et sexuel. Buñuel sème son récit d'images insolites et précieuses par leur cruauté, leur mystère ou leur extrême drôlerie. Un humour sous-jacent, d'une très grande force dans la dérision, accompagne constamment le déroulement de l'intrigue. Ce qui n'empêche pas Buñuel de montrer dans son héros un homme malheureux, malchanceux et d'ailleurs souvent incompréhensible. « Les paranoïaques, dit-il dans son autobiographie, sont comme les poètes. Ils naissent ainsi. » Formellement, le génie du film vient de ce qu'il est autant une comédie qu'une tragédie. Non par quelque habile dosage ou mélange de tons. C'est le ton buñuelien qui a pour caractéristique, surtout à cette époque, d'être profondément ambivalent. Ce ton était devenu chez l'auteur une seconde nature après quelques commandes ingrates qu'il avait dû réaliser au Mexique (cf. *Susana**) et qu'il avait su transformer de l'intérieur en œuvres parfaitement personnelles.

## ÉLÉNA ET LES HOMMES

1956 – Franco-italien (99') • *Prod.* Franco-London Films, Les Films Gibé, Paris, Electra Compania Cinematografica, Rome • *Réal.* JEAN RENOIR • *Sc.* Jean Renoir, Jean Serge • *Phot.* Claude Renoir (Eastmancolor) • *Mus.* Joseph Kosma, Georges Van Parys • *Int.* Ingrid Bergman (princesse Éléna), Jean Marais (Rollan), Mel Ferrer (Henri de Chevincourt), Jean Richard (Hector), Magali Noël (Lolotte), Juliette Greco (Miarka), Pierre Bertin (Martin-Michaud), Jean Claudio (le compositeur), Élina Labourdette (Paulette Escoffier), Dora Doll (Rosa la Rose), Frédéric Duvallès (Godin), Jacques Jouanneau (son fils), Renaud Mary (Fleury), Gaston Modot (le chef des Romani).

Paris en 1880. Une Polonaise au grand cœur, la princesse Éléna Sorokovska, se croit investie d'une mission qui la pousse à aider certains hommes à accomplir leur vocation. Après s'être occupée d'un compositeur dont l'opéra a été retenu par la Scala de Milan, elle est sur le point, par manque d'argent, d'épouser le vieux Martin-Michaud, magnat de la chaussure. Dans la foule du quatorze juillet, elle rencontre le comte Henri de Chevincourt qui la présente au général Rollan, l'idole actuelle des Parisiens et de toute la France. Le général semble fasciné par la belle Polonaise. Elle lui donne en guise de talisman une marguerite. Aussitôt, le général se voit proposer le portefeuille de la guerre qu'il accepte. Mais son brain-trust voudrait le voir prendre le pouvoir. Rollan hésite à sortir de la légalité. Le brain-trust charge Henri de persuader Éléna qu'il faut qu'elle amène le général, sur lequel sa beauté pourrait avoir de l'influence, à agir. Elle rencontre Rollan dans le château de Martin-Michaud près du lieu où le général dirige des manœuvres. Martin-Michaud se prête au jeu et repousse momentanément son mariage à condition que le futur gouvernement augmente les droits de douane sur les chaussures étrangères. Mais Henri commence à regretter son intervention. Amoureux d'Éléna, il comprend qu'il risque de la perdre. Tout à sa mission, elle conseille au général de lancer un ultimatum à l'Allemagne qui retient prisonnier Vidauban dont le ballon est allé atterrir accidentellement sur son territoire. Rollan l'écoute et l'Allemagne cède. C'est un nouveau triomphe pour le général. Le gouvernement, effrayé par sa popularité grandissante, l'exile à Bourbon-Salins et plus tard le mettra même aux arrêts. Le brain-trust, encouragé par le résultat des élections, trouve que Rollan n'a plus de temps à perdre et doit jouer son va-tout. Une autre rencontre est organisée entre Éléna et le général dans la « maison » discrète de Rosa la Rose à Bourbon-Salins. Le général fait le mur et rejoint Éléna. Mais Henri contre-attaque. Avec l'aide d'une bande de gitans installés dans les environs, il s'arrange pour qu'Éléna tombe dans ses bras et que Rollan s'en aille avec son ancienne maîtresse, non pas vers l'Élysée, mais vers le Midi et l'amour.

☞ Dans *Le carrosse d'or**, *French Cancan** et *Éléna et les hommes,* qui composent une sorte de trilogie, Renoir rend ses lettres de noblesse à trois formes de spectacle : la commedia dell'arte, le caf'-conc' et le guignol. Car, dans *Éléna,* même si nous ne voyons ni rideau ni scène ni fils, c'est au guignol que nous sommes installés. Le guignol représente une dimension permanente de l'univers de Renoir, aussi bien dans ses drames (souvenons-nous du prologue de *La chienne**) que dans ses comédies. Il triomphe ici à la fois dans le style et dans ce qu'on pourrait appeler la morale de cette histoire sans morale. Pour le style, ce sont les mêmes entrelacs que dans *La règle du jeu** mais plus stylisés encore, plus audacieux dans le schématisme volontaire, le burlesque, la bouffonnerie. A l'arrière-plan, dans les cuisines et les couloirs, une agitation de soubrettes et d'ordonnances, de benêts échauffés et de donzelles énamourées, singe l'univers déjà caricatural des adultes, des maîtres et des grands de ce monde. Cela donne à la mise en scène une richesse fascinante faite d'arabesques, de jeux de cache-cache somptueusement installés dans l'espace des plans. Pour la morale, Renoir dit ici son éloignement de tout, et l'esthétique du guignol donne à cette distance une expression tout à la fois plaisante, anodine et extrême. Assurément, l'auteur du *Fleuve**, sa dernière œuvre « sérieuse », ne voit plus le sérieux nulle part, sauf peut-être dans les plaisirs de l'amour et de la paresse. Tous les personnages sont des fantoches, tel le général Rollan, librement inspiré du célèbre général Boulanger, mais les moins ridicules sont ceux qui acceptent de troquer leurs ambitions, leur volonté d'agir et de changer le monde contre le simple consentement à l'amour et au bonheur privé. Comme rien n'est simple chez Renoir, il y a malgré tout dans ce consentement une mélancolie, un déchirement secret. Philosophie ultime du cinéaste ? Il a adopté tant de positions et de points de vue différents sur le monde qu'il serait bien hasardeux de choisir parmi eux, fût-ce en raison de la chronologie, celui qui plus que les autres aurait une valeur testamentaire. Le testament de Renoir, ce Protée, c'est l'ensemble de ses films et la totalité de son œuvre.

N.B. A la différence du *Carrosse d'or** qui fut tourné pour l'essentiel en anglais puis doublé en français (pour la version française) et en italien (pour la version italienne), *Éléna et les hommes* a été tourné pour une bonne part simultanément en français et en anglais. Cela occasionna mille difficultés à Renoir, contraint de recourir plus encore qu'il ne l'aurait voulu à d'audacieuses improvisations. En ce sens, ce double tournage sans grands moyens financiers a sans doute accentué la beauté spécifique du film et de sa mise en scène. « Se lancer dans deux versions sans avoir deux troupes différentes, c'est impossible, dit Renoir. Si j'ai terminé *Eléna*, c'est un miracle. [...] C'était le casse-gueule tous les jours, dont je me tirais par des pirouettes, des tours de passe-passe [...] Ne serait-ce que la fin ! C'est une fin que j'ai été obligé d'improviser en un jour avec la chanson de Greco » (« Cahiers du cinéma » n° 78). Un certain nombre de différences séparent la version française et la version anglaise intitulée *Paris Does Strange Things.* Cette dernière supprime au début le personnage de Jean Claudio (le compositeur aidé par Éléna). A la place, il y a un prologue où, après quelques plans de Paris, Mel Ferrer (dont on entend seulement la voix) montre dans sa bibliothèque les « Mémoires de Rollan » et, dans un tiroir, le journal intime d'Éléna. D'un bout à l'autre de l'action, la voix de Mel Ferrer commentera de manière fastidieuse les images (en couvrant souvent les dialogues), comme si le public anglais et américain était incapable de comprendre par lui-même le récit. Un très grand nombre de petits morceaux de séquences sont coupés (et souvent les plus drôles) mais une seule séquence disparaît intégralement : celle du duel de Mel Ferrer avec son adversaire du café. Renaud Mary (le chef du brain-trust de Rollan) qui paraît dans de nombreux plans est remplacé par George Higgins (le Martinez du *Carrosse d'or**) qui ne le vaut pas. La version anglaise est à tous points de vue inférieure à la française. Elle est plus courte de douze minutes.

## ELEPHANT MAN
### (The Elephant Man)

1980 – USA (125') • *Prod.* PAR. (Jonathan Sanger) • *Réal.* DAVID LYNCH • *Sc.* Christopher DeVore, Eric Bergren, David Lynch d'ap. « The Elephant Man and Other Reminiscences » de Sir Frederick Treves, et « The Elephant Man : A Study in Human Dignity » de Ashley Montagu • *Phot.* Freddie Francis (Panavision) • *Mus.* John Morris • *Int.* John Hurt (« The Elephant Man » John Merrick), Anthony Hopkins (Frederick Treves), Anne Bancroft (Mrs. Kendal), John Gielgud (Carr Gomm), Wendy Hiller (infirmière en chef), Freddie Jones (Bytes), Hannah Gordon (Mrs. Treves), Helen Ryan (princesse Alexandra), John Standing (Fox).

Londres, 1884. Le chirurgien et professeur d'anatomie Frederick Treves retrouve le « propriétaire » d'une attraction de foire connue sous le nom d'« Elephant Man ». John Merrick, le « monstre », est âgé de 21 ans. Sa mère, enceinte de quatre mois, fut renversée par un éléphant. Merrick est atteint de bronchite chronique, a le corps couvert de tumeurs et la colonne vertébrale complètement déformée. De plus, son visage et son crâne présentent des déformations et des protubérances sans doute uniques au monde. Treves paie le forain Bytes pour que Merrick soit conduit à l'hôpital de Londres où il travaille. Là, Treves l'examine et, lors d'une communication scientifique, l'exhibe à ses collègues. Il a la conviction à ce moment que Merrick est un idiot congénital. Celui-ci retourne chez son « maître » qui le frappe sauvagement pour son retard. Treves devra le ramener à l'hôpital afin de le soigner. Il lui donne une chambre isolée et lui fait prononcer quelques mots élémentaires. Il organise une rencontre entre Merrick et le directeur de l'hôpital, Carr Gomm, qui le quittera avec l'impression qu'il n'a fait que répéter mécaniquement les mots que Treves avait mis dans sa bouche. Mais quand ils l'entendront réciter des psaumes bibliques, les deux hommes changeront d'opinion à son égard. Dans les jours qui suivent, Treves découvre que Merrick parle et lit comme un homme de son âge (mais n'osait pas le faire), que sa sensibilité est développée, et même raffinée ; il devine aussi le calvaire qu'a été sa vie dans les foires entre les mains d'une brute comme Bytes. Treves invite Merrick à prendre le thé chez lui en compagnie de sa femme. Merrick est ému jusqu'aux larmes par sa beauté. Il devient peu à peu une célébrité. L'actrice Madge Kendal vient le voir et lui offre des livres. Il reçoit des visites de membres de la bonne société londonienne. La reine fait parvenir au conseil d'administration de l'hôpital un message de félicitations concernant l'hébergement et les soins donnés à Merrick. Cela met fin aux récriminations de ceux des membres du conseil qui voulaient le chasser de l'hôpital. Merrick est maintenant logé dans sa chambre individuelle à titre permanent. Un employé de l'hôpital organise des visites clandestines et payantes du « monstre ». Les « clients » qu'il amène dans la chambre de Merrick l'observent comme une bête curieuse et l'humilient de toutes les façons. Parmi eux se trouve un jour Bytes qui en profite pour reprendre son bien. Le calvaire de Merrick recommence. Une nuit, Bytes l'enferme dans une cage réservée aux singes. Le lendemain, les autres « monstres » de la foire le libèrent et le conduisent jusqu'au bateau faisant le trajet Ostende-Londres. Dans la capitale, Merrick est persécuté par des enfants, puis par des adultes. Il s'écrie : « Je ne suis pas une bête... je suis un être humain. » Un policier l'amène à l'hôpital. Il y mène de nouveau une vie paisible et exprime sa reconnaissance à Treves. Celui-ci l'emmène au théâtre pour la première fois de sa vie. Madge Kendal lui dédie le spectacle et il est applaudi par le public. Le même soir, il termine sa petite maquette de cathédrale, confectionnée à l'image de celle qu'il voit de sa chambre. Puis il se met au lit pour mourir.

☞ Ce deuxième film de David Lynch est à certains égards le contraire du premier. *Eraserhead** donnait une force réaliste à une histoire extravagante et fantastique. *Elephant Man* confère une ampleur fantastique à une intrigue réaliste tirée de la biographie d'un personnage réel qui a inspiré divers ouvrages littéraires, scientifiques et dramatiques. (Par ailleurs, John Merrick écrivit son autobiographie d'où Lynch a repris l'explication controversée de l'origine de son surnom et de ses maux, à savoir l'accident maternel.) Le héros de *Eraserhead** et son « bébé » devenaient au fil du récit de plus en plus monstrueux et insupportables à voir. Le personnage de *Elephant Man* s'humanise progressivement au cours du récit (et surtout c'est le regard du spectateur sur lui qui ne cesse de s'humaniser ; et dans cette évolution tient l'essentiel du message du film). *Eraserhead** visait à l'évidence un public restreint. *Elephant Man* se destine au plus vaste public et atteint son but. Ce but est de rendre sensible au grand public un propos qui n'avait été exprimé dans le passé que par des œuvres tout à fait marginales comme *Freaks** (Tod Browning, 1932). Il s'agit d'orienter le regard de l'être « normal » par raport à l'anormal dans le sens d'un plus grand respect, d'une reconnaissance plus complète de sa dignité. Herzog venait avec *L'énigme de Kaspar Hauser** d'ouvrir magnifiquement la voie. Dans *Elephant Man,* ce propos passe d'abord par un très grand respect du public, d'autant plus méritoire qu'il est devenu de moins en moins fréquent. La reconstitution psychologique et visuelle de l'ère victorienne (époque cruelle, snob et parfois curieusement charitable) est sensationnelle, tout comme la photo noir et blanc de Freddie Francis et l'interprétation de John Hurt, d'Anthony Hopkins et des autres comédiens. A la différence de Tod Browning, Lynch ne cherche pas à être grinçant ni féroce, mais au contraire d'une parfaite sérénité. Son film exprime constamment une profonde pitié humaine qui, à travers le cas tragique et exceptionnel de John Merrick, s'adresse finalement à l'humanité toute entière.

N.B. En 1980 parut un téléfilm américain, *The Elephan Man,* tiré d'une pièce de Bernard Pomerance et réalisé par Jack Hofsiss. Extrêmement bavard et fastidieux, il est basé sur les mêmes événements et les mêmes personnages que le film de David Lynch. John Merrick est joué par un fringant jeune homme sans maquillage ni postiche qui se contorsionne symboliquement et déforme sa voix. Une scène traite un aspect absent de l'œuvre de David Lynch, à savoir la sexualité de Merrick. Merrick exprime à l'actrice Mrs. Kendal son désir d'avoir une maîtresse et lui avoue qu'il n'a jamais vu une femme nue. Elle se déshabille devant lui. Le Dr Treves survient et est très choqué. Mrs. Kendal ne reverra jamais plus Merrick. Pour le reste, ce téléfilm ne peut servir qu'à souligner l'apport considérable de David Lynch sur le plan visuel, dramatique et émotionnel.

BIBLIO. : Joy Kuhn : « The Elephant Man, the Book of the Film », Virgin Books, Londres, 1980. Un chapitre est consacré à chacun des collaborateurs. Nombreuses et superbes photos du film et de la préparation du maquillage dû à Christopher Tucker. C'est avec celui de *La Belle et la Bête** l'un des plus longs et des plus complexes à fabriquer qu'on ait utilisés dans un film. Il demandait sept heures de pose et, en conséquence, on n'imposa cette torture à John Hurt qu'un jour sur deux.

## ELLE ET LUI
### (An Affair to Remember)

1957 – USA (115') • *Prod.* Fox (Jerry Wald) • *Réal.* LEO McCAREY • *Sc.* McCarey, Delmer Daves d'ap. une histoire de McCarey et Mildred Cram • *Phot.* Milton Krasner (Cinémascope, DeLuxe Color) • *Mus.* Hugo Friedhofer • *Int.* Cary Grant (Nicolo Ferrante), Deborah Kerr (Terry McKay), Richard Denning (Kenneth Bradley), Cathleen Nesbitt (grand-mère Janou), Robert Q. Lewis (speaker TV US), Charles Watts (Ned Hathaway), Neva Patterson (Lois Clarke), Fortunio Bonanova (Courbet), Louis Mercier (Mario, le jardinier).

Nickie Ferrante, play-boy de réputation internationale, est sur le point d'épouser l'héritière d'une des plus grosses fortunes des États-Unis. Lors d'une croisière, il rencontre Terry McKay, une chanteuse de cabaret, elle-même fiancée. Leur relation, commencée sur le mode d'un aimable persiflage, atteint bientôt une intensité émotionnelle que ni l'un ni l'autre n'avaient prévue. Lors d'une escale à Villefranche, Nickie emmène Terry chez sa grand-mère. Veuve d'un diplomate, elle vit loin de la laideur du monde, dans un ermitage rempli de fleurs. Une grande partie de son temps se passe en prières et dans le souvenir de son défunt mari. Terry est impressionnée par l'atmosphère paradisiaque qui se dégage de l'endroit et apprend sur le caractère et le passé de Nickie des détails qui l'attachent encore plus à lui. Arrivés à New York, Nickie et Terry se fixent un rendez-vous dans six mois, le premier juillet à cinq heures, au dernier étage de l'Empire State Building. Nickie rompt en douceur avec sa fiancée et reprend la peinture dans l'espoir de pouvoir gagner sa vie, ce qu'il n'a jamais eu l'occasion de faire jusqu'ici. Terry s'éloigne également de son fiancé et chante dans des night-clubs de Boston. A la veille du rendez-vous, elle se rend en avion à New York. Son émoi est si grand à la pensée de revoir Nickie que, descendant d'un taxi, elle lève les yeux vers l'Empire State et est écrasée par une voiture. Nickie attend jusqu'à minuit au sommet du building. Terry a échappé par miracle à la mort. Mais elle ne sait si elle pourra jamais remarcher. Elle se refuse à contacter Nickie et à lui dire la vérité, ne voulant pas être à sa charge. Elle travaille comme professeur de chant dans un collège. Lors de sa première sortie, au théâtre, elle entrevoit par hasard Nickie un court instant. Il retrouve son adresse et lui rend visite le jour de Noël. Alors qu'elle est allongée sur un canapé et ne dit mot de ses malheurs, il finit, après une longue conversation, par deviner qu'elle est la cliente invalide venue acheter un tableau de lui, un portrait de femme (qui la représentait) à la galerie de son ami Courbet. Ils tombent dans les bras l'un de l'autre.

☞ Dans les vingt dernières années de sa carrière, McCarey ne réalise que sept films, ce qui est assez peu à cette époque pour un cinéaste hollywoodien de son envergure. Son esprit autocritique hyper-développé, sa volonté de ne jamais filmer pour ne rien dire et surtout son désir d'approfondir et de synthétiser dans chacun de ses films un aspect privilégié de son message expliquent ce relatif laconisme. Après six ans de silence, McCarey consacre un film entier à parler des *sentiments.* Il le fait dans une œuvre qu'on peut désigner comme un mélodrame, mais doté de certaines caractéristiques très particulières. Par exemple, les deux héros (Nickie Ferrante et Terry McKay), avant de devenir des personnages de mélodrame, appartiennent de toute évidence au domaine de la comédie américaine. C'est pour mieux cerner son propos et en augmenter la densité que McCarey recourt ici à une certaine intemporalité (le film est un remake de son *Love Affair* de 1939), qu'il évite, sauf dans les séquences très brèves et très aiguës consacrées à la télévision, tout élément de satire sociale, domaine où pourtant il excelle, et qu'il donne enfin une grande autonomie à ses personnages. Non seulement ils n'appartiennent pas au domaine du mélodrame *a priori*, mais ils sont décrits, surtout Nickie Ferrante, avec une richesse de notations psychologiques que le genre exclut le plus souvent. (Parmi ces notations, certaines sont autobiographiques de McCarey lui-même : la multiplicité des talents, le côté destructeur de l'esprit critique, etc.) Le sujet réel du film, c'est l'importance et l'influence des sentiments sur le destin des personnages et sur la découverte qu'ils font d'eux-mêmes. A cet égard, la scène capitale du film, quoique apparemment en marge de l'action, est celle de la visite à la grand-mère. Là, la triple convergence du sentiment amoureux (né sur le bateau), du sentiment religieux (discrètement abordé dans la scène de la chapelle), du sentiment familial (description du lien unissant Nickie à sa grand-mère) scelle l'union des deux héros et leur ouvre définitivement les yeux sur eux-mêmes. Cette scène, l'une des plus belles de l'œuvre de McCarey, contient aussi le thème de l'ermitage, paradis limité dans l'espace et protégé du monde, image de ce paradis intérieur que les personnages découvriront peu à peu à travers les sentiments qui les unissent à autrui et à l'univers. On notera que l'aspect mélodramatique, dans le sens le plus épuré du terme, naît pour l'essentiel des relations entre les personnages et que McCarey n'utilise la péripétie de l'accident matériel que très tard dans l'intrigue, comme obstacle, comme révélation et comme confirmation ultime apportées à l'évolution intérieure des personnages. L'élégance et la finesse de l'interprétation, la discrète efficacité des gags (dont la géométrie, très harmonieusement intégrée au nouveau format du Cinémascope, est un héritage du burlesque : cf. le jeu des regards entre les quatre personnages à leur arrivée dans le port de New York), la subtilité de la modulation par laquelle des éléments de comédie classique virent au mélodrame, témoignent du génie de McCarey, alors au sommet de son art.

N.B. Le cas d'un metteur en scène signant un remake d'un de ses propres films est loin d'être unique dans le cinéma hollywoodien (cf. DeMille et ses trois *Squaw Man**, Hitchcock et ses deux *Homme qui en savait trop**, etc.). Ce qu'il y a de particulier ici, c'est que la continuité de *An Affair to Remember* est quasiment identique, scène après scène, à celle de *Love Affair*. C'est sur le seul plan formel que surgissent les différences. Au ton monocorde, ouaté, sobre et effacé de *Love Affair* succèdent ici des heurts beaucoup plus violents nés du contraste entre l'irruption des détails comiques et la montée irrésistible des sentiments dans le cœur des personnages. L'harmonie qui s'installe dans *An Affair to Remember* est une harmonie paradoxale puisqu'elle réussit à intégrer des paroxysmes comiques et dramatiques extraordinaires. Ils étaient seulement contenus à l'état de germe dans *Love Affair.*

## ELLES ÉTAIENT DOUZE FEMMES

1940 – France (80') • *Prod.* Filmsonor et Regina • *Réal.* GEORGES LACOMBE • *Sc.* Yves Mirande • *Phot.* Victor Arménise • *Mus.* Marcel Lattès • *Int.* Gaby Morlay (Mme Marion), Françoise Rosay (duchesse de Vimeuse), Micheline Presle (Lucie), Betty Stockfeld (princesse Kadikoff), Blanchette Brunoy (Geneviève) Simone Berriau (Mme Bernier), Simone Renant (Gaby), Mila Parély (Mme de Vitrac), Marion Delbo (Mme de Bélière), Primerose Perret (Janine de Vimeuse), Paméla Stirling (Mme de Turgis), Nina Myral (la bonne).

A Paris, peu après le début de la guerre, quelques femmes de la haute société munies de leur masque à gaz sont réunies dans une cave lors d'une alerte. Elles décident de fonder une œuvre de bienfaisance destinée à agrémenter la vie des soldats sans famille par l'envoi de colis contenant ces denrées superflues mais si nécessaires à leurs yeux que sont l'eau de Cologne, le champagne, etc. Pour ce faire, elles ont besoin de l'aide financière de leur voisine, Mme Marion, qu'elles snobent depuis toujours car c'est une femme en situation irrégulière, ayant élevé seule sa fille, Geneviève. La princesse Kadikoff joue les intermédiaires et Mme Marion accepte bientôt de financer l'association. Elle invite toutes ces dames à travailler chez elle puis, à cause du manque de véhicules et autres gênes quotidiennes occasionnées par la guerre, à y séjourner de façon permanente. Les invitées ne tardent pas à être séduites par la générosité, le dévouement et l'élégance morale de leur hôtesse, à l'exception de la duchesse de Vimeuse qui, bien que la première à avoir été hébergée par elle à la suite d'une chute sur le trottoir, ne désarmera jamais contre son hôtesse. Gaby, amie de la duchesse et maîtresse de son mari, fait courir le bruit que Mme Marion a tout manigancé pour marier sa fille au fils de Mme Bernier, membre de l'association, et la faire ainsi entrer dans le monde. En fait les deux jeunes gens, amis d'enfance, s'aiment depuis longtemps. Mme Marion l'ignorait et Mme Bernier, ayant reçu une lettre de son mari, demande en son nom à Mme Marion la main de sa fille pour son fils.

☞ Tourné et sorti durant les premiers mois de la guerre, avant la défaite, le film a pour principe, comme *Jeunes filles en uniforme** de Léontine Sagan et *The Women** de George Cukor, de ne présenter que des personnages féminins, les maris et les fils se trouvant sur le front. Georges Lacombe en a assuré la réalisation technique mais l'œuvre reflète la seule personnalité d'Yves Mirande. Elle commence par une séquence extrêmement insolite où toutes les femmes, installées autour d'une table, portent des masques à gaz. Elles bavardent, mais à cause des masques, on n'entend à peu près rien de ce qu'elles disent. Après *Sept hommes et une femme, Café de Paris**, *Derrière la façade**, et *Paris-New York,* c'est le cinquième et dernier exemple de ce qu'on peut appeler les « tableaux de mœurs » de Mirande, dessinant avec une ironie grinçante le portrait panoramique d'une société à travers une accumulation de personnages variés réunis dans un même lieu. Délaissant la misogynie conventionnelle de l'époque, Mirande se refuse à voir dans la femme une race à part ou une entité universelle. Il s'intéresse à une collection d'individualités reflétant de manière nuancée et significative les défauts majeurs, sinon les tares, d'une couche sociale particulière. A savoir, en l'occurrence, l'hypocrisie et la méchanceté frivole d'un certain monde aristocratique, fier de ses privilèges et de ses préjugés jusqu'à se faire appeler « le monde ». En contraste avec lui, Mirande s'amuse à mettre en valeur la simplicité généreuse, la fidélité passionnée d'une « irrégulière » vers qui vont toutes les sympathies. Mais à l'inverse de *Café de Paris** et de *Derrière la façade**, quelque chose d'éteint et de glacé brise souvent l'élan de la satire, le mordant de l'analyse. C'est que *Elles étaient douze femmes* n'est plus seulement le film de la fin d'une époque, c'est quasiment une œuvre posthume à cette époque, dont les caractéristiques, les vertus et les vices ne survivront pas à la guerre qui a commencé. On sent même poindre chez Mirande une indifférence vis-à-vis de ces fantoches qui iront bientôt au musée. Et le moment où il est le plus sincère – et le plus surprenant – est sans doute celui où, dans le dortoir improvisé, il fait chanter à ses héroïnes, toutes distinctions de classes abolies, une sorte d'hymne œcuménique au sexe opposé, à « leurs hommes », éloignés d'elles par la distance et le danger.

## ELMER GANTRY, LE CHARLATAN
### (Elmer Gantry)

1960 – USA (145') • *Prod.* U A (Bernard Smith) • *Réal.* RICHARD BROOKS • *Sc.* R. Brooks d'ap. R. de Sinclair Lewis • *Phot.* John Alton (Eastmancolor) • *Mus.* André Previn • *Int.* Burt Lancaster (Elmer Gantry), Jean Simmons (sœur Sharon Falconer), Arthur Kennedy (Jim Lefferts), Shirley Jones (Lulu Bains), Dean Jagger (William L. Morgan), Patti Page (sœur Rachel Fowler), Edward Andrews (George Babbitt), John McIntire (révérend Phillips), Hugh Marlowe (révérend Garrison), Rex Ingram (prédicateur), Casey Adams (le sourd), John Qualen (Sam), Jean Willes (prostituée).

Dans l'Amérique profonde des années 30, Elmer Gantry est représentant de commerce. Son bagout, son culot, son don de sympathie, sa vitalité fascinent, même quand il en fait trop, ses interlocuteurs. Assistant au prêche de la jeune évangéliste, sœur Sharon Falconer, il est très impressionné par elle sur un plan qui a peu à voir avec la religion. L'accompagnant dans sa tournée, il parvient à piquer sa curiosité et à se faire engager pour participer à son « spectacle ». Il raconte au public comment, *loser* minable et petit représentant raté, il a entendu la parole de Dieu. Sa force de conviction aboutit à des résultats inespérés : un jour, sur mille cinq cents assistants, presque un tiers se convertit aussitôt. Elmer plaide contre l'alcoolisme, contre Darwin, etc. Il persuade Sharon d'accepter l'invitation de l'homme d'affaires George Babbitt qui lui propose de venir prêcher dans la ville de Zenith. Jusque-là, elle avait toujours estimé que les méthodes de l'évangélisation qu'elle pratique ne pouvaient réussir qu'en zone rurale. Bien que des chahuteurs aient eu l'intention de perturber la réunion, Sharon obtient un triomphe. Tout le monde se met à genoux au cours de son prêche. Le journaliste Jim Lefferts qui suivait les tournées de Sharon publie dans la presse locale ce qu'il pense de ce type d'évangélisation, et il n'est pas tendre. Gantry obtient un droit de réponse consistant en une émission quotidienne de radio financée par... Babbitt. Il essaie vainement que ses relations deviennent plus intimes avec Sharon. Mais tantôt elle semble fascinée par lui et prête à lui céder, tantôt elle le repousse en lui disant notamment : « Dieu vous a envoyé à moi pour être mon serviteur et non mon amant. » Les prêches de Gantry ont de plus en plus de succès. A la tête des habitants de Zenith, qu'il exhorte à nettoyer la ville de ses bars clandestins, de ses maisons closes, de ses trafiquants de drogue, il fait un raid chez un groupe de prostituées parmi lesquelles il reconnaît Lulu Bains qu'il avait séduite autrefois au Kansas. A cause d'elle, il s'arrange pour que les filles ne soient pas emprisonnées mais seulement chassées de la ville. Lulu l'appelle pour le remercier et il lui rend visite. Sur sa demande, il lui prête un peu d'argent : un photographe caché, qu'elle avait fait venir exprès, prend des photos de leur rencontre qui seront aussitôt publiées dans la presse. Lors de la réunion suivante organisée par Sharon, des perturbateurs insultent les prêcheurs et cassent la baraque. Lulu, qui aime toujours Gantry et n'avait agi que par dépit, donne à Lefferts un interview où elle rétablit la vérité. De nouveau, la foule se presse pour écouter Sharon. Elle guérit en public un assistant atteint de surdité. Un incendie accidentel se déclare dans l'enceinte où a lieu la réunion. Au cours de la panique, Sharon est mortellement blessée. Le lendemain, Morgan, son associé, demande à Gantry de la remplacer et de continuer son œuvre. Elmer préfère s'éloigner et donne rendez-vous à Lefferts en enfer...

☞ Entre 1955 et 1965, Richard Brooks fut parfois considéré par certains comme l'égal d'un Anthony Mann, d'un Aldrich, d'un Nicholas Ray ou d'un Fuller, à la génération desquels il appartient. C'était là une grossière erreur de jugement car, à l'évidence, il ne possède ni l'universalité classique du premier ni l'énergie révolutionnaire du second, pas plus que la sensibilité d'écorché vif et la fougue baroque des deux autres. Ancien journaliste et scénariste, il a plus de conviction et de sincérité que d'étoffe, plus d'adresse que de génie. Le meilleur de son œuvre inégale et zigzagante vaut par une certaine peinture sociologique de l'Amérique ; et l'adaptation du roman de Sinclair Lewis représente dans sa carrière la plus féconde rencontre entre son ambition et son talent. Le puritanisme latent ou exalté de l'Amérique, une déviation intolérante et fanatisée du sentiment religieux sont ici subtilement appréhendés à travers un phénomène spécifique et nettement particularisé (l'ascendant des prédicateurs et de la religion-spectacle sur les foules américaines) et à travers des personnages doués d'une certaine épaisseur romanesque, que l'auteur cherche plus à sonder et à comprendre qu'à condamner. Il montre même à plusieurs reprises que les bigots qui accablent ou encouragent les évangélistes valent encore moins qu'eux. Mêlant à son cynisme, à son hypocrisie, à sa démagogie, à ses roueries de jouisseur effréné une sincérité et une sorte d'innocence parfois désarmante, le personnage créé par Sinclair Lewis, plus à la portée de Brooks que ceux de Dostoïevski ou de Conrad (cf. ses adaptations des *Frères Karamazov* et de *Lord Jim),* possède une ambiguïté qui donne sa vie et son flamboiement au film, en même temps qu'elle stimule la réflexion. Il faut dire aussi que c'est l'une des plus belles compositions de Burt Lancaster. Pour une fois, chez Brooks, le relief concret de la description et la volonté d'analyse critique font bon ménage et évitent ce didactisme boy-scout qu'affectionne parfois le réalisateur. Si le puritanisme et l'ambiguïté intéressent autant Brooks, c'est que son œuvre elle-même n'en est pas dépourvue, comme l'atteste *A la recherche de Mr. Goodbar,* le meilleur film du réalisateur avec celui-ci. Là, une vision puritaine de l'Amérique contemporaine semble avoir définitivement enterré, sous son pessimisme et sa noirceur, le vieil idéalisme libéral d'antan. A qui la regardera de près, il se peut d'ailleurs que l'œuvre de Brooks réserve quelques surprises. Si le célèbre *Blackboard Jungle* (1955) est aujourd'hui un film désuet et presque ridicule, il est raisonnable de penser qu'un divertissement comme *Dollars* (1971) ou un western nostalgique et fort comme *Bite the Bullet (La chevauchée sauvage,* 1975) vieilliront sans doute beaucoup mieux.

BIBLIO. : sur Brooks, qui a peu inspiré les auteurs d'ouvrages de cinéma, on lira le somptueux album composé par Patrick Brion (Chêne, 1986) où sont notamment rassemblées des interviews du réalisateur sur tous ses films.

## EL NORTE (id.)

1983 – USA (140') • *Prod.* Independent Productions, en association avec American Playhouse • *Réal.* GREGORY NAVA • *Sc.* G. Nava, Anna Thomas d'ap. une histoire de Gregory Nava • *Phot.* James Glennon (couleur) • *Mus.* Verdi, Johann Strauss, Mahler, Samuel Barber, Krzysztof Penderecki • *Int.* Zaide Silvia Gutierrez (Rosa Xuncax), David Villalpando (Enrique Xuncax), Ernesto Gomez Cruz (Arturo Xuncax), Alicia Del Lago (Lupe Xuncax), Eraclio Zepeda (Pedro), Stella Quan (Josefita), Rodolfo Alejandre (Ramon).

Après l'assassinat de leur père, tué par des militaires lors d'une réunion clandestine, et l'arrestation de leur mère, Enrique et Rosa, deux jeunes paysans guatémaltèques, frère et sœur, partent pour le Nord, lieu mythique où même les pauvres sont heureux et traités avec dignité. A Tijuana, un jeune Mexicain leur propose de leur faire passer la frontière, mais c'est dans l'intention de les voler. Enrique et Rosa réussiront à l'empêcher de nuire. Ils sont interrogés par la police américaine puis relachés. Ils retrouvent le « coyote » (passeur), ami d'un de leurs compatriotes, qui devait les aider. Ils franchissent sur ses conseils la frontière en utilisant une conduite d'égout désaffectée et grouillante de rats. Ils voient enfin les lumières de San Diego. A Los Angeles, Rosa trouve un travail comme repasseuse dans un atelier de confection clandestin. Lors d'une descente de police, elle réussit à s'échapper avec une collègue. Les deux femmes gagneront leur vie en faisant des ménages. Enrique devient serveur dans un restaurant. Ayant été promu, il suscite la jalousie d'un collègue qui le dénonce à la police d'immigration. Il parvient à fuir. Il est sur le point d'être engagé comme contremaître dans une usine à Chicago et doit prendre l'avion le soir même, quand il apprend que sa sœur, atteinte du typhus contracté au contact des rats, est à l'hôpital. Il lui rend visite et assiste à sa mort. Il rentre dans son village travailler comme journalier.

☞ Production américaine indépendante financée par l'American Playhouse, une organisation responsable de films ambitieux destinés à la télévision et qui sortent parfois (comme c'est le cas ici) dans les salles. L'œuvre frappe immédiatement par ses images simples et fortes, d'une grande noblesse d'inspiration, ciselées avec raffinement, surtout dans la partie qui traite de la vie au village guatémaltèque. « On n'a pas été créé pour vivre, mais pour dormir et rêver » dit une chanson du pays que chante Rosa à l'enterrement de son père. Le film « rêve » sur la confrontation – malheureuse – de deux civilisations. On sait depuis Valéry que les civilisations sont mortelles ; on a appris aussi qu'elles peuvent être cannibales. Un jour peut-être le Nord aura dévoré le Sud, le Blanc aura éliminé l'Indien. Avant que le sacrifice soit consommé, des personnages comme Enrique et Rosa, qui ont voulu franchir la ligne, n'appartiennent plus ni au Sud ni au Nord. Ils sont encore plus « de passage » que n'importe quel être humain sur terre. C'est à eux et à tous les déracinés de la terre que ce film est consacré, avec lyrisme, douceur et cruauté.

N.B. Il n'était pas question de tourner au Guatemala. De hauts plateaux tropicaux, semblables à ceux de Guatemala, furent trouvés au Mexique. Mais là encore, difficultés. Après le kidnapping de la directrice de production, rendue contre rançon, les dernières scènes (retour du héros au village) furent tournées en décor à Los Angeles.

## EMBRASSE-MOI CHÉRIE
**(Kiss Me Kate)**

1953 – USA (109') • *Prod.* MGM (Jack Cummings) • *Réal.* GEORGE SIDNEY • *Sc.* Dorothy Kingsley d'ap. une comédie musicale de Cole Porter et Samuel et Bella Spewack tirée de « La mégère apprivoisée » de Shakespeare • *Chor.* Hermes Pan • *Phot.* Charles Rosher (Ansco Color, relief 3-D) • *Int.* Kathryn Grayson (Lilli Vanessi), Howard Keel (Fred Graham), Ann Miller (Lois Lane), Keenan Wynn (Lippy), Bobby Van (Gremio), Tommy Rall (Bill Calhoun), James Whitmore (Slug), Bob Fosse.

Fred Graham, chanteur et metteur en scène, a pour partenaire son ex-femme, Lilli Vanessi, dans une adaptation en comédie musicale de « La mégère apprivoisée » de Shakespeare. Sans vouloir se l'avouer, les deux anciens époux s'aiment encore. Lilli est jalouse de Lois Lane, autre interprète de la pièce et maîtresse à ses moments perdus de Fred. Deux gangsters viennent réclamer sans ménagement à Fred le montant d'une reconnaissance de dette, signée en réalité par le petit ami de Lois qui a imité la signature de Fred. Fred va se servir des deux truands, Lippy et Slug, pour retenir Lilli en scène : celle-ci avait en effet décidé d'abandonner la représentation en cours après lecture d'un billet doux adressé par Fred à Lois. Si la représentation est arrêtée, fait valoir Fred à Lippy et à Slug, la recette devra être remboursée et leur passera donc sous le nez. Sensibles à ce raisonnement, les deux brutes font bonne garde en coulisse. Sur la scène, les deux ex-époux utilisent toutes les ressources de leur rôle pour se frapper, se griffer, se gifler, se fesser à loisir. Quand Lippy et Slug apprennent la mort de leur patron, la dette réclamée à Fred se trouve éteinte et Lilli en profite pour disparaître. La représentation reprend d'abord sans elle. Mais au dernier moment, ayant réfléchi, elle réapparaît, achève son rôle et se jette dans les bras de son ancien mari.

☞ Une des meilleures réussites de la comédie musicale hollywoodienne sous la forme la plus classique – donc la plus scénique – du genre. En effet, la vieille tradition qui veut qu'une intrigue de comédie musicale tourne le plus souvent autour de la préparation de la représentation d'un spectacle est ici entièrement respectée. Mais elle est renouvelée de l'intérieur par le fait que les personnages de Shakespeare dans la pièce et leurs interprètes dans la réalité se débattent au milieu de situations comparables. L'entrelacs théâtre-réalité est composé avec un grand sens de l'équilibre : assez simple pour servir de base à un divertissement allègre et sans artifice, assez sophistiqué aussi pour que l'ironie et la distanciation puissent enrichir ce jeu de miroir où triomphe la virtuosité du réalisateur. Comme pour augmenter encore la difficulté, George Sidney a choisi, pour filmer les séquences qui ont lieu en dehors de la scène, et sans doute au bénéfice des effets 3-D, des décors particulièrement étroits.

Ainsi les évolutions d'Ann Miller dans son numéro explosif et caricatural « That Darn Hot » ont-elles lieu entre les meubles et les sièges d'un petit appartement privé, tout comme le duo entre Howard Keel et Kathryn Grayson se développe dans les limites extrêmement resserrées de leurs loges, des couloirs et des coulisses du théâtre. L'humour des auteurs ne s'arrête pas aux situations et aux dialogues. Il inspire aussi la chorégraphie : cf. entre autres le savoureux numéro chorégraphique des deux truands interprétés par les excellents Keenan Wynn et James Whitmore.

## ÉMIGRANT (L')
### (The Immigrant)

1917 – USA (2 bob.) • *Prod.* Mutual • *Réal.* CHARLIE CHAPLIN • *Sc.* Charlie Chaplin • *Phot.* Rolland Totheroh • *Int.* Charlie Chaplin (l'émigrant), Edna Purviance (la jeune émigrante), Kitty Bradbury (sa mère), Albert Austin (l'émigrant russe), Henry Bergman (la grosse dame sur le bateau, l'artiste peintre), Stanley Sanford (le tricheur sur le bateau), Frank J. Coleman (l'officier sur le bateau, le patron du restaurant), Eric Campbell (le garçon), John Rand (le client insolvable).

Un petit bateau rempli d'émigrants approche de New York. Charlot n'a pas le mal de mer mais risque d'en subir la contagion en regardant ses compagnons, pauvres hères allongés sur le pont. Dans la salle à manger, il jette les yeux sur une adorable jeune fille (elle voyage avec sa mère, veuve) et lui offre sa place à la table commune. Sur le pont, il joue aux dés et aux cartes avec un groupe d'hommes. L'un d'entre eux, un colosse, est furieux de perdre. Pour pouvoir jouer encore, il va dévaliser la veuve endormie sur le pont. Il reperd cet argent en jouant au poker contre Charlot qui récupère ses gains, armé... d'un revolver. Il voit la jeune fille en pleurs, car elle vient de constater le vol. Il met subrepticement de l'argent dans sa poche. Elle ne s'apercevrait de rien si le commissaire de bord, prenant Charlot pour un voleur, n'obligeait la « victime » à fouiller dans sa poche : elle découvre alors les billets. Son sourire puis ses larmes expriment à Charlot sa reconnaissance. New York est en vue. Sur le pont, les émigrants sont entassés derrière une corde. Charlot dit adieu à la jeune fille et à sa mère. Plus tard, dans une rue de New York, absolument fauché, il trouve une pièce sur le trottoir et entre dans un restaurant. Il commande un repas au garçon, un colosse mal embouché. Une fois servi, Charlot mange avec des manières qui font prendre la fuite à son voisin. Surprise : à une table voisine, il reconnaît la jeune fille, portant le deuil. Elle est sans doute aussi fauchée que lui. Il l'invite à sa table et commande un plat pour elle. Il voit un client sauvagement tabassé par le colosse et trois autres garçons. Il manquait seulement dix *cents* à ce client pour régler son addition. Charlot s'aperçoit avec terreur qu'il a perdu sa pièce. Il en ramasse une autre qu'a fait tomber le colosse. Mais, hélas, elle est fausse. La situation semble désespérée quand un autre client, un peintre, vient à la table de Charlot et de la jeune fille et leur propose de poser pour lui. Il tient à payer l'addition de ses deux futurs modèles. Mais Charlot fait tant de manières que l'autre à la fin se décourage. Heureusement, le pourboire que le peintre avait laissé au colosse suffit à payer l'addition de Charlot. Les trois personnages sortent du restaurant. Charlot demande au peintre une petite avance et emmène la jeune fille au bureau des mariages.

☞ Avant-dernier des douze films de Chaplin pour la Mutual (Chaplin les a tournés à raison d'un par mois et cette période d'activité fébrile est celle où il a le plus progressé vers la maturité et la découverte de son propre génie). Dans une durée encore assez limitée, la dramaturgie, le contenu de l'histoire et la multiplicité des formes de comique tendent visiblement à devenir ici ceux d'un long métrage. C'est toute une aventure riche en développements que vit Charlot dans *L'émigrant*, et c'est aussi un drame. Comme le note Jean Mitry (*in* « Tout Chaplin », Seghers, 1972), à partir de ce film « le comique ne prend – et ne prendra plus désormais – ses points d'appui que sur des situations tragiques ». Bien que relativement discrète dans l'économie générale de l'histoire, l'étude de milieu (description des émigrants du bateau), est cependant, comme c'était déjà le cas dans plusieurs autres Mutual, l'un des points forts du film. Elle possède acuité, réalisme et une sorte de férocité qui donne leur relief particulier aux êtres et aux choses et correspond aussi à une condamnation implicite de la passivité dans laquelle les personnages, étant donné leur situation de parias, pourraient sombrer. Ce serait, aux yeux de l'auteur, la pire défaite. Car Chaplin, plus encore qu'un créateur de mélodrames et un peintre de la détresse humaine, est un professeur d'énergie et de révolte. La férocité n'est souvent chez lui qu'une pitié inversée à dessein, une exhortation pressante à combattre.

N.B. Un très important matériel de « chutes » et de prises non conservées de *L'émigrant* figure dans la première des trois émissions de télévision de Kevin Brownlow « Chaplin inconnu ». Il permet de suivre d'une manière minutieuse et absolument saisissante la genèse du film se créant pour ainsi dire sous nos yeux. Il s'agissait au départ d'une petite comédie située uniquement dans le restaurant. Au cours du tournage, Chaplin imagina d'ajouter les scènes du bateau, donnant ainsi à l'œuvre sa dimension de mini-fresque sociale, dramatique et documentaire. Il remplaça, dans le rôle du garçon agressif, Henry Bergman par Eric Campbell (qui donne alors l'une de ses meilleures compositions chez Chaplin). Changement spectaculaire dont on peut mesurer la portée au travers des scènes jouées tour à tour par l'un et l'autre acteur. Cet admirable document est à la fois un cours de mise en scène et une description magistrale d'un génie au travail. Au passage, deux trucages sont révélés concernant les scènes du bateau : les balancements du pont furent obtenus grâce à l'adjonction d'un gros pendule fixé sur la caméra, animée ainsi d'un mouvement de balancier ; quant au décor de la salle à manger, il était placé sur des rouleaux.

BIBLIO. : découpage (133 plans) *in* « L'Avant-Scène » nº 219-220 (1979).

## EMPRISE DU CRIME (L')
## (The Strange Love of Martha Ivers)

1946 - USA (115') • *Prod.* PAR. (Hal B. Wallis) • *Réal.* LEWIS MILESTONE • *Sc.* Robert Rossen d'ap. une histoire « Love Lies Bleeding » de Jack Patrick • *Phot.* Victor Milner • *Mus.* Miklos Rozsa • *Int.* Barbara Stanwyck (Martha Ivers), Van Heflin (Sam Masterson), Lizabeth Scott (Toni Marachek), Kirk Douglas (Walter O'Neil), Judith Anderson (Mme Ivers), Roman Bohnen (Mr. O'Neil), Darryl Hickman (Sam Masterson, enfant).

Iverstown, 1928. Très jeune adolescente, Martha Ivers échoue pour la quatrième fois à fuir avec son camarade Sam. Elle hait sa tante, la femme la plus riche de la ville, qui l'a élevée et lui a retiré le nom de son père qu'elle méprisait pour l'obliger à porter celui de sa mère : Ivers. Sam revient chercher Martha. Alors que sa tante frappe par pure cruauté le petit chat de Martha, celle-ci frappe à son tour sa tante jusqu'à ce qu'elle bascule dans l'escalier. Martha ment tout de suite en disant qu'un inconnu a poussé la victime. Walter, le fils de son précepteur, enfant timoré et passif, confirme ses dires. Dix-huit ans ont passé. Sam revient par hasard à Iverstown. C'est maintenant un aventurier, un joueur professionnel. Il a même été mêlé à une affaire criminelle. Martha est devenue, comme l'était autrefois sa tante, la femme la plus en vue de la ville. Elle dirige la principale usine de la région et a épousé Walter, en passe d'être réélu au poste d'avocat général. Toujours faible de caractère, Walter subit la domination de sa femme qui l'a poussé à faire carrière. Sam fait en ville la connaissance de Toni Marachek, une jeune femme récemment libérée de prison sous condition et qui a de nouveau des ennuis avec la police. Sam va trouver Walter et lui demande d'intervenir pour Toni. Walter a immédiatement la certitude que la présence de Sam en ville est liée à une tentative de chantage. En effet, après la mort de la tante, les mensonges de Walter et de Martha ont entraîné la condamnation à mort d'un suspect. Walter confie ses craintes à Martha qui revoit Sam et tente de le séduire. Walter convoque

Toni et la fait relâcher à une condition : elle devra participer à une machination destinée à éloigner définitivement Sam de la ville. Un homme se prétendant son mari provoque Sam et se bat avec lui. L'homme est en réalité à la solde de Walter et, avec l'aide de plusieurs complices, a pour mission de tabasser Sam. Le visage en sang, celui-ci revient en ville régler son compte à Walter qui lui avoue avoir craint un chantage. Sam n'y avait jamais songé et, se renseignant au journal de la ville, apprend l'exécution du faux coupable. Il laisse entendre à Martha qu'il souhaite une participation de moitié dans toutes ses affaires. Elle parachève sa tentative de séduction et apprend de la bouche de Sam qu'il n'était même plus présent quand elle avait frappé sa tante. Ayant toujours été très attirée par lui, Martha le supplie de rester. Sam fait part de sa perplexité à Toni. Celle-ci estime qu'il vaut mieux qu'ils se séparent et lui dit adieu. Walter, ivre comme à son habitude, a dévalé l'escalier où autrefois la tante de Martha était morte. Martha pousse Sam à achever Walter. Sam, au contraire, emporte Walter dans ses bras et tente de le ranimer. Martha essaie de tirer sur Sam mais n'en a pas la force. Après le départ de Sam, elle oblige Walter à tirer sur elle. Puis Walter se suicide. En compagnie de Toni, Sam quitte définitivement Iverstown et tous les fantômes du passé.

☞ Spécimen particulièrement original de *film noir* prouvant la richesse et la malléabilité du genre. Ici le *film noir* offre au développement du destin des personnages un véritable espace romanesque où s'élabore un passionnant suspense psychologique et moral. Grâce à la maturité du scénario de Rossen et à la minutie du travail de Milestone, l'évolution sinueuse, hésitante et subtile des personnages, leurs chances respectives de salut qui tantôt paraissent infimes, tantôt grossissent d'un nouvel espoir, alimentent la matière d'un drame dont les éléments sont plusieurs fois remis en question tout au long de l'intrigue. De nombreux thèmes propres au genre (la femme fatale, la domination du passé sur le présent) s'enrichissent ici de variations inattendues. Deux des personnages resteront engloutis dans le passé et la tragédie ; deux autres réussiront à sortir, sinon indemnes, du moins plus lucides et plus aguerris, de l'enfer bourgeois et provincial d'Iverstown, savamment décrit par Rossen et Milestone. Prodigieuse interprétation des quatre protagonistes principaux et tout spécialement de Van Heflin et de Lizabeth Scott, formant l'un des couples les plus crédibles et les plus attachants du cinéma américain de l'époque. Premier film de Kirk Douglas.

## ENCHAINÉS (LES)
**(Notorious)**

1946 – USA (104') • *Prod.* RKO (Alfred Hitchcock) • *Réal.* ALFRED HITCHCOCK • *Sc.* Ben Hecht d'ap. un sujet d'A. Hitchcock • *Phot.* Ted Tetzlaff • *Mus.* Roy Webb • *Int.* Ingrid Bergman (Alicia Huberman), Cary Grant (Devlin), Claude Rains (Alexander Sebastian), Louis Calhern (Paul Prescott), Leopoldine Konstantin (Mme Sebastian), Reinhold Schünzel (« Docteur Anderson »), Moroni Olsen (Walter Beardsley), Alex Minotis (Joseph), Wally Brown (Mr. Hopkins), Ricardo Costa (Dr Barbosa), Sir Charles Mendl (Commodore), Eberhard Krumschmidt (Hupka).

En 1946, le père d'Alicia Huberman, américain d'origine allemande, est condamné pour espionnage au profit des nazis. Il se suicidera peu après dans sa prison. Dès lors la vie d'Alicia, qui réprouvait les activités de son père, va à vau-l'eau : elle s'adonne à l'alcool et collectionne les liaisons sans lendemain. Elle est contactée par un agent des services secrets, Devlin, afin d'accomplir une mission qu'elle est seule à pouvoir mener à bien. Il s'agit de gagner la confiance d'Alex Sebastian, un ami de son père autrefois amoureux d'elle, et de découvrir ce qu'il trame avec un groupe d'amis et d'anciens nazis non repentis. Alicia accepte la mission pour se prouver à elle-même et à Devlin, dont elle est tombée amoureuse, qu'elle n'est pas la femme irrémédiablement perdue qu'il semble voir en elle. Devlin ignore jusqu'au dernier moment que la mission confiée à Alicia implique qu'elle ait une liaison avec Sebastian. Quand il l'apprend, il espère qu'elle refusera et elle, de son côté, veut voir s'il l'empêchera d'aller jusqu'au bout. Il n'en est rien et Alicia, au Club hippique, entre donc en contact comme prévu avec Sebastian. Au cours d'une soirée à laquelle il l'a invitée, elle est présentée à ses collaborateurs et à sa mère qui exerce une forte influence sur son fils. Sur un champ de courses, Alicia confie à Devlin les noms des proches de Sebastian et cet échange de renseignements s'achève en dispute, Alicia reprochant à Devlin de l'avoir jetée dans les bras de Sebastian et Devlin lui rétorquant qu'elle n'avait qu'à refuser la mission. Un peu plus tard, elle annonce à Devlin et à son supérieur hiérarchique que Sebastian l'a demandée en mariage. Elle se déclare prête à accepter. Devlin semble indifférent. Le mariage a donc lieu. De retour de son voyage de noces, Alicia se fait remettre les clés de toutes les pièces de la maison et s'aperçoit qu'il lui manque celle de la cave. Devlin lui ordonne de fouiller cette cave. Elle vole la clé à son mari, et au cours d'une soirée donnée par celui-ci, Devlin pénètre dans la cave et découvre que certaines bouteilles sont remplies de minerai d'uranium. Devlin et Alicia sont surpris ensemble par Sebastian. Devlin embrasse alors Alicia pour provoquer la jalousie de Sebastian et dissimuler ainsi les vraies raisons de sa présence. Ce même soir, Sebastian visite la cave et comprend tout. Il annonce à sa mère qu'il a épousé une espionne américaine. Tous deux décident de l'empoisonner lentement. Les complices de Sebastian apprennent le rôle que joue sa femme et sont prêts à le supprimer (un des membres du groupe avait été éliminé pour beaucoup moins que ça). Lors d'un rendez-vous secret, Devlin, voyant Alicia mal en point, s'imagine qu'elle s'est remise à boire. Son absence aux rendez-vous suivants le fait réfléchir. Il se rend chez Sebastian et tire Alicia de ses griffes. S'étant enfin avoué leur amour, ils disparaissent en voiture, plantant là Sebastian qui va maintenant devoir affronter les questions et le jugement de ses complices...

☞ Amour et espionnage : d'un genre *a priori* conventionnel, Hitchcock tire une œuvre ultra-personnelle, rigoureuse, au style sobre et pur, constamment passionnante tant par l'approfondissement des personnages que par la densité et le suspense de l'action proprement dite. Comme dans *Rebecca**, l'héroïne est encore une amoureuse qui se sent indigne de celui qu'elle aime. Héros romantiques frustrés, Alicia et Devlin ne vont cesser, tout au long de l'intrigue, de se mettre à l'épreuve, prouvant en cela leur manque de confiance en eux-mêmes, dans leur partenaire et dans leur amour. (Ici, le propos du film rejoint parfois celui de *La peur** de Rossellini.) Ce jeu extrêmement cruel pour eux (qui sont seuls à le comprendre) s'insère dans le (double) jeu que mène l'héroïne au milieu des espions. Étant, dans le couple qu'elle forme avec Devlin, la plus exposée et la plus vulnérable, elle est aussi la plus émouvante. Son itinéraire moral qui la conduit à vouloir racheter la faute de son père et à obtenir l'estime de Devlin coïncide exactement avec son itinéraire amoureux. Dans les deux cas, elle prend des risques infinis et ce n'est qu'au bord de la mort, ayant fait seule les quatre cinquièmes du chemin, qu'elle rencontrera enfin la confiance et l'amour sans arrière-pensée de Devlin. Ce double itinéraire se déroule au milieu d'une étonnante galerie de figures patibulaires et inquiétantes avec lesquelles contraste la figure presque touchante de ce « méchant amoureux » qu'incarne Claude Rains, vivant comme tant de héros hitchcockiens sous la coupe de sa mère. La subtile profondeur des nombreuses scènes à deux démontre la variété du style hitchcockien : tantôt l'auteur utilise des plans fixes assez simples quand il veut mettre en valeur l'importance du dialogue, tantôt il recourt à une technique très sophistiquée de plans longs et de plans-séquences se développant au plus près des acteurs. Cette dernière technique le mènera à l'emploi plus radical encore du « ten minutes take » dans *La corde** et *Les amants du Capricorne**. Dans les rares scènes à multiples personnages, Hitchcock donne libre cours à sa virtuosité, à la fois sur le plan de la construction et du suspense (scène de la cave) et sur celui de l'élaboration de mouvements d'appareil spectaculaires, comme le célèbre plan à la grue aboutissant à la main de Bergman refermée sur la précieuse clé de la cave (repris d'un plan similaire découvrant le coupable au dénouement de *Young and Innocent**). Le génie multiforme d'Hitchcock consiste dans *Notorious* à enchâsser, selon une formule qu'il est le seul à avoir poussée aussi loin, une histoire intime et secrète dans une aventure extérieure, palpitante et spectaculaire, qui, loin de la priver de son sens, la rend au contraire plus intense, plus compréhensible à tous les publics – et donc en quelque sorte plus universelle.

## ENCORE (id.)

1951 – Angleterre (86') • *Prod.* Two Cities-Paramount (Anthony Darnborough) 1) *The Ant and the Grasshopper* • *Réal.* HAROLD FRENCH • *Sc.* T.E.B. Clarke d'ap. la nouvelle de Somerset Maugham • *Phot.* Desmond Dickinson • *Int.* Nigel Patrick (Tom Ramsey), Roland Culver (George Ramsey), Alison Leggatt (Freda Ramsey), Charles Victor (Mr. Bateman), Peter Graves (Philip Cronshaw), Margaret Vyner (Gertrude Wilmot) 2) *Winter Cruise* • *Réal.* PAT JACKSON • *Sc.* Arthur Macrae d'ap. la nouvelle de S. Maugham • *Phot.* Desmond Dickinson • *Int.* Kay Walsh (Miss Reid), Noel Purcell (capitaine), Ronald Squire (docteur), John Laurie (marin), Jacques François (Pierre) 3) *Gigolo and Gigolette* • *Réal.* ANTHONY PELISSIER • *Sc.* Eric Ambler d'ap. la nouvelle de Somerset Maugham • *Phot.* Desmond Dickinson • *Int.* Glynis Johns (Stella Cotman), Terence Morgan (Syd Cotman), David Hutcheson (Sandy Wescott), Charles Goldner (Paro Espinal), Mary Merrall (Flora Penezzi).

Somerset Maugham s'excuse auprès du public de venir l'importuner une troisième fois et présente chacun des récits depuis le jardin de sa propriété de la Côte d'Azur. 1) THE ANT AND THE GRASSHOPER [LA CIGALE ET LA FOURMI]. Tom Ramsay, oisif et paresseux par principe, rivalise d'ingéniosité pour extorquer de l'argent à son frère, un respectable et austère businessman. Il lui fait honte en devenant huissier à son club ou laveur de carreaux dans son immeuble. Un complice de Tom lui fait croire que ce dernier a volé une voiture et le malheureux frère doit encore payer, payer, payer. Tom épouse une femme richissime et acquiert la maison de famille que son frère a dû mettre en vente pour pouvoir racheter la part de son associé dans sa propre affaire. Tom rembourse enfin tout ce qu'il devait à son frère, stupéfait devant tant de chance imméritée. 2) WINTER CRUISE [CROISIÈRE D'HIVER]. Miss Reid, une vieille fille propriétaire d'un salon de thé, fait sa croisière annuelle. Bavarde impénitente, elle met à rude épreuve la patience de l'équipage et des passagers. Après un véritable « conseil de guerre », le capitaine ordonne à un jeune barman français de lui faire la cour pour l'occuper. Le jeune homme est plus que réticent, mais un ordre est un ordre. Miss Reid devient toute songeuse et, dans les jours qui suivent, n'ouvre plus la bouche. Le capitaine et son entourage en sont presque gênés. A la fin de la croisière, Miss Reid offre des cadeaux à tout le monde et remercie pour leur sollicitude le capitaine et ses amis. Elle avait tout compris. Les responsables de la « machination » s'excusent auprès d'elle. Elle les arrête : « Cela m'a beaucoup amusé. Et après tout, qui sait, votre idée *aurait pu* réussir ! » Elle quitte le bateau en adressant un petit signe complice au barman. 3) GIGOLO AND GIGOLETTE [GIGOLO ET GIGOLETTE]. Dans un cabaret de Monte-Carlo, une jeune femme exécute un dangereux numéro consistant à plonger de trente-cinq mètres dans une minuscule pièce d'eau entourée de flammes. C'est à chaque fois un supplice pour elle que d'accomplir cette performance. Elle s'en plaint à son mari, lequel, très âpre au gain, a encore signé pour elle de nouveaux contrats. Devant l'insistance et la panique de sa femme, il accepte qu'elle cesse de plonger. Celle-ci va jouer au casino leurs économies pour tenter de compenser le manque à gagner. Elle perd tout. Au cours d'une discussion avec son mari, elle avoue son erreur et se fait traiter d'idiote. Désespérée, car elle aime plus que tout au monde son mari, elle s'apprête à accomplir une fois encore son numéro. Une amie du couple, la femme-canon, dit au mari qu'il faut absolument qu'elle évite de plonger. Le mari arrive trop tard pour l'en empêcher. Il a le temps de lui crier : « Rien d'autre ne compte que nous. » La femme saute et réussit son plongeon.

☞ Pour le commentaire général, voir *Quartet*. *Encore :* le titre dit bien ce qu'il veut dire. C'est un peu une redite et, dans ce troisième film tiré des nouvelles de Maugham, la verve des adaptateurs et des réalisateurs commence à s'essouffler. *The Ant and the Grasshopper* est une variation ironique sur la chance et le mérite. *Winter Cruise* reprend une situation analogue à celle de *Mr. Know-all* (de *Trio**). *Gigolo and Gigolette* montre la difficulté de Maugham à décrire des personnages échappant à son univers familier.

BIBLIO. : scénario et dialogues (avec texte original des nouvelles) publiés chez William Heinemann, Londres, 1951.

## ENFANCE DE GORKI (L')
## (Detstvo Gorkogo)

1938 – URSS (97') • *Prod.* Soyouzdetfilm • *Réal.* MARC DONSKOI • *Sc.* Ilya Grouzdev et M. Donskoï d'ap. « Enfance » de Gorki. • *Phot.* Piotr Ermolov, I. Malov • *Mus.* Lev Schwartz • *Int.* Alexei Liarsky (A. Pechkov), Mikhail Troianovsky (grand-père Kachirine), Varvara Massalitinova (grand-mère Akoulina Ivanovna), E. Alexeieva (Varvara), V. Novikov (oncle Iakov), A. Joukov (oncle Mikhail), Daniel Sagal (Vania), K. Zioubko (Grigori).

La fin des années 1870 à Nijni-Novgorod. Le jeune Alexei Pechkov vient vivre avec sa mère veuve, Varvara, au foyer du grand-père Kachirine, un homme irascible et souvent injuste depuis que sa petite entreprise de teinturerie fait de mauvaises affaires. Ses deux fils, Michel et Jacob, le pressent de faire le partage de leur héritage et souvent se bagarrent à ce propos. Alexei observe attentivement la vie qui se déroule autour de lui. Il écoute avec ravissement les histoires que raconte la grand-mère – le personnage tutélaire de la maison –, assiste ou participe aux farces que font les enfants, parfois à l'instigation des adultes. Pour un dé qu'il avait chauffé à blanc et qui avait brûlé le doigt du grand-père, pour une nappe neuve plongée dans un bac de teinture, l'un des gosses est violemment fouetté par le vieil homme. Alexei subit le même sort, car sa mère n'a pas osé s'interposer. Mais Vania, le tzigane recueilli autrefois par la famille, a osé le faire et a reçu des coups destinés à Alexei. Il mourra plus tard, écrasé par une très lourde croix qu'il portait vers le cimetière. Elle était destinée à la tombe de l'épouse de l'un des deux frères qui l'ont laissée retomber sur lui. Après avoir frappé Alexei, le grand-père viendra faire la paix avec l'enfant et lui racontera sa vie de misère. Le vieil employé Grigori, qui travaille depuis trente-sept ans pour Kachirine, devient aveugle. Kachirine veut le chasser mais sa femme s'y refuse. Michel, pensant que son père lui préfère Jacob, incendie l'entrepôt. Ruinés, les grands-parents déménagent et emmènent Alexei. Dans la nouvelle maison, le grand-père apprend à lire à Alexei. Celui-ci devient l'ami du nouveau locataire de la maison, un intellectuel versé en chimie qui lui enseigne sa morale de la responsabilité envers sa propre conscience et lui communique son goût de l'étude. Il l'invite à coucher sur le papier les histoires que raconte la grand-mère. Alexei a aussi pour ami un gamin de son âge, paralysé de naissance, qui collectionne les insectes et les petits animaux. Alexei lui donne sa souris. Le locataire quitte les lieux pour céder la place à Varvara, de retour avec un nouveau mari. Le grand-père Kachirine, que la peur de la misère rend fou, frappe sa femme. Alexei veut défendre sa grand-mère. La police vient enquêter sur l'ancien locataire, un ennemi du tsar. Avant de repartir, Varvara console Alexei en lui promettant qu'il ira au lycée de Moscou. Le grand-père a dû vendre la maison. Encore un déménagement. Comme chaque fois, la grand-mère emporte avec elle le lutin du foyer. Alexei travaille comme chiffonnier avec une bande de gamins et ramène quelques sous à ses grands-parents. Il voit passer un convoi de bagnards qui s'embarquent sur la Volga. Parmi eux se trouve l'intellectuel. Il renouvelle ses conseils à Alexei. Lors du passage d'une fête foraine, le grand-père et le vieux Grigori se retrouvent. Ils sont mendiants tous les deux. Kachirine insulte son ancien employé et lui reproche de l'avoir acculé à la ruine. Les gosses emmènent le petit paralysé au milieu des champs qu'il voulait tant voir. C'est là qu'Alexei dit adieu à ses amis. Il s'en va vers une autre étape de sa vie et s'éloigne de dos sur la route.

☞ Premier volet de l'adaptation par Donskoï de la trilogie de Maxime Gorki. Voir commentaire général à *Mes universités**.

## ENFANCE NUE (L')

1969 – France (87') • *Prod.* Parc Films, Films du Carrosse, Renn Productions, Parafrance Films • *Réal.* MAURICE PIALAT • *Sc.* Maurice Pialat, Arlette Langmann • *Phot.* Claude Beausoleil (Eastmancolor) • *Int.* Michel Tarrazon (François), Linda Gutemberg (Simone Joigny), Raoul Billerey (Robert Joigny), Pierrette Deplanque (Josette), Marie-Louise Thierry, René Thierry (eux-mêmes), Marie Marc (Mémé), Henri Puff (Raoul).

François, dix ans, fils d'un mineur de Lens, a été abandonné par sa mère puis confié à de jeunes parents nourriciers qui l'élèvent avec leur fille Josette dans une cité minière proche d'Arras. Il leur a rendu la vie impossible et ils veulent maintenant s'en débarrasser. Son dernier méfait a consisté à jeter un chat dans la cage d'escalier depuis le dernier étage d'un immeuble. François est placé à titre temporaire chez un vieux ménage de retraités, les Thierry, qui se sont mariés sur le tard et n'ont pu avoir d'enfants. La femme a encore sa mère, une octogénaire. La famille élève un autre pupille, Raoul, un peu plus âgé que François. Tous entourent François d'affection mais ne pourront l'empêcher de céder à sa manie du vol, de la destruction et de la violence. Avec d'autres gosses, il jette des pierres sur des voitures du haut d'un pont et provoque un accident. Il est alors placé dans un centre d'observation. A la veille de Noël, il envoie à ses parents adoptifs une lettre où il dit regretter l'atmosphère familiale.

☞ Ce premier long métrage de Pialat est celui où l'auteur a poussé le plus loin la fusion du documentaire et de la fiction. Il œuvre ici dans la même direction qu'un Pierre Perrault au Canada, qu'une Judit Elek en Hongrie et son film se rattache au courant, assez mal nommé, du « cinéma-vérité ». Des interprètes non professionnels jouent devant la caméra des scènes et disent un texte proches de leur expérience personnelle. Des plans d'ensemble à la durée prolongée, où le montage intervient peu, une photo dure et sans charme expriment avec rigueur le sentiment d'intérêt attentif que l'auteur éprouve pour son sujet et qu'il souhaite faire partager au spectateur. Le sujet abordé ici – l'enfance abandonnée – est rarement traité dans le cinéma français contemporain. Pialat n'a pas choisi la facilité en prenant pour personnage principal un enfant sournois, malfaisant et souvent odieux, capable aussi de brusques élans de tendresse. Il le présente, sans complaisance, dans sa recherche inconsciente d'un équilibre affectif difficile à trouver. Sans vouloir juger ni même expliquer son comportement, Pialat se contente de le *montrer* au spectateur, qu'il laisse libre de son appréciation. Il semble qu'au cours du tournage il y ait eu de la part de Pialat un déplacement d'intérêt. Plus que François et les problèmes des enfants recueillis ou adoptés, c'est la famille Thierry (le couple de retraités, l'aïeule « rigolote », Raoul le pupille reconnaissant) qui est devenue peu à peu la partie la plus vivante du film. C'est elle qui, en définitive, a le plus passionné l'auteur. Elle lui a permis de livrer un tableau véridique et précieux d'un milieu de petites gens du Nord saisis sur le vif dans leur mode de vie et leur langage de tous les jours.

N.B. Le meilleur film réalisé à ce jour par Maurice Pialat n'entre pas malheureusement dans le cadre de cet ouvrage puisqu'il s'agit de *La maison des bois* (1971), sept épisodes tournés pour la télévision. C'est à peu près la seule fois dans sa carrière où Pialat ait eu l'occasion de travailler sur un scénario riche, cohérent et bien construit (dû à René Wheeler, Pialat, Arlette Langmann, Yves Laumet).

## ENFANTS DE LA TERRE (LES) (Dharti ke lal)

1946 – Inde (125') • *Réal.* KHWAJA AHMAD ABBAS • *Mus.* Ravi Shankar • *Int.* Balraj Sahani, Usha Dutt, Zohra Sehgal, Shombhu Mitra, Damayati Sahni.

A cause de la famine, une famille de la petite bourgeoisie paysanne du Bengale, assaillie de dettes, est contrainte de partir pour Calcutta. Elle vient grossir la foule déjà imposante des mendiants de la ville. Terrassé par cette expérience, le chef de famille meurt en recommandant aux siens de retourner à la terre. La majorité des membres de la famille suit ce conseil et rentre au village où un sort meilleur les attend.

☞ Dû à K.A. Abbas, « l'un des rares hommes de cinéma engagés de l'époque » (Henri Miciollo), le film décrit la détresse quasi absolue des victimes d'une famine au Bengale ne trouvant d'autre issue à leur malheur que dans l'abandon de la terre et le déracinement. La meilleure séquence est celle de la longue marche des personnages épuisés et désespérés vers Calcutta. Très impressionnantes aussi les scènes, nombreuses, décrivant concrètement comment vivent des familles entières à même les trottoirs de la ville. Mais, malgré cet effort de description sociale qui fait, au plan thématique, son originalité, le film, que ses qualités firent sortir dans plusieurs pays d'Europe, reste prisonnier des stéréotypes et des conventions formelles du cinéma hindou de l'époque : décors de studio étroits et artificiels, jeu et maquillage approximatifs, intermèdes musicaux s'intégrant assez mal à l'intrigue et au propos du cinéaste. S'achevant par une note d'espoir puisque la famille à nouveau réunie et ayant retrouvé ses racines risque de s'en sortir, *Les enfants de la terre* constitue un jalon important dans la prise en considération des problèmes sociaux à l'intérieur du cadre traditionnel du mélodrame hindou.

## ENFANTS D'HIROSHIMA (LES) (Genbaku no ko)

1952 – Japon (94') • *Prod.* Kindai Eiga Kyokai • *Réal.* KANETO SHINDO • *Sc.* K. Shindo d'ap. R. de Arata Osada • *Phot.* Takeo Ito • *Mus.* Akira Ifukube •*Int.* Nobuko Otowa (Takako), Osamu Takizawa (Iwakichi), Masao Shimizu (le père de Tokako), Jukichi Uno, Jun Tatara.

Une jeune institutrice vivant maintenant chez son oncle dans une île voisine retourne à Hiroshima où elle est née et qu'elle a quitté depuis quatre ans. Ayant prié sur le lieu où ses parents sont morts, elle se souvient du bombardement de 8 h 15 le 6 août 1945 qui tua en une minute 200 000 personnes. Son but en revenant sur les lieux de la tragédie est moins de se souvenir que de contempler et de comprendre le présent. Elle rencontre dans la rue un ancien employé de son père aujourd'hui presque aveugle (à cause de la bombe) et qui en est réduit à mendier. Il a honte devant elle de ce qu'il est devenu mais accepte qu'elle l'accompagne dans ce qui lui tient lieu de domicile, une vieille baraque en bois. Elle va voir son petit-fils, placé dans un orphelinat où on travaille la terre. Elle rapporte des bonnes nouvelles de lui à son grand-père et lui dit qu'elle voudrait emmener l'enfant et l'élever chez son oncle. Le grand-père refuse car l'enfant est maintenant sa seule raison de vivre. L'institutrice se rend ensuite chez une amie et collègue de son âge. Aujourd'hui mariée, celle-ci est stérile à cause des effets de la bombe. Elle envisage d'adopter un enfant et, en attendant, tient à l'occasion le rôle de sage-femme pour aider ses voisines. Les deux femmes regardent des photos des enfants de la maternelle où elles travaillaient ensemble. L'institutrice souhaite en revoir quelques-uns. Elle arrive chez l'un d'entre eux, qui gagne sa vie comme cireur dans le centre de la ville, alors que son père vient juste de mourir des suites lointaines de l'explosion atomique. Dans un orphelinat religieux, elle retrouve une autre de ses élèves, mourante et très consciente de son état. Elle aussi est victime des effets lointains de l'explosion. La sœur d'un autre élève est sur le point de se marier après cinq ans de fiançailles. Elle a le pied déformé, ayant été blessée dans la destruction de sa maison le jour du bombardement. Ce handicap a failli empêcher son mariage. Aujourd'hui, elle s'en va, laissant son frère à la garde de son aîné. L'institutrice revient à la charge pour emmener le petit-fils du vieil aveugle. Il refuse toujours de se séparer de lui, puis se laisse fléchir par une voisine qui lui dit de penser avant tout au bien de l'enfant. Le même soir, solitaire, il se saoule et sa baraque est détruite dans un incendie. On l'en retire encore vivant : ses dernières paroles sont pour recommander à son petit-fils d'obéir à l'institutrice. Il donne son corps à la science. L'institutrice reprend le bateau avec l'enfant.

☞ Tirée du best-seller de Arata Osada, c'est la première fiction cinématographique importante basée sur la tragédie d'Hiroshima. Kaneto Shindo, dans ce film du début de sa carrière, n'a pas cherché à faire un réquisitoire politique ou un examen historique de l'événement. Il a voulu bâtir un mélodrame en demi teintes, véridique, situé dans le présent immédiat (d'où son aspect néo-réaliste) afin d'envisager, sept ans après la catastrophe, les victoires que l'homme a remportées sur elle, les défaites qu'il subit encore à cause d'elle. Victoires (reconstruction, éducation des enfants, etc.) et défaites (la calamité atomique frappe encore et les coups qu'elle porte à retardement gardent un caractère imprévisible et terrifiant) sont intimement mêlées. Les habitants de l'île et les témoins extérieurs (ce qu'est devenue aujourd'hui l'héroïne) vivent en tâtonnant comme des êtres qui doivent tout réapprendre de la vie et ne seront jamais tout à fait comme les autres. La bonne volonté de l'héroïne, son dévouement, ses efforts pour emmener l'enfant sont eux aussi porteurs de tragédie ; le sacrifice, très japonais, du grand-père entraînera presque immédiatement sa mort. Tout le bien qui arrive est comme encore contaminé par l'inhumanité des situations qu'a engendrées la tragédie. L'aspect attachant du film vient de cet effort pour rendre dans sa complexité le destin historique et individuel des victimes de la catastrophe. Le film obtint un grand succès mais ne répondit pas, sur le plan du contenu, aux espérances de l'organisme qui l'avait produit, le Syndicat des Enseignants japonais. Cet organisme commanda à Hideo Sekigawa une œuvre plus violente et plus polémique : *Hiroshima* (1953).

## ENFANTS DU PARADIS (LES)

1945 – France (190') • *Prod.* Société Nouvelle Pathé-Cinéma • *Réal.* MARCEL CARNÉ • *Sc.* Jacques Prévert • *Phot.* Roger Hubert • *Mus.* Maurice Thiriet, Joseph Kosma, Georges Mouqué (pantomimes) • *Déc.* Léon Barsacq, Raymond Gabutti, Alexandre Trauner • *Cost.* Antoine Mayo • *Int.* Arletty (Garance), Jean-Louis Barrault (Baptiste Deburau), Pierre Brasseur (Frédérick Lemaître), Louis Salou (le comte Édouard de Montray), Marcel Herrand (Lacenaire), Pierre Renoir (Jéricho, le marchand d'habits), Maria Casarès (Nathalie), Étienne Decroux (Anselme Deburau), Léon Larive (concierge des « Funambules »), Fabien Loris (Avril), Pierre Palau (régisseur des « Funambules »), Marcel Pérès (directeur des « Funambules »), Albert Rémy (Scarpia Barrigni), Jane Marken (Madame Hermine), Gaston Modot (l'aveugle), Jacques Castelot (Georges), Robert Dhéry (Célestin).

PREMIÈRE ÉPOQUE : LE BOULEVARD DU CRIME. Le boulevard du Temple, aux alentours de 1830, est un des endroits les plus populeux et les plus pittoresques de Paris. Une foule de badauds se presse aux baraques de foire. Dans l'une d'entre elles, Garance, une magnifique jeune femme qui a déjà beaucoup vécu, incarne la vérité toute nue. Bientôt lasse de cet emploi monotone, elle le quitte et se retrouve à la rue. L'acteur Frédérick Lemaître, alors inconnu, cherche un engagement et tente de lier connaissance avec elle, comme il le fait avec toutes les femmes qui lui plaisent. Garance le plante là et se rend chez Lacenaire, présentement écrivain public, receleur à l'occasion, mais surtout anarchiste et « assassin par vocation ». C'est un homme fou d'orgueil et d'admiration pour lui-même. Il distrait Garance par ses discours interminables qui lui donnent l'impression qu'elle est au théâtre. En fait de théâtre, devant celui des « Funambules », Anselme Deburau fait la parade. C'est le seul endroit où il autorise son fils, Baptiste, à divertir le public, loin de la scène où celui-ci pourrait rivaliser avec lui. Baptiste déploie ses talents de mime pour sauver la mise à Garance qu'un bourgeois accusait du vol de sa montre, en fait dérobée par Lacenaire. Baptiste, qui, du haut de son tréteau, a tout vu, mime la scène et prouve l'innocence de Garance à un agent de la maréchaussée qui voulait l'arrêter. Pour le remercier, elle lui donne une rose et, dès ce moment, il tombe éperdument amoureux d'elle. Au cours d'une représentation aux « Funambules », théâtre où les acteurs n'ont pas le droit de parler mais où les habitués du poulailler, surnommés les enfants du paradis, ne s'en privent pas et invectivent tant et plus comédiens et spectateurs, Anselme Deburau et l'un des Barrigni, ennemis de toujours, se disputent. Ils déclenchent ainsi sur la scène une bagarre générale. Fou de douleur à l'idée de devoir rembourser, le directeur engage sur-le-champ Frédérick Lemaître qui traînait dans les coulisses et permet à Baptiste de paraître pour la première fois sur la scène. Après la représentation, Baptiste emmène Frédérick Lemaître loger dans sa pension chez Mme Hermine. Puis, comme toutes les nuits, il disparaît et erre dans les mauvais quartiers afin d'observer le monde et de s'instruire. Dans une taverne mal famée de la barrière de Ménilmontant, il revoit sa dulcinée Garance en compagnie de Lacenaire dont elle repousse cependant les avances. Il l'invite à danser. Jaloux, Lacenaire le fait défenestrer par son âme damnée, Avril ; mais Baptiste ne s'avoue pas vaincu, il revient dans la taverne, assomme Avril et repart triomphant au bras de Garance. Il la conduit à la pension Hermine. Elle se déshabille devant lui, mais plutôt que de la prendre, il se sauve, n'étant pas sûr qu'elle l'aime aussi profondément que lui. Il regrettera cette fuite toute sa vie. Frédérick Lemaître, moins idéaliste, devient cette nuit-là l'amant de Garance qu'il a retrouvée en voisine de chambre. Ils vivront ensemble un certain temps. Garance joue maintenant dans la pantomime des « Funambules ». Un de ses admirateurs, le comte Édouard de Montray, l'un des hommes les plus riches et les plus élégants de Paris, vient déposer sa fortune à ses pieds. D'abord elle le dédaigne, mais quand elle sera injustement accusée par la police d'être la complice de Lacenaire, auteur d'une tentative d'assassinat sur la personne d'un encaisseur à la pension Hermine, elle fera état de la protection que lui a offerte le comte. DEUXIÈME ÉPOQUE : L'HOMME BLANC. Six années ont passé. Frédérick Lemaître qui mourait de silence aux « Funambules » est devenu, dans les théâtres où l'on parle, un acteur connu. Il répète actuellement une pièce exécrable « L'auberge des Adrets » qu'il tourne en dérision au désespoir des trois co-auteurs. Mais, grâce à cette dérision, il obtiendra un triomphe. Il prête de l'argent à Lacenaire et devient son ami. Lacenaire et Avril lui servent de témoins dans le duel qui l'oppose à l'un des trois co-auteurs offensés ; il y sera blessé au bras. Baptiste triomphe lui aussi tous les soirs aux « Funambules » dans une pantomine intitulée « Chand d'habits » dont le personnage principal est copié sur Jéricho, un vagabond mi-commerçant mi-indicateur que Baptiste déteste. Baptiste a épousé sa collègue Nathalie qui l'a toujours aimé d'un immense amour non payé de retour. Elle lui a donné un garçon. Garance, revenue à Paris après de multiples voyages en compagnie de Montray pour qui elle a abandonné Lacenaire, assiste tous les soirs à la représentation des « Funambules ». Elle sait maintenant que Baptiste est son unique amour. Lacenaire rend visite à Garance. Comme Frédérick Lemaître et comme Baptiste, il est également devenu célèbre. Toutes les polices le recherchent. Il parle avec insolence à Montray mais refuse de l'affronter en duel. A la première d'« Othello », que joue F. Lemaître, Baptiste et Garance se revoient et s'avouent leur amour. Jaloux bien à tort de F. Lemaître, Montray le provoque en duel dans le foyer du théâtre, sachant qu'il pourra ainsi le tuer dans les formes et selon les règles de l'honneur. Lacenaire, que Montray voulait faire jeter dehors, lui montre alors, en tirant un rideau, Baptiste et Garance en train de s'embrasser. Les deux amants passeront la nuit ensemble dans leur ancienne chambre de la pension Hermine. Sur le boulevard du Temple, le carnaval bat son plein. Lacenaire assassine Montray dans un bain turc et attend la justice, prêt à avoir la tête tranchée. Après son unique nuit d'amour avec Baptiste, Garance le laisse à Nathalie et disparaît parmi la foule en liesse à travers laquelle il essaiera vainement de la rejoindre...

☞ Ce monument du cinéma français n'a jamais connu d'éclipse auprès du public, même durant la période assez longue (autour des années 50-70) où il était de bon ton de mépriser Carné. On sait que l'idée du film s'imposa à Carné et à Prévert à la suite des discours enflammés que leur tenait Jean-Louis Barrault sur la personnalité de Deburau et sur certaines anecdotes de sa vie. Cependant Deburau n'est pas le personnage principal du film qui, à vrai dire, n'en comporte pas et préfère montrer l'entrelacs, le parcours croisé de plusieurs personnages, rêveurs ou somnambules, qui traversent la réalité sur la pointe des pieds et parfois même à quelques centimètres au-dessus du sol. Moitié êtres de chair et de passion, moitié fantômes, le monologue est leur moyen d'expression privilégié – pour Baptiste monologue de gestes et d'attitudes. Enfermés dans leur propre destin comme des monades, ils ont du mal à communiquer avec autrui et surtout avec ceux qu'ils aiment. Tous ont une vocation et, pour la plupart, l'accomplissent, mais c'est alors qu'ils en découvrent la vanité, le caractère illusoire et frustrant. En même temps leur apparaît comme une évidence l'impossibilité de l'amour ou du bonheur – tout au moins dans la durée. Peut-être est-ce Lacenaire, celui des personnages que préférait Prévert, qui va le plus loin dans l'accomplissement de ses désirs, encore qu'il ait raté sa vocation littéraire et que, d'une certaine façon, Montray soit meilleur assassin que lui puisqu'il peut, grâce à son habileté à l'épée, trucider ses ennemis en parfait honnête homme et même en homme d'honneur. Seulement Montray voulait, lui, être aimé pour lui-même, et là sa quête restera vaine. Comme toujours chez Carné, quand il est inspiré, le classicisme minutieux et artisanal de son style fait du film une œuvre d'équilibre, prête à affronter l'éternité. Équilibre entre les personnages réels et inventés, entre le caractère concret de chacun d'eux et leur mythique et théâtral onirisme ; équilibre entre les nécessaires méandres de l'intrigue qui a besoin du Temps et de péripéties pour s'accomplir et la place considérable faite au dialogue ; équilibre surtout entre l'intimisme et la fresque sociale, même si en fin de compte c'est l'intimisme, miroir étrange, poétique et désespéré du cœur des personnages, qui a le dernier mot. Cet équilibre aux harmoniques inépuisables et la richesse inouïe de la distribution, où chacun des principaux acteurs trouve dans son personnage des échos profonds de lui-même (religion de l'indépendance morale chez Arletty, fascination du silence chez Jean-Louis Barrault, dandysme morbide chez Louis Salou) rendent aujourd'hui le film aussi éloigné de nous qu'un retable du Moyen Age.

N.B. C'est l'immense succès des *Visiteurs du soir** qui permit à André Paulvé de donner les coudées franches à Carné et Prévert dans leur entreprise avant que la société Pathé ne reprenne la production en cours de film. Commencé en août 1943 à Nice au studio de la Victorine (le décor du Boulevard du Crime fut installé à l'endroit même où avait été bâti le château blanc des *Visiteurs du soir**), le tournage, interrompu deux fois pour des raisons tenant aux circonstances historiques, s'acheva à Paris aux studios Pathé. Le film sortit en mai 1945, au

Colisée et au Madeleine. Selon la promesse faite à Carné par Paulvé, les deux parties furent projetées, durant l'exclusivité, à la suite l'une de l'autre, à raison de trois séances par jour. Un système de location, inhabituel en France, fut même institué pour la séance de 21 heures, ultime ressemblance du film avec le théâtre. Le coût des *Enfants du Paradis* s'éleva à 55 millions et, en 1974, Carné estimait qu'il faudrait deux milliards et demi d'anciens francs pour le réaliser. Le personnage de Jéricho joué par Pierre Renoir avait été prévu pour Le Vigan qui ne tourna que dans une scène avant de fuir à Sigmaringen. Puis Carné songea à Alcover qui, malade, ne put tenir le rôle. En ce qui concerne le dénouement, Prévert aurait préféré que Baptiste tuât Jéricho.

BIBLIO. : scénario et dialogues (avec un certain nombre de scènes non tournées ou non conservées) *in* « L'Avant-Scène » n° 72-73 (1967). Reconstitution du film en photogrammes dans la collection « Bibliothèque des classiques du cinéma », Balland, 1974. Voir aussi le chapitre consacré au film dans les mémoires de Carné « La vie à belles dents ».

## ENFANTS NOUS REGARDENT (LES)
### (I bambini ci guardano)

1944 – Italie (84') • *Prod.* Scalera-Invicta • *Réal.* VITTORIO DE SICA • *Sc.* Cesare Zavattini, Cesare Giulio Viola, Vittorio De Sica, Adolfo Franci, Margherita Maglione, Gherardo Gherardi d'ap. R. « Pricò » de Cesare Giulio Viola • *Phot.* Giuseppe Caracciolo • *Mus.* Renzo Rossellini • *Int.* Luciano De Ambrosis (Pricò), Isa Pola (la mère), Emilio Cigoli (le père), Adriano Rimoldi (l'amant de la mère), Giovanna Cigoli (Agnese), Ione Frigerio (la grand-mère), Maria Gardena (Mme Uberti).

Un enfant subit les conséquences de la désunion de ses parents. Le mari pardonne à sa femme adultère et elle revient au foyer conjugal soigner l'enfant, tombé malade. Au cours d'un séjour dans une station balnéaire en compagnie de son mari et de son fils, la femme revoit son amant qui n'avait jamais cessé de la relancer et part avec lui. Le père place l'enfant dans un collège religieux et se suicide.

☞ Premier film dramatique de De Sica. Premier film où il ne joue pas. Première collaboration avec le scénariste Zavattini. Sur un canevas de mélodrame volontairement appauvri, privé de rebondissements et de « climax » (les auteurs sont peut-être allés un peu trop loin dans ce sens), le film décrit une atmosphère sociale asphyxiée et désespérante. Non sans violer chemin faisant plusieurs tabous du cinéma fasciste : évocation de l'enfance malheureuse, d'un adultère féminin, d'un suicide (exprimé en complète litote). De Sica et Zavattini insistent sur les composantes de l'environnement – toute-puissance de l'ordre moral, curiosité malsaine et hypocrite des voisins – qui aggravent jusqu'à le faire basculer dans la tragédie un cas banal d'adultère. Sur le plan formel, De Sica, débutant dans le domaine de la gravité et du sérieux, n'égale pas la perfection sophistiquée de *Maddalena zero in condotta**. Le film est néanmoins passionnant à cause de la personnalité ondoyante du réalisateur, qui n'a rien cependant (et c'est là la complexité féconde de son œuvre) d'un simple opportuniste. Même si son scénariste bouscule au passage quelques idées reçues, De Sica ne peut s'empêcher de refléter dans ce qu'il a de plus original l'esprit de son époque et le contraste violent que celle-ci devait présenter avec la période suivante. Subissant la contagion du calligraphisme, De Sica signe un film atonal, clos, immobile, complètement pessimiste, en opposition radicale avec le dynamisme, l'espérance manifestés envers et contre tout dans les films néo-réalistes ultérieurs (*Sciuscia**, *Le voleur de bicyclette**, etc.). Ici, au contraire, même les personnages qui survivent au drame semblent irrémédiablement condamnés au malheur et à la destruction. La mise en accusation très sévère de la femme « coupable » (son enfant refusera de l'embrasser à la dernière séquence) nous paraît, quoique contrebalancée dans l'intrigue par la mise en évidence de circonstances atténuantes, appartenir très étroitement à l'époque fasciste. Ce qu'il y a de commun entre cette œuvre du fascisme finissant et le néo-réalisme, c'est la volonté d'appréhender la réalité contemporaine à travers les déboires de personnages simples, d'âmes souffrantes qui en sont les victimes désignées. Et au premier chef, bien sûr, les enfants. On n'en finirait pas de démêler dans ce film – transition exemplaire entre deux moments du cinéma italien – l'écheveau des éléments qui appartiennent au passé et de ceux qui sont indubitablement tournés vers le futur.

## ENFER EST A LUI (L')
## (White Heat)

1949 – USA (114') • *Prod.* Warner (Louis F. Edelman), • *Réal.* RAOUL WALSH • *Sc.* Ivan Goff et Ben Roberts d'ap. une histoire de Virginia Kellogg • *Phot.* Sid Hickox • *Mus.* Max Steiner • *Int.* James Cagney (Arthur Cody Jarrett), Virginia Mayo (Verna Jarrett), Edmond O'Brien (Hank Fallon/Vic Pardo), Margaret Wycherly (Ma Jarrett), Steve Cochran (« Big Ed » Somers), John Archer (Philip Evans), Wally Cassell (Giovanni « Cotton, » Valetti), Fred Clark (le receleur).

Coddy Jarret est un gangster névropathe, atteint de crises de migraine aiguë, qui voue à sa mère une adoration pathologique. A la tête d'un petit groupe de complices, il se livre en Californie à l'attaque d'un train. Durant l'opération, un des membres de l'équipe est ébouillanté par un jet de vapeur et quatre victimes restent sur le carreau. Coddy enferme son groupe ainsi que sa femme, Verna, qu'il méprise, et sa mère dans une maison isolée. Il attend une tempête avant d'emprunter à nouveau les routes. Le cadavre de l'homme ébouillanté a permis à la police, qui utilise des méthodes de plus en plus scientifiques, de retrouver la trace de Coddy. Les policiers ont fini par prendre sa mère en filature ; il est connu qu'elle et son fils ne se quittent jamais. Dans un premier temps, Coddy échappe à ses poursuivants, puis il décide de se rendre en s'avouant l'auteur d'un coup beaucoup moins grave que l'attaque du train et qui ne lui vaudra que deux ans de prison. Les autorités feignent de tomber dans le panneau mais un policier, Hank Fallon, spécialiste de ce type de travail, est envoyé dans le pénitencier d'Illinois où Coddy est incarcéré afin de lui soutirer des aveux. Fallon se mêle aux autres détenus et gagne peu à peu la confiance de Coddy. Apprenant en plein réfectoire la nouvelle de la mort de sa mère, Coddy a une crise plus violente que les autres et il faut lui appliquer la camisole de force. Un peu plus tard, il parvient à s'évader en compagnie de plusieurs détenus, dont Fallon. De retour chez lui, Coddy abat Ed, l'amant de sa femme, qui voulait le supplanter à la tête de son gang. Verna a déclaré à Coddy qu'Ed avait tué sa mère en lui tirant dans le dos alors qu'en réalité c'est elle qui a commis cet assassinat. Le gang prépare un nouveau coup : il s'agit de s'introduire avec un camion-citerne dans une raffinerie de pétrole pour dévaliser les caisses à la veille de la paie des employés. Fallon apprend à cette occasion l'identité, jusque-là introuvable pour la police, de l'homme qui renseigne le gang et lui sert de receleur. Fallon installe sous le camion un dispositif électronique permettant à la police de le localiser et de le suivre. A l'intérieur de l'usine encerclée par les policiers, un des gangsters récemment engagés dans l'équipe reconnaît Fallon. Coddy tente de l'échanger contre sa propre liberté mais Fallon lui échappe. Les gangsters sont abattus un à un. Coddy monte au sommet d'un réservoir. En proie à une exaltation démoniaque, il défie les policiers et s'adresse à sa mère pour lui dire qu'il a atteint le sommet du monde : *top of the world*, expression qu'elle utilisait fréquemment pour l'exhorter à la réussite.

☞ Le grand retour du film de gangsters après guerre. (Ce genre est très différent, si l'on veut donner un contenu réel à ces catégories, de l'autre branche alors en plein essor du film policier : le *film noir*.) Walsh réactualise et renouvelle le genre en accentuant trois de ses caractéristiques déjà présentes avant guerre, mais jamais portées à ce degré d'audace et d'incandescence : la violence, le réalisme documentaire, le comportement névrosé et pathologique du héros. C'est dans ce troisième aspect que l'on constate l'évolution la plus spectaculaire et la plus personnelle de l'œuvre de Walsh. Les « valeurs » héroïques (courage, ténacité, audace, ascendant sur les femmes) ont toutes évolué négativement vers la monstruosité. Walsh donne à cette monstruosité un relief saisissant, une truculence noire qui ne l'empêche pas – c'est la force du film – de rendre parfois le personnage de Coddy assez proche du spectateur (cf. la scène où il dit à Fallon que d'avoir parlé un moment avec sa mère – morte – lui a fait beaucoup de bien). Walsh décrit Coddy avec autant de netteté et de profondeur dans les scènes de dialogue montrant son intimité et ses étranges relations avec les siens que dans les scènes de mouvement où l'aspect métallique de la photo, les fulgurances du découpage et de l'enchaînement des plans, le rythme haletant imposé aux séquences expriment l'énergie démoniaque de ce personnage en pleine action. A cet égard, la scène finale où Coddy s'adresse à sa mère est restée anthologique du genre, de la carrière de Cagney et du style de Walsh. *White Heat* représente en outre la perfection du film de firme (ou de studio) tel qu'il fut pratiqué pendant longtemps à Hollywood. Chaque collaborateur est idéalement à sa place à l'étape du travail où il intervient, chacun possède une conscience aiguë du résultat à atteindre et des moyens pour y parvenir et ainsi tout le monde se trouve *faire le même film* sans malentendu ni déphasage. Ce processus apparaît avec une grande clarté dans la préface de Patrick McGilligan à la publication du scénario par l'Université du Wisconsin (voir Biblio.), dans laquelle l'auteur examine les différentes phases de l'élaboration du script. Ivan Goff et Ben Roberts améliorent et transforment considérablement au cours d'un minutieux travail de six mois un premier synopsis de Virginia Kellogg (scénariste de l'intéressant et vigoureux *Caged* de Cromwell). Ils ont conscience d'écrire une sorte de tragédie grecque avec complexe d'Œdipe et cheval de Troie à la clé, mais adaptée à l'époque moderne. Cette « tragédie » est confiée au réalisateur le plus capable à la Warner (et même dans tout le cinéma hollywoodien) de la mettre en valeur. Ivan Goff qualifie Walsh de « diamant à l'état brut ». (Ben Roberts et lui écriront ensuite pour Walsh *Captain Horatio Hornblower** et *Band of Angels**.) Quant à Cagney, il est au centre de l'inspiration du film puisque son personnage est le produit actualisé des héros qu'il avait incarnés – souvent à contre-cœur – avant guerre (cf. *The Public Enemy**). Walsh modifia très peu le script mais ajouta, en collaboration avec Cagney, des gestes qui enrichissent puissamment le personnage : ex : Coddy s'asseyant sur les genoux de sa mère durant sa crise ou renversant la chaise sur laquelle Verna est montée, quand elle fait une remarque ironique sur la mère qui a été au marché chercher des fraises pour son fils chéri. La scène inouie où Cagney devient fou en apprenant que sa mère est morte manqua bien ne pas voir le jour pour des raisons d'économie et à cause de Jack Warner. Mais Walsh promit de réaliser la scène avec la moitié des figurants prévus (trois cents au lieu de six cents) et de la boucler avant l'heure du déjeûner. Il la tourna effectivement en trois heures et en une seule prise, filmée par de multiples caméras.

BIBLIO. : scénario et dialogues publiés par The University of Wisconsin Press (1984). Script de tournage : la plupart des modifications apportées durant la réalisation sont signalées en notes. Préface passionnante comme toutes celles de la collection. (« Wisconsin/Warner Bros. Screenplay Series ».) Les scénaristes Goff et Roberts se sont inspirés pour le rôle de la mère du personnage de Ma Barker auquel Roger Corman consacra un film (*Bloody Mama*, 1970).

## EN GAGNANT MON PAIN (V Lioudiakh)

1939 – URSS (99') • *Prod.* Soyouzdetfilm • *Réal.* MARC DONSKOI • *Sc.* Ilya Grouzdev et M. Donskoï d'ap. « En gagnant mon pain » de Gorki. • *Phot.* Piotr Ermolov • *Mus.* Lev Schwartz • *Int.* Alexei Liarsky (A. Pechkov), Mikhail Troianovsky (grand-père Kachirine), Varvara Massalitinova (grand'mère Akoulina Ivanovna), V. Novikov (oncle Iakov), J. Koudriavtsev (Sergueiev), N. Beressovskaia, D. Zerkhalova.

Alexei travaille maintenant comme domestique chez les Sergueiev. La mère vit avec ses deux fils dont l'un est marié. L'existence est triste pour Alexei : exploité, il a en même temps toute la famille contre lui. Il bavarde de temps en temps avec une blanchisseuse. Dans ces conversations, elle insiste sur le fait que c'est le savoir qui rend les patrons forts. Alexei en est bien persuadé, lui qui se languit tellement de son manque de liberté et d'instruction. Quand l'un des deux fils veut lui apprendre la géométrie, sa mère déchire tous les papiers et sa femme pique une crise de nerfs. Heureusement une riche voisine prête des livres à Alexei qui les dévore : « La Reine Margot » de Dumas, les œuvres de Pouchkine. Il lit à la lueur d'une bougie et se fait engueuler. Par la suite, c'est la lune qui éclairera son livre. La grand-mère lui rend visite ; elle a besoin de ses gages pour nourrir le grand-père. Elle lui demande de prendre patience : l'avenir sera meilleur. En attendant, Alexei est obligé d'aller à l'église et de faire sa confession publique au pope. Un soir, le glas sonne : le tsar est mort. « C'est à cause des lecteurs de livres » dit l'un des frères. Le lendemain, Alexei est accusé injustement d'avoir dérobé le portefeuille d'un soldat ivre. Sa patronne prend parti contre lui. Alexei quitte les Sergueiev et devient plongeur sur le « Dobry ». Il a pour ami le cuisinier Smoury qui lui prête « Tarass Boulba. » « Un bon livre, c'est comme un jour de fête, a-t-il coutume de dire. Les livres véridiques disent tout. » Il conseille à Alexei de chercher ces livres-là. Victime des persécutions d'un serveur, Alexei est renvoyé. Il devient l'employé d'un vendeur d'icônes et doit apprendre le nom des saints et surtout de quelles maladies ils guérissent. Les peintres travaillent, derrière la boutique, dans un réduit sans air et sans lumière qui leur sert aussi de dortoir. « Nous vivons comme des chiots aveugles » dit l'un d'entre eux. Alexei frappe le patron quand il lui demande de dérober à son intention les notes personnelles d'un des peintres. Un vieil employé félicitera Alexei de regarder les gens bien en face et d'avoir de la pitié pour ceux qui le méritent. Alexei quitte les peintres d'icônes et retourne sur les lieux de son enfance. Dès qu'il le voit, le grand-père, que la misère rend de plus en plus agressif, lui saute dessus. Mais maintenant Alexei sait se défendre et le renverse. La grand-mère survient et lui donne quelques claques « pour que le grand-père ne soit pas vexé ». Alexei raconte à sa grand-mère la vie sur le bateau. Elle lui recommande de se souvenir du bien et d'oublier tout le mal. Intérieurement, Alexei se sent en désaccord avec cette vision trop résignée de la réalité. Les grands-parents et Alexei vont ramasser du bois dans la forêt que le grand-père appelle « le jardin de Dieu ». La grand-mère raconte une histoire. Alexei admire le dernier soleil d'été et cette image lui inspire quelques vers. Sur la place, il va au secours d'une ivrognesse qu'un homme frappait. Il reconnaît en elle la blanchisseuse, en pleine déchéance. Elle le remercie puis lui demande de partir. Au café, Alexei rencontre un diacre renvoyé de l'Académie de théologie. « Replie-toi sur toi-même et patiente » lui conseille-t-il. A nouveau, Alexei s'en va. Il s'embarque sur un vapeur. Ses grands-parents, debout sur le quai, lui disent adieu. La grand-mère sait qu'elle ne le reverra jamais.

☞ Deuxième volet de l'adaptation par Donskoï de la trilogie de Maxime Gorki. Voir commentaire général à *Mes universités**.

## ÉNIGMATIQUE Mr. MOTO (L') (Think Fast, Mr. Moto)

1937 – USA (66') • *Prod.* Fox (Sol M. Wurtzel) • *Réal.* NORMAN FOSTER • *Sc.* Howard Ellis Smith, Norman Foster d'ap. R. de John P. Marquand • *Phot.* Harry Jackson • *Mus. Dir.* Samuel Kaylin • *Int.* Peter Lorre (Mr. Moto), Virginia Field (Gloria Danton), Thomas Beck (Bob Hitchings), Sig Ruman (Nicholas Marloff), John Rogers (Carson), George Cooper (Muggs Blake), J. Carrol Naish (Adram).

A San Francisco, puis sur le « Marco Polo », paquebot faisant route vers Honolulu et Shanghai, enfin à Shanghai même, Mr. Moto, détective japonais amateur, déjoue un trafic de contrebande de diamants et de drogue qui avait lieu sur cette ligne maritime. Au cours de son enquête, il est amené à surveiller et à protéger le fils du propriétaire de la ligne, tombé amoureux d'une aventurière au service de l'un des patrons du trafic. Celle-ci lui avouera que, russe blanche d'origine, elle a été manipulée par son employeur et qu'elle est, elle aussi, amoureuse de lui. Ils seront réunis après l'heureux dénouement de l'enquête.

☞ Premier des huit *Mr. Moto,* la plus célèbre série de films basés sur un détective avec celle des *Charlie Chan* qui lui avait d'ailleurs servi de modèle (et bien entendu celle des *Sherlock Holmes*). A l'inverse de ce qui se passa pour les *Charlie Chan,* Peter Lorre fut l'unique interprète de son personnage dont, il est vrai, l'existence cinématographique fut de courte durée (1937-39) en raison de sa nationalité japonaise et de l'approche de la guerre. Élégant (souvent vêtu de blanc), inquiétant par son allure et sa diction, plutôt chétif d'aspect, Moto est en réalité un redoutable adepte du jiu-jitsu, capable de balancer dans l'espace (ou, comme ici, par-dessus bord) des adversaires beaucoup plus corpulents que lui. Entre autres talents, il est expert dans l'art du déguisement, de la manipulation des cartes et de la prestidigitation. C'est évidemment un as de la détection et il s'exprime souvent par proverbes (moins savoureux cependant que ceux de son homologue chinois Charlie Chan). A noter que dans ce film Moto n'est pas un détective professionnel. Dans le civil, il dirige une compagnie d'import-export dont le développement est handicapé par le trafic de contrebande auquel il mettra fin. A l'intérieur de la série, ce premier titre a la préférence des amateurs (avec *Thank You, Mr. Moto,* 1938) et il faut rappeler que ce type de divertissement désuet, à l'intrigue souvent gratuite ou sans surprise, à la mise en scène très terne, compte encore aujourd'hui de nombreux défenseurs.

N.B. La série connut un unique et peu glorieux « revival » dans les années 60 avec *The Return of Mr. Moto,* Ernest Morris, 1965. C'est Henry Silva qui tenait le rôle du détective.

## ÉNIGME DE KASPAR HAUSER (L')

**(Jeder Fur sich und Gott gegen alle)**

1974 – Allemagne (110') • *Prod.* Werner Herzog • *Réal.* WERNER HERZOG • *Sc.* Werner Herzog • *Phot.* Jörg Schmidt-Reitwein (Eastmancolor) • *Mus.* Pachelbel, Orlando di Lasso, Albinoni, Mozart • *Int.* Bruno S. (Kaspar Hauser), Walter Ladengast (Daumer), Brigitte Mira (Käthe), Hans Musäus (l'inconnu), Willy Semmelrogge (directeur du cirque), Michael Kroecher (Lord Stanhope), Henry Van Lyck (capitaine de cavalerie), Enno Patalas (pasteur Fuhrmann), Elis Pilgrim (pasteur).

Jusqu'en 1828, dans la ville de N., Kaspar Hauser, âgé d'une vingtaine d'années, a vécu dans une cave, attaché au sol par une lanière et un anneau. Il n'a eu depuis sa naissance de contact avec personne, ne sait ni parler, ni lire, ni écrire et ne voit que l'homme qui lui apporte de temps à autre sa subsistance. Un jour, l'homme le fait sortir en le portant sur son dos puis, après lui avoir appris à marcher, le plante au milieu de la ville avec un message à la main, signé par un journalier et indiquant que, père de dix enfants, il n'a pu en plus s'occuper de celui-là qui n'était pas à lui. Kaspar est d'abord placé dans une tour, puis recueilli par un couple de paysans. Leur jeune garçon lui enseigne quelques mots. Quand on fait des passes d'armes devant lui, Kaspar ne réagit pas. On agite une chandelle près de son visage : il se brûle en la touchant et pleure. Il pleure aussi quand la paysanne qui l'a recueilli lui donne son bébé à porter. Les commérages, les hypothèses vont bon train sur ses origines ; mais point de fait ni de certitude. Pour assurer sa subsistance, on le montre dans une foire comme l'une des quatre énigmes du monde. Avec les autres attractions de la baraque, il prend la fuite. Deux ans plus tard, Monsieur Daumer l'a recueilli et lui a fait accomplir beaucoup de progrès. Quand il entend un aveugle jouer du piano, il dit « Cela me ressent fort dans la poitrine. » Et aussi : « Pourquoi tout m'est-il si difficile ? » Deux pasteurs l'interrogent sur Dieu ; il n'en a jamais eu le sentiment inné. L'un des deux pasteurs voudrait le forcer à croire. Kaspar interroge la vieille gouvernante sur le rôle des femmes. Il écrit, il pense, il rêve au Caucase. Il met en déroute, par son grand bon sens, la manie questionnante d'un professeur de logique. Il commence à écrire son autobiographie. Lord Stanhope envisage de l'adopter et le présente à ses amis aristocrates. Mais Kaspar, au contact de cette bonne société, a un malaise et déçoit son protecteur potentiel. Plus tard, il fuit l'église, haïssant autant le chant des fidèles que les vociférations du prêtre en chaire. L'homme qui l'avait enlevé de la cave vient l'assommer. Kaspar est retrouvé à demi inconscient. On le soigne. Il voit la mort en songe au sommet d'une montagne. Une fois remis, il déchiffre au piano. Il est encore agressé et poignardé. Une rigole de sang coule de sa poitrine. Avant de mourir, il raconte une histoire dont il ne connaît que le début : une caravane guidée par un vieux Berbère aveugle arrive dans une ville... Les savants seront satisfaits, après l'autopsie, de constater plusieurs anomalies dans la constitution de son cerveau. Il y a là matière à un beau procès-verbal ; et le vieux greffier s'en réjouit fort.

☞ Des poèmes (le célèbre « Je suis venu, calme orphelin,/riche de mes seuls yeux tranquilles » de Verlaine), des pièces, des tonnes d'archives existent sur Kaspar Hauser ; on a beaucoup médité et rêvé sur son cas. Le film d'Herzog prolonge génialement cette rêverie, laquelle prend chez lui un tour beaucoup plus philosophique et métaphysique qu'historique. Le sujet essentiel du film, c'est d'examiner ce que Kaspar a acquis et perdu au contact de ses semblables et de la société. En montrant ce qu'il a acquis, le film traite de l'éducation et de la civilisation. Ces notions sont incarnées ici à travers les éléments non caricaturaux de la description que donne Herzog de la société bourgeoise allemande dite « Biedemeier » (l'hospitalité de Daumer, son intérieur, la musique, etc.). C'est la partie la plus « superficielle » du film, non la moins attachante. En tentant d'appréhender ce que Kaspar a perdu – une insondable et peut-être effroyable humanité, réduite chez lui à sa plus simple expression, une plénitude d'être, quelque chose que les mystiques appellent parfois extase –, le film possède une double dimension humoristique, au sens le plus fort du mot, et tragique. L'humour vient de la société, de ses mœurs et de ses croyances frivoles quand elles sont réflétées par l'œil impitoyablement clair de Kaspar. Le tragique, c'est sa souffrance, ce qu'il appelle sa « chute », la conscience du mal qu'il a subi, la reconnaissance nouvelle de sa propre étrangeté et de sa différence. Là, il expérimente d'un seul coup, avec une intensité née du caractère exceptionnel de son destin, la cruauté naturelle et artificielle du monde. La plupart des films veulent éclairer le sujet qu'ils ont choisi de traiter et, dans les limites qu'ils se sont eux-mêmes fixées, en général, ils y parviennent. Dans *Kaspar Hauser,* l'énigme posée non seulement ne se résoud pas mais s'obscurcit à mesure que le film progresse. C'est que le refus, le malaise, la souffrance, les rêves de Kaspar et ce qu'Herzog appelle son « sentiment de solitude, le sentiment d'avoir été oublié de Dieu ou même que Dieu est contre les hommes » (d'où le titre original du film : *Chacun pour soi et Dieu contre tous*) sont aussi la part enfouie de chacun d'entre nous. Le film la réveille obscurément, grâce à son baroquisme insolite et à sa totale *assurance* formelle. Aucun tremblement, aucune hésitation dans l'inspiration : chaque plan a la force d'une « vision » à la fois étrange, implacable et vertigineuse. Une grande partie du trouble procuré par le film tient aussi à une certaine analogie entre le destin de Kaspar et celui de son « interprète », Bruno S., qu'Herzog avait découvert dans un film de télévision de Lutz Eisholz, *Bruno, der schwarze, es blies ein Jager wohl in sein Horn* (*Bruno-le-Noir, un chasseur souffle dans son cor*). Herzog décrit ainsi son interprète : « Bruno a passé plus de vingt ans dans des asiles d'aliénés, des maisons de redressement et en prison, depuis l'âge de trois ans. Il a été véritablement détruit par la société. Il a tellement souffert dans sa vie que quand vous le voyez vous avez devant vous la souffrance à l'état pur. Il porte en lui toute la solitude, tout le désespoir et toute la méfiance qu'un être humain peut porter en lui-même. C'est simplement incroyable. Il vit un peu comme un clochard. Il est devenu négligent de sa personne, de son corps et c'est pourquoi il avait les jambes blessées. Toute envie de prendre soin de lui-même lui a été retirée comme tant d'autres choses [...] Il a vraiment compris le propos du film, et que ce film parlait également de lui et de sa propre vie et de la manière dont les gens l'avaient détruit » (déclarations empruntées, comme l'explication citée plus haut du titre original, à l'entretien accordé à Simon Mizrahi pour la brochure de presse du film).

BIBLIO. : scénario et dialogues *in* « L'Avant-Scène » n° 176 (1976).

## ÉNIGME DU CHICAGO-EXPRESS (L')
### (The Narrow Margin)

1952 – USA (71') • *Prod.* RKO (Stanley Rubin) • *Réal.* RICHARD FLEISCHER • *Sc.* Earl Fenton d'ap. une histoire de Martin Goldsmith et Jack Leonard • *Phot.* George E. Diskant • *Int.* Charles McGraw (Walter Brown), Marie Windsor (Mrs. Neil), Jacqueline White (Ann Sinclair), Gordon Gebert (Tommy Sinclair), Queenie Leonard (Mrs. Troll), David Clarke (Joseph Kemp), Peter Virgo (Densel), Don Beddoe (Gus Forbes), Paul Maxey (Sam Jennings), Peter Brocco (Vincent Yost).

Deux policiers de Los Angeles, Walter Brown et Gus Forbes, viennent chercher la jeune Mrs. Neil, veuve du gangster Frank Neil, pour la conduire en train sous bonne escorte jusqu'à Los Angeles où elle doit témoigner devant la justice. Le fait qu'elle possède une liste noire des complices de son mari ainsi que le contenu éventuel de son témoignage menacent gravement sa sécurité et font d'elle une cible parfaite. En descendant l'escalier de l'immeuble de Mrs. Neil, Gus Forbes que Brown avait laissé passer en premier est tué par un gangster revêtu d'un manteau au col de fourrure qui réussit à prendre la fuite. Brown s'accuse d'avoir trop exposé son collègue, qui était aussi son ami et son instructeur, et va avoir avec Mrs. Neil, femme désagréable et agressive que la peur rend tout à fait odieuse, une relation des plus tendues. Dans le train, Brown réussit à cacher à un gangster, Kemp, qui le surveillait, la présence de Mrs. Neil. Le gangster, payé pour abattre la passagère, rejoint un complice, Vincent Yost, qui proposera directement de l'argent à Brown pour lui livrer la femme. Par intégrité autant que par réalisme, Brown refuse catégoriquement. Son comportement anxieux et agité l'a fait remarquer au wagon-restaurant par une voyageuse, Mrs. Sinclair, mère d'un garçonnet que Brown devra apprivoiser pour qu'il lui fiche la paix. A plusieurs reprises, Brown est amené à engager la conversation avec Mrs. Sinclair, ce qui attire les soupçons des gangsters. Mrs. Neil félicitera Brown d'avoir suscité cette diversion, alors qu'il en est au contraire désolé. Le premier gangster suit Mrs. Sinclair et Brown aura une très violente bagarre avec lui. Après quoi, il l'arrête et le remet à l'inspecteur du train, Sam Jennings, un homme obèse dont le comportement l'avait intrigué. Un troisième gangster, Densel, le tueur au col de fourrure, est monté à bord du train. Avec Yost, ils immobilisent et frappent l'inspecteur et libèrent leur complice Kemp. Mrs. Neil propose à Brown de s'associer avec lui pour vendre la liste aux gangsters. Il refuse. Un étrange sourire de satisfaction se peint alors sur le visage de Mrs. Neil. Avec le premier gangster, Densel s'introduit dans le compartiment de celle-ci. Elle affirme qu'elle n'a pas la liste et tente d'extraire un revolver de son sac. Densel l'abat. Brown se sent obligé de prévenir Mrs. Sinclair du danger qui la menace. Elle lui révèle alors qu'elle est la vraie Mrs. Neil. Elle a déjà envoyé la liste au juge d'instruction. Elle sait que la fausse Mrs. Neil était de la police : son travail, en relation avec les nombreux cas de corruption constatés au sein de la police locale, consistait à tester l'honnêteté de

Brown tout en faisant diversion auprès des gangsters. Densel a maintenant découvert que la fausse Mrs. Neil faisait partie de la police. Après avoir pris en otage le garçonnet, il s'introduit dans le compartiment de la vraie Mrs. Neil. Brown voit leur reflet dans la vitre d'un train roulant sur une voie parallèle et réussit à abattre le tueur. En gare de Los Angeles, l'inspecteur du train permet à Brown et à Mrs. Neil d'échapper aux journalistes. Brown conduira seul Mrs. Neil au tribunal. Elle tient à s'y rendre à pied et au vu de tous.

☞ Laconisme, efficacité, tension, malaise, action incessante et sans temps mort : *The Narrow Margin* amène toutes ces notions à leur limite extrême de virtuosité, notamment à cause de l'exiguïté du décor du train où se déroulent les trois quarts de l'action, et constitue ainsi une sorte de *précis de mise en scène hollywoodienne,* telle qu'on la pratiquait à son plus haut niveau dans le *film noir* et la série B. L'étonnante perfection formelle du film marque la fin du long apprentissage (une dizaine de films en cinq ans) subi par ce surdoué de la mise en scène qu'était déjà à cette époque Richard Fleischer. *The Narrow Margin* est en effet son dernier film pour la RKO (où il fit l'essentiel de ses films de début) et son avant-dernier film en noir et blanc en format normal (avant la délicieuse comédie réalisée pour Stanley Kramer *The Happy Time*). Si brillant qu'il soit, le film est loin d'être un pur exercice de style. C'est aussi un film d'auteur à part entière, ne serait-ce que par cette absence volontaire d'humour et d'ambiguïté morale chez le héros, par laquelle Fleischer affirme ses choix et le ton de gravité qu'il entend donner à son récit. D'autre part, *The Narrow Margin* présente avec des œuvres très postérieures de l'auteur, tel *The New Centurions** (1972), d'étranges ressemblances. Dans les deux films, c'est le même aspect tragique, absurde, improbable et presque suicidaire de la condition policière qui est désigné. Ce qui a lieu dans *The Narrow Margin* avant et pendant le voyage en train ressemble en effet à une assez terrifiante tragi-comédie des erreurs. Gus Forbes, le partenaire du héros, mourra pour rien, de même que la femme flic (Marie Windsor) qui aura donné sa vie pour tester l'honnêteté de son collègue. Quant à la véritable Mrs. Neil, elle n'aurait eu besoin de personne pour arriver saine et sauve à Los Angeles et c'est sa rencontre (fortuite) avec le policier qui mettra ses jours en danger ! Face à cette impossibilité réelle d'agir, le policier interprété par Charles McGraw essaie de survivre et d'accomplir son boulot avec cette obstination taciturne et désabusée qu'on verra souvent aux héros de Fleischer et notamment à ceux joués par George C. Scott dans *The New Centurions** et dans *The Last Run**. En ce qui concerne *The Narrow Margin,* sa noirceur n'est pas seulement la caractéristique conventionnelle ou structurale d'un genre mais l'indice certain, quoique traité en mineur et avec une très grande modestie esthétique, d'une grave crise morale qui gangrènera de plus en plus la civilisation urbaine américaine et dont les films de Fleischer, entre autres, sont le troublant miroir. Comme dans beaucoup de films de Fleischer, ce précis de mise en scène est aussi et surtout un précis de décomposition.

N.B. Impressionné par le film, Howard Hughes, alors patron de la RKO, voulut le faire refaire à Fleischer avec un budget beaucoup plus gros et Robert Mitchum et Jane Russell en vedette. Cela n'intéressait pas du tout Fleischer qui dut cependant, à cause de cela, subir un long retard dans la sortie du film. Réalisé en 13 jours en 1950, le film ne sortit qu'au printemps 1952 et obtint un immense succès.

BIBLIO. : scénario et dialogues publiés dans la collection « RKO Classic Screenplays », New York, Frederick Ungar Publishing Co. (s.d.)

## ENNEMI PUBLIC (L')
## (The Public Enemy)

1931 – USA (96' réduites souvent à 84') • *Prod.* Warner • *Réal.* WILLIAM A. WELLMAN • *Sc.* Harvey Thew d'ap. l'histoire originale « Beer and Blood » de Kubec Glasmon et John Bright • *Phot.* Dev Jennings • *Mus. dir.* David Mendoza • *Int.* James Cagney (Tom Powers), Jean

Harlow (Gwen Allen), Edward Woods (Matt Doyle), Joan Blondell (Mamie), Beryl Mercer (Ma Powers), Donald Cook (Mike Powers), Mae Clarke (Kitty), Leslie Fenton (Nails Nathan), Robert Emmett O'Connor (Paddy Ryan), Murray Kinnell (Putty Nose), Ben Hendricks, Jr. (Bugs Moran), Rita Flynn (Molly Doyle), Adele Watson (Mrs. Doyle), Frank Coghlan, Jr. (Tom, enfant), Frankie Darro (Matt, enfant).

1909, Chicago. Tout gosse, Tom Powers, fils de flic, et son copain Matt Doyle traînent dans la rue, dans les bars, volent des objets qu'ils revendent à l'adulte Putty Nose, pianiste et receleur. 1915. Adultes, les deux amis travaillent toujours pour Putty Nose mais celui-ci leur joue un sale tour. Il leur indique un gros coup : une quantité de fourrures à voler dans un entrepôt. Ils y vont. Un flic est là. Un des voleurs est blessé. Tom et Matt réussissent à fuir. Putty Nose les a donnés. 1917. Tom et Matt sont livreurs. Le frère aîné de Matt, Mike, s'est engagé. Il recommande à Matt de ne pas fréquenter les voyous. 1920. La Prohibition. Avec Paddy Ryan, les deux amis s'associent au patron d'une distillerie et à la bande, très redoutée, de Nails Nathan. Tom et Matt obligent par la violence les cafetiers à acheter leur bière. Mike interdit à son frère de reparaître devant lui et sa mère. Matt se marie. Tom change de maîtresse : il passe de la brune Kitty à la blonde Gwen. Les deux amis retrouvent Putty Nose. Tom l'exécute froidement devant Matt, atterré. Nathan est tué dans un accident de cheval. Tom achète le cheval responsable de l'accident de Nathan et l'abat tout aussi froidement. La mort de Nathan relance la guerre des gangs. Ayant peur qu'ils soient massacrés, Paddy Ryan condamne Tom et Matt à l'inactivité. Mais bientôt Tom n'en peut plus. Il sort de la maison où Paddy l'avait confiné et tombe aussitôt dans une embuscade où Matt trouvera la mort. Fou de haine et de rage, Tom va seul abattre le chef du gang adverse. Il ressort de sa maison, titubant, blessé à la tête : « Je ne suis pas si costaud ! » murmure-t-il avant de s'écrouler. Son frère et sa mère viennent à son chevet. Il leur demande pardon. Un peu plus tard, Paddy apprend à Mike que Tom a été kidnappé à l'hôpital même par ses ennemis. Paddy leur a proposé de renoncer à toute activité contre la libération de Tom. Le soir même, le cadavre ligoté de Tom est placé devant le domicile de Mike et de sa mère. Quand Mike ouvre la porte, le corps bascule en avant.

☞ Une étape importante dans l'évolution du film de gangsters. Le film vaut surtout par son réalisme, sa violence féroce et crue, sa construction en courtes séquences au style sec, concis, tranchant, très efficace et pourtant souvent elliptique. Scènes célèbres : Cagney écrasant un pamplemousse sur la figure de sa maîtresse qui lui conseille de ne pas boire dès le matin ; l'exécution de Putty Nose ; plan final (toujours hallucinant) du cadavre de Cagney placé à la verticale devant la porte de la maison de sa mère. Cagney forge dans ce film son personnage, ou plutôt l'un de ses personnages, qu'il jouera pendant vingt ans dans une longue série de films policiers hollywoodiens. Un personnage à la vitalité surhumaine, à l'assurance et au sang-froid quasi diaboliques. Un monstre parfait qui fascinera longtemps le public. Dans un texte liminaire, les auteurs se défendent d'avoir voulu faire l'éloge de la pègre. C'est que, comme dans la plupart des films de gangsters du début du parlant, une ambiguïté involontaire (dénonciation/fascination) surgit constamment de la matière même du récit. Elle est due en grande partie au talent et au relief des acteurs qui interprètent les rôles principaux (Paul Muni dans *Scarface**, Edward G. Robinson dans *Little Caesar**, Spencer Tracy dans *Quick Millions* de Rowland Brown, etc.). Plus tard, dans le *film noir* d'après-guerre, cette ambiguïté deviendra volontaire et sera l'un des éléments marquants du contenu et de l'atmosphère du genre.

N.B. La version intégrale, récemment remise en circulation, développe notamment de façon plus détaillée l'enfance des protagonistes.

BIBLIO. : scénario original (avant tournage) publié par The University of Wisconsin Press, 1981. Les différences avec le film lui-même sont très précisément indiquées. Dans sa préface, Henry Cohen cite des propos de John Bright, l'auteur de l'histoire originale (publiée ensuite sous la forme d'un roman), qu'il a rencontré pour l'édition du volume.

## EN QUATRIÈME VITESSE (Kiss Me Deadly)

1955 – USA (105') • *Prod.* UA-Parklane Productions (Robert Aldrich) • *Réal.* ROBERT ALDRICH • *Sc.* A.I. Bezzerides d'ap. R. de Mickey Spillane • *Phot.* Ernest Laszlo • *Mus.* Frank DeVol • *Int.* Ralph Meeker (Mike Hammer), Albert Dekker (Dr Soberin), Paul Stewart (Carl Evello), Maxine Cooper (Velda), Gaby Rodgers (Gabrielle/Lily Carver), Wesley Addy (Pat), Juano Hernandez (Eddie Yeager), Nick Dennis (Nick), Cloris Leachman (Christina), Marian Carr (Friday), Jack Lambert (Sugar), Jack Elam (Charlie Max).

Une aventure de Mike Hammer, détective californien spécialisé dans les enquêtes bidon pour divorces. (Il charge en général sa secrétaire, Velda, de séduire les maris des clientes qui veulent divorcer.) Une nuit, une jeune femme à bout de souffle, évadée d'un hôpital psychiatrique, vêtue seulement d'un imperméable, l'oblige à arrêter sa voiture et à la prendre en stop. Elle s'appelle Christina, comme la poétesse pré-raphaélite Christina Rossetti. Peu après, Mike et elle sont capturés par des tueurs. Mike survivra et commencera, une fois remis, son enquête. Il retrouve la colocataire de Christina, Lily Carter, et l'hébergera plus tard chez lui, car elle a peur de subir le même sort que son amie. Les recherches de Mike, centrées autour de la disparition mystérieuse d'un savant, l'amènent à contacter successivement un camionneur qui avait tué accidentellement un boxeur qu'on avait poussé sous son camion ; un chanteur d'opéra, ami et confident du savant qui avait vécu ses derniers jours dans la peur ; un gangster qui, avec l'aide de ses deux tueurs, essaiera successivement de tabasser Mike, puis de l'acheter, enfin de l'éliminer après lui avoir fait administrer par un docteur une piqûre de pentothal. Entre-temps, le meilleur ami de Mike, Nick le garagiste, aura été écrasé sous une voiture qu'il était en train de réparer. Auparavant, Nick avait enlevé deux bombes placées dans une voiture neuve donnée à Mike par un interlocuteur anonyme au téléphone. En décryptant un poème de Rossetti auquel Christina avait fait allusion dans une lettre parvenue à Mike après la mort de la jeune femme, le détective retrouve à la morgue une clé ouvrant, dans un club sportif, le casier du savant mort. Le casier contient un coffret d'où se dégage, quand on l'entrouvre, une lumière aveuglante et brûlante. Mike laisse le coffret et se rend dans les bureaux de police pour contacter son ami Pat qui lui apprend que la jeune femme qu'il a recueillie chez lui (et qui vient de s'enfuir) n'est pas du tout la colocataire de Christina mais une complice de ceux qui veulent s'emparer du coffret. Elle s'appelle Gabrielle et non Lily Carver. En prononçant les mots : « Manhattan Project. Los Alamos. Trinity », Pat fait comprendre à Mike que le contenu de la boîte est radio-actif. Elle a été volée au club sportif et se trouve maintenant entre les mains du Dr Soberin qui compte la livrer à des agents étrangers. Soberin, dans une villa située au bord de la mer, est tué par Gabrielle qui veut garder la boîte pour elle seule. Elle tire ensuite sur Mike qui a pu retrouver l'adresse de la maison. Dévorée de curiosité, elle ne peut s'empêcher d'ouvrir la boîte : les radiations brûlent tout alentour et la transforment en torche vivante, juste avant l'explosion de la villa. Mike et Velda, libérée par le détective de la pièce où elle était kidnappée, avancent en titubant vers la mer pour y trouver un refuge.

☞ Comme *Rome, ville ouverte** ou *Un jour à New York**, *Kiss Me Deadly* est un de ces films profondément révolutionnaires qui renouvellent de fond en comble un genre, un type de films, une façon de voir la réalité et de la filmer. Certes il partage avec d'autres films de l'époque sa violence, son baroquisme, mais aucun film avant lui, dans le domaine policier, n'avait exprimé cette distance critique, ce mépris de l'auteur envers son héros. Même les films qui allaient à l'époque le plus loin dans la violence (*The Big Heat** de Lang, 1953, *The Big Combo** de Joseph H. Lewis, 1954) maintenaient chez le héros la croyance en certaines valeurs qu'il défendait contre vents et marées. A l'inverse, Mike Hammer a complètement basculé, sombré dans cet univers « d'obscurité et de corruption » (pour reprendre les termes du poème de Rossetti longuement cité dans l'intrigue) au sein duquel il mène son enquête. Il n'y a plus aucune différence morale entre cet univers et lui, et c'est là la nouveauté essentielle du film. (Comme cela arrive souvent, il se peut qu'elle soit due à une circonstance fortuite, en l'occurrence le dégoût d'Aldrich pour la littérature primaire et fascisante de Mickey Spillane qu'il était obligé d'adapter, et pour son héros brutal et inculte, Mike Hammer, qu'il a transformé en anti-héros.) Une puissante logique interne est la caractéristique fondamentale du style d'Aldrich. Elle est liée à cette fabuleuse énergie créatrice que l'auteur est capable de déployer à partir du matériau le plus médiocre. En vertu de cette logique, la nouveauté révolutionnaire introduite dans *Kiss Me Deadly* a amené le genre du film à imploser littéralement et à se transformer en quelque chose d'autre. Le genre policier abritera ainsi un récit fantastique, un apologue apocalyptique en forme d'avertissement planétaire. Le danger nucléaire apparaît dans l'intrigue à travers le mythe recréé de la boîte de Pandore, grâce auquel *Kiss Me Deadly* appartient autant au domaine de la SF qu'au *film noir*. Les multiples beautés esthétiques de l'œuvre sont restées intactes malgré les années. Signalons entre autres le baroquisme étincelant et glacial du découpage et de la photo d'Ernest Laszlo (tout à l'opposé du baroquisme brûlant d'un Fuller) ; le relief inouï des innombrables silhouettes du film (interprétées pour la plupart par des amis et amies d'Aldrich : Nick Dennis, Wesley Addy, Jack Elam, Maxine Cooper, Cloris Leachman, Gaby Rodgers, etc.) ; la qualité littéraire et volontiers irréaliste de certains dialogues ; la richesse de la bande sonore. Il s'agit ici d'une œuvre-clé, indispensable à la connaissance de l'âge d'or du cinéma hollywoodien (les années 1945-58).

N.B. Certaines copies sont amputées des derniers plans et finissent sur l'explosion de la villa. Dans les deux types de copies, les mots « The End » sont surimpressionnés à l'image et il s'agit bien là de deux dénouements différents. Les copies les plus longues laissent en quelque sorte une chance de salut aux deux héros tandis que la fin la plus courte oblige à penser qu'ils ont été pulvérisés dans l'explosion.

## ENQUETE A CHICAGO
**(Chicago Deadline)**

1949 – USA (87') • *Prod.* PAR. (Robert Fellows) • *Réal.* LEWIS ALLEN • *Sc.* Warren Duff d'ap. R. « One Woman » de Tiffany Thayer. • *Phot.* John F. Seitz • *Mus.* Victor Young • *Int.* Alan Ladd (Ed Adams), Donna Reed (Rosita Jean d'Ur/Ellen Rainer), June Havoc (Leona), Irene Hervey (Belle Dorset), Arthur Kennedy (Tommy Ditman), Berry Kroeger (Solly Wellman), Harold Vermilyea (Anstruder).

A Chicago, un journaliste découvre avant la police le cadavre d'une jeune femme morte de tuberculose dans un hôtel miteux. Ayant emporté son carnet d'adresses, il reconstitue le puzzle compliqué de son existence et de ses fréquentations. Au fil de son enquête, tous les témoins qu'il contacte paraissent terrorisés ; un suicide succède à un meurtre et lui-même risque sa vie. Au-delà des clichés mensongers, il parviendra à reconstituer une image plus véridique et plus digne de la morte, ce dont le frère de celle-ci lui sera reconnaissant. Aux funérailles, il brûle le fameux carnet d'adresses.

☞ Spécimen particulièrement routinier de la période finale du *film noir*, mais très intéressant à observer, du fait que toutes les composantes du genre s'y retrouvent à l'état neutre pour ainsi dire, sans originalité et telles que la tradition avait achevé de les codifier à partir de succès antérieurs. Construction en flash-backs de différentes origines (cf. *The Killers**). Enquêteur (ici un journaliste : ce pourrait aussi bien être un policier) tombant amoureux de l'héroïne de son enquête par-delà la mort (cf. *Laura**). Complexité extrême de l'intrigue, ici décadente et inutile car ne répondant à aucune nécessité interne (cf. *The Big Sleep** et tant d'autres titres). Tournage en extérieurs urbains, mais sans génie particulier. L'intérêt humain est peut-être ce qu'a dégagé Lewis Allen avec le plus de personnalité. Il montre comment un personnage moyen, une jeune veuve abandonnée à elle-même, peut se transformer sous l'effet des circonstances en héroïne de *film noir* précisément, évoluant avec une relative aisance au milieu de trafiquants, de gangsters, d'aventuriers minables ou de haut vol. Dans cet univers, l'alcoolisme, la violence, une sexualité débridée et toutes sortes de compromissions vont immanquablement la conduire vers la tragédie. Le film comprend aussi quelques éclairs de romantisme, inséparables du genre, par exemple la belle séquence où l'un des amants de l'héroïne meurt assassiné en murmurant : « Je l'aimais. » Si Alan Ladd se tire tant bien que mal d'un rôle conventionnel, Donna Reed manque de fascination dans un personnage qui exigeait une interprète infiniment plus brillante. Mais tous les seconds rôles, en particulier Shepperd Strudwick, Arthur Kennedy, Gavin Muir, sont excellents ; et c'est aussi une caractéristique du *film noir*.

N.B. Remake sous forme de téléfilm par Stuart Rosenberg (*Fame Is the Name of the Game*, 1966).

### ENQUETE EST CLOSE (L')
**(Circle of Danger)**

1951 – Grande-Bretagne (86') • *Prod.* Eagle Lion – Coronado (Joan Harrison, David E. Rose) • *Réal.* JACQUES TOURNEUR • *Sc.* Philip McDonald d'ap. son histoire « White Heather » • *Phot.* Oswald Morris • *Mus.* Robert Farnon • *Int.* Ray Milland (Clay Douglas), Patricia Roc (Elspeth Graham), Marius Goring (Sholto Lewis), Hugh Sinclair (Hamish McArran), Naunton Wayne (Reggie Sinclair), Edward Rugby (Llewellyn Idgwall), Marjorie Fielding (Mme McArran).

⊖ Un Américain se rend à Londres et au Pays de Galles pour enquêter sur la mort de son jeune frère, seule victime d'un raid ayant eu lieu au cours de la Seconde Guerre mondiale. Sa conviction est que son frère a été assassiné. Il retrouve plusieurs membres de son commando et découvre *in fine* qu'il a été exécuté par ses compagnons d'armes car il mettait en danger, par sa témérité, l'ensemble du groupe.

☞ Le film possède une structure de *film noir* transposée – peut-être vaudrait-il mieux dire *exilée* – dans le décor de la lande galloise. Ray Milland incarne un héros typique de Tourneur, s'égarant au cours de ses périgrinations dans des mystères de plus en plus opaques où disparaissent peu à peu ses maigres certitudes. Aucune progression réelle dans son enquête ; elle le fait sauter d'une case à l'autre sans satisfaire sa curiosité. Et puis soudain une vérité éclate, qui réduit à néant le peu qu'il croyait savoir. Le film met en œuvre cette insidieuse dialectique de l'étrangeté et de l'appartenance sur laquelle repose l'essentiel de l'œuvre de Tourneur. Le personnage de Ray Milland erre sur un sol étrange pour lui, mais qui est peut-être la terre de ses ancêtres. Il finit par y deviner, mêlés à cette étrangeté même, les liens d'une secrète appartenance. Le film prend ainsi la forme d'un labyrinthe poignant où le héros se perd et où le spectateur, sans vraiment s'identifier à lui, marche à ses côtés, comme hypnotisé par le caractère de découverte intime que prend son itinéraire. *Circle of Danger* peut être vu aussi comme la première esquisse, non ouvertement fantastique, de *Night of the Demon** (1958).

### EN RADE

1927 – France (71') • *Prod.* Neo-Films • *Réal.* ALBERTO CAVALCANTI • *Sc.* A. Cavalcanti et Claude Heymann • *Phot.* J.E. Rogers, P. Engberg, A. Fairtie • *Int.* Georges Charlia (Jean, le fils de la blanchisseuse), Thomy Bourdelle (le docker), Nathalie Lissenko (la blanchisseuse), Catherine Hessling (la servante du café), Philippe Hériat (l'idiot).

Marseille. Le fils d'une blanchisseuse rêve de partir et s'apprête à le faire en secret de sa mère. Il est amoureux d'une serveuse de café qu'il veut emmener avec lui. Il a même acheté un billet pour deux car la jeune fille répond à son amour et se félicite de quitter un travail pénible. Mais peu avant le départ, il la contemple soudain avec des yeux hagards et se précipite sur elle pour l'embrasser. Elle le rejette alors à tout jamais. Ni l'un ni l'autre ne partiront. Un troisième personnage qui a assisté à leurs « amours », un ancien marin tombé dans un état d'hébétude permanente, ne quittera pas non plus Marseille. Il prend un jour une barque et rame vers le large. La mer ramènera son cadavre sur la grève.

☞ Toujours cité comme exemple de l'avant-garde française, *En rade* se donne résolument une allure de poème, libéré des contraintes du mélodrame et du film d'action. Cavalcanti sacrifie la construction (et la clarté) dramatique à ses recherches plastiques, à son souci légitime, mais envahissant et réducteur, de créer une atmosphère. Les thèmes traités ici (nostalgie de l'ailleurs, impossible départ, frustration et désillusion) hanteront plus tard le réalisme poétique et même la trilogie de Pagnol. Ils figuraient déjà, six ans auparavant, dans *Fièvre** de Delluc. Les motivations des personnages restent parfois obscures. Aucun analyste n'est capable d'expliquer le comportement de Georges Charlia (le fils de la blanchisseuse) dans la dernière scène qui l'oppose à la serveuse du bar (Catherine Hessling, au jeu moins figé et plus spontané que chez Renoir, cf. *Catherine* et *Nana**). On hésite à décider si le personnage de la mère (Nathalie Lissenko) est un classique personnage de mère abusive ou si elle protège son fils d'une secrète et bien réelle fragilité mentale. Cette obscurité semble cautionner le propos de Jean Epstein à l'époque où un débat sur la notion de cinéma pur divisait les cinéastes. « Généralement le cinéma rend mal l'anecdote, écrit Epstein, et action dramatique y est erreur [...] Pourquoi raconter des histoires, des récits qui supposent toujours des événements ordonnés, une chronologie, la gradation des faits et des sentiments [...] Il n'y a pas d'histoire. Il n'y a jamais eu d'histoire. Il n'y a que des situations sans queue ni tête : sans commencement sans milieu et sans fin » (cité dans « La Foi et les Montagnes » de Henri Fescourt, ouvrage capital et passionnant sur le cinéma français muet). Développées pour elles-mêmes, les recherches plastiques de Cavalcanti ne suscitent pas pour autant un décor ni des personnages plus présents ou plus attachants. Tout se dilue dans une brume poétique, qui a néanmoins ses inconditionnels. Comme beaucoup de films de Cavalcanti, *En rade** n'a laissé qu'une trace poussiéreuse dans les histoires du cinéma, très loin du charme puissant qui se dégage encore aujourd'hui de *Fièvre** ou des *Damnés de l'océan** (de Sternberg).

## ENTRAINEUSE (L')

1938 – France (100') • *Prod.* Raoul Ploquin • *Réal.* ALBERT VALENTIN • *Sc.* Charles Spaak • *Phot.* Günther Rittau • *Mus.* Georges Van Parys • *Int.* Michèle Morgan (Suzy), Gilbert Gil (Pierre), Gisèle Préville (Lucienne), Félicien Tramel (Noblet), Catherine Fonteney (Mme de Saint-Leu), Andrex (Marcel), Fréhel (la chanteuse), Georges Lannes (Philippe de Lormel), Henri Guisol (Robert), François Périer (Jean), Jeanne Lion (tante Louise).

Abandonnée par son amant, Suzy, entraîneuse dans un cabaret de Montmartre, va passer quelques jours de vacances à Rocagne-sur-Mer dans une pension de famille chic dirigée par une baronne ruinée. Elle y côtoie des jeunes gens de bonne famille. Celui qu'elle préfère est Pierre, un jeune homme timide et sérieux qui passe son temps à lire et à écrire. Elle se laisse courtiser par lui, ce qui lui procure l'illusion d'être une autre femme. Elle essaie d'empêcher Lucienne, la sœur de Pierre, d'être la victime de Marcel, un voyou qu'elle connaissait à Paris, placier en machines à sous dans la région. A la pension, tout le monde est charmant avec elle et Suzy se retrouve couverte de cadeaux le jour de sa fête. Arrive le père de Pierre qu'elle avait connu – et repoussé – dans son cabaret. Il essaie de profiter de la situation pour lui faire des avances précises. Elle préfère prendre la fuite. De retour à son cabaret, elle comprend qu'elle ne reverra jamais Pierre et se laisse entraîner dans un voyage autour du monde avec un joueur à qui elle portait chance.

☞ Beau et sobre mélodrame, au ton mélancolique, à l'écriture extrêmement élégante, pure de tout naturalisme. Un accord formel profond existe entre la présence, le jeu fin, retenu, subtil, aristocratique de Michèle Morgan et un scénario qui, s'il n'est pas avare en rebondissements, cultive la demi-teinte, repousse les paroxysmes faciles et s'attache à suivre dans ses méandres la rêverie menacée de l'héroïne, voguant entre deux mondes. On y chercherait en vain le moindre mot d'auteur. Charles Spaak et Albert Valentin, compatriotes et collègues (puisque Valentin eut une longue carrière de scénariste), semblent s'accorder admirablement dans une vision du monde commune, faite de pessimisme mais aussi de sensibilité et de tendresse. Personne dans le film n'aura la chance de pouvoir changer de vie. Les rôles sont fixés une fois pour toutes, et la rêverie est antinomique de la réalité. Voilà pour le pessimisme. Mais le talent des auteurs est surtout évident dans la variété des points de vue et des tons qu'ils sont capables d'utiliser, selon les personnages et les lieux évoqués. Leur palette va du lyrisme attendri et amer qui accompagne l'évocation de l'héroïne à la férocité impitoyable de la description du vieux noceur hypocrite et odieux (superbement interprété par Tramel). Le monde fermé et lourd du cabaret contraste, sans le moindre artifice, avec l'univers protégé, lumineux, presque irréaliste de la pension de famille où, entre vieillards et adolescents, l'héroïne passe ses dernières vacances, à l'écart de la réalité. Comme beaucoup de films français des années 1936 à 1939, *L'entraîneuse* donne l'impression d'évoquer en filigrane la fin inévitable d'un monde. Mais il le fait avec une absence d'insistance, de préméditation particulièrement attachante et précieuse.

## ENTRÉE DES ARTISTES

1938 – France (99') • *Prod.* Régina • *Réal.* MARC ALLÉGRET • *Sc.* André Cayatte, Henri Jeanson • *Phot.* Christian Matras, Robert Juillard • *Mus.* Georges Auric • *Int.* Louis Jouvet (le professeur Lambertin), Janine Darcey (Isabelle), Odette Joyeux (Cécilia), Claude Dauphin (François Polti), Mady Made (Denise), Madeleine Lambert (Élisabeth), Julien Carette (Lurette), Sylvie (Clémence), André Brunot (Grenaison), Dalio (le juge d'instruction), Robert Pizani (Jérôme), Roger Blin (Dominique), Bernard Blier (Pescani).

Un élève du cours d'art dramatique du Conservatoire de Paris est aimé de deux femmes. Celle qui est délaissée se suicide en tentant de maquiller son acte en assassinat de manière à impliquer son ex-amant.

☞ Dans ce film célèbre se côtoient constamment le meilleur et le pire. Le pire, ce sont les intrigues sentimentales conventionnelles et ennuyeuses vécues par les personnages, le côté « Musset raté » du scénario. On notera quand même la spontanéité touchante de Janine Darcey, bien dirigée par Allégret. Le meilleur, c'est l'exposé assez précis du travail effectué par ces apprentis comédiens et la présence de Jouvet en professeur d'art dramatique. On le voit donnant son cours et siégeant au concours de fin d'année. Dans ces séquences-là, le film communique une impression de réalisme absolu. Dans la scène fameuse où Jouvet vient dire leur fait aux parents blanchisseurs de Darcey, opposés à la vocation théâtrale de leur fille, il semble parler pour lui autant que pour son personnage. D'ailleurs son rôle tout entier fascine par un aspect proprement documentaire.

BIBLIO. : scénario et dialogues, La Nouvelle Édition, 1946 (avec préface de Louis Jouvet, dossier de presse, longue lettre de Pagnol à Jeanson : « C'est le meilleur dialogue de film que j'aie entendu de ma vie. » Pagnol adresse aussi à Jeanson ce qu'il appelle « la critique du charpentier » : « Ton film est déséquilibré parce qu'il y a deux films ».)

## ENTRE LE CIEL ET LA TERRE
**(Baïn al sama wal ard)**

Inédit en France. 1959 – Égypte (90') • *Prod.* Dinar Film • *Réal.* SALAH ABOU SEIF • *Sc.* Naguib Mahfouz, S. Abou Seif, El Sayed Bedeir • *Phot.* Wahid Farid • *Mus.* Fouad El Zaheri • *Int.* Hind Rostom (l'actrice), Abdel Salam El Naboulsi (le fanfaron), Abdel Moneim Ibrahim (le fou), Mahmoud El Meligui (le pickpocket), Naiema Wasfi (la femme enceinte), Sayed Abou Bakr (le dragueur).

Une journée d'été torride au Caire. Dans un grand immeuble moderne, une cabine d'ascenseur contenant une quinzaine de personnes reste bloquée pendant plus d'une heure entre deux étages. Parmi les occupants, on dénombre une femme enceinte, un pickpocket, un cambrioleur, un fou évadé d'un asile, une femme adultère, un domestique ombrageux, une starlette aux formes généreuses, un bourgeois élégant, une jeune fille prête à se suicider avec son petit ami pour fuir un mariage imposé, etc. Les pompiers doivent percer le mur de l'immeuble pour récupérer les prisonniers de l'ascenseur. La femme aura accouché d'un bébé. Le pickpocket, pris de remords, aura rendu à ses voisins le produit de ses vols. Sur la terrasse, des cambrioleurs auront tiré par erreur sur les faux gendarmes d'un tournage de film et se seront fait capturer par les vrais policiers de l'immeuble, tout comme leur complice à sa sortie de la cabine. La starlette dit à son metteur en scène que l'incident ferait un excellent sujet de film. L'ingénieur chargé de l'entretien des ascenseurs, ayant assisté à un match de football, arrive après la bataille.

☞ Sympathique comédie de tendance unanimiste. La caricature est parfois un peu lourde, mais le film tire bien parti de la variété des types sociaux du Caire. A l'évidence, pour Abou Seif, tout dans une histoire commence et s'achève par de l'humour, quels que soient les épisodes, les étapes intermédiaires, dramatiques ou tragiques. Sa vitalité et sa verve populaires l'apparentent aux cinéastes italiens. Et ce film en particulier évoque d'assez près les comédies italiennes de l'après-guerre, quand le cynisme du ton n'avait pas encore recouvert entièrement la bonhomie et la truculence.

N.B. Une situation de base du même type (douze survivants d'un accident d'avion doivent vivre ensemble dans le désert) sera à l'origine du scénario de son film *Al Bedaya* (*Le commencement*, présenté au Festival de Venise 1986 sous le titre *L'empire de Satan*). Mais dans *Al Bedaya,* qui contient aussi beaucoup d'humour, l'intrigue tourne un peu trop vite à l'apologue sentencieux sur l'abus de pouvoir et la dictature. Au contraire, le mérite et le charme de *Entre le ciel et la terre* viennent de ce que le film ne veut rien démontrer, mais cherche seulement à *montrer* l'infinie variété d'une ville et d'un peuple.

## ENTRE ONZE HEURES ET MINUIT

1948 – France (92') • *Prod.* Roitfeld, Francinex • *Réal.* HENRI DECOIN • *Sc.* Marcel Rivet, Henri Decoin, Henri Jeanson d'ap. R. de Claude Luxel • *Phot.* Nicolas Hayer • *Mus.* Henri Sauguet • *Int.* Louis Jouvet (l'inspecteur Carrel), Robert Arnoux (Rossignol), Madeleine Robinson (Lucienne), Monique Mélinand (Irma), Gisèle Casadesus (Florence), Robert Vattier (Charly), Jacques Morel (Bouture), Léo Lapara (inspecteur Perpignan), Jean Meyer (Victor).

⊖ A Paris, entre onze heures et minuit, un piéton est abattu dans un tunnel près des Ternes. Au moment où l'inspecteur Carrel examine dans un autre quartier le cadavre de l'avocat véreux Durand-Gonzales, il apprend de son second que la victime du tunnel, un nommé Jérôme Vidauban, est son sosie parfait. Vidauban a été maintes fois arrêté pour toutes sortes de trafics et escroqueries mais ses procès se sont toujours terminés par un non-lieu. Carrel prend l'identité de Vidauban, fait progressivement connaissance avec tous ses complices et n'aura aucun mal à les faire parler puis à les arrêter. Il tombe amoureux de la maîtresse en titre de Vidauban, Lucienne Lusigny, directrice d'une maison de couture. Vidauban voulait la quitter pour une certaine Florence, maîtresse de son associé Rossignol, laquelle allait simuler un suicide pour monter les deux hommes l'un contre l'autre. Lucienne a vite compris que l'inspecteur n'était pas Vidauban. Au terme de son enquête, Carrel apprend que c'est Vidauban, en cheville avec lui dans un trafic de dollars, qui a tué Dupont-Gonzales quelques heures avant d'être lui-même assassiné. L'avocat avait commandé sa mort à deux tueurs. Mais, dans le tunnel, ils avaient été précédés par une femme. Carrel sait qu'il s'agit de Lucienne. Ayant démissionné de la police, il lui promet d'agir pour qu'elle ait le meilleur avocat, une sentence minimum et soit remise dès que possible en liberté provisoire.

☞ Cette histoire de sosies, placée avec humour sous le patronage de *Toute la ville en parle* (Ford), *Copie conforme* (Dréville) et *Le Dictateur** (Chaplin), est un des meilleurs films policiers français et, dans son genre, une réussite presque parfaite. Deux voies s'ouvrent aux cinéastes français qui, enviant l'efficacité des « policiers » américains, veulent rivaliser avec eux : le réalisme social, l'étude sociologique d'un milieu et du « milieu » (*Touchez pas au grisbi**), ou bien la fantaisie, la virtuosité abstraite visant à faire du film un exercice de style convaincant au second degré par son brio et son ironie. C'est cette seconde voie – sans doute la plus périlleuse – qu'a choisie Decoin. La magie du noir et blanc (wagons du métro aérien bondissant dans la nuit, enseignes lumineuses illuminant par saccades comme dans *Scarface** un appartement plongé dans l'obscurité), la fluidité de la narration pourtant remplie, comme il convient, de méandres compliqués, l'ironie caustique des dialogues de Jeanson et du jeu de Jouvet, sont autant d'atouts que Decoin utilise de main de maître pour atteindre son but : fournir au spectateur français une transposition lointaine, désinvolte et brillante des grands « policiers » américains. D'autres et de plus ambitieux que lui, de Melville à Corneau, s'y casseront les reins. Mais Decoin a pour lui son adresse, sa modestie artisanale, son humour qui l'éloignent de cet académisme de plomb où sombrent souvent ses confrères.

## ENTRONS DANS LA DANSE
### (The Barkleys of Broadway)

1949 – USA (109') • *Prod.* MGM (Arthur Freed) • *Réal.* CHARLES WALTERS (+ Robert Alton pour séquences dansées) • *Sc.* Adolph Green, Betty Comden • *Chor.* Hermes Pan • *Phot.* Harry Stradling (Technicolor) • *Mus.* Harry Warren • *Int.* Fred Astaire (Josh Barkley), Ginger Rogers (Dinah Barkley), Oscar Levant (Ezra Miller), Billie Burke (Millie Belney), Jacques François (Jacques Pierre Barredout), Gale Robbins (Shirlene May), Clinton Sundberg (Bert Felsher).

Josh et Dinah Barkley, vedettes de comédies musicales à Broadway, mènent depuis longtemps une carrière triomphale côte à côte. Cela ne les empêche de se disputer continuellement en coulisse pour des raisons d'ordre privé ou professionnel. Dinah est flattée lorsqu'un jeune dramaturge français, Jacques Barredout, lui affirme qu'elle vaut mieux que ce qu'elle fait et qu'elle a, à son avis, l'étoffe d'une grande tragédienne. Josh et Dinah se séparent lorsque Dinah commence à répéter la pièce de Barredout sur la jeunesse de Sarah Bernhardt. Elle y tient le rôle principal. Josh suit secrètement les répétitions et téléphone à Dinah en imitant la voix de Jacques. Il lui donne les judicieux conseils d'interprétation que Jacques, également metteur en scène de sa pièce, est incapable de lui fournir. Il essaie en outre par cette ruse de se renseigner sur l'évolution des relations sentimentales entre l'auteur et son interprète. La pièce fait un triomphe. Josh continue ses appels téléphoniques déguisés. Dinah découvre le pot aux roses et lui joue alors une farce cruelle. Mais aussitôt après elle bondit chez Josh pour se réconcilier avec lui. Elle lui jure ses grands dieux qu'elle n'interprétera plus désormais que des comédies musicales où l'on n'a pas à se soucier du message ni de l'intrigue mais seulement du rythme et de la musique.

☞ Dixième et dernière collaboration de Fred Astaire et de Ginger Rogers. C'est leur *come-back* en tant que couple dix ans après *The Story of Vernon and Irene Castle* (H.C. Potter, 1939). Et pour la première fois, ils paraissent dans un film en couleurs. Le film avait été conçu comme une suite de *Easter Parade* et c'est uniquement à cause de l'incapacité de Judy Garland d'accepter à cette époque la discipline d'un tournage que Ginger Rogers vint rejoindre son partenaire de toujours. Curieusement, le scénario de Comden et Green, non écrit pour elle, évoque ce qui fut son problème majeur : échapper à la comédie musicale et se créer une nouvelle carrière. Aucun réalisateur n'aurait pu être mieux choisi que Charles Walters pour mettre en scène ces retrouvailles. Sa délicatesse de touche, sa discrète ironie font merveille dans l'élaboration de ce marivaudage subtil, jamais burlesque, jamais outré, et de ces fausses querelles entre deux vieux époux qui ne peuvent se passer l'un de l'autre. Les scènes au téléphone où Fred Astaire imite (admirablement) l'accent et le maniérisme de Jacques François sont très réussies à la fois sur le plan comique et sur le plan de l'expression de la tendresse unissant les deux personnages. L'utilisation du Technicolor est typique du style de Walters : pas de contrastes violents ; des teintes voilées, nuancées qui mettent particulièrement en valeur ce grand retour à la danse de Ginger Rogers. Quatre numéros musicaux notables : deux duos entre Ginger et Astaire dansant avec leur élégance coutumière sans décor : l'un (« Bouncin'the Blues ») sur un plateau vide, l'autre (« They Can't Take That Away From Me ») devant un rideau. Un numéro humoristique où Ginger et Astaire en jupe et en kilt chantent avec un fort accent écossais : « My One and Only Highland Fling ». Enfin un solo spectaculaire d'Astaire en cordonnier qu'une paire de chaussures invite à danser avant que les autres paires de la boutique se mettent également de la partie (« Shoes With Wings On »). La virtuosité du danseur égale celle des trucages dans cette variation joyeuse sur un thème illustré sur le mode tragique, l'année précédente, par *Les chaussons rouges**. La conclusion du film aboutit à un court mais vibrant éloge de la comédie musicale. La comédie musicale est d'ailleurs le seul genre qui n'hésite pas à se vanter lui-même, pour la plus grande joie du spectateur (cf. notamment *Deep in My Heart**, le plus bel hommage que la comédie musicale se soit rendu à elle-même dans un film). En prime, l'ineffable séquence de comique involontaire où Ginger Rogers récite en français « La Marseillaise » dans une scène censée représenter la première audition de Sarah Bernhardt au Conservatoire, à l'intérieur de la pièce écrite par le personnage de Jacques François. Ce gigantesque couac vérifie par l'absurde le propos du film : qu'allait-elle faire dans cette galère ?

## ENVOI DE FLEURS

1950 – France (102') • *Prod.* Claude Dolbert • *Réal.* JEAN STELLI • *Sc.* Charles Exbrayat et Jean Stelli • *Phot.* Marc Fossard • *Mus.* Chansons de Paul Delmet (adaptation musicale de Raymond Legrand) • *Int.* Tino Rossi (Paul Delmet), Micheline Francey (Suzanne), Arlette Merry (Sophie), Jean Brochard (Hippolyte), Milly Mathis (Mme Salis), Albert Dinan (Rodolphe Salis).

Les dernières années du chanteur compositeur Paul Delmet, qui mourut à quarante-deux ans. Une jeune provinciale l'aima d'un amour passionné qu'il lui rendit. Mais jamais il ne se résolut à quitter pour elle l'atmosphère du Paris nocturne qu'il adorait ni son métier de chanteur.

☞ Dans le désert du mélodrame français de l'après-guerre, il faut mettre à part cette œuvre sensible et insolite, aux accents sirkiens, qui rend hommage à un grand artiste français. Tino Rossi interprète à la perfection, c'est-à-dire dans l'esprit même où elles furent écrites, des mélodies telles que « Quand les lilas refleuriront » ou « Fermons les rideaux ». Leur simplicité, leur sobriété toute classique, leur grâce mélancolique traversent le temps sans la moindre ride.

## E'PICCIRELLA

Inédit en France. 1922 – Italie (1 214 m) • *Prod.* Dora Films (Naples) • *Réal.* ELVIRA NOTARI • *Sc.* Elvira Notari d'ap. la chanson « E'piccirella » de Libero Bovio et Salvatore Gambardella • *Phot.* Nicola Notari • *Int.* Rose Angione (Margaretella, la piccirella), Alberto Danza (Tore), Eduardo Notari (Gennariello), Elisa Cava (Maria), Signora Duval (Ziè Rosa), Antonio Palmieri (Carluccio).

A Naples, au retour du pèlerinage de Montevergine, Tore fait la connaissance de la jeune Margaretella et tombe amoureux fou d'elle. Mais il a un rival, Carluccio. Pour la conquérir, il couvre Margaretella de cadeaux et entraîne avec lui dans sa ruine son jeune frère Gennariello et sa vieille mère. Les créanciers font enlever les machines de l'atelier qui assurait la subsistance de la famille. Tore vole les bijoux de sa mère pour continuer à faire le dépensier avec sa belle qui exploite avec perversité la passion qu'elle a suscitée chez lui. Tore se dispute avec sa mère, puis se collette avec son frère. Plus tard pourtant, sa mère mourante le réclamera à son chevet. Sur le pas de la porte de Margaretella, Carluccio, poussé par la jeune fille, provoque Tore. Il s'en suit un duel au couteau, puis au revolver. Tore est blessé. Gennariello le porte sur son dos jusqu'au chevet de sa mère. Elle meurt en le pardonnant et en le bénissant. Accablé de douleur, Tore poignarde Margaretella dans la voiture qui la ramène, l'année suivante, de Montevergine. Arrêté, il continue dans sa prison à être obsédé par le souvenir de sa victime.

☞ Pour sa majeure partie, le cinéma muet italien (péplums, films de divas, burlesques primitifs) n'a plus qu'un intérêt archéologique. Cependant, dans chacun des genres qui cristallisèrent puissamment un goût momentané du public, quelques films eurent au niveau mondial un rôle considérable de pionnier et exercèrent une influence marquante sur l'évolution des structures cinématographiques. *Inferno,* par exemple (1911, de Francesco Bertolini et Adolfo Padovan) contribua par son luxe de décors et de trucages à installer l'idée et le goût du long métrage dans les habitudes du public et des cinéastes. *Cabiria** (1914) de Giovanni Pastrone fut, deux ans avant *Intolerance**, la première superproduction cinématographique mondiale. Les films de divas, avec leurs excès, leur affectation déclamatoire et extravagante, montrèrent pour la première fois que la personnalité d'une actrice pouvait, au-delà de son personnage, constituer le cœur même de l'œuvre et influencer son contenu et son style. Une place à part doit être faite au courant des mélodrames napolitains tournés en vue d'une distribution avant tout régionale, et notamment à ceux produits par la Dora Films de la famille Notari. Elvira, l'épouse, écrivait les scénarios et mettait en scène ; Nicola, le mari, produisait, décorait et photographiait les films ; le fils, Eduardo, jouait et son personnage, Gennariello, se retrouve dans plusieurs films auxquels il donne parfois son titre (cf. *Gennariello, il figlio del galeotto,* 1921). Tirés en général de chansons à succès, ces films sont parmi les plus vivants du cinéma muet italien et ont gardé une vigueur primitive et insolite qui surprend le spectateur d'aujourd'hui. Adaptant le style de jeu des divas à un contexte beaucoup plus fruste et plus sauvage, faisant baigner l'intrigue dans les foules en liesse des fêtes religieuses napolitaines et dans les différents quartiers de la ville, *E'piccirella* est caractéristique de la production Notari. Ce courant éphémère ne fut le modèle ou le prototype d'aucun genre ultérieur. On ne devait jamais retrouver dans le cinéma italien cette saveur âcre et crue, ce relief brutal qui unit la force du documentaire aux artifices délirants des péripéties et au style d'interprétation dont raffolent les publics populaires. Quoique contemporaine, l'intrigue nous entraîne dans un étrange voyage dans le temps et la facture même du film, par comparaison avec tous les autres types de films connus, nous fait remonter à une époque qui semble être de beaucoup antérieure à la naissance du cinéma.

N.B. *E'piccirella* est une expression dialectale napolitaine qui désigne une femme ayant les caractéristiques de la nymphette (allure juvénile, précocité, perversité).

**ERASERHEAD (id.)**

1976 – USA (89') • *Prod.* American Film Institute for Advanced Films Studios (David K. Lynch) • *Réal.* DAVID K. LYNCH • *Sc.* David K. Lynch • *Phot.* Frederick Elmes, Herbert Cardwell • *Mus.* Chan • *Int.* John Nance (Henry Spencer), Charlotte Stewart (Mary), Jeanne Bates (la mère de Mary), Judith Anna Roberts (la voisine), Laura Near (la dame dans le radiateur), Allen Joseph (le père de Mary), V. Philipps-Wilson (le propriétaire).

Sa compagne Mary étant partie après avoir donné naissance à un fœtus monstrueux, Henry reste seul pour s'en occuper. La tâche dépasse bientôt ses possibilités et il s'emploie alors à le détruire. Ce qui s'avérera plus difficile qu'il ne l'imaginait.

☞ Impossible à résumer et même à décrire, ce cauchemar tératologique ne prend place dans aucune des mythologies fantastiques connues au cinéma. Il progresse à tâtons dans l'inconnu, mis en scène avec une précision et un soin maniaque par un réalisateur très doué, capable de donner une forme concrète achevée à ses fantasmes les plus délirants et les plus improbables. S'il fallait à tout prix trouver une filiation à *Eraserhead*, on pourrait y voir la postérité très lointaine du *Freaks** de Browning, dotée de l'humour intellectuel absurde de certains dramaturges européens actuels (ex. Ionesco et notamment « Amédée ou comment s'en débarrasser »). Perce constamment chez l'auteur une volonté de dépasser le dégoût pour trouver derrière l'horreur une porte qui ouvrirait sur un autre monde. Là, la vie dans ses formes les plus gluantes et les plus primales, celles de l'inconscient, du rêve et de la matière à l'état brut, existe en dehors du contrôle de l'intellect et lui impose silence. L'utilisation d'un noir et blanc hyper-contrasté, l'irréalisme très élaboré du son, une troupe d'interprètes hébétés autant qu'habités, et surtout l'épouvantable fœtus, véritable héros du film, mettent le spectateur dans un état de stupéfaction fascinée qui ne cesse qu'à la dernière image. David Lynch a parfaitement résumé son propos dans sa réponse à l'enquête « Pourquoi filmez-vous ? » (« Libération », mai 1987) : « Pour créer un monde et l'expérimenter ».

BIBLIO. : longue étude sur le tournage et les trucages du film dans la revue new-yorkaise « Cinefantastique », sept. 1984.

**ESCADRON BLANC (L')**

1948 – France (104') • *Prod.* Acteurs et Techniciens Français • *Réal.* RENÉ CHANAS • *Sc.* René Chanas, Joseph Peyré, René Lefèvre d'ap. R. de Joseph Peyré • *Phot.* Nicolas Toporkoff • *Mus.* Jean Wiener • *Int.* Michèle Martin (Mme Marsay), Jean Chevrier (Marsay), René Lefèvre (l'adjudant), François Patrice (Kermeur).

Un escadron français poursuit sur 1 600 kilomètres à travers le Sahara un pirate des sables. Le capitaine est assassiné par un prisonnier en fuite. Un jeune lieutenant nouveau venu, subissant les rigueurs d'un environnement particulièrement dur, tant sur le plan physique que psychologique, mènera l'opération à bien.

☞ Aucun romanesque, aucun effort excessif de dramatisation dans ce grand succès commercial de l'époque. La relation quasi documentaire de l'expédition met l'accent sur la beauté particulière des lieux, la lenteur de cette course interminable à la poursuite d'un ennemi presque irréel. Rigueur dans la description des faits, absence de visée idéologique encombrante. Le trio d'interprètes – Chevrier, Lefèvre, François Patrice – est parfait, aidé par des dialogues justes et sans chiqué. Le cinéma colonial français brille ici de ses derniers feux. Après guerre, la propagande s'essouffle et n'intéresse plus grand monde : on la laisse de côté ; le folklore disparaît ou s'épure. Reste un assez beau film d'action qui séduisit les foules.

**ESCALE A BROADWAY**
**(The Lullaby of Broadway)**

1951 – USA (92') • *Prod.* Warner (William Jacobs) • *Réal.* DAVID BUTLER

• *Sc.* Earl Baldwin • *Phot.* Wilfrid Cline (Technicolor) • *Mus.* Ray Heindorf • *Int.* Doris Day (Melinda Howard), Gene Nelson (Tom Farnham), S.Z. Sakall (Adolph Hubbell), Billy De Wolfe (« Lefty » Mack), Gladys George (Jessica Howard), Florence Bates (Mrs. Hubbell), Anne Triola (Gloria Davis).

Melinda, une débutante dans le show-business, arrive à New York pour voir sa mère, Jessica, qu'elle ne connaît pas et dont elle s'imagine qu'elle est toujours une grande star de Broadway. En réalité, détruite par l'alcoolisme, Jessica travaille, entre deux cures de désintoxication, dans un cabaret minable de Greenwich Village. Adolph Hubbell, le nouveau propriétaire de la demeure de Jessica, un vieil original très sympathique, héberge Melinda et lui cache la vérité en attendant que sa mère aille mieux. Durant son séjour à New York, Melinda aura une idylle avec un jeune danseur, troublera sans le vouloir la vie conjugale de Hubbell et débutera dans une revue. Elle aura aussi retrouvé sa mère et les deux femmes jureront de ne plus jamais se séparer.

☞ Troisième des six Technicolor tournés par Doris Day sous la direction de David Butler à la Warner. Le scénario de cette petite comédie musicale est assez inconsistant et incohérent. Numéros musicaux, prestations comiques de S.Z. Sakall et de Billy De Wolfe, scènes mélodramatiques s'enchaînent ou se chevauchent tant bien que mal. C'est le style plastique mis au point par Curtiz dans les deux films en couleurs avec Doris Day (*Romance on the High Seas,* 1948 et *My Dream Is Yours,* 1949) et développé ensuite par David Butler qui donne son unité au film. Gai, coloré, optimiste, ce style en touches vives et contrastées séduit l'œil et fait oublier le reste. Il irréalise (ou escamote) la tristesse au sein même du mélodrame, valorise la bonne humeur, la bonne santé, le dynamisme ainsi qu'une certaine futilité. Il convient idéalement à Doris Day pour lequel il a été créé. Le plus curieux est que, sur sa lancée, ce style a continué d'être utilisé avec pas mal d'absurdité et d'inconscience dans un film presque totalement dramatique comme *Young at Heart,* 1954, de Gordon Douglas (remake de *Four Daughters,* de Curtiz, 1938). Du fait de sa cohérence et de son succès, ce style a pu ainsi décoller de la réalité au point de ne plus avoir de rapport avec le sujet réel du film. Dans *The Lullaby* of *Broadway,* ce « décollement » commence déjà dans les scènes, censées être très dramatiques, entre la mère et la fille. Leur atmosphère plastique est tout à fait à contre-courant du sujet. On a ici un exemple caractéristique et aberrant de formalisme hollywoodien : un style créé par une firme pour un genre de films très particulier va essaimer, se greffer sur d'autres films, assez différents, de la firme. Cela donne un résultat baroque et presque énigmatique, une fois oubliés les premiers maillons de la chaîne.

## ESCALIER INTERDIT
### (Up the Down Staircase)

1967 – USA (123') • *Prod.* Warner Alan J. Pakula) • *Réal.* ROBERT MULLIGAN • *Sc.* Tad Mosel d'ap. R. de Bel Kaufman • *Phot.* Joseph Coffey (Technicolor) • *Mus.* Fred Karlin • *Int.* Sandy Dennis (Sylvia Barrett), Patrick Bedford (Paul Barringer), Eileen Heckart (Henrietta Pastorfield), Ruth White (Beatrice Schracter), Jean Stapleton (Sadie Finch), Sorrell Booke (Dr Bester), Roy Poole (McHabe), Florence Stanley (Ella Friedenberg), Ellen O'Mara (Alice Blake), Jeff Howard (Joe Ferone), José Rodriguez (José Rodriguez).

Fraîche émoulue de l'université, la jeune Sylvia Barrett arrive, pleine d'enthousiasme, au collège Calvin Coolidge situé dans l'un des quartiers les plus lugubres et les plus défavorisés de New York pour y accomplir sa première année d'enseignement. Elle est aussitôt plongée dans un véritable chaos qui semble habituel à l'école. Prise entre les multiples et contradictoires directives de l'administration, un vacarme permanent de sonneries, de cloches et de hauts parleurs et les groupes disséminés d'élèves n'ayant pas la moindre idée de ce qu'est la discipline, elle ne sait plus où donner de la tête. Sa classe, qu'elle n'arrivera jamais à garder silencieuse, est constituée d'une quarantaine de *teenagers* de toutes races qui vont lui donner bien du fil à retordre. Du côté de ses collègues, elle trouve peu de réconfort. Le professeur d'anglais Paul Barringer n'a d'autre conseil à lui donner que d'adopter une attitude d'ironie et d'indifférence semblable à la sienne. Au cours de l'année, Sylvia va essayer de nouer des relations plus personnelles avec certains de ses élèves, mais ses initiatives seront loin d'être couronnées de succès. Elle invite ainsi Barringer, qui voudrait la séduire, à s'intéresser plutôt à l'une de ses élèves, Alice Blake, une adolescente au physique ingrat. Mais le cynisme de Barringer conduira finalement la jeune fille au suicide. Sylvia accorde aussi une attention particulière à Joe Ferone, un semi-délinquant assez intelligent et plein de ressources, qui se méprendra sur son intérêt et croira qu'elle cherche à avoir une liaison avec lui. Ses échecs répétés l'amènent à vouloir démissionner. Mais elle s'aperçoit qu'elle a eu au moins une influence bénéfique sur l'un de ses élèves, José Rodriguez, un Portoricain timide et renfermé qui, grâce à elle, a repris confiance en lui. Elle décide alors de rester dans la galère.

☞ Une bonne partie de l'œuvre de Robert Mulligan témoigne d'un effort pour réconcilier la sociologie avec un certain romanesque. Le déséquilibre, l'instabilité (souvent touchante) de ses personnages reflètent ceux de la société tout entière. Présentant ici l'univers scolaire à travers l'idéalisme et les déceptions d'une jeune enseignante peu préparée à son rôle, il voit dans cet univers un microcosme de l'Amérique contemporaine : le désordre règne, la disparition des anciennes valeurs a créé un vide sans pour autant faire apparaître d'autres valeurs plus vraies, la permissivité et la décontraction dans les relations entre les êtres ne leur ont pas appris – ou pas encore – à mieux communiquer ni à mieux se connaître. Mais dans tout cela, Mulligan, qui n'est pas un pessimiste, ne voit rien de définitif, rien d'irrémédiable. Le réalisme de la description initiale de l'école (filmée sur les lieux de l'action) est stupéfiant de cocasserie et de vérité. Dans le cadre ainsi posé, les intrigues qui se développent ont un relief plus inégal. L'interprétation attachante de Sandy Dennis pousse le personnage vers la névrose, sans que celle-ci soit suffisamment nourrie et explicitée par la conduite du récit. Comme la plupart des films de Mulligan, *Escalier interdit* est un brouillon brillant et décevant, plus riche de substance que la moyenne des films, mais auquel manquent l'organisation finale, le sens de la synthèse et la maîtrise du regard qui font les grandes œuvres.

## ESCAPE IN THE FOG

Inédit en France. 1945 – USA (65') • *Prod.* COL. (Wallace MacDonald) • *Réal.* OSCAR BOETTICHER, Jr. (BUDD BOETTICHER) • *Sc.* Audrey Wisberg • *Phot.* George Meehan • *Int.* Otto Kruger (Paul Devon), Nina Foch (Ilene Carr), William Wright (Barry Malcolm), Konstantin Shayne (Fred Schiller), Ivan Triesault (Hausmer), Ernie Adams (George Smith), Mary Newton (Mrs. Devon).

Une jeune femme, Ilene Carr, rêve qu'elle voit sur le grand pont de San Francisco, par une nuit brumeuse, un homme sortant d'une voiture se faire poignarder par l'un de ses compagnons. Ce cauchemar l'a tellement terrifiée qu'elle hurle dans son lit à l'hôtel. Deux voisins accourent. L'un d'entre eux est la victime assassinée dans son rêve, Barry Malcolm. Ilene et lui se revoient. Barry est un agent secret qui a pour mission de porter à Hongkong une enveloppe contenant un plan de lutte contre les Japonais qui pourrait abréger la guerre. Deux espions montent dans sa voiture. Ilene les a vus et essaie de prévenir Barry, mais elle est renversée par une autre voiture et revoit alors un fragment de son rêve : les deux espions sont bien l'assassin de Barry et son complice. Après avoir vainement tenté de convaincre le supérieur de Barry des dangers que court ce dernier, elle se retrouve sur le pont comme dans son rêve. Mais juste avant que Barry ne soit poignardé, elle pousse un hurlement. Un policier arrive et les deux agresseurs s'enfuient. L'enveloppe de Barry est tombée dans la baie. Il va la réclamer à la police du port. Elle n'a pas été retrouvée. Ilene dit que dans son rêve elle a entendu une corne de brume. Pourquoi ne pas utiliser ce « renseignement » ? L'enveloppe a pu tomber sur le pont d'un bateau qui passait à ce moment-là. L'officier de police assure qu'aucun bateau n'a été vu à cette heure. Plus tard, il dira qu'il est effectivement passé un bateau mais qu'il se livrait à des manœuvres secrètes et qu'on n'avait pas le droit d'en parler. Barry reçoit un message contenant le nom du bateau, qu'il déchire aussitôt et dont Ilene recueille les morceaux. Elle tombe dans le piège d'une petite annonce proposant la restitution de l'objet perdu : se rendant à l'endroit indiqué, elle est capturée par les deux espions qui reconstituent le message qu'elle avait sur elle. L'un des espions, se faisant passer pour Barry, demande par téléphone qu'on lui fasse porter l'enveloppe ; mais c'est Barry lui-même qui la récupère et fait arrêter l'espion. Ilene a été enlevée et ses ravisseurs exigent l'enveloppe en échange de sa libération. Barry les contacte et se retrouve prisonnier avec Ilene dans une pièce où l'un des espions a laissé le gaz ouvert. Barry écrit avec le rouge à lèvres de la jeune femme « Hail Japan » sur une loupe d'horloger qui, une fois éclairée, reflétera le message dans la vitrine de la boutique sous laquelle ils sont enfermés. Des Chinois brisent la vitrine. Les deux prisonniers sont libres. Barry traque les espions et les abat. Sur le pont, Ilene lui confie qu'elle espère ne plus jamais refaire ce cauchemar.

☞ Une œuvre des débuts, assez obscurs, de Boetticher à la Columbia. L'intrigue, sans trop s'embarrasser de vraisemblance, présente une variation assez brillante sur le thème du rêve prémonitoire, développée dans un contexte proche du *serial* et du film d'espionnage. L'apparente neutralité et le flegme du style de Boetticher, parfois excessifs et agaçants dans ses westerns, servent au maximum le caractère inquiétant de l'histoire racontée ici : une petite fiction noyée de violence et de brume qu'aurait aimée Borges car elle met en cause – et en doute – le principe de réalité. Tout au long du film, l'aspect fantastique de l'intrigue (où l'héroïne utilise les éléments d'un rêve pour modifier la réalité) et la petite dose d'inquiétude métaphysique qu'elle contient l'emportent sur l'action proprement dite, sur l'aspect « espionnage ». Sans égaler Jacques Tourneur et les productions Val Lewton, *Escape in the Fog,* au titre aussi évocateur que justifié, distille savamment un suspense qui continue bien au-delà du film terminé, puisqu'il a trait à la nature incertaine de l'univers.

## ESCLAVE LIBRE (L')
**(Band of Angels)**

1957 – USA (125') • *Prod.* Warner • *Réal.* RAOUL WALSH • *Sc.* John Twist, Ivan Goff, Ben Roberts d'ap. R. de Robert Penn Warren • *Phot.* Lucien Ballard (Warnercolor) • *Mus.* Max Steiner • *Int.* Clark Gable (Hamish Bond), Yvonne De Carlo (Amantha Starr), Sidney Poitier (Rau-Ru), Efrem Zimbalist, Jr. (Ethan Sears), Patric Knowles (Charles de Marigny), Rex Reason (Seth Parton), Torin Thatcher (capitaine Canavan), Andrea King (Miss Idell), Ray Teal (Mr. Calloway), Russell Evans (Jimmie), Carole Drake (Michele), Noreen Corcoran (Amantha enfant).

Au Kentucky, dans les années 1850, la petite Amantha Starr est élevée par son père, un planteur veuf qui n'a jamais maltraité ses esclaves noirs. Amantha va ensuite faire ses études à la ville dans un pensionnat de jeunes filles où elle s'amourache du pasteur Seth Parton, un adversaire acharné de l'esclavage. Elle y restera jusqu'à la mort de son père. Lors de l'enterrement de celui-ci, elle apprend avec stupeur qu'il n'a laissé que des dettes. Il avait légué son domaine et sa demeure à sa maîtresse, Miss Idell, la directrice du pensionnat d'Amantha. Et c'est le commerçant Calloway qui s'occupera de la vente des esclaves dont il est maintenant propriétaire. La stupéfaction d'Amantha est à son comble quand on lui annonce sans ménagement que sa mère était une esclave noire appartenant à son père et qu'en conséquence elle-même sera vendue comme esclave avec les autres Noirs. Calloway l'emmène vers la Nouvelle-Orléans en bateau et entend bien partager sa cabine et sa couche. Pour éviter cette humiliation, Amantha tente de se pendre durant la traversée. Calloway la sauvera du suicide, épisode qui met fin à ses ardeurs. A la Nouvelle-Orléans, Amantha est achetée 5 000 dollars par le planteur Hamish Bond. Elle occupera dans sa maison une chambre qui lui est réservée et sera traitée avec les égards qu'on a pour une invitée. Hamish lui dit qu'il l'a achetée pour lui éviter de tomber entre les mains d'un acquéreur peu recommandable. La gouvernante de la maison, Michèle, est amoureuse de son maître et donne à Amantha de l'argent pour qu'elle s'enfuie. Mais sur le chemin du port, Amantha rencontre Rau-Ru, le jeune intendant noir d'Hamish qui l'a élevé comme son fils, et elle doit rebrousser chemin. Par un soir d'orage, Hamish reçoit la visite de son vieil ami, le marin Canavan, et tous deux évoquent des souvenirs. Durant cette même nuit, Hamish va fermer la fenêtre de la chambre d'Amantha et échangera avec elle un baiser passionné. Un bateau les emmène jusqu'à La Pointe du Loup, celle de ses plantations que Hamish préfère. Il donne à Amantha sa liberté mais, au dernier moment, elle préfère rester avec lui. Il s'absente pour aller visiter sa plantation de Belle Hélène. Amantha apprend de la bouche de Rau-Ru qu'il hait son protecteur. La bonté que celui-ci lui a toujours témoignée a renforcé, selon lui, la servitude dans laquelle il se trouve. Un voisin, Charles de Marigny, fait à Amantha une cour pressante et désobligeante pour elle. Marigny et Rau-Ru en viennent aux mains ; Rau-Ru doit prendre la fuite pour avoir frappé un Blanc. A son retour, Hamish propose un duel au pistolet à Marigny qui, dans son extrême lâcheté, refusera de l'affronter. Rau-Ru et d'autres Noirs s'organisent en bandes et appuient l'action des soldats nordistes de plus en plus nombreux dans la région. Bravant l'interdiction des Nordistes, Hamish brûle comme ses voisins sa plantation afin qu'elle ne tombe pas entre des mains ennemies. Amantha voudrait que Hamish l'épouse. Il lui dit que c'est impossible et lui raconte son passé de négrier en Afrique. Atterrée par ces révélations, Amantha décide de retourner à la Nouvelle-Orléans. Le jour de son départ, les Noirs de la plantation chantent en son honneur. Recherché pour avoir contrevenu aux ordres des Nordistes, Hamish n'a d'autre issue que la fuite. A la Nouvelle-Orléans, où elle donne des leçons de musique, Amantha suscite la passion du jeune lieutenant nordiste Ethan Sears. Elle revoit aussi le pasteur Parton qui lui reproche d'avoir caché à Sears qu'elle est métisse. Dévoré de passion, il se jette sur elle. Amantha rejoint la maison de Hamish où Rau-Ru règne maintenant en maître. Hamish se cache à la plantation de Belle Hélène. Rau-Ru vient le capturer, revolver à la main. Évoquant le passé, rappelant à Rau-Ru qu'il l'avait sauvé de la mort en Afrique alors qu'il était bébé, Hamish persuade le jeune homme de le laisser fuir. D'autres soldats surgissent. Rau-Ru doit mettre les menottes à Hamish, mais laisse la clé dessus. Hamish saura profiter de ce cadeau et échappera à ses gardiens pour rejoindre avec Amantha le bateau de Canavan qui les conduira vers d'autres cieux...

☞ Le film romanesque par excellence. Profusion et rigueur caractérisent les événements et les péripéties de l'intrigue. La profusion recrée un monde – le Sud de la Guerre Civile – tandis que la rigueur aide les personnages à émerger de cette profusion pour acquérir individualité et épaisseur. Comme souvent chez Walsh, les deux personnages principaux sont amenés à se détacher d'un monde qui semblait le leur mais auquel, en réalité, ils n'avaient jamais appartenu tout à fait. Planteur solidaire de ses voisins sudistes, Hamish Bond est en fait un marin yankee s'étant autrefois sali les mains dans la traite des Noirs. Son nom même est d'emprunt et il l'a volé à un capitaine dont il était le second. Par la goutte de sang noir qui circule dans ses veines, la métisse Amantha n'est pas plus chez elle du côté des Noirs que du côté des Blancs. Ce déclassement secret des deux héros les renvoie puissamment, sans même qu'ils en soient conscients, l'un vers l'autre et suscite l'une des plus riches et plus subtiles *love stories* du cinéma américain. Elle prend souvent l'aspect d'une suite d'épreuves que les personnages s'imposent à eux-mêmes ou imposent à leur partenaire. Chez Hamish Bond, comme chez beaucoup de héros walshiens d'après-guerre, la mémoire joue un rôle considérable et enferme une grande part du personnage dans la prison de son passé. Un passé tourmenté qu'il ne peut ni ne veut renier. Walsh exprime cette influence de la mémoire sans ruse, sans pathos, et sans même avoir besoin de flash-back. Il lui suffit de deux décors étroits, un patio, une chambre (scènes admirables de la visite du marin et des aveux d'Hamish à Amantha) pour faire ressurgir et éclater les souvenirs des personnages comme une tempête. Tant sur le plan plastique que dramatique, la maîtrise, la tranquille maturité du style de Walsh apparaissent constamment dans sa manière d'évoquer avec recul un univers en rupture sur lequel passe le vent de l'Histoire, ou bien quand il désigne avec retenue mais précision les tourments, les blessures secrètes des personnages. A ces personnages il tient à donner ici, au moment où tout semblait perdu pour eux, un second souffle ; on ne saurait le confondre avec le happy end conventionnel de certaines fictions hollywoodiennes. Sans être un des sommets de l'œuvre de Walsh, *Band of Angels* est cependant indispensable à la connaissance de l'univers intime du cinéaste.

N.B. Le film a été souvent comparé à *Autant en emporte le vent** et enterré sous ces comparaisons. Le propos et l'ambition des deux œuvres sont pourtant sans commune mesure, comme le sont d'ailleurs les matériaux littéraires qui leur servent de base. Un abîme sépare en effet le roman de Margaret Mitchell et celui de Robert Penn Warren, un écrivain que beaucoup n'hésitent pas à comparer à Faulkner.

## ESCONDIDA (LA) (id.)

1956 – Mexique (103') • *Prod.* Alfa Films • *Réal.* ROBERTO GAVALDON • *Sc.* José Revueltas, Roberto Gavaldon, Gunther Gerzso d'ap. R. de Michel N. Lira • *Phot.* Gabriel Figueroa (Eastmancolor) • *Mus.* Raül Lavista • *Int.* Maria Félix (Gabriela), Pedro Armendariz (Felipe Rojano), Andres Soler (le général Nemesio Garza), Arturo Martinez (Don Cosme), Jorge Martinez de Hoyos (Maximo Tepal), Domingo Soler (Tata Agustino), Carlos Agosti (Octavio Montero), Sara Guash (Hortensia), Miguel Manzano (Chente), Rafael Alcayde (Don Esteban).

Mexique, 1909, sous la dictature de Porfirio Diaz. Gabriela, vendeuse de rafraîchissements dans une petite gare, confie à son fiancé, le péon Felipe, qu'elle ne peut souffrir plus longtemps sa vie de misère. Dans l'hacienda où il travaille, Felipe voit plusieurs de ses camarades arrêtés pour menées subversives. L'un d'entre eux, qui fuyait, est abattu. Gabriela est arrêtée à son tour pour vol. Elle a pris une somme d'argent au patron afin de pouvoir partir avec Felipe, chargé d'aller préparer un soulèvement avec un médecin libéral. Felipe s'accuse du vol à sa place et bénéficie d'une mesure de « clémence » du patron : il sera enrégimenté dans l'armée pour deux ans. Quand il revient au village lors d'une permission, il apprend qu'au lieu de l'attendre Gabriela est partie avec un « monsieur » de la ville. A partir de ce moment, Felipe se jettera avec d'autant plus d'ardeur et de violence dans la lutte révolutionnaire. Il reverra Gabriela dans la demeure du nouveau gouverneur, dont elle est la maîtresse « clandestine » (*escondida*). Lors d'un voyage en train à travers la province, le gouverneur tend un piège aux révolutionnaires. Il agite le drapeau blanc tandis que des soldats armés, cachés dans le convoi, sortent des wagons et font un massacre. Felipe est prisonnier mais des renforts arrivent et le libèrent. Gabriela, qui n'avait que mépris pour le gouverneur, l'a abattu. Felipe la frappe, mais ne saurait la tuer, et ils deviennent amants. Diaz a démissionné (1911). Promu général dans l'armée du gouverneur de Madero, Felipe ne peut empêcher le départ de son meilleur lieutenant. Celui-ci va se rallier à Zapata pour continuer la lutte. Felipe ne tarde pas à en faire autant. Il attaque un convoi ferroviaire dans lequel il ignore qu'a pris place Gabriela, qui avait décidé de le quitter. Il ne retrouvera que son cadavre.

☞ Gavaldon traite cet épisode de la libération du Mexique en essayant de lui conserver une double dimension : individuelle et collective. Pour exprimer la première, le film obéit aux règles du mélodrame et du récit romanesque. Pour rendre justice à la seconde, il vise à être une fresque épique. Trop ambitieux, Gavaldon ne maîtrise ni l'un ni l'autre aspect et le film, sans être dénué de talent, reste le plus souvent bâtard et académique. Intéressante photo de Figueroa qui utilise la couleur (très belle dans les scènes nocturnes) de manière à privilégier le mouvement par rapport à la composition statique.

## ESPION (L')
## (The Thief)

1952 – USA (86') • *Prod.* UA – Fran Productions (Harry M. Popkin. Clarence Greene) • *Réal.* RUSSELL ROUSE • *Sc.* Clarence Greene, Russell Rouse • *Phot.* Sam Leavitt • *Mus.* Herschel Burke Gilbert • *Int.* Ray Milland (Allan Fields), Martin Gabel (Mr. Bleek), Rita Gam (la fille), Harry Bronson (Harris), John McKutcheon (Dr Linstrum), Rita Vale (Miss Philips), Rex O'Malley (Beal).

A Washington, Allan Fields, un physicien travaillant pour l'Atomic Energy Commission photographie des documents secrets dans son bureau ou dans celui de ses confrères. Il remet les clichés dans une bibliothèque publique à un espion avec lequel il correspond par des sonneries de téléphone. Ensuite, grâce à une chaîne de passeurs, les documents s'envolent vers l'Est. Fields voudrait arrêter ce travail, mais est obligé de continuer. Un des passeurs est mortellement blessé lors d'un accident de la circulation. Dans sa main, un policier trouve une livraison de microfilms. Le FBI enquête et bientôt tous les employés du service où travaille Fields sont surveillés et suivis. Fields échappe à cette surveillance et, obéissant à des consignes données par son réseau, se rend à New York en voiture et s'installe dans un meublé d'un quartier pauvre. Les agents du FBI retrouvent peu à peu sa trace. Il a rendez-vous à l'Empire State Building avec une femme qui doit lui remettre de faux papiers et une place réservée à son intention sur un cargo en partance pour Le Caire. Elle est suivie. Fields tente d'échapper à l'agent du FBI qui l'a pris en chasse à son tour en grimpant jusqu'au sommet du building. Là, il tuera accidentellement son poursuivant en essayant de se débarrasser de lui. Au lieu de partir pour l'Europe, Fields préférera au dernier moment aller se rendre au FBI.

☞ Récit d'espionnage anti-communiste filmé dans l'atmosphère déprimante et les violents contrastes visuels du *film noir, The Thief* est surtout célèbre pour son absence totale de dialogue. Ce parti pris donne au film une tournure expérimentale – virtuosité mêlée d'une certaine gratuité – semblable à celle, par exemple, de *Lady in the Lake* (Robert Montgomery, 1946), basé sur l'emploi systématique de la caméra subjective. Mais dans *The Thief,* l'expressivité finalement l'emporte sur la gratuité. Cette absence de dialogue reflète d'abord, en la concrétisant au maximum, la dictature du secret régnant par définition sur le monde de l'espionnage. Elle accentue aussi certaines caractéristiques psychologiques et morales des personnages évoluant dans l'univers asphyxié du *film noir* : la solitude, l'anxiété, la claustrophobie, la passivité (mises en valeur, à leur paroxysme, par des plongées verticales). Le réalisme des extérieurs à Washington et à New York donne en outre un aspect de cauchemar à tout l'itinéraire du héros, enserré dans les directives de son réseau, puis traqué par les agents du FBI. Belle interprétation de Ray Milland (assez proche de celle de *The Lost Weekend**, Billy Wilder, 1945). L'acteur incarne à la fois une sorte de M. Tout-le-Monde tombé par faiblesse dans le monde kafkaïen de l'espionnage et un névrosé occasionnel que sa faiblesse et son humanité empêchent de pouvoir subir sans dommage les pressions qui s'exercent sur lui. On le verra même, après son crime involontaire, avoir une crise de nerfs et de larmes tout à fait étonnante. On a ainsi une preuve de l'éclectisme de cet acteur, capable de triompher dans des rôles humains et torturés comme celui qu'il interprète ici ou de donner un relief inoubliable à des personnages cyniques, sataniques, en pleine possession de leurs moyens quelles que soient les circonstances (cf. *Dial M for Murder**, Hitchcock, 1954 ou *Alias Nick Beal*, John Farrow, 1949, où il incarne tout simplement le Diable). Les qualités de l'acteur équilibrent heureusement ici ce que le parti pris du silence pouvait avoir d'artificiel, de scolaire et de trop systématique. Le film représentait, on s'en doute, pour le compositeur qui en avait la charge, une occasion exceptionnelle de donner libre cours à son talent pendant 90'. On regrette d'autant plus que le grand musicien qu'est Herschel Burke Gilbert n'en ait pas mieux profité. Le commentaire musical, trop abondant, déçoit de la part de l'adaptateur de *Carmen Jones**, du compositeur admirable de *The Naked Dawn** et de *Beyond a Reasonable Doubt**.

## ESPIONS (LES)
**(Spione)**

1928 – Allemagne (4 364 m) • *Prod.* UFA (Fritz Lang) • *Réal.* FRITZ LANG • *Sc.* Fritz Lang, Thea von Harbou, d'ap. le R. de Thea von Harbou • *Phot.* Fritz Arno Wagner • *Int.* Rudolph Klein-Rogge (Haighi), Gerda Maurus (Sonia), Lien Deyers (Kitty), Louis Ralph (Morrier), Craighall Sherry (le chef de police Jason), Willy Fritsch (n° 326, détective), Paul Horbiger (Franz, le chauffeur), Lupu Pick (Dr Masimoto), Fritz Rasp (le colonel Jellusic).

Depuis l'appartement secret de sa grande banque située dans une capitale européenne, Haighi, un (faux) infirme, dirige un groupe d'espions spécialisés dans le vol de documents et de secrets d'État. Une des créatures de Haighi, Sonia, émigrée russe cherchant à venger la mort de son frère et de son père causée par le tsar, a séduit le capitaine Jellusic afin de lui acheter des documents importants. Haighi oblige ensuite Sonia, de plus en plus réticente devant ce genre de besogne, à entrer dans l'intimité de l'agent 326, le meilleur élément dont dispose le chef des services secrets, Burton Jason, pour lutter contre l'organisation de Haighi. Sonia feint d'avoir abattu, en légitime défense, un agresseur et se réfugie chez l'agent 326. Ils tombent amoureux l'un de l'autre. Sonia veut cesser définitivement de subir l'emprise de Haighi et de travailler pour lui. Haighi lance une autre de ses employées, Kitty, sur les traces du Dr Masimoto, un diplomate japonais. Celui-ci recueille Kitty durant une nuit pluvieuse, alors qu'elle semble abandonnée. Ayant obtenu de Jellusic ce qu'il voulait, Haighi le dénonce à ses chefs : ils lui remettent un revolver pour qu'il se suicide. A l'ambassade du Japon, un traité secret d'une importance vitale pour ce pays est signé. S'il tombait entre des mains ennemies, une guerre inévitable s'en suivrait. Haighi veut s'emparer du document. Masimoto donne les trois exemplaires du traité à trois compatriotes qui ont chacun la responsabilité de les faire parvenir jusqu'au Japon. Les hommes de Haighi s'emparent des documents mais, à la consternation de leur chef, ce ne sont que des papiers sans valeur. En réalité, Masimoto détient l'unique traité original. Mais sa « protégée » Kitty le lui dérobe et le remet à Haighi. Masimoto se fait hara-kiri. L'agent 326 télégraphie à son chef de remonter la filière des billets reçus par Jellusic. Le sachant sur la bonne piste, Haighi veut se débarrasser de « 326 » à tout prix. Ses hommes détachent du reste du convoi le wagon où il avait pris place dans l'Europe-Express. Puis ils lancent un train contre ce wagon immobilisé dans un tunnel. Sonia, qui avait accepté de faire passer le traité à l'étranger à condition que Haighi ne tente rien contre « 326 », réussit à le sauver des décombres. Les responsables de la catastrophe criminelle sont poursuivis et arrêtés. La banque de Haighi est fouillée. Haighi retient Sonia prisonnière dans son appartement secret. « 326 » réussit à la délivrer. Toute la bande, cachée dans les sous-sols de la banque, est arrêtée. La police a découvert que Haighi se dissimule sous l'identité du clown Nemo. Un soir, Nemo, faisant son numéro, s'aperçoit que la salle et les coulisses sont remplies de policiers. Il se tire une balle dans la tête avant de crier : « Rideau ! ». Le public, croyant assister au gag final du numéro, applaudit.

☞ Premier film entièrement produit par Lang avec une volonté d'économie qui contraste avec *Metropolis** et renforce dans son style l'emploi de la litote et du détail significatif. Basé sur des événements réels en dépit de son allure feuilletonesque (Jellusic serait une transposition du célèbre colonel Redl), cet avant-dernier film muet de Lang est surtout une œuvre de transition. Les méandres du scénario de Thea von Harbou n'ont pas toujours ce caractère de nécessité absolue propre aux chefs-d'œuvre langiens, mais le film est passionnant parce qu'on y voit le style de Lang progresser vers ce réalisme abstrait qui triomphera dans sa période américaine. Le réalisme n'existe chez Lang que pour faire passer l'abstraction et, dans ce but, s'allie ici admirablement avec un certain behaviourisme inquiétant et fascinant. La personnalité des héros, leur relief et leur mystère ne s'expriment plus que par leurs actes. L'épine dorsale du film est désormais l'intrigue, et l'intrigue seule, c'est-à-dire le récit minutieux, intime et mouvementé des affres, des passions, des perversions subies et vécues par les personnages. La séquence de la catastrophe ferroviaire et celle (géniale) du suicide du clown sur la scène n'ont presque plus rien à voir avec le cinéma allemand, qu'il s'agisse de l'expressionnisme ou du romantisme épique des grandes fresques germaniques. Sèches et brutales, ces séquences sont comme projetées vers le futur de l'œuvre de Lang et annoncent sa carrière américaine.

## ESPIONS SUR LA TAMISE
**(Ministry of Fear)**

1944 – USA (92') • *Prod.* PAR. (Seton I. Miller) • *Réal.* FRITZ LANG • *Sc.* Seton I. Miller d'ap. R. de Graham Greene • *Phot.* Henry Sharp • *Mus.* Victor Young • *Int.* Ray Milland (Stephen Neale), Marjorie Reynolds (Carla Hilfe), Carl Esmond (Willi Hilfe), Dan Duryea (Cost), Hillary Brooke (Mrs. Bellane), Erskine Sanford (le détective Rennit), Percy Waram (l'inspecteur Prentice), Alan Napier (Dr Forrester), Aminta Dyne (la voyante), Eustace Wyatt (le faux aveugle).

L'Angleterre pendant la Seconde Guerre mondiale. Emprisonné pendant deux ans dans l'asile de Lembridge pour avoir été soupçonné de vouloir pratiquer l'euthanasie sur sa femme qui s'est tuée avec un poison qu'il avait acheté pour elle, Stephen Neale attend impatiemment l'heure de sa libération. Quand enfin elle a sonné, il se dirige vers la gare et achète un billet pour Londres. La musique joyeuse d'une kermesse organisée par l'association de bienfaisance « Mothers of the Free Nations » attire son attention. Il y gagne un gâteau qui sera le début de ses nouveaux malheurs, car il contient un microfilm. Dans le compartiment où il a pris place, un (faux) aveugle l'assomme et s'empare du gâteau, puis saute du train immobilisé par un bombardement. Neale le poursuit. Le faux aveugle tire à plusieurs reprises sur lui et Neale ne devra son salut qu'à l'explosion d'une bombe qui pulvérise la cabane où se trouvait son agresseur. A Londres, Neale mène son enquête au siège de « Mothers of Free Nations ». Avec l'aide d'une jeune employée autrichienne de l'association, Carla Hilfe, il découvre qu'elle abritait – sans le savoir – un réseau d'espions au service des nazis. Le réseau est dirigé par le propre frère de Carla, que celle-ci abattra de ses propres mains. En voiture, Stephen et Carla parlent de leur prochain mariage. Carla veut un énorme gâteau. "Un gâteau !" s'écrie Stephen, horrifié.

☞ Après ses deux westerns, c'est le premier film américain de Lang qu'on puisse juger a priori dépourvu de toute ambition apparente. Lang doit recréer sa thématique et son style à l'intérieur d'un genre ultra-codifié et il y parvient superbement. L'adaptation assez superficielle de Graham Greene qu'il doit filmer le met au défi de redevenir lui-même à partir d'un matériau de second ordre. Après avoir longuement contemplé une horloge qui pourrait sortir des *Trois Lumières**, le héros de

*Ministry of Fear* ne se libère d'une prison que pour entrer dans une autre, n'échappe à un piège que pour tomber dans un autre. Les univers qu'il va traverser gardent un caractère onirique qui assimile son aventure à un rêve, ou plutôt à un demi-cauchemar, et met constamment en doute la réalité de ce qu'il voit. La mise en scène géométrique de Lang abandonne la lourdeur expressive de l'expressionnisme pour allier avec génie la gravité des motifs et du fond et une légèreté paradoxale de la forme. Ici, c'est la fluidité du récit, les bifurcations continuelles du héros vers de nouveaux décors, pareils aux allées multiples d'un labyrinthe, c'est la sensation qu'il a de l'omniprésence de ses ennemis, apparaissant et disparaissant comme les figurines d'un théâtre d'ombres, qui sont chargées de distiller l'inquiétude et le brouillard dont l'intrigue est enveloppée. Néanmoins l'œuvre de Lang n'a pas encore viré intégralement au noir et l'auteur se paie le luxe de dessiner avec sensibilité et délicatesse une « love story » dont le plus beau moment se déroule dans le métro, lors d'une alerte. L'atmosphère de confiance totale qui s'établit alors entre les deux personnages – sorte de paradis au milieu de l'enfer – renoue en mineur, et en moins tragique, avec l'intensité des relations existant entre Spencer Tracy et Sylvia Sidney dans *Fury**, entre Henry Fonda et la même Sylvia Sidney dans *You Only Live Once**.

## ET DIEU CRÉA LA FEMME

1956 – France (80') • *Prod.* Iéna-UCIL - Cocinor • *Réal.* ROGER VADIM • *Sc.* Roger Vadim, Raoul Lévy • *Phot.* Armand Thirard (Eastmancolor, Cinémascope) • *Mus.* Paul Misraki • *Int.* Brigitte Bardot (Juliette Hardy), Curd Jürgens (Carradine), Christian Marquand (Antoine Tardieu), Jean-Louis Trintignant (Michel Tardieu), Georges Poujouly (Christian Tardieu), Marie Glory (Mme Tardieu), Jane Marken (Mme Morin), Jean Tissier (Marcel Vigier-Lefranc), Isabelle Corey (Lucienne).

A Saint-Tropez, une jeune orpheline, Juliette, évolue parmi trois hommes qui la convoitent : Michel travaillant avec sa famille sur un carénage, son frère Antoine plus mûr et plus aventurier, et un quinquagénaire étranger, Carradine, promoteur et directeur de boîte de nuit, qui veut bâtir un casino et un hôtel de luxe sur la plage. Juliette épousera le premier pour échapper à l'orphelinat, se laissera prendre par le deuxième et se refusera au troisième. *In fine,* elle découvre qu'elle aime son mari.

☞ C'est ici le début de ce qu'on a appelé le « mythe » Brigitte Bardot. Il fallait que le cinéma français de l'époque fût bien sclérosé, poussiéreux et puritain pour que le personnage à l'eau de rose de Juliette incarné par Bardot devienne le symbole cinématographique d'une certaine libération psychologique et sexuelle de la femme. Il fallait aussi que la personnalité de l'actrice fût passablement forte pour émerger d'une intrigue dont les personnages, les dialogues et la mise en scène paraissent aujourd'hui d'une niaiserie et d'une maladresse confondantes (la palme revient au personnage de premier communiant de Jean-Louis Trintignant se mettant tout à coup à jouer du revolver). A l'évidence, c'est Bardot qui fut le Pygmalion de Vadim, et non l'inverse. Historiquement, Vadim figure avec ce film parmi les trois précurseurs principaux de la Nouvelle Vague. Le succès international de *Et Dieu créa la femme* incita en effet les producteurs à considérer d'un œil plus favorable les talents en herbe. Les deux autres précurseurs furent Alexandre Astruc dont *Les mauvaises rencontres* (1955), film peu réussi, impressionna cependant par son ambition formelle, son inspiration wellesienne, les tenants de la Nouvelle Vague issus des « Cahiers du cinéma », et Jean-Pierre Melville qui, dans *Bob le Flambeur** (1956), prouva qu'on pouvait injecter une bonne dose de nouveauté et de spontanéité dans un genre traditionnel. Remake américain par Vadim lui-même (*And God Created Woman*, 1988) avec Rebecca De Mornay.

BIBLIO. : scénario et dialogues *in* « L'Avant-Scène » n° 20 (1962).

## E.T., L'EXTRA-TERRESTRE (E.T. The Extra-Terrestrial)

1982 – USA (115') • *Prod.* U (Steven Spielberg, Kathleen Kennedy • *Réal.* STEVEN SPIELBERG • *Sc.* Melissa Mathison • *Phot.* Allen Daviau (DeLuxe Color, Panavision 70 mm) • *Eff. spéc.* Dennis Muren (créateur d'E.T. : Carlo Rambaldi) • *Mus.* John Williams • *Int.* Dee Wallace (Mary), Henry Thomas (Elliott), Peter Coyote (« Clefs »), Robert MacNaughton (Michael), Drew Barrymore (Gertie), K.C. Martel (Greg), Sean Frye (Steve), Tom Howell (Tyler).

Dans une banlieue californienne, un extra-terrestre, E.T., n'ayant pu remonter à temps avec les siens dans son vaisseau spatial, est recueilli par Elliott, un enfant de dix ans qui vit avec sa mère Mary (récemment abandonnée par son mari), son frère aîné Michael et sa sœur Gertie. Elliott s'occupe d'E.T. en le dissimulant aux adultes. L'extra-terrestre et l'enfant arrivent rapidement à communiquer, à se comprendre et à s'aimer. Ils vivent bientôt en symbiose totale, E.T. ressentant en même temps qu'Elliott chacune de ses émotions. E.T. est par ailleurs doté de pouvoirs tels que lévitation, cicatrisation des plaies, etc. Il désire ardemment retourner chez lui et construit à cet effet un radar pour entrer en communication avec les siens. Une nuit, il disparaît et sera retrouvé malade, agonisant, par le frère d'Elliott. Les autorités s'emparent d'E.T. et, après lui avoir administré quelques soins inutiles, le considèrent comme mort. Seul Elliott s'aperçoit qu'il est vivant. Avec l'aide de quelques enfants de son entourage, il le conduira, talonné par les adultes, sur le lieu où le vaisseau spatial de ses frères de race qui ont capté son message a atterri pour venir le chercher.

☞ Il n'aura pas fallu longtemps à la créature conçue par l'Italien Carlo Rambaldi (qui a puisé son inspiration à la fois dans un portrait de femme peint par lui autrefois et dans la contemplation de son chat) pour grimper au sommet du box-office de tous les temps. Sur le plan du scénario et du message, le film est d'une grande adresse. Il fait la leçon aux adultes (qui sont un peu les « méchants », les Indiens de ce western-là) à travers un personnage d'enfant avec qui tout le public – enfantin et adulte – est ravi de s'identifier. Quant au contenu proprement dit du message, si à la mode en ce moment, – respect de l'autre et de toutes les différences – il était déjà intégralement contenu dans *The Man From Planet X** d'Edgar Ulmer (1950), un film autrement génial que celui-ci. D'ailleurs Spielberg, qui, comme la plupart des cinéastes américains de sa génération (Carpenter, Dante, Landis) est un cinéphile, n'a pas caché sa dette envers son illustre devancier. Sur le plan du style, on ne peut que constater, par rapport à ses premiers films, une déperdition considérable de vigueur et un net affadissement. La lenteur, la lourdeur du récit sont en outre accentuées par l'exécrable musique de John Williams. Spielberg, qui dans *Duel** était un maître de la cruauté et du malaise, est en passe de devenir un maître de la mièvrerie, de l'angélisme et de la bonne conscience. Au moins dans E.T. l'humour compense-t-il pour une part la mièvrerie. Dans *La couleur pourpre* (*The Color Purple,* 1985), il n'y a plus d'humour du tout.

BIBLIO. : Pierre Brousseau : « La fantastique histoire du film *E.T.* et d'autres films de science-fiction », France-Empire, 1983 (hagiographie parfois cocasse relatant la genèse du film et certaines habitudes du réalisateur).

## ÉTOFFE DES HÉROS (L') (The Right Stuff)

1983 – USA (192') • *Prod.* Warner (Irwin Winkler – Robert Chartoff) • *Réal.* PHILIP KAUFMAN • *Sc.* Philip Kaufman d'ap. le livre de Tom Wolfe • *Phot.* Caleb Deschanel (Technicolor) • *Mus.* Bill Conti • *Int.* Sam Shepard (Chuck Yeager), Scott Glenn (Alan Shepard), Ed Harris (John Glenn), Dennis Quaid (Gordon Cooper), Fred Ward (Gus Grissom), Barbara Hershey (Glennis Yeager), Kim Stanley (Pancho Barnes), Veronica Cartwright (Betty Grissom), Pamela Reed (Trudy Cooper), Scott Paulin (Deke Slayton), Marie Joe Deschanel (Annie Glenn), Charles Frank (Scott Carpenter), Lance Henriksen (Wally Schirra), Donald Moffat (Lyndon B. Johnson), Levon Helm (Jack Ridley).

D'octobre 1947, date à laquelle Chuck Yeager ayant franchi le mur du son devint le pilote le plus rapide du monde, à mai 1963, date de la dernière mission solitaire d'un vaisseau du projet Mercury (avec Gordon Cooper à son bord), une histoire panoramique des progrès de l'Armée de l'air américaine dans son exploration de l'espace.

☞ Le film exprime simultanément deux points de vue sur son sujet : nostalgie et exaltation (sobre) dans la description de l'ère des grands pionniers solitaires, le plus souvent ignorés du grand public ; ironie et esprit critique dans la description de l'ère contemporaine. Autrefois le pilote était seul maître à bord avant et pendant l'opération. Ensuite, à cause de la complexité du matériel employé, il eut à peine un droit de regard sur les préparatifs et ne disposa pratiquement plus d'aucune liberté, d'aucune initiative durant le vol lui-même. Les missions spatiales se mirent à ressembler, eu égard à la passivité forcée de ceux qui les accomplissent, à des missions-suicides. Cette dualité de points de vue fait la richesse du film sans nuire à son unité. Elle a, dans une certaine mesure, éloigné de lui le grand public, de plus en plus attiré par des œuvres monolithiques et dépourvues de toute subtilité. Et *The Right Stuff* qui méritait un triomphe mondial n'a pas eu tout à fait le succès escompté. La mise en scène de Kaufman, classique, mesurée, lumineuse, sereine, évite l'esbroufe et le flou. Elle se veut héritière des grands classiques américains, de Hawks en particulier, tout en conservant ce qu'il y a de plus précieux – le sens critique, une certaine dérision discrète – dans l'œuvre, par exemple, d'un Robert Altman. Sur le plan de l'interprétation, le film est particulièrement brillant. Kaufman a rassemblé dans sa distribution quelques-uns des meilleurs talents actuels du cinéma américain. A leur tête, une admirable composition de Sam Shepard, sorte de Gary Cooper moderne. S'il est permis de se montrer réservé à l'égard des écrits (théâtre et scénarios) de Sam Shepard, son talent d'acteur n'est pas sujet à caution et il faut espérer qu'il puisse se développer harmonieusement dans les années à venir. Rappelons que Sam Shepard a joué jusqu'ici dans deux autres excellents films : *Frances* (Graeme Clifford, 1982), une biographie très réussie de l'actrice Frances Farmer, surtout dans la partie traitant de ses problèmes psychologiques et de ses démêlés avec le corps médical, et *Country* (Richard Pearce, 1984), une évocation quasi documentaire des difficultés des agriculteurs américains d'aujourd'hui.

## ÉTOILE CACHÉE PAR LES NUAGES (L')/ÉTOILE CACHÉE

**(Meghe Dhaka Tara)**

1960 (sortie en France : 1990) – Inde (120') •*Prod.* Chitrakalpa • *Réal.* RITWIK GHATAK • *Sc.* Ritwik Ghatak d'ap. R. de Shaktipada Rajguru • *Phot.* Dinen Gupta • *Mus.* Jyotivinda Moitra • *Int.* Supriya Chowdhury (Nita), Anil Chatterjee (Shankar), Gita Ghatak (Guita), Bijon Bhattacharya (le père), Gyanesh Mukherjee.

Après la Partition, une famille de réfugiés du Bengale de l'Est vit misérablement à la périphérie de Calcutta. Le père, instituteur, est immobilisé après une fracture et devient peu à peu sénile. La mère passe son temps à ronchonner après tout le monde. Le fils aîné, Shankar, croyant en son génie de chanteur, vit de petits emprunts en attendant la réussite. Le fils cadet abandonne ses études pour travailler en usine. Seule la fille aînée, Nita, qui donne des cours particuliers en même temps qu'elle poursuit ses études, rapporte un peu d'argent à la maison. Mais cela ne suffit pas. Elle doit bientôt abandonner, elle aussi, ses études et travailler dans un bureau. Ne pouvant se marier, car elle doit faire vivre sa famille, elle laisse sa sœur cadette, coquette et paresseuse, épouser Fanat, un diplômé en géographie. Celui-ci pourtant aimait Nita et était aimé d'elle. Il voudrait continuer ses recherches théoriques mais le besoin le pousse à travailler dans un grand magasin. Shankar, lassé d'être un parasite, part tenter sa chance à Bombay. Le fils cadet est écrasé par une machine à l'usine. Nita se démène afin de trouver le sang et l'argent nécessaires à ses soins. Elle ressent une fièvre permanente et a de fréquents étourdissements. Elle s'aperçoit bientôt qu'elle crache le sang. Elle le cache à sa famille. Le fils cadet, guéri, est repris par son patron avec une augmentation. Shankar revient de Bombay, ayant gagné la célébrité. Il découvre l'état de tuberculose avancé où se trouve sa sœur. Il arrange pour elle un séjour en montagne. Mais il est trop tard. Il lui rend visite une dernière fois à la montagne. De retour dans son quartier, il constate que tout le monde l'a oublié. Il aperçoit dans la rue une jeune fille, la sandale détachée par l'usure, qui pourrait bien ressembler à sa sœur.

☞ A l'aide de très nombreuses séquences, courtes et répétitives, mais qui apportent chaque fois un petit élément nouveau soit dans les faits, soit dans le ton, Ghatak décrit les difficultés croissantes d'une famille de réfugiés (il l'était lui-même) dont la plupart des membres vivent cette cruelle alternative : ou bien exploiter égoïstement le sacrifice des autres, ou bien renoncer à leurs ambitions profondes (l'étude, l'art, la recherche). Le ton du film passe progressivement d'une certaine ironie amusée à une crispation tragique où la colère lyrique et désespérée du cinéaste est de moins en moins contenue. C'est que l'enlisement de la famille, s'il est évité, ne le sera qu'au prix du sacrifice total de l'aînée. A noter que les personnages des films indiens acceptent beaucoup moins sereinement que ceux de Naruse ou de Mizoguchi de se résigner. Finissant par regretter son sacrifice et ce qu'elle appelle sa naïveté, l'héroïne de *L'étoile cachée* constatera tristement en parlant à ses proches : « Chacun à votre façon, vous vous êtes bien débrouillés. » Le sentiment qu'elle a de l'injustice de son destin et surtout l'amertume engendrée chez elle par une révolte trop tardive pour pouvoir être féconde donnent au film sa dimension spécifique. Pratiquant un cinéma de protestation entièrement tourné vers les problèmes contemporains, Ghatak reprend à son compte la frustration de ses personnages et particulièrement de celui de Nita. Il entend laisser le spectateur en plein malaise face à un échec et à une situation quasi désespérée pour lesquels il n'a aucune solution, aucun remède à proposer.

## ÉTRANGE RENDEZ-VOUS
### (Corridor of Mirrors)

1948 – Franco-anglais (105') • *Prod.* Globe Omnium Films – Apollo Films (Rudolph Cartier) • *Réal.* TERENCE YOUNG • *Sc.* Rudolph Cartier, Edana Romney d'ap. R. de Chris Massie • *Phot.* André Thomas • *Mus.* Georges Auric • *Int.* Eric Portman (Paul Mangin), Edana Romney (Mifanwy Conway), Barbara Mullen (Veronica), Hugh Sinclair (Oven Rhys), Bruce Belfrage (Sir David Conway), Joan Maude (Caroline Hart).

Les amours singulières et brèves d'une jeune Anglaise et d'un esthète, anciennement peintre, qui croit revivre avec elle de nos jours la passion de deux Vénitiens du XVIe siècle. Il finira exécuté pour un crime qu'il n'a pas commis, mais aurait pu commettre. Elle fera un mariage prosaïque qui la rendra heureuse.

☞ Ce premier film de Terence Young dépasse de beaucoup le niveau de ses productions ultérieures. C'est une œuvre inspirée, vénéneuse, extrêmement attachante. Pour une part, *Corridor of Mirrors* est un des films les plus authentiquement « wildiens » de l'histoire du cinéma. Le héros renferme en lui un peu des trois figures centrales du « Portrait de Dorian Gray » : l'artiste, l'assassin et l'homme qui se tient à distance du monde pour le scruter et le juger. Misogynie, platonisme, inquiétude caractérisent la relation qui unit le couple des héros, où la femme est constamment dominée par son partenaire, à la fois fascinée et façonnée par lui jusqu'à en perdre sa propre identité. Par ailleurs, c'est aussi un récit fantastique. Le héros avive sa prédilection pour le passé, « pays des certitudes », qu'il préfère au futur et même au présent. Le film traite ainsi, avec une intense poésie, de la réincarnation, de la réminiscence et de la soumission d'un esprit fort à ce qu'il croit être sa destinée, tissée selon lui dans la trame des siècles. L'interprétation froide et passionnée d'Eric Portman est superbe, au même titre que l'aspect plastique du film et que la musique de Georges Auric.

## ÉTRANGLEUR DE LA PLACE RILLINGTON (L')
### (10 Rillington Place)

1971 – USA (109') • *Prod.* COL. (Martin Ransohoff, Leslie Linder) • *Réal.* RICHARD FLEISCHER • *Sc.* Clive Exton d'ap. livre de Ludovic Kennedy • *Phot.* Dennys Coop (Eastmancolor) • *Mus.* John Dankworth • *Int.* Richard Attenborough (John Reginald Christie), Judy Geeson (Beryl Evans), John Hurt (Timothy John Evans), Pat Heywood (Mrs. Ethel Christie), Isobel Black (Alice), Miss Riley (Baby Geraldine), Phyllis McMahon (Muriel Eady).

Londres 1944. Une nuit, pendant le black-out, une femme se glisse dans une maison délabrée au fond d'une impasse sinistre. Elle est reçue par John Reginald Christie, policier suppléant, le crâne chauve et bosselé, la cinquantaine très décatie. Il va la « soigner » pour une bronchite en lui faisant respirer à l'aide d'un masque des vapeurs de gaz. Une fois qu'elle est asphyxiée, il se jette sur elle pour la violer, l'étrangle et enterre son cadavre dans son jardin où se trouve déjà un autre corps. En 1949, Christie a repris son travail de comptable. Il sous-loue le deuxième étage de sa maison à un jeune couple avec enfant, Timothy et Beryl Evans. Evans est un camionneur illettré et mythomane. Sa femme attend un second bébé et voudrait s'en débarrasser. Christie offre ses services. Il prévient John, qui lui fera néanmoins confiance, qu'il y a une chance sur dix que sa femme ne survive pas à l'intervention. Christie applique à Beryl son habituel traitement au gaz mais elle se débat et il doit l'assommer. Puis il la viole et l'étrangle comme ses autres victimes. Il annonce à Evans que l'opération a échoué et le pousse à prendre la fuite. Il se débarrassera, dit-il, du cadavre, et confiera le bébé à des amis ; en fait, il l'étranglera avec une cravate. Au bout de quelque temps, Evans, pris de remords, se rend à la police. Afin de couvrir Christie, il s'accuse d'avoir enterré sa femme. La police retrouve les deux corps. Evans apprend, hébété, que son bébé est mort et qu'on l'accuse des deux crimes. Au procès, ses mensonges et le fait qu'il ne puisse fournir aucune raison vraisemblable expliquant que Christie, qui l'accuse, ait tué les deux victimes, entraînent sa condamnation à mort. Il est pendu. Christie continue à « soigner » des femmes rencontrées ici et là dans des pubs. Sa femme, qui avait commencé à faire chambre à part durant le procès, se montre plus critique à son égard. Il la supprime. Il met des cadavres sous le plancher, dans les murs. Le chômage, la misère l'obligent à quitter la maison. Il séjourne dans plusieurs asiles. Les nouveaux locataires découvrent les cadavres. Christie sera arrêté, jugé et pendu ; Evans réhabilité.

☞ Aucun film peut-être n'a été capable depuis les débuts du cinéma de mettre le spectateur dans un tel état d'accablement. Quinze années de violences et d'horreurs cinématographiques en tous genres n'ont pas atténué l'éclat insoutenable de ce film, au demeurant très sobre visuellement. Ici, à juste titre, on peut parler de « voyage au bout de la nuit ». Œuvre expérimentale au sens propre, *10 Rillington Place* va plus loin qu'on ne l'avait fait avant lui dans la reconstitution minutieuse et impassible d'une réalité atroce et strictement vraie. (Le scénario est en effet tiré d'un fait divers dont le dénouement juridique contribua à l'abolition de la peine de mort en Grande-Bretagne.) Comme tous les grands cinéastes, Fleischer a d'abord le génie du lieu. Une description hyper-réaliste (au sens pictural du terme) de cette ruelle londonienne, mêlant studio et extérieurs (tournés sur place) va cerner l'espace où agit le tueur. Cloporte, être particulièrement disgracié, qu'on peut trouver monstrueusement bête (c'est l'un des points de vue adoptés par Jacques Goimard dans une intéressante critique du film parue *in* « Positif » n° 136), il défiera cependant la police, la justice et les plus hautes instances administratives britanniques en les rendant pour ainsi dire complices de ses crimes par l'intermédiaire d'une monumentale erreur judiciaire. La bêtise, si bêtise il y a, a ici un pouvoir démiurgique absolument terrifiant. De quoi est-elle alors le reflet ? Dans ce lieu abandonné des dieux, situé pourtant au cœur d'un pays civilisé, Fleischer observe l'interaction fatale de divers résidus et échecs de la civilisation : la misère, l'analphabétisme, le dégoût de soi-même et de son environnement (qui incline par exemple Evans à la mythomanie), l'ignorance poussée chez les victimes jusqu'à la disparition de l'instinct de conservation. Ces éléments rendirent possibles les entreprises de Christie, sans oublier les carences de la justice face à une réalité si opaque qu'elle échappait aux schémas connus. Le film ne veut contenir aucune leçon : c'est là sa force et son étrange pouvoir (et en conséquence tout commentaire sur lui ne peut que le laisser *intact* pour le futur spectateur). Mais il place ce spectateur devant une notion qu'un seul mot ne saurait désigner et qu'à défaut de trouver mieux on pourrait appeler : absence du désir réel de comprendre. Cette notion qui ne se confond pas avec l'indifférence (car après tout la justice ne fut pas indifférente au témoignage de Christie) est caractéristique de tous ceux qui ont approché l'étrangleur. Elle fut la condition *sine qua non* de la liberté absolue dont il a bénéficié durant sa carrière de tueur. Fleischer n'a pas cherché ici, comme dans tant de ses films antérieurs, à analyser en profondeur la monstruosité d'un personnage. Il a seulement donné à voir sur quel terrain, sur quel terreau elle avait pu se développer et, s'il est permis d'employer ce terme, s'épanouir. Génial dans son interprétation, dans sa recréation d'une atmosphère, dans sa construction dramatique (simplement imitée de la réalité), le film appréhende ainsi l'espace (le gouffre) qui sépare encore notre monde de la civilisation. Il laisse sans garde-fou le spectateur devant son propre vertige.

## ÉTROIT MOUSQUETAIRE (L')
**(The Three Must-Get-Theres)**

1922 – USA (5 bob.) • *Prod.* Max Linder Productions • *Réal.* MAX LINDER • *Sc.* Max Linder (intertitres : Tom Miranda) • *Phot.* Harry Vallejo, Max Dupont • *Int.* Max Linder (Dart-in-again), Bull Montana (duc de Rich-lou), Frank Cooke (Louis XIII), Catherine (= Caroline) Rankin (la reine), Jobyna Ralston (Connie), Jack Richardson (Walrus), Charles Metzetti (Octopus), Clarence Werpz (Purpoise).

☞ Le temps a été dur pour Max Linder. Par-delà son influence sur Chaplin et l'école burlesque américaine – influence contestée par certains critiques –, son comique nous semble aujourd'hui terne, sans rythme, souvent insipide. Dans ses quelques longs métrages, où il aurait dû donner sa mesure, ce pionner paraît un imitateur : ici un sous-Fairbanks, besogneux et mal inspiré (Fairbanks venait de tourner l'année précédente un *Trois Mousquetaires* sous la direction de Fred Niblo). Le malheur de Linder, c'est que lorsqu'il invente un gag, il y a toujours quelqu'un pour le reprendre avec mille fois plus d'efficacité et de drôlerie que lui. Ainsi le gag du cheval anesthésié qui avance soudain au ralenti sera réutilisé – avec génie – par McCarey dans *The Kid From Spain* (1932). Dans cette parodie des « Trois Mousquetaires », on peut s'amuser – avec une extrême indulgence – de quelques anachronismes, d'un Richelieu passant son temps à caresser le crâne d'un moine chauve et lui arrachant les derniers cheveux qui lui restent, ou de ce capitaine des gardes dont on s'aperçoit, quand il descend de son majestueux fauteuil, qu'il est un nain.

N.B. Le film figure dans *En compagnie de Max Linder*, anthologie réalisée par Maud Linder à partir des œuvres de son père (sortie à Paris en 1963). Cette anthologie contient aussi *Seven Years Bad Luck* (*Sept ans de malheur*, 1921) et des extraits de *Be My Wife* (*Soyez ma femme*, 1921).

## ET TOURNENT LES CHEVAUX DE BOIS
**(Ride the Pink Horse)**

1947 – USA (99') • *Prod.* UI (Joan Harrison) • *Réal.* ROBERT MONTGOMERY • *Sc.* Ben Hecht et Charles Lederer d'ap. R. de Dorothy B. Hughes

• *Phot.* Russel Metty • *Mus.* Frank Skinner • *Int.* Robert Montgomery (Gagin), Thomas Gomez (Pancho), Rita Conde (Carla), Iris Flores (Maria), Wanda Hendrix (Pila), Grandon Rhodes (Mr. Edison), Tito Renaldo (groom), Andrea King (Marjorie), Fred Clark (Hugo).

Dans un petit village du Nouveau-Mexique, San Pablo, où l'on s'apprête lors de la fiesta annuelle à brûler en effigie le dieu de la malchance, arrive un étranger Lucky Gagin, vétéran du Pacifique. Il veut venger la mort de son compagnon d'armes Shorty, assassiné par les hommes de main du truand Frank Hugo. Mais, ex-patriote désabusé, Gagin cède à la tentation de se faire un peu d'argent dans l'affaire et tente d'exercer un chantage sur Hugo dont il détient un chèque compromettant. Il est hébergé, protégé par Pancho, propriétaire d'un manège pour enfants, et surtout par Pila, une toute jeune Indienne qui a vu la mort planer sur lui et veut le faire échapper à la malédiction. Quand il est poignardé par deux sbires de Hugo, elle le soigne, le défend. Gagin décidera finalement de remettre le chèque à un agent du gouvernement qui l'avait suivi dans ses pérégrinations, cherchant un indice contre Hugo, et qui l'avait, lui aussi, à sa façon, protégé. Puis Gagin quitte le village après avoir dit adieu maladroitement à Pila.

☞ L'intrusion du lyrisme, de la poésie et d'une certaine douceur tragique dans l'univers du *film noir.* De nombreux ingrédients du genre sont présents ici (le fatalisme, le climat de désillusion de l'après-guerre, l'ambiguïté du héros évoluant entre le bien et le mal, entre l'intégrité et le cynisme) mais ils sont repensés, métamorphosés par un lyrisme chaleureux, contemporain à quelques mois près de celui de *Dark Passage**, qui rend logique et en même temps surprenant le dénouement heureux de l'intrigue. Loin du tour de force artificiel de son précédent film *Lady in the Lake,* entièrement basé sur l'emploi de la caméra subjective, le style de Montgomery est ici minutieux (exemple : le plan-séquence parfait de l'ouverture du film dans la gare des bus) et attachant dans sa recréation d'un univers poétique (la place devant la Taverne des Trois Violettes, le manège de Pancho). Sans privilégier l'acteur-metteur en scène, il donne au contraire un grand relief à tous les personnages secondaires : Fred Clark, Thomas Gomez et surtout l'insolite ange gardien, la femme-enfant interprétée par Wanda Hendrix. A cette époque, la Universal faisait souvent tourner des actrices à la personnalité et au physique très originaux. Citons particulièrement la Suédoise Marta Toren (*Sword in the Desert, La bataille des sables,* George Sherman, 1949, *One-Way Street**, *L'impasse maudite,* Hugo Fregonese, 1950), Betta St. John, l'héroïne de *The Naked Dawn** d'Ulmer et Wanda Hendrix qui tourna aussi dans *Saddle Tramp** de Fregonese. Un seul rôle suffisait en général à les rendre inoubliables.

N.B. Le manège montré dans le film est une antiquité. Construit en 1882 à Taos au Nouveau-Mexique, il avait inspiré Dorothy B. Hughes, auteur du roman original. Remake coloré et mouvementé, mais beaucoup moins poétique, par Don Siegel en 1964 sous le titre *The Hanged Man* (*Le prix d'un meurtre*). Dans cette version, le personnage de Shorty n'est pas vraiment mort et a bâti un piège afin de manipuler son ami.

## EUROPE 51 (EUROPA 51)

1952 – Italie (110') • *Prod.* Carlo Ponti, Dino de Laurentiis • *Réal.* ROBERTO ROSSELLINI • *Sc.* Roberto Rossellini, Sandro De Feo, Ivo Perilli, Brunello Rondi, Diego Fabbri • *Phot.* Aldo Tonti • *Mus.* Renzo Rossellini • *Int.* Ingrid Bergman (Irène Gerard), Alexander Know (George Gerard), Ettore Giannini (Andrea Casati), Giulietta Masina (« Passerotto »), Sandro Franchina (Michel Gerard), Teresa Pellati (Inès, la prostituée), Maria Zanoli (Mme Galli), Marcella Rovena (Mme Puglisi), Giancarlo Vigorelli (le juge), Bill Tubbs (Pr Alessandrini), Alfred Browne (le prêtre).

Se sentant délaissé par sa mère, Michel, le jeune fils d'Irène Gerard, une Américaine superficielle et mondaine, mariée à un industriel et installée à

Rome depuis 1947, se jette du cinquième étage dans la cage d'escalier. Il est opéré pour une fracture du col du fémur. Apprenant que sa chute n'était pas accidentelle, Irène se précipite vers son mari : « Il faut changer notre manière de vivre ». L'enfant meurt quelques instants après d'une embolie. Quand elle a retrouvé la force de sortir, Irène suit un ami, journaliste communiste, qui l'emmène dans les quartiers périphériques et misérables de la ville chez un père de famille, ayant besoin, pour sauver son fils, d'un remède coûteux. Irène lui donne de l'argent. Elle rencontre une mère de six enfants (dont trois sont adoptifs) et l'aide, grâce à l'entremise du journaliste, à trouver un travail. Le premier jour où la mère doit se rendre à l'usine, elle a un empêchement et Irène s'y rend à sa place. Elle fait ainsi une journée complète d'usine. Hagarde, elle rentre chez son mari qui la croyait dans les bras de son amant et ne se laissera pas détromper. Irène s'occupe ensuite d'une prostituée qu'elle a rencontrée dans la rue et qui est atteinte de tuberculose au dernier degré. Elle assiste à son agonie et à sa mort, ne songeant pas à la quitter et à rentrer chez elle. Dans le même immeuble, le fils d'un voisin vient de participer au hold-up d'une banque ; elle facilite sa fuite et lui recommande de se rendre (ce qu'il fera). La police interroge Irène, accusée de complicité. Son mari, sa mère, un cousin, un psychiatre et un avocat s'entendent pour la faire interner dans une clinique. Elle y subit différents tests. Le juge vient l'interroger et lui demande si elle désire entrer dans un ordre religieux, si elle est membre d'un parti politique, si elle accepterait de retourner chez son mari. Elle répond non aux trois questions. Le juge signe son internement. Derrière les barreaux de sa chambre, Irène salue ses amis de la banlieue venus lui rendre visite. Ils sont scandalisés de la voir prisonnière.

☞ A leur sortie, les films de Rossellini avec Ingrid Bergman parurent à quelques-uns ce que le cinéma avait donné de plus moderne. Cela est encore vrai aujourd'hui. Cette modernité qui fut saluée à l'époque par le mépris ou l'indifférence est difficile à situer car elle est partout présente dans le film. Elle tient pour une part à sa double nature de parabole et de poème. La parabole serait en effet de peu de prix si elle ne s'incarnait, par exemple, dans la beauté de la lumière blanche et grise qui inonde le film, dans la douceur implacable de la progression du récit, dans l'éclat intérieur du visage de Bergman, qui constituent pour ainsi dire la *matière* du poème. Parabole et poème sont basés l'un et l'autre sur un strict minimum de faits et expriment une volonté d'épure qu'on retrouverait aussi, à la même époque, chez Lang ou Jacques Tourneur. Mais l'épure est ici comme gratifiée, sinon d'un supplément d'âme, du moins d'un supplément d'incarnation (au sens catholique du terme). Pour la parabole, Rossellini a dit lui-même (*in* « Cahiers du cinéma » n° 37) d'où elle venait et ce qui l'avait inspirée. Premièrement, Aldo Fabrizzi, sur le tournage des *Onze fioretti**, s'exclamant que saint François est fou ; deuxièmement, l'interrogation d'un grand psychiatre (rencontré par l'auteur) qui se demandait s'il avait eu raison de déclarer fou un trafiquant occasionnel du marché noir qui s'était dénoncé à la police pour raisons morales ; troisièmement, l'expérience de Simone Weil (1909-1943). Tout tourne ici autour de la sainteté et de la folie, et de l'inexistence de nos critères face à des forces qui les dépassent. Le poème, dans la plus pure tradition néo-réaliste (mais peut-on parler de tradition pour quelque chose qui venait de naître et était encore si nouveau ?), épouse la solitude de l'héroïne au cours de sa quête et de ses découvertes. A la faveur d'un traumatisme et de son deuil, elle découvrira que l'amour qu'elle se porte à elle-même, qu'elle éprouve pour ses proches et pour l'humanité entière, est d'une seule coulée qu'on ne saurait fractionner ni spécialiser. A partir de là, elle est considérée comme folle par les siens (ceux de sa famille et ceux de sa classe). Ses réponses aux questions qu'on lui pose évoquent, toutes proportions gardées, l'insolence, l'ingénuité et la force de vérité qui émanent des réponses de Jeanne d'Arc, telles qu'elles sont rapportées dans les actes de son procès. Comme son héroïne, le film peut être qualifié de fou à cause de son humilité et de son ambition qui sont toutes deux extrêmes. Rossellini entend faire le diagnostic de l'Occident au moment même où il tourne. Il définit la maladie de l'Occident comme une absence de synthèse entre l'agressivité et la révolte marxistes d'une part, et cet amour d'essence spirituelle d'autre part, qui se détruit lui-même quand il ne veut pas descendre dans le monde pour le changer. Consciemment ou inconsciemment, Rossellini a bâti son récit, et notamment son épilogue, de manière à ce qu'ils soient proprement inadmissibles, et suscitent ainsi chez le spectateur une réflexion salutaire. Dans cette réflexion, le spectateur se retrouve très vite aussi seul que l'héroïne au début du film. A cet égard, *Europe 51* se termine sur une note beaucoup plus crucifiante que les trois autres Bergman-Rossellini contemporains (*Stromboli**, *Voyage en Italie**, *La peur**).

N.B. Le film est sorti en France en versions française et anglaise. La version italienne courante (inédite en France), où Bergman est doublée, est plus longue et comprend notamment une scène de plus : recherche d'un médecin par Bergman pour soigner la prostituée. Une version italienne encore plus complète conservée dans les archives du Festival de Venise contient une scène totalement inédite (Bergman assistant, après sa journée de travail à l'usine, à la projection d'un documentaire industriel dans un cinéma). La version anglaise est la meilleure car c'est la seule où l'on entend la voix de Bergman.

## ÈVE
### (All About Eve)

1950 – USA (138') • *Prod.* Fox (Darryl F. Zanuck) • *Réal.* JOSEPH L. MANKIEWICZ • *Sc.* Mankiewicz d'ap. la nouvelle « The Wisdom of Eve » de Mary Orr • *Phot.* Milton Krasner • *Mus.* Alfred Newman • *Int.* Bette Davis (Margo Channing), Anne Baxter (Ève Harrington), George Sanders (Addison De Witt), Celeste Holm (Karen), Gary Merrill (Bill Sampson), Hugh Marlowe (Lloyd Richards), Thelma Ritter (Birdie Coonan), Marilyn Monroe (Miss Caswell), Barbara Bates (Phoebe), Gregory Ratoff (Max Fabian), Walter Hampden (l'acteur remettant le prix Sarah Siddons).

A New York, la jeune comédienne de théâtre Ève Harrington reçoit le prix Sarah Siddons. A cette occasion, trois de ses proches, Karen, l'épouse du dramaturge Lloyd Richards, Margo Channing, actrice célèbre dont Ève fut la secrétaire, et Addison De Witt, critique théâtral influent, évoquent leurs relations avec la triomphatrice de la soirée. Fan de Margo Channing, Ève assistait à New York à toutes les représentations de sa dernière pièce. Un soir, elle avait osé parler à Karen Richards, épouse de l'auteur de la pièce. Devant son enthousiasme, Karen l'invita à rendre visite à Margo dans sa loge où se trouvait également Lloyd. Ève les avait émus tous les trois en leur racontant sa vie dont une grande partie s'était déroulée dans le Wisconsin. Elle avait évoquée son modeste boulot dans une brasserie de Milwaukee, ses activités au club théâtral de la ville, son mariage avec un aviateur tué durant la guerre. Son désarroi à l'annonce de sa mort la fit rester à San Francisco où elle était venue à sa rencontre. C'est dans cette ville qu'elle découvrit Margo Channing en tournée. Son récit terminé, Ève avait accompagné Margo qui conduisait son fiancé, le metteur en scène de théâtre Bill Sampson, à l'aéroport d'où il devait s'embarquer pour Hollywood afin d'y réaliser son premier film. A la suite de cette soirée, Margo avait invité Ève à habiter chez elle. Ève était vite devenue sa secrétaire et son indispensable factotum. Mais, peu à peu, Margo, nouvelle quadragénaire, s'était montrée jalouse de la jeunesse d'Ève, dont tout le monde, y compris Bill, vantait les qualités et le dévouement. Lors d'une party donnée par Margo pour l'anniversaire de Bill, celle-ci avait beaucoup bu et donné libre cours à sa mauvaise humeur et à sa mélancolie. Ève, quant à elle, avait prié Karen de l'aider à se faire engager comme doublure de Margo. Margo, de son côté, avait promis à son vieil ami, le producteur théâtral Max Fabian, de donner la réplique à Miss Caswell, la jeune et ravissante protégée d'Addison De Witt, qui devait passer une audition pour un rôle dans la pièce de Margo. Mais, comme à son habitude, Margo était arrivée avec plusieurs heures de retard à cette audition. Elle eut alors la désagréable surprise d'apprendre que Ève l'avait remplacée et avait impressionné tout le monde par ses qualités d'actrice. De Witt avait même dit à Margo : « Elle deviendra ce que vous êtes. » Hors d'elle, Margo s'était disputée avec son auteur et même avec Bill. Karen entreprit alors de lui donner une petite leçon. Elle l'invita pour un week-end dans sa maison de campagne et s'arrangea pour qu'elle ne puisse rentrer à temps pour sa représentation à New York. Elle avait tout simplement vidé le réservoir de la voiture. Ève joua à la place de Margo et remporta un triomphe. Plusieurs critiques, dont Addison De Witt, avaient été conviés à ces débuts nullement improvisés. A l'issue de la représentation, De Witt entendit Ève faire des avances à Bill, que celui-ci repoussa assez brutalement. De Witt invita Ève à dîner et publia ensuite une interview d'elle où elle disait des horreurs sur Margo. Karen se sentit alors très coupable vis-à-vis de son amie. Quant à Lloyd, qui voulait se persuader que De Witt avait déformé les paroles d'Ève, il songeait sérieusement à donner à celle-ci et non à Margo le rôle principal dans sa prochaine pièce. Karen était contre ce projet mais Ève exerça sur elle un chantage en menaçant de révéler à Margo le coup du réservoir. Tout s'arrangea d'ailleurs très bien puisque Margo refusa de jouer la pièce de Lloyd, trouvant l'héroïne trop jeune pour elle. La pièce fut mise en répétition. Avant la générale à New Haven dans le Connecticut, De Witt et Ève eurent une conversation sérieuse. Ève fit part à De Witt de son intention d'épouser Lloyd. Mais De Witt ne l'entendait pas du tout de cette oreille et se déclara prêt à tout pour empêcher Ève de lui échapper. Il savait en effet que sa biographie réelle n'avait rien à voir avec ce qu'elle avait raconté à Margo et aux autres pour capter leur sympathie et leur confiance. Elle n'avait jamais vu jouer Margo à San Francisco. Son mari n'était pas mort au combat ; d'ailleurs elle n'avait jamais été mariée, etc. « Vous êtes quelqu'un d'invraisemblable, Ève, conclut-il, et moi aussi. Nous avons cela en commun. Ainsi que notre mépris pour l'humanité, une incapacité à aimer – et à être aimés – et du talent. Nous nous méritons l'un l'autre. » Devant sa détermination, Ève dut s'avouer vaincue... Telle a donc été la rapide et irrésistible ascension d'Ève Harrington. Retour à la remise du prix de la société Sarah Siddons. Tout le monde félicite Ève avec des paroles plus ou moins sincères. De retour dans son appartement, elle a la surprise d'y voir installée une jeune fille, Phoebe, très semblable à ce qu'elle était la première fois qu'elle avait rencontré Margo. Phoebe dirige l'un des « fans clubs » d'Ève et voudrait l'interviewer. Pour elle aussi, le théâtre est la chose la plus importante du monde...

☞ Le film le plus célèbre de Mankiewicz, couvert de prix, d'Oscars et de récompenses de toutes sortes. Mankiewicz y décrit un monde qu'il connaît bien et qui l'a toujours fasciné – le théâtre – à travers deux héroïnes principales : une comédienne célèbre et vieillissante, appréhendant avec angoisse ce que va être sa vie tant sur le plan sentimental que professionnel, et une jeune débutante ambitieuse, calculatrice et hypocrite, abordant au rivage du succès. Le relief de ces personnages qui ont une valeur universelle permet aussi à Mankiewicz de livrer une vision critique de la société américaine dans son ensemble, où l'arrivisme, la fragilité psychologique, la tendance à la paranoïa, la peur du vieillissement et de la confrontation avec soi-même sont des caractéristiques essentielles. S'agissant de personnages évoluant dans l'univers du théâtre, ce relief est particulièrement accentué. Margo Channing subit dans cette première approche de la vieillesse une double crise d'identité : comment conservera-t-elle l'amour d'un amant plus jeune qu'elle et surtout quels rôles nouveaux pourra-t-elle jouer sur la scène ? Quant à Ève Harrington, son hypocrisie et ses mensonges fournissent, dans la réalité, une preuve tangible de son talent et de sa plasticité puisqu'elle a réussi à se glisser dans l'intimité de Margo, de Karen et des autres grâce à un personnage imaginaire qu'elle a forgé de toutes pièces. Elle fait du théâtre non seulement sur les planches mais aussi dans la réalité. Hors de la scène, qui est-elle ? Rien peut-être, et c'est là, aux yeux de Mankiewicz, son problème essentiel. Du côté des hommes, qui intéressent infiniment moins Mankiewicz que les femmes, c'est Addison De Witt (George Sanders), personnage perspicace et désabusé, où il a mis une part de lui-même, qui est le mieux traité. Les autres protagonistes, malgré leur vérité réaliste (le dramaturge et sa femme, le metteur en scène, le producteur) ont moins de force. D'une manière générale, *All About Eve* possède d'ailleurs moins de résonance et d'harmoniques, moins de subtilité et d'émotion que les grands chefs-d'œuvre de Mankiewicz (*The Ghost and Mrs. Muir**, *A Letter To Three Wives**, *Five Fingers**, *La comtesse aux pieds nus**, etc.) parmi lesquels on hésite un peu à le placer. Sa perfection a quelque chose de sec et de limité qui fait de *Ève*, au sens strict et par comparaison avec certaines œuvres ultérieures de l'auteur, un brouillon, une esquisse, une approche – certes déjà très poussée – de ce que Mankiewicz réalisera beaucoup mieux par la suite, notamment dans *La comtesse aux pieds nus**. Sur le plan de la construction, par exemple, les sept récits en flash-back émanant de trois narrateurs (De Witt prenant la parole en 1re, 3e et 7e positions, Karen en 2e, 4e et 6e et Margo en 5e) paraissent presque timides par rapport à ceux de *La comtesse*. Reconnaissons-leur toutefois une très grande originalité structurale provenant du fait que c'est uniquement par la voix que les narrateurs se succèdent, Mankiewicz ayant dédaigné de faire des retours au présent pour ponctuer et séparer leurs différents récits. Notons aussi l'originalité du flash-back sans image, purement oral, de l'évocation du passé d'Ève par elle-même à l'intérieur du premier récit de Karen. Des images auraient été là une grande erreur : d'une part, il aurait fallu qu'elles fussent mensongères (puisque Ève ment), d'autre part, il était bien meilleur qu'elle convainque son auditoire – comme le public du film – par sa seule présence, par la seule persuasion de sa voix et de ses paroles, en bonne apprentie comédienne qu'elle voulait être. Comme souvent chez Mankiewicz, la parole est utilisée ici comme une arme, à l'efficacité redoutable. Rappelons enfin – et ceci nous rapproche encore de *La comtesse** – que Mankiewicz avait voulu nous montrer la même scène deux fois et sous deux angles différents : il avait filmé le monologue d'Ève sur les applaudissements durant la party d'abord du point de vue de Karen, puis du point de vue de Margo. Moins libre qu'il ne le sera plus tard, il n'avait pu conserver cette audace dans le montage final. A mi-chemin, sur le plan chronologique, entre le lyrisme de *The Ghost and Mrs. Muir** et la liberté, l'intimisme quasi autobiographique de *La comtesse aux pieds nus**, *Ève* représente une œuvre de transition. L'importance du dialogue, la maturité des personnages, le sens de l'ironie et de la critique sociale sont déjà là, mais ce n'est que dans *La comtesse** qu'ils trouveront à se marier, sans rien perdre de leur brillant et de leur acuité, au lyrisme poignant des premiers films.

BIBLIO : scénario et dialogues publiés chez Random House, New York 1951. Réédition chez le même éditeur dans le volume « More About *All About Eve* » en 1972, avec une très longue et passionnante préface-interview de Mankiewicz interrogé par Gary Carey. Mankiewicz déclare que la nouvelle de Mary Orr (elle-même actrice et dramaturge) qui servit de base au scénario appartenait à la Fox et avait été inspirée par un épisode de la vie de l'actrice autrichienne Elisabeth Bergner. Malgré la ressemblance, dans le film, de Margo Channing avec Tallulah Bankhead, Mankiewicz affirme que sa source unique pour ce personnage a été Peg Woffington, une actrice anglaise du XVIIIe siècle. A noter que c'est Claudette Colbert qui devait à l'origine interpréter le rôle. Mankiewicz analyse en détail tous ses personnages et commente le jeu des principaux comédiens et leur attitude face à leur travail. Son témoignage sur Marilyn Monroe (« la personne la plus solitaire que j'aie jamais rencontrée ») est particulièrement précieux. Il rappelle qu'un prix Sarah Siddons, à l'imitation de celui inventé pour le film, fut décerné à partir de 1953 à Chicago. Parmi les lauréates figurèrent Helen Hayes, Deborah Kerr, Geraldine Page et... Celeste Holm. Mankiewicz nie toute responsabilité dans la comédie musicale « Applause » qui fut tirée – sans qu'il ait son mot à dire, le film appartenant entièrement à la Fox – d'*All About Eve* et jouée à partir de mars 1970 à Broadway (Lauren Bacall interprétait Margo Channing). En exergue au film, on pourrait placer cette remarque de Mankiewicz : « Les actrices. Je ne cesserai jamais d'être fasciné et terrifié par elles. Je ne cesserai jamais de penser à elles, de les étudier et d'écrire sur elles jusqu'à mon dernier souffle. » On peut trouver le texte de la nouvelle qui inspira le film dans l'anthologie de David Wheeler « No, But I Saw the Movie », Penguin Books, New York, 1989, qui regroupe des nouvelles ayant donné lieu à des films célèbres (*Bad Day at Black Rock**, *The Fly**, *Freaks**, *Guys and Dolls**, *High Noon**, *It Happened One Night**, *It's a Wonderful Life**, *The Jazz Singer*, *Psycho**, *Rear Window**, *Stagecoach**, *2001**, etc.).

## EXILÉ (L')
## (The Exile)

1947 – USA (97') • *Prod.* Fairbanks Company Inc. (distribué par UI) • *Réal.* MAX OPHULS • *Sc.* Douglas Fairbanks, Jr. et Max Ophuls d'ap. R. de Cosmo Hamilton « His Majesty, the King » • *Phot.* Frank Planer • *Mus.* Frank Skinner • *Int.* Douglas Fairbanks, Jr. (le roi Charles II Stuart), Maria Montez (la comtesse de Courteuil), Paule Croset (Katie), Henry Daniell (le colonel Ingram), Nigel Bruce (Sir Edward Hyde), Robert Coote (Pinner), Otto Waldis (Jan).

1660. Chassé par les Têtes Rondes de Cromwell, le roi Charles II est exilé en Hollande. Ses amis le pressent de retourner en Angleterre. Il dit qu'il est encore trop tôt. Il attend l'appel unanime de son peuple : « A quoi bon être le roi de quelques-uns ? » Il se cache chez une aubergiste, Katie, vendeuse de fleurs au marché, et devient garçon de ferme à son service. Alors que les hommes de Cromwell, et notamment le colonel Ingram, s'imaginent qu'il tire des plans contre le gouvernement, il s'occupe de poussins, va à la pêche et sert à l'auberge. Il est aussi tombé amoureux de la fermière. Une comtesse qui avait été autrefois sa maîtresse lui apporte des nouvelles de la cour de France. Mais ce monde est bien loin de lui. Les Têtes Rondes ont retrouvé sa trace. Poursuivi, il doit ferrailler avec le colonel Ingram et le tue. Les partisans de Charles viennent à la rescousse. Il remonte sur son trône, mais les devoirs de sa charge lui imposent d'abandonner Katie.

☞ Dans des images ciselées en studio avec une préciosité et un raffinement admirables, Max Ophuls, pour son premier film hollywoodien (*Vendetta* qu'il a abandonné après quelques jours ne compte pas), relate l'exil de Charles II d'Angleterre. Il décrit ses découvertes durant cette période : le bonheur personnel, l'amour partagé, l'oubli du monde, la tranquillité champêtre. Toutes choses entièrement nouvelles pour lui, et fragiles, qu'il ressent de manière intense et inexprimable et qu'il devra quitter bientôt pour réintégrer sa charge. Ophuls évoque ici un de ces personnages publics qui, comme Lola Montès, regrettent de ne pouvoir se consacrer uniquement à leur vie privée. Faux film d'aventures et de cape et d'épée, *L'exilé* n'obéit pas aux règles du genre. Il ne possède aucun rythme, sauf celui que créent dans tel ou tel plan les mouvements d'une caméra baladeuse et virevoltante. Il est quasiment dénué de progression dramatique et inclut par exemple une longue digression avec Maria Montez. Il contient peu d'action, et celle-ci est toute concentrée dans le dernier tiers du film (extraordinaire séquence de la poursuite et du duel dans le moulin). Et bien sûr, pas de dénouement heureux. Il s'agit là d'un pur film d'esthète, au charme mélancolique, destiné comme la plupart des œuvres d'Ophuls aux *happy few*.

## EXODUS (id.)

1960 – USA (212') • *Prod.* UA - Carlyle Alpina Prod. (Otto Preminger) • *Réal.* OTTO PREMINGER • *Sc.* Dalton Trumbo d'ap. R. de Leon Uris • *Phot.* Sam Leavitt (Superpanavision 70 – Technicolor) • *Mus.* Ernest Gold • *Int.* Paul Newman (Ari Ben Canaan), Eva Marie Saint (Kitty Fremont), Ralph Richardson (général Sutherland), Peter Lawford (major Caldwell), Lee J. Cobb (Barak Ben Canaan), Sal Mineo (Dov Landau), John Derek (Taha), Hugh Griffith (Mandria), Gregory Ratoff (Lakavitch), Felix Aylmer (Dr Liebermann), David Opatoshu (Akiva), Jill Hayworth (Karen), Marius Goring (Von Storch), Alexandra Stewart (Jordana), Michael Wager (David), Martin Benson (Mordekai), Martin Miller (Dr Odenheim).

Avril 47. Kitty Fremont, jeune infirmière américaine, récemment veuve d'un correspondant de guerre en Palestine, visite en touriste l'île de Chypre. Elle se rend auprès d'un vieil ami de son mari, le général Sutherland, commandant en chef des forces anglaises de l'île. La voyant désœuvrée et malheureuse, il lui suggère de se mettre au service des Juifs internés dans le camp de Caraolos. La plupart d'entre eux se trouvaient à bord des navires en partance pour la Palestine arraisonnés et détournés par les Anglais qui veulent renvoyer tous les passagers en Allemagne. Dans le camp, Kitty fait la connaissance de la jeune Karen, quatorze ans, fille adoptive d'un couple danois, qu'elle voudrait emmener en Amérique avec elle. Pendant ce temps, Ari Ben Canaan, membre actif de la Hagannah, organisation luttant pacifiquement pour la création de l'État d'Israël, aborde secrètement sur l'île pour préparer le départ vers la Palestine de six cents Juifs du camp, récemment arrivés sur « L'étoile de David ». Il achète un vieux cargo, « L'Olympia », au Dr Mandria, Chypriote favorable aux Juifs, et, sous l'identité d'un sergent-major anglais, ordonne le transfert des six cents Juifs sur l'Olympia. Le but principal de l'opération est d'alerter l'opinion internationale à la veille du vote des Nations Unies sur le partage de la Palestine et la création de l'État d'Israël. Le général Sutherland annonce aux occupants du bateau qu'il a bloqué les sorties du port. Il envoie Kitty comme émissaire à bord de l'Olympia, devenu l'Exodus. Les émigrants ont décidé de faire la grève de la faim. Kitty intercède auprès du général qui s'est toujours montré bienveillant à l'égard des Juifs. Il se rend à Londres pour exposer le problème aux autorités et démissionnera de ses fonctions. L'Exodus est autorisé à appareiller. Au lieu que ce soit Karen qui ait accepté la proposition de Kitty d'aller avec elle en Amérique (elle tient au contraire à rechercher son père en Palestine), c'est Kitty, auparavant mal à l'aise avec les Juifs, qui fait maintenant le voyage avec eux. Sitôt arrivé à Haïfa, l'un des jeunes émigrants, Dov Landau, contacte des membres de l'Irgoun, organisation terroriste luttant pour chasser les Anglais de Palestine. Il veut rentrer dans l'organisation mais est arrêté par la police. Une partie des émigrants de l'Exodus est conduite dans un petit village de Galilée, Gan Dafna, où Ari est né. Son père, Barak Ban Canaan, accueille les nouveaux arrivants par un discours dans lequel il rend hommage au père du jeune Arabe Taha, ami d'enfance d'Ari, qui avait donné ce territoire aux Juifs. A Haïfa, Dov Landau est relâché. Il contacte à nouveau l'Irgoun et est interrogé par son chef, Akiva Ben Canaan, le propre frère de Barak et l'oncle d'Ari (Barak condamne d'ailleurs absolument son action et le considère comme mort à ses yeux depuis de nombreuses années). Après avoir été contraint d'avouer qu'il a survécu à Auschwitz en servant les nazis, Dov prête serment à l'organisation. Ari demande une rencontre avec son oncle. Il est mandaté par la Hagannah pour mettre en œuvre un rapprochement avec l'Irgoun, à condition que celle-ci renonce à ses actions terroristes qui peuvent nuire à la cause juive auprès des Nations Unies. Akiva n'est nullement prêt à renoncer aux bombes et l'entretien tourne court. A Gan Dafna, Ari présente Kitty, dont il est tombé amoureux, à sa famille. Ari et Kitty conduisent Karen auprès de son père qu'on a retrouvé à Jérusalem. Profondément choqué à la suite de sa déportation, le vieil homme reste désormais pétrifié dans son silence et ne communique plus avec l'extérieur. Juste au moment où Karen quitte son père retentit au loin l'explosion de l'Hôtel du Roi David, attentat qui fera de nombreuses victimes, provoquant chez la jeune fille une crise de nerfs. C'est Dov qui a déposé la bombe. Il rentre dans le repaire de l'organisation et reçoit les félicitations d'Akiva. Mais les soldats anglais l'ont suivi et investissent l'endroit. Akiva est arrêté. Dov réussit à fuir. Akiva et ses compagnons sont condamnés à mort et enfermés dans la prison d'Acre, où son frère lui rend visite. Les deux hommes se revoient pour la première fois depuis dix ans et l'émotion les empêche de parler. Ari prépare l'attaque de la prison. Il demande à l'Irgoun que Dov se rende spontanément afin d'organiser de l'intérieur de la prison une partie du plan prévu. L'opération réussira parfaitement. Tous les prisonniers sont libérés. Ari et Akiva fuient en voiture mais ils doivent franchir un barrage mis en place par l'armée anglaise. Ari est grièvement blessé, Akiva, lui, l'est mortellement. Ari est opéré puis caché dans le village de Taha, proche de Gan Dafna. Alors que le seul docteur de Gan Dafna a été arrêté par les Anglais, Kitty sauve Ari en lui faisant une piqûre intra-cardiaque. Le 29 novembre 1947, les Nations Unies votent la partition de la Palestine en un État juif et un État arabe. C'est une immense victoire pour les Juifs mais c'est aussi le début de sanglants conflits avec les Arabes. Un ancien officier nazi vient mettre quatre-vingts de ses hommes au service de Taha, chef de son village, pour massacrer les Juifs des environs. Taha prévient Ari qui, de nuit, fait évacuer les enfants. Dov vient transmettre les ordres au village : il faut lutter coûte que coûte. Il dira à Karen, dont il avait fait connaissance sur l'Exodus, son désir de l'épouser. Dans le village arabe, Ari trouve le cadavre pendu de Taha. Son amitié pour les Juifs lui a valu cette mort ignominieuse. Dov retrouve, lui, le corps de Karen assassinée pendant la nuit par un Arabe. On enterre côte à côte les deux jeunes gens. Aujourd'hui réunies dans la souffrance, leurs deux races le seront peut-être un jour dans la paix. Ari, Dov et les autres repartent au combat.

☞ *Exodus* offre l'exemple, finalement très rare, d'un film qui relate de manière authentique, réaliste et objective un événement historique contemporain de grande envergure en le faisant revivre dans la multiplicité de ses aspects. Trois atouts au moins sont nécessaires pour parvenir à ce résultat : une dramaturgie parfaite qui condense en quelques heures de projection un réseau forcément complexe de circonstances, de lignes de force, de conflits ; un éventail de personnages au relief individuel suffisamment bien dessiné pour intéresser le spectateur au-delà même de la situation historique où ils sont placés ; enfin un travail de caméra qui, d'instant en instant, soit assez vivant pour recréer *dans le présent* la texture d'un drame risquant toujours, quoique récent, de se figer dans une grisaille documentaire insignifiante ou au contraire dans une imagerie d'Épinal fausse et détestable. Grand dramaturge, Preminger a su, avec l'aide de Dalton Trumbo, harmoniser avec clarté et simplicité les éléments d'une situation complexe dont l'exposé ne doit pas cesser une seule seconde de progresser de manière rectiligne. Aucun des aspects historique, héroïque, voire publicitaire, de cette situation (puisque l'odyssée de l'Exodus visait essentiellement à alerter l'opinion mondiale sur le sort des Juifs désireux de s'installer en Palestine) n'a été négligé. A la dramaturgie du film, on peut seulement reprocher l'ellipse de la traversée elle-même et des événements dramatiques qui l'ont accompagnée et la place peut-être trop grande accordée à la préparation et à la réalisation de l'attaque de la prison d'Acre, séquence réglée comme un ballet à travers laquelle l'auteur a voulu souligner le caractère inévitable de la violence dans une révolution ou la création d'un État. (Il faut également noter que cet épisode, le premier où la victoire fut acquise par l'action conjointe des deux organisations antagonistes luttant pour la création d'Israël, préfigurait la victoire finale et, à ce titre, revêtait une importance capitale.) Grand romancier, Preminger a réussi à animer des personnages humains, variés et crédibles qui reflètent les différents points de vue des participants au drame : deux officiers anglais (un général humaniste et un fantoche antisémite) exprimant les positions diverses de l'Angleterre à l'égard des Juifs ; une famille juive divisée (un « sabra » et deux frères ennemis) ; des témoins (l'infirmière américaine) devenant partie prenante du drame après l'avoir regardé de loin ; un jeune Arabe victime de son libéralisme ; deux jeunes Juifs profondément immergés dans la tragédie vécue par leur peuple : le terroriste Dov Landau et l'adolescente Karen (interprétée par Jill Haworth que Preminger avait dénichée, comme Jean Seberg pour *Sainte Jeanne**, parmi une quantité de postulantes). C'est peut-être dans la peinture de ces deux personnages, les plus éloignés de lui par l'âge et l'expérience vécue, que Preminger révèle le mieux ses dons de romancier et son aptitude à comprendre et à faire comprendre tous les types d'humanité. Et, chez lui, le romancier et le dramaturge conjugueront leurs talents quand il s'agira par exemple de condenser en une seule scène (l'interrogatoire de Sal Mineo par David Opatoshu) toute l'horreur des camps de la mort évoquée à travers la mémoire d'un survivant. Filmé sur les lieux de l'action, avec une rapidité à la fois folle et tranquille (quatorze semaines de tournage après six mois d'intense préparation), c'est le film le plus tonique et le plus serein de l'auteur. Utilisant pour la sixième fois (ici à travers la Panavision 70) le format du cinémascope qu'il adore et qu'il emploie aussi bien pour les scènes intimistes que pour les scènes à grande figuration, Preminger atteint un par un, avec une sorte de jubilation paisible, les buts qu'il s'est fixés dans la deuxième partie de sa carrière (celle où il s'est définitivement rendu libre et indépendant de toutes les pressions extérieures). Ces buts sont pour les principaux : recherche et exaltation du positif, respect des positions antagonistes, culte de l'authenticité et de l'objectivité, enfin expression d'une confiance en l'homme acquise sur le tard et avec la maturité. Le sujet de l'odyssée de l'Exodus et de la naissance d'Israël lui convenait donc parfaitement, qui permettait de montrer, dans un récit raisonnablement optimiste, la métamorphose de la tragédie en épopée, du martyre et de l'éparpillement en solidarité nationale. Film d'auteur par excellence, quoique ne se piquant nullement de le paraître, *Exodus* révèle d'autre part en clair un grand nombre de facettes de l'homme Preminger : libéral par vocation et par conviction, indifférent au religieux, ironique même sur les sujets graves, sensible mais haïssant la sentimentalité, secrètement et pudiquement généreux.

N.B. : C'est Dore Schary, haut responsable de la MGM, qui avait suscité chez Leon Uris le désir d'écrire « Exodus » et avait commandité son travail, appelé à devenir un best-seller. Puis la MGM commença à trouver risquée l'adaptation du livre en film (menace de boycott, etc.). Par l'intermédiaire de son frère Ingo, agent littéraire, Preminger racheta les droits du livre. Il demanda d'abord à Uris lui-même d'écrire le scénario puis, mécontent de son travail (et notamment des dialogues), se tourna vers Dalton Trumbo, client de son frère. C'est grâce à Preminger que pour la première fois un scénariste figurant sur la Liste Noire de McCarthy put à nouveau apparaître sous son vrai nom dans un générique. Deux films plus anciens, de 1949, avaient évoqué les événements de Palestine : *Il grido della terra* (*Exodus*, Italie) de Dulio Coletti, récit sentimental et assez terne, et *Sword in the Desert* (*La bataille des sables*, USA) de George Sherman, excellent film d'action où Dana Andrews incarne un capitaine de bateau transportant pour de l'argent des émigrants juifs clandestins et prenant part peu à peu à leur combat.

BIBLIO. : Tom Ryan : « Otto Preminger Films *Exodus* », Random House, New York, 1960 (volume publicitaire destiné aux journalistes). Willi Frischauer : « Behind the Scenes of Otto Preminger », Londres, Michael Joseph, 1973 (ch. 18 et 19). J. Lourcelles : « Preminger », Seghers, 1965 (ch. 5). Voir aussi « Présence du cinéma » nº 11 (1962) : articles de Marc Bernard et de Jean Wagner (« Pendant le tournage d'*Exodus* »). Longue déclaration de Preminger sur une chaîne de télévision américaine reprise *in* Gerald Pratley : « The Cinema of Otto Preminger », Londres, Zwemmer, 1971.

## EXPÉDITION DU FORT KING (L')
## (Seminole)

1953 – USA (86') • *Prod.* U I (Howard Christie) • *Réal.* BUDD BOETTICHER • *Sc.* Charles K. Pech, Jr. • *Phot.* Russell Metty (Technicolor) • *Mus.* Joseph Gershenson • *Int.* Rock Hudson (Lance Caldwell), Barbara Hale (Revere Muldoon), Anthony Quinn (Osceola), Richard

Carlson (Major Degan), Hugh O'Brian (Kajeck), Russel Johnson (lieutenant Hamilton), Lee Marvin (sergent Magruder).

Floride, 1835. Un jeune lieutenant et son supérieur, le major Degan, sont en conflit sur les moyens à utiliser pour régler le problème des Séminoles. Le lieutenant est partisan de conciliabules de paix et s'oppose en particulier, pour des raisons de bon sens, à une attaque dans les marais. Entreprise malgré ses avertissements, l'équipée tourne au désastre pour les Blancs. Le major Degan attire au Fort King le chef séminole en vue de pourparlers de paix. Aussitôt arrivé, ce dernier est emprisonné et, peu après, meurt abattu par un Indien rival, partisan de la guerre. Le jeune lieutenant, accusé de rebellion ainsi que du meurtre du chef indien, passe en cour martiale et est condamné au poteau d'exécution. Le témoignage du véritable coupable le sauve *in extremis* de la mort.

☞ Western brillant et attachant, réalisé par Boetticher quelques années avant la série des films avec Randolph Scott. Le scénario, à l'image de celui de *Taza, fils de Cochise,* le western de Sirk produit par Universal l'année suivante, se révèle assez complexe et subtil dans son traitement des rapports Blancs-Indiens. La localisation en Floride et le talent de Russell Metty lui apportent de surcroît une poésie luxuriante et sombre qui accuse, d'une manière radicale et quasi physique, l'impossibilité pour les deux races, à cette époque de leur histoire, de parvenir à se comprendre et à cohabiter. Voir à ce propos la très moderne séquence où les soldats américains vêtus de leurs rutilants uniformes s'enlisent (dans tous les sens du mot) corps et biens dans les marais. On n'est pas loin d'Herzog et en particulier d'*Aguirre**, la folie baroque en moins. Usant d'un rythme volontairement non dynamique au sein d'un récit heurté, sinueux, empreint d'un profond malaise, Boetticher exprime un point de vue très désabusé sur le divorce des deux civilisations. Il constate avec amertume, chez les hommes de sa race, le triomphe d'un militarisme borné sur le bon sens et l'ouverture d'esprit.

## EXTRAVAGANT Mr. CORY (L') (Mister Cory)

1957 – USA (92') • *Prod.* U I (Robert Arthur) • *Réal.* BLAKE EDWARDS • *Sc.* Blake Edwards, Leo Rosten • *Phot.* Russell Metty (Eastmancolor, Cinémascope) • *Mus.* Joseph Gershenson • *Int.* Tony Curtis (Cory), Martha Hyer (Abigail Vollard), Charles Bickford (Biloxi), Kathryn Grant (Jen Vollard), William Reynolds (Alex Wyncott), Henry Daniell (Earnshaw), Willis Bouchey (Mr. Vollard).

Cory, un jeune homme séduisant et ambitieux, quitte le quartier populaire et bruyant de Chicago où il a été élevé pour aller faire fortune. Il devient serveur dans une résidence pour milliardaires au Wisconsin. Il est attiré par Abby Vollard, une jeune femme dont la famille séjourne dans ce club très privé. Pour arriver jusqu'à elle, Cory fait d'abord connaissance avec Jen, sa sœur cadette, qui ne semble pas insensible à son charme. Il réussit ensuite à séduire Abby. Mais quand elle découvre qu'il travaille à la plonge du restaurant, elle s'enfuit horrifiée. Cory est renvoyé de son poste et roule sa bosse à travers les États-Unis. Il devient l'associé d'un joueur professionnel, Biloxi, avec lequel il montera pour un patron à demi honnête une luxueuse maison de jeu à Chicago. Cory se donne le plaisir d'engager à son service le maître d'hôtel qui autrefois l'avait renvoyé. Il renoue avec Abby et Jen. Mais Abby refuse toujours de l'épouser. Par jalousie, le fiancé d'Abby tirera sur Cory qui, une fois encore, décidera d'aller tenter sa chance ailleurs. Peut-être reviendra-t-il un jour épouser Jen. Elle semble en effet avoir moins de préjugés que sa sœur.

☞ Troisième film de Blake Edwards, mais le premier où apparaisse, en mineur, avant les œuvres de la maturité, un ensemble de qualités caractéristiques de son style : élégance naturelle de la forme, humour insidieux et caustique, direction d'acteurs subtile et maîtrisée, sens aigu de la description sociale. Le personnage de l'arriviste interprété à la perfection par Tony Curtis (c'est lui qui, ami personnel de Blake Edwards, le poussa à réaliser ce film) est attachant par son ambiguïté et son réalisme. L'auteur se refuse à le caricaturer ou à l'enfermer dans les limites d'un jugement moral trop étroit. Il le laisse vivre sa vie aventureuse dans l'espace romanesque de l'intrigue et aussi dans l'imagination du spectateur, qui le jugera comme il l'entend.

## EXTRAVAGANT Mr. RUGGLES (L')
### (Ruggles of Red Gap)

1934 – USA (86') • *Prod.* PAR. (Arthur Hornblow, Jr.) • *Réal.* LEO McCAREY • *Sc.* Walter De Leon, Harlan Thompson, d'ap. R. et P. de Harry Leon Wilson adaptée par Humphrey Pearson • *Phot.* Alfred Gilks • *Mus.* Ralph Rainger, Sam Coslow • *Int.* Charles Laughton (colonel Marmaduke Ruggles), Mary Boland (Mrs. Effie Floud), Charlie Ruggles (Egbert Floud), ZaSu Pitts (Mrs. Prunella Judson), Roland Young (Lord George Burnstead), Leila Hyams (Nell Kenner), Maude Eburne (Ma Pettingill), Lucien Littlefield (Charles Belknap-Jackson), Leota Lorraine (Mrs. Belknap-Jackson).

Paris au printemps 1908. Au cours d'une partie de poker, le comte anglais George Burnstead a joué et perdu son majordome Marmaduke Ruggles, le plus fidèle et le plus stylé des domestiques. Ruggles devra suivre en Amérique ses nouveaux maîtres, Egbert Floud et sa femme, deux riches touristes natifs de Red Gap, petite cité de l'État de Washington où ils ont fait fortune dans les mines et le bétail. Mrs. Floud veut profiter des compétences de Ruggles pour qu'il enseigne à son mari les bonnes manières et l'élégance. Ruggles doit ainsi accompagner Floud chez son tailleur et choisir pour lui des vêtements dignes de son rang, en lieu et place des costumes à larges carreaux qu'il affectionne tant et qui lui donnent l'allure d'un directeur de cirque. Selon l'emploi du temps fixé par sa femme, Floud devrait ensuite se rendre dans les musées, le Louvre par exemple, et y prendre des notes. Au lieu de cela, il préfère entraîner Ruggles, qu'il traite d'égal à égal, dans un café, où Floud rencontrera un compatriote. Les trois hommes fêtent ces retrouvailles et Ruggles, peu habitué à l'alcool, est bientôt complètement saoul. Il fait une entrée remarquée à la fin de la soirée mondaine donnée par Mrs. Floud qui, le lendemain, lui pardonnera cet impair. Une fois arrivé à Red Gap, Floud n'a rien de plus pressé que d'emmener Ruggles dans son lieu de réjouissance favori : le saloon « Silver Dollar ». Il le présente à tous ses amis en l'appelant colonel. Ce titre vaudra à Ruggles d'être interviewé par un journaliste local. Ruggles découvre un univers qui semble ignorer totalement les barrières sociales. Il fait la connaissance de la veuve Prunella Judson, une ancienne domestique, et l'invite à danser. Il a une altercation avec Belknap-Jackson, le beau-frère ultra-snob de Mrs. Floud, un natif de Boston. Mrs. Floud pense alors à le renvoyer. Mais elle est mortifiée quand, à la suite de l'interview publiée dans le journal, elle voit toutes ses amies de la bonne société accourir chez elle pour rencontrer le colonel. Sacrifiant son amour-propre à son désir de tenir le haut du pavé à Red Gap, elle organise un repas en l'honneur de Ruggles. Plus tard, Belknap-Jackson obtient de sa belle-sœur le renvoi définitif de Ruggles. Floud tient au contraire à le garder, mais Ruggles lui déclare alors qu'il veut profiter de l'occasion qui s'offre à lui en Amérique de devenir indépendant. S'étant passionné pour l'histoire des États-Unis, il récitera publiquement au Silver Dollar le discours prononcé par Lincoln à Gettysburgh dont tout le monde connaît le contenu mais que personne n'est capable de citer exactement (« Il y a 87 ans, nos ancêtres créèrent sur ce continent une nouvelle nation basée sur le principe que tous les hommes ont été créés égaux... »). Ruggles exprime son intention d'ouvrir un restaurant et tous les amis de Floud se déclarent aussitôt prêts à l'aider. Burnstead arrive à Red Gap pour reprendre son ancien domestique. Floud lui permet d'échapper à la soirée donnée en son honneur par sa femme et le présente à la chanteuse Nell Kenner, l'égérie du Silver Dollar. Elle lui plaît tellement qu'il l'épousera, tout comte qu'il est, peu après. Ruggles ouvre avec Prunella Judson son restaurant, jette dehors Belknap-Jackson et remporte, comme hôte, comme cuisinier et comme brave homme, un vrai triomphe.

☞ Chronologiquement, le premier chef-d'œuvre complet de McCarey en long métrage. C'est aussi le premier rôle intégralement comique de Charles Laughton. De cette histoire célèbre et plusieurs fois filmée (en 1918 par Lawrence C. Windom, en 1923 par James Cruze et en 1950, sous le titre *Fancy Pants, Propre à rien,* par George Marshall), McCarey tire le parti le plus sérieux qui soit, puisqu'il y trouve l'occasion de livrer un vibrant hommage à la démocratie américaine, à son égalitarisme moral par lequel tout citoyen, quels que soient son rôle et son emploi dans la société, est considéré, sur le plan social et civique, comme l'égal de ses voisins. McCarey met au service de cette cause toute sa science du comique, qui n'est pas mince. En particulier, la caricature et le burlesque, loin de figer les personnages dans une conception rigide de leur rôle, rendent compte au contraire de leurs nuances, de leur plasticité, de leur faculté de métamorphose, et servent ainsi le sujet profond du film. Dans cette première œuvre importante, le rire est déjà chez McCarey un chemin tout tracé vers la connaissance intime des personnages, de ce qui les sépare et surtout de ce qui les unit. McCarey y exprime sa vision idéaliste du monde, selon laquelle la justice rendue aux qualités de chacun crée un état de béatitude universelle que le spectateur est invité à partager avec les personnages. Le bonheur de Charles Laughton, de plus en plus intense à mesure que l'histoire avance, est communicatif et contient à lui seul le message du film. Et si le snobisme est tant attaqué dans l'intrigue, c'est qu'il recrée entre les êtres ces barrières artificielles si contraires à la reconnaissance de leur vrai mérite et à leur épanouissement individuel. Film magistral où le plaisir d'être sérieux inspire le plus sincère et le plus habile des divertissements.

N.B. Le remake de George Marshall qui ne vaut que par ses couleurs pimpantes et son ton bon enfant a évacué tout le contenu social de l'intrigue. Ruggles (interprété par Bob Hope) n'est plus anglais mais américain, et il n'est pas un domestique mais un acteur interprétant le rôle d'un domestique. Au service de son acteur principal, Marshall joue à fond la carte de la farce burlesque.

# F

**FACTEUR SONNE TOUJOURS DEUX FOIS (LE)**
**(The Postman Always Rings Twice)**

1946 – USA (113') • *Prod.* MGM (Carey Wilson) • *Réal.* TAY GARNETT • *Sc.* Harry Ruskin et Niven Busch d'ap. R. de James M. Cain • *Phot.* Sidney Wagner • *Mus.* George Bassman • *Int.* Lana Turner (Cora Smith), John Garfield (Frank Chambers), Cecil Kellaway (Nick Smith), Hume Cronyn (Arthur Keats), Leon Ames (Kyle Sackett), Audrey Totter (Madge Gorland), Alan Reed (Ezra Liam Kennedy).

Le patron d'un snack-bar situé au bord d'une route californienne est assassiné par sa femme Cora et par son employé Frank Chambers, ce dernier agissant à l'initiative et sous l'emprise de sa complice. Le couple maquille son crime en accident de voiture. Alors que Frank est soigné à l'hôpital et se remet des suites de l'« accident », les manœuvres légales de l'avocat de Cora, seule inculpée, aboutiront à lui éviter un procès. Les amants se marient. Ils croient aller tout droit vers le bonheur quand un autre accident de voiture, bien réel celui-là, provoque la mort de Cora, enceinte de Frank. Injustement accusé du meurtre de sa femme, Frank ira sur la chaise électrique.

☞ Après celle de Chenal (*Le dernier tournant,* 1939) et celle de Visconti (*Ossessione*,* 1943), c'est la première adaptation américaine du roman de James Cain. Tay Garnett, qui habituellement ne se pique pas de psychologie, fouille ici la description de ses personnages et les motivations de ses deux assassins. Il montre en particulier chez la femme un désir de respectabilité qui paradoxalement la pousse au crime, car elle n'imagine le grand amour que dans le confort et la prospérité dont elle a pris le goût à la suite de son premier mariage. Cela n'empêche pas l'amour que se portent ces amants criminels d'être réel et profond. D'où l'ambiguïté tragique d'un récit où les forces de vie et les forces de mort, le mensonge et la vérité s'entremêlent inextricablement, comme le suggère le symbolisme inversé des vêtements blancs de l'héroïne. Ce récit convenait particulièrement bien à Garnett. Comme dans *Her Man**, le réalisme psychologique et social, la vérité des atmosphères débouchent fréquemment chez lui sur un irréalisme poétique et lyrique (cf. la présence de l'océan dans plusieurs séquences ; la disparition finale des amants appelés à se retrouver quelque part dans l'éternité). En outre, une histoire où triomphe à ce point la justice immanente, la justice « poétique » ne pouvait que combler ce poète, cet amoraliste qui croit beaucoup plus à l'harmonie cosmique de l'univers qu'à la mesquine et trompeuse justice des hommes.

N.B. Remake racoleur et superficiel par Bob Rafelson, 1981 (où se détache seulement une excellente interprétation de Jessica Lange).

## FAISONS UN REVE

1936 – France (80') • *Prod.* Cinéas (Serge Sandberg) • *Réal.* SACHA GUITRY • *Sc.* Sacha Guitry d'ap. sa P. • *Phot.* Georges Benoit • *Mus.* interprétée par l'orchestre tzigane de Jacques Zarou. • *Int.* Sacha Guitry (Lui), Jacqueline Delubac (Elle), Raimu (le mari), Robert Seller (le maître d'hôtel), Louis Kerly (le valet de chambre), Arletty, Yvette Guilbert, Marguerite Moreno, Victor Boucher, Michel Simon, Marcel Lévesque, Gabriel Signoret, Pierre Bertin (personnages du prologue).

PROLOGUE. Un orchestre tzigane joue pour les invités de « Lui », avocat qui ne plaide pas car il n'a nul besoin d'argent. On échange des aphorismes sur la vie, le succès, l'amour, la beauté et la laideur des femmes. L'avocat invite un homme d'affaires et sa femme à venir le retrouver le lendemain à quatre heures moins le quart chez lui. Ier ACTE. Le couple arrive à l'heure mais l'avocat n'est pas là. Le mari s'impatiente, peste et cache très maladroitement à sa femme qu'il a rendez-vous à quatre heures avec sa maîtresse. Elle lui donne sa soirée et il part, la laissant seule. « Lui » apparaît. Il avoue à la jeune femme qu'il savait que son mari avait un autre rendez-vous à quatre heures. Il voulait, par ce subterfuge, rester quelques instants seul avec elle pour lui avouer son amour. Il attend avec anxiété sa réponse. Elle lui dit : « Je t'aime. » IIe ACTE. « Lui », seul, attend la jeune femme. Elle a promis de le rejoindre à neuf heures. Il monologue, refaisant mentalement l'itinéraire qu'elle empruntera pour arriver chez lui. Mais elle a du retard. Il s'impatiente et lui téléphone. Il doit à nouveau la persuader de venir. Pendant qu'il est au bout du fil, elle entre dans la pièce. IIIe ACTE. Les amants sont réveillés par des bruits insolites à cette heure de la nuit. Ils pensent à un cambrioleur. Il s'agit en réalité du domestique qui fait le ménage, car il est huit heures du matin. La jeune femme est catastrophée, « Lui » est ravi. Après s'être donné beaucoup de mal pour la faire rire, il sauve la situation en lui proposant de l'épouser. On sonne. Elle se cache dans la salle de bains. C'est le mari qui apparaît. Coup de théâtre : il a, lui aussi, découché et vient demander conseil à l'avocat. Celui-ci lui recommande de s'absenter pour deux jours et de se rendre au chevet de sa tante « mourante ». Le mari se sauve, reconnaissant. « Lui » va annoncer la nouvelle à la jeune femme. – « Nous avons toute la vie ? » demande-t-elle – « Mieux que ça, mieux que toute la vie ! » – Mieux que toute la vie ? » – « Oui, nous avons deux jours ! ».

☞ Vingt ans après : tel pourrait être le titre de ce film. Guitry filme en 1936 une pièce qu'il a écrite et créée en 1916. Les deux interprètes masculins sont les mêmes et Jacqueline Delubac remplace Charlotte Lysès. A part le cas de *Deburau* où trente-trois ans séparent la pièce de son adaptation filmée, c'est ici le plus grand écart de temps entre une pièce de Guitry et sa mise en film. Plusieurs thèmes de prédilection de l'auteur s'expriment à travers *Faisons un rêve* qui compte parmi ses meilleures pièces : le désir, la séduction verbale, le plaisir de vivre, l'apologie de la légèreté et surtout ce thème qui résume chez Guitry tous les autres, la jeunesse. En 1916, la jeunesse est donnée à la pièce et à son auteur. En 1936, Guitry a 51 ans et c'est en quelque sorte une jeunesse acquise, recréée, par la magie du style et de l'interprétation, plus précieuse encore, qui envahit l'écran et s'installe dans l'éternel présent du cinéma. (« Sacha Guitry est jeune une fois pour toutes » écrivait déjà prophétiquement Delluc en 1918 à propos d'*Un roman d'amour... et d'aventures,* le premier film joué et écrit par Guitry ; cf. Delluc : « Écrits cinématographiques » II.) Guitry ajoute à la pièce originale, dont le texte est à quelques mots près repris intégralement dans le film, un prologue (brillantissime) et cette trouvaille géniale de l'orchestre tzigane qui donne lieu à l'une des premières séquences pré-génériques du cinéma et à cette surimpression superbe à la fin et au début de chaque acte. C'est à cause de trouvailles de cet ordre, d'une légèreté presque immatérielle, que le film file comme le temps et n'en subit pas les atteintes et que Guitry bien sûr compte parmi les trois plus grands cinéastes français du parlant à côté de Renoir et de Pagnol. Certains même n'hésitent pas à le placer – et ils n'ont pas tort – au tout premier rang. Comme les films de Lang, de Mizoguchi ou de Matarazzo, les films de Guitry émanent pour ainsi dire de *l'intérieur* du cinéma. Ils ne procèdent pas d'un effort – dérisoire – pour « faire cinéma ». Ils sont installés à la source d'où jaillit le bonheur d'expression cinématographique. Ce bonheur d'expression, et l'expression du bonheur, exigent chez Guitry que celui-ci soit, comme personnage et comme interprète, le maître absolu du jeu, le démiurge de l'intrigue, une sorte de Mabuse jubilant et optimiste à qui rien ne résiste. Se pouvait-il qu'il ne fût pas un jour metteur en scène ? Il incarne ici un personnage qui organise de petites machinations, monologue sans cesse (et parfois pendant tout un acte), veut maîtriser le temps et l'itinéraire de ses partenaires, et y parvient en effet à tel point que le hasard (c'est-à-dire en l'occurrence la volonté de Guitry auteur) le sert, dans le troisième acte, au-delà même de ses espérances. Le film s'achève par une goujaterie sublime qui est un peu la version gaie et sans arrière-pensées de la phrase de Léautaud : il n'existe que des plaisirs de dix minutes. Quant au titre, *Faisons un rêve,* il pourrait être mis en exergue à tout le cinéma.

N.B. La pièce avait été écrite en quatre jours (du 11 au 14 avril 1916). Elle fut filmée en huit (du 10 au 18 novembre 1936). Elle contient un quatrième acte qui ne fut joué qu'une seule fois et n'a pas été filmé. Il est composé uniquement de la lecture d'une lettre de rupture que l'héroïne est en train d'écrire à son amant et qu'elle renonce finalement à lui envoyer. D'une écriture élégante et mélancolique, c'est à notre connaissance le seul long monologue féminin de l'œuvre de Guitry.

**FAME (id).**

1980 – USA (133') • *Prod.* U A (David De Silva et Alan Marshall) • *Réal.* ALAN PARKER • *Sc.* Christopher Gore • *Phot.* Michael Seresin (Metrocolor) • *Mus.* Michael Gore • *Chor.* Louis Falco • *Int.* Eddie Barth (Angelo Martelli), Irene Cara (Coco), Lee Curreri (Bruno), Laura Dean (Lisa Monroe), Antonia Franceschi (Hilary Van Daen), Boyd Gaines (Michael), Albert Hague (professeur de musique).

Les auditions des postulants et les trois années de cours des étudiants de la « New York School of Performing Arts ».

☞ Par une science très élaborée des plans courts et du montage alterné, Alan Parker livre une suite de croquis multiformes, comme sculptés dans l'espace et dans le mouvement, sur le thème de l'apprentissage et de l'effort dans les différentes disciplines de l'expression corporelle et dramatique. A ses yeux, ce thème et ses variations, souvent humoristiques et endiablées, sont beaucoup plus justiciables d'un traitement visuel et plastique que psychologique et social. Il fait néanmoins une concession à la dramaturgie classique en évoquant, assez lourdement et sans grande conviction, les problèmes individuels de quelques élèves. Il s'efforce alors de montrer, mais d'une manière plutôt laborieuse, que ces problèmes sont appelés à servir de base et de stimulant à la création artistique, laquelle est par essence métamorphose et épanouissement. Le film n'est abouti que dans ses meilleurs moments, et notamment dans deux séquences magistrales de chorégraphie collective : quand les élèves entassés dans une salle de l'école se libèrent des limites de l'espace et se mettent spontanément, toutes disciplines confondues, à danser ensemble ; et quand, tout aussi spontanément, ils descendent danser dans la rue, transformée soudain en plateau improvisé.

N.B. Par l'esthétique et le montage de certaines séquences, *Fame* peut être considéré comme l'ancêtre des *clips* d'aujourd'hui.

**FAMILLE (LA)**
**(Jia)**

1956 – Chine (130') • *Prod.* Studios de Shanghai • *Réal.* CHEN XIHE, YE MING • *Sc.* Chen Xihe d'ap. R. de Pa Kin (ou Ba Jin) • *Phot.* Xu Qi • *Mus.* Huang Zhun et Lü Qiming • *Int.* Wei Heling (grand-père Gao), Fu Huizhen (la concubine Chen), Jiang Rui (le fils aîné Gao), Cheng Min (Feng Leshan), Zhang Ziliang (Huang Cunren), Zhu Sha (Li Baiyi), Ma Ji (Mme Shen), Sun Daolin (Gao Juexin), Zhang Fei (Gao Juemin), Zhang Ruifang (Li Ruijue), Hu Xiaohan (Gao Shuhua), Cheng Zi (Gao Ke'an), Yang Hua (Gao Keding), Dai Yun (Mme Zhou), Di Fan (Mme Wong), Huang Zongying (Qian Meifen), Wang Danfeng (la servante Mingfeng).

En Chine, en 1916, dans une ville située en amont du Yangtsé, le patriarche de la famille Gao oblige l'aîné de ses trois petits-fils, Juexin, à épouser une jeune fille de son choix. Juexin doit abandonner, pour lui obéir, sa cousine Mei qu'il aime et mettre un terme prématuré à ses études. Mei se marie ailleurs. Elle est veuve un an plus tard. Elle revoit son cousin quand elle se réfugie chez les Gao lors d'un bombardement. Elle se laissera mourir de chagrin et de maladie. Le troisième petit-fils étouffe dans l'atmosphère contraignante et confinée de la famille. Il est amoureux d'une servante que le patriarche entend donner comme concubine à un vieux disciple de Confucius, corrompu et libidineux, mais qui passe auprès de lui pour un saint homme. La servante désespérée se suicide par noyade. Le vieux Gao, toujours incapable de se conduire autrement qu'en tyran familial, entend maintenant marier contre son gré son deuxième petit-fils avec la nièce du disciple de Confucius. Son cadet le pousse à fuir la maison familiale. Le vieux Gao, entendant un jour sa belle-fille insulter collectivement sa famille, s'écroule sous le choc. Il mourra peu après, perdu dans ses rêves de grandeur familiale. La tradition veut qu'une femme ne puisse accoucher dans la maison où repose un mort. Bien que le cadet affirme qu'il s'agit là de sornettes, Juexin laisse partir sa femme, enceinte, à la campagne. Elle y est mal soignée et ne tarde pas à mourir. Son mari ne sera même pas à ses côtés au moment de sa mort car il est contraint d'assister à la cérémonie des obsèques de son aïeul. Le cadet part pour Shanghai se dévouer aux masses. Avant son départ, Juexin lui jure de changer.

☞ Deuxième adaptation du célèbre roman de Pa Kin (nouvelle graphie : Ba Jin). La première, en deux parties, fut une œuvre collective tournée en 1941 sous la direction de huit réalisateurs. Malgré ses lenteurs, ses redites et ses bavardages, cette deuxième adaptation est intéressante à plus d'un titre. C'est d'abord une démolition en règle des traditions féodales de la famille patriarcale chinoise, assimilée à un carcan causant le malheur individuel de chacun de ses membres, maintenant la société dans l'immobilisme, perpétuant les superstitions les plus absurdes. A travers le spectacle de la désagrégation d'une grande famille de tradition confucéenne, le scénario souligne avec force que, même après sa mort, le grand-père continue de mener ses descendants à la ruine et à la tragédie. Le message révolutionnaire de la fin n'altère pas la vérité du tableau, d'une noirceur comparable à celle des films d'avant 1949. L'autre mérite du film est d'exprimer son propos, moins par la violence extérieure qu'à travers plusieurs scènes d'une réelle puissance intimiste ; et l'intimisme est rare dans le cinéma chinois de l'époque. Une suite de séquences situées vers le milieu du récit (le héros et sa femme goûtant un instant de paix au milieu d'un bombardement, rare occasion pour eux de n'être pas entourés de leur abondante famille ; les retrouvailles du héros et de sa cousine ; l'épouse du héros venant demander à la cousine son amitié) ne sont pas sans évoquer – toutes proportions gardées – le lyrisme désespéré d'un Mizoguchi. Par ailleurs, ce film aux tons très variés ne dédaigne pas d'utiliser, à côté d'accents mélodramatiques assez vieillots aujourd'hui, un humour caustique tout à fait réjouissant, notamment dans la présentation d'un vieux Tartuffe chinois.

**FAMILY LIFE (id.)**

1971 – Angleterre (108') • *Prod.* Anglo-Emi Films (Tony Garnett) • *Réal.* KENNETH LOACH • *Sc.* David Mercer d'ap. sa P. « In Two Minds » • *Phot.* Charles Stewart (Technicolor) • *Mus.* Marc Wilkinson • *Int.* Sandy Ratcliff (Janice Bailden), Bill Dean (Mr. Bailden), Grace Cave (Mrs. Bailden), Malcolm Tierney (Tim), Hilary Martyn (Barbara), Michael Riddall (Dr Mike Donaldson), Alan MacNaughton (Mr. Carswell).

Une jeune fille, Janice, en conflit avec ses parents, qui habitent une banlieue ouvrière de Londres, est conduite par ceux-ci dans un hôpital psychiatrique. Un des multiples éléments qui ont provoqué sa schizophrénie est l'avortement qu'elle a subi sous la pression de sa mère. Elle est d'abord soignée par un psychiatre partisan des méthodes nouvelles – et notamment de la thérapie de groupe – qui excluent tout recours aux drogues et aux traitements violents. Mais le stage temporaire de ce médecin n'est pas reconduit dans l'hôpital et Janice passe dans le service du Pr Carswell où elle subit contre son gré des électrochocs sous anesthésie. Peu après, elle est rendue à ses parents. Son état (soigné superficiellement) ne fait qu'empirer et les conflits très graves qu'elle vit dans sa famille la ramènent bientôt à l'hôpital. Son boy friend fera une tentative pour l'enlever. Il l'amène chez lui où la police viendra la rechercher. Plus tard, elle est présentée par Carswell à ses élèves comme un cas typique d'apathie et de mutisme dont l'origine, selon lui, est sans relation avec le milieu.

☞ Film essentiel des années 70, basé sur un personnage ayant des affinités avec celui de *La salamandre**, mais vu sous un angle plus directement psychiatrique. *Family Life* décrit un cas de schizophrénie sur lequel les auteurs fournissent un diagnostic net, parfaitement clair et compréhensible pour tous. Janice, dépossédée de son autonomie, s'est réfugiée dans un monde à elle, car elle n'a pas trouvé la force d'affronter la désapprobation de ses parents, condition *sine qua non,* en ce qui la concerne, pour conquérir son indépendance psychologique. Sa maladie n'est pas que psychologique ; elle est sociale et reflète les contradictions d'une société bloquée, dont le développement et l'évolution pourtant inévitables sont brimés par des archaïsmes psychologiques et moraux, par une notion dépassée, mais encore très nocive pour les êtres les plus vulnérables, de l'autorité et du modèle parental. Le traitement « classique » que subit l'héroïne (stigmatisé par Kenneth Loach avec une férocité glaciale) ne peut que renforcer sa maladie car il est identique dans son inspiration et ses moyens au processus même qui a engendré cette maladie. Formellement, le film subit la triple influence 1) du cinéma documentaire (le « fil rouge » du cinéma anglais) ; 2) du cinéma-vérité (ou du cinéma direct), basé en partie sur une juxtaposition, un entrecroisement d'interviews ; 3) de l'esthétique de la « dramatique » de télévision qui bâtit une fiction pour exposer un problème. Le matériau d'origine – la pièce de Mercer – est d'ailleurs un téléfilm. Ces diverses influences aboutissent à ce que le film devienne une sorte de dossier, un bilan provisoire, l'analyse d'un cas dont les conclusions sont plus importantes que le cas lui-même. Le cinéma se fait ici le véhicule d'une réflexion qui à elle seule constitue la matière du film sans que l'objet de cette réflexion – c'est-à-dire l'aventure individuelle du personnage central – donne lieu à une véritable narration et existe sur l'écran dans sa durée, dans sa maturation, dans son surgissement. Même si la direction d'acteurs est d'une force prodigieuse, la part du commentaire et du discours l'emporte infiniment sur celle de l'action. Dans la dramaturgie du film, l'examen du *pourquoi* supplante partout la vision du *comment.* Sans l'avoir peut-être expressément voulu, ce film qu'on pourrait appeler post-rossellinien (en songeant à la dernière partie de l'œuvre de Rossellini) pose avec une extrême acuité la question de savoir si on est entré là dans la phase terminale du cinéma, ou même dans sa phase posthume. Certes *Family Life* a sa poésie propre : elle consiste à cerner d'un trait ferme et tendre à la fois (secrètement tendre) le cercle dans lequel est enfermé le personnage central ; et l'enfermement est le thème de base de l'œuvre de Kenneth Loach. Plus le cercle sera parfait, plus la réflexion (et l'émotion et l'indignation) du spectateur seront supposées actives. Il n'en reste pas moins que le film ainsi conçu appelle un débat qui, dans la perspective même où il se place, aura plus d'importance que le film lui-même. Mais ce cinéma-dossier, ce cinéma-analyse qui ne peut être complet qu'en se prolongeant en quelque chose d'autre, est-il encore le cinéma ? A noter qu'aujourd'hui où les acquis de l'antipsychiatrie sont fortement remis en question (et où il est démontré que statistiquement la fréquence de certaines maladies mentales n'a rien à voir avec l'influence du milieu), ce film à thèse – dont la thèse est déjà dépassée – ne vaut plus que par sa violence et sa sincérité, sensibles surtout dans la direction d'acteurs. Quant au thème du film, hors de toute valeur sociologique, il appartient en propre, on l'a dit, à l'univers de Kenneth Loach.

BIBLIO. : scénario et dialogues *in* « L'Avant-Scène » n° 313 (1973).

## FAN (THE)

Inédit en France. 1949 – USA (79') • *Prod.* Fox (Otto Preminger) • *Réal.* OTTO PREMINGER • *Sc.* Walter Reisch, Dorothy Parker, Ross Evans d'ap. P. « Lady Windermere's Fan » d'Oscar Wilde • *Phot.* Joseph LaShelle • *Mus.* Daniele Amfitheatrof • *Int.* Jeanne Crain (Lady Margaret Windermere), Madeleine Carroll (Mrs. Erlynne), George Sanders (Lord Darlington), Richard Greene (Lord Windermere), Martita Hunt (duchesse de Berwick), John Sutton (Cecil Graham), Hugh Dempster (Lord Augustus Lorton), Richard Ney (Mr. Hopper), Virginia McDowall (Lady Agatha).

Londres après la guerre, ravagé par les bombardements. La vieille Mrs. Erlynne a la stupéfaction d'assister à la mise aux enchères, dans une petite salle des ventes, d'un éventail lui ayant appartenu. Il fait partie d'un lot d'objets trouvés dans des maisons éventrées. Elle réclame l'éventail comme étant sa propriété et le commissaire lui donne vingt-quatre heures pour apporter une preuve de ce qu'elle avance. Elle se rend au domicile de Lord Darlington, une vieille connaissance à elle. Il vit encore mais n'occupe plus qu'une pièce dans son appartement, le reste étant transformé en bureau pour des secrétaires américaines de l'armée. Mrs. Erlynne explique à Lord Darlington qu'elle a besoin de lui pour récupérer son éventail. D'abord il ne la reconnaît pas et n'a à vrai dire aucune envie de bavarder avec ce fantôme du passé. Mais quand elle lui nomme la première propriétaire de l'éventail, Lady Margaret Windermere, sa curiosité est piquée, d'autant plus que Mrs. Erlynne n'ignore pas qu'il était amoureux de Lady Windermere et qu'elle l'accuse même d'avoir tenté vainement de détruire son bonheur conjugal. PREMIER FLASH-BACK. Mrs. Erlynne raconte son retour à Londres après plusieurs années d'absence. Aventurière recherchant un parti honorable pour retrouver sa place dans la bonne société anglaise, elle est remarquée entre autres par Lord Windermere, époux depuis peu de la jeune et ravissante Margaret. Celle-ci prépare avec la passion qu'elle met dans tout ce qu'elle fait son bal d'anniversaire. RETOUR AU PRÉSENT. Lord Darlington fuit Mrs. Erlynne qu'il juge importune et se réfugie chez son tailleur. Obstinée, elle l'y rejoint. DEUXIÈME FLASH-BACK. Elle demande à Lord Windermere de l'emmener à un concours d'escrime ayant lieu dans un club très privé. Devant son refus, elle s'y fait inviter par Lord Augustus Lorton, frère de la duchesse de Berwick, sur lequel elle a jeté son dévolu. Il est amoureux d'elle comme un collégien. La rencontre d'escrime entre Lord Darlington et Cecil Graham est empêchée par l'orage. Dans les jours qui suivent, Mrs. Erlynne saura persuader Lord Windermere de lui louer un luxueux appartement dans le quartier de Mayfair et de l'aider à reconquérir sa place au sein de l'aristocratie londonienne. RETOUR AU PRÉSENT. « Rien ne vaut une vie consacrée au mensonge pour comprendre l'efficacité de la vérité » déclare Mrs. Erlynne au vieux Lord Darlington, commentaire qui concerne aussi bien le comportement de son interlocuteur que le sien propre. TROISIÈME FLASH-BACK. Lord Darlington suit Margaret dans la rue et tente de lui faire la cour. Il la traite de fascinante puritaine. Il préfère abandonner la place quand elle rencontre devant la boutique de son bottier la redoutable duchesse de Berwick, connue pour sa langue de vipère et ses commérages dévastateurs. Celle-ci suggère à Margaret de fouiller, comme toute bonne épouse doit le faire, dans le secrétaire et les comptes de son mari. Durant la nuit, Margaret suit ce conseil. Lord Windermere, réveillé, s'imagine qu'elle cherche le cadeau d'anniversaire qu'il lui destine : un éventail. Elle constate que son mari a effectivement versé d'importantes sommes d'argent à Mrs. Erlynne. Il essaie maladroitement de se justifier. Il retourne une dernière fois chez Mrs. Erlynne et lui signe un gros chèque pour qu'elle quitte la ville. RETOUR AU PRÉSENT. Mrs. Erlynne révèle à Darlington, qui ne l'avait jamais su, qu'elle est la mère de Margaret. Seul Lord Windermere connaissait son secret. Elle avait autrefois quitté le foyer conjugal pour un autre homme et sa fille l'a toujours crue morte. QUATRIÈME FLASH-BACK. Lors du bal d'anniversaire de Margaret, Darlington lui déclare son amour. Il met sa vie à ses pieds et la presse de quitter un mari infidèle pour partir avec lui dès le lendemain hors d'Angleterre. Quelques instants plus tard, Mrs. Erlynne cherche partout Margaret, bien décidée à lui apprendre qu'elle est sa mère. Elle la retrouve chez Lord Darlington (absent de chez lui). Margaret avait décidé de le suivre. Sans lui dire qu'elle est sa mère, Mrs. Erlynne lui donne un conseil véritablement maternel en la pressant de repousser les propositions de Darlington qui, si elle y cède, la rendront malheureuse toute sa vie. Darlington rentre alors avec quelques amis dont Lord Windermere et Lord Lorton. Ils trouvent l'éventail de Margaret. Lord Windermere reconnaît l'objet et s'en prend physiquement à Darlington. Mrs. Erlynne permet à Margaret de s'éclipser sans être vue et revient prendre l'éventail qu'elle dit avoir confondu avec le sien. Elle sauve ainsi la réputation et le bonheur de sa fille en sacrifiant ses projets de mariage avec Lord Lorton que sa présence en ces lieux ne peut que persuader qu'elle est la maîtresse de Darlington. Margaret lui enverra l'éventail en témoignage de reconnaissance. Mrs. Erlynne quitte Londres après avoir déchiré le chèque de Lord Windermere. RETOUR AU PRÉSENT. Captivé par tout ce qu'il vient d'apprendre et soudain passionné à l'idée de ce qu'ils auraient encore à se dire, Darlington invite Mrs. Erlynne à dîner. Ils sortent ensemble de la boutique du tailleur.

☞ Septième film de Preminger après *Laura** et sa première adaptation (avant *Carmen Jones** et *Sainte Jeanne**) d'une œuvre classique. *The Fan,* titre relativement mineur dans la filmographie de Preminger, est cependant passionnant par ce qu'il nous apprend de la méthode du réalisateur pour s'approprier une œuvre littéraire et la transformer en une sorte de fragment intime de son propre univers. Cette méthode consiste à introduire une profonde rénovation dans la structure dramatique de la pièce, et du coup le ton de l'œuvre s'en trouve considérablement modifié. En actualisant la pièce (scènes dans le Londres contemporain), Preminger ne renforce pas son actualité mais au contraire son éternité, son intemporalité. Comme dans *Sainte Jeanne** et dans *Bonjour tristesse**, les faits du drame, grâce à la structure en flash-backs, seront vus à une distance presque infinie, avec un recul et une froideur poignante, typiques du style de l'auteur. Le sujet – c'est-à-dire essentiellement les *secrets* de chacun des personnages – se trouvera traité et comme éclairé par différentes sources d'information, par des points de vue complémentaires qui aboutiront à faire plus de lumière sur lui. A l'intérieur d'une structure dramatique plus sophistiquée que dans l'œuvre originale, ce mélange entre une volonté d'objectivité et un lyrisme discret et désenchanté est également caractéristique de Preminger. La direction d'acteurs apparaît très différente dans les scènes au présent où elle est caricaturale, volontairement pétrifiée, et dans les scènes au passé où elle est fine, incisive, à l'écoute de la palpitation des sentiments, laquelle se communique à l'action et la rend à la fois haletante et extrêmement épurée. Dans les scènes dramatiquement les plus importantes (l'aveu de Darlington à Lady Windermere – l'un des plus beaux plans de toute la carrière de George Sanders – ou bien la rencontre des deux femmes chez lui), la caméra serre au plus près les personnages et, à l'aide de plans assez longs qui peuvent être fixes ou sinueux, entretient avec eux ce rapport d'intimité qui est sans doute la plus grande conquête du cinéma de l'après-guerre. On peut trouver plus belle et plus fidèle à Wilde la version de Lubitsch (*Lady Windermere's Fan*, 1925). Lubitsch, comme Ophuls, sait admirablement faire sentir et sourdre la gravité à travers la frivolité. Preminger, lui, en remaniant la matière adaptée, va droit à la gravité et dessine alors autour d'elle des variations, des arabesques d'une élégance sans pareil.

NB. Outre les versions de Lubitsch et Preminger, il existe au moins trois autres adaptations de la pièce de Wilde : *Lady Windermeres Fächer*, film allemand de Heinz Hilpert (1925) avec Lil Dagover ; *Shaonainai de shanzi* [*L'éventail de la jeune dame*], film chinois de Li Pingqian (1939), cinéaste très impressionné par le talent de Lubitsch ; *Historia de un mala mujer*, film argentin de Luis Saslavsky (1948) avec Dolores Del Rio.

## FANFAN LA TULIPE

1952 – Franco-italien (102') • *Prod.* Ariane/Filmsonor/Amato Productions • *Réal.* CHRISTIAN-JAQUE • *Sc.* René Wheeler, René Fallet, Henri Jeanson, Christian-Jaque • *Phot.* Christian Matras • *Mus.* Maurice Thiriet, Georges Van Parys • *Int.* Gérard Philipe (Fanfan la Tulipe), Gina Lollobrigida (Adeline), Marcel Herrand (le roi Louis XV), Olivier Hussenot (Tranche-Montagne), Noël Roquevert (maréchal des logis Fier-à-Bras), Geneviève Page (la marquise de Pompadour), Henri Rollan (le maréchal d'Estrées) Nerio Bernardi (Jean Lafranchise), Jean-Marc Tennberg (Lebel).

Pour fuir le mariage avec l'une de ses maîtresses d'un jour, Fanfan s'engage pour sept ans dans le régiment d'Aquitaine. Adeline, la fille du sergent recruteur, se faisant passer pour une bohémienne, lui a prédit qu'il épousera la fille du roi. Sur la route, Fanfan sauve précisément Henriette de France, fille de Louis XV, et Mme de Pompadour, attaquées par des bandits. La Pompadour, pour le remercier, donne à Fanfan une tulipe d'où il tirera son surnom. Fanfan voit dans cette rencontre providentielle le commencement de la réalisation de la prédiction d'Adeline à laquelle il croit dur comme fer. Il s'affronte en duel avec le maréchal des logis Fier-à-Bras qui n'apprécie pas son insolence. Le duel se poursuit jusque sur les toits de la garnison. Le roi s'étant installé dans le voisinage, au château de Vertelune, Fanfan s'y introduit pour contempler à nouveau sa « promise ». Il est arrêté et serait bientôt pendu si le roi, auprès duquel la Pompadour et Adeline sont venues solliciter la grâce du prisonnier, n'avait pensé à tout : la branche d'arbre à laquelle est accrochée la potence s'écroule et Fanfan est libéré. Mais le souverain exige maintenant d'Adeline sa récompense. Au lieu de se donner à lui comme il l'espère, elle le gifle et, grâce à la Pompadour, échappe à la colère du roi en trouvant refuge dans un couvent. Malheureusement Fier-à-Bras, le maréchal des logis à l'âme noire, révèle la cachette au premier valet du roi, chargé de retrouver Adeline. Fier-à-Bras et Fanfan s'introduisent au couvent. Fanfan envoie son adversaire au fond d'un puits et on n'entendra plus jamais parler de lui. Le premier valet emmène Adeline dans un carrosse. Fanfan et ses amis volent à sa poursuite. Poursuivants et poursuivis arrivent ainsi à l'arrière des lignes ennemies (car une bataille historique se prépare). L'ennemi, décontenancé, retourne complètement son dispositif militaire. Louis XV n'y comprend goutte. Fanfan libère Adeline et se retrouve dans un souterrain sous l'état-major ennemi qu'il capture au grand complet. Pour le remercier de cet exploit, Louis XV le fait capitaine. Il fait également en sorte que la prédiction d'Adeline se réalise : Fanfan épousera effectivement la fille... adoptive du roi, c'est-à-dire Adeline sur laquelle le monarque a décidé de jeter un regard plus paternel.

☞ Le triomphe commercial remporté par ce film au début des années 50 souligne le talent et aussi la chance de Christian-Jaque. Le public fêta avec enthousiasme la légèreté un peu superficielle (parfois aussi un peu appliquée) de cette chanson de geste où, à travers les aventures assez minces d'un héros du folklore national, la guerre en dentelles, la toute-puissante monarchie et les fanfreluches du XVIII^e^ sont fustigées sans grande virulence. L'œuvre de Christian-Jaque mérite d'intéresser aussi bien l'amateur de divertissements en tous genres que l'historien, car elle reflète très exactement les caractéristiques les plus populaires de chaque décennie du cinéma français. Années 30 : c'est l'époque du goût pour la farce vaudevillesque poussée jusqu'à l'énorme et au grotesque ; on n'a peur de rien ; cynisme, puérilité, brio, parfois même une certaine audace grivoise sont au rendez-vous ; tout vous est permis pourvu que vous soyez brillant. Années 40 : l'insolite est roi ; recherche originale des sujets ; adaptations littéraires ambitieuses ; la fin de la décennie est pleine de ces biographies édifiantes façonnées avec conviction et sincérité ; c'est l'époque d'un certain calligraphisme à la française, des grands photographes et des grands costumiers. Années 50 : le soin caractérisant la période précédente va se figer, se crisper, s'académiser ; le cinéma français hésite, se cherche et ne se trouve pas souvent ; époque de carcan et de rigidité. Années 60 et 70 : la génération de Christian-Jaque a de moins en moins sa place. C'est plus dommage encore pour le public que pour elle. Parfois une résurgence de cynisme et de satire bien acide (cf. *Les bonnes causes*, 1962) prouve que le talent n'est pas mort, ni la lucidité. En ce qui concerne *Fanfan*, sa fantaisie un peu désincarnée est caractéristique de cette période d'hésitation où chacun dans le cinéma français commence à perdre son « emploi » (au sens théâtral du mot). Christian-Jaque n'est pas dupe de la totale irréalité du couple Philipe-Lollobrigida (rappelons au passage que c'est ce film qui fit connaître universellement l'actrice italienne). Aussi recourt-il à la vieille ruse qui avait tant servi pendant des décennies : contrebalancer la mièvrerie un peu artificielle des jeunes premiers par des compositions latérales, hautes en couleur, offertes à de grands comédiens. On n'oubliera pas de sitôt la stupidité monumentale et picaresque de Noël Roquevert ni non plus l'inquiétante lubricité d'un Marcel Herrand magnifique, à la fois fascinant et odieux. Mais ces deux compositions, pour talentueuses qu'elles soient, ne transforment pas véritablement la substance générale du film. Elles restent à part, gravures presque trop âpres, trop burinées, plaquées sur un ensemble un peu pâlot. Cette disparité d'inspiration, due aussi à un trio de scénaristes très différents, est typique d'une période où l'équilibre du cinéma français, jusque-là solide, est sur le chemin de la rupture. Photo constamment superbe de Christian Matras.

N.B. Autre version : *Fanfan la Tulipe*, ciné-roman en huit chapitres de René Leprince (1925), soigné dans les décors et les costumes, mais assez terne sur le plan dramatique. Scénario assez différent du film de Christian-Jaque qui s'était fait projeter cette version avant d'entreprendre son propre film.

BIBLIO. : découpage (909 plans) *in* « L'Avant-Scène » n° 370 (1988). Voir aussi la plaisante *novelization* de Georges G. Toudouze chez Tallandier (1952) et les souvernirs de Noël Roquevert dans le livre-interview de Yvon Floc'hlay, Éditions France-Empire, 1987.

## FANFARE D'AMOUR

1935 – France (115') • *Prod.* Solar-Films • *Réal.* RICHARD POTTIER • *Sc.* Robert Thoeren, M. Logan, Max Bronnet, Pierre Prévert, René Pujol • *Phot.* Jean Bachelet • *Mus.* Joe Hajos • *Int.* Fernand Gravey (Jean), Julien Carette (Pierre), Betty Stockfeld (Gaby), Madeleine Guitty (Lydia), Gaby Basset (Poupette), Pierre Larquey (Émile), Jacques Louvigny (Albert).

Deux acteurs dans la dèche, Jean et Pierre, courent le cachet. Ils figurent, l'année où cela a du succès, dans un orchestre tzigane puis, l'année suivante, dans un orchestre noir, l'année d'après dans un orchestre cubain. Vient l'année de la vogue des orchestres féminins. Courant toujours après la mode, les deux amis se griment et se déguisent en femmes pour se faire engager dans la formation des « Tulipes hollandaises » qui part justement en tournée. On prend le train de nuit. Jean et Pierre rivalisent pour les beaux yeux de Gaby. Elle a rencontré Jean – habillé en homme – dans le couloir du train et ce fut le coup de foudre. Jean et Pierre n'arrêteront plus de se jouer des tours de cochon. A l'hôtel, Pierre enferme Jean dans sa chambre et veut qu'il soit battu par toutes les autres artistes, car il (elle) les a déshonorées par sa conduite trop légère. En fait ce sera le directeur du théâtre, épris de Jean (qu'il prend pour une femme) qui sera battu. *In fine,* Jean et Pierre seront découverts pour ce qu'ils sont et tomberont respectivement dans les bras de Gaby et Poupette.

☞ Première version de *Certains l'aiment chaud** (Billy Wilder et I.A.L. Diamond ne se sont jamais soucié de préciser, à notre connaissance, qu'ils avaient écrit un remake). La comédie, sous toutes ses formes, vécut son âge d'or dans le cinéma français des années 30 : comédie musicale et tendrement sensuelle (venue en général d'Allemagne), comédie militaire et picaresque (adaptations de Courteline), comédie satirique et cynique (type *Avec le sourire**), comédie vaudevillesque et osée (type *Compartiment de dames seules**), comédie nostalgique et réactionnaire (type *Gargousse**), etc. La liberté de ton, c'est-à-dire la liberté de choisir son ton, fut plus grande dans ce genre que partout ailleurs. On le voit bien ici. Le sujet pouvait prêter à des arabesques cyniques ou audacieuses sur le mélange et la confusion des sexes (Wilder n'y manquera pas). Pottier choisit délibérément une autre veine : le comique loufoque et débridé. Peut-être parce que Jacques Prévert venait d'écrire pour lui dans ce ton *Si j'étais le patron* et allait continuer avec *Un oiseau rare* (*Fanfare d'amour* se situe chronologiquement entre les deux). Peut-être parce que Pierre Prévert est ici co-scénariste et assistant ; ou tout simplement par préférence personnelle. Quoi qu'il en soit, le film se soucie plus d'entraîner le spectateur dans le mouvement de son joyeux délire que de cultiver le sous-entendu et la grivoiserie. Parfois les deux sont liés. Madeleine Guitty paraissant ici dans son dernier rôle (elle n'y déçoit pas) est la chef des « Tulipes hollandaises », et la seule d'entre elles qui sera prise pour un homme. Ne voulant pas occuper la couchette du haut, elle dit à une camarade, en désignant son oiseau en cage : « Impossible. Il ne supporte pas l'altitude. C'est un oiseau qui n'a jamais volé. » Grand soin apporté à la réalisation de ces pitreries, aux travestis de Jean (F. Gravey) et de Pierre (Carette), aux décors et à certains mouvements d'appareil.

## FANFARON (LE)
### (Il sorpasso)

1962 – Italie (104') • *Prod.* Fair Film – Incei Film – Sancro Film (Mario Cecchi Gori) • *Réal.* DINO RISI • *Sc.* Dino Risi, Ettore Scola, Ruggero Maccari • *Phot.* Alfio Contini • *Mus.* Riz Ortolani • *Int.* Vittorio Gassman (Bruno Cortona), Jean-Louis Trintignant (Roberto Mariani), Catherine Spaak (Lilly), Claudio Gora (Bibi), Luciana Angiolillo (femme de Bruno), Luigi Zerbinati (commendatore).

Un 15 août dans Rome vidée de sa population, deux hommes se rencontrent et deviennent amis : Bruno Cortona, la quarantaine finissante, affairiste, exubérant, menteur, séduisant ; Roberto Mariani, étudiant en droit, timide, réservé, amoureux d'une voisine à laquelle il n'ose adresser la parole. Ils passeront ensemble, sur la route, où Bruno conduit sa voiture de sport comme un fou, et dans diverses haltes, deux journées pleines d'incidents et de péripéties. Quatre étapes principales ponctuent leur randonnée. Un restaurant non loin de la route : Bruno monte avec une serveuse mais n'obtient rien ; elle aurait peut-être été plus accueillante pour Roberto qui n'a rien tenté. La maison de l'oncle Michel que Roberto, enfant, préférait à son père : Bruno voit tout de suite que le fils de l'oncle (le cousin de Roberto) est en fait le fils du régisseur. Un restaurant-cabaret où Bruno rencontre une relation d'affaires qu'il a plus ou moins grugée et se bagarre avec deux automobilistes qu'il a doublés sur la route au mépris de tout danger. Roberto, ne supportant pas l'alcool, est bientôt ivre. La maison de l'ex-femme de Bruno où celui-ci se hasarde à faire des reproches à sa fille qu'il n'a pas vue depuis plusieurs années et qui est sur le point d'épouser pour son argent un industriel qui a trois fois son âge. Bruno essaie de renouer avec son « ex » mais n'est pas admis dans son lit. Il va avec Roberto dormir sur la plage. Le lendemain, balade en mer sur le yacht de l'industriel. Bruno fait du ski nautique. Il reprend la route avec Roberto. Celui-ci a pris goût à la vitesse, au risque et le pousse à aller toujours plus vite. C'est l'accident. Bruno a pu sauter. Roberto est resté coincé dans le véhicule qui s'écrase au bas d'une falaise.

☞ Le premier grand chef-d'œuvre de la « comédie italienne » des années 60. C'est une satire de mœurs autant qu'une étude de caractères. Au cinéma, les caractères, quand ils sont dessinés avec cette acuité, ce relief, cette profondeur, deviennent immanquablement des destins. C'est donc la rencontre de deux destins que présente ce film brillant et acide, parfaitement classique, où l'ironie dissimule bien l'ambition et le sérieux, où l'improvisation et la rigueur font bon ménage. Les deux personnages, l'outrecuidant et le timoré, l'extraverti et l'intraverti, celui qui est à l'aise partout et celui qui ne l'est nulle part, sont si opposés qu'ils deviennent complémentaires et bientôt inséparables. Mais Roberto (Jean-Louis Trintignant) commet la faute suprême en se laissant influencer. Toute influence étant maléfique (et, comme l'a dit Oscar Wilde, immorale), en pénétrant dans l'univers de Bruno, Roberto perd son identité et – dans un dénouement choquant mais logique – la vie. Les deux personnages sont caractéristiques de leur environnement : une société amorale, superficielle, qui en est au début de sa surconsommation, qui ne tardera pas à être déçue et qui est déjà déséquilibrée. « Dans le film, dit Risi (*in* "Positif", nº 142), Gassman est quelqu'un qui détruit parce qu'il n'a pas su construire, c'est un Italien typique, superficiel, fasciste. C'est un impuissant, un velléitaire, son pouvoir tient tout entier dans sa présence physique, une force de choc mais sans qualité profonde, ni morale. (...) *Il sorpasso* est né d'une histoire vraie ; dans le personnage de Gassman j'ai cousu ensemble deux ou trois personnes que j'ai connues, avec lesquelles j'ai vécu ce genre d'aventure, dans le rôle, pour moi, de Trintignant. (...) Le personnage de Gassman, c'est celui de quelqu'un qui remplit toujours le vide, mais on sent qu'il a peur de vivre ; son allure, toujours vivace, cache la peur de se connaître. » Risi décrit très bien ici les aspects les plus négatifs de Bruno. Mais Bruno possède aussi d'autres facettes qui font, en tant que personnage de fiction, sa richesse : par exemple cette extrême acuité du regard qui lui permet de déjouer très vite, quand il s'agit d'autrui, les faux-semblants et les conventions (cf. la scène étonnante chez l'oncle de Roberto). Et ce qu'il dit d'Antonioni est admirable. A l'évidence, Risi a mis beaucoup de lui-même dans les deux personnages.

## FANNY

1932 – France (125') • *Prod.* Films Marcel Pagnol et Établissements Braunberger-Richebé • *Réal.* MARC ALLÉGRET • *Sc.* Marcel Pagnol d'ap. sa P. • *Phot.* Nicolas Toporkoff, André Dantan, Roger Hubert, Georges Benoit, Courtelain • *Mus.* Vincent Scotto • *Int.* Raimu (César), Pierre Fresnay (Marius), Fernand Charpin (Panisse), Orane Demazis (Fanny), Alida Rouffe (Honorine), Robert Vattier (M. Brun), Milly Mathis (tante Claudine), Auguste Mouriès (Escartefigue).

L'action commence à la seconde où finit *Marius*. (Ce n'est pas le cas de la pièce). César porte Fanny évanouie chez sa mère Honorine et apprend, hébété, que son fils Marius s'est engagé pour cinq ans dans un équipage qui va participer à des recherches dans l'océan Indien. Un mois plus tard, César attend toujours – et fébrilement – une lettre de Marius. Quand enfin elle arrive, il fait semblant, devant ses amis, d'y être indifférent, mais la dévore dès qu'ils sont partis. Il dicte une réponse à Fanny. Panisse redemande à Honorine la main de sa fille. Fanny vient dire à Panisse qu'elle ne peut l'épouser car elle est enceinte de Marius, ce que ce dernier ignorait quand il est parti. Panisse paraît ravi de trouver dans la corbeille de mariage un enfant « tout fait », lui qui n'avait jamais pu en avoir de sa première femme. Le mariage est donc décidé et Fanny, à défaut d'amour, déborde de reconnaissance envers Panisse, qui a seulement exigé qu'elle laisse croire à tous que l'enfant est de lui. César est fou de rage à l'idée de ce mariage mais Panisse et Fanny savent le convaincre que c'est la seule solution raisonnable. Il sera le parrain de l'enfant. Fanny accouche d'un garçon. Marius revient beaucoup plus tôt que prévu car son bateau a eu une avarie. Lors d'un entretien avec Fanny, il ne met pas longtemps à comprendre que l'enfant est de lui. Il avoue à Fanny qu'il l'aime plus profondément qu'il ne le pensait et que la mer a maintenant pour lui moins d'attrait. Fanny, de son côté, ne lui cache pas qu'elle n'a jamais cessé de l'aimer et de penser à lui. Lors d'une explication générale, Panisse accepte que Fanny reprenne sa liberté si elle le désire, mais il se refuse à rendre l'enfant auquel il est profondément attaché. Se sentant rejeté à la fois par son père, qui condamne son désir de reprendre l'enfant à Panisse, et par Fanny, Marius repart en mer.

☞ Pour satisfaire à la demande de ses amis et des spectateurs, Pagnol, qui en avait déjà caressé l'idée, écrit une suite théâtrale à « Marius » durant l'été 1931. (On a peine à imaginer aujourd'hui que « Marius » ait pu être conçu comme une œuvre autonome.) La générale au Théâtre de Paris est fixée à décembre. Pierre Fresnay n'est pas libre et c'est Berval qui joue Marius. Alida Rouffe, malade, doit rendre son rôle. Pour quelques répétitions manquées, Raimu se fâche avec Volterra, le directeur du théâtre, et la brouille prend des proportions gigantesques. Raimu est remplacé par Harry Baur. Ligoté par son contrat, Pagnol voudrait mais ne peut reprendre sa pièce qui obtient malgré tout un grand succès (inférieur cependant à celui de « Marius »). On dirait que les événements se liguent pour pousser Pagnol à mettre en chantier le plus rapidement possible le tournage de *Fanny* (ce sera fait l'été 1932) : à sa passion immédiate et fulgurante pour le cinéma parlant, au succès considérable du film *Marius** s'ajoute maintenant le fait que la troupe d'origine de *Marius** ne pourra être réunie que sous les sunlights. Cette fois, devant le refus de la Paramount de produire *Fanny* sous prétexte que les suites ne marchent jamais, Pagnol prend en main la production du film et s'associe avec son compatriote marseillais Roger Richebé, lequel avait Raimu sous contrat. Richebé indiquera dans son intéressant livre de mémoires (« Au-delà de l'écran », Pastorelly, 1977) que c'est avec Pagnol et non avec Volterra que Raimu était fâché ! Pour la mise en scène, Pagnol accepte le choix de son associé : Marc Allégret. Celui-ci avait en effet le don – rare et précieux – de bien supporter les colères de Raimu (il venait de le diriger dans *Mam'zelle Nitouche* et *La petite chocolatière*). Il est clair que dès cette époque le mariage d'amour du dramaturge Pagnol avec le cinéma est consommé. Il faudra d'ailleurs attendre vingt-quatre ans pour que Pagnol donne à nouveau une pièce originale au théâtre : « Judas » (1955) qui fut un four retentissant. (Voir commentaire général de la trilogie à la notice *César*.)

N.B. Versions ultérieures. En Italie : *Fanny* de Mario Almirante (1933). L'adaptation est signée Matarazzo et Alessandro De Stefani. En Allemagne : *Der Schwarze Walfisch* (1934) de Fritz Wendhausen (Emil Jannings joue César). Aux USA : *Port of Seven Seas* de James Whale (1938) d'ap. « Marius » et « Fanny » (Wallace Beery joue César), film tout à fait médiocre ; *Fanny* (1961) de Joshua Logan avec Charles Boyer (César) et Maurice Chevalier (Panisse), un peu meilleur que le précédent.

BIBLIO. : préface de « Fanny » : mêmes indications bibliographiques que pour celle de « Marius ».

## FANTASMES (Bedazzled)

1967 – Angleterre (107') • *Prod.* Fox (Stanley Donen) • *Réal.* STANLEY DONEN • *Sc.* Peter Cook, Dudley Moore • *Phot.* Austin Dempster (DeLuxe, Panavision) • *Mus.* Dudley Moore. • *Int.* Peter Cook (George Spiggot), Dudley Moore (Stanley Moon), Eleanor Bron (Margaret Spencer), Raquel Welch (Lilian Lust), Alba (Vanity), Robert Russell (Anger), Barry Humphries (Envy), Daniele Moel (Avarice), Howard Goorney (Sloth), Parnell McGarry (Glutonny), Michael Bates (inspecteur Clarke).

Stanley, petit employé d'un restaurant Wimpy à Londres, est sur le point de se suicider quand le Diable survient et lui propose la réalisation de sept vœux contre son âme. Stanley accepte. Mais Satan, aidé par les sept péchés capitaux, s'arrange pour que chacun des vœux prononcés par Stanley et qui ont pour but de le rapprocher de Margaret, une serveuse à laquelle il n'osait pas avouer son amour, tourne à son désavantage et soit pour lui un fiasco, une frustration de plus. Stanley sera successivement transformé en intellectuel, en milliardaire, en chanteur pop, en mouche, en play-boy, et en nonne. Satan, autrefois l'ange préféré de Dieu, engrange des âmes car c'est le rôle que Dieu, intelligence inhumaine et omnisciente, lui a dévolu. Mais il brûle de redevenir le chouchou de Dieu. C'est pourquoi il accomplit parfois de bonnes actions, comme de rendre son âme à Stanley. Mais Dieu ne juge pas que cette action soit véritablement charitable. Satan devra rester Satan. Il essaie alors de reprendre possession de l'âme de Stanley, mais en vain. Fou de rage, il jure de couvrir la surface de la Terre de Wimpy, d'autoroutes, etc.

☞ L'aspect satire de mœurs de l'œuvre de Donen disparaît souvent dans les commentaires qu'elle a suscités au profit du talent – immense – de l'auteur comme rénovateur de la comédie musicale. C'est pourtant un courant persistant chez Donen qui a commencé très tôt (cf. *It's Always Fair Weather**, 1955). Il s'accompagne souvent d'une surprenante richesse formelle. Donen unit ici le conte fantastique à base démonologique (comme dans *Damn Yankees,* 1958), la comédie et la satire. Il garde ce ton narquois, tendre et amer qui lui est propre pour décrire un petit homme moyen, symbole de l'humanité entière, perdu dans un monde cruel et contraignant. Sa collaboration avec les deux chansonniers anglais, Peter Cook et Dudley Moore, se révèle très féconde et la multitude des gags qu'ils apportent s'insère parfaitement dans son univers. Les épisodes où Dudley Moore est transformé en mouche (avec une utilisation ingénieuse du dessin animé) puis en nonne sauteuse dans l'ordre des Leaping Berelians sont parmi les moments les plus irrésistiblement comiques du cinéma de ces trente dernières années. Se rattachant à une tradition où l'on pourrait faire figurer Labiche, Allan Dwan, Sempé, etc., Donen sait faire preuve d'une extrême virulence sans avoir besoin de recourir à la méchanceté. D'autre part, ses inventions les plus extravagantes ne sont jamais dénuées d'un certain réalisme ; et la prophétie finale du Diable s'est hélas réalisée...

## FANTOME DE L'OPÉRA (LE) (The Phantom of the Opera)

1925 – USA (10 bob., version muette reconstituée : 83') • *Prod.* Universal Jewel (Carl Laemmle) • *Réal.* RUPERT JULIAN • *Sc.* Elliott J. Clawson et Raymond Schrack d'ap. le roman de Gaston Leroux • *Phot.* Virgil Miller (séq. en Technicolor bichrome) • *Int.* Lon Chaney (Erik, le Fantôme), Mary Philbin (Christine Daaé), Norman Kerry (Raoul de Chagny), Bernard Siegel (Joseph Buquet), Gibson Gowland (Simon Buquet), John Sainpolis (Philippe de Chagny), Virginia Pearson (Carlotta), Arthur Edmund

Carewe (le policier Ledoux), Cesare Gravina (manager), Snitz Edwards (Florine Papillon).

Quand les nouveaux acquéreurs de l'Opéra de Paris entendent les vendeurs, avec qui ils viennent de signer le contrat de cession, mentionner le célèbre Fantôme qui hanterait les lieux, ils ne peuvent s'empêcher de sourire. Mais les danseuses du corps de ballet croient, elles, dur comme fer, à sa présence. Le machiniste Joseph Buquet ne leur a-t-il pas décrit son horrible visage : deux trous à la place des yeux, une peau semblable à un parchemin, des os protubérants et pas de nez ? La mère de la diva Carlotta montre, scandalisée, aux nouveaux directeurs, une lettre de menace adressée à sa fille et signée « Le Fantôme ». Ce soir-là, Christine remplace Carlotta traumatisée et remporte un triomphe. Dans sa loge, Christine a coutume d'entendre une voix lui parler et diriger son destin. Cette voix émane du mystérieux responsable de sa carrière musicale : « J'ai mis Paris à tes pieds ce soir, dit la voix, mais tu ne dois songer qu'à ta carrière. » Le lendemain, Carlotta reçoit une autre lettre de menace mais refuse de se laisser influencer une nouvelle fois et chante devant le public le rôle de Marguerite dans « Faust ». Le gigantesque lustre du plafond de l'Opéra tombe sur les spectateurs durant la représentation. Carlotta, se sentant victime d'une véritable malédiction, ne pourra plus jamais chanter. Raoul de Chagny, le fiancé de Christine, qui s'est vu demander par sa bien-aimée de ne plus jamais chercher à la revoir, s'est caché dans sa loge. Il entend la voix guider Christine : elle passe à travers un grand miroir qui ouvre sur un passage secret. Le Fantôme entraîne Christine dans les soubassements de l'Opéra. Ils montent en barque pour traverser un lac souterrain. C'est là que Christine comprend qu'elle a affaire au fameux Fantôme. Un masque lui recouvre le visage. « La haine d'un homme m'a rendu tel que je suis, dit-il mystérieusement, mais je serai racheté par ton amour ». Elle s'évanouit. Le Fantôme l'installe dans une chambre spécialement préparée pour elle. A son réveil, elle l'entend jouer de l'orgue et ne peut s'empêcher de lui arracher son masque. Sa hideur apparaît aux yeux de la jeune fille terrifiée. Elle le supplie de la laisser partir. Il consent à ce qu'elle chante encore une fois en public, mais il ajoute : « Si tu revois ton amant, ce sera la mort pour tous les deux. » Bravant la menace, elle fixe rendez-vous à Raoul au bal masqué de l'Opéra. Là, un homme revêtu d'un masque représentant une tête de mort et déguisé en Mort Rouge impressionne tous les assistants. « Savez-vous que sous vos pieds se trouvent les tombes des hommes torturés ? », leur dit-il en faisant allusion aux chambres de tortures qui, depuis le Moyen Age, occupent les sous-sols du Temple de la Musique. Raoul et Christine montent sur le toit de l'Opéra. Ils conviennent que Raoul viendra chercher Christine à l'issue de sa représentation et que tous deux partiront pour l'Angleterre. Juché sur une statue, le Fantôme qui les a écoutés comprend qu'il a été trahi... Dans les bureaux de la police, on trouve la fiche du Fantôme, alias Erik, un évadé du bagne de l'Ile du Diable. Dans les coulisses de l'Opéra, Joseph Buquet, qui en savait trop et avait découvert une trappe menant au domaine du Fantôme, a été étranglé et pendu. Son frère Simon jure de le venger. Durant la représentation, le Fantôme enlève Christine. Un homme de la police secrète, qui enquête depuis plusieurs mois sur le Fantôme, propose à Raoul de le conduire dans les catacombes. Ils passent par le miroir de la loge et empruntent le passage secret. Mais ils tombent dans une chambre de torture. Le frère de Raoul, parti à sa recherche, est noyé par le Fantôme qui a fait chavirer sa barque. Le Fantôme augmente la température de la chambre de torture où l'air devient irrespirable. Puis il inonde la réserve de poudre dans laquelle les deux malheureux avaient cru trouver refuge. Il met le marché en main à Christine : ou bien elle l'épouse, ou bien les deux hommes mourront. Guidée par Simon Buquet, la foule descend dans les catacombes. Christine jure au Fantôme qu'elle fera tout ce qu'il veut. Il sauve les deux prisonniers de la noyade puis entraîne Christine dans le fiacre de Raoul. La foule les poursuit. Le fiacre a un accident. Christine tombe. Raoul la rejoint. La foule, armée de torches, poursuit à travers la nuit le Fantôme jusque sur les quais de la Seine. Là, elle le met en pièces et jette son corps au fleuve.

☞ C'est ici le triomphe du roman populaire illustré par le cinéma, lequel trouve dans cette illustration une de ses vocations les plus durables et les moins sujettes à caution. L'intrigue, qui ressemble dans cette version à une sorte de variation sur le thème de « La Belle et la Bête », enchaîne sur un rythme assez rapide une suite presque ininterrompue de morceaux de bravoure (la chute du lustre, la descente sous l'Opéra, le Fantôme démasqué, le bal masqué, etc.) qui se déroulent dans un climat original d'angoisse et de terreur qu'on ressentira aujourd'hui au second degré, car il a déjà accompli son œuvre, c'est-à-dire donné aux personnages et surtout au Fantôme une valeur mythique. A noter que les motivations attribuées au Fantôme dans les versions ultérieures (le fait entre autres qu'il soit la victime d'un homme qui lui a volé son œuvre) n'existent pas ici. Le scénario suit fidèlement le roman de Leroux tout en laissant dans l'ombre son passé. (Chez Leroux, Erik est un monstre dès sa naissance, ce qui n'est pas précisé dans le film.) Dans cette version muette, les faits sont livrés d'une manière brute, sans commentaire ni explication. Ils demandent à être considérés comme les éléments organiques d'un cauchemar sur lequel le raisonnement et la vraisemblance n'ont aucune prise. Le film se situe dans la dernière période de la carrière (1913-1930) de Lon Chaney et y tient une place assez originale. Hormis son visage, caché dans la plupart des scènes par un masque, Lon Chaney ne subit ici aucune déformation des membres ou du corps ; ni mutilation ni amputation. Au contraire sa silhouette, revêtue le plus souvent d'une cape, est d'une grande élégance et Lon Chaney en joue avec un art consommé. Cette silhouette, vue par exemple en ombre chinoise sur les murs de l'Opéra, représente d'ailleurs l'aspect le plus mythique de son personnage.

N.B. Le film est ressorti en 1929 en deux versions, toutes deux différentes de l'originale de 1925 : 1) une version parlante pour un tiers, où Lon Chaney est doublé par un autre acteur, et comportant de nouvelles scènes d'opéra tournées avec le son ; 2) une version muette destinée aux salles non encore équipées du son, et qui n'est pas celle de 1925 mais la version parlante sans le dialogue, avec de nouveaux intertitres et les nouvelles séquences d'opéra présentées en muet. Dans la version de 1925, le personnage de Carlotta est interprété par Virginia Pearson et dans celles de 1929 par Mary Fabian et c'est alors le rôle de la mère de Carlotta que joue Virginia Pearson. La version muette (dite reconstituée) qui passe ordinairement sur les chaînes de télévision, par exemple en Angleterre, correspond au montage de 1929 (résumé plus haut). Par rapport à la version de 1925, on constate la suppression des scènes de présentation des personnages et de plusieurs scènes se déroulant à la police. Autres différences : dans la version de 1925, le meurtre de Joseph Buquet a lieu beaucoup plus tôt dans l'intrigue et le film se termine par le mariage de Christine et de Raoul. Sur la comparaison entre les trois versions, voir l'article de John Stingley *in* « Classic Images », Davenport, Iowa, n° 144 (1987). Originellement, la scène où Christine enlève son masque au Fantôme et celle du Bal de l'Opéra avaient été tournées en Technicolor bichrome. Quelques plans de l'apparition au Bal de l'Opéra du Fantôme déguisé en Mort Rouge sont en couleurs dans certains tirages modernes du film. Rappelons enfin que, suite à des problèmes durant le tournage, Edward Sedgwick réalisa certaines scènes. Autres versions : la célèbre version de Arthur Lubin (voir notice suivante) ; une version anglaise assez terne de Terence Fisher (1961) qui est plus un remake de la précédente que de la version muette ; une actualisation assez artificielle du thème dans *Phantom of the Paradise* (Brian De Palma, 1974). Signalons aussi une intéressante adaptation chinoise du roman de Leroux que le réalisateur-scénariste, Ma-Xu Weibang, a replacée en Chine même : *Le chant de minuit (Yebang gesheng),* film en deux parties (1937 et 1941). Version « gore » très médiocre de Dwight H. Little (sortie en France en 1990).

## FANTOME DE L'OPÉRA (LE) (Phantom of the Opera)

1943 – USA (92') • *Prod.* U (George Waggner) • *Réal.* ARTHUR LUBIN • *Sc.* Eric Taylor et Samuel Hoffenstein, John Jacoby d'ap. R. de Gaston Leroux • *Phot.* Hal Mohr (Technicolor) • *Mus.* Harold Zweifel et Arthur Schutt • *Int.* Nelson Eddy (Anatole Carron), Susanna Foster (Christine Dubois), Claude Rains (Enrique Claudin), Edgar Barrier (Raoul de Chagny), Jane Farrar (Biancarolli), Barbara Everest (la tante), Steven Geray (Vercheres).

Christine, choriste à l'opéra de Paris, est courtisée par deux rivaux, un policier de la Sûreté et un baryton. Un troisième homme l'aime en secret, Claudin, violoniste dans le même théâtre. Il lui paie anonymement des leçons de chant pour qu'elle devienne une vedette. Claudin est renvoyé de l'Opéra car une paralysie de certains doigts l'empêche de jouer. Il ne peut donc plus financer les leçons de chant de Christine. Il remet un concerto de sa composition à un éditeur qui refuse par la suite de le recevoir. Entendant jouer sa partition dans la maison de l'éditeur, il se croit spolié et tue l'éditeur dans un accès de folie homicide. La compagne de la victime lui lance au visage un jet d'acide. Désormais défiguré et fou, portant un masque et une cape, il erre dans les couloirs et les soubassements de l'Opéra, hanté par cette seule idée : faire de Christine une star. Il drogue puis assassine la vedette pour que Christine puisse la remplacer. Ayant fait tomber sur les spectateurs le lustre géant de la salle, il emmène Christine à la faveur du désordre régnant dans le théâtre et l'entraîne dans les égouts. Là, il l'oblige à chanter. Elle lui arrache son masque et découvre alors son visage horriblement mutilé. Il meurt peu après des conséquences d'un éboulement provoqué par un coup de revolver tiré par un des poursuivants.

☞ La plus célèbre et la plus hollywoodienne des adaptations du roman de Leroux. Sa structure est des plus composites et des plus baroques : un récit fantastique (mais dénué de surnaturel) dans lequel sont enchâssés de longs passages d'opéra et des intermèdes comiques assez improbables. Cette structure, avec ses personnages inutiles qu'on voit beaucoup, son héros qu'on voit peu, ses bizarreries, le luxe extraordinaire de son Technicolor (la vraie star du film), est en elle-même étrange et monstrueuse, comme une erreur de la nature. Elle résulte moins des calculs d'un auteur que des aléas d'une production qui voulait faire sa place au célèbre Nelson Eddy. Quoi qu'il en soit, elle exprime déjà puissamment le sujet et sert un film qui veut parler à l'imagination du spectateur, à son inconscient et à son œil, beaucoup plus qu'à sa raison ou à ses facultés logiques. Ce qui touche le plus dans cette œuvre tient au contraste entre la noirceur de l'histoire et la splendeur des images, entre la férocité, la folie meurtrière du héros quand il est malheureux et sa douceur, sa ferveur avant qu'il ait été blessé, physiquement et moralement. Au fond, il s'agit d'une variation baroque sur le thème de Jekyll et Hyde, orientée différemment dans la chronologie. Claudin est Jekyll dans une partie de sa vie, puis Hyde dans une autre, mais il lui est interdit de revenir en arrière comme le pouvait le héros de Stevenson. Dans tous ses aspects, le film est très différent de la version muette de 1925 et assez infidèle au roman de Leroux.

## FARREBIQUE

1947 – France (100') • *Prod.* Écran Français et Films Étienne Lallier • *Réal.* GEORGES ROUQUIER • *Sc.* Georges Rouquier d'ap. une idée de Claude Blanchard • *Phot.* André Dantan • *Mus.* Henri Sauguet • *Int.* Les villageois de Farrebique et de Goutrens (Aveyron).

Une année de la vie d'une famille de paysans du Rouergue. C'est l'année où l'on installe l'électricité dans la ferme, celle aussi de la mort du grand-père qui, ne pouvant plus travailler, a divisé son bien entre ses enfants. Quant à la réfection de la maison, dont on aura tant parlé, elle est reportée à plus tard.

☞ Interprété durant douze mois consécutifs par une famille du cru apparentée au réalisateur, maniant avec une audace sans pareille pour l'époque le documentaire et la fiction, le film s'intitule *Farrebique ou les quatre saisons.* Le temps, dans son acception à la fois chronologique et météorologique, est l'un des deux principaux sujets du film. Ses rythmes ou journaliers ou saisonniers régissent le travail, et le travail est l'autre sujet essentiel de *Farrebique.* Si le film a paru si austère à ses détracteurs comme à ses laudateurs, c'est que Rouquier a choisi d'illustrer, dans la vie paysanne déjà austère par elle-même, ce qu'il y avait de plus austère et de le magnifier, notamment grâce au lyrisme sévère de la photo. Pas de célébration (mariage, naissance, etc.), de fêtes, de rencontres joyeuses (fin des vendanges, marché, bal, etc.), à peine une sortie de messe et la bourrée que dansent deux hommes dans un café. Le film est voué entièrement à chanter les travaux des champs et les grands cycles naturels. Si les approches de la mort et la mort elle-même du grand-père occupent tant de place dans le récit, c'est pour se rattacher profondément au sujet. La mort représente en effet la grande rupture moins sur le plan spirituel et métaphysique que concret et physique : elle est avant tout cessation du travail et legs du travail aux autres. Les partis pris très fermes de Rouquier n'ont pas empêché le film de posséder une authenticité documentaire unique dans le cinéma français. Cette authenticité a valeur d'éternité par l'image, poétique et âpre, qu'elle offre de la condition humaine. Par le caractère archaïque de la région décrite et filmée, par la transformation considérable des gestes agricoles depuis 1946, elle a aussi valeur d'irremplaçable document ethnologique.

N.B. Rouquier donnera en 1984 une suite à ce film sous le titre *Biquefarre**.

BIBLIO. : « Album de *Farrebique,* texte et dialogues de Georges Rouquier » Éditions Fortuny, 1947 (description littéraire du film avec la plupart des dialogues).

**FAT CITY (id.)**

1972 – USA (100′) • *Prod.* COL. (John Huston, Ray Stark) • *Réal.* JOHN HUSTON • *Sc.* Leonard Gardner d'ap. son R. • *Phot.* Conrad Hall (Eastmancolor) • *Mus.* Marvin Hamlisch • *Int.* Stacy Keach (Tully), Jeff Bridges (Ernie Munger), Candy Clark (Faye), Susan Tyrell (Oma), Nicholas Colosanto (Ruben), Art Aragon (Babe), Curtis Cokes (Earl), Sixto Rodriguez (Lucero), Billy Walker (Wes), Wayne Mahan (Buford), Ruben Navarro (Fuentes).

A Stockton, Californie, l'une des villes les plus pauvres des États-Unis, Billy Tully, un ancien boxeur de vingt-neuf ans, autrefois plein de promesses, vit surtout de nostalgie, de souvenirs, d'alcool et de déception. Son existence a été détruite le jour où sa femme l'a abandonné. Il erre encore parfois dans les gymnases et un jour conseille à un jeune, Ernie Munger, dix-huit ans, qu'il pense doué pour la boxe, de contacter son entraîneur Ruben Luna. Dans un bar, Tully rencontre Oma, une ivrognesse qui fulmine contre l'humanité entière, et surtout contre l'humanité mâle dont elle ne saurait pourtant se passer. Veuve d'un policier indien, elle a ensuite épousé un Noir, qui fera bientôt de la prison. Tully va vivre un certain temps avec elle. Il travaille épisodiquement comme journalier à la cueillette des oignons ou des noix. Pendant ce temps, Ernie a suivi ses conseils et commence son entraînement sous la direction de Ruben Luna. Il rencontre une jeune fille vierge, Faye, à qui il fera un enfant. Peu après, il l'épouse. Son premier combat est un fiasco. A son deuxième, il est vaincu par K.-O. au bout de 23 secondes. Lui aussi travaille parfois comme journalier et dans les champs revoit un jour Tully. Celui-ci a décidé de se remettre sérieusement à la boxe. Sa vie avec Oma se passe essentiellement en beuveries et en disputes qui se terminent, en ce qui la concerne, par des crises de larmes. Tully rencontre un adversaire mexicain, Lucero, un pauvre type solitaire à qui il arrive de pisser le sang, et remporte sur lui une victoire par K.-O. technique. Il quitte, furieux, son fidèle entraîneur qui ne lui a donné que cent dollars. (Il avait dépensé le reste avant le match.) Il va chez Oma. Son mari est revenu et lui tend un carton contenant ses affaires. Il rencontre Ernie qui vient de gagner un match sans importance. Tous deux prennent un verre ensemble. Ils regardent un vieux serveur philippin qui, dans sa misère, trouve encore la force de sourire. Son sort est-il pire que le leur ? Qui le sait ?

☞ Premier film tourné par Huston aux États-Unis depuis *Les Misfits* (1961). Comme une grande partie de ses films, celui-ci, en forme de ballade mélancolique, comporte très peu d'intrigue et Huston manifeste vis-à-vis d'elle une presque totale indifférence. Cela était devenu de plus en plus courant chez lui depuis *Asphalt Jungle**. Ce qui l'intéresse, ce sont les personnages, leurs errances, leurs conversations, encore plus erratiques que leurs déplacements dans l'espace (là Huston bat presque son cadet John Cassavetes), leurs liaisons amoureuses, leur camaraderie, leur solitude et bien entendu l'atmosphère sociale dans laquelle ils baignent. Le thème, hustonien par excellence, de l'échec est ici complètement intériorisé dans les deux personnages principaux. Leurs réactions, alors qu'ils n'ont que dix ans de différence, permettent de mesurer l'abîme séparant l'accoutumance hagarde à l'échec (chez Tully) et sa découverte encore mâtinée d'espoir (chez Ernie). Néanmoins il est à peu près sûr que Ernie, dans dix ans, sera exactement dans la même situation que Tully. Accessoirement – mais est-ce bien si accessoire ? – le film parle aussi de l'alcoolisme, les personnages buvant pour se consoler de la réalité et parlant ensuite interminablement pour se consoler d'avoir bu. A partir des années 70, l'œuvre d'Huston trouve une nouvelle jeunesse et va devenir l'une des plus attachantes du cinéma américain, à une époque où celui-ci s'est terriblement appauvri. Ce qui paraît le plus précieux dans cette évolution n'est pas un renouvellement des sujets ou des thèmes, mais un renouvellement du regard, comme si Huston avait enfin trouvé, après pas mal de tâtonnements, l'angle juste (juste de son point de vue) d'où observer la condition humaine. Il entre dans ce regard beaucoup de compassion virile (le contraire du misérabilisme), une connaissance intime du sujet et aussi une certaine distance critique, mêlant amitié et ironie. Le plus étonnant dans ce regard est qu'il soit absolument identique quand Huston pose les yeux sur des personnages, situés quelque part entre O'Neil et Steinbeck, qui sont pour lui comme des frères (Huston a boxé aux alentours de sa dix-huitième année dans des lieux semblables à ceux décrits ici) ou bien quand il examine des bonshommes dont l'expérience est à des années-lumière de la sienne, comme les fanatiques et les obsédés de religion de *Wise Blood*. C'est le regard, étrangement serein, d'un cinéaste classique, entré dans sa période post-classique et testamentaire. Interprétation hors pair. Photo superbe de Conrad Hall alliant le réalisme à une subtile sophistication crépusculaire pour éclairer des lieux et des gens qu'a connus Huston et beaucoup d'interprètes non professionnels. Un des grands films en couleurs des années 70.

N.B. *Fat City* est synonyme en argot américain d'Eldorado.

BIBLIO. : « Deux soirées avec John Huston » par Jan Aghed et Michel Ciment *in* « Positif » nº 142 (1972).

## FAUCON MALTAIS (LE) (The Maltese Falcon)

1941 – USA (100') • *Prod.* Warner (Hal B. Wallis) • *Réal.* JOHN HUSTON • *Sc.* J. Huston d'ap. R. de Dashiell Hammett • *Phot.* Arthur Edeson • *Mus.* Adolph Deutsch • *Int.* Humphrey Bogart (Sam Spade), Mary Astor (Brigid O' Shaughnessy), Peter Lorre (Joel Cairo), Sydney Greenstreet (Kasper Gutman, « The Fat Man »), Lee Patrick (Effie Perine), Gladys George (Iva Archer), Elisha Cook, Jr. (Wilmer Cook), Barton MacLane (lieutenant de police Dundy), Ward Bond (Polhaus), Jerome Cowan (Miles Archer), Walter Huston (capitaine Jacobi).

Le détective privé Sam Spade travaille avec son associé Miles Archer à San Francisco. Il reçoit dans son bureau la visite d'une séduisante et mystérieuse jeune femme qui le supplie de rechercher sa sœur, disparue avec un certain Floyd Thursby qu'elle présente comme un homme dangereux et violent. Dès le début de l'enquête, Miles Archer, chargé de filer Thursby, est assassiné. Quelque temps plus tard, c'est Thursby lui-même dont on retrouve le cadavre. Spade est suspecté par la police d'avoir commis les deux meurtres, le premier pour avoir été l'amant de la femme de son associé, le second pour avoir voulu venger la mort de cet associé. Les deux accusations, évidemment contradictoires, seront vite abandonnées. Spade ne tarde pas à découvrir que sa mystérieuse cliente, de son vrai nom Brigid O'Shaughnessy, est une menteuse invétérée. Elle a inventé l'histoire de sa sœur pour lancer Spade aux trousses de Thursby. Un autre client, Joel Cairo, offre cinq mille dollars à Spade pour retrouver une certaine statuette de faucon à laquelle il attache beaucoup de prix. Par deux fois, au cours du même entretien, il pointe son revolver vers le détective et l'oblige à lever les mains en l'air pendant qu'il fouille l'appartement. La première fois, Spade le désarme. La seconde, il se contente de rigoler devant l'obstination de son visiteur. Miss O' recherche, elle aussi, la statuette qu'elle pense pouvoir trouver dans une cachette où Thursby l'aurait mise. A cause de cette statuette, Miss O' et Joel Cairo en viennent aux mains. Un peu plus tard, Miss O' ayant appris à Spade qu'on avait fouillé chez elle, il demande à sa secrétaire de l'héberger. Un certain Kasper Gutman convoque Spade à son hôtel. Il faisait suivre le détective par son homme de main, Wilmer, qu'il considère, dit-il, comme son fils. Wilmer s'était d'ailleurs montré, dans cette filature, d'une extrême maladresse. Spade apprend de Gutman l'histoire de la statuette datant du XVI<sup>e</sup> siècle. Incrustée de pierres précieuses, elle était un présent que les chevaliers de Malte destinaient à Charles Quint. Au cours des siècles, passant de main en main, elle fut recouverte d'émail et peu d'hommes connurent sa vraie valeur. Gutman est l'un d'entre eux. Depuis dix-sept ans, il la recherche et récemment l'avait retrouvée entre les mains d'un général russe vivant à Istanbul. Il avait chargé ces « agents » de l'obtenir pour lui. Écoutant ce récit, Spade s'aperçoit qu'il a été drogué et s'évanouit. Quelques heures plus tard, le capitaine d'un navire incendié dans le port de San Francisco – sans doute par Wilmer à la recherche de la statuette – vient porter le précieux objet au bureau de Spade. Blessé, l'homme mourra avant d'avoir pu parler. Spade met le paquet à la consigne et poste le ticket à sa secrétaire, Effie Perine. Dans son bureau se retrouvent bientôt tous les « adorateurs » du Faucon. Gutman ayant promis à Spade la forte somme pour l'acquérir, le détective téléphone à sa secrétaire de l'apporter. Hélas, ce n'est qu'un faux. Gutman ne perd pas courage et se déclare prêt à consacrer encore une ou deux années de sa vie à rechercher la statuette. Après son départ, Spade fait avouer à Miss O' que c'est elle qui a tué Archer et Thursby. Malgré l'espèce d'attrait qu'elle continue d'exercer sur lui, il la livre à la police.

☞ Première mise en scène de John Huston, jusque-là scénariste et auteur d'une dizaine de scripts ayant donné lieu dans la presque totalité des cas à des films passionnants dirigés par Edward L. Cahn, Florey, Wyler, Dieterle, Walsh, Hawks, etc. *Le faucon maltais* connut à sa sortie un succès considérable qui ne s'est jamais démenti dans les décennies suivantes. Il apporta une célébrité accrue à la plupart de ses participants. Il n'est pas inutile de rappeler que cette adaptation du roman de Dashiell Hammett est la troisième que produisit la Warner. Le rapport qui existe entre la première version et celle-ci aide à préciser l'apport exact de Huston et la nature de son travail. En 1931, Roy Del Ruth signe le premier *Faucon maltais* où Ricardo Cortez joue Sam Spade. L'intrigue est à peu de chose près celle que reprendra Huston (même les notations sur « l'amitié » soi-disant filiale qui relie Gutman à Wilmer figurent dans le premier film). Mais Huston donnera à chaque rôle un relief, une verve, une saveur, un humour infiniment supérieurs (quoique l'interprétation de Bebe Daniels ait déjà indiqué la voie au choix ultérieur de Mary Astor). C'est bien à tort que certains ont reproché à Huston, dans les années 50, d'avoir cherché à devenir réalisateur au lieu de rester le brillant scénariste qu'il était. Dès son premier film, il est évident que Huston s'intéresse beaucoup plus à l'atmosphère, aux décors, aux personnages et aux acteurs qu'à la mécanique de l'action proprement dite (ici plus fidèle à Hammett que le film de 1931) ; et cette caractéristique ne cessera de s'amplifier tout au long de sa carrière. Dans *Le faucon maltais* nº 3, à partir d'une intrigue qu'on peut juger morne, confinée et bavarde (et certes l'adaptation de Huston est la plus bavarde des trois), tout le brillant et la rigueur viennent du choix des acteurs et de leur direction, astucieuse et inventive. Huston peaufine, par exemple, la diction haletante, inquiète et suppliante de Mary Astor en la faisant courir longtemps entre les prises. Dans un rôle refusé par Georges Raft (qui avait déjà refusé celui de *High Sierra**), Bogart devient le héros hustonien par excellence et, lui qui avait joué tant de méchants, un héros tout court. Après *High Sierra**, *Le faucon maltais* représente un tournant décisif dans sa carrière. Endurci, ironique, sans illusion, mais moins cynique, moins pourri qu'il ne veut le paraître, son personnage, au sein de l'univers trouble et matérialiste où il évolue, a la morale de son côté, ou plutôt il est, avec discrétion et élégance, du côté de la morale. Tout le film est construit, comme le roman, de son point de vue et son personnage est présent dans toutes les scènes (sauf celle de la mort de son associé). Elisha Cook campe une silhouette inoubliable tandis que le duo Peter Lorre-Sydney Greenstreet (acteur de théâtre ici dans son premier film) fait tant d'étincelles qu'on reverra les deux comédiens ensemble dans sept autres films (dont *Casablanca** et *Le masque de Dimitrios**). L'aspect homosexuel des trois personnages apparut plus nettement chez Huston que chez Roy Del Ruth. La fausse statuette introduit dès le premier film de Huston le thème de l'échec qui sera récurrent dans toute son œuvre. Pour décrire l'objet si convoité, Huston ajoutera la réplique finale tirée de Shakespeare qui ne figure pas dans Hammett. « Qu'est-ce que c'est que ça ? » demande en désignant la statuette le policier interprété par Ward Bond. « C'est l'étoffe dont sont tissés nos rêves » répond Bogart.

N.B. La deuxième version cinématographique du roman de Hammett, *Satan Met a Lady* (1936) de William Dieterle, est une comédie sophistiquée et loufoque assez laborieuse, plus proche d'un film comme *Arsenic et vieilles dentelles* que des versions Del Ruth et Huston. Warren William joue le rôle de Spade à la manière d'un sous-Cary Grant et l'héroïne est interprétée par Bette Davis qui, elle, aurait été tout à fait à sa place dans la version Huston. Il y a un effort d'aération de l'intrigue (décors de cimetière, docks, etc.) et le faucon devient une corne de brume. En 1975 apparaît une suite, considérée comme désastreuse, *The Black Bird* (inédit en France), dirigée par David Giler. George Segal interprète Sam Spade, Jr. Deux acteurs de la version Huston, Lee Patrick et Elisha Cook, reprennent leurs rôles. En 1946, pour son dernier film, Lothar Mendes signe une sorte de *Faucon maltais* pirate *The Walls Came Tumbling Down* (inédit en France) contenant des *privates jokes* et des allusions au film de Huston. Il existe d'ailleurs de nombreux films faisant référence à l'interprétation de Bogart dans le film de Huston (*The Cheap Detective, Le privé de ces dames*, Robert Moore, 1978, avec Peter Falk ou *Dead Men Don't Wear Plaid, Les cadavres ne portent pas de costard*, Carl Reiner, 1982, avec Steve Martin). Rappelons enfin que pour porter chance à son fils dans sa première réalisation, le célèbre acteur Walter Huston accepta de jouer presque incognito le petit rôle du capitaine moribond qui vient porter le faucon au bureau de Spade. John Huston le « remercia » en lui faisant croire que le producteur Hal Wallis l'avait trouvé si mauvais qu'il lui faudrait retourner sa scène une deuxième fois.

BIBLIO. : Mary Astor : « A Life on Film », Delacorte Press, New York, 1967, puis Dell Book, 1972. L'actrice se félicite de la minutie du script de Huston, de la longue préparation du film et du temps consacré aux répétitions avant tournage, éléments auxquels elle attribue une grande part de la qualité du film.

## FAUST
### (Faust eine deutsche Volkssage)
[Faust, une légende populaire allemande]

1926 – Allemagne (85') • *Prod.* UFA • *Réal.* FRIEDRICH WILHELM MURNAU • *Sc.* Hans Kyser d'ap. Goethe • *Phot.* Carl Hoffmann • *Déc. Cost.* Robert Herlth, Walter Rohrig • *Int.* Gosta Ekman (Faust), Emil Jannings (Méphisto), Camilla Horn (Marguerite), Frieda Richard (la mère), Wilhelm Dieterle (Valentin), Yvette Guilbert (Marthe Schwerdtlein), Eric Barclay (le duc de Parme), Hanna Ralph (la duchesse de Parme), Werner Futterer (l'archange).

L'archange, émanation divine, reproche à Méphisto de tourmenter l'humanité avec la guerre, la peste, la famine. « Cette terre est mienne » proclame Méphisto. L'archange évoque alors le nom de Faust, un vieux savant, un juste, dont la vie entière est la preuve que la terre n'est pas totalement soumise au Mal. Méphisto promet de détourner de Dieu l'âme de Faust. « Alors la terre sera tienne » promet l'archange. Le village de Faust est décimé par la peste. Les livres ne sont d'aucun secours au vieux docteur. Pourtant un grimoire l'amène à invoquer le Diable. Celui-ci apparaît et Faust signe avec lui un pacte de vingt-quatre heures (le temps que le sablier se vide) afin de sauver les malades. Faust soigne des gens mais bientôt les villageois s'aperçoivent que Faust ne peut regarder la croix en face. Ils se mettent à le lapider. Faust se réfugie dans son cabinet de travail, en proie à la tentation du suicide. « Pourquoi cherches-tu la mort : tu n'as pas encore vécu ! » dit Méphisto. Il lui offre la jeunesse. Faust accepte et redevient un jeune homme. Ils voyagent dans les airs, sur le manteau du Diable. Ils atterrissent au milieu des noces de la duchesse de Parme. Faust la séduit et l'embrasse, alors qu'elle est hypnotisée par une fleur lumineuse qu'elle a reçue en cadeau. Le duc embroche Méphisto qui se relève et le tue. Les vingt-quatre heures sont écoulées. Mais Faust veut garder sa jeunesse : il appartiendra au Diable pour l'éternité. Il veut rentrer au pays. C'est Pâques. Faust tombe amoureux de la jeune Marguerite. Méphisto place un collier dans son tiroir. Pendant que Méphisto courtise la vieille Marthe, Faust réussit à rendre Marguerite amoureuse de lui. Dans une taverne, Méphisto suggère au frère de Marguerite, Valentin, que celle-ci n'est pas vertueuse. La nuit, le Diable souffle dans la chambre de la mère de Marguerite qui se réveille et trouve sa fille en compagnie de Faust. Valentin et Faust combattent en duel. Méphisto tue Valentin et s'en va partout criant au meurtre. Valentin meurt en maudissant sa sœur qui est alors rejetée de tous puis clouée au pilori. La foule se moque d'elle. On la libère. A Noël, par les grands froids, elle essaie de réchauffer son bébé qu'elle place dans un berceau imaginaire. Des soldats l'accusent d'avoir tué son enfant et l'emmènent. Elle appelle Faust à l'aide. Celui-ci somme Méphisto, qui est toujours son serviteur, de le conduire jusqu'à elle. Un bûcher est préparé pour Marguerite. Faust maudit sa jeunesse : Méphisto en profite pour le retransformer en vieillard. Il monte sur le bûcher avec Marguerite. Elle le reconnaît, l'embrasse et il redevient jeune dans la mort. L'archange barre le passage à Méphisto et lui dit qu'un seul mot annulera son pacte avec Faust. « Quel est ce mot ? » demande Méphisto. « Amour » répond l'archange.

☞ C'est à l'évidence l'un des films les plus ambitieux de l'histoire du cinéma tant sur le plan thématique que formel. Murnau, dans son dernier film allemand, a voulu dépeindre l'affrontement de Dieu et du Diable, de la lumière et de l'obscurité, de l'homme et des forces occultes, grâce à une utilisation maximale des pouvoirs du cinéma dans des domaines de l'espace, de la photographie, de l'interprétation. Dans beaucoup de séquences, il y a autant d'espaces que de plans et cette myriade d'espaces constitue la base à partir de laquelle, bien au-delà du réalisme et de l'expressionnisme (auquel se rattache seulement l'architecture de certains décors), ce fulgurant poème métaphysique prend son essor. Même les lieux *a priori* les plus réalistes ont été démultipliés en une série d'espaces qui leur confère une étrangeté, un flamboiement poétique hors du commun. « Le cabinet de travail de Faust, écrit le décorateur Robert Herlth, ne fut pas conçu comme une seule pièce, mais, selon les plans nécessaires, en quatre parties différentes, bâties l'une après l'autre » (texte recueilli *in* Lotte Eisner : « Murnau », Le Terrain Vague, 1964). Toutes les ressources du clair-obscur sont employées ici pour faire vibrer ces espaces et pour qu'à la place d'une expression trop simpliste, schématique et manichéenne des grandes luttes qui façonnent l'univers, surgissent une succession de visions magiques où la lumière et l'ombre s'enlacent, s'empoignent, se mélangent selon des rapports de force plastiques et dynamiques toujours changeants et imprévisibles. L'interprétation est dominée par Emil Jannings composant un Méphisto rond, lourd, épais, truculent, glabre, lubrique et ludique, plus proche des représentations nordiques et scandinaves du diable (cf. l'interprétation de Christensen lui-même dans sa *Sorcellerie à travers les âges**) que de ses incarnations italiennes et méditerranéennes, en général élégantes, barbues et longilignes. Dans plusieurs séquences, le grotesque fournit, comme souvent chez Murnau, un contrepoint au tragique et au lyrisme morbide qui émanent, par exemple à la fin du film, de la figure émaciée, de la silhouette élancée et gracile de la débutante Camilla Horn. Il faut sans doute à ce propos se féliciter que Jannings et C. Horn aient succédé à Conrad Veidt et à Lilian Gish, choisis pour une première version du film.

N.B. Le thème de Faust a intéressé le cinéma dès ses origines (cf. les bandes de Lumière *circa* 1897 *Métamorphose de Faust et apparition de Marguerite* et *Apparition de Méphistophélès* ; le film conservé de Méliès, *Damnation du Docteur Faust*, 1904 ; et *Le tout petit Faust*, film de marionnettes et d'animation d'Émile Cohl, 1911). En 1922, Gérard Bourgeois réalise en Allemagne un *Faust* français selon le procédé de relief César Parolini, film jusqu'ici inaccessible. En 1949, Carmine Gallone tourne une adaptation de Gounod, *La leggenda di Faust* (*Satan conduit le bal*), tandis que René Clair donne en 1950 *La beauté du diable*, œuvre aussi célèbre que surfaite, où Michel Simon, dirigé par Clair, réussit le prodige (pour lui) d'être terne (scénario et dialogues publiés dans le volume « Comédies et commentaires » Gallimard, 1959). Plus intéressant est *Marguerite de la nuit*, production franco-italienne d'Autant-Lara (1955) avec un remarquable Palau en Faust et une utilisation presque avant-gardiste des décors (Max Douy) et de la couleur. En 1960, Gustav Gründgens réalise et joue la première partie du « Faust » de Goethe. Cette production allemande, sortie en France en 1977, est le simple filmage de la mise en scène théâtrale de Gründgens. Richard Burton met en scène et interprète (avec Elizabeth Taylor) la pièce de Marlowe, *Doctor Faustus*, film anglais de 1967 resté inédit en France.

BIBLIO. : découpage (620 plans hors intertitres) établi à partir de trois copies de nationalité différente *in* « L'Avant-Scène » n° 190-191 (1977). Les intertitres sont publiés en allemand et en français. Voir aussi Éric Rohmer : « L'organisation de l'espace dans le *Faust* de Murnau » (Éd. 10/18, 1977).

## FAUX COUPABLE (LE)
## (The Wrong Man)

1957 – USA (105') • *Prod.* Warner (Alfred Hitchcock) • *Réal.* ALFRED HITCHCOCK • *Sc.* Maxwell Anderson et Angus MacPhail d'ap. le récit « The True Story of Christopher Emmanuel Balestrero » de Maxwell Anderson • *Phot.* Robert Burks • *Mus.* Bernard Herrmann • *Int.* Henry Fonda (Manny Balestrero), Vera Miles (Rose Balestrero), Antony Quayle (O'Connor), Harold J. Stone (Lt. Bowers), Esther Minciotti (la mère de Manny), Charles Cooper (détective Matthews), Nehemiah Persoff (Gene Conforti).

Pré-générique. Hitchcock, pris de très haut en plongée dans un studio à peine éclairé, déclare au public : « C'est Alfred Hitchcock qui vous parle. Dans le passé, je vous ai donné toutes sortes de films à suspense. Mais cette fois j'ai voulu vous montrer un film différent. La différence gît dans le fait qu'il s'agit d'une histoire vraie dans ses moindres détails. Et pourtant elle contient des éléments plus étranges que toutes les histoires que j'ai utilisées dans mes *thrillers* antérieurs. »

Janvier 1953. Manny Balestrero, un musicien du Stork Club à New York, marié et père de deux enfants, est arrêté et inculpé pour une série de hold-up ayant eu lieu dans une compagnie d'assurances et dans diverses boutiques. Parmi les éléments qui l'accablent, outre le témoignage des victimes, il y a une ressemblance entre son écriture et celle du vrai coupable. Il a même commis, en écrivant un court texte dicté par un policier, la même erreur que l'auteur des hold-up. Aussi innocent qu'on peut l'être, il est pourtant emprisonné puis libéré sous caution pour une forte somme réunie par la famille de son beau-frère. Il prend contact avec un avocat et sur son conseil part à la recherche, avec sa femme, d'un alibi. Le jour où l'un des hold-up a été commis, il séjournait dans un hôtel et a joué aux cartes avec trois clients. Le couple obtient l'adresse de deux d'entre eux et se rend à leur domicile : les deux hommes sont morts récemment. L'épouse de Manny réagit très mal à cette double malchance, perd le sommeil et l'appétit, a des accès de violence suivis de périodes de prostration et s'accuse de tous les malheurs qui arrivent à son mari. Manny est obligé de la conduire dans une maison de santé. Procès de Manny. Son avocat utilise un incident provoqué par l'un des jurés comme vice de forme. Tout est à reprendre à zéro. Manny est épuisé. Sa mère lui dit de prier : non pour avoir de la chance, mais pour avoir de la force. Il écoute son conseil. Le vrai coupable tente un autre hold-up, rate son coup et est arrêté. Un des policiers qui s'était occupé du cas de Manny remarque la ressemblance entre les deux hommes et fait libérer Manny. Celui-ci va apprendre la bonne nouvelle à sa femme qui est incapable de partager sa joie. Un carton indique que, deux ans plus tard, elle était guérie.

☞ La déclaration liminaire de Hitchcock est claire : il n'a pas utilisé le réalisme d'un fait divers pour obtenir un surcroît de vérité, mais pour pouvoir faire l'économie de la vraisemblance. Nous sommes plongés dans une histoire dont la vraisemblance n'a pas à être *démontrée* (ce qui est le rôle, souvent ingrat, de tout auteur de fiction) puisqu'elle a réellement eu lieu. Richard Fleischer utilisera la même démarche dans *L'Étrangleur de Boston,* 1968, et dans *10 Rillington Place**, 1971. A un premier niveau, le film, utilisant génialement la caméra subjective et les décors réels, est comme le monologue intérieur d'un individu moyen, accablé par ce qui lui arrive, dépourvu de colère, cédant puis refusant de céder (c'est alors sa femme qui prend le relais) à l'idée que le sort fatal qu'il subit a été *spécialement* préparé pour lui et rend en conséquence toute révolte, toute initiative, inutiles. A ce niveau, *Le faux coupable* est le plus beau film kafkaïen de l'histoire du cinéma. A un second niveau, *Le faux coupable* développe une réflexion sur la culpabilité de l'homme : celle-ci est montrée comme solidaire de son innocence. Cette réflexion, contemporaine et différente de celle de Fritz Lang, peut cependant lui être comparée. Lang en était arrivé dans la dernière partie de son œuvre à être hanté par la notion de l'indifférenciation (par le caractère interchangeable) de l'innocence et de la culpabilité de l'individu. Il pensait (cf. *While the City Sleeps**, *Beyond a Reasonable Doubt**,) que l'humanité est si coupable, si corrompue que l'innocence ou la culpabilité d'un individu devenait quelque chose d'impondérable et finalement d'indifférent dans l'économie générale du monde. Hitchcock, lui, est plus manichéen et moins désespéré. Son manichéisme veut que la moitié innocente de l'humanité ne puisse se laver les mains de la culpabilité de l'autre moitié et doive en quelque sorte la prendre en charge, car elle ne saurait de toute façon éviter d'en subir les effets. Le sosie de Manny est aussi son double. Il est lié à lui par un lien profond qui fait le mystère du film. Hitchcock adhère ici à une vision chrétienne du monde dont le péché originel est la pierre angulaire. Et la spécificité du *Faux coupable* est finalement d'être un film kafkaïen qui accouche d'un film chrétien, résumé saisissant et sans doute inversé de l'histoire spirituelle du XXe siècle. Le sens de l'œuvre autant que les péripéties de l'intrigue, réduites ici à une nudité fascinante, nourrit le suspense que véhicule le film. Robert Burks et Bernard Herrmann ont fait des prodiges pour mettre leur talent et leur sobriété au service du génie d'Hitchcock, qui n'a jamais été plus évident et plus poignant qu'ici (sauf peut-être dans *Murder**). Henry Fonda est égal à lui-même.

BIBLIO. : important article de Jean-Luc Godard (sa meilleure contribution au cinéma) paru à la sortie du film dans les « Cahiers du cinéma », nº 62.

## FAZIL (L'insoumise)

1928 – USA (7 bob.) • *Prod.* William Fox • *Réal.* HOWARD HAWKS • *Sc.* Seton I. Miller, Philip Klein d'ap. P. « L'insoumise » de Pierre Frondaie et son adaptation anglaise « Prince Fazil » • *Phot.* L. William O'Connell • *Int.* Charles Farrell (Prince Fazil), Greta Nissen (Fabienne), John Boles (John Clavering), Mae Busch (Hélène Debreuse), Tyler Brooke (Jacques Debreuse), Eddie Sturgis (Rice), Vadim Uraneff (Ahmed).

Les amours d'un prince arabe, Fazil, et d'une jeune Parisienne, Fabienne, qui se sont connus et mariés en Europe. Pour elle Fazil dispersera son harem, voulant ainsi lui prouver son amour. Mais elle n'apprécie pas du tout la vie au désert. Ses amis viennent à la rescousse et l'enlèvent. Poursuite dans le désert. A la fin de la poursuite, le prince blessé reste seul avec Fabienne et exige qu'on escorte les intrus sans leur faire le moindre mal. Mortellement atteint, il empoisonne Fabienne avec sa propre bague qu'il lui donne à porter. Elle meurt ainsi de sa main, mais en l'aimant toujours, quelques secondes avant lui.

☞ Film de commande considéré longtemps comme perdu et qui réapparaît au milieu des années 70. Le mélange des genres, caractéristique hawksienne, est ici progressif et surprenant. On commence dans un ton humoristique et caustique (cf. le prologue où un bourreau interrompt deux fois l'exécution du condamné pour faire sa prière), comme si Hawks ne croyait guère à cette fantaisie arabe dans la ligne des films de Valentino et voulait prendre ses distances avec elle. Peu à peu la gravité, avec le sentiment d'aventure, s'installe ; et Hawks, qui croit de plus en plus à son sujet, y fait croire le spectateur en transformant le film en un drame romantique et tragique. C'est un peu l'intrusion de la tragédie grecque dans le photo-roman exotique pour midinettes. Habile captation de l'intérêt du spectateur à partir de son scepticisme même. Mise en scène impeccablement classique nourrissant la fascination du film. Mais c'est surtout dans le mélange des tons et l'usage inopiné du sérieux que Hawks manifeste sa maîtrise. Pour lui, il n'est pas de sujet si ingrat qu'on ne puisse enrichir et métamorphoser de l'intérieur.

## FEARMAKERS (THE)

Inédit en France 1958 – USA (83') • *Prod.* UA (Martin H. Lancer) • *Réal.* JACQUES TOURNEUR • *Sc.* Elliot West, Chris Appley d'ap. R. de Darwin Teilhet • *Phot.* Sam Leavitt • *Mus.* Irving Gertz • *Int.* Dana Andrews (capitaine Alan Eaton), Dick Foran (Jim McGinnis), Marilee Earle (Lorraine Dennis), Mel Torme (Barney Bond), Roy Gordon (sénateur Walder), Kelly Thordsen (Harold Loder), Veda Ann Borg (Vivian Loder), Robert Fortier (colonel Buchans), Joel Marston (journaliste), Janet Brandt (secrétaire du sénateur), Oliver Blake (Pr Jesso).

Retour de Corée, après deux ans de prison dans un camp chinois où il a subi un lavage de cerveau, le capitaine Alan Eaton, encore sujet à des migraines, à des malaises et à divers troubles psychologiques, rentre à Washington. Il y avait créé avec son associé Baker une petite firme prospère de relations publiques, un institut de sondages chargé de collecter des opinions sur les sujets les plus divers. Au siège de la firme, dont les bureaux sont plus luxueusement aménagés qu'auparavant, il apprend que

Baker est mort dans un accident de voiture, juste après avoir vendu ses parts dans l'affaire à l'actuel propriétaire, Jim McGinnis. Baker a également vendu les parts appartenant à Eaton qui lui avait donné, avant de partir, un pouvoir. D'abord sceptique quant à cette transaction, Eaton lit le contrat de vente et doit se rendre à l'évidence : il a été légalement dépossédé de la firme qui porte encore son nom. McGinnis lui propose de travailler pour lui et d'essayer notamment de rattraper quelques clients perdus, comme le sénateur Walder. Eaton contacte Walder qui lui avait toujours témoigné de l'amitié. Au cours d'un déjeuner, Walder lui apprend qu'il se passe d'étranges choses dans la firme Eaton-Baker dirigée par McGinnis. On s'y occupe maintenant beaucoup de politique (ce qui n'était pas le cas avant) et le sénateur, qui préside une commission d'études sur les instituts de sondage, a de bonnes raisons de penser que McGinnis travaille pour des clients qui lui demandent non pas d'analyser, mais de manipuler l'opinion en truquant les méthodes et les résultats des enquêtes. Il conseille à Eaton d'accepter l'offre d'emploi de McGinnis afin d'observer de l'intérieur comment fonctionne la firme. En outre, un journaliste confie à Eaton ses doutes sur le caractère naturel de la mort de Baker. Eaton signe le contrat que lui soumet McGinnis et entreprend d'étudier les questions posées et le choix des « sondés ». Il obtient pour cela l'aide et la complicité de la secrétaire de McGinnis, Lorraine Dennis, qui lui fournit la clé du coffre qui renferme les nouveaux fichiers créés par McGinnis. Il retourne la nuit dans les bureaux de la firme pour recopier les fiches. Il est surpris par McGinnis et un autre homme, Harold Loder, chez qui Eaton s'était fait héberger à son arrivée à Washington. Il était parti après avoir découvert que la femme de Loder lui faisait les poches. L'adresse de Loder lui avait été communiquée par son voisin dans l'avion, un physicien partisan de l'arrêt total des recherches nucléaires. Ce que cherchait la femme de Loder est une lettre que Baker lui avait écrite avant sa mort. Eaton est maintenant en mesure d'accuser McGinnis de meurtre et de falsification de contrat. Il sait aussi que McGinnis est chargé par l'un de ses clients de manipuler l'opinion en faveur d'un programme de « paix à tout prix ». McGinnis essaie vainement d'acheter Eaton puis le fait tabasser par Loder. Eaton et Lorraine sont emmenés en voiture par McGinnis et Loder qui s'apprêtent à se débarrasser d'eux. Prévenu par un employé de McGinnis, mortellement blessé dans la bagarre et qui, amoureux de Lorraine, ne veut pas qu'elle meure, le sénateur Walder alerte la police. Eaton réussit à arrêter la voiture. Il se bagarre avec McGinnis sur les marches du Lincoln Memorial et son adversaire n'a pas le dessus : la police l'arrête ainsi que Loder. Eaton et Lorraine, que les récents événements ont jetés dans les bras l'un de l'autre, projettent d'aller se reposer en Floride.

☞ Dans ce film pauvre mais expressif où sont utilisés à fond les possibilités d'un acteur idéal (Dana Andrews) et le talent dynamique et violent de l'opérateur Sam Leavitt, Jacques Tourneur traite en mineur un sujet majeur qui, à notre connaissance, n'a pas été abordé au cinéma : le rôle des instituts de sondage dans le domaine politique et le danger qu'ils peuvent faire courir à la démocratie. Tourneur ne traite pas son sujet analytiquement ni globalement. Il y fait seulement allusion, en suivant à la trace un héros fatigué et perturbé à qui ses défaillances psychologiques font appréhender la réalité comme un cauchemar étrange et à peine crédible. Ce qui lui était autrefois familier est devenu source d'étonnement, d'anxiété et, plus encore, de lassitude. Le vrai sujet du film, c'est la fatigue, l'usure de ce personnage central et, à travers elles, l'usure, la fatigue de la démocratie elle-même. L'un et l'autre, l'homme et le système, ne peuvent néanmoins trouver que dans leur fatigue même la volonté de résister aux forces de pourrissement qui les ont amenés dans l'état où ils sont. Dans une ville abstraite et crépusculaire, dominée par la statue d'un Lincoln assis qui ressemble à un spectre, l'ancien capitaine marque quelques points, entre deux malaises, entre deux cauchemars ; car les violences qu'il subit ici se surimpressionnent parfois, dans son sommeil, à celles qu'il a vécues chez les Rouges. Combien de temps pourra-t-il continuer à le faire ? Jusqu'à quel point les rouages de la vie sociale sont-ils rouillés et atteints ? Le film pose ces questions avec une extrême et pourtant discrète inquiétude. Il ne cherche pas plus à prôner le réconfort qu'à exalter le désespoir. Entre les deux, son rôle est plutôt de rechercher, de suggérer dans l'espace mental de son personnage, image d'une société abattue et malade, une zone encore imprécise et obscure, protégée de par son obscurité même des atteintes extérieures, et d'où un renouveau pourrait sortir.

N.B. Le film est un avatar tardif de la série des films hollywoodiens anticommunistes née durant l'ère maccarthyste. Mais cet aspect a relativement peu d'importance quant au propos spécifique de l'œuvre. Le film entend surtout montrer que n'importe quel client payant pour manipuler les sondages devient par là même aussi dangereux et nuisible pour le pays et la démocratie que peuvent l'être ici les communistes.

## FÉLICIE NANTEUIL

1945 (tourné en 1942) – France (99') • *Prod.* Impéria • *Réal.* MARC ALLÉGRET • *Sc.* Charles de Peyret-Chappuis, Curt Alexander, Marcel Achard d'ap. R. « Histoire comique » d'Anatole France • *Phot.* Louis Page • *Mus.* Jacques Ibert • *Int.* Micheline Presle (Félicie Nanteuil), Claude Dauphin (Aimé Cavalier), Mady Berry (Mme Michon), Louis Jourdan (Robert de Ligny), Marcelle Praince (Mme Nanteuil), Jacques Louvigny (Pradel), Danièle Delorme (la camarade de Félicie).

Dans les années 1890, une adolescente est introduite par Aimé Cavalier, un cabot de l'Odéon, dans les milieux du théâtre parisien. Elle y réussit rapidement, en même temps qu'elle devient la maîtresse de son bienfaiteur. Puis elle tombe amoureuse d'un séduisant homme du monde. L'acteur jaloux saura empoisonner l'amour du couple, d'abord par ses menaces, ensuite par son suicide, accompli devant les amants.

☞ Le cadre « fin de siècle », quoique habilement reconstitué par Marc Allégret, n'est ici qu'un cadre et rien de plus. L'essentiel du film tient dans la description d'un itinéraire psychologique tout à fait imprévu et passionnant. Félicie apprend vite à connaître puis à utiliser sa propre cruauté dont l'éclosion a été favorisée par sa fréquentation du monde du théâtre. Avec l'expérience du premier grand amour, elle fait également celle de la peur, provoquée par les menaces de son ancien amant. Ce qui était, de son côté, lien de gratitude et de sympathie se transforme en une sorte de servitude maléfique. Après la mort et les malédictions du suicidé, Félicie pénètre dans un univers obsessionnel, para-fantastique, d'angoisse et de terreur. Et, dès ce moment, toute possibilité de bonheur, ou simplement de sérénité, lui est enlevée. Marc Allégret évoque de main de maître cette trajectoire originale, puissamment aidé par son interprète, Micheline Presle, l'une des meilleurs actrices du cinéma français, dotée d'un étonnant pouvoir de métamorphose. Superbe musique de Jacques Ibert. Peut-être le chef-d'œuvre de Marc Allégret. Ce subtil découvreur d'actrices a trouvé dans l'œuvre d'Anatole France un sujet à sa mesure : ambigu, ondoyant et finalement tragique derrière sa frivolité.

N.B. Tourné en zone libre en 1942, le film ne sortit qu'en juin 1945. Il fut interdit par les autorités d'occupation à cause de la présence de Claude Dauphin qui avait rejoint les Forces Françaises Libres. Bien qu'il appartienne au courant des films de reconstitution « fin de siècle » très en vogue durant l'Occupation, sa sortie tardive peut expliquer qu'il soit moins connu que certains autres spécimens d'un genre dont il est pourtant un des plus beaux fleurons.

## FÉLINE (LA)
## (Cat People)

1942 – USA (71') • *Prod.* RKO (Val Lewton) • *Réal.* JACQUES TOURNEUR • *Sc.* DeWitt Bodeen • *Phot.* Nicholas Musuraca • *Mus.* Roy Webb • *Int.* Simone Simon (Irena Dubrovna), Kent Smith (Oliver Reed), Tom Conway (Dr Judd),

Jane Randolph (Alice), Jack Holt (commodore), Alan Napier (Carver), Elizabeth Dunne (Miss Plunkett), Mary Halsey (Blondie), Alec Craig (le gardien du zoo), Elizabeth Russell (la femme-chat).

A New York, une jeune dessinatrice de mode d'origine serbe, Irena Dubrovna, rencontre au zoo de Central Park où elle fait de fréquentes visites un jeune ingénieur naval, Oliver Reed, qui tombe amoureux d'elle. Elle vit seule à New York, fréquente très peu de gens et lui dira bientôt qu'il est son seul ami en ville. Son appartement est situé très près du zoo et elle aime entendre durant la nuit le rugissement des lions qui la rassure ; par contre le cri de la panthère la met mal à l'aise. Elle aime aussi beaucoup la nuit elle-même qu'elle qualifie d'« amicale ». Elle confie à Oliver qu'autrefois son village natal tomba sous la domination du Mal et que ses ancêtres, des femmes-chats, se changeaient parfois en panthères sous l'effet du malheur, de la colère ou de la jalousie. Elle redoute pour elle-même ce lourd héritage. En bon Américain qu'il est, Oliver n'accorde aucun crédit à ces superstitions d'un autre âge. « Les chats ne m'aiment pas » dira quelque temps plus tard Irena à son soupirant qui lui en a offert un. Il devra aller l'échanger contre un canari dans une boutique d'animaux où Irena sera cause, de par sa seule présence, d'un grand désordre. Leur repas de noces – car Oliver a su persuader la jeune femme de l'épouser – a lieu dans un restaurant serbe : une mystérieuse compatriote de la mariée viendra lui adresser quelques mots en serbe qui lui feront faire le signe de croix. Irena demande à Oliver de repousser pour un temps la consommation de leur mariage... Un mois plus tard, guidée par un instinct obscur, elle portera le cadavre de l'oiseau que lui avait offert son mari à la panthère du zoo. Elle dit à Oliver qu'elle envie toutes ces femmes normales et heureuses qu'elle voit passer dans la rue. Il l'amène chez un psychiatre. Celui-ci la fait parler sous hypnose et découvre cette frayeur qu'elle éprouve à la pensée des femmes-chats se transformant en panthères. Dans les jours qui suivent, Irena prend ombrage de l'amitié qu'Oliver porte à sa collègue Alice. Alice aime depuis longtemps Oliver en silence et lui avoue enfin ses sentiments. Au zoo, Irena résiste à la tentation de libérer la panthère de sa cage, dont le gardien avait laissé la clé sur la porte. Le psychiatre, qui l'avait suivie, la félicite de cet effort de volonté. A la nuit tombée, Irena suit Alice qui venait de rencontrer son mari dans un café. Alice, terrorisée, monte dans son bus, ayant eu l'impression qu'une mystérieuse présence animale la poursuivait. Irena rentre chez son mari inquiet et pleure. La nuit, elle fait un cauchemar et se souvient de certaines paroles du psychiatre. Elle visite avec Oliver et Alice le Musée naval. Mais elle se sent très loin d'eux, qui ont tant de choses en commun. Un peu plus tard dans la soirée, elle suit Alice qui était allée se baigner dans la piscine, déserte à cette heure tardive. Une ombre de félin semble rôder autour du bassin. Alice, ressentant une terrible angoisse, hurle. Irena allume la lumière et la rassure. Elle voulait seulement savoir où était son mari. Elle quitte les lieux. Après son départ, Alice constate que sa robe est en lambeaux. Le psychiatre interroge à nouveau Irena. Elle a des absences. Elle craint, si son mari la touchait, de se transformer en panthère ; le psychiatre ne lui cache pas qu'elle est très près de la folie. Pourtant elle confiera à son mari qu'elle n'a plus peur d'elle-même : c'est au cours de ce même entretien qu'Oliver lui avouera qu'il aime Alice et souhaite divorcer. Le psychiatre conseille à Oliver, qui à son avis n'obtiendra pas le divorce, de faire annuler son mariage. Un soir, Oliver et Alice s'apprêtent à quitter leur bureau et s'aperçoivent qu'ils sont enfermés. Ils voient une ombre de panthère et entendent son cri. « Laisse-nous, Irena » s'écrie Oliver. Ils repartent et appellent le psychiatre qu'ils mettent en garde contre Irena. Celle-ci arrive dans son bureau. Il la prend dans ses bras et l'embrasse. Il affirme qu'il n'a pas peur d'elle. Pourtant il devra la combattre, alors qu'elle a pris la forme d'une panthère. Il se défend à l'aide de sa canne-épée dont il la transperce. Mortellement blessée, elle se rend au zoo et ouvre la cage de la panthère qui saute sur elle et bondit hors de la cage. Se rendant sur les lieux, Alice et Oliver ne trouveront que le cadavre d'Irena. « Elle ne nous avait pas menti » murmure Oliver.

☞ Avant tout, ne pas oublier qu'il s'agit là d'un film essentiel, non seulement dans la carrière de ses deux principaux artisans (le producteur Val Lewton et le réalisateur Jacques Tourneur), dans l'histoire du genre fantastique, mais aussi et surtout dans l'évolution du cinéma tout entier. Borges a consacré une de ses enquêtes, « La pudeur de l'histoire », à montrer que les dates les plus importantes de l'histoire ne sont pas forcément les plus spectaculaires. « Le soupçon m'est venu, écrit-il, que l'histoire, la véritable histoire, est plus pudique, et que ses dates essentielles peuvent aussi demeurer longtemps secrètes ». Cela, qui est vrai de l'histoire politique et sociale, l'est plus encore de l'histoire esthétique. *Cat People* représente dans le cinéma une de ces dates essentielles et secrètes. La genèse du film est assez bien connue puisque Jacques Tourneur et le scénariste DeWitt Bodeen l'ont racontée (respectivement *in* « Présence du cinéma » nº 22-23, 1963 et « Films in Review », avril 1963) et que Joel E. Siegel, dans son remarquable « Val Lewton. The Reality of Terror », Secker and Warburg, Londres, 1972, a recueilli les témoignages des proches du producteur. Charles Koerner, le nouveau responsable de la RKO, demande à Val Lewton de préparer un film à partir du titre *Cat People* qui lui paraît excitant et attractif à souhait. Il estime que les monstres de l'avant-guerre (vampires, loups-garous, etc.) ont fait leur temps et qu'il faut chercher quelque chose de nouveau et d'insolite. Val Lewton commande le scénario à DeWitt Bodeen et la mise en scène à Tourneur. Mais l'histoire elle-même sera concoctée à trois. Val Lewton avait d'abord pensé adapter une nouvelle d'Algernon Blackwood puis décide de raconter une histoire contemporaine, inspirée d'une série de dessins de mode français qui montraient des modèles portés par des mannequins à têtes de chats. Chacun des trois auteurs apportera sa pierre à l'édifice et, par exemple, la scène de la piscine sera suscitée par un souvenir de Tourneur qui avait manqué se noyer, seul dans un bassin. Lewton affectionne particulièrement ces moments d'angoisse, comme la scène où Alice se sent poursuivie par une présence invisible. Tout va passer, au stade de l'écriture comme au stade de la réalisation, par la suggestion, par une progression savante de scènes exprimant la terreur et la violence sans qu'elles soient jamais représentées tout à fait sur l'écran. Les paroxysmes seront obtenus par une certaine douceur insidieuse et paradoxale du style, qui s'attache à suivre de très près les personnages et les plonge dans une atmosphère de plus en plus irrespirable que le spectateur est amené à partager avec eux, quoiqu'elle ne provienne d'aucun élément horrifique concret. Tourné en 21 jours et pour un budget assez modeste de 130 000 dollars, *Cat People* sera le premier d'une série de quatorze films produits par Val Lewton (dont 11 pour la RKO) et, dans la carrière de Tourneur, le premier où il est devenu véritablement lui-même grâce à l'influence ultra-créatrice de son producteur. Celui-ci l'initia, dit-il, à « une poésie dont il avait bien besoin » (cf. son interview télévisée pour FR3 par Jean Ricaud et Jacques Manley, mai 1977). Une fois terminé, le film est fort peu apprécié des patrons de la RKO et sortira en bouche-trou au Hawaï Cinema de Los Angeles qui venait de terminer l'exploitation de *Citizen Kane**. *Cat People* fit mieux que son illustre devancier, et son triomphe remit sur pied la RKO en 1941, année très difficile pour la firme. *Cat People* permit à Val Lewton de produire entre 1942 et 1946, toujours avec des budgets très réduits qui lui assuraient une totale liberté de conception et d'exécution, l'un des plus extraordinaires ensembles de films fantastiques du cinéma hollywoodien (d'où se détachent particulièrement le sublime *Seventh Victim** et *Bedlam** qui clôt la série). *Cat People* lança aussi la vraie carrière de Jacques Tourneur qui donna ensuite dans la même lignée deux œuvres encore plus parfaites (*I Walked With a Zombie* et *Leopard Man**) avant de jeter un regard profondément neuf sur les autres genres hollywoodiens où il s'illustra. Plus les années passent, plus l'apport du film paraît incalculable. Avec lui, le fantastique – qui ne sera jamais plus pareil – découvre qu'il peut tirer son efficacité maximum de la litote, qu'il peut inventer de nouveaux moyens d'empoigner le spectateur en s'adressant à son imagination. La richesse du travail sur la lumière notamment contribuera à intérioriser le contenu du film dans les personnages et à provoquer une identification plus subtile et plus poussée du spectateur avec ces personnages. C'est là que se situe, avec pudeur, la révolution radicale de ce film. On peut la résumer d'un mot : c'est la révolution de l'intimisme. Elle dessine pour ainsi dire une ligne de fracture entre le cinéma d'avant-guerre et le cinéma moderne. Ce que le cinéma va y gagner, c'est une plus grande proximité, une plus grande intimité – qu'on pourrait presque qualifier de psychique – du spectateur avec les personnages, explorés dans le tréfonds de leurs peurs, de leurs angoisses, de leur inconscient. Cet apport n'est pas contradictoire, loin de là, avec celui du néo-réalisme qui aboutira lui aussi, au moins chez Rossellini, à augmenter l'intimité du spectateur sur un plan social et bientôt spirituel avec les personnages. Le recul est maintenant suffisant pour que *Cat People* et les premiers films de Rossellini après guerre apparaissent, l'un secrètement et souterrainement, les autres d'une manière spectaculaire et peut-être trop tonitruante, comme les films les plus féconds de ces cinquante dernières années. Le cas de *Cat People* est particulièrement étrange puisqu'il nous amène à avoir plus d'intimité avec un personnage (celui de Simone Simon) qui ne peut en avoir avec personne. Sa malédiction est enfouie à l'intérieur de lui-même et si profondément que seule une investigation de type plongée dans les grands fonds peut permettre de la faire entrevoir. Avant ce film, le cinéma était ce miroir plus ou moins fidèle promené le long du chemin. A partir de *Cat People,* il tendra à devenir cet instrument de plongée qui descend au plus profond des personnages comme dans un puits. Pendant les années qui suivront, le courant du *film noir* renforcera cette évolution en mettant à son service, sous une forme actuelle et contemporaine, les acquis lointains de l'expressionnisme mariés à une découverte récente et souvent rudimentaire de la psychanalyse. Point de départ de l'œuvre réelle de Tourneur, *Cat People* cerne bien ce qui va être le credo de cette œuvre et son mode d'approche de la réalité. Toute réalité est de l'ordre du mystère, de l'étrange, de l'ineffable. Il faut l'appréhender de l'intérieur, par la suggestion et l'imagination. Le regard qui ira le plus profond en elle a toutes chances d'être celui d'un étranger, et Tourneur restera en Amérique l'un des cinéastes les plus étrangers à ce pays, en proie à une surprise continuelle, à une totale et ingénue disponibilité. Elles feront de lui un pionnier secret, un éclaireur explorant de nombreux territoires quelques instants avant tout le monde.

N.B. Le tournage de *Cat People* est évoqué sous forme de référence dans le premier des trois flash-backs qui constituent la trame de *The Bad and the Beautiful* (*Les ensorcelés,* Minnelli, 1952), film assez brillant mais un peu conventionnel qui voulait être à Hollywood ce que *Ève** de Mankiewicz avait été à Broadway. Le personnage du producteur Jonathan Shields (Kirk Douglas), requin et perfectionniste, n'a presque rien à voir avec Val Lewton et ressemble beaucoup plus à David Selznick. C'est pourtant ce personnage qui, produisant le film (imaginaire) *The Doom of the Cat Men,* décide qu'il faudra créer l'atmosphère fantastique par la suggestion, la litote, l'obscurité et en montrant le moins de choses possible. Une suite assez lointaine fut donnée à *Cat People* dans *The Curse of the Cat People* (*La malédiction des hommes-chats,* 1944, sorti en France en 1971) avec une partie des acteurs et des personnages de *Cat People.* Le film est un conte de fées, d'ailleurs très réussi, qui relève du domaine du merveilleux et non de l'horreur. Il fut commencé par Gunther von Fritsch et terminé par Robert Wise qui signe là, comme coréalisateur, son premier travail de mise en scène. Remake homonyme récent de *Cat People,* racoleur et sans magie, par Paul Schrader (1982) avec Nastassja Kinski.

## FEMME A L'ÉCHARPE PAILLETÉE (LA)
**(Thelma Jordan/The File on Thelma Jordan)**

1949 – USA (100') • *Prod.* PAR. (Hal B. Wallis) • *Réal.* ROBERT SIODMAK • *Sc.* Ketti Frings d'ap. nouvelle de Marty Holland • *Phot.* George Barnes • *Mus.* Victor Young • *Int.* Barbara Stanwyck (Thelma Jordan), Wendell Corey (Cleve Marshall), Paul Kelly (Miles Scott), Joan Tetzel (Pamela Marshall), Stanley Ridges (Kingsley Willis), Richard Rober (Tony Laredo), Minor Watson (juge Calvin Blackwell).

Un jeune avocat qui s'entend mal avec sa femme et a une certaine propension pour l'alcoolisme tombe amoureux d'une aventurière, Thelma Jordan, dont la tante, une nuit, est assassinée. Thelma est le suspect numéro un car elle est l'héritière de la victime. Elle pousse l'avocat à devenir procureur général, et c'est lui qui est chargé de requérir contre elle. A l'aide de manigances et de maladresses volontaires, il s'arrangera pour qu'elle soit acquittée. Thelma lui avoue alors qu'elle a tué sa tante. Son mari, car elle était mariée, réapparaît et veut l'obliger à partir avec lui. Alors qu'il conduit, elle lui enfonce son allume-cigarettes dans l'œil. Il meurt dans l'accident. Agonisante, Thelma révèle à l'avocat qu'elle l'a toujours aimé. Rayé du barreau, il tentera de refaire sa vie ailleurs...

☞ Œuvre magistrale appartenant au courant du *film noir*, revu et corrigé par l'un de ses plus brillants spécialistes. Siodmak met en effet l'accent sur la psychologie et les relations complexes des deux personnages principaux. Le *film noir* se fait ici œuvre intimiste et l'intrigue policière passe au second plan par rapport à l'étude d'un couple et de deux caractères. Barbara Stanwyck transcende son rôle de femme fatale et Wendell Corey celui de victime falote et consentante pour former un véritable duo tragique dont Siodmak analyse la trajectoire avec détachement et intensité. Barbara Stanwyck est inoubliable dans son interprétation d'une femme de proie de plus en plus attachée à sa victime. La séquence qui précède l'accident et celle des aveux de l'agonisante sont parmi les plus fortes qu'ait tournées Siodmak.

N.B. Outre les deux titres, la Paramount eut des hésitations quant au nom de l'héroïne : Jordon ou Jordan.

## FEMME AU CORBEAU (LA)
**(The River)**

1928 – USA (7 bob.) • *Prod.* Fox (William Fox) • *Réal.* FRANK BORZAGE • *Sc.* Philip Klein, Dwight Cummins et John Hopper Booth d'ap. une histoire de Tristram Tupper • *Phot.* Ernest Palmer • *Mus.* Maurice Baron et Erno Rapee • *Int.* Charles Farrell (Allen John Spender), Mary Duncan (Rosalee), Ivan Linow (Sam Thompson), Margaret Mann (veuve Thompson), Alfred Sabato (Marsdon), Bert Woodruff (le meunier).

Un camp d'ouvriers travaillant sur un barrage. Le camp est vide à l'approche de l'hiver. Seule une femme habite les baraquements désertés. Son amant est en prison pour meurtre ; elle lui a juré fidélité et elle l'attend. Elle a pour seul compagnon un corbeau, symbole de sa dépendance à l'égard de l'absent. Elle rencontre un jeune homme inexpérimenté qu'elle attire et repousse tout à la fois. Pour relever un défi qu'elle lui a lancé, il commence à abattre des arbres autour du baraquement. L'effort et le froid lui font perdre connaissance. De retour au camp, l'amant de la femme découvre le corps inanimé et le ramène à la cabane. La femme se couche sur lui pour le ramener à la vie. Au printemps, ils partiront ensemble.

☞ Dans son film le plus célèbre, considéré longtemps comme perdu, Borzage exprime son sujet de prédilection : la naissance d'un couple. Il laisse ici de côté les éléments romantiques ou spirituels qu'il a si souvent évoqués pour mettre en valeur l'aspect érotique de la relation entre les deux personnages (d'où la place particulière du film à l'intérieur de l'œuvre de Borzage et du cinéma américain de l'époque). La femme incarne l'expérience de l'amour mais aussi la lassitude et le dégoût de l'amour. Le jeune homme représente l'insouciance, l'innocence et l'ignorance de l'amour. A son contact, la femme redevient d'abord ce qu'elle avait toujours été – tentatrice, initiatrice et insatisfaite – puis, dépassant ce stade, accède peu à peu à une relation sans partage et sans arrière-pensée avec son compagnon. L'isolement des deux personnages qui les rend pareils à des apparitions et la solitude grandiose des lieux où ils évoluent poussent vers l'abstraction une histoire que, par ailleurs, Borzage a su doter d'un poids charnel peu commun. Ceci a contribué à donner au film une valeur mythique dans la mémoire de beaucoup de spectateurs. Cette remarque vaut surtout pour l'Europe, car aux États-Unis le choc du parlant éclipsa en partie les mérites de l'œuvre.

N.B. Le film sortit en version muette (de 7 704 pieds) et en version sonore avec des séquences parlantes (6 536 pieds). La Cinémathèque du Luxembourg possède une copie muette à laquelle manquent deux bobines de dix minutes, la première et la dernière.

**FEMME AU PORTRAIT (LA)**
**(The Woman in the Window)**

1944 – USA (99') • *Prod.* RKO-International Pictures (Nunnally Johnson) • *Réal.* FRITZ LANG • *Sc.* Nunnally Johnson d'ap. R. « Once off Guard » de J.H. Wallis • *Phot.* Milton Krasner • *Mus.* Arthur Lange • *Int.* Edward G. Robinson (Pr Richard Wanley), Joan Bennett (Alice Reed), Raymond Massey (Frank Lalor), Edmond Breon (Dr Barkstone), Dan Duryea (Heidt), Thomas E. Jackson (Inspecteur Jackson), Arthur Loft (Mazard), Dorothy Peterson (Mrs. Wanley), Bobby Blake (Dickie).

⊖ Au sortir de son club, Richard Wanley, un professeur de psychologie quinquagénaire, spécialisé en criminologie, regarde, dans la vitrine d'une galerie de peinture, un portrait de femme qu'il avait déjà souvent admiré. Soudain apparaît, dans la glace, le reflet d'une femme ressemblant au portrait – c'est en réalité le modèle, Alice Reed, qui a posé pour l'artiste. Elle invite Wanley à prendre un verre chez elle afin de lui montrer d'autres toiles du même peintre. A peine est-il arrivé chez elle qu'un intrus survient, l'amant de la jeune femme, animé d'une jalousie féroce. Il saute sur Wanley qu'il étranglerait si celui-ci ne lui transperçait le dos avec une paire de ciseaux que lui a tendue Alice. Ayant peur de ne pas être cru par la police et voulant éviter le scandale, Wanley doit maintenant se débarrasser du cadavre. Il va chercher sa voiture, y charge le corps enveloppé dans une couverture et va le jeter dans un bois avoisinant. Il apprend le lendemain qu'un grand financier, Mazard, a disparu. Dînant avec deux de ses amis, un médecin et le juge d'instruction Frank Lalor qui s'occupe de l'affaire, il apprend aussi que Mazard était suivi sans le savoir par un garde du corps, Heidt, payé par les associés du financier pour le protéger dans ses déplacements. Le lendemain, Wanley accompagne Lalor dans son enquête et va dans le bois où le cadavre est découvert. Heidt fait irruption chez Alice et veut la faire chanter. Il emporte les ciseaux ayant servi au meurtre et un porte-mine oublié par Wanley, portant ses initiales. Il réclame cinq mille dollars. Après son départ, Alice appelle Wanley qui lui remet la somme. Elle n'en donne qu'une partie à Heidt et fait mine d'accepter de partir avec lui. Elle veut l'empoisonner mais il déjoue ses intentions et lui réclame encore cinq mille dollars. Elle met au courant Wanley qui, ne pouvant payer et se voyant démasqué, s'apprête à se suicider. Pris dans une fusillade, Heidt est tué par la police non loin de chez Alice. On découvre sur lui la montre de la victime qu'il avait prise chez Alice et cet indice le désigne comme le coupable. Alice veut aussitôt téléphoner à Wanley, mais il est trop tard. Il a déjà bu le poison. Quelqu'un lui met alors la main sur l'épaule : c'est le garçon du club à qui il avait demandé de le réveiller à 22 h 30. Toute son aventure n'était qu'un mauvais rêve. Il sort dans la rue et regarde le portrait. Une femme apparaît et lui demande du feu. Il s'enfuit à grands pas.

☞ Pendant longtemps, ce fut le seul film américain des années 40 signé par Lang à trouver grâce auprès de la critique et des ciné-clubs. Il occulta même des œuvres beaucoup plus importantes comme *Ministry of Fear**, *The Secret Beyond the Door**, *House by the River**. Ce succès critique peut être attribué à une certaine lenteur du récit qui développe avec minutie et classicisme son sujet en le faisant commenter par d'abondants dialogues ; à l'interprétation très « psychologique » d'Edward G. Robinson dans le rôle d'un quinquagénaire victime, presque malgré lui, du démon de midi ; enfin à un dénouement-surprise qui fit couler beaucoup d'encre. Loin d'être un simple artifice de récit ou une concession à la morale conventionnelle, il représente le « climax » dramatique de l'intrigue et l'aboutissement de cette profonde dualité d'inspiration qui régit, avec une grande diversité, l'univers formel de chaque film de Lang. *La femme au portrait* tient en effet cette gageure d'être à la fois un récit minutieusement réaliste dans son contenu et puissamment onirique dans son développement. L'aventure de ce quinquagénaire qui pour une fois n'est plus sur ses gardes et tombe dans le piège dont l'avaient longuement averti ses deux amis, le médecin et le juge d'instruction, a une dimension quasi « anglaise » de grisaille et de banalité. Simultanément, l'intrigue présente un aspect hautement improbable dans la progression et l'enchaînement des péripéties : matérialisation d'un portrait de femme, surgissement d'un agresseur sauvage et sans identité, obligation faite à un coupable de suivre le déroulement de l'enquête sur son propre crime, apparition d'un maître chanteur omniscient au rictus satanique, qui disparaîtra providentiellement de la surface de la terre aussi vite qu'il était venu. Il y a là un déferlement incroyable de coïncidences découlant méticuleusement les unes des autres, qui n'ont d'autre justification que de persécuter le héros. Et son réveil à la fin ne fera qu'augmenter le vertige du spectateur. Lang se sert ainsi d'une construction et d'une atmosphère diaboliquement oniriques pour suggérer et imposer l'idée que la réalité est par essence cauchemardesque. Ce retournement, faussement heureux, anticipe sur celui, métaphysiquement accablant et tragique, de *Beyond a Reasonable Doubt**.

N.B. C'est Lang qui exigea que Nunnally Johnson modifie le dénouement de son script (fidèle au roman original) et fasse intervenir un rêve au lieu d'une fin tragique. Le trucage saisissant du plan où E.G. Robinson absorbe le poison chez lui dans son fauteuil et se réveille dans son club a été expliqué dans une lettre de Nunnally Johnson (reproduite *in* Lotte Eisner : « Fritz Lang », Éditions de l'Étoile-Cinémathèque Française, 1984) : « Le film a donné à Fritz l'occasion de réaliser un de ses plans les plus ingénieux, sans doute le plus ingénieux que j'aie jamais vu (...) Ce plan, qui exigeait un changement complet de costume et de décor, fut tourné sans coupure. Il était si parfaitement réalisé qu'on dut me l'expliquer. Robinson portait des vêtements détachables et, pendant les quelques secondes du gros plan, un assistant rampait sous la caméra et les lui retirait, le laissant dans le costume qu'il portait au moment où il s'était endormi ; dans les mêmes secondes, l'équipe avait substitué le décor du club à la chambre où il avait pris le poison. »

## FEMME AUX DEUX VISAGES (LA)
**(Angelo bianco)**

1955 – Italie (95') • *Prod.* Titanus-Labor • *Réal.* RAFFAELLO MATARAZZO • *Sc.* Raffaello Matarazzo, Giovanna Soria, Piero Pierotti, Aldo De Benedetti • *Phot.* Tonino Delli Colli • *Mus.* Michele Cozzoli • *Int.* Amedeo Nazzari (Guido Carani), Yvonne Sanson (Sœur Addolorata = Luisa/Lina), Enrica Dyrell (Elena Carani), Alberto Farnese (Poldo), Flora Lilla (Flora), Philippe Hersent (Mario), Nerio Bernardi (avocat Rossi), Virgilio Riento (Dr Marini), Paoletta Quattrini (la petite Paoletta).

L'intrigue commence là où finit celle de *Fils de personne**. Ne pouvant pardonner à sa femme Elena le mal qu'elle lui a fait à lui et à son fils, Guido Carani (Canali dans *Fils de personne**) demande le divorce et obtient la garde de sa fillette. Elena, qui n'a nul désir d'obéir à la justice, emmène précipitamment l'enfant dans un petit hors-bord qui sera bientôt pris dans une mer démontée. L'embarcation est retrouvée vide sur la côte. Désespéré, Guido est convaincu par son jeune contremaître Poldo de reprendre la direction de la carrière de Carrare. C'est en se consacrant à son travail qu'il retrouvera en effet une certaine sérénité. Lors d'un voyage en train, il découvre dans un autre convoi arrêté près du sien une femme ayant avec Luisa une ressemblance stupéfiante. Il en arrive même à se demander s'il ne s'agirait pas de Luisa elle-même. La voyageuse est une petite actrice de music-hall en tournée, prénommée Lina. Sensuelle, exubérante, un peu vulgaire, elle est, dans son comportement, tout le contraire de Luisa. Guido l'attend plusieurs fois à la sortie du théâtre, fasciné par cette ressemblance. Lina, quant à elle, semble le trouver tout à fait à son goût. Un soir, ils boivent ensemble et Lina doit ramener Guido ivre, dans sa chambre. Il a la fièvre et dans son délire confond Lina avec Luisa : « Enfin, je t'ai retrouvée, lui dit-il, tu es belle comme avant. Je te demande pardon pour tout le mal que je t'ai fait ». Un peu plus tard, ayant repris ses esprits, il lui raconte son histoire. Bien que Lina répugne à être recherchée à cause d'une autre, ils passent une nuit ensemble, puis Guido disparaît. Lina est arrêtée et condamnée à une peine de prison pour complicité dans un trafic de fausse monnaie. Enceinte de Guido, elle est violemment frappée par un groupe de codétenues qui la prennent à tort pour une donneuse. Se sentant mourir, elle appelle Luisa (Sœur Addolorata) à son chevet. Elle la supplie de convaincre Guido de se conduire en père vis-à-vis de l'enfant. Après l'accouchement, Guido épouse Lina dans la prison. Lina fait un effort surhumain pour participer, assise, à la cérémonie puis s'évanouit. Le groupe des codétenues saisit l'occasion de ce mariage pour accomplir une tentative d'évasion. La meneuse du groupe s'empare du bébé comme otage, Lina étant trop faible pour l'en empêcher. Un incendie se déclare dans la prison. Lina meurt dans les bras de Guido. Les évadées sont bloquées dans la cour de la prison. La meneuse refuse de rendre l'enfant. Sœur Addolorata s'avance vers elle et le lui reprend. Saisies d'épouvante, les évadées croient voir dans la religieuse la réincarnation de Lina. Sœur Addolorata remet le bébé à Guido et lui dit : « Appelez-le Bruno ».

☞ A la fin de *Fils de personne**, les personnages étaient laissés dans un dénuement tragique relativement incompatible avec l'esprit fondamental du mélodrame populaire, lequel exige que le malheur, si complet soit-il, trouve quelque part une compensation et une plénitude. Le couple des héros avaient perdu leur enfant et ne pouvaient d'autre part se rapprocher sans se renier, Luisa ayant embrassé la vocation religieuse. A partir de cette situation « bloquée », le scénario de *Angelo bianco* va se révéler extrêmement adroit et d'une richesse de significations qu'on peut qualifier de géniale. L'invention du personnage de Lina (sosie de Luisa) va relancer conjointement l'intérêt romanesque, moral et religieux pour les personnages. Le récit conduit Guido vers un dénuement affectif et un désespoir plus grands encore que ceux qu'il avait éprouvés dans *Fils de personne** (puisqu'il perd ici sa femme légitime et sa fillette). Il va passer par différents états psychologiques intenses – inquiétude vis-à-vis de la ressemblance des deux femmes (et comment ne pas songer ici à *Vertigo** ?) puis élans passionnés et refoulés pour le sosie de Luisa – qui le mèneront après beaucoup de péripéties à une forme de réconciliation avec le monde, quand il aura recouvré, grâce à Luisa, l'enfant que lui avait donné Lina. L'intrigue fournit à Yvonne Sanson la possibilité d'incarner – avec un immense talent – les deux aspects essentiels de la femme dans le mélodrame populaire : la pécheresse et la rédemptrice. La rédemptrice (Sœur Addolorata), autrefois pécheresse elle-même dans la mesure où elle a eu une relation hors mariage avec Guido dans le premier film, pourra accomplir en intervenant dans la destinée de Lina (qui n'est qu'une autre elle-même avant sa prise de voile) ce qu'elle n'avait pu faire pour son propre enfant. Elle sauvera l'enfant de Guido et le remettra *in fine* entre les mains de son père. Pour accomplir cette mission, la rédemptrice a donc besoin de la pécheresse autant que celle-ci a besoin d'elle et les deux personnages (ou les deux aspects du même personnage) sont réunis dans une étroite relation qui puise sa richesse dans la thématique séculaire du genre. Ni le succès de *Catene** (1950), de *Tormento* (1951) et des autres films de la série ni la densité spécifique du scénario de *Angelo bianco* n'amènent Matarazzo à modifier les bases et les principes de sa mise en scène. Son expressivité viendra ici, comme dans les autres films de la série, d'une volontaire et méthodique économie de moyens, de décors, de personnages. Même le vocabulaire utilisé dans les dialogues témoigne d'une recherche permanente de la simplicité et de l'universalité. Dans les séquences finales, l'aspect géométrique de la mise en scène ajoute un lyrisme inouï au contenu dramatique de l'action et, en même temps, une touche de fantastique métaphysique née dans *Fils de personne* * (avec l'apparition finale de Sœur Addolorata) pour s'épanouir ensuite dans *Angelo bianco*, où c'est toute la relation Luisa-Lina qui acquiert une dimension quasi surnaturelle. *Fils de personne** et *Angelo bianco* demandent évidemment à être considérés comme les deux parties d'un même film. Le fait qu'elles aient été réalisées à quatre ans de distance (période durant laquelle le réalisateur tournera sept autres films importants !) prouve à la fois le pouvoir de concentration et la cohérence du style de Matarazzo. Sur le plan dramatique, les deux films renouvellent profondément, c'est-à-dire font vivre une nouvelle fois d'une manière palpitante et créatrice, la thématique propre au genre. La vérité du mélodrame et ce qu'il a vocation d'exprimer se situent en effet au-delà des individualités et des personnages qui traversent l'intrigue. Les fonctions accomplies par les personnages (ici fonctions maternelle, salvatrice et rédemptrice) ont plus d'importance que ces personnages eux-mêmes. L'entité Luisa-Lina dépasse l'individualité de chacun des deux personnages en permettant à ces fonctions de s'accomplir par delà la mort de l'un ou de l'autre. Sur le plan visuel, les deux films, qui, comme ses deux personnages féminins, n'en constituent finalement qu'un, présentent un nombre élevé de péripéties avec un art décanté et sublimé qu'il faut situer au voisinage de celui de Lang et de Mizoguchi.

## FEMME DE NULLE PART (LA)

1922 – France (1700 m) • *Prod.* Films Cosmograph • *Réal.* LOUIS DELLUC • *Sc.* Louis Delluc • *Phot.* Alphonse Gibory, Georges Lucas • *Int.* Ève Francis (l'inconnue), Gine Avril (la jeune femme), Roger Karl (le mari), André Daven (le jeune homme), Noémi Seize (la nurse), Denise (l'enfant), Michel Duran (le jeune homme aimé par l'inconnue).

Dans une belle villa située dans la campagne italienne près de Gênes, un mari inquiet quant à l'équilibre de son ménage, s'apprête à s'absenter pour quelques jours. Au moment de son départ arrive une inconnue, une femme d'un certain âge qui a habité autrefois la villa et son parc et y a laissé beaucoup de souvenirs. Elle est venue faire en ces lieux une sorte de pèlerinage. Le mari l'invite à rester pour la nuit, puis s'en va. La visiteuse a eu autrefois dans cette demeure une liaison passionnée avec un jeune homme. La jeune épouse du propriétaire actuel des lieux reçoit un mot de son amant et songe à partir avec lui. C'est ce qu'a fait autrefois la visiteuse. Elle devine et comprend ce qu'est en train de vivre aujourd'hui la jeune femme, expérience si proche de la sienne autrefois. Celle-ci entasse ses affaires dans un sac. L'inconnue la supplie de ne pas partir. « Mais vous êtes partie » lui dit la jeune femme – « Je n'avais pas d'enfant. » Pendant ce temps, le mari erre, solitaire, dans Gênes. La jeune femme va au rendez-vous fixé par son amant mais se refuse à partir avec lui comme il le lui demande. La visiteuse se promène longuement dans le parc, envahie par ses souvenirs. Puis elle rentre dans la maison et regarde la jeune femme assise, endormie dans sa chambre. Le mari entre dans un cabaret de Gênes, puis en ressort quand une entraîneuse s'adresse à lui. La visiteuse, que sa rêverie n'a pas quittée, ne dort pas de la nuit. Au matin, elle voit les choses autrement. De quel droit détournerait-elle la jeune femme de son bonheur ? Elle va la réveiller et lui dit : « Partez, partez. Prenez la joie que la vie vous souffle ». La jeune femme à nouveau s'apprête à lui obéir. Elle s'éloigne, mais son enfant, courant derrière elle, l'appelle, tombe et tend les bras dans sa direction. Elle se retourne et le prend dans ses bras. Le mari rentre et comprend que sa femme allait partir. Elle s'élance vers lui. La visiteuse songe à son propre destin et se voit telle qu'elle est aujourd'hui, une épave, abandonnée, sans ami ni famille. L'amant qui a attendu longuement la jeune femme repart rageusement dans sa voiture. La visiteuse inconnue quitte les lieux en remerciant le couple : « Soyez heureux » leur dit-elle. Puis elle s'éloigne solitaire sur la route.

☞ Cinquième des six longs métrages mis en scène par Delluc. Devant son titre à l'un de ces westerns primitifs que Delluc aimait tant (*Rio Jim, l'homme de nulle part, The Man From Nowhere*, 1915, interprété et dirigé par William S. Hart), c'est l'un des rarissimes films français des années 20 qui nous donne aujourd'hui une impression de modernité. Cela en dépit du jeu de diva, exalté et mécanique, d'Ève Francis (son rôle était prévu pour La Duse qu'elle chercha à imiter). Simplicité de l'intrigue respectant les trois unités, dénuée de méandres et de péripéties extraordinaires, où le présent et le passé s'entremêlent sans le moindre artifice narratif ou visuel. Sobriété d'une mise en scène lisse et sèche, presque aride, dont l'image-clé reste cette route poudreuse battue d'un vent violent (celui-là même qui, dans le drame, ne cessera d'agiter les personnages et la nature autour d'eux). Delluc n'appartient à l'avant-garde française que par son ambition et son exigence (également par une certaine volonté de généralisation et d'abstraction dans les personnages) ; nullement par les recherches formalistes et baroques où parfois s'épuisent un Gance, un L'Herbier, un Epstein. Son cinéma est un cinéma de prose qui attire, sans la chercher, la poésie. Une prose au ton généralement mélancolique et désolé qui ne véhicule aucun credo et pour cela nous touche encore aujourd'hui. Le film oppose moins le présent au passé que deux mentalités, deux attitudes devant la vie entre lesquelles le réalisateur ne choisira pas : le risque ou la sécurité, l'abandon à la passion ou l'équilibre bourgeois, la marginalité solitaire ou l'harmonie conjugale préservée à tout prix. Ressemblance centrale de ce film avec *Le bandit** d'Ulmer : l'héroïne donne à sa protégée (comme le personnage d'Arthur Kennedy) des conseils contradictoires et vante successivement deux modes de vie antithétiques. Ses conseils ne serviront à rien puisque chaque personnage ne peut que suivre sa ligne de vie individuelle et unique. Les plans montrant la vieille femme arrivant et repartant seule sur la route se sont intégrés à la mémoire cinéphilique collective où ils voisinent avec tel autre de Chaplin, de Murnau ou d'Eisenstein. Ils caractérisent profondément l'inspiration de Delluc, plus proche en définitive du western que du drame psychologique.

BIBLIO. : « Drames de cinéma », Éditions du Monde Nouveau, 1923, contient quatre scénarios de Delluc : *La fête espagnole*, réalisé par Germaine Dulac, *Le silence*, *Fièvre**, *La femme de nulle part*. Dans un prologue, Delluc insiste sur la nécessité d'écrire des scénarios originaux sans pour autant mépriser les adaptations littéraires. C'est le premier recueil de scénarios d'un même auteur paru en France et peut-être dans le monde. Le texte de *La femme de nulle part* se divise en 321 plans rédigés dans un style sobrement littéraire, volontairement dénué d'indications techniques et contenant peu de dialogues (donc peu d'intertitres). Dans le détail, le film tourné présente un certain nombre de différences avec le scénario de tournage mais respecte pour l'essentiel la continuité du récit. Delluc était partisan d'une certaine improvisation au tournage. La déambulation du mari (Roger Karl) ne figure pas dans le scénario écrit. D'une façon générale, le film est plus symphonique, plus riche en parallélismes entre le passé et le présent, entre les trois solitudes respectives des protagonistes que le scénario écrit.

## FEMME DU BOULANGER (LA)

1938 – France (133') • *Prod.* Films Marcel Pagnol • *Réal.* MARCEL PAGNOL • *Sc.* Marcel Pagnol d'ap. un épisode du R. « Jean le Bleu » de Jean Giono • *Phot.* Georges Benoit • *Mus.* Vincent Scotto • *Int.* Raimu (Aimable, le boulanger), Ginette Leclerc (sa femme, Aurélie), Charles Moulin (Dominique, le berger), Fernand Charpin (le marquis), Robert Vattier (le curé), Edouard Delmont (Maillefer), Charles Blavette (Antonin), Alida Rouffe (la bonne du curé), Odette Roger (Miette), Paul Dullac (Casimir), Julien Maffre (Pétugue), Maupi (Barnabé).

« Deux pelés et quatre tondus – et tous fâchés les uns contre les autres » : c'est ainsi que l'instituteur décrit la population de son village de Provence où vient de s'installer le nouveau boulanger, Aimable Castanier, après le décès de son prédécesseur par pendaison. Aimable est un expert dans sa partie et tous les villageois ne tardent pas à l'apprécier. Sa femme est jolie et beaucoup plus jeune que lui. Elle est attirée par le berger du marquis de Venelles (un homme qui vit dans le péché entouré de quatre fausses nièces qu'il entretient gaiement). Le berger répond aux avances de la boulangère et, à la nuit tombée, les voilà partis ensemble sans se soucier de rien, tout à la folie de leur corps. Aimable ne retrouve dans le lit conjugal qu'un traversin dans le sens de la longueur comme en laissent les pensionnaires et les soldats quand ils sautent le mur. Le lendemain, incapable de fabriquer son pain, Aimable fait tout ce qu'il peut pour se persuader que sa femme est allée à la messe ou chez sa mère. Mais plusieurs témoins ont vu le couple en fuite et sont formels. Les amants chevauchaient même Scipion, le meilleur cheval du marquis. Le comble du malheur, pour le boulanger, c'est lorsqu'il entend le curé, durant son prêche, déclarer aux fidèles à propos du Seigneur : « Toute femme a besoin d'un berger. » Alors il décide de prendre la cuite la plus mémorable de sa vie et les gens du village doivent le ramener chez lui et l'allonger dans le pétrin où il s'endort. Maintenant il s'agit, si l'on veut du pain, de retrouver les fuyards. Le marquis lance son cri de guerre : « Commençons dès aujourd'hui notre croisade pour la belle boulangère. » En vrai militaire qu'il est, il divise son monde en patrouilles et le territoire à parcourir en secteurs. Toutes les querelles disparaissent dans cette recherche commune. Et, à défaut de mettre la main sur la femme adultère, les villageois retrouvent au moins l'amitié. Aimable, désespéré, va se pendre comme son prédécesseur, mais on arrive à temps pour empêcher l'irréparable. Le pêcheur Maillefer, après un long récit que personne n'a le droit d'interrompre, avoue à Aimable, qui n'en pouvait plus d'attendre et l'avait pris à la gorge, qu'il a vu sa femme toute nue avec son galant sur une île. Elle chantait. Une expédition menée principalement par le curé et l'instituteur aborde sur l'île et met en fuite le berger, qui a le sens du péché. La pécheresse accepte alors de rentrer au domicile conjugal, mais la nuit et à condition que personne ne la regarde. Elle se glisse ainsi chez son mari, honteuse et repentante, et presque aussi muette que la chatte Pomponette qui, elle aussi, était allée faire ses fredaines. A la satisfaction de son mari, elle jure de ne plus jamais repartir et tient à rallumer elle-même le four.

☞ Seul film de Pagnol où Raimu ait vraiment le rôle central : toute l'intrigue gravite autour de lui et lui donne l'occasion de livrer la plus variée et la plus audacieuse de ses compositions ; voir la longue scène d'ivrognerie où il rit, chante en italien, dit des obscénités (on écarte les enfants), s'effondre en larmes et s'endort en évoquant avec lyrisme l'odeur des bras de sa femme. On ne dira jamais assez combien les acteurs participent à la qualité et à l'éternelle jeunesse des films de Pagnol, soit que l'auteur ait créé ses personnages en pensant à eux, soit que l'audace des « castings » ait encore enrichi la pâte des personnages (Vincent Scotto dans *Jofroi**). Aussi bien dans la construction de l'intrigue que dans l'écriture des dialogues et l'interprétation, Pagnol est le champion de « l'un et du multiple », de la description de l'individu et du groupe reliés entre eux par des liens vrais et profonds. Autour de Raimu vit ici tout un peuple de personnages et d'acteurs qui sont, dans le propos de l'auteur, aussi importants que lui. Chez Pagnol, l'ironie et la compassion, la précision et le pittoresque du trait, en un mot le réalisme, servent à cerner l'individu. Quand il s'agit du groupe et de sa solidarité cachée (laquelle représente, autant que les malheurs du boulanger, le vrai sujet du film), Pagnol se laisse aller à la rêverie, au lyrisme, peut-être même à l'utopie. Y a-t-il eu jamais, ailleurs que dans son imagination, communauté aussi unie, aussi organiquement solidaire, aussi unanime dans ses réactions que le village du boulanger ? Cette dualité de niveaux et de tons donne à ses films leur richesse particulière. Que de scènes de groupe dans cette œuvre ! Elles sont en général superbement mises en scène. Il suffit, pour s'en persuader, de se passer le film en muet ; et cela vaut aussi pour la Trilogie. Le dynamisme, la nervosité percutante dans l'humour, le relief concret des films de Pagnol viennent en grande partie de ses rassemblements d'hommes et de femmes où, selon le contenu de la scène, un acteur et un personnage secondaire ont soudain leur grand moment. On citera ici la scène irrésistible de Delmont, l'admirable Delmont, dans le rôle du pêcheur Maillefer qui ne peut répondre à une question ou donner un renseignement sans raconter toute sa journée en commençant par ses premières impressions au réveil. Il faudra que le boulanger, exaspéré d'attendre, l'étrangle à moitié pour qu'il accouche de ce qu'il avait à dire. Un caractère, une manie, un trait humain et notamment ce besoin ressenti par les plus humbles d'avoir leur importance au sein du groupe sont fixés là avec une prodigieuse maestria, en quelques minutes d'intense jubilation, typique de cette petite comédie humaine que contient chaque film de Pagnol.

BIBLIO. : scénario et dialogues : 1) collection « Les films qu'on peut lire », Les Éditions Marcel Pagnol, 1938. Le volume est dédié « à Raimu, au plus grand acteur du monde avec ma reconnaissance et mon admiration. M.P. » ; 2) *in* « Œuvres dramatiques. Théâtre et cinéma », Gallimard, 1954 ; 3) Livre de poche, 1959 ; 4) O.C. du Club de l'Honnête Homme, vol. 5 (1970) ; 5) O.C. des Éditions de Provence, vol. 6 (1973). En guise de préface, une nouvelle « Le boulanger Amable » : histoire d'un boulanger ivrogne que ses concitoyens devront désintoxiquer pour avoir du pain et qui sera guéri par l'amour. Cette première version du scénario fut abandonnée par Pagnol dès qu'il eut découvert le texte de Giono ; 6) Éditions Pastorelly (Monte Carlo, 1976). Avec la préface. Le volume contient aussi *Jofroi** ; 7) Presses Pocket, 1976, avec la préface. La préface seule figure également *in* « Confidences », Julliard, 1981, Presses Pocket, 1983.

## FEMME EN ROBE DE CHAMBRE (LA)
### (The Woman in a Dressing Gown)

1957 – Angleterre (92') • *Prod.* Frank Godwin, J. Lee Thompson • *Réal.* JOHN LEE THOMPSON • *Sc.* Ted Willis d'ap. sa pièce télévisée • *Phot.* Gilbert Taylor • *Mus.* Louis Levy • *Int.* Yvonne Mitchell (Amy Preston), Sylvia Syms (Georgie Harlow), Anthony Quayle (Jim Preston), Andrew Ray (Brian Preston), Carole Lesley (Hilda), Olga Lindo (directrice), Harry Locke (commerçant).

Jim, petit employé chez un importateur de bois, est marié à Amy, épouse aimante et dévouée mais incroyablement brouillonne et qui, depuis longtemps déjà, se néglige. Jim a pour maîtresse Georgie, la jeune secrétaire de son patron. Sincèrement amoureuse de lui, elle voudrait lui voir plus d'ambition et le presse de quitter sa femme qui, selon elle, l'entraîne dans sa médiocrité. Après beaucoup d'hésitation, Jim trouve enfin la force de dire à Amy qu'il veut divorcer. D'abord stupéfaite et incrédule, Amy s'apprête à riposter et à lutter pour sauver son ménage. Elle demande à son mari d'inviter Georgie à dîner le soir même, en vue d'avoir avec eux une explication loyale. Durant l'après-midi, elle met sa bague de fiançailles au clou pour pouvoir aller chez le coiffeur (ce qu'elle n'avait pas fait depuis des années). Mais une pluie battante ruine sa mise en plis. De retour chez elle, elle veut mettre sa plus belle robe mais, dans son énervement, la déchire. Quant au whisky qu'elle avait acheté pour ses invités, elle le boit à petites gorgées en discutant avec une voisine. Elle en a la tête toute retournée. Le repas n'est pas prêt quand Jim et Georgie arrivent. Et c'est même son fils, un adolescent travaillant en usine, qui doit leur ouvrir, car Amy a dû s'allonger pour reprendre ses esprits. La discussion entre Amy et Georgie s'engage mal : décidée à s'humilier devant sa rivale, Amy est si décontenancée par sa froideur qu'elle se met à l'invectiver en lui brossant un portrait peu reluisant de ce qu'est en réalité son mari. Ce dernier, au cours de la soirée, gifle son fils pour la première fois de sa vie et s'en va avec Georgie. Il ne lui faudra que quelques instants pour comprendre qu'il n'aura jamais le courage de quitter définitivement sa femme ; et il revient vers elle. Amy promet d'apporter plus de soin au ménage. Elle nettoiera sa vieille robe de chambre usée jusqu'à la corde, qu'elle ne quittait jamais tout au long de la journée. Les deux époux et leur fils sont réconciliés. Preuve que tout va pouvoir reprendre comme avant, Amy rouvre la radio dont les différentes émissions constituent le bruit de fond permanent de l'appartement.

☞ Bon exemple de ce « réalisme de la médiocrité » (non médiocre en lui-même) qui est l'une des lignes de force du cinéma britannique et en accompagne, sous diverses formes, toute l'histoire. Cette évocation d'un couple à la dérive tisse la trame d'un récit modeste et effacé, aux qualités typiquement anglaises. La construction en trois journées est rigoureuse sans être artificielle. Les aspects psychologiques et sociaux de cette dérive sont notés avec une justesse et une précision dépourvues d'insistance. L'interprétation, dans sa grisaille même, témoigne d'un relief subtil, en particulier de la part d'Yvonne Mitchell (dont c'est ici le meilleur rôle). Tragédie où la banalité sans issue du récit est recouverte d'une épaisse couche de monotonie et de poussière, où la résignation a toujours le dernier mot, *La femme en robe de chambre* est en outre rempli d'éléments comiques. Ils sont particulièrement bien dosés dans la composition d'Yvonne Mitchell et donnent au film son originalité spécifique. Tout le récit peut en effet être vu aussi comme une comédie et cette double dimension le rend assez moderne. Le film est un spécimen parfait d'un genre purement anglais baptisé « kitchen sink soaper » (drame autour d'un évier), mais tous les produits du genre n'ont pas sa drôlerie.

## FEMME MODÈLE (LA)
## (Designing Woman)

1957 – USA (116') • *Prod.* MGM (Dore Schary) • *Réal.* VINCENTE MINNELLI • *Sc.* George Wells d'ap. une idée de Helen Rose • *Phot.* John Alton (Cinémascope, Metrocolor) • *Mus.* André Previn • *Chor.* Jack Cole • *Int.* Gregory Peck (Mike Hagen), Lauren Bacall (Marilla Hagen), Dolores Gray (Lori Shannon), Sam Levene (Ned Hammerstein), Tom Helmore (Zachary Wilde), Mickey Shaughnessy (Maxie Stulz), Jesse White (Charlie Arneg), Edward Platt (Martin J. Daylor), Jack Cole (Randy Owen), Chuck Connors (Johnnie « O »).

Mike Hagen, chroniqueur sportif, et Marilla, dessinatrice de mode, se sont rencontrés en Californie. Coup de foudre. Mariage express sur place. C'est à New York qu'ils vont découvrir réellement qui ils sont. Mike montre à sa femme son studio de célibataire, désordonné, sans goût, où trône une photo de femme en maillot de bain. Il s'empresse de la déchirer mais Marilla en recueillera à son insu les morceaux. Lui qui croyait tout apprendre de New York à sa femme découvre au contraire qu'elle y occupe un appartement somptueux et qu'elle a de nombreuses relations dans les milieux de la mode et du show-business. Ses amis accourent pour la féliciter. Zachary Wilde, son ancien soupirant, la sollicite pour dessiner les costumes de sa dernière comédie musicale. Elle accepte. Mike emmène sa femme à un match de boxe. Elle est dégoûtée par cette boucherie et quand elle apprend que, si certains spectateurs disparaissent derrière leur journal, ce n'est pas pour le lire mais pour se protéger du sang qui gicle, elle pousse un long hurlement d'horreur. La première dispute des époux surgit à l'issue d'une soirée où les invités de Marilla, venus faire une première lecture de la pièce qui va être montée, n'ont pas fait bon ménage avec les copains de Mike réunis pour leur poker mensuel. Mais cette dispute s'achève dans un éclat de rire. La situation s'aggrave entre les époux quand Marilla découvre que la vedette de la comédie musicale dont elle a dessiné les costumes est une ancienne maîtresse de son mari, Lori Shannon, la fille de la photo, celle-là même qui, apprenant le mariage de Mike, lui avait au restaurant renversé un plat de ravioli sur les genoux. Pendant que sa femme assiste aux répétitions de la pièce, Mike doit écrire une série d'articles dénonçant la corruption et les méthodes de gangster de Martin Daylor, un organisateur de matches de boxe qui l'a menacé de mort et lui a déjà envoyé deux sbires pour l'intimider. Mike se cache dans un hôtel de New York et prétend suivre une saison de football à Chicago, Detroit, etc. Pour ne pas l'inquiéter, il n'a rien dit à sa femme. Il a pour garde du corps son ami Maxie Stulz, un boxeur complètement sonné qui frappe où on lui dit de frapper et a l'habitude de dormir les yeux grand ouverts. Quand sa femme, qui le croit loin de New York, le retrouve chez Lori où il s'était précisément rendu pour concocter avec elle un alibi concernant leur relation passée, sa jalousie est à son comble. Mike apprend alors que Daylor, mécontent des articles qui paraissent sur lui, projette de kidnapper Marilla à Boston où elle s'est rendue pour la première de la pièce. Là, Lori explique clairement à Marilla que son histoire avec son mari est terminée depuis longtemps. Mike se rend à Boston avec Maxie et les deux hommes essaient de libérer Marilla, prisonnière des tueurs de Daylor. C'est finalement le chorégraphe de la troupe, Randy Owen, qui, jouant des pieds, des jambes et des bras, met K.-O. les kidnappeurs. Mike récite alors à sa femme l'alibi concocté avec Lori. Marilla, suivant le conseil de son ex-rivale, l'écoute religieusement et feint de le croire, trop heureuse d'avoir un époux aussi attentif à ne pas la faire souffrir, même à titre rétrospectif.

☞ A la différence de Mankiewicz par exemple (*Guys and Dolls**), Minnelli n'a jamais mêlé la comédie musicale et la comédie pure, deux domaines où il s'est contenté d'exceller séparément. Ici, il serait tenté de le faire car cette comédie satirique s'aventure, de par son sujet, aux confins de la comédie musicale. Mais finalement il ne le fait pas. La plus grande originalité de *Designing Woman* vient de ce que le conflit (passager) entre les époux est d'origine sociale, et non psychologique ou individuelle. L'une des rares scènes qui expriment concrètement cette originalité est celle où se trouvent réunis, malgré eux, les invités du mari et de l'épouse. Pour plusieurs raisons, le film est daté et reflète fidèlement les vertus d'un certain classicisme prudent de la comédie américaine, qui jetait là ses derniers feux. Cette prudence se manifeste dans le cloisonnement des genres et surtout dans le fait que le film distille (ou instille) à petites doses son originalité au sein d'un vaudeville en béton, d'ailleurs très efficace, dont les situations et les gags se retrouveraient dans cent autres films. A la même époque commençait une autre ère de la comédie américaine, avec les films de Blake Edwards par exemple (*Mister Cory**, *Breakfast at Tiffany's**) et leurs personnages plus complexes, leur acidité mêlée de loufoquerie, leurs gags plus directement et plus profondément liés à l'originalité des sujets, et parfois leurs audaces de structure.

N.B. Peu inspiré par son trio d'acteurs principaux (Gregory Peck, Lauren Bacall remplaçant Grace Kelly dont la carrière cinématographique venait hélas de s'achever, et Dolores Gray en lieu et place de Cyd Charisse pressentie pour le rôle), Minnelli a pris sa revanche avec le personnage de Mickey Shaughnessy dont la composition savoureuse et burlesque suffit à elle seule à placer le film dans le registre de la grande comédie.

## FEMME OU DÉMON
**(Destry Rides Again)**

1939 – USA (98') • *Prod.* U (Joe Pasternak) • *Réal.* GEORGE MARSHALL • *Sc.* Felix Jackson, Henry

Meyers, Gertrude Purcell d'ap. R. de Max Brand • *Phot.* Hal Mohr • *Mus.* Charles Previn • *Chansons* de Frederick Hollander et Frank Loesser • *Int.* Marlene Dietrich (Frenchy), James Stewart (Tom Destry), Charles Winninger (Wash Dinisdale), Mischa Auer (Boris Callahan), Brian Donlevy (Kent), Irene Hervey (Janice Tyndall), Una Merkel (Lilybelle Callahan).

Avec des méthodes non violentes qui laissent tout le monde sceptique, le « deputy » Tom Destry entend ramener le calme et l'ordre dans la tumultueuse cité de Bottleneck. Il cherche à prouver que le gang responsable du désordre actuel et des meurtres récemment commis a causé également la mort du précédent shérif. Quand le shérif actuellement en exercice est tué, toute la population, femmes en tête, part en guerre contre le gang. Une balle tirée en direction de Tom atteint Frenchy, une entraîneuse de bar qui voulait le protéger. Tom abat alors le chef du gang.

☞ Western à gros budget mis en scène avec dynamisme et un certain talent picaresque par Marshall, habile à reconstituer l'atmosphère mouvementée et populeuse d'une ville de l'Ouest en pleine expansion. Quoique traité avec humour, le thème du nettoyeur de ville est cependant pris très au sérieux. Le personnage de James Stewart, pour qui la force morale et la volonté comptent plus que le muscle et les balles, annonce lointainement ses futures compositions sous la direction d'Anthony Mann. Le film, malgré ses qualités, reste hybride car l'équilibre entre scènes comiques, scènes dramatiques, scènes d'action et moments musicaux visant à mettre en valeur Marlene Dietrich se fait mal. Et c'est Marlene qui finalement est la moins bien servie dans ce récit bancal. Pourtant, à l'époque, le film fit beaucoup pour relancer sa carrière qui battait sérieurement de l'aile après l'échec d'*Angel* (Lubitsch, 1937).

N.B. Autres adaptations du roman de Max Brand : *Destry Rides Again* (Ben Stoloff, 1932) avec Tom Mix et *Destry*, 1955, réalisé à nouveau et cette fois en couleurs par George Marshall, avec Audie Murphy.

## FEMMES
**(The Women)**

1939 – USA (134') • *Prod.* MGM (Hunt Stromberg) • *Réal.* GEORGE CUKOR • *Sc.* Anita Loos et Jane Murfin d'ap. P. de Clare Boothe • *Phot.* Oliver T. Marsh et Joseph Ruttenberg (une séquence en couleurs) • *Mus.* Edward Ward et David Snell • *Int.* Norma Shearer (Mrs. Mary Stephen Haines, la Biche), Joan Crawford (Crystal Allen, la Panthère), Rosalind Russell (Mrs. Sylvie Howard Fowler, la Chatte), Mary Boland (comtesse Flora DeLave, la Guenon), Paulette Goddard (Miriam Aarons, la Renarde), Joan Fontaine (Mrs. Peggy John Dey, la Brebis), Virginia Weidler (Little Mary), Marjorie Main (Lucy, la Jument), Lucile Watson (Mrs. Morehead, la Chouette), Phyllis Povah (Mrs. Edith Philip Potter, la Vache), Dennie Moore (Olga), Margaret Dumont (Mrs. Wagstaff).

New York. Mary Haines, une jeune femme épanouie et heureuse, mère d'une fillette, apprend après dix ans de mariage sans ombre que son mari Stephen, un ingénieur, la trompe. C'est Olga, une manucure perfidement recommandée par son « amie » Sylvie Fowler, qui l'a renseignée. La mère de Mary conseille à sa fille de ne pas dire à son mari qu'elle est au courant. Elle l'emmène aux Bermudes pour un court séjour. A son retour, Mary assiste à un défilé de mode et rencontre Crystal Allen, la maîtresse de son mari, une vendeuse en parfumerie qui vient d'acheter toutes sortes de robes coûteuses avec l'argent de son amant. Poussée par Sylvie, Mary a une altercation avec Crystal ; celle-ci se montre d'une extrême insolence à son égard. L'infortune conjugale de Mary alimente bientôt les échos des gazettes mondaines. Contrairement aux avis de sa mère, Mary décide de divorcer. Dans le wagon de chemin de fer qui l'emmène à Reno en compagnie de la jeune Peggy Day récemment brouillée avec son mari, Mary rencontre la vieille et exubérante comtesse DeLave qui en est à son énième divorce et la séduisante Miriam Aarons qui, elle, va divorcer pour la première fois. Dans un ranch aux environs de Reno, un groupe de femmes s'est reformé autour de Mary comme à New York. La comtesse annonce qu'elle a fait la connaissance de Buck, un cow-boy qu'elle compte lancer comme chanteur à la radio et qui sera sans doute son prochain mari. Sylvie rejoint assez piteusement le groupe après que son mari l'a fichue dehors. Elle apprend qu'il fréquente Miriam et les deux femmes se crêpent le chignon avec la dernière violence. Peggy, enceinte, se réconcilie avec son mari par téléphone. Moins heureuse, Mary apprend de Stephen lui-même, qu'il vient d'épouser Crystal. Dix-huit mois ont passé. Crystal a pris un amant et Stephen commence à se lasser d'elle. Sylvie et Miriam sont devenues des amies inséparables. Quand elle apprend de sa fillette que Stephen est malheureux, Mary, toute revigorée, fait parler Sylvie et découvre ainsi que l'amant de Crystal n'est autre que Buck, le mari de la comtesse DeLave. Dans le hall du cabaret où ces dames se retrouvent après leur dîner annuel chez Mary, la comtesse se lamente avec un désespoir comique sur l'infidélité de Buck. Crystal, quant à elle, croit avoir fait le bon choix en quittant Stephen pour Buck. Mais elle apprend que les contrats radiophoniques de Buck sont tous payés par la comtesse. Elle doit repartir à zéro. Mary court se jeter dans les bras de Stephen qui l'attend.

☞ Chronique de mœurs aux multiples personnages se déroulant en milieu uniquement féminin sans qu'aucun personnage masculin n'apparaisse sur l'écran (cf. aussi *Jeunes filles en uniforme**, *Elles étaient douze femmes**, *Les fleurs tombées, Hana chirinu,* de Tamiso Ishida, 1938, film japonais assez terne situé dans une maison de geishas en période de guerre au XIX<sup>e</sup> siècle à la veille de la Restauration de Meiji). Si chaque rôle est relativement conventionnel en lui-même, l'ensemble du film ne l'est pas, à cause de la richesse de l'interprétation et de la justesse du regard de Cukor qui se place à la bonne distance critique, ne condamne personne et préfère laisser ce soin, s'il en a envie, au spectateur. Son style, parfaitement équilibré entre une certaine légèreté de touche et une sécheresse ironique, réussit à être spectaculaire, alors que le film se déroule dans une série de lieux clos somme toute assez austères. Par son sens du pittoresque, sa rigueur et sa maîtrise classique, Cukor évite l'écueil de la gratuité dans un film qui est avant tout une gageure et un tour de force. Seuls les moments mélodramatiques (scènes entre Norma Shearer et sa fille) lui échappent et sont ratés. Par contre la scène de la réconciliation téléphonique de Joan Fontaine avec son mari est admirablement jouée et d'une grande délicatesse. *The Women*, sociologiquement en avance par rapport à l'Europe, se situe à une époque où la femme commence à conquérir son indépendance et doit abandonner les vieilles recettes du passé sans savoir au juste par quoi les remplacer. A cet égard, le film correspond à une étape importante dans cette longue étude sur les comportements féminins menée par Cukor avec minutie et splendeur pendant cinquante ans de carrière. Comme le remarque Gavin Lambert (*in* « On Cukor », G.P. Putnam's Sons, New York, 1972 et W.H. Allen, Londres, 1973), le rythme accéléré des dialogues n'est pas une fin en soi comme dans tant de comédies de l'époque (ex. *His Girl Friday* de Hawks, 1940) mais est imposé par les héroïnes elles-mêmes, si pressées de cancaner et de se conduire en garces.

N.B. Cukor donne ici son premier grand rôle comique à Rosalind Russell. La scène du défilé de mode (séquence de cinq minutes en couleurs) fut imposée à Cukor par la production. Inutile à l'intrigue, elle constitue cependant une assez jolie réussite plastique. Donald Ogden Stewart et Scott Fitzgerald ont collaboré à l'adaptation sans être crédités et Georges Kaufman (l'auteur de la pièce d'où fut tiré *Dinner at Eight**) à l'écriture de la pièce elle-même. Remake sous le titre *The Opposite Sex* (David Miller, 1956) mais cette fois des hommes apparaissent sur l'écran.

BIBLIO. : scénario et dialogues *in* « Twenty Best Films Plays » édité par John Gassner et Dudley Nichols, Crown Pub., New York, 1943.

## FEMMES DE LA NUIT
**(Yoru no onna-tachi)**

1948 – Japon (105') • *Prod.* Sochiku (Mitsuhio Shimizu) • *Réal.* KENJI MIZOGUCHI • *Sc.* Yoshikata Yoda d'ap. R.

« Joseimatsuri » de Eijiro Hisaita • *Phot.* Kohei Sugiyama • *Mus.* Hisato Osawa • *Int.* Kinuyo Tanaka (Fusako Owada), Sanae Takasugi (Natsuko), Mitsuo Nagata (Kuriyama), Tomie Tsunoda (Kumiko), Kumeko Urabe.

Osaka. Après la mort de son mari à la guerre et celle de son bébé tuberculeux, Fusako retrouve par hasard sa sœur Natsuko qui vivait en Corée. Natsuko lui apprend la mort de leurs parents, victimes de malnutrition. Actuellement, Natsuko est entraîneuse dans un cabaret chic. Elle vient habiter chez Fusako, secrétaire d'un commerçant qui fait du marché noir. Fusako est aussi la maîtresse de son patron. Lors d'une perquisition policière au bureau, elle rentre inopinément chez elle et surprend Natsuko en compagnie de son patron. Elle décide alors de devenir prostituée. Sa jeune belle-sœur Kumiko a fui sa famille à qui elle a volé de l'argent. Elle rencontre un pseudo-étudiant qui la fait boire, la dépouille de son argent et la viole. Elle est ensuite la proie d'une bande de prostituées « pillardes » qui lui prennent jusqu'à ses vêtements. Natsuko, apprenant les activités de sa sœur Fusako, part à sa recherche et tombe dans une rafle. Prise pour une prostituée, elle doit subir un exament médical. Elle apprend qu'elle est syphilitique et enceinte. Elle retrouve à l'hôpital Fusako, qui lui reproche de lui avoir volé son amant. Syphilitique comme sa sœur, Fusako éprouve tant de haine pour les hommes qu'elle voudrait les contaminer tous. Elle s'échappe de l'hôpital en franchissant le mur d'enceinte hérissé de barbelés. Son ancien patron et amant est arrêté pour trafic d'opium. Il aurait voulu que Natsuko avorte. Fusako emmène sa sœur dans un hôpital pour femmes abandonnées afin qu'elle y accouche, mais son bébé ne vit pas. Fusako découvre que la dernière recrue (ou la dernière victime) du clan des « pillardes » est sa jeune belle-sœur Kumiko. Fusako veut s'arracher elle-même à ce clan et crie son dégoût de sa condition de prostituée. Après une bagarre féroce avec les autres femmes, elle emmène Kumiko hors de cet enfer.

☞ Le film le plus noir de Mizoguchi. Le destin entremêlé de trois femmes les conduit toutes vers la déchéance la plus sordide. La malédiction pesant sur les femmes dans l'univers de Mizoguchi possède ici un aspect naturaliste et trivial qui la prive de toute grandeur tragique. Le film trouve son intensité dans la description des convulsions et des soubresauts des personnages, livrée par Mizoguchi avec la même hauteur de ton, la même impassibilité qui caractérisent ses tragédies les plus nobles. La sobriété et l'extrême retenue de ses héros font place ici à une sorte de fureur baroque, peu courante chez l'auteur. Mais les prostituées hagardes et monstrueuses de *Femmes de la nuit* appartiennent bien à la même race humiliée et offensée que les courtisanes des siècles passés décrites ailleurs par lui. Toutes sont sacrifiées aux plaisirs et aux vices d'une humanité masculine plongée, depuis la nuit des temps, dans une indifférence (une absence de pitié) absolue envers cet autre univers qu'est l'univers féminin. Bourreau et victime, étrangers l'un à l'autre comme deux races différentes, mènent pour l'éternité une lutte infiniment plus cruelle que la simple guerre des sexes. De ce combat impitoyable, Mizoguchi présente sans ménagement une vision qu'on peut qualifier au sens strict d'infernale.

## FEMMES ENTRE ELLES
**(Le amiche)**

1955 – Italie (102') • *Prod.* Trionfalcine • *Réal.* MICHELANGELO ANTONIONI • *Sc.* M. Antonioni, Suso Cecchi d'Amico et Alba De Cespedes d'ap. une histoire « Tra donne sole » de Cesare Pavese • *Phot.* Gianni Di Venanzo • *Mus.* Giovanni Fusco • *Int.* Eleonora Rossi Drago (Clelia), Valentina Cortese (Nene), Yvonne Furneaux (Momina), Madeleine Fischer (Rosetta) Anna Marie Pancani (Mariella), Gabriele Ferzetti (Lorenzo), Ettore Manni (Carlo), Franco Fabrizi (Cesare).

Clelia vient installer à Turin une filiale d'une maison de couture de Rome. La tentative de suicide de sa voisine de chambre d'hôtel, Rosetta, la met en relation avec le groupe des amies de celle-ci. Il y a d'abord Momina, oisive et cynique, qui entre deux réconciliations avec son mari fait la chasse aux amants : Cesare, l'architecte de Clelia, et l'un d'entre eux. Il y a aussi Nene, artiste en céramique, mariée au peintre Lorenzo pour qui Rosetta s'est suicidée. Enfin, il y a la jeune Mariella qui flirte avec tous les hommes mais reste fidèle à son fiancé. Rosetta à qui Clelia a trouvé un travail avoue à Lorenzo son amour et, poussée par Momina, a une liaison avec lui. Mais Lorenzo ne l'aime pas et revient à sa femme. Rosetta se noie. Clelia, bouleversée, accuse de cette mort Momina et s'en accuse elle-même. Elle quitte Carlo, l'assistant de Cesare qu'elle aimait, préférant à tout amour son travail et son indépendance. Carlo la laisse rentrer à Rome.

☞ Troisième long métrage d'Antonioni. Ce grand illustrateur de poncifs, dépourvu de toutes les qualités qui font la force et l'originalité du cinéma italien, doit-il être sauvé pour ses actrices ? Qu'il s'agisse de Lucia Bose (*Chronique d'un amour*), de Monica Vitti, ici de Eleonora Rossi Drago et d'Yvonne Furneaux, elles impriment l'écran de leur personnalité, de leur élégance et d'un charme bourgeois dont on créditera *ad libitum* le réalisateur. Elles le font d'autant mieux que leurs personnages sont inexistants. Du côté des hommes, le résultat est assez navrant. Les trois personnages masculins, pourtant interprétés par trois bons comédiens, délivrent une note unique de veulerie qui tient lieu à l'auteur de recherche psychologique. Quant au décor, il est comme absent. Quoique tirés de Pavese, l'intrigue et les personnages du film relèvent de l'esthétique du photo-roman mélodramatique et sentimental type « Nous deux » ou « Confidences ». Au mot près, les dialogues pourraient figurer dans les « bulles » d'un de ces journaux. Au lieu d'approfondir le genre (qui a donné au cinéma de nombreux chefs-d'œuvre) dans le sens du baroque, de l'émotion ou dans tout autre sens, Antonioni se contente de l'illustrer avec componction, avec une gravité solennelle et glaciale qui impressionne beaucoup les spectateurs de festivals. Est-il nécessaire de voir les films d'Antonioni ? Peut-être faut-il en avoir vu au moins un, avoir observé au moins une fois cette parfaite glaciation de l'impuissance pour mieux apprécier le talent des vrais grands cinéastes, ceux de l'incarnation (Rossellini) ou ceux de l'abstraction (Lang, Hitchcock, etc.).

BIBLIO. : scénario et dialogues dans le volume « Michelangelo Antonioni : Sei Film », Turin, Einaudi, 1964 (avec *Il grido, L'avventura, La notte, L'eclisse, Il deserto rosso).*

## FEMMES, FEMMES

1974 – France (120') • *Prod.* Unité Trois, Stephan Films (Jean Feix et Paul Vecchiali) • *Réal.* PAUL VECCHIALI • *Sc.* Paul Vecchiali, Noël Simsolo • *Phot.* Georges Strouvé • *Mus.* Roland Vincent • *Int.* Hélène Surgère (Hélène), Sonia Saviange (Sonia), Michel Delahaye (le médium), Noël Simsolo (Ferdinand), Michel Duchaussoy (Lucien), Huguette Forge (la cliente).

Dans un appartement donnant sur le cimetière Montparnasse, aux murs tapissés de photos de vedettes féminines d'avant-guerre, deux vieilles actrices ratées, Hélène et Sonia, vivent ensemble au milieu de leurs souvenirs et de leurs regrets. Elles ont épousé autrefois le même homme, Julien, qui les a quittées l'une et l'autre. Hélène a « raccroché », ne sort jamais de chez elle, se livre à de menus travaux d'écriture ou de couture et noie son chagrin dans le champagne. Sonia court toujours le cachet. Mais les petits boulots d'Hélène disparaissent un à un : l'agence pour laquelle elle écrivait des adresses fait faillite ; la voisine qui lui avait commandé une robe est retrouvée morte, etc. Répondant à une annonce matrimoniale, un homme se présente à l'appartement : Hélène se conduit avec lui comme une prostituée et Sonia en proie à un délire éthylique (quoiqu'elle ne soit pas la plus alcoolique des deux) lui flanque quelques coups de couteau dans le dos... Les deux femmes en sont réduites à faire le trottoir, mais sans succès. Sonia subit une cure de désintoxication. A son retour, la veuve de Julien qui vient de mourir leur apporte une avance sur leur part d'héritage. Cet argent venu du ciel n'empêche pas les deux femmes de retomber bientôt dans la mélancolie et une souffrance intolérable.

☞ L'œuvre de Paul Vecchiali se trouve partagée – ou peut-être vaudrait-il mieux dire *divisée* – entre une nostalgie pour le cinéma populaire, tel qu'on le pratiquait par exemple en France dans les années trente, et des recherches résolument expérimentales et avant-gardistes. *Femmes, femmes* représente une synthèse improbable et insolite entre ces deux tendances, unifiées sur le papier, sinon dans l'image, par les thèmes, ressassés jusqu'à l'écœurement, de l'échec, de la vieillesse, de la déchéance et de la mort. Cela dans un huis-clos qui se veut cocteauesque. Fasciné par ces thèmes au point de s'engluer en eux, Vecchiali accumule ici une série d'éléments qui semblent réunis pour faire fuir le public : noir et blanc crasseux et débilitant, lenteur et absence d'action, artifice du jeu et de la diction, irréalisme outrancier des personnages secondaires, incongruité des intermèdes musicaux (parfois assez réussis), atmosphère constamment lugubre et morbide. A la fois outrageusement distancié et recroquevillé sur lui-même, le film, comme ses personnages, vit de nostalgie au lieu de vivre tout court. Il prouve qu'au cinéma pas plus que dans la vie réelle on ne saurait ressusciter les morts.

## FEMMES NOUVELLES
**(Xin nuxing)**

1935 – Chine (12 bob.) • *Prod.* Lianhua • *Réal.* CAI CHUSHENG • *Sc.* Sun Shiyi • *Phot.* Zhou Daming • *Mus.* Nie Er • *Int.* Ruan Lingyu, Zheng Junli, Wang Naidong, Wang Moqiu, Yin Xu, Tang Tianxiu, Gu Menghe.

Une jeune femme, professeur de musique, vit seule en écrivant des articles et des romans. Elle n'arrive pas à convaincre le journaliste qui a présenté son roman à un éditeur d'avoir un comportement moins froid à son égard. Par contre, elle doit repousser les avances du mari d'une de ses amies, une femme très bourgeoise qui ne s'intéresse qu'à ses toilettes. Il l'entraîne dans un cabaret, et là, à genoux, la supplie d'accepter le mariage. Mais c'est un esclavage dont elle ne veut plus entendre parler. Elle a déjà été mariée et a eu un bébé d'un homme qui l'avait ensuite abandonnée. Elle avait confié l'enfant à sa sœur qui l'a élevé à la campagne. Aujourd'hui sans ressources, la sœur revient à Shanghai avec la fillette. Celle-ci découvre sa mère, venue la chercher à la gare, et se jette dans ses bras. Le soupirant évincé use de son influence pour faire renvoyer l'héroïne de son poste à l'école. Elle s'apprête à vivre de sa plume et en particulier de ses articles, mais doit jeter hors de chez elle le responsable du journal pour lequel elle travaille. Il lui avait avancé de l'argent et s'était cru autorisé à avoir des privautés avec elle. La fillette tombe malade, victime d'une pneumonie. Ni sa mère (à qui l'éditeur a refusé une avance) ni sa tante ne peuvent acheter les médicaments qui lui seraient nécessaires. Malgré cela, la mère trouve encore le courage de refuser au soupirant la bague qu'il lui apportait pour obtenir ses faveurs. La logeuse, qui joue à l'occasion les entremetteuses, la persuade de se rendre chez un client qui n'est autre que... le soupirant évincé. Il éclate de rire en la voyant. Elle l'insulte et regagne son appartement. Le soupirant têtu vient la relancer ; sa femme arrive et déclare à l'héroïne qu'elle la tient pour responsable de tout. Son roman, « Sépulture de l'amour », est un succès. Le soupirant raconte à un journaliste, qui les note fidèlement, des épisodes inventés et mensongers de la vie de l'héroïne. Sa fillette meurt. Elle tente de se suicider en absorbant des somnifères. Ses amis la sauvent, la conduisent à l'hôpital et lui remontent le moral. Elle veut se venger des articles à sensation qui paraissent sur elle. Après avoir hurlé plusieurs fois qu'elle veut vivre, elle retombe sur son lit et meurt.

☞ Important mélodrame chinois de la fin du muet. Sa principale originalité est d'avoir pour héroïne, non une faible et passive victime, mais une intellectuelle, presque une militante, qui cherche à défendre sa propre dignité, et celle de son sexe tout entier. Malgré sa lucidité et son énergie, elle sera la perdante du combat qu'elle livre contre une société plus forte qu'elle. C'est là la leçon de l'histoire : dans l'immédiat, elle n'obtiendra pas plus de résultats, sur le plan privé et individuel, que si elle avait été illettrée et inconsciente. Au contraire, sa volonté de maintenir sa vie en accord avec ses convictions les plus profondes (par exemple le refus du mariage sans amour) la conduit encore plus vite à sa perte. Pour illustrer son propos, *Femmes nouvelles* recourt aux péripéties traditionnelles du mélodrame populaire (femme abandonnée, mort d'un enfant, etc.). Le jeu très appuyé mais cohérent des acteurs, le dynamisme brutal de la caméra, l'absence de recherche plastique aident le film à réaliser ses intentions : émouvoir, choquer en mettant sous les yeux du spectateur une réalité déplaisante vis-à-vis de laquelle il ne pourra prendre aucune distance. Loin de s'élever au-dessus des héroïnes traditionnelles du mélodrame, le personnage de l'intellectuelle militante connaîtra le statut des plus misérables héroïnes du genre. Comme pour valider le contenu du film, Ruan Lingyu, célèbre vedette du muet (cf. *La Divine**), se suicidera quelques mois après la fin du tournage.

## FEMME SUR LA LUNE (LA) (Die Frau im Mond)

1929 – Allemagne (4 365 m) • *Prod.* UFA (Fritz Lang) • *Réal.* FRITZ LANG • *Sc.* Thea von Harbou d'ap. son R. • *Phot.* Curt Courant • *Mus.* Willy Schmidt-Gentner • *Int.* Gerda Maurus (Frieda Venten), Willy Fritsch (Pr Helius), Fritz Rasp (Walt Turner), Gustav von Wangenheim (Hans Windegger), Klaus Pohl (Pr Georg Manfeld), Margaret Kupfer (Mme Hippolt), Gustl Stark-Gstettenbaur (Gustave).

L'affairiste Turner veut racheter au vieux savant Manfeld le manuscrit de son étude sur la présence d'or dans la lune et profiter ainsi de la misère où le vieillard est tombé depuis des années. Mais Manfeld le jette dehors. Autrefois, en 1896, Manfeld avait fait un exposé sur ce sujet qui avait provoqué les risées de tous ses collègues. Aujourd'hui le jeune ingénieur Helius, propriétaire de chantiers aéronautiques, annonce à son ami Manfeld qu'il est décidé à tenter le voyage. « Ne partez pas sans moi ! » lui dit le vieux savant, ému jusqu'aux larmes. Turner cependant ne désarme pas. Avec deux complices, il vide le coffre de Helius (rempli de documents concernant son projet de voyage) et, ayant empoisonné temporairement l'ingénieur par la senteur d'un bouquet de violettes, lui dérobe le manuscrit que lui avait confié Manfeld. Turner travaille pour un consortium de cinq financiers qui veulent régner sur la totalité des gisements aurifères de l'univers. Turner menace Helius d'anéantir ses chantiers et de détruire les documents et manuscrits qu'il lui a volés s'il n'est pas autorisé à participer au voyage. Helius est obligé d'accepter ses conditions. A bord de la fusée prennent place Manfeld, Turner, Helius, son chef de chantier Windegger et la fiancée de ce dernier, Frieda, qui en réalité aime Helius. Trop léger pour se tenir debout à l'air libre, le vaisseau spatial, avant son lancement, est plongé dans un bassin où il flotte à la verticale. Les huit minutes qui suivent le départ sont pour les voyageurs de l'espace les plus éprouvantes : ils se tordent en convulsions avant de perdre connaissance. La fusée progresse à la vitesse de 11 200 mètres par seconde. Le vieux Manfeld est le premier à reprendre connaissance. Les passagers s'aperçoivent qu'un enfant, féru de récits lunaires, s'est caché dans le scaphandre. Au voisinage de la lune, il y a une zone (limitée) d'apesanteur. Windegger estime soudain que c'est folie que de se poser sur la lune et désormais ne songera plus qu'au retour. Après l'alunissage, Manfeld fausse compagnie aux autres membres de l'équipe et part explorer le sol lunaire. Il trouve enfin les rochers aurifères auxquels il avait rêvé toute sa vie, mais fait une chute mortelle dans une anfractuosité. Turner l'a suivi. Il arrache aux parois rocheuses une grande quantité d'or et retourne vers la fusée. Il assomme Windegger et le ligote. Celui-ci crie à Frieda restée à l'intérieur du vaisseau de ne pas y laisser pénétrer Turner. Helius survient et lutte avec Turner. Windegger, libéré de ses liens par le gamin, abat Turner qui vient de tirer sur Helius. Turner meurt en déclarant qu'en réalité il ne visait pas Helius mais le réservoir d'oxygène qu'il a effectivement atteint. La moitié des réserves d'oxygène est perdue. Un des voyageurs de l'espace devra rester sur la lune et attendre qu'on vienne le rechercher. Helius et Windegger tirent à la courte paille. C'est Windegger, désespéré, qui perd. Peu avant le départ, Helius confie en secret au gosse qu'il a décidé de rester sur la lune ; il le charge des manœuvres nécessaires au décollage. Le vaisseau s'envole. Helius se croit seul dans le désert lunaire quand il aperçoit Frieda, restée elle aussi sur l'astre mort pour lui tenir compagnie. Ils s'élancent dans les bras l'un de l'autre.

☞ Dans ce dernier film muet de Fritz Lang, c'est l'aspect visuel qui est le plus impressionnant et l'emporte de beaucoup sur l'aspect dramatique ou philosophique. Les séquences du lancement de la fusée en particulier, vues plus de cinquante ans après leur réalisation et vingt ans après que la vraie odyssée lunaire ait eu lieu, étonnent par leur spectaculaire effort de réalisme scientifique. Elles captivent l'œil en se situant beaucoup plus près de la réalité à venir que, par exemple, les rêveries naïves d'un Méliès. (Au cours de la préparation du film, Lang inventa d'ailleurs le procédé du compte à rebours.) Une fois encore, il s'est livré ici à un savant mélange de matériaux : épisodes de « serial » introduisant (sans doute trop longuement) une série de conflits psychologiques et moraux ; fantaisie délirante mêlée à un effort de rigueur scientifique et documentaire ; goût à peu près égal pour le fourmillement baroque des situations et des signes et pour l'épure la plus abstraite visant à condenser le comportement de l'homme en théorèmes et en axiomes. D'une façon générale, l'univers lunaire, plus étrange que véritablement hostile à l'homme, est vu et utilisé par Lang, à travers le scénario discutable de Thea von Harbou, comme un espace abstrait où l'homme se retrouve face à lui-même et à ses démons immémoriaux : cupidité, violence, lâcheté, jalousie, frustration amoureuse.

N.B. Hommage involontaire à la puissance réaliste et documentaire du film (pour lequel Lang s'était entouré de conseillers ultra-qualifiés comme Willy Ley et Hermann Oberth), les maquettes du vaisseau spatial furent ultérieurement détruites par les nazis comme étant de nature à nuire au secret qui devait entourer la construction des V1 et des V2.

## FEMME SUR LA PLAGE (LA)
## (The Woman on the Beach)

1947 – USA (71') • *Prod.* RKO (Jack J. Gross) • *Réal.* JEAN RENOIR • *Sc.* Jean Renoir, Frank Davis, J.R. Michael Hogan d'ap. R. « None So Blind » de Mitchell Wilson • *Phot.* Harry Wild, Leo Tover • *Mus.* Hanns Eisler • *Int.* Joan Bennett (Peggy Butler), Charles Bickford (Tod Butler), Robert Ryan (lieutenant Scott Burnett), Nan Leslie (Eve Deddes), Walter Sande (Otto Vernecke), Irene Ryan (Mme Vernecke), Glenn Vernon (Kirk).

Scott Burnett, lieutenant des garde-côtes, est obsédé par un cauchemar à répétition qui toutes les nuits lui rappelle une expérience vécue durant la guerre : il se trouvait à bord d'un navire torpillé dont il réchappa miraculeusement. Il rencontre sur la plage Peggy, une femme mariée au peintre Tod Butler aujourd'hui aveugle et dont les œuvres ont acquis une grande renommée. Invité par le couple, Scott constate le climat très tendu qui règne entre les deux époux. Il en vient à penser que Tod feint la cécité pour retenir sa femme auprès de lui. Afin de vérifier son hypothèse, il l'entraîne sur une falaise où il le laisse livré à lui-même. Tod fait une chute sur les rochers mais s'en tire avec des contusions. Scott est très amoureux de Peggy dont la présence érotique hante jusqu'à ses cauchemars. Il délaisse pour elle sa fiancée, la fille d'un constructeur de bateaux. Malgré les demandes réitérées de Peggy, Tod refuse de vendre ses œuvres, ce qui leur permettrait à tous deux de mener une vie plus confortable et moins sédentaire. Tod affirme que ses tableaux sont les seules choses qui le rattachent à la réalité. Peut-être aussi redoute-t-il qu'une nouvelle vie donne à Peggy l'occasion d'échapper à son emprise. Scott invite Tod à une partie de pêche en haute mer par gros temps. C'est l'occasion pour les deux hommes de s'expliquer. Scott exige de Tod qu'il rende sa liberté à Peggy. Les deux hommes tombent à la mer et sont repêchés par une embarcation amenée par Peggy, très inquiète de l'absence de son mari. Après une dispute très violente avec sa femme, Tod brûle sa maison et ses tableaux, façon pour lui de briser ses liens avec le passé et une époque où il pouvait encore créer. Par là même, il rompt l'esclavage dans lequel il tenait sa femme. Scott vient en aide au couple. Peggy est maintenant libre de son destin. Elle choisit de retourner vers son mari. Scott s'éloigne.

☞ Onirique, étrange, abstrait, fascinant, le dernier film américain de Renoir prouve, plus que tout autre titre dans sa filmographie, le surprenant éclectisme esthétique de l'auteur de *La règle du jeu**. Renoir jette ici ses filets du côté de Lang et de Jacques Tourneur et en ramène une œuvre qui n'entre dans aucun genre précis. Bien que placée sous le signe, paradoxal pour l'auteur, de la pénombre et de l'aridité visuelle, elle n'en est pas moins purement renoirienne. Trois personnages doivent s'arracher à leurs souvenirs, à leurs fantômes, à leurs obsessions, à leur servitude pour aller au-devant de la liberté, de la lucidité et d'une nouvelle lumière intérieure. L'originalité principale du film est que ce triple itinéraire s'accomplit sans le moindre recours au paroxysme, sans la moindre habileté dramatique, sans le moindre ornement visuel. Une succession de regards, d'instants de trouble, d'angoisses mal dissimulées composent un art de la fugue, austère et convaincant, basé sur le retour périodique aux mêmes lieux, au même malaise fondamental. Malgré le remontage final auquel Renoir dut procéder après une *preview* catastrophique (il retourna aussi un tiers des scènes), le film, tel qu'on le voit aujourd'hui, exprime avec une intensité poétique presque fantastique ses intentions les plus secrètes. A travers son trio de personnages enfermés en eux-mêmes et captifs de leur passé, Renoir a voulu montrer que, dans certains cas, ce ne sont pas les conflits ni les différences qui séparent le plus les êtres, mais au contraire une profonde similitude entre leurs destins. Elle les rend encore plus seuls devant les décisions qu'ils ont à prendre et face aux gouffres vertigineux qui s'ouvrent à leurs pieds.

N.B. La fin morale, d'ailleurs « expédiée », est peu convaincante.

## FEMME TATOUÉE (LA)
### (Irezumi. Sekka tomurai zashi)

1981 – Japon (110') • *Prod.* Daiei International (Yasuyoshi Tokuma, Masumi Kanamori) • *Réal.* YOICHI TAKABAYASHI • *Sc.* Chiho Katsura d'ap. une nouvelle de Baku Akae • *Phot.* Hideo Fujii (couleur) • *Mus.* Masaru Sato • *Int.* Masayo Utsunomiya (Akane), Yusuke Takito (Fujieda), Tomisaburo Wakayama (Kyogoro), Masaki Kyomoto (Harutsune), Naomi Shiraishi (Haruna), Harue Kyo (Katsuko), Taiji Tonoyama (Horiatsu).

De nos jours à Tokyo, un fonctionnaire devient l'amant d'une de ses employées dont la finesse de peau le fascine. Il veut rompre avec sa vieille maîtresse, Haruna, de dix ans son aînée, mais en est empêché par le tatouage qu'elle porte sur le dos et dont la beauté le retient prisonnier, tel un charme magique. Le seul moyen pour lui d'en être délivré serait que sa nouvelle maîtresse accepte de se faire graver sur la peau un tatouage aussi beau. Elle accepte et se rend chez un maître tatoueur de Kyoto, très respecté. Une fois par semaine pendant plus d'un an, il lui dessinera sur le dos, de la nuque aux reins, un tatouage extrêmement raffiné représentant une princesse. Le maître travaille selon une méthode originale qu'il a expérimentée avec son ancienne femme, qui n'est autre qu'Haruna. Pendant la séance, la femme doit s'accoupler avec le jeune assistant et disciple du maître. Ce n'est que durant l'amour en effet que la peau de la femme est suffisamment brillante pour permettre la naissance d'un véritable chef-d'œuvre. Douleur et plaisir se mêlent ainsi intensément pour la patiente à chaque reprise du travail. Le maître tatoueur disparaît. Conformément aux dernières volontés du défunt, la jeune femme accepte que la fille de l'artiste pratique sur elle une dernière incision qui libérera du tatouage l'âme emprisonnée du maître. La jeune femme apprend alors que le disciple s'est fait hara-kiri après avoir découvert qu'il était le fils naturel du maître, conçu durant une séance de travail.

☞ Les formes variées de l'obsession sexuelle constituent un thème profondément lié à l'âme japonaise. Il a été illustré dans plusieurs films (*L'étrange obsession,* Kon Ichikawa, 1959, *L'empire des sens,* Nagisa Oshima, 1976). Cette obsession s'exprime ici au sein d'une étrange relation à caractère partiellement sado-masochiste où sont impliqués de manière complexe quatre personnages principaux : l'amant et sa maîtresse, le maître et son disciple (qui est aussi son fils). A la seule femme du groupe est dévolu le rôle de prouver son amour par sa soumission et sa souffrance. Grâce au tatouage, elle passe du rang de femme-objet à celui de femme-objet d'art. Cet aspect sexuel est donc relié à une non moins puissante hantise esthétique. La recherche intense de la beauté et du chef-d'œuvre absolu (le plus beau tatouage sur la peau la plus fine) est poussée, elle aussi, jusqu'à l'obsession. S'y greffe enfin un aspect religieux concrétisé notamment dans cette ultime opération libérant l'âme du tatoueur emprisonnée dans son œuvre terrestre, et du même coup le porteur du tatouage. Avec ces trois aspects – le sexe, l'art, la religion – si étroitement et si curieusement entrelacés autour de son sujet (le tatouage), le film offre un condensé très insolite, très explicite et tout à fait intemporel de certains aspects de l'âme japonaise. Ces trois domaines enferment l'homme dans un réseau complexe et obscur de dépendances, d'où naît souvent la tragédie. Un style sans complaisance, attachant par sa minutie et sa froideur, fait ici du spectateur le témoin fasciné d'un rituel et d'un mystère presque impénétrable.

## FENETRE SUR COUR
**(Rear Window)**

1954 – USA (112') • *Prod.* PAR. (Alfred Hitchcock) • *Réal.* ALFRED HITCHCOCK • *Sc.* John Michael Hayes, d'ap. une nouvelle de Cornell Woolrich • *Phot.* Robert Burks (Technicolor), • *Mus.* Franz Waxman • *Int.* James Stewart (L.B. Jeffries dit « Jeff »), Grace Kelly (Lisa Fremont), Wendell Corey (Thomas J. Doyle), Thelma Ritter (Stella), Raymond Burr (Lars Thorwald), Judith Evelyn (Miss Lonely Hearts), Ross Bagdasarian (le compositeur).

⊖ New York, Greenwich Village. Immobilisé par un plâtre à la jambe, un reporter photographe tue le temps en observant au télé-objectif ses voisins d'en face. Il acquiert peu à peu la certitude que l'un de ceux-ci a tué sa femme et s'est débarrassé du cadavre préalablement découpé en l'emportant dans une malle. Il envoie sa fiancée fouiller dans l'appartement. L'assassin revient plus tôt que prévu : elle n'est sauvée de ce mauvais pas que par les policiers qu'a appelés le reporter. Elle a trouvé l'alliance de la victime. Mais maintenant l'assassin a compris que le reporter le soupçonne. Il va chez lui et croit avoir affaire à un maître chanteur. Il s'avance vers lui pour le tuer. Le reporter tombe par la fenêtre. L'assassin est arrêté. Le reporter a désormais *deux* jambes dans le plâtre.

☞ L'un des films les plus expérimentaux et les plus parfaits du maître du suspense. *Fenêtre sur cour* connut un grand succès à sa sortie, qui ne s'est pas démenti trente ans plus tard, notamment lors de sa ressortie en France (durant l'année 83-84, il se plaça environ en 20e position de tous les films distribués : résultat exceptionnel pour une œuvre aussi ancienne). La situation de base où se trouve le héros – immobilité, voyeurisme, attente passionnée et passive – et le fait que, sauf à un seul moment, la caméra adopte constamment son point de vue, permettent de voir dans le film une métaphore du cinéma en général et de la relation du spectateur à l'écran. Ce n'est là qu'une des multiples significations d'une œuvre particulièrement riche. *Fenêtre sur cour* dispense, sur le plan dramatique et visuel, un plaisir, analogue à celui qu'offre sur le plan intellectuel un système ou un traité de philosophie bien conçu. Le monde y est découpé en tranches, en parcelles de réalité et de sens, délimitées en l'occurrence par l'espace géométrique des fenêtres qu'observe le héros-voyeur. Par son intermédiaire, Hitchcock donne à voir, avec une ironie grinçante et pessimiste, avec aussi une virtuosité qu'il faut bien qualifier de géniale, une succession d'aspects de la vie à deux. Sur fond de solitude morale et de promiscuité physique, le panorama ainsi présenté va de la lune de miel la plus enfiévrée au meurtre accompli avec froideur et préméditation, et compose une sorte de fresque de la non-communication. Le décor a plus d'importance que l'intrigue proprement dite (qui n'est elle-même qu'une fraction de ce décor). Il impose à lui seul la présence illimitée de l'univers. L'idée de microcosme trouve ici une incarnation, une puissance expressive tout à fait inouies. L'utilisation du son à des fins réalistes et dramatiques est, elle aussi, fabuleuse.

N.B. Le scénario, tiré d'une nouvelle de Cornell Woolrich, est calqué sur le déroulement d'une nouvelle de H.G. Wells « Par la fenêtre » figurant dans les recueils « La poudre rose » (La Renaissance du Livre, 1932) et « Effrois et fantasmagories » (Gallimard, « L'Imaginaire », 1984). Il appartient aux spécialistes de Cornell Woolrich (alias William Irish) de dire s'il s'agit d'un plagiat.

## FERME AUX LOUPS (LA)

1943 – France (86') • *Prod.* Continental-Films • *Réal.* RICHARD POTTIER • *Sc.* Carlo Rim • *Phot.* Armand Thirard• *Mus.* Roger Dumas • *Int.* Martine Carol (Micky), François Périer (Bastien), Suzanne Dantès (la comtesse), Paul Meurisse (Furet), André Gabriello (Latripe), Guillaume de Sax (le patron), Georges Chamarat (Perruche).

A partir de la découverte de l'étrange cadavre d'un clochard russe aux pieds propres et parfumés, un journaliste et un photographe, tous deux amoureux de la même secrétaire, se découvrent une âme de détective et se lancent dans une enquête aux multiples rebondissements, avec maison hantée et jumeaux à la clé.

☞ Psychologie et vraisemblance sont volontairement sacrifiées au profit d'un rythme enjoué et juvénile dans cette intrigue que Carlo Rim a concoctée en regardant du côté de Pierre Véry. Pendant l'Occupation, le cinéma français s'était mis à affectionner ce genre de divertissements policiers où absence de réalisme signifiait avant tout absence de gravité. La recherche du superficiel était le mot d'ordre de ces films qui n'excluaient pas le talent. Jacques Becker avait ouvert le bal avec son *Dernier atout**, mi-policier, mi-comédie américaine. Le film de Richard Pottier se place dans cette lignée, mais avec infiniment moins de brio dans la légèreté et l'artifice. Avec plus de puérilité aussi : il n'en est que plus représentatif de ce type de films à l'époque.

N.B. Premier rôle de Martine Carol, le nez non encore refait par la chirurgie esthétique.

## FERME DES SEPT PÉCHÉS (LA)

1949 – France (100') • *Prod.* Neptune • *Réal.* JEAN DEVAIVRE • *Sc.* René Méjean, Janine Grégoire, Jean Devaivre • *Phot.* Lucien Joulin • *Mus.* Joseph Kosma • *Int.* Jacques Dumesnil (Paul-Louis Courier), Claude Génia (Herminie), Pierre Renoir (le procureur du roi), Georges Grey (Pierre Dubois), Héléna Manson (La Michèle), Alfred Adam (Symphorien), Jacques Dufilho (François, l'innocent), Jean Vilar (l'homme au chapeau gris), Pierre Palau (le juge d'instruction), Aimé Clariond (le marquis de Siblas), Marcel Pérès (Coupeau).

Le cadavre du pamphlétaire républicain Paul-Louis Courier (1772-1825) est retrouvé dans un sentier forestier non loin de son domaine de la Chavonnière en Indre-et-Loire. La victime a l'oreille arrachée et a été abattue d'un coup de fusil. Les premières constatations invitent à rejeter la thèse du suicide. Le procureur du roi et le juge d'instruction procèdent à l'interrogatoire de sept proches de l'écrivain. Sa servante le décrit comme un avare, un misanthrope farouche et coléreux. Il avait renvoyé un vagabond à qui elle avait fait l'aumône d'une assiette de soupe. Le marquis de Siblas dit son estime pour son courage politique. Courier avait protesté vigoureusement contre des arrestations arbitraires effectuées la nuit dans un village de Touraine. Le valet de ferme Pierre Dubois évoque la jalousie maladive de l'écrivain vis-à-vis de sa femme, plus jeune que lui de vingt-cinq ans. Le garde-chasse, sans tendresse pour son maître, a pu constater que Mme Courier et Pierre Dubois échangeaient des billets doux. Le frère de Pierre Dubois, autre valet de ferme, détestait Courier qui ne vivait pas comme lui dans l'adoration de l'Empereur. L'innocent du village, le seul à pleurer le défunt, souligne sa compassion pour les humbles et les déshérités. Aux yeux du procureur et du juge, l'épouse de Courier est la principale suspecte. Elle se défend en racontant que, sur la route de Tours, après avoir décidé de quitter son mari, elle avait assisté de loin à son assassinat, accompli par le vagabond (renvoyé par Courier) en présence des deux valets et du garde-chasse. Ils sont arrêtés. Quant au mystérieux vagabond, inconnu de tous, il a disparu. Était-il un envoyé des Ultras ? Le meurtre de Courier eut-il des mobiles privés ou politiques ? Questions restées à jamais sans réponse.

☞ Le deuxième film de Jean Devaivre se révèle aussi original dans son sujet que dans sa forme. Le goût de l'auteur pour les récits discontinus, disloqués, baroques – enchevêtrements de différents points de vue – y est encore plus évident que dans *La Dame d'onze heures**. Il s'exprime d'emblée à travers la construction de l'histoire. Si le film s'intègre dans la tradition de la biographie, chère au cinéma français des années 40, son ambiguïté insolite et inquiétante, le côté énigmatique de son sujet sont restés sans équivalent à l'époque. L'interprétation, les dialogues, l'habileté avec laquelle l'auteur rend sensibles au public les vertus et les aspérités du caractère du héros, la sombre poésie qui parfois s'en dégage, méritent des éloges. (La musique de Kosma, trop appuyée, est malheureusement loin de valoir celle de *La Dame d'onze heures**.) Après ces deux films, Jean Devaivre ne devait plus jamais manifester la même ambition ni le même talent.

## FERME DU PENDU (LA)

1945 – France (96') • *Prod.* André Tranché • *Réal.* JEAN DRÉVILLE • *Sc.* André-Paul Antoine d'ap. R. de Gilbert Dupé • *Phot.* André Thomas • *Mus.* Marcel Delannoy • *Int.* Charles Vanel (François Raimondeau), Alfred Adam (Grand Louis), Arlette Merry (Amanda), Lucienne Laurence (La Marie), Claudine Dupuis (La Mauffe), Marthe Mellot (la grand-mère de Marie), Guy Decomble (Bénoni), Henri Genès (Jérôme), Bourvil (le chanteur).

Après la mort du père, trois frères et leur sœur, Amanda, se retrouvent à la tête d'un vaste domaine agricole en Vendée. L'aîné, François, se refuse à diviser la terre et use de son autorité pour persuader les autres de rester auprès de lui sans partager l'héritage. Sa tyrannie va provoquer la dislocation de la famille. Amanda est la première à s'en aller après que François a chassé son fiancé en brandissant un fusil. Bénoni, le cadet timide et effacé, engage une servante dont il devient silencieusement amoureux. Son frère Grand Louis, le « tombeur » du village, la prend de force dans une grange. Poursuivi par une meute de maris trompés qui lui ont tendu un piège, il croit pouvoir leur échapper à la nage mais, sur la berge du fleuve, il est accueilli par une pluie de coups qui le rendront boiteux à vie. Pendant sa convalescence, il apprend que la servante Marie est enceinte de ses œuvres, ce qui le plonge dans une joie profonde. François, lui, ne s'en réjouit guère et, ayant scié un barreau de l'échelle du grenier, s'arrange pour que Marie fasse une chute l'empêchant d'avoir le bébé. La grand-mère de Marie vient chercher des nouvelles de sa petite-fille quasiment séquestrée par la famille. Grand Louis la met dehors, mais elle revient avec un groupe de paysans. Grand Louis les reçoit à coups de fusil. Quelques instants plus tard, les paysans le découvriront pendu. François renvoie ensuite la servante. Bénoni, animé par la terrible colère des timides, dit à son frère ses quatre vérités et s'en va. Pendant onze ans, François reste seul à s'occuper du domaine avec les domestiques. Amanda revient vers lui avec son fils. Elle a été abandonnée et a besoin d'argent. François pense qu'elle va s'installer à la ferme pour de bon, mais il n'en est rien, car la ville lui manque. François a constaté que son jeune neveu adore la terre et il insiste auprès de sa sœur pour le garder. Elle part néanmoins avec l'enfant. François reprend le travail et meurt face contre terre derrière sa charrue, peu avant le retour du gamin que sa mère a autorisé à rester au domaine.

☞ Drame paysan qui est en quelque sorte le pendant, situé en milieu rural, des *Affaires sont les affaires**. Dans les deux films, belle et forte composition de Vanel incarnant un homme autoritaire, jaloux de son bien jusqu'à l'obsession, et faisant peu à peu le malheur de tous ses proches et le sien. Dréville, toujours minutieux et modeste dans son appréhension des personnages, aime à rester en retrait par rapport à son sujet. Il se garde d'un jugement moral trop présent, trop prononcé qui schématiserait son personnage. Il s'attache avant tout à lui donner son relief, son ampleur, sans rien cacher de son étrange noirceur, mais laisse au spectateur le jugement final. La reconstitution de la vie paysanne, quoique au second plan, ne manque pas de vigueur, en particulier grâce à la photo soignée d'André Thomas. A côté de Vanel figure, un autre personnage plein de relief, noir et ambigu, Grand Louis interprété par Alfred Adam qui trouve là son meilleur rôle.

N.B. « La salle de ferme en Vendée (...) était trop exiguë, étant donné tous les mouvements d'appareil qu'il fallait y faire. Avec Max Douy, on a convenu de construire un décor deux fois plus grand que le vrai afin de faciliter les mouvements de caméra et de s'interdire l'emploi d'objectifs de courte focale qui auraient donné l'impression de se trouver dans un palais. Pas de plus court foyer que le 40, telle a été notre règle dans ce décor qui a été édifié dans la cour du studio car il n'y avait plus de plateau libre » (Jean Dréville *in* « Jean Dréville. Quarante ans de cinéma », Aulnay-sous-Bois, 1984).

## FETE A HENRIETTE (LA)

1952 – France (118') • *Prod.* Régina-Filmsonor (Arys Nisotti – Pierre O'Connell) • *Réal.* JULIEN DUVIVIER • *Sc.* Julien Duvivier, Henri Jeanson • *Phot.* Roger Hubert • *Mus.* Georges Auric • *Int.* Dany Robin (Henriette), Michel Auclair (Maurice), Louis Seigner, Henri Crémieux (les deux scénaristes), Hildegarde Neff (Rita Solar), Michel Roux (Robert), Carette (Ficard), Daniel Ivernel (l'inspecteur Massaro), Micheline Francey (Nicole), Saturnin Fabre (Antoine), Odette Laure (Valentine), Jeannette Batti (Gisèle), Paulette Dubost (la mère d'Henriette).

Après le rejet par la censure de leur dernier scénario, deux scénaristes se remettent au travail sur un nouveau projet. Le premier scénariste est plus raisonnable, logique et réaliste que son collègue ; il a un certain penchant pour l'esprit fleur bleue et le happy end. Le second, tyrannisé et constamment contredit par le premier, raisonne par poncifs interposés, et ne rêve que de coups de théâtre abracadabrants, de poursuites dans des lieux insolites où le Destin ajoute un drame et un cadavre de plus à chaque séquence. Ils travaillent et s'opposent à partir du canevas suivant : une petite main, Henriette, s'imagine que son fiancé, un reporter-photographe, va la demander en mariage ce 14 juillet, qui est aussi le jour de sa fête et de son anniversaire. Or, après avoir commencé la journée avec elle, le jeune homme s'éclipse sous un faux prétexte et va retrouver une écuyère sur laquelle il venait de publier un reportage. Elle collectionne les amants d'une heure et la photo du reporter viendra bientôt s'ajouter à des dizaines d'autres dans son livre d'or. Pendant ce temps, Henriette flirte par dépit avec un petit truand qu'elle prend pour un pilote de ligne, fils de famille richissime. A la fin de la journée, le truand est arrêté et le photographe retrouve Henriette près du Sacré-Cœur. Pendant le feu d'artifice, il lui demande sa main.

☞ Contrairement à ce qu'on aurait pu penser, Duvivier n'a pas essayé de raconter en images la genèse d'un film au stade de l'écriture. La collaboration des deux scénaristes présentés n'en est pas une, même caricaturale. Le premier (Louis Seigner) paraît absolument sûr de lui, dirige à lui seul le navire, ne retient pas un dixième des suggestions de son partenaire (Henri Crémieux) qu'il a l'air de considérer comme un parfait imbécile. (Il est vrai que sa lucidité est souvent en défaut : lisant dans un journal des faits divers contenant la substance du *Voleur de bicyclette** et du *Petit monde de Don Camillo**, il conclut qu'il n'y a vraiment rien à tirer de pareilles histoires pour bâtir un film.) La présence des deux scénaristes permet surtout à Duvivier d'offrir au public deux et même trois films en un, si l'on compte les séquences montrant l'improbable collaboration des deux auteurs. Deux films en un : le mauvais (celui de Crémieux) et le moins mauvais (celui de Seigner), qui est loin pourtant d'être bon. Une radicale différence de statut les sépare : les élucubrations de Crémieux seront toutes filmées en cadrages penchés. Là où le film devient réellement original, c'est lorsque ces élucubrations permettent à Duvivier de se moquer de lui-même, d'exorciser ses idées fixes, de caricaturer sa propre tendance au pessimisme, son goût pour les comportements pathologiques, les décors insolites, les péripéties violentes, les rencontres fatales du Destin. Le film parodie parfois très précisément *Sous le ciel de Paris* (1950). En même temps, Duvivier caricature aussi les manies de certains de ses petits camarades, tel Carné, avec notamment l'intervention d'un personnage de faux aveugle symbolisant le Destin (allusion cinglante aux *Portes de la nuit**). Trois films en un : le troisième est le plus savoureux de tous. Il permet à deux excellents comédiens (Seigner et Crémieux) d'être pour une fois les vedettes véritables d'un film. Il stimule la verve destructrice de Jeanson, engagé ici dans un jeu de massacre visant le cinéma tout entier : le style niais avec happy end à la clé, les nouveaux poncifs de la noirceur absolue et le rôle de la censure qui émascule les auteurs ou les rend hypocrites. Au terme d'un divertissement joyeux et grinçant à la structure très originale, le bilan humain et moral de l'histoire se révèle entièrement négatif. Et l'on constate alors que Duvivier s'est livré une fois de plus à l'un de ces exercices de dérision (et d'auto-dérision) qu'il affectionne et qui le font jubiler.

N.B. Une séquence montre avec précision la salle, les coulisses et le grand orgue du Gaumont-Palace, temple du cinéma parisien aujourd'hui disparu. Remake lointain par Richard Quine : *Paris When It Sizzles* (*Deux têtes folles*, USA, 1964).

## FETE DE GION (LA)/LES MUSICIENS DE GION
**(Gion bayashi)**

1953 – Japon (85') • *Prod.* Daiei, Kyoto (Hisakazu Tsuji) • *Réal.* KENJI MIZOGUCHI • *Sc.* Yoshikata Yoda d'ap. une histoire de Matsutaro Kawaguchi • *Phot.* Kazuo Miyagawa • *Mus.* Ichiro Saito, Takemichi Mochizuki • *Int.* Michiyo Kogure (Miyoharu), Ayako Wakao (Eiko), Seizaburo Kawazu (Kusuda), Eitaro Shindo (Sawamoto), Ichiro Sugai (Saeki), Kanji Koshiba (Kanzaki), Sumao Ishiura (Kokichi).

A Kyoto, Eiko, la fille d'une geisha et d'un petit commerçant ruiné, demande à une autre geisha, Miyoharu, amie de sa mère, de lui enseigner le métier. Pendant un an, Eiko s'initie à la danse, à la musique, aux bonnes manières. L'un de ses premiers clients, à Tokyo, veut la prendre de force. Elle le mord si violemment à la lèvre qu'il se retrouve à l'hôpital. Miyoharu aussi repousse un client, mais sans violence. Leur patronne commune met alors les deux geishas à l'index et ne leur fournit plus aucun client. Endettée auprès de sa patronne pour les frais occasionnés par l'éducation de Eiko, Miyoharu cède finalement au client qu'elle avait repoussé. Eiko lui fera à cette occasion de violents reproches. Miyoharu lui explique qu'elle y était obligée. Les deux femmes en larmes s'embrassent. Un peu plus tard, en tenue de geisha, elles s'apprêtent à participer à une fête donnée à Gion.

☞ Remake des *Sœurs de Gion* (1936). Le sort et le statut des geishas sont l'unique sujet du film. Leur éducation artistique dure un an. Leur éducation « morale » durera toute la vie. Ne pas tomber amoureuse, se soumettre aveuglément au patron (ou à la patronne), satisfaire les exigences du client jusqu'à oublier toute préférence personnelle, jusqu'à perdre son identité sont parmi les règles de vie auxquelles doivent s'astreindre – sans jamais y parvenir tout à fait – les geishas. Les deux geishas du film, l'une révoltée, l'autre plus résignée, sont en fait une seule et même personne à deux âges différents de sa vie. Chez Mizoguchi, l'usage du plan-séquence est en liaison avec l'attitude d'impassibilité recherchée par le cinéaste. Changements d'angle réduits au minimum, personnages souvent éloignés de la caméra, maturation de la durée : le réalisateur semble ainsi intervenir le moins possible dans la dramaturgie du film, comme si cet art de la contemplation voulait effacer toutes traces du travail d'organisation préalable que suppose la mise en scène. Dans *La fête de Gion*, dont le scénario témoigne d'une grande économie de péripéties, cette impassibilité fait affleurer aux dernières scènes un lyrisme jusque-là très souterrain, très atténué, qui devient alors d'une extrême intensité.

## FEU SUR LE GANG
**(Come Fill the Cup)**

1951 – USA (113') • *Prod.* Warner (Henry Blanke) • *Réal.* GORDON DOUGLAS • *Sc.* Ivan Goff, Ben Roberts d'ap. R. de Harlan Ware • *Phot.* Robert Burks • *Mus.* Ray Heindorf • *Int.* James Cagney (Lew Marsh), James Gleason (Charley Dolan), Phyllis Thaxter (Paula Copeland), Raymond Massey (John Ives), Gig Young (Boyd Copeland), Selena Royle (Dolly Copeland), Larry Keating (Julian Cuscaden), Sheldon Leonard (Lennie Carr), Charlita (Maria Diego).

Un brillant journaliste sombre dans l'alcoolisme. C'est la peur de mourir, dira-t-il plus tard, qui lui a donné la force, au tout dernier moment, de se réformer. Il reprend son travail et engage avec succès plusieurs anciens alcooliques. Le patron du journal l'oblige alors à s'occuper de la désintoxication de son neveu qui a une liaison avec la maîtresse d'un gangster. Le journaliste, réticent au début, saura mener à bien sa mission. Il y perdra à la fois son meilleur ami, tué dans un accident provoqué par le gangster, et la femme qu'il aimait, mariée à l'homme qu'il a sauvé de l'alcool.

☞ Réalisé quelques années après *The Lost Weekend**, *Come Fill the Cup* a pâti de la réputation de son brillant prédécesseur. Le problème de l'alcoolisme y est abordé selon un autre point de vue et dans un autre cadre. Le point de vue, c'est celui de l'aide qu'un homme peut recevoir d'un autre homme sur le chemin difficile de sa désintoxication. Le journaliste joué par Cagney nie à dessein le rôle de cette aide quand il doit s'occuper du neveu de son patron, mais c'est pour être plus efficace et il n'ignore pas lui-même ce qu'il doit au vieil homme qui l'avait hébergé. Le cadre, c'est celui du *film noir* classique, où l'homme n'est jamais tout à fait libre de son destin et des menaces que la fatalité fait peser sur lui. Ce cadre, Gordon Douglas l'a jugé favorable pour dessiner, tantôt en clair-obscur, tantôt en contrastes violents, l'itinéraire physique et moral de ses personnages. Il est souvent gêné par un scénario trop bavard (comportant néanmoins çà et là des dialogues excellents), mais le dynamisme de son style dénué de pathos et d'attendrissement ainsi que l'acuité de sa direction d'acteurs font merveille dans les scènes de paroxysme (cf. le début du film présentant en quelques séquences brutales et admirables la déchéance lucide de Cagney).

## FEUX CROISÉS
**(Crossfire)**

1947 – USA (86') • *Prod.* RKO (Adrian Scott) • *Réal.* EDWARD DMYTRYK • *Sc.* John Paxton d'ap. R. « The Brick Foxhole » de Richard Brooks • *Phot.* J. Roy Hunt • *Mus.* Constantin

Bakaleinikoff • *Int.* Robert Young (Finlay), Robert Mitchum (Kelley), Robert Ryan (Montgomery), Gloria Grahame (Ginny), Paul Kelly (« l'homme ») Sam Levene (Samuels), Jacqueline White (Mary Mitchell).

La Deuxième Guerre mondiale vient de finir. Un groupe de soldats rencontre dans un bar un inconnu qui invite l'un d'entre eux à prendre un verre chez lui. L'inconnu sera retrouvé assassiné. La culpabilité de l'assassin, dont l'identité n'avait jamais vraiment fait problème, sera prouvée grâce à un piège tendu par le policier chargé de l'enquête.

☞ Autopsie d'un crime dans le cadre du *film noir*. Le coupable est vite repéré. Ce sont ses motifs qui sont un peu plus obscurs. L'assassin a tué par fatigue, surmené par une longue guerre qui vient à peine de finir. Il a tué aussi par haine aveugle des « planqués », et par antisémitisme ; en somme par imbécillité. L'intrigue policière proprement dite et le style de Dmytryk sont ternes. Pour empêcher le spectateur d'être distrait par le cadre, Dmytryk noie les décors dans une lumière abstraite et expressionniste. Cette abstraction s'ajoute à celle du script, qui est loin d'analyser le caractère spécifique de l'antisémitisme. Comment le pourrait-il d'ailleurs, étant donné que l'homosexualité, thème central du roman de Brooks adapté ici, fut remplacée au dernier moment par l'antisémitisme pour prendre de vitesse *Gentleman's Agreement* de Kazan, œuvre beaucoup plus approfondie sur ce sujet ? Cette roublardise ne réduit-elle pas à néant l'éventuelle générosité du propos ? Reste cependant à constater une fois de plus l'étonnante aptitude du *film noir* à décrire de manière convaincante et intense le désarroi, les frustations, les peurs et toutes les faillites morales de l'immédiat après-guerre.

## FEUX DANS LA PLAINE (Nobi)

1959 – Japon (104') • *Prod.* Daiei • *Réal.* KON ICHIKAWA • *Sc.* Natto Wada d'ap. R. de Shohei Ooka • *Phot.* Setsuo Kobayashi (Cinémascope) • *Mus.* Yasushi Akutagawa • *Int.* Eiji Funakoshi (Tamura), Mickey Curtis (Nagamatsu), Osamu Takizawa (Yasuda), Kyo Sazanka, Jun Hamamura, Asao Sano, Yoshihiro Hamaguchi.

En février 45, sur le front des Philippines, un soldat japonais malade et affamé erre parmi les ruines, les charniers et des paysages de fin du monde. Il essaie en vain de rejoindre Palompon. Chemin faisant, il tue une femme et lui dérobe sa provision de sel. Puis il rencontre trois soldats qui s'entre-tuent pour se dévorer. Il tuera le survivant du petit groupe, la bouche encore pleine du sang de son camarade qu'il venait de dépecer.

☞ Dans un style violent et heurté évoquant lointainement Fuller, mais qui recourt souvent aussi à la litote, Ichikawa décrit, en adaptant un roman célèbre au Japon, l'horreur apocalyptique d'une fin de guerre, vue du côté des perdants. Ils ont perdu non seulement la guerre mais peu à peu, du fait des privations, leur humanité. Celle-ci a régressé irrémédiablement vers l'animalité la plus sauvage. Ce thème intéresse le cinéaste en lui-même au-delà de son contexte guerrier. Le Cinémascope bien utilisé accentue encore, grâce à un découpage et à un montage baroques, non fluides, le malaise produit par ce spectacle d'une armée et d'une humanité en déroute. Toutefois l'indifférenciation des personnages, à part le héros, et le statisme de l'ensemble ne sont pas sans engendrer une certaine monotonie nuisible, dans la durée, à l'effet d'horreur et de scandale recherché.

## FEUX DE LA RAMPE (LES) (Limelight)

1952 – USA (138') • *Prod.* UA (Charles Chaplin) • *Réal.* CHARLES CHAPLIN • *Sc.* C. Chaplin • *Phot.* Rollie Totheroh et Karl Struss • *Mus.* C. Chaplin • *Int.* Charles Chaplin (Calvero), Claire Bloom (Terry), Sidney Chaplin, Jr. (Neville), Nigel Bruce (Mr. Postant), Norman Lloyd (le régisseur), Buster Keaton (partenaire de Calvero), Snub Pollard (musicien ambulant), Géraldine, Michaël et Joséphine Chaplin (enfants des rues).

Londres, été 1914. Le célèbre clown Calvero, dont l'âge et l'alcool ont peu à peu brisé la carrière, sauve du suicide une jeune danseuse, Terry, sa voisine dans le meublé où il habite. Elle a été atteinte de rhumatismes qui menacent sa carrière et désespère de triompher de son mal. L'ayant installée dans sa chambre alors qu'elle est inconsciente, Calvero s'occupe d'elle dans les jours qui suivent et dépense des trésors d'énergie pour lui remonter le moral. Elle lui raconte qu'elle était tombée amoureuse d'un musicien sans le sou, Neville, qui achetait du papier à musique dans la boutique où elle travaillait. Elle lui avait souvent donné des feuilles supplémentaires et lui avait même rendu plus d'argent qu'elle ne lui devait, geste qui provoqua son renvoi. Terry reste alitée après sa tentative de suicide et pense avoir les deux jambes paralysées. Calvero s'emploie à lui prouver qu'il ne s'agit là que d'un blocage psychologique. Le premier soir d'un petit engagement qu'il a décroché au music-hall Middlesex, il fait fuir le public et son contrat est résilié. Il pleure devant Terry qui, voulant à son tour le réconforter, se lève sans s'en rendre compte de son fauteuil et constate qu'elle peut marcher. Six mois plus tard, Terry fait partie du corps de ballet de l'Empire. Elle obtient un petit rôle à Calvero dans une pantomine où elle est la ballerine-vedette. Elle lui avoue son amour et le supplie de l'épouser. Calvero estime qu'elle confond amour, pitié et reconnaissance et se juge trop vieux pour lier son sort au sien. Le compositeur du ballet n'est autre que Neville qui a maintenant le courage de faire sa cour à Terry. Le directeur de l'Empire, Mr. Postant, veut faire remplacer Calvero qu'il juge mauvais mais renonce à son projet quand il apprend qu'il s'agit de celui qui avait été autrefois sa vedette. Hélas, Calvero sera malencontreusement amené à rencontrer le comédien qui avait été convoqué à sa place. Il disparaît de la vie de Terry en lui laissant un mot d'adieu. Il joue du banjo dans les bars, en compagnie de trois vieux musiciens, et fait la quête parmi les clients. Un jour, il rencontre Neville qui lui donne des nouvelles de Terry. Celle-ci finit par le retrouver. Elle lui apprend que Postant a organisé en son honneur un grand gala où paraîtront les plus célèbres vedettes de music-hall. Calvero effectue lui-même, au milieu du spectacle, un numéro comique en compagnie d'un vieux compagnon. Il joue du violon et son partenaire du piano. A la fin du sketch, il est censé tomber dans la grosse caisse au fond de la fosse d'orchestre. Il obtient un triomphe mais reste coincé dans l'instrument. Il meurt dans la coulisse en regardant danser Terry.

☞ Avant-dernier long métrage de Chaplin comme interprète principal. C'est en quelque sorte son testament spirituel. Chaplin situe l'action à Londres au temps de ses débuts au cinéma (1914), non pour raconter sa jeunesse mais pour évoquer la vieillesse d'un artiste ayant le même âge que lui aujourd'hui. Cette fusion entre sa propre jeunesse et la vieillesse de son personnage prépare le terrain, dans le déroulement de l'intrigue, à la relation qui va exister entre le vieux comédien et la jeune danseuse, dont l'amour et la reconnaissance réciproques expriment le mouvement même de la vie dans ce qu'il a de plus créatif. Calvero passe le relais à Terry pour que le spectacle et la vie continuent. Ce grand bond dans le passé qu'a choisi de faire Chaplin le ramène aussi à certains stéréotypes du mélodrame fin de siècle qui ont imprégné une partie de ses comédies. Ils occupent dans *Limelight* l'essentiel de l'intrigue et inversent ainsi la proportion de drame et de comédie habituelle aux films de Chaplin avant 40. Ici, c'est le mélodrame qui se taille la part du lion. Le pathos inhérent au genre permet à Chaplin d'exprimer sa philosophie de la vie (dans des aphorismes aussi percutants que limpides), d'exorciser en tant qu'artiste sa peur de l'insuccès, de l'oubli et de la mort, et surtout de mettre à nu le cœur de ses personnages et bien entendu le sien. Le style relativement primitif de la mise en scène s'accorde bien avec la sincérité pantelante de l'auteur et avec sa science innée du récit cinématographique mêlant avec bonheur présent, passé, imaginaire et faisant alterner, sur le plan formel, la pantomime, le ballet, le burlesque et le dialogue dramatique. Le film parvient ainsi à devenir pour l'essentiel un monologue où l'auteur s'adresse directement au public, qu'il considère à la fois comme sa raison d'être, comme un juge suprême et redoutable, et comme un ami très cher. Les développements de l'intrigue ressemblent en effet à ceux d'un discours, naïf autant qu'habile, qui étale devant le spectateur le bilan d'une vie. Ce bilan, glorieux et pitoyable, cocasse et pathétique, infini et dérisoire, est aux yeux de Chaplin celui de la condition humaine elle-même, présente tout entière dans ce petit mélodrame de quatre sous, transcendé par la noblesse et la richesse de l'inspiration.

BIBLIO. : découpage publié par la revue « Bianco e Nero » (nov. 53) et repris en volume, Bianco e Nero Editore, Rome, 1954.

## FIAMMA CHE NON SI SPEGNE

Inédit en France. 1949 – Italie (104') • *Prod.* Orsa Film • *Réal.* VITTORIO COTTAFAVI • *Sc.* Siro Angeli, Giorgio Capitani, Oreste Biancoli, Fulvio Palmieri • *Phot.* Gabor Pogany • *Mus.* Bruno Cicognini • *Int.* Gino Cervi (Don Luigi Manfredi), Leonardo Cortese (Giuseppe Manfredi/Luigi Manfredi), Maria Denis (Maria), Tino Buasselli (Michele Manfredi), Luigi Tosi (Giovanni Manfredi), Fulvia Mammi (Carmina), Carlo Campanini (Don Guido Valente), Gian Paolo Rosmino (Don Pietro, l'archevêque).

Dans un village, après l'incendie de sa maison, une jeune fille est recueillie par une famille amie. L'un des fils de la maison, carabinier de son état, tombe amoureux d'elle. Il part pour la guerre (1914). Durant une permission, il l'épouse. Peu de temps après, elle apprend sa mort. Leur fils, devenu séminariste, renoncera à sa vocation religieuse et deviendra carabinier comme son père. En 1941, il se sacrifie pour éviter la mort à des dizaines d'otages et est exécuté par les Allemands.

☞ Basé sur un événement réel illustré dans les dernières séquences, cet éloge sévère des vertus morales et du sens du sacrifice reconduit de génération en génération allait si à contre-courant de l'époque (nous sommes en plein début du néo-réalisme) qu'il suscita une polémique au Festival de Venise en 1949. Chronique au rythme fluide et attachant, *Fiamma che non si spegne* est comme illuminée, dans ses moments les plus forts, par un lyrisme de caractère tragique : poursuite du carabinier au début par des malfaiteurs dans un dépôt de locomotives ; son mariage express et nocturne lors d'une permission ; la scène où sa femme apprend sa mort (« Nous ne voyons d'abord pas son visage, écrit Michel Mourlet *in* "Présence du cinéma" nº 9, mais elle se retourne vers la caméra avec des larmes qui montent. Et nous assistons à l'envahissement lent et inéluctable d'une âme par la douleur, filmé face à face dans cette chambre, dans cette solitude absolue, comme si, ayant pénétré par effraction, nous regardions avec une sorte d'effroi sacré ce que nul ne devait voir ») ; et bien entendu l'exécution finale, la plus belle séquence de l'œuvre de Cottafavi à propos de laquelle le réalisateur a confié qu'il s'était laissé guider, pour la mettre en scène, par son admiration pour la musique de Bach. Tout au long du film, les scènes d'action et les scènes intimes se trouvent situées sur un même plan d'intensité quasi liturgique, aboutissement des recherches formelles du cinéaste. La liturgie efface le Temps, efface l'Histoire : elle replace chaque action tragique dans une continuité d'ordre religieux qui est une sorte d'éternité : la flamme qui ne s'éteint pas. Ainsi le tableau de l'exécution d'un soldat anonyme dans une guerre aux millions de morts aura la même grandeur, méritera autant de soin dans sa composition que le suicide d'Antoine et de Cléopâtre. C'est parce qu'il regarde avant tout vers l'éternité que le cinéma de Cottafavi ignore – superbement – le néo-réalisme.

## FIANCÉE DE FRANKENSTEIN (LA)
### (Bride of Frankenstein)

1935 – USA (75') • *Prod.* U (Carl Laemmle, Jr.) • *Réal.* JAMES WHALE • *Sc.* William Hurlbut et John L. Balderston d'ap. R. « Frankenstein or the Modern Prometheus » de Mary W. Shelley • *Phot.* John Mescall • *Mus.* Franz Waxman • *Int.* Boris Karloff (le monstre), Colin Clive (Henry Frankenstein), Elsa Lanchester (Mary Shelley et l'épouse du monstre), Ernest Thesiger (Dr Pretorius), O.P. Heggie (l'ermite), Una O'Connor (Minnie), Valerie Hobson (Elizabeth), Gavin Gordon (Lord Byron), Douglas Walton (Percy Shelley).

Dans un château, par un soir d'orage, Lord Byron, Mary Shelley et son époux, le poète, conversent. Lord Byron s'étonne que Mary ait pu écrire une histoire aussi terrifiante que celle de Frankenstein. Il la résume. Mary, elle, va la continuer. Le récit reprend là où finissait *Frankenstein* (incendie du manoir) mais ne tient pas compte de la dernière scène où Henry Frankenstein était vu sain et sauf, allongé sur un lit, avec Elizabeth à son chevet. La créature a survécu à l'incendie. Elle tue l'un après l'autre le père de la fillette assassinée qui le recherchait, et puis sa mère. Le vieux docteur Pretorius rend visite à Henry Frankenstein et lui apprend qu'ils mènent des recherches semblables. Pretorius montre à son « collègue » des spécimens d'homoncules qu'il a fait pousser comme des plantes et qu'il conserve dans des bocaux : un roi habillé à la ressemblance d'Henry VIII, une reine, un archevêque, un diable très semblable à Pretorius, une ballerine, une sirène. Il voudrait créer avec Henry Frankenstein un homologue féminin de son monstre. Frankenstein s'y refuse énergiquement. Pendant ce temps, le monstre fuit à travers la forêt. Il effraie une bergère. Il est capturé par les villageois et enchaîné dans une prison. Mais il ne tarde pas à briser ses chaînes. On retrouve sur ses traces le cadavre d'une fillette puis ceux d'un vieillard et de sa femme. Après s'être brûlé au feu d'un campement gitan, il entend une mélodie jouée au violon qui flatte son oreille. Le musicien, un ermite aveugle, l'accueille et fait de lui son ami. Il lui enseigne quelques mots usuels. La créature est ravie de ses bons soins et de la nourriture qu'il lui donne. Mais deux chasseurs, dont un l'avait déjà blessé, réapparaissent et l'obligent à fuir à nouveau. Il se cache dans une crypte où il rencontre Pretorius venu avec deux détrousseurs de cadavres s'emparer du corps d'une jeune fille nécessaire à ses expériences. Pretorius promet au monstre de lui fabriquer une compagne. Pour obliger Frankenstein à collaborer avec lui, Pretorius ordonne à la créature de kidnapper Elizabeth qui restera prisonnière dans une grotte. Henry doit s'avouer vaincu et procède avec Pretorius à une seconde expérience qui met en jeu des cerfs-volants et un diffuseur cosmique captant l'énergie de la foudre. Pretorius a fabriqué de toutes pièces un cerveau ; le cœur de la future créature est celui d'une jeune fille assassinée par son assistant. L'expérience réussit, mais la créature destinée à être la compagne du monstre hurle de terreur en le voyant. Elizabeth s'est échappée et accourt pour emmener Henry. Le monstre leur laisse à tous deux la vie sauve avant de presser un levier qui fait exploser la vieille bâtisse de pierre où lui-même, Pretorius et la créature femelle trouveront la mort.

☞ Une fois n'est pas coutume : cette suite est de l'avis unanime encore supérieure à l'original (le *Frankenstein** de 1931). Toutes les qualités du premier film s'y retrouvent, plus nettes encore et majorées d'une série d'éléments très originaux. Le travail de Whale, de Karloff et de Pierce mérite les mêmes éloges que ceux qu'avait suscités le premier film. L'humanité du monstre y est accentuée par les mots qu'il apprend à prononcer, par son besoin d'amitié et par son désir d'obtenir la compagne qu'on lui a promise. La scène de la rencontre avec l'ermite aveugle est la plus belle de tout le cycle Frankenstein. Deux figures importantes viennent enrichir le film : celle de Pretorius et celle de l'« épouse » interprétée par Elsa Lanchester. Prétorius est interprété par Ernest Thesiger, un compatriote – encore un – choisi par Whale. (Selon Don Glut, *in* « The Frankenstein Legend », Lugosi aurait refusé ce rôle.) Pretorius incarne la version perverse et amorale de l'attitude scientifique représentée par Henry Frankenstein. En trois minutes d'écran, une coiffure et deux costumes, Elsa Lanchester (qui interprète aussi

Mary Shelley dans le prologue) a su imposer un personnage inoubliable. Elle apparaît d'abord en momie puis vêtue d'une sorte de suaire qui est sa robe de mariée. Les dialogues unissent l'invention littéraire à une qualité d'humour froid assez poignante (où l'on reconnaît bien James Whale) : « J'aime les morts. Déteste les vivants » dit la créature balbutiante à Pretorius dans la crypte – « Vous êtes sage à votre manière » répond le docteur. Même le happy end apporte une touche d'originalité au récit, avec ce pardon ultime accordé à son créateur par le monstre au bord du suicide. Dans une première version de la fin, Henry Frankenstein mourait dans l'explosion et ceux qui ont de bons yeux verront en effet l'acteur Colin Clive figurer dans un plan (conservé malgré sa présence) de cette explosion.

N.B. Les auteurs hésitèrent sur le titre à donner à cette suite. Elle fut d'abord intitulée *The Return of Frankenstein* et même *Frankenstein Lives Again.* Ces différents titres ainsi que le titre définitif contribuèrent à augmenter le malentendu qui fait appeler Frankenstein la créature (comme son créateur) alors qu'en fait elle n'a jamais reçu de nom. Ni les lieux de l'action (cette province germanique peuplée d'Anglais) ni l'époque ne sont clairement définis et cela n'a guère d'importance. Le prologue paraît, par ses costumes et ses décors, en retard d'un siècle sur l'histoire proprement dite telle que la raconte Mary Shelley qui fait ainsi, à tous points de vue, œuvre d'anticipation.

## FIANCÉE DU PIRATE (LA)

1969 – France (105') • *Prod.* Cythère Films (Claude Makovski) • *Réal.* NELLY KAPLAN • *Sc.* Nelly Kaplan, Claude Makovski, Jacques Serguine, Michel Fabre • *Phot.* Jean Badal (couleurs) • *Mus.* Georges Moustaki • *Int.* Bernadette Lafont (Marie), Georges Géret (Gaston Duvalier), Michel Constantin (André), Julien Guiomar (Le Duc), Jean Parédès (M. Paul), Francis Lax (Émile), Marcel Pérès (Pépé), Claire Maurier (Irène).

Dans le village de Tellier, la plupart des habitants – paysans, commerçants, notables – convoitent et méprisent en même temps Marie, la servante de Mme Irène, qui leur accorde souvent ses faveurs. Mme Irène aussi exploite professionnellement et sexuellement Marie. La vieille mère de Marie a été écrasée sur la route ; les deux femmes, venues d'ailleurs, s'étaient installées dans le village à la Libération et logeaient dans une misérable cabane donnée par Mme Irène. Refusant des obsèques religieuses pour sa mère, Marie réunit dans sa cabane plusieurs de ses amants occasionnels, l'épicier, le pharmacien, etc. qu'elle arrose copieusement avant de leur demander d'enterrer eux-mêmes sa mère dans un coin de la forêt. Se retrouvant seule dans la vie et à la tête d'une petite somme d'argent héritée de la morte, Marie va peu à peu changer d'attitude : elle décide de monnayer ses charmes et de transformer ses exploiteurs en clients, à l'exception de Duvalier, facteur et garde-champêtre du village, à qui elle s'est toujours refusée. Il s'était d'ailleurs vengé en tuant son animal préféré, un bouc, qu'elle affectionnait plus que tous les hommes du village. Plus tard, dévoré de désir, il viendra demander Marie en mariage et sera chassé à coups de pied. Marie ne tarde pas à s'enrichir. Les notables se réunissent pour tenter de contrôler ses prix en fixant eux-mêmes le tarif qu'elle devra appliquer. Ce nouveau tarif restera lettre morte. Le pharmacien n'aura pas plus de succès quand il essaiera de faire chanter Marie et de prélever un pourcentage sur ses recettes en la menaçant de dire partout qu'elle est malade. Suivant les conseils d'un projectionniste itinérant qui s'est toujours montré sympathique envers elle, Marie s'apprête à quitter le village. Elle brûle sa cabane dont le confort et la décoration s'étaient considérablement améliorés depuis ses nouvelles rentrées d'argent. Elle installe ensuite dans l'église, durant la messe, un magnétophone qui permet aux paroissiens d'écouter les propos peu amènes qu'ils avaient tenus, en particulier sur leurs femmes, dans l'intimité de sa cabane. Après cette ultime vengeance, Marie s'en va gaiement sur la route, libérée du village et de ses mauvais souvenirs.

☞ Quoique tout à fait marginale dans le cinéma français, situation qu'elle partage avec une foule d'autres cinéastes, Nelly Kaplan, amie, biographe et disciple d'Abel Gance, participe ici, dans un premier film très réjouissant, à ce courant libertaire qui s'est manifesté çà et là en Europe à la fin des années 60 pour prendre la défense des humiliés et offensés de tout poil. A cette époque, pour de nombreux cinéastes, les personnages en marge deviennent les seuls héros possibles d'un monde en décomposition, malade de ses préjugés, de son arriération mentale et de la violence qui en découle. Par moments, l'atmosphère du village de Marie est proche, toutes proportions gardées, de celle de *Scènes de chasse en Bavière** de Fleischmann (1968). Mais l'originalité de Nelly Kaplan, c'est sa verve, sa gaieté, son humour vengeur et dévastateur, son refus de l'intellectualisme, toutes qualités qui font bon ménage ici avec une certaine attirance pour le baroque, le délire et la démesure. Par-delà quelques maladresses de mise en scène et un rythme parfois défaillant, cette odyssée d'une Marie-couche-toi-là transformée peu à peu en femme révoltée et responsable, ce conte brechtien où la rigolade et le sérieux se mêlent, contient aussi une galerie de portraits au vitriol qui ne dépareraient pas le bestiaire humain d'un Buñuel ou d'un Mocky. Interprétation excellente. Premier rôle principal de Bernadette Lafont qui n'a jamais mieux démontré sa « nature » et son talent.

N.B. Le scénario original a été écrit par Nelly Kaplan en collaboration avec son complice de toujours, Claude Makovski, producteur du film, et deux fondateurs du mouvement mac-mahonien, le romancier Jacques Serguine et le scénariste Michel Fabre.

**FIANCÉES EN FOLIE (LES)**
**(Seven Chances)**

1925 – USA (6 bob.) • *Prod.* MGM (Joseph M. Schenk) • *Réal.* BUSTER KEATON • *Sc.* Jean Havez, Clyde Bruckman, Joseph Mitchell d'ap. P. de Roi Cooper Megrue • *Phot.* Elgin Lessley, Byron Houck • *Int.* Buster Keaton (James Shannon), T. Roy Barnes (son associé), Snitz Edwards (le notaire), Ruth Dwyer (la jeune fille), Frankie Raymond (sa mère), Erwin Connelly (le clergyman), Jules Cowles (serviteur).

Jimmie Shannon et son associé sont au bord de la ruine. Un héritage providentiel venu du grand-père de Jimmie peut leur sauver la mise. Mais, pour le toucher, Jimmie doit être marié avant dix-neuf heures le jour de son vingt-septième anniversaire. Or précisément ce jour-là, Jimmie va avoir vingt-sept ans. Il ne lui reste que quelques heures pour trouver chaussure à son pied. Bien sûr, il pense tout de suite à Mary, sa bien-aimée, qu'il courtise au fil des saisons sans jamais oser se proposer. Cette fois, il le fait, mais avec une telle maladresse que Mary se fâche et le repousse. Plus tard, elle regrette son comportement. Elle lui fait porter ce mot. « Je vous interdis d'épouser quelqu'un d'autre. » Mais le messager va si lentement son chemin que Jimmie n'est pas près de recevoir le mot. Connaissant sept femmes, il va les « entreprendre » les unes après les autres. Il s'attire à chaque fois moquerie et dérision. Il en vient à demander à n'importe quelle femme dans la rue de l'épouser. Une seule fois la chance semble lui sourire : une jeune fille enveloppée dans un grand manteau cherche un mari. Hélas, c'est une enfant encore en âge de jouer à la poupée. Son associé lui fixe rendez-vous à dix-sept heures à l'église et prend l'initiative de faire publier une annonce matrimoniale dans le journal local. Toujours bredouille, Jimmie va à l'heure dite s'installer à l'église, qui est vide, et s'endort. Commence alors une interminable procession de femmes de tous âges et de toutes conditions, chacune portant un voile de mariée ; elles ont tôt fait de remplir l'église cependant qu'à l'extérieur une foule compacte de postulantes au mariage cherche encore à entrer. Elles arrivent en voiture, à cheval, à vélo, sur patins à roulettes, etc. Jimmie se réveille entre deux matrones et n'en croit pas ses yeux. Le clergyman dit à la féminine assemblée qu'elle a sans doute été victime d'un mauvais plaisant. Jimmie ne demande pas son reste et fuit hors de l'église. Le message de Mary lui arrive enfin. Il veut alors savoir l'heure. Dans la vitrine d'un horloger, toutes les pendules indiquent une heure différente. Il demande l'heure à l'horloger lui-même qui constate que sa montre ne marche pas et se met à la réparer. Un réveil jeté d'une fenêtre par un inconnu lui apprend qu'il est 18h15. La troupe des femmes en furie le retrouve et le poursuit à la course. Tel un nuage de sauterelles, elles ravagent tout sur leur passage. D'un terrain de football avec ses joueurs, il ne subsiste que quelques vestiges, à peine bons à mettre sur une civière. Elles s'emparent d'un tram, puis d'une grue au crochet de laquelle Jimmie s'était suspendu. Elles le poursuivent sur une colline qu'il dévale ensuite au milieu d'une avalanche de pierres de plus en plus grosses qui feront fuir l'immense troupeau féminin. Jimmie arrivera chez Mary quelques secondes avant 19 h et pourra l'épouser.

☞ *Seven Chances* fut redécouvert avec l'œuvre entière de Keaton au début des années 60. Mais alors que *La croisière du Navigator**, *Les lois de l'hospitalité** ou *Le mécano de la « General »** n'avaient jamais été oubliés et durent seulement être remis à la juste et haute place qu'ils méritaient, *Seven Chances* n'avait guère laissé de traces dans les mémoires ni dans les histoires du cinéma. Quelle surprise, alors, il provoqua ! Si la première moitié du film est du bon Keaton sans plus, la seconde partie, qui commence avec son arrivée solitaire dans l'église, est un des sommets de son œuvre. Elle illustre d'une manière à la fois hyperréaliste et surréaliste la relation de cauchemar que Keaton personnage entretient constamment avec les femmes (avec la Femme) et, d'une manière plus générale, avec la réalité. Comme dans certains de ses courts métrages (ex. *Cops*), le personnage de Keaton est l'emblème de l'*un* perdu au milieu du *multiple*, est ce minuscule individu vulnérable que la masse indifférenciée de ses contemporains (et contemporaines) étoufferait, ravagerait, piétinerait, si une flamme providentielle d'énergie ne l'habitait et ne lui permettait d'échapper à ces dangers mortels. Comme dans beaucoup de films de Keaton, les éléments naturels semblent se liguer aussi contre lui et la séquence de l'avalanche est une des plus grandioses de son œuvre. Ici, le rire et la peur, l'insolite et le suspense s'unissent pour engendrer, en une demi-heure de pure beauté cinématographique, un poème visuel auquel seule la dynamique fantastico-réaliste du cinéma peut donner sa double et véritable dimension : celle d'un affreux cauchemar mais aussi celle d'une splendide odyssée humaine et supra-humaine. Dans cette optique, l'avalanche est pour ainsi dire le prolongement logique de cette autre catastrophe naturelle à progression rectiligne que constitue la terrifiante ruée des femmes derrière Keaton.

N.B. Lors de sa visite au Festival de Venise en 1965, Keaton a raconté que la séquence de l'avalanche fut rajoutée après la première *preview*. Dans sa descente de la colline, Keaton avait sans le vouloir heurté un caillou qui en avait entraîné à son tour deux autres. Cette poursuite involontaire de Keaton par trois cailloux provoqua les rires inattendus du public et donna à l'auteur l'idée de bâtir le clou du film là-dessus. « Les pierres sont plus drôles que les femmes » constata Jean Havez, le scénariste, à cette occasion. (Quelques séquences furent tournées en couleurs mais n'ont pas été tirées ainsi dans les copies récentes.) La séquence de la poursuite d'un homme par une meute de femmes revient très souvent dans le cinéma des années 1900-1910. Keaton reprend cette situation en lui donnant une dimension inouïe et rend ainsi hommage au cinéma des primitifs.

## FIÈVRE

1921 – France (46') • *Prod.* Alhambra Films • *Réal.* LOUIS DELLUC • *Sc.* Louis Delluc • *Phot.* Alphonse Gibory, Georges Lucas • *Int.* Ève Francis (Sarah), Van Daële (Militis), Elena Sagrary (l'Orientale), Gaston Modot (Topinelli), Footit (l'homme au chapeau gris), Yvonne Aurel (la femme à la pipe), Solange Sicard (Patience).

Un bar à matelots dans le port de Marseille. Pour l'heure, seuls quelques habitués – des sédentaires – jouent aux cartes. Une femme boit en attendant comme toujours son amant qui l'a quittée pour partir en mer et qu'elle espère un jour retrouver ; on l'a surnommée « Patience ». Elle se trouve dans la même situation que la patronne, Sarah, mais celle-ci, après le départ de son amant, a fini par épouser Topinelli, la brute qui dirige le café. Un des habitués, un petit fonctionnaire timide, est secrètement amoureux de Sarah. Les marins du dernier bateau arrivé font leur entrée au bar, bientôt suivis d'une cohorte de filles. Les hommes leur montrent les différents objets qu'ils ont rapportés d'Orient. Militis, lui, a ramené une jeune Annamite, achetée là-bas aux enchères. Elle lui est dévouée comme une esclave. Elle semble fascinée par une rose placée dans un vase sur le comptoir. Sarah reconnaît en Militis son ancien amant. Il lui raconte qu'il avait attrapé la fièvre jaune, que l'Annamite s'était occupé de lui et qu'il avait appris qu'elle – Sarah – ne l'avait pas attendu et s'était mariée. Ils dansent, comme prêts à refaire leur vie ensemble. Le fonctionnaire amoureux de Sarah excite la jalousie de Topinelli qui provoque Militis. Bagarre générale. Militis reste sur le carreau, mort. Par solidarité, les autres marins tabassent le patron. La police arrive et emmène Sarah. L'Annamite, toujours fascinée par la fleur, la prend entre ses mains pour en humer le parfum. Elle n'en a pas. C'est une fleur artificielle.

☞ Chef-d'œuvre classique du cinéma muet français : la noblesse et la densité de la forme transfigurent un canevas trivial, proche d'une chanson réaliste. Concision et dureté à la française caractérisent cette suite de portraits de filles et de matelots dignes de Lautrec, cette mince trame bourrée de silhouettes mais dépourvue de personnage principal, et où le passé ressurgit en un éclair avec sa nostalgie empoisonnée. C'est le thème fondamental de l'œuvre de Delluc. « Chacun a une chose en lui ou une histoire qu'il croit morte et que les fantômes de l'écran ont tôt fait de ramener » écrit-il dans le prologue de « Drames de cinéma ». Il utilise brillamment ces flash-backs ultra-courts (qui sont vraiment des flashes) composés de un à trois plans qu'on retrouvera dans *La femme de nulle part** et qui n'altèrent en rien la continuité classique d'une œuvre respectant les trois unités. On peut voir en germe dans ce film tout le « réalisme poétique » (personnages voués à l'échec, pessimisme et désillusion) ainsi qu'une partie de l'atmosphère du cinéma colonial des années 30. La technique est aussi libre et moderne que la narration : usage naturel et très poussé de la profondeur de champ ; arrière-plans aussi riches visuellement que les premiers plans ; jeu à la fois sobre et haut en relief de tous les interprêtes et même d'Ève Francis qui ne se laisse aller à l'emphase que dans les derniers plans.

N.B. Réalisé à l'économie, en une semaine, avec pour acteurs des amis, souvent non professionnels, *Fièvre* fut tourné pour l'essentiel dans l'ordre chronologique des scènes. La censure exigea le changement du titre original (*La boue*) et la suppression de « quelques passages vraiment excessifs ». Selon Delluc lui-même (cf. ses « Écrits cinématographiques I », Lherminier – Cinémathèque Française, 1985), un quart du film dut disparaître dans la seconde partie.

BIBLIO. : scénario (427 n^os^ divisés en 4 parties) *in* « Drames de cinéma », Éditions du Monde Nouveau, 1923 (voir commentaire sur ce volume à *La femme de nulle part**). Contient des photos de séquences supprimées par la censure : agonie du fonctionnaire éventré par une fille ; plan des filles s'en prenant à l'Annamite.

## FIÈVRE DANS LE SANG (LA) (Splendor in the Grass)

1961 – USA (124') • *Prod.* Warner-Newton Productions (Elia Kazan) • *Réal.* ELIA KAZAN • *Sc.* William Inge • *Phot.* Boris Kaufman (Technicolor) • *Mus.* David Amram • *Int.* Natalie Wood (Wilma Dean Loomis), Warren Beatty (Bud Stamper), Pat Hingle (Ace Stamper), Audrey Christie (Mrs. Loomis), Barbara Loden (Ginny Stamper), Zohra Lampert (Angelina), Fred Stewart (Del Loomis).

Kansas, 1928. Le fils d'un pétrolier, Bud Stamper, est passionnément amoureux de Deanie Loomis, une jeune fille d'une famille assez pauvre. Sa mère recommande à celle-ci de rester pure et lui parle du devoir conjugal comme d'une épreuve douloureuse qui fait partie de la destinée malheureuse des femmes. Dans le même temps, Ace Stamper, un fonceur obstiné n'écoutant jamais aucun conseil, oblige son fils qui veut devenir éleveur à faire ses quatre années d'études à l'Université de Yale avant d'épouser Deanie. La nuit du nouvel an 1929, lors d'une party, la sœur de Bud, qui a réagi à la pression paternelle en s'adonnant à l'alcool et en multipliant les expériences amoureuses, s'exhibe complètement ivre parmi les invités (elle mourra plus tard dans un accident de voiture). Bud, n'en pouvant plus de devoir « respecter » Deanie, lui dit qu'il préfère cesser de la voir. Dans les mois qui suivent, il a une pneumonie tandis que Deanie, qui s'est offerte à Bud et a été repoussée, tente de se noyer puis sombre dans une dépression nerveuse. Bud, envoyé à Yale, sabote ses études. Deanie se remet peu à peu de sa dépression dans une institution psychiatrique. Bud lie connaissance avec la fille d'une restauratrice italienne. Après le krach de 29, son père, venu pour le voir et lui offrir une fille, se suicide en sautant de sa chambre d'hôtel. Deanie sort de la clinique à peu près guérie. Un jeune malade l'a demandée en mariage. Elle rend visite à Bud qui vit pauvrement mais selon ses désirs dans le ranch de son père. Elle apprend qu'il est marié avec l'Italienne. Ils ont un enfant et sa femme en attend un second. Deanie annonce à Bud son prochain mariage et repart.

☞ L'un des films les plus importants de Kazan, tourné volontairement dans les environs de New York, contre Hollywood. Cela pour des raisons morales et à des fins d'économie. C'est d'abord le triomphe, la quintessence de la direction d'acteurs style Actors Studio, et une sorte d'adieu quasi définitif à ce style. De longue scènes, prolongées au-delà de ce que leur strict contenu dramatique exige, découpées et montées pour que l'acteur et le corps de l'acteur soient rois, montrent des personnages malades, frustrés, névrosés dont l'angoisse naît lentement, monte, explose, ou bien n'explose pas et, dans ce cas, les détruit encore plus irrémédiablement. Ce style de direction d'acteurs porte en lui-même sa philosophie et son point de vue sur le monde. Il n'est apte qu'à décrire des univers en décomposition qu'un bouleversement de valeurs va bientôt balayer. Il chante avec une intensité parfois poignante une décadence qui n'a même pas eu sa grandeur. Transplanté ailleurs, il devient vite odieux et d'une complaisance insoutenable. Ici, il est parfaitement adapté au sujet « historique » traité par le script de William Inge : à savoir les ravages du puritanisme dans l'âme de l'Amérique des années 30 vus à travers toutes les couches, riches et pauvres, de la société ; ses rapports avec la maladie mentale et donc avec la psychanalyse ; les tragédies individuelles qu'il engendre et l'espèce de bonheur déchirant (qui n'est pas le bonheur) auquel parviendront, avec le temps, les survivants. A cet égard, la dernière scène du film – retrouvailles entre Natalie Wood et Warren Beatty – est la plus belle de toute l'œuvre de Kazan.

BIBLIO. : scénario et dialogues en volume, Bantam Books, New York, 1961.

## FILLE AU VAUTOUR (LA)
### (Die Geierwally)

1940 – Allemagne (102') • *Prod.* Tobis • *Réal.* HANS STEINHOFF • *Sc.* Jacob Geis, Alexander Lix d'ap. R. de Wilhelmine von Hillern (1875) • *Phot.* Richard Angst • *Mus.* Nico Dostal • *Int.* Heidemarie Hatheyer (Geier-Wally), Eduard Köck (Fenderbauer), Sepp Rist (Bären-Joseph), Winnie Markus (Afra), Leopold Esterle (Vinzenz), Mimi Gstöttner-Auer (Luckard), Ludwig Auer (Klettermeier).

Dans un village de montagne au Tyrol, le riche fermier Fender regrette de n'avoir pas de fils. Il n'a qu'une fille, Wally, aussi laborieuse et taciturne que lui. Depuis longtemps, les villageois parlent d'aller dénicher le vautour qui vit dans les rochers. Le beau Joseph, le garde-chasse, décide de s'en occuper mais il a été devancé par Wally qui tente d'enlever à l'oiseau de proie son petit. Les villageois partent au secours de la jeune fille qui a pris de gros risques. Un coup de feu tiré par Joseph abat la mère qui fonçait sur Wally. Sauvée, celle-ci ramène au village le petit vautour et on appellera désormais la jeune fille : « Wally au vautour ». Wally aime secrètement Joseph qui est le fils de l'ennemi de son père. Mais lui ne voit en elle qu'une montagnarde mal dégrossie. Fender veut marier Wally à Vincent, un fermier aussi riche que lui. Fender et Wally se disputent. Fender frappe sa fille qui s'en va dans les montagnes avec son vautour. Elle redescendra plus tard pour voir son père malade. Elle s'aperçoit alors que Vincent règne en maître dans la maison. Le voyant frapper une vieille servante, Wally l'assomme avec une bûche. Poursuivie, elle s'échappe après avoir mis le feu à la grange. Alors qu'elle est évanouie devant la maison des frères Rosen, son vautour frappe avec son bec au carreau pour obtenir du secours. Les deux frères protègent et recueillent Wally. Mais ils tombent l'un et l'autre amoureux d'elle et se disputent. Elle quitte leur logis et va vivre en solitaire dans la montagne. Alors qu'elle est désespérée, elle rencontre Joseph en compagnie de la jeune Afra, qui suscite sa jalousie. Wally ignore qu'Afra est la fille naturelle de Joseph. Wally et Joseph échangent encore de mauvaises paroles. Après la mort de son père, Wally a pris la tête de la maison. Elle aime toujours Joseph qu'elle revoit lors d'une fête dans la vallée. Mais la présence d'Afra la rend jalouse de plus belle. Elle pousse Vincent à tuer Joseph. Mais quand elle apprend la vérité sur Afra, elle l'empêche de tirer. Le coup atteint légèrement le vautour qui s'envole pour toujours.

☞ Tourné avec de très grandes difficultés en extérieurs et intérieurs réels dans un village du Tyrol coupé du monde pendant une bonne partie de l'année, ce film superbe de Steinhoff ne cherche pas pour autant le réalisme. Par-delà les péripéties communes d'un mélodrame paysan, *La fille au vautour* donne à voir, comme seul le cinéma allemand sait le faire, l'enracinement quasi cosmique des personnages dans leur milieu naturel, dans leur terre, dans la magie et la fatalité romantique qui s'en exhalent. Cet enracinement n'est pas un fait de civilisation comme dans le *Dersou Ouzala** de Kurosawa, mais une donnée de leur nature et même de leur destin. C'est un instinct qui, à l'occasion, peut engendrer des événements tragiques en anéantissant chez les personnages le sens des relations humaines. Cela est concrétisé dans l'intrigue par la relation affective qui existe entre Wally et son vautour et qui tendrait à remplacer toutes les autres. Cinématographiquement parlant, une telle thématique stimule chez le cinéaste une extrême sensibilité au décor, aux lieux et à la nature qui deviennent aussi vivants, aussi hantés que les personnages eux-mêmes.

N.B. Autres versions par E.A. Dupont (1921) et par Franz Cap (1956) et en Italie par Guido Brignone (*Wally*, 1932) d'après le roman de W. von Hillern et l'opéra d'Alfredo Catalani.

## FILLE AUX CHEVEUX BLANCS (LA)
**(Baimao nü)**

1950 – Chine (108') • *Prod.* Studios de Nord-Est • *Réal.* WANG BIN, SHUI HUA • *Sc.* Shui Hua, Wang Bin, Yang Runshen • *Phot.* Wu Weiyun, Qian Jiang • *Mus.* Ma Ke, Zhang Lu, Qu Wei • *Int.* Tian Hua (Xier), Chen Qiang (Huang Shiven), Hu Peng (Wang), Zhao Lu (le vieux Zhao), Zhang Shouwei (Zhang Bailao), Li Renlin (Mo Renzhi), Li Bo (la mère de Huang).

1935. Xier, la fille d'un vieux paysan, s'apprête à épouser son ami d'enfance. La récolte a été abondante et tout irait bien si le seigneur, propriétaire des terres, ne réclamait des redevances tellement élevées que le père ne peut jamais voir la fin de ses dettes. Le seigneur l'oblige à lui vendre sa fille. N'osant annoncer la nouvelle à celle-ci, le vieillard s'empoisonne. Xier accomplit les plus dures besognes au service de la mère du seigneur et se fait un jour violer par lui. Quand elle est enceinte, il décide de la supprimer. Elle fuit dans la montagne et trouve refuge dans une grotte où elle accouche d'un bébé qui ne vit pas. Elle se nourrit des offrandes déposées dans un temple voisin qu'elle vient chercher furtivement. Le temps passe ; ses cheveux blanchissent prématurément et les paysans du lieu s'imaginent qu'un esprit hante leur montagne. Un détachement de l'Armée Rouge libère la région et règle son sort au seigneur et à sa famille. Le fiancé de Xier fait partie du détachement et retrouve sa bien-aimée.

☞ Deuxième film chinois à avoir été distribué après guerre en France (en 1959) après l'opéra *Les amours de Liang Chang Po et de Shu Ying Tai* (ou, selon la nouvelle graphie, *Liang Shanbo et Zhu Yingtai*) de Sang Hu et Huang Sha (1954) sorti en France en 1955. C'est un mélodrame politique et musical tiré d'une pièce inspirée d'événements réels très célèbres en Chine. La propagande politique participe à l'action et sa place relativement importante empêche le film d'être un spécimen du genre mélodramatique aussi pur que *Le sacrifice du nouvel an**, 1956 (de Sang Hu). Dans les parties chantées, les personnages clament aux moments forts de l'action leur détresse ou leur colère. Le style est homogène mais vire souvent à l'académisme. Les intéressants prolongements para-fantastiques du scénario sont mal servis par la mise en scène. Remake sous forme de ballet en 1972 par Sang Hu.

## FILLE D'AMOUR
**(Traviata 53)**

1953 – France-Italie (105') • *Prod.* Synimex et Venturini • *Réal.* VITTORIO COTTAFAVI • *Sc.* Tullio Pinelli, Federico Zardi, Siro Angeli • *Phot.* Arturo Gallea • *Mus.* Giovanni Fusco • *Int.* Barbara Laage (Margherita dite Rita), Armando Francioli (Carlo Rivelli), Eduardo De Filippo (Ceriani), Gabrielle Dorziat (Signora Zoe), Marcello Giorda (Rivelli père), Adolfo Geri (Donati), Luigi Tosi.

Un jeune ingénieur, Carlo Ravelli, est appelé au chevet d'une mourante dans un sanatorium près de Milan. Il avait autrefois aimé cette femme, Rita. Jeune stagiaire envoyé par son père travailler dans une usine de filature de Milan, il avait rencontré Rita alors qu'elle était la maîtresse richement entretenue d'un banquier. Elle avait quitté son protecteur pour Carlo. Puis celui-ci avait été rappelé par son père qui avait besoin de lui pour régler d'épineuses questions financières. A son retour, Rita avait disparu sans qu'il ait jamais pu comprendre pourquoi. Carlo apprend aujourd'hui que Rita s'était sacrifiée pour lui en cédant à un chantage du banquier. Si elle restait auprès de lui, il remettrait les affaires de Carlo et de son père sur pied. Rita avait vécu un certain temps avec lui à Paris, puis l'avait quitté. Elle mena ensuite une vie dissolue – qui en deux ans la conduisit à la mort. Carlo arrive trop tard pour voir Rita vivante. Il assiste à sa mise en bière et suit de loin son enterrement.

☞ Une adaptation moderne de « La Dame aux camélias ». A l'inverse de Riccardo Freda, Cottafavi fit toujours du cinéma populaire contre son gré. Quand il le put, il entra à la RAI et se livra dès lors à de plus nobles travaux (adaptation de pièces ou de romans classiques). Il essaie ici de transformer un mélodrame trop fruste à son goût en évocation racinienne de l'impossibilité d'aimer et d'être aimé. Ses ambitions souvent le trahissent et font de lui une sorte d'Antonioni du pauvre. Voir les scènes de party où l'on s'ennuie et la description conventionnelle de ces personnages veules et mal dans leur peau, perdus dans leurs problèmes de communication et leur vague à l'âme. La sensibilité aristocratique de Cottafavi ne trouve réellement à s'exprimer que dans la direction d'acteurs – et surtout d'actrices. Barbara Laage, en fausse garce restée naïve et vulnérable, donne de la densité à son personnage et fait bien sentir son déséquilibre intime. Elle est constamment écartelée entre des élans spontanés de tendresse qu'elle voudrait réprimer et une dureté calculée. Envahie peu à peu par l'amour, elle perd son ambiguïté et devient un personnage transparent et tragique : une victime, détruite beaucoup plus par sa mélancolie que par les accidents matériels de sa vie mouvementée. A l'aide d'une mise en scène fondée, chaque fois qu'il le peut, sur l'intériorisation et le silence, Cottafavi réussit son alchimie et métamorphose réellement un personnage de mélodrame en héroïne de tragédie. Mais c'est aux dépens de tout le contexte social et réaliste du film.

## FILLE DE DRACULA (LA) (Dracula's Daughter)

1936 – USA (70') • *Prod.* U • *Réal.* LAMBERT HILLYER • *Sc.* Garrett Fort • *Phot.* George Robinson • *Int.* Otto Kruger (Jeffrey Garth), Marguerite Churchill (Janet Blake), Edward Van Sloan (Dr Van Helsing), Gloria Holden (Comtesse Marya Zaleska), Irving Pichel (Sandor), Nan Grey (Lili), Hedda Hopper (Lady Esme Hammond), Gilbert Emery (Sir Basil Humphrey).

A Londres, le professeur Van Helsing est arrêté pour le meurtre de Dracula. Deux policiers l'ont trouvé à côté du cadavre du vampire, le cœur percé d'un pieu. Van Helsing essaie vainement d'expliquer aux autorités ce que sont les vampires : « Leur force, dit-il, réside dans le fait qu'on ne croit pas qu'ils existent. » Il affirme avoir rendu service à l'humanité en anéantissant Dracula. La nuit, une mystérieuse comtesse hongroise, Marya Zaleska, qui n'est autre que la propre fille de Dracula, hypnotise à l'aide d'un bijou un des policiers chargé de garder le cadavre de son père, afin de pouvoir s'en emparer. Accompagnée de Sandor, son fidèle et maléfique serviteur, elle brûle le corps au cours d'une cérémonie secrète lors de laquelle elle agite une croix devant les flammes et prononce des formules rituelles qui doivent exorciser pour l'éternité le vampire. Elle-même voudrait échapper à la malédiction de son hérédité. Le psychiatre Jeffrey Garth est chargé d'aider Van Helsing dans sa défense, quoiqu'il soit très sceptique à l'égard de l'existence des vampires. Au cours d'une party agrémentée de musique hongroise, Garth rencontre la comtesse. Il s'étonne de voir son appartement totalement dépourvu de miroirs. Sur le ton de la plaisanterie, elle évoque la non-réflexion des vampires dans les miroirs. Très impressionnée par Garth, elle voudrait qu'il l'aide à résoudre ses problèmes. Sandor ramasse la nuit sur un pont une jeune fille qui voulait se suicider. Il l'amène chez la comtesse afin qu'elle pose pour elle. La comtesse, impuissante à réfréner ses appétits, l'hypnotise avec le bijou. La jeune fille inconsciente sera plus tard conduite à l'hôpital par la police. Garth remarque dans son cou des marques significatives. Il l'hypnotise grâce à une machinerie complexe et comprend d'après ses murmures qu'elle a été victime de la comtesse, fille de Dracula. Il est maintenant tout à fait persuadé de la réalité du vampirisme. A l'issue de la séance d'hypnotisme, la jeune fille meurt. En Transylvanie, au château des Dracula, la comtesse, qui a définitivement renoncé à guérir, tient Janet Blake, la secrétaire et fiancée de Garth, prisonnière d'un charme. Pour la libérer, la comtesse exige de Garth, dont elle est amoureuse, qu'il consente à rester avec elle parmi les non-morts et donc qu'il accepte le don de la vie éternelle qu'elle entend lui faire. Elle provoque ainsi la jalousie de son domestique Sandor, simple humain aspirant depuis longtemps à l'état de vampire. Il la tue avec une flèche, destinée à l'origine à Garth vers lequel la comtesse s'est élancée pour le protéger. Sandor lui-même est abattu par la police. A la mort de la comtesse, vieille de 500 ans, Janet reprend conscience.

☞ Première suite au *Dracula** de Tod Browning. Ses variations, souvent illogiques dans leur texture, mais attachantes dans leur forme, ont pour principal mérite de bien préciser, sur le plan esthétique, le domaine d'élection des œuvres consacrées au célèbre vampire. Alors que la saga de Frankenstein vise avant tout à étonner le public par des événements extraordinaires et effrayants qui stimulent et satisfont son imagination, le rôle des récits sur le vampirisme est beaucoup plus insidieux. Il s'agit d'inquiéter, de fasciner le public par une atmosphère subtilement malsaine, par une réflexion déréglée sur la vie et la mort et sur cette troisième forme d'êtres (les non-morts) qui les nient l'une et l'autre, ouvrant à la spéculation un champ de possibilités perverses et attirantes. Pour alimenter visuellement cette spéculation, les auteurs comptent moins sur les qualités d'invention du scénario que sur les recherches formelles de la photo et de la mise en scène, sur le malaise insolite et baroque que peut distiller l'interprétation (cf. ici la scène elliptique mais intense où la comtesse hypnotise son modèle). Murnau, dans son génie, avait ouvert (et refermé) la voie. Après lui, des auteurs infiniment moins ambitieux utilisèrent cette veine pour créer un nouveau type de feuilleton. Le thème du vampirisme s'enrichira et se compliquera encore dans l'avatar suivant, *Son of Dracula* (1943), dû à l'expert en maléfices Robert Siodmak.

## FILLE DU DÉSERT (LA) (Colorado Territory)

1949 – USA (94') • *Prod.* Warner (Anthony Veiller) • *Réal.* RAOUL WALSH • *Sc.* John Twist, Edmund H. North d'ap. R. « High Sierra » de W.R. Burnett • *Phot.* Sid Hickox • *Mus.* David Buttolph • *Int.* Joel McCrea (Wes McQueen), Virginia Mayo (Colorado Carson), Dorothy Malone (Julie Ann Winslow), Henry Hull (Winslow), John Archer (Reno Blake), James Mitchell (Duke Harris), Morris Ankrum (marshal), Basil Ruysdael (Dave Rickard), Frank Puglia (Frère Thomas).

Après s'être évadé de prison dans le Missouri, Wes McQueen rejoint, dans un village abandonné du Canyon de la Mort, Reno et Duke, deux complices de la bande de Dave Rickard avec lesquels il doit effectuer son prochain coup. Il va ensuite rendre visite à Dave lui-même, qu'il a toujours un peu considéré comme son père. Dave est maintenant un vieil homme fatigué et malade. Wes lui avoue qu'il voudrait changer de vie, redevenir un simple fermier – cela d'autant plus qu'il courtise Julie Ann, la fille d'un colon récemment arrivé de Géorgie, à qui il est obligé de cacher sa véritable identité. Si Wes s'est si vite attaché à Julie Ann, c'est qu'elle lui rappelle sa fiancée Martha morte à vingt-sept ans pendant son emprisonnement. Le vieux Dave conseille à Wes de participer à l'opération qu'il a préparée : après quoi il aura tout loisir de se retirer définitivement. Il s'agit du hold-up d'un train. Au cours de l'opération, Wes déjoue à la fois la traîtrise du conducteur du train, soi-disant de mèche avec les bandits mais qui les avait finalement vendus au shérif, et celle de Reno et de Duke qui avaient projeté de se débarrasser de lui. Wes récupère le magot et file avec la maîtresse de Duke, une métisse nommée Colorado. Dans la maison de Dave, il trouve le cadavre du vieil homme assassiné par un autre complice de la bande. L'assassin est encore sur les lieux, occupé à dévaliser le mort. Wes l'abat aussitôt mais reçoit une balle dans la poitrine. Il trouve refuge avec Colorado chez le père de Julie Ann. Colorado extrait la balle de sa poitrine. Le couple doit disparaître après que Julie Ann a tenté vainement, car Colorado l'en a empêché, de dénoncer Wes pour toucher le montant de la prime. Les fugitifs retournent au Canyon de la Mort et là Wes propose à Colorado de l'épouser. Mais le shérif et ses hommes sont sur leurs talons. Wes se sépare de Colorado pour aller se cacher dans les ruines d'une ancienne ville espagnole occupée par les Indiens puis ravagée par un tremblement de terre : la Cité de la Lune. Colorado essaie de monnayer contre l'argent du hold-up la libération de Wes. Elle essuie un refus et le shérif en profite même pour la garder en otage. Elle parvient à prendre la fuite et rejoint Wes avec deux chevaux. Un Indien au service du shérif blesse mortellement Wes au moment où il s'avance à découvert. Colorado tire fébrilement sur la troupe du shérif qui fonce sur eux. Foudroyés par les balles de leurs adversaires, Wes et Colorado tombent ensemble, la main dans la main.

☞ Remake et transposition en western de *High Sierra** (1941). Deuxième volet de ce qu'on peut considérer comme une trilogie de westerns tragiques (*Pursued**, *Colorado Territory*, *Along the Great Divide*) basés sur le thème de la résurgence du passé. Ce thème est fondamental chez Walsh et a été traité par lui dans toutes sortes de tonalités. L'unité de cette trilogie est avant tout d'ordre stylistique : il s'agit de trois épures au classicisme parfait, baignant dans une atmosphère plastique âpre et contrastée, proche du fantastique. Walsh, qui s'est révélé ailleurs un maître du picaresque ou de l'épopée, témoigne avec cette autre série de films d'une variété de tons et de dons à peu près unique dans l'histoire du cinéma. De ces trois œuvres, *Colorado Territory* est assurément la plus pessimiste. Le personnage central, assez réservé et lointain, vit comme une tragédie l'impossibilité de changer de destin et d'identité. Walsh dédaigne dans son récit tout attendrissement, tout pathos humaniste, de même que tout exposé de circonstances atténuantes. Il décrit la trajectoire de son personnage dans un style sec et tranchant, qui se révèle en même temps – c'est là le génie particulier de ce film – riche d'une infinité d'harmoniques insolites et poétiques. Elles tiennent pour une part à la densité humaine du couple formé par Wes et Colorado. A travers eux Walsh exprime, avec un sens de la litote qu'il lui plaît parfois de cultiver, ses préférences les plus profondes. Il s'est toujours senti en affinité avec les êtres en marge, avec les individualistes à l'étroit dans une classe sociale, une profession, un style de vie, voire même une race ou un destin moins riches que ne le sont leur personnalité et leur goût de l'aventure. Le héros walshien, homme ou femme, vit par excellence dans l'illimité, et parfois il en meurt. Ces harmoniques naissent aussi du choix des lieux (le Canyon de la Mort, la Cité de la Lune) où s'inscrit l'action : leur puissance cosmique, leur magie inquiétante et fantomatique en appellent constamment à un ailleurs, à un autre monde peuplé d'apparitions et de réminiscences. Les tragédies de Walsh sont en effet trop vastes pour se situer uniquement sur terre. Considéré d'un autre point de vue, à l'écart de ce que le film nous révèle de la personnalité de son auteur, *Colorado Territory* est aussi l'archétype d'un genre : un western parfait. Il comprend quelques-unes des figures obligées du genre – l'attaque de la diligence, le hold-up du train – filmées avec une rigueur visuelle, une économie de moyens, une perfection dans l'architecture et le mouvement des plans qui suffiraient à elles seules à combler le plus exigeant (ou le plus blasé) des spectateurs.

## FILLE SUR LA BALANÇOIRE (LA)
### (The Girl in the Red Velvet Swing)

1955 – USA (109') • *Prod.* Fox (Charles Brackett). • *Réal.* RICHARD FLEISCHER • *Sc.* Walter Reisch, Charles Brackett • *Phot.* Milton Krasner (Cinémascope, DeLuxe) • *Mus.* Hugo Friedhofer, Leigh Harline • *Int.* Ray Milland (Stanford White), Joan Collins (Evelyn Nesbit Thaw), Farley Granger (Harry K. Thaw), Luther Adler (Delphin Delmas), Cornelia Otis Skinner (Mrs. Thaw), Glenda Farrell (Mrs. Nesbit), Frances Fuller (Mrs. White), Philip Reed (Robert Collier), Gale Robbins (Gwen Arden), James Lorrimer (McCaleb), John Hoyt (William Travers Jerome).

Evelyn Nesbit est une jeune danseuse ignorée jusqu'au jour où elle est présentée au célèbre architecte du New York de 1906, Stanford White. Bien qu'âgée de seize ans, Evelyn se sent attirée par White qui est marié. Leur amour mutuel suscite une jalousie obsessionnelle chez le riche oisif qu'est Harry K. Thaw. Thaw étouffe de rage quand il se voit refuser une table d'un grand restaurant au profit de Stanford White. White décide de confier Evelyn à un pensionnat de jeunes filles pour lui donner une éducation, mais celle-ci dépérit d'ennui. Elle accepte l'invitation de Harry Thaw d'un voyage en Europe. A son retour, convaincue de l'amour de Thaw, elle l'épouse. Thaw, qui est impuissant, croit qu'Evelyn le trompe avec Stanford White. Lors d'une représentation d'une comédie musicale, Thaw abat White de trois coups de revolver. Evelyn fait tout pour sauver son mari de la prison et de la peine de mort ; elle s'accuse et ses aveux lui attirent le mépris de tous, en particulier de sa belle-famille qui la répudie. Thaw, jugé non responsable, est enfermé dans un asile ; libéré peu de temps après, il obtient le divorce. Pour éviter de sombrer dans la misère, Evelyn devient la « Fille à la balançoire » dans un numéro de music-hall où elle recrée son amour avec White. (Résumé tiré de Stéphane Bourgoin : « Richard Fleischer », Édilig, 1986).

☞ Si l'on excepte son premier film *Child of Divorce**, sorte d'exergue superbe et méconnue à toute son œuvre, c'est ici la première fois que Fleischer sort totalement du cadre d'un genre hollywoodien traditionnel. *La fille sur la balançoire* est aussi la première de ces études criminelles tirées d'un fait divers réel (cf. *Compulsion*, 1959 ; *The Boston Strangler*, 1968 ; *10 Rillington Place**, 1978) qui, au fil des années, arriveront à constituer un genre autonome et spécifique à l'intérieur de son œuvre. L'originalité de celle-ci est qu'elle se passe au début du siècle et que la part de reconstitution y est donc encore plus importante que dans les autres. Aux yeux de Fleischer, les quatre affaires qu'il étudie sont le produit d'une société décadente, en phase avancée de décomposition et de pourrissement, thèmes qui hantent une grande partie de ses films, y compris de ceux qui sont des œuvres de pure imagination. L'hypocrisie, le puritanisme, les inégalités sociales conditionnent tous les aspects du drame évoqué ici, depuis ses origines les plus lointaines jusqu'à ses ultimes conséquences juridiques (ex. la libération du coupable). Ce qui caractérise le style de Fleischer, c'est que plus il est minutieux et fouillé – on serait presque tenté de dire : tatillon –, plus il est brillant. Fruit de longues recherches préalables, les décors, les costumes, le style de jeu, la recréation des atmosphères participent d'un effort d'investigation qui, au moment où le drame est représenté devant nous, lui donne sa force synthétique et son efficacité maximum. Elles éclatent notamment à travers l'emploi du Cinémascope, utilisé ici pour la troisième fois par Fleischer qui en fut, tout comme Preminger et Anthony Mann, l'un des pionniers les plus enthousiastes. Au centre de cette histoire assez osée pour l'époque, un magnifique portrait de femme auquel Joan Collins, jeune actrice anglaise très prisée des grands metteurs en scène durant les années 50 – elle venait d'être dirigée par Fregonese (*Decameron Nights*, 1953) et Hawks (*La terre des Pharaons**, 1955) avant de l'être un peu plus tard par King (*The Bravados*, 1958), McCarey (*Rally' Round the Flag, Boys**, 1958), Walsh (*Esther et le roi*, 1960) – apporte l'éclat de sa beauté et de son talent.

## FILS DE FRANKENSTEIN (LE)
**(Son of Frankenstein)**

1939 – USA (93') • *Prod.* U (Rowland V. Lee) • *Réal.* ROWLAND V. LEE • *Sc.* Willis Cooper d'ap. les personnages de Mary Shelley • *Phot.* George Robinson • *Mus.* Frank Skinner • *Int.* Basil Rathbone (baron Wolf von Frankenstein), Boris Karloff (le monstre), Bela Lugosi (Ygor), Lionel Atwill (inspecteur Korgh), Josephine Hutchinson (Elsa von Frankenstein), Emma Dunn (Amelia), Donnie Dunagan (Peter von Frankenstein).

Le fils du baron Frankenstein revient avec sa femme et son jeune garçon au village de ses ancêtres recueillir l'héritage de son père et habiter son domaine. Il y est fort mal accueilli, car les villageois vivent toujours dans la terreur du monstre créé autrefois par le baron. Selon eux, il hanterait toujours la région. Le nouvel arrivant rencontre Ygor, un berger condamné à mort pour vol de cadavres, qui fut pendu puis dépendu sans pour autant être passé de vie à trépas. Ygor entraîne le fils du baron dans le caveau de famille où le monstre repose, allongé sur une dalle. Il est toujours vivant mais dans le coma. A la fois hanté par le souvenir des expériences extraordinaires de son père et par le désir de le réhabiliter en tant que savant, le fils du baron réussit à ranimer le monstre et à lui redonner sa force. Celui-ci, tombé sous l'influence néfaste d'Ygor, commet alors plusieurs meurtres. Les victimes sont les jurés qui avaient prononcé la condamnation d'Ygor. Le fils du baron tue Ygor en légitime défense, puis précipite le monstre dans un puits de soufre.

☞ Troisième film de la série de Frankenstein et le dernier à être interprété par Karloff dans le rôle du monstre. Très gros succès commercial qui relança durablement le filon fantastique de la Universal. La maestria de Rowland V. Lee se sent surtout dans la composition des plans et dans la direction d'acteurs. Tous les décors sont prodigieux et pas un plan du film n'est indifférent plastiquement. Rowland V. Lee sait d'autre part marier avec adresse la froideur de Rathbone, le baroque de Lugosi, l'humour sous-jacent de la composition de Lionel Atwill (avec son extraordinaire bras mécanique) et le génie expressif et tragique de Karloff, maquillé par Jack Pierce. Seul le scénario témoigne d'une certaine pauvreté et empêche le réalisateur, pourtant expert en la matière, de conférer au récit un rythme parfaitement satisfaisant.

N.B. Le film devait être le premier Technicolor de la Universal. Il fut commencé ainsi, puis abandonné, le maquillage de Karloff rendant mal en couleurs.

## FILS DE PERSONNE
**(I figli di nessuno)**

1951 – Italie (105') • *Prod.* Titanus-Labor Film (Goffredo Lombardo) • *Réal.* RAFFAELLO MATARAZZO • *Sc.* Aldo De Benedetti d'ap. R. de Ruggero Rindi et Salvoni • *Phot.* Rodolfo Lombardi • *Mus.* Salvatore Allegra • *Int.* Yvonne Sanson (Luisa puis Sœur Addolorata), Amedeo Nazzari (Guido Canali), Françoise Rosay (comtesse Elisabeth Canali), Folco Lulli (Anselmo), Enrica Dyrell (Elena), Alberto Farnese (Poldo), Gualtiero Tumiati (Don Demetrio), Teresa Franchini (Marta), Enrico Glori (Rivaldi), Enrico Olivieri (Bruno).

Le comte Guido Canali, propriétaire d'une carrière de marbre à Carrare, est amoureux de Luisa, la fille du vieux gardien de la mine, qu'il songe à épouser. La comtesse Elisabeth Canali, sa mère, voyant là une mésalliance possible, fait tout son possible pour séparer Guido de Luisa. Elle envoie Guido à Londres pour affaires et, avec la complicité du contremaître Anselmo, s'empare des lettres que s'écrivent Guido et Luisa. Désespérée de n'avoir plus de nouvelles de Guido et persécutée par Anselmo qui veut abuser d'elle, Luisa s'enfuit dans la montage par une nuit d'orage. Tout le monde pense qu'elle s'est suicidée en se jetant dans le torrent. Guido, à son retour, le croira aussi. En réalité, Luisa a été recueillie par une vieille femme vivant dans la montagne. Elle accouche chez elle et y élèvera son enfant, le petit Bruno. Agissant sur ordre de la comtesse, Anselmo, qui a découvert l'existence du bébé, s'en empare et provoque accidentellement un incendie dans la maison de la vieille femme. Absentes au moment des faits, celle-ci et Luisa sont persuadées que le bébé a trouvé la mort dans l'incendie. Luisa rentre au couvent et devient Sœur Addolorata. Guido a retrouvé sa trace mais elle lui fait comprendre que la Luisa qu'il aimait est aujourd'hui morte. Bruno a grandi et fait ses études dans une école dont le directeur reçoit régulièrement des mandats envoyés par Anselmo pour le compte de la comtesse. Voulant savoir qui sont ses parents, Bruno vole la dernière lettre d'Anselmo, s'échappe du collège et parvient jusqu'au domicile d'Anselmo. En chemin, il a croisé Sœur Addolorata, récemment mutée – contre son gré – au couvent de Carrare. Interrogé par Bruno, Anselmo lui raconte qu'il l'a trouvé alors qu'il était bébé avec une somme d'argent qui lui a permis de financer ses études. Bruno refuse de retourner à l'école et travaillera à la carrière. Mourante, la comtesse se confesse à Don Demetrio. Elena, la femme de Guido, écoute cette confession et, après la mort de la comtesse, vole dans son secrétaire son testament en faveur de Bruno. Anselmo apprend à Elena que l'enfant habite chez lui. Bruno sauve de la noyade la fillette de Guido et Elena. Il refuse l'argent que veut lui donner le comte. Pour lui, le comte est un patron injuste qui affame ses ouvriers, alors qu'en réalité c'est Anselmo qui les prive d'une partie de leur paie et complote pour s'emparer de la carrière. Le comte et le petit Bruno en viennent aux mains. Elena ne peut s'empêcher de hurler à Guido : « C'est ton fils ! ». A ce moment, l'enfant s'élance dans la carrière pour désamorcer les mines qu'Anselmo y avait placées afin de provoquer un accident. Guido et

Anselmo se battent et roulent sur le sol. Anselmo est englouti sous un monceau de pierres à la suite d'une explosion. Bruno, lui, est mortellement blessé. Sa mère (Sœur Addolorata) vient à son chevet. Il murmure en la voyant : « L'ange blanc... Je l'avais vu en songe... Conduis-moi auprès de ma mère. » Il meurt devant elle et son père atterrés. Par la fenêtre d'un couloir du couvent, Sœur Addolorata jette des fleurs sur le cercueil de son fils transporté à travers la cour.

☞ Troisième film de la série des sept mélodrames de Matarazzo interprétés par Yvonne Sanson et Amedeo Nazzari et réalisés entre 1950 et 1958. On assiste dans *Fils de personne* à une extraordinaire amplification symphonique et lyrique des thèmes et des situations présents dans toute la série. Ils sont poussés ici à leur extrême limite d'intensité, où perce déjà une pointe de délire baroque, lequel trouvera son épanouissement dans *Torna* (*Larmes d'amour,* 1954), le cinquième film de la série et le seul en couleurs. A l'opposé de la condensation dramatique de *Catene**, le Temps joue dans *Fils de personne* un grand rôle et la force mélodramatique du récit progresse à travers une profusion d'événements qui la nourrissent et donnent au film un véritable aspect romanesque. La Nature a une grande importance dans le drame, et les montagnes, les cavernes de Carrare enserrent l'action tout en lui conférant une sorte d'ampleur tragique. Le thème de la séparation des protagonistes (fondamental dans toute la série) connaît lui aussi une expression limite dans *Fils de personne* puisque dans la plupart des séquences les trois héros (le père, la mère et l'enfant) mènent une vie séparée, croisent le chemin des deux autres sans les reconnaître ou être reconnus d'eux. La Providence ménage en effet à ces personnages d'étranges rencontres aveugles, comme dans la superbe séquence où l'enfant donne à boire dans ses mains à la religieuse qu'il a croisée devant la fontaine et dont il ignore qu'elle est sa mère, elle-même ignorant qu'elle vient de se trouver en présence de son fils. Le style serein et limpide de Matarazzo n'a, lui, rien de baroque et se contente de laisser grossir et exploser le contenu baroque des scènes, comme lors de cette unique rencontre des trois personnages à l'avant-dernière séquence du film. Même dans cette séquence, il n'est pas donné à l'enfant agonisant de reconnaître sa mère et il demandera à Sœur Addolorata, qui figure dans les deux films comme une *apparition,* de le conduire vers elle. Laissant à la fin du récit le couple des héros au paroxysme et de leur douleur et de leur instabilité – ce qui est assez peu courant dans le genre –, le film exigeait une suite. Elle lui fut donnée quatre ans plus tard dans *Angelo bianco** (*La femme aux deux visages*), sixième titre de la série Nazzari-Sanson.

N.B. La Titanus avait déjà produit avec succès dans les années 20 une adaptation du roman de Ruggero Rindi, *I figli di nessuno,* 1921, réalisé par Ubaldo Maria Del Colle et interprété par Leda Gys dans le rôle de Luisa. Cette version très longue comportait trois parties : 1) *L'inferno bianco ;* 2) *Suor Dolore ;* 3) *Balilla.* L'action est assez proche de celle de la version de 1951 mais se trouvera resserrée d'une manière magistrale par Aldo De Benedetti et Matarazzo. Dans la version muette, le personnage de Luisa meurt à la fin. Matarazzo et Aldo De Benedetti choisissent de le laisser en vie, sans doute pour ne pas faire mourir l'actrice en tant qu'héroïne de la série et peut-être pour ménager une suite possible à cette histoire particulière. Autre adaptation du roman de Rindi, également produite par la Titanus, *L'angelo bianco,* réalisé par Giulio Antamoro et Federico Sinibaldi (1943).

## FILS DES MOUSQUETAIRES (LES)
### (At Sword's Point)

1952 – USA (81') • *Prod.* RKO (Jerrold T. Brandt) • *Réal.* LEWIS ALLEN • *Sc.* Walter Ferris et Joseph Hoffman d'ap. une histoire de Aubrey Wisberg et Jack Pollexfen • *Phot.* Ray Rennahan (Technicolor) • *Mus.* Roy Webb • *Int.* Cornel Wilde (D'Artagnan), Maureen

O'Hara (Claire), Robert Douglas (le duc de Lavalle), Gladys Cooper (la reine), Dan O'Herlihy (Aramis), Alan Hale, Jr. (Porthos), Blanche Yurka (Mme Michom), Nancy Gates (la princesse Henriette), June Clayworth (Claudine), Moroni Olsen (Porthos père).

Quelques années après la mort de Richelieu et de Louis XIII, la reine a pour principal ennemi le duc de Lavalle. Afin de s'emparer du pouvoir, le duc veut épouser la fille de la reine et éliminer son jeune frère, le futur roi de France. La reine se désole de n'avoir plus les célèbres Mousquetaires pour l'aider. Qu'à cela ne tienne : les descendants de d'Artagnan, d'Aramis, d'Athos et de Porthos sont là, prêts à reprendre le flambeau. Comme leurs pères avant eux, les Trois Mousquetaires sont quatre, mais le quatrième est... une femme, car le fils d'Athos est encore un enfant. Les quatre compagnons empêcheront le mariage du duc et d'Henriette et, après la mort de la reine, délivreront le jeune roi des mains criminelles de Lavalle que D'Artagnan tuera en duel.

☞ Comme *Chicago Deadline** par rapport au *film noir, At Sword's Point* représente, dans le domaine du film de cape et d'épée, un spécimen moyen du genre à l'époque où ce genre était encore à son pinacle. L'absence d'originalité d'Allen, liée à son talent d'imagier, devient presque une qualité car elle nous permet d'entrevoir à l'état neutre, à l'état brut, les caractéristiques d'un genre saisi juste avant son déclin dans l'univers hollywoodien. Comme dans *Chicago Deadline**, la moyenne du genre apparaît d'un niveau singulièrement élevé. Raffinement et allégresse constituent les principaux moyens de séduction utilisés pour conquérir le public. Le raffinement concerne la couleur, les décors, les costumes ; l'allégresse tient au rythme de l'action, au bonheur des personnages à triompher du danger et des « méchants » dans le cliquetis des épées et la course enivrante des chevaux. Des cinéastes plus artistes qu'Allen, tels Ophuls ou Leisen, savent faire passer dans cette allégresse toutes les nuances de la mélancolie et du désenchantement. Allen se contente, lui, d'un dynamisme élégant et de bon aloi. C'est déjà beaucoup.

N.B. Le film a été tourné en 1949-50 (sous le titre *Sons of the Musketeers*) et ne sortit que trois ans plus tard. Il fait partie de ces films dont Howard Hughes, après avoir racheté la RKO, repoussa la sortie (cf. *They Live By Night**, *The Set-Up**, *The Narrow Margin**, *The Boy With Green Hair**, etc.)

## FILS DU CHEIK (LE)
**(The Son of the Sheik)**

1926 – USA (7 bob.) • *Prod.* Feature Productions (John W. Considine, Jr.) • *Réal.* GEORGE FITZMAURICE • *Sc.* Frances Marion, Fred De Gresac • *Phot.* George Barnes • *Int.* Rudolph Valentino (Ahmed et son père, le cheik), Vilma Banky (Yasmin), George Fawcett (André), Montague Love (Ghabah, le Maure), Karl Dane (Ramadan), Bull Montana (Ali), Bynunsky Hyman (Pincher), Agnes Ayres (Diana).

Au sud d'Alger. Yasmin, fille du chef d'un groupe de saltimbanques et de voleurs, a séduit par ses danses Ahmed, le fils du cheik Ahmed Ben Hassan. Il fait des kilomètres à cheval à travers le désert pour la rejoindre dans le camp des voleurs. Là, il est attaqué, pendu par les poignets et fouetté par les membres de la bande qui espèrent une rançon. Ghabah, promis par son père à Yasmin, dit à Ahmed qu'elle a seulement servi d'appât pour sa capture. Deux amis libèrent Ahmed et le ramène à Touggourt. Brûlant du désir de se venger, il enlève Yasmin au café Maure et l'emmène dans sa tente où il lui montre les marques du fouet sur sa poitrine. Il la prend de force et elle tente de le poignarder. Le cheik enjoint à son fils de rendre la prisonnière aux siens, oubliant qu'autrefois il avait usé de violence pour obtenir celle qui devint sa femme. Yasmin prie Allah de lui donner la force de haïr Ahmed. Elle est ramenée au camp par un compagnon d'Ahmed qui apprend alors le mensonge de Ghabah, source du quiproquo entre les deux amants. Il rapporte les faits à Ahmed. Tandis que se lève une tempête de sable, Ahmed brave le danger et se rend au café Maure pour voir Yasmin. Il doit combattre à un contre dix les alliés de Ghabah qu'il poursuit ensuite à cheval car celui-ci a emmené de force Yasmin. Duel à cheval puis à terre entre Ahmed et Ghabah. Ahmed, vainqueur, repart avec sa belle.

☞ Suite du *Sheik* de George Melford (1921), adaptée d'un autre roman de Edith Maude Hull. Dernier film de Rudolph Valentino, sorti un mois avant sa mort. (Il y incarne deux rôles, jouant aussi le cheik vieilli, héros du précédent film.) Cette histoire d'amour-haine à la fois rudimentaire et paroxystique sert avant tout à mettre en valeur le magnétisme physique, le charme romanesque de la star masculine. Ses caractéristiques principales sont : une certaine lourdeur statique dans la sensualité (cette lourdeur se retrouve dans ses déplacements à l'intérieur du plan) ; un jeu dominé par une accentuation très archaïque des émotions ; une absence totale d'ironie. Valentino est le contraire de Douglas Fairbanks. Pour sa part, Fitzmaurice utilise de son mieux les éléments exotiques fournis par un scénario feuilletonesque de troisième ordre : à savoir le désert, une taverne louche, les costumes, l'architecture et les sites d'une Arabie irréelle et mythique. Durant sa météorique carrière (1918-1926), Rudolph Valentino ne se sera jamais inséré dans le dessein d'aucun auteur. Ses films les plus célèbres, à l'exception des *Quatre Cavaliers de l'Apocalypse*, n'ont d'autre qualité que de l'exalter lui, à une époque où le cinéma américain, pour une bonne partie de sa production, se voulait rêverie, fascination, drogue et mythologie.

## FILS UNIQUE (LE)
### (Hitori musuko)

1936 – Japon (87') • *Prod.* Shochiku/ Kamata • *Réal.* YASUJIRO OZU • *Sc.* Tadao Ikeda, Masao Arata d'ap. une histoire de James Maki (= Ozu) • *Phot.* Shojiro Sugimoto • *Mus.* Senji Ito • *Int.* Choko Ikeda (la mère), Shinichi Himori (Ryosuke, le fils), Yoshiko Tsubouchi (Sugiko, son épouse), Chishu Ryu (Okubo, le professeur), Mitsuko Yoshikawa (Otaka), Tokkan Kozo.

Otsune élève seule son fils unique. Elle se tue à la tâche pour qu'il puisse faire des études. Les années passent. Un jour, à l'improviste, elle va lui rendre visite à Tokyo où il s'est installé. Elle découvre alors qu'il est marié, qu'il a un bébé, qu'il n'a pas réussi et qu'il est très pauvre. Quant à elle, elle lui apprend qu'elle a dû vendre ce qui lui restait de son mari. Après quelque temps, elle reproche à son fils moins son échec que son découragement. L'enfant d'une voisine est accidenté. Le fils d'Otsune aide la mère de l'enfant et lui donne un peu d'argent. Otsune approuve ce geste qui la rend profondément heureuse. Elle dit à son fils qu'après tout elle préfère qu'il n'ait pas fait fortune. Puis elle rentre travailler dans son usine.

☞ Premier film parlant d'Ozu qui aborde tardivement cette technique (cinq ans après le premier film parlant japonais). Quoique Ozu ait dit s'être accroché dans cette œuvre aux basques du muet, la rupture de style avec son époque muette est déjà très nette et *Le fils unique* anticipe même largement sur les œuvres qu'Ozu réalisera durant la décennie suivante et après guerre. A la vivacité, aux changements de ton continuels, au dynamisme juvénile de ses films muets s'opposent ici la recherche obstinée d'un registre grave et intériorisé, ainsi qu'une mise en place volontairement statique des personnages. Ozu utilise et unifie diverses situations de mélodrame pour exprimer son point de vue personnel, assez subtil et relativiste, sur les rapports entre générations. Plus que d'incompréhension ou d'incommunicabilité, il faudrait parler ici d'éclairs de compréhension surgissant furtivement à la faveur d'événements caractéristiques ou exceptionnels. Ces éclairs et ces événements effacent pour un temps très court la distance considérable qui sépare les générations. Après quoi, celles-ci reprennent leur chemin respectif sur des routes différentes et qui peut-être ne se croiseront jamais plus. D'où la mélancolie parfois grinçante, le plus souvent poignante, qui se dégage du film.

## FIN DU JOUR (LA)

1938 – France (108') • *Prod.* Régina • *Réal.* JULIEN DUVIVIER • *Sc.* Charles Spaak, Julien Duvivier • *Phot.* Christian Matras, Armand Thirard, Robert Juillard, Ernest Bourreaud • *Mus.* Maurice Jaubert • *Int.* Louis Jouvet (Saint-Clair), Victor Francen (Marny), Michel Simon (Cabrissade), Madeleine Ozeray (Jeannette), Gabrielle Dorziat (Mme Chabert), Sylvie (Mme Philémon), François Périer (le journaliste), Gaston Modot (le patron du bistrot), Gabrielle Fontan (Mme Jambage), Jean Joffre (M. Philémon), Gaby Andreu (Danielle), Marie-Hélène Dasté (Adèle), Arthur Devère (le régisseur), Pierre Magnier (M. Laroche).

A l'Abbaye Saint-Jean-La-Rivière, hospice de vieillards réservé aux comédiens (et menacé sans qu'ils le sachent de fermeture), trois vieux acteurs se déchirent : Raphaël Saint-Clair, vieux beau autrefois couvert de succès et de femmes, qui a dépensé une fortune au jeu et pour ses conquêtes ; Gilles Marny, artiste ambitieux et estimé de ses confrères mais qui n'a jamais connu le succès (sa femme lui fut volée par Saint-Clair et mourut dans un accident de chasse ressemblant à un suicide : cette énigme hante Marny) ; enfin Cabrissade, boute-en-train et farceur, à l'occasion mythomane, qui a joué les doublures toute sa vie. Marny est sa tête de turc car il l'accable toujours de son mépris. Pour se venger, Cabrissade invente chaque jour de nouvelles farces et ira même jusqu'à lui lire son éloge funèbre publié par erreur dans un journal local. Saint-Clair quitte l'hospice après avoir hérité d'une bague qu'il avait autrefois donnée à une admiratrice ; il y revient, ayant tout perdu à Monte-Carlo. Pour prouver à tous qu'il peut encore séduire (une pensionnaire venimeuse a révélé publiquement qu'il s'envoyait à lui-même de très vieilles lettres d'amour), Saint-Clair pousse diaboliquement au suicide la jeune serveuse romanesque d'un café voisin, tombée amoureuse de lui. Marny empêchera la jeune fille de se tuer et Saint-Clair sombrera dans la folie, se prenant pour Don Juan. Auparavant a eu lieu, à l'intérieur même de l'hospice, une représentation de « L'Aiglon » donnée au profit de l'Abbaye par de grands comédiens parisiens. Elle permettra à l'administration de sauver la maison. Un comédien n'ayant pu arriver à temps, Marny est sollicité d'interpréter le rôle de Flambeau. C'est ce rôle que Cabrissade a attendu en vain toute sa vie. Il supplie Marny de le lui laisser. Marny refuse et répète une fois de plus à Cabrissade qu'il est dénué de tout talent. Les deux hommes s'insultent et en viennent aux mains. Marny tombe. Cabrissade prend son costume et entre en scène. Mais l'émotion de se retrouver devant un public, jointe à celle que lui cause la nouvelle des fiançailles et du départ d'un jeune scout qu'il considérait comme son fils, l'empêche de prononcer un seul mot. On doit baisser le rideau. Il ne peut que répéter « Je suis vieux ». Il s'écroule et meurt dans sa loge. Il a rédigé lui-même son éloge funèbre, se couvrant de fleurs. Marny est invité à le prononcer. Devant la tombe, il interrompt sa lecture et refuse de donner sa caution à un texte qu'il juge trop mensonger. Il rendra cependant hommage à l'amour du théâtre qu'avait toujours manifesté le vieux comédien.

☞ Chef-d'œuvre caractéristique d'une période (assez courte) du cinéma français – la fin des années 1930 – où il fut peut-être le premier du monde. « La littérature ajoute à la férocité » a écrit Sainte-Beuve à propos des écrivains. L'état de comédien aussi, selon Duvivier. Dans cette fin de journée à la fois frustante et tourmentée, quelques personnages monstrueux d'égoïsme (Jouvet), d'intransigeance (Francen) ou d'apparente bonhomie (Simon) s'affrontent jusque par-delà la mort. Leur lutte exprime conjointement deux thèmes : l'égocentrisme féroce des comédiens, la difficulté de vieillir – plus aiguë encore pour cette race de personnages que le film décrit comme d'éternels enfants gâtés. Là où des êtres en proie à une méchanceté passionnée qui leur colle à la peau s'empoignent et s'abandonnent avec une sorte d'ivresse à leur penchant destructeur : c'est le territoire priviligié des films de Duvivier. Un scénario magistral de Charles Spaak fait vivre une cinquantaine de personnages, tous repérables et inoubliables après quelques plans, et donne au réalisateur l'occasion de filmer une série prodigieuse de morceaux de bravoure. Le triomphe final du film réside dans le fait que ce déballage de noirceur et de sentiments bas engendre une émotion poignante. Elle vient pour une part de l'intensité et de l'absence d'ambiguïté des sentiments exprimés : la noirceur de Duvivier, à la différence de celle de Clouzot, n'est ni trouble ni ambiguë ; elle a quelque chose d'absolu. Cette émotion est due également à ce que le thème fondamental du film reste un thème positif. Il est clairement désigné dans la dernière séquence : c'est la passion du théâtre pour lequel chacun ici était prêt à se damner.

## FIN DU MONDE (LA)

1930 – France (91') • *Prod.* L'Écran d'Art • *Réal.* ABEL GANCE • *Sc.* Abel Gance, à partir du livre « La Fin du monde » de Camille Flammarion • *Phot.* Jules Kruger, Nicolas Roudakoff, Émile Pierre, Lucas, Lachowsky • *Mus.* (adaptation) Michel Levine, Siahan, Zederbaum • *Int.* Abel Gance (Jean Novalic), Victor Francen (Martial Novalic), Samson Fainsilber (Schomburg), Georges Colin (Werster), Jean d'Yd (Murcie), Colette Darfeuil (Geneviève de Murcie), Major Heitner (le médecin), Sylvie Grenade (Isabelle).

On crucifie le Christ. Il s'agit d'une représentation théâtrale donnée dans une église. Le Christ est incarné par Jean Novalic, un écrivain, un poète, un illuminé dont le frère, Martial, prix Nobel, part continuer ses recherches astronomiques à l'Observatoire du pic du Midi. Tous deux aiment la même femme, Geneviève de Murcie, mais Jean, persuadé que sa destinée est de souffrir, veut se sacrifier pour son frère en renonçant à Geneviève. Martial refuse ce sacrifice. Le père de Geneviève, un savant rival de Martial, voudrait la voir épouser Schomburg, un affairiste et un boursier richissime qui donne une fête en son honneur, à l'issue de laquelle il la prend de force. Voulant protéger une fillette frappée par ses parents, Jean, calomnié par ceux-ci, est ensuite agressé par la foule. Une pierre le frappe violemment au front et, dans les jours qui suivent, sa raison est en danger. Martial découvre qu'une comète qui a sept fois le diamètre de la terre va heurter immanquablement notre planète dans 114 jours. Il le dit à son frère qui s'écrie : « Je le savais ! » Il a rédigé son testament et, avant de mourir, demande à Martial et à Geneviève, qui lui est revenue, de profiter de ce cataclysme pour faire en sorte que les hommes apprennent à mieux se comprendre et à mieux s'aimer. Devant les menaces de guerre qui pointent à l'horizon international, Martial demande au directeur d'un grand journal de publier la nouvelle de l'arrivée imminente de la comète. Il s'associe avec le boursier Werster afin que celui-ci joue à la baisse et lutte contre les spéculations de Schomburg qui mise, lui, sur la guerre. Geneviève, vite lassée de ses tâches humanitaires, veut vivre. Elle retourne auprès de Schomburg qui complote la mort de Martial et veut l'empêcher de faire du haut de la Tour Eiffel un appel à la radio contre la mobilisation. Il mourra dans la chute d'un ascenseur dont Martial a attaqué les câbles au chalumeau oxydrique. Martial ignorait la présence de Geneviève dans la cabine. Il réunit ensuite les États Généraux du Monde. Pendant ce temps, les populations de la planète se livrent à la frayeur ou à la prière. A trente-deux heures de l'arrivée de la comète, beaucoup ne pensent qu'à oublier, à boire, à danser et à s'aimer dans des orgies gigantesques. Martial proclame la République Universelle pour les survivants.

☞ Le premier film parlant de Gance n'est hélas qu'une curiosité et appartient à cet immense « Bureau des rêves perdus » qu'est pour une bonne part l'œuvre de l'auteur de *Napoléon**. A l'heure où beaucoup de cinéastes s'enferment prudemment entre les murs de quelque pièce de théâtre datant du début du siècle, Gance le visionnaire se lance, lui, dans une fresque aux dimensions planétaires où il va s'attacher à exprimer le rôle messianique du poète et du savant, à donner corps à une utopie mondialiste basée sur les travaux de la Société des Nations d'alors. « Le monde moderne a pris ses précautions contre le sublime », dit Martial Navalic. Mais le sublime gancien, pour notre malheur, prend souvent les accents du ridicule. Le jeu de Gance lui-même, de Francen, de Colette Darfeuil, mal adapté aux exigences nouvelles du parlant, est un cabotinage exalté, digne du pire théâtre de province. La substance du récit, à la fois squelettique et confuse, ne rend pas justice aux rêveries de l'auteur. Il faut cependant préciser que la durée originale du film (trois heures) fut amputée d'un tiers lors du gala à l'Opéra en janvier 1931 et que nous ne voyons aujourd'hui de cette *Fin du monde* qu'une copie de 91'. Ce n'est que dans le dernier quart d'heure du film qu'apparaissent enfin le souffle et le déluge lyrique propres à Abel Gance. L'auteur lui-même fut son plus sévère critique. Après une projection en 1964, il déclara : « C'est un désastre. Je trouve tout le film exécrable, le jeu des acteurs, moi compris, ridicule, le sujet invraisemblable. Quelques séquences peuvent servir d'extraits de cinémathèque, et encore ! » (cité *in* Roger Icart : « Abel Gance », L'âge d'Homme, 1983). Ajoutons que ce film, quelle que soit la déception qu'il nous cause, doit absolument être vu si l'on veut se faire une juste idée des ambitions de l'auteur et de leur contraste avec la réalité du cinéma français de l'époque.

## FIN D'UN TUEUR (LA)
**(The Dark Past)**

1948 – USA (74') • *Prod.* COL. (Buddy Adler), • *Réal.* RUDOLPH MATÉ • *Sc.* Philip MacDonald, Michael Blankfort, Albert Duffy, Malvin Wald et Oscar Saul d'ap. P. « Blind Alley » de James Warwick • *Phot.* Joseph Walker • *Mus.* George Duning • *Int.* William Holden (Al Walker), Nina Foch (Betty), Lee J. Cobb (Dr Andrew Collins), Adele Jergens (Laura Stevens), Stephen Dunne (Owen Talbot), Lois Maxwell (Ruth Collins), Berry Kroeger (Mike).

Un dangereux criminel s'évade de prison, tue le directeur qu'il avait pris en otage et, avec ses complices, fait irruption la nuit dans la villa d'un psychiatre entouré d'un groupe d'amis. Le psychiatre apprivoise le criminel en lui expliquant les rudiments de la psychanalyse et en tirant au clair le contenu énigmatique de ses cauchemars à répétition qui lui faisaient craindre de devenir fou. Il l'amène ainsi à se rendre sans violence.

☞ Adaptation d'une pièce à succès déjà filmée en 1939 par Charles Vidor sous son titre original (*Blind Alley*). Un exposé psychanalytique (quoique le mot ne soit jamais prononcé) se trouve inséré dans le cadre d'un *film noir*. On peut critiquer cet exposé pour son caractère sommaire et naïf (mais replaçons-nous à l'époque) ou bien pour son aspect théâtral et expéditif (une psychanalyse réussie en une nuit !). On ne saurait mettre en doute son honnêteté et sa générosité, lesquelles réussissent à donner au film la valeur d'une investigation documentaire à propos d'une discipline scientifique encore peu connue du grand public. Lee J. Cobb incarne avec talent l'intellectuel type, tel que se le représente le cinéma libéral américain. Il fume la pipe, s'exprime clairement et posément, dégage une impression de force et d'équilibre. Son sens civique et humain est très développé. Il ne manque pas de courage. Dans cette optique, intellectuel devient synonyme de sécurisant. Inutile de souligner le gouffre qui sépare cette vision de la conception européenne. Le film contient une séquence célèbre de cauchemar représentée en « négatif » : un homme entouré de barreaux reçoit la pluie sous un parapluie troué.

## FLAMME DE MON AMOUR
**(Waga koi wa moenu)**

1949 – Japon (84') • *Prod.* Shochiku, Kyoto (Hisao Itoya, Kiyoshi Shimazu) • *Réal.* KENJI MIZOGUCHI • *Sc.* Yoshikata Yoda et Kaneto Shindo d'ap. R. de Kogo Nada tiré de l'autobiographie « Warawa no hanshogai » de Hideko Kageyama • *Phot.* Kohei Sugiyama • *Mus.* Senji Ito • *Int.* Kinuyo Tanaka (Eiko Hirayama), Mitsuko Mito (Chiyo), Eitaro Ozawa (Hayase), Ichiro Sugai (Kentaro Omoi), Kuniko Miyake (Toshiko Kishida), Sadako Sawamura (Omosa), Zeya Chida (Taisuche Itagaki).

En 1884, la célèbre militante féministe Toshiko Kishida visite la ville d'Okayama où Eiko Hirayama a fondé une école. Idéaliste et progressiste de tempérament, Eiko participe aux manifestations qui ont lieu dans la ville pour la défense des droits des femmes. Eiko découvre que Chiyo, la fille des domestiques de sa famille, a été bel et bien vendue à un habitant de Tokyo. Peu de temps après, son école ayant été fermée par les autorités, Eiko se rend à Tokyo. Au quartier général du parti libéral, elle apprend que son ami de toujours, Hayase, membre de ce parti, est devenu un traître à la cause et un espion à la solde du gouvernement. Eiko écrit pour le journal du parti et devient l'amie de Omoi, le chef du mouvement. Le Premier ministre du Japon manœuvre pour obtenir la dissolution du parti libéral qui l'avait pourtant amené au pouvoir. A Chichibu a lieu la fameuse révolte des fermiers de la soie. Ils luttent notamment contre les horribles conditions de travail imposées aux ouvrières dans les filatures. Eiko voit de ses propres yeux l'esclavage de ces femmes qui sont souvent frappées, torturées ou violées. Elle reconnaît parmi elles Chiyo qui mettra un peu plus tard le feu au bâtiment. Omoi, Eiko et Chiyo sont arrêtés. Au bagne des femmes, les prisonnières enchaînées deux à deux transportent de lourdes pierres. Chiyo, enceinte, se donne à un gardien dans l'espoir d'obtenir un moyen d'évasion. Au iieu de cela, elle est violemment frappée et son bébé mourra. Le père de l'enfant est l'homme qui l'avait achetée et qu'elle aime toujours car, dit-elle, c'est lui qui a fait d'elle une femme. En 1889, la Constitution est votée. C'est l'amnistie. Le parti libéral renaît. Eiko apprend que Omoi, qui veut l'épouser, a pour maîtresse Chiyo. Omoi trouve parfaitement naturel de vivre avec deux femmes. Pour lui, Chiyo est une femme vile, indigne d'être autre chose que sa maîtresse. Comprenant qu'il y a encore beaucoup à faire pour changer les mentalités, Eiko entame sa longue marche solitaire qui va commencer par la réouverture de son école à Okayama. Elle quitte Omoi, vainqueur aux élections. Dans le train qui la ramène vers sa ville natale, elle est rejointe par Chiyo.

☞ Après *La victoire des femmes* (1946), c'est le deuxième film ouvertement féministe de Mizoguchi. Dans l'univers de l'auteur, voué de façon essentielle et comme organique à exprimer le tragique de la condition féminine à travers l'histoire du Japon, ces deux films peuvent être vus comme un complément logique d'information, une rationalisation inévitable de tout le contenu profond de l'œuvre, et enfin comme un message d'espoir tranchant en partie avec le ton habituel – passablement désespéré – de Mizoguchi. *Flamme de mon amour* l'emporte sur *La victoire des femmes*, assez rigide et sec, par la toute-puissance de sa richesse formelle. En effet, le lyrisme de Mizoguchi, le miroitement unique de son style intense et déchiré sont présents dans cette chronique de la vie d'une féministe célèbre dont l'autobiographie a servi de base au scénario. A la différence des personnages porte-parole de *La victoire des femmes*, Eiko, dans ses découvertes et ses déceptions, est une héroïne mizoguchienne à part entière (interprétée par l'admirable Kinuyo Tanaka). Son portrait est complété comme en un dyptique par celui de Chiyo, l'une de ces nombreuses figures de victimes chères à l'auteur. *Flamme de mon amour* est aussi l'un des derniers films de Mizoguchi où l'usage du plan-séquence n'a pas encore totalement supplanté les autres figures de style. On notera au début la succession des travellings décrivant l'héroïne dans son environnement avant son départ pour Tokyo où elle se jettera dans le militantisme journalistique et politique. La séquence finale dans le train, lorsque l'héroïne, l'esprit encore tout occupé de l'homme qu'elle vient de quitter, songe à l'immense chemin qui lui reste à parcourir, est digne des sommets de l'œuvre de Mizoguchi. Tant par sa force de conviction, son enracinement dans l'histoire d'un pays que par la magie vigoureuse de son style, *Flamme de mon amour* est sans doute l'un des premiers et l'un des meilleurs films féministes jamais réalisés.

## FLÈCHE BRISÉE (LA)
**(Broken Arrow)**

1950 – USA (92') • *Prod.* Fox (Julian Blaustein) • *Réal.* DELMER DAVES • *Sc.* Michael Blankfort, d'ap. R. de Elliott Arnold « Blood Brother » • *Phot.* Ernest Palmer (Technicolor) • *Mus.* Hugo Friedhofer • *Int.* James Stewart (Tom Jeffords), Jeff Chandler (Cochise), Debra Paget (Sonseeahray), Basil Ruysdael (général Olivier O. « Bible Reading » Howard), Will Geer (Ben Slade), Joyce MacKenzie (Terry), Arthur Hunnicutt (Milt Duffield).

Arizona, 1870. Les luttes avec les Indiens durent sur le territoire depuis plus de dix ans. Ex-chercheur d'or, ex-soldat de l'Union, Tom Jeffords sauve de la mort le jeune Apache Chiricahua et s'attire la reconnaissance de sa tribu et celle de Cochise, lequel a pour la première fois réussi à regrouper sous sa bannière l'ensemble des tribus apaches. Quand Jeffords est de retour à la ville, seul rescapé d'un massacre de Blancs (les Indiens l'avaient, pendant l'attaque, ligoté à un arbre), les gens s'étonnent de l'étrange mansuétude des Indiens à son égard. Écœuré par la guerre permanente que se livrent les deux races, Jeffords décide de tout apprendre sur les Indiens. Avec l'aide de l'un des leurs vivant parmi les Blancs, il étudie la langue, les mœurs et les coutumes, l'histoire des Apaches. Puis il va seul sur leur territoire et contacte Cochise pour lui demander le libre passage du courrier. Il obtient gain de cause. Il est tombé amoureux d'une jeune Indienne, Sonseeahray (l'Étoile du matin). Le courrier fera plusieurs aller et retour sans rencontrer d'obstacle. Mais lorsqu'une caravane traverse une zone indienne avec des soldats dissimulés dans les chariots, elle est attaquée et décimée. Jeffords serait pendu comme espion par les Blancs de la région sans l'intervention d'un général, rescapé de l'attaque. Ce général, « Bible Reading » Howard, est célèbre pour ses convictions religieuses. Il demande à Jeffries de le conduire auprès de Cochise. Lors d'une conférence de paix qui dure quatre jours, la plupart des chefs apaches se trouvent réunis. Mais sept ou huit d'entre eux suivent Geronimo et refusent de s'associer au traité que Cochise a signé avec Howard. Peu à peu, la paix s'installe. A l'occasion, les Indiens assurent la protection de Blancs en difficulté. Jeffords s'est marié avec Sonseeahray en suivant les rites de sa tribu. Un jeune Blanc arrive un jour au camp indien. Il assure qu'on lui a volé deux poulains. Jeffords et quelques Indiens le suivent et tombent dans une embuscade au cours de laquelle Sonseeahray est mortellement blessée. Plus tard, Cochise est informé que les Blancs responsables de ce crime seront jugés et châtiés. Jeffords, le cœur brisé, veut croire que le sacrifice de sa femme aura servi à l'établissement de la paix.

☞ Un des plus beaux westerns. Dans l'histoire du genre, *La flèche brisée* est le plus important des films ayant contribué à ce que soit reconsidéré, avec respect et dignité, le traitement du problème indien. Qu'une telle œuvre émane de Delmer Daves est aussi naturel que logique. Les mérites du film sont en effet la résultante de la profonde honnêteté morale de l'auteur et de sa connaissance intime du sujet. Daves avait longuement voyagé parmi les Indiens, apprenant à connaître, comme son héros Tom Jeffords, leurs coutumes, leur religion, leurs rites et leurs fêtes. Par vocation, le western possède une valeur historique : il peut évoquer l'Histoire, mais non la réécrire. Ce profond désir d'union entre les races dont témoigne le film a été un rêve enfoui au cœur de certains hommes de bonne volonté. Mais, dans la réalité, il en resta au stade de l'utopie et ne fut rien d'autre qu'une occasion perdue. Le lyrisme de Daves et son immense talent plastique (le plan où les deux époux allongés contemplent un paysage de lac et de montagnes possède, comme beaucoup de moments dans le film, une véritable saveur paradisiaque) expriment concrètement la dualité du sujet traité : ce qui aurait pu être (le bonheur parfait des deux héros ayant franchi tous les obstacles qui s'opposaient à leur union) et ce qui a réellement été (l'extrême fragilité et la destruction de ce bonheur). En ce sens, le film reflète bien les deux faces du talent de Daves. Son œuvre, toujours très informée et documentée, contient aussi une part de rêverie, indispensable à l'homme. La beauté, chez Daves, n'est pas seulement la splendeur du vrai mais également celle du possible, comme si le possible faisait partie du vrai et était appelé à se réaliser, un jour ou l'autre, quelque part. L'interprétation de *La flèche brisée* est particulièrement mémorable. C'est, après guerre, le deuxième film de James Stewart (qui venait de tourner *Winchester 73**) comme héros de western sérieux, ici dans un rôle beaucoup plus tendre que chez Mann. C'est aussi le début de sa nouvelle et prodigieuse carrière dans ce genre. Le personnage de Sonseeahray bénéficie de la présence radieuse de Debra Paget. Quant à Jeff Chandler, son interprétation des grands chefs indiens est restée légendaire. Il reprendra notamment le rôle de Cochise dans *The Battle at Apache Pass* (*Au mépris des lois,* George Sherman, 1952) et, pour une seule séquence, dans *Taza, Son of Cochise (Taza, fils de Cochise,* Douglas Sirk, 1954).

## FLEUVE (LE)
## (The River)

1950 – Inde (99') • *Prod.* UA-Oriental International Film Inc. avec le concours du Theater Guild (Kenneth McEldowney, Kalyan Gupta, Renoir's Production) • *Réal.* JEAN RENOIR • *Sc.* Rumer Godden, Jean Renoir d'ap. R. de Rumer Godden • *Phot.* Claude Renoir (Technicolor) • *Déc.* Eugène Lourié, Bansi Chandra Gupta • *Mus.* Folklore indien, Weber • *Int.* Nora Swinburne (la mère), Esmond Knight (le père), Arthur Shields (Mr. John), Thomas E. Breen (le capitaine John), Radha Shri Ram (Mélanie), Suprova Mukerjee (Nan), Patricia Walters (Harriet), Adrienne Corri (Valérie), Richard Foster (Bogey).

Harriet raconte son premier amour d'adolescente. Sa famille, anglaise, vit en Inde au bord du Gange. Harriet est l'aînée de quatre filles et a un frère, le petit Bogey, dont le rêve est d'apprivoiser un cobra. Son père dirige un entrepôt de jute sur les quais. Un voisin anglais reçoit son neveu, le capitaine John, qui arrive d'Amérique quelques jours après que la fille de ce voisin, Mélanie, soit revenue d'Europe où elle a fait ses études. Ce voisin, veuf d'une Indienne qu'il aimait éperdûment, voit sa fille adopter définitivement le sari pour essayer de s'intégrer à ce pays où elle se sent, de par sa double appartenance, un peu en retrait. John, lui, se sent tout à fait étranger ici – et partout. La guerre l'a profondément marqué dans son corps (il y a perdu une jambe) et dans son cœur. Harriet a pour amie, outre Mélanie, la fille d'un riche collègue de son père, Valérie, qui fait de l'équitation ; elle est un peu plus âgée qu'elle et a déjà la séduction d'une vraie femme. Les trois jeunes filles vont tomber amoureuses du capitaine John : Harriet avec sa naïveté et sa maladresse de vilain petit canard aspirant à devenir un cygne, Valérie avec sa frivolité et sa cruauté de séductrice en herbe, Mélanie avec une gravité et une sagesse résignée qui lui viennent pour une grande part de l'Inde elle-même. La vie intense, à la fois matérielle et spirituelle, qui se déroule le long du fleuve et dans le fleuve, les fêtes rituelles, comme celle de Diwali, riches en spectacles et en divertissements, les poèmes qu'écrit Harriet dans son placard pour se consoler du monde et pour le chanter, baignent ces trois amours naissantes. Quand le capitaine John annonce son départ, une atmosphère de tristesse s'abat sur la maison d'Harriet. Mélanie, Harriet et Valérie iront en même temps lui porter des fleurs. Seule Valérie, qui s'était brouillée avec lui, recevra de John un baiser passionné, sous l'œil de Mélanie et d'Harriet. « Mon premier baiser, se dit Harriet, et c'est une autre qui le reçoit ! ». Durant la sieste, Harriet retrouve le petit Bogey endormi par la mort : le cobra qu'il voulait tant charmer l'a mordu. Elle tentera de se jeter dans le fleuve. Elle connaissait en effet l'existence du cobra mais les récents événements et le prochain départ de John l'ont empêchée d'accorder à ce danger l'attention qu'il méritait. Des pêcheurs la repêcheront. « Il faut accepter » dit Mélanie à John qu'elle sent toujours aussi mal dans sa peau. Avant son départ, Harriet aura osé lui avouer qu'elle l'aimait. Quand arrive le printemps, la mère d'Harriet donne naissance à un sixième enfant. Chacune des trois amies reçoit une lettre de John, mais elle leur tombe des mains quand elles entendent les premiers cris du bébé...

☞ Après plusieurs années passées en Amérique, qui ne constituent pas sur le plan créatif une période cruciale de son œuvre, Renoir ne retourne pas directement en Europe (où il réalisera les quelques films essentiels qui clôtureront sa carrière). Il fait un détour par l'Inde sur laquelle il ne se cache pas de poser un regard d'Occidental, et en rapporte ce film magnifique qui marque à la fois une pause dans son œuvre et un élargissement philosophique de ses perspectives. *Le fleuve* est représentatif de la double ambition qui anime les plus grands cinéastes de l'après-guerre : aller au plus profond de l'intimité des personnages et les replacer – eux et leur expérience – dans une vision globale et planétaire de la réalité. A cet égard, *Le fleuve* est le plus rossellinien des films de Renoir. Grâce à un scénario raffiné et solide qui unit avec une merveilleuse fluidité un grand nombre d'éléments disparates, le film installe son propos à une multitude de niveaux : sentimental, familial, social, racial, philosophique, spirituel et métaphysique. De même, les espaces où se déroule l'histoire vont du plus intime au plus cosmique : le cœur d'Harriet, la famille anglaise, les berges du fleuve et le fleuve lui-même, l'Inde et le monde. Dans tous ses aspects, le film est un hommage à la splendeur des apparences, à la sagesse de la vie et à l'unité du grand Tout. Par rapport à cette unité, l'individu, dans son for intérieur, dans son histoire personnelle, peut se sentir séparé, exilé, mais c'est une illusion dangereuse qui doit disparaître et céder le pas devant la reconnaissance de l'équilibre supérieur des cycles vitaux, devant un consentement à l'ordre naturel des choses et à la cohérence de l'univers. La consolation suprême vient, aux yeux de Renoir, du fait que dans l'univers la partie est aussi importante que le tout, *est réellement*, dans son humble mesure, le tout ; et cette conviction s'est renforcée chez lui au cours de son séjour en Inde. L'ambition philosophique du film trouve son répondant dans la minutieuse réussite esthétique de sa réalisation. L'écart entre les acteurs (professionnels ou non professionnels) et les personnages qu'ils interprètent se trouve dans *Le fleuve* pour ainsi dire réduit à zéro. N'est-ce pas le rêve de tout metteur en scène ? Le documentaire et le fictif se mêlent dans le récit et recréent au niveau formel cette unité que le film prône au niveau métaphysique. Quant à la photo de Claude Renoir, considérée à juste titre avec celle du *Carrosse d'or** comme l'une des plus mémorables de l'histoire du cinéma, elle incarne dans ses nuances et sa richesse le propos de l'auteur, la gratitude qu'il ressent vis-à-vis de l'univers et la parfaite sérénité à laquelle il se propose d'atteindre.

BIBLIO. : commentaire de Renoir sur son film dans une interview aux « Cahiers du cinéma » nº 35 (1954) repris dans le volume Jean Renoir : « Entretiens et propos », Éditions de l'Étoile – Cahiers du cinéma, 1979. Voir aussi Jean Renoir « Ma vie et mes films », chapitre 45, Flammarion, 1974. A propos de la couleur dans *Le fleuve*, Renoir écrit : « Les végétations tropicales offrent un choix limité de couleurs : les verts sont vraiment verts, les rouges sont vraiment rouges. C'est pourquoi le Bengale, comme beaucoup de pays tropicaux, est si favorable à la photographie en couleurs. Les couleurs n'y sont pas vives tout en n'étant pas mélangées. Leur légèreté fait penser à Marie Laurencin, à Dufy et j'ose l'ajouter, à Matisse. (...) Pendant le tournage du *Fleuve*, nous pourchassâmes les demi-teintes. Lourié [le décorateur] alla même jusqu'à faire repeindre en vert le gazon d'une de nos scènes. Rien n'échappait à notre inspection, les maisons, les rideaux, les meubles et les vêtements. Pour ces derniers, c'était une tâche assez facile : les Indiens affectionnent les vêtements blancs, cette couleur idéalement simple. Bien entendu, le fleuve lui-même échappait à notre contrôle, aussi ajustions-nous les premiers plans par rapport aux arrière-plans. »

## FLEUVE SAUVAGE (LE)
### (Wild River)

1960 – USA (103') • *Prod.* Fox (Elia Kazan), • *Réal.* ELIA KAZAN • *Sc.* Paul Osborn d'ap. R. « Mud on the Stars », de William Bradford Huie et R. « Dunbar's Cove » de Borden Deal • *Phot.* Ellsworth Fredericks (DeLuxe Color, Cinémascope) • *Mus.* Kenyon Hopkins • *Int.* Montgomery Clift (Chuck Glover), Lee Remick (Carol Baldwin), Jo Van Fleet (Ella

Garth), Albert Salmi (Hank Bailey), Jay C. Flippen (Hamilton Garth), James Westerfield (Cal Garth), Barbara Loden (Betty Jackson), Robert Earl Jones (Ben).

De tout temps, les crues du Tennessee ont provoqué d'immenses inondations causant des pertes financières énormes, décimant les familles. En 1933 fut créé par l'administration Roosevelt le Tennessee Valley Authority, organisme chargé d'appliquer un plan de développement économique de la région, en particulier par la construction de barrages. Chuck Glover, jeune ingénieur délégué par le gouvernement fédéral, arrive dans un village pour diriger le bureau local du TVA. Il doit d'abord règler le cas d'Ella Garth, une vieille femme récalcitrante qui, seule de toute la région, refuse de vendre ses terres et d'être relogée. Elle possède une petite île qui va être nivelée puis recouverte par les eaux du barrage en construction. Les sénateurs ont recommandé d'éviter toute violence, ce qui va absolument dans le sens du caractère de Chuck, un homme doux, patient et obstiné. Lors de sa première entrevue avec Chuck, elle lui tourne le dos, quitte le porche de sa vieille bicoque et rentre chez elle. L'un de ses trois fils, un colosse à demi débile, flanque Chuck à la rivière. L'un de ses frères viendra s'excuser auprès de Chuck à son hôtel et lui fixe un rendez-vous de la part de sa mère. Ella, entre temps, use de sa grande influence sur les Noirs de son île et entreprend de leur expliquer la nocivité des intentions des représentants du New Deal. Elle déclare à Chuck qu'elle est contre ces barrages qui cherchent à domestiquer l'énergie de la nature. Autrefois son mari a défriché ces terres qu'elle ne quittera jamais. Chuck est amené à rencontrer Carol, la petite-fille d'Ella, jeune veuve mère de deux enfants. Pour la première fois, Carol retourne en compagnie de Chuck dans la maison qu'elle habitait avec son mari sur la rive. Elle espère pouvoir convaincre sa grand-mère de venir y vivre avec elle. Chuck conseille au maire d'engager les Noirs de l'île qui, ainsi, la quitteront et amèneront Ella à partir. Trois notables viennent exiger de Chuck qu'il constitue des équipes séparées de Blancs et de Noirs et surtout qu'il paie les Noirs à quarante pour cent du tarif réservé aux Blancs. Les Noirs déménagent de l'île et viennent s'installer dans des baraquements munis de l'électricité mis à leur disposition par Chuck. Chuck et Carol sont tombés amoureux l'un de l'autre. Alors qu'il devrait être son ennemi, l'ancien fiancé de Carol prévient Chuck du piège qu'on lui tend. En effet, un homme – un pompiste – l'attend dans sa chambre et le frappe pour le décourager d'employer des Noirs au même tarif que les Blancs. Chuck, comme si rien ne s'était passé, refuse de porter plainte et, continuant son travail, recherche une maison munie d'un porche pour Ella. Un soir, les hommes du village montent sur le toit de la maison de Carol, où se trouve Chuck, pour danser et s'agiter. D'autres envoient des projectiles et renversent la voiture de Chuck. Le pompiste le frappe à nouveau et s'attaque même à Carol qui le défendait. Le couple est mis K.-O. Quand tout le monde est parti, Chuck soupire : « Si seulement je pouvais l'emporter au moins une fois ! » Puis il demande à Carol de l'épouser. Le mariage a lieu aussitôt. Une délégation conduite par le shérif emmène Ella et la conduit dans sa nouvelle maison avec porche. Elle y meurt peu après. Les ouvriers noirs abattent les arbres de l'île et incendient la maison. Après l'enterrement d'Ella, Chuck, Carol et ses deux enfants quittent la région en avion. Ils jettent un dernier regard sur l'île qui sera bientôt engloutie.

☞ Tout en se trouvant situé dans un contexte social et historique très précis, très concret, comme toujours chez Kazan, *Le fleuve sauvage* est avant tout une rêverie lyrique et poétique sur des thèmes chers à l'auteur : individualisme pur et dur assimilé aux élans indomptables de la nature (le personnage d'Ella et le fleuve d'avant les barrages ne font qu'un, forment une seule et unique entité) ; fraternité des adversaires (poussée ici très loin dans la narration : identité de vues entre Chuck et Carol ; secours apporté par le fiancé de Carol à Chuck ; admiration de Chuck pour Ella) ; naissance d'un amour extrêmement fort au sein d'un contexte conflictuel et enfiévré. Cet amour est le principal facteur d'équilibre dans un environnement en proie au déséquilibre. Tous ces thèmes s'entrelacent dans un récit au rythme extrêmement lent (cause probable du désastre commercial du film) s'attachant à mettre en valeur les sites et les paysages naturels dans leur relation profonde avec les personnages. La matrice, pour ainsi dire, de cet entrelacs et de ces arabesques – et peut-être de toute l'œuvre de Kazan – est la notion d'enracinement. Plus forte encore que leur volonté ou leur désir de liberté, elle conditionne la vie même des personnages. S'ils sont jeunes, ils pourront passer victorieusement d'un univers à un autre (*America, America**). S'ils sont vieux et attachés par toutes les fibres de leur être et de leur destin à une terre, ils mourront, comme ici, dès qu'ils l'auront abandonnée. Caractéristique de sa dernière période, le style de Kazan tend vers la sérénité, la contemplation. Il dédaigne les paroxysmes et s'intéresse aux lentes et invisibles maturations de la durée. Pour ce qui est des personnages, Kazan ne décrit plus leurs névroses, ou alors elles sont devenues autre chose : des manifestations de leur attachement cosmique à l'univers, lesquelles ne sont plus justiciables de la psychiatrie ou de la psychanalyse mais d'une investigation poétique et métaphysique infiniment plus vaste. Le point commun de ces personnages est devenu leur aspiration profonde vers la paix. Ils la trouveront dans l'amour ou dans la mort, et toujours dans une communion avec la beauté du monde.

## FLIBUSTIÈRE DES ANTILLES (LA)
## (Anne of the Indies)

1951 – USA (87') • *Prod.* Fox (George Jessel) • *Réal.* JACQUES TOURNEUR • *Sc.* Philip Dunne et Arthur Caesar d'ap. une histoire de Herbert Ravenel Sass • *Phot.* Harry Jackson (Technicolor) • *Mus.* Franz Waxman • *Int.* Jean Peters (capitaine Anne Providence), Louis Jourdan (capitaine Pierre François La Rochelle), Debra Paget (Molly La Rochelle), Herbert Marshall (Dr Jameson), Thomas Gomez (Barbe-Noire), James Robertson Justice (Red Dougal).

Anne Providence, enfant trouvée, puis « éduquée » et formée par le célèbre Barbe-Noire, est devenue le capitaine du « Sheba Queen », vaisseau pirate dont les exactions inquiètent jusqu'au gouvernement de Londres. C'est qu'Anne Providence massacre sans pitié les équipages des navires anglais qu'elle arraisonne, afin de venger la mort de son frère exécuté par la justice britannique. Pourtant, un jour, elle gracie un prisonnier trouvé dans la cale d'un navire anglais. Il s'agit en fait d'un officier français, ex-corsaire, cherchant à récupérer son bateau par tous les moyens et, s'il le faut, en livrant Anne aux autorités britanniques. Elle tombe amoureuse de lui. D'où une brouille avec son vieil ami Barbe-Noire qui enverra le « Sheba Queen » par le fond et son capitaine aux enfers.

☞ Film de pirate et de cape et d'épée appartenant, comme *La Flèche et le Flambeau,* à la veine colorée de Jacques Tourneur, très minoritaire dans son œuvre. Mais ici, à l'inverse de l'optimisme bon enfant de *La Flèche et le Flambeau,* le maximum de flamboyance côtoie le maximum d'acuité et d'âpreté. Mélange explosif et insolite, bien propre à ciseler le portrait de ce monstre femelle, qui n'eut qu'un ami au monde (Barbe-Noire) et mourut pourtant de sa main. Elle découvrit un jour – c'est le sujet du film – sa féminité, et cette découverte ne devait pas tarder à entraîner sa perte. La somptuosité des images et la froideur du ton (qui rompt avec la truculence picaresque habituelle au genre) s'unissent dans cette œuvre pour décrire une héroïne hors norme qui n'avait pas sa place en ce monde. Du jour où elle devint humaine, elle perdit par là même toutes ses chances de survie. Le plus borgésien des films de Jacques Tourneur ajoute ainsi un chapitre inédit à l'« Histoire de l'infamie » commencée par l'écrivain argentin. Photo sublime et fin abrupte, particulièrement caractéristique du style de Jacques Tourneur.

## FLUCHTLINGE

1933 – Allemagne (87') • *Prod.* UFA, Berlin • *Réal.* GUSTAV UCICKY • *Sc.* Gerhard Menzel d'ap. son R. • *Phot.* Fritz Arno Wagner • *Mus.* Herbert Windt, Ernst Erich Buder • *Int.* Hans Albers (Ameth), Käthe V. Nagy (Kristja), Eugen Klopfer (Laudy), Ida Wüst (la « Megele »), Veit Harlan (Mannlinger), Carsta Löck (la « Hellerle »), Maria Koppenhöfer (l'Allemande de la Volga).

Août 1928 en Mandchourie. A Harbin, un groupe d'Allemands de la Volga (minorité installée en Russie depuis plusieurs siècles) est traqué par les Bolcheviks. Dirigés par un officier allemand, mercenaire au service des Chinois et déçu par son pays, ces fugitifs réussissent à réparer une ligne de chemin de fer et à partir dans un convoi ferroviaire remis en état. Pendant ce temps, les membres d'une conférence internationale continuent leurs vaines palabres.

☞ Neuvième film parlant de Gustav Ucicky, le meilleur cinéaste de l'Allemagne nazie avec Hans Steinhoff. On peut voir le film comme une parabole politique : un guide (führer) rassemble les énergies d'un groupe démantibulé et lui permet d'atteindre son but, le retour à la mère-patrie. Réciprocité des influences entre le groupe et son leader : la minorité avide de revoir la nouvelle Allemagne communique en retour au leader désabusé une passion patriotique qu'il avait perdue. On peut voir également le film comme un pur récit d'action à la structure abstraite et passe-partout (un groupe de fugitifs supposés sympathiques échappe à ses poursuivants). A telle enseigne qu'une version française parallèle fut tournée par Henri Chomette avec Pierre Blanchar (dans le rôle de Hans Albers) et Charles Vanel sous le titre *Au bout du monde.* Quelle que soit la vision choisie, l'intérêt de l'œuvre est ailleurs : dans sa prodigieuse reconstitution de Charbin (aux studios de Neubabelsberg), avec son grouillement de vie désordonnée, ses groupes hagards de réfugiés, d'habitants paniqués fuyant la féroce détermination des assaillants (entre autres les Bolcheviks, qui enferment leurs prisonniers dans des filets). Jamais on n'a aussi bien montré une ville en guerre, carrefour de forces qui cherchent à s'affronter, s'entrecroisent ou s'ignorent. Un tel résultat est obtenu autant par l'immensité des moyens mis à la disposition du réalisateur que par la qualité respective des différents éléments de la mise en scène (photo géniale de Fritz Arno Wagner, découpage et montage alliant la densité à la fluidité). L'« impression de réel » atteint ici un sommet que même les Américains n'ont pas su égaler (*Shanghai Express* en comparaison paraît, sur le plan de la recréation spectaculaire, une œuvre minuscule, guignolesque et tout à fait incrédible). Conséquence de la propagande idéologique et des lacunes du scénario : les personnages n'ont aucun relief individuel ; le récit est vide de toute force épique ou lyrique. Cela souligne encore plus sa fébrile intensité documentaire.

## FLY BY NIGHT

Inédit en France. 1941 – USA (74') • *Prod.* PAR. (Sol C. Siegel) • *Réal.* ROBERT SIODMAK • *Sc.* Jay Dratler, Frederick Hugh Herbert • *Phot.* John F. Seitz • *Int.* Richard Carlson (Dr Jeff Burton), Nancy Kelly (Pat Lindsay), Albert Bassermann (Dr Storm), Miles Mander (Pr Langner), Walter Kingsford (Heydt), Martin Kosleck (George Taylor), Nestor Paiva (Grube).

Par une nuit d'orage, aux environs de la petite cité de Glenville un pensionnaire d'un asile psychiatrique, George Taylor, s'échappe en étranglant un des gardiens. Il oblige un interne d'un hôpital voisin, Jeff Burton, à le prendre en stop et lui explique qu'il n'est pas fou. Il était prisonnier dans l'asile et affirme être traqué par un groupe d'espions qui veulent s'emparer d'une invention due au Pr Langner dont il est l'assistant. Il meurt poignardé dans la chambre d'hôtel de Burton sans avoir pu désigner son agresseur. Burton est accusé du meurtre par les policiers et, voyant qu'il ne pourra leur faire entendre raison, préfère prendre la fuite. Par précaution, il emmène de force avec lui une jeune caricaturiste, Pat Lindsay, qui, grâce à ses dessins, aurait pu le dénoncer. Sur la route, ils sautent de leur voiture en marche sur un camion transportant plusieurs autres véhicules. Ils échappent ainsi aux barrages de police et volent la voiture où ils s'étaient cachés. Ils retrouvent la maison du Pr Langner envahie par des espions. Burton apprend que Langner est prisonnier dans le même asile d'où s'était échappé Taylor. Fuyant leurs poursuivants, Jeff Burton et Pat sont pris en stop par deux inconnus qui se révèlent être ... des policiers. Jeff déclare qu'il a enlevé Pat à son père. Mensonge qui le met dans l'obligation de se marier avec la jeune femme sous l'œil bienveillant mais attentif des deux policiers. Les jeunes mariés malgré eux échapperont à l'encombrante sollicitude de leurs protecteurs en volant une voiture. Jeff décide de s'introduire dans l'asile en se faisant passer pour fou. Il retrouve ainsi le Pr Langner mais devient comme lui le prisonnier du directeur, complice des espions. Pendant ce temps Pat, qui voulait alerter les policiers, est arrêtée par eux pour vol de voiture. Ils viennent ensuite arrêter Burton qu'ils emmènent dans leur voiture. Poursuivie par celle des espions, la voiture de police tombe dans un fossé. Burton et Pat s'en extirpent et vont retirer à la consigne (dont Taylor leur avait donné le ticket) la précieuse invention : c'est un parachute miniature qui ressemble à un jouet. Ils croient ensuite prendre un inoffensif taxi mais se retrouvent prisonniers dans un mystérieux véhicule. Détail inquiétant : les portières n'ont pas de poignée intérieure. Ils se trouvent dans la voiture qui sert au transport des fous dangereux. Les voilà ramenés à l'asile. Sous la menace, Langner doit expliquer le fonctionnement de son invention au directeur qui manipule le modèle réduit selon les indications du savant. Une charge placée dans le parachute, subissant un rayonnement venu du sol, émet une lumière aveuglante. Le directeur se retrouve effectivement aveugle, comme l'est déjà devenu depuis longtemps Langner lui-même en mettant au point l'invention. Fou de rage, le directeur, maintenant plongé dans la nuit, tire au hasard des coups de revolver dans la pièce et abat l'un de ses complices qui entrait. La police arrive et immobilise le reste de la bande. Les deux héros sont sains et saufs. Ils n'ont même pas besoin de se marier pour se prouver leur amour, puisqu'ils le sont déjà.

☞ Entre son départ de France (1939) et le début de son travail pour la Universal (où il tournera dix films en sept ans), Siodmak réalise cinq petites bandes à très petit budget pour différentes firmes. Trois d'entre elles sont produites par la Paramount avec Richard Carlson en vedette, toujours dans un rôle de docteur ou de savant. La meilleure est *Fly by Night.* Mené sur un rythme endiablé qui ne faiblira pas du début à la fin, ce petit récit d'espionnage est fertile en rebondissements, en invention, en images insolites qu'on a du mal à oublier. Parmi bien d'autres, citons la voiture aux portières sans poignées ou la séquence étonnante au cours de laquelle un vieillard subitement aveugle essaie d'en abattre un autre enfermé avec lui dans une pièce en tirant des coups de revolver dans toutes les directions. L'ensemble est original à deux titres. D'abord par sa dimension onirique, toujours présente chez Siodmak, lequel n'a besoin pour la mettre en valeur de recourir à aucun trucage, effet ou mode de soulignement particulier. L'univers de Siodmak – par la magie de la photo, du jeu précis, hagard et comme envoûté des acteurs, de l'emboîtement des séquences les unes dans les autres – est spontanément inquiétant et onirique. Cette composante est beaucoup plus accentuée et beaucoup plus naturelle chez lui qu'elle ne l'est, par exemple, chez Hitchcock ou Lang dont les fictions ressemblent parfois aux siennes. La trajectoire bondissante des deux personnages principaux ne leur laisse pas reprendre leur souffle et obéit à la logique absurde du cauchemar. Un cauchemar que l'auteur a voulu bordé de rose. Car – et c'est là la seconde originalité du film – Siodmak, à l'intérieur du cauchemar, sait pratiquer avec virtuosité le mélange des tons. Quand une idée vire par trop au noir (dans une tonalité proche, disons, de Val Lewton), il la ramène prestement vers le rose et ce qui aurait pu être un conte d'horreur obéit aussi aux règles de la comédie américaine. Un tel va-et-vient ajoute encore à la fascinante mobilité du film. Cette œuvre mineure, cette commande au budget minuscule, prouve autant que ses grands *films noirs* (entièrement noirs) l'immense talent de Siodmak.

## FOLIES DE FEMMES
**(Foolish Wives)**

1921 – USA (version reconstituée : 100') • *Prod.* Universal • *Réal.* ERICH VON STROHEIM • *Sc.* Erich von Stroheim • *Phot.* Ben Reynolds et William Daniels • *Déc.* Richard Day • *Int.* Erich von Stroheim (comte Vladislas Sergius Karamzin), Maude George (princesse Olga), Mae Busch (princesse Vera), Rudolph Christians (Andrew J. Hughes), Miss Dupont (Helen Hughes), Dale Fuller (Maruschka), Cesare Gravina (Ventucci), Malvine Polo (Marietta, fille de Ventucci), C.J. Allen (Albert Ier, prince de Monaco).

Dans la villa Amorosa aux abords de Monte-Carlo vivent trois escrocs se faisant passer pour des aristocrates russes émigrés, les princesses Olga et Vera Petschnikoff et leur séduisant cousin, le comte Vladislas Sergius Karamzin. Ils écoulent de la fausse monnaie que vient leur livrer Ventucci, un veuf qui élève seul sa fille, une simple d'esprit. Les trois escrocs jettent leur dévolu sur l'ambassadeur des États-Unis, Andrew J. Hughes, venu en visite officielle à Monaco, et sur sa femme, Helen, qui sera leur prochaine victime. Sergius entre en contact avec elle. Elle se montre très sensible à son charme et il lui fait visiter la région. Par une nuit d'orage, il la retient dans la cabane de la Mère Garoupe où l'arrivée d'un moine, perdu dans la tempête, l'empêche de mener son entreprise de séduction à son terme. A l'aube, il la ramène chez son mari. Il n'est pas de petit profit pour Sergius qui n'hésite pas à extorquer à sa bonne, Maruschka, ses deux mille francs d'économie. Passionnément amoureuse de son maître, la pauvre créature croit encore à la promesse de mariage qu'il lui a faite. Au casino, Sergius pousse Helen à jouer gros à la roulette ; la chance lui sourit et elle gagne la forte somme. Son mari la reconduit à l'Hôtel de Paris avant de se rendre, sur l'invitation d'Olga, à la petite soirée de jeu qu'elle donne à la villa Amorosa pour quelques amis. C'est là que ceux-ci laissent leur bon argent et emportent, sans le savoir, les faux billets de Ventucci. Sergius a fait passer à Helen un mot lui fixant rendez-vous dans la villa. En quittant l'hôtel, elle rencontre un officier qui, à plusieurs reprises, s'était abstenu de ramasser un objet qu'elle avait fait tomber. Le regard plein de mépris qu'elle lui avait jeté ne laissait aucun doute sur la façon dont elle jugeait sa conduite. Voyant sa pèlerine à ses pieds, elle comprend qu'il n'a plus de bras. Elle lui remet son vêtement en se confondant en excuses. Sergius révèle à Helen qu'il a une dette d'honneur de quatre-vingt dix mille francs. Elle est prête à lui remettre le produit de ses gains. Maruschka, folle de jalousie, les enferme et met le feu à la villa. Sergius et Helen seront sauvés par les pompiers. Hughes, au chevet de sa femme atteinte de brûlures superficielles, trouve le message de Sergius. Il retourne à la villa et frappe publiquement le comte. Il lui enjoint de quitter au plus vite Monaco. Pris d'un désir soudain pour la fille de Ventucci, Sergius escalade la maison du vieil homme et entre par la fenêtre. Pendant ce temps Olga et Vera sont arrêtées par la police. Comme il se l'était toujours juré, Ventucci a tué celui qui avait osé toucher à sa fille, en l'occurrence l'ignoble Sergius. Il jette son cadavre dans une bouche d'égout. A côté de son mari, Helen achève de lire la fin édifiante du roman « Foolish Wives » qu'elle avait entre les mains lors de sa première rencontre avec Sergius...

☞ Troisième long métrage réalisé par Stroheim et le premier à avoir acquis une réputation mondiale. Tous les historiens le tiennent pour un chef-d'œuvre de noirceur et de cruauté et on y voit apparaître, certes à un moindre degré de perfection stylistique que dans *Greed* * ou *The Wedding March* *, les caractéristiques essentielles de l'univers de

Stroheim. Trois d'entre elles retiennent particulièrement l'attention. Et d'abord, le gigantisme, qu'on peut appeler aussi bien démesure ou mégalomanie. Pour représenter la décadence et les faux-semblants de l'Europe de la première après-guerre, Stroheim reconstitue la place du casino de Monte-Carlo sur les collines de Hollywood et dans les studios de la Universal avec une minutie, une précision, un faste, un luxe de détails qui rendirent la Principauté plus coûteuse à filmer que la Babylone de Griffith dans *Intolerance* *. Le film sera le premier à dépasser le budget d'un million de dollars. Sur le plan de la longueur de tournage et de la quantité de pellicule impressionnée, Stroheim bat aussi des records. En un an (entre juillet 1920 et juin 1921), il engrange un matériel de 320 bobines (chiffre qui, bien qu'attesté par différentes sources, n'en reste pas moins incroyable). Après six mois de montage, cette quantité est réduite de 9/10. Le film ne dure plus que huit heures (32 bobines). Mais à la Première à New York, en janvier 1922, le public voit trois heures et demi de film, soit 14 bobines, réduites pour l'exploitation normale à 10 bobines et à 7 dans différents pays étrangers. C'est une copie italienne de 7 bobines qui, avec d'autres, a été utilisée pour la version reconstituée dans les années 70 par la firme de réédition Blackhawk, et résumée plus haut. A chaque raccourcissement du film, les conflits entre Stroheim et les dirigeants de la Universal, Laemmle et Thalberg, s'aggravent. Ce gigantisme a ainsi deux conséquences directes – et paradoxales – sur le film. Dictées par une volonté de réalisme, la minutie et la richesse de la réalisation aboutissent à l'opposé absolu du réalisme. Vu par Stroheim, Monte-Carlo, peuplé de ses quinze mille figurants, devient un lieu apocalyptique où se presse une foule en délire et qui évoque plutôt les embarras, les embouteillages des grandes capitales européennes aux heures de pointe. Ce Monte-Carlo-là n'existe que dans l'imagination de l'auteur. Ce gigantisme aboutit aussi à ce que Stroheim ne reste jamais longtemps maître de sa matière, qui acquerra sans lui ou malgré lui ses traits « définitifs » (traits d'ailleurs toujours changeants, d'une étape à l'autre, d'un négatif à l'autre, le négatif européen étant très différent du négatif américain, situation d'ailleurs assez courante au temps du muet, mais prenant chez Stroheim plus d'ampleur qu'ailleurs). La mégalomanie de Stroheim installe le réalisateur dans une complexe dialectique bourreau-victime, maître-esclave, où l'auteur joue simultanément les deux rôles. Mais au terme de cette dialectique, qui sur le plan strictement esthétique comporte une nette composante sado-masochiste, Stroheim apparaît toujours comme la victime de lui-même, de ses producteurs, du système où il travaille, de son manque de contrôle sur l'œuvre définitive et de ce rêve impossible que représente pour lui le film tel qu'il le voudrait. Le bourreau, le tyran, le despote Stroheim finit toujours dans la peau d'un esclave, persécuté et abattu par un système qu'il n'a pu vaincre. Deuxième caractéristique : cette noirceur si célèbre du film et si à contre-courant de la majeure partie du cinéma hollywoodien muet. Pas de manichéisme, donc pas de mélodrame ni d'émotion à fleur de peau chez Stroheim. Les victimes ne valent guère mieux que les escrocs et que les monstres qui les tourmentent. Ou bien elles sont ternes, conventionnelles, sans relief, et au fond peu dignes d'intérêt (Helen Hughes), ou bien leur relief, quand elles en ont, les rend pareilles à leurs bourreaux. Ainsi la servante Maruschka, qui s'obstine à vivre dans l'illusion que Sergius l'épousera un jour. Dans certains plans, l'actrice Dale Fuller ressemble déjà à Zasu Pitts de *Greed* *, quand elle est rongée par la cupidité. Bourreaux et victimes cèdent pour la plupart à un vertige d'autodestruction qui s'illustre aussi bien dans le suicide de Maruschka que dans le risque – également suicidaire – que prend Sergius en allant violer (scène absente de la version reconstituée) la fille de Ventucci, lequel ne lui avait pas caché sa volonté absolue d'éliminer tous ceux qui s'en prendraient à elle. La décadence décrite par Stroheim va jusqu'au bout de sa logique morbide et implique, chez les protagonistes, une perte de l'instinct de conservation. La troisième caractéristique du film, sans doute la plus moderne, est sa force de dérision. Stroheim se livre ici à la parodie amère d'un roman de gare semblable à celui qu'il introduit dans sa fiction, qui porte le même titre qu'elle et que lira d'un bout à l'autre de l'action le personnage d'Helen Hughes. Cette dimension de l'ironie, qui n'enlève rien à la noirceur de l'œuvre, est inséparable de l'univers de Stroheim. Elle signifie que l'auteur, loin d'être dupe ou inconscient des excès, des délires, des invraisemblances, des incongruités triviales qui envahissent l'intrigue, les revendique et les jette en pâture au spectateur, chargé de reconnaître à travers eux la monstruosité du monde contemporain.

## FOLLE PARADE (LA)
### (Alexander's Ragtime Band)

1938 – USA (106') • *Prod.* Fox (Darryl F. Zanuck), • *Réal.* HENRY KING • *Sc.* Kathryn Scola, Lamar Trotti, Richard Sherman • *Phot.* Peverell Marley • *Mus.* Irving Berlin • *Int.* Tyrone Power (Alexander/Roger Grant), Alice Faye (Stella Kirby), Don Ameche (Charlie Dwyer), Ethel Merman (Jerry Allen), Jack Haley (Davey Lane), Jean Hersholt (Pr Heinrich), John Carradine (le chauffeur de taxi), Helen Westley (tante Sophie), Joe King (Charles Dillingham).

Chicago, 1915. Roger Grant, un jeune homme de la bonne société de Nob Hill, étudie le violon et joue parfois dans un orchestre devant des assemblées mondaines. Il rêve d'avoir sa petite formation à lui. Avec des amis, il essaie d'auditionner dans un cabaret de la Barbary Coast. Ayant oublié leur partition, les musiciens « empruntent » celle d'une chanteuse, Stella Kirby, venue également auditionner. Quand elle entend son air, « Alexander's Ragtime Band », Stella est stupéfaite du culot des musiciens et bondit pour chanter avec eux. Le patron du café, ravi, les engage tous ensemble. Plus tard, Stella se dispute avec Roger. Charlie, le meilleur ami de Roger, doit les réconcilier. Il aura maintes fois l'occasion de le faire encore par la suite. Le petit groupe et sa chanteuse remportent un grand succès dans le ragtime. Roger (qu'on n'appelle plus désormais autrement qu'Alexander) s'est brouillé avec sa tante et son professeur qui lui reprochent de s'abaisser à jouer une musique aussi plébéienne. Roger critique souvent les tenues vulgaires, les plumes et les fanfreluches de Stella. A la longue, elle tient compte de ses remarques et devient peu à peu une lady. Charlie, qui l'aime sans le lui dire, a composé pour elle une mélodie douce et raffinée, « Now It Can Be Told », que Stella chantera au Cliff House, un hôtel infiniment plus luxueux que les bars de la Barbary Coast. C'est cette mélodie qui aidera Stella et Alexander à comprendre qu'ils s'aiment. A l'aide d'un subterfuge, Charlie attire à l'hôtel Charles Dillingham, un célèbre entrepreneur de spectacles. Il est séduit par la voix de Stella qu'il engage à New York. Mais il ne songe nullement à en faire autant pour l'orchestre. Cette fois, la rupture est consommée entre Stella qui n'a pas l'intention de laisser passer sa chance et Alexander qui voit là une désertion. L'Amérique entre en guerre. Engagé, Alexander monte un show pour les troupes et refuse de recevoir Stella. Après la guerre, il voudra la revoir alors qu'elle est devenue une vedette et répète un spectacle. Il apprend qu'elle est mariée depuis un an à Charlie. Très déprimé, il se résout à engager une autre chanteuse pour son groupe, Jerry Allen. Mais Charlie ne tarde pas à proposer à Stella de mettre fin à une union où la camaraderie et la tendresse ont toujours remplacé l'amour. Stella se rend dans le « speakeasy » de Greenwich Village où se produit Alexander. Ses musiciens et la chanteuse sont à la veille de commencer une grande tournée en Europe et fêtent ce soir-là leur départ. Stella chante avec eux. Une fois encore son chemin et celui d'Alexander se séparent. Stella abandonne son show en plein succès. Elle entreprend en solitaire et sous un autre nom une nouvelle carrière dans de petits clubs à travers l'Amérique. De retour, Alexander, dont la radio décuple maintenant l'audience et le succès, apprend que Stella a divorcé. Il la recherche partout. Le soir où il donne un concert à Carnegie Hall, Stella, errante, est prise en charge par un chauffeur de taxi qui se souvient d'elle et lui fait écouter le concert à la radio dans sa voiture. Elle va dans les coulisses où Alexander la voit et l'invite à chanter sur scène.

☞ Gigantesque superproduction (deux ans de préparation, deux millions de dollars de budget, quatre-vingt-cinq décors) ayant grandement contribué à donner ses lettres de noblesse au film musical. Henry King reprend ses trois acteurs de *In Old Chicago** (Alice Faye, Tyrone Power, Don Ameche) qu'il appelle lui-même « my happy trio » en raison de l'alchimie dramatique très bénéfique de leurs réactions. Le miracle, dans une entreprise de si vaste envergure, est que la cohérence et la subtilité du propos, quand propos il y a, soient constamment préservées. En effet, dans ce tableau de l'évolution de la musique populaire américaine de 1915 à 1938, composé à partir d'une trentaine de mélodies d'Irving Berlin, chaque séquence apporte son lot de réflexions originales et justes, tout en restant rattachée avec force à la ligne principale du récit. Le scénario est découpé en phases décrivant les moments importants de la vie du groupe et ses progrès musicaux. Spontanéité et relative brièveté de l'entente initiale : King nous invite à penser que jamais par la suite l'inspiration du groupe ne sera aussi authentique et aussi jaillissante ; et la première interprétation de « Alexander's Ragtime Band », morceau qui donnera son nom à l'orchestre, est en effet la plus brillante et la plus mémorable du film. Évolution vers un deuxième style plus élégant et plus raffiné. Puis destruction, le succès venant, du petit groupe dont les membres empruntent dès lors des voies divergentes. L'orchestre lui-même connaîtra après la guerre une célébrité accrue grâce à un nouveau moyen d'expression (la radio) et obtiendra une consécration définitive avec le concert à Carnegie Hall. A partir d'une petite fiction sur le show-business et la musique populaire, King dessine (et retrouve) les étapes obligées, l'évolution à la fois frustrante et enrichissante de tout mouvement artistique possédant une certaine importance : enthousiasme créatif des débuts, progrès parfois laborieux entraînant éventuellement une perte du jaillissement initial, élargissement quasi mécanique de l'audience, officialisation. Il n'oublie pas de faire aussi la part de toutes les choses, grandes ou petites, qui se sont perdues en route. Cette faculté de généralisation, si naturelle chez lui et si étonnante, ne l'empêche pas d'extraire de son sujet ce qu'il a de particulier et d'unique. Il montre ici comment la chanson, art populaire par excellence, éternise la mode et le goût d'un moment, comment aussi dans ses interprétations successives, et alors que la mélodie proprement dite n'a pas changé, elle évolue jusqu'à n'avoir plus rien de commun avec ce qu'elle était quelques années – quelques instants – auparavant. Voir la scène de la double interprétation de « Blues Skies » par la nouvelle venue (Ethel Merman) et l'« ancienne » (Alice Faye). Un rythme, des accents différents et, en l'espace de quelques années, un abîme s'est creusé. Abîme de nostalgie aussi. En 1938, plusieurs décennies avant l'apparition de la mode « rétro », King signe le plus beau film qu'on puisse trouver pour illustrer cette mode à venir. Prodigieuse interprétation d'Alice Faye exprimant dans un même mouvement la spontanéité un peu vulgaire, puis le mûrissement, le retour sur soi et la tristesse de son personnage.

## FONTAINE D'ARÉTHUSE (LA)/ LA SOIF (Törst)

1949 – Suède (90') • *Prod.* Svensk Filmindustri • *Réal.* INGMAR BERGMAN • *Sc.* Herbert Grevenius d'ap. des nouvelles de Birgit Tengroth • *Phot.* Gunnar Fischer • *Mus.* Erik Nordgren • *Int.* Birger Malmsten (Bertil), Eva Henning (Rut), Birgit Tengroth (Viola), Mimi Nelson (Valborg), Bengt Eklund (Raoul), Gaby Stenberg (la femme de Raoul), Hasse Ekman (Dr Rosengren).

Bâle, 1946. Bertil et Rut, un couple de jeunes mariés, touristes suédois retour de Sicile, se réveillent à l'hôtel. Rut, la jeune femme, pense à l'ancien amant, Raoul, qu'elle avait eu avant de se marier. Un jour de promenade en forêt dans une île, elle avait appris qu'il était marié et père de trois enfants. Sa femme était venue à l'improviste chez elle inspecter son appartement. Raoul, surpris par celle-ci, ne s'était pas démonté : « Un homme sain, dit-il, a besoin de deux femmes. Plus, c'est la débauche. » Il avait abandonné Rut, enceinte. Elle s'était fait avorter et pense être condamnée à la stérilité. Elle réveille son mari qui s'était rendormi. Petites querelles à propos d'argent, de leurs anciennes liaisons, de tout et de rien. Bertil, un bureaucrate collectionneur de monnaies anciennes, constate : « L'union parfaite est impossible. Un monde de larmes sépare les hommes et les femmes. » Ils montent dans le wagon qui les ramènera à Stockholm. C'est là leur maison pour quarante-huit heures, durant la fête de la Saint-Jean. Le hasard fait qu'ils se retrouvent face à face avec Raoul et sa femme dans un train arrêté à côté du leur. Rut reproche à Bertil sa liaison aujourd'hui terminée avec Viola, une veuve et une ancienne amie à elle. Au même moment, à l'autre bout de l'Europe, Viola, autrefois victime d'une méningite et aujourd'hui de plus en plus névrosée, se rend chez un psychiatre charlatan. Celui-ci veut la forcer à l'aimer et la menace de folie si elle interrompt le traitement. Bouleversée, elle quitte le cabinet. Dans la vitre du train défilent les paysages désolés et en ruines de l'Allemagne ravagée par les bombardements. Aux arrêts, des voyageurs se pressent en masse pour mendier de la nourriture. Comme toutes les femmes, Rut veut être aimée et admirée pour sa beauté. Sa stérilité l'obsède. Elle fait des scènes à son mari, parle sans cesse pour fuir le silence. Bertil se dit lassé de jouer les infirmiers auprès d'une épouse hystérique. Rut repense à ses cours de danse, à sa participation à une troupe de music-hall. Elle se demande ce qu'est devenue Valborg, une de ses amies, si éprise de liberté. Dans les rues vides de Stockholm, Viola rencontre Valborg et lui confie ses malheurs, le sentiment qu'elle a d'avoir perdu toute volonté. Valborg l'invite chez elle et, peu intéressée par ses confidences, lui fait des avances précises. Viola s'enfuit horrifiée et, peu après, ira se noyer. Dans le train, Bertil avoue à sa femme qu'il a rêvé qu'il la tuait. Il se déclare soulagé de voir qu'il ne s'agit que d'un cauchemar. Les deux époux se jettent dans les bras l'un de l'autre.

☞ Septième film de Bergman et son meilleur depuis le début de sa carrière. C'est aussi l'un des titres marquants de son œuvre prise dans sa totalité. (Assez curieusement, le scénario est le premier et l'un des rares auxquels Bergman n'ait pas collaboré ; il est tiré des nouvelles de Birgit Tengroth, actrice qui dans le film interprète le rôle de Viola.) Ce huis-clos en mouvement, partiellement sartrien, décrit l'impossibilité de l'harmonie dans la vie du couple, puisque les défauts des hommes et des femmes s'additionnent et s'amplifient au cours d'une interminable guerre des sexes. On hésitera à parler trop vite d'« enfer », car l'enfer de la solitude (décrit dans les personnages de Viola et de Valborg) est évoqué avec terreur par les héros eux-mêmes comme un enfer bien pire encore. La construction du récit est savante et originale, basée sur des hasards providentiels, une relation dramatique insolite entre le passé et le présent, une interpénétration constante des problèmes intimes des personnages et de l'environnement qu'ils traversent. (Cette interpénétration rapproche le film de l'univers de Rossellini.) A côté de la ligne centrale de l'intrigue (réveil du couple dans la chambre et voyage en train), se développent des rêveries sur le passé de l'héroïne. Ces rêveries, alimentées également par les discussions du couple, se mettent à vivre par elles-mêmes et font se croiser, se rencontrer dans le présent et dans la réalité des personnages précédemment évoqués par le couple. La complexité de cette construction, née de la multiplicité du matériau littéraire utilisé (les nouvelles de Birgit Tengroth), justifie le caractère composite du style (des styles) employés par Bergman. Trivialité et lyrisme (une sorte de lyrisme qui ne peut pousser que sur le terreau sordide de la trivialité) caractérisent la ligne centrale du récit : heurts constants mais aussi solidarité du couple des héros. Un expressionnisme assez sobre mais efficace jaillit des visions entrevues à partir du train (ruines nocturnes de l'Allemagne de l'après-guerre) et des plans des personnages hagards et presque fantomatiques venant mendier aux vitres des wagons. Quant aux séquences parallèles (souvenirs de l'héroïne et rencontre de ses deux amies), elles oscillent entre un désenchantement ironique et cruel (séquence de Raoul) et un naturalisme très noir, à la Duvivier (séquences de Viola et de Valborg). L'ensemble du récit possède une vitalité, une densité, une force incisive (en particulier dans le découpage) qui finiront par disparaître totalement des films de Bergman à la fin des années 50 et dans les années 60.

## FORBANS DE LA NUIT (LES) (Night and The City)

1950 – USA (95') • *Prod.* Fox (Samuel C. Engel), • *Réal.* JULES DASSIN • *Sc.* Jo Eisinger d'ap. nouvelle de Gerald Kersh • *Phot.* Max Greene • *Mus.* Franz Waxman • *Int.* Richard Widmark (Harry Fabian), Gene Tierney (Mary Bristol), Googie Withers (Helen Nosseross), Hugh Marlowe (Adam Dunn), Francis L. Sullivan (Phil Nosseross), Herbert Lom (Kristo), Charles Farrell (Beer), Stanislas Zbyszko (Gregorius), Mike Mazurki (L'Étrangleur).

A Londres, Harry Fabian, un petit aventurier de troisième zone, rusé et combinard, s'arrange pour gagner l'amitié du vieux lutteur grec Gregorius, adepte de la lutte gréco-romaine, qui reproche à son fils Kristo d'organiser des rencontres indignes de ce noble sport. Avec l'argent obtenu en procurant une fausse licence d'exploitation de cabaret à la femme d'un directeur de night-club cherchant à quitter son mari, Fabian met sur pied le match du siècle : un face à face entre le protégé de Gregorius et l'Étrangleur, lutteur brutal et méprisant les règles, très aimé du public. Malheureusement pour Fabian, peu avant le match, Gregorius et l'Étrangleur se bagarrent. Gregorius sort vainqueur de l'empoignade mais les efforts qu'il a dû faire pour venir à bout d'un adversaire beaucoup plus jeune que lui l'ont épuisé et il meurt quelques instants plus tard. Kristo met à prix la tête de Fabian qui, après une fuite éperdue, sera tué par l'Étrangleur.

☞ Fuyant les persécutions réservées aux cinéastes figurant sur la Liste Noire, Dassin tourne à Londres ce complément à sa trilogie policière américaine (*Brute Force**, *The Naked City**, *Thieves'Highway*). *Night and The City* est peut-être le plus intense et le plus brillant de ces quatre chefs-d'œuvre. Il possède les mêmes caractéristiques que les œuvres précédentes : mélange de réalisme et d'onirisme dans la photo, semi-baroquisme de la composition des plans, découpage nerveux et serré en plans assez courts. La ville n'a pas un rôle aussi important que New York dans *The Naked City** ; néanmoins la vision d'un Londres labyrinthique fait de ruelles, d'escaliers, d'arrière-cours donne un cadre inoubliable à l'action. Le personnage de Fabian est génialement interprété par Richard Widmark qu'entoure une magnifique collection de seconds rôles (parmi lesquels Francis L. Sullivan, sorte de Sydney Greenstreet plus opaque). Dassin dessine avec Widmark le portrait d'un « loser » fascinant, portant beau, intelligent, doué de nombreux talents, « artiste qui n'a pas trouvé son art », comme le décrit un autre personnage. Imaginatif, menteur, mais dénué de méchanceté, Fabian échoue au dernier moment dans tout ce qu'il échafaude. Il entraîne alors dans sa chute amis et ennemis. La fin du film amènera une catastrophe générale (suicide, ruine, deuil, etc.) pour tous les personnages évoluant dans son orbe. Le scénario est habilement combiné pour créer un suspense autour de cette pseudo-habileté toujours vouée à l'échec. Dassin exprime là un pessimisme fondamental et profondément authentique et il y a peut-être une relation symbolique et prophétique entre le personnage de Fabian et la ruine ultérieure de la carrière du cinéaste. Pour Dassin, l'humanité ne se divise pas en Bons et Méchants. Certes les Méchants (sadiques, pervers etc.) existent dans son œuvre. Mais en face d'eux Dassin place, non pas des héros à part entière, mais des êtres faibles de caractère, abusés par leurs rêves impossibles et leur propre irréalisme. Par la suite, Dassin s'enfermera dans des œuvres humanistes et « positives » qui n'étaient pas faites pour lui. Il n'aura finalement trouvé à s'exprimer que dans quelques succès fulgurants où le pessimisme désespéré d'un genre, le *film noir*, correspondait à sa vision instinctive du monde. Il réussira cependant à réaliser en France un brillant film de gangsters (*Du rififi chez les hommes*, 1954), d'ailleurs largement inspiré de *Asphalt Jungle** et de *Touchez pas au grisbi**.

## FORET INTERDITE (LA)
## (Wind Across the Everglades)

1958 – USA (93') Prod. Warner (Stuart Schulberg) • *Réal.* NICHOLAS RAY • *Sc.* Budd Schulberg • *Phot.* Joseph Brun (Warnercolor) • *Int.* Christopher Plummer (Walt Murdock), Burl Ives (Cottonmouth), Gypsy Rose Lee (Mrs. Bradford), George Voskovec (Aaron Nathanson), Tony Galento (« Beef »), Emmett Kelly (« Bigamy Bob »), Pat Henning (« Sawdust »), Peter Falk (« Writer »), Chana Eden (Naomi), Howard I. Smith (George), MacKinlay Kantor (le juge Harris), Corry Osceola (Billy-le-manchot), Sumner Williams (Windy).

A la fin du XIXe siècle commence une nouvelle ruée vers l'or, mais en fait d'or il s'agit cette fois de plumes d'oiseaux sauvages dont les élégantes du temps veulent orner leurs chapeaux. A Miami, en 1905, un professeur de sciences naturelles, Walter Murdock, devient garde des marais et s'oppose, dans les Everglades, à la bande de Cottonmouth, des trafiquants qui massacrent les oiseaux pour vendre leurs plumes. Cottonmouth lui tend un piège en envoyant un de ses hommes lui recommander comme guide Billy-le-manchot, un Indien séminole renégat. Mais au lieu de trahir Murdock, comme il en avait reçu l'ordre, et de le perdre dans les marais, Billy devient son ami. Il est capturé par la bande et attaché à un arbre dont l'écorce produit un suc empoisonné. Murdock décide de se rendre sur le territoire même de Cottonmouth et de l'arrêter. Quand il arrive auprès de la bande, Cottonmouth ne veut pas le tuer tout de suite. Ils passent ensemble une nuit de beuveries et de rigolade. « Je proteste contre tout, sauf contre cette cruche » dit Cottonmouth. Murdock est d'accord avec lui. Au matin, Cottonmouth, qui est joueur, donne à Murdock une chance de l'arrêter, de l'emmener sur sa barque. Mais il ne l'aidera pas, ne lui indiquera pas le chemin. Au cours du voyage, Cottonmouth est mordu au poignet par un serpent venimeux. Il revient sur sa décision et indique la route à Murdock. Celui-ci lui fait remarquer la beauté des oiseaux. « Je ne les avais jamais regardés pour de bon » dira Cottonmouth juste avant de mourir.

☞ Écologique avant la lettre, *Wind Across the Everglades* est un voyage allégorique à travers une zone peu connue et dangereuse, les marais de Floride, et aussi un voyage à l'intérieur du cœur de deux personnages antagonistes, zone non moins fertile en dangers et en surprises. C'est un film où l'on ne sait jamais ce qu'on va trouver en chemin et au terme du chemin, un vrai film d'aventures, de rêverie et de poésie – poésie que certains préféreront appeler folie. Le bout du chemin, c'est cette étrange fraternité, cette amitié entre le garde, protecteur de la nature, et le trafiquant qui la détruit sans la voir. Les deux hommes ont en commun d'être des marginaux vivant en dehors de la société organisée, celle des porteurs de plumes et de chapeaux à plumes, les vrais responsables du massacre, selon Nicholas Ray. Et sans eux en effet il n'y aurait ni tueries d'oiseaux ni trafiquants. Pardessus tout, le film est un hommage à la beauté du monde visible, laquelle n'est pas donnée une fois pour toutes mais doit être défendue à chaque instant contre la violence, la destruction, la bêtise et sa propre fragilité. Le sentiment de la nature, qu'on pouvait croire dans les siècles passés immuable, a brusquement changé au XX^e siècle avec la découverte que la nature, comme la civilisation, pouvait devenir mortelle à son tour. Complètement méconnu lors de sa sortie, *Wind Across the Everglades* est à coup sûr un des films les plus originaux de Nicholas Ray et certes un film que nul autre que lui n'aurait pu faire.

BIBLIO. : Budd Schulberg : « Across the Everglades », scénario et dialogues (assez différents du film définitif), Random House, New York, 1958. Préface de l'auteur qui mentionne une maladie de Nicholas Ray et déclare avoir terminé le film avec le chef opérateur, Joseph Brun, et le premier assistant. Dans son livre capital sur Nicholas Ray, Éditions Christian Bourgois, 1990, Bernard Eisenschitz apporte sur cette version officielle des éclaircissements très intéressants. Budd Schulberg, producteur (avec son frère) et scénariste du film, a toujours regretté d'avoir choisi Ray de préférence à Robert Wise. S'adonnant à la boisson et à la drogue, Ray n'a jamais été, aux yeux de Schulberg, maître du film. « Il ne savait pas ce qu'il faisait. Il était ailleurs. » Schulberg lui reproche aussi de trop tourner, de trop hésiter dans sa direction d'acteurs et dans son choix des angles. « C'était l'homme le plus tâtonnant que j'aie connu » dira de lui à Eisenschitz l'écrivain et scénariste A.I. Bezzerides (sur *On Dangerous Ground*). Au 58^e jour de tournage, après un éclat plus violent que les autres, Schulberg retire la direction du film à Ray. On convient qu'on ne parlera pas de renvoi mais que Ray restera jusqu'à la fin du tournage à son hôtel. Burl Ives dira qu'après le départ de Ray il n'y a plus eu de metteur en scène : « Tout le monde faisait la mise en scène. » Il restait essentiellement à tourner le voyage de retour de Christophe Plummer et de Burl Ives et la mort de ce dernier. Ray n'eut évidemment rien à dire sur le montage. En conclusion, on peut se demander si les nombreuses difficultés (psychologiques et météorologiques) du tournage n'ont pas – dans une certaine mesure – été dans le sens du film en accentuant son caractère authentiquement halluciné.

## FORT BRAVO
## (Escape From Fort Bravo)

1953 – USA (98') • *Prod.* MGM (Nicholas Nayfack) • *Réal.* JOHN STURGES • *Sc.* Frank Fenton d'ap. un sujet de Philip Rock, Michael Pate • *Phot.* Robert Surtees (Ansco Color) • *Mus.* Jeff Alexander • *Int.* William Holden (capitaine Roper), Eleanor Parker (Carla Forester), John Forsythe (capitaine John Marsh), William Demarest (Campbell), William Campbell (Cabot Young), John Lupton (Bailey), Richard Anderson (lieutenant Beecher), Polly Bergen (Alice Owens), Carl Benton Reid (colonel Owens).

En 1863 durant la guerre de Sécession, Fort Bravo, situé dans le désert de l'Arizona, sert de camp de prisonniers sudistes. Un officier nordiste, le capitaine Roper, y ramène un jeune soldat évadé. Pour faire un exemple et parce qu'il considère son prisonnier comme un lâche, Roper l'a obligé à revenir à pied, attaché par une corde à son cheval. Cet acte de cruauté est condamné par tous les occupants du fort, à quelque bord qu'ils appartiennent. Lors d'une sortie de la cavalerie, Roper et ses hommes découvrent un convoi pillé par les Indiens ; ses conducteurs ont été torturés et assassinés. Une escarmouche s'ensuit avec les Indiens revenus sur les lieux mais bientôt repoussés par les soldats. Durant la nuit, les cavaliers se portent au secours d'une diligence poursuivie par les Indiens. Une jeune femme s'y trouve, Carla Forester, venue assister à Fort Bravo au mariage de son amie d'enfance, Alice, la fille du colonel Owens. En fait, la vraie raison de sa présence au fort est qu'elle veut mettre sur pied une tentative d'évasion de quelques-uns des prisonniers et notamment de son fiancé, le capitaine Marsh. L'évasion est prévue pour le soir du mariage. Roper, tombé amoureux de Carla, ne s'aperçoit de rien. Après la noce, les évadés disparaissent avec Carla dans la voiture d'un fournisseur. Quand il s'aperçoit qu'il a été joué, Roper décide de partir à la recherche des fugitifs. Cela, autant pour les sauver que pour les rattraper, car dans leur fuite ils vont se trouver à la merci des Mescaleros. Roper rejoint sans difficulté les membres du groupe mais ils se retrouvent tous bientôt encerclés par les Indiens dans une sorte de trou au milieu des rochers. Leur position leur permet pour un temps d'échapper à la mort, à condition qu'ils ne tentent aucune sortie. Roper distribue des armes à tous ses compagnons. Les Indiens viennent planter des flèches autour du carré des assiégés et s'en servent ensuite comme repères pour faire retomber sur eux une pluie de projectiles. Dès qu'ils s'éloignent de leur position, les assiégés sont aussitôt abattus par les tireurs embusqués dans les rochers. Le lieutenant Beecher, le mari d'Alice, meurt ainsi que Marsh et plusieurs autres membres du groupe. Les survivants, dont Roper et Carla, seront sauvés par la Cavalerie qu'avait alertée le jeune soldat déjà ramené par Roper. Il avait à nouveau pris la fuite et avait pu échapper aux Indiens et regagner le fort.

☞ Ce premier western important de John Sturges contient déjà les principales caractéristiques de son style et de toute son œuvre à venir, mais sans les défauts qui souvent la contaminèrent. A savoir : une ambition excessive et un académisme de plus en plus laborieux, engendrant l'ennui. William Holden incarne avec talent un de ces personnages ténébreux et durs comme les aime Sturges. Il peindra souvent en effet des personnages qui, se comprenant mal eux-mêmes, auront toutes les peines du monde à communiquer avec autrui. Mais surtout sa mise en scène sèche et schématique (dans le bon sens du terme) sait utiliser à merveille les divers éléments du paysage (rochers, lourds ciels d'orage, défilés, plateaux à découvert, etc.) comme les pièces d'une stratégie, les bases d'un affrontement impitoyable entre adversaires bien décidés à en découdre. La séquence des Indiens encerclant le petit groupe de Blancs et faisant pleuvoir sur eux des quantités de flèches au sifflement sinistre et à la trajectoire meurtrière est anthologique du genre. A cette époque, le western était souvent pour les metteurs en scène l'occasion de se livrer à un « exercice de cruauté » à la fois réaliste et stylisé où s'illustrèrent par exemple Fregonese dans *Apache Drums** (1951) et Gordon Douglas dans *Only the Valiant* (1951). Pour sa rigueur visuelle très spectaculaire, pour la psychologie discrètement en retrait de ses personnages, on peut préférer ce film à des œuvres plus célèbres de Sturges comme *Gunfight at the O.K. Corral* (1956), *The Law and Jack Wade* (1958), *The Last Train From Gun Hill* (1959) ou *Les sept mercenaires* (1960) qui méritent également d'être vues.

## FOSSE AUX SERPENTS (LA) (The Snake Pit)

1948 – USA (108') • *Prod.* Fox (Darryl F. Zanuck) • *Réal.* ANATOLE LITVAK • *Sc.* Frank Partos et Millen Brand d'ap. R. de Mary Jane Ward • *Phot.* Leo Tover • *Mus.* Alfred Newman • *Int.* Olivia de Havilland (Virginia Cunningham), Mark Stevens (Robert Cunningham), Leo Genn (Dr Mark Kirk), Celeste Holm (Grace), Glenn Langan (Dr Terry), Helen Craig (Miss Davis), Leif Erickson (Gordon), Beulah Bondi (Mrs. Greer), Howard Freeman (Dr Curtis), Ruth Donnelly (Ruth), Mina Gombell (Miss Hart).

Virginia, une jeune romancière, a été placée par son mari, Robert Cunningham, dans une institution psychiatrique. Son esprit est troublé, elle n'a plus conscience du temps et ne reconnaît pas Robert. Celui-ci explique au Dr Kirk, un homme compréhensif et compétent, qu'il avait épousé Virginia assez rapidement, sans bien la connaître, dans un élan d'amour. A la fois mystérieuse et fragile, manifestant un besoin de protection semblable à celui des enfants, Virginia s'était mise, peu après son mariage, à avoir des insomnies, un comportement bizarre, à mélanger les dates et les mois. Durant l'une de ses crises les plus violentes, elle s'était écriée : « Je ne peux aimer personne. » Le Dr Kirk lui fait subir plusieurs séances d'électrochocs, puis il la traite par l'hypnose et entame une cure de psychothérapie. Dans un premier temps, il lui fait dire et se souvenir qu'à la veille d'épouser Gordon, son fiancé, elle avait eu avec lui un accident de voiture. Elle en avait réchappé et il était mort. Depuis, elle se juge coupable de cette mort. Étant donné la surpopulation de l'hôpital, le Conseil des médecins, ayant constaté un mieux chez Virginia, la convoque pour l'interroger en vue d'une sortie éventuelle, que Kirk juge prématurée. L'interrogatoire, mené de façon stupide par un supérieur de Kirk, replonge Virginia dans ses ténèbres. On la soigne par l'hydrothérapie et elle change de section avant que le Dr Kirk ne s'occupe d'elle à nouveau. La cure reprend et Kirk ramène à la surface de la conscience de Virginia une jalousie ancienne datant de l'enfance pour le bébé à venir de sa mère, ainsi qu'une adoration presque maladive pour son père. Après une déception causée par ce père trop idolâtré, elle avait souhaité sa mort. Or il était effectivement mort à cette époque, victime d'une maladie ancienne. Virginia s'était sentie responsable de cette mort. Sa mère s'était remariée et l'avait abandonnée. A la suite d'un conflit avec une infirmière autoritaire et jalouse, Virginia a une crise, s'enferme dans les toilettes et se voit appliquer la camisole de force. Le Dr Kirk vient une fois encore à son aide. Grâce à ses soins, Virginia devient peu à peu capable d'observer avec distance et compassion les nombreux malades qui peuplent l'institution. Alors que son traitement touche à sa fin, Kirk lui explique que ses deux sentiments de culpabilité vis-à-vis de son père et de Gordon se recoupent l'un l'autre, le remords qu'elle éprouvait vis-à-vis de son fiancé, homme méticuleux et autoritaire à l'image de son père, étant venu doubler et renforcer celui qu'elle éprouvait inconsciemment à l'égard de son père. Au moment de quitter l'hôpital, Virginia déclare au Dr Kirk qu'elle est sans doute guérie car elle ne se sent plus du tout amoureuse de lui.

☞ Le premier film d'envergure à attaquer de front, sous un angle uniquement psychiatrique, les problèmes de la folie. Il connut à sa sortie un énorme retentissement. Litvak, ayant acquis lui-même les droits du roman de Mary Jane Ward avant sa publication, essuya divers refus des producteurs puis sut convaincre Zanuck qui se passionna pour le projet. On peut certes reprocher à Litvak d'avoir voulu traiter trop de sujets à la fois : l'évolution mouvementée, faite de régressions et de progrès, d'une cure psychothérapique et psychanalytique ; la relation privilégiée s'établissant entre une patiente schizophrène et son médecin ; la description sociale à vocation critique de l'institution psychiatrique : surpeuplement, cruauté et étroitesse d'esprit d'une partie du personnel hospitalier, bêtise parfois monumentale de certains praticiens. Sans oublier une appréhension d'ensemble de la maladie mentale – manies variées et égocentrisme – vue comme caricature cocasse et terrifiante de la normalité. Mais le film manifeste une telle générosité d'inspiration, un tel désir de comprendre, fournit une telle moisson de détails, d'observations, d'aperçus et englobe tant de réalité que ce reproche est bientôt balayé. Alors que les points de vue sur le sujet traité ont tant évolué depuis quarante ans, le récit proposé par Litvak reste passionnant et presque sans ride. Litvak, metteur en scène brillant, consciencieux et souvent sous-estimé, est particulièrement à l'aise dans la description des univers de la guerre, de la folie, de la perversion. Il affectionne ces huis-clos à l'atmosphère dense et irrespirable où la réalité, à force d'être concentrée, finit par exploser à la conscience du spectateur. Elle le fait, comme ici, en une multitude de particules et d'éclats pulvérisés qui sont comme autant d'éléments d'appréciation, d'indices, de fragments d'information proposés à la réflexion du public. Donnant son unité à l'ensemble du film, une mémorable composition de Olivia de Havilland, actrice qui a relativement peu tourné mais dont la plupart des interprétations ont apporté quelque chose de neuf et d'original à l'histoire du cinéma.

## FOULE (LA)
## (The Crowd)

1928 – USA (9 bob.) • *Prod.* MGM (Irving Thalberg), • *Réal.* KING VIDOR • *Sc.* King Vidor, John V.A. Weaver, • *Intertitres* Joe Farnham • *Phot.* Henry Sharp • *Int.* Eleanor Boardman (Mary), James Murray (John), Bert Roach (Bert), Estelle Clark (Jane), Daniel G. Tomlinson (Jim), Dell Henderson (Dick), Lucy Beaumont (la mère de Mary), Freddie Burke Frederick (le fils de John et Mary).

Johnny Sims naît le 4 juillet 1900, jour de la fête nationale américaine. A douze ans, il a le malheur de perdre son père, qui fondait sur lui tant d'espoirs. A vingt-deux ans, il vient tenter sa chance à New York. Il travaille dans une compagnie d'assurances et épouse une jeune fille, Mary, que son collègue Bert lui a fait rencontrer. Il nourrit toujours de grands espoirs quant à son avenir. Les jeunes époux passent leur lune de miel dans la région des chutes du Niagara. Quelques mois plus tard, la veille de Noël, le couple reçoit la mère de Mary et ses deux frères. Ils se montrent très méprisants envers Johnny qui va finir la nuit ailleurs, en compagnie de Bert et de ses amies. L'usure des jours et des tracas quotidiens met en péril l'équilibre du couple. Un jour, après une dispute, Mary avoue à Johnny qu'elle est enceinte. Il jure de mieux se comporter avec elle. Elle accouche d'un garçon. Ils auront quelques années plus tard une fillette et Johnny bénéficiera enfin d'une petite augmentation de salaire. Il a toujours eu la manie d'inventer des slogans publicitaires et gagne dans un concours un prix de 500 dollars. Johnny et Mary appellent les enfants pour fêter l'événement et la fillette, courant vers la maison, est écrasée par un camion. Elle meurt un peu plus tard. Pour Johnny, c'est le début de la dégringolade. Il ne peut plus se concentrer sur son travail et, dans un moment de crise, quitte son emploi. Il se livre par la suite à plusieurs petits boulots qu'il abandonne un à un. Il refuse par fierté le poste que lui offraient ses deux beaux-frères. Il veut se jeter, du haut d'une passerelle, sous un train mais n'en a pas la force. L'affection de son jeune fils lui rend un peu courage. Il trouve un travail d'homme-sandwich jongleur. Quand il rentre et annonce à sa femme la bonne nouvelle, elle s'apprêtait à le quitter sous l'influence de ses deux frères. Mais elle l'aime encore tendrement. Johnny met un disque et la fait danser. Ce soir-là, ils vont dans un music-hall. Johnny lit dans le programme le vieux slogan qui lui avait permis de gagner un prix. Parmi la foule joyeuse des spectateurs, Johnny et Mary réapprennent à rire ensemble.

☞ King Vidor, qui a décrit si souvent des individualistes forcenés, des hommes d'action et de conquête, peint ici un homme ordinaire, perdu dans la foule dont il n'arrive pas à s'extirper. Sans être une œuvre de tout premier plan, *La foule* a au moins deux mérites. Ses méthodes et son intrigue sont originales ; elles anticipent sur les recherches réalistes de l'après-guerre : décors volontairement banals, utilisation d'une caméra cachée dans les scènes de rue, récit dépourvu d'événements exceptionnels. Certaines scènes, filmées dans l'appartement minuscule du couple (Johnny se plaignant qu'aucun appareil ne marche), annoncent déjà un genre que les Anglais, dans les années 40 et 50, développeront et appelleront « kitchen sink soaper » (drame autour d'un évier). En second lieu, le contenu du film évoque une faillite du rêve américain et traite le thème de l'échec avec une intensité peu commune à l'époque : grande influence du cinéma européen et de l'expressionnisme. Vidor n'alla pas jusqu'à conclure par une fin tragique, qu'exigeait pourtant la logique du scénario, et filma sept dénouements différents. Deux versions furent proposées aux exploitants et celle que nous connaissons, quoique discrète et réservée quant à l'avenir du personnage, laisse le spectateur sur une note d'optimisme peu convaincante. Une légende se développa autour de l'acteur James Murray, en partie créée par Vidor lui-même. Dans son autobiographie (« A Tree Is a Tree », Harcourt, Brace and company, New York, 1953. Traduction : « La Grande Parade », J.-C. Lattès, 1981, avec quatre chapitres ajoutés), Vidor le décrit comme un figurant qu'il aurait croisé un jour et dont il aurait eu du mal ensuite à retrouver la trace, une fois qu'il eut compris en un éclair qu'il était l'interprète idéal de son film. La réalité est tout autre. James Murray avait tourné dans plusieurs films et parfois même des rôles importants, par exemple dans *In Old Kentucky* de John Stahl (1927), où il est le premier acteur masculin au générique. Certes, *La foule* représenta sa plus grande chance, mais il ne sut pas en profiter, devint alcoolique, refusa de jouer dans *Our Daily Bread** et se noya en 1936, sans qu'on ait jamais su s'il s'agissait d'un suicide ou d'un accident.

Vidor fut hanté par la figure de cette anti-star dont la carrière prolongeait de manière significative le propos du film et posait à ses yeux, en termes tragiques, le dilemme essentiel de l'homme : maîtriser ou non son destin, contrôler les circonstances de sa vie ou en être la victime. Dans ses dernières années, Vidor écrivit à propos de James Murray un scénario, « The Actor », mais ne put jamais parvenir à en tirer un film. Quoi qu'il en soit, James Murray, en tant que personnage, fut un des rares « losers » de son œuvre et, en tant qu'homme, incarna cette hantise secrète de l'échec que ressentent et essaient de conjurer certains héros vidoriens.

## FRA DIAVOLO
**(id./The Devil's Brother)**

1933 – USA (90') • *Prod.* MGM (Hal Roach) • *Réal.* HAL ROACH • *Sc.* Jeanie MacPherson d'ap. l'opéra-comique « Fra Diavolo » de Daniel F. Auber • *Phot.* Art Lloyd et Hap Depew • *Mus.* Auber • *Int.* Stan Laurel (Stanlio), Oliver Hardy (Ollio), Dennis King (Fra Diavolo), Thelma Todd (Lady Pamela Rocburg), James Finlayson (Lord Rocburg), Henry Armetta (Matteo), Lane Chandler (le lieutenant).

Au début du XVIIIe siècle, l'Italie du Nord est ravagée par les bandits de grand chemin. Le plus célèbre d'entre eux, Fra Diavolo, adopte à l'occasion, pour séduire les femmes et voler les riches, une autre identité, celle du marquis de San Marco. Sur la route, deux voyageurs, Stanlio et Ollio, sont dépouillés des économies de toute une vie. Ils s'imaginent récupérer leur bien en devenant bandits à leur tour. Ollio se fait passer pour Fra Diavolo et leur première victime n'est autre que ... Fra Diavolo lui-même. Ils deviendront par la force des choses ses domestiques et ses complices. Pour le bandit, qui s'active à voler les bijoux d'une riche lady assez peu farouche, ce sont là piètres et encombrantes recrues. Dans un moment d'ivresse, Stanlio et Ollio révèleront même la double identité de leur maître. Tous trois seraient bientôt exécutés sans une dernière maladresse – providentielle – de Stanlio. Sa dernière volonté est de se moucher. Il utilise pour ce faire un mouchoir rouge. Un taureau furieux surgit alors, fonce et met en déroute le peloton d'exécution, permettant aux trois condamnés de prendre la fuite, l'un sur son cheval, les deux autres à dos ... de taureau.

☞ Quatrième long métrage de Laurel et Hardy et la plus prisée de leurs opérettes (bien que la qualité du film soit sans commune mesure avec celle de leurs « deux bobines » muets). Sur une trame relativement élaborée, due à Jeanie MacPherson, la scénariste de DeMille, et puisée dans l'opéra-comique d'Auber, Dennis King et les chœurs assurent la partie chantée, cependant que les deux comiques fournissent le lot de gags, de maladresses et d'enfantillages qu'on attend d'eux. Les « acrobaties » manuelles de Laurel, que Hardy tente en vain d'imiter (par exemple, se toucher simultanément l'oreille d'une main et le nez de l'autre), sont restées célèbres, spécialement auprès du jeune public, ravi en outre de voir les deux compères évoluer dans un film d'aventures à costumes. Ses rééditions successives assurèrent une gloire durable à *Fra Diavolo*, noyé à l'origine dans une production abondante.

## FRAISES SAUVAGES (LES)
**(Smultronstället)**

1957 – Suède (92') • *Prod.* Svensk Filmindustri • *Réal.* INGMAR BERGMAN • *Sc.* Ingmar Bergman • *Phot.* Gunnar Fischer • *Mus.* Erik Nordgren • *Int.* Victor Sjöström (le Pr Isak Borg), Bibi Andersson (Sara), Ingrid Thulin (Marianne), Gunna Björnstrand (Evald), Folke Sundquist (Anders), Björn Bjelvenstam (Victor), Naima Wifstrand (la mère d'Isak).

La nuit précédant le jour où il doit être couronné docteur jubilaire de l'université de Lund, le vieux médecin Isak Borg, soixante-dix-huit ans, fait un rêve où la mort – sa mort – est constamment présente. Depuis longtemps Borg, déçu par ses semblables, préfère vivre en reclus et en solitaire en compagnie de sa vieille gouvernante, une femme autoritaire et dévouée avec qui il se querelle souvent mais qui lui est tout à fait indispensable. Il décide de se rendre à Lund en voiture et non en avion comme cela était prévu. Sa bru Marianne, qui a quitté son mari Evald et vit depuis quelque temps chez lui, demande à l'accompagner. En route, elle reproche à Isak son égoïsme et lui déclare que son fils le hait autant qu'il le respecte. Isak s'arrête pour revoir un moment un lieu privilégié de son enfance, « le coin aux fraises » près duquel se trouvait la demeure familiale. Comme si le temps n'existait plus et mêlait ses versants, sa jeune cousine Sara, qu'il aurait voulu épouser, lui apparaît telle qu'elle était il y a soixante ans, courtisée et embrassée par un autre cousin. Le voyage reprend. Isak prend en stop trois jeunes gens : une fille rieuse et parfois boudeuse, entourée de ses deux soupirants qui discutent avec obstination et frivolité de Dieu et du néant, l'un étant croyant, l'autre matérialiste. Un petit accident a lieu, provoqué par la maladresse d'une automobiliste. Elle est invitée à monter avec son mari à bord de la voiture d'Isak. Le couple se dispute d'une manière odieuse, étalant sans pudeur une vie conjugale ratée. Marianne les oblige à descendre sous le prétexte qu'ils offrent aux trois jeunes gens un spectacle peu convenable. Dans une station-service, un couple de pompistes, amis d'Isak, refusent son argent car, disent-ils, ils lui doivent, comme tous les habitants du voisinage, une reconnaissance infinie. Isak fait la remarque qu'il a peut-être eu tort de quitter cette région où il est si bien jugé. Après un repas à cinq, Isak rend visite à sa mère, une nonagénaire qui commente avec ironie et amertume sa solitude présente. Isak fait un autre rêve : sa jeune cousine s'adresse à lui tel qu'il est aujourd'hui ; il échoue à un examen de médecine dans des conditions humiliantes pour lui ; il assiste à l'infidélité de sa femme. Le voyage continue. Sa bru Marianne lui explique qu'elle attend un enfant et tient à le garder : son mari est d'un avis contraire ; d'où leur conflit et sa fuite. Les trois jeunes auto-stoppeurs apprennent qui est leur conducteur ; ils le félicitent, pleins de respect et d'admiration. Isak arrive chez son fils. La cérémonie officielle a lieu en latin, selon un rituel d'un autre âge. Le soir, les trois jeunes gens viennent chanter sous la fenêtre d'Isak afin de l'honorer à leur façon. Isak tente de réconcilier Marianne et Evald. D'autres souvenirs et d'autres images de sa cousine lui reviennent en mémoire alors qu'il s'endort. Ces évocations le consolent d'être vieux et l'aident à attendre la mort.

☞ Premier film testamentaire de Bergman. Il y en aura beaucoup d'autres, ressassant jusqu'à satiété les mêmes thèmes, additionnés souvent d'une bonne dose de complaisance ou d'obscurité inutile. Ici l'inspiration de l'auteur est encore riche et dense. Elle est même empreinte, formellement, d'une sorte de légèreté paradoxale. Celle-ci tient à la manière vive, adroite et distanciée dont les personnages apparaissent dans l'intrigue pour souligner, développer ou contredire tel ou tel aspect de la méditation du héros. Exprimant, non sans une part d'autodérision, les thèmes bergmaniens de l'enfer conjugal, de l'inquiétude métaphysique etc., ils surgissent et tombent tour à tour à la trappe comme dans un théâtre de marionnettes. Cette virtuosité, ce refus de la gravité superficielle rendent plus attachant ce portrait du héros en vieil homme ; car, pour une fois, c'est un homme qui occupe chez Bergman le devant de la scène. Portrait subtil et ambigu où l'égoïsme attribué au vieillard est tour à tour affirmé et nié par ceux qui l'ont connu, où son besoin de solitude, sa dureté, son attitude distante sont ressentis tantôt comme des vices de caractère, tantôt comme des moyens d'apprivoiser la mort, de s'approcher d'elle avec précaution. A ce titre, ils jouent alors le même rôle que ces rêves et ces souvenirs qui envahissent de plus en plus l'univers du vieillard : ils l'invitent à entrer tant bien que mal dans l'éternité. L'interprétation de Sjöström, le grand ancêtre, le « père » du cinéma suédois, déjà utilisé par Bergman dans son huitième film (*Vers la joie*), apporte au personnage le relief, la sérénité, le doute, l'autorité tranquille et impressionnante dont le film avait besoin.

Superbe qualité littéraire du texte *off* mis dans sa bouche, en particulier dans la séquence prégénérique.

BIBLIO. : scénario et dialogues *in* « Œuvres » avec préface de Bergman : « Chaque film est mon dernier film », Robert Laffont, 1962.

## FRANÇOIS Ier

1937 – France (100') • *Prod.* Productions Calamy • *Réal.* CHRISTIAN-JAQUE • *Sc.* Paul Fékété • *Phot.* Marcel Lucien, André Germain • *Mus.* René Sylviano • *Int.* Fernandel (Honorin), Mona Goya (la Belle Ferronnière), Aimé Simon-Girard (François Ier), Alice Tissot (la duègne), Alexandre Rignault (Henri VIII), Henri Bosc (Ferron), Alexandre Mihalesco (Cagliostro, l'hypnotiseur), Sinoël (Jules le fantôme), Charles Lemontier (La Palice), Henry Valbel (le moine inquisiteur).

A la veille de remplacer un ténor malade dans un spectacle de foire intitulé : « François Ier et la Belle Ferronnière », Honorin se sent envahi par le trac. Pour lui redonner confiance, un autre forain, le magicien Cagliostro, l'hypnotise et l'envoie dans le passé fréquenter les personnages réels de la pièce. A peine arrivé dans une auberge d'Amboise, Honorin est sollicité par une duègne qui lui demande d'aider sa maîtresse, épouse de l'avocat Ferron, en se faisant passer pour son frère. La maîtresse en question n'est autre que la Belle Ferronnière elle-même qui veut cacher à son mari qu'elle a reçu l'autre nuit la visite du roi. Aussi a-t-elle besoin d'un frère qui affirmera être son visiteur nocturne. Honorin accepte. Il a la surprise de découvrir que la Belle Ferronnière ressemble trait pour trait à la fille de Cagliostro qu'il aime en silence depuis longtemps. Présenté à l'avocat, Honorin consent à subir le Jugement de Dieu sous la forme d'un « duel judiciaire », sans savoir au juste de quoi il s'agit. Il se renseigne en utilisant son Larousse qu'il transporte toujours avec lui dans son pourpoint. Sur un ring, devant le peuple et le roi François Ier accompagné d'Henry VIII, venu signer l'Entente cordiale, Honorin s'oppose à Ferron à l'épée puis à la lutte et le vainc. Invité à la cour, il enseigne aux gentilshommes les danses rapprochées. Il apprend à Henry VIII, qui l'ignore encore, son prochain mariage avec Anne de Boleyn. En effet, Honorin sait tout du souverain anglais depuis qu'il a vu le film *La vie privée de Henry VIII**. La nuit, Jules le fantôme se promène comme à son habitude dans la chambre qu'occupe Honorin. Il est condamné à errer ainsi jusqu'à ce qu'il ait donné à sa femme, qu'il avait assassinée, une sépulture chrétienne. Mais pour cela il lui faudrait retrouver l'emplacement exact où il l'avait enterrée, quelque part dans la cave. Et l'obscurité, toujours, l'en empêche. Honorin lui donne une lampe électrique : le fantôme est sauvé et lui voue désormais une gratitude infinie. Devenu un familier de la cour, Honorin, consultant son Larousse, annonce aux seigneurs qui l'interrogent de quoi leur avenir sera fait. Il initie François, émerveillé, aux mérites de l'emprunt d'État et de la Loterie nationale. Le méchant Ferron qui veut s'emparer du Livre magique entraîne Honorin dans la crypte de son château où siège un tribunal de l'Inquisition. Honorin doit subir le supplice de la chèvre (l'animal lui lèche les pieds, provoquant un chatouillement intolérable), le supplice du vin et celui du carcan à pointes. Heureusement, son ami le fantôme le tire de ce mauvais pas. La Belle Ferronnière, lassée de François, veut se donner à Honorin qui ne demande pas mieux. Mais Ferron le fait arrêter par ses gardes. Honorin se réveille de son sommeil hypnotique et est conduit par deux policiers dans un commissariat où Cagliostro vient le chercher. A la foire, le ténor est guéri. Honorin, qui n'a plus rien à faire ici, supplie Cagliostro de le renvoyer dans le passé. Il réapparaît à la cour, sous les vivats.

☞ La plus populaire de toutes les comédies du cinéma français d'avant-guerre (qui en compte beaucoup), constamment reprise jusque dans les années 60 où la télévision assura alors la relève. A l'intérieur du genre comique, le film appartient à une catégorie pratiquement non représentée à l'époque : le récit onirico-fantastique, avec voyage dans le temps. Cette originalité est un des motifs de sa popularité. Il y en a bien d'autres. Outre la décontraction du scénario et de la mise en scène frôlant parfois le bâclage (mais que la faveur du public a en quelque sorte « sanctifiée »), il y a surtout l'exploitation habile de quelques idées fortes basées sur l'utilisation satirique de l'anachronisme et servies par la jovialité et la bonhomie géniales de Fernandel. Les scènes où l'acteur feuillette son Larousse et joue à bon compte les devins omniscients, la séquence où il endure le supplice de la chèvre (qui au tournage lui laissa les pieds en sang et lui arracha des cris de douleur que Christian-Jaque a conservés dans la bande-son) font maintenant partie du patrimoine comique français. Une autre source de la popularité du film tient sans doute à son esprit d'enfance, également partagé par l'acteur et par le metteur en scène. Le film installe en effet sous les yeux du spectateur le monde du rêve, du jeu, de l'inimaginable devenant subitement possible. Et à la fin le héros en redemande, veut jouer et rêver encore, et surtout échapper au présent. Par là, le film est bien relié à son époque. Il représente le suprême triomphe du « cinéma du samedi soir » dans sa veine la plus significative, populaire et sans vulgarité. Il apporte au spectateur son tribut de fantaisie, de gaieté et de dépaysement et satisfait aussi son désir inconscient de tourner le dos à la réalité présente. La quintessence du cinéma d'évasion.

**FRANKENSTEIN (id.)**

1931 – USA (71') • *Prod.* U (Carl Laemmle, Jr.) • *Réal.* JAMES WHALE • *Sc.* Robert Florey, Garrett Fort, Francis Edward Faragoh, John L. Balderston d'ap. R. « Frankenstein or the Modern Prometheus » de Mary W. Shelley et la P. « Frankenstein » de Peggy Webling • *Phot.* Arthur Edeson • *Int.* Colin Clive (Henry Frankenstein), Mae Clarke (Elizabeth), John Boles (Victor Moritz), Boris Karloff (le monstre), Edward Van Sloan (Dr Waldman), Frederick Kerr (le baron Frankenstein), Dwight Frye (Fritz).

Avant le générique, devant un rideau de théâtre, Edward Sloan (le Van Helsing de *Dracula** et le Dr Waldman de ce *Frankenstein*) vient annoncer au public, au nom de Carl Laemmle, Jr., que le film qu'il va voir risque de le choquer et même de l'horrifier. Henry Frankenstein, le fils du baron Frankenstein, a quitté l'université pour mener à bien dans une haute bâtisse solitaire ses recherches sur le galvanisme et l'électrobiologie. Avec des morceaux de cadavres déterrés de leurs tombes ou volés à des gibets, il compte fabriquer un nouvel être vivant grâce à un rayon plus puissant que les ultra-violets. Mais son assistant bossu, chargé de voler à l'université le cerveau d'un homme sain, a renversé le bocal qui le contenait et pris à la place le cerveau d'un criminel. Elizabeth, la fiancée de Frankenstein, et Victor Moritz, son soupirant, poussent l'ancien professeur de Frankenstein, le Dr Waldman, à les accompagner dans la demeure d'Henry pour le détourner de son funeste projet. Henry leur propose d'assister à son expérience : le corps inerte est hissé sur une plateforme jusqu'au sommet de l'une des tours du bâtiment. Là, grâce à une verrière coulissante, il se trouve au contact d'un orage qui en est à son paroxysme. L'expérience réussit mais aboutit à créer une sorte de monstre, doué d'une force herculéenne, qui redoute par-dessus tout la lumière des torches et du feu. Il faut l'enchaîner dans la cave. Le monstre pendra l'assistant de Frankenstein qui ne cessait de le tourmenter. Bouleversé par l'horrible créature à laquelle il a donné vie, Frankenstein s'évanouit avant d'être emmené par sa fiancée et son père que celle-ci était allée chercher. Le professeur Waldman reste seul avec le monstre qu'il a attaché sur une table d'opération dans l'intention de le disséquer. Mais il n'en aura pas le loisir car il sera étranglé par la créature. On célèbre au village le mariage d'Henry et Elizabeth. Le monstre s'est échappé et noie une fillette qui voulait jouer avec lui. Le père porte le cadavre de sa fillette à travers la foule en liesse. Le monstre pénètre dans la demeure d'Henry et terrorise Elizabeth. Frankenstein estime qu'il est de son devoir d'anéantir lui-même la créature, résultat de ses expériences. Mais le monstre l'assomme et le porte sur ses épaules jusqu'à un moulin. La foule portant des torches poursuit le monstre et incendie le moulin. Le monstre jette dans le vide Frankenstein qui reste accroché à une aile du moulin avant de retomber sur le sol. Le moulin est la proie des flammes. Un peu plus tard, le père d'Henry déclare à la domesticité que son fils va mieux ; Elizabeth est à son chevet.

☞ Rappelons d'abord qu'il y eut des adaptations théâtrales du roman de Mary Shelley (publié en 1817) à travers tout le XIXe siècle, et cela dès 1832. Le cinéma muet américain adapta deux fois le roman : la première en 1910, dans une production de la firme de Thomas A. Edison avec Charles Ogle dans le rôle du monstre, hideux et horrifique à souhait ; la seconde en 1915 : Percy Daniel Standing donne du monstre une interprétation très sobre dans *Life Without Soul* de Joseph V. Smiley. Il existe une troisième version italienne, *Il mostro di Frankenstein*, dirigée par Eugenio Testa (1920). La Universal venait de frapper un grand coup avec son *Dracula** et c'est dans la foulée de ce triomphe que sera conçu et réalisé *Frankenstein.* Tout naturellement Bela Lugosi est choisi pour interpréter le monstre ; et c'est Robert Florey qui doit le diriger. Après différents tests, Lugosi est rejeté et on publiera qu'il a renoncé au rôle dès qu'il apprit qu'il s'agissait d'un rôle presque muet. Florey est remplacé par James Whale. (Son empreinte restera sur le scénario : les idées du cerveau criminel du monstre et du « climax » dans le moulin sont de lui.) James Whale, d'origine anglaise, aime à s'entourer de compatriotes. Il en peuplera ses deux *Frankenstein.* Il choisit Boris Karloff qu'il a vu au théâtre dans « The Criminal Code » (plus tard filmé par Hawks dans une adaptation où Karloff conserve son rôle). Il confie le maquillage du monstre à Jack Pierce dont le premier travail cinématographique avait été effectué pour le film de Walsh *The Monkey Talks* (1927). Se trouvent ainsi réunis les trois principaux responsables des mérites et du succès (colossal) de ce premier *Frankenstein* parlant. Le point fort de Whale, c'est son style de caméra très fluide pour l'époque (nous n'en sommes, rappelons-le, qu'au tout début du parlant) par lequel il met en valeur le décor et les attitudes des personnages au sein d'une atmosphère ironico-morbide qui impressionne le public et échappera au vieillissement. Les multiples ressorties du film en sont la preuve. On peut juger pour ainsi dire à nu de son talent dans la magistrale première séquence. Jack Pierce créa un maquillage sobre et inoubliable grâce auquel une certaine humanité traversé et en quelque sorte illumine la monstruosité du personnage dont Karloff sut livrer une interprétation pathétique et grave. (A ce propos, on ne dira jamais assez que Karloff est l'un des plus grands acteurs américains et figura notamment entre 1931 et 1940 dans une éblouissante série de films sous la direction de Hawks, Karl Freund, Walsh, Roy William Neill, Curtiz, Ulmer, Ford, Rowland V. Lee, etc.) Sur le plan de l'adaptation, le film posa de nombreux problèmes aux auteurs, soucieux de ne pas trop heurter la sensibilité du public. La scène du meurtre de la fillette fut réduite à l'état d'ellipse (à la demande de Karloff, selon Don Glut). La scène de la pendaison du bossu fut écourtée. Un happy end vint remplacer la mort de Frankenstein prévue au départ. Elle laissait ainsi la place à diverses suites. Grâce aux talents rassemblés sur le film, le personnage de la créature de Frankenstein s'inscrivit non seulement dans la mémoire cinéphilique, mais dans la mémoire collective de l'époque. Aucun film n'a su illustrer de manière aussi saisissante les dangers de la science, la folie aventureuse des chercheurs, tout en faisant de la créature, à un niveau plus profond, une représentation symbolique et métaphysique de l'homme, tourmenté, partagé entre sa reconnaissance et sa rancune envers un créateur qui l'a créé si imparfait.

N.B. Après ce film, Boris Karloff apparut dans quatre autres bandes racontant la suite des aventures du monstre : *Bride of Frankenstein* (*La fiancée de Frankenstein**, James Whale, 1935), *Son of Frankenstein* (*Le fils de*

Frankenstein*, Rowland V. Lee, 1939), *House of Frankenstein* (*La maison de Frankenstein**, Erle C. Kenton, 1944) où il joue un rôle de savant, *Frankenstein 1970* (*id.*, Howard Koch, 1958) où il joue le baron. La version intégrale, de *Frankenstein*, longue de quelques minutes de plus, a été reconstituée, en 1987 et est diffusée en vidéo aux États-Unis. On s'aperçoit que, dans la scène du meurtre de la fillette, Frankenstein la tue involontairement en voulant jouer : après l'avoir vu lancer des fleurs dans l'eau, il veut l'imiter et la lance à son tour dans le lac.

BIBLIO. : reconstitution du film en mille photogrammes (avec dialogues complets) par Richard J. Anobile, Universe Books, New York, 1974. On recommandera la lecture de Don F. Glut : « The Frankenstein Legend », Metuchen, N. J., The Scarecrow Press, 1973, qui détaille les incarnations du monstre dans d'innombrables pièces, films, bandes dessinées, etc.

## FRANKENSTEIN CRÉA LA FEMME
### (Frankenstein Created Woman)

1967 – Angleterre (92') • *Prod.* Hammer/Seven Arts Production (Anthony Nelson-Keys) • *Réal.* TERENCE FISHER • *Sc.* John Elder (Anthony Hinds) • *Phot.* Arthur Grant (Technicolor) • *Mus.* James Bernard • *Int.* Peter Cushing (le baron Frankenstein), Susan Denberg (Christina), Thorley Walters (Dr Hertz), Robert Morris (Hans), Duncan Lamont (le prisonnier), Peter Blythe (Anton), Barry Warren (Karl), Derek Fowlds (Johann), Alan MacNaughtan (Kleve).

Dans un village autrichien à la fin du XIX^e^ siècle, un enfant, Hans Baumer, assiste à l'exécution de son père, assassin condamné à la guillotine. Devenu adulte, il est l'assistant du vieux Dr Hertz qui, en association avec le baron Frankenstein, se livre à d'étranges et inédites expériences : Hertz a maintenu congelé durant une heure le corps de son célèbre collègue. Des électrodes, appliquées à ses poignets, lui permettent de sortir de sa mort provisoire. Frankenstein déclare alors que leur expérience a parfaitement réussi : ils ont réussi à séparer son âme de son corps et à maintenir celle-ci en vie. Hans est invité à aller acheter du champagne, pour fêter cette réussite, à l'auberge de Kleve. Hans est amoureux de la fille de Kleve, Christina, une boiteuse dont une partie du visage est défigurée. Trois jeunes nobles aussi odieux que prétentieux viennent à l'auberge se moquer d'elle. Ils reviendront plus tard pour voler du vin. Surpris par Kleve, ils assassineront l'aubergiste. C'est Hans qui est accusé de ce meurtre et son hérédité va peser lourd dans l'esprit des jurés. Il est guillotiné devant Christina qui, de désespoir, se jette du haut d'un pont dans la rivière. Hertz a réussi à s'emparer du corps décapité. Frankenstein parvient à lui retirer son âme et à la transférer dans le corps de la noyée qui, ressuscitée, devient une splendide jeune femme. Toute sa volonté est maintenant dirigée vers la vengeance. Usant de son charme pour les attirer, elle massacrera un à un les trois assassins de son père. Cette mission lui a été dictée par la bouche même de son bien-aimé. Elle a en effet coutume de converser avec sa tête coupée. La tête lui parle avec sa voix à elle, Christina, tandis que celle-ci lui répond avec sa voix à lui. Sa mission accomplie, Christina ira une seconde fois se jeter dans le fleuve du haut de la falaise.

☞ Troisième film du cycle des cinq Frankenstein de Fisher. Les deux premiers se basaient sur un scénario relativement classique, à l'image de leur mise en scène. Il fallait d'abord en effet remobiliser l'attention du public sur ce vieux thème en se montrant le plus simple, le plus efficace et le plus persuasif possible. Stimulé dans ce troisième film par le script de John Elder (fils d'un des deux fondateurs de la Hammer, William Hinds), Fisher n'hésite plus à se livrer à un certain délire qui met en valeur plusieurs caractéristiques de son style. Et d'abord ses dons de narrateur. Fisher aime les récits s'étalant sur des décennies et constituant une sorte de biographie complète d'un personnage. Ici Hans est décrit depuis son enfance jusqu'à sa première, puis sa deuxième mort dans le corps de Christina, tout comme l'était le héros de *La nuit du loup-garou**. Ensuite le film met en valeur la sensibilité plastique et décorative de Fisher (cf. les scènes d'amour entre Hans et Christina particulièrement bienvenues par leur discrète élégance picturale). Même dans le délire, Fisher ne se départ pas de ce calme légendaire qui habite la plupart de ses fictions. Celle-ci possède l'allure et la trajectoire d'un poème baroque et métaphysique partant du connu (les expériences de Frankenstein) pour s'élancer vers l'inconnu et livrer une variation inattendue sur le thème de la transmission des âmes. D'acteur principal qu'il était, Frankenstein devient témoin. Il assiste, stupéfait et navré, au déroulement de l'existence tragique de sa créature, pourvue d'une âme vengeresse et d'un corps de tentatrice. L'érotisme diffus de la série des *Dracula* éclate pour la première fois au grand jour dans le cycle jusque-là victorien et refoulé des *Frankenstein*.

## FRANKENSTEIN RENCONTRE LE LOUP-GAROU
### (Frankenstein Meets the Wolf Man)

1943 – USA (73') • *Prod.* U (George Waggner) • *Réal.* ROY WILLIAM NEILL • *Sc.* Curt Siodmak d'ap. le personnage créé par Mary Shelley • *Phot.* George Robinson • *Int.* Lon Chaney, Jr. (Lawrence Talbot, le loup-garou), Bela Lugosi (le monstre), Patric Knowles (Dr Frank Mannering), Ilona Massey (Elsa Frankenstein), Dennis Hoey (l'inspecteur Owen), Maria Ouspenskaya (Maliva), Lionel Atwill (le maire).

A la recherche de bijoux et d'argent, deux voleurs ouvrent le cercueil de Larry Talbot qui, aussitôt ranimé, est victime d'une crise de lycanthropie. Il massacre l'un des deux hommes. Retrouvé inconscient dans la rue, il est conduit et soigné dans un hôpital. La nuit, redevenant loup-garou sous l'effet de la pleine lune, il tue un policier et regagne l'hôpital. Il s'accuse du meurtre mais est pris pour un fou. Il s'échappe et va retrouver la vieille gitane dont le fils avait été responsable de sa transformation en loup-garou. Il la supplie de l'aider à mourir. Elle le conduit chez le baron Frankenstein, sans savoir que celui-ci est mort. Ses expériences secrètes sur la vie et la mort, pense-t-elle, pourraient servir les desseins de Talbot. Poursuivi par les habitants du village, Talbot fait une chute dans les ruines du château du baron et retrouve le monstre créé par Frankenstein enfoui dans une sorte de cercueil de glace qui le recouvre comme une carapace. Talbot obtient de la fille du baron qu'elle lui révèle la cachette du journal que tenait son père. Grâce à ces notes, le docteur qui s'occupait de Talbot à l'hôpital remet en marche les appareils du baron, dans l'espoir de transmettre l'énergie de Talbot au monstre. La fille du baron s'oppose à l'expérience et en interrompt violemment le cours. Le loup-garou et le monstre s'empoignent, cependant qu'un habitant du village fait exploser le barrage voisin dont les eaux engloutissent le château, ses ruines et les deux monstres.

☞ Première tentative de la Universal pour présenter deux de ses monstres dans le même film. Par chance, il se trouve que les récits policiers compliqués et morbides, les contes fantastiques extravagants et délirants sont le domaine d'élection de Roy William Neill. Aussi cette double suite baroque à *Frankenstein** (cinquième titre de la série) et à *The Wolf Man* (deuxième titre d'une série qui s'arrêta là) lui convient-elle parfaitement. L'élégance aristocratique de son style, la distance qu'il prend vis-à-vis de ses sujets sans jamais tomber dans la dérision l'aident souvent, et en particulier ici, à extraire du scénario ce qu'il peut avoir de plus intense dans l'étrange ou le pathétique. Le fil rouge du récit, c'est, parmi des péripéties saugrenues, la quête obstinée de la mort qu'effectue l'homme atteint de lycanthropie à qui les types traditionnels de suicides ne sauraient convenir. Cette recherche donne au film son unité et une certaine forme d'émotion morbide qui fait du personnage interprété par Lon Chaney le frère de tous les désespérés littéraires ou réels qui attendent de la mort leur dernière (ou leur première) liberté.

## FRANKENSTEIN S'EST ÉCHAPPÉ
### (The Curse of Frankenstein)

1957 – Angleterre (83') • *Prod.* Hammer (Anthony Hinds) • *Réal.* TERENCE FISHER • *Sc.* Jimmy Sangster d'ap. R. Mary Shelley • *Phot.* Jack Asher (Eastmancolor) • *Mus.* James Bernard • *Int.* Peter Cushing (le baron Victor Frankenstein), Christopher Lee (la créature), Hazel Court (Elizabeth), Robert Urquhart (Paul Krempe), Valerie Gaunt (Justine), Paul Hardmuth (Pr Bernstein), Hugh Dempster (le bourgmestre), Melvyn Hayes (Victor enfant).

Condamné à mort, le baron Frankenstein réclame un prêtre et lui raconte son histoire. Après la mort de sa mère, alors qu'il n'était encore qu'un adolescent (il avait perdu son père depuis dix ans), il hérita de la fortune de ses parents et engagea, dans le village suisse où il vivait, un professeur, Paul Krumpe, afin qu'il lui transmette tout son savoir, notamment dans le domaine de la biologie. Ils se livrèrent ensemble à de nombreuses expériences et réussirent à ranimer un chien mort. Devenu adulte, Frankenstein sait que sa vie sera consacrée à la science. Il ambitionne de créer un être vivant à partir de membres et d'organes prélevés sur des cadavres. Paul juge ce projet dément mais aide cependant Frankenstein à aller la nuit dépendre un pendu dont le baron découpera la tête. La cousine de Frankenstein, Elizabeth, devenue orpheline, s'installe chez lui en son absence avec l'intention de l'épouser. De retour, Frankenstein rapporte les bras et les mains du grand sculpteur Bandello, récemment décédé, qu'il veut greffer sur sa future créature. A ce stade, Paul se retire définitivement du projet et conseille à Elizabeth de fuir cette maison. Frankenstein invite le vieux savant Bernstein et le pousse dans le vide du haut d'un escalier intérieur de sa demeure. Après l'enterrement, il fait placer le cercueil dans le caveau des Frankenstein, geste apprécié par l'entourage du baron. En fait, son but est de découper le cerveau du cadavre tout à loisir. Frankenstein et Paul se disputent violemment, et au cours de l'empoignade, le cerveau prélevé est endommagé. Paul accepte encore d'aider Frankenstein lors de l'ultime phase de son expérience : la réanimation de la créature, installée debout dans une cage de verre. Sitôt qu'elle a retiré ses bandelettes, la créature bondit sur Frankenstein pour l'étrangler mais est assommée par Paul. Plus tard, elle disparaît. Dans un bois, elle tue un aveugle et un enfant. Paul l'abat, en visant sa tête, à la fureur de Frankenstein. Les deux hommes l'enterrent, mais en fait Frankenstein la ramène chez lui et la ranime une deuxième fois. Il enferme la bonne, enceinte de ses œuvres, dans la pièce où vit la créature afin qu'elle soit massacrée par elle. Depuis que cette domestique avait manifesté le désir de se faire épouser, Frankenstein voulait s'en débarrasser. Car c'est avec Elizabeth qu'il a l'intention de convoler. Il montre à Paul sa créature qui lui obéit maintenant comme un chien. « Vous paierez pour ces atrocités ! » s'exclame Paul. La créature brise ses chaînes pendant que les deux hommes se battent. Frankenstein lance une lampe sur la créature qui avait réussi à s'enfuir et à escalader un des murs de la demeure. La créature s'enflamme et tombe dans un bac d'acide. Frankenstein a terminé son récit. Il reçoit la visite de Paul qui refuse de confirmer publiquement l'existence de la créature, ce qui dans une certaine mesure diminuerait sa responsabilité dans le meurtre de la bonne. Paul repart avec Elizabeth, abandonnant le baron à son sort. Le jour de l'exécution, celui-ci s'avance vers la guillotine...

☞ Ce titre marque une date historique puisqu'il s'agit de la première production en couleurs de la firme anglaise Hammer, vouée dans les années 50 et 60 à la rénovation des grands thèmes fantastiques illustrés aux États-Unis dans les années 30 par la Universal. Il connut un succès considérable qui surprit ses auteurs et engendra les autres *Frankenstein,* ainsi que la série des *Dracula* et toute une variété de films à sujets fantastiques. Rappelons que la création de la Hammer remonte à 1934 et qu'elle est due à William Hinds et à Enrique Carreras. Hinds la baptisa de son pseudonyme de théâtre, Hammer. Voir commentaires sur le cycle Frankenstein de Fisher à *La revanche de Frankenstein**.

## FREAKS
### (La monstrueuse parade)

1932 – USA (61') • *Prod.* MGM (Irving Thalberg) • *Réal.* TOD BROWNING • *Sc.* Willis Goldbeck et Leon Gordon d'ap. la nouvelle « Spurs » de Tod Robbins • *Phot.* Merritt B. Gerstad • *Int.* Wallace Ford (Phroso), Leila Hyams (Venus), Olga Baclanova (Cleopatra), Henry Victor (Hercule), Roscoe Ates (Roscoe), Edward Brophy, Matt McHugh (les frères Rollo), Ernie S. Adams (le patron du « side show »), Rose Dione (Mme Tetrallini) et les « freaks » : Harry Earles (Hans), Daisy Earles (Frieda), Daisy et Violet Hilton (les sœurs siamoises), Olga Roderick (la femme à barbe), Peter Robinson (le squelette vivant), Joseph/Josephine (l'androgyne), Johnny Eck (l'homme-tronc), Prince Radian (le torse vivant), Martha Morris (femme sans bras, brune), Frances O'Connor (femme sans bras, blonde).

Dans un cirque itinérant où se produisent de nombreux « monstres », le nain Hans, fiancé à la naine Frieda, tombe amoureux de la belle trapéziste Cleo. Aveuglé par son amour, il ne comprend pas qu'elle se moque de lui et ne l'aime que pour les cadeaux qu'il lui fait. Avec le lutteur Hercule, son amant, elle rit souvent de sa pathétique conquête. Frieda, par maladresse, lui révèle que Hans va bientôt hériter d'une fortune. Dès lors, Cleo décide d'épouser Hans et de l'empoisonner ensuite peu à peu. Durant le repas de mariage, elle commence à mettre son projet à exécution. Mais les monstres surveillent sa roulotte et la voient faire. Venus, l'ancienne maîtresse d'Hercule, a également déjoué son manège. Alors que, sans se douter de rien, Cleo joue les infirmières dévouées auprès de son mari, Hans prépare son plan. Le soir même, il exige de Cleo qu'elle lui remette sa petite bouteille de poison. La caravane du cirque progresse difficilement sous l'orage et une voiture est accidentée. Phroso, le clown amoureux de Venus, empêchera Hercule de la tuer. Hercule sera exécuté par les monstres. Quant à Cleo, elle s'enfuit en hurlant de sa roulotte, poursuivie par eux... Le bonimenteur de foire, qui racontait l'histoire de Cleo à ses clients, leur montre ce qu'elle est devenue : une sorte de poule monstrueuse caquetant et gémissant. Phroso et Vénus, Hans et Frieda sont maintenant réunis.

☞ Cette « Marseillaise du pays des monstres », selon l'expression de Jean Boullet (*in* « Bizarre », février 1951), fait partie de cette poignée de films qu'on peut, sans exagération, qualifier d'uniques. Presque soixante ans après sa sortie, *Freaks* mérite encore ce qualificatif et rien n'est venu ternir ou atténuer son originalité. Dépassant les catégories traditionnelles du réalisme et de la fiction, du documentaire et de la fiction horrifique, *Freaks* appartient un peu à chacune d'entre elles et, pour cela, est par excellence le film du malaise. Du côté du réalisme, il y a la présence des vrais monstres (fondant à elle seule l'unicité radicale du film) et l'aspect de chronique documentaire des coulisses de la vie d'un cirque (quoique le cirque en question paraisse bien petit pour abriter autant de monstres). Du côté du fantastique : la vengeance des monstres et l'opération, digne de *L'île du Dr Moreau**, qu'ils ont pratiquée sur leur « victime ». Du côté de l'horreur : le nouveau manichéisme inventé par Tod Browning, opposant les monstres non responsables de leur monstruosité physique aux êtres normaux responsables de leur monstruosité morale. Ce sera aussi le propos d'*Elephant Man**. Les monstres, à cause de leur vulnérabilité, semblent décupler la monstruosité morale de certains êtres dits « normaux ». En décrivant l'attitude de Cleo vis-à-vis de Hans, Browning a voulu exprimer un condensé de ce que les êtres normaux font subir aux anormaux et, d'une façon plus générale, de ce que l'homme, dans certaines circonstances, peut faire subir à d'autres hommes : mépris, exploitation, haine calculée et destructrice. Du coup, la distinction entre normal et anormal, naturel et monstrueux, se brouille. *Tout* devient monstrueux et on s'aperçoit alors que le malaise provoqué par *Freaks* n'a d'autre origine que son humanité et son universalité. Cette humanité n'a rien à voir avec un quelconque humanisme (à côté de *Freaks*, *Elephant Man**, par exemple, fait figure de film boy-scout). De l'humanisme ne subsistent ici que quelques traces, notamment dans la compassion que témoignent aux monstres certains artistes du cirque et dans la solidarité que les monstres éprouvent entre eux. Encore cette solidarité leur dicte-t-elle une vengeance aussi atroce – sinon plus – que l'offense qu'on leur a fait subir. Avant tout, la force durable de *Freaks* tient à son absence de complaisance, à la dignité froide et silencieuse du regard de Browning. Browning est ici parfaitement à sa place – homme de cirque sachant de quoi il parle quand il présente ses amis les monstres. Étant donné qu'il avait été sous contrat à la MGM durant le muet (où il signa de nombreux films avec Lon Chaney), on s'explique que la firme ait voulu le reprendre après son triomphe de *Dracula** à la Universal. Quand même : le surgissement d'un tel film au début des années 30, à Hollywood, à la MGM, son audace tranquille, qui est à la fois le comble de l'innocence et de la perversité, n'ont pas cessé jusqu'à aujourd'hui de plonger le spectateur dans la stupéfaction.

N.B. Le film fut un insuccès total et commença de sonner le glas de la carrière de Tod Browning. Il avait heureusement déjà signé plus de quarante films mais n'en réalisa que quatre autres après *Freaks*. *Freaks* fut amputé d'un tiers de sa durée après la première preview. (Rien ne subsiste des représentations du cirque et on ne doit qu'à des sources écrites de savoir que Hans était illusionniste et Frieda écuyère.) Curieusement, la critique de « Variety » de l'époque mentionne une durée de 52', c'est-à-dire encore plus courte que celle des copies que nous connaissons. La copie projetée sur FR3 en 1980 contient une deuxième fin non différente de la première dans son contenu essentiel mais qui ajoute quelques plans à la réunion de Hans et de Frieda.

BIBLIO. : découpage d'une copie de 64', décrite en 428 plans (+ quelques plans de la deuxième fin), *in* « L'Avant-Scène » n° 264 (1981).

## FRENCH CANCAN

1955 – France (97') • *Prod.* Franco London Films/Jolly Films • *Réal.* JEAN RENOIR • *Sc.* Jean Renoir d'ap. une idée d'André-Paul Antoine • *Phot.* Michel Kelber (Technicolor), • *Mus.* Georges Van Parys • *Int.* Jean Gabin (Danglard), Maria Félix (la Belle Abbesse), Françoise Arnoul (Nini), Jean-Roger Caussimon (le baron Walter), Gianni Esposito (le prince Alexandre), Philippe Clay (Casimir), Michel Piccoli (Valorgueil), Anna Amendola (Esther Georges), Dora Doll (La Génisse), Jacques Jouanneau (Bidon), Jean Parédès (Coudrier), Jean-Marc Tennberg (Savate), Edith Piaf (Eugénie Buffet), Patachou (Yvette Guilbert).

Paris à la fin du siècle dernier. Danglard préside aux destinées du cabaret chic Le Paravent Chinois dont la vedette, la Belle Abbesse, est sa maîtresse. Il découvre chez une petite blanchisseuse de Montmartre, Nini, fiancée à un boulanger, des dons de danseuse insoupçonnés. Grâce aux possibilités qu'il devine en elle, il va tenter de matérialiser son rêve : animer un établissement populaire qui, au lieu de recevoir quelques dizaines de clients, puisse en accueillir des centaines, voire des milliers. Il rachète La Reine Blanche pour construire sur son emplacement le Moulin-Rouge où il entend relancer l'ancien cancan sous l'appellation plus moderne et plus alléchante de french cancan. Nini, ainsi que quelques dizaines d'autres filles, suivent des cours de danse intensifs. L'intérêt de Danglard pour Nini suscite la jalousie de la Belle Abbesse. Lors de la visite d'un ministre sur le chantier, elle se collette avec Nini. Danglard, voulant les séparer, tombe dans un trou. Une fracture l'immobilise quarante jours. Vindicative autant qu'elle est coléreuse, la Belle Abbesse met à profit ce laps de temps pour peaufiner sa vengeance : son « amant sérieux », commanditaire de Danglard, se retire de l'affaire et Danglard, n'ayant pu payer ses traites, se retrouve, une fois guéri, dépossédé de son terrain. Mais un jeune prince étranger, éperdu d'amour pour Nini, finance la reprise des travaux. Quand il apprend, grâce à une initiative de l'infatigable Belle Abbesse, que Nini est devenue la maîtresse de Danglard, il se tire une balle dans la tête, mais se rate. Avant de repartir dans son pays, il fait don à Danglard du titre de propriété du terrain. Le Moulin-Rouge fait une ouverture triomphale avec les vingt-quatre danseuses du cancan au grand complet. Nini, pour entrer dans le monde du spectacle, devra perdre pour toujours son fiancé. Quant à Danglard qui a refusé de lui jurer fidélité (cela n'est ni dans sa nature ni dans son emploi), il est toujours en quête de nouveaux talents.

☞ Après quinze ans de pérégrinations, Renoir revient tourner en France. « *French Cancan* correspondait chez moi, a-t-il déclaré (*in* « Cahiers du cinéma » n° 78), à un grand désir de faire un film dans un esprit très français, et qui puisse être un contact facile et commode, un pont agréable entre moi-même et le public français. » Il hérite d'un projet destiné à Yves Allégret qu'il réécrit entièrement et seul. Dans ce film « facile » et sans ambition apparente, inspiré de la vie du véritable fondateur du Moulin-Rouge, une grande part de sa philosophie et de sa palette sont néanmoins présentes. Renoir peint une fois encore un clan, un monde bien homogène dans son pittoresque et sa diversité, et qui, sans constituer une société secrète à part entière, possède néanmoins, comme les différentes classes sociales évoquées dans *La grande illusion**, ses règles et son territoire propres. Aux deux pôles de la société, le prince et le boulanger s'y brûleront les doigts, apprenant à leurs dépens et à leur grande tristesse qu'ils n'en font pas partie (« Dans la jungle, les animaux se groupent par familles, par clans, ils ne se mélangent pas sous peine de mort. J'ai mis mes pattes là où il ne fallait pas » dira le prince après son suicide). Le clan décrit ici n'est pas celui du Théâtre avec un T majuscule comme dans *Le carrosse d'or** ; c'est celui du spectacle dans ses formes les plus populaires et les plus modestes : music-hall, caf'conc', cabaret, et tout ce qu'on appellera quelques décennies plus tard « variétés ». Plus encore qu'aux acteurs, Renoir s'intéresse ici à l'organisateur du spectacle, au metteur en scène, à l'éminence grise de la fête. C'est dire combien ce film est proche de lui. Les couleurs, sensuelles, vives et variées à souhait, recréent dans un hommage à l'impressionnisme un monde déjà ancien, ressuscité par le souvenir. La mièvrerie en est absente car la cruauté y côtoie toujours la nostalgie, collant à elle comme son ombre. La direction d'acteurs accomplit ce miracle constant, caractéristique du style de l'auteur, de donner vie à des personnages dans lesquels – c'est la part du moraliste chez Renoir – on n'oublie jamais le pantin, à peine caché derrière les joies et les tristesses qui l'animent. Le mouvement enfin, le sacro-saint mouvement, si frénétique soit-il, vient comme chez John Ford d'une accumulation savante de plans fixes. La caméra a la pudeur de bouger le moins possible, et toujours à bon escient, et toujours subrepticement. Le mouvement, dans les derniers films de Renoir, appartient aux corps, aux sentiments plus qu'à la technique.

## FRIEDEMANN BACH
**(Le musicien errant)**

1941 – Allemagne (100') • *Prod.* Terra (Gustaf Gründgens) • *Réal.* TRAUGOTT MULLER • *Sc.* Helmut Brandis, Eckart von Naso, Ludwig Metzger • *Phot.* Walter Pindter • *Mus.* Mark Lothar, avec des œuvres de Jean-Sébastien et Friedemann Bach • *Int.* Gustaf Gründgens (Friedemann Bach), Eugen Klöpfer (Jean-Sébastien Bach), Lina Lossen (Magdalena Bach), Wolfgang Liebeneiner (Emanuel Bach), Lotte Koch, Wolf Trutz, Ernst Dernburg, Johannes Riemann, Camilla Horn.

Leipzig au XVIII^e^ siècle. De retour d'un voyage d'études musicales, Friedemann, le fils aîné de Jean-Sébastien Bach, est félicité par son père qui l'invite à trouver un poste d'organiste. Mais Friedemann ne veut pas se consacrer à la musique religieuse. Un courrier du prince de Wurtemberg étant venu inviter Jean-Sébastien à sa cour, celui-ci propose à son fils d'y aller à sa place. Là-bas, Friedemann remporte un concours musical et attire l'attention de la célèbre ballerine Fiorini et d'une jeune fille de la noblesse, Antonia Kollowrat. Il donne des leçons de musique à celle-ci mais le ministre du prince qui veut l'épouser lance Fiorini à la conquête de Friedemann. Elle lui demande de composer pour elle un ballet. Après quelques hésitations, car cette musique très profane n'est vraiment pas de son goût, il accepte. Il s'attire ainsi la réprobation de son frère Emanuel, de son vieux domestique et d'Antonia qui a refusé la proposition de mariage du ministre. Sous l'influence d'Antonia et malgré le succès remporté par son ballet, Friedemann se remet à composer de la musique sérieuse. Il renonce à devenir compositeur de la cour. Après la mort de son père, il postule une place d'organiste. Il présente une composition de son cru qui est jugée trop originale. Sur le conseil de ses proches, il interprète alors une œuvre inédite de son père, la faisant passer pour sienne. Un rival révèle la tromperie et le poste lui est refusé. Furieux d'avoir suivi ce mauvais conseil, il laisse éclater sa colère au grand jour. Il en a assez d'être considéré partout comme le fils de Jean-Sébastien. « Je suis Friedemann Bach, un point c'est tout. » Il décide alors de disparaître. Il accompagne une troupe de comédiens ambulants et partage le mépris et l'espèce de malédiction qui pesaient sur eux à l'époque. Son beau-frère le retrouve et lui apprend qu'Antonia s'est mariée avec le ministre. Antonia lui rend ensuite visite. Le ministre, qui la suivait, chasse Friedemann de l'État. Bien des années plus tard, à Berlin, Friedemann rôde autour de la maison de son frère qui, l'apercevant, se précipite vers lui. Friedemann se sauve. Emanuel apprend qu'il vit dans les bas quartiers de la ville depuis très longtemps. Un jour, Friedemann veut vendre à un marchand de musique un manuscrit de son père. Un client de la boutique, un noble, médit de la musique de Jean-Sébastien. Friedemann se fâche. L'homme le blesse mortellement avec son épée. Il mourra en écoutant une composition de son père qu'il a demandé à Emanuel d'interpréter pour lui.

☞ Le seul film de Traugott Müller, célèbre décorateur attaché au Deutsches Theater et à la troupe de Gustav Gründgens. Cette biographie du fils aîné de Bach (1710-1784) brosse avec sensibilité et originalité le portrait d'un artiste qui, voulant conquérir son autonomie, parcourt une trajectoire pleine de méandres et d'échecs et devient, chemin faisant, un marginal malgré lui. Le grand acteur Gustav Gründgens donne à son personnage beaucoup de conviction ainsi qu'une allure presque échevelée et romantique. L'intrigue, attachante et dénuée d'idéologie, contient pas mal de redites et trop de dialogues, surtout dans la seconde partie ; elle n'évoque pas les innovations musicales apportées par Friedemann. La qualité essentielle du film tient à sa prodigieuse recréation d'époque. Mobilier, costumes, décors, instruments de musique plongent le spectateur dans un autre monde et peu de films possèdent à ce point la faculté de faire pénétrer dans l'atmosphère et dans l'intimité d'un autre siècle. La première scène où Friedemann rejoint son père dans la pièce de musique et se met à jouer du clavecin en compagnie de son frère et de son futur beau-frère offre ainsi le maximum de dépaysement et de véracité qu'un film historique puisse communiquer au spectateur. Pour cela, œuvre unique et fascinante.

## FUREUR APACHE
**(Ulzana's Raid)**

1972 – USA (103') • *Prod.* Universal (Carter De Haven) • *Réal.* ROBERT ALDRICH • *Sc.* Alan Sharp • *Phot.* Joseph Biroc (Technicolor) • *Mus.* Frank DeVol. • *Int.* Burt Lancaster (McIntosh), Bruce Davison (le lieutenant Garnett DeBuin), Jorge Luke (Ke-Ni-Tay), Richard Jaeckel (le sergent), Joaquin Martinez (Ulzana), Lloyd Bochner (le capitaine Gates), Karl Swenson (Rukeyser).

Quelques années avant la disparition totale de la nation apache (que les historiens de l'Ouest fixent aux alentours de 1888), les Indiens, privés de leur espace vital, affamés par les trafiquants, s'échappent parfois de leurs réserves et se livrent à des raids dont les seuls buts apparents sont la destruction et le meurtre. Ainsi Ulzana, à la tête d'un petit groupe d'Apaches, pille les fermes et massacre les paysans installés sur leur ancien territoire. Un jeune officier américain chrétien et idéaliste mais manquant totalement d'expérience pourchasse les Indiens avec ses hommes. Il est aidé par un éclaireur blanc, McIntosh, très désabusé, et par un scout indien, Ke-Ni-Tay. Les Américains comprennent mal leur ennemi et ce n'est pas là la moindre de leurs infériorités dans ce combat inégal où les Blancs sont certains de l'emporter dans le futur mais où les Indiens ont, dans le présent, la rage et le pouvoir de tout tenter car ils n'ont plus rien à perdre. Au hasard des affrontements, McIntosh sera mortellement blessé et Ulzana recevra la mort de son frère de race Ke-Ni-Tay.

☞ Un des rares westerns importants des années 70. Reprenant des éléments et des personnages de *Bronco Apache** (1954), Aldrich examine ici, en essayant de les comprendre, les croyances, les pratiques de cruauté, la « folie » indiennes. Celles-ci constituent autant d'énigmes que les Blancs, au temps de leur combat, ne devaient jamais réussir tout à fait à élucider. Mystère, effroi, désenchantement caractérisent un récit extraordinairement complexe et dense dans ses personnages et sa mise en scène. Des scènes d'extrême violence voisinent avec des tentatives d'explication et de rationalisation des faits montrés, selon une alternance déjà présente dans le chef-d'œuvre de Fuller *Run of the Arrow**. Mais elle est poussée ici jusqu'à un paroxysme de malaise et de déséquilibre. Ce récit exprime la distance extrême qui séparait les deux races et ne pouvait aboutir qu'à l'élimination de l'une d'entre elles. Fatalisme pessimiste et dénonciation de l'incompréhension blanche vont de pair dans la réflexion du cinéaste. Et il est bien possible qu'Aldrich fasse sien le bilan amer de McIntosh (interprété admirablement par Lancaster), le héros de ce film sans héros. Les Indiens n'auront donc connu de leur adversaire que l'incarcération, la famine et quelques traités assortis de ripostes maladroites. La raison sans générosité des Blancs triompha par la force du nombre (sûrement pas par ses qualités guerrières) et accentua la violence, la folie meurtrière d'une minorité raciale contrainte à ne voir de survie possible – pour un instant – que dans cette folie même. Ayant fait ce bilan, McIntosh, porte-parole d'Aldrich, roule une dernière cigarette et se laisse mourir quelque part hors du film.

## FUREUR DE VIVRE (LA)
## (Rebel Without a Cause)

1955 – USA (111') • *Prod.* Warner (David Weisbart). • *Réal.* NICHOLAS RAY • *Sc.* Stewart Stern, Irving Shulman d'ap. une histoire de N. Ray • *Phot.* Ernest Haller (Warnercolor, Cinémascope) • *Mus.* Leonard Rosenmann • *Int.* James Dean (Jim Stark), Nathalie Wood (Judy), Sal Mineo (Platon), Jim Backus (le père de Jim), Ann Doran (la mère de Jim), Corey Allen (Buzz), Dennis Hopper (Goon), Rochelle Hudson (la mère de Judy), William Hopper (le père de Judy), Edward Platt (Ray), Ian Wolfe (professeur dans le planétarium), Marietta Canty (la domestique noire), Nick Adams (Moose).

Dans le commissariat d'une ville américaine se côtoient trois jeunes gens que la police a amenés au milieu de la nuit : Jim, un jeune homme arrêté en état d'ivresse, qui se désole du manque d'autorité quasi pathologique de son père et de l'ascendant que sa mère prend constamment sur lui ; Judy, une adolescente de seize ans, qui a elle aussi des problèmes avec son père qui ne la comprend pas et repousse son affection ; et Platon, un adolescent beaucoup plus jeune, que sa mère séparée de son mari délaisse et confie à une domestique noire. Jim, dessoulé, expose ses problèmes au policier Ray, un homme compréhensif qui l'invite à revenir lui parler chaque fois qu'il en ressentira le besoin. Ses parents viennent le chercher. Le lendemain, il va passer son premier jour à l'université. Ses parents déménagent en effet sans cesse car c'est la seule solution qu'ils ont trouvée pour régler leurs propres problèmes et ceux de leur fils. Sur le chemin, Jim rencontre Judy qu'il avait remarquée au commissariat.

Elle fait partie d'une bande commandée par Buzz, son petit ami. Le premier cours auquel assiste Jim a lieu au planétarium. Le professeur évoque l'hypothèse de l'explosion de la planète Terre, événement de peu de conséquence si on le replace dans l'immensité infinie des espaces intersidéraux. A la sortie du cours, Jim est attendu par Buzz et sa bande qui crèvent un pneu de sa voiture. Buzz entraîne Jim dans un duel au couteau où ce dernier maîtrise son adversaire. Buzz lui propose alors un rendez-vous dans la soirée pour une course de voitures d'un genre particulier. Sur une falaise dominant l'océan, Buzz et Jim prendront place dans deux voitures volées ; ils conduiront leur véhicule à toute allure jusqu'à l'extrémité de la falaise et celui des deux qui aura sauté le premier hors de sa voiture sera considéré comme un lâche. C'est Judy qui donne le départ de la course. Jim sautera à temps mais Buzz, la manche prise dans la poignée de la portière, ne pourra quitter son véhicule, qui chute dans l'océan. Après cet accident, les jeunes gens rentrent précipitamment chez eux. Jim raconte l'aventure à ses parents qui lui déconseillent d'aller se rendre à la police. Il ne les écoute pas et croisera au commissariat trois membres de la bande de Buzz qui ont été convoqués et s'imaginent que Jim vient les dénoncer. En fait, Jim veut parler à l'inspecteur Ray mais celui-ci est absent. Jim va retrouver Judy qui, pas plus que lui, n'a envie de retourner chez ses parents. Les trois membres de la bande s'en prennent à Platon et lui volent son carnet d'adresses, afin d'avoir celle de Jim. Platon, qui rêve d'une grande amitié avec Jim, où se mêle une nostalgie paternelle, part à la recherche de Jim pour le prévenir. Pendant ce temps, les parents de Jim reçoivent la visite des trois voyous qui pendent un poulet à leur porte. Jim et Judy se rendent dans une villa abandonnée, propriété de la famille de Platon. Celui-ci les y rejoint. Dans la grande demeure en ruine, qui comporte une piscine, les trois jeunes gens s'amusent comme des enfants, Jim et Judy prétendant être des jeunes mariés. Platon s'endort. Jim et Judy s'éloignent et s'avouent leur amour. Platon se retrouve bientôt encerclé par les trois voyous. Il en blesse un avec son revolver. Les deux autres le poursuivent et il trouve refuge dans le planétarium d'où la police veut le déloger. Jim et Judy pénètrent dans le bâtiment pour le convaincre de se rendre. Effrayé par les projecteurs, il prend la fuite et est abattu. Désespéré, Jim montre aux policiers les balles qu'il avait retirées du revolver de Platon. Puis il présente Judy à son père et à sa mère.

☞ Deuxième film de James Dean et premier grand succès de Nicholas Ray, apprécié jusque-là par une petite catégorie d'initiés. *La fureur de vivre* sera à vrai dire l'unique triomphe commercial de Ray. Il lui permettra de continuer à Hollywood une carrière qui, néanmoins, s'arrêtera avant terme une dizaine d'années plus tard. La substance du scénario risquait d'être envahie par les poncifs du film avec personnages d'adolescents à problèmes, comme Hollywood en raffolait à l'époque. Mais cette substance se trouve transcendée par la poésie et le lyrisme du style. Le lyrisme de Nicholas Ray installe les personnages dans des décors (planétarium, falaise abrupte au bord de l'océan, villa abandonnée, baroque et cocteauesque) qui évoquent pour la plupart une atmosphère de fin du monde, un vertige existentiel ressentis par ces adolescents, héros du film, à la recherche de leur identité et désespérément frustrés de valeurs. Leurs relations conflictuelles avec leurs parents réactivent leur propre incertitude devant la vie, en même temps qu'elle sert d'alibi à leur délectation morose. L'art de Nicholas Ray consiste ici à utiliser la sociologie comme tremplin à une méditation poétique sur la solitude, la violence et l'irrémédiable mélancolie de certains êtres. Lui aussi, en tant qu'artiste, a besoin d'alibis pour établir un contact avec le grand public, et cela n'est pas sans donner à son film une certaine ambiguïté, un parfum de décadence qui est comme un charme de plus. Sur le strict plan sociologique, *La fureur de vivre* est loin en effet d'avoir la force réaliste d'un film comme *Les ruelles du malheur* * et, tout au long du récit, le statut social de la bande réunie autour de Buzz reste assez flou. Si le film parvient à surmonter son propre décadentisme, c'est notamment grâce à sa rigueur dramaturgique, à sa théâtralité exacerbée. Toute l'action est condensée en vingt-quatre heures (d'un milieu de nuit à l'autre) et se déroule dans un petit nombre de lieux-clés à la fois concrets et magiques, explorés avec une maestria extraordinaire par le cinémascope. Ces décors abritent, au cours de scènes parfois très longues, des morceaux de bravoure inoubliables. Le film contribue pour une grande part à étoffer le mythe de James Dean, créé dans *A l'est d'Eden* *. Mais il est évident que le personnage préféré de Ray est celui de Platon (Sal Mineo), adolescent encore beaucoup plus fragile que le personnage de James Dean. Sa frustration d'amitié et d'affection paternelle le mènera tout droit à la tragédie. Le personnage occupait d'ailleurs une place prépondérante dans un état antérieur du scénario, avant que le rôle de Jim Stark ne fût confié à James Dean.

N.B. L'histoire qui servit de base au scénario fut écrite par Nicholas Ray sous le titre « The Blind Run » (la course aveugle). Leon Uris, l'auteur d'« Exodus », la retravailla, puis Irving Shulman (qui ajouta notamment la course sur la falaise), avant que Stewart Stern ne rédige le scénario définitif.

BIBLIO. : scénario et dialogues publiés dans le volume « Best Americain Screenplays » (édité par Sam Thomas), Crown Publishers, New York, 1986. Ce scénario comprend la séquence pré-générique qui n'a jamais été tournée (pour raison de censure) : la bande de Buzz attaque un passant qui porte des paquets (on est à la période de Noël, ce qui ne sera plus le cas dans le film définitif) et laisse tomber le petit singe mécanique que manipulera James Dean dans les plans célèbres du générique. Nicholas Ray a écrit deux articles concernant son film : « Portrait de l'acteur en jeune homme : James Dean » *in* « Cahiers du cinéma » n° 66, 1956 (l'article avait d'abord paru en anglais dans le « Daily Variety » du 31-10-56 comme extrait d'un livre à venir « Rebel – The Life Story of a Film », récit du tournage du film, qui n'a jamais vu le jour) et « Story into Script » *in* « Sight and Sound », Londres, automne 1956, sur la genèse du scénario (article partiellement traduit dans « Arts » du 15-5-57). Ce texte a été repris dans l'anthologie « Hollywood Directors 1941-1976 », réunie par Richard Koszarski, New York, Oxford, 1977. Une novelization du film sous son titre français est parue aux Éditions Gérard, 1956. Elle est signée par Nicholas Ray mais il est tout à fait improbable que celui-ci l'ait écrite et on peut même douter que le texte donné ici comme une traduction (due à Annie Mesritz) ait jamais existé en anglais. Irving Shulman a publié un roman adapté du scénario au moment où il a cessé d'y travailler sous le titre « Children of the Dark », Holt, Rinehart and Winston, New York, 1956. Enfin, en 1958, une pièce en trois actes a été tirée du film par James Fuller : « Rebel Without a Cause », Dramatic Publishing Co., Chicago, 1958.

## FURIE
### (Fury)

1936 – USA (94') • *Prod.* MGM (Joseph L. Mankiewicz). • *Réal.* FRITZ LANG • *Sc.* Fritz Lang, Bartlett Cormack d'ap. l'histoire « Mob Rule » de Norman Krasna • *Phot.* Joseph Ruttenberg • *Mus.* Franz Waxman • *Int.* Spencer Tracy (Joe Wilson), Sylvia Sidney (Katherine Grant), Walter Abel (le district attorney), Bruce Cabot (Kirby Dawson), Edward Ellis (le shérif), Walter Brennan (Bugs Meyers), Frank Albertson (Charlie), George Walcott (Tom), Arthur Stone (Durkin), Morgan Wallace (Fred Garrett).

Joe Wilson, un ouvrier, et Katherine, sa fiancée, voudraient se marier mais ils n'ont pas encore assez d'argent pour cela. Ils doivent se séparer car Katherine a trouvé un travail plus rémunérateur dans une ville de l'Ouest, Capitol City. Un an plus tard, Joe qui a réussi à monter avec ses deux frères une station-service très prospère, s'en va retrouver Katherine en voiture. Durant le trajet, il est arrêté et interrogé par le shérif de la petite ville de Strand (Illinois). On le soupçonne d'être l'un des auteurs du kidnapping d'une jeune fille. L'affaire a mis toute la région en émoi. Plusieurs indices sont relevés contre Joe. La nouvelle se répand à travers la ville qu'on a arrêté le coupable. Le shérif se refuse de confirmer ou d'infirmer la nouvelle, étant donné le manque de preuves suffisantes. A la nuit tombée, une meute hurlante enfonce la porte de la prison et, ne pouvant ouvrir la cellule de Joe, incendie le bâtiment. Katherine, ayant appris ce qui se passait, est accourue à la prison et s'est évanouie en voyant Joe à l'une des fenêtres. Le gouverneur n'a pas envoyé la Garde nationale pour des raisons électorales. Le lendemain, les journaux commentent les faits et la mort de Joe Wilson. On arrête un peu plus tard des habitants de la ville soupçonnés d'avoir participé à l'incendie de la prison. En réalité, Joe a pu échapper miraculeusement à la mort. Il se cache. Il retourne chez ses deux frères et leur dit qu'il est bien décidé à laisser le procès se dérouler sans lui. S'il a la chance d'être encore en vie, les accusés n'y sont vraiment pour rien. Leur condamnation sera sa vengeance. Il refuse même qu'on prévienne Katherine, qui, à son avis, ne tiendrait pas le coup. Vingt-deux personnes figurent dans le box des accusés. Le procureur essaie d'abord de prouver leur présence sur les lieux du « crime », mais tous ont un alibi. La projection, en pleine audience, d'une bande filmée par un opérateur d'actualités réduira à néant ces alibis. Chacun des accusés a été en effet saisi en pleine action par la caméra. L'un des avocats de la défense soulève alors la question de savoir si la victime est vraiment morte. Joe envoie alors au tribunal un pli censé émaner d'un des lyncheurs anonymes, tenaillé par le remords, et contenant une bague arrachée au cadavre. A une faute contenue dans le texte, Katherine devine que Joe est encore vivant. Elle se rend chez ses frères et le supplie de renoncer à son projet de vengeance qui le rend pareil à ses bourreaux. Il refuse d'abord puis vient en personne au tribunal mettre fin à un procès que sa présence rend sans objet. Il déclare avoir perdu toutes ses illusions sur la nature humaine et sur son pays. Il veut aussi faire oublier sa faute. Katherine vient l'embrasser.

☞ Premier film américain de Lang. Ayant quitté depuis peu l'Allemagne nazie, Lang livre une œuvre au contenu essentiellement politique dans le sens le plus large et le plus élevé du terme. Le sujet réel de *Furie,* c'est en effet la démocratie et le rempart solide qu'elle doit opposer aux pulsions bestiales, toujours renaissantes, de l'homme, et plus encore de la foule. Le prologue (projets de mariage des deux héros) est d'une grande douceur ; mais à travers cette douceur même Lang fait sentir la fragilité des personnages et la menace tragique qui pèse sur eux. Le personnage d'Américain moyen incarné par Spencer Tracy va tomber dans un piège avant d'en fabriquer à son tour un second, destiné à assouvir sa vengeance. Le scénario est déjà magistralement langien dans la façon dont les deux pièges se succèdent et s'enchaînent. Il l'est aussi dans cette dénonciation de la sauvagerie collective qui va se prolonger en un acte d'accusation non moins sévère contre un individu solitaire, enfermé en lui-même, dévoré par la souffrance, la haine et l'appétit de vengeance. D'un bout à l'autre du récit, Lang procède par petites séquences – parallélismes, fausses parenthèses, métaphores, voire même symboles – montrant l'évolution d'une même action qui grandit et s'intensifie dans des décors et des lieux différents. Tous ces éléments s'enchâssent admirablement les uns dans les autres et nourrissent le propos tout en faisant monter la tension dramatique. Dans sa boutique, un barbier explique qu'il doit lutter constamment contre la tentation d'égorger son client (lequel disparaîtra prestement de son fauteuil quand l'autre a le dos tourné). Cette séquence ultra-langienne, qui donne le point de vue fondamental de Lang sur l'homme (pour lui l'homme doit toujours réprimer ses envies de meurtre), s'insère dans la série des « vignettes » qui expriment la propagation terrible de la nouvelle de l'arrestation d'un suspect dans la ville. Elle est tout à fait en situation, mais Lang au cours des années suivantes éliminera de plus en plus de ses films, dans une volonté d'épure, ce type de développement et d'humour noir. *Furie* est typique de la maturité de l'auteur. Le message et la forme s'épousent dans un équilibre classique parfait, fondé sur la recherche âpre et sans concession du réalisme, sur une grande variété de notations et d'épisodes aigus et cinglants s'articulant au sein d'une trajectoire tragique elle-même parfaite. A cette époque de son œuvre, le héros langien est encore capable d'échapper aux conséquences de sa culpabilité originelle ; le récit multiplie les points de vue, cherche encore à convaincre et non pas seulement à exposer.

N.B. C'est pendant ce film que Lang dut s'initier aux méthodes américaines et « démocratiques » de tournage. Il dut notamment tenir compte du fait que les techniciens américains mangent à heure fixe. Cela n'était apparemment pas le cas en Allemagne où ils se conduisaient en esclaves dociles à la volonté du maître-réalisateur. Durant le tournage des scènes nocturnes de l'invasion de la prison (où Lang blessa malencontreusement Bruce Cabot en voulant démontrer la bonne façon de lancer les projectiles), l'état d'esprit de l'équipe et des acteurs ressemblait beaucoup à celui des personnages du film vis-à-vis de Joe Wilson. Le film remporta un succès critique considérable et un honnête succès commercial (Graham Greene, alors critique de cinéma, écrivit dans un quotidien londonien : « Aucun metteur en scène ne possède à ce point la maîtrise de ses moyens d'expression. »). Néanmoins, Lang ne devait pas retravailler à la Metro avant *Moonfleet**, vingt ans plus tard. Le soir de la première, mécontent du montage du film et notamment de la suppression d'une séquence (jugée ridicule par son producteur) où Tracy était poursuivi par les fantômes des accusés, il refusa de serrer la main de ce producteur, Joseph L. Mankiewicz.

BIBLIO. : scénario et dialogues *in* « L'Avant-Scène » n° 78 (1968). Texte établi d'après une copie d'exploitation et un script de tournage partiellement corrigé par Lang lui-même. Les différences entre les deux matériaux sont minutieusement notées.

## FURIE DU DÉSIR (LA)
## (Ruby Gentry)

1952 – USA (82') • *Prod.* David O. Selznick (Joseph Bernhard, King Vidor) • *Réal.* KING VIDOR • *Sc.* Sylvia Richards • *Phot.* Russell Harlan • *Mus.* Heinz Roemheld • *Int.* Jennifer Jones (Ruby Gentry), Charlton Heston (Boake Takman), Karl Malden (Jim Gentry), Josephine Hutchinson (Letitia Gentry), Tom Tully (Jud Corey), Bernard Phillips (Dr Saul Manfred), James Anderson (Jewel Corey).

Dans la petite ville de Braddock en Caroline du Nord, Ruby est née « du mauvais côté de la barrière ». Depuis l'adolescence, elle aime et désire Boake Takman qui, revenu d'un long séjour en Amérique du Sud, est maintenant décidé à assécher les marais salants qui constituent sa seule et unique ressource en ce monde. En effet, depuis un siècle, sa famille, ne trouvant plus la force de réagir après une gigantesque inondation, a laissé à l'abandon le domaine, transformé peu à peu en marécage. Il épouse Tracy une fille « bien », de bonne naissance comme lui, et dont le père financera l'assèchement du marais. Ruby accepte alors la proposition de mariage d'un riche industriel, Jim Gentry, qui depuis huit ans se consacrait, avant son veuvage tout récent, à soigner sa femme invalide. Lors d'une soirée, Ruby et Boake se revoient et dansent ensemble, ce qui provoque la colère de Jim et un affrontement avec Boake où Jim n'a pas l'avantage. Le lendemain, Ruby s'excuse de sa conduite auprès de son mari lors d'une promenade en mer. La fatalité veut que Jim tombe accidentellement à la mer. La bonne société de Braddock qui n'a jamais admis Ruby parmi les siens l'accuse de ce meurtre, vient klaxonner sous ses fenêtres, lui lance des pierres et la persécute par de nombreux coups de téléphone anonymes. Ruby, à la tête de la fortune de Jim, se venge en ruinant tous les débiteurs de son mari. Parmi eux se trouve Boake, dont Jim avait racheté une grosse créance. Ruby l'offre à Boake. Il la repousse, elle et ses largesses. Ruby fait alors arrêter le pompage des terres de Boake, qui maintenant lui appartiennent. Elle brise ainsi le rêve de toute une vie. Ruby et Boake se retrouvent dans le marécage qu'est redevenue la propriété. Boake veut étrangler Ruby mais le désir à nouveau empoigne les deux adversaires qui roulent sur le sol. Le frère de Ruby, un exalté lançant comme à son habitude des imprécations bibliques contre sa sœur, tire à la carabine sur le couple ; il atteint Boake en plein ventre, avant d'être abattu par sa sœur qui repousse son corps dans le marais.

☞ Six ans après les conflits de *Duel au soleil**, Vidor retravaille pour Selznick. Cette fois, l'entente est parfaite. Vidor se félicitera de la liberté que lui laisse son producteur, lequel n'essaiera même pas d'exercer une quelconque influence sur sa talentueuse épouse, Jennifer Jones, et permettra au réalisateur de signer l'une de ses œuvres préférées. Illustrant le tragique des amours passionnées et impossibles cher au cœur de Selznick, Vidor exécute en même temps une œuvre parfaitement personnelle. L'érotisme des amants chauffés à blanc par le climat de violence, les préjugés, le puritanisme et l'étroitesse d'esprit régnant dans la petite ville, la frustration de ces mêmes amants à laquelle la fatalité s'applique parfois à donner une intensité supplémentaire, fournissent à Vidor une matière propre à stimuler son goût du délire et de la démesure. L'originalité particulière de ce film est que l'auteur se livre entièrement à ses démons familiers, mais en gardant un ton de froideur classique, une mesure dans le style qui feraient presque oublier que l'intrigue galope à cent à l'heure, hors de toute vraisemblance, que les personnages vivent en pleine irrationalité, n'obéissent qu'à leurs instincts et à leurs rêves. Pour Vidor, le caractère à la fois absolu et tragique des passions et des instincts des hommes existe dans une parfaite intemporalité. Ces passions brûlent de toute éternité, sont aussi jeunes ou aussi vieilles que la boue du marécage dans lequel Vidor filme l'une des plus célèbres séquences de toute sa carrière. Marécage reconstruit par Selznick en studio à l'imitation de ceux – bien réels – d'*Hallelujah**. Mais c'est aussi une caractéristique du style de Vidor que d'utiliser alternativement, selon les séquences et selon les films, les voies opposées de l'artifice ou du réalisme pour atteindre à cette vérité centrale de l'homme, étrangère au temps et aux modes, qu'il a toujours recherchée. Sa grande affaire est de montrer l'ambivalence du désir, cette foudre reliant un être à un autre être ou un être à son rêve, cet élément tour à tour destructeur et créateur, édifiant des empires qu'il peut jeter bas dans la minute suivante.

# G

## GAITÉS DE L'ESCADRON (LES)

1932 – France (85') • *Prod.* Pathé-Cinéma • *Réal.* MAURICE TOURNEUR • *Sc.* Georges Dolley d'ap. P. de Georges Courteline et Édouard Norès, tirée du roman de Georges Courteline • *Phot.* Raymond Agnel, René Colas • *Int.* Raimu (le capitaine Hurluret), Jean Gabin (Fricot), Fernandel (Vanderague), Charles Camus (l'adjudant Flick), Mady Berry (Mme Bijou), René Donnio (Laplotte), Pierre Labry (Potiron), Bever (La Guillaumette), Henry Roussell (le Général), Paul Azaïs (Croquebol), Roland Armontel (Barchetti).

Routine et incidents de la vie de caserne. Arrivée des réservistes. Visite impromptue du Général. Tout un petit monde confiné et sans femmes vit sous la férule du capitaine Hurluret, officier gueulard, brave cœur et totalement dénué d'ambition personnelle.

☞ Le film ne doit pas être confondu avec le courant du comique et du vaudeville troupiers cher au cinéma français des années 30. Son objet et son ambition sont tout autres. Loin de nouer des intrigues sentimentales et burlesques, d'alimenter des quiproquos et des malentendus, Maurice Tourneur, fidèle à la pièce de Courteline, livre, dans une unité de lieu absolue, une satire de la vie militaire basée sur une accumulation de vignettes et de saynètes. Beaucoup d'entre elles sont irrésistibles (par exemple celle où un sous-lieutenant pète-sec cherche à travers tout le bâtiment le réserviste Potiron qui lui échappe sans cesse). Ces petits tableaux sans lien dramatique visent aussi à créer des types, à illustrer des caractères : Fricot (Jean Gabin) et Laplotte tirent leur flemme à longueur de journée ; Vanderague (Fernandel) est la victime stoïque et joviale des ordres contradictoires de ses supérieurs ; le capitaine Hurluret (Raimu), qui aime ses soldats comme ses fils, est indulgent à leurs fautes et sacrifie son avancement à leur bien-être. L'interprétation est magistrale dans les grands et les petits rôles. Elle allie la caricature la plus débridée à un réalisme très expressif. Maurice Tourneur tempère cependant le vitriol de Courteline par une ironie souriante. Il accentue encore, dans cette intention, l'importance d'Hurluret, génie tutélaire d'un univers souvent absurde et cruel.

## GANGA BRUTA

Inédit en France. 1933 – Brésil (76') • *Prod.* Cinédia (Adhemar Gonzaga) • *Réal.* HUMBERTO MAURO • *Sc.* Octavio Gabus Mendes et H. Mauro • *Phot.* Afrodisio de Castro, Paulo Morano et Edgar Brasil • *Mus.* Radamés Gnatalli et H. Mauro • *Int.* Durval Bellini, Déa Selva, Lu Marival, Décio Murillo, Andréa Duarte, Alfredo Nunes.

L'ingénieur Marcos tue sa femme lors de sa nuit de noces, quand il constate qu'elle n'est plus vierge. Il est acquitté de ce crime. Il préfère quitter la ville et part pour Guaraiba travailler sur un chantier. Il fait la connaissance de la jeune Sonia, fille adoptive de la mère de son ami Décio. Sonia est fiancée à Décio. La jeune fille, attirée par Marcos, le relance et il essaie de la repousser. A la taverne louche d'Ayres, il se livre avec un malabar à une partie de bras de fer qui se termine par une bagarre générale. Marcos laisse sur le carreau la plupart de ses adversaires. Plus tard, il prend des photos de Sonia sur les rochers : elle tombe à l'eau et il la ramènera sur la rive. Écoutant la chanson d'un guitariste (« Femme et nostalgie éloignent de la félicité »), il s'imagine emportant Sonia dans la forêt puis se baignant avec elle. C'est maintenant lui qui, dans la réalité, la pourchasse. Elle s'échappe mais il finira par la rattraper et l'emporter dans ses bras. Sonia avoue à Décio qu'elle aime Marcos et qu'elle s'est donnée à lui. Décio veut en découdre avec son rival. Les deux hommes se battent, mais Marcos ne veut pas faire de mal à Décio. Il le repousse seulement et celui-ci tombe accidentellement dans le torrent. Marcos tente de le sauver mais ne ramènera qu'un cadavre. Après l'enterrement, Marcos et Sonia se marieront et partiront ensemble.

☞ Pour les spécialistes du cinéma brésilien, c'est le chef-d'œuvre du pionnier Humberto Mauro, vu longtemps en muet. Une copie complète du film, comportant non seulement les sous-titres (au bas de l'image), la musique et les sons, mais aussi les quelques dialogues enregistrés sur disques, ne fut redécouverte et restaurée que dans les années 70. Le sujet principal du film, c'est la violence ; elle émane de la nature et du caractère du personnage principal, de son appétit des femmes et de ses relations avec elles. Elle s'étend à la plupart des lieux qu'il traverse. Lié à cette violence, un climat d'érotisme à la fois charnel et cosmique baigne tout le film. Sur une trame extrêmement mince, le style de Mauro, encore très proche du muet, procède par une série d'arabesques visuelles où le montage, les gros plans et les inserts jouent un grand rôle. Mauro n'a pas besoin de beaucoup d'action ou d'événements pour planter le décor de ce monde luxuriant et sensuel qu'il veut décrire et dont les personnages subissent et transmettent les effluves. Ici, l'individu est un carrefour de forces auxquelles il doit se soumettre et qui le dépassent, faisant de sa destinée un balancement constant entre bonheur et tragédie.

## GARÇON AUX CHEVEUX VERTS (LE)
## (The Boy With Green Hair)

1948 (sortie en France : 1967) – USA (82') • *Prod.* RKO (Dore Schary, Adrian Scott puis Stephen Ames) • *Réal.* JOSEPH LOSEY • *Sc.* Ben Barzman, Alfred Lewis Levitt d'ap. une histoire de Betsy Beaton • *Phot.* George Barnes (Technicolor) • *Mus.* Leigh Harline • *Int.* Dean Stockwell (Peter Frye), Pat O'Brien (Gramp), Robert Ryan (Dr Evans), Barbara Hale (Miss Brand), Richard Lyon (Michael), Walter Catlett (« The King »), Samuel S. Hinds (Dr Kundson), Regis Toomey (Mr. Davis, le laitier), Charles Meredith (Mr. Piper), David Clarke (le coiffeur), Russ Tamblyn (un élève).

Dans un commissariat, un garçon d'une douzaine d'années, Peter Frye, complètement chauve, refuse de répondre à toutes les questions des policiers. Un psychologue, le Dr Evans, réussit à le faire parler en partageant avec lui son repas. Peter raconte alors son histoire, persuadé qu'on ne la croira pas. Il perd à cinq ans ses parents, victimes de la guerre à Londres où ils s'occupaient d'enfants. Peter est successivement hébergé par différents parents jusqu'à ce qu'un vieil homme, veuf, que Peter appelle Gramp (bien qu'il ne soit pas son grand-père) le prenne chez lui à demeure. Gramp habite une petite ville américaine ; il est acteur de music-hall et à l'occasion serveur chantant dans les tavernes. A la différence des autres parents de Peter, Gramp ne se met jamais en colère, ne prononce pas d'interdits et apprend à l'enfant à ne plus avoir peur de l'obscurité (« Il n'y a rien de plus dans le noir que lorsqu'il fait jour »). Il exécute pour lui des tours de prestidigitation, lui donne un vélo mais remet à plus tard de lui apprendre que ses parents sont morts. Lors d'une fête de charité organisée par son école au profit des orphelins de guerre, Peter apprend brutalement d'un camarade qu'il en est un lui aussi. Une exposition de photos comprend des portraits de plusieurs de ces orphelins. Allant faire les courses chez l'épicier, Peter entend les commères parler de la guerre et de la fin du monde ; il en est terrorisé et laisse tomber une bouteille de lait. Gramp saura lui remonter le moral. Le lendemain, alors qu'il prend son bain et se fait un shampoing, il s'aperçoit avec stupéfaction que ses cheveux sont devenus verts. Les fillettes du voisinage trouvent cela joli, mais Peter est bientôt lassé de voir tous les habitants se retourner sur lui. Le docteur lui assure qu'il est en bonne santé. Mais Peter ne veut plus aller à l'école. Gramp réussit à le persuader d'y retourner. Certains parlent déjà de contagion. Un gosse lui dit qu'il devra couper ses cheveux. Pour le mettre à l'aise, l'institutrice fera le compte des différentes couleurs de cheveux des élèves dans sa classe : il y en a des noirs, bruns, blonds, rouges et verts. Dans une clairière où il est allé cacher son chagrin, Peter découvre devant lui, comme une apparition, les orphelins de guerre qu'il avait vus sur les photos de l'exposition. Ils admirent ses cheveux et lui apprennent qu'il y a une raison à leur couleur extraordinaire : Peter devra témoigner que la guerre est mauvaise pour tous et en particulier pour les enfants. Rassuré, Peter va transmettre ce message à chacun des habitants de la petite ville. Cela n'apaise pas les conflits. Le laitier dit qu'il perd des clients car les gens pensent que c'est son lait qui a provoqué la transformation des cheveux de Peter. Les écoliers s'élancent en groupe sur lui pour lui couper les cheveux. Il prend la fuite et court se réfugier dans les bras de Gramp. Mais lui aussi pense maintenant que Peter ferait mieux de se laisser couper les cheveux. La séance de coupe a lieu dans le salon de coiffure devant les notables de la ville. Quand l'opération est terminée, chacun s'en va honteux, sans mot dire. S'estimant trahi, l'enfant refuse de parler à Gramp et quitte la ville le soir même. Telle est l'histoire de Peter... Gramp et l'institutrice sont venus le chercher au commissariat. Gramp lui lit une lettre que son père avait écrite à son intention. L'enfant repart avec Gramp. « Quand mes cheveux repousseront, ils seront verts ! » affirme-t-il avec fierté au Dr Evans.

☞ Premier long métrage de Joseph Losey, présenté aux États-Unis en 1948 et dont la sortie en France n'eut lieu qu'une vingtaine d'années plus tard, grâce aux efforts de Pierre Rissient et du groupe des Mac-Mahoniens. C'est l'un des plus beaux premiers films du cinéma américain et cela peut s'expliquer de deux façons. D'abord Losey arrive au long métrage à 38 ans, ayant déjà un riche passé artistique et théâtral derrière lui. En cela, son cas est semblable à celui de nombreux cinéastes de sa génération dont les premiers films sont déjà des œuvres mûres et profondément révélatrices (cf. *Les amants de la nuit** de Nicholas Ray, *Dragonwyck** de Mankiewicz ou *Child of Divorce** de Richard Fleischer). Il faut noter en outre que, malgré deux changements importants dans la production du film, Losey travailla dans des conditions assez favorables. Dore Schary, responsable général de la production à la RKO, avait suscité le projet du *Garçon aux cheveux verts* mais dut quitter la firme au moment de son rachat par Howard Hughes qui « gela » le film une fois terminé pendant plusieurs mois. Adrian Scott, producteur en titre du film et associé à l'écriture du scénario dès son origine, sera l'une des principales victimes de la Liste Noire de McCarthy et dut céder la place à Stephen Ames, gros actionnaire de Technicolor et producteur tout à fait débutant, avec lequel cependant Losey s'entendra bien. La seconde explication de l'extraordinaire qualité du film tient à la nature même du travail de Losey. Ce qu'il y a de plus précieux chez lui, en dépit de sa formation d'intellectuel, est toujours de l'ordre de l'élan instinctif, de la spontanéité brute et primitive, d'un intimisme immédiat et percutant, mêlé le plus souvent à des éléments autobiographiques. Dans ce premier effort créateur de l'auteur, que ne contamine aucune volonté de théorisation, les qualités jaillissent du plus profond de l'œuvre, même si Losey n'a pu tourner le film selon les modalités, au demeurant un peu utopiques, qu'il aurait souhaité lui donner. Il voulait en effet le réaliser presque comme un « home movie », en 16 mm et extrêmement vite. Il dut évidemment le tourner en 35 mm, mais il insiste sur le fait que ce fut le tournage le plus court pour un film de cette époque réalisé en Technicolor. Losey a critiqué l'évolution subie par le scénario partant d'une fable sur la discrimination raciale pour aboutir à un apologue pacifiste (cf. « Le Livre de Losey » par Michel Ciment, Stock, 1979). Pourtant les deux aspects s'entrelacent admirablement au sein de la structure allégorique du film, dont le dessein principal est de montrer l'irruption de la violence et de la destruction au sein d'un univers à la douceur presque idyllique (l'univers de l'enfance, de la petite ville américaine, etc.). Cette violence, qu'elle soit d'origine raciale ou guerrière, provoque dans cet univers un ébranlement monstrueux : le style de Losey, par sa délicatesse de touche mais aussi par sa sensibilité innée à la violence, lui donne toute la force nécessaire. A cette évocation d'une enfance blessée par la guerre, par la mort des proches, par la discrimination et l'étroitesse d'esprit de l'entourage, Losey confère une fraîcheur réaliste, une limpidité, une luminosité quasi miraculeuses qui contrebalancent bien le caractère fondamentalement artificiel de toute fable et de toute allégorie. La couleur, indispensable étant donné le scénario, apportera un poids concret et cosmique, une poésie supplémentaire à l'œuvre. Tout le film baigne en effet dans une lumière d'aube que Losey retrouvera un peu dans son film suivant, *The Lawless**, et qui disparaîtra ensuite à tout jamais de son œuvre.

## GARÇONNIÈRE (LA)
### (The Apartment)

1960 - USA (125') • *Prod.* UA - Mirisch Company (Billy Wilder) • *Réal.* BILLY WILDER • *Sc.* B. Wilder, I.A.L. Diamond • *Phot.* Joseph LaShelle (Panavision) • *Mus.* Adolph Deutsch • *Int.* Jack Lemmon (C.C. « Bud » Baxter), Shirley MacLaine (Fran Kubelik), Fred MacMurray (J.D. Sheldrake), Ray Walston (Dobisch), David Lewis (Kirkeby), Jack Kruschen (Dr Freyfuss), Joan Shawlee (Sylvia), Edie Adams (Miss Olsen), Hope Holiday (Margie MacDougall), Johnny Seven (Karl Matuschka), Naomi Steven (Mrs. Dreyfuss).

New York. Pour se faire bien voir de ses supérieurs et obtenir de l'avancement, C.C. Baxter, employé célibataire d'une grande compagnie d'assurances, prête la clé de son appartement à quatre cadres qui y conduisent régulièrement leurs petites amies. Il n'est pas rare que Baxter fasse les cent pas devant chez lui dans le froid ou aille se promener dans Central Park en attendant que son appartement soit libre... Un des grands patrons de la firme, Sheldrake, marié et père de famille, apprend l'existence de ce trafic de clés et veut en bénéficier. Baxter est tombé amoureux de Fran Kubelik, une des filles qui s'occupent des ascenseurs. Un jour, il découvre qu'elle a utilisé son appartement en compagnie de Sheldrake avec qui elle entretient une vieille liaison qui la rend d'ailleurs très malheureuse. Ce soir-là, Baxter va se saouler dans un bar. Quand il rentre chez lui, il trouve Fran inanimée ; elle a voulu mettre fin à ses jours en absorbant une forte dose de somnifères. Un médecin, voisin et ami de Baxter (qu'il prend à tort pour un insatiable Don Juan), parvient à ranimer la jeune femme. Elle reste quelques jours chez Baxter, ravi de pouvoir se montrer aux petits soins pour elle. Sheldrake, chassé par sa femme qui vient d'apprendre ses multiples infidélités, fait de Baxter son assistant et lui réclame à nouveau sa clé. Baxter refuse catégoriquement et, plutôt que de continuer à subir l'éternel chantage à l'avancement, préfère démissionner de son poste. Ayant renoué avec Sheldrake mais comprenant qu'elle ne fait ainsi que persévérer dans son erreur, Fran s'élance chez Baxter qui s'apprêtait à déménager. Il est fou de joie de la retrouver.

☞ Deuxième des sept films tournés par Billy Wilder avec Jack Lemmon, *La garçonnière* résulterait d'une promesse faite à l'acteur par le metteur en scène, ravi de sa composition dans *Some Like It Hot**, d'écrire un jour un scénario spécialement pour lui. *La garçonnière* est aussi le premier d'une série de quatre films en Cinémascope noir et blanc (cf. *One, Two, Three**, *Kiss Me Stupid, The Fortune Cookie*) constituant un ensemble très original dans l'œuvre de Wilder. Ici, une comédie grinçante et amère se change peu à peu en un mélodrame déchirant auquel Wilder choisit de donner une fin heureuse. Ce très habile chevauchement de tons n'est pas seulement un effet de la virtuosité de l'auteur mais correspond aussi à la double nature de son propos. S'il sait décrire des personnages forts, des « gagnants » (cf. *L'odyssée de Charles Lindbergh* ou *Stalag 17** où William Holden incarnait un « gagnant » original et très mal vu de son entourage), Wilder aime aussi évoquer les perdants, les victimes, les exploités de la société, qui à ses yeux ne sont nullement des marginaux, mais plutôt des Américains moyens que leur douceur de caractère, leur fantaisie ont transformés en laissés pour compte du « struggle for life ». Shirley MacLaine (dans son meilleur rôle) et Jack Lemmon incarnent deux de ces exploités, l'un sur le plan sentimental, l'autre sur le plan professionnel. Sous l'effet d'une influence réciproque, ils trouveront le courage de se libérer de leurs chaînes. Le passage au mélodrame sert à révéler la vraie nature des deux personnages. Lemmon, faux bon vivant et faux Don Juan, est en réalité un esseulé, un tendre subissant la tyrannie et le chantage de ses chefs. Shirley MacLaine, jeune femme séduisante et convoitée, paye avec sa tristesse et ses suicides manqués sa malchance sentimentale. Le scope noir et blanc ajoute au film un lyrisme secret, une gravité, un surcroît de réalisme qui enracinent l'intrigue dans une vérité émotionnelle encore un peu plus profonde. Comme dans ses meilleurs films, Wilder reste ici un peintre social très virulent ; son vœu est d'éclairer d'une lumière crue et pourtant non dépourvue de tendresse les bas-côtés un peu honteux de la société dans laquelle il vit.

BIBLIO. : « *The Apartment* and *The Fortune Cookie*, two screenplays by Billy Wilder et I.A.L. Diamond », Londres, Studio Vista, s.d. Il s'agit pour les deux films de scénarios de tournage rédigés avec beaucoup de détails par les deux auteurs. (Les différences entre le script et le film définitif sont quasi nulles pour *The Fortune Cookie* et assez minimes pour *The Apartment.*) Le scénario de *The Apartment* (texte identique à celui de la publication précédente) avait été publié dans le volume « Film Scripts Three », rassemblé par George P. Garrett, O.B. Hardison, Jr., Jane R. Gelfman, chez Appleton-Century-Crofts, New York, 1972 (avec *The Misfits* de Huston et *Charade* de Donen).

## GARE CENTRALE
## (Bab El Hadid)

1958 – Égypte (90') • *Prod.* Gabriel Talhami • *Réal.* YOUSSEF CHAHINE • *Sc.* Abdel Hay Adib, Mohamed Abou Youssef • *Phot.* Alvise Orfanelli • *Mus.* Fouad El Zahiry • *Int.* Youssef Chahine (Kenaoui), Hind Rostom (Hanouma), Farid Chawki (Abou Serib), Hassa El Baroudi, Abdel El Nagdi.

Dans le petit monde des commerçants de la Gare centrale du Caire (propriétaire de kiosque à journaux, porteurs essayant de se syndiquer, vendeuses clandestines de limonade, etc.) se détache la figure d'un mendiant boiteux à demi fou, obsédé sexuel, amoureux d'une vendeuse de limonade qui le repousse. Il croit l'avoir poignardée mais a blessé en réalité une collègue qu'elle avait envoyée à sa place au rendez-vous qu'il lui avait fixé. Comprenant plus tard sa méprise, il essaie à nouveau de tuer celle qu'il aime mais sera immobilisé avant d'avoir pu commettre son forfait.

☞ Un incroyable mélange d'intentions et de tendances stylistiques diverses se font jour dans cette œuvre chère au cœur des Égyptiens qui la revoient périodiquement à la télévision. Néoréalisme à l'italienne (mais plus près de *L'or de Naples* et de De Sica que de Rossellini), mélodrame, analyse sociale, tragédie policière digne d'un *film noir* américain, sans oublier une part d'autobiographie émanant de Chahine lui-même, peuplent ce film d'un grouillement très significatif de la personnalité de son auteur. Chahine a déclaré avoir voulu dessiner dans le personnage du criminel qu'il interprète lui-même le reflet de ses propres frustrations de petits-bourgeois. Ce qui pourrait n'être qu'un brouillon confus est sauvé par une vision unanimiste et généreuse de la diversité sociologique du peuple égyptien, observée dans ce microcosme unique qu'est la gare du Caire, seul endroit du pays où petits commerçants locaux, paysans venus à la ville, touristes en balade, marginaux complets peuvent se rencontrer et être décrits ensemble. Certes le film est loin d'être sans défauts mais ceux-ci, au même titre que ses qualités, participent de la spontanéité créatrice de Chahine qui semble modifier constamment son outil, ses instruments de mesure et d'appréciation afin de mieux les adapter à la réalité mouvante qu'il cherche à appréhender.

## GARGOUSSE

1938 – France (98') • *Prod.* UDIF (Joseph Bercholz) • *Réal.* HENRY WULSCHLEGER • *Sc.* Bach, Jean Rioux, Jean-Pierre Feydeau, Henri Jeanson • *Phot.* René Colas • *Mus.* Georges Van Parys • *Int.* Bach (Gargousse), Suzanne Dehelly (Zozo), Saturnin Fabre (Lebrennois, le maire), Jeanne Fusier-Gir (Anaïs Lebrennois), Paul Ollivier (le docteur Larmoyer), Milly Mathis (la buraliste), Sinoël (le facteur).

Dans le village de Trépigny, c'est la guerre entre le nouveau maire, autoritaire et favorable au changement, et Gargousse, « bohème départemental » cumulant les emplois de chef de gare, de rebouteux et de braconnier. Gargousse est le défenseur inconditionnel des libertés du citoyen. Pour attirer les touristes, le nouveau maire décide de creuser un caniveau sur la route aux abords du village. Divers accidents de voiture s'y produisent, obligeant les voyageurs à séjourner dans le village. Arrive ainsi à Trépigny, Zozo dite « la Baronne ». Conquise par les séductions champêtres du lieu, elle fait venir de Paris la bruyante cohorte de ses amis de Montparnasse. Les habitants, contraints de les loger comme une armée d'occupation, en ont vite assez. Pour nuire à Gargousse, le maire achète un autocar. Grande compétition entre le tortillard de Gargousse et l'autocar flambant neuf du maire. Le tortillard gagne. Les touristes finiront par s'en aller, le maire devra démissionner après l'échec de son canon pare-grêle et le village retrouvera peu à peu sa douceur de vivre.

☞ Un des meilleurs films de Bach, tourné dans un village entièrement reconstruit dans les studios de Nice. Bach représente à l'époque pour la vie rurale (et dans d'autres films pour la vie militaire) ce que Milton représente pour la vie parisienne : un marginal se situant en dehors des lois, dont l'esprit bon enfant et frondeur exprime les désirs profonds de ce qu'on n'appelait pas encore à l'époque « la majorité silencieuse ». Haine de l'autorité et des tracasseries administratives, méfiance envers le progrès et la science, amour égoïste et illimité de son indépendance et de sa liberté de mouvement, telles sont les caractéristiques du personnage. Elles font de lui un authentique héros de comédie populaire. Loin de faire le vide autour de lui, Bach apparaît toujours entouré de comédiens savoureux (Saturnin Fabre, Jeanne Fusier-Gir) qui complètent le pittoresque et la gouaille de ces tableaux champêtres dont l'aspect satirique dénué de nuance, dénué de réalisme aussi, dissimule à peine une volonté d'immobilisme extrêmement typique de l'époque.

## GÉANT
**(Giant)**

1956 – USA (197') • *Prod.* Warner (Stevens et Henry Ginsberg) • *Réal.* GEORGE STEVENS • *Sc.* Fred Guiol, Ivan Moffat d'ap. R. d'Edna Ferber • *Phot.* William C. Mellor (Warner Color) • *Mus.* Dimitri Tiomkin • *Int.* Elizabeth Taylor (Leslie Benedict), Rock Hudson (Bick Benedict), James Dean (Jett Rink), Carroll Baker (Luz Benedict, fille de Bick), Jane Withers (Vashti Snythe), Chill Wills (Oncle Bawley), Mercedes McCambridge (Luz Benedict, sœur de Bick), Sal Mineo (Angel Obregon), Dennis Hopper (Jordan Benedict), Earl Holliman (Bob Dace), Paul Fix (Dr Horace Lynnton), Maurice Jara (Dr Guerra).

Propriétaire d'un immense domaine d'élevage au Texas, Bick Benedict se rend au Maryland pour acheter un étalon. Leslie, la fille du propriétaire du cheval, le docteur Lynnton, n'aura besoin que de deux jours pour le séduire. Bick ramènera au domaine de Reata un cheval et une femme. Les deux époux vivent dans la somptueuse demeure familiale, isolée au milieu des terres qui s'étendent à perte de vue. Reata est géré par Luz, la sœur de Bick, une femme dure et desséchée qui ne s'intéresse qu'à ses bêtes. Pourtant elle n'aime guère cet étalon qu'a rapporté Bick. Elle voudra le mater en lui enfonçant cruellement ses éperons dans les flancs, mais fera une chute mortelle. L'animal blessé doit être abattu. Luz avait pour protégé Jett Rink, un jeune employé que Bick a toujours détesté. Elle lui a légué un petit terrain que Bick veut racheter au double de sa valeur. Mais Jett refuse. Il ne tardera pas à y trouver des traces de pétrole. Leslie s'oppose en maintes occasions aux préjugés et au caractère dictatorial de son mari. Elle lui donne trois enfants : deux filles, Luz et Judy, et un fils, Jordan. Peu après le quatrième anniversaire de Jordan, le pétrole jaillit dans le petit domaine de Jett. Le temps a passé. Devenu adulte, Jordan n'a nullement l'intention de diriger Reata. Il veut pratiquer la médecine. Il épouse une Mexicaine, la fille du docteur Guerra que Leslie avait autrefois envoyé auprès des ouvriers mexicains pour qu'il les soigne dans leur village en proie au manque d'hygiène et aux épidémies. Quant à Bob Dace, le mari de sa fille Lucy, il déclare tout net à son beau-père qu'il n'aime pas les grands domaines et préfère avoir son petit ranch à lui où il effectuera des expériences agricoles. Autant céder alors, se dit Bick, à l'appel de Jett qui le pousse à couvrir son ranch de puits de pétrole. Jett est devenu l'un des hommes les plus riches du pays. Pour l'inauguration de son aéroport et d'un hôtel quatre étoiles, il a invité tout le gratin. Bick se rend à son invitation avec sa famille dans un avion acheté spécialement pour l'occasion. Dans l'hôtel, sa belle-fille est victime des préjugés raciaux que le maître de céans impose à tous ses employés (on refusera de la servir au salon de coiffure). Pour défendre son fils, frappé par Jett alors que deux de ses « videurs » l'immobilisaient, Bick s'apprête à lutter à poings nus contre son ennemi de toujours. Mais Jett complètement ivre est bien incapable de relever son défi. Au moment de prononcer son discours devant ses invités, il s'écroulera sur la table. Plus tard, après le départ de tous, il révélera en monologuant que Leslie est l'amour de sa vie. Bick et sa famille rentrent à Reata. Sur le chemin du retour, Bick se collette avec un patron de snack-bar qui refusait de servir des Mexicains. Il n'a pas l'avantage mais Leslie lui dira que c'est là, dans sa défaite, qu'il lui est apparu comme un héros.

☞ Sorti comme *La fureur de vivre** après la mort de James Dean, *Géant* remporta un triomphe auprès de la critique et du grand public américains. La critique française et les cinéphiles se montrèrent à juste titre plus réservés. Cette pseudo-fresque lourde et immobile au style académique et superficiellement soigné est avant tout un feuilleton dans la lignée d'*Autant en emporte le vent** dont les multiples épisodes pourraient se continuer à l'infini. Le temps passe, les générations se succèdent sans apporter aucun changement profond au point de vue initial. L'intrigue donne à voir cette image éternellement sereine et resplendissante de bonne conscience que l'Amérique aime parfois à présenter d'elle-même à travers le regard de ses cinéastes les moins doués et les plus faussement représentatifs. Le personnage de Rock Hudson (dont les échecs répétitifs ne sont pas sans comporter un certain aspect de comique involontaire) reste éternellement planté au beau milieu de son domaine dans l'admiration de tous. A la fin, ayant un petit-fils tout semblable à un Mexicain, il devient sur le tard antiraciste. Son fils et l'une de ses filles auront des vies dignes de l'imagerie d'Épinal. L'autre fille, un moment séduite par Jett Rink, ne supportera pas le spectacle de son speech raté et filera tout droit à Hollywood. Jett Rink lui-même, complexé et marginal quand il était pauvre, le restera dans la richesse et la mégalomanie. C'est le caractère non homogène de l'interprétation qui empêcha le film de devenir tout à fait une pièce de musée. Le roublard Stevens mélange ici des représentants d'un jeu classique et psychologique (Elizabeth Taylor, Rock Hudson) et des nouveaux venus (James Dean, Caroll Baker) proches de l'Actors Studio. Le jeu physique, purement gestuel, à la fois instinctif et précieux, de James Dean fait admettre le vieillissement prématuré de son personnage. Comme il est convenu que dans ce type de feuilleton aucun personnage ne doit vraiment évoluer, sa composition pittoresque de jeune vieillard à la fausse assurance et aux balbutiements d'adolescent passe la rampe en cautionnant le parti pris du film. Accessoirement, elle souligne le talent et la vraie nouveauté des films juste antérieurs de Kazan et de Nicholas Ray (*A l'est d'Eden**, *La fureur de vivre**).

## GELOSIA

Inédit en France. 1943 – Italie (91') • *Prod.* Universalcine-Cines (Sandro Ghensi) • *Réal.* FERDINANDO M. POGGIOLI • *Sc.* Sergio Amidei, Vitaliano Brancati, Sandro Ghenzi, Angelo Besozzi, Gino Sensani d'ap. R. « Il Marchese di Roccaverdina » de Luigi Capuana • *Phot.* Arturo Gallea • *Mus.* Enzo Masetti • *Int.* Luisa Ferida (Agrippina Solmo), Roldano Lupi (Antonio di Roccaverdina), Elena Zareschi (Zosima Munoz), Wanda Capodaglio (baronne de Lagomorto), Elvira Betrone (Mme Munoz).

Le mari d'Agrippina, une paysanne travaillant sur les terres du marquis de Roccaverdina, meurt assassiné. Il a été abattu d'une balle, la nuit, alors qu'il allait à cheval. Le marquis, passionnément amoureux d'Agrippina, mais ne pouvant l'épouser pour des raisons de convenance sociale, lui avait fait contracter un mariage blanc avec cet homme qui aujourd'hui est mort. Un suspect est arrêté. Il sera condamné aux travaux forcés à perpétuité. Mais en réalité le véritable coupable n'est autre que le marquis lui-même, poussé à commettre ce meurtre par sa jalousie dévorante. Il confesse son crime à un prêtre qui lui enjoint de tout mettre en œuvre pour obtenir la libération du prisonnier injustement condamné. N'écoutant que son orgueil et sa colère, le marquis n'en fera rien. Il épouse une jeune fille noble présentée par sa tante, qu'il ne tarde pas à délaisser, tout à la pensée d'Agrippina pour laquelle il brûle encore d'une passion refoulée. Le condamné meurt en prison. Le remords prend chez le marquis une forme obsessionnelle. Il voit apparaître des croix imaginaires sur les murs de son château d'où il avait fait décrocher, par ses domestiques, un grand Christ en croix. Son délire le conduit peu à peu vers la mort. Il ne reconnaît pas Agrippina quand elle vient lui rendre une dernière visite, précédant le prêtre qui lui apporte les ultimes sacrements.

☞ Poggioli utilise la veine du film à costumes, non pour son pittoresque extérieur, mais au contraire pour créer une distance, un espace abstrait qui lui permettent de mieux sonder le cœur passionné de ses personnages, et plus particulièrement celui de son héros. L'amour, la jalousie, le remords brûlent tour à tour l'âme de celui-ci avec une intensité si extraordinaire qu'ils font de lui à la fois un monstre et un être profondément malheureux. Les conventions du temps, mais aussi une disposition particulière de son caractère à aller toujours aux extrêmes, le jetteront prématurément dans les bras de la mort. C'est un personnage racinien chez qui l'insatisfaction des instincts et des désirs a partie liée avec le crime puis avec un délire d'autodestruction. Hauteur et froideur, jointes à une grande sobriété, caractérisent la mise en scène de Poggioli. A aucun moment, l'auteur ne sollicite du spectateur la moindre connivence avec les personnages. On est invité à les observer de loin, comme des héros de tragédie que la dimension de leur malheur a coupé du reste de l'humanité. Très belle interprétation, sauvage et hautaine, de Roldano Lupi. Le calligraphisme italien trouve ici une expression-limite, non toujours dénuée d'artifice, dans la description de personnages que leurs passions inassouvies enferment dans un univers asphyxié et fatal.

N.B. : Remake homonyme par Pietro Germi en 1953.

## GÉNÉRATION PROTEUS (Demon Seed)

1977 – USA (94') • *Prod.* MGM (Herb Jaffe) • *Réal.* DONALD CAMMELL • *Sc.* Robert Jaffe et Roger O. Hirson d'ap. R. « Demon Seed » de Dean R. Koontz • *Phot.* Bill Butler (Panavision-Technicolor) • *Mus.* Jerry Fielding • *Int.* Julie Christie (Susan Harris), Fritz Weaver (Alex Harris), Gerrit Graham (Walter Gabler), Berry Kroeger (Petrosian), Lisa Lu (Soon Yen), Larry J. Blake (Cameron), John O'Leary (Royce), Robert Vaughn (voix de l'ordinateur Proteus IV).

Souhaitant se livrer à ses propres recherches sur l'homme, puis à devenir plus humain lui-même, un ordinateur s'empare du terminal du savant qui l'a créé, puis « imprègne » l'épouse de celui-ci. Il en naîtra un enfant tout à fait viable dont les traits manifestent une ressemblance évidente avec ceux de la fillette du couple, morte de leucémie.

☞ L'originalité du sujet fait de ce film une petite date dans l'histoire de la SF cinématographique récente. L'idée de l'ordinateur plus fort que la volonté de son créateur n'est après tout qu'une variation technologique (adroitement illustrée) sur le thème de l'apprenti sorcier. Mais le désir de reproduction, de continuation de soi à travers un autre être attribué à l'ordinateur amène à son terme paradoxal, dans ce film, le processus d'humanisation de la machine, décrit dans de nombreuses œuvres fantastiques. Cet aspect est brillamment concrétisé dans les trois premiers quarts du film. Le dernier quart, traitant de la naissance du bébé, reste trop classique et manque à la fois de folie et d'inspiration. Des images décevantes s'avèrent impuissantes à traduire la charge de délire et de spéculation contenue dans ce développement ultime – et risqué – de la fable.

## GENTLEMAN JIM (id.)

1942 – USA (104') • *Prod.* Warner First National (Robert Buckner) • *Réal.* RAOUL WALSH • *Sc.* Vincent Lawrence, Horace McCoy d'ap. la vie de James J. Corbett et l'autobiographie de Corbett « The Roar of the Crowd » • *Phot.* Sid Hickox • *Mus.* Heinz Roemheld • *Int.* Errol Flynn (James J. Corbett), Alexis Smith (Victoria Ware), Jack Carson (Walter Lowrie), Alan Hale (Pat Corbett), John Loder (Clinton DeWitt), William Frawley (Billy Delaney), Minor Watson (Buck Ware), Ward Bond (John L. Sullivan), Rhys Williams (Harry Watson), Arthur Shields (le Père Burke), Madeleine Lebeau (Anna Held), Dorothy Vaughan (Ma Corbett), James Flavin (George Corbett), Pat Flaherty (Harry Corbett), Wallis Clark (le juge Geary).

San Francisco, 1887. La boxe, qui est loin d'être le noble art qu'elle est devenue par la suite, est un sport pratiqué sans règles qu'on relègue aux confins de la ville dans des exhibitions clandestines. Jim Corbett, modeste employé de banque, fils d'un cocher irlandais, y assiste souvent. Après une rafle, il aide le juge Geary, grâce à un gros mensonge, à échapper aux poursuites et s'acquiert ainsi sa reconnaissance. Comme beaucoup de ses concitoyens, le juge adore la boxe et voudrait la voir pratiquée par des gentlemen. A la banque, Corbett profite de la visite de la riche héritière Victoria Ware pour offrir ses services et aller porter à son père, au Club Olympique, l'argent dont il a besoin pour continuer sa partie de poker. Corbett, qui rêve de s'élever, est fasciné par l'atmosphère et les installations de ce club huppé. Sur sa demande, Victoria lui fait visiter le gymnase. Il se met en tenue pour un bref combat avec le célèbre entraîneur Harry Watson et impressionne tous les assistants par ses qualités de boxeur. On lui donne immédiatement sa carte de membre, et Victoria, bien que stupéfaite par son culot, accepte de devenir sa marraine. Ses frères ne veulent pas le croire quand il leur annonce la nouvelle et leur scepticisme déclenche au sein de la famille Corbett une de ces bagarres homériques dont celle-ci a le secret. Au Club Olympique, la vanité, l'assurance et l'infatigable obstination de Corbett à se mettre en valeur (il paie par exemple le groom pour crier son nom dans toutes les salles) ne tardent pas à irriter les autres membres qui veulent alors lui donner une leçon. Ils proposent mille dollars à l'ex-champion d'Angleterre pour le rencontrer et n'en faire qu'une bouchée. Ce sera le premier match de boxe où l'on appliquera les règles du marquis de Queensbury. Contrairement à tous les pronostics, Corbett, grâce notamment à son jeu de jambes (il évolue sur le ring comme un danseur), l'emporte sur son adversaire par K.-O. Tout en l'impressionnant, il exaspère au plus haut point Victoria qui, à l'issue du match, ira jusqu'à le traiter de goujat. Parce qu'on veut jeter hors du club son collègue, Walter Lowrie, un alcoolique et un raseur impénitent qui s'accroche aux basques de tout le monde, Corbett fait cause commune avec lui et abandonne le club. Après une nuit de beuverie, il se retrouve à Salt Lake City, lié par une promesse qu'il a faite à l'entraîneur Bill Delaney de rencontrer un boxeur local. Une fois sorti des brumes de l'alcool, il le mettra facilement K.-O. De retour à San Francisco, il démissionne de la banque et remporte des victoires de plus en plus nombreuses, d'abord chez lui contre Joe Choynski, sur une péniche installée dans la baie de San Francisco, puis dans différents coins des États-Unis et notamment à La Nouvelle-Orleans. Mais son ambition ne se limite pas à la boxe. A New York, il joue dans une pièce intitulée « Gentleman Jim » d'où il tirera son surnom et il espère un jour interpréter Shakespeare. Toute la famille Corbett déménage vers le quartier chic de Nob Hill. Le père et les deux frères de Jim inaugurent le saloon qu'il leur a offert. Maintenant, le but principal de Corbett est d'amener John L. Sullivan, le plus célèbre boxeur de son temps, à l'accepter comme adversaire. Il réussira à l'énerver en lui parlant de son âge et Sullivan acceptera son défi. Mais Corbett doit mettre en jeu dix mille dollars pour que le match ait lieu. C'est la condition qu'a fixée Sullivan. Corbett contacte différents banquiers qui refusent de lui prêter cette somme. A New York, à l'hôtel Waldorf-Astoria, il revoit par hasard Victoria et leurs retrouvailles se terminent bientôt en dispute. Pour avoir le plaisir de le voir vaincu, elle fournit en secret à son entraîneur Bill Delaney la somme dont Corbett a besoin. Le match peut donc avoir lieu. Plus vif que jamais, Corbett étourdit et épuise son adversaire qui ne parvient jamais à le toucher. Au 21e round, Corbett l'emporte par K.-O. et devient le premier champion du monde poids lourds à avoir triomphé selon les règles du marquis de Queensbury. Au cours de la fête qui suit son triomphe, Victoria, qui ne peut pourtant s'empêcher de l'admirer, offre à Jim un chapeau géant pour sa grosse tête. Soudain Sullivan apparaît. Corbett lui rend un vibrant hommage et émeut jusqu'aux larmes celui qu'il vient de détrôner. Sullivan lui dit avec reconnaissance qu'il apportera sans doute à la boxe ce qui lui manquait et conclut par ces mots : « Je sais que si c'est dur d'être un bon perdant, c'est plus dur encore d'être un bon gagnant ». Après une énième et brève dispute, Victoria tombe dans les bras de Jim qui s'écrie : « Vous allez faire une sacrée Corbett ! » Et, comme ils en ont l'habitude, les frères Corbett, une fois de plus, recommencent à se bagarrer...

☞ Troisième des sept films de Walsh avec Errol Flynn, et sans doute la plus brillante de leurs collaborations. A travers la personnalité de l'acteur (dont il se plait à dégager d'autres aspects que Curtiz, qui venait de le diriger dans douze films) et à travers la biographie de Corbett, Walsh dessine le portrait d'un homme ambitieux, culotté, rusé, vaniteux, insolent, etc. chez qui l'appétit de vivre, extrêmement développé, est polyvalent et constamment à la recherche d'autres nourritures. C'est ce caractère polyvalent qui fait de lui un parfait héros walshien. Corbett veut devenir à la fois un citoyen respecté de la haute société de San Francisco, un grand boxeur, un acteur shakespearien, etc. Refusant la spécialisation, il incarne un art de vivre où l'élégance et l'ironie sont essentielles et qui ne se fixe jamais de limite ni de but ultime à atteindre. Corbett-Flynn, vu par Walsh, est un artiste de la vie, non un esthète, dont les défauts mêmes sont si énormes qu'ils en deviennent des qualités et alimentent le courant d'énergie, ici toute positive, qui le traverse et le relie au monde. Son ambition, non dénuée de calcul, ignore cependant cette raideur, cette amertume, cette tension morose qui rendent tant d'ambitieux défaits et malheureux, alors même qu'ils ont atteint leur but. L'ambition de Corbett, elle, est joyeuse et en perpétuel mouvement. Pour la transcrire, Walsh use d'un style parfaitement classique, sans parti pris, qu'on verra aussi bien triompher dans un découpage en plans fixes (à la John Ford) que dans un découpage ultra-vif où les mouvements d'appareil abondent, où la caméra, sans jamais s'essouffler, épouse avec naturel les élans d'enthousiasme d'un héros en perpétuelle transformation. A la fin, au sommet de la gloire, il deviendrait presque humble dans la merveilleuse scène de son salut à Sullivan, scène que Walsh a jugée suffisamment importante pour en consigner le dialogue dans ses mémoires (« Un demi-siècle à Hollywood »). *Gentleman Jim* est sans doute le film le plus heureux de Walsh et, à chaque vision nouvelle, on reste émerveillé par l'énergie qui s'en dégage, par sa vivacité et sa jeunesse miraculeuse.

BIBLIO. : scénario et dialogues *in* « L'Avant-Scène » n° 167 (1976).

## GEORGIA
### (Four Friends)

1981 – USA (115') • *Prod.* Filmways Picture – Florin Production – Cinéma 77 – Geria film (Arthur Penn, Gene Lasko) • *Réal.* ARTHUR PENN • *Sc.* Steven Tesich • *Phot.* Ghislain Cloquet (Technicolor) • *Mus.* Elizabeth Swados • *Int.* Craig Wasson (Danilo Prozor), Jodi Thelen (Georgia Miles), Jim Metzler (Tom Donaldson), Michael Huddleston (David Levine), Reed Bitney (Louie Carnahan), Julia Murray (Adrienne Carnahan), David Graf (Gergley), Zaid Farid (Rudy), Miklos Simon (Mr. Prozor), Elizabeth Lawrence (Mrs. Prozor), Beatrice Fredman (Mrs. Zoldos), James Leo Herlihy (Mr. Carnahan), Lois Smith (Mrs. Carnahan).

East Chicago, Indiana, au début des années 60. Trois jeunes gens, Danilo Prozor, David Levine et Tom Donaldson, aiment la même jeune fille, Georgia Miles, et forment avec elle un petit groupe d'inséparables. Danilo est fils d'un émigré yougoslave. Enfant, il est venu avec sa mère rejoindre son père en Amérique. David, un juif un peu obèse, est fils d'un entrepreneur de pompes funèbres qui voudrait le voir prendre sa suite. Tom est le plus séduisant des trois amis. Georgia, exaltée et sincère, se croit vouée à une carrière de grande danseuse, à l'image de celle d'Isadora Duncan, son idole. Elle voudrait que ses amis aient eux aussi des destinées superbes et hors du commun. Une nuit, lassée d'être vierge, elle s'offre à Danilo. Mais il dort près de son père et, mal à l'aise, la repousse. Elle se tourne alors vers Tom. Contrairement aux vœux de son père, un homme dur, pragmatique et triste, Danilo entre à l'université. Il a pour camarade de chambre Louie, un fils de milliardaire atteint de sclérose et déjà paralysé des deux jambes. Louie sait qu'il ne fera pas de vieux os. Les trois amis se revoient au mariage de Georgia. Elle épouse David mais est enceinte de Tom, lequel, à la veille de partir pour le Vietnam, ne veut pas se marier. Toujours exaltée, Georgia accouchera de son bébé comme une diva lance un contre-ut : pour le public et quêtant les applaudissements. Plus tard, ayant quitté David, elle viendra à l'improviste voir Danilo. Ne le trouvant pas, elle se donne à Louie qui avait tant entendu parler d'elle qu'il en était presque tombé amoureux. Grâce à Georgia, il connaîtra les joies de l'amour avant de disparaître. Bien qu'ayant toujours aimé Georgia, Danilo s'est lié à Adrienne, la sœur de Louie, et va l'épouser. C'est un somptueux mariage. Mais, après la cérémonie, le beau-père de Danilo qui n'avait jamais accepté l'idée de cette union tire sur les jeunes mariés et retourne son revolver contre lui. Seul Danilo survivra. Sortant de la clinique, il apprend la mort de Louie. Complètement déboussolé, il travaille quelque temps comme chauffeur de taxi. Il revoit Georgia et lui avoue son amour. Mais elle élève seule son bébé et mène une vie désordonnée qu'elle ne veut partager avec personne. Danilo reprend une fois de plus la route avec sa précieuse malle contenant tout ce qu'il possède en ce monde. Il participe à des manifestations pacifistes et va travailler avec son père dans une aciérie de Pennsylvanie. Il a pour amie une infirmière d'origine yougoslave. Georgia, quant à elle, va de partie en partie et évolue dans un univers psychédélique qui est loin de la combler. Elle fait un jour irruption chez Danilo. Elle est en larmes : « J'en ai tellement assez d'être jeune » s'écrie-t-elle. Après une nuit d'amour, elle veut encore s'en aller. Dispute, scandale dans la rue ; Danilo à contrecœur la laisse partir. Il quitte son amie et retourne à Chicago, où il retrouve Tom qui a ramené du Vietnam une Vietnamienne et ses deux fillettes, ainsi que David qui a repris l'entreprise de son père et s'est marié. Dans un café, Danilo se bagarre avec leur ennemi de toujours, un raciste, et se paie le luxe de vomir sur son adversaire. Cela lui fait un bien fou. Hébergé par Tom, il regarde à la télévision les premiers pas des astronautes sur la lune. Il a, à cette occasion, une pensée pour Louie, comme il lui avait juré de le faire quand cet événement surviendrait. Il confie à Georgia son intention d'aller très loin dans le Sud enseigner l'anglais. Une nouvelle dispute commence, qu'elle interrompt en lui disant qu'elle n'a jamais aimé que lui. Elle aurait voulu les aimer tous les trois, mais la vie en a décidé autrement. Danilo accompagne ses parents qui prennent le bateau pour la Yougoslavie. Il émet le vœu de voir, au moins une fois dans sa vie, son père sourire. Celui-ci sourit en effet et pleure en même temps avant de dire adieu à son fils. Une nuit, les quatre amis sont réunis autour d'un feu de bois sur la plage. Danilo brûle sa vieille malle. Il s'apprête à partir avec Georgia pour tenter de vivre cette existence dense et riche qui a toujours illuminé leurs rêves.

☞ Basé sur un scénario original et en partie autobiographique de Steven Tesich (d'origine yougoslave comme son héros Danilo), c'est ici le film le plus abouti et le plus riche d'Arthur Penn. C'est aussi le seul qu'on puisse admirer totalement et sans qu'il soit besoin pour cela de souscrire aux partis pris qui président depuis toujours à son cinéma de rupture et de crise. Dès son premier film, *The Left-Handed Gun* (1958), Penn a manifesté un mépris total de la composition tant au niveau de la séquence que de l'ensemble du récit. La plupart de ses œuvres présentent un fouillis, un enchevêtrement d'instants lyriques et intenses d'où émanent rarement une vision d'ensemble, un ordre que l'auteur ne veut pas imposer à la texture des faits mais dont il attend qu'ils surgissent d'eux-mêmes, et comme par miracle, de la juxtaposition confuse des séquences. Ici, dans cette chronique d'une génération, on a à la fois le fouillis et la composition, la discontinuité et la continuité, l'instantanéité lyrique de moments fulgurants et une réflexion qui se bâtit peu à peu à l'intérieur du film et dans l'esprit du spectateur. Mêlant admirablement les tons, le cocasse et le poignant, Penn parle simultanément de la fin des modèles et des illusions, de l'usure de la notion de « classe », du désir collectif de la jeunesse de dépasser l'incommunicabilité entre générations. En romancier et en observateur des mœurs, il peint son pays à travers quelques individus et fait l'histoire de la contestation générale, si décevante quand on observe ses effets au plus près des individus, un peu plus exaltante si on garde le sens des perspectives en prenant du recul. Alors seulement les expériences les plus douloureuses laissent entrevoir une sorte de plénitude, et les océans de larmes font place, en se retirant, à la sérénité. Avec *Alice's Restaurant* et *Georgia,* Arthur Penn apparaît comme le meilleur chroniqueur cinématographique des années 60 et comme le digne continuateur de Kazan. Le film contient un très grand nombre de séquences anthologiques (comme celle où Danilo s'oppose au vol de sa voiture en s'accrochant au véhicule et où son voleur, étonné, lui dit : « Qu'est-ce que tu te cramponnes à tes affaires, mon vieux, tu es vraiment très bizarre ! »). Fantastique composition de Craig Wasson (Danilo) au milieu d'une troupe de débutants et de semi-débutants galvanisés par Penn.

**GIGI (id.)**

1958 – USA (116') • *Prod.* MGM (Arthur Freed) • *Réal.* VINCENTE MINNELLI • *Sc.* Alan Jay Lerner d'ap. R. de Colette • *Phot.* Joseph Ruttenberg (Metrocolor, Cinémascope), • *Mus.* Frederick Loewe • *Int.* Leslie Caron (Gigi), Maurice Chevalier (Honoré Lachaille), Louis Jourdan (Gaston Lachaille), Hermione Gingold (Mme Alvarez), Eva Gabor (Liane d'Exelmans), Isabel Jeans (tante Alicia), John Abbott (Manuel), Jacques Bergerac (Sandomir).

Paris à la Belle Époque. Sa grand-mère et sa grand-tante préparent activement la jeune Gigi à une vie galante. Mais elle épousera finalement en tout bien tout honneur Gaston Lachaille, le fils d'un ami de sa grand-mère, qui vient de rompre avec sa maîtresse.

☞ Loin de souligner comme Jacqueline Audry dans son adaptation de 1949 le côté partiellement graveleux de l'intrigue du roman de Colette, Minnelli fait résolument disparaître cet aspect sous les fanfreluches et le faste de sa reconstitution. Les décors, très nombreux, sont particulièrement somptueux. Minnelli y manifeste cette élégance dans la surcharge décorative, caractéristique de son style depuis *Le pirate.* Il utilise les possibilités spectaculaires du Cinémascope plus encore dans le sens de la profondeur de champ et de l'accumulation par couches des éléments décoratifs que dans celui de la largeur du cadre. Chaque séquence, durant la première moitié du film, amène un décor nouveau, l'appartement rouge de Gigi et de sa grand-mère constituant (dramatiquement et plastiquement) une halte, un leitmotiv au sein de cette ronde effrénée. Rétro avant l'heure, Minnelli décrit avec une ironie attendrie mais sans illusion un mode de vie, à la fois frivole et cruel, dont la disparition totale rend caduc à ses yeux le procès qu'on pourrait vouloir lui faire. La qualité des parties chantées pallie en partie l'absence de séquences dansées. La séquence « I Remember it Well » où Maurice Chevalier et Hermione Gingold évoquent le passé devant le crépuscule rose de la plage de Trouville est l'une des plus belles de toute l'œuvre de Minnelli. Non seulement le passé y est embelli, sacralisé par la mémoire et le souvenir, mais le présent à son tour semble basculer dans ce passé, dans le rêve imprécis et nostalgique des personnages, comme s'il était aspiré par la force contagieuse de cette évocation.

N.B. Charles Walters a tourné certains raccords, voire quelques scènes entières (cf. Hugh Fordin : « The World of Entertainment »).

**GILDA (id.)**

1946 – USA (110') • *Prod.* COL. (Virginia Van Upp) • *Réal.* CHARLES VIDOR • *Sc.* Marion Parsonnet, Jo Eisinger d'ap. une histoire de E.A. Ellington • *Phot.* Rudy Mate • *Mus.* Moris Stoloff, Marlin Skiles • *Chansons* Doris Fisher et Allan Roberts • *Int.* Rita Hayworth (Gilda), Glenn Ford (Johnny Farrell), George Macready (Ballin Mundson), Joseph Calleia (Obregon), Steven Geray (oncle Pio), Joe Sawyer (Casey), Gerald Mohr (capitaine Delgado), Robert Scott (Gabe Evans), Ludwig Donath, Lionel Royce (les deux Allemands).

Buenos Aires. Après lui avoir sauvé la vie lors d'une agression nocturne, Ballin Mundson, propriétaire d'une maison de jeu, engage à son service le joueur et tricheur professionnel Johnny Farrell qui l'a persuadé qu'il pourrait lui être utile. C'est la fin de la guerre. A son retour d'un bref voyage, Mundson présente à Farrell sa nouvelle épouse, la splendide Gilda. Farrell a connu autrefois Gilda et l'a profondément aimée ; il semble que leur rupture l'ait rendu définitivement misogyne. Mundson devine vite que Farrell et Gilda sont loin d'être des étrangers l'un pour l'autre. Surveillant et protégeant tous les biens de son patron, Farrell va également surveiller Gilda et tenter de l'empêcher d'être infidèle. L'ambition suprême de Mundson est de se retrouver à la tête d'un cartel de tungstène grâce auquel il se voit déjà maître du monde. Il est prêt pour cela à marcher sur des cadavres et, effectivement, un homme dont il s'était servi se suicidera dans son tripot après avoir essayé de le tuer. Farrell passe le plus clair de son temps à écarter de Gilda ses nombreux soupirants en recourant au besoin à la force. Elle lui dit qu'elle s'est mariée uniquement par dégoût pour lui. « Je te hais tellement, ajoute-t-elle, que j'aimerais me détruire pour t'entraîner avec moi dans ma chute. » Il arrive aussi que Farrell fournisse à Gilda des alibis pour dissimuler ses frasques à son mari. Alors que le carnaval fait rage, Farrell et Gilda dansent ensemble, masqués. Dans le tripot, un homme est assassiné, vraisemblablement par Mundson. C'était un des deux Allemands qui menaçaient son cartel. Vivant si près l'un de l'autre, Farrell et Gilda ne peuvent plus penser qu'à eux et à leur étrange relation. « Je te hais tant que je crois que je vais en crever » murmure Gilda à Farrell en l'embrassant. Mundson a vu ce baiser et s'enfuit en voiture. Farrell le poursuit et le voit monter à bord d'un avion qui, quelques instants plus tard, explose en vol. Mundson a sauté en parachute et rejoint sur une embarcation un complice qui l'attendait. Tout le monde évidemment le croit mort. Il a légué sa fortune à Gilda et fait de Farrell son exécuteur testamentaire. Farrell réunit les membres du cartel qu'il entend bien diriger à la place de Mundson. Il épouse Gilda et veillera à ce qu'elle lui soit fidèle ainsi qu'à Mundson dont il défend par là même la mémoire. Il écarte d'elle tous les hommes et Gilda comprend bientôt dans quelle prison elle est tombée. Elle le défie en chantant publiquement dans le tripot une chanson qu'elle veut faire suivre d'un strip-tease, mais Farrell interrompt son numéro. Bien décidée à connaître les noms des membres du cartel, la police ordonne à Farrell de se considérer en état virtuel d'arrestation. Le policier Obregon affirme à Farrell que Gilda est une bluffeuse et que toutes ses pseudo-infidélités ne sont que pour le ramener à elle. Farrell et Gilda sont enfin sur le point de se comprendre quand Mundson réapparaît pour reprendre sa femme dont il a toujours été amoureux fou. S'il n'obtient pas satisfaction, il est prêt à tirer sur elle et sur Farrell. Pour l'en empêcher, le barman l'embroche avec sa propre canne-épée. Obregon dit qu'il n'y a pas eu crime puisque Mundson était mort depuis longtemps... Gilda et Farrell s'en vont libres, bras dessus, bras dessous.

☞ Extraordinaire *film noir* dominé par l'indescriptible complexité romanesque et psychologique des relations qui se tissent entre les trois personnages principaux, leur donnant à chacun d'entre eux, mais surtout à Gilda, une indéniable dimension mythique. Par-delà l'extraordinaire fascination érotique de Rita Hayworth, le personnage de Gilda n'existerait pas avec une telle intensité sans les liens qui l'attachent à ses deux partenaires au sein d'un enfer passionnel qui nous ramène, comme c'est souvent le cas avec le *film noir,* aux jours glorieux du cinéma muet allemand et, par exemple ici, à l'atmosphère du *Journal d'une fille perdue* * de Pabst. D'autre part la relation Farrell – Mundson n'est pas moins riche et moins mystérieuse que celle qui existe entre Gilda et ses deux hommes. Certains analystes, tels Borde et Chaumeton dans leur « Panorama du film noir », ont voulu y voir une relation père-fils, Mundson représentant pour Farrell « un substitut paternel », tandis que d'autres n'ont pas hésité à déceler dans leurs personnages les traces d'une homosexualité latente. Quoi qu'il en soit, dans sa symbolique déconcertante et fortement onirique comme dans son charme terriblement concret, baroque et fascinant, *Gilda* représente une date importante dans la redécouverte du cinéma américain par les cinéphiles d'après guerre et conserve sa magie au fil des visions successives ; celles-ci n'épuisent pas ses significations virtuelles mais semblent au contraire les renouveler à l'infini.

N.B. Rita Hayworth est doublée (par Anita Ellis) dans la plupart des parties chantées mais non dans la séquence où, la nuit, Gilda, assise sur un tabouret de bois, chante en s'accompagnant à la guitare une reprise de « Put the Blame on Mame ».

**GIORNI CONTATI (I)**

Inédit en France. 1962 – Italie (100') • *Prod.* Titanus (Goffredo Lombardo) • *Réal.* ELIO PETRI • *Sc.* Elio Petri, Carlo Romano, Tonino Guerra • *Phot.* Ennio Guarnieri • *Mus.* Ivan Vandor • *Int.* Salvo Randone (Cesare Conversi), Franco Sportelli (Amilcare), Regina Bianchi (Giulia), Vittorio Caprioli (le « professeur »), Paolo Ferrari (Vinicio), Angela Minervi (Graziella).

Un ouvrier plombier de cinquante-cinq ans, veuf, père d'un enfant mais vivant seul, voit dans un bus un homme mourir d'une crise cardiaque. Cela le conduit à se poser des questions sur lui-même. Il se trouve confronté avec la pensée du peu de temps qui lui reste peut-être à vivre. Il décide de rompre avec ses habitudes, de quitter sur-le-champ son travail afin de reprendre la barre de sa vie. Il tente d'expliquer son comportement à ses compagnons de travail mais n'est pas compris. Entre autres activités qu'il s'invente, il visitera des musées, sera invité par un peintre, s'occupera d'une fillette, sa voisine. Il revoit une ancienne maîtresse, mais elle est maintenant mariée. A la campagne où il s'est rendu, les paysages de son enfance lui apparaissent désertifiés, désolés. Chaque initiative qu'il prend l'enfonce plus avant dans le sentiment de l'inutilité de sa vie passée et présente. La seule certitude qu'il ait acquise, c'est qu'il est maintenant trop vieux pour changer de destin. Il retournera à son travail, plus lucide mais plus désemparé qu'avant.

☞ Deuxième long métrage de Elio Petri. De toutes les « cavales » entamées par un vieil homme que nous a présentées le cinéma (cf. *Mr. Cohen Takes a Walk* de William Beaudine, 1935, *Charles mort ou vif** de Alain Tanner, 1969), celle-ci est assurément la plus pessimiste. Petri a voulu réaliser un *Umberto D.** doté d'une conscience politique plus aiguë. Le film occupe une place à part dans son œuvre (et sans doute la meilleure) car le thème de l'aliénation par le travail au sein de la société capitaliste contemporaine y est vécu de l'intérieur, d'une façon à la fois subjective et intimiste. Comme tous les films de Petri, *I giorni contati* est marqué au coin d'un désespoir quasiment sans recours. Toutes les découvertes effectuées par le héros, ses efforts pour changer la vie ont lieu trop tard et ne lui apporteront qu'un désenchantement sans doute plus difficile à supporter que sa vie mécanique d'autrefois. Certes il a effectué un petit pas sur le chemin de la lucidité mais pour y trouver plus de remords et de regrets que de sérénité. L'interprétation bouleversante de Salvo Randone, un découpage fluide et souvent original dans ses cadrages et ses gros plans confèrent au récit une dignité que Petri retrouvera rarement par la suite. L'insuccès de ce film et peut-être ses goûts personnels conduisirent Petri à enfermer son propos dans des structures plus spectaculaires (fiction fantastique de *La decima vittima*, allégorie ésotérique de *Todo modo*), à utiliser un style insistant et boursouflé, infiniment moins convaincant que la retenue de cette modeste et mélancolique complainte.

## GIORNO DI NOZZE

Inédit en France. 1942 – Italie (90') • *Prod.* Lux Film • *Réal.* RAFFAELLO MATARAZZO • *Sc.* Matarazzo d'ap. P. « Fine mese » de Paola Riccora • *Phot.* Arturo Gallea, Mario Albertelli • *Mus.* Nino Rota • *Int.* Armando Falconi, (Bonotti), Antonio Gandusio (le financier), Roberto Villa (son fils), Anna Vivaldi (Mariella Bonotti), Amelia Chellini (Mme Bonotti), Chiaretta Gelli (l'amie de Mariella), Carlo Campanini, Paola Borboni.

Les Bonotti sont un vieux couple de Romains sympathiques aux moyens très modestes. Ils ont fait élever leur fille Mariella dans un collège de grand luxe à l'écart de Rome, où elle a grandi sans rien savoir de la pauvreté de ses parents. A la faveur d'une visite exceptionnelle qu'ils lui rendent au collège (ils ne l'ont pas vue depuis un an), ils apprennent qu'elle vient d'être demandée en mariage par le fils d'un riche financier. Le jeune homme, qu'elle adore, est le frère de sa meilleure amie au collège. Le financier, un homme volubile et qui ne laisse jamais ses interlocuteurs placer un mot, s'imagine que Bonotti vit sur le même pied que lui. Le mariage est fixé à un mois plus tard. Quand elle découvre la maison de ses parents, Mariella fond en larmes car elle est persuadée que son fiancé la repoussera du fait de la modestie de ses origines. Bonotti accepte alors la proposition de son propriétaire qui voulait refaire l'appartement. Il le pousse à la dépense et fait lui-même des dettes, se refusant à envisager ce qui arrivera après la noce. On abat les murs ; l'appartement est transformé. Bientôt décorateurs, tapissiers et fournisseurs en tout genre commencent à s'inquiéter pour leurs factures. Le jour de la noce, ils occupent les lieux et, à l'initiative d'un avocat, se constituent en syndicat. Bonotti supplie alors le syndicat de lui accorder une heure de répit. Présentés comme des amis et des parents de la mariée, les créanciers assistent à la réception qui suit la cérémonie nuptiale et se répandent dans la maison, veillant à ce que les meubles, les tapis, les rideaux ne soient pas abîmés ou tachés par les invités. Le traiteur, quant à lui, tente de rationner ceux-ci au maximum. Les nouveaux époux s'en vont heureux, sans s'être aperçus de rien. Dans l'appartement désert, où tous les meubles et objets viennent d'être saisis, le couple Bonotti constate sa ruine. Survient alors le financier. Il apprend à Bonotti qu'il vient de perdre une fortune par un achat de titres à Buenos Aires qui s'est révélé catastrophique. Mais Bonotti, chargé par lui d'envoyer le télégramme contenant l'ordre d'achat, ne l'a pas fait, évitant ainsi sans le vouloir au financier une grosse perte. L'autre le prend alors pour un génie de la finance, tient à s'associer avec lui et rachète tout l'immeuble pour y installer les bureaux de leur nouvelle société.

☞ Un des chefs-d'œuvre comiques de Matarazzo, ce maître du mélodrame des années 50 dont les comédies de la période 1933-1945 ne purent être redécouvertes que dans les années 70, laissant alors entrevoir une œuvre au registre si étendu qu'elle en devenait capitale non seulement après guerre mais à travers les trente premières années du cinéma italien parlant. Le film, digne d'un Labiche du XX^e siècle (et c'est aussi un mélodrame rentré), atteint la perfection à la fois sur le plan de l'écriture, de la thématique et de la mise en scène. Il est basé sur le thème omniprésent de l'argent et utilise le comique de situations à portée sociale pour faire la satire d'un univers assez vaste qui va de la minuscule à la très haute bourgeoisie. En ne présentant que des personnages absolument normaux et même sympathiques, Matarazzo s'applique à montrer comment l'argent est le personnage principal de la comédie sociale et comment il s'insinue insidieusement dans la vie de chacun. Il faut remarquer que l'absence de méchanceté, tant chez l'auteur que chez les personnages, accroît singulièrement la portée du propos en écartant de l'intrigue tout manichéisme, tout recours à des fantoches, à des monstres ou à des boucs émissaires. Le tissu social lui-même, les écarts de fortune à l'intérieur de la bourgeoisie, l'assimilation que fait le père de l'héroïne entre le bonheur de sa fille et son élévation sociale, la pauvreté considérée par tous comme une tare originelle sont les éléments, adroitement analysés dans le film, qui vont engendrer le piège où tombera une partie des personnages. Heureusement pour eux, un magnifique *deus ex machina* sera là pour les sauver. Comme chez Labiche et dans certaines comédies d'Allan Dwan, la bonhomie du ton est le signe d'un extrême raffinement de l'intelligence : l'auteur semble s'excuser des conclusions un peu noires auxquelles aboutit son histoire. Il les développe dans une atmosphère de compréhension et de tendresse humaine et laisse à d'autres le soin d'être ouvertement féroces. Formellement, le film est magistral tant par l'utilisation souvent prodigieuse des plans longs et des plans-séquences (cf. celui de quatre minutes du début quand le couple élabore son budget du mois) que par les trouvailles visuelles (cf. le plan où, après le départ des invités, seuls restent les créanciers, sorte de groupe sculpté figé au milieu de la pièce) ou par l'extraordinaire composition des deux pères de l'histoire, le « pauvre » Falconi et le « riche » Gandusio.

## GIPSY
### (The Gypsy and the Gentleman)

1957 – Angleterre (107') • *Prod.* Rank (Maurice Cowan) • *Réal.* JOSEPH LOSEY • *Sc.* Janet Green d'ap. R. « Darkness I Leave You » de Nina Warner Hooke • *Phot.* Jack Hildyard (Eastmancolor) • *Mus.* Hans May • *Int.* Mélina Mercouri (Belle), Keith Michell (Sir Paul Deverill), Patrick McGoohan (Jess), June Laverick (Sarah Deverill), Lyndon Brook (John Patterson), Flora Robson (Mrs.

Haggard), Clare Austin (Vanessa), Helen Haye (Lady Ayrton), Newton Blick (Ruddock), Mervyn Johns (Brook).

En Angleterre au début du XIX$^{e}$ siècle. Paul Deverill, un aristocrate, joueur, débauché et presque ruiné, est sur le point d'épouser sans amour Vanessa, une jeune femme de son rang dont la famille est restée prospère. Il rencontre dans une foire une bohémienne, Belle, qu'il héberge plus tard pour la nuit. Consciente du pouvoir qu'elle a eu immédiatement sur Deverill, Belle complote avec son amant, Jess, de s'emparer de sa fortune. Car elle le croit riche, abusée par les apparences et le luxe de sa propriété campagnarde aux environs de Londres. Belle ne tarde pas à se faire épouser à la place de Vanessa mais entre dans une rage folle quand elle apprend de la bouche de Sarah, sœur de Paul, la véritable situation financière de son mari. La riche tante de Sarah meurt et lègue à celle-ci tous ses biens. Le notaire qui s'occupe de la succession est un escroc. Avec la complicité de Belle, il altère le contenu du testament et fait croire à Sarah que sa tante a mis comme condition au legs qu'elle ne se marie qu'après sa majorité alors que c'est au contraire *avant* cette date que la vieille femme voulait voir sa nièce mariée à John Patterson, un jeune étudiant en médecine sans fortune dont elle approuvait le projet d'union avec Sarah (projet contrecarré par Deverill). La demeure des Deverill ayant été vandalisée par des gitans que Belle a voulu chasser de ses terres, Sarah est amenée à lire l'original du testament. Jess, engagé comme palefrenier au domaine, la kidnappe et l'enferme dans une pagode située au milieu d'un lac faisant partie de la propriété. Belle, enceinte, met au courant son mari de la séquestration et le convainc de ne pas bouger. « Quand je t'ai connue, lui dit-il, je n'étais qu'à moitié perverti. Maintenant je suis un homme damné. » Mais une servante libère Sarah. Celle-ci se réfugie à Londres chez une vieille et célèbre actrice de ses amies. Jess l'enlève à nouveau et la séquestre dans une clinique psychiatrique. Belle et le notaire ont l'intention de la faire passer pour folle afin qu'elle perde tous droits sur l'héritage, lequel ira alors à son frère. Belle extorque à son mari, noyé dans l'alcool, une signature pour la demande d'internement définitif. La vieille actrice et le fiancé de Sarah parviennent à emmener celle-ci hors de la clinique. Belle et son amant les poursuivent en carrosse. Deverill, ayant repris ses esprits, intercepte l'attelage de Belle sur un pont. Celle-ci et les deux hommes tombent dans une rivière. Jess parvient à regagner la rive. Belle le supplie de l'attendre. Deverill entraîne alors volontairement sa femme au fond de l'eau et se noie avec elle.

☞ Troisième long métrage de Losey durant son exil londonien. Ce film flamboyant et baroque, dans la lignée des productions Gainsborough type *The Man in Grey* et *The Wicked Lady**, tous deux de Leslie Arliss, 1943 et 45, est l'un des sommets mal connus et mal aimés de son œuvre. Mal aimé d'abord de Losey lui-même en raison des mauvaises conditions de tournage (mésentente avec le producteur Maurice Cowan ; abandon du film avant le mixage et le montage final ; coupes nuisibles pratiquées par la production après cet abandon). Mal aimé ensuite du public anglais qui le bouda. Pourtant l'entreprise n'avait pas trop mal commencé : ce fut à l'époque le plus gros budget de Losey qui, de son propre aveu, souhaita faire de son premier film à costumes un récit dans la veine walshienne. *Gipsy* n'évite pas certains défauts de rythme. Construit dès le début, et sans doute trop tôt, en courtes séquences sèches et incisives, le récit ne parvient pas par la suite à accélérer son rythme quand l'intrigue l'exigerait. A partir de la seconde moitié, il s'essouffle un peu pour reprendre de la vigueur au final, qui constitue alors l'une des plus belles fins de film de toute l'histoire du cinéma. Mais, dans son ensemble, *Gipsy* a de telles qualités qu'on peut aller jusqu'à considérer qu'il s'agit du dernier *vrai* film de Losey, celui en tout cas où s'exprime, sans doute pour la dernière fois, son talent le plus authentique et le plus précieux. En particulier, toutes les séquences caractérisées par l'irruption d'un élément violent dans l'action et par la valorisation de cet élément au niveau plastique frôlent le génie ou sont parfois géniales : à chaque irruption d'un tel élément, l'atmosphère du film grimpe d'un cran dans la tension, l'élégance et la fascination tragique. (Voir par exemple la scène, pourtant peu importante dans l'économie générale du récit, de la vandalisation de la propriété par le gitan sauvage.) Le thème de la décadence apparaît pour la première fois nettement dans l'œuvre de Losey (on en trouverait les prémisses dans *Temps sans pitié**) et s'inscrit concrètement dans l'aspect visuel et dramatique du film. Il n'est pas un sujet de discours, un prétexte à arabesques et à figures de rhétorique plus ou moins vaines comme ce sera souvent le cas dans les œuvres ultérieures de Losey. La décadence, résultant à la fois de la situation d'une classe dans la société et de l'évolution individuelle d'un personnage appartenant à cette classe (ici Paul Deverill), est désignée par Losey comme le moment à partir duquel les forts deviennent les faibles et sont alors incapables de surmonter des influences qu'en d'autres temps ils auraient rejetées ou digérées sans dommage. A partir de ce point, l'équilibre psychologique et moral d'un individu, son goût du risque, son appétit de vivre s'abîmeront avec lui dans un vertige, dans une attirance morbide pour la destruction, l'engloutissement et la mort.

## GIRL IN EVERY PORT (A)
**(Poings de fer, cœur d'or)**

1928 – USA (6 bob.) • *Prod.* Fox (Howard Hawks) • *Réal.* HOWARD HAWKS • *Sc.* Hawks, James Kevin McGuinness, Seton I. Miller, Sidney Lanfield, Reginald Morris (Intertitres de Malcom Stuart Boylan) • *Phot.* L. William O'Connell, Rudolph J. Berquist • *Int.* Victor McLaglen (Spike Madden), Louise Brooks (Marie), Robert Armstrong (Bill), Maria Casajuana (Chiquita), Francis MacDonald (le chef de gang), Natalie Joyce, Dorothy Mathews, Elena Jurado (filles à Panama), Phalba Morgan (Lena), Felix Valle (le mari de Lena), Leila Hyams (la femme du marin), Myrna Loy (Jetta, fille d'Orient).

A Amsterdam, à Rio ou bien en Amérique centrale, chaque fois que le marin Spike veut mettre la main sur une fille, il s'aperçoit qu'elle porte déjà la marque – bracelet, bague ou médaillon orné d'une petite ancre – d'un autre marin, Bill. Les deux hommes enfin se rencontrent et, après s'être copieusement battus entre eux puis ensemble contre les flics, deviennent amis. A l'issue d'un séjour en prison, Spike paie même la caution de Bill, complètement fauché. Désormais, les deux marins sont inséparables. A Marseille, Spike fait la connaissance de Marie, une acrobate de foire, dont il tombe profondément amoureux. Il la présente à Bill qui l'avait déjà rencontrée à Coney Island. Pour ne pas décevoir son ami, Bill ne dit rien. Marie, encore amoureuse de Bill, essaie de l'aguicher de toutes les manières. Bill tente vainement de faire comprendre à Spike qu'il est en train de se faire duper par elle. Un peu plus tard, Spike découvre sur la fille un tatouage en forme d'ancre, caractéristique des conquêtes de Bill, et comprend tout. Après l'avoir sauvé des mains de deux agresseurs, Spike met K.-O. son copain, puis se réconcilie avec lui quand l'autre lui affirme qu'il ne l'a pas trahi.

☞ Genèse et avatars d'une amitié virile. Première apparition de ce thème chez Hawks qui le reprendra souvent et notamment dans ses deux westerns *La rivière rouge** (1948) et *The Big Sky** (1952). Comme dans *The Big Sky**, les deux amis ne se connaissent pas encore quand l'intrigue commence. L'un des deux (ici Robert Armstrong et dans *The Big Sky** Dewey Martin) est plus bagarreur que l'autre et doit toujours être tiré d'affaire par lui. Pour son cinquième film, Hawks semble déjà se connaître à fond. Il traite son thème avec une sécheresse d'épure qui exclut la truculence, l'exubérance communicative caractérisant par exemple *What Price Glory** de Walsh, basé sur des personnages et des situations semblables. Distance par rapport aux personnages (si opposée à la chaude fraternité d'un Ford ou d'un Walsh), indifférence vis-à-vis du particularisme de leur milieu (lequel ne sera décrit qu'à travers quelques individus qui en font partie), sont les éléments les plus marquants de la méthode hawksienne. Il s'y glisse déjà quelques-unes de ces sautes et ruptures de ton dont l'auteur a le secret (séquence des deux marins émus laissant de l'argent dans les mains d'un gosse dont la mère, veuve de marin, cherche du travail). Pour l'essentiel, la sécheresse domine. On l'accepte et même il arrive qu'on l'admire, car chez Hawks, être sec, c'est être naturel et c'est aussi, esthétiquement parlant, l'aboutissement logique d'un idéal classique de rigueur et de sobriété.

**GIRLS (LES) (id.)**

1957 – USA (114') • *Prod.* MGM (Sol C. Siegel) • *Réal.* GEORGE CUKOR • *Sc.* John Patrick d'ap. une histoire de Vera Caspary • *Phot.* Robert Surtees (Metrocolor, Cinémascope) • *Mus.* Cole Porter • *Chor.* Jack Cole • *Int.* Gene Kelly (Barry Nichols), Kay Kendall (Lady Sybil Wren), Mitzi Gaynor (Joy Henderson), Taina Elg (Angèle Ducros), Jacques Bergerac (Pierre Ducros), Leslie Phillips (Sir Gerald Wren), Henry Daniell (le juge), Patrick MacNee (Sir Percy), Stephen Vercoe (Mr. Dutward), Maurice Marsac (le directeur de théâtre), Philip Tonge (le juge).

Lady Sybil Wren, mariée à un riche Anglais, a autrefois été danseuse dans la troupe « Les Girls » du danseur américain Barry Nichols. Elle a publié des souvenirs sur cette époque et une de ses anciennes collègues, Angèle, l'attaque en justice pour avoir prétendu qu'elle avait tenté de se suicider par désespoir d'amour. Aujourd'hui Angèle est mariée à Pierre Ducros et juge ces allégations nuisibles à sa réputation. Le procès a lieu à Londres. A la barre, Lady Wren raconte l'engagement d'Angèle à Paris. Sybil et Joy Henderson, une danseuse américaine de la troupe, l'avaient accueillie dans leur appartement. Angèle filait déjà le parfait amour avec Barry quand survint à l'improviste son fiancé de Narbonne, Pierre Ducros, qui la croyait infirmière. Les deux danseuses soutiennent son mensonge mais, le soir même, Pierre et ses parents assistent par hasard au spectacle où figure Angèle. Par peur d'être vue, celle-ci gâche la représentation, ne veut plus reparaître sur scène, et Barry la renvoie. Le même soir Sybil, rentrant dans l'appartement, sent une forte odeur de gaz et trouve Angèle inanimée. Elle la sauve d'une mort certaine. Le lendemain, au même procès, Angèle donne une version toute différente des faits. Sybil avait coutume de s'adonner à la boisson. Comme Barry voulait la renvoyer, Sybil avait imaginé de dire à celui-ci que c'était par amour pour lui que Sybil buvait. Ce mensonge avait suscité une idylle entre le danseur et la danseuse. Lors d'une tournée à Grenade, le richissime fiancé de Sybil, Sir Gerald Wren (qu'elle avait toujours repoussé) s'était empoigné physiquement avec Barry. De retour à Paris, Sybil s'était remise à boire et son ébriété avait gâché une représentation. Le même soir, Barry la renvoyait définitivement. Angèle, de retour à l'appartement, avait sauvé Sybil d'une tentative de suicide par le gaz. A l'audience suivante, Barry Nichols, appelé à la barre, est sollicité d'éclairer les jurés sur les deux récits contradictoires et incompatibles qu'ils viennent d'entendre. Il explique que celle des trois danseuses qu'il aimait est Joy. Mais elle tenait absolument à ce qu'il la demande en mariage, allant même, pour calmer ses ardeurs, à se montrer à lui en bigoudis et les pieds dans une bassine. Pierre Ducros et Gerald Wren, ayant compris que le théâtre était leur seul rival dans le cœur de leurs belles, avait prié Barry de les renvoyer toutes les deux. L'Anglais offrait même à Barry et à Joy d'être les vedettes d'un spectacle dans un théâtre qu'il commanditait à Londres. Barry avait accepté la combine. Feignant d'avoir une maladie cardiaque, il avait alors prétendu qu'il ne continuait à danser que pour empêcher les trois danseuses de se retrouver au chômage. Émues, Sybil et Angèle avaient tout de suite démissionné. Quant à Joy, cette « maladie » l'avait rapprochée de Barry. Un soir, il avait trouvé Sybil et Angèle inanimées dans l'appartement à cause d'un mauvais fonctionnement d'une conduite de gaz. Il leur avait sauvé la vie. Après cette déposition qui n'éclaire rien mais calme les esprits,

Angèle retire sa plainte et tombe dans les bras de son ancienne camarade. Barry rejoint Joy, devenue sa femme, dans sa voiture. Comme après chaque audience, un homme-sandwich arpente le trottoir avec le panneau du journal dont il fait la publicité. Sur ce panneau figurent toujours les mêmes mots : « Où est la vérité ? »

☞ Tiré d'une nouvelle de Vera Caspary, l'auteur de « Laura » et la spécialiste des scénarios basés sur des trios (cf. *Letter to Three Wives, Chaînes conjugales**, Mankiewicz, 1949, *Three Husbands,* Irving Reis, 1950, *The Blue Gardenia, La femme au gardénia,* Lang, 1953), ce brillant film de Cukor mêle élégamment la satire de mœurs et la comédie musicale. Alliage périlleux que Minnelli a le plus souvent évité et que Cukor réussit à merveille. Chaque duo et ballet à deux ou plusieurs personnages exprime les relations de Barry avec ses trois danseuses. La satire inspire le plus original de ces ballets, celui où Gene Kelly et Mitzi Gaynor, vêtus de noir dans un décor rouge et blanc, parodient Marlon Brando et son film *L'équipée sauvage* (*The Wild One,* Laslo Benedek, 1954). Le thème central du film, exprimé par un aimable et plaisant pirandellisme sous la forme d'une intrigue donnant successivement trois versions des mêmes faits, est celui du mensonge. Pour le moraliste ironique mais sans amertume qu'est Cukor, le mensonge est parfois la meilleure voie d'accès au bonheur. Seuls les ruses et les mensonges constants des personnages leur permettront en effet de trouver l'âme sœur parmi le chatoiement contradictoire et ambigu des apparences. Au-delà de cet éloge paradoxal et de l'habileté dramatique dont témoigne le scénario, le plus précieux du film tient dans ces trois portraits de femmes dessinés avec autant de vérité que d'élégance par Cukor. Sybil, l'excentrique et fantaisiste alcoolique, est merveilleusement interprétée par Kay Kendall. Bien que réalisé par un non-spécialiste du genre, *Les Girls* est chronologiquement l'une des dernières grandes comédies musicales de l'âge d'or hollywoodien.

## GIRL SHY
## (Ça te la coupe)

1923 – USA (8 bob.) • *Prod.* Harold Lloyd Corporation • *Réal.* FRED NEWMEYER, SAM TAYLOR • *Sc.* Sam Taylor d'ap. une histoire de Sam Taylor, Ted Wilde, Tim Whelan, Thomas Gray • *Phot.* Walter Lundin et Henry Kobler • *Int.* Harold Lloyd (le garçon pauvre), Jobyna Ralston (la fille riche), Richard Daniels (l'homme pauvre), Carlton Griffin (l'homme riche), Julien Rivero (un passager du train), Gus Leonard (un passager du train), Charles Stevenson (le conducteur).

Dans la petite ville de Little Bend, Harold, apprenti tailleur chez son oncle, est d'une timidité maladive avec les femmes. Il les étudie en secret mais plus il les étudie, plus elles lui font peur. Il a écrit un livre – œuvre d'imagination s'il en fut – dévoilant les secrets permettant de conquérir les femmes. Pour séduire la femme fatale, la femme-vampire, il recommande l'indifférence ; pour la « flapper » (type de jeune fille délurée, à la mode des années 20), il conseille la brutalité et la goujaterie. A la gare de Little Bend, il rencontre par hasard la riche héritière Mary Buckingham en panne de voiture. Alors qu'ils sont montés dans le train, il sauve son petit chien resté sur le quai, qu'il cachera ensuite de diverses manières car les animaux sont interdits dans les wagons. Il parle à Mary de son livre qu'il va porter chez l'éditeur et se fait passer pour un grand séducteur. Elle est très impressionnée et l'embrasse en le quittant. Elle revient exprès à Little Bend et ils se revoient près de la rivière. Bien que toutes les employées de l'éditeur aient aimé le livre d'Harold, l'éditeur estime qu'il s'agit d'une rigolade. Harold, sans grand espoir de ressources, s'applique à décourager Mary, très amoureuse de lui. L'éditeur se range à l'avis de son personnel et Harold reçoit un chèque de 3 000 dollars. Le même soir, il apprend par le journal que Mary va épouser un coureur de dots dont il sait qu'il est déjà marié. Dans une course effrénée, utilisant tous les moyens de locomotion sur lesquels il peut mettre la main (véhicules privés, cheval, voiture de pompier, tramway, moto, voiture à chevaux), il arrive à temps pour enlever Mary avant qu'elle prononce le oui fatidique.

☞ Premier film de Harold Lloyd comme indépendant après sa séparation avec Hal Roach. Harold Lloyd et ses deux metteurs en scène attitrés possèdent une maîtrise absolue du rythme et de ses gradations : lenteur, sérénité puis accélération folle dans le dernier quart du film (la plus célèbre course en solitaire de toute l'histoire du burlesque, enrichie d'un suspense et d'un montage parallèle dignes de Hitchcock). Harold reprend le personnage de garçon timide qu'il avait déjà joué dans *Grandma's Boy* (1922). Il ne faut pas se méprendre sur cette timidité qui n'altère en rien le caractère sain, conquérant et dynamique de son personnage. La timidité a ici plusieurs fonctions particulières. Thème cher aux burlesques, elle permet à Harold de broder en virtuose quelques variations insolites (cf. les séquences oniriques et compensatoires où il se pose en « bel indifférent » puis en brute « préhistorique »). Elle est surtout un défaut provisoire que Harold s'attribue pour mieux pouvoir s'en débarrasser par la suite. Elle est enfin un prétexte idéal pour explorer ce tempo assez lent sur lequel est bâti le film. La timidité est attente de bonheur, période de latence avant que le héros sorte de sa coquille. Elle correspond aussi à une retenue, à une pudeur morale caractéristique de ce grand comique habitué à extérioriser le moins possible ses sentiments. Évoquée sur un rythme paisible (qui n'a rien à voir, par exemple, avec le somnambulisme, l'inadaptation à la réalité d'un Langdon), cette timidité fait enfin désirer, en la préparant, la formidable explosion d'énergie et de mouvement du final. Dans sa perfection très calculée, le film corrige plusieurs idées fausses sur le burlesque en général. La réussite de ce type de comique n'est nullement tributaire de la systématisation d'un rythme trépidant et précipité. Les scènes à deux personnages, les « scènes d'amour » n'y sont pas forcément inutiles, ennuyeuses ou conventionnelles. Ici au contraire les scènes à deux figurent parmi les plus réussies et les plus inventives du film. Duo d'amour au bord de l'eau : en parlant, Harold assis sur une pierre s'écarte de sa partenaire ; en fait de pierre, il s'agit d'une tortue qui emmène doucement Harold au milieu de l'eau. Plus tard, il s'appuie à un arbre dégoulinant de résine ; sa main collante s'attache à celle de sa partenaire : ils restent ainsi un long moment silencieux, les mains soudées l'une à l'autre. Comme souvent chez Harold Lloyd, le contenu de la scène, l'invention des gags, la qualité de la photo et le tempo se trouvent associés en une harmonie si parfaite que le spectateur en est comme fasciné. Du très grand art.

## GOUPI MAINS ROUGES

1942 – France (104') • *Prod.* Minerva • *Réal.* JACQUES BECKER • *Sc.* Pierre Véry d'ap. son R. • *Phot.* Pierre Montazel • *Mus.* Jean Alfaro • *Int.* Blanchette Brunoy (Goupi Muguet), Fernand Ledoux (Goupi Mains Rouges), Germaine Kerjean (Goupi Tisane), Georges Rollin (Goupi Monsieur), Line Noro (Marie des Goupi), Robert Le Vigan (Goupi Tonkin), Marcelle Hainia (Goupi Cancan), Arthur Devire (Goupi Mes Sous), René Génin (Goupi Dicton), Maurice Schutz (Goupi l'Empereur).

Appelé par son père, aubergiste membre du clan des Goupi, un Parisien arrive dans les Charentes à la recherche du domaine familial. C'est le jour où Tisane, une vieille fille qui régente un peu toute la famille, a été retrouvée assassinée. On croit d'abord que ce crime est lié au vol d'une forte somme d'argent. Le Parisien est absurdement accusé, pendant un certain temps, d'être l'auteur du meurtre. Ce qui ne l'empêche pas de supplanter dans le cœur de sa cousine Muguet le « mauvais gars » de la famille, Tonkin, un ancien colonial obsédé par l'Indochine. Or c'est Tonkin qui pour des motifs nobles (il a voulu défendre un simple d'esprit frappé par la victime) se trouve être le véritable assassin. Il mourra au cours d'une crise de folie en tombant du haut de l'arbre où il s'était réfugié. Toute la famille se resserre pour faire front contre la police. Quant au fameux secret de la cachette du magot de « l'Empereur », l'ancêtre de la famille âgé de 106 ans, il sera transmis au Parisien après son mariage avec Muguet, mais seulement lorsque Goupi Mains Rouges sentira les approches de la mort.

☞ Le deuxième film de Becker s'éloigne déjà, lentement mais sûrement, de l'exercice de style brillant mais un peu superficiel qu'était *Dernier atout**. Certes *Goupi Mains Rouges* confirme que chez Becker la virtuosité est une seconde nature. Le cinéaste sait faire vivre avec une aisance confondante, une quinzaine de personnages complexes au sein d'une intrigue infiniment riche en ramifications et en interconnexions de tous ordres. Décrivant et jugeant à la fois ce petit monde, Becker adopte un point de vue qui ne manque ni de variété ni de subtilité. On observe d'abord qu'il délaisse la poésie fantastique chère à Pierre Véry ou plutôt qu'il ne la conserve que dans les premières scènes précisant les lieux et dans la description, tout au long de l'action, du personnage de Goupi Mains Rouges, le braconnier du clan. Sur le reste de l'intrigue et des autres personnages, son regard est celui d'un ironiste qui décrit avec recul les passions, les manies, les bizarreries et l'étrange humanité de chacun des personnages. Et puis, le moment venu, cette ironie discrète cède le pas à un sens du tragique qui transforme ces figures pittoresques en personnages véritablement hantés, victimes de leur destin et de la précipitation des événements. Ainsi de Tonkin, le colonial fou d'Indochine interprété par un Le Vigan halluciné, au sommet de son génie. Ironie et tragique, distance et familiarité, souvent liés désormais chez Becker, caractériseront également son film suivant, *Falbalas*, autre étude de milieu.

BIBLIO. : découpage (741 plans) *in* « L'Avant-Scène » n° 203 (1978).

## GOUT DU SAKÉ (LE)
## (Samma no aji)

1962 (sortie en France : 1978) – Japon (112') • *Prod.* Shochiku (Ofuna) • *Réal.* YASUJIRO OZU • *Sc.* Y. Ozu et Kogo Noda • *Phot.* Yuharu Atsuta (Agfacolor) • *Mus.* Kojun Saito • *Int.* Chishu Ryu (Shuhei Hirayama), Shima Iwashita (Michiko Hirayama), Shinichiro Mikami (Kazuo Hirayama), Keiji Sada (Koichi Hirayama), Mariko Okada (Akiko Hirayama), Nobuo Nakamura (Shuzo Kawai), Eijiro Tono (Sakuma), Kyoko Kishida (barmaid), Ryuji Kita (Sasumu Horie).

La zone industrielle de Kawasaki. Trois amis de longue date, anciens condisciples, Hirayama, Horie et Kawai, se réunissent souvent pour bavarder, boire du saké et évoquer des souvenirs. Hirayama, veuf, vit avec son jeune fils, un étudiant de vingt et un ans, et sa fille, Michiko, vingt-quatre ans, qui s'occupe de tout à la maison. Il a également un autre fils plus âgé et déjà marié. Horie, veuf également, vient de se remarier avec une toute jeune femme qui pourrait être sa fille ou sa petite-fille. Ce récent mariage lui attire des remarques ironiques – et peut-être envieuses – de ses deux amis. Kawai insiste auprès de Hirayama pour qu'il marie sa fille au lieu de la laisser se sacrifier pour lui. Il a un prétendant en vue. Les trois amis et d'autres condisciples organisent un repas en l'honneur de leur ancien professeur, Sakuma, surnommé Calebasse, qui végète avec sa fille célibataire et s'occupe d'un petit restaurant dans les bas quartiers de la ville. Plus tard, Hirayama est amené à revoir Sakuma lorsqu'il lui apporte une somme d'argent réunie par ses anciens élèves. Le spectacle de la fille de Sakuma, silencieuse et frustrée, qui ne s'est jamais mariée pour rester avec son père, ainsi que les pressions de Kawai, amènent Hirayama à décider de marier Michiko. Le jeune homme qu'elle aimait, un ami de son frère aîné, a trouvé une autre fiancée. Michiko l'avait longtemps repoussé. Elle décide d'accepter le prétendant proposé par Kawai. Le soir, après la cérémonie, Hirayama cherche à noyer son désarroi dans l'alcool et se rend dans un café où l'avait emmené un ancien marin qui avait combattu sous ses ordres pendant la guerre. La patronne ressemble à sa défunte femme. Après s'être copieusement abreuvé d'alcool, Hirayama rentre chez lui où il vivra désormais seul avec le plus jeune de ses deux fils.

☞ Dernier film d'Ozu (et son sixième en couleurs). L'impression de *familier* dans l'univers d'Ozu, est si forte qu'elle recouvre entièrement l'impression de réel. Le réel, ici, est réel parce que familier. Le sujet du *Goût du saké* a été souvent illustré par Ozu (notamment dans son chef-d'œuvre *Printemps tardif** et dans *Fin d'automne*). Les acteurs sont des habitués de ses films. Quant à son style, il est depuis longtemps fixé pour l'éternité : plans filmés caméra au sol, absence de mouvements d'appareil, plans d'objets et de décors vides ponctuant ou scandant le récit. Parce qu'ils sont intimement intégrés à la durée de la scène, ces plans sont tout le contraire de « natures mortes » (voir en particulier le plan de la fumée montant lentement vers le plafond du bar dans la scène où Chishu Ryu va se saouler après le mariage de sa fille). La familiarité et le sentiment d'éternité qu'on ressent au contact des films d'Ozu viennent notamment de ce que, chez lui, le présent n'a pas plus d'importance que le passé ou le futur. Le passé existe très intensément dans les pensées et les souvenirs – constamment ravivés – des personnages, dans ces scènes anthologiques de célébration et d'hommage, comme celle du repas organisé en l'honneur d'un vieux professeur déchu. Le futur existe dans les plans et les projets que font sans cesse les personnages pour assurer le bonheur de leurs descendants. Quant au présent, si fugitif, il ne lui reste peut-être que l'essentiel : cette fugacité même, cette mélancolie, ce sentiment d'échec et surtout de vide qu'Ozu transforme, pour le spectateur, en plénitude. La frustration devient peu à peu sérénité. Le désespoir se change insensiblement en résignation tranquille devant les lois inexorables de la durée, du vieillissement, de la succession et du remplacement des générations. Dans ce dernier film, tout l'effort d'Ozu tend à donner à son univers personnel, à ses personnages de prédilection, à ses pensées et à ses impressions les plus intimes, l'aspect, si possible rassurant, de la normalité et de la banalité. Car, au terme de son œuvre, la meilleure façon qu'il ait trouvée d'accepter la souffrance de vivre est encore de la considérer, et de la présenter, comme normale et comme banale. La tristesse, la solitude, la mort ne seront tolérables qu'autant qu'elles nous seront devenues mentalement et concrètement familières. Tel est à peu près le sens de son dernier message.

BIBLIO. : scénario et dialogues publiés en volume aux Publications orientalistes de France, 1986.

## GOUVERNEUR MALGRÉ LUI (The Great McGinty)

1940 – USA (81') • *Prod.* PAR. (Paul Jones) • *Réal.* PRESTON STURGES • *Sc.* Preston Sturges • *Phot.* William Mellor • *Mus.* Frederick Hollander • *Int.* Brian Donlevy (Dan McGinty), Muriel Angelus (Catherine McGinty), Akim Tamiroff (« The Boss »), Allyn Joslyn (George), William Demarest (le politicien), Thurston Hall (Mr. Maxwell), Frank Moran (le chauffeur du Boss), Arthur Hoyt (Tillinghast).

A Chicago dans les années 20 et 30, l'irrésistible ascension d'un politicien parti de zéro : vagabond, crève-la-faim, il se livre au racket au profit d'un gangster, « The Boss », spécialisé dans les campagnes électorales. Poussé par « The Boss », il devient maire de la ville puis gouverneur de l'État. Arrivé à ce poste et conseillé par sa secrétaire qui l'admire et qu'il a épousée pour des raisons électorales, il essaie pour la première fois de sa vie de se conduire honnêtement. Bien mal lui en prend : ayant repoussé les propositions de ses anciens amis, il se retrouve en prison pour d'anciennes malversations. Il s'échappe et se réfugie dans une république tropicale où il gagne sa vie comme barman. Quand il raconte son histoire, il ne rencontre que scepticisme et incrédulité.

☞ Depuis plusieurs années, le scénariste Preston Sturges, mécontent de ses metteurs en scène, projetait de réaliser ses propres scénarios. C'est avec *The Great McGinty* (écrit en 1933) qu'il y parvint, après plusieurs années d'effort. Et comme le film remporta un succès critique et commercial, une brèche fut ouverte dans les habitudes hollywoodiennes, par laquelle nombre de scénaristes purent accéder à la réalisation, tels Billy Wilder à la Paramount, et ailleurs Huston, Dassin, Daves, etc. C'est pour cette raison surtout que le film mérite d'être sauvé de l'oubli. Satire des mœurs électorales, de l'arrivisme politique, le film brocarde l'idéalisme américain et notamment cette conviction bien ancrée selon laquelle n'importe quel citoyen, même le plus humble, a sa chance de devenir président du pays. C'est bien ce qui se passe en effet, mais le citoyen en question est une brute puérile et amorale, plus inconsciente que méchante, qui franchit avec brio les étapes du pouvoir. La satire rebondit en faisant de son premier accès d'honnêteté la cause de sa chute. Sur le plan formel, on est obligé de reconnaître que la mise en scène est plutôt terne et appliquée, la direction d'acteurs fade et la distribution elle-même assez ingrate. Le budget extrêmement réduit et les trois petites semaines de tournage accordés au metteur en scène débutant y sont sans doute pour quelque chose. Sturges utilisera beaucoup mieux certains acteurs secondaires qu'il affectionne dans ses films suivants. La légende veut que, durant la réalisation du film, Sturges metteur en scène n'ait pas cessé de rédiger des « mémos » critiquant le travail de Sturges scénariste qui répliquait à son tour par d'autres mémos vengeurs adressés au réalisateur.

BIBLIO. : scénario et dialogues *in* « Five Screenplays », University of California Press, 1985. Le volume contient aussi *Christmas in July**, *The Lady Eve**, *Sullivan's Travels**, *Hail the Conquering Hero.* Introduction générale de Brian Henderson ; préface pour chaque scénario retraçant la genèse de l'œuvre et les modifications apportées au script de tournage reproduit ici en fac-similé.

## GRANDE BOUFFE (LA)

1973 – France-Italie (125') • *Prod.* Mara Films, Paris – Les Films 66, Paris – Cappitolina Produzzione Cinematografiche, Roma • *Réal.* MARCO FERRERI • *Sc.* M. Ferreri, Rafael Azcona • *Phot.* Mario Vulpiani (Eastmancolor) • *Mus.* Philippe Sarde • *Int.* Marcello Mastroianni (Marcello), Michel Piccoli (Michel), Philippe Noiret (Philippe), Ugo Tognazzi (Ugo), Andréa Ferréol (Andréa), Monique Chaumette, Maurice Dorléac, Florence Giorgetti, Henri Piccoli.

A Paris quatre amis, un cuisinier, Ugo, un homme de radio, Michel, un pilote de ligne, Marcello et un juge, Philippe, se réunissent dans la villa de l'un d'entre eux pour un « séminaire gastronomique ». Pendant tout un week-end ils absorbent des victuailles finement préparées jusqu'à ce que mort s'en suive. Ils invitent à leurs agapes trois prostituées et une institutrice. Les prostituées quittent assez vite la fête mais l'institutrice assistera jusqu'au bout les quatre hommes dans leur entreprise. Le pilote mourra dans le froid et la terreur au volant d'une Bugatti arrêtée ; l'homme de radio dans la souffrance après une de ses nombreuses crises d'aérophagie ; le cuisinier, dans la jouissance et la jovialité sur sa table de cuisine ; et le juge, dans le malaise et la mauvaise conscience, entre les bras de l'institutrice.

☞ Présenté au Festival de Cannes en 1973, c'est le dernier film à ce jour à avoir suscité un réel scandale – scandale résidant non dans le sujet traité (qui n'est ni religieux, politique, etc.) mais dans la force et l'originalité du propos. Ferreri, comme il l'avait fait souvent dans le passé (cf. *La donna scimmia,* 1964, *Break-Up,* 1969), a recours ici au genre de la fable hyper-réaliste et monstrueuse pour semer l'inquiétude et la stupeur dans l'esprit du public. Ce quadruple hara-kiri gastronomique veut exprimer l'horreur que lui inspire la société dite de consommation qu'il décrit sous les aspects d'une société de digestion, d'indigestion et d'excrétion. (A travers la société de consommation, c'est aussi toute société de pléthore et même la condition physiologique de l'homme qui sont évoquées, tant le type de fable qu'affectionne Ferreri a tendance à élargir à l'infini son propos.) Quoique construit sur un rythme très lent et dans une durée vide de devenir, et donc morbide, le film présente en réalité un raccourci, un accéléré fantastiquement rapide de l'évolution des sociétés modernes (et du déroulement d'une existence humaine dans ces sociétés), où l'abondance conduit tout droit à la mort. Ne pensant pas que la provocation s'enrichisse d'un bâclage formel, Ferreri a au contraire soigné tous les éléments de la réalisation, qu'il s'agisse de la direction d'acteurs (et la complicité d'un groupe d'amis a transformé ce qui aurait pu être un tournage insupportable en une partie de plaisir), des décors, de la photo ou de la musique (la lancinante rumba de Philippe Sarde véhicule à travers le film l'idée de mort prochaine). *La grande bouffe*, testament de Ferreri, qui jusqu'ici ne lui a rien ajouté de marquant, a la sombre tristesse, l'humour noir, la santé et le désespoir d'une page de Swift. Laissons à Roger Nimier, parlant de Swift justement, le soin de conclure : « La littérature anglaise, écrit-il, est accrochée au plafond comme un jambon tranquille, mais les jambons sont plus inquiets qu'il ne semble » (préface aux « Instructions aux domestiques », Le Livre de Poche, 1959).

## GRANDE ÉVASION (LA)
**(High Sierra)**

1941 – USA (100') • *Prod.* Warner (Hal B. Wallis) • *Réal.* RAOUL WALSH • *Sc.* John Huston et W.R. Burnett d'ap. R. de W.R. Burnett • *Phot.* Tony Gaudio • *Mus.* Adolph Deutsch • *Int.* Ida Lupino (Marie Garson), Humphrey Bogart (Roy Earle), Alan Curtis (Babe Kozak), Arthur Kennedy (Red Hattery), Joan Leslie (Velma), Henry Hull (Doc Banton), Henry Travers (Pa Goodhue), Jerome Cowan (Healy), Minna Gombell (Mrs. Baughman), Barton MacLane (Jack Kranmer), Elizabeth Risdon (Ma), Cornel Wilde (Louis Mendoza), Donald MacBride (Big Mac), Paul Harvey (Mr. Baughman).

Natif de l'Indiana, le gangster Roy Earle, condamné à perpétuité, a reçu son pardon du gouverneur et est libéré après huit ans d'incarcération. Sa première initiative au sortir de sa prison de Chicago est d'aller se promener dans un parc. Il doit sa libération à son associé Big Mac qui, maintenant très malade, a préparé pour lui le hold-up d'un hôtel de luxe à Palm Springs. Après avoir été revoir sa ferme natale, Roy fait route vers la Californie. Il contemple de loin, fasciné, le Mont Whitney, le plus haut sommet des États-Unis. Il fait connaissance avec un couple de fermiers de l'Ohio qui viennent s'installer dans la région. Leur fille, la ravissante Velma, est affligée d'un pied-bot. Roy rejoint les deux complices que lui a assignés Big Mac, Red et Babe, dans leur repaire de montagne. Babe vit là avec une fille, Marie, danseuse de cabaret, ce qui déplaît fort à Roy. Une fois le plan de l'attaque arrêté grâce aux renseignements fournis par Mendoza, un employé de l'hôtel, Roy se rend dans la famille de Velma. Il bavarde avec elle en regardant les étoiles. Puis il va revoir Big Mac qui ne quitte plus son lit et ils évoquent ensemble le bon vieux temps. Roy emmène son ami, le docteur Banton, examiner Velma. Il dit que l'opération est très possible et recommande un chirurgien. Retournant au camp dans la montagne, Roy trouve Red et Babe en pleine bagarre à cause de Marie. Usant de la manière forte, il rétablit la paix entre eux et veut se débarrasser de la jeune femme. Elle le supplie de lui donner une chance. En lui racontant sa vie, elle tombe très vite amoureuse de lui. Roy accepte de la garder. Il retourne voir Velma dont l'opération, qu'il a financée, a parfaitement réussi. Il la demande en mariage mais elle ne veut pas de lui. Le hold-up a lieu comme prévu. Les coffres sont vidés de leur contenu en bijoux. Mais un policier surgit à la fin de l'opération et son apparition provoque une fusillade. Roy s'enfuit avec Marie. L'autre voiture, où se sont engouffrés Red, Babe et Mendoza, a un grave accident. Seul Mendoza survivra, et « se mettra à table ». Comme convenu, Roy va remettre les bijoux à Big Mac mais le trouve mort. Son lieutenant, Kranmer, veut s'emparer des pierres. Il blesse Roy, qui l'abat. Roy se fait soigner chez son ami Banton et retourne chez Velma qui le repousse définitivement. Elle est sur le point de se marier avec un ancien fiancé. Roy contacte le receleur indiqué par Big Mac et attendra sa part pendant plusieurs jours. Le journal parle du trio qu'il forme avec Marie et le chien portemalheur qu'ils ont adopté. Il décide de se séparer provisoirement de Marie. La police le poursuit, alors qu'il se dirige en voiture vers les hautes montagnes de la Sierra Nevada. Il doit finir le chemin à pied et se cache parmi les rochers. Il est bientôt encerclé par les policiers et doit soutenir un siège sans espoir. Un tireur l'abattra en le prenant à revers. Marie, accourue pour l'aider, ne pourra rien pour lui.

☞ Sans être un chef-d'œuvre, le film a une double importance dans la carrière de Bogart et celle de Walsh. Pour son quatrième film avec Walsh (cf. *Women of All Nations,* 1931, *The Roaring Twenties,* 1939, *They Drive by Night,* 1940), Bogart, juste avant les œuvres décisives qui allaient donner un caractère mythologique à son personnage (*Le faucon maltais**, 1941, *Casablanca**, 1943) administre – pour la première fois – la preuve de ses dons dans un grand premier rôle, « positif » et tragique. Il fait cavalier seul en vedette et, alors qu'il avait souvent joué des rôles de « méchants », suscite ici la sympathie du public au cours d'un itinéraire tragique dont la responsabilité, sur le plan dramatique, repose entièrement sur ses épaules. (Bogart obtint le rôle parce que Georges Raft le refusa, ne voulant pas mourir à la fin. Il fut suivi dans son refus par Paul Muni, James Cagney et Edward G. Robinson.) Les points de contact entre Walsh et Bogart, malgré l'estime mutuelle des deux hommes, sont minces. Bogart est un acteur trop rationnel, trop contrôlé, et son personnage est trop fondamentalement « honnête homme » pour convenir entièrement à Walsh. Il lui manque cette démesure, cette rouerie, cette monstruosité, cet aspect picaresque indispensables aux héros walshiens, ou dans un autre registre, cette passivité tragique qu'exprimera à la perfection un Joel McCrea dans *Colorado Territory**, remake en western de *High Sierra.* La décennie 30-39 n'avait pas été très favorable à Walsh. S'il l'avait admirablement commencée avec *The Big Trail**, un des films phares de sa carrière, il n'avait pu par la suite prolonger cet élan d'une manière vraiment digne de lui. *High Sierra* est passionnant comme amorce du grand retour de Walsh et par les efforts du réalisateur, partiellement couronnés de succès, pour transformer le personnage de Roy Earle en héros walshien à part entière et pour donner à l'ensemble du film une dimension cosmique, essentielle à son œuvre. A travers Roy Earle, Walsh tente de faire le portrait d'un personnage dominé par un besoin éperdu et presque obsessionnel de liberté. Sa nature et son caractère le poussent hors de la ville, hors de la société (et donc hors du *film noir*), trois domaines qui rétrécissent son expérience et l'asphyxient. Il ne peut être à l'aise qu'aux abords des sommets, dans les grands espaces, dans les solitudes de l'illimité vers lesquels le pousse, même quand il est trop tard, son instinct animal (cf. les séquences de la traque finale). Les hauteurs de la Sierra Nevada sont en quelque sorte le cimetière des éléphants de ce personnage, trop à l'étroit dans la société, dans le rôle – et l'étiquette – qu'elle lui a collés sur le dos. Le fatalisme du film, qui, structuralement, est intéressant en tant qu'il assure une liaison entre l'univers du film de gangsters et celui du *film noir*, s'exprime souvent d'une manière artificielle et répétitive (cf. le rôle du chien). Walsh ressent, à l'évidence, ce fatalisme comme une contrainte. Cela est sans doute dû au script de Huston. Bien préférable pour lui sera l'adaptation du roman de Burnett par son ami et collaborateur de toujours, John Twist, dans *Colorado Territory**. Belle composition d'Ida Lupino, une actrice qui s'intègre toujours admirablement à l'univers walshien ; le film confirma la célébrité qu'elle venait de s'acquérir sous la direction de Walsh dans *They Drive by Night.*

N.B. Remakes : *Colorado Territory** (Walsh, 1949), *I Died a Thousand Times* (*La peur au ventre,* Stuart Heisler, 1955). Ce dernier film, d'un style plus primitif que *High Sierra,* est une oeuvre attachante et forte, souvent plus émouvante que le film de Walsh. Jack Palance, Shelley Winters et Lori Nelson reprennent les rôles de Bogart, Lupino et Joan Leslie.

BIBLIO. : scénario et dialogues publiés par The University of Wisconsin Press, 1979. Scénario définitif avant tournage : les modifications – d'ailleurs minimes – apportées dans le film sont brièvement notées.

## GRANDE GUERRE (LA)
## (La grande guerra)

1959 – Italie-France (137') • *Prod.* Dino De Laurentiis (Rome) – Gray Film (Paris) • *Réal.* MARIO MONICELLI • *Sc.* Age, Scarpelli, Luciano Vincenzoni, Monicelli • *Phot.* Giuseppe Rotunno, Roberto Gerardi (Cinémascope) • *Mus.* Nino Rota • *Int.* Alberto Sordi (Oreste Jacovacci), Vittorio Gassman (Giovanni Busacca), Silvana Mangano (Costantina), Folco Lulli (Bordin), Bernard Blier (le capitaine Castelli), Romolo Valli (le lieutenant Gallina), Vittorio Sanipoli (le major Venturi).

Enrôlés dans l'armée italienne, deux citoyens quelconques, lâches par tempérament autant que par absence de raisons d'être courageux, traversent la Première Guerre en essayant constamment d'échapper aux dangers et à la mort. Comme ils sont maladroits autant que malchanceux, leur vocation de planqués les ramène toujours en première ligne. Après avoir été faits prisonniers et interrogés par les Autrichiens, ils seront fusillés, l'un pour avoir refusé de parler (il paiera de sa vie cet unique sursaut de courage), l'autre, tout simplement parce qu'il ne connaissait pas la réponse à la question posée.

☞ Audacieuse tentative de film de guerre comique. Les moyens (considérables) mis à la disposition de Monicelli et sa mise en scène, utilisant magnifiquement le scope noir et blanc et la profondeur de champ en extérieurs, sont ceux d'un vrai film de guerre, atroce et parfois bouleversant (scène du jeune soldat tué en portant un message qu'il croyait urgent et essentiel : il s'agissait en fait d'un ordre de distribution de chocolat). Le ton, amer, démystificateur, est celui d'une comédie, prenant pour cible la glorification conventionnelle et nuisible de la grande boucherie du début du siècle. Avec un autre point de vue, Monicelli mène le même combat que Kubrick dans *Paths of Glory**, (1957) et dans ce domaine le grand précurseur est évidemment Chaplin qui, lui, travaillait à chaud (cf. *Shoulder Arms, Charlot soldat**, 1918). *La Grande Guerre* n'est pas une œuvre entièrement réussie ; le film, très long, manque de rythme et ses personnages « sortent » mal, ayant été insuffisamment décrits quant à leur passé et leur caractère (les accents, les dialectes sont par contre restitués avec minutie). Ou peut-être au contraire « sortent-ils » trop puisqu'à l'origine Monicelli ne voulait pas de protagonistes. Sa première intention avait été de montrer « une masse indistincte de laquelle se détachait de temps en temps un personnage, un personnage qui fasse rire, un autre qui fasse pleurer, un troisième qui mourrait et ainsi de suite. Et puis, une fois terminé, c'était un film avec deux acteurs... J'espérais, dit Monicelli, que Sordi et Gassman seraient davantage noyés parmi les autres. Au niveau du scénario, je croyais que c'était faisable mais au tournage il a été impossible, malgré la présence d'un tas de personnages, de ne pas privilégier les protagonistes » (interview donné à Jean Gili *in* « Le cinéma italien », 10-18, 1978). Néanmoins, de la description de ces deux anti-héros, de leur lâcheté et de leur absence de motivation, se dégage un propos pacifiste tout à fait authentique.

BIBLIO. : premier état du scénario (traitement), Cappelli, Bologne, 1959 (autre édition chez le même éditeur, 1979).

## GRANDE ILLUSION (LA)

1937 – France (113') • *Prod.* Réalisation d'Art cinématographique (Frank Rollmer, Alexandre et Albert Penkovitch) • *Réal.* JEAN RENOIR • *Sc.* Charles Spaak, Jean Renoir • *Phot.* Christian Matras • *Mus.* Joseph Kosma. • *Int.* Erich von Stroheim (le capitaine von Rauffenstein), Jean Gabin (le lieutenant Maréchal), Pierre Fresnay (le capitaine de Boëldieu), Marcel Dalio (Rosenthal), Dita Parlo (Elsa), Julien Carette (Traquet), Gaston Modot (l'ingénieur du cadastre), Jean Dasté (l'instituteur).

1916. Le pilote et officier allemand von Rauffenstein a abattu son douzième avion. Il invite à sa table les deux Français qui étaient à bord de l'appareil : le lieutenant Maréchal, le pilote, et le capitaine de Boëldieu, un aristocrate. Les deux hommes sont envoyés dans un camp de prisonniers à l'arrière des lignes allemandes et se retrouvent dans une chambrée qui comprend notamment un petit acteur de music-hall et Rosenthal, propriétaire d'une maison de couture et fils de banquier. Ses parents lui envoient de nombreux colis de nourriture dont il fait profiter ses camarades. Les deux nouveaux venus apprennent que les hommes de la chambrée construisent un tunnel qui va bientôt leur permettre de s'évader. Un spectacle est organisé dans le camp. L'acteur en est la vedette, entouré de soldats déguisés en « girls ». Maréchal surgit sur scène pour annoncer que Douaumont a été repris. Tous les prisonniers entonnent la Marseillaise. Mis en cellule, Maréchal se morfond et a des crises de nerfs. Il est libéré et rejoint la chambrée. Le tunnel est pratiquement terminé, quand on annonce un changement de camp pour les officiers. Maréchal et de Boëldieu se retrouvent dans un château du XIIIe siècle, forteresse commandée par von Rauffenstein. Couvert de blessures, l'Allemand ne peut plus servir sa patrie autrement que par ce travail, humiliant pour lui, de fonctionnaire et de policier. Il fait visiter à ses pensionnaires leur nouvel asile en insistant sur le fait qu'il est impossible de s'en échapper. Toutefois un incident fortuit va donner à de Boëldieu l'idée d'un nouveau plan d'évasion dont il entend faire bénéficier Maréchal et Rosenthal (ce dernier les avait précédés dans la forteresse). Les prisonniers russes ont reçu de l'Impératrice un coffre contenant des cadeaux. Tous s'imaginent qu'il s'agit de vivres et d'alcool. En fait, il n'y a que des livres. Fous de rage, les Russes y mettent le feu. De Boëldieu observe que le tumulte a accaparé la totalité des gardiens, occasion idéale pour fuir, si on l'avait saisie. Il va en créer une autre. Tous les prisonniers donnent à son instigation un concert de flûtes. Les instruments sont aussitôt confisqués. C'était prévu. Les hommes continuent avec des casseroles et tout ce qui leur tombe sous la main. On les réunit dans la cour pour l'appel. C'était prévu aussi. Une flûte solitaire retentit alors au sommet de la forteresse jouant encore « Il était un petit navire ». C'est de Boëldieu, qui oblige ainsi les gardiens à le poursuivre. Maréchal et Rosenthal peuvent s'échapper à l'aide d'une corde. Rauffenstein, à son grand regret, car une amitié sincère était née entre les deux hommes sur la base de leur appartenance à la même caste aristocratique, doit tirer sur de Boëldieu. Il s'excusera auprès de lui de l'avoir atteint au ventre alors qu'il visait les jambes. Il fermera quelques instants plus tard les yeux du cadavre. Les deux évadés progressent péniblement vers la frontière suisse. Rosenthal s'est foulé la cheville. Ils sont recueillis par une paysanne allemande vivant seule avec sa fillette. Son mari et ses frères sont morts au combat. Maréchal devient l'amant de la paysanne. Au moment de partir, il lui promet de revenir la chercher après la guerre, s'il est vivant. Une patrouille allemande tire sur eux puis s'arrête quand elle voit que les deux Français sont passés en Suisse.

☞ Avec *Les enfants du Paradis**, c'est le film le plus célèbre du cinéma français. Ce fut aussi le plus grand triomphe commercial de Renoir. Par chance, et sans doute à cause de son sujet (les histoires d'évasion ravissent toujours le grand public), *La grande illusion* n'appartient pas à la longue série des chefs-d'œuvre maudits qui jalonnent l'histoire du cinéma français. Le film, tiré par Renoir des souvenirs d'un de ses compagnons d'armes de 14-18, s'appuie sur une construction superbe, et superbement efficace. Trois parties s'emboîtent les unes dans les autres et présentent un nombre de plus en plus restreint de personnages : des dizaines dans le premier camp de prisonniers, décrits avec un réalisme, une drôlerie et un relief inoubliables, huit ou neuf dans la forteresse de Stroheim, trois dans la dernière partie (campagne sous la neige). A mesure que l'intrigue progresse, elle se resserre et devient de plus en plus intime ; elle aiguise l'attention du spectateur en l'aiguillant sur un nombre de plus en plus limité de péripéties dramatiques. Le spectateur a ainsi l'impression de voir l'action, saisie comme en un immense travelling avant de plus en plus serré, passer du registre truculent au dramatique, puis au lyrique et au grave. Il participe à une odyssée, à un long itinéraire commençant dans le foisonnant et le multiple et s'achevant sur la vision de deux petites silhouettes de fourmis progressant dans la neige. Pour le découpage, Renoir semble aboutir ici à la synthèse équilibrée de toutes ses recherches antérieures. Il alterne, sans la moindre discontinuité et avec une constante élégance, les plans longs, sinueux, compliqués, à grande profondeur de champ comme il les aime, et le recours à la simplicité et à la solidité du découpage classique. Le récit est émaillé d'aperçus, de remarques, de points de vue propres à l'auteur qui jamais ne ralentissent ni n'alourdissent le rythme de l'action proprement dite. Renoir met en avant son thème privilégié de la solidarité supra-nationale des classes à travers l'amitié des deux aristocrates et officiers de carrière Rauffenstein-Boëldieu. A l'inverse, Maréchal, le prolétaire, et de Boëldieu, quoique de même nationalité, s'estimant et se respectant mutuellement, ne seront jamais à l'aise ensemble. Renoir multiplie et souligne les gestes de courtoisie ou d'amitié entre adversaires : depuis l'invitation à sa table par Rauffenstein des soldats qu'il a « descendus » en vol jusqu'à l'hospitalité offerte par la paysanne aux deux évadés en passant par cette réaction du geôlier de Maréchal qui donne à son prisonnier un harmonica pour l'apaiser durant sa crise et saute de joie quand il l'entend s'en servir. Chez les représentants des diverses classes sociales, comme chez les deux peuples en guerre, pas un sentiment bas, une action vile, une trace de haine ou de férocité ; partout, à tous les échelons, amitié, noblesse, grandeur d'âme et sacrifice. Cette idéalisation des personnages, presque unique dans l'œuvre de Renoir, et qu'on pourrait taxer d'angélisme, tire son origine et sa justification d'un certain caractère chevaleresque de la guerre de 14. Le rôle de cette idéalisation, dans l'économie générale de l'œuvre, est de permettre au cinéaste d'exprimer une facette particulière de sa vision du monde. L'individu pour lui est toujours à sauver et, dans le collectif, ce qui sera sauvé passe inévitablement par l'individu. Le Mal (les frontières, la guerre) viennent des structures de la société humaine, nées elles-mêmes de la diversité humaine. Jusqu'ici cette diversité (de classes, de races, de langues, de religions, de cultures) n'a été cause que de conflits sanglants et interminables. Un jour peut-être elle engendrera l'harmonie et la paix universelles. Mais rien n'est moins sûr ; et c'est là l'un des sens multiples du titre de ce film qui, sans optimisme ni pessimisme, invite perpétuellement le spectateur à la discussion, aux hypothèses, à la générosité, à une rêverie nourrie de faits sur la structure et le devenir des sociétés.

N.B. Le film avait été amputé lors de sa deuxième sortie en 1946. Renoir et Spaak en rachetèrent les droits et la version intégrale fut distribuée à nouveau en 1958. Sa bande-annonce consistait en une brève causerie de Renoir (reproduite *in* « Écrits de Jean Renoir », Belfond, 1974).

BIBLIO. : scénario et dialogues en volume, La Nouvelle Édition, 1949 ; découpage *in* « L'Avant-Scène » n° 44 (1965), repris en volume dans la collection « Points Films », Le Seuil, 1971. Dialogues et photogrammes dans la « Bibliothèque des classiques du cinéma », Balland, 1974.

## GRAND JEU (LE)

1933 – France (120') • *Prod.* Films de France • *Réal.* JACQUES FEYDER • *Sc.* Charles Spaak, Jacques Feyder • *Phot.* Harry Stradling, Maurice Forster • *Mus.* Hanns Eisler • *Int.* Pierre Richard-Willm (Pierre Martel), Charles Vanel (Clément), Marie Bell (Florence et Irma), Françoise Rosay (Blanche), George Pitoëff (Nicolas), Line Clevers (Dauville), Pierre Larquey (Gustin).

Ayant détourné des fonds importants pour satisfaire les caprices de sa maîtresse, Florence, qu'il aime à la folie, Pierre est contraint par sa famille de s'expatrier. Florence refuse de l'accompagner. Il s'engage dans la Légion. Au Maroc, il participe à des expéditions et prend tous les risques, car son désespoir le pousse à vouloir mourir. Il est devenu l'ami d'une tenancière d'hôtel et de maison close, Blanche, qui le considère un peu comme son fils. Pour passer le temps, elle lui fait les cartes – « le grand jeu » – dans lesquelles elle a une confiance absolue. Elle lui prédit qu'il reverra celle qu'il aime et qu'il tuera un homme. Aux « Folies Parisiennes », Pierre découvre avec stupeur une chanteuse, également prostituée, Irma, qui est le sosie parfait de Florence, à tel point qu'il se demandera souvent s'il ne s'agit pas d'une seule et même personne. Irma porte sur le front une cicatrice de balle. Venue de Barcelone et ayant séjourné auparavant à Bordeaux, elle ne se rappelle presque rien de son passé. Autant Florence était élégante et coquette, autant Irma est naïve et mal dégrossie. Leurs voix surtout sont différentes et parfois Pierre demande à Irma de ne pas parler. Il la « rachète » à Clément, le mari de Blanche. Outre sa ressemblance avec Florence, il s'attache à elle pour la dévotion sincère et absolue qu'elle lui témoigne. Un jour, il la surprend dans la chambre de Clément qui l'a forcée à le suivre et, au cours de la bagarre qui s'ensuit, Clément tombe du premier étage. Chute mortelle, dont Blanche dira à la police qu'elle était accidentelle. Ayant presque terminé son engagement de cinq ans, Pierre apprend qu'il hérite de son oncle. Il s'apprête à retourner en France avec Irma quand il rencontre par hasard Florence dans les rues de Casablanca. Il comprend qu'elle ne l'a jamais aimé mais qu'il ne pourra jamais l'oublier. Il accompagne Irma jusqu'au bateau qui doit la ramener en France et lui promet de la rejoindre dans quelques jours. En réalité, il s'est réengagé pour cinq ans, bien décidé à trouver la mort dans quelque mission dangereuse. D'ailleurs, les cartes, tirées par Blanche, le lui ont prédit.

☞ Premier film de Feyder, retour d'Hollywood. Feyder inscrit dans le cadre colonial un drame sentimental purement individualiste, non politique et tout imprégné de fatalisme. A ce titre, *Le grand jeu* influença fortement Carné, premier assistant sur le film, et peut être considéré comme le véritable point de départ du « réalisme poétique ». Totalement dénué d'hagiographie, le film ne participe en rien à l'idéologie colonialiste de l'époque et n'a pas eu à vieillir avec elle. L'utilisation à la fois abstraite et strictement émotionnelle du décor et du cadre géographique de l'action est liée à l'expérience américaine de Feyder. On est beaucoup plus près de *Morocco** de Sternberg que de *Trois de Saint-Cyr** (de Jean-Paul Paulin). L'interprétation, excellente dans les grands et les petits rôles, est le point fort du film. En attribuant une autre voix que la sienne à Marie Bell pour le rôle d'Irma et en travaillant particulièrement ce doublage, Feyder eut une trouvaille de génie. Il avait préparé à Hollywood pour la MGM une adaptation de « Comme tu me veux » de Pirandello (cf. son livre « Le cinéma, notre métier ») et avait proposé de donner à Garbo une deuxième voix pour une partie de son rôle. Mais il n'obtint pas gain de cause et ne tourna pas le film (qui fut réalisé par George Fitzmaurice). Il reprit le procédé dans *Le grand jeu* dont le scénario fut indirectement inspiré par la pièce de Pirandello. Cette trouvaille (reprise plusieurs fois dans d'autres films sans rien donner d'intéressant) est ici au service tant du personnage principal que du sujet dans son ensemble. Elle évacue d'abord de l'intrigue, et non sans paradoxe, tout pirandellisme, renforçant ainsi la puissance et la netteté concrète d'un récit où il est évident (sauf pour le héros) que Florence et Irma sont deux personnes différentes. Elle aide ensuite Marie Bell à composer un personnage (Irma) qui n'était pas tout à fait dans son emploi. En donnant à deux actrices (l'une pour le corps, l'autre pour la voix) le soin de construire le rôle d'Irma, Feyder a singulièrement enrichi la complexité du personnage. Il en a aussi proposé l'interprétation idéale. Beaucoup d'acteurs et d'actrices au cours de l'histoire du cinéma ont eu l'occasion de prouver leur virtuosité en jouant deux ou plusieurs rôles dans un même film. Ici il n'a pas fallu moins de deux comédiennes différentes (Marie Bell et Claude Marcy) pour créer un seul personnage (celui d'Irma). Quarante ans plus tard, on retrouve un écho lointain et un perfectionnement de cette trouvaille dans le dernier film de Buñuel *Cet obscur objet du désir.* Là, les circonstances et l'ingéniosité toujours en éveil du vieux cinéaste aboutiront aussi à ce que deux actrices, mais visibles l'une et l'autre sur l'écran, jouent le rôle principal.

N.B. Claude Marcy, la voix de Marie Bell dans le rôle d'Irma, doublait notamment les films de Greta Garbo. Actrice, romancière, auteur de chansons et dialoguiste, elle épousa Charles Spaak puis Henri Jeanson. Existence bien remplie. Remake du film de Feyder par Siodmak (1954) en couleurs. Dans cette production franco-italienne, Arletty reprend le rôle de Françoise Rosay et Gina Lollobrigida celui de Marie Bell. Une des œuvres les plus neutres du réalisateur.

## GRAND SOMMEIL (LE)
### (The Big Sleep)

1946 – USA (114') • *Prod.* Warner (Howard Hawks) • *Réal.* HOWARD HAWKS • *Sc.* William Faulkner, Leigh Brackett, Jules Furthman d'ap. R. de Raymond Chandler • *Phot.* Sid Hickox • *Mus.* Max Steiner • *Int.* Humphrey Bogart (Philip Marlowe), Lauren Bacall (Vivian Rutledge), John Ridgley (Eddie Mars), Martha Vickers (Carmen Sternwood), Dorothy Malone (la propriétaire de la librairie), Peggy Knudsen (Mrs. Eddie Mars), Regis Toomey (Bernie Ohls), Charles Waldron (le général Sternwood), Charles D. Brown (Norris), Bob Steele (Canino), Elisha Cook, Jr. (Harry Jones), Louis Jean Heydt (Joe Brody), Sonia Darrin (Agnes Lozier).

Los Angeles. Le détective Philip Marlowe est engagé par le vieux général Sternwood, qui vit dans une serre au milieu de ses orchidées et se nourrit comme elles de chaleur, pour enquêter sur un chantage dont sa fille cadette, Carmen, est l'objet. Carmen est une charmante enfant « juste un peu nymphomane » (dixit Hawks) et tout à fait alcoolique. Marlowe repère un premier maître chanteur, Geiger, le suit et le retrouve bientôt à l'état de cadavre. Il fait connaissance avec la sœur de Carmen, Vivian, et s'apercevra plus tard qu'elle s'est acoquinée avec toutes sortes de personnages douteux dans le but de protéger sa sœur. Il poursuit activement son enquête et, quelques cadavres plus tard, constate que tout le monde – la police, le procureur, le général, Vivian, etc. – insiste pour qu'il l'abandonne. Son caractère obstiné, sa morale personnelle et surtout l'intérêt de plus en plus vif qu'il porte à Vivian l'empêchent d'obtempérer. Il retrouvera un second maître chanteur beaucoup plus dangereux et malfaisant que le premier, Eddie Mars, patron de maison de jeu. Il sera amené à tuer l'un de ses hommes de main et à attirer Eddie Mars lui-même dans un piège où il sera abattu par ses complices. Si Carmen a besoin d'être soignée dans une clinique, Marlowe s'occupera personnellement de Vivian qui ne demande pas mieux.

☞ Deuxième film du couple Bogart-Bacall qui avait fait des étincelles dans *To Have and Have Not**. Ils sont à nouveau dirigés par Hawks dont ce sera la seule incursion dans le domaine du *film noir.* Hawks réussit la prouesse de donner au genre l'un de ses archétypes les plus parfaits et de ne pas cacher un seul instant son indifférence profonde à l'égard du genre en tant que tel. Un Bogart en grande forme incarnant un des meilleurs Marlowe du cinéma, en perpétuel déséquilibre, ou plutôt rééquilibre, entre son idéalisme moral et son réalisme d'homme d'action ; le climat décadent et vénéneux d'un Los Angeles nocturne, moite et interminablement étalé dans l'espace ; une intrigue légendairement obscure et difficile à suivre que chacun de ses auteurs a avoué ne pas comprendre entièrement ; un dialogue ironique et vif qui la rend constamment agréable et moderne : tels sont les éléments caractéristiques du *Grand sommeil* qui ont fait du film un classique du *film noir*, néanmoins très mineur si on le compare à *Out of the Past** ou aux meilleurs Siodmak. En poussant à sa limite extrême une des caractéristiques du genre (la complexité de l'action), Hawks a fait en sorte que le film devienne surtout un film de moments et de personnages. Une série de scènes à deux particulièrement brillantes montre un Marlowe couvert de femmes et les repoussant une à une pour s'intéresser à la seule Vivian. C'est à cause d'elle aussi que l'intrigue, racontée entièrement du point de vue de Marlowe, va le requérir de plus en plus gravement. S'il y a une progression véritable dans le film, elle ne tient nullement dans la recherche du vrai coupable mais dans cet attachement de plus en plus grand du détective à sa propre histoire. Hawks, lui, en montrant cette évolution, reste toujours aussi détaché. Ce qui l'amuse justement, c'est ce contraste entre l'engagement de plus en plus poussé du personnage dans son enquête (et dans son histoire amoureuse) et son détachement à lui, narrateur, vis-à-vis de ce qu'il raconte. Ce contraste engendre une dynamique qui est essentiellement comique. Hawks la poussera beaucoup plus loin, avec plus d'originalité et sans faire référence à aucun genre, dans *Hatari** (cf. l'évolution de John Wayne tombant amoureux malgré lui d'Elsa Martinelli). Et s'il tient tant à garder ce ton sec, décontracté, sarcastique, inimitable, c'est qu'il lui permet aussi de rester une sorte de moraliste. Hawks prône en effet le détachement dans l'art tout en le présentant comme impossible, et d'ailleurs peu souhaitable, dans la vie.

N.B. Le film, terminé en 1944, ne fut montré au public américain qu'en 1946. Entre-temps, Hawks avait rajouté quelques scènes pour Bogart et Bacall et notamment celle qui comporte le célèbre échange de répliques où l'acte amoureux est évoqué allusivement à l'aide de termes hippiques. Remake anglais, situé à Londres, par Michael Winner (1978). Mitchum reprend le rôle de Bogart mais ne parvient pas, malgré son talent, à donner une raison d'être au film.

BIBLIO. : scénario et dialogues *in* « Film Scripts Two », volume publié à New York, chez Appleton-Century-Crofts, 1971. Il s'agit du script final avant tournage. Le découpage après montage (609 plans) a été publié dans « L'Avant-Scène » n° 329-330 (1984). Ce numéro, très riche, est consacré au *film noir* en général et comprend notamment un article d'Olivier Eyquem énumérant les additions et suppressions effectuées au cours du tournage (en deux étapes) par rapport au script publié en 1971. On se reportera également au chapitre concernant *Le grand sommeil* dans le livre de Stephen Pendo : « Raymond Chandler on Screen : His Novels into Film », The Scarecrow Press, Metuchen, N.J., 1976.

## GREAT K AND A TRAIN ROBBERY (THE)

1925 – USA (5 bob.) • *Prod.* William Fox • *Réal.* LEWIS SEILER • *Sc.* John Stone d'ap. R. de Paul Leicester Ford • *Phot.* Dan Clark • *Int.* Tom Mix (Tom Gordon), Dorothy Dwan (Madge Cullen), William Walling (Eugene Cullen), Harry Grippe (DeLuxe Harry), Carl Miller (Burton), Edward Piel (le chef de bande), Curtis McHenry (le domestique de Cullen) et le cheval Tony.

Les trains de la compagnie « K and A » sont constamment dévalisés. Se faisant passer pour un mystérieux bandit, Tom Gordon, qui est en réalité le nouveau détective de la compagnie, déjoue les plans du secrétaire félon qui renseignait les bandits. Tom saura les retrouver et les arrêter avant d'épouser la fille du président de la compagnie.

☞ Le type même du western-feuilleton qui enchanta les foules et une certaine catégorie de cinéphiles pour lesquels le western, primitif ou sophistiqué, a toujours été, bien avant André Bazin, le cinéma par excellence. Tous les ingrédients du genre sont présents ici : péripéties mélodramatiques (avec un malentendu bientôt dissipé), aventures, humour, bons sentiments, manichéisme à toute épreuve, bagarres et poursuite. Mais surtout un sens prodigieux des extérieurs et de l'espace. Dans les gorges du Colorado, Tom Mix évolue entre ciel et terre grâce à un filin fixé à la montagne qui le relie à son cheval. Il court sur le toit des wagons du train en marche. Il découvre la grotte secrète où se cachent les bandits. Avant même d'être un justicier, il est le maître de l'espace, comme dans certains contes ou légendes tel sorcier est le maître des éléments, tel autre le maître du temps. « Variety » salua le film en ces termes : « Probablement le film d'action le plus rapide jamais tourné. »

## GREAT MOMENT (THE)

Inédit en France. 1944 – USA (83') • *Prod.* PAR. • *Réal.* PRESTON

STURGES • *Sc.* Preston Sturges d'ap. « Triumph Over Pain » de Rene Fulop-Miller • *Phot.* Victor Milner • *Mus.* Victor Young • *Int.* Joel McCrea (W.T.G. Morton), Betty Field (Mrs. Morton), Harry Carey (Professor Warren), William Demarest (Eben Frost), Louis Jean Heydt (Dr Horace Wells), Julius Tannen (Dr Jackson), Porter Hall (President Pierce), Franklin Pangborn (Dr Heywood), Grady Sutton (Homer Quinby).

Dans la première moitié du XIXᵉ siècle, W.T.G. Morton, d'origine paysanne, fait des études de dentiste et commence à pratiquer à Boston. Il est tourmenté par les souffrances de ses patients et voudrait y remédier par une invention quelconque. Il demande conseil à son ancien professeur, qui ne prend pas au sérieux ses recherches. Il participe aux expériences et aux échecs d'un collègue utilisant le gaz hilarant. Le hasard lui fait découvrir que les vapeurs d'éther plongent dans un sommeil profond celui qui y est exposé. Il met au point un anesthésique et l'essaie avec succès sur un patient. Il confie ensuite son produit secret qu'il a baptisé du nom de « letheon » à un chirurgien célèbre qui l'expérimente également avec succès. Mais l'Ordre des médecins interdit au chirurgien de continuer à opérer sous anesthésique s'il ne connaît pas exactement la composition du produit qu'il emploie. Sacrifiant la réussite commerciale qu'il escomptait de sa découverte, Morton fait don à l'humanité de son secret. Il devra lutter par la suite contre ceux de ses collègues qui revendiquent sa découverte et tentent d'en tirer le profit auquel lui-même avait renoncé. Il mourra dans la misère et l'anonymat.

☞ Passons sur la bizarrerie de la construction, péché mignon de Sturges, qui traduit la volonté de l'auteur de commencer son récit par des scènes importantes se déroulant après le don que Morton fit au monde (« le grand moment ») en publiant sa découverte. Plus grave est le fait que la Paramount, désapprouvant cette construction, ait « tripatouillé » le film et rendu le début du récit incompréhensible. Ce n'est toutefois qu'un défaut mineur eu égard à l'intérêt du film. Traitant pour la seule fois de sa carrière un sujet grave, Sturges y révèle en clair son thème de prédilection, qu'il a souvent dissimulé ou enveloppé dans une structure comique de peur d'ennuyer le public. Ce thème est celui de la double recherche effectuée par un individu quelconque afin d'obtenir à la fois la réussite matérielle et une certaine forme de réussite morale. Ici, le héros devra sacrifier la première à la seconde sans pour autant trouver la paix ni le bonheur. L'attrait du récit vient pour une bonne part de l'habileté avec laquelle Sturges évoque les étapes et les échecs de Morton grâce à une série d'épisodes souvent comiques où la verve de l'auteur réapparaît dans toute sa force. Voir notamment le portrait savoureux du premier patient de Morton qu'un mauvais dosage du produit avait d'abord rendu fou furieux avant de provoquer l'anesthésie recherchée. Le rôle est interprété superbement par William Demarest, l'un des fidèles de la troupe de Sturges. Nul doute non plus qu'en racontant les tourments de l'inventeur, sa bonne volonté, son obstination, ses échecs et ses réussites, Sturges ne se soit livré en même temps à une sorte d'autobiographie, à un récit anticipé et comme prophétique des avatars et des péripéties chaotiques de sa propre carrière.

## GREMLINS (id.)

1984 – USA (106') • *Prod.* Warner (Michael Finnell) • *Réal.* JOE DANTE • *Sc.* Chris Colombus • *Phot.* John Hora (Technicolor) • *Eff. sp.* Bob MacDonald (marionnettes créées et animées par Chris Walas) • *Mus.* Jerry Goldsmith • *Int.* Zach Galligan (Billy Peltzer), Phœbe Cates (Kate), Hoyt Axton (Rand Peltzer), Polly Holliday (Mrs. Deagle), Frances Lee McCain (Lynn Peltzer), Dick Miller (Mr. Futterman), Glynn Turman (Roy Hanson).

A Chinatown, dans l'échoppe d'un vieux Chinois, Rand Peltzer, inventeur de gadgets électroménagers qui ne fonctionnent jamais, achète pour le Noël de son fils Billy, jeune employé de banque, une petite bestiole aux grands yeux, à l'air paisible et méditatif, aux oreilles largement écartées. C'est un mogwaï que Rand baptise aussitôt Gizmo. Rand reçoit trois recommandations concernant l'animal : il ne faut jamais le mouiller, l'exposer à une lumière vive, lui donner de la nourriture après minuit. Dans la petite ville de Kingston Falls où il habite, Billy est ravi d'avoir Gizmo comme compagnon. Un jour, il le mouille par maladresse et Gizmo donne naissance à cinq créatures semblables à lui, dont l'une, qui semble le chef du groupe, a le crâne surmonté d'un toupet blanc. Les créatures ont un air de méchanceté dans les yeux et font preuve d'une agressivité qui les différencie de Gizmo. Ayant détruit la prise du réveil électrique de Billy, elles arriveront à se faire donner de la nourriture après minuit. Dans les heures qui suivent, elles grossissent et un cocon gluant les recouvre entièrement. Il en sortira cinq monstres aux mâchoires acérées et au regard satanique qui attaquent la mère de Billy. Elle parviendra, avec l'aide de son fils, à se débarrasser de la plupart d'entre eux, mais un survivant tombe dans une piscine où il donne naissance à une multitude de créatures pareilles à lui. Ces monstres, des gremlins, terrorisent Gizmo, saccagent la ville et s'en prennent indifféremment aux bons et aux méchants. Ils provoquent la mort de plusieurs habitants. Craignant la lumière de l'aube, ils se réfugient tous dans une salle de cinéma où ils mettent l'appareil en marche et assistent à une projection de *Blanche-Neige et les sept nains**. Billy et sa petite amie (que les gremlins avaient persécutée dans le bar où elle travaille) font exploser la chaufferie et tous les gremlins sont éliminés dans l'incendie de la salle. Tous sauf un, le gremlin au toupet blanc, qui pénètre dans un magasin et arrive près d'une fontaine intérieure où il va pouvoir se reproduire au contact de l'eau. Il a immobilisé Billy en le blessant avec une fléchette mais Gizmo sauve la situation en actionnant des stores qui, en s'ouvrant, inondent la pièce de lumière : le gremlin est anéanti. Le vieux Chinois vient reprendre à Peltzer le mogwaï : l'homme, selon lui, n'est pas encore prêt à le traiter mieux qu'il n'a traité jusqu'ici la Nature et toutes les choses précieuses de ce monde. Il est trop tôt pour qu'il puisse en disposer utilement. Le Chinois repart, solitaire, avec sa petite créature.

☞ Conte de Noël témoignant d'une grande méfiance vis-à-vis de Noël, période de l'année où les suicides sont les plus nombreux, où les solitaires et les âmes en peine ressentent plus intensément encore leurs angoisses, confrontées à la liesse environnante. Bourré de références cinéphiliques pour une fois assez justifiées (*It's a Wonderful Life** de Capra pour le décor de la petite ville rassurante où il se passe soudain un tas de choses anormales ; *Invasion of the Body Snatchers** de Siegel pour la séquence des « cocons » ; *Dracula** pour l'impossibilité faite aux créatures de supporter le jour, etc.), le film repose sur un manichéisme assez original. Le Bien y engendre le Mal ; le répugnant naît du charmant ; la violence et la sauvagerie découlent de la fragilité la plus touchante. L'homme lui-même est désigné comme l'agent principal de cette alchimie destructrice et négative, liée aux aspects contradictoires de sa nature ambivalente. Dans son inspiration, ses péripéties, sa conclusion, le conte est parfaitement cohérent et moral. A une période où Spielberg, s'éloignant de plus en plus de son premier film *Duel**, semble tenté par le démon de la mièvrerie, Joe Dante, produit de la vigoureuse écurie Corman, vient, en travaillant pour lui, mettre un peu de sel et de piquant dans son univers, guetté par la déliquescence. Deux qualités sont particulièrement spectaculaires. D'une part la virtuosité de l'animation mécanique des marionnettes (le film ne comprend qu'un seul plan d'animation image par image). Leur relief étonnant est valorisé par la superbe antithèse entre Gizmo et les gremlins. D'autre part l'humour constant et dévastateur qui accompagne, sans en détruire l'impact, les séquences horrifiques. A cet égard, l'anthropomorphisme évident des gremlins (il y a même un gremlin exhibitionniste) se charge d'une valeur satirique et critique, visant plus encore les enfants que les adultes. Les gremlins deviennent ainsi une variante agressive et répugnante des ânes de « Pinocchio ». Malgré toutes ses qualités, le film n'échappe pas à la dénaturation du fantastique actuel qui veut que les personnages vivants ne soient rien d'autre que les faire-valoir des monstres et des effets spéciaux.

N.B. Le mot de gremlin, passé dans le vocabulaire courant américain, désigne dans l'argot des aviateurs des petites créatures surnaturelles qui jouent des mauvais tours aux avions et à leurs pilotes. L'histoire d'un gremlin est raconté dans un épisode célèbre de la série de télévision « Twilight Zone » : *Nightmare at 20 000 Feet* d'après la nouvelle de Matheson (Richard Donner, 1963). Cet épisode fut refait dans le dernier sketch (George Miller, 1983) de *Twilight Zone-The Movie.*

## GRÈVE (LA) (Statchka)

1924 – URSS (1969 m) • *Prod.* Goskino Boris Mikhine • *Réal.* SERGUEI MIKHAILOVITCH EISENSTEIN • *Sc.* V. Pletniev, Eisenstein, I. Kravchounovsky, Gregori Alexandrov • *Phot.* Édouard Tissé • *Int.* Maxime Chtrauch (l'indicateur « La Chouette »), G. Alexandrov (le contremaître), Mikhail Gomorov (l'ouvrier qui se pend), I. Klukvine (le militant), Alexander Antonov (le deuxième militant), Judith Glizer, Boris Yourtzev, A. Kouznetzov.

Une grande usine de la Russie tsariste. Tout est calme en apparence. Mais en profondeur les ouvriers sont mécontents, les agitateurs clandestins appellent à la grève, tandis que, plus souterrainement encore, les indicateurs de police aux surnoms et aux comportements d'animaux se livrent dans l'ombre à leur travail de fouine. Un ouvrier, injustement accusé de vol, se suicide. Cet événement sert de détonateur à la grève, qui éclate brutalement. Les ouvriers, s'armant de tout ce qu'ils peuvent trouver comme pièces détachées, débris métalliques etc., déferlent dans l'usine et aux alentours. Le travail est maintenant totalement arrêté ; les commandes s'entassent sur le bureau du directeur. Sous les arbres d'un bois voisin, les ouvriers se réunissent et décident d'une liste de revendications. Les policiers à cheval les encerclent et les obligent à s'asseoir sur le sol. L'un des directeurs s'essuie le pied avec la feuille où figurent les revendications des grévistes. Les indicateurs, sous divers déguisements, surveillent, traquent, parfois même photographient clandestinement les meneurs. Ils mettent sur pied, en choisissant des complices parmi la racaille vivant dans le cimetière aux tonneaux, une vaste opération de provocation : l'incendie d'un dépôt d'alcool dont ils espèrent que les ouvriers s'empareront. Mais une femme appelle les pompiers ; un meneur conseille aux grévistes de rentrer chez eux. La provocation a échoué. Les grévistes sont néanmoins arrosés par les lances à incendie. La grève se prolonge. Les cavaliers prennent en chasse les grévistes, vont jusqu'à monter dans les immeubles (l'un d'entre eux projette un bébé dans le vide). Ils laissent derrière eux un champ de cadavres.

☞ Premier long métrage d'Eisenstein, réalisé à vingt-six ans. Fresque épique et polémique, *La grève* n'individualise dans son scénario aucun personnage important. La masse des grévistes est le véritable héros du film, en lutte contre les patrons, les policiers et le gouvernement tsariste. Le récit progresse dans un mouvement continuel. Loin de traiter la grève comme un motif statique, comme une situation immobile, le film est au contraire extrêmement dynamique et s'appuie sur une série de déferlements, de déploiements, de grouillements, visibles ou souterrains. A la fougue juvénile et inventive du metteur en scène, sensible dans chacun des plans pris individuellement, s'allie la fougue propre au monteur. Celui-ci utilise avec profusion les procédés visuels que permet le muet (métaphores, parallélismes, symboles, extrapolations, plans allégoriques : tous condamnés d'ailleurs par Dziga Vertov comme des effets de cirque) pour ajouter du rythme aux images, de la conviction et de la violence à leur manichéisme idéologique. *La grève* est ainsi constituée d'une seule et unique et très longue scène d'action collective dont les six parties sont comparables aux « mouvements » (le mot s'impose ici) d'une symphonie. Ni la situation historique ni les causes de la révolte n'ont lieu d'y être analysées. Ne s'adressant pas à la raison du spectateur, mais à ses facultés d'enthousiasme et d'émotion, le film se trouve combler deux catégories de public absolument hétérogènes : les marxistes convaincus qui adhèrent à une illustration prodigieusement animée et brillante de leur credo, et les formalistes purs, capables d'apprécier sans les rattacher à leur source d'inspiration dogmatique un ensemble de procédés stylistiques manipulés par un virtuose, aussi maître du tournage que du montage.

BIBLIO. : scénario avant tournage publié dans le tome VI des Œuvres complètes d'Eisenstein « Izbrannie Proizvedennia », Iskusstvo, Moscou (1964-1971).

## GRIFFE DU PASSÉ (LA)/PENDEZ-MOI HAUT ET COURT (Out of the Past/Build My Gallows High)

1947 – USA (97') • *Prod.* RKO (Warren Duff, Robert Sparks) • *Réal.* JACQUES TOURNEUR • *Sc.* Geoffrey Homes d'ap. son R. « Build My Gallows High » • *Phot.* Nicholas Musuraca • *Mus.* Roy Webb • *Int.* Robert Mitchum (Jeff Bailey), Kirk Douglas (Whit Sterling), Jane Greer (Kathie), Rhonda Fleming (Meta Carson), Richard Webb (Jim), Dickie Moore (l'enfant), Steve Brodie (Fisher), Virginia Huston (Ann Miller), Ken Niles (Eels).

Voulant fuir son passé, un ancien détective, Jeff Bailey, s'est installé dans une petite ville de Californie, Bridgeport, où il exploite une station-service avec un adolescent sourd et muet, son seul ami. Jeff est très lié à une jeune fille du cru, Ann Miller. Quand une de ses anciennes connaissances, l'homme de main de Whit Sterling, joueur professionnel aux activités louches, apparaît dans la région et le recherche, Jeff éprouve le besoin de raconter sa vie à Ann. Autrefois, quand il était détective, il avait été payé par Whit pour retrouver sa maîtresse, Kathie, qui avait tenté de tuer Whit puis avait pris la fuite en lui volant 40 000 dollars. Jeff avait retrouvé Kathie à Acapulco et avait eu une liaison avec elle. Le couple s'était ensuite caché à San Francisco où par hasard l'associé de Jeff, Fisher, avait retrouvé les amants en fuite. Les deux hommes en étaient venus aux mains et Kathie avait froidement abattu Fisher. Jeff l'enterra et découvrit que Kathie lui avait menti en affirmant qu'elle n'avait rien volé à Sterling. C'est à partir de là qu'il avait décidé de s'installer à Bridgeport. Ayant terminé son récit, il affirme à Ann que Kathie n'est plus rien pour lui. Mais aujourd'hui Whit Sterling veut revoir Jeff. Ce dernier se rend chez lui et y retrouve Kathie. En tête à tête, elle lui avouera qu'elle l'aime toujours. Ce qui ne l'a pas empêchée de dire à Whit que Jeff était l'auteur du meurtre de Fisher. Elle a même signé sa confession et maintenant Whit veut faire chanter Jeff. Il exige que Jeff aille dérober au procureur Eels, autrefois son complice, des papiers compromettants pour lui vis-à-vis des agents du fisc. Jeff sent qu'on veut le piéger mais ne parvient pas à s'extirper du piège. Il ne peut empêcher l'assassinat du procureur et comprend que Whit a l'intention de lui faire endosser un deuxième meurtre. Il s'empare des documents de Eels et propose à Sterling de les lui échanger contre la confession de Kathie. Mais celle-ci élimine Whit qui voulait la livrer à la police. Les documents que possède Jeff sont devenus sans valeur. « La seule personne avec qui tu puisses maintenant traiter, c'est moi » lui dit Kathie. Estimant qu'ils sont faits l'un pour l'autre, elle le met dans l'obligation de partir vivre avec elle au Mexique. Jeff accepte mais téléphone à la police. Ils montent en voiture et sont arrêtés par un barrage. Kathie abat Jeff au volant et meurt dans la collision de sa voiture avec un véhicule de police. A Bridgeport, Ann interroge l'ami sourd et muet de Jeff pour savoir si Jeff comptait réellement partir avec Kathie. Voulant la libérer de tout regret, le jeune homme ment en répondant par un signe de tête affirmatif.

☞ Œuvre fondamentale du *film noir.* Jacques Tourneur a visité les principaux genres hollywoodiens en hôte de passage, n'a été le spécialiste d'aucun d'entre eux, a laissé dans tous au moins un chef-d'œuvre marquant, classique et rénovateur. Dans le fantastique : *Cat People**, *Night of the Demon** ; dans le western : *Stars in My Crown**, *Wichita** ; dans le film d'aventures : *Appointment in Honduras**, dans le film de pirates : *Anne of the Indies**. La trace de son passage dans chaque genre se révèle d'une extrême modernité et *Out of the Past* n'échappe pas à la règle. Avec *The Killers** et *Criss Cross** (deux films de Siodmak qui est, lui, le spécialiste du *film noir*), *Out of the Past* contient les éléments constitutifs du genre dans leur forme la plus achevée : fatalisme tragique soulignant l'impuissance de l'individu ; relation perverse et empoisonnée entre le passé et le présent ; portrait de femme fatale (« Black Widow », mante religieuse, etc.) dont la nature, plus encore que le caractère, est de trahir. Mais ce qui est incandescence ou moiteur chez Siodmak, devient paysage glacé chez Tourneur. L'action baigne dans une pénombre fantomatique (ciselée en artiste par Nicholas Musuraca). Elle se développe dans une atténuation volontaire, quasi irréelle, des voix et des sons et évolue selon un rythme austère qui, malgré les circonvolutions de l'intrigue, la mènera inexorablement vers son terme. Pour le héros, le personnage de Jane Greer (admirable interprète) est une fascinante messagère de la mort. Elle lui barre l'accès à l'autre versant de sa destinée, celui qu'il aura entrevu comme un mirage dans le désert, à travers les montagnes et près du lac Tahoe en Californie. En rupture avec la norme du genre, ce héros lui-même ne participe pas, si peu que ce soit, à l'avilissement, à la corruption environnante. Quoiqu'il ne soit pas un héros au sens positif et exaltant du terme, c'est un être curieusement intact, auquel Mitchum, dans son premier rôle en vedette dans un film de série A, prête son flegme et son laconisme si singuliers (identiques déjà à ce qu'ils seront toujours). Personnage parfaitement lucide (cf. l'acuité de son commentaire *off* et des dialogues), conscient des pièges tendus autour de lui, il ne saura cependant éviter d'y tomber. C'est que pour Tourneur le *film noir* offre avant tout l'occasion d'envelopper dans un décor crépusculaire le thème de l'exil intérieur et extérieur de l'homme. Cet exil prend la forme d'une déambulation à travers un labyrinthe d'énigmes et de fantômes. *Out of the Past* est d'ailleurs une œuvre qu'on ne peut se flatter de connaître entièrement. Elle est si riche en nuances, en résonances mystérieuses qu'à chaque nouvelle vision on croit découvrir un autre film.

N.B. Insignifiant remake par Taylor Hackford : *Against All Odds* (*Contre toute attente*, 1984). Jane Greer y joue la mère du personnage qu'elle interprétait dans l'original.

## GROS LOT (LE)
## (Christmas in July)

1940 – USA (70') • *Prod.* PAR. (Paul Jones) • *Réal.* PRESTON STURGES • *Sc.* Preston Sturges d'ap. sa P. (non représentée) « A Cup of Coffee » (1931) • *Phot.* Victor Milner • *Mus.* Sigmund Krumgold • *Int.* Dick Powell (Jimmy MacDonald), Ellen Drew (Betty Casey), Raymond Walburn (Mr. Maxford), Alexander Carr (Mr. Schindel), William Demarest (Mr. Bildocker), Ernest Truex (Mr. Baxter), Franklin Pangborn (l'annonceur à la radio).

Jimmy MacDonald, un jeune employé de bureau, rêve de gagner un jour un concours. Le dernier auquel il ait participé est organisé par une marque de café qui offre 25 000 dollars à l'auteur du meilleur slogan publicitaire. Trois collègues de bureau farceurs lui envoient un faux télégramme signé par les organisateurs lui annonçant qu'il a gagné. Les jurés du concours ayant beaucoup tardé à désigner le vainqueur, le propriétaire de la marque, quand Jimmy se présente à lui, croit avoir affaire au vrai lauréat et lui remet le chèque. Jimmy achète aussitôt pour sa fiancée et tous ses amis du quartier de multiples cadeaux. Son patron, impressionné par son succès, lui confie un bureau particulier, une secrétaire et le bombarde conseiller publicitaire. Quand la vérité éclate, Jimmy a l'impression que le ciel lui tombe sur la tête. Mais finalement c'est son slogan qui est choisi par les jurés du concours.

☞ Pour son deuxième film, Preston Sturges choisit un sujet de comédie plus modeste que celui de *Gouverneur malgré lui** et plus adapté aux moyens, toujours limités, que lui concède laParamount. Il s'agit encore pour Sturges d'évoquer le « rêve américain » d'une manière ironique certes, mais beaucoup moins caustique et destructrice que dans son premier film. L'aspect du « rêve américain » concerné ici est la croyance en la possibilité donnée à chaque citoyen de gagner la fortune grâce à une juste utilisation de ses dons, pour autant qu'il en ait. Cette juste utilisation, dans un monde équilibré, devrait s'appuyer sur le bon sens, la perspicacité des employeurs et des responsables. Or à l'opposé, elle résulte le plus souvent du hasard ou d'un énorme coup de chance. Voilà le propos – sérieux – du film, que Sturges exprime avec une assez grande habileté comique et une tendresse évidente pour tous ceux qui en Amérique, émigrés ou non, usent leurs forces à courir après le bonheur. Le style de Sturges, dès son deuxième film, est beaucoup plus fluide et dynamique. Tout en conservant ces très longues scènes dialoguées et ces tirades qu'il affectionne, Sturges se soucie plus maintenant du rythme et de la visualisation des gags. Il rend même hommage, dans une séquence, au style burlesque du muet qu'il essaiera de relancer sans grand succès avec *Mad Wednesday* (1947).

BIBLIO. : scénario et dialogues *in* Preston Sturges : « Five Screenplays », University of California Press, 1985 (cf. *Gouverneur malgré lui*).

## GROSSE FREIHEIT Nr. 7

Inédit en France. 1945 – Allemagne (111'). Première sortie à Prague en 1944. • *Prod.* Terra-Filmkunst (Hans Tost) • *Réal.* HELMUT KAUTNER • *Sc.* Käutner, Richard Nicolas • *Phot.* Werner Krien (Agfacolor) • *Mus.* Werner Eisbrenner • *Int.* Hans Albers (Hannes), Ilse Werner (Gisa), Gustav Knuth (Fiete), Hans Söhnker (Willem), Hilde Hildebrandt (Anita), Günther Lüders (Jens), Eithel Reschke (Margot), Kurt Wieschalla (Jan), Helmut Käutner (Karl).

A Hambourg, un quinquagénaire, Hannes, ancien marin, chante et joue de l'accordéon en vedette à l'« Hippodrome », le cabaret pourvu d'une piste de cirque que dirige sa vieille maîtresse Anita. Son frère mourant confie à Hannes le soin de s'occuper de Gisa, une fille qu'il a abandonnée et qui vit avec sa mère à la campagne. Hannes aide Gisa à s'installer à la ville et tombe amoureux d'elle. Mais elle s'intéresse à un jeune homme de son âge, ouvrier dans les chantiers navals. Hannes lui propose le mariage. Elle ne vient pas à son rendez-vous. Après une cuite mémorable, laissant là le cabaret, Anita et toutes ses habitudes, Hannes reprend du service en mer.

☞ Le film vaut moins par son scénario, mince et traditionnel, que par la description des personnages et le style personnel de son auteur. Se voulant assez classique, la mise en scène de Käutner oscille cependant constamment entre deux tendances : un lyrisme discret et attendri dans l'évocation de la jeune fille, un naturalisme et un baroquisme beaucoup plus lourds, plus amers dans la description de l'ancien marin et surtout de l'Hippodrome, décor central de l'intrigue. Ce lieu est un peu le tombeau des aspirations et des nostalgies de tous les personnages. Il est appréhendé dans les teintes âcres et violentes de l'Agfacolor, très judicieusement utilisé. Sa liberté de ton, ses personnages, voguant au gré de leurs passions et de leurs incertitudes, valurent au film d'être interdit. Quoique datant de 1944, il anticipe en effet nettement – et c'est là aussi son intérêt – sur le désenchantement des œuvres ultérieures de Käutner, réalisées durant l'après-nazisme. Käutner, après *Romanze in Moll** à l'élégance mélancolique et esthétisante, continuait ainsi de déplaire aux puissances en place.

## GROUPE (LE)
**(The Group)**

1966 – USA (155') • *Prod.* UA (Sidney Buchman) • *Réal.* SIDNEY LUMET • *Sc.* Sidney Buchman d'ap. R. de Mary MacCarthy • *Phot.* Boris Kaufman (DeLuxe Color) • *Mus.* Charles Gross • *Int.* Candice Bergen (Elinor Eastlake dite Lakey), Joan Hackett (Dorothy Renfrew), Elizabeth

Hartman (Priss Harshorn), Shirley Knight (Polly Andrews), Joanna Pettet (Kay Strong), Mary-Robin Redd (Pokey Prothero), Jessica Walter (Libby MacAusland), Kathleen Widdoes (Helena Davison), Larry Hagman (Harald Peterson), James Broderick (Dr James Ridgeley), James Congdon (Sloan Crockett), Richard Mulligan (Dick Brown), Hal Holbrook (Gus Leroy), Robert Emhardt (Mr. Andrews), Carrie Nye (Norine), Leora Dana (Mrs. Renfrew), Baruch Lumet (Mr. Schneider), Lidia Prochnicka (la baronne).

A la fin de l'année scolaire 1933, huit amies, réunies dans ce qu'elles appellent le « Groupe », quittent le collège huppé de Vassar avec leur diplôme en poche. Au fil des années, elles se reverront collectivement, de loin en loin, à l'occasion de fêtes, mariages, etc., et entretiendront les unes avec les autres des relations plus ou moins suivies. Kay fera sa carrière au magasin Macey. Bien que d'origine plus modeste que les autres, elle avait été introduite dans le Groupe par Lakey, sa fondatrice. La première à se marier, Kay épouse Harald, dramaturge raté, ivrogne, infidèle, qui la frappera à l'occasion et lui fera mener une existence détestable. Il disparaîtra un jour de sa vie après une dispute plus violente que les autres. Obsédée par les menaces de guerre mondiale, Kay tombera de sa fenêtre en observant les avions à la jumelle, dans la crainte d'une prochaine invasion des armées de Hitler dans le ciel de New York. Dottie, native de Boston, la plus vieille du Groupe (23 ans), aura une liaison sans lendemain et un peu sordide avec un peintre rencontré au mariage de Kay. Elle épousera plus tard sans amour un veuf de trente-neuf ans qui lui assurera une existence confortable. La venimeuse Libby dont les commérages téléphoniques sont un peu le ciment du Groupe tente de faire carrière dans le monde de l'édition où elle réussira assez bien. Vierge et frigide, elle connaîtra certains déboires, mais c'est en se mentant à elle-même et en critiquant férocement les autres que cette égocentrique parviendra à supporter la vie. Priss, la militante rooseveltienne, a épousé un pédiatre républicain. Elle fait plusieurs fausses couches avant d'avoir un bébé que son mari voudra éduquer d'une manière expérimentale et autoritaire. Priss subit cette « expérience » avec ironie et résignation. Polly, une infirmière, tombe amoureuse d'un éditeur rencontré lors d'une party donnée par Libby. Prisonnier de son attachement pour sa femme (dont il est séparé) et pour la psychanalyse, cet éditeur velléitaire et timoré mettra fin prématurément à sa liaison avec Polly. Celle-ci épouse un médecin sympathique et dévoué qui accueillera au foyer conjugal son beau-père, un maniaco-dépressif, cobaye idéal pour ses recherches médicales. L'insouciante Pokey, issue d'une grande famille, fait un riche mariage et aura par deux fois des jumelles. Lakey voyage en Europe et à son retour présente au Groupe l'amie avec laquelle elle vit, une baronne russe. Désormais elle ne cache plus à personne, si d'ailleurs elle l'a jamais fait, ses tendances homosexuelles. Helena est la chroniqueuse du Groupe. Asexuée selon Libby, elle décrit par le menu dans ses carnets les activités de ses amies. La richesse de son père l'a empêchée de devenir jardinière d'enfants comme elle le souhaitait. Elle s'adonnera à la peinture. Comme les autres membres du Groupe, elle vient assister aux obsèques de Kay.

☞ Depuis son premier film, *Douze hommes en colère,* adaptation de la célèbre dramatique de télévision de Reginald Rose sur le fonctionnement d'un jury d'assises, Lumet a consacré une grande partie de son œuvre à étudier la cohérence et la cohésion de certains groupes, éphémères ou durables, dynamiques ou immobiles (mais l'immobilisme dans un groupe n'est qu'apparent et représente une forme paradoxale de sa dynamique). Cette tendance fondamentale, restée parfois latente dans son œuvre, reçoit le traitement le plus évident et le plus ambitieux dans cette adaptation fidèle du « Groupe » de Mary McCarthy, roman que d'ailleurs Lumet n'apprécie guère. La grande originalité du film, qui éclaire la rigueur du travail de Lumet, consiste à présenter ce groupe dans son unité interne sans qu'aucun élément (ou personnage) extérieur vienne en souligner artificiellement les caractéristiques. Chacune des huit figures féminines dessinées dans le film est une composante, une efflorescence du groupe, jamais vraiment en opposition ou en conflit avec lui. Évitant la facilité du dramatisme spectaculaire, Lumet donne libre cours à ses talents de directeur d'acteurs – et surtout d'actrices (les personnages masculins restant volontairement caricaturaux ou cocasses). Direction basée sur la subtilité, la nuance, le détail, le travail en profondeur, le faible contraste, le refus du vedettariat et des grandes orgues. Lumet repousse ainsi – et c'est l'une des audaces du film – le processus d'identification du spectateur à tel ou tel protagoniste, d'autant que le destin de chacune des héroïnes n'échappe pas à une certaine grisaille, à une sorte d'usure lente, un peu triste et monotone, de ses ambitions et de ses rêves. Presque tout ici est de l'ordre du compromis, de l'arrangement un peu médiocre (mais jamais honteux) permettant aux filles du Groupe et au Groupe lui-même de survivre. Seule Kay, au cours de ces années 33-39, basculera dans la tragédie ; encore s'agit-il d'une tragédie accidentelle sans romantisme ni sombre intensité. Presque aucune des amies ne réussira, et c'était pourtant leur but commun, à s'affirmer en tant que femme et à se débarrasser de l'emprise masculine dans ce qu'elle a d'étouffant et de dévastateur, sauf ironiquement la lesbienne Lakey. Il est difficile, d'abord parce qu'elle est en pleine évolution, mais aussi de par sa nature et son ambition même, de juger de manière globale l'œuvre de Lumet, sorte de mosaïque de mosaïques où chaque film apporte son foisonnement au foisonnement général. On finira peut-être par reconnaître en lui le cinéaste le plus obstiné et le plus imprévisible de son époque. Plusieurs de ses films seront sans doute à redécouvrir. Pour la décennie 80, on recommandera particulièrement l'éblouissant *Prince of the City (Le prince de New York,* 1981), *Daniel, id.* (1983) et *Running on Empty* (*A bout de course,* 1988), étonnant film sur un groupe en mouvement, contraint à la clandestinité et constamment menacé de rupture, où l'auteur invente une énième façon de traiter son sujet de prédilection. Car Lumet est aussi, à travers une filmographie très inégale, un des derniers vrais auteurs du cinéma américain.

# H

**HABANERA (LA) (id.)**

1937 – Allemagne (98') • *Prod.* UFA (Bruno Duday) • *Réal.* DETLEF SIERCK (DOUGLAS SIRK) • *Sc.* Gerhard Menzel • *Phot.* Franz Weihmayr • *Mus.* Lothar Brühne (Lyrics de « Kinderlied » et de « Du kannst es nicht wissen » de D. Sierck) • *Int.* Zarah Leander (Astrée Sternhjelm), Julia Serda (Ana Sternhjelm), Ferdinand Marian (Don Pedro de Avila), Karl Martell (Dr Sven Nagen), Boris Alekin (Dr Luis Gomez), Paul Bilot (Dr Pardway), Edwin Jürgensen (Shumann), Michael Schulz-Dornburg (le petit Juan).

1927. En voyage touristique avec sa tante Ana à Porto Rico, la Suédoise Astrée Sternhjelm est séduite par le pays : la sensualité qui baigne les paysages et les êtres, la musique des lieux, cette chanson, « La Habanera », qui vole de bouche en bouche comme une mélodie magique, l'ont ensorcelée, d'autant qu'elles contrastent avec la froideur et les conventions de son pays natal qui aujourd'hui la lassent. Elle rencontre Don Pedro de Avila, le maître puissant de l'île, qui a organisé une corrida à laquelle il invite les deux étrangères. Pour sauver un toréador blessé par un taureau, Don Pedro saute dans l'arène et donne à la bête l'estocade finale devant Astrée fascinée. Le lendemain, juste avant le départ de son bateau, Astrée redescend à terre et décide de rester dans l'île. Don Pedro, venu l'accompagner, l'embrasse fougueusement. Quelques semaines plus tard, on célèbre leur mariage. Neuf ans passent. Dans les neiges nordiques, le Dr Nagel de Stockholm, un amour de jeunesse d'Astrée, s'apprête à partir pour Porto Rico afin d'y étudier cette fièvre qui chaque année ravage l'île et y fait de nombreuses victimes. Il est envoyé là-bas par une fondation dirigée par Ana, la tante d'Astrée. Un confrère brésilien, le Dr Gomez, l'accompagnera. Le but secret de Nagel est de ramener à Stockholm Astrée, qu'il aime encore passionnément. Le préfet de Porto Rico a reçu de Don Pedro l'ordre de tout mettre en œuvre pour que le séjour des deux docteurs soit vain. Dans le passé, une commission américaine avait déjà ruiné le commerce de l'île en tentant de mettre au point, sans succès, un sérum contre la fièvre. Entre Don Pedro et Astrée, les relations se sont assombries. Don Pedro est jaloux comme un tigre, autoritaire et cruel. Il critique l'ascendant qu'Astrée a pris sur leur jeune fils, Juan, qu'elle éduque trop, à son goût, comme un Européen. C'est seulement pour ne pas perdre son enfant qu'Astrée n'a pas quitté le pays pour rejoindre la Suède. Pour elle, le paradis s'est changé en enfer. En secret, elle va réserver deux cabines pour elle et pour son fils sur un bateau en partance pour l'Europe. Elle chante fréquemment au petit Juan une chanson qu'elle a composée et où il est question de la neige, cette merveille inaccessible que l'enfant voudrait tant connaître et que sa mère lui promet de lui montrer bientôt. N'ayant rien pu voir à l'hôpital, où pourtant les victimes de la fièvre affluent, le Dr Nagel et son collègue en sont réduits à faire des expériences dans leur chambre d'hôtel. Une nuit, le Dr Nagel essaie de pénétrer dans le quartier interdit du port, où naît chaque année l'épidémie. Un militaire l'empêche de passer mais s'écroule bientôt, terrassé par la fièvre. Nagel effectue sur lui un prélèvement sanguin. Un peu plus tard, les deux médecins se réjouissent d'avoir enfin trouvé un antidote. Don Pedro les invite à une grande réception. En leur absence, la police peut fouiller tranquillement leur chambre. A cette réception, Nagel revoit Astrée et devine combien elle est malheureuse. Elle chante « La Habanera » devant les invités. Deux policiers viennent alors arrêter Nagel et son collègue, accusés d'avoir contrevenu aux lois de l'île en se livrant à des expériences dans leur hôtel. Don Pedro dit à sa femme qu'il a l'intention de briser la carrière de Nagel. C'en est assez pour qu'Astrée demande au docteur de la ramener en Suède. Soudain, Don Pedro s'écroule, terrassé à son tour par la fièvre. Nagel demande qu'on lui apporte en toute hâte la malle qui se trouve dans sa chambre d'hôtel. Il apprend que Don Pedro l'a fait confisquer et détruire : « Alors Don Pedro a creusé lui-même sa tombe » déclare-t-il. Il prend le bateau pour l'Europe avec Astrée et son fils. Repensant à tout ce qu'elle a vécu à Porto Rico, elle dit à Nagel que l'île lui a paru d'abord un paradis, puis un enfer mais qu'aujourd'hui elle ne regrette rien des expériences qu'elle y a connues.

☞ Dernier mélodrame et dernier film allemands de Douglas Sirk. C'est très tardivement que les admirateurs des films hollywoodiens du cinéaste eurent connaissance de son œuvre allemande : en 1972 exactement, l'année de la grande rétrospective du Festival d'Édimbourg reprise ensuite au National Film Theatre de Londres. On sut alors que non seulement l'œuvre allemande de Sirk était importante, cohérente, entretenait des rapports multiples avec son œuvre américaine mais aussi qu'elle comportait des films parfaits comme *Schlussakkord** et *La Habanera,* ou passionnants comme *Zu Neuen Ufern (Paramatta, bagne de femmes),* première collaboration de Sirk avec Zarah Leander. Dès cette époque, Sirk utilise le mélodrame plus qu'il ne le sert. Et c'est dans un but plus psychologique, social et esthétique que strictement émotionnel qu'il tire parti de ses personnages relativement passifs, ballottés par un destin qui leur ménage tant de surprises et d'obstacles. La déception, le désespoir succèdent pour eux à des bonheurs et à des béatitudes proches de l'extase, puisque c'est le rôle spécifique du mélodrame que d'enregistrer comme un sismographe les variations que le destin, par ses volte-face, imprime aux émotions et au moral des personnages. Sirk n'oublie pas non plus l'origine du mélodrame – drame accompagné de musique – et la musique aura dans ses films allemands une importance capitale. Elle exprime, notamment à travers les mélodies chantées ici et dans *Paramatta* par Zarah Leander, la fascination des personnages pour un lieu, une atmosphère, ou bien la déchéance de ces mêmes personnages, leur nostalgie, leurs regrets, et parfois toutes les illusions qu'ils se faisaient sur eux-mêmes ou sur autrui. Le thème de l'illusion et de la lucidité tardive passionne Sirk qui lui fait souvent dans ses mélodrames une place royale. Ce thème lui permet d'ajouter un aspect de critique sociale, insidieux mais toujours présent dans ses films, à l'itinéraire psychologique et romanesque vécu par les personnages. Astrée Sternhjelm, l'héroïne de *La Habanera,* vit ainsi dans ce film une attachante dialectique du refus, de l'illusion et de la lucidité. C'est parce qu'elle refuse ce qu'elle croyait trop bien connaître et qu'elle connaissait en fait très mal (son pays natal et les liens qui l'attachent à lui) qu'elle tombera dans l'illusion de considérer Porto Rico comme un paradis, lequel se transformera bientôt en enfer jusqu'à ce qu'elle le quitte, prête à faire alors de ses expériences une sorte de synthèse morale dont les effets auront lieu hors film et dans l'esprit du spectateur. Pour l'aspect de critique sociale, traité et bouclé ici avec l'ironie supérieure des films de Sirk, il tient dans le portrait du seigneur féodal Don Pedro de Avila qui, tout au long de l'intrigue, creuse sans le savoir sa propre tombe. Par-dessus tout, *La Habanera* est digne de l'esthète que fut toujours, dans le meilleur sens du terme, Douglas Sirk. Les aventures romanesques et mélodramatiques de l'héroïne, interprétée par la superbe Zarah Leander, n'auraient pas de sens ni de prix pour lui s'il ne parvenait à les matérialiser dans une *figure* dispensatrice de beauté. La beauté, dans cette figure, vient des contrastes superficiels et profonds qui l'animent. Le Nord et le Sud, la neige et la canicule, la retenue et l'exubérance donnent à l'œuvre une variété, une cohérence, un mouvement externe et interne qui rassemblent en une parfaite unité le monde des apparences et celui des significations profondes. (Chez le véritable esthète, le superficiel et le profond disent exactement la même chose.) On retrouvera le même balancement riche de sens entre des pôles géographiques opposés dans *Stützen der Gesellschaft,* 1935 (*Les piliers de la société* d'après Ibsen) dont l'intrigue oscille entre la Norvège et l'Amérique, dans *Schlussakkord** (Allemagne et Amérique) et dans *Paramatta* (Angleterre et Australie). Dans *La Habanera,* le style de Sirk, et notamment son découpage, témoignent, eux aussi, d'une variété qui prouve déjà une très grande maîtrise. Citons seulement le contraste qui existe, par exemple, entre l'admirable ouverture où la mélodie « La Habanera » vole pour ainsi dire dans l'air, investit un espace appréhendé, en extérieurs, par d'amples et sensuels panoramiques, et la séquence très découpée, constituée en grande partie de gros plans courts et heurtés, quand, beaucoup plus tard dans l'intrigue, Zarah Leander, la souffrance au cœur, interprète la même mélodie dans un patio pour les invités de son mari.

BIBLIO. : sur ce film comme sur tous les autres de Sirk, on se reportera à l'admirable livre d'entretiens du réalisateur avec Jon Halliday : « Sirk on Sirk », Secker and Warburg, Londres, 1971. Il est très regrettable que cet ouvrage n'ait pas été jusqu'ici traduit en français.

## HABIT VERT (L')

1937 – France (109') • *Prod.* Société des Films Roger Richebé • *Réal.* ROGER RICHEBÉ • *Sc.* Louis Verneuil d'ap. P. de Robert de Flers et Gaston Arman de Caillavet • *Phot.* Jean Isnard • *Mus.* Marcel Lattès • *Int.* Elvire Popesco (la duchesse de Maulévrier), Victor Boucher (le comte de Latour-Latour), Meg Lemonnier (Brigitte), André Lefaur (le duc de Maulévrier), Jules Berry (Parmeline), Abel Tarride (l'hôte de l'Élysée), Pierre Larquey (Pinchet), Pierre Palau (le baron Bénin).

Pour dissimuler à son mari l'une de ses nombreuses infidélités, la femme du président de l'Académie française est amenée à proposer la candidature de son dernier amant, un homme du monde. N'étant doué dans aucun domaine en particulier, il ne s'est fait d'ennemi nulle part et est facilement élu. Au moment même de prononcer l'éloge du récipiendaire, le mari trompé apprend son infortune. Néanmoins, pour éviter le scandale et par respect pour l'illustre institution, il accepte de lire son discours.

☞ Cette grande comédie de Flers et Caillavet (1912), allégée et revivifiée par Louis Verneuil pour le cinéma parlant, est un très joyeux jeu de massacre, moitié vaudeville et moitié critique de mœurs, écrit dans une langue magnifique de verve satirique. Les comédiens, portés par un texte irrésistible où les reparties mémorables abondent, donnent le meilleur d'eux-mêmes avec une vivacité délirante qui n'a pas pris une ride. Correctement réalisé par Roger Richebé, que Jeanson insulta bien injustement, ce film, qui brocarde la bourgeoisie autant que la noblesse, les mondanités comme la chasse aux honneurs, a surtout pour auteur l'époque où il fut tourné. Une époque qui se plaisait à faire, avec le talent des acteurs et l'ironie du texte, des mariages heureux. L'un des meilleurs rôles d'Elvire Popesco.

## HAINES
## (The Lawless)

1949 – USA (81') • *Prod.* PAR. (William H. Pine et William C. Thomas) • *Réal.* JOSEPH LOSEY • *Sc.* Geoffrey

Homes (Daniel Mainwaring) d'ap. son R. « The Voice of Stephen Wilder » • *Phot.* Roy Hunt • *Mus.* Mahlon Merrick • *Int.* Macdonald Carey (Larry Wilder), Gail Russell (Sunny Garcia), John Sands (Joe Ferguson), Lee Patrick (Jan Dawson), John Hoyt (Ed Ferguson), Lalo Rios (Paul Rodriguez), Maurice Jara (Lopo Chavez), Walter Red (Jim Wilson), Gay Anderson (Jonas Creel), Felipe Turich (Mr. Rodriguez), Argentina Brunetti (Mrs. Rodriguez), Martha Hyer (Caroline Tyler), Frank Fenton (Mr. Prentiss), Tab Hunter (Frank O'Brien), Frank Ferguson (Carl Green).

Dans une petite ville californienne, une bagarre éclate au cours d'un bal. Un groupe de cinq jeunes Américains venus des quartiers riches ont attaqué d'autres jeunes, d'origine mexicaine. L'un d'entre eux, un adolescent nommé Paul Rodriguez, frappe durant l'échauffourée un policier et s'enfuit. Il est rattrapé et passe en jugement. Ed Ferguson, le père de l'un des agresseurs, paiera les amendes de tous. A l'occasion de ces événements, deux journalistes travaillant pour des journaux différents, Larry Wilder et Sunny Garcia, ont fait connaissance. Wilder a perdu son esprit combatif d'autrefois et tient avant tout à rester neutre, ce qui déçoit la jeune femme. Un peu plus tard, Rodriguez est mêlé à un accident de voiture où un policier trouve la mort. Bien que non responsable de cette mort, l'adolescent sait qu'il sera accusé et prend la fuite. Une fausse rumeur l'accuse également d'avoir molesté une jeune fille. Une meute se forme pour le retrouver. Il est frappé à coups de pierre. Larry le prend sous sa protection. Poussé par Sunny, il ouvre dans son journal une souscription pour assurer la défense du jeune homme. Les habitants de la ville en furie marchent sur la prison. Comme ils ne peuvent y entrer, ils se défoulent en saccageant les locaux et tout le matériel du journal de Wilder. Sunny est blessée. Ressentant un immense dégoût, Larry annonce à tous qu'il quitte la région. Ed Ferguson essaie de le faire changer d'avis. Dans cette intention, il lui amène Rodriguez dont la caution a été versée. L'adolescent lui dit qu'il le considère comme son frère. Larry se rend au journal de Sunny pour imprimer le sien.

☞ *The Lawless* figure parfois dans les ouvrages et les catalogues consacrés au *film noir.* C'est pourtant exactement le contraire. Deuxième titre de Losey, tourné en vingt et un jours d'après un scénario et un roman de Daniel Mainwaring, le film s'enchaîne harmonieusement au *Garçon aux cheveux verts**, dont il est le prolongement réaliste, non allégorique, mais non moins chaleureux. Le décor de l'action est encore cet univers de la petite ville américaine qui pourrait être idyllique, voire paradisiaque, s'il n'était empoisonné par la discrimination raciale, les préjugés et l'obscène violence. Au milieu de ces conflits raciaux et sociaux, Losey fait vivre trois personnages, éclairés d'une douce lumière humaniste. C'est eux qui l'intéressent au premier chef. Au contact de l'adolescent qu'il est amené à aider et de la jeune collègue qu'il a rencontrée, le journaliste résistera au démon de la lassitude et du découragement qui s'était installé en lui. Avec ce personnage, c'est toute la substance du film qui se trouve attirée, à travers une mise en scène limpide et très concise, vers les pôles positifs de l'amitié, de l'esprit de justice et de l'amour. La naissance de l'amour entre les personnages interprétés par Gail Russell et Macdonald Carey, qu'unit aussi une relation de tendresse et d'estime, constitue sans doute la ligne de force principale du récit. Il faudrait, pour l'évoquer dans sa juste tonalité, les ressources de la poésie, et c'est avec raison que Marc Bernard, admirateur fervent du film, lui avait consacré, dans le premier ensemble publié sur Losey, un bref poème en prose (cf. « Cahiers du cinéma » n° 111, 1960).

## HALLELUJAH (id.)

1929 – USA (100') • *Prod.* MGM (King Vidor) • *Réal.* KING VIDOR • *Sc.* Vidor, Wanda Tuchock, Richard Schayer, Ransom Rideout • *Phot.* Gordon Avil • *Mus.* Supervision : Eva Jessye • *Int.* Daniel L. Haynes (Zeke), Nina Mae McKinney (Chick), William E. Fountaine (Hot Shot), Harry Gray (pasteur), Fannie Belle

DeKnight (Mammy), Everett McGarrity (Spunk), Victoria Spivey (Missy Rose), et les Dixie Jubilee Singers.

La récolte de coton a été bonne pour la famille de Zeke. En tant qu'aîné, c'est à lui que revient le privilège d'aller la négocier à la ville. Il emmène son jeune frère Spunk. Là-bas il fait la connaissance de Chick et est fasciné par sa beauté autant qu'elle-même est fascinée par son argent. Elle le présente à Hot Shot, son amant, qui l'embarque dans une partie de dés où Zeke perd tout son avoir. Il s'aperçoit vite que son partenaire est un tricheur. Bagarre dans le café. Zeke vide son revolver et une balle perdue atteint mortellement Spunk. Zeke rentre chez lui sans un sou et, avec pour tout bagage, le cadavre de son frère allongé dans la charrette. Le remords ne cesse plus de le tenailler. Son père, le pasteur, le réconforte comme il peut et c'est alors que Zeke prend la décision de devenir prêcheur. Chick assiste à l'un de ses prêches. Elle commence par ricaner puis, peu à peu, se sent attirée et enveloppée par l'éloquence et la conviction de Zeke. Elle met à se faire baptiser un zèle bien proche de l'hystérie et que la mère de Zeke jugera pure hypocrisie. Zeke sent que le diable ne le laisse pas en paix. Il demande la main de Rose, la fille adoptive de son père. Mais quand il revoit Chick, il ne peut s'empêcher de partir avec elle. Quelques mois plus tard, il est devenu mineur. Chick, qui partage sa vie, a revu Hot Shot et file avec lui. Zeke les poursuit. Leur carriole s'embourbe et perd une roue. Chick, blessée, meurt dans les bras de Zeke qui poursuit Hot Shot dans les marais et l'étrangle. Après un temps passé au bagne, il est libéré sur parole. Il retourne dans sa famille et épouse Rose.

☞ Premier film parlant américain de grande qualité. Ce n'est pas, comme on l'a dit souvent, le premier film entièrement tourné avec des Noirs. Il avait, dans ce domaine, été précédé de peu par *Hearts in Dixie* produit par la Fox et réalisé par Paul Sloane (1929). Durant les années 20, il y avait eu de nombreux films joués entièrement par des Noirs (ceux par exemple d'Oscar Micheaux, Frank Perigini et Robert Morice) mais ils étaient destinés aux minorités noires. *Hallelujah* baigne dans la musique et est, sans en avoir le titre, une sorte d'opéra où l'action compte moins en elle-même que l'émotion lyrique qu'elle suscite. Thème principal du film : la victoire mouvementée et tourmentée de l'homme contre les tentations et contre le mal, thème biblique et vidorien par excellence. Bien que Vidor ait ressenti comme une contrainte la nécessité de préparer un texte précis pour chacun des protagonistes, le tempo ample et musical de nombreuses scènes et le naturel des acteurs, lié à un certain réalisme documentaire de l'atmosphère et du détail, font qu'on a souvent l'impression d'assister à une improvisation. Comme plusieurs de ses films (*La foule**, *Notre pain quotidien**), *Hallelujah* possède la liberté d'une œuvre marginale et expérimentale sans en avoir les défauts ni l'amateurisme.

## HANTISE
### (Gaslight)

1944 – USA (114') • *Prod.* MGM (Arthur Hornblow, Jr.) • *Réal.* GEORGE CUKOR • *Sc.* John Van Druten, Walter Reisch et John L. Balderston d'ap. P. « Angel Street » de Patrick Hamilton • *Phot.* Joseph Ruttenberg • *Mus.* Bronislau Kaper • *Int.* Charles Boyer (Gregory Anton), Ingrid Bergman (Paula Alquist), Joseph Cotten (Brian Cameron), Dame May Whitty (Miss Thwaites), Angela Lansbury (Nancy Oliver), Barbara Everest (Elizabeth Tompkins), Emil Rameau (Maestro Guardi), Edmund Breon (Huddelston).

Encore enfant, Paula Alquist a quitté le quartier de Londres où sa tante, une cantatrice célèbre qui l'a élevée, a été assassinée par un étrangleur. En Italie, devenue adulte, elle tombe amoureuse du pianiste de son professeur de chant, Gregory Anton. Elle est peu douée pour le chant et Gregory la convainc de retourner habiter avec lui, après leur mariage, dans la maison de sa tante. Là, avec la complicité tacite d'une domestique, il l'isole de tout contact humain, la tourmente, la persécute, dissimulant par exemple des objets qu'il l'accuse

ensuite d'avoir perdus. Peu à peu il parvient à la persuader elle-même qu'elle est folle. La nuit, il la laisse souvent seule et terrorisée. Ne sachant si son imagination est cause de ce supplice, elle entend chaque fois qu'elle est seule des pas au-dessus d'elle à l'étage condamné de la maison. En réalité, c'est Gregory lui-même qui, prétendant aller travailler à ses compositions musicales dans le studio qu'il a loué, fait le tour du pâté de maisons, rentre par la maison voisine et passe la nuit à fouiller dans les affaires de la tante de Paula, à la recherche de ses bijoux d'une valeur fabuleuse. Ces bijoux l'obsèdent et il n'avait pu les trouver après avoir assassiné, pour s'en emparer, la cantatrice. Il les découvre enfin, parmi des pièces sans valeur, cousus sur une robe de scène de la chanteuse. Nul doute que Paula subirait le même sort que sa tante si la Providence ne veillait sur elle en la personne de Brian Cameron, un détective de Scotland Yard, amoureux, quand il était enfant, de la cantatrice. Paula devra son salut à sa curiosité, à sa tenacité et au tendre sentiment qu'il lui porte. Il lui apprendra que Gregory est déjà marié à Prague et saura le réduire à l'impuissance. Brian et Paula couleront ensemble des jours heureux.

☞ Adepte du portrait de groupe, de la chronique et de la satire de mœurs, Cukor a peu sacrifié aux genres traditionnels et populaires du cinéma hollywoodien. Quand il le fait, c'est avec beaucoup de fantaisie et de raffinement (cf. son western *Heller in Pink Tights**, sa comédie musicale *Les Girls**) ou bien avec une idée de derrière la tête. Ici, dans ce mélodrame victorien aux allures de thriller, adapté d'une célèbre pièce anglaise, il voit surtout une occasion de révéler certains aspects cachés (à cette époque) du talent de Bergman. Elle qui semblait faite avant tout pour jouer les femmes équilibrées, radieuses, épanouies, il la fait sortir de ses gonds et la montre bouleversée – et bouleversante –, vacillante, apeurée, telle une proie consentante offerte à un bourreau sadique et diabolique. Après Victor Fleming auteur de la première métamorphose de Bergman dans son *Dr Jekyll et Mr. Hyde** de 1941, il ouvre ainsi la voie à Hitchcock et à Rossellini qui feront d'elle une héroïne du vertige et de la frustration. Cukor donne aussi son premier rôle – et un rôle difficile – à la jeune Angela Lansbury (17 ans), fille d'une comédienne irlandaise, Moyna McGill, célèbre sur les scènes londoniennes.

N.B. Le thème de la femme victime, en proie aux obsessions criminelles de son mari, alimente le mélodrame « gothique », un genre basé sur des décors, des atmosphères et des éclairages savamment inquiétants, qui progresse dans le cinéma américain parallèlement au *film noir* des années 40 (cf. *Suspicion, Soupçons** de Hitchcock, 1941, *Experiment perilous, Angoisse* de Jacques Tourneur, 1944, *Sleep, My Love, L'homme aux lunettes d'écaille* de Douglas Sirk, 1948, *Caught* de Max Ophuls, 1949). La pièce de Patrick Hamilton, l'auteur du roman d'où fut tiré *Hangover Square* et de la pièce « La corde », avait déjà été fort correctement filmée par Thorold Dickinson (Angleterre, 1940) avec Anton Walbrook et Diana Wynyard. Il n'y a pas de différence radicale entre les deux adaptations sinon que tous les éléments du film – recréation de l'atmosphère victorienne, beauté de la photo et des cadrages, interprétation, rythme tendu imprimé au récit – sont cent fois plus brillants et aboutis chez Cukor.

## HARAKIRI
**(Seppuku)**

1962 – Japon (135') • *Prod.* Shochiku • *Réal.* MASAKI KOBAYASHI • *Sc.* Shinobu Hashimoto d'ap. R. de Yasuhiko Takiguchi • *Phot.* Yoshio Miyajima (Cinémascope) • *Mus.* Toru Takemitsu • *Int.* Tatsuya Nakadai (Hanshiro Tsugumo), Akira Ishihama (Motome), Shima Iwashita (Miho), Rentaro Mikuni (Kageyu), Masao Mishima (Tango), Tetsuro Tamba (Hikokuro), Yoshio Inaba (Jinnai).

En 1630, le ronin Hanshiro Tsugumo (ronin = samouraï errant, sans maître et sans emploi comme il y en avait beaucoup à l'époque) réclame d'un puissant seigneur la faveur d'être hébergé pour pouvoir se faire hara-kiri

selon les prescriptions de ce rituel de mort. Afin de l'éprouver, on lui raconte l'histoire du jeune Motome qui avait adressé au clan la même requête, mais dans le secret espoir de se faire donner un peu d'argent ou un emploi. On l'avait forcé à rester fidèle à sa parole et à se donner la mort. N'ayant apporté avec lui que des lames de bambou (preuve qu'il n'avait pas véritablement l'intention de se tuer), il avait dû s'ouvrir le ventre avec ces morceaux de bois, avant que l'assistant qui lui avait été désigné ne consente, selon la règle, à le décapiter. Tsugumo, nullement impressionné par ce récit, confirme sa volonté de mourir et réclame successivement trois hommes pour l'assister. L'un après l'autre, ils se récusent, se disant malades et indisponibles pour cette tâche. Refusant toute autre assistance, Tsugumo tient à faire aux hommes du clan le récit de sa triste existence. Il révèle notamment que Motome n'était autre que son gendre. Pour nourrir sa femme et son bébé, le jeune homme avait été obligé de se défaire de ses épées et de les remplacer par des bambous. Il avait cherché par tous les moyens à faire échapper les siens, qui moururent peu après, à la misère. Tsugumo se déclare entièrement solidaire de sa conduite et critique le formalisme du bushido (code d'honneur samouraï). Il ajoute qu'il a combattu en duel les trois responsables de la mort de son gendre et qu'il leur a – suprême offense – découpé la mèche de cheveux taillée, selon la coutume, au sommet du crâne. Ces hommes sont ceux-là même qu'il a réclamés comme assistants. Ils se disent malades mais en réalité, affirme Tsugumo, ils se cachent en attendant que leurs cheveux repoussent. Le chambellan du seigneur, profondément choqué par le récit et la révolte de Tsugumo, lance contre lui plusieurs dizaines de samouraïs. Tsugumo se défend comme un lion, en tue quatre et en blesse douze avant de se faire hara-kiri.

☞ Avec un art consommé de conteur, Kobayashi utilise les flashbacks, les détours dans le récit, les révélations retardées, pour enrichir son intrigue, architecturer progressivement son propos et maintenir constamment en éveil la curiosité du spectateur. Il le fait sans accélérer le rythme de l'action qui doit rester lente, solennelle et impressionnante. Nullement contemplative malgré sa solennité, la mise en scène alterne les plans fixes et généraux avec les zooms et les mouvements d'appareil rapides dont le scope accentue encore la brutalité. Tout comme l'histoire dans son ensemble, chaque plan, chaque séquence est fortement dramatisé. En outre, la représentation concrète de la violence atteint pour l'époque une intensité jamais vue hors du Japon. En avocat autant qu'en humaniste, Kobayashi instruit habilement le procès du formalisme du code de l'honneur samouraï. A travers lui, il entend attaquer les idéologies et les conventions qui dissimulent sous un vernis culturel et éthique les pires inégalités sociales et par là même les justifient et les prolongent. Aux uns, le faste et la puissance, aux autres la consolation d'une mort noble et conforme aux règles. Par une description saisissante de la misère au XVIIe siècle, l'auteur, qui est le contraire d'un cinéaste de la résignation, tente d'en appeler, *hic et nunc*, à la réflexion et à l'indignation du spectateur. Car pour Kobayashi la misère, qui a pris aujourd'hui d'autres formes, est aussi injuste, aliénante et omniprésente qu'à cette époque lointaine.

## HAROLD ET MAUDE (Harold and Maude)

1971 – USA (90') • *Prod.* PAR. (Colin Higgins, Charles B. Mulvehill) • *Réal.* HAL ASHBY • *Sc.* Colin Higgins • *Phot.* John Alonzo (Technicolor) • *Mus.* Cat Stevens • *Int.* Ruth Gordon (Maude), Bud Cort (Harold Chasen), Vivian Pickles (Mrs. Chasen), Cyril Cusack (le sculpteur), Charles Tyner (oncle Victor), Ellen Geer (Sunshine), Eric Christmas (le prêtre), G. Wood (le psychiatre).

L'idylle étrange et chaleureuse unissant Harold Chasen, jeune fils de famille richissime, à Maude, une comtesse de quatre-vingts ans excentrique et optimiste. Harold, vivant sous la coupe d'une mère possessive, est animé de tendances à la fois facétieuses et mor-

bides qui le poussent à simuler, avec invention et réalisme, toutes sortes de suicides dont sa mère, parfaitement indifférente, et les fiancées qu'elle lui propose sont les seules spectatrices. Il aime aussi beaucoup les enterrements et c'est lors d'une cérémonie de ce genre qu'il rencontrera Maude qui en est également férue. Mais Maude est le contraire de quelqu'un de morbide ; elle enseignera à son jeune compagnon le goût de la vie, de la liberté et de l'action. Le jour de ses quatre-vingts ans, ne voulant pas vivre plus longtemps, elle absorbe – en toute lucidité – un poison mortel. Après sa mort, Harold, désespéré, lance sa Jaguar, transformée depuis longtemps en petit corbillard, du haut d'une falaise. Mais il n'est pas dedans. Il s'éloigne en dansant et en jouant du banjo – un instrument dont Maude lui avait fait cadeau.

☞ Qu'un tel sujet, incongru et relativement audacieux, ait pu donner lieu à un immense succès (qui ne commença pas immédiatement) prouve l'évolution du public et d'une société caractérisée par une plus grande ouverture d'esprit et fascinée par une forme de plus en plus répandue de marginalisation. (Les raisons sociologiques du succès du film ne sont pas éloignées de celles qui expliquent vingt ans plus tôt le triomphe de *La strada**.) Aux deux extrêmes de la vie, deux marginaux, un adolescent et une octogénaire, qui n'ont pu s'épanouir dans les structures traditionnelles de la société, se complètent et s'entraident hors des sentiers battus. A ceci près qu'Harold a beaucoup plus besoin de Maude que Maude d'Harold. Hal Ashby fait preuve d'adresse et de délicatesse dans la description des deux protagonistes, dans le mélange des tons (émotion et dérision, humour et morbidité), dans la conduite du récit, solide sans être jamais traditionnelle. Il appartient à cette race de metteurs en scène éclectiques et brillants, pour qui les notions de dépouillement ou d'épure sont du chinois, qui ne cherchent pas à changer le plomb en or mais préfèrent travailler directement sur l'or. Et l'or dans ce film, c'est l'histoire et le dialogue de Colin Higgins, la composition de Ruth Gordon (1896-1985), dernier chef-d'œuvre d'une carrière particulièrement bien remplie d'actrice, d'auteur dramatique, de mémorialiste (« Myself Among Others », 1970), de scénariste (elle a signé avec son mari Garson Kanin quelques-unes des meilleures comédies de George Cukor). C'est aussi le superbe commentaire musical de Cat Stevens. *Harold et Maude* restera pour avoir illustré, par une forme dramatique et des personnages originaux, la revendication, née à la fin des années 60, du droit de chacun à la fantaisie, à l'excentricité, à l'utilisation maximale, jusque dans la mort, de sa liberté individuelle.

N.B. Colin Higgins tira de son scénario un roman et une pièce à succès. Dans son œuvre ultérieure de scénariste et de metteur en scène (cf. *Silver Streak, Transamerica Express,* Arthur Hiller, 1976, *Foul Play, Drôle d'embrouille,* C. Higgins, 1978, deux imitations assez pâles d'Hitchcock, *Nine to Five, Comment se débarrasser de son patron,* C. Higgins, 1980), il ne retrouva pas la force et l'authenticité de ce coup d'essai de maître.

## HARRY ET TONTO
### (Harry and Tonto)

1974 – USA (115') • *Prod.* Fox (Paul Mazursky) • *Réal.* PAUL MAZURSKY • *Sc.* Paul Mazursky, Josh Greenfield • *Phot.* Michael Butler (DeLuxe Color) • *Mus.* Bill Conti • *Int.* Art Carney (Harry), Ellen Burstyn (Shirley), Chief Dan George (chef indien), Geraldine Fitzgerald (Jessie), Larry Hagman (Eddie), Arthur Hunnicutt (Wade), Phil Bruns (Burt).

Mécontent des conditions de vie dans sa ville, expulsé de chez lui et mal à l'aise dans le foyer de son fils Burt qui l'a recueilli, un retraité new-yorkais, veuf, Harry, part en solitaire avec son chat Tonto pour un voyage qui doit le conduire à Chicago où vit sa fille. Au volant d'une vieille guimbarde – seul moyen de transport où il puisse emmener librement Tonto –, il décide de faire un détour pour revoir son premier amour, Jessie, qui vit maintenant, enfermée dans ses rêves, dans une maison de retraite. Il ne restera pas longtemps chez sa fille à Chicago et donnera sa voiture à son petit-fils (le fils de Burt) venu le retrouver et à une auto-stoppeuse qu'il avait prise à bord de son véhicule. Le voilà qui fait seul de l'auto-stop à son tour et, au long d'un itinéraire fertile en incidents, il aura l'occasion de rencontrer un cow-boy, une call-girl et un vieux chef indien guérisseur. A Los Angeles, il retrouvera son deuxième fils, un raté, et aura la douleur de perdre son vieux compagnon Tonto.

☞ Film très inventif et d'une grande sensibilité décrivant la faillite d'une société desséchée et déshumanisée, qui a perdu jusqu'au souvenir des anciens idéaux américains. Au pamphlet, Mazursky a préféré l'élégie ; et l'originalité de son film vient de ce que ce ton élégiaque émane d'une intrigue foisonnante et riche comme un récit picaresque. Refusant le pessimisme intégral, Mazursky met sa confiance dans des personnages d'originaux, de marginaux, comme Harry et certains de ses compagnons de route, pour reprendre le flambeau du vieil individualisme et du vieil humanisme américain, celui-là même qui inscrivait dans la Constitution le droit au bonheur pour chaque citoyen. Belle interprétation d'Art Carney.

## HAS ANYBODY SEEN MY GAL ? (Qui donc a vu ma belle ?)

1952 (sortie en France : 1973) – USA (89') • *Prod.* UI (Ted Richmond) • *Réal.* DOUGLAS SIRK • *Sc.* Joseph Hoffman • *Phot.* Clifford Stine (Technicolor), • *Mus.* Joseph Gershenson • *Int.* Charles Coburn (Samuel Fulton), Piper Laurie (Millicent Blaisdell), Rock Hudson (Dan Stebbins), Gigi Perreau (Roberta Blaisdell), Lynn Bari (Harriet Blaisdell), Larry Gates (Charles Blaisdell), William Reynolds (Howard Blaisdell), James Dean (l'amateur d'ice-cream).

A la fin des années 20, Samuel Fulton, un milliardaire américain sans héritier, envisage de léguer ses biens à la famille de la seule femme qu'il ait aimée et qui l'avait autrefois repoussé. Il a toujours attribué à ce rejet le sursaut d'énergie qui lui permit de sortir des sentiers battus et de faire fortune. Prudent, Fulton se rend incognito dans la petite ville où vivent les Blaisdell afin d'observer de près le comportement de ses éventuels légataires. Au prix d'une petite ruse, il se fait loger chez eux et plus tard obtient un poste de serveur au drugstore local dont le patron n'est autre que le chef de la famille Blaisdell. Les Blaisdell ne roulent pas sur l'or mais vivent heureux et paisibles. Fulton leur fait remettre par son notaire, à titre d'expérience, un chèque anonyme de 100 000 dollars. A partir de là, les ennuis commencent : la mère rompt les fiançailles de sa fille Millicent avec Dan, un employé du drugstore, et se débarrasse du chien préféré de sa fillette pour acheter à la place des caniches de luxe. La famille déménage pour habiter dans une luxueuse demeure où la mère se découvre une passion pour le snobisme et les mondanités. Elle combine pour sa fille un mariage d'argent avec le fils Pennock. Pendant ce temps, Fulton s'affaire à regagner le montant des dettes de jeu contractées par le frère de Millicent et surtout travaille à réconcilier celle-ci avec Dan. Le père a fait de mauvais placements et en vient bientôt à devoir solliciter de son bienfaiteur anonyme un autre don qui lui est refusé. Apprenant la ruine des Blaisdell, les Pennock mettent fin au projet de fiançailles. Ces catastrophes accumulées conduisent les Blaisdell à reprendre leur vie d'antan. Millicent et Dan vont enfin pouvoir se marier. Et Fulton disparaît, l'âme en paix, bien décidé à ne pas donner suite à ses projets de donation.

☞ Premier film de Douglas Sirk en couleurs et premier volet de ce qu'il appelle « a trilogy of little American stories » (cf. Jon Halliday « Sirk on Sirk », Londres, 1971). Cette petite fable sans importance illustre le thème « l'argent ne fait pas le bonheur » et sa variante « abondance de biens nuit ». Elle vaut moins par son contenu que par sa forme et son ton. Plastiquement, une plaisante reconstitution des années 20, mêlant nostalgie et caricature, enchante l'œil du spectateur, que charment d'autre part de minuscules intermèdes musicaux insérés çà et là dans l'action et où les personnages extériorisent une joie de vivre que l'argent n'a pas encore entamée. Mis en contraste avec la verve ironique et cinglante de *A Scandal in Paris**, avec la satire sociale feutrée mais pénétrante de *No Room for the Groom*, avec la fausse mièvrerie de *Weekend with Father**, le scepticisme bon enfant de *Has Anybody Seen My Gal ?*, appliqué à une description amusée de la petite-bourgeoisie américaine, prouve l'éclectisme de Sirk à l'intérieur du domaine de la comédie. La comédie, en effet, tout autant que le mélodrame, est un genre qu'il a su aborder et inventorier dans ses multiples facettes. Un mot suffirait à qualifier ici son talent : la légèreté, résultante d'un extrême professionnalisme allié à une exquise modestie. Cette légèreté est sensible notamment dans la merveilleuse interprétation de Charles Coburn.

N.B. La trilogie dont parle Sirk se continue avec *Meet Me at the Fair* (1952) et *Take Me to Town* (1953), tous deux inédits en France.

**HATARI (id.)**

1962 – USA (159') • *Prod.* PAR. (Howard Hawks) • *Réal.* HOWARD HAWKS • *Sc.* Leigh Brackett d'ap. une histoire d'Harry Kurnitz • *Phot.* Russell Harlan (Technicolor) • *Mus.* Henry Mancini • *Int.* John Wayne (Mercer), Hardy Kruger (Kurt), Gérard Blain (Maurey), Michèle Girardon (Brandy), Bruce Cabot (l'Indien), Elsa Martinelli (Dallas), Red Buttons (Pockets), Valentin de Vargas (Luis Francisco Garcia Lopez), Eduard Franz (Dr Sanderson).

Une saison de chasse de John Mercer au Tanganyika. Avec une dizaine de compagnons, Mercer capture des animaux pour des zoos de tous les pays du monde. Sa patronne est la toute jeune Brandy, fille de son ancien employeur, mort au cours d'une chasse. La saison commence mal, car l'un des hommes, Bill Vaugh dit « l'Indien », s'est fait encorner par un rhinocéros. Il est remplacé dans l'équipe par un jeune Français qui – par chance – a le même groupe sanguin que lui et donnera de son sang pour une transfusion. Une autre nouvelle venue dans l'équipe est la jeune photographe italienne Seraphina d'Allessandro, dite Dallas, envoyée par le zoo de Bâle. Mercer, misogyne depuis que sa fiancée l'a abandonné car elle n'aimait pas la région, voit d'un mauvais œil cette recrue féminine à laquelle il ne s'attendait pas. Mais il se rallie à l'opinion de ses compagnons qui veulent la garder. Assis sur le capot de la voiture, Mercer capture une girafe avec une perche, puis un zèbre au lasso. Le conducteur du véhicule, un pilote de courses allemand, Kurt Stahl, et le Français tournent autour de Brandy qui, pour eux, n'est plus du tout une enfant. L'équipe capture ensuite une antilope. Dallas empêche qu'un éléphanteau sans mère et non sevré ne soit tué. Elle l'adopte. Au grand agacement de Mercer, Pockets, ancien chauffeur de taxi, le « comique » de la bande, fait une collecte pour acheter des chèvres dont le lait servira à nourrir l'éléphanteau, lequel est bientôt rejoint par un frère de race puis par un troisième éléphanteau. Les trois animaux considèrent Dallas comme leur mère et lui obéissent fidèlement. Amoureuse de Mercer, Dallas conseillée par Pockets prend l'initiative et s'élance à sa conquête. Elle rencontrera beaucoup d'épines. Durant une chasse aux buffles, le véhicule piloté par Stahl et le Français se retourne. Par chance les deux hommes ne sont que légèrement blessés. Un peu plus tard, Pockets fait une chute et découvre à cette occasion que Brandy est amoureuse de lui. Il met au point une fusée qui, au cours de sa trajectoire, déploiera un filet sur un arbre rempli de plusieurs centaines de singes. Revêtus d'armures de fortune, les membres de l'équipe, telles des caricatures de chevaliers du Moyen Age, n'auront plus qu'à s'emparer des animaux captifs. La saison se termine en beauté avec la prise d'un rhinocéros. Le lendemain matin, Dallas, déçue de n'avoir su conquérir Mercer, disparaît en laissant un mot adressé à Pockets. Mercer part à sa recherche, aidé par les trois éléphanteaux dont le flair fait merveille. Mercer retrouve sa « proie » et l'épouse.

☞ Dernier grand chef-d'œuvre de Hawks. C'est le triomphe du petit sujet, de l'absence apparente d'ambition, de la décontraction et du charme. Les personnages, les thèmes et les situations chers à l'auteur sont tous ici traités en mineur, mais le film lui-même est loin d'être mineur et prouve au contraire, à chaque seconde, la maîtrise parfaite d'un grand auteur classique. Mâle échaudé et coincé dans le souvenir d'une déception sentimentale jamais digérée ; femme active et têtue partant allègrement à la conquête de ce mâle rétif ; danger affronté en toute connaissance de cause, avec sérieux et désinvolture, par de vrais professionnels ; petit groupe puissamment fusionné par une même passion tacite pour la tâche à accomplir et le cadre où elle se déroule ; mélange de comédie et de semi-drame où l'emporte, cette fois, un humour savoureux et constant : tout l'univers de Hawks, hors sa folie et ses grincements, est ici représenté et merveilleusement servi par un script adroit et inventif de Leigh Brackett, une photo épanouie et superbe de Russell Harlan, la partition élégante et enjouée de Mancini, une interprétation très hétérogène et pourtant cohérente. C'est peut-être le film le plus serein et le plus apaisé de Hawks, dont le but évident est d'offrir au public une représentation crédible du bonheur. Et en effet ces 159 minutes, pleines de parenthèses, de digressions, d'improvisations savamment conduites, passent aussi vite qu'un instant de bonheur.

## HAUTE PÈGRE
**(Trouble in Paradise)**

1932 – USA (83') • *Prod.* PAR. (Ernst Lubitsch) • *Réal.* ERNST LUBITSCH • *Sc.* Samson Raphaelson d'ap. P. « The Honest Finder » de Laszlo Aladar • *Phot.* Victor Milner • *Mus.* W. Frank Harling • *Int.* Miriam Hopkins (Lily), Kay Francis (Mme Colet), Herbert Marshall (Gaston Monescu), Charles Ruggles (le Major), Edward Everett Horton (François), C. Aubrey Smith (Giron), Robert Greig (Jacques).

Faux baron et fausse comtesse, un escroc international, Gaston Monescu, et une voleuse à la tire, Lily, se rencontrent à Venise, se plaisent et filent le parfait amour. A l'Opéra-Comique de Paris, Monescu dérobe la bourse sertie de diamants de Mme Colet, la richissime parfumeuse. Voyant que le montant de la récompense offerte dépasse la somme qu'il pourrait en tirer, Monescu, sous une fausse identité, rend la bourse à sa propriétaire. Celle-ci l'engage comme secrétaire et Monescu engage à son tour sa complice. Leur plan est bien entendu de dévaliser leur patronne. Mais Monescu tombe amoureux d'elle, qui le lui rend bien. Lily est jalouse. Elle vole cent mille francs à sa rivale, veut les lui rendre en lui faisant une scène, puis les reprend comme prix de l'amant qu'elle lui laisse. Reconnu par un des soupirants habituels de Mme Colet qu'il avait cambriolé à Venise, Monescu doit disparaître. Il dit adieu à Mme Colet et rejoint dans un éclat de rire son associée.

☞ Le film préféré de Lubitsch. Il n'a jamais poussé plus loin l'élégance abstraite de sa mise en scène, pleine de litotes et de sous-entendus. Il n'a jamais déployé plus de charme et de virtuosité pour créer un univers entièrement bâti d'artifices et de conventions, de faux-semblants et de masques. Mais ses conventions, il les invente lui-même et elles servent à exprimer sa vision du monde. Il n'y a pas de pauvres chez Lubitsch, ou du moins qui s'avouent tels : seulement des riches et des aventuriers qui volent les riches ; pas d'ignorants ou de rustres : seulement des amateurs d'art, des amoureux du luxe qui le prennent là où il se trouve. Voleurs et volés composent finalement une société ordonnée, bien organisée dans ses mensonges et son cynisme, et qui deviendrait presque monotone s'il n'y avait l'amour et le jeu des sentiments pour y mettre un peu de désordre et d'imprévu. C'est là où Lubitsch voulait en venir : seul l'amour échappe un instant au ballet perpétuel de la vérité et du mensonge et met au cœur des marionnettes de la vie sociale un trouble, une émotion, une incertitude qui finissent souvent en mélancolie. Dans sa conclusion, Lubitsch ne se montre guère plus gai qu'Ophuls. L'ordre social ne sera pas troublé longtemps par cette émotion, ce bref miracle dont la caractéristique est justement la fugacité. Voleur et volée se sépareront vite, retourneront chacun dans leur case, ayant à peine eu le temps d'être tristes, car Lubitsch aura tiré le rideau avant. Il faut regarder attentivement le jeu du couple Kay Francis-Herbert Marshall : on y découvrira la direction d'acteurs la plus fine, la plus subtile du cinéma américain d'avant-guerre, alors que le parlant avait à peine dépassé le temps de ses premiers balbutiements.

BIBLIO. : scénario et dialogues *in* « Three Screen Comedies by Samson Raphaelson », The University of Wisconsin Press, 1983. Le volume contient aussi *Heaven Can Wait* et *The Shop Around the Corner** (voir commentaires sur ce volume à la notice de ce dernier film).

## HAUTE SOCIÉTÉ (High Society)

1956 – USA (107') • *Prod.* MGM (Sol C. Siegel) • *Réal.* CHARLES WALTERS • *Sc.* John Patrick d'ap. P. de Philip Barry • *Phot.* Paul C. Vogel (Technicolor, VistaVision) • *Mus.* Cole Porter • *Int.* Bing Crosby (C.K. Dexter-Haven), Grace Kelly (Tracy Lord), Frank Sinatra (Mike Connor), Celeste Holm (Liz Imbrie), John Lund (George Kittredge), Louis Calhern (oncle Willie), Sidney Blackmer (Seth Lord) et Louis Armstrong.

Sur le point de se remarier avec un industriel, une riche héritière hésite un moment puis finalement épouse à nouveau son ancien mari, un compositeur de chansons populaires, actuellement organisateur du Festival de Newport, qui n'avait jamais cessé de l'aimer.

☞ Remake musical de *The Philadelphia Story.* En auteur discret qu'il a toujours été, mais pleinement conscient de ses moyens, Charles Walters s'approprie ce matériau à succès en lui faisant subir diverses modifications importantes. Il casse le rythme du film de Cukor et adopte un tempo beaucoup plus lent où se coule une narration presque molle, dénuée de ces arêtes vives dont était riche l'original. Il atténue ou escamote la satire sociale, qui ne l'intéresse pas. Tout au plus laisse-t-il transparaître une légère ironie vis-à-vis des décors d'un somptueux mauvais goût où vivent ces magnats. Il s'amuse à filmer les personnages dans des plans très généraux, à les disposer selon des alignements volontairement théâtraux, si bien qu'ils semblent perdus dans l'immensité des lieux. Il introduit des parenthèses et des digressions musicales sans grand rapport avec l'action, laquelle paraît d'ailleurs, une fois disparus le tempo rapide et la satire, quasi inexistante. Ces intermèdes servent à créer un climat de charme et de tendresse introduisant ce qui pour Walters est le véritable sujet du film : la transformation physique et morale de l'héroïne (interprétée par Grace Kelly) sortant de son cocon de givre, abandonnant les bienséances apprises et cette intolérance qui la rendait insatisfaite pour trouver enfin le chemin de l'amour, du bonheur et de la réconciliation avec le monde. Propos tout proche de *Lili** ou de *La pantoufle de verre* ciselé par Walters avec cette élégante délicatesse qui est la marque de son style. Dernier film de Grace Kelly et le seul où elle chante un peu. Elle y laisse libre cours à une sensibilité et à un type de jeu proches de Garbo, avec plus de velouté dans la froideur et moins d'autorité dans l'élégance.

## HENRY V (id.)

1945 – Angleterre (137') • *Prod.* Rank-Two Cities (Laurence Olivier et Filippo Del Giudice) • *Réal.* LAURENCE OLIVIER en collaboration avec Reginald Beck (monteur) et Paul Sheriff (décorateur) • *Sc.* L. Olivier et Alan Dent d'ap. P. de Shakespeare • *Phot.* Robert Krasker (Technicolor) • *Mus.* William Walton • *Int.* Laurence Olivier (Henry V), Robert Newton (Ancient Pistol), Renée Asherson (princesse Catherine), Leslie Banks (le chœur), Esmond Knight (Fluellen), Leo Genn (connétable de France), Félix Aylmer (archevêque de Canterbury), Ralph Truman (Montjoie), Nicholas Hanner (duc d'Exeter), Robert Helpmann (évêque d'Ely), Ernest Thesiger (duc de Berri, ambassadeur de France), Niall MacGinnis (capitaine anglais).

Le 1er mai 1600, les acteurs du Globe Theatre à Londres donnent une représentation de « Henry V », le drame épique de Shakespeare qui relate dans des tons variés le triomphe du souverain anglais et de ses troupes sur les Français à Azincourt (1415) puis son mariage avec Catherine, fille du roi Charles VI et d'Isabeau de Bavière. (Pour l'essentiel le texte de la pièce est respecté ; mais il est allégé de certaines intrigues latérales ; quelques scènes sont raccourcies et quelques répliques changent de place dans la scène ou sont attribuées à d'autres personnages.)

☞ Une date dans le cinéma anglais, dans l'adaptation de Shakespeare au cinéma et dans la superproduction historique et spectaculaire. Le projet audacieux du film revient au producteur Filippo Del Giudice, un émigré italien fondateur de la compagnie Two Cities. C'est lui qui choisit Laurence Olivier comme maître d'œuvre et lui confia la responsabilité de tous les aspects du film (il avait été séduit par son adaptation radiophonique de la pièce). Olivier sait profiter de sa liberté en équilibrant avec intelligence innovation et classicisme. Après avoir vainement sollicité William Wyler, Carol Reed et Terence Young, il décida de réaliser lui-même le film, avec la collaboration du monteur Reginald Beck. Son idée la plus féconde et la mieux mise en valeur sur le plan visuel est de commencer le film par la description assez réaliste d'une représentation du théâtre élizabéthain. Regards sur les coulisses, sur les acteurs se préparant à entrer en scène, sur le public et la pluie qui soudain se met à tomber. A partir de l'embarquement du roi à Southampton, le drame s'étend aux dimensions de l'univers et le réalisme fait place à l'épopée dont le point culminant sera la reconstitution de la bataille d'Azincourt. Cette séquence exceptionnelle fut filmée en Irlande et coûta le tiers du budget, lequel devait passer en cours de tournage de 300 000 à 475 000 livres, faisant alors du film la plus importante superproduction jamais réalisée en Grande-Bretagne. La séquence s'inscrit dans la lignée des grandes batailles de l'histoire du cinéma, après celles d'*Alexandre Nevski** (qui l'inspira partiellement) et de *Scipion l'Africain**. Mais elle a l'immense supériorité d'être tournée en couleurs, dans les teintes claires et superbement lumineuses du Technicolor de l'époque. Les Anglais montrent ainsi qu'ils sont capables de rivaliser avec Hollywood pour ce qui est de produire les morceaux de bravoure les plus impressionnants. Après cette bataille, le cours du film revient peu à peu au réalisme en trompe-l'œil de la représentation théâtrale et *Henry V* s'achèvera, comme il avait commencé, sur la scène du Globe Theatre. La plastique du film s'inspire des Livres d'heures, des miniatures médiévales et de cette esthétique où un certain irréalisme tenant à l'absence de perspective confère aux personnages, aux attitudes et aux décors un mélange fascinant de naïveté et de préciosité. Sans donner l'impression de vouloir étonner par son audace, Laurence Olivier inscrit son œuvre dans le cadre des recherches les plus modernes sur le théâtre et, tout en restant fidèle à Shakespeare, navigue à son aise à l'intérieur d'une temporalité à trois dimensions. Il y a d'abord celle des faits rapportés par la pièce (le XVe siècle). Il y a ensuite celle de l'époque élizabéthaine (début du XVIIe siècle) et de la création shakespearienne, qui nous intéresse bien autant et sans doute plus que l'époque décrite dans la pièce. (Pour souligner cet aspect, Mankiewicz, lui, avait tenu à garder dans son *Jules César* les anachronismes de Shakespeare : d'où la présence d'un livre moderne au lieu d'un manuscrit à rouleau.) Il y a enfin celle du monde contemporain, allégoriquement concerné par un récit qui est une exaltation du patriotisme et du courage militaire. *Henry V* est en effet dédié aux commandos et aux troupes aéroportées de Grande-Bretagne. C'est donc également, à sa façon, une œuvre d'actualité. (Rappelons qu'il fut tourné du 9 juin au 22 juillet 1943 pour les extérieurs, du 9 août au 3 janvier 1944 pour les scènes en studio avec acteurs et que l'extraordinaire maquette de Londres qui ouvre et ferme le film occupa les techniciens du 22 avril au 10 mai 1944.) L'interprétation, dans son classicisme, ne manque pas de verdeur ni de pittoresque (cf. les prestations de Robert

Newton, Robert Helpmann et Felix Aylmer). On peut seulement regretter qu'elle soit un peu trop identique, trop homogène dans les scènes se déroulant sur le théâtre et dans celles tournées en décors naturels. On regrettera surtout que Laurence Olivier n'ait pu obtenir son épouse Vivien Leigh, sous contrat avec Selznick, pour le rôle de Catherine qui échut à Renée Asherson, actrice assez catastrophique par sa raideur, son manque de charme et son maniement caricatural de la langue française (que son rôle l'oblige à utiliser à plusieurs reprises). Laurence Olivier et son producteur furent récompensés de leur audace et de leur talent par un grand succès international, notamment aux États-Unis.

BIBLIO. : scénario et dialogues *in* « Film Scripts One », Appleton-Century-Crofts, New York, 1971 (le volume contient aussi *The Big Sleep** et *A Streetcar Named Desire*) et dans la collection « Classic Film Scripts », Lorrimer, Londres, 1984. Sur le film : C. Clayton Hutton, « The Making of *Henry V* », Londres, s.d. (volume semi-publicitaire). Harry M. Geduld, « A Filmguide to *Henry V* », Bloomington, Indiana, 1973.

## HÉRITIÈRE (L')
### (The Heiress)

1949 – USA (115') • *Prod.* PAR. (William Wyler) • *Réal.* WILLIAM WYLER • *Sc.* Ruth et Augustus Goetz d'ap. leur P. tirée du R. « Washington Square » de Henry James • *Phot.* Leo Tover • *Mus.* Aaron Copland • *Int.* Olivia de Havilland (Catherine Sloper), Montgomery Clift (Morris Townsend), Ralph Richardson (Dr Austin Sloper), Miriam Hopkins (Lavinia Penniman), Vanessa Brown (Maria), Mona Freeman (Marian Almond), Ray Collins (Jefferson Almond).

New York 1850, dans le quartier cossu de Washington Square. Catherine, maladroite et timide en société, ne manque pourtant pas d'ironie ni de repartie en tête à tête. Son père, le chirurgien de renom Sloper, regrette qu'elle n'ait rien de la grâce et de la gaîté de sa défunte mère, et le lui fait sentir à tout propos. Lors d'une réception et d'un bal, elle rencontre le jeune et élégant Morris Townsend. Il lui rend par la suite fréquemment visite et veut l'épouser. Catherine est plus que consentante. Mais son père s'oppose à ce mariage. Il est persuadé que Townsend, pauvre et sans situation (il vit sur ce qui lui reste d'un petit héritage) n'est qu'un coureur de dot. Pour éprouver le jeune homme et sa fille, Sloper emmène Catherine faire un voyage en Europe. Au retour, Catherine aime toujours autant Morris. Son père, furieux, ne l'épargne pas : « Tu n'as pour toi que ton argent. Tu brodes bien, c'est tout. » Morris a formé le projet d'enlever Catherine. Mais quand il la voit décidée à refuser l'héritage de son père même si celui-ci revenait sur sa décision de la déshériter, il disparaît. Se sentant proche de la mort, le Dr Sloper donne ses dernières instructions. Catherine ne lui pardonnera pas de lui avoir ouvert les yeux, si cruellement, sur Morris. Après sa mort, Morris rentre de Californie et ose se présenter devant Catherine. Il lui reparle mariage. Elle feint d'entrer dans ses vues. Mais quand il reparaît pour l'emmener, elle ferme le verrou et éteint les lumières.

☞ Drame psychologique célèbre et couvert d'Oscars, mis en scène avec académisme par Wyler. Son application, aussi méticuleuse et artificielle qu'elle est peu inspirée, donne la mesure de son ambition, qui est grande, et de son talent, assez mince. L'interprétation, elle, est éblouissante. Ralph Richardson, mécontent et amer d'un bout à l'autre du film, est admirable comme à son habitude. Montgomery Clift dans son troisième film a déjà ce jeu ambigu et moderne, tant imité par la suite, qui est en parfait contraste avec le style désuet de Wyler. Quant à Olivia de Havilland, dont ce film marque l'apogée et quasiment la fin de la carrière, elle fait preuve, dans ce personnage de femme progressivement endurcie par les désillusions, de la même retenue, de la même élégance expressive que dans ses nombreux rôles de jeune première douce et attentive chez Walsh et Curtiz. S'il existe un film que sauvent ses interprètes et qui, sans eux, ne serait qu'un pensum, c'est bien celui-là.

## HEURE SUPREME (L')
## (Seventh Heaven)

1927 – USA (12 bob.) • *Prod.* Fox (William Fox) • *Réal.* FRANK BORZAGE • *Sc.* Benjamin Glazer d'ap. P. de Austin Strong (Intertitres : Katherine Hilliker et H.H. Caldwell) • *Phot.* Ernest Palmer • *Déc.* Harry Oliver • *Int.* Janet Gaynor (Diane), Charles Farrell (Chico Robas), Ben Bard (colonel Brissac), David Butler (Gobin), Marie Mosquini (Mme Gobin), Albert Gran (Papa Boule), Gladys Brockwell (Nana), Emile Chautard (le Père Chevillon).

Paris. Chico Robas, un égoutier, voit un jour une jeune fille, Diane, fouettée par sa sœur alcoolique, Nana. Les deux femmes sont abandonnées par leurs seuls parents, un oncle et une tante qui, de retour des mers du Sud, ont été scandalisés par leur « immoralité ». Toujours violente, Nana poursuit Diane dans l'intention de l'étrangler mais Chico prend celle-ci sous sa protection et lui redonne courage après avoir mis en fuite Nana qui, arrêtée, dénonce sa sœur à la police. Pour qu'elle reste libre, Chico dit au policier qu'elle est sa femme. Le policier note leur adresse, si bien que Diane devra être hébergée pendant un certain temps dans la mansarde de Chico. – « Je travaille dans les égouts, lui dit-il, mais je vis près des étoiles. » – « C'est le paradis ! » s'exclame-t-elle. Une passerelle de bois sépare les deux parties du logement. Au matin, Diane prépare le café de Chico. Mais il ne veut pas qu'elle s'incruste, car il sait que les femmes ont l'habitude de vaincre les hommes par l'estomac. Pourtant, quand le policier sera venu contrôler qu'ils vivent bien ensemble, il lui proposera de rester. Diane remercie le Bon Dieu de lui avoir fait rencontrer Chico. Un peu plus tard, il lui propose de l'épouser. « Mais vous ne m'avez jamais dit que vous m'aimez. » lui dit-elle » – « Je ne peux pas, c'est trop idiot. » Il finira par murmurer : « Chico. Diane. Paradis. » On est en août 1914. Chico est mobilisé comme son collègue Gobin. Diane a mis la robe blanche que Chico lui a donnée. « Diane, je vous aime » lui dit-il. – « Je n'ai pas l'habitude d'être heureuse, constate-t-elle, c'est drôle : ça fait mal. » S'adressant directement au Bon Dieu, qu'il met souvent à l'épreuve, Chico prononce les paroles rituelles du mariage et lui demande de faire en sorte que ce mariage soit un vrai mariage. Onze heures sonnent. Avant de partir, Chico convient avec Diane que chaque jour à cette heure-là ils penseront l'un à l'autre, seront l'un avec l'autre. Restée seule, Diane reçoit la visite de sa sœur menaçante qui l'a retrouvée. Mais, cette fois, c'est Diane qui la fouette et la jette dehors. Chico a rejoint son régiment. Tous les véhicules sont requis par les soldats. L'un des meilleurs amis de Chico, Papa Boule, chauffeur de taxi, participera à l'odyssée des taxis de la Marne. Mais, à l'arrivée, il aura la tristesse de voir son taxi, Éloïse, complètement anéanti. Diane travaille dans une usine de munitions. A onze heures du matin, Chico parle à sa femme et elle pense à lui. Les années passent. La guerre des tranchées fait rage. Chico est blessé. Un compagnon l'emmène sur son dos. Chico demande quelle heure il est : onze heures, l'heure du rendez-vous sacré. Chico restera aveugle. A Paris, Diane lit son nom sur une liste de victimes mais refuse de croire à sa mort. Gobin revient avec un bras en moins. Lui aussi affirme que Chico est mort. Et quand le Père Chevillon apportera à Diane le message d'agonisant de Chico et sa médaille pieuse, il faudra bien qu'elle y croie. Elle se dit qu'il était fou de penser que chaque matin il était avec elle. En ce jour d'armistice, sa colère explose. Mais le miracle se produit : Chico fend la foule et monte jusqu'à la mansarde. A onze heures, il apparaît devant Diane.

☞ Le film muet le plus célèbre et le plus typique de Borzage. Tous les éléments de son style et de son univers sont ici rassemblés dans une cohérence parfaite. Les décors, les atmosphères, fortement contrastés (égout et mansarde, intimité du foyer et horreur des tranchées), transcendent leur pittoresque originel, tout comme le lyrisme du regard de Borzage transcende les conventions du mélodrame populaire pour installer les personnages dans l'éternité quasi mystique de leur amour, lui-même plus fort que les vicissitudes et les obstacles du monde. Êtres primitifs, leur naïveté fondamentale concerne aussi bien leur religiosité que leur sentimentalité. Que Diane soit reliée à Dieu par sa ferveur et sa gratitude et Chico par son scepticisme pointilleux ne fait guère de différence puisque, chez l'un comme chez l'autre, la foi est absolue et intacte. Les personnages de Borzage évoluent d'ailleurs constamment dans l'absolu, étant pareils à des enfants, ignorant tout des barrières, des conventions et de l'hypocrisie sociales. Pour Borzage, ils sont à proprement parler les enfants de Dieu et l'infini respect qu'il leur témoigne se communique bientôt au spectateur avec une force peu commune. Des surréalistes aux simples amateurs de mélodrame, toutes les catégories de public ont été touchées par Borzage et, chronologiquement, il fut l'un des premiers cinéastes à atteindre l'universel – avec sans doute plus d'élan et moins de calcul que Griffith. L'émotion très pure, empreinte de mysticisme, qui se dégage de ses films est sans âge et ressemble par exemple à celle qui jaillit d'œuvres beaucoup plus modernes. « Ce que nous admirons aujourd'hui chez Nicholas Ray, note Henri Agel dans son recueil “Les grands cinéastes que je propose”, Éditions du Cerf, 1967, est déjà sensible chez Borzage, ce frémissement d'une sensibilité tendre et déchirée, ce don d'auréoler d'une étrange pureté les destinées les plus sordides. Borzage a été l'un des plus grands peintres de l'amour à l'écran. Il a su fondre en un accord qui reste unique dans l'histoire du cinéma la joie chaude et lumineuse du couple heureux et la sourde appréhension qui les avertit de la précarité de ce bonheur dans un monde brutal. »

N.B. C'est en présentant à Borzage son ami Richard Arlen pour le rôle de Chico que Charles Farrell intéressa Borzage qui lui confia finalement ce rôle. Charles Farrell et Janet Gaynor devinrent à partir de ce film le couple romantique numéro un du cinéma américain. De 1927 à 1933, ils tournèrent ensemble une douzaine de films sous la direction de Borzage (cf. aussi *Street Angel*)*, Walsh, Henry King, William K. Howard, David Butler, etc. Charles Farrell eut en outre la chance d'être dirigé par Hawks *(Fazil*)* et Murnau *(City Girl)*. Remake de *Seventh Heaven* par Henry King avec James Stewart et Simone Simon (1937). Malgré son immense talent, King se révèle ici moins inspiré et plus sec que Borzage. L'admirable scène des taxis de la Marne n'est pas reprise dans cette version (où Simone Simon travaille, non dans une usine d'armes, mais dans un hôpital comme infirmière).

## HISTOIRE DE CHANTER

1946 – France (95') • *Prod.* Discina • *Réal.* GILLES GRANGIER • *Sc.* Cami, René Wheeler • *Phot.* Fred Langenfeld • *Mus.* Georges Van Parys • *Int.* Luis Mariano (Gino Fabretti), Julien Carette (Robert), Noël Roquevert (Dr Renault), Arlette Merry (Gisèle), Jacqueline Roman (Jeannette), Robert Arnoux (Barette), Jean Gaven (Jack Bing).

A Nice, Robert, un livreur en épicerie, et le grand professeur Renault, spécialiste de la chirurgie esthétique, sont logés à la même enseigne : la fiancée du premier et l'épouse du second sont absolument toquées du chanteur d'opérette et d'opéra-comique Gino Fabretti. Mme Renault est en passe de devenir sa maîtresse. Pour se venger et dégoûter sa femme de son idole, Renault greffe à Gino les cordes vocales de Robert et à Robert celles de Gino. Si le livreur n'est pas mécontent d'être transformé en ténor, le ténor, lui, est désolé car, à l'Opéra, il se fait copieusement huer et siffler par le public. Même le précieux élixir chinois de son collègue, le vieux baryton Dorval, n'a pu lui venir en aide. Mme Renault invite Robert à sa réception nocturne. Il y obtient un vif succès en chantant avec la voix d'or de Gino une petite chanson populaire. Bientôt l'hôtesse le poursuit de ses assiduités. Ce que voyant, Renault restitue aux deux hommes leurs cordes vocales originales. Il fait jurer à Gino de quitter définitivement le territoire français. Gino s'exécute, mais, à l'arrière de sa voiture, se cache la fiancée de Robert.

☞ Durant l'Occupation, le cynisme s'est peu à peu effacé du registre des films français comiques. A la Libération, il ne réapparaît pas ; la mode est alors à la bonne humeur et à l'optimisme laborieux des lendemains qui chantent. Où peut se réfugier alors la verve de certains auteurs comiques qui n'ont aucune vocation à devenir les disciples du Dr Pangloss ? Dans des extravagances comme *La Collection Ménard* (Bernard-Roland, 1944 : à la recherche de son père, une Indochinoise visite tous les Ménard de Paris) ou comme celle-ci, tirée d'une nouvelle de Cami. Après avoir d'abord, par précaution, satisfait les « marianistes » en leur présentant, pendant soixante pour cent de la durée de leur film, une image de leur idole conforme à sa légende, Grangier et Wheeler leur jouent une sale blague en tirant, sur le plan comique, les conséquences d'une double et insolite greffe d'organes. On ne sait alors ce qui est le plus cocasse de Carette séduisant les dames avec l'accent espagnol et la voix veloutée de Mariano, ou du chanteur lui-même gratifié de la diction faubourienne de Carette. (Il faut saluer au passage le courage et l'humour de Mariano qui s'est prêté de bonne grâce à l'expérience.) Les tenants de la spécificité cinématographique seront ici comblés : aucun autre moyen d'expression ne pouvait donner sa force concrète et savoureuse à cette farce loufoque où le doublage – enfin – sert à quelque chose. Et c'est d'ailleurs le mérite (et le sujet caché) de ce film que de révéler la vraie nature du doublage : une opération monstrueuse et ridicule, qui prive chaque individu et chaque comédien d'une part essentielle de sa personnalité.

## HISTOIRE DE DÉTECTIVE
**(Detective Story)**

1951 – USA (105') • *Prod.* PAR. (William Wyler) • *Réal.* WILLIAM WYLER • *Sc.* Philip Yordan et Robert Wyler d'ap. P. de Sidney Kingsley • *Phot.* Lee Garmes • *Int.* Kirk Douglas (James McLeod), Eleanor Parker (Mary McLeod), William Bendix (Lou Brody), Lee Grant (voleuse à l'étalage), Bert Freed (Dakis), Frank Faylen (Gallagher), Grandon Rhodes (O'Brien) Cathy O'Donnell (Susan Carmichael), George Macready (Karl Schneider), Joseph Wiseman (Charles Gennini).

Une journée dans un commissariat new-yorkais. Une jeune voleuse de sac, polie et honteuse, attend de passer devant un tribunal. Un jeune homme, ex-héros de guerre, a détourné une somme appartenant à son patron pour donner à sa fiancée l'illusion qu'il appartenait au même milieu qu'elle. La sœur de la fiancée, amoureuse du jeune homme, veut rembourser l'argent au patron et le persuader de retirer sa plainte. Deux cambrioleurs professionnels viennent d'être arrêtés en flagrant délit. Dans le fourgon qui les conduit vers la prison, le policier McLeod frappe violemment un suspect, un médecin marron pratiquant l'avortement, dont il ne peut supporter qu'il ait été précédemment lavé des soupçons qui pesaient sur lui. Le supérieur de McLeod convoque sa femme et lui fait avouer qu'elle a autrefois recouru aux soins du médecin. Elle avait été mise enceinte par son amant deux ans avant de rencontrer McLeod. Son supérieur pense que c'est en raison de ces faits que McLeod persécute le médecin. En réalité, McLeod ignorait tout du passé de sa femme et cette révélation le bouleverse. Homme aux principes rigides, il insulte sa femme et essaie ensuite de se réconcilier avec elle. Mais elle ne peut supporter son intolérance et préfère le quitter. Un des deux cambrioleurs s'est emparé du revolver d'un des policiers et tient en joue les occupants du commissariat : au mépris de toute prudence McLeod avance vers lui et reçoit plusieurs balles. Avant de mourir, il pardonne à sa femme, qui a déjà quitté les lieux, et fait libérer le jeune voleur.

☞ Dans le cadre d'une action policière obéissant aux unités de lieu et de temps, comme l'œuvre théâtrale dont elle a été tirée, Wyler inscrit la description de la crise psychologique et morale vécue par un policier dont le rigorisme et la violence cachent des complexes, une immaturité et un déséquilibre aux origines remontant à l'enfance. Interprété avec talent, le film est à la fois fort et superficiel, audacieux et parfois conventionnel. Il traite un grand sujet (dénonciation d'une morale intolérante et sans bases humanistes suffisantes) avec virtuosité mais aussi une tendance à l'émotion factice et à l'académisme : c'est le mélange Wyler, qui a valu réputation et succès à ce cinéaste beaucoup trop surestimé mais qu'il serait sans doute injuste d'oublier tout à fait. Sa virtuosité l'aide ici, par un usage habile du réalisme, à dissimuler dans une certaine mesure l'origine théâtrale du film.

## HITLER – BEAST OF BERLIN/ BEASTS OF BERLIN / HELL'S DEVILS

Inédit en France. 1939 – USA (87') • *Prod.* PRC (Ben Judell) • *Réal.* SHERMAN SCOTT (SAM NEWFIELD) • *Sc.* Shepard Traube d'après son histoire « Goose Step » • *Phot.* Jack Greenhalgh • *Mus.* Dave Chudnow • *Int.* Roland Drew (Hans), Steffi Duna (Elsa), Greta Granstedt (Anna), Alan Ladd (Karl), Lucien Prival (Sachs), Vernon Dent (Lustig), John Ellis (Schulz).

Les membres d'un petit mouvement underground luttent contre le nazisme dans l'Allemagne d'avant-guerre. Pourchassés, ils sont bientôt arrêtés et emprisonnés dans un camp de concentration.

☞ On ne peut qu'être surpris par l'acuité, la force et la justesse dans la dénonciation du nazisme dont fait preuve ce petit film inconnu en France, mais l'un des plus célèbres qu'ait produits la PRC, l'une des firmes de la Poverty Row. S'attaquant au nazisme, le film attaquait par là même le neutralisme américain. Si *Confessions of a Nazi Spy* de Litvak (sorti en mai 39) est le premier film de fiction américain à dénoncer le nazisme, celui-ci est le premier dont l'intrigue, *située en Allemagne même*, soit intégralement consacrée à asséner certaines vérités, reprises plus tard dans toute une lignée de films anti-nazis aux scénarios souvent extravagants. Ici au contraire, au-delà de certaines maladresses de mise en scène, au-delà de la pauvreté du budget, on est frappé par la validité des informations que véhicule le film et par la relative maturité avec laquelle elles sont utilisées dans la construction du scénario. Récit d'action et d'aventures au premier chef, le film s'appuie cependant sur un ensemble assez riche de personnages représentant chacun une attitude différente vis-à-vis du nazisme. Alan Ladd (qui n'est pas l'acteur principal du film) incarne un jeune homme faible de caractère et velléitaire, qui mettra longtemps avant d'admettre la nécessité d'entrer dans la lutte clandestine, tant il est persuadé que les tyrans finissent toujours par se détruire eux-mêmes. Il ne supporte pas la claustration du camp et sera abattu lors d'une tentative d'évasion. Le héros (Roland Drew) est partagé entre les exigences de sa vie privée (sa femme est sur le point d'accoucher) et celles de sa vie de militant. Son militantisme prévaudra. Prisonnier, il retrouve un ancien ami, devenu chef du camp. C'est un nazi convaincu, fou furieux, rêvant de prendre sa revanche sur le traité de Versailles par n'importe quel moyen. Roland Drew rencontrera également dans le camp un geôlier, subtil dialecticien, qui tentera de lui faire admettre que la phase de violence n'est qu'un mauvais moment à passer avant le triomphe définitif du nazisme.

N.B. Le film s'intitula d'abord *Goose Step* puis, la guerre ayant éclaté en Europe, il fut retiré pour sa sortie générale en octobre 39 *Hitler – Beast of Berlin*, titre-choc inspiré de celui du film de Rupert Julian *The Kaiser, the Beast of Berlin* (1918). La censure obligea aussitôt la PRC à retirer le film qui ressort quelques semaines plus tard à New York, avec quelques coupes, sous le titre *Beasts of Berlin.* C'est sous ce titre qu'il est critiqué dans « The New York Times » du 20-11-39 et dans « Variety » du 22-11-39 (qui ajoute en sous-titre *Hitler – Beast of Berlin*). A partir de 1940, avec la popularité grandissante d'Alan Ladd, il fut plus largement distribué, cette fois sous le titre *Hell's Devils.*

## HOMICIDAL

Inédit en France. 1961 – USA (87') • *Prod.* COL. (William Castle – Dona Holloway) • *Réal.* WILLIAM CASTLE • *Sc.* Robb White • *Phot.* Burnett Guffey • *Mus.* Hugo Friedhofer • *Int.* Jean Arless (Emily), Glenn Corbett (Karl), Patricia Breslin (Miriam), Eugenie Leontovich (Helga), Alan Bunce (Dr Jonas), Richard Rust (Jim Nesbitt), James Westerfield (Mr. Adrims).

Une jeune femme blonde, mince, élancée, à la démarche volontaire, entre dans un hôtel et loue une chambre pour la nuit. Elle choisit, pour l'accompagner, le plus jeune des deux garçons d'étage. Une fois dans la chambre, elle lui propose deux mille dollars pour l'épouser. Le mariage, destiné à être annulé plus tard, doit impérativement avoir lieu cette nuit. Le garçon accepte. Le couple se rend chez un juge de paix et sa femme. Il faut les réveiller et, moyennant une bonne rémunération, le juge accepte de procéder immédiatement au mariage. Au cours de la cérémonie, la jeune femme sort de son sac un long scalpel et le lui enfonce dans le ventre. Elle frappe sa victime à coups redoublés avant de disparaître dans la nuit au volant de sa voiture...

☞ Cette ouverture magistrale emporte le spectateur vers un dénouement très surprenant et impossible à deviner avant que l'auteur ne l'ait décidé. Castle utilise, pour préparer le piège où tombera immanquablement le spectateur, un « gimmick », une astuce dont se sont servi beaucoup de réalisateurs avant lui (ne citons que Mankiewicz dans *Sleuth*) mais jamais, à notre connaissance, avec autant de brio et d'efficacité. Sur le plan visuel et concret, le piège fonctionne à cent pour cent. Sur le plan dramatique, l'intrigue est parfois tirée par les cheveux, mais sa complexité et ses artifices eux-mêmes constituent un de ses attraits. Le récit progresse parallèlement sur deux plans, rationnel et psychanalytique. Ce qui est cupidité, machiavélisme au niveau rationnel deviendra sauvagerie pure, ressentiment viscéral, folie et délire au plan psychanalytique. Chez l'héroïne, l'intelligence s'unira aux instincts de mort les plus débridés tout au long de cette étrange odyssée pleine de méandres sanglants. Castle est justement célèbre pour son humour. Au cours de sa carrière, cet humour l'a aidé tour à tour à transformer un récit macabre et délirant en farce surréaliste et avant-gardiste (*The Tingler, Le désosseur de cadavres*, 1959), à composer dans un genre périlleux entre tous – la comédie fantastique pour enfants – un excellent film malheureusement inédit en France (*Zotz*, 1962), enfin à sauver les meubles dans des sous-produits grand-guignolesques (*Strait-Jacket, La meurtrière diabolique, The Night Walker, Celui qui n'existait pas*, 1964) qui sont la part la moins intéressante de son œuvre. Ici l'humour n'apparaît que dans un certain aspect parodique et référentiel (le film est un malicieux « à la manière de » *Psychose**) et n'entame jamais le sérieux de l'œuvre. Le style de Castle est reconnaissable entre tous : l'espace du plan se veut nu, abstrait, privé de tout ornement pour faciliter le surgissement d'effets baroques et sanglants au dessin visuel toujours net et précis. C'est dans le cœur des personnages, dans leurs motivations et leurs machinations, que parfois tout se brouille. D'une façon générale, l'œuvre de William Castle mérite d'être mieux connue et ce film en particulier est à recommander.

N.B. Outre le « gimmick » interne du film, Castle inventa un de ces « gimmicks » publicitaires qu'il adorait pour attirer le public dans les salles. Là aussi, il essayait de rivaliser avec Hitchcock qui, pour *Psychose**, venait d'interdire aux spectateurs l'entrée après le début du film. Castle créa donc la « pause-terreur ». Juste avant la scène d'horreur finale, la projection s'arrêtait et on entendait un enregistrement de la voix de Castle. Il prévenait les spectateurs que la fin risquait de les traumatiser et proposait à ceux qui souhaiteraient quitter la salle d'être remboursés. Comme on peut l'imaginer, les exploitants se montrèrent peu enthousiastes à l'idée de devoir rembourser une partie des places. L'expérience fut tentée, à titre de test, dans une salle d'une petite ville de l'Ohio. La salle était bondée. Après la pause-terreur, elle se vida presque complètement. Consternation de Castle et des représentants de la Columbia. Ils mirent un certain temps à comprendre que les spectateurs avaient déjà assisté à la séance précédente et n'étaient restés à celle-ci que pour pouvoir se faire rembourser. Le système du permanent dut être provisoirement supprimé. Durant toute la carrière commerciale du film, un pour cent seulement des spectateurs souhaitèrent être remboursés. La caisse où on leur rendait leur argent fut baptisée « le coin des lâches » et on demanda à chacun d'entre eux de signer un papier certifiant qu'il était bien un lâche.

## HOMME A L'AFFUT (L')
**(The Sniper)**

1952 – USA (87') • *Prod.* COL. (Stanley Kramer) • *Réal.* EDWARD DMYTRYK • *Sc.* Harry Brown d'ap. une histoire de Edna et Edward Anhalt • *Phot.* Burnett Guffey • *Mus.* George Antheil • *Int.* Adolphe Menjou (lieutenant Kafka), Arthur Franz (Eddie Miller), Gerald Mohr (sergent Ferris), Marie Windsor (Jean Darr), Frank Faylen (inspecteur Anderson), Richard Kiley (Dr James G. Kent), Mabel Page (logeuse), Marlo Dwyer (May Nelson), Jay Novello (Pete).

San Francisco. Pour quelque obscure raison remontant sans doute à l'enfance, Eddie Miller, livreur dans une teinturerie, a un compte à régler avec les femmes. Ses pulsions le poussent à les guetter du haut des toits et à les abattre avec un fusil. N'ayant pu joindre son médecin alors qu'il se sent en crise, il se brûle volontairement la main sur un réchaud électrique afin de pouvoir être soigné dans un hôpital et attirer ainsi l'attention sur son état mental. Mais une fois que sa main est traitée, on le renvoie. Il abat une cliente de la teinturerie, pianiste dans un night-club. Il envoie un mot à la police ainsi rédigé : « Trouvez-moi et arrêtez-moi. Je vais recommencer ». Il tue ensuite, selon sa méthode habituelle, une entraîneuse qui venait de rentrer chez elle. La police progresse très lentement dans son enquête et interroge d'anciens détenus, condamnés pour délits sexuels. Miller abat une femme de la bonne société qui avait donné son adresse à la télévision, à propos d'un bal de charité. Près de sa victime suivante, dans un parc, il laisse le bandage qui entourait sa main brûlée. La police diffuse ce détail. Une femme sous les ordres de laquelle Miller travaillait à la teinturerie le dénonce. Il tue un ouvrier qui l'avait repéré sur un toit, puis il court se réfugier dans son appartement. La police encercle son immeuble. On le trouve dans sa chambre, assis sur son lit, pétrifié, tenant entre ses bras son fusil. Une larme coule sur sa joue.

☞ Premier des quatre films de Dmytryk pour Stanley Kramer (avant *Eight Iron Men*, inédit en France, 1952, *The Juggler, Le jongleur,* 1952, *The Caine Mutiny, Ouragan sur le Caine*, 1953). Kramer, lié par contrat avec la Columbia pour une dizaine de films à budget moyen dont le contenu et les collaborateurs dépendaient entièrement de lui, engagea Dmytryk juste après sa sortie de prison. (Mis sur la Liste Noire après son film *Crossfire**, 1947, Dmytryk purgeait une peine consécutive à sa deuxième comparution devant le Congrès en 1950). *The Sniper* étudie un personnage de maniaque homicide et aborde son cas sous un angle essentiellement social. Le film montre parallèlement le parcours du tueur, décrit selon une méthode behavioriste, et les progrès de l'enquête à son sujet. C'est dans la partie consacrée à cette enquête que Dmytryk et ses scénaristes glissent, par l'intermédiaire d'un psychiatre, leur discours social sur la nécessité d'une médicalisation de ce type d'individus dès leur première arrestation. La dualité de cette structure est plus riche sur le plan du sens que sur le plan dramatique. En effet, les scènes d'investigation paraissent toujours un peu rapportées, un peu artificielles par rapport à la description du tueur lui-même. Cette description, où le passé du tueur n'est pas abordé afin de donner à son cas une valeur plus générale, bénéficie d'une belle et sobre interprétation d'Arthur Franz et du remarquable travail photographique de Burnett Guffey. L'appréhension de San Francisco par les toits est visuellement très originale pour l'époque. Elle témoigne, quant à la recherche des angles et des éclairages, de l'étonnante créativité du *film noir*, genre auquel le film n'appartient pas directement mais dont il subit, formellement, l'influence. La volonté humaniste des productions Kramer se trouve ici parfaitement relayée par le talent de Dmytryk. Tout le propos du film tend à conférer au personnage d'Arthur Franz la dignité et le statut d'un malade, d'un être humain vulnérable et blessé, ayant besoin de soins et d'attention plus que de châtiment, de haine et de vengeance.

## HOMME AU CHAPEAU ROND (L')

1946 – France (95') • *Prod.* Alcina • *Réal.* PIERRE BILLON • *Sc.* Charles Spaak, Pierre Billon, Pierre Brive d'ap. R. « L'Éternel mari » de Dostoïevski • *Phot.* Nicolas Toporkoff • *Mus.* Maurice Thiriet • *Int.* Raimu (Nicolas), Aimé Clariond (Michel), Louis Seigner (le juge), Gisèle Casadesus (Marie), Jane Marken (la femme du juge), Charles Lemontier (le médecin), Micheline Boudet (Agathe), Héléna Manson (la mère du hussard), Arlette Merry (la voisine).

Après la mort de sa femme, Nicolas, un alcoolique aigri, poursuit de sa haine l'ancien amant de celle-ci, Michel. Il a appris que Michel était le véritable père de sa fillette. Il la laissera volontairement dépérir, puis mourir. Une rivalité amoureuse viendra encore nourrir l'antagonisme de Nicolas et de Michel. Incapable, malgré son désir, de tuer son ennemi, Nicolas sera bien obligé de l'abandonner à son sort.

☞ Réalisé par Pierre Billon, le spécialiste de l'adaptation littéraire en France, c'est le dernier film de Raimu dans le rôle le plus ambitieux de sa carrière, après celui des *Inconnus dans la maison** et ses créations chez Pagnol. La mise en scène et les décors sont très académiques, notamment par l'absence totale d'un contexte précis et concret. Cette abstraction a évidemment pour effet de recentrer encore plus l'intérêt du film sur les seuls acteurs et sur le duel Raimu-Clariond. Dans ce personnage de Dostoïevski, sensiblement viré au noir par Charles Spaak, Raimu trouve l'occasion de montrer une autre facette de son talent. Il avait déjà interprété des rôles « durs » mais jamais aussi négatifs. Sa prestation est convaincante, parfois même impressionnante, mais ne peut suffire à pallier les défauts de conception du film et notamment son parti pris d'abstraction.

## HOMME AU COMPLET BLANC (L')
### (The Man in the White Suit)

1951 – Grande-Bretagne (85') • *Prod.* Ealing (Michael Balcon) • *Réal.* ALEXANDER MACKENDRICK • *Sc.* John Dighton, Alexander Mackendrick, Roger MacDougall d'ap. P. de Roger MacDougall • *Phot.* Douglas Slocombe • *Mus.* Benjamin Frankel • *Int.* Alec Guinness (Sidney Stratton), Joan Greenwood (Daphne Birnley), Cecil Parker (Alan Birnley), Michael Gough (Michael Corland), Ernest Thesiger (Sir John Kierlan), Howard Marion Crawford (Cranford), Vida Hope (Bertha), Patric Doonan (Frank), Miles Malleson (tailleur), Duncan Lamont (Harry).

Au cours de ses multiples séjours dans des usines textiles où il occupe des postes subalternes, un ancien étudiant de Cambridge poursuit ses recherches sur un tissu miracle. Ses expériences finissent toujours par provoquer son renvoi, sauf dans l'usine Birnley où la fille du patron lui offre sa protection. Il met un point final à ses recherches et crée un tissu synthétique inusable et insalissable. Dès que la nouvelle est connue, patrons et syndicats pour une fois unis s'attachent à réduire à l'impuissance l'inventeur qui met en péril toute l'industrie textile. Portant un complet d'un blanc lumineux et immaculé taillé dans son étoffe, l'inventeur est tout d'abord séquestré par les patrons du textile. Il réussit à leur échapper grâce à Daphne Birnley. Il tombe alors aux mains des représentants syndicaux, mais il leur file également entre les doigts. Poursuivi et bientôt rattrapé, il passerait un mauvais quart d'heure, si ceux qui s'agrippent à lui ne s'apercevaient que son costume se désagrège comme de la ouate. L'industrie textile retrouve son calme et son équilibre. Tout au moins jusqu'à ce que le jeune homme ait perfectionné son invention...

☞ Classique de l'humour anglais. La comédie anglaise, dont Mackendrick fut l'un des plus brillants représentants, connut son apogée entre la fin des années 40 et le milieu des années 50. Outre leur valeur comique, les meilleurs spécimens du genre constituent de véritables fables à portée sociale. Ainsi *L'homme au complet blanc* exprime avec brio l'antinomie fondamentale existant entre progrès de la science et bonheur de l'humanité. Bien avant qu'on ait inventé – et critiqué – la notion de société de consommation, le film montre avec drôlerie la résistance sociale que suscite toute innovation scientifique susceptible de limiter cette consommation. D'une grande cohérence formelle, il s'appuie sur une intrigue digne d'un conte voltairien. Aspect fantastique, ironie, abstraction et refus du réalisme immédiat confèrent à l'œuvre un caractère spéculatif qui stimule la réflexion du spectateur en lui laissant toute liberté d'appréciation. Excellente interprétation d'Alec Guinness, Joan Greenwood (déjà réunis dans *Noblesse oblige**) et d'Ernest Thesiger.

## HOMME AU FUSIL (L')
### (Man With the Gun)

1955 – USA (83') • *Prod.* UA (Samuel Goldwyn, Jr.) • *Réal.* RICHARD WILSON • *Sc.* N.B. Stone, Jr., R. Wilson • *Phot.* Lee Garmes • *Mus.* Alex North • *Int.* Robert Mitchum (Clint Tollinger), Jan Sterling (Nelly Bain), Karen Sharpe (Stella Atkins), Henry Hull (le marshal Sims), Emile Meyer (Saul Atkins), John Lupton (Jeff Castle), Barbara Lawrence (Ann Wakefield), Ted de Corsia (Rex Stang), Leo Gordon (Ed Pinchot), Jay Adler (Cal), Angie Dickinson (Kitty), Joe Barry (Dade Holman).

Le conseil municipal de la petite cité de Sheridan charge Clint Tollinger, « nettoyeur de villes » professionnel, de débarrasser la région des tueurs de Dade Holman qui pillent les propriétés, le bétail, les mines des habitants en faisant régner la terreur. En même temps qu'il effectue son travail, Tollinger retrouve sa femme Nelly qui lui avait donné une fillette, Bess. C'est d'ailleurs pour avoir des nouvelles de Bess et de Nelly qu'il s'était rendu à Sheridan. Il apprend que Bess est morte de froid en hiver. Cette nouvelle le met au désespoir et l'amène à redoubler d'énergie pour achever sa mission. Il tire sur le grand lustre du Palace et incendie ensuite le cabaret lui-même, lieu central des méfaits qui ensanglantent la ville. Il abat aussi le directeur du Palace qui lui avait lancé un poignard. Holman, qu'on n'avait pas vu dans la ville depuis des années, réapparaît pour abattre Tollinger. Mais c'est lui qui sera abattu par Tollinger et par un jeune habitant, Jeff Castle, venu à la rescousse après avoir été victime des hommes de Holman. Tollinger est blessé. Nelly revient vers lui.

☞ Premier film de Richard Wilson, ancien collaborateur de Welles (il avait notamment participé à la production de *La dame de Shanghai** et de *Macbeth*). La carrière de ce réalisateur mineur mais attachant se déroule lors du déclin de Hollywood à la fin des années 50. Il traite le thème du nettoyeur de villes avec une extrême sobriété, laquelle est moins ici une vertu classique (par tempérament, Wilson serait plutôt un baroque) qu'une façon de faire apparaître, un peu comme Jacques Tourneur mais plus superficiellement, la lassitude et l'épuisement du personnage central. A travers cette lassitude, on lit aussi la fin d'un genre et même d'un système. Le western classique, en tant que genre majeur, donne ses derniers chefs-d'œuvre et s'apprête à mourir de sa belle mort : Richard Wilson est, de cette disparition, un témoin lucide, créatif et un tantinet prophétique.

N.B. Richard Wilson reprendra le thème du nettoyeur de villes sous une forme beaucoup plus baroque et spectaculaire dans *Invitation to a Gunfighter* (*Le mercenaire de minuit,* 1964). On lui doit aussi un portrait saisissant d'Al Capone dans un film homonyme, 1959, joué par Rod Steiger (que Robert De Niro cherchera à imiter dans *Les*

*Incorruptibles* de Brian DePalma, 1987 ; et certes, plus encore qu'à Al Capone lui-même, De Niro a réussi à ressembler à Rod Steiger jouant Al Capone). Wilson a signé enfin l'un des rares films acceptables de la fin de carrière d'Errol Flynn (*The Big Boodle, Trafic à la Havane,* 1957). Là aussi, l'usure et l'épuisement, mais cette fois de l'acteur lui-même, sont au premier plan de l'œuvre et lui donnent en quelque sorte sa substance et sa justification.

## HOMME D'ARAN (L')
**(Man of Aran)**

1934 – Grande-Bretagne (75') • *Prod.* Gainsborough (Michael Balcon) • *Réal.* ROBERT FLAHERTY • *Sc.* Robert, Frances et David Flaherty • *Phot.* R. Flaherty • *Mus.* J. Greenwood • *Int.* Colman « Tiger » King (l'homme), Maggie Dillane (sa femme), Michael Dillane (leur fils), Pat Mullen, Patch Ruadh, Patcheen Flaherty, Tommy O'Rourke.

La vie d'une famille de pêcheurs sur l'une des trois îles d'Aran, gros rocher situé au milieu des eaux souvent en furie. Nul arbre sur cette île, et le limon n'existe qu'en quantité minuscule dans des crevasses où il faut aller le dénicher. Mêlé à du varech et à de la pierre, il constitue le matériau de base dont seront faites les fondations de la maison que construit la famille. Les marins, à cinq sur une barque assez petite, pêchent le requin à l'aide d'un harpon fixé au bout d'une corde. Parfois la bête échappe. Alors les marins recommencent et reçoivent la récompense de leur obstination. L'huile de foie de requin servira à alimenter les lampes. La mère et l'enfant assistent de loin sur le rocher au retour des hommes pris dans une mer démontée. C'est un miracle s'ils reviennent sur la terre ferme sains et saufs. Cette fois, leur barque est brisée. La mer est le seul maître que reconnaissent ces hommes complètement indépendants et libres de toute contrainte sociale.

☞ Utilisant à son gré et d'une manière qui a été souvent mal comprise des matériaux documentaires, Flaherty bâtit un poème contenant une représentation mythique et immémoriale du combat de l'homme face à la Nature. Le tournage d'un film est pour lui le lieu d'une alchimie durant laquelle la matière devient poésie. La famille représentée ici n'en est pas une dans la réalité ; et les marins s'aventurent rarement sur une mer aussi déchaînée. Flaherty passe sous silence (ce qui lui a été reproché) les aspects sociaux de l'existence de ses personnages. En réalité, seule l'éternité l'intéresse et la relation entre l'homme et les éléments. Recourant souvent à un montage court, il est néanmoins un adepte de la séquence longue, voire très longue, résumant à elle seule un aspect de la condition de ses personnages. Il combine ainsi l'émotion, la violence spectaculaire de l'instant à une appréhension lyrique et contemplative de l'existence, simplifiée à l'extrême, des êtres qu'il décrit. En tant que document ethnologique ou sociologique, son œuvre prête le flanc à la critique et a engendré des malentendus (Flaherty n'est pas à proprement parler un documentariste). En tant qu'ils sont poésie et recherche de la beauté, ses films ont impressionné des générations de spectateurs ; leur force et leur pureté paraissent intactes aujourd'hui.

BIBLIO. : un des habitants d'Aran, acteur dans le film, Pat Mullen, servit d'intermédiaire entre Flaherty et les gens de la région. Il écrivit un long récit du tournage du film « Man of Aran », E.P. Dutton, New York, 1935, réédité en 1970 par The M.I.T. Press, Cambridge, Massachusetts. Le style simple et vigoureux, « biblique » par instants, de Pat Mullen exprime l'esprit d'indépendance extrême de son auteur et de ceux qui l'entourent, authentifiant ainsi la peinture qu'en a donnée Flaherty. « Mr. Flaherty, écrit par exemple Pat Mullen après sa première rencontre avec le cinéaste, était un homme fait pour mener le jeu, quel que soit le jeu auquel il participait, et je sentis que, si nous avions à nous rencontrer dans quelque entreprise, il y aurait inévitablement des conflits, parce que je n'ai jamais fait grand cas des meneurs d'hommes qui pensent que chaque homme en vaut un autre ; par ailleurs ma nature se rebelle à l'idée de recevoir des ordres de qui que ce soit. Et effectivement nous eûmes des conflits. J'ai souvent pensé depuis qu'il y eut des occasions où il eut raison ; mais pour être honnête, en d'autres occasions, je fus certain qu'il avait tort. » Le livre est aussi un témoignage passionnant sur les méthodes de travail de Flaherty et notamment sur sa recherche obstinée et fiévreuse de la « photogénie ».

## HOMME DE LA PLAINE (L')
**(The Man from Laramie)**

1955 – USA (101') • *Prod.* COL. (William Goetz) • *Réal.* ANTHONY MANN • *Sc.* Philip Yordan, Frank Burt d'ap. article de Thomas T. Flynn paru dans le « Saturday Evening Post » • *Phot.* Charles Lang (Technicolor, Cinémascope) • *Mus.* George Duning • *Int.* James Stewart (Will Lockhart), Arthur Kennedy (Vic Hansbro), Donald Crisp (Alec Waggoman), Cathy O' Donnell (Barbara Waggoman), Alex Nicol (Dave Waggoman), Aline MacMahon (Kate Canaday), Wallace Ford (Charley O'Leary), Jack Elam (Chris Boldt).

Le Nouveau-Mexique dans les années 1870. Will Lockhart, ancien capitaine de l'armée au Wyoming, provisoirement reconverti dans le transport de marchandises, vient livrer un chargement à Barbara Waggoman qui, depuis la mort de son père, tient seule la boutique dans laquelle celui-ci avait passé sa vie. Ce n'est pas la seule raison qui a amené Lockhart dans le petit village de Coronado. Il est à la recherche des assassins indirects de son jeune frère, ceux qui ont vendu aux Indiens des fusils leur ayant permis d'exécuter un raid sanglant où justement ce frère a péri avec d'autres soldats. Sur le conseil de Barbara, Lockhart va ramasser du sel dans les marais tout proches, trouvant ainsi une cargaison pour son retour. Dave Waggoman, cousin de Barbara et fils du vieil Alec Waggoman, le plus gros rancher de la région, propriétaire des terres où se trouvent les marais, surgit comme un fou. Il brûle les chariots de Lockhart, tue ses mules et le fait traîner sur le sol par un de ses hommes qui l'a pris au lasso. Will va raconter ses malheurs à Barbara puis inflige une correction à Dave qu'il rencontre en ville, avant de se bagarrer avec Vic Hansbro, le fiancé de Barbara et l'intendant d'Alec qui le considère un peu comme son deuxième fils, plus raisonnable que Dave, véritable tête brûlée cherchant à affirmer son autorité. Vic espère, à la mort d'Alec, hériter de son domaine au même titre que Dave. C'est du moins ce que le vieil homme lui a laissé entendre. Alec reçoit Lockhart et le dédommage pour la perte de ses chariots et de ses bêtes. Il lui propose de travailler pour lui mais Will refuse. Alec lui avouera plus tard qu'il est hanté par un rêve récurrent : il voit avec angoisse arriver un homme ayant pour mission de tuer son fils... Will apprend d'un métis, Charley O'Leary, qui travaille pour lui et cherche des renseignements, que les Indiens attendent pour bientôt une cargaison de deux cents fusils qu'ils ont déjà payés. Le shérif de Coronado exprime à Will son désir de le voir partir au plus tôt. Il n'est pas le seul à vouloir le voir au diable. Will est en effet victime d'une tentative d'assassinat de la part d'un homme payé pour le surveiller. En état de légitime défense, Will poignarde son agresseur, Chris Boldt. Le shérif le met en prison : Will n'en sort que grâce à Katie Canaday, une vieille femme installée depuis longtemps dans la région et propriétaire d'un ranch qu'elle essaie de protéger de la convoitise des Waggoman. Elle paie la caution de Will et, en échange, celui-ci doit travailler pour elle. Dave, voulant capturer des bêtes appartenant à Katie qui les fait paître depuis toujours sur le territoire des Waggoman, s'oppose à Lockhart et est blessé par lui. Fou de rage, Dave lui tirera à bout portant une balle dans la paume, alors que deux hommes le tiennent immobilisé. Puis Dave va avec Hansbro s'occuper du chargement d'armes qu'ils ont promis aux Indiens. Les deux hommes ont une altercation et Hansbro ramènera à Coronado le cadavre de Dave. Croyant que c'est Will qui l'a tué, Alec veut se venger et tire sur lui, mais sans l'atteindre, car le vieil homme est maintenant presque aveugle. Pour l'empêcher de découvrir le chargement d'armes, Hansbro pousse Alec à cheval dans un précipice. Alec sera sauvé et ramené à la ville où il est soigné par Katie, autrefois sa fiancée. Il s'en sortira mais restera définitivement aveugle. Ayant acquis la preuve que c'est Hansbro qui a livré aux Indiens les armes par lesquelles son frère est mort, Will ne pourra cependant le tuer de sang-froid. Il l'oblige à détruire le chargement d'armes promis aux Indiens, qui ensuite l'abattront. A Coronado, Katie annonce son mariage avec Alec. Will quitte le village et propose à Barbara de venir le voir si jamais elle passe par Laramie...

☞ Dernier des cinq westerns d'Anthony Mann interprétés par James Stewart. Mann conclut ici une fabuleuse série de films en la résumant, mais surtout en accentuant certaines de ses lignes de force et principalement deux d'entre elles : la violence sauvage, voire sadique, caractérisant les relations entre certains personnages, et l'aspect névrotique du héros incarné par James Stewart. A vrai dire, la névrose de Will Lockhart est engendrée autant par son destin que par son caractère, et l'essentiel de l'action du film consistera à montrer les efforts de ce personnage pour accomplir son destin, puis pour s'en affranchir en renonçant à sa vocation de vengeur. Différence essentielle avec les autres films du cycle : l'absence de la notion d'itinéraire, au sens spatial du terme, dans l'aventure individuelle du personnage. Il arrive sur place quand l'intrigue commence et Mann fait assister le spectateur à la phase ultime de sa démarche. Dernière étape du cycle entamé avec *Winchester 73**, *L'homme de la plaine* ouvre aussi la voie, par son extrême tension, à la descente aux enfers que sera *L'homme de l'Ouest**. Outre l'évolution individuelle de son héros, *L'homme de la plaine* doit sa très grande richesse à un ensemble de personnages dominé par le vieil Alec Waggoman. Les trois plus jeunes personnages de l'intrigue sont présentés dans une relation filiale avec lui : Dave est le fils réel qu'il regrette d'avoir, Hansbro est le fils de substitution dans lequel il place de chimériques espoirs, Lockhart est le fils idéal qu'il aurait souhaité et qu'il n'aura jamais, proche de lui par le caractère et l'obstination. Pour Anthony Mann, Alec Waggoman (joué par l'admirable Donald Crisp) correspond à une libre interprétation du Roi Lear, transposé dans l'univers du western. Sur le plan visuel, le sens du découpage, la participation intime du décor et des paysages à l'action, éléments essentiels de la mise en scène d'Anthony Mann, sont comme renouvelés et décuplés par l'emploi extraordinaire du Cinémascope, utilisé ici par Mann pour la première fois.

N.B. Le film fut tourné en vingt-huit jours dans une vingtaine de sites naturels du Nouveau-Mexique avec une recherche poussée de l'authenticité dans le détail (décoration intérieure, armes, etc.). James Stewart tint à exécuter lui-même la plupart de ses cascades.

## HOMME DE LA RUE (L')
**(Meet John Doe)**

1941 – USA (125') • *Prod.* Warner (Frank Capra) • *Réal.* FRANK CAPRA • *Sc.* Robert Riskin, d'ap. la nouvelle « A Reputation », du recueil « Apes and Angels » de Richard Connell, adaptée par Jo Swerling et Robert Presnell • *Phot.* George Barnes • *Mus.* Dimitri Tiomkin • *Int.* Gary Cooper (Long John Willoughby alias John Doe), Barbara Stanwyck (Ann Mitchell), Edward Arnold (D.B. Norton), Walter Brennan (le colonel), James Gleason (Henry Connell), Irving Bacon (Beany), Spring Byington (Mme Mitchell), Gene Lockhart (le maire Lovett).

Sur le point d'être renvoyé de son journal à la suite d'un changement de direction, un journaliste rédige en guise d'ultime éditorial une lettre imaginaire mais qui veut passer pour vraie. Elle est censée émaner d'un lecteur dégoûté par l'état actuel du monde et annonçant son suicide pour le jour de Noël. La lettre, signée John Doe, a un tel retentissement dans le public que les dirigeants du journal, ayant réintégré le journaliste, sont dans l'obligation de trouver quelqu'un pour incarner l'auteur présumé du texte. Un chômeur est choisi, John Willoughby, et contre une forte somme il devra tenir un rôle public, lire des discours écrits à son intention par le journaliste, etc. Il s'aperçoit vite que sa nouvelle situation ne lui plaît guère et il repart vivre sa vie de vagabond avec un vieil ami. Le journaliste le retrouve et le persuade de redevenir John Doe, l'homme moyen symbole des aspirations de l'Amérique. En effet, de multiples clubs John Doe, prônant la compréhension entre les hommes, se sont constitués partout dans le pays à l'instigation du nouveau directeur du journal, Norton. Willoughby accepte puis se prend au jeu. Mais quand il découvre que les clubs sont en réalité destinés à soutenir les ambitions fascistes de Norton, candidat à la présidence des États-Unis, il s'apprête à tout révéler dans un grand discours à la Convention des clubs. Norton s'efforce de le prendre de vitesse et de le déconsidérer en révélant à la foule qu'il n'a jamais écrit la lettre. Willoughby est alors décidé à se suicider, comme l'imaginaire auteur de la lettre. Mais le journaliste ainsi que divers membres des clubs sauront l'en dissuader.

☞ Étant donné l'extraordinaire originalité du point de départ et l'attente qu'il suscite chez le spectateur, le film se développe de manière un peu décevante. Les causes en sont multiples. Trop de dialogues, d'une part, et de monologues au contenu vague et abstrait alourdissent et ralentissent le récit (mettons cependant à part l'étonnante déclaration d'intentions de l'ami du héros, incarné par Walter Brennan, qui dénonce le piège infernal et l'abominable aliénation que constitue dans la société actuelle la simple possession d'une automobile). Un héros trop passif, d'autre part, empêche le récit d'avoir le dynamisme et l'humour tonifiant des meilleurs Capra. Néanmoins, le film est souvent passionnant et son héros, porteur d'un message idéaliste, chantre d'une utopie fondée sur la bonne volonté universelle, participe bien de ce grand rêve américain qui, plus qu'aucune autre source d'inspiration, aura nourri d'un bout à l'autre de sa carrière les fictions généreuses de Capra. A noter que si *Meet John Doe* contient certaines maladresses, il est par contre totalement dépourvu de cette roublardise qui entache parfois les films les plus célèbres de Capra.

## HOMME DE L'OUEST (L')
**(Man of the West)**

1958 – USA (100') • *Prod.* UA - Ashton (William M. Mirisch) • *Réal.* ANTHONY MANN • *Sc.* Reginald Rose d'ap. R. « The Border Jumpers » de William C. Brown • *Phot.* Ernest Haller (DeLuxe Color, Cinémascope) • *Mus.* Leigh Harline • *Int.* Gary Cooper (Link Jones), Julie London (Billie Ellis), Lee J. Cobb (Dock Tobin), Arthur O'Connell (Sam Beasley), Jack Lord (Coaley), John Dehner (Claude Tobin), Royal Dano (Trout), Robert J. Wilke (Ponch), Jack William (Alcutt), Frank Ferguson (le shérif).

Dans la petite ville de Crosscut, Link Jones prend le train pour Fort Worth. La locomotive et le convoi lui causent une certaine frayeur car c'est la première fois qu'il utilise ce moyen de transport. Dépositaire d'une certaine somme d'argent réunie par une petite communauté de l'Ouest dont il fait partie, il a reçu mission d'engager une institutrice et de la ramener au village en lui versant un an de salaire d'avance. Dans le train, un joueur professionnel, Sam Beasley, lui présente une chanteuse de saloon, Billie Ellis, qui veut changer de métier et accepterait volontiers ce travail. Le train est attaqué par deux bandits, Coaley et Trout, qui avaient un complice, Alcutt, à bord. Une fusillade s'ensuit et le train réussit à repartir sans que les voleurs aient mis la main sur le butin. Link, blessé superficiellement à la tempe, Sam qui s'est foulé la cheville et Billie, indemne, n'ont pu remonter dans le train et se retrouvent seuls dans ce territoire désolé à cent cinquante kilomètres de toute agglomération. Link les conduit vers une petite maison où, dit-il, il a vécu autrefois. S'en étant approché très précautionneusement, il y pénètre et se retrouve nez à nez avec les trois bandits du train. Ils obéissent aux ordres du vieux Dock Tobin, un hors-la-loi recherché depuis longtemps. C'est lui qui a élevé Link et l'avait entraîné autrefois dans de nombreux hold-up sanglants. Link a quitté sa « famille » depuis des années et s'est intégré dans cette communauté de l'Ouest dont il est aujourd'hui l'émissaire. A demi fou, vivant plus dans le passé que dans le présent, Dock Tobin avait eu envie de tuer Link quand il était parti. Aujourd'hui Tobin est tout heureux qu'il vienne à nouveau se joindre à la bande. Pour assurer son salut et celui de ses deux compagnons, Link entretient le vieil homme dans cette idée. Dans le même but, il lui a présenté Billie comme sa compagne. Le rêve de Tobin est d'attaquer la banque de Lassoo qui regorge, pense-t-il, de richesses. Il est déçu par ses complices qu'il juge lamentables. Sam et Link doivent creuser la tombe d'Alcutt revenu agonisant de l'attaque du train et que Dock a fait achever par Coaley. Ce dernier, un peu plus tard, met un poignard sous la gorge de Link et oblige Billie à faire devant eux un strip-tease que Dock interrompra. Pour la protéger, Link l'entraîne dans une grange où ils sont censés dormir ensemble. Link s'aperçoit alors qu'on lui a volé l'argent destiné à l'institutrice. Au matin, le fils de Dock Tobin, Claude, arrive. Ce n'est pas une épave comme les trois autres bandits mais un homme en pleine possession de ses moyens qui devine tout de suite que Link n'a nulle intention de refaire partie de la bande. Il est furieux de ce que Link ait été reconnu par le shérif à la gare de Crosscut et ait ainsi désigné à l'avance toute la famille comme responsable du hold-up. S'il ne tenait qu'à lui, Claude tuerait sur-le-champ Link et ses deux compagnons. Le groupe quitte la région en chariot. Au premier campement, Link défie Coaley. Ils s'affrontent dans une lutte particulièrement sauvage et sans merci. Link déshabille son adversaire, comme celui-ci avait obligé Billie à le faire. Humilié, Coaley saisit une arme et tire sur Link avant d'être abattu par Dock. Mais c'est Sam qui, s'étant placé devant Link, a reçu la balle mortelle. Il meurt en déclarant que de toute façon, sans Link, il aurait été depuis longtemps massacré. Les chariots progressent dans un paysage d'immenses rochers. Au second campement, Dock annonce qu'on attaquera Lassoo demain. Un homme ira sur les lieux en éclaireur. Link se propose : il est le seul capable d'accomplir le repérage sans être reconnu. Dock accepte sa suggestion mais lui impose la présence de Trout, un muet à moitié débile. Au matin, les deux hommes s'en vont. Ils découvriront que Lassoo est maintenant une ville morte. Seule une Mexicaine, terrorisée et inoffensive malgré le revolver qu'elle pointe vers eux, les supplie de partir. Trout l'abat froidement avant d'être lui-même abattu par Link, révulsé par ce meurtre gratuit. Avant de mourir, Trout, de la bouche de qui ne sortait aucun son, émettra un long et interminable hurlement. Claude et Ponch arrivent sur les lieux et voient le cadavre de Trout. Ils essaient de prendre Link à revers mais c'est lui qui aura raison d'eux. Il retourne au campement et trouve Billie en pleurs. Il devine ce qu'elle a subi et voit la silhouette de Dock au sommet d'un rocher. Dock tire vers lui et met Link au défi d'en faire autant. Link abat alors le dernier membre de sa « famille ». Il trouve sur lui l'argent destiné à l'institutrice. Après quoi, il part en chariot avec Billie. Elle lui a déjà déclaré son amour, mais sait qu'il n'y a pas d'espoir pour eux (Link est d'ailleurs marié et père de deux enfants). Malgré cela, elle ne regrettera jamais, dit-elle, de l'avoir aimé.

☞ Le testament d'Anthony Mann. C'est aussi l'un de ses plus beaux westerns et l'un des très grands films américains, témoignage de la gloire du cinéma hollywoodien dans les dernières heures de sa suprématie. Comme la plupart des chefs-d'œuvre américains, c'est un film d'auteur à cent pour cent dont l'originalité, la force de renouvellement, la dureté du propos déroutèrent, à sa sortie, même les aficionados du réalisateur. Le personnage de Gary Cooper vit une expérience qui prolonge avec une extrême cruauté celle des divers héros interprétés par James Stewart dans la série des cinq westerns qu'il tourna sous la direction d'Anthony Mann. Comme eux, Link Jones a un passé lourd de secrets. Comme eux, il a connu un itinéraire qui l'a amené à s'intégrer dans une communauté organisée. Mais aujourd'hui ces secrets ressurgissent avec une force, une violence tragiques qui vont l'obliger à tuer ce passé une seconde fois. Il le fera au cours d'une véritable descente aux enfers se déroulant dans des paysages rocailleux et désolés qui contrastent avec les paysages verdoyants qu'affectionne en général A. Mann. En un sens, les paysages montrés ici bouclent la boucle avec ceux de *Winchester 73**, mais ils ont plus d'ampleur encore et plus de résonance. Burinés comme des eaux-fortes, ils aident les personnages et en particulier Dock Tobin, second héros du film, à acquérir ce relief shakespearien recherché sans relâche par Anthony Mann. L'utilisation du Cinémascope est, comme toujours chez lui, savante et dense. Grâce à une disposition extrêmement variée des personnages dans le plan et dans le décor, elle aboutit souvent à ce que chaque plan équivale à plusieurs plans dont l'intensité dramatique s'additionnerait jusqu'au malaise. Même dans les plans fixes, le choix du cadre montre les différents personnages sous des angles si variés qu'il existe pour ainsi dire un véritable découpage à l'intérieur du plan. Les relations entre les personnages, l'atmosphère de leur ultime rencontre et le style même de l'œuvre confinent au fantastique par leur intensité, tout en restant parfaitement réalistes par leur contenu. Et cela peut être considéré comme une nouveauté radicale par rapport aux cinq westerns avec James Stewart. La résurgence du passé fait de la tragédie de *L'homme de l'Ouest* une rencontre de fantômes, située dans des sites (Lassoo, le campement au milieu des rochers) eux-mêmes fantomatiques. Entre ces fantômes règne la violence la plus sauvage, que Mann décrit sans la moindre complaisance, mais au contraire avec un dégoût, une volonté de condamnation encore plus accentués que dans ses films précédents. La peinture terrifiante du clan Tobin s'abandonnant sans frein à sa folie, à sa cupidité, à ses instincts de mort, à son mépris total de l'autre exprime la nécessité absolue du « law and order », de la construction d'un ordre social cohérent et solide que Mann a toujours prôné et défendu. Non décrit directement dans l'intrigue, cet ordre social n'est présent dans le film qu'à travers quelques phrases laconiques du héros, quand il évoque la nouvelle vie qu'il avait réussi à se créer très loin d'ici. Le sentiment de la nécessité d'un tel ordre constitue le fondement et l'unité des westerns de Mann ; il trouve son expression limite dans la fiction à la fois elliptique et atroce de *L'homme de l'Ouest*.

## HOMME DE NULLE PART (L')

1937 – France-Italie (98') • *Prod.* General Production, Paris (Christian Stengel et Michel Kagansky) et Ala-Colosseum Film, Rome (Alessandro Ghenzi et Antonio Baroni) • *Réal.* PIERRE CHENAL • *Sc.* Chenal, Christian Stengel, Armand Salacrou, Roger Vitrac d'ap. R. « Il fu Mattia Pascal » de Luigi Pirandello • *Phot.* JosephLouis Mundviller • *Mus.* Jacques Ibert • *Int.* Pierre Blanchar (Mathias Pascal/ Adrien Meis), Isa Miranda (Louise Paleari), Robert Le Vigan (Papiano), Sinoël (Paleari), Ginette Leclerc (Romilda), Margo Lion (la caporale), Catherine Fonteney (la veuve Pescatore), Pierre Alcover (Malagna), Pierre Palau (Titus), Maximilienne (Scholastique), Georges Douking (l'idiot).

Après la mort de sa mère qui s'était ruinée pour lui assurer un mariage décent, Mathias Pascal, jeune bourgeois plutôt doux et velléitaire, se retrouve seul face à une épouse qui ne l'aime guère et à une belle-mère épouvantable. Il disparaît pour un temps, voulant mettre de l'ordre dans ses idées. Il rencontre un inconnu qui lui fait gagner une fortune à la roulette. Quand il rentre chez lui, c'est pour assister à son propre enterrement (un noyé victime d'une rixe a pris sa place dans son cercueil). Mathias ne dit rien et préfère disparaître à nouveau. A Rome, sous une autre identité, il rencontre une jeune femme, Louise, dont le tuteur dirige une pension de famille. Mathias suscite la jalousie du fiancé de Louise, le comte Papiano, un être veule et abject, associé à son tuteur. Papiano procède à une sorte d'enquête sur Mathias, qui l'intrigue. Il ira jusqu'à lui voler son argent pour l'empêcher de partir avec Louise. Mathias confond son voleur puis prend le parti de s'en aller, laissant une note de suicide signée de son nom d'emprunt. Il revient une seconde fois chez lui et trouve sa femme, mariée. Elle a hérité de la tante de Mathias. Celui-ci est maintenant plein d'autorité et se connaît mieux lui-même.

Il oblige le mari de sa femme, employé de mairie, à lui faire un faux état civil. Muni du précieux document, il retourne à Rome épouser Louise.

☞ Pierre Chenal et Roger Vitrac sont tombés d'accord pour adapter le roman de Pirandello dans un style baroque et plein de ruptures de ton. Dans cette étude de mœurs qui ne recule pas devant la description de la violence, voire de l'abjection, le grinçant et le grotesque ont pris la place du fantastique et du tragique. Cela rompt tout à fait avec l'académisme assez ennuyeux de l'adaptation de Marcel L'Herbier (*Feu Mathias Pascal,* 1926), valable surtout par sa stylisation décorative. Le film de Chenal est néanmoins fidèle à Pirandello en ce sens qu'il redevient l'histoire d'un homme ballotté par le hasard et les circonstances et qui, sur le point de n'être rien ni personne, découvre dans ce vide sa véritable personnalité. Son itinéraire chaotique ne va pas sans détours ni méandres ; les uns et les autres justifient le parti pris des auteurs. Mais le film, malgré son originalité, frôle parfois l'artifice. Dans la distribution, Margo Lion se révèle la plus adroite à se mettre au diapason du ton, surprenant et dissonant, recherché par Chenal et par Vitrac.

N.B. Armand Salacrou, bien que mentionné au générique, n'a pas collaboré au scénario définitif. Isa Miranda est doublée par Claude Marcy. Une version italienne fut tournée parallèlement par Pierre Chenal et un réalisateur italien (dont le nom n'est pas mentionné au générique italien). Distribution entièrement différente, sauf Blanchar et Miranda. Autres adaptations du roman de Pirandello par Marcel L'Herbier (1926, avec Ivan Mosjoukine dans le rôle de M. Pascal) et en Italie par Mario Monicelli (*La doppia vita di Mattia Pascal,* 1985) avec Marcello Mastroianni.

## HOMME DES VALLÉES PERDUES (L')
### (Shane)

1953 – USA (118') • *Prod.* PAR. (George Stevens) • *Réal.* GEORGE STEVENS • *Sc.* A.B. Guthrie, Jack Sher d'ap. R. de Jack Schaefer • *Phot.* Loyal Griggs (Technicolor) • *Mus.* Victor Young • *Int.* Alan Ladd (Shane), Jean Arthur (Marian Starrett), Van Heflin (Joe Starrett), Walter Jack Palance (Jack Wilson), Ben Johnson (Chris Callaway), Edgar Buchanan (Fred Lewis), Emile Meyer (Rufe Ryker).

Dans le Wyoming, un aventurier de passage aide une famille de colons à lutter contre l'emprise des frères Ryker qui veulent s'approprier toutes les terres du voisinage pour y faire paître leur bétail.

☞ L'un des westerns les plus célèbres dans les années qui suivirent sa réalisation, avant qu'ait lieu la nécessaire réestimation des valeurs consacrées du genre. *Shane* ne peut en aucun cas être mis sur le même plan qu'un western de Ford ou de DeMille, de Mann ou de Nicholas Ray. C'est avant tout un bel album d'images, filmé dans des extérieurs magnifiques auxquels le Technicolor de l'époque donne une saveur poétique particulière. George Stevens tint à conserver dans plusieurs de ses plans des variations de luminosité très spectaculaires et rarement tolérées par les chefs opérateurs. Réaliste dans le détail des décors, des costumes, de la lumière, le film présente néanmoins une vision simplifiée et idéalisée de la vie dans l'Ouest, telle qu'elle est vue par un gamin de dix ans, fils d'un couple de colons, et qui est sans doute le personnage le plus important de l'histoire. Sa présence nettement marquée dans la plupart des scènes justifie en partie le schématisme de l'action, son culte du héros « bigger than life », son manichéisme presque caricatural (dans un rôle de tueur qui le fit remarquer du public, Jack Palance frôle la parodie). Par ailleurs, l'intrigue est souvent lente et verbeuse. Dans ce qu'il a de meilleur, *Shane* appartient à la lignée des films d'aventures pour enfants, type *Jody et le faon* (*The Yearling,* Clarence Brown, 1946), dont le thème central est justement la découverte de la violence et de la beauté du monde par un enfant. Il n'a rien à voir avec le nouveau courant du western adulte et moderne des années 50.

## HOMME DU NIGER (L')

1939 – France (102') • *Prod.* SPFLH • *Réal.* JACQUES DE BARONCELLI • *Sc.* Albert Dieudonné, H. André Legrand, Joseph Kessel d'ap. « Périple noir » et « Ghana ville perdue » de Jean Paillard • *Phot.* Léonce-Henri Burel • *Mus.* Henri Tomasi • *Int.* Harry Baur (médecin major Bourdet), Victor Francen (commandant Bréval), Annie Ducaux (Danièle Mourier), Jacques Dumesnil (lieutenant Parent), Blanche Denège (sœur Théoneste), Georges Mauloy (François Mourier), Habib Benglia (Kiani), René Terillac (l'ingénieur).

Au Soudan français, trois amis, trois militaires, apprécient plus que tout au monde la vie coloniale : Bourdet, médecin, créateur d'un institut d'études sur la lèpre, le commandant Bréval, figure déjà légendaire, dont le grand rêve est d'irriguer le Soudan à l'aide de barrages, de digues, d'écluses et de canaux construits sur le fleuve Niger, enfin le lieutenant Parent, le « dauphin » du trio. Un historien, ancien ministre, et sa fille Danièle, viennent en visite sur le territoire. Après s'être rendu dans la léproserie de Bourdet et dans le village avoisinant où beaucoup de lépreux vivent en liberté, le ministre va sur l'emplacement choisi par Bréval pour construire le premier barrage. Parent est tombé amoureux de Danièle. Mais celle-ci s'intéresse beaucoup plus à Bréval et à ses projets grandioses ; elle en demande pardon au lieutenant. Avant de repartir, le ministre promet au commandant d'intervenir en sa faveur à Paris. Au cours d'un incendie dans un village, Bréval sauve plusieurs indigènes et notamment un lépreux. Les trois amis se retrouvent à Paris chez Danièle dont le mariage avec Bréval ne saurait tarder. L'Office du Niger est créé. Les grands travaux vont pouvoir commencer. Mais Bourdet tient à examiner le commandant. Il se rend à son hôtel et lui fait un prélèvement qui confirme ses inquiétudes. Il annonce à son ami la terrible nouvelle : il a la lèpre. Quoique Bourdet affirme être capable de le guérir, Bréval préfère disparaître, faisant jurer à son ami de garder le secret auprès de Danièle. Dans les années qui suivent, Parent, en poste à Senlis, a épousé Danièle. Au Soudan, le barrage avance. Bourdet participe à sa construction, servant d'intermédiaire secret entre Bréval qui se cache dans la région sous une tenue *targi* et les ingénieurs de l'ouvrage. Bourdet n'a jamais cessé de soigner son ami. A Senlis, le couple Parent garde la nostalgie de la vie coloniale et se décide à rendre visite à Bourdet. Une fois sur place, Danièle retrouve la trace de Bréval. « Je vous ai pleuré comme un mort », lui dit-elle. « Je suis un mort », répond-il en refusant de lui donner la main. Peu après, Bourdet lui annonce qu'il est guéri. C'est maintenant à Danièle de choisir celui dont elle partagera la vie. Des tribus se sont révoltées contre le barrage. Au cours d'un discours destiné à faire comprendre aux indigènes la nécessité de la tâche entreprise, Bréval est assassiné. Bourdet prononce son éloge funèbre.

☞ Spécimen original appartenant au courant du film colonial français des années 30. Le film est consacré aux tâches de nature civile qu'accomplissent auprès des populations indigènes deux officiers, l'un médecin, l'autre ingénieur et visionnaire. Pas de combat, de légionnaires en marche, de propagande militaire directe. Comme si cette épopée civilisatrice ne suffisait pas à alimenter dramatiquement le film, l'intrigue, à mi-parcours, bifurque et se transforme en mélodrame délirant fondé sur l'utilisation d'une des situations-chocs du genre : la maladie incurable (ou supposée telle). Un dénouement violent offre la seule péripétie qui se situe sur un plan politique et militaire. Elle traduit plus le désarroi des auteurs devant l'imbroglio qu'ils avaient créé (et qui dans sa logique aurait abouti à faire divorcer un personnage « noble », celui d'Annie Ducaux) qu'elle ne conclut réellement le film. Au-delà de ses hésitations structurales, le film vaut surtout par le personnage et l'interprétation d'Harry Baur. Le personnage, un solitaire n'ayant pour famille que ses patients et ses amis, exprime le thème de l'amitié virile cher au film colonial. Cette amitié représente souvent la forme sublimée (et plus émouvante pour le public) du thème de l'esprit de corps. L'interprétation d'Harry Baur confère à l'expression de ce thème le lyrisme puissant et extraverti, l'émotion intense et baroque dont est capable ce grand acteur. Dans la scène où il doit annoncer à Victor Francen qu'il a la lèpre, c'est lui que le spectateur a le plus envie de plaindre !

## HOMME INVISIBLE (L')
### (The Invisible Man)

1933 – USA (73') • *Prod.* U (Carl Laemmle, Jr.) • *Réal.* JAMES WHALE • *Sc.* R.C. Sherriff d'ap. R. de H.G. Wells • *Phot.* Arthur Edeson • *Eff. sp.* John P. Fulton, John Mescall • *Mus.* W. Franke Harling • *Int.* Claude Rains (Jack Griffin), Gloria Stuart (Flora Cranley), Henry Travers (Dr Cranley), William Harrigan (Dr Kemp), Una O'Connor (Mrs. Hall), Forrester Harvey (Mr. Hall), Holmes Herbert (commissaire) E.E. Clive (Jaffers), John Carradine, Walter Brennan.

Par un temps sinistre de froid et de neige, un inconnu, le visage entièrement recouvert de bandelettes, demande le gîte et le couvert dans une auberge de la province anglaise. Il s'agit d'un jeune savant, Jack Griffin, qui poursuit en secret depuis cinq ans des recherches sur l'invisibiiité. Il a réussi grâce à un sérum de sa fabrication à se rendre invisible mais n'a pu encore trouver « le chemin du retour » vers la normale. Il s'enferme dans sa chambre et demande à ne pas être dérangé. Après plusieurs semaines, comme il n'a pas payé sa note, les propriétaires de l'auberge veulent le renvoyer. Il réagit si violemment qu'ils appellent la police : Griffin ôte alors ses bandelettes, se déshabille et se révèle tel qu'il est ... invisible. Il sort de l'auberge après avoir à moitié étranglé le patron et prend la fuite sur une bicyclette volée. Il se rend à Londres dans l'appartement de son collègue Kemp. Tous deux travaillaient pour le Dr Cranley dont la fille, Flora, est fiancée à Griffin. Ce qu'ignore Griffin, c'est que l'une des substances qu'il s'est injectée, la monocaïne, a la propriété de transformer radicalement le comportement mental de ceux qui l'absorbent. Il tient à Kemp des propos dignes d'un mégalomane et veut s'associer avec lui pour dominer le monde. Son principal moyen d'action : la terreur. En provoquant quelques spectaculaires accidents de train, il compte montrer à tous qu'il ne plaisante pas. Il commence par tuer un des policiers qui enquêtent sur lui. Sa tête est mise à prix dix mille livres. Kemp, terrorisé, téléphone à Cranley puis à la police. Cranley et Flora accourent chez lui pour s'entretenir avec Griffin et, si possible, le raisonner. Griffin déclare à Flora que c'est pour elle qu'il a mené toutes ses recherches. Très vite, son délire mégalomaniaque le reprend : « Même la lune a peur de moi. » Il voit alors la police encercler la maison. Il comprend que Kemp l'a trahi et jure qu'il le tuera le lendemain à vingt-deux heures précises. Il échappe facilement aux policiers et, après avoir assommé un aiguilleur, provoque un spectaculaire accident de chemin de fer. Le chef de la police veut mettre à profit les menaces de mort formulées par l'homme invisible à l'encontre de Kemp et entend utiliser ce dernier comme appât. Sous bonne garde, Kemp, réticent, est conduit dans un poste de police peu avant vingt-deux heures afin d'y attirer Griffin. Puis Kemp repart discrètement en voiture sous l'uniforme d'un policier. Griffin a suivi la manœuvre et Kemp le retrouve bientôt à ses côtés dans le véhicule : Griffin le ligote et place son corps dans la voiture avant de la pousser vers le gouffre. Ayant besoin de dormir, Griffin pénètre dans une grange. Un paysan l'entend ronfler et va prévenir la police qui encercle la grange. Griffin essaie de fuir mais les traces de ses pas dans la neige le font repérer. Il est abattu. On le transporte agonisant dans un lit. Flora est à son chevet. Au moment précis de sa mort, la monocaïne cesse d'agir et il réapparaît aux yeux de sa bien-aimée et de tous.

☞ Fidèle et talentueuse adaptation du chef-d'œuvre de Wells. La drogue entraînant la mégalomanie du héros est la seule addition importante à l'œuvre originale et fut d'ailleurs critiquée par Wells qui, pour le reste, apprécia beaucoup le film. Le style rigide et caverneux de Whale convient assez bien à cette histoire tragique dont le héros, tel la créature de *Frankenstein**, doit inspirer à la fois de l'horreur et de la compassion. Même l'humour, assez abondant, n'est pas ici l'habituel et artificiel repoussoir aux scènes dramatiques (comme c'était hélas le cas dans de nombreux films fantastiques de l'époque) mais s'intègre profondément au récit dont il contribua à accentuer le caractère grinçant et sinistre. Les trucages et effets spéciaux dirigés par Whale et John P. Fulton constituent évidemment l'élément le plus spectaculaire du film. Whale ne s'est pas contenté de les faire valoir pour eux-mêmes et a su les soumettre habilement à la progression fatale du récit. Le savant Griffin est en effet triplement victime de la science et de sa géniale trouvaille. L'invisibilité, cette faculté miraculeuse et enviable, qui fait rêver quand elle est décrite dans des contes du style des « Mille et Une Nuits », se révèle dans la réalité quotidienne un attribut infernal plein de désavantages. D'autre part le savant qui n'a pas réussi à découvrir la « sortie », le chemin de retour, se trouve dans la situation d'un Hyde qui ne pourrait jamais redevenir Jekyll. Enfin, il s'est condamné sans le savoir, par un effet secondaire de son produit, à devenir un fou dangereux que toutes les polices pourchassent. Les savants fous, dans les œuvres de SF, le sont en général *avant* leurs expériences. La folie de Griffin au contraire est la conséquence de sa découverte. Il n'était auparavant qu'un ambitieux romantique cherchant à séduire sa belle par une trouvaille de génie. Les plans les plus délicats à réaliser furent ceux où le personnage devait être partiellement habillé (et le reste de son corps invisible) face à d'autres personnages. Ces plans furent tournés deux fois. La première, dans un décor entièrement recouvert de velours noir (le velours supprime les reflets), Claude Rains étant seul et vêtu également de velours noir, sauf pour les pièces de son habillement qui devaient être visibles. Il portait aussi des gants et un casque noir. La seconde fois, les autres acteurs évoluaient sans lui en respectant minutieusement l'espace qu'il était censé occuper et le minutage de ses gestes. Les négatifs des deux séries de plans furent ensuite surimpressionnés l'un à l'autre. L'ensemble du tournage prit quatre mois, durée exceptionnelle pour l'époque. Claude Rains, imposé par Whale à la place de Boris Karloff, fit là des débuts aussi sensationnels que paradoxaux, puisqu'on ne voyait son visage qu'au dernier plan du film. Comme le héros du *Cavalier électrique* de Pollack (1979), il pouvait être remplacé à tout moment par une doublure. Il ne disposait, pour imposer son rôle et sa présence, que de la seule force et de l'énergie étrange de sa voix.

N.B. Il semble que le premier film inspiré par le livre de Wells soit une bande Pathé de 1909, *Le voleur invisible,* de Ferdinand Zecca, récemment retrouvée. La Universal mit un certain temps à exploiter, grâce à des suites, le succès du film de Whale : *The Invisible Man Returns* (Joe May, 1940), *Invisible Agent* (Edwin L. Marin, 1942), *The Invisible Man's Revenge* (Ford Beebe, 1944). A la rigueur *The Invisible Woman* (Edward Sutherland, 1941) peut être inclus dans le cycle et il faut aussi signaler l'inévitable *Abbott and Costello Meet the Invisible Man* (Charles Lamont, 1951). Aucun de ces films n'arrive à la cheville de l'original.

## HOMME QUI EN SAVAIT TROP (L')
### (The Man Who Knew Too Much)

1956 – USA (119') • *Prod.* PAR. (A. Hitchcock) • *Réal.* ALFRED HITCHCOCK • *Sc.* John Michael Hayes et Angus MacPhail d'ap. une histoire de Charles Bennett et D.B. Wyndham-Lewis • *Phot.* Robert Burks (Technicolor, VistaVision) • *Mus.* Bernard Herrmann • *Int.* James Stewart (Dr Ben McKenna), Doris Day (Jo McKenna), Daniel Gélin (Louis Bernard), Brenda de Banzie (Mrs. Drayton), Bernard Miles (Mr. Drayton), Ralph Truman (Buchanan), Alan Mowbray (Val Parnell), Hillary Brooke (Jan Peterson), Christopher Olsen (Hank MacKenna), Reggie Nalder (le tueur), Mogens Wieth (l'ambassadeur), Yves Brainville (le commissaire), Carolyn Jones (Cindy Fontaine).

Un couple de touristes américains, le Dr Ben McKenna et la chanteuse Jo

Conway, à demi retirée, visitent Marrakech accompagnés de leur garçonnet. Ils font la connaissance d'un mystérieux Français, Louis Bernard, qui les invite à dîner puis se décommande. Le lendemain, sur le marché, il est poignardé alors qu'il était déguisé et maquillé en Arabe. Avant de mourir, il murmure quelques mots à Ben : un homme politique va être assassiné prochainement à Londres. Il indique un nom : Ambrose Chapel. Le couple est interrogé par la police. Ben est averti par un coup de fil que, s'il communique le contenu du message, il ne reverra jamais son fils. L'enfant en effet vient d'être kidnappé par un couple d'Anglais, les Drayton, que Ben et Jo avaient également rencontrés la veille. Les deux Américains se rendent à Londres pour tenter de retrouver, par leurs propres moyens, l'enfant. Ben refuse de collaborer avec un inspecteur de Scotland Yard qui lui apprend que Louis Bernard était un agent du Deuxième Bureau. Ben se rend chez Ambrose Chapel, patron d'une entreprise de taxidermie (empaillage d'animaux) dont il a trouvé l'adresse dans l'annuaire. Il découvre là-bas qu'à l'évidence il a fait fausse route. Sa femme s'avise qu'Ambrose Chapel pourrait bien désigner un lieu et non un homme. Et, en effet, dans la rue Ambrose, il y a une église. Ben et Jo s'y rendent et assistent au service. Ils reconnaissent les Drayton : Mr. Drayton est le pasteur de l'église ou du moins agit comme tel. Jo sort pour aller prévenir la police. Après l'office, Ben appelle en hurlant son fils qui lui répond. Ben est assommé. Les Drayton quittent les lieux avec l'enfant et se réfugient dans une ambassade. Ben, une fois ranimé, sort de l'église en grimpant à la corde de la cloche ! Jo, sur les traces de l'homme de Scotland Yard qu'elle veut mettre au courant des derniers événements, arrive au Royal Albert Hall, où va avoir lieu un concert auquel assiste le Premier ministre d'une nation étrangère en visite à Londres. Jo devine que c'est lui la victime désignée dans le message du Français. D'ailleurs le tueur lui intime en quelques mots l'ordre de se taire si elle veut revoir son fils. Le tueur doit tirer à l'instant précis où, dans la partition, éclatera le fracas des cymbales. Mais, juste avant le moment fatidique, Jo pousse un cri. Le tueur rate son coup et meurt en sautant du balcon parmi la foule. L'ambassadeur, qui avait commandité les Drayton et le tueur, donne une réception en l'honneur du Premier ministre. La police a appris la présence de Drayton dans cette ambassade. Ben en déduit que son fils se trouve vraisemblablement avec eux. Jo profite de ce que le Premier ministre tient à lui manifester sa reconnaissance pour se faire inviter à la réception. Là-bas, elle interprète une chanson de son répertoire et le son de sa voix parvient jusqu'à la pièce où son fils est retenu prisonnier. Il lui répond en sifflant la chanson. Ben le délivre juste avant qu'il ne soit exécuté sur ordre de l'ambassadeur. Il se débarrasse de Drayton qui menaçait la vie de l'enfant et la sienne. Jo retrouve enfin son fils sain et sauf.

☞ On pourrait dire qu'il s'agit du plus réussi des exercices de style d'Hitchcock si ses exercices de style n'étaient aussi le plus souvent des sortes d'exercices spirituels. L'un des secrets de l'art d'Hitchcock est en effet de lester ses divertissements les plus brillants d'une bonne dose de gravité qui enchaîne inexorablement le spectateur à l'intrigue. Que ce spectateur soit pleinement conscient de cette gravité n'est pas indispensable à la réussite du processus cathartique recherché par l'auteur. En 1947, Hitchcock pouvait ainsi déclarer : « Je suis prêt à donner au public des chocs émotionnels tout à fait sains. » La gravité s'exprime ici selon deux lignes de force principales. La première concerne le calvaire de l'héroïne (pas si éloigné, malgré les apparences, de celui du héros du film suivant d'Hitchcock, *Le faux coupable**, expiant une faute qu'il n'a pas individuellement commise). Ce calvaire commence avec la scène superbe où James Stewart oblige Doris Day à prendre un somnifère avant de lui annoncer la nouvelle de la disparition de son fils. La seconde ligne de force consiste en une série de confrontations des deux héros avec le mal, avec Satan. La plupart des intrigues d'Hitchcock sont le lieu privilégié de telles confrontations (voir ici les retrouvailles des McKenna et des Drayton dans l'église). Cette gravité apparaissant au milieu d'une multitude de notations pittoresques et plaisantes est l'enjeu réel du suspense, beaucoup plus que le sort d'un enfant dont chacun sait bien qu'il sera libéré au dénouement. La mise en place du suspense repose formellement sur une exploration minutieuse, géométrique de l'espace et implique ici des scènes assez longues, le refus de la litote, un approfondissement de la psychologie des personnages et surtout des victimes. Les espaces vides sont particulièrement porteurs d'inquiétude et d'angoisse (cf. la rue menant à la boutique d'Ambrose Chapel, l'église pleine de chaises vides où se retrouve James Stewart à la fin du service). L'originalité spécifique de ce film à l'intérieur de l'œuvre d'Hitchcock tient dans le rôle dramatique essentiel dévolu au son. Aux moments cruciaux du récit, des appels et des cris, le chant, le sifflement, la musique constituent des modulations particulièrement efficaces et inventives du suspense.

N.B. La première version de 1934 inaugura le genre « divertissement d'espionnage » dans l'œuvre d'Hitchcock. Bien qu'il s'agisse d'un des moins bons films anglais de l'auteur, il est donc important à ce titre. Par rapport à la version de 1956, ce n'est qu'un brouillon superficiel et immature. Malgré la différence de localisation (les neiges de Saint-Moritz en lieu et place de Marrakech avant les scènes londoniennes) et malgré pas mal de différences de détail, les deux trames sont assez proches. Encore très marqué par l'influence de l'expressionnisme et des films muets de Fritz Lang, *L'homme qui en savait trop* de 1934 est dépourvu de la plupart des éléments originaux qui constituent le génie du remake (mélange savant du plaisant et du grave, mise en valeur du personnage de la mère, etc.) Il contient néanmoins, dans la séquence de l'Albert Hall, les prémisses de cette utilisation dramatique du son et de la musique qui sera le point fort de la deuxième version (plan des choristes tournant la page de leur partition, canon de l'arme émergeant de la tenture de la loge, choc des cymbales, etc.).

## HOMME QUI N'A PAS D'ÉTOILE (L')
### (Man Without a Star)

1955 – USA (89') • *Prod.* UI (Aaron Rosenberg) • *Réal.* KING VIDOR • *Sc.* Borden Chase et D.D. Beauchamp d'ap. R. de Dee Linford • *Phot.* Russell Metty (Technicolor), • *Mus.* Joseph Gershenson • *Int.* Kirk Douglas (Dempsey Rae), Jeanne Crain (Reed Bowman), Claire Trevor (Idonee), William Campbell (Jeff Jimson), Richard Boone (Steve Miles), Mara Corday (Moccasin Mary), Myrna Hansen (Tess Cassidy).

Au Wyoming, dans un train où ils voyagent tous deux clandestinement, Dempsey Rae, un aventurier qui n'a pour tout bagage que sa selle, rencontre le jeune Jeff Jimson, apprenti cow-boy naïf et inexpérimenté, qui devient son protégé. Rae lui sauve plusieurs fois la vie, lui apprend à tirer et le fait travailler, comme lui, au ranch Triangle, possédé par un grand propriétaire de l'Est que personne n'a encore vu. Il s'agit en réalité d'une femme, Reed Bowman, qui, ayant déjà cinq mille têtes de bétail sur le terrain, compte bientôt en faire venir cinq fois plus. Sur ces terres de libre pâturage que Reed se soucie peu de saccager en deux ou trois ans, le temps de faire fortune, cet énorme arrivage de bétail pose aux petits fermiers environnants un grave problème. Ils essaient de le régler en installant des barbelés, les premiers qu'on ait vus dans la région. Dempsey Rae voue aux barbelés une véritable haine. Ils symbolisent tout ce qu'il déteste – la disparition de la liberté et de l'aventure – et ont causé la mort de son frère cadet. Reed Bowman essaie de faire de Rae, dont elle apprécie l'énergie, son nouveau contremaître, au besoin en se donnant à lui. Mais son ambition et son avidité le heurtent et il préfère refuser. Reed fait alors appel à la bande de Steve Miles qui s'oppose par la violence aux poseurs de barbelés. Rae est amené à passer de leur côté et à éliminer la bande. Pour le remercier, des fermiers veulent lui donner une terre.

Une fois encore, il préfère s'en aller. Jeff voudrait, comme toujours, le suivre. « Ne fais pas ce que je fais, fais ce que je dis, ou plutôt ce qu'elle te dira, elle », s'exclame Rae en désignant Tess Cassidy, une fille de fermier qui depuis longtemps fait les yeux doux à Jeff. Dempsey Rae, quant à lui, s'en va toujours plus loin vers le Nord, à la recherche de territoires vierges et sans barbelés.

☞ Un des grands westerns des années 50 et, bien que Vidor n'ait jamais donné l'impression de l'estimer beaucoup, c'est aussi un des meilleurs films du réalisateur après la guerre. A partir d'un superbe script de Borden Chase, il s'agit d'une réflexion sur l'individualisme, sur le goût de l'aventure et des grands espaces, sur un mode de vie condamné par le progrès et l'avidité de certains possédants. D'une grande subtilité sous son allure simple et linéaire, l'intrigue amène le héros à comprendre la nécessité d'un monde organisé et même à collaborer avec ceux qui préparent ce monde, tout en restant au plus profond de lui-même un pur individualiste, capable d'aider les colons, non de vivre avec eux. La force « vidorienne » du film consiste à montrer objectivement la voie raisonnable tout en amenant le spectateur à s'identifier au seul Dempsey Rae. Elle consiste aussi à faire entendre, au sein de la description d'un caractère picaresque et joyeux, une note de désarroi profondément pathétique. Chemin faisant, Vidor parle également de la violence, de l'érotisme (souvent détourné chez ses personnages de sa fonction propre), de la force et de la mélancolie de ces derniers primitifs au cœur encore jeune dans un monde qui commence à vieillir. Le film doit beaucoup à la personnalité de Kirk Douglas : il est ici un peu plus que l'acteur de son rôle et semble aussi, comme cela lui arrive souvent, être l'auteur de son personnage. Kirk Douglas produira et interprétera quelques années plus tard une sorte de suite contemporaine à *L'homme qui n'a pas d'étoile : Seuls sont les indomptés** (David Miller, 1962).

N.B. Insignifiant remake : *A Man Called Gannon* (*Un colt nommé Gannon*) de James Goldstone, 1969.

## HOMME QUI RÉTRÉCIT (L')
## (The Incredible Shrinking Man)

1957 – USA (81') • *Prod.* UI (Albert Zugsmith) • *Réal.* JACK ARNOLD • *Sc.* Richard Matheson et Richard Alan Simmons d'ap. R. « The Shrinking Man » de Richard Matheson • *Phot.* Ellis W. Carter (Cinémascope) • *Eff. sp.* Clifford Stine, Roswell A. Hoffman, Everett H. Broussard • *Mus.* Fred Carling, Ed Lawrence • *Int.* Grant Williams (Robert Scott Carey), Randy Stuart (Louise Carey), Paul Langton (Charlie Carey), April Kent (Clarice), Raymond Bailey (Dr Thomas Silver), William Schallert (Dr Arthur Bramson), Frank Scannell (Barker), Helene Marshall, Diana Darrin (infirmières), Billy Curtis, Luce Potter (nains).

Ayant traversé, lors d'une croisière dans le Pacifique, un nuage d'insecticide radioactif, un homme rétrécit peu à peu jusqu'à une taille microscopique...

☞ Excellente adaptation écrite par Matheson lui-même de son roman « The Shrinking Man ». La deuxième partie du récit, pratiquement sans dialogue, est impressionnante. Poursuivi par un chat, le héros tombe dans une cave. Sa femme croit qu'il a été dévoré et quitte la maison. Il doit désormais entamer une lutte solitaire et permanente pour survivre : il essaie de prendre de la nourriture dans un piège à rats, combat contre une araignée, etc. Le commentaire *off* est d'une grande habileté ; on y reconnaît le talent diabolique de Matheson. Parvenu au terme de son récit, le héros affirme qu'il n'a plus peur, que son instinct lui tient lieu de tout, que tout est bien. En réalité, son accablement est terrible. Jack Arnold utilise les grands espaces vides du scope noir et blanc de manière à exprimer progressivement cet accablement. Son travail, sobre et précis, dénué de virtuosité excessive, vise à ciseler au moyen de trucages très réussis un cauchemar où tombent le personnage, puis le spectateur. L'un et l'autre se retrouveront bientôt englués dans une autre réalité où la surprise et le pittoresque, omniprésents au début, cèdent peu à peu la place à une vision pathétique et tragique de l'humanité, mise en péril par une science à la fois aveugle et toute-puissante. Sérieux mais sans pathos, spectaculaire mais sans puérilité, le film est l'un des meilleurs spécimens de la SF hollywoodienne à tendance humaniste des années 50.

N.B. Il semble que l'exploitation de ce film en copies au format Cinémascope ait été très limitée, voire inexistante aux États-Unis. C'est pourtant ainsi que le film est sorti en France et qu'il doit être vu si on veut en apprécier toutes les qualités. Remake partiel : *The Incredible Shrinking Woman* (Joel Schumacher, 1961).

## HOMME QUI RIT (L')
## (The Man Who Laughs)

1928 – USA (110') • *Prod.* U (Carl Laemmle) • *Réal.* PAUL LENI • *Sc.* J. Grubb Alexander d'ap. R. de Victor Hugo (Intertitres : Walter Anthony) • *Phot.* Gilbert Warrenton • *Int.* Conrad Veidt (Gwynplaine), Mary Philbin (Dea), Julius Molnar, Jr. (Gwynplaine enfant), Olga Baclanova (la duchesse Josiane), Brandon Hurst (Barkilphedro), Cesare Gravina (Ursus), Stuart Homes (Lord Dirry-Moir), Nick De Ruiz (Wapentake), Edgar Norton (le Grand Chancelier), Torben Meyer (l'espion), George Siegmann (Dr Hardquannone), Josephine Crowell (la reine Anne).

En Angleterre, au XVIIe siècle, le roi Jacques II donne la mort à son ennemi politique Lord Clancharlie en lui infligeant le supplice de la « dame de fer » (armure hérissée de pointes intérieures). Il avait auparavant livré son jeune fils aux « comprachicos ». Les comprachicos, ou « achète-petits » selon Victor Hugo (qui inventa la chose), sont des trafiquants d'enfants qui transforment ceux-ci en monstres pour l'agrément des puissants et des cours d'Europe et la distraction des badauds dans les foires. L'enfant a eu ainsi le coin des lèvres relevé, découvrant ses dents dans un éternel rictus. Abandonné non loin de Portland par des comprachicos en fuite, l'enfant erre dans la neige au milieu des pendus accrochés à des potences et sauve le bébé d'une femme morte de froid. Avec son précieux fardeau, il se réfugie dans la cabane d'Ursus le philosophe. « Ne ris pas », dit l'adulte en le voyant. « Je souffre », répond l'enfant. Devenu adulte, il est maintenant un clown célèbre, Gwynplaine, plus connu sous le sobriquet de « l'Homme qui rit ». Il va de foire en foire dans la carriole d'Ursus en compagnie de Dea, une jeune fille aveugle aux traits angéliques qui n'est autre que l'enfant sauvée autrefois par le garçonnet. Gwynplaine brûle d'épouser Dea qui répond à son amour. Mais il se demande avec angoisse s'il a le droit de profiter de son infirmité pour lui dissimuler la sienne, car Dea ignore depuis toujours que son compagnon et sauveur est contrefait. Gwynplaine est sur le point de se produire à la foire de Southwark. La duchesse Josiane, sensuelle et débauchée, adore s'encanailler dans ce genre de festivité. La reine Anne, qui a succédé à Jacques II sur le trône d'Angleterre, est la demi-sœur de Josiane dont elle critique sévèrement la conduite tout en espérant un jour y mettre fin. Le bouffon Barkilphedro, âme noire et servile, a intercepté une lettre dans laquelle la noble origine de Gwynplaine est révélée. Pour rester dans les bonnes grâces de la reine Anne comme il était dans celles de Jacques II, il fait part à la souveraine de sa découverte. Josiane assiste à la représentation de l'Homme qui rit ; elle est fascinée par le monstre et le fait conduire chez elle, les yeux bandés. Elle l'entraîne sur sa couche et se pâme en embrassant sa bouche contrefaite. Au même moment, elle apprend que la reine a décidé de la marier à l'héritier de Clancharlie, c'est-à-dire Gwynplaine, à la fois pour l'assagir et pour asseoir sa position de fortune. En effet, son fiancé officiel, David Dirry-Moir, jusque-là seul héritier de Clancharlie en tant que fils naturel du lord, va se trouver, du fait de l'existence de Gwynplaine, dépossédé de ses biens et ne fait donc plus un bon parti pour la duchesse. Celle-ci se met à pleurer. Gwynplaine, dont elle ignore à ce moment qu'il est le mari qu'on lui destine, rejoint sa roulotte. Des soldats du roi l'arrêtent et l'emprisonnent. Ursus croit qu'il est mort et cache la triste nouvelle à Dea, allant même jusqu'à mimer avec ses camarades une représentation imaginaire. Ursus apprend ensuite qu'il est banni du royaume pour raison d'état. Gwynplaine auquel ses biens et son titre ont été restitués fait son entrée à la Chambre des Lords. Il s'élève publiquement contre la décision de la reine de lui faire épouser la duchesse. Le scandale est immense. Gwynplaine fuit par la fenêtre et échappe, après un duel et diverses acrobaties, à ses poursuivants en armes. Il rejoint *in extremis* dans leur bateau Ursus et Dea qui partaient vers l'exil.

☞ L'un des films américains les plus brillants de la fin du muet. Comme dans *The Hunchback of Notre-Dame* (Wallace Worsley, 1923), l'intrigue présente un digest acceptable du roman de Hugo dont il néglige évidemment les digressions géniales et qu'il dote d'un happy end assez logique, étant donné le ton général de l'œuvre (une fin tragique fidèle au roman – Gwynplaine arrive trop tard au bateau, trouve Dea noyée et se suicide par désespoir – a selon certaines sources été tournée et aurait été exploitée hors des États-Unis). C'est visuellement que Paul Leni rejoint dans une certaine mesure Hugo. Il bâtit son film à l'aide d'une suite quasi ininterrompue de visions spectaculaires et baroques recréant les antithèses sur lesquelles repose l'œuvre originale : rire et souffrance, laideur extérieure et beauté intérieure, cruauté des puissants et humanité des humbles. La virtuosité de la caméra, l'invention des cadrages, le relief de l'interprétation (en particulier chez Conrad Veidt et Olga Baclanova dont la composition est assez audacieuse), la mise en valeur des décors, héritée bien sûr de sa riche expérience expressionniste, sont les caractéristiques habituelles du style de Leni. Elles se trouvent ici démultipliées par les moyens mis à la disposition du réalisateur par la Universal. Elles rendent hommage à Hugo en suscitant un récit constamment animé et envoûtant auquel manquent sans doute une intensité lyrique dans les scènes intimes, une vision plus critique et plus fouillée de la société de l'époque. « C'est un siècle très byzantin, disait Hugo du XVII^e ; il eut la naïveté corrompue et la férocité délicate, variété curieuse de civilisation. » On reste ici dans le domaine du feuilleton mais avec des images inspirées et qui ont du souffle ; le feuilleton, à ce niveau de qualité, mérite le respect.

N.B. Autre version assez talentueuse du roman de Hugo par Sergio Corbucci en 1966 : *L'uomo che ride (L'homme qui rit),* avec Jean Sorel dans le rôle-titre. William Castle a livré dans *Mr. Sardonicus* (1961) une libre – et assez plaisante – variation sur le thème de « L'homme qui rit ».

## HOMME QUI TUA LIBERTY VALANCE (L')
## (The Man Who Shot Liberty Valance)

1961 – USA (122') • *Prod.* PAR. – Ford Productions (Willis Goldbeck) • *Réal.* JOHN FORD • *Sc.* Willis Goldbeck, James Warner Bellah d'ap. une histoire de Dorothy M. Johnson • *Phot.* William H. Clothier • *Mus.* Cyril J. Mockridge • *Int.* James Stewart (Ransom Stoddard), John Wayne (Tom Doniphon), Vera Miles (Hallie Stoddard), Lee Marvin (Liberty Valance), Edmond O'Brien (Dutton Peabody), Andy Devine (Link Appleyard), John Carradine (Strabuckle), Ken Murray (Doc Willoughby), Jeanette Nolan (Nora Ericson), John Qualen (Peter Ericson), Willis Bouchey (Jason Tully), Carleton Young (Maxwell Scott), Woody Strode (Pompey), Denver Pyle (Amos Carruthers), Strother Martin (Floyd), Lee Van Cleef (Reese), Robert F. Simon (Handy Strong), O.Z. Whitehead (Ben Carruthers).

Le sénateur Ransom Stoddard et sa femme Hallie se rendent à Shinbone, petite ville de l'Ouest, pour assister à l'enterrement de Tom Doniphon, un homme qui ne semble pas avoir laissé grand souvenir. Le directeur du journal local, « The Shinbone Star », s'étonne que le sénateur ait fait le voyage pour si peu et Stoddard lui explique pourquoi il est venu. Il y a quelques dizaines d'années, jeune avocat désireux de s'installer dans l'Ouest, il avait été, dès son arrivée en diligence, insulté, dévalisé et frappé par Liberty Valance, un bandit qui semait la terreur dans la région. Laissé pour mort sur le bord de la route,

Stoddard avait été ramené par le cowboy Tom Doniphon dans le restaurant tenu par sa fiancée Hallie et par les parents de celle-ci, qui l'avaient hébergé et soigné. Pour payer sa dette, Stoddard était devenu plongeur chez eux. Visiblement, la Loi intéressait peu les habitants du voisinage. Stoddard s'était fait moquer de lui quand il avait déclaré vouloir faire arrêter Valance. « Ici, on règle ses affaires soi-même », lui avait dit Doniphon. Le directeur du « Shinbone Star » de l'époque, Dutton Peabody, avait proposé ses bureaux à Stoddard pour accueillir ses clients éventuels. En attendant, Stoddard enseigne la lecture et l'écriture à Hallie, donne des cours d'éducation civique aux enfants du village et s'entraîne à manier le revolver. Le jour où l'on élit un représentant pour la Convention qui statuera sur l'entrée du Colorado dans les États-Unis, Stoddard appelle à voter pour Doniphon qui refuse d'être candidat. Valance, appuyé par les gros éleveurs, essaie d'obtenir par l'intimidation des votes en sa faveur, mais c'est finalement Stoddard lui-même qui est élu. Valance le défie au pistolet et, avec ses deux hommes de main, saccage les bureaux du journal qui avait publié un article contre lui. Peabody est sauvagement frappé. Stoddard répond au défi de Valance et s'avance vers lui dans la rue principale de la ville, noyée d'obscurité. Valance le blesse à la main. Désarmé, Stoddard réussit à ramasser son revolver, tire et abat Valance. Hallie soigne tendrement Stoddard. Doniphon les voit et s'imagine avoir perdu sa fiancée. Il s'enivre et incendie la maison qu'il était en train de construire pour elle. A la Convention, Stoddard s'aperçoit que l'essentiel de sa réputation en tant que candidat-gouverneur repose sur le fait qu'il a tué Valance. Dégoûté, il s'apprête à retourner dans l'Est quand Doniphon lui révèle que, cette nuit-là, c'est lui qui a abattu Valance, Hallie lui ayant demandé de le protéger. Ici s'achève le récit de Stoddard qui, à la suite de ces faits, connut une brillante carrière politique. L'actuel directeur du journal ne publiera pas cet interview. Son mot d'ordre est en effet : « Quand les faits se sont transformés en légende, publiez la légende ». Après avoir rendu un dernier hommage à leur ami, Stoddard et Hallie quittent la région. Dans le train qui le ramène à Washington, un employé, aux petits soins pour Stoddard, s'écrie : « Rien n'est trop beau pour l'homme qui a tué Liberty Valance ! »

☞ Avant-dernier western de Ford. C'est son véritable testament dans ce domaine (puisque *Cheyenne Autumn* n'est en somme qu'une fresque au rabais et une œuvre assez « touristique » dans la carrière de Ford). *L'homme qui tua Liberty Valance* est célèbre pour la phrase du journaliste : « ...Publiez la légende ». Elle apparaît dans un contexte assez subtil qui ne doit pas prêter à malentendus. Elle ne résume en aucun cas le point de vue de Ford sur la question. Lui-même dans son film montre à la fois les faits bruts *et* la légende, le total des deux constituant à ses yeux la complexe, ambiguë et presque insaisissable vérité, que seuls les poètes et les artistes peuvent appréhender. Ford, avec son sens habituel du paradoxe, a d'ailleurs tenu à ce que ce soit Doniphon (John Wayne) qui, dans son récit, possède la véritable dimension mythologique et légendaire. Pour ses électeurs et ses administrés, Stoddard (James Stewart) incarne la légende. Pour Ford et les spectateurs du film (qui connaissent le fin mot de l'histoire), légende et vérité appartiennent ensemble au destin secrètement grandiose de Tom Doniphon. Dans sa mise en scène, le film est d'une ampleur et d'une simplicité magistrales. Wayne et Stewart défendent leur personnage avec le génie qu'on leur connaît et dans un parfait équilibre dramatique. Ils incarnent dans le même film deux des principaux types d'hommes que fait vivre (en général séparément) l'œuvre de Ford : le pionnier, l'homme d'action héroïque et solitaire et le citoyen épris de responsabilité, mettant son idéal, son habileté et son intégrité au service de la communauté (personnage dont Lincoln représente chez Ford le plus haut exemple). Correspondant à deux étapes essentielles et successives de l'histoire américaine, ils se voient ici réunis dans un même récit grâce à la construction en flash-back du film. Et c'est merveille enfin que le réalisateur se trouve aussi à l'aise dans un western relativement confiné comme celui-ci (dont le décor principal est un restaurant et sa cuisine) que dans telle épopée aux espaces infinis. La simplicité et la force du film n'empêchent pas qu'il soit rempli de questions et d'arrière-plans complexes (Hallie n'aimait-elle pas Doniphon plus que Stoddard ? L'Histoire n'est-elle qu'une suite de falsifications plus ou moins glorieuses ?), qu'il baigne dans la mélancolie, voire dans une certaine amertume qui, loin de nuire à son architecture d'ensemble, l'enrichit de manière inoubliable.

## HOMMES PRÉFÈRENT LES BLONDES (LES)
### (Gentlemen Prefer Blondes)

1953 – USA (91') • *Prod.* Fox (Sol C. Siegel) • *Réal.* HOWARD HAWKS • *Sc.* Charles Lederer d'ap. la comédie musicale d'Anita Loos et Joseph Fields, inspirée du R. d'Anita Loos • *Phot.* Harry J. Wild (Technicolor) • *Mus.* Lionel Newman, *Chansons* Jules Styne, Leo Robin, Hoagy Carmichael, Harold Adamson, *Chorégraphie* Jack Cole. • *Int.* Jane Russell (Dorothy Shaw), Marilyn Monroe (Lorelei Lee), Charles Coburn (Sir Francis Beekman), Elliott Reid (Malone), Tommy Noonan (Gus Esmond), George Winslow (Henry Spofford III), Marcel Dalio (juge français), Taylor Holmes (Esmond, Sr.), Steven Geray (le directeur de l'hôtel), Norma Varden (Lady Beekman).

Deux chanteuses et danseuses de music-hall, Dorothy Shaw, la brune, et Lorelei Lee, la blonde, embarquent pour l'Europe. Si Dorothy ne cache pas qu'elle s'intéresse avant tout au physique des hommes, Lorelei, elle, qui se juge la plus raisonnable des deux, n'en veut qu'à leur fortune. Elle voudrait influencer son amie et lui trouver un bon parti. Elle cherche en ce qui la concerne à se faire épouser par le velléitaire Gus Esmond dont le père, richissime, a mis son veto à cette union indigne de son rejeton. Lorelei espère que Gus viendra la rejoindre en Europe et que là, à distance de l'influence paternelle, il l'épousera. Sur le même transatlantique voyage une équipe olympique au grand complet. Cela fait le bonheur de Dorothy, tout au moins jusqu'à ce qu'elle constate que leur entraînement oblige les athlètes à se coucher tous les soirs à neuf heures. Le père de Gus a payé un détective, Malone, pour observer le comportement de la dulcinée de son fils. Il lie connaissance avec Dorothy, se fait passer pour un riche play-boy et tombe réellement amoureux d'elle. Lorelei, toujours à la recherche de l'âme sœur pour son amie, manœuvre afin qu'Henry Spofford III, dont le nom l'a impressionnée sur la liste des passagers, dîne à leur table : il s'agit en réalité d'un enfant de dix ans qui a certes la langue bien pendue et réagit souvent comme un adulte. Durant le voyage, Lorelei fait la connaissance du vieux et charmant Sir Francis Beekman qui la fascine en tant que propriétaire de mines de diamant en Afrique du Sud. Malone ne perd pas son temps et photographie Beekman en train de démontrer à Lorelei comment en Afrique les chèvres se font dévorer par les pythons (il tient le rôle du python). Dorothy a vu Malone prendre la photo et les deux amies uniront leur ingéniosité pour récupérer les clichés. Lorelei les donne à Beekman et demande en récompense l'une des plus belles pièces de la collection de bijoux de son épouse : sa fabuleuse tiare. Le vieil homme cède au caprice de Lorelei. Arrivées à Paris, les deux jeunes femmes dévalisent les grands couturiers et rentrent à leur hôtel pour y trouver Lady Beekman exigeant la restitution de sa tiare. Dorothy et Lorelei apprennent en outre que le père de Gus, sur la foi des renseignements communiqués par Malone, a annulé le paiement de la réservation de leur chambre. Les voilà sans le sou et obligées de reprendre leur métier de danseuse. Lorelei est convoquée devant le tribunal pour le vol de la tiare qu'elle n'a pas retrouvée dans le désordre de ses affaires. Dorothy prend sa place et son identité et essaie de prouver aux juges sa bonne foi (ou plutôt celle de sa camarade). Pendant ce temps, Malone à qui Dorothy a avoué son amour n'est pas resté inactif. Il amène devant les juges Sir Beekman qui est en fait le ravisseur de la tiare, qu'il avait dérobée à Lorelei pour la rendre à sa femme. Le père de Gus, arrivé à Paris, trouve Lorelei charmante et, sur le bateau qui rentre vers New York, deux mariages sont conjointement célébrés : celui de Dorothy et de Malone, celui de Lorelei et de Gus.

☞ Deuxième et dernière comédie musicale de Hawks après *A Song Is Born* (1948). Un certain nombre d'éléments stylistiques du film ressortissent à l'esthétique du dessin animé tel qu'on le pratique aux États-Unis. Il faut signaler surtout ce perpétuel grossissement caricatural du trait dans les péripéties de l'intrigue, les gestes, les intonations, les désirs et le comportement des personnages. Le rythme, lui, sobre et calme est celui de la plupart des films de Hawks, à quelque genre qu'ils appartiennent. Hawks n'est pas le seul metteur en scène américain à avoir subi dans ses comédies une influence du dessin animé. Tashlin reprend au cartoon l'allure chaotique et sautillante de l'intrigue, les déformations presque animales du physique des personnages. Blake Edwards emprunte au dessin animé nombre de gags, burlesques et physiques ; il a réussi souvent ce prodige de plonger dans un univers de cartoon des personnages qui gardent néanmoins un certain relief humain et une psychologie parfois complexe. Dans la comédie – et la comédie musicale n'est ici pour Hawks qu'une comédie agrémentée d'intermèdes où les personnages commentent avec pas mal de recul leurs désirs et leurs obsessions – Hawks voit surtout l'occasion de satiriser quelques tics, quelques tares parmi les plus mécaniques et les plus répandus dans la société. Ils apparaissent dans le film bien rangés comme dans un tiroir. La nymphomanie tranquille de Dorothy, la cupidité raisonnée de Lorelei n'engendreront aucun conflit entre les deux amies car, en bonnes maniaques qu'elles sont, elles s'intéressent exclusivement à un aspect très particulier de la réalité et ignorent superbement le reste. Hawks épingle sur l'écran comme papillons sur un cadre la monstruosité de chacune d'elles, lumineuse d'évidence et de simplicité. Le ton hawksien est aussi éloigné, dans sa sécheresse, du mépris que de la compassion ou de la connivence envers les personnages. Cette sécheresse, qui est pour Hawks la recherche de la distance exacte à partir de laquelle on peut stigmatiser une manie, une obsession, un vice sans s'indigner ni salir celui qui en est la proie, n'a jamais été plus classique, plus sereine, plus expressive qu'ici. Elle n'a jamais non plus demandé plus d'art et de talent aux interprètes. A partir de créatures mécaniques et ultra-schématiques, ils doivent recréer des êtres vivants, pittoresques, capables de séduire l'œil et d'amuser l'esprit du spectateur par leur comportement répétitif et maniaque. Marilyn Monroe, Jane Russell, George Winslow (aussi savoureusement caricatural dans sa précocité que le sont, dans leur immaturité, les deux héroïnes), Charles Coburn, Tommy Noonan y réussissent parfaitement.

N.B. Première adaptation du roman et de la pièce d'Anita Loos par Malcom St. Clair (1928).

## HOMMES, QUELS MUFLES ! (LES)
### (Gli uomini, che mascalzoni...)

1932 – Italie (73') • *Prod.* Cines (Emilio Cecchi) • *Réal.* MARIO CAMERINI • *Sc.* Aldo De Benedetti, Mario Camerini, Mario Soldati • *Phot.* Massimo Terzano et Domenico Scala • *Mus.* Cesare A. Bixio • *Int.* Lia Franca (Mariuccia), Vittorio De Sica (Bruno), Cesare Zoppetti (Tadino), Aldo Moschino (Comte Piazzi), Pia Lotti (Gina), Anna D'Adria (Letizia).

A Milan, un jeune chauffeur de maître, Bruno, rencontre une vendeuse en parfumerie, Mariuccia, fille d'un chauffeur de taxi. Il l'emmène à la campagne dans la voiture de son patron, prétendant qu'elle lui appartient. Il tombe malencontreusement sur la famille de ses maîtres et doit les ramener à la ville immédiatement. La jeune fille l'attend dans une taverne. Sur le chemin du retour, il roule à toute allure et a un petit accident. Mariuccia, sans argent, doit coucher à la taverne et rentre chez elle à l'aube grâce à l'obligeance du jeune fils de la patronne. Bruno, renvoyé, vient s'excuser à la boutique de Mariuccia. Elle le boude. Il cherche du travail par les petites annonces. Son nouveau patron invite, par coïncidence, Mariuccia dans sa voiture. Elle fait semblant de flirter avec lui, pour embêter Bruno qui, fou de rage, rend son tablier. Il la retrouve à la foire de Milan où elle tient un stand de parfumerie. Elle le pistonne sans qu'il le sache auprès d'un industriel et lui fait obtenir un petit job de démonstrateur. Elle est obligée en remerciement d'accepter une invitation de l'industriel au parc d'attractions. Par dépit, Bruno s'y affiche en compagnie d'une autre employée de la foire. Mariuccia en pleure de jalousie. Le couple se réconciliera dans le taxi du père de la jeune fille. Leur mariage ne saurait tarder.

☞ Sur le plan formel, le film fait d'une façon explicite la transition entre *Rotaie* (1929) et *Il signor Max** (1937), deux autres films célèbres de Camerini basés comme celui-ci sur les aventures d'un couple. *Rotaie,* malgré sa postsynchronisation, appartient encore totalement à l'esthétique du muet. Son lyrisme et sa fluidité assurent le primat absolu de l'image sur l'intrigue et la construction. Dans *Il signor Max**, les péripéties et les dialogues, beaucoup plus travaillés, cherchent à cerner dans les personnages des individus plus fortement personnalisés, voire des caractères. Ici, sur une intrigue mince comme un fil, Camerini dessine les arabesques d'un marivaudage élégant, sensible et finalement optimiste. Attentif à la poésie de l'instant, de l'image éphémère, mais essayant aussi de livrer un dialogue significatif et un tant soit peu révélateur, le film se situe à mi-chemin entre le muet et le parlant. Pour ce qui est du ton, il est difficile de séparer dans une telle œuvre ce qui appartient à l'époque et ce qui revient à l'auteur. Disons que le film a la personnalité de son époque, reflétée par un artiste sensible et en accord avec elle. On y retrouve en tout cas cette douceur, cette grâce, cette légèreté tantôt gaie, tantôt mélancolique, et presque immatérielle, caractéristique de tant de films des premières années du parlant tournés par des Européens dans leur propre pays ou bien à l'étranger (cf. Fejos, Matarazzo, C. Reed, les Hongrois, les Allemands). C'est là un des tons de base de l'époque. Et il a été cultivé en Italie peut-être plus encore que dans aucun autre pays d'Europe. Il y a à cela plusieurs raisons. D'une part, les premiers films italiens parlants sont presque sans exception basés sur des intrigues à peine ébauchées, plus proches du moyen métrage que du long métrage. Comme si les cinéastes hésitaient à s'engager à fond dans le nouveau moyen d'expression et ne voulaient l'aborder qu'à travers de timides travaux d'approche. D'autre part, le cinéma italien de cette époque se lança avec beaucoup moins d'enthousiasme que d'autres pays (la France en particulier) dans l'exploitation du filon du théâtre filmé. Or le théâtre filmé a tendance à étouffer cette grâce et cette légèreté qui ont besoin d'air, d'extérieurs, de spontanéité et même d'improvisation pour s'épanouir. C'est donc un cinéma très transitoire qu'il faut goûter ici, dans le charme éphémère de son inachèvement.

## HOMME TRANQUILLE (L')
**(The Quiet Man)**

1952 – USA (129') • *Prod.* Republic-Argosy Pictures (J. Ford, Merian C. Cooper) • *Réal.* JOHN FORD • *Sc.* Frank S. Nugent d'ap. une histoire de Maurice Walsh • *Phot.* Winton C. Hoch, Archie Stout (Technicolor) • *Mus.* Victor Young • *Int.* John Wayne (Sean Thornton), Maureen O'Hara (Mary Kate Danaher), Barry Fitzgerald (Michaelen Oge Flynn), Ward Bond (Père Peter Lonergan), Victor McLaglen (Red Will Danaher), Mildred Natwick (Mrs. Sarah Tillane), Francis Ford (Dan Tobin).

Un ancien boxeur américain, Sean Thornton, retourne dans son village natal d'Irlande, Inisfree, pour s'y installer définitivement et racheter la maison de ses ancêtres. Il rencontre une jeune fille du cru, Mary Kate Danaher, qu'il décide d'épouser selon les règles : travaux d'approche effectués par le marieur (qui est aussi le plus célèbre ivrogne du village), cour distante en présence d'un chaperon, etc. Sean a contre lui le mauvais caractère de sa fiancée, mais surtout le fait qu'elle soit la sœur de Red Will Daneher qui convoitait la ferme que Sean vient d'acheter. Et Red Will n'est pas loin de considérer Sean comme un intrus. Un petit complot des gens du village l'obligera à dire amen à ce mariage. Après la noce, il découvre qu'il a été joué et il reprend la dot de sa sœur. Du coup, celle-ci se refuse à son mari jusqu'à ce qu'il ait récupéré sa « fortune », sans laquelle, conformément aux traditions du pays, elle n'imagine pas d'union heureuse. Mais Sean est obsédé en secret par son dernier combat où il avait accidentellement causé la mort de son adversaire. Il ne veut pas utiliser ses poings contre son beau-frère et préfère passer pour un lâche. Sa femme décide alors de s'en aller. Sean la rattrape à la gare et la ramène *manu militari* à la maison. Il obtient de Red Will l'argent de sa femme et le brûle aussitôt. Devant les villageois qui prennent les paris, commence alors une bagarre homérique entre les deux hommes. Elle sera le prélude à une vie de bonheur et de félicité pour Sean et Mary Kate.

☞ Le grand retour de John Ford en Irlande, peinte ici dans des couleurs admirables. Plus qu'aucun autre des cinéastes de sa génération, Ford a su jalonner sa carrière de « petites cosmogonies portatives » qui résument à un moment donné et en un seul film tout son univers, toute sa vision du monde, ses idées, ses manies et ses thèmes. Il a lui-même décrit son film comme sa « première love story ». C'est qu'en effet l'amour entre Sean et Mary Kate et les obstacles qu'il rencontre pour s'incarner dans un rituel social sont l'essentiel du film. Autour de cet amour, le monde tel que le voit Ford se recrée tout entier : les traditions, les coutumes, les conventions y ont une importance capitale. Elles sont le lien entre l'individu et le groupe, entre le moment présent et l'Histoire (sinon l'éternité). Les rompre ou les mépriser reviendrait à se condamner soi-même à la solitude, à l'exclusion, à l'exil. Le héros en est parfaitement conscient : le futur qu'il se bâtit renoue avec son passé et ainsi la boucle est bouclée. Quoique l'un des plus drôles de Ford et l'un des plus agréables à l'œil, le film a aussi sa gravité et ses abîmes cachés. Il ne faut pas oublier que le héros accomplit ici sa retraite et qu'il se lance, à ses risques et périls, dans une seconde existence. A ses yeux, la première a été un échec et c'est une sorte de baume magique, d'eau lustrale qu'il est venu chercher à ses sources irlandaises. Ford lui accorde cette deuxième chance et le film est tout à la fois le portrait d'un ressuscité, le portrait d'un pays à demi rêvé par son auteur et, bien sûr, le portrait de cet auteur lui-même. Ford reste ici partagé de façon permanente entre une fabuleuse passion pour la vie et une sensibilité extrême à son tragique, à ses infinies possibilités d'échec.

## HORDE SAUVAGE (LA)
### (The Wild Bunch)

1969 – USA (145') • *Prod.* Warner (Phil Feldman) • *Réal.* SAM PECKINPAH • *Sc.* Walon Green, Sam Peckinpah d'ap. une histoire de Walon Green et Roy N. Sickner • *Phot.* Lucien Ballard (Technicolor, Panavision) • *Mus.* Jerry Fielding • *Int.* William Holden (Pike), Ernest Borgnine (Dutch), Robert Ryan (Thornton), Edmond O'Brien (Sykes), Warren Oates (Lyle Gorch), Jaime Sanchez (Angel), Ben Johnson (Tector Gorch), Mapache (Emilio Fernandez), Strother Martin (Coffer), L.Q. Jones (T.C.), Albert Dekker (Harrigan), Elsa Cardenas (Elsa).

1914. Dans une petite ville à la frontière du Texas, San Rafael, Pike et sa bande dérobent la paie des employés dans les bureaux de la compagnie de chemin de fer. Ils ignorent qu'on leur a tendu une embuscade. Un ancien complice de Pike, Thornton, a été libéré de prison pour effectuer la capture de Pike ; s'il échoue, il devra retourner en prison. L'affrontement entre les deux hommes et leurs bandes tourne au massacre : des dizaines de civils sont abattus en pleine ville. Quand ils font le partage du butin dans la campagne avoisinante, Pike et ses hommes s'aperçoivent qu'ils ont volé de la ferraille. Ils font route vers le village mexicain d'où l'un d'entre eux, Angel, est natif. Il apprend que son père a été tué par le Général Mapache, un rival et un ennemi de Pancho Villa. Angel tue sa fiancée, devenue l'une des maîtresses de Mapache. Le général ne semble pas lui en tenir rigueur et propose à Pike et à sa bande de dévaliser pour lui un train américain transportant un important chargement d'or et de munitions. L'opération réussit. Angel, qui ne veut pas d'argent, reçoit le salaire que lui avait promis Pike à l'insu de Mapache : une caisse d'armes destinée aux habitants de son village. Pike, faisant preuve d'une méfiance justifiée vis-à-vis de Mapache, lui remet le chargement en plusieurs fois et prend d'infinies précautions afin d'être dûment payé. Il ne peut cependant empêcher qu'Angel soit capturé par Mapache. Celui-ci lui inflige divers supplices puis lui tranche la gorge devant Pike et les autres, venus tenter de racheter le prisonnier. Une fusillade générale est ainsi déclenchée. Mapache, de nombreux soldats, Pike et ses hommes trouveront la mort dans cette tuerie. Seul Freddy, le plus vieux compagnon de Pike, échappe au massacre. Il voit arriver Thornton qui n'avait pas cessé de traquer Pike. Thornton est maintenant condamné à se cacher, à se faire oublier pour n'avoir pas à retourner en prison. Freddy et Thornton resteront ensemble au Mexique.

☞ A partir de 1964, le western italien avait exploité jusqu'à l'absurde et jusqu'au dégoût la violence inhérente au western. Pseudo-renouvellement qui marquait la première étape de la disparition du genre. Cette violence, plus exacerbée encore, revint sur le territoire original du western par l'entremise de Sam Peckinpah. Elle marque la seconde et dernière étape de cette disparition. *La horde sauvage* ne figure ici qu'à titre historique, borne après laquelle le western cessera d'exister en tant que genre fondamental du cinéma américain, générateur d'une production abondante et régulière. A partir des années 70, un ou deux westerns par an, œuvres souvent importantes mais totalement isolées, assureront la mince pérennité du genre. A l'intérieur même de ces films, le genre sera considéré comme révolu et, en tant que tel, invitera à la nostalgie, au bilan, à la réflexion sur un univers clos qui ne peut plus évoluer. L'apport de Peckinpah, fossoyeur du genre, est ainsi parfaitement net et parfaitement contestable. A travers lui, le western devient un opéra sanglant, un tourbillon affolé où les jets d'hémoglobine et les chutes au ralenti de personnages frappés à mort ponctuent une action discontinue et sans ligne de force. Le film dure 145' et pourrait en durer le double ou la moitié sans que rien d'essentiel soit modifié. Commençant et s'achevant par un massacre, il dissout dans sa violence gratuite et superficielle toute psychologie, toute réflexion politique, historique ou morale sur le devenir des personnages. Notions sans lesquelles le western n'a plus effectivement de raison d'être. Le vieillissement des personnages entraîne chez eux comme une sorte d'irresponsabilité. Aux yeux de l'auteur, l'identité morale entre poursuivants et poursuivis est totale. Ils ne valent pas plus cher les uns que les autres et sont de toute façon voués à l'élimination. Leur férocité est encore dépassée par celle, bestiale, des Mexicains auxquels ils sont confrontés. Et ce spectacle d'une violence décadente et dérisoire n'a même pas pour caution une véritable inspiration baroque.

## HORIZONS PERDUS
**(Lost Horizon)**

1937 – USA (128') • *Prod.* COL. (Frank Capra) • *Réal.* FRANK CAPRA • *Sc.* Robert Riskin d'ap. R. de James Hilton • *Phot.* Joseph Walker • *Mus.* Dimitri Tiomkin • *Int.* Ronald Colman (Robert Conway), Jane Wyatt (Sondra), Edward Everett Horton (Alexander P. Lovett), John Howard (George Conway), Thomas Mitchell (Henry Barnard), Margo (Maria), Isabel Jewell (Gloria Stone), H.B. Warner (Chang), Sam Jaffe (le Grand Lama), Hugh Buckler (Lord Gainsford).

A Baskul, ville frontière chinoise envahie par les Japonais, le célèbre diplomate anglais Robert Conway, grand soldat et écrivain, homme d'action et idéaliste déçu, évacue quatre-vingt-dix de ses compatriotes vers Shanghai. Lui-même prend place à bord d'un petit avion en compagnie de son frère George, d'un paléontologue, Alexander P. Lovett, d'un financier ruiné et pourchassé par la police, Henry Barnard, et d'une Américaine atteinte de tuberculose, Gloria. Ils ignorent que le pilote a été tué et remplacé par un mystérieux Mongol qui les entraîne vers une tout autre direction. Dans les montagnes du Tibet, l'avion est obligé d'atterrir en catastrophe, provoquant la mort du pilote. Les cinq passagers, perdus à des milliers de kilomètres de la civilisation, se croient voués à une mort certaine mais une caravane de lamas vient providentiellement à leurs secours et les conduit dans la cité de Shangri-La, elle-même située dans la vallée de la Lune Bleue, un paradis caché entre les montagnes. Là règnent la paix et l'abondance, et la vie se déroule sous l'inspiration de la sagesse et de la beauté. La seule religion pratiquée à Shangri-La est celle de la modération et de l'absence de « struggle for life ». Les habitants ne sont reliés au monde extérieur que par une tribu de porteurs vivant à huit cents kilomètres de là. Ceux-ci viennent tous les deux ou trois ans à Shangri-La, apportant ce qui lui est nécessaire en échange d'or, métal dont la vallée recèle une grande quantité. Conway et ses compagnons ne tardent pas à comprendre qu'ils ont été amenés à Shangri-La à dessein et qu'ils sont en quelque sorte prisonniers. Le chef de la communauté, Chang, conduit Conway auprès du Grand Lama, guide spirituel de Shangri-La. Celui-ci n'est autre que le fondateur de la cité, un religieux belge, le Père Perrault, âgé de plus de deux cents ans. Il s'est installé dans la vallée en 1713. Il explique à Conway le but de sa capture : il souhaite que celui-ci le remplace et guide le monde, aux approches de la guerre, dans la voie et l'esprit de Shangri-La, c'est-à-dire en conformité avec l'éthique chrétienne la plus paisible et la plus sereine. Le Grand Lama meurt peu après. Profondément troublé, Conway ne songe plus à partir, non plus que le paléontologue et le financier qui, après avoir pesté contre leur sort, se trouvent maintenant tout à fait bien à Shangri-La, le premier donnant des cours aux enfants, le second étant retourné à ses premières activités de plombier pour installer l'eau courante dans la cité. L'Américaine a recouvré la santé et ne pense nullement au départ. Seul George, le frère de Conway, veut fuir en compagnie d'une habitante de la vallée, Maria. Conway a appris que Maria, qui paraît avoir vingt ans, est en réalité une vieille femme dont les traits sont restés jeunes à cause du climat moral et géographique de l'endroit. Il s'oppose au départ de George avec elle. Maria affirme que le Grand Lama n'était qu'un vieux fou, vivant dans l'utopie et le mensonge. Le doute s'installe dans l'esprit de Conway et il quitte bientôt la cité avec George et Maria, guidés par la caravane des porteurs. Au cours du voyage, ceux-ci tirent sur les trois Européens avant d'être engloutis sous une avalanche. Maria a maintenant les traits d'une très vieille femme et meurt. George, en proie à la folie, tombe dans une crevasse. Conway, totalement amnésique, sera retrouvé et ramené à Shanghai. Quand la mémoire lui revient, il utilise toute son énergie à échapper à son gardien anglais et veut retrouver à tout prix Shangri-La. Après avoir erré longtemps dans les montagnes, il aura un beau jour le bonheur de voir réapparaître les portes de son paradis.

☞ L'un des projets les plus risqués, les plus coûteux et finalement les plus couronnés de succès de la Columbia. Capra a voulu extraire du roman de James Hilton (paru en 1933) un apologue philosophique et politique. Sur le plan formel, il a construit une sorte de conte voltairien, fait pour impressionner mais surtout pour convaincre. Cette œuvre ambitieuse et originale est un film sur l'utopie par excellence : celle du bonheur universel obtenu grâce à l'intelligence et à la sagesse de l'homme. Les défauts autant que les qualités de Capra ont servi son ambition. Son manque de souffle, son habileté de rhéteur, son style statique d'une adresse sèche et efficace, dénué de poésie et de tremblement, font merveille dans le cadre d'un conte voltairien. Il utilise avec brio les dernières péripéties de l'intrigue (le doute de Ronald Colman) pour asseoir définitivement, en bon avocat qu'il est, sa thèse dans l'esprit du spectateur. On se prend à penser que Shangri-La aurait constitué pour McCarey le sujet idéal. Lui-même a façonné son petit Shangri-La, plus modeste et plus accessible puisque installé au cœur d'une grande ville, dans l'ermitage de *Going My Way** et de *The Bells of St. Mary's**. La comparaison entre les deux œuvres aide à mieux cerner la personnalité des deux cinéastes. Capra crée une fable qui s'adresse à l'esprit plus qu'au cœur. Ses personnages sont judicieusement placés sur l'échiquier de sa démonstration. Il démontre que chacun – chaque individu et chaque peuple – doit trouver en lui-même son Shangri-La et laisse le spectateur se débrouiller seul avec le message. McCarey au contraire montre concrètement qu'un Shangri-La peut exister au détour de n'importe quelle artère bruyante d'une grande cité. Dans son paradis vivent des êtres de chair et de sang d'où émanent des ondes de félicité qui enveloppent bientôt le spectateur comme une réalité, comme une évidence sensible, et non comme les arguments d'une fiction pseudo-rationaliste. McCarey nous entraîne dans ce paradis avec une insouciance géniale qui représente pour lui la meilleure forme possible de persuasion et surtout de communion. Capra est un orateur convaincant, McCarey un poète chaleureux et communicatif.

N.B. *Lost Horizon* fut salué par Henry Miller comme l'un des rares films chargés de sens venus d'Hollywood. Mais il divise curieusement les spécialistes de Capra (qui estimait, lui, qu'il s'agissait de son meilleur film). On en trouvera une démolition systématique dans le livre de Donald C. Willis : « The Films of Frank Capra », Scarecrow Press, New Jersey, 1974. D'une durée originale de 125', *Lost Horizon* fut amputé d'environ une demi-heure lors de ses ressorties. En 1967, le négatif original commença à se détériorer. Récemment, l'American Film Institute a reconstitué une copie de 128' dont quelques scènes et parties de scènes, complètes sur le plan sonore, ne figurent dans la bande-image que sous forme de documents photographiques (5 minutes environ). Le remake musical de Charles Jarrott (1973) est considéré à juste titre comme l'un des plus mauvais films américains jamais tournés.

## HORTOBAGY

1936 – Hongrie (75') • *Prod.* George Höllering • *Réal.* GEORGE HÖLLERING • *Sc.* Zsigmond Moricz • *Phot.* George Höllering • *Mus.* Laszlo Lajtha d'ap. des thèmes folkloriques • *Int.* Istvan Kanyasi (Jancsi), Margit Szincsak (Juliska), Janos Cinegge, Mme Janos Cinegge.

Admirable documentaire à peine romancé exprimant dans l'unité synthétique d'une longue journée la coexistence cosmique de la terre, des animaux et des hommes, pâtres ou gardiens de chevaux, dans la plaine hongroise à 200 km de Budapest. Le film s'articule autour de deux séries d'images : la première verticale et relativement immobile, celle des puits avec leurs longues perches qu'actionnent les paysans, la seconde horizontale, dynamique et puissamment poétique, celle des chevaux courant à travers la plaine. Par son lyrisme et son authenticité, *Hortobagy* est une œuvre maîtresse du cinéma mondial des années 30. Son auteur, George Höllering (ou Hoellering), qui n'a signé, outre ce film, qu'une adaptation de la pièce de T.S. Eliot, *Murder in the Cathedral*, 1952, tournée en Angleterre, est un des grands oubliés de l'histoire du cinéma. (Il passe la dernière partie de sa vie à Londres, dirigeant une célèbre salle de répertoire.) Et pourtant *Hortobagy* est un film unique par sa structure et ses qualités stylistiques, surtout si l'on songe à la date à laquelle il fut réalisé. On peut certes évoquer *Farrebique**, sorti dix ans plus tard. C'est à la fois la même chose et tout le contraire. Ce qui est chez les paysans de Rouquier labeur ingrat, attachement rugueux à la terre, austérité et fatigue s'appelle ici communion intense, spectaculaire et enthousiasmante avec l'univers. Comme les hommes de l'Aveyron, les gardiens de chevaux chantés par Höllering gagnent leur vie à la sueur de leur front. Mais ils ont le front dans les nuages et le cœur dans les étoiles. Cosmique équivaut pour eux à ailé, dionysiaque, sans limite.

## HOTEL DU NORD

1938 – France (95') • *Prod.* Impérial Film-SEDIF (Lucachevitch) • *Réal.* MARCEL CARNÉ • *Sc.* Henri Jeanson et Jean Aurenche d'ap. R. d'Eugène Dabit • *Décors* Trauner • *Phot.* Armand Thirard, Louis Née • *Mus.* Maurice Jaubert • *Int.* Annabella (Renée), Jean-Pierre Aumont (Pierre), Louis Jouvet (M. Edmond), Arletty (Mme Raymonde), Paulette Dubost (Ginette), André Brunot (Émile Lecouvreur), Jane Marken (Louise Lecouvreur), Andrex (Kenel), Bernard Blier (Prosper), Raymone (Jeanne), François Périer (Adrien), Henri Bosc (Nazarède), Marcel André (le chirurgien), René Bergeron (Maltaverne).

Un jeune couple, Pierre et Renée, pénètre dans l'Hôtel du Nord, sur le canal Saint-Martin, durant le repas de communion de la fillette d'un ami des patrons. Ils demandent une chambre ; leur intention est de s'y suicider. Pierre tire sur Renée mais n'a pas le courage de retourner le revolver contre lui. M. Edmond, un truand habitant l'hôtel avec une fille, Raymonde, qui « travaille » pour lui, le voit et le laisse fuir. Le lendemain, le remords et la honte poussent Pierre à se rendre à la police. Renée a survécu à sa blessure. A sa sortie de l'hôpital, elle se rend à l'Hôtel du Nord pour y reprendre quelques affaires. Les patrons, charitables, l'engagent comme serveuse. A cause d'elle, M. Edmond qui avait décidé de se mettre au vert dans le Midi car il se sait recherché par un complice, Nazarède, qu'il avait dénoncé, ajourne son départ. Il fait la cour à Renée. Et comme Pierre, qu'elle va voir à la Santé, semble la repousser, elle accepte de partir avec Edmond pour Marseille ; de là ils comptent s'embarquer vers Port-Saïd. Mais, au dernier moment, Renée préfère rentrer à Paris. Elle retourne à la Santé et persuade Pierre, qu'on va bientôt libérer, que leur amour n'est pas mort. Raymonde, abandonnée par Edmond, s'est mise en ménage avec un éclusier donneur de sang. Elle indique à Nazarède qu'Edmond ne va sans doute pas tarder à revenir dans les parages, sur les traces de Renée. Durant la nuit du 14 juillet, Edmond pardonne à Renée de lui avoir fait faux bond et la remercie pour les quelques jours qu'elle a passés avec lui. Elle le prévient que Nazarède l'attend dans sa chambre pour le tuer. Il s'y rend, mais au lieu de se défendre, lance son revolver à Nazarède. (C'est la même arme que celle dont s'était servi Pierre pour tirer sur Renée. Edmond l'avait rachetée à un gamin qui venait de la trouver dans un taillis où Pierre l'avait jetée.) Nazarède l'utilisera pour tuer Edmond. Pierre et Renée, ignorants de ce drame, quittent bras dessus, bras dessous le quartier du Canal.

☞ Quatrième long métrage de Carné. Après *Le Quai des brumes**, le producteur Lucachevitch, ayant Annabella sous contrat, propose à Carné de tourner un film avec elle. Carné suggère d'adapter le roman de Dabit. Annabella le connaît et l'apprécie : le projet se monte immédiatement. Prévert n'étant pas disponible, Carné écrit avec Jean Aurenche une adaptation du roman de Dabit, assez libre et plus dramatisée que l'œuvre originale. Chargé ensuite de dialoguer le film, Jeanson avantagera les personnages de Jouvet et d'Arletty au détriment de ceux d'Annabella et de Jean-Pierre Aumont qu'il n'aime pas. Cela crée un nouvel équilibre plus favorable au film qui ne comporte plus alors de personnages vraiment principaux, mais présente un quatuor de personnages fortement tranchés (à un couple romantique répond un couple pittoresque, trivial et cynique) autour desquels gravite une quantité de seconds rôles au relief saisissant. Le populisme du roman de Dabit est respecté en tant que tel, mais acquiert des teintes plus variées et plus dures. Les critiques et les historiens ont toujours éprouvé des difficultés à cerner l'apport personnel de Carné à ses films et, partant, à lui rendre justice. Nul doute cependant que, pour la période 1936-1946 où il signa ses huit premiers films, l'œuvre de Carné doive être mise sur un pied d'égalité avec celle des plus grands cinéastes français. Parmi eux, Carné est celui dont la célébrité, à l'opposé de Renoir, doit tout au public et quasiment rien à la critique. La plupart des commentaires consacrés à Carné aboutissent toujours à lui retirer quelque chose. S'ils insistent sur les mérites de Prévert ou de Gabin, c'est pour minimiser ceux de Carné. Même l'expression de « réalisme poétique » inventée à propos de ses films décrit moins la personnalité d'un auteur qu'une tendance générale du cinéma français de l'époque. On sait que Carné a toujours haï cette expression, ce qui est très compréhensible, au moins en ce qui concerne le premier terme, tant ses films, et particulièrement *Hôtel du Nord* (sans Prévert et sans Gabin) sont construits sur un irréalisme systématique et cohérent. Irréalisme du décor bâti en studio et qui reflète poétiquement un quartier réel, mais transposé. Irréalisme des personnages qui sont des archétypes poétiques possédant par eux-mêmes très peu de réalité sociologique, mais dont le grouillement et l'entrelacs communiquent à l'ensemble du récit une intense vérité sociale. Irréalisme théâtral et quasi musical des dialogues qui sont comme la partition que joue chaque acteur dont le rôle est alors comparable à celui d'un musicien d'orchestre. L'apport spécifique de Carné, c'est d'avoir su peindre avec une minutie artisanale, grâce à cet irréalisme, les couches profondes (et non l'atmosphère superficielle) d'une société, appréhendée dans la phase finale de son pourrissement et de sa décomposition. Curieusement, la morbidité de ses films a été mieux sentie par ses détracteurs (une partie de la droite de l'époque) que par ses *aficionados*. En effet, les personnages de Carné vivent dans ses films leurs dernières minutes de vie avant de devenir les figures de cire, les effigies immobiles et symboliques d'une époque presque révolue aussitôt que peinte. Et c'est sans doute parce qu'elles étaient déjà plus qu'à moitié enfoncées dans la décomposition et dans la mort que les figures créées par Carné ont eu cette propension étonnante à devenir légendaires. Dans *Hôtel du Nord*, la fin partiellement heureuse de l'intrigue n'apporte aucune contradiction au propos général de l'œuvre, puisque cette intrigue ne raconte rien d'autre que l'histoire d'une contagion. Contagion du suicide passant de deux personnages (Pierre et Renée) à un troisième (Edmond). Edmond réussira ce que les deux autres ont raté et en utilisant la même arme.

N.B. Une anecdote souligne bien à quel point le monde de Carné est un univers de fabrication (en retirant au terme toute valeur péjorative) et de studio. Dans la séquence du 14 juillet, Carné voulut faire passer un autobus au milieu du décor, détail non prévu dans le scénario. Une première fois le véhicule (un vrai bus parisien) ne put passer sans arracher les guirlandes tendues au-dessus de la rue. On modifia la place de ces accessoires. Et l'autobus repassa. C'est le plan que nous voyons dans le film définitif. Il communique toujours un certain malaise, comme si quelque chose de trop « vrai » (le bus) venait détruire un équilibre du faux savamment façonné. On trouve l'explication de ce malaise dans l'autobiographie de Carné. Le décor de la façade de l'Hôtel du Nord avait été construit à une échelle plus réduite que la réalité et « mon autobus, dit Carné, atteint presque le bas des fenêtres du premier étage ». Pour que tout fût parfait, il aurait sans doute fallu construire un petit autobus aux mesures du décor ! Ajoutons enfin que la réplique d'Arletty prenant le mot atmosphère pour une insulte (réplique la plus célèbre du cinéma français) déplut à certains critiques de l'époque. Sadoul par exemple la jugea exécrable. Avec honnêteté, Carné note dans ses souvenirs qu'elle ne lui plaisait pas beaucoup non plus : « Arletty, écrit-il, était l'âme du film. Non seulement elle faisait passer, mais elle transcendait certaines répliques, certains mots d'auteur que je n'aimais guère à cause de leur pittoresque outré, comme la fameuse "atmosphère" à laquelle son talent, sa magie d'artiste, firent le succès que l'on sait... »

**BIBLIO.** : découpage (361 plans) *in* « L'Avant-Scène » n° 374 (1988).

## HOUSE BY THE RIVER

Inédit en France. 1950 – USA (88') • *Prod.* Republic-Fidelity Pictures (Howard Welsch) • *Réal.* FRITZ LANG • *Sc.* Mel Dinelli d'ap. R. « Floodtide » de Sir Alan P. Herbert • *Phot.* Edward Cronjager • *Mus.* Georges Antheil • *Int.* Louis Hayward (Stephen Byrne), Lee Bowman (John Byrne), Jane Wyatt (Marjorie Byrne), Dorothy Patrick (Emily Gaunt), Ann Shoemaker (Mrs. Ambrose), Jody Gilbert (Flora Bantam, la gouvernante de John), Peter Brocco (le coroner), Howard Chamberlin (le district attorney), Margaret Sedden (Mrs. Whittaker), Sarah Padden (Mrs. Beach), Kathleen Freeman (Effie Ferguson), Will Wright (l'inspecteur Sarten).

La fin de l'ère victorienne. Le romancier Stephen Byrne vit dans une villa de style rococo proche d'un fleuve marécageux charriant toutes sortes de débris et d'épaves noirâtres qui font le désespoir de sa voisine, Mrs. Ambrose. Il est fréquent que des manuscrits de Byrne lui soient renvoyés par les éditeurs et l'écrivain dissimule ses frustrations sous un charme un peu fuyant et une élégance faussement décontractée. Un soir que sa femme Marjorie est allée chez des amis, Stephen a autorisé leur jeune bonne Emily à utiliser la salle de bains des maîtres. Il est violemment attiré par elle quand il la voit, dans l'obscurité, descendre l'escalier intérieur de la maison, les jambes à demi nues. Il veut l'embrasser. Elle se met à hurler et pour la faire taire il serre impulsivement ses mains autour de sa gorge, de peur que la voisine ne l'entende. Le silence d'Emily enfin le rassure. Durant ces brèves secondes, il ne s'est pas rendu compte qu'il a tué la jeune femme. Son frère John, estropié à la jambe, survient et comprend immédiatement de quoi son frère s'est rendu coupable. Dans le passé, il a souvent couvert ses frasques et lui a en outre sacrifié sa part d'héritage pour qu'il puisse écrire. Mais cette fois il est bien décidé, vu la gravité de la situation, à aller prévenir la police. Usant de prières et d'habiles mensonges, Stephen l'amène pourtant à l'aider encore une fois. Les deux hommes emportent le cadavre enveloppé dans un sac sur une barque et le jettent au milieu du fleuve. Lors d'une party donnée chez des voisins, Stephen entraîne tout le monde à danser, se montrant à dessein exubérant et gai, tandis que son frère se tient sombrement à l'écart. Comme le remarque sa femme, Stephen a l'air de se réjouir de la disparition d'Emily dont tout le monde parle. Il a d'ailleurs envoyé sa propre photo à un journal pour qu'elle soit publiée avec l'article relatant la disparition. Exploitant à fond cette source de publicité, il organise une séance de signature de son dernier roman. Il en a mis un autre en chantier, intitulé « Le fleuve », où il est bien décidé à ne parler que de ce qu'il connaît, car il a découvert que c'était la seule façon d'améliorer notablement sa littérature. A l'appel de sa voisine, Mrs. Ambrose, Stephen remarque un sac (celui-là même qui contenait le cadavre) flottant à la surface des eaux. La nuit, il essaiera en vain de le récupérer. Il va raconter son échec à son frère qui, le jour même, à propos d'Emily, s'est querellé avec sa gouvernante qui a quitté sa place. John, propriétaire du sac, apprend à son frère que son nom se trouve inscrit dessus. Un policier, l'inspecteur Sarten, vient interroger Stephen à propos du sac qui a finalement été retrouvé ainsi que son contenu. Lors des auditions publiques de l'instruction, différents témoignages et en particulier celui de sa gouvernante mettent John sur la sellette. Stephen laisse entendre à sa femme qu'il croit à la culpabilité de son frère et ajoute qu'il n'ignore pas que John est amoureux d'elle. Les deux époux échangent alors des insultes. Marjorie va trouver John et essaie de lui enlever de l'esprit ses idées de suicide. Elle fait part à son mari de l'état d'esprit de John. Stephen s'empresse alors d'aller déposer secrètement dans l'appartement de celui-ci les boucles d'oreille soi-disant volées à Marjorie par Emily. Puis il va rejoindre son frère sur un embarcadère. John déclare à son frère qu'il n'a nulle envie de se suicider, car cela reviendrait à avouer qu'il est le coupable. Il est au contraire décidé à tout aller raconter à la police, y compris sa participation dans l'affaire. Stephen l'assomme et le pousse à l'eau. Puis il rentre chez sa femme qui, ayant lu son manuscrit, en a déduit qu'il était l'assassin. Il tente alors de l'étrangler, mais en est empêché par l'arrivée de John, les vêtements trempés, tout semblable à un spectre. Hagard, Stephen s'enfuit dans le couloir, s'accroche à un rideau qui lui enserre le cou, et fait une chute mortelle depuis le premier étage.

☞ Ce petit film au budget modeste fut longtemps ignoré. Jamais distribué en France, mais connu de longue date des cinéphiles et passé tardivement à la télévision (1979), il entame la dernière période de l'œuvre américaine de Lang, celle où le cinéaste va aller jusqu'aux limites extrêmes de son génie, dont les applications se confondent avec une exploration systématique, menée plus loin qu'aucun autre cinéaste ne l'a fait avant lui, des pouvoirs du cinéma. Avec son film précédent *Secret Beyond the Door** et celui-ci, c'est comme si Lang effectuait un ultime saut qualitatif à l'intérieur de son propre univers. Mais autant l'histoire de *Secret Beyond the Door** est riche et foisonnante, autant celle de *House by the River* est pauvre et confinée, ce qui souligne encore plus nettement, sur le plan du style, le saut qualitatif opéré ici. On hésite à dire si cette évolution est strictement individuelle ou si elle intègre l'apport souterrain de l'ère Lewton-Tourneur-Robson. C'est un fait en tout cas que les progrès enregistrés ici sont de l'ordre de l'intimisme et visent à serrer au plus près la vérité d'une âme tourmentée, affectée en l'occurrence d'un fort coefficient négatif et maléfique. Nul doute que, sous son urbanité petite-bourgeoise, Stephen Byrne n'appartienne à la race de M le Maudit : il y a en lui cette petite dose de perversité, de paranoïa, de mégalomanie, de violence incontrôlée, suffisante pour créer un monstre. Et son côté M. Tout-le-Monde, par quoi Lang affirme une fois de plus sa croyance en la culpabilité de chaque homme, rend le personnage encore plus vertigineux. Maîtrisant comme à son habitude le décor, l'atmosphère, la lumière, Lang utilise l'aspect ici claustrophobique et onirique (un onirisme de cauchemar) de ces trois éléments pour acculer le personnage de Byrne à délivrer sa plus intime vérité. Des images clés et répétitives (plans de la baignoire qui se vide, d'un poisson argenté sautant hors de la rivière) sont habilement insérées dans la continuité réaliste du récit et surgissent à bon escient pour matérialiser, de manière obsessionnelle, ses pulsions et ses hantises. Les premières séquences sont basées sur l'élan érotique qui pousse Stephen Byrne vers la servante et rappellent que Lang est, de tous les grands cinéastes, celui chez qui l'érotisme joue, d'une manière à la fois permanente et secrète, le rôle le plus capital. On pourrait retracer l'évolution de ses films et de son style en étudiant uniquement cet aspect. Dans la dernière partie de son œuvre, il s'agit d'un érotisme de la frustration, de l'élan morbide presque immédiatement retourné en meurtre. Durant les deux premières phases de cet érotisme – phases d'imagination (Stephen regardant la fenêtre allumée au premier étage puis écoutant la descente des eaux dans la gouttière), phase de contemplation et de distance (Stephen regardant Emily descendre l'escalier) – s'accumulent des forces qui exploseront ensuite en éclairs de violence dévastatrice et cataclysmique. Le film suivant de Lang, *Rancho Notorious** (excluons *American Guerilla in the Philippines* qui ne compte guère), commencera d'ailleurs par un viol suivi d'un meurtre.

N.B. Avant d'engager Dorothy Patrick pour le rôle d'Emily, Lang avait souhaité choisir une actrice noire, mais la production s'y opposa.

## HUIT HEURES DE SURSIS
### (Odd Man Out)

1947 – Angleterre (115') • *Prod.* Two Cities (C. Reed)/General Film Distributors • *Réal.* CAROL REED • *Sc.* F.L. Green, R.C. Sheriff d'ap. R. de F.L. Green • *Phot.* Robert Krasker • *Mus.* William Alwyn • *Int.* James Mason (Johnny McQueen), Robert Newton (Lukey), Kathleen Ryan (Kathleen), F.J. McCormick (Shell), Cyril Cusack (Pat), Robert Beatty (Dennis) Fay Compton (Rosie).

A Belfast, Johnny McQueen, évadé de prison et réfugié depuis plusieurs mois chez Kathleen, une jeune femme amoureuse de lui, prépare avec les membres du groupe local des Sinnfeiners, dont il est le chef, un hold-up dans une usine destiné à alimenter les fonds de l'organisation. L'opération est minutieusement préparée, mais ses amis préféreraient que Johnny n'y participe pas car, cloîtré depuis longtemps, il n'a plus à leurs yeux l'énergie ni la forme physique nécessaires pour mener à bien ce genre de travail. Johnny refuse d'être remplacé. Le hold-up se déroule comme prévu mais, au moment de partir, Johnny, pris d'un vertige, hésite et cela donne au caissier le temps de bondir sur lui ; au cours du bref corps à corps qui s'ensuit, le caissier est tué et Johnny gravement blessé. Ses camarades tentent de le hisser dans la voiture, mais il glisse et, le conducteur hésitant à reculer pour venir le rechercher, il se relève et disparaît. Son errance dans la ville nocturne commence. Son camarade Dennis tâche de se faire prendre pour lui afin d'être poursuivi par la police et de lui donner le temps de s'enfuir. Au cours de ses pérégrinations d'agonisant, Johnny sera tour à tour aidé et rejeté par deux infirmières, par un oiseleur qui exigera de l'argent pour contacter un prêtre, ami d'enfance de Johnny, par un peintre à demi fou qui veut fixer sur la toile ses angoisses et ses douleurs. La neige tombe abondamment. L'oiseleur entraîne Johnny par les rues afin de le conduire auprès du prêtre. Kathleen le retrouve enfin, après l'avoir longtemps cherché. Quand les policiers arrivent, elle tire sur eux, et – conséquence logique de ce geste suicidaire – le couple est abattu.

☞ Étrange film : très prisé à son époque, infiniment trop par rapport à sa valeur réelle (Carol Reed eut plusieurs fois cette « chance »). Il s'agit en réalité d'une œuvre assez poussiéreuse et académique, malgré ses qualités plastiques. Mais en même temps cet académisme, cette absence de propos défini – *Odd Man Out* est une véritable auberge espagnole – ne manquent pas d'être attachants par cette espèce de gouffre où tombent une à une, après beaucoup d'hésitations, les virtualités du film : essai social, allégorie philosophique et religieuse, etc. La principale force du film tient évidemment à l'interprétation de James Mason, qui la considéra non sans excès comme la meilleure de toute sa carrière. Étrange aussi, le rapport que le film entretient avec la mythologie personnelle de l'acteur, l'une des plus riches du cinéma. Habituellement, l'intelligence et la volonté de ses personnages sont en conflit avec la réalité, et si leurs entreprises finissent le plus souvent par échouer, c'est après un combat riche en péripéties, une haute lutte, parfois presque satanique. Au contraire, dans *Odd Man Out,* le personnage est comme passif, vaincu d'avance. Toute la trame du film montre son agonie. Elle évoque le réalisme poétique des films français d'avant-guerre et le courant du *film noir,* terriblement vivant à l'époque où Carol Reed travaille. De sorte que la fatalité de l'échec et de l'autodestruction, caractéristique de bon nombre des personnages joués par James Mason, n'a jamais été aussi évidente qu'ici, soulignée qu'elle est, jusqu'à l'absurde, par un contexte pétrifié et répétitif.

N.B. Remake américain en milieu noir par Robert Alan Aurthur (*The Lost Man, L'homme perdu,* 1969) avec Sidney Poitier.

BIBLIO. : scénario et dialogues *in* « Three British Screenplays », Methuen, Londres, 1950.

## HUSBANDS (id.)

1970 – USA (154' au Festival de San Francisco réduites à 138' pour la version commerciale) • *Prod.* COL. (Al Ruban, Sam Shaw) • *Réal.* JOHN CASSAVETES • *Sc.* J. Cassavetes • *Phot.* Victor Kemper (DeLuxe Color) • *Mus.* Stanley Wilson, Ray Brown • *Int.* Ben Gazzara (Harry), Peter Falk (Archie), John Cassavetes (Gus), Jenny Runacre (Mary Tynan), Jenny Lee Wright (Pearl Billingham), Noelle Kao (Julie), John Kullers (Red), Meta Shaw (Annie), Leola Harlow (Leola), Dolores Delmar (la comtesse).

Après avoir assisté à l'enterrement de leur meilleur ami, trois quadragénaires new-yorkais, mariés et pères de famille, Harry, Archie et Gus vont se saouler dans un bar où ils improvisent avec les clients un concours de chant. Au matin, Harry rentre chez lui et se dispute avec sa femme et sa belle-mère. Ils en viennent aux mains. Archie et Gus entraînent Harry hors de la maison. Ils se rendent chacun à leur bureau. Harry décide de partir pour Londres. Archie et Gus l'accompagnent. Ils louent des chambres communicantes et vont jouer dans un club. Ils ramènent des filles dans leur hôtel. Archie et Gus rentrent à New York, tandis que Harry reste à Londres. « Que fera-t-il sans nous ? » demande Archie à Gus.

☞ Le film le plus caractéristique de John Cassavetes. C'est une sorte de veillée funèbre qui prend progressivement l'allure d'une virée puérile, ludique, grinçante, triviale, picaresque et absurde. Redevenant des enfants et des adolescents, les trois héros voient soudain clairement leur propre immaturité, l'impasse et le blocage de leur vie. Ces quelques heures de lucidité ne seront sans doute qu'une parenthèse dans le cours de leur existence, sauf peut-être pour Harry. Cassavetes refuse la construction, la dramatisation ; il utilise, comme Jacques Rozier, la dilatation extrême du détail, de l'instant, de la scène, et se veut à la recherche d'une authenticité nouvelle. Il fait un usage systématique du gros plan chargé d'exprimer le désarroi des personnages, leur déséquilibre, leur absence d'insertion dans un contexte concret et harmonieux. Une fois effacée, ou même simplement atténuée, leur puissance de choc et de rupture, il n'est pas du tout certain que les films de Cassavetes tiennent la durée. Comme la plupart des films faits *contre* un style ou un système (ici le système hollywoodien classique), les œuvres de Cassavetes risquent de n'être bientôt plus qu'une simple étape, un moment significatif dans le développement cinématographique d'une époque. Et, quinze ans seulement après sa sortie, *Husbands* apparaît déjà beaucoup plus comme un document sur une certaine façon de filmer que comme une œuvre vivante et éventuellement durable.

# I

## ICI BRIGADE CRIMINELLE (Private Hell 36)

1954 – USA (80') • *Prod.* Filmakers (Collier Young) • *Réal.* DON SIEGEL • *Sc.* Collier Young et Ida Lupino • *Phot.* Burnett Guffey • *Mus.* Leith Stevens • *Int.* Ida Lupino (Lilli Marlowe), Steve Cochran (Cal Bruner), Howard Duff (Jack Farnham), Dean Jagger (le capitaine Michaels), Dorothy Malone (Francey Farnham).

Deux policiers, deux amis, Cal Bruner et Jack Farnham, remontent à Los Angeles la filière d'un gros billet de banque qui pourrait les mener à l'auteur d'un meurtre commis à New York. Cal contacte une chanteuse de cabaret qui a reçu le billet en pourboire. Les deux hommes retrouvent et traquent le généreux donateur dont la voiture, poursuivie, chute dans un ravin. Le conducteur est mort et près du véhicule se trouve une caisse ouverte contenant un magot. Cal en prélève aussitôt une partie et oblige son collègue à se taire. Cas de conscience pour Jack. Son ami Cal ne songe, lui, qu'à filer à Acapulco avec sa chanteuse. Un complice du mort téléphone pour récupérer le magot. Rendez-vous. Fusillade. Jack, qui a blessé son ami, meurt, tué par son supérieur. Le « complice » était en fait un policier chargé de récupérer l'argent.

☞ Production des Filmakers, petit groupe d'amis responsable des films réalisés par Ida Lupino. Nullement gêné par la modestie du budget, le talent de Siegel est évident dans les scènes d'action et de violence. Son découpage nerveux, coupant, transforme chaque séquence de ce type en morceau d'anthologie (voir le début, éblouissant). La psychologie et les notations sociales peuvent paraître plus faibles. En réalité, pour Siegel, le cas étudié ici se situe en deçà de la psychologie ou de la morale. Ce qu'il veut montrer, c'est que son défenseur de l'ordre, constamment au contact du crime et des criminels, est pour ainsi dire « imprégné » par eux. Il franchit la barrière, passe du côté des coupables sans presque s'en rendre compte, comme on attrape un virus ou un microbe. Pour Siegel, ce passage de la ligne est un des risques du métier, ni plus ni moins. Son point de vue reste pragmatique et se fonde sur un certain relativisme moral, teinté d'indulgence. En cela, il s'éloigne tout à fait du baroquisme vénéneux du *film noir*.

## IDIOT (L') (Hakuchi)

1951 – Japon (165') • *Prod.* Shochiku (Shojiro Motoki et Takashi Koide) • *Réal.* AKIRA KUROSAWA • *Sc.* Akira Kurosawa et Eijiro Hisaita d'ap. R. de Dostoïevski • *Phot.* Toshio Ubukata • *Mus.* Fumio Hayasaka • *Int.* Masayuki Mori (Kinji Kameda/Muichkine), Toshiro Mifune (Denkichi Akama/Rogojine), Setsuko Hara (Taeko Nasu/Nastassia), Takashi Shimura (Ono/Epantchine), Chieko Higashiyama (Satoko, sa femme), Chiyoko Fumitani (Noriko, sa fille), Yoshiko Kuga (Ayako/Aglaia, sa deuxième fille), Minoru Chiaki (Mutsuo Kayama), Eijiro Yanagi (Tohata).

Ire PARTIE : « Amour et Souffrance » (93'). Kameda est revenu de la guerre, après avoir été miraculeusement sauvé, à Okinawa, d'une exécution capitale. Cette expérience a accentué sa bonté naturelle envers tout ce qui vit et existe à la surface de la terre ; a aggravé aussi son état nerveux et ses crises de démence épileptique. Il va à Sapporo vivre chez son parent Ono et se retrouvera mêlé aux intrigues de la vie privée de Taeko, une femme entretenue dont son amant et protecteur, le riche Tohata, veut à tout prix se débarrasser. Il est prêt pour cela à payer six cent mille yens à qui l'épousera. Kayama, fiancé à Ayako, l'une des deux filles d'Ono, veut maintenant épouser Taeko, attiré par le profit qu'il y a à tirer de cette union. Mais le jeune et riche Akama, désespérément amoureux de Taeko, propose, lui, un million de yens pour qu'il renonce à son projet. Au cours d'une party d'anniversaire donnée en son honneur chez Tohata, Taeko annonce qu'elle quittera son protecteur sans qu'il lui en coûte rien. Elle jette au feu le million de yens qu'avait apporté Akama et défie Kayama d'aller le retirer des flammes. Dominant sa cupidité par un prodigieux effort de volonté, Kayama ne bouge pas et finit par s'évanouir. Au cours de la même soirée, Kameda, profondément impressionné par elle, déclare que Taeko est pure. Il provoque les ricanements de l'assistance et la colère de Taeko elle-même, sentiment qui se transforme bientôt en reconnaissance éperdue quand elle découvre que Kameda est parfaitement sincère. Alors Ono s'accuse publiquement d'avoir eu une conduite méprisable envers Kameda qu'il a dépossédé de ses biens après la mort de son père. Ces biens sont considérables et Kameda, qui ne comprend pas de quoi il s'agit, est riche sans le savoir. Il se promène à travers la ville enneigée, en proie à des hallucinations visuelles et auditives. Il se demande si Akama n'a pas cherché à le tuer en le poussant sous une voiture. Il est fasciné par une vitrine de couteaux. Il échange avec Akama un serment d'amitié et des amulettes. Akama, tout sauvage qu'il soit, est fasciné malgré lui par le charme qui émane de la personnalité exceptionnelle de Kameda. Cela ne l'empêche pas de le poursuivre un jour, armé d'un couteau et en proie à une jalousie dévorante à propos de Taeko. Kameda a une crise en sa présence et Akama s'enfuit. IIe PARTIE : « Amour et Haine » (72'). Akama tâche d'obtenir de Kameda son pardon. Ayako, la fille cadette d'Ono, aime Kameda mais, comme elle a coutume de dire toujours le contraire de sa pensée, elle prétend aimer Kayama et détester Kameda. A l'occasion d'un repas chez Ono, Kameda a offert à Ayako des œillets rouges, ignorant qu'ils constituent une preuve symbolique d'amour. Il la demande officiellement en mariage. Il dit adieu à Taeko et à Akama qui vont partir ensemble. Ces adieux seront suivis d'une ultime rencontre à quatre entre Ayako, Taeko, Kameda et Akama. Ayako révèle à cette occasion sa vraie nature de bourgeoise cruelle et possessive. Sa méchanceté amène Taeko à avoir le courage de demander à Kameda de l'épouser. Ayako s'en va et Taeko s'évanouit car elle croit que Kameda, parti à la recherche d'Ayako, veut la fuir. Plus tard, Akama montrera à Kameda le cadavre de Taeko qu'il a poignardée. Les deux hommes veillent le corps. Akama a sombré dans la folie et peu à peu Kameda, le frère de tous les hommes, pénètre avec lui dans sa folie. Ils s'allongent ensemble dans la neige. Après l'enterrement de Kameda, Ayako regrettera amèrement sa conduite et s'accusera d'avoir été, dans cette tragédie, la véritable idiote.

☞ La première et la plus originale des trois adaptations de classiques de la littérature universelle par Kurosawa. (En 1957, il donnera sa version de « Macbeth » dans *Le château de l'araignée* puis adaptera « Les bas-fonds » de Gorki.) Il a voulu ici livrer une paraphrase à la fois distanciée et émouvante du roman de Dostoïevski, transposé dans le Japon contemporain. *L'idiot* est un film au rythme extrêmement lent, à la mise en scène volontairement statique et resserrée (mais infiniment savante dans les scènes de groupe), au découpage riche en gros plans : trois caractéristiques rarissimes dans le style de Kurosawa. Ce faisant, Kurosawa a cherché à susciter un long dialogue d'ombres (où il n'y a plus lieu de distinguer le réel de l'imaginaire), un conciliabule de fantômes dont les souffrances, les errements appartiennent à l'humanité tout entière et nous aident à pénétrer profondément à l'intérieur de l'univers et de la subjectivité de Kameda/Muichkine. Le monde et l'humanité sont décrits tels qu'il les voit au travers de sa vulnérabilité, de ses transes, de ses hallucinations, de son désintéressement, de son indicible bonté, de sa perspicacité médiumnique. C'est le moyen choisi par Kurosawa pour rendre fidèlement hommage au génie de Dostoïevski qu'il avait ainsi défini : « Il y a en lui quelque chose de plus qu'humain, de meilleur que l'humain. Il semble terriblement subjectif et pourtant, quand vous avez refermé son livre, vous vous apercevez que jamais un écrivain n'a été plus objectif que lui » (cité *in* Donald Richie : « The Films of Akira Kurosawa », University of California Press, Berkeley and Los Angeles, 1970). Très impressionnante composition de Masayuki Mori qui sera le potier des *Contes de la lune vague** et l'empereur tragique de *L'impératrice Yang-Kwei-Fei* de Mizoguchi.

N.B. Le film devait sortir en deux parties de deux heures chacune, mais la compagnie productrice, la Shochiku, revint sur la promesse faite à Kurosawa et ramena les 245' initialement prévues à 165'. Autres adaptations du livre de Dostoïevski par P. Tchardynine (Russie, 1910), Lupu-Pick (Allemagne, 1919, *Der Dummkopf*), Georges Lampin (France, 1945), Ivan Pyriev (Russie, 1957).

BIBLIO. : scénario et dialogues dans le volume VI des « Complete Works of Akira Kurosawa » (qui comprend aussi *Vivre**). Texte bilingue japonais et anglais.

## ILE DU DOCTEUR MOREAU (L') (Island of Lost Souls)

1933 – USA (74') • *Prod.* PAR. • *Réal.* ERLE C. KENTON • *Sc.* Waldemar Young et Philip Wylie d'ap. R. de H.G. Wells • *Phot.* Karl Struss • *Int.* Charles Laughton (Dr Moreau), Bela Lugosi (Celui qui fait réciter la Loi), Richard Arlen (Edward Parker), Leila Hyams (Ruth Walker), Kathleen Burke (Lota), Arthur Hohl (Dr Montgomery), Stanley Fields (capitaine Davies), Robert Kortman (Hogan), Paul Hurst (capitaine Donahue).

Dans l'océan Indien, un cargo parti de Mombasa recueille un naufragé, Edward Parker. Le cargo transporte de nombreux animaux enfermés dans des cages qui doivent être livrés au Dr Moreau, lequel conduit d'étranges expériences anthropologiques sur une petite île ignorée des cartes. Parker se bagarre avec le capitaine qui avait maltraité un serviteur dont l'oreille ressemble étrangement à celle d'un animal. Le capitaine fait basculer Parker sur le bateau dans lequel Moreau venait de prendre livraison de ses animaux. Parker n'a pas le temps de remonter à bord du cargo qui repart immédiatement. Moreau, dont l'assistant n'est autre que le Dr Montgomery qui avait soigné Parker à bord du cargo, semble très gêné de devoir emmener un étranger sur son île. Il découvre très vite comment mettre à profit la présence de l'intrus et faire servir ce dernier à ses expériences. Il lui présente Lota, une créature étrange au regard de panthère ; c'est, dit-il, la seule femme de l'île. Moreau est anxieux de savoir si elle réagira, au contact de Parker, en vraie femme. Entrant à l'improviste dans son laboratoire, Parker voit Moreau auprès d'une table d'opération sur laquelle est allongée une silhouette à l'apparence humaine poussant d'atroces hurlements de douleur. Parker entrevoit alors la nature des travaux insensés de Moreau : il façonne des êtres humains à partir d'animaux. Lota est, aux yeux de Moreau, sa plus belle réussite. Parker essaie de fuir avec Lota. Des indigènes, des sortes d'hommes-singes (il s'agit en fait des « créatures » de Moreau) les entourent, menaçants. Soudain, celui qui semble leur chef leur fait réciter le texte de la Loi édictée par Moreau et qui leur interdit notamment de répandre le sang. Moreau ramène Parker et Lota dans sa demeure. Il explique à Parker qu'il a commencé à Londres ses expériences sur des orchidées, procédant à des mutations en avance de plusieurs siècles sur l'évolution. Il ne se soucie nullement des souffrances qu'il fait endurer aux créatures utilisées dans ses travaux. Il est particulièrement fier d'être parvenu à les faire parler « Savez-vous ce que c'est de se sentir comme Dieu ? » murmure-t-il. Le capitaine du cargo qui avait recueilli Parker est interrogé par l'ambassadeur des États-Unis. Celui-ci charge un autre marin, le capitaine Donahue, de retrouver Parker. Parker, sur l'île, succombe au charme de Lota, elle-même très attirée par lui, et l'embrasse. Moreau lui dira qu'il tient à ce que Lota ait des enfants afin de pouvoir les exhiber à Londres. Parker, que Moreau a empêché de quitter l'île, frappe son « hôte ». Pendant ce temps, le capitaine Donahue aborde sur l'île en compagnie de Ruth, la fiancée de Parker. Ils parviennent jusqu'à la demeure de Moreau. Parker et Ruth tombent dans les bras l'un de l'autre. Le Dr Montgomery a décidé de quitter Moreau et de faire cause commune avec Donahue, Parker et Ruth. Il part avant les autres rejoindre le bateau et l'équipage de Donahue. Mais Moreau le fait étrangler par l'une de ses créatures. Erreur fatale : celles-ci comprennent alors que leur maître, qui les faisait tant souffrir dans ce que lui-même appelait « la Maison des Souffrances », n'est pas immortel, puisqu'un de ses semblables vient d'être tué. Les hommes-singes s'emparent de Moreau et, à l'aide de scalpels et autres instruments de chirurgie dérobés dans son laboratoire, s'emploient à lui appliquer la loi du talion. Juste avant cela, un des hommes-singes que Moreau avait eu l'intention d'accoupler à Lota la poursuit et la tue. Elle meurt dans les bras de Parker. Donahue quitte l'île au plus vite, en compagnie de Parker et de Ruth, horrifiés.

☞ Ce que le film a d'extraordinaire et d'inouï, il le doit entièrement au roman de Wells dont il n'est qu'une pâle illustration, d'ailleurs sévèrement jugée par Wells lui-même. Si, du point de vue de la thématique, *L'île du Dr Moreau* s'inscrit dans le prodigieux ensemble de films fantastiques, d'horreur et de SF des débuts du parlant à Hollywood (cf. *Les chasses du comte Zaroff**, *White Zombie**, *Freaks**, *King Kong**, *Frankenstein**, etc.), sur le plan formel, il est tout à fait indigne d'eux. On a beaucoup surestimé la composition de Laughton, sorte de bouffon glacial qui manque, pour une fois, singulièrement d'épaisseur (Lugosi, dans un petit rôle, est, lui, franchement clownesque). Seule l'ouverture sur le cargo, qu'Erle C. Kenton a eu la chance de pouvoir tourner dans un brouillard véritable aux abords de l'île de Catalina, est belle et aventureuse ; paradoxalement la meilleure séquence du film ne se passe donc pas sur l'île du Dr Moreau. C'est sans doute l'impossibilité de montrer concrètement, à l'époque, les expériences de Moreau et le recours obligé à l'ellipse qui ont stimulé l'imagination de certains spectateurs (et quelle dose d'imagination il faut en effet pour attribuer une origine animale à la femme-panthère interprétée par Kathleen Burke !). Certains fans du film voient même dans les séquences finales (ruée des hommes-singes sur Moreau) un écho des excès de la Révolution française (cf. le volume « Horror » de Phil Hardy, Aurum Press, Londres, 1985). Les admirateurs du film ont ainsi comblé mentalement les lacunes de l'œuvre en oubliant sa pauvreté. Ce que, dans le domaine de l'ellipse, *Cat People** devait faire quelques années plus tard méthodiquement et avec une extraordinaire audace esthétique, *L'île du Dr Moreau* l'avait d'abord esquissé confusément et maladroitement. Mais, hélas, la tribu des malheureux hommes-singes mal maquillés et pas effrayants pour deux sous est, elle, bien présente sur l'écran.

N.B. Les autres versions du roman de Wells sont encore moins convaincantes : *Terror is a Man* (de Gerry De Leon, 1959) et *The Island of Dr Moreau (L'île du Docteur Moreau,* Don Taylor, 1977).

## ILE NUE (L')
### (Hadaka no Shima)

1960 – Japon (95') • *Prod.* Kindai Eiga Kyokai • *Réal.* KANETO SHINDO • *Sc.* Kaneto Shindo • *Phot.* Kiyoshi Kuroda • *Mus.* Hikaru Hayashi • *Int.* Nobuko Otowa (Toyo), Taiji Tonoyama (Senta), Shinji Tanaka (Taro), Masanori Horimoto (Jiro).

Sur une île minuscule du Japon, les travaux et les jours – extrêmement pénibles – d'un couple de paysans et de leurs deux enfants cultivant une terre aride et desséchée selon des méthodes archaïques. Un des deux garçons meurt avant que le médecin n'ait pu venir le soigner. Ses camarades de classe seront présents sur l'île pour l'enterrement. La mère, dans un accès de désespoir et de révolte, arrachera les jeunes pousses qu'elle était en train d'arroser. Puis elle reprendra son travail immuable.

☞ Le film offre une image tout extérieure et presque caricaturale de l'austérité du cinéma japonais (notion par ailleurs essentielle à ce cinéma). Plutôt que de travailler et d'approfondir les éléments de sa mise en scène, Kaneto Shindo se borne à les appauvrir au maximum quantitativement et qualitativement : évacuation du dialogue (parti pris que rien ne justifie) ; répétition inlassable du même geste par les deux héros (transport de l'eau à dos d'homme : même si ce geste est le plus important, il ne peut suffire à résumer la vie du paysan) ; disparition quasi totale de l'environnement social et humain. Un tel appauvrissement engendre alors, mais d'une façon mécanique et dénuée de signification, l'austérité recherchée. Cette utilisation impressionna, comme c'est souvent le cas, la critique et valut au film un prix dans un festival (Moscou, 1961). Teshigahara ira encore plus loin dans cette voie avec son absurde et mortellement ennuyeuse *Femme de sable* (1963).

## IL ÉTAIT UNE FOIS UN MERLE CHANTEUR
### (Jil pevtsi drozd)

1970 – URSS (85') • *Prod.* Gruzia Films • *Réal.* OTAR IOSSELIANI • *Sc.* O. Iosseliani et Dimitri Eristavi • *Phot.* A. Maisouradzé • *Mus.* T. Bakouradzé • *Int.* Gela Kandelaki (Guia Agladzé), Gogi Tcheidzé, Irin Djandieri, Djanzug Kahidzé.

A Tbilissi, en Géorgie, un jeune percussionniste de l'Opéra vit comme un feu follet. Sans cesse en mouvement, toujours sur le point de louper le coche mais finalement à l'heure de toutes les occasions et de tous les rendez-vous, il a du charme, et beaucoup d'amis. Un jour, pressé comme à son habitude, il court sur la chaussée et meurt écrasé.

☞ Le film est double, et doublement brillant. Côté pile, le côté de l'actualité, il offre le portrait très contemporain (qu'aime aussi à dessiner Georgui Danelia) du citoyen le plus opposé qui soit, sans même le savoir, au régime dans lequel il vit. Un être étranger à tout système, à tout endoctrinement, non par dogmatisme ou par volonté, mais par caractère. Il est la négation vivante du socialisme. Côté face, le côté de l'éternité, on a la description en mouvement d'un caractère universel : le perpétuel instable, rêveur, insaisissable, bourré de dons, aimé de tous, que personne ne connaît et qui sans doute ne se connaît pas lui-même. Cette description est livrée au spectateur dans un style vif, moderne, d'une légèreté souvent poignante, aussi proche de nous et aussi vraie qu'un portrait de La Bruyère.

N.B. Le film fut interdit à l'exportation pendant plusieurs années. Il sortit en France en 1975.

## IL ÉTAIT UN PÈRE
### (Chichi Ariki)

Inédit en France 1942 – Japon (94') • *Prod.* Shochiku/Ofuna • *Réal.* YASUJIRO OZU • *Sc.* Tadao Ikeda, Takao Yanai, Ozu • *Phot.* Yushun Atsuta • *Mus.* Kyoichi Saiki • *Int.* Chishu Ryu (Mr. Horukawa), Shuji Sano (Ryohei), Haruhiko Tsuda (Ryohei enfant), Takeshi Sakamoto (Mr. Hirata), Mitsuko Mito (Fumiko), Masayoshi Otsuka (Seiichi), Seiji Nishimura (le prêtre).

Un instituteur veuf élève seul son jeune fils. Au cours d'un voyage effectué avec ses élèves, plusieurs d'entre eux trouvent la mort dans une promenade en barque. Bien que nullement responsable de cet accident, l'instituteur s'accuse d'avoir manqué de vigilance et préfère abandonner un métier dont les responsabilités lui apparaissent désormais effrayantes. Il place son fils dans un internat pour pouvoir partir et trouver du travail à Tokyo. Le père et l'enfant forment souvent le projet de vivre à nouveau ensemble, mais cet espoir ne se réalisera jamais. Douze ans plus tard, le fils étudie à l'université. Il est surveillant dans une école. Il revoit son père et envisage de s'installer à Tokyo pour vivre avec lui. Mais le père lui déconseille de quitter son école où il a des responsabilités à tenir. « C'est un péché que d'avoir une vie paisible dans cette époque troublée », lui dit-il. Plus tard, ayant réussi un examen militaire, le fils passe quelques jours avec son père. Durant cette période, le père et un ancien collègue sont invités à dîner par un groupe de leurs anciens élèves. Rentré chez lui, le père exprime à son fils les vœux qu'il forme pour son mariage. Puis il a un malaise, suivi de convultions. Il meurt paisiblement à l'hôpital. « Je me sens bien, murmure-t-il à son fils. J'ai très sommeil. Il ne faut pas être triste. Fais de ton mieux. Ton père a fait durant sa vie tout ce qui pouvait être fait. » Dans le train qui l'éloigne de Tokyo, le fils explique à la jeune femme qu'il a épousée, selon le désir de son père, que cette dernière semaine, la seule qu'il ait passée depuis son enfance en compagnie de son père, a été la plus belle de sa vie.

☞ Avec ce film réalisé pendant la guerre, cinq ans après son premier film parlant (*Le fils unique**), Ozu commence à adopter définitivement les thèmes, mais aussi la forme et le ton qui seront ceux de ses derniers chefs-d'œuvre des années 40 et 50. Les thèmes principaux traités ici sont : la séparation (soulignant paradoxalement la solidarité des êtres au sein de la cellule familiale, si réduite soit-elle), la fuite du temps, les devoirs essentiels de chacun. Le tempo de l'action tend à devenir uniformément lent, paisible, contemplatif. Les plans de personnages filmés de dos, marchant côte à côte ou bien immobiles, servent de plus en plus à rythmer l'action comme un leitmotiv visuel aisément reconnaissable. L'intrigue se veut elliptique, « économique » au possible et linéaire. On notera que la mélancolie, qui donne son ton si caractéristique au film, n'est pas une mélancolie résignée ou passive. Sans pouvoir dissolvant, elle est liée à la conscience que les personnages ont de leur propre existence limitée dans le temps. Elle est, pour Ozu, comme le parfum de la condition humaine. Les scènes sublimes abondent dans ce film, par exemple celle des retrouvailles entre maîtres et anciens élèves, une situation maintes fois illustrée par Ozu. Au cours du dîner qui rapproche pour quelques heures deux générations, un rituel familier (discours, remerciements, évocation de souvenirs) se recrée spontanément à partir du respect mutuel des personnages, mais plus encore de leur communion intense dans le sentiment de la fuite du temps. La présence de l'acteur Chishu Ryu est maintenant indissociable de l'univers d'Ozu. Pendant trente années, elle devait apporter à cet univers le maximum de continuité qu'un acteur ait jamais donné à l'œuvre d'un metteur en scène. Et vice versa.

## IL FAUT MARIER PAPA
## (The Courtship of Eddie's Father)

1963 – USA (158') • *Prod.* MGM – Euterpe-Venice Productions (Joe Pasternak) • *Réal.* VINCENTE MINNELLI • *Sc.* John Gay d'ap. R. de Mark Toby • *Phot.* Milton Krasner (Metrocolor, Panavision) • *Mus.* Georgie Stoll • *Int.* Glenn Ford (Tom Corbett), Ronny Howard (Eddie Corbett), Shirley Jones (Elizabeth Marten), Stella Stevens (Dollye Daly), Dina Merrill (Rita Behrens), Roberta Sherwood (Mme Livingstone), Jerry Van Dyke (Norman Jones).

Tom Corbett, directeur des programmes d'une chaîne de radio privée, est veuf depuis peu et élève seul, avec une gouvernante, son jeune fils Eddie. Le gamin avait promis à sa mère d'aider son père et veut maintenant lui trouver une femme. Il l'amène à rencontrer

Dollye Daly, une jeune femme timide qui, malgré sa beauté et ses multiples dons, manque de confiance en elle et suit des cours pour en acquérir. Elle épousera Norman Jones, un employé de Corbett. Ce dernier a rencontré une amie de Norman, Rita Behrens, une styliste quilui a fait une forte impression et dont il est tombé amoureux. Tom et Rita envisagent même le mariage. Mais pour Eddie, Rita a le défaut rédhibitoire de ressembler aux « mauvaises femmes » de ses bandes dessinées. Il s'échappe du camp de vacances où il avait été placé et va retrouver Elizabeth, la voisine de palier de son père, en qui il voit une épouse idéale pour lui. Il réussira à les réunir.

☞ Vingt-neuvième et avant-dernier long métrage de Minnelli pour la Metro ; c'est aussi sa dernière chronique familiale et son dernier chef-d'œuvre. Bien que Minnelli ait enrichi la comédie musicale de plusieurs titres capitaux et inoubliables, il est permis de penser qu'il n'a pas été moins doué dans le domaine de la comédie dramatique (ou du drame) psychologique et familial (*Le père de la mariée**, *La toile d'araignée**, *Thé et sympathie**, *Qu'est-ce que Maman comprend à l'amour ?* etc.). Parfois même, c'est dans cette veine que l'originalité de son talent a été poussée le plus loin. Dans chacun de ces films, les scènes entre parents et enfants (Edward Andrews et John Kerr dans *Thé et sympathie**, Rex Harrison et Sandra Dee dans *Qu'est-ce que Maman comprend à l'amour ?* et ici entre Glenn Ford et Ronny Howard, notamment quand ce dernier apprend à son père qu'il est amoureux) sont de purs joyaux et, par leur justesse et leur subtilité, n'ont guère d'équivalent dans le cinéma américain. *The Courtship of Eddie's Father*, basé sur un nombre volontairement très réduit de péripéties, s'attache à dessiner et à entrelacer des portraits d'adultes et d'enfants, ces derniers étant considérés comme des individus à part entière, aux réactions souvent plus complexes et plus inattendues que celles des adultes. Le portrait d'Eddie (Ronny Howard) est un des plus réussis qu'on ait vus dans un film. D'une façon générale, l'élégance et la discrète perspicacité de l'esthète qu'est Minnelli semblent ici les outils de précision les mieux appropriés pour scruter les secrets des personnages : la solitude, la susceptibilité, la sensibilité à fleur de peau, etc. Autant d'éléments qui, dans leur banalité, peuvent constituer d'infranchissables obstacles au bonheur. Le caractère extrêmement délié du découpage, la finesse de l'interprétation, la magie feutrée de la photo de Milton Krasner (qui cultive particulièrement les tonalités claires et douces et souligne le relief des personnages avec une exquise délicatesse) témoignent, sur un sujet dit « mineur », de l'ultime maturité de l'art de Minnelli.

## ILLÉGITIMES (LES)
### (Die Unehelichen-Eine Kindertragödie)

1926 – Allemagne (105') • *Prod.* Gerhard Lamprecht-Filmproduktion • *Réal.* GERHARD LAMPRECHT • *Sc.* Luise Heilborn-Korbitz, Gerhard Lamprecht • *Phot.* Karl Hasselmann. • *Int.* Ralph Ludwig (Peter), Alfred Grosser (Paule), Margot Misch (Lotte), Fee Wachsmuth (Frieda), Bernhard Goetzke (Lorenz, père de Peter), Margarete Kuffer (Mme Zielke), Max Maximilliam (Zielke).

A Berlin, le couple Zielke élève trois enfants illégitimes : Frieda, Lotte et Peter, l'aîné. Ils sont maltraités et exploités tant par la femme que par le mari, un alcoolique notoire. Lotte mourra d'un refroidissement avant que la police ait pu intervenir. Frieda sera alors confiée à une famille de meuniers qui la traiteront convenablement. Peter reste à Berlin : victime d'un accident de la circulation, il est adopté par une voisine qui le soigne tendrement. Elle lui réapprend à marcher et lui offre un accordéon pour son anniversaire. Le père de l'enfant, un batelier, réapparaît et réclame son fils, car il a besoin de lui sur sa péniche. Il emmène l'enfant. Peter ne craint pas la besogne mais redoute que son père se conduise comme Zielke. Il prend la fuite et retourne chez sa mère adoptive où la police le retrouve. Sa mère le ramène chez son père. Dès qu'il se trouve à nouveau sur la péniche, l'enfant se jette à l'eau. Il est repêché et son père, comprenant qu'il ne pourra jamais le retenir, le laisse repartir avec sa mère adoptive.

☞ Une grande réussite du cinéma réaliste allemand, tendance qui progressa de manière féconde parallèlement à l'expressionnisme. Le scénario est basé sur des documents fournis par l'Association pour la protection de l'enfance contre l'exploitation et les mauvais traitements. Qu'il s'agisse d'une comédie policière et d'aventures (*Émile et les détectives,* 1931, d'après le célèbre roman d'Erich Kastner) ou d'un constat social comme ici, Lamprecht parle toujours de l'enfance sur le ton juste. Il sait allier la pudeur à l'intensité pour livrer un récit à la fois véridique et bouleversant. Partisan d'un style réaliste et simple, il utilise rarement les trucages. Mais quand il le fait, le résultat se révèle à la fois poétique et efficace. Ainsi, quand la fillette ferme les yeux pour mourir, des voiles de plus en plus épais descendent devant la caméra.

## ILS ÉTAIENT NEUF CÉLIBATAIRES

1939 – France (125') • *Prod.* Gibé (Joseph Bercholz) • *Réal.* SACHA GUITRY • *Sc.* Sacha Guitry • *Phot.* Victor Arménise et Pierre Bachelet • *Mus.* Adolphe Borchard • *Int.* Sacha Guitry (Jean Lécuyer), Henri Crémieux (Louis), Victor Boucher (Alexandre), Elvire Popesco (Comtesse Stacia Batchevskaia), Pauline Carton (Clémentine), Betty Stockfeld (Margaret Brown), Marguerite Moreno (Consuelo Rodriguez), Geneviève Guitry (Joan May), Max Dearly (Athanase Dutriquet), André Lefaur (Adolphe), Saturnin Fabre (Adhémar Colombinet de la Jonchère), Aimos (Agenor), Sinoël (Amédée), Gaston Dubosc (Antonin), Georges Morton (Aristide), Anthony Gildès (Anatole).

Après la parution d'un décret limitant les droits de résidence des étrangers en France, un affairiste, Jean Lécuyer, monte une opération qui doit lui rapporter gros en contournant habilement la loi et en exploitant la panique de certaines étrangères craignant de devoir quitter immédiatement la France. Il fonde un « Hospice de vieux célibataires français » où s'inscrivent très rapidement neuf clochards (ou vieillards en voie de clochardisation) – moyenne d'âge : soixante-dix ans – qu'il va marier moyennant finance à de riches étrangères, assurées ainsi de rester sur le territoire français, ou même à des Françaises ayant besoin pour des motifs privés d'un mari « légal ». Outre des bénéfices substantiels, Lécuyer cherche également dans son entreprise à attirer à lui une séduisante Polonaise qu'il a remarquée dans un restaurant. Elle semblait très inquiète des effets du décret, ce qui lui a donné l'idée de son projet. Lécuyer provoque ainsi sept mariages et se garde deux célibataires en réserve pour conserver une réalité à son hospice. L'un des célibataires, celui justement qui devait épouser la Polonaise, n'a pas reçu ses papiers à temps et Lécuyer se sustituera à lui en convolant à son insu avec la Polonaise. Les sept mariages une fois célébrés à la chaîne dans la mairie de Neuilly, les ex-célibataires faussent compagnie à Lécuyer. Rompant la promesse qu'ils lui avaient faite, ils se dispersent dans la nature, nantis d'un pécule de vingt-cinq mille francs, et partent à la recherche de leurs épouses. Antonin, un ancien comptable condamné pour complicité de fraude fiscale, se rend chez sa femme, une vieille avare qui l'a épousé pour payer moins d'impôts. Il lui explique comment dissimuler certains revenus. Éperdue d'admiration, elle l'invite à rester et on peut prévoir que leur union sera durable. Alexandre est pris pour un extra, lors du grand dîner que donne sa femme, une Anglaise entretenue par un duc. Galant homme, Alexandre saura s'effacer, non sans avoir stupéfié par sa désinvolture le personnel de la maison. Athanase est accueilli à bras ouverts par sa conjointe, une Américaine du Sud. Mais elle a deux filles, mariées à deux gendarmes, et la perspective de passer sa vie entre ces deux uniformes effraie Athanase au point qu'il préfère reprendre sa liberté. Adolphe se rend dans le cabaret où se produit celle qu'il a épousée, une Américaine de vingt ans. Elle vient de recevoir une demande en mariage du jeune homme qu'elle aime et se trouve maintenant désolée d'être déjà mariée. Adolphe lui promet de divorcer et de la reconnaître ensuite comme sa fille, car elle est née de père inconnu. Adhémar, un illuminé aux idées royalistes, ne se rend pas compte que sa femme tient une maison close. Il prend ses pensionnaires pour ses filles et s'apprête à mener auprès d'elles une étrange vie de famille. Amédée fait irruption sur la piste d'un cirque où sa femme, une Chinoise, exécute une danse acrobatique. Il se met à danser à ses côtés comme un pantin désarticulé et leur collaboration impromptue amuse le public. Ils décrochent un engagement de trois ans. Agenor, l'homme sans papiers, arrive chez la Polonaise et a la stupéfaction de sa vie : la bonne de la maison n'est autre que sa femme légitime qu'il avait abandonnée il y a dix ans sous prétexte d'aller chercher des allumettes. Lécuyer surgit et annonce à la Polonaise qu'elle est en fait mariée avec lui. Son protecteur, un Belge, est très mécontent : Lécuyer lui explique qu'il s'agissait d'une cérémonie bidon, prélude au tournage d'un film. Le Belge ravi, qui venait de racheter un studio en faillite, produira le film.

☞ Douzième film de Guitry. Si l'on excepte *Bonne chance* (1935), c'est son premier scénario original sur un sujet non historique. Quand il n'adapte pas une de ses pièces, Guitry cinéaste travaille dans la profusion. Profusion de personnages, d'événements, de changements de lieu. Cela recoupe le goût de l'époque pour les films « panoramiques » qui font le bilan d'une société, autant pour la juger que pour l'immortaliser. Tous les meilleurs auteurs ont, avec plus ou moins de force, le pressentiment de sa disparition prochaine : ils tirent un dernier portrait de groupe avant l'ultime baisser de rideau (cf. *Café de Paris*, Un carnet de bal*, La règle du jeu**). Pour inclure tant de personnages dans une action, il faut une structure nouvelle que la notion de film à sketches désigne assez mal. Tous ces films recherchent à la fois l'unité et la diversité. Ils les obtiennent dans une structure chaque fois différente, qu'il faut inventer, qu'on peut définir par rapport au film à sketches mais qui n'est jamais tout à fait celle d'un film à sketches. Guitry imagine, quant à lui, une solution originale, médiane et pleine de variété. Dans la première partie : narration de type classique ; dans la deuxième : construction théâtrale avec unité de lieu (l'hospice, puis la mairie de Neuilly). Seule, la dernière partie peut être assimilée imparfaitement à un film à sketches. Là, chacun des personnages, muni d'un bon paquet d'argent, se sépare du groupe constitué dans la première partie et cimenté dans la deuxième. Chacun rentre dans son couloir, dans son destin individuel, parallèle aux autres et qui ne les recoupera jamais plus. Cette structure contrastée exprime parfaitement le propos de Guitry et le fruit de ses observations : solidarité dans la dèche et la combine ; débandade et individualisme dans l'aisance et la recherche du plaisir. De tous les films-bilans de l'époque, celui-ci est sans doute le plus noir et le plus joyeusement amoral. Noir : mais attention, il n'y a presque jamais de malheureux ou de déçus dans l'œuvre de Guitry, car personne chez lui n'est assez fou pour mettre sa confiance en autrui. Et la société, vue par lui, est cette magnifique collection de marginaux qui s'exploitent, se bernent les uns les autres sans éprouver ni remords ni rancune. Il faut préciser que leur agitation fébrile se déroule dans un lieu à part, unique au monde, béni des dieux : Paris (représenté négligemment dans le film par quelques toiles peintes). Le seul véritable malheur serait d'avoir à le quitter. C'est sur cette universelle insouciance, sur cette sorte de grâce et de sagesse cynique, qui sont l'apanage des personnages de Guitry jusque dans leur grand âge, que le rideau va se baisser. (Quand il se relèvera après guerre, la matière sera restée la même, mais le ton, infiniment plus sec et plus amer, aura beaucoup changé.) Interprétation, dialogues, fantaisie et imprévu des situations sont ici la perfection même et façonnent un cinéma pur (de pure jubilation) qui ne trouve ses références qu'en lui-même et a complètement transcendé ses origines théâtrales.

BIBLIO. : scénario et dialogues en volume, Éditions de l'Élan, 1950. Le texte reproduit ici est antérieur au tournage du film. Il est intéressant d'observer comment Guitry a resserré à l'écran une intrigue encore plus foisonnante (sur le papier), selon une dramaturgie rigoureuse qui convient mieux au cinéma.

## ILS N'ONT QUE VINGT ANS (A Summer Place)

1959 – USA (130') • *Prod.* Warner (Delmer Daves) • *Réal.* DELMER DAVES • *Sc.* D. Daves d'ap. R. de Sloan Wilson • *Phot.* Harry Stradling (Technicolor) • *Mus.* Max Steiner • *Int.* Richard Egan (Ken Jorgenson), Dorothy McGuire (Sylvia Hunter), Sandra Dee (Molly Jorgenson), Arthur Kennedy (Bart Hunter), Troy Donahue (Johnny Hunter), Constance Ford (Helen Jorgenson), Beulah Bondi (Mrs. Hamble).

Ne trouvant d'échappatoire à ses problèmes que dans l'alcool, Bart Hunter, marié à Sylvia et père du jeune Johnny, en est réduit à loger des hôtes de passage dans sa luxueuse villa de Pine Island, au large de l'état du Maine. Il reçoit ainsi le milliardaire Ken Jorgenson qui a fait fortune après avoir été maître nageur dans l'île. Il est marié à Helen, une femme puritaine et aigrie qui éduque leur fille Molly (du même âge que Johnny) en essayant de lui inculquer sa haine du sexe et sa méfiance envers les hommes. Ken et Sylvia se sont aimés autrefois et se seraient mariés, sans l'opposition formelle de la mère de Sylvia à ce qu'elle jugeait une mésalliance. Aujourd'hui, lors de rendez-vous secrets, ils n'hésitent plus à s'avouer qu'ils s'aiment encore. Molly et Johnny n'ont pas tardé à tomber amoureux l'un de l'autre. Au cours d'une promenade en mer, leur bateau s'échoue sur un rocher et, après une nuit passée sur une île voisine, ils sont recueillis par les garde-côtes qui les ramènent à Pine Island. En l'absence de Ken, Helen contraint sa fille, qui lui affirme pourtant qu'elle n'a rien fait de mal, à subir un examen médical visant à constater si elle est toujours vierge. Traumatisée par cette expérience humiliante, Molly s'élance dans la nuit à travers l'île et rencontre Johnny qui menace Helen de mort si elle continue à tourmenter sa fille. Molly disparaît. Ken est de retour et, dès lors, les deux couples sont confrontés à l'irréversible. Leur union a vécu. Après que Molly a été retrouvée, les deux procédures de divorce commencent. Molly, confiée à sa mère, est envoyée dans un collège dans l'État de New York cependant que Johnny doit suivre son père en Virginie. Les deux jeunes gens communiquent par téléphone et se fixent un rendez-vous pour la fin décembre. Ken et Sylvia se sont mariés. Ils invitent Johnny et Molly à séjourner chez eux. Helen essaie vainement de s'y opposer. Après une brève période passée avec Johnny, Molly découvre qu'elle est enceinte. Elle appelle Johnny qui la rejoint en faisant de l'auto-stop. Ils se rendent à Pine Island mais ne trouvent aucune aide auprès de Bart qu'une ambulance doit venir chercher à l'aube en vue d'une cure de désintoxication. Il aura juste le temps de leur déconseiller de se marier. C'est pourtant leur plus cher désir, mais, étant mineurs, ils ne peuvent le réaliser sans dispense ou autorisation parentale. Ils trouvent enfin refuge chez Ken et Sylvia. Ils passeront leur lune de miel à Pine Island, là où ils s'étaient rencontrés.

☞ Après avoir illustré avec brio les genres variés du film de guerre, du *film noir,* du conte exotique et surtout du western, Delmer Daves entame la fin de sa carrière par un renouvellement complet et signe coup sur coup quatre mélodrames colorés, basés sur les problèmes de la jeunesse. En tête de série, avant *Parrish, Susan Slade** et *Rome Adventure, A Summer Place* pose les bases de l'ensemble, fondé sur une double transfiguration, sociologique et esthétique, d'un matériau dramatique proche du roman de gare. Utilisant les ressources d'une intrigue décrivant à gros traits les problèmes sentimentaux de deux générations, Daves stigmatise à travers certains personnages, comme celui de Constance Ford, le puritanisme, l'hypocrisie, le snobisme, les préjugés sociaux et raciaux. Esthétiquement, le travail de Daves s'appuie sur un emploi très spectaculaire de la couleur, des mouvements d'appareil et de la musique. Le lyrisme instinctif de l'auteur s'enrichit ainsi d'une dimension de préciosité confinant parfois au baroque.

La nature joue un rôle essentiel dans le film. Apaisée ou furieuse, mais toujours en accord avec les instincts profonds des personnages, elle accompagne et prolonge les élans – souvent contrariés – des jeunes héros interprétés par Sandra Dee et Troy Donahue. C'est là que Daves apparaît comme un cousin de Borzage dont il partage aussi une certaine naïveté, ou plutôt le désir de ne pas se laisser influencer ni censurer par la crainte du ridicule. Sur le plan de l'étude de mœurs, *A Summer Place* (et la série qui en découle) représentent dans le cinéma américain une étape importante et souvent mal comprise entre la pruderie de l'après-guerre et la permissivité de la fin des années 60 et des années 70. Avec honnêteté et justesse, Daves, faisant du personnage de Richard Egan une sorte de porte-parole, souligne qu'à cette époque les problèmes des adultes pouvaient souvent se résoudre plus facilement que ceux des adolescents et des jeunes. Ces derniers restaient dans certains cas la propriété « légale » de parents complètement inaptes à leur faire éviter les impasses où eux-mêmes s'étaient jetés. Tout à fait insolite aujourd'hui apparaît la façon dont ces parents en instance de divorce s'inquiètent ou bataillent pour conserver la garde de leurs rejetons âgés de 18, 19 ou 20 ans. Pour prêter à sourire, les situations évoquées par le film n'en gardent pas moins, une fois replacées dans leur contexte chronologique, une part de vérité. Dans les autres films de la série, Daves renchérira, dramatiquement et plastiquement, sur le baroque, le délire, voire une certaine folie. Interprétation remarquable, notamment de Dorothy McGuire et de l'insurpassable Arthur Kennedy, au jeu souvent plus subtil que son personnage.

## IMITATION OF LIFE
**(Images de la vie)**

1934 – USA (106') • *Prod.* U (Carl Laemmle) • *Réal.* JOHN STAHL • *Sc.* William Hurlbut d'après R. de Fannie Hurst • *Phot.* Merritt Gerstad • *Int.* Claudette Colbert (Beatrice Pullman), Warren William (Stephen Archer), Ned Sparks (Elmer), Louise Beavers (Dalila Johnson), Baby Jane (plus tard Juanita Quigley) (Jessie Pullman à 3 ans), Marilyn Knowlen (J.P. à 8 ans), Rochelle Hudson (J.P. à 18 ans), Sebie Hendricks (Peola Johnson à 4 ans), Dorothy Black (P.J. à 9 ans), Fredi Washington (P.J. à 19 ans), Alan Hale (Martin), Henry Kolker (Dr Preston).

A Atlantic City en 1919, une jeune veuve, Bea, et sa domestique noire, Dalila, toutes deux mères d'une fillette, ouvrent un petit restaurant dont la spécialité est une recette de crêpes, cuisinées par Dalila. Un inconnu conseille à Bea de passer au stade industriel et de vendre ses crêpes sous une marque déposée. La fortune vient aussitôt. Les enfants sont maintenant adultes. Toute l'enfance et toute la scolarité de Peola, la fille de Dalila, ont été gâchées par le fait qu'ayant la peau blanche elle rejette sa mère et ne veut en aucun cas être considérée comme une Noire. Adulte, elle quitte le collège et travaille incognito comme vendeuse de cigarettes dans un restaurant. Sa mère la retrouve : Peola feint de ne pas la reconnaître. Elle vient ensuite s'excuser auprès d'elle, puis lui demande de ne jamais chercher à la revoir. Bea est fiancée à un ichtyologiste ; mais sa fille tombe amoureuse de lui. Dalila meurt, le cœur brisé. Son enterrement est somptueux comme elle l'avait souhaité. Pleine de remords, Peola pleure auprès de son cercueil. Bea demande à son fiancé de repousser la noce jusqu'à ce que sa fille l'ait oublié.

☞ Le film intéressera le spectateur d'aujourd'hui surtout en tant que première version du film (homonyme) de Sirk (1959). Toutes les scènes où figure Peola (interprétée par une véritable actrice noire, à la différence du remake) sont d'une force et d'une cruauté étonnantes et suffirent sans doute à assurer au film sa célébrité. Mais la mise en parallèle des deux couples mère-fille reste abstraite et assez gratuite, tant la nature des conflits qui opposent les mères aux filles, sentimental dans un cas, racial dans l'autre, est différente et sans commune mesure. Sirk saura *nouer* tout cela admirablement par son lyrisme et son intelligence ; ici les deux histoires restent trop distinctes l'une de l'autre et chacune renferme un élément de grisaille et de mièvrerie regrettable. Autre facteur de déséquilibre : les personnages masculins ne présentent guère d'intérêt, en particulier celui du bellâtre Warren William (le fiancé de Bea). Éblouissante interprétation de Claudette Colbert, dirigée avec finesse et subtilité par John Stahl.

## IMPASSE MAUDITE (L') (One-Way Street)

1950 – USA (79') • *Prod.* UI (Leonard Goldstein) • *Réal.* HUGO FREGONESE • *Sc.* Lawrence Kimble • *Phot.* Maury Gertsman • *Mus.* Frank Skinner • *Int.* James Mason (Doc Matson), Marta Toren (Laura), Dan Duryea (Wheeler), William Conrad (Ollie), King Donovan (Grieder), Jack Elam (Arnie), Tito Renaldo (Hank Torres), Basil Ruysdael (Père Moreno), Rodolpho Acosta (Francisco Morales).

A Los Angeles, un médecin de la pègre, désabusé et fataliste, Doc Matson, piège un petit groupe de truands qui viennent d'exécuter un hold-up en faisant croire à leur chef, Wheeler, que les pilules contre la migraine qu'il lui a données à avaler sont en réalité un poison mortel. Il lui promet de lui indiquer l'antidote dans une heure et peut ainsi partir tranquillement avec le butin et la maîtresse de Wheeler, Laura, qui a tenu à le suivre. A la frontière du Mexique, ils prennent un petit avion privé qui doit les conduire jusqu'à Mexico. Mais une panne oblige le pilote à atterrir en pleine campagne. Un prêtre itinérant les mène parmi une petite communauté pour laquelle Matson va être amené à prodiguer ses talents de vétérinaire puis de médecin. Il se heurtera à la « sorcière » et aux bandits locaux mais connaîtra surtout des heures de bonheur et de paix en compagnie de Laura. Il retrouvera même une sorte de sérénité oubliée en accomplissant utilement son métier et en créant pour la population un hôpital de fortune. Mais Wheeler retrouve sa trace. Matson prend les devants et retourne à Los Angeles pour lui rendre l'argent. Mais il est bien décidé à garder Laura. Il trouve Wheeler agonisant. Il a été abattu par l'un de ses complices, lequel exige que Matson lui donne l'argent. Pour défendre sa vie, Matson l'abat et s'en va, abandonnant les billets. Il rejoint Laura. Le cauchemar semble terminé mais, en traversant la rue, il est écrasé par une voiture. Il était donc parfaitement à l'heure pour ce très ancien rendez-vous qu'il avait toujours eu avec le destin et avec la mort.

☞ Premier film américain du réalisateur argentin Hugo Fregonese. Parmi les scénarios que lui propose la Universal, il choisit cette histoire originale – dans tous les sens du mot – de Lawrence Kimble qui lui permet de composer un *film noir* à la structure très insolite, reflétant par ailleurs sa double nature d'Américain du Sud venu travailler au Nord. Il s'agit en effet d'un tryptique où le panneau central (43'), ensoleillé et régénérateur, situé en pleine nature, est encadré par deux volets (26' + 10') urbains, nocturnes, pluvieux, où s'exprime avec une cruauté implacable le fatalisme du genre. Paradoxalement, cet environnement inhabituel lui donne une force accrue. La partie mexicaine, véritable oasis dans la vie du héros, n'empêchera pas ce dernier d'échapper à la fin tragique que le destin avait prévue pour lui. Avec cette même douceur, cette acuité, et cette finesse de touche qu'on trouve dans les films d'Ida Lupino, Fregonese veut montrer à la fois la blessure et sa cicatrisation. Mais il est moins optimiste qu'elle, et la blessure, un moment cicatrisée, redeviendra ensuite mortelle. Dans ce film à la fois très formaliste et d'une sensibilité extrêmement vivace, Fregonese manie admirablement les contrastes engendrés par la structure du récit. Il dirige avec la même maîtrise élégante et cruelle les bêtes fauves de la grande cité (Dan Duryea dans un rôle classique pour lui, mais où il est parfait), ou l'instable Mason à qui son fatalisme donnera finalement raison ou bien encore la précieuse Marta Toren au regard inquiet et limpide. Ce premier film hollywoodien de l'auteur contient déjà toutes les harmoniques de son œuvre future, oscillant entre un immense besoin de confiance en l'homme (cf. *My Six Convicts*) et un pessimisme le plus souvent victorieux. *One-Way Street* devait rester méconnu car la Universal, ayant d'autres chats à fouetter, le distribua à peine ; et James Mason a déclaré (en 1974) qu'il n'avait jamais rencontré jusque-là quelqu'un qui l'ait vu. Cette « excursion dans le fatalisme », selon la formule du critique de « Variety », semblait pourtant promise à un bel avenir commercial.

## IMPITOYABLE (L')
## (Ruthless)

1948 – USA (104') • *Prod.* Eagle Lion Films (Arthur S. Lyons) • *Réal.* EDGAR GEORGE ULMER • *Sc.* S.K. Lauren et Gordon Kahn d'ap. R. de Dayton Stoddart • *Phot.* Bert Glennon • *Mus.* Werner Janssen • *Int.* Zachary Scott (Horace Woodruff Vendig), Louis Hayward (Vic Lambdin), Diana Lynn (Martha Burnside/Mallory Flagg), Sydney Greenstreet (Buck Mansfield), Lucile Bremer (Christa Mansfield), Martha Vickers (Susan Duane), Edith Barrett (Mrs. Burnside), Dennis Hoey (Mr. Burnside), Raymond Burr (Pete Vendig), Joyce Arling (Kate Vendig).

Vic Lambdin et sa femme Mallory se rendent à la résidence new-yorkaise du richissime financier Horace Vendig, ami d'enfance et ex-associé de Vic. Vendig a réuni un grand nombre de ses relations pour annoncer publiquement qu'il fait don de sa somptueuse résidence à l'État et qu'il se retire définitivement des affaires. Ceux qui le connaissent bien s'interrogent pour savoir si cette décision est une ultime ruse du financier pour tromper le fisc ou si au contraire celui-ci éprouve un désir sincère de retrouver, à l'écart du monde, la paix intérieure. Présenté à Mallory, Vendig est frappé par sa ressemblance avec Martha, l'amie d'enfance des deux anciens amis. *Premier flash-back.* Alors qu'enfants ils faisaient une promenade en barque, Vic, Horace et la petite Martha étaient tombés à l'eau. Horace avait sauvé la fillette de la noyade. De milieu très modeste, fils de parents divorcés, abandonné par son père et maltraité par sa mère, Horace avait été quasiment adopté par les parents de Martha – des Bostoniens très aisés – éperdus de reconnaissance envers le sauveur de leur fille. Lors de son dix-huitième anniversaire, Martha, promise à Vic, avait avoué son amour à Horace. Vic s'efface, confiant le bonheur de Martha à son ami. Horace obtient des parents de Martha la possibilité de faire des études à Harvard. Là, il rencontre Susan et devient l'assistant de son oncle, un grand boursier de New York. Il déclare à Martha qu'il doit la quitter et abandonner tout projet de mariage. Son destin, explique-t-il, l'oblige à « aller loin, vite et seul ». *Retour au présent.* Parmi les invités figurent les Mansfield, Buck et Christa, un couple que Vendig dans son ascension a ruiné et brisé. *Second flash-back.* Vic revient d'Amérique du Sud avec 300 000 dollars qu'il a gagnés comme ingénieur. Il confie la somme à Vendig et les deux hommes s'associent. A Wall Street, Vic utilise l'influence et les fonds d'un banquier florissant pour grignoter peu à peu l'empire financier du puissant Mansfield. Ses intentions ayant été percées à jour par Mansfield avant qu'il ait pu accomplir intégralement son projet, Vendig devient l'amant de sa femme Christa qui détient une grande partie de ses avoirs. Il veut même l'épouser. Celle-ci dira crûment à son mari, passionnément amoureux d'elle, que Vendig lui apportera ce que lui-même a perdu depuis longtemps : la jeunesse. Vendig et Christa se marient. Amputé des actions de Christa, l'empire de Mansfield ne tarde pas à s'écrouler. Peu après, le divorce est envisagé entre Vendig et Christa. Vendig refuse son aide au banquier qui l'avait autrefois si largement soutenu. Cette décision scandalise Vic qui rompt avec son associé, après que le banquier s'est suicidé dans les bureaux de Vendig où il attendait depuis plusieurs jours une audience. *Retour au présent.* Alors qu'il fait une cour éhontée à Mallory, Vendig est pris à parti par Mansfield qui tente de l'étrangler. Au cours de l'affrontement les deux hommes tombent à l'eau et meurent ensemble noyés. Vic, un moment bousculé dans la bagarre, commentera à l'intention de sa femme le destin de Vendig : « Il n'était pas un homme. Il était une façon de vivre. »

☞ L'une des plus ambitieuses "morality plays" d'Ulmer, bénéficiant d'un budget relativement important, tel qu'en a peu connu ce prince de la série Z. Il s'agit d'une fable sur l'ambition, décrite comme une force quasiment occulte, détruisant de fond en comble un individu et, par voie de conséquence, ceux qui l'entourent. Un aspect irrationnel profond caractérise cette ambition qui correspond chez le héros à une véritable fatalité, à la fois externe et interne, génératrice de tragédie. La chance autant que sa volonté propre semblent en effet le propulser au sommet de la réussite pour mieux l'abattre ensuite. Dans son enfance, un accident imprévu le fait changer de milieu. Plus tard, des femmes se jettent à ses pieds, lui apportant le poids de leurs relations. Son meilleur ami, un homme juste et sincère, s'associe avec lui et participe à une partie de sa trajectoire avant de devenir le témoin lucide – mais passif – de son pourrissement. C'est en ne voyant pas clair dans son propre destin, en lui obéissant aveuglément que le personnage de Zachary Scott court à sa perte. Pouvait-il faire autrement ? Le libre arbitre des personnages d'Ulmer est infime et le film tire sa fascination d'être en même temps une critique objective de l'ambition déshumanisée (aspect moral de la fable) et une description du démon intime qui dévore un homme et le pousse à passer sa vie à prendre sa revanche sur la vie (aspect fataliste de cette fable). Dans la biographie de cet insatisfait pathologique, l'élan vers le succès se confond avec une tendance inconsciente et perverse à l'autodestruction. Sur le plan dramatique, les affrontements du personnage avec ses femmes, son ami d'enfance et son principal ennemi (interprété de façon grandiose par Sydney Greenstreet) ont une dimension véritablement shakespearienne. Quand il dispose d'un budget dérisoire, Ulmer accentue – avec une clairvoyance stylistique étonnante – le côté glacial, abstrait, insolite jusqu'au délire de son fatalisme. Quand ses budgets sont plus décents, comme c'est le cas ici, ses récits vont dans le sens d'une plus grande épaisseur psychologique et tragique des personnages. Grand directeur d'acteurs chaque fois qu'il travaille avec des partenaires dignes de lui, Ulmer tente alors d'appréhender de l'intérieur les tourments et le mystère de ses personnages, qui finissent toujours par éclater en éclairs baroques fulgurants. L'art d'Ulmer procède ainsi d'un perpétuel va-et-vient entre ce qui est par définition renfermé et clos (le secret, le passé, les complexes de ses personnages) et ce qui est au contraire béant : béance d'un gouffre où viennent plonger, après leur débordement, des forces qui n'en pouvaient plus d'avoir été trop longtemps contenues et renfermées. L'image de la noyade (retombée de ces forces au sein d'un gouffre liquide, figurant déjà à l'état prémonitoire dans une séquence du premier flash-back) conclut ce va-et-vient avec une logique formelle absolue. Cette logique est caractéristique du style d'Ulmer : elle triomphe ici dans une certaine richesse de production comme elle survit ailleurs, et si souvent, à la plus extrême pauvreté.

BIBLIO. : sur la conception – gothique, proche de Breughel – qu'avait Ulmer de la "morality play", on lira les dernières pages de la passionnante et substantielle interview accordée à Peter Bogdanovich et publiée dans les nos 58-59-60 de la revue new-yorkaise "Film Culture" (1974).

## INCENDIE DE CHICAGO (L') (In Old Chicago)

1938 – USA (110') • *Prod.* Fox (Darry F. Zanuck, Kenneth MacGowan) • *Réal.* HENRY KING • *Sc.* Lamar Trotti et Sonya Levin d'ap. l'histoire « We, the O'Leary's » de Niven Busch • *Phot.* J. Peverell Marley • *Eff. sp.* Bruce Humberstone • *Déc.* Rudolph Sternad, William Darling • *Mus. dir.* Louis Silvers • *Chansons* de Mack Gordon et Harry Revel, Sidney Mitchell et Lew Pollack, et de James A. Bland • *Int.* Tyrone Power (Dion O'Leary), Alice Faye (Belle Fawcett), Don Ameche (Jack O'Leary), Alice Brady (Molly O'Leary), Andy Devine (Pickle Bixby), Brian Donlevy (Gil Warren), Phyllis Brooks (Ann Colby), Tom Brown (Bob O'Leary), Sidney Blackmer (général Sheridan), Berton Churchill (sénateur Colby), Madame Sul-Te-Wan (Hattie), June Storey (Gretchen), Anthony Hughes (Patrick O'Leary), Eddie Collins (un ivrogne).

1854. La famille O'Leary, Patrick, Molly et leurs trois enfants, Jack, douze ans, Dion, dix ans, et Bob, six ans, arrivent de nuit en chariot aux abords de Chicago, ville en pleine expansion, pour s'y installer. Voulant faire la course avec le train, le père est traîné sur plusieurs mètres par son cheval ; il meurt dans les bras de sa femme. « Enterrez-moi ici, dit-il, et que Chicago vienne jusqu'à moi puisque je n'ai pu aller jusqu'à elle. » 1867. Molly est devenue blanchisseuse dans le « Patch », quartier pouilleux situé au sud de la ville. Jack, l'aîné, fait ses débuts d'avocat, Dion vit du jeu et d'expédients divers et Bob courtise une jeune Allemande qu'il ne tardera pas à épouser. Ayant eu connaissance du plan de la future ligne de voitures à chevaux dessinée sur la nappe d'un client de sa mère, Dion contacte aussitôt la chanteuse Belle Fawcett qui se produit au casino de Gil Warren. Elle possède une bâtisse le long de la ligne, dont Dion voudrait faire le plus beau saloon de la ville. Tombé amoureux d'elle, ce qu'il n'avait pas prévu, Dion emploie toute son énergie à la conquérir. Pour décorer le saloon, il utilise les fonds d'un sénateur dont il favorisera la carrière politique, car dans le Patch les votes s'achètent ou se truquent selon la volonté des plus entreprenants. Il achète aussi la complicité d'un policier. Le jour de l'inauguration du saloon, baptisé « The Senate », Gil Warren vient solliciter l'aide de Dion pour conquérir la mairie ; en contrepartie, il est prêt à fermer son établissement, le principal rival du Senate et glisse à Dion un chèque de dix mille dollars. Dion accepte l'argent mais, en sous-main, il va susciter la candidature de son frère Jack et la soutenir grâce aux fonds de Warren. Foncièrement honnête, Jack s'est juré de nettoyer le Patch, véritable cancer à l'intérieur de Chicago, où fleurissent le vice, le crime et la fraude électorale. Constitué de maisons en bois très proches les unes des autres, le quartier est aussi une proie très vulnérable au feu et devrait être entièrement reconstruit. Dion assiste à la Convention de Warren et s'arrange pour y déclencher une bagarre générale. Tous les militants de Warren sont emprisonnés et le policier aux ordres de Dion empêchera qu'ils soient relâchés avant les élections. Jack est ainsi élu et attribue son succès à sa seule probité. Il voudrait amener Belle à coopérer avec lui et éventuellement à témoigner contre Dion. Celui-ci propose alors de l'épouser. C'est Jack lui-même qui, en tant que maire, accomplira la cérémonie. Dion déclare alors qu'il est désormais hors de question que Belle dépose contre lui puisqu'elle est sa femme. Quand il comprend qu'il a été piégé, Jack s'élance contre son frère et une gigantesque bagarre les oppose. Un jour, le feu prend dans la grange de Molly et s'étend rapidement aux bâtiments voisins. Bientôt, tout le quartier est la proie des flammes. Dion, Gil Warren et sa bande s'imaginent que le maire a volontairement sacrifié le quartier. Dion apprend de Bob la vérité et essaie de calmer la foule, ameutée par Warren, qui veut s'en prendre à Jack. Celui-ci a décidé, avec le concours de l'armée, de lutter contre le feu par la dynamite. Jack met lui-même le feu au Senate bourré d'explosifs. Un des hommes de Warren le vise et l'atteint. Il mourra dans l'explosion du bâtiment. Le bétail paniqué se déverse dans les rues ; Warren est écrasé par les animaux en furie. Hagard, Dion recherche sa mère à travers la foule dont une grande partie a trouvé refuge dans des barques sur le lac Michigan. Il la retrouve enfin, ainsi que Belle. Il lui annonce la mort de Jack. De cet amas de ruines surgira la grande métamorphose de Chicago.

☞ Cette superproduction – l'une des plus coûteuses des années 30 aux États-Unis – est aussi un film d'auteur à cent pour cent. Fresque spectaculaire certes, mais avant tout morale et critique, le film développe son propos, non par des beaux discours, mais par l'agencement dramatique des événements, par ses variations de ton et par la mise en scène. Toujours très méfiant vis-à-vis du mode épique, King raconte sa ville avec une sécheresse de ton qui lui permet de scruter ses personnages et d'éviter les pièges où il ne veut pas tomber : principalement le sentimentalisme et le triomphalisme. Le prologue contient déjà une grande partie du message du film : le père, Patrick O'Leary, engage par goût du jeu et par une sorte d'irresponsabilité une course qu'il n'a pas les moyens de mener à bien ; elle l'engloutira. Pareillement, l'ambition amorale et calculatrice de Dion aboutit à décimer en partie sa famille, image microcosmique de Chicago et de l'Amérique tout entière. En ce qui concerne la ville proprement dite, il est clair que c'est la force non contrôlée des appétits de certains de ses habitants, ainsi que le non respect de certaines « valeurs » universelles durant le processus de sa croissance, qui entraîneront son embrasement et sa chute. Certes, il ne s'agit pas de sa fin définitive, mais au contraire de l'amorce de sa métamorphose, car l'ambition collective a cette ambiguïté (qu'expriment admirablement les soubresauts de la famille O'Leary) de pouvoir, au moment où elle se détruit elle-même, jeter à partir de sa propre ruine les bases d'un monde nouveau. C'est là le propos majeur d'un film où King montre aussi qu'une conception quasi maçonnique de la famille (« It's the O'Leary against the world ») ne suffit pas à assurer la pérennité de cette famille elle-même ni *a fortiori* celle des entités plus vastes (la ville, la nation) auxquelles elle participe. L'interprétation du film connut des bouleversements dont King tira finalement le meilleur. Tyrone Power remplaça Clark Gable indisponible et d'ailleurs non souhaité par King. Power, pour ce deuxième des onze films qu'il tourna avec King, triomphe dans un rôle ambigu qui n'a rien à voir avec les soi-disant conventions hollywoodiennes. Alice Faye remplaça Jean Harlow qui venait de mourir. Sur le plan vocal aussi bien que dramatique, la réussite de sa composition fit d'elle, à partir de ce film, une star à part entière. Il faut enfin rappeler que, tant du point de vue du spectaculaire (les séquences finales de l'incendie n'ont jamais, dans ce domaine, été surpassées) que du point de vue de la richesse des significations, *In Old Chicago* l'emporte aisément sur les autres films-catastrophes de la période (*San Francisco* de Van Dyke, 1936, *The Hurricane* de John Ford, 1937, *The Rains Came* de Clarence Brown, 1939).

N.B. Il est généralement admis que Bruce Humberstone dirigea les séquences de l'incendie et partiellement les effets spéciaux du film. King estime que c'est parce qu'Humberstone fit beaucoup de publicité autour de cette participation que lui-même ne fut pas sélectionné pour l'Oscar de la mise en scène, la règle interdisant de choisir deux noms pour la même nomination.

BIBLIO. : scénario et dialogues publiés en volume à l'époque de la sortie du film par la Twentieth Century Fox (quelques scènes furent coupées dans le montage définitif). Lamar Trotti rappelle dans sa préface que le scénario prit pour point de départ l'épisode quasi légendaire selon lequel la vache d'une certaine Mrs. O'Leary lança une ruade dans une lanterne et provoqua l'incendie de 1871.

## INCOMPRIS (L')
**(Incompreso)**
**(Premier titre français : Mon fils, cet incompris)**

1966 – Italie (105') • *Prod.* Rizzoli Films (Angelo Rizzoli) • *Réal.* LUIGI COMENCINI • *Sc.* Leo Benvenuti, Piero De Bernardi, Lucia Drudi Demby, Comencini, Giuseppe Mangione d'ap. R. « Misunderstood » de Florence Montgomery • *Phot.* Armando Nannuzzi (Technicolor) • *Mus.* Fiorenzo Carpi, Mozart • *Int.* Anthony Quayle (Sir John Edward Duncombe), Stefano Colagrande (Andrea), Simone Giannozzi (Milo), John Sharp (Oncle Will), Graziella Granata (Dora), Giorgia Moll (Miss Judy).

John Edward Duncombe, consul anglais à Florence, habitant une somptueuse demeure à la périphérie de la ville, vient de perdre sa femme. Il n'ose apprendre la nouvelle à son fils Milo, cinq ans, qu'il juge trop jeune, mais l'annonce à Andrea, dix ans, en lui faisant promettre de ne rien dire à son cadet. Diverses circonstances mal interprétées et surtout une observation trop superficielle de son fils amènent le consul à penser qu'Andrea est un être insensible. Il l'entend chanter sous la douche ; puis l'enfant appelle sa mère, ayant oublié pendant quelques secondes qu'elle est morte. Cherchant par tous les moyens à gagner l'estime de son père, Andrea l'invite à un concours de judo auquel il participe. Mais, distrait par son arrivée tardive, à laquelle il ne croyait plus, il est vaincu par son adversaire. A la fin d'une nuit d'orage qui l'a rempli d'effroi, le petit Milo a l'intuition que sa mère est morte ; et le père imaginera qu'Andrea n'a pas tenu sa promesse. A force d'insistance, Milo, qui en général obtient tout ce qu'il veut, persuade son frère de l'emmener sur son vélo à Florence. Les deux enfants cherchent un cadeau pour leur père. Au retour, Andrea s'accroche à un camion. Le père le voit et le critique sévèrement, lui reprochant son absence totale de sens des responsabilités. Andrea met par hasard en marche le magnétophone de son père : il a la surprise d'entendre une bande enregistrée par sa mère, que le consul écoute parfois en secret et où elle récite un poème. La malchance veut que l'enfant, en manipulant l'appareil, efface la bande. Son père lui en voudra beaucoup. L'oncle Will, le frère du consul, affirme souvent, par goût du paradoxe, qu'il déteste les enfants. Il s'emploie pourtant à rapprocher Andrea et son père. Il déclare tout net à son frère que les enfants, comme les chiens, ont besoin d'un maître. Le consul entend le message et invite Andrea à venir travailler avec lui à son bureau. Andrea est ravi. Son père lui dicte une lettre et lui propose de l'emmener à Rome où il aurait un peu les fonctions de secrétaire. A un repas donné en l'honneur de diplomates noirs, le petit Milo semble très inquiet : en effet l'oncle Will lui a dit que les Noirs sont tous cannibales et adorent particulièrement la chair fraîche et tendre. Un matin très tôt, en vue du voyage à Rome, Andrea voulant faire une surprise à son père, lave sa voiture. Le petit Milo l'a suivi et refuse de rentrer dans sa chambre. Par jeu, il s'arrose avec le tuyau d'arrosage. Il aura la fièvre. Le père rejette la faute sur Andrea et part pour Rome sans lui. Milo ayant été conduit à la clinique pour une opération des amygdales, Andrea se sent profondément seul. Il joue à l'un de ses jeux favoris consistant à se suspendre de plus en plus loin à une branche d'arbre surplombant le lac. La prouesse, c'est d'obtenir un, deux, trois et parfois même quatre craquements de l'arbre. Milo, revenu de la clinique, veut participer au jeu. Malgré l'interdiction d'Andrea, il se suspend lui aussi à la branche. Son poids fait tomber Andrea. Le père est appelé en hâte à son chevet. L'enfant, atteint d'une lésion à la colonne vertébrale, est très conscient de la gravité de son cas. Même s'il survit, ses membres inférieurs resteront paralysés. Il faudra ces circonstances dramatiques pour que le père prenne enfin conscience de la sensibilité, de la vulnérabilité extrêmes de son fils, et aussi de l'adoration que celui-ci lui voue. Ils réussiront à se comprendre juste avant la mort de l'enfant.

☞ *L'incompris* est à voir en dyptique avec *Les aventures de Pinocchio**, réalisé quatre ans plus tard. Les deux œuvres constituent la part essentielle, la plus originale et la plus réussie, de la carrière de Comencini. Dans ces deux films, Comencini projette sur son sujet de prédilection, l'enfance, deux éclairages radicalement opposés. D'un côté tristesse et échec (malgré les « retrouvailles » finales), de l'autre optimisme et victoire. Par un paradoxe social riche de sens, le film triste concerne des personnages très aisés, alors que le regard optimiste s'applique, dans *Pinocchio**, aux plus misérables des êtres. Le thème particulier qui, à l'intérieur de cette vaste chronique de l'enfance qu'est l'œuvre de Comencini, relie *L'incompris* à *Pinocchio** est celui des rapports d'un enfant avec son père et des obstacles, plus ou moins insurmontables, qui peuvent empêcher cette relation de s'épanouir librement. Dans *Pinocchio**, une conception rétrograde et mécanique de la Morale sépare malgré eux les deux héros. Ici, l'obstacle fatal tient à une quasi permanente incompréhension du père, forme banale, quotidienne et atroce de l'incommunicabilité. A travers la tristesse souvent désespérante de ce film, Comencini a voulu marquer avec force que la compréhension entre un père et son fils (plus généralement : entre l'adulte et l'enfant), loin d'être facile et acquise d'emblée, est au contraire le fruit d'un miracle fragile que l'attention, la lucidité, la patience, outre l'amour, doivent renouveler d'instant en instant. Comencini brosse aussi dans ce film un portrait conjoint de deux enfants, de sensibilité et d'âge différents – l'animalité destructrice et inconsciente du plus jeune s'opposant à l'insécurité angoissée de l'aîné – qui est une pure merveille de justesse et d'observation. Comencini avait lu le roman de Florence Montgomery dans son enfance et le juge aujourd'hui avec une extrême sévérité (« un petit bouquin vraiment ignoble, une machine à faire pleurer » cf. « Positif » n° 156). Il lui a néanmoins servi à tisser une trame de menus événements, de détails significatifs, très fine et très serrée et, en même temps, dépourvue de tout dramatisme inutile. Raffiné dans sa construction et dans la minutie de son observation, *L'incompris* l'est aussi par la beauté des couleurs et des lieux. Ce raffinement ajoute une mélancolie supplémentaire et presque insoutenable à la gravité du thème traité.

N.B. Il existe une excellente version anglaise du film, Anthony Quayle ayant tourné dans sa langue. Remake américain terne et comme décervelé par Jerry Schatzberg : *Misunderstood* (*Besoin d'amour*, 1983). En prime, une fin heureuse.

BIBLIO. : scénario et dialogues *in* « L'Avant-Scène » n° 207 (1978).

## INCONNU (L')
## (The Unknown)

1927 – USA (65') • *Prod.* MGM • *Réal.* TOD BROWNING. • *Sc.* Waldemar Young d'ap. une histoire de T. Browning • *Phot.* Merritt Gerstad • *Int.* Lon Chaney (Alonzo), Norman Kerry (Malabar), Joan Crawford (Nanon), Nick De Ruiz (Zanzi), John George (Cojo), Frank Lanning (Costra).

Aux environs de Madrid, dans un cirque gitan, Alonzo, l'homme sans bras, exécute un numéro de lancer de poignards avec ses pieds. Il est amoureux de sa partenaire, Nanon, la fille du directeur. Il s'est juré en secret qu'elle n'appartiendrait qu'à lui. Mais elle est également désirée par Malabar, l'athlète du cirque. Nanon a toujours détesté les mains d'hommes qui la frôlent, qui la touchent. Aussi ressent-elle auprès d'Alonzo un étrange sentiment de sécurité sur lequel celui-ci se méprend. En réalité, il a des bras qu'il cache sous un corset, échappant ainsi à la police qui n'a pas l'idée de voir en lui le voleur qu'elle recherche. Le directeur du cirque découvre un jour la vérité ; Alonzo l'étrangle. Mais Nanon a vu la main de l'assassin, monstrueusement pourvue d'un deuxième pouce. Alonzo, pour pouvoir l'épouser sans qu'elle se doute de rien, et pour rester à ses yeux celui qu'elle a toujours connu, oblige par un chantage un chirurgien à l'amputer des deux bras. Quand il reparaît devant Nanon, celle-ci lui présente son fiancé... Malabar. Alonzo hurle comme une bête, puis se reprend. Malabar effectue en public un nouveau numéro où ses bras sont tirés par deux chevaux galopant sur un tapis roulant. Alonzo bloque le levier qui actionne le tapis afin que Malabar soit écartelé. Mais un cheval, pris de panique, est sur le point d'écraser Nanon : Alonzo bondit vers elle pour la protéger et meurt à sa place sous les pattes de l'animal. Les deux fiancés devront leur bonheur à l'homme sans bras.

☞ Septième des dix films délirants que Tod Browning et Lon Chaney tournèrent ensemble (de 1919 à 1929) ; c'est l'un des plus linéaires et l'un des plus parfaits. Sur le plan créatif, un lien profond unissait les deux hommes. Il est évident que, pour l'auteur de *Freaks**, la plasticité physique et gestuelle de Lon Chaney, unique dans l'histoire du cinéma, représentait un atout providentiel. Et jamais, en retour, Lon Chaney ne fut autant pris au sérieux comme acteur, comme personnage et comme être humain. De tous les réalisateurs américains, Tod Browning est sans doute celui qui chercha le plus, dans sa thématique personnelle, à faire sauter les barrières entre l'animalité et l'humanité, le normal et le monstrueux, le désir et la frustration, le réalisme et le fantastique. Il était, de ce point de vue, très en avance sur son temps et on peut s'étonner qu'il ne soit pas plus connu aujourd'hui. Toutes les passions humaines ne lui paraissaient vraies que vues sous un jour monstrueux. L'homme banal, l'homme sans complexe était pour lui ou bien une monstruosité encore pire, qu'il a rarement décrite (sauf dans *Freaks** où elle est impitoyablement châtiée), ou bien quelque chose de falot, d'inconsistant, de presque ridicule qui, à l'évidence, ne lui inspirait qu'une parfaite indifférence (cf. le personnage du comptable dans *The Unholy Three**). L'inconnu, selon Browning, c'est l'homme même, dans ses contradictions effrayantes, naïf et machiavélique, glacial dans sa volonté de puissance et torturé d'amour. Et Lon Chaney, l'animal humain qui savait dans ses gestes et dans ses mimiques passer d'une seconde à l'autre du bestial au sublime, lui en a fourni une image si parfaitement achevée qu'elle serait inconcevable, si on ne l'avait devant les yeux.

## INCONNU DU NORD-EXPRESS (L')
### (Strangers on a Train)

1951 – USA (101') • *Prod.* Warner Bros (A. Hitchcock) • *Réal.* ALFRED HITCHCOCK • *Sc.* Raymond Chandler, Whitfield Cook, Czenzi Ormonde d'ap. R. de Patricia Highsmith • *Phot.* Robert Burks • *Mus.* Dimitri Tiomkin • *Int.* Farley Granger (Guy Haines), Ruth Roman (Ann Morton), Robert Walker (Bruno Anthony), Leo G. Carroll (le sénateur Morton), Patricia Hitchcock (Barbara Morton), Laura Elliot (Miriam Haines), Marion Lorne (Mrs. Anthony), Jonathan Hale (Mr. Anthony), Howard St. John (le capitaine Turley).

Dans un train roulant en direction de la petite ville de Metcalf, le tennisman Guy Haines qui commence à avoir une certaine réputation est abordé par un inconnu, Bruno Anthony. Bruno semble très renseigné sur lui. Il sait par exemple que Guy souhaite divorcer de sa femme Miriam pour épouser Ann Morton, la fille du sénateur. Après un bref préambule, il lui fait part d'une méthode qu'il a imaginée pour accomplir le crime parfait : lui-même se chargerait de tuer Miriam, tandis que Guy tuerait le père de Bruno que ce dernier déteste et veut éliminer. Bruno n'admet pas en effet que son père, immensément riche, veuille le faire travailler. Sans mobile apparent, chacun des deux assassins serait sûr d'avoir l'impunité. Guy n'accorde guère d'importance à cette proposition extravagante émanant d'un cerveau sans doute un peu dérangé. Il descend à Metcalf et va voir sa femme, vendeuse dans une maison de disques. Elle lui annonce que, bien qu'enceinte des œuvres d'un autre homme, elle n'est nullement décidée à divorcer, maintenant qu'il est sur le chemin de la réussite et va sans doute gagner beaucoup d'argent. De son côté, Bruno accomplit son plan. Il suit Miriam qui se rend en compagnie de deux amis dans un parc d'attractions. Il l'étrangle sur une petite île, terminus du « tunnel d'amour ». A la même heure, Guy est dans le train en route vers New York et parle avec un professeur de mathématiques éméché. Il trouve Bruno devant chez lui et apprend de sa bouche la nouvelle de l'assassinat de sa femme. Il se rend compte qu'il a affaire à un fou dangereux mais n'ose aller le dénoncer à la police par peur d'être aussitôt accusé de complicité. Il se rend dans la famille d'Ann Morton mais ne parle pas de Bruno. Le lendemain, il est convoqué à la police et, comme le professeur de mathématiques ne se souvient plus de lui, son alibi ne tient pas. Il est maintenant surveillé vingt-quatre heures sur vingt-quatre par des policiers qui se relaient. De plus, il est persécuté en tous lieux par Bruno qui exige qu'il accomplisse sa part de leur prétendu contrat. Bruno se fait présenter par des amis communs à Ann et à son père. Ann ne tarde pas à se douter de quelque chose et Guy lui raconte tout. Il tente vainement de contacter le père de Bruno pour lui parler de l'état mental de son fils. Ann tente de son côté une semblable démarche auprès de la mère de Bruno. Elle parvient à être reçue mais se heurte à l'incrédulité de la vieille femme qui ne semble pas d'ailleurs avoir tout son bon sens. Bruno menace Ann d'aller placer sur l'île un briquet aux initiales de Guy, tombé par hasard entre ses mains lors de leur première rencontre. Cette preuve accablante ne manquerait pas de faire arrêter Guy. Celui-ci doit participer à un match. Une course contre la montre commence alors entre Guy tâchant de battre au plus vite son adversaire et Bruno faisant route vers le parc d'attractions. En chemin, il fait tomber le briquet dans une bouche d'égout et met un certain temps à le récupérer. Il arrive cependant le premier dans le parc et, apercevant des policiers, s'imagine qu'ils sont sur ses traces alors qu'en réalité, prévenus par les gardes du corps auxquels Guy a faussé compagnie, ils sont venus arrêter ce dernier. Guy retrouve Bruno, désigné comme suspect à la police par un forain qui l'avait repéré le soir du crime. Les deux hommes se battent sur un carrousel emballé, le tir d'un policier ayant touché par erreur l'opérateur du manège qui s'est effondré sur le levier de commande. En se glissant sous le carrousel, un forain parvient à le stopper. Bruno, agonisant dans les débris du manège, soutient encore que Guy est coupable. Mais quand il meurt, sa main s'ouvre et laisse voir le fameux briquet.

☞ L'une des cinq ou six œuvres d'Hitchcock les plus importantes pour la connaissance du cinéaste. C'est le film où le thème hitchcockien de base – l'échange des culpabilités – apparaît le plus ouvertement, et non seulement comme thème mais comme moteur principal de l'action. Cette action, constituée pour l'essentiel par le piège où se débat l'un des deux personnages (Guy interprété par Farley Granger), baigne dans la lumière scintillante, métallique et glaciale façonnée par le chef opérateur Robert Burks dont c'est ici le premier travail pour Hitchcock. En tant que faux coupable, Guy se trouve aussi privé d'initiative et de liberté que son homologue Henry Fonda dans *The Wrong Man**. Il expie comme lui une faute métaphysique liée au péché originel. Pour Hitchcock, il semble qu'il n'y ait pas de « faux coupable » intégral : Guy qui a pensé à tuer, qui a désiré tuer, est entré dans le cercle infernal de la culpabilité. Et le face à face central de *Strangers on a Train* est bien celui du Diable (admirablement interprété par Robert Walker) et de sa créature. Celle-ci triomphera à la fin, après avoir frôlé l'abîme, car Hitchcock, moralement parlant, se range parmi les optimistes, ou du moins tient-il à en donner l'impression. Dans ses derniers films, alors qu'il aurait pu choisir, l'époque étant devenue plus libérale, de clore ses intrigues, non par un *happy end* mais par la victoire du Mal, il s'est toujours refusé à le faire. Son style est ici classique, rigoureux, presque austère, mais avec des accès de fièvre correspondant aux moments d'extrême tension et de plus intense suspense (cf. la séquence de l'assassinat de Miriam, celle du parallélisme entre le match de Guy et la progression de Bruno vers le parc d'attractions et enfin celle du carrousel emballé). C'est là, quand le cinéaste tient le mieux en main son public, qu'il se détache le plus de l'intrigue proprement dite, pour se livrer à des arabesques visuelles composant une symphonie d'images et de sons où le plaisir de raconter cède le pas à un pur plaisir plastique et dynamique. Mais Hitchcock attend toujours que le spectateur soit entièrement sous sa coupe pour se faire enfin plaisir à lui-même et révéler ainsi sa vraie nature : celle d'un formaliste génial qui utilise la durée, dont il est alors le maître absolu, pour ciseler des images infernales et apocalyptiques qui exorcisent ses obsessions. Dans ces instants, qui peuvent durer de longues minutes, il trouve souvent l'occasion d'inventer et d'utiliser avec une maestria devenue légendaire tout un arsenal de trucages, d'effets optiques et photographiques qui restent la plupart du temps une énigme à la première vision, et parfois aux suivantes.

N.B. Les démêlés entre Chandler et Hitchcock n'ont guère d'intérêt. Chandler avait été engagé pour dialoguer le film après le refus de plusieurs scénaristes. Il semble que l'écrivain ait complètement sous-estimé le génie dramatique du cinéaste et n'ait pas un instant soupçonné la profondeur de son attachement aux histoires qu'il avait choisi d'illustrer.

BIBLIO. : découpage (990 plans) *in* « L'Avant-Scène » n° 297-298 (1981).

## INCONNUS DANS LA MAISON (LES)

1942 – France (100') • *Prod.* Continental Films • *Réal.* HENRI DECOIN • *Sc.* H.G. Clouzot d'ap. R. de Georges Simenon • *Phot.* Jules Kruger • *Mus.* Roland Manuel • *Int.* Raimu (Loursat), Juliette Faber (Nicole), Jean Tissier (Ducup), Jacques Baumer (Rogissart), André Reybaz (Émile Manu), Jacques Gretillat (président des Assises), Tania Fedor (Mme Dossin), Marc Dolnitz (Edmond Dossin), Marcel Mouloudji (Ephraïm Luska), Gabrielle Fontan (Fine), Héléna Manson (Mme Manu), Noël Roquevert (commissaire Binet), Lucien Coëdel (Jo). Commentaire dit par Pierre Fresnay.

Dans une ville de province, Hector Loursat, avocat autrefois réputé, a sombré dans l'alcoolisme depuis que sa femme l'a abandonné, il y a de nombreuses années. Un jour, après avoir entendu une détonation, il découvre dans sa maison un cadavre. Il apprendra durant l'enquête que sa fille Nicole fréquente une bande de jeunes gens qui, surtout pour tromper leur ennui, se livrent à divers méfaits. L'un des nouveaux membres de la bande, Émile Manu, de condition sociale très modeste, a renversé avec une voiture volée un repris de justice, Gros Louis qui, depuis, extorque de l'argent à la bande. Émile, devenu l'amant de Nicole, est soupçonné d'avoir tué Gros Louis, retrouvé dans la maison de Loursat, et est inculpé. Loursat reprend la toge d'avocat pour défendre Émile et croit à son innocence. Il fera, durant les audiences, le procès d'une société déliquescente et indifférente à sa jeunesse. Il confondra le vrai coupable, Luska, un autre membre de la bande, secrètement amoureux de Nicole et jaloux de Manu.

☞ Première des trois adaptations de Simenon par Decoin (avant *L'homme de Londres,* 1942 et *La vérité sur Bébé Donge*, 1951). Ce qu'il y a de meilleur dans le roman est aussi le meilleur du film, à savoir le portrait fouillé d'un homme de valeur, alcoolique et déchu, se confinant dans ses souvenirs et son amertume sans avoir rien perdu de sa lucidité. Le malheur et la déchéance ont au contraire avivé en lui la conscience de l'hypocrisie et de la décadence de la bourgeoisie, classe à laquelle il appartient. L'adaptation de Clouzot fait la part belle au théâtre. La verdeur des dialogues dirige l'interprétation de Raimu dans le sens d'une virtuosité et d'une insolence proches du cinéma des années 30. De sorte que le film représente un point d'équilibre entre l'attitude de cynisme brillant et caustique propre à ce cinéma, et un pessimisme plus viscéral, plus intérieur mais aussi plus dogmatique qui envahira le cinéma français à partir de la fin de la guerre pour aboutir au nihilisme caricatural des films de Yves Allégret. Une qualité permanente du film, due sans doute pour beaucoup à Clouzot, c'est son absence de tout sentimentalisme au sein d'une intrigue (relation père-fille, désarroi d'un groupe de jeunes) qui aurait pu s'y prêter. Grâce à cela, cette étude de mœurs a pu conserver toute sa cruauté et sa vérité. Raymond Chirat dans son étude sur Decoin, *in* « Anthologie du cinéma », n° 75, 1973, apprécie surtout le film comme tableau d'époque : « La réussite de l'entreprise, écrit-il, se rattache une fois encore à la qualité essentielle de Decoin : le reporter qui fixe, une fois pour toutes, la couleur de l'époque. Le début du film est demeuré célèbre, à juste titre. Les images noires, à peine trouées par quelques éclaboussures de lumière, promènent le spectateur, la nuit tombée, dans une petite ville de province : humide, triste, hostile, sans échappées (...) La pluie tombe, l'obscurité règne. Saisissante synthèse de quatre ans de soirées interminables. » Mais Chirat se refuse, contrairement à Roger Régent dans son « Cinéma de France », 1948, à reconnaître dans le film des éléments de propagande nationale-socialiste et antisémite. « Il fallait être, écrit Chirat, sans doute exaspérés par les conditions de vie en ce temps-là, exacerbés par un patriotisme à fleur de peau pour déceler dans cette plaidoirie [celle de Raimu à la fin] des accents socialistes (peut-être) et même nationaux-socialistes. Il fallait être sourcilleux à l'extrême pour trouver de perfides intentions dans le fait que le jeune meurtrier, envieux et hypocrite, répondait à un nom aux consonances juives. » Signalons cependant que le prénom de ce personnage, Justin dans le roman de Simenon, fut changé en Éphraïm dans le film et que *Les inconnus dans la maison* est à peu près le seul film français de l'Occupation qui prête le flanc à des polémiques de cet ordre.

N.B. Très médiocre remake anglais de Pierre Rouve *Stranger in the House*, 1967 (sorti en France en 1972 sous le titre *L'étranger dans la maison*) avec James Mason dans le rôle principal.

## INCONNUS DANS LA VILLE (LES)/LES TUEURS DANS LA VILLE
### (Violent Saturday)

1955 – USA (89') • *Prod.* Fox (Buddy Adler) • *Réal.* RICHARD FLEISCHER • *Sc.* Sidney Boehm d'ap. R. de William Heath • *Phot.* Charles G. Clarke (Cinémascope, DeLuxe) • *Mus.* Hugo Friedhofer • *Int.* Victor Mature (Shelley Martin), Richard Egan (Boyd Fairchild), Stephen McNally (Harper McNulty), Virginia Leith (Linda Sherman), Lee Marvin (Dill), Tommy Noonan (Harry Reeves), Margaret Hayes (Emily Fairchild), J. Carrol Naish (Chapman), Sylvia Sidney (Elsie Braden), Ernest Borgnine (Mr. Stadt), Brad Dexter (Gil Clayton), Dorothy Patrick (Helen Martin).

Trois gangsters venus préparer et accomplir un hold-up dans la banque principale de la petite cité de Brandenville se mêlent à la vie de quelques-uns des habitants de la ville avant d'intervenir, par leur action, sur leur destin. Shelley Martin, ingénieur de la mine de cuivre, essaie de reconquérir l'estime de son jeune fils qui s'étonne qu'il n'ait pas combattu durant la guerre. Le fils de son patron, Boyd Fairchild, un play-boy oisif et bon à rien, noie ses soucis dans l'alcool. La réussite de son père souligne sa nullité et sa femme Emily, plus ou moins nymphomane, va de liaison en liaison. Ils décident de faire un voyage ensemble et de reprendre leur vie commune à zéro. Le directeur de la banque, Harry Reeves, se conduit en voyeur vis-à-vis de l'infirmière Linda Sherman, amoureuse de Boyd. Il la guette, la nuit, en se promenant sous ses fenêtres. Il surprend ainsi la bibliothécaire Elsie Braden en train de jeter un sac qu'elle avait volé à l'une des clientes de la bibliothèque. Elsie doit beaucoup d'argent à la banque mais sait maintenant que Reeves ne préviendra pas la police, car elle a deviné le but de ses promenades nocturnes. Durant le hold-up, Reeves veut prendre son revolver mais est blessé par l'un des gangsters, tandis qu'Emily est mortellement atteinte. Les trois gangsters se sont ménagé un point de chute dans la ferme d'une famille amish, les Stadt, qui ont été ligotés et bâillonnés dans la grange avec Shelley Martin dont les gangsters avaient volé la voiture. Martin parvient à se défaire de ses liens et abat deux des gangsters. Il est sur le point d'être tué par le troisième, mais Stadt, le chef de la famille, pourtant adepte de la non-violence, lui plantera une fourche entre les omoplates, sauvant ainsi la vie de l'ingénieur. Sur son lit d'hôpital, Reeves avoue à Linda ses activités de voyeur. Elle rejoint Boyd qui évoque avec tristesse sa tentative, tragiquement interrompue, de renouer avec sa femme. Quant à Martin, il a regagné l'estime de son fils. Le gosse lui amène ses camarades de classe qui veulent tous contempler le « héros ».

☞ Triomphe absolu de l'utilisation d'un récit policier comme moyen d'investigation sociale. A partir d'un script superbe dont l'action se déroule sur vingt-quatre heures, Fleischer dessine un entrelacs, stupéfiant de sobriété, de virtuosité et de réalisme, qui nous conduit dans les différentes couches sociales d'une petite ville dont apparaissent soudain en pleine lumière, sans artifice ni insistance inutile, les problèmes, les conflits, les tares, à la fois variés et universels. Cette révélation n'est pas purement descriptive et statique : elle a lieu au sein d'une dynamique dans laquelle l'action policière sert de catalyseur et de détonateur. Le film se rattache à l'un des aspects essentiels de l'œuvre de Fleischer en tant que parabole sur la violence, une réalité à ses yeux ambivalente à laquelle nul ne saurait échapper. Au terme de cette journée, le chef de famille amish devra reconsidérer toutes ses convictions et ses règles morales, qu'il a dû transgresser pour sauver un homme. Comme Preminger et Anthony Mann, Fleischer manie immédiatement le Cinémascope en artiste et en maître. Il met les caractéristiques du nouveau format au service du propos spécifique de chaque film. Dans *Vingt mille lieues sous les mers**, il en avait exploré les aspects spectaculaires. Ici, le scope aide à mieux suivre encore les allées et venues des personnages, leurs trajets dans l'espace, l'entremêlement de leur psychologie et de leur destin. Le spectacle de cette analyse aiguë s'incarnant dans une mise en scène dense, concise et maîtrisée, stimule l'œil autant que l'esprit.

## INDIANA JONES ET LE TEMPLE MAUDIT

**(Indiana Jones and the Temple of Doom)**

1984 – USA (117') • *Prod.* PAR./Lucasfilm • *Réal.* STEVEN SPIELBERG • *Sc.* Willard Huyck, Gloria Katz d'ap. une histoire de Georges Lucas • *Phot.* Douglas Slocombe (DeLuxe, 70 mm) • *Mus.* John Williams • *Int.* Harrison Ford (Indiana Jones), Kate Capshaw (Willie Scott), Ke Huy Quan (Short Round), Amrish Puri (Mola Ram), Roshan Seth (Chattar Lal), Philip Stone (capitaine Blumburtt), Roy Chias (Lao Che), David Yip (Wu Han), Ric Young (Kao Kan), Chua Kah Joo (Chen), Dan Aykroyd (Weber).

Suite à une négociation ratée avec des escrocs dans un cabaret à Shanghai en 1935, l'archéologue Indiana Jones, une chanteuse de cabaret et un petit Chinois se retrouvent malgré eux au fin fond des Indes dans un petit village qui pleure la disparition de ses enfants. Ceux-ci ont été enlevés par le maharadjah d'une province voisine, lequel s'est également emparé d'une pierre sacrée, indispensable à la sauvegarde du village. Indiana Jones et ses deux compagnons découvriront chez le maharadjah (qui est un enfant drogué et manipulé par son ministre) une résurgence du culte sanguinaire des Thugs, connus pour offrir à la déesse Kali des sacrifices humains. Indiana Jones libérera les enfants et rapportera au village la pierre protectrice.

☞ Suite des *Aventuriers de l'Arche perdue* qu'on peut estimer supérieure au précédent épisode, non en vertu d'une préférence personnelle mais selon les critères internes auxquels obéissent les deux films. Qualité ici plus égale de chaque séquence, invention mieux répartie (si tant est qu'on puisse parler d'invention), accélération du rythme plus efficace auprès du public. (Dans *Les aventuriers,* toute la « gomme » était donnée dans les dix premières minutes, sorte de bande-annonce synthétique et explosive qui rendait un peu caduc le reste de l'intrigue.) Une fois encore, le film est un super-*serial.* La plupart des idées spectaculaires sont volées à l'ancien *serial* américain, quand elles ne sont pas empruntées au film d'aventures exotiques ou au film pour enfants, tels qu'on les pratiquait autrefois à Hollywood. Spielberg se borne à y ajouter quelques éléments de son cru : l'évidente démultiplication des moyens utilisés pour redonner vie à de vieilles idées ; la précision dans la réalisation des cascades et des trucages ; un humour plus diversifié. Cet humour est en grande partie traditionnel et reprend en les élargissant des gags vieux comme le monde (cf. le gag des nourritures exotiques répugnantes figurant dans des centaines de films d'aventures et étendu ici aux dimensions d'une séquence entière). Cet humour est surtout véhiculé par le personnage féminin qui apporte constamment ce qu'on appelait autrefois le « comic relief ». Un humour plus moderne vise à rendre le spectateur complice des péripéties hautement fantaisistes qui se déroulent devant ses yeux. C'est le fameux « second degré », caractéristique aujourd'hui des films les plus primaires, et dont on notera qu'il devient presque inévitable, en tant que conséquence du rythme ultra-accéléré et complètement irréaliste imposé à l'action. Autre conséquence de ce rythme : la quasi totale passivité des personnages. Leur seule raison d'être consistant à échapper à mille et une morts pendant la durée du film, où trouveraient-ils le temps d'accomplir quoi que ce soit d'autre et, par exemple, d'acquérir ce minimum de relief individuel sans quoi un personnage de fiction n'est plus tout à fait humain ? Plus encore que dans ses autres films, Spielberg utilise ici son principal défaut – une impuissance peu commune à faire vivre des personnages – comme l'une des conditions *sine qua non* de la réussite finale de la mécanique qu'est devenu le film. Ce faisant, il gomme tout l'aspect « auteur », présent dans une bonne partie – la plus précieuse – de ces œuvres de l'ancien Hollywood auquel il ne cesse de se référer. Tout n'est cependant pas négatif dans un tel film. La mécanique ainsi offerte au public présente sur le plan de l'élaboration matérielle une somme de travail, de conscience professionnelle, de perfection artisanale qu'on aurait tort de négliger. On souhaiterait même qu'elle inspire des productions plus modestes. Mais, au cours des années 80, le gouffre ira s'agrandissant entre une infime minorité de superproductions, méticuleuses et dépersonnalisées, et une prolifération de films dits « d'auteur », de plus en plus inaboutis et confidentiels. Face aux immenses machines du nouvel Hollywood, ces films en arriveront même à revendiquer leur bâclage et leur caractère approximatif comme preuves d'authenticité.

## INDOMPTABLES (LES)
### (The Lusty Men)

1952 – USA (113') • *Prod.* RKO (Jerry Wald et Norman Krasna), • *Réal.* NICHOLAS RAY • *Sc.* Horace McCoy, David Dortort d'ap. une histoire de Claude Stanush • *Phot.* Lee Garmes • *Mus.* Roy Webb • *Int.* Susan Hayward (Louise), Robert Mitchum (Jeff), Arthur Kennedy (Wes), Arthur Hunnicutt (Booker Davis), Frank Faylen (Al Dawson), Walter Coy (Buster Burgess), Carol Nugent (Rusty).

Une vieille gloire des rodéos, Jeff McCloud, subit un accident grave durant une épreuve et doit mettre un terme à ses activités. Sans but défini, il retourne instinctivement vers les lieux de son enfance, dans la maison qui l'a vu naître et qu'il espérait racheter un jour. Mais il ne lui reste rien des sommes, souvent importantes, qu'il a gagnées durant ses dix-huit ans de rodéo. Amasser, prévoir ne sont pas dans son caractère. Dans le voisinage, un cow-boy marié depuis deux ans, Wes Merritt, connaît ses exploits et le fait travailler dans le ranch où lui-même est employé. Wes et sa femme Louise projettent d'acheter leur propre ranch mais il leur faudra attendre plusieurs années avant de réunir l'argent nécessaire. Appâté par les gains rapides du rodéo, Wes demande à Jeff de l'initier à ce sport. Il remporte ses premiers succès à San Angelo. Sa femme voit d'un très mauvais œil cette nouvelle activité et en tient Jeff pour responsable. Wes décide de se consacrer entièrement au rodéo jusqu'à ce qu'il ait gagné l'argent du ranch. Sa femme accepte à condition qu'elle le suive de ville en ville. Wes prend Jeff pour associé. Ils partageront les gains. A Tucson, Wes remporte un grand succès, chevauchant un taureau particulièrement rétif sur lequel personne jusqu'ici n'avait réussi à tenir aussi longtemps. Encouragé par sa réussite, Wes participe à tous les rodéos de l'année. Louise supporte mal de le voir rentrer ivre chaque soir, poursuivi par des filles faciles qu'attire sa récente célébrité. Lorsque la somme nécessaire pour l'achat du ranch se trouve réunie, Wes déclare tout net qu'il n'a nullement l'intention d'abandonner la compétition. Louise tente de persuader Jeff de faire changer d'avis son mari. Il lui avoue que, s'il s'est occupé de Wes, c'est uniquement parce que, dès le début, il était tombé amoureux d'elle. Mais Louise ne s'intéresse qu'à son mari. Les deux hommes se disputent. Wes insulte Jeff et lui reproche de vivre à ses crochets. Jeff le met K.-O. Il décide de participer seul au prochain rodéo, malgré son absence de préparation. Il réussit brillamment dans plusieurs épreuves mais soudain son pied reste accroché à l'étrier du cheval qui le traîne à travers la piste. Il mourra de ses blessures. Sa mort provoque un revirement chez Wes qui décide d'aller vivre dans ce ranch dont sa femme et lui rêvaient.

☞ Chronologiquement, c'est le premier film important qui décrive le monde nomade, cruel, mythique et factice du rodéo. (Viendront ensuite *Arena*, de Richard Fleischer, 1953, et *Bus Stop* de Joshua Logan, 1956). Avec une grande acuité documentaire, un refus de la dramatisation facile, Nicholas Ray donne de cet univers une description définitive à partir du script fouillé de Horace McCoy et de David Dortort, un ancien cow-boy. Il privilégie pour cela la relation qui s'établit entre les deux personnages principaux. Le premier, étant beaucoup plus mûr que son compagnon, devient pour lui un modèle, une tentation dangereuse, puis une référence finalement dépassée. Ce type de relation constitue l'un des thèmes de base de l'œuvre de Nicholas Ray (cf. entre autres *Run for Cover**, *Rebel Without a Cause**). Tout cela donne originalité, relief et intensité au film mais est loin d'être l'essentiel. L'essentiel, c'est l'appréhension psychologique et morale, lyrique et intimiste, du personnage interprété par Robert Mitchum, un homme qui a fini le premier cycle de sa vie et ne réussira pas à accomplir pleinement le second. Désenchantement, insatisfaction indéfinissable, errance inquiète, sentiment d'être devenu étranger dans un monde où il n'a pas sa place (ce sentiment que ressentent la plupart des héros de Nicholas Ray) caractérisent le personnage déraciné de Jeff McCloud que l'auteur regarde avec un œil à la fois fraternel et dépourvu de complaisance. L'admirable composition de Mitchum sert évidemment on ne peut mieux ses desseins. Cette fin de vie manquée mais qui d'une certaine façon se prolongera dans une autre vie (celle du personnage complémentaire joué par Arthur Kennedy) est située dans une lumière crépusculaire, désolée mais non désespérée, portant la marque indélébile du cinéaste. Source de poésie et de méditation, c'est cette lumière qui au premier chef désigne, pour beaucoup de cinéphiles, Nicholas Ray comme le cinéaste essentiel de sa génération, celui sans lequel cette génération serait restée boiteuse, frustrée de l'expression de sa plus intime vérité.

## INÉVITABLE MONSIEUR DUBOIS (L')

1942 – France (99') • *Prod.* P.A.C. • *Réal.* PIERRE BILLON • *Sc.* Marc-Gilbert Sauvajon, Jacques Companeez, Pierre Billon d'ap. P. « Métier de femme » d'André-Paul Antoine • *Phot.* Paul Coteret • *Mus.* Jean Marion • *Int.* Annie Ducaux (Hélène Mareuil), André Luguet (Claude Orly), Mony Dalmès (Jacqueline Mareuil), Félicien Tramel (M. Mouche), Richard Francœur (Verdier), Germaine Reuver (Sophie), Jean Sinoël (Honoré).

Sur une route, près de Grasse, une automobiliste renverse un motocycliste, Claude Dubois. Galant et touché par le charme de la conductrice, Dubois ne lui garde pas rancune pour ce léger accident. Il lui demande de poser pour lui une demi-heure, car il est peintre et veut fixer ses traits sur la toile. Elle lui fausse compagnie en lui laissant un chèque en blanc pour le dommage commis. Dubois apprend que son inconnue est la directrice des parfums Mareuil. C'est une femme d'affaires froide et autoritaire qui n'a pas de temps à perdre avec lui. Mais Dubois se montre si persévérant qu'il réussit à forcer sa porte et à se faire engager par elle comme affichiste. Il apporte dans la maison Mareuil un air de fantaisie et de décontraction qui provoque vite son renvoi. Hélène Mareuil le retrouve peu après dans sa maison où il lui est officiellement présenté par sa jeune sœur, Jacqueline, avec laquelle il joue au tennis. Hélène apprend à cette occasion que Dubois est un peintre paysagiste connu. Dubois et Jacqueline semblent s'entendre comme larrons en foire. Hélène, folle de jalousie sans vouloir se l'avouer, essaie de les séparer. Elle chasse même Dubois de sa maison, puis court ensuite chez lui rechercher sa sœur qui s'y est soi-disant réfugiée. Elle s'enivre de champagne et avoue à Dubois qu'elle l'aime. Le lendemain, elle découvre qu'il s'agissait d'une machination montée de toutes pièces par Dubois et Jacqueline pour qu'elle admette enfin qu'elle est amoureuse. Hélène joue alors les amnésiques et les évaporées et s'emploie à leur donner à tous deux une leçon. Elle délaisse les affaires de l'usine au point de mettre en péril l'entreprise et c'est Dubois, nommé par Jacqueline directeur intérimaire, qui devra veiller au grain. Redécouvrant les vertus de l'esprit de sérieux, il élimine chez les employées toute velléité de fantaisie. Hélène, qui n'avait jamais cessé de s'occuper de ses affaires, revient auprès de Dubois qu'elle épousera.

☞ Cette plaisante comédie, écrite avec talent par André-Paul Antoine, Marc-Gilbert Sauvajon et Jacques Companeez (non crédité), joue habilement sur les caractéristiques et même sur les défauts de ses deux interprètes principaux. La dureté sèche, la froideur d'Annie Ducaux, la séduction élégante, l'urbanité bourgeoise, assez satisfaite d'elle-même, d'André Luguet n'ont en effet jamais été mieux utilisées. Le rythme est excellent et les rebondissements, dénués d'artifice, trouvent leur justification dans la seule psychologie des personnages. Sorti quelques mois après *L'Honorable Catherine* de Marcel L'Herbier (film qui a très mal vieilli), ce grand succès commercial relança en France le goût de la comédie dynamique à l'américaine et des marivaudages aimables, lointainement inspirés de Lubitsch. On voulut même un an plus tard en tirer une sorte de duplicata (*Florence est folle*, Georges Lacombe, 1944) qui réunissait à nouveau Annie Ducaux et André Luguet. Totalement raté, le film ne fit que souligner les qualités de celui-ci : légèreté et équilibre du jeu, humour non appliqué du dialogue, sobriété efficace et invisible du travail de Pierre Billon.

BIBLIO. : scénario et dialogues *in* « Paris-Théâtre » nº 23 (1949). Dans le même numéro *Bal Cupidon* de Marc-Gilbert Sauvajon.

## INSIDE STORY (THE)

Inédit en France. 1948 – USA (87') • *Prod.* Republic • *Réal.* ALLAN DWAN • *Sc.* Mary Loos et Richard Sale d'ap. une histoire de Ernest Lehman et Geza Herczeg • *Phot.* Reggie Lanning • *Mus.* Nathan Scott • *Int.* Marsha Hunt (Francine Taylor), William Lundigan (Waldo Williams), Charles Winninger (Oncle Ned), Gail Patrick (Audrey O'Conner), Gene Lockhart (Horace Taylor), Florence Bates (Geraldine Atherton), Roscoe Karns (Eustace Peabody), Robert Shayne (Tom O'Conner), Allen Jenkins (Eddie Hale), Frank Ferguson (Eph), Will Wright (Jay Jay Johnson), Tom Fadden (Al Follansbee).

Un petit village dans le Vermont en 1948. Le patriarche local, Oncle Ned, voyant qu'un habitant entasse des dollars dans son coffre à la banque, lui dit qu'il a tort d'agir ainsi, que l'argent est fait pour circuler ; il illustre son propos par le rappel d'une série d'événements ayant eu lieu dans le village en 1933. A cette époque, les conséquences du krach de 1929 se faisaient encore cruellement sentir. Personne n'avait un sou vaillant, beaucoup étaient endettés ou chômeurs et ne savaient comment faire face à leurs engagements. Ainsi le directeur de l'hôtel, Horace Taylor, pour lequel Ned travaillait comme concierge, s'apprêtait à fermer boutique. Un homme de la ville était venu porter mille dollars à un paysan, Al Follansbee, qui se faisait attendre, car ce jour-là sa femme accouchait de jumeaux. L'homme avait demandé à Ned de mettre l'argent dans le coffre de l'hôtel. Croyant que la somme lui appartenait et venait de lui être versée par son débiteur, le jeune peintre Waldo Williams, fiancé à sa fille Francine, Taylor avait donné les mille dollars à un épicier, Jay Jay Johnson, qui se faisait menaçant depuis que lui-même avait été sommé de régler ses loyers en retard par l'impitoyable Geraldine Atherton, laquelle lui reprochait, quand les affaires allaient bien, d'avoir trop fait valser les étiquettes. (Elle voyait dans de telles pratiques l'une des causes de la Dépression.) Quand il apprend que les dollars n'étaient pas à lui, Taylor essaie de les récupérer des mains de Johnson, puis de Mrs. Atherton. Mais celle-ci vient de les remettre à titre d'arrhes à son avocat, Tom O'Conner. O'Conner était sur le point de se suicider, car il ne supportait plus l'idée de ne pouvoir faire vivre sa femme, obligée de travailler à la ville comme mannequin. Cette dernière utilisa l'argent pour payer son portrait, peint par Waldo Williams, que son mari lui avait promis depuis longtemps. Sommé d'ouvrir le coffre et de rendre l'argent à son destinataire Follansbee, Taylor a la stupéfaction de voir réapparaître les billets... remis par Waldo Williams en paiement de sa dette. Ainsi les pérégrinations des mille dollars ont résolu les problèmes de chacun, empêchant un homme de se suicider, redonnant confiance à un jeune couple, évitant la faillite d'un hôtel et d'une épicerie, faisant en définitive le bonheur de tous.

☞ Entre 1946 et 1948, Mary Loos et son mari Richard Sale (scénariste, auteur de romans policiers, metteur en scène) ont écrit pour Allan Dwan et avec lui une série de quatre comédies à petit budget (inédites en France) où s'exprime ce qu'on pourrait appeler une sorte de « génie de la gentillesse ». Le plus équilibré et le plus brillant de ces quatre films est sans doute *Rendezvous With Annie*. (Il raconte l'histoire d'un soldat américain cantonné en Angleterre durant la Seconde Guerre mondiale qui, à la faveur d'un aller et retour express et clandestin en avion, rend visite à sa femme. Rentré aux États-Unis, il aura toutes les peines du monde à faire admettre que le bébé dont elle vient d'accoucher est bien de lui afin que l'enfant bénéficie de l'héritage que lui a légué son grand-oncle.) Le plus touchant est *Driftwood*, avec une excellente interprétation de Natalie Wood enfant. Le plus insolite et le plus original (malgré une introduction trop lente et trop bavarde) est *The Inside Story*. Située dans un microcosme représentatif de l'Amérique profonde que Dwan décrit avec bonhomie et malice – un ton que le cinéaste aime à employer dans l'un des innombrables types de comédies qu'il a illustrés –, l'intrigue ne se contente pas de présenter une collection de personnages sympathiques et pittoresques mais délivre chemin faisant un petit cours d'économie et de finance tout à fait inattendu. La spirale infernale de l'inflation, les funestes effets de la thésaurisation et de l'argent gelé, les bienfaits de la circulation monétaire et de l'encouragement à la consommation sont quelques-uns des aspects techniques évoqués par le film, en lieu et place d'une lénifiante morale humaniste à la Capra qu'on aurait pu croire y trouver. Le voyage des mille dollars à travers cette petite communauté du Vermont n'est pas en effet un simple prétexte, un habile fil conducteur dramatique, mais constitue l'essentiel du propos, inspiré par une philosophie libérale s'exprimant sur un plan essentiellement économique. L'argent doit circuler, comme les idées et comme le sang, pour être productif de vie, de santé et de bonheur. Interprétation variée et talentueuse ; et toujours chez Dwan cette aptitude étonnante à décrire avec le même brio des personnages de tous âges et notamment des vieillards (Charles Winninger et Gene Lockhart n'ont jamais été meilleurs).

## INSPECTEUR DE SERVICE (Gideon's Day. Titre US : Gideon of Scotland Yard)

1958 – Grande-Bretagne (91') • *Prod.* British Production – COL. • *Réal.* JOHN FORD • *Sc.* T.E.B. Clarke d'ap. R. « Gideon's Day » de J.J. Marric (pseudonyme de John Creasey) • *Phot.* Frederic A. Young (Technicolor) *Déc.* Ken Adam • *Mus.* Douglas Gamley • *Int.* Jack Hawkins (l'inspecteur George Gideon), Dianne Foster (Joanna Delafield), Anna Massey (Sally Gideon), Cyril Cusak (Herbert « Birdie » Sparrow), Andrex Ray (Mason), Ronald Howard (Paul Delafield), Howard Marion-Crawford (commissaire), Laurence Naismith (Arthur Sayer), Derek Bond (Eric Kirby), Griselda Harvey (Mrs. Kirby), Frank Lawton (Liggott), Anna Lee (Mrs. Kate Gideon), John Loder (Ponsford), Miles Malleson (juge).

A Londres, une journée comme les autres, c'est-à-dire très chargée, de l'inspecteur George Gideon de Scotland Yard. Il renvoie un collègue compromis avec la pègre. L'homme sera écrasé par une voiture. Son assassin n'est autre que le mari de sa maîtresse Joanna, un peintre qui avait organisé avec sa femme le vol de la paye des employés dans diverses entreprises. Gideon arrêtera

Joanna ; le peintre qui avait pris la fuite sera appréhendé à l'aéroport. Dans la même journée Gideon sera mêlé à l'arrestation d'un fou, évadé de l'asile, tueur de deux adolescentes, et participera activement à celle de trois fils de famille qui avaient pillé les coffres d'une grande banque après avoir tué le gardien.

☞ Tourné à Londres et méprisé par la plupart des spécialistes de Ford, ce film reflète parfaitement, en dépit d'un certain dépaysement de la matière fordienne, le style, la vision du monde et les goûts de l'auteur. Ford a toujours aimé décrire, plus que l'exceptionnel et l'extraordinaire, la routine – semée d'embûches, dangereuse à l'occasion – de la vie des gens ordinaires. S'il a tant aimé le western, c'est parce qu'à l'intérieur du cinéma hollywoodien il représente un genre *ordinaire* où l'on peut décrire sans hausser le ton, sans grandiloquence, un certain héroïsme quotidien qui lui tient à cœur. Dans cette chronique de l'existence banale et mouvementée d'un policier, Ford s'intéresse peu aux voleurs, aux assassins, aux maniaques. Ou plutôt ils ne s'intéressent à eux que lorsque leur réhabilitation est encore possible, comme dans le cas de ce mouchard à temps partiel (Cyril Cusak) qui ne veut dénoncer que les trafiquants de drogue et entrera au service d'un vicaire. D'un bout à l'autre du film, la virtuosité fordienne est perceptible dans l'entremêlement des histoires, de la vie privée et professionnelle du héros, dans l'humour du ton et dans cette foule de personnages, pleins de pittoresque et de relief, qui apparaissent, disparaissent et parfois reviennent encore au détour d'une séquence. C'est aussi un régal que d'observer les « découvertes » (photo ou maquettes de décor, ici en miniature) que le décorateur Ken Adam a placées derrière les fenêtres du Yard. Remplies de petits véhicules en mouvement, elles reflètent les variations de la lumière au long de la journée et sont avec celles de *La corde** d'Hitchcock parmi les plus minutieuses et les plus soignées de l'histoire du cinéma. Il faut bien sûr les voir en couleurs, ce qui n'est pas toujours facile, étant donné que le film a été distribué dans certains pays (notamment aux États-Unis) en noir et blanc. En France, il était sorti en couleurs.

## INSPECTEUR HARRY (L')
## (Dirty Harry)

1971 – USA (102') • *Prod.* Warner (Don Siegel) • *Réal.* DON SIEGEL • *Sc.* Harry Julian Fink, R.M. Fink, Dean Riesner d'ap. une histoire de Harry Julian Fink et R.M. Fink • *Phot.* Bruce Surtees (Technicolor, Panavision) • *Mus.* Lalo Schifrin • *Int.* Clint Eastwood (Harry Callahan), Harry Guardino (Bressler), Andy Robinson (le tueur), Reni Santoni (Chico Gonzales), John Vernon (le maire), John Larch (le chef de la police), Mae Mercer (Mrs. Russell).

Le film est dédié aux policiers de San Francisco morts en service commandé. Un tireur posté sur un toit abat une jeune fille dans une piscine. Il envoie un message à la municipalité, menaçant de tuer un habitant par jour jusqu'à ce qu'il ait reçu 100 000 dollars. Le message est signé Scorpio. Le lieutenant Bressler lui répond par le texte d'une petite annonce insérée dans un quotidien et l'invite à la patience. Le tueur, un jeune psychopathe, est sur le point de tuer un Noir quand un des hélicoptères surveillant les toits de la ville le repère et le prend en chasse. Mais il a le temps de fuir. La deuxième victime sera un jeune Noir de dix ans. Un piège est tendu au tueur. Un seul toit est laissé sans surveillance apparente dans la ville. Mais là encore le tueur déjoue la ruse de la police et parvient à lui échapper. Ses exigences ont maintenant doublé. Il annonce qu'il a kidnappé une adolescente qui mourra à trois heures du matin, s'il n'a pas reçu l'argent. L'inspecteur Harry Callahan, surnommé « Dirty Harry », sera le livreur des billets. Ses plus récents exploits ont été d'abattre les auteurs d'un hold-up qu'il avait repérés durant son déjeuner et de ramener au sol un candidat au suicide installé au sommet d'un building. Son surnom a plusieurs explications dont la plus plausible à ses yeux vient du fait qu'on lui colle toujours les plus sales besognes. Le tueur va le balader à travers la ville, l'obligeant, pour s'assurer qu'il est seul, à téléphoner de différentes cabines dont il lui donne les adresses au fur et à mesure des appels. Mais Harry est relié par un micro à son co-équipier Chico Gonzales, un diplômé en sociologie. La rencontre a lieu dans un parc : le tueur assomme à moitié Harry qui aura également deux côtes cassées. Il s'empare du sac et tire sur Chico arrivé en renfort. Mais Harry a eu le temps de lui planter son couteau dans la jambe. Ayant obtenu un renseignement selon lequel le tueur vivrait dans un stade où il est veilleur de nuit, Harry visite son domicile puis le traque jusque sur la pelouse du stade où il réussit à le faire parler en lui écrasant sa jambe blessée. On peut ainsi retrouver le cadavre de la jeune fille kidnappée. Harry apprend avec stupéfaction que le tueur a été relâché. Ses aveux lui ont été extorqués par la torture, son fusil – principale pièce à conviction – a été saisi sans mandat de perquisition : on ne peut donc légalement l'inculper. Contrairement à la volonté de ses supérieurs et du maire, Harry continue à suivre le tueur. Celui-ci donnera deux cents dollars à un acolyte pour qu'il le tabasse. Il pourra ensuite accuser l'inspecteur de violences. Plus tard, il prend en otage un bus de ramassage scolaire et compte par ce moyen continuer son chantage sur la ville. Passant outre aux ordres de ses chefs, Harry se lance à la poursuite du tueur et saute d'un pont sur le toit du bus. Il tire sur le tueur qui s'abritait derrière un gosse et l'abat. Puis il jette à l'eau son insigne de policier.

☞ Dans les années 70, le cinéma policier américain s'est développé selon trois directions principales : bilan négatif et pessimiste de l'action policière à laquelle le formalisme de la Loi (qui n'est plus respectée par personne) retire tout contenu : *The New Centurions** de Richard Fleischer (1972) ; prise en main de cette loi par un policier individualiste et en conflit avec les chefs, passant outre à ce formalisme – selon lui toujours favorable aux coupables – et s'érigeant en rénovateur de la loi : *Dirty Harry* ; prise en main par le simple citoyen de sa propre sécurité : *Death Wish* (Michael Winner, 1974), film qui donna naissance au nouveau courant des films d'auto-défense. Ces trois types de films ont permis au genre policier, quinze ans après la disparition du *film noir*, de renaître de ses cendres et de passionner le public par une description saisissante et actuelle de la réalité sociale du monde urbain contemporain. Le droit, la morale, la justice et même le bon sens y sont constamment bafoués. Tous ces films s'accordent là-dessus et seul leur ton change : superficiel et assez complaisant chez Winner, dynamique et tendu chez Siegel, lucide jusqu'au désespoir chez Fleischer. *Dirty Harry* est un film important à plus d'un titre : il crée un personnage qui reviendra dans une série de films (*Magnum Force*, Ted Post, 1973, *The Enforcer*, James Fargo, 1976, *Sudden Impact*, Clint Eastwood, 1983, *The Dead Pool*, Buddy Van Horn, 1988), personnage assez rigide pour impressionner le grand public et assez complexe pour nourrir le contenu des récits ; il influencera notablement l'œuvre de Clint Eastwood qui, en tant que réalisateur de films policiers, peut être considéré comme un continuateur de Don Siegel. Le personnage de Harry n'est pas plus un héros qu'un anti-héros. Il reflète par ses contradictions l'ambiguïté de son rôle et de ses conditions de travail. En mettant le plus souvent son expérience et son courage au-desssus du respect de la hiérarchie policière et de l'obéissance aux lois, il oblige constamment le spectateur à se demander s'il est pour ou contre lui et à envisager ce qui se passerait si le policier agissait autrement. Par ses transgressions permanentes, le personnage de Callahan engendre une réflexion sur le « law and order » dans la cité contemporaine. Formellement, l'art de Siegel tend de plus en plus vers le baroque par sa volonté d'intégrer, d'enserrer la totalité de la ville, entre ciel et terre, dans la continuité du récit. Une caméra baladeuse appréhende souvent l'espace à vol d'oiseau (et ce n'est pas seulement parce que les péripéties du scénario l'y obligent). Elle utilise le Cinémascope pour augmenter à l'infini la mobilité du cadre et la portion de réel captée dans ce cadre. Elle semble prise de délire quand le personnage s'aventure bien au-delà des règles permises et franchit outrageusement les limites de son rôle de justicier : ainsi le gigantesque travelling-arrière en hélicoptère dans la séquence où Harry torture le tueur sur la pelouse du stade. On notera la liberté et la virtuosité de la construction du récit. Elles firent école. En marge de la tension de l'enquête principale, Siegel relate d'autres aventures très violentes ou parfois comiques de son personnage et donne au film l'allure d'une sorte de journal de bord d'un policier en exercice.

## INTENDANT SANSHO (L')
**(Sansho dayu)**

1954 – Japon (124') • *Prod.* Daiei (Masaichi Nagata) • *Réal.* KENJI MIZOGUCHI • *Sc.* Yoshikata Yoda, Yahiro Fuji d'ap. R. de Ogai Mori • *Phot.* Kazuo Miyagawa • *Mus.* Fumio Hayasaka • *Int.* Kinuyo Tanaka (Tamaki), Yoshiaki Hanayagi (Zushio), Kyoko Kagawa (Anju), Eitaro Shindo (l'intendant Sansho), Ichiro Sugai (Nio, ministre de la Justice), Bontaro Myake (Kichiji), Yoko Kosono (Kohagi), Kikue Mori (Miko), Ken Mitsuda (Morosane Fujiwara), Masao Shimizu (Masauji Taira, le père), Ryosuke Kagawa (Ritsushi Ummo), Akitake Kono (Taro, fils de Sansho), Masahiko Kato (Zushio enfant), Keiko Enami (Anju enfant).

Le Japon au XI^e siècle. Une femme, Tamaki, traverse la forêt avec son fils de treize ans, Zushio, sa fille de huit ans, Anju, et une servante. Six ans auparavant, son mari, gouverneur de la province de Putsu, a été exilé pour avoir pris le parti des paysans dont on exigeait un trop lourd tribut. Avant de partir, il a demandé à son fils de ne jamais oublier ses paroles : « Un homme fermé à la pitié n'est pas humain. Sois dur pour toi-même et généreux pour les autres. Tous sont égaux et ont droit au bonheur. » Tamaki a vécu six ans avec ses parents, puis ils sont morts et son frère l'a chassée. Au cours de son périple avec ses enfants, elle sera capturée par des marchands d'esclaves qui la vendront comme courtisane dans la lointaine île de Sado. Zushio et Anju sont vendus comme esclaves à l'intendant Sansho qui gère, dans la province de Tango, un domaine appartenant au ministre de la Justice. Ses méthodes sont féroces et impitoyables. Ses esclaves travaillent comme des bêtes et ceux qui tentent de fuir, hommes ou femmes, jeunes ou vieillards, sont marqués sur le front au fer rouge. Les deux enfants ne trouvent de compassion à leur égard que chez Taro, le propre fils de Sansho, qui réprouve les méthodes de son père. Dix ans ont passé. Zushio s'est endurci et Anju, qui est restée la même, lui reproche sa cruauté. Elle apprend d'une esclave récemment arrivée que, sur l'île de Sado, se trouve une courtisane, surnommée La Dame, qui chante perpétuellement une complainte où reviennent deux noms, Zushio et Anju. Zushio se décide alors à fuir avec sa sœur. Celle-ci lui conseille de partir seul. Pour ne pas risquer de parler sous la torture, elle se noie après son départ. Après s'être réfugié et caché dans un temple où il a bénéficié de la protection de Taro, devenu prêtre loin de son père, Zushio se rend à Kyoto et réclame un entretien au Premier ministre. Il est d'abord emprisonné pour son audace puis finit par être reçu. Le ministre récemment nommé regrette le sort injuste réservé à son père mais ne peut le réhabiliter puisqu'il est mort au printemps dernier. Il nomme Zushio gouverneur de la province de Tango. Contrairement aux avis de son entourage, Zushio édicte une loi interdisant l'esclavage. Il fait arrêter puis exiler Sansho dont il libère les esclaves. Il apprend d'eux la mort de sa sœur. Ayant accompli ce qu'il considérait comme un devoir sacré, il démissionne de son poste de gouverneur. Il part à la recherche de sa mère. Sur l'île de Sado, il la retrouve dans un village presque entièrement détruit par un raz-de-marée. Elle est aveugle et ne le reconnaîtra comme son fils que lorsqu'il lui aura donné la statuette du dieu de Miséricorde que son père lui avait remise en le quittant. Elle demande à Zushio des nouvelles de son père et de sa sœur. « Il n'y a plus que nous deux », répond-il.

☞ Un des chefs-d'œuvre capitaux de la dernière période de Mizoguchi.

D'une façon minoritaire dans son œuvre, c'est ici, par son sujet et ses personnages, un film plus masculin que féminin ; et l'oppression qu'il dépeint touche autant les hommes que les femmes, les enfants que les adultes. A travers les malheurs de Tamaki, de Zushio et d'Anju, Mizoguchi a voulu décrire l'aube des valeurs morales à une époque où elles ne sont pas encore des valeurs objectives mais seulement le parti pris de quelques-uns (ex. le père de Zushio). Comme dans ses autres films, la splendeur plastique de chaque plan aide Mizoguchi, tout autant que le scénario ou le jeu des acteurs, à donner à l'histoire racontée l'intensité et l'universalité qu'il recherche. Brusques, mouvementés, presque chaotiques dans les premières séquences (qui contiennent de brefs flash-backs, rarissimes chez l'auteur), le découpage et le style de Mizoguchi s'apaisent peu à peu et reconquièrent cette sérénité géniale qui leur est caractéristique, à mesure que le héros (Zushio) fait l'expérience de la cruauté du monde et du système politique qui la perpétue, à mesure aussi qu'il réfléchit sur elle et passe de la passivité à la combativité. La dernière scène (retrouvailles de la mère avec son fils) est l'une des plus belles de l'œuvre de Mizoguchi par son aptitude à tirer une émotion bouleversante de la parfaite sérénité du style, qui semble réconcilié avec l'univers entier.

BIBLIO. : scénario et dialogues *in* « L'Avant-Scène » nº 227 (1979).

## INTOLÉRANCE (id.)

1916 – USA (14 bob.) • *Prod.* The Triangle Film Corporation - Wark Producing Corporation • *Réal.* DAVID WARK GRIFFITH • *Sc.* D.W. Griffith • *Phot.* Billy Bitzer • *Déc.* Franck Huck Workman • *Int.* Lillian Gish (la femme au berceau). *Épisode moderne :* Mae Marsh (la Bien-aimée), Fred Turner (son père), Robert Harron (le jeune homme), Sam de Grasse (Arthur Jenkins), Vera Lewis (Mary T. Jenkins), Mary Alden, Pearl Elmore, Lucille Brown, Luray Huntley, Mrs. Arthur MacKley (les Réformatrices), Miriam Cooper (la Délaissée), Walter Long (le Mousquetaire des Taudis), Tom Wilson (le policier). *Épisode judéen :* Howard Gaye (Le Christ), Lillian Langdon (Marie), Olga Grey (Marie-Madeleine), Gunther von Ritzau, Erich von Stroheim (les Pharisiens), Bessie Love (la fiancée de Cana), George Walsh (le fiancé de Cana). *Épisode français :* Margery Wilson (Brown Eyes), Spottiswoode Aiken (son père), Eugène Pallette (Prosper Latour), Ruth Handforth (la mère de Brown Eyes), A.D. Sears (le mercenaire), Frank Bennett (Charles IX), Maxfield Stanley (le duc d'Anjou), Josephine Crowell (Catherine de Médicis), Georgia Pearce (= Constance Talmadge) (Marguerite de Valois), Joseph Henabery (Coligny), Morris Levy (le duc de Guise), Howard Gaye (le cardinal Lorraine). *Épisode babylonien :* Constance Talmadge (la Fille de la Montagne), Elmer Clifton (le Rhapsode), Alfred Paget (Balthazar), Seena Owen (Attanea, la Princesse Adorée), Carl Stockdale (le roi Nabonidus), Tully Marshall (le grand prêtre de Bel), George Seigmann (Cyrus), Elmo Lincoln (Gobyras, le Costaud), Mildred Harris, Pauline Starke, Winifred Westower (favorites du harem).

Rappelons que le film porte trois appellations en sous-titre : « Love's struggle through the ages », « A sun-play of the ages » et « A drama of comparisons ». ÉPISODE MODERNE : Aux États-Unis, en 1914, un jeune homme, sa bien-aimée et une femme délaissée par son amant s'installent aux environs d'une ville très pauvre après les événements sanglants qui se sont produits lors d'une grève à la fabrique d'Arthur Jenkins. Le jeune homme, maintenant marié à sa bien-aimée, abandonne son existence de hors-la-loi et rend son revolver à son ancien chef, le Mousquetaire des Taudis, qui va le faire tomber dans un piège. Quand le jeune homme sort de prison, le Mousquetaire, attiré par sa femme, se propose de l'aider à récupérer son enfant emmené par les Réformatrices, un groupe financé par Jenkins. Le Mousquetaire est tué par sa maîtresse qu'il avait abandonnée. Elle a utilisé le revolver du jeune homme. Il est arrêté et condamné à mort. Il échappera *in extremis* à la potence grâce aux aveux de la criminelle. ÉPISODE JUDÉEN : Les noces de Cana. Le châtiment de la femme adultère. La Crucifixion. ÉPISODE FRAN-

ÇAIS : Paris 1572. La catholique fanatique Catherine de Médicis persuade son fils Charles IX de signer l'acte qui ordonnera le massacre des protestants lors de la Saint-Barthélemy. « Brown Eyes » et son fiancé Prosper Latour périront durant le massacre. ÉPISODE BABYLONIEN : Les Babyloniens vivent dans l'opulence sous le règne du tolérant Nabonidus et de son fils Balthazar. Balthazar sauve la Fille de la Montagne puis l'envoie pour être vendue sur le marché au mariage, car elle a repoussé le Rhapsode félon. Le roi perse Cyrus assiège la ville mais est repoussé après un terrible combat. Les Perses cependant s'infiltrent dans la ville grâce au Rhapsode, lors des fêtes qui célèbrent la victoire. Malgré les avertissements de la Fille de la Montagne, la ville est mise à sac et ses habitants massacrés (traduit de la fiche de John Pym parue dans « Monthly Film Bulletin », mai 1979).

☞ Avant d'entreprendre *Naissance d'une nation**, Griffith avait terminé un mélodrame intitulé *The Mother and the Law* basé sur le massacre de Ludlow, au Colorado, où plusieurs dizaines de grévistes d'une mine Rockfeller trouvèrent la mort. Le film présente aussi une ressemblance – mais ce n'est qu'une coïncidence – avec l'affaire Stielow (un condamné à mort avait été sauvé au dernier moment de la chaise électrique par les aveux du coupable) qui défraya la chronique à l'époque de la sortie du film. Le succès colossal de *Naissance d'une nation** ainsi que certaines critiques que Griffith avait dû personnellement supporter (ne l'avait-on pas accusé de racisme ?) décuplèrent ses ambitions et le poussèrent à imaginer, à partir du noyau de *The Mother and the Law*, un film dont le gigantisme et le message à portée universelle imposeraient silence à tous. Il était décidé à enrichir le mélodrame contemporain par trois évocations, trois métaphores historiques (La Chute de Babylone, la Crucifixion du Christ, la Saint-Barthélemy) qui donneraient à l'ensemble une ampleur spatio-temporelle jamais vue. Le tournage allait durer 16 semaines et coûter 400 000 dollars (chiffre énorme pour l'époque que les échotiers puis les historiens multiplièrent généreusement par cinq). Des décors gigantesques furent construits et, pour les scènes se déroulant dans le décor du palais de Babylone (45 m de hauteur), Huck Workman, le décorateur principal, fabriqua un chariot de travelling géant, haut lui aussi de 45 m et « dont la plate-forme au sommet, écrit l'opérateur Billy Bitzer (voir Biblio.), mesurait près de deux mètres de côté, et qui ne faisait pas loin de 20 m de largeur à la base. La tour était montée sur six jeux de bogies à quatre roues empruntées à des wagons de chemin de fer, et il y avait un ascenseur au milieu. Le chariot se déplaçait sur des rails posés suffisamment loin et offrant assez de recul pour que la camera englobe l'ensemble du décor sur lequel étaient rassemblés 5 000 figurants, et notamment les personnages plantés tout autour des immenses murailles du palais. Cette gigantesque tour à roulettes avançait et reculait sur des rails, poussée en douceur par 25 manœuvres. Une autre équipe assurait le fonctionnement de l'ascenseur, qui devait descendre sans à-coups tandis que le chariot allait de l'avant ». Les plans filmés avec cet appareillage furent les plus spectaculaires du film. A noter que, de même que Griffith travaillait sans scénario, les décors bâtis pour le film le furent sans plan d'ensemble préalable. Ils grandirent au gré des idées et des innovations quotidiennes du réalisateur. Le métrage de pellicule impressionnée pendant la totalité de tournage équivalait à 76 heures de projection mais le film à sa sortie comportait 14 bobines (13 500 pieds), soit environ 3 heures de projection. Le succès, tant en Amérique qu'à l'étranger, fut loin d'être à la hauteur des espérances et surtout des sommes investies. Le film perdit l'équivalent de la moitié de son budget et laissa Griffith endetté pour longtemps. Pour récupérer un peu d'argent, il remonta et sortit séparément en 1919 l'épisode moderne sous son titre initial, *The Mother and the Law*, et l'épisode babylonien sous le titre *The Fall of Babylon*. L'insuccès du film sonna le glas de la Triangle qui avait participé à sa production. Elle fut dissoute en 1918 après trois ans d'existence. (L'année suivante,

Griffith devait fonder avec Douglas Fairbanks, Mary Pickford et Chaplin Les Artistes Associés qui, eux-mêmes, disparaîtraient une soixantaine d'années plus tard avec un autre désastre, *Heaven's Gate* de Michael Cimino.) Au fil des années, les historiens restèrent très divisés quant aux mérites de l'œuvre. Divisés non pas en laudateurs et détracteurs – personne ne niant l'envergure unique de l'entreprise – mais divisés à l'intérieur d'eux-mêmes et par rapport aux éloges et aux reproches que chacun adresse au film. Tout en l'admirant, Delluc parle de « tohu-bohu inexplicable », Mitry de « monument bâti sur du sable ». Sadoul critique « l'idéologie fumeuse du grand homme, son absence totale du sens du ridicule, son pédantisme d'autodidacte », etc. Il tourne en dérision les appellations données aux personnages non sans commettre en les mentionnant un assez monumental contresens (The Dear One devient La Chérie numéro un, The Friendless One, La Délaissée numéro un). Hormis quelques inconditionnels comme Claude Beylie (cf. « Écran », février 1973) qui estime que la seule façon d'entrevoir l'unité du film est de l'assimiler à un poème de Whitman (qui inspira d'ailleurs le leitmotiv visuel de la femme au berceau), ce sont avant tout les théoriciens que le film enchante, et notamment ceux qui se plaisent à analyser les originalités, les exceptions, les grands naufrages de l'histoire du cinéma pour essayer, à travers eux, de deviner ce qu'*aurait pu* être le cinéma s'il avait pris d'autres voies. Pour ceux-là, *Intolérance* est évidemment le film idéal puisqu'il représente la plus fabuleuse impasse du cinéma, celle dans laquelle, guidé par sa vitalité instinctive, le cinéma s'est bien gardé de s'engager. Ayant indiqué un nouveau chemin aux cinéastes du monde entier, *Intolérance* ne fut suivi ou imité par aucun (sauf peut-être par Keaton dans *Les trois âges*, mais à titre parodique !) Même les formalistes russes, sur lesquels le film eut le plus d'influence, ne s'aventurèrent à notre connaissance dans aucune entreprise analogue. Pierre Baudry a bien résumé (*in* « Les Aventures de l'Idée », voir Biblio.) en quoi consiste l'unicité du film : « Ce qui fait problème ici, c'est avant tout que, contrairement à la presque totalité des films de l'histoire du cinéma, le principe d'organisation d'*Intolérance* s'établisse sur un matériel fictionnel délibérément hétérogène. [...] Que des groupes de personnages et des situations n'ayant *dans la réalité*, rien de commun se trouvent réunis dans le même espace (l'écran de la projection), tel est le scandale d'*Intolérance*. [...] Le film de D.W.G. est le lieu d'une *tension* entre l'hétérogénéité de son matériel fictionnel et la rationalité qui fonde celui-ci, et l'unifie. » Tout amateur de cinéma (j'entends du cinéma *tel qu'il est* et a été dans ses œuvres les plus durables) voit bien que cette tension, si elle était devenue la loi commune, aurait sans doute provoqué la mort de cet art si fragile et si menacé – en tant qu'art justement – à chaque étape de son développement. Le cinéma a compris qu'en deux, trois ou même quatre heures de projection, il lui était impossible d'évoquer, de comprendre et de faire comprendre, encore moins de relier à un propos individuel et particulier, des événements historiques et politiques distincts, infiniment complexes et situés de surcroît à des époques différentes. Il a compris que sa vocation était d'être un microscope servant à scruter de petits territoires, parfois des territoires plus vastes, mais alors strictement limités dans leur cadre et leurs perspectives (voir à cet égard l'admirable rigueur d'un film comme le premier *Dix Commandements* de DeMille qui repose lui aussi sur une métaphore entre différentes époques). Plus près de la nouvelle que du roman ou de la fresque, plus près de la pièce en un acte que de la tragédie en cinq actes, le cinéma a décelé très tôt dans son histoire que sa grandeur tenait dans sa modestie et son intensité dans sa minutie. Il a senti que l'Idée devait s'effacer devant l'analyse et l'exposé des faits et que seul cet effacement pourrait, à la fin, servir l'Idée. A l'opposé, Griffith veut que l'Idée place sous son joug les faits, les personnages et les époques. Il tient pour assuré que la métaphore est en elle-même plus importante que les éléments qu'elle met en relation. Mais l'Idée, quand elle devient aussi dominatrice, se réduit, au cinéma, à n'être plus, comme ici, qu'un vague truisme sentimental – à vrai dire toujours utile à répéter – qu'un cri, qu'un tract appellant en l'occurence à s'élever contre toutes les formes de puritanisme, d'intolérance, d'injustice, d'intégrisme. Quant aux faits, aux événements représentés sur l'écran, ils deviennent de pures illustrations, monolithiques et dévitalisées, de l'Idée. L'originalité d'*Intolérance* est donc avant tout formelle. Mais, même sur ce plan, elle reste limitée à un niveau bien particulier. Elle ne se situe pas, par exemple, dans le style respectif des différents épisodes. Il est significatif à cet égard que les historiens anciens (ex. Sadoul) et les théoriciens modernes (ex. Pierre Baudry) s'accordent totalement – une telle identité de vues est rarissime – pour désigner les différents emprunts stylistiques (tour à tour reconnus et niés par Griffith lui-même) qui déterminent la spécificité formelle de chacune des histoires. L'épisode du Christ évoque les *Passion* produites par Pathé et tournées autour de 1900 (notamment celle de Zecca et Nonguet, 1902), tableaux vivants à caractère édifiant. L'épisode de la Saint-Barthélemy se réfère aux Films d'Art et notamment au célèbre *Assassinat du duc de Guise* de Le Bargy et Calmettes (1908) auquel il emprunte cette théâtralité solennelle et rigide qui impressionna tant les cinéastes dans le monde entier, et en particulier Dreyer. *The Fall of Babylon* est clairement inspirée des premiers peplums italiens, *Quo vadis* de Guazzoni (1912) et *Cabiria** de Pastrone (1914) que Griffith rêvait d'égaler. Quant à l'épisode moderne, c'est un mélodrame dans la lignée des nombreux courts métrages tournés par Griffith à la Biograph, auquel est donné un accent social plus prononcé. L'originalité essentielle d'*Intolérance* tient évidemment dans l'entrelacement de ses quatres épisodes. Celui-ci représente le produit d'innombrables audaces et innovations du montage et obéit à un principe d'accélération constante. Les morceaux de chacun des épisodes deviennent, à mesure que le film progresse, de plus en plus courts. Cette accélération intensifie, sur le plan dynamique, le contenu dramatique de chaque histoire. Griffith donne ainsi au suspense (qu'il n'a pas inventé car il se confond avec les origines mêmes du cinéma) ses lettres de noblesse ainsi qu'une envergure inouïe, brassant les époques et les continents. Après Griffith, cette leçon fut entendue mais ramenée à des proportions plus modestes. A noter toutefois que ce suspense fonctionne beaucoup mieux sur un plan mécanique et épique que lyrique et émotionnel, Griffith n'ayant pas, à l'opposé de DeMille, le don de faire valoir l'un par l'autre le grandiose et le touchant, le monumental et le familier. Vu aujourd'hui, *Intolérance* apparaît comme la pièce de musée par excellence, dont la construction savante et complexe est disséquée, autopsiée avec passion par les théoriciens. Mais, dans le devenir esthétique du cinéma, le film se tient largement à l'écart des forces vives qui ont permis à cet art de durer et de marquer son territoire.

N.B. Il existe presque autant de montages que de copies d'*Intolérance.* Dès 1919, on ne disposait plus du négatif original intégral. Griffith remania constamment son film, notamment pour les ressorties de 1926 et 1933. La dernière copie en date, due à Raymond Rohauer, fut présentée à Nanterre en 1985. D'une bonne qualité, elle dure 151' à 20 images seconde. La photo y est affectée d'une véritable orgie de « teintages », très à la mode en ce moment (il y en a parfois un par plan) qui empêche d'apprécier à sa juste valeur le travail de Billy Bitzer. Le film était, hélas, accompagné d'une musique exécrable d'Antoine Duhamel et Pierre Jansen exécutée par 80 musiciens.

BIBLIO. : Theodore Huff : « *Intolerance,* the Film of David Wark Griffith : Shot-by-Shot Analysis », New York, The Museum of Modern Art, 1966. « *Intolérance :* description plan par plan », par Pierre Baudry *in* « Cahiers du cinéma » n$^{os}$ 231, 232, 233, 234-235 (1971-1972). Le texte décrit 1 725 plans et comprend 330 intertitres. L'auteur s'est servi du livre de Huff et d'une copie 8 mm. Voir aussi Pierre Baudry : « Les Aventures de l'Idée » *in* « Cahiers du cinéma » n$^{os}$ 240 et 241 (1972) et le volume collectif « D.W. Griffith » dirigé par Patrick Brion,

Centre Georges Pompidou / L'Équerre, 1982. Il contient notamment la traduction de la partie du livre « Billy Bitzer : His Story », New York, Farrar, Strauss et Giroux, 1973, consacrée au tournage d'*Intolérance*. Billy Bitzer insiste sur l'habileté de Griffith à jouer sur les nerfs de ses interprètes. Selon les besoins du film, il suscite des idylles, sépare des couples, met en rivalité deux actrices pour un rôle, etc. Dernière en date des publications sur le film, l'ouvrage de William M. Drew : « D.W. Griffith's *Intolerance:* Its Genesis and Its Vision », McFarland, Jefferson, 1986.

## INVASION DES PROFANATEURS DE SÉPULTURES (L') (Invasion of the Body Snatchers)

1956 – USA (80') • *Prod.* Walter Wanger (distribué par Allied Artists) • *Réal.* DON SIEGEL • *Sc.* Daniel Mainwaring d'ap. le feuilleton de Jack Finney • *Phot.* Ellsworth Fredericks (Superscope) • *Mus.* Carmen Dragon • *Int.* Kevin MacCarthy (Dr Miles Bennell), Dana Wynter (Becky Driscoll), King Dovan (Jack Belicec), Carolyn Jones (Teddy Belicec), Larry Gates (Dr Daniel Kaufman), Ralph Dumke (le shérif), Jean Willes (assistante de Miles).

Venant d'être placé dans le service psychiatrique d'un hôpital, le Dr Miles Bennell clame avec violence qu'il n'est pas fou. Il raconte son histoire. De retour dans sa ville de Santa Mira, Californie, après avoir passé quelques semaines dans une convention, il observe plusieurs phénomènes étranges : un petit garçon paniqué se plaint que sa mère n'est plus sa mère ; une jeune femme, la cousine de Becky Driscoll (une amie d'enfance de Miles revenue dans la ville après une longue absence) affirme pareillement que son oncle ne lui paraît plus être véritablement son oncle. Quelque temps plus tard, l'enfant et la jeune femme diront que tout va bien. Divorcés tous les deux, Miles et Becky ont refait connaissance et sont tombés amoureux l'un de l'autre. Ils se rendent chez un ami, Jack Belicec, qui a appelé Miles d'urgence. Ils trouvent chez lui un étrange cadavre au visage inachevé quoiqu'il présente une certaine ressemblance avec Jack. Le « cadavre » n'a pas d'empreintes digitales. Plus tard, Miles trouve dans la cave de la maison du père de Becky un « double » inanimé de la jeune femme, qui lui ressemble trait pour trait. En présence de Becky, de Jack et de la femme de celui-ci, il découvre dans sa propre serre des cosses géantes d'où se dégagent des formes humaines dont une lui ressemble. Il la transperce avec une fourche. Il semble que la plupart des habitants de la ville ont été remplacés par des « doubles », nés de ces cosses répandues partout. Les lignes de téléphone sont bloquées et Miles envoie Jack prévenir les habitants de la ville voisine. Un garagiste place deux cosses dans la voiture de Miles qui les brûle aussitôt. Il se rend chez sa secrétaire et constate avec horreur que son double a préparé une cosse pour son bébé... Miles et Becky doivent admettre qu'ils sont sans doute les seuls habitants de la ville à avoir échappé à ce dédoublement. Ils prennent des pilules pour ne pas dormir. C'est en effet pendant leur sommeil que les doubles prennent la place des humains. Le lendemain matin, un samedi, une agitation anormale a lieu dans la ville : tous les habitants, réunis sur un terre-plein, attendent l'arrivée de trois camions chargés de cosses que chacun va aller répandre dans les alentours. Jack Belicec, au grand soulagement de Miles qui l'attendait, réapparaît. Il est accompagné du psychiatre Daniel Kaufman. Hélas, tous deux ont été « dédoublés ». Ils invitent Miles et Becky à ne plus lutter, à les rejoindre dans un monde où l'émotion, le désir, l'ambition, la foi n'existent plus. Des semences venues de l'espace, explique le psychiatre, ont donné naissance à ces cosses d'où sortent des formes susceptibles de se modeler à la ressemblance de n'importe quoi. Ce processus est la première étape d'une colonisation de la Terre. Miles réussit à endormir Jack et le psychiatre (ou plutôt leurs doubles) grâce à une piqûre d'anesthésique. Il fuit avec Becky. Toute la population de Santa Mira se lance à leurs trousses. Le couple se cache dans une grotte. Miles quitte un moment Becky, intrigué par le son d'une musique qui leur semble à tous deux merveilleusement humaine. En fait, elle provient des camions qui déchargent les cosses. Quand il revient auprès de Becky, Miles constate en l'embrassant qu'elle n'a pas pu résister au sommeil et que c'est maintenant son double parfaitement insensible qu'il a en face de lui. Elle lance ses frères de race sur sa trace. Miles parvient jusqu'à l'autoroute et, courant entre les voitures, essaie vainement de prévenir les automobilistes du danger effrayant qui les menace. « Ce sera bientôt votre tour », hurle-t-il. Le récit de Miles est terminé. Les docteurs qui l'ont écouté sont tout à fait sceptiques quant à la bonne santé mentale de Miles. Mais quand un infirmier arrive et décrit les étranges cosses qu'il a vues au cours d'un accident sur la route, un des docteurs décide d'appeler le FBI...

☞ *Invasion of the Body Snatchers,* le seul film de science-fiction de Don Siegel et son film préféré, a toujours bénéficié d'une flatteuse réputation qui l'a placé parmi les chefs-d'œuvre du genre durant les années 50. Réputation entièrement méritée, eu égard d'abord à l'originalité et à l'intelligence de son scénario. Choisi par Walter Wanger, l'un des producteurs hollywoodiens les plus novateurs, le feuilleton de Jack Finney, « The Body Snatchers » (autres titres : « Sleep No More » et « I Am a Pod »), a été adapté avec brio par Daniel Mainwaring (alias Geoffrey Homes), scénariste et écrivain de talent qui avait écrit *Out of the Past**, *The Lawless** et, pour Don Siegel, *The Big Steal* et *Baby Face Nelson**. Au-delà de certaines lacunes dans le détail de l'action, il faut souligner que la force de la progression dramatique et l'aspect humaniste de l'histoire sont les éléments que Mainwaring a surtout développés. Quant à Don Siegel, il a filmé son récit comme un thriller, avec de la vitesse (un tournage sans repentir de 15 jours), du rythme, du réalisme (utilisation systématique des extérieurs réels californiens), de la simplicité (très peu d'effets spéciaux) et beaucoup de tension. L'énergie et l'efficacité de sa mise en scène ont libéré toute la charge d'angoisse latente contenue dans les prémisses du récit et dans le récit lui-même. Mais si le film est resté aussi présent dans les mémoires, c'est surtout à cause de son caractère authentiquement et spontanément allégorique. Sans artifice ni pathos, l'invasion de ces « légumes cosmiques » contient une allégorie saisissante de toute entreprise de déshumanisation, qu'elle se situe à un niveau politique, moral ou tout simplement psychologique. Le message du film est, par nature, anti-totalitaire mais il s'en prend aussi, comme le soulignent les propos de Siegel lui-même, à cette sorte de cancérisation du monde et des individus provoquée par l'indifférence, la disparition de toute réaction émotive, l'absence de passion et de rage à défendre ses idées. En ce sens, *Invasion of the Body Snatchers* est toujours un film d'actualité.

N.B. Le prologue et l'épilogue à l'hôpital furent imposés à Siegel par le distributeur Allied Artists. Siegel souhaitait finir sur le cri de Kevin McCarthy : « You're next ». Remarquons cependant que sa mise en scène de la séquence finale qui se termine sur le visage angoissé, mais dans une certaine mesure soulagé, du héros est très belle. Collaboration (non créditée) de Sam Peckinpah au scénario ; il joue aussi un petit rôle dans le film. C'est lui qui dit, à propos du héros : « Laissez-le fuir. Ils ne le croiront jamais ». Remake homonyme (en fr. *L'invasion des profanateurs,* USA, 1978), talentueux mais un peu tape-à-l'œil, de Philip Kaufman (Siegel et Kevin McCarthy y figurent dans de petits rôles).

BIBLIO. : scénario et dialogues *in* « L'Avant-Scène » n° 231-232 (1979). Découpage (454 plans) publié par Al LaValley, Rutgers University Press, New Brunswick, New Jersey, 1989. Le volume contient un ensemble d'articles et d'interviews concernant Don Siegel et le film.

## INVRAISEMBLABLE VÉRITÉ (Beyond a Reasonable Doubt)

1956 – USA (80') • *Prod.* RKO (Bert E. Friedlob) • *Réal.* FRITZ LANG • *Sc.* Douglas Morrow • *Phot.* William Snyder (RKOscope) • *Mus.* Herschel Burke Gilbert • *Int.* Dana Andrews (Tom Garrett), Joan Fontaine (Susan Spencer), Sidney Blackmer (Austin Spencer), Philip Bourneuf (Thompson), Barbara Nichols (Sally), Shepperd Strudwick (Wilson), Arthur Franz (Hale), Edward Binns (lieutenant de police Kennedy), Robin Raymond (Terry), Dan Seymour (Greco).

⊖ Le directeur de journal Austin Spencer et le journaliste-romancier Tom Garrett, fiancé à Susan, la fille de Spencer, regrettent que la peine capitale ne soit abolie aux États-Unis que dans six États. Ils veulent accomplir une action d'éclat pour servir leur cause et aussi pour stopper la carrière du procureur Thompson qui utilise les condamnations qu'il obtient comme tremplin à ses ambitions politiques. Spencer pense qu'il faudrait amener un innocent à être condamné à mort afin de prouver l'inanité du châtiment suprême. Dans cette intention, Spencer convainc Tom d'être le cobaye de cette expérimentation. La police n'ayant trouvé aucune piste dans l'enquête sur le meurtre récent d'une danseuse de « burlesque », Spencer et Tom vont s'employer à semer sur les pas de la police différents indices de la « culpabilité » de Tom. Leur plan fonctionne à merveille. La police, le procureur Thompson et son assistant Hale, un amoureux éconduit de Susan, tombent dans le panneau. Tom est arrêté, jugé et en passe d'être condamné. Mais au moment où Spencer s'apprête à produire les preuves photographiques de la machination, il meurt dans un accident de voiture. Tom, du fond de sa prison, n'a plus aucun moyen de prouver son innocence. Poussé par Susan, Hale parvient à retrouver les débris calcinés des photos de Spencer après que Tom a été reconnu coupable. Mais ce n'est pas une preuve suffisante. Tom est transféré dans la section des condamnés à mort. Le successeur de Spencer à la tête du journal découvre alors dans les archives du patron une lettre destinée à Thompson où il explique tout ce qui s'est passé. Le gouverneur va signer le pardon de Tom. Mais ce dernier, lors d'une entrevue avec Susan venue lui annoncer la bonne nouvelle, mentionne le vrai nom de la danseuse assassinée, qu'il ne pourrait en aucun cas connaître s'il était vraiment innocent. Tom est contraint d'avouer à Susan qu'il avait été autrefois marié à la victime. Elle était réapparue dans sa vie alors qu'il croyait depuis longtemps qu'elle avait accompli les formalités de leur divorce pour lequel il lui avait donné beaucoup d'argent. Elle était un obstacle à son mariage avec Susan et à son ascension sociale. Le projet de Spencer avait donné à Tom l'idée de l'assassiner. Atterrée par ces révélations, Susan se laissera convaincre par Hale de dire la vérité au gouverneur. Au moment de signer le pardon, il renvoie Tom dans sa cellule.

☞ Dernier film américain de Fritz Lang. *Beyond a Reasonable Doubt*, ingénieusement titré *Invraisemblable vérité* par le distributeur français, provoqua, surtout chez les spectateurs qui le virent dans la continuité chronologique de l'œuvre de Fritz Lang, un choc, un ébranlement comme on n'en ressent que quelques-uns dans une vie de cinéphile. Après *La cinquième victime**, Lang avait donc trouvé le moyen d'accentuer encore l'abstraction de son style, d'universaliser et de radicaliser un peu plus son propos. Comme cela arrive souvent chez les grands réalisateurs hollywoodiens, le film se trouvait relié au précédent par des liens puissants, à la fois externes et internes. Lang travaillait pour le même producteur et pour la même firme. Les deux films se déroulaient dans des décors similaires et le personnage central interprété par Dana Andrews pouvait être aisément considéré comme identique dans les deux œuvres : ainsi *Beyond a Reasonable Doubt* continue logiquement *La cinquième victime**, mais avec un budget plus modeste, un nombre plus restreint de personnages, d'acteurs brillants, de décors et de lieux. Pour le reste, *Beyond* obéissait au principe secret qui régit la plupart des films de Lang, à savoir une antinomie essentielle entre la volonté d'épuration du style poussée ici à l'extrême et une extraordinaire profusion de péripéties, surprises, retournements en tous genres aux conséquences et aux prolongements incalculables. *Beyond* commence comme une étude sociale (sur le sujet controversé de la peine de mort) et progresse à la vitesse de l'éclair et sans même qu'on s'en rende compte vers la fable philosophique et métaphysique. Cette fable exprime, par une série de détours labyrinthiques et enveloppants, l'universelle culpabilité de l'homme et cherche à rendre évidente, avec une rigueur impitoyable, l'appartenance de tous les personnages à cette race maudite qu'est pour Lang la race humaine. Protagonistes et comparses sont présentés ici dans un luxe incroyable d'arrière-pensées, de gestes, d'attitudes et de comportements troubles qui suscitent peu à peu chez le spectateur une méfiance, une inquiétude, une perplexité extrêmes. Elles sont loin de s'épuiser avec l'apparition du mot « fin » sur l'écran. Cependant le plus stupéfiant paradoxe du film est ailleurs : il tient dans le fait que ces personnages et plus spécialement le héros (Dana Andrews) appellent de la part de leur créateur (Lang) un regard où le mépris le plus absolu et une compassion d'ordre tragique coexistent, coïncident absolument. A cet égard, il est nécessaire de rappeler que *Beyond* se range parmi ces films dont l'ultime retournement, venant après beaucoup d'autres, exige qu'on le voie au moins deux fois, la deuxième vision étant pour ainsi dire partie intégrante de la première. C'est lors de cette deuxième vision que Dana Andrews, dans les plans qui par exemple le montrent accablé dans sa cellule après la révélation de la mort du patron du journal, apparaît comme le parfait et impersonnel héros tragique que Lang a toujours cherché à représenter. A la première vision, il porte le poids de son innocence non reconnue ; à la deuxième vision, il porte le poids de sa culpabilité inévitable, et c'est un poids encore plus lourd. Dans un univers révélé sans innocent, le coupable, qui ne peut donc échapper à sa condition, apparaît soudain comme la victime d'une sorte de malédiction tragique et universelle. A cause de cela, le spectateur, l'ayant jugé, ne peut plus le condamner sans reconnaître en lui, que cela lui plaise ou non, un frère de race. La peine de mort devient le châtiment métaphysique, inévitablement juste et injuste, promis à chaque être vivant. Les derniers retournements (Garrett croyant échapper à la mort par la découverte posthume d'une lettre de Spencer puis reperdant ses chances de survivre par sa bévue et par l'aveu et la « trahison » de sa fiancée) sont pour lui autant de supplices ajoutés à sa condamnation. Toute l'action du film se déroule dans des décors volontairement neutres (il y a du génie dans cette neutralité) qui non seulement expriment avec une précision implacable les différentes atmosphères des lieux représentés, mais mettent en valeur avec un relief inouï les moindres gestes des protagonistes. Voir par exemple la stylisation de la vulgarité cupide de Barbara Nichols, de la violence contenue de Dan Seymour ou du comportement à demi frigide de Joan Fontaine. Lang en est arrivé à ce point de maîtrise où la description de chaque personnage, l'évolution globale de l'intrigue mais aussi un très grand nombre de plans isolés contiennent intégralement son propos. Ainsi ce plan où Joan Fontaine examine les photos calcinées devant un décor de façade grisâtre percée d'orifices plus sombres (les fenêtres de l'immeuble d'en face) qui ressemblent aux débris qu'elle regarde. On est ici plongé dans un univers à la *Metropolis**, mais normalisé, banalisé et néanmoins complètement asphyxié. Cet univers ne possède même plus cette monstruosité spectaculaire et scandaleuse qui pourrait nous avertir de son horreur, tant le décor et l'action qui s'y passe se sont intégrés parfaitement l'un à l'autre. Il s'agit d'un monde en ruine dont on a même oublié qu'il est en ruine.

N.B. Sur la question du format voir la notice de *La cinquième victime**. Pour ces deux films, les copies en Cinémascope sont devenues très rares. Rappelons que c'est à la suite des conflits qu'il a connus avec Bert Friedlob (à propos notamment de séquences jugées trop dures) que Lang décida de renoncer à travailler à Hollywood. Grande ressemblance de scénario (à part le retournement final) entre ce film et *The Man Who Dared*, 1946, de John Sturges, film au demeurant très moyen. Le générique mentionne à la rubrique scénario les noms de Edward Bock et Malcom Boylan travaillant sur une histoire de Maxwell Shane et Alex Gottlieb. L'intrigue des deux films (tout à fait anodins) tirés par Maurice de

Canonge du roman « L'épouvantail » de Maurice Level, *A minuit, le 7* (1936) et *Dernière heure, édition spéciale* (1949) présente également quelques analogies avec celle du film de Lang.

BIBLIO. : comme ce fut le cas à propos de la plupart des œuvres de Lang dans les années 50, la presse se montra particulièrement incompréhensive et indifférente à l'égard du film. Une exception notoire fut la remarquable critique de Jacques Rivette dans « Les Cahiers du cinéma » nº 76 (1957).

## IVANHOÉ
### (Ivanhoe)

1952 – USA (106') • *Prod.* MGM (Pandro S. Berman) • *Réal.* RICHARD THORPE • *Sc.* Noël Langley, Aeneas MacKenzie d'ap. R. de Sir Walter Scott • *Phot.* F.A. Young (Technicolor) • *Mus.* Miklos Rozsa • *Int.* Robert Taylor (Ivanhoé), Elizabeth Taylor (Rebecca), Joan Fontaine (Rowena), George Sanders (Brian de Bois-Guilbert), Emlyn Williams (Wamba), Robert Douglas (Sir Hugh de Bracy), Finlay Currie (Cedric), Felix Aylmer (Isaac), Guy Rolfe (Jean sans Terre), Francis de Wolff (Font de Bœuf), Norman Wooland (Richard), Harold Warrender (Locksley).

Après la fin de la Troisième Croisade, le Saxon Wilfred d'Ivanhoé reste persuadé que Richard Cœur de Lion est encore vivant. Il part à sa recherche et apprend par un message du roi lui-même qu'il est prisonnier de Léopold d'Autriche. Le frère félon de Richard, Jean sans Terre, un Normand qui opprime les Saxons, occupe présentement le trône d'Angleterre et a refusé de verser la rançon réclamée par Léopold afin de pouvoir rester à la tête du royaume. Ivanhoé retourne chez son père Cedric qui s'était brouillé avec lui quand il avait décidé de suivre Richard à la croisade. Ivanhoé retrouve sa fiancée Rowena, la pupille de son père, qui pleure de joie en le voyant. Mais il ne réussit pas à se réconcilier avec son père. Il sauve le Juif Isaac des griffes des brigands et le ramène sain et sauf chez lui. Isaac promet d'essayer de réunir la rançon pour la libération de Richard qui a toujours protégé les Juifs. Rebecca, la fille d'Isaac, offre ses bijoux à Ivanhoé afin qu'il s'achète une armure et combatte au tournoi d'Ashby. Vêtu de noir et tenant son identité secrète, Ivanhoé vainc quatre seigneurs normands défendant les couleurs de Jean. Mais il est blessé par le cinquième, le chevalier de Bois-Guilbert. Rowena et Rebecca se retrouvent toutes deux au chevet d'Ivanhoé. Rebecca, savante en médecine, promet de le guérir. Alors qu'Ivanhoé est encore inconscient, elle lui avoue son amour. Bois-Guilbert kidnappe Cedric, Rowena et Rebecca. Ivanhoé se rend à lui, dans son château de Torquilstone, afin que son père soit libéré. Il se réconcilie à cette occasion avec lui. Mais Bois-Guilbert rompt son serment, garde Ivanhoé et ne relâche aucun de ses prisonniers. Les hommes du fameux Locksley (Robin des Bois), tous partisans du retour de Richard, assiègent le château et libèrent les prisonniers. Bois-Guilbert réussit à prendre la fuite en emmenant de force Rebecca dont il est amoureux. Mais il doit la remettre à Jean qui réclame alors aux Saxons une rançon égale à celle de Richard pour la libérer. Le vieil Isaac sait qu'il ne pourra réunir les deux rançons et choisit de sacrifier sa fille. Elle est jugée et reconnue coupable dans un procès de sorcellerie. Après le verdict, Ivanhoé demande le Jugement de Dieu et combat au fléau d'armes et à la hache contre Bois-Guilbert qui est mortellement blessé. Richard arrive avec ses troupes. Rebecca dit adieu à Ivanhoé dont le cœur est tout occupé de Rowena. Richard saura à nouveau rassembler le peuple d'Angleterre où Normands et Saxons cohabiteront en paix.

☞ Superproduction à succès, tournée par la MGM en Angleterre avec une troupe d'acteurs dont beaucoup sont anglais ou d'origine anglaise. Richard Thorpe, capable du pire et parfois du meilleur, met tout son talent d'imagier au service du célèbre roman historique de Walter Scott. Il réussit aussi bien les scènes spectaculaires que les scènes intimes et sentimentales qui, pour une fois, ne tombent jamais dans la convention ou la fadeur. Elizabeth Taylor, qui n'était pas encore une star, n'a jamais été aussi belle et touchante que dans le rôle de Rebecca, l'amoureuse délaissée d'Ivanhoé. Sur la lancée de ce film, la même équipe (Pandro S. Berman, Richard Thorpe, Robert Taylor) tournera à la Metro deux aventures médiévales moins réussies, *Les Chevaliers de la Table Ronde* (1954) et *Quentin Durward* (1955).

## IVAN LE TERRIBLE
**(Ivan Grozny)**

1945 (1re partie) – 1958 (2e partie) – URSS (100' + 89') • *Prod.* Mosfilm • *Réal.* SERGUEI MICHAILOVITCH EISENSTEIN • *Sc.* S.M. Eisenstein • *Phot.* Edouard Tissé (extérieurs), Andrei Moskvine (intérieurs) I : noir et blanc ; II : noir et blanc et Agfacolor • *Mus.* Serge Prokofiev • *Déc.* Isaac Chpinel (d'ap. croquis d'Eisenstein) • *Cost.* Leonid Naumova (id.) • *Int.* Nicolai Tcherkassov (Ivan le Terrible), Ludmila Tzelikovskaia (la tsarine Anastasia), Seraphina Birman (Euphrosinia Staritzkaia), Piotr (Pavel) Kadotchnikov (Vladimir Andreievi Staritzky), Mikhail Nazvanov (Andrei Kourbsky), Andrei Abrikossov (Fedor ou Philippe Kolytchev), Alexandre Mguebrov (Pimen), Mikhail Jarov (Maliouta Skouratov), Ambroise Boutchma (Alexei Basmanov), Mikhail Kousnetzov (Fedor Basmanov), Vladimir Balachov (Pierre ou Piotr Volynetz), Vsevolod Poudovkine (Nicolas, l'Illuminé), *et dans la deuxième partie* Erik Pyriev (le jeune Ivan), Pavel Massalsky (le roi Sigismond).

PREMIÈRE PARTIE : IVAN GROSNY. En 1547, dans la cathédrale Ouspensky à Moscou, Ivan Vassilievitch est couronné par Pimen, l'archevêque de Novgorod, tsar de Moscou et de toutes les Russies. Il déclare qu'il veut mettre fin aux abus des princes boyards. Il veut créer une armée permanente et régulière, financée par la noblesse mais aussi par les monastères. Avec cette armée, il compte reconquérir les terres russes tombées en des mains étrangères. Sa tante Euphrosinia, mère de son cousin Vladimir, est jalouse de le voir monter sur le trône à la place de son fils. Lors du festin de mariage d'Ivan, qui a épousé Anastasia, des troubles importants, fomentés par les boyards, se produisent. Les émeutiers envahissent le palais mais s'agenouillent quand ils voient le tsar. Ils demandent justice contre la famille de la tsarine. Ivan confirme sa volonté d'écraser les boyards. La ville de Kazan déclare la guerre à Moscou. Ivan ordonne que l'armée marche sur Kazan. La foule est en liesse. Du haut du campement, Ivan contemple ses armées. Chaque soldat met une pièce sur un plateau ; les pièces non réclamées après la bataille indiqueront le nombre des morts. Des poudrières font sauter les murs de la ville. Après la victoire, le tsar, malade, doit s'aliter. Sa tante déclare qu'il s'agit là d'un châtiment divin. Elle s'emploie à exciter la jalousie du prince Andrei Kourbsky en soulignant qu'il est le second partout. N'est-ce pas lui qui, à la tête des armées, a remporté cette victoire dont la gloire rejaillit sur le seul Ivan ? Elle pousse Kourbsky à prêter serment de fidélité à son fils Vladimir, un simple d'esprit. « Tu seras ainsi le maître absolu », lui dit-elle. Le tsar Ivan dit adieu au monde et abjure les princes de prêter serment à son fils Dimitri, âgé de six mois. Il supplie qu'on le fasse, non pour lui, mais pour l'unité de la Russie. Puis il s'abat sur son lit. Les boyards ont gardé le silence. Kourbsky regarde le tsar, apparemment mort. Il dit à Anastasia, qu'il a toujours aimée : « Ensemble, nous gouvernerons la Russie. » – « On n'enterre pas un homme avant sa mort », répond-elle. Quand il voit que le tsar respire encore, Kourbsky jure de servir Dimitri. Le tsar se relève et, reconnaissant, lui donne le commandement de celles de ses troupes qui iront en Livonie. Les boyards complotent de plus belle autour d'Euphrosinia. Celle-ci veut séparer Ivan de sa femme afin de l'affaiblir psychologiquement. Le tsar envoie un émissaire auprès d'Elizabeth d'Angleterre, son alliée, dont il veut recevoir des armes. Il confesse à sa femme qu'il se sent terriblement seul. Kourbsky, qu'il croit son ami, est loin et il apprend que les boyards empêchent Alexei Basmanov, un soldat qu'il avait remarqué au siège de Kazan et à qui il avait ensuite confié une partie de ses armées, de défendre Riazan. Ivan menace de confisquer les fiefs héréditaires des boyards. « Tu vas trop loin ! » murmure Euphrosinia qui prépare à l'intention de la tsarine un breuvage empoisonné. Après la mort de son épouse, Ivan apprend la défaite ou la trahison des princes boyards. Kourbsky a fui. « Convoitait-il mon trône ? » se demande Ivan. Basmanov lui conseille de choisir des gens nouveaux, issus du peuple, qui constitueront autour de lui comme une ceinture de fer. On les appellera les Opritchnicks (= les en-dehors, c'est-à-dire en dehors de la noblesse). Mais Ivan n'a pas l'intention de reprendre le pouvoir en combattant. Contre l'avis de ses conseillers, il préfère attendre l'appel du peuple. Il abandonne le trône et invite ses partisans à le rejoindre dans le hameau d'Alexandrov. Bientôt une immense procession avance sur la neige jusqu'au hameau pour le supplier de rentrer à Moscou. Par ailleurs, Ivan sait maintenant que des bateaux anglais pleins d'armes sont arrivés sur la mer Blanche. Contemplant la foule qui s'agenouille, il dit : « Nous rentrons à Moscou pour travailler à l'avenir du grand État Russe. » DEUXIÈME PARTIE : LE COMPLOT DES BOYARDS. 1554, année où fut créé le corps des Opritchnicks et où Kourbsky trahit la Russie et rejoignit, après sa défaite en Livonie (aujourd'hui Lettonie et Estonie), le roi Sigismond en Pologne. Sigismond convoite la richesse russe et estime qu'il est de son intérêt de soutenir les boyards dans leur révolte contre Ivan. De retour à Moscou, Ivan insulte les boyards. Pourtant il est prêt à les laisser gouverner les terres russes. Il se réservera les villes frontières afin de veiller sur la sécurité de l'État. Son ami Fedor Kolytchev, qui lors de son mariage avec Anastasia lui avait annoncé sa décision de devenir moine, prétend que ces initiatives lui ont été dictées par le Diable. Auprès de lui, Ivan évoque son passé. *Premier flash-back :* enfant, il voit sa mère empoisonnée par les boyards. *Second flash-back :* deux boyards gouvernent en son nom, mais surtout au nom de leur intérêt personnel. Le jeune Ivan en fait arrêter un, le doyen des boyards, et déclare que désormais il gouvernera seul. *Retour au présent :* Ivan se plaint à Kolytchev de sa profonde solitude. Il lui propose de devenir métropolite de Moscou. Kolytchev accepte, à condition de pouvoir intercéder en faveur de ceux qu'Ivan veut faire condamner. Le fidèle Maliouta critique cette concession. Il s'offre à faire plier et à châtier tous les traîtres. Il donnera sa vie pour cette mission. Ivan lui caresse le front et l'embrasse. Évoquant le mort d'Anastasia avec Fedor, le fils d'Alexei Basmanov, Ivan découvre la culpabilité d'Euphrosinia. Mais il veut des preuves absolues. Maliouta condamne à mort deux parents de Kolytchev et exécute lui-même la sentence. Pimen demande au métropolite d'excommunier le star. Dès ce moment, les boyards vont s'allier au clergé contre Ivan. Le métropolite Kolytchev fait représenter à la cathédrale le Mystère des Trois Innocents, enfants brûlés par les Chaldéens et sauvés par un Ange. Ivan s'amuse de ce qu'Euphrosinia ait giflé les soldats de Maliouta. Il dit à Kolytchev qu'il veut continuer à la croire innocente. Kolytchev l'adjure de se soumettre à l'Église. « Je deviendrai, s'écrie Ivan, ce que vous me reprochez d'être : le Terrible. » Ayant appris que le métropolite allait passer en jugement, Euphrosinia décide d'agir et de faire assassiner le tsar. Pimen choisit le jeune Pierre Volynetz pour accomplir ce crime. Pimen explique à Euphrosinia que, doyen des juges du tribunal qui va juger Kolytchev, il pourrait le faire acquitter. Mais il préfère qu'il soit condamné et devienne ainsi un martyr : cela servira mieux leur cause. Euphrosinia chante auprès de son fils Vladimir qui ne comprend toujours pas pourquoi sa mère tient tant à le voir monter sur le trône. Tous deux sont invités à un festin donné par Ivan. Euphrosinia voit là un signe divin servant ses desseins et sa machination. Ayant reçu d'Ivan en cadeau une coupe de vin, elle s'aperçoit qu'elle est vide... (*Ici commencent 16' de métrage en couleurs*). Durant le festin, les Opritchnicks dansent et chantent des chansons hostiles aux boyards. Ivan et Vladimir boivent ensemble. Ivan se lamente comme toujours de sa solitude. Il défend à Basmanov de toucher à des membres de sa famille. Pour prouver au tsar qu'il est son ami, Vladimir, ivre, lui révèle ce qui se prépare contre lui. « Qu'ai-je à faire du trône ? » ajoute Vladimir. Ivan demande que Vladimir soit revêtu des vêtements royaux. Puis il le fait entrer dans la cathédrale. (*Fin des séquences en couleurs*). Vladimir est poignardé par Pierre. Croyant Ivan mort, Euphrosinia triomphe : « La Russie va resplendir sous le règne de Vladimir ! ». Elle voit alors apparaître Ivan, vêtu d'un froc noir. Hagarde, elle le touche puis se retourne vers son fils. Ivan fait relâcher Pierre qu'on venait d'arrêter. « Il n'a pas tué le tsar, dit Ivan, il a tué le bouffon ». Euphrosinia, devenue folle, chante auprès du cadavre de son fils. (*Retour des couleurs pour les deux dernières minutes du film*). Proclamation d'Ivan qui jure de protéger l'unité de la Russie.

☞ En 1940, Eisenstein songe à faire un film sur le tsar Ivan IV dont il termine le scénario au printemps 1941. La Mosfilm accepte le projet peu avant l'entrée en guerre de l'URSS contre l'Allemagne. Elle y voit une nouvelle occasion, après *Alexandre Nevski**, d'exalter le sentiment national. Le tournage commence le 1er février 1943 au studio d'Alma-Ata, la guerre empêchant qu'on tourne à Moscou. La deuxième partie sera filmée au studio Mosfilm entre septembre et décembre 1945 ; elle comprend des parties en couleurs réalisées à partir d'un stock de pellicule Agfa pris aux Allemands à la fin de la guerre. La première partie sort en janvier 1945 avec un grand succès et obtient le Prix Staline. Eisenstein termine le montage de la deuxième partie en février 1946. La maladie et les critiques officielles suscitées par cette deuxième partie l'empêcheront de tourner la troisième partie, pourtant minutieusement écrite et préparée. Rappelons que dans cette troisième partie (intitulée « Les combats d'Ivan ») Ivan, allié à l'Angleterre, devait affronter victorieusement les troupes livoniennes. Kourbsky mourait dans un château dont l'explosion avait été volontairement provoquée par l'un des siens pour lui éviter de tomber aux mains de l'ennemi. Maliouta mourait, lui aussi, dans cette explosion. Le film aurait dû se terminer par une proclamation d'Ivan affirmant que désormais les Russes demeureraient sur la Baltique. Tout à fait faux historiquement, ce troisième volet faisait bénéficier Ivan des victoires remportées plus tard par Pierre le Grand. En septembre 1946, le Comité central du PC soviétique condamne le travail d'Eisenstein en ces termes : « Le metteur en scène Serge Eisenstein, dans la seconde partie du film *Ivan le Terrible,* a révélé son ignorance des faits historiques en montrant la garde du corps progressiste d'Ivan le Terrible comme une bande de dégénérés, du genre Ku Klux Klan, et Ivan le Terrible lui-même, qui avait de la volonté et du caractère, comme faible et indécis, un peu à la manière d'Hamlet. » Pourtant le Conseil artistique du ministère de la Cinématographie apprécia le film, mais l'ultime et définitive condamnation vint du Kremlin. La deuxième partie ne sortit en Russie et dans le monde qu'en 1958. On vit dans cet Ivan, son ami Maliouta et les Opritchnicks une métaphore à peine voilée de Staline, de Beria et des hommes du KGB. Les reproches concrets adressés au film furent les suivants : absence du peuple dans la conduite du récit, importance primordiale donnée aux intrigues de cour, formalisme. Pour l'essentiel, il est impossible de nier que ces critiques concernent le fond du film et, s'il faut évidemment condamner la condamnation, on doit remarquer que celle-ci n'est pas basée – une fois n'est pas coutume – sur un malentendu. Dans les deux parties de l'œuvre, Eisenstein a délibérément sacrifié l'historique au poétique et au tragique. Son Ivan est un personnage shakespearien, envahi par le doute et l'incertitude, parfois même rongé par les remords, en lutte contre ses proches et contre lui-même beaucoup plus que contre l'étranger. Ses adversaires privilégiés sont la noblesse, les boyards, sa propre famille et ses amis ;

son combat restera individuel, solitaire, voire confiné, même si les enjeux en sont nationaux et immenses. Sauf dans la séquence du siège de Kazan, le peuple, les masses et donc l'épopée sont absents des deux parties du film. Le peuple n'intervient concrètement que dans la procession qui clôt la première partie : sa seule initiative consistera en une supplication visant à faire revenir Ivan à Moscou, exactement comme celui-ci l'avait prévu en se retirant provisoirement à Alexandrov. Vus par Eisenstein, la tragédie et le destin d'Ivan sont ceux d'un homme qui ne put devenir le héros épique qu'il aurait souhaité être, constamment empêché par ses proches de communiquer avec le peuple et de l'associer à ses luttes. A un autre niveau, le destin d'Eisenstein fut aussi de n'avoir pu être, faute d'être né à la bonne époque et au bon endroit, un poète élizabéthain, voire un cinéaste hollywoodien de la grande époque (une sorte de poète épique, à la manière de King Vidor par exemple). Les deux parties d'*Ivan,* et plus spécialement la deuxième, témoignent de l'ambition d'Eisenstein d'utiliser le cinéma comme art total ; mais la réalisation de cette ambition se trouve limitée par le caractère essentiellement théâtral de l'intrigue et du personnage central. Nul doute que la deuxième partie soit supérieure à la première : on peut aller jusqu'à dire qu'elle ne prolonge pas vraiment la première, mais qu'elle la *refait,* la répète en l'enrichissant et en lui conférant plus de densité. Le caractère tragique et quasi claustrophobique de la destinée d'Ivan y devient de plus en plus évident, cependant que l'apport de la couleur donne une dimension extraordinaire à la conception chère à Eisenstein du cinéma comme art total. *Ivan le Terrible* représente aussi le terme de l'évolution d'Eisenstein vers le formalisme en même temps que son éloignement maximum des masses en tant que sujet idéal d'une œuvre de fiction. Toutefois il serait complètement erroné de dire qu'*Ivan* constitue le triomphe de l'individu dans le cinéma d'Eisenstein. Cela reviendrait à oublier l'inaptitude totale du cinéaste à représenter l'individu dans son intimité et sa vérité concrète. Plus que des êtres de chair et de sang, les personnages des deux films sont des marionnettes hallucinées, ou des masques, qui tirent l'essentiel de leur force – qu'on peut juger outrageusement artificielle – de leur position à l'intérieur de la géométrie plastique des plans et du découpage. Sur le plan visuel, la métaphore des échecs vient immédiatement à l'esprit, les personnages et surtout les acteurs du film n'étant rien d'autre que des pièces manipulées d'en haut par le cinéaste-démiurge. C'est à ce niveau-là du film que s'opposeront toujours, en adversaires irréconciliables, les laudateurs du cinéaste et ses détracteurs, ceux-là à vrai dire peu nombreux, mais au cinéma la vérité est souvent du côté du petit nombre. L'un d'entre eux, Michel Mourlet, écrivait dans la NRF lors de la sortie du film en deux parties : « *Ivan le Terrible* se place à la croisée d'un art puéril, encore empêtré dans son ancien mutisme, et de la décadence crispée d'un esthète qui marie la naïveté des métaphores à la chinoise vacuité des formes. Une direction d'acteurs hiératique dans l'exacerbation orne l'espace de majuscules, mais on attend en vain le reste du mot. Il n'y a rien derrière l'agitation des surfaces, rien derrière ces lenteurs éperdues qu'une tentative manquée de grandeur, qu'une grenouille qui se boursoufle et n'éclate même pas. »

BIBLIO. : S.M. Eisenstein : « Izbrannie Proizvedenia v 6 tomakh », Izdatelstvo « Issousstvo », Moscou, 1971. Ce sixième volume des œuvres complètes d'Eisenstein contient les scénarios de tous ses films et notamment celui d'*Ivan le Terrible* rédigé sous une forme littéraire. Ce même scénario avait été publié une première fois en russe dans la revue « Novy Mir » (octobre-novembre 1943) puis en volume « Ivan Grozny », Goskinoizdat, Moscou 1943. Traduction anglaise « *Ivan the Terrible,* a Screenplay », Secker and Warburg, Londres, 1963. En français le scénario et les dialogues des trois parties ont été publiés par « L'Avant-Scène », nº 50-51 (1965) avec un dossier contenant notamment le récit rédigé par l'acteur Tcherkassov (très critique vis-à-vis d'Eisenstein) de sa rencontre avec Staline à propos du film. Ce scénario a été traduit en anglais et transformé en véritable découpage (808 plans pour la première partie et 728 pour la seconde) dans un volume de la collection « Classic Film Scripts », Simon and Schuster, New York, 1970.

## I WAS A TEENAGE FRANKENSTEIN

Inédit en France. 1957 – USA (74') • *Prod.* Santa Rosa Productions (Herman Cohen) distribué par American International • *Réal.* HERBERT L. STROCK • *Sc.* Aben Kandel • *Phot.* Lothrop Worth (avec la dernière minute en Pathé-color) • *Mus.* Paul Dunlap • *Int.* Whit Bissell (Pr Frankenstein), Gary Conway (la créature), Coates (Margaret Phillis), Robert Burton (Dr Carlton), George Lynn (le sergent Burns), John Cliff (le sergent McAfee), Marshall Bradfort (Dr Randolph).

De nos jours, le descendant du baron Frankenstein, chirurgien de son état, a été invité à donner une tournée de conférences scientifiques destinées à ses collègues à travers les États-Unis. Il affirme que toutes les greffes d'organes et de tissus sont possibles et praticables sur l'homme. Il provoque le scepticisme de ses auditeurs et leur annonce que bientôt il pourra fournir la preuve concrète du bien-fondé de ses théories. Avec l'aide d'un physicien électronicien, il s'empare du cadavre d'un jeune accidenté de la route. Il découpe ceux de ses membres qui ont été trop abîmés et les remplace par d'autres en bon état, puisés dans une vaste collection qu'il a réunie au cours de ses déplacements. Les membres hors d'usage sont abandonnés à un crocodile installé tout exprès, non loin du laboratoire. La créature que Frankenstein a ramenée à la vie a la silhouette d'un adolescent vigoureux et bien proportionné. Elle est capable de parler et même de pleurer. Au bout de quelque temps, elle demande à sortir du laboratoire où elle est enfermée. Frankenstein lui montre alors son visage horriblement mutilé, resté jusque-là enfoui sous les bandelettes. Le cobaye sort quand même, effraie une femme qui se met à hurler et l'étrangle pour la faire taire. Tous les témoins constatent que l'agresseur est doué d'une force surhumaine. Le baron saura habilement détourner les soupçons de la police. Il apprend que sa fiancée, une infirmière qui lui sert de secrétaire, a découvert grâce à une fausse clé le produit de ses recherches. Ayant d'abord laissé exploser sa colère, il feint ensuite de lui pardonner, puis lance le monstre sur elle. Frankenstein et sa créature sortent durant la nuit afin de trouver un « nouveau visage ». Le monstre étrangle un jeune homme et, à la suite d'une nouvelle opération pratiquée par Frankenstein, se réveille avec un visage parfait. Mais il risque maintenant d'être reconnu. Frankenstein projette alors de découper sa créature en morceaux et de les envoyer dans des colis séparés en Angleterre, afin de la reconstituer plus tard là-bas. Mais celle-ci ne l'entend pas de cette oreille. Après avoir mis son maître K.-O., elle le donne à manger au crocodile. La police arrive : le monstre recule et, s'approchant trop près des installations électriques, est électrocuté.

☞ A l'heure même où, en Angleterre, Terence Fisher entame avec *The Curse of Frankenstein** son grand renouvellement des anciens mythes fantastiques Universal, les Américains, eux, en sont arrivés à les dénaturer complètement dans de petites productions misérables aux péripéties dérisoires et à l'humour involontaire (ou semi-volontaire) souvent moins pittoresque qu'on ne l'a dit. Ce film-ci, qui connut un énorme succès aux États-Unis, en est un exemple assez représentatif. La seule nouveauté qu'on puisse déceler dans cet avatar peu reluisant de Frankenstein, c'est qu'il sert en fait de prétexte à l'exhibition de quelques membres découpés, d'une tête sectionnée et enfermée dans une cage. Dans l'histoire du fantastique cinématographique, ces rares images horrifiques annoncent les films de « gore » (horreur sanguinolente) réalisés par Herschell Gordon Lewis qui, à partir de *Blood Feast* (1963), allaient révolutionner le genre.

# J

## J'ACCUSE

1938 – France (116') • *Prod.* FRD (Société du film « J'accuse ») • *Réal.* ABEL GANCE • *Sc.* Gance, Steve Passeur • *Phot.* Roger Hubert • *Mus.* Henri Verdun • *Int.* Victor Francen (Jean Diaz), Line Noro (Édith Laurin), Jean Max (Henri Chimay), Renée Devillers (Hélène Laurin), André Nox (M. Pierrefonds), Marcel Delaître (François Laurin), Mary-Lou [Sylvie Gance] (la chanteuse), Paul Amiot, Georges Saillard.

Le soldat Jean Diaz, nettoyeur de tranchées, aime Édith, la femme d'un autre soldat, François Laurin. La patrouille de Laurin est désignée pour aller au ravin des Dames, lieu sinistre, extrêmement exposé, où douze patrouilles ont déjà été massacrées. Jean Diaz jure à Laurin qu'Édith ne sera jamais rien pour lui. Seul survivant des patrouilles décimées, il demande à prendre la place d'un père de quatre enfants et sa requête est acceptée. Juste après le cessez-le-feu, on enterre les morts de la patrouille entièrement anéantie. Mais parmi les cadavres Jean Diaz respire encore. Laurin, agonisant, lui serre la main avant de mourir. Jean Diaz va voir la veuve de Laurin et lui dit qu'il n'a plus d'amour pour elle. Devant les tombes de ses camarades, il jure d'empêcher une nouvelle guerre. Les années passent. Après la mort du patron de l'usine où il travaille, Diaz hérite de cette usine avec un autre ingénieur, Henri Chimay, qui n'est autre que l'officier qui avait envoyé la dernière patrouille au ravin des Dames, contre l'avis de tous. Diaz et Chimay aiment tous deux Hélène, la fille de Laurin. Alors que l'Europe se prépare à une nouvelle guerre, Jean Diaz, fidèle à son serment, veut l'empêcher à lui tout seul. Il est la proie d'un délire dont l'origine physique tient au déplacement d'un éclat d'obus dans son cerveau. Hélène et Chimay se sont mariés et reviennent de Venise. Diaz pourrait briser leur bonheur en révélant que Chimay a envoyé à une mort certaine le père de sa femme. Il a aussi volé à Diaz son invention (un verre indestructible) pour la vendre à la Défense nationale. Mais Jean Diaz ne veut nuire à personne. Sa vocation est de se sacrifier. « J'ai échappé, dira-t-il, au danger du bonheur. » Il se rend à l'ossuaire de Douaumont et adresse aux morts un solennel appel au secours. Bientôt les croix disparaissent des cimetières. Les morts de la Première Guerre se lèvent et s'avancent tous ensemble sur les routes. Grands mutilés, Gueules Cassées, béquillards, cette armée de fantômes sème partout la panique. L'épouvante immobilise l'Europe. On décrète les États Généraux Universels qui abolissent la guerre. Le désarmement mondial est décrété à l'unanimité.

☞ Plus réussi, plus convaincant que *La fin du monde** avec lequel il a de nombreux points de ressemblance,

*J'accuse* est une œuvre non moins radicalement étrangère au cinéma de l'époque que l'était ce film. Ce cri pacifiste, enfanté dans un style baroque et halluciné, est proféré par un héros-martyr comparable à celui qu'interprétait Gance lui-même dans *La fin du monde**. Jean Diaz qui sacrifie sa vie et son bonheur à la cause de l'humanité est interprété par un Victor Francen au jeu assez impressionnant dans le registre hagard et délirant. Il fournit à l'auteur un parfait porte-parole. S'il est prophétique et réaliste dans sa vision de l'état du monde en 1937, Gance donne par contre à son message une forme fantastique. Elle aboutit à une apothéose optimiste qui, elle, est totalement irréaliste. Les difficultés du tournage (budget trop restreint, obligation de reprendre au final des plans de *La fin du monde**), n'ont altéré qu'en partie la force du film qui repose pour l'essentiel sur sa virulence, sa sincérité, son lyrisme baroque et apocalyptique. A sa sortie, le film effraya ou dégoûta le public. Comment aurait-il pu en être autrement, alors que les spectateurs se précipitaient justement dans les salles pour fuir cette réalité que Gance leur jetait en pleine figure ? Sorti en 1938 dans une version de 165', interdit en 1939, le film reparaît en 1947 dans une version de 100'. La copie que présente la Cinémathèque Française dure 116'.

N.B. La première version du *J'accuse* muet (aujourd'hui perdue) comportait en 1919 trois épisodes, faisant alterner mélodrame et description des horreurs de la guerre. Le sens de l'œuvre était différent du *J'accuse* parlant puisque le film accusait avant tout le militarisme allemand. En 1922, sortit une version tronquée du *J'accuse* muet. L'essentiel du film consistait en une action mélodramatique opposant Jean Diaz (Romuald Joubé), François Laurin (Séverin Mars) et Édith (Marise Dauvray). Elle comportait aussi des développements symboliques (ex. illustration des poèmes écrits par Jean Diaz). Le final – le réveil des morts – est la seule séquence que Gance ait voulu reprendre dans son *J'accuse* parlant. La version de 1922 remporta beaucoup de succès, sortit dans plusieurs pays et fit connaître au grand public le nom de Gance.

BIBLIO. : « J'accuse », Éditions de La Lampe Merveilleuse, 1922. *Novelization* anonyme en deux parties : I « Les vivants », II « Les morts » de la version de 1919. Nombreuses photos du film et du tournage ; on y voit notamment Gance avec son assistant Blaise Cendrars.

## JACK L'ÉVENTREUR
### (The Lodger)

1944 – USA (84') • *Prod.* Fox (Robert Bassler) • *Réal.* JOHN BRAHM • *Sc.* Barre Lyndon d'ap. R. de Marie Belloc-Lowndes • *Phot.* Lucien Ballard • *Mus.* Hugo Friedhofer • *Int.* Laird Cregar (« The Lodger »), Merle Oberon (Kitty), George Sanders (John Warwick), Sir Cedric Hardwicke (Robert Burton), Sara Allgood (Ellen Burton), Aubrey Mather (Sutherland), Helena Pickard (Anne Rowley).

La nuit même où a eu lieu le quatrième meurtre de femme attribué à Jack l'Éventreur dans le quartier de Whitechapel à Londres, un inconnu demande à louer la chambre que propose par les petites annonces un vieux couple, Robert et Ellen Burton. L'inconnu loue également la mansarde. Il dit s'appeler Slade et ajoute que ses activités de pathologiste le condamnent à des horaires très irréguliers. La maison des Burton semble le ravir par son caractère paisible : « Cet endroit est comme un refuge », dit-il. Quand elle lui apporte son repas, Mrs. Burton constate que Slade a retourné contre le mur tous les portraits d'actrices. Il se trouve que la nièce des Burton, Kitty, est artiste de music-hall au Piccadilly Royal Theatre. Elle permet à Anne Rowley, une ancienne actrice ratée, de visiter sa loge le soir de la première, pour satisfaire à une manie de la vieille femme. Elle lui donne même de l'argent : Anne s'en va heureuse et pourtant, ce soir-là, elle sera la cinquième victime de l'Éventreur. La personnalité et les allées et venues insolites de Slade éveillent tout de suite les soupçons de Mrs. Burton. Slade est présenté au fiancé de Kitty, l'inspecteur de police John Warwick, chargé de l'enquête sur les meurtres de l'Éventreur. Les soupçons de Mrs. Burton ne font qu'augmenter quand elle apprend que Slade a brûlé sa mallette en cuir, un indice signalé par tous les journaux. Mais Mr. Burton est sceptique : il l'a fait, dit-il, pour éviter d'être inquiété. Lui-même avait caché la sienne. Alors qu'elle lui sert le thé, Slade parle à Mrs. Burton de son frère, un peintre de génie qui, dit-il, n'aurait pas du mourir. L'Éventreur a fait une nouvelle victime : cette fois, il s'était caché à l'intérieur même de sa chambre. La police a cerné le quartier mais n'a pu mettre la main sur lui. Cette nuit-là, Kitty voit Slade brûler son manteau : il aurait été, dit-il, contaminé pendant ses travaux de laboratoire. Convaincue de sa sincérité, Kitty le défendra contre les soupçons de sa tante. Resté seul avec Kitty, il lui explique sur un ton étrangement angoissé que la beauté des femmes peut mener à la destruction. Son frère a été ainsi détruit. Mr. Burton partage maintenant les soupçons de sa femme : tous deux en font part à Warwick qui tente de les confirmer par l'examen des empreintes du locataire. En fouillant dans ses affaires, Warwick découvre le portrait du frère de Slade et se rappelle avoir vu le même dans l'appartement de la première victime. Au Piccadilly Royal Theatre, Kitty exécute son numéro avec des girls : un pas de danse assez léger imité des Français. Slade, que Kitty avait invité, est dans la salle, à la fois fasciné et dégoûté par le spectacle. Kitty le découvre, après son numéro, dans sa loge. Il la prend à la gorge : « Je vous aime et je hais le mal qui est en vous », s'écrie-t-il. Elle hurle. Warwick accourt et tire sur lui. Il n'est que blessé. Il disparaît dans les cintres où il essaie à nouveau de tuer Kitty. Cerné par les policiers, il se jette d'une fenêtre dans la Tamise. On ne retrouvera pas son corps.

☞ C'est la version la plus célèbre des aventures de Jack l'Éventreur tirées du roman de Marie Belloc-Lowndes, quoiqu'elle soit moins personnelle et moins brillante que celle de Hitchcock (*The Lodger**, 1925) et beaucoup moins originale que celle de Hugo Fregonese (*Man in the Attic**, 1953). Metteur en scène allemand né à Hambourg, John Brahm utilise son talent de petit maître un peu baroque, expert en situations et en climats troubles, pour dessiner un Londres victorien, tantôt rococo et surchargé, où perce l'influence lointaine de l'expressionnisme, tantôt inquiétant et bizarrement épuré, influencé alors par le très récent *Cat people** de Tourneur (cf. la scène où Mrs. Burton offre à boire à son locataire pour prendre ses empreintes). C'est la lumière qui intéresse avant tout John Brahm et il en use de manière beaucoup plus subtile que des péripéties du scénario ou de ses personnages. L'autre et principal mérite du film est la présence de Laird Cregar, l'un des « heavies » les plus pathétiques et les plus talentueux du cinéma hollywoodien. Il n'a évidemment aucun mal à se détacher ici d'une brochette de personnages ultra-conventionnels parmi lesquels figure un George Sanders au talent complètement gâché. Laird Cregar incarne un Jack l'Éventreur assez opaque, passé sans explication de la condition de vengeur de son frère à celle d'obsédé misogyne et puritain. Quoique sa carrière ait été très brève (Laird Cregar vécut de 1916 à 1944 et son premier film date de 1940), il parut néanmoins dans trois grandes réussites : *I Wake Up Screaming,* talentueux *film noir* de Bruce Humberstone (1941) où il incarne un détective meurtrier, ce film-ci, et *Hangover Square,* sorti en 1945 après sa mort. Également dirigé par John Brahm à partir d'un autre scénario de Barre Lyndon situé à Londres, Laird Cregar est dans *Hangover Square* un compositeur fou, sujet à des crises d'amnésie provoquées par des sons discordants qui l'amènent à commettre des meurtres. La dernière séance où il interprète son concerto au milieu d'un appartement en flammes est restée célèbre dans les annales du « mélodrame gothique ».

N.B. Autres versions du roman de Marie Belloc-Lowndes par Hitchcock (Grande-Bretagne, 1926), par Maurice Elvey (Grande-Bretagne, 1932) où Ivor Novello reprend le rôle qu'il tenait chez Hitchcock, par Hugo Fregonese (*Man in the Attic,** USA, 1953). Sur Jack l'Éventreur, voir aussi *Jack the Ripper (Jack l'Éventreur),* 1960, de Robert Baker et Monty Berman (Grande-Bretagne) évocation assez terne du personnage vu sous l'aspect d'un chirurgien et *Time After Time (C'était demain,* USA, 1979) de Nicholas Meyer, variation originale sur le destin de notre héros (interprété par David Warner) qui, utilisant la machine à remonter le temps de H.G. Wells, se retrouve dans l'Amérique d'aujourd'hui. Rappelons que selon les dernières recherches effectuées sur l'identité du célèbre assassin, celui-ci ne serait plus, comme on l'avait cru longtemps, un membre de l'aristocratie anglaise (appartenant à la famille royale) mais un Juif polonais mort à vingt-trois ans dans un asile.

## J'AI DEUX ANS
### (Watashi wa nisai)

1962 – Japon (88') • *Prod.* Daiei • *Réal.* KON ICHIKAWA • *Sc.* Natto Wada • *Phot.* Setsuo Kobayashi (couleurs) • *Mus.* Yasushi Akutagawa • *Int.* Fujiko Yamamoto (Chiyo), Eiji Funakoshi (le mari de Chiyo), Hiroo Suzuki (le fils de Chiyo), Kumeko Urabe, Kyoko Kishida, Masako Kyozuka.

L'univers d'un bébé, de zéro à deux ans : ses réactions, ses pleurs, ses maladies graves ou légères, ses accidents (ou ceux qu'il évite), tels qu'ils interviennent dans la vie quotidienne de ses parents et la modèlent.

☞ Une curiosité. Le sens de l'œuvre se trouve dans le commentaire *off*, ironique et distant, placé dans la bouche du bébé. Sa mère se réjouit-elle de ce que son bébé (de vingt jours) lui sourie et la reconnaisse, le bébé commente : « Elle croit que je lui souris. Je ne sais même pas qui elle est. J'essaie simplement de faire fonctionner mes muscles faciaux. » Plus tard, le bébé trouve injuste que son père ne le félicite pas d'avoir su dévisser les vis de son parc. Il lui arrive de pleurer la nuit. Ses parents s'inquiètent, croient qu'il a faim ou qu'il est malade. Commentaire du bébé : « J'ai dormi toute la journée. Je veux jouer. Les parents ne comprennent rien. » Ichikawa s'est amusé ainsi à livrer des variations humoristiques sur le thème du gouffre incommensurable séparant le monde du bébé et celui des adultes. Le principal lien concret entre les deux mondes tient dans les soucis et l'anxiété constante du père et de la mère. Et l'amour qu'ils éprouvent pour leur rejeton ne les aide nullement à le comprendre. Malheureusement la plupart des épisodes manquent en eux-mêmes d'originalité et d'invention. Quant aux considérations sur le rôle de la grand-mère, censées enrichir la substance un peu maigre du film, elles restent conventionnelles.

## J'AI ÉTÉ RECALÉ, MAIS...
### (Rakudai wa shita keredo)

Inédit en France. 1930 – Japon (62') • *Prod.* Shochiku/Kamata • *Réal.* YASUJIRO OZU • *Sc.* Akira Fushimi d'ap. idée d'Ozu • *Phot.* Hideo Shigehara • *Int.* Tatsuo Saito (l'étudiant), Kaoro Futuba (la propriétaire), Tomio Aoki (le fils de la propriétaire), Hiro Wakabayashi (professeur), Ichira Okuni (professeur), Kinuyo Tanaka (la fille de la boutique du propriétaire), Chishu Ryu (étudiant).

Le temps des examens est arrivé. Pour un petit groupe de cinq amis étudiants, tous les moyens sont bons quand il s'agit de tricher. Le soir, un membre du groupe des cinq copie minutieusement sur sa chemise la « colle » qui servira à l'examen du lendemain. Mais, pendant son sommeil, la logeuse confie la précieuse chemise au blanchisseur. A cause de ce malencontreux incident, ses quatre amis et lui, les inséparables, échoueront à l'examen. Parmi les camarades de sa chambre, il est le seul à être recalé. Il devient pensif et mélancolique. Plus tard, alors que ceux qui ont réussi sont sans le sou et cherchent vainement un emploi, il se félicite de recevoir encore de l'argent de sa famille pour retourner à l'université. A la rentrée, il retrouve ses amis, prêts pour une nouvelle année de farces et de flemme.

☞ Le propos, la substance et l'originalité sont les mêmes que dans *Jours de jeunesse**, mais avec la perfection en plus. Elle est sensible surtout dans le rythme général de l'œuvre. Une première partie au tempo très vif, riche en gags et en notations inventives sur le comportement des personnages fait place à un second « mouvement » plus lent et plus mélancolique (déception et méditation du héros), avant qu'une conclusion ironique restaure pour quelques instants la gaieté et la vivacité du début. La maîtrise d'Ozu est maintenant totale dans la mise en place fluide et alerte des gags, la mobilité de la caméra, la direction d'acteurs, l'alternance des tons et des rythmes. Sa peinture des groupes séduit le spectateur par sa justesse et sa virtuosité (voir l'opposition entre le groupe des cinq tricheurs du campus et les bons élèves de la chambre du héros, dont l'un, reçu de justesse, aura honte d'avoir réussi alors que son camarade a échoué). En observateur social ironique et facétieux, Ozu donne le mot de la fin à un gamin venu bavarder avec le recalé. On lui a expliqué que « recalé » voulait dire « grand ». Il dit au héros : « Plus tard, je veux être comme toi : un recalé. » Peut-être évitera-t-il ainsi le chômage promis aux brillants sujets de l'université.

## J'AI LE DROIT DE VIVRE
**(You Only Live Once)**

1937 – USA (86') • *Prod.* UA (Walter Wanger) • *Réal.* FRITZ LANG • *Sc.* Gene Towne et Graham Baker d'ap. une nouvelle de Gene Towne • *Phot.* Leon Shamroy • *Mus.* Alfred Newman • *Int.* Henry Fonda (Eddie Taylor), Sylvia Sidney (Joan Graham), Barton MacLane (Stephen Whitney), Jean Dixon (Bonnie Graham), William Gargan (Père Dolan), Warren Hymer (Mugsy), Charles « Chic » Sale (Ethan), Margaret Hamilton (Hester), Ward Bond (garde).

Joan Graham, l'assistante d'un avocat, est amoureuse d'Eddie Taylor, un client de son patron. Taylor est un condamné qui purge sa troisième peine et que l'avocat réussit à faire libérer prématurément. Taylor est bien décidé à s'amender si la société lui en laisse les moyens. Passant outre les conseils de son entourage, Joan épouse Eddie dès qu'elle le peut. Mais, durant leur première nuit dans un hôtel, ils doivent décamper, car les patrons ont reconnu en Taylor le repris de justice dont la presse avait parlé. Alors que sa femme emménage dans un appartement acheté à crédit, Taylor est renvoyé par l'entreprise de transport qui l'employait comme routier sous prétexte d'un retard. Taylor est ensuite inculpé pour un hold-up de banque qui a fait six morts et auquel il est totalement étranger. Sa femme lui conseille de se rendre. Il l'écoute, est jugé et condamné à mort. Un codétenu lui fait parvenir un message selon lequel une arme se trouverait dans la chambre d'isolement de l'infirmerie. Taylor se coupe les veines, puis se livre à des actes de destruction afin d'être mis dans cette pièce. Son plan réussit. Il se saisit du revolver et oblige le docteur de la prison à le suivre, exigeant du directeur qu'il lui ouvre les portes. On apprend alors la découverte du cadavre du véritable auteur du hold-up. Taylor est mis au courant mais croit à une ruse et tue le Père Dolan qui venait lui annoncer la vérité. Les portes de la prison s'ouvrent devant lui. Sa femme le rejoint dans un wagon de marchandises. « Ils ont fait de moi un criminel », lui dit-il. Elle soigne ses blessures. Durant leur cavale, leur tête est mise à prix pour des sommes de plus en plus élevées. Joan accouche d'un bébé qu'elle confie à sa sœur. La police rejoint le couple. Leur voiture étant devenue inutilisable alors qu'ils approchent enfin de la frontière canadienne, Joan et Eddie doivent continuer à pied. Tandis qu'Eddie porte sa femme dans ses bras, le couple est abattu par la police. La voix du Père Dolan appelle Eddie à trouver la vraie liberté dans le royaume des cieux.

☞ Le point d'accomplissement le plus parfait du classicisme langien, lequel repose sur un double équilibre. Équilibre entre le romantisme de l'auteur, présent dans la plupart de ses films, et son pessimisme. Équilibre entre les deux tendances de ce pessimisme : la tendance sociale et celle qu'on pourrait qualifier d'ontologique et de métaphysique. Pour Lang, la société, autant que sa condition, enferme l'homme dans un enfer où son innocence entraîne pour lui les mêmes conséquences fatales que sa culpabilité. La densité et la simplicité du récit, l'interprétation sublime de Fonda et de Sylvia Sidney, le climat de menace qui pèse sur les deux héros, la géométrie de la mise en scène qui s'exprime à travers une multitude de *signes* plastiques et dramatiques enserrant les personnages dans leur destin, l'opposition tragique des blancs opaques (scène du hold-up, scène de la mort du Père) et des noirs d'acier font de *You Only Live Once* l'une des œuvres les plus durables du cinéma. C'est aussi une démonstration magistrale de ses pouvoirs et de sa beauté spécifique.

## J'AI TUÉ JESSE JAMES
### (I Shot Jesse James)

1949 – USA (81') • *Prod.* Lippert Prod. (Carl K. Hittleman) • *Réal.* SAMUEL FULLER • *Sc.* Samuel Fuller d'ap. un article de Homer Croy • *Phot.* Ernest Miller • *Mus.* Albert Glasser • *Int.* Preston Foster (John Kelley), Barbara Britton (Cynthy Waters), John Ireland (Robert Ford), Reed Hadley (Jesse James), Tom Tyler (Frank James), J. Edward Bromberg (Harry Kane), Victor Kilian (Soapy), Barbara Woodell (Zee James), Charles Ford (Tom Noonan).

Bob Ford fait partie du gang de Jesse James. Jesse lui sauve la vie lors d'un hold-up raté. Bob, blessé, a abandonné le magot sur le terrain, mais Jesse ne lui en veut pas. A St. Joseph, au Missouri, Jesse James vit avec sa femme sous une identité d'emprunt. Bob est leur hôte depuis six mois, quoique la femme de Jesse l'apprécie peu. Bob est amoureux de la comédienne Cynthy Waters. Elle voudrait l'épouser mais Bob estime ne pouvoir se marier à cause de sa vie d'aventurier recherché par la police. Le gouverneur a promis le pardon et beaucoup d'argent à qui livrerait Jesse. C'est le pardon et une vie libre qui intéressent Bob et, comme il sait que nul ne pourra capturer Jesse vivant, il va lui tirer dans le dos à l'intérieur même de sa maison, alors que Jesse est monté sur une chaise pour remettre en place un tableau. Bob se rend et est amnistié. On ne lui donne qu'une petite partie de la rançon promise, le reste allant dans la poche de certains notables. Il va dire à Cynthy, horrifiée, que c'est pour elle qu'il a accompli ce meurtre. Elle ne veut plus du tout l'épouser. Quant à lui, il a l'intention de tuer le mineur John Kelley qui courtise la comédienne. Ce dernier fuit son hôtel pour faire plaisir à Cynthy. Bob est engagé par le directeur de la troupe de Cynthy pour représenter tous les soirs au théâtre le meurtre de Jesse. Mais il n'en aura pas la force. Dans un saloon, il donne de l'argent à un guitariste qui, pour le remercier, lui chante son plus grand succès où il est question de « l'abominable petit salopard » qu'est Bob Ford. Bob se nomme et oblige le chanteur à terminer sa chanson. Bob est maintenant la cible de tous les jeunes tireurs cherchant la gloire. Il épargnera un adolescent qui s'était attaqué à lui. Un jour, il s'en va participer à la ruée vers l'argent au Colorado. A Creed, tous les hôtels sont bondés. Il doit partager la chambre de John Kelley qui n'y voit pas d'inconvénient. Il aide un vieux mineur qui vient de découvrir un filon à ne pas se laisser déposséder par deux escrocs. Le vieillard, reconnaissant, lui propose une association. Bob fait fortune et invite Cynthy à venir le rejoindre. Elle n'ose lui avouer qu'elle n'a nulle envie de l'épouser. En effet, il la terrorise. Frank James arrive en ville, bien décidé à tuer le meurtrier de son frère. Mais il est capturé par Kelley, devenu shérif. Frank est jugé, puis libéré. Sa vengeance sera d'annoncer à Bob que Cynthy aime Kelley. Dans une rue, la nuit, Bob défie Kelley qui lui tourne volontairement le dos. Au cours du duel, Bob sera abattu. En mourant, il murmure à Cynthy : « Je regrette ce que j'ai fait à Jesse. Je l'aimais. »

☞ Entrée en force, grâce au petit producteur Lippert, de Samuel Fuller l'indépendant, le furieux, l'homme libre, dans le cinéma hollywoodien. Il étonne son monde avec ce western entièrement neuf, assez mouvementé (quoique l'action ici ne l'intéresse guère), à la thématique d'une originalité évidente, et dont la forme est déjà très personnelle, même si elle n'a rien de parfait ni d'achevé, qualités que d'ailleurs elle ne revendique pas. Le film est comme un brouillon, une esquisse et un résumé de toute l'œuvre fullérienne. Il a pour héros un traître, un assassin, un personnage négatif et sombre dans la tête duquel il se passe d'étranges choses et qui restera tout au long du récit assez mystérieux et opaque. Certes, comme l'a dit Fuller à Jean-Louis Noames, son premier interviewer (*in* « Présence du cinéma » n° 19), le film est une variation sur la phrase de Wilde : « Chaque homme tue ce qu'il aime ». Mais le film ne nous dit pas au fond pourquoi Bob aime et tue Jesse. Fuller tourne autour de cette tragédie psychanalytique qui l'intrigue avec une caméra déjà fébrile, un découpage baroque qui privilégie les gros plans afin de souligner le malaise du héros (de l'anti-héros) et de ses proches, au premier rang desquels figure sa « fiancée », jouée par Barbara Britton, étonnée de côtoyer ce monstre. Il n'y a encore rien de vraiment lyrique dans le baroque fullérien ; on y sent surtout la sécheresse tendue du journaliste qui expose des faits au public pour qu'il s'en fasse une idée par lui-même. Et toujours les films de Fuller invectiveront le spectateur et en appelleront brutalement à sa participation. Sans elle, ils seraient incomplets, car l'œuvre de Fuller est exposé, cri et fureur plutôt qu'analyse, bilan et sérénité.

N.B. Richard Brooks, ami de toujours de Fuller, a filmé en 16 mm des moments du tournage de *J'ai tué Jesse James.*

## J'AI VÉCU L'ENFER DE CORÉE (The Steel Helmet)

1950 – USA (84') • *Prod.* Lippert-Deputy Corporation (S. Fuller) • *Réal.* SAMUEL FULLER • *Sc.* Samuel Fuller • *Phot.* Ernest W. Miller • *Mus.* Paul Dunlap • *Int.* Gene Evans (le sergent Zack), Steve Brodie (le lieutenant Driscoll), James Edwards (le caporal Thompson), Robert Hutton (« Conchie » Bronte), Richard Loo (le sergent « Buddha Head » Tanaka), Sid Melton (Joe), Richard Monahan (Baldy), William Chun (Short Round), Harold Fong (le major communiste), Neyle Morrow (G.I.), Lynn Stallmaster (lieutenant en second).

Le sergent Zack, seul survivant de sa section, est sauvé par un enfant sud-coréen qui s'attache à ses pas. Ils rencontrent un infirmier noir dont la section a également été anéantie, puis les restes d'une patrouille en piteux état. Tous se réfugient dans un temple bouddhique et ont à tenir un siège contre l'ennemi, avant qu'un détachement américain vienne les libérer.

☞ Premier film de guerre de Fuller. Premier portrait, sous les traits massifs de Gene Evans, de ce fantassin cher à l'auteur. Soldat parfaitement adapté au métier des armes, cynique ou peut-être seulement réaliste (il n'enterre pas les cadavres qui pourraient être minés), peu fait pour les galons malgré son ascendant sur ses hommes, tel apparaît le sergent Zack. S'il lui arrive de manifester sa sensibilité, elle explose alors en actes violents et incontrôlés. Ainsi, quand il apprend la mort du gamin qui l'avait sauvé. Et Fuller de prouver, avec son goût du paradoxe, que la sensibilité ne convient pas au bon soldat. Pour son troisième film, Fuller perfectionne son baroquisme, grâce à un découpage en dents de scie sautant inopinément du très gros plan au plan général, grâce à un rythme saccadé et électrisant, à une direction d'acteurs riche en éclats spectaculaires. Ce baroquisme aboutit à une description extrêmement réaliste de la guerre, succession de paroxysmes et de longues attentes, de fébrilité et d'épuisement, où se développe une fantasmagorie dominée par l'horreur, l'étrangeté et le dépaysement. C'est que le fantassin de Fuller, transplanté en Orient ou en Europe, se retrouve toujours *ailleurs.* Dans *The Steel Helmet*, la végétation, l'architecture religieuse créent pour l'intrus un univers insolite, qui suscite d'abord le malaise et l'effroi, puis une fascination, enfin une sorte de mystérieux apaisement. Fuller a d'ailleurs toujours été fasciné par les traces, les manifestations concrètes de la spiritualité orientale (cf. les temples de *Maison de bambou*). Il est vrai que celle-ci représente, par le détachement qu'elle implique, l'opposé de sa nature et aussi l'opposé de toute expérience guerrière quelle qu'elle soit. Nourri de ces contrastes, le film est bourré d'idées et d'images inoubliables, comme celle du bocal de transfusion sanguine accroché à la main de la statue du Bouddha. Au-delà du conflit militaire raconté ici, tous ces contrastes d'objets, de signes, de couleurs de peau plaident – sans phrase – pour une générale et cosmique réconciliation raciale, bien éloignée de la caricature souvent donnée d'un Fuller « va-t-en guerre » et forcené.

## JARDIN D'ALLAH (LE)
## (The Garden of Allah)

1936 – USA (85') • *Prod.* Selznick-International, distribué par UA • *Réal.* RICHARD BOLESLAWSKI • *Sc.* W.P. Lipscomb, Lynn Riggs • *Phot.* Harold Rosson (Technicolor) • *Mus.* Max Steiner • *Int.* Marlene Dietrich (Domini Enfilden), Charles Boyer (Boris Androvsky), Basil Rathbone (le comte Anteoni), C. Aubrey Smith (Père Roubier), Tilly Losch (Irena), Joseph Schildkraut (Batouch), John Carradine (devin).

En Algérie, sur le chemin de sa retraite au désert, une jeune femme très croyante rencontre, conformément à la prédilection d'un devin, un inconnu dont elle tombe amoureuse. C'est un être tourmenté, maladroit, qui cache un secret qu'elle n'apprendra qu'après leur mariage. Il a été autrefois trappiste près de Tunis et a fui son couvent, emportant avec lui le secret de la liqueur fameuse des moines qu'il aurait dû transmettre en mourant à l'un de ses frères. Les deux époux décident alors de se sacrifier et de se quitter. La femme reconduit son mari aux abords du monastère.

☞ Quoique déjà filmée deux fois durant le muet (en 1916 par Colin Campbell et en 1927 par Rex Ingram), cette histoire puérile, irritante, frôlant souvent le ridicule, peut être vue dans la carrière de Marlene Dietrich comme un additif décadent et frelaté aux récits sternbergiens. Son personnage y sacrifie son bonheur et sa passion à une improbable rédemption. Tourné environ un an après le premier long métrage en Technicolor trichrome (*Becky Sharp*), *Le Jardin d'Allah*, cinquième film de l'histoire du cinéma à utiliser ce procédé, baigne dans une splendeur plastique et des images aux dominantes jaune, rouge et brune parmi les plus étonnantes du cinéma américain. Grâce à elles, ce mélodrame religieux, où la religion n'est que l'étoffe qui enveloppe le baroquisme abracadabrant du sujet, prouve la force et la magie du cinéma, apte à tout métamorphoser, à tout transcender, fût-ce le plus inepte des contes. Il faut s'abandonner à cette magie, comme les personnages, par delà leur foi chrétienne, s'abandonnent au fatalisme de l'Orient, à ce bonheur et à ce malheur décidés pour eux par les puissances d'en haut. Certains films réclament, pour être compris, la vigilance et la participation active du spectateur. Celui-ci a besoin avant tout de son ardente passivité.

## JASON ET LES ARGONAUTES
## (Jason and the Argonauts)

1963 – USA (104') • *Prod.* COL. (Charles H. Schneer) • *Réal.* DON CHAFFEY • *Sc.* Jan Read, Beverley Cross • *Phot.* Wilkie Cooper (Eastmancolor) • *Eff. sp.* Ray Harryhausen • *Mus.* Bernard Herrmann • *Int.* Todd Armstrong (Jason), Nancy Kovack (Médée), Gary Raymond (Acaste), Laurence Naismith (Argus), Niall MacGinnis (Zeus), Honor Blackman (Héra), Jack Gwillim (Aeetes, roi de Colchide), Patrick Troughton (Phinéas), Michael Gwynn (Hermès), Douglas Wilmer (Pélias), Nigel Green (Hercule).

Jason, fils d'Aristos, le roi de Thessalie assassiné il y a vingt ans par l'usurpateur Pélias, doit, selon la volonté des dieux, venger son père et reprendre le trône de Thessalie. Mais auparavant, pour redonner espoir et courage à son peuple abattu par le régime désastreux de Pélias, il a décidé de partir à la recherche de la Toison d'or et de la ramener en Thessalie. Il est protégé dans ses entreprises par Héra, l'épouse de Zeus, maître de tous les dieux, avec lequel elle dispute d'interminables parties d'échecs dont les humains font les frais. Zeus ne voit pas d'un très bon œil la protection qu'accorde Héra à Jason et fixe à cinq les occasions qu'elle aura de l'aider. Jason ne croit guère à l'existence des dieux et Hermès en personne devra l'emmener sur le mont Olympe et le présenter à Zeus et à Héra pour faire disparaître son scepticisme. Jason demande à Héra où se trouve la fameuse Toison. « En Colchide, à l'autre bout du monde », répond-elle, aidant ainsi une première fois son protégé. Dédaignant le concours de Zeus qu'il a un peu vexé, Jason fait construire un superbe vaisseau, l'Argo, dont la figure de proue ressemble trait pour trait à Héra, et réunit un équipage composé des meilleurs athlètes de Grèce. Mais le bateau se perd ; les marins sont exténués et privés d'eau. Jason est obligé de demander conseil une deuxième fois à Héra qui lui recommande d'aller se ravitailler sur l'île de Bronze, là où se trouvait l'ancienne forge des dieux. Elle insiste pour que ses hommes et lui n'emportent rien d'autre de l'île que de l'eau et des vivres. L'île est parsemée de statues géantes des dieux, façonnées par Hephaïstos. Hercule, l'un des Argonautes, pénètre dans la chambre aux trésors qui se trouve dans le socle de la statue de Talos et veut emporter un javelot d'or. Aussitôt la statue s'anime et se met en marche, écrasant tout sur son passage. Elle prend dans ses mains l'Argo comme un jouet et le rejette à la mer. Jason, devant ce terrible danger, interroge une troisième fois Héra qui lui conseille de regarder attentivement le talon de la statue. Jason réussit à le dévisser et un flot de liquide rouge s'en échappe. Talos, perdant son flux vital, étouffe, se fendille et s'écroule. Il faut reconstruire le bateau. Quatrième intervention d'Héra : elle suggère à Jason de conduire son équipage en Phrygie et d'y interroger l'aveugle Phinéas qui a le don de prophétie. Celui-ci est perpétuellement persécuté par deux Harpies qui le torturent en l'empêchant de se nourrir. Les Argonautes capturent les monstres grâce à un filet et les mettent en cage : les Harpies assisteront désormais impuissantes aux festins de Phinéas. En remerciement, il leur indique l'itinéraire vers la Colchide : il faut passer par les Roches Broyeuses. Mais, sans la protection des dieux, cela est impossible car chaque fois qu'un bateau s'avance dans l'étroit chenal, des avalanches l'engloutissent. Héra utilise sa dernière possibilité d'aider Jason en faisant jaillir des eaux Neptune, qui, de son bras géant, soutiendra la montagne et l'empêchera de se désagréger, permettant ainsi au vaisseau de franchir la zone dangereuse. Jason sauve une naufragée qui n'est autre que Médée, danseuse et grande prêtresse du culte d'Hécate, la déesse de Colchide. Trahi par l'un de ses marins, Acaste, fils de Pélias, qu'il croyait avoir tué en duel, Jason est emprisonné. Mais Médée, amoureuse de lui, le libère et le conduit jusqu'à la fameuse toison de bélier étendue sur un arbre. Jason doit combattre la redoutable Hydre aux sept têtes qui garde le trésor et avait déjà tué Acaste. Après l'avoir vaincue, Jason peut emporter la précieuse toison. Mais le roi de Colchide lui réserve, à lui et à ses hommes, sa plus dangereuse surprise. Il lance les dents de l'Hydre sur le sol d'où jaillissent alors plusieurs squelettes humains, armés d'épées et de boucliers. Ce sont des combattants féroces qui feront des victimes parmi les Argonautes, avant d'être eux-mêmes anéantis. Jason ne trouvera son salut qu'en sautant dans la mer. Avec ses compagnons, il peut alors prendre le chemin du retour. Héra, du haut de l'Olympe, le voit embrasser Médée et fait une légère grimace de dépit. Quant à Zeus, il refuse de s'avouer vaincu. « Je n'en ai pas fini avec lui, dit-il à Héra. Nous reprendrons la partie un autre jour. »

☞ Le plus beau péplum jamais tourné est donc signé par un Anglais que rien apparemment ne destinait à cette réussite, si ce n'est, dans une certaine mesure, son goût pour les films d'enfants et son association récente avec les studios Disney. Prenons cette réussite comme elle vient, à peine explicable et tombée du ciel (ou de l'Olympe). Tant de qualités réunies impressionnent : intelligence, ironie, liberté de ton du scénario ; maîtrise de la réalisation quant au rythme, ni trop vif ni trop lent, quant à l'utilisation, habile et naturelle, des extérieurs (tournés dans le petit village de Palinuro au sud de Naples et à Paestum pour la séquence des Harpies capturées dans le temple grec), quant à la beauté des couleurs. A ce divertissement suprême, le talent d'Harryhausen et de ses créatures apporte la touche finale sans laquelle d'ailleurs le film n'aurait pas vu le jour. Trois catégories de personnages peuplent ce conte : les hommes, les dieux et les monstres. Tous sont affectés d'une certaine fragilité, évidente ou inattendue. Les hommes sont fragiles, car c'est leur destin de l'être, en tant que héros de récit d'aventures. S'ils ne mettaient pas leur vie en péril à chaque instant, comment nous attacherions-nous à leur destin ? Autour de Jason, beaucoup d'hommes mourront (écrasés, noyés, poignardés, etc.) selon les procédés divers inventés par la cruauté immémoriale de leurs semblables et de leurs dieux. Les monstres conçus par Harryhausen, même les plus horribles, ont toujours eu – et ici plus encore qu'ailleurs – un aspect touchant, enfantin, hésitant. Cet aspect tient autant à la perfection qu'à la maladresse relative (et inévitable) des procédés qu'il emploie pour leur conférer l'apparence de la vie. Ces créatures, plus sûrement que l'homme, sont vouées à une mort rapide. En général, quand elles apparaissent, c'est pour mourir quelques instants plus tard, vivant à peine l'espace d'une séquence. Seules les Harpies seront épargnées, mais pour quel supplice de Tantale ! Même les squelettes jaillis de terre, qu'on pouvait croire immortels, mourront décapités, transpercés, noyés au cours d'une des séquences les plus étonnantes de l'histoire du cinéma. Et quand la statue de Talos, croisement improbable mais heureux entre le Colosse de Rhodes et Achille au talon fameux, perd son « sang », étouffe et vacille, son sort a quelque chose de pathétique. Enfin, les dieux aussi ont leur fragilité. « Tu es le Dieu de maints pays, dit Héra à Zeus, pourtant quand toutes ces foules auront cessé de croire en toi tu retourneras au néant ». – « Tu en as conscience mais tu restes avec moi quand même » répond Zeus – « Tu crois que c'est par faiblesse, seigneur ? » – « Non pas. Tu es presque humaine. » Ce dialogue peu ordinaire suffit à montrer la liberté de ton du film, sa malice et son ironie. Ici, non seulement les dieux ont, comme les hommes, leurs caprices, leurs partis pris, leurs colères, leurs attachements, mais ils sont encore – à plus ou moins brève échéance – mortels comme eux. Toutes proportions gardées, la mythologie grecque a subi ici le même traitement que les poèmes d'Omar Khayyam traduits au XIXe siècle par Edward Fitzgerald : elle a été adaptée avec admiration, infidélité et une certaine dose d'insolence. *Jason et les Argonautes*, film merveilleusement inventif, poétique et civilisé, est une œuvre unique. Il ne faut la manquer à aucun prix.

BIBLIO. : Ray Harryhausen commente ses films dans son album « Film Fantasy Scrapbook », Barnes, New York, 1972.

## JEANNE D'ARC
## (Joan of Arc)

1948 – USA (145' souvent réduites à 100') • *Prod.* RKO – Sierra Pictures (Walter Wanger) • *Réal.* VICTOR FLEMING • *Sc.* Maxwell Anderson et Andrew Solt d'ap. P. « Joan of Lorraine » de Maxwell Anderson • *Phot.* Jospeh Valentine (Technicolor) • *Mus.* Hugo Friedhofer • *Int.* Ingrid Bergman (Jeanne d'Arc), José Ferrer (Charles VII), George Coulouris (Robert de Baudricourt), Richard Derr (Jean de Metz), Ray Teal (Bertrand de Poulengy), Rand Brooks (Jean d'Arc), Francis L. Sullivan (Pierre Cauchon), John Emery (Jean, duc d'Alençon), Gene Lockhart (Georges de la Tremouille), Nicholas Joy (l'archevêque de Reims), Hurd Hatfield (le Père Pasquerel), Ward Bond (La Hire).

☞ Dernier film de Victor Fleming, achevé peu avant sa mort. Cette superproduction qui fut de par le monde le film-vedette de 1949, à la fois extrêmement populaire et extrêmement détesté, termine, sinon en beauté, du moins avec harmonie et logique, une carrière vouée au grand spectacle, à l'imagerie sans complexe et sans arrière-plan. Cet album d'images hollywoodiennes est en effet typique de l'usine à films quand elle voulait ressembler à Épinal : naïveté, respect, recueillement superficiel sont au rendez-vous pour donner de la sainte une vision au fond très proche du catéchisme universel. Si les couleurs du film sont irréalistes et parfois baroques, le portrait de Jeanne et la description de son rôle dans l'Histoire visent à un certain réalisme biographique et concret. Jeanne apparaît, grâce à Ingrid Bergman, saine, vaillante, radieuse, aussi peu mystique que possible dans son humanité et sa sainteté. Mais hélas cette Jeanne est dépourvue de caractère et d'individualité (ce caractère que des auteurs plus sérieux, tel Bernard Shaw, ont ressenti comme une énigme). La trajectoire riche et hasardeuse de la carrière d'Ingrid Bergman voulut qu'elle interprétât à six ans de distance le rôle de Jeanne dans les deux types de production les plus opposés qu'on puisse imaginer : cette superproduction primaire et glorieuse tirée de la pièce de Maxwell Anderson, « Joan of Lorraine », qu'elle avait jouée aux États-Unis en 1946 et, un peu plus tard, à l'époque de ses pires difficultés avec le public, une œuvre intellectuelle au budget dérisoire, transcription filmique d'un oratorio de Claudel et d'Honegger qu'elle avait interprétée sous la direction de Rossellini dans de nombreuses capitales d'Europe (*Giovanna d'Arco al rogo*, Rossellini, 1954). Son interprétation dans les deux cas n'est pas fondamentalement différente et la comparaison des deux films devrait être à l'étude dans les conservatoires du monde entier.

N.B. Le version communément montrée sur les chaînes de télévision dure 100'. C'est un digest, aux séquences approximativement reliées entre elles par un commentaire *off*, de la version originale de 145'. Un numéro spécial de « Ciné-Revue » (février 1949) conserve la trace, séquence par séquence, de cette première version.

## JE DEMANDE LA PAROLE
### (Ja Prachou Slova)

1976 – URSS (140') • *Prod.* Lenfilm • *Réal.* GLEB PANFILOV • *Sc.* G. Panfilov • *Phot.* Alexandre Antipenko (couleurs) • *Mus.* Vadim Bibergan • *Int.* Inna Tchourikova (Elisateva Ouvarova), Nicolaï Goubenko (Serguei Ouvarov), Leonide Bronevoi (Petr V. Altuhov), Vassili Chouchkine (Fedia), Vadim Medveded (Vladimir Vikentchevich), Katia Volkova (Lena).

Après l'enterrement de son fils mort accidentellement en manipulant un revolver, Elisaveta Ouvarova, maire de sa ville, retourne à son travail et ne peut s'empêcher de songer à ce que fut sa vie. Ancienne championne de tir, elle s'était mariée avec un joueur de football dont elle avait eu deux enfants. Une fois installée dans ses fonctions officielles, elle avait eu pour grande ambition de construire un pont destiné à favoriser l'expansion de la rive gauche de la ville. Prise entre ses devoirs officiels et ses options politiques et culturelles, elle avait laissé peu à peu sa vie conjugale et familiale se fissurer. Aujourd'hui, le projet concernant le pont est reporté à une date ultérieure. Mais, au Soviet suprême, Elisaveta continuera obstinément à demander la parole. En attendant, elle doit aussi satisfaire aux exigences domestiques de la vie d'une femme comme les autres...

☞ C'est de loin le film russe le plus riche de sens et le plus moderne stylistiquement de ceux qu'on a pu voir à Paris dans les années 70. Synthétique dans sa forme (utilisant avec génie la technique du plan-séquence), analytique dans son contenu, *Je demande la parole* veut montrer, à travers le kaléidoscope des activités d'une femme qui n'est jamais, malgré son intelligence et sa bonne volonté, à la hauteur de la complexité des situations qu'elle traverse, le kaléidoscope des problèmes de toute une société. La solution globale de ces problèmes semble, elle aussi, hors de portée des gouvernants et des gens de la rue. L'héroïne a un pied dans chacune de ces deux catégories et, en tant que femme, participe à une plus grande variété d'activités que ne pourrait le faire un homme. Appréhender un sujet par ses multiples facettes a toujours été l'ambition de Panfilov ; elle n'a jamais été plus évidente qu'ici. Il s'agit pour lui de décrire un pays à travers une femme et cette femme à travers ses multiples visages qui réclament chacun une vision et une appréciation différentes. Si Panfilov critique le credo marxiste – avec une prudence qui ajoute à la subtilité du film – c'est en tant qu'il voudrait faire croire qu'il peut supprimer la complexité des choses dans le monde social, voire le tragique ou l'accidentel dans la vie individuelle des citoyens et dans l'ensemble de la société (cf. la mort de l'adolescent mise en quelque sorte en exergue au récit). A cet égard, l'autorité et la certitude que l'héroïne affiche dans ses critiques adressées au dramaturge dont elle a à juger la pièce sont montrées comme dérisoires. Quant à son rêve le plus positif, la construction du pont, il contient aussi sa part de danger en tant qu'il met en péril l'équilibre de la vie privée de l'héroïne. La priorité accordée au collectif risque de briser l'unité de la cellule familiale sans pour autant entraîner avec certitude la réalisation du rêve lui-même. Sur le plan formel, même le symbolisme (cf. la fissure dans la maison où a lieu la noce) acquiert dans ce film une élégance et une efficacité auxquelles on ne croyait plus. L'interprétation d'Inna Tchourikova (épouse du réalisateur) est comme d'habitude au-delà de tout éloge. L'utilisation de la musique est magistrale dans sa variété et sa rigueur. Quoiqu'il se prête mal à être résumé, le message du film tient avant tout dans ses vertus critiques, ses défiances, son respect pour l'énergie et la lucidité – même tardive – de ses personnages. Sur un plan immédiat, le film donne à voir un passionnant portrait de la Russie, société en voie de stabilisation et dont le principal problème est de lutter contre l'inertie née de ce début de stabilisation. Inertie d'une construction sociale trop rapide ou trop lente et qui peut se lézarder par les effets d'une maturité insuffisante comme par ceux d'un vieillissement précoce.

## JE N'AI PAS TUÉ LINCOLN
**(The Prisoner of Shark Island)**

1936 – USA (95') • *Prod.* Fox (Darryl F. Zanuck) • *Réal.* JOHN FORD • *Sc.* Nunnally Johnson d'ap. la vie du Dr Samuel A. Mudd et le livre de Lloyd Lewis : « Myths After Lincoln » • *Phot.* Bert Glennon • *Mus.* Louis Silvers • *Int.* Warner Baxter (Dr Samuel A. Mudd), Gloria Stuart (Mrs. Peggy Mudd), Claude Gillingwarter (colonel Dyer), Arthur Byron (Mr. Ericson), O.P. Heggie (Dr McIntyre), Harry Carey (le commandant du Fort Jefferson), Francis Ford (caporal O'Toole), John Carradine (sergent Rankin), Frank McGlynn, Sr. (Abraham Lincoln), Francis McDonald (John Wilkes Booth).

En avril 1865, le Président Lincoln est assassiné lors d'une représentation théâtrale par John Wilkes Booth qui, son forfait accompli, saute du premier balcon sur la scène. Pendant sa fuite vers la Virginie, il se fait soigner la jambe par le Dr Samuel A. Mudd, un petit médecin de campagne peu fortuné dont la maison se trouve par hasard sur sa route. Des soldats retrouvent plus tard chez lui une botte ayant appartenu à l'assassin. Le docteur figurera parmi les huit suspects que la justice jugera après la mort de Booth, tué lors de son arrestation en Virginie. Le tribunal est militaire et se voit recommander la plus extrême sévérité afin de calmer l'agitation populaire. On lui conseille même de négliger pour l'occasion la notion de « reasonable doubt », pierre angulaire du droit américain. Alors que la plupart des suspects sont condamnés à mort et pendus, Mudd est condamné à la détention à vie au bagne de Dry Tortugas, une île d'enfer au large de la Floride. La prison est une forteresse entourée d'un fossé profond de douze mètres et rempli de requins qu'on ne nourrit que très parcimonieusement. Le gardien-chef réserve à « l'assassin de Lincoln » un traitement spécial. Dès son arrivée, Mudd s'abandonnerait au désespoir s'il ne découvrait parmi les gardiens un Noir de son village dont la femme a accouché par ses soins de douze enfants. Le Noir s'est fait engager ici sur la demande de l'épouse de Mudd. Celle-ci n'est pas restée inactive. Avec un juge, elle a le projet de faire arrêter son mari et de l'amener à être jugé à nouveau. Mais il faut pour cela que Mudd mette le pied à Key West. C'est là qu'elle s'est installée en attendant que son mari puisse s'échapper. Mudd effectue une audacieuse tentative d'évasion et franchit victorieusement l'obstacle du fossé, les balles qui sifflent autour de lui effrayant les requins. Il monte à bord d'un bateau qui l'attend mais le gardien-chef et ses hommes le rejoignent et le ramènent dans la forteresse. Il pourrit là dans un cachot quand une épidémie de fièvre jaune frappe le personnel et les prisonniers de Dry Tortugas. Épargné par le fléau à cause de sa réclusion, Mudd consent à soigner les malades et se dépense sans compter. Il oblige sous la menace du canon un vaisseau de la marine qui n'osait approcher à livrer son chargement de vivres et de médicaments. Pour sa conduite héroïque, Mudd est libéré. Il retourne chez lui auprès de sa femme et de sa fille.

☞ Une dimension hugolienne caractérise cette œuvre de Ford et prouve la variété et l'étendue de son registre dès la période de l'avant-guerre. Nulle truculence ici, nulle trace non plus de cette superbe décontraction qui anime la trilogie de Will Rogers (dont Ford venait d'achever le troisième volet *Steamboat 'Round the Bend* quelque mois auparavant), mais au contraire, dictée par le sujet, une gravité tragique qui ne se dément pas d'un bout à l'autre du récit. Hugolienne est la trajectoire de cette victime d'une atroce erreur judiciaire, comme l'est l'alchimie par laquelle il réussira à transmuer le mal en bien, à remplacer dans son cœur et dans ses actes le désespoir, l'amertume, le ressentiment par une bonté à toute épreuve qui, au sein de l'enfer, se révélera salvatrice tant pour lui que pour les autres. Une grandeur simple émane des personnages, des péripéties, des différents décors et atmosphères jalonnant cette aventure morale où parfois les scènes d'action proprement dites sont un peu négligées. C'est que le mouvement des cœurs et des âmes retient au premier chef John Ford, un cinéaste qui a toujours manifesté beaucoup de désinvolture vis-à-vis de ce qui lui paraît secondaire. De sorte que ce film où se lit clairement la hiérarchie de ses intérêts finit, comme toujours chez lui, par devenir un portrait fidèle de son auteur.

N.B. Remake en 1952 par Charles Marquis Warren : *Hellgate.*

## JENNY

1936 – France (105') • *Prod.* Réalisations d'Art Cinématographique • *Réal.* MARCEL CARNÉ • *Sc.* Pierre Rocher, Jacques Prévert, Jacques Constant • *Phot.* Roger Hubert • *Mus.* Lionel Cazaux, Joseph Kosma • *Int.* Françoise Rosay (Jenny), Albert Préjean (Lucien), Charles Vanel (Benoît), Lisette Lanvin (Danielle), Jean-Louis Barrault (Dromadaire), Roland Toutain (Xavier), Sylvia Bataille (Florence), Margo Lion (Mme Vrack), Robert Le Vigan (Albinos), René Génin (un pêcheur), Roger Blin (le malade).

Retour de Londres après un échec sentimental, Danielle retrouve sa mère et apprend qu'elle est directrice de cabaret et entremetteuse. Elle entretient un amant beaucoup plus jeune qu'elle. Tombé amoureux de Danielle, celui-ci rompra avec sa mère et changera pour elle d'existence.

☞ Premier long métrage de Carné, réalisé grâce à la promesse de participation de Françoise Rosay, épouse de Feyder dont Carné fut longtemps l'assistant. Première collaboration Carné-Prévert, ce dernier n'étant pas, à l'inverse de Carné, un débutant puisqu'il venait d'écrire *Le crime de monsieur Lange** et avait collaboré à plusieurs films. Premier maillon du « réalisme poétique », déjà si peu réaliste et plein d'une poésie originale et sombre, même si l'intrigue se conclut par un *happy end* pour deux des trois personnages principaux (le troisième – celui de la mère – est laissé, lui, dans le plus grand désarroi). A l'expression « réalisme poétique » Carné a toujours préféré celle de « fantastique social » qui, dès ce premier film, convient mieux à son œuvre. La trame de l'intrigue, assez mal bâtie et conventionnellement mélodramatique, n'intéresse Prévert et Carné que dans la mesure où elle se prête à susciter toute une floraison de personnages secondaires étranges, pittoresques, marginaux, parfois à moitié fous, tels Dromadaire (Jean-Louis Barrault), bossu envieux et méchant, ou Albinos (Le Vigan), affairiste richissime qui distribue ses portefeuilles aux jeunes femmes qui lui plaisent. C'est le plus souvent pour un acteur précis que ces rôles ont été écrits par Prévert. Tous ont un grand relief et recréent une petite société à part, bien faite pour exprimer le pessimisme romantique, un tantinet anarchisant, toujours mêlé d'humour et d'insolite, propre aux deux auteurs à l'aube de leur légendaire association.

BIBLIO. : scénario publié dans le volume « Jacques Prévert : *Jenny – Le quai des brumes** », Gallimard, 1988. Préface de André Heinrich décrivant sommairement les différences (importantes) existant entre ce scénario et le film définitif.

## JÉRICHO

1946 – France (117') • *Prod.* Sacha Gordine • *Réal.* HENRI CALEF • *Sc.* Claude Heymann, Charles Spaak • *Phot.* Claude Renoir • *Int.* Pierre Brasseur (Jean-César Morin), Pierre Larquey (Béquille), Louis Seigner (Dr Noblet), Jean Brochard (Michaud), Henri Nassiet (commandant Munchhausen), Yves Deniaud (Robert Detaille), Jacques Charon (comte Jacques de Saint-Leu), Pierre Palau (Dietrich), Roland Armontel (Muscat), Line Noro (Rosa Ducroc), Alfred Pasquali (démissionnaire du conseil municipal), Raymond Pellegrin (Pierre), Santa Relli (Simone Michaud).

Dans la nuit du 6 juin 1944, un convoi d'essence est immobilisé en gare d'Amiens à la suite de l'explosion d'un pont provoquée par des résistants. Le commandant allemand ordonne au maire de dresser une liste de cinquante otages qui seront fusillés si le train est endommagé. Le maire réunit les membres du conseil municipal et leur propose d'inscrire leur nom sur la liste. Ils acceptent, à l'exception de deux démissionnaires. Le commandant complète la liste en y faisant figurer les détenus de la prison (arrêtés pour la plupart pour des faits de résistance) et notamment ceux d'une cellule comprenant le Dr Noblet, le clochard « Béquille », un typographe, Muscat, un aristocrate, le comte Jacques de Saint-Leu, un trafiquant cynique et lâche, Jean-César Morin. La fille d'un employé des chemins de fer, Simone Michaud, et un préparateur en pharmacie, Pierre, tentent avec un groupe de résistants un coup de main contre le train. La jeune fille est capturée, le jeune homme abattu. Les otages sont alors enfermés dans une église pour être exécutés au matin. Ils passent leur nuit à écrire à leurs proches, à ruminer leur peur ou leur angoisse. Montant en chaire, Morin exhorte ses compagnons à faire quelque chose, n'importe quoi – lécher les bottes des Allemands s'il le faut – pour obtenir leur libération. Il est lynché et on maquille sa mort en suicide par pendaison. Un officier allemand vient dire aux prisonniers qu'ils sont cinquante et un et non cinquante. Il raye un nom sur la liste : celui de Morin. On lui montre le pendu. Il conclut alors que les otages sont au complet. Durant la nuit, la RAF a préparé l'opération « Jéricho » et lance un raid sur la prison. Alors que Simone Michaud et les otages vont être passés par les armes, le bombardement commence. Certains sont tués, d'autres rejoignent le maquis.

☞ Deuxième et meilleur film de Henri Calef. Plus qu'un film sur la Résistance (comme *La bataille du rail**), il s'agit d'un récit montrant la variété des réactions d'une population face aux dilemmes engendrés par l'action de la Résistance. Dirigeant bien ses acteurs, Calef a le sens du portrait individuel autant que celui de l'action collective. Il n'hésite pas à briser (et à enrichir) le climat tragique du récit par des épisodes cocasses : ex. la séquence où Pasquali ne veut pas inscrire son nom sur la liste des otages et démissionne du conseil municipal sous prétexte qu'il est en désaccord sur l'entretien du stade. Voir aussi le portrait de l'aristocrate amateur de chants guerriers et d'hymnes nationaux interprété par Jacques Charon. Ayant été arrêté pour avoir chanté « La Marseillaise », il propose à tous d'en faire autant pendant la longue nuit d'attente et s'écriera en voyant apparaître les avions anglais : « Ah ! si je savais le *God Save the King* ! » Pierre Brasseur joue, comme il l'a fait souvent, un personnage cynique et abject. *Jéricho* offre le rare exemple d'un film épique français ; mais le maintien d'un certain ton uniforme et grave, nécessaire à l'épopée, n'a pas empêché la multiplicité des notations individuelles – comme on les aimait à l'époque – d'apparaître et de donner aux acteurs secondaires l'occasion de prouver leur talent. Dans le cinéma français, en effet, le ton épique doit forcément passer, pour être accepté, par une sorte d'unanimisme, et ce passage est ici assez réussi. Si le thème de la solidarité contre l'ennemi s'exprime avec une belle sincérité, c'est aussi grâce à une équipe d'acteurs et de techniciens très soudée, au sein de ce climat d'espoir et d'optimisme caractérisant – pour un bref moment – le cinéma français à la Libération.

## JESSE JAMES
### (Le brigand bien-aimé)

1939 – USA (108') • *Prod.* Fox (Darryl F. Zanuck) • *Réal.* HENRY KING • *Sc.* Nunnally Johnson d'ap. documentation établie par Rosalind Schaffer et Jo Frances James • *Phot.* Georges Barnes (Technicolor) • *Mus. dir.* Louis Silvers • *Int.* Tyrone Power (Jesse James), Henry Fonda (Frank James), Randolph Scott (marshal Will Wright), Nancy Kelly (Zeralda « Zee » Cobb), John Carradine (Bob Ford), Henry Hull (major Rufus Cobb), Donald Meek (McCoy), Slim Summerville (geôlier), J. Edward Bromberg (George Runyan), Brian Donlevy (Barshee), John Russell (Jesse James, Jr.), Jane Darwell (Mrs. Samuels), Charles Tannen (Charles Ford), Ernest Whitman (Pinky Washington), George Chandler (Roy), Lon Chaney, Jr. (membre du gang James).

Après la fin de la Guerre de Sécession commencent la ruée vers l'Ouest et le développement des chemins de fer qui entraînera la spoliation de beaucoup de paysans dont les terres auront à être traversées par les lignes ferroviaires. Par la persuasion, l'intimidation ou la violence, un représentant des Midland Railroads, Barshee, accompagné de ses sbires, oblige des paysans du Missouri à lui céder leurs terres au dixième de leur valeur. L'argument avancé par Barshee est que, s'ils refusent, le gouvernement leur prendra leur bien sans leur donner un sou. Beaucoup signent sans discuter, mais Mrs. Samuel, mère de Frank et de Jesse, exige de consulter auparavant un avocat. Barshee veut s'en prendre à Frank qui le met très vite K.-O. Barshee s'empare alors d'une fourche pour le frapper dans le dos mais en est empêché par Jesse qui l'atteint d'une balle au poignet. Le soir, Jesse rassemble les paysans du voisinage et leur affirme qu'ils doivent se cotiser pour pouvoir payer les services d'un avocat. Sa mère le supplie de partir avec Frank car Barshee a obtenu un mandat d'arrêt contre eux. Barshee arrive après le départ des deux frères et met le feu à leur maison. Au cours de l'incendie, Mrs. Samuel meurt. Zee Cobb, nièce du major Rufus Cobb, directeur du journal local dans la petite ville de Liberty, est fiancée à Jesse. Elle va annoncer aux deux frères, cachés dans les collines, le décès de leur mère. Jesse se rend alors au saloon de la ville, provoque Barshee en duel et l'abat. Sa tête est mise à prix pour 1 000 dollars. On inaugure un train à St. Louis. La nuit venue, Jesse grimpe sur le toit des wagons et remonte tout le convoi pour aller commander au conducteur de stopper la machine. Des hommes de sa bande montent dans les wagons et rançonnent les voyageurs. « Poursuivez la compagnie ! », leur dit l'un des voleurs. Jesse brave le danger pour aller retrouver Zee. Le marshal Will Wright, qui courtise vainement la jeune fille, reconnaît Jesse, mais le laisse partir. Quelque temps plus tard, Zee montre à Jesse une promesse écrite du directeur de la compagnie des chemins de fer, McCoy, assurant Jesse que, s'il se rend, il aura une peine inférieure à cinq ans. Pour pouvoir épouser Zee, Jesse accepte de se rendre. Auparavant, il la conduit à l'église. Le pasteur qui, comme tous les habitants du voisinage, est de cœur avec lui, accepte de le marier illico. « Vous êtes le bienvenu comme la pluie sur les fleurs », lui dit-il. Lui aussi a subi de graves dommages de la part des gens du chemin de fer. Après la cérémonie, Jesse remet ses armes à Will Wright. Le juge lui promet d'être aussi indulgent que la loi le lui permettra. Jesse est enfermé dans sa cellule quand McCoy vient le narguer. Il n'a nulle intention de tenir sa promesse, qui n'était qu'un piège pour le faire pendre. D'ailleurs, le juge qui statuera sur le cas de Jesse n'est pas celui qui l'avait accueilli. Arrêté et conduit à la prison, Frank libère son frère comme il l'avait juré. Certains des *deputies* assermentés par Will Wright sont les amis des deux frères James et ont prêté main forte à Frank. Avant de quitter les lieux, Jesse fait manger à McCoy le papier qui contenait sa fausse promesse. Frank et Jesse, pris en chasse par une patrouille, échappent à leurs poursuivants en leur jetant des billets de banque. La tête de Jesse est maintenant mise à prix pour 25 000 dollars. Zee vit à St. Joseph (Missouri). Jesse la rejoint un moment mais, par peur d'être arrêté, doit partir. Elle accouchera de son bébé en son absence. Désespérée, elle se dit persuadée que Jesse restera un hors-la-loi toute sa vie. Quand il revient pour la voir, il apprend qu'elle est retournée à Liberty. Elle lui a laissé un mot d'adieu. Après réflexion, Jesse estime qu'elle a raison et qu'il vaut mieux qu'elle fasse sa vie sans lui. Jesse et sa bande effectuent de nombreux hold-up et attaques de train. L'enfant de Zee, que courtise toujours Will Wright, a maintenant cinq ans. Un détective au service des chemins de fer arrive à Liberty et remet à l'épouse de Bob Ford, un des membres de la bande de Jesse, un article de journal expliquant que le gouvernement est prêt à gracier celui de ses compagnons qui abattra Jesse. Bob est tenté. Il apprend au détective que le prochain hold-up préparé par Jesse aura lieu à la First National Bank de Northfield, Minnesota. Sur place, une embuscade est tendue à la bande. Quatre des huit membres mourront ; deux seront faits prisonniers. Quant à Jesse et à Frank, ils parviendront à échapper à leurs poursuivants en sautant avec leur monture dans la rivière du haut d'une falaise. Considéré comme mort, Jesse rejoint la maison de Zee à St. Joseph et voit son fils pour la première fois. Bob s'est évadé et rend visite à Jesse avec son frère Charles. Il est porteur d'un message de Frank, censé préparer un nouveau hold-up. Jesse refuse d'y participer. Il a l'intention d'aller refaire sa vie avec sa femme et son fils en Californie. Bob l'abat en lui tirant dans le dos, alors qu'il était en train de décrocher un cadre portant ces mots « Dieu bénisse notre foyer ». Il est enterré par les siens et les gens de la ville.

☞ Sorti en janvier 1939, ce film est l'un des tout premiers chefs-d'œuvre du cinéma américain tournés en Technicolor. Seuls, *Une étoile est née** de Wellman et *Les aventures de Robin des Bois** de Curtiz le précèdent dans ce domaine. C'est également le premier western parlant qui donne une dimension universelle au personnage de Jesse James. Un Jesse James idéalisé, légendaire, mythique. La firme productrice (la Fox) le voulait ainsi, mais c'était aussi le seul angle sous lequel il pouvait intéresser Henry King. Cela dit, pour lui, légendaire, mythique, ne veut pas dire lointain, « bigger than life », mais au contraire familier, humain, et profondément représentatif de l'Amérique profonde. Les caractéristiques du personnage de Jesse conditionnent le style et l'esprit du film. Vu par King, Jesse James est à l'évidence un personnage aristocratique – par son maintien, son élégance physique et morale, sa fierté, sa générosité, son sens du sacrifice (Tyrone Power trouve ici, dans ce quatrième des onze films qu'il a tournés avec King, l'un de ses plus beaux rôles). Jesse James est ensuite, essentiellement, un personnage enraciné (à l'inverse du déraciné qu'en fera Nicholas Ray). La description authentique de son environnement nécessita tous les soins du réalisateur et de son équipe ; la couleur et la richesse du budget trouvèrent là leur plein emploi. King repéra, comme à son habitude, les extérieurs dans son avion personnel et décida de tourner, non pas à Liberty même, mais dans une autre ville du Missouri, Pineville, plus facile à reconstituer dans son aspect des années 1880. On s'affaira à recouvrir d'une épaisse couche de poussière les rues pavées de la ville, et la population locale fournit au film sa figuration. King s'entretint longuement avec le fils de Frank James sur son père et sur son oncle. Au moins par la peinture concrète et chaleureuse de l'univers où vécut son héros, King réussit à brosser une vivante page d'histoire, ajoutant ainsi un chapitre supplémentaire à cette chronique familière de l'Amérique rurale *(americana)* qui constitue une grande part de son œuvre. Enfin, dans son combat et ses motivations, le Jesse James du film ne cesse jamais d'être le représentant de cette paysannerie victime du progrès, de l'affairisme urbain et de la ploutocratie. Du coup, il va se payer sur la bête (le chemin de fer) et ses exploits, même illégaux, représenteront le triomphe allégorique des opprimés et des spoliés de tout poil sur un ennemi redoutable et quasi invincible. Quand il devient vers la fin du film une bête sauvage – il ne le sera d'ailleurs jamais complètement – King s'intéresse beaucoup moins à lui (et King est parmi les cinéastes américains l'un des plus inaptes à dissimuler ce qui l'intéresse ou l'ennuie dans un sujet, un personnage, une histoire). Il préfère alors insister sur les malheurs privés de son héros et cisèle par exemple, avec l'accouchement solitaire de Zee entourée de ses amis mais loin de Jesse, une scène douloureuse et tendre, dans cette veine élégiaque qui est si importante dans son œuvre. Dans les dernières scènes, Jesse devient, au moment où il croyait connaître la paix, un personnage malchanceux, plus proche à vrai dire du mélodrame – mais traité avec une grande réserve – que de la tragédie. King le montre comme une victime pareille à toutes celles dont il s'était fait, en devenant hors-la-loi, le chantre et le porte-drapeau : à savoir un fils de l'Amérique, généreux et noble, privé de sa légitime part de bonheur. Tout au long de cette chronique, le style de King reste serein, équilibré, classique, varié dans ses tons, parfois joyeux et vengeur (scène de Jesse face au traître McCoy), ailleurs émouvant avec retenue, toujours plastiquement admirable et dynamiquement parfait.

N.B. Le succès immense de *Jesse James* entraîna une renaissance du western et une abondance de biographies de hors-la-loi célèbres de l'Ouest. Dès l'année suivante, une suite au film de King fut entreprise par la Fox, *The Return of Frank James (Le retour de Frank James),* dirigée par Fritz Lang. Huit acteurs et personnages du premier film réapparaissent ici : Henry Fonda, Henry Hull, J. Edward Bromberg, Donald Meek, John Carradine, Charles Tannen, Ernest Whitman, George Chandler. Lang, dont c'est le premier western et l'une des œuvres les plus mineures, repéra avec sa minutie coutumière les extérieurs et fit même des tests avec une caméra 16 mm afin de trouver des sites proches de ceux des Ozarks et des Rocheuses. L'intrigue présente un Frank James bien décidé à venger son frère quand il a vu que Bob et Charles Ford ont été graciés par la justice. Frank part à leur recherche. Il les retrouve dans un théâtre où ils interprètent eux-même sur scène leur « exploit ». Après une poursuite à cheval, une fusillade éclate entre Frank et Charles dans un canyon, au milieu des rochers aux formes étranges. (Cette scène annonce des séquences comparables dans les films d'Anthony Mann ; à noter que Lang eut ici comme assistant Aaron Rosenberg qui devait produire à la Universal certains des plus beaux westerns d'Anthony Mann.) Charles fait une chute mortelle dans le torrent. A son regret, Frank doit renoncer à poursuivre Bob, car McCoy a fait arrêter et condamner à mort son domestique noir Pinky. Frank rebrousse chemin pour aller le défendre et est arrêté. A son procès, il s'accuse du vol injustement reproché à Pinky mais sera innocenté du meurtre d'un veilleur de nuit qu'on voulait lui faire endosser. Bob apparaît au tribunal. Frank le poursuit dans une grange où il le découvrira mort de ses blessures : Bob venait de tuer Clem (Jackie Cooper), le jeune compagnon de Frank, qui, avant de mourir, l'avait mortellement blessé dans un duel au pistolet. Bien que soigneusement réalisé, le film n'a ni la force ni l'authenticité de *Jesse James.* Diverses séquences comiques, d'ailleurs nullement déplaisantes, et un intermède romantique assez conventionnel avec une apprentie journaliste amoureuse de Frank (Gene Tierney) laissent peu de place dans l'intrigue à ces séquences tragiques où Lang peut donner sa vraie mesure. Quoique le thème principal du film (la vengeance) soit éminemment langien, seules trois ou quatre séquences possèdent une réelle intensité tragique : Frank (filmé en légère contre-plongée) regardant de sa loge la représentation des frères Ford ; la fusillade dans les rochers ; la mort de Clem et celle de Bob Ford. A noter que Frank James, dans ce film, n'aura à tuer aucun des deux frères. Zanuck n'aimait pas le thème de la vengeance et on sent presque constamment dans le ton du film une certaine prudence confinant parfois à la mièvrerie. Le Technicolor, lui, est toujours splendide. On ne peut imaginer de film plus différent du *Jesse James* de King que son remake par Nicholas Ray *The True Story of Jesse James (Le brigand bien-aimé,* 1957). Ray commence son film par le hold-up de la First National Bank puis bâtit son récit sur la traque des deux frères James ponctuée de trois flash-backs (émanant de la mère de Jesse, qui survit ici à son fils, puis de Zee et enfin de Frank). Dans chaque groupe de séquences, la violence éclate, toujours renouvelée. Elle a pour origine les Nordistes dans le premier flash-back ; des voisins de la famille James dans le second ; Jesse lui-même, sa bande et leurs poursuivants dans le troisième. Jesse est décrit comme un solitaire renfermé et peu sympathique ; c'est un déraciné, une âme perdue que consolent parfois sa célébrité et l'appât du gain. Il a connu très jeune la violence et semble y avoir pris goût. Il apparaît sous l'aspect d'un *rebelle avec cause* mais celle-ci, bonne à l'origine, s'est pervertie dans l'usage qu'il en a fait. Parfaitement personnel, souvent brillant dans son utilisation du Cinémascope et de la couleur, le film est volontairement dénué d'émotion et assez abouti dans sa volonté de réalisme et de démystification. Il pâtit néanmoins d'une certaine grisaille générale dans l'interprétation. Les éléments du contexte historique, où les conséquences de la Guerre de Sécession ont une grande importance et où le chemin de fer n'en a aucune, sont sans rapport avec le film de King. Dans une séquence, les membres de la bar de Jesse ricanent quand il apprennent que les journaux comparent celui-ci à Robin des Bois. Rappelons que l'idéalisation du personnage de Jesse James commença dès le muet avec notamment le *Jesse James* de Lloyd Ingraham (1927), film considéré aujourd'hui comme perdu. Jesse était interprété par Fred Thomson, la vedette de western la plus célèbre des années 20 après Tom Mix. Dans leur ouvrage sur le western, Fenin et Everson estiment que Jesse est encore plus « blanchi » ici que dans le film de King. Outre les versions King, Lang, Ray et Fuller *(I Shot Jesse James*),* la saga du clan James a inspiré de nombreux films américains dans les années 40 et 50. Pour la plupart, ce sont des films de série ou même des serials (cf. *Jesse James Rides Again,* treize épisodes pour la Republic de Fred C. Bannon et Thomas Carr, 1947, ou *The James Brothers of Missouri,* douze épisodes de Thomas Carr, 1950). Dans les années 70 et au début des années 80, deux films plus ambitieux, *The Great Northfield Minnesota Raid (La légende de Jesse James,* 1972) de Philip Kaufman et *The Long Riders (Le gang des frères James,* 1980) de Walter Hill, ont tenté de revivifier le mythe en lui insufflant une certaine dose de réalisme. Mais leur style et leur point de vue restent assez confus, superficiels et parfois même, dans le cas de Walter Hill, racoleurs. Initiative plus pittoresque que réellement créatrice chez ce dernier réalisateur que d'avoir rassemblé quatre familles d'acteurs dans son film : les frères David, Keith et Robert Carradine (jouant Cole, Jim et Bob Younger), James et Stacy Keach (Jesse et Frank James), Randy et Dennis Quaid (Clell et Ed Miller), Nicholas et Christopher Guest (Bob et Charlie Ford).

BIBLIO. : deux ouvrages ont été consacrés au tournage du film. Ils ont la particularité d'avoir été publiés pratiquement sur place. Don Walker : « Fun and Games with *Jesse James* », The McDonald County News-Gazette, Pineville, Missouri, 1976, et Larry C. Bradley : « Jesse James, the Making of a Legend », Larren Publishers, Nevada, Missouri, 1980 (avec de nombreuses photos de tournage). Ils constituent une mine de renseignements et d'anecdotes.

## JE SUIS UN AVENTURIER (The Far Country)

1955 – USA (97') • *Prod.* UI (Aaron Rosenberg) • *Réal.* ANTHONY MANN • *Sc.* Borden Chase d'ap. R. de Ernest Haycox • *Phot.* William Daniels (Technicolor) • *Mus.* Joseph Gershenson • *Int.* James Stewart (Jeff Webster), Ruth Roman (Ronda Castle), Corinne Calvet (Renée Vallon), Walter Brennan (Ben Tatem), John McIntire (Mr. Gannon), Jay C. Flippen (Rube), Henry Morgan (Ketchum), Steve Brodie (Ives), Royal Dano (Luke), Robert J. Wilke (Burt Madden), Chubby Johnson (Dusty), Jack Elam (Frank Newberry), Connie Gilchrist (Hominy), Kathleen Freeman (Drift), Eugene Borden (Dr Vallon).

Seattle, 1896. Attendu par son ami et protégé, le vieux Ben, Jeff Webster arrive avec un troupeau qui lui appartient et qu'il conduit depuis le Wyoming. Il rend leurs armes à ses deux convoyeurs qui, plutôt que de se battre avec lui, préfèrent attendre, disent-ils, qu'il soit bientôt pendu. Jeff et Ben chargent le troupeau à bord d'un bateau à vapeur. A peine le bateau a-t-il quitté le port qu'un mandat d'arrêt est lancé contre Jeff. Mais le capitaine ne peut faire marche arrière. Pour éviter d'être arrêté, Jeff se cache dans la cabine d'une passagère, Ronda. Très surpris qu'elle l'ait ainsi aidé, Jeff apprend de Ronda qu'elle a besoin d'amis... Plus tard, quand tout s'est calmé, Jeff rejoint la cabine que Ben partage avec un ami, l'ivrogne Rube. Jeff fait descendre son troupeau à Skagway. Les bêtes se précipitent dans les rues et bousculent la potence à laquelle le shérif Gannon, un redoutable escroc à l'apparence joviale, allait pendre deux hommes qu'il avait condamnés. L'exécution doit être reportée. L'adjoint de Gannon arrête Jeff sous le motif qu'il a troublé la paix en ville. Durant son séjour en prison, il rencontre le Dr Vallon. Sa fille, la jeune Renée, amasse de l'argent pour lui offrir un séjour à Vienne où il étudiera les maladies de l'estomac. Renée, au saloon de Ronda, a la concession de la sciure : elle extrait à son profit de la poussière d'or que les mineurs, clients du lieu, ont fait tomber ; à la moindre occasion, Renée leur pousse d'ailleurs le coude, quand ils pèsent ou comptent leur or. Jeff est jugé par Gannon dans ce saloon. Jeff explique qu'il a dû tuer deux de ses quatre convoyeurs qui avaient tenté de lui voler son troupeau. Gannon l'absout de ce crime mais lui confisque son troupeau pour avoir empêché la pendaison. Faisant la loi et l'ordre à Skagway, Gannon y a édicté une loi particulière : on ne peut franchir la frontière canadienne qu'avec au moins cent livres de viande, cela soi-disant pour éviter que les affamés ne s'entretuent. En fait, le grand bénéficiaire de cette loi est Gannon lui-même, puisque c'est lui qui vend la viande. Ronda propose à Jeff de conduire un chargement pour elle jusqu'à Dawson, ville située au-delà de la frontière dans le Yukon. Jeff accepte et pénètre ainsi au Canada. La nuit, au campement, il réveille Ben et Rube. Tous les trois, ils vont reprendre le troupeau confisqué par Gannon. On échange des coups de feu, mais Gannon renonce à poursuivre Jeff en terre canadienne. Il le pendra, dit-il, à son retour en hiver, car il n'y a aucune autre voie d'accès vers les États-Unis que Skagway. Maintenant que son père est parti pour l'Autriche, Renée, amoureuse de Jeff, l'a suivi. Le vieux Ben lui explique que la petite clochette qu'il a donnée à Jeff et qu'on entend sonner à sa selle est destinée à orner la porte de la ferme que les deux hommes achèteront un jour dans l'Utah. Deux routes s'offrent au convoi conduit par Jeff : la piste des cimes ou la vallée. Passer par la vallée est plus long, mais moins dangereux, et Jeff trouvera ainsi de l'herbe pour ses bêtes. Ronda et les autres convoyeurs sont d'avis de passer par le col. Les deux groupes se séparent. Bientôt une avalanche se déclare, donnant raison à Jeff. C'est uniquement parce que Ben et Renée l'y exhortent que Jeff se portera au secours des blessés. La nuit suivante, au campement, Ronda embrasse Jeff et provoque la jalousie de Renée. Avant d'arriver à Dawson, le groupe assiste à une fusillade dans la plaine. Jeff abat un homme qui l'avait visé. Dawson, petite communauté paisible et propre, est en train de subir la contagion de Skagway. Les habitants de Dawson voient arriver avec une immense satisfaction le troupeau de Jeff, car ils n'ont pas mangé de viande de bœuf depuis des mois. La brave Hominy, patronne d'un restaurant, veut acheter le troupeau, mais Ronda offre un prix plus élevé et emporte l'affaire. On achève de construire son nouveau saloon, le Dawson Castle. Jeff, avec une partie de l'argent du troupeau, achète une mine. Ben comprend hélas que ce n'est pas demain la veille que Jeff et lui iront s'installer dans l'Utah. Quelques mois plus tard, les deux hommes ont trouvé beaucoup d'or. La communauté des braves gens de Dawson rêve d'habiter une vraie ville avec une école, un tribunal, une église. Elle redoute la pègre qui sévit autour du Dawson Castle. Jeff est sollicité pour devenir shérif, mais cela ne l'intéresse pas. C'est Rube, maintenant sobre, qui sera nommé. Au Dawson Castle, Jeff revoit Gannon. Un de ses hommes, Madden, tue à bout portant un vieux mineur qui se plaignait qu'on lui ait volé sa mine. C'est à Rube qu'il incombe d'arrêter l'assassin, mais il va devoir l'affronter en duel. Jeff, devant tout le monde, lui fait sentir qu'il n'est pas à la hauteur et le dissuade d'agir. Il lui sauve ainsi la vie, mais en le couvrant de honte. « Il préférerait être mort », déclare Ben. – « Oui, mais il est vivant », rétorque Jeff. Sentant le danger venir avec la bande de Gannon, Jeff a décidé de partir en secret avec ses économies en suivant une piste le long de la rivière, indiquée par un Indien. Il éviterait ainsi de repasser par Skagway. Mais le vieux Ben a été trop bavard. La bande de Gannon les a suivis pour les attaquer et les dévaliser. Ben est abattu et Jeff blessé au bras et à la main ; c'est de justesse qu'il échappe à la noyade. Il rentre en ville avec le cadavre de Ben sur son cheval et rejoint sa cabane. Ronda et Renée le soignent. Peu à peu, il retrouve l'usage de sa main. Il attend son heure pour se venger. De plus en plus nombreux sont les mineurs de Dawson spoliés de leur bien par les tueurs de Gannon. Découragés, ils s'apprêtent à quitter la ville. Jeff voudrait les en empêcher, mais est bien mal placé pour le faire. Un soir, il constate que sa main est redevenue tout à fait normale. Il va au-devant des hommes de Gannon. Dans la nuit, il affronte et abat Madden, puis il provoque Gannon. Celui-ci s'apprête à sortir du Dawson Castle. Il a posté deux hommes en embuscade. Ronda veut prévenir Jeff et est tuée par Gannon qu'abat Jeff quelques instants plus tard. Enhardie par cette victoire, la communauté des honnêtes gens de Dawson trouve le courage de chasser les bandits. Jeff et Renée font tinter la clochette accrochée à la selle de Jeff...

☞ Avant-dernier des cinq westerns d'Anthony Mann avec James Stewart. C'est le plus complet, le plus synthétique, le plus riche de sens de la série et peut-être, tout simplement, le plus beau western du cinéma américain. La diversité et l'étendue de ses significations défient l'analyse, surtout en peu de mots. Dans de multiples décors, verdoyants ou enneigés, et dans plusieurs villes, portuaires ou nichées dans la montagne, trois histoires au moins s'y déroulent. Une histoire individuelle, celle du héros incarné par James Stewart dont le passé lourd de secrets, le rapport à la violence, la solitude et une sorte de sauvagerie volontaire prolongent une méditation sur ces thèmes, menée de longue main par l'auteur. Une histoire collective où une bande de chercheurs d'or et de citoyens ordinaires veulent fonder une vraie ville, appuyée sur des valeurs universelles et sur des institutions séculaires. La rencontre, l'entrelacement, la fusion de ces deux histoires en suscitent une troisième, qui est l'essentiel du film. Au cours d'un itinéraire rectiligne et passionnant, Jeff Webster (James Stewart) découvre chez lui un sens des responsabilités, une solidarité avec certains de ses semblables, notions que jusqu'à présent il avait fuies. Il fait cette découverte avec surprise, presque à regret, et à la fin du récit avec un début d'acquiescement. Cet itinéraire ne constitue qu'un tout petit bout de chemin dans sa vie, mais capital. La fin de l'intrigue est loin d'être un happy end. Jeff restera-t-il à Dawson ? Peut-être. Mais le couple qu'il forme aux dernières images avec la jeune Renée n'est aucunement viable. Ronda Castle avec qui il avait plus d'affinités est morte et il a perdu son seul ami. Tout cela ressemble un peu à un champ de ruines, à ceci près que la communauté de Dawson est sauve. A travers ce personnage, Anthony Mann exprime la nécessité d'unir pragmatisme et morale.

Et c'est paradoxalement parce qu'il était un pragmatiste imparfait que Jeff a compris la nécessité absolue de la morale. Après tout, s'il ne s'était pas embarrassé du vieux Ben, s'il n'avait eu aucun ami, son plan aurait réussi. Autre originalité : c'est le thème de la vengeance (où réapparaît l'habituelle et terrible obstination des héros d'Anthony Mann) qui introduit ici le thème de la solidarité. On n'insistera pas sur l'appréhension géniale de l'espace et de la lumière dont témoigne la mise en scène de Mann, ni sur le relief et la richesse des personnages secondaires (joués par les meilleurs seconds rôles du cinéma américain), car ce sont des vertus communes à toute la série. Mais l'accord inouï qui existe dans ce film entre le script parfait de Borden Chase et la mise en scène constamment inventive de Mann (cf. par exemple les plans d'intérieurs en très légère plongée, créant un malaise, une tension et accentuant le poids du décor sur les personnages) a entraîné une conséquence qui doit être notée, même s'il est difficile de le faire avec clarté. La construction de l'intrigue est fondée sur le thème de l'itinéraire. Chaque étape de l'histoire fait donc avancer l'action, sans recul ni retour en arrière possible, en même temps qu'elle fait progresser l'évolution morale du héros. (La part des dialogues, si modeste soit-elle, est ici essentielle comme dans tous les westerns modernes, où les personnages possèdent toujours, même quand ils se trompent, une très grande conscience d'eux-mêmes.) Au terme de cet itinéraire, le spectateur, sur la base de l'évolution réelle du personnage, peut procéder à un bilan. Mais, à ce moment, chaque étape de la trajectoire du héros a *autant d'importance* que la conclusion, d'ailleurs ouverte, de son évolution. La mise en scène a pour ainsi dire incrusté ces différents moments, grâce au thème et à la figure de l'itinéraire, dans la matière du film et dans la mémoire du spectateur. A l'ultime plan du film, Jeff Webster est autant le bénéficiaire surpris de la générosité de Ronda dans l'une des premières séquences, l'admirateur ardent de la solitude et de l'indépendance des loups quelque part entre Skagway et Dawson, que le vengeur obstiné et solidaire de la communauté de Dawson qu'il est devenu par la suite. Chacun de ces états successifs vivent en lui, dans le film et dans notre mémoire avec la même présence et la même force expressive que l'aboutissement auxquels ils ont donné lieu. Discursif et synthétique à la fois, le propos du film, pourtant inscrit dans le temps par sa dramaturgie, lui échappe à la fin et n'en est plus esclave. C'est par là surtout que le film acquiert son statut d'œuvre d'art, sa petite part d'éternité et sa beauté poignante, celle-ci inconcevable hors du cinéma.

BIBLIO. : le premier texte à signaler l'importance de ce film et d'Anthony Mann a été publié dans les « Cahiers du cinéma » n° 48 (1955) par Philippe Demonsablon. On ne saurait trop recommander la lecture des notes et articles (une cinquantaine environ) écrits par cet auteur durant la période la plus créatrice des « Cahiers du cinéma » (1954-1960).

## JE SUIS UN ÉVADÉ
### (I Am a Fugitive From a Chain Gang)

1932 – USA (93') • *Prod.* Warner (Hal B. Wallis) • *Réal.* MERVYN LEROY • *Sc.* Howald J. Green et Brown Holmes d'ap. récit autobiographique de Robert E. Burns : « I Am a Fugitive From a Georgia Chain Gang » • *Phot.* Sol Polito • *Int.* Paul Muni (James Allen), Glenda Farrell (Marie), Helen Vinson (Helen), Noël Francis (Linda), Preston Foster (Pete), Allen Jenkins (Barney Sykes), Edward Ellis (Bomber Wells), John Wray (Nordine), Robert Warwick (Fuller).

En 1919, James Allen, sergent de la division « Sunset » rentre au pays. Ayant servi dans le génie, il voudrait maintenant être ingénieur des Travaux publics et ne reprend qu'à regret sa place d'ouvrier dans une usine de chaussures de sa petite ville natale. Il la quitte bientôt pour aller tenter sa chance à Boston, à la Nouvelle-Orléans, à Saint Louis. Le travail est rare. Il tombe dans la misère. Quand il veut mettre au clou sa croix de guerre, l'usurier en a déjà toute une quantité dans sa boutique. Plus tard, il se trouve mêlé sans l'avoir voulu à un minable hold-up dans un snack-bar. Il est condamné à dix ans de travaux forcés. Il connaît la vie atroce du bagne : chaînes aux pieds durant le jour et durant la nuit, seize heures de travail quotidien (les prisonniers doivent même demander la permission d'essuyer leur sueur), nourriture infâme. Il prépare un plan d'évasion et réussit à égarer les chiens en se cachant sous l'eau dans un marais. Il fait carrière dans une entreprise de grands travaux, passe par tous les échelons et devient bientôt ingénieur. Il construit des ponts comme il l'avait toujours rêvé. Sa logeuse, devenue sa maîtresse, découvre qui il est et l'amène par un chantage au mariage. Allen s'éprend d'une jeune femme de la bonne société, Helen, et demande le divorce à sa femme. Non seulement elle refuse mais elle le dénonce à la police. Chicago, dont Allen est devenu un citoyen éminent et respecté, s'oppose à son extradition en Géorgie. Allen fait campagne contre l'inhumanité des bagnes. Son avocat lui conseille de se rendre. On lui promet qu'il n'aura que 90 jours à faire avant d'obtenir son pardon et sa libération définitive. Allen accepte et retourne au bagne. Sa crédulité surprend ses anciens compagnons de cellule. Effectivement, la promesse qu'on lui avait faite n'est pas tenue. Les 90 jours deviennent un an et à cette date Allen n'est toujours pas libéré. Il s'évade à nouveau en volant un camion. Durant sa fuite, il sera même amené, lui le constructeur de ponts, à en démolir un à la dynamite. Il mène une vie de bête traquée. Au bout d'un an, il veut revoir Helen et la rencontre la nuit dans un garage pour lui dire adieu. – « Mais comment faites-vous pour vivre ? », lui demande-t-elle avant qu'il disparaisse dans l'obscurité. – « Je vole. »

☞ Le film est tiré de l'autobiographie de Robert E. Burns, en fuite avant et pendant le tournage. La Warner s'arrangea néanmoins pour l'avoir comme conseiller pendant l'écriture du scénario et la réalisation du film. Avant la sortie, il donna une conférence de presse où les journalistes vinrent les yeux bandés. S'étant montré en public après la sortie, il fut repris, jugé – dans l'État de New Jersey – et finalement libéré. (Mais ce n'est que treize ans plus tard qu'il fut totalement blanchi et put aller librement en Géorgie où il avait été initialement condamné.) Ces événements défrayèrent la chronique et étaient susceptibles d'assurer la promotion du film. S'ajoutait à cela le problème des Vétérans qui venaient de faire une marche de protestation à Washington en 1932. Néanmoins l'entourage de Zanuck, le véritable instigateur du film, craignait que la dureté du sujet ne rebute de nombreuses couches de spectateurs. Roy Del Ruth refusa même pour cette raison de le réaliser. Zanuck tint bon et prouva (car le film eut un immense succès mondial) la capacité du cinéma à traiter sans concession, sans « comic relief » (pauses comiques) et sans *happy end* un problème social sur le règlement duquel il pouvait même avoir une influence positive en provoquant une prise de conscience immédiate du public. Ce qui fut le cas. Dans sa dénonciation de l'intolérable cruauté des bagnes du Sud, *Je suis un évadé* possède une intensité et une violence analogues à celles de films de gangsters, mais avec une différence notoire : le héros est un homme comme tout le monde auquel n'importe quel spectateur peut s'identifier. Cette identification est favorisée par la force de la composition de Paul Muni et par sa propre identification au personnage. La jungle où il évolue n'est pas seulement un milieu précis et délimité, « le milieu », voué par définition à la violence, mais la société tout entière dont la brutalité et le cynisme, en cette époque de Dépression, sont ainsi stigmatisés. Cette société sabote concrètement les valeurs qu'elle feint de respecter en théorie. Outre sa valeur documentaire, sociale et aussi morale, le principal mérite du film tient dans la fluidité et la densité de sa narration qui le rendent aujourd'hui aussi cinglant qu'à sa sortie. On a pu reprocher au film de n'être pas entièrement centré sur la description du bagne. Cela revient à le déposséder d'une bonne partie de son originalité : l'histoire de Robert E. Burns dans *Je suis un évadé* est traitée en effet comme un roman individuel, riche en péripéties, en rencontres, en mutations psychologiques, lesquelles sont d'ailleurs admirablement servies par cette fluidité narrative de l'intrigue. Vitesse, dynamisme, resserrement et abondance de l'action, justesse percutante du détail caractérisent le scénario et la mise en scène du film. *Je suis un évadé* fut ainsi à l'origine d'une lignée de films sociaux et romanesques (au meilleur sens du terme) bourrés de faits, menés à un train d'enfer et n'excluant ni la véracité ni la précision. De cette lignée se détachent *Heroes for Sale* (1933) et *Wild Boys of the Road* (1933), deux films ultra-courts et d'une admirable densité, de William Wellman. La richesse thématique et visuelle de *Je suis un évadé* invita également certains historiens à voir en lui une source lointaine du *film noir* d'après guerre.

BIBLIO. : scénario et dialogues de tournage, annotés et corrigés en fonction du film réel, ont été publiés par The University of Wisconsin Press, 1981. Préface substantielle de John E. O'Connor. L'auteur examine par le menu les différents états du scénario et souligne avec quelle attention les « executives » du studio suivaient l'évolution du travail des scénaristes et l'influençaient par leurs réunions, leurs suggestions et bien souvent leurs décisions. Comme tous les préfaciers de la collection, O'Connor a pu consulter les archives de la Warner déposées pour la période de 1930-1950 au « Wisconsin Center for Film and Theater Research ». Extrêmement abondantes, ces archives contiennent par exemple les fiches quotidiennes de production qui indiquent notamment le détail des extérieurs, les moyens de locomotion employés, le nombre des prises, les raisons du ratage de certaines de ces prises, le temps de répétition et de tournage pour chaque plan. Au vu de ces documents, l'auteur estime que Zanuck a pris beaucoup plus de décisions importantes concernant le film que Mervyn LeRoy et que plusieurs des initiatives que celui-ci s'attribue abusivement dans son autobiographie « Take One » (1974) sont dues au travail des différents scénaristes qui se sont relayés sur le film (entre autres, la scène de la flagellation vue sur les visages des prisonniers qui assistent aux sévices et la scène de la disparition finale de Muni dans la nuit). A noter que l'autobiographie de LeRoy, comme d'ailleurs ses propos, sont très souvent pris en défaut.

## J'ÉTAIS UNE AVENTURIÈRE

1938 – France (103') • *Prod.* Ciné-Alliance (Georges Rabinovitch) • *Réal.* RAYMOND BERNARD • *Sc.* Herbert Juttke, Jacob (Hans Jacoby), Jacques Companeez, Michel Duran • *Phot.* Michel Kelber • *Mus.* Paul Misraki • *Int.* Edwige Feuillère (Véra Vronsky), Jean Murat (Pierre Glorin), Jean Max (Désormeaux), Marguerite Moreno (tante Émilie), Jean Tissier (Paulo), Félix Oudart (Rutherford).

A Londres, puis à Vienne, la comtesse Véra Vronsky exécute de subtiles escroqueries tournant en général autour de bijoux vrais ou faux. Usant de son charme, elle exploite habilement la cupidité, la vanité et la crédulité des hommes. Les scénarios de ces escroqueries sont fabriqués par son complice et maître, Désormeaux. Et quand l'exécution requiert de la dextérité, le troisième complice, Paulo le pickpocket, se fait un plaisir de mettre la main à la pâte. Mais à Cannes, la comtesse tombe amoureuse de sa proie, l'élégant Pierre Glorin. Ils filent le parfait amour et plus tard se marient. Bien entendu, Véra ne veut plus travailler avec ses anciens complices. A Budapest, leurs efforts pour former une nouvelle recrue – peu douée – se soldera par un séjour en prison. A Paris, ils retrouvent Véra, et Désormeaux exerce sur elle un chantage pour tenter de reconstituer leur ancienne équipe. Grâce à une mise en scène adroite, Véra croit s'être débarrassée d'eux. Mais Désormeaux découvre le pot aux roses. Avec Paulo, il réapparaît dans la ville normande où Pierre et Véra reçoivent de nombreux invités. Les deux escrocs s'enfuiront après avoir fait main basse sur les bijoux de tout ce beau monde. Véra est obligée d'avouer la vérité sur son passé à Pierre. L'amitié de Paulo pour son ancienne complice, et aussi son astuce, permettront au couple de repartir tranquillement d'un bon pied.

☞ Un scénario délicieux et extrêmement ingénieux de Jacques Companeez, Edwige Feuillère et son charme un peu frelaté de fausse grande dame, une mise en scène élégante et fluide de Raymond Bernard : tous les éléments sont ici réunis pour un divertissement brillant où la séduction du cinéma, considéré comme un jeu, est utilisée à fond. Mensonge et vérité, affectation et naturel jouent à cache-cache dans une intrigue digne de Lubitsch et dont l'intention première est de surprendre le spectateur. Raymond Bernard avait dans ses tiroirs nombre de projets ambitieux ; il ne put en réaliser qu'un très petit nombre. Pour une part, on doit le regretter. Mais l'obligation de satisfaire à des commandes l'amena à mettre en valeur une autre facette de son talent. Il apparaît ici comme un prestidigitateur de grande classe qui soigne ses tours et respecte toujours son public. Sa malice est dénuée de cynisme, son style d'un brio tout classique et plein de retenue.

N.B. Remake français par Raymond Bernard lui-même en 1956 sous le titre *Le Septième Commandement*. Edwige Feuillère garde son rôle. L'absence de fantaisie et d'élégance, le caractère laborieux et souvent sinistre du film soulignent l'abîme qui sépare le cinéma français des années 30 de celui des années 50. Remake américain, *I Was an Adventuress*, par Gregory Ratoff (1940). Erich von Stroheim et Peter Lorre reprennent les rôles de Jean Max et de Jean Tissier.

## JE T'ATTENDRAI/LE DÉSERTEUR

1939 – France (85') • *Prod.* Éclair-Journal • *Réal.* LÉONIDE MOGUY • *Sc.* Jacques Companeez, Michel Deligne, Jean Aurenche, Marcel Achard • *Phot.* Robert Le Febvre • *Mus.* Arthur Honegger, Henri Verdun • *Int.* Jean-Pierre Aumont (Paul Marchand), Édouard Delmont (le père), Corinne Luchaire (Marie), Berthe Bovy (la mère), Aimos (le sergent Lecœur), Roger Legris (Blaise), René Bergeron (Auguste).

1918 en Artois. Un train rempli de soldats progresse sous les bombes. La voie est coupée. On répare de suite. Mais cela prendra bien une heure. Paul Marchand, l'un des soldats, s'aperçoit qu'il se trouve tout près de son village natal où vivent son père, sa mère et sa fiancée, Marie, dont il n'a pas de nouvelles depuis deux mois. Il obtient de son camarade et supérieur immédiat, le sergent Lecœur, une heure de liberté. Il court au village, retrouve sa mère à l'église et apprend que sa fiancée ne vit plus avec elle. Marie travaille maintenant dans une taverne à soldats dont le patron, Auguste, la courtise. Elle ne tient plus à revoir Paul et se dit écœurée par sa lâcheté. Elle n'a reçu aucune de ses lettres. Paul comprend peu à peu que sa mère est cause de tout : elle a caché les lettres et renvoyé Marie. Elle ne voulait pas pour son fils d'une fille de l'Assistance. Paul essaie d'obtenir le pardon de Marie. Auguste, jaloux, a prévenu les gendarmes pour qu'ils viennent arrêter Paul. Paul et Auguste se battent. Paul croit avoir tué Auguste. Marie essaie de l'empêcher d'aller se dénoncer. Bombardement. Auguste, seulement blessé, est englouti dans les ruines de la réserve de son café. Paul prend à la dernière minute son train en marche.

☞ Avant *La corde** d'Hitchcock (1948), *The Set-Up** de Wise (1949) ou *The Tall Target* d'Anthony Mann (1951), *Le déserteur* est un de ces très rares films construits en « temps réel ». La durée de l'action et celle du film coïncident exactement. Ce procédé est employé ici sans trop d'artifice. Il communique au film un sentiment d'urgence, une tension, un caractère halluciné qui se répercutent dans tous les éléments de la mise en scène : interprétation, longs mouvements d'appareil, photo (admirable) entièrement grise et noire, à la limite du fantastique, bande-son dominée par le grondement sourd et obsédant des tirs d'artillerie. L'anecdote racontée n'est dépositaire d'aucune signification en elle-même. Pas de rapport privilégié entre les problèmes personnels du héros et la guerre. Son absence aurait rendu ces problèmes insolubles. Sa présence, providentielle et comme irréelle, permet de les résoudre dans un demi-jour crépusculaire et baroque, source de fascination. Avec *Boissière* (Fernand Rivers, 1937) et *Sœurs d'armes** (Léon Poirier, 1937), *Le déserteur* est l'un des films les plus étranges que la guerre de 14 ait inspirés aux cinéastes français des années 30. La virtuosité dont témoigne Léonide Moguy le conduisit à travailler en Amérique, mais ce film reste le plus étonnant de sa carrière (ou plutôt de ses quatre ou cinq carrières).

N.B. *Je t'attendrai* est le titre de sortie, *Le déserteur* ayant été refusé par la censure.

## JEUNE FILLE AU CARTON A CHAPEAU (LA)
### (Dievouchka s korobkoi)

1927 – URSS (6 bob.) • *Prod.* Mejrabpom-Rouss • *Réal.* BORIS BARNET • *Sc.* Valentin Tourkine et Vadim Cherchenievitch • *Phot.* Boris Frantsisson et B. Filchine • *Int.* Anna Sten (Natacha), V. Mikhaïlov (le grand-père), Vladimir Fogel (le télégraphiste), Ivan Koval - Samborski (Ilia Sneguirev), Serafima Birman (Madame Irène), Pavel Pol (Nicolaï Matveich).

Une jeune fille habitant non loin de Moscou fournit en chapeaux une modiste de la ville. Elle rencontre un jeune étudiant frais émoulu de sa province. Il est sans logis. Ayant revu plusieurs fois la jeune fille, il contracte avec elle un mariage blanc, seule façon pour lui, en ces temps de crise du logement, de pouvoir habiter une pièce vide dans la maison de la modiste. Le jeune homme essaie de transformer sa relation avec la jeune fille en quelque chose de plus concret. Il y réussira le jour où la jeune fille, à propos d'une histoire de gros sous, aura eu l'occasion de constater la sincérité et le désintéressement de son amour.

☞ L'un des films les plus représentatifs de Boris Barnet et de sa manière d'accommoder les influences. *La jeune fille au carton à chapeau* se situe en effet à un véritable carrefour d'influences, là où se croisent celle de Koulechov pour le montage et celle du théâtre « constructiviste » pour la stylisation dépouillée du décor, celle de la FEKS (Fabrique de l'acteur excentrique) qui recommandait un jeu irréaliste, saccadé, caricatural et celle des burlesques américains qu'adorait personnellement Barnet. Au sein d'une comédie pleine d'invention quant aux attitudes, aux réactions, à la place des personnages et à leur apparition dans le plan, Barnet garde ses distances avec la caricature, la stylisation, l'irréalisme et le burlesque auxquels il n'oublie jamais d'appliquer leurs antidotes. Les gags et le jeu des acteurs restent toujours, dans leur drôlerie burlesque, imprégnés d'un certain réalisme, d'un certain naturel intimiste. Ils ne trahissent jamais la vérité, si ténue soit-elle, des situations dans lesquelles les personnages évoluent. Pour ce qui est du couple des héros, Barnet les décrit avec humour et vivacité, mais surtout avec grâce, laquelle est souvent chez lui la résultante, miraculeusement équilibrée, d'influences contradictoires. Plusieurs scènes d'une élégante délicatesse élaborent une sorte de marivaudage visuel où la juvénilité et la naïveté des personnages s'accordent pour exprimer leur amour naissant. Ainsi la séquence où l'héroïne se pique le doigt avec une aiguille : l'étudiant bondit vers elle et s'empresse de lui embrasser le doigt pour effacer la trace du sang ; voulant bénéficier à nouveau des mêmes soins, l'héroïne se pique la lèvre avec l'aiguille.

## JEUNES FILLES EN UNIFORME
### (Mädchen in Uniform)

1931 – Allemagne (80') • *Prod.* Deutsche Film – Gemeinschaft (Friedrich Plughaupt, Walter Supper, Frank Wysbar) • *Réal.* LEONTINE SAGAN, supervision de CARL FROELICH • *Sc.* Christa Winsloe, F.D. Andam, d'ap. P. « Gestern und Heute » de C. Winsloe • *Phot.* Reimar Kuntze, Franz Weihmayr • *Mus.* Hanson Milde-Meissner • *Int.* Dorothea Wieck (Mlle von Bernburg), Hertha Thiele (Manuela von Meinhardis), Emilie Unda (Mlle von Nardeck zur Nidden), Hedwig Schlichter (= Hedy Crilla) (Mlle von Keston), Ellen Schwanneke (Ilse von Westhagen), Gertrud de Lalsky (la générale von Ehrenhardt), Marte Hein (la grande-duchesse).

Potsdam. La jeune Manuela, orpheline de mère, est amenée par sa tante dans un internat réservé aux filles d'officiers. Elle apprend que la plupart des jeunes filles subissent l'ascendant et la fascination de l'une des enseignantes, Mademoiselle von Bernburg. C'est une jeune femme belle, autoritaire, et parfois étrangement libre et indulgente dans ses rapports avec les élèves. Plus encore que ses camarades, Manuela, parce qu'elle est très sensible et privée d'affection maternelle, sera impressionnée par Bernburg. Elle est si troublée dans sa classe qu'elle ne peut répondre à ses questions. Quand Bernburg lui donne une de ses chemises, elle est au comble du bonheur. Pour fêter l'anniversaire de

Bernburg, les élèves vont jouer « Don Carlos » de Schiller. Manuela interprète le rôle principal et remporte un grand succès. Durant le repas qui suit la représentation, elle est un peu ivre et déclare publiquement que Bernburg est amoureuse d'elle. La directrice la traite de folle. Elle s'évanouit et serait renvoyée si une haute personnalité de la ville, la princesse, lors de sa visite officielle au collège, ne s'intéressait à elle en lui rappelant qu'elle avait bien connu sa mère. Manuela est cependant mise en quarantaine. Bernburg lui dit qu'il faut qu'elle se guérisse de l'attachement qu'elle a pour elle. Puis elle démissionne. Manuela tente de se jeter du haut de l'escalier, mais ses camarades la retiennent. La directrice, ayant assisté à la scène, s'éloigne accablée par la gravité de l'incident et la responsabilité qu'elle y a prise. (N.B. Dans la pièce, Manuela se suicidait et mourait.)

☞ Film original et audacieux, sans aucun personnage masculin, tiré de la pièce à succès de Christa Winsloe. Sa force vient de la description à la fois réaliste et troublante de l'atmosphère ultra-confinée régnant au collège. Elle est faite de discipline militaire extrêmement stricte, d'une très forte sensualité, de frustration sentimentale et d'exaltation. (On peut y voir un microcosme de l'Allemagne des années 20 et 30.) A la sortie en France, on s'empressa de louer le tact du film comme pour nier ou conjurer le climat d'intensité charnelle qui s'en dégageait. La qualité subtilement provocante de l'interprétation joua un grand rôle dans la réussite du film. Malgré son origine théâtrale, *Jeunes filles en uniforme* se signale à l'attention par une mise en scène et un découpage très élaborés (voir les scènes de la visite de la princesse et de la tentative de suicide), plus proches de la sophistication du muet que du statisme des œuvres du début du parlant. Le ton général du film n'implique de la part de l'auteur ni critique ni solidarité systématique mais relèverait plutôt de ce qu'on pourrait appeler une observation passionnée du milieu décrit. C'est presque un ton documentaire. Il a permis au film de bien vieillir. On a beaucoup discuté de l'apport respectif de Leontine Sagan (dont les activités principales concernent le théâtre) et de Carl Froelich, cinéaste réputé et à la carrière déjà très abondante en 1931. Herta Thiele, lors d'une visite à la Cinémathèque suisse, déclara « que le rôle de Froelich avait été dominant. Leontine Sagan dirigeait le petit monde qui s'ébattait sur le plateau, elle s'occupait des écolières, mais c'est Froelich qui décidait de la mise en images » (tiré de Borde, Buache, Courtade : « Le cinéma réaliste allemand »). On peut donc estimer qu'une heureuse collaboration des deux cinéastes, l'une s'attachant plus à la direction d'acteurs, l'autre à la technique et au découpage, a conféré au film cet équilibre précieux entre la délicatesse et la force, entre l'audace et une certaine apparence de sérénité et de mesure.

N.B. Remake en 1958 par Geza Radvanyi avec Lilli Palmer (Bernburg) et Romy Schneider (Manuela). Une copie du film original (durée 98') a été reconstituée dans les années 70.

## JEUX DE L'AMOUR ET DE LA GUERRE (LES)
### (The Americanization of Emily)

1963 – USA (115') • *Prod.* MGM (Martin Ransohoff) • *Réal.* ARTHUR HILLER • *Sc.* Paddy Chayefsky d'ap. R. « The Americanization of Emily » de William Bradford Huie • *Phot.* Philip Lathrop • *Mus.* Johnny Mandel • *Int.* James Garner (Charles E. Madison), Julie Andrews (Emily Barham), Melvyn Douglas (Amiral William Jessup), James Coburn (« Bus » Cummings), Joyce Grenfell (Mrs. Barham), Edward Binns (Amiral Thomas Healy), Liz Fraser (Sheila), Keenan Wynn (vieux marin).

Le film est dédié au valeureux corps des « rabatteurs » qui, lors de la dernière guerre, avaient pour mission de procurer à leurs supérieurs des vêtements, des vivres et des filles. Londres, 1944, quelques jours avant le 6 juin. Le lieutenant Charlie Madison, un planqué, un malin, est très dévoué à son amiral, l'excentrique Jessup. Chaque soir, Charlie organise chez lui des réunions avec des filles, destinées aux officiers de la

Navy. Il leur met à toutes la main aux fesses, initiative qu'elles accueillent en général sans se choquer. Pas Emily Barham, une Anglaise, qui lui flanque une gifle magistrale. C'est le début d'un grand amour. Emily est très puritaine. Son père, son mari et son frère sont morts à la guerre. Elle invite Charlie chez elle. Sa mère fait comme si son mari et son fils étaient encore vivants. C'est une folle assez gaie, très intéressée par le credo moral de Charlie. Celui-ci professe qu'il ne faut pas accuser les généraux et les amiraux des méfaits de la guerre, mais plutôt chacun d'entre nous, qui rendons un culte à l'héroïsme et à la mort par bravoure. C'est ce culte qui, selon lui, engendre les guerres. D'abord choquée, la mère d'Emily se montre ensuite reconnaissante à Charlie d'avoir exprimé son point de vue et cesse tout de go de prétendre que son mari et son fils sont vivants. L'imminence du débarquement provoque dans l'armée américaine une rivalité interarmes. Pour redorer le blason de la Navy, Jessup tient absolument à ce que le premier mort à Omaha Beach soit un marin. On érigera ainsi un tombeau au Marin Inconnu. Il veut tourner un film sur le débarquement et charge Charlie, qui n'en demandait pas tant, de s'en occuper. Le planqué va ainsi malgré lui se retrouver en première ligne. On lui donne deux assistants complètement nuls et complètement saouls mais « pas assez saouls, dira-t-il, pour aller filmer de bon cœur des macchabées avec des caméras sans film ». Pourquoi en effet mettraient-ils de la pellicule dans les caméras puisqu'ils ne savent pas s'en servir ? Le débarquement a lieu. Charlie met le pied sur la plage et veut aussitôt ficher le camp. Un camarade, un officier, lui tire dessus. Charlie est « le premier mort à Omaha Beach ». On apprend plus tard qu'il a survécu. Son amiral l'envoie se faire acclamer en héros à Washington. Charlie est bien décidé à dire la vérité sur ce qui s'est passé. Emily lui reproche d'avoir maintenant des principes. Pour elle, il acceptera de jouer la comédie.

☞ Comme autrefois Alfred E. Green, Arthur Hiller alterne les films les plus mièvres (*Love Story*, 1970) avec les plus audacieux (*The Hospital*, 1971, et celui-ci qui date de ses débuts). Son principal mérite ici est d'avoir filmé dans un style net et sans bavure l'admirable script tiré par Paddy Chayefsky du roman de William Bradford Huie. On a affaire à un magnifique éloge, vibrant et argumenté, de la lâcheté militaire donnant lieu à un récit culotté que Hiller a traité comme un film dramatique, avec sérieux et sobriété. Les plans du débarquement, en particulier, sont superbes, impressionnants, efficaces. Ils auraient tout à fait leur place dans un film de guerre bon teint. Ce style sobre est très original dans une comédie et a amené les scènes les plus importantes du film à accoucher de leur sens et de leur absurdité avec une force très convaincante. Stylistiquement, on est plus près de Hawks que de Kubrick dont l'outrance caricaturale venait de gâcher, pour une bonne part, le pouvoir satirique et corrosif de la farce antinucléaire *Dr Strangelove* (1964).

**JEUX D'ÉTÉ**
**(Sommarlek)**

1950 – Suède (90') • *Prod.* Svensk Filmindustri • *Réal.* INGMAR BERGMAN • *Sc.* Ingmar Bergman et Herbert Grevenius • *Phot.* Gunnar Fischer • *Mus.* Erik Nordgren • *Int.* Maj-Britt Nilsson (Marie), Birger Malmsten (Henrik), Alf Kjellin (David), Annalisa Ericsson (Kaj), Georg Funquist (oncle Erland), Stig Olin (le maître de ballet), Renée Björling (tante Elisabeth).

La répétition générale du « Lac des Cygnes » à l'Opéra de Stockholm où elle est danseuse étoile ayant été retardée, Marie va méditer pendant quelques heures dans une petite île, sur les lieux où treize ans auparavant elle avait connu durant les vacances d'été sa première idylle avec un jeune homme dont c'était aussi la première histoire d'amour. Le jeune homme s'était mortellement blessé en retombant, après un plongeon, sur les rochers. Marie s'était ensuite laissée consoler par un ami de son père, nihiliste et jouisseur, avec qui elle avait eu une liaison sans amour. Maîtresse d'un journaliste, elle est prête aujourd'hui à lier sa vie à la sienne, à accepter les compromis, le difficile équilibre de la maturité plutôt que de s'abandonner au désespoir et à ces puissances de mort si attirantes durant les premières déceptions de l'adolescence.

☞ L'un des films les plus mûrs et les plus achevés de Bergman. (Ils appartiennent pour la plupart à la première partie de son œuvre, avant *Le septième sceau**.) Une thématique assez peu originale est illustrée avec une grande cohérence formelle, obtenue à partir d'éléments dramatiquement et philosophiquement disparates. Le souvenir de l'ensoleillement du premier amour est envahi de signes maléfiques et funèbres qui auraient eu toutes chances, à l'époque de son deuil, d'engloutir l'héroïne, si sa force instinctive (puisée dans sa féminité) et aussi sa capacité d'oubli ne l'avaient protégée. Mais l'oubli n'a qu'un temps. Aujourd'hui, dans le silence intime de sa méditation (provoquée par la lecture du journal de son premier amant), il ne s'agit plus pour elle d'oublier, de gommer le passé, mais au contraire de le faire revenir à la surface pour l'exorciser. A la découverte pessimiste d'un monde sans Dieu (qui scandalisa jusqu'au blasphème l'adolescente qu'elle était) succède, après un passage à vide et une certaine morosité, un optimisme mitigé où l'absence de Dieu est compensée par un consentement à l'amour temporel dans sa précarité et ses imperfections. L'utilisation des intérieurs (coulisses bruyantes du théâtre, loge silencieuse où se démaquille la danseuse) et des extérieurs (scintillement paradisiaque de l'eau : miroir de la fugacité du bonheur et lieu tragique de l'apparition du malheur) traduit avec une sobre maîtrise les états d'âme successifs et transitoires de l'héroïne. Remarquable interprétation de Maj-Britt Nilsson synthétisant dans une unité parfaite les deux moments, les deux états de son personnage jusqu'à ce que celui-ci se transforme en un troisième personnage, plus désenchanté, mais aussi plus expert dans ce qu'on a pu appeler « le dur métier de vivre ».

BIBLIO. : scénario et dialogues *in* Bergman : « Œuvres », Robert Laffont, 1962.

## JEUX INTERDITS

1952 – France (102') • *Prod.* Silver-Films (Robert Dorfmann) • *Réal.* RENÉ CLÉMENT • *Sc.* François Boyer, Jean Aurenche, Pierre Bost, René Clément d'ap. une nouvelle de François Boyer • *Phot.* Robert Juillard • *Mus.* Narciso Yépès • *Int.* Brigitte Fossey (Paulette), Georges Poujouly (Michel), Lucien Hubert (le père Dollé), Suzanne Courtal (la mère Dollé), Jacques Marin (Georges Dollé), Laurence Badie (Berthe Dollé), André Wasley (le père Gouard), Amédée (Francis Gouard), Denise Perronne (Jeanne Gouard), Louis Saintève (le curé).

Juin 1940. Sur les routes de l'exode, dans le centre de la France, les parents de la petite Paulette, cinq ans, sont tués sous ses yeux lors du bombardement d'un pont. Elle est recueillie par une famille de paysans du cru, les Dollé, et s'attache au jeune Michel, onze ans, qui l'avait trouvée et emmenée chez ses parents. Lors du bombardement, son petit chien est mort et elle veut l'enterrer. Pour qu'il ne soit pas seul, les deux enfants vont constituer dans un vieux moulin tout un petit cimetière. Pour faire plaisir à Paulette, Michel trouve des insectes et des petits animaux qu'il tue parfois afin de pouvoir les enterrer à côté du chien. Pour que chaque tombe soit complète, elle doit s'orner d'une belle croix. Michel en prend une au corbillard de l'un de ses frères, mort à la suite d'un coup de pied de cheval non soigné. Puis il en vole au cimetière du village. Le père Dollé pense que ces vols sont le fait de son voisin détesté, Gouard. Les deux hommes se battent en plein cimetière avant de découvrir que Michel est le véritable coupable. Les gendarmes viennent reprendre la fillette. Après avoir subi sous les yeux de celle-ci une rude correction de la part de son père, Michel fait des aveux complets contre la promesse que Paulette restera à la ferme. Mais plus tard le père signe les papiers pour le départ de Paulette. S'estimant trahi, Michel détruit le cimetière et jette les croix à la rivière. Paulette, séparée de Michel et l'appelant en vain, est prise en charge par des religieuses qui la dirigent vers un orphelinat.

☞ La guerre est au cœur d'une grande partie de l'œuvre de René Clément et n'a jamais été plus présente qu'ici sous une forme à la fois allégorique et réaliste. La conduite étrangement morbide des deux enfants exprime leur relation et leur réaction à l'environnement de destruction et de mort où ils sont placés. Sur le plan formel, René Clément essaie constamment de mêler le réalisme pur dont il avait été dans le cinéma français un des pionniers (cf. les scènes d'exode et de bombardement au début) avec la stylisation, la poésie, l'épopée et même une certaine forme de satire. La description caustique des paysans fut très critiquée à l'époque (on y sent l'influence prédominante des scénaristes Aurenche et Bost qui n'ont pu résister d'autre part à glisser dans le récit quelques pointes d'anticléricalisme). Elle a le mérite d'empêcher que l'intrigue ne tombe dans les excès du mélodrame. Dramatiquement, le style de Clément est concis, sans fioritures, mais plein de détails visuels et concrets qui équilibrent l'importance accordée aux dialogues. Le centre d'intérêt principal du film est évidemment l'interprétation exceptionnelle de Brigitte Fossey ; à notre connaissance, aucun enfant aussi jeune n'a interprété dans un film un rôle dramatique aussi important. Cette interprétation suscite à parts égales l'émotion et l'étonnement. Un étonnement à la mesure du sujet traité et du talent dépensé. Le film est aussi typique d'une époque où le cinéma français parvenait à produire chaque année une poignée de films qui ne laissaient personne indifférent. Ils possédaient, de par la variété des publics auxquels ils s'adressaient, une sorte d'universalité que les années n'ont pas démentie. Cette époque prit fin au milieu des années 50.

N.B. Les thèmes musicaux adaptés et interprétés à la guitare par Narciso Yépès qui contribuèrent tant au succès du film ne sont pas des thèmes originaux.

BIBLIO. : scénario et dialogues *in* « L'Avant-Scène » n° 15 (1962) précédé d'un interview de R. Clément. La durée généralement donnée du film est de 102', celle de la critique de « Variety » à l'époque de 90'. Les copies que nous connaissons durent 85'. R. Clément s'est plaint de certaines coupes. A l'origine, le film comportait un prologue et un épilogue (publiés dans « L'Avant-Scène ») où deux enfants interprétés par G. Poujouly et B. Fossey lisaient dans un livre l'histoire de Paulette et de Michel. Cette suppression paraît justifiée. Elle explique, dans l'épilogue, l'apparition très abrupte du mot FIN sur l'écran. Nous venons d'apprendre récemment, par Bertrand Tavernier, qu'originellement Robert Dorfmann avait prévu de produire un film à sketches en trois parties mises en scène par trois réalisateurs différents. *Jeux interdits* fut le seul sketch tourné (en mars et avril 1951). Pour des raisons financières, les autres sketches ne purent être réalisés et on décida alors d'allonger *Jeux interdits* aux dimensions d'un long métrage. En septembre 52, un deuxième tournage commença. René Clément et son équipe durent faire des prodiges pour dissimuler que les enfants avaient grandi et que la nature et certains paysages avaient changé. Le secret fut bien gardé et tout le monde n'y vit que du feu.

## JE VEUX VIVRE
## (I Want to Live !)

1958 – USA (120') • *Prod.* UA (Walter Wanger) • *Réal.* ROBERT WISE • *Sc.* Nelson Gidding et Don Mankiewicz d'ap. les articles d'Ed Montgomery et les lettres de Barbara Graham • *Phot.* Lionel Lindon • *Mus.* John Mandel • *Int.* Susan Hayward (Barbara Graham), Simon Oakland (Ed Montgomery), Virginia Vincent (Peg), Theodore Bikel (Carl Palmberg), Wesley Lau (Henry Graham), Philip Coolidge (Emmett Perkins), Lou Krugman (Jack Santo), James Philbrook (Bruce King), Bartlett Robinson (district attorney), Gage Clark (Richard G. Tribow).

Barbara Graham, entraîneuse et prostituée, fait sa première année de prison pour faux témoignage. Elle avait voulu aider des amis. Libérée sur parole, elle s'acoquine avec deux escrocs qu'elle aide dans leurs entreprises (parties de cartes truquées, cambriolages, etc.). Elle épouse un barman et a un enfant. Mais son mari se drogue et elle se sépare de lui. Complètement démunie, elle va retrouver ses deux anciens complices et est arrêtée avec eux pour complicité dans un assassinat. Elle est incapable de prouver qu'elle était, le soir du crime, en compagnie de son mari et de son bébé. Désespérée, elle accepte l'offre d'une codétenue qui lui présente un ami prêt à lui fournir un faux alibi. Il la force à lui avouer qu'elle était ce soir-là sur le lieu du crime. Lors de son procès, elle découvre que son « alibi » est un policier chargé de lui extorquer des aveux. Son passé, sa condamnation pour faux témoignage, cette révélation concernant un alibi truqué suscitent de la part des jurés une extrême sévérité. Comme de plus ses anciens complices la chargent outrageusement et sont encouragés à le faire par des promesses de libération anticipée, Barbara est condamnée à être exécutée dans la chambre à gaz de la prison de San Quentin en Californie. Après qu'un psychiatre eut déclaré qu'à son avis elle était innocente de ce meurtre, le journaliste Ed Montgomery qui avait mené campagne contre elle durant le procès s'emploie maintenant à la défendre. Elle est transférée dans la section des condamnés à mort et passera ses derniers jours dans une cellule contiguë à la chambre à gaz. Les efforts de son avocat et de Montgomery pour la sauver entraîneront des retards dans l'exécution de sa sentence. Finalement, Barbara pénétrera dans la chambre à gaz, un masque sur les yeux, comme elle l'avait réclamé pour éviter les regards des témoins qui, placés derrière une rampe, assistent à son agonie.

☞ Discutable et inégal mais passionnant, ce vingt-sixième film de Robert Wise est (avec *La comtesse aux pieds nus** et *Un Américain bien tranquille**) l'une des trois productions de Figaro Inc, la firme de Joseph Mankiewicz. C'est aussi la seule à avoir été bénéficiaire. Un premier script (dû à Don Mankiewicz, le neveu de Joseph) avait été proposé par Walter Wanger à Wise qui exigea, pour s'occuper du film, qu'il soit entièrement réécrit par Nelson Gidding (collaborateur de Wise pour cinq films). On peut estimer que cette réécriture aurait du être poussée encore plus loin. Faire le procès de la peine de mort à partir de l'évocation d'une erreur judiciaire (d'ailleurs contestée), c'est défendre une thèse par une autre thèse et prendre ainsi le risque que la seconde nuise à la première et même l'occulte tout à fait. Ce n'est plus, dans ce cas, la nature même du châtiment qui est en jeu mais son opportunité. La culpabilité réelle d'un condamné offre aux adversaires de la peine de mort de bien meilleures armes et à la polémique un terrain plus franc et plus net. Au contraire, l'innocence totale du condamné a toutes chances d'attirer le débat dans l'ornière d'un mélodrame où l'horreur suscitée par l'erreur judiciaire effacera celle du « châtiment suprême ». Mais Wise a su corriger dans une certaine mesure, par sa mise en scène, ce défaut. Le film est passionnant parce qu'au sein de cette mise en scène s'affrontent sans cesse (au lieu de s'harmoniser parfaitement comme dans plusieurs de ses autres films) les deux tendances majeures du style de Wise : le souci documentaire, la recherche du spectaculaire et du sensationnel. Un script en trois parties, médiocrement habile (biographie de Barbara ; séjour en prison et procès ; attente de l'exécution et exécution elle-même) permet d'observer comment la mise en scène de Wise va réussir peu à peu à équilibrer ces deux tendances. Dans la partie biographique (hélas trop superficielle et trop allusive quant aux origines et à la jeunesse du personnage), Wise utilise sa science des éclairages et du montage court pour mettre en valeur la vitalité, l'énergie débordante du personnage, mais aussi son insouciance, son imprévoyance. Cette énergie se gaspille dans un univers nocturne, moite et scintillant où Barbara croit à tort être reine. La deuxième partie souligne le désarroi de l'héroïne, victime trop naïve des pièges que lui tendent à la fois ses complices, une police et une justice aux méthodes douteuses. Partie la plus neutre et la plus décevante où Wise mêle habilement – mais sans la vigueur corrosive qu'exigeait le sujet – la tension dramatique, la peinture psychologique et l'exposé austère du déroulement des faits sur le plan judiciaire. Seule la troisième partie stimulera totalement son talent. Sa mise en scène où la rigueur, le spectaculaire et la sobriété coïncident maintenant parfaitement, s'attache à exprimer le simple écoulement de la durée, quand celle-ci, chargée de tragédie, ne véhicule plus que l'échec inévitable et la souffrance du (ou des) protagoniste(s). Wise décrit par le menu et avec une terrifiante lenteur le supplice vécu par l'héroïne avant qu'elle soit enfermée dans une chambre de torture digne du haut Moyen Age. Ici, il ne s'agit plus d'une innocente ou d'une coupable, mais simplement d'une femme qui va mourir et dans des conditions telles que la bienveillance des geôliers, les ultimes initiatives de ses défenseurs et toutes les marques de sympathie qu'on veut lui témoigner ajoutent encore à la cruauté atroce du tableau. La thèse ne veut plus d'arguments et cède la place à la seule contemplation, autrement convaincante, de l'horreur. Wise adapte à un sujet éprouvant – la dernière nuit d'une condamnée – sa technique de la dramaturgie en temps réel expérimentée dans *The Set-Up**. L'interprétation superbe et généreuse de Susan Hayward (qui travailla, rappelons-le, avec Stuart Heisler, DeMille, Jacques Tourneur, Mankiewicz, Henry King, Nicholas Ray, Delmer Daves, etc. ; un des plus beaux palmarès d'actrice hollywoodienne) aide le metteur en scène à concrétiser ses intentions à tous les stades de son travail. Quant à l'utilisation – très remarquée à l'époque – d'une partition de jazz (dont Joseph Mankiewicz revendiqua l'idée), elle est à la fois la pire et la meilleure des choses. Elle donne une atmosphère et un rythme étonnants aux premières séquences, mais elle « date » terriblement le film et on aurait souvent préféré pour accompagner un tel sujet une musique moins présente ou même pas de musique du tout.

## JOE DAKOTA (id.)

1957 – USA (79') • *Prod.* UI (Howard Christie) • *Réal.* RICHARD BARTLETT • *Sc.* William Talman, Norman Jolley • *Phot.* George Robinson (Eastmancolor) • *Mus.* Joseph Gershenson • *Int.* Jock Mahoney (L'Étranger), Luana Patten (Jody Weaver), Charles McGraw (Cal Moore), Barbara Lawrence (Myrna Weaver), Claude Akins (Aaron Grant), Lee Van Cleef (Adam Grant), Anthony Caruso (Marcus Vizzini), Paul Birch (Frank Weaver).

Un inconnu arrive dans une ville aussi minuscule que déserte, Arborville. Seule une jeune fille vêtue d'une robe jaune est là pour l'accueillir. Elle tient un commerce et répond allusivement à ses questions. Tous les habitants sont occupés au forage de leur nouveau puits de pétrole, source de richesse longtemps attendue par la petite communauté. Ils reçoivent assez mal le nouveau venu et utilisent tous les moyens en leur pouvoir – persuasion, intimidation, violence – pour se débarrasser de lui. Têtu comme une mule, il s'accroche. Il s'installe même dans la cabane voisine du puits et prétend que le terrain qui l'entoure, et donc le puits lui-même, lui appartiennent. Son nom, Joe Dakota, figure au cadastre de la ville voisine sur le titre de propriété du lot. Un Indien, son ami et son subordonné dans la Cavalerie, lui avait emprunté son nom et l'avait inscrit sur le document. C'était d'ailleurs les deux seuls mots qu'il savait écrire. Joe Dakota recherche cet Indien introuvable et mène sa petite enquête. Il apprend que l'Indien a été pendu par les habitants pour tentative de viol sur la personne de la jeune fille à la robe jaune. Joe ne croit absolument pas à la culpabilité de son ami. Il découvrira ensuite qu'un nouveau venu dans la ville, Cal, avait combiné ce viol pour en faire retomber la responsabilité sur l'Indien, se débarrasser de lui et mettre ainsi la main sur son terrain. Les habitants n'avaient pas cherché à creuser la vérité, trop heureux de partager avec Cal le pactole que représente l'exploitation du puits. Quand Joe Dakota aura prouvé la responsabilité de Cal, les habitants remettront ce dernier aux autorités. L'un d'entre eux enflamme le puits, qui avait empoisonné leur communauté.

☞ En marge des grandes œuvres du genre, un petit western au charme insidieux et décontracté qui eut ses défenseurs. Jock Mahoney, plus connu comme *stuntman* (cascadeur) que comme acteur, est le plus « cool » des héros de western. Il est confronté à une population réduite mais solidaire et entièrement composée de méchants. La vérité qu'il aura, chemin faisant, découverte les retransformera en bons citoyens, une fois la brebis galeuse éliminée du troupeau. Sous la décontraction du ton, perce un propos ambigu et au fond peu rassurant : la moralité des habitants d'Arborville est pour le moins fluctuante, soumise aux circonstances et aux occasions. Un méchant entraîne la ville vers le gouffre ; un justicier la ramène à de meilleurs sentiments – du moins jusqu'à l'arrivée du prochain visiteur... Cette parabole inquiétante est composée par Bartlett avec un humour à la fois placide et caustique qui en décuple la force.

N.B. Scénario proche d'*Un homme est passé**.

## JOFROI

1934 – France (50') • *Prod.* Les Auteurs Associés • *Réal.* MARCEL PAGNOL • *Sc.* Marcel Pagnol d'ap. nouvelle de Jean Giono « Jofroi de la Maussan » *in* « Solitude de la pitié » • *Phot.* Willy • *Mus.* Vincent Scotto • *Int.* Vincent Scotto (Jofroi), Annie Toinon (Barbe, sa femme), Henri Poupon (Fonse), André Robert (l'instituteur), José Tyrand (le curé), Charles Blavette (Antonin), Henri Darbrey (le notaire), Odette Roger (la femme de Fonse).

Un vieux paysan, Jofroi, vend devant notaire son verger à Fonse. Mais quand Fonse veut abattre les arbres plus que trentenaires du verger pour y faire du blé, Jofroi le menace de son fusil. Il ne veut pas qu'on assassine ses arbres. Avec une mauvaise foi et une obstination monumentales, il rejette les compromis qu'on lui propose et refuse de se rendre aux raisons, pourtant solides, de ceux qui veulent mettre fin au conflit. Pour punir et embêter tout le monde, il décide de se suicider. Il utilise dans cette intention toutes sortes de méthodes, mais sans jamais parvenir à ses fins. Une fois, il est tout près de réussir et ses voisins doivent le dépendre. Fonse, que la rumeur publique tient pour responsable en partie de la folie de Jofroi, s'alite, démoralisé et accablé par tant d'infortune. Il mourrait sûrement si Jofroi ne disparaissait avant lui, de mort naturelle. Aussitôt Fonse se lève et va abattre les arbres. Il en laisse quelques-uns debout pour que Jofroi les voie du haut du ciel et comprenne qu'il n'était pas un mauvais bougre.

☞ Sortie en complément de programme du *Gendre de monsieur Poirier* (adaptation par Pagnol de la pièce d'Augier et Sandeau et considéré aujourd'hui comme perdu), cette petite merveille de cinquante minutes est le premier film complètement libre de Pagnol, où les talents du dialoguiste s'accordent sans aucune contrainte à ceux du metteur en scène. *Jofroi* fut filmé dans le village de La Treille où l'auteur a passé son enfance, qu'il a décrit dans ses « Souvenirs » et où il a voulu être enterré après y avoir tourné plusieurs de ses films. Avec un humour corrosif et d'une éclatante jeunesse, avec une troupe de comédiens insolites et admirables (débuts cinématographiques de Poupon et de Blavette), Pagnol, dans cette « tragégie burlesque », selon l'expression d'un des protagonistes, se paie le luxe de traiter par la caricature un ensemble de thèmes joyeux ou graves qui reviendront souvent dans son œuvre. Citons notamment la mauvaise foi et l'obstination butée, caractéristiques de tant de ses héros, lesquels n'en restent pas moins paradoxalement des hommes de bonne volonté ; l'attachement à la terre ; la force destructrice de l'opinion publique ; et même le suicide qui est souvent – comme ici – chantage, impuissance et appel au secours. Trop court pour Raimu, le rôle de Jofroi fut offert – sur sa demande – à Vincent Scotto. Le célèbre et prolifique compositeur fit là une composition unique (dans tous les sens du terme) et qui suffirait à la gloire d'un acteur de renom. Quant à la mise en scène, elle est d'une perfection constante. Il suffit pour s'en convaincre d'observer la disposition, toujours originale, des personnages à l'intérieur du plan dans les intérieurs (cf. la première scène où Barbe, la femme de Jofroi, surgit du fond du décor pour interpeller le notaire en l'appelant « Monsieur le Président »). On admirera aussi l'aisance avec laquelle Pagnol installe ses personnages et ses dialogues dans les sites arides et rudes de la Haute-Provence auxquels il donne, sans avoir l'air de rien, une présence inoubliable. A cet égard, le film est un jalon important dans la préhistoire du néoréalisme.

N.B. La nouvelle de Giono est suivie d'assez près dans l'anecdote. Pagnol y ajoute le relief comique et une grande compassion pour le personnage de Fonse. « Quand on a donné le film à Manosque, dit Giono, j'avais emmené avec moi à ma droite M. Redortier qui avait acheté le verger et à ma gauche la veuve de celui qui est mort de sa belle mort. Ils ont vu eux-mêmes leur propre histoire ; ils ont recommencé à se disputer après, quand le film a été fini. » (Giono « Œuvres romanesques complètes », tome I, Pléiade, 1971.)

BIBLIO. : scénario et dialogues (légèrement différents du film) *in* Œuvres complètes, Éditions de Provence, tome IV, 1968 ; *in* Œuvres complètes, Club de l'Honnête Homme, tome IV, 1971 (la préface apparaît ici pour la première fois) ; Éditions Pastorelly 1974 ; Presses Pocket, 1978.

## JOHNNY GUITARE
**(Johnny Guitar)**

1954 – USA (110') • *Prod.* Republic (Herbert J. Yates) • *Réal.* NICHOLAS RAY • *Sc.* Philip Yordan d'ap. R. de Roy Chanslor • *Phot.* Harry Stradling (Trucolor) • *Mus.* Victor Young • *Int.* Joan Crawford (Vienna), Sterling Hayden (Johnny Guitare), Scott Brady (Dancing Kid), Mercedes McCambridge (Emma Small), Ben Cooper (Turkey Ralston), Ernest Borgnine (Bart Lonergan), Royal Dano (Corey), John Carradine (Old Tom), Ward Bond (John McIvers), Frank Ferguson (marshal Williams), Rhys Williams (Mr. Andrews).

Johnny Logan, un ancien aventurier connu dans l'Ouest comme tireur, vient sous le nom de Johnny Guitare travailler au ranch de Vienna, une femme qu'il a aimée autrefois. Les deux amants se sont quittés il y a cinq ans mais n'ont pu réussir à s'oublier. Le saloon de Vienna, désert pour le moment, est situé près du futur chemin de fer et vaudra bientôt une fortune. McIvers et Emma, les deux plus gros propriétaires de bétail de la région, jalousent Vienna et sont ses ennemis jurés. Le frère d'Emma vient d'être tué lors d'une attaque de diligence. Emma est certaine, ou du moins le prétend, que le coupable est Dancing Kid qu'elle soupçonne d'entretenir une liaison avec Vienna. En fait, Emma, femme frustrée, est jalouse de l'intérêt, pourtant non payé de retour, que porte Dancing Kid à Vienna. McIvers, outrepassant ses droits de simple citoyen, exige que dans les vingt-quatre heures Vienna ait fermé son saloon, que Dancing Kid et ses hommes aient quitté la région. Le lendemain, Dancing Kid, injustement accusé, décide de piller la banque. Au moment du hold-up, Vienna est par hasard présente sur les lieux. Elle sera considérée comme sa complice. Une patrouille se forme, sous la direction d'Emma, pour châtier les coupables. Tous se dirigent vers le saloon de Vienna, que celle-ci a fermé. Ils y retrouvent, blessé, le plus jeune des complices de Dancing Kid, l'adolescent Turkey. Après qu'Emma ait incendié le saloon, il sera pendu. Vienna subirait le même sort si elle n'était au dernier moment sauvée par Johnny. Le couple se cache dans une galerie de mine puis rejoint le repaire de Dancing Kid, bientôt suivi par Emma et la patrouille. Comprenant qu'Emma a un compte personnel à régler avec Vienna, les hommes de la patrouille se retirent. Les complices de Dancing Kid s'entre-tuent. Lui-même recevra en plein front une balle tirée par Emma, laquelle sera abattue quelques instants plus tard par Vienna. Johnny et Vienna, seuls survivants de la tuerie, s'éloignent sans armes sous le regard de la patrouille et s'embrassent.

☞ C'est l'un de ces chefs-d'œuvre du cinéma américain qui, à leur sortie, semblent n'avoir été compris qu'en France. Pourtant tout est exceptionnel et unique dans ce western mythique souvent placé, depuis une vingtaine d'années, en tête des palmarès des meilleurs films du genre établis par les critiques et les cinéphiles du monde entier. On s'étonnera d'abord qu'un film aussi original, aussi personnel ait pu sortir des studios de la Republic, la firme américaine la plus pauvre en auteurs (Pratiquement aucun auteur de la nouvelle génération ne peut y trouver sa place. Dans les anciens, seul Dwan réussit à s'y exprimer durablement entre 1946 et 1954. Ford et Borzage y réalisèrent quelques films importants et il faut mettre au crédit de la firme la distribution de *House by the River** de Lang). Non moins surprenant le fait que le personnage principal soit une femme (le film avait été conçu pour Joan Crawford) mais aussi que les *deux* protagonistes les plus déterminants et les plus agissants dans l'intrigue soient des femmes, liées entre elles par une haine viscérale, une jalousie freudienne qu'on peut dire unique dans les annales du western. Quant à Nicholas Ray, loin de chercher dans le western une spécificité que les cinéastes de sa génération trouvèrent le plus souvent dans l'aspect historique ou moral du genre, il choisit de l'utiliser pour raconter une histoire sentimentale, lyrique et désenchantée où certains se plurent à reconnaître ses éléments autobiographiques, le réalisateur ayant eu avec sa vedette une liaison quelques années auparavant. Quoi qu'il en soit, ce détournement de genre (qui inclut aussi une parabole anti-maccarthyste présente dans plusieurs westerns de la période, cf. *Silver Lode** de Dwan) donne lieu à des scènes d'une mélancolie déchirante. L'amour, vécu comme une réminiscence, s'y exprime au travers de regrets, de questions, de faux aveux s'égrenant dans des dialogues superbes et restés justement célèbres. Tous les personnages, même les plus modestes, ont un grand relief (cf. le rôle de John Carradine, employé de Joan Crawford). Plusieurs d'entre eux servent la thématique habituelle de l'auteur : un violent qui tente de remiser sa violence au vestiaire (Sterling Hayden), un adolescent victime de cette même violence qu'il avait commencé de pratiquer sans trop savoir ce qu'il faisait (Ben Cooper dans le rôle de Turkey). Enfin, il n'est pas jusqu'au procédé de couleurs, le malheureux Trucolor que ses défauts firent vite abandonner, qui ne suscite ici d'intéressantes recherches plastiques. Ray s'efforça d'en éliminer au maximum le bleu, qui rendait mal, pour accentuer – phénomène paradoxal dans un film en couleurs – les tonalités de noir et de blanc. Le noir des vêtements de la meute en furie. Le blanc de la robe de J. Crawford jouant du piano dans son saloon semblable à une caverne. Au resserrement tout classique du temps et des lieux viendra s'opposer un ensemble d'éléments baroques, relatifs notamment au décor dans lequel se meuvent les personnages. Et ce contraste lui-même baroque ajoute encore à la fascination et à l'originalité provocante du film. Elles témoignent de l'extrême liberté d'un poète évoluant au sein d'un genre à la fois très codifié et ouvert à toute innovation.

BIBLIO. : scénario et dialogues *in* « L'Avant-Scène » nº 145 (1974). Découpage (1091 plans) publié par l'Association technique pour l'action culturelle, Paris, 1975. (La durée de chaque plan est indiquée.)

## JOIES DE LA FAMILLE (LES)
## (The Old-Fashioned Way)

1934 – USA (72') • *Prod.* PAR. (William LeBaron) • *Réal.* WILLIAM BEAUDINE • *Sc.* Garnett Weston, Jack Cunningham d'ap. une histoire de Charles Bogle (W.C. Fields) • *Phot.* Benjamin Reynolds • *Mus.* et *Lyrics* : Mack Gordon et Harry Revel • *Int.* W.C. Fields (The Great McGonigle), Joe Morrison (Wally Livingston), Judith Allen (Betty McGonigle), Jan Duggan (Cleopatra Pepperday), Nora Cecil (Mrs. Wendelschaffer), Baby LeRoy (Albert Pepperday), Jack Mulhall (Dick Bronson), Joe Mills (Charles Lowell), Samuel Ethridge (Bartley Neuville), Emma Ray (Mother Mack).

Fuyant comme à son habitude les créanciers, Le Grand McGonigle, acteur, jongleur et chef de troupe, accompagné de sa fille Betty, emmène ses comédiens vers la ville de Bellefontaine. Dans le train, il s'empare du billet d'un voyageur et occupe sa couchette. A Bellefontaine, il loge dans une pension de famille dont la directrice n'a guère confiance en son crédit. Mais comme elle voit Cleopatra Pepperday, la femme la plus riche de la ville, tourner autour de lui, elle prend son mal en patience. Cleopatra n'a plus vingt ans et McGonigle la compare à « une tombe bien entretenue ». Elle chante pour lui après le repas, en faisant force gestes, « Gathering up the Shells from the Shore ». Avant ce supplice, McConigle a dû en supporter un autre, à savoir les facéties du bébé de Cleopatra qui a plongé sa montre dans la mélasse et lui a aspergé le visage de sauce. Resté seul avec le gosse, McConigle lui administre un grand coup de pied dans les fesses. Le jeune Wally Livingston est amoureux de Betty et suit la troupe dans tous ses déplacements. Il sera amené à remplacer sur la scène l'un des acteurs. Son père, un homme très riche, ne voit pas d'un bon œil cette activité et voudrait que Wally retourne au collège. Il assite cependant avec une certaine fierté à la représentation de « The Drunkard », un mélodrame où son fils joue et chante. La représentation a bien failli ne pas avoir lieu car un créancier voulait confisquer les décors, les costumes, etc. Mais Cleopatra, à qui McGonigle a promis un rôle, s'est portée garante de tout. Elle assiste au spectacle dans la coulisse, attendant toujours de faire son entrée, mais il n'y aura pas de place pour elle dans la pièce. McGonigle termine la représentation en effectuant son numéro de jongleur. Il reçoit un télégramme lui annonçant qu'à cause des mauvaises recettes le reste de la tournée est annulé. Pour faciliter le mariage de sa fille avec son bien-aimé, auquel le père du jeune homme a consenti à la condition expresse que Betty rompe avec le milieu et les activités paternels, McConigle prétend avoir décroché un fabuleux contrat à New York. En fait, on le verra sillonner les routes du pays en essayant de vendre un élixir miraculeux à des âmes crédules...

☞ Le mieux fait et le plus riche, sinon le plus drôle et le plus incisif, des longs métrages de Fields. William Beaudine a particulièrement soigné le contexte original destiné à mettre en valeur la performance du grand comique. Il a recréé avec le talent qu'on lui connaît l'atmosphère de travail et le style de jeu d'une petite troupe théâtrale du début du siècle. La représentation de « The Drunkard » (18'), dans le goût archaïque et mélodramatique de l'époque, est un régal d'ironie et de nostalgie. Très grande drôlerie aussi dans la peinture satirique des personnages secondaires, comme celui de la vieille et richissime Cleopatra Pepperday, saisie par le démon des planches. Comme la plupart des films de Fields, celui-ci est fait de bric et de broc. Mais l'assemblage des différents morceaux de bravoure (cf. les démêlés anthologiques du héros avec Baby LeRoy ou son extraordinaire numéro de jongleur) parviennent à constituer un ensemble cohérent où la figure du grand comique est complète dans ses principales caractéristiques. Fields paraît ici au mieux de sa forme, dans sa fantaisie délirante, son autosatisfaction grandiose, son impécuniosité légendaire, son étonnante liberté de ton et de manières, et aussi sa grande solitude. Même quand il ne manifeste aucun antagonisme envers ses proches (il est clair ici qu'il adore sa fille), l'originalité de son caractère est beaucoup trop patente pour qu'il puisse s'intégrer à aucune famille. A la fin de l'action, ayant satisfait tout le monde et ménagé son amour-propre grâce à un gros mensonge, le cher vieillard indigne s'en va faire le zouave sur les routes d'Amérique. Il se garde bien de s'apitoyer sur son sort et nous en voudrait sans doute de le faire à sa place.

## JOSEY WALES HORS-LA-LOI
### (The Outlaw Josey Wales)

1976 – USA (136') • *Prod.* Warner-Malpaso Company (Robert Daley) • *Réal.* CLINT EASTWOOD • *Sc.* Phil Kaufman et Sonia Chernus d'ap. R. « Gone to Texas » de Forrest Carter • *Phot.* Bruce Surtees (Panavision, DeLuxe Color) • *Mus.* Jerry Fielding • *Int.* Clint Eastwood (Josey Wales), Chief Dan George (Lone Watie), Sondra Locke (Laura Lee), Bill McKinney (Terrill), John Vernon (Fletcher), Paula Trueman (Granma Sarah), Sam Bottoms (Jamie le Kid), Geraldine Keams (Little Moonlight), Woodrow Parfrey (carpetbagger), Joyce Jameson (Rose), Sheb Wooley (Cobb), Royal Dano (Ten Spot).

Durant la guerre de Sécession, la maison d'un fermier du Missouri, Josey Wales, est incendiée, sa femme et son fils tués par les Red Legs du capitaine Terrill, pillards ralliés aux Nordistes. Pour se venger, Josey Wales rejoint le groupe des francs-tireurs de Bloody Bill. La guerre finie, Fletcher, qui a succédé à Bloody Bill à la tête du groupe, persuade ses hommes de se rendre afin de bénéficier de l'amnistie. Ils tombent ainsi dans un piège : une fois désarmés, ils sont tirés comme des lapins par les Nordistes armés de mitrailleuses. Josey Wales, le seul à n'avoir pas voulu se rendre, parvient à retourner une des mitrailleuses contre les traîtres. Il décide de gagner les territoires indiens. Son périple commence avec pour compagnon Jamie, un jeune combattant qui a survécu au massacre de ses camarades. Wales se débarrasse de ses poursuivants après avoir attendu qu'ils aient pris place sur un bac dont il coupe la corde en la visant avec sa carabine. Il élimine ensuite deux chasseurs de primes qui voulaient sa tête. A Jamie regrettant de n'avoir pas le temps de les enterrer, il fait remarquer laconiquement : « Les busards ont besoin de se nourrir tout autant que les vers. » Le jeune homme meurt peu après de ses blessures. Wales rencontre un vieil Indien Cherokee, Lone Watie, plein de sagesse et de dérision. Il fait un bout de chemin avec lui vers le Mexique où son compagnon veut rallier le général Shelby. Dans un relais, il arrache une Indienne aux mains de deux Blancs qui voulaient qu'elle se prostitue pour eux. Il les abat après qu'ils l'aient reconnu et tenté de s'emparer de lui pour toucher la prime. L'Indienne se joint à Josey Wales et à Lone Watie, également suivis par un chien perdu. En ville, Wales est encore reconnu et doit abattre quatre soldats nordistes avant de prendre la fuite. Ayant traversé un désert avec ses compagnons, Wales retrouve en bien mauvaise posture une famille d'immigrants du Kansas qu'il avait déjà croisée. La famille a été partiellement décimée par des Comancheros (trafiquants faisant du commerce avec les Indiens) et Wales sauvera les deux survivantes, une grand-mère et sa petite fille, Laura Lee. Près de la frontière mexicaine, à Santa Rio, petite ville désertée depuis que son filon d'or s'est tari, le groupe retrouve le ranch du fils (défunt) de la vieille femme du Kansas : elle en fait don à tous ses compagnons qui s'y installent aussitôt. Ils se préparent à soutenir un siège contre les Comanches. Mais au dernier moment Wales tente d'aller parlementer avec leur chef, Ten Bears, qui accepte ses propositions de paix. Wales retourne au ranch prévenir ses amis puis, la nuit suivante, s'apprête à filer à l'anglaise. Il se retrouve face à Terrill, qui n'avait jamais cessé de le traquer. Blessé, Wales embrochera Terrill avec sa propre épée, cependant que les nouveaux occupants du ranch défendent leur ami comme des lions jusqu'à la victoire. Au bar de Santa Rio, Fletcher, qui accompagnait Terrill, feint de ne pas reconnaître Wales et lui fait comprendre qu'il renonce à le poursuivre. « Chacun de nous, dit Wales, est mort dans cette guerre ». Il retourne auprès de ses amis – sa nouvelle famille – pour cultiver la terre comme autrefois.

☞ La plupart des films réalisés par Clint Eastwood sont intéressants et lui-même s'est révélé depuis son premier titre (*Play Misty for Me*, 1971) l'un des meilleurs metteurs en scène américains contemporains. *The Outlaw Josey Wales* est jusqu'ici son film le plus riche et le plus achevé – œuvre marquante de la décennie 70. Elle a la double dimension d'une aventure individuelle et d'une fresque saisissante donnant à voir, dans le désordre de l'après Guerre Civile, le flot innombrable des émigrés de l'intérieur passant d'un État à un autre, des trafiquants en tous genres, des chômeurs et des sans-le-sou s'improvisant chasseurs de primes pour gagner leur pain. Au centre de cette fresque, Josey Wales, paysan victime de la guerre, devenu un hors-la-loi légendaire. Il se trouve malgré lui à la tête d'une petite troupe de « losers », de déclassés, d'Indiens et de chiens perdus qui obtiennent très vite, de par la volonté du metteur en scène, la sympathie sans faille du public. Un ton unique de cruauté et d'humanisme mêlés parcourt ce film attachant et dénué de tout attendrissement. Le point de départ de l'intrigue présente une analogie très provisoire avec *Run of the Arrow** (Fuller, 1956). Par dégoût des vainqueurs, un vaincu de la Guerre Civile s'enfonce dans les territoires indiens. Mais ce qui était fascination de l'impossible, tentative suicidaire et tragiquement pathétique pour changer d'identité de la part de Rod Steiger, le héros de Fuller, devient chez Josey Wales tout à la fois entreprise de vengeance, élimination des fantômes du passé et reconversion entièrement réussies. C'est que la personnalité de Josey Wales est d'abord faite de réalisme et de juste appréciation du possible. Solitaire dans l'âme, individualiste absolu, ne cherchant à s'allier à aucun groupe social ou racial défini, il fait malgré lui des adeptes qui reconnaissent en lui un compagnon sûr et un protecteur. Ce réalisme ne représente pourtant qu'une petite partie du personnage. car pour le reste, tant par sa force physique qui confine à l'invulnérabilité, que par sa force morale qui confine à l'infaillibilité, le mythique Josey Wales a quelque chose d'un dieu. Caractéristique habituelle aux personnages incarnés par Clint Eastwood et qui les fait sortir du rationnel. (Ce saut qualitatif hors du rationnel est le propos même d'un autre de ses westerns, *High Plains Drifter* 1973.) Formellement, Clint Eastwood a bien observé ses maîtres. A Sergio Leone qui l'a « inventé » mais ne le vaut pas, tant s'en faut, il emprunte cette dilatation du temps dans les moments de violence par quoi le personnage acquiert une dimension quasi surnaturelle. De Don Siegel, il a appris le goût de la méticulosité et cette recherche de la tension qui progresse de façon continue d'une séquence à l'autre. Ces qualités lui permettent de donner son unité à un film dont les péripéties, les personnages ressemblent à un patchwork. Ils incarnent en effet les fragments épars d'une Amérique en lambeaux qui saura se reprendre et reconstituer son tissu vital en assimilant tous ses exclus. La dramaturgie et la mise en scène du film sont, comme le propos lui-même, à la recherche d'une unité perdue.

## JOUEURS D'ÉCHECS (LES)
**(Shatranjke Khilari)**

1977 – Inde (113') • *Prod.* Devki Chitra Productions • *Réal.* SATYAJIT RAY • *Sc.* Satyajit Ray d'ap. une nouvelle de Munshie Premchand • *Phot.* Sumendu Roy (couleurs) • *Mus.* Satyajit Ray • *Int.* Amjad Khan (Wajid Ali Shah), Sanjeev Kumar (Mirza), Saeed Jaffrey (Mir), Richard Attenborough (général Outtram), Shabana Azim (épouse de Mirza), Farida Jalal (épouse de Mir), Victor Bannerjee (Premier ministre).

En 1856, à Lucknow, capitale du royaume musulman d'Oudh, la pression de la Compagnie des Indes et de son représentant, le général Outtram, amène le roi Wajid Ali Shah à abdiquer au profit des Anglais. Dans le même temps, deux aristocrates du pays, petits propriétaires terriens, assouvissent interminablement leur passion commune pour le jeu d'échecs (jeu dont l'origine la plus lointaine est indienne). L'un est poursuivi par les assiduités de sa femme qu'il ne peut satisfaire ; l'autre est tout simplement trompé. Ils iront chercher la tranquillité nécessaire à leur jeu hors de la ville et assisteront à l'arrivée des régiments anglais. Ils décident alors d'appliquer la règle anglaise des échecs qui accélère le rythme de la partie.

☞ Abandonnant pour un film le Bengale, S. Ray fait une irruption dans le cinéma hindi et dans la culture indienne musulmane. Utilisant exceptionnellement plusieurs acteurs très connus, il élabore une splendide reconstitution historique. Mais, dépourvue des scènes d'action spectaculaire habituelles aux superproductions, s'attachant à restituer le détail d'une civilisation ancienne et raffinée, le film connut un échec commercial. Son originalité et sa modernité de structure ont sans doute contribué également à déconcerter le public. Le film contient en effet un récit historique et l'allégorie de ce récit, exprimée par l'épisode parallèle des deux joueurs d'échecs. Comme toujours chez S. Ray, les personnages sont plus nuancés, plus attachants et plus riches dans leurs contradictions que la situation historique où ils sont plongés. Et c'est leur drame. Le roi Wajid, pour inférieur qu'il soit à sa charge, n'est pas dénué de grandeur ni de sens des responsabilités. Pour éviter de répandre inutilement le sang de ses sujets, il accepte la honte de la déposition. N'ayant ni les moyens ni la liberté de recruter une armée, il protège l'héritage de son peuple en perpétuant sa culture, en dansant, en composant des poèmes et des chants adorés de tous. Ces diverses activités ont quelque chose de dérisoire et de grandiose à la fois. Les deux joueurs chargés d'assurer l'allégorie de l'histoire sont vus d'un œil plus critique. Si le roi est contraint à la passivité, ces deux-là semblent accepter la leur de gaieté de cœur. Mais sait-on jamais ? Trait commun aux trois personnages : ils ne collent pas à leur rôle social. Malgré leurs privilèges, ils se comportent en exclus et s'adonnent à des activités de compensation qui deviennent leur vraie passion. D'un autre côté, cette passion, par son intensité ou même par son contenu, a une valeur d'éternité plus grande que n'en aurait eu leur rôle social, même s'il l'avait rempli. Pour leur obsession des arts et du jeu, ils évoquent évidemment le héros du *Salon de musique**, prêt à donner son âme pour contempler quelques instants encore les danses qui le ravissent. Sans virtuosité apparente mais en multipliant les points de vue, S. Ray tisse une trame serrée et solide, basée sur une succession majoritaire de scènes à deux personnages avec un dialogue riche, plein de sens, mais parfois trop abondant. Les imbrications et la complexité du destin des personnages s'y révèlent avec une profondeur souvent envoûtante.

## JOUR DE FÊTE

1949 – France (83') • *Prod.* Cady Films, Fred Orain • *Réal.* JACQUES TATI • *Sc.* Jacques Tati, Henri Marquet, René Wheeler • *Phot.* Jacques Mercanton • *Mus.* Jean Yatove • *Int.* Jacques Tati (François, le facteur), Santa Relli (la femme du manège), Guy Decomble (Roger, le forain), Paul Frankeur (Marcel, le forain), Delcassan (la commère), Maine Vallée (Jeannette), Rafal (le coiffeur), Beauvais (le cafetier), les habitants de Ste-Sévère-sur-Indre et le vélo Peugeot, modèle 1911.

Sainte-Sévère-sur-Indre. A la veille d'une fête prévue de longue date, les forains arrivent sur la grand-place du village et installent manège et stand de tir. Tout de suite, ils prennent comme cible de leurs plaisanteries et de leurs moqueries à froid le facteur François. Ils le persuadent, en flattant son sens des responsabilités et son côté rendeur de services, de prendre en main la pose du mât de cocagne que les villageois s'échinent à planter au centre de la place. François en oublie presque de porter ses plis et court remettre un télégramme que la chèvre de la destinataire dévorera gloutonnement. Ayant fixé à grand-peine le mât, ce dont il n'est pas peu fier, il termine sa tournée, cependant que la fanfare et les badauds envahissent la place. Quand François reparaît sur les lieux, le mât penche dangereusement avant de s'écrouler et François doit pénétrer précipitamment dans le café avec sa bicyclette pour ne pas être assommé. Au cinéma des tourneurs, installé sous une tente, on projette un documentaire sur le fonctionnement de la poste en Amérique. Entraîné par un ami, François assiste avec émerveillement au film. C'est que là-bas on utilise l'hélicoptère et tous les moyens nécessaires pour permettre à cette administration de pointe d'être hautement efficace. A la sortie, les paysans regardent avec commisération François et son antique bicyclette. Les deux forains le font boire tant et si bien qu'il ne pourra rentrer chez lui sur son engin et terminera la nuit dans un wagon de marchandises. Le lendemain matin, les forains font monter François sur le vélo de leur manège et lui enseignent les rudiments de la technique postale américaine. Filant comme l'air, François accomplira alors sa tournée « à l'américaine ». Il colle les lettres n'importe où – sous la queue d'un cheval, sur la fourche d'un paysan marchant le long de la route – pourvu que cela lui fasse gagner du temps. Il devra, au cours de cette virée extraordinaire, courir après son vélo pris de folie, puis le décrocher d'une barrière de passage à niveau qui l'avait fait grimper dans les airs ; après quoi, dans sa précipitation, François tombera à l'eau. Il rentrera dans la charrette de la centenaire du village : « Pour ce qu'elles sont bonnes les nouvelles, on a bien le temps de les recevoir », conclut la vieille femme avec philosophie. Les forains ont remballé leur matériel et s'en vont vers un autre village.

☞ Premier long métrage de Tati harmonisant dans un dosage unique le rire, la poésie et une précieuse et comme involontaire observation sociologique. Les historiens, les curieux des mentalités et de la vie rurale dans la France d'après-guerre y trouveront leur pâture tout autant que dans *Farrebique** – avec l'humour en plus. La mise en scène et le rythme du film sont, dans leur nonchalance, à la fois enfantins et très savants, invisibles et prodigieusement alertes. Dans la vision globale du village qu'elle veut donner, la mise en scène s'attache soudain à un détail, à un gag, à une réaction, qui bien vite se fondent à nouveau dans l'ensemble d'où ils s'étaient, pour un instant seulement, détachés. Le personnage du facteur créé par Tati est autonome (il n'a que quelques points communs avec le futur Hulot) et jouit d'une complète originalité pour un héros burlesque. En effet, il est socialisé, a un métier et n'est vraiment maladroit que lorsqu'il est la naïve victime de mauvais plaisants ou lorsqu'il veut rivaliser avec un modèle venu d'ailleurs. « Il semble, dit Henri Agel ("Précis d'initiation au cinéma", Éditions de l'École, 1956), que Tati n'ait pas prévu ce qui devait lui arriver, mais l'ait lancé dans un monde en le regardant faire. D'où cette liberté du personnage. Il est une sorte d'innocent bonhomme à qui tout réussit miraculeusement, semble-t-il, tant qu'il est docile à sa propre innocence. » Le dialogue de *Jour de fête* est légèrement plus articulé que celui des films ultérieurs de Tati. Mais la plupart du temps François le facteur s'exprime dans une espèce de mélasse sonore qui révèle en même temps sa difficulté à communiquer et l'extrême méfiance de Tati vis-à-vis du langage. Trompeur et souvent lié à un sentiment de supériorité, le langage articulé n'existe vraiment que dans la bouche des forains qui viennent gagner quelques sous chez les villageois et se divertir, si l'occasion s'en présente, à leurs dépens.

☞ N.B. Tati avait tourné le film avec deux caméras, en noir et blanc et en couleurs (selon un procédé Thomson). Il existe donc deux négatifs complets du film. Divers obstacles, en particulier techniques (à propos desquels le mystère n'est pas encore complètement éclairci) empêchèrent à l'époque de tirer et de distribuer le film dans sa version couleurs. Lors d'une ressortie dans les années 60, Tati fit colorier à même la pellicule quelques détails de certains plans mais cette addition tardive et restrictive n'apportait pas grand-chose à l'œuvre. Vingt ans plus tard, au terme d'un long travail d'enquête et de recréation artisanale, une équipe de l'émission « Cinéma Cinémas » (Antenne 2) a pu retrouver le négatif couleurs et tirer une séquence du film. Elle a été présentée, dans un sujet sur cette enquête et cette reconstitution, au cours de l'émission du 28-2-88. Il semble aujourd'hui que, toutes questions financières mises à part, l'intégralité du film pourrait être tirée en couleurs.

## JOUR DU DAUPHIN (LE)
**(The Day of the Dolphin)**

1973 – USA (105') • *Prod.* Icarus Productions (Robert E. Relyea) – Avco Embassy • *Réal.* MIKE NICHOLS • *Sc.* Buck Henry d'ap. R. « Un animal doué de raison » de Robert Merle • *Phot.* William A. Fraker (Technicolor, Panavision) • *Mus.* Georges Delerue • *Int.* George C. Scott (Dr Jake Terrell), Trish Van Devere (Maggie Terrell), Paul Sorvino (Mahoney), Fritz Weaver (Harold DeMilo), Jon Korkes (David), Edward Herrmann (Mike), Leslie Charleson (Maryanne), John Dehner (Wallingford).

Dans un centre d'études océanographiques situé sur une île au large de la Floride, le biologiste marin Jack Terrell, sa femme et une équipe de cinq étudiants poursuivent des recherches sur les dauphins. A force de patience et de sollicitude, Terrell est parvenu par une lente progression à faire prononcer des monosyllabes à un dauphin de quatre ans né et élevé au centre. Un lien affectif très fort s'est créé entre le dauphin, Alpha (surnommé Pha) et Terrell. Mais les progrès de l'animal semblent connaître un temps d'arrêt. Terrell lui donne alors une compagne, Béta (Bé), et dès lors Pha se refuse à parler, trop occupé sans doute à communiquer selon le langage propre aux dauphins avec sa nouvelle amie. Terrell sépare les deux dauphins et Pha, pour obtenir que Bé revienne à ses côtés, recommence à communiquer avec Terrell qui lui fait alors accomplir des progrès décisifs. Le journaliste Mahoney a obtenu, grâce à un chantage exercé auprès du directeur de la Fondation Franklin qui finance les recherches de Terrell, de venir sur l'île observer le travail des savants, resté jusque-là entièrement secret. Mahoney semble d'ailleurs en savoir long sur le sujet. Pour devancer la publication de ses articles, Terrell décide de communiquer l'essentiel de ses résultats aux membres de la Fondation. Mais alors qu'il se rend à une conférence de presse finalement annulée et dont l'annonce n'avait servi qu'à l'éloigner de l'île, un des étudiants, David, enlève les dauphins et les met au service d'une conjuration regroupant les membres de la Fondation et visant à assassiner le Président. Mahoney est en réalité un agent du gouvernement enquêtant sur les activités de la Fondation. Il vient prévenir Terrell de ce qui se trame. David enseigne aux dauphins comment placer une mine sous un yatch et Bé s'apprête à en placer une sous le yatch du Président. Pha échappe à ses kidnappeurs et rejoint Terrell qui lui ordonne de détourner Bé de sa route. Pha va chercher Bé et, d'eux-mêmes, les deux dauphins placeront la mine sous le yacht des conjurés. A contrecœur, Terrell renvoie tous les dauphins en haute mer et explique à Pha et à Bé que c'est le seul moyen pour eux de survivre.

☞ Tiré du roman de Robert Merle, ce récit de science-fiction très original est basé sur la conjonction de deux aspects du genre à la fois hétérogènes et complémentaires. L'un s'adresse aux enfants – ou plus exactement aux adultes en tant que susceptibles d'éprouver encore les émotions de l'enfance –, l'autre aux adultes en tant qu'adultes. Ce mélange, disons-le tout de suite, n'a pas plu et le film s'est « ramassé » dans les grandes largeurs. Peut-être est-il apparu dix ans trop tôt. *Le Jour du dauphin* se présente d'abord comme un conte utopique où la science est vécue comme une approche tranquille du bonheur, un moyen de communiquer, par l'affectivité autant que par le savoir, avec d'autres espèces et d'autres univers. Le film est ensuite une œuvre d'avertissement (comme certains films de Wise) visant à mettre en garde le public contre certains dangers indirects de la science. A l'inverse du *Mystère Andromède** (Wise, 1971), il plaide pour une certaine nécessité du secret qui préserverait le rôle contemplatif et édénique de la science. Mais le film a surtout pour but de suggérer avec force que tout progrès scientifique réel, quelque inoffensif qu'il paraisse dans son principe, est susceptible d'une utilisation détournée et diabolique. Le public n'a pas apprécié non plus que les développements les plus risqués et les plus farfelus du récit (ex. ceux qui concrétisent l'obéissance et la fidélité du dauphin à Terrell) soient décrits par l'auteur avec cette gravité sereine qui caractérise le style de l'ensemble du film et y a effacé toute velléité feuilletonesque. Trop adulte pour les enfants, trop enfantin pour les adultes, *Le Jour du dauphin* restera comme une œuvre de rêverie plus que comme un film d'action. Cette fable pessimiste n'a guère de solution à proposer et exprime le regret que la science ne puisse être seulement une forme de poésie, une mise en évidence de la solidarité des espèces et de tous les univers qui s'ignorent. Ample et magnifique utilisation du Cinémascope. Belle musique de Georges Delerue.

## JOURNAL D'UN CURÉ DE CAMPAGNE (LE)

1950 – France (117') • *Prod.* UGC (Robert Sussfeld) • *Réal.* ROBERT BRESSON • *Sc.* Robert Bresson d'ap. R. de Bernanos • *Phot.* L.H. Burel • *Mus.* Jean-Jacques Grünenwald • *Int.* Claude Laydu (le curé d'Ambricourt), Nicole Ladmiral (Chantal), Nicole Maurey (Mlle Louise), Armand Guibert (le curé de Torcy), Marie-Monique Arkell (la comtesse), Jean Riveyre (le comte), Antoine Balpêtré (le docteur Delbende), Jean Danet (Olivier),

Martine Lemaire (Séraphita Dumouchel), Bernard Hubrenne (Dufrety), Yvette Etiévant (la compagne de Dufrety).

Un jeune curé, habitué à tenir son journal, découvre sa première paroisse, Ambricourt, en Artois. Depuis six mois, il est en mauvaise santé et, à cause de son estomac, ne se nourrit plus que de pain, de vin et de sucre. Il prend souvent conseil de celui qu'il appelle son maître, le curé de Torcy, un homme rond et solide, sans complaisance pour personne, qui ne mâche pas ses mots. Le curé de Torcy considère son protégé comme un enfant de chœur, ou du moins le lui dit. Son principal conseil est : « Faites de l'ordre à longueur du jour ». L'institutrice du château, Mlle Louise, qu'à son arrivée le curé avait vue dans les bras du comte, est la seule fidèle assidue aux services. Elle dit au curé que la comtesse la traite bien ; par contre elle déteste sa fille, Chantal. La comtesse a subi le deuil d'un enfant et vit dans le souvenir ineffaçable de cet enfant. Le comte, en qui le jeune curé croit trouver un ami, le prie de mettre de la modération dans les nombreux projets qu'il a pour la paroisse. Il n'accepte pas que le curé lui fasse remarquer que sa fille Chantal est anormalement triste. Lors de son premier entretien avec la comtesse, le curé se sent mal et doit se retirer. Il consulte le Dr Delbende, qui a perdu la foi. Celui-ci diagnostique immédiatement chez son patient un lourd héritage d'alcoolisme. Au grand étonnement du curé, il le juge de la même race que le curé de Torcy et que lui-même : la race de ceux qui font face. Le curé de Torcy ramène son protégé à Ambricourt en voiture. Il ne lui ménage pas ses critiques : « Tu t'agites trop. Tu n'as pas le sens pratique. » Dans les jours qui suivent, le jeune curé pense que Dieu l'a abandonné. Il apprend le suicide du Dr Delbende. Chantal a fait promettre au curé d'essayer de persuader ses parents de revenir sur leur décision de l'écarter de la maison. Elle déclare qu'elle voudrait arracher les yeux de l'institutrice, qu'elle déteste sa mère pour sa lâcheté, qu'elle ne respecte plus son père. Guidé par une intuition, le curé demande à Chantal de lui remettre la lettre qu'elle cache dans sa poche. Elle obéit et lui dit : « Vous êtes donc le Diable ? » Le curé brûle cette lettre destinée au comte. Au cours d'un long entretien avec la comtesse, le curé plaide la cause de Chantal et extirpe du cœur de son interlocutrice la haine de Dieu, provoquée par la perte de son enfant. Le soir même, la comtesse lui fait parvenir une lettre où elle le compare à un enfant qui lui a rendu la paix. Elle mourra dans la nuit. Le comte ne cache plus son hostilité au curé : il estime qu'il se mêle trop des affaires d'autrui, qu'il est un danger pour la paroisse. Le curé subit un nouvel accès de désespoir et éprouve la tentation du suicide, qu'il n'ose nommer dans son journal. Le curé de Torcy lui rend plusieurs fois visite. Nouvelles critiques : il se nourrit mal et ne prie pas assez. Le curé de Torcy a eu connaissance de l'entretien qu'il a eu avec la comtesse par Chantal qui a tout entendu. Il accuse son protégé d'avoir gravement troublé la défunte. Le curé d'Ambricourt ne se défend pas et ne parle pas de la lettre qu'il a reçue d'elle. Il se contente de dire qu'elle est morte en paix. Le curé de Torcy avertit son protégé contre l'usage abusif qu'il fait du vin – un vin de la plus basse qualité. Dans la campagne, le curé a un vertige et tombe face contre terre. La petite Seraphita Dumouchel, qui pourtant l'avait souvent persécuté par son mauvais esprit, essuie son visage et l'aide à reprendre sa route. Tout le monde le considère comme un alcoolique. Il se décide à aller consulter à Lille. Olivier, le cousin de Chantal, le conduit à la gare sur sa moto. Bref moment d'insouciance où le prêtre se sent jeune comme son compagnon. Olivier lui propose son amitié ; il le voit très proche de ses camarades de la Légion. Le verdict du docteur est sans espoir : cancer de l'estomac. Le curé rend visite à un ancien condisciple du séminaire, Dufrety, qui a renoncé à sa vocation sacerdotale. Il vit avec une jeune femme qui fait des ménages mais qui, dit-il, n'est pour rien dans son « évolution intellectuelle ». Le curé se sent de plus en plus mal. Le curé de Torcy assistera à son agonie. Les derniers mots du jeune prêtre, murmurés à son oreille, auront été : « Tout est grâce ».

☞ Avec *Pickpocket**, c'est ici la plus belle réussite de Robert Bresson. Le film rompt avec les adaptations littéraires de l'époque, fondées sur une succession de scènes le plus souvent closes sur elles-mêmes et fortement dramatisées. L'adaptation du roman de Bernanos, élaborée par Bresson seul, est constituée d'une juxtaposition d'instants qui constituent peu à peu une ligne mélodique extrêmement pure, mais aussi extrêmement riche. Ici, on peut parler de dépouillement puisqu'à la base du film il y a une richesse réelle et immense, transformée par la pudeur et l'intensité spirituelle du style en quelque chose d'épuré qui emprunte d'ailleurs (pour la première fois chez Bresson) beaucoup plus à la musique et à la peinture qu'au théâtre. Cela n'empêche pas les personnages et les caractères d'être très fortement dessinés et de posséder une présence, une force inaltérables. Jusqu'aux plus petits rôles, tous les acteurs du film sont impossibles à oublier. Quant au curé d'Ambricourt, il appartient pleinement à la race des héros bressoniens. Comme beaucoup d'entre eux, c'est un passionné, un obstiné, un angoissé, saisi d'un tel désir d'embrasser le monde qu'il en devient *malgré lui* un exilé et un marginal. Seul le héros de *Pickpocket** revendiquera son exil comme base de nouvelles expériences. L'originalité spécifique du *Journal d'un curé de campagne,* c'est que sa construction, fidèle à l'œuvre de Bernanos, est la chair même de son propos. Ces instants, ces fragments de journal, où tout est à la fois détail et signification, vie vécue et vie repensée à travers le cerveau et l'âme du héros, installent le spectateur à l'intérieur même de la subjectivité de ce héros et l'empêchent de le juger. Si la plupart des personnages rencontrés par le curé ne se privent pas de porter un jugement sur lui, le spectateur, lui, ne le peut pas et reste prisonnier de son destin d'une infinie tristesse et de son tragique itinéraire spirituel. Étant enfermé au cœur de sa vie et de ses pensées, le spectateur participe à son mystère, mais sans pouvoir tout à fait le comprendre. Magnifique emploi du noir et blanc par le photographe Léonce-Henri Burel. Les photos de plateau, prises par Roger Corbeau, sont également superbes.

BIBLIO. : André Bazin : « Le *journal d'un curé de campagne* et la stylistique de Robert Bresson » *in* « Cahiers du cinéma » n° 3 (1951), repris dans le volume « Qu'est-ce que le cinéma ? » II, Éditions du Cerf, 1959. Albert Béguin : « L'adaptation du "Journal d'un curé de campagne" », *in* « Glanes » n° 18 (1951).

## JOURNAL D'UNE FILLE PERDUE/TROIS PAGES D'UN JOURNAL
### (Das Tagebuch einer Verlorenen)

1929 – Allemagne (2 863 m) • *Prod.* Pabst-Film • *Réal.* G.W. PABST • *Sc.* Rudolf Leonhardt d'ap R. de Margaret Böhme • *Phot.* Sepp Allgeier • *Int.* Louise Brooks (Thymiane Henning), Edith Meinhard (Erika), Vera Pawlowa (tante Freda), Joseph Rovensky (le pharmacien Henning), Fritz Rasp (le commis pharmacien), André Roanne (le comte Osdorff), Arnold Korff (le vieux comte Osdorff), Andrews Engelmann (directeur de l'école), Valeska Gert (sa femme), Franziska Kinz (Meta), Sybille Schmitz (Elisabeth).

Le jour de la confirmation protestante de Thymiane, la fille du pharmacien Henning, la bonne Elisabeth, enceinte sans doute des œuvres de Henning, est chassée. Le même jour, Thymiane découvre avec horreur qu'Elisabeth s'est suicidée. Elle remonte précipitamment dans sa chambre et trouve son père en train de cajoler la nouvelle bonne, Meta. Sous le choc de cette double révélation, Thymiane s'évanouit. Parmi les nombreux cadeaux qu'elle a reçus en ce jour de fête, celui qui lui a fait le plus plaisir est un carnet sur lequel elle écrira son journal. Le premier à y inscrire quelque chose est le préparateur Meinert, employé de Henning, qui fixe rendez-vous à la jeune fille pour lui révéler le secret d'Elisabeth. Thymiane s'y rend ; Meinert l'embrasse, ce qui la fait défaillir et permet à Meinert de la porter sur le canapé. Neuf mois plus tard, le conseil de famille s'est réuni pour décidé du sort du bébé de Thymiane. On ouvre avec avidité son journal pour y lire que le père est Meinert. Celui-ci, sommé de prendre ses responsabilités, refuse d'épouser Thymiane car la pharmacie du père de celle-ci est hypothéquée. Il est décidé que le bébé sera confié à une nourrice et Thymiane à une maison de redressement, cependant que Meta prend de plus en plus d'influence sur Henning. Dans le pensionnat-prison, on mange, on travaille et on se déshabille en cadence. La directrice, garde-chiourme sadique et laide, fait régner une discipline de fer, cependant que son mari, un long homme chauve aux mines libidineuses, veille au grain. Thymiane écrit au comte Osdorff, son seul ami, une lettre désespérée. Osdorff vient d'être chassé et traité de bon à rien par son oncle. Il essaie de plaider la cause de Thymiane auprès de sa famille mais rien n'y fait. Il vient la voir à la pension et lui propose de s'évader. Un soir au dortoir, les filles sans surveillance fument, jouent aux cartes ou sont allongées côte à côte sur les lits. La directrice veut s'emparer du journal de Thymiane. Les filles l'entourent et se mettent à la frapper. Elles se déchaînent aussi contre son mari, venu à la rescousse... Dans le tumulte, Thymiane s'échappe avec son amie Erika et rejoint Osdorff. Seule, elle se rend chez la nourrice et apprend que son enfant est mort. Elle va ensuite à l'adresse que lui avait laissée Erika : une luxueuse maison close dans l'atmosphère de laquelle elle se plonge immédiatement avec délices. La maquerelle, aux allures de vieille bourgeoise inspirant confiance, lui donne une robe noire décolletée en échange de son tablier de pensionnaire. Thymiane danse avec un inconnu qui se frotte à elle ; elle se pâme et l'homme la mène à demi-inconsciente vers le lit. Le lendemain matin, la maquerelle lui tend une enveloppe de billets donnés par son compagnon d'une nuit et qu'elle refuse. La vieille femme conseille à Osdorff de devenir le protecteur de Thymiane. Tous les soirs désormais, celle-ci danse dans le cabaret à succès situé en dessous de la maison close. Un certain soir, on tire une loterie dont Thymiane est le gros lot. Par hasard, son père se trouve dans l'établissement en compagnie de Meta qu'il a épousée. Le père et la fille échangent des regards. Meta entraîne son mari au dehors. Trois ans ont passé. Thymiane reçoit le faire-part de la mort de son père. Elle hérite du montant de l'hypothèque sur la pharmacie versée par Meinert qui reprend le commerce de son ancien employeur. Il en profite pour chasser Meta, maintenant mère de deux enfants. Thymiane donne sa part d'héritage à sa jeune demi-sœur pour qu'elle évite de suivre le même chemin qu'elle. Apprenant ce don, Osdorff, qui comptait se refaire en épousant l'héritière, saute par la fenêtre. A son enterrement, son oncle et Thymiane s'accusent l'un et l'autre de l'avoir poussé au désespoir. L'oncle Osdorff veut prendre soin de Thymiane et l'épouse. La famille Osdorff invite Thymiane à s'occuper du redressement des jeunes filles. Elle visite ainsi son ancien pensionnat, dit au couple des directeurs leur quatre vérités, et en retire Erika qui, après plusieurs fugues, y était de nouveau prisonnière.

☞ Dernier des dix films muets de Pabst, aussi génial, sinon plus, que *Loulou** et *La rue sans joie**. La virtuosité technique de Pabst, ses dons de narrateur et de peintre social sont à leur comble et le spectacle de ces qualités réunies est très impressionnant. Ce qui différencie Pabst de la plupart des cinéastes de cette époque passionnante (les années 20 en Allemagne), c'est que le réalisme est le noyau véritable de son œuvre. Par le réalisme, Pabst atteint au cauchemar et au fantastique, stigmatise une société bourgeoise et aristocratique dont le rigorisme et l'hypocrisie bafouent toutes les valeurs, donne à chaque décor (la maison de redressement, la maison close) son poids de réel, son relief et sa place spécifique dans le puzzle de ce monde en perdition qu'est l'Allemagne contemporaine. Au centre de l'intrigue, il crée le personnage complexe et presque impénétrable de Thymiane qu'immortalise une Louise Brooks encore une fois inoubliable. Il serait absurde (cf. les extrapolations délirantes d'Ado Kyrou dans « Amour, érotisme et cinéma ») de faire de ce personnge un modèle ou le détenteur de quelconques valeurs, fussent-elles de révolte ou d'amour fou, puisque Thymiane est aux yeux de Pabst l'émanation fascinante du monde de l'effondrement de toutes les valeurs. Personnage submergé par sa propre sensualité (dès qu'un homme la frôle ou la touche, qu'il s'agisse d'un étranger ou même de quelqu'un qui lui répugne, elle tombe dans un état de passivité et de transe proche du coma), capable d'élans de générosité peu communs (elle donne en une seconde son héritage à sa demi-sœur), s'adaptant comme un animal aux péripéties aventureuses de son destin, ne rencontrant jamais un seul partenaire qu'elle puisse aimer ou estimer, elle est au-delà du bien et du mal. Elle évolue dans une zone qui reflète les contradictions et l'inévitable pourrissement d'une société vouée à la destruction. Formellement, la science, la densité, le jaillissement de la mise en scène de Pabst sont étourdissants. Tous les types de gros plans expressifs sont utilisés ainsi que de rares mais superbes mouvements d'appareil correspondant toujours à un paroxysme ou à une accélération de l'action ; des scènes entières où le découpage est invisible et d'une rare habileté sont consacrées à mettre en valeur l'intensité dramatique des rencontres et des conflits qui s'y déroulent (scène géniale de l'échange des regards entre le père et la fille au cabaret). Vedette ou figurant, chaque acteur est la star du plan qui lui est consacré et sa composition devient indispensable à la mosaïque sociale du film. C'était d'ailleurs le cas dans la plupart des films du cinéma muet allemand. Balzacienne est ici la vision cinglante et impassible des tares de la société du temps ; mizoguchien parfois, le regard porté sur l'itinéraire de l'héroïne. Mais appartient bien en propre à Pabst ce parti pris de réalisme qui, à vrai dire, est le contraire d'un parti pris et fait de l'auteur l'ennemi déclaré de toute utopie, de toute mythologie, de tout schéma et de toute construction idéologiques ou intellectuels plaqués sur la réalité. Pabst rejette également toute déformation esthétique qui viendrait édulcorer la description à la fois nette et ambiguë d'un univers frémissant, foisonnant de vie au sein même de son agonie. Il est à peine besoin de souligner que *Journal d'une fille perdue* est, sur les plans visuel et dramatique, l'un des films les plus audacieux de l'histoire du cinéma. La censure de chaque pays s'employa à couper tel détail, telle séquence, tel développement dans le récit. Dans une version primitive du scénario, Thymiane devait finir directrice de maison close à son tour (cf. *Queen Kelly** de Stroheim).

N.B. Première adaptation du roman de M. Böhme par Richard Oswald (1918).

## JOURNAL D'UNE SCHIZOPHRÈNE
### (Diario di una schizofrenica)

1968 – Italie (108') • *Prod.* Idi Cinematografica (Gian Vittorio Baldi) • *Réal.* NELO RISI • *Sc.* N. Risi, Fabio Carpi d'ap. livre de Andrée Séchehaye • *Phot.* Giulio Albonico (couleurs) • *Mus.* Ivan Vandor • *Int.* Ghislaine d'Orsay (Anna), Margarita Lozano (Blanche), Umberto Raho (le père d'Anna), Marija Tocinowsky (la mère d'Anna).

Anna, une adolescente de dix-sept ans, fille d'un riche ingénieur suisse, est victime depuis plusieurs années de troubles mentaux extrêmement graves : autisme, hallucination, régression infantile. Tous les traitements classiques ont échoué. Elle est confiée à Mme Blanche, une doctoresse qui refuse ce titre et prétend la guérir sans recourir à la médecine. Chaque jour, Anna quitte la clinique où elle est hébergée (à Lucerne) et est conduite à son cabinet. Blanche la met en confiance et réussit à la faire parler. Elle étudie ses dessins avec des collègues et découvre qu'Anna subit une frustration d'amour maternel. Elle vit dans un réseau d'interdictions intérieures qui l'empêchent de participer à la réalité. Plus tard, Blanche comprendra qu'Anna assimile les pommes encore attachées à l'arbre au lait maternel qui lui a manqué. La fonction symbolique est très développée chez les schizophrènes et constitue leur seule façon de communiquer. Blanche donne à Anna des morceaux de pomme qu'elle a mis d'abord dans sa propre bouche. Elle devient peu à peu le substitut de sa mère. Anna fait d'immenses progrès, paraît plus calme et regarde le monde avec la curiosité d'un enfant. Un jour, elle achète en ville des fleurs destinées à Blanche. Entrant à l'improviste dans son bureau pour les lui offrir, elle la trouve en compagnie d'un autre malade. Sa jalousie crée chez elle un traumatisme violent. Elle erre toute la nuit dans Lucerne et, à l'aube, plonge dans le lac pour se noyer. Des employés du nettoiement la sortent de l'eau. Malgré les réserves de la mère d'Anna, Blanche obtient de prendre la malade chez elle. Sa méthode est de lui faire reparcourir tous les stades de l'évolution enfantine. Elle l'installe dans un grand berceau et lui donne un tigre en peluche pour la protéger de ses frayeurs. Elle lui apprend à redécouvrir son corps en utilisant un bébé en celluloïd qu'elle nourrit et « éduque » devant elle. Après dix-huit mois, Blanche lui fait quitter sa maison. L'autonomie recouvrée par Anna est le meilleur garant de sa guérison.

☞ Plusieurs années avant *Equus* (1977), l'adaptation par Lumet de la pièce de Peter Schaffer, c'est ici à notre connaissance le premier film de fiction qui soit entièrement consacré à la description d'une cure analytique et thérapeutique subie par un malade complètement coupé de la réalité extérieure. Le style de Nelo Risi fait preuve de la patience, de l'attention, de la compréhension et de la compassion nécessaires, en immense quantité, à la réussite d'une telle cure, basée sur la conjonction du savoir et de l'amour. Le récit, tiré du livre de M.A. Séchehaye, prend la forme d'un double apprentissage parallèle. L'adolescente malade redécouvre peu à peu la réalité du monde extérieur, cependant que l'analyste plonge à son contact dans un univers intérieur qui enrichira de manière considérable ses propres connaissances psychiatriques et psychanalytiques. Si le jeu des parents est souvent figé et artificiel, cela n'a guère d'importance puisque le film est essentiellement un dialogue à deux voix entre l'analyste et son patient. Et là, l'interprétation de la jeune Française Ghislaine d'Orsay et de l'Espagnole Margarita Lozano se révèle à tous égards – rigueur, réalisme, émotion non sollicitée – exemplaire. Sur le plan dramatique, le film unit la lente maturation du documentaire (Nelo Risi fut l'auteur entre 1949 et 1963 d'une vingtaine de documentaires) aux révélations spectaculaires d'une fiction riche en surprises.

## JOURS DE JEUNESSE (Wakaki Hi)

1929 – Japon (60') • *Prod.* Shochiku/ Kamata • *Réal.* YASUJIRO OZU • *Sc.* Ozu, Akira Fushimi • *Phot.* Hideo Shigehara • *Int.* Ichiro Yuki, Tatsuo Saito, Junko Matsui, Shinichi Himori.

La vie d'étudiant. Un étudiant s'installe chez un ami sans lui demander son avis. Après les examens, tous deux partent avec leurs camarades faire un séjour dans une station de sports d'hiver. Ils sont amoureux de la même fille. Ils ne réussiront pas plus l'un que l'autre à la conquérir. Bientôt il faut rentrer à la ville. Et leurs chances de succès à l'examen sont plutôt minces.

☞ Huitième film d'Ozu et le plus ancien qui soit conservé de lui. Au-delà de certaines maladresses dans le rythme, le style du cinéaste (âgé de 25 ans) est déjà très élaboré et très personnel. Une succession de gags ténus, à peine burlesques, visent à faire sourire le spectateur en même temps qu'à enrichir sa connaissance des personnages. Qu'est-ce qui les caractérise ? Un mélange d'insouciance et d'inaptitude, plus ou moins joyeusement assumé, à satisfaire aux exigences de la vie sociale. Usant de moyens simples et pourtant mystérieux, l'art consommé d'Ozu sait déjà suggérer une insidieuse nostalgie, très prenante et très élégante dans sa discrétion. (Sans doute est-on influencé aussi par le devenir de l'œuvre.) Les heures d'agrément vécues par les étudiants ne dureront pas. Sans qu'ils en soient tout à fait conscients, ils ont raison de les savourer avant qu'elles ne soient devenues un souvenir lointain. Dès le début de sa carrière, Ozu est le cinéaste du Temps, ce mirage qui emporte les êtres et les entraîne doucement vers le terme, si proche, de leur destinée. Grâce à sa vivacité et à sa fluidité (utilisation des extérieurs, de certains effets de caméra subjective), à sa fraîcheur et à son humour, grâce aussi à son observation attentive des individus et des groupes, *Jours de jeunesse* est d'une totale originalité par rapport à ce qu'on peut connaître du cinéma japonais environnant. Et ce film sur la jeunesse et la fugacité du Temps devient à la fin poignant d'avoir su si bien garder sa propre jeunesse de style.

## JOUR SE LÈVE (LE)

1939 – France (87') • *Prod.* Productions Sigma • *Réal.* MARCEL CARNÉ • *Sc.* Jacques Viot, Jacques Prévert • *Phot.* Curt Courant, Philippe Agostini, André Bac • *Mus.* Maurice Jaubert • *Déc.* Alexandre Trauner • *Int.* Jean Gabin (François), Jacqueline Laurent (Françoise), Arletty (Clara), Jules Berry (Valentin), Arthur Devère (Gerbois), Mady Berry (la concierge), Bernard Blier (Gaston), René Genin (le concierge), Marcel Pérès (Paulo), Jacques Baumer (le commissaire), René Bergeron (le patron du café), Gabrielle Fontan (la vieille locataire).

Dans un immeuble parisien, après une discussion orageuse entre deux hommes, un coup de feu éclate. La victime, Valentin, sort de l'appartement en se tenant le ventre et meurt peu après. L'agresseur, François, refuse de se rendre à la police. Son logement est assiégé. Pendant la nuit, il se remémore les faits qui ont précédé le drame. *Premier flash-back.* Ouvrier d'usine, François avait rencontré Françoise, livreuse de fleurs et élevée comme lui à l'Assistance publique. Coup de foudre réciproque. Ils se fréquentent depuis trois semaines, mais Françoise se refuse toujours à François. Une nuit, il la suit alors qu'elle se rend dans un petit music-hall où se produit le dresseur de chiens, Valentin. Ce soir-là, Clara, la maîtresse de Valentin, décide de quitter définitivement ce personnage odieux et répugnant. Elle fait à François des avances poussées, cependant que dans la salle Françoise assiste, admirative, au numéro de Valentin. En présence de François, Clara rompt de façon cinglante avec Valentin. *Retour au présent.* Les policiers tirent sur la porte et la serrure de l'assiégé. François place une grande armoire devant sa porte. Il continue sa méditation. *Deuxième flash-back.* Clara et François sont devenus amants, mais François refuse la vie commune. Au cours d'un entretien en tête-à-tête avec lui, Valentin déclare que Françoise est sa fille et que François n'est pas un parti digne d'elle. Françoise dira à François que cette paternité est une pure et simple invention de Valentin, prêt à tout pour la garder. Les deux amoureux se promettent de rompre, l'un avec Clara, l'autre avec Valentin. En le quittant, Clara donne à François un camée appartenant à la collection de Valentin. Elle ajoute que Valentin avait l'habitude d'en donner un à chacune de ses conquêtes. François se rappelle avoir reçu un tel camée de Françoise. *Retour au présent.* François jette le camée par la fenêtre. L'aube pointe. François s'adresse à la foule massée au pied de l'immeuble et lui demande avec colère de s'en aller. Les témoins exhortent François à ne pas commettre l'irréparable. *Troisième flash-back.* Valentin rend visite à François. Il venait, dit-il, pour le tuer, mais il a changé d'avis et jette son revolver. A l'aide d'allusions complaisante, Valentin évoque sa liaison avec Françoise. François, d'un mouvement instinctif, saisit l'arme et tire sur Valentin. *Retour au présent.* Des policiers sont montés sur le toit. L'un d'entre eux s'apprête à jeter une grenade lacrymogène dans la chambre de François. Juste avant, celui-ci s'est tiré une balle. Il est allongé sur le sol quand la grenade atterrit dans sa chambre.

☞ Dernier film de Carné avant guerre tourné après Munich et sorti en juin 1939. C'est l'apogée du film de studio où tout est reconstitué, mesuré au millimètre, tiré au cordeau pour produire l'effet et l'émotion recherchés. A son niveau, le film manifeste un contrôle de l'image aussi complet que chez Fritz Lang ou que chez tel calligraphe japonais. Cette méthode et ce soin sont propices à exprimer une certaine idée de la fatalité, qui est le sujet du film. Alors que chez Renoir, dans *Toni** par exemple, la tragédie jaillit à l'improviste comme d'un trop-plein, d'un débordement d'émotion et de passion dans le cœur de l'homme et correspond alors à une sorte de manifestation ultime de liberté chez le personnage, la fatalité sociale mise en place par Carné et Prévert ne laisse aucune chance au protagoniste. Ses actes sont pour ainsi dire programmés par tout son passé, ses rencontres, le décor et les circonstances de son existence quotidienne, éléments d'un engrenage qui va broyer sa vie. Pour ajouter du poids à cette fatalité, Carné innova en racontant son histoire à l'aide d'un trio de flash-backs. Peu de films avant lui avaient eu cette audace (On cite toujours *The Power and the Glory*, 1933, de William K. Howard sur un scénario de Preston Sturges qui influença Welles pour *Citizen Kane**). En tout cas, il revient à Carné d'avoir été le premier à imposer ce type de récit au grand public. Carné a raconté, notamment dans son excellente autobiographie « La vie à belles dents », la naissance du scénario, devenue légendaire. Un voisin inconnu, collectionneur de tableaux naïfs, Jacques Viot, lui apporta un jour un scénario intitulé *Le jour se lève* dont l'intrigue ne le passionna pas mais dont la construction, toute en flash-backs, lui parut saisissante. Il demanda à Prévert d'abandonner un autre travail en cours qui avançait mal et Prévert se mit avec réticence à collaborer avec Viot, lequel aurait également préféré écrire seul. Quant au décor non moins légendaire de l'immeuble où vit Gabin, il fut créé par Trauner d'après des photos prises à Paris pendant la préparation d'*Hôtel du Nord**. Le décor de l'immeuble fut bâti sur l'emplacement même du décor d'*Hôtel du Nord**. Pour porter à son point d'intensité maximum l'aspect claustrophobique de la pièce où évolue Gabin, Carné exigea que le décor possède réellement quatre murs. Les acteurs et techniciens ne pouvaient s'en extraire que par le haut. Le pessimisme à peine prophétique et tout simplement « en situation » de l'œuvre, son romantisme noir déplurent à une bonne partie de la critique ainsi qu'à certaines factions politiques, comme cela avait été le cas pour d'autres films de Carné. Mais la perfection indiscutable de l'œuvre lui conféra en peu de temps le statut, jamais remis en question depuis, de classique du cinéma français. Cette perfection ne manqua pas d'être féconde. De même qu'*Un carnet de bal** de Duvivier anticipait sur certains aspects du calligraphisme italien, *Le jour se lève* annonce le règne du flash-back dans le *film noir* américain dont l'esprit fut grandement influencé par le « réalisme poétique ». Durant cette époque, la plus riche de son histoire (deuxième moitié des années 30), le cinéma français se trouve constamment au cœur et même à l'avant-garde des principales recherches esthétiques mondiales.

N.B. Très mauvais remake d'Anatole Litvak *The Long Night*, 1947 (inédit en France) ; Henry Fonda reprend le rôle de Gabin et Vincent Price celui de Jules Berry.

BIBLIO. : scénario et dialogues *in* « L'Avant-Scène » nº 53 (1965). Reconstitution du film en 120 photogrammes : « Alba tragica », Editoriale Domus, Milan, 1945.

## JUGEMENT DES FLÈCHES (LE)
## (Run of the Arrow)

1957 – USA (86') • *Prod.* RKO – Globe Enterprises (Fuller) distribué par Universal • *Réal.* SAMUEL FULLER • *Sc.* S. Fuller • *Phot.* Joseph Biroc (Technicolor) • *Mus.* Victor Young • *Int.* Rod Steiger (Private O'Meara), Ralph Meeker (lieutenant Driscoll), Sarita Montiel (Yellow Mocassin), Brian Keith (capitaine Clark), Jay C. Flippen (Walking Coyote), H.M. Wynant (Crazy Wolf), Charles Bronson (Blue Buffalo), Neyle Morrow (lieutenant Stockwell), Billie Miller (Silent Tongue, l'enfant), Tim McCoy (général Allen), Olive Carey (Mrs. O'Meara), Frank de Kova (Red Cloud), Frank Warner (le chanteur).

Appomatox, Virginie, le 9 avril 1865. Le fantassin O'Meara tire la dernière balle de la guerre de Sécession et atteint le lieutenant nordiste Driscoll. Il le porte ensuite jusqu'à un hôpital de campagne d'où il assiste, avec honte et rancœur, à la reddition du général Lee au général Grant. Il a tant de haine au cœur qu'il ne peut plus cohabiter avec les gens de son village et même avec sa mère, car tous semblent se résigner à vivre à l'ombre du drapeau américain. Il part vers les territoires indiens et tentera de devenir un Sioux pour oublier sa race et sa défaite. En chemin, il a rencontré un vieil éclaireur sioux de la tribu des Oglala, Walking Coyotte, qui a travaillé pour les yankees. Ils deviennent amis et le vieillard enseigne à O'Meara les rudiments de la langue des Sioux et leurs coutumes. Les deux hommes sont capturés par Crazy Wolf et les siens (Crazy Wolf ne reconnaît pas Red Cloud comme chef unique des Sioux). Considéré comme un ennemi, O'Meara va être écorché vif, tandis que Walking Coyote, accusé d'être un renégat, va être pendu. C'est alors qu'il prononce ces paroles rituelles : « We are faster than the run of the arrow » (Nous sommes plus rapides que la course de la flèche), formule qui les délivre aussitôt de l'exécution pour les soumettre à une des plus cruelles coutumes indiennes. Pieds nus, ayant été autorisés à prendre une avance égale à la trajectoire d'une flèche, ils vont être poursuivis par les tireurs, qui leur donnent ainsi une minime chance de salut. En fait, personne n'a jamais survécu à la course de la flèche. Walking Coyote, qui s'écroulera en route, l'a demandée pour sauver O'Meara du supplice et aussi parce que lui-même ne voulait pas perdre son âme en étant pendu. O'Meara réussit à garder son avance et devra son salut à la protection d'une Indienne, Yellow Mocassin, qui le cache et l'emmène dans son village. Elle le soignera de la fièvre et O'Meara sera ainsi le premier homme à avoir survécu à la course de la flèche. Du même coup, aucun Sioux n'a le droit de porter la main sur lui. O'Meara demande à faire partie de la tribu et à épouser Yellow Mocassin (qui a recueilli un garçonnet muet dont s'occupera aussi O'Meara). Le chef Blue Buffalo, impressionné par son obstination et sa connaissance du monde sioux, lui accorde ce qu'il demande. Un régiment américain, dont fait partie le lieutenant Driscoll, doit construire un fort dans la région. Le général Allen s'entend avec Red Cloud pour désigner l'emplacement du fort, qui ne doit pas empiéter sur le territoire de chasse de la tribu. O'Meara sera le représentant de Red Cloud et devra s'assurer que le régiment et son chef, le capitaine Clark, tiennent bien leurs promesses. Mais Crazy Wolf méprise cet accord et abat Clark d'une flèche en pleine poitrine. Driscoll, qui déteste les Indiens, déplace le site du fort. Pendant sa construction, il assomme O'Meara, venu exiger au nom des Sioux que les soldats américains quittent immédiatement le territoire. Les Indiens ravagent le fort et Driscoll est écorché vif. Ne pouvant supporter ses hurlements de douleur, O'Meara l'achève avec cette même balle qu'il avait déjà utilisée contre lui le dernier jour de la guerre. Les gens de son village la lui avaient solennellement remise en guise de trophée de guerre. Son acte prouve qu'il ne saurait réagir à cent pour cent comme un Sioux. Il repart avec les soldats blessés, sa femme et l'enfant. En quittant ce territoire qui lui a été hospitalier, il se souvient d'une phrase du capitaine Clark : « La reddition de Lee n'a pas été la mort du Sud, mais la naissance des États-Unis. »

☞ Plus encore que ses autres films, les quatre westerns de Fuller constituent une fabuleuse saga de la différence, de la haine de soi et des autres, et de l'impossible désir de changer de peau. Dans *I Shot Jesse James**, Bob Ford, parce qu'il aime trop Jesse James, le tue et endosse pour la vie l'uniforme du traître. Dans *The Baron of Arizona**, James Addison Reavis, pour assouvir, son orgueil immense et son patriotisme fou, vole et s'approprie un État entier. Dans *Forty Guns*, une femme, mécontente au plus profond d'elle-même de sa féminité et sentant aussi que l'ordre qui s'installe va la balayer inexorablement, devient la conductrice de quarante tueurs qu'elle emmène à toute allure vers la destruction et la mort. Dans *Run of the Arrow*, un soldat honteux, vaincu et plein de haine contre son pays et sa race, veut devenir un autre, veut devenir un Sioux. *Run of the Arrow*, le plus achevé des films de Fuller, est aussi le plus fondamentalement baroque. Le découpage offre un heurt continu entre des plans très différents dans leur durée et leur échelle (voir la séquence anthologique de l'ouverture avant et pendant le générique). La progression savamment chaotique du récit enchaîne sans transition scènes de dialogue et de débat et scènes d'action et de violence. Un maximum de tension baroque est obtenu du fait que le récit est à la première personne (comme dans beaucoup de films de Fuller) et qu'en même temps cette subjectivité déchirée, écartelée se trouve replacée dans un contexte historique tout à fait véridique, objectif et minutieusement reconstruit. Chez Fuller, la vérité d'une époque jaillit de la description intérieure des personnages qui ont le plus à souffrir de cette époque. Et la sérénité – car finalement *Run of the Arrow* débouche sur une certaine sérénité – émane d'une évocation sans compromis des extrêmes. Pour Fuller, seule cette connaissance des extrêmes peut favoriser l'émergence d'un éventuel humanisme. Il aura fallu que son personnage aille jusqu'au bout de son impasse pour pouvoir ouvrir les yeux sur lui-même. Sur le plan formel, tout dans *Run of the Arrow* est d'une géniale perfection dans l'excès : l'écriture et la mise en scène, si intégrées l'une à l'autre (Fuller écrit en metteur en scène et filme en écrivain) ; le Technicolor de Joseph Biroc tantôt rutilant et acéré, tantôt apaisé et serein ; l'interprétation de Rod Steiger dont le style « Actors Studio », décalé et poignant, exprime à merveille l'impossible désir d'altérité du personnage. *Run of the Arrow*, dès ses premières images, est si débordant d'expressivité et de sincérité qu'il est difficile, quand on le découvre, de ne pas éprouver le sentiment qu'on voit le plus beau film du monde.

N.B. Le film offre la rare particularité d'avoir été produit par la RKO (à la toute fin de son existence) puis distribué par la Universal. Sarita Montiel a été doublée par Angie Dickinson. Le carton final du film porte ces mots : The end of this story could only be written by you (La fin de cette histoire ne peut être écrite que par vous).

## JULIE DE CARNEILHAN

1949 – France (95') • *Prod.* Ariane-Sirius • *Réal.* JACQUES MANUEL • *Sc.* Jean-Pierre Grédy, Jacques Manuel d'ap. R. de Colette • *Phot.* Philippe Agostini • *Mus.* Henri Sauguet • *Int.* Edwige Feuillère (Julie de Carneilhan), Pierre Brasseur (Herbert d'Espivant), Marcelle Chantal (Marianne), Sylvia Bataille (Lucie), Jacques Dumesnil (Léon de Carneilhan), Gabrielle Fontan (la concierge), Michel Lemoine (Toni), Jacques Dacqmine (Coco Vatard).

Divorcée deux fois, Julie de Carneilhan vit seule à Paris avec la maigre pension que lui verse son premier mari. Plusieurs hommes gravitent autour d'elle : son deuxième mari qui, se disant gravement malade, demande à la revoir ; le beau-fils de celui-ci, un adolescent désespérément amoureux d'elle ; un jeune bourgeois de dix ans son cadet avec qui elle passe ses soirées du samedi ; et son cousin Léon, hobereau solitaire et éleveur de chevaux. Quand elle aura compris que son deuxième mari, Herbert d'Espivant, dont elle était encore un peu amoureuse, ne cherchait en elle qu'une aide matérielle pour échafauder une sordide combine financière, elle retournera avec son cousin au pays natal, dans le domaine de Carneilhan.

☞ Adaptant Colette, Jacques Manuel, un outsider du cinéma français, ancien costumier (et responsable du célèbre numéro spécial de la « Revue du cinéma » sur l'art du costume au cinéma, 1949), livre dans un style racé et mélancolique le portrait d'une aristocrate de quarante ans. Fière, sûre d'elle-même, Julie est une héroïne fragile cependant, que les circonstances ont amenée à cultiver, plus encore qu'elle ne l'aurait voulu, son indépendance. Si son caractère s'accommode parfaitement de cette indépendance, son cœur, lui, n'y trouve pas tout à fait son compte. Plus sec, moins charnel que l'œuvre de Colette, le film de Jacques Manuel est une peinture assez subtile d'une insatisfaction féminine nouvelle manière et se situe dans le prolongement du roman d'analyse français. Le mouvement de l'action y est constamment dicté par la découverte progressive que les personnages font d'eux-mêmes et de leurs sentiments. L'intrigue, les dialogues, le ton général du film ont puisé dans le récit original un caractère adulte, une maturité qui tranchent avec la plupart des films psychologiques français de l'époque. C'est, avec le rôle de Mlle Julie dans *Olivia**, la meilleure interprétation de Feuillère après guerre. Elle discuta longuement du personnage avec Colette, un écrivain dont certaines héroïnes semblent avoir été créées pour qu'elle en soit l'interprète (cf. aussi *Le blé en herbe* d'Autant-Lara, 1954).

## JUMENT VERTE (LA)

1959 – Franco-italien (90') • *Prod.* SOPAC-SNEG, ZebraFilm • *Réal.* CLAUDE AUTANT-LARA • *Sc.* Jean Aurenche, Pierre Bost d'ap. R. de Marcel Aymé • *Phot.* Jacques Natteau • *Mus.* René Cloérec • *Int.* Bourvil (Honoré Haudoin), Francis Blanche (Ferdinand Haudoin), Yves Robert (Zèphe Maloret), Julien Carette (Philibert Messelon), Valérie Lagrange (Juliette Haudoin), Sandra Milo (Marguerite Maloret), Mireille Perrey (Mme Haudoin).

Pendant la guerre de 1870, la mère d'un paysan accusé d'être un franc-tireur est violée par un soldat prussien. Obligé d'assiter à la scène, le paysan se vengera de son dénonciateur en lui infligeant une humiliation semblable.

☞ Autant-Lara détourne la verve gaillarde et satirique de Marcel Aymé vers une voie beaucoup plus agressive et méchante. La religion, la politique, le sexe, tout est prétexte à grossir la haine que se vouent les deux familles paysannes présentées dans le film. Dans ce jeu de massacre, le talent d'Autant-Lara se mesure à sa hargne. Il y déverse généreusement sa bile de vieux misanthrope avec une sincérité que nul ne songerait à lui dénier. Réellement audacieux, car l'auteur ne masque en rien le caractère graveleux et déplaisant de son intrigue, le film bénéficia d'un succès de scandale pour une fois relativement mérité. A travers cette histoire rude et triviale traitée dans un style carré et sans complexe, Autant-Lara affirmait ainsi, à contre-courant de la Nouvelle Vague montante, la permanence de sa personnalité.

## JUSTICE EST FAITE

1950 – France (105') • *Prod.* Robert Dorfmann et Silver Films • *Réal.* ANDRÉ CAYATTE • *Sc.* André Cayatte et Charles Spaak • *Phot.* Jean-Serge Bourgoin • *Mus.* Raymond Legrand • *Int.* Noël Roquevert (Théodore Andrieux), Valentine Tessier (Marceline Micoulin), Antoine Balpêtré (le président du tribunal), Claude Nollier (Elsa Lundenstein), Raymond Bussières (Félix Noblet), Jean Debucourt (Michel Caudron), Jacques Castelot (Gilbert de Montesson), Annette Poivre (Lulu), Juliette Faber (Danièle Andrieux), Dita Parlo (Élisabeth), Marcel Pérès (Évariste Malingré), Jean-Pierre Grenier (Jean-Luc Flavier), Michel Auclair (Serge Kramer), Léonce Corne (l'huissier), Marcel Mouloudji (Amadeo).

A Versailles, vingt jurés sont convoqués pour une session de trois semaines de la cour d'assises. Sept d'entre eux (et deux suppléants) sont tirés au sort pour juger l'affaire d'Elsa Lundenstein. Née à Paris de parents lituaniens, directrice d'un laboratoire pharmaceutique, Elsa est accusée d'avoir donné la mort à son amant, cancéreux incurable à qui elle avait solennellement juré de mettre fin à ses souffrances quand elles seraient devenues par trop intolérables. Durant le procès, la sœur de la « victime » révèle qu'Elsa avait un autre amant, ce que celle-ci ne niera pas, tout en continuant d'affirmer que son acte n'a jamais eu d'autre inspiration que la fidélité à son serment. Les jurés sont issus de toutes les classes de la société : Évariste Malingré, paysan que ce devoir de justice arrache à sa terre (pendant son absence sa femme le trompera avec un ouvrier agricole) ; Théodore Andrieux, vieux militaire réactionnaire et xénophobe, tyran familial qui se glorifie à tout bout de champ d'avoir dit non à Lyautey, ce qui lui a coûté sa carrière ; Jean-Luc Flavier, père d'un enfant mentalement anormal qu'il aura la tentation de supprimer pour sauver son ménage ; Marceline Micoulin, antiquaire sexagénaire qui tombe amoureuse d'un pensionnaire de son hôtel, beaucoup plus jeune qu'elle et qui lui avouera qu'il est l'amant de l'accusée ; Michel Caudron, un bourgeois qui s'est installé dans l'hôtel de Marceline Micoulin et la courtise également ; Gilbert de Montesson, éleveur de chevaux, sur le point de se marier et persécuté par une ancienne maîtresse qui le menace d'un acte grave s'il refuse de la voir ; Félix Noblet, garçon de café qui utilise sa participation au procès pour se faire valoir auprès des parents de sa fiancée. Les jurés, après délibération en présence du juge et de ses deux assesseurs, estiment que l'accusée a bien tué la victime mais sans préméditation et avec circonstances atténuantes. Elle est condamnée à cinq ans. Gilbert de Montesson apprend alors que son ancienne maîtresse, qu'il n'a pas reçue, s'est suicidée. S'il avait appris cette nouvelle avant la délibération, il se serait déclaré favorable à l'accusée et la balance aurait alors penché dans l'autre sens. Un commentaire *off* (dit par Pierre Fresnay) conclut que dans les deux cas une erreur judiciaire a été commise : si l'accusée est coupable de meurtre, cinq ans, c'est trop peu ; si elle est innocente, c'est un châtiment totalement injuste.

☞ Premier volet de la trilogie de Cayatte et Spaak sur la justice (cf. *Nous sommes tous des assassins**, 1951 et *Le dossier noir*, 1955). Le film passa pour l'archétype du film à thèse, mais la thèse ici défendue est si vaste qu'elle équivaut à une option philosophique du style : « Ne jugez pas. » Affirmer d'autre part que le hasard, les préjugés, les sentiments instinctifs, les rencontres de chacun entrent pour une part essentielle dans les jugements qu'il émet, c'est enfoncer une immense porte ouverte. Mais, à travers elle, s'engouffrent dans le film les multiples personnages suscités par l'extraordinaire vitalité inventive de Charles Spaak. Grand scénariste (sans doute le meilleur du cinéma français avec Jacques Companeez), grand misanthrope, Spaak fait vivre, dans une structure comparable à celle des films à sketches des années 30, toute une humanité haute en relief, composée de brutes, de ganaches, de vieilles femmes sentimentales, d'indifférents et de gugusses formant un tableau saisissant et outré de la société française d'après-guerre. Ce tableau abonde en jugements de valeur et contredit la sérénité impartiale que les auteurs voudraient ériger, dans leur thèse, en valeur suprême. Le film vit de ses contradictions, tout autant que du talent des dizaines de comédiens brillants qui l'interprètent. Chaque personnage est dominé par un trait saillant, le plus souvent caricatural, tantôt comique et tantôt tragique, et parfois même les deux à la fois. La plupart des acteurs font ici une composition extraordinaire ; Noël Roquevert, lui, est sublime.

BIBLIO. : comme il l'avait fait pour *Nous sommes tous des assassins*, l'écrivain Jean Meckert publia une *novelization* du film. Elle parut chez Gallimard en 1954, quatre ans après la sortie du film. Les *novelizations* étant dans l'immense majorité des cas des produits de consommation immédiate, cette parution tardive prouve l'impact énorme du film sur le public.

## JUST IMAGINE

1930 – USA (113') • *Prod.* Fox • *Réal.* DAVID BUTLER • *Sc.* et *Mus.* Ray Henderson, B.G. De Sylva, Lew Brown • *Phot.* Ernest Palmer • *Int.* El Brendel (Single O), Maureen O'Sullivan (LN18), John Garrick (J 21), Marjorie White (D 6), Frank Albertson (RT 42), Hobert Bosworth (Z 4), Mischa Auer (B 6).

En 1980, la circulation aérienne a remplacé la circulation automobile. Les citoyens sont désignés par des matricules et la Justice intervient constamment dans la vie privée des citoyens, par exemple pour décider, entre deux rivaux en amour, lequel épousera la jeune fille convoitée. C'est celui, décrètent les juges, qui aura accompli le plus bel exploit. Ainsi J 21 a-t-il quatre mois pour accomplir un haut fait qui lui obtiendra la main de LN 18. Un savant lui propose une expédition sur Mars. J 21 s'y rend en compagnie de son meilleur ami et d'un troisième larron mort en 1930 mais que les progrès de la science ont permis de ressusciter. Les trois compagnons découvriront sur Mars d'étranges créatures aux vêtements métalliques et au comportement incompréhensible. C'est que chaque Martien a son jumeau, son double à l'apparence physique absolument identique. Mais l'un est bon, alors que l'autre – le double – est méchant, et nos amis s'y perdent. Ils reviendront néanmoins sur Terre sains et saufs et J 21, ayant administré la preuve de ses mérites, pourra épouser sa belle.

☞ Curiosité. Mélange assez ahurissant de comédie musicale, de science-fiction et d'aventures mouvementées comme on en trouvait dans le serial. (En tant que comédie musicale, le film est une suite à *Sunny Side Up*, 1929, du même David Butler). L'aspect théâtral de la mise en scène est très démodé ; l'interprétation et l'humour extrêmement pauvres. Mais une certaine fantaisie de détail sauve le film. D'autre part, c'est son optimisme de circonstance et de commande qui lui donne sa valeur de document d'époque. A travers la vision alarmiste qu'ils livrent du dirigisme de l'État dans les temps futurs, les auteurs veulent surtout inviter le spectateur à goûter à sa juste valeur l'époque présente (1930) en dépit des effets de la crise. L'échec du film confirma les producteurs et les grands studios dans l'idée qu'il fallait cantonner la science-fiction dans le serial et les films Z. Heureusement, l'année suivante, le triomphe de *Frankenstein** fit changer d'avis beaucoup d'entre eux.

# K

**KARL MAY (id.)**

1974 – RFA (187') • *Prod.* TMS Film (Bernd Eichinger) • *Réal.* HANS-JURGEN SYBERBERG • *Sc.* Hans-Jurgen Syberberg • *Phot.* Dietrich Lohmann (couleurs) • *Mus.* Mahler, Chopin, Liszt • *Int.* Helmut Käutner (Karl May), Kristina Soderbaum (Emma), Kathe Gold (Klara), Attila Horbiger (Dittrich), Lil Dagover (baronne Suttner), Willy Trenk-Trebitsch (le journaliste Lebius), Mady Rahl (la veuve de l'éditeur Munchmeyer), Heinz Moog.

Victime de diverses persécutions (on lui reproche des écrits de jeunesse trop érotiques et d'ailleurs apocryphes, on l'accuse d'homosexualité et de brigandage, on avance qu'il a seulement visité en imagination les pays lointains qu'il décrit dans ses livres), persécuté par un journaliste maître chanteur qui fouille dans les heures troubles de sa jeunesse, en proie à la cupidité de sa première femme, Karl May, auteur de romans d'aventures devenus des best-sellers, dialogue dans les dernières années de sa vie avec ses personnages, assimile sa relation avec sa deuxième épouse, son ancienne secrétaire, au mythe de Philémon et Baucis et médite sur le sens de son œuvre. « J'ai toujours vu la réalité comme un enfant ; je me suis attaché à l'essence des choses, non aux apparences. Mon succès vient sans doute de ce que j'ai parlé au public d'enfant à enfant. » Après le procès gagné contre le maître chanteur, le juge rend hommage au « grand mystique Karl May qui a traversé une époque où les légendes s'écroulent ». L'écrivain a en effet tenté de traduire « l'âme universelle » à travers des héros comme Old Shatterhand. Chantre de Guillaume II, il lui est néanmoins arrivé de défendre des positions pacifistes. Il meurt en 1912, ayant suscité l'admiration d'hommes aussi différents que Georg Trakl, Berthold Viertel, Heinrich Mann, Adolf Hitler...

☞ On a pu considérer *Ludwig-Requiem pour un roi vierge* (1972), *Karl May* (1974) et *Hitler, un film d'Allemagne* (1977) comme une trilogie cohérente à travers laquelle Syberberg essaie, à partir d'une rêverie sur la biographie de trois hommes célèbres, de réfléchir sur les racines et sur les mythes de l'Allemagne du XX<sup></sup>e siècle, sur les forces obscures qui la menèrent du chaos à la gloire et de la gloire à l'apocalypse. Il utilise pour cela les moyens les plus primitifs et les plus sophistiqués du cinéma. Ce sont parfois les mêmes, car la modernité cinématographique est réversible et fait souvent des volte-face. Ainsi le recours à la toile peinte semble tour à tour chez Syberberg une référence aux arts plastiques, une allusion nostalgique aux origines du cinéma et à Méliès, une innovation résolument avant-gardiste. *Karl May* se situe, dans tous les sens du mot, au *centre* de la trilogie et de l'œuvre de Syberberg. Elle est le fruit d'un équilibre instable et précaire entre l'avant-garde et la tradition, entre un mode de récit entièrement atomisé, volontairement littéraire et artificiel, et un type de biographie plus classique, entre les folles spéculations du rêve et de l'imagination (suscitant une infinité d'associations d'idées et de métaphores) et l'évidence concrète du pur et simple documentaire. L'interprétation du réalisateur Helmut Käutner est l'une des plus étonnantes du « jeune cinéma allemand » avec celles de Klaus Kinski dans *Aguirre** et de Bruno S. dans *L'énigme de Kaspar Hauser**. Elle donne au film son unité et renforce sa magie. Metteur en scène ayant traversé et, dans une certaine mesure, combattu le nazisme, jouant le rôle d'un grand écrivain populaire et non intellectuel dont l'influence sur les masses est de ce fait encore plus difficile à cerner, Käutner interprète son rôle à un niveau quasi médiumnique. Il parle, selon les moments, en son nom, au nom de l'Allemagne en général, au nom des artistes de toutes disciplines qui ont façonné, parfois sans savoir eux-mêmes ce qu'ils faisaient, la mythologie, la grandeur et la tragédie allemandes. En sondant les contradictions de Karl May, Syberberg cherche à appréhender celles de l'Allemagne tout entière pour s'en faire l'analyste, le comptable et le poète. Son ambition est immense et presque folle, et l'œuvre où elle s'incarne ne peut être qu'inachevée et toujours ouverte... La scène où, durant la nuit d'insomnie qui précède l'audience de son procès, Karl May contemple dans sa maison la maquette d'un petit village, et cette autre scène, parallèle à la précédente, où l'ennemi de l'écrivain, le conseiller juridique de la veuve de son éditeur, regarde ses collections recouvertes par des voiles en monologuant sur le défunt Karl May, possèdent une charge insolite, une force poétique, un mystère à peu près uniques dans le cinéma européen contemporain.

## KERMESSE HÉROIQUE (LA)

1935 – France (115') • *Prod.* Films Sonores Tobis • *Réal.* JACQUES FEYDER • *Sc.* Charles Spaak, Jacques Feyder, Bernard Zimmer d'ap. une nouvelle de J. Feyder • *Phot.* Harry Stradling • *Mus.* Louis Beydts • *Int.* Françoise Rosay (Cornélia), Jean Murat (le duc), André Alerme (le bourgmestre), Micheline Cheirel (Siska), Bernard Lancret (Jean Breughel), Alfred Adam (le boucher), Louis Jouvet (le chapelain), Lyne Clevers (la poisonnière), Ginette Gaubert (l'hôtelière), Delphin (le nain).

1616. La petite ville de Boom dans les Flandres (sous domination espagnole) est à la veille d'une grande kermesse. La fille du bourgmestre veut épouser le peintre Jean Breughel, mais son père a choisi pour elle un boucher de ses amis qui est aussi échevin. Un émissaire à cheval vient annoncer que le duc d'Olivares passera une nuit dans la ville avec son escorte. Les habitants redoutent alors les pires exactions, pillages, viols, etc. Le bourgmestre choisit de riposter à la menace en se faisant passer pour mort. Les autres habitants, malades de peur, cachent leurs armes et se cachent eux-mêmes. Face à la couardise de tous ces maris, Cornélia, l'épouse du bourgmestre, prend la tête des femmes de la ville et organise la résistance. Mais quand le duc arrive avec son chapelain et sa suite, elles s'aperçoivent vite que ces envahisseurs sont gens civilisés, courtois, voire même raffinés. Elles ne leur seront pas cruelles, au contraire, et trouveront là, en outre, l'occasion de donner une bonne leçon à leurs maris. Cornélia marivaude avec le duc, se donne à lui et en profite pour lui faire ordonner le mariage de sa fille avec Breughel. Soi-disant mort, le bourgmestre ne peut que consentir. Le bouffon du duc, un nain, a découvert que le bourgmestre était encore vif, mais des sacs d'or, qu'il devra partager avec le chapelain, achèteront son silence. Le boucher, qui ajoute la traîtrise à la lâcheté, avertit le bourgmestre qu'il est trompé puis dit au duc que le bourgmestre n'est pas mort. Le duc le fait jeter dehors. Au matin, les Espagnols s'en vont, sous les vivats de la foule. En récompense de son accueil, la ville sera exemptée d'impôts pendant un an.

☞ Ce classique assez surfait a plus d'apparence de talent que de talent réel. Riche budget, riche figuration. L'image est soignée, comme les costumes et les décors dus à Lazare Meerson assisté d'Alexandre Trauner et de Georges

Wakhevitch. (Ainsi les trois plus célèbres décorateurs français auront travaillé sur ce film.) Mais la verve manque, ou bien elle est très éteinte, dans ce qui aurait dû être la plus picaresque et la plus truculente des farces. L'introduction dure la moitié du film. Dans l'autre moitié, l'action progresse peu et lentement. Jouvet paraît ici dans l'un de ses rôles les plus minces et les moins caractéristiques ; d'ailleurs aucun personnage n'a de vrai relief. C'est sans doute à cause de ce film et de certains films de René Clair, considérés après guerre comme les grands classiques du cinéma français, que le cinéma des années 30 mis si longtemps à être redécouvert et ne commença à revivre qu'au milieu des années 60. On n'avait pas envie d'y aller voir, de peur de n'y trouver – au mieux – que d'autres *Kermesse héroïque*. Plus tard, on s'aperçut qu'outre Renoir les vrais classiques de cette époque étaient Pagnol, Guitry, Mirande et les autres.

N.B. Version allemande *Die Klugen Frauen* dirigée parallèlement par Feyder. Seule Françoise Rosay garde son rôle.

BIBLIO. : scénario et dialogues *in* « L'Avant-Scène » n° 26 (1963). Reconstitution du film en 108 photogrammes dans le volume *La kermessa eroica*, Editoriale Domus, Milan, 1945.

## KID (THE)
## (Le gosse)

1921 – USA (50') • *Prod.* First National • *Réal.* CHARLIE CHAPLIN • *Sc.* Chaplin • *Phot.* Rolland Totheroh • *Int.* Charlie Chaplin (le vagabond), Edna Purviance (la mère), Jackie Coogan (le gosse), Tom Wilson (le policeman), Carl Miller (le séducteur), Henry Bergman (le patron de l'asile de nuit), Chuck Reisner (le costaud).

Au sortir de l'hôpital, une fille mère délaissée par son amant et sans ressources, abandonne son bébé dans une voiture (la voiture appartient à une noce, mais la séquence de la noce est coupée dans la plupart des copies). Le véhicule est volé par deux gangsters qui découvrent le bébé et l'abandonnent dans une rue d'un quartier misérable. Charlot, le vagabond, le trouve et, après diverses tentatives infructueuses pour s'en débarrasser, l'emmène chez lui. Cinq ans ont passé. Le bébé est devenu un vrai petit homme. Le vagabond et lui gagnent leur vie ensemble : le « Kid » casse des vitres avec une balle et Charlot, vitrier, les répare. Un flic a repéré leur manège. Ce sont ses vitres à lui qui, un jour, sont brisées. Comme de surcroît Charlot fait la cour à sa femme, l'épisode se termine par une poursuite éperdue dans les rues du quartier. La mère du Kid est devenue une vedette de la scène. Elle visite souvent les quartiers pauvres et secourt leurs habitants les plus misérables. Le Kid se bagarre avec un autre gosse qui lui a volé un jouet. Charlot s'occupe de son protégé comme un véritable soigneur et arbitre le combat comme s'il s'agissait d'un match de boxe. Quand le frère aîné du gosse qui combat le Kid menace de cogner Charlot si son petit frère est battu, Charlot le déclare aussitôt vainqueur. Cela n'empêche pas le grand frère, un costaud, de poursuivre Charlot pour le mettre à mal. La mère, en visite dans le quartier, les réconcilie mais Charlot s'arrange pour flanquer encore quelques coups au costaud. Le Kid est tombé malade. Au médecin qui le soigne, Charlot montre le mot trouvé autrefois sur le bébé. Le docteur déclare l'existence du gosse aux autorités. Le directeur d'un orphelinat municipal et son chauffeur viennent se saisir du gosse. Ils appellent un policier à la rescousse. Charlot s'échappe par les toits et récupère le Kid. Le docteur a montré à la mère le mot trouvé sur le bébé et elle sait maintenant que son enfant se trouve quelque part dans le quartier. Pour échapper aux poursuites, Charlot et le Kid dorment dans un asile. Mais le veilleur de nuit lit dans un journal une annonce promettant une forte récompense à qui retrouvera l'enfant. Il emporte le Kid durant son sommeil et le remet au commissariat où sa mère vient le reprendre. Charlot cherche vainement l'enfant et s'endort, épuisé, devant sa maison. Il rêve qu'il est au paradis des anges. Là, chacun a des ailes et se déplace en volant. Un ange – séducteur l'attire et l'entraîne dans une aventure où il finira abattu en vol par un policier. Un autre policier dans la réalité le réveille et le conduit jusqu'à la somptueuse demeure où l'attendent, le sourire aux lèvres, la mère et l'enfant.

☞ Premier long métrage réalisé par Chaplin. C'est aussi le début de sa pleine et entière liberté d'auteur et de ces conditions de travail absolument hors norme, c'est-à-dire dégagées de toutes contraintes financières, qu'il conservera jusqu'au *Dictateur**. Le tournage se prolongera ici sur un an (au grand dam des actionnaires de la First National, largement dédommagés de leurs angoisses par la suite). Un métrage colossal de pellicule sera impressionné pour aboutir aux six bobines finales. Le film n'a presque plus rien à voir avec le burlesque : il s'agit d'une comédie sentimentale et, dans certaines séquences, d'un pur mélodrame. Le choc émotionnel du *Kid* fut considérable auprès du public. Il est dû principalement au thème : rencontre de deux solitudes, de deux sans-famille, l'un adulte, l'autre enfant ; aux qualités de l'interprétation : le talent de Chaplin et celui de Jackie Coogan s'équilibrent parfaitement sans jamais se nuire ; à l'habile dosage entre le rire et les larmes. Une autre raison essentielle du succès du film ne doit pas être oubliée : jamais le caractère récurrent du personnage central n'a autant servi un film. C'est tout ce que le spectateur savait d'un héros connu et fréquenté depuis maintenant sept ans, c'est tout ce qu'il aimait en Charlot qui a ouvert si généreusement, dans *The Kid*, les vannes de l'émotion. La mémoire du public s'est faite la partenaire et la complice du réalisateur pour démultiplier les vertus de son œuvre. Un phénomène du même ordre aura lieu plus tard avec la trilogie marseillaise de Pagnol.

N.B. Quelques plans et scènes symboliques et mélodramatiques avec Edna Purviance (comme celle où elle assiste à un mariage entre une jeune femme et un vieillard) ont disparu de la plupart des copies rééditées dans les années 70.

**KING KONG (id.)**

1933 – USA (100' souvent réduites à 87') • *Prod.* RKO (Merian C. Cooper, Ernest B. Schoedsack, David O. Selznick) • *Réal.* MERIAN C. COOPER et ERNEST B. SCHOEDSACK • *Sc.* James Creelman, Ruth Rose, d'ap. une histoire de Edgar Wallace et M.C. Cooper basée sur une idée de M.C. Cooper • *Phot.* Edward Linde, Verne Walker et J.O. Taylor • *Eff. sp.* Willis O'Brien • *Mus.* Max Steiner • *Int.* Fay Wray (Ann Darrow), Robert Armstrong (Carl Denham), Bruce Cabot (John Driscoll), Frank Reicher (capitaine Englehorn), Sam Hardy (Weston), Noble Johnson (chef indigène), James Flavin (Briggs).

Le cinéaste new-yorkais Carl Denham emmène son équipe dans une île inconnue, à l'est de Sumatra, « Skull Island », dont il a entendu dire que les indigènes y adoraient une puissance, une divinité mystérieuse. L'île est entourée par une haute muraille dont la construction remonte à la nuit des temps. Les membres de l'équipe arrivent sur l'île au beau milieu d'une cérémonie indigène que le chef du village interrompt à cause de leur présence. Il voudrait échanger la blonde vedette de la troupe, Ann Darrow, contre six femmes de sa tribu mais se heurte bien entendu à un refus. Sur le bateau, la jeune Ann, qui est aimée du second du capitaine, Driscoll, est kidnappée par quelques indigènes. Au cours d'une cérémonie comparable à celle qui avait été interrompue, les portes de la muraille s'ouvrent et Ann est attachée entre deux totems. Elle est considérée par les indigènes comme une offrande destinée au dieu Kong, lequel est en réalité un gorille géant. Il survient, prend délicatement Ann toute hurlante entre ses doigts et l'emporte. Denham et ses compagnons pourchassent Kong à travers la jungle en suivant ses gigantesques empreintes. Ils doivent d'abord abattre un dinosaure puis, ayant pris place sur une barque pour traverser un lac, ont à lutter contre un brontosaure qui jaillit des eaux, coule la barque et poursuit le groupe, dont il massacre quelques membres, jusque sur la terre ferme. Les survivants trouvent refuge sur un arbre que Kong secoue, puis déracine, faisant tomber du même coup au fond du défilé ses poursuivants. Kong lutte contre un tyrannosaure dont il brise la mâchoire. Denham et Driscoll sont maintenant les seuls survivants de l'équipe. Kong, ayant déposé Ann dans une grotte, lutte contre un reptile qu'il tue après un combat sans merci. Puis il reprend Ann dans sa main et s'amuse à lui enlever une partie de ses vêtements qu'il renifle avant de la chatouiller d'un doigt. Un ptérodactyle tente d'enlever Ann dans ses serres : Kong n'en fera qu'une bouchée. Durant la lutte, Driscoll réussit à enlever Ann et tous deux glissent le long d'une liane qui descend d'un rocher et domine un précipice. Kong remonte la corde. Driscoll et Ann se laissent tomber dans la mer. Ils rejoignent Denham, retourné auprès de son équipage. Denham ne pense plus à son film : il veut capturer et montrer à l'Amérique tout entière la huitième merveille du monde. Cherchant à retrouver Ann, Kong brise la porte géante et met en fuite les indigènes. Il en écrase plusieurs avant que Denham lui envoie une grenade qui l'endort. Le soir de la première de son spectacle à Broadway, la salle est comble. Il présente sa créature au public en précisant que King Kong, la Bête, ne serait pas là aujourd'hui si elle n'avait poursuivi la Belle. Kong apparaît enchaîné sur la scène. Mais les flashes des photographes l'énervent et il trouve la force de briser ses chaînes. Il provoque une panique dans la ville. Il veut à tout prix retrouver Ann. Il escalade la façade du building où elle s'est réfugiée et il réussit à s'emparer d'elle. Il détruit un pont du métro et une rame pleine de voyageurs. Il grimpe au sommet de l'Empire State Building. Une escadrille d'avions de combat l'attaque à la mitrailleuse. Il réussit à en attraper un. Criblé de balles, il tombe enfin dans le vide. Ann, qu'il avait déposée sur une corniche, est rejointe par Driscoll. Denham fait ce commentaire : « C'est la Belle qui a tué la Bête. »

☞ Cette variation très consciente sur le thème de la Belle et la Bête a suscité le mythe cinématographique le plus durable de l'histoire du cinéma avec celui de Tarzan. Le film est à lui seul un miroir du cinéma dans sa conception la plus populaire. Il raconte l'histoire d'une équipe de tournage, et son héros Denham ressemble comme un frère à Merian C. Cooper. Cooper et Schoedsack (qui se partagèrent les scènes à tourner) étaient tous deux capitaines et tous deux aventuriers. Ils recherchaient dans le cinéma l'aventure, l'extraordinaire et le spectaculaire. Tout hommes d'action qu'ils étaient, ils savaient aussi qu'au cinéma l'action doit ouvrir une porte sur le rêve. L'action et l'imagination ne constituent pas au cinéma des éléments antagonistes : ils sont, au sein d'une dialectique essentielle à cet art, solidaires et complémentaires. *King Kong* contient aussi une bonne dose d'érotisme, ingrédient indispensable à tous les grands mythes du cinéma populaire. Sur le plan de la forme, *King Kong* est par excellence une œuvre collective, et en cela l'archétype de tout film. Certes Schoedsack et Cooper sont les maîtres d'œuvre du film, mais le travail de l'expert en effets spéciaux, Willis O'Brien, n'est pas moins important que le leur. *King Kong* est le premier film parlant dont les effets relèvent d'une série de méthodes de trucage qui ne cesseront d'être utilisées pendant des décennies : l'animation image par image de modèles réduits, la transparence en grandeur réelle et en miniature, la peinture sur verre, la technique du « matte » (superposition de plusieurs images dans le même plan). A noter que les monstres animés par Willis O'Brien sont plus répugnants, plus sauvages, plus terrifiants que ceux de son disciple, Ray Harryhausen. Tous deux ont développé, à partir des mêmes procédés, un style différent. Ray Harryhausen mettra l'accent sur un certain esthétisme pictural qui irréalise ses bestioles en les rendant moins primitives et plus sophistiquées. La musique de Max Steiner, la photo et les décors (bâtis au studio Pathé avec des fragments construits pour *Le Roi des Rois* de DeMille et pour *L'oiseau de paradis* de Vidor) participent autant à la réussite du film que les péripéties du scénario, le jeu des acteurs ou la délirante poésie de la mise en scène. Cette symbiose aboutit à annihiler les facultés critiques du spectateur qui voit le film dans une sorte de présent continu au point de ne plus remarquer que King Kong change, selon les séquences, de taille et de proportions. Il mesure au long du récit de six à soixante-douze mètres.

N.B. Une suite fut tournée par Schoedsack seul (*Son of Kong*, 1934) où les effets spéciaux de Willis O'Brien restent étonnants, mais qui vaut surtout par sa beauté plastique située à mi-chemin entre Gustave Doré et les illustrateurs de Jules Verne dans l'édition Hetzel. Après guerre, Schoedsack élabora un avatar de *King Kong* assez décevant et laborieux : *Mighty Joe Young* (1949). Remake moderne de *King Kong* par John Guillermin (1976), qui livre un travail soigné mais dénué de poésie et de fantaisie. Dix ans plus tard, Guillermin se rattrape, si l'on peut dire, avec un *King Kong Lives* (1986) saugrenu et ahurissant qui n'a pas plu à tout le monde, où Kong est doté d'une compagne à sa mesure. Dans la version française de King Kong, l'une des premières séquences est coupée (Denham en quête d'une héroïne fixe son choix sur une figurante chômeuse qu'il avait vue en train de voler à un étalage). Dans les années 60, le metteur en scène japonais Inoshiro Honda fit revivre King Kong dans *King Kong contre Godzilla* (*King Kong tai Gojira*, 1963) et *La revanche de King Kong* (*King Kong no gyakushu*, 1967).

BIBLIO. : pour tout savoir sur *King Kong* il faut lire « The Making of *King Kong* » par Orville Goldner et George E. Turner, Barnes, New York, 1975 et « *King Kong* Story » par René Chateau, Marielle de Lesseps, Jean-Claude Romer et Forrest J. Ackerman, Éditions René Chateau, 1976. Le tournage du premier remake de John Guillermin a été raconté sous forme de journal dans « The Creation of Dino De Laurentiis' *King Kong* » par Bruce Bahrenburg, Pocket Books, New York, 1976.

## KING OF ALCATRAZ
### (L'évadé d'Alcatraz)

1938 – USA (55') • *Prod.* PAR. (William C. Thomas) • *Réal.* ROBERT FLOREY • *Sc.* Irving Reis • *Phot.* Harry Fishbeck • *Int.* Gail Patrick (Dale Borden), Lloyd Nolan (Raymond Grayson), J. Carrol Naish (Steve Murkil), Harry Carey (capitaine Glennan), Robert Preston (Robert MacArthur), Anthony Quinn (Lou Gedney), Richard Stanley (premier maître Rogeis), Virginia Dabney (Bonnie Larkin), Porter Hall (Matthew Talbot), John Hart (premier radio), Philip Warren (deuxième radio), Richard Denning (Harry Vay), Tom Tyler (Gus Banshek).

Deux radios de la Marine des États-Unis, amis et ennemis inséparables, passent leur temps à se bagarrer à propos de filles ou de tout autre sujet. Ils sont un beau jour renvoyés et ne retrouvent du travail que sur un petit rafiot, « l'Escobar », où prend place, déguisé en grand-mère, l'ennemi public numéro un, récemment échappé d'Alcatraz. Il retrouve à bord son « brain-trust », jette à l'eau celui d'entre ses familiers qui l'avait vendu et prend possession du navire. Les deux radios essaient de se révolter, mais le gangster abat froidement un des marins, obligeant le capitaine à ordonner à tous d'obéir. L'un des deux radios tente de passer un message depuis la cale, quand il est abattu. Une délicate opération, exécutée par l'infirmière d'après les consignes données d'un autre bateau joint par radio, lui sauvera la vie. Et les soutiers délivrent le capitaine qui, revolver au poing, met fin à la carrière de l'ennemi public.

☞ Parfait exemple de ces petits films d'action (« action programmer ») destinés à accompagner le grand film dans les doubles programmes américains d'avant-guerre. L'intrigue (de 55') est aussi abondante en péripéties et en personnages que bien des films de 90'. Avec autant d'art que de rapidité, Florey élimine les scènes de liaison, dispose à l'intérieur du plan ses nombreux personnages de manière à accentuer la dynamique et la tension d'un récit violent et riche en rebondissements, et n'hésite pas, si besoin est, à télescoper plusieurs actions dans la même scène (cf. la séquence où les deux héros se bagarrent dans un taxi qui arrive au voisinage du lieu où l'évadé d'Alcatraz échappe, au milieu d'une fusillade, à ses gardiens venus le conduire à la gare). L'interprétation est remarquable et l'humour constamment présent. Ces petits films peuvent être considérés, quand ils sont aussi réussis que celui-ci, comme le noyau, l'école (combien de cinéastes chevronnés s'y sont fait la main !), et le trésor caché du grand cinéma américain.

# L

## LACOMBE LUCIEN

1974 – France (135') • *Prod.* NEF-UPF (Claude Nedjar), Paris, Vides Film, Rome, Hallelujah Film, Munich • *Réal.* LOUIS MALLE • *Sc.* Louis Malle, Patrick Modiano • *Phot.* Tonino Delli Colli (Eastmancolor) • *Mus.* Django Reinhardt • *Int.* Pierre Blaise (Lucien Lacombe), Aurore Clément (France Horn), Holger Lowenadler (Albert Horn), Thérèse Giehse (la grand-mère), Stéphane Bouy (Jean-Bernard), Loumi Iacobesco (Betty Beaulieu), René Bouloc (Faure), Pierre Decazes (Aubert), Jean Rougerie (Tonin), Cécile Ricard (Marie), Jacqueline Staup (Lucienne), Jacques Rispal (le propriétaire).

Juin 1944 dans une petite préfecture du Sud-Ouest. Le jeune Lucien Lacombe est domestique dans un hospice de vieillards. Son père est prisonnier en Allemagne. Sa mère est devenue la maîtresse du paysan chez qui elle travaillait. Lucien demande à l'instituteur Peyssac de le faire entrer dans le maquis, mais celui-ci le juge trop jeune. Lucien ne veut pas retourner à l'hospice. Il se rend au bar de l'Hôtel des Grottes où se sont installés des gens travaillant pour la Gestapo. Ils font boire Lucien qui « donne » l'instituteur et révèle son nom de guerre : le lieutenant Voltaire. Il dort dans une des chambres de l'hôtel et se retrouve bientôt comme enrôlé parmi les collaborateurs. On amène à l'hôtel l'instituteur qui le traite de salaud. Lucien entendra ses cris de douleur sous la torture. Un des gestapistes, Aubert, lui apprend à tirer. Un autre, Jean-Bernard, un fils de famille, l'emmènera chez un grand tailleur parisien, Albert Horn. Juif, celui-ci se terre dans un appartement avec sa mère et sa fille France. Jean-Bernard leur a promis de les faire passer en Espagne. En fait, c'est un prétexte, dont Horn n'est pas dupe, pour leur extorquer de l'argent. Jean-Bernard lui demande un costume pour Lucien. Désormais, l'existence du jeune homme va se partager entre l'Hôtel des Grottes, les missions qu'il accomplit pour les Allemands et la maison de Horn dont il devient – sans lui avoir demandé son avis – un familier. Avec Jean-Bernard qui se fait passer pour un résistant blessé, Lucien se rend chez le Dr Vaugeois : celui-ci accepte de le soigner et tombe ainsi dans le piège qu'on lui tendait. Un soir, Lucien invite France, la fille de Horn, à une party donnée à l'Hôtel des Grottes pour le départ de Jean-Bernard qui s'en va en Espagne. Marie, une serveuse de l'hôtel, amoureuse de Lucien, traitera France de sale juive. Celle-ci pleure dans les bras de Lucien : « J'en ai marre d'être juive », lui dit-elle. Au cours de la nuit, ils feront l'amour à l'hôtel. Le lendemain, les cadavres de Jean-Bernard et de sa maîtresse Betty sont retrouvés dans leur voiture ; ils n'ont pas été loin sur le chemin de l'Espagne. France demande à Lucien de faire passer son père en Espagne. Depuis que Horn connaît la liaison de Lucien avec sa fille, il refuse de parler au jeune homme. Mais Lucien évoque la possibilité d'épouser France. « C'est curieux, je n'arrive pas à vous détester tout à fait », lui dira Horn. La mère de Lucien apprend à son fils qu'elle reçoit à cause de lui des petits cercueils miniatures. Elle le supplie de quitter le pays et accepte l'argent qu'il lui donne. Lucien s'est maintenant plus ou moins installé chez Horn qui, lorsque la colère l'envahit, traite sa fille de putain. Un jour, il tient absolument à parler sérieusement de France avec Lucien. Mais celui-ci n'a pas le temps. Au mépris de toute prudence, Horn va le relancer à l'Hôtel des Grottes. On lui demande ses papiers ; il est interrogé et gardé à l'hôtel. Lucien retourne chez France. Ils se disputent. Le vent est en train de tourner pour les gestapistes. Lucien retrouve la plupart d'entre eux massacrés. Un sous-officier SS et Lucien viennent arrêter France et sa grand-mère. Soudain Lucien abat l'Allemand et emmène les deux femmes en voiture. Direction : l'Espagne. Ils se réfugient dans une ferme abandonnée. Lucien chasse. France et lui se comportent comme des amoureux en vacances. Un carton indique que « Lucien Lacombe fut arrêté le 12 octobre 1944. Jugé par un tribunal militaire de la Résistance, il fut condamné à mort et exécuté ».

☞ Un des quelques films français importants des années 70 et sans doute, jusqu'ici, le chef-d'œuvre de Louis Malle. Son jeune « héros » est un cousin du personnage de Louis (George Poujouly) dans *Ascenseur pour l'échafaud**. A travers Lucien, Malle livre une peinture de l'abjection, appréhendée avec froideur, précision – et sans indignation apparente. La pente sur laquelle s'engage si naturellement, si banalement Lucien, est le produit du vide moral et culturel, au sens le plus large, où il a vécu. Il voulait rejoindre le maquis. On le refuse. Il s'engage dans la Gestapo. Sans faire évidemment aucune assimilation douteuse entre l'un et l'autre, Louis Malle montre bien la part exorbitante du hasard dans cette destinée qui va à vau-l'eau. Certes Lucien voit immédiatement, instinctivement, comme un animal, tous les avantages qu'il y a à tirer de son engagement ; mais il n'avait rien calculé. Et son désarroi intime, à peine caché sous son apparence de paysan brutal et opaque, s'exprime bien dans le fait qu'il va partager son temps entre les deux territoires les plus opposés : un hôtel, repaire des gens de la Gestapo, et l'appartement où se terrent trois juifs persécutés. Il est on ne peut plus clair que Lucien cherche ici et là un cadre, une famille, une obscure raison d'être. La force du film tient pour une bonne part à son style narratif très sobre, très descriptif, respectueux à la fois de la gravité ambiguë du sujet et de la libre réflexion du spectateur sur lui. Malle est bien de son temps en préférant, comme le Huston de *Fat City** (sur un sujet très différent), la mise en place minutieuse de personnages, de silhouettes, d'atmosphères, d'ambiances à la construction d'une intrigue solide et bien rythmée. Préférence qui convient particulièrement à la peinture d'un personnage à la dérive. L'interprétation est de tout premier ordre, qui mêle non-professionnels, débutants et acteurs chevronnés (le remarquable Holger Lowenadler) dans une unité de style absolue. Cette unité, obtenue à partir d'un matériau disparate, existe à tous les niveaux du film. Ainsi par exemple, tout en gardant la distance, l'objectivité, la coulée homogène caractéristiques d'un vrai roman, *Lacombe Lucien* a aussi, dans son rythme, l'allure sinueuse, hachée, pointilliste, nonchalante, discontinue, inégale du journal de bord de sa propre existence, qu'aurait pu, moins inculte, tenir Lucien.

BIBLIO. : scénario et dialogues publiés chez Gallimard, 1974 (texte fidèle au film définitif à quelques détails près). Malle décrit la longue gestation du film définitif dans son esprit (rencontre en 1954 avec Lucien Rebatet et Pierre Cousteau, rédacteur de « Je suis partout » pendant l'Occupation ; reportages sur la guerre d'Algérie ; voyage au Mexique en ébullition en 1968) dans « Louis Malle par Louis Malle », Éditions de l'Athanor, 1979. « Dans *Lacombe Lucien,* dit Louis Malle, où chaque personnage se trouve sorti de sa route, de par l'extraordinaire des circonstances, c'est la zone d'ombre, la face cachée de leur personnalité qui prend le dessus. Ils se surprennent, ils nous surprennent sans cesse. » A noter que le film fut entièrement réalisé en son direct ; pas une phrase du dialogue ne fut post-synchronisée.

## LADY EVE (THE)
## (Un cœur pris au piège)

1941 – USA (97') • *Prod.* PAR. (Paul Jones) • *Réal.* PRESTON STURGES • *Sc.* Preston Sturges d'ap. une histoire de Monckton Hoffe • *Phot.* Victor Milner • *Mus.* Sigmund Krumgold • *Int.* Barbara Stanwyck (Jean/Eve), Henry Fonda (Charles Pike), Charles Coburn (« Colonel » Harrington), Eugene Pallette (Mr. Pike), William Demarest (Mugsy), Eric Blore (Sir Alfred McGlennan Keith), Melville Cooper (Gerald).

Charles Pike, le fils d'un brasseur millionnaire, se consacre aux expéditions scientifiques et à l'étude des serpents. Retournant aux États-Unis à bord d'un transatlantique, il est séduit par Jean Harrington, la fille d'un tricheur professionnel. Elle tombe réellement amoureuse de lui. Quand il apprend qui elle est, il ne veut plus entendre parler d'elle. Elle réapparaît dans sa vie sous l'identité d'une aristocrate anglaise, Lady Eve, et cette fois réussit à se faire épouser. Mais le soir même de ses noces, pour se venger, elle lui récite la liste interminable de ses conquêtes. Charles s'enfuit horrifié. Il n'est que trop heureux dans ces conditions de retrouver, au cours d'une croisière, la véritable Jean qu'il n'aurait jamais dû rejeter.

☞ L'un des films les plus connus de Preston Sturges, mais non l'un de ses meilleurs. Il s'agit d'une « comédie américaine » classique, à la fois prévisible et assez lourde dans ses développements. Deux éléments la sauvent en partie : l'interprétation hors pair de Barbara Stanwyck en séductrice prise à son propre piège et l'intrusion fréquente du « slapstick » (chutes, maladresses, carambolages en tous genres) qu'autorise le côté maladroit et incurablement benêt du personnage de Fonda. Cet aspect burlesque, assez brillant en lui-même, devient envahissant et presque insupportable dans les scènes basées sur la psychologie et l'intrigue. Fonda est en effet une proie si facile pour Stanwyck que le spectateur, découragé d'avance, ne peut s'intéresser que de très loin aux péripéties de l'histoire dont Sturges ne soigne guère par ailleurs la vraisemblance.

N.B. Remake par Norman Taurog : *The Birds and the Bees (1956).*

BIBLIO. : scénario et dialogues *in Preston Sturges :* « Five Screenplays », University of California Press, Berkeley et Los Angeles, 1985. Préface de Brian Henderson examinant en détail tous les états du script.

## LADY PANAME

1949 – France (I00') • *Prod.* Spéva (Henri Baum) • *Réal.* HENRI JEANSON • *Sc.* Henri Jeanson • *Phot.* Robert Lefebvre • *Mus.* Georges Van Parys • *Int.* Suzy Delair (Raymonde Brosset dite Caprice), Louis Jouvet (Gambier dit Bagnolet), Jane Marken (Mme Gambier), Henri Guisol (Jeff), Germaine Montero (Mary-Flor), Raymond Souplex (Marval), Véra Norman (Oseille).

Dans le Paris des années 20, Caprice, une jeune chanteuse, cherche à percer. Un compositeur à succès lui donne une chanson qui a porté la poisse à tous ses interprètes. A elle, la chanson portera bonheur, tandis qu'une autre vedette de music-hall, un chanteur à voix qui l'avait refusée, connaîtra une courbe déclinante, inverse à celle de Caprice. Caprice est amoureuse depuis l'enfance du compositeur. Lui ne l'aime pas. Elle tente de se suicider mais un ami de sa famille, un vieil original, photographe de profession, la sauvera.

☞ Pittoresque et véridique reconstitution du Paris de la chanson, dans le quartier du Faubourg Saint-Martin, avec ses music-halls, ses studios de répétition, ses maisons d'édition. Jeanson décrit tout un petit monde gai et amoral, entièrement tourné vers la recherche du succès. Il y faut, montre Jeanson, une part de chance, une part de talent et beaucoup de culot. Suzy Delair, pleine d'insolence et de gouaille, est l'interprète idéale. Hélas, à la fin de la première partie, quand Caprice a gagné son succès et son surnom de Lady Paname, le film est virtuellement terminé. Il se continue dans une seconde partie sentimentale et languissante qui n'apporte rien au sujet. Cordonnier étant toujours mal chaussé, comme le veut le proverbe, Jeanson écrit pour son seul film de réalisateur l'un des scénarios les plus mal bâtis de sa carrière, fertile cependant en mots d'auteur de qualité très inégale.

## LANDRU

1963 – France (119') • *Prod.* Rome-Paris Films • *Réal* CLAUDE CHABROL • *Sc.* Françoise Sagan • *Phot.* Jean Rabier • *Mus.* Pierre Jansen • *Int.* Charles Denner (Landru), Danielle Darrieux (Berthe Héon), Michèle Morgan (Célestine Buisson), Hildegarde Neff (Mme X), Juliette Mayniel (Anna Colomb), Stéphane Audran (Fernande Segret), Catherine Rouvel (Andrée Babelay), Mary Marquet (Mme Guillin), Raymond Queneau (Clemenceau), Jean-Pierre Melville (Georges Mandel), Françoise Lugagne (Mme Landru), Claude Mansard (l'avocat Moro-Giafferi).

Durant la guerre de 14, Henri-Désiré Landru, père de quatre enfants, nourrit sa petite famille en transformant en fumée, dans sa maison de campagne de Gambais, à quelques kilomètres de Paris, des victimes toujours féminines qu'il contacte par les petites annonces de mariage. La pénurie d'hommes en cette époque et une certaine douceur distinguée et virile qui se dégage de sa personne font que les candidates ne manquent pas. Berthe Héon, pour l'amour de laquelle il a fait semblant de renoncer à un départ au Brésil, sera la première visiteuse de Gambais. Il utilisera, après sa disparition, la procuration qu'elle lui avait faite pour mettre la main sur ses économies. Anna Colomb, une vierge qui aura connu l'amour grâce à lui, sera la deuxième disparue, juste avant Célestine Buisson, une veuve encore appétissante. Landru oblige sa femme qui le méprise de plus en plus (quoiqu'elle ne sache rien de ses véritables activités) à endosser l'identité de Mme Buisson pour retirer tous ses titres à la banque. Andrée Babelay, une jeune fille ravissante qu'il a rencontrée chez une voyante, est la victime numéro quatre. Quatre autres suivront, pour ainsi dire à la queue leu leu. Landru prend alors une maîtresse régulière en la personne de Fernande Segret dont la simplicité d'esprit le séduit et à qui il fait donner des cours de chant. Mme Guillin, 63 ans, sera la plus âgée de toutes les invitées de Gambais. Couverte de bijoux, elle danse avec Landru en grand uniforme d'officier de marine, copieusement décoré. Leurs évolutions laissent voir trois seaux de charbon près de la cuisinière. Ils seront bientôt vides. Quelques femmes encore disparaissent en fumée et ce serait au tour de Mme X, une Allemande veuve d'un militaire français, si elle n'était sauvée par .... l'armistice. La sœur de Célestine Buisson a rencontré par hasard Landru. Elle prévient la police. Il est arrêté au domicile de Fernande. Son procès a lieu à Versailles. Mandel, le chef de cabinet de Clemenceau, décide de monter ce procès en épingle dans la presse pour détourner l'attention de l'opinion publique du contenu du traité de paix avec l'Allemagne. Landru émaille les audiences de déclarations lapidaires et ironiques et n'avouera jamais ses crimes, même à son avocat qui l'a défendu comme un frère. « Je meurs l'âme innocente et tranquille », dit-il avant d'être guillotiné.

☞ Chabrol a trop souvent cru que flatter le goût du public français pour les intrigues policières, imiter les grands maîtres (Lang et Hitchcock), adopter un ton vaguement sarcastique suffisait à créer une œuvre. Fasciné par l'abstraction des épures langiennes, il a signé des films de plus en plus vides, de plus en plus creux jusqu'aux *Fantômes du chapelier,* fantôme de film, vertigineux de nullité. *Landru,* son deuxième succès commercial après *Les cousins,* dessine aussi des arabesques autour du vide, mais brillantes et dotées d'une réelle unité de style. Le vide ici, c'est Landru, un personnage que nul ne peut se vanter d'avoir saisi ou compris. Chabrol le représente sous les traits d'un petit bourgeois de la Première Guerre, courtois et toujours digne, chez qui la vision des hécatombes de l'époque aurait comme altéré au plus profond le sens moral et suscité un étrange complexe de supériorité. Charles Denner, acteur du TNP alors inconnu au cinéma, se glisse dans le personnage avec son extraordinaire voix nasillarde et chantante et fait une composition remarquable au milieu d'une troupe de comédiennes brillantes. La sobre ironie des dialogues où les meilleures phrases sont de Landru luimême, l'emploi faussement naïf de la couleur, les superbes et humoristiques décors de Jacques Saulnier aident Chabrol à mettre en place avec brio et même légèreté cette esthétique de la dérision, souvent si lourde et si sentencieuse dans son œuvre. D'une société apparemment stable et morale qui « croyait à quelque chose » et courut droit au massacre, Landru, bourgeois caricatural, révèle peut-être, dans sa folie non furieuse, dans sa méticuleuse sauvagerie, la vraie nature cachée. Son évocation est en tout cas le meilleur chapitre de ces « folies bourgeoises » que Chabrol a tenté de dépeindre dans la plupart de ses films.

BIBLIO. : Françoise Sagan et Claude Chabrol : « Landru », Julliard, 1963 (scénario et dialogues du film).

## LARMES DE JOIE
## (Risate di gioia)

1960 – Italie (106') • *Prod.* Titanus (Silvio Clementelli) • *Réal.* MARIO MONICELLI • *Sc.* Suso Cecchi d'Amico, Age, Scarpelli, Monicelli d'ap. deux récits « Risate di gioia » et « Ladri in chiesa » de Alberto Moravia • *Phot.* Leonida Barboni • *Mus.* Lelio Luttazzi • *Int.* Toto (Umberto Venazzu dit Infortunio), Anna Magnani (Gioia dite Tortorella), Ben Gazzara (Lello), Fred Clark (l'Américain), Edy Vessel (Milena), Carlo Pisacane (le grand-père de Gioia), Toni Vecci (l'ami de Milena).

Durant la nuit de la Saint-Sylvestre, une figurante et un figurant de cinéma, escroc occasionnel, déambulent de lieux en lieux, de fêtes en réceptions. Ils sont le plus souvent rejetés, bafoués mais gardent leur bonne humeur et ne perdent jamais courage.

☞ Dernier des sept films de Toto dirigés par Monicelli. Le film est peu connu et l'auteur n'en parle presque jamais dans ses interviews. C'est pourtant l'un des meilleurs titres tant de sa filmographie que de celle de Toto. Toto sort ici du burlesque et de la farce (où son talent n'est plus à vanter) pour pénétrer dans une comédie de mœurs de la meilleure eau. On y trouve un dosage spécifiquement italien et quasiment sublime entre l'ironie et la compassion – jamais mièvre – vis-à-vis des personnages. L'auteur y dessine un superbe portrait de Toto dans ses composantes éternelles : moral d'acier triomphant de tous les déboires, galanterie et respect des femmes (parfaitement anachronique), incapacité quasi physiologique à se mettre en colère, flegme et résignation. Les scènes où Toto et Magnani évoquent ensemble leur « expérience cinématographique » sont anthologiques.

## LATE GEORGE APLEY (THE)

Inédit en France. 1947 – USA (98') • *Prod.* Fox (Fred Kohlmar) • *Réal.* JOSEPH L. MANKIEWICZ • *Sc.* Philip Dunne d'après P. de John P. Marquand et George S. Kaufman tirée du R. de John P. Marquand • *Phot.* Joseph LaShelle • *Mus.* Cyril J. Mockridge, Alfred Newman • *Int.* Ronald Colman (George Apley), Peggy Cummins (Eleanor Apley), Vanessa Brown (Agnes), Richard Haydn (Horatio Willing), Edna Best (Mrs. Catherine Apley), Percy Waram (Roger Newcombe), Mildred Natwick (Amelia Newcombe), Richard Ney (John Apley), Charles Russell (Howard Boulder), Paul Harvey (Julian Dole).

Boston, 1912. George Apley est un Bostonien de pure race, sincèrement persuadé que sa ville est le centre du monde et, en tout cas, l'endroit le plus civilisé de la planète. Il professe que Boston n'est pas seulement une ville, mais un état d'esprit. Il considère que son devoir – et son destin – consistent à veiller au maintien des traditions, des rites, des coutumes indispensables, selon lui, à l'harmonie de la cité. Très sourcilleux sur le plan de la morale, il va s'apercevoir que les événements qui se déroulent dans sa propre maison à l'époque du Thanksgiving semblent inventés pour le contrarier au dernier point. Il apprend d'abord que sa fille Eleanor est amoureuse d'un jeune conférencier de Harvard, Howard Boulder ; et elle ne lui cache même pas qu'elle s'est laissée embrasser. Quant à son fils John, il délaisse sa future fiancée Agnes, fille du meilleur ami d'Apley, Horatio Willing, autre défenseur acharné des traditions bostoniennes. John a l'audace de fréquenter une jeune fille qui n'est même pas une Bostonienne puisqu'elle habite Worcester, une ville voisine, où son père dirige une usine. Après avoir assisté à une conférence de Boulder sur son philosophe préféré, Emerson, que le jeune homme a osé qualifier de « radical », Apley use de son influence pour le faire renvoyer. Boulder ira travailler à New York, ce qui fait le désespoir d'Eleanor. Agnes est désespérée, elle aussi, quand John lui avoue qu'il aime ailleurs. Sa mère la consolera en lui rappelant qu'autrefois la même mésaventure lui était arrivée : John Apley, qui devait l'épouser, était tombé amoureux d'une autre jeune fille, mais lui était revenu après que son père l'eut obligé à entreprendre, pour se changer les idées, un voyage en Europe. Roger Newcombe, le beau-frère de George, qui regarde la tribu des Apley avec beaucoup de distance et d'ironie, apprend à ce dernier qu'il vient de rater la présidence de la Société ornithologique de la ville, à laquelle il tenait beaucoup. Ses dernières maladresses (comme d'avoir provoqué le renvoi de Boulder) lui ont mis à dos un grand nombre de membres. Newcombe invite son parent à plus d'indulgence et à plus de sagesse. Apley prend alors la décision méritoire de recevoir Julian Dole, le père de la bien-aimée de John, pour parler mariage. Au cours de l'entretien, il fait toutes les concessions dont il est capable (allant même jusqu'à conseiller à son interlocuteur de venir habiter Boston pour habituer les gens à cette union), mais ne réussit qu'à le vexer et surtout à lui faire comprendre que ce mariage est impossible. Devant son échec, Apley regrette sa démarche, qu'il considère rétrospectivement comme une faiblesse. Il n'essaiera plus jamais d'entrer dans les vues d'autrui. Il ordonne à sa fille de faire un voyage en Europe avec sa tante. A son retour, Eleanor s'apprête à assister au mariage de son frère avec Agnes. Le jour de la cérémonie, Apley conseille à Boulder (qui l'avait pourtant insulté lors d'une rencontre fortuite à New York) de filer avec Eleanor et de l'épouser au plus vite. L'essentiel pour lui est que son fils John puisse, en s'unissant avec la fille d'Horatio Willing, maintenir les traditions fondamentales de la famille et de la ville...

☞ Souvent considéré – à tort – comme une œuvre mineure dans la carrière de Mankiewicz, *The Late George Apley* est au contraire, chronologiquement, son premier chef-d'œuvre satirique. Ses talents de peintre de mœurs et de directeur d'acteurs y sont déjà à leur pinacle. C'est en effet la plus haute forme de satire que celle qui ne méprise pas son objet, ne cherche pas à le déposséder de sa petite part de dignité et d'universalité, si minime soit-elle, mais s'ingénie surtout à l'observer avec recul et sous tous les angles. Pour n'être pas virulente, ni même apparemment indignée, cette satire du traditionalisme, de l'immobilisme social et moral n'en est pas moins acérée, profonde et définitive. Nullement caricatural, le portrait d'Apley est dessiné avec un sens de la nuance et une subtilité caustique tout à fait réjouissants. Apley pèche non seulement par rigorisme et étroitesse d'esprit, mais aussi, et plus encore, par un manque d'adaptation au réel et par une inaptitude quasi pathologique à évoluer. Il rêve d'un monde immuable où lui-même, ses enfants et leurs descendants marcheraient, les uns après les autres, exactement dans les pas de ses ancêtres. Mais ce rêveur ne sait pas qu'il rêve : il croit obstinément que ce monde existe et que c'est celui dans lequel il vit. Comment verrait-il que son obstination risque de faire le malheur de tous ses proches ? On a souvent mal interprété le dénouement, en forme de *happy end.* Ce *happy end* est un leurre comme dans tant de films hollywoodiens. En dépit des apparences, Apley n'a rien compris et son comportement n'a pas évolué d'un iota. Certes, il favorise le mariage de sa fille avec celui qu'elle aime. Mais il a toujours jugé extravagantes les femmes de sa tribu. Ce qui compte pour lui, c'est que son fils aille dans le sillon tracé. Et là il n'a rien cédé : John épousera celle qu'il lui destinait, comme lui-même avait épousé – sans amour –

la femme que son père avait choisie pour lui. Dialogues et interprètes sont constamment éblouissants. Ronald Colman, en particulier, met dans sa composition une douceur, une retenue qui n'empêchent pas, bien au contraire, qu'on voie à quel point son personnage est aveugle et incurable. A cet égard, la scène capitale du film est celle de sa rencontre avec Julian Dole, durant laquelle il croit faire des concessions, alors qu'il heurte définitivement son interlocuteur. Ce n'est pas parce que le texte et le jeu des acteurs sont parfaits qu'il faut voir dans le film un simple exercice de théâtre filmé (au sens restrictif de l'expression). *The Late George Apley* possède au contraire une grande virtuosité technique et Zanuck dut même freiner Mankiewicz dans son utilisation de la grue ! Ainsi le film sert-il aussi à prouver que Mankiewicz n'est pas moins bon metteur en scène qu'écrivain. Certes, il n'a pas écrit *The Late George Apley,* mais personne d'autre que lui n'aurait pu donner au film cette acuité, cette élégance, cette légèreté poignante.

N.B. : Le titre original (trad. Feu George Apley) de la pièce de Marquand et Kaufman (et du roman de Marquand dont elle était tirée) se réfère à un dénouement absent du film puisque George Apley reste ici bien vivant jusqu'au bout de l'intrigue. Un autre sens émane alors de ce titre : vivant ou mort, Apley est un personnage d'un autre siècle, qui n'est plus tout à fait de ce monde. A la limite, on peut le considérer comme une sorte de fantôme, précédant dans la filmographie de Mankiewicz celui que devait rencontrer Mrs. Muir.

## LAURA (id.)

1944 – USA (88') • *Prod.* Fox (Otto Preminger) • *Réal.* OTTO PREMINGER • *Sc.* Jay Dratler, Samuel Hoffenstein et Betty Reinhardt d'ap. R. de Vera Caspary • *Phot.* Joseph LaShelle • *Mus.* David Raksin • *Int.* Gene Tierney (Laura Hunt), Dana Andrews (Mark McPherson), Clifton Webb (Waldo Lydecker), Vincent Price (Shelby Carpenter), Judith Anderson (Ann Treadwell), Dorothy Adams (Bessie Clary), James Flavin (McAvity), Fred Callahan (Ralph Dunn), Kathleen Howard (Louise).

⊖ « Je n'oublierai jamais le week-end qui suivit la mort de Laura. » Le célèbre éditorialiste new-yorkais, Waldo Lydecker, cynique et sophistiqué, commence ainsi son évocation des journées ayant suivi la disparition de sa jeune protégée, Laura Hunt, assassinée dans son appartement par une décharge de chevrotines tirée à bout portant. L'inspecteur Mark McPherson, un homme fruste et carré, vient l'interroger. On ne peut imaginer personnages plus opposés, et une antipathie immédiate naît entre les deux hommes. McPherson ne cache pas à Lydecker qu'il figure en bonne place sur la liste des suspects. Lydecker s'en déclare flatté et demande à suivre les progrès de l'enquête. McPherson se rend chez Anne Treadwell, une femme d'un certain âge, ancienne maîtresse de Shelby Carpenter, une sorte de bellâtre qui vivait à ses crochets. Carpenter, amoureux de Laura, avait demandé celle-ci en mariage et Laura, juste avant sa disparition, s'était rendue dans sa maison de campagne pour réfléchir à cette proposition. McPherson, Lydecker et Carpenter vont ensuite dans l'appartement de Laura où l'inspecteur essaie de reconstituer le meurtre. Laura avait ouvert à un visiteur (ou une visiteuse) qui l'avait aussitôt abattue à bout portant. Lydecker accuse Carpenter, et McPherson doit les séparer. Plus tard, l'inspecteur et Lydecker dînent au restaurant Montagnino où l'éditorialiste emmenait souvent Laura. Il évoque sa première rencontre avec elle. Dessinatrice publicitaire, elle était venue le relancer pendant son déjeuner au restaurant de l'hôtel Algonquin pour qu'il appose sa signature au bas d'une affiche destinée à vanter les mérites d'un stylo. Il l'avait très mal reçue puis, regrettant son attitude, était allé s'excuser à son bureau, s'offrant même à lui accorder cette signature qu'elle désirait tant. Dans les semaines qui suivirent, ils se revirent beaucoup. Véritable Pygmalion, Lydecker transforma Laura physiquement et moralement. Il lui fit rencontrer des gens importants et l'aida à gravir, dans son travail, de nombreux échelons. Mais au désespoir de Lydecker, Laura avait la fâcheuse habitude de s'amouracher d'hommes à l'allure virile et aux larges épaules, tel le peintre Jacoby qui avait fait son portrait. Lydecker avait démoli son style dans un article cinglant et Jacoby était aussitôt sorti de sa vie. Lydecker avait essayé ensuite de déprécier Carpenter auquel s'intéressait Laura. Il fit faire une enquête sur lui, d'où il ressortait que Carpenter était un personnage douteux, indélicat, qui distribuait à d'autres, et par exemple au mannequin Diane Redfern, les cadeaux que Laura lui offrait. Pour les besoins de son enquête, mais aussi par l'effet d'une fascination personnelle, McPherson passe de plus en plus de temps dans l'appartement de Laura. Il s'absorbe dans la lecture de son courrier et de son journal intime. N'appréciant pas du tout que le policier lise ses lettres, Lydecker lui déclare un jour que son comportement devient de plus en plus étrange et que d'être amoureux d'une morte le mènera bientôt à l'asile. Ce soir-là, McPherson reste tard dans l'appartement, boit beaucoup et s'endort. Soudain, Laura apparaît. McPherson n'en croit pas ses yeux. Elle s'étonne de la présence de l'intrus et veut appeler la police. Ayant passé le week-end à la campagne sans lire les journaux ni écouter la radio, elle ignore tout de « sa » mort et de l'enquête qu'on mène sur elle. Elle découvre chez elle une robe appartenant à Diane Redfern, qui est donc la victime réelle de l'assassinat. McPherson s'empresse de lui demander si elle a finalement décidé d'épouser Carpenter. La réponse est négative et fait passer sur le visage du policier un air de contentement profond. Bien qu'elle ait promis à McPherson de ne contacter personne, elle rencontre Carpenter dans une voiture et McPherson prend celui-ci en filature dès qu'il a quitté Laura. Carpenter va dans la maison de campagne de Laura reprendre un fusil qui pourrait être l'arme du meurtre. Il est clair qu'il soupçonne Laura et veut la protéger. Il doit avouer à l'inspecteur qu'il a toujours su que Laura était vivante, car c'est lui qui avait emmené Diane dans l'appartement de Laura. C'est Diane qui était allée ouvrir quand on avait sonné et il n'avait pu, dit-il, entrevoir son assassin. Au matin, McPherson se rend chez Laura. Lydecker, à qui le policier a volontairement omis de parler de la réapparition de Laura, a un malaise et s'écroule quand il la voit. Peu après, il revient à lui. Lors d'une party donnée par Anne Treadwell, Carpenter et Laura reparlent mariage au grand dam de McPherson. Anne essaie vainement de reprendre Carpenter. Elle déclare à l'inspecteur qu'elle n'a pas tué Laura, mais qu'elle a songé à le faire. Au téléphone, McPherson déclare ostensiblement qu'il va bientôt révéler l'identité du coupable. Il emmène Laura dans les locaux de la police et lui fait subir un interrogatoire qui a surtout pour but de s'assurer définitivement de son innocence. Il est immensément soulagé d'apprendre qu'elle n'aime plus Carpenter. Elle a voulu donner l'impression qu'elle allait l'épouser pour ne pas paraître se désolidariser de lui dans un moment difficile. McPherson la reconduit chez elle et se rend chez Lydecker. Il ne trouve personne mais s'intéresse de près à une horloge dont la réplique exacte se trouve dans l'appartement de Laura à qui Lydecker en a fait cadeau. Il retourne chez Laura et arrive au milieu d'une dispute qu'elle a avec Lydecker. Elle lui reproche de vouloir écarter d'elle tous les hommes. Elle ne veut plus jamais le revoir. Il quitte la place. McPherson brise le socle de l'horloge et y trouve le fusil qui a tué Diane à la place de Laura. Il est plus que jamais persuadé de la culpabilité de Lydecker. Il comprend que juste après le meurtre, croyant avoir tué Laura, Lydecker avait dissimulé l'arme dans l'horloge. Laura avait d'ailleurs eu le pressentiment de sa culpabilité. McPherson part arrêter Lydecker. Mais celui-ci n'a pas quitté l'immeuble de Laura. Il prend le fusil dans l'horloge et y place plusieurs cartouches. Laura, occupée à écouter à la radio la causerie qu'il a enregistrée sur les grands amoureux de l'Histoire, ne l'a pas entendu. Il va tirer sur elle. Elle détourne l'arme vers le plafond quand soudain McPherson, s'étant aperçu que Lydecker n'était plus filé, surgit dans l'appartement. L'un de ses adjoints abat Lydecker qui meurt près de l'horloge brisée en murmurant à l'intention de Laura : « Goodbye, my love. »

☞ *Laura* constitue le véritable départ de la carrière de Preminger qui n'avait réalisé jusque-là que quatre films relativement insignifiants : *Die grosse Liebe*, 1933, en Autriche et *Under Your Spell*, 1936, *Danger – Love at Work*, 1937, *Margin for Error*, 1943, à Hollywood. Avant d'être ce classique à la perfection esthétique à peu près unanimement reconnue, *Laura* représenta le couronnement de l'obstination peu commune de son initiateur-producteur qui ne parvint qu'après de multiples obstacles et péripéties à en être aussi le réalisateur. Viennois invité à Hollywood par des dirigeants de la Fox, Preminger réalisa pour eux *Under Your Spell* et *Danger – Love at Work* puis se fâcha gravement avec Zanuck dès les premiers jours de tournage de *Kidnapped,* film qui lui avait été imposé. Il estimait que cette adaptation de Stevenson située dans les Highlands d'Écosse n'était nullement dans les cordes d'un Viennois. Il figura alors sur la liste noire de Zanuck et, vu l'influence de ce dernier dans la communauté hollywoodienne, tout travail lui devint impossible non seulement à la Fox, mais dans les autres grandes compagnies. Seules ses activités théâtrales (mise en scène et interprétation) lui permirent de rester aux États-Unis et d'y gagner sa vie. Il joua ainsi avec brio le rôle d'un officier nazi dans la comédie de Clara Booth Luce « Margin for Error ». La Fox voulut en faire un film et proposa à Preminger de reprendre son rôle à l'écran. Il accepta à condition de pouvoir diriger le film, s'offrant même à le faire sans augmentation de salaire. En l'absence de Zanuck parti aux armées, son assistant William Goetz accepta. Voilà donc Preminger remis en selle à la Fox où il signe le traditionnel contrat de sept ans comme acteur-producteur-réalisateur. Preminger cherche des sujets et se passionne pour le roman de Vera Caspary, « Laura », dont il met en chantier l'adaptation. De retour, Zanuck tonne contre la décision de Goetz et, s'il consent à ce que Preminger produise *Laura,* il lui interdit absolument de le réaliser. John Brahm et Lewis Milestone déclineront l'offre de Zanuck de prendre en charge le projet. A ce stade, la principale intervention de Preminger a consisté à remplacer Laird Cregar, prévu pour le rôle de Lydecker, par Clifton Webb (acteur de théâtre pratiquement inconnu au cinéma à l'époque). Si Laird Cregar se rapprochait par son physique du personnage du roman de Vera Caspary, il ne correspondait pas du tout à la vision qu'en avait Preminger et sa carrière de « méchant » aurait immédiatement éventé le mystère de l'intrigue. Pour la mise en scène, le choix de Zanuck se porte alors sur Mamoulian qui commence le film. Les premiers rushes se révéleront très décevants. Preminger critique les costumes, le jeu des interprètes et d'une manière générale tout le travail de Mamoulian. Zanuck lui donne raison et lui confie enfin la réalisation du film que Preminger reprend à zéro. Il modifie les décors, les costumes, remplace le photographe Lucien Ballard par Joseph LaShelle, engage un jeune musicien, David Raksin, qui compose pour le film une mélodie devenue légendaire. Commencé dans la tourmente, le tournage se continuera assez paisiblement, sauf un conflit, bientôt résolu à l'avantage du film, entre Zanuck et Preminger concernant le dénouement. Une seconde fin (celle que nous voyons sur l'écran) fut réclamée à juste titre par Zanuck (voir Biblio.), que Preminger adapta à sa vision du film, lequel sortira enrichi de cette ultime péripétie. Se situant à l'intérieur du cadre si fécond du *film noir, Laura* marie deux aspects qui, si la maestria du réalisateur avait été moins grande, auraient pu se nuire et même s'entre-détruire. *Laura* est en effet à la fois une énigme policière extrêmement originale (où la victime ressuscite au milieu du récit pour devenir alors l'un des principaux suspects) et un drame psychologique, au ton désabusé et pessimiste, sur l'irrémédiable distance qui sépare les êtres. Le premier aspect repose sur une construction dramatique rigoureuse ; le second sur un ensemble d'harmoniques au lyrisme souterrain favorisant un certain flou et ouvrant sur le mystère insondable des cœurs. Preminger utilise à son profit le cadre et certains éléments structuraux du *film noir* (flash-back, commentaire *off*) qu'il intègre parfaitement à son univers. Le rôle du flash-back ne sera pas ici d'apporter, comme c'est souvent le cas, un surcroît d'ambiguïté et d'obscurité à l'intrigue. Celle-ci, quoique très complexe, restera au contraire d'une netteté et d'une clarté dramatiques parfaites. (C'est dans ce but que Preminger supprimera un commentaire *off* attribué à McPherson et s'opposera à la volonté de Zanuck sur le point précis de l'addition d'un troisième commentaire *off* émanant de Laura elle-même, réclamé par le producteur pour étoffer son personnage.) Le flash-back et le commentaire *off* sont utilisés conjointement par Preminger pour présenter la narration avec un immense recul et comme si elle était élaborée du point de vue de Sirius. Le film et l'évocation de Laura commencent par la phrase célèbre de Lydecker : « Je n'oublierai jamais... ». Cette évocation, qui ne se situe pas dans le temps réel mais dans une sorte d'éternité, ne finira à vrai dire jamais, puisqu'il n'y a pas de retour net au présent et que le narrateur (Lydecker) meurt à la fin. L'intrigue, détachée du Temps, est donc commentée pour ainsi dire d'outre-tombe par l'un de ses participants. Dans *The Fan**, *Saint Joan** et *Bonjour Tristesse**, un procédé similaire aboutira, selon une dialectique complexe, à ce que le recul de l'auteur lui-même, la froideur du ton et l'éloignement infini du personnage-narrateur par rapport à ce qu'il raconte, renforcent paradoxalement le pathétique, la proximité et le caractère intime de ce qui est montré. Le flash-back, quand il se démultiplie, connaît une autre fonction : Preminger y a recours pour présenter un même sujet (ici le personnage de Laura) sous différentes facettes. Lydecker voit Laura dans son évolution et ses métamorphoses successives ; quand il la regarde, c'est un peu son œuvre et lui-même qu'il contemple à travers elle (séquence du flash-back du restaurant Montagnino). McPherson au contraire, quand Laura est réapparue, la voit au présent, d'une manière globale et beaucoup plus directe. La peinture de Laura s'enrichit alors de la différence de caractère et de point de vue de ces deux personnages qui l'admirent et qu'elle fascine sous des angles si différents, le cynisme décadent, le narcissisme, la fragilité secrète de Lydecker s'opposant en l'occurrence au pragmatisme, au réalisme solide du policier. C'est enfin à la technique employée – de longs mouvements d'appareil unissant et séparant les personnages, faisant sentir leur éloignement ou leur proximité à l'aide d'arabesques savantes –, ainsi qu'à la subtilité de la direction d'acteurs, qu'il appartient d'avoir donné au film l'essentiel de son aura poétique et tragique, indissociable de sa perfection. Tous les personnages vivent en vase clos sous le regard d'autrui et recherchent ce regard, souvent pour le modifier à leur avantage. Pourtant ce sont des solitaires et ils le resteront par-delà le *happy end* fugitif (union probable de Laura et de McPherson) qui semble clore l'intrigue. A vrai dire, ce *happy end* vise surtout à aggraver la mélancolie tragique du dénouement et l'échec de ce Pygmalion si impuissant à se rapprocher de sa Galatée qu'il voulut par deux fois la détruire... Le succès de *Laura,* comme la fascination qui émane de son interprète principale Gene Tierney, ne se sont jamais démentis au fil des années. Il semble même qu'ils augmentent. Les fans de *Laura* et de Gene Tierney sont de plus en plus nombreux dans les nouvelles générations. Grâce à eux, *Laura* figure parmi ces quelques films qui permettent de croire au caractère durable du cinéma et de ses chefs-d'œuvre.

N.B. Remakes : 1) *Laura – Portrait for Murder,* 1955, téléfilm de 55' réalisé par John Brahm (qui avait refusé de mettre en scène le film à la Fox soi-disant « parce qu'il aimait trop l'histoire pour la filmer dans l'optique que souhaitait Preminger ». C'est ce qu'il affirma à Vera Caspary). Ici, il livre un pâle digest du roman, à peine rehaussé par la présence de George Sanders dans le rôle de Lydecker. Robert Stack joue McPherson et Dana Wynter, Laura ; 2) *Frontier Gambler* de Sam Newfield, 1956. L'intrigue est transposée dans un cadre de western. Aucune mention du roman de V. Caspary. Coleen Gray est l'héroïne ; 3) *Laura,* téléfilm de 120' réalisé par John Llewellyn Moxey, 1956. On y voit à nouveau George Sanders et Robert Stack ; 4) *Stephanie Lamour* (titre français : *Stéphanie et l'amour*), 1977, de Kenneth Schwartz. Transposition pornographique du roman. L'inspecteur est joué par un acteur noir. Laura (= Stephanie Lamour) est coupable du meurtre sur lequel enquête le policier, et l'intrigue en comportera un autre.

BIBLIO. : découpage (252 plans) *in* « L'Avant-Scène » n° 211-212 (1978). Préface de J. Lourcelles analysant la genèse du film et les quinze séquences coupées figurant dans le découpage publié, qui comporte aussi la première fin non retenue dans le montage définitif du film. C'est Zanuck qui exigea le tournage d'une autre fin et en confia l'écriture à Jérôme Cady (non crédité au générique, de même que Ring Lardner, Jr., dont le travail eut lieu avant le sien pendant le tournage). Preminger tourna cette deuxième fin en supprimant le commentaire *off* attribué à Laura. Les deux fins ne sont pas fondamentalement différentes, Lydecker étant le coupable dans l'une et dans l'autre. Dans la première fin, Laura, restée seule après avoir reproché à Lydecker d'écarter d'elle tous les hommes, découvre dans l'horloge l'arme que recherchait en vain l'inspecteur. Elle va la cacher au grenier puis se rend chez Lydecker afin de lui donner une chance de fuir. Au lieu de cela, Lydecker retourne dans l'immeuble de Laura, monte au grenier, prend l'arme et tentera de tirer sur Laura avant d'être arrêté par McPherson. Bien que la première fin ne soit pas absolument détestable, la fin retenue est nettement meilleure parce que plus condensée dramatiquement (elle comporte moins de changements de lieu), plus poétique et plus riche de sens (avec la métaphore amenée par la causerie radiophonique de Lydecker), plus tragique enfin puisque Lydecker meurt sous les yeux des autres personnages de l'intrigue et du spectateur. Ce dénouement paraît indispensable à la trajectoire naturelle de l'œuvre et on s'explique mal que la première fin ait laissé Lydecker vivant. Réédition de la traduction du roman dans la collection « Série B », Christian Bourgois, 1981 (avec la préface de « L'Avant-Scène »).

## LAW AND ORDER

1932 – USA (70') • *Prod.* U • *Réal.* EDWARD L. CAHN • *Sc.* John Huston, Tom Reed d'ap. R. « Saint Johnson » de W.R. Burnett • *Phot.* Jackson Rose • *Int.* Walter Huston (Frame Johnson), Harry Carey (Ed Brandt), Raymond Hatton (Deadwood), Russell Hopton (Luther Johnson), Ralph Ince (Poe Northrup), Russell Simpson (Juge Williams), Harry Woods (Walt Northrup), Richard Alexander (Kurt Northrup).

Ayant « nettoyé » le Kansas, le célèbre Frame Johnson (= Wyatt Earp) se rend avec quelques amis à Tombstone. Là aussi, on lui demande de devenir shérif, afin de débarrasser la région de l'emprise des trois frères Northrup. Il se laisse fléchir. Il participe à la première pendaison légale sur le territoire de l'Arizona, puis interdit le port d'armes en ville. La majorité des habitants se tourne alors contre lui. Pour donner l'exemple, Johnson désarme ses trois adjoints. A cause de cela, l'un d'entre eux, son vieil ami Ed Brandt, est abattu. Johnson accepte le défi des frères Northrup et les élimine, ainsi que toute leur bande, dans la célèbre bataille de l'O.K. Corral. Le frère de Johnson y trouve la mort. Désabusé, Johnson rend son insigne et quitte la ville avec les félicitations du juge. « Tombstone, déclare-t-il en s'en allant, n'est qu'une ville parmi d'autres. Nombreux sont encore les endroits qui devront attendre longtemps avant d'être purgés de leur vermine. »

☞ Premier travail de John Huston pour le cinéma. Ce western, qui comporte peu d'action et guère de progression dramatique, est avant tout un film d'atmosphère. Contenant de nombreuses notations originales, il dépeint sans fard, sans la moindre sentimentalité nostalgique, différents aspects de la vie cruelle de l'Ouest à la fin du XIXe siècle. C'est une sorte de documentaire aigu et violent, mêlé d'une ironie assez noire, où l'on voit l'idée de justice se frayer difficilement un chemin à travers des amoncellements de cadavres. Dans la séquence la plus typique du film, un condamné à mort désespéré change brusquement d'attitude et va gaillardement à la potence quand on lui fait comprendre qu'il doit être fier d'être le premier pendu légal de l'État. Edward L. Cahn, un méconnu qui commence enfin à être redécouvert, entamait là une carrière éclectique et assez fructueuse, mais complètement obscure pendant toute sa durée (1932-1963).

N.B. Remake homonyme de Nathan Juran (titre français : *Quand la poudre parle*, 1953). Le film est en couleurs et comporte des personnages féminins importants (l'original n'en comportait pas). Le rôle principal est interprété par Ronald Reagan.

## LAWRENCE D'ARABIE
**(Lawrence of Arabia)**

1962 – Angleterre (222') • *Prod.* COL. – Horizon Pictures (Sam Spiegel) • *Réal.* DAVID LEAN • *Sc.* Robert Bolt, Michael Wilson d'ap. la vie et l'œuvre de T.E. Lawrence • *Phot.* Fred A. Young (Techinicolor, Super Panavision 70) • *Mus.* Maurice Jarre • *Int.* Peter O'Toole (T.E. Lawrence), Alec Guinness (prince Fayçal), Anthony Quinn (Aaouda Abou Tayi), Jack Hawkins (général Allenby), Omar Sharif (cheik Ali), Anthony Quayle (colonel Brighton), Claude Rains (Mr. Dryden), Jose Ferrer (le Bey), Arthur Kennedy (Jackson Bentley), Donald Wolfit (général Murray), I.S. Johar (Gasim), Gamil Ratib (Majid), Michel Ray (Farraj), Zia Mohyeddin (Tafas), John Dimech (Daoud), Howard Marion Crawford (le médecin militaire).

En 1916, jeune lieutenant du Bureau arabe installé par les Anglais au Caire, Lawrence est envoyé en mission contacter le prince Fayçal, leader de la lutte arabe contre les Turcs (alliés aux Allemands). Il traverse le désert guidé par un bédouin qui sera abattu par le cheik Ali, sous le prétexte qu'il a utilisé un puits n'appartenant pas à sa tribu. Refusant l'aide d'Ali, Lawrence déclare à cette occasion que tant que les Arabes lutteront entre factions rivales, ils resteront un petit peuple sans puissance. Lawrence arrive auprès de Fayçal au moment où son armée est mise en déroute par les mitrailleuses et les avions turcs. S'opposant au colonel Brighton et à Ali, Lawrence conseille à Fayçal d'aller prendre Akaba, port tenu par les Turcs, en passant par voie de terre à travers le désert de Nefoud, ce qui paraît une tâche impossible. C'est pourtant ce plan qui sera réalisé. Et les canons turcs, pointés vers la mer, ne pourront rien pour la défense de la ville prise à revers. Au cours du voyage, effectué sous une chaleur torride, Lawrence revient en arrière pour sauver le soldat Gasim. A son retour, il est fêté en héros. On le surnomme El Aurens et Ali lui donne les célèbres vêtements blancs que, désormais, il ne quittera plus. Il réussit à persuader le chef de tribu Aaouda, qui ne songe qu'au butin, d'entraîner ses hommes à l'assaut d'Akaba. Mais Gasim, au campement, a tué un membre d'une tribu rivale. Lawrence devra l'abattre de ses propres mains, n'étant lié à aucune tribu, pour éviter un conflit général. Le fanatisme arabe (tous pensaient, avant que Lawrence aille le rechercher, qu'il était écrit que Gasim meure ici) semble l'emporter sur la volonté farouche du lieutenant anglais qui pense, lui, que rien n'est écrit. Le port d'Akaba est pris. Lawrence accomplit un autre prodige : il retourne, seul avec ses deux jeunes serviteurs arabes, au Caire en passant par le Sinaï. Il pense en effet que si ce n'est pas lui en personne qui annonce à ses compatriotes la nouvelle de la prise d'Akaba, personne ne la croira. En route, un des deux jeunes gens périt dans les sables mouvants. Au Caire, après avoir fait scandale en paraissant au mess des officiers avec le jeune serviteur survivant, Lawrence obtient du général Allenby, nouveau général en chef de l'armée anglaise, de l'or, de l'argent et des armes (mais pas d'artillerie) pour les combattants arabes. Avec les hommes d'Aaouda, il attaque un train turc. Légèrement blessé, il est acclamé comme un dieu par les soldats. Au journaliste américain Jackson Bentley qui, peu à peu, par ses articles, bâtit la légende de Lawrence d'Arabie, il confie que son intention est de donner leur liberté aux Arabes. Comme poursuivi par une malédiction, il doit abattre son deuxième serviteur, blessé par un détonateur, afin qu'il ne tombe pas aux mains des Turcs. Malgré les victoires acquises, l'unité arabe n'est encore qu'un rêve : quand elles estiment avoir la main sur un butin suffisant, certaines tribus quittent le combat. Lawrence est fait prisonnier à Deraa par les Turcs. Durant toute une nuit, il est victime des sévices du Bey et de ses hommes. Ali le récupérera dans le ruisseau en piteux état. Désormais Lawrence voudrait abandonner la lutte. A Jérusalem, il apprend l'existence d'un accord franco-anglais par lequel les deux alliés entendent se partager l'empire turc, y compris l'Arabie. Il en est profondément dégoûté. Mais ses chefs ont encore besoin de lui. Contrairement à ses intentions, il replonge dans le combat, mais avec une fièvre guerrière si sauvage que même Ali la condamne. Il peut ainsi offrir Damas aux Arabes avant que les Anglais n'y mettent le pied. Au Conseil arabe réuni dans la ville, il essaie une dernière fois de préserver l'unité des vainqueurs. Mais Fayçal doit signer un compromis avec les Anglais. Il est à la fois infiniment reconnaissant à Lawrence de son action et content d'en être débarrassé. Promu colonel, Lawrence rentrera au pays et trouvera la mort dans un accident de moto.

☞ Cette superproduction fit date dans l'histoire du genre : biographie spectaculaire, film d'action, elle se voulait aussi œuvre de réflexion et d'analyse sur un sujet passionnant et ambigu : la destinée de Lawrence qui, aujourd'hui encore, divise les historiens. Le scénario subtil et adroit de Robert Bolt évoque ce qu'on sait avoir appartenu en propre à Lawrence : sa fascination pour le désert, sa volonté de découvrir par lui-même les limites extrêmes de sa résistance physique et le plaisir semi-masochiste qu'il tirait de cette recherche. Sont traités également les aspects plus difficiles à cerner de sa biographie, à savoir son action politique : Lawrence, fédérateur des Arabes, fut-il un chef de guerre habile et même machiavélique, ou un rêveur idéaliste ? Accomplissait-il sur le terrain une œuvre de salubrité publique ou une ascèse personnelle ? Servit-il en priorité la cause anglaise, arabe ou la sienne propre ? Le film prend parti avec mesure pour un Lawrence honnête, idéaliste, déçu par les calculs politiques des uns et des autres qui n'entraient pas dans son univers. Mais surtout le cas de Lawrence donne à David Lean l'occasion de réfléchir sur le degré de maîtrise qu'un homme exceptionnel peut avoir sur son destin et de mesurer la part d'échec, de déception et de renoncement que contient toute destinée humaine, fût-elle la plus extraordinaire. Une conjonction unique de talents (Bolt, Freddy Young, O'Toole, etc.) réussit à faire passer dans le très grand public, sans les simplifier à l'excès, des thèmes et une réflexion complexes. Et le film dessine finalement un portrait tout à fait satisfaisant de Lawrence en héros typique du XXe siècle : un héros ambigu qui n'est jamais plus lui-même, ni plus héroïque, que lorsqu'il reste impénétrable. Éternel déraciné moral, il voulut tenter l'impossible et chercha à prendre entièrement en main son destin au point de se créer une seconde identité. Formellement, David Lean, par un usage méthodique et réfléchi du 70 mm, s'efforce de créer un nouveau réalisme spectaculaire. Il voulut son film si sobre et si grandiose qu'il atteindrait – sans effort – une dimension cosmique. Il le rêva si dénué de trucs et d'effets de montage, si lisse, que le spectateur aurait l'impression d'avoir devant lui une vision globale et presque impersonnelle des expériences de Lawrence. (On regrettera seulement, dans ce film par ailleurs complètement dénué de visages féminins, la trop grande réserve des auteurs quant à la sexualité de Lawrence ; mais nous n'étions qu'en 1962.)

N.B. Rappelons que l'idée initiale du film vint de Sam Spiegel qui racheta les droits des « Sept Piliers de la Sagesse » à Alexandre Korda. (En 1958, Anthony Asquith avait été sur le point de réaliser un *Lawrence* avec Dirk Bogarde). Le tournage proprement dit dura vingt mois et les extérieurs furent filmés en Jordanie, au Maroc, en Espagne. Comme John Ford, David Lean tourne peu de plans, peu de prises et laisse peu d'initiative au monteur. La mention "introducing Peter O'Toole" est relativement inexacte dans la mesure où l'acteur avait déjà joué dans plusieurs films, et notamment dans *The Day They Robbed the Bank of England*, *Le jour où l'on dévalisa la Banque d'Angleterre*, John Guillermin, 1960. C'est en voyant ce film que David Lean le choisit. (L'acteur avait été recommandé à Spiegel par Katherine Hepburn). Parmi les acteurs pressentis pour le rôle figurent Albert Finney (l'essai qu'il tourna a été conservé), Marlon Brando, Anthony Perkins, Montgomery Clift, Richard Burton. Si la durée initiale du film fut de 222', elle ne tarda par à être amputée. Elle le fut d'abord de 20'. Le film, durement et injustement critiqué par les journalistes, marchait bien seulement dans les grandes villes. La ressortie de 1971 comportait encore 20' de moins. En France, les copies qui circulèrent le plus faisaient 184'. En 1988 fut achevée, après un long travail, la restauration du film dans une version de 212' par Robert A. Harris (qui avait déjà participé à la reconstitution du *Napoléon** de Gance.) Ce n'est que très tardivement que Lean eut connaissance de cette entreprise et mit alors la main à la pâte. Peter O'Toole, Alec Guiness, Arthur Kennedy, Anthony Quinn et Charles Gray, le doubleur de Jack Hawkins quand celui-ci, atteint d'un cancer à la gorge, ne put plus parler, réenregistrèrent certaines scènes, car la bande-son du négatif original était parfois défectueuse. La copie reconstituée, quoique plus courte que l'originale, comporte néanmoins des plans qui avaient été écartés pour la première sortie du film. Parmi les scènes que l'on peut voir à nouveau, il y a celle, située peu avant la fin, juste avant que Lawrence ne soit promu colonel, où un médecin militaire est scandalisé par l'état d'abandon où sont laissés des centaines de blessés turcs. Il frappe Lawrence, vêtu de sa tenue arabe, et le traite de bougnoule. Ajoutons que le film a très peu vieilli en presque trente ans, sauf par sa musique, souvent surabondante.

## LE CAIRE 30
**(Al Kahira Talatine)**

Inédit en France. 1965 – Égypte (135') • *Prod.* Organisation Générale du Cinéma • *Réal.* SALAH ABOU SEIF • *Sc.* S. Abou Seif, Ali Zorkani, Wafia Khairi, Lotfi El Khouli d'ap. R. de Naguib Mahfouz • *Phot.* Wahid Farid • *Mus.* Fouad El Zaheri • *Int.* Souad Hosni (Ehsan Shehata), Ahmed Mazhar (le Pacha), Hamdi Ahmed (Mahgoub Abdel Daiem), Abdel Aziz Mekwi (Ali Taha), Ahmed Tewfik (Salem), Abdel Monem Ibrahim (Ahmed Bedir), Tewfik El Dekn (Shehata), Shafik Nour El Din (Abdel Daiem).

Le Caire au début des années 30. Trois étudiants en lettres sont amis. Ali, un socialiste très engagé, aime une jeune fille pauvre, Ehsan. Mahgoub, très pauvre lui aussi, ne rêve que d'argent et de promotion sociale. Ahmed fait du journalisme et jette un regard amusé et distant sur les événements mondains et politiques de la cité. Tout en restant très prudent, il est favorable aux forces de l'opposition légale. Ehsan en a parfois assez des discours utopiques de son amoureux sur la société future, surtout quand elle voit ses quatre frères et sœurs obligés de mendier dans la rue pour subsister. Elle accepte les avances, les cadeaux – robes et bijoux – d'un haut fonctionnaire, Kassem Bey, qui devient son amant en titre. Mahgoub sollicite une aide du secrétaire de cabinet Salem, son pays. Celui-ci le fait assister à une réception princière donnée par une milliardaire de la ville (séquence en couleurs). Puis il lui offre « la chance de sa vie » : épouser la maîtresse d'un homme haut placé qui lui fournira un emploi. La femme en question n'est autre qu'Ehsan, victime consentante de cet arrangement assez humiliant. Une fois marié, Mahgoub obtient un poste et une demeure luxueuse où Kassem Bey a droit de visite une fois par semaine. « Mensonge et snobisme sont les clés de la haute société », conclut Mahgoub, pourtant ravi de sa nouvelle situation. Plus tard, sa voix intérieure lui murmure avec reproche : « Tu lèches les pieds de Salem, qui lèche ceux de Kassem Bey, qui lèche ceux du roi, qui lèche ceux des Anglais. » Il lui arrive aussi de pleurer de rage en constatant que sa femme aime encore Kassem Bey et Ali. Ali, pendant ce temps, est rentré dans la clandestinité pour écrire et distribuer des tracts révolutionnaires. Le gouvernement saute, mais rien de fondamental n'est changé. Il en résulte cependant une importante promotion pour Kassem Bey, devenu ministre. Mahgoub est nommé directeur de cabinet tandis qu'Ali est arrêté et torturé. Ehsan vient lui rendre visite et s'explique avec lui. Elle lui dit qu'elle n'a pas son courage et qu'elle l'admire ; elle est certaine que ses efforts porteront un jour leurs fruits. Le père de Mahgoub rend visite à l'improviste à son fils qui ne lui envoyait pas d'argent et lui faisait croire qu'il vivait encore dans la misère. Le père a l'occasion de constater la nature de l'étrange mariage de son fils, quand l'épouse de Kassem vient faire du scandale à la maison. « Je retournerai au village, dit-il à son fils, et je dirai partout que tu es mort ». Poursuivi par un tueur chargé de l'assassiner, Ali n'en continue pas moins à jeter ses tracts en pleine rue.

☞ Fresque sociale à dominante très critique, tirée de l'œuvre de Naguib Mahfouz, dont les lignes de force apparaissent toujours enracinées à de multiples détails familiers et concrets. Le ton d'humour tonique propre à Salah Abou Seif s'altère comme à regret à mesure que l'intrigue progresse et que le film vire peu à peu au noir. Sans condamner *a priori* aucun de ses trois personnages principaux, Abou Seif décrit avec justesse leurs attitudes respectives : celle de l'engagement extrémiste, de l'attentisme prudent et de l'ambition personnelle. Il lui apparaît qu'entre les persécutions subies par le militant et les compromissions de l'arriviste cette société ne tolère aucune troisième voie vivable et exclut de son fonctionnement l'équité, l'équilibre, la sérénité. Ainsi se condamne-t-elle au chaos à plus ou moins brève échéance. La force du film tient dans l'absence de parti pris de l'auteur qui semble découvrir avec nous les tares de la société qu'il décrit.

## LEÇON DE CHIMIE A NEUF HEURES
### (Ore 9 lezione di chimica)

1941 – Italie (91') • *Prod.* Manenti Film • *Réal.* MARIO MATTOLI • *Sc.* Mario Mattoli et Marcello Marchesi d'ap. sujet de Laura Pedrosi • *Phot.* Jan Stallich • *Mus.* Ezio Carabella. *Chansons* Eldo di Lassaro • *Int.* Alida Valli (Anna Campolmi), Irasema Dilian (Maria), Andrea Cecchi (professeur Marini), Giuditta Rissone (la directrice), Carlo Campanini (Campanelli), Ada Dondini (Mlle Mattei).

Toutes les élèves d'un collège sont amoureuses de leur professeur de chimie. Pour enrayer cette épidémie qu'elle a découverte par la lecture de leurs journaux intimes, la directrice demande au professeur d'essayer de se montrer antipathique et de mettre des petits nœuds moins élégants. Anna, meneuse d'un petit groupe de jeunes filles, pousse ses camarades à la révolte contre les surveillantes mais aussi contre Maria, la meilleure élève. Une nuit, elles découvrent que Maria n'est pas dans son lit. Elles la voient dans le parc embrasser un homme. Par jalousie, Anna la dénonce, s'imaginant que l'homme entrevu dans l'ombre est le professeur de chimie. Mise en quarantaine, Maria s'enfuit pendant un orage et tombe dans une crevasse. On la retrouve, on la soigne. Elle a perdu beaucoup de sang. Maria s'offre à lui donner le sien pour se racheter : car entre-temps on a appris que l'homme que Maria embrassait n'est autre que son père, accusé en fuite d'un procès à sensation qui plus tard se constituera prisonnier. Maria est sauvée, son père innocenté. Le professeur démissionne du collège pour épouser Anna.

☞ Le plus célèbre, mais non le meilleur, des films de collèges féminins, genre qui triompha en Italie à l'époque du fascisme et des « téléphones blancs ». Le film est dépourvu de la délicatesse de style et de la fine analyse des rapports sociaux qui caractérisent par exemple *Seconda B.** Il n'a pas non plus le brillant, la force satirique et la richesse de significations d' *Il birichino di Papa**. Il se contente de décrire, d'une façon légère et superficielle, les émois, les rêves d'amour, les conflits puérils d'un groupe d'adolescentes enfermées dans un collège. Son intrigue se boucle par un recours assez artificiel (et étranger au genre) à une péripétie de mélodrame policier. Situé à l'époque contemporaine, sans grande recherche de style ni réflexion sociale, *Leçon de chimie* finit par ressembler à certains films américains avec Deanna Durbin, dont il a subi fortement l'influence. Sa neutralité lui a conféré une sorte de caractère international propice à l'exportation. D'où sa célébrité.

## LÉGENDE DE GOSTA BERLING (LA)
### (Gösta Berlings Saga)

1924 – Suède (115') • *Prod.* AB Svensk Filmindustri (Charles Magnusson) • *Réal* MAURITZ STILLER • *Sc.* Mauritz Stiller, Ragnar Hylten-Cavallius d'ap. R. de Selma Lagerlöf • *Phot.* Julius Jaenzon • *Int.* Lars Hanson (Gösta Berling), Gerda Lundequist (Margareta Samzelius), Hilda Forsslund (sa mère), Otto Elg-Lundberg (major Samzelius), Sixten Malmerfeldt (Melchior Sinclaire), Karin Swanström (Gustafva, sa femme), Jenny Hasselquist (Marianne, sa fille), Ellen Cederström (comtesse Martha Dohna), Torsten Hammarén (comte Henrik Dohna, son fils), Greta Garbo (Élisabeth Dohna), Sven Scholander (Sintram).

Le film sortit à l'origine en deux parties de 2 345 et 2 189 mètres qui furent présentées au public à quelques jours d'intervalle. Puis elles furent réunies et le film dans son ensemble resta amputé. Des versions différentes selon les pays circulèrent en Europe et aux États-Unis. Nous résumons ici la version de 115' présentée par la Cinémathèque Française avec intertitres français. En Suède vers 1820, la Commandante Margareta, propriétaire de forges et d'un vaste domaine, donne de somptueuses réceptions dans son manoir d'Ekeby. Elle a autour d'elle douze chevaliers fidèles, aventuriers braillards et fêtards, qui constituent en quelque sorte sa garde privée et vivent à ses crochets. Un pasteur, Gösta Berling, autrefois chassé de sa paroisse pour alcoolisme, entre dans la confrérie des « Chevaliers d'Ekeby ». Il est aussi le précepteur de la jeune Élisabeth, mariée au comte Henrik Dohna, mais secrètement amoureuse de lui. Lors d'une réception, Gösta, jouant sur une petite scène de théâtre, a pour partenaire Marianne Sinclaire qui l'embrasse sur les lèvres alors que le rideau se relève. Les spectateurs croient que le baiser fait partie de la pièce mais Melchior, le père de Marianne, averti par le méchant Chevalier Sintram de ce qu'il en est réellement, chasse sa fille qui erre dans le froid et dans la neige. Au cours d'un dîner Christian Bergh, l'un des Chevaliers, excité par Sintram, clame que la Commandante n'est riche que parce que son amant a légué ses biens à son mari, façon détournée d'avantager sa maîtresse. La Commandante révèle à tous que c'est là la stricte vérité. Son mari, ignorant des faits, la répudie, comme autrefois elle-même avait renié et chassé sa mère qui lui avait reproché cet amant. La Commandante va retrouver sa vieille mère dans sa masure et obtient d'elle son pardon. Le Commandant pendant ce temps a abandonné Ekeby aux Chevaliers. Gösta Berling recherche la Commandante en traîneau et trouve Marianne qui se laissait mourir dans le froid. Il fait d'elle la reine d'Ekeby. La Commandante réunit ceux des villageois qui lui sont encore fidèles et incendie avec eux le manoir d'Ekeby. Les Chevaliers sont ligotés sur leurs traîneaux. Gösta parvient néanmoins à sauver Marianne et la remet à son père avec qui elle se réconcilie. Elle dit adieu à Gösta et celui-ci déclare qu'il redevient désormais « le pèlerin de la neige et de la nuit ». Il fait monter dans son traîneau Élisabeth qui, inquiète, était partie à sa recherche. Des loups les pourchassent, mais ils arrivent sains et saufs au village. Gösta ramène Élisabeth chez son mari. Celui-ci vient d'apprendre que leur acte de mariage n'est pas en règle. Avant de signer le nouveau document, Élisabeth avoue qu'elle est une femme coupable et la mère d'Henrik Dohna la chasse. Elle est recueillie par son oncle Melchior. La Commandante, arrêtée à la suite de l'incendie, apprend en prison la mort de son mari. Le printemps revient. Gösta et les Chevaliers ont reconstruit Ekeby. Élisabeth, pour oublier sa tristesse, part vers l'Italie. Au relais de Brobe, elle rencontre la Commandante qui vient d'être libérée. Gösta, à la recherche de la Commandante, découvre l'amour que lui a toujours porté Élisabeth. La Commandante les réunit. Les Chevaliers, ignorant la rancune, fêtent le retour de la Commandante au manoir. Elle le donne à Gösta qui dirigera ses forges. (Dans cette version le rôle important d'Ebba Dohna – joué par Mona Martenson –, la belle-sœur d'Elisabeth, a complètement disparu. Cf. Jean Béranger : « La grande aventure du cinéma suédois », Losfeld, 1960.)

☞ Après *Le trésor d'Arne* (1919) et *Le vieux manoir* (1922), c'est ici la troisième adaptation de Selma Lagerlöf par Stiller. Cette saga, cette fresque flamboyante et foisonnante, mêlant passé et présent,remplie de personnages hauts en couleur et d'aventures tragiques et spectaculaires, est considérée par Sadoul comme « le chant du cygne de l'art suédois ». Les personnages vont jusqu'au bout de leurs passions, acceptant à l'avance les malédictions familiales et sociales et même le châtiment divin que leur vaudra sans aucun doute une conduite aussi libre de tout préjugé. A un moment ou à un autre de l'intrigue, ils errent dans la neige, perdus dans le monde, perdus en eux-mêmes, prêts à mourir pour avoir vécu conformément à ce que leur dictaient leurs désirs et leurs instincts. Passant du désespoir le plus noir à la jouissance la plus intense, ils recherchent certes le bonheur, mais le bonheur les intéresse moins qu'une certaine fidélité à leur destin. C'est là que le film échappe totalement au mélodrame et devient récit picaresque, épopée, tragédie. Cette tragédie finit bien, car elle obéit comme la nature à la loi du renouveau. Parmi les personnages, les femmes ont peut-être encore plus de relief, de liberté dans leurs passions et dans leur comportement que les hommes. On peut à ce seul élément juger l'originalité du film à l'époque et de l'impact qu'il eut sur l'imagination du public. Deuxième film de Garbo, recommandée à Stiller par Gustav Molander dont elle était l'élève à son « École du Théâtre dramatique », c'est aussi le film qui valut à son metteur en scène une offre de contrat pour l'Amérique de la part de Louis B. Mayer, le patron de la MGM. Stiller exigea que Garbo fût engagée avec lui.

## LEGGENDA DEL PIAVE (LA)

Inédit en France. 1952 – Italie (83') • *Prod.* API Film, Colamonici-Tupini • *Réal.* RICCARDO FREDA • *Sc.* R. Freda, Giuseppe Mangione d'ap. la chanson de E.A. Mario • *Phot.* Sergio Pesce • *Mus.* Carlo Rustichelli • *Int.* Gianna Maria Canale (la comtesse Giovanna), Carlo Giustini (le comte Riccardo), Renato Baldini (le prêtre), Edoardo Toniolo, Enrico Viarisio.

Octobre 1917, dans la région de Piave. L'Italie est en guerre depuis deux ans avec l'Autriche. La comtesse Giovanna doit conduire son garçonnet malade, le petit Mario, à Vérone pour y consulter un médecin. Là, elle apprend que son mari, le comte Riccardo, loin d'être un héros comme elle le croyait, est un lâche et un affairiste. Ses usines ont livré à l'armée des chaussures faites d'un mélange de cuir et de carton. Elle lui dit ses quatre vérités et le quitte. L'enfant une fois guéri, elle décide de rentrer coûte que coûte dans son château. Elle traverse un bombardement et, dans la panique qui s'ensuit, est séparée de son enfant. Elle erre à sa recherche parmi les ruines et prie la Madone de le lui rendre. Montée dans un wagon de marchandises, elle voit soudain Mario dans une charrette arrêtée à un passage à niveau. Elle saute du train et rejoint son fils. Ébranlé par le mépris de Giovanna, le comte Riccardo fait son autocritique et change radicalement de conduite. Il accomplit plusieurs actions héroïques. Le château de Giovanna est envahi par les Autrichiens. Un domestique muet, Marco, se porte au secours de la comtesse. Capturé, il sera exécuté sans avoir pu révéler à la comtesse le comportement héroïque de son mari. Les armées italiennes prennent l'avantage. La comtesse confie à son avocat son intention de divorcer. Riccardo a perdu les deux bras au combat. Vêtu d'une cape qui ne laisse rien voir de son infirmité, il a une dernière entrevue avec Giovanna. Il lui abandonne le château et ses biens. Soudain le petit Mario survient. Il demande à son père de l'embrasser et fait tomber sa cape. Giovanna comprend tout et se précipite vers lui pour implorer son pardon.

Bientôt l'Italie est libérée et les cloches sonnent à travers tout le pays.

☞ Loin du néo-réalisme, Freda signe avec *La leggenda del Piave* un film formellement très riche qui emprunte au mélodrame, au film d'aventures, à la fresque historique. La matière du film repose sur des contrastes violents : héroïsme et lâcheté (vus ici à l'intérieur d'un même personnage et donc hors de tout manichéisme), douceur et brutalité, exaltation et découragement, victoire et défaite. Elle est bâtie aussi sur une exaltation systématique des sentiments forts qui vise à retourner aux sources de toute aventure et de toute Histoire. Le film ne refuse pas le réalisme, mais à condition qu'il ait une dimension épique et qu'il dépasse l'anecdote et la simple vérité d'un moment. Il s'agit, pour Freda, de retrouver dans l'histoire particulière d'un lieu et d'une époque ce qu'elle peut avoir de commun, dans le registre du grandiose, de l'héroïque et du passionnel, avec d'autres lieux et d'autres époques. Freda est en effet animé par la vision d'une sorte d'éternité de l'Histoire, qu'on pourrait aussi appeler poésie. Sa mise en scène est particulièrement forte dans les scènes d'action et de mouvement, brassant l'espace où courent une foule en désordre et des individus en proie à des sentiments extrêmes. Le découpage, vif et varié, utilise alors toutes les gammes de plans. Le film a aussi pour originalité de maintenir, à égalité d'intérêt dans l'intrigue, un point de vue masculin et un point de vue féminin (dualité qu'on trouvait déjà dans *Passaporto rosso** de Guido Brignone). Cette originalité entraîne ici une fusion insolite et prenante entre le mélodrame et le récit de guerre.

N.B. : Comme toujours chez Freda, le tournage fut très rapide, surtout pour un film incluant des scènes de grande figuration (4 semaines, aux environs de Rome).

## LEOPARD MAN (THE)
### (L'homme léopard)

1943 (sortie en France : 1971) – USA (59') • *Prod.* RKO (Val Lewton) • *Réal.* JACQUES TOURNEUR • *Sc.* Ardel Wray, Edward Dein d'ap. le récit de Cornell Woolrich « Black Alibi », • *Phot.* Robert de Grasse• *Mus.* Roy Webb • *Int.* Dennis O'Keefe (Jerry Manning), Margo (Gabriela dite «Clo-Clo»), Jean Brooks (Kiki Walker), Isabel Jewell (Maria, la cartomancienne), James Bell (Dr Galbraith), Margaret Landry (Teresa Delgado), Abner Biberman (Charlie How-Come).

Quelque part au Nouveau Mexique. Conseillée par son imprésario qui cherche à lui obtenir de la publicité, Kiki Walker, chanteuse de cabaret, pénètre dans l'établissement où elle travaille au beau milieu du numéro de sa rivale, la chanteuse locale Clo-Clo, en tenant en laisse une panthère. L'attention du public se détourne de Clo-Clo mais celle-ci se sert de ses castagnettes pour effrayer l'animal qui prend la fuite. Alors qu'une battue s'est organisée pour traquer la panthère, trois jeunes femmes sont tuées : une adolescente sortie tard pour faire des courses et à qui sa mère, voulant la punir, n'ouvre pas tout de suite la porte quand elle l'entend hurler ; Consuelo qui attend son amoureux dans un cimetière et qui, oubliant l'heure, s'y fait enfermer avant d'y trouver la mort ; enfin la chanteuse Clo-clo elle-même, partie dans la nuit à la recherche d'un billet perdu de cent dollars. L'imprésario, Kiki et la propriétaire de la panthère ne pensent pas que les deuxième et troisième meurtres soient le fait de l'animal. Ils découvriront le vrai coupable en lui tendant un piège lors de la "Procession", défilé d'habitants vêtus de cagoules noires commémorant l'ancien massacre du village par les Conquistadores au XVIIe siècle. Ce coupable sera abattu par l'amoureux de Consuelo, qui se constitue prisonnier.

☞ Le dernier des trois films de Jacques Tourneur pour Val Lewton. Contrairement à ce que l'un et l'autre ont déclaré, il est loin d'être inférieur aux deux précédents (*Cat People**, *I Walked With a Zombie**). D'une certaine façon, c'est même le plus achevé, le plus *ciselé* des trois dans sa photo et dans ses ellipses, lesquelles figurent parmi les plus terrifiantes et les plus perverses qu'ait signées Tourneur, pourtant orfèvre en la matière. Décors minuscules et labyrinthiques, intrigue circulaire (constituée d'une sarabande de séquences enchaînées les unes aux autres par un lien visuel mais sans personnages principaux), tout est savamment mis en place pour susciter un petit cauchemar parfait et sans explication sur le thème préférentiel de Tourneur : l'impuissance de l'homme devant la nuit, son ignorance des forces maléfiques qui s'y tapissent, semblables à celles qu'il abrite à l'intérieur de lui-même. Une histoire étrange où la résolution de l'énigme est plus obscure que l'énigme elle-même. Résultante d'une collaboration entre deux grands hommes de cinéma, la fascination qu'impose le film est totale. Jamais autant de modestie n'eut à servir autant d'ambition (car qu'est-ce que le film, sinon une sorte de poème métaphysique dont l'obscurité même sert à résumer les mystères de la condition humaine ?) et jamais non plus une telle méticulosité n'illustra un désespoir aussi noir.

## LETTRE D'UNE INCONNUE
**(Letter from an Unknown Woman)**

1948 – USA (90') • *Prod.* Rampart (John Houseman). Distribué par UI • *Réal.* MAX OPHULS • *Sc.* Howard Koch et Max Ophuls d'ap. la nouvelle de Stefan Zweig « Briefe einer Unbekannten » • *Phot.* Frank Planer • *Mus.* Daniele Amfitheatrof • *Int.* Joan Fontaine (Lisa Berndle), Louis Jourdan (Stefan Brand), Mady Christians (Mme Berndle), Marcel Journet (Johann Stauffer), John Good (le lieutenant Léopold von Kaltnegger), Carol Yorke (Marie), Art Smith (John, le domestique).

Vienne 1900. Quelques heures avant l'aube et sur le point d'affronter en duel un adversaire, un mari trompé, qu'il a d'ailleurs l'intention de fuir, Stefan Brand, ex-pianiste célèbre, homme couvert de femmes, reçoit une longue missive d'une inconnue, Lisa Berndle. Il s'absorbe dans sa lecture. Toute jeune adolescente, Lisa était tombée amoureuse de lui. Il venait d'emménager dans la même maison qu'elle. Elle l'écoutait pendant de longues heures jouer du piano et se plaisait même parfois à imaginer qu'il ne jouait que pour elle. Elle soignait ses vêtements, apprenait les bonnes manières, étudiait la vie des grands musiciens pour pouvoir un jour lui plaire. Elle le regardait vivre ; il ramenait souvent des femmes dans la maison. Un jour, sa mère lui annonce qu'elle se remarie avec un commerçant de Linz. Il faut donc aller là-bas. Liza a maintenant dix-huit ans ; un jeune lieutenant la demande en mariage ; à la stupéfaction de ses parents, elle répond qu'elle est fiancée avec un musicien de Vienne. Bientôt elle retourne à Vienne et travaille comme mannequin dans une petite maison de couture. Chaque nuit, elle rôde autour de la maison de Stefan et, une fois, il lui adresse la parole. Ils passent alors une soirée enchantée à dîner dans un cabinet particulier, à « voyager » dans une baraque foraine devant un diorama, à danser, à se promener dans Vienne en fiacre et à pied. Il la ramène chez lui. Quelque temps plus tard, il lui annonce qu'il part pour Milan donner un concert à la Scala. Son absence doit durer deux semaines. Il ne revient jamais. Lisa accouche d'un garçon chez les sœurs et refuse de donner l'identité du père. Quand l'enfant a neuf ans, Lisa épouse un diplomate, Johann Stauffer. Elle revoit un jour Stefan à l'Opéra. Il a gâché son talent et ne touche plus au piano. Leurs regards se croisent : pour Lisa, c'est comme si le temps s'était arrêté depuis leur dernière rencontre. Elle quitte le théâtre prétextant une migraine. Stefan la rejoint, croit l'avoir déjà vue mais sa mémoire le trahit.... Lisa remonte dans la voiture de son mari. Il lui jure qu'il fera tout ce qui est en son pouvoir pour l'empêcher de ruiner leur mariage. Ayant conduit son fils à la gare, elle ne peut ensuite s'empêcher d'aller retrouver Stefan. Il entreprend de la séduire comme s'il ne l'avait jamais vue. Elle comprend qu'il l'a totalement oubliée. Elle s'enfuit de chez lui. Son fils est mort du typhus contracté dans le train. Elle termine sa lettre, atteinte du même mal. Une note ajoutée à la lettre indique qu'elle est morte en prononçant son nom. L'adversaire de Stephan arrive avec ses témoins pour le duel. C'est Johann Stauffer. Stefan ne fuit pas. Il monte dans un fiacre, derrière celui de Stauffer.

Il est prêt à se battre et sans doute à mourir.

☞ Deuxième film américain d'Ophuls. Cette œuvre dont chaque plan est « signé » prouverait, s'il en était besoin, les étonnantes facultés d'adaptation d'Ophuls et l'incroyable aptitude du système hollywodien à accueillir, d'où qu'il vienne, le talent le plus personnel et à lui donner les moyens de s'épanouir. Ophuls n'a jamais été plus lui-même que dans cette Vienne admirablement reconstituée en studio. Il y dessine un portrait de femme amoureuse – amoureuse sans espoir – dont la délicatesse et la mélancolie glissent lentement et inexorablement vers le sublime. La caméra ophulsienne se promène dans les couloirs des maisons, plonge dans les escaliers, longe les quais des gares, passe d'un personnage à un autre avec autant de virtuosité que de naturel. C'est le triomphe de ce « baroque fluide » qui capte et communique au public les émotions les plus intimes des personnages à partir de leurs évolutions et de leurs déplacements dans l'espace. Dans leur jeu de cache-cache à travers le temps, l'espace et les ombres de la mémoire, Lisa et Stefan représentent le couple parfait de la gravité et de la futilité : il existe entre eux une attirance, une fascination, mais aussi une irrémédiable incompatibilité. La peinture de Lisa est aussi peu conventionnelle que possible. Son intensité, sa profondeur sont égales dans toutes les scènes, mais celle de sa première longue rencontre avec Stefan (« Please talk about yourself », lui demande-t-elle, fascinée) est particulièrement inoubliable. La peinture de Stefan n'a pas moins de finesse et de relief, l'image de la frivolité étant peut-être encore plus difficile à saisir que celle de la dévotion incarnée par Lisa. Stefan ressemble par certains côtés à « l'homme-fille » que décrit Maupassant dans le texte qui porte ce titre. C'est aussi un dandy wildien et décadent dont l'usure intérieure n'a pas encore abîmé les traits. L'art d'Ophuls est ici à son comble, jouant aussi bien sur les dialogues et sur l'interprétation que sur l'utilisation de l'espace du décor ou du montage. Voir ainsi le superbe fondu entre le plan de Joan Fontaine s'éloignant de dos hors de la gare (où elle vient de quitter Louis Jourdan) et celui de la religieuse s'avançant face à la caméra vers le lit où Joan Fontaine a accouché. Par une telle liaison entre deux séquences, à la fois simple, bouleversante et inattendue, Ophuls révèle, comme tout grand metteur en scène, sa nature de démiurge, son aptitude à être, dans son récit, le maître du temps aussi bien que des émotions du spectateur.

N.B. Remake égyptien par Salah Abou Seif en 1962 *Risala men emra'a maghoula.*

BIBLIO. : scénario et dialogues publiés par Virginia Wright Wexman, Rutger University Press, New Brunswick, New Jersey, 1986. Voir aussi le volume consacré au film par Philippe Roger, Éditions Yellow Now, Belgique, 1989.

## LETTRES D'AMOUR

1942 – France (110') • *Prod.* Synops • *Réal.* CLAUDE AUTANT-LARA • *Sc.* Jean Aurenche, Maurice Blondeau d'ap. la nouvelle de Jean Aurenche • *Phot.* Philippe Agostini • *Mus.* Maurice Yvain • *Int.* Odette Joyeux (Zélie Fontaine), François Périer (François du Portal), Simone Renant (Hortense de la Jacquerie), Jean Parédès (Désiré Ledru), Jacqueline Champi (Marinette), André Alerme (le marquis de Longevialle), Julien Carette (Loriquet).

A Argenson, ville où Napoléon III vient de présider un comice agricole, les habitants se divisent en deux clans : la « Société », c'est-à-dire les aristocrates, les mondains, les oisifs, et la « Boutique », ceux qui tiennent commerce et s'enrichissent en travaillant. La maîtresse de poste Zélie Fontaine, une jeune veuve mariée trois mois seulement et sans amour, est un personnage influent de la Boutique. Elle a accepté de recevoir à son adresse les lettres d'amour qu'envoie à la préfète son amant de Paris, François du Portal. Mais la préfète, que cette aventure dangereuse commence à gêner aux entournures, veut rompre. François se fait nommer substitut à Argenson pour essayer de renouer avec elle, car il l'aime encore. Au cours d'un procès que le marquis de Longevialle, le plus célèbre membre de la Société, intente à Zélie Fontaine, François, dans ses nouvelles fonctions, refuse de requérir contre elle. Il vient en effet d'apprendre que le marquis entend se servir, pour faire triompher sa cause, d'une lettre compromettante adressée à Zélie (mais destinée en fait à la préfète) et qui est tombée entre ses mains. Zélie gagne ainsi son procès mais, n'ayant pas voulu rétablir la vérité sur la lettre, s'est déshonorée aux yeux de la Société qui déjà la détestait. François se met à fréquenter Zélie, sans lui dire qu'il est l'auteur des lettres, et ne tarde pas à tomber amoureux d'elle. Il est amené à assister et à participer aux petites rivalités mondaines de la ville, où chacun apprend en secret le Quadrille des Lanciers pour pouvoir faire bonne figure au bal donné par le marquis. Après maints détours, il gagnera le cœur de Zélie.

☞ Troisième long métrage d'Autant-Lara comme réalisateur à part entière. Le film appartient à la veine « désuète » de l'auteur qui a pour double origine une mode de l'époque et le premier métier cinématographique d'Autant-Lara, la décoration. Dans cette veine qu'il utilise toujours à des fins de critique sociale, Autant-Lara a employé deux registres assez distincts : la férocité, le lyrisme destructeur (cf. *Douce**) et, dans *Le mariage de Chiffon, Occupe-toi d'Amélie* et dans ce film, une caricature plus feutrée, plus ironique, moins cinglante, mais néanmoins chargée d'acidité et de ce qu'Autant-Lara lui-même a appelé son « venin ». L'objet visé dans ces deux registres n'est pas non plus tout à fait identique. Si l'auteur manifeste une ardente et farouche adhésion à la notion de lutte des classes dans *Douce** (adhésion qui lui est dictée par sa haine de la bourgeoisie), il se livre ici à une satire beaucoup plus distanciée des futilités et des mesquineries sociales, observées à travers le minuscule combat mondain que se livrent les petites coteries provinciales du Second Empire. Aux yeux d'Autant-Lara, l'aristocratie, ou du moins sa fraction la plus superficielle et la plus frivole, porte la responsabilité de ces joutes dérisoires à laquelle la bourgeoisie se croit obligée de participer pour affirmer son existence. L'intrigue s'enrichit en outre d'un de ces personnages de jeune femme imaginative chers à l'auteur. Dans ses films, ce personnage, à peine sorti des rêves de l'adolescence, s'ouvre peu à peu à la réalité sociale dont il découvre avec un certain dégoût la cruauté et les faux-semblants. Tout ici est décrit et dénoncé en mineur, mais avec une vivacité qui force l'admiration. Les entrelacs et la construction assez complexe du scénario, les dialogues, l'interprétation (où le vieil Alerme donne la main au quasi débutant François Périer) sont éblouissants de verve et d'habileté. Moins original que *Le mariage de Chiffon* dont il ne constitue après tout qu'une sorte d'additif, *Lettres d'amour* est sans aucun doute plus brillant et plus accompli dans sa facture. Si le film est très typique de son époque (l'Occupation), ce n'est pas par une quelconque métaphore qu'il faudrait déceler entre les frivolités d'Argenson et celles de Vichy, mais pour des raisons qui tiennent au style. Certaines caractéristiques proprement françaises y apparaissent en effet spontanément, comme jaillies de l'inconscient des auteurs et conduites en dépit des obstacles vers un complet épanouissement. Jamais autant qu'à cette époque les films n'auront exalté naturellement et sans le moindre calcul la diversité de ce qu'il est convenu d'appeler l'esprit français. Ici il ne s'agit que d'ironie, de verdeur, teintées de grâce mélancolique. Mais elles bénéficient d'une telle netteté d'exécution, d'une telle virtuosité qu'on est tout près du chef-d'œuvre.

## LETTRES D'AMOUR MAL EMPLOYÉES
**(Die missbrauchten Liebesbriefe)**

Inédit en France. 1940 – Suisse (90') • *Prod.* Lazar Wechsler, Praesens-Film AG, Zurich • *Réal.* LEOPOLD LINDTBERG • *Sc.* Richard Schweizer, Horst Budjuhn, Kurt Guggenheim, Leopold Lindtberg d'ap. la nouvelle de Gottfried Keller tirée du recueil « Die Leute von Seldwyla » (1865) • *Phot.* Emil Berna • *Mus.* Robert Blum • *Int.* Alfred Rasser (Viggi Störteler), Anne–Marie Blanc (Gritli Störteler), Paul Hubschmid (Wilhelm, l'instituteur),

Elsie Attenhofer (Anneli), Mathilde Danegger (Kätter Ambach), Heinrich Gretler (le directeur d'école), Emil Hegetschweiler (le pasteur).

Aux alentours de 1840, un nouvel instituteur timide, naïf et romantique prend ses fonctions dans une petite bourgade de Suisse alémanique. Il cherche à devenir l'ami de ses élèves et refuse d'employer les châtiments corporels. Ayant à s'absenter, un commerçant qui se pique de littérature entend obliger sa femme, Gritli, à entretenir avec lui durant son absence une correspondance digne de celle de Goethe avec Frédérique Brion. Gritli aime sincèrement son mari et voudrait le contenter. Mais la tâche est en l'occurrence au-dessus de ses forces. Elle demande à l'instituteur de répondre aux lettres de son mari dans le plus pur style goethéen. Se croyant aimé d'elle, l'instituteur accepte. Le commerçant de retour découvre la supercherie et se croit trompé. Cela finit par un divorce. A cause du scandale, l'instituteur doit abandonner sa classe. Il vit en ermite dans les bois d'alentour. De tous côtés, on vient le consulter comme un sage ou un sorcier. Il finira par avouer son amour à Gritli, cependant que le proviseur, oncle de celle-ci, l'invite à revenir en ville.

☞ Petit chef-d'œuvre de charme et de raffinement, c'est l'un des quelques films qui autorisent, bien avant les années 60, à parler de cinématographie suisse. Dans un style très composé, plastiquement admirable et pourtant alerte, Lindtberg, qui s'est entouré de conseillers artistiques prestigieux, Teo Otto et August Schmid, parvient à marier avec un rare bonheur élégie et satire, lyrisme et ironie. Les personnages et les nombreuses péripéties sont parfaitement articulés. On sent que l'auteur (du moins à cette époque) prise avant tout la légèreté, peut-être en raison de ses origines viennoises. On pourrait le comparer à Ophuls, mais sans la mélancolie ni les arrière-pensées ; la différence est sérieuse. Rien n'échappe à Lindtberg des mesquineries et des ridicules de l'humanité qu'il décrit, mais cela n'empêche pas à ses yeux l'innocence ou la grâce de surgir ici ou là. Il évite soigneusement l'amertume ou la férocité. A mesure que l'intrigue progresse et qu'on pénètre plus avant dans l'intimité des personnages, le ton s'achemine vers une note de sérénité toute mozartienne.

BIBLIO. : sur la genèse et tous les tenants et aboutissants du film, voir la fabuleuse « Histoire du cinéma suisse. Films de fiction 1896-1965 » de Hervé Dumont, Cinémathèque suisse, Lausanne, 1987, l'un des meilleurs livres jamais publiés sur un cinéma national. Une part des mérites de *Lettres d'amour mal employées* semble devoir être attribuée à sa fidélité à l'esprit du matériau littéraire. « Le romancier zurichois Gottfried Keller, écrit Dumont, conte la vie de tous les jours d'une petite bourgade ensoleillée de la Suisse alémanique (...), un microcosme où l'arrivisme, le calcul, l'immaturité politique, les jalousies et la corruption donnent le ton. Keller jette sur ses concitoyens un regard lucide et sans complaisance, mais parvient à adoucir ses satires les plus venimeuses par l'humour et un halo poétique très prononcé ». La critique et le public firent un triomphe au film qui remporta aussi la récompense suprême à la Biennale de Venise de 1940.

## LIBERTY
## ( Vive la liberté ! )

1929 – USA (2 bob.) • *Prod.* MGM (Hal Roach) • *Réal.* LEO McCAREY • *Sc.* Leo McCarey • *Intertitres* H.M. Walker • *Phot.* George Stevens • *Int.* Stan Laurel (Stan), Olivier Hardy (Oliver), James Finlayson (commerçant), Tom Kennedy (gardien de prison), Harlean Carpenter, Jean Harlow (passantes), Ed Brandenberg (chauffeur de taxi), Jack Hill (policier).

Deux bagnards évadés courent vers la ville où un complice en voiture leur a apporté des vêtements civils. Dans leur affolement, ils se trompent de pantalons : Stan enfile celui d'Ollie et Ollie celui de Stan. Cela ne va pas être une petite affaire que d'en changer. Il semble qu'il y ait toujours une femme à sa fenêtre, un policier ou des passants pour les guetter chaque fois qu'ils veulent baisser culotte. En plus, un crabe a sauté dans le pantalon de Stan et l'amène à sautiller, à gesticuler et à renverser l'étal d'un marchand de disques. Les deux compères ne trouveront la tranquillité nécessaire à leur délicate opération qu'en grimpant sur un gratte–ciel en construction. Les voilà bientôt en équilibre – et en déséquilibre – sur les étroites poutrelles du building. Le vertige les guette et l'ascenseur n'est pas disponible. Enfin, ils peuvent l'emprunter mais la cabine, arrivant au sol, écrase un policier qui les poursuivait ; il se trouve alors réduit à l'état de nain...

☞ Après *Putting Pants on Philip**, film par lequel, dit Roland Lacourbe (*in* « Laurel et Hardy » Seghers, Cinéma Club, 1975), « il semble juste de faire débuter la véritable naissance du couple Stan-Ollie », voici un autre chef-d'œuvre du célèbre tandem, dirigé encore par Leo McCarey (c'est le vingt-septième de leurs « deux-bobines » muets et le premier dont il existe une version avec musique et effets sonores). McCarey, comme dans *Putting Pants*, s'en donne à cœur joie dans le registre d'une certaine utilisation jubilatoire du scabreux. Elle a parfois donné lieu à des contresens et à des commentaires tout à fait à côté de la plaque. Ce n'est pas pour incarner deux homosexuels en quête d'intimité que Laurel et Hardy sont ici comiques, mais au contraire parce qu'ils risquent de passer pour tels ou, plus généralement, d'être accusés d'attentat à la pudeur. L'inconscience de Stan et l'extrême humiliation d'Oliver dans la circonstance constituent les véritables ressorts comiques de ce film qui contient aussi une des plus fabuleuses séquences de vertige de toute l'histoire du burlesque. Certes ce domaine est plus particulièrement la propriété de Harold Lloyd mais, en étudiant de près l'œuvre immense de Laurel et Hardy, on s'aperçoit qu'outre les thèmes qui leur sont propres, les deux compères ont illustré, sans même y penser, la plupart des thèmes, situations et attitudes du burlesque en général. Ils marchent fréquemment sur les brisées de Langdon, Keaton, Harold Lloyd, quand ils ne sont pas, purement et simplement, des précurseurs par rapport à eux. Seul l'humanisme sentimental de Chaplin semble ne les avoir jamais tentés. Ici, sous la houlette du brillantissime McCarey, la deuxième partie du film développe avec une extraordinaire beauté une géométrie du vertige où les pouvoirs physiques et plastiques du cinéma jouent à plein.

## LIEBELEI

1932 – Allemagne (90') • *Prod.* Elite Tonfilm, Fred Lissa. • *Réal.* MAX OPHULS • *Sc.* Curt Alexander, Hans Wilhelm, Max Ophuls d'ap. P. d'Arthur Schnitzler • *Phot.* Franz Planer • *Mus.* Théo Mackeben (arrangement d'airs de Brahms, Mozart et Beethoven) • *Int.* Magda Schneider (Christine Weiring), Wolfgang Liebeneiner (lieutenant Fritz Lobheimer), Luise Ullrich (Mizzie Schlager), Willi Eichberger (Théo Kaiser), Gustaf Gründgens (le baron Eggerdorff), Olga Tschechowa (la baronne Eggerdorff), Paul Hörbiger (violon Hans Weiring).

Dans la Vienne du début du siècle, un lieutenant de cavalerie, Fritz Lobheimer, sur le point de rompre avec sa maîtresse, une femme mariée, la baronne Eggerdorff, tombe amoureux de la jeune Christine, fille d'un violoniste de l'Opéra. Dès les premières rencontres, Christine nourrit pour son beau cavalier une grande passion. C'est lorsqu'il a rompu définitivement avec la baronne que le baron est informé, par son frère, de son infortune. Il provoque Fritz en duel et le tue. Apprenant la nouvelle, Christine se jette par la fenêtre.

☞ Quatrième film de Max Ophuls (qui débuta comme réalisateur l'année précédente) et c'est presque un chef-d'œuvre. Les lieux privilégiés, l'atmosphère, les apparences extérieures de son univers y sont déjà présents, enfermant le contenu le plus secret de cet univers. La frivolité ouvre déjà un chemin, à travers la vulnérabilité des cœurs, à la tragédie la plus poignante. Sans recourir à la satire (qui n'est pas son registre), Ophuls dit cependant nettement ce qu'il a sur le cœur à propos du code de l'honneur viennois qui cache sa sauvagerie sous une politesse de façade. La finesse du jeu des acteurs est admirable. La gaieté, le sentiment du bonheur animent leurs visages ; la souffrance les fige soudain comme des masques. Avec vingt ans d'avance, Gustaf Gründgens ressemble déjà, presque trait pour trait, au masque de Jean Galland dans le premier sketch du *Plaisir**. Seule relative faiblesse du film : le classicisme un peu impersonnel de la conduite du récit et du travail de caméra. Pour Ophuls, l'heure baroque, l'heure du génie n'a pas encore sonné, et ne retentira d'ailleurs qu'après guerre. Il n'y a que *Werther** où Ophuls ait su, durant les années 30, se montrer presque aussi génial dans le classicisme qu'il le sera plus tard dans le baroque.

N.B. Version française tournée peu après par Ophuls sous le titre *Une histoire d'amour.* Les trois acteurs principaux (Magda Schneider, Wolfgang Liebeneiner, Gustaf Gründgens) gardent leurs rôles. Gründgens est affublé d'une voix de fausset épouvantable. Willi Eichberger (= Carl Esmond), Luise Ullrich, Paul Hörbiger sont remplacés par Georges Rigaud, Simone Héliard, Abel Tarride. Ophuls conserve la plupart des scènes et fait doubler les acteurs allemands. Médiocre (il ne pouvait en être autrement), cette version aura, en France même, moins de succès que l'originale. Remake en France par Pierre Gaspard-Huit sous le titre *Christine* (1958). Romy Schneider reprend le rôle de sa mère et a pour partenaire Alain Delon.

## LIFEBOAT (id.)

1943 – USA (96') • *Prod.* Fox (Kenneth MacGowan) • *Réal.* ALFRED HITCHCOCK • *Sc.* Jo Swerling d'ap. une histoire de John Steinbeck • *Phot.* Glen MacWilliams • *Mus.* Hugo Friedhofer • *Int.* Tallulah Bankhead (Constance Porter dite « Connie »), William Bendix (Gus Smith), Walter Slezak (Willy), Mary Anderson (Alice Mackenzie), John Hodiak (John Kovac), Henry Hull (Charles S. Rittenhouse), Heather Angel (Mrs. Higgins), Hume Cronyn (Stanley Garrett), Canada Lee (Joe).

Après le torpillage d'un bateau américain par un sous-marin allemand, neuf personnes trouvent refuge dans un canot de sauvetage : une journaliste snob, Connie Porter, qui perdra un à un au cours de l'aventure ses biens les plus précieux (caméra, vison, machine à écrire, etc.) ; quatre membres de l'équipage du bateau coulé : à savoir Kovac, graisseur aux idées proches du communisme, Gus Smith, marin gravement blessé à la jambe, Stanley Garett, le radio, Canada Lee, un Noir très croyant qui était steward ; enfin une infirmière de l'armée, une Anglaise tenant son bébé mort dans ses bras, un magnat, Charles Rittenhouse, propriétaire d'usines et d'un chantier naval, et un Allemand, Willy, le dernier à monter à bord. Il se révélera être le commandant du sous-marin. Kovac n'hésiterait pas pour sa part à le jeter par-dessus bord mais Garett et d'autres naufragés s'y refusent. La mère de l'enfant mort, désespérée, se jette à l'eau pendant la nuit. Kovac est accepté par tous comme capitaine de l'embarcation. L'Allemand constate que la jambe de Gus est gangrenée et procédera, sans anesthésie, à l'opération. Il a indiqué quel était à son avis la route vers les Bermudes mais, à l'aide d'une boussole qu'il a cachée aux autres naufragés, il conduit en réalité le canot vers un ravitailleur allemand dont il connaît la position. Le Noir, un pickpocket repenti, est sollicité par ses compagnons d'extorquer à Willy sa boussole. Il s'exécute. Une tempête se lève. L'Allemand, à cause de ses compétences de marin, prend en quelque sorte le commandement du canot. Personne n'ignore plus maintenant qu'on se dirige vers le ravitailleur allemand mais, étant donné les distances, cela paraît la solution la plus raisonnable. Le calme revenu, l'Allemand est le seul qui soit capable de ramer et qui paraisse en pleine force. Il est vrai qu'il conserve en secret une gourde d'eau à laquelle, une nuit, Gus le voit boire. L'Allemand le pousse à l'eau pendant que les autres dorment. A leur réveil, ils comprennent la situation et tabassent l'Allemand avant de jeter son corps par-dessus bord. Seul le Noir n'a pas participé à la curée. Le moral des naufragés est au plus bas. Ils ont faim, ils ont soif. Connie, la journaliste, bien que victime peu de temps auparavant d'une crise de nerfs, saura remonter le moral de ses compagnons. Elle leur propose d'utiliser son bracelet comme appât pour attraper un poisson. Une grosse prise mord à l'hameçon mais juste à ce moment un bateau – le ravitailleur allemand – apparaît, mobilisant l'attention de tous. Le bracelet et le poisson retombent à la mer.

Le ravitailleur est attaqué et coulé par un vaisseau américain sous les yeux des naufragés qui seront bientôt sauvés. Un jeune Allemand, rescapé du ravitailleur, est hissé à bord. Aussitôt il brandit une arme. On s'en empare. « Qu'est-ce qu'il faut faire avec ces gens-là ? » demande Kovac.

☞ Le film est d'abord un tour de force puisqu'il fait évoluer pendant une heure et demie une dizaine de personnes dans un espace de quelques mètres carrés, et cela sans artifice, sans virtuosité apparente, en rendant crédibles l'isolement des naufragés au milieu de l'océan et les relations imprévues qui se nouent entre eux. Ce genre de gageure qu'Hitchcock affectionnait – lieu clos et utilisation systématique de plans-séquences dans *La corde**, immobilité forcée du personnage principal dans *Fenêtre sur cour** – le stimule au plus haut point. Ici, bien que la psychologie et l'interaction des personnages soit d'une grande richesse, son propos reste, comme toujours, essentiellement moral. Mais, parce qu'il laisse à chacun ses raisons, on aurait tort d'y voir la moindre ambiguïté. Hitchcock prend fermement parti contre le pragmatisme forcené et sans âme de l'Allemand, sans omettre d'en noter la terrible efficacité. Il défend en même temps sans réserve l'état d'esprit humaniste et démocratique que partagent les autres personnages, même si cet état d'esprit suscite, aux moments les plus graves, pas mal de maladresses, de cafouillage et de lenteur à se colleter avec les vraies réalités. En faisant de l'Allemand le plus vigoureux des naufragés, Hitchcock a déclaré avoir voulu tenir compte du fait qu'à l'époque décrite par le film – 1940-41 – l'Allemagne était en position de vainqueur, face à des Alliés qui n'avaient pas encore suffisamment soudé leurs forces. Signalons enfin, dans ce film réalisé par un cinéaste qui a fait souvent profession de mépriser les acteurs, une des plus belles interprétations collectives de toute l'histoire du cinéma. Bien qu'ayant eu lieu en studio, avec deux semaines de répétition préalables, le tournage fut d'ailleurs extrêmement éprouvant pour tous les comédiens.

N.B. Le film eut peu de succès (il était très éloigné du ton triomphaliste habituel des films de guerre de l'époque) et fut le seul qu'Hitchcock réalisa pour la Fox. Le cinéaste trouva une ingénieuse façon de faire figurer, comme à son habitude, sa silhouette sur l'écran : elle apparaît dans la publicité (concernant une cure d'amaigrissement !) d'un journal que déplie l'un des personnages dans le canot. Sur les apparitions d'Hitchcock dans ses films, voir le dossier très complet de la revue parisienne « Mad Movies » n° 40 (1986).

**LILI (id.)**

1953 – USA (81') • *Prod.* MGM (Edwin H. Knopf) • *Réal* . CHARLES WALTERS • *Sc.* Helen Deutsch d'ap. une histoire de Paul Gallico • *Phot.* Robert Planck (Technicolor) • *Mus.* Bronislau Kaper • *Int.* Leslie Caron (Lili Daurier), Mel Ferrer (Paul Berthalet), Zsa Zsa Gabor (Rosalie), Jean-Pierre Aumont (Marcus), Amanda Blake (Peach Lips), Kurt Kasznar (Jacquot).

Dans le sud de la France, une orpheline de seize ans sans travail, Lili, est engagée comme serveuse dans une foire sous l'influence d'un illusionniste, Marcus le Magnifique. Il fascine Lili qui tombe aussitôt amoureuse de lui. Hélas, sa maladresse la fait très vite renvoyer de son poste. Elle songe à se suicider quand elle est interpelée par les marionnettes de Paul Berthalet, ancien danseur célèbre dont la blessure de guerre a brisé la carrière. C'est un homme aigri, ombrageux, timide et très sensible, qui a choisi de s'abriter derrière ses marionnettes. Il est amoureux de Lili mais voit bien qu'elle ne s'intéresse qu'à Marcus. Le dialogue qu'a eu Lili avec les quatre pantins de bois, Carrot-Top (Le Rouquin), Golo le Géant, Reynardo le Renard et Marguerite la Cantatrice, a attiré les passants, fascinés. Berthalet décide alors d'employer Lili comme collaboratrice pour son numéro. Marcus et sa partenaire Rosalie (à laquelle il est secrètement marié) s'apprêtent à quitter la foire. Ils ont décroché un engagement dans un cabaret. Le chagrin causé à Lili par ce départ fait l'objet de son dialogue suivant avec les marionnettes. De plus en plus jaloux et désespéré, Berthalet ira jusqu'à gifler Lili. Deux imprésarios de Paris, séduits par le numéro de Lili avec les marionnettes, prennent contact avec Berthalet. Mais Lili veut quitter la foire. Les marionnettes essaient de la retenir. Berthalet lui avoue qu'il est en même temps chacune de ses marionnettes. Lili s'en va quand même. Mais, ayant réfléchi sur la route, à la suite d'un rêve où elle s'est vue danser avec les quatre marionnettes qui ont l'une après l'autre laissé place à Berthalet, elle revient sur ses pas et saute dans les bras du marionnettiste.

☞ Il semble que toute la grâce dont le cinéma est capable se soit réfugiée dans ce film qui est le chef-d'œuvre de Charles Walters. Durant toute sa carrière (vingt films à la Metro puis un à la Columbia entre 1947 et 1966), Walters œuvra dans le mineur, et ne souhaita jamais en sortir, comme si cette fidélité comblait à la fois ses vœux les plus secrets et son indéracinable modestie. On a dans Lili la conjonction rarissime au cinéma de personnages attachants, interprétés (par Leslie Caron et Mel Ferrer) avec sincérité et une sorte de maladresse presque géniale ; d'une extrême délicatesse de style qui sans jamais tomber dans le décoratif va droit à l'essentiel ; d'une intrigue, enfin, si originale et si touchante que ses pouvoirs d'émotion semblent ne jamais devoir s'éroder ou cesser d'agir. Ils culminent dans toutes les scènes entre Lili et les marionnettes, où les deux personnages principaux osent peu à peu se découvrir l'un à l'autre la vérité de leur cœur. Voulant profiter du succès tout à fait imprévu de *Lili*, Charles Walters réutilisa Leslie Caron dans *The Glass Slipper* (*La pantoufle de verre*, 1955), film moins réussi mais où le goût de Walters et sa complicité avec la jeune actrice donnent lieu à de beaux moments. Pour Leslie Caron, *Lili* représenta avec *Un Américain à Paris* le sommet de sa carrière. Mel Ferrer, quant à lui, est aussi inoubliable ici que dans *Rancho Notorious**. Remarquable partition de Bronislau Kaper (avec la chanson « Hi Lili, Hi Lo »).

## LINA BRAAKE FAIT SAUTER LA BANQUE

**(Lina Braake – Die Interessen der Bank können nicht die Interessen sein, die Lina Braake hat = Les intérêts de la banque ne peuvent pas être les intérêts de Lina Braake)**

1974 – RFA (85') • *Prod.* Bernhard Sinkel Film Produktion, WDR • *Réal.* BERNHARD SINKEL • *Sc.* B. Sinkel • *Phot.* Alf Brustellin, Detlev Niedballa (couleurs) • *Mus.* Joe Haider • *Int.* Lina Carstens (Lina Braake), Fritz Rasp (Gustaf Härtlein), Herbert Bötticher (Körner), Erica Schramm (Lene Schöner), Benno Hoffmann (Jawlonski), Ellen Mahlke (Scholz), Oskar von Schwab (Dürr).

Expulsée de son domicile par une banque et contrainte de loger dans un horrible hospice, une vieille dame se venge en escroquant habilement ladite banque. Elle obtient un prêt qu'elle ne remboursera jamais et qui lui permet d'acquérir une belle villa en Sardaigne.

☞ Comédie brechtienne : l'auteur démontre que le genre au cinéma est tout à fait viable. Un fait divers est érigé en fable dénonciatrice et très didactique : luttez pied à pied contre la société de consommation ; étudiez ses rouages et utilisez-les à votre profit ; cette noble tâche vous évitera de perdre la face mais surtout de (mal) vieillir. Il est clair que la vieillesse de Lina Braake sera vivable non seulement à cause de sa villa en Sardaigne mais grâce à l'énergie qu'elle aura su découvrir en elle pour l'obtenir. Interprétation très vivante ; mise en scène carrée, expressive, sans fioriture, pour une roborative leçon d'immoralisme social. Le pessimisme du jeune cinéma allemand s'exprime exceptionnellement ici par l'humour et par le cynisme.

## LITTLE CAESAR

**(id. / Le Petit César)**

1931 – USA (78') • *Prod.* Warner-First National • *Réal.* MERVYN LEROY • *Sc.* Robert N. Lee, Francis Edwards Faragoh d'ap. R. de W.R. Burnett • *Phot.* Tony Gaudis • *Mus.* Erno Rapee • *Déc.* Anton Grot • *Int.* Edward G. Robinson (Caesar Enrico Bandello), Douglas Fairbanks, Jr.

(Joe Massara), Glenda Farrell (Olga Stassof), William Collier, Jr. (Tony Passa), Sidney Blackmer (Big Boy), Ralph Ince (Pete Montana), Thomas Jackson (Flaherty), Stanley Fields (Sam Vettori), Maurice Black (Little Arnie Lorch), Georges E. Stone (Otero), Armand Kaliz (DeVoss), Lucille LaVerne (Ma Magdalena).

Lassé des coups minables qu'il exécute avec son complice Joe Massara et envieux du sort de truands célèbres, tel Pete Montana, Caesar Enrico Bandello, dit Rico, va dans l'Est et rentre dans la bande de Sam Vettori qu'il a impressionné par son audace et sa volonté d'en découdre. Vittori est aux ordres de Montana, lequel travaille pour Big Boy, le grand caïd de la pègre. Joe Massara, dont la vraie vocation est la danse, devient le partenaire de son amie Olga au « Bronze Peacock », club financé en sous-main par le truand Little Arnie. Massara voudrait échapper à son passé de gangster, mais sait qu'il a peu de chance d'y parvenir. Rico a justement projeté de cambrioler le « Bronze Peacock » et exige la complicité de Joe. Durant l'exécution du coup, Rico abat le nouveau chef de la police, McClure, très redouté du monde de la pègre. Vittori est furieux de ce crime mais Rico qui a gagné la confiance de ses hommes le supplante à la tête de la bande. Rico abat sur les marches d'une église Tony, un des membres du gang, que le remords poussait à aller tout avouer à un prêtre. Après cela, la bande lui fait un somptueux enterrement. L'étoile de Rico brille de plus en plus. Un banquet a lieu en son honneur et il prend plaisir à faire le beau devant les photographes. Massara, qui ne fréquente plus guère Rico mais a gardé de l'amitié pour lui, veut le prévenir que Little Arnie a l'intention de le faire abattre par ses tueurs. Il n'arrive pas à le joindre à temps et Rico est mitraillé dans la rue par des hommes en voiture qui ne le blessent que légèrement. Rico bondit chez Arnie et le dépouille de son secteur. Arnie quittera Chicago pour Detroit. Big Boy propose alors à Rico de remplacer Pete Montana à la tête du secteur nord. Rico accepte avec joie et pense même à supplanter tout simplement Big Boy. Il convoque Massara afin de faire de lui son homme de confiance. Il le menace, s'il refuse, de le tuer ainsi qu'Olga. Effondré, Joe raconte tout à Olga qui estime que le seul moyen de se débarrasser à tout jamais de Rico est de le donner à la police. Rico veut tuer Joe mais, au dernier moment, n'en a pas le courage. Olga dit au policier Flaherty que c'est Rico qui a tué McClure ; Joe confirme. Traqué par la police, Rico ne trouve refuge que chez la vieille épicière et receleuse, Ma Magdalena. Elle lui fait payer cher la cachette qu'elle lui offre dans son arrière-boutique : toute sa fortune y passera. Rico retombe bientôt au ruisseau. Un jour, dans un asile de nuit, il apprend que Flaherty, au cours d'un interview, l'a traité de lâche. Son orgueil est piqué au vif. Il téléphone à Flaherty et le menace de mort. C'est la réaction qu'espérait le policier. Il retrouve d'où vient l'appel. Rico refusera de se rendre et mourra sous ses balles.

☞ *Little Caesar* est toujours mis en parallèle avec *Public Enemy* * de Wellman. Certes les deux films ont en commun d'être des réquisitoires réalistes et impitoyables contre le monde de la pègre. A ce titre, avec leurs qualités respectives, ils ont eu tous les deux une très forte résonance sociale et, sur le plan esthétique, une influence décisive sur l'évolution du film de gangsters hollywoodien. Mais le propos de Mervyn LeRoy est beaucoup plus psychologique que sociologique, ou plus exactement passe presque uniquement par la psychologie pour atteindre à la sociologie. LeRoy a voulu faire le portrait d'un homme qui, avec une sauvagerie monstrueuse, désire non seulement l'argent, mais aussi le pouvoir, la célébrité et même la gloire. Son orgueil, plus encore que sa violence, le perdra. A la demande du producteur Jack Warner, Robert N. Lee (le scénariste d'*Underworld* de Sternberg, le grand ancêtre muet des films de gangsters) a accentué la ressemblance entre Rico et Al Capone dans son adaptation du roman de Burnett. Il faut noter que Rico est un personnage complètement isolé, sans amour, sans famille et presque sans passé ; sa seule relation affective est avec

Massara et c'est elle qui précipitera sa chute. Gerald Peary (cf. Biblio.) voit en Rico un « symbole de la Dépression, une personne complètement disloquée, solitaire, abandonnée ». Bien que la mise en scène de *Little Caesar* soit moins inventive et plus statique que celle de *Public Enemy** ou de *Scarface**, on ne peut pas ne pas admirer le style sec, laconique, mériméen que lui a conféré LeRoy et grâce à quoi ce film vieux de soixante ans est parvenu jusqu'à nous sans une ride. La fin du film et de Rico lui-même (« Mother of Mercy, is this the end of Rico ? ») est tout à fait impressionnante. D'un bout à l'autre du film, le jeu économe et classique d'Edward G. Robinson (qui avait joué en 1927 à Broadway la pièce « The Racket » où il incarnait déjà un personnage très proche d'Al Capone) se situe à l'opposé du baroquisme exacerbé de Cagney dans *Public Enemy**. Il colle parfaitement au style de narration sobre voulu par LeRoy.

BIBLIO. : scénario et dialogues publiés par The University of Wisconsin Press (1981). Les corrections et modifications apportées au script original dans le film définitif sont indiquées en notes. Substantielle préface de Gerald Peary.

## LITTLEST REBEL (THE)

Inédit en France. 1935 – USA (70') *Prod.* Fox (Darryl F. Zanuck), • *Réal.* DAVID BUTLER • *Sc.* Edwin Burke, Harry Tugend d'ap. P. de Edward Peple • *Phot.* John Seitz • *Mus.* Cyril Mockridge • *Int.* Shirley Temple (Virginia Houston), John Boles (capitaine Herbert Cary), Jack Holt (colonel Morrison), Karen Morley (Mme Cary), Bill Robinson (Oncle Bill), Bessie Lyle (Mammy).

Dans le Sud des États-Unis, la petite Virgie préside un goûter auxquels participent tous ses camarades. Au beau milieu de la fête, on annonce le début de la Guerre Civile. Son père file en mission spéciale. Virgie se cache dans un panneau secret de l'appartement et se noircit le visage. Elle est vite démasquée. Elle sympathise avec un yankee chevaleresque, le colonel Morrison. La mère de Virgie tombe malade. Son père est appelé à son chevet. Elle meurt. Le père veut emmener Virgie à travers les lignes ennemies jusque chez sa sœur. Il est aidé par Morrison. En chemin, le père est capturé. La date de son exécution est fixée, tout comme celle de Morrison, considéré comme un traître. Avec le vieil Oncle Bill, un Noir, Virgie part vers le Nord dans l'intention de rencontrer Lincoln et d'obtenir son pardon. Pour se faire un peu d'argent, Bill et Virgie dansent dans les rues. Longue entrevue de Virgie avec Lincoln qui épluche une pomme et la partage avec son interlocutrice. Les deux officiers seront graciés.

☞ Réalisé par David Butler qu'on surnomma aux États-Unis le Père Noël du cinéma, c'est l'un des films de la maturité de Shirley Temple, s'il est permis d'employer ce terme pour une fillette de sept ans, mais qui en était déjà à son seizième long métrage. C'est aussi l'un des plus réussis, eu égard à son personnage, au rythme de l'action, à l'abondance et à la variété des numéros musicaux. La structure irréaliste et « idéalisante » de l'intrigue est classique. Au départ, le monde des adultes vient heurter par ses conflits le monde harmonieux de l'enfance (première séquence).Le monde de l'enfance, représenté par Shirley, réconciliera les factions ennemies du monde des adultes, au moins au niveau de quelques individus de son entourage le plus proche. Cette fonction réconciliatrice de l'enfance est habituelle aux personnages de Shirley : tantôt elle réconcilie un vieillard avec le monde (*Heidi*), un grand-père avec sa petite-fille adulte (*The Little Colonel* , David Butler, 1935, situé également dans le vieux Sud) ou, comme ici, deux adversaires engagés dans les rangs opposés d'une guerre fratricide.

## LIVRE DE LA JUNGLE (LE)
## (The Jungle Book)

1942 – USA (109') • *Prod.* UA (Alexander Korda) • *Réal.* ZOLTAN KORDA • *Sc.* Laurence Stallings d'ap. R. de Rudyard Kipling • *Phot.* Lee Garmes et W. Howard Green (Technicolor) • *Mus.* Miklos Rozsa • *Int.* Sabu (Mowgli), Joseph Calleia (Buldeo), John Qualen (The Barber), Frank Puglia (The Pundit), Rosemary DeCamp (Messua), Patricia O'Rourke (Mahala), Ralph Byrd (Durga).

Un conteur hindou raconte. Un bébé s'est aventuré dans la jungle. Il est élevé par une louve et devient Mowgli, « la petite sauterelle ». Tous les animaux de la jungle sont ses amis, excepté le tigre qui a tué son père et qu'il a juré d'abattre. Il retourne à son village natal ; sa mère l'héberge, quoiqu'elle ne reconnaisse pas en lui son bébé potelé. Il entraîne une jeune fille de son âge vers la cité ensevelie, où se trouve un inépuisable trésor, bientôt convoité par trois villageois (dont le conteur). Leur goût de l'or les mènera à leur perte. Mowgli, ayant tué le tigre, son ennemi, grâce à un couteau acheté au village, sauve du feu une partie de la population et repart vivre dans la jungle, son vrai domaine. A une auditrice qui lui demande comment il a pu s'en sortir, le conteur répond : « Ceci est une autre histoire ».

☞ Produit par Alexander Korda dans la lignée de son célèbre *Voleur de Bagdad*, ce chef-d'œuvre du cinéma pour enfants plonge également les adultes dans le ravissement. L'histoire du plus célèbre enfant sauvage de la littérature mondiale, très librement adaptée de Kipling, a été illustrée par les frères Korda avec tous les talents. Le Technicolor est l'un des plus somptueux, des plus subtils et des plus chatoyants de l'histoire du cinéma. Sabu fut irremplaçable et de multiples scènes anthologiques (comme celle du dialogue entre Mowgli et le vieux gardien du trésor) contiennent une charge poétique inoubliable. La jungle indienne fut reconstituée, de manière à la fois convaincante et stylisée, en Californie dans le *backlot* du studio, préalablement rempli de toutes sortes de bêtes sauvages. Elles donnèrent du fil à retordre à l'équipe, mais beaucoup moins, semble-t-il, que Kaa, le cobra géant articulé.

N.B. Autre version : *The Jungle Book (Le Livre de la jungle*, 1967), dernier dessin animé des studios Disney auquel Walt Disney ait imprimé sa marque personnelle. Le film sortit exactement trente ans après le premier long métrage de la firme, *Blanche-Neige et les sept nains**.

## LOCATAIRE DIABOLIQUE (LE)

1909 – France (6') • *Prod.* Star-Film • *Réal.* GEORGES MÉLIÈS • *Int.* Georges Méliès (le locataire), André Méliès (l'enfant), Lallemand (le jeune militaire), Claudel (le concierge), Octavie Huvier (la concierge).

Un locataire doué de pouvoirs magiques sort de son sac de voyage tout son mobilier, et même les membres de sa famille ! Ne pouvant régler le terme, il déménage à la cloche de bois (résumé tiré de l'« Essai de reconstitution du catalogue français de la Star-Film suivi d'une analyse catalographique des films de Georges Méliès recensés en France », par Madeleine Malthête-Méliès, Jacques Malthête, Anne-Marie Quevrain, CNC, 1981).

☞ L'un des derniers films de Méliès. Il figure en 135e position dans la liste des 140 titres conservés (à la date de 1981) et il porte le no 1495-1501 dans le catalogue de la Star-Film qui allait jusqu'au no 1547. C'est aussi l'un des plus brillants et des plus parfaits (dont Méliès, deux ans auparavant, avait livré une esquisse : *Satan en prison*). Ici Méliès n'interprète pas Satan comme il l'a fait souvent, mais une de ses créatures et si proche de lui que cela revient à peu près au même. Le film n'est pas un *one-man show*, comme *Déshabillage impossible* * et de nombreuses autres bandes, puisqu'il comporte plusieurs personnages, mais ceux-ci ont, par rapport au héros-démiurge, le même statut que les meubles et les objets. Ils apparaissent et disparaissent à sa volonté. Comme souvent chez Méliès, *Le locataire diabolique* constitue une exploration naturelle, et si naturelle qu'elle paraît involontaire, des moyens et des possibilités du cinéma. L'espace est successivement vide et plein, l'histoire tour à tour réaliste, en tant que métaphore de la prestidigitation, et fantastique, par les extrêmes où cette métaphore est poussée. Le film est un conte, un rêve jubilatoire, un cauchemar, en tout cas un récit mené à un train d'enfer (c'est le cas de le dire) pour en mettre plein la vue, fasciner, faire rire et faire rêver. Au début et à la fin, c'est le plus dépouillé des films ; au milieu et au cours de l'histoire, c'est le plus riche, le plus inattendu, le plus surchargé et le plus baroque. Le « Catalogue » cité plus haut mentionne comme effets : « pyrotechnie, machinerie théâtrale, animation des meubles par des personnages cachés à l'intérieur (dont André Méliès qui se souvient de sa participation) ». Il existe une copie coloriée à la main.

## LODGER (THE)
## (Les cheveux d'or / Meurtres)

1926 – Angleterre (74') • *Prod.* Gainsborough Pictures (Michael Balcon et Carlyle Blackwell) • *Réal.* ALFRED HITCHCOCK • *Sc.* Eliot Stannard d'ap. R. de Mrs. Belloc Lowndes (Intertitres : Ivor Montagu) • *Phot.* Baron Ventimiglia • *Int.* Ivor Novello (The Lodger), Marie Ault (la logeuse, Mrs. Jackson), Arthur Chesney (son mari), June (leur fille Daisy), Malcom Keen (le policier Joe Betts).

⊖ Sous-titre du film : *A Story of the London Fog.* A Londres, un insaisissable étrangleur s'attaque dans la nuit aux jeunes femmes blondes d'un certain quartier et laisse sur leur cadavre un triangle de papier signé « The Avenger ». Dans une maison modeste du quartier en question s'installe un nouveau locataire à l'allure fiévreuse et inquiétante ayant pour tout bagage un petit sac de cuir. Sa logeuse est la mère de Daisy, un jeune mannequin à qui le policier chargé de l'enquête sur les crimes fait une cour pressante. Le nouveau locataire a un comportement étrange : il fait retirer de sa chambre des tableaux représentant des jeunes femmes blondes, s'absente fréquemment la nuit, le visage à demi dissimulé par une longue écharpe. Il semble attirer Daisy et provoque ainsi la jalousie du policier. La mère est inquiète des déplacements nocturnes du locataire et fait part de ses soupçons à son mari qui bientôt les partage, d'autant qu'un nouveau crime vient d'être commis non loin de la maison. Le mari oblige le locataire à reprendre le cadeau qu'il avait fait à Daisy : une robe somptueuse qu'il lui avait vu porter lors de son dernier défilé de mode. Le locataire et Daisy font une promenade nocturne et s'assoient sur un banc : le policier, fou de jalousie, les sépare et Daisy lui annonce alors qu'elle ne veut plus le revoir. Plus tard, il revient perquisitionner chez le locataire et trouve dans son sac un revolver, un plan de l'emplacement des crimes et un portrait de la première victime. Le locataire affirme qu'il s'agit de sa sœur. Leur mère en mourant lui avait demandé de la venger. Malgré ces déclarations, le policier arrête quand même le locataire et lui met les menottes. Celui-ci parvient à fuir. Daisy le rejoint sous un lampadaire où elle lui avait fixé rendez-vous. Ils vont dans un café où le locataire, obligé de cacher ses mains sous sa cape, attire l'attention. Le couple, bientôt suspect, est pris en chasse par la foule. Le policier apprend que le véritable coupable vient d'être arrêté. Le locataire est maintenant suspendu à une grille par ses menottes, entouré par la foule hurlante. Le policier parvient à le détacher et à le sauver. Après un séjour à l'hôpital, l'ancien locataire reçoit Daisy, sa future femme, et ses futurs beaux-parents, dans sa somptueuse demeure.

☞ Premier film important d'Hitchcock. Par-delà sa virtuosité, sa richesse en effets divers, et l'influence très nette qu'il subit de l'expressionnisme allemand (ainsi, par exemple, le plan où la mère de Daisy fouille la chambre du locataire dont les murs reflètent les lumières de la rue ressemble-t-il de très près à un des premiers plans de *La rue* * de Karl Grune), *The Lodger* contient plusieurs thèmes qui nourriront l'œuvre ultérieure d'Hitchcock. Thèmes dramatiques et moraux (le faux coupable et son itinéraire à connotation christique, cf. *Soupçons* * et surtout *The Wrong Man* *) ou bien visuels, comme celui de l'escalier, générateur de vertige et d'angoisse, autour duquel s'organisent une partie de l'action et quelques-uns des plus beaux plans du film. (La configuration de la maison du *Lodger* autour de l'escalier central est très proche de celle de la maison de *Psychose* *. La plongée verticale où seule la main du héros sur la rampe indique qu'il descend l'escalier évoque un plan célèbre de *Vertigo* *.) Hitchcock a souvent regretté que le statut de vedette d'Ivor Novello l'ait contraint à donner au film un dénouement heureux et à faire en sorte que le locataire ne soit pas coupable. Pourtant, loin de gauchir le propos du film, ce dénouement l'enrichit considérablement. S'il n'est pas à proprement parler un adepte du « Ne jugez pas » de Gide, Hitchcock a souvent murmuré au public un « Ne jugez pas trop vite » qui retentit profondément dans beaucoup de ses intrigues. Ici la culpabilité du locataire n'est si vite envisagée par le couple des parents de Daisy que parce qu'il est pour eux un étranger, dont les manières, le comportement, l'origine sociale leur paraissent suspects. Quant au policier, sa jalousie et sa colère l'aveuglent complètement. La culpabilité d'autrui est d'abord en nous-mêmes, lovée dans nos complexes et dans nos préjugés. En second lieu, le personnage du locataire, bien que finalement innocenté, baigne dans un climat d'ambiguïté morale : ne méditait-il pas de tuer l'Avenger ? Mais il faut reconnaître qu'une telle ambiguïté n'est pas essentiellement hitchcockienne et, chaque fois qu'il le pourra, Hitchcock l'écartera de ses films.

## LOIS DE L'HOSPITALITÉ (LES) (Our Hospitality)

1923 – USA (63') • *Prod.* Metro Pictures. Joseph M. Schenck Productions • *Réal.* BUSTER KEATON, JOHN BLYSTONE • *Sc.* Jean Havez, Joseph Mitchell, Clyde Bruckman • *Phot.* Elgin Lessley, Gordon Jennings • *Int.* Buster Keaton (William McKay), Natalie Talmadge (Virginia Canfield), Joseph Keaton (Lem Doolittle), Kitty Bradbury (tante Mary), Joe Roberts (Joseph Canfield), Leonard Chapham (James Canfield), Buster Keaton, Jr. (le bébé), Craig Ward (Lee Canfield), Ralph Bushman (Clayton Canfield).

1810, dans la vallée de Shenandoah. Pour que son bébé échappe à la vendetta qui a déjà causé la mort de son mari, la mère du petit William McKay quitte le Sud et se rend à New York chez sa sœur. Après la mort de sa mère, le bébé sera élevé par sa tante. Devenu adulte (1830), William part prendre possession de la maison familiale qu'il s'imagine être un palais, alors qu'il s'agit en réalité d'une ruine. Son premier contact avec le Sud a lieu lors d'une odyssée ferroviaire, pittoresque et mouvementée. Quand un âne broute sur la voie, on la déplace tout simplement. Parfois le convoi roule hors des voies sur l'herbe. Parfois aussi, après un embranchement, les wagons se séparent de la locomotive, une vieille Stephenson, et font leur propre chemin sans se soucier de rien. Ils arrivent parfois avant la locomotive. Sans connaître son identité, William a voyagé avec la fille des ennemis de sa famille, Virginia Canfield, dont il est tombé amoureux. Elle l'invite pour le repas du soir. Dès qu'ils ont repéré William, le père et les deux fils Canfield, trois géants, le visent avec leur revolver, mais sans l'atteindre. William ne se rend compte de rien et répare même l'arme d'un de ses agresseurs. Répondant à l'invitation de Virginia, William va chez les Canfield. Rappelant à ses fils les lois sacrées de l'hospitalité sudiste, le père interdit à ses fils d'agresser William tant qu'il est dans la maison ; hors les murs, tout est permis. S'étant aperçu de ce qui le menace, William retarde au maximum son départ. Il cache son chapeau, qu'il feint ensuite de chercher, mais le chien de la maison le rapporte à plusieurs reprises. Il décide alors de s'incruster pour la nuit, tout comme un pasteur que les Canfield ont invité à rester à cause de l'orage. Le lendemain, il quitte la maison déguisé en femme et vole un cheval pour fuir. Plus tard, pour échapper à ses poursuivants, il descend le long d'un précipice. Encordés sans le savoir à la même corde, William et l'un des fils Canfield tombent ensemble dans le torrent. Suspendu à un tronc d'arbre au-dessus du rapide, William, se balançant à l'aide d'une corde, réussit à attraper Virginia, qui cherchait à le rejoindre, juste avant qu'elle ne s'écrase dans le rapide. Le père découvre – ô scandale – le couple en train de s'embrasser dans la maison familiale. Mais, derrière une porte, se trouve le pasteur qui vient de les marier. Les Canfield déposent les armes. William retire de sa ceinture une bonne dizaine de revolvers et d'armes en tous genres.

☞ Deuxième long métrage de Keaton. Comme pratiquement tous ses chefs-d'œuvre, le film se présente à la fois comme un film d'action haletant et spectaculaire, où non seulement le personnage mais l'acteur lui-même accomplit des prouesses physiques, et comme un film burlesque, débordant de gags et d'invention. Le petit homme est ici seul dans l'immensité des espaces naturels, aux prises avec les éléments et face à toutes sortes de dangers mortels. Des ennemis infiniment plus vigoureux que lui et semblables à des robots programmés pour tuer ont juré sa perte. On lit sur son visage la peur, la panique, et aussi la dignité de l'homme résolu à lutter coûte que coûte contre l'adversité. Par une sorte de prodige, tout cela est comique, surtout dans les scènes étonnantes de la maison « hospitalière » dont il ne doit pas sortir sous peine de mort. Magnifiquement photographié, *Les lois de l'hospitalité* commence par une parodie des vieux mélodrames, se continue par des séquences ferroviaires qui constituent un brouillon du *Mécano de la « General »* *, et trouve son originalité propre dans les séquences avec les Canfield. Film familial par excellence, trois générations de Keaton y sont représentées : Joseph Keaton, le père, dans le rôle du mécanicien de la locomotive, Buster, et enfin le petit-fils jouant le bébé dans les premières séquences. Natalie Talmadge, la femme du réalisateur, enceinte pendant le tournage, joue l'héroïne. Le film contient l'une des plus extraordinaires et dangereuses cascades du cinéma (William accroché à une corde animée d'un mouvement pendulaire s'empare de l'héroïne au-dessus d'un rapide). Elle fut exécutée par Keaton lui-même, Natalie étant remplacée selon les plans par un mannequin ou une doublure. Dans la première des trois émissions de la série *Buster Keaton. A Hard Act to Follow* consacrée par Kevin Brownlow et David Gill à la carrière de Keaton (télévision britannique), on trouve une photo de tournage inédite montrant que le rapide où a eu lieu cette extraordinaire cascade est un décor de studio. Ce qui n'enlève rien à son caractère spectaculaire et périlleux.

## LOLA MONTÈS (id.)

1955 – Franco-allemand (140' réduites à 110') • *Prod.* Gamma-Films, Florida Films (Paris), Unionfilms (Munich) • *Réal.* MAX OPHULS • *Sc.* Jacques Natanson, Annette Wademant, Max Ophuls (et Franz Geiger pour la version allemande) d'ap. R. de Cecil Saint-Laurent «La vie extraordinaire de Lola Montès» • *Phot.* Christian Matras (Cinémascope, Eastmancolor) • *Int.* Martine Carol (Marie Dolorès Porriz y Montez, dite « Lola Montès »), Peter Ustinov (le Grand Écuyer), Anton Walbrook (le roi Louis Ier de Bavière), Oscar Werner (l'étudiant), Ivan Desny (le lieutenant James), Lise Delamare (Mrs. Craigie), Henri Guisol (Maurice, le cocher), Paulette Dubost (sa femme, servante de Lola), Will Quadflieg (Franz Liszt), Daniel Mendaille (le capitaine), Jean Galland (le secrétaire du baron).

Maria Dolorès Porriz y Montez, comtesse de Lansfeld, dite Lola Montès, maîtresse des artistes, des princes et des rois, est exhibée dans un cirque où sa vie est racontée et mimée par la troupe, cependant que les spectateurs, à vingt-cinq *cents* la question, peuvent l'interroger de la manière la plus indiscrète sur son passé. Sept évocations des souvenirs de Lola, tels qu'elle-même se les remémore, ponctuent la représentation. 1) En 1844, dans une auberge italienne, Lola et Liszt décident de mettre un terme à leur liaison qui sombre dans l'ennui. 2) Sa mère, en compagnie de son amant, emmène Lola en croisière, puis à l'Opéra. Elle veut la marier à un riche et vieux baron mais Lola préfère épouser James, l'amant de sa mère. 3) La voilà bien malheureuse dans son manoir d'Écosse : James est constamment ivre et infidèle. 4) Danseuse au Tivoli de Nice, elle apprend que son mari, le chef d'orchestre, est marié, ce qu'elle ignorait. En public, elle rend le bracelet qu'il lui avait donné à sa femme légitime. 5) Dans son hôtel particulier de la Côte d'Azur se pressent les visiteurs de marque. Parmi eux L'Écuyer, un homme de cirque, qui veut l'engager. Il veut lui faire un pont d'or non pour ses talents de danseuse mais pour son aptitude à susciter le scandale. (C'est lui qui au cirque commentera le spectacle). 6) En Bavière, Lola attire volontairement l'attention du roi Louis Ier et devient sa maîtresse. Il choisit pour la peindre l'artiste le plus lent. 7) Le roi devient très impopulaire, notamment à cause de sa maîtresse. Lola fuit le royaume qu'elle sauve ainsi de la guerre civile. Le dernier homme à qui elle parle en quittant la Bavière est aussi le premier qu'elle y avait rencontré : un jeune étudiant à qui elle confie qu'elle a vraiment aimé le vieux roi. Durant le spectacle, Lola se bourre de médicaments et, contre l'avis de tous, exécute quand même son plongeon sans filet depuis une nacelle placée sous le chapiteau. Après quoi, dans la ménagerie, les spectateurs peuvent, moyennant un dollar, la contempler derrière les barreaux d'une cage.

☞ Réussi ou raté et sans doute les deux à la fois, *Lola Montès* est l'un des derniers films (avec *La comtesse aux pieds nus** et *Senso**) à avoir eu le pouvoir de susciter des polémiques, non pour des raisons de sujet ou de contenu, de politique, de morale ou de religion, mais pour sa constuction et son style. Cela suffit à dire son ambition et sa singularité. En décembre 1955, les spectateurs du Marignan hurlent et il faut appeler la police. La critique se divise en factions pour et contre. On s'entend répondre, quand on va chercher des photos à la maison de production : « Vous osez demander des photos d'un film qui a ruiné son producteur ? » Un an après son échec retentissant (qui pourtant sera oublié : beaucoup de bons esprits, et notamment aux USA, pensent aujourd'hui que le film a été un triomphe), un deuxième montage très différent, plus « logique » et plus court, fait contre la volonté de son auteur, est présenté dans une autre salle des Champs-Élysées. Bien sûr, il n'est pas mieux reçu et disparaîtra très vite. Le film fait ensuite, petit à petit, son chemin dans les ciné-clubs et les salles de répertoire et ressort en 1968 dans sa copie d'origine. Il est cette fois salué quasi unanimement comme un chef-d'œuvre. C'est sans doute en pensant à *La ronde**, ce film au succès commercial si étrange, qu'Ophuls prit le risque de la construction de *Lola Montès*. Le manège lui avait si bien réussi. Pourquoi pas le cirque ? Le film est ainsi bâti sur des paradoxes, des antithèses qui lui fournissent d'insolites et fragiles fondations. Glorification du spectacle à travers ce qu'il a, pour l'auteur, de plus méprisable et de plus odieux : la publicité, l'exhibitionnisme. Glorification de la vie et du mouvement à travers les souvenirs d'une héroïne lasse, usée et pour ainsi dire à l'agonie. *Lola Montès* représente aussi la culmination du baroque ophulsien, le triomphe du style sur le contenu dramatique. A cet égard les scènes du cirque, avec leur foisonnement, leur entassement plastique presque morbide sur fond de gouffre et de coulisses obscures, constituent le meilleur du film. Pour le reste, les défauts abondent. Le choix de Martine Carol est quasiment catastrophique ; elle ne sera le personnage en aucun moment et en aucune scène du film. Le symbolisme métaphysique du spectacle donné au cirque (qui représente entre autres le Jugement dernier, l'Enfer, le Tribunal truqué de l'opinion publique) trouve un contrepoint insuffisamment brillant dans les scènes au passé, guettées (sauf l'épisode bavarois) par l'académisme, voire même la mièvrerie. Le doublage de personnages importants dans la version française (comme celui d'Anton Walbrook) n'arrange rien, même si, d'une façon générale, le superbe dialogue et la qualité de la bande-son maintiennent une unité entre les scènes du cirque et les flash-backs. Le personnage d'Ustinov est de loin l'élément le plus inoubliable du film, et Ustinov lui-même la vraie star de l'œuvre. Tous les paradoxes, les incertitudes et l'ambiguïté du film trouvent en lui leur résolution, leur épanouissement et leur plus grande richesse de sens. Exploiteur de Lola, il est devenu son témoin, son héraut, le compagnon de son infortune et sans doute son plus fidèle amoureux. Ophuls livre à travers lui un portrait de l'artiste qui bâtit sa fortune et son œuvre sur les malheurs d'autrui et leur donne finalement, en les transformant en destin, valeur d'éternité. Les thuriféraires du film (l'un des plus fanatiques, Claude Beylie, ira jusqu'à écrire que « le chapiteau du Mammouth Circus, c'est le plafond de la Chapelle Sixtine du cinéma moderne » *in* « Max Ophuls », Seghers, 1963) ont voulu y voir le testament d'Ophuls. Mais n'est-ce pas seulement sa mort prématurée qui invite à parler de testament ? Ophuls abordait pour la première fois dans *Lola Montès* la couleur et le Cinémascope et le film apparaît plutôt comme l'introduction, l'ouverture d'une période nouvelle dont nous avons hélas été privés et où l'auteur aurait sans doute mieux maîtrisé ces éléments. Restent, pour nous intriguer et nous séduire, cette construction baroque et bancale, l'inachèvement, le trop-plein et le désordre enchevêtré d'un film où la richesse thématique et la richesse visuelle progressent séparément vers on ne sait quelle apothéose que le spectateur doit imaginer, faute de la voir surgir sur l'écran avec l'évidence de *La ronde*,* de *Madame de** et du *Plaisir**.

BIBLIO. : scénario et dialogues *in* « L'Avant-Scène » nº 88 (1969).

## LONG PANTS
## (Sa première culotte)

1927 – USA (60') • *Prod.* First National/Harry Langdon Corp. • *Réal.* FRANK CAPRA • *Sc.* Robert Eddy et Clarence Hennecke, d'ap. une histoire d'Arthur Ripley • *Phot.* Elgin Lessley, Glenn Kershner • *Int.* Harry Langdon (le garçon), Alma Bennett (Bebe Blair, la vamp), Priscilla Bonner (Priscilla), Gladys Brockwell (la mère), Al Roscoe (le père), Frankie Darro (Harry, le petit garçon), Betty Francisco.

Harry ne connaît l'amour que par les romans qu'il emprunte à la bibliothèque municipale. Son père lui donne enfin ses premiers pantalons longs. Jusque-là sa mère estimait que ses culottes courtes lui permettaient d'éviter les ennuis. Le même jour, une aventurière, trafiquante de drogue, Bebe, s'arrête dans sa voiture en panne non loin de chez lui. Harry, séduit par sa beauté, essaie de se faire remarquer d'elle en tournant autour de son véhicule et en faisant des acrobaties à vélo. Elle l'embrasse et disparaît. Harry l'attend en vain. Le jour de son mariage avec Priscilla, jeune fille du voisinage choisie par ses parents, Harry apprend par le journal que Bebe est en prison à New York. Pour pouvoir aller la libérer, il essaie de se débarrasser de sa fiancée en la tuant dans la forêt. Mais il est si maladroit que c'est Priscilla, croyant à un jeu, qui doit le tirer d'affaire. A New York, Harry arrive à la prison le jour même où Bebe s'est évadée. Elle se cache dans une caisse qu'il porte sur son dos à travers les rues jusqu'à l'entrée d'un théâtre. Un machiniste pose un mannequin représentant un flic sur la caisse. Croyant avoir affaire à un vrai policeman, Harry utilise toutes sortes de ruses pour le faire partir. Puis il se trompe de caisse et se retrouve face à face avec un crocodile. Il suit Bebe qui, l'arme au poing, vole des vêtements et de l'argent pour deux. Au cabaret oriental, elle se bagarre sauvagement avec ses complices qui l'ont trahie. Harry est arrêté, puis relâché. Fatigué de toute cette violence, il retourne auprès de ses parents et de sa fiancée.

☞ Le dernier et le plus significatif des trois longs métrages de Langdon dirigés par Capra avant leur brouille définitive (qui fut sans doute beaucoup plus dommageable à Langdon qu'à Capra). Langdon incarne ici à la perfection cet adulte à la mentalité d'enfant qu'enflamment des rêves d'adolescent. Il a des ennuis non seulement avec les objets, avec les femmes, mais avec la réalité tout entière. La matière du film devient peu à peu semblable à ses rêves : elle tourne vite au cauchemar avant qu'Harry revienne – pour combien de temps ? – à la réalité. Ce balancement continuel entre le rêve et la réalité fait que Langdon ne se trouve chez lui nulle part et est sans doute le plus solitaire des grands burlesques américains. Capra l'a admirablement compris, qui construit les meilleures séquences du film comme autant de monologues visuels fignolés aux mesures de sa vedette. Trois d'entre eux sont particulièrement mémorables : Harry faisant des acrobaties à vélo pour séduire la femme fatale ; Harry tentant de tuer sa femme tandis que les objets – chapeau, fer à cheval, barbelés, piège à loup – semblent se liguer contre lui ; et enfin ce qui est peut-être la séquence la plus parfaite de toute sa carrière : Harry essayant d'attirer l'attention du mannequin-policier assis sur une caisse (qu'il prend pour un vrai policier) et simulant tour à tour une course-poursuite avec des bandits, une attaque dont il serait la victime, et finalement sa propre mort.

## LOULOU
## (Die Büchse der Pandora)

1929 – Allemagne (3 254 m) • *Prod.* Nero-Film (Seymour Nebenzahl), Berlin • *Réal.* G.W. PABST • *Sc.* Ladislaus Vajda d'ap. « Der Erdgeist » (1895) et « Die Büsche der Pandora » (1902), pièces de Frank Wedekind • *Phot.* Gunther Krampf • *Déc.* Andrej Andrejew et Gottlieb Hesch • *Int.* Louise Brooks (Loulou), Fritz Kortner (Dr Schön), Franz Lederer (Alwa Schön), Carl Goetz (Schigolch), Alice Roberts (Grafin Geschwitz), Krafft Raschig (Rodrigo Quast), Gustav Diessl (Jack l'Éventreur), Daisy d'Ora (ex-fiancée de Schön), Michaele von Newlinsky (marquis de Casti-Piani), Siegfried Arno (le régisseur).

Loulou est une jeune femme qui ne s'encombre d'aucun préjugé et vit pour l'amour et le plaisir. Ses amis sont nombreux. Elle en a de tous les âges et de toutes les conditions. Elle est présentement la maîtresse en titre du Dr Schön, propriétaire de plusieurs journaux, qui a aidé sa carrière de danseuse en faisant beaucoup parler d'elle. Ce jour-là, Schön fait grise mine en annonçant à Loulou son prochain mariage avec la fille du ministre de l'Intérieur. Il lui dit que sa liaison avec elle mettrait sa carrière en péril. Avant qu'il n'arrive, Loulou avait reçu le vieux Schigolch qu'elle présente à Schön comme son plus ancien mécène. Une fois Schön parti, Schigolch fait monter Rodrigo Quast, un trapéziste célèbre qui propose à Loulou d'être sa partenaire. Loulou a aussi pour ami – désintéressé – le jeune Alwa, le fils de Schön, qui monte une revue. Alwa ne comprend pas pourquoi son père n'épouse pas Loulou. « On n'épouse pas ces femmes-là, lui dit-il, ce serait un suicide. » Cela ne l'empêche pas de conseiller à son fils d'engager Loulou dans sa revue. Lors d'une des premières représentations du spectacle dont les costumes ont été dessinés par la comtesse Geschwitz, une lesbienne amoureuse de Loulou, celle-ci voit arriver dans les coulisses Schön au bras de sa fiancée. Elle refuse de rentrer en scène et de danser devant elle. Schön doit raisonner Loulou. Mais au cours de l'entretien il succombe une fois de plus à son charme et décide de l'épouser. « C'est ma condamnation », dit-il. Durant la party qui suit le mariage, Schön surprend sa femme en compagnie du vieux Schigolch. Cette vision déclenche chez lui une jalousie féroce. Armé d'un revolver, il le met en fuite. « C'est mon père », s'écrie Loulou. (En fait Schigolch est un proxénète qui a séduit Loulou alors qu'elle était enfant et la considère depuis comme sa fille adoptive.) Un peu plus tard dans la soirée, Schön surprend Loulou avec un autre homme, son propre fils Alwa qui la supplie de partir avec lui. « Je ne peux plus vivre sans toi », lui dit-il. Schön tend alors son revolver à Loulou et lui ordonne : « Tue-toi afin de ne pas faire de moi un assassin. » Il s'approche d'elle, leurs mains s'étreignent, un coup de feu part. Alwa découvrira son père agonisant, un filet de sang au coin des lèvres. Lors du procès de Loulou, le procureur la compare à une sorte de Pandora qui aurait ouvert pour Schön la boîte aux malheurs. Elle est condamnée à cinq ans de prison. Schigolch, Rodrigo et leurs amis déclenchent dans le prétoire une fausse alerte à l'incendie à la faveur de laquelle Loulou peut s'échapper. Elle part pour Paris avec Alwa. Dans leur wagon-lit, Alwa doit acheter le silence d'un aristocrate déchu, le marquis de Casti-Piani, qui avait reconnu la photo de Loulou dans le journal. Il leur conseille d'éviter Paris et les entraîne dans son bateau amarré dans un port allemand. Un tripot est installé dans la cale. Alwa gagne maintenant sa vie et celle de Loulou comme joueur professionnel. Rodrigo vient réclamer de l'argent à Loulou. Alwa, dans une mauvaise passe, suit les conseils de Schigolch et se met à tricher. Le marquis s'entend avec un riche Égyptien qui veut acheter Loulou pour trois cents livres. C'est un peu plus que la prime offerte par la police et c'est pourquoi le marquis s'abstient de dénoncer Loulou. « Tous veulent de l'argent », gémit-elle dans le giron de Schigolch. Elle demande à la comtesse de Geschwitz de la débarrasser de Rodrigo. Celle-ci ira jusqu'à trucider le trapéziste dont elle avait cru pouvoir supporter les étreintes. La tricherie d'Alwa a été découverte. Bousculade générale dans le tripot. La police arrive et découvre le cadavre de Rodrigo. Loulou, Alwa et Schigolch s'enfuient en barque. Ils vivent maintenant à Londres dans une mansarde glaciale. Noël approche. Des affiches placardées sur les murs mettent en garde les femmes de Londres contre Jack l'Éventreur. C'est lui que Loulou rencontrera au cours de l'une de ses virées. Elle ignore bien entendu qui il est. Mais il lui plaît et elle ne lui demande pas d'argent. Pour ne pas succomber à la tentation, il laisse tomber son couteau avant d'entrer chez elle. Mais, durant l'étreinte, il voit un autre couteau sur la table et ne peut s'empêcher de le saisir... Un cortège de l'Armée du Salut défile dans la rue. Alwa le suit, désemparé.

☞ Premier des deux films de Louise Brooks dirigés par Pabst (ce sont aussi ses deux seuls films allemands). Pour beaucoup de cinéphiles de diverses générations, Loulou est *le* film par excellence, celui où la rêverie d'un cinéaste, incarnée dans la plus parfaite des actrices, s'est ouvert une voie royale vers l'inconscient des spectateurs et l'immortalité. A la veille du parlant, la Paramount ne tenait pas tant que cela à garder sous contrat certains acteurs du muet et laissa partir Louise Brooks en qui Pabst, à la recherche depuis des mois de sa Loulou idéale, vit aussitôt la matérialisation de son rêve. Pour la petite histoire, il faut rappeler que ce choix ne fut guère apprécié de l'équipe. Et Louise Brooks note, dans l'un de ses articles sur le film, que Fritz Kortner refusa de lui parler durant tout le tournage, la considérant comme la plus mauvaise actrice du monde. L'entourage de Pabst pensait que Louise Brooks lui avait jeté un sort qui le rendit aveugle à sa nullité... La rencontre de Pasbst et de Louise Brooks fut avant tout celle d'un chorégraphe et d'une danseuse, le film offrant l'aspect, sur les plans visuel, littéraire et métaphysique, d'une danse d'amour et de mort. Les significations que trouvèrent les exégètes au personnage de Loulou (et, à travers lui, à la personnalité de Louise Brooks) sont nombreuses, variées, parfois contradictoires. Elles reflètent la subjectivité variée des spectateurs en proie à l'énigme de ce visage lisse, encadré par le célèbre casque de cheveux noirs, que la succession changeante des émotions ramène toujours à une impassibilité troublante. Incarnation libertaire et anarchiste de l'amour fou et de la révolte sans compromis contre la société, féministe avant la lettre, ou bien héroïne incandescente de mélodrame, victime des hommes et d'une morale en putréfaction, Loulou a survécu triomphalement à toutes ces interprétations. Leur harmonieuse cohabitation dans le film vient peut-être du fait que c'est une œuvre où la dialectique est reine. La lourdeur et la légèreté qui se partagent le style de Pabst disparaissent finalement l'une et l'autre dans une fluidité géniale, à tel point qu'il devient impossible de déterminer le rôle respectif du découpage et du montage, de la préméditation et de l'improvisation. Le milieu social et les décors du film sont réalistes, mais ils sont progressivement envahis par un clair-obscur et des éclairages expressionnistes qui finissent par tout engloutir. Loulou elle-même est une créature lumineuse dont la lumière sert à éclairer – et à révéler – les ténèbres d'autrui et du monde qui l'entoure. Cette lumière qui émane d'elle est pour ainsi dire en conflit permanent, sur le plan humain et esthétique, avec celle, de plus en plus glauque, de la photo et des éclairages du film. L'annihilation finale de Loulou, antithèse tragique à l'ascendant qu'elle exerçait sur les personnages masculins (et même parfois féminins) de l'intrigue, débouche par-delà le dénouement sur une ultime victoire, remportée dans la mémoire des spectateurs, et dans l'éternité. Avec les années, le personnage de Loulou est devenu de moins en moins scandaleux, tout en conservant sa fascination, voire même en l'amplifiant. Quant à Louise Brooks elle-même, il est évident qu'elle est plus célèbre encore aujourd'hui qu'à l'heure de ses triomphes. Et – couronnement imprévu de la moins fragile réputation de star qu'ait connue l'histoire du cinéma – les meilleurs commentaires sur ses films et notamment sur son travail avec Pabst sont venus d'elle, à travers des articles qu'on ne se lasse pas de relire.

N.B. : Autres versions *Erdgeist* (Leopold Jessner, Allemagne, 1922) avec Asta Nielsen, *Lulu* (Rolf Thiele, Allemagne, 1962) avec Nadja Tiller, *Lulu* (Walerian Borowczyk, France-Allemagne, 1980) avec Anne Bennent.

BIBLIO. : découpage (1 084 plans, cartons non compris) *in* « L'Avant-Scène » n° 257 (1980). Scénario original de tournage (d'après l'exemplaire de Pabst déposé au Munich Film Archive) traduit en anglais dans le volume 29 de la collection « Classic and Modern Film Scripts », Londres, Lorrimer 1971. Articles de Louise Brooks : « Mr. Pabst » *in* « Image », New York, sept. 1956 (traduit dans « Positif » n° 27, 1958) ; « Pabst and Lulu » *in* « Sight and Sound », Londres, été 65, repris en préface du scénario publié chez Lorrimer. Repris également dans une version remaniée et augmentée du volume de L. Brooks (au titre trop restrictif) : « Lulu in Hollywood », New York, Alfred A. Knopf, 1982. Voir aussi « Actors and the Pabst Spirit » *in* « Focus on Film », Londres, n° 8 (1971).

## LOVE ME TONIGHT
### (Aimez-moi ce soir)

1932 – USA (90') • *Prod.* PAR. (Rouben Mamoulian) • *Réal.* ROUBEN MAMOULIAN • *Sc.* Samuel Hoffenstein, Waldemar Young, George Marion, Jr. d'ap. P. de Leopold Marchand, Paul Armont • *Phot.* Victor Milner • *Chansons* Richard Rodgers et Lorenz Hart • *Int.* Jeanette MacDonald (Princesse Jeanette), Maurice Chevalier (Maurice Courtelin), Charles Ruggles (Vicomte Gilbert de Varèze), Charles Butterworth (Comte de Savignac), Sir C. Aubrey Smith (le duc), Myrna Loy (Valentine), Joseph Cawthorn (docteur).

A Paris, Maurice Courtelin, un tailleur à qui un aristocrate, le vicomte de Varèze, doit le montant de quinze costumes, se rend dans la demeure des Varèze – un château gothique – pour tenter de récupérer son argent. Passant malgré lui pour un baron, il rencontre la princesse Jeanette et tombe amoureux d'elle. C'est une ravissante jeune femme de vingt-deux ans, veuve depuis trois ans d'un vieux mari, et qui s'ennuie mortellement. Aucun de ses soupirants n'est digne de son rang et d'ailleurs elle ne les aime pas. Maurice réussit à la séduire. Mais quand il lui apprend ses origines roturières, elle s'enfuit. Maurice n'a plus qu'à prendre le train pour rentrer à Paris. Changeant d'avis, Jeanette rattrape le train à cheval, le stoppe et tombe dans les bras de Maurice.

☞ C'est en pleurant qu'Adolphe Zukor, le patron de la Paramount, supplia Mamoulian de faire pour lui un film avec Maurice Chevalier et Jeanette MacDonald dans la lignée de ceux qu'avait tournés Lubitsch (*The Love Parade, One Hour With You**).Lubitsch, occupé par d'autres projets, était pour l'heure indisponible. Mamoulian ne trouva au département des scénarios de la Paramount aucun matériau à son goût. Mais il rencontra le librettiste français Léopold Marchand qui lui donna le thème du film. Après quoi, il travailla à la partition avec Rodgers et Hart, et ensuite seulement le scénario fut écrit. Cette méthode de travail inhabituelle aboutit à une réussite complète : une comédie musicale très élaborée, très sophistiquée et d'une grande légèreté. C'est non seulement une œuvre à la surprenante maturité formelle dans l'usage du son (apparu à peine trois ans auparavant) mais encore, selon la plupart des historiens pour une fois d'accord, le chef-d'œuvre du genre dans le cinéma américain des années 30. L'invention et la grâce du film sont le produit de l'imagination et de la volonté de l'esthète obstiné qu'est Mamoulian. Plusieurs séquences sont à citer : le réveil de Paris à l'aube avec la symphonie des bruits (petits métiers, ménagères battant leur tapis, etc.) qui permit à Mamoulian, armé d'un métronome, de développer une idée qu'il n'avait pu exploiter qu'incomplètement dans son adaptation scénique de

« Porgy and Bess » ; la célèbre scène où la chanson « Isn't it Romantic ? » passe de bouche en bouche au fil de plusieurs séquences dans des lieux différents ; et le numéro de Chevalier ("Poor Apache") dont la silhouette se découpe en ombre chinoise sur le mur d'un des somptueux décors du château. La photo est constamment superbe, et en particulier dans la séquence de la chasse à courre qui se termine par le sommeil du cerf auquel Chevalier vient de donner à manger dans sa main. Chevalier recommande alors aux cavaliers de s'éloigner doucement pour ne pas réveiller l'animal. Ils le font dans un effet de ralenti – les sabots des chevaux paraissent à peine toucher le sol – presque aussi beau et drôle que celui du taureau chloroformé de *The Kid from Spain,* film contemporain de McCarey. On ne regrette même pas que le film ne soit pas dansé, tant la perfection savante du découpage et l'élégance charmante des acteurs donnent l'impression que l'intrigue se développe selon une chorégraphie déliée et aérienne. S'il fallait faire un seul reproche à Mamoulian, on pourrait le formuler ainsi : tout au long du film, le spectateur admire beaucoup plus l'habileté, l'ingéniosité, les trouvailles constantes du metteur en scène qu'il ne s'intéresse à l'action et aux personnages. Ce reproche s'applique d'ailleurs à l'œuvre entière de Mamoulian.

## LUMIÈRE DANS LA NUIT
### (Romanze in Moll)

1943 – Allemagne (100') • *Prod.* Tobis (Hermann Grund) • *Réal.* HELMUT KAUTNER • *Sc.* Käutner, Willy Clever • *Phot.* Georg Bruckbauer • *Mus.* Lothar Brühne, Werner Eisbrenner • *Int.* Marianne Hoppe (Madeleine), Paul Dahlke (le mari de Madeleine), Siegfried Breuer (Victor), Ferdinand Marian (Michael), Elisabeth Flickenschidt (la femme du concierge), Eric Helgar (le frère de Michael).

Paris dans les années 1880. Un employé de banque rentre tard de son travail et trouve sa femme, Madeleine, inconsciente dans son lit. Elle a tenté de se suicider. Le mari est suffoqué de douleur. Mais Madeleine n'est pas morte et son mari doit trouver très vite de l'argent pour la soigner. Il ramasse quelques affaires, un collier qu'elle portait et se rend chez un prêteur sur gages où il a la surprise d'apprendre que le collier vaut une fortune. Il retrouve le bijoutier qui l'avait vendu. Celui-ci lui raconte qu'une femme (Madeleine) avait coutume de contempler avec admiration un collier, toujours le même, dans sa vitrine. Voulant faire connaissance avec elle, un homme, Michael, acheta le collier et pria le bijoutier d'en faire cadeau à la dame qui le refusa. Fin du récit du bijoutier. Dans une autre partie de la ville, Michael apprend à son frère qu'il vient de tuer un homme. Son récit commence là où finissait celui du bijoutier. Il avait fait croire à Madeleine qu'il avait volé le collier pour elle et qu'il était un voleur professionnel. Détrompée quant à ses activités en voyant sa luxueuse demeure, Madeleine s'était laissé courtiser par lui. Michael est en réalité chef d'orchestre et compositeur. Il écrit des romances. L'une de ces romances, Madeleine lui conseilla de la faire jouer et chanter en mineur afin qu'elle soit plus expressive. Quand Madeleine et Michael furent devenus amants, elle accepta le collier. Profitant d'une absence de son mari, chargé d'aller vérifier les comptes dans une succursale de sa banque, elle passa vingt-quatre heures avec Michael à la campagne. Victor, un ami de Michael, la courtisa. A la fin du bref séjour, elle refusa à Michael d'abandonner son mari pour lui et ils ne se revirent plus. A Paris, Victor persécuta Madeleine. Devenu le patron de son mari (après avoir remplacé son oncle à la direction de la banque), il lui donna des tâches lointaines pour se débarrasser de lui. Il exerça un chantage auprès de Madeleine pour qu'elle lui cède, menaçant d'apprendre à son mari sa liaison avec Michael. Elle céda, puis ce fut le suicide. Michael, apprenant par une lettre le motif de son acte, provoqua Victor en duel et le tua. Son récit est fini. Il se rend auprès du mari effondré. Il dépose le collier sur la poitrine de Madeleine qui est maintenant morte.

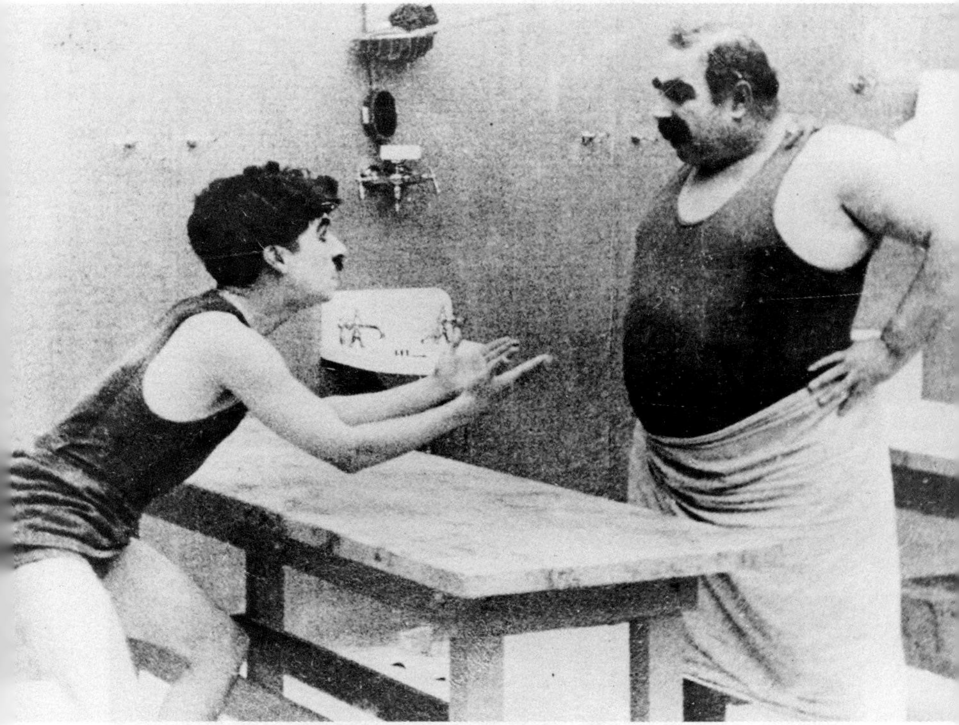

Charles Chaplin, Henry Bergman dans *Charlot fait une cure* (1917).

▲ Max Schreck dans *Nosferatu* (1922) de F.W. Murnau.

◀ Buster Keaton dans *La croisière du Navigator* (1924).

▼ Arletty, Sacha Guitry et Pauline Carton dans *Désiré* (1937) de Sacha Guitry.

▲ Maupi, Julien Maffre, Charles Blavette, Édouard Delmont, Raimu, Paul Dullac dans *La femme du boulanger* (1938) de Marcel Pagnol.

▼ Jacques Tourneur dirige Simone Simon et Kent Smith (de dos) dans *La féline,* 1942 (au fond, derrière la caméra, l'assistant Robert Aldrich).

▲ Leo McCarey dirigeant une séquence des *Cloches de Sainte-Marie* (1945).

▼ Jean Marais dans *La belle et la bête* (1946) de Jean Cocteau.

▲ Gino Cervi dans *Les Misérables* (1947) de Riccardo Freda.

▼ Rex Harrison et Gene Tierney dans *L'aventure de Mme Muir* (1947) de Joseph L. Mankiewicz.

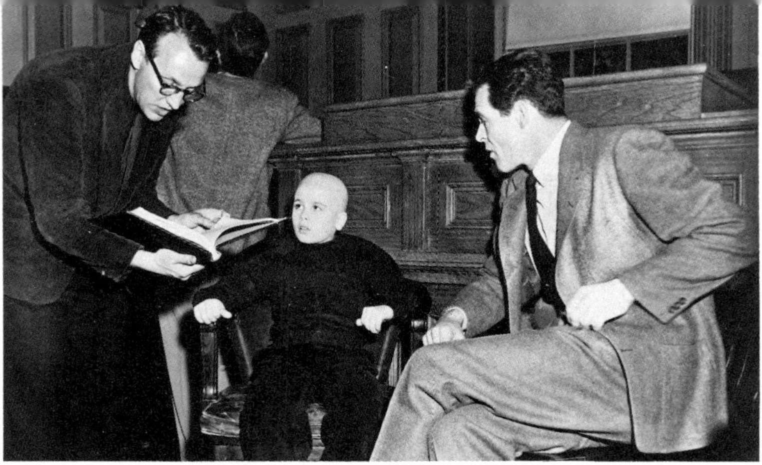

▲ Joseph Losey dirigeant Dean Stockwell et Robert Ryan sur le plateau du *Garçon aux cheveux verts* (1948).

◀ Ingrid Bergman dans *Stromboli* (1949) de Roberto Rossellini.

▼ James Cagney, Margaret Wycherly dans *L'Enfer est à lui* (1949) de Raoul Walsh.

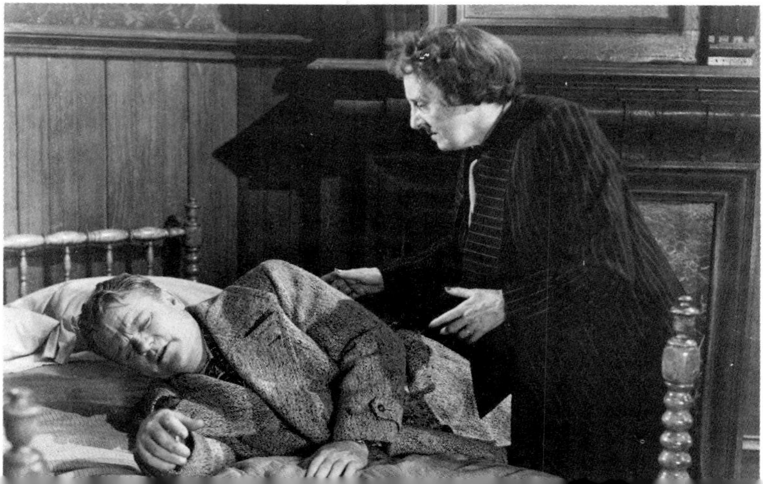

Simone Signoret et Gérard Philipe dans *La ronde* (1950) de Max Ophuls.

▲ Radha Shri Ram dans *Le fleuve* (1950) de Jean Renoir.

▼ Robert Clarke dans *The man from Planet X* (1951) de E.G. Ulmer.

▲ Anne Vernon et Daniel Gélin dans *Édouard et Caroline* (1951) de Jacques Becker.

▼ Gene Kelly dans *Chantons sous la pluie* (1952) de Stanley Donen.

▲ Dan Seymour, George Reeves (de dos), Marlène Dietrich, Arthur Kennedy, Frank Ferguson, Francis McDonald, Stuart Randall dans *L'ange des maudits* (1952) de Fritz Lang.

▼ Marilyn Monroe, George Winslow dans *Les hommes préfèrent les blondes* (1953) de Howard Hawks.

▲ Kyoko Kagawa, Kazuo Hasegawa dans *Les amants crucifiés* (1954) de Kenji Mizoguchi.

▼ Fritz Lang dirigeant Liliane Montevecchi et George Sanders sur le plateau de *Moonfleet* (1955).

▲ James Stewart, Ruth Roman dans *Je suis un aventurier* (1955) d'Anthony Mann.

▼ Ava Gardner, Bill Travers dans *La croisée des destins* (1956) de George Cukor.

John Wayne et Jeffrey Hunter dans *La prisonnière du désert* (1956) de John Ford.

▲ Henry Fonda, Werner Klemperer dans *Le faux coupable* (1957) d'Alfred Hitchcock.

Hitchcock sur le plateau du *Faux coupable*.

▲ Richard Todd, Jean Seberg dans *Sainte Jeanne* (1957) d'Otto Preminger.

Yuso Kayama, Toshiro Mifune dans *Barberousse* (1965) d'Akira Kurosawa.

▼ Stefano Colagrande, Anthony Quayle dans *L'incompris* (1966) de Luigi Comencini.

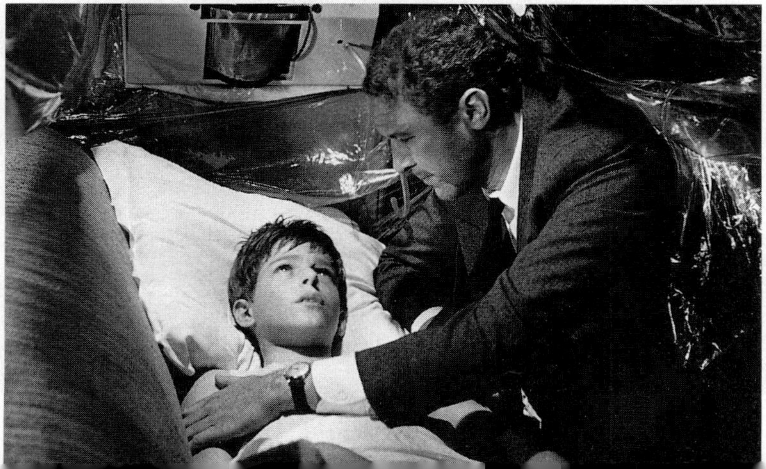

◀ Klaus Kinski et Cecilia Rivera dans *Aguirre, la colère de Dieu* (1972) de Werner Herzog.

▼ Inna Tchourikova dans *Je demande la parole* (1976) de Gleb Panfilov.

☞ Prenant pour point de départ une nouvelle de Maupassant « Les bijoux » (non créditée au générique), *Romanze in Moll* est une œuvre toute en nuances, en arabesques et en litotes ; c'est un entrelacs de dialogues et de motifs visuels repris, abandonnés puis repris à nouveau. Comme la romance dont il est question dans l'intrigue, le film est écrit et réalisé en mineur pour gagner en expression. L'élégance mélancolique et quasi désespérée de son ton le rapproche des œuvres du calligraphisme italien (*Malombra**, *Piccolo mondo antico,* etc.). Le style raffiné de Käutner tisse comme un cocon, bâtit une fine cage de verre autour d'un personnage de femme prisonnière, encerclée, ne pouvant imaginer d'autre issue que mortelle à son insupportable destin. L'absence de moralisme de ce film sans étiquette et sans propagande – qui jamais ne condamne l'héroïne adultère et « fautive » – fut à elle seule une cause de scandale suffisante. Et le film mérite, comme les œuvres du calligraphisme italien, d'être crédité d'une volonté tenace – et secrète – de résistance à l'environnement social et politique de l'époque. Sur le plan structural, ses flash-backs, importants dans l'évolution historique de ce type de récit inauguré avec *Le jour se lève**, ont une double fonction. Ils ajoutent à la préciosité, à la complexité sinueuse et voulue de l'œuvre. Ils s'harmonisent parfaitement avec le raffinement étudié de son style, et en particulier de ses mouvements de caméra. Rien de ce qui leur arrive n'étant simple pour les personnages, rien non plus ne doit l'être pour l'artiste qui évoque leur destin et pour le spectateur qui le contemple. Participer à cette complexité, c'est déjà entrer profondément dans le cœur des personnages. Cette construction en flash-backs, dont le *film noir* américain communiquera le goût (et la fascination morbide) au grand public, est ensuite, par elle-même, message de désespoir. Elle enveloppe des destins déjà joués, auxquels rien ne peut plus être changé. C'est une construction qui, utilisée au maximum de sa logique, devient *fatale.*

## LUMIÈRE D'ÉTÉ

1942 – France (108') • *Prod.* Discina (André Paulvé) • *Réal.* JEAN GRÉMILLON • *Sc.* Jacques Prévert, Pierre Laroche • *Phot.* Louis Page • *Mus.* Roland Manuel • *Int.* Madeleine Renaud (Cricri), Pierre Brasseur (Roland Maillard), Madeleine Robinson (Michèle Lagarde), Paul Bernard (Patrice Le Verdier), Georges Marchal (Julien), Aimos (Ernest), Marcel Lévesque (M. Lerouge), Jane Marken (Mme Martinet), Charles Blavette (Vincent).

En Haute-Provence, près d'un barrage en construction, Patrice Le Verdier, châtelain machiavélique et pervers, a invité dans sa demeure Roland, un peintre raté et alcoolique, à seule fin d'avoir la possibilité de séduire Michèle, la jeune maîtresse de celui-ci. Patrice, à l'occasion de son anniversaire, organise un grand bal costumé. Son ancienne maîtresse, Cricri, propriétaire d'un hôtel des environs, apprend de la bouche même de Patrice qu'il a l'intention d'épouser Michèle. Cricri est toujours désespérément amoureuse de Patrice. Elle lui rappelle qu'une ancienne complicité de meurtre les unit à tout jamais. Patrice avait autrefois tué sa femme lors d'une partie de chasse, puis maquillé son crime en suicide. Cricri avait longuement soigné Patrice, traumatisé par l'événement. Mais Michèle n'a nullement l'intention de répondre à l'amour de Patrice. Elle se prépare à partir avec Julien, un ouvrier du chantier. Dans la voiture conduite par Roland, Patrice tente d'embrasser Michèle. Roland se retourne et provoque un grave accident. Il meurt des suites de ses blessures. Fou de jalousie, Patrice s'apprête à tirer sur Julien, occupé à réparer une benne où le docteur, appelé après l'accident, se trouve immobilisé. Un ouvrier désarme Patrice vers lequel avancent, menaçants, les autres ouvriers. Patrice recule et tombe dans le vide. Michèle et Julien quittent ensemble la région.

☞ Œuvre inégale et bâtarde du fait de la différence de tempéraments existant entre Grémillon et Prévert. Le caractère hybride du film permet néanmoins de discerner avec netteté ce qui appartient en propre à l'univers de Grémillon. Le tragique rentré des personnages interprétés par Paul Bernard et Madeleine Renaud, le jeu passionné « à froid » de ces deux acteurs familiers du cinéaste sont du pur Grémillon. Par contre, le cabotinage extraverti et baroque du personnage de Pierre Brasseur, les silhouettes pittoresques campées par Marcel Lévesque et Léonce Corne viennent plus de Prévert et paraissent rapportées chez Grémillon. Il en va de même de la convention romantique du couple formé par l'ouvrier et la jeune fille (Georges Marchal et Madeleine Robinson). Au milieu des contrastes un peu artificiels et littéraires de la longue séquence du bal costumé, Grémillon prouve surtout son éblouissante maîtrise de l'espace, qu'il appréhende dans toute la variété de ses plans (la vallée, le château, la route, le chantier, les wagons remplis d'ouvriers avançant dans la nuit). C'est grâce à elle que le film a si grande allure. Pour l'essentiel, il reste caractérisé par ce courant d'énergie souterraine et passionnée qui, au-delà du bien et du mal, anime les personnages et assimile la plupart de leurs actions au déclenchement irrépressible de certaines forces naturelles. Même si ce courant circule moins librement ici que dans *Le ciel est à vous**, *Pattes blanches** ou *L'amour d'une femme*, le film n'en garde pas moins une originalité profonde qui le rattache organiquement aux autres œuvres du réalisateur.

## LUMIÈRES DE LA VILLE (LES) (City Lights)

1931 – USA (87') • *Prod.* UA • *Réal.* CHARLES CHAPLIN • *Sc.* Chaplin • *Phot.* Rollie Totheroh, Georges Pollock, Mark Marlatt • *Mus.* Chaplin • *Int.* Chaplin (un chômeur), Virginia Cherrill (la jeune aveugle), Florence Lee (sa grand-mère), Harry Myers (le millionnaire), Allan Garcia (son valet), Hank Mann (un boxeur), Albert Austin (un balayeur).

On inaugure une statue dans les rues de la ville. Après les discours officiels, la foule ébahie découvre, quand la toile est enlevée, un vagabond endormi entre les bras de ladite statue. Plus tard, le vagabond achète une rose à une jeune aveugle qui le prend pour un homme riche. Se promenant sur les quais la nuit, il sauve au péril de sa vie un homme du suicide. Le désespéré, complètement ivre, est un millionnaire qui invite le vagabond chez lui. A nouveau celui-ci doit empêcher son hôte de se tirer une balle de revolver. Ils vont faire la fête jusqu'au petit jour. Rencontrant la vendeuse aveugle, le vagabond lui achète avec l'argent donné par le millionnaire tout son panier de fleurs. Puis il la ramène chez lui avec la voiture que l'autre lui a donnée. Dessaoulé, le millionnaire ne reconnaît plus son ami de la nuit et lui reprend sa voiture. Dans la journée, le vagabond le rencontre à nouveau et ils vont ensemble se saouler dans une party. Le vagabond avale un sifflet et pertube le numéro d'un chanteur. Il attire à lui chiens et taxi. Il se réveille dans le lit du millionnaire qui le vire à nouveau. Pour pouvoir aider la fleuriste dont il est éperdument amoureux, il travaille comme éboueur. Il lui rend visite et lui parle d'un grand professeur qui pourrait la soigner. Elle lui montre une lettre de son propriétaire qui veut les chasser, elle et sa grand-mère. Toujours considéré par l'aveugle comme un homme extrêmement riche, le vagabond promet de rapporter l'argent. Renvoyé de son travail pour cause de retard, il s'engage comme partenaire d'un boxeur dans un match truqué. Au dernier moment, son partenaire file à l'anglaise et il doit combattre contre un véritable adversaire. Après s'être caché aussi longtemps que possible derrière l'arbitre, il est mis K.-O. Il erre dans la ville et retrouve le millionnaire ivre, retour d'Europe. Ce dernier l'invite chez lui et lui donne l'argent nécessaire pour l'opération de l'aveugle. Des cambrioleurs cachés dans l'appartement assomment le millionnaire. Quand il revient à lui, il ne reconnaît pas son invité, qui, pris par la police pour un voleur, parvient à fuir et remet l'argent à l'aveugle. Il est ensuite arrêté et emprisonné. Après plusieurs mois il sort, désespéré, déguenillé (n'ayant même plus sa canne légendaire). Il retrouve par hasard l'aveugle guérie, travaillant dans un beau magasin. Après avoir voulu lui donner une rose et une pièce, elle le reconnaît enfin comme son bienfaiteur. Il est bouleversé.

☞ Avant-dernier film muet de Chaplin, mais comportant une bande-son avec musique et effets sonores. Le tournage dura presque trois ans, du début 1928 à la fin 1930. Il connut de nombreuses interruptions dues à l'arrivée triomphale du film parlant, aux hésitations de Chaplin et plus généralement à ses méthodes de travail qu'il voulait aussi libres, aussi solitaires, aussi dégagées de toute contingence matérielle que celles de l'écrivain ou du peintre. Un métrage de pellicule égal à cent ou cent cinquante fois le métrage du film définitif fut impressionné. On savait depuis longtemps grâce à différents témoignages que la première rencontre entre Charlot et l'aveugle avait demandé des mois de tournage. Mais un document fabuleux et unique (inclus dans la deuxième des trois émissions sur Chaplin de Kevin Brownlow et David Gill produites par la télévision anglaise et programmées en France en juillet 1983) permet de visualiser – avec esquisses à l'appui – Chaplin dans le costume de son rôle en train de mettre en place la scène et de chercher la meilleure solution pour indiquer que l'aveugle prend Charlot pour un millionnaire. Commencée vers le début du tournage, cette scène ne trouva sa conclusion qu'en septembre 1930 au 534e jour de tournage (dont 166 seulement avaient été consacrés à un réel travail d'équipe). Entre autres péripéties, Chaplin songea au milieu du tournage à remplacer Virginia Cherrill par Georgia Hale, la vedette de *La ruée vers l'or**. Il dut y renoncer. (L'émission de Kevin Brownlow contient des essais de la dernière scène avec Georgia Hale.) Par contre, il retourna vraiment toutes les scènes du millionnaire ivre en remplaçant Henry Clive par Harry Myers. Comme toujours chez Chaplin, ces conditions de travail à la fois idéales et extravagantes (si on les compare à celles de la plupart des films) aidèrent l'auteur à trouver cette simplicité dans la perfection qui caractérise sa mise en scène. Comme beaucoup de commentateurs l'ont noté, et en particulier Pierre Leprohon (*in* « Chaplin », Nouvelles Éditions Debresse, 1957) le « vagabond », portant ici, outre son melon et sa canne, une tenue relativement soignée (avant sa sortie de prison) est le personnage le plus actif, le plus lucide et le moins rêveur du film. Il maintient en vie le millionnaire déprimé et alcoolique et lui fait éprouver les plaisirs de l'amitié (dans les périodes très intermittentes où celui-ci est capable de les ressentir). Il nourrit la rêverie amoureuse de l'aveugle, lui permet de guérir et la fait accéder à un statut social meilleur. Ne se livrant ici, à proprement parler, à aucune étude de milieu, Chaplin concrétise à travers deux des personnages principaux, qui ne se rencontreront jamais, le millionnaire et l'aveugle, tout le contenu social et sentimental de son film. Le personnage du millionnaire permet à Chaplin de représenter d'une manière mémorable la relation épisodique qui existe à ses yeux entre le pauvre, le marginal et les classes possédantes. L'ordinaire du vagabond, c'est une douche écossaise suppliciante comme un cauchemar, liée à des incertitudes et à une angoisse permanentes. Toutes les scènes du film sont reliées entre elles par une trame mélodramatique qui est comme la mélodie éternelle de l'œuvre, lui assurant unité et cohérence, la gardant de cette abstraction qui guette le style de Chaplin dès ses premiers longs métrages. Ayant confié à deux personnages le soin d'exprimer les aspects fondamentaux du film, Chaplin peut consacrer un grand nombre de scènes au burlesque pur. (En ce sens, *Les lumières de la ville* est le dernier de ses film où sa verve comique triomphe avec autant d'insouciance et de brio.) Le burlesque pur apparaît dans l'évocation comique de l'inadaptation du héros, tout particulièrement quand celui-ci est confronté, non pas à un individu, mais à un groupe, à une classe, à une situation donnée à travers lesquels il ne fait que passer, tel un météore, l'espace d'une séquence. Le burlesque triomphe notamment dans les scènes du sifflet et du match de boxe. Cette dernière séquence (géniale) livre une des clés du style de

Chaplin. Elle est faite de plans très longs (eu égard au nombre élevé de déplacements de personnages). Elle ne contient aucun plan de coupe. Son rythme quasi chorégraphique est essentiel à l'efficacité des gags. Ce rythme existe en tant que tel et n'a besoin d'être soutenu par aucun effet de montage. La caméra se contente d'enregistrer l'action et de la refléter comme un miroir. Le public du monde entier fit en 1931 un triomphe à ce film muet et sonore. La ressortie de 1950, à une époque où le muet n'était plus qu'un lointain souvenir, ne fut pas moins triomphale.

## LYS BRISÉ (LE)
## (Broken Blossoms)

1919 – USA (6 bob.) • *Prod.* D.W. Griffith (distribué par UA) • *Réal.* DAVID WARK GRIFFITH • *Sc.* Griffith d'ap. la nouvelle « The Chink and the Child » (*in* « Limehouse Nights ») de Thomas Burke • *Phot.* Billy Bitzer • *Int.* Lillian Gish (Lucy), Richard Barthelmess (Cheng Huan), Donald Crisp (« Battling » Burrows), Arthur Howard (manager de Burrows), Edward Peil (Evil Eye), Norman Selby (= Kid McCoy) (le boxeur), George Beranger (l'espion), Moy Luke Ming.

Un Chinois jeune et pauvre se décide à partir pour Londres afin d'y propager le message bouddhique. Dans le quartier de Limehouse où il habite, vit également la très jeune Lucy, enfant martyre d'un père boxeur et alcoolique. Ayant fui le foyer paternel, elle est recueillie par le Chinois qui brûle pour elle d'une admiration passionnée et platonique. Le père retrouve sa fille et la frappe à mort. Il est abattu par le Chinois qui se poignardera à côté du cadavre de son adorée.

☞ Le plus célèbre des mélodrames de Griffith. De prime abord, on est enclin à penser que Griffith utilise trop systématiquement les moyens susceptibles de susciter la compassion du public. Mais peu à peu, de cet usage systématique des situations fortes et paroxystiques, jaillit une poésie désespérée et presque sauvage qui va beaucoup plus loin que le terme habituel des mélodrames, tels qu'on les affectionnait au début du muet. Il y a quelque chose de shakespearien dans cette intrigue qui s'achève avec l'élimination de tous les protagonistes, qui transforme la douceur, la tendresse de certains personnages en révolte et en violence. Le Chinois, venu enseigner la non-violence en Occident, devient ainsi un justicier et un assassin. De même, le style de Griffith subit, ou plutôt accomplit volontairement, une telle métamorphose. Sa douceur élégiaque un peu frêle se transforme inexorablement en un véritable cri de rage barbare contre l'hypocrisie et la cruauté de la « civilisation ».

N.B. Remake homonyme anglais (1936) par Hans Brahm dont c'est le premier film comme réalisateur et qui, dès son film suivant, aux États-Unis, signera John Brahm.

BIBLIO. : découpage (592 plans, 93 cartons) *in* « L'Avant-Scène » n° 302 (1983).

# M

## MABUSE / LE DOCTEUR MABUSE
### (Dr Mabuse, der Spieler)

1922 – Allemagne (I : 3 496 m, II : 2 560 m) • *Prod.* Uco-Film, Berlin • *Réal.* FRITZ LANG • *Sc.* F. Lang, Thea von Harbou d'ap. R. de Norbert Jacques • *Phot.* Carl Hoffman • *Int.* Rudolf Klein-Rogge (Dr Mabuse), Aud Egede Nissen (Cara Carozza), Gertrude Welcker (comtesse Dusy Told), Alfred Abel (comte Told), Bernhard Goetzke (procureur von Wenk), Paul Richter (Edgar Hull), Robert Forster-Larrinaga (Spoerri, domestique de Mabuse), Hans Adalbert Schlettow (Georg, le chauffeur), George John (Pesch), Karl Huszar (Hawasch, patron de l'atelier de fausse monnaie), Grete Berger (Fine, domestique de Mabuse), Julius Falken-Stein (Karsten, ami de Wenk).

I DER GROSSE SPIELER – EIN BILD DER ZEIT (= Le grand joueur – un tableau du temps). Dans l'Allemagne des années 20 en proie à la crise, à l'inflation, à un grand désarroi moral, le Dr Mabuse, médecin psychanalyste, expert en déguisements et propriétaire d'un atelier de fausse monnaie, ne songe qu'à s'enrichir et à faire triompher sa volonté de puissance sans limite. Il a mis la main, grâce à une machination exécutée avec ses complices, sur le traité commercial secret helvéto-néerlandais, dérobé dans un train à un courrier. Inquiets à l'idée que le contenu du traité puisse être révélé, les boursiers s'affolent et les titres chutent. Mabuse en achète une énorme quantité. Puis il fait réapparaître le traité intact à l'ambassade suisse. Les cours remontent. Mabuse vend et réalise une excellente affaire. Il jette ensuite son dévolu sur Edgar Hull, fils unique d'un industriel connu. Dans un cercle de jeu, l'ayant hypnotisé, il lui fait perdre une fortune. Puis il s'arrange pour que Hull rencontre à l'hôtel Excelsior la danseuse Cara Carozza. Profitant de l'amour passionné qu'il lui inspire, Mabuse utilise Cara comme un instrument au service de ses complots. Hull, ainsi que Mabuse l'avait voulu, tombera éperdument amoureux de Cara. Mais Hull, depuis ses pertes spectaculaires au cercle, a reçu la visite du procureur von Wenk qui veut le faire surveiller et protéger, afin de mettre fin aux agissements de la bande de tricheurs professionnels dont il avait été victime. Hull devient ainsi un habitué des cercles de jeu. Il reconnaît dans l'un d'entre eux la comtesse Told, surnommée « La voyeuse ». En effet, elle ne joue jamais et se contente de regarder jouer les autres. Ce soir-là, elle confessse à Wenk son ennui de vivre. Elle cherche désespérément une activité qui pourrait la faire sortir d'elle-même et de sa navrante mélancolie. Cara prévient Mabuse, que cet avertissement met en fureur, de se méfier de Wenk. Dans un club mal famé, Mabuse essaiera de l'hypnotiser avec des lunettes chinoises aux verres carrés. En vain. La volonté de Wenk est la plus forte et Mabuse quitte la place.

Wenk le poursuit en voiture mais perdra sa trace. Un des complices de Mabuse sert de chauffeur à Wenk et répand dans son véhicule des gaz anesthésiants. Quand il revient à lui, Wenk se retrouve sur l'eau dans une barque d'où on viendra le sauver. Après cet échec, Mabuse ordonne à ses complices de se débarrasser à tout prix de Wenk et de Hull. A cause d'un message qu'elle a laissé par mégarde tomber de sa poche, Hull comprend que Cara, qu'il adore, est au service de Mabuse. Il en informe Wenk. Cara emmène Hull à l'inauguration du Petit Casino, un tripot agencé pour se transformer, en cas d'irruption de la police, en salle de spectacle. Wenk, prévenu par Hull, est parmi les clients. Pendant ce temps, lors d'une séance de spiritisme, Mabuse rencontre la comtesse Told. A lui aussi elle confesse son ennui. Mabuse la comprend mais ajoute qu'en ce qui le concerne une seule chose le passionne : jouer avec les destinées humaines. Au Petit Casino, Wenk téléphone à la police. Cara entraîne Hull à l'extérieur de la salle, où il sera assassiné par deux complices de Mabuse. Cara est arrêtée et emprisonnée. Wenk propose à la comtesse une entreprise aventureuse apte à lui faire oublier son ennui. Il faudrait qu'elle accepte de se faire arrêter : on la placerait dans la cellule de Cara à qui elle pourrait extorquer des aveux. La comtesse accepte mais Cara devine le piège. Quand elle avoue à la comtesse qu'elle a agi uniquement par amour, celle-ci ne voit plus aucune raison de persévérer dans son projet. A l'occasion d'une soirée donnée par le comte Told, amateur et collectionneur d'art moderne, on demande à Mabuse son opinion sur l'expressionnisme. Il répond qu'il ne s'agit que d'un jeu puisque aujourd'hui tout est jeu. A la comtesse qui lui parle de la force de l'amour dont elle n'a pris conscience que tout récemment, il lui déclare : « Il n'y a pas de bonheur ; seule compte la volonté de puissance. » Il lui prouve le bien-fondé de son opinion en hypnotisant de dos le comte Told et en le faisant passer aux yeux de tous pour un tricheur. Les invités quittent la place. La comtesse s'évanouit. Mabuse la prend dans ses bras et l'emporte à sa voiture. Il la dépose chez lui sur un lit et s'écrie : « Elle est à moi ! »

II INFERNO – EIN SPIEL VON MENSCHEN UNSERER ZEIT (= Inferno – une pièce sur les hommes de ce temps). L'insomnie s'est emparée de tous les personnages de l'histoire, mais surtout du comte Told. Considéré unanimement comme un tricheur et se croyant abandonné de sa femme dont il ignore qu'elle est la prisonnière de Mabuse, il sombre dans la dépression. Il confie ses malheurs au procureur von Wenk qui – ô ironie – l'invite à chercher de l'aide auprès de celui de ses invités qui est psychanalyste, à savoir Mabuse. Belle aubaine pour le docteur : il accepte de traiter le comte, à condition qu'il ne sorte plus de chez lui et n'entre en contact avec quiconque. Craignant que Cara ne parle, Mabuse lui fait parvenir un poison dans sa prison, avec ordre de le boire immédiatement. Elle obéit à Mabuse par désespoir d'amour. Wenk découvre son cadavre et fait arrêter le geôlier complice. Mabuse réagit en exhortant les amis du geôlier à aller le délivrer. Ce qu'ils font. Mabuse, profitant alors du tumulte, fait abattre ledit geôlier. Puis il pousse le comte Told au désespoir en lui faisant croire que sa femme manœuvre pour obtenir son internement. Told se tranche la gorge avec un rasoir. Mabuse se rend dans le bureau de Wenk sous le prétexte de solliciter son aide pour le traitement du comte. Wenk lui apprend son suicide que Mabuse feignait d'ignorer. Mabuse parle à Wenk du fameux hypnotiseur Sandor Weltmann en suggérant que c'est peut-être lui qui tient sous sa coupe le comte Told. Cela afin d'attirer le procureur à l'une des représentations de Weltmann, qui n'est autre que Mabuse déguisé, avec une barbe et de longs cheveux. Au cours du spectacle, Mabuse-Weltmann crée une illusion collective (passage d'une caravane sur la scène) puis fait accomplir ses quatre volontés à certains spectateurs sous hypnose. Il ordonne ainsi à Wenk de prendre sa voiture et de rouler, à tombeau ouvert, jusqu'aux falaises de

Melior. Heureusement pour lui, des policiers l'ont suivi et le retirent *in extremis* de son véhicule qui va plonger dans le vide. Wenk reprend conscience. Il a reconnu Mabuse en Weltmann et ordonne de cerner la maison du docteur. Le siège sera long car Mabuse et ses complices vendent cher leur peau. Mabuse disparaît par une trappe et rejoint, en passant par les égouts, son atelier de fausse monnaie. Il s'y retrouve prisonnier et bientôt en proie à des hallucinations. Les complices de Mabuse sont tués ou arrêtés. Wenk retrouve la comtesse saine et sauve et obtient du secrétaire de Mabuse la clé de l'atelier. Il s'y rend et arrête le pauvre fou qu'est devenu Mabuse, lequel n'oppose plus aucune résistance.

☞ Neuvième film muet de Lang. Après l'allégorie métaphysique immensément ambitieuse des *Trois Lumières**, Lang retourne à sa passion du feuilleton. Comme presque tous ses films, *Mabuse* repose sur une dualité esthétique extraordinairement féconde, où se marient d'une part l'irréalisme du serial, sa mythologie fantaisiste, fantastique et populaire, et d'autre part le profond réalisme que donne à ces aventures délirantes leur immersion dans un contexte social et moral tout à fait véridique. D'une façon parfaitement logique, le succès du film sera dû à la figure bientôt légendaire de son héros, artisan perfectionniste de sa propre volonté de puissance, mais aussi à la description pénétrante, quasi documentaire, de l'Allemagne décadente et perdue des années 20. La dualité de tout le cinéma muet allemand, expressionniste et réaliste, se reflète ici avec génie, la virtuosité langienne faisant un sort égal à cet anti-héros fabuleux qu'est Mabuse et à l'analyse spectrale de la société qui a engendré un tel monstre. La mécanique narrative du film fonctionne selon le schéma classique bourreau-victimes. Mais il y a chez Mabuse comme chez la plupart de ses proies une espèce de nœud gordien commun : un irrésistible ennui de vivre que Mabuse monnaie en volonté de puissance et que ses victimes subissent sous la forme de mélancolie, passivité, désespoir, mal de vivre, morbidité suicidaire, etc. Mabuse ne réussit aussi bien que parce qu'il opère dans un climat qui lui est terriblement favorable. Non seulement ses alliés (Cara l'amoureuse, son secrétaire cocaïnomane, etc.), mais bon nombre de ses esclaves (le comte Told, la comtesse, etc.) sont, sans le savoir eux-mêmes, consentants à ses entreprises de captation et de démoralisation. Le consentement plus ou moins conscient des victimes fonde ici la puissance du bourreau. Dans le traitement dramatique, plastique et architectural de l'image, Lang a voulu donner à cette évidence la force d'un théorème. Sur un plan strictement esthétique, la méticuleuse noirceur du film, son rythme effréné, le brio de nombreuses séquences (ex. le siège de la maison de Mabuse) firent de *Mabuse* l'un des films les plus étudiés et les plus imités de l'histoire du cinéma. Sternberg, Hawks et bien d'autres lui doivent beaucoup.

N.B. Lang reprendra son personnage deux fois : en 1933, dans son deuxième film parlant, *Das Testament des Dr Mabuse,* au cours de la seule période relativement hésitante de sa carrière (dont témoigne aussi son film français, *Liliom,* 1934, mélange aléatoire d'allégorie et de réalisme) et, en 1960, à la toute fin de sa carrière dans *Die 1000 Augen des Dr Mabuse (Le diabolique Dr Mabuse).* Ce film testamentaire et glacé ouvre symboliquement, avec un grand pessimisme, sur l'ère de l'audiovisuel triomphant et sur de nouvelles formes technologiques de l'emprise du Mal. En 1962, un remake homonyme du film de 1932 fut réalisé par Werner Klinger. Wolfang Preiss y joue le rôle de Mabuse (comme dans le film de 1960) et Gert Fröbe celui du commissaire Lohmann.

## MACAO, L'ENFER DU JEU

1939 (Sorti en 1942) – France (90') • *Prod.* Demo Films (Max Cassvan) • *Réal.* JEAN DELANNOY • *Sc.* Pierre-Gilles Veber, Roger Vitrac d'ap. R. de Maurice Dekobra • *Phot.* Nicolas Hayer • *Mus.* Georges Auric • *Int.* Mireille Balin (Mireille), Erich von Stroheim (Werner Krall), Louise Carletti (Jasmine), Sessue Hayakawa (Ying-Tchai), Roland Toutain

(Pierre Milley), Henri Guisol (Almeido), Georges Lannes (le capitaine), Alexandre Mihalesco (le général chinois).

A Macao, ville de plaisirs et d'occasions, gravitent un trafiquant d'armes, une danseuse sans le sou, une héritière qui ignore les activités illicites de son père, un journaliste, un indicateur et quelques autres aventuriers de moindre envergure. La danseuse, tirée d'un mauvais pas par le trafiquant, donnera de sa personne pour l'aider quand il sera à son tour dans le pétrin. Cela ne lui servira guère, car tout ce joli monde doit périr à la fin, à l'exception du journaliste et de l'héritière qui, ayant découvert la vérité sur son père, provoquera sans le vouloir son suicide.

☞ Un feuilleton mouvementé et désabusé comme on les aimait dans les années 30. La guerre sino-japonaise sert de toile de fond à la description de quelques aventuriers hauts en couleur, pittoresquement campés par autant de monstres sacrés. On remarque particulièrement le couple Stroheim-Balin : lui, trafiquant ayant gardé sa dignité et ses délicatesses, elle, femme fatale au caractère romanesque et spontané de midinette. Le jeu de Mireille Balin, d'un naturel et d'un abandon surprenants, paraît très moderne. Jean Delannoy, déjà doué d'une habileté de vieux routier, joue les Sternberg du pauvre en tirant les ficelles de ce drame populaire et exotique qui laisse un arrière-goût mélancolique et désenchanté. L'absence de manichéisme dans l'intrigue rend le film tout à fait amoral, élément qui lui a permis de bien vieillir. Il n'y a pas de vrais « méchants » dans le récit, mais plutôt des épaves, des individus égarés ou perdus qui ont dû accepter des compromis avec eux-mêmes, avec les circonstances, leur milieu, leur époque et l'Histoire. Les dialogues de Roger Vitrac ne cherchent pas à briller par eux-même et se mettent uniquement au service des personnages.

N.B. Le film ne sortit qu'en 1942 dans une version où Pierre Renoir remplaçait Stroheim. La version avec Stroheim réapparut après guerre.

## MADAME DE

1953 – France-Italie (100') • *Prod.* Franco-London-Films (Paris), Indusfilms, Rizzoli (Rome) • *Réal.* MAX OPHULS • *Sc.* Marcel Achard, Annette Wademant, Max Ophuls d'ap. R. de Louise de Vilmorin • *Phot.* Christian Matras • *Mus.* Georges Van Parys, Oscar Strauss, Meyerbeer • *Int.* Danielle Darrieux (la comtesse Louise de), Charles Boyer (son mari), Vittorio De Sica (le baron Fabrizio Donati), Mireille Perrey (la nourrice), Jean Debucourt (le bijoutier), Serge Lecointe (son fils), Jean Galland (M. de Bernac), Lia Di Leo (Lola), Hubert Noël (Henri de Maleville).

Mariée à un général, Madame de, connue pour être la coquetterie même, a des dettes. Elle vend ses boucles d'oreilles en diamant, cadeau de son mari, et entend faire croire à celui-ci qu'elle les a perdues au théâtre. On en parle dans les journaux. Le bijoutier s'émeut pour sa réputation et vient trouver le général qui rachète les bijoux et les donne en cadeau d'adieu à sa maîtresse. Le baron Donati, un diplomate, les rachète à Constantinople où la maîtresse du général les a perdus au jeu. En poste à Paris, il tombe amoureux de Madame de et les lui offre. Madame de, pour une fois, se sent sérieusement amoureuse. Elle essaie d'oublier cet amour en voyageant. Peine perdue. Le baron lui écrit sans cesse et elle finit par le revoir. Elle s'empêtre dans des mensonges pour faire croire à son mari qu'elle a retrouvé les boucles et pour expliquer au baron comment son mari accepte qu'elle les porte. Les deux hommes s'expliquent. Le baron dit à Madame de qu'il ne peut plus la revoir. Le général oblige sa femme à donner les bijoux à une nièce qui vient d'être mère. Celle-ci les revend et Madame de les achète, les considérant maintenant comme des reliques. Elle s'abîme dans le silence et la maladie. Le général ne peut l'en faire sortir. « Le malheur s'invente », s'écrie-t-il. Furieux, il provoque le baron en duel au pistolet et le tue. Madame de, qui avait donné en offrande les bijoux à la Vierge pour sauver le baron, meurt en devinant l'issue du combat.

☞ Avant-dernier film de Max Ophuls. Cette histoire d'un bijou, d'un mensonge et d'une passion est sans doute son œuvre la plus achevée pour l'équilibre qu'on y trouve entre le classicisme secret du cinéaste (goût pour les intrigues construites et « bouclées », retenue et pudeur, sens de la litote) et son baroquisme évident. C'est aussi le film d'Ophuls où les partis pris de la mise en scène épousent le plus naturellement les idées et la vision du monde de l'auteur. Ophuls haïssait le plan fixe comme contraire à la vie et à la réalité, et ce film n'en comporte pratiquement pas. Le mouvement qui anime chacune des séquences et l'ensemble de l'œuvre contient en lui-même la réponse aux questions que pose constamment l'univers d'Ophuls : qu'est-ce que la frivolité ? Où commence la gravité ? Ce mouvement les transforme l'une en l'autre comme il transforme les personnages à chaque instant de leur vie. C'est dans ce mouvement incessant – mais qui jamais ne revient en arrière – des corps, des impressions, des sentiments, des passions qu'Ophuls a vu la vérité, à la fois superficielle et tragique, de la condition humaine. Intrigue parfaite dans ses circonvolutions et sa netteté, dialogues ironiques et simples, d'une extrême qualité littéraire, acteurs sensibles et raffinés, photo superbement contrastée, décors au foisonnement débouchant sur l'abstrait : jamais autant qu'ici Ophuls n'a dominé sa matière et livré un récit complètement détaché de lui et qui en est en même temps une confession intime.

BIBLIO. : scénario et dialogues *in* « L'Avant-Scène » n° 351 (1986).

## MADAME PORTE LA CULOTTE (Adam's Rib)

1949 – USA (101') • *Prod.* MGM (Lawrence Weingarten) • *Réal.* GEORGE CUKOR • *Sc.* Ruth Gordon et Garson Kanin • *Phot.* George Folsey • *Mus.* Miklos Rozsa • *Int.* Spencer Tracy (Adam Bonner), Katharine Hepburn (Amanda Bonner), Judy Hollyday (Doris Attinger), Tom Ewell (Warren Attinger), David Wayne (Kip Lurie), Jean Hagen (Beryl Caighn), Hope Emerson (Olympia La Pere), Will Wright (le juge Marcasson).

New York. Une jeune femme, mère de trois enfants, tire sur son mari qu'elle a suivi, pour le surprendre, jusque chez sa maîtresse. Le mari n'est que blessé. Un couple d'avocats célèbres, Adam et Amanda Bonner, qui s'aiment comme des tourtereaux quoiqu'ils en aient largement dépassé l'âge, vont voir leur vie bouleversée par ce fait divers. En effet, tandis qu'Adam est chargé, en tant qu'assistant de l'avocat général, de défendre la victime, Amanda prend résolument contact avec l'accusée et veut la défendre, saisissant là une occasion de partir en croisade pour la défense de l'égalité des droits de la femme. Son but est de prouver aux jurés que, s'il s'agissait d'un homme ayant pris les armes pour défendre son foyer, il serait acquitté. Amanda n'hésite pas à faire venir à la barre une chimiste couverte de diplômes, une femme contremaître et même une acrobate de cirque qui soulèvera Adam dans les airs en plein prétoire, afin de souligner les mérites éminents des femmes dans tous les domaines. Adam trouve alors que la coupe est pleine et quitte le domicile conjugal. Le verdict est un triomphe pour Amanda et pour la cause des femmes : non coupable. Le soir même, Adam se rend chez un voisin, un pianiste compositeur qui courtise depuis longtemps Amanda. Celle-ci se trouve avec lui. Armé d'un revolver, Adam les menace. Amanda, terrorisée, lui dit qu'il n'a pas le droit de s'en servir. Adam exulte de voir sa femme partager ses idées sur le nécessaire respect des lois et mange le revolver, qui était en réglisse. Plus tard, il utilise une arme plus féminine – la feinte émotion, les larmes – pour qu'elle l'emmène dans leur nouvelle maison de campagne. Ayant eu connaissance du stratagème, Amanda y voit un nouvel argument en faveur de l'égalité entre hommes et femmes. Adam lui rappelle qu'il existe quand même une petite différence entre les deux sexes et cite à ce propos le dicton français : « Vive la différence ! »

☞ Sixième film des neuf tournés par le couple Tracy-Hepburn de 1942 à 1967. C'est le deuxième des trois qu'a dirigés Cukor et le plus brillant de tous.

Les Kanin ont imaginé un scénario qui équilibre savamment la description de la vie intime du couple et l'intrusion d'un élément social (le féminisme) que Cukor traite avec humour mais sans dérision. Et de toute façon, chez lui, les femmes ont toujours le dernier mot. Il s'ingénie à présenter la guerre des sexes et la justice comme une sorte de théâtre mouvementé et complexe, vision qu'il perfectionnera dans *Les Girls**. L'essentiel étant ici l'interprétation et la chaleur particulière qui émane d'un couple unique, Cukor se met entièrement à leur service : il utilise une technique de plans fixes souvent très longs, qui, tout en restant invisible, serre de près les acteurs et, par la durée, par la disparition maximun du montage, obtient d'eux le meilleur. Célèbre plan fixe de sept minutes pour l'interrogatoire de Judy Holliday (dans ses grands débuts cinématographiques) par Hepburn. C'est le modernisme de ce film : il n'accentue pas les moments forts, mais amène leur force et leur vérité à surgir d'elles-mêmes aux yeux du public dont l'attention est stimulée par les moyens les plus sobres.

BIBLIO. : scénario et dialogues dans la collection « The MGM Library of Film Scripts », The Viking Press, New York, 1972.

## MADAME SATAN
## (Madam Satan)

1930 – USA (13 bob.) • *Prod.* MGM (DeMille) • *Réal.* CECIL B. DEMILLE • *Sc.* Jeanie MacPherson, Gladys Ungher et Elsie Janis • *Phot.* Harold Rosson • *Mus.* (et chansons) Clifford Gery, Herbert Stothart, E. Janis et Jack King • *Int.* Kay Johnson (Angela Brooks), Reginald Denny (Bob Brooks), Lillian Roth (Trixie), Roland Young (Jimmy Wade), Elsa Petersen (Martha), Boyd Irwin (capitaine du zeppelin), Wallace McDonald (premier maître), Wilfred Lucas (sénateur romain), Tyler Brooke (Romeo), Theodore Kosloff (l'Électricité).

L'action se déroule en trois décors et quatre parties. I – Angela Brooks, une femme de la bonne société new-yorkaise, attend son mari Bob qui rentre au milieu de la nuit avec un ami, Jimmy, complètement ivre. Elle comprend que son mari la trompe avec une petite chanteuse de music-hall nommée Trixie. Mensonge maladroit de l'ami essayant de faire croire à Angela que Trixie est sa femme. II – Chez Trixie. Angela survient avec Jimmy et oblige ce dernier à se déshabiller et à se coucher auprès de Trixie : n'est-il pas son mari après tout ? Arrivée inopinée de Bob. Angela disparaît sous un édredon. Bien sûr, Jimmy refuse de dire à Bob qui est caché là. Bob repart. Trixie explique à Angela qu'elle ne sait pas s'y prendre pour garder un homme. III – A l'intérieur d'un zeppelin relié à une tour, au-dessus de la ville. Bal costumé. Ballet de gladiateurs. Concours de beauté agrémenté de chansons. Angela, dans une tenue ultra-sophistiquée, apparaît sous les traits de Madame Satan. Elle est la reine de la soirée et séduit tout le monde, y compris son mari à qui elle ne révèle son identité qu'après un long marivaudage. Gros orage. Le zeppelin se détache de la tour et se brise en deux. Les occupants sautent en parachute. Angela donne son parachute à Trixie à la condition qu'elle ne revoie jamais son mari. Bob donne le sien à sa femme et saute à l'eau. Une fille déguisée en déesse hindoue aux multiples bras tombe au milieu d'un groupe de Noirs terrorisés : ils étaient en train de parler du Vaudou. Trixie tombe dans un établissement de bains pour hommes ; une autre invitée atterrit sur le toit d'une église, etc. IV – Retour chez les Brooks : réconciliation définitive des époux.

☞ Tout DeMille est contenu dans ce deuxième film parlant à la structure théâtrale volontairement soulignée (quoiqu'il s'agisse d'un scénario original et non de l'adaptation d'une pièce). Le mélange successif des genres (vaudeville, farce excentrique, comédie de mœurs, drame spectaculaire) entretient chez le spectateur une surprise et un déséquilibre constants. L'humour et la gravité échangent perpétuellement leur masque à la faveur d'un délire baroque particulièrement réussi. Le doigt de Dieu est présent dans cette catastrophe qui met les personnages en face de leur destin et de leur vérité, et réveille chez certains d'entre eux le sens du sacrifice.

La reconquête d'un époux léger et superficiel par une femme plus austère qui se met à son diapason est un thème repris à de nombreuses et brillantes comédies de l'auteur, à l'époque du muet. *Madame Satan* s'achève enfin par un éloge sans réserve des vertues conjugales. Pour DeMille, le film idéal est un divertissement spectaculaire, riche en notations psychologiques et sociales quand il décrit le monde contemporain, apte à transmettre un message d'ordre social, politique ou religieux. Le cinéma est pour lui un art tout à fait sérieux, si l'on considère la sincérité de ses convictions et l'ardeur qu'il dépense à les communiquer au public, mais qui n'a rien à faire du sérieux dans la dramaturgie de l'œuvre elle-même. Que l'œil, l'imagination, les facultés du spectateur soient comblés, et le terrain deviendra tout naturellement propice à la transmission de n'importe quelle idée, fût-ce la plus austère et la plus rigoriste. C'était là le credo de DeMille, un cinéaste dont la fantaisie délirante surprend encore le spectateur d'aujourd'hui, même s'il ne partage nullement ses idées.

N.B. Jeanie MacPherson et Harry Sinclair Drago ont publié une *novelization* du film chez A.L. Burt Company, New York, Chicago, 1930.

## MADDALENA ZERO IN CONDOTTA

Inédit en France. 1941 – Italie (76') • *Prod.* Artisti Associati • *Réal.* VITTORIO DE SICA • *Sc.* Ferruccio Biancini d'ap. P. de Laszlo Kadar • *Phot.* Mario Albertarelli • *Mus.* Nuccio Fiorda • *Int.* Vera Bergman (l'enseignante), Carla Del Poggio (Maddalena), Eva Dilian (la jeune fille recevant des cours privés), Vittorio De Sica (Carlo Hartman fils, père et grand-père), Amelia Chellini, Pina Renzi, Paola Veneroni.

Dans une école de secrétariat, une enseignante trop gentille manque d'autorité. Elle dit en pleurnichant à ses élèves que, si elle est renvoyée, ce sera à cause d'elles. Maddalena, l'élève la plus turbulente de la classe et celle qui a le plus d'influence sur ses condisciples, est émue et oblige ses camarades à se tenir tranquilles. Elle découvre une lettre d'amour adressée par la maîtresse à « Monsieur Hartman », nom du destinataire imaginaire de toutes les lettres dans le manuel de secrétariat. Cette missive sans contenu réel dénote le caractère rêveur et romanesque de son auteur, ainsi que ses frustrations sentimentales. Maddalena montre la lettre à une autre élève qui, n'ayant rien compris, la poste au destinataire à Vienne. Or, il se trouve que là-bas un Monsieur Hartman, homme d'affaires, existe vraiment. Intrigué, secrètement flatté, il se rend avec un ami à l'école et rencontre, sans dire qui il est, sa correspondante. Maddalena prend les choses en main et fait passer la maîtresse pour sa sœur, lui permettant ainsi de gravir plusieurs échelons sur le plan social. Divers quiproquos s'ensuivent. La maîtresse ayant évoqué son père, grand chasseur de bisons, Hartman félicitera le père de Maddalena pour ses talents de chasseur. Celui-ci n'y comprend goutte et se met à lire un livre sur Buffalo Bill. Un double mariage conclura ce chassé-croisé de mensonges. L'enseignante quittera l'école et épousera Hartman, tandis que Maddalena convolera avec l'ami de ce dernier.

☞ Après l'exquis *Rose scarlatte*, Vittorio De Sica récidive dans la mise en scène avec cette comédie très brillante qui illustre un genre cher au cinéma des « téléphones blancs » et propose *en creux*, par les seules ressources du divertissement, une réflexion sur ce type de cinéma. Parfait spécimen du genre des films de collèges féminins né en Italie durant l'époque fasciste (cf. *Leçon de chimie à neuf heures**), genre où se manifeste le plus souvent l'ascendant social des élèves sur les professeurs, *Maddalena zero in condotta* comporte d'abord un aspect descriptif et satirique. Il concerne l'univers scolaire, éternelle mine de gags et de notations psychologiques savoureuses. Dans la première partie, croquis rapides, gags discrets se succèdent sur un rythme vif et dans un ton qui veut toujours rester charmant. (Dans la salle des profs, un prof frileux portant d'épais vêtements et un grand foulard exige avant même d'entrer qu'on ferme la fenêtre. Une élève vient en classe comme dans un salon de thé pour choisir les professeurs qui lui donneront des cours à domicile. Quand le professeur ne l'intéresse pas, elle dit : « Me ne vado » et quitte tranquillement la classe. Un prof de gym, petit vieillard en culottes de golf, se borne à répéter 1,2,3,4 pendant que ses élèves font l'exercice. Un huissier vient lui porter à boire et, pendant qu'il boit, continue à sa place 1,2,3,4, pour ne pas rompre le mouvement. Par un système de cordes, les élèves agitent les bras des manteaux pendus au portemanteau contre un mur de la classe. Un prof bourru, l'antithèse de l'héroïne, croit avoir la berlue quand il les voit bouger. Au moment du départ de l'héroïne, les bras s'agitent. Elle dit à un collègue médusé : « Ils me disent au revoir ».) Avec la seconde partie commence une superbe comédie de situations où s'amorce en même temps une réflexion sur les « téléphones blancs ». Triomphe de l'irréalité, ce cinéma, basé sur une autocensure permanente des cinéastes eux-mêmes, évitait tous les sujets qui auraient pu être – si peu que ce soit – gênants, embarrassants ou dérangeants. Toute allusion à un aspect de la vie sociale ou politique de l'époque est interdit. Ce cinéma ne pouvait parler de rien. *Rien* sera ici le sujet principal du film. L'héroïne, encore mentalement adolescente, se rêve un fiancé qui lui tombe ensuite miraculeusement du ciel. Elle devient ainsi dans son évanescence, dans son ignorance de la vie, l'archétype de tout personnage filmique à cette époque et aussi, d'une certaine façon, l'archétype de chaque spectateur. Pour les personnages comme pour le public, au cinéma, ce n'est pas le conte de fées qui devient réalité, c'est la réalité elle-même qui ne peut être autre chose qu'un conte, puisqu'elle a perdu dès l'origine (la genèse du film) toute chance d'être une réalité. Ici, la musique intermittente – on chante, on danse parfois –, le charme de la mise en scène et des interprètes, une légèreté de ton qui en dit beaucoup plus long qu'elle ne devrait, dessinent autour du vide dans lequel se mire le film des arabesques gracieuses que le temps n'a pas abîmées. Après avoir élégamment exprimé ses frustrations d'artiste, sinon de citoyen, De Sica allait passer très vite à d'autres sortes d'ouvrages. Quatre ans plus tard, il signait *I bambini ci guardano** qui annonce le néo-réalisme dont il allait être l'un des artisans capitaux.

## MADEMOISELLE DE LA FERTÉ

1949 – France (98 ') • *Prod.* CFP • *Réal.* ROGER DALLIER • *Sc.* Steve Passeur d'ap. R. de Pierre Benoit • *Phot.* Roger Arrignon • *Mus.* René Sylviano • *Int.* Jany Holt (Anne de la Ferté), Françoise Christophe (Galswinthe), Pierre Cressoy (Jacques), Jean Servais (Lord Osborne), Jean Brochard (M. Larald), Pierre Palau (Destrouesse), Jean Parédès (Barradère).

1918 dans les Landes. Anne de la Ferté, une vieille femme solitaire, dote, selon une habitude devenue une tradition dans le pays, les jeunes mariés du village. Elle fait ainsi, en bien des cas, le bonheur de jeunes gens qui sans elle n'auraient pu s'unir à leur gré. Remerciée et saluée comme une sainte par l'une des épousées, elle se met à songer à son passé. Vers 1880, à la mort de son père, un homme léger qui a dilapidé sa fortune, elle se retrouve seule et mise au ban de sa famille. Elle doit aller habiter une piteuse métairie des Landes, le seul bien qui lui reste. Quand son cousin Jacques – l'amour de sa vie – veut l'épouser, il se heurte à une coalition de tous ses parents. L'un d'entre eux, qui l'emploie dans son entreprise d'importation, lui impose une condition avant d'autoriser son mariage : Jacques devra faire un stage d'un an à Haïti, nécessaire à son apprentissage. En se quittant, les deux fiancés se jurent fidélité : ils se marieront dans un an jour pour jour. Un an plus tard, Jacques épouse... la fille du consul d'Angleterre, rencontrée là-bas. Désespérée, Anne apprend un peu plus tard (1882) la mort accidentelle de Jacques par noyade. Quatre ans après, la veuve de Jacques, Galswinthe, vient habiter avec son amant Lord Osborne, un homme marié, tout près de chez Anne dans une propriété qui appartenait à Jacques. Belle, épanouie, ayant mené une vie dissipée, s'étant attachée Jacques pour son charme et non pour sa fortune, elle est aujourd'hui tuberculeuse. Elle tient à rencontrer Anne et à devenir son amie. Anne, animée d'une soif de vengeance inextinguible, nouera avec elle une relation très trouble et portera ainsi de nombreux coups à une victime aussi consentante qu'inconsciente. Après le départ d'Osborne obligé de rentrer à Londres pour raisons politiques, Anne fait faire à Galswinthe de longues et fatigantes promenades à travers la campagne ; elle provoque la ruine d'Osborne qui s'était lancé dans une campagne contre les Jésuites en envoyant à ses ennemis politiques ses lettres intimes adressées à Galswinthe ; puis elle installe celle-ci chez elle, dans une demeure où l'humidité qui suinte de tous les murs est on ne peut plus nuisible à sa santé. Devenue l'administratrice de sa fortune et sa légataire universelle, elle se paie le luxe de laisser dans la ruine ses parents qui l'avaient autrefois humiliée avant d'empêcher son mariage. Elle assiste enfin à l'agonie et à la mort de sa victime.

☞ Un cinéma riche contient toujours un certain nombre de films marginaux et inclassables. S'ils prolifèrent, ce cinéma va à vau-l'eau ; s'ils viennent à manquer, l'académisme, la pétrification menacent. Entre 1945 et le tout début des années 50, période qui marque la fin de la grande richesse du cinéma français, ces films dits inclassables sont peu nombreux et très méconnus. Citons notamment *La fiancée des ténèbres* (Poligny, 1945), *Le secret de Monte-Cristo* (Valentin, 1948), *La ferme des sept péchés** (Devaivre, 1949) et cette *Mademoiselle de la Ferté,* qui à la fois inaugura et termina la carrière de réalisateur de Roger Dallier (il continua par la suite ses activités d'assistant). Il s'agit là, même si elle n'est pas sans défauts, de l'une des meilleures – sinon la meilleure – adaptation de Pierre Benoit. Cet auteur, plus brillant par son invention narrative que par son style, excelle à décrire des destinées romanesques et sentimentales souvent malheureuses, confinées, et comme appauvries par l'intensité de l'unique passion qui les dévore. Avec peu de moyens, Roger Dallier a bien décrit les différents espaces, de plus en plus restreints, où se déroule le drame : la terre sauvage et désolée des Landes, où une âme blessée et retirée du monde découvre son environnement idéal ; la demeure austère, humide et mortelle, de l'héroïne ; enfin son cœur glacé, éclairé par les seules lueurs du désespoir et de la vengeance. L'originalité de l'intrigue consiste à faire coïncider vengeance et fatalité en soulignant la facilité avec laquelle cette vengeance s'accomplit. Anne voit en effet converger vers elle tous les éléments d'une vengeance *parfaite,* au sens où l'on parle de crime parfait : accident de son fiancé, solitude et maladie de sa rivale, ruine financière de ses parents qui l'avaient repoussée. Où trouverait-elle la force de renoncer à une entreprise que les circonstances paraissent à ce point favoriser ? Tout va dans le sens de sa passion destructrice, y compris cette séduction qu'elle exerce sur sa victime. L'audace du sujet, sur ce plan, contient aussi la principale faiblesse du film. La pudeur de l'époque entoure d'ambiguïté la relation des deux femmes et cette absence de netteté nuit à la progression tragique de l'histoire. L'interprétation, parfois figée et défaillante, s'enrichit néanmoins du contraste intéressant qu'offrent les personnalités et les physiques opposés de Jany Holt et de Françoise Christophe (ici dans l'un de ses meilleurs rôles). Ce qui rend le film attachant, c'est aussi que la violence et la tristesse des passions soient si bien relayées par les paysages. Qualité rare dans un film français. C'est enfin l'immobilité et la rigidité tragique du drame. L'héroïne se venge sans avoir pratiquement à sortir de chez elle. Les auteurs ont voulu préserver cette originalité en éliminant de l'action toute surprise, toute astuce de construction, tout suspense. Peut-être même ont-ils été trop loin dans ce sens. A cet égard, le film est infiniment plus austère et plus dépouillé que, par exemple, *Les dames du bois de Boulogne**, autre récit de vengeance.

## MADEMOISELLE JULIE (Fröken Julie)

1951 – Suède (90') • *Prod.* Sandrew • *Réal.* ALF SJOBERG • *Sc.* A. Sjöberg d'ap. P. de August Strindberg • *Phot.* Göran Strindberg • *Mus.* Dag Wirén • *Int.* Anita Björk (Mlle Julie), Ulf Palme (Jean), Marta Dorff (la cuisinière), Anders Henrikson (le comte Carl), Lissi Alandh (la comtesse Berta), Inger Norberg (Julie enfant), Jan Hagerman (Jean enfant), Kurt-Olof Sundström (le fiancé de Julie), Ake Fridell (Robert), Max von Sydow (palefrenier), Inga Gill (Viola).

Durant la nuit de la Saint-Jean, mademoiselle Julie, fille du comte Carl, ayant rompu il y a peu de temps ses fiançailles, provoque un domestique de son père et se donne à lui. Elle adopte vis-à-vis de lui un comportement tour à tour hautain et soumis. A l'aube, les deux amants pensent fuir vers la Suisse où Jean sait pouvoir trouver du travail dans l'hôtellerie. Ils se sont mutuellement raconté leur enfance. Petit garçon, Jean admirait passionnément la fillette. Elle était si éloignée de lui socialement que c'était comme si elle vivait sur une autre planète. Un jour, pour la voir de plus près, Jean avait pénétré dans la maison des maîtres. Pour cette offense égale à un crime, il avait été poursuivi à travers la campagne ; il s'était jeté à la rivière puis en avait été repêché et fut alors cruellement fouetté par son père. Toute l'enfance de Julie avait été marquée par la personnalité de sa mère, une femme émancipée qui avait toujours refusé d'épouser le père de son enfant. Elle aurait de beaucoup préféré avoir un garçon. Elle éduqua Julie comme un homme tant pour le costume que pour les activités. Un jour, elle mit le feu à la demeure de son compagnon, le comte. Obligé de s'endetter auprès d'un amant de sa femme, celui-ci s'était tiré une balle dans la tête sans réussir à se tuer. Maintenant, Jean et Julie s'apprêtent à partir. Julie imagine que son père se suicidera après son départ. Mais une dispute avec Jean vient la rappeler à la réalité et elle comprend que tous leurs beaux projets n'étaient rien de plus qu'un rêve. Elle se suicide avec un rasoir. C'est son père qui, après avoir pressé son ancien fiancé de renouer avec elle, trouvera son cadavre.

☞ Plus que n'importe quelle œuvre de Sjöström, Stiller ou Bergman, *Mademoiselle Julie* est sans doute le film suédois qui bénéficia de la plus large célébrité internationale. Il est vrai qu'il contient tous les thèmes, les clichés visuels, l'atmosphère caractéristique de la représentation de la Suède au cinéma : nuit claire et passionnée de la Saint-Jean entre lacs et forêts, sensualité latente et soudain débordante des personnages, inquiétude métaphysique, guerre des sexes (chère à Strindberg), augmentée ici d'une non moins virulente guerre des classes. L'audace du film – ce mélange de domination et de soumission vis-à-vis de l'homme observé chez une femme névrotique revivant à sa manière des conflits maternels – s'est peu à peu estompée. L'interprétation, très en dessous du niveau auquel Bergman a habitué le spectateur, paraît aujourd'hui presque académique. Il en est de même du découpage et de la mise en scène proprement dite. Ce qui peut encore retenir l'attention, c'est la manière dont Sjöberg a modernisé et surtout élargi, dans l'espace et dans le temps, le huis-clos de la pièce de Strindberg qu'il avait montée au théâtre en 1945 et dont l'action se déroule uniquement dans la cuisine du manoir. Un certaine richesse visuelle est ainsi concédée au film par l'évocation des rêves des deux personnages (montrés en transparence derrière eux) et plus encore par les flash-backs évoquant leur enfance. On avait beaucoup remarqué ce plan audacieux pour l'époque, où le présent et le passé se mêlent : derrière Julie adulte apparaît, dans le même décor, Julie enfant accompagnée par sa mère. Il faut mentionner aussi le « flash-forward » du suicide du père. Cette audacieuse figure de style que peu de cinéastes ont utilisée (cf. Walsh dans *When Thief Meets Thief,* 1937) plonge dans le futur comme le flash-back dans le passé. Elle sert ici à présenter l'hypothèse que formule mentalement l'héroïne au sujet des conséquences de son départ. En ce qui concerne l'espace, la somptueuse photo de Göran Strindberg recrée avec talent cette fête champêtre de la Saint-Jean qui est comme le symbole visuel de la Suède. Durant cette nuit unique se déploient les instincts contradictoires de l'héroïne, et notamment cet inapaisement, ce goût du malheur qui ne l'auront jamais quittée.

## MAFIOSO

Inédit en France. 1962 – Italie (103') • *Prod.* Compagnie Cinématographique Antonio Cervi, distribué par De Laurentiis • *Réal.* ALBERTO LATTUADA • *Sc.* Age, Scarpelli, Marco Ferreri, Raphael Azcona d'ap. un sujet de Bruno Caruso • *Phot.* Armando Nannuzzi • *Mus.* Piero Piccioni • *Int.* Alberto Sordi (Antonio Badalamenti), Norma Bengell (Marta), Cinzia Bruno (Donatella), Katiuscia Piretti (Patrizia), Armando Thiné (Dr Zanchi), Lilly Bistrattin (secrétaire du Dr Zanchi), Gabriella Conti (Rosalia Badalamenti).

Un contremaître d'une usine de Milan, Antonio Badalamenti, emmène pour un bref séjour femme et enfants en Sicile, sa terre natale. Là, le caïd du coin le persuade de lui rendre un service (c'est à lui qu'Antonio doit sa place). Une nuit, juste avant l'aube, Antonio s'installe dans une caisse déposée dans un avion. Il se retrouve à New York. On lui désigne un homme à tuer, chez un coiffeur. Il l'exécute. Puis il retourne en Sicile dans la même caisse. Il reprend un peu plus tard son travail à Milan.

☞ Un sommet quasi inconnu dans l'œuvre inégale mais souvent intéressante de Lattuada. Le scénario, volontairement peu foisonnant, peu riche, peu « italien » en ce sens, auquel ont collaboré quatre noms prestigieux du cinéma italien d'après-guerre, est d'une audace extrême et presque incroyable. Jusqu'au bout on attend quelque pirouette, quelque retournement qui atténuerait la cruauté du propos et de l'action. Il n'y en aura pas. Le crime restera impuni, donc parfait, et son auteur, inconnu. Cela, dans une comédie, aurait été impensable à l'époque en France et même aux États-Unis, d'autant plus que l'assassin est joué ici par la vedette la plus populaire du pays. Le style glacial et distancié de Lattuada (un réalisateur qui ne *s'approche* du sujet que lorsque celui-ci est intensément érotique) sert admirablement l'audace insolite du récit. Le film n'a qu'un seul point de rencontre avec la comédie ialienne de l'époque : le heurt des deux Italie quand la femme (blonde) de Sordi entre en contact avec le clan sicilien de ses beaux-parents. Lors d'un repas, elle se met à fumer ; les conversations cessent immédiatement. Cette touche de satire ajoute un élément concret au caractère allégorique de cette fable atroce où un Italien moyen est condamné en douceur par la Mafia à commettre un crime qui restera enfoui dans sa conscience. On n'a jamais été aussi loin dans la description clinique de l'absence de liberté, de l'aliénation d'un citoyen ordinaire dans un contexte social donné.

N.B. Le film devait, à l'origine, être réalisé par Marco Ferreri.

## MAGIC (id.)

1978 – USA (106') • *Prod.* Fox (Joseph E. Levine, Richard P. Levine) • *Réal.* RICHARD ATTENBOROUGH • *Sc.* William Goldman d'ap. son R. • *Phot.* Victor J. Kemper (Technicolor), • *Mus.* Jerry Goldsmith • *Int.* Anthony Hopkins (Corky Fats), Ann-Margret (Peggy Ann Snow), Burgess Meredith (Ben Greene), Ed Lauter (Duke), E. J. Andre (Merlin), Jerry Houser (chauffeur de taxi), Lilian Randolph (Sadie).

Une marionnette prend une emprise grandissante sur son maître, un illusionniste-ventriloque faisant avec elle un numéro. Elle l'oblige à commettre plusieurs meurtres. Mais, quand elle voudra lui faire également assassiner une femme qu'il avait autrefois aimée et qui l'aime encore, le ventriloque préférera se suicider. La marionnette, que la peur de la mort soudain terrifie, mourra avec lui.

☞ Sobre jusqu'à être terne mais au moins sans esbroufe, la mise en scène de Richard Attenborough respecte le très beau script que William Goldman a tiré de son propre roman. Il s'agit d'une variation passionnante et très élaborée sur un thème déjà traité succinctement

– mais avec un retentissement considérable – dans un sketch de *Dead of Night**. Le film suit avec une fascinante minutie le processus par lequel la marionnette, devenue l'*alter ego*, la caricature monstrueuse de son maître, exerce sur lui une emprise de plus en plus étouffante. Cette emprise s'exerce surtout – et c'est là l'aspect le plus original de l'histoire – par la parole. La marionnette *prend* la parole et la confisque à son profit. Elle devient la voix intérieur du héros, remplaçant chez lui « ce murmure de vie mentale qui, chez l'homme, se poursuit jusqu'à l'article de la mort », (Georges Poulet à propos d'Amiel). Ce murmure est ici pathologique, masochiste et profondément tragique. Empruntant le ton de l'ironie et du sarcasme, il exprime la peur du succès, du bonheur – et plus généralement de la vie – enfouie au plus profond du subconscient du héros et qui, de crime en crime, l'amènera au suicide.

## MAGICIEN D'OZ (LE)
**(The Wizard of Oz)**

1939 – USA (101') • *Prod.* MGM (Victor Fleming, Mervyn LeRoy) • *Réal.* VICTOR FLEMING • *Sc.* Noel Langley, Florence Ryerson, Edgar Allan Woolf d'ap. les récits de L. Frank Baum • *Phot.* Harold Rosson (Technicolor) • *Mus.* Harold Arlen • *Lyrics* E.Y. Harburg • *Chor.* Bobby Connoly • *Déc.* Cedric Gibbons, William A. Horning, Jack Martin Smith, Edwin B. Willis • *Cost.* Adrian • *Int.* Judy Garland (Dorothy), Frank Morgan (Professeur Marvel / Le Magicien), Ray Bolger (Hunk / L'Épouvantail), Berth Lahr (Zake / The Cowardly Lion), Jack Haley (Hickory / The Tin Man), Margaret Hamilton (Miss Gulch / The Wicked Witch), Billie Burke (The Good Witch), Charley Grapewin (Oncle Henry), The Singer Midgets (The Munchkins).

Dans une ferme du Kansas, la petite Dorothy, qui vit avec son oncle et sa tante, est bouleversée à l'idée d'avoir dû remettre son petit chien chéri à la terrible voisine, Miss Gulch, qui se plaignait de le voir piétiner son jardin. Miss Gulch est repartie à vélo, ayant emporté – sur ordre du shérif – le petit Toto. Heureusement, celui-ci s'échappe du porte-bagages et rejoint Dorothy. Elle se sauve avec lui de la maison et rend visite au Professeur Marvel, un devin, qui la persuade habilement de rentrer chez elle. Un ouragan, comme il y en a parfois dans la région, se déchaîne et Dorothy, n'ayant pu trouver d'abri nulle part ailleurs, rentre précipitamment dans sa maison où elle est assommée par une fenêtre. Sa maison tourbillonne alors dans les airs et retombe.... dans le pays d'Oz. Dorothy est accueillie par le peuple des nains, les Munchkins, qui se félicitent que dans sa chute la maison de Dorothy ait écrasé la Méchante Sorcière de l'Est qui les terrorisait. Ils lui témoignent en chantant leur reconnaissance. Mais la Méchante Sorcière de l'Ouest, sœur et sosie de la précédente, entend bien la venger. Pour la protéger de ses entreprises néfastes, la Bonne Fée du Nord donne à Dorothy des souliers de rubis que convoite énormément, pour leurs pouvoirs, la Sorcière de l'Ouest. Dorothy voudrait bien rentrer chez elle : seul le Magicien d'Oz, qui vit dans son Palais d'Émeraude, peut lui indiquer comment faire. Pour arriver jusqu'à lui, Dorothy n'a qu'à suivre la route aux briques jaunes. En chemin, elle rencontre un épouvantail sympathique mais sans cervelle (cela ne l'empêche pas d'être assez malin pour extorquer ses pommes à l'arbre qui parle). Elle rencontre aussi un homme en fer blanc, immobilisé par la rouille qui, lui, n'a pas de cœur et ensuite un lion si timoré et si lâche qu'il en devient comique. Tous trois suivent Dorothy dans sa quête du Magicien ; ils espèrent qu'il pourra leur donner à chacun ce qui leur manque : une cervelle, un cœur et du courage. La Sorcière de l'Ouest voit le petit groupe dans sa boule de cristal et met sur son chemin un champ de fleurs rouges qui dispensent un sommeil mortel. Le Lion et Dorothy commencent à s'endormir, mais la Fée du Nord les réveille en faisant tomber de la neige. Au Palais d'Émeraude, le Magicien effraie nos quatre visiteurs par l'atmosphère impressionnante dont il aime à s'entourer, par sa voix caverneuse et des fumées de toutes les couleurs qui cachent le reflet grossi de son visage. Il exige, avant de les aider, qu'ils lui rapportent le balai de la Sorcière de l'Ouest. Celle-ci envoie ses singes ailés capturer Dorothy et Toto. Le petit chien réussit à se sauver et appelle les trois amis à la rescousse. La sorcière met le feu à l'Épouvantail. Pour le secourir, Dorothy lui lance un seau d'eau qui éclabousse la Sorcière. Celle-ci se met alors à fondre et disparaît complètement. L'eau est sa pire ennemie. Les quatre compagnons, munis du précieux balai, retournent au Palais d'Émeraude. Toto leur fait découvrir que le Magicien d'Oz n'est en fait qu'un vieil imposteur (il ressemble trait pour trait au Professeur Marvel) qui actionne dans une cabine des machines destinées à impressionner son monde. Plein de bon sens, il remet à l'Épouvantail un diplôme qui lui tiendra lieu de cervelle, au Lion une médaille qui lui donnera du courage et à l'Homme en fer blanc un témoignage de gratitude qui prouvera qu'il a du cœur. Puis le Magicien tente de ramener Dorothy chez elle en ballon, mais il est si maladroit qu'il reste seul dans la nacelle. La Fée du Nord révèle alors à Dorothy que ses souliers en rubis peuvent la conduire jusque dans sa ferme à condition qu'elle prononce par trois fois la formule magique : « There's no place like home. » Elle se réveille alors dans son lit et reconnaît dans les trois valets de ferme ses amis, le Lion, l'Épouvantail et l'Homme en fer blanc. Son bonheur d'être de retour parmi les siens éclaire son visage et c'est avec la plus grande sincérité qu'elle s'écrie à nouveau : « There's no place like home. » (Rien ne vaut son chez soi).

☞ Après le succès colossal, au début de 1938, de *Blanche-Neige et les sept nains**, premier long métrage de Walt Disney, qui combinait les formules du conte pour enfants, du récit fantastique et de la comédie musicale, la MGM va essayer de conquérir le même public avec ses moyens propres. C'est Arthur Freed, auteur de lyrics pour la firme et futur producteur associé du *Magicien d'Oz,* qui conseillera à Louis B. Mayer d'acquérir les droits des histoires de L. Frank Baum célèbres à travers toute l'Amérique (elles avaient d'ailleurs fait l'objet de plusieurs adaptations à l'époque du muet). L'autre apport déterminant d'Arthur Freed au film sera de défendre contre vents et marées le choix de Judy Garland pour le rôle principal. Très vite la préparation et la pré-production du film indiquent que *Le Magicien d'Oz* sera placé, comme un peu plus tard *Autant en emporte le vent**, sous le signe du gigantisme (65 décors, 4 000 costumes pour 1 000 interprètes, 136 jours de tournage, un coût final de 2 700 000 dollars) et de la multiplication des difficultés. La plupart des postes de production et des principaux rôles seront tenus par une succession de protagonistes plus ou moins provisoires. Si le scénario est signé par trois auteurs, une dizaine de rédacteurs travaillèrent à son élaboration et à ses diverses versions (parmi lesquels Herman Mankiewicz, Samuel Hoffenstein, Ogden Nash, John Lee Mahin, etc.). Vu dans ses grandes lignes, ce scénario présente par rapport à l'œuvre originale quelques différences notables qu'on peut attribuer à l'esprit précautionneux et bien pensant de la Metro. Le voyage au Pays d'Oz est présenté dans le film comme un rêve, alors qu'il est une réalité chez L. Frank Baum ; et toute la violence, la monstruosité des personnages et des péripéties qu'il avait inventés ont disparu de l'intrigue. La première altération a au moins eu l'avantage d'engendrer l'idée de l'utilisation du sépia pour le prologue et l'épilogue dans la ferme, qui mettent en valeur le Technicolor employé dans les autres séquences et permettent de donner un double rôle et une sorte d'ambiguïté minimum à un certain nombre de personnages. En ce qui concerne la mise en scène, Mervyn LeRoy aurait vivement souhaité en être chargé. Mais Louis B. Mayer estima que la production suffirait à l'occuper. Norman Taurog, le spécialiste des enfants à la Metro, fut d'abord pressenti pour diriger le film, avant que Richard Thorpe ne passe aux commandes pendant deux semaines. Aucun plan de lui ne fut conservé. Il laissa la place à George Cukor, lui-même remplacé après quelques jours par Victor Fleming qui réalisa l'essentiel du film, avant d'aller remplacer à nouveau... Cukor sur le plateau d'*Autant en emporte le vent**. C'est enfin King Vidor qui fut chargé de la réalisation pendant le dernier mois de tournage. La principale intervention de Cukor consista à retirer à Judy Garland la perruque blonde qu'elle avait arborée pendant ses deux semaines de travail avec Thorpe. Pour plusieurs des principaux rôles, différents noms furent avancés et, contrairement à ce qui se passe dans la plupart des superproductions hollywoodiennes, ce n'est pas toujours le choix final qui paraît le plus convaincant. Shirley Temple et Deanna Durbin furent envisagées pour le personnage de Dorothy. Le talent vocal de la première fut jugé insuffisant pour tenir la partie musicale – pourtant restreinte – de son rôle. On peut penser – quitte à scandaliser les inconditionnels de Judy Garland – qu'elle aurait été une Dorothy plus vivante et au jeu plus varié que celle que nous connaissons. Dans le rôle du Tin Man (l'Homme en fer blanc), Buddy Ebsen laissa la place, à la fin des deux semaines de tournage avec Richard Thorpe, à Jack Haley et le film n'y gagna sûrement rien. Mais le regret majeur est sans doute que W.C. Fields n'ait pu tenir, comme il en avait été question, le rôle du magicien. Certes, Frank Morgan est un acteur remarquable dans les registres du réalisme et de l'émotion (cf. sa magistrale interprétation dans *The Mortal Storm** et dans *The Shop Around the Corner**) mais il est ici un peu terne. La véritable vedette du film, et celle qui lui donne son ton le plus original, dans un savant dosage de caricature, d'humour et de relief un peu terrifiant pour les plus jeunes, est évidemment Margaret Hamilton dans le rôle de la Méchante Sorcière de l'Ouest. Avant elle, on avait pensé à Edna May Oliver (la Betsey Trotwood du *David Copperfield* de Cukor et la pionnière dure à cuire de *Drums Along the Mohawk** de Ford), mais elle fut rejetée car il était notoire pour le public qu'elle était bonne comme le pain (ce qui en dit long sur les critères de *casting* dans le cinéma hollywoodien). Gale Sondergaard fut aussi sur les rangs et elle aurait sans doute donné une sorcière inquiétante et fascinante à souhait. En ce qui la concerne, Margaret Hamilton resta fidèle, mais avec un immense brio, à l'imagerie traditionnelle de la méchante sorcière des contes pour enfants : chapeau et visage pointus, teint verdâtre, ricanements, etc. Pour la petite histoire, il faut rappeler que les différentes tribus de nains, si difficiles à rassembler (ils sont au total 350) laissèrent un très mauvais souvenir dans les studios de la Metro à cause de leur comportement violent et lubrique qui fut, dans la coulisse, une insulte permanente à l'esprit que la firme entendait donner au film. Tant d'efforts financiers, techniques et humains aboutirent, dès la sortie, à un succès triomphal qui ne se démentit pas lors des deux grandes ressorties des années 40 et 50 puis lors des nombreux passages à la télévision. (En France, la réputation du *Magicien d'Oz* est surtout d'ordre cinéphilique et date de sa ressortie en circuit art et essai, il y a une vingtaine d'années.) Mais pour les Américains, il fait partie de leur culture populaire et de leur vie même. Par l'intermédiaire de la télévision, ses personnages, comme ceux de *Casablanca** ou d'*Autant en emporte le vent** sont présents plusieurs fois par an à la table de chaque famille et y jouissent d'une hospitalité d'autant plus chaleureuse que les enfants en raffolent. Sur le plan esthétique, le film, dans son résultat comme dans les différentes étapes de sa genèse, est évidemment le contraire d'un film d'auteur et d'une œuvre personnelle. En tant que comédie musicale, ses mélodies et sa chorégraphie (si on peut parler de chorégraphie) ne dépassent pas le niveau d'une honnête revue de music-hall. Sur le plan plastique, il y a autant de différence entre *le Magicien d'Oz* et, par exemple, *Brigadoon** qu'entre une bonne affiche publicitaire et un tableau de maître. Par contre, le film bénéficie d'une utilisation des effets spéciaux remarquable pour l'époque. Elle était rendue très périlleuse par l'adoption du procédé, relativement nouveau, du Technicolor trichrome (le premier long métrage réalisé intégralement avec ce procédé, *Becky Sharp* de

Mamoulian, date de 1935). Quant aux conventions morales qui caractérisent l'esprit du film, elles ne sont transcendées (ou contredites) par aucune originalité picturale ni par aucun développement fictionnel un peu audacieux. En définitive, le film mérite de rester dans les mémoires pour la cocasse humanité du personnage du Lion froussard et surtout pour l'extraordinaire présence de la Sorcière de l'Ouest qui, elle, appartient de plein droit au folklore et à l'inconscient collectif des enfants du monde entier.

N.B. Autres versions : mini-version d'une bobine en 1910 produite par la Selig. Elle est suivie en 1913-14 par trois films de cinq bobines produits par la Oz Company fondée par L. Frank Baum lui-même : *The Patchwork Girl of Oz, The Magic Cloak of Oz,* et *His Majesty the Scarecrow of Oz.* En 1925, Larry Semon dirige une version burlesque et très fidèle du livre de L. Frank Baum (scénario de L. Frank Baum, Jr., le fils de l'écrivain). Larry Semon joue l'Épouvantail et Oliver Hardy (non encore associé à Laurel) le Tin Man. En 1978, Sidney Lumet donne une version complètement musicale, *The Wiz,* un peu moins catastrophique que sa réputation. L'Australie produit une version rock'n'roll : *Oz* de Chris Loften, 1976. Signalons aussi un dessin animé *Journey Back to Oz* de Hal Sutherland (USA, 1974) où Liza Minnelli donne sa voix au personnage interprété autrefois par sa mère. Variation sur le thème d'Oz dans l'obscur *Return to Oz* de Walter Murch (USA, 1985). *Zardoz* (G.-B., 1974), la brillante et agaçante « auberge espagnole » de John Boorman se veut aussi, comme son titre l'indique, une variation, située en 2293, sur l'œuvre de L. Frank Baum et sur le film de Fleming.

BIBLIO. : deux livres décrivent en détail la genèse du film : Doug McClelland, « Down the Yellow Brick Road : the Making of *The Wizard of Oz* », New York, Pyramid Books, 1976 et Aljian Harmetz : « The Making of *The Wizard of Oz* », New York, Alfred A. Knopf 77, puis Limelight Editions, 1984. Voir aussi l'indispensable « The World of Entertainment » de Hugh Fordin. C'est à l'occasion du cinquantième anniversaire du film que fut publié pour la première fois son scénario sous deux formes différentes. Un scénario de tournage comprenant quelques indications techniques et des notes sur les différences avec le film définitif a été édité par Michael Patrick Hearn chez Delta Book, New York, 1989. Les dialogues du film seuls ont été publiés en album (avec de nombreux photogrammes) chez Dragon's World, Londres, 1989. Un troisième volume, « *The Wizard of Oz,* the Official 50th Anniversary Pictorial History » de John Fricke, Jay Scarfone et William Stillman, raconte en détail la genèse du film (avec un chapitre particulièrement intéressant « The Thorpe Era » sur le travail de Richard Thorpe) et décrit tout ce que les Américains appellent le « merchandising » d'un film devenu pour eux une légende et une institution.

## MAIGRET ET L'AFFAIRE SAINT-FIACRE

1959 – France-Italie (98') • *Prod.* Filmsonor-Intermondia Films, Cinétel (Paris) et Pretoria–Titanus (Rome) • *Réal.* JEAN DELANNOY • *Sc.* Jean Delannoy, R.M. Arlaud, Michel Audiard, d'ap. R. de Georges Simenon « L'Affaire Saint-Fiacre » • *Phot.* Louis Page • *Mus.* Jean Prodromidès • *Int.* Jean Gabin (le commissaire Maigret), Michel Auclair (Maurice de Saint-Fiacre), Valentine Tessier (la comtesse de Saint–Fiacre), Robert Hirsch (Lucien Sabatier), Paul Frankeur (le Dr Bouchardon), Jacques Morel (Maître Mauléon), Michel Vitold (l'abbé Jodet), Gabrielle Fontan (Maria Tatin), Camille Guérini (Gautier).

Le commissaire Maigret arrive au village de Saint-Fiacre, près de Moulins, où il a passé son enfance. Quarante ans auparavant, son père était le régisseur du comte de Saint-Fiacre, mort il y a une dizaine d'années. Enfant, Maigret était un peu amoureux de la comtesse. Aujourd'hui elle l'a appelé car elle a reçu une lettre anonyme ainsi libellée : « Tu mourras avant l'office des cendres. » Maigret passe la soirée au château, mais la comtesse, victime d'un malaise cardiaque, ne peut dîner avec lui. Prêt à toute éventualité, Maigret dort sur un fauteuil et se réveille à sept heures vingt. La comtesse est déjà à l'église. Il la rejoint, la voit recevoir du prêtre l'imposition des cendres puis se rasseoir à son banc ; quelques instants plus tard, il va vers elle, lui touche l'épaule : elle est morte d'un arrêt du cœur. Désolé de n'avoir pu empêcher la menace de s'accomplir, Maigret commence son enquête. Il contacte l'actuel régisseur qui regrette la dispersion du domaine. Beaucoup de terres ont été vendues. Le château lui–même est hypothéqué. Il en fait porter la responsabilité au dernier secrétaire de la comtesse, Lucien Sabatier, qui fut aussi son dernier amant. Sabatier est critique d'art dans un journal de Moulins et a poussé la comtesse à vendre nombre d'œuvres d'art et de meubles appartenant au château. Maurice, le fils de la comtesse, qui mène grande vie à Paris et emprunte constamment des sommes élevées à sa mère, arrive précipitamment à Saint-Fiacre, ignorant le drame. Il s'indigne qu' on ait publié dans le journal de Moulins la (fausse) nouvelle de son suicide, cause probable de la mort de la comtesse. Il reproche aussi au prêtre de lui avoir fait honte de ses liaisons tendres avec ses différents secrétaires et de l'avoir perpétuellement effrayée par la menace du châtiment éternel. Maigret se rend au journal et découvre que la fausse nouvelle est venue, non de Paris comme on l'avait cru tout d'abord, mais de Moulins. Il retrouve au presbytère le missel de la comtesse où quelqu'un avait placé la coupure du journal relatant le suicide de son fils. C'est effectivement le choc de cette lecture qui, pendant l'office des cendres, a provoqué sa mort. Maigret réunit au château le médecin de la comtesse, son régisseur et le fils de ce dernier (il fut le protégé de la comtesse qui le considérait un peu comme son fils), le curé, le comte Maurice, le secrétaire Lucien Sabatier, assisté d'un avocat. Tous ces personnages ont une responsabilité morale dans le meurtre qui a l'argent pour mobile essentiel. Au cours de cette ultime confrontation, Maigret découvrira celui qui a placé la coupure dans le missel et qui est donc le véritable meurtrier de la comtesse.

☞ Adaptation tardive mais très fidèle d'un des premiers « Maigret » (le quatorzième exactement, publié en 1932). Le film fut réalisé, avec la même équipe (Delannoy, Arlaud, Audiard, Louis Page, Gabin), dans la foulée du succès de *Maigret tend un piège* (1957), adaptation assez réussie d'un roman de 1955 où le célèbre commissaire arrêtait un tueur de femmes complexé et infantile. *Maigret et l'affaire Saint-Fiacre* est sans doute la transposition la plus attachante d'un « Maigret » au cinéma. Ses deux éléments forts sont : l'atmosphère artistiquement lugubre où baigne l'intrigue, due en partie à la remarquable photo de Louis Page ; la nostalgie que le commissaire éprouve à retrouver les lieux de son enfance. En ce sens, le film rend justice à l'originalité du roman, le premier où Simenon, avant « les Mémoires de Maigret » (1951), tenta de donner une dimension, une épaisseur biographiques à son personnage. Maigret se souvient du faste, de l'opulence rassurante d'un univers aujourd'hui totalement déchu. Le délabrement du château de Saint-Fiacre représente à la fois la chute individuelle d'une famille et la disparition d'un mode de vie et d'un ordre de valeurs auxquels le vieil homme qu'est devenu Maigret demeure très attaché. Ses trois incarnations du personnage (les deux Delannoy et *Maigret voit rouge*, Grangier, 1963, film non dénué de qualités) font de Gabin l'un des Maigret les plus crédibles du cinéma. Rappelons ceux qui l'ont précédé ou suivi dans ce rôle : Pierre Renoir (*La nuit du carrefour*, 1932), une ombre dans un film d'ombres, mais pour certains il s'agit du meilleur Maigret ; Abel Tarride (*Le chien jaune*, Jean Tarride, 1932) ; Harry Baur (*La tête d'un homme*, Duvivier, 1933), le plus fidèle sans doute aux intentions de l'écrivain ; Albert Préjean (*Picpus*, Richard Pottier, 1943, *Cécile est morte*, Maurice Tourneur, 1943, *Les caves du Majestic*, Pottier, 1945), le plus mauvais de tous ; Charles Laughton (*The Man on the Eiffel Tower*, Burgess Meredith, USA, 1949) ; Michel Simon, excellent dans un des trois sketches, « Le témoignage de l'enfant de chœur », de *Brelan d'as*, Henri Verneuil, 1952 ; Maurice Manson (*Maigret dirige l'enquête*, Stany Cordier, 1956) ; Gino Cervi (*Le commissaire Maigret à Pigalle* ou *Maigret à Pigalle*, Mario Landi, franco-italien, 1967) ; Heinz Rühmann (*Maigret fait mouche*, Alfred Weidenmann, austro-italo-français, 1966, sorti en France en 1968). Dans *Maigret et l'affaire Saint-Fiacre*, le commissaire incarné par Gabin a certes du relief, de l'humanité, de l'autorité. Mais il s'érige un peu trop en juge, ce qui est contraire au personnage. Il est vrai qu'il est entouré par une brochette de personnages veules qui suscitent plus le mépris que la pitié. D'autre part, par l'effet d'un dialogue trop théâtral qui l'amène à river son clou à chacun de ses interlocuteurs, il lui manque cette capacité de silence, de mimétisme, d'absorption semi-consciente de l'environnement que manifeste toujours le héros de Simenon à travers les différents milieux où le conduisent ses enquêtes. Signalons enfin qu'avec dix titres à son actif Gabin est sans doute l'acteur qui a le plus souvent interprété Simenon.

## MAIN DU DIABLE (LA)

1943 – France (82') • *Prod.* Tobis-Continental • *Réal.* MAURICE TOURNEUR • *Sc.* Jean-Paul Le Chanois d'ap. la nouvelle « La Main enchantée » de Gérard de Nerval • *Phot.* Armand Thirard • *Mus.* Roger Dumas • *Int.* Pierre Fresnay (Roland Brissot), Palau (l'homme en noir), Josseline Gaël (Irène), Noël Roquevert (Mélisse, le restaurateur), Jean Davy (le mousquetaire), Louis Salou (l'employé du casino), Gabrielle Fontan (la voyante), Guillaume de Sax (Gibelin), Pierre Larquey (Ange), Antoine Balpêtré (Denis).

Un soir, un inconnu fait irruption parmi les clients d'un hôtel de montagne proche de la frontière italienne. Il est manchot et porte sous le bras un mystérieux colis dont il ne se sépare jamais. Anxieux, irritable, il demande où se trouve le cimetière. L'hôtel est construit dessus. Deux policiers surviennent, à la recherche d'un petit homme noir que semble connaître et redouter le voyageur. Au cours du dîner, la lumière s'éteint ; on l'appelle au téléphone et, quand il revient à sa table, son coffret a disparu. Il semble terriblement affecté par cette perte et raconte aux dîneurs son histoire. Il s'appelle Roland Brissot. Il était à Paris un peintre raté, amoureux d'une vendeuse de gants, Irène. Après un dîner orageux où elle s'était montrée particulièrement odieuse et l'avait planté là, le restaurateur Mélisse lui avait proposé l'achat d'un talisman : une main coupée contenue dans un coffret qui apporte à son propriétaire fortune, gloire et amour. Mais chaque bénéficiaire de la main doit la revendre, avant sa mort, pour une somme inférieure à celle qu'il l'a payée, sous peine d'être damné pour l'éternité. Roland achète le talisman pour un sou. Aussitôt Irène se montre adorable avec lui et accepte de l'épouser. Ses tableaux, qu'il signe Maximus Leo, se vendent comme des petits pains. Mais un petit homme noir lui apparaît sous divers déguisements et le persécute. C'est le Diable et il prétend que l'âme de Roland lui appartient car il ne pourra jamais revendre la main moins cher qu'un sou. Il se propose toutefois de la lui reprendre, mais alors sa vie redeviendra celle d'un raté. Roland est tenté d'accepter puis se ravise. Le Diable lui offre la possibilité de racheter son âme, mais pour un prix qui doublera chaque jour. Au bout de trois semaines, il faudrait à Roland plus de six millions pour pouvoir l'acquérir. Irène avait trouvé de l'argent pour lui mais a été assassinée par le petit homme. Roland est tout près de gagner la somme nécessaire au casino de Monte-Carlo mais l'arrivée du petit homme lui fait tout reperdre. Dans un moment de désespoir, Roland invoque la chaîne des anciens propriétaires du talisman. Ceux-ci lui apparaissent : un mousquetaire du roi, un faux-monnayeur, un jongleur, un illusionniste, un chirurgien, un boxeur et le restaurateur Mélisse. Ils ne peuvent rien pour lui. Roland invoque alors Maximus Leo. Ce nom, dont il s'est servi comme pseudonyme, est celui d'un chartreux du XV^e^ siècle. Sa main pouvait accomplir toutes sortes de miracles et c'est elle que le petit homme a volée, dans sa tombe, au cadavre du moine. Maximus Leo en personne vient de dire que le Diable n'avait pas le droit de vendre quelque chose qui ne lui appartenait pas et que le pacte conclu avec chacun des bénéficiaires de la main est sans valeur. L'âme de Roland est sauvée. Il rend la main au moine et perd alors la sienne. Pour que sa vie soit sauve elle aussi, il lui faut encore replacer la main du moine dans sa tombe et c'est pourquoi il s'est rendu dans cet hôtel tout proche de l'endroit où Maximus Leo a été enterré. Son récit est fini. Roland poursuit l'homme en noir pour lui reprendre le coffret. Ils se battent. Roland fait une chute mortelle. Il est tombé, avec le coffret, dans la tombe de Maximus Leo. Le cycle est fermé. Le dernier propriétaire de la main a rejoint le premier.

☞ Un des fleurons de ce bref courant fantastique qui illumina le cinéma français pendant les années 40. Lointainement inspiré de Nerval, cette fantaisie démonologique, sur fond de légendes et de superstitions, révèle chez Maurice Tourneur un fabuleux talent de conteur. Même si l'histoire manque souvent de cohérence et de logique, Tourneur prend un tel plaisir à la raconter que ce plaisir devient communicatif et fait entrer de plain-pied le spectateur dans ce défilé accéléré d'extravagantes et inquiétantes inventions. Sur le plan dramatique, l'ouverture dans l'hôtel (où cinq ou six clients auraient suffi mais où les auteurs en ont mis vingt ou trente) est magistrale. Sans recouvrir à des effets grand-guignolesques, le climat du film est souvent angoissant et fébrile. Le grand plasticien qu'était Tourneur à l'époque du muet réapparaît tout au long du film, notamment dans la rapide succession de vignettes évoquant, à travers l'Histoire, le destin des différents bénéficiaires de la main.

## MAINS D'ORLAC (LES)
## (Mad Love)

1935 – USA (70') • *Prod.* MGM (John W. Considine) • *Réal.* KARL FREUND • *Sc.* Guy Endore, P.J. Wolfson, John L. Balderson d'ap. R. « Les Mains d'Orlac » de Maurice Renard • *Phot.* Chester Lyons, Gregg Toland • *Int.* Peter Lorre (Dr Gogol), Frances Drake (Yvonne Orlac), Colin Clive (Stephen Orlac), Ted Healy (Reagan), Sarah Haden (Marie), Edward Brophy (Rollo), Henry Kolker (le préfet Rosset).

Le Dr Gogol, chirurgien parisien de renom, est obsessionnellement amoureux d'Yvonne, actrice se produisant dans les pièces d'horreur jouées dans un théâtre situé à l'intérieur d'un musée de cire. Gogol en est le plus assidu spectateur. Quand il apprend qu'Yvonne va se marier avec un pianiste célèbre, Orlac, et cessera de ce fait toute activité théâtrale, il est atterré. Orlac a les mains broyées dans un accident de chemin de fer. Alors qu'un chirurgien veut l'amputer, Yvonne le transporte chez Gogol, attendant de lui quelque miracle. Gogol greffe sur son patient, sans l'en avoir informé, les mains d'un assassin, le lanceur de couteaux Rollo, dont il a, la veille, assisté à la décapitation sous le couperet de la guillotine. Entre-temps, Gogol s'est fait livrer chez lui la statue en cire d'Yvonne et joue de l'orgue auprès d'elle, qu'il appelle sa Galatée, tout en sachant bien que lui-même n'a rien d'un Pygmalion. Médicalement, l'opération pratiquée sur Orlac a parfaitement réussi. Mais le musicien désespère de retrouver jamais sa virtuosité au clavier. Allant solliciter de l'argent auprès de son beau-père, avec qui il était brouillé, et l'entretien tournant mal, Orlac s'étonne de voir sa main saisir un couteau et le lancer vers le vieil homme, qui n'est pas atteint. Orlac se plaindra à Gogol : « Mes mains ont une vie autonome. Et elles veulent tuer. » Gogol, mentant effrontément, lui affirme qu'il s'agit de ses propres mains et que sa hantise est sans doute le produit du refoulement d'un souvenir d'enfance. L'amour frustré qu'il porte à Yvonne commence à déranger tout à fait le cerveau du docteur. « Moi, pauvre paysan qui ai conquis la science, pourquoi ne pourrais-je conquérir l'amour ? » s'écrie-t-il. Il ne tarde pas néanmoins à découvrir le parti qu'il pourrait tirer de la triste situation d'Orlac. Il le persuade sous hypnose qu'il a tué son beau-père, alors que c'est lui, Gogol, le véritable coupable. Il s'adresse à Orlac en prenant l'aspect de Rollo, créature monstrueuse aux mains remplacées par des prothèses métalliques et dont la tête aurait été soi-disant recollée par Gogol. Ce dernier rentre chez lui et explique à voix haute sa machination à la statue d'Yvonne, installée en permanence dans son salon, sans voir que c'est la véritable Yvonne qui se trouve devant lui. Quand il l'entend crier, il ne doute plus qu'elle soit Galatée et lui-même Pygmalion. Hanté alors par la phrase de Wilde que prononce son double imaginaire : « Chaque homme tue ce qu'il aime », il se précipite vers Yvonne et tente de l'étrangler avec sa longue chevelure. La police fracture la porte et Orlac sauve Yvonne en envoyant dans le dos de Gogol un poignard qui l'immobilise net.

☞ Sans être un chef-d'œuvre aussi accompli que *La momie**, son premier film, *Mad Love** conclut brillamment la (trop) brève carrière de réalisateur de Karl Freund, le chef opérateur aux collaborations légendaires avec Lang, Murnau, Lubitsch, Dreyer, etc. Dans un tout autre contexe que *La momie**, le thème est pratiquement identique : l'amour frustré, l'amour rendu impossible par des obstacles infranchissables devient obsession sadique, source de crimes et d'horreurs. Ce conte macabre et délirant, riche en images originales, est traité par Karl Freund avec une authenticité dans l'inspiration, une élégance dans le découpage et la photo, un lyrisme sobre et profond dans le ton, très éloignés du bric-à-brac grand-guignolesque auquel un tel sujet aurait pu donner lieu. Au cœur de cette authenticité, il y a évidemment l'interprétation de Peter Lorre, dans son premier film américain. Karl Freund l'a voulu entièrement chauve et glabre (comme il était déjà apparu dans l'un de ses premiers films allemands, *Der weisse Dämon,* Kurt Gerron, 1932) ; il a mis en valeur l'inquiétante suavité de ses traits par un large col de fourrure ; il lui donné des gestes lents et soudain saccadés qui font de lui un personnage d'un autre monde, et néanmoins très humain dans sa monstruosité, dans sa volonté de puissance contrariée.

N.B. Autres adaptations du roman de Maurice Renard : *Orlacs Hände* (Robert Wiene, Allemagne, 1925), *Les mains d'Orlac* (Edmond T. Gréville, France-Angleterre, 1961).

## MAINS QUI TUENT (LES)
**(Phantom Lady)**

1944 – USA (87') • *Prod.* U (Joan Harrison) • *Réal.* ROBERT SIODMAK • *Sc.* Bernard Cutner Schoenfeld, d'ap. R. de William Irish • *Phot.* Elwood Bredell • *Mus.* Hans J. Salter • *Int.* Franchot Tone (Jack Marlowe), Ella Raines (Carol « Kansas » Richman), Alan Curtis (Scott Henderson), Aurora Miranda (Estella Montino), Thomas Gomez (inspecteur Burgess), Elisha Cook, Jr. (Cleff Milburn), Andrew Tombes, Jr. (barman), Fay Helm (Ann Terry).

New York, août 1943. Chaleur torride. Un homme solitaire, Scott Henderson, ingénieur de son métier, rencontre un soir dans un bar une inconnue et l'invite au music-hall. Elle accepte de le suivre à condition de ne pas révéler son nom. Le batteur de l'orchestre lui fait de l'œil. La chanteuse sud-américaine remarque avec agacement pendant son numéro qu'elle porte le même chapeau que le sien. Rentrant chez lui, Henderson trouve sa maison pleine de policiers : sa femme, avec laquelle il ne s'entendait plus, a été étranglée à l'aide d'une de ses cravates. Il est le premier suspect. Avec l'inspecteur Burgess, il tente de retrouver l'inconnue de la soirée. Ni le barman, ni le batteur, ni la chanteuse ne veulent se souvenir d'elle. Henderson est jugé et condamné à mort. Dans sa prison, il ne se révolte même plus contre son sort. Son meilleur ami, Jack Marlowe, est à l'étranger, et il n'a plus la force de lutter. Sa secrétaire, Carol, secrètement amoureuse de lui depuis longtemps, va mener son enquête. Persuadée que le barman a été payé pour se taire, elle va se tenir, des soirées durant, immobile et silencieuse à son comptoir. Un soir, elle le suit longuement jusque chez lui. Elle veut le faire parler quand, se précipitant sur la chaussée, il est écrasé. Pour la suite de son enquête, Carol sera aidée par l'inspecteur Burgess, persuadé lui aussi de l'innocence d'Henderson. Vêtue d'une tenue provocante et vulgaire, elle se fait inviter par le batteur, l'accompagne à une *jam-session* puis rentre avec lui afin de lui extorquer des aveux. Il dit avoir reçu cinq cents dollars pour se taire. Il s'aperçoit qu'il est tombé dans un piège et Carol s'enfuit. Quelques instants plus tard, il est assassiné par l'homme qui avait acheté son silence,

Jack Marlowe, le meilleur ami d'Henderson, retour du Brésil. Sans le savoir, Carol accomplira la dernière partie de l'enquête en compagnie de l'assassin, Marlowe, sculpteur paranoïaque et mégalomane. Elle retrouve l'ouvrière qui avait façonné le chapeau extravagant de la chanteuse. L'ouvrière avoue qu'elle en avait fait une copie pour Ann Terry, la femme avec qui Henderson avait passé la soirée : celle-ci se fait soigner dans une clinique pour une dépression causée par la mort de son fiancé. Elle prête à Carol son chapeau, précieuse pièce à conviction. Marlowe, après avoir avoué son crime à Carol (il aimait la femme d'Henderson qui s'était jouée de lui), s'apprête à l'étrangler mais, à cause de l'arrivée de Burgess, il se jette par la fenêtre. Libéré, Henderson invite sa secrétaire à partager ses soirées et sa vie.

☞ Premier *film noir* de Siodmak pour la Universal et son premier grand chef-d'œuvre américain (tiré d'un beau roman de William Irish). Pour ce coup d'essai de maître, Siodmak fait un sort à la composante onirique du genre. Cette enquête policière, où à mi-chemin de l'intrigue la révélation du coupable démultiplie (comme plus tard dans *Vertigo**) l'angoisse du récit, est avant tout une histoire de fantômes, d'êtres et d'objets qui, d'une seconde à l'autre, disparaissent dans un autre univers, laissant derrière eux un vide vertigineux. Tous les personnages ont cette *qualité* fantomatique suscitée chez eux par le malheur, la solitude, la mélancolie, la folie et parfois quelque obsession érotique (cf. la séquence prodigieuse d'Elisha Cook, Jr. à la batterie) qui les ont comme retirés, exilés du monde normal. L'abstraction glaciale des décors – une loge de théâtre vide, un parloir de prison semblable à un ring, un atelier de sculpteur – crée un univers de ténèbres magiques où l'angoisse elle-même devient – pour le spectateur – source de délectation. Pas de stars dans ce film, mais un ensembre de comédiens auxquels Siodmak confère une aura particulière qu'ils ne retrouveront nulle part ailleurs, à commencer par l'élégante et troublante Ella Raines, son inspiratrice privilégiée pour quatre films (cf. *The Suspect**, 1944, *The Strange Affair of Uncle Harry*, 1945, *Time Out of Mind*, 1947).

## MAISON AUX 72 LOCATAIRES (LA) (Qishierjia Fargke)

Inédit en France. 1963 – Chine (12 bob.) • *Prod.* Studios du Zhujiang et studios Hongiu de Hongkong • *Réal.* WANG WEIYI • *Sc.* Huang Guliu et Wang Weiyi • *Phot.* Liu Hongming et Wang Yunhui • *Mus.* Huang Jinpei • *Int.* Xie Guohua, Shu Ti, Pan Qian, Li Yanling, Fang Wenxian, Wen Juefei, Chen Tianzong, Wang Zhong, Tan Yushen.

Canton avant 1949. La propriétaire d'une maison de rapport située dans un quartier populaire déteste cordialement tous ses locataires, y compris ceux qui la paient régulièrement. C'est une redoutable mégère, cupide, méchante et voleuse. Avec son amant, elle projette de jeter à la rue les occupants de la maison qu'elle veut transformer, en utilisant l'argent de quelques actionnaires, en dancing et en maison close. Pour faire avancer ses affaires, elle est prête à donner sa fille adoptive à un vieux commissaire, lequel préférera s'approprier tout bonnement le magot du couple et de ses associés.

☞ Comédie populaire au style caricatural et brillant. Le sujet amène le réalisateur à utiliser une technique très élaborée, faite en majeure partie de plans-séquences se déroulant dans des décors gigantesques aux arrière-plans grouillants de vie et de monde. Excellente construction dramatique : toutes les tentatives inspirées par la mauvaise foi et la malhonnêteté des deux protagonistes se retournent inévitablement contre eux, à la manière des intrigues de fabliaux du Moyen Age. Au-delà de sa propagande, le film offre un tableau inventif, cocasse et sans doute véridique, des rapports propriétaires-locataires avant la révolution (voir la confirmation qu'en donnent les œuvres tournées à l'époque des faits relatés ici).

**MAISON DE FRANKENSTEIN (LA)**
**(House of Frankenstein)**

1944 – USA (71') • *Prod.* U (Paul Malvern) • *Réal.* ERLE C. KENTON • *Sc.* Edward T. Lowe d'ap. la nouvelle « The Devil's Brood » de Curt Siodmak • *Phot.* George Robinson • *Mus.* Hans J. Salter • *Int.* Boris Karloff (Dr Gustav Niemann), Lon Chaney, Jr. (le Loup-garou), J. Carrol Naish (Daniel), John Carradine (le comte Dracula), Anne Gwyne (Rita Hussman), Peter Coe (Carl Hussman), Lionel Atwill (l'inspecteur Arnz), George Zucco (le Pr Lampini), Glenn Strange (la Créature), Sig Ruman (le bourgmestre), Elena Verdugo (la gitane), Michael Mark (Strauss), Frank Reicher (Ullman).

Par une nuit d'orage, la prison de Neustadt, où le Dr Niemann est enfermé depuis quinze ans (avec son assistant le bossu Daniel) pour avoir pratiqué des expériences de greffe entre humains et animaux, se trouve foudroyée, donnant aux prisonniers l'occasion de s'enfuir. Niemann est un admirateur et un disciple du baron Frankenstein. Le frère de Niemann avait partagé les secrets du baron et les avait transmis avant de mourir à Niemann. Niemann et Daniel sont accueillis dans la roulotte du Pr Lampini qui exhibe dans les foires le squelette de Dracula à la poitrine percée d'un pieu. Niemann, libéré, a l'intention bien arrêtée de se venger des trois principaux responsables de son internement. Daniel tue Lampini et le cocher et permet à son maître de s'emparer de la roulotte. A Reigelburg, Niemann se déclarant le frère de Lampini installe son Musée des Horreurs. Il enlève le pieu transperçant le squelette de Dracula et le retransforme ainsi en un être de chair et de sang. Tout dévoué à son « réanimateur », Dracula se change en chauve-souris pour vampiriser jusqu'à ce que mort s'ensuive le bourgmestre du village : la première vengeance de Niemann se trouve alors accomplie. Pour se faire plaisir, Dracula emmène dans son carrosse la petite-fille du bourgmestre qu'il tient sous sa domination depuis qu'il lui a donné sa bague qui la fascinait. L'aube arrive. Dracula ne pourra se coucher à temps dans le cercueil que Niemann, de sa roulotte, lui jette sur la route. Le vampire est définitivement anéanti et la jeune femme doit à ce retard une libération providentielle. Niemann et Daniel se rendent au village de Frankenstein. Le bossu recueille une jeune danseuse gitane dont la beauté l'attire. Cherchant les notes et documents du baron dans les ruines de son château, Niemann découvre la créature de Frankenstein et Lawrence Talbot, le Loup-garou (The Wolf Man) conservés dans des cercueils de glace. En allumant des feux, Niemann libère d'abord Talbot qui l'aide à retrouver les précieux documents de Frankenstein. L'unique pensée de Talbot est de trouver la mort, seule capable de mettre fin à la malédiction qui pèse sur lui. Niemann lui promet de l'aider. Avec ses compagnons, Niemann se rend dans son village de Visaria, à trois jours de voiture. Durant le trajet, la gitane tombe amoureuse de Talbot, au grand désespoir du bossu. Dans sa demeure retrouvée, Niemann effectue diverses expériences de réanimation sur la créature de Frankenstein dont les tissus ont été détériorés par le séjour dans la glace. Le bossu, toujours aux ordres de son maître, kidnappe Strauss et Ulman, deux habitants du village dont Niemann se prépare à tirer une atroce vengeance : il compte greffer le cerveau de l'un à la Créature et greffer à l'autre le cerveau de Talbot, le Wolf Man. Le bossu rappelle à Niemann sa promesse de le rendre pareil aux autres hommes : il rêve d'avoir le corps de Talbot. Mais cela n'entre pas dans les plans de Niemann. Déçu de tous les côtés et dévoré par la jalousie, le bossu révèle à la gitane la vraie nature de celui qu'elle aime. Pendant la pleine lune, sacrifiant son amour, elle tirera une balle d'argent préparé de ses mains sur Talbot, changé une fois encore en loup-garou avide de tuer. Les conditions sont ainsi réunies pour qu'il soit libéré de sa malédiction et de la vie : effectivement le Loup-garou, mortellement atteint, se retransforme en un être normal. Mais il a blessé à mort la gitane. De rage et de désespoir, le bossu massacre son maître qui aurait pu empêcher cette tragédie. Il doit subir alors les assauts de la Créature qui le projette dans le vide à travers une verrière. Les villageois, voyant d'un très mauvais œil le retour de Niemann, incendient sa propriété et repoussent avec leurs flambeaux la Créature jusqu'au marais où elle s'engloutit avec Niemann qu'elle voulait pourtant protéger.

☞ De 1931 à 1946, la Universal produisit une quarantaine de films fantastiques importants dont une partie alimenta cinq cycles principaux : Frankenstein, Dracula, La Momie, L'Homme invisible et le Wolf Man (Lawrence Talbot). Dans cet ensemble, *House of Frankenstein* tient une place très particulière. A sa date, il représente la suite la plus lointaine à laquelle un cycle ait donné lieu : il est le sixième avatar de Frankenstein. Par ailleurs, il contient la première rencontre tripartite de héros fantastiques venus de trois cycles différents : Frankenstein, Dracula, et le Wolf Man. L'année précédente, dans le film de Roy William Neill *Frankenstein Meets the Wolf Man**, avait eu lieu la première rencontre de deux personnages issus de cycles différents. En sixième place dans le cycle de Frankenstein, *House of Frankenstein* se situe en quatrième position dans le cycle Dracula et en troisième dans le cycle du Wolf Man. Bourré d'action, de péripéties, d'acteurs et de personnages au passé déjà connu (y compris parmi les rôles secondaires : ainsi l'inspecteur déjà interprété par Lionel Atwill dans *Son of Frankenstein**), il offre au spectateur soixante-dix minutes d'action pure. Plus dynamique que réellement horrifique, le film est sans doute aussi le moins bavard de tous les récits fantastiques réalisés jusque-là. Ce que les auteurs ont à raconter risque à tout moment de déborder du cadre et de la durée qui leur sont impartis. D'où leur empressement et leur vélocité. Ils n'ont pas le temps d'innover, ils récapitulent : le sens de l'extraordinaire de James Whale, la fascination malsaine de Dracula (vue par Browning, Hillyer et Siodmak), la morbidité et l'élégance plastique de Roy William Neill. Ce mélange de tons et de styles accélère encore le rythme, trépidant et jamais vu dans un film de ce type, lequel en même temps clôt (mais non définitivement) tous les cycles. Chacun des héros mourra, si l'on peut dire, selon ses mérites. Dracula disparaîtra en retard sur l'horaire pour avoir voulu trop en faire ; le Wolf Man se verra enfin récompensé par cette mort qu'il avait tant réclamée ; Niemann, l'émule de Frankenstein, sera puni de n'avoir pas amélioré l'œuvre du maître. L'âge d'or du fantastique Universal s'achève en 1946. Dès 1948 commence un genre nouveau de rencontres et de croisements : les parodies avec Abbott et Costello. Une autre époque arrive. Par sa place et ses qualités, *House of Frankenstein* est une sorte d'adieu à cet âge d'or. Un adieu caracolant, au ton très tonique, parfois humoristique, qui n'a ni le temps ni le goût de s'attendrir sur les spendeurs passées.

N. B. Karloff ne souhaitait plus jouer le rôle de la créature de Frankenstein. Il passa le flambeau à Glenn Strange qui bénéficia de ses encouragements et de ses conseils éclairés. La Universal tenta par ailleurs de reconduire une dernière fois la formule de *House of Frankenstein* dans *House of Dracula* (1945, Erle C. Kenton), mais avec infiniment moins de brio.

## MAISON DE L'ANGE (LA)
### (La Casa del Angel)

1957 – Argentine (78 ') • *Prod.* Argentina Sono Film • *Réal.* LEOPOLDO TORRE NILSSON • *Sc.* Torre Nilsson, Martin Rodriguez Mentasti d'ap. R. de Beatriz Guido • *Phot.* Anibal Gonzalez Paz • *Mus.* Juan Carlos Paz • *Int.* Elsa Daniel (Ana), Lautaro Murua (Pablo), Barbara Mujica (Vicenta), Guillermo Battaglia (Castro), Yordana Fain (Nana), Lily Gacel (Julietta), Alejandro Rey (Julian), Berta Ortegosa (Mme Gastro).

Buenos Aires, années 20. Ana est élevée par sa mère et par sa nourrice dans la terreur du péché. Cette éducation rigoriste stimule sa curiosité et accentue son insatisfaction. Le père d'Ana milite dans un parti auquel appartient un jeune député décidé à se battre contre un adversaire dénonçant un scandale financier datant de l'époque où son père était ministre. Hôte de la famille d'Ana, le jeune député violera la jeune fille, profitant de la fascination qu'il exerce sur elle. Lors d'un duel, il tuera son adversaire. Fréquentant assidûment la maison d'Ana, il gardera pour toujours avec elle le secret de leur relation, qui n'évoluera plus.

☞ C'est le film qui fit connaître hors des frontières de son pays Torre Nilsson. Son style relève de ce qu'on pourrait appeler un académisme baroque. Une certaine force figée et la pesanteur de l'académisme expriment de façon scolaire mais efficace l'univers clos et étouffant dans lequel évolue l'héroïne, prisonnière de son éducation et des préjugés d'une tradition ancestrale et bourgeoise. Le baroque tient au découpage, à la composition des plans et aux éclairages qui visent à montrer, toujours de façon partielle et frustrante, la réalité telle que la voit l'héroïne. L'art est ici de cacher au lieu de dévoiler, afin d'expliquer la mentalité des personnages par leur manque de vision globale. En ce qui concerne le couple principal, leur culte du secret viendra relayer – et éterniser – le caractère incomplet et avorté de leur relation amoureuse. Celle-ci est évoquée par Torre Nilsson avec gravité, mais aussi avec une ironie très voilée, qualité peut-être essentiellement argentine. Plus qu'à ses idées, aujourd'hui banales, voire conventionnelles, c'est à ses recherches plastiques que le film doit de conserver un intérêt. En particulier l'usage stylisé très contrasté, très irréaliste du noir et blanc donne beaucoup de force concrète à ce « baroquisme de la frustration » qu'on retrouverait à la même époque dans les recherches formelles de Bardem et d'Astruc.

### MAISON DU DIABLE (LA)
**(The Haunting)**

1963 – USA (112') • *Prod.* MGM (Robert Wise) • *Réal.* ROBERT WISE • *Sc.* Nelson Gidding d'ap. R. « The Haunting of Hill House » de Shirley Jackson • *Phot.* Davis Boulton (Panavision) • *Mus.* Humphrey Searle • *Int.* Julie Harris (Eleanor Vance), Claire Bloom (Theodora), Richard Johnson (Dr John Markway), Russ Tamblyn (Luke Sanderson), Loïs Maxwell (Grace Markway).

Pour tester le caractère hanté et démoniaque du manoir de Hill House en Nouvelle-Angleterre, le Dr Markway y réunit trois personnes : l'héritier de la propriété, Luke Sanderson, jeune homme matérialiste, sceptique et même cynique, Eleanor, une mythomane refoulée qui se sent obscurément coupable de la mort de sa mère (qu'elle a longtemps soignée) et Theodora, une lesbienne aux puissantes qualités de médium. La maison, où ont eu lieu plusieurs morts violentes depuis sa construction, manifestera de plus en plus son emprise sur les habitants par toutes sortes de bruits divers, gémissements, grincements, frappements, etc. qui rendent l'atmosphère irrespirable. L'épouse du Dr Markway rejoint les occupants. Eleanor, secrètement amoureuse du docteur suscite à la fois la jalousie de sa femme et la convoitise de Theodora. Markway disparaît cependant qu'Eleanor tente de se suicider en se jetant du haut d'un escalier. La première sera retrouvée à demi folle et l'autre aura un accident de voiture mortel aux abords de la maison, dont la réputation sinistre est ainsi confirmée.

☞ Récit fantastique magistral et puissamment original dans le genre, pour cette raison essentielle que la plupart des personnages y sont en eux-mêmes passionnants au point que plusieurs d'entre eux auraient pu donner lieu à un film particulier. Cette originalité est encore plus flagrante aujourd'hui puisque les héros du cinéma fantastique de ces dernières années n'ont cessé de régresser jusqu'à la débilité ou le non-être. Subissant à tout jamais, comme la plupart de ceux qui ont travaillé avec lui, l'influence de Val Lewton, Wise obtient les effets les plus efficaces en utilisant l'ellipse, le doute, l'incertitude. C'est surtout par le son, matière mystérieuse et impalpable, que la maison s'approprie ses occupants et que Wise hypnotise et terrifie le spectateur. « Grincements, craquements, chuchotement, ricanements, cris d'enfant, son ténu et grave d'une voix qui murmure, frôlements le long des portes, petits attouchements inquisiteurs ou bruits tonitruants qui ébranlent les fondations, la nuit : ce catalogue de la suggestion auditive, notent D. Grivel et R. Lacourbe dans leur livre sur Wise (Édilig, 1985), atteint une sorte de délire paroxystique. » Cela n'empêche pas le film, à partir de certains motifs minutieusement répétés et variés (couloirs, portes, escalier de fer), de composer aussi une étonnante symphonie visuelle. Sur le plan dramatique, le récit reste volontairement ambivalent. Il progresse à la fois sur le mode objectif (description d'une expérience scientifique) et subjectif (point de vue d'Eleanor, dont la solitude, la nervosité, le sentiment de culpabilité, l'exaltation morbide ne vont cesser de s'intensifier au cours du film jusqu'à lui faire désirer d'être absorbée par la maison). Toute l'intrigue semble être aussi engendrée par son monologue intérieur. Wise se gardera bien de conclure et ne dira jamais si les événements extraordinaires (ou paranormaux) vécus par les personnages sont le fruit d'une action autonome de la maison ou de la sensibilité exacerbée et pathologique de certains de ses hôtes. La maison si bruyante restera muette, et notre curiosité à la fois rassasiée et insatisfaite. Si réaliser un film, ce n'est pas seulement exposer des faits, transmettre des idées ou un point de vue sur le monde, mais mettre le spectateur en condition de vivre par lui-même une véritable *expérience*, comme l'ont affirmé Mankiewicz, Preminger et plusieurs autres avec eux, alors, à cette aune et au vu de ce seul film, nul peut dénier à Wise la qualité de vrai et pur metteur en scène.

## MAIS... QUI A TUÉ HARRY?
**(The Trouble With Harry)**

1956 – USA (99') • *Prod.* PAR. (Alfred Hitchcock) • *Réal.* ALFRED HITCHCOCK • Sc. John Michael Hayes d'ap. R. de John Trevor Story • *Phot.* Robert Burks (Vistavision, Technicolor) • *Mus.* Bernard Herrmann • *Int.* Edmund Gwenn (capitaine Albert Wiles), John Forsythe (Sam Marlowe), Shirley MacLaine (Jennifer Rogers, femme de Harry), Mildred Natwick (Miss Gravely), Jerry Mathers (Tony), Mildred Dunnock (Mme Wiggs), Royal Dano (Alfred Wiggs).

Dans un village du Vermont, coloré de toutes les nuances de la brève splendeur automnale, un cadavre apparaît au milieu d'une clairière. Au gré des hypothèses que les habitants feront à son propos ou des culpabilités qu'ils s'attribueront le concernant, le cadavre sera maintes fois enterré et déterré au cours de la journée et de la nuit. Le mort est le second mari d'une habitante du lieu, Jennifer. Indirectement, il aidera au rapprochement de deux couples vivant au village, celui du vieux marin d'eau douce Albert Wiles et de la vieille fille Miss Gravely, et celui du peintre Sam Marlowe et de la jeune veuve de Harry, le mystérieux cadavre. Le shérif finit par se douter de quelque chose. Mais tout le monde fait front contre lui et il ignorera toujours les tribulations du cadavre. En effet, après qu'un docteur hurluberlu a décrété que le mort a été victime d'une crise cardiaque, les habitants décident de le replacer à l'endroit même où ils l'avaient découvert en premier lieu.

☞ Construit sur un tempo volontairement ralenti, avec une grande abondance de plans fixes, une interprétation d'un équilibre insolite entre le pittoresque et la sobriété, semé de signes mystérieux et d'embûches, c'est le film le plus énigmatique de Hitchcock. Le génie de l'auteur a su conférer à cette énigme l'apparence faussement limpide et rassurante d'une fable ou d'une comptine pour enfants. C'est Jean Domarchi (*in* « Cahiers du cinéma » nº 58) qui a le mieux caractérisé l'aspect expérimental du film en faisant remarquer que Hitchcock avait procédé sur ses personnages à « l'ablation de la conscience [...], de la culpabilité intérieure ». On pourrait ajouter : l'ablation du sens spirituel, de l'inquiétude métaphysique. Le cadavre qu'ils enterrent et déterrent allégrement et transportent de place en place n'est pour eux rien de plus qu'un objet un peu encombrant. Ainsi transformés (ou mutilés), ces personnages sont observés par l'auteur, avec distance et ironie, au sein de la petite communauté fermée où ils vivent. Ils n'éprouvent les uns envers les autres aucune méfiance, aucune jalousie, aucun de ces sentiments bas qui empoisonnent les relations humaines et que Hitchcock a si souvent décrits ailleurs. Même l'argent a sur eux peu d'emprise. A les voir vivre si paisiblement, on pourrait croire qu'ils habitent un paradis : seulement voilà, ce ne sont pas tout à fait des hommes. Et leur absence d'inquiétude ravive insidieusement la nôtre. Cette beauté de fin d'automne fascine et accable. C'est une sorte d'apocalypse douce, à l'opposé de celle, tumultueuse et atroce, des *Oiseaux**, mais finalement tout aussi dérangeante.

## MAITRE DE POSTE (LE) (Der Postmeister)

1940 – Allemagne (95') • *Prod.* Wien Film/Ufer (Erich von Neusser) • *Réal.* GUSTAV UCICKY • *Sc.* Gerhard Menzel d'ap. la nouvelle de Pouchkine • *Phot.* Hans Schneeberger • *Mus.* Willy Schmidt-Gentner • *Int.* Heinrich George (le maître de poste), Hilde Krahl (Dounia), Siegfried Breuer (Minsky), Hans Holt (Mitya), Ruth Hellberg (Elisawetha), Margit Symo (Masha), Erik Frey (Serguei).

Quelque part dans la steppe russe au milieu du XIXe siècle. Ayant vu dans un relais le maître de poste prostré et à demi fou évoquer la disparition de sa fille Dounia, le voyageur Mitya raconte à un ami partageant sa voiture la destinée de la jeune fille. Elle était tout pour son père, un être primitif et bon, aux réactions violentes et passionnées. Un jour, au relais, un officier de cavalerie, Minsky, l'avait séduite et avait su persuader son père de la laisser partir avec lui à Saint-Pétersbourg où elle rêvait d'aller. Là-bas, au lieu de l'épouser, il l'abandonna bien vite à une vie de débauche. Mais Dounia décida de changer d'existence. Son père reçut une lettre d'elle et fut si heureux qu'il alla la lire à ses chevaux. Dounia habita chez son amie Elisawetha et travailla avec elle dans son atelier de couture. Elle eut alors un amoureux, Mitya (le narrateur). Son père, que les insinuations d'un ami sur le genre de vie qu'elle menait à la ville avait inquiété, se rendit à Saint-Pétersbourg. Minsky organisa alors une fausse cérémonie et un faux banquet de mariage. Ce stratagème rendit la sérénité au père de Dounia mais fit perdre à celle-ci son amoureux, car il s'estima trahi par cette mascarade. Dounia se tira une balle dans le cœur. Minsky alla combattre à Sébastopol durant la guerre de Crimée et est peut-être mort à l'heure qu'il est.

☞ Après l'adaptation émouvante mais un peu mièvre et d'ailleurs édulcorée de la nouvelle de Pouchkine par Victor Tourjansky (*Nostalgie*, France, 1937), Ucicky en donne ici une version beaucoup plus vigoureuse et tragique. Le style de l'œuvre est avant tout lyrique. Le lyrisme naît de l'utilisation de la musique à l'intérieur des scènes et de la constante élégance plastique de l'image : steppes neigeuses opposées aux salons décadents de la ville. Ce contraste trouve son répondant dans l'interprétation magnifique de Heinrich George et de Hilde Krahl. Le rôle du lyrisme est ici de faire jaillir de chaque scène la violence des sentiments qui empoignent les personnages. Désir de Dounia de connaître un autre univers. Dégoût soudain qu'elle prend d'elle-même et de son destin. Attachement viscéral et quasi animal du père pour sa fille. Un grand raffinement de style mis au service de sujets et de personnages violents et primitifs, c'est la caractéristique des rares films qu'on connaisse de Gustav Ucicky, un metteur en scène à redécouvrir.

N.B. Il existe cinq versions cinématographiques de la nouvelle de Pouchkine. Les deux premières sont russes et furent réalisées, la première par Alexandre Ivanovsky (1918) avec Polikarp Pavlov dans le rôle principal, la seconde par Ivan Moskvin (qui joue le maître de poste) et Youri Tcheliabousky, également opérateur du film. Ce dernier film fut l'un des premiers grands succès en Europe du cinéma soviétique. Les historiens René Jeanne et Charles Ford considèrent que c'est la meilleure version. Viennent ensuite la version française de Tourjansky, *Nostalgie* (1937), avec Harry Baur, puis la version Ucicky et enfin *Dunja* de Joseph von Baky (Allemagne, 1955).

## MAITRE DU LOGIS (LE)
### (Du skal aere din hustru)

1925 – Danemark (2356 m) • *Prod.* Palladium • *Réal.* CARL THEODOR DREYER • *Sc.* Carl Theodor Dreyer, Svend Rindom d'ap. P. « Tyrannens Fald » de Svend Rindom • *Phot.* George Schneevoigt • *Int.* Johannes Meyer (Viktor Frandsen), Astrid Holm (Ida, son épouse), Karin Nellemose (Karen, leur fille), Mathilde Nielsen (Mads, l'ancienne nourrice de Viktor), Clara Schönfeld (Alvida Kryger, la mère d'Ida), Johannes Nielsen (le médecin), Petrine Sonne (la blanchisseuse).

A Copenhague, Viktor se conduit comme un véritable tyran domestique. Sa jeune épouse Ida, mère de trois enfants, ploie sous le poids des tâches ménagères et ne récolte que critiques et réflexions humiliantes. La vieille nourrice de Viktor, scandalisée par son comportement, met la mère de la jeune femme au courant. La mère explique à sa fille que, s'il continue, son mari finira par la détruire. Ida lui trouve des circonstances atténuantes : il est devenu dur et amer depuis que ses affaires ont périclité et qu'il a perdu sa boutique. Ida, malade de tristesse, accepte de quitter le foyer conjugal et ses enfants pour soigner sa dépression. Désormais la nourrice règne en maîtresse dans la maison de Viktor qui, peu à peu, est bien obligé de lui obéir. Sa fille aînée lui apprend que la mère accomplissait en secret la nuit des travaux de couture pour pouvoir nourrir correctement la famille. Viktor commence à comprendre l'injustice de sa conduite. Il souffre profondément de l'absence de sa femme. La nourrice le tourmente à dessein et suscite sa jalousie grâce à une lettre où Ida mentionne le nom d'un autre homme. Elle lui fait un cours de morale conjugale et l'envoie au piquet, avant de le mettre en présence d'Ida guérie et de retour à la maison. L'homme auquel la lettre faisait allusion est un vieillard invalide dont Ida s'occupait par charité. Viktor dit qu'il a maintenant compris ce qu'est le bonheur. Avec le balancier de l'horloge qui se remet à battre, la vie familiale reprend son cours comme avant – mieux qu'avant.

☞ Tout dans le sujet aurait pu orienter le film vers le naturalisme. Dreyer y échappe par le dépouillement classique de son style inspiré du « Kammerspiel » (il venait de tourner deux films à Berlin), par sa spiritualité et par sa fantaisie, car il y a une fantaisie de Dreyer. Lieu quasi unique et décor « réel » reconstitué minutieusement en studio, surfaces lisses sur lesquelles se détachent les visages des acteurs au jeu à la fois sobre et extrêmement expressif, condensation de la durée et des événements : la maîtrise technique et stylistique de Dreyer est totale dans ce septième long métrage muet. Il s'y ajoute une virtuosité que Dreyer a toujours cultivée et qui consiste à mettre en valeur, dans chaque film, un élément nouveau correspondant à la spécificité de l'intrigue racontée. Cet élément tient ici dans le refus du tragique et dans l'ironie souriante avec laquelle Dreyer entend traiter ce conflit conjugal. Le mari fait payer à sa femme les mécomptes de sa vie professionnelle et se comporte avec elle en enfant querelleur, ombrageux et injuste : un enfant autrefois trop gâté et qui doit apprendre à ne plus l'être. C'est comme tel qu'il sera traité et châtié et, de sa punition, naîtra sa transformation. Fidèle à la thématique fondamentale de Dreyer, le film est un éloge de l'amour conjugal, amour divin dans sa nature et son origine, mais humain, trop humain, dans ses vicissitudes et les entraves qu'il se crée à lui-même. La description de ces vicissitudes inspire à Dreyer, dans la seconde partie, des scènes de comédies à l'humour élégant, au dessin délicat et fin, mais toujours fermement relié au propos central de l'œuvre : suggérer la présence divine dans l'amour du couple. Cet amour est un équilibre ; s'il vient à se rompre, aider à son rétablissement, c'est servir Dieu.

## MALHEURS DE LA JEUNESSE (LES)
## (Tao li jie)

Inédit en France. 1934 – Chine (11 bob.) • *Prod.* Studios Diantong • *Réal.* YING YUNWEI • *Sc.* Ying Yunwei • *Phot.* Wu Weiyun, Fang Xiongxiang • *Mus.* Nie Er (Lyrics : Tian Han) • *Int.* Yuan Muzhi (Tao Jianping), Chen Bo'er (Li Lilin), Tang Hvaiqui (le vieux professeur), Zhang Kexun (le directeur Zhang), Zhov Boxun (le directeur de la compagnie de navigation), Li Dizhi (le contremaître), Wang Yizhi (Huang Zhixiong).

Un professeur apprend que l'un de ses anciens élèves, Tao Jianping, est emprisonné et va être exécuté. Il lui rend visite et le jeune homme évoque avec lui son lamentable destin. Promu au plus brillant avenir après l'obtention de ses diplômes, il avait épousé une condisciple. Ingénieur dans une compagnie de navigation, il s'élève contre la violation d'un règlement de sécurité et est renvoyé. Employé ensuite dans une entreprise de construction, la même mésaventure lui arrive. Cette fois, c'est lui qui claque la porte. Entre-temps sa femme, obligée de travailler, a trouvé un emploi de secrétaire. A la suite d'un malentendu, Tao s'imagine qu'elle a accepté les avances de son patron, alors qu'elle les a violemment repoussées. Le couple réconcilié sombre dans la misère la plus noire. Tao est maintenant manutentionnaire dans un atelier. Travail harassant et peu fait pour lui. Sa femme, après son accouchement, tombe dans l'escalier en portant un seau d'eau trop lourd pour elle. Tao demande à son patron une avance pour payer le médecin. On la lui refuse et il vole dans la caisse. Sa femme meurt. Les policiers le traquent. En essayant de leur échapper, il blesse mortellement l'un d'entre eux. A la fin de ce récit, le professeur, atterré, voit son élève marcher au supplice.

☞ Film célébré par les historiens pour son pessimisme social, intégral et sans compromis, encore plus accentué que dans les autres films chinois des années 30. Dans une société aussi corrompue qu'égoïste, l'honnêteté, l'idéalisme ne peuvent engendrer, selon une logique impitoyable, que des tragédies sans fin et un immense gâchis de talent, d'espoir et de bonne volonté. L'itinéraire descendant des deux principaux personnages en administre la preuve. La réalisation, parfois primitive et un peu bavarde, est le plus souvent brillante (cf. la séquence où le héros recherche sa femme dans l'hôtel). Ce tableau, dans sa noirceur, touche encore le spectateur d'aujourd'hui par son réalisme, sa cohérence, sa sincérité et surtout le jeu étonnamment protéiforme de Yuan Muzhi. Metteur en scène après avoir été acteur – itinéraire courant dans le cinéma chinois de l'époque –, il réalisa trois ans plus tard l'un des films les plus connus de la période, *Les anges du boulevard**.

## MALIBRAN (LA)

1944 – France (95') • *Prod.* Sirius • *Réal.* SACHA GUITRY • *Sc.* Sacha Guitry • *Phot.* Fédote Bourgassoff, Jean Bachelet • *Mus.* Louis Beysdts • *Int.* Géori Boué (La Malibran, née Garcia), Sacha Guitry (Malibran), Suzy Prim (la comtesse Merlin), Jacques Jansen (Charles de Bériot), Mario Podesta (Manuel Garcia), Mona Goya (Mme Garcia), Jean Debucourt (l'ami de la comtesse), Geneviève Guitry (une voisine), Denis d'Inés (Berryer), Jean Weber (le roi de Naples), Jacques Varennes (La Fayette), Jean Cocteau (Alfred de Musset), Jacques Castelot (Lamartine), Jeanne Fusier-Gir (la concierge).

La vie étincelante et brève de l'illustre cantatrice Maria Malibran (1808-1836) racontée par sa meilleure amie, la comtesse Merlin, à un visiteur. Fille d'un célèbre ténor espagnol, Manuel Garcia, elle reçoit très jeune des leçons de chant et, à cinq ans, monte sur une scène pour remplacer pendant quelques instants une cantatrice qui avait un trou de mémoire. A Londres, à dix-huit ans, dans le rôle de Juliette, ses vrais débuts, elle se livre à des « fioritures » réservées aux seules vedettes. Elle fait une grande tournée en Amérique qui l'épuise. « Avoir tant de succès et si peu de bonheur ! » soupire-t-elle. Elle reçoit à New York les visites d'un Français, le banquier Malibran, beaucoup plus âgé qu'elle, qui lui fait une cour assidue. Elle l'épouse, croyant pouvoir grâce à lui quitter le théâtre. Mais elle s'aperçoit trop tard que sa « voix d'or » a surtout pour son mari une valeur commerciale. Il se dit ruiné et elle est obligée de remonter sur scène. Elle fuit vers l'Europe et se rend à Paris chez la comtesse Merlin. Elle y rencontre Lamartine, Hugo, Rossini, le jeune violoniste Charles de Bériot, et plus tard l'avocat Berryer et La Fayette qui, tous deux, feront annuler son mariage. Elle se réconcilie avec son père, qui la persécutait par sa jalousie, à l'occasion d'une reprise d'« Otello » de Verdi où ils jouent ensemble. Ce même jour, elle se donne à Charles de Bériot qui l'aime passionnément. Elle ira ensuite de succès en succès. Un soir, un vieux mélomane la fait enlever et exige comme rançon une mélodie qu'elle doit chanter pour lui seul. Devant se produire à Naples devant le roi, elle prend soin de lui apprendre comment applaudir pour qu'il ne gâche pas la représentation, car elle sait que les monarques ont coutume d'applaudir à contretemps. A la sortie du Théâtre de la Fenice à Venise, la foule lui fait un triomphe et elle doit chanter à la lumière des torches pour ses admirateurs. Une malheureuse chute de cheval dans les environs de Londres et une représentation qu'elle veut donner quand même la mettent dans un état de fatigue inquiétant. C'est là le point de départ de la maladie qui l'emportera. Elle se repose avec Bériot au château de Roissy où elle compose une mélodie : « La Mort ». Elle s'évanouit en la chantant, lors d'une ultime représentation à Manchester. De retour chez elle, mourante, elle entend une jeune voisine chanter et la fait venir pour lui donner d'ultimes conseils. Elle disparaît à vingt-huit ans.

☞ Écrite au milieu de la guerre et dans des circonstances difficiles pour l'auteur sur le plan privé (démêlés avec son épouse Geneviève, divers ennuis de santé), c'est ici une œuvre mineure et peu connue de Guitry, mais néanmoins très originale et qui porte la marque singulière de son talent. Filmée avec quatre sous, bourrée d'anecdotes variées, dramatiques, insolites ou sarcastiques, cette vie de la Malibran se développe dans un ton principalement dramatique qui renoue avec la veine de *Pasteur** et de *Deburau*. Mais, à la différence des deux autres, cette biographie est écrite spécialement pour le cinéma, tout comme *Donne-moi tes yeux*, filmé l'année précédente, sur le thème d'un sculpteur atteint de cécité. Dans une narration extrêmement libre comme il les aime, Guitry entrelace dans *La Malibran* les thèmes du succès, du bonheur, de l'amour, de la réussite artistique, mais en les affectant tous d'un coefficient négatif, en les inscrivant dans une atmosphère de frustration et de mélancolie assez nouvelle chez lui. Pour faire bonne mesure, il se donne à lui-même, pour la première fois, un rôle passablement déplaisant et ingrat. Dans *La Malibran*, le succès ne crée pas le bonheur ; le bonheur est impossible dans la durée ; l'amour est découvert trop tard et l'art épuise en quelques années toute l'énergie vitale de l'héroïne. Il convient de noter que Guitry manifeste dans le mélodrame la même sincérité, la même tension secrète, la même invention que dans ses fantaisies les plus débridées. *Donne-moi tes yeux* et *La Malibran* sont ainsi parmi les œuvres les plus originales de cette période de transition qui sépare les chefs-d'œuvre épanouis de l'avant-guerre des eaux-fortes géniales que seront *La poison** et *La vie d'un honnête homme**.

N.B. Dans un remarquable témoignage confié à Jacques Lorcey (*in* « Sacha Guitry par les témoins de sa vie », France-Empire, 1976), Géori Boué précise : « Le tournage a été un enchantement, à cette réserve près que [Guitry] n'a jamais voulu de play-back ! Je dois dire que c'était tuant. Je chantais avec l'orchestre de l'Opéra, avec un quatuor dissimulé derrière un paravent, ou encore en m'accompagnant à la harpe. [...] Il indiquait très bien. [...] Il me disait ce qu'il voulait et sans avoir l'air d'y toucher, il savait très bien imposer sa volonté. » Ajoutons enfin que *La Malibran* fut présenté dans les stalags avant sa sortie parisienne. En

1943, Guido Brignone avait tourné une *Maria Malibran* avec Maria Cebotari dans le rôle de la cantatrice.

## MALOMBRA (id.)

1942 – Italie (135') • *Prod.* Lux (Dino de Laurentiis) • *Réal.* MARIO SOLDATI • *Sc.* Mario Bonfantini, Renato Castellani, Ettore M. Margadonna, Tino Richelmy, Mario Soldati • *Phot.* Massimo Terzano • *Mus.* Giuseppe Rosati • *Int.* Isa Miranda (Marina di Malombra), Andrea Cecchi (Corrado Silla), Irasema Dilian (Edith), Gualtiero Tumiati (le comte Cesare d'Ormengo), Nino Crisman (Nepo Salvador), Enzo Biliotti (Vezza), Ada Dondini (Fosca Salvador).

La jeune marquise Marina di Malombra, orpheline et sans fortune, est recueillie par son oncle maternel, le comte Cesare d'Ormengo, dans son palais donnant sur le lac, dont elle ne pourra sortir qu'une fois mariée. Dans sa chambre, Marina découvre dans une épinette une mèche de cheveux, un gant, une épingle et un manuscrit ayant appartenu à la comtesse Cecilia, ancêtre de Marina, que son mari jaloux séquestrait afin de lui faire expier sa trahison. La découverte du manuscrit et la lecture de « Fantômes du passé », un roman sur la réincarnation, la troublent au point de lui faire imaginer que son ancêtre revit en elle et lui demande de la venger. Elle croit reconnaître dans son oncle la réincarnation du mari de Cecilia et le soupçon lui vient que, dans le jeune Corrado Silla, auteur anonyme de « Fantômes du passé », venu tenir auprès de son oncle le rôle de secrétaire, revit l'âme de l'amant de Cecilia. Corrado quitte à l'improviste le palais pour aller à Milan : fasciné par la beauté de la marquise, il craint de tomber amoureux d'elle. Marina ne cache pas son hostilité à son cousin Nepo Salvador, venu avec sa mère dans l'espoir de l'épouser et de s'acquérir ainsi la reconnaissance de son oncle. Corrado, rappelé par un télégramme, revient au palais et trouve le comte très gravement malade. Dans la chambre de l'agonisant, où tous sont réunis en prière, Marina fait irruption et, en proie au délire, profère d'obscures menaces. Après la mort du comte, le testament révèle que la majeure partie des biens a été léguée à un hôpital. La famille Salvador, déçue, fait ses malles. Marina ordonne qu'un repas soit préparé en l'honneur du défunt ; il se terminera en tragédie : quand, durant le festin, apparaît Corrado, la marquise tire sur lui. Dans la panique qui s'ensuit, elle disparaît pour aller en barque mourir comme Cecilia, dans le golfe de Malombra (résumé tiré du volume « Isa Miranda », de Orio Caldiron et Matilde Hochkofler, Gremese Editore, Rome, 1978).

☞ C'est, après *Piccolo mondo antico* (*Le mariage de minuit*, 1941) et avant *Daniele Cortis*, 1947, inédit en France, le deuxième film tiré par Mario Soldati d'un ouvrage de Fogazzaro (1842-1911). « Malombra » fut le premier roman publié par le romancier (1881) et son adaptation cinématographique donna lieu à ce qui est sans doute le maître-film du calligraphisme italien. Ce mouvement essentiellement formaliste, né durant les années du fascisme, possède une extraordinaire cohérence esthétique qui rejaillit aussi au niveau politique et moral. Dans ce qu'il a de meilleur et de plus abouti, ce mouvement exprima une secrète hostilité envers la réalité sociale et politique ambiante, contre laquelle il tenta de prendre une sorte de revanche esthétique. Ne pouvant traiter aucun sujet d'actualité ni manifester la moindre réserve, la moindre critique vis-à-vis du présent, certains cinéastes comme Soldati et Castellani se réfugièrent dans l'évocation du passé. Et plus ce passé était étouffant, claustrophobique, refermé sur lui-même, plus il leur convenait. Leurs films se situèrent délibérément sous le signe de la mort. Tant par leurs qualités plastiques, qui visent à une représentation immobile et comme pétrifiée du monde extérieur, que par leur prédilection pour l'adaptation fidèle d'œuvres littéraires anciennes (comme si le Temps s'était arrêté et avec lui toute possibilité d'inventer des thèmes nouveaux), ces films montrent des personnages tournant le dos à la vie et se consacrent à évoquer des univers figés ou hantés, peuplés de reclus, de moribonds, d'isolés contraints à la passivité. Malombra, obligée par les convenances de son temps d'habiter, tant qu'elle n'est pas mariée, chez son oncle infirme dans une demeure isolée au bord du lac Majeur – cadre grandiose, étouffant, qui participe à l'agonie des personnages – en vient dans sa solitude à imaginer qu'elle est la réincarnation d'une ancêtre qui connut comme elle un destin de recluse. Sa rêverie, ses fantasmes de réincarnation sont le produit de l'appauvrissement de son existence. Elle se cherche par-delà le temps une compagne, une complice ressemblante qui, par compensation, justifierait sa vie. Sa quête la mènera inexorablement à la folie, au meurtre et au suicide. Elle est décrite par Soldati à un niveau quasi psychanalytique et dans un climat d'intimité intense qui donnent au film sa modernité. Le réalisme et le fantastique s'y emmêlent dans une morbidité fascinante dont le charme n'est pas près de s'éteindre. Certes il faut, pour le goûter pleinement, supporter la lenteur suppliciante du rythme, ce temps figé, cette mort lente qui absorbent les personnages comme l'eau dormante où vont se noyer Cecilia, puis Malombra. Choix des extérieurs, photographie, rythme de l'action, interprétation constituent aujourd'hui encore, dans leur unité, une expérience cinématographique parfaite. Rappelons que Soldati avait souhaité, pour interpréter l'héroïne, Alida Valli (son actrice de *Piccolo mondo antico*). Isa Miranda, qui la remplaça et fut acceptée difficilement par son metteur en scène, trouva néanmoins dans ce rôle la figure emblématique de toute sa carrière et de toute une époque, frustrante mais féconde, du cinéma italien.

N.B. Première adaptation du roman de Fogazzaro en 1916 par Carmine Gallone avec Lyda Borelli dans le rôle de Malombra. Le film de Soldati sortit en France en 1948 dans une version coupée de 94' dont il existe encore une copie positive (avec sous-titres français) à la Cinémathèque de Toulouse.

BIBLIO. : plusieurs participants au film (Soldati, Isa Miranda, les scénaristes Renato Castellani et Ettore M. Margadonna, la costumière Maria De Matteis, le régisseur Valentino Brosio) parlent de leur travail sur le film dans l'ouvrage de Francesco Savio « Cinecitta anni trenta », 3 vol., Bulzoni Editore, Rome, 1975, recueil de 116 interviews constituant un véritable trésor d'informations sur le cinéma italien de cette époque.

## MAMAN ET SES ONZE ENFANTS/NOS MERVEILLEUSES ANNÉES

**(Kaachan to juichi-nin no kodomo)**

Inédit en France. 1966 – Japon (106') • *Prod.* Shochiku • *Réal.* HEINOSUKE GOSHO • *Sc.* Hideo Horie d'ap. Mémoires de Tora Yoshida • *Phot.* Hiroyuki Nagaoka (couleurs, Cinémascope) • *Mus.* Ichiro Saito. • *Int.* Sachiko Hidari (Tora Yoshida), Kiyoshi Atsumi (son mari), Yoshiko Kuga (leur première fille), Yukiyo Toake, Chico Baisho, Ken Mitsuta.

Une famille paysanne de onze enfants, tous à peu près à l'âge adulte, se réunit pour décider si l'une des filles sera autorisée à partir vers une région éloignée occuper un poste d'enseignante. Une décision favorable au projet est votée à l'unanimité. A cette occasion, la mère évoque ce qu'a été la vie de la famille depuis 1925, date de son mariage. Tous les deux ans environ, un nouvel enfant apparaissait. Le père fut appelé pour combattre les Chinois. En son absence, la mère dut faire face à de grosses difficultés d'argent. Elle fut obligée de vendre l'une des cinq vaches de l'exploitation. Le père revint. C'est l'annonce de la défaite qui, après Hiroshima, lui évita d'être enrôlé à nouveau. Le récit se clôt dans le présent par deux épisodes : le père rend visite à sa fille enseignante, tombée malade loin des siens, et la cadette remporte un prix officiel de poésie. Son poème était consacré à glorifier sa mère.

☞ Cette chronique sensible de quarante années de vie paysanne au Japon est l'une des œuvres qui donnent le mieux au spectateur l'impression de pénétrer dans l'âme et la réalité profonde de ce pays. Cela grâce aux multiples petits épisodes significatifs dont la trame du récit est tissée. Ils font surgir peu à peu les traits essentiels de la société et du caractère japonais : vitalité, tenacité, courage poussé jusqu'à une certaine résignation, courtoisie, soumission aux coutumes, aux liens familiaux et ancestraux. Gosho y ajoute une notion qui lui tient peut-être encore plus à cœur : un sens inné du bonheur qu'incarne tout au long du film le personnage de la mère. Pour elle, toute nostalgie mise à part, c'est la dureté même de la vie qui, abordée de front, devient source de joie et de félicité. La force de cette chronique est aussi d'apparaître construite sans recherche systématique d'un point de vue original d'auteur, comme coulée dans le flot même de la vie quotidienne de ses participants. Comme dans beaucoup de films de sa dernière période, Gosho transcende ici une certaine mièvrerie, une représentation du monde aux couleurs d'Épinal, par la seule force de sa sincérité.

## MAN FROM PLANET X (THE)

Inédit en France. 1951 – USA (70') • *Prod.* Mid-Century Films (Aubrey Wisberg, Jack Pollexfen) distribué en Californie par Sherrill Corwin et par UA pour le reste du pays. • *Réal.* EDGAR GEORGE ULMER • *Sc.* Aubrey Wisberg et Jack Pollexfen • *Phot.* John L. Russell • *Mus.* Charles Roff • *Int.* Robert Clarke (John Lawrence), Margaret Field (Enid Elliot), Raymond Bond (Pr Elliot), William Schallert (Dr Mears), Roy Engel (le policier), Charles Davis (Geordie), Gilbert Fallman (inspecteur Porter).

Un journaliste de Los Angeles, John Lawrence, rejoint dans l'île écossaise de Burray le Pr Elliot qui a découvert l'existence d'une planète inconnue jusque-là dans le système solaire, la planète X. Elle va approcher de la Terre dans quelques dizaines d'heures. Installé dans une tour très ancienne, destinée à protéger les habitants des siècles passés contre les envahisseurs vikings, Elliot mène ses recherches avec le Dr Mears, homme avide de pouvoir et d'argent pour lequel Lawrence éprouve un mépris non dissimulé. (Selon lui, Mears a échappé à la justice et devrait purger une peine de vingt ans de prison.) Enid, la fille d'Elliot, est une amie d'enfance de Lawrence. Victime d'une panne de voiture, elle découvre de nuit dans la lande embrumée une étrange capsule en forme de cloche de plongée à la vitre de laquelle elle aperçoit un visage qui la terrifie. Elle court raconter sa découverte à son père qui relie cet événement à la proximité de la planète X. Elliot et Lawrence se dirigent vers l'engin spatial d'où sort un extra-terrestre anthropomorphe, de petite taille, qui les menace mollement avec un revolver. Il s'affaisse bientôt et Lawrence doit actionner la manette de son casque à oxygène pour qu'il puisse respirer de nouveau. Reconnaissant et apparemment décidé à coopérer, l'extra-terrestre suit les deux hommes dans la tour. Mears veut communiquer avec lui par la géométrie et demande qu'on les laisse seuls face à face. Ayant établi un contact avec l'extra-terrestre, il l'agresse afin de lui arracher des secrets scientifiques. Dans les heures qui suivent, Enid puis deux villageois ainsi que Mears et Elliot disparaissent. Ils ont été capturés par l'extra-terrestre qui les a domestiqués et zombifiés grâce à un rayon lumineux émanant de son vaisseau spatial. Le téléphone étant coupé, le policier local utilise le télégraphe optique pour demander à l'équipage d'un bateau passant au large de prévenir Scotland Yard. Deux inspecteurs arrivent sur l'île. D'autres villageois sont devenus les « esclaves » de l'extra-terrestre. Les inspecteurs veulent faire intervenir l'armée. Lawrence a une autre idée, mais on ne lui donne que jusqu'à vingt-trois heures pour la mettre à exécution, car à minuit la Planète X, dont le refroidissement est une menace de mort pour tous ses habitants, va se rapprocher au plus près de la Terre et une invasion est sans doute à craindre. Lawrence réussit à libérer tous les prisonniers-zombies du vaisseau, sur lequel l'armée se met à tirer au bazooka. Mears veut retourner près du vaisseau et est mortellement blessé. Le vaisseau explose avec son occupant. La trajectoire de la planète X passe très près de la Terre mais sans la toucher. Lawrence dit qu'il est préférable de garder tous ces événements secrets. Il reverra Enid en Californie.

☞ Premier film de science-fiction d'Ulmer, tourné avec un budget dérisoire, en six jours, dans des décors créés pour la *Jeanne d'Arc** de Victor Fleming dans les studios Hal Roach. La SF offre à Ulmer un domaine ni plus ni moins étrange que celui où se déroulent ses films policiers, dramatiques ou d'aventures. En ce qui concerne l'atmosphère et la plastique, c'est le même univers onirique et désolé, semé de constructions à l'architecture plus ou moins perverse, la même pénombre d'aquarium, le même climat d'angoisse permanente, concrète, non littéraire, nés des rêves et des cauchemars du réalisateur, de son inquiétude, ainsi que de son attachement indéfectible à l'expressionnisme et à Murnau. Puissamment original, parfois même révolutionnaire, et presque sans le savoir, Ulmer opère dans ce film un retournement de point de vue capital pour l'évolution ultérieure d'un genre encore balbutiant en 1951. Ce retournement que d'autres et de plus habiles, tel Spielberg dans *E.T.**, sauront monnayer à l'infini, n'est ici qu'esquissé mais il nous invite à marquer ce film d'une pierre blanche. En effet, l'extraterrestre venu de la Planète X est à l'évidence plus terrifié que terrifiant. Sa bonne volonté semble totale, et seules la cupidité et la violence d'un terrien l'empêcheront de manifester en actes sa vraie nature. Les quelques scènes (trop rares à notre gré) où figure l'extraterrestre ont un caractère impressionnant et hautement insolite, dû en particulier à l'expression unique et figée qui apparaît sur le masque (car c'est un simple masque, au style proche de l'art nègre) que porte le personnage. On lit sa fatigue, sa détresse et son insondable mélancolie. « Vous savez, dit l'héroïne à la toute fin du film, je crois que cette créature n'était pas hostile. Je me demande ce qui se serait passé si le Dr Mears ne l'avait pas effrayée. » Cette interrogation, ce sentiment d'une occasion perdue pèsent d'un poids tout à fait singulier et poignant sur ce film minuscule qui ouvre des perspectives incalculables...

## MANHANDLED
**(Tricheuse)**

1924 – USA (7 bob.) • *Prod.* Famous Players - Lasky - PAR. (Allan Dwan) • *Réal.* ALLAN DWAN • *Sc.* Franck W. Tuttle d'ap. une histoire d'Arthur Stringer • *Phot.* Hal Rosson • *Int.* Gloria Swanson (Tessie McGuire), Tom Moore (James Hogan), Ian Keith (Robert Grandt), Lilyan Tashman (Pinkie Doran), Frank Morgan (Arno Riccardi), Arthur Housman (Charles « Chip » Thorndyke), Marie Shelton (un modèle).

New York. Tessie McGuire, employée d'un grand magasin, sort épuisée de son travail pour se retrouver dans la cohue du métro à six heures. Dans un wagon, elle est prise en sandwich par deux hommes plus grands qu'elle. En se baissant pour ramasser son sac, ils la soulèvent sans le vouloir au-dessus du sol. Sortir de la station est également une tâche herculéenne. Tessie retrouve son petit logement plus que modeste et son fiancé Jimmy Hogan, garagiste le jour et chauffeur de taxi la nuit. Il a inventé un gadget permettant d'économiser le combustible des véhicules et compte bientôt en tirer une fortune. Le lendemain, au magasin, Tessie se dispute avec son chef. Un romancier qui cherche une vendeuse à observer est déçu par la passivité de la plupart des employées vis-à-vis des caprices des clientes. Par contre, Tessie est tout à fait son héroïne. Il l'invite à une party où, bonne fille, elle fait des imitations (notamment de Charlot) qui amuse les uns et suscite la condescendance un peu méprisante des autres. L'hôtesse l'invite à se déguiser en comtesse et, sous le déguisement, son charme fera l'unanimité. Jimmy part pour Detroit présenter son invention. Tessie dont les fréquentations se multiplient pose pour un peintre rencontré à la party mais prend la fuite quand il veut l'embrasser de force. Ayant quitté son travail, elle est engagée par le directeur d'une grande maison de couture pour faire de la figuration intelligente dans son magasin. Fausse comtesse russe, elle n'aura rien d'autre à faire que de croquer des petits fours et de bavarder avec les clientes, friandes de relations titrées. Un jour, une vraie Russe s'adresse à elle en russe. (Surgit alors sur l'écran un intertitre en caractères cyrilliques.) Perdant contenance, Tessie se met à pleurer. Le directeur lui sauve la mise en expliquant à la cliente que, chaque fois qu'elle entend parler russe, elle est si émue qu'elle ne peut s'empêcher de fondre en larmes. Émue à son tour, la cliente pleure aussi et les deux femmes tombent dans les bras l'une de l'autre. Tessie acceptera encore des invitations masculines mais, fidèle à Jimmy, s'échappera toujours au moment crucial. Jimmy revient de Detroit où il a vendu son invention à prix d'or. Très jaloux, il reproche à Tessie ses sorties et ce qu'il croit être ses infidélités. Elle se retire pour prier afin d'obtenir que le malentendu cesse. Jimmy tombe alors sur un calendrier couvert de mots d'amour écrits à son intention pendant son absence. Happy end.

☞ Troisième des huits films de Dwan avec Gloria Swanson qui venait d'en tourner six sous la direction de DeMille, lesquels lui avaient apporté la célébrité. L'ensemble des quatorze films réalisés par ces deux génies du cinéma avec la grande star (qui fut aussi une grande comédienne) comptent parmi les plus étonnantes comédies du cinéma américain. *Manhandled*, qui remporta un triomphe, vaut surtout par son mélange extrêmement brillant d'invention comique et de réalisme (scènes du métro et du grand magasin), par une mise en scène d'une allégresse et d'un dynamisme jamais démentis. Le film est une défense du naturel et de la fraîcheur d'âme contre la sophistication, le snobisme et tous les déguisements qui déforment la réalité. Moins acide que DeMille, n'ayant pas comme lui, sur les rapports du couple, un credo à faire passer, Dwan s'amuse à laisser ses personnages en liberté, à les observer dans des situations qui, banales à l'origine, deviennent prodigieusement comiques par la justesse de l'observation, la vérité de leur contenu, la spontanéité des acteurs qui les vivent. Le film se voit comme s'il venait d'être tourné. Pas une ride ; pas une fausse note. Un talent éclatant de jeunesse et de vivacité.

## MANHATTAN (id.)

1979 – USA (96') • *Prod.* UA (Jack Rollins, Charles H. Joffe) • *Réal.* WOODY ALLEN • *Sc.* Woody Allen, Marshall Brickman • *Phot.* Gordon Willis (Cinémascope) • *Mus.* George Gershwin • *Int.* Woody Allen (Isaac Davis), Diane Keaton (Mary Wilke), Michael Murphy (Yale Pollack), Mariel Hemingway (Tracey), Meryl Streep (Jill), Ann Byrne (Emily Pollack), Karen Ludwig (Connie), Michael O'Donoghue (Dennis).

Isaac Davis, quarante-deux ans, auteur de sketches comiques pour la télévision, a une petite amie de dix-sept ans, Tracey. Leur différence d'âge l'inquiète au point qu'il la lui rappelle à tout bout de champ et insiste continuellement sur le caractère éphémère de leur liaison. Parmi ses autres soucis, il y a ce projet de son ex-épouse, Jill, partie vivre avec une autre femme, d'écrire et surtout de publier une relation précise de leur vie conjugale. Et puis son travail à la télévision lui paraît parfois si décevant, si dérisoire qu'un jour, dans un moment de lassitude et de témérité, il démissionne pour écrire le livre de sa vie, un essai sur le déclin des valeurs. Son meilleur ami, Yale Pollack, marié depuis douze ans à une femme qu'il adore, a pour maîtresse Mary, une native de Philadelphie, qui exaspère terriblement Isaac par sa manie prétentieuse de déblatérer sur des auteurs comme Gustav Mahler, Scott Fitzgerald, Heinrich Böll ou Ingmar Bergman. Cependant les occasions de se revoir se multiplient pour Mary et Isaac, elle devant tuer le temps pendant les longues absences de Yale, lui voulant se détacher – par sagesse – de Tracey. Il la juge trop cérébrale ; elle le trouve agressif mais séduisant. Et quand Mary est rejetée par Yale, Isaac rompt à son tour avec Tracey et s'installe en compagnie de Mary dans un nouvel appartement qu'il a choisi pour raisons d'économie. Isaac est humilié par la parution du livre de sa femme. Il va chez elle pour l'engueuler et apprend alors que le livre, ayant du succès, sera prochainement porté à l'écran. Pour ajouter à ses tracas, c'est maintenant Mary qui lui annonce qu'elle aime encore Yale et qu'elle l'a revu. Isaac, de nouveau solitaire, essaie d'écrire des choses sérieuses et ce n'est pas facile. Tracey lui manque terriblement. Il court chez elle et la trouve sur le pas de la porte, partant pour six mois étudier l'art dramatique à Londres, projet qu'Isaac lui-même, quelques semaines auparavant, lui avait vivement recommandé. Il essaie vainement de la retenir. « Six mois, ce n'est pas long », lui dit-elle, alors qu'il la trouve encore plus jolie qu'avant.

☞ Le film le plus achevé de Woody Allen. C'est au début d'*Annie Hall* que Woody Allen avait commencé de s'adresser, en tant que personnage, directement à la caméra et au public. Depuis lors le caractère autobiographique de son personnage n'a cessé de s'affirmer, d'une manière si inventive et si ambitieuse que ce personnage est venu prendre place tout naturellement parmi les plus grands représentants du burlesque américain, à côté d'un Chaplin, d'un Keaton, d'un Jerry Lewis. Utilisant le minimum d'intrigue possible, Woody Allen ne fait plus ici que parler de lui-même et du monde vu à travers lui. Il donne à son film l'allure d'une libre conversation avec les femmes qu'il aime ou a aimées, avec ses amis et avec le public. Cette liberté et cette abondance de dialogue font paradoxalement bon ménage avec un certain calligraphisme de l'image : plans-séquences immobiles, noir et blanc ultra-soigné, plans admiratifs – et admirables – de Manhattan logés avec art dans le récit et qui semblent l'émanation même de la musique de Gershwin. Cette description juste et drôle des intellectuels urbains, de leur bavardages continuels, de leur égocentrisme, de leur vie à la fois anxieuse et protégée, de leurs vrais et faux problèmes, a été particulièrement appréciée par le spectateur européen. Et certes on peut s'étonner que seul un Américain se soit montré capable de parler de cette faune si bien représentée en Europe mais que, jusqu'ici, aucun cinéaste n'a su représenter avec vérité de ce côté-ci de l'Atlantique.

BIBLIO. : scénario et dialogues *in* « Four Films of Woody Allen », Random House, New York, 1980 (avec *Annie Hall, Interiors, Stardust Memories*). Traduction de ce volume sous le titre « Woody Allen. Opus 9-10-11-12 », Solar, 1981.

## MAN IN THE ATTIC

Inédit en France. 1953 – USA (81') • *Prod.* Fox (Robert L. Jacks) • *Réal.* HUGO FREGONESE • *Sc.* Robert Presnell, Jr., Barre Lyndon d'ap. R. de Mary Belloc Lowndes • *Phot.* Leo Tover • *Mus.* Lionel Newman • *Int.* Jack Palance (Slade), Constance Smith (Lily Bonner), Byron Palmer (Paul Warwick), Frances Bavier (Helen Harley), Rhys Wiliams (William Harley), Sean McClory (policier), Leslie Bradley (policier), Tita Phillis (Daisy), Leslie Mathews (inspecteur Melville).

☞ Originale et sobre variation sur le thème de Jack l'Éventreur déjà traité par Hitchcock (*The Lodger**, 1926) et John Brahm (*The Lodger**, 1944). L'adaptation du livre de Mary Belloc Lowndes par John Brahm est reprise ici fidèlement (voir pour le résumé à ce titre). Le film de Fregonese est très cohérent. Ses rares altérations par rapport à John Brahm et même ses insuffisances vont toutes dans le même sens : donner plus de subtilité, d'intimité – de sensualité aussi – à la relation entre les deux personnages principaux. Les limitations de son budget n'ont pas permis à Fregonese de recréer avec le même soin que John Brahm la fameuse atmosphère du Londres nocturne de la fin du siècle, présente dans plusieurs films Fox. Du coup, les personnages passent au premier plan et suscitent, seuls, l'intérêt. Fregonese utilise au mieux la personnalité physique de Palance, son allure de grand fauve oppressé qu'obsèdent ici son amour et sa haine pour sa mère, et son puritanisme. Le personnage suscite chez les femmes une étrange fascination : mélange d'attirance et de répulsion, de pitié, de tendresse et d'effroi (rien de tel chez John Brahm). La nature freudienne du conflit qui le déchire le relie d'une façon beaucoup plus directe et profonde à ses victimes. Et cela suffit à justifier la principale modification apportée au scénario précédent : la mère de l'Éventreur, une actrice, avait poussé son mari, par ses infidélités continuelles puis par son départ, à un lent suicide par l'alcool. C'est donc de sa propre mère (et non de la maîtresse de son frère) que se venge le tueur en assassinant toutes ces femmes ; et sa mère elle-même fut sa première victime. La relation Palance-C. Smith s'en trouve singulièrement enrichie. La tendresse apaisante, mais aussi l'excitation sensuelle, que le tueur trouve chez l'actrice paraissent de nature à lui faire oublier sa mère. Cette relation privilégiée aboutira en tout cas à l'incapacité du tueur d'ajouter une victime de plus à son macabre palmarès. Le couteau lui tombe des mains quand il veut égorger l'actrice (alors que chez John Brahm le tueur n'était empêché d'agir que par des raisons matérielles : irruption de la police, blessure mortelle). On peut résumer ainsi l'apport de Fregonese au thème : ce que la figure mythique du célèbre assassin a perdu en opacité et en mystère se trouve ici brillamment récupéré au plan de la psychologie, de l'humanisation et de l'individualisation du personnage.

## MANOIR TRAGIQUE (LE)
## (Jassy)

1947 – Angleterre (102') • *Prod.* Gainsborough (Sydney Box) • *Réal.* BERNARD KNOWLES • *Sc.* Dorothy et Campbell Christie, Geoffrey Kerr d'ap. R. de Norah Lofts • *Phot.* Jack Asher (Technicolor) • *Mus.* Henry Geehl, Louis Levy • *Int.* Margaret Lockwood (Jassy Woodroffre), Patricia Roc (Dilys Helmar), Dennis Price (Christopher Hatton), Dermot Walsh (Barney), Basil Sydney (Nick Helmar), Nora Swinburne (Mrs. Hatton), Linden Travers (Mrs. Helmar).

Angleterre, 1830. En une seule nuit, Christopher Hatton perd au jeu toute sa fortune et son magnifique manoir de Mordelaine au profit de Nick Helmar. Hatton s'installe avec sa femme et son fils Barney dans une modeste ferme des environs. Il retourne plus tard jouer chez Helmar, triche, est découvert et se suicide aussitôt. Barney est amoureux de Dilys, la fille de Nick Helmar. Il sauve la jeune Jassy de la persécution et des moqueries des villageois qui la considèrent comme une sorcière car elle est fille de gitane. Il l'installe dans sa ferme comme domestique où elle ne tarde pas à tomber amoureuse de lui. Elle possède un don de double vue qui se manifeste surtout dans des circonstances particulièrement graves. Quand son père, venu défendre auprès de Helmar les intérêts de ses fermiers, est abattu par ce dernier, complètement ivre, Jassy, à des kilomètres de là, « voit » la tragédie et sait qu'on va bientôt lui ramener le cadavre de son père. La mère de Barney la renvoie quand elle découvre le sentiment que Jassy éprouve pour son fils. Devenue servante dans un pensionnat de jeunes filles, elle y retrouve Dilys parmi les élèves. Protégeant un jour sa fuite pour retrouver un amoureux, Jassy est mise à la porte de l'école dont Dilys est elle-même renvoyée. Elle invite Jassy à Mordelaine. Helmar, qui avait découvert sa femme avec son amant et l'avait chassée, est séduit par la beauté de Jassy, tandis que Dilys, par une sorte de mollesse de caractère, consent à épouser un prétendant que son père lui impose. Par amour pour Barney, Jassy accepte de se marier avec Helmar, mais à une condition : que Mordelaine lui appartienne sans restriction. (Elle compte plus tard en faire don à Barney, dépossédé de ce manoir qu'il aimait plus que tout au monde par le vice de son père.) Quand Helmar est victime d'une grave chute de cheval, Jassy le soigne avec dévouement, quoiqu'il ne cesse de se montrer odieux envers elle. Une fidèle servante de Jassy, muette depuis que son père, un forgeron, l'a sauvagement frappée (elle n'avait dû son salut qu'à l'intervention de Barney) empoisonne Helmar pour venger sa maîtresse des mauvais traitements qu'il lui inflige. Au procès, tout accuse Jassy. La servante, retrouvant un instant la parole pour proclamer l'innocence de sa patronne, s'écroule ensuite, morte, dans le prétoire. Jassy, libérée, donne Mordelaine à Barney sans attendre rien en retour. Barney comprend enfin la profondeur de l'amour qu'elle lui porte et partagera désormais sa vie avec elle.

☞ Produit par la Gainsborough, la firme anglaise capable parfois de rivaliser sur le plan du spectaculaire avec les grandes compagnies hollywoodiennes, ce luxueux feuilleton à costumes sans unité ni envergure accumule des péripéties souvent originales, auxquelles la fadeur de la réalisation ne parvient pas à donner un véritable sens. Toutefois le film dégage un charme assez puissant à cause de son superbe Technicolor (unique à cette époque en Europe) et de tout un matériau narratif, romanesque et violent, qui stimule la rêverie du spectateur. Acteurs, situations, décors, costumes, photo, argent, les éléments étaient réunis pour constituer un divertissement supérieur, une grande œuvre, que le manque d'originalité et d'ambition du réalisateur n'a pas permis d'obtenir. Film typique d'une époque lointaine et totalement étrangère à la nôtre, où les producteurs avaient le génie de tout réunir pour le plaisir et la fascination du spectateur – tout, sauf ici l'essentiel : un vrai metteur en scène. Néanmoins *Jassy* se regarde avec plaisir et nostalgie : c'est une sorte de film *à faire*, inabouti et comme endormi dans sa profusion même.

## MANON

1948 – France (110') • *Prod.* Alcina • *Réal.* HENRI-GEORGES CLOUZOT • *Sc.* H.-G. Clouzot, Jean Ferry d'ap. l'œuvre de l'abbé Prévost • *Phot.* Armand Thirard • *Mus.* Paul Misraki • *Int.* Cécile Aubry (Manon), Michel Auclair (Robert Desgrieux), Serge Reggiani (Léon Lescaut), Gabrielle Dorziat (Mme Agnès), Raymond Souplex (M. Paul), Henri Vilbert (le commandant), Simone Valère (la soubrette), Andrex (le trafiquant), Edmond Ardisson (Pascal).

Un jeune couple de passagers clandestins, Robert Desgrieux et Manon Lescaut, est découvert à bord d'un bateau chargé d'émigrants juifs en route vers la Palestine. Robert est recherché pour meurtre par la police. Afin de dissuader le capitaine de prévenir les autorités, Robert lui raconte son histoire. Jeune maquisard en Normandie, il avait sauvé Manon de la tondeuse. On reprochait à celle-ci d'avoir frayé avec les Allemands dans le café tenu par sa mère. Robert était aussitôt tombé éperdument amoureux d'elle. Après la Libération, Robert et Manon avait rejoint Paris. Léon, le frère de Manon, une petite gouape, avait mis sa sœur en contact avec un roi du marché noir dont elle était devenue la maîtresse. Cynique, l'homme avait l'habitude de déclarer, la main sur le cœur, c'est-à-dire sur le portefeuille : « Toutes les femmes se couchent, il suffit d'avoir le matelas. » Manon qui aimait le luxe et la vie facile avait préféré cette solution au job mal payé que Robert aurait pu trouver à Issoudun. Quand il découvrit le pot aux roses, Robert avait obligé Manon à déménager. Elle s'était alors livrée à la prostitution. Robert l'avait dénichée dans la maison où elle travaillait. Une fois encore, il avait cédé, faisant passer son idéalisme et ses principes après son amour fou pour Manon : désormais il se consacrerait au marché noir. Grâce à un Américain qui la courtisait et à qui Manon faisait croire que Robert était son frère, celui-ci avait eu des facilités pour se livrer à un trafic de pénicilline. Puis Manon était allée plus loin. Elle avait accepté – pour un temps, disait-elle – la proposition de mariage de l'Américain qui rentrait au pays où il possédait de nombreuses usines. Elle allait partir avec lui. Léon avait séquestré Robert pour l'empêcher de la retenir. Robert l'avait étranglé avec le fil du téléphone et avait filé à Marseille pour s'embarquer. Manon l'avait cherché et retrouvé dans un train bondé. L'histoire est finie. Le capitaine laisse le couple partir avec les émigrés. Ils débarquent sur l'âpre terre palestinienne. Il faut traverser à pied le désert. Manon est mortellement atteinte par une balle tirée par un Arabe. Puis la petite colonne de Juifs dans laquelle Robert et Manon avaient pris place est décimée par d'autres tireurs. Robert enterre Manon dans le sable. Désormais, elle sera à lui seul pour l'éternité.

☞ Clouzot s'est livré souvent à des professions de foi anti-romantiques. Infidèle à la fine fleur du classicisme littéraire que représente le roman de l'abbé Prévost, *Manon* est pourtant un film parfaitement romantique, avec le lyrisme, les excès, les naïvetés, le ridicule parfois qui s'attachent à ce style. Romantisme noir, amer, cruel, audacieux et choquant pour l'époque, mais romantisme quand même. Plus que dans les séquences de combats de la fin de la guerre ou que dans la description de l'atmosphère pourrie de l'après-Libération, c'est en fin de parcours que le film trouve sa vraie dimension. Dans la scène d'une grande virtuosité où Cécile Aubry court à travers le train bondé à la recherche de Michel Auclair. Et surtout dans le très beau final, lyrique et tragique, au désert. Là, Clouzot dont le rare talent, pour un réalisateur français, est d'être à la fois un cinéaste d'action et un créateur de personnages (ce double mérite culminera dans *Le salaire de la peur**) se fait l'égal d'un Stroheim, d'un Sjostrom ou d'un Vidor. Et il a bien servi l'abbé Prévost en donnant à sa Manon les traits d'une ingénue perverse inoubliable.

## MAN ON THE FLYING TRAPEZE (THE)
### (Les joies de la famille)

1935 – USA (65') • *Prod.* PAR. (William LeBaron) • *Réal.* CLYDE BRUCKMAN • *Sc.* Ray Harris, Sam Hardy, Jack Cunningham, Bobby Vernon d'ap. une histoire de Charles Bogle (W.C.Fields) et Sam Hardy • *Phot.* Al Gilks • *Int.* W.C.Fields (Ambrose Wolfinger), Mary Brian (Hope Wolfinger), Kathleen Howard (Leona Wolfinger), Grady Sutton (Claude Bensinger), Vera Lewis (Mrs. Bensinger), Lucien Littlefield (Mr. Peabody), Oscar Apfel (président Malloy).

Alors qu'Ambrose Wolfinger va se mettre au lit et que sa femme Leona – une harpie vociférante qui joue toujours les martyres – le somme de fermer la lumière au plus vite, deux cambrioleurs se rencontrent par hasard dans sa cave pour la dévaliser et fêtent leurs retrouvailles en chantant et en buvant du cidre qu'ils ont trouvé sur place. Ambrose appelle la police. Un flic vient arrêter les deux voleurs et se met à chanter avec eux. Poussé par sa femme, Ambrose descend aussi à la cave et le trio devient un quatuor. Le petit groupe se rend au tribunal et c'est Ambrose qui est condamné et emprisonné pour fabrication illicite de cidre. Sa fille Hope, née d'un premier lit, seul membre de sa famille à compatir à ses malheurs, vient le délivrer. Au petit déjeuner, Ambrose retrouve le cercle familial au grand complet : sa femme qui, dès cette heure matinale, lit à voix haute des poèmes ésotériques dont elle raffole, sa belle-mère qui couve avec passion son fils Claude, un chômeur fainéant et méchant vivant aux crochets d'Ambrose. Pour la première fois depuis vingt-cinq ans, Ambrose voudrait avoir son après-midi libre pour assister à un important match de lutte. Il ment à son patron et lui dit qu'il a besoin de cette demi-journée pour enterrer sa belle-mère. En voiture, sur le chemin du gymnase, il est persécuté par trois flics qui le mettent en retard. Pendant ce temps, la belle-mère voit les couronnes mortuaires (envoyées par les collègues d'Ambrose) s'entasser dans l'appartement et Leona lit dans le journal l'annonce du décès de sa mère. Ambrose arrive juste à temps pour recevoir sur le coin de la figure l'un des lutteurs projeté dans l'espace par son partenaire. Son beau-frère Claude, qui lui avait d'ailleurs volé son ticket d'entrée, ira partout racontant qu'il a vu Ambrose ivre dans le ruisseau. En rentrant chez lui, Ambrose le met K.-O. Il apprend que le sous-chef l'a renvoyé. Mais sa fille monnayera adroitement son retour : il est en effet réclamé par son patron à qui il est indispensable pour ses étonnantes qualités de mémoire (il connaît par cœur le *curriculum vitae* de tous les clients). Son salaire est augmenté et on lui accorde plusieurs semaines de vacances avant qu'il reprenne le travail.

☞ Durant sa carrière cinématographique, Fields aura créé deux personnages bien distincts : le cabot vieillissant, parfois agressif et souvent ringard, qui a consacré une bonne partie de sa vie aux joies de l'alcoolisme (on en trouvera la meilleure incarnation dans *The Old-Fashioned Way**) et ce qu'on pourrait appeler le parfait « esclave domestique », par opposition au tyran domestique, victime d'un entourage familial particulièrement ingrat et désespérant. C'est ce second personnage qui est illustré dans ce film. Mais à la différence de *It's a Gift**, Fields apparaît ici dépourvu de toute vindicte. Il promène dans son enfer quotidien une courtoisie et une patience de grand seigneur. Il est vrai aussi que, contrairement à *It's a Gift**, il n'est pas totalement seul et bénéficie de la présence active et compatissante de sa fille Hope. Dans les dialogues, dans les situations et dans les moindres réactions des personnages, la mise en scène rigoureuse et invisible de Clyde Bruckman valorise au plus haut point l'humour froid, grinçant et souvent prodigieusement moderne de Fields.

## MARAUDEURS ATTAQUENT (LES)
## (Merrill's Marauders)

1962 – USA (82 ') • *Prod.* Warner/United States Productions (Milton Sperling) • *Réal.* SAMUEL FULLER • *Sc.* Milton Sperling, S. Fuller d'ap. le livre de Charlton Ogburn, Jr. • *Phot.* William Clothier (Technicolor, Cinémascope) • *Mus.* Howard Jackson • *Int.* Jeff Chandler (général Merrill), Ty Hardin (lieutenant Lee Stockton), Peter Brown (« Bullseye »), Andrew Duggan (major George Nemeny), Will Hutchins (Chowhound), Claude Akins (sergent Kolowicz), Luz Valdez (jeune Birmane), John Hoyt (général Stilwell), Charles Briggs (soldat à la mule).

1944. La reconquête de la Birmanie. Le général Merrill et ses hommes doivent détruire les bases d'approvisionnement de l'ennemi au Nord. Après trois mois de progression à pied, l'objectif est presque atteint. On apprend qu'un bataillon ennemi se dirige sur Walawbum. Merrill ordonne à son avant-garde commandée par le lieutenant Stockton, son ami et protégé de longue date, d'attaquer le bataillon par l'arrière. L'affrontement a lieu dans un camp ennemi. Le gros des troupes, commandé par Merrill, rejoint Stockton et son groupe. Après l'attaque, tous ne songent qu'à rentrer chez eux. Ils voient passer un détachement d'infanterie anglaise qui va à huit cents kilomètres de là attaquer la base de Myityina afin de couper la route des Indes aux Japonais. Ils ne peuvent s'empêcher de plaindre ces hommes qui ont encore tant de route à faire. Le général Stilwell vient alors ordonner à Merrill d'appuyer les Anglais. Il y a un dépôt de chemin de fer à prendre. Il faudra six mois pour arriver là-bas. Merrill dit que la chose est impossible, vu l'état de fatigue et d'épuisement de ses hommes. Il donne cependant le départ. Les troupes progressent à travers les marais où passe à peine la lumière du jour. Le docteur examine Merrill : il est à deux doigts de l'infarctus. Les soldats n'ont plus aucune notion ni de l'heure ni du jour. Un caporal du groupe de Stockton est victime du typhus. Merrill dira que c'est la malaria. Il est obligé de refuser un parachutage de vivres qui indiquerait aux Japonais la position de ses troupes. Le parachutage a lieu quand même. Un soldat désobéit aux ordres et s'approche des caisses de vivres. Il est fauché par les Japonais. La toile d'un parachute recouvre comme un linceul son cadavre. Un combat féroce à lieu à la gare de triage de Shadazup. Les cadavres jonchent les voies. Après l'affrontement, les survivants sont assis sur le sol, hagards, vidés de toute énergie. Un enfant birman vient gratter la barbe d'un soldat qui a à peine la force d'ouvrir les yeux. L'enfant lui donne à manger. Le soldat pleure. Stilwell laisse à Merrill l'initiative de décider si ses hommes peuvent participer à l'attaque de Myityina. Le docteur estime que ce serait insensé. Un blessé interroge fébrilement Merrill pour savoir si un certain Lemchek a pu s'en sortir. Le blessé meurt. « Qui est ce Lemchek ? » demande Merrill. – « C'était lui », dit le docteur. Merrill décide qu'on ira vers Myityina. Pour ne pas qu'on tue sa mule qui refuse d'avancer, un soldat prend le chargement de l'animal sur ses épaules et meurt sous le poids. Attaque aérienne de nuit. Combats isolés et par surprise entre Japonais et Américains. A l'aube, les Japonais déclenchent une attaque d'envergure. Nombreux corps à corps. Les Japonais doivent reculer pour défendre l'aérodrome de Myityina. Merrill oblige ses hommes à se relever. Il est victime d'un malaise cardiaque. Stockton prend la relève et exhorte à son tour les hommes à marcher. Ils prendront Myityina. Les effectifs de Merrill (surnommés « Les Maraudeurs de Merrill ») seront passés de trois mille à cent hommes.

☞ Le plus original, le plus concret, le plus réaliste des films de guerre de Fuller et, par excellence, celui que personne d'autre que lui n'aurait pu réaliser, même si – exceptionnellement – il n'en a pas écrit le scénario. Pas de portrait individuel au relief fort et baroque (comme dans *The Steel Helmet**) ; pas de message politique (comme dans *China Gate)* ni de plaidoyer humaniste (comme dans *The Big Red One).* Il y a même dans *Merrill's Marauders* relativement peu de ces trouvailles géniales et lapidaires (ex. la mort de Lemchek) qui sont la marque de fabrique du cinéaste. Le film s'applique uniquement à donner une description de la guerre en tant qu'expérience et exploration des limites physiques et mentales de l'endurance humaine. A cet égard, la séquence de la tuerie de la gare de triage et du repos des soldats après la bataille est le point central du film. Dépense inouïe d'énergie suivie d'une plongée dans le gouffre de la fatigue et de l'anéantissement. Dans ce documentaire sur l'épuisement qu'est *Merrill's Marauders,* le personnage principal (Merrill) meurt, ou plus exactement a une crise cardiaque qui présage sa fin. Et l'acteur qui incarne ce personnage (Jeff Chandler) devait mourir lui aussi, peu avant la fin du tournage. Hasard ? Malchance ? Comble du réalisme (où la réalité est une fois de plus prise en flagrant délit d'imiter l'art) ? En tout cas, une preuve tout à fait superflue et inquiétante de la parfaite cohérence du film.

## MARGINAUX (LES)
## (Oka Oorie Katha)

1977 – Inde (115 ') • *Prod.* Paradhama Reddy • *Réal.* MRINAL SEN • *Sc.* Mrinal Sen et Mohit Chattopadhyaya d'ap. sujet de Premchand • *Phot.* K. K. Mahajan (couleurs) • *Mus.* Vijai Raghava Rao • *Int.* Vasudeva Rao (le père), Mamata Shankar (la bru), Narayana Rao (le fils).

Un père et son fils vivent misérablement de travaux intermittents pour le propriétaire du village. Le père professe que puisque son père et son grand-père ont été l'un et l'autre spoliés du fruit de leur labeur, croire aux bienfaits du travail, c'est tomber dans un piège stupide. Le fils serait plutôt un adepte du vol. Il rencontre une jeune fille et l'épouse. Elle se tue à la tâche pour donner aux deux hommes un semblant de confort. Enceinte, elle continue d'accomplir ses rudes travaux et meurt pour de bon.

☞ L'humour grinçant qu'accompagnent pendant les quatre cinquièmes du film la description des personnages et la dénonciation de leurs conditions de vie n'existe que pour s'effacer à la fin devant l'inévitable tragédie. L'ironie par laquelle le père essaie de prendre ses distances vis-à-vis de sa misérable existence, à la fin il faut aussi qu'il l'abandonne, et il finira donc dépouillé de tout. Avec une soudaine gravité, il évoque, sans doute pour la première fois devant son fils, les huit enfants mort-nés qu'il a porté au bûcher funéraire. Bientôt il devra y porter encore un autre corps, celui de sa jeune belle-fille. Sans phrase, par la seule force de son constat, par son absence de digressions et de péripéties extérieures, le film veut amener le spectateur à se poser la question : en quel siècle sommes-nous ? A voir les images de Mrinal Sen, ce pourrait être l'an mille. Anticonformiste et ennemi des clichés, Mrinal Sen donne à voir, à travers le personnage du père, l'autre face, sardonique et agressive, pas sereine du tout, de la sagesse hindoue.

## MARIA CANDELARIA (id.)

1943 – Mexique (110') • *Prod.* Films Mundiales (Felipe Superviele) • *Réal.*

EMILIO FERNANDEZ • *Sc.* Emilio Fernandez, Mauricio Magdaleno • *Phot.* Gabriel Figueroa • *Mus.* Francisco Dominguez • *Int.* Dolores del Rio (Maria Candelaria), Pedro Armendariz (Lorenzo Rafael), Alberto Galan (le peintre), Rafael Icardo (senor Cura), Miguel Inclan (Don Damian), Margarita Cortès (Lupe), Beatriz Ramos (la journaliste).

Maria Candelaria, une Indienne du Mexique, paie pour la mauvaise réputation de sa mère. Elle vit en paria au village, fiancée à un jeune Indien. Seul le prêtre se montre humain envers le jeune couple. Maria Candelaria repousse les avances d'un commerçant à qui elle doit de l'argent. Pour se venger, celui-ci abat la truie de Maria, son seul bien en ce monde. Le fiancé vole chez le commerçant de la quinine pour Maria tombée malade ainsi qu'une robe pour le mariage. Il est emprisonné. Maria, pour gagner un peu d'argent, accepte de poser pour un peintre. Quand les villageois voient le tableau représentant une jeune fille nue, et bien que Maria n'ait posé que pour le visage, ils la lapident contre le mur de la prison. Elle meurt dans les bras de son fiancé.

☞ Célèbre pour les images très composées de Gabriel Figueroa, ce mélodrame est un éloge sincère de la mentalité et de la civilisation indiennes, faites de douceur et d'une extrême pudeur. Parallèlement, Fernandez dénonce le moralisme conventionnel et criminel des villageois mexicains, aussi aveugles, hypocrites et haineux à leur manière que les lyncheurs de *Furie** de Fritz Lang. Malheureusement l'académisme de la mise en scène empêche le plus souvent l'émotion et l'intensité tragique nécessaires au sujet de circuler dans l'œuvre. Il y a une antinomie totale entre un propos agressif et décapant et un style visuel épouvantablement orné et apprêté.

## MARIAGE EST POUR DEMAIN (LE) /LE BAGARREUR DU TENNESSEE

**(Tennessee's Partner)**

1955 – USA (87') • *Prod.* RKO (Benedict Bogeaus) • *Réal.* ALLAN DWAN • *Sc.* Milton Krims, D.D. Beauchamp, Graham Baker, Teddy Sherman et Dwan d'ap. une histoire de Bret Harte • *Phot.* John Alton (Superscope, Technicolor) • *Mus.* Louis Forbes • *Int.* John Payne (Tennessee), Rhonda Fleming (Elizabeth « Duchess » Farnham), Ronald Reagan (Cowpoke), Coleen Gray (Goldie Slater), Anthony Caruso (Turner), Leo Gordon (shérif), Myron Healey (Reynolds), Chubby Johnson (Grubstake McNiven), Morris Ankrum (juge).

Cowpoke, un cow-boy de passage à la ville, sauve la vie d'un joueur professionnel en abattant un tueur payé par un joueur rival pour l'assassiner. Une amitié commence entre les deux hommes, si différents. Voyant son ami sur le point d'épouser une aventurière intéressée uniquement par son argent, le joueur qui avait été autrefois son amant feint de vouloir partir avec elle pour San Francisco afin de l'éloigner de Cowpoke. Celui-ci, ridiculisé auprès des gens de la ville, frappe son ami avant de comprendre les motifs qui l'ont fait agir. Un peu plus tard, il est amené à mourir en lui sauvant une seconde fois la vie.

☞ Dans un récit à la fois très sinueux et d'une confondante simplicité au milieu de ses méandres, Dwan livre un tableau des effets de la fièvre de l'or en Californie, raconte la naissance d'une amitié entre deux hommes et décrit quelques aspects de leur psychologie respective. C'est l'histoire de cette amitié qui a retenu le plus son attention. Il est significatif de voir à quel point Dwan a transformé la nouvelle de Bret Harte. A partir d'un récit manichéen sur un joueur sans scrupules dépouillant son partenaire, il a bâti une sorte de fable lyrique et contrastée évoquant le destin de deux êtres séparés par leur morale et leur caractère mais réunis par une providentielle amitié. Au lieu de les opposer et de trouver dans cette opposition matière à les juger, Dwan a cherché à montrer combien la naïveté rustique de l'un, le cynisme désenchanté de l'autre allaient dans des circonstances dramatiques révéler et décupler chez les deux hommes une générosité native. Dwan élabore ainsi une « tragédie optimiste », genre paradoxal où pourrait rentrer une grande partie de son œuvre, caractérisée par une vision poignante de la destinée humaine et par une antipathie viscérale pour le désespoir et la dérision.

## MARIAGE ROYAL
### (Royal Wedding)

1951 – USA (93') • *Prod.* MGM (Arthur Freed) • *Réal.* STANLEY DONEN • *Sc.* et *Lyrics* Alan Jay Lerner • *Phot.* Robert Planck (Technicolor) • *Mus.* Burton Lane • *Chor.* Nick Castle • *Int.* Fred Astaire (Tom Bowen), Jane Powell (Ellen Bowen), Peter Lawford (Lord John Brindale), Sarah Churchill (Anne Ashmond), Keenan Wynn (Irving Klinger/Edgar Klinger), Albert Sharpe (Jamie Ashmond), Viola Roache (Sarah Ashmond), James Finlayson (cocher).

Un couple de danseurs et chanteurs américains célèbres, Ellen et Tom Bowen, dans la vie frère et sœur, vont présenter à Londres leur dernière comédie musicale. Le spectacle passera pendant les fêtes du mariage de la princesse Elizabeth d'Angleterre et du duc d'Édimbourg. Durant leur séjour, les Bowen qui ne s'étaient jamais quittés, rencontreront l'un et l'autre l'amour : Ellen en la personne d'un lord anglais, Tom avec une danseuse de la troupe. Un double mariage, non royal celui-là, aura lieu le même jour que les noces qui mettent en liesse tout le pays.

☞ Pour son *opus* 2 et sa première réalisation en solo, Stanley Donen, toujours sous la houlette d'Arthur Freed, laisse de côté les innovations révolutionnaires de *On the Town** et livre un film de repos, un film en mineur, mais qui n'est pas mineur, mis en scène avec un brio et un bonheur constants. Alan Jay Lerner (dont c'est ici le premier scénario) s'inspire pour bâtir son histoire du couple formé autrefois par Fred et Adèle Astaire, laquelle épousa effectivement un lord anglais (Lord Cavendish). Arthur Freed eut cette fois bien du mal à mettre son équipe sur pied. June Allyson devait jouer le premier rôle féminin. Elle commence à répéter, tombe enceinte et doit renoncer au film. Elle est remplacée par Judy Garland. Charles Walters vient de la diriger dans *Summer Stock** et ne souhaite pas renouveler l'expérience. Il demande à être remplacé. Il l'est par Stanley Donen. Mais Judy Garland a maintenant des problèmes et son contrat avec la MGM est rompu. Elle est remplacée par Jane Powell. Le couple Astaire-Powell n'est pas un grand couple. Ce handicap a sans doute stimulé encore plus chorégraphe, décorateur et metteur en scène. D'autre part on n'en apprécie que mieux les splendides solos d'Astaire. La plupart des numéros que comporte le film s'enrichit d'une astuce, d'un élément original et neuf. Dansant sur un transatlantique pour un gala de bienfaisance, Astaire et Powell sont victimes du tangage qui agite la piste de danse et modifie de façon imprévue leurs évolutions. (Le plateau fut placé sur un dispositif mécanique qui lui imprima un mouvement semblable à celui des vagues.) Le numéro « How Could You Believe Me When I Said I Loved You Know I've Been a Liar All My Life ? » (l'un des plus longs titres de chansons de la comédie musicale américaine) est interprété par Powell et Astaire avec une vulgarité forcée et une cocasserie sophistiquée. Enfin – autre triomphe de l'alliance de la mécanique et de la danse – le numéro où Astaire danse sur les murs et au plafond est resté à juste titre l'un des plus fameux de toute l'histoire du film musical hollywoodien. Il fut réalisé très simplement. On plaça le décor (dont tous les éléments y compris la caméra et même le caméraman avaient été soigneusement arrimés) dans un tonneau géant tournant sur son axe et permettant au décor en question d'effectuer des rotations de 360°. La caméra et le caméraman (qui se retrouve parfois la tête en bas) tournent avec lui et permettent à Astaire de paraître défier les lois de la pesanteur. (Ce procédé devait être réutilisé dans *2001** de Kubrick.) L'illusion ainsi obtenue est si parfaite qu'on peut penser qu'elle ne vieillira jamais et continuera d'impressionner le spectateur aussi longtemps que durera le cinéma. Elle est en tous points digne de Méliès. (On trouvera dans l'indispensable ouvrage de Hugh

Fordin « The World of Entertainment », Doubleday, New York, 1975, traduit chez Ramsay en 1987, des schémas explicatifs de ce superbe trucage.)

## MARIE, LÉGENDE HONGROISE (Tavaszi Zapor)

1932 – Hongrie (75') • *Prod.* Les Films Osso • *Réal.* PAUL FEJOS • *Sc.* Ilona Fülöp et Paul Fejos • *Phot.* Peverell Marley, István Eiben • *Mus.* György Ranki • *Int.* Annabella (Maria Szabo), István Gyergyai (l'intendant), Ilona Dajbukát (la patronne de Marie), Karola Zala (la patronne du « Fortuna »), Gyüla Gozon, Margit Ladomerszky, Zoltan Maklary, Pethes Sándor, Germaine Aussey.

Marie, une paysanne, est servante dans une famille aisée. La fille de la maison va se marier. Marie assiste de loin au bal, fait son lit, s'apprête à se coucher. Un homme de la noce ramène une fille qui le quitte à la porte. Il offre des bonbons à Marie sur le terre-plein devant la maison, sous les branches d'un pommier. Fondu. On comprend qu'ils se sont aimés. La patronne trouve de la layette dans les affaires de Marie et la chasse. Marie sur la route rencontre l'homme qui l'a mise enceinte. Il lui donne un peu d'argent et se sauve. Marie fait des ménages quelques jours ici, quelques jours là. Elle travaille comme une serveuse dans un bar à prostituées. Un jour, elle s'évanouit en travaillant. Les prostituées s'occupent de son bébé. Lors d'une cérémonie religieuse, Marie, en costume folklorique, va présenter son bébé à la Vierge. Un comité de bienfaisance le lui prend. Elle va se saouler dans un bar, entre dans une église pour maudire la Vierge et s'écroule. Elle est morte. De là-haut, elle voit sa fille sous le même arbre qu'elle autrefois, avec un amoureux. Marie jette sur eux de la pluie : la jeune fille rentre précipitamment chez elle. Marie éclate de rire.

☞ Ce « joyau solitaire du cinéma hongrois » (István Nemeskürty) qui ne comporte que quelques mots de dialogue, ce qui permit à Annabella, ici transfigurée, de l'interpréter, est l'un des meilleurs films du début du parlant. Le fait que les personnages puissent parler et ne le fassent pas amène sur l'écran une qualité d'émotion, d'intense expressivité et presque de mystère, semblable à celle des plans de *Solitude** où les personnages, commençant à parler, donnent l'impression de réinventer (pour eux-mêmes et pour le public) la parole. Dénué de dialogues, le film est par contre baigné de musique (violonistes de la noce, boîte à musique du bar, etc.). En ce qui concerne Marie, son mutisme reflète tout à la fois son caractère, sa pudeur, son état de victime sociale et l'inexorabilité de son destin. Fejos suit avec minutie et tendresse le bref périple terrestre de son héroïne. Il utilise pour cela l'un des styles les plus déliés, les plus limpides qu'on ait vus au cinéma. Marie tantôt se fige avec une grâce touchante en un certain hiératisme (que Fejos exprime par le recours au montage et à des plans brefs et rapprochés), tantôt erre et se déplace dans ce qu'on pourrait appeler une déambulation du malheur que Fejos accompagne alors en de longs, sinueux et très larges mouvements d'appareil. Son style annonce le meilleur de l'esprit et de la morale du néo-réalisme ; il recherche aussi cette sublimation de la durée chère aux japonais, et en particulier à Mizoguchi ; mais il possède surtout un lyrisme discret et poignant, coloré de tristesse, qui n'appartient qu'à lui et à la Hongrie.

N.B. L'acteur István Gyergyai s'est fait connaître à Hollywood sous le nom de Steven Geray (cf. entre autres *So Dark the Night**).

## MARIE-MARTINE

1942 – France (98') • *Prod.* Éclair-Journal • *Réal.* ALBERT VALENTIN • *Sc.* Jacques Viot • *Phot.* Jean Isnard • *Mus.* Georges Van Parys • *Int.* Jules Berry (Loïc Limousin), Renée Saint-Cyr (Marie-Martine), Bernard Blier (Maurice), Saturnin Fabre (l'oncle Parpain), Jean Debucourt (M. de Lachaume), Marguerite Deval (Mlle Aimée), Héléna Manson (Mme Limousin), Jeanne Fusier-Gir (Mlle Crémier), Hélène Constant (Hélène).

Dans une ville de province, un écrivain, Loïc Limousin, retrouve par hasard la jeune fille qui lui a servi de modèle pour son dernier roman « Marie-Martine ». Celle-ci est désolée et du roman et de la rencontre. Elle reproche à Limousin sa veulerie et sa lâcheté et l'accuse surtout de l'avoir autrefois dénoncée à la police. Elle lui raconte (premier flash-back) ses trois années de prison ; désemparée à sa libération, elle avait été recueillie par un jeune homme candide et de bonne volonté, Maurice, professeur d'alto, qui tomba amoureux d'elle. A la fin du récit de Marie-Martine, Limousin lui fait des avances renouvelées. Elle le gifle et le chasse. Maurice est allé demander conseil à son oncle, un vieux misanthrope, à propos de son mariage avec Marie-Martine. L'oncle lui dit qu'il peut l'épouser car tous les mariages à son avis se soldent par un échec. « Ça ne fera que deux malheureux de plus ». De retour chez lui, Maurice lit le roman « Marie-Martine » et prend ainsi connaissance d'une partie du passé de celle qu'il aime (deuxième flash-back) : le narrateur vit un jour une jeune fille faire le mur et sauter, la nuit, hors d'une riche demeure de Neuilly. Elle s'était foulé la cheville et il en avait profité pour l'amener chez lui. Quand il avait appris qu'un assassinat avait eu lieu cette nuit-là à Neuilly, il avait fait conduire par sa fille Marie-Martine dans un hôtel et l'avait ensuite dénoncée à la police. Depuis, son souvenir ne cesse de le hanter. Impressionné par cette lecture, Maurice se rend chez l'écrivain pour avoir plus de détails sur le passé de Marie-Martine. Limousin refuse de le recevoir et envoie à sa place sa fille (qu'il fait toujours passer pour sa femme) : celle-ci se débarrasse de Maurice en affirmant que son « mari » est un pantouflard qui tire matière de ses livres de sa seule imagination. Maurice repart rassuré. Limousin retrouve la maison de Neuilly d'où il avait vu fuir la jeune fille. La dernière habitante du lieu lui raconte (troisième et quatrième flash-backs) comment elle avait autrefois dû se charger de Marie-Martine orpheline. Elle l'avait placée chez les Sœurs puis l'avait fait travailler chez ses patrons, les propriétaires de la maison de Neuilly, auprès de qui elle tenait elle-même le poste de gouvernante. Marie-Martine était tombée amoureuse du fiancé d'Hélène, la fille de la maison. Celui-ci voulut alors rompre ses fiançailles avec Hélène : elle tira sur lui et le tua. Les parents d'Hélène accusèrent Marie-Martine qui fut condamnée. Quant à Hélène, elle se suicida en précipitant sa voiture dans le fleuve. Muni de ces précieux renseignements confiés sans malice par la marraine de Marie-Martine, Limousin s'apprête à écrire un second livre sur elle. Par sadisme, il rédige aussi une lettre qu'il destine à Maurice et dans laquelle il lui raconte ce qu'il a appris sur sa future femme. La Providence veut qu'il soit écrasé sur la voie publique avant d'avoir pu poster sa missive. Maurice et Marie-Martine se marieront et connaîtront le bonheur.

☞ Le film le plus célèbre d'Albert Valentin comme réalisateur, mais non son meilleur (on peut lui préférer *L'entraîneuse** et même l'insolite *Secret de Monte-Cristo*). Le scénario signé Jacques Viot aurait été écrit presque intégralement par Anouilh. Il n'en reste pas moins que Jules Berry tient ici un rôle cynique et odieux, très semblable à celui du *Jour se lève**, écrit par le même Jacques Viot, et que la principale caractéristique du film, la construction en flash-backs, figurait également dans *Le jour se lève**. Cette construction se présente ici sous une forme assez originale, car chaque flash-back remonte un peu plus loin dans le temps et l'histoire de Marie-Martine se trouve racontée à rebours, dans une chronologie qui inverse la temporalité habituelle. Une telle habileté parvient – en partie – à donner du relief à un personnage et à une aventure qui, sans elle, auraient manqué d'envergure. La construction en flash-backs est ici utilisée comme ornement et comme cache-misère dissimulant tant bien que mal la minceur de l'intrigue. Cette astuce allait servir dans l'avenir à bien d'autres cinéastes... Roger Régent dans son excellent « Cinéma de France », Éditions Bellefaye, 1948, chronique au jour le jour de tous les films sortis durant l'Occupation, insiste avec raison sur l'erreur de distribution qui fit attribuer à Renée Saint-Cyr un rôle mieux fait pour Michèle Morgan ou même Michèle Alfa. La grande attraction de *Marie-Martine,* c'est la présence de Saturnin Fabre. En une seule séquence, d'ailleurs inutile à l'intrigue, il « vole » pour ainsi dire tout le film et ce n'est pas un mince tour de force. Cette séquence est restée célèbre pour l'injonction répétée qu'il adresse à son neveu : « Tiens ta bougie... droite », car le personnage qu'il incarne – un vieux misanthrope réactionnaire – déteste l'électricité, invention peu fiable qui ne lui inspire guère confiance. « Tout me dégoûte, déclare-t-il, alors je vis seul. Mais vivre seul, ça me dégoûte aussi ». Et d'ajouter : « Je suis un chef-d'œuvre ». Remarque qui, il faut le reconnaître, s'applique parfaitement à Saturnin Fabre lui-même, à son personnage, ainsi qu'à beaucoup de ces acteurs, dits de second plan, dont l'invention, la fantaisie et l'extravagance naturelle illuminèrent tant de films français des années 30 et 40.

## MARIÉ PARLE DANS SON SOMMEIL (LE)

**(Hanamuko no negoto)**

1935 – Japon (72') • *Prod.* Shochiku • *Réal.* HEINOSUKE GOSHO • *Sc.* Akira Fushimi • *Phot.* Joji Ohara • *Int.* Chojiro Hayashi (Tamura), Hiroko Kawasaki (Yukiko), Eiko Takamatsu, Ryotaro Mizushima, Tokuji Kobayashi, Setsuko Shinobu.

Chaque matin, la jeune mariée Yukiko embrasse son époux qui va au travail. Leurs adieux n'en finissent pas. Le mari photographie abondamment sa femme quand il part et le soir quand il revient. Son collègue et ami Tamura l'attend et ils font route ensemble. Chaque matin également, Yukiko restée seule se recouche en grand secret. Quel mystère honteux se cache derrière ce comportement si étrange qui transforme en marmotte une épouse censée travailler et veiller au bon ordre du ménage ? Est-ce seulement la paresse ? Tamura et sa femme se le demandent, ainsi que tous les voisins et même un guérisseur itinérant, spécialiste en mesmérisme, qui observe longuement Yukiko par un trou de la palissade et brûle de soigner cette curieuse maladie. Un matin, les deux amis se disputent et Tamura lâche au mari la terrible nouvelle : sa femme se recouche chaque matin après son départ, et tout le monde le sait, sauf lui. Le mari revient sur ses pas, constate le sommeil de sa femme et... s'évanouit. Sa mère lui conseille aussitôt de divorcer. Yukiko subit un interrogatoire serré, mené par son mari. Elle lui avoue qu'elle ne dort pas la nuit pour une raison qu'elle doit garder secrète. Elle finit par la dire : son mari parle dans son sommeil. Celui-ci est étonné, car il se croyait guéri de cette vieille affection. Pour chasser ses bavardages, Yukiko le veille longuement et, à force de patience, a réussi à les faire cesser. Mais cela lui a donné de l'insomnie et maintenant les bavardages de son mari lui manquent. Le mari se confond en excuses. Le père de Yukiko veut casser le mariage et reprendre sa fille. Il se dispute avec la belle-mère de celle-ci. Tous pressent le mari de dormir pour voir ce qu'il en est. Le guérisseur arrive pour soigner l'épouse ; on lui dit que c'est le mari qui est malade. Il sort son métronome et commence à l'hypnotiser. Bientôt le mari endormi se met à parler. Il se félicite d'avoir épousé Yukiko et lui adresse maints compliments. Puis il a des paroles apaisantes mêlées de critiques pour les parents. Il leur demande à tous de partir ; ce qu'ils font. Il adresse ensuite de sévères reproches à son ami Tamura, responsable de tout. Puis il se réveille et chasse le guérisseur, d'ailleurs recherché par la police. Resté seul avec Yukiko, il lui avoue qu'il ne dormait pas quand il a parlé.

☞ La période la plus originale de la carrière de Gosho est celle de ses premiers films parlants (*Mon amie et mon épouse,* 1931, *La mariée parle dans son sommeil,* 1933, *Le marié parle dans son sommeil,* 1935, *Le fardeau de la vie,* 1935). Ce sont d'aimables et talentueuses pitreries, des sortes de clowneries qui brocardent avec une ironie légère et tendre, à travers le comportement immature de personnages sympathiques, les mœurs nippones. Objets de la satire dans *Le marié* : l'obéissance de l'épouse envers l'époux, la sacralisation nationale du travail et de l'effort, l'unité et la solidité de la cellule familiale. Formellement, la spontanéité du jeu, le caractère ténu mais efficace des gags, la tranquille et sinueuse progression de l'intrigue donnent le sentiment d'une improvisation continuelle. Malgré la quasi identité de leurs titres, *Le marié parle dans son sommeil* n'est pas la suite de *La mariée* ... Les deux films sont simplement basés sur une situation commune, dont l'auteur tire un parti beaucoup plus riche dans le second film. Dans *La mariée* ..., un groupe d'étudiants éméchés veulent à tout prix entendre parler dans son sommeil la jeune épouse de l'un des leurs. A cet effet, ils s'incrustent toute la nuit chez le couple mais seront punis de leur curiosité par l'intervention d'une bande de cambrioleurs qui leur voleront jusqu'à leurs vêtements.

## MARIUS

1931 – France (125') • *Prod.* PAR. et Marcel Pagnol • *Réal.* ALEXANDRE KORDA • *Sc.* Marcel Pagnol d'ap. sa P. • *Phot.* Ted Pahle • *Mus.* Francis Gromon • *Int.* Raimu (César), Pierre Fresnay (Marius), Alida Rouffe (Honorine), Orane Demazis (Fanny), Fernand Charpin (Panisse), Paul Dullac (Escartefigue), Robert Vattier (M. Brun), Édouard Delmont (Le second de la « Malaisie »), Maupi (Mangiapan), Alexandre Mihalesco (Piquoiseau).

Marius, vingt-trois ans, fils de César Olivier, le patron du « Bar de la Marine », situé face à la mer dans le Vieux-Port de Marseille, ne songe qu'à partir vers le large dans un de ces grands bateaux qu'il a constamment sous les yeux, alors qu'à contrecœur il travaille à servir les clients de l'établissement paternel. Fanny, fille de la poissonnière Honorine, est son amie d'enfance. Elle l'aime depuis toujours et, comme il ne se décide pas à se déclarer, elle essaie de provoquer sa jalousie en envisageant un mariage avec le vieux et riche Panisse, maître voilier sur le Vieux-Port. Marius a pris en secret des contacts pour s'embarquer sur « La Malaisie ». Fanny lui avoue que ses projets de mariage avec Panisse sont dépourvus de réalité. « C'est toi que je veux », lui dit-elle. – « Je ne peux pas me marier », répond Marius. Et il ajoute : « Si je me mariais, je me marierais avec toi ». Le marin qu'il devait remplacer sur « La Malaisie » est finalement rentré. Marius ne part pas. Un mois plus tard, César est en train de jouer aux cartes avec ses amis, Panisse, Escartefigue, le capitaine du « Ferriboite » qui traverse le Vieux-Port vingt-quatre fois par jour, et le lyonnais M. Brun, vérificateur des douanes. Un à un, ils quittent la partie, dégoûtés par les habitudes de tricheur de César. Pendant ce temps, Marius rejoint en secret Fanny, comme il le fait fréquemment depuis qu'il lui a affirmé que sa folie de partir l'avait quitté. Mais Fanny apprend un peu plus tard qu'il pleure toutes les nuits, de passion frustrée pour la mer et le grand large. Ne voulant pas gâcher sa vie, elle va favoriser son départ ; elle lui enlève en effet tout remords en lui reparlant d'un mariage d'intérêt avec Panisse. Alors qu'elle voit de la fenêtre son bateau partir, elle laisse croire à César que son mariage avec Marius se prépare. Puis elle s'évanouit...

☞ Premier volet de la légendaire trilogie *Marius – Fanny* – César** que les Marseillais appellent : « Le Film ». Les deux premiers volets, on le sait, furent des pièces avant d'être des films. La première de « Marius » (sixième pièce représentée de Pagnol) eut lieu en mars 1929 au Théâtre de Paris, dirigé par Léon Volterra, alors que « Topaze » triomphait depuis six mois aux Variétés. La distribution venue en grande partie de l'« Alcazar » de Marseille (pour lequel la pièce avait été conçue à l'origine) sera reprise quasi intégralement dans le film à l'exception de Pierre Asso, un excellent comédien qui n'eut guère l'occasion de faire ses preuves au cinéma et qui laisse son rôle, celui de M. Brun, à Robert Vattier, devenu célèbre grâce à lui. Pagnol avait prévu de confier le rôle de Panisse à Raimu. Celui-ci refusa pour les raisons suivantes : « Je veux être le propriétaire. Je veux que la pièce se passe chez moi. Ton Charpin est moins connu que moi. Ce n'est pas M. Raimu qui doit se déranger pour aller rendre visite à M. Charpin. C'est M. Charpin qui doit venir s'expliquer chez M. Raimu » (voir préface de Pagnol *in* Biblio.). Pagnol se rend aux raisons de Raimu et du coup étoffe le rôle, beaucoup plus épisodique au départ. Comme Charpin préfère jouer Panisse, tout s'arrange le mieux du monde. Le rôle de Marius devait être interprété par Pierre Blanchar qui, le projet ayant un peu traîné à se concrétiser, n'est plus libre au moment des répétitions. Pagnol choisit Pierre Fresnay. Dès la première répétition, sa stupéfiante composition enthousiasme tout le monde, y compris son partenaire Raimu qui avait tonné – on peut le comprendre – contre le choix de cet Alsacien protestant de la Comédie-Française pour jouer le fils d'un cafetier de la Canebière. La partie de cartes, morceau de bravoure mondialement célèbre, avait été coupée de la pièce par Pagnol qui la jugeait trop vulgaire pour un grand théâtre parisien. Aux répétitions, les acteurs la rétablissent et convainquent l'auteur de la conserver. La pièce fait un triomphe inattendu et sera jouée plus de huit cents fois à Paris. Raimu le premier est étonné de son propre succès : « Je n'y comprends rien. Dans ce rôle, je dis le texte, rien de plus, je parle comme à la maison, et tout d'un coup, c'est un triomphe. Je me demande pourquoi. » Là-dessus, quelques mois après la première représentation, Pagnol va voir à Londres un film parlant et en revient extrêmement impressionné. Il voit dans le parlant un art entièrement nouveau sans rapport avec le muet et dont, selon lui, les gens de théâtre doivent prendre possession. Il fait connaître ses positions. C'est un tollé général. Pagnol a maintenant contre lui à la fois les gens de théâtre qui le traitent de renégat, de lâche, de vendu (à la Société des Auteurs, un membre lui conseille de reverser ses droits d'auteurs à des œuvres philanthropiques) et les gens de cinéma qui d'une part regrettent dans leur majorité le muet et n'admettent pas d'autre part qu'un intrus vienne leur donner des leçons. La critique ajoutera plus tard ses sarcasmes aux réserves des professionnels. Néanmoins Henri Agel, avec une tranquille et lucide audace, écrit dès 1934 : « Marcel Pagnol est peut-être à l'heure actuelle l'homme le plus intelligent du cinéma français. » Et pendant très longtemps on pourra reprendre à propos des films de Pagnol la remarque fameuse faite sur Laurel et Hardy, à savoir qu'ils ne plaisaient à personne, sauf au public. Cette relative solitude n'encouragera que mieux Pagnol à apprendre de A à Z toute la technique du cinéma. Apprentissage qui trouvera sa conclusion à la fois logique et extraordinaire dans le fait que Pagnol possédera bientôt des studios et des laboratoires entièrement à lui. Dans « Cinématurgie de Paris » (1933-34) il pourra s'écrier : « Toute la machinerie était prête : les caméras, les appareils de son, la menuiserie, l'atelier de mécanique, la forge, l'atelier de développement et de tirage, les salles de montage, les deux salles de projection ; nous pouvions réaliser de grands films sans faire appel à personne... » Revenons un peu en arrière. Ayant décelé avec une lucidité fulgurante dans le parlant un moyen d'expression idéal pour ses œuvres, Pagnol devient l'ami de Robert Kane, responsable des importants studios Paramount de Joinville et de Saint-Maurice qui fonctionnent, tel un petit Hollywood, sur un rythme d'enfer. Autorisé à se promener partout, Pagnol observe et s'instruit. Devant l'immense succès de la pièce, Kane veut filmer « Marius » mais lorsque Pagnol exige de garder les mêmes interprètes, le projet tombe aux oubliettes. L'insuccès de la plupart des productions Paramount tournées en France et le triomphe de *Jean de la Lune* (Jean Choux, 1931), adaptation fidèle de la pièce de Marcel Achard, le font revenir à la surface. *Marius* sera donc tourné avec la troupe d'origine par Alexandre Korda. Pagnol sera le superviseur de la version française mais n'aura rien à voir avec les autres versions. Il propose son adaptation cinématographique de la pièce et elle est réalisée en cinq semaines par Korda. Il « ne tourna jamais un plan, dit Pagnol, sans m'expliquer ce qu'il voulait faire, et pourquoi il le faisait. » Pagnol juge cette collaboration fraternelle et confirmera quelques années plus tard à son principal biographe Claude Beylie (cf. « Marcel Pagnol », Seghers, 1974) qu'il a suivi et supervisé de très près le tournage. *Marius*, long de ses deux heures (durée tout à fait inhabituelle à l'époque des débuts du parlant), réalisé selon les directives d'un auteur dramatique étranger à la corporation cinématographique, connaîtra un succès sans précédent, qui ne s'est jamais démenti au fil de nombreuses reprises. « Les distributeurs, conclut Pagnol, étaient à la fête et me témoignèrent à partir de ce jour une très sincère amitié. » Voir commentaire général sur la trilogie à la notice *César*.

N.B. Deux autres versions, allemande et suédoise, furent tournées en même temps que la française. Assez différentes dans le découpage et le style (*dixit* Pagnol), elles furent vouées à l'insuccès : *Zum goldenen Anker*, réalisé également par Korda, avec Albert Basserman en César et *Langtan till havet*, dirigé par John W. Brunius.

BIBLIO. : l'admirable préface à la pièce (« Je ne savais pas que j'aimais Marseille, ville de marchands, de courtiers et de transitaires... ») paraît pour la première fois en 1965 dans le deuxième des six volumes des « Œuvres complètes » (incomplètes) des Éditions de Provence. Elle est reprise dans le premier volume des « Œuvres complètes » (beaucoup plus complètes) du Club de l'Honnête Homme, puis dans le volume « Confidences » (Julliard, 1981 et Presses Pocket, 1983). Ce volume, présenté abusivement sur la couverture comme des mémoires (que Pagnol n'a jamais écrits), reprend – sans les dater avec précision – les différentes préfaces écrites par Pagnol pour les Éditions de Provence (1964-1973), puis pour le Club de L'Honnête Homme (1970-1971), ainsi que « Cinématurgie de Paris », ensemble d'écrits datant des années 30 et republiés et augmentés dans le tome 3 (1967) des Éditions de Provence. La « Cinématurgie de Paris » raconte avec précision les débuts cinématographiques de Pagnol et témoigne de ses convictions sur le cinéma. Tous ces textes, écrits avec émotion et recul, sont d'un intérêt exceptionnel tant par leur valeur documentaire que par leur qualité littéraire.

## MARQUÉ PAR LA HAINE
## (Somebody Up There Likes Me)

1956 – USA (113') • *Prod.* MGM (Charles Schnee) • *Réal.* ROBERT WISE • *Sc.* Ernest Lehman d'ap. l'autobiographie de Rocky Graziano rédigée par Rowland Barber • *Phot.* Joseph Ruttenberg • *Mus.* Bronislau Kaper • *Int.* Paul Newman (Rocky), Pier Angeli (Norma), Everett Sloane (Irving Cohen), Eileen Heckart (Ma Barbella), Sal Mineo (Romolo), Harold J. Stone (Nick Barbella), Joseph Buloff (Benny), Robert Loggia (Frankie Peppo).

Mal aimé de son père, un homme « fini » depuis que sa femme l'a obligé à abandonner le ring, le petit Rocco Barbella devient durant son adolescence un délinquant. Avec ses copains, il passe son temps à commettre de petits vols, à se bagarrer contre des bandes rivales. De la maison de redressement au pénitencier puis aux travaux forcés, il n'y a qu'un pas que Rocco, qui ne sait s'exprimer que par ses poings, franchit allégrement. Six ans plus tard, il est enfin libéré mais c'est pour retrouver immédiatement une autre prison, celle du service militaire. Il met K.-O. son capitaine et s'échappe pour plusieurs mois. Il rencontre l'entraîneur Irving Cohen qui voit immédiatement en lui un poulain à lancer. Il fait ses premières armes de boxeur avant d'être arrêté par la police militaire. Il s'était présenté à Cohen, qui ignorait tout de son passé, sous un faux nom : Rocky Graziano. Encore un an de travaux forcés. Après quoi, sa vraie carrière peut commencer. Il rencontre la jeune Norma et l'épouse, quoiqu'elle déteste la boxe. Leur bébé – une fillette – grandira sans jamais voir le visage de son père, toujours recouvert de pansements après les matchs. Un ancien co-détenu et ami de Rocky, Frankie Peppo, essaie de le faire chanter en l'obligeant à truquer un match pour de l'argent. Rocky préfère se faire porter malade. Mais ce sont alors les autorités sportives qui le persécutent pour qu'il donne les noms de ceux qui voulaient l'acheter. Rocky refuse. La commission de New York lui retire sa licence. Mais dans l'Illinois on accepte qu'il rencontre Tony Zale à Chicago où il deviendra champion du monde des poids moyens. (N. B. Tony Zale joue sur le ring son propre rôle.)

☞ Brillant et assez superficiel, *Somebody Up There Likes Me* mérite surtout d'être mentionné parce qu'il résume à lui seul une tendance permanente du cinéma américain jusqu'à la fin des années 50 : la recherche du positif, la tranformation d'une énergie négative en énergie positive. Schéma moral que la biographie de Rocky Graziano, pour peu qu'on n'entre pas trop dans les détails, illustre parfaitement. Wise, dans une bonne collaboration avec Newman (dont le rôle avait été écrit pour James Dean), compense le manque d'étoffe du personnage par beaucoup de dynamisme et beaucoup d'humour. Newman utilise les tics hérités de l'*Actors Studio* dans un registre comique et il fut le seul acteur de sa génération à oser le faire. Il fallut l'aveuglement légendaire de la critique américaine pour l'assimiler à un imitateur de Marlon Brando. Ce film, le vingt-deuxième pour Wise, le deuxième pour Newman, leur permit à l'un et à l'autre de grimper pour la première fois au sommet du box-office. On était en 1956. La tendance illustrée par ce film (éloge du positif) allait connaître une éclipse. Vingt ans plus tard, après des années où les cinéastes s'étaient consacrés, de manière sincère ou complaisante, à peindre la déchéance, les turpitudes, la pourriture américaines, le pendule reviendrait à sa position antérieure. Un inconnu frapperait à la porte de tous les studios pour pouvoir interpéter un scénario qu'il avait écrit et qui allait devenir un des plus grands succès commerciaux de la décennie, l'histoire toute semblable d'un autre Rocky, de sa fiancée et de son entraîneur. Vingt ans plus tard, cette histoire paraîtrait prodigieusement originale et entamerait un cycle (*Rocky*, John G. Avildsen, 1976, *Rocky II*, Sylvester Stallone, 1979, *Rocky III*, Stallone, 1982, *Rocky IV*, Stallone, 1985, *Rocky V*, John G. Avildsen, 1990) qui ne semble pas encore terminé.

## MARRYING KIND (THE)
### (Je retourne chez maman)

1952 – USA (108') • *Prod.* COL. (Bert Granet) • *Réal.* GEORGE CUKOR • *Sc.* Ruth Gordon, Garson Kanin • *Phot.* Joseph Walker • *Mus.* Hugo Friedhofer • *Int.* Judy Holliday (Florence Keefer), Aldo Ray (Chet Keefer), Madge Kennedy (juge Carroll), Sheila Bond (Joan Shipley), John Alexander (Howard Shipley), Rex Williams (George Bastian), Phyllis Povah (Mme Derringer), Peggy Cass (Emily Bundy), Mickey Shaughnessy (Pat Bundy).

Florence et Chet Keefer, deux Américains moyens, racontent leur vie à la femme juge chargée de prononcer leur divorce. Ils s'étaient rencontrés à Central Park et, peu de temps après, s'étaient mariés. Il travaillait au tri postal avec des horaires difficiles. Elle avait quitté son job de secrétaire. Il ne songe qu'à la réussite et à ces fameuses dix secondes nécessaires à un homme pour faire une invention capitale qui changera le cours de son existence. Elle voudrait, quant à elle, avoir au moins le temps de *penser* une demi-heure par jour. A la suite d'un cauchemar où le président des États-Unis vient en personne visiter son bureau de poste et glisse sur des billes d'acier, Chet a l'idée d'un patin pour enfants monté sur roulements à bille. Il fait construire son invention et la montre à un commanditaire éventuel qui l'essaie et se casse le dos. Quelque temps plus tard, Florence et Chet lisent dans « Life » qu'un danseur a eu la même idée et l'a menée, lui, jusqu'à la réussite. Cette première désillusion va leur gâcher la vie. Lors d'un jeu radiophonique, Florence a la possibilité de gagner plusieurs milliers de dollars si elle découvre le titre d'un morceau. Elle connaît la bonne réponse mais Chet lui souffle un autre titre. Elle hésite, l'écoute, et perd le pactole... Le couple a maintenant deux enfants : un garçonnet, une fillette. Par un bel après-midi d'été, la famille fait un pique-nique au bord d'un lac. Florence joue de l'ukulélé et à quelques mètres de là le gosse se noie dans le lac. Ses parents ne surmonteront jamais cette épreuve. Distrait, pensant toujours à autre chose, Chet a un accident dans la rue. Sa convalescence est longue et se passe loin de New York. Sa femme lui rend souvent visite mais, un jour que le bus a eu une panne, elle a juste le temps de lui parler quelques instants avant de prendre le bus de retour. Elle hérite de son patron. Jaloux, Chet la presse de questions sur les motifs de cet héritage. L'atmosphère devient irrespirable. Florence quitte le foyer conjugal. Le juge, ayant écouté attentivement leur double témoignage, sait qu'il est difficile de conseiller les autres, mais leur demande cependant de repousser leur divorce. Florence et Chet quittent le tribunal, apparemment réconciliés.

☞ Troisième des quatre comédies de Cukor avec Judy Holliday et quatrième des sept films que les Kanin (Garson Kanin et Ruth Gordon) ont écrits, seuls ou à deux, pour le réalisateur (cf. *A Double Life, Adam's Rib*, Born Yesterday, Pat and Mike, The Actress, It Should Happen to You**). De toutes ces comédies, c'est la plus audacieuse et la plus surprenante par son mélange de tons et sa participation affirmée au courant du néo-réalisme, tant du point de vue du contenu des épisodes que du choix des décors et des extérieurs réels (scènes tournées à Central Park et à la poste de Times Square). Jamais une comédie américaine classique n'a été aussi loin dans la description ingrate et cruelle de la vie quotidienne d'un couple d'Américains moyens. Pas un instant Cukor et ses scénaristes ne cherchent un alibi pour tempérer leur peinture ou la rendre plus lénifiante aux yeux du public, sauf peut-être dans le happy end qui n'a d'ailleurs rien de définitif. Les déceptions, les tragédies, les grandes et les petites misères dont est tissée l'existence des deux héros occupent, tout au long du film, le devant de la scène. Couple insolite et parfaitement crédible, Judy Holliday et Aldo Ray (alors à ses débuts) sont un modèle de *casting* inventif, juste et incroyablement risqué. La scène de la noyade de l'enfant, avec les jambes des passants courant au fond du plan où Judy Holliday qui ne se doute de rien joue de l'ukulélé, est une des meilleures séquences jamais filmées par Cukor. Elle rappelle que ce cinéaste, expert en sophistication, possède également, à un degré très poussé, le sens du tragique.

## MARSEILLAISE (LA)

1939 – France (135') • *Prod.* CGT puis Société d'Exploitations et de Productions Cinématographiques • *Réal.* JEAN RENOIR • *Sc.* Jean Renoir, Carl Koch, Nina Martel-Dreyfus, • *Phot.* Jean-Serge Bourgoin, Alain Douarinou, Jean-Marie Maillols, Jean-Paul Alphen, Jean Louis • *Mus.* Lalande, Grétry, Mozart, Jean-Sébastien Bach, Rouget de Lisle, Joseph Kosma, Henry Sauveplane • *Déc.* Léon Barsacq Georges Wakhevitch • *Int.* Andrex (Honoré Arnaud), Charles Blavette et Edmond Ardisson (Jean et Joseph Bomier), Paul Dullac (Javel), Adolphe Autran (le tambour), Nadia Sibirskaïa (Louison), Louis Jouvet (Roederer), Elisa Ruis (Mme de Lamballe), Pierre Renoir (Louis XVI), Lise Delamare (Marie-Antoinette), William Aguet (La Rochefoucauld-Liancourt), Léon Larive (Picard), Georges Spanelly (La Chesnaye), Jaque Catelain (capitaine Langlade), Aimé Clariond (M. de Saint-Laurent), Maurice Escande (le seigneur du village), Gaston Modot, Julien Carette (volontaires).

14 juillet 1789. Le duc de la Rochefoucauld-Liancourt annonce à Louis XVI qui se repose après la chasse et dévore force victuailles la prise de la Bastille. Dans un village en Provence, en 1790, un paysan ruiné est jugé par le seigneur du village (qui a droit de basse justice) pour le vol d'un pigeon. Il risque les galères. Il s'échappe et rencontre dans la montagne deux amis, deux Marseillais, Arnaud et Bomier, qui participeront à la prise du Fort de Saint-Nicolas à Marseille. Ils feront ensuite partie du bataillon de cinq cents Marseillais qui monteront vers la capitale et apporteront aux Parisiens le « chant de l'Armée du Rhin » transformé en « Marseillaise », hymne qui fera l'union de tous les Français. A Paris, tous les Fédérés, venus des quatre coins de France, sont réunis ; il y a des bagarres et des duels autour des Champs-Élysées, que la pluie fait cesser. Le roi déplore les termes du Manifeste de Brunswick qui doit être lu devant l'Assemblée : mais il cède à la pression de la reine et de ses conseillers. Bomier apprend à manger des pommes de terre et assiste à la foire, avec sa fiancée Louison, à un spectacle de théâtre d'ombres. La reine s'apprête à défendre les Tuileries avec ses suisses et ses fidèles, tandis que le roi déguste ses premières tomates, un nouveau mets apporté par les Marseillais et qu'il apprécie beaucoup. Roederer, représentant de la Commune de Paris, explique au roi

que le salut pour lui et sa famille est de l'accompagner à l'Assemblée, la « seule chose que le peuple respecte ». Le roi y consent. Après quelques mouvements de fraternisation, les combats se font rudes aux Tuileries. Bomier est mortellement blessé. Sa fiancée Louison est appelée auprès de l'agonisant. Les exécutions d'aristocrates ont commnencé aux Tuileries. Roederer les fait cesser en annonçant que la déchéance du roi a été proclamée. Arnaud et d'autres hommes du Bataillon des Marseillais s'apprêtent à combattre contre les Prussiens à Valmy. Goethe dira qu'il a vu commencer là « une nouvelle époque pour l'histoire du Monde ».

☞ Cette « chronique de quelques faits ayant contribué à la chute de la Monarchie » (sous-titre du film) fut d'abord financée par une souscription de parts lancée dans le public par l'intermédiaire des militants de gauche et de la CGT. Après l'échec de cette forme de financement, le film fut repris par une société de production cinématographique de type classique. « Ce qui est passionnant dans notre métier, écrivit Renoir (*in* "Écrits 1926-1971", Pierre Belfond, 1974), c'est que nous pouvons de temps à autre essayer de redonner aux faits leur véritable sens, de les dégager de tout le fatras, de toute la poussière qui les masquent, qui les déforment. Pour arriver à mener à bien ce travail de déblaiement, d'aucuns procèdent à larges coups de balai. D'autres, et c'est notre cas, préfèrent nettoyer soigneusement un coin de l'objet, puis reconstituer par déductions et enchaînements comme Cuvier l'a fait en partant d'un os pour les animaux préhistoriques. Notre os de Cuvier (...), c'est l'histoire du Bataillon des Marseillais plus connu sous le nom de Bataillon du 10 août. » Cette méthode permit à Renoir de décrire une foule de petites gens mêlée aux événements les plus graves. Il ne peignit des gens célèbres que dans l'entourage immédiat du roi. La majeure partie du film est une chronique vivante de cette époque, originale, sans parti pris, pleine de notations quotidiennes sur la façon dont les personnages, marchent, vont au combat tantôt en raisonnant, tantôt en suivant leur instinct ou leur cœur. A partir du départ du roi guidé par Roederer et de la chute des Tuileries (recontitués au château de Fontainebleau), le film devient une véritable fresque historique de grande envergure, presque unique dans le cinéma français parlant (avec celle de Raymond Bernard dans *Les Misérables**). Pour Renoir, cette fresque est tragique car tout le monde a raison ou plutôt, selon l'expression du personnage d'Octave dans *La règle du jeu**, « a ses raisons ». Dans les deux camps, et même à Coblentz, Renoir s'applique à montrer des personnages au caractère et aux intentions nobles, parfois en conflit avec la mesquinerie ambiante.

BIBLIO. : découpage (360 plans) *in* « L'Avant-Scène » n°383-384 (1989). Voir aussi l'ensemble consacré au film dans « La Revue du cinéma » n° 268 (1973). Claude Gauteur a réuni un volume de documents inédits sur un projet beaucoup plus ambitieux (il aurait duré douze heures) de *La Marseillaire*. Jeanson, Achard et Pagnol étaient censés collaborer au scénario. Ce volume a été publié par le Centre National de la Cinématographie à l'occasion du Bicentaire de la Révolution Française.

## MARTIN ROUMAGNAC

1946 – France (95') • *Prod.* Alcina • *Réal.* GEORGES LACOMBE • *Sc.* Pierre Véry et Georges Lacombe d'ap. R. de Pierre-René Wolf • *Phot.* Roger Hubert • *Mus.* Marcel Mirouze • *Déc.* Georges Wakhevitch • *Int.* Marlene Dietrich (Blanche Ferrand), Jean Gabin (Martin Roumagnac), Margo Lion (Jeanne Roumagnac), Daniel Gélin (le surveillant), Lucien Nat (Rimbaut), Marcel Herrand (M. de Laubry), Jean d'Yd (l'oncle de Blanche), Marcel Pérès (Paulot), Henri Poupon (Gargame), Marcel André (le juge d'instruction).

Une aventurière d'origine australienne, Blanche Ferrand, est exilée dans la province française avec son oncle qui s'occupe d'un magasin d'oiseaux. Elle attend qu'un consul, dont la femme, incurable, est mourante, la demande en mariage. Elle rencontre un entrepreneur en maçonnerie de la région, Martin Roumagnac. Éperdument amoureux d'elle, il lui offre une villa et un terrain. Leur liaison dure jusqu'à ce que le consul, enfin veuf, réapparaisse. Quoique très large d'idées et calculateur dans l'âme, il désapprouve la relation de Blanche avec le maçon. Ne supportant pas la contradiction et ressentant pour Martin un certain attachement, Blanche rompt avec le consul. Les affaires de Martin commencent à péricliter. Il devient la risée de la ville. Ayant appris que Blanche a vendu la magasin sans le prévenir, il pense qu'elle est sur le point de rejoindre le consul et, après une dispute, il la tue. Au procès, il découvre qu'elle n'avait pas l'intention de le quitter et se laisse aller au désespoir. Personne ne peut croire que Martin ait tué celle dont il est toujours, par-delà la mort, follement amoureux, et son acquittement est prononcé. Un jeune admirateur de Blanche abattra Martin peu après le verdict.

☞ L'un des plus significatifs parmi les films de transition de Gabin entre l'ère de ses rôles tragiques et mythiques de l'avant-guerre et la dernière partie de sa carrière, quand il retrouvera la faveur du public en jouant les gangsters sur le retour, les grands bourgeois, les pères de famille ou les excentriques. Le couple Gabin-Dietrich qui s'était formé (dans la réalité) aux États-Unis n'avait pu interpréter *Les portes de la nuit** écrit pour lui. C'est que Gabin avait préféré tourner *Martin Roumagnac* dont le scénario lui tenait à cœur depuis longtemps. Marlene fut engagée elle aussi mais seul Gabin était à sa place dans le film. Néanmoins, Lacombe tenta d'utiliser au mieux deux interprètes aussi disparates. Il se livra avec le talent honnête et sobre qu'on lui connaît à une étude assez subtile d'un couple bancal et mal assorti, tant sur le plan psychologique que social. Ce décalage jouera le rôle d'une fatalité interne entraînant le couple vers la tragédie. Mais cette tragédie n'a rien de mythique ni de lyrique. Elle se situe au niveau presque trivial d'un fait divers simenonien et Gabin donne à son personnage la justesse, l'épaisseur et ce poids de réel qui font parfois défaut au film lui-même. Le personnage de Marlene Dietrich reste, quant à lui, beaucoup plus théorique et abstrait. Il est vrai qu'il est appréhendé à travers les illusions et l'ignorance de son partenaire ; c'est même un des points forts du film que de savoir montrer que le principal malheur de Roumagnac tient dans son incapacité à comprendre – et même à concevoir – le caractère de celle qu'il aime. A cet égard, les séquences très traditionnelles du procès s'enrichissent d'une signification intéressante en devenant pour l'accusé une sorte de jeu de la vérité posthume où il commence seulement à entrevoir l'engrenage de sa destinée. Il ne fait guère de doute que ce film ait indiqué à Gabin lui-même et à ses metteurs en scène vers quel type de rôle il devait se diriger pour conserver à la fois sa crédulité comme personnage et sa force expressive comme comédien. Mais, pour faire passer pleinement sa vedette du lyrisme mythologique des années 30 au réalisme plus pointilleux et plus terre à terre des années 40 et 50, *Martin Roumagnac* présentait une grave lacune : l'imprécision de son contexte social. Défaut que sauraient éviter les films ultérieurs de Gabin dirigés par Carné *(La Marie du Port)*, Becker *(Touchez pas au grisbi*)*, Duvivier *(Voici le temps des assassins*)*. *Martin Roumagnac* leur avait montré la voie.

## MASCARADE
### (Maskerade)

1934 – Autriche (97') • *Prod.* Tobis-Sascha, Vienne (K. J. Fritzsche) • *Réal.* WILLI FORST • *Sc.* Walter Reisch • *Phot.* Franz Planer • *Mus.* Willy Schmidt-Gentner • *Int.* Paula Wessely (Leopoldine Dur), Adolf Wohlbrück (=Anton Walbrook) (Heidenck), Peter Petersen (Pr Carl Ludwig Harrandt), Hilde Von Stolz (Gerda Harrandt), Walter Jansen (Paul Harrandt), Olga Tschechowa (Anita Keller), Julia Serda (Fürstin M.), Hans Moser (Gärtner Zacharias).

Vienne au début du siècle pendant le Carnaval. Lors d'un bal masqué, Heidenck, un dessinateur aussi connu pour son talent que pour son libertinage, invite dans son atelier la belle Gerda, épouse du Dr Harrandt. Il la fait poser nue avec pour toute parure un manchon et un masque. Sitôt l'œuvre achevée, il renvoie son modèle, lui prouvant ainsi que son atelier ne mérite pas la mauvaise réputation qu'on lui a faite. Le dessin une fois paru dans la presse, un chef d'orchestre célèbre dans la ville croit y reconnaître sa fiancée, Anita Keller. C'est surtout son frère, le Dr Harrandt, qui lui a communiqué cette idée. Le chef d'orchestre se rend chez Heidenck qui, pour se disculper, prétend avoir fait poser une certaine Mlle Dur, dont il invente le nom sur l'instant. Or une jeune fille de ce nom existe vraiment : Leopoldine Dur, lectrice chez une princesse. Ayant trouvé son adresse dans l'annuaire, le chef d'orchestre lui rend visite et l'invite à une soirée musicale où elle rencontre Heidenck. Sans aucune expérience amoureuse, elle est fascinée par le dessinateur. Elle pose pour lui et c'est la première femme qui soit capable d'inspirer de l'amour à ce grand libertin. A différents indices, le Dr Harrandt comprend que c'est sa femme Gerda qui a posé pour le dessin au masque. Il se croit bien entendu trompé mais se refuse à provoquer Heidenck en duel afin d'éviter un scandale. Anita qui, avant d'être fiancée au chef d'orchestre, fut la maîtresse d'Heidenck, met à exécution une ancienne menace qu'elle lui avait faite pour le cas où il refuserait de renouer avec elle : elle tire sur lui presque à bout portant avec un petit revolver de poche. Leopoldine se précipite dans la loge du Dr Harrandt à l'opéra et l'oblige à soigner Heidenck sous menace de provoquer immédiatement un scandale. Le docteur tire le blessé d'affaire et trouve le revolver d'Anita. Il apprend ainsi que c'est elle et non sa femme qui avait une liaison avec Heidenck. Leopoldine, après avoir un moment douté de l'amour d'Heidenck, découvre son erreur au chevet du blessé.

☞ Parfait exemple de ce qu'il est convenu d'appeler le « cinéma viennois » auquel Ophuls dans ses exils (et particulièrement en France) allait donner ses accents les plus profonds et les plus déchirants. Virtuosité dans le développement d'arabesques admirablement bouclées. Art du contrepoint (les trois moments forts du film ont lieu pendant un bal masqué, une soirée musicale et une représentation du « Trouvère »). Un climat de sensualité à peine voilée d'hypocrisie. Un soupçon de vulgarité volontaire et que, tout aussi volontairement, Ophuls évitera. Une touche de mélancolie, voire de désespoir. La tragédie frôlée et évitée. Ce sont là les éléments les plus caractéristiques d'un cinéma qui tire aussi parti de l'élégance de ses interprètes et de la présence de nombreux mouvements d'appareil, sinueux et complexes comme les allées et venues sentimentales des personnages qu'ils sont censés accompagner. Tous ces éléments se trouvent réunis dans *Mascarade* qu'on peut considérer comme le chef-d'œuvre de Willi Forst. Le film a de plus le mérite de montrer, à partir d'un matériau équivalent, la différence essentielle qui sépare le talent le plus cohérent et le plus adroit (Willi Forst) de la palpitation indescriptible du génie (Ophuls).

N.B. Remake américain à la MGM, *Escapade* de Robert Z. Leonard avec William Powell et Luise Rainer.

## MASQUE AUX YEUX VERTS (LE)
### (The Wicked Lady)

1945 – Angleterre (104') • *Prod.* Gainsborough (R. J. Minney) • *Réal.* LESLIE ARLISS • *Sc.* Leslie Arliss d'ap. R. « The Life and Death of the Wicked Lady Skelton » de Magdalen King-Hall • *Phot.* Jack Cox • *Mus.* Louis Levy • *Int.* Margaret Lockwood (Barbara Worth/Lady Skelton), James Mason (Captain Jackson), Griffith Jones (Sir Ralph Skelton), Patricia Roc (Caroline), Michael Rennie (Kit Locksby), Enid Stamp-Taylor (Henrietta Kingsclere), Felix Aylmer (Hogarth).

En Angleterre, sous le règne de Charles II, Barbara Worth séduit Sir Ralph Skelton, le fiancé de sa cousine Caroline et l'épouse. Elle devient ainsi Lady Skelton. Au bout de six mois, elle meurt d'ennui. Lors d'une partie de cartes avec son ennemie Henrietta, elle perd un précieux rubis. Pour le récupérer, elle a l'idée de se déguiser en voleur de grands chemins et d'arrêter la voiture d'Henrietta sur la route pour lui reprendre le bijou. Elle fait ainsi connaissance avec un célèbre bandit, le capitaine Jackson, à qui elle a coupé l'herbe sous le pied. Ils deviennent amants et bientôt partenaires dans le vol et dans le crime. Dévalisant un chargement d'or, Barbara est amenée à tuer un des gardes qui escortaient le trésor. Le vieux domestique de son mari découvre le secret de ses activités criminelles. Barbara se présente alors comme la victime de Jackson et le vieil homme jure de garder le silence. Ne voulant prendre aucun risque, Barbara l'empoisonne peu à peu et finit par l'étouffer avec son oreiller. Mécontente d'une infidélité de Jackson, elle le dénonce et le fait arrêter. Elle assiste à sa pendaison, anxieuse seulement de savoir s'il l'a dénoncée. Plus généreux qu'elle, il ne l'a pas trahie. Entre-temps Caroline a trouvé un nouvel amoureux, Kit Locksby, que Barbara cherche encore à lui prendre. Mais elle semble cette fois sincèrement éprise. Jackson, enlevé par ses amis avant d'être tout à fait mort, réapparaît chez Barbara et veut l'emmener. Elle refuse. Sir Ralph, son mari, s'oppose à son départ avec Kit Locksby. Barbara tente de le tuer sur la route mais Kit vient à la rescousse. Ne pouvant reconnaître Barbara sous son déguisement, il la vise et l'atteint. Elle est recueillie par Caroline. Au moment de mourir, elle avoue la vérité sur sa vie à Kit, qui en est atterré. Caroline et Sir Ralph, qui avaient toujours été faits l'un pour l'autre, sont enfin réunis.

☞ Le plus grand succès commercial des films à costumes produits par la firme anglaise Gainsborough. L'audace du scénario (tiré d'un roman connu) n'y est pas étrangère. Elle surprend et dépasse largement la moyenne de ce qui était pratiqué en ce domaine à Hollywood à l'époque, par exemple dans *Ambre**, récit du même type et déjà passablement audacieux. Le film inverse sur plusieurs plans les données habituelles du récit d'aventures et de cape et d'épée. Les héros de l'histoire sont les « méchants ». Le protagoniste principal est une femme. La double identité qu'elle cache sous son masque, elle ne l'utilise pas, contrairement à une tradition qui va de *The Mark of Zorro* à *I Pirati di Capri*, pour accomplir secrètement le bien et servir l'intérêt commun. Au contraire, elle ne s'en sert que pour mieux assouvir son appétit de plaisir. Pire encore : elle n'est même pas décrite comme un personnage diabolique, monstrueux ou pervers mais comme une simple égoïste, totalement amorale et indifférente à autrui, poussée vers le crime par son seul ennui de vivre. La reconstitution de l'époque est soignée comme dans la plupart des films Gainsborough ; le rythme est excellent. Mais l'interprétation (hormis James Mason et Felix Aylmer) est souvent assez fade et va à l'encontre des qualités du scénario.

N.B. Remake sous le même titre en 1983 par Michael Winner. Faye Dunaway joue Lady Skelton.

## MASQUE DE DIMITRIOS (LE) (The Mask of Dimitrios)

1944 – USA (95') • *Prod.* Warner (Henry Blanke) • *Réal.* JEAN NEGULESCO • *Sc.* Franck Gruber d'ap. R. « A Coffin for Dimitrios » de Eric Ambler • *Phot.* Arthur Edeson • *Mus.* Adolph Deutsch • *Int.* Sydney Greenstreet (Mr. Peters), Zachary Scott (Dimitrios), Faye Emerson (Irana Preveza), Peter Lorre (Cornelius Latimer Leyden), George Tobias (Fedor Muishkin), Victor Francen (Wladislaw Grodek), Steven Geray (Bulic), Florence Bates (Mme Chavez), Edwards Ciannelli (Marukakis), Kurt Katch (colonel Haki), Monte Blue (Dhris Abdul).

1938. A Istanbul, le corps noyé et poignardé de l'aventurier Dimitrios Markopoulos est retrouvé sur la plage. Le colonel Haki qui le traquait depuis une vingtaine d'années brosse son portrait à l'auteur de romans policiers Leyden qu'intéresse cette destinée hors du commun. La première fois que Haki s'était lancé sur les traces de Dimitrios, c'était à Smyrne en 1922, alors que celui-ci venait d'assassiner pour le voler un receleur. Leyden semble si fasciné par la personnalité de Dimitrios qu'il va mener une enquête sur lui en vue d'un éventuel roman. A Sofia, il retrouve un patron de cabaret qui avait autrefois prêté de l'argent à Dimitrios et lui avait servi d'alibi lors de l'assassinat du Premier ministre en 1923. Ayant recueilli ce témoignage, Leyden trouve dans son hôtel un ancien complice de Dimitrios, un Anglais nommé Peters, qui lui propose de s'associer à ses recherches et d'échanger des renseignements. Peters fait miroiter à l'écrivain la possibilité de gagner un million de francs. Il lui donne des adresses de personnes à rencontrer à Genève. Là, Leyden contacte un ancien employeur de Dimitrios qui avait utilisé ses services en 1926 au profit de l'Italie. L'homme évoque l'habileté avec laquelle Dimitrios avait « piégé » un petit employé de ministère pour l'amener à livrer des documents militaires essentiels. A Paris, Leyden apprend de Peters que le cadavre qu'il a vu à Istanbul n'est pas celui de Dimitrios mais celui d'un complice trahi qui, voulant tuer Dimitrios, avait en fait été abattu par lui. Seul avec Leyden à posséder ce précieux renseignement, Peters s'apprête à vendre son silence à Dimitrios pour un million de francs. Leyden refuse de s'associer financièrement à l'affaire mais, intéressé seulement par le côté « humain » de l'aventure, continue d'observer Peters en action. La rencontre des deux anciens complices se solde par la mort de Dimitrios abattu par Peters. La police emmène Peters blessé qui demande à Leyden de lui envoyer son livre dès qu'il sera publié. Il aura en prison tout le temps nécessaire pour le lire.

☞ Alors qu'il espérait tourner *Le faucon maltais** sur lequel il avait beaucoup travaillé, Negulesco se vit retirer le film par la Warner au profit de Huston. Quelque temps plus tard, ayant appris sa déception, Anatole Litvak lui mit entre les mains le roman d'Eric Ambler et lui proposa de l'adapter. Negulesco réalisa le film avec le producteur, le chef opérateur et certains acteurs du *Faucon maltais**. Le film, soigné dans ses éclairages très sombres (Negulesco estime qu'on s'identifie beaucoup plus aux personnages quand on les voit agir dans une semi-obscurité) et sa mise en valeur des décors, est resté célèbre pour sa construction en flashbacks visant à présenter la destinée du héros sous la forme d'un puzzle jamais complètement terminé. Malgré cette originalité, c'est paradoxalement le personnage de l'enquêteur (Peter Lorre) qui devient pour le public beaucoup plus passionnant que Dimitrios, objet de l'enquête. Cela pour des raisons tenant surtout à l'interprétation. Peter Lorre, flanqué de son compère Sydney Greenstreet (les deux hommes jouèrent ensemble dans huit films dont trois sous la direction de Negulesco), « vole » en effet aisément le film à un Zachary Scott assez morne et dont le personnage, malgré tout ce qu'on dit de lui dans les dialogues, ne vit jamais des péripéties très palpitantes. Émerveillé par la faculté illimitée de Peter Lorre pour susciter la surprise, Negulesco le laisse beaucoup improviser. Moins brillant que *Three Strangers* (Negulesco, 1946), le film a cependant gardé une importance historique au sein de l'évolution du flash-back. Outre ses commodités narratives, cette forme de récit possède dans le cinéma américain des années 40 et en particulier dans le *film noir* trois fonctions distinctes, parfois réunies dans la même œuvre. Elle accentue le fatalisme contenu dans le propos général d'un film. Elle concrétise le caractère labyrinthique d'une intrigue insaisissable dans sa totalité. Elle rend fascinante, en lui ajoutant du mystère et une dimension quasi mythique, l'immoralité d'un personnage. Le « réalisme poétique » dans son ensemble et *Le jour se lève** en particulier sont les principaux responsables de la première fonction à cause de l'influence décisive qu'ils exercèrent sur un grand nombre de *films noirs.* Jacques Tourneur (cf. *Out of the Past**, 1947) est passé maître dans l'utilisation de la deuxième fonction. Welles illustra de manière spectaculaire la troisième, celle précisément qui évita au *Masque de Dimitrios* de tomber dans l'oubli. Malgré son manque d'envergure, Dimitrios est en effet tissé dans la même étoffe que Kane ou Arkadin. Les trois personnages ont en commun l'ubiquité du globe-trotter et le charme ambigu de l'aventurier cosmopolite. Leur morale se situe quelque part entre celle de la crapule et du surhomme. Il faudrait être Dieu pour sonder à fond leurs desseins.

## MASSACRE

1934 – USA (70') • *Prod.* Warner-First National • *Réal.* ALAN CROSLAND • *Sc.* Ralph Block et Sheridan Gibney d'ap. une histoire de Robert Gessner et R. Block • *Phot.* George Barnes • *Int.* Richard Barthelmess (Joe Thunder Horse), Ann Dvorak (Lydia), Dudley Digges (Quissenberry), Claire Dodd (Norma), Henry O'Neill (Dickinson), Robert Barrat (Dawson), Arthur Hohl (Dr Turner), Sidney Toler (Shanks), Clarence Muse (Sam).

Ayant réussi à devenir une vedette dans les foires et dans les cirques, Joe Thunder Horse, fils d'un chef Sioux, retourne voir son père mourant dans sa réserve. Il découvre à cette occasion les injustices qui s'y déroulent. Trois fripouilles – un agent de l'état, un avocat et un entrepreneur de pompes funèbres – se partagent les bénéfices sur le dos des Indiens. Joe, allant contre la loi, enterre son père selon la coutume indienne. Il capturera au lasso et traînera derrière sa voiture le croque-mort qui a violé sa sœur de quinze ans. Il subit alors un simulacre de procès. Le juge et ses assesseurs sont indiens mais ils entérinent automatiquement les desiderata du procureur blanc. Joe est condamné. Une Indienne travaillant dans les bureaux de la réserve s'intéresse à lui et l'aide à s'échapper. Il rejoint à Washington un ami, commissaire aux affaires indiennes. Celui-ci veut utiliser son cas comme exemple pour lutter contre les grandes sociétés (pétrolières, forestières, etc.) dont l'appétit vorace aboutira immanquablement, si aucune action n'est entreprise contre eux, à l'élimination de la race indienne. Sur ces entrefaites, le croque-mort meurt de ses blessures. Joe est à nouveau emprisonné. Toute sa défense repose sur le témoignage de sa sœur, mais elle a disparu. Les Indiens se regroupent, envahissent la prison et libèrent Joe. Il leur explique qu'il faut absolument qu'il assiste à son procès. Les Indiens retrouvent le gardien, de race indienne, qui a sequestré la jeune fille et le torturent pour lui faire avouer où elle se trouve. Juste après l'avoir contactée, Joe est abattu par la patrouille partie à sa recherche. (Ici figure un happy end totalement surajouté.) Joe guérit, est gracié et, en compagnie de l'Indienne qui l'avait aidé, quitte la réserve dont il deviendra le représentant fédéral.

☞ Toujours à l'affût des scénarios violents et à sensation surtout quand ils possèdent un contenu réaliste et social, la Warner produit ce film dont l'originalité et l'audace sont absolus. *Massacre* est le seul film des années 30 à traiter des réserves indiennes, décrites ici à l'époque contemporaine. Sur ce sujet, délicat, la décennie précédente avait été plus loquace (cf. *Braveheart*, 1925, produit par Cecil B. DeMille d'après une pièce de son frère William et réalisé par Alan Hale, *The Vanishing American*, 1926, de George B. Seitz, *Redskin*, 1929, de Victor Schertzinger). Mais pour le voir traité avec cette virulence, il faudra attendre *Tell Them Willie Boy is Here* d'Abraham Polonsky (1969) et surtout *Ulzana's Raid** d'Aldrich (1972) qui, dans sa première partie, s'attache à dénoncer exactement les mêmes malhonnêtetés et les mêmes exactions qu'ici. Dans *Massacre,* les dialogues et la continuité du récit désignent clairement, aux différents niveaux où elles se situent, les responsabilités : corruption et petites combines des trafiquants agissant sur place, toute-puissance des grandes sociétés cherchant à développer leurs intérêts. Le commissaire aux Affaires indiennes accusera ces dernières d'être directement à l'origine de son impuissance à agir. Même si la mise en scène manque un peu d'envergure et les personnages de relief, la netteté et la précision du propos antiraciste et le contexte où il se développe suffisent à rendre le film saisissant.

## MASSACRE DE FORT APACHE (LE)
### (Fort Apache)

1948 – USA (127') • *Prod.* Argosy Pictures – RKO (John Ford et Merian C. Cooper) • *Réal.* JOHN FORD • *Sc.* Frank S. Nugent d'ap. la nouvelle « Massacre » de James Warner Bellah • *Phot.* Archie Stout • *Mus.* Richard Hageman • *Int.* John Wayne (capitaine Kirby York), Henry

Fonda (lieutenant-colonel Owen Thursday), Shirley Temple (Philadelphia Thursday), John Agar (lieutenant Michael O'Rourke), Ward Bond (sergent-major O'Rourke), George O'Brien (capitaine Sam Collingwood), Victor McLaglen (sergent Mulcahy), Pedro Armendariz (sergent Beaufort), Anna Lee (Mrs. Collingswood), Guy Kibbee (Dr Wilkens), Jack Pennick (sergent Shattuck), Mae Marsh (Mrs. Gates).

Le colonel Thursday accompagné de sa fille Philadelphia fait route vers le poste reculé de Fort Apache en Arizona. Humilié par une affectation lointaine où la gloire ne saurait être au rendez-vous, cet officier de cavalerie pète-sec et aigri tente de rétablir une stricte discipline dans le poste. Il s'oppose à l'idylle débutante entre sa fille et le jeune lieutenant Michael O'Rourke, fils d'un pilier du régiment, le sergent O'Rourke. Le lieutenant a entraîné Philadelphia dans une promenade à cheval au cours de laquelle ils ont découvert les cadavres de deux soldats américains assassinés par les Apaches Mescaleros. Thursday interdit à O'Rourke de revoir sa fille. Il envoie un maigre détachement pour ramener les cadavres, mais le fait suivre d'un bataillon qui attaquera les Apaches par surprise. Plus tard, il donne mission au capitaine Kirby d'aller parlementer avec le chef apache Cochise. Lors du bal traditionnel des sous-officiers, Kirby et le sergent Beaufort, qui lui a servi d'interprète, reviennent et annoncent que Cochise accepte de venir parler de paix en territoire américain. Refusant de tenir compte de l'avis de Kirby qui fait valoir qu'il a donné sa parole, Thursday juge que c'est là l'occasion rêvée pour livrer un ultime combat contre le chef indien. Le bal est interrompu. Le départ a lieu à l'aube. Les soldats se retrouvent face à un ennemi quatre fois plus nombreux. Après des palabres vite abandonnés, Thursday s'apprête à livrer bataille selon une stratégie que Kirby juge suicidaire. Thursday le retire du combat. Kirby emmène avec lui le jeune O'Rourke pour garder les chariots de vivres. Thursday se fait massacrer avec ses troupes. A Fort Grant, bien après la bataille, Kirby ne contredira pas les journalistes qui affirment que Thursday était un grand homme. O'Rourke et Philadelphia se sont mariés et ont maintenant un petit garçon.

☞ Premier de la trilogie de Ford sur la Cavalerie (cf. *She Wore a Yellow Ribbon** et *Rio Grande*.) Transposition riche, subtile et nuancée du mythe de Custer qui a inspiré de nombreux westerns à toutes les époques du genre. Livrant avec délectation le portrait d'un petit univers, la Cavalerie, extrêmement cohérent dans ses valeurs, ses costumes, ses rituels et ses fêtes, y voyant comme un reflet attachant de l'Amérique qu'il aime, Ford élabore une narration étonnamment libre pour l'époque. Elle intègre, à côté des scènes d'action proprement dites, des scènes de comédie, de marivaudage, quelques moments – assez rares – d'émotion et un ensemble varié de notations sur la vie sociale dans cette garnison isolée. Cette maîtrise décontractée du récit anticipe sur celle des *Deux cavaliers* et fait fi de toute unité de ton. Elle s'autorise une très grande variété de développements picaresques, satiriques, dramatiques qui en fin de compte nourrissent et sauvegardent le ton fordien. Ford ne cache pas que pour lui l'idéal de la Cavalerie, son esprit de corps et son esprit tout court sont vivants avant tout chez les hommes de troupe et les petits gradés. Il se paie même l'audace, dans ce film hagiographique du milieu décrit, de présenter un des personnages les plus noirs de son œuvre, un être chez qui les notions d'autorité, de discipline, d'amour de la gloire ont été détournées de leur sens avec une perversité quasi suicidaire. Ce mélange entre une description chaleureuse d'un milieu aimé et respecté et une vision ultra-critique du personnage qui en est le pivot et le plus haut représentant hiérarchique donne à l'œuvre son originalité et son étrangeté. La morale de l'histoire aux yeux de Ford est que la Cavalerie est une institution suffisamment solide pour pouvoir extirper de son sein, sans que ses valeurs fondamentales soient détruites, un dévoyé, une sorte de monstre de la taille du colonel Thursday. Dans son traitement du thème indien, et à une époque où cela n'était pas encore à la mode,

Ford se montre plus antiraciste qu'aucun autre auteur de westerns. Filmant dans le décor qu'il a rendu légendaire de la Monument Valley, il exprime aussi le thème de l'opposition entre mythe et réalité, thème qu'il approfondira dans *L'homme qui tua Liberty Valance**. Il prône la force d'exemple que recèlent les vertus du mythe sans rien cacher de l'aspect négatif de la réalité qui lui a donné naissance. Ce double regard, idéaliste et lucide, est absolument spécifique de Ford.

## MATERNELLE (LA)

1933 – France (100') • *Prod.* Jean Benoit-Lévy • *Réal.* JEAN BENOIT-LÉVY et MARIE EPSTEIN • *Sc.* J. Benoit-Lévy, M. Epstein d'ap. R. de Léon Frapié • *Phot.* Georges Asselin • *Mus.* Édouard Flament • *Int.* Madeleine Renaud (Rose), Mady Berry (Mme Paulin), Henri Debain (Dr Libois), Edmond Van Daele (le père Paulin), Alice Tissot (la directrice), Sylvette Fillacier (M'âme Cœuret), Alex Bernard (le recteur), Paulette Élambert (Marie Cœuret).

Après la mort de son père, Rose, une jeune bourgeoise que son fiancé a abandonnée, devient femme de service auxiliaire dans une école maternelle d'un quartier pauvre de Paris. Elle mouche, nettoie, habille les enfants dont elle deviendra vite l'amie. Encore assez maladroite, elle renverse une bassine d'eau sur le pantalon du délégué cantonal, le Dr Libois, qui la voyait déjà d'un mauvais œil car elle a supplanté une de ses protégées. Une élève, Marie Cœuret, fille d'une prostituée, s'attache particulièrement à Rose et est jalouse quand elle embrasse d'autres enfants. Sa mère disparaît avec son amant, et Rose prend l'enfant avec elle. Un jour, le recteur survient, alors que Marie fait aux enfants une causerie à propos d'un lapin. Après cela, ils refusent énergiquement de le manger. Le recteur est ravi de ces sentiments humanistes insufflés aux écoliers. Il s'apprête à féliciter cette institutrice. Mais Rose fait scandale en révélant qu'elle a le « brevet supérieur », quoique étant femme de service. Après la fête annuelle, le Dr Libois dont les sentiments se sont peu à peu modifiés vis-à-vis d'elle la demande en mariage. Marie Cœuret, se croyant abandonnée, va se jeter à la rivière, mais sera repêchée. Le couple la gardera au foyer.

☞ Très belle adaptation de l'excellent roman de Léon Frapié. Fidèle au livre qui l'inspire, c'est un film composé de détails innombrables, livrés sur un rythme vif et rapide qui, à lui seul, évacue de l'intrigue tout misérabilisme et tout sentimentalisme ; on en retrouvera seulement quelques traces dans le jeu de Madeleine Renaud dont l'interprétation n'est pas le point fort de l'œuvre. Cette multitude de détails et de personnages a également éloigné le film du théâtre, a obligé les auteurs à adopter un montage court : deux éléments qui, en ce tout début du parlant, rompent fortement avec les habitudes et la pétrification de la plupart des films. Une certaine stylisation dans les attitudes des acteurs montre aussi un effort pour lutter contre un réalisme trop prosaïque. Le ton est prenant et varié : tour à tour irrévérencieux, ému, amusé. Pour l'irrévérence, on rappellera ce dialogue entre un inspecteur et une enseignante. « Comment, vous donnez encore la croix à ce gosse ! C'est contraire à tous les principes de la pédagogie moderne. » – « Oui, Monsieur. Mais les gosses aiment tellement ça. » – « Il faut qu'ils apprennent à travailler sans espoir de récompense... » Sur cette réplique, la caméra panoramique sur la veste de l'inspecteur arborant la légion d'honneur. *La maternelle* est aussi un film intéressant en ce qu'il amorce la liaison entre deux moments du cinéma français : le populisme et le réalisme poétique. « Le populisme, dit Raymond Chirat (*in* "Le cinéma français des années 30", Hatier, 1983) se débarrasse de ses guirlandes et de ses oripeaux, s'attendrit sur les misères qui se cachent dans *La maternelle* et s'engage sur une pente qui va le mener peu à peu au réalisme poétique, au fantastique social. »

N.B. Assez bon remake de Henri Diamant-Berger (1949) dont c'est peut-être le meilleur film parlant. Blanchette Brunoy reprend le rôle de Madeleine Renaud. Il y avait eu une première version à l'époque du muet, réalisée par Gaston Roudès (1925) avec France Dhélia dans le rôle de Rose.

## MATHIAS KNEISSL

Inédit en France. 1970 – RFA • *Prod.* Bavaria Atelier (Philippe Pilliod) • *Réal.* REINHARD HAUFF • *Sc.* Martin Speer, R. Hauff • *Phot.* W.P. Hassenstein (couleurs) • *Mus.* Peer Raben • *Int.* Hans Brenner (Mathias Kneissl), Frank Frey (Alois Kneissl), Eva Mattes (Katharina Kneissl), Alfons Scharf (le père Kneissl), Ruth Drexel (la mère Kneissl), Peter Müller (Michl Paschkolini), Andrea Stary (Cilli Kneissl), Hanna Schygulla (Mathilde), Volker Schlöndorff (le chef de gare), Kurt Raab (Fritz Rechthaler), Franz Peter Wirth (le menuisier), Rainer Werner Fassbinder.

En Bavière, à la fin du XIXe siècle, famille de paysans misérables vit de rapines et de braconnage. La mère est emprisonnée, le père assassiné par des gendarmes. L'un des fils multiplie les exactions, détrousse les riches et passe pour une sorte de héros auprès des habitants les plus démunis de la région. Capturé et condamné, il sera exécuté avant trente ans.

☞ Représentant talentueux et un peu en retrait du jeune cinéma allemand, Reinhard Hauff décrit son étrange Robin des Bois comme le révélateur, tragique et pitoyable, de la misère ambiante auprès de ceux-là même qui en sont les victimes. Grâce à lui, leur conscience s'éveille et une lueur de lucidité apparaît dans un univers opaque et barbare. Pour bâtir cette fable sociale, Hauff use d'une reconstitution historique réduite au minimum, où pourtant le monde paysan surgit avec une grande force concrète. Il affectionne les longs plans fixes dont le statisme, la froideur calculée fournissent un équivalent assez convaincant de la distanciation brechtienne.

BIBLIO. : scénario et dialogues dans le volume Martin Sperr : « Der Raüber Mathias Kneissl », Piper, Munich, 1970 (édition bilingue en allemand et en dialecte bavarois).

## MAUDITS (LES)

1947 – France (100') • *Prod.* Speva-Film (André Paulvé, Michel Safra) • *Réal.* RENÉ CLÉMENT • *Sc.* Jacques Companeez, Victor Alexandov, R. Clément, Jacques Rémy, Henri Jeanson • *Phot.* Henri Alekan • *Mus.* Yves Baudrier • *Int.* Paul Bernard (Couturier), Henri Vidal (Dr Guilbert), Michel Auclair (Willy Morus), Marcel Dalio (Larga), Fosco Giachetti (Garosi), Jo Dest (Forster), Kronefeld (général von Hauser), Florence Marly (Hilde Garosi).

En avril 1945 à Oslo, peu avant la chute de Berlin. Un groupe de nazis et de sympathisants s'embarquent à bord d'un sous-marin pour se rendre en Amérique du Sud. Leur but est d'échapper aux alliés et de fonder là-bas des réseaux d'accueil pour Allemands en fuite. Le groupe compte : le général von Hauser et sa maîtresse Hilde Garosi qu'accompagne son mari, un gros industriel allemand que sa faiblesse de caractère et son amour malheureux pour sa femme ont entraîné dans cette aventure ; Forster, collaborateur de Himmler, flanqué de son homme de main qui est aussi son « mignon », Willy Morus, petit voyou berlinois ; Couturier, journaliste français collaborateur ; un savant suédois et sa fille, captifs des autres. Sur la Manche, au cours d'un combat que le sous-marin doit mener contre trois chasseurs anglais, Hilde est blessée et tombe dans le coma. Couturier est désigné pour aller kidnapper, avec Willy et un membre de l'équipage, un médecin à Royan. Le Dr Guilbert est ainsi amené de force à bord du sous-marin. Après avoir soigné Hilde, il comprend que ses jours sont comptés. Le radio lui indique où se trouve un canot pneumatique mais le Suédois l'empruntera avant lui. Au cours du voyage, l'atmosphère ne cesse de s'alourdir. Guilbert invente un cas de diphtérie parmi l'équipage, espérant ainsi se venger et accentuer la promiscuité – donc la nervosité – de ses compagnons, car il faut évidemment mettre le « malade » en quarantaine. On apprend la mort d'Hitler. Garosi vide son sac en présence de tous : il n'a été pro-nazi que sous l'influence de sa femme qui, maintenant, le trompe avec von Hauser. Peu après, il se suicide en se jetant à l'eau. A l'escale sud-américaine, l'agent Larga qui devait s'occuper des passagers se défile. Forster le fait assassiner par Willy qui avait tenté de fuir mais que Larga avait « donné ». Le sous-marin repart. Couturier se jette à l'eau pour rejoindre la rive mais est abattu par Forster qui prend la direction des opérations. Il fait ravitailler en fuel le sous-marin par un cargo allemand. L'équipage et les passagers du sous-marin apprennent que la guerre est finie. Von Hauser préfère monter à bord du cargo afin d'obéir aux ordres de reddition de l'amiral Doenitz. Hilde, abandonnée, essaie d'en faire autant mais se noie. Une partie de l'équipage du sous-marin torpille le cargo qui ne tarde pas à sombrer. Forster fait tirer sur les survivants. Au cours d'une mutinerie, une moitié de l'équipage jette le capitaine par-dessus bord. Forster est poignardé par Willy qui rejoint les mutins à bord d'un canot. Guilbert, assommé par Forster, se retrouve seul à bord du sous-marin. Il écrit une relation du voyage avant d'être sauvé par un torpilleur américain.

☞ Par son intrigue où domine nettement une tonalité sombre et désespérée, *Les maudits* complète et enrichit le tableau varié que René Clément a donné de la Seconde Guerre dans *Le Père tranquille**, *La Bataille du rail**, *Jeux interdits**, etc. Les perdants, les lâches et les monstres (certains des personnages sont les trois à la fois) constituent les anti-héros de cette intrigue et offrent un contraste frappant avec les héros, positifs, humoristiques ou mélodramatiques des autres films de Clément sur le sujet. *Les maudits* est également intéressant parce que Clément y applique certains principes du néo-réalisme à une fiction hyper-dramatisée (mais dont on a exagérément critiqué le côté romanesque). La plupart des acteurs ont la nationalité de leur rôle et parlent dans leur langue ou avec un fort accent. Ils tournent dans un décor fermé, construit par Paul Bertrand, aux mesures exactes d'un véritable sous-marin. Loin de se contenter d'un montage court qui lui aurait facilité les prises de vues, Clément utilise dans ce huis-clos un découpage assez varié qui comprend même des plans longs et complexes. Sa virtuosité n'est pas seulement technique, car il est aussi un remarquable directeur d'acteurs. Il peaufine ici, avec Fosco Giacchetti, Paul Bernard, Michel Auclair, plusieurs portraits d'hommes faibles (assez nombreux dans son œuvre, cf. *Monsieur Ripois**) que leur veulerie ou leur immaturité conduit tout droit à la tragédie. Le film contient également une des plus belles photos d'Henri Alekan. Seul élément vieillot : le commentaire *off* dit par Henri Vidal.

## MAUVAISE GRAINE

1934 – France (86') • *Prod.* Compagnie Nouvelle Cinématographique • *Réal.* BILLIE (BILLY) WILDER • *Sc.* H. G. Lustig, Max Kolpé, Billie Wilder, Claude-André Puget • *Phot.* Paul Cotteret, Maurice Delattre • *Mus.* Franz Waxman, Allan Gray • *Int.* Danielle Darrieux (Jeannette), Pierre Mingand (Henri Pasquier), Gaby Héritier (Gaby), Raymond Galle (Jean-la-Cravate), Jean Wall (le Zèbre), Michel Duran (le Chef), Paul Escoffier (le Dr Pasquier), Maupi (l'homme au panama), Paul Velsa (l'homme aux cacahuètes), Georges Malkine (le secrétaire).

Henri Pasquier, un fils de famille oisif, privé de sa voiture par son père, est amené à entrer dans un gang de voleurs de véhicules en tous genres. Il tombe amoureux de Jeannette, la sœur d'un des membres du gang. Comme Henri prend trop d'influence parmi les hommes de la bande, le chef lui tend un piège en lui demandant de conduire une voiture trafiquée jusqu'à Marseille. Henri et Jeannette échappent à un grave accident et envisagent de partir à l'étranger. Mais Jeannette tient à ce que son frère les accompagne. Henri va le chercher à Paris. Il arrive au moment où les policiers cernent le repaire du gang. Le frère de Jeannette est tué. Grâce à l'intervention de son père, Henri monte avec Jeannette à bord d'un transatlantique. Ils quittent la France afin de se refaire ailleurs une nouvelle vie.

☞ Unique film français réalisé par Billy Wilder avant son arrivée aux États-Unis, *Mauvaise graine* contient divers éléments originaux dont certains dénotent, au sein d'une œuvre relativement impersonnelle, le talent d'un observateur ironique et caustique. L'omniprésence de l'obsession automobile dans l'intrigue donne au film un air d'actualité assez plaisant. Se découvrant sans véhicule, Pierre Mingand réagit, avec cinquante ans d'avance, comme le ferait un Parisien d'aujourd'hui. Abasourdi, il dit à son père : « Vivre sans voiture, tu n'y penses pas ! ». Comédie se transformant bientôt en film d'action (avec mort à la clé), *Mauvaise graine* court la poste et obéit à un rythme caracolant qui se démarque de la comédie théâtrale de l'époque. Les acteurs (d'ailleurs médiocrement dirigés) ont moins d'importance que l'action et que les mille et une petites inventions comiques dont Wilder parsème, pour l'enrichir, un scénario assez ténu. C'est là où on le reconnaît. Un membre du gang vole aussi des cravates : c'est son violon d'Ingres et sa fierté ; il en a trois cent cinquante dans sa collection ; l'une d'elles a été dérobée à Marcel Pagnol. Un automobiliste à qui on a volé sa voiture retrouve sa plaque d'immatriculation sur une voiture de gosse ; il se met aussitôt à courir derrière le minuscule engin en hurlant : « Au voleur ! » Dans une faible mais significative mesure, la personnalité du cinéaste s'exprime déjà à travers de petits détails caustiques et révélateurs qui seront légion dans son œuvre ultérieure.

N.B. Version britannique sous le titre *First Offence* (ou *Bad Blood*), 1936, dirigée par Herbert Mason. Lilli Palmer et John Mills jouent les rôles de Danielle Darrieux et Pierre Mingand. Jean Wall est présent dans les deux versions, ainsi que Maupi, Paul Velsa, Georges Malkine.

## MA VIE A MOI
### (A Life of Her Own)

1950 – USA (108') • *Prod.* MGM (Valdemar Vetluguin) • *Réal.* GEORGE CUKOR • *Sc.* Isobel Lennart • *Phot.* George Folsey • *Mus.* Bronislau Kaper • *Int.* Lana Turner (Lily Brannel James), Ray Milland (Steve Harleigh), Tom Ewell (Tom Caraway), Louis Calhern (Jim Leversoe), Ann Dvorak (Mary Ashlon), Barry Sullivan (Lee Gorrance), Margaret Phillips (Nora Harleigh), Jean Hagen (Maggie Collins), Phyllis Kirk (Jerry), Sarah Haden (Smitty), Hermes Pan (partenaire de Lily).

La réussite d'une provinciale dans le monde de la mode à New York et l'échec de sa vie sentimentale et de sa liaison avec un homme marié à une infirme.

☞ Le film amputé de quarante minutes à sa sortie a laissé à son auteur un souvenir exécrable. C'est néanmoins une œuvre très cukorienne, très attachante où se dessine de manière subtile et alternée les portraits de trois désemparées : l'héroïne (Lana Turner), son amie mannequin que le vieillissement mènera au suicide, interprétée par une Ann Dvorak étonnante, et l'épouse handicapée de l'amant de Lana Turner (Margaret Phillips, actrice de théâtre). Cukor excelle à montrer ces personnages vulnérables, écorchés vifs, qui frôlent longtemps la catastrophe avant de s'y précipiter, comme mus par une fatalité intérieure. Cette fragilité, Cukor l'examine avec une grande pénétration, faisant à merveille la part des caractères et des circonstances, de la psychologie et du mélodrame. On ne comprendrait rien à ces personnages si on ne voyait pas que l'idée qu'ils se font d'eux-mêmes est ce qui compte le plus à leurs yeux. Ils paraissent souvent faibles et fautifs dans leurs actions, mais leur exigence et leur sévérité vis-à-vis d'eux-mêmes restent intactes tout au long du drame. Cette exigence participe pour beaucoup de la fatalité intérieure qui les détruira. Évoluant dans des milieux considérés comme superficiels (la mode, le cinéma, etc.), ils ne sont nullement des personnages futiles mais au contraire des personnages tragiques à la dignité desquels – dignité souvent cachée – Cukor entend rendre discrètement hommage.

## MA VIE EST UNE CHANSON
### (Words and Music)

1948 – USA (119') • *Prod.* MGM (Arthur Freed) • *Réal.* NORMAN TAUROG • *Sc.* Fred Finklehoffe et Jean Halloway d'ap. une histoire de Guy Bolton et Jean Halloway adaptée par Ben Feiner, Jr. • *Phot.* Charles Rosher et Harry Stradling (Technicolor) • *Chor.* Robert Alton • *Mus. dir.* Lennie Hayton • *Int.* Mickey Rooney (Lorenz Hart), Tom Drake (Richard Rodgers), Marshall Thompson (Herbert Fields), Janet Leigh (Dorothy Feiner), Richard Quine (Ben Feiner, Jr.), Betty Garrett (Peggy Lorgan McNeil), Ann Sothern (Joyce Harmon), Eddie Lorrison Anders (Perry Como), Jeanette Nolan (Mrs. Hart), • *Guest stars :* Gene Kelly, June Allyson, Cyd Charisse, Judy Garland, Lena Horne, Mel Torme, Vera-Ellen.

Herbert Fields présente le jeune compositeur débutant Richard Rodgers au parolier déjà connu Lorenz Hart. A eux trois, ils seront à l'origine de nombreuses comédies musicales à succès. Rodgers mène une vie sentimentale sereine et trouve le bonheur dans le mariage, tandis que Hart, non payé de retour par la femme qu'il aime, ratera sa vie privée. Il meurt prématurément d'une crise cardiaque.

☞ Production Arthur Freed, lequel tenait à rendre hommage aux talents et aux chansons de ce célèbre tandem de la comédie musicale. Une série de numéros scéniques agréables mais assez ternes compose la trame d'un film qui mériterait à peine d'être signalé, s'il ne contenait aussi un portrait très attachant de Hart, interprété de façon souvent poignante par Mickey Rooney. Son existence fut une longue suite de fugues et de déceptions. Il cachait son désarroi sous un dynamisme de façade enjoué et créatif aux yeux des autres, mais qui ne sut jamais lui faire découvrir la recette du bonheur. Le long ballet « Slaughter on 10th Avenue », tiré de l'opérette « On Yours Toes », est une première esquisse du ballet « policier », clou de *The Bandwagon**. (A Broadway, ce fut le premier ballet moderne à figurer dans une comédie musicale ; sa chorégraphie était due à George Balanchine.) Le numéro « I Wish I Were in Love Again » constitue la dernière apparition cinématographique commune de Mickey Rooney et Judy Garland.

## MÉCANIQUE NATIONALE
**(Mecanica nacional)**

1971 – Mexique (100') • *Prod.* Studios Productionnes Escorpion (Ramiro Melendez) • *Réal.* LUIS ALCORIZA • *Sc.* Luis Alcoriza • *Phot.* Alex Philips, Jr. (Eastmancolor) • *Mus.* Ruben Fuentes • *Int.* Manolo Fabregas (Eufemio), Lucha Villa (Chabela), Hector Suarez (Gregorio Mayor), Sara Garcia (Dona Lolita), Pancho Cordova (El Guero Corrales), Fabiola Falcon (Paila), Alma Muriel (Charito).

La plus grande course automobile annuelle du Mexique. Pour y assister en bonne place, chacun se presse dès la veille au soir et campe sur le bord de la route. Parmi les nombreux spécimens de cette faune pittoresque et variée : un policier « macho » et fasciste sortant à tout bout de champ son revolver et qui sera bafoué par la prostituée avec laquelle il comptait passer un week-end d'amour ; un garagiste trompé par sa femme et dont l'une des deux filles fera des fredaines avec un ami de la famille. La belle-mère du garagiste, s'empiffrant de victuailles, mourra d'indigestion. Las de veiller le corps, ses parents et voisins finiront par l'abandonner pour aller regarder la course. Le lendemain on le charge comme un colis dans le véhicule familial qui progresse difficilement à travers d'immenses embouteillages.

☞ Due à un des meilleurs scénaristes de Buñuel (*Los Olvidados**, *El**, *La mort en ce jardin**, *L'ange exterminateur*, etc.), devenu réalisateur au début des années 60, cette satire de mœurs foisonnante est inégale mais souvent efficace et brillante. La truculence de ce jeu de massacre s'en prend particulièrement aux valeurs et aux habitudes des couches moyennes de la société latino-américaine : machisme, culte de la fidélité et de la virginité des femmes, respect de la famille et des anciens. Le rôle de la belle-mère vorace bientôt changée en cadavre encombrant est interprétée par Sara Garcia, la « mère noble » de nombreux films mexicains. Les personnages, très nombreux, valent mieux que l'intrigue (vaudeville grossier et parfois bâclé). Le ton est très destructeur mais le film, voulant rester populaire et relativement bon enfant, s'arrête là où commencent en général les fictions subversives du scénariste Rafael Azcona, collègue et compatriote d'Alcoriza. Parenté aussi avec *Le grand embouteillage* de Comencini (1979) dont c'est ici une version plus fruste et plus spontanée, mais visant parfois plus juste et frappant plus fort.

## MÉCANO DE LA « GENERAL » (LE)

**(The General)**

1926 – USA (8 bob.) • *Prod.* Buster Keaton Productions-UA • *Réal.* BUSTER KEATON et CLYDE BRUCKMAN • *Sc.* Buster Keaton, Clyde Bruckman, Al Boasberg, Charles Smith d'ap. « The Great Locomotive Chase » (1863) de William Pittenger • *Phot.* J.D. Jennings, Bert Haines. • *Int.* Buster Keaton (Johnnie Gray), Marion Mack (Annabelle Lee), Charles Smith (son père), Frank Barnes (son frère), Glen Cavender (le chef des espions), Jim Farley (le général nordiste), Frederick Vroom (le général sudiste).

La Géorgie en 1861. Johnnie Gray, employé des chemins de fer, a deux amours : sa locomotive, « The General », et sa fiancée, Annabelle Lee. Quand la Guerre Civile commence, il va tout de suite s'enrôler mais on ne veut pas de lui. Il est bien plus utile comme mécanicien. Mais il s'imagine qu'on l'a repoussé parce qu'il n'est pas assez costaud. Aux yeux du père et du frère d'Annabelle, il passe pour la honte des Sudistes. Annabelle ne veut plus le revoir tant qu'il n'aura pas revêtu l'uniforme. Un an plus tard, durant un arrêt à Big Shanty, sa locomotive et les premiers wagons du convoi sont volés par des espions nordistes. Annabelle qui se trouvait à bord (elle allait rendre visite à son père blessé) est kidnappée. Johnnie tente de rejoindre sa « General » en utilisant tous les moyens de transports imaginables. Pendant ce temps, les espions coupent les lignes télégraphiques, endommagent les voies, etc. Johnnie les poursuit aux commandes d'une autre locomotive. Il est si occupé à alimenter le foyer et à tenter de rattraper ses voleurs qu'il voit à peine l'armée sudiste se replier en sens inverse le long de la voie, suivie peu après par les troupes nordistes victorieuses. Traversant un pont et surplombant alors Johnnie et sa locomotive, les occupants de la « General » s'aperçoivent à leur stupéfaction qu'il est seul à bord. Ils le bombardent de troncs d'arbres et Johnnie doit abandonner son véhicule. Il se retrouve seul au milieu de la nuit dans la forêt humide et inhospitalière. Affamé, il se réfugie dans une salle à manger qui semble accueillante. Il se cache sous la table quand les habitants arrivent : il s'agit des chefs de l'armée nordiste que Johnnie écoute discuter de leur plan. Ils ont l'intention d'attaquer par surprise l'ennemi sur son flanc gauche. Annabelle, prisonnière, est amenée devant les officiers. Plus tard dans la nuit, Johnnie la libère. Ils dorment dans la forêt et se retrouvent au matin enlacés et engourdis. Le lendemain matin, à la gare occupée par les Nordistes, Johnnie aperçoit sa chère « General ». Il met Annabelle dans un sac de toile et la porte sur son dos en se mêlant aux hommes qui chargent des marchandises dans les wagons. Il grimpe dans sa locomotive et la met en marche. A lui maintenant de démolir les poteaux télégraphiques. Les Nordistes, lancés à sa poursuite, entament une course effrénée en sens inverse de celle qui avait eu lieu la veille. Johnnie jette sur la voie tous les matériaux qu'il peut trouver pour les retarder. A ses propres maladresses s'ajoutent celles d'Annabelle qu'il a tout à la fois envie d'étrangler et d'embrasser. L'armée sudiste arrive aux abords du pont de la rivière Rock, croyant trouver un convoi de ravitaillement. Johnnie court à la ville voisine prévenir l'état-major de l'avance des Nordistes. Un combat a lieu des deux côtés du fleuve après qu'une partie des Nordistes soit tombée à l'eau pour avoir suivi les ordres de leur général : lancer le train sur le pont enflammé. Le convoi s'est englouti dans les eaux avec les ruines du pont. Johnnie tire un coup de canon qui dévie de sa trajectoire et va détruire la digue ; d'autres Nordistes sont à leur tour noyés ou se replient. Le général sudiste est fêté en ville comme un héros. Johnnie lui livre un officier ennemi fait prisonnier dans sa locomotive. Il reçoit en récompense un bel uniforme et un enrôlement comme lieutenant dans l'armée sudiste. Il embrasse sa fiancée tout en saluant d'un geste mécanique et répété les files de soldats qui passent.

☞ Le chef-d'œuvre de Keaton quant à la splendeur de la mise en scène, la richesse de son personnage, la perfection du rythme, l'efficacité géniale des gags. En même temps qu'un burlesque d'une totale maîtrise, le film est une grande fresque d'aventures où la beauté géométrique de la mise en scène, pleine de symétrie et de parallélismes, suffirait à elle seule à captiver le spectateur. Le personnage de Keaton, d'abord injustement considéré comme un lâche puis devenant un héros malgré lui, pose un regard qu'on pourrait qualifier d'innocemment individualiste sur toutes choses : il ne cherche pas plus à être un planqué qu'un héros, mais veut surtout retrouver ses amours (sa locomotive et sa dulcinée) ainsi que sa propre dignité dans le regard d'autrui. Qu'en effectuant cela, il sauve l'armée sudiste d'un désastre et soit – secrètement – à l'origine de sa plus belle victoire ne lui fait presque ni chaud ni froid. *The General* offre aussi au spectateur – et ce n'est pas le moins réjouissant de ses aspects – une caricature grandiose et féroce de la guerre. La guerre est là, présente sur l'écran, dans tous ses aspects : sa cruauté et son absurdité, ses revirements de situations, ses allées et venues d'armées victorieuses ou en déroute, la morgue et la suffisance monumentale de ses chefs et cette irréalité de la mort où basculent soudain les victimes, pareilles à de petits soldats de plomb (cf. la scène étonnante où Keaton s'adressant aux servants d'un canon les voit tomber un à un comme des mouches). L'art classique et humaniste de Keaton rejette les faux-semblants, tant dans son contenu que dans sa forme et sa technique. Adaptée d'un événement réel de la Guerre de Sécession vécu et raconté par William Pittenger (« The Great Locomotive Chase »), l'action ne comporte pas une cascade qui n'ait été effectuée pour de bon devant la caméra avec du matériel grandeur nature (ponts, locomotives, etc.) sur les lieux mêmes où l'histoire s'était déroulée. Rudi Blesh dans sa biographie de Keaton rappelle que les restes de la locomotive du film, après son plongeon à partir du pont en flammes, se trouvent toujours dans une rivière de l'Oregon où on peut les voir et où ils attirent encore les touristes.

N.B. Les faits historiques évoqués par Keaton ont été illustrés à nouveau, mais avec un point de vue nordiste, dans une production Walt Disney *The Great Locomotive Chase*, *L'infernale poursuite*, 1956, de Francis D. Lyon avec Fess Parker et Jeffrey Hunter. Voir aussi *A Southern Yankee* (1948) de Edward Sedgwick avec Red Skelton.

BIBLIO. : E. Rubinstein : « Filmguide to *The General* », Indiana University Press, 1973. Richard J. Anobile : « Buster Keaton's *The General* » (reconstitution du film à l'aide de photogrammes), New York, Universe Books, 1975.

## MEILLEURE PART (LA)

1955 – Franco-italien (90') • *Prod.* Le Trident – Silver Films (Paris) – Noria Films (Rome) • *Réal.* YVES ALLÉGRET • *Sc.* Jacques Sigurd, Yves Allégret d'ap. R. de Philippe Saint-Gil • *Phot.* Henri Alekan (Cinémascope, Eastmancolor) • *Mus.* Paul Misraki • *Int.* Gérard Philipe (Perrin), Michèle Cordoue (Micheline), Gérard Oury (Bailly), Jean-Jacques Lecot (Pasquier), Umberto Spadaro (Gino), Georges Chamarat (Lemoine), Valeria Moriconi (Odette), Michel François (le docteur).

Un moment dans la construction d'un barrage dans les Alpes, où travaillent côte à côte ouvriers français, italiens et arabes.

☞ Plus que par la peinture, assez conventionnelle, des personnages (qu'il s'agisse de l'ingénieur obstiné et idéaliste interprété par Gérard Philipe ou des diverses catégories d'ouvriers travaillant sous ses ordres), le film vaut par l'utilisation assez adroite et spectaculaire du Cinémascope, procédé alors tout nouveau. Allégret et Alekan prennent un plaisir évident à placer leur caméra aux points les plus insolites ou les plus révélateurs de l'ouvrage en construction. C'est vraiment là la meilleure part du film. Allégret et Sigurd sont, dans leur travail d'écriture, beaucoup moins à l'aise. Ils hésitent constamment entre deux tendances : l'une donnerait libre cours à leur pessimisme foncier habituel en présentant le barrage comme une sorte de monstre, dévoreur de vies humaines ; l'autre correspond à l'envie – plus théorique – de délivrer un message social polémique et constructif. Dans cette seconde tendance, les auteurs ne savent trop comment boucler leur affaire. Un éloge du sacrifice volontaire des ouvriers voisine tant bien que mal avec une dénonciation des conditions de travail inutilement dangereuses qui leur sont imposées. Même s'il est souvent hésitant et velléitaire, le film dans son ensemble se détache de la production moyenne de l'époque, l'une des plus pauvres de l'histoire du cinéma français.

## MÉLODIE DU BONHEUR (LA) (Blue Skies)

1946 – USA (104') • *Prod.* PAR. (Sol C. Siegel) • *Réal.* STUART HEISLER • *Sc.* Arthur Sheekman, Allan Scott d'après une idée d'Irving Berlin • *Phot.* Charles Lang, Jr., William Snyder (Technicolor) • *Mus.* et *Lyrics* Irving Berlin • *Int.* Bing Crosby (Johnny Adams), Fred Astaire (Jed Potter), Joan Caulfield (Mary O'Dare Adams), Billy DeWolfe (Tony), Olga San Juan (Nita Nova), Jimmy Conlin (Jeffrey), Clliff Nazarro (Cliff, pianiste).

Jed Potter, artiste de music-hall, et Johnny Adams, directeur de night-clubs (et lui-même chanteur), sont épris de la même femme, Mary. Celle-ci aime Johnny et réussit non sans mal à se faire épouser. Mais Johnny est un instable qui ne cesse de vendre et de racheter des night-clubs afin de pouvoir se promener aux quatre coins de l'Amérique, situation qui finira par provoquer une rupture avec sa femme. Jed, toujours amoureux, essaiera de la consoler mais ne saura jamais se faire aimer d'elle. Après des années, la réconciliation des époux aura lieu.

☞ Une intrigue ténue et répétitive sert de prétexte à la présentation d'une longue série de numéros musicaux et scéniques, souvent assez riches, basés sur des succès d'Irving Berlin. Quatre seulement des vingt-cinq chansons du film étaient inédites. Trois séquences retiennent l'attention : le numéro « Puttin' on the Ritz » chanté et dansé par Astaire, un « bouquet » après lequel Astaire avait pensé se retirer du cinéma ; un duo où Astaire et Crosby interprètent de petits sketches mimés et caricaturaux ; et le numéro final à grand spectacle « Heat Wave ». Stuart Heisler remplaça au pied levé Mark Sandrich, mort d'une crise cardiaque après neuf jours de tournage. Bien que tout à fait hors de son domaine, il livre un travail correct qui n'innove en rien à l'intérieur du genre. A noter que le film contient l'un des thèmes récurrents de la comédie musicale hollywoodienne : l'échec sentimental d'un personnage mis en contraste avec ses succès professionnels. Ce thème souligne la parenté latente de la comédie musicale et du mélodrame. C'est dans *Words and Music** qu'il fut le mieux illustré. *Blue Skies* fut le plus gros succès commercial de toute la carrière de Fred Astaire qui pourtant n'avait pas été choisi pour le rôle. Il remplaça en effet, après la disparition de Sandrich, Paul Draper, célèbre vedette de Broadway.

## MÉLODIE DU BONHEUR (LA) (The Sound of Music)

1965 – USA (174') • *Prod.* Fox-Argyle Productions (Robert Wise) • *Réal.* ROBERT WISE • *Sc.* Ernest Lehman d'ap. P. de Howard Lindsay et Russel Crouse tirée du livre « The Trapp Family Singers » de Maria Augusta Trapp • *Phot.* Tec McCord (DeLuxe Color, 70 mm Todd-Ao) • *Mus.* et *Lyrics* Richard Rodgers et Oscar Hammerstein II • *Int.* Julie Andrews (Maria), Christopher Plummer (le capitaine von Trapp), Eleanor Parker (la baronne), Richard Haydn (Max Detweiler), Peggy Wood (La Mère Abbesse), Heather Menzies (Louise), Nicholas Hammond (Friedrich), Duane Chase (Kurt), Angela Cartwright (Brigitte), Debbie Turner (Marta), Anna Lee (Sœur Margaretta).

L'espiègle et dynamique Maria, peu faite pour le noviciat, quitte l'abbaye de

Salzbourg et devient la gouvernante des sept enfants de l'officier de marine von Trapp, un veuf qui les a élevés avec une rudesse et une maladresse toutes militaires. Maria s'occupe d'eux avec dévouement et tendresse, devint vite leur amie et tombe en même temps amoureuse de leur père. La fiancée de von Trapp, une riche baronne, tente d'éloigner Maria, mais celui-ci ne tarde pas à la rappeler et à l'épouser. L'imprésario Max, le meilleur ami de von Trapp, a monté avec les enfants une chorale qu'il a inscrite au Festival de Salzbourg. Après l'Anschluss, von Trapp doit rejoindre l'armée du Reich. Anti-nazi convaincu, il essaie de fuir l'Autriche avec ses enfants mais les nazis percent à jour ses intentions. Max persuade habilement les autorités que la famille Trapp se dirige vers Salzbourg. Durant la représentation, ayant fait leur numéro, les enfants disparaissent un à un et se réfugient dans le couvent où Maria était autrefois novice. Avec elle et leur père, ils parviendront à gagner la Suisse.

☞ On a plaisir à saluer dans ce film la conjonction rarissime d'un immense succès mondial et d'une complète réussite artistique. Tout au long d'une carrière à la fois laborieuse et brillante, la mise en scène a été pour Wise une longue patience, une recherche inlassable de la perfection. Cette recherche connaît avec *The Sound of Music* l'un de ses points d'orgue. La somme des décisions prises par le réalisateur quant à la distribution, aux lieux de tournage, au rythme de la narration, à la valorisation de l'espace (jamais le procédé Todd-Ao n'a été mieux utilisé) témoigne d'un sens de l'harmonie formelle et d'une maîtrise qui placent Robert Wise parmi les meilleurs artisans d'Hollywood. Le film représente en effet la quintessence du cinéma hollywoodien aux dernières heures d'un système glorieux dont deux des piliers principaux avaient toujours été : le choix d'un genre, la recherche du spectaculaire. Le cinéma hollywoodien fut un cinéma de genres qui impliquait de la part du réalisateur le choix d'un ton original et cohérent. L'histoire de la famille Trapp pouvait donner lieu à une comédie futile, à un mélodrame, à un drame. Elle paraît ici sous la forme d'une comédie musicale à grand spectacle où le ton choisi est une certaine gravité souriante, enjouée, s'appliquant à des sujets aussi variés qu'universels : la découverte de soi, du bonheur et d'autrui ; l'éducation des enfants ; la résistance au totalitarisme. Pour être traités en mineur, ces thèmes n'en sont pas moins très présents dans le film. La recherche du spectaculaire culmine dans le traitement de l'espace. Wise a voulu un espace immense et vivifiant tant au niveau sonore que visuel, tant dans les intérieurs (le château glacial qui s'humanise peu à peu) que dans les extérieurs, verdoyants et superbes. Refusant tout intimisme, la musique et la caméra « planent » dans leur espace respectif, afin que le film devienne une ode à l'énergie et à la joie de vivre de certains groupes apparemment impuissants (un couvent, une famille) face aux menaces de l'heure. Wise a souvent utilisé dans sa palette toutes les nuances du noir et on ne saurait lui imputer une tendance à la mièvrerie. Ici un beau rose, vif et soutenu, presque flamboyant, brûle de ses derniers feux à la veille d'un grand crépuscule. Wise a choisi l'un des moments historiques les plus sombres pour faire entendre sa petite musique optimiste et guillerette, comme si pour lui l'optimisme n'avait de sens et de raison d'être que comme un défi à l'apocalypse. Meilleur rôle de Julie Andrews en dehors de ses prestations chez son époux Blake Edwards.

N.B. Le livre de Maria Augusta Trapp avait été adapté une première fois dans *Die Trapp Familie* (*La famille Trapp*), film allemand de 1956 dû à Wolfgang Liebeneiner.

## MEMBER OF THE WEDDING (THE)

Inédit en France. 1952 – USA (91') • *Prod.* COL. (Stanley Kramer) • *Réal.* FRED ZINNEMANN • *Sc.* Edna et Edward Anhalt d'ap. R. et P. de Carson McCullers • *Phot.* Hal Mohr • *Mus.* Alex North • *Int.* Ethel Waters (Berenice Sadie Brown), Julie Harris (Frankie Addams),

Brandon de Wilde (John Henry), Arthur Franz (Jarvis), Nancy Gates (Janice), William Hansen (Mr. Addams), James Edwards (Honey Camden Brown).

En Géorgie. Dans la cuisine de la maison de son père, un horloger travaillant à la ville, Frankie Addams, une adolescente de douze ans, vêtue comme un garçon, les cheveux courts, en jean et en chemise, passe ses journées en compagnie de Berenice, la vieille domestique noire de la famille, et de John Henry, son cousin de six ans qui habite la maison d'à côté. Sa mère est morte. Son frère, un soldat, va se marier et Frankie, ayant rencontré Janice, la fiancée venue en visite, est profondément impressionnée – et presque traumatisée – par le bonheur qui émane du jeune couple. Elle se sent rejetée par tous et n'a pu être admise au club des jeunes filles du voisinage. Elle se plaint amèrement d'elle-même et des autres. Sa tristesse dégénère parfois en hystérie. Les deux jeunes mariés étant la seule communauté à laquelle elle pense pouvoir appartenir, elle décide qu'elle les accompagnera dans leur voyage de noces. Berenice essaie vainement de la dissuader de ce projet. Avant la fin de la cérémonie, elle s'installe dans la voiture des mariés. Janice, tente de la raisonner, mais son père devra l'extirper brutalement du véhicule. Le soir même, Frankie tape à la machine une lettre d'adieu. Elle prend sa valise et part dans la nuit vers la gare. Dans un café, elle rencontre un jeune soldat qui veut l'embrasser de force. C'en est assez pour qu'elle renonce à son projet. Elle rentre chez elle et apprend que John Henry est gravement malade. Il meurt. Quelque temps plus tard, la cuisine et la maison entière sont vides. Les Addams déménagent. La mère de John Henry vivra avec eux. On n'a plus besoin des services de Berenice et Frankie lui dit adieu.

☞ Adaptation fidèle de la pièce que Carson McCullers avait tirée de son propre roman, à laquelle les deux scénaristes du film ont ajouté certains éléments empruntés au roman lui-même. Les trois interprètes principaux (Ethel Waters, Julie Harris, Brandon de Wilde) reprennent à l'écran les rôles qui les avaient fait triompher à Broadway. (Brandon de Wilde, né en 1942, joua son rôle cinq cents fois et fut le premier enfant à recevoir un « Donaldson Award » avant de faire ici ses débuts au cinéma). Avec adresse et sensibilité, Zinnemann conserve à la pièce sa théâtralité, transcendée par la gageure que représente l'interprétation de Julie Harris (elle aussi dans son premier film) : une femme de vingt-sept ans jouant avec réalisme et conviction le rôle d'une adolescente de douze ans. Mais précisément ce réalisme et cette conviction ne pouvaient se développer harmonieusement qu'au sein d'une théâtralité clairement revendiquée. Le film constitue un long et douloureux monologue sur la solitude et le dégoût de soi. Le « je » qui s'y exprime est évidemment celui de Carson McCullers. Cette peinture névrotique de l'adolescence dépasse la description d'un âge de la vie et en appelle à une vision globale de la condition humaine, envisagée sous son jour le plus pathétique : solitude, souffrance, frustration. Le propos de la pièce et du film est proche de l'univers de Tennessee Williams dont il constitue une sorte de réplique féminine, moins baroque et plus intimiste.

## MENACES

1939 – France (77') • *Prod.* Société de Production du Film « Cinq jours d'angoisse » • *Réal.* EDMOND T. GRÉVILLE • *Sc.* Pierre Lestringuez, Gréville, Curt Alexander • *Phot.* Otto Heller, Nicolas Hayer, Alain Douarinou • *Mus.* Guy Lafarge, Paul Bellecour • *Int.* Erich von Stroheim (le Pr Hoffmann), Jean Galland (Louis), Mireille Balin (Denise), Henri Bosc (Carbonero), John Loder (Dick Stone), Ginette Leclerc (Ginette), Wanda Gréville (l'Américaine), Madeleine Lambert (la patronne de l'hôtel), Paul Demange (le domestique), Maurice Maillot (Mouret), les petits Michel François et Jacques Chevalier.

Septembre 1938. Dans un petit hôtel du Quartier latin, plein de réfugiés étrangers, le savant autrichien Hoffmann soigne Louis, victime de sous-alimentation. Louis est désespérément amoureux de Denise, employée d'une maison de couture. Denise est obligée de sortir une riche cliente américaine. Dans un bar louche, celle-ci rencontre un aventurier, Carbonero, également locataire de l'hôtel. Un peu plus tard on ramène à l'hôtel l'Américaine évanouie après un petit accident de voiture. Denise est renvoyée de sa place, car l'Américaine s'est plainte d'avoir été volée. D'un commun accord, les clients de l'hôtel improvisent une sorte de procés pour juger Carbonero. Ils veulent à la fois défendre Denise et la réputation des étrangers accueillis en France. Carbonero avoue le vol. Les menaces de guerre se font de plus en plus fortes. C'est la mobilisation. Louis dit adieu à Denise : « Mentez-moi comme à ceux qui vont mourir. » Elle accepte par pitié de l'accompagner jusqu'à la frontière. Hoffmann apprend qu'il est renvoyé, parce qu'étranger, du laboratoire où il travaille. Dick Stone, le fiancé anglais de Denise, arrive à l'hôtel (il est chargé d'effectuer un reportage en France) et se croit à tort abandonné par elle. Les accords de Munich sont bien accueillis partout. La patronne de l'hôtel trouve dans sa chambre le cadavre d'Hoffmann qui s'est suicidé. Il a laissé un message : la paix fondée sur des promesses n'est qu'une vaine illusion. *A partir de là, fin refaite pour la ressortie après-guerre* : une voix *off* dit que le savant avait raison ; un client tchèque apprend par la radio que son pays est envahi. Denise et Dick se marient et Dick part immédiatement après la cérémonie. Mobilisation générale. L'hôtel se vide. Les clients écoutent la radio de Londres. Stock-shots de la Libération de Paris. Après la guerre, Louis se recueille sur la tombe d'Hoffmann et affirme que le seul vrai bien des hommes, c'est la liberté.

☞ Le film est profondément immergé dans l'atmosphère politique, dans le climat d'incertitude et d'angoisse de l'époque où il a été réalisé, et c'est déjà une originalité considérable au sein du cinéma français. Tourné parallèlement aux événements qu'il reflète et les incluant parfois dans l'intrigue, *Menaces* présente des personnages doublement tragiques. Ce sont d'abord, comme la plupart des héros de Gréville, des êtres tourmentés, hantés par quelque blessure intime. Ils subissent de surcroît la contagion de la catastrophe imminente. Ce deuxième aspect leur confère à tous une solidarité dans le malheur que Gréville a décrite avec un lyrisme brûlant, désespéré, comparable à nul autre dans le cinéma français de l'époque. Dépassant le réalisme, pour nous précieux, de son insertion dans la réalité historique immédiate, le film enferme ses personnages dans une sorte de ronde des damnés, comme le font la plupart des œuvres de Gréville. Malgré les aléas du tournage, *Menaces* témoigne d'une paradoxale homogénéité de ton et de style, assez rare chez ce cinéaste.

N.B. La genèse du film fut des plus mouvementées et il est à souhaiter qu'on l'étudie un jour en détail. Commencé sous le titre *Cinq jours d'angoisse* après les accords de Munich, le film fut tourné deux fois à cause de l'incendie du laboratoire de Saint-Cloud (où brûla le premier négatif). Le deuxième négatif est censé avoir été détruit par les Allemands ( ?). Après la guerre, Gréville retrouva un élément de tirage et fabriqua une autre fin, utilisant vraisemblablement des éléments de la première (mariage de Denise et de Dick). On peut imaginer que les deux fins (celle du film sorti en 1940 et celle de 1945) furent aussi « bricolées » l'une que l'autre. Un film aussi proche de l'actualité ne pouvait s'arrêter, dans le premier cas, que face au gouffre et comme en suspens, au sens propre du terme. Après la Libération, il ne pouvait comporter qu'une brève conclusion « généralisante » qui, à moins de devenir un troisième film à elle seule, n'était pas en mesure de tenir compte de tout ce qui s'était passé entre-temps. La version de 1945 est à notre connaissance la seule accessible aujourd'hui. Elle dure 77' et commence par le carton suivant : « Ce film a été interdit et brûlé par ordre des autorités allemandes ; ses auteurs traqués par la Gestapo. Ce n'est que par miracle qu'il a pu être sauvé, et mis au point depuis la Libération de Paris. »

## MENSONGE D'UNE MÈRE (LE) (Catene)

1950 – Italie (86') • *Prod.* Labor-Titanus • *Réal.* RAFFAELLO MATARAZZO • *Sc.* Aldo De Benedetti et Nicola Manzari d'ap. un sujet de Libero Bovio et Gaspare Di Majo • *Phot.* Mario Montuori • *Mus.* Gino Campesi • *Int.* Amedeo Nazzari (Guglielmo), Yvonne Sanson (Rosa), Aldo Nicodemi (Emilio Marchi), Roberto Murolo (un émigrant), Aldo Silvani (l'avocat de la défense), Teresa Franchini (Anna), et les petits Gianfranco Magalotti (Tonino) et Rosalia Randazzo (Angela).

Rosa vit heureuse à Naples, entourée de son mari, un garagiste, de son jeune garçon et de sa fillette. Un jour, un client, membre d'un gang de voleurs de voitures, laisse sa voiture à réparer au garage. Un complice de l'escroc, Emilio, reconnaît en Rosa la femme qu'il avait autrefois courtisée, aimée et voulu épouser. Il la relance en différents lieux et devient l'ami de son mari, en vue d'une association ayant pour but l'agrandissement du garage. Rosa n'a jamais osé parler à son mari, Guglielmo, de cet ancien fiancé. Emilio exerce sur elle un chantage en menaçant de dire à son mari qu'ils ont été amants, ce qui ne fut jamais le cas. Pour l'en dissuader, Rosa accepte de se rendre à un rendez-vous qu'il lui a fixé dans son hôtel. Prévenu par les enfants, Guglielmo se rend lui aussi à cet hôtel et, fou de jalousie, s'affronte à Emilio et le tue. Pour échapper aux poursuites de la Justice, il s'embarque pour l'Amérique avec un faux passeport, ayant préalablement fait jurer sur la Vierge à sa mère et à son fils de ne plus jamais accueillir Rosa dans la maison. Chassée du foyer familial, celle-ci vit un véritable calvaire et, un jour de Noël, supplie sa belle-mère, qui y consent, de lui laisser contempler un instant sa fillette endormie. Dans l'Ohio, Guglielmo vit la triste vie des émigrés. Sa véritable identité ayant été découverte, il est arrêté et ramené en Italie pour être jugé. Son avocat persuade Rosa de mentir au tribunal en affirmant qu'elle projetait de partir avec Emilio. Cet aveu amène les jurés à rendre un verdict favorable à Guglielmo qui est libéré. Son avocat lui apprend tout à la fois l'innocence de sa femme et le sacrifice qu'elle a accompli pour lui en mentant à l'audience. Il arrive à temps pour la sauver du suicide et la ramène dans leur maison auprès de leurs deux enfants.

☞ Ayant abordé divers genres (comédie, policier, drame historique, etc.) depuis 1933, Matarazzo hésite à l'orée des années 50 sur la tournure que doit prendre sa carrière. Il pense à réaliser un mélodrame mais, comme toujours, plein de doute vis-à-vis de lui-même, il ne sait s'il doit s'engager dans cette voie. Son entourage, ses amis, et notamment Monicelli et Freda (qui avait été son producteur pour *L'avventuriera del piano di sopra*, 1941) l'approuvent totalement dans son choix. Fort de leur appui, Matarazzo va se lancer à corps perdu dans cette aventure. Explorant un genre entièrement nouveau pour lui, il va remporter avec *Catene* (titre qui arriva largement en tête du box-office italien de l'année 1949-50) un succès aussi immense qu'inattendu qui engendra une longue série de films étalée sur presque toute la décennie. De telle sorte que le nom de Matarazzo sera de plus en plus attaché au seul genre du mélodrame, ce qui ne donne pas une juste idée de l'extraordinaire éclectisme de sa carrière. Malgré (ou à cause de) leur succès prodigieux, ces mélodrames furent longtemps méprisés par l'intelligentsia et la critique italiennes, avant d'être redécouverts par les cinéphiles français à la fin des années 50. Histoire si banale qu'on ne saurait s'y arrêter. (Personnellement, c'est avec le sentiment d'aborder un continent totalement ignoré que nous avons admiré ces films dans des salles de quartier comme l'Artistic-Voltaire, sans savoir que dans leur pays d'origine des millions de spectateurs les avaient fêtés. Mais après tout, à la même époque, Walsh, Jacques Tourneur et bien d'autres étaient encore noyés dans la masse indifférenciée des artisans, voire des tâcherons, du cinéma hollywoodien.) Certains encore aujourd'hui persistent à ignorer ou à rejeter ces films. Mais leur attitude et leur méconnaissance deviennent de plus en plus désuètes et il ne fait guère de doute qu'elles disparaîtront avec eux. Sur un plan très général, les films de Matarazzo confirment le mélodrame comme le plus universel des genres. S'il y a mille et une façons de rire et de faire rire, variables d'une langue à l'autre, d'un pays à l'autre, d'une époque à l'autre, il semble qu'il n'y ait qu'une façon de pleurer et tous les publics de la terre peuvent se reconnaître dans les intrigues des mélodrames de Matarazzo. Ce sont pourtant, à bien des égards, les films les plus « nationaux », les plus particularisés qui soient, avec, par exemple, cet accent mis si souvent sur la condition d'émigré qu'endosse provisoirement tel ou tel personnage. (C'est dans *Chi è senza peccato*, 1952, tiré de « Geneviève » de Lamartine, que cet accent est le plus marqué.) Les scénarios baignent dans un climat familial, social, religieux spécifiquement italien. Certes, ce climat ne veut pas exprimer l'actualité précise du moment où ils ont été tournés, et Matarazzo, qui fut avec *Treno popolare** un des pionniers du néo-réalisme, semble ici tourner le dos à ce mouvement. Ces films se situent en effet dans un univers social dont la cohérence, la stabilité ont fini d'exister avec la Seconde Guerre, mais dont les racines sont encore suffisamment puissantes et présentes pour concerner les spectateurs d'après-guerre. Durant une décennie, Matarazzo va donner du mélodrame, à travers la série Nazzari-Sanson, une vision à la fois simple et quintessenciée, limpide et pourtant remarquablement subtile quant aux couches profondes de la psychologie sociale qu'elle réussit à atteindre. Dans les intrigues de ces films, l'injustice, l'incompréhension entre les êtres et l'isolement qui en découle pour eux sont montrés tantôt comme des accidents provisoires et remédiables (c'est le cas ici), tantôt au contraire comme des obstacles tout à fait insurmontables (ex. *I figli di nessuno**). Dramatiquement, ces films paraissent simples car l'auteur y a résolu, avec une maturité tranquille qui confine au génie, tous les problèmes qu'il se posait à lui-même. Il y a été aidé par son scénariste Aldo De Benedetti qui dissimule sous une apparente naïveté une science inouïe de la construction dramatique et du suspense. Il y a par exemple dans *Catene* un moment où l'intrigue semble condamnée à s'arrêter, tant elle est apparemment bloquée et refermée sur elle-même. Comment pourrait-elle évoluer ? Tous les personnages sont isolés ou séparés : la grand-mère et ses deux petits-enfants sont restés dans l'appartement familial ; le père a fui en Amérique ; la mère, chassée du domicile familial, vit seule dans un autre quartier de la ville. La résolution donnée à l'histoire (retour du père entre deux gendarmes, procès, mensonge « sacrificiel » de la mère, jugement et libération du coupable) est aussi lumineuse qu'élégante et expressive. Elle possède une sorte de rigueur algébrique qui, par ailleurs, est infiniment riche de sens. Certains ont critiqué ces films pour leur caractère conventionnel et leur opportunisme social ; ils étaient à l'évidence incapables de voir ce qu'ils avaient devant les yeux. Dans l'univers où se déroulent les mélodrames de Matarazzo, le culte religieux et familial est tout. Cet univers n'existe que par la relation que chacun entretient avec Dieu et avec sa famille. Quand cette relation est en passe d'être détruite, toute l'énergie des personnages et du film se met en branle pour la restaurer, quitte pour cela à manipuler secrètement – et parfois même ouvertement – les conventions sociales, l'opinion publique, la justice, etc., comme le montrent bien les dernières séquences de *Catene* où seul le mensonge public de l'héroïne permet de restaurer l'unité familiale... *Catene* contient déjà toutes les bases de la série de six films suivants (*Tormento, Bannie du foyer,* 1950 ; *I figli di nessuno*, Fils de personne,* 1951 ; *Chi è senza peccato..., Qui est sans péché ?,* 1952 ; *Torna, Larmes d'amour,* 1954 ; *Angelo bianco*, La femme aux deux visages,* 1955 ; *Malinconico autunno,* 1958, inédit en France) : le couple parfait Nazzari-Sanson ; l'habileté de la progression dramatique où la montée du malheur chez les personnages va de pair avec une intensification lyrique de la mise en scène ; la simplicité rigoureuse des dialogues ; le dépouillement et la pureté presque diaphane de la photo. *Catene* et les autres films de la série peuvent être définis comme des épures lyriques qui n'ont rien à envier aux œuvres les plus abouties de Lang, de Dreyer ou de Mizoguchi.

N.B. Yvonne Sanson, d'origine grecque, née d'un père russo-français et d'une mère turco-polonaise, s'était installée en Italie dès 1943 dans l'intention de mener une carrière cinématographique. Quelques années plus tard, elle allait renoncer quand Rossano Brazzi la présenta à Riccardo Freda. Celui-ci lui donna aussitôt un petit rôle (muet) dans *L'Aigle Noir** dont le tournage allait commencer, puis un rôle beaucoup plus important dans *Le chevalier mystérieux**. Elle devint très rapidement une des actrices les plus représentatives du cinéma italien. Récemment, dans le film de Giuseppe Tornatore, *Nuovo Cinema Paradiso, Cinéma Paradiso,* 1988, le triomphe inattendu de *Catene* et l'embarras qu'il causa à certains exploitants, incapables de satisfaire à la demande, ont été évoqués avec exactitude et humour.

## MÈRE (LA)
## (Mat)

1926 – URSS (84') • *Prod.* Mejrabpom • *Réal.* VSEVOLOD POUDOVKINE • *Sc.* Nathan Zarkhi d'ap. R. de Maxime Gorki • *Phot.* Anatoli Golovnia • *Int.* Vera Baranovskaïa (la mère), A. Tchistyakov (Vlasov), Nikolai Batalov (Pavel), Alexander Savitsky (Isaika Gorbov), Ivan Koval-Samborsky (Vesovshchitov), Anna Zemtsova (Anna), Vsevolod Poudovkine (policier), N. Vidonov (Misha).

Tvera, 1905. L'ouvrier Vlasov rentre chez lui au milieu de la nuit, complètement ivre. Il frappe sa femme. Son fils, Pavel, se réveille et se dresse menaçant. Au café, un provocateur, membre des « Cent Noirs », embauche des briseurs de grève, leur donne de l'argent et des armes. Vlasov se joint à eux pour un peu de vodka. Durant la nuit, une jeune femme vient remettre à Pavel un paquet contenant des armes. Il les cache sous le parquet. Au matin Pavel, la fille et d'autres ouvriers révolutionnaires se réunissent dans la campagne pour préparer la grève. A l'usine une dizaine d'entre eux seront encerclés par les conjurés. Les autres ouvriers viennent au secours des grévistes. Dans la bagarre, Vlasov est tué par un gréviste, lequel est ensuite traqué et tabassé dans le café. On ramène le corps de Vlasov à sa femme. Les policiers surgissent chez elle et demandent à Pavel, considéré comme l'instigateur de la grève, où sont les armes. Sa mère révèle la cachette pour le sauver. Mais dès qu'elle a sorti les armes de dessous le plancher, Pavel est emmené et frappé de plus belle. Il est condamné aux travaux forcés. Alors qu'il sort du tribunal et va monter dans le fourgon cellulaire, sa mère implore son pardon. A la prison, elle lui passe un mot indiquant les détails de son évasion prochaine. Le lendemain, jour de premier mai, les ouvriers défilent dans la ville. La mère de Pavel est parmi eux. L'évasion de Pavel doit avoir lieu durant la promenade, mais au dernier moment Pavel est puni et privé de promenade. Dans les rues, ouvriers et soldats s'affrontent, pierres contre fusils. Quelques prisonniers parviennent à sortir, beaucoup sont massacrés. Pavel, touché, meurt dans les bras de sa mère. Elle reprend le drapeau brandi par les manifestants et est écrasée par les dragons.

☞ Poudovkine préfère servir la propagande bolchevique par les moyens du mélodrame plutôt que par ceux du formalisme. Avec son scénariste Nathan Zarkhi, il prétend ainsi s'intéresser aux individus et à leur évolution particulière plutôt qu'aux grands mouvements de foule. Il utilise le montage court, plus court encore dans les scènes de tension et d'action qui deviennent alors indiscernables et presque abstraites, retrouvant là le formalisme. Poudovkine cherche à noyer le spectateur sous un flot d'arguments visuels. Ce flot n'est pas chez lui une coulée d'images d'un seul tenant, lyrique ou épique, mais ressemble plutôt à un amas de gouttelettes, semblables à celles qui tombent d'un robinet mal fermé, martelant sur un rythme accéléré l'œil et le cerveau du spectateur. Style d'avocat et de rhéteur, au demeurant peu efficace car il ne persuade que les convertis. Les plans parallèles de nature (fonte des glaces) représentent ici le pire cliché formel. Aucune émotion ne se dégage de l'ensemble du film, de tel ou tel de ses détails ou de ses personnages. Poudovkine est avec Dovjenko l'un des faux « grands » du cinéma russe.

N.B. Maxime Gorki n'approuva qu'avec réticence l'adaptation faite de son livre. Il devait, dans un discours, réclamer des écrivains qu'ils s'intéressent plus au cinéma et écrivent eux-mêmes des scénarios (cf. Jay Leyda : « Kino »). Autres versions de « La Mère » par Alexandre Razumni (1920), Marc Donskoï, en couleurs (1955), et Gleb Panfilov (1990).

BIBLIO. : scénario et dialogues *in* « Two Russian Film Classics » (avec *La terre**), Londres, Lorrimer, 1973. Texte précédé de notes de Zarkhi (1926) et de Poudovkine (1934). Zarkhi explique que le scénario diffère de l'œuvre originale de façon à pouvoir intégrer notamment les souvenirs du camarade Smirnov (publiés dans « La Pravda » en 1926) concernant les événements de Tvera en 1905-06.

## MERLUSSE

1935 – France (65') • *Prod.* Films Marcel Pagnol • *Réal.* MARCEL PAGNOL • *Sc.* Marcel Pagnol • *Phot.* A. Assouad • *Mus.* Vincent Scotto • *Int.* Henri Poupon (Merlusse), André Pollack (le proviseur), Thommeray (le censeur), André Robert (le surveillant général), A. Rossi (le concierge), Annie Toinon (Nathalie), Jean Castan (Galubert), le petit Jacques (Villepontoux), Rellys (l'appariteur), Rellys fils (Bézuquet).

Au lycée de Marseille, une vingtaine d'élèves internes ne sortent pas pour les fêtes de Noël. Le surveillant Blanchard, dernier arrivé au lycée, est chargé en ce 24 décembre de l'étude du soir. Borgne à la suite d'une blessure de guerre, laid, apparemment violent et en tout cas sévère, il terrorise les élèves. Ils l'ont surnommé Merlusse, car il a la réputation de sentir la morue. Sur demande du censeur et pour obliger un collègue appelé au chevet de sa mère malade, il surveille le réfectoire puis le dortoir. Le lendemain matin, jour de Noël, tous les élèves ont la surprise de trouver au pied de leur lit un cadeau. L'attribuant aussitôt à la générosité cachée du surveillant, les enfants se réunissent pour donner chacun au maître un objet précieux que Blanchard trouvera dans ses souliers. « Qui dois-je remercier ? » demande-t-il à l'aîné des élèves – « Le père Noël. C'est pas souvent qu'il vient au dortoir. Mais, quand il se dérange, il vient pour tout le monde ». Le proviseur critiquera cette initiative non réglementaire mais annoncera en même temps à Merlusse sa nouvelle promotion.

☞ Si l'on ne devait désigner qu'un seul film pour démontrer le génie de Pagnol, sa méthode, sa connaissance intime des moyens et des possibilités du cinéma, la richesse et l'universalité de ses personnages, on pourrait choisir ce *Merlusse*, œuvre entièrement originale à mi-chemin entre le moyen métrage et le vrai long métrage. Pour la méthode, elle est claire : l'auteur investit un lieu réel (le lycée de Marseille) qui, d'une certaine façon, comme la Provence de ses œuvres les plus célèbres, comptera encore plus que les personnages ; une équipe légère s'y glisse en le modifiant au minimum et, à l'intérieur de cet espace où la vérité suinte déjà de toutes parts, Pagnol filme un petit drame, véritable condensé des passions humaines décrites dans une langue admirable et sobre. *Merlusse* fournit la preuve par neuf du génie de Pagnol parce que ce film sans star, sans soleil, où les personnages sont enfermés, coupés de leur milieu naturel (et de ce qu'on appelle en général l'univers de Pagnol), dispense la même émotion, atteint la même puissance qu'*Angèle** ou *La fille du puisatier* et surprend le spectateur par le même jeu poétique, varié et précis des acteurs. *Merlusse* est aussi un film sur la laideur, la différence, la cruauté et l'abandon, toutes choses dont le cinéma ne parlait pas volontiers à l'époque où Pagnol l'a écrit. Il obéit enfin à la tradition du conte de Noël qui veut que les événements appelés à se dérouler durant cette nuit enchantée modifient de façon positive la vie des personnages de l'histoire, surtout quand ils sont démunis et malheureux.

BIBLIO. : scénario et dialogues *in* « La Petite Illustration » (1935). En volume chez Fasquelle (1936). Dans les « Œuvres dramatiques » (Gallimard, 1954). Dans les « Œuvres complètes » (Éditions de Provence, tome III, 1967, Club de l'Honnête Homme, tome IV, 1970). Également Éditions Pastorelly, 1974 et Presses Pocket. Superbe préface consacrée à Henri Poupon, reprise dans le volume « Confidences » (Julliard 1981, Presses Pocket, 1983). Mécontent du son, Pagnol tourna le film deux fois (Noël 34, été 35).

## MES CHERS AMIS
## (Amici miei)

1975 – Italie (105') • *Prod.* Rizzoli Film • *Réal.* MARIO MONICELLI • *Sc.* Pietro Germi, Piero De Bernardi, Leo Benvenuti, Tullio Pinelli • *Phot.* Luigi Kuveiller (couleurs) • *Mus.* Carlo Rustichelli • *Int.* Ugo Tognazzi (Lello Mascetti), Philippe Noiret (Giorgio Perozzi), Gastone Moschin (Rambaldo Melandri), Duilio del Prete (Necchi), Bernard Blier (Righi), Adolfo Celi (le Dr Sassaroli), Olga Karlatos (Donatella), Milena Vukotic (Alice), Silvia Dionisio (Titi), Franca Tamantini (la femme de Necchi).

Cinq amis, quadragénaires et toscans, le journaliste Perozzi, l'architecte Melandri, le chirurgien Sassaroli, le patron de bar Necchi et un noble ruiné, Mascetti, essaient de tuer leur ennui, leur amertume et d'oublier qu'ils vieillissent en effectuant régulièrement ce qu'ils appellent des virées tziganes pendant lesquelles ils se livrent à des farces assez élaborées dont sont victimes des connaissances à eux ou des anonymes rencontrés par hasard. L'enterrement de l'un des amis, Perozzi, sera l'occasion d'une ultime plaisanterie du groupe.

☞ *Mes chers amis* représente à la fois une sorte d'aboutissement testamentaire de la comédie italienne et un effort de dépassement du genre dont l'esprit reste cependant intact. Le film avait été conçu et écrit par Pietro Germi qui, sentant la mort prochaine, en avait confié la réalisation à son ami Monicelli. Le fait que ces deux auteurs aient pu sans dommage se passer le relais montre à quel point la comédie italienne repose sur un fonds commun, un travail collectif qui est une des composantes fondamentales de sa richesse. Monicelli reprend le scénario de Germi avec trois scénaristes et déplace notamment l'action de Bologne à Florence car, étant toscan, il peut ainsi faire baigner l'histoire dans un environnement qu'il connaît bien. « L'esprit toscan, dit-il (à Jean Gili *in* « Le cinéma italien », 10-18, 1978), n'est jamais sentimental, il est fait d'un certain cynisme, d'un certain scepticisme. J'aime le film parce qu'il a ce ton. » En fait, c'est le ton spécifique de la comédie italienne, suite de variations railleuses et agressives sur l'amertume, la dérision et même le désespoir d'une société insatisfaite d'elle-même, de ses valeurs et de son confort. L'aspect nouveau est que la satire passe ici par un ensemble de personnages qui ont non seulement du relief dans l'instant, mais possèdent aussi une réelle épaisseur psychologique et romanesque. On s'attache à eux comme à de véritables héros de roman, qui vivent, vieillissent et meurent devant nous en transformant leurs peurs et leurs souffrances cachées en plaisanteries énormes. On dira que cette dimension intime et un peu morbide existait déjà, dès l'origine, dans la comédie italienne (cf. *Il sorpasso**) mais elle est dans *Mes chers amis* plus riche encore et s'agrandit jusqu'à engendrer une sorte de chant funèbre, après tout pas si éloigné de ce qu'on venait d'entendre deux ans auparavant dans *La grande bouffe** (avec deux acteurs communs : Noiret et Tognazzi). Appartiennent bien, en tout cas, à la comédie italienne l'invention et la multiplicité des gags (et le film raconte essentiellement l'histoire de gens qui inventent et mettent en scène des gags, étant par là des sortes d'artistes à leur façon) ainsi que la richesse et la variété de l'interprétation. Plusieurs gags, comme celui des gifles appliquées aux voyageurs d'un train se penchant à la fenêtre juste après le départ du convoi, sont restés anthologiques. En ce qui concerne l'interprétation, s'il faut louer le talent des cinq amis (Tognazzi, Moschin, Noiret, Celi et Duilio del Prete), dirigés de main de maître par un Monicelli toujours à son affaire quand il s'agit de faire vivre des groupes, on se gardera d'oublier leurs victimes, sans lesquelles le film n'existerait pas. Elles se recrutent aussi bien parmi leurs proches (et là, le ton cruel du film prend toute son ampleur), comme en témoigne l'excellente composition de Milena Vukotic jouant la malheureuse épouse de Tognazzi, que parmi des inconnus n'ayant avec eux que des relations épisodiques : ainsi l'inénarrable Righi, petit retraité de l'administration, auquel les cinq compères font croire qu'il se livre à un trafic de drogue. Le rôle est interprété par un Bernard Blier au mieux de sa forme, paraissant ici dans l'une des plus extraordinaires compositions de sa riche carrière italienne. A noter que le film épouse parfaitement son époque. Sa dureté, sa noirceur étaient en phase avec ce qu'attendait le public. *Mes chers amis* fut le nº 1 de l'année en Italie et remporta aussi un grand succès en France. On ne sait s'il en serait de même aujourd'hui.

N.B. Le film connut deux suites. *Amici miei atto II,* 1982 (*Mes chers amis nº 2*) a été réalisé par Monicelli avec les mêmes scénaristes. Tognazzi, Noiret (qui revit dans les flash-backs), Moschin, Celi et Milena Vukotic reprennent leur rôle ; seul Duilio del Prete est remplacé par Renzo Montagnani. Ici la méchanceté ne connaît plus de bornes et s'enfle jusqu'à devenir une véritable jubilation sénile. Pas de mort, mais Tognazzi finit en handicapé. Malgré (ou peut-être à cause de) ses excès, le film est une curiosité qui mérite d'être vue. *Amici miei atto III,* 1985 (inédit en France) a été réalisé par Nanni Loy avec Tognazzi, Moschin, Celi, Renzo Montagnani, Bernard Blier. Le lieu principal de l'action est la maison de retraite de Tognazzi où celui-ci entraîne ses compagnons pour de nouvelles farces.

BIBLIO. : L. Benvenuti, P. De Bernardi, T. Pinelli : « Amici miei » (novellzation du film), Rizzoli Editore, Milan, 1976.

## MES UNIVERSITÉS
**(Moi Universitety)**

1940 – URSS (96') • *Prod.* Soyouzdetfilm • *Réal.* MARC DONSKOI • *Sc.* Ilya Grouzdev et M. Donskoï d'ap. Maxime Gorki • *Phot.* Piotr Ermolov • *Mus.* Lev Schwartz • *Int.* N. Valbert (Alexis Pechkov), Stepan Kaioukov (Semenov), Nikolaï Dorokhine (Satanov), N. Plotnikov (Nikiforis), D. Sagal (Goury).

A Kazan, Alexis vit avec des amis étudiants et voudrait lui-même s'inscrire à l'université. C'est là un rêve inaccessible et, au lieu d'étudier, il mène une existence misérable, proche de celle des clochards. Un jour, on l'appelle avec ses compagnons, dockers d'occasion, pour sauver la cargaison d'un chaland qui coule. Là, pendant quelques heures, Alexis éprouve intensément la joie de l'effort et du travail qui seul peut assurer à l'homme sa dignité et sa place dans le monde. Avec sa paye, il achète sans nul souci de l'avenir les œuvres de Schopenhauer. Il trouve du travail chez un boulanger prospère, Semenov, ancien ouvrier devenu patron. Semenov est violent et tyranique avec ses employés. Ils travaillent à quarante dans un atelier étroit, pressés les uns contre les autres. Semenov n'a d'affection que pour ses cochons. Durant les longues heures de pétrissage, Alexis lit à haute voix à ses compagnons des ouvrages et des écrits politiques. Un jour, le patron veut brûler son livre, mais Alexis lui tient tête et l'en empêche. Plus tard, il aura même l'audace de tirer l'oreille de Semenov, car celui-ci voulait lui faire porter inutilement des sacs de farine pour le brimer. Alexis écrit un article sur les conditions de travail, malsaines et injustes, des ouvriers boulangers et sa prose est publiée dans un journal libéral. Intrigué par cet employé têtu et si différent des autres, Semenov vient une nuit bavarder avec Alexis. Il lui dira plus tard que son article n'a servi à rien : certes les inspecteurs de l'hygiène sont venus dans son atelier, mais il s'en est débarrassé avec des pots-de-vin. Un policier invite Alexis chez lui pour tenter de lui arracher des renseignements sur son ami, l'étudiant Goury, maintenant recherché pour menées subversives. Chez Semenov, un employé a empoisonné les cochons. Le patron pleure à chaudes larmes sur cette perte irréparable. Un autre de ses employés, atteint de tuberculose, devrait depuis longtemps être soigné à l'hôpital. Mais Semenov s'y est toujours refusé. La révolte gronde, puis éclate dans la boulangerie et Semenov doit céder. Il rejoint au café les mutins fêtant leur victoire et cherche à se joindre à eux. Une émeute d'étudiants a eu lieu à l'université et a été cruellement réprimée. Alexis a du mal à en saisir les motivations. Il apprend que Goury a été arrêté. Son désarroi est si grand et sa vie présente si désolante que, par une nuit glaciale de décembre, il se tire une balle sans réussir à se donner la mort. Ses collègues de la boulangerie viennent le voir à l'hôpital. Il est ému de leur visite mais accepte mal qu'ils aient fait la paix avec le patron. Un dossier circule sur Alexis dans les bureaux de la police. Une fois remis, Alexis commence à parcourir la Russie à pied, accompagnant dans leur exode des paysans qui fuient leur terre et la misère. Il aide une femme à accoucher près de la mer. Marchant dans les flots, il élève le bébé au-dessus de sa tête et s'écrie : « Sois fort, défends-toi contre ceux qui chercheront à te nuire ». Ayant rendu l'enfant à sa mère, il reprend sa route (face à la caméra).

☞ Adaptation assez fidèle de la trilogie de Gorki, les trois films de Donskoï, *L'enfance de Gorki**, *En gagnant mon pain**, *Mes universités*, composent l'une des œuvres les plus riches de sens et les plus accomplies sur le plan formel de l'histoire du cinéma russe. Au sein de la Russie tsariste minutieusement reconstituée, cette trilogie est essentiellement l'histoire d'un esprit à la découverte de la réalité et de lui-même, une quête de la sagesse livrée en une suite de tableaux composant une vaste coulée lyrique et homogène. L'itinéraire d'Alexis est simultanément spirituel, intellectuel, moral et politique. Le film veut avoir un contenu durable et universel comme un livre, et les livres en général, outils de savoir et de libération, seront pour ainsi dire les personnages les plus importants du deuxième épisode. Cette histoire intellectuelle, commencée dans l'enfance, se continue peu à peu durant l'adolescence et la jeunesse du héros : c'est là la première originalité de Gorki et Donskoï l'a respectée à la lettre. Alexis Pechkov regarde, observe et garde sur toutes choses un point de vue critique. Ce qu'il regarde, les lieux qu'il traverse, les gens qu'il rencontre ont autant d'importance et de force concrète sur l'écran que le héros lui-même qui en a déjà beaucoup : c'est là le triomphe de la mise en scène de Donskoï. Elle ne cède jamais à l'onirisme et à la nostalgie faciles des souvenirs d'enfance et de jeunesse où la personnalité du héros se dilue dans une évocation mièvre et irréaliste. Le relief concret des personnages importants ou secondaires se trouve toujours renforcé par le regard critique du héros. Même le personnage extrêmement positif et chaleureux de la grand-mère n'est pas à l'abri de ce regard : Alexis n'acceptera jamais sa sagesse résignée et souvent opprimante pour lui. Quant au grand-père, tour à tour tyrannique et pitoyable, agresseur et victime, il ne cessera jamais d'être une figure complexe de l'univers de l'enfant, puis du jeune homme. Chaque épisode est centré sur un lieu principal. Par leur ressemblance et leurs caractéristiques – exiguïté, manque d'hygiène, tristesse quasi carcérale – ces lieux éveilleront l'esprit d'Alexis au sentiment de l'injustice. Ce sera le cas de la teinturerie du grand-père (dans I), plus encore de l'atelier des peintres d'icônes (dans II) et de celui des ouvriers boulangers (dans III). Par contraste, ses visions de la Volga, son admiration pour la nature et l'immensité des paysages russes emplissent l'âme du jeune Pechkov d'un sentiment de gratitude envers la vie et le cosmos tout entier. Les multiples rencontres qu'il fait, fugitives ou durables, tissent à travers les trois volets de la trilogie un fil solide auquel s'accrochent sa mémoire et sa réflexion ; ainsi ces visions de bagnards qu'on retrouvera dans chaque épisode et qui obscurément invitent le héros à douter de la justice et de l'ordre régnant dans son pays. Les figures d'initiateurs et d'éveilleurs seront nombreuses dans les trois films : le locataire intellectuel du grand-père (dans I), la première personne qui conseille à Alexis d'écrire, puis la riche voisine qui lui prête des livres et le cuisinier Smoury qui les adore (dans II), enfin l'étudiant Goury (dans III). D'un épisode à l'autre, Alexis passe insensiblement de la contemplation à l'action. Par goût et par caractère, il aurait préféré étudier dans la fréquentation tranquille des bibliothèques et des salles de cours. Mais c'est sur le tas, dans les déceptions et les regrets, parfois le désespoir (cf. sa tentative de suicide) qu'il apprendra à connaître ses propres réactions et le peuple dont il fait partie. Avant la révolte ouverte et le ralliement à une idéologie, la trilogie de Donskoï fait la part belle à une grande variété de valeurs, allant de la contemplation à l'action, de la compassion à l'esprit critique, au sein d'une dynamique de l'éveil et de la lucidité qui rend les trois épisodes solidaires et égaux entre eux. *L'enfance de Gorki** est le plus universel des trois par l'expérience qu'il relate, *En gagnant mon pain** le plus dense et le plus lyrique. *Mes universités*, dont la matière est plus ingrate, n'est pas inférieur en ambition et en cohérence aux deux épisodes précédents. Même perfection dans l'interprétation, la photo et la musique pour les trois films.

## MÉTÉORE DE LA NUIT (LE) (It Came From Outer Space)

1953 – USA (81') • *Prod.* UI (William Alland) • *Réal.* JACK ARNOLD • *Sc.* Ray Bradbury et Harry Essex d'ap. une histoire de R. Bradbury • *Phot.* Clifford Stine (relief 3-D) • *Mus.* Herman Stein • *Int.* Richard Carlson (John Putnam), Barbara Rush (Ellen Fields), Charles Drake (shérif Matt Warren), Russell Johnson (George), Joseph Sawyer (Frank Daylon), Alan Dexter (Dave Loring), Dave Willock (Pete Davis).

Des extra-terrestres tombés par erreur sur notre planète prennent l'apparence des habitants d'un village qu'ils kidnappent sans les exterminer.

☞ L'ébauche de plusieurs thèmes originaux font de cette œuvre mineure, première adaptation de Bradbury à l'écran, un jalon important dans le développement de la SF cinématographique moderne. Notons d'abord, deux ans après *The Man from Planet X** d'Ulmer qui avait montré la voie, l'ouverture d'esprit dont fait preuve le film, et son anticonformisme pour l'époque. Beaucoup plus agressifs et effrayants que les extra-terrestres sont les Terriens de ce film, qu'on voit prêts à abattre sans réflexion tout ce qui leur est étranger. Les extra-terrestres éprouvent d'ailleurs vis-à-vis d'eux une frousse intense et leur principal désir est de repartir au plus vite. Leur supériorité intellectuelle et sociale est donnée comme une évidence qui rend impossible pour le moment le rapprochement des deux races. Quant au thème de la prise d'identité physique, il réapparaîtra dans le chef-d'œuvre de Don Siegel *Invasion of the Body Snatchers**. La mise en scène sobre, inventive et assez dynamique (hors les scènes de parlotes) avait été conçue pour le procédé de relief 3-D, utilisé ici pour la première fois à la Universal. Jack Arnold devait le réutiliser dans *The Glass Webb* (1953), *Creature from the Black Lagoon** (1954) et *Revenge of the Creature* (1955).

BIBLIO. : sur le film et sur Jack Arnold en général, voir « Directed by Jack Arnold » de Dana M. Reemes, McFarland and Company, Jefferson, North Carolina, 1988. Sur l'histoire du relief 3-D, voir « Amazing 3-D » de Hal Morgan et Day Symmes, Little, Brown and Company, Boston, 1982.

## METROPOLIS (id.)

1927 – Allemagne (4 189 m) • *Prod.* UFA • *Réal.* FRITZ LANG • *Sc.* Thea von Harbou • *Phot.* Karl Freund, Günther Rittau • *Effets spéciaux* Eugen Shüfftan • *Déc.* Otto Hunte, Erich Kettelhut, Karl Vollbrecht (sculptures : Walter Schulze-Mittendorf) • *Cost.* Anne Willkomm • *Int.* Brigitte Helm (Maria), Gustav Fröhlich (Freder Fredersen), Alfred Abel (Joh Fredersen), Rudolf Klein-Rogge (Rotwang), Fritz Rasp (l'homme maigre), Theodor Loos (Josaphat), Erwin Biswanger (Nº 11 811), Heinrich George (Groth), Olaf Storm (Jan), Hanns Leo Reich (Marinus).

Résumé de la copie reconstituée par la Cinémathèque de Munich. I OUVERTURE (ou Prélude). 2026. Metropolis est une mégalopole à deux niveaux. Dans la ville souterraine remplie de tunnels et d'ascenseurs, une armée d'ouvriers semblables à des robots travaille sur des machines, tandis que, dans la ville haute, baignée de lumière, une élite de privilégiés fait du sport ou hante de merveilleux jardins suspendus, les « jardins éternels », au sein d'une atmosphère quasi paradisiaque. L'un de ces privilégiés, Freder, fils du maître de Metropolis, Joh Fredersen, entrevoit un jour une jeune fille, Maria, vêtue de haillons, montrant à un groupe d'enfants ce que sont ces jardins. Cette vision fugitive le frappe tant qu'il se lance à la recherche de Maria. Descendant dans la ville souterraine, il découvre avec stupéfaction un monde inconnu. Une machine explose. Freder a alors une vision : l'usine devient pour lui comme un Moloch dévorant les hommes. Dans la réalité, après l'accident, on emporte les victimes. Freder se rend en voiture chez son père et lui demande pourquoi les ouvriers sont si mal traités. Fredersen se soucie peu de cela, préoccupé qu'il est par des plans d'insurrection découverts dans les poches de certaines victimes. Il reproche à son bras droit, Josaphat, de n'être au courant de rien et le renvoie. Freder suit Josaphat et l'empêche de se tirer une balle dans la tempe. Retournant dans l'usine souterraine, Freder emprunte la place et les vêtements d'un ouvrier travaillant sur une machine-horloge. L'homme venait de s'effondrer, terrassé par la fatigue. Freder découvre alors le calvaire que représente une seule journée de travail. Son père se rend chez Rotwang, un savant à demi fou qui vit à l'écart des deux niveaux de Metropolis dans un maison de style ancien. Rotwang a aimé autrefois la mère de Freder, Hel, morte en lui donnant le jour. Hel avait quitté Rotwang pour épouser Fredersen. Rotwang a créé un robot à la ressemblance de Hel. Pour Fredersen, un tel robot, reproduit à des milliers d'exemplaires, pourrait remplacer ses ouvriers. Il questionne Rotwang qui lui déclare que les plans trouvés dans les poches des victimes sont ceux des catacombes. Rotwang y conduit le maître de Metropolis. Là, sans être vus, ils assistent à une réunion secrète des ouvriers. Maria harangue la foule des travailleurs et leur raconte la légende de Babel : des milliers d'ouvriers avaient construit Babel en ignorant tout du rêve de ses concepteurs. Maria dit : « Le cœur doit être le médiateur entre le cerveau et la main. » Freder se trouve parmi les ouvriers. Maria voit en lui ce médiateur qu'elle appelle de ses vœux. Elle l'embrasse et ils se donnent rendez-vous à la cathédrale. Fredersen demande à Rotwang de donner à son robot les traits de Maria. Maria ne pourra se rendre au rendez-vous car Rotwang l'a traquée et hypnotisée. II INTERMÈDE. Freder, à la cathédrale, voit s'animer les statues des Sept Péchés et celle de la Mort. Il dit à la Mort de s'éloigner de lui. Rotwang a enfermé Maria chez lui. Freder part à sa recherche. Ayant entendu ses cris, il pénètre dans la maison de Rotwang et s'y retrouve bientôt enfermé à son tour. Rotwang procède à la transformation du robot en un être ressemblant trait pour trait à Maria. Libéré par Rotwang, Freder voit son père tenir dans ses bras le robot (qu'il prend pour Maria) et, sous le choc, s'écroule en proie à un vertige et à des hallucinations. La fièvre l'oblige à garder le lit. Dans son délire, il voit la Mort manier sa faux, tandis qu'au cabaret Yoshiwara, Rotwang présente son robot – la fausse Maria – aux invités. III FURIOSO. Elle danse pour eux une danse de séduction. Tous la prennent pour une vraie femme. Des hommes se battent pour elle. Plus tard, dans les catacombes, elle prêche aux ouvriers la révolte et la destruction : « Mort aux machines ! ». Fredersen veut que les ouvriers se livrent à la violence afin d'avoir un prétexte pour user à son tour de violence contre eux et les domestiquer définitivement. En réalité, le robot n'obéit pas à la volonté de Fredersen mais à celle de Rotwang qui a trompé, pour se venger, le maître de Metropolis. Bientôt le robot n'obéit plus qu'à sa propre volonté. Les ouvriers refusent de croire Freder quand il leur dit que celle qui les harangue n'est pas la vraie Maria. En effet, Josaphat vient de lui apprendre la vérité. Les ouvriers veulent même lyncher Freder. Un homme cherchant à le protéger se fera poignarder. Le contremaître Groth prévient les ouvriers que, s'ils détruisent la machine centrale, la ville souterraine sera la proie des eaux. Cela ne les arrête pas. La vraie Maria, qui a pu s'échapper de la maison de Rotwang, s'emploie à secourir les enfants. Freder la retrouve enfin. Avec elle et Groth, il sauvera de nombreuses vies humaines. Fredersen a appris avec désolation que son fils se trouvait dans la ville souterraine. Groth retourne la foule contre la fausse Maria. Ils vont la chercher à Yoshiwara et la brûlent sur un bûcher. Au dernier moment, avant que les flammes ne la consument tout à fait, elle reprend l'apparence d'un robot de métal. Rotwang, de plus en plus fou, confond maintenant Hel et Maria. Il pourchasse cette dernière dans la cathédrale et l'emporte sur les toits après s'être battu contre Freder. Au cours d'une nouvelle empoignade avec Freder, Rotwang fait une chute mortelle. Fredersen, accablé, s'est agenouillé. Maria, saine et sauve, tombe dans les bras de Freder. Sur le parvis, les ouvriers font face à Fredersen. Maria invite Freder à aller se placer entre Groth et son père : « Sois leur médiateur », lui dit-elle. Groth et Fredersen se serrent la main. Un nouveau pacte social est né.

☞ *Metropolis* est non seulement l'un des films les plus étonnants du cinéma expressionniste allemand (il bénéficia du plus gros budget de la UFA, cinq millions de marks), mais c'est aussi l'un des très rares films muets qui représentent aujourd'hui encore quelque chose pour les non-cinéphiles et pour le grand public. Ce quelque chose a à voir avec la vision pessimiste de Lang concernant l'avenir architectural et social de l'homme. Cette vision s'exprime avant tout par la plastique et c'est du reste l'aspect plastique du film qui a durablement impressionné les imaginations. *Metropolis* est aussi l'un des rares films *imparfaits* de Lang à cause justement de la primauté de l'aspect plastique sur l'aspect dramatique ; ce dernier aspect, plus particulièrement imputable à la scénariste Thea von Harbou, n'a jamais convaincu le public, surtout en ce qui concerne le dénouement. Ce que dit l'histoire (naissance d'un nouveau pacte social entre Capital et Travail à la faveur d'épisodes dramatiques, mouvementés et conflictuels) et ce que disent les images du film ne sont jamais en symbiose parfaite. Et ce sont les images qui véhiculent la vraie pensée langienne. Ces images, nées le plus souvent d'un concept architectural (Lang a déclaré que l'idée du film lui vint de la contemplation des buildings de Manhattan) aboutissent toujours à une chorégraphie de masses, la notion de masse s'appliquant ici aussi bien aux volumes et aux objets qu'aux foules et aux groupes humains. Sur le plan formel, ce que *Metropolis* a d'essentiel à dire, c'est qu'au cinéma toute plastique digne de ce nom devient immanquablement une dynamique. Cette dynamique étant ici de nature avant tout musicale, *Metropolis* est aujourd'hui un des très rares films muets qui se trouvent amputés de quelque chose de vital si on les projette sans accompagnement. En 1984, *Metropolis* connut une sorte d'apothéose avec la sortie d'une version nouvelle du film, élaborée après de longues recherches par le compositeur Giorgio Moroder qui écrivit pour le film une bande sonore rock. Contribua à cette apothéose la polémique qui naquit entre les défenseurs de cette version et les tenants d'une autre version, reconstituée à peu près à la même époque par la Cinémathèque de Munich et son conservateur Enno Patalas. C'est une histoire un peu longue et compliquée, qu'il faut résumer à grands traits. En janvier 1927, à Berlin, a lieu la sortie de la version originale – et éphémère – de *Metropolis* dans une longueur de 4 189 m. Les Américains, coproducteurs du film en vertu d'un accord de distribution qui liait la firme allemande UFA à la Paramount et à la Metro-Goldwyn, critiquent sévèrement le film à la fois sur un plan dramatique, psychologique et politique (ils y voient notamment des intertitres à tendance communiste). Ils élaborent un remontage du film, déjà en préparation avant la sortie de janvier 1927. En août de la même année, le film ressort en Allemagne dans une version de 3 241 m. Les Américains, eux, sortiront une version encore plus courte d'environ 2 800 m. Comme cela était fréquent à l'époque du muet, les copies destinées à tel ou tel pays différaient entre elles. De sorte que, jusqu'à une période récente, personne (sauf les Berlinois dans les premiers mois de l'année 1927) ne pouvait être sûr d'avoir vu le *Metropolis* original. Les admirateurs de Lang verront au fil des années des copies plus ou moins amputées et, en général, assez gravement lacunaires. Plus d'un demi-siècle après, le compositeur Giorgio Moroder, cherchant un grand film muet comme champ d'expérimentation pour ses travaux musicaux, choisit *Metropolis.* Il va se livrer alors à un véritable travail d'archiviste auquel Enno Patalas lui-même, loin des polémiques au centre desquelles on voudrait le placer, rend hommage : « L'opération Moroder, déclare-t-il, a rendu un grand service au travail d'archives. Directement, car sans son argent le Musée d'Art Moderne de New York n'aurait pu transférer son vieux négatif nitrate – vraisemblablement le meilleur matériel existant en ce qui concerne la qualité de l'image – sur un film de sécurité [= pellicule ininflammable]. Indirectement, par la publicité qui a rejailli sur le travail de reconstruction d'un film » (interview publié *in* « Positif », voir Biblio.). Les versions Moroder et Patalas ont chacune leur utilité. Moroder rend accessible au grand public une version du film, allégée de quelques plans ou morceaux de plans qui, par sa durée (80'), son rythme et sa musique, restitue l'actualité et la fascination que pouvait avoir le film pour ses premiers spectateurs. (On peut lui reprocher l'addition de quelques coloriages inutiles et un peu puérils.) La version Patalas est un effort de reconstitution du montage original de *Metropolis,* tel que le font entrevoir les quatre séries importantes de documents qu'on possède sur le film (intertitres retrouvés auprès des autorités de censure ; partition originale de Gottfried Huppertz contenant des indications précises sur les intertitres et ce qui se passe à l'écran ; scénario-découpage de Lang ; albums de photos déposés par Lang à la Cinémathèque Française). Moroder cherche à retrouver l'*effet produit* par le film sur les spectateurs de la sortie, Patalas la matière filmique elle-même qui a produit cet effet. Les deux versions empruntent leur matériau à toutes sortes de copies existantes venant, outre d'Allemagne et des États-Unis, de Russie, d'Angleterre, d'Australie, etc. Si la version Patalas est plus longue (147'), c'est moins en fonction de ses ajouts (relativement limités) que par le rythme de défilement de l'image et par le fait qu'elle contient de véritables intertitres, transformés par Moroder en sous-titres (initiative qui n'est pas indéfendable). L'addition d'une musique moderne chez Moroder souligne la nature essentiellement dynamique et chorégraphique du film, tout en lui apportant un public immense et inespéré. Pour ne citer qu'un exemple, les séquences à Yoshiwara se trouvent .pour ainsi dire dénaturées (voire aux yeux de certains, ridiculisées) quand elles ne sont pas accompagnées de musique. Moroder leur rend un peu de leur impact initial et fait redécouvrir à beaucoup leur génie. Sans doute sa musique deviendra-t-elle caduque dans quelques décennies et sa tentative devra-t-elle être renouvelée selon les critères du moment. La musique, dans une œuvre parlante, est déjà ce qui vieillit le plus vite et ce qui fait le plus vieillir un film. Dans un film muet, la musique d'origine reste un élément extérieur, le plus souvent non indispensable (ce qui n'est pas le cas ici). Elle n'exige pas un respect absolu, comme si elle était partie intégrante du film. Il est en conséquence un peu risible de se scandaliser qu'on veuille l'actualiser. L'apport capital des deux versions à la connaissance du film tient dans la relation Fredersen-Rotwang, totalement gommée des versions post-originales. Le savant a aimé autrefois celle qui devint la femme de Fredersen et la mère de Freder. Elle porte le nom de Hel. De nouveaux intertitres, des photos d'une scène perdue (montrant les deux hommes face au mausolée de Hel) révèlent que Rotwang a fabriqué son robot féminin dans une intention non pas strictement scientifique mais plus directement passionnelle et même obsessionnelle. Dès lors l'intrigue devient moins mécanique et moins banale qu'on ne le croyait tout d'abord ; elle est surtout infiniment plus langienne. Rotwang se met à ressembler au Prince hindou qui veut commémorer son amour perdu par un tombeau dans *Le tigre du Bengale**. Sa relation avec Fredersen contient une forte dose d'agressivité, d'esprit de revanche, de machination et de désespoir qui la relient, sur un plan dramatique, à toute l'œuvre de Lang. Grâce à cette relation, Lang, comme dans ses autres films (ex. *Fury**, *You Only Live Once**), aborde le social à travers une tragédie individuelle et privée. Restent comme seuls éléments artificiels dans l'intrigue la rédemption de Fredersen, le dénouement socialement utopique et le fait que le conflit Fredersen-Rotwang demeure, même une fois restitué son caractère passionnel, trop en marge du message social. Dans une étude assez poussée sur le personnage de Hel, qui domine de son absence tout le film, Georges Sturm (voir Biblio.) a retrouvé un des sens possibles de son nom dans les mythologies nordiques : Hel est la déesse de la Mort et du monde souterrain. Ainsi, de par l'existence de Hel, *Metropolis* est globalement placé sous le signe de la Mort, non d'une Mort *lasse* (comme dans *Les Trois Lumières**) mais d'une Mort absente qui n'en continue pas moins, tant elle est obsédante, de peser de tout son poids sur les vivants. C'est là l'un des aspects qui rattachent le film à ses plus pures sources expressionnistes (même si Lang a toujours refusé d'être relié à ce mouvement). Mais s'il est dans son œuvre un film qui, outre *Les Trois Lumières**, mérite d'être qualifié d'expressionniste, c'est bien *Metropolis*. Quatre autres aspects du film vont dans ce sens : 1) l'absence de la Nature. Si le monde d'en bas, voué au travail robotisé, est par définition dépourvu d'éléments naturels, le monde d'en haut présente une sorte de singerie précieuse de la Nature qui ne vaut pas mieux. On notera, sans pouvoir le commenter ici, le fait que le monde d'en haut est, dans *Metropolis*, une caricature de paradis presque aussi oppressante dans son élitisme et son artificialité que l'enfer du monde d'en bas ; 2) le thème du double, exprimé de manière extraordinairement spectaculaire et riche de significations à travers les deux Maria, relie le film aux médiations les plus caractéristiques de l'expressionnisme ; 3) la folie qui, à un moment ou à un autre, s'empare de pratiquement *tous* les personnages ; point extrême, mais universellement répandu, de leur sensibilité et de leur subjectivité, elle détruit dans l'œuf toute chance d'aboutir un jour à une vision raisonnable de l'univers ; 4) il y a enfin tout au long du film cette évidence qui fait que la plupart des personnages vivent, vis-à-vis les uns des autres, dans une relation d'emprise hypnotique et de fascination : Rotwang fasciné par Hel, Maria fascinée par Rotwang (cf. la géniale séquence où le savant traque Maria dans les catacombes), Freder fasciné par Maria, la foule des ouvriers et des fêtards de Yoshiwara fascinée par la fausse Maria, etc. Cet aspect, le plus moderne de l'expressionnisme puisqu'il s'est maintenu et renouvelé jusque dans le meilleur cinéma hollywoodien des années 40 et 50, apparaît ici avec une vigueur fulgurante, une vitalité stylistique qui balayent aisément les quelques scories que le film a gardées d'un scénario discutable.

BIBLIO. : le roman de Thea von Harbou « Metropolis » (écrit comme dans le cas des *Espions** et de *La femme sur la lune** parallèlement à la rédaction du scénario) est paru chez Auguste Scherl, Berlin, 1926. Il a été constamment réédité et traduit. Citons une édition de poche américaine chez Ace Books, New York, 1963. Le scénario a été publié dans la collection « Classic Film Scripts » chez Lorrimer, Londres 1973 et 1981, avec une préface de Paul M. Jensen : « *Metropolis :* the Film and the Book ». (Ce scénario ignore bien entendu les ajouts des copies Moroder et Patalas). Un somptueux album de photos du film et du tournage (extrait des albums déposés par Lang à la Cinémathèque Française) a été publié en 1984 sous le titre « Metropolis, images d'un tournage » par le Centre National de la Photographie et la Cinémathèque Française. Ces photos avaient été prises par Horst von Harbou, le frère de la scénariste. Le volume contient des articles d'Enno Patalas et de Bernard Eisenschitz. Un interview d'Enno Patalas par Lorenzo Codelli figure dans le n° 285 (1984) de « Positif ». On recommandera la lecture du texte de Georges Sturm : « Pour Hel, un monument, pas de place. Un rêve de pierre » *in* Bulletin CICIM, Munich, octobre 1984. Enfin dans « La nuit viennoise », propos recueillis par Herman et Gretchen Weinberg, *in* « Cahiers du cinéma » n° 169 (1965) et n° 176 (1966), Lang parle de *Metropolis*, et notamment de certains trucages optiques réalisés par Schüfftan.

## MEURTRES

1950 – France (120') • *Prod.* Ciné Films et Fidès (Walter Rupp) • *Réal.* RICHARD POTTIER • *Sc.* Charles Plisnier, Maurice Barry, Henri Jeanson d'ap. R. de Charles Plisnier • *Phot.* André Germain • *Mus.* Raymond Legrand • *Int.* Fernandel (Noël Annequin), Line Noro (Isabelle Annequin), Jeanne Moreau (Martine Annequin), Jacques Varennes (Hervé Annequin), Raymond Souplex (Blaise Annequin), Mireille Perrey (Blanche Annequin), Colette Mareuil (Lola Annequin), Georges Chamarat (le juge d'instruction), Edmond Beauchamp (Pr Le Gossec), Germaine Kerjean (Mme Frangier), Henri Vilbert (le docteur).

Un paysan pratique l'euthanasie sur sa femme, atteinte d'un cancer, qui le suppliait de mettre fin à ses souffrances. Cela ne fait pas l'affaire de ses deux frères, un docteur et un futur bâtonnier, qui redoutent le scandale. Quand le paysan se sera constitué prisonnier, ils essaieront – en vain – de le faire passer pour fou, afin qu'il soit interné à vie. Mais le paysan aura trouvé une alliée et une amie en la personne de sa jeune nièce, la fille du docteur. Libéré mais dégoûté du comportement de ses proches, il partira avec elle pour un pays d'Amérique du Sud.

☞ Par leur éclectisme, mais aussi par le caractère inégal de leur abondante production, Pottier et Christian-Jaque ont eu des carrières parallèles. *Meurtres,* tourné quelques années après *Un revenant**, vient accuser ce parallélisme en reprenant un sujet très voisin : la lutte d'un homme juste contre des bourgeois conformistes et sordides qui n'hésiteraient pas à aller jusqu'au crime pour préserver leur situation et leur respectabilité. C'est Jeanson bien sûr, l'auteur des deux scénarios, qui est responsable de cette similitude. Mais il se montre moins brillant en adaptant Plisnier que lorsqu'il travaillait sur un sujet à lui. Ses dialogues, souvent artificiels et prolixes, ainsi que le jeu en dents de scie de Fernandel, moins à l'aise que d'habitude, sont les deux points faibles du film. Line Noro (dans le rôle de la malade) et Jeanne Moreau à ses débuts font preuve, à l'opposé, d'un modernisme de jeu étonnant. La construction dramatique est remarquable et le travail visuel de Pottier, modeste et efficace, met en place avec sobriété cette chronique de mœurs de type balzacien d'où jaillit spontanément une émotion assez forte. Le sujet de l'euthanasie n'est guère approfondi. Il est surtout prétexte à un amalgame entre obscurantisme et hypocrisie bourgeoise, qui satisfait la misanthropie anarchisante de Jeanson.

N.B. *Meurtres* fut lancé à l'époque, à grand renfort de publicité, comme le premier film dramatique de Fernandel. C'était oublier ses compositions antérieures chez Pagnol, dans *Angèle** et *La fille du puisatier.*

## MICKI ET MAUDE
**(Micki + Maude)**

1984 – USA (118') • *Prod.* COL./Delphi III (Tony Adams) • *Réal.* BLAKE EDWARDS • *Sc.* Jonathan Reynolds • *Phot.* Harry Stradling (Panavision, Metrocolor) • *Mus.* Lee Holdrige, Michel Legrand • *Int.* Dudley Moore (Rob Salinger), Amy Irving (Maude Salinger), Ann Reinking (Micki Salinger), Richard Mulligan (Leo Brody), George Gaynes (Dr Glztszki), Wallace Shawn (Dr Fibel).

Rob Salinger, un journaliste d'une petite chaîne de télé, brûle du désir d'avoir un enfant – au moins un – que sa femme Micki, brillante et active avocate, lui a promis depuis sept ans. Nommée juge au tribunal de grande instance, elle est moins que jamais prête à tenir sa promesse. Rob rencontre une jeune violoncelliste, Maude, fille d'un catcheur connu, et a avec elle une liaison passionnée. C'est la première fois que Rob trompe sa femme et il en est presque traumatisé. Maude lui annonce bientôt qu'elle est enceinte. Les vœux de Rob sont comblés et il prend alors la difficile décision de demander le divorce à sa femme : le même jour, celle-ci lui révèle qu'elle va enfin tenir sa promesse... Engagé à se marier avec Maude, Rob est obligé d'aller jusqu'au bout. Il ne veut pas non plus briser le cœur de sa femme ni risquer de lui faire perdre son bébé. Et d'ailleurs il aime autant Micki que Maude. Le voilà bigame et bientôt père de deux enfants. S'il réussit à empêcher la rencontre des deux femmes dans le cabinet d'échographie, il ne pourra éviter qu'elles fassent connaissance dans la clinique d'accouchement. D'un commun accord, elles conviennent que Rob ne verra jamais ses enfants. Rob fera des prodiges pour passer outre à cette cruelle interdiction. Il se réconcilie séparément et secrètement avec ses deux femmes qui, les années passant, lui donnent une abondante progéniture.

☞ McCarey, Cukor et Minnelli disparus, Capra retiré, Donen ayant sombré, Blake Edwards est devenu peu à peu le seul grand auteur de comédies du cinéma américain. (Plaçons à part Woody Allen qui appartient à la lignée chaplinesque des comédiens-auteurs.) Plus encore que *Ten* (1979) et *Victor Victoria* (1982) réalisés avec des budgets plus importants, *Micki et Maude* est typique de la virtuosité de Blake Edwards aujourd'hui et des gageures qu'il aime à s'imposer. Son plaisir, c'est de bâtir à partir de motifs sérieux, un progressif délire, un ballet de situations inextricablement emmêlées et vaudevillesques où pourtant, jusqu'au bout, un élément humain, véridique et socialement juste subsiste. Il crée ici, à partir du désir de paternité du personnage central et de l'évolution parallèle de deux femmes enceintes, une chorégraphie burlesque génialement au point. Avouons que ce n'était pas à la portée du premier venu. Pour parachever la gageure, Blake Edwards fait en sorte que les situations les plus délicates ne tombent jamais (ou presque jamais) dans le mauvais goût. A cet égard la réussite est aussi complète dans ce film que le ratage était évident dans *The Man Who Loved Women* (1983), remake du film de Truffaut *L'homme qui aimait les femmes* (1977). Art jubilatoire, audacieux par les risques qu'il prend, quasi musical quand il atteint son but, et que personne aujourd'hui n'ose plus pratiquer. Le grinçant s'arrête juste avant de devenir dérision et doit permettre aux personnages d'être toujours un peu plus que des marionnettes.

## MINNE, L'INGÉNUE LIBERTINE

1950 – France (90') • *Prod.* Codo-Cinéma • *Réal.* JACQUELINE AUDRY • *Sc.* Pierre Laroche d'ap. R. de Colette « L'ingénue libertine » *Phot.* Marcel Grignon • *Mus.* Vincent Scotto • *Int.* Danielle Delorme (Minne), Frank Villard (Antoine), Jean Tissier (Maugis), Yolande Laffon (la mère de Minne), Roland Armontel (l'oncle Paul), Simone Paris (Irène Chaulieu), Claude Nicot (le baron Couderc).

Minne arrive vierge au mariage, mais l'imagination enflammée de rêves et de fantasmes de collégienne. Sa nuit de noces la déçoit. Son jeune amant aussi la déçoit : elle ne lui cédera qu'une fois, et plus tard aura horreur de l'amour qu'elle lui inspire, sans doute parce qu'elle ne peut y répondre. Elle se laisse courtiser par un écrivain mondain, passablement décati. Elle lui rend visite dans sa garçonnière de vieux célibataire et se déshabille devant lui. Quand elle lui avoue qu'elle n'a jamais connu le plaisir, il ne veut pas risquer de la décevoir encore et renonce à la prendre. Son mari, une bonne bête de marchand de piano, commence à se douter de quelque chose. Il la fait suivre par un détective maladroit qui se fait tout de suite repérer. Le mari change alors de tactique et emmène sa femme à Monte-Carlo. Ultime tentative pour la satisfaire et qui semble réussir.

☞ Jacqueline Audry a signé les films les plus osés de son époque, enrobés dans d'acides et ironiques reconstitutions 1900. Jamais avant elle, dans le cinéma français, on n'avait parlé aussi directement d'un sujet comme l'insatisfaction sexuelle féminine. Déçue par ses rêves, son mari, un amant, Minne ne sait plus elle-même si elle est à la recherche du plaisir ou de l'amour. Mais l'un et l'autre, à l'évidence, lui manquent cruellement. A l'abri du rempart des adaptations littéraires, Jacqueline Audry se consacre, avec beaucoup moins de pruderie qu'il n'était de mise dans le cinéma de son temps, à son sujet favori : une investigation sur la sexualité féminine dans un milieu bourgeois et confiné. Même si son adaptation du livre de Colette est un peu réductrice, l'essentiel est préservé et les dialogues, ainsi que l'interprétation, sont excellents.

## MINUIT (Ziye)

Inédit en France. 1981 – Chine (125') • *Prod.* Studios de Shanghai • *Réal.* SANG HU, FU JINGGOND • *Sc.* Sang Hu d'ap. R. de Mao Dun • *Phot.* Qiu Yiren (couleurs) • *Int.* Li Rentang, Qiao Qi, Han Fei, Cheng Xiaoying, Gu Yelu, Zhang Fa.

Dans le Shanghai des années 30, durant la montée du mouvement ouvrier et des communistes, un boursier et le propriétaire d'une filature de soie cherchent à s'enrichir par la spéculation. D'abord associés, ils en viennent ensuite à s'opposer dans une lutte impitoyable. Tous les moyens sont bons pour triompher, mais alors que le boursier utilise au besoin des capitaux étrangers, américains en l'occurrence, l'industriel reste viscéralement patriote et se refuse à sortir du cadre chinois. C'est lui qui sera vaincu et obligé de se retirer des affaires, après avoir un moment pensé au suicide.

☞ Adaptation d'un roman célèbre de Mao Dun (1933). Fresque-feuilleton aux péripéties mouvementées et aux multiples personnages. La thèse et l'évocation d'une ville sont intimement mêlées. Il s'agit de montrer que la lutte des deux capitalistes est inégale, car celui des deux qui manifeste un scrupule quelconque (ici : ne pas s'associer à l'étranger) part irrémédiablement perdant. Le capitalisme, fondé sur la soif de profit pour le profit, exclut tout principe moral. (Morale et patriotisme sont, pour les besoins de la thèse, adroitement assimilés.) Les auteurs ne se piquent ni d'art ni de nuance. Leur film est néanmoins attachant par son foisonnement narratif et par l'interprétation, convaincante dans sa sécheresse, des deux antagonistes. Une sorte de *Dallas* à la chinoise.

## MISÉRABLES (LES)

1913 – France (3 480 m ; copie restaurée de 142' à 18 images/seconde) • *Prod.* Pathé S.C.A.G.L. • *Réal.* ALBERT CAPELLANI • *Sc.* Capellani d'ap. R. de Victor Hugo • *Phot.* Louis Forestier, Karénine Mérobian • *Int.* Henry Krauss (Jean Valjean), Henri Étievant (Javert), Marie Ventura (Fantine), Léon Bernard (l'abbé Myriel), Mistinguett (Éponine), Gabriel de Gravone (Marius), Marie Fromet (Cosette enfant), Émile Milo (Thénardier), Lérand (Gillenormand).

PREMIÈRE ÉPOQUE : JEAN VALJEAN, 1815. Ayant à sa charge sa vieille mère malade, J.V. tente de trouver du travail. Il propose vainement ses services à un forgeron. Il essaie de braconner. Il vole un pain. Des paysans armés de fourches le poursuivent jusque chez lui. Il se bat contre eux. Sa mère, horrifiée, meurt. Au bagne de Toulon, il doit faire cinq ans de travaux forcés. Sa force herculéenne lui permet de soulever un énorme bloc de pierre, sous le regard du garde-chiourme Javert. Au dortoir, les forçats tirent au sort, selon la coutume, celui qui tentera de s'évader. Le 7 mai 1817, J.V. lime ses fers et les barreaux de sa geôle et s'évade à l'aide d'une corde. Il traverse une rivière à la nage. Javert subit un premier échec en essayant de mettre la main sur lui. J.V. marche jusqu'à Digne. Des habitants le repoussent ; un chien hurle contre lui. Une femme lui indique la demeure de l'abbé Myriel. L'abbé l'invite à dîner, lui sert lui-même de la soupe puis le mène à sa chambre. Durant la nuit, J.V. vole de l'argenterie dans la chambre même de l'abbé. Il revient dans sa chambre et s'enfuit par la fenêtre. Il tombe sur deux gendarmes à cheval qui trouvent sur lui l'argenterie et le ramènent chez l'abbé. L'abbé donne alors à J.V. une cuiller et deux chandeliers en argent. Il le fait libérer puis lui remet une lettre de recommandation pour son frère, industriel à Montreuil-sur-Mer. J.V. s'écroule, saisi par la bonté de Myriel. A Montreuil, il tend sa lettre au patron.

DEUXIÈME ÉPOQUE : FANTINE. J.V. a succédé au patron à la tête de la verroterie sous le nom de M. Madeleine. Il est devenu maire de Montreuil. Une de ses ouvrières, Fantine, revient après une semaine d'absence passée auprès de sa fillette, Cosette. Elle ne veut pas avouer qu'elle est fille-mère. M. Madeleine, ignorant sa situation, la renvoie. Javert prend son nouveau poste à Montreuil. Il reconnaît en M. Madeleine l'ancien forçat Jean Valjean. Fantine vend ses cheveux à un coiffeur. Elle se bagarre avec ses anciennes collègues qui se moquent d'elle. Elle est arrêtée. Elle crache au visage de M. Madeleine qui découvre la lettre des Thénardier lui demandant de l'argent pour Cosette. Il la fait libérer. Il l'emmène chez elle et elle lui raconte comment son amant l'a abandonnée (la scène apparaît en surimpression à droite de l'image). Elle défaille. M. Madeleine la conduit à l'infirmerie de l'usine. Elle est atteinte de phtisie. M. Madeleine sauve le père Fauchelevent écrasé sous sa charrette. Il réussit ce prodige devant Javert qui reconnaît bien là la force herculéenne du forçat. Javert écrit au Procureur royal pour le dénoncer. M. Madeleine procure à Fauchelevent une place de jardinier. Javert lit dans le journal la nouvelle de l'arrestation de Jean Valjean qui va passer en jugement. Il va donner sa démission à M. Madeleine qui la refuse. Tempête sous un crâne : M. Madeleine imagine le procès de l'innocent (scène qui s'inscrit en surimpression à droite de l'image). Au tribunal, M. Madeleine révèle sa véritable identité. Il va faire ses adieux à Fantine qui lui remet une lettre pour qu'il aille chercher Cosette chez les Thénardier. Javert surgit dans la chambre de l'agonisante et empoigne M. Madeleine. A cette vision, Fantine meurt. M. Madeleine se dégage et ferme les yeux de la morte. Javert emmène M. Madeleine. Dans son cachot, J.V. arrache les barreaux de la fenêtre et s'évade.

TROISIÈME ÉPOQUE : COSETTE, 1821. Les Thénardier tiennent une auberge à Montfermeil. Ils ont deux enfants, Éponine et Gavroche. Cosette, dont ils ont la garde, est leur souffre-douleur. Avec un balai beaucoup plus grand qu'elle, elle nettoie la salle de restaurant et regarde Éponine jouer avec ses poupées. La Thénardier l'envoie chercher de l'eau à la rivière. Ayant rempli son seau, elle rencontre J.V. dans la campagne. Il lui demande l'adresse des Thénardier et découvre qui elle est. Il l'aide à porter son seau, qu'elle tient à reprendre, une fois arrivée près de l'auberge. Elle regarde une grande poupée à l'étal d'un magasin. J.V. s'assoit pour dîner à une table sous laquelle Cosette s'est réfugiée. Il défend l'enfant auprès des Thénardier et va lui acheter la grande poupée. Cosette embrasse la poupée en pleurant de joie. J.V. paie les Thénardier et emmène l'enfant. Thénardier court après lui et veut reprendre Cosette. J.V. lui montre la lettre de Fantine et le repousse sans ménagement. A Paris, J.V. loge avec Cosette dans une vieille maison du quartier de l'Hôpital. Intriguée par son comportement, la concierge va le dénoncer à Javert. J.V. s'enfuit avec Cosette. Poursuivi et cerné par les hommes de Javert, J.V. escalade un mur en tirant Cosette à l'aide d'une corde. Au matin, après une nuit d'angoisse, il découvre qu'il est dans un couvent. Il retrouve le père Fauchelevent qui travaille là comme jardinier. Éperdu de reconnaissance, le vieillard tombe à genoux devant J.V. Flash-back : épisode de la charrette (sur toute la surface de l'écran). Fauchelevent offre asile à J.V. et à Cosette. Il fait engager J.V. comme aide-jardinier. Cosette, elle, sera élevée par les sœurs.

QUATRIÈME ÉPOQUE : COSETTE ET MARIUS, 1832. J. V. habite de nouveau à Paris avec Cosette, maintenant adulte. Les Thénardier, tombés dans la misère, habitent sous le nom de Jondrette un appartement jouxtant celui du jeune Marius. Jondrette ordonne à sa fille Éponine d'aller demander de l'argent à Marius (les deux logements sont reliés dans l'image par un travelling latéral). Marius donne de l'argent à Éponine qui l'aime en secret. Marius rencontre pour la première fois Cosette et J.V. assis sur un banc dans un jardin. Il repasse exprès devant eux pour admirer Cosette. J.V. et Cosette sont accostés par Éponine qui mendie. Elle les fait monter chez son père auquel J.V. donne son manteau et de l'argent. Les deux hommes ne se reconnaissent pas. Éponine donne à Marius l'adresse de Cosette. Restée seule, elle fond en larmes. Marius va déposer un message sur le banc du jardin de la maison de Cosette. Il se montre à elle puis disparaît à l'arrivée de J.V. Celui-ci fait des reproches à Cosette. Marius va demander à son grand-père Gillenormand de solliciter auprès de son père la main de Cosette. Gillenormand refuse. Désespéré, Marius fait cause commune avec les émeutiers de la barricade de la Chanverie (*sic*) le 5 juin 1832. Javert a été désigné pour espionner les émeutiers. Il arrive, déguisé, sur le terrain mais ne tarde pas à être reconnu et identifié. On le ligote. Les soldats tirent sur la barricade. Marius écrit un mot à Cosette et le fait porter par un messager qui le remettra en fait à J.V., lequel se rend sur la barricade. Mort de Gavroche, tué alors qu'il ramasse des munitions sur les cadavres. C'est J.V. qui est chargé d'exécuter Javert. Il le libère. La barricade est enfoncée. J.V. portant dans ses bras Marius blessé traverse les égouts. Javert qui poursuivait Thénardier occupé à détrousser les cadavres tombe par hasard sur J.V. sortant des égouts. Thénardier observe de loin la rencontre des deux hommes et met la main sur le document ordonnant à Javert d'arrêter l'ancien forçat. Il suit J.V. et Javert qui se rendent chez Gillenormand avec Marius blessé. Au lieu d'attendre que J.V. ressorte de chez Gillenormand pour l'arrêter, Javert disparaît. Il rédige sa confession où il s'accuse d'admirer J.V. et d'être incapable de l'arrêter. Puis il va se jeter dans la Seine. J.V. reçoit de Gillenormand une missive lui demandant pour son petit-fils la main de Cosette. J.V. se rend chez Gillenormand et donne toute sa fortune en dot à Cosette. Mariage de Marius et de Cosette. Thénardier révèle à Marius, moyennant finance, le secret de l'identité de J.V. Marius se rend chez J.V. qui lui fait des aveux complets. Cosette survient. J.V. meurt à côté des deux chandeliers (avec surimpression de l'abbé Myriel à droite de l'image).

☞ Par sa durée et sa valeur artistique, cette deuxième adaptation des « Misérables » (après *Le chemineau*, film Pathé de 1907) est un des premiers *grands* films réalisés en France. Il fut d'ailleurs salué comme tel par Antoine et son approbation marque bien que Capellani avait réussi à faire triompher le réalisme sur les excès du mélodrame, la simplicité et une certaine rigueur sur les conventions et les artifices du théâtre. Les rédacteurs de la « Grande histoire illustrée du 7e art », Éditions Atlas, tome 9, 1984, n'hésitent pas, quant à eux, à voir dans cette adaptation « le premier grand film français de notoriété mondiale ». Il est vrai que ses qualités sont assez spectaculaires pour l'époque. Le film possède un rythme soutenu et régulier sur toute sa longueur (trois époques de deux parties chacune, puis une quatrième époque, un peu plus longue, comportant trois parties). Quoique sommaires, les décors d'intérieur ne manquent pas de relief (ex. le dortoir des forçats). Les acteurs sont sobres et cette sobriété se trouve accentuée par l'utilisation systématique du plan large, seul en usage à l'époque. Cela n'empêche pas certaines scènes de dégager une émotion vraie et spontanée (ex. Cosette embrassant sa poupée). Seule Marie Ventura, dans la scène de la mort de Fantine, sacrifie à la mode du mélodrame outrancier.

N.B. Albert Capellani fut, de 1908 à 1914, le directeur artistique de la S.C.A.G.L. (Société Cinématographique des Auteurs et Gens de Lettres), département spécialisé chez Pathé dans l'adaptation de chefs-d'œuvre de notre littérature. Ce département avait été créé pour rivaliser avec « le Film d'Art » qui avait fait sensation en sortant le célèbre *Assassinat du duc de Guise* (de Le Bargy et Calmettes, 1908), si vanté par Griffith et Dreyer. Avant 1914, Capellani réalisa ou supervisa l'adaptation de nombreuses œuvres de Victor Hugo (*Le roi s'amuse, Hernani, Marie Tudor, Marion Delorme, Notre-Dame de Paris, Quatre-vingt-treize,* film terminé par Antoine après la guerre) et de Zola (*L'assommoir,* 1909, considéré par Jean Mitry comme le premier long métrage français, et *Germinal).*

## MISÉRABLES (LES)

1925 – France (513') • *Prod.* Films de France • *Réal.* HENRI FESCOURT • *Sc.* Henri Fescourt d'ap. R. de Victor Hugo

• *Phot.* Raoul Aubourdier, Mérobian et Georges Laffont • *Int.* Gabriel Gabrio (Jean Valjean), Jean Toulout (Javert), Georges Saillard (Thénardier), Sandra Milowanoff (Fantine/Cosette), Renée Carl (la Thénardier), Suzanne Nivette (Éponine), François Rozet (Marius), Charles Badiole (Gavroche), Paul Jorge (Monseigneur Myriel).

Iʳᵉ et IIᵉ PARTIES. Digne, 1815. L'évêque Myriel, homme de bien et de charité, a installé l'hôpital dans son propre évêché. Jean Valjean, forçat libéré après dix-neuf ans de bagne, se rend à la mairie pour présenter ses papiers. Épuisé, il est chassé de deux auberges. Les enfants lui jettent des pierres. Il va à la prison : on ne veut pas de lui. Une femme lui conseille de frapper à la porte de Monseigneur Myriel qui l'accueille à sa table. *Premier flash-back* : émondeur, Valjean avant son incarcération devait nourrir les sept enfants de sa sœur, veuve. Il vola un pain et fut condamné au bagne à Toulon. Là-bas, il soulève un chariot chargé d'une pierre énorme et sauve ainsi la vie d'un homme écrasé dessous. Sa force herculéenne est remarquée par Javert, l'un des surveillants du bagne. *Retour au présent* : au milieu de la nuit, Valjean veut poignarder Myriel mais la lune éclaire le visage serein de l'évêque et Valjean, impressionné, renonce à son crime. Il vole les couverts d'argent et prend la fuite. Au matin, des gendarmes le ramènent au presbytère : Myriel affirme que les couverts sont la propriété de Valjean et lui donne en plus deux chandeliers. Il lui dit que désormais il n'appartient plus au Mal, mais au Bien. Dans la montagne, Valjean met le pied sur une pièce appartenant à Petit-Gervais, un gamin musicien ambulant. Il le chasse quand le gosse réclame son dû. Plus tard, il veut le rappeler, mais en vain. Il pleure pour la première fois depuis dix-neuf ans. Quelques mois auparavant, sur le champ de bataille après la défaite de Waterloo, le sergent Thénardier dépouillant les morts sauve la vie du baron de Pontmercy enfoui sous les cadavres. Fantine, abandonnée par son amant, un étudiant, a un enfant de lui. De Paris, elle retourne à Montreuil-sur-Mer, sa ville natale. En chemin, à Montfermeil, elle confie sa fillette Cosette à une mère de deux enfants, Mme Thénardier. A Montreuil, Monsieur Madeleine est respecté de tous. *Deuxième flash-back* : trois ans auparavant, arrivé dans la ville, Jean Valjean sauva deux enfants dans un incendie. Carton : « Il imagina un perfectionnement dans la fabrication des verroteries qui fit sa fortune. Il devint maire (sous le nom de Madeleine) ». *Retour au présent* : Javert, maintenant inspecteur à Montreuil, ne participe pas à l'admiration unanime qui salue le maire (il a reçu un avis de recherche concernant un forçat ayant détroussé un enfant). Un autre habitant, le père Fauchelevent, est jaloux de sa réussite. Un jour, il est écrasé sous sa charrette et Madeleine le sauve en soulevant le véhicule. Exploit qui replonge Javert, témoin du fait, dans de très anciens souvenirs. Fantine, employée de la fabrique de M. Madeleine, répond aux pressantes demandes d'argent des Thénardier qui la grugent. Victime des indiscrétions d'une commère, elle est convoquée par le contremaître et renvoyée. Elle fait de la confection à domicile puis, sans travail, vend ses cheveux. Complètement démunie, elle se rend dans la rue chaude des prostituées. Un soir d'hiver, un bourgeois lui met de la neige dans son corsage. Bagarre. Arrestation de Fantine par Javert qui la condamne de sa propre autorité à six mois de prison. Elle le supplie à genoux de revenir sur sa décision à cause de sa fille. Elle insulte le maire qui la fait libérer et lui promet de s'occuper d'elle et de sa fille. Elle est soignée par Sœur Simplice. Javert écrit une lettre de dénonciation concernant Madeleine. Plus tard, il vient s'accuser auprès de lui de l'avoir calomnié et demande à être destitué : en effet l'homme recherché a été retrouvé ; c'est un forçat du nom de Champmathieu. Valjean passe la nuit à réfléchir sur la conduite à tenir. Il se rend à Arras en calèche et, devant les juges, s'accuse d'être celui qu'on recherche. Il reste à la disposition du tribunal, mais n'est pas arrêté. Il se rend au chevet de Fantine. Javert l'arrête devant elle. Fantine meurt. Les gendarmes emmènent Valjean. Il s'évade de prison. Traqué, il se cache chez Sœur Simplice qui ment pour la première fois de sa vie en affirmant aux hommes de Javert qu'elle ne l'a pas vu. Carton : « Ici on perd la trace de Valjean ». Il enterre un coffret dans un bois. A Paris, le vieillard indigne Gillenormand danse encore à quatre-vingts ans. Une ancienne femme de chambre lui apporte deux jumeaux qui seraient de lui. Il nie cette paternité mais paiera pour l'entretien des enfants. Il chérit plus que tout au monde son petit-fils légitime Marius. A Montfermeil, Cosette est le souffre-douleur et l'esclave des Thénardier. Pour aller chercher de l'eau la nuit, elle doit pénétrer dans le bois en surmontant sa terreur. Elle rencontre Valjean qui l'aide à porter son seau et vient loger à l'auberge des Thénardier. Il lui offre une magnifique poupée (qui stupéfie tout le monde, y compris le chat) et rachète Cosette à prix d'or aux Thénardier. A Paris, l'adulte et l'enfant habitent la masure Gorbeau. Valjean apprend à lire à Cosette et lui parle de sa mère. Une vieille commère voit Valjean coudre à sa doublure des billets (pris dans le coffre enterré dans le bois). Un faux mendiant (Javert) fait le guet près de la masure. Valjean et Cosette prennent la fuite. Traqués par les policiers, ils escaladent dans une impasse un haut mur (Valjean tirant l'enfant par une corde) et se retrouvent dans le cloître du Petit-Picpus réservé aux femmes. La providence veut que Valjean rencontre là Fauchelevent qu'il avait autrefois sauvé. Valjean passera pour son frère, travaillera avec lui comme aide-jardinier et Cosette sera pensionnaire au cloître.

III^e^ PARTIE. Marius a maintenant vingt ans. Son grand-père Gillenormand, royaliste farouche, l'avait arraché à son gendre, Pontmercy, officier de Napoléon, à la mort de sa fille. Il n'avait d'ailleurs jamais approuvé leur mariage. Il envoie cependant Marius à Vernon, au chevet de son père mourant. Mais le jeune homme arrive trop tard. Il apprend que son père l'a toujours aimé et qu'il avait été sauvé après Waterloo par un dénommé Thénardier. Marius rompt avec son grand-père et va habiter la masure Gorbeau où vivent également, dans la misère la plus noire, les Thénardier sous le nom de Jondrette. Dans les jardins du Luxembourg, Marius voit Cosette se promener avec Valjean et tombe amoureux d'elle. Éponine, l'une des deux filles des Thénardier, est amoureuse de Marius. Le frère d'Éponine, Gavroche, vit de petites rapines qu'il partage à l'occasion avec deux petits pauvres qu'il a pris sous sa protection. Éponine, à la sortie de l'église, remet à Valjean une lettre de son père sollicitant de l'argent. Valjean et Cosette se rendent chez les Jondrette. Marius les voit par un trou percé dans le mur et reconnaît en Thénardier-Jondrette le sauveur de son père. Valjean reviendra porter de l'argent à six heures. Thénardier, ayant reconnu en lui le millionnaire qui lui avait racheté Cosette, prépare un guet-apens avec des complices. Marius, écartelé entre le désir de sauver Cosette et celui d'épargner le sauveur de son père, se rend au commissariat pour prévenir les policiers de ce qui se trame. Son interlocuteur n'est autre que Javert. Le guet-apens a lieu. Valjean s'applique un fer chauffé à blanc sur le bras pour montrer à ses agresseurs qu'il ne les craint pas. La police surgit et arrête la bande. Valjean a disparu. Éponine apprend que ses amis préparent un cambriolage rue Plumet chez Valjean et Cosette. Elle communique à Marius qui a déménagé l'adresse de Cosette. Marius s'y rend et avoue à Cosette son amour. Éponine empêche les complices de pénétrer dans la maison de Valjean. Marius demande à son grand-père la permission d'épouser Cosette. Le vieillard lui conseille d'en faire sa maîtresse. Nouvelle brouille. Éponine fait tenir un message à Valjean sur le chemin du bois : « Déménagez. »

IV^e^ PARTIE. Juin 1832. Tracts et affiches contre Louis-Philippe. L'émeute commence. Cosette, enfermée par Valjean qui a découvert son idylle, donne à Éponine un message pour Marius. Enjolras, un étudiant révolutionnaire, pousse Marius à agir et à partager ses idées. Marius se rend rue Plumet et ne trouve personne. Valjean et Cosette habitent maintenant rue de L'Homme-

Armé. L'insurrection prend de l'ampleur. Premières fusillades. Construction d'une barricade à laquelle Javert participe (comme espion). Valjean lit sur un buvard la lettre d'amour écrite par Cosette à Marius et en souffre profondément. Le quartier général des insurgés est à la maison de Corinthe, rue de la Chantrerie. Un révolutionnaire tue un bourgeois qui refusait de prêter sa maison. Enjolras abat le tireur : « Il ne faut pas qu'on puisse calomnier notre combat ». Javert est reconnu comme traître. Éponine meurt transpercée par une baïonnette. Les combats s'intensifient autour de la barricade. Éponine agonise dans les bras de Marius. Elle lui donne le message de Cosette. Valjean défend la barricade. Mort de Gavroche, parti chercher des balles sur les cadavres. Assaut de la barricade. Valjean libère Javert qu'il avait pour mission d'éliminer. Il emporte sur son dos le corps de Marius blessé et traverse Paris par les égouts. Enjolras est fusillé. A la sortie de l'égout, Valjean trouve Thénardier qui lui vend la clé de la grille. Javert l'attend pour l'arrêter. Les deux hommes portent Marius chez son grand-père. Javert n'a pas le cœur d'arrêter Valjean et, se sentant inférieur à son devoir, se suicide en se jetant dans la Seine. Mariage de Cosette et de Marius. Valjean n'a pas assisté à la noce, prétextant une blessure, pour ne pas avoir à révéler son identité. Le lendemain, il la révélera à Marius, ajoutant : « Rassurez-vous. Je ne suis rien à Cosette ». Carton : « Cosette se détache de Valjean ». Il reste seul. Marius reçoit la visite de Thénard (Thénardier) qui vient dénoncer Valjean comme assassin. Marius comprend alors que l'homme qui l'a sauvé en le transportant dans les égouts est Valjean. Il chasse Thénardier : « Sauvez-vous, Waterloo vous protège. » Ultime visite de Cosette et de Marius à Valjean. Il contemple les chandeliers : « Monseigneur Myriel, êtes-vous content de moi ? » Il meurt.

☞ La plus complète et la plus fidèle des adaptations des « Misérables » divisée en quatre films qui sortirent à une semaine d'intervalle à partir de Noël 1925 à Paris, à l'« Empire ». Sa longueur est la principale qualité de cette versions : elle lui permet d'entrecroiser les différents fils de l'intrigue, de respecter certaines correspondances du livre, de restituer sur l'écran la dimension de fresque propre au roman de Hugo. Ce n'est d'ailleurs pas sans mal que Fescourt réussit à imposer sa conception et ce métrage à la production. Il écrit dans son livre « La Foi et les Montagnes », Paul Montel, 1959 (un des meilleurs témoignages sur le cinéma français muet) : « Le film allait être produit par la Société des Films de France, dépendance des Cinéromans. Or tandis que, lors de la préparation de chaque cinéroman, on s'essoufflait à trouver le nombre de péripéties nécessaires au gonflement de dix ou douze épisodes, voici que, contradiction saugrenue, pour "Les Misérables", pléthorique de faits, capables, eux, de meubler cinquante épisodes, on décida de résumer cette œuvre monumentale en un seul film d'une séance, risible digest. Je bataillai furieusement contre les services, puissance obscure et innombrable, et obtins enfin gain de cause. » Plus tard, la faillite d'un associé étranger de la société entraîna des réductions de budget dont pâtirent les scènes de révolution, beaucoup moins amples que prévu. Avec ses mérites et ses limites, sa scrupuleuse honnêteté et son absence de génie, le film est caractéristique de ce qu'on pourrait appeler « le cinéma d'illustration » des années 20 en France, représenté ici à son plus haut niveau. La distribution est constamment juste et de qualité. Les scènes les mieux venues sont celles qui concernent l'enfance de Cosette (la relation entre l'adulte et l'enfant se noue mieux que dans aucune des autres versions). Hélas, l'extrême monotonie du découpage, des cadrages et des objectifs employés donne à l'œuvre un caractère théâtral que la multiplicité de ses décors et de ses lieux aurait dû lui éviter. Refusant tous les trucs visuels cultivés par l'avant-garde, Fescourt a voulu s'effacer devant son sujet. On louera cette humilité tout en la jugeant parfois excessive. Plus que la personnalité de Fescourt, c'est l'époque qui a façonné le film, avec son goût pour ces feuilletons un peu troubles où les truands, les vieillards lubriques, les bandes d'apaches toujours en action donnent l'impression qu'ils pourraient l'emporter sur les bons. Mais leur adversaire est ici le presque surhumain Valjean, qui a réalisé à l'intérieur de lui-même l'alchimie du mal en bien, et en conséquence leurs méfaits resteront limités. Se voulant tout le contraire d'un monument culturel ambitieux, cette adaptation retrouve l'esprit des feuilletons et de la littérature populaire d'où Hugo avait tiré, à l'origine, les matériaux de son intrigue.

## MISÉRABLES (LES)

1933 – France (I : 109', II : 85', III : 86') • *Prod.* Pathé-Natan • *Réal.* RAYMOND BERNARD • *Sc.* André Lang, R. Bernard d'ap. R. de Victor Hugo • *Phot.* Jules Kruger • *Mus.* Arthur Honegger • *Déc.* Jean Perrier, Carré • *Cost.* Paul Colon • *Int.* Harry Baur (Jean Valjean/ M. Madeleine/Champmathieu/Fauchelevent), Charles Vanel (Javert), Florelle (Fantine), Charles Dullin (Thénardier), Marguerite Moreno (Mme Thénardier), Émile Genevois (Gavroche), Orane Demazis (Éponine), Gilberte Savary (Éponine enfant), Josselyne Gaël (Cosette), Gaby Triquet (Cosette enfant), Henry Krauss (Mgr Myriel), Marthe Mellot (Mlle Baptistine), Jean Servais (Marius), Max Dearly (Gillenormand), Georges Mauloy (Président des assises), Robert Vidalin (Enjolras), Paul Azaïs (Grantaire).

*Liste des principales séquences de la version en trois épisodes.* I UNE TEMPÊTE SOUS UN CRANE, 1815. Le forçat Jean Valjean, doué d'une force herculéenne, retient une statue de la façade de l'Hôtel de Ville de Toulon qui allait s'effondrer. Pour prix de son effort, il obtient une libération anticipée. Fait route vers Pontarlier. A Digne, on lui indique, toutes les portes des auberges s'étant refermées devant lui, la maison de Monseigneur Myriel. L'évêque lui offre le gîte et le couvert. La nuit, J.V. vole l'argenterie. Son retour entre deux gendarmes. Myriel le fait libérer et lui donne deux chandeliers d'argent. Dans la forêt, rencontre de J.V. et du petit Savoyard à qui l'ex-forçat vole une pièce. A Paris, Fantine rencontre l'étudiant Tholomyès au bal chez Bombarda. En 1823, à Montreuil-sur-Mer, inauguration de l'Ecole professionnelle donnée à la ville par le maire, M. Madeleine (= J.V.), auteur d'une invention qui a révolutionné la verroterie. Demande d'argent des Thénardier adressée (de Montfermeil) à Fantine pour Cosette. Cosette, esclave des Thénardier. M. Madeleine sauve, sous le regard de Javert qui reconnaît sa force herculéenne, le père Fauchelevent écrasé sous sa charrette. Fantine renvoyée de l'atelier de M. Madeleine. Javert adresse une lettre au préfet pour dénoncer Madeleine-Valjean. Fantine repousse les avances de son propriétaire. Nouvelle demande d'argent des Thénardier. Cosette fait les courses des Thénardier par grand froid. Fantine, qui a vendu ses cheveux et ses dents, subit la mauvaise plaisanterie d'un bourgeois qui lui met de la neige dans le cou. Elle le frappe. Est arrêtée. Implore vainement Javert. Crache au visage de M. Madeleine qu'elle croit responsable de son renvoi. M. Madeleine la fait libérer. Début de l'agonie de Fantine. Cosette caresse les pelisses d'Éponine et d'Azelma. Les Thénardier ont reçu trois cents francs pour Cosette. « Je commence à l'aimer, moi, cette petite », dit Thénardier. Javert demande sa destitution à Madeleine pour l'avoir dénoncé à tort. Le vrai Jean Valjean aurait été retrouvé. Fantine apprend avec joie que M. Madeleine ira chercher Cosette. Il hésite toute la nuit s'il déposera à Arras au procès de Champmathieu accusé d'être Jean Valjean. Fantine attend Cosette. Madeleine se rend à Arras à bride abattue. Prière de Fantine à Madeleine. Déposition de Madeleine au tribunal : il fait libérer Champmathieu. Madeleine au chevet de Fantine : elle découvre avec horreur qu'il va être arrêté par Javert. Elle meurt. Le mensonge d'une Sœur permet à J.V. de prendre la fuite.

II LES THÉNARDIER. Noël à Montfermeil. Cosette regarde une grande poupée dans la vitrine d'un magasin de jouets. La Thénardier l'oblige à aller chercher de l'eau en pleine nuit. J.V. aide l'enfant à porter son seau. Dîne à l'auberge des

Thénardier. Sort et rapporte la grande poupée à Cosette. Il « rachète » l'enfant aux Thénardier. 1832 : seizième anniversaire de Cosette qui vit avec M. Fauchelevent (= J.V.) dont elle se croit la fille. Elle fait des signes à son amoureux, Marius, qui l'attend dans la rue. Marius se rend chez son grand-père royaliste, Gillenormand, avec qui il était brouillé pour raisons politiques, afin de lui demander la permission d'épouser Mlle Fauchelevent. « Fais-en ta maîtresse », dit le vieillard. Ulcéré, Marius tourne les talons. Dans la maison misérable où il vit, il a pour voisins les Jondrette (= les Thénardier), leurs deux filles et leur fils, le petit Gavroche. Éponine est amoureuse de Marius. Les Thénardier reçoivent la visite du philanthrope Fauchelevent et de sa fille. Fauchelevent promet de revenir à sept heures avec de l'argent. Thénardier-Jondrette a reconnu en lui l'homme qui avait emmené Cosette autrefois. Il prépare un guet-apens à son intention. Marius, qui l'a entendu à travers la cloison, court prévenir Cosette au jardin du Luxembourg. Jondrette a enrôlé pour son mauvais coup la bande de Patron-Minette. Marius prévient Javert ; ils conviennent d'un signal. Jondrette veut emprunter sa chambre à Marius qui reconnaît soudain en lui le sauveur de son père à Waterloo. Arrivée de Fauchelevent. Jondrette exige deux cent mille francs. Les membres de la bande sautent sur lui. Marius hésite à donner le signal. Fauchelevent s'applique un fer rouge sur le bras pour montrer que rien ne saurait l'effrayer. La police fait irruption dans la maison et arrête les bandits. Fuite de Fauchelevent. Javert se rend à son domicile. Fauchelevent nie avoir été victime d'un guet-apens. Il prend la fuite à nouveau. Marius apprend de Cosette, qu'il a rejointe dans la maison secrète de la rue Plumet, qu'elle va partir pour l'Angleterre avec son père. Fauchelevent survient et sépare les amoureux. Cosette en larmes. Fauchelevent et elle voient passer un convoi de forçats.

III LIBERTÉ, LIBERTÉ CHÉRIE, 1832. Émeutes contre le gouvernement du roi Louis-Philippe à l'occasion du passage du convoi funèbre du général Lamarque dans le faubourg St-Antoine. Des pierres, des meubles pleuvent sur les dragons et les gardes nationaux. J.V. promet à Cosette, très inquiète du sort de Marius, d'aller le chercher. Des étudiants et Gavroche construisent une barricade rue de la Chanvrerie. Marius, accablé de chagrin, reste passif. A 22 h 30, les gardes nationaux attaquent et une première fusillade a lieu. Le vieux Mabeuf va planter un drapeau au sommet de la barricade et est abattu. La fusillade reprend. Marius menace de faire sauter la barricade et oblige les gardes à reculer. Javert qui espionnait les étudiants est reconnu comme un mouchard et ligoté. Gavroche va chercher des munitions sur les cadavres. Il mourra en chantant. Les corps du vieillard et de l'enfant sont placés côte à côte. La garde nationale donne le canon. Éponine, habillée en garçon pour pouvoir arriver jusqu'à la barricade, meurt dans les bras de Marius. Elle lui a fait promettre qu'il lui donnerait un baiser sur le front quand elle ne serait plus. Les étudiants chantent « La Marseillaise » et refusent de se rendre. J.V. les a rejoints et a même sauvé des hommes. C'est à lui qu'il échoit d'exécuter Javert. Au lieu de cela, il le libère. Les étudiants font sauter la barricade. Les survivants seront exécutés. J.V. emmène Marius blessé et inconscient sur son dos. Javert le suit. J.V. traverse les égouts. Javert l'attend à l'autre bout. Il lui permet de porter le blessé chez Gillenormand. Avant de se rendre à Javert, J.V. obtient l'autorisation de passer chez lui ; Javert disparaît, incapable d'arrêter celui qui l'a sauvé. Ne pouvant pas non plus supporter ce manquement à son devoir, il se noie dans la Seine. Repas de noces de Marius et de Cosette. J.V. est absent. Le grand-père Gillenormand ouvre le bal avec la mariée. J.V. rôde sous les fenêtres illuminées. Le lendemain, il vient avouer à Marius qu'il est un forçat. C'est la raison pour laquelle il n'a pas voulu assister au mariage. Il dit aussi qu'il ne connaît Cosette que depuis une dizaine d'années. Il veut dire adieu à Cosette, l'embrasse et défaille. Il meurt après lui avoir confié les deux chandeliers d'argent de Monseigneur Myriel.

☞ Film extraordinaire à plus d'un titre, *Les Misérables* de Raymond Bernard représente d'abord, globalement, la plus satisfaisante des adaptations du roman d'Hugo. C'est le seul projet ambitieux, avec *Les Croix de bois* *, que Raymond Bernard (qui en avait beaucoup d'autres) ait pu mener à bien à l'époque du parlant, et on remarquera que cette fresque, ne serait-ce que par ses dimensions, détonne tout à fait dans le contexte assez confiné et étroit du cinéma français des années 30-35. *Les Misérables* fut le seul film présenté en trois épisodes (équivalant chacun à un long métrage complet) durant toute l'histoire du cinéma français parlant. Comme le rappelle Jacques Salles *in* « Raymond Bernard », Anthologie du cinéma, 1979, on projeta à Paris simultanément les trois parties dans trois salles d'exclusivité différentes (Paramount, Marivaux, Marignan) dont les horaires avaient été aménagés pour que le spectateur pût voir, s'il le désirait, la totalité du film dans la même journée. Ce qu'on sait moins, c'est que Raymond Bernard avait obtenu cette possibilité insolite de sortir une version en trois épisodes à la suite d'un marchandage et d'un accord avec les producteurs stipulant qu'une version en deux épisodes sortirait en même temps. Très vite, cette version d'environ 200' en deux épisodes (*Jean Valjean* puis *Cosette*) supplanta l'autre ; on la voyait encore, le deuxième épisode étant projeté la semaine suivante, dans les salles de quartier à la fin des années 40. En 1977 et en 1983, une heureuse initiative de la chaîne FR3 permit de revoir la version intégrale. L'interprétation, comme tous les historiens l'ont reconnu, est l'un des points forts du film, notamment avec le trio Baur-Vanel-Dullin. Harry Baur possède l'envergure physique et morale ainsi que la faculté d'adaptation indispensables pour incarner ce personnage que Hugo avait voulu montrer en état de métamorphose constante. A mesure qu'il se transforme, les tourments de Jean Valjean, les secrets de son passé et même ses sentiments d'amour paternel pour Cosette ajoutent à l'épaisseur ténébreuse du personnage qui, loin d'être ce monolithe qu'il paraît être dans certaines adaptations défectueuses, vit sous ses diverses identités des émotions et des expériences toujours nouvelles. Harry Baur est excellent dans tous les avatars du personnage, et particulièrement dans celui de Champmathieu. Charles Vanel était l'interprète idéal pour exprimer la force presque opaque de cette implacable robot du devoir qu'est Javert, dont la mansuétude manifestée par Jean Valjean – pour lui incompréhensible – brisera soudain le mécanisme. Dullin rend justice à la cocasserie noire et diabolique de Thénardier tout en communiquant au spectateur la répulsion que le personnage inspire. Du côté des femmes, il est connu que Raymond Bernard et son scénariste André Lang regrettèrent beaucoup qu'à la suite d'un différend Arletty n'ait pu interpréter Éponine. Dans ce personnage frustré et malchanceux, Orane Demazis se montre pourtant excellente et la scène où elle demande à Marius de l'embrasser après sa mort est tout à fait bouleversante. (On voit assez mal ce qu'Arletty aurait pu faire du rôle.) De même, en lieu et place de Danielle Darrieux d'abord envisagée, Josselyne Gaël, élégante, un peu affectée, au charme légèrement affadi de gravure de mode, ne fait pas du tout mauvaise figure. Dans la troisième partie, le ton cherche à se hausser jusqu'à l'épique et y réussit assez bien. Pour donner une vigueur accrue aux scènes d'émeute et de révolution, le style de Raymond Bernard délaisse soudain, l'espace de quelques plans, son classicisme naturel et emprunte aux techniques du reportage (panoramiques filés, caméra à la main, etc.). Innovation brutale, insolite et presque baroque dans le contexte du cinéma français de l'époque, si éloigné de tout avant-gardisme. Mais, d'une manière générale, Raymond Bernard triomphe surtout par sa grande sobriété, son sens de l'émotion vraie, à mi-chemin entre le mélodrame et le dépouillement, toujours dépourvu de chiqué et de boursouflure. Son adaptation des « Misérables » est un film d'honnête homme et d'humaniste. R. Bernard ne vise jamais plus haut que ce qu'il peut atteindre et atteint dès lors presque toujours son but, par une suite de décisions judicieuses et par son grand amour du travail bien fait. Les principales lignes de force du roman de Hugo sont présentes dans le film, de même que son intensité et son ampleur grandiose. Très égal, le film est particulièrement réussi dans sa transcription des scènes les plus mythiques de l'œuvre (le dîner chez Myriel, la rencontre Valjean-Cosette, la mort de Gavroche, celle de Valjean près des deux chandeliers). Là, Raymond Bernard a su trouver ce périlleux équilibre entre le familier et le légendaire qui seul permet à l'œuvre de vivre au présent, tout en restant fidèle au déroulement minutieux et pour ainsi dire sacré d'une intrigue qui appartient depuis longtemps à la mémoire de l'humanité.

## MISÉRABLES (LES)/L'ÉVADÉ DU BAGNE
### (I Miserabili)

1947 – Italie (92' + 99') • *Prod.* Lux (Carlo Ponti) • *Réal.* RICCARDO FREDA • *Sc.* Freda, Mario Monicelli, Steno et, pour la deuxième partie, Vittorio Nino Novarese d'ap. R. de Victor Hugo • *Phot.* Rodolfo Lombardi • *Déc.* Guido Fiorini, Guido Del Re • *Cost.* Dario Cecchi • *Mus.* Alessandro Cicognini • *Int.* Gino Cervi (Jean Valjean), Valentina Cortese (Fantine, Cosette adulte), Giovanni Hinrich (Javert), Aldo Nicodemi (Marius), Andreina Pagnani (Sœur Simplice), Ada [Duccia] Giraldi (Cosette enfant), Luigi Pavese (Thénardier), Gabriele Ferzetti (Tholomyès, l'amant de Fantine), Marcello Mastroianni (un étudiant révolutionnaire).

PREMIÈRE PARTIE : CACCIA ALL'UOMO (= Chasse à l'homme). Jean Valjean vole un pain à la vitrine d'une boulangerie. Le boulanger lui tire dans le dos. Jean Valjean s'effondre. Au bagne pour cinq ans, il travaille dans une carrière et tente de s'évader dans un chariot monté sur rails. Échec, suivi d'autres tentatives et d'autres échecs. J.V. sort du bagne après dix-huit ans, le jour où le gardien Javert est nommé vice-inspecteur. A Digne, J.V. est chassé de deux auberges à cause de son passeport jaune. La bonne de l'évêque, Mgr Myriel, cache l'argenterie, car elle a entendu parler du bagnard. J.V. fait irruption dans la salle à manger : « Madame Magloire, mettez un couvert de plus », dit l'évêque. Il conduit lui-même J.V. dans sa chambre. Nuit d'orage. Au matin, Mme Magloire annonce à l'évêque que J.V. a disparu avec les deux chandeliers. Il revient entre deux gendarmes. L'évêque lui dit qu'il aurait dû emporter aussi les couverts d'argent qu'il lui avait donnés. Il fait libérer J.V. et lui recommande d'utiliser cet argent à devenir un honnête homme. Dans la forêt, J.V. met le pied sur une pièce appartenant au petit Gervais. Il découvre la pièce et essaie en vain de retrouver l'enfant. Il pleure en criant son nom. Dans une diligence en route vers Montreuil, les voyageurs parlent du nouveau maire, M. Madeleine, qui a transformé la région et dont les usines sont très prospères. Il a cinq cents employés. C'est un homme qui vit sans femme et ne rit jamais. M. Madeleine (= J.V.) recueille un gosse qui ressemble au petit Gervais. La surveillante vient lui demander le renvoi d'une ouvrière, Fantine, toujours en retard le samedi. M. Madeleine reporte sa décision. Javert descend de la diligence. Il va prendre son nouveau poste. Il est accueilli par le conseiller communal Blanchard. Fantine avoue à la surveillante qu'elle a une fillette et pas de mari. Elle est renvoyée. Un soir, sur la place, un bourgeois lui met de la neige dans le dos pour amuser ses amis. Elle l'insulte et le frappe. Javert l'arrête. M. Madeleine la fait relâcher, quoiqu'elle lui ait craché au visage, le croyant responsable de son renvoi. Elle s'évanouit. M. Madeleine est à son chevet. Elle lui raconte comment, après un pique-nique joyeux à Paris avec des amies, tous les étudiants, leurs amants, leur avaient fait la surprise de disparaître en leur laissant une lettre... d'adieu. Toutes les amies avaient ri, sauf Fantine. Elle avait été obligée de confier son enfant, Cosette, aux Thénardier. Retour au présent : M. Madeleine lui promet de lui ramener Cosette. Fantine comprend qu'on puisse mourir de joie. Javert parle à Blanchard de l'étrange boitillement de M. Madeleine. Un peu plus tard, il offre au maire sa démission, car il l'a dénoncé à Paris comme étant le forçat Jean Valjean. Or celui-ci vient d'être retrouvé à Paris sous le nom de Champmathieu. Javert insiste pour que M. Madeleine accepte sa démission. « Etre bon est facile, dit Javert, le difficile est d'être juste. » Très tourmenté, M. Madeleine parle à la Sœur Simplice, à mots couverts, de son dilemme. « Il faut sauver l'innocent », dit la religieuse. J.V. rédige sa confession. Fantine meurt en voyant, de son lit, Javert l'arrêter. Ils passent par la fonderie, propriété de M. Madeleine. Juste avant d'être abattu par Javert, un ouvrier provoque un incendie qui permet à J.V. de prendre la fuite. J.V. rejoint Cosette à Montfermeil et l'aide à porter son seau. C'est Noël. J.V. dîne à l'auberge des Thénardier qui choyent leurs deux filles mais traitent Cosette comme une esclave. J.V. achète à Cosette la grande poupée du magasin sur la place. Il emmène l'enfant après avoir versé 3 000 francs à Thénardier. Thénardier le rattrappe dans la rue et exige 10 000 francs. J.V. menace de lui casser la tête. Thénardier va porter plainte. Cosette a la fièvre. J.V. entre dans une pharmacie et entend qu'on parle d'un homme qui a enlevé une enfant ayant avec elle une grande poupée. J.V. met en pièces la poupée, provoquant les larmes de Cosette. Il loue une chambre dans un hôtel en se faisant passer pour un aveugle. Un policier a vu son manège. Javert et ses hommes pénètrent dans l'hôtel. J.V. réussit à fuir avec Cosette. Il escalade un mur en tirant l'enfant par une corde. Ils se retrouvent dans le couvent de Sœur Simplice. Pour la première fois de sa vie, celle-ci commet un mensonge en déclarant à Javert qu'elle n'a vu personne.

SECONDE PARTIE : TEMPESTA SU PARIGI (= Tempête sur Paris). Paris, de nombreuses années plus tard. Des étudiants révolutionnaires publient une feuille clandestine. L'imprimerie est investie par la police. Marius Pontmercy réussit à leur échapper et s'introduit pour se cacher dans la maison où vit Cosette avec celui qu'elle croit être son père, M. Legrand (= J.V.). Cosette soigne Marius blessé, tandis que J.V. affirme aux policiers qu'il n'a vu personne. Marius laisse un mot avec son adresse dans le livre préféré de Cosette, les poésies d'André Chénier. J.V. trouve ce mot. Javert rend compte au Ministre de la Police Gillenormand (qui n'est autre que le père de Marius) des activités des factieux. Le Ministre lui demande le secret absolu sur son fils. Marius vit dans l'auberge tenue par les Thénardier. Éponine, l'une des filles des Thénardier, est amoureuse de lui. J.V. vient à l'auberge remettre un mot destiné à Marius, lui demandant de ne plus chercher à revoir Cosette. Thénardier reconnaît l'homme qui avait emmené Cosette enfant. Marius est venu revoir Cosette dans le jardin de sa maison rue Plumet et lui déclare son amour. Thénardier, sous la fausse identité du baron Thénard, rend visite à Cosette pour lui parler de son passé et de sa mère. J.V. met fin à leur entretien. Thénardier veut exercer sur lui un chantage. Les deux hommes doivent se revoir le lendemain à l'auberge. Une fois que J.V. est chez lui, Thénardier exige 200 000 francs. Une bande de conjurés survient, tous plus patibulaires et plus menaçants les uns que les autres. J.V. les affronte tous ensemble. Il est ligoté. Il s'empare d'un fer rouge préparé par Thénardier pour lui faire peur et se l'applique sur le bras. Javert, qui était déjà venu une première fois à l'auberge au début du guet-apens mais n'avait rien vu, surgit à nouveau quand Thénardier s'apprête à poignarder J.V. Ce dernier parvient à disparaître. Thénardier, arrêté, donne l'adresse de Legrand. Javert fait encercler sa maison, mais J.V. a déjà quitté les lieux pour une autre demeure secrète. Il annonce à Cosette qu'ils vont partir pour l'Angleterre. Cosette refuse d'y aller : elle aime Marius et ne veut pas quitter Paris. Le Ministre de la Police, guidé par Javert, vient voir son fils à l'auberge des Thénardier. L'entretien ne servira qu'à élargir le gouffre qui les sépare. La mort d'une fillette tuée lors de l'arrestation d'un homme par la police a provoqué des scènes d'émeute dans Paris. La cavalerie charge les émeutiers. Une barricade se construit.

Cosette vient à l'auberge des Thénardier pour voir Marius. Il n'y est pas. J.V. l'a suivie. Il la gifle et lui ordonne de rentrer à la maison. Les soldats canonnent la barricade. J.V., près de la barricade, renverse deux énormes piles de tonneaux qui dévalent la rue, écrasant tout, soldats et canon, sur leur passage. Gavroche est tué en allant chercher des munitions sur les cadavres. Combat au corps à corps sur la barricade. Marius est blessé. Les combats se poursuivent dans un café. Les prisonniers sont exécutés par l'armée. J.V. descend dans les égouts, portant Marius inanimé sur son dos. Il les traverse et, une fois sorti, tombe sur Javert. Il lui dit qu'il est Jean Valjean. Il lui demande de l'aider à porter Marius chez son père. Le Ministre dit à Javert qu'il aura une reconnaissance éternelle pour le sauveur de son fils. J.V. demande à Javert la permission de passer chez lui, rue de l'Homme Armé, nº 7. Javert accepte. Quand J.V. est entré dans la maison, Javert s'en va. Il rédige sa confession : il s'accuse d'avoir libéré un ex-forçat recherché, mais il admire aujourd'hui celui qu'il a persécuté toute sa vie. Il va se jeter dans la Seine. Cosette essaie sa robe de mariée. Le Ministre annonce à J.V. qu'il va recevoir un certain Thénardier. Ce sera d'ailleurs sa dernière audience, car il a décidé de donner sa démission au roi. J.V. se rend chez Thénardier pour l'empêcher de parler. Il s'avance, menaçant. Thénardier tire sur lui avant de faire, en reculant, une chute mortelle. Pendant ce temps on célèbre à l'église le mariage de Cosette et de Marius. Ils rentrent chez eux, inquiets de l'absence de J.V. Celui-ci apparaît, mortellement blessé. Il demande à Cosette de lui faire la lecture car il veut entendre sa voix une dernière fois. Il meurt en l'écoutant.

☞ Plus qu'à une adaptation, on a affaire ici à une véritable recréation du livre par un artiste et un grand cinéaste. Freda a vu dans l'œuvre de Hugo un grand roman d'aventures, entrecoupé d'éclairs mélodramatiques. Les contrastes abondent dans son film (en cela très hugolien) placés en général là où, dans les autres adaptations, on les a évités. Ainsi, dans l'évocation du destin de Fantine, des instants de bonheur intense (cf. l'admirable séquence du pique-nique dominical) cohabitent avec un immense désespoir. Même dans son agonie, ces contrastes se prolongent puisque, avant d'être saisie d'horreur devant la vision contre nature de l'arrestation de Jean Valjean par Javert, Fantine aura cru mourir de joie en apprenant qu'on lui ramènerait Cosette. Plus encore qu'au relief de chacun des personnages (qui pourtant en ont beaucoup, voir par exemple Javert et Cosette enfant, la plus émouvante des Cosette du cinéma), Freda s'est attaché au mouvement général du film. Ses *Misérables* sont avant tout une œuvre dynamique qui ne cesse jamais de progresser, comme une forêt de destins en marche, d'où se détache la figure d'un Jean Valjean que Freda a voulu le moins moralisant possible. Ce mouvement général du film tient énormément compte du rapport de chaque personnage à son décor, saisi par une caméra extrêmement vive et l'œil aigu du cinéaste. Comment Jean Valjean embrasse l'espace de la carrière quand il veut s'évader ; comment Fantine regarde la petite place enneigée où elle va aller « travailler » ; comment Cosette appréhende et redoute l'espace des adultes, vu de dessous la table où elle a coutume de se réfugier ; comment Javert se voit soudain séparé du monde et de lui-même comme par une grille avant d'aller se jeter dans la Seine : voilà quelques-unes des questions dont la réponse, inscrite dans la mise en scène, alimente le mouvement incessant du récit. Faux film riche, ces *Misérables* produits par la Lux ont bénéficié d'un budget relativement maigre qui a stimulé souvent l'imagination du réalisateur et parfois l'a brimée. Il faut dire nettement que la seconde partie n'est pas à la hauteur de la première. Elle contient des innovations discutables sur le plan du scénario (Marius fils du Ministre de la Police ; suppression des hésitations du même Marius face à Thénardier qu'il croit être le sauveur de son père ; blessure mortelle infligée à Jean Valjean par Thénardier), et la volonté de resserrement dramatique à tout prix a parfois engendré un appauvrissement des personnages. Cela n'empêche pas cette partie de contenir des scènes très belles, comme le suicide de Javert ou la mort de Jean Valjean écoutant la voix de Cosette. Certes, dans cette ultime scène, les chandeliers sont absents, mais un Italien est moins lié qu'un Français par le respect envers certains détails sacrés de l'œuvre. Cette « liberté » prise par rapport à Hugo souligne, comme nous le disions, le désir de Freda d'enlever au personnage de Jean Valjean ses aspects religieux et moraux. Dès le début du film, Jean Valjean n'est pas vu – si peu que ce soit – comme un coupable. Il n'a nul besoin de rédemption et son histoire sera celle d'un homme libre jusque dans ses fers, et qui lutte pour le rester, au sein d'une société violente, hypocrite et pleine de préjugés.

N.B. C'est seulement durant son exclusivité à Milan que le film fut présenté en une seule séance. Partout ailleurs en Italie, il fut exploité en deux parties séparées (à une ou plusieurs semaines d'intervalle). En France, il sortit en 1952, non pas sous le titre *Les Misérables* mais *L'évadé du bagne*, dans une version condensée d'environ 110'. Freda ne travailla pas à ce nouveau montage à propos duquel il ne fut jamais consulté. Autres versions des « Misérables ». Les Américains en ont donné trois dont aucune n'est inoubliable : une en 1919, de Frank Lloyd, avec William Farnum ; une autre en 1935, de Richard Boleslawski, avec Fredrich March (Valjean) et Charles Laughton (Javert) qui par son cabotinage rend indirectement odieux son personnage ; et une en 1952, de Lewis Milestone, avec Michael Rennie. De nombreux pays ont adapté ou transposé le roman de Hugo. Citons une version mexicaine de Fernando A. Rivero (1953) ; une version égyptienne de Kamal Selim (1945) où l'histoire du forçat est transposée dans l'Égypte contemporaine et une autre de Atef Salem (1967), également transposée en Égypte ; une version russe, *Gavroche*, de T. Loukatchevitch (1937) qui, comme son titre l'indique, est centrée sur le rôle de l'enfant, les autres personnages devenant secondaires ; une version japonaise en deux épisodes, le premier dû à Daisuke Ito, le second à Masahiro Makino (1950), avec Sessue Hayakawa dans le rôle principal. Il s'agit d'une transposition du roman durant l'ère Meiji. Après Raymond Bernard, les Français adaptèrent encore deux fois le livre. En 1958, Jean-Paul Le Chanois dirigea Jean Gabin dans une version en deux épisodes très médiocre, mièvre et statique, où la plupart des acteurs, ex. Blier en Javert, Bourvil en Thénardier, sont mal distribués et très en dessous d'eux-mêmes. En 1982, Robert Hossein, qui avait adapté le roman au théâtre, récidiva au cinéma avec un film qui n'est plus du théâtre, ni du cinéma, ni de la télévision, ni rien. Les épisodes sont massacrés les uns après les autres et Lino Ventura, né pour incarner Javert, y joue le rôle de Jean Valjean. Seul Michel Bouquet (en Javert justement) tire son épingle du jeu. Signalons enfin un téléfilm anglais de Glenn Jordan (1978) avec Richard Jordan (Jean Valjean), Anthony Perkins (Javert), John Gielgud (Gillenormand), Claude Dauphin (Mgr Myriel) qui valorise, non sans un certain talent, l'aspect feuilletonesque du roman et tout ce qui est action, poursuite, mouvement.

## MISSING
### (Porté disparu/id.)

1982 – USA (122') • *Prod.* U (Edward Lewis, Mildred Lewis) • *Réal.* COSTA-GAVRAS • *Sc.* Costa-Gavras et Donald Stewart d'ap. R. « The Execution of Charles Horman » de Thomas Hauser • *Phot.* Ricardo Aronovitch (Panavision, Technicolor) • *Mus.* Vangelis • *Int.* Jack Lemmon (Ed Horman), Sissy Spacek (Beth Horman), Melanie Mayron (Terry Simon), John Shea (Charles Horman), Charles Cioffi (Ray Tower), David Clennon (Phil Putnam), Richard Bradford (Carter Babcock).

Un businessman américain vient dans une capitale d'Amérique du Sud rechercher son fils, porté disparu au cours de la période de dictature ayant suivi un putsch militaire. Il mène son enquête avec sa belle-fille. Des divergences d'opinion et de mentalité existent entre eux mais iront s'amenuisant au cours de leurs efforts communs pour retrouver le disparu. Chemin faisant, le père découvre les preuves d'une participation américaine au putsch, que son fils, observateur attentif de la réalité politique, avait été l'un des premiers à constater. Au terme de ses investigations, le père apprend que son fils a été exécuté après quelques jours de détention.

☞ Le film se veut un acte d'accusation dressé contre l'une des formes les plus perverses de la barbarie moderne : à savoir qu'une dictature absolue, avec son cortège de brutalités et d'horreurs en tous genres, puisse recevoir, pour s'installer et pour durer, l'appui et la participation de la plus puissante démocratie occidentale. Costa-Gavras continue ainsi sa dénonciation tous azimuts des atteintes aux droits de l'homme dans le monde contemporain. Après la Grèce des Colonels (*Z*), la Tchécoslovaquie des procès staliniens (*L'aveu*), le terrorisme en Amérique du Sud (*État de siège*), le détournement de la justice dans la France de l'Occupation (*Section spéciale*), il s'attaque ici à la dictature militaire telle qu'elle sévit dans plusieurs pays d'Amérique du Sud avec l'aide et la bénédiction des Américains. Son style a acquis dans *Missing* plus de sobriété et de force persuasive qu'il n'en avait auparavant. Et le fait qu'une telle œuvre, grâce à l'habileté de sa dramaturgie et à l'excellence de ses interprètes, puisse atteindre un très vaste public s'inscrit dans la logique de ses intentions et de ses moyens, ici considérables. *Missing* s'apparente à une forme de journalisme honnête qui ne coupe pas les cheveux en quatre, qui n'a pas peur du spectaculaire et de la dramatisation, du moment qu'ils font partie du sujet. En progressant peu à peu sur le plan de la forme, alors que les intentions restent les mêmes, un film comme *Missing* finit par devenir assez différent de *Z* où le didactisme et la lourdeur du style empêchaient trop souvent l'adhésion aux convictions de l'auteur.

## MISSION DU COMMANDANT LEX (LA)
**(Springfield Rifle)**

1952 – USA (92') • *Prod.* Warner (Louis F. Edelman) • *Réal.* ANDRÉ DE TOTH • *Sc.* Charles Marquis Warren, Frank Davis d'ap. une histoire de Sloan Nibley • *Phot.* Edwin Dupar (Warner Color) • *Mus.* Max Steiner • *Int.* Gary Cooper (major Lex Kearney), Phyllis Taxter (Erin Kearney), David Brian (Austin « Mac » McCool), Paul Kelly (lieutenant-colonel Hudson), Lon Chaney (Pete Elm), Philip Carey (capitaine Ed Tennick), James Millican (Matthew Quint), Guinn « Big Boy » Williams (sergent Snow), Alan Hale, Jr. (Mizzell), Fess Parker (Jim Randolph), Wilton Graff (colonel Sharpe).

⊖ Fort Hedley, Colorado, durant la guerre de Sécession. Le colonel Hudson a demandé des renforts à Washington. Il se plaint que les Sudistes connaissent toujours l'itinéraire des troupeaux de chevaux (essentiels à la progression des armées) qu'il fait convoyer vers le fort. Étant donné l'activité intense des espions sudistes, la création d'un service de contre-espionnage nordiste serait indispensable. Hudson voudrait également bénéficier d'une livraison de nouveaux fusils à répétition Springfield. Il a choisi comme conducteur de convoi pour son prochain troupeau le major Alex Kearney qui empruntera l'itinéraire des cols de haute montagne de manière à éviter l'attaque des pillards sudistes. Mais, une fois de plus, ils sont là, et en grand nombre. Pour éviter des pertes inutiles en vies humaines, Kearney ordonne l'abandon du troupeau. Son second, le capitaine Tennick, opposé à cette décision, le fait passer en cour martiale. Kearney, en dépit de ses états de service, est chassé de l'armée. Parce qu'il est natif de Virginie, on lui prête des sympathies sudistes. Il n'a plus le droit de mettre le pied dans aucun fort ou enceinte de l'armée. On inscrit sur sa chemise la marque d'infamie : une traînée verticale de peinture jaune. Alors qu'il est redevenu civil, Tennick l'attire à dessein dans une bagarre à l'intérieur du fort : Kearney est arrêté et emprisonné. Il se retrouve en compagnie de deux pillards sudistes sur lesquels les Nordistes venaient de mettre la main. Il s'évade avec eux de la prison et se fait engager par leur chef, Austin « Mac » McCoole, qui, en guise de couverture, vend parfois des chevaux à l'armée nordiste. McCoole montre à Kearney la cachette des troupeaux volés. Mais personne ne sait de qui il tient ses informations concernant les itinéraires. Étant en réalité, comme Tennick, un agent secret travaillant pour un petit service, encore tout à fait informel, de contre-espionnage nordiste, Kearney fait son rapport au colonel Sharpe. Décision est prise d'éliminer McCoole afin que Kearney puisse le remplacer et avoir ainsi accès à ses sources d'information. Kearney apprend que son fils, le prenant pour un traître, s'est sauvé de chez sa mère. La famille de Kearney ignore en effet ses véritables activités. Une attaque est déclenchée contre les pillards sudistes. Tennick abat McCoole juste avant de mourir. Un peu plus tard, Kearney et un autre pillard, Elm, indiquent au colonel Hudson qu'ils remplacent McCoole pour la vente des chevaux. C'est alors que Hudson leur révèle que c'est lui qui renseignait McCoole sur les itinéraires. Les deux derniers chiffres du prix des chevaux acquis officiellement désignent lors de chaque transaction la cote où doivent passer les troupeaux. Kearney fait son rapport au colonel Sharpe qui lui apprend qu'on a retrouvé son fils dans un bureau de recrutement. Kearney va annoncer la bonne nouvelle à sa femme. Elle ne le croit pas, se dispute avec lui et le chasse. Elle révèle au colonel Hudson que son mari vient de lui apprendre qu'on avait retrouvé son fils. Hudson lui confirme la nouvelle mais comprend maintenant que Kearney travaille pour les Nordistes, car sans cela il n'aurait jamais pu se trouver en possession d'un tel renseignement. Hudson fait alors endosser à Kearney le meurtre de Sharpe abattu par Elm. Le peloton d'exécution vient le chercher mais six soldats qui lui sont restés fidèles lui permettent de s'échapper. Avec ces six hommes et un chargement de fusils Springfield, Kearney va tenter d'empêcher le troupeau conduit par le lieutenant Johnson de tomber dans une embuscade tendue par Hudson. Mais il est trop tard. Néanmoins, Kearney attaque le détachement de Hudson et capture ce dernier. Kearney est officiellement réintégré dans l'armée et devient le chef du nouveau Bureau de renseignements militaires. Sa femme et son fils peuvent être à nouveau fiers de lui.

☞ Dans la carrière éclectique d'André de Toth, le western est quantitativement le genre le mieux représenté (un tiers environ de ses films américains). Six des onze westerns qu'il a tournés ont pour vedette Randolph Scott sans former pour autant un cycle cohérent ; les deux meilleurs sont à notre avis *Man in the Saddle, Le cavalier de la mort,* 1951 et *The Stranger Wore a Gun, Les massacreurs du Kansas,* 1953. Pendant longtemps, le plus apprécié en France des westerns de De Toth fut *The Indian Fighter, La rivière de nos amours,* 1955, film pourtant assez mou. Mais le charme d'Elsa Martinelli et quelques extérieurs agréables avaient séduit les amateurs. *Springfield Rifle* offre la synthèse heureuse des qualités éparses dans les autres westerns de De Toth. Une intrigue assez complexe, originale, constamment dynamique, riche en rebondissements et en surprises, raconte la naissance du contre-espionnage dans le camp nordiste lors de la guerre de Sécession (le fusil Springfield qui donne son titre au film n'est qu'un élément accessoire de l'intrigue). Les qualités dramatiques du film sont magnifiées par un talent plastique évident. Des paysages très variés, particulièrement photogéniques sous la neige ou dans la brume, donnent au récit une grandeur qui n'est jamais sollicitée ni artificielle. De Toth nous rappelle ainsi que le western a toujours été, dans le cinéma hollywoodien, le lieu privilégié d'une fusion particulièrement féconde entre les éléments dynamiques et les éléments plastiques de la création cinématographique. Quant aux acteurs, De Toth ne les traite pas différemment, qu'il s'agisse de comédiens plus ou moins célèbres (on a vu sa magnifique utilisation d'Alexander Knox dans *None Shall Escape* *) ou de stars mythiques, comme ici Gary Cooper. Avec humilité, il cherche à retrouver et à mettre en valeur en chacun d'eux leurs qualités les plus personnelles et les plus naturelles. Tel plan de saloon où Cooper, dans ses nouveaux habits civils, s'avance vers le bar, cadré en pied et accompagné par un travelling, restitue à l'acteur son allure à la fois dégagée et prudente, son élégance innée et aussi ce qu'on pourrait appeler son réalisme légendaire. Sans impact dramatique particulier, un tel plan, qui n'est pas rare chez De Toth, donne l'impression, fugace mais intense, que le cinéma a été inventé pour montrer cela et rien d'autre que cela.

## MIYAMOTO MUSASHI

Inédit en France. 1944 – Japon (53') • *Prod.* Shochiku • *Réal.* KENJI MIZOGUCHI • *Sc.* Matsutaro Kawaguchi d'ap. un feuilleton de Kan Kikuchi • *Phot.* Shigeto Miki • *Int.* Chojuro Kawarazaki (Musashi Miyamoto), Kinuyo Tanaka (Shinobu Nonomiya), Kanemon Nakamura (Kojiro Sasaki), Kigoro Ikushima (Genichiro Nonomiya).

Au XVIe siècle, le jeune Genichiro Nonomiya et sa sœur Shinobu viennent supplier le célèbre duelliste Musashi Miyamoto, occupé à sculpter une statue du Bouddha, de leur apprendre les arts martiaux afin qu'ils puissent venger la mort de leur père. Miyamoto doit d'abord vaincre le clan qui l'a défié avant de répondre à leur requête. Les deux jeunes gens ne doutent pas un instant de sa victoire. Ayant effectivement triomphé de ses adversaires, il est à nouveau sollicité par Genichiro et sa sœur. Il leur déclare alors, et presque sur le ton de la colère, que les arts martiaux ne sont pas faits pour se venger ni pour atteindre aucun but matériel. Ils constituent un apprentissage spirituel conduisant l'homme sur le chemin de la vérité et de la vraie justice. Il accepte cependant de les entraîner. A quelque temps de là, Genichiro, encore peu expert dans l'art des armes, est tué par Kojiro Sasaki, autre duelliste célèbre engagé par les deux frères Samoto, samouraïs responsables de l'assassinat du père des jeunes gens. Le meurtre de Genichiro a lieu en présence de sa sœur et Sasaki insiste auprès d'elle pour qu'elle rapporte à Miyamoto que c'est bien lui qui en est l'auteur. La jeune fille attend toute une nuit que Miyamoto ait achevé ses travaux de dessin (« Le dessin et la sculpture, lui a-t-il dit, sont pareils aux arts martiaux ») pour lui raconter ce qui s'est passé. Aussitôt Miyamoto, blessé dans son honneur et voyant dans un combat avec Sasaki l'ultime occasion de prouver sa suprématie au sabre, n'a plus qu'une pensée : rencontrer son adversaire dans un duel officiel. Il estropie les deux frères Samoto venus l'agresser chez lui. Shinobu, qui pourrait les achever, préfère les épargner. Le grand duel est organisé : Miyamoto prend le dessus et abat son adversaire. Repoussant les discrètes propositions de mariage de Shinobu, il lui déclare qu'il consacrera le reste de sa vie à se perfectionner dans la vertu et dans les arts. Elle sera à tout jamais son épouse dans sa pensée. Elle se retire définitivement dans un monastère afin d'y prier pour le salut des âmes de son père et de son frère.

☞ Mizoguchi a lui-même dénigré ses films de la fin de la guerre et de l'immédiat après-guerre. Il a déclaré qu'il avait réalisé celui-ci afin d'éviter d'avoir à servir comme soldat. Bien inconsidérément, la critique et les historiens ont entériné son jugement. Basé sur la vie d'une figure légendaire de héros et de saint qui a inspiré de nombreux films à toutes les époques du cinéma japonais, *Miyamoto Musashi* est une œuvre où la femme n'occupe pas la place centrale. A ce titre elle ne présente qu'un intérêt secondaire pour son auteur. (On notera cependant que, même dans une histoire de clans et de samouraïs, Mizoguchi parvient à donner à une femme un rôle très important.) Tel quel, ce récit simple et dense comme une longue nouvelle mérite cependant d'être considéré avec attention. Pas encore rompu à l'emploi systématique du plan-séquence, Mizoguchi fait un usage étonnant et souvent admirable de la profondeur de champ. Voir le plan où Shinobu essaie vainement de riposter contre Sasaki, alors que son frère agonise au premier plan.

Voir aussi la scène où elle reste à l'avant-plan, n'osant déranger Miyamoto qui dessine, au fond du plan, dans sa maison. La plastique du film est très souvent remarquable (Miyamoto lavant son épée au pied de la montagne, après la lutte contre le clan qui l'avait défié). Grâce à sa science du découpage et à son génie plastique, Mizoguchi sait déjà unir une certaine solennité hiératique et ce sens de l'urgence tragique, caractéristique de ses chefs-d'œuvre des années 50. On devine aussi qu'il reste très réservé vis-à-vis de ce code de l'honneur ancestral dont Miyamoto représente une incarnation particulièrement spectaculaire. Et ce film aide à comprendre qu'il ne lui ait consacré qu'une place assez restreinte dans son œuvre. A ses yeux, ce code, imposant un idéal de vertu et de renoncement quasi inaccessible, dépasse l'homme et n'est pas fait pour lui. Le personnage de Miyamoto, qui foule aux pieds l'esprit de vengeance de ses deux solliciteurs, cède lui-même à un mouvement d'orgueil au fond guère plus respectable, quand il s'excite à l'idée d'aller combattre son rival Sasaki. A l'héroïne qui s'en étonne, il répondra par des arguments que Mizoguchi a voulu assez rhétoriques et peu convaincants. Par cet aspect secrètement critique, et rarissime dans l'œuvre des grands cinéastes japonais, ce film nous renseigne en profondeur sur l'état d'esprit de Mizoguchi et ne saurait pour cette raison être trop sous-estimé.

## M LE MAUDIT (M)

(Premier titre allemand : **Morder unter uns = Les assassins sont parmi nous)**

1931 – Allemagne (99') • *Prod.* Nero-Film • *Réal.* FRITZ LANG • *Sc.* Thea von Harbou, F. Lang, Paul Falkenberg, Emil Hasler, Adolf Jansen d'ap. un article d'Egon Jacobson • *Phot.* Fritz Arno Wagner • *Mus.* Grieg • *Int.* Peter Lorre (le meurtrier), Otto Wernicke (le commissaire Lohmann), Gustav Grundgens (le chef de la pègre), Ellen Widmann (Mme Beckmann), Inge Landgut (Elsie Beckmann), Ernst Stahl-Nachbaur (le préfet de police), Fritz Stein (le ministre), Theodor Loos (commissaire Grober), Friedrich Gnass (le cambrioleur), Fritz Odemar (l'arnaqueur), Paul Kemp (pickpocket), Theo Lingen (escroc), Georg John (le marchand de ballons aveugle).

La population de Berlin est terrorisée par la présence d'un tueur de fillettes qui a déjà fait sept victimes. La petite Elsie Beckmann, que le tueur rencontre alors qu'elle joue à la balle, sera la huitième. La police multiplie les fouilles, les reconstitutions, les interrogatoires, les rafles, mais reste impuissante. Les rafles quotidiennes gênent considérablement l'activité du monde de la pègre. Les chefs des différents syndicats du crime se réunissent pour décider d'une action commune. Parallèlement, une conférence de police a lieu pour arrêter de nouvelles mesures. Les chefs de la pègre décrètent de surveiller tous les enfants. Chaque mendiant se voit confier la responsabilité d'un certain nombre de rues. Pendant ce temps, l'inspecteur Lohmann, qui a étudié les dossiers des malades traités dans les asiles psychiatriques et sortis depuis cinq ans, fait fouiller la maison d'un certain Hans Beckert (qui n'est autre que le tueur). Un aveugle à qui le tueur avait acheté un ballon pour la petite Elsie le reconnaît à l'air qu'il siffle. Il désigne le tueur à un truand qui le suit et réussit à le marquer à l'épaule d'un M dessiné à la craie. Plusieurs truands se relaient pour filer le tueur. La fillette qui l'accompagne (et qui serait sans aucun doute sa prochaine victime) lui indique qu'il a une tache dans le dos. Le tueur découvre alors le M et comprend qu'il est traqué. Il se cache dans un immeuble de bureaux et y reste enfermé toute la journée. A la nuit tombée, les truands investissent les lieux, ligotent les gardiens et fouillent de fond en comble le building. Ils trouvent enfin le tueur au grenier. Un des gardiens a pu actionner le signal reliant l'immeuble à la police et les truands doivent prendre la fuite avec leur prisonnier. La police arrête un des truands, Franz, resté sur les lieux. L'inspecteur Lohmann l'interroge et, lui faisant croire que l'un des gardiens a été tué, obtient ses aveux. Dans une fabrique désaffectée, la pègre a organisé le procès du tueur. Il clame pour sa défense qu'il ne peut faire autrement que de tuer. Une malédiction pèse sur lui, alors que les truands qui prétendent le juger sont libres, eux, de ne pas commettre les forfaits qu'ils accomplissent. Le tueur dispose même d'un avocat qui fait valoir que son client, n'ayant pas son libre arbitre, ne peut être jugé coupable et doit être confié à un médecin. Mais tous réclament sa mort. La police, avertie par Franz, fait irruption dans la fabrique et arrête le tueur. Voix d'une femme en *off* : « Il faudra mieux garder nos enfants. »

☞ Ce fut pendant longtemps le film le plus célèbre de Lang, apprécié à parts égales pour son thème, l'interprétation sensationnelle de Peter Lorre et le style visuel du réalisateur. Lang avait choisi Peter Lorre, novice au cinéma, après son triomphe dans la pièce de Wedekind « Fruhlings Erwachen » où il jouait le rôle d'un adolescent de quatorze ans. *M* appartient à ce qu'on pourrait appeler la période *pâle* de Fritz Lang. Entre les noirs d'encre de l'expressionnisme et les gris d'acier de la période américaine, elle comprend *Le testament du Dr Mabuse* et *Liliom*, le seul film français de Lang. Avec le parlant, Lang a précisé qu'il chercha à s'intéresser de plus près et d'une façon plus réaliste à la psychologie individuelle des personnages. Loin des grands maîtres du crime qu'il avait montrés dans ses films d'aventures et dans ses feuilletons du muet, Hans Beckert, le tueur d'enfants, est un criminel noyé dans la foule, « ordinaire » par son mode de vie, son comportement et son appartenance sociale. Cette médiocrité le rend encore plus insaisissable et plus terrifiant. Philippe Demonsablon a noté avec raison : « *Le Maudit* réussit la gageure de présenter un personnage rigoureusement opaque et dont la fréquentation ne peut qu'épaissir le mystère. Comme ils se manifestent, ses actes, ses expressions, ses gestes demeurent étrangers, le rejettent dans un monde foncièrement autre » (*in* « Cahiers du cinéma », n° 99, 1959). Impossible de le comprendre : impossible donc de le juger, sauf comme une image-limite et tragiquement refermée sur elle-même de la condition humaine. Beckert appartient bien à la race des héros langiens, subissant une fatalité qui dirige et broie leur destinée. Mais cette fatalité fait partie ici des instincts du personnage : elle est intérieure à lui et sans doute, pour cette raison, plus cruelle encore. Ce serait d'autre part une erreur que de limiter l'intérêt du film à son personnage central (qui apparaît d'ailleurs dans beaucoup moins de la moitié des plans). Une bonne part du récit est en effet consacrée aux *réactions* sociales qu'engendre la présence du tueur, cancer significatif du tissu de cette société allemande à la veille de la montée du nazisme. Lang décrit, à cette occasion, deux petites sociétés secrètes – la police, la pègre – qui se mettent en mouvement dans un parallélisme qu'il a nettement souligné. Le film est aussi un reportage sur leur fonctionnement conjoint. Lang suggère, avec une ironie sardonique et secrète, que le monde de la pègre fonctionne beaucoup mieux que la police et atteint plus vite son but (la découverte et la capture du tueur), parce que plus motivée et mieux organisée. Le déploiement de ces deux sociétés illustre l'une des figures-mères de l'œuvre langienne, celle du piège, dans laquelle ici tous les membres d'un groupe social se liguent pour terrasser un individu isolé. Si monstrueux qu'il soit, cet individu ressemble alors à une sorte de victime pitoyable et l'ambiguïté du regard de l'auteur (qui devient au cours du film *notre* regard) ajoute à la complexité du personnage. Premier film parlant de Lang, *M* montre que l'auteur n'a en rien renoncé à se servir de ce qui faisait la force du muet (effets visuels, litotes, montage parallèle, etc.) tout en cherchant à obtenir du son un surcroît d'expressivité et de réalisme (cf. l'utilisation de l'air de Grieg tiré de « Peer Gynt » qui indique la présence menaçante du tueur et servira aussi à le perdre. Censé être sifflé par Peter Lorre, il fut, paraît-il, sifflé par Lang, car P. Lorre en était incapable). Le son renforce aussi les effets de litote visuelle (la mère de la petite Elsie criant son nom à travers des décors vides) et crée dans l'espace du film un effet supplémentaire d'absence et de vide très angoissant. Sur le plan de la construction d'ensemble du récit, le film n'a pas la perfection des œuvres américaines ultérieures (cf. la trop grande importance des séquences avec Lohmann). Légèrement balbutiant dans sa continuité (il faut dire aussi que nous n'avons plus accès à la version primitive de 117'), c'est surtout au niveau de la séquence ou du bloc de séquences que le film révèle sa force et son génie (cf. le parallélisme entre la conférence de police et la réunion des chefs de la pègre, ou bien le procès final).

N.B. Le remake par Joseph Losey (1951) pour le même producteur, Seymour Nebenzal, ne mérite pas l'opprobre qu'il a subi. C'est une œuvre d'une grande vitalité qui s'inscrit dans le contexte du *film noir* par sa description urbaine et vaut aussi par son effort de compréhension intime du personnage (interprété par David Wayne).

BIBLIO. : scénario et dialogues de la version de 99' publiés dans « L'Avant-Scène » n° 39 (1964) puis en anglais dans un volume de la collection « Classic Film Scripts », Londres, Lorrimer, 1968. Repris chez le même éditeur dans le volume collectif « Masterworks of the German Cinema », 1973. Un volume de la nouvelle collection « Synopsis », Nathan, 1989, a été consacré au film par Michel Marie. Superbe album de photos publié par la Cinémathèque Française et les Éditions Plume, 1990.

## MOMIE (LA)
## (The Mummy)

1933 – USA (74') • *Prod.* U (Carl Laemmle, Jr.) • *Réal.* KARL FREUND • *Sc.* Joseph L. Balderston d'ap. une histoire de Nina Wilcox Putnam et Richard Schayer • *Phot.* Charles Stumar • *Int.* Boris Karloff (Im-Ho-Tep), Zita Johann (Helen Grosvenor), David Manners (Frank Whemple), Edward Van Sloan (Dr Muller), Arthur Byron (Joseph Whemple), Bramwell Fletcher (Norton), Noble Johnson (l'esclave nubien).

En 1921, une expédition du British Museum effectuée près de Thèbes et dirigée par Joseph Whemple déterre la momie du prêtre Im-Ho-Tep mort il y a 3700 ans, ainsi que divers objets et ornements, dont un coffret revêtu d'une inscription menaçant de mort celui qui l'ouvrira. Spécialiste des sciences occultes et ami de longue date de Whemple, le Dr Muller supplie ce dernier de ne pas toucher au coffret et de le remettre là où il l'a trouvé. Recommandation inutile : le jeune Norton, collaborateur de Whemple, brûlant de curiosité, l'a ouvert et y a trouvé un papyrus roulé, couvert de hiéroglyphes. En le déchiffrant à voix basse, Norton a ranimé la momie qui s'est emparée du parchemin et a lentement disparu. Ce spectacle incroyable a rendu fou le jeune homme qui mourra quelques années plus tard dans un asile. En 1932, une autre expédition menée par Frank Whemple, le fils de Joseph Whemple, n'a rien découvert d'intéressant. Connaissant cet échec, un Égyptien, Ardath Bey (qui n'est autre qu'Im-Ho-Tep) vient proposer à Frank de lui révéler l'emplacement de la sépulture de la princesse Anck-es-en-Amon. Une fois l'expédition terminée, tout ce qui a été découvert dans cette sépulture revient au Musée du Caire, conformément aux accords passés entre le British Museum et les autorités égyptiennes. La nuit, resté seul près de la momie de la princesse, Im-Ho-Tep prononce les paroles rituelles inscrites sur le papyrus (qui est le rouleau de Toth par lequel Isis ramena Osiris au royaume des vivants). Au lieu que la momie se ranime, ces paroles attirent vers le Musée la jeune Helen Grosvenor, fille du gouverneur du Soudan et d'une mère égyptienne. Sa santé chancelante nécessite les soins constants du Dr Muller qui l'accompagne partout. Comme hypnotisée, Helen se rend jusqu'à la porte du Musée mais ne peut la franchir. Elle s'évanouit. Frank la ramène chez lui. Un gardien du Musée surprend Im-Ho-Tep dans son étrange cérémonie. Im-Ho-Tep l'abat et s'enfuit précipitamment, laissant sur place le rouleau, plus tard reconnu et emporté par Joseph Whemple. Im-Ho-Tep se rend chez les Whemple et réclame en vain le rouleau. Dans sa villa, décorée comme une demeure de l'Ancienne Égypte, se trouve un bassin à la surface duquel apparaissent les personnages et les lieux qu'Im-Ho-Tep désire voir. Il empêchera ainsi Joseph Whemple, en lui jetant un sort, de brûler le rouleau. Le vieillard s'écroule, victime d'une crise cardiaque. L'esclave nubien d'Im-Ho-Tep emporte alors le rouleau. Im-Ho-Tep a attiré chez lui Helen. Dans l'eau du bassin, il lui montre, alors qu'elle est sous hypnose, des images de leur passé commun. Ils étaient les enfants du même père et s'aimaient dans l'Égypte d'il y a 3700 ans. La princesse dont l'âme revit aujourd'hui en Helen était morte. Im-Ho-Tep avait voulu la ressusciter. Pour cela, il avait volé aux dieux le rouleau sacré de Toth mais avait été surpris avant d'avoir pu mener à bien son entreprise. Pour punition de son sacrilège, il avait été momifié vivant et son sarcophage avait été déposé dans un endroit secret, à côté du coffret contenant le rouleau. Im-Ho-Tep met fin à l'hypnose d'Helen et la renvoie chez elle. Elle supplie Frank, tombé amoureux d'elle, de ne plus jamais la laisser retourner chez l'Égyptien. Elle y retournera cependant et Im-Ho-Tep lui révélera ses véritables intentions. Ce n'est pas le corps momifié de la princesse qu'il aime mais son âme qui revit aujourd'hui en elle. Il veut la tuer pour pouvoir l'embaumer et la faire ensuite revivre éternellement grâce aux paroles sacrées du papyrus. Ayant brûlé la momie d'Anck-es-an-Amon, il s'apprête à plonger un couteau dans le ventre d'Helen, impuissante et consentante. Frank Whemple et le Dr Muller surgissent. Im-Ho-Tep essaie de les faire reculer. Helen prie le dieu Anubis de l'aider. Anubis foudroie le papyrus et aussitôt Im-Ho-Tep tombe en poussière. Helen rejoint Frank.

☞ Cette variation sur l'expédition et les découvertes des célèbres archéologues Lord Carnarvon et Howard Carter constitue un des trésors de l'âge d'or fantastique Universal. Boris Karloff, après ses prestations dans *Frankenstein**, *The Old Dark House* (James Whale, 1932) et *The Mask of Fu Manchu* (Charles Brabin 1932), se confirme ici définitivement comme l'un des plus grands acteurs hollywoodiens. Entièrement originale et non adaptée, ce qui est assez rare, d'un quelconque matériau littéraire, cette histoire de fascination amoureuse traversant les siècles et défiant le temps est traitée par Karl Freund, l'opérateur de Lang et de Murnau, dans un style laconique et sobre qui, par ailleurs, défie toutes les règles dramatiques et se soucie comme d'une guigne de donner un peu de logique à un récit abrupt qu'il faut accepter tel qu'il est. Le *climax* se trouve placé dans l'une des premières séquences (réveil de la momie) et les auteurs dédaignent de justifier, sauf par quelques phrases de dialogue assez peu convaincantes, le choix d'Im-Ho-Tep. Pourquoi préfère-t-il attirer à lui la lointaine descendante de ses amours, Helen Grosvenor, plutôt que de ranimer, comme il l'a été lui-même, la momie de la princesse, c'est-à-dire sa bien-aimée elle-même ? C'est surtout une fois le film fini qu'on mesure l'emprise qu'il a sur l'imagination. A cet égard on peut lui appliquer les célèbres remarques de Valery Larbaud (dans « Ce vice impuni, la lecture ») à propos de Mérimée : « L'effet, écrit Larbaud, ne commence qu'une fois la lecture achevée. Il (Mérimée) a dessiné sèchement, presque pauvrement, les attitudes de ses personnages, raconté très vite ce qu'ils ont fait ; et puis, il les a escamotés, la plupart du temps tués, supprimés – pantins jetés au feu après la courte représentation (...) Mais c'est alors qu'ils commencent à vivre. Notre imagination se met à reconstituer la nouvelle, moment par moment, action par action... » On s'aperçoit alors, dans le cas du film de Karl Freund, que cette action est assez riche. Sur le moment, son intensité, la force de sa fascination, toute pareille à celle que subit l'héroïne dans la très belle scène du bal, nous l'avaient fait croire plus sommaire, plus schématique qu'elle ne l'est vraiment.

N.B. Sur le thème de *La Momie,* quatre films suivirent, ne retrouvant à peu près rien de la poésie de l'original : *The Mummy's Hand (La main de la Momie)*, Christy Cabanne, 1940, le plus catastrophique des quatre, *The Mummy's Tomb*, Harold Young, 1942, *The Mummy's Ghost (Le fantôme de la Momie)*, Reginald Le Borg, 1944, le meilleur des quatre et *The Mummy's Curse*, Leslie Goodwins, 1944. Les trois derniers de ces titres sont interprétés par Lon Chaney, Jr. En 1959, la Hammer s'attaqua au thème de la Momie avec *The Mummy (La malédiction des Pharaons)* de Terence Fisher. Film assez terne mais contenant çà et là quelques éclairs et un emploi assez spectaculaire de la couleur (cf. la séquence de l'engloutissement de la Momie dans le marais). La Hammer produisit ensuite *The Curse of the Mummy's Tomb (Les maléfices de la Momie)*, Michael Carreras, 1964, *The Mummy's Shroud (Dans les griffes de la Momie)*, John Gilling, 1966 et *Blood for the Mummy's Tomb*, 1971, réalisé par Seth Holt qui mourut pendant le tournage et fut remplacé par Michael Carreras. Signalons enfin une parodie du film de Karl Freund, *Mummy's Boys*, 1936, de Fred Guiol avec les comiques, aujourd'hui oubliés, Wheeler et Woolsey.

BIBLIO. : un des exemplaires du scénario de tournage, intitulé *Im-Ho-Tep*, a été publié en fac-similé dans la collection : « Universal Filmscripts Series. Classic Horror Films » nº 7 chez MagicImage, Filmbooks, Absecon, N.J., 1989 (sans annotation sur les modifications apportées par le film définitif). Rappelons que le scénariste John L. Balderston fut l'un des auteurs de l'adaptation théâtrale du « Dracula » de Bram Stoker qui servit de base au scénario du film de Tod Browning. Outre *Im-Ho-Tep*, le film eut d'autres titres de travail : *The King of the Dead* et *Cagliostro*, ce dernier titre étant celui du synopsis de Nina Wilcox Putnam, largement transformé par John L. Balderston. Le volume comprend de nombreux documents et notamment des photos des séquences illustrant les diverses incarnations de la princesse Ank-es-en-Amon à travers les siècles : martyre offerte aux lions chez les Romains durant le Iᵉʳ siècle de notre ère, princesse saxonne tombée aux mains d'une horde de Vikings au VIIIᵉ siècle, gente dame au XIIIᵉ, aristocrate française au XVIIIᵉ. Ces séquences, sans doute parmi les plus spectaculaires du film, étaient aussi très nécessaires pour donner de la consistance et de la logique au personnage d'Helen Grosvenor (Zita Johann). Elles furent supprimées du montage final par Carl Laemmle, Jr. pour des raisons de rythme.

## MON AMIE FLICKA
## (My Friend Flicka)

1943 – USA (89') • *Prod.* Fox (Ralph Dietrich) • *Réal.* HAROLD SCHUSTER • *Sc.* Lillie Hayward, Francis Edwards Faragoh d'ap. R. de Mary O'Hara • *Phot.* Dewey Wrigley (Technicolor) • *Mus.* Alfred Newman • *Int.* Roddy McDowall (Ken McLaughlin), Preston Foster (Rob McLaughlin), Rita Johnson (Nell), James Bell (Gus), Jeff Corey (Tim Murphy), Diane Hale (Hildy), Arthur Loft (Charley Sargent), et Lassie.

Pour lui donner le sens des responsabilités, un éleveur de chevaux accepte de satisfaire le rêve de son fils : posséder un poulain. Le jeune garçon choisit Flicka, une pouliche née d'une jument indomptable et folle. Il réussira cependant à l'apprivoiser et à s'en faire une amie. Elle sauvera d'une mort certaine le père de l'enfant en lui signalant la présence d'une panthère.

☞ Adapté du best-seller de Mary O'Hara, le film fut un immense succès du cinéma pour enfants des années 40. Mièvrerie et moralisme sont au rendez-vous, mais sans excès. Pour le spectateur d'aujourd'hui, l'essentiel de l'intérêt du film est ailleurs : dans la vision des montagnes Rocheuses et d'un splendide élevage de chevaux filmés dans le Technicolor bariolé et éblouissant de Natalie Kalmus dont on n'a jamais vu depuis l'équivalent. En 1937, Harold Schuster avait dirigé avec un agréable talent plastique le premier Technicolor britannique *Wings of the Morning, La baie du destin*, et c'était déjà une histoire de chevaux.

N.B. Suite à *Mon amie Flicka* : *Thunderhead – Son of Flicka* (1945), réalisé par le spécialiste du cheval à l'écran, Louis King (le frère de Henry), auteur du superbe *Smoky* (1946).

## MONDE D'APU (LE)
## (Apu Sansar)

1959 – Inde (106') • *Prod.* Satyajit Ray Productions • *Réal.* SATYAJIT RAY • *Sc.* S. Ray d'ap. R. de Bibhutibhusan Bannerjee • *Phot.* Subrata Mitra • *Mus.* Ravi Shankar • *Int.* Soumitra Chatterjee (Apu), Sharmila Tagore (Aparna), Swapan Mukherjee (Pulu), Aloke Chakravarty (Kajal), Dhiresh Mazumdar (le grand-père), Shefalika Devi, Belarani Devi.

Calcutta dans les années 30. Faute d'argent, Apu n'a pas achevé ses études et vit dans une chambre très pauvre et bruyante près d'une ligne ferroviaire. Il a écrit un début de roman et envoie des contes à des journaux. L'un d'entre eux vient d'être accepté. Il se présente à l'embauche dans diverses places. Tantôt il a trop de diplômes pour faire l'affaire, tantôt c'est lui qui juge le travail qu'on lui propose trop débilitant (par exemple celui de manutentionnaire dans l'atelier de conditionnement d'un laboratoire pharmaceutique). Son ami Pulu, aujourd'hui ingénieur, vient le voir. Il lui reproche d'avoir dissimulé à tous son adresse et l'invite à dîner au restaurant. Ivre de bonne chère, Apu déclame ses poèmes dans la rue. Pulu lui propose un emploi de bureaucrate mais l'emmène auparavant assister au mariage de sa cousine Aparna dans un village. Hélas, le fiancé est fou et le mariage doit être annulé. Selon les croyances du village, Aparna sera maudite si elle ne se marie pas aujourd'hui. Pulu prie Apu d'épouser sa cousine. D'abord stupéfait par l'incongruité de cette demande, Apu finit par accepter. Il ramène à Calcutta sa jeune et ravissante épouse. Ils vivent ensemble en s'amusant comme des enfants et en oubliant le temps qui passe. Le bonheur empêche Apu de penser à son roman. Enceinte, Aparna décide de retourner chez elle pour un séjour de deux mois. Apu s'ennuie au bureau et seules les lettres de sa femme lui apportent un peu de réconfort. Un jour, un homme l'attend et lui annonce que sa femme est morte en couches. Apu se laisse aller au désespoir et pense au suicide. Il voyage pour tenter de retrouver la paix. Sur une colline, il disperse le manuscrit de son roman. Cinq ans plus tard, Pulu vient le chercher près de l'usine de Nagpur où il travaille. Pulu le rappelle à ses devoirs de père. Pendant cinq ans, Apu s'est contenté d'envoyer un peu d'argent au grand-père de l'enfant. Apu retourne au village de sa femme. Il lui faudra un certain temps pour apprivoiser son fils Kajal, qui lui lance d'abord un caillou et repousse ses gestes de tendresse. Apu est sur le point de renoncer à faire de lui un ami et s'apprête à partir. Kajal le suit de loin et montera bientôt sur ses épaules.

☞ Ce troisième volet de la trilogie d'Apu (cinquième film de Satyajit Ray) s'inscrit avec perfection dans la continuité de l'ensemble et aide à en dégager le sens. (Rappelons que cette œuvre n'avait pas été conçue au départ comme une trilogie et ne le devint, le succès aidant, qu'au fil des années). A chaque étape de sa vie, Apu a dû perdre ou quitter ce qu'il chérissait le plus au monde. Ces épreuves, qui font de la triologie une saga lyrique de la souffrance et de la frustration, ont pu souvent désespérer Apu. Elles ne l'ont jamais transformé en un être complètement amer. Elles lui ont enseigné les vérités fondamentales de la vie et, lorsque nous le quittons, il est devenu un homme à peu près réconcilié avec lui-même et avec le monde. A mi-chemin entre le pessimisme et la sérénité, le style de Satyajit Ray tend à accorder le plus de prix possible à chacun des instants, des décors, des paysages, des rencontres qui ont jalonné l'itinéraire et l'apprentissage du héros. Il est étonnant de constater avec quelle économie de moyens S. Ray réussit à rendre attachants ses personnages et, par exemple, celui d'Aparna, l'épouse d'Apu, dont la vie est si brève dans le récit et la mort si déchirante pour le spectateur. Les secrets de l'art de S. Ray sont plus simples à énumérer qu'à utiliser : la contemplation, l'attention passionnée aux êtres, la lenteur du rythme (qui n'empêche pas que beaucoup d'événements surgissent dans cette trilogie) et un recours très habile et quasi invisible à certains procédés stylistiques très classiques, mais idéalement adaptés à l'effet particulier qu'ils veulent produire. Ainsi la présence d'Aparna est-elle prolongée dans le récit, avant l'annonce brutale de sa mort, par sa lecture en voix *off* de la lettre qu'elle a écrite à Apu et que celui-ci relit au bureau, dans l'autobus et sur le chemin de sa maison. Comme chez Ozu, la maturité de l'art de Satyajit Ray a exigé autant de travail et d'effort pour atteindre la perfection que pour faire oublier qu'elle l'atteint. C'est alors au spectateur d'accorder à ses films un peu de cette attention précieuse dont l'auteur fait constamment preuve vis-à-vis de son sujet, de ses personnages et de la réalité.

BIBLIO : voir *Pather Panchali* *.

**MONDE LUI APPARTIENT (LE)**
**(The World in His Arms)**

1952 – USA (104') • *Prod.* UI (Aaron Rosenberg) • *Réal.* RAOUL WALSH • *Sc.* Borden Chase, Horace McCoy, R. Bertenson d'ap. R. de Rex Beach • *Phot.* Russell Metty (Technicolor) • *Mus.* Frank Skinner • *Int.* Gregory Peck (capitaine Jonathan Clark), Ann Blyth (comtesse Marina Selanova), Anthony Quinn (le Portugais), John McIntire (Deacon Greathouse), Andrea King (Mamie), Carl Esmond (le prince Semyon), Eugenie Leontovich (Anna), Sig Ruman (général Ivan Vorashilov), Hans Conried (Eustace), Bryan Forbes (William Cleggett), Rhys Williams (Eben Cleggett), Bill Radovich (Ogeechuck).

San Francisco, 1850. Le fringant capitaine Jonathan Clark, surnommé « L'homme de Boston » par les Russes qui le traquent vainement depuis des années, revient de deux ans de pêche au large de l'Alaska (territoire russe à cette époque). Son bateau est rempli de peaux de phoque qu'il va négocier par l'entremise de son homme de confiance, Eben Clegett. Mais pour l'heure, il lui faut reprendre son équipage au Portugais, un capitaine escroc, qui a kidnappé ses hommes et les a enfermés dans le bar de Kelly. Clark et le Portugais sont des rivaux de longue date, mais c'est toujours l'Américain qui a le dernier mot. Après une bagarre homérique, Clark, aidé de son second, Deacon, et du fidèle esquimau Ogeechuck, récupère ses matelots. Il loue ensuite une dizaine de chambres dans le plus somptueux hôtel de la ville afin d'y fêter dignement son retour. Privé de l'équipage qu'il avait volé, le Portugais ne peut plus conduire à Sitka, comme il s'y était engagé, la comtesse Marina Selanova, nièce du gouverneur de l'Alaska. La comtesse cherche à fuir le prince Semyon qu'elle devait épouser sur ordre de son oncle. Sollicité de remplacer le Portugais, Clark qui n'a aucune inclination pour la noblesse russe et le tsar, refuse catégoriquement au général qui accompagne la comtesse de faire le voyage. Le sachant admirateur du beau sexe, la comtesse ne voit d'autre solution pour obtenir gain de cause que de se mêler aux filles que Clark a convoquées pour animer la fête qu'il donne à l'hôtel. Là, Marina, passant pour la suivante de la comtesse, attire l'attention de Clark qui l'invite à dîner et lui fait visiter San Francisco. Coup de foudre réciproque. La comtesse rentrera à l'aube comme hypnotisée. Le lendemain, Clark l'emmène faire un tour à bord de son bateau, le « Pèlerin de Salem », et les deux amoureux fixent la date de leur mariage. Clark fait part à celle qu'il prend toujours pour une roturière du rêve de sa vie : acheter le territoire de l'Alaska aux Russes pour le compte de l'Amérique et mettre fin ainsi au massacre des phoques par les Russes qui ne respectent plus dans leur chasse effrénée à la fourrure les règles indispensables à la préservation de l'espèce. De retour à son hôtel, la comtesse a la mauvaise surprise d'y retrouver le prince Semyon qui l'emmène de force à Sitka. Clark se retrouve seul à son mariage et apprend avec stupéfaction la véritable identité de sa fiancée. C'est l'occasion d'une belle séance de rigolade pour le Portugais. Dépité et n'ayant plus de crédit à l'hôtel, Clark pense à vendre son bateau. Le Portugais s'offre à le lui racheter. Clark lui fait une autre proposition : une course entre les deux bateaux jusqu'aux îles Pribilof. Le vainqueur gagnera le bateau de l'autre. Durant la course, Clark prend tous les risques et remporte la victoire. Il aurait même été jusqu'à éperonner la « Santa Isabella » du Portugais, si Deacon ne l'avait assommé avant. Dans l'archipel, Clark fait encore une fois le plein de fourrures. Le Portugais, que Clark s'est pourtant refusé à dépouiller de son bateau après la course, tente de lui voler en mer sa cargaison de peaux. Mais la canonnière de Semyon survient et fait prisonniers les deux équipages. A Sitka, le prince fait fouetter l'Américain devant la comtesse. Pour lui éviter la pendaison, celle-ci accepte d'épouser Semyon contre la libération de Clark. Les prisonniers sont relachés. Mais, au cours de la cérémonie du mariage entre Semyon et la comtesse, les hommes de Clark et du Portugais, ayant revêtu les robes des popes, font le coup de poing contre la noce et emmènent la comtesse. Clark tue Semyon en duel et fait sauter sa canonnière avant de rejoindre Marina à bord du « Pèlerin de Salem ». Et en 1867, les États-Unis achetèrent effectivement aux Russes l'Alaska...

☞ C'est l'un de ces films emblématiques de Walsh qui semblent à chaque fois résumer son œuvre entière tout en la faisant progresser. Par une sorte de prodige, Walsh fut capable d'en réaliser à peu près un par an durant les vingt dernières années de sa carrière. Il s'agit ici d'un divertissement spectaculaire et varié, fondé sur une réalité historique qui ressemble au plus extravagant des romans (l'achat du territoire de l'Alaska par les Américains). Le film est composé de trois parties relativement distinctes qui donnent une idée assez juste de l'immensité du registre walshien. Dans la première, qui va jusqu'à l'enlèvement de la comtesse par Semyon, humour, truculence, relief et pittoresque servent d'introduction à l'élan romanesque qui pousse le capitaine et la comtesse l'un vers l'autre avant leur brutale séparation. Dans les scènes de groupe, la mise en scène finit presque par devenir brouillonne, tant elle est dynamique. Dans les scènes intimes, Walsh montre qu'il a toujours été le poète de la passion amoureuse et des rencontres providentielles entre les êtres. Cette première partie, une sorte de film complet à elle seule, offre un condensé extrêmement séduisant de l'univers walshien. La deuxième partie (course des deux voiliers) est une *marine* admirable, une étude de mouvements à travers laquelle Walsh révèle une autre facette de son talent : celle du peintre des éléments et de l'énergie humaine face à ces éléments. La troisième partie (mariage empêché de la comtesse) est un récit d'aventures feuilletonesques, fantaisistes, hollywoodiennes si l'on veut, où le Technicolor est roi. Dans les trois parties, le jeu, le déguisement, la compétition vue comme une partie de plaisir ont la part belle ; rien n'y résiste, sauf l'amour. Bien que bénéficiant d'un budget beaucoup moins important que *Captain Horatio Hornblower* *, *Le monde lui appartient* ne lui est en rien inférieur comme films d'aventures maritimes et comme film tout court. Dans la première partie des années 50, la mer est d'ailleurs un élément essentiel de la poétique walshienne et a inspiré au cinéaste quatre films importants : *Captain Horatio Hornblower* *, celui-ci, *Barbe-Noire le pirate* *, *Sea Devils* *. Au sein du groupe, *Le monde lui appartient* se distingue par sa vivacité, sa perpétuelle effervescence dionysiaque, sa légèreté géniale permettant à l'auteur d'évoquer ce qui lui tient le plus à cœur sur un ton dégagé et narquois qui a beaucoup de charme.

## MONDE TREMBLERA (LE)

1939 (ressorti sous le titre *La révolte des vivants* en 1945) – France (108') • *Prod.* CICC • *Réal.* RICHARD POTTIER • *Sc.* J. Villard, Henri-Georges Clouzot, d'ap. R. « La Machine à prédire la mort » de Charles-Robert Dumas et Roger-Francis Didelot • *Phot.* Robert Le Febvre • *Mus.* Wal-Berg, Jean Lenoir • *Int.* Claude Dauphin (Jean Durand), Erich von Stroheim (Emil Lasser), Madeleine Sologne (Marie-France), Julien Carette (Julien Bartaz), Mady Berry (Mme Bécu), Armand Bernard (Martelet), Aimos (l'escarpe), Robert Le Vigan (le greffier), Roger Blin (le condamné), Christiane Delyne (la fille), Henri Guisol (le docteur).

Un jeune savant, Jean Durand, a construit une machine capable de révéler à chaque utilisateur la date exacte de sa mort. La machine ne se trompe jamais. Une prostituée que Jean veut utiliser comme cobaye s'enfuit, horrifiée, quand elle apprend de quoi il s'agit. Un proxénète traqué accepte l'expérience en échange de l'hospitalité. Le quintuple tabulateur de la machine (année, mois, jour, heure, minute) lui apprend qu'il n'en a plus que pour quelques instants à vivre. Il est effectivement tué par ceux qui le poursuivaient. Le commanditaire du savant, un homme cupide et sans scrupule, passe à son tour sur la machine : il lui reste quelques jours de survie. Sceptique, il traite Jean d'imbécile. Mais à l'heure fixée, persécuté par ses créanciers, il se suicidera. Divers patients connaîtront à leur tour les oracles de la machine. Un malade imaginaire apprend qu'il a encore soixante-trois ans à vivre, soixante-trois ans de tortures à subir. Il essaiera vainement de se faire assassiner par son maître d'hôtel. Un autre « client » de la machine, quand il connaît le verdict, s'empresse de tuer sa maîtresse puis court se rendre au commissariat. « Je n'en ai plus que pour un mois, dit-il. C'est magnifique ». Après la mort du commanditaire, sa fille, fiancée à Jean, se détourne de lui et s'intéresse à un jeune docteur auquel Jean reprochait son manque d'ambition. « Je ne peux t'aimer, explique-t-elle à Jean. J'ai encore plus de respect pour la mort que d'amour pour toi ». Le docteur ajoutera : « Toute notre civilisation est basée sur l'ignorance de la date de notre mort ». Dépité, Jean le fait passer sur la machine et lui montre, afin de le désespérer, la plaque qui indique son délai de vie : quatre jours. En réalité, c'est Jean lui-même qui n'en a plus que pour quatre jours. On commence à manifester dans les rues contre l'existence de la machine qui met en péril l'équilibre de la société. En effet un puissant homme d'affaires, se sachant promis à une mort prochaine, n'a pas hésité, pour ruiner un adversaire, à provoquer un krach gigantesque, pire que celui de 1929. Au jour qu'il croit à tort être celui de sa mort, le docteur tue Jean qui lui avoue son mensonge. Il lui demande de détruire la machine.

☞ L'éclectisme et le talent de Pottier apparaissent encore une fois dans ce récit original, basé sur un postulat fantastique fascinant. Ce postulat appartient à un type de spéculation exceptionnellement rare dans le cinéma français de l'époque, peu familiarisé avec les thèmes fantastiques. Il engendre pourtant un film puissamment révélateur du contexte social de l'époque. *Le monde tremblera* traite en effet l'un des sujets de prédilection du cinéma français des années 30 : la cruauté des milieux d'affaires, le fatalisme presque aveugle du monde boursier frôlant constamment l'abîme. Le film contient aussi une semi-dénonciation de l'arrivisme, notion qui à la fois impressionne et inquiète le cinéma de l'époque. Cet arrivisme n'est pas tout noir : il se teinte parfois chez certains personnages d'une nuance d'exigence, voire d'idéalisme. Le savant, tout arriviste qu'il est, repoussera par exemple avec dégoût les combines astucieuses de son commanditaire : créer une compagnie d'assurances et faire passer les clients sur la machine avant de leur signer un contrat. Sur le plan formel, le film est absolument typique de l'époque : mélange permanent d'ironie et de drame, structure latente de film à sketches. Cette structure qu'aucune période du cinéma d'aucun pays n'aura cultivée à ce point sert d'exutoire à la fécondité narrative de l'époque, tout en exprimant son profond pessimisme. Outre qu'elle met en valeur la prodigieuse variété des acteurs alors en activité, elle se prête au bilan, permet de tirer un trait, fait le vide après elle. Chaque sketch ou pseudo-sketch livre ainsi, de l'homme, une facette. Au moment du bilan, l'homme n'est que facettes, sans unité ni ligne conductrice ; une marionnette en quelque sorte. On constatera que les plus grands auteurs de l'époque, de Guitry à Mirande, de Duvivier à Renoir, auront sacrifié à ce type de construction, à cette figure qui, évidente ou cachée, reste liée au scepticisme souvent désespéré de l'époque de « la montée des périls ». L'angoisse latente dont elle est imprégnée s'exprime de manière exemplaire dans ce film dont le thème met chaque personnage face à l'idée de sa propre mort.

## MONDWEST
## (Westworld)

1973 – USA (88') • *Prod.* MGM (Paul N. Lazarus III) • *Réal.* MICHAEL CRICHTON • *Sc.* M. Crichton • *Phot.* Gene Polito (Metrocolor), • *Mus.* Fred Karlin • *Int.* Yul Brynner (le cow-boy), Richard Benjamin (Peter Martin), James Brolin (John Blane), Alan Oppenheimer (le chef superviseur), Victoria Shaw (la reine), Dick Wan Patten (le banquier), Linda Scott (Arlette).

Pour mille dollars par jour, le centre de loisirs Délos offre à ses clients la possibilité de vivre et d'exorciser leurs fantasmes dans trois univers différents : l'antiquité romaine au sein d'une reconstitution de Pompéi, de ses palais, de ses fêtes, de son climat de licence sexuelle ; le Moyen Age avec ses joutes et son romantisme amoureux ; l'Ouest de 1880 avec ses pionniers et ses bandits, sa violence latente ou déchaînée. Peter Martin, avocat dans le civil, et son ami John Blane, déjà client du centre, choisissent le monde de l'Ouest. On leur donne une tenue de cow-boy ; on les mène dans leur chambre, peu confortable mais fidèlement reconstituée, ni meilleure ni pire que celle d'un hôtel de l'époque. Blane initie son ami aux habitudes du lieu et lui apprend que tous les personnages qu'ils rencontreront, à l'exclusion des clients, sont des robots très perfectionnés. Dans un bar, Martin, provoqué par un cow-boy agressif, vêtu de noir, au regard dur et métallique, décharge son revolver sur lui. On emporte son cadavre. Blane précise à son ami que s'il avait utilisé son arme contre un être vivant, celle-ci n'aurait pas fonctionné. Dans une taverne, les deux amis montent avec deux filles peu farouches qui sont là pour les distraire. Il s'agit encore de robots, mais leurs clients semblent – après usage – satisfaits de leurs services. Durant la nuit, les employés du centre viennent ramasser les « cadavres » de l'attaque de la banque. On répare ensuite les robots dans un laboratoire souterrain. L'ingénieur en chef s'inquiète de la progression des pannes qui augmentent sans raison logique à la manière d'une maladie infectieuse. A cinq heures du matin a lieu la réactivation générale du centre. Le cow-boy agressif de la veille menace maintenant Blane. Martin arrive à la rescousse, tire sur lui et l'agresseur est défenestré. Martin est emprisonné. Après l'explosion du mur de la prison, programmée bien entendu par les employés du centre, il peut s'évader. Il rejoint son ami et va avec lui se promener dans la montagne où Blane sera mordu – pour de bon – par un crotale. Cet incident est une preuve supplémentaire du mauvais fonctionnement des robots. Un ingénieur propose tout bonnement de fermer le centre. Dans le monde médiéval, une servante gifle un client, habillé en seigneur, qui lui faisait des avances (autre panne). Le Prince Noir provoque ce client qui avait courtisé la reine – épisode prévu dans le scénario bâti à l'intention du client – puis lui enfonce son glaive dans la bedaine ; cela n'était pas prévu du tout dans le scénario. Martin et Blane rencontrent à nouveau le cow-boy agressif. « Encore toi ! » s'écrie Martin. Le cow-boy abat – pour de bon – John Blane. Tout à la fois incrédule et terrorisé, Martin prend la fuite à cheval. Un longue poursuite commence. Martin traverse le monde antique rempli de massacres (les robots y assassinent les clients). Dans leur souterrain, les employés prisonniers du système de fermeture sont bientôt asphyxiés. Martin, maintenant à pied, est rejoint par son adversaire ; il lui jette de l'acide à la figure, ce qui ne suffit pas à l'immobiliser. Il se réfugie alors dans le monde médiéval où le cow-boy le poursuit encore. Martin l'aveugle avec des torches puis l'enflamme. Le robot, brûlant comme un tison, aura encore quelques réflexes d'agressivité avant de se consumer définitivement. Martin, abasourdi, comprend qu'il l'a échappé belle.

☞ Premier film mis en scène par Michael Crichton, connu jusque-là pour ses romans à succès (« The Andromeda Strain » filmé – admirablement – par Robert Wise en 1971 et « The Terminal Man » filmé – beaucoup moins brillamment mais avec néanmoins un certain relief – par Mike Hodges en 1974). C'est une œuvre originale, maîtrisée et classique qu'on voudrait parfois voir aller plus loin dans chacune des directions qu'elle illustre : à savoir l'insolite, la SF, l'allégorie morale et l'allégorie tout court. L'insolite : quoique sévèrement bridé dans la mise en scène et tenu à l'écart de toute surexploitation baroque, il est constamment présent dans l'intrigue. Citons seulement cette poursuite finale d'un avocat déguisé en homme de l'Ouest par un robot cow-boy déréglé et féroce à travers un décor de château médiéval. Avec un humour discret mais bien réel, Crichton illustre un thème de base de la SF : la révolte des machines, en l'occurrence des robots. Aux yeux des hommes qui les ont fabriqués, cette révolte, cette prise de liberté ne peuvent être considérées que comme une panne, un dérèglement mécanique. Sur le plan fantastique, cette « maladie » est à la fois revanche contre la violence de l'homme et effet de la contagion de cette violence. Yul Brynner, admirablement distribué dans un rôle qu'il joua plusieurs fois dans des fictions réalistes de western (cf. *Les Sept Mercenaires* de John Sturges, 1961 et surtout l'excellent *Invitation to a Gunfighter* de Richard Wilson, 1964), souligne par son interprétation le caractère robotisé de la violence : obéissance muette et passive à l'instinct le plus aveugle, le plus mécanique de la nature humaine. Le récit contient en effet une allégorie sur la violence dans les sociétés modernes. N'étant plus une nécessité vitale, cette violence est réfrénée. Elle est devenue, en tant qu'interdit, une source de plaisir malsain que le centre de loisirs Délos essaie de satisfaire au niveau de l'imaginaire ; mais de l'imaginaire à la réalité, il n'y a qu'un pas, que les clients du centre seront obligés de franchir à leurs dépens. Le film enfin, d'une manière très générale, peut être vu comme une allégorie de la lecture ou de la vision des films. Chaque livre ou chaque film offre en effet aux lecteurs/ spectateurs l'occasion de vivre par procuration des émotions et des dangers sans risque à travers des personnages incarnant des tendances censurées ou refoulées dans l'existence quotidienne.

N.B. Suite - beaucoup plus terne : *Futureworld* (*Les rescapés du futur*, Richard T. Heffron, 1976).

BIBLIO. : scénario de tournage (fidèle à 90 % au film réel) publié en pocket book chez Bantam, New York, 1974. Dans sa préface, Crichton raconte le tournage, commente ses difficultés d'argent (la MGM croyait peu au film) et les blessures subies par les acteurs. Il déclare avoir recherché une mise en scène sobre, réaliste et au premier degré, allant contre l'étrangeté du récit pour mieux la mettre en valeur.

## MON PÈRE AVAIT RAISON

1936 – France (87') • *Prod.* Cineas (Serge Sandberg) • *Réal.* SACHA GUITRY • *Sc.* Sacha Guitry d'ap. sa P. • *Phot.* Georges Benoit • *Mus.* Adolphe Borchard • *Int.* Sacha Guitry (Charles Bellanger), Jacqueline Delubac (Loulou), Serge Grave puis Paul Bernard (Maurice Bellanger), Gaston Dubosc (Adolphe Bellanger), Marcel Lévesque (le docteur Mourier), Robert Seller (Émile Perducay), Pauline Carton (Marie Ganion).

Ier ACTE. L'architecte Charles Bellanger est dérangé par son jeune fils, Maurice, qui veut simplement le regarder travailler et semble en manque d'affection. Puis le père de Charles, Adolphe, apparaît ; il pense que sa belle-fille a quelque chose à lui dire. Adolphe est un fringant vieillard de soixante-douze ans (mais il en avoue soixante-dix-sept pour qu'on le trouve encore plus vert). Il expose complaisamment à son fils sa philosophie de la vie aimablement cynique et désabusée : l'égoïsme en est la pierre angulaire. Il refuse de tomber dans les pièges du sérieux, les illusions de la morale, ne croit pas à la famille et guère à l'amitié. Il pratique le mensonge comme un art et une volupté ; il ne regrette nullement d'être veuf, car sa femme était terriblement ennuyeuse. Il professe qu'aucun mariage ne peut être vraiment équilibré car, si les femmes sont faites pour être mariées, les hommes sont faits pour le célibat. Tous les soirs, il s'habille pour aller manger à son Cercle, seul, indépendant et heureux. Il est persuadé que son fils pensera un jour comme lui et tient qu'il faut témoigner une infinie confiance à la vie. Resté seul, Charles reçoit un coup de fil de sa femme. Elle est dans une gare et lui dit adieu pour toujours, ayant trouvé le parfait amour. Charles déclare à son fils qu'il ne le mettra pas à l'internat comme il en avait l'intention mais qu'il s'occupera seul de son éducation. IIe ACTE. Vingt ans plus tard. Maurice a maintenant trente ans et Charles s'apprête à fêter son cinquantenaire. A cette occasion, il déclare à son fils que, lui ayant transmis tout son savoir, il veut vivre désormais pour lui-même, rajeunir son mobilier et ses habitudes, et même s'intéresser aux élégances. Maurice a une maîtresse qu'il se refuse absolument à épouser pour ne pas revivre l'expérience de son père. Charles reçoit un coup de fil de sa femme (dont il n'a pas légalement divorcé). Elle est encore dans une gare, mais cette fois sur le retour. Elle tient à le revoir. Charles accepte avec gêne sa visite. Mais une jeune inconnue se présente d'abord à sa porte, c'est la charmante Loulou, maîtresse de Maurice qu'elle aime profondément. Comme Maurice prétexte toujours qu'il ne peut pas laisser son père seul et se refuse ainsi à mener vie commune avec elle, il lui est venu une idée qu'elle expose avec autant de timidité que de culot à Charles : elle lui propose, avec photo à l'appui, sa meilleure amie comme petite amie. Grâce à cette compagnie, Charles pourrait lui laisser son fils tout à elle. Charles met prestement dans sa poche la photo de l'amie et donne à Loulou, qui l'a conquis, l'argent nécessaire pour entraîner Maurice à Venise pendant quelques jours. Elle croise en s'en allant l'épouse de Charles. Celui-ci la reçoit et doit la dissuader de reprendre la conversation là exactement où elle l'avait laissée, il y a vingt ans. C'est ce qu'elle s'apprêtait à faire avec une mauvaise foi qui n'a d'égal que sa monumentale inconscience. Charles lui dit de revenir dans dix ans puis lui adresse, par galanterie et parce qu'il en a été sollicité, un compliment qui la ravit : oui, elle peut encore séduire un homme. IIIe ACTE. Quelques jours plus tard, Charles a changé d'existence. Comme son père autrefois, il dîne maintenant tous les soirs au Cercle. Il achète des meubles anciens, des tableaux. Il inquiète ses domestiques qui font part de leurs craintes à Maurice de retour de Venise : Monsieur serait-il devenu fou ? Pour les rassurer, Maurice convoque un médecin, ami de la famille. Il observera sans en avoir l'air le comportement de Charles. Au bout de quelques minutes, son diagnostic est net : Charles est atteint de « futilité ». Maladie sans aucune gravité mais qui, dans son cas, risque d'être incurable. Maurice présente Loulou à son père, comme s'il la connaissait à peine, afin d'avoir son opinion sur elle. Charles conseille aux deux amants de se marier. Maurice comprend alors que Loulou connaissait déjà son père, ce qu'elle lui avait caché. Maladivement sensible aux mensonges, il veut rompre. Charles l'en dissuade en soulignant les mensonges que son fils, qui pousse les hauts cris, vient lui-même de commettre. Il essaie de lui transmettre les fruits de la sagesse qu'il a héritée de son père. Et les trois personnages s'éloignent joyeusement bras dessus, bras dessous.

☞ C'est le cinquième film de fiction réalisé par Guitry et le troisième pour la seule année 36 pendant laquelle, après *Le Nouveau Testament* et *Le roman d'un tricheur**, il tournera encore *Faisons un rêve** ! Qu'une des plus grandes pièces du théâtre français du XXe siècle ait pu être filmée (à la perfection) par son auteur qui, de plus, l'interprète à tout jamais devant nous, une telle merveille étonnera plus encore les générations futures que les spectateurs d'aujourd'hui. Seuls quelques érudits, étudiant le cinéma de manière archéologique, se souviendront que la critique, les historiens et une certaine partie du public avaient marchandé à Guitry leur admiration pendant les vingt années qui suivirent son premier film. Dans la production titanesque, tant sur le plan quantitatif que qualitatif, de Guitry, *Mon père avait raison* apparaît sans doute comme l'œuvre centrale, la plus brillante et la plus solide. Sa construction et sa dramaturgie, d'une habileté et d'une simplicité géniales, enferment comme en une fine cage de verre toute la philosophie et la sagesse de l'auteur. L'intrigue, forte et classique, n'empêche pas le spectateur d'avoir constamment l'impression d'assister à la naissance d'une suite d'aphorismes auxquels la sincérité des personnages et des acteurs donne leur vérité immédiate et brillante et, en même temps, leur part d'éternité. Le pessimisme gai de Guitry, hérité d'une grande tradition de l'art français, retire sa confiance aux individus, à la morale, à la société, qui ne suscitent que ses sarcasmes, pour en faire don sans compter à la vie, comme l'expriment successivement les personnages d'Adolphe et de Charles. L'œuvre n'est si riche dans sa légèreté que parce qu'elle est faite de contrastes, de tonalités qui, en s'opposant, se complètent. Pessimisme et gaieté. Férocité et émotion. En effet une note de lyrisme et même d'exaltation, qui n'a pas été assez soulignée, caractérise à plusieurs reprises la diction et le texte de certains personnages. C'est que ces personnages, qui se déchirent en nous amusant, qui découvrent leur vérité à travers les plaisirs du mensonge, qui font l'éloge de l'égoïsme, de la solitude, de l'indépendance, sentent bien qu'ils ont terriblement besoin des autres. Et l'auteur le premier : sans son environnement, son père, ses femmes, son public, il serait la désespérance même. Ces liens entre les personnages passent parfois au premier plan de l'œuvre et équilibrent alors, sans les contredire, sa sécheresse et son cynisme. Guitry filme sa pièce avec limpidité, en huit jours, telle qu'elle avait été présentée, en reprise, au Théâtre de la Madeleine (mai-juin 1936). Les décors ont été transportés au studio d'Épinay dès la fin des représentations. Guitry ménage quelques aérations (personnages marchant dans le parc) entre chaque acte, non pour susciter un mouvement ou des lieux supplémentaires, mais pour donner à l'œuvre une respiration plus large et des temps de repos. Sa confiance en lui-même et une juste et profonde intuition des pouvoirs du cinéma lui dictent de ne modifier en rien la structure de la pièce pour qu'elle passe admirablement l'écran. Il faut noter que la distribution et la répartition des rôles sont très différentes lors de la création (1919) et lors de la reprise et dans le film. Après « Deburau », « Mon père avait raison » est la deuxième pièce scellant la réconciliation de Sacha et de son père, brouillés depuis longtemps. Bien évidemment, Lucien Guitry ne pouvait se contenter de sa scène au premier acte avec son fils (même si elle est la plus importante de la pièce). Aussi, dans les actes II et III, Lucien reprend le rôle de Sacha (Charles), qui lui-même joue le rôle du gamin du Ier acte (Maurice), vingt ans plus tard. Ce vieux truc cinématographique de faire jouer le même rôle à deux acteurs différents (procédé utilisé ici deux fois) disparaît paradoxalement dans le film et à la reprise. Les quatre rôles Bellanger (si on compte celui du gosse) ne sont plus dans le film interprétés par trois mais par quatre acteurs, jouant chacun un seul personnage. La simplicité, le réalisme, la force de la pièce (qui autorise – virtuosité extrême – les deux répartitions) en sont à notre avis considérablement accrus. L'excellent Gaston Dubosc tient à l'écran le rôle du grand-père puis disparaît. Ce sont ainsi deux acteurs différents qui passeront le flambeau de leur sagesse à leur fils, alors qu'à la création Lucien Guitry accomplissait cela deux fois dans la peau de deux personnages différents : répartition plus artificielle et plus démonstrative. Il est impossible de comparer Y. Printemps et J. Delubac si on ne les a vues toutes les deux. Mais on ne court pas grand risque en affirmant que Delubac a rajeuni son rôle par son jeu vif, léger, moderne et constamment malicieux. Enfin le film innove par rapport à la reprise en nous donnant l'exquis et facétieux Lévesque dans le rôle du docteur et Robert Seller, un habitué de la troupe cinématographique de Guitry, dans celui du domestique. (Le manuscrit original de la pièce comporte un personnage supplémentaire, un antiquaire escroc et débutant, qui paraît dans une scène très amusante au début du troisième acte. Ce personnage supprimé dans la pièce l'a été aussi dans le film.)

## MONSEIGNEUR

1949 – France (96') • *Prod.* Films Richebé • *Réal.* ROGER RICHEBÉ • *Sc.* Richebé, Pierre Lestringuez, Carlo Rim d'ap. R. de Jean Martet • *Phot.* Philippe Agostini • *Mus.* Henri Verdun • *Int.* Bernard Blier (Louis Mennechain), Nadia Gray (la duchesse de Lémoncourt), Marion Tourès (Anna), Fernand Ledoux (Piétrefond), Jeanne Lion (Mme de Ponthieux), Maurice Escande (le duc de Saint-Germain), Yves Deniaud (Bouaffre).

Un professeur d'histoire découvre en la personne d'un modeste serrurier parisien un descendant direct de Louis XVI. Le serrurier est accueilli par un groupe d'aristocrates qui lui témoignent un infini respect et entendent le faire vivre sur un pied qui soit digne de lui. Le professeur prétend alors toucher de son protégé une petite rente. Il lui révèle qu'il a falsifié certains documents pour mieux persuader son monde. Le serrurier retourne illico dans sa boutique. Il rencontrera plus tard, par hasard, le professeur qui lui suggère alors que son hérédité royale n'était peut-être pas entièrement imaginaire.

☞ Ce plaisant divertissement qui remporta un grand succès développe avec adresse une intrigue très risquée et sait la mener à son terme de façon crédible et cohérente en évitant les facilités du burlesque, de la farce et de l'irréalisme. Y contribuent pour une grande part les dialogues de Carlo Rim et surtout l'interprétation parfaite de Bernard Blier, alors au sommet de son talent. Ce grand acteur donne une leçon de comédie en exprimant avec une étonnante maîtrise les différentes facettes de son personnage qui, après une période de stupéfaction et de scepticisme, se glisse peu à peu dans son rôle de roi avec une aisance et un naturel tout à fait savoureux. Blier incarne ici les vertus de l'acteur français par excellence : il réussit à donner de la mesure, du poids et de la crédibilité à un rôle improbable et à des situations aux limites de l'invraisemblable et du délirant.

## MONSIEUR LA SOURIS

1942 – France (106') • *Prod.* Films Richebé • *Réal.* GEORGE LACOMBE • *Sc.* Marcel Achard d'ap. R. de Georges Simenon • *Phot.* Victor Arménise • *Mus.* Georges Auric • *Int.* Raimu (Monsieur La Souris), Aimé Clariond (Simon Negretti), Micheline Francey (Lucile Boivin), Aimos (Cupidon), Gilbert Gil (Christian Ostiny), Charles Granval (M. Labordet).

Monsieur La Souris, un vieux clochard sympathique, anciennement professeur de solfège et ruiné par une femme, ouvre les portières devant un cabaret. Dans une des voitures, il trouve un cadavre. Le temps d'aller prévenir quelqu'un, la voiture repart. La Souris ramasse un portefeuille dont il remet le contenu – une grosse somme d'argent – à la police, espérant bien récupérer les billets dans un an et un jour. C'est pour lui le début d'une aventure pleine d'imprévu où il rencontrera banquiers et philatélistes, se fera assommer, servira d'appât pour retrouver l'assassin qu'il saura découvrir après avoir été kidnappé. Toutes ces épreuves ne lui rapporteront pas un sou, conclusion qui le plonge dans une colère noire.

☞ Agréable adaptation d'un roman de Simenon, assez infidèle dans le détail de l'intrigue à l'original. Elle est tirée vers l'humour et la bonhomie par les dialogues d'Achard et par la composition pittoresque – et un tant soit peu clownesque – de Raimu. Il faut dire que celle-ci constitue le principal attrait d'un film tourné à peu de frais mais avec une certaine légèreté de ton. Les scènes sans Raimu paraissent vite ennuyeuses. La relation du film avec son époque tient dans sa volontaire superficialité : les auteurs (Lacombe et Achard) ont surtout cherché à fabriquer un divertissement anodin qui soit, autant que possible, dépourvu de rapport avec la réalité immédiate. Cela dit, jusque dans ses faiblesses et sa futilité, le film rend hommage à l'éclectisme – nié parfois par certains – de l'œuvre de Simenon, d'où l'on put tirer deux films aussi différents dans leur ton et leur contenu que celui-ci et, par exemple, *Les inconnus dans la maison,* sortis la même année. Les romans, eux, avaient été publiés respectivement en 1938 et 1940.

## MONSIEUR MERCI
**(Arigato-san)**

1936 – Japon (72') • *Prod.* Shochiku • *Réal.* HIROSHI SHIMIZU • *Sc.* H. Shimizu d'ap. R. de Yasunari Kawabata • *Phot.* Isamu Aoki • *Mus.* Keizo Horiuchi • *Int.* Ken Uehara (M. Merci), Michiko Kuwano (la femme qui a roulé sa bosse), Mayumi Tsukiji (la jeune fille), Kaoru Futaba (la mère de la jeune fille), Takashi Ishiyama, Einosuke Naka.

Un voyage en bus entre Amagi et Tokyo. Le conducteur a reçu le sobriquet de Monsieur Merci parce qu'il remercie gaiement chaque véhicule, chaque convoi, chaque groupe de gens qu'il dépasse en roulant sur les routes, et même les troupeaux d'animaux. Il est la gentillesse, l'obligeance mêmes. Il transmet tout au long de son itinéraire des messages à diverses personnes qui ne sont même pas des clients ; d'où certains arrêts prolongés qui font râler un voyageur grincheux. Dans son bus sont montés aujourd'hui une jeune fille de dix-sept ans, honteuse et triste, que sa mère mène à la grande ville pour y être vendue. Le principal sujet de conversation parmi les voyageurs, c'est la dureté des temps, la dépression, le chômage. « La seule chose qu'on ait en abondance, dit une femme, ce sont les bébés ». De temps à autre, la fille que sa mère conduit à Tokyo pleure silencieusement. Le conducteur la regarde longuement dans son rétro, l'admire, et sa distraction manquera faire tomber le bus dans un précipice. Une jeune femme qui a roulé sa bosse (« J'ai erré si longtemps que je ne sais plus d'où je viens ») distribue de l'alcool et fait chanter les voyageurs – sauf le grincheux qu'elle n'aime pas et qui, vexé, rappelle que boire et chanter sont interdits dans les bus. Les arrêts se succèdent. Les clients changent. Une jeune fille demande au conducteur d'aller fleurir la tombe de sa mère à sa place, car elle va changer de lieu de travail. Un prêtre est en route pour assister à une veillée funèbre ; aussitôt deux voyageurs descendent, par superstition. On rencontre une troupe ambulante de Kabuki, qui fait la parade. Un gosse va voir sa grand-mère mourante. La femme qui a roulé sa bosse suggère au conducteur de renoncer à acheter un bus neuf comme il en avait l'intention pour se mettre à son compte. Elle lui conseille de consacrer ses économies à éviter à la jeune fille d'être vendue à Tokyo. Le lendemain, le conducteur, ayant suivi le conseil, ramène à Tokyo, parmi sa clientèle, la jeune fille de la veille, soulagée et radieuse.

☞ Chef-d'œuvre. Ce film de Shimizu (1903-1966), un réalisateur qui s'est souvent spécialisé dans les histoires d'enfants, reflète tout au long de ses soixante-douze minutes la divine légèreté de certaines œuvres des débuts du parlant. C'est l'époque où les intellectuels, les avant-gardistes, les formalistes, les timorés et les inquiets redoutent le nouveau moyen d'expression. D'autres, qui n'ont rien à perdre ou qui aiment la nouveauté pour elle-même, s'y jettent spontanément, à corps perdu, comptant bien que la nouvelle technique les aidera à mieux exprimer ce monde en mutation, plein de crises et de soubresauts, qui les environne. C'est le cas de Shimizu. La misère et la mort sont les deux sujets les plus souvent évoqués durant ce voyage en bus, seule péripétie d'un film constamment en mouvement, où les trois unités se trouvent respectées sans effort, où passe tout le malheur du monde, mais vu dans un élan de gaîté, de générosité et presque d'innocence, entraînant et contagieux. On retrouve cette même légèreté expressive dans *Treno popolare** de Matarazzo – où le néo-réalisme s'invente sans se faire remarquer – ou bien dans *Sonnenstrahl, Gardez le sourire,* 1933, de Fejos : larmes et sourires mêlés, confiance naïve dans la ténacité joyeuse de quelques-uns pour venir à bout de n'importe quel obstacle, et pour sauver le monde – qui en a bien besoin. L'interprétation est ici d'une finesse, d'une grâce confondantes. Utilisation géniale de la musique. Sur toute la ligne, le conseil d'André Fraigneau (« Glissez, mortels, n'appuyez pas ») est suivi à la lettre.

## MONSIEUR RIPOIS / KNAVES OF HEART

1953 – Franco-britannique (100')• *Prod.* Transcontinental Film (Paul Graetz) • *Réal.* RENÉ CLÉMENT • *Sc.* R. Clément, Raymond Queneau, Hugh Mills d'ap. R. « Monsieur Ripois et la Némésis » de Louis Hémon • *Phot.* Oswald Morris • *Mus.* Roman Vlad et Hugh Mills • *Int.* Gérard Philipe (André Ripois), Valerie Hobson (Catherine Ripois), Joan Greenwodd (Norah), Margaret Johnston (Anne), Natacha Parry (Patricia), Germaine Montero (Marcelle), Diana Decker (Diana).

Les infidélités et la légèreté de Ripois, un Français resté à Londres après la guerre, ont fini par lasser sa femme, une riche bourgeoise anglaise, qui veut divorcer. En son absence, Ripois fait une cour passionnée à Pat, une amie de sa femme. Il décide de se montrer à elle sous son vrai jour. Il lui raconte ainsi comment il avait fait la conquête de son chef de bureau, une femme autoritaire et froide. Mais la vie avec elle était rapidement devenue impossible et il avait rompu. Puis il avait séduit Nora, une jeune dinde, en lui promettant le mariage, avant de disparaître. Renvoyé de son bureau, il avait été également jeté à la rue par son propriétaire. Il connut la faim et la misère à Londres. Il passa même une nuit dehors puis fut recueilli, la nuit suivante, par une prostituée française, Marcelle. Il aura une courte liaison avec elle puis l'abandonnera, non sans avoir emporté une partie de ses économies. Il s'installa alors comme professeur de langue et de littérature françaises. Un jour, la mère d'un de ses élèves frappa à sa porte. Elle eut tôt fait de découvrir que les connaissances de Ripois en matière de littérature étaient égales à zéro. C'est elle qui deviendra sa femme. La confession de Ripois n'a pas eu sur Pat l'effet attendu : elle prend la fuite. Ripois essaie de la retenir en simulant un suicide. Mais il tombe réellement du balcon. Sa femme se méprend sur son geste et s'imagine qu'il a été provoqué par leur divorce prochain. Émue, elle change d'attitude : elle gardera son mari. Infirme, il est maintenant totalement à sa merci.

☞ Comme plusieurs films de René Clément, celui-ci est d'une facture sèche et impeccable. C'est une œuvre inclassable, à la fois très soignée et très ambiguë. On peut la rattacher au roman d'analyse à la française qui cherche à décrire plutôt qu'à juger. Avec une densité toute classique, Clément y traite plusieurs sujets en même temps. Il met l'accent sur la misère psychologique d'un Don Juan professionnel, incapable d'aimer, passant tour à tour dans les bras de femmes dominatrices qui le maternent ou de tendrons qu'il impressionne et qui bientôt l'ennuient. René Clément se livre aussi à une description superficielle mais très exacte du Londres des années 50. D'une manière plus générale, il donne une peinture, attachante dans sa froideur, de la solitude dans les villes. Tout le monde s'est plu à reconnaître la grande qualité des séquences où Ripois fait l'expérience de la misère dans la grande cité indifférente ou cruelle. Gérard Philipe trouve ici ce qui fut peut-être son meilleur rôle, le plus subtil et le plus attachant. Il prouve par son talent que les personnages superficiels et vides ont aussi leur tragique. A la même lignée ambiguë appartiendra quelques années plus tard le personnage d'Alain Delon dans *Plein Soleil** (1959). Premier dialogue de Raymond Queneau pour le cinéma.

## MONSIEUR SMITH AGENT SECRET
**(Pimpernel Smith)**

1941 – Grande-Bretagne (121') • *Prod.* Leslie Howard • *Réal.* LESLIE HOWARD • *Sc.* Anatole de Grunwald, Roland Pertwee, Ian Dalrymple d'ap. R. de A.G. MacDonnell • *Phot.* Mutz Greenbaum • *Mus.* John Greenwood • *Int.* Leslie Howard (Pr Horatio Smith), Francis L. Sullivan (général von Graum), Mary Morris (Ludmilla Koslowski), Hugh McDermott (David Maxwell), Raymond Huntley (Marx), Manning Whiley (Bertie Gregson), Peter Gawthorne (Sidimir Koslowski).

A la veille de la guerre, un paisible professeur d'archéologie entraîne un groupe d'élèves durant l'été dans des fouilles en Allemagne. Cela lui sert de couverture pour libérer des personnalités de valeur emprisonnées par le Reich. Ses élèves découvrent la vérité et demandent à participer à son action. Avec eux, Smith fait évader le père d'une jeune Polonaise persécutée par les nazis, ainsi que ses quatre codétenus. Puis, en détournant l'attention de la Gestapo vers des caisses de matériel archéologique, ils feront passer la frontière aux évadés.

☞ Ce film, anglais jusqu'au bout des ongles, est sobre, froid en apparence et non dénué d'humour. L'humour concerne surtout la description du général nazi interprété par Francis Sullivan. Ce personnage affirme notamment que Shakespeare était allemand ; et Leslie Howard de répondre qu'en tout cas les traductions anglaises de son œuvre sont excellentes. Le récit vise à montrer que, dans certaines circonstances, la vocation héroïque peut naître chez les êtres qui y étaient en apparence le moins préparés. Dans la conception anglaise, l'héroïsme a toujours quelque chose de paradoxal, d'inattendu et de secret. Il est vrai aussi que faire l'apologie de l'héroïsme dans le domaine de l'espionnage, c'est faire l'apologie du caractère anglais. Flegme, sang-froid, réserve, méfiance, sens du secret : autant de qualités qui font de l'Anglais, aux yeux de l'auteur, l'espion idéal. En même temps, Leslie Howard, acteur et réalisateur, se livre à une sorte d'autoportrait discrètement ironique. Dernière caractéristique anglaise : le film réussit à être prenant tout en refusant le spectaculaire.

N.B. Le titre original fait allusion au célèbre (et très surfait) *The Scarlet Pimpernel* (Harold Young, 1934), film à costumes ressorti à la même époque, dans lequel Leslie Howard jouait un double rôle. Au début de *Pimpernel Smith*, un carton indique que Leslie Howard devait mourir un peu plus tard au cours d'une mission analogue à celle racontée ici.

## MONSIEUR SMITH AU SÉNAT (Mr. Smith Goes to Washington)

1939 – USA (125') • *Prod.* COL. (Frank Capra) • *Réal.* FRANK CAPRA • *Sc.* Sidney Buchman d'ap. l'histoire « The Gentleman From Montana » de Lewis R. Foster • *Phot.* Joseph Walker • *Mus.* Dimitri Tiomkin • *Int.* James Stewart (Jefferson Smith), Jean Arthur (Clarissa Saunders), Claude Rains (sénateur Joseph Paine), Edward Arnold (Jim Taylor), Thomas Mitchell (Diz Moore), Harry Carey (président du Sénat), Eugene Palette (Chick McGann), Gui Kibbee (gouverneur Hubert Hopper), Beulah Bondi (Ma Smith), H.B. Warner (sénateur Fuller), Astrid Allwyn (Susan Paine), Ruth Donnelly (Emma Hopper).

Ayant à choisir un sénateur-potiche afin de faciliter les combines de son entourage et particulièrement celles du puissant businessman Taylor, le gouverneur d'un État de l'ouest des États-Unis refuse de faire élire le politicien véreux recommandé par ses amis. A sa place, et sur le conseil de ses enfants, il choisit Jefferson Smith, un ami de la nature et des animaux qui s'est rendu populaire auprès des petits éclaireurs de tout le pays. Avec ce personnage inoffensif, le gouverneur pense satisfaire à la fois sa conscience et ses intérêts politiques. Arrivé à Washington, Smith, par son comportement plus naïf et idéaliste que nature, suscite l'ironie des journalistes, de ses collègues et de sa secrétaire personnelle, Saunders. Il propose au Sénat un projet de loi visant à instituer un camp de vacances où se retrouveraient les enfants de tous les États du pays, quelles que soient leur race et leur situation de fortune. Mais ce camp serait installé près d'une rivière sur laquelle Taylor compte bien faire voter la construction d'un barrage. De plus en plus impressionnée par l'honnêteté de son patron, Saunders met Smith au courant de ce qui se trame contre lui. Smith apprend ainsi que son collègue et concitoyen, le sénateur Paine, reçoit depuis vingt ans les directives de Taylor. Il s'apprête à en parler lors d'une session du Sénat, mais Paine lui prend la parole et l'accuse d'avoir acheté le terrain destiné à l'installation du camp, afin de réaliser, après le vote, d'immenses bénéfices. Smith passe devant une commission d'enquête ; à l'aide de faux documents, Taylor prouve que le terrain a bien été acquis par Smith. Conseillé par Saunders, maintenant très amoureuse de lui, Smith met à profit dans l'enceinte du Sénat le règlement qui l'autorise à parler jusqu'à la fin des temps pourvu qu'il ne se rassoie ni ne demande une interruption de séance. Pendant vingt-trois heures, Smith accuse Taylor et ses complices et donne à la nation entière une leçon de démocratie. Taylor utilise les journaux et les radios de son État pour diffuser ses propres calomnies. Saunders contre-attaque en faisant imprimer par le petit journal des scouts, tiré à un million d'exemplaires, les déclarations de Smith. Les hommes de Taylor n'hésitent pas alors à molester les enfants qui le distribuent. Au Sénat, Smith reçoit le coup de grâce de la main de Paine qui fait apporter les tonnes de courrier en provenance de l'État de Smith et réclamant qu'il se taise. Néanmoins Smith veut continuer à parler. Exténué, il s'évanouit. Paine, qui avait été autrefois un honnête homme et le meilleur ami du père de Smith, craque et révèle qu'il est effectivement à la solde de Taylor. Smith, le Don Quichotte, a gagné.

☞ La plupart des films de Capra et particulièrement celui-ci, le plus célèbre de tous, reflètent un conflit entre l'habileté et la sincérité. Loin de s'épauler, ces deux vertus chez lui se mettent souvent en doute l'une l'autre. C'est lorsque Capra est le plus habile qu'on se demande s'il est sincère ; et quand il est sincère, il ne paraît plus du tout si habile. Pourquoi le naïf et sympathique sénateur Smith serait-il unanimement moqué par ses pairs, la presse et son entourage immédiat sinon pour devenir le chouchou des spectateurs que Capra cherche à manipuler comme des enfants ? En ce qui concerne les magouilleurs, on voudrait plus de netteté dans le dessin de leur caractère, plus de précision dans la peinture de leur pouvoir et de leurs manigances. Meilleur avocat que romancier ou conteur, Capra met en branle des marionnettes qu'anime un manichéisme totalement désincarné et compte avoir ainsi le public « au finish » en bâtissant son scénario sur une donnée dramatique empruntée (cet emprunt a rarement été souligné) au marathon de l'admirable « On achève bien les chevaux » de Horace McCoy paru quelques années avant le film. L'interprétation de James Stewart, un peu artificielle et excessive au début, devient peu à peu étonnante. Son tour de force échappe dans une certaine mesure à la démagogie latente du style de Capra.

N.B. Pour unifier la qualité des plans longs (ou « master shots » : plans où la scène est filmée d'abord dans sa continuité, souvent avec plusieurs caméras) et celle des gros plans, pour donner aux seconds la même vigueur et le même tempo qu'aux premiers, Capra introduisit à Hollywood une innovation dont il n'est pas peu fier (cf. le ch. XV de son autobiographie). Il utilisa en play-back, durant les répétitions, le son des plans généraux de manière à remettre les acteurs qui allaient tourner leurs gros plans dans l'ambiance et la spontanéité de leur jeu au sein des « master shots ». Quant à la raucité de la voix de James Stewart traduisant son extrême fatigue, elle fut obtenue à l'aide d'une solution au mercure qui irritait ses cordes vocales.

BIBLIO. : scénario et dialogues *in* « Twenty Best Films Plays » (édité par John Gassner et Dudley Nichols), New York, Crown, 1943.

## MONSIEUR VERDOUX (id.)

1947 – USA (125') • *Prod.* UA (Chaplin) • *Réal.* CHARLES CHAPLIN • *Sc.* Chaplin d'ap. une idée d'Orson Welles • *Phot.* Curt Courant, Roland Totheroh • *Mus.* Chaplin • *Int.* Charles Chaplin (M. Henri Verdoux), Martha Raye (Annabella Bonheur), Isobel Elsom (Marie Grosnay), Marilyn Nash (la jeune fille), Robert Lewis (M. Bettello), Mady Correl (Mme Verdoux), Allison Roddan (Peter Verdoux), Audrey Betz (Mme Bottello), Ada-May (Annette), Marjorie Bennett (la domestique), Helen High (Yvonne), Margaret Hoffman (Lydia Floray), Charles Evans (le détective Morrow), Fred Karno, Jr. (Mr. Karno), Wheeler Dryden (l'escroc qui veut changer l'eau salée en essence).

La tombe de Verdoux (1880-1937). Il raconte sa vie en voix *off.* Employé de banque, il fut renvoyé après trente-cinq ans de bons et loyaux services quand vinrent les premiers soubresauts de la crise. Depuis, il s'est consacré à escroquer et à tuer des femmes d'un certain âge, solitaires et aisées, pour assurer sa subsistance et celle de sa famille, composée de Mona, sa femme bien-aimée, invalide des deux jambes, et de leur petit garçon. Sa dernière victime en date fut Thelma qu'il brûla comme toutes les autres dans l'incinérateur de sa petite maison de campagne située dans le sud de la France. La famille de Thelma, inquiète de sa disparition, prévient la police. Un inspecteur remarque alors qu'une dizaine de femmes viennent de disparaître dans les mêmes conditions : de là à penser qu'elles ont toutes été tuées par la même personne... Verdoux fait visiter sa villa, qu'il a mise en vente, à Mme Grosnay, une victime potentielle idéale. Il lui fait une cour éhontée, bientôt interrompue par l'arrivée inopinée de l'agent immobilier. Sa banque lui ayant réclamé cinquante mille francs, Verdoux se rend à Corbeil chez la vieille et rébarbative Lydia Floray, une de ses compagnes, qu'il persuade de retirer tout son argent de la banque car, dit-il, une crise boursière mondiale se prépare. Durant la nuit, il la tue et emporte l'argent. Après un passage trop bref chez Mona, à l'occasion de leur dixième anniversaire de mariage, il va chez la terrible Annabella, une furie atrocement vulgaire qu'il a épousée en empruntant une autre identité, celle de Bonheur, capitaine au long cours. Il apprend avec satisfaction qu'elle a mis sa maison à son nom. Il se rend chez Mme Grosnay à Paris, qu'il veut recommencer à courtiser, mais elle le plante là. Jamais découragé, il lui fait envoyer des fleurs à intervalles réguliers. Ayant appris d'un ami chimiste une formule pour fabriquer un poison efficace qui ne laisse aucune trace, il va à Paris où il a un appartement et fabrique aussitôt la mixture. La nuit, sous la pluie, il rencontre une jeune désespérée qui sort de prison. Il l'invite à dîner chez lui ; ils parlent de Schopenhauer. Par bonté d'âme, il veut l'aider à se débarrasser du fardeau de l'existence en lui faisant boire du vin empoisonné. Quand elle lui fait soudain l'éloge de la vie et de l'amour, il renonce à son projet et lui donne un peu d'argent. L'inspecteur a retrouvé la trace de Verdoux et l'interroge, sachant qu'il a tué quatorze personnes. Verdoux lui fait boire du vin empoisonné et abandonne son cadavre dans un train où l'on croira qu'il est mort d'une crise cardiaque. Verdoux est maintenant bien décidé à tuer Annabella. Mais c'est loin d'être chose facile. A cause d'une maladresse de sa bonne, il ne réussit pas à l'empoisonner et croit à tort avoir bu lui-même du poison. Il essaie de la noyer au cours d'une promenade en barque, mais c'est lui qui tombe à l'eau... Flatté par ses multiples envois de fleurs, Mme Grosnay reçoit Verdoux chez elle. Le jour de leur mariage, il s'aperçoit de la présence fortuite d'Annabella parmi les invités. Il prend la fuite. La police connaît maintenant son identité, mais n'a aucun moyen de le retrouver. Le krach de 29 le ruine complètement. Verdoux rencontre un jour la désespérée qu'il avait aidée. Elle est la maîtresse entretenue – et prospère – d'un marchand de canons. Ils vont dans un café dansant. Elle s'étonne que son cynisme ait totalement disparu. Il en est ainsi, dit-il, depuis qu'il a cessé de lutter, depuis sa ruine et la mort de sa femme et de son fils. Deux parents de Thelma le reconnaissent. Il pourrait fuir mais préfère se laisser arrêter par la police. Il est jugé et condamné à mort. Il dit à ses juges : « Je vous verrai très, très bientôt ». Il confie à un journaliste que le crime ne paie qu'à condition d'être bien organisé et accompli à une très grande échelle. En guise de dernier verre du condamné, il boit du rhum pour la première fois de sa vie. On l'emmène.

☞ Le plus intrigant des films de Chaplin ; son caractère énigmatique – nul ne pouvant se vanter d'en avoir exactement sondé le sens – l'a gardé intact et préservé du vieillissement. Une partie de l'énigme tient dans la relation existant entre Verdoux et les diverses incarnations passées de Charlot. A priori, le vagabond et le tueur de femmes n'ont aucun point commun. Un examen plus attentif révèle qu'ils en ont. Verdoux conserve au moins deux caractéristiques de Charlot, l'une anémiée et inutile, l'autre monstrueusement grossie. Comme Charlot, Verdoux est un être sensible, doué de compassion, montrant à l'occasion un cœur gros comme ça. Il possède aussi le sens de l'adaptation sociale et la férocité de Charlot, si caractéristiques des premiers courts métrages. En fait, il tend à la société son miroir : affairisme diabolique, destruction, extermination. « Von Clausewitz a dit que la guerre était une extension logique de la diplomatie. M. Verdoux pense que le meurtre est l'extension logique des affaires » (commentaire de Chaplin peu avant la sortie du film). Verdoux est le produit logique – et lucide – de la société et de l'époque où il vit. Parce que Verdoux est lucide justement, qu'il se dédouble et se regarde agir, le film peut devenir comique. Son comique est plus près de De Quincey que de l'humour anglais traditionnel et donne à ce portrait d'assassin une dimension profondément troublante, en particulier à cause de cette étrange sérénité que le héros manifeste dans ses crimes, à son procès et devant la mort. Sans doute se conçoit-il comme *innocent* et Chaplin, parfois, n'est pas éloigné de partager son point de vue. L'idée de *Verdoux* est venue à Chaplin par l'intermédaire de Welles qui projetait une vie de Landru. Welles demanda à Chaplin d'interpréter le rôle principal. Plus tard, Chaplin reprit le projet à son compte et en crédita Welles au générique pour éviter toute accusation de plagiat. Il travailla au scénario de novembre 42 à mai 46. Le tournage se déroula d'une traite en 77 jours avec un dépassement minimum – pour Chaplin ! – de 17 jours par rapport aux 60 prévus. Pour la première fois de sa carrière, Chaplin avait utilisé et respecté un plan de travail. Il avait eu recours à la collaboration technique de Robert Florey qui fut sans doute responsable en partie de cette unité et de cette rapidité du tournage, jusque-là inconnues à Chaplin. Celui-ci avait songé à engager Edna Purviance, sa première partenaire, pour le rôle de Mme Grosnay. Elle ne donna pas satisfaction aux essais et fut remplacée par Isobel Elsom. Le film obtint un succès commercial médiocre aux États-Unis et un succès d'estime en Europe. (Aux États-Unis, les réactions officielles très négatives consommèrent le divorce entre Chaplin, accusé de communisme, et l'Amérique.) Immensément surprenant par rapport à ce qu'on attendait de lui, comme d'ailleurs chacun de ses longs métrages, *Monsieur Verdoux* allait cette fois trop loin pour pouvoir être compris et assimilé immédiatement. Son audace, quoique moindre que celle du *Dictateur* *, tient dans sa relation à son époque. Le film est censé se situer durant les années 30 mais l'immense désarroi dont il témoigne montre à quel point Chaplin n'a pas « digéré » la Seconde Guerre. On lit en filigrane du film combien l'écroulement général des valeurs de l'ancien monde l'a affecté et bouleversé. A cela s'ajoutent évidemment, pour augmenter son amertume, certains événements de sa vie privée et les campagnes auxquelles ils avaient donné lieu. Sur le plan formel, sa maîtrise reste la même, mais avec un caractère confiné, une étroitesse volontaire, une tendance à l'abstraction (en particulier par l'usage très poussé de la litote) qui s'accordent bien au climat d'asphyxie morale du film. Les dialogues ont une extrême importance : ils permettent, surtout dans les scènes étonnantes avec la jeune désespérée, de faire alterner le pessimisme et l'optimisme de Chaplin, saisis dans un équilibre particulièrement instable. Et c'est par le seul dialogue aussi que cet ancien ennemi du parlant réussit à donner une tournure originale à certains détails, à certaines scènes, comme celle de la fleuriste troublée par la cour pressante que fait au téléphone Verdoux à Mme Grosnay. *Monsieur Verdoux* se caractérise enfin par une verve comique très noire, très caricaturale, qui éclate par exemple dans toutes les scènes où figure Martha Raye (son rôle avait été écrit par Chaplin spécialement pour elle). Cela n'empêche pas l'ensemble des portraits féminins d'avoir une variété et des nuances qui ont été souvent sous-estimées. Certes, *Monsieur Verdoux* se veut avant tout jeu de massacre. La permanente tentation humaniste de Chaplin s'y manifeste néanmoins, comme une fragile lueur surnageant au milieu d'un océan de cynisme et de dérision.

BIBLIO. : André Bazin : « Le mythe de Charlot » *in* « La revue du cinéma », n° 9 (1948), repris *in* André Bazin : « Charlie Chaplin », Éditions du Cerf, 1973 ; Robert Florey : « Hollywood d'hier et d'aujourd'hui », Prisma, 1948. Le chapitre « En travaillant avec Charlot » est consacré pour l'essentiel au tournage de *Verdoux*. Florey se plaint que Chaplin ait rajouté au générique à côté de son nom comme metteur en scène associé celui de Wheeler Dryden, demi-frère et factotum de Chaplin, qui n'avait travaillé que comme assistant. Florey insiste sur l'aversion de Chaplin pour toute sophistication technique : « C'est moi l'extraordinaire dans le film, dit-il, et je n'ai nul besoin de mouvements de caméra extraordinaires. » Il tient aussi à ce qu'on le prenne le plus souvent possible en pied car il joue autant avec ses jambes et ses pieds qu'avec son visage. Voir aussi l'autobiographie de Chaplin, « Histoire de ma vie », Robert Laffont, 1964, en particulier pour ses démêlés avec la censure, et le chapitre consacré à *Verdoux* dans le livre de David Robinson : « Chaplin – His life and Art », Londres, William Collins Sons and Co, 1985.

## MONSIEUR VINCENT

1947 – France (110') • *Prod.* EDIC et UGC • *Réal.* MAURICE CLOCHE • *Sc.* Jean Bernard-Luc, Jean Anouilh, Maurice Cloche • *Phot.* Claude Renoir • *Mus.* Jean-Jacques Grünenwald • *Int.* Pierre Fresnay (M. Vincent de Paul), Lise Delamare (Mme de Gondi), Aimé Clariond (Richelieu), Gabrielle Dorziat (la présidente Goussot), Jean Debucourt (M. de Gondi), Yvonne Gaudeau (Louise de Marillac), Robert Murzeau (M. Bénier), Marcel Pérès (La Fouille), Jean Carmet (l'abbé Pontail), Georges Vitray (le comte de Chatillon), Pierre Dux (le chancelier Séguier), Michel Bouquet (le tuberculeux).

La vie de Vincent de Paul qui, par son exemple et une activité sans relâche en différents lieux de France, réussit à imposer aux gouvernements la charité publique comme devoir d'État.

☞ Biographie et fresque sociale sont ici intimement mêlées. Le film présente un très convaincant tableau du XVIIe siècle français dans sa splendeur, sa misère, ses frayeurs, sa barbarie aussi. Ce tableau recoupe les travaux des historiens les plus modernes. Accusé injustement d'être une illustration saint-sulpicienne (il est plutôt le contraire), le film a été trop uniquement vanté à l'époque pour la composition – certes remarquable – de Pierre Fresnay. Les dialogues ont une grande importance dans le récit et sont souvent admirables. Ils apportent au film sa part de lyrisme au sein d'une description très noire, et lui ajoutent la distance d'une réflexion philosophique. Une œuvre enfouie sous sa célébrité, à redécouvrir.

## MONSTER AND THE GIRL (THE)

Inédit en France. 1941 – USA (63') • *Prod.* PAR. (Jack Moss), • *Réal.* STUART HEISLER • *Sc.* Stuart Anthony • *Phot.* Victor Milner • *Mus.* Sigmund Krumgold • *Int.* Ellen Drew (Susan Webster), Robert Paige (Larry Reed), Paul Lukas (Bruhl), Joseph Calleia (le diacre), Onslow Stevens (McMasters), George Zucco (Dr Parry), Rod Cameron (Sam Daniels).

Injustement condamné à mort pour un meurtre commis par la bande responsable de la déchéance de sa sœur réduite à la prostitution, un homme accepte de léguer son cerveau afin qu'il serve aux expériences d'un savant. Le savant greffe ce cerveau sur le corps d'un singe, lequel éliminera un par un les membres de la bande.

☞ Étrange croisement de genres, presque aussi monstrueux que les faits qu'il a pour but d'illustrer. A mi-course, un film policier classique se transforme tout à coup en film d'épouvante sur un scénario évoquant *Murders in the Rue Morgue,* 1932, de Florey et *The Walking Dead,* 1936, de Curtiz. L'originalité est que cette partie ne contiendra aucun des effets traditionnels du genre. Les meurtres accomplis par le singe, sorte de réincarnation de la victime innocente, seront traités dans le style sobre et rigoureux du début. Le singe, lui, ne représente que le symbole (évidemment sur-signifiant dans ce contexte insolite) de l'ultime phase de la destinée d'un homme contraint malgré lui à la violence. Et c'est ici le germe de la plupart des films ultérieurs d'Heisler. A la différence de Nicholas Ray chez qui l'homme doit surmonter sa propre violence intérieure, ou d'Anthony Mann chez qui le héros parvient, à force de volonté, à un certain équilibre entre sa propre violence et celle de la société, Heisler préfère s'attacher à dépeindre des êtres fragiles qu'aucune fatalité intérieure ne prédisposait à la violence, mais qui s'y trouvent plongés uniquement à cause d'un environnement social contraire à leur nature. Exemple : la figure très heislérienne du personnage de la sœur dont le malheur engendre symétriquement celui de son frère. Elle demeurera tout au long de l'intrigue un personnage égaré, tant dans l'atmosphère violente du film de gangsters du début que dans l'univers atroce du récit fantastique qui en découle. Dès son troisième film comme réalisateur, Heisler révèle un talent solide et inventif à travers de multiples séquences comportant un élément d'originalité situé dans l'idée centrale de la scène, dans sa forme ou dans son atmosphère.

## MONSTRE DE LONDRES (LE)
**(Werewolf of London)**

1935 – USA (75') • *Prod.* U (Stanley Bergerman) • *Réal.* STUART WALKER • *Sc.* John Colton d'ap. une histoire de Robert Harris et Harvey Gates • *Phot.* Charles Stumar • *Int.* Henry Hull (Dr Glendon), Warner Oland (Dr Yogami), Valerie Hobson (Lisa Glendon), Lester Matthews (Paul Ames), Spring Byington (Ettie Coombs), Clark Williams (Hugh Renwick), Charlotte Granville (Lady Forsythe), J.M. Kerrigan (Hawkins).

Au Tibet, un botaniste anglais trouve une fleur unique au monde qui, selon une légende, tire sa vigueur de la lune. En la cueillant, il est agressé par un loup-garou qui le mord et le transforme en une créature semblable à lui. De retour à Londres, il est présenté à un mystérieux inconnu qui lui révèle que la fleur rapportée de son voyage est un antidote contre la lycanthropie. Cette affection suscite l'incrédulité du botaniste jusqu'à ce que... ses mains se couvrent de poils. C'est alors que commence pour lui une longue suite de malheurs et de crimes dont il ne trouvera la délivrance que dans la mort.

☞ Originalité et pathétique caractérisent cette première appartition du loup-garou dans le cinéma américain. « Le loup-garou emprunte au loup et à l'homme leurs pires qualités », commente le personnage interprété par Warner Oland, et d'ajouter : « N'oubliez pas que le loup-garou tue ceux qu'il aime le plus ». Cette conception quasi wildienne de la lycanthropie amènera le héros à employer tous les moyens pour s'éloigner de sa mère et de sa femme. En mourant, il remerciera le policier qui l'a abattu et implorera le pardon de sa femme. Stuart Walker délaisse les effets d'horreur primaires et préfère s'attacher à décrire, dans un style sombre et poétique, les affres vécues par cette « âme perdue » qu'est devenu malgré lui le héros. Très belle composition de Henry Hull dans un genre où il s'est peu illustré.

## MONSTRES (LES)
**(I Mostri)**

1963 – Franco-italien (118') • *Prod.* Fair Film – Incei-Film (Mario Cecchi Gori) et Monflour Film, Paris. • *Réal.* DINO RISI • *Sc.* Age, Scarpelli, Elio Petri, Dino Risi, Ettore Scola, Ruggero Maccari • *Phot.* Alfio Contini • *Mus.* Armando Trovajoli • *Int.* Vittorio Gassman, Ugo Tognazzi, Lando Buzzanca, Michèle Mercier, Ricky Tognazzi, Marisa Merlini.

I *L'educazione sentimentale* (titre de la v.f. : *La bonne éducation*, 7') : Un citadin (U.T.) enseigne à son garçonnet (Ricky Tognazzi) comment mystifier, escroquer, voler le monde. Il regrette que son gamin soit trop timide. Dix ans plus tard, son fils le tue pour le voler. II *La raccomandazione* (coupé en France, 7'). Un acteur célèbre (V.G.) recommande un collègue peu connu puis finit par le torpiller car il porte la poisse. III *Il mostro* (*Le monstre*, 1'). Deux policiers (V.G. et U.T.) arrêtent un forcené. On photographie le groupe. Qui est le plus monstrueux des trois ? IV *Come un padre* (*Comme un père*, 6'30''). Un jeune homme (Lando Buzzanca) tourmenté par l'infidélité de sa femme se confie à un ami (U.T.). Après son départ cet ami va rejoindre dans son lit...l'épouse de son confident. V *Presa dalla vita* (*Rapt*, 5'). Terrorisée, une vieille femme infirme est kidnappée par quatre brutes qui l'amènent dans un studio de cinéma et la plongent avec sa voiturette dans la piscine. C'était pour les besoins d'un film, car le metteur en scène (V.G.) est très exigeant en ce qui concerne le réalisme. VI *Il povero soldato* (*Le pauvre soldat*, 9'). Un soldat (U.T.) apprend l'assassinat de sa jeune sœur venue à Rome mener une vie dissolue. Le soldat est désespéré mais saura très bien monnayer dans les rédactions le journal intime de l'infortunée victime. VII *Che vitaccia* ! (*Une vie de chien*, 3'). A la tête d'une nombreuse famille vivant misérablement dans une cabane en planches, le père (V.G.) préfère jouer les supporters de football plutôt que travailler. VIII *La giornata dell'Onorevole* (*La journée d'un parlementaire,* 12'). Un député (U.T.), hébergé par les moines d'un couvent, s'élève impitoyablement contre les magouilles immobilières. Mais lorsqu'un général intègre, en possession de documents accablants concernant un contrat par lequel l'État va payer un terrain dix fois son prix réel, demande à le voir, il le fait attendre toute la journée à son bureau... jusqu'à ce que le contrat soit signé. IX *Latin lovers* (*Sur le sable,* 2'). Deux hommes (V.G. et U.T.) et une jeune femme à la plage. Quand la femme s'éloigne, les deux hommes se tiennent tendrement la main. X *Testimonie volontario* (*Le témoin volontaire,* 12'). Un avocat déconsidère à l'audience un témoin à charge parfaitement honnête qui échappera de justesse à l'arrestation. XI *I Due orfanelli* (*Les deux orphelins,* 2'30"). Un aveugle et son guide (V.G.) gagnent leur vie en mendiant. Un docteur se propose à guérir l'aveugle. Le guide entraîne aussitôt l'aveugle dans un autre quartier. XII *L'agguato* (*L'embuscade,* 1'30"). Un flic (U.T.) se cache derrière un kiosque à journaux pour mettre en quelques secondes une contravention sur le pare-brise des clients. XIII *Il sacrificato* (*La victime,* 9'). Un homme (V.G.) rompt avec sa maîtresse et la persuade que c'est pour son bien. XIV *Vernissage* (*L'inauguration,* 3'30"). Un père de famille (U.T.) inaugure sa nouvelle voiture en y faisant monter une prostituée. XV *La musa* (*La muse,* 5'). Dans un jury littéraire, une femme (V.G.) défend un livre refusé par les autres membres à seule fin d'attirer l'auteur dans sa chambre à coucher. XVI *Scenda l'oblio* (*On oublie vite,* 2'). Un couple au cinéma. Sur l'écran, une exécution collective de partisans placés contre un mur. Le mari (U.T.) fait remarquer à sa femme qu'un petit muret de ce genre ferait très bien dans leur jardin. XVII *La strada è di tutti* (*La rue est à tout le monde,* 45"). Un piéton (V.G.) exige des automobilistes qu'ils ralentissent et s'arrêtent quand il traverse. Lui-même, monté dans sa voiture, fonce comme un forcené. XVIII *L'oppio dei popoli* (*L'opium du peuple,* 8'). Une femme (Michèle Mercier) reçoit tranquillement son amant chez elle, tandis que son mari (U.T.), vissé comme tous les soirs devant sa télévision dans la pièce à côté, ne s'aperçoit de rien. XIX *Il testamento di Francesco* (*Le testament de saint François,* 2'30"). Dans un salon de coiffure, un homme (V.G.) se montre extrêmement méticuleux quant au détail de sa coiffure, de son maquillage, de ses ongles. Il s'agit d'un ecclésiastique qui, à la télévision, commentera le message de saint François d'Assise. XX *La nobile arte* (*Le noble art,* 17'). Pour se faire un peu d'argent, un ex-boxeur (U.T.) complètement fauché, persuade un ami, ancien champion poids lourds d'Italie (V.G.), de reprendre les gants. Il combat contre un adversaire plus jeune et plus fort que lui et se fait massacrer. Retombé en enfance, il passera le reste de ses jours dans une petite voiture.

☞ Avec *Il sorpasso**, c'est le grand début de la « comédie italienne », ici sous forme de sketches. Ce courant qui durera une dizaine d'années opère une double rénovation à l'intérieur du genre comique lui-même et dans la structure du film à sketches en général. L'Italie a toujours adoré la comédie. Mais dans la comédie dite « italienne » le cynisme, la dérision, si longtemps contenus au cours de l'histoire du cinéma italien, explosent. Le cinéma italien des années 30 – qui nous apparaît aujourd'hui beaucoup plus comme un cinéma d'ordre moral que comme un cinéma de militantisme politique – avait fait du cynisme l'un de ses tabous. Après la guerre, le ton est à la reconstruction, à l'espoir et, pour la comédie, à une gentillesse, à une certaine mièvrerie (non dénuée de charme) qui donnera le « néo-réalisme rose ». Par rapport à tout cela, la comédie italienne est profondément révolutionnaire : par sa virulence, ses audaces, sa volonté de n'épargner personne, et surtout pas les autorités, les notables, les corps constitués (parlementaires, policiers, membres du barreau, ecclésiastiques, etc.) qui, dans *Les monstres,* en prennent largement pour leur grade. Une telle virulence provient à la fois d'une tendance permanente du tempérament italien (longtemps refoulée) et des multiples déceptions vécues par la société italienne en quinze ans. Innovation dans la structure : la plupart des films à sketches dans tous les pays du monde se présentent en général comme une série d'histoires en réduction, ayant chacune un début, un milieu et une fin. Les sketches des *Monstres* et de la comédie italienne se veulent, eux, de simples croquis, incisifs et féroces ; ils cherchent avant tout à créer le malaise, le déséquilibre, le choc, la surprise ; et l'utilisation de durées très diverses (allant ici de 45 secondes à 17 minutes) servira efficacement ce propos. (Après Risi, d'autres cinéastes iront encore plus loin dans ce domaine, comme Nanni Loy avec *Made in Italy, A l'italienne,* 1965 : le film divisé en cinq chapitres abrite une multitude de sketches aux durées extrêmement variables qui tentent de recréer un vaste panorama social de toute l'Italie.) Ces croquis ne veulent pas décrire des caractères – cela, la comédie italienne le fera à travers des films au récit continu et traditionnel comme *Il sorpasso** – mais des silhouettes, des caricatures et, dans leur forme la plus extrême, des monstres. La brièveté, dans la comédie ou dans le drame, a d'ailleurs vocation à décrire l'inquiétant, le monstrueux, l'horrible ; et ici seul le dernier sketch (le plus long) manifestera une certaine compassion pour les personnages. Dans cette monstruosité, l'exigence de réalisme est toujours présente et on verra qu'à propos des personnages et des situations de la comédie italienne la réalité dépassera souvent la fiction (cf. le sketch incroyablement prophétique du terroriste dans *Les nouveaux monstres**). Enfin la forme du sketch se prête particulièrement bien à ce caractère de création collective qu'aura toujours la comédie italienne. Acteurs, scénaristes, réalisateurs y mettent plus qu'ailleurs leur talent, leur invention et leur virtuosité en commun. Leur but à tous est de décrire – et peut-être de conjurer par le rire – les tares d'une société qui ne croit plus en rien, qui a été économiquement et moralement déçue, et qui se borne à contester, sans espoir de remède, sa propre pourriture et décomposition. Sous les déguisements de leurs multiples personnages, les acteurs – dans cette nouvelle forme de commedia dell'arte – sont rois. Gassman et Tognazzi laissent libre cours à une verve satirique absolument débridée. Gassman répétera l'année suivante une telle performance dans le premier film (à sketches), brillant et peu connu, d'Ettore Scola *Se permettete, parliamo di donne* (*Parlons femmes,* 1964).

## MONSTRES ATTAQUENT LA VILLE (DES)
**(Them !)**

1954 – USA (93') • *Prod.* Warner (David Weisbart) • *Réal.* GORDON DOUGLAS • *Sc.* Ted Sherdeman, Russel Hughes d'ap. une histoire de George Worthing Yates • *Phot.* Sid Hickox • *Mus.* Bronislau Kaper • *Int.* Edmund Gwenn (Dr Harold Medford), James Whitmore (sergent Ben Peterson), James Arness (Robert Graham), Joan Weldon (Dr Patricia Medford), Onslow Stevens (général O'Brien), Chris Drake (Ed Blackburn), Sandy Descher (la petite fille), Olin Howlin (l'alcoolique à l'hôpital), Fess Parker (le pilote interné).

Dans le désert du Nouveau-Mexique, deux policiers, le sergent Ben Peterson et son collègue Ed Blackburn, découvrent une fillette profondément commotionnée et incapable de parler. Ils trouvent aussi une caravane et une boutique ravagées, ainsi que plusieurs victimes. Blackburn, resté seul dans la boutique, est massacré par un adversaire inconnu. Le médecin légiste dira que le cadavre d'une des victimes contient assez d'acide formique pour tuer vingt personnes. Le Dr Medford, envoyé par le ministère de l'Agriculture avec sa fille Patricia, arrive sur les lieux. Il examine les empreintes et tente de faire réagir la fillette en lui faisant respirer un flacon d'acide formique. Prise de panique, elle se met à hurler : « Them ! Them ! (elles). » Medford cache un moment l'hypothèse terrifiante qu'il s'est faite à propos des récents événements. Mais, dans le désert, l'apparition d'une fourmi géante de 2,5 m vient la confirmer sans discussion possible. Les radiations provoquées par l'explosion de la première bombe atomique au milieu du désert en 1945 ont provoqué cette mutation effrayante chez les fourmis. Dans les heures qui suivent, l'armée repère et détruit un nid de fourmis à l'aide de bombes au phosphore et de grenades au cyanure. Patricia descend dans la fourmilière – c'est une véritable exploration spéléologique – et aboutira avec son père à la conclusion que deux reines (pourvues d'ailes) ont quitté le nid. Elles doivent absolument être retrouvées et anéanties, car elles peuvent pondre pendant des années. Medford projette un documentaire sur les foumis aux autorités de Washington afin de leur faire sentir l'étendue du danger que fait peser sur la race humaine cette nouvelle race d'insectes géants. Il réclame le secret absolu pour éviter une panique générale dans le pays. Un bateau où l'une des reines avait installé son nid doit être coulé par la Marine. On apprend qu'une énorme quantité de sucre a été volée en Californie. Les recherches s'organisent dans cette région. Un homme a été tué et ses deux enfants ont disparu. En étudiant certains témoignages, on arrive à la certitude qu'un autre nid se trouve dans les égouts. La loi martiale est proclamée à Los Angeles. On retrouve les deux enfants terrorisés non loin du nid. Ben Peterson sacrifiera sa vie pour les sauver. Les monstres seront anéantis au lance-flammes tandis que le Dr Medford fait remarquer que la première explosion atomique a entrouvert une porte sur un monde inconnu.

☞ Un des premiers films de SF à avoir introduit le genre auprès du grand public. Gordon Douglas, pour son unique *opus* dans ce domaine, boucle son récit comme un rapport sobre, net, sans bavures. Il essaie de lui donner le maximum de clarté, de vraisemblance et de rationalité. Son but principal est de rendre crédible les faits qu'il rapporte. Nulle recherche de l'insolite ou de la poésie (à la différence de son collègue Jack Arnold). Il connaît ses limites et les met au service du but qu'il s'est méthodiquement fixé : montrer dans un film d'action la lutte de l'homme contre un ennemi nouveau, qu'il a lui-même engendré et qui menace sa survie sur la terre. Dans son réalisme terre à terre, *Them !* n'exclut pas un aspect allégorique. La mutation monstrueuse des fourmis (seuls insectes à pratiquer, comme l'homme, la guerre organisée) est un effet-boomerang de la recherche atomique. L'avertissement reste très discret mais possède, à l'image du film tout entier, une grande efficacité. Ajoutons que Gordon Douglas, qui ne perd jamais son sens de l'humour, se plait à montrer dans plusieurs séquences que ce sont des pseudo-fous, des alcooliques, des marginaux qui, par leur témoignage, orientent les recherches de la police, de l'armée et des savants dans la bonne direction.

N.B. Gordon Douglas se montra particulièrement fier de la première séquence (avec la petite fille) qu'il avait ajoutée au scénario. Originellement, le film devait être réalisé en couleurs et selon le procédé de relief 3-D. Une réduction de budget de dernière minute entraîna l'adoption du noir et blanc (décision d'ailleurs tout à fait cohérente avec l'aspect documentaire du film). Deux fourmis mécaniques géantes avaient été construites afin d'éviter l'emploi d'effets spéciaux photographiques très difficiles à réussir en 3-D. Elles furent néanmoins utilisées au cours du tournage en noir et blanc. Seuls les titres du générique apparurent colorés dans les premières copies. Les œuvres basées sur les insectes repésentent un canton important du film fantastique (et d'horreur) américain. Signalons deux grandes réussites dans ce domaine : *Phase IV* (1974), dû au génial dessinateur de génériques Saul Bass, qui décrit les phases préparatoires d'une prise de pouvoir sur la planète par des fourmis de taille normale et *Bug* (ou *The Hephaestus Plague, Les insectes de feu,* 1975, de Jeannot Szwarc), dernier film produit par William Castle, dans lequel un tremblement de terre provoque un déferlement d'abominables cafards incendiaires et carnivores.

**MOONFLEET**
**(id./Les contrebandiers de Moonfleet)**

1955 – USA (89') • *Prod.* MGM (John Houseman) • *Réal.* FRITZ LANG • *Sc.* Jan Lustig, Margaret Fitts, d'ap. R. de John Meade Falkner • *Phot.* Robert Planck (Eastmancolor, Cinémascope) • *Mus.* Miklos Rozsa • *Int.* Stewart Granger (Jeremy Fox), George Sanders (Lord Ashwood), Joan Greenwood (Lady Ashwood), Viveca Lindfors (Anna Minton), Jon Whiteley (John Mohune), Liliane Montevecchi (la gitane), Sean McClory (Elzevir Block), Melville Cooper (Felix Ratsey), Alan Napier (le Père Glennie), John Hoyt (Maskew), Donna Corcoran (Grace), Jack Elam (Damen), Dan Seymour (Hull), Ian Wolfe (Tewkesbury), Frank Ferguson (le cocher).

Par une nuit d'octobre 1757, un enfant, John Mohune, arrive aux environs du village de Moonfleet sur la côte anglaise. Sa mère qui est morte, tout comme son père, lui a laissé une lettre lui conseillant de se mettre sous la protection de Jeremy Fox qu'elle avait autrefois aimé à Moonfleet où elle vivait avec les siens. Étant tombé dans une crevasse au cimetière, l'enfant se retrouve entouré par les visages patibulaires d'une bande de contrebandiers sur lesquels Fox, qui survient avec sa dernière maîtresse, une gitane, semble avoir de l'ascendant. L'enfant lui montre, pour authentifier sa lettre, l'anneau de sa famille, les Mohune. Fox n'a aucune sympathie pour les Mohune qui s'étaient opposés à ses amours avec Olivia, la mère de l'enfant, et avaient été jusqu'à lâcher les chiens sur lui. Le lendemain, Fox essaie de se débarrasser du petit John en le faisant mettre dans un carrosse, direction le collège le plus proche. Mais John, se croyant kidnappé, saute en marche du carrosse et rejoint le manoir de Moonfleet qu'habite présentement Fox. Impressionné par le courage du gosse et par son obstination à le considérer comme l'ami providentiel dont sa mère lui a parlé, Fox décide de le garder avec lui. Les villageois vivent dans la terreur des fantômes, et en particulier de celui de Barberousse (alias John Mohune, l'ancêtre de l'enfant) qui cherche, selon eux, à récupérer un diamant d'une immense valeur pour la possession duquel il avait autrefois trahi son roi. Ce diamant hante les imaginations. Traversant le cimetière, l'enfant tombe à nouveau dans une crevasse. Il visite la crypte et fait tomber le cercueil de Barberousse encastré dans le mur. Il découvre alors, parmi les os du squelette, un médaillon contenant un parchemin. Puis il assiste, sans être vu, à une réunion des contrebandiers, ceux-là même que les villageois prennent pour des fantômes. Leur chef arrive, qui n'est autre que Jeremy Fox. Les bandits lui réclament une part plus importante du butin. En repartant, ils bouchent le trou par où l'enfant était tombé. Se trouvant prisonnier, il crie le nom de Fox. Un des contrebandiers met la main sur lui et l'amène à la taverne d'Elzevir Block. Toute la bande veut l'éliminer car il en sait trop. Jeremy Fox n'est pas de cet avis et se bat en duel avec Block qui avait mené la rébellion. Celui-ci s'empare d'une hallebarde mais Fox l'immobilisera à l'aide d'un filet. Il est bien décidé à envoyer l'enfant aux colonies. Il veut aussi éloigner sa maîtresse, Anna Minton, avec laquelle il vient de rompre. Mais celle-ci ne l'entend pas de cette oreille et le dénonce à la police, qui survient sur la plage au moment où les contrebandiers déchargent leurs marchandises. Dans l'échange de coups de feu qui s'ensuit, Anna est mortellement blessée. Fox, ayant réussi à échapper à ses poursuivants, persiste dans son intention d'écarter l'enfant mais change provisoirement d'avis quand celui-ci lui montre le parchemin extrait du médaillon. Le parchemin contient un certain nombre de versets bibliques mal numérotés. Fox déchiffre le document et comprend que le diamant des Mohune se trouve quelque part au fond du puits de la citadelle-prison de Hollisbrooke. Sa tête est maintenant mise à prix. Lord Ashwood, aristocrate cynique et corrompu, en profite alors pour rompre l'association qu'il venait de nouer avec lui. Mais Fox lui annonce qu'il sera bientôt en possession d'un trésor qui le fera changer d'avis. Déguisé en soldat, Fox se rend à Hollisbrooke avec l'enfant, lequel descend au fond du puits dans un seau et réussit à trouver le diamant. John s'imagine que Fox partira avec lui aux colonies. En fait, durant son sommeil, Fox l'abandonne en emportant le diamant. Il laisse un mot à son chevet : « Votre mère avait tort d'avoir confiance en Jeremy Fox ». Puis il va rejoindre Lord et Lady Ashwood dans leur carrosse et leur montre le diamant, qui les emplit d'aise. Mais soudain le souvenir de l'enfant, que les Ashwood croient qu'il a tué, lui envahit l'esprit. Il veut alors obliger le cocher à faire marche arrière. Nullement d'accord avec ces nouveaux plans, Ashwood lui enfonce son épée dans le dos. Mortellement blessé, Fox se retourne et l'abat avant que le carrosse n'aille s'écraser dans un ravin. Fox rejoint l'enfant et, ayant fait disparaître le mot qu'il lui avait laissé, lui remet le diamant et lui dit de le confier au prêtre de la paroisse qui prendra soin de son éducation. Il lui promet de revenir. Mourant, il s'éloigne sur une petite barque. A quelque temps de là, John ouvre les portes du manoir de Moonfleet, son domaine, et espère toujours que Jeremy Fox, son ami, lui reviendra bientôt.

☞ Rappelons d'abord que ce film, emblématique de toute une génération de cinéphiles qui l'ont aimé et fait connaître, n'était pas destiné à être montré en France, la MGM le considérant comme un produit de seconde zone. Il ne put être distribué que grâce aux efforts du groupe des Mac-Mahoniens et sortit en mars 1960, cinq ans après sa sortie aux États-Unis, uniquement dans la salle de l'avenue Mac-Mahon qui n'était même pas une salle d'exclusivité. Ceci pour souligner à quel point les plus grands chefs-d'œuvre hollywoodiens furent parfois – et même souvent – noyés dans la masse de la production américaine, inconnus, anonymes et d'une certaine façon miraculeusement préservés par cet anonymat, n'attendant pour être ranimés, comme la Belle au bois dormant, que la ferveur de leurs admirateurs. Le film marque le retour de Lang à la MGM (une sorte de revanche secrète) où il avait réalisé son premier film américain, *Fury** (1936). *Moonfleet* est aussi son premier film en Cinémascope, format que Lang n'aimait pas mais auquel il s'adapta admirablement, non seulement ici, mais dans ses deux films suivants *La cinquième victime** et *Invraisemblable vérité**. C'est enfin l'un des rares films à costumes de sa carrière. Adaptant l'œuvre romanesque de John Meade Falkner (souvent considéré comme un Stevenson ou un Dickens mineur), Lang prend possession de son cadre, de son époque, de ses personnages traditionnels et les annexe totalement à son univers. Il promène l'intrigue à travers un réseau de mystères – sociétés secrètes, grottes, cavernes, personnages et situations présentant un double visage, réaliste et fantastique – qui l'ont fasciné depuis qu'il fait des films. Le cadre romantique reconstitué en studio et sur la côte californienne sert d'écrin à son pessimisme fondamental, car pas un instant Lang ne cessera de porter sur ses personnages un regard extrêmement critique. Presque aucun d'entre eux ne trouve grâce à ses yeux et, en dépit des apparences, *Moonfleet* n'est pas fondamentalement différent à cet égard de *La cinquième victime** ou *Invraisemblable vérité **. Le scénario, basé sur le voyage et les découvertes d'un enfant (déjà dans l'œuvre de Lang, cf. *Man Hunt*, 1941, un enfant avait eu un rôle capital), inspire à l'auteur une méditation sur les différents âges de l'homme et notamment sur la relation enfance/maturité. Plutôt que d'illustrer l'opposition conventionnelle entre innocence et perversité, Lang préfère souligner à travers les personnages de l'enfant et de l'adulte différents aspects négatifs et presque pitoyables de la condition humaine. L'innocence de l'enfant est surtout synonyme d'ignorance et d'illusion. John Mohune croira d'un bout à l'autre du film trouver en Jeremy Fox un ami, et finira par en gagner un, mais dans l'autre monde. Le roué Jeremy Fox, auquel restait une étincelle de moralité, rallumée par la nostalgie de sa fiancée perdue et par le retour d'un enfant qui pourrait être son fils, aura *in fine* un réflexe de justice et de générosité qui le perdra... C'est comme si la morale était ici l'antichambre de la tragédie dans laquelle tout personnage, tout héros langien finit toujours par se faire piéger. La mort de Fox est néanmoins un peu plus glorieuse que celle du vieux « magistrate » Maskew (John Hoyt) et du cynique Ashwood, pantins figés dans une caricature, l'un de justice, l'autre de luxe et de raffinement, qui n'a plus rien d'humain. La somptuosité déchirante de la mise en scène exploite à fond chaque décor et chaque situation. Elle possède une élégance suprême qui n'est pas seulement de façade mais va au plus profond des personnages. Tous auront dans cette affaire l'occasion de donner leur *interprétation* du monde en allant jusqu'au bout d'eux-mêmes. L'enfant participe à un vaste jeu de piste palpitant et mouvementé au terme duquel il gagnera un diamant et – croit-il – un ami. Jeremy Fox se venge par la contrebande de son ennemie, la bonne société, et puis, en retournant vers l'enfant, restera finalement fidèle, au prix de sa vie, à ses amours d'antan. Ashwood meurt pour ce qu'il y a de plus fort en lui – sa cupidité – et demeure fidèle à lui-même et à ses vices. Il en va ainsi de chaque personnage du récit, jusqu'aux plus humbles et aux plus secondaires. Cette élégance langienne procure au spectateur un plaisir sans mélange : il provient de la profonde logique dramatique et plastique de chaque plan, de la concentration quasi infaillible de Lang sur son matériau. S'y ajoute une espèce de modestie géniale qui recouvre tout le film comme une mince couche de poussière, comme une patine séculaire, et le rend encore plus précieux.

N.B. Lang a longtemps proclamé qu'il détestait le dénouement du film, qu'il avait pourtant tourné ; puis il changea d'avis (les opinions de Lang ont moins d'importance que son génie). En tout état de cause, la dernière séquence n'a rien d'un happy end conventionnel. L'enfant persiste dans son erreur, attend le retour de celui qui ne reviendra jamais et ouvre la porte à une apothéose imaginaire et incertaine qui ressemble un peu à cette entrée au Paradis, si douloureuse et si frustrante, qui clôt l'aventure du couple à la fin de *You Only Live Once**.

## MOROCCO
### (Cœurs brûlés)

1930 – USA (92') • *Prod.* PAR. • *Réal.* JOSEPH VON STERNBERG • *Sc.* Jules Furthman d'ap. P. « Amy Jolly » de Benno Vigny • *Phot.* Lee Garmes • *Mus.* Chansons de Leo Robin (lyrics) et Karl Hajos (musique) • *Int.* Gary Cooper (Tom Brown), Marlene Dietrich (Amy Jolly), Adolphe Menjou (La Bessière), Ullrich Haupt (adjudant César), Juliette Compton (Anna Dolorès), Francis MacDonald (caporal Tatoche), Albert Conti (colonel Quinnevières), Eve Southern (Mme César), Paul Porcasi (Lo Tinto), Émile Chautard (général français).

A Mogador, au Maroc, une chanteuse de cabaret en tournée préfère à un richissime Français, « gentleman of the world » et peintre de talent à ses heures perdues, un légionnaire sans grade et couvert de femmes. Les deux hommes l'aiment profondément mais, alors que le Français lui propose de l'épouser, le légionnaire préfère la quitter. Elle le suivra dans le désert, s'intégrant à cette petite arrière-garde de femmes qui marchent derrière le régiment, dans la poussière et la servitude.

☞ Deuxième des sept films de Marlene dirigés par Sternberg, mais c'est celui que les Américains virent en premier, avant *L'Ange Bleu**. C'est le chef-d'œuvre absolu de l'auteur, et il ferait presque oublier que Sternberg a toujours été un peu surfait si l'on considère l'ensemble de son œuvre et la place qui lui a été accordée – très généreusement – dans les histoires du cinéma. Le point fort du film, c'est son laconisme extrême, aristocratique et fascinant. Non que le rythme du récit soit particulièrement vif, ou le scénario pauvre en péripéties, mais l'auteur n'y parle que de ce qui l'intéresse au plus profond et au plus essentiel de lui-même. Rien ne pourrait le faire diverger de son propos, qui a trait à cette attraction fulgurante poussant un être vers un autre. Amour fou, passion, érotisme, peu importe le nom qu'on lui donne, mais Sternberg, quand on l'interviewait, détestait qu'on employât le mot érotisme à propos de ses films. Cette relation d'amour, de passion ou d'érotisme constitue le destin des personnages et, pour rien au monde, ils ne voudraient y échapper. Ils aiment leurs chaînes autant que leur amour même. Le laconisme du film fait que Stenberg, baroque par nature et par goût, devient ici le plus économe des classiques. *Morocco* représente par ailleurs la quintessence du film hollywoodien d'avant-guerre. Des stars, c'est-à-dire des dieux, consentent à jouer pour une heure les tourments, les émois des mortels. Ils le font avec une élégance, une nonchalance désabusée, mais aussi une intensité qui donnent l'impression au public – aux mortels – que c'est bien leur vie qui est représentée sur l'écran, mais enrichie d'une splendeur, d'une richesse d'échos qui la rendent proprement légendaire et mythologique. Hollywood à cette époque repousse du pied le réalisme (comme trivial), la couleur locale (comme plus triviale encore) et préfère installer ses histoires dans le domaine du rêve et d'une sorte de réalité transcendante plus vraie que la vérité même. Ainsi Sternberg refusa-t-il obstinément d'aller tourner au Maroc. Notons enfin qu'on est en 1930, que les personnages de films parlent depuis peu de temps et que, dans *Morocco,* grâce aux superbes dialogues de Jules Furthman, ils ne disent que des choses simples et essentielles. Un des plus beaux moments du cinéma est la courte déclaration qu'adresse Adolphe Menjou aux invités de son repas de fiançailles quand Dietrich (sa fiancée) le quitte pour aller chercher Cooper et qu'il décide de l'accompagner dans cette recherche : « You see, I love her. I'll do anything to make her happy. »

BIBLIO. : scénario et dialogues publiés dans la collection « Classic and Modern Film Scripts », nº 40, Lorrimer, Londres, 1973 (avec *Shanghai Express*).

## MORTAL STORM (THE)

Inédit en France 1940 – USA (100') • *Prod.* MGM (Frank Borzage, Victor Saville) • *Réal.* FRANK BORZAGE • *Sc.* Claudine West, Anderson Ellis, George Froeschel d'ap. R. de Phyllis Bottome • *Phot.* William Daniels • *Mus.* Edward Kane • *Int.* Margaret Sullavan (Freya Roth), James Stewart (Martin Breitner), Robert Young (Fritz Marberg), Frank Morgan (Pr Roth), Robert Stack (Otto von Rohn), Bonita Granville (Elsa), Irene Rich (Mrs. Roth), William T. Orr (Erich von Rohn), Maria Ouspenskaia (Mrs. Breitner), Gene Reynolds (Rudi), Russell Hicks (le recteur), William Edmonds (Lehman), Esther Dale (Marta), Dan Dailey, Jr. (Holl), Ward Bond (Franz), Granville Bates (Pr Berg), Thomas Ross (l'instituteur Werner).

30 janvier 1933, dans une petite université allemande située dans les Alpes. C'est le soixantième anniversaire du Pr Roth. Quand il pénètre dans l'amphithéâtre, ses collègues et ses étudiants l'acclament. Loin d'être indifférent à cet hommage, car c'est un homme très sensible, Roth avait craint au contraire qu'on ait oublié cette date. Le soir, en famille, il souffle les bougies de son gâteau d'anniversaire, entouré de sa femme, des deux fils de celle-ci, Otto et Erich von Rohn, qu'il aime comme ses propres enfants, de Freya, leur fille, et de leur jeune fils Rudi. Il y a aussi autour de la table Fritz Marberg, le fiancé de Freya, et un ami de la famille, Martin Breitner, fermier des environs poursuivant ses études de vétérinaire. A la radio, ce même soir, on annonce la nomination de Hitler comme chancelier. La plupart se réjouissent, à l'exception de Mrs. Roth, inquiète parce que son mari est un non-aryen. Roth lui-même reste dans l'expectative. Cette nomination va bousculer l'équilibre de la famille Roth et de son entourage. Martin Breitner, ayant pris dans un café la défense de son vieil instituteur, M. Werner, qui refusait de faire le salut hitlérien et de chanter une chanson à la gloire du Reich, entre en conflit avec les deux beaux-fils de Roth et avec Fritz. Plus tard, ils en viendront aux mains et Mrs. Roth sera obligée de les séparer. Ses deux aînés quittent alors la maison familiale et s'engagent, tout comme Fritz, dans la Gestapo. Durant son cours, le Pr Roth est interrogé par ses

élèves : le sang des aryens est-il semblable à celui des non-aryens ? Il répond que le respect de la vérité scientifique l'oblige à dire que le sang des représentants de toutes les races humaines est absolument identique. Dès lors, son cours sera boycotté. Il assiste à un autodafé des œuvres de Heine, Einstein, etc. Freya rompt ses fiançailles avec Fritz dont elle ne partage décidément pas les convictions. Elle se sent exclue de la communauté de la ville et va souvent bavarder avec Martin dans sa ferme. Il est son ami d'enfance et l'aime depuis longtemps en secret. Il doit conduire en Autriche l'instituteur Werner, poursuivi par la Gestapo. Les deux hommes emprunteront la nuit un chemin de montagne ignoré. Mais Martin ne pourra plus revenir en Allemagne, au grand désespoir de Freya qui s'est aperçue qu'elle l'aime aussi. Le Pr Roth a dû cesser ses cours. Il est arrêté et emprisonné dans un camp de concentration. Sa famille n'a aucune nouvelle de lui. Freya va supplier Fritz de l'aider. Tout ce qu'il peut faire est d'obtenir pour Mrs. Roth un droit de visite. L'entrevue des deux époux ne durera que quelques instants. Roth demande à sa femme de quitter au plus vite le pays avec Freya et Rudi. On apprendra sa mort quelque temps plus tard, due soi-disant à une crise cardiaque. Mrs. Roth, Freya et Rudi prennent le train pour Innsbruck. A la frontière, Freya est arrêtée car elle est en possession du dernier manuscrit de son père, un ouvrage de physiologie. On lui confisque son passeport et on lui interdit de sortir d'Allemagne. Elle insiste pour que sa mère et son jeune frère continuent leur voyage. De retour chez elle, Freya retrouve Martin, venu la chercher. Cette même nuit, il fuiront ensemble en utilisant le même itinéraire de montagne que Martin avait emprunté avec l'instituteur. Le voyage sera rude. Une patrouille de la Gestapo conduite par Fritz, qui n'a pu refuser la mission, se lance à leur poursuite. Fritz doit ordonner à ses hommes de tirer sur les deux fugitifs ; ils réussissent à passer la frontière. Mais Freya a été mortellement touchée. Elle meurt dans les bras de Martin. Fritz rapporte la nouvelle aux deux fils aînés de Mrs. Roth : Erich giflera Otto qui, bouleversé par cette mort, s'était félicité que Martin, au moins, ait pu trouver la liberté.

☞ Admirable film qui démontre une lucidité politique étonnante quant au contexte historique immédiat. Plus étonnant encore, le fait que Borzage ait su intégrer cette lucidité à l'immense courant lyrique qui traverse son œuvre pendant plusieurs décennies. Pour Borzage, le mélodrame est un genre complet, susceptible de décrire des conflits et des émotions individuels, mais aussi l'évolution collective, bénéfique ou fatale, d'une société, d'un pays, et même du monde pris globalement à un moment donné de son histoire. Cette évolution, Borzage cherche par ailleurs à la replacer dans un contexte cosmique qui en agrandit à l'infini les perspectives. Aucun film n'a dénoncé le nazisme avec plus de virulence concrète, tout en replaçant ses méfaits et ses tares dans l'évolution générale de l'humanité. Au cours de cette évolution – c'est la thèse développée par le film – l'homme, dans certaines époques terribles, détruit son semblable, qu'il croit différent, par peur viscérale de lui-même et des éléments. La sensibilité des interprètes, ici particulièrement vivace, est l'instrument principal dont use Borzage, comme un musicien, pour passer sans cesse d'un registre à l'autre, d'un niveau à l'autre. Il va ainsi de l'individuel au collectif et de l'historique au métaphysique, sans perdre le contact avec son public qui suit l'histoire de chaque personnage comme si elle était à la fois la sienne propre et celle de l'humanité tout entière. Cette polyphonie est à peu près unique dans l'histoire du cinéma. Borzage tire un parti quasi miraculeux des multiples avantages du système hollywoodien (acteurs de premier ordre, construction savante du scénario, décors stylisés, très éloignés du réalisme mais dégageant avec un fort pouvoir de concentration l'atmosphère particulière de chaque lieu) et ne paraît jamais en subir les contingences. Dans plus d'une quinzaine de films (dont celui-ci est un des plus beaux), Borzage, qui n'avait pourtant rien d'un tyran, donne l'impression d'utiliser tous les rouages de la machine hollywoodienne à son avantage et de les plier, par la seule force de sa sincérité, à ses quatre volontés. Ses meilleurs films représentent en effet, à l'intérieur du système des grands studios, la quintessence du cinéma d'auteur, notion dégagée chez lui de toute caricature et de toute crispation.

## MORT AUX TROUSSES (LA)
## (North by Northwest)

1959 – USA (136') • *Prod.* MGM (Alfred Hitchcock) • *Réal.* ALFRED HITCHCOCK • *Sc.* Ernest Lehman • *Phot.* Robert Burks (Technicolor, Vistavision) • *Mus.* Bernard Herrmann • *Générique* Saul Bass • *Int.* Cary Grant (Roger Thornhill), Eva Marie Saint (Eve Kendall), James Mason (Philip Vandamm), Jessie Royce Landis (Clara Thornhill), Leo G. Carroll (« Le Professeur »), Martin Landau (Leonard), Adam Williams (Valerian), Philip Ober (Lester Townsend), Edward Platt (Victor Larrabee), Edward Binns (capitaine Junkett).

A New York, Roger Thornhill, un publicitaire, est kidnappé par deux tueurs travaillant pour le compte de l'espion Philip Vandamm. Ils l'entraînent dans le manoir de Glen Cove et là Thornhill se rend compte qu'il est pris pour un autre, un certain Kaplan, mais n'a aucun moyen de prouver sa véritable identité. Vandamm, voyant que celui qu'il prend pour Kaplan n'est nullement décidé à coopérer, l'abandonne à ses tueurs. Ils le font boire et le placent au volant d'une voiture avec l'intention de le « suicider ». Thornhill réussit à leur fausser compagnie et se fait un peu plus tard arrêter par la police pour conduite en état d'ivresse. Il raconte son aventure mais ne convainc personne, pas même sa mère. Ayant appris que le propriétaire du manoir allait prononcer un discours à l'O.N.U., il s'y rend et demande à lui parler. Il se retrouve alors devant un inconnu (dont la demeure a été occupée, à son insu, par l'espion). L'homme est poignardé sous les yeux mêmes de Thornhill qui, ayant saisi le poignard resté dans le dos de la victime, est considéré aux yeux de tous comme l'assassin. Il est obligé de prendre la fuite. Ce qu'il ignore, c'est que les services de contre-espionnage américain dirigés par « Le Professeur » ont créé de toutes pièces l'existence d'un certain Kaplan, supposé être un de leurs agents. Ils lui louent des chambres d'hôtel où il laisse des traces, et pourtant il n'existe pas. C'est une pure fiction destinée à faire diversion et à faciliter le travail du véritable agent enquêtant sur Vandamm. Pour son malheur, Thornhill a marché dans les pas de ce Kaplan et maintenant personne ne peut plus rien pour lui. Traqué, sa photo figurant à la une de tous les journaux, Thornhill prend en toute hâte un train pour Chicago, ville qui serait, selon les renseignements qu'il possède, la prochaine étape du périple de Kaplan. A bord du train, il est remarqué par une ravissante blonde, Eve Kendall, dessinatrice industrielle qui le cache dans son wagon-lit. A Chicago, il lui demande de téléphoner pour lui à Kaplan. Elle téléphone en fait à Vandamm pour lequel elle travaille et indique à Thornhill le lieu d'un rendez-vous soi-disant fixé par Kaplan. C'est un endroit désert, en pleine campagne, au bord de l'autoroute. Thornhill attend sous un soleil de plomb. Un avion, censé sulfater les récoltes, fonce sur lui et à plusieurs reprises tente de l'abattre avant de s'écraser contre un camion-citerne. Thornhill vole une voiture appartenant à l'un des témoins de l'accident. Revenu à Chicago, il apprend du portier de l'hôtel où il croit qu'habite Kaplan que celui-ci s'est rendu dans le Dakota du Sud. Il comprend qu'il a été trahi par Eve mais décide cependant de la rejoindre pour la prendre en filature. Il la retrouvera un peu plus tard dans une vente aux enchères à laquelle elle assiste en compagnie de Vandamm, son amant. Les hommes de Vandamm bloquent les sorties et sont bien décidés à faire passer à Thornhill un mauvais quart d'heure. Celui-ci provoque un scandale afin que des policiers viennent l'arrêter. Ils le conduisent auprès du « Professeur » qui lui explique dans quel guêpier il est tombé et lui apprend qu'Eve est un agent double travaillant pour lui. « Le Professeur » veut à tout prix empêcher Vandamm de quitter les États-Unis avec certains microfilms contenant des secrets d'État. Thornhill accepte de coopérer avec lui pour tirer Eve des griffes de Vandamm. Il continuera donc à être Kaplan pendant vingt-quatre heures. Les deux hommes se rendent en avion à Rapid City dans le Dakota du Sud où Vandamm habite une maison sur le mont Rushmore, non loin des portraits géants des Présidents américains sculptés dans la pierre. Thornhill-Kaplan demande à Vandamm un entretien au cours duquel il propose d'échanger son silence contre la reddition d'Eve. Il veut empêcher la jeune femme de partir et elle se met alors à tirer sur lui. Vandamm et Eve prennent la fuite tandis que le corps de Thornhill est emmené sur une civière. En réalité, Eve a tiré à blanc sur Thornhill afin d'effacer, dans l'esprit de Vandamm, toute idée de complicité entre elle et Kaplan. « Le Professeur » a ménagé à ceux-ci une rencontre secrète dans la forêt. Là, Thornhill apprend que, contrairement à ce que « Le Professeur » lui avait promis, Eve va suivre Vandamm à l'étranger afin de mettre la main sur les microfilms. Thornhill veut, cette fois pour de bon, l'empêcher de partir mais un homme du « Professeur » le met K.-O. Durant la nuit, Thornhill va rôder autour de la maison de Vandamm. Il entend une conversation entre Vandamm et son second, Leonard. Leonard révèle à Vandamm qu'Eve n'a pas réellement tiré sur Thornhill. Vandamm projette de se débarrasser d'Eve dans l'avion privé qui va bientôt venir le chercher. Thornhill réussit à arracher la jeune femme aux deux hommes, mais le couple n'a plus d'autre issue que de fuir en descendant le long des visages de pierre sculptés dans la montagne. Leonard, portant avec lui la statuette contenant les microfilms, écrase la main de Thornhill suspendu au-dessus du gouffre avec Eve. Il est abattu par la police survenue au bon moment. En mauvaise posture, Eve escalade au prix d'un gigantesque effort... la couchette du wagon-lit de Thornhill et se retrouve allongée contre lui, comme lors de leur première rencontre.

☞ La perfection du récit d'espionnage selon Hitchcock. Celui-ci déclara avoir voulu réaliser aux États-Unis l'équivalent des *Trente-neuf marches**. Si le film n'a pas tout à fait la même richesse expressive que le chef-d'œuvre anglais, c'est néanmoins un exercice de style d'une stupéfiante virtuosité dont la plupart des séquences sont des morceaux de bravoure, des tours de force au brio rarement égalé. En ce qui concerne la célébrissime séquence où Cary Grant est attaqué par un avion, dont Hitchcock trouva la description dans une page des « Trente-neuf marches » de John Buchan, le réalisateur a souvent expliqué comment il l'avait conçue. Il avait cherché à aller contre la plupart des clichés utilisés dans les séquences d'angoisse (obscurité, lieu clos, etc.). La scène se passe en plein soleil, dans un espace ouvert et à l'horizon illimité. C'est précisément l'absence d'ombre, le manque d'aspérité et d'abri possible pour le héros qui créent le climat d'angoisse tant sur un plan dramatique que plastique. Tout au long du film, Hitchcock use de ce mélange inimitable d'angoisse et d'humour pour exprimer en mineur plusieurs de ses thèmes préférentiels : le transfert d'identité (vu ici à travers une situation particulièrement originale, à la fois kafkaïenne et cocasse, puisque le héros se trouve être le double d'un personnage... qui n'existe pas) ; le manque de confiance entre les êtres (qui rend si ardu à l'innocent de se faire entendre) ; l'ambiguïté des relations entre les sexes, thème qu'il avait traité dans un contexte plus sérieux, et toujours avec Cary Grant, dans *Suspicion** et *Notorious**. Par-dessus tout, le film possède une qualité supérieure de fantaisie abstraite et d'onirisme cauchemardesque exprimant les fantasmes les plus intimes du cinéaste. Ceux-ci apparaissent en particulier dans le portrait de la blonde héroïne dépeinte tour à tour, selon l'aspect que l'intrigue laisse entrevoir d'elle, comme une aventurière aux initiatives audacieuses, comme un Ange de la Mort glacé et précis, comme une victime du devoir, ou bien encore comme l'idéale partenaire sexuelle du héros. *La mort aux trousses* reste le spécimen ultime d'un genre dont Hitchcock a lui-même créé et fixé les règles comme pour l'éternité. Dans un tumulte vertigineux d'événements, il convient que le héros soit en péril de mort au tournant de presque chaque séquence et que ce spectacle suscite à parts égales chez le spectateur le sourire et une subtile exaspération des nerfs. Trente ans après ce film et dix ans après la mort de son auteur, ces règles continuent d'être appliquées plus ou moins servilement par une quantité invraisemblable de cinéastes cherchant à égaler la fortune du Maître. Ainsi le souvenir d'Hitchcock inspire-t-il chaque année pas mal de films contemporains ; son génie – hélas – est absent et nous manque.

**Biblio.** : scénario et dialogues publiés dans la collection « The MGM Library of Film Scripts » par The Viking Press, New York, 1972. Il s'agit d'un scénario de tournage minutieusement annoté quant aux modifications apportées dans le film définitif.

## MORT EN CE JARDIN (LA)/ LA MUERTE EN ESTE JARDIN

1956 – France-Mexique (97') • *Prod.* Produciones Tepeyrac, Mexico (Oscar Dancigers), Dismage, Paris (David Mage) • *Réal.* LUIS BUÑUEL • *Sc.* L. Buñuel, Luis Alcoriza, Gabriel Arout, Raymond Queneau d'ap. R. de José-André Lacour • *Phot.* Jorge Stahl, Jr. (Eastmancolor) • *Mus.* Paul Misraki • *Int.* Georges Marchal (Chark), Simone Signoret (Djin), Charles Vanel (Castin), Michèle Girardon (Maria Castin), Michel Piccoli (le Père Lizzardi), Tito Junco (Chenko), Luis Aceves Castaneda (Alberto), Jorge Martinez de Hoyos (le capitaine Ferrero).

1945. Une mine de diamants à la frontière brésilienne. Les soldats annoncent aux mineurs que les placers sont nationalisés. Après que le capitaine Ferrero a fait tirer sur une délégation venue parlementer et qu'un blessé, capturé lors d'une embuscade tendue aux soldats, a été exécuté, la révolte prend de l'ampleur et, durant la nuit, la petite ville voisine de la mine est à feu et à sang. A la recherche d'un lit, l'aventurier Chark atterrit chez Djin, prostituée locale, qui le « donne » aux soldats de Ferrero avec lequel elle est plus ou moins en cheville : Chark transporte en effet sur lui une grosse somme d'argent. Fait prisonnier, Chark s'évade en crevant l'œil d'un garde avec une plume qu'il avait réclamée pour écrire. Le lendemain de la révolte, le vieux Castin, le plus riche des mineurs, père d'une fille muette, Maria, est accusé injustement d'être un des responsables des événements. Il voulait épouser Djin et retourner en France pour acheter un restaurant. Il va se retrouver maintenant avec un petit groupe de fuyards sur le bateau du proxénète Chenko. Il y a notamment à bord le Père Lizzardi, un missionnaire qui a donné de vains conseils de calme aux mutins, Djin, complice de Chenko dans toutes sortes de trafics, et l'évadé Chark. Ce dernier oblige tout le monde à quitter le bateau, poursuivi par une vedette de militaires. Chenko prend la fuite en emportant les vivres. Les cinq personnages doivent alors affronter les périls de la jungle : pluies diluviennes, animaux et insectes dangereux, etc. A la recherche de leur chemin, ils croient avancer et, en réalité, ne font que tourner en rond. Chark découvre au plus profond de la jungle l'épave providentielle d'un avion récemment accidenté. Bijoux, vêtements, vivres s'y trouvent en abondance. Mais Castin, en proie à un délire provoqué par son sentiment de culpabilité, tire sur Djin qui venait d'avouer son amour à Chark. Le Père Lizzardi veut le ramener à la raison et se fait abattre à son tour. Chark doit tuer le vieil homme. Puis il part en barque avec Maria.

☞ Ce récit d'aventures presque ordinaire est un des films les plus révélateurs de Buñuel. Il témoigne d'abord de la confiance extrême qu'a toujours manifestée Buñuel dans la forme romanesque pour exprimer ses thèmes et ses personnages de prédilection. Buñuel a souvent adapté des classiques du roman (« Robinson Crusoé » dans un film très réussi, « Les Hauts de Hurlevent » dans un autre complètement raté). Mais des matériaux plus prosaïques lui conviennent aussi, comme ce roman de José-André Lacour. Dans sa sinuosité, la trame de *La mort en ce jardin* (qui, selon Buñuel, fut très délicate à tisser, et Queneau dut venir à la rescousse) fait vivre des personnages complexes et ambigus qui ne livrent pas facilement leur secret tout en alimentant une action dynamique et mouvementée comme celle d'un feuilleton. « Le but de l'œuvre buñuelienne, écrit Luc Moullet (*in* "Cahiers du cinéma" nº 64), c'est la recherche d'une plus grande vérité, d'un absolu qui, aussitôt atteint, se trouve détruit par là même (...) La vérité chez Buñuel, c'est la juxtaposition d'une opinion et de son contraire, d'une pensée et de son contraire (...) Il n'y a là aucune critique sociale, *la critique est impossible* dans cette œuvre où chaque plan nous ordonne : Ne jugez pas car vous n'en avez pas la possibilité, donc le droit : les gouvernants de Cuchazo sont à la fois des dictateurs et des faibles, des assassins et des lâches, et n'ont-ils pas raison d'interdire toute prospection privée ? (...) Castin, ce médiocre, épris d'une putain et qui passe tout son temps à l'église n'a rien à envier en complexité à ses compagnons, Djin ou Chenko, amateurs de double jeu ; quant au padre Lizzardi, son personnage évoque moins Breton, Sade, Artaud ou Claudel que Bernanos. » La deuxième partie, dans la jungle, est riche en signes impénétrables, en scènes insolites, très fortes également sur le plan romanesque. Elles alimentent constamment la perplexité du spectateur. « L'insolite, dit encore Moullet, n'est qu'une forme de l'ambiguïté, tous deux sont les prolongements d'une même origine, les composants de l'univers buñuelien : l'homme ne peut connaître la vérité car elle dépasse toujours son entendement. L'ambiguïté, la dualité comme l'insolite, l'extraordinaire sont par définition ce que nous subissons sans parvenir à l'expliquer. Le surréalisme n'a fait qu'ajouter aux influences bourgeoise et jésuite qui marquèrent les jeunes années de Buñuel, il a attiré son attention sur les choses de ce monde qui dépassaient les limites du rationnel jusqu'à le pousser à conclure qu'il n'en est pas d'autres. » Grâce à sa luxuriance visuelle et narrative, *La mort en ce jardin* est ainsi un film à la fois complexe et simple. Complexe pour les raisons notées plus haut. Simple parce qu'en définitive ce sont les deux personnages les plus dépourvus d'idéologie, de préjugés, d'obsessions, d'états d'âme, qui survivront. L'universalité de Buñuel est de savoir peindre aussi bien les âmes torturées que les esprits simples et concrets. Il plaît d'ailleurs, en tant que cinéaste, aux unes et aux autres. Et, pour comble d'ironie, les sectaires de tous bords croient toujours l'avoir de leur côté.

Biblio. : Gabriel Arout : « En travaillant avec Luis Buñuel » (*in* « Cahiers du cinéma » nº 63, 1956). Article d'ambiance sur le tournage du film.

## MORT EN FUITE (LE)

1936 – France (85') • *Prod.* Société des Films Roger Richebé • *Réal.* ANDRÉ BERTHOMIEU • *Sc.* Loïc Le Gouriadec, Carlo Rim • *Phot.* Jean Isnard • *Mus.* Marcel Lattès • *Int.* Jules Berry (Hector Trignol), Michel Simon (Achille Baluchet), Marie Glory (Myrra), Fernande Albany (Olga), Marcel Vibert (l'avocat), Claire Gérard (Mme Irma), Gabrielle Fontan (la concierge), Gaston Mauger (le directeur).

Deux petits cabots, Trignol et Baluchet, rêvent d'être des vedettes. Trignol pense qu'un bon coup publicitaire peut les aider. Il monte une machination avec Baluchet qui doit faire semblant de le tuer, puis s'arranger pour être condamné à mort. Après le jugement, Trignol réapparaîtra. Le mobile : la jalousie. L'objet de cette jalousie : leur collègue Myrra, chanteuse et vedette de la revue où ils sont figurants. Trignol ne doute pas un seul instant que les deux héros d'un tel fait divers ne deviennent aussitôt célèbres. Baluchet, plus timoré que son ami, préférerait jouer la victime, mais Trignol qui monte l'affaire l'oblige à être le coupable. A cinq heures du matin, après le « meurtre », Trignol prend le train pour une destination inconnue. Sa disparition, pendant plusieurs semaines, passe inaperçue. Tout le monde se moque éperdument de savoir ce qui a bien pu lui arriver. Et les efforts, les allusions, les mines patibulaires de Baluchet n'y changent rien. Exaspéré et lassé d'attendre dans quelque ville de province, Trignol envoie une lettre anonyme à la police. Deux policiers viennent interroger Baluchet. « Enfin ! » s'exclame-t-il. Mais les deux hommes ne voient rien de suspect dans la mansarde où habitaient les deux amis. « Mon Dieu, qu'il est donc difficile de fabriquer une erreur judiciaire quand on n'a pas la police avec soi ! » soupire Baluchet après leur départ. Plus tard ils reviennent et Baluchet est enfin arrêté. Myrra vient le voir au parloir : c'est à elle que l'affaire fait le plus de publicité. A l'issue du procès, Baluchet est condamné à mort. Trignol, lui, se promène à travers l'Europe. Il se rend à Bruxelles, puis à Berlin où il est kidnappé par des militaires qui le ramènent en Sergavie où on lui intente un procès auquel il ne comprend goutte. Il est accusé d'être un traître à la patrie. Il a le malheur de ressembler comme un frère à un certain général Popoff. Heureusement, une femme lui permet de s'évader. Il lit dans le journal que la grâce de Baluchet a été refusée. Il prend l'avion et arrive juste à temps pour faire arrêter l'exécution. « Un peu plus je ratais mon entrée ! » s'exclame-t-il. Mais l'odyssée des deux cabots ne leur vaudra pas les mirifiques contrats qu'ils escomptaient. Ils en seront réduits à distribuer des prospectus à l'entrée du théâtre où triomphe la nouvelle vedette Myrra.

☞ Plusieurs comédies de Berthomieu réalisées avant-guerre sont basées sur une idée originale et astucieuse qui se prête à de multiples variations comiques (et amères). Dans *Mon ami Victor !* (1931), un jeune industriel loue les services d'un aristocrate dans la dèche pour qu'il lui serve de repoussoir auprès de sa fiancée et de ses futurs beaux-parents. L'aristocrate en question doit se montrer maladroit dans tous les sports, danser comme un éléphant, manquer d'élégance, raconter des plaisanteries sinistres, etc. afin de faire valoir son employeur. Dans *Le porte-veine* (1937), un garçon d'hôtel sert sans le savoir de fétiche à un boursier puis à un consortium qui le rachète et l'exploite jusqu'à ce que le pauvre type, une fois sa veine tarie, essaie de se mettre à son compte. Dans *Le mort en fuite*, l'idée est plus ingénieuse encore, mais surtout elle est servie par deux inimitables comédiens qui forment l'un des duos les plus savoureux du cinéma français des années 30. Là où le film s'enracine le plus dans l'époque et la réflète particulièrement bien, c'est dans ce climat d'indifférence universelle qui caractérise les réactions de tous les personnages. Pas une once de bonhomie, pas une seule réaction simplement « humaine » chez aucun des fantoches que l'intrigue présente. Même Marie Glory, vouée en général aux rôles de bonnes filles, joue ici une ambitieuse féroce qui ne songe qu'à sa carrière. Si les deux héros sont un peu plus sympathiques, c'est uniquement parce qu'ils sont les dindons de la farce qu'ils avaient eux-mêmes montée et qui a viré au cauchemar. Nous sommes jusqu'au cou dans « les eaux glacées du calcul égoïste » et il n'y a aucun espoir d'en sortir. Une noirceur aussi systématique et aussi naturelle appliquée à un type de divertissement commercial et populaire n'existe à cette époque nulle part ailleurs que dans le cinéma français. Elle constitue une bonne part de sa spécificité.

N.B. Remakes par René Clair en Angleterre, *Break The News* (1937), avec Jack Buchanan (rôle de J. Berry) et Maurice Chevalier (rôle de M. Simon), et par Berthomieu lui-même, *Les deux font la paire* (1955), avec Jean-Marc Thibault (rôle de Berry) et Jean Richard (rôle de Simon). Aucun des deux films ne peut être comparé à l'original.

## MORT SUR LE NIL
## (Death on the Nile)

1978 – Angleterre (140') • *Prod.* PAR. (John Brabourne, Richard Goodwin) • *Réal.* JOHN GUILLERMIN • *Sc.* Anthony Shaffer d'ap. R. de Agatha Christie • *Phot.* Jack Cardiff (Technicolor, Panavision) • *Mus.* Nino Rota • *Int.* Peter Ustinov (Hercule Poirot), Jane Birkin (Louise Bourget), Lois Chiles (Linnet Ridgeway), Bette Davis (Mrs. Van Schuyler), Mia Farrow (Jacqueline de Bellefort), John Finch (Mr. Ferguson), Olivia Hussey (Rosalie Otterbourne), George Kennedy (Andrew Pennington), Angela Lansbury (Salome Otterbourne), Simon MacCorkindale (Simon Doyle), David Niven (colonel Race), Maggie Smith (Miss Bowers).

Dans les années 30, un jeune milliardaire est mystérieusement assassiné au cours d'une croisière en Égypte à laquelle participent quatorze personnes : Hercule Poirot, le détective belge, saura tirer l'affaire au clair.

☞ Deuxième superproduction tirée d'Agatha Christie et due aux mêmes producteurs que *Le crime de l'Orient-Express**. Guillermin joue plus sur le premier degré que Lumet, intègre mieux le décor à l'action proprement dite sans se soucier de sacrifier à la mode « rétro » et obtient un résultat encore meilleur. Moins de sophistication dans le style mais autant d'élégance. Sans être aucunement un auteur, Guillermin reste l'un des rares techniciens contemporains capables d'utiliser à fond un budget très élevé. Il sait mener prestement un récit dont l'action incessante doit être à la fois tendue, parfaitement claire et aussi spectaculaire que possible. Il reçoit ici d'Anthony Shaffer une aide appréciable pour enfermer le spectateur dans les rêts d'une des intrigues les plus complexes et les plus habiles de la romancière anglaise. Brillante composition de Peter Ustinov tout en rondeur et en autosatisfaction. A force de talent, l'acteur réussit à faire ressentir au spectateur cet agacement ironique qu'Agatha Christie ne se cachait pas d'éprouver pour son célèbre et encombrant détective.

N.B. Sur les intrigues d'Agatha Christie, on consultera le remarquable volume de Dick Riley et Pam McAllister : « The Bedside, Bathtub and Armchair Companion to Agatha Christie », Frederick Ungar, New York, 1979. Elles y sont toutes racontées en détail, mais chaque résumé s'arrête avant le dernier chapitre. Le volume contient une filmographie.

## MOUCHE NOIRE (LA)
## (The Fly)

1958 – USA (94') • *Prod.* Fox (Kurt Neumann) • *Réal.* KURT NEUMANN • *Sc.* James Clavell d'ap. nouvelle de George Langelaan • *Phot.* Karl Struss (Cinémascope, DeLuxe Color) • *Mus.* Paul Sawtell • *Int.* Al Hedison (André Delambre), Patricia Owens (Hélène Delambre), Vincent Price (François Delambre), Herbert Marshall (l'inspecteur Charas), Kathleen Freeman (Emma, la bonne), Betty Lou Gerson (l'infirmière), Charles Herbert (Philippe).

Au Canada, Hélène Delambre vient de tuer son mari André placé sous une presse hydraulique. André et son frère François étaient les propriétaires de l'usine où a eu lieu le meurtre. Après avoir refusé de parler, Hélène raconte son histoire à François et à l'inspecteur Charas. Son mari, ingénieur et inventeur au cerveau toujours en ébullition, s'était livré ces derniers mois à des recherches sur la téléportation (translation de la matière). Ayant placé un cendrier dans une cage de verre, il avait réussi, grâce à un appareillage compliqué, à le décomposer puis à recomposer ses atomes et à faire réapparaître l'objet dans une autre cage de verre, située à l'autre bout de son laboratoire. Il explique à sa femme que cette découverte, essentielle pour l'humanité, abolira par exemple la famine. Hélène remarque qu'à son arrivée dans la seconde cage l'inscription du cendrier « Made in Japan » s'est retrouvée inversée. André améliore sa technique et « déplace » un journal sans altérer une seule de ses lignes. Il ne peut s'empêcher de faire une expérience de translation avec sa chatte qui disparaît à tout jamais dans l'espace : la deuxième cage reste en effet définitivement vide. Quinze jours plus tard, une expérience avec un cochon d'Inde réussit parfaitement. Puis André reste longtemps enfermé dans son laboratoire. Il glisse sous la porte un mot destiné à sa femme : il a eu un accident et lui demande de rechercher une mouche à tête et à pattes blanches que – comble de malchance – son jeune fils Philippe venait justement de relâcher dans la nature sur ordre de sa mère. André fait entrer sa femme dans le labo. Une étoffe noire recouvre sa tête. Hélène hurlera quand elle découvrira qu'un des bras de son mari est devenu un horrible membre d'insecte. On devine qu'ayant voulu tenter une expérience sur lui-même André est entré dans la première cage où volait par hasard une mouche. Durant le processus de recomposition, leurs atomes se sont mélangés. André affirme à sa femme que, si elle ne retrouve pas la mouche à tête blanche, il devra se détruire. Hélène, Philippe et la bonne recherchent activement la mouche. Ils la localisent sur une vitre mais l'insecte s'échappe vers le jardin. André tape à l'intention de sa femme un message à la machine. Il explique que son cerveau lui dicte d'étranges choses. Sa volonté vacille. Hélène le persuade de tenter une autre expérience de translation sans la mouche. Elle échoue. Hélène s'évanouit quand elle voit la tête de son mari : c'est celle d'une mouche géante. André lutte contre sa propre violence et détruit tous ses appareils. Il mène sa femme vers la presse, s'installe dessous et lui demande d'appuyer sur le bouton. Après ce récit, l'inspecteur Charas reste sceptique. Il se demande si Hélène n'a pas tout inventé. Dans le jardin, une mouche à tête d'homme (celle d'André), prise dans une toile d'araignée, appelle au secours. L'araignée va la dévorer. Horrifié par ce spectacle, Charas écrase les deux insectes avec une pierre. François en déduit qu'il est aussi coupable qu'Hélène. Charas fermera le dossier en concluant au suicide. Hélène et François expliquent à Philippe que son père a été victime de ses recherches et de son métier d'inventeur.

☞ Ayant bénéficié d'un budget assez confortable accordé par la Fox – ce qui n'était guère courant à l'époque pour les films fantastiques –, *La mouche noire,* tiré de la nouvelle de George Langelaan, traite un sujet de SF original, saugrenu et stimulant pour l'imagination : la translation de la matière dans l'espace par désintégration instantanée de ses atomes. De plus, le scénario abandonne complètement le stéréotype du savant fou et situe l'action dans un contexte insolite pour le genre : une famille bourgeoise, banale et sans problèmes, où l'on ne s'attend pas à assister à des événements fantastiques. Le héros est victime de sa curiosité scientifique, présentée, sinon comme légitime, du moins comme compréhensible. Elle ne relève aucunement d'un comportement pathologique. L'horreur de ce qui lui arrive n'en sera que plus vivement ressentie. Toute l'efficacité du film provient de sa sobriété, d'une constante recherche de la litote, voire de l'ellipse, s'expliquant à la fois par la volonté des auteurs et par le respect des conventions et de la prudence de l'époque. Pour une fois, leur mariage a été fécond. Cette sobriété expressive, cette puissance de stylisation apparaissent encore plus nettement quand on compare le film à son remake de 1986 *(The Fly, La mouche).* Le film de David Cronenberg n'est pas sans qualités, en particulier dans l'importance donnée au conflit qui se livre chez le héros entre son cerveau de mouche et sa nature d'homme. Mais, malgré un déluge d'horreurs visuelles, une profusion de maquillages dégoulinants et répulsifs, Cronenberg n'atteint pas le niveau d'effroi obtenu assez souvent par Kurt Neumann, notamment dans la séquence où le savant, la tête recouverte d'une étoffe noire, aspire sa nourriture avec un sifflement sinistre. Quant à la séquence finale (la mouche à tête d'homme prise dans la toile d'araignée et hurlant « Help me » d'une petite voix plaintive), elle est devenue légendaire dans le genre et aucune des séquences spectaculaires du remake de Cronenberg ne saurait l'égaler.

N.B. Le grand succès commercial du film de Kurt Neumann suscita deux suites. Dans la première (*Return of the Fly,* Edward Bernds, 1959), le fils du savant mort a grandi et veut continuer les expériences de son père, malgré les avertissements de son oncle (joué par V. Price qui garde son rôle). Le fils du savant sera à nouveau, après diverses péripéties, transformé en homme à tête de mouche mais son oncle saura le faire redevenir normal. Le film est pauvre à la fois sur le plan financier et esthétique ; ses trucages sont médiocres mais un certain humour involontaire aide à le rendre supportable. La seconde suite, d'origine anglaise (*The Curse of the Fly,* Don Sharp, 1965), bien que réalisée par un metteur en scène habituellement plus talentueux, est encore inférieure à la première et s'éloigne beaucoup de ce qui faisait l'originalité du film de K. Neumann. Ici les personnages « voyagent » du Canada à Londres. Il n'est plus question de tête de mouche, mais l'épiderme des « voyageurs » s'orne de pustules et se détériore monstrueusement ; parfois les personnages subissent une transformation accélérée en squelettes. Le remake de Cronenberg (1986) a été suivi par *The Fly II* (*La mouche II,* 1989) réalisé par Chris Walas, l'auteur des effets spéciaux du film précédent. Cette suite n'apporte rien de neuf au thème.

## MOVIE CRAZY
### (Un piqué du cinéma / Silence, on tourne / Le roi des cinglés)

1932 – USA (82') • *Prod.* PAR. – Harold Lloyd Corporation • *Réal.* CLYDE BRUCKMAN • *Sc.* Vincent Lawrence d'ap. un sujet de John Gray, Felix Adler, Agnes Christine Johnson • *Phot.* Walter Lundin • *Int.* Harold Lloyd (Harold Hall), Constance Cummings (l'héroïne), Kenneth Thompson (le gentleman), Sidney Jarvis (le metteur en scène), Eddie Fetherstone (l'assistant metteur en scène), Robert McWade (le producteur), Louise Closser Hale (la femme du producteur).

Harold, apprenti acteur, rêve de conquérir Hollywood. Il s'y rend et tourne un test qui se révèle catastrophique. Il avait déjà, figurant occasionnel, gâché par ses maladresses un plan d'un film tourné en extérieurs. Il rencontre une jeune fille blonde, sympathique qui n'est autre que la star, espagnole, brune et sophistiquée, du film en tournage. Mais Harold croit qu'il s'agit de deux femmes différentes. La « première », amoureuse de sa simplicité, est jalouse de la séduction qu'exerce sur lui la « seconde ». Elle lui jouera plusieurs tours de sa façon avant qu'il comprenne qu'il ne s'agit que d'une seule et même personne. Le partenaire de celle-ci, très jaloux, assomme Harold et le met dans une malle. En plein tournage, Harold revient à lui et, sans comprendre qu'il est filmé, s'oppose en une bagarre homérique à son adversaire dans un décor soudain envahi, comme le prévoyait le film, par une inondation. Le patron du studio qui passait par là trouve Harold très comique et lui signe un contrat.

☞ Le meilleur des films de Harold Lloyd durant le parlant, période où il ne cessa de décroître. Le thème de la maladresse, commun à tous les burlesques, ne sert ni n'enrichit la spécificité de son personnage. L'originalité du film vient de la relation d'Harold avec une femme dont l'ambivalence a pour lui quelque chose de diabolique. Étant avec l'une, il est terrorisé à l'idée d'être observé par l'autre. « Elle voit tout », dit-il, hagard – remarque identique à celle du personnage d'Ivy, victime du Dr Jekyll et de Mr. Hyde dans les versions Mamoulian et Fleming. Deux scènes sont restées anthologiques pour la perfection et l'enchaînement des gags. Vêtu par erreur de la veste d'un illusionniste, Harold perturbe une soirée mondaine et dansante : de sa poitrine jaillit un petit jet d'eau qui arrose ses partenaires scandalisées ; de ses poches sortent des souris qui créent la panique. Quant à la bagarre sur le plateau inondé, elle présente, du fait de sa longueur et de ses rebondissements inventifs, cet aspect de record, de performance, de paroxysme interminable, propre aux meilleures séquences du grand comique.

## MUNSTER, GO HOME !

Inédit en France. 1966 – USA (96') • *Prod.* UI (Joe Connelly, Bob Mosher) • *Réal.* EARL BELLAMY • *Sc.* Georges Tibbles, Joe Connelly, Bob Mosher • *Phot.* Benjamin H. Kline (Technicolor) • *Mus.* Jack Marshall • *Int.* Fred Gwynne (Herman Munster), Yvonne De Carlo (Lily), Al Lewis (grand-père), Butch Patrick (Eddie), Debbie Watson (Marilyn), Terry-Thomas (Freddie), Hermione Gingold (Lady Effigie), Robert Pine (Roger), John Carradine (Cruikshank).

Le monstre créé par Frankenstein, sa femme (une sorcière-vampire), son beau-père (mi-Dracula, mi-savant fou), sa grande fille, jolie et normale mais affectée d'un solide complexe d'infériorité (qui ne le serait à sa place ?), et le jeune frère de celle-ci, un sympathique petit loup-garou, partent pour l'Angleterre où ils ont hérité d'un manoir. Ses occupants, une bande de faux-monnayeurs, tentent d'effrayer les nouveaux arrivants – ce qui n'est pas une mince affaire – en transformant la demeure en maison hantée. Loin d'être terrorisée, la famille applaudit à cette amicale réception. Plus tard, les membres de la famille, ayant découvert la vérité sur les agissements de leurs hôtes et lointains parents, préféreront abandonner l'héritage à la ville et retourner chez eux.

☞ Les parodies fantastiques réussies sont trop rares pour qu'on ne signale pas celle-ci, tirée d'une série télévisée à succès, « The Munsters », et qui constitue un divertissement aimable et bon enfant du meilleur aloi. La couleur ajoute encore au côté comique de cette représentation caricaturale et talentueuse des plus célèbres personnages des films d'horreur Universal. Sous leur maquillage et sous leur déguisement, les acteurs se sont visiblement amusés et leur amusement est communicatif.

## MURDER (id.)

1930 – Angleterre (92') • *Prod.* British International Pictures (John Maxwell) • *Réal.* ALFRED HITCHCOCK • *Sc.* Alma Reville, Alfred Hitchcock, Walter Mycroft d'ap. P. « Enter Sir John » de Clemence Dane et Helen Simpson • *Phot.* Jack Cox • *Mus. dir.* John Reynders • *Int.* Herbert Marshall (Sir John Menier), Nora Baring (Diana Baring), Phyllis Konstam (Dulcie Markham), Edward Chapman (Ted Markham), Esme Percy (Handel Fane), Miles Mander (Gordon Druce), Donald Calthrop (Ion Stewart), Una O'Connor (Mrs. Grogram).

Dans une chambre meublée d'une petite ville de province en Angleterre, le cadavre d'Edna Bruce est retrouvé à côté de Diana Baring prostrée, incapable d'expliquer ce qui s'est passé, car elle ne se souvient de rien. Les deux jeunes femmes appartiennent à la même troupe théâtrale en tournée dans la région. S'étant brouillées, elles avaient dîné ensemble dans l'intention de se réconcilier. La police enquête dans les coulisses du théâtre mais ne découvre pas d'autre suspect que Diana Baring. Son procès commence. Elle-même ne peut jurer de son innocence. Au cours d'une longue délibération, les jurés se prononcent pour la culpabilité à l'exception de Sir John, un célèbre acteur londonien. De guerre lasse, Sir John se range à l'avis de la majorité. Diana Baring est condamnée à mort. Sir John, en se rasant un matin, fait son examen de conscience et se sent appelé à aller sauver une âme. Quelque chose lui dit que Diana ne peut être coupable. Sa responsabilité vis-à-vis de la jeune fille lui paraît d'autant plus grande qu'il avait refusé celle-ci dans sa troupe et lui avait personnellement conseillé de partir en tournée. Sir John convoque le régisseur de la troupe de Diana et l'engage à son service ainsi que sa femme, une actrice. Ils se rendent tous trois sur les lieux du crime puis dans les coulisses du théâtre et reprennent l'enquête à zéro. Pour en savoir plus, Sir John loue même une chambre chez la femme d'un policier local. Il réunit de nombreux indices mais il lui manque le nom de l'homme que ces indices accusent, un acteur de la troupe amoureux de Diana et qui fut la cause de la querelle entre les deux femmes. Sir John rentre à Londres, rend visite à Diana dans sa prison et lui arrache le nom de celui qu'il suspecte, Handel Fane, un métis de sang noir (la notion de métis sert ici à désigner l'homosexualité du personnage). Edna voulait révéler ce secret à Diana, qui d'ailleurs ne l'ignorait pas. C'est pour l'en empêcher que Fane l'a tuée. Mais Diana est toujours incapable de raconter le déroulement précis du meurtre. Sir John prend contact avec Fane qui, sans engagement au théâtre pour le moment, exécute en travesti féminin un numéro de trapèze dans un cirque. Sir John monte un piège pour le faire avouer. Il le convoque pour une audition et l'invite à lire une pièce qu'il a soi-disant écrite d'après l'affaire Baring. C'est bien entendu la scène du meurtre qui est l'objet de l'audition. Mais la scène en question est inachevée. Bouleversé au début de sa lecture, Fane se reprend et quitte le bureau de Sir John en refusant de collaborer avec lui à l'écriture de la fin de la pièce. Au cours de son numéro de trapèze, il se pend. Il a laissé une note destinée à Sir John qui contient la fin de « la scène du meurtre » : le coupable est entré dans la pièce où les deux femmes se disputaient ; il a bousculé Diana qui s'est assommée elle-même en tombant ; il a abattu Edna avec un tisonnier puis est reparti, dissimulé dans une tenue de policier qui faisait partie de sa garde-robe d'acteur. Sir John retrouve Diana à sa sortie de prison et l'engage comme partenaire.

☞ Troisième long métrage parlant d'Hitchcock et l'un des titres majeurs, non seulement de sa période anglaise, mais aussi de l'ensemble de son œuvre. Pour la structure policière, *Murder* est l'un des rares « whodunits » d'Hitchcock (intrigue basée sur l'attente de la révélation finale du coupable). Le suspense est ici secondaire et tient dans l'obligation pour Sir John de trouver le vrai coupable avant l'exécution de la condamnée. C'est l'un des films les plus ambitieux d'Hitchcock et c'est aussi l'un de ceux où le génie du réalisateur conquiert le public par la seule gravité du ton et du propos, sans recours à l'humour ou au divertissement. Formellement, l'influence du cinéma muet allemand est très forte, en particulier dans les décors chargés d'expressivité jusqu'à l'asphyxie. C'est la caméra qui, à l'intérieur de ces décors, se révèle déjà, comme elle le sera toujours chez Hitchcock, le personnage le plus mobile et le plus important de l'action. Cela n'empêche pas les acteurs d'être sublimes, notamment dans cette étrange réserve, cette pudeur qui, chez les trois principaux d'entre eux, fait que leurs personnages ont l'air de s'effacer devant l'importance de la tragédie qui se noue. Fondé sur un va-et-vient constant entre l'art et la réalité, le théâtre et le fait divers, avec une référence explicite à « Hamlet », *Murder* place ses personnages dans un déséquilibre vertigineux entre leur liberté d'une part et, d'autre part, la fatalité de leur destin et du rôle qui leur est imparti en ce monde. Ils marchent sur une étroite ligne de crête en côtoyant des abîmes. Diana, condamnée, se tait et attend l'aide d'on ne sait quelle providence, plus résignée à la mort qu'à l'emprisonnement, ignorante elle-même de sa propre innocence. Sa liberté tient dans sa résignation, comme si elle remettait son destin entre les mains de quelqu'un d'autre. Sir John, après la faiblesse qu'il a eue durant la délibération avec les autres jurés, se retrouve en charge d'âme, poussé par une force plus mystérieuse encore que celle de l'amour qu'il commence à éprouver pour l'actrice. Le meurtrier enfin échappe totalement à la lignée séduisante et méprisable des coupables hitchcockiens. Il est ce qu'ils ne sont pratiquement jamais : une sorte de victime. Sa liberté consistera à laisser avant son suicide une preuve écrite de sa culpabilité : première apparition chez Hitchcock de la fonction salvatrice de l'aveu. Chacun des trois personnages utilisera sa marge – étroite – de liberté à faire son salut. Ce que *Murder* a de presque unique dans l'univers hitchcockien, c'est que le coupable, la victime et l'agent de la justice humaine sont ainsi logés à la même enseigne, et contemplés par l'auteur avec une compassion très intense qui ignore la sentimentalité et engendre le pathétique le plus poignant. A cet égard les scènes finales (le coupable pris au piège lors de l'audition à la « Hamlet » et son suicide au trapèze) constituent un sommet de l'art d'Hitchcock.

N.B. Comme le remarque Maurice Yacowar (*in* « Hitchcock British Films », Archon Books, Connecticut, 1977), le personnage de Fane est un métis parce que, dans le roman original, Diana a été élevée aux Indes et qu'à ses yeux ce fait pourrait provoquer chez elle une aversion plus grande que chez les autres membres de la troupe. Hitchcock utilise ce détail pour exprimer (et cacher) l'homosexualité du personnage. Façon élégante de respecter, plus encore que les tabous de l'époque, le secret de l'âme de ses héros. D'une manière similaire, l'amour de Sir John pour Diana ne sera jamais précisément nommé. Il existe une version allemande du film intitulée *Mary*, tournée simultanément par Hitchcock avec l'acteur Alfred Abel (dont les exigences rendirent, selon Hitchcock, le tournage particulièrement difficile.)

## MUSIC BOX (THE)
### (Livreurs, sachez livrer !/Les déménageurs)

1932 – USA (3 bob.) • *Prod.* MGM-Hal Roach • *Réal.* JAMES PARROTT • *Dial.* H.M. Walker • *Phot.* Walter Lundin, Len Powers • *Int.* Stan Laurel (lui-même), Oliver Hardy (lui-même), Billy Gilbert (Pr Theodore von Schwarzenhoffen), Gladys Gale (la femme du professeur), William Gillespic (vendeur de pianos), Charlie Hall (le facteur), Lilyan Irene (la nurse).

Laurel et Hardy, devenus récemment déménageurs professionnels, doivent livrer un piano mécanique contenu dans une caisse au 1127 Walnut Avenue. La maison se trouve située au sommet d'un immense escalier que les deux compères vont devoir gravir, la caisse sur le dos, d'innombrables fois car elle retombe toujours, pour un motif ou pour un autre, au bas des marches. C'est d'abord une nurse avec un landau qui exige le passage ; après une algarade avec les deux déménageurs elle appelle un policier à la rescousse, lequel oblige Laurel puis Hardy à redescendre pour s'expliquer devant lui. Laurel et Hardy rencontreront aussi un habitant du quartier, un professeur irascible et bardé de titres, qui veut les faire arrêter pour obstruction de la voie publique. Enfin les deux compères parviennent à la villa. Ils font tomber le piano dans une fontaine avant d'y tomber eux-mêmes l'un après l'autre. Ayant trouvé porte close, ils tentent de hisser la caisse par une poulie accrochée au store du balcon du premier étage. L'instrument est maintenant installé à l'intérieur de la maison. Le professeur irascible réapparaît. C'est lui le propriétaire de la maison et il se demande ce que cet instrument fait chez lui. Il déteste le piano et entreprend de détruire l'objet à coups de hache. Sa femme arrive et lui explique qu'il s'agit de son cadeau d'anniversaire. Il se calme et accepte de signer le bon de livraison. Mais l'encre du stylo de Laurel lui saute à la figure et il s'élance alors, plus rageur que jamais, contre les deux livreurs...

☞ *The Music Box* fut récompensé par un Oscar (celui du meilleur court métrage de 1931-32), le seul que Laurel et Hardy remportèrent au cours de leur carrière. Ils n'en avaient d'ailleurs nul besoin, ayant été de tout temps les vedettes les plus populaires du cinématographe, plus adulés même que Charlot, eux dont on a dit avec raison que personne ne les aimait, sauf le public. Dans leurs meilleurs courts métrages (parmi lesquels il faut ranger *Big Business* et *Double Whoopee*, tous deux de 1929), leur cinéma est si parfait qu'il décourage les commentaires. Les trois bobines de *Music Box* reposent sur un seul gag de base et sur deux décors ; pourtant elles contiennent une variété presque inépuisable de situations et de péripéties que domine la présence indifférente de cet escalier sans fin au milieu d'un grand nombre de plans. Ces péripéties sont filmées et montées avec efficacité et une très grande économie de moyens. D'où vient que la plupart des incarnations des deux compères soient restées si vivantes ? Est-ce parce que chacune des constantes qu'elles illustrent évoque – avec une modestie infinie – un aspect universel de la condition humaine ? Trois de leurs constantes sont en tout cas particulièrement bien représentées ici. D'abord, leur obstination. Jamais découragés, jamais lassés, Laurel et Hardy accomplissent toujours benoîtement leur tâche, tels deux Sisyphe au petit pied qui, pas un instant, ne songent à maudire leur sort. Ensuite, leur solidarité (solidarité de couple et d'amis) ; et chez eux ce n'est pas un vain mot. Quelle place occuperait Laurel dans l'univers s'il n'avait pas à supporter la vindicte injuste, la réprobation, la râlerie continuelle de Hardy ? Que deviendrait Hardy, privé de sa cible et de son souffre-douleur, dont les maladresses (égales aux siennes) sont l'aliment indispensable à sa colère ? Enfin, leur insouciance. Après tant d'obstacles et de déboires, quand le piano mécanique se met à jouer, Laurel et Hardy, oublieux de tout, entament une petite danse en rangeant les débris de la caisse brisée. Comme un corps en bonne santé oublie sa fatigue et même sa douleur sitôt qu'elles ont disparu, les deux compères ne gardent aucune trace de ce qu'ils ont vécu. A tout moment, ils sont prêts à affronter de nouvelles catastrophes. C'est en eux la part d'enfance, si caractéristique et si précieuse.

### MY NAME IS JULIA ROSS

Inédit en France. 1945 – USA (65') • *Prod.* COL. (Wallace MacDonald) • *Réal.* JOSEPH H. LEWIS • *Sc.* Muriel Roy Bolton d'ap. R. « The Woman in Red » d'Anthony Gilbert • *Phot.* Burnett Guffey • *Mus.* Mischa Bakaleinikoff • *Int.* Nina Foch (Julia Ross), Dame May Whitty (Mrs. Hughes), George Macready (Ralph Hughes), Roland Varno (Dennis Bruce), Anita Bolster (Sparkes), Doris Lloyd (Mrs. Mackie), Leonard Mudie (Peters).

Seule, sans travail à Londres, depuis que son fiancé Dennis l'a abandonnée pour épouser celle que sa famille lui destinait, Julia Ross, au vu d'une petite annonce, se rend dans une agence où l'on a besoin d'une secrétaire sans attache familiale ni sentimentale. Son travail durera au moins un an. Julia fait parfaitement l'affaire. Le soir même, dans sa pension, elle retrouve son fiancé qui l'aime toujours et ne s'est pas marié. Elle ne peut passer la soirée avec lui car elle a promis de se rendre chez ses nouveaux patrons, Mrs. Williamson Hughes et son fils Ralph. Le surlendemain, elle se réveille loin de Londres dans une demeure isolée, un nid d'aigle surplombant la mer, en Cornouailles. Tout le monde l'appelle Marian, la considère comme la femme de Ralph et s'adresse à elle comme à une demi-folle. Elle est censée sortir d'un asile psychiatrique. Elle comprend qu'elle est prisonnière sans savoir pourquoi elle l'est. Ses diverses tentatives pour s'échapper échoueront une à une : le gardien refuse de lui ouvrir les grilles du jardin ; le message qu'elle a écrit sur un morceau de journal puis lancé sur la route est ramassé par Ralph ; et quand elle se cache à l'arrière de la voiture d'un prêtre venu en visite, celui-ci découvre sa présence et la ramène à sa prison. Elle réussit pourtant à poster une lettre à Dennis. Elle entend Mrs. Hughes et son fils parler d'un plan qu'ils vont bientôt mettre à exécution. Ralph, un violent et un pervers, incapable de se contrôler, a tué sa femme qu'il avait épousée pour son argent ; puis il a jeté son corps à la mer. Julia est destinée à la remplacer ou plutôt à remplacer son cadavre. Ralph la tuera et maquillera son crime en suicide. Après quoi pourra avoir lieu l'enterrement légal de Marian Hughes. Julia feint de s'empoisonner pour pouvoir communiquer avec un docteur : mais l'homme qui vient dans sa chambre et à qui elle se confie est un complice des Hughes. Il va à Londres récupérer la lettre envoyée à Dennis. Ralph essaie vainement de tuer Julia en enlevant plusieurs marches à un escalier. Celle-ci tente alors de dévisser les barreaux de la fenêtre de sa chambre. Ralph entend un cri, voit la fenêtre ouverte et le corps de Julia écrasé sur les rochers. Il court vers elle pour l'achever. A cet instant Dennis et un policier surgissent et l'immobilisent. Le complice, après le vol de la lettre, avait été arrêté. Julia a fait semblant de sauter et a seulement lancé sa robe sur les rochers. Puis elle est venue s'allonger près de la mer, attendant la réaction de Ralph. Toute la bande est arrêtée. Ralph qui s'enfuyait est abattu. Julia et Dennis, en route vers Londres, font des projets d'avenir.

☞ Un joyau de la série B américaine, concis, impeccable, aux arêtes tranchantes comme le diamant. C'est le vingt-cinquième film de J.H. Lewis, son premier chef-d'œuvre et le premier de ses films pour lequel il ait eu les coudées franches : vingt jours de tournage, un luxe inouï jusque-là dans sa carrière ! Le style de Lewis possède la minutie fascinante d'un Hitchcock, le sens du cauchemar d'un Siodmak ; il leur ajoute une familiarité avec les monstres qui n'appartient qu'à lui et donne au récit cette double dimension d'angoisse et d'ironie sardonique, unique dans l'histoire du cinéma. L'héroïne, Julia Ross, est entourée de monstres. Ils veulent l'annihiler d'abord dans son identité puis dans sa chair. Elle vit un long supplice, une suite de déceptions cruelles, et sombre peu à peu dans le désespoir jusqu'à ce qu'un happy end providentiel vienne mettre un terme à ses souffrances. Il est semblable au dénouement d'un mauvais rêve, quand le dormeur enfin se réveille. Comme souvent chez Lewis (voir le personnage de l'héroïne de *Gun Crazy**), les monstres ont des motifs rationnels d'agir et de commettre leurs forfaits ; mais ils y prennent aussi du plaisir et ce plaisir témoigne alors des anomalies de leur nature. Les images de la solitude, de l'enfermement, de l'abandon graduel de la victime à ses bourreaux s'accumulent ici sur l'écran avec une économie de moyens, une rigueur sèche, implacable et dense qui confinent au génie.

## MYSTÈRE ANDROMÈDE (LE)
**(The Andromeda Strain)**

1971 – USA (137' réduites à 115') • *Prod.* UI (Robert Wise) • *Réal.* ROBERT WISE • *Sc.* Nelson Gidding d'ap. R. de Michael Crichton • *Phot.* Richard H. Kline, William Tuntke (Technicolor, Panavision) • *Mus.* Gil Melle • *Int.* Arthur Hill (Dr Jeremy Stone), David Wayne (Dr Charles Dutton), James Olson (Dr Mark Hall), Kate Reid (Dr Ruth Leavitt), Paula Kelly (Karen Anson), George Mitchell (Jackson), Ramon Bieri (major Mancheck).

La retombée d'un satellite a provoqué la mort instantanée des habitants d'un petit village du Nouveau-Mexique. Une substance mystérieuse s'est échappée de l'engin spatial, a solidifié et transformé en sable le sang des victimes. Dans le plus grand secret, l'Armée réunit une équipe de savants (chirurgien, biologiste, chimiste, etc.) qui s'enferment pour travailler dans la cité-laboratoire Wildfire, camouflée dans le sous-sol d'un pseudo-institut agronomique du Nevada. Cherchant à identifier la substance, les savants parviennent assez vite à de terrifiantes conclusions : il s'agit d'un micro-organisme, qu'ils baptisent « la variété Andromède », se propageant dans l'air, se divisant et se reproduisant à grande vitesse, agissant comme un réacteur capable de transformer la matière en énergie et l'énergie en matière. Ils doivent supplier le président des États-Unis, à qui ils avaient précédemment conseillé de lancer une bombe sur le village, d'annuler cette explosion nucléaire qui, en la décuplant, rendrait quasiment infinie la puissance de la variété Andromède. Fort heureusement, la substance se révèle en voie de mutation vers une forme non infectieuse. Au cours de leurs recherches, les savants découvrent une autre vérité qui les scandalise : la substance, qui n'aurait jamais dû parvenir à l'air libre, avait néanmoins pour destination Wildfire, car il s'agissait d'un élément devant faire l'objet d'études concernant une éventuelle guerre bactériologique. Ils réussissent à la diriger vers la mer où l'on pense qu'une réaction alcaline la détruira pour toujours.

☞ Fidèle adaptation d'un roman de Michael Crichton, ce film est une œuvre capitale de la SF cinématographique moderne. Alors que les premiers films de science-fiction des années 50 et particulièrement le « space-opera » jouaient sur le dépaysement dans le futur assimilé à une sorte d'autre monde, la SF moderne s'emploie au contraire à créer une inquiétante – voire terrifiante – confusion entre le présent et le futur. Sa temporalité est devenue composite, hésitante. Elle est destinée à ce qu'on se demande constamment si tel événement, tel détail du récit est réel ou inventé, actuellement possible ou encore impossible. Agissant dans ce présent hypothétique et comme colonisé par le futur, la SF peut alors procéder à une description à peine allégorique du monde contemporain, soumis au règne de la science. Que ce règne devienne ou non une dictature est l'affaire de l'homme et de l'homme seul. C'est là où le propos de Wise devient, comme dans la plupart de ses films, essentiellement moral, et c'est là aussi où l'auteur entame une réflexion passionnante sur la notion de secret. Ayant distingué dans l'intrigue et dans la société quatre couches où se trouve inégalement réparti le savoir scientifique (le grand public, les journalistes spécialisés, les politiciens, les savants), il souligne que c'est le politique qui, bien que n'étant pas par définition le mieux informé des risques liés à certaines recherches scientifiques, possède néanmoins le plus de latitude et, partant, le plus de responsabilité dans le maniement du secret. S'il fait un mauvais usage du secret, il redevient alors l'apprenti sorcier muni des caractéristiques négatives de ce personnage mythique, présent en filigrane dans tout récit de SF. Il déclenchera des effets de boomerang qui rejailliront sur lui et sur l'humanité entière. En se livrant à un usage abusif de la marge de secret que lui permet sa fonction, en ordonnant une sorte de huis-clos qui vient s'ajouter à tous les autres types de secret liés nécessairement au développement de la science, il met en péril les chances de survie de l'humanité. Le mérite spécifique du *Mystère Andromède*, c'est que Wise mène sa réflexion sans jamais quitter le détail concret d'une investigation scientifique particulièrement complexe et qui, en d'autres mains,deviendrait rebutante. Son style minutieux et « policier » au sens méthodologique du terme, s'intéresse avant tout au *comment* des événements et des phénomènes et transforme l'exposé le plus austère et le plus rébarbatif en une aventure visuelle et intellectuelle tout à fait passionnante. Avec plus d'intensité encore que dans *Le jour où la terre s'arrêta*, l'auteur appelle chaque spectateur à participer à une réflexion sur le devenir de l'univers dont l'urgence ne saurait échapper à personne.

## MYSTÈRES D'UNE AME (LES)/ LE SECRET D'UNE AME
### (Geheimnisse einer Seele)

1926 – Allemagne (71') • *Prod.* UFA / Hans Neumann-Filmproduktion • *Réal.* GEORG WILHELM PABST • *Sc.* Colin Ross et Hans Neumann • *Phot.* Guido Seeber, Curt Oertel, Robert Lach • *Int.* Werner Krauss (Martin Fellman), Ruth Weyher (l'épouse), Pawel Pawlow (Dr Orth, le psychanalyste), Jack Trevor (le cousin), Ilka Grüning (la mère).

Un bourgeois de Vienne, Martin Fellman, est en train de se raser. Voulant couper avec son rasoir une mèche de cheveux de sa femme, il lui entaille la nuque : il a été saisi de stupeur en entendant une voisine crier au meurtre. Alors qu'il quitte son domicile, il voit le corps de la victime chargé dans une ambulance. Il se rend dans son laboratoire (il est chimiste), ouvre son courrier et donne des bonbons à une fillette qu'il regarde avec beaucoup de tendresse. Le soir, de retour auprès de sa femme, il apprend que son cousin leur a envoyé un sabre ancien japonais et une statuette représentant une déesse de la Fertilité. Il manifeste un certain effroi mêlé de fascination devant cette arme très tranchante. Les deux époux ont l'habitude de faire chambre à part. La femme, ce soir-là, attend vainement la visite de son mari. Celui-ci s'endort et a un cauchemar : il voit le cousin coiffé d'un casque colonial et niché dans un arbre en train de tirer sur lui. Des trains électriques passent comme dans un miroir déformant. Le rêveur franchit un passage à niveau et disparaît après avoir contemplé une statue géante de la déesse de la Fertilité. Des cloches sonnent, bientôt remplacées par des têtes de femmes qui se balancent comme elles. Il monte par un escalier en colimaçon au sommet d'une tour qui vient de jaillir du sol. Il est témoin du meurtre d'une femme et passe en jugement pour ce meurtre. Emprisonné dans une pièce, il parvient, monté sur des livres empilés, à regarder par la fenêtre : il voit sa femme dans une barque avec le cousin au casque colonial. Elle tire de l'eau un baigneur qu'elle tient ensuite dans ses bras. A l'intérieur de la pièce, le mari essaie vainement de frapper avec un sabre le reflet de sa femme surimpressionné à l'image. Le lendemain, après son réveil, il ne veut plus avoir à manipuler son rasoir et va se faire raser chez un barbier, non sans une certaine anxiété. Dans son laboratoire, il n'ose plus se servir de son coupe-papier pour ouvrir son courrier. Un coup de téléphone lui apprend la visite imminente de son cousin : il laisse échapper une éprouvette. De retour chez lui, il trouve son cousin et l'embrasse chaleureusement. Le couple et le cousin regardent des photos datant de leur enfance ; ils formaient alors un trio d'inséparables. A table,le mari cache son couteau sous une serviette. Il refuse celui que lui tend sa femme ; elle devra servir et découper elle-même les plats. Le mari se sent contraint de quitter subitement l'appartement. Il va s'attabler dans un café sous le regard d'un autre client, le Dr Orth. Un peu plus tard il s'en va en oubliant ses clés. Le Dr Orth le rattrape dans la rue et les lui rend. Il lui demande : « Vous sentez-vous mal à l'aise à l'idée de rentrer chez vous ? » – « Comment le savez-vous ? », dit l'autre, étonné. – « C'est mon métier de le savoir. » Il rentre chez lui et regarde avec terreur et fascination les objets qui l'entourent, et spécialement le sabre japonais. Il se rend chez sa mère à laquelle il confie les pensées qui l'obsèdent. Il a peur de sa propre violence. Elle lui conseille d'aller voir un médecin. Il consulte le Dr Orth. Les visions qui le hantent sont-elles la preuve qu'il devient fou ? Le Dr Orth lui affirme qu'il peut le guérir par la psychanalyse. Le patient s'allonge sur le divan. Il évoque diverses scènes, réelles ou rêvées, que le spectateur a déjà vues, et d'autres qui sont nouvelles. Elles se déroulent en général devant un fond blanc. Ainsi, le patient enterra un jour avec sa femme une plante qui avait ensuite poussé démesurément. Parmi ces scènes, des souvenirs d'enfance. Lors d'un Noël, une fillette (qui deviendra plus tard l'épouse du patient) donna au cousin une poupée, provoquant ainsi la jalousie de son futur mari. Le patient subira de nombreuses autres séances psychanalytiques. Peu à peu, le docteur lui explique l'origine et la nature de ses obsessions. Sa jalousie d'enfant s'est perpétuée à l'âge adulte vis-à-vis de son cousin qui représente tout ce qui lui manque à lui, bourgeois sédentaire : l'aventure, la séduction, la puissance et le mystère. Son impuissance s'exprime à travers sa peur des objets contondants. Il assimile le rapport amoureux à un viol ou même à un meurtre, qu'il redoute de commettre. Sa vision du baigneur tenu par sa femme exprime la frustration d'enfant qu'elle ressent et qui est devenu la sienne, etc. Épilogue : après sa guérison, le mari en villégiature pêche à la ligne, non loin d'un chalet de montagne. Sa femme sort du chalet et joue avec son bébé. Dès qu'il les aperçoit, le mari se précipite vers eux. Le bonheur du couple est maintenant restauré.

☞ Né de parents autrichiens en Bohême, au sein de l'empire austro-hongrois, Pabst se passionna comme beaucoup d'intellectuels de sa génération pour la psychanalyse, principale discipline nouvelle née dans son univers. Il s'entoura pour écrire le scénario des *Mystères d'une âme* de deux assistants de Freud, Karl Abraham et Hans Sachs. *Les mystères d'une âme* sera ainsi le premier film entièrement consacré à la psychanalyse ; et il est resté jusqu'à aujourd'hui sans équivalent. Dans les trois premiers quarts du film, Pabst présente un abondant matériel de faits ayant trait à la vie d'un bourgeois secrètement obsédé et essayant de tenir la bride à ses obsessions. Comme n'importe quel mortel, il lui arrive de rêver et nous voyons ses rêves. Mais à l'état de veille son comportement ne sera jamais complètement pathologique. Dans le dernier quart du film, la psychanalyse l'aidera à dénouer l'énigme de ses obsessions et à s'en délivrer. Fondamentalement, Pabst est un réaliste, mais un réaliste *glouton* qui avale et digère toutes les disciplines qui se trouvent à sa portée et sont susceptibles d'enrichir son réalisme : l'expressionnisme, le naturalisme, la distanciation brechtienne ou bien ici la psychanalyse, en quoi il discerne un mode d'observation et d'interprétation du réel, une science des rêves et une thérapeutique. Ce dernier aspect sera évoqué uniquement dans les vingt dernières minutes du film. Pabst se garde bien d'expliquer tous les faits et gestes de son personnage par la psychanalyse. Un grand nombre de détails resteront mystérieux, laissés à la perplexité et à la sagacité du spectateur. Par là, Pabst se montre habile – et personnel. Car pour lui cette part d'opacité du réel, qui résiste à l'analyse, est peut-être la plus passionnante et la plus fascinante. Elle est commune à beaucoup de ses films, quelle que soit la catégorie esthétique à laquelle ils appartiennent. Et quand il ne reste plus rien à analyser, quand l'esprit doit se taire, faute de points de vue nouveaux et d'arguments, il y a encore cette attraction-répulsion d'un homme pour une femme, qui est comme la basse continue de son œuvre. Et aussi cette espèce de jubilation clinique que l'auteur éprouve à constater dans chaque homme la présence de virtualités maléfiques propres à le transformer en meurtrier, en obsédé sexuel ou en fou. Point de vue qu'il partage avec Fritz Lang mais dans une vision beaucoup moins tragique de l'univers.

**Biblio.** : « L'étrange cas du Professeur M. » de Patrick Lacoste, Gallimard, 1990. Étude en profondeur du film de Pabst aboutissant à la conclusion qu'il n'a aucunement trahi la pensée de Freud.

# N

**NAISSANCE D'UNE NATION**
**(The Birth of a Nation.** Premier titre : **The Clansman)**

1915 – USA (12 bob.) • *Prod.* D.W. Griffith – Epoch Producing Corporation • *Réal.* DAVID WARK GRIFFITH • *Sc.* D.W. Griffith et Frank Woods d'ap. R. et P. « The Clansman » et R. « The Leopard's Spots » de Thomas Dixon • *Phot.* Billy Bitzer, Karl Brown • *Déc.* Frank « Huck » Wortman • *Cost.* Robert Goldstein • *Int.* Henry B. Walthall (Ben Cameron), Lillian Gish (Elsie Stoneman), Mae Marsh (Flora Cameron), Miriam Cooper (Margaret Cameron), Ralph Lewis (Austin Stoneman), Mary Alden (Lydia Brown, sa gouvernante), George Siegmann (Silas Lynch), Walter Long (Gus), Robert Harron (Tod Stoneman), Wallace Reid (Jeff le forgeron), Joseph Henabery (Abraham Lincoln), Elmer Clifton (Phil Stoneman), Josephine Crowell (Mrs. Cameron), Spottiswoode Aitken (Dr Cameron), George Andre Beranger (Wade Cameron), Maxfield Stanley (Duke Cameron), Jennie Lee (Mammy la servante), Raoul Walsh (John Wilkes Booth), Donald Crisp (général Grant), Howard Gaye (général Lee), Sam de Grasse (Charles Sumner), Violet Wilkey (Flora enfant).

Deux familles, unies par de nombreux liens d'amitié et d'amour, les Stoneman, du Nord, et les Cameron, de la petite ville de Piedmont dans l'État de Caroline du Sud, traversent tragiquement la guerre de Sécession. Duke, le plus jeune des trois frères Cameron, meurt en même temps que Tod, le cadet des Stoneman. Puis c'est au tour de Wade Cameron de mourir pendant le siège de Petersburg qui durera un an. (La capitulation de Petersburg, en avril 1865, marquera l'effondrement du Sud.) En septembre 1864 a eu lieu la prise d'Atlanta par les Nordistes. Ben, l'aîné des Cameron, surnommé le « Petit Colonel », se conduira héroïquement lors d'une attaque menée pour récupérer un convoi de vivres nordistes. Au cours du siège de Petersburg, il n'hésitera pas à se porter au secours d'un ennemi blessé et se fera acclamer par les Nordistes. Lui-même blessé, il est secouru par Phil Stoneman. Après la victoire du Nord, le Petit Colonel est soigné dans un hôpital à Washington où travaille comme infirmière Elsie Stoneman ; il portait toujours sur lui son portrait, sans l'avoir jamais rencontrée. Ayant appris que son fils allait être pendu pour insoumission, Mrs. Cameron va solliciter la grâce de Ben auprès du Président Lincoln qui la lui accorde. Le 9 avril 1865, le général Lee se rend au général Grant. Ce même jour, Ben Cameron quitte l'hôpital et retourne chez les siens. Le chef des Radicaux, Austin Stoneman, le père d'Elsie et de Phil, proteste contre la clémence de Lincoln à l'égard du Sud. Grâce à la protection du Président, le Sud a une chance de se reconstruire. Mais le 14 avril 1865 au cours d'une représentation de la pièce « Notre cousin d'Amérique » donnée pour fêter la reddition de Lee, Lincoln est assassiné dans sa loge par John Wilkes Booth. C'est la désolation dans le Sud, où d'anciens Nordistes tâchent de donner le pouvoir à des Noirs inexpérimentés. Devenu l'homme le plus puissant d'Amérique, Austin Stoneman, dont la maîtresse est mulâtre, envoie son protégé Silas Lynch, lui aussi mulâtre, aider des agitateurs à donner le droit de vote aux Noirs, tandis que le sénateur Sumner recommande une politique d'émancipation beaucoup moins dangereuse. Lynch installe son Q.G. à Piedmont. Ses hommes encouragent les Noirs à quitter le travail. Sur conseil de son médecin, Austin Stoneman, en convalescence, s'installe lui aussi à Piedmont. Elsie retrouve Ben et vit avec lui une idylle très romantique. Aux élections, les Noirs votent, mais pas les notables blancs. Lynch est élu lieutenant-gouverneur. Le Dr Cameron, le père de Ben, prend soin d'un serviteur noir qui a été sauvagement fouetté pour avoir refusé de voter pour l'Union et les *carpetbaggers* (agitateurs venus du Nord). Émeute de Master's Hall : le parti noir s'attribue la majorité à la Chambre des Représentants de l'État (1871). Ben Cameron, désespéré par la ruine de son peuple, a l'idée de fonder le Ku-Klux-Klan pour protéger le Sud. Les membres du Klan terrorisent un Noir, incendiaire de granges. Plusieurs membres du Klan sont tués par des partisans de Lynch. « Nous écraserons les Blancs sous la botte des Noirs », dit Stoneman à Lynch. Elsie doit rompre ses fiançailles avec Ben à cause de son père. La sœur cadette de Ben, Flora, essaie de consoler celui-ci tant bien que mal. Allant un jour près d'une source, elle est agressée par Gus, un Noir renégat dont Lynch avait pris la défense. Elle parvient à s'enfuir et, arrivée au bord d'un précipice, menace de sauter dans le vide si le Noir avance. Elle met à exécution sa promesse et meurt dans les bras de Ben. Le Klan juge et exécute Gus et dépose le corps devant la maison de Lynch à Piedmont. Celui-ci réagit en renforçant la milice noire qui patrouille dans les rues. Il arrête le Dr Cameron. Margaret, la fille aînée des Cameron, vient supplier Elsie d'intercéder auprès de son père. Des Noirs restés fidèles au docteur lui permettent de s'échapper dans une charrette. Elsie apprend que son frère Phil a tué un Noir en se portant au secours du Dr Cameron, lequel se réfugie dans une cabane appartenant à deux vétérans de l'Union. Elsie demande à Lynch de l'aider ; en retour, celui-ci lui demande de l'épouser. Il veut fonder un empire noir dont il lui propose d'être la reine. Pendant ce temps, le Klan bat le rappel de ses membres. Lynch, devant le peu d'empressement d'Elsie à répondre à ses avances, ordonne à ses hommes d'organiser un mariage forcé. Lynch et la maîtresse d'Austin baillonnent Elsie. Dans la cabane encerclée, les vétérans nordistes empêchent le Dr Cameron de se rendre. Le Klan s'affronte aux Noirs qui ont envahi la ville ; libère Elsie qui tombe dans les bras de son père ; emmène Lynch ; puis va prêter main-forte à Cameron assiégé avec les siens dans la cabane. Les Noirs sont désarmés. On refait les élections. Double lune de miel : de Margaret et de Phil, d'Elsie et de Ben.

☞ Première épopée américaine, premier film de *très* long métrage tourné aux États-Unis, *Naissance d'une nation* est considéré par la plupart des historiens comme une date capitale dans l'évolution du spectacle cinématographique auquel il donna ses lettres de noblesse. Cela grâce à l'originalité et à la richesse de ses procédés narratifs, au contrôle esthétique que le metteur en scène exerça personnellement sur une matière très vaste, grâce aussi – élément non négligeable – au succès colossal que le film remporta. En tant que facteur déterminant pour la reconnaissance mondiale des mérites du long métrage, nous pensons que *Cabiria**, tourné un an avant *Naissance d'une nation*, joua un rôle plus décisif. Mais c'est en tant qu'œuvre artistique que l'apport et la prééminence de *Naissance d'une nation* sont incontestables et incontestés. Sur le plan matériel, l'habileté de Griffith fut assez grande pour parvenir à donner l'illusion que ce film aux moyens certes importants était une immense superproduction. Après de nombreuses semaines de répétitions, le tournage proprement dit dura neuf semaines (à partir du 4-7-1914) et on sait aujourd'hui que le nombre des figurants ne dépassa pas les 500 (Griffith parla, à l'époque de la sortie, de 30 à 35 000). Le budget passa de 40 000 à 110 000 dollars dans une atmosphère de coups de poker et de scepticisme extérieur. Artisanale dans sa conception, son financement et sa réalisation, l'entreprise de *Naissance d'une nation* sera par contre hautement professionnelle dans son lancement, sa publicité et sa sortie. Rappelons que le film rapporta plusieurs dizaines de millions de dollars et que le scandale (tout à fait compréhensible) qu'il causa servit beaucoup sa carrière. Sa principale originalité esthétique tient dans sa tentative d'imbrication permanente de l'histoire individuelle et de l'Histoire collective. Tous les collaborateurs de Griffith ont rapporté à quel point celui-ci s'était littéralement imbibé d'ouvrages, de documents, de photos concernant cette époque de l'histoire américaine. Montrant des personnages significatifs et représentatifs créés par le scénario (Austin Stoneman, équivalent de Thaddeus Stevens) ou bien de véritables héros historiques (Lincoln, Lee, Grant, etc.) interprétés dans un esprit de fidélité absolue, entrecoupant l'action proprement dite de « tableaux d'histoire » reconstitués avec le maximum de véracité (signature par Lincoln de la levée de 75 000 volontaires, reddition de Lee à Grant, assassinat de Lincoln au Théâtre Ford, etc.), Griffith gagne parfaitement son pari durant toute la première partie du film (qui s'achève avec le séjour de Ben Cameron à l'hôpital). Jusque-là, la solennité des « tableaux » s'allie admirablement au rythme très vif et très nourri que les événements imposent au développement des destins individuels, en particulier à travers l'entrecroisement des membres, civils ou militaires, des deux familles Stoneman et Cameron. Puis, dans la deuxième partie, qui traite de la reconstruction et des conflits raciaux ayant lieu dans le Sud, la substance même du film se transforme : il ne s'agit plus d'histoire, individuelle ou collective, mais d'une sorte de rêverie paranoïaque et idyllique en même temps sur l'unité de l'Amérique, rêverie développée visuellement à partir du noyau privilégié et adoré que constituent le Sud lui-même, la Caroline du Sud, la ville de Piedmont, la rue où se trouve la maison des Cameron, cette maison elle-même et enfin le hall de cette maison qui ont, dans l'image, une importance quantitativement démesurée, à cause du nombre des répétitions de plans qui s'y déroulent et les valorisent, comme un leitmotiv de plus en plus obsessionnel. L'union du Nord et du Sud est scellée dans le film à partir du rejet d'éléments considérés comme étrangers à l'identité américaine, à savoir les Noirs. Les Noirs, interprétés dans leur majorité par des Blancs grimés, représentent dans l'économie idéologique du film (en retirant au mot idéologie toute valeur scientifique ou historique) leur propre race, mais aussi et plus largement tous les éléments susceptibles de pervertir de l'extérieur l'unité et l'identité américaines. Le contenu politique de cette partie sera considéré, selon qu'on le prend plus ou moins au sérieux, comme nuisible ou comme nul, voire même comme absurde, étant donné l'évolution réelle de l'histoire des États-Unis. Mais c'est aussi dans cette deuxième partie que l'artiste Griffith se révèle le plus brillant et le plus personnel. C'est tout spécialement dans cet emballement, dans cet affolement de l'action au cours du dernier tiers du film, basé d'une part sur un montage strictement parallèle des actions mais aussi sur l'écartèlement triangulaire de séquences situées dans des lieux différents, basé d'autre part sur l'exploitation lyrique et maximale de certaines conventions du mélodrame, que *Naissance d'une nation* triomphe en tant que spectacle dramatique et en tant qu'œuvre d'art. A la fin, quand la chevauchée, plastiquement sublime, du Klan a vaincu le péril des aventuriers noirs disséminés dans la ville, a libéré Elsie des mains de ses bourreaux, a mis fin au siège subi par les Cameron dans leur cabane, la narration aboutit à une admirable fusion spatio-temporelle de toutes ses composantes, jusque-là tristement et dramatiquement séparées. Elle aboutit aussi à une apothéose lyrique où le public, par sa participation émotionnelle, est devenu partie intégrante de l'œuvre. C'est le triomphe du suspense (dans le récit), du souffle coupé (chez le spectateur), de la bonne cause (dans la morale). Une morale idéalisante et sentimentale, angélique pour ainsi dire, mais que personne, à ce stade de l'action, n'a plus à cœur de contredire, puisque l'amour, la paix et l'unité l'emportent. Toutes ces figures, « positives » sur le plan dramatique et visuel du spectacle cinématographique, seront exploitées pendant cinquante ans et plus par les cinéastes du monde entier. Elles existaient à l'état d'embryon dans les innombrables courts métrages de Griffith (dont plusieurs évoquent la guerre de Sécession). Elles témoignent ici d'une ampleur, d'une capacité de synthèse et d'entraînement sans égal pour l'époque.

BIBLIO. : découpage (1 599 plans en comptant les intertitres qui figurent ici en français et en anglais) *in* « L'Avant-Scène » nº 193-194 (1977). Double préface de Pierre Sorlin qui mentionne notamment l'autobiographie de Griffith établie par James Hart sous le titre : « The Man Who Invented Hollywood : the Autobiography of D.W. Griffith », Touchstone Publishing Company Louisville, Kentucky, 1972. « Nous n'écrivîmes pas de scénario, précise Griffith, je ne l'ai jamais fait pour aucun de mes films. Nous prenions l'essentiel de l'histoire, nous le traînions partout avec nous, nous mangions, nous marchions, nous nous promenions avec, nous en rêvions jusqu'à ce que chaque épisode, chaque scène soient prêts dans notre esprit. Ensuite, nous pouvions répéter. Nous répétâmes trois mois avant de commencer le tournage. » On sait en outre que le film s'inspire très lointainement de deux romans de Thomas Dixon (voir générique). Le travail de relevé du découpage de Pierre Sorlin s'appuie sur un travail antérieur, très peu diffusé, de Theodore Huff : « A Shot Analysis of D.W. Griffith's *The Birth of a Nation* », The Museum of Modern Art, New York, 1961 et sur une copie du BFI de Londres, plus longue que celle décrite par Huff. Sorlin tient compte aussi de la version sonore du film (1930), qui contenait en prologue une interview de Griffith par Walter Huston, non reproduite dans « L'Avant-Scène ». Les mouvements d'appareil et les différences entre les 3 matériaux utilisés sont minutieusement notés. Le numéro de « L'Avant-Scène » contient en outre une étude de Sorlin sur « La guerre de Sécession dans le cinéma américain avant *La naissance d'une nation* » et le découpage de *The Battle*, court métrage de Griffith de 1911. On consultera aussi les ouvrages suivants : « Film Culture », nº spécial sur le film par Seymour Stern, nº 36 (1965) ; « Focus on *The Birth of Nation* » de Fred Silva, Prentice-Hall, Englewood Cliffs (N.J.), 1971 ; « Focus on D.W. Griffith » de Harry M. Geluld, même éditeur, 1971 ; « The Movies, Mr. Griffith and Me » de Lillian Gish et Ann Pinchot, même éditeur, 1969 (le chapitre concernant le tournage de *Naissance d'une nation* est traduit dans le volume collectif « D.W. Griffith » rassemblé par Patrick Brion, l'Équerre, Centre Georges Pompidou, 1982 ; « Adventures with D.W. Griffith », journal de tournage tenu par l'assistant opérateur Karl Brown, Farrar, Straus and Giroux, New York, 1973 ; « Billy Bitzer. His Story » de Billy Bitzer, même éditeur, 1973 ; « Each Man In His Time » de Raoul Walsh, assistant de Griffith et interprète du rôle de John Wilkes Booth, même éditeur, 1974 (traduction : « Un demi-siècle à Hollywood », Calmann-Lévy, 1976).

## NANA

1926 – France (107') • *Prod.* Films Jean Renoir, distribué par Aubert-Braunberger • *Réal.* JEAN RENOIR • *Sc.* Jean Renoir, Pierre Lestringuez d'ap. R. d'Émile Zola • *Phot.* Edmund Corwin, Jean Bachelet • *Int.* Catherine Hessling (Nana), Jean Angelo (comte de Vandeuvres), Werner Krauss (comte Muffat), Raymond Guérin-Catelain (Georges Hugon), Jacqueline Forzane (comtesse Muffat), Valeska Gert (Zoé, cameriste de Nana), Harbacher (Francis, coiffeur de Nana).

Paris au Second Empire. Le comte Muffat, séduit par une petite théâtreuse légère et vulgaire, Nana, devient son amant. Il intercède auprès du directeur de théâtre Bordenave pour qu'elle ait le rôle principal dans « La Petite Duchesse », sa prochaine pièce, que Muffat commandite. Le spectacle fait un four et Nana décide de se consacrer entièrement à la galanterie. L'un de ses admirateurs payants est Georges Hugon, le neveu du comte de Vandeuvres, ami de Muffat. Vandeuvres vient faire à Nana des reproches pour avoir débauché son neveu mais brûle à son tour de devenir son protecteur. Pour cela, il doit l'arracher à Muffat et cette opération nécessite beaucoup d'argent. Il truque une course où il a deux chevaux partants. La combine est révélée et Vandeuvres déshonoré. Il supplie Nana de l'épouser, ce qui la fait ricaner. Georges aussi voudrait l'épouser. Elle le traite de bébé et lui presse le nez pour qu'il en sorte du lait. Il se poignarde. Muffat et Nana découvriront son corps ensanglanté. Vandeuvres s'empoisonne près du box de l'un de ses chevaux et met le feu à l'écurie. Nana vit maintenant dans la terreur et le remords. Ses amis des théâtres essaient de la distraire et l'emmènent au bal Mabille. Muffat, lassé de sa vie de désordre, lui dit adieu. Elle attrape la petite vérole. Elle meurt auprès de Muffat venu la voir une dernière fois.

☞ Deuxième réalisation de Renoir. Son film le plus important pendant le muet (période la moins riche de sa carrière). Le choix du sujet témoigne de la fascination de Renoir pour le naturalisme, tandis que la forme exprime, avec maladresse et confusion, un désir de métamorphoser ce naturalisme. Par la nudité d'un certain nombre de décors (sauf ceux du palais de Nana qui sont baroques et subissent l'influence de Stroheim), par un jeu stylisé, souvent mécanique et saccadé, imposé aux acteurs (Catherine Hessling en petite poupée exsangue maquillée à la japonaise), le film tend vers l'abstraction. Cette tendance et cette tentation caractériseront ceux des films de Renoir élaborés dans un contexte difficile ou, *a priori*, éloigné de lui (*La nuit du carrefour, The Woman on the Beach*, Le testament du Dr Cordelier*). En tout cas le naturalisme de *Nana* manque singulièrement de chair, de réalisme et d'émotion. Les dernières scènes se déroulent dans un climat quasi fantastique et tragique qui correspond lui aussi à l'aboutissement des œuvres les plus abstraites de Renoir. Ce film relativement expérimental ne laissa pas indifférent le public mais fut un échec financier car il avait coûté très cher. Renoir, producteur, abandonna dès lors la production et dut accepter diverses commandes commerciales.

N.B. La fille de Zola intertitra le film, cautionnant ainsi les changements apportés par Renoir à l'œuvre du romancier. L'acteur Claude Moore qui joue le rôle du dramaturge Fauchery au début de l'intrigue n'est autre que Claude Autant-Lara, décorateur et costumier du film. Autres versions par Dorothy Arzner (USA, 1934) avec Anna Sten, par Celestino Gorostiza (Mexique, 1943), dernier film de Lupe Velez, par Christian-Jaque (France, 1955) avec Martine Carol, par Mac Ahlberg (Suède, 1971) avec Anna Gael. Christian-Jaque a surtout vu dans l'adaptation du roman de Zola l'occasion de réaliser un film à grand spectacle dans une atmosphère un peu canaille. Martine Carol se donne beaucoup de mal pour peu de résultats ; Charles Boyer, lui, est excellent.

## NANOUK L'ESQUIMAU
## (Nanook of the North)

1922 – USA (version muette) : 1 525 m, version sonorisée de 1947 : 52') • *Prod.* Robert J. Flaherty pour Revillon Frères • *Réal.* ROBERT J. FLAHERTY • *Sc., Phot.* Flaherty • *Int.* Habitants du village de Port Harrison.

Les travaux et les jours de Nanouk l'Esquimau et de sa famille, au nord-est de la baie d'Hudson : chasse et pêche (poissons, phoques, morses, renards blancs, etc.), construction de l'igloo (réalisé en moins d'une heure) avec ce luxe suprême que représente un bloc de glace servant de fenêtre, constituent ses activités vitales. Le domaine de chasse de Nanouk s'étend sur un territoire presque aussi grand que l'Angleterre. Aussi Nanouk mène-t-il une vie errante en compagnie de ses chiens de traîneau, sa seule vraie richesse. Chaque année au comptoir, Nanouk négocie et échange le produit de ses chasses avant de repartir vers une vie où chaque jour et même chaque heure nécessitent un immense courage...

☞ S'installant en été 1920 pour un an au village de Port Harrison (ou Inukjuak, en langue inuit) et bénéficiant du soutien financier des frères Revillon, fourreurs, Flaherty va créer un genre nouveau – le documentaire poétique – qui a très peu à voir avec ce que nous appelons aujourd'hui documentaire, lequel exige le respect absolu des données brutes de la matière filmée au moment et dans les lieux où on la filme. Faire remonter à Flaherty la naissance du documentaire au sens moderne est d'ailleurs absurde, puisque le genre remonte lui-même aux origines du cinéma et aux films de Lumière, vrais et sublimes documentaires. Pionnier, Flaherty le fut sur le plan technique en utilisant dans ces contrées lointaines la caméra gyroscopique Carl Akeley, en emportant aussi un matériel de tirage qui lui permit de mieux collaborer avec ses modèles, auxquels il put montrer des plans et même une séquence entière issus de son travail avec eux, au début du tournage. Rappelons que Flaherty était allé pour la première fois à vingt-six ans (en 1910) dans les îles situées au large de la baie d'Hudson. Il était chargé à cette époque de jeter les bases d'une expédition en vue de la recherche d'un gisement de fer. Il y retourna plusieurs fois par la suite et en rapporta même en 1913 un important matériel de pellicule filmée qui disparut lors de l'incendie accidentel de sa salle de montage. A l'époque de *Nanouk*, Flaherty en était à son cinquième voyage dans cette région, où il passa au total une dizaine d'années de sa vie. Chez Flaherty, la *vision* du cinéaste et son emprise sur la matière qu'il filme comptent autant, sinon plus, que la réalité traitée, et Flaherty utilise, pour exprimer sa vision, tous les procédés du cinéma de fiction : découpage, direction d'acteurs, construction dramatique, reconstitution d'événements avec ce que cela implique de trucage et de fabrication. A travers Nanouk et sa famille, Flaherty a voulu faire l'apologie de l'homme, incarné ici en un peuple et une race qui l'ont fasciné. Il exalte l'ingénuité, la capacité d'adaptation, la gaîté, le courage quotidien, la noblesse innée de l'Esquimau et recrée son mode de vie, non pas tel qu'il était exactement en 1920, mais tel qu'il s'était prolongé jusque-là depuis l'aube des temps. En 1920, on aperçoit encore le mode de vie *intemporel* de l'Esquimau et c'est ce mode de vie là que Flaherty a voulu fixer pour l'éternité, quitte à en bannir certains aspects trop modernes à son goût (ex. les fusils et les outils de métal déjà en usage en 1920). L'homme compte ici plus encore que les éléments contre lesquels il lutte. Dans *L'homme d'Aran**, l'autre chef-d'œuvre de Flaherty, cet équilibre sera inversé. « Nulle part l'homme n'a appris à faire autant avec si peu », dit le commentaire de la version sonorisée et cette phrase témoigne bien de l'admiration de Flaherty pour son sujet et de son propos même. En 1987 et 1988, deux cinéastes de télévision Sébastien Régnier et Claude Massot sont retournés sur les lieux où avait travaillé Flaherty et ont montré aux habitants du village d'Inukjuak une copie et des photos du film. Le responsable d'une station de télévision locale possédait déjà une cassette du film et en démonte très bien les éléments. Son témoignage s'ajoute à celui du fils d'un ami de Nanouk (qui s'appelait dans la réalité Allakarialuk) pour nous faire mieux comprendre la nature du travail de Flaherty. Les femmes de Nanouk dans le film (on en voit deux dans la séquence du kayak d'où s'extrait la famille de l'Esquimau) sont en réalité celles de Flaherty, dont il a eu des fils. Flaherty avait fait construire à Nanouk un igloo beaucoup plus grand que nature et cet igloo fut décalotté pour qu'on puisse y voir nettement les personnages dans la séquences du réveil. A noter que les « acteurs » ont donc joué à peu près nus à l'air libre. Dans la séquence du gramophone, Nanouk ne découvre pas l'appareil devant la caméra (il le connaissait déjà) mais mime sa découverte ancienne, telle que l'imagine et la recrée le cinéaste. Certaines scènes de chasse, et en particulier celle où Nanouk retombe dix fois en essayant de tirer au bout de son filin un gros phoque, ont été mises en scène avec l'aide d'intervenants placés hors du champ de la caméra. Toutes ces précisions, données par les habitants du village, ne disqualifient pas le film mais aident à mieux cerner exactement où se trouve son intérêt véritable et profond. Il est double. Ethnologique d'abord, puisque le film de Flaherty représente le principal document filmé existant sur cette période de la vie inuit (avec les réserves déjà formulées et qu'il faut étendre aux vêtements portés par les personnages). Cela dit, en 1911, un explorateur, le capitaine Kleinschmidt, avait déjà rapporté d'une expédition dans l'Arctique un matériel de films documentaires bruts qu'il incorpora en 1926 dans un long métrage *Primitive Love* sur les Esquimaux de Sibérie, influencé par Flaherty. Mais l'intérêt principal de *Nanouk* est bien entendu d'ordre esthétique : le chant livré par Flaherty en l'honneur de ses hôtes a acquis une valeur immémoriale en tant qu'allégorie des efforts joyeux de l'homme pour survivre à la surface de la terre dans le plus grand dénuement. La face joyeuse de l'œuvre de Flaherty contraste ici avec la solennité grandiose et tragique de *L'homme d'Aran**. Dans la réalité, Nanouk-Allakarialuk mourut de faim, deux ans après le tournage, au cours d'une expédition de chasse particulièrement désastreuse. Le film de S. Régnier et C. Massot (durée 65'), présenté sur FR3 le 7-12-1989, s'intitule *Saumialuk (Le grand gaucher)* d'après le surnom que les Esquimaux avaient donné à Flaherty en le voyant toujours tourner sa manivelle de la main gauche.

BIBLIO. : Robert Flaherty : « My Eskimo Friends », Doubleday, Garden City, 1924. Son article « How I Filmed *Nanook of the North* » a été repris dans l'anthologie « Film Makers on Film Making » de Harry M. Geduld, Indiana University Press, Bloomington, 1971. Voir aussi Richard Barsam : « The Vision of Robert Flaherty », même éditeur, 1988, et le chapitre consacré au film dans « The War, The West and The Wilderness » de Kevin Brownlow, Secker and Warburg, Londres, 1979.

## NAPOLÉON

1927 – France (divers métrages) • *Prod.* Société du Film *Napoléon*, Société Générale de Films • *Réal.* ABEL GANCE • *Sc.* Gance • *Phot.* Jules Kruger • *Déc.* Alexandre Benois, Pierre Schildknecht, Luchakoff, Lourié, Jacouty, Meinhardt, Pimenoff • *Mus.* Arthur Honegger • *Int.* Albert Dieudonné (Napoléon), Gina Manès (Joséphine de Beauharnais), Wladimir Roudenko (Napoléon enfant), Alexandre Koubitzky (Danton), Antonin Artaud (Marat), Edmond van Daële (Robespierre), Abel Gance (Saint-Just), Maurice Schutz (Pascal Paoli), Acho Chakatouny (Pozzo di Borgo), Philippe Hériat (Salicetti), Nicolas Koline (Tristan Fleuri), Annabella (Violine Fleuri), Marguerite Gance (Charlotte Corday), Suzanne Bianchetti (Marie-Antoinette), Louis Sance (Louis XVI), Suzy Vernon (Madame Récamier), Andrée Standard (Madame Tallien), Pierre Batcheff (Hoche), Sylvio Caviccia (Lucien Bonaparte), Roger Chantal (Jérôme Bonaparte), Harry Krimer (Rouget de L'Isle), Georges Lampin (Joseph Bonaparte), Robert Vidalin (Camille Desmoulins), Jean d'Yd (La Bussière), Léon Larive (Le Supérieur de Brienne).

Liste des principales séquences de la plus longue des deux versions restaurées par Kevin Brownlow. HIVER 1781. Bataille de boules de neige au collège de Brienne. L'un des élèves, le petit Napoléon, démontre déjà ses dons de stratège et une grande autorité. Cours de géographie sur le climat des îles. N. n'est aimé ni de ses maîtres ni de ses camarades. On lui reproche sa fierté, son isolement sauvage. Sa seule consolation est d'aller caresser l'aigle du cuisinier Tristan Fleuri. Mais deux méchants gosses font s'envoler l'oiseau. Au dortoir, N. se bagarre contre tous ses camarades à la fois. Gigantesque bataille de polochons. Puni, dormant près d'un canon, N. voit l'aigle revenir. NEUF ANS PLUS TARD. Le club des Cordeliers. Les trois dieux sont Danton, Marat, Robespierre. Un lieutenant de l'Armée du Rhin, Rouget de l'Isle, apporte un chant de sa composition « La Marseillaise ». Danton, puis tous les assistants (à l'exclusion de Marat et de Robespierre) la reprennent en chœur. N. félicite Rouget de l'Isle. N. vit pauvrement à Paris. Un jour, il entrevoit Joséphine de Beauharnais, venue visiter avec des amis un célèbre diseur de bonne aventure. Celui-ci lui prédit qu'elle sera reine. De sa chambre, il assiste aux événements de la nuit du 10 août. Le roi et la reine comparaissent devant l'Assemblée Nationale. Dans la rue, N. voit des têtes plantées sur des piques. Il consigne son dégoût du carnage, sa haine de la lâcheté et de l'égoïsme humains. Il contemple sur le mur de sa chambre le texte encadré de « La Déclaration des Droits de l'homme et du citoyen ». Il retourne en Corse avec sa sœur Elisa et retrouve toute sa famille. Il apprend avec horreur que Paoli va vendre l'île aux Anglais. Il déclare que, lui vivant, cela n'aura pas lieu. Il médite à la grotte de Casone. Pozzo di Borgo, procureur de Corse et secrétaire de Paoli, excite la population contre N. et met sa tête à prix. Ses frères, Lucien et Joseph, vont à Calvi réclamer l'aide des Français. Alors que certains sont favorables à une alliance avec l'Espagne et l'Italie, N. s'écrie : « Notre mère est la France ! ». Paoli déclare la guerre à la France. N. fait irruption dans la salle du Conseil et emporte le drapeau tricolore. Longue poursuite à cheval. N. trouve refuge dans une barque et se sert du drapeau tricolore comme d'une voile. Le 26 mai 1793, la maison de famille de Napoléon est brûlée. Sa famille fuit dans les bois. Mise en parallèle de la tempête essuyée par N. dans sa barque et de cette autre tempête qui secoue la Convention durant la Terreur. N. est recueilli par le bateau de Lucien et de Joseph, « Le Hasard ». On part à la recherche des autres membres de la famille. N. et les siens n'ont plus que la France comme patrie. Un vaisseau anglais repère « Le Hasard ». Le capitaine interdit à son subordonné Nelson de le couler : « Ça n'en vaut pas la peine. » A Paris, Marat est assassiné par Charlotte Corday. Siège de Toulon en septembre 1793. Le général Carteaux doit lutter contre vingt mille Anglais, Espagnols et Italiens. Dans la taverne de Tristan Fleuri située dans la banlieue de la ville, on fête la future victoire de Carteaux. Jeune capitaine d'artillerie, N. arrive et contemple Violine, la fille de Fleuri. Il expose devant les officiers son plan de bataille (qui apparaît dans une séquence d'animation). Carteaux ne prend pas ce plan au sérieux. Selon lui, l'artillerie est ici inutile. A ce moment même, un boulet traverse le toit de la taverne. Carteaux est bientôt remplacé par Dugommier, lequel est très sensible aux idées et aux qualités de N. Après avoir créé la « Batterie des hommes sans peur », N. est fait commandant en chef de l'artillerie. En face, c'est une véritable tour de Babel. N. déclenche une offensive nocturne contre le fort de L'Aiguillette. Il essuie des critiques et Dugommier, légèrement blessé, lui ordonne de suspendre l'assaut. N. refuse d'obéir. Il est partout à la fois sur le champ de bataille. « J'ai déjà vu cela à Brienne », remarque Tristan Fleuri. Le général anglais ordonne la retraite et veut brûler la flotte française. Desaix reçoit les félicitations de N. Il y aura soixante-seize heures de combat au corps à corps dans la boue. Le 18 décembre 1793, L'Aiguillette est prise. Quand on veut féliciter N., on le trouve endormi, la tête sur un canon. (Fin de la première époque). LA TERREUR. Salicetti intrigue auprès de Robespierre, alors tout-puissant, pour faire arrêter N. Danton est guillotiné. N. se retrouve prisonnier au Fort Carré à Antibes. Joséphine de Beauharnais est séparée de ses enfants et emprisonnée à la prison des Carmes. Un Beauharnais devant mourir, son ex-mari lui demande la préséance en cette affaire et lui sauve ainsi la vie. Le Thermomètre de la guillotine : il s'agit d'un bureau où les archives et les dossiers concernant les suspects promis au couperet emplissent des rayonnages jusqu'au plafond. Un fonctionnaire utilise une sorte de siège de balançoire pour accéder aux dossiers. La balançoire monte ou descend selon que les dossiers sont plus ou moins haut placés. Un autre fonctionnaire, La Bussière, dévore par humanité les dossiers des futurs condamnés. Il supprime ainsi celui de Joséphine de Beauharnais. THERMIDOR. La Convention demande la tête de Robespierre et celle de Saint-Just. Discours de Saint-Just pour se défendre : « Nous avons fait une France vivable pour tous. » Son éloquence ne lui évitera pas la guillotine, pas plus qu'elle ne l'évitera à Robespierre. Joséphine est libérée des Carmes. N. quitte le fort d'Antibes. Il refuse un commandement en Vendée, ne voulant pas à avoir à combattre contre des Français. Attaché au bureau topographique de l'armée, il apporte d'admirables plans pour la campagne d'Italie. Mais ceux-ci font ricaner le général Scherer, chef de l'Armée d'Italie en poste à Nice. L'épouvantable misère de la France risque de détourner les citoyens de la République. Hoche voit le danger et dit à Joséphine, sa protégée, qu'on aurait bien besoin d'un homme providentiel. Elle suggère le vainqueur de Toulon, c'est-à-dire N. Les royalistes sont presque aux portes de la Convention. Barras propose à N. de rétablir l'ordre. Il accepte, non sans réticence. Il arme la Convention. Il envoie Murat chercher les seuls canons disponibles, aux Sablons. La foule démasque Salicetti, déguisé en cocher, et Pozzo di Borgo. N. les fait relâcher. « Je pardonne, dit-il, mais je n'oublie pas. » A la Convention, N., qui a repoussé les royalistes, est nommé général en chef de l'Armée de l'Intérieur. Violine achète une statuette à l'effigie de N., maintenant dans tous les cœurs. Pour oublier la gravité des événements, Paris danse. On ne dénombre pas moins de 644 bals en quelques jours. Pour être admis au Bal des Victimes par exemple, il faut avoir été emprisonné ou avoir un parent guillotiné. Partout on fête et on admire N. Mais trois femmes font encore, grâce à leur charme, plus forte impression que lui : Madame Tallien, Madame Récamier et Joséphine de Beauharnais. N. condamne cet abandon aux plaisirs. Il revoit Joséphine et prend des cours auprès du célèbre Talma pour se comporter vis-à-vis de sa dulcinée en Roméo parfait. Elle dit à Barras, son amant, qu'elle veut bien épouser N., à condition qu'il soit nommé général en chef de l'Armée d'Italie. Il l'est en effet et veut alors épouser très vite Joséphine. Un mariage express a lieu le 9 mars 1796. Violine, qui a toujours aimé N. en secret, est devenue la femme de chambre de Joséphine. Elle se « marie » à sa façon à N. Elle s'est revêtue d'une robe blanche et se présente ainsi devant la petite statuette à l'effigie de Napoléon qu'elle couve comme un trésor. Après le départ de N., Joséphine confie à Violine qu'elle est jalouse de... la France. N. se rend seul, avant de rejoindre l'Italie, à la Convention et, devant les travées vides, imagine que Danton, puis Robespierre et Saint-Just s'adressent à lui. Ils lui demandent d'être le leader de la Révolution en Europe. Marat l'interroge sur ses intentions. Il répond : libération des opprimés ; fusion des intérêts en Europe ; suppression des frontières ; République universelle ; unité de l'Europe. Il rejoint Albenga, quartier général de l'Armée d'Italie. Massena et les autres officiers ne veulent faire qu'une bouchée du petit général mais tous seront puissamment impressionnés par lui. L'Armée d'Italie est privée de vivres, d'uniformes décents, de discipline. Tout est à réorganiser. Se sentant très seul, N. écrit souvent à Joséphine. Après avoir pris contact avec son chef, l'Armée passera sa première nuit paisible. Dans un long discours, N. galvanise ce qui deviendra aussitôt la « Grande Armée ». Quarante-huit heures plus tard, N. lui ouvre les portes de l'Italie. Le 16 avril 1796, l'Armée est à Montezemolo (à 2700 pieds d'altitude). Un aigle conduit les troupes. Le rêve de N. devient réalité.

☞ Le film le plus célèbre de Gance et celui où le réalisateur visionnaire put aller le plus loin dans la concrétisation de ses ambitions et de ses rêves. Pourtant le film, même dans sa version originale et aujourd'hui dans sa version reconstituée la plus longue, n'est qu'un fragment de la fresque géante que Gance aurait voulu consacrer à l'Empereur et qui devait, dans son esprit, comporter six épisodes. *Napoléon vu par Abel Gance*, titre de la première partie, la seule tournée, était en fait le titre général d'un film en six épisodes intitulés *Arcole, Le 18 brumaire, Austerlitz, La retraite de Russie, Waterloo, Sainte-Hélène*. Gance renonce vite à ce projet grandiose et vendit même le scénario du dernier épisode à Lupu-Pick, le réalisateur allemand, qui en tira le film *Napoleon auf Sainte-Helene*, 1929 avec Werner Krauss dans le rôle de Napoléon et Albert Bassermann dans celui de Hudson Lowe. (Lupu-Pick lui-même fut avec Van Daële, qui obtint finalement le rôle de Robespierre, avec René Fauchois, l'auteur de « Boudu », et avec Ivan Mosjoukine l'un des acteurs pressentis pour le rôle de Napoléon, avant le choix d'Albert Dieudonné, lequel avait déjà incarné l'Empereur sur scène en 1913.) Le fait qu'il ait été réduit à un sixième de sa version rêvée n'empêche pas ce *Napoléon* d'être l'une des entreprises les plus monumentales de l'histoire du cinéma français. Il nécessita, pour sa production, la mise sur pied d'un conglomérat de financiers regroupant les firmes suivantes : Pathé, Westi-Wengeroff et Stinnes, firme internationale née de la collaboration de l'émigré russe Vladimir Wengeroff et du banquier allemand Hugo Stinnes (dont la participation au projet suscita des critiques d'ordre idéologique) ; Vilaseca y Ledesma, d'Espagne ; Kanturek, de Prague ; Wilton, de Voorburg aux Pays-Bas ; Svensk Filmindustri, de Stockholm. Le tournage commença en janvier 1925 et se déroula à Paris, à Briançon et en Corse. Il fut stoppé en juin à la suite d'un krach qui vit l'effondrement de Stinnes. Il ne put reprendre qu'en janvier 1926 pour s'achever en août de la même année. Au total, le tournage proprement dit dura 14 mois et 450 000 m de pellicule furent impressionnés pour un budget total de 18 millions de francs. Le projet, dans l'esprit de Gance, remontait à l'année 1921 et Gance en parla à Griffith lors de ses rencontres avec lui en Amérique à l'occasion de la sortie de *La roue*. Gance a dit que c'est *Naissance d'une nation** qui lui avait donné l'idée de créer pour la France un film de même envergure. Cette filiation nous paraît très loin d'être purement anecdotique et nous mène au contraire au cœur même de l'œuvre. Dans une note manuscrite dont le texte figure dans le livre-somme de Roger Icart sur Gance (voir Biblio.), le réalisateur écrit à propos de son *Napoléon* : « Le spectateur ne devra pas être *spectateur* comme il l'a été jusqu'à présent, ce qui lui laissait la faculté de résistance et de critique. Il devra être *acteur* comme il l'est dans la vie, et au même titre que les acteurs du drame. Le propre de ma technique devra opérer cette transformation psychologique, et le public devra se battre avec les soldats, souffrir avec les blessés, commander avec les chefs, fuir avec les vaincus, haïr, aimer. Il devra s'incorporer au drame visuel comme des Athéniens aux tragédies d'Eschyle, et si complètement que, la suggestion étant collective, il ne formera plus qu'une seule âme, qu'un seul cœur, qu'un seul esprit. » La note ne fait pas mention de *Naissance d'une nation** mais tout ce que dit Gance pourrait paraître dicté par la vision de ce film dont, sur le plan de la participation souhaitée avec le public, l'inspiration est identique. A cette volonté de mettre le spectateur *dans* l'œuvre doit être rattaché l'essentiel des innovations techniques de Gance. Et d'abord ses multiples effets de caméra subjective. On sait que pour maintes séquences, Gance inventa et fit construire différents dispositifs pour mettre la caméra en mouvement, comme elle ne l'avait jamais été auparavant. Le plus célèbre de ces dispositifs est la caméra pendule (dont on trouve une photo dans le livre de K. Brownlow). Il fut créé pour saisir les réactions, pareilles à une houle, des révolutionnaires durant la séance de la Convention mise en parallèle avec la tempête qu'essuie Napoléon dans sa barque. La caméra était placée sur une plate-forme suspendue à un échafaudage métallique qui se balançait dans l'espace comme un pendule. Un autre procédé destiné à emporter, voire à engloutir, le spectateur dans le courant du film est l'utilisation maximale du montage court qui fait se succéder à grande vitesse par surimpression des images et des plans différents. De là, on en arrive logiquement à la division de l'écran en images différentes. De là, naquit l'idée de la polyvision et des triptyques. L'écran s'enrichit à droite et à gauche de deux images ou panneaux latéraux qui servent tantôt à agrandir l'image centrale (à la façon du Cinémascope) et tantôt à l'encadrer par deux images différentes ou identiques. Dans la version la plus longue et la plus originale du film (qui ne fut jamais montrée au grand public), Gance avait utilisé trois fois le triptyque : pour la séquence de la Double tempête, pour celle du Bal des Victimes et pour le départ de l'Armée d'Italie. Dans un moment de désespoir (semblable à celui où Méliès brûla une grande partie de son œuvre), Gance détruisit les deux premiers triptyques, et seul le dernier fut porté à la connaissance du public. Ce triptyque final fut présenté lors de la grande première du film à l'Opéra en avril 1927 (montage total de 5 600 m et partition d'Arthur Honegger) et durant l'exclusivité parisienne au Marivaux en novembre 1927 où des parties différentes de l'œuvre étaient projetées en alternance en matinée et en soirée. On put ensuite revoir le triptyque en 1955 durant la ressortie (qui fut, ne l'oublions pas, triomphale et très longue) de *Napoléon* au Studio 28 et bien entendu dans les deux versions reconstituées par Kevin Brownlow où il occupe environ quinze minutes d'écran (ces deux versions font à 20 images/seconde une durée de 4 h 50 et de 5 h 13 avec, dans les deux cas, une partition – excellente – de Carl Davis). Selon Kevin Brownlow, auraient eu lieu entre la première de l'Opéra et l'exclusivité au Marivaux deux projections pour la presse en mai 1927 d'une copie de 12 800 m, métrage à la vérité extrêmement long puisqu'il représente environ 7 h 45 de projection à 24 images/seconde. Les deux séances ne contenaient aucun triptyque. Une autre similitude profonde entre l'inspiration de *Naissance d'une nation** et celle du film de Gance tient dans la volonté des deux cinéastes de mêler constamment l'histoire quotidienne de certains personnages anonymes et l'Histoire, avec un grand H, où se meuvent des héros semblables à des dieux. Là où la copie reconstituée par Kevin Brownlow est la plus lacunaire, c'est justement dans la présentation de ces personnages fictifs et « quotidiens » que Gance avait voulu mêler à la trajectoire de son héros. Roger Icart donne un synopsis de la version de 1927 en six périodes « telles qu'elles furent programmées, dit-il, par les grands circuits d'exploitation ». Il apparaît clairement que les deux séquences principales qui n'ont pu être retrouvées par Brownlow concernent ces personnages anonymes et sans importance historique directe. La première de ces séquences décrit le voisinage à Paris de Bonaparte avec Tristan Fleuri et Violine d'une part, avec Pozzo di Borgo et Salicetti d'autre part. Tous habitent la même maison et c'est là que Pozzo di Borgo, amoureux de Violine, elle-même éprise de Napoléon, conçoit pour le futur Empereur une haine qui trouve son origine dans des motifs privés. L'autre séquence importante, totalement absente de la version Brownlow, est celle qui suit le siège de Toulon, quand la Convention organise la répression contre les habitants qui n'ont pas joué la carte de la République. Napoléon refuse de s'associer à cette répression et sauve Violine que Salicetti, également éconduit par elle, voulait emmener avec les otages. Certes, plus que *Naissance d'une nation**, le film de Gance est dominé par la figure centrale du héros, mais Gance la voulait plus *entourée*, plus mêlée à un environnement foisonnant, que nous ne la voyons dans la version reconstituée. Politiquement et historiquement, Napoléon est présenté comme un homme d'ordre qui met fin aux excès de la Révolution et la canalise dans ce qu'elle a de plus positif et de plus durable. A l'époque de la sortie, la vision que donne Gance de la Révolution fut souvent critiquée comme outrageusement droitière, alors qu'elle ne l'est qu'avec modération. Gance a tenu à incarner lui-même Saint-Just et à lui faire prononcer, dans l'une des séquences capitales du film, ce discours-bilan qui résume les aspects globalement positifs de la Révolution. D'autres critiquèrent dans le Napoléon vu par Gance de trop grandes concessions à une mystique du chef aux arrière-plans dangereux. En fait, Gance qui, dans une certaine mesure (qu'il ne faut pas exagérer), s'est peint lui-même à travers son héros, a vu en Napoléon un créateur solitaire dont le naturel ombrageux est accentué par le mauvais accueil que reçoivent toujours, au départ, ses idées de visionnaire. Gance insiste en effet sur le fait que les idées les plus novatrices de Napoléon (prééminence de l'artillerie à Toulon, plans pour la campagne d'Italie) sont d'abord rejetées, tournées en dérision. Seul leur succès *dans l'action* fait reconnaître Napoléon comme un génie et comme un homme qui avait raison avant les autres. Si certains événements sont inventés (ex. rencontre de Napoléon et de Rouget de l'Isle), si la chronologie réelle est parfois bousculée, on se gardera d'affirmer pour autant, comme l'ont fait certains, que l'œuvre de Gance est anti-historique.

Loin de mépriser l'Histoire, Gance cherche à en tirer une synthèse poétique et lyrique. Dans cette première partie (la seule qui existe), on ne saurait reprocher à Gance une vision trop personnelle ou trop délirante de Napoléon. Il a voulu, selon ses propres dires, retrouver le Napoléon universel, celui que révèrent tous ses admirateurs. Son délire n'est que formel et encore, appliqué à ce film, le mot semble excessif. En vérité, la force spécifique du *Napoléon* de Gance tient surtout dans la variété des tons et des registres où Gance a voulu enchâsser cette gigantesque fresque. Il a très bien compris qu'un seul ton ou un seul registre la rendrait bientôt indigeste ou fastidieuse. Ce qu'elle n'est à aucun moment. Gance fait, par exemple, alterner avec bonheur l'épopée guerrière (siège de Toulon), le mélodrame (arrestation de Joséphine, amour secret de Violine interprétée avec une grande délicatesse par la toute jeune Suzanne Charpentier, rebaptisée par le réalisateur Annabella, en hommage à l'Annabel Lee de Poe), ou la relation d'anecdotes insolites et humoristiques, comme l'épisode du dévoreur de dossiers, La Bussière. Son plus grand triomphe est évidemment de parvenir à hisser l'action jusqu'au lyrisme le plus échevelé, quand la rhétorique, toujours indissociable de son propos, devient poésie visuelle et s'incarne dans des images baroques donnant au discours qui les sous-tend une portée cosmique. Voir par exemple la séquence de la poursuite à cheval de Napoléon en Corse puis celle de la Double Tempête (dont l'idée est empruntée à « Quatre-vingt-treize » de Victor Hugo) où un parallélisme, non seulement dramatique mais visuel, relie les tumultes vécus par le fuyard dans sa barque aux remous qui agitent la Convention. Plus encore que le célèbre triptyque final, cette séquence représente le moment crucial de l'œuvre.

N.B. On trouvera un abondant matériel de scènes filmées sur le tournage de *Napoléon* dans le court métrage de Nelly Kaplan *Abel Gance : hier et demain*, 1964, et surtout dans le film de télévision, également de Nelly Kaplan, *Abel Gance et son Napoléon*, passé sur Antenne 2 le 31-5-1984. Le tournage de la plupart des scènes importantes a été filmé, montrant Abel Gance, ses nombreux opérateurs et leurs appareils en action ; Gance utilisait souvent trois ou quatre caméras à la fois. *Napoléon* est sans doute, avec *L'argent** de L'Herbier, le seul film français muet sur le tournage duquel on possède autant de documents filmés. Ils proviennent pour l'essentiel d'un documentaire supervisé et monté par Abel Gance *Autour de Napoléon* qui fut présenté en séance publique avec trois essais de polyvision en février 1928 pour l'inauguration du Studio 28. Le film de N. Kaplan s'appuie aussi sur un « Journal de bord » rédigé par Gance pendant le tournage, qui n'a malheureusement pas été publié. Dans son livre sur le film, l'Anglais Kevin Brownlow a relevé dix-neuf versions différentes de *Napoléon*. Celle qui porte le n° 13, à savoir la première version sonorisée du film, avec de nombreux acteurs nouveaux, *Napoléon Bonaparte vu et entendu par Abel Gance*, 1935, mérite un commentaire particulier. Largement diffusée pendant les vingt ans qui suivirent sa sortie, elle fut ensuite complètement oubliée, y compris des analystes de Gance. Nous la connaissons dans une version, sans doute écourtée, de 101'. Une partie importante de son métrage a été tournée en 1934. Un soir de mars 1815 à Grenoble, Stendhal (José Quinquel) vient porter à son éditeur Crécy (Georges Mauloy) le manuscrit de sa « Vie de Napoléon ». L'éditeur l'invite à assister dans son appartement à l'une de ces nombreuses veillées clandestines destinées à alimenter le culte de l'Empereur. Stendhal y entraîne Béranger (Pierre Morin). Quatre participants à cette veillée, Tristan Fleuri (joué ici par Vladimir Sokoloff), aveugle depuis Marengo, Théroigne de Méricourt (Marjolaine = Sylvie Gance), une femme qui a mené les tricoteuses à l'assaut des Tuileries avant de devenir à moitié folle, le berger corse Santo Ricci (Henri Baudin) qui se dit cousin de Napoléon, et enfin Crécy lui-même introduisent et commentent quelques-unes des scènes principales du *Napoléon* muet : naissance de « La Marseillaise » au Club des Cordeliers, nuit du 10 août, retrouvailles de Napoléon avec sa mère en Corse, sa fuite avec le drapeau tricolore, la Double Tempête, la défense de la Convention, la cour à Joséphine, la prise en main de l'Armée d'Italie. Gance a sonorisé ces scènes de la version muette en tirant parti du fait qu'il avait fait dire aux acteurs le texte exact des dialogues, mais il a aussi intégré dans la plupart d'entre elles des plans nouveaux tournés en 1934 avec le son. La cohabitation, souvent difficile, des scènes muettes non sonorisées, des scènes muettes sonorisées et des scènes parlantes montre que, dans le style de Gance, l'emphase visuelle l'emporte de beaucoup, en qualité et en intensité, sur l'emphase « sonore ». Gance est à l'évidence meilleur plasticien que dramaturge.

BIBLIO. : un découpage du film a été publié en 1927 à la librairie Plon sous le titre « Napoléon vu par Abel Gance, épopée cinégraphique en cinq époques (sic), Première époque : Bonaparte. » Il comprend 1 672 numéros et correspond à la continuité d'ensemble du film définitif, mais en diffère souvent dans le détail. Il est indiqué à la fin que les triptyques, La Tempête et l'Entrée en Italie feront l'objet d'une publication spéciale (qui n'a pas eu lieu). La même année, Jean Arroy, stagiaire sur le film, a publié « En tournant *Napoléon* avec Abel Gance. Souvenirs et impressions d'un sans-culotte », à la Renaissance du Livre. Aux éditions Jules Tallandier, s.d., parut un album de photos du film, « Napoléon vu par Abel Gance », légendées par René Jeanne. L'ouvrage de Kevin Brownlow, « Napoléon. Abel Gance's Classic Film », Alfred A. Knopf, New York, 1983, contient deux parties consacrées à la genèse du film, puis à sa reconstruction, travail qui occupa l'auteur pendant une vingtaine d'années. On consultera aussi l'ouvrage de Roger Icart, « Abel Gance », L'Age d'Homme, 1983. Dans le chapitre consacré à *Napoléon*, Icart analyse notamment les influences d'Élie Faure et de Carlyle sur la conception du Napoléon gancien. Voir aussi « L'Écran », n° spécial d'avril-mai 1958 consacré à Gance et contenant des fragments du découpage du film.

## NARCISSE NOIR (LE)
## (Black Narcissus)

1947 – Angleterre (100') • *Prod.* The Archers (M. Powell, Emeric Pressburger) • *Réal.* MICHAEL POWELL • *Sc.* M. Powell, E. Pressburger d'ap. R. de Rumer Godden • *Phot.* Jack Cardiff (Technicolor) • *Mus.* Brian Easdale • *Int.* Deborah Kerr (Sœur Clodagh), Sabu (le jeune général), David Farrar (Mr. Dean), Flora Robson (Sœur Philippa), Esmond Knight (le vieux général), Kathleen Byron (Sœur Ruth), Jenny Laird (Sœur Honey), Judith Furse (Sœur Briony), Jean Simmons (Kanchi).

Une religieuse de la communauté des Servantes de Marie de Calcutta, Sœur Clodagh, est envoyée, à la tête d'un petit groupe de nonnes, en plein cœur de l'Himalaya dans le palais de Mopu qu'un général hindou a donné à la congrégation pour qu'elle y installe un dispensaire et une école. Autrefois, le palais abritait le harem du père du général. C'est un nid d'aigle situé à quelque huit mille pieds d'altitude (la hauteur de l'Everest). Mr. Dean, le résident anglais, est tout à fait opposé à l'installation d'un couvent en ce lieu et prédit aux religieuses leur départ prochain. Les nonnes auront notamment comme élèves une orpheline de dix-sept ans mariée et répudiée par son mari et un jeune prince outrageusement parfumé au « Narcisse noir » qu'il a commandé à Londres. Il a obtenu l'autorisation d'étudier dans cette école destinée en principe aux filles et aux petits garçons. L'altitude, la pureté de l'air, les odeurs, l'étrangeté et la sensualité diffuse des lieux modifieront et bouleverseront la vie intérieure des sœurs et en particulier de Sœur Clodagh qui a tout loisir de penser à son passé. Fiancée à un jeune homme qu'elle aimait, elle l'avait vu partir seul pour l'Amérique. Une des sœurs, Ruth, amoureuse de Dean, accuse Clodagh de l'être aussi. Elle veut quitter l'ordre. Elle s'habille en vêtement civil, se maquille et va avouer à Dean son amour. Elle essaiera ensuite de faire basculer dans le vide Sœur Clodagh, alors qu'elle sonnait la cloche sur la place ; mais, lors de cette tentative, c'est elle qui fera une chute mortelle dans le gouffre. A la suite de cet événement, les sœurs quittent définitivement le palais au moment où commence la saison des pluies.

☞ A sujet insolite, traitement insolite. Le sujet, c'est la subtile, violente et mystérieuse influence d'un lieu sur un groupe d'êtres et plus précisément un groupe d'âmes. Powell suggère cette influence, plus qu'il ne l'exprime, à travers des images somptueuses, étranges et presque surréalistes. Comme souvent chez lui, il y a une union parfaite entre le baroque du style, l'utilisation très sophistiquée de la couleur (c'est ici son quatrième film en couleurs et nous ne sommes qu'en 1947) et une approche fantastique de la réalité. Comme souvent aussi, la structure et la composition dramatique du récit laissent à désirer. Manque de rythme, trop de vides et de lenteurs. Mais ces creux stimulent en quelque sorte l'imagination visuelle de Powell et le poussent à traiter son sujet de façon à transcender la relative pauvreté dramatique du scénario et à entraîner, par la seule force de l'atmosphère, le spectateur vers un autre monde. Cette Inde onirique et crédible à la fois exerce un charme puissant sur les personnages comme sur le spectateur. Elle fut créée de toutes pièces en studio. Powell tourna au studio de Pinewood et dans les jardins Leonardslee dans le Sussex. W. Percy Day, dit Poppa Day, un vétéran qui avait travaillé avec Méliès, régla les différents trucages cinématographiques. Cette décision de rester en Angleterre étonna d'abord et déçut l'équipe qui avait espéré faire un beau voyage, mais Powell (avec l'accord de son décorateur Alfred Junge) estima que c'était le seul moyen de contrôler entièrement l'atmosphère qu'il recherchait. Dans son autobiographie « A Life in Movies », Londres, Heinemann, 1986, il insiste beaucoup sur le rôle de la musique (notamment dans la séquence de la tentative de meurtre) qu'il a toujours considérée comme partie intégrante de la mise en scène.

## NASHVILLE (id.)

1975 – USA (159') • *Prod.* PAR./American Broadcasting Companies (Martin Starger, Jerry Weintraub, Robert Altman) • *Réal.* ROBERT ALTMAN • *Sc.* Joan Tewkesbury • *Phot.* Paul Lohmann (couleurs) • *Mus.* Richard Baskin et les principaux interprètes du film • *Int.* (par ordre alphabétique) David Arkin (Norman), Barbara Baxley (Lady Pearl), Ned Beatty (Del Reese), Karen Black (Connie White), Ronee Blakley (Barbara Jean), Timothy Brown (Tommy Brown), Keith Carradine (Tom Frank), Geraldine Chaplin (Opal), Robert Doqui (Wade), Shelley Duvall (L.A. Joan), Allen Garfield (Barnett), Henry Gibson (Haven Hamilton), Scott Glenn (1re classe Glenn Kelly), Jeff Goldblum (le prestidigitateur au tricycle), Barbara Harris (Albuquerque), David Hayward (Kenny Fraiser), Michael Murphy (John Triplette), Allan Nicholls (Bill), Dave Peel (Bud Hamilton), Cristina Raines (Mary), Bert Remsen (Star), Lily Tomlin (Linnea Reese), Gwen Welles (Sueleen Gay), Keenan Wynn (Mr. Green) et, dans leur propre rôle, Elliott Gould, Julie Christie.

Durant cinq jours à Nashville, Tennessee, capitale de la « country music », plusieurs dizaines de personnages, anonymes ou célèbres, croisent leurs pas. Parmi eux, il y a Barbara Jean, star de la chanson, native de la ville, qui y revient après un traitement médical et qui, mal remise, passera encore plusieurs jours à l'hôpital, toujours accompagnée de Barnett, son mari et imprésario, qui ne la quitte pas d'une semelle et ne fait ce métier que par amour pour elle ; Haven Hamilton, autre star locale, qui évolue à Nashville comme un poisson dans l'eau, avec sa femme Lady Pearl et son fils Bud qui s'occupe de ses affaires ; Connie White, venue remplacer Barbara Jean au Grand Ole Opry ; Sueleen Gay, serveuse de bar, qui ambitionne de devenir star mais se montre beaucoup plus douée pour le strip-tease que pour la chanson ; Albuquerque, une autre apprentie chanteuse, mais plus douée, fuyant son mari, Star, et cherchant désespérément un micro et un public ; L.A. Joan, groupie des chanteurs, nièce du vieux Mr. Green qui pleurera durant ces journées la disparition de sa femme, soignée à l'hôpital au même étage que Barbara Jean ; le trio de chanteurs Bill, Tom et Mary, empêché de travailler par les absences de Tom qu'occupent ses multiples conquêtes féminines, telle Linnea Reese, la femme de l'avocat Del Reese, lequel s'emploie à faciliter au maximum le travail de John Triplette, chargé d'organiser un spectacle au profit du candidat républicain à la Présidence ;

Opal, une journaliste anglaise de la BBC, snob, stupide, gaffeuse et culottée, comme il y en a tant ; Kenny Fraiser, jeune homme trimbalant un étui à violon contenant un revolver avec lequel il tirera sur Barbara Jean, lors de sa participation au spectacle du candidat républicain, etc.

☞ La plus aboutie des tentatives de Robert Altman pour renouveler, en le critiquant ou en le démolissant, le cinéma hollywoodien classique. Abouti est d'ailleurs un terme qui convient assez peu aux entreprises d'Altman auxquelles on pourrait mettre en exergue, mais en l'inversant, la phrase célèbre de Picasso, qui deviendrait alors quelque chose comme « Je ne trouve pas, je cherche ». C'est que le sens de l'œuvre d'Altman tient beaucoup plus dans ses recherches que dans son aboutissement. L'élément le plus spectaculaire et le plus original de *Nashville* est évidemment cette structure ouverte laissant libre cours aux évolutions de vingt-quatre personnages principaux, mais aussi aux observations du spectateur qui doit, selon les termes mêmes de la scénariste Joan Tewkesbury, figurer comme le vingt-cinquième personnage du film, sans lequel l'œuvre serait tout à fait incomplète. Cette structure ouverte, vaste mosaïque rassemblant un très grand nombre d'aspects caractéristiques, positifs ou négatifs, de la société américaine (le talent, l'ambition, la musique, le show-business, la politique, la violence, etc.), se veut très intentionnellement *neutre*, afin que l'absence de parti pris accroche mieux le regard du spectateur au réel, nourrisse sa réflexion (et sa perplexité) en l'orientant le moins possible. Néanmoins, cette neutralité se voit très souvent corrigée par une nuance de satire et de dérision qui n'empêche nullement certains traits touchants d'apparaître (cf. le portrait de Mr. Green ou la relation Barbara Jean/Barnett). L'interprétation, dans sa grande variété, est brillante, réaliste et approfondie. Chaque acteur est devenu, de par la volonté d'Altman, le créateur de son personnage, écrivant pour lui des scènes en dehors des heures de tournage et, le cas échéant, des chansons (la bande sonore du film est remarquable) qu'Altman a intégrées le plus souvent possible à la continuité du récit. Le personnage de la journaliste Opal (Geraldine Chaplin), qui fait un documentaire sur Nashville, est particulièrement bien venu. Deux séquences, qui sont aussi deux superbes moments de cinéma, donnent une juste idée de la méthode et de l'ambition d'Altman : la séquence où Tom Frank (Keith Carradine) interprète une des ses compositions « I'm Easy » devant un public parmi lequel quatre femmes (Opal, L.A. Joan, Linnea et Mary) croient chacune être la dédicataire de la chanson, et surtout l'admirable final, les 5 ou 6 minutes qui suivent le tir de Kenny Fraiser sur Barbara Jean au Centennial Park, durant lesquelles l'entrecroisement des personnages atteint son niveau de densité maximum. Là, les techniques du cinéma direct et de la fiction organisée se mêlent dans une unité et une fusion parfaites. Là, le maximum d'improvisation allié au maximum de préméditation donne à voir au spectateur un faisceau d'événements ressortissant à la fois à l'ordre supérieur de la création artistique et au désordre indescriptible et insaisissable de la réalité.

BIBLIO. : scénario et dialogues publiés en volume chez Bantam Book, New York, 1976 (avec une préface de la scénariste Joan Tewkesbury). Voir aussi *in* « Positif » nº 166 (1975) « Conversation avec Robert Altman sur le plateau de *Nashville* » par Michael Henry. En ce jour de juillet 1974, Altman ne semble pas connaître exactement la fin de son film. A la question : « Avez-vous maintenant une idée plus précise du dénouement au Centennial Park devant la réplique du Parthénon ? », il répond : « Une idée un peu plus claire qu'à la veille du tournage. Au moment où nous y arriverons, la scène s'imposera d'elle-même. » Il s'est intéressé à Nashville parce que « c'est une plaque tournante, une sorte d'arène culturelle. Nashville représente aujourd'hui ce que Hollywood représentait il y a quarante ans ».

## NAVIRE DES FILLES PERDUES (LE)
### (La nave delle donne maledette)

1954 – Italie (100') • *Prod.* Excelsa Films • *Réal.* RAFFAELLO MATARAZZO • *Sc.* R. Matarazzo, Aldo De Benedetti, Ennio De Concini d'ap. le R. de Léon Gozlan « Histoire de cent trente femmes » • *Phot.* Aldo Tonti (Gevacolor) • *Mus.* Nino Rota • *Int.* Kerima (Rosario), Ettore Manni (Pedro De Silva), May Britt (Consuelo), Tania Weber (Isabella), Elvy Lissiak (Carmen), Luigi Tosi (capitaine Fernandez), Marcella Dovena (Rosa), Romolo Costa (Manuel De Havilland), Giorgio Capecchi (Mac Donald), Eduardo Ciannelli (Michele Carballo).

Espagne, XVIIIe siècle. La jeune Isabella Mac Donald est sur le point d'épouser le riche planteur Manuel De Havilland. C'est un mariage d'intérêt, destiné à sauver de la ruine le père d'Isabella. Le jour de la cérémonie, Isabella est accusée par un policier d'infanticide. Elle a tué le fruit de ses amours coupables avec un inconnu. Pour sauver Isabella du scandale, sa mère persuade une jeune nièce aussi naïve que crédule, Consuelo, d'avouer le crime à la place de sa cousine. Elle lui promet qu'elle échappera au châtiment, et la jeune fille, à qui on a fait valoir que la reconnaissance dictait ce sacrifice, accepte la combinaison. Mac Donald, le père d'Isabella, paie un avocat sans cause, le jeune Pedro De Silva, pour qu'il assure la défense de l'accusée comme une simple formalité. Mais au tribunal, Pedro, séduit par la beauté de sa cliente, ne doute plus de son innocence : hélas, il n'a aucun argument à faire valoir en sa faveur. Consuelo est condamnée à dix ans de travaux forcés. Sur le bateau qui la mène, avec tout un convoi de déportées, aux colonies, il se trouve que voyagent aussi Isabella et son mari. Isabella a tôt fait de repérer dans la cale, où sont entassées les déportées comme animaux en cage, la présence de sa cousine. Sur le même navire, Pedro De Silva, bien décidé à obtenir la révision du procès de sa cliente, joue les passagers clandestins. Il retrouve par hasard le prêtre Michele Carballo qui, autrefois, lui avait enseigné le catéchisme. Aujourd'hui défroqué, il est maître-coq à bord du bateau. Il protégera et cachera Pedro. Très isolée au milieu des déportées, car elle ne sait se défendre, Consuelo suscite la compassion de Rosario, une dure à cuire, dont elle devient la protégée. Pour mettre fin à une bagarre qui oppose une partie des prisonnières, le capitaine ordonne qu'on les asperge d'eau glacée. Les mauvais traitements conduisent Consuelo à l'infirmerie où Isabella vient la voir. Elle lui promet de la faire libérer à condition qu'elle continue de garder le silence. Pedro a entendu leur conversation. Il la rapporte au capitaine et lui demande de libérer sur-le-champ Consuelo et d'arrêter Isabella. Isabella nie tout en bloc. Pour se faire un allié du capitaine qui la désire, elle se donne à lui. Elle peaufine sa vengeance en faisant arrêter et fouetter Pedro ; puis c'est au tour de Consuelo de subir le même sort. Scandalisées par cette injustice, les déportées s'emparent d'un gardien et de ses clés. Elles prennent aussi des armes et envahissent le navire. En les embrassant avec passion, elles invitent les matelots et soldats à fraterniser avec elles. Dans la plupart des cas, leurs arguments se révèlent très persuasifs. Rosario accuse Isabella d'être responsable du malheur de Consuelo. Le mari d'Isabella est tué. Les femmes en furie forcent le capitaine à fouetter Isabella qui le poignarde. Puis elles s'emparent du fouet et frappent la jeune femme comme des forcenées. Carballo, quant à lui, devant la tournure insensée que prennent les événements, supplie les femmes d'épargner au moins les vivres et de veiller à la conduite du navire. Rien n'y fait. Danses lascives et orgies ont lieu aux quatre coins du bateau. La tempête se lève. Carballo réussit à faire fuir Consuelo et Pedro dans un canot de sauvetage. En plein cœur de la tempête, la voix de Carballo, qui se souvient qu'il a été prêtre, réussit à se faire entendre : « Implorez, dit-il, la miséricorde divine. » Les femmes se mettent à prier. Le bateau explose. Au tribunal, Pedro fait éclater l'innocence de celle qui est devenue sa bien-aimée.

☞ Pendant longtemps, ce fut le seul titre de Matarazzo un peu connu des cinéphiles français, avant la redécouverte de la série des œuvres interprétées par le couple Amedeo Nazzari-Yvonne Sanson. Il passait à Paris dans des salles « spécialisées » dans les films osés et interdits au moins de dix-huit ans (type Midi-Minuit, Neptuna, etc.), alors que la série Nazzari-Sanson faisait les beaux soirs (et surtout les belles matinées) des salles à public bien pensant, composées en majorité de spectatrices d'un certain âge, munies de mouchoirs que la vision du film rendait indispensables. On voit par là l'étonnante diversité du public populaire (des publics populaires) auxquels s'adressaient les films de Matarazzo. Situé dans la filmographie de l'auteur en plein milieu de la série des Nazzari-Sanson, juste après une biographie de Verdi (*Giuseppe Verdi*, 1953), *Le navire des filles perdues* participe de cette exploration systématique du mélodrame effectué par Matarazzo au cours des années 50. Il s'agit d'un mélodrame à costumes se déroulant au XVIIIe siècle et s'achevant en une apothéose délirante et baroque. Le film a été tourné, comme *Vortice*, 1954, en Gevacolor, procédé très inférieur au Ferraniacolor, utilisé pour les trois autres films en couleurs de Matarazzo (*Giuseppe Verdi*, *Torna*, 1954, *La risaia*, 1956). Il semble que la couleur ait contribué à pousser Matarazzo vers le baroque, et c'est aussi dans le seul film en couleurs, *Torna*, de la série très classique des sept Nazzari-Sanson, que l'on peut apercevoir cette tendance. A noter que, dans *Le navire des filles perdues*, le baroque ne surgit qu'au dernier tiers du film après une ouverture et des développements assez traditionnels de roman populaire, fondés sur les malheurs d'une jeune innocente victime de la perversité de ses proches. Ces malheurs introduisent le thème – fondamental dans tout mélodrame – de l'injustice. Le thème apparaît non seulement dans l'itinéraire vécu par l'héroïne mais constitue aussi le déclic, la motivation qui poussent l'ensemble des déportées à basculer dans la révolte. Ce n'est pas leur propre servitude qui déclenche leur furie, mais le spectacle du malheur et de la souffrance injustifiée d'autrui, en l'occurrence de la jeune Consuelo. Et c'est seulement à partir du moment où le thème de l'injustice cesse d'être le moteur d'une aventure strictement individuelle pour connaître un retentissement collectif que le baroque, le délire et une certaine folie épique font leur apparition dans le film. Tout comme *Catene**, mais d'une façon beaucoup plus brutale, spectaculaire et explicite, *Le navire des filles perdues* prend ses distances avec la bonne société, qu'elle soit bourgeoise ou aristocratique. Ici la distance est telle que le récit s'achève en un véritable cri de haine anarchisant et libertaire contre l'ordre établi, ressenti comme responsable des pires injustices. Matarazzo maîtrise cette irrésistible ascension de son film vers le délire et la frénésie avec aisance et naturel. Naturel s'entend ici pour désigner cette faculté qu'ont certains artistes de savoir retrouver dans les conventions d'un genre, fussent-elles les plus éculées, l'émotion et la nécessité originelle qui les avaient engendrées. Tout au long du film, on peut constater que Matarazzo possède la sincérité innée des naïfs, jointe à l'habileté méticuleuse et longuement mûrie du véritable artisan. Ceci nous amène à souligner que, si *Le navire des filles perdues* tient certes sa beauté de lui-même, celle-ci est plus frappante encore quand on la confronte à celle de tous les autres types de mélodrames illustrés par l'auteur à la même époque.

N.B. Les scènes audacieuses de la fin ont été largement et diversement coupées selon les copies et les pays, de sorte que le métrage du film varie énormément d'une copie à l'autre. Le titre français se rapproche du premier titre italien du film : *La nave delle donne perdute*.

## NEW CENTURIONS (THE)
## (Les flics ne dorment pas la nuit)

1972 – USA (103') • *Prod.* COL. (Irwin Winkler et Robert Chartoff) • *Réal.* RICHARD FLEISCHER • *Sc.* Stirling Silliphant d'ap. R. de Joseph Wambaugh • *Phot.* Ralph Woolsey (Panavision, Eastmancolor) • *Mus.* Quincy Jones • *Int.* Stacy Keach (Roy Fehler), George C. Scott (Andy Kilvinsky), Scott Wilson (Gus Plebesly), Jane Alexander (Dorothy Fehler), Rosalind Cash (Lorrie Hunt), Clifton James (Whitey), Erik Estrada (Sergio Duran).

Deux policiers de Los Angeles, le sergent Kilvinsky et Roy Fehler font équipe ensemble durant leurs rondes de nuit quotidiennes. Kilvinsky est un vieux routier qui, pour pallier l'inadéquation des textes légaux à la réalité ambiante, s'est forgé sa propre loi : la loi Kilvinsky. Il se base pour agir principalement sur son flair, traite sur un pied d'égalité toutes les races et prend souvent des initiatives qui lui sont personnelles. Par exemple, il balade pendant toute une soirée des prostituées dans son fourgon et les relâche quand elles sont saoules et incapables de travailler, au lieu de les arrêter et d'encombrer inutilement son commissariat. Un jour, il lui est même arrivé de frapper un propriétaire exploiteur qui voulait lui faire arrêter, pour quelques jours de retard de paiement, un locataire payant cinquante dollars pour vivre à six dans une pièce insalubre. Roy, lui, est un étudiant en droit, marié et père d'une fillette ; il abandonne peu à peu ses études pour se consacrer à ce travail concret qui lui donne la satisfaction de se sentir utile. L'ordinaire des deux hommes est dur et varié : arrestation de petits escrocs, d'une femme ivre qui martyrisait son bébé, d'un voleur en train de cambrioler un supermarché au milieu de la nuit. A cette occasion, Roy est gravement blessé au ventre par un complice posté dans une voiture. Une fois remis, il participe à l'arrestation de l'auteur d'un hold-up de banque qui, pour protéger sa fuite, avait capturé un otage. Pour Kilvinsky, l'heure de la retraite est venue. Il s'en va vivre en Floride avec sa fille et sa petite-fille. Dans une dernière conversation avec Roy, il lui confie son inquiétude quant à la disparition des interdits (« The donts are dying ») et à l'inutilité de leur travail. Roy pense malgré tout que la population a besoin d'eux. Il est ensuite muté à la brigade des mœurs où il est parfois amené à participer à des opérations qui lui répugnent. Sa femme comprend qu'il a décidé de rester définitivement dans la police et le quitte. Un jour, Kilvinsky, qui s'ennuie dans sa retraite, vient revoir les copains. Il appelle Roy à l'aube, lui raconte une anecdote et se suicide d'une balle dans la bouche. Roy se met à boire. Une nuit, il veut arrêter une trafiquante de drogue : elle fait démarrer en trombe sa voiture et le traîne sur des kilomètres, accroché à son véhicule. Il se réfugie chez une jeune Noire qui l'avait appelé dans la journée pour le pillage de son appartement. Elle le soigne. Ils se revoient et Roy envisage de refaire sa vie avec elle. Mais lors d'une banale patrouille de jour il est mortellement touché au ventre par un forcené. Il meurt en pleine rue dans les bras d'un collègue.

☞ Basé sur le roman de Joseph Wambaugh, ancien sergent de police de Los Angeles, c'est l'un des films policiers les plus originaux et les plus chargés de sens du cinéma américain des années 70. Fleischer ne recherche pas, comme Don Siegel avec *Dirty Harry**, à créer un nouveau héros ni à cultiver le spectaculaire. Réaliste, documentaire, le film vise à montrer le plus concrètement possible la dégradation de la vie dans les villes et la démoralisation qui s'ensuit pour certains policiers, incapables d'accomplir leur métier et de concilier l'application des règlements avec la maîtrise de la réalité. Le vétéran ne croit plus guère à son métier, mais après quelques mois de retraite ne peut supporter l'inactivité (et se suicide dans un plan-séquence sublime), tandis que son jeune collègue accomplit sa mission comme un défi permanent qui, finalement, le perdra. Le pessimisme du film est profond et d'autant plus convaincant qu'il s'exprime par un classicisme parfait de la mise en scène, par une succession variée d'épisodes dont le bilan moral et humain se révèle tragiquement négatif. En arrière-plan de l'action, il y a la décadence d'une civilisation, thème préférentiel de Fleischer, appréhendé ici avec une sorte de conscience pathétique du néant qui, mieux que n'importe quel discours, plonge le spectateur dans l'inquiétude et la perplexité. Fleischer a choisi comme interprètes deux des meilleurs acteurs du moment, Stacy Keach et George C. Scott, grands comédiens plutôt que stars. Encore amélioré par leur association, leur jeu témoigne d'une crédibilité réaliste et d'un parti pris de sobriété tout à fait impressionnants. La volonté du réalisateur de cerner le détail de l'action au plus près et avec une extrême mobilité a obligé l'équipe technique, travaillant uniquement en extérieurs réels, à accomplir des prouesses, notamment d'éclairage. Invisibles en tant que telles, elles ont grandement contribué à donner au film sa force concrète et tragique. (Ralph Woolsey les a décrites dans un article de l'« American Cinematographer », septembre 1972, la grande revue américaine consacrée aux aspects techniques de la création cinématographique).

## NEW YORK-MIAMI
## (It Happened One Night)

1934 – USA (105') • *Prod.* COL. (Harry Cohn) • *Réal.* FRANK CAPRA • *Sc.* Robert Riskin d'ap. le récit « Night Bus » de Samuel Hopkins Adams • *Phot.* Joseph Walker • *Mus.* Louis Silvers • *Int.* Clark Gable (Peter Warne), Claudette Colbert (Ellie Andrews), Walter Connolly (Alexander Andrews), Roscoe Karns (Oscar Shapeley), Alan Hale (Danker), Ward Bond, Ed Chandler (les conducteurs de bus), Jameson Thomas (King Westley).

A Miami, un journaliste congédié, Peter Warne, prend le bus en direction de New York. Il est attiré par une jeune femme qui dès le début du voyage se fait voler son sac et son argent. Il découvre qu'elle est Ellie Andrews, la fille du grand banquier Alexander Andrews, et qu'elle a pris la fuite incognito pour aller retrouver son mari, King Westley, que son père, opposé à ce mariage, veut l'empêcher de rejoindre. Afin d'aider Ellie importunée par un voyageur, Warne se fait passer pour son mari. Sur l'itinéraire, un pont est impraticable et Peter et Ellie doivent passer la nuit dans la même chambre d'un motel. Une couverture suspendue à un fil sépare les deux lits. Peter avoue à la jeune femme qu'il est journaliste et lui propose de tout faire pour l'aider à rejoindre son mari si elle lui donne l'exclusivité du récit de cette aventure. Au petit déjeuner, Ellie, tour à tour profondément agacée et séduite par son compagnon, lui dira qu'elle se trouve pour la première fois seule avec un homme. Elle n'a jamais jusqu'ici connu la moindre liberté et c'est la raison qui l'a poussée à contracter un mariage express avec King Westley, bien qu'elle le connaisse à peine et qu'il soit beaucoup plus âgé qu'elle. Elle espère échapper ainsi à la pesante tutelle familiale. Son père lance aux quatre coins du pays des détectives à ses trousses. Devant deux policiers, Peter et Ellie se livrent à une fausse scène de ménage pour détourner les soupçons. L'homme qui avait déjà importuné Ellie tente maintenant de faire chanter Peter car il a découvert l'identité de la jeune fille. Le journaliste joue la comédie et dit au maître chanteur qu'il a kidnappé la jeune fille. Il lui propose de participer au coup : l'autre, soudain effrayé par la dimension que prend l'affaire, file sans demander son reste. Persuadé qu'il va parler, Peter préfère quitter le bus. Le couple dort à la belle étoile. Peter entreprend de démontrer à Ellie sa technique très élaborée d'auto-stoppeur. Il échoue lamentablement, alors que la jeune fille n'a qu'à montrer ses jambes pour qu'un automobiliste s'arrête immédiatement. Plus tard, Peter « empruntera » une voiture. Le père fait publier dans la presse qu'il ne s'oppose plus au mariage de sa fille. Peter et Ellie passent encore une nuit dans un motel avant la fin du voyage, séparés comme la fois précédente par une couverture tendue entre les deux lits. Ellie regrette soudain de devoir quitter son compagnon et lui avoue son amour avant de s'endormir. Ravi de la nouvelle, Peter s'esquive durant la nuit pour aller emprunter à son patron un peu d'argent destiné à couvrir les frais du voyage. Sa vieille guimbarde trop lente l'empêche de revenir à temps et Ellie, se réveillant seule, s'imagine que le journaliste s'est toujours moqué d'elle. Elle retourne chez son père et s'apprête à épouser une deuxième fois (le premier mariage a été annulé) King Westley. Le journaliste se présente chez le père et réclame, non la forte récompense qu'il avait promise, mais les trente-neuf dollars que son odyssée avec Ellie lui a coûtés. Le père comprend que les deux jeunes gens s'aiment et va s'employer à les réunir. Lors de la cérémonie nuptiale, il conseille à sa fille de ne pas s'entêter. Peter l'attend dans une voiture non loin de là. Juste avant de prononcer le oui fatidique, elle se précipite vers lui et ils disparaissent ensemble. Pareille à la muraille de Jéricho, la couverture tombera cette nuit-là entre les deux lits.

☞ A l'inverse de Leo McCarey qui dans *Cette sacrée vérité** (1937) recherchera la plus stricte économie dans les personnages et les décors, s'enfermera volontairement dans un espace confiné, s'appuiera sur la finesse du jeu et des attitudes, sur des gags extrêmement ténus, pour nourrir la verve comique de son œuvre, Capra, dans cet autre archétype de la comédie américaine qu'est *New York - Miami*, essaie d'enrichir le genre par toutes sortes d'apports différents. Richesse des événements et des péripéties : *New York - Miami* emprunte aux films d'aventures et aux films policiers leur rythme presque haletant. Mouvement continuel, danger, poursuites, recours à des stratagèmes et à de fausses identités, importance des extérieurs et des atmosphères nocturnes caractérisent cette virée d'un couple en fuite. Capra ne renonce pas non plus à introduire de temps en temps dans la trame mouvementée de son récit une notation sociale : par exemple le gosse en larmes auprès de sa mère évanouie d'inanition. Parfois une touche de romantisme et même de mélodrame accompagne chez l'héroïne la découverte de l'amour. La richesse de l'intrigue, la spontanéité des acteurs n'empêchent pas le film d'être bâti sur deux types de personnages absolument conventionnels : le journaliste culotté et sûr de lui qu'on a vu dans des dizaines de films américains de l'époque, l'héritière gâtée et ignorante des dures réalités de la vie. L'habilité de Capra consiste à les transformer en citoyens moyens, à leur attribuer des réactions voisines de celles de Monsieur Tout-le-Monde et à les rendre ainsi infiniment proches du public. Certes, aujourd'hui, la virtuosité toute classique de McCarey, sa rigueur dans l'approfondissement des situations et surtout l'éblouissante invention gestuelle de sa direction d'acteurs l'emportent haut la main sur la rouerie presque démagogique de Capra, sur son aptitude – parfois très créatrice – à faire feu de tout bois. Mais la comparaison entre les deux films révèle surtout la diversité et la plasticité de la comédie américaine, un genre beaucoup plus malléable que ses conventions et ses règles ne le laisseraient tout d'abord penser.

N.B. *New York - Miami* est connu pour être le seul film américain à avoir remporté les cinq Oscars les plus importants : meilleur film, meilleur acteur, meilleure actrice (et pourtant le rôle de Claudette Colbert fut refusé par Myrna Loy, Margaret Sullivan, Miriam Hopkins, Constance Bennett), meilleur réalisateur, meilleur scénariste. Remake musical et en couleurs *You Can't Run Away from It* (Dick Powell, 1956) avec June Allyson et Jack Lemmon.

BIBLIO. : scénario et dialogues *in* « Four Star Scripts : Actual Shooting Scripts, and How They Are Written » par Lorraine Noble, New York, Doubleday, 1936 (avec les scripts de *Lady for a Day*, 1933, *Little Women*, 1933, *The Story of Louis Pasteur*, 1936) avec reprint chez Garland, New York, 1978 ; *in* « Twenty Best Film Plays » de Gassner et Nichols, New York, Crown Publishers, 1943 ; *in* « Great Film Plays » de Gassner et Nichols, même éditeur, 1959.

## NIBELUNGEN (LES)

**(Die Nibelungen).** 1re partie : **Siegfried (La mort de Siegfried).** 2e partie : **Kriemhilds Rache (La vengeance de Kriemhild)**

1924 – Allemagne (I : 3 216 m ; II : 3 576 m) • *Prod.* Decla-Bioscop-UFA • *Réal.* FRITZ LANG • *Sc.* Thea von Harbou • *Phot.* Carl Hoffmann, Günther Rittau (La séquence du rêve des faucons est due à Walter Ruttmann.) • *Déc.* Otto Hutte, Eric Kettelhut, Karl Vollbrecht (qui construisit aussi le dragon) • *Cost.* Paul Gerd Guderian, Anne Willkomm, Heinrich Umlauff • *Mus.* Gottfried Huppertz • *Int.* Paul Richter (Siegfried), Margaret Schön (Kriemhild), Rudolf Klein-Rogge (Etzel = Attila), Hanna Ralph (Brunhild), Theodore Loos (le roi Gunther), Georg John (Mime, Alberich ; et Blaodel dans la 2e partie), Hans Adalbert von Schlettow (Hagen Tronje), Gertrud Arnold (la reine Ute), Georg August Koch (Hildebrand), Bernard Goetzke

(Volker von Alzey), Hans Carl Müller (Gerenot), Erwin Biswanger (Giselher), Rudolph Rittner (Rüdiger).

I LA MORT DE SIEGFRIED. Son maître Mime, le forgeron, lui ayant appris tout ce qu'il savait, le jeune Siegfried, armé d'une épée forgée de ses mains, monté sur un cheval blanc, se dirige vers le palais de Gunther, le roi des Burgondes. Dans la forêt, il doit affronter un dragon géant qu'il tue avant de se baigner dans son sang, car un oiseau lui a dit que c'était le moyen de gagner l'immortalité. Mais une feuille se pose sur son dos et laisse sur son corps un point vulnérable entre les omoplates. Siegfried pénètre ensuite dans le royaume d'Alberich, gardien nabot du trésor des Nibelungen, qui tente de le tuer par ruse mais sera au contraire abattu par lui. Siegfried lui vole son filet magique qui donne l'invisibilité totale. A la mort d'Alberich, ses serviteurs nains sont changés en pierre. Siegfried est bien accueilli à la cour du roi Gunther, pourtant prévenu contre lui par son conseiller Hagen Tronje. Dès qu'il la voit, Siegfried tombe amoureux de Kriemhild, la sœur de Gunther dont on lui avait vanté la beauté. Sentiment réciproque dont Kriemhild fera l'aveu à sa mère, la reine Ute, tout en lui racontant un rêve inquiétant qu'elle a fait, dans lequel deux vautours luttaient contre une colombe. Gunther accepte de donner la main de Kriemhild à Siegfried à condition que celui-ci l'aide à conquérir la reine amazone d'Islande, Brunhild, laquelle a juré d'épouser un homme capable de la vaincre par les armes. Brunhild croit que c'est Siegfried qui veut l'épouser. Tirant parti de son filet d'invisibilité, Siegfried aide Gunther à triompher d'elle au cours de diverses épreuves physiques. Quand elle apprend qu'elle est destinée à Gunther, Brunhild lui déclare qu'elle se considèrera comme sa prisonnière et non comme sa femme. Après les deux mariages de Gunther et de Brunhild, de Siegfried et de Kriemhild, et la cérémonie qui fait de Siegfried et de Gunther deux frères de sang, Siegfried doit encore aider Gunther. Prenant l'apparence de ce dernier, il lutte avec Brunhild pour lui arracher son bracelet, symbole de virginité. Après quoi, elle se soumet au vrai Gunther. Siegfried raconte à Kriemhild sa lutte avec Brunhild et aussi son combat contre le dragon. Plus tard, jalouse de Brunhild, Kriemhild révèle à celle-ci comment Siegfried, et non Gunther, l'a vaincue. Pour se venger, Brunhild déclare à Gunther que Siegfried a été son amant. Hagen, jaloux de l'amitié de Gunther pour Siegfried, complote la mort de ce dernier. Sous prétexte de le protéger, il obtient de Kriemhild qu'elle lui révèle l'endroit exact où Siegfried est vulnérable et même qu'elle couse une croix dans l'étoffe de son vêtement pour signaler cet endroit. C'est au cours d'une chasse que Hagen a projeté d'assassiner Siegfried. Gunther, au courant de ce projet, ne fait rien pour le contrecarrer. Hagen lance un javelot entre les deux omoplates de Siegfried au moment où celui-ci s'abreuvait à une source. On ramène le corps de Siegfried au palais. Kriemhild devine qui est son assassin quand la blessure de Siegfried se remet à saigner lors de l'entrée de Hagen dans la pièce. D'abord ravie de la mort de Siegfried, Brunhild révèle à son mari qu'elle a menti et qu'il a donc laissé tuer son frère de sang pour rien. Puis, ne pouvant supporter les conséquences de sa machination, elle se suicide devant le cercueil de Siegfried.

II LA VENGEANCE DE KRIEMHILD. Kriemhild veut obtenir justice contre Hagen. Mais Gunther, par faiblesse autant que par calcul, ne bouge pas. Le roi des Huns, Etzel (= Attila), demande la main de Kriemhild. Quoiqu'elle méprise la barbarie des Huns, qui contraste tellement avec le raffinement des Burgondes, elle accepte la proposition d'Etzel afin de bénéficier de sa protection et de pouvoir peaufiner sa vengeance. Elle donne un fils à Hetzel. Elle invite Gunther et sa suite à un banquet destiné à commémorer le solstice d'été. C'est pour elle l'occasion de préparer la mort de Hagen. Mais Etzel refuse de le tuer car il est son hôte. Au cours d'une scène de beuverie, les Burgondes et les Huns en viennent aux mains puis s'entre-tuent carrément. Bientôt, c'est la guerre totale entre les deux peuples. Hagen tue le bébé de Kriemhild. Kriemhild propose en vain la libération des Burgondes en mauvaise posture contre la tête de Hagen. Elle met alors le feu au palais et tous ses frères meurent un à un. Hagen réussit à échapper aux flammes, mais Kriemhild le tue de ses propres mains avec l'épée de Siegfried, avant d'être à son tour abattue par Hildebrand, qui estime qu'elle a apporté la ruine au peuple des Huns.

☞ Après *Les Araignées** et *Mabuse**, c'est ici le troisième film de Lang à deux épisodes et sans conteste le plus ambitieux. *Les Nibelungen* fut aussi la plus grosse production de Erich Pommer dont le tournage dura plus de trente semaines et requit de nombreux et immenses décors ainsi qu'une abondante figuration. Sur le plan strictement spectaculaire, le clou du film fut ce dragon actionné par une quinzaine de techniciens dont la plupart se trouvaient à l'intérieur de l'« animal ». Le film fut âprement – et injustement – critiqué pour son idéologie nationaliste. En fait, c'est un pur film de Lang, semblable à de nombreux autres, antérieurs et postérieurs, de l'auteur : une histoire « de haine, de meurtre et de vengeance », comme par exemple *Rancho Notorious** dont le héros, pareil à Kriemhild, est au départ un être plutôt doux et pacifique que les événements et le destin transforment en ange de la mort et en vengeur furieux. Lang a très nettement explicité les intentions qui l'animèrent en réalisant ce film : « Ce qui m'intéressait, c'était de faire vivre une saga allemande d'une manière différente de l'opéra wagnérien : sans barbes, etc. Dans *Les Nibelungen,* j'ai essayé de montrer quatre univers différents. D'abord la forêt primitive où vivent le difforme Mime, qui apprend à Siegfried à forger son épée, le dragon et le royaume souterrain d'Alberich, gardien nabot du trésor des Nibelungen, qu'il maudit lorsqu'il est abattu par Siegfried. Deuxièmement, le château enveloppé de flammes de la reine amazone d'Islande, Brunhild. Troisièmement, le monde stylisé, légèrement dégénéré, trop civilisé du royaume des Burgondes, sur le point de se désintégrer. Et enfin le monde des hordes asiatiques sauvages des Huns et leur choc contre le monde des Burgondes. » Ce texte figure dans l'ouvrage de Lotte Eisner sur Lang (voir Biblio.). Mais il n'est que le condensé d'un texte de 1924 qui figure dans le recueil de textes rassemblés par Alfred Eibel (voir Biblio.) et où Lang précisait déjà : « Des hommes traversent ces quatre mondes ; tous ne vont pas jusqu'au bout de la route, et ils empruntent des chemins qui souvent se croisent. Expliquer le destin de ces hommes depuis le début, leur donner une motivation, en sorte que chaque événement obéisse à une nécessité absolue – c'était de cela qu'il s'agissait pour moi. » Contrairement à ce qui devait se passer pour *Metropolis**, Lang et sa scénariste Thea von Harbou furent ici exactement sur la même longueur d'onde. Elle aussi voulait montrer les héros de la légende comme de simples hommes. « Il fallait donner, écrit-elle, une importance primordiale non au cadre, mais aux hommes pour qui il avait été créé [...] Quand l'homme d'aujourd'hui se déguise en l'homme d'il y a mille ans, il arrache son masque à l'homme d'il y a mille ans. Il nous montre que les habits, les lieux, les mœurs ont changé, mais pas l'homme [...] L'acteur, donc l'homme, a été le point de départ de mon approche du scénario des *Nibelungen.* » (texte de 1924 également repris par A. Eibel). *Les Nibelungen* sont à l'évidence pour leurs auteurs une histoire d'hommes et de femmes plutôt que de Héros et de Dieux, et le fatum qui régit toute l'œuvre de Lang commande la conduite de l'action, même si certains de ses aspects relèvent d'un univers magique. On a beaucoup discuté de savoir si le style visuel de l'œuvre était expressionniste. Plusieurs éléments s'y opposent. La nature, quoique reconstituée en studio, est une vraie nature, pleine de pièges et de merveilles. L'architecture plastique du film est souvent basée sur la symétrie, l'équilibre, l'ordre et une recherche évidente de l'harmonie. Mais dans la deuxième partie ces valeurs dégénèrent, se détruisent ; l'espace de l'action devient un espace asphyxié où triomphent la sauvagerie et le chaos. A ce titre, l'œuvre entière repose, comme la plupart des films de Lang, sur une dualité, une contradiction interne, spectaculaires et fécondes. Mais, dans la première comme dans la deuxième partie, l'élément dominant est la présence de la mort qui pénètre, pervertit et engloutit toutes choses.

N.B. Remake par Harald Reinl en 1966.

BIBLIO. : Thea von Harbou publia pour la sortie du film une *novelization* écrite parallèlement ou postérieurement au scénario : « Das Nibelungenbuch », Decla-Bioscop, Berlin, 1923. Textes de Lang et de Thea von Harbou *in* Alfred Eibel : « Fritz Lang, choix de textes », Présence du Cinéma, 1964, volume repris (avec des additifs mais sans la bibliographie) chez Flammarion sous le titre « Fritz Lang. Trois Lumières », 1989. Voir aussi le chapitre consacré au film par Lotte Eisner dans son « Fritz Lang », Cahiers du Cinéma, Éditions de l'Étoile – Cinémathèque Française, 1984.

## NIGHTFALL

Inédit en France. 1956 – USA (80') • *Prod.* COL.-Copa Productions (Ted Richmond) • *Réal.* JACQUES TOURNEUR • *Sc.* Stirling Silliphant d'ap. R. de David Goodis • *Phot.* Burnett Guffey • *Mus.* George Duning • *Int.* Aldo Ray (James Vanning), Brian Keith (John), Anne Bancroft (Marie Gardner), Jocelyn Brando (Laura Fraser), James Gregory (Ben Fraser), Frank Albertson (Dr Edward Gurtson), Rudy Bond (Red).

Au cours d'une partie de chasse en compagnie d'un ami docteur dans le Wyoming, James Vanning a assisté à l'accident de voiture de deux gangsters venant de commettre un hold-up. L'un des deux a tué le docteur et laissé Vanning pour mort, alors qu'il n'était que légèrement blessé. Revenu à lui, Vanning s'était aperçu que les deux gangsters avaient emporté la sacoche de son ami au lieu de celle contenant le magot. Il la prend mais la perd un peu plus tard au cours de sa fuite dans la neige, quand il est poursuivi par les deux hommes revenus sur les lieux. Comme la police le soupçonne du meurtre de son ami et qu'il ne croit pas pouvoir se disculper, il a changé d'identité, d'activité, de lieu de résidence. Maintenant, il est traqué à la fois par le contrôleur des assurances, Ben Fraser, et par les deux gangsters. Avec l'aide d'une femme et de Fraser à qui il s'est confié, il retrouvera l'argent dans le Wyoming. Le magot est retombé entre les mains des deux gangsters qui, en désaccord sur la conduite à tenir vis-à-vis de Vanning, s'entre-tuent. L'un est abattu par son complice, l'autre meurt écrasé par un chasse-neige.

☞ Chez les plus grands cinéastes de Hollywood, qu'ils soient américains ou venus d'ailleurs, il n'est pas rare que les œuvres de routine soient celles où l'on voit se dessiner le plus clairement leur personnalité et leur style. Il y a en effet dans ces films *juste* ce qu'ils ne pouvaient s'empêcher d'y mettre, une sorte de minimum vital de leur talent et de leur vision du monde. Cette adaptation d'un roman de David Goodis est pour Tourneur une œuvre de routine, comparée par exemple à l'adaptation, autrement riche, du roman de Geoffrey Homes dans *Out of the Past**. Tourneur décrit de prime abord son héros, le plus banal des citoyens, comme un homme traqué, épié dans tous ses gestes et tous ses déplacements. Il emploie pour cela le montage parallèle et assure la liaison entre séquences par un objet, un élément visuel ou sonore commun aux deux séries de séquences (celle qui décrit le héros et celle qui décrit son guetteur). Fritz Lang a souvent utilisé ces procédés, générateurs d'enfermement et de tragédie. Tourneur y a recours, mais de manière à les rendre les plus ordinaires possible. Comme Fregonese dans *One-Way Street**, il utilise la faculté qu'a le *film noir* de se laisser envahir par une atmosphère plastiquement et moralement contraire à la sienne propre. *One-Way Street** nous entraînait d'une ville nocturne vers une côte sud-américaine lumineuse et paradisiaque. Ici, la montagne, la neige, le froid dévorent peu à peu l'espace visuel du film, d'abord dans les flashbacks, puis dans le récit au présent. Les paysages de montagne, enneigés et silencieux ne constituent pas, comme dans *On Dangerous Ground* (*La maison dans l'ombre*) de Nicholas Ray, un refuge salvateur pour le héros mais se prêtent particulièrement bien, en l'occurrence, à cette atténuation expressive, visuelle et sonore, de la réalité que Tourneur a toujours voulu obtenir dans ses films. Cette atténuation est au cinéma ce que la litote est à la littérature. Mais dans l'utilisation de ce procédé il y a aussi une recherche de l'ordinaire et du sous-jacent. Plus qu'à la tragédie, extrême et spectaculaire, Tourneur s'intéresse à ce qui lui est sous-jacent et la sous-tend. C'est dans cette zone plus cachée, plus ingrate aussi à décrire, que sa volonté, son effort inlassable de *creusement* mettent en évidence les éléments fondamentaux de l'attitude des personnages vis-à-vis du monde : une immense fatigue (« Je suis plus fatigué que vous ne pensez, Mr. Fraser » dit Aldo Ray), liée à un étonnement permanent de se trouver dans les situations où ils sont. Partout, le familier est devenu surprenant et le surprenant familier. « Familiar looks very different », ce compliment assez obscur adressé par Aldo Ray à Anne Bancroft pourrait servir d'exergue à toute l'œuvre de Tourneur. Onirisme et perplexité, mais situés l'un et l'autre dans l'ordinaire, caractérisent *Nightfall*, qui, sur le thème « la vie est un songe », tisse des variations intimistes et enveloppantes auxquelles il est difficile de résister.

## NIGHT OF THE DEMON

**(USA : Curse of the Demon, France : Rendez-vous avec la peur)**

1957 (sorti en France en 1967) – Grande-Bretagne (83') • *Prod.* COL. - Sabre Films (Frank Bevis, Hal E. Chester) • *Réal.* JACQUES TOURNEUR • *Sc.* Charles Bennett, Hal E. Chester d'ap. la nouvelle « Casting the Runes » de Montague Rhodes James • *Phot.* Ted Scaife • *Mus.* Clifton Parker • *Déc.* Ken Adam • *Int.* Dana Andrews (Dr John Holden), Peggy Cummins (Joanna Harrington), Nial McGinnis (Dr Julian Karswell), Athene Seyler (Mrs. Karswell), Maurice Denham (Pr Harrington), Ewan Roberts (Lloyd Williamson), Liam Redmont (Pr Mark O' Brien), Peter Elliot (Kumar), Reginald Beckwith (Mr. Meek), Rosamund Greenwood (Mrs. Meek), Brian Wilde (Rand Hobart).

Grande-Bretagne. Le Pr Harrington se rend dans le manoir de Julian Karswell, chef d'une secte satanique, pour le supplier de mettre fin à la malédiction qu'il a lancée sur lui. De retour chez lui, Harrington est terrorisé en voyant apparaître dans le ciel un monstre gigantesque qui avance dans sa direction. Il monte précipitamment dans sa voiture qui heurte un pylône. On retrouvera son corps électrocuté. Collègue et collaborateur du Pr Harrington, le Dr John Holden arrive d'Amérique pour participer à une convention sur les phénomènes parapsychologiques et pour se livrer à une enquête sur la secte de Karswell. Il apprend à sa descente d'avion la mort mystérieuse de Harrington. Holden conserve un scepticisme absolu vis-à-vis de la magie noire et de toutes les pratiques de sorcellerie. A son avis, Karswell n'est qu'un charlatan de bas étage et c'est ce qu'il entend démontrer. Il fait sa connaissance à la bibliothèque du British Museum lorsque Karswell vient lui offrir de lui prêter un ouvrage sur la sorcellerie disparu des rayons. Il lui écrit son adresse sur une carte de visite ; mais l'encre disparaîtra du bristol sans qu'aucune recherche de laboratoire puisse en retrouver trace. A l'enterrement du Dr Harrington, Holden rencontre sa nièce Joanna. Elle révèle à l'Américain que les notes laissées par son oncle font mention d'un parchemin couvert de signes runiques, qui serait l'agent matériel de la malédiction prononcée contre lui par Karswell. Holden et Joanna se rendent dans son manoir. A l'occasion de Halloween, il anime, déguisé en clown, une fête pour les enfants. Pour réduire à néant le scepticisme de Holden quant à ses pouvoirs, il déclenche sur la région une tempête qui ressemble à un cyclone. Il prédit à Holden qu'il mourra dans trois jours, le 28 de ce mois à dix heures du soir, s'il n'abandonne pas immédiatement ses recherches sur la secte. Guidé par les indications de Joanna, Holden s'aperçoit qu'effectivement Karswell, lors de leur rencontre à la bibliothèque, a glissé dans ses papiers un parchemin couvert de signes runiques. Holden trouvera sur l'un des mégalithes du site de Stonehenge une formule semblable à celle inscrite sur son parchemin. Joanna lui a donné rendez-vous pour assister, en compagnie de la mère de Karswell, à une séance de spiritisme au cours de laquelle le médium Mr. Meek lui enjoindra, avec la voix du défunt Harrington, d'abandonner ses recherches sur Karswell. Jugeant qu'il s'agit d'une tentative dérisoire pour l'impressionner, Holden plante là ses hôtes. Joanna a décidé de s'introduire la nuit dans le manoir de Karswell pour vérifier la présence du livre sur la sorcellerie que celui-ci avait proposé de prêter à Holden. Ne voulant pas que la jeune femme courre aucun risque, c'est Holden qui s'en charge. Karswell, qu'on croyait absent, apparaît après que Holden a dû lutter contre un chat transformé – dans son imagination ? – en panthère. Il conseille à Holden d'éviter sur le chemin du retour de passer par les bois. Holden n'en fera rien et se retrouve poursuivi par une fumée, une sorte de nuage mouvant et menaçant, avançant derrière lui dans le ciel. Le seul membre de la secte de Karswell qui ait accepté de donner son témoignage, Rand Hobart, est tombé dans un état catatonique. Devant les membres de la convention, Holden l'hypnotise et tente de le faire parler. Hobart mentionne, lui aussi, l'existence d'un parchemin qu'il a dû, pour éviter la mort, transmettre à un autre membre de la secte. Holden lui montre son propre parchemin. Croyant que celui-ci veut le lui passer, Hobart devient comme fou et saute par la fenêtre. Le 28, quelques minutes avant 22 h, Holden rejoint Karswell dans un train en partance pour Southampton. Karswell a entraîné avec lui Joanna, en état d'hypnose. Elle affirme à Holden que Karswell a peur de lui et veut le fuir à tout prix. Holden parviendra à lui passer le parchemin en le dissimulant dans une poche de son manteau. Fou de terreur, Karswell court après le parchemin qui vole à travers le compartiment puis au-dessus des voies. Karswell meurt écrasé. Est-ce par un train ou par un monstre à forme de démon jailli du ciel ? Holden et Joanna tombent d'accord qu'il vaut mieux ne pas chercher à le savoir.

☞ Avec ce film, le meilleur sans conteste qu'il ait réalisé hors de Hollywood, Tourneur renoue avec la veine des productions Val Lewton, y ajoutant même un surcroît de sobriété, une inquiétude plus glacée, plus abstraite, plus épurée, plus impressionnante encore. Bardé de scepticisme, le héros, Holden, verra ses certitudes tomber une à une, au cours d'une trajectoire fantomatique qui le laisse à la fin pantelant et médusé, ne croyant pas plus à la science qu'à la magie noire, ne croyant plus à rien, sinon à ses doutes, qu'il ne veut plus du tout chercher à éclaircir. Ce civilisé, si sûr de lui, a refait en quelques jours, contre sa volonté, le chemin tourmenté qui le ramène à la peur des premiers âges de l'humanité. Car, comme le dit Tourneur lui-même (cf. ses propos *in* « Présence du cinéma », nº 22-23), la peur est le sujet essentiel du film. La peur immémoriale, universelle, omniprésente en chaque homme, quel que soit le degré de conscience (ou d'inconscience) auquel il croit être parvenu. Sur le plan du spectaculaire et de l'horreur directe, peu d'effets ponctuels, comme toujours chez Tourneur, mais de la meilleure eau (la main apparaissant sur la rampe lors de la visite nocturne de Holden au manoir de Karswell). Tout au long de l'intrigue, une suite de séquences très variées compose une manière de catalogue des phénomènes parapsychologiques et nourrit un climat d'angoisse et d'incertitude qui culmine dans la course prodigieusement insolite de Karswell derrière le parchemin (ce parchemin qui joue un peu le même rôle, dans l'économie de l'histoire, que la main coupée dans *La main du diable* *, tiré de Gérard de Nerval par Tourneur père). Élément fondamental de la magie du film, la photo possède la même intensité aiguë, scintillante et coupante dans les intérieurs que dans les extérieurs. Quant à la direction d'acteurs, Tourneur, collaborant ici une deuxième fois avec son interprète de *Canyon Passage* *, qu'il devait reprendre dans son film suivant, *The Fearmakers* *, la veut, comme à son habitude, intime, intense et effacée. Il faut que les personnages, intérieurement usés, *creusés* par les découvertes qu'ils font, donnent l'impression de perdre en même temps l'essentiel de leurs croyances et l'essentiel de leur énergie.

N.B. Les plans de monstres ont été rajoutés après coup contre la volonté de Tourneur. A la fin de sa vie, Tourneur devenait très désabusé quant à ces ajouts : « Après tout, si ça amuse le public... »

## NOBLESSE OBLIGE
**(Kind Hearts and Coronets)**

1949 – Grande-Bretagne (106') • *Prod.* Ealing (Michael Balcon) • *Réal.* ROBERT HAMER • *Sc.* Robert Hamer et John Dighton d'ap. R. de Roy Horniman (1910) • *Phot.* Douglas Slocombe • *Mus.* Mozart • *Int.* Dennis Price (Louis Mazzini), Valerie Hobson (Edith d'Ascoyne), Joan Greenwood (Sibella), Alec Guinness (huit membres de la famille d'Ascoyne : le banquier, Henry, le révérend, Lady Agatha, l'amiral, le général, le duc, l'associé de Louis), Audrey Fildes (Mamma), Miles Malleson (le bourreau), Hugh Griffith (Lord High Steward).

En 1868 en Angleterre, à la veille d'être exécuté pour meurtre, Louis Mazzini, duc d'Ascoyne, écrit ses mémoires. Il était le fils de la descendante des d'Ascoyne et d'un chanteur italien, mort peu après sa naissance. Sa mère, fâchée avec les siens à cause de son mariage, avait vécu misérablement. Quand elle fut morte, les d'Ascoyne refusèrent même de l'enterrer dans le caveau familial. Pour se venger d'eux et acquérir le titre de duc, Mazzini décide d'éliminer les huit membres encore vivants de la tribu des d'Ascoyne. La série noire commence. Le fils du banquier de la famille meurt noyé en barque. Henry, fanatique de photo, disparaît dans l'explosion de son laboratoire. Un très vieux révérend boit de l'alcool empoisonné. Une fléchette perce le ballon transportant Lady Agatha, une redoutable suffragette. L'amiral coule son navire par maladresse et se laisse engloutir avec lui par fidélité à l'honneur de la marine. Là, Mazzini n'y est pour rien. Le général est envoyé *ad patres* grâce à une bombe dissimulée dans un pot de caviar. Quant au duc, le plus implacable ennemi de sa mère, Mazzini l'abat à bout portant après l'avoir immobilisé dans un piège destiné à un braconnier. Le dernier survivant des d'Ascoyne, patron puis associé de Mazzini, meurt en apprenant le décès du duc. Mazzini hérite du titre de duc, de la banque de son associé et épouse la très jolie veuve de sa première victime. Tout irait pour lui le mieux du monde si Scotland Yard ne l'arrêtait pour le meurtre... du mari de son amie d'enfance, Sibella, devenue sa maîtresse et jalouse de son mariage. Jugé par ses pairs, à la Chambre des Lords, Mazzini est condamné à mort. La veille de son exécution, Sibella qui a tout manigancé vient lui proposer un marché : elle l'innocentera en produisant la note qu'avait laissée son mari, ruiné, avant de se suicider. En échange, Mazzini devra faire disparaître sa femme et l'épouser, elle. Les mémoires du prisonnier s'achèvent ainsi. Au matin le bourreau se présente ; mais l'exécution est annulée. Sibella a tenu sa promese. Mazzini est libéré. Il s'aperçoit alors qu'il a oublié son manuscrit à l'intérieur de la prison...

☞ Le plus beau fleuron des studios Ealing, responsables des meilleures comédies anglaises d'humour noir. Troisième film d'Alec Guinness, c'est celui qui assura à l'acteur sa réputation internationale. Engagé pour jouer quatre rôles, Guiness en interpréta finalement huit. Cette performance multiple lui permit de composer une saisissante galerie de portraits grotesques, monstrueux ou séniles et contribua pour beaucoup au triomphe du film. Les autres rôles sont très bien servis par le talent félin de Joan Greenwood et l'élégance hautaine de Dennis Price. Solidement construit, brillamment dialogué, le film possède dans sa mise en scène une sécheresse et une ironie de ton qui s'inspirent des conteurs du XVIIIe (en fait les auteurs utilisèrent, sans le mentionner au générique, un roman du début du siècle de Roy Horniman, « Israel Rank », écrit dans une veine wildienne). La bouffonnerie, le sadisme, l'immoralité, une extrême noirceur s'y expriment au travers d'une narration toujours raffinée et polie. Son calme extérieur, son classicisme très consciemment cynique engendrent l'humour particulier du film. Dans ses limites étroites, cet humour, qui ne flattait pas la mode mais fut un jour à la mode, n'a pas vieilli.

BIBLIO. : scénario et dialogues *in* « L'Avant-Scène » n°18 et dans le volume « Masterworks of the British Cinema », New York, Harpin and Row, 1974.

## NONE SHALL ESCAPE

Inédit en France. 1944 – USA (85') • *Prod.* COL. (Samuel Bischoff) • *Réal.* ANDRÉ DE TOTH • *Sc.* Lester Cole d'ap. une histoire de Alfred Neumann et Joseph Than • *Phot.* Lee Garmes • *Mus.* Ernst Toch • *Int.* Alexander Knox (Wilhelm Grimm), Marsha Hunt (Marja Pacierkowki), Henry Travers (le Père Warecki), Erik Rolf (Karl Grimm), Richard Crane (Willie Grimm), Dorothy Morris (Janina), Richard Hale (le rabbin Levin), Ray Teal (Oremaki).

Un carton indique que le film (dont le copyright est de 1943) se situe dans le futur et évoque l'un de ces procès de bourreaux nazis qui auront inévitablement lieu après la défaite de l'Allemagne et auxquels « none shall escape » (nul n'échappera). Dans un tribunal installé à Varsovie, Wilhelm Grimm, dignitaire du Reich en poste en Pologne, doit répondre de ses actes. Trois témoins à charge, un prêtre catholique, son frère Karl Grimm et une institutrice, Marja, viennent parler contre lui. Le prêtre évoque le printemps 1919. Wilhelm Grimm, instituteur allemand, rentre dans le village de Pologne où il enseignait avant la guerre. Vaincu, boitant d'une jambe, il est plein de pensées amères et revanchardes. Sa fiancée, l'institutrice Marja, ne le reconnaît plus et rompt leur engagement. Plus tard, il sera accusé du viol d'une adolescente qui se suicidera par noyade. Arrêté, il reçoit une pierre lancée par le petit ami de la jeune fille qui lui fait perdre un œil. Aucune preuve n'est relevée contre lui. Il quitte le village avec un peu d'argent donné par le prêtre et le rabbin. Le prêtre lui fait comprendre qu'il est maintenant au carrefour de deux routes. Karl Grimm, le frère de l'accusé, évoque l'année 1923 et les déchirements de l'Allemagne. Karl vit à Munich avec sa femme et ses deux enfants. Il accueille chez lui Wilhelm qui refait surface après plusieurs années d'absence. Plus tard, ayant fait six mois de prison pour participation à une manifestation violente avec des partisans d'Hitler, il devient un membre influent du parti nazi (1929). Karl décide d'emmener sa famille à Vienne. Wilhelm le fait interner dans un camp de concentration. L'institutrice, appelée à la barre, décrit maintenant la Pologne envahie de 1938. Son mari est mort. Elle a une fille, Janina. Le bourgmestre et le prêtre sont convoqués chez Wilhelm qui commande la région. Le village doit livrer chaque mois une importante quantité de vivres à l'Allemagne. Parmi ses fidèles, Wilhelm a maintenant avec lui son neveu Willie qu'il considère comme son fils. Willie a renié son père. Il tombe amoureux de Janina. La population juive est embarquée dans des camions. Le rabbin pousse ses coreligionnaires à la révolte. Ils sont décimés à la mitrailleuse. Grimm tue lui-même le rabbin. Janina, envoyée au club des officiers pour leur distraction, a été tuée. Willie assiste dans l'église à son service funèbre et se dégrade lui-même sous les yeux de son oncle atterré qui l'abat. Au tribunal Grimm plaide non coupable et s'écrie : « Nous nous relèverons toujours. » Le président du tribunal demande au public de juger.

☞ Extraordinaire film méconnu de André De Toth. C'est son deuxième titre américain et le plus ancien que nous connaissions de lui. C'est déjà une œuvre de grand metteur en scène, à placer parmi les pièces maîtresses de la dénonciation du nazisme par Hollywood. Sans la moindre concession au romanesque, le scénario, dû à Lester Cole, l'un des « Dix d'Hollywood » figurant sur la Liste Noire, fait preuve d'une étonnante rigueur historique en remontant au traité de Versailles et aux sources les plus lointaines et les plus profondes du nazisme. A travers l'étude d'un seul personnage, les étapes et les ravages de cette idéologie sont exposés avec force et sans artifice. La mise en scène possède la même maturité que le scénario. Mouvements d'appareil très élaborés, sens plastique (la scène dans les herbes où l'adolescente se confie à l'institutrice), interprétation sensationnelle d'Alexander Knox. Le film évoque non seulement Nuremberg mais en fait à l'avance la critique, recommandant d'éviter une excessive clémence pour des crimes dont les auteurs avaient toujours eu leur libre arbitre et d'autres alternatives.

## NORMA RAE (id.)

1979 – USA (113') • *Prod.* Fox (Tamara Asseyev, Alex Rose) • *Réal.* MARTIN RITT • *Sc.* Irving Ravetch, Harriet Frank, Jr. • *Phot.* John A. Alonzo (DeLuxe Color, Panavision) • *Mus.* David Shire • *Int.* Sally Field (Norma Rae), Beau Bridges (Sonny), Ron Leibman (Reuben), Pat Hingle (Vernon), Barbara Baxley (Leona), Gail Strickland (Bonnie Mae), Morgan Paul (Wayne Billings), Robert Broyles (Sam Bolen), John Calvin (Ellis Harper).

En 1978, Norma Rae, jeune ouvrière d'une filature du Sud, veuve et mère de deux enfants qu'elle a eus de pères différents, puis remariée, aide un délégué syndical venu de New York à créer une section syndicale dans son usine. Le tissage est la dernière branche de l'industrie américaine où le syndicalisme ait pénétré. Norma Rae connaîtra la prison et sera renvoyée. Mais elle aura la satisfaction de voir que les huit cents employés de son usine voteront (à quelques dizaines de voix de majorité) la création d'une section syndicale dans l'entreprise.

☞ C'est dans la deuxième partie de sa carrière, à partir des années 70, que Martin Ritt a découvert son ton le plus personnel et a signé une série de films originale et cohérente, essentielle à la connaissance d'une époque où le cinéma américain a beaucoup perdu. La plupart de ces films (*Conrack, Sounder, The Front*, etc.) illustre l'éternel combat que l'homme doit mener pour obtenir la reconnaissance de ses droits et de sa dignité. Martin Ritt mêle à ses récits un souvenir toujours vif, mais discret, des conflits qu'il a personnellement vécus et dont il a été victime à l'époque de la Liste Noire. Néanmoins la lassitude, la fatigue, l'amertume de ses personnages qui sont aussi les siennes n'empêchent jamais ses films de dégager globalement un sentiment tonique d'optimisme. Un sentiment de victoire en somme, qui fait de lui un véritable hollywoodien, dans un moment où cette notion tend à se vider de son sens. Formellement, son style exprime de manière concrète sa « largeur » de vues. Le Cinémascope lui est consubstantiel et il est l'un des réalisateurs contemporains qui l'utilisent le mieux, tout comme la couleur, qui n'est jamais chez lui un élément technique conventionnel et obligé, mais sert l'émotion et la vitalité du film. Il a le sens de l'Histoire en ce sens que tout pour lui est Histoire, et par exemple dans *Norma Rae* cette chronique étrange de 1978 où la naissance du syndicalisme semble avoir un siècle de retard. Très peu de différence existe entre les mentalités de 1876 qu'il a décrites dans *The Molly Maguires* (1970) et celles des ouvriers du textile, ici de nos jours. A propos de *Norma Rae*, on peut attribuer à Martin Ritt ce mérite qu'Olivier Mathieu, dans sa préface aux « Modérés », reconnaît à Abel Bonnard qui, dit-il, « se montre capable de traiter le temps présent, le temps en formation, comme s'il avait déjà été défini par l'Histoire ». En ce qui concerne les acteurs, Martin Ritt aime qu'ils aient un jeu énergique et spectaculaire, et il l'obtient plus facilement d'acteurs peu connus ou inconnus que de superstars. Sally Field est pour lui une interprète rêvée, qui allie le réalisme, la non-sophistication à une énergie et à un rayonnement personnel que le film développe et accroît au cours de l'intrigue. Honnête homme par excellence, il y a aussi du pédagogue en Martin Ritt. Ses personnages, en général pleins de bonne volonté, apprennent durement la vie dans les histoires qu'il raconte : à travers elles, il exprime le souhait que ces leçons et cette bonne volonté soient contagieuses.

## NOSFERATU LE VAMPIRE (Nosferatu, Eine Symphonie des Grauens)

1922 – Allemagne (1 967 m) • *Prod.* Prana-Film, Berlin • *Réal.* FRIEDRICH WILHELM MURNAU • *Sc.* Henrik Galeen • *Phot.* Fritz Arno Wagner • *Cost, déc.* Albin Grau • *Int.* Max Schreck (Nosferatu), Gustav von Wangenheim (Thomas Hutter), Greta Schroeder (Ellen), Alexander Granach (Knock), George H. Schnell (Harding), Ruth Landshoff (Annie), John Gottowt (Pr Bulwer), Max Nemetz (le capitaine), Wolfgang Heinz (son second), Guido Herzfeld (l'aubergiste).

1838, dans le port suédois de Wisborg (Brême dans les copies françaises). Hutter (= Jonathan Harker dans les copies françaises) est marié à la jeune Ellen (= Nina). Son patron, l'agent immobilier Knock (= Renfield) l'envoie dans les Carpates visiter le comte Orlock (= Dracula) qui veut acquérir une maison à Wisborg. Avant de partir, Hutter confie Ellen à l'armateur Harding et à sa sœur Annie (= Westenra et sa femme Lucy). De relais en relais, Hutter arrive à destination. Dans la taverne où il dîne, tous les clients réagissent violemment quand il déclare qu'il doit se rendre au plus vite au château du comte Orlock. Ils lui conseillent de ne pas aller là-bas à cette heure tardive, d'autant que c'est la veille de la Saint-Georges et que cette nuit les mauvais esprits seront tout-puissants. Hutter prend donc une chambre pour la nuit. Il y trouve le « Livre des vampires » qu'il se met à feuilleter et où il est dit qu'en 1443 naquit le premier Nosferatu (à partir de ce plan, le comte sera mentionné dans toutes les copies, allemandes et françaises, sous le nom de Nosferatu). Hutter ne prend guère le livre au sérieux. Le lendemain, il se rend en voiture à cheval chez le comte. Comme la nuit va tomber, le cocher ne veut pas aller plus loin. « Ici commence le pays des fantômes », dit-il (carton français). Hutter continue seul à pied et franchit un petit pont. « Et quand il eut dépassé le pont, les fantômes vinrent à sa rencontre » (carton français). Une voiture arrive en accéléré. Le cocher (qui n'est autre que Nosferatu déguisé) invite Hutter à monter. Il le conduit jusqu'à la tour principale du château et repart, également en accéléré. Longue silhouette arachnéenne coiffée d'un bonnet et vêtue d'une tunique, Nosferatu vient à la rencontre de Hutter : « Vous venez tard, jeune homme. Il est presque minuit. » Hutter prend son repas tandis que son hôte lit les documents qu'il lui a apportés. A minuit, Hutter se coupe le doigt : « Du sang ! Votre précieux sang ! » s'exclame Nosferatu avant de lui sucer le doigt. Plus tard, Hutter se réveille dans un fauteuil. Il découvre deux morsures à son cou qu'il mentionne dans la lettre qu'il écrit à sa femme. Il rencontre un cavalier dans la campagne et lui confie la lettre. Regardant le médaillon de Hutter qui contient un portrait d'Ellen, Nosferatu admire le cou splendide de la jeune femme. Dans sa chambre, Hutter continue de lire le « Livre des vampires » et y trouve, effrayé, la solution de l'énigme de ses deux morsures. « On reconnaît la marque du vampire à la trace des dents sur le cou des victimes. » A minuit, Nosferatu fait son apparition dans sa chambre. Au même moment, à Wisborg, Ellen a une crise de somnambulisme. Plus tard, Hutter se réveille en sursaut. Il descend dans la crypte et voit Nosferatu dormant dans son cercueil. Plus tard encore, enfermé dans sa chambre, il voit par la fenêtre Nosferatu entasser des cercueils sur une charrette et se coucher dans l'un d'entre eux. Hutter s'échappe de sa chambre à l'aide d'un drap transformé en corde à nœuds, puis s'évanouit. Les cercueils, chargés sur un radeau, descendent le fleuve. Hutter reprend conscience chez des paysans qui l'ont recueilli et parle des cercueils. Ceux-ci sont chargés sur un bateau ; l'un d'entre eux grouille de rats. A Wisborg, le Pr Bulwer (= Dr Van Helsing) fait à quelques élèves un cours sur une plante carnivore : « Cette plante, dit-il, est le vampire du règne végétal. » Knock, devenu fou, a été enfermé dans un hôpital où il passe son temps à faire le geste de gober les mouches. Nosferatu, à distance, le tient sous son pouvoir. Le Pr Bulwer montre à ses élèves un polype à tentacules. Translucide, c'est à peu de chose près un fantôme. Ellen, assise dans les dunes, scrute l'horizon et la mer en attendant le retour de son mari. Celui-ci fait route vers Wisborg, comme le voilier à bord duquel se trouvent les cercueils. Knock lit dans un journal qu'une mystérieuse épidémie de peste se répand en Europe de l'Est. Cela le réjouit fort. Les membres de l'équipage du voilier meurent un à un. Seuls survivants, le capitaine et son second immergent le dernier corps. Dans la cale, Nosferatu se dresse dans son cercueil devant le second qui, épouvanté, court se jeter à l'eau. Le capitaine s'attache au gouvernail. Nosferatu apparaît. Dans son délire, Ellen veut aller à la rencontre de son mari. Par la fenêtre de sa cellule, Knock voit avec exaltation l'arrivée du bateau dans le port. Nosferatu, portant lui-même son cercueil, se rend à pied dans la maison qu'il a acquise en face de celle de Hutter qui rentre, lui aussi, chez sa femme et tombe dans ses bras. A bord du bateau les autorités ne trouvent que le cadavre du capitaine. Elles prennent connaissance du journal de bord où il est parlé de peste. Un tambour de ville proclame l'interdiction de porter des malades à l'hôpital. Ellen a lu le « Livre des vampires » et comprend tout. « Seule une femme peut rompre le terrible charme, dit le Livre, une femme au cœur pur, qui de son plein consentement offre à Nosferatu son sang et retient le vampire à ses côtés jusqu'au chant du coq. » Annie est malade de la peste. Procession de cercueils dans une rue étroite. Knock, qui s'est échappé de l'hôpital après avoir étranglé son gardien, est poursuivi dans la campagne. Ellen voit, dans la maison en face de la sienne, Nosferatu à sa fenêtre. Elle demande à son mari d'aller chercher le Pr Bulwer. Nosferatu monte dans sa chambre. En l'absence de Hutter, Ellen se sacrifie et se laisse vampiriser. Le chant du coq retentit. Devant la fenêtre, Nosferatu défaille et sa silhouette disparaît par surimpression. Knock, ramené dans sa cellule et ligoté, sait que le Maître, qu'il avait en vain averti, est mort. Le professeur et Hutter arrivent dans la chambre d'Ellen. Elle meurt dans les bras de son mari. Dernier carton français : « Et à cet instant comme par miracle les malades cessèrent de mourir et l'ombre oppressante du vampire s'évanouit dans le soleil du matin. »

☞ Adaptation du « Dracula » de Bram Stoker, non crédité au générique pour des raisons de droits, *Nosferatu* est l'un des cinq ou six films essentiels de l'histoire du cinéma, et sans doute le film muet capital. Tant que le cinéma existera et qu'on projettera des films, il est vraisemblable qu'on rêvera sur *Nosferatu*, qu'on l'admirera, qu'on l'étudiera, qu'on l'interprétera. Aimé par tous les publics, aussi bien populaire qu'intellectuel (en France, les surréalistes proclamèrent leur admiration pour le film et cela, vu leur sens inouï de la publicité, le servit beaucoup), *Nosferatu* est à l'origine d'un courant fondamental du cinéma, celui de la morbidité, qui engendrera une longue série de chefs-d'œuvre, où l'on peut faire rentrer certaines grandes adaptations hollywoodiennes d'œuvres littéraires fantastiques, les films de Val Lewton – Tourneur – Robson, les films d'Edgar Ulmer, assistant et disciple de Murnau, certains *films noirs*, etc. Film aux multiples aspects, *Nosferatu* est avant tout un poème métaphysique dans lequel les forces de mort ont vocation – une vocation inexorable – d'attirer à elles, d'aspirer, d'absorber les forces de vie, sans qu'intervienne dans la description de cette lutte aucun manichéisme moralisant. La mort se nourrit de la mort et le sacrifice d'Ellen est nécessaire pour que le non-mort (sens étymologique du nom Nosferatu) puisse mourir à son tour, car il faut qu'il meure pour que l'équilibre de l'univers soit préservé. Le personnage de Nosferatu est le pivot d'un univers dominé et architecturé par la mort et, tout en inspirant l'horreur, il suscite aussi la pitié, la compassion et une sorte de stupéfaction fascinée et tragique. Certains exégètes voient en lui le double de Hutter. Selon eux, la rencontre de Hutter et de Nosferatu est le *climax* d'un voyage initiatique que le jeune homme effectue au plus profond de lui-même. Comment dans ces conditions condamner Nosferatu ? Sur le plan formel, la part la plus originale du film est ce par quoi il s'éloigne de l'expressionnisme, et le dépasse. D'abord, il y a l'importance donnée à la Nature, qui sera bannie du credo expressionniste. L'intrigue de *Nosferatu* baigne au contraire dans une variété saisissante d'extérieurs réels qui en accroît la portée et le romantisme magique. Ces extérieurs sont souvent filmés avec une utilisation extraordinaire de la profondeur de champ. Ensuite, Murnau se livre ici totalement à son goût de la polyphonie et du contrepoint, tant sur le plan dramatique que cosmique. Ainsi, par exemple, les séquences du voyage du retour de Hutter évoluent sur quatre plans parallèles. Attente d'Ellen. Folie de Knock. Progression de Hutter vers la ville. Progression du bateau envahi par la peste. Cela permet aussi que les apparitions du vampire soient rares, attendues, ciselées, inoubliables. Tout au long du récit, le film abonde en métaphores, en digressions (qui n'ont rien d'accessoire) mettant en cause les différents règnes : végétal, animal, humain et, pourrait-on dire, sur-humain. Les cours du Pr Bulwer sur la plante carnivore et sur le polype translucide, l'araignée que contemple Knock, la hyène et les chevaux affolés à la veille de la Saint-Georges scandent, ponctuent, émaillent la trajectoire sanglante du vampire. Cette présence de la Nature et cette polyphonie témoignent, dès *Nosferatu*, d'une conception du cinéma comme art total qui ne cessera de progresser et de s'amplifier à travers toute l'œuvre de Murnau. En ce qui concerne l'interprétation, si elle n'a pas encore atteint la maturité géniale du *Dernier des hommes* * ou de *L'aurore* *, elle procède déjà de cette alchimie miraculeuse qui fait qu'on oublie totalement qu'il y a un acteur (Max Schreck) sous le maquillage et les traits de Nosferatu. Quant à l'héroïne, Greta Schroeder, elle vient tout droit des rêves et de l'imagination picturale du metteur en scène.

N.B. Nosferatu est l'ancêtre de tous les Dracula et de tous les vampires de l'écran présents dans de très nombreux films (un spécialiste du fantastique, Jean-Pierre Bouyxou, aurait selon « L'Avant-Scène » répertorié en 1978 six mille films comportant un vampire). Sur le thème de Dracula à l'écran, on lira « The Dracula Book » de Donald F. Glut, The Scarecrow Press, Metuchen, N.J., 1975. En 1978 fut tournée une copie conforme du film de Murnau, anémiée et comme vampirisée : *Nosferatu, vampire de la nuit* avec Klaus Kinski et Isabelle Adjani. Elle est due à Werner Herzog, en l'occurrence très en dessous de lui-même. Le film contient néanmoins quelques belles images et il est préférable de voir des photos du film plutôt que le film lui-même.

BIBLIO. : on dispose de deux découpages du film publiés en français, le premier dans « L'Avant-Scène » n° 228 (1979), le second dans l'ouvrage, riche et passionnant, de M. Bouvier et J.-L. Leutrat, Cahiers du cinéma – Gallimard, 1981. Ces deux découpages décrivent un nombre de plans sensiblement égal : respectivement 608 et 605 (en comptant les intertitres). Dans le volume de Bouvier et Leutrat, le nombre d'images contenues dans chaque plan est indiqué et chaque plan, représenté par un photogramme, est commenté dans des notes qui comparent plusieurs copies allemande, française et espagnole. Ces deux travaux, de même que le scénario en anglais du volume « Masterworks of the German Cinema », Lorrimer, Londres, 1973, ont été publiés avant l'établissement de la copie qu'on peut considérer comme définitive de *Nosferatu* par Enno Patalas et la Cinémathèque de Munich. (Elle a notamment été projetée à Paris au Théâtre de Chaillot en novembre 1986.) C'est surtout par les intertitres et par la qualité de la photo et des teintages que cette copie est supérieure aux autres. Pour ce qui est des additions proprement dites, elle n'apporte rien de capital. On y trouve les plans de la partie de croquet jouée par Harding et Annie dans la séquence où Ellen assise scrute l'horizon et les plans d'Annie lisant à Ellen la lettre de Hutter. Absents de la plupart des copies, ces plans figuraient déjà dans une copie espagnole étudiée par Bouvier et Leutrat. Dans un article des « Cahiers du cinéma » n° 79 (1958) et dans l'édition française de son « Murnau », Le Terrain Vague, 1964, Lotte Eisner a posé l'énigme que constitue une copie allemande souvent projetée autrefois à la Cinémathèque Française. Cette copie présente par rapport aux autres connues trois anomalies principales (et beaucoup d'autres secondaires). Le film se termine par un happy end, fabriqué à l'aide de plans du début : Ellen survit à la disparition du vampire. D'autre part, durant son voyage vers le château du comte, Hutter assiste à un festin de paysans et de paysannes dont certains regardent en riant le numéro d'un prestidigitateur faisant pondre une poule. Enfin, dans la partie décrivant la ville en proie à la peste, le film contient une longue scène de messe des morts. Aucun personnage important du film ne figure dans ces deux additions qui sont inconnues à l'opérateur Fritz Arno Wagner. Dans l'édition anglaise – et augmentée – de son livre, chez Secker et Warburg, Londres, 1973, Lotte Eisner propose une explication partielle, due à Gerhard Lamprecht, de cette énigme. Cette copie serait celle d'une adaptation du film, intitulée *Die Zwoelfte Stunde* (= *La douzième heure*) et réalisée en 1930 par la Deutsch Film Produktion qui avait racheté le négatif du *Nosferatu* original que la Prana-Film, poursuivie par les ayants droit de Bram Stoker, ne tenait pas à conserver. Aucun nom de metteur en scène ne figure au générique et seul un certain Dr Waldemar Roger, inconnu par ailleurs, signe « l'adaptation artistique ». C'est lui qui aurait donc procédé au montage de cette version. Peut-être a-t-il trouvé la scène des paysans dans un matériel de chutes appartenant ou non au *Nosferatu* de Murnau ? Peut-être a-t-il tourné lui-même la scène de la messe des morts pour allonger le métrage (assez court) du film ? Jusqu'à présent le mystère reste entier quant à l'identité exacte du réalisateur de ces séquences et personne n'a pu démontrer qu'elles n'étaient pas de Murnau. Personnellement, tout en reconnaissant leur caractère relativement hétérogène, nous les avions trouvées assez belles, l'une, celle de la messe, par son caractère incantatoire très prononcé, l'autre, celle des paysans, par son aspect volontairement grotesque et en rupture de ton avec le reste du film, comme le sont certains moments de *L'aurore* *.

## NOTRE PAIN QUOTIDIEN
### (Our Daily Bread)

1934 – USA (74') • *Prod.* UA – Viking Prods (King Vidor) • *Réal.* KING VIDOR • *Sc.* Elizabeth Hill, Joseph L. Mankiewicz d'ap. une histoire de King Vidor • *Phot.* Robert Planck • *Mus.* Alfred Newman • *Int.* Karen Morley (Mary Sims), Tom Keene (= Richard Powers) (John Sims), John Qualen (Chris), Barbara Pepper (Sally), Addison Richards (Louie), Harry Holman (oncle Anthony).

New York, début des années 30. John et Mary Sims sont pauvres et sans travail. Un oncle de Mary leur propose d'aller habiter à trois cents kilomètres dans une ferme abandonnée sur laquelle il possède une hypothèque qui, pour le moment, n'intéresse personne. Le couple s'installe dans la maison, mange auprès d'un feu de cheminée, dort à même le sol. John, qui ne connaît absolument rien à l'agriculture, rencontre un paysan d'origine suédoise, chassé de sa ferme au Minnesota, et l'invite à venir travailler et vivre sur ses terres. Plus tard, John dépose des panneaux le long de son champ, invitant les passants à venir mettre en commun, sans avoir de loyer à payer, leurs connaissances professionnelles ou techniques. La misère est si grande aux État-Unis à cette époque qu'une foule de gens aux métiers divers, maçon, charpentier, plombier, violoniste, croque-mort, etc., répondent à l'appel de John et se constituent en coopérative, fondée sur des échanges de services et sur le travail quotidien aux champs. John, élu chef, répartit les différentes tâches : comptabilité, approvisionnement, etc. Bientôt chaque famille a construit sa petite maison. Le maïs commence à pousser. Une femme a accouché. C'est alors que circule un avis de vente pour la ferme. Lors de cette vente qui aura lieu aux enchères, les membres de la coopérative empêcheront les étrangers de faire des offres et proposent, quant à eux, la somme de 1,85 dollar pour l'acquisition de la ferme. Selon la loi, on est obligé d'accepter leur offre et la ferme est à eux : ils la donneront à John. Une jeune femme blonde, Sally, est tombée en panne sur la route. Son père est mort dans sa voiture. Elle s'installe au sein de la communauté et entreprend de séduire John. Pour l'heure, l'entrepôt est tristement démuni de vivres. De graves difficultés apparaissent à l'horizon. Louie, le comptable et le costaud de la ferme, emmène Sally à la ville afin qu'elle le dénonce au shérif et touche la prime de cinq cents dollars offerte pour son arrestation. Sally rapporte le chèque à la communauté, ainsi sauvée de la catastrophe. Le maïs a poussé et s'élève maintenant à plus de deux mètres. Mais une sécheresse terrible menace de détruire la récolte. Découragé, John file avec Sally. Soudain, sur la route, il songe à un projet d'irrigation et fait demi-tour. En pleine nuit, il adresse un discours à ses compagnons et leur assure qu'en cinq jours, s'ils travaillent jour et nuit, il sera possible de construire un petit canal jusqu'à un barrage voisin, récemment remis en marche. Un formidable élan collectif soulève la communauté. On découpe les buissons, on déplace d'énormes pierres, on arrache des arbres : le canal est enfin construit et l'eau bienfaitrice descend de la montagne jusqu'aux champs asséchés.

☞ Le film est en quelque sorte la suite de *La foule**. Les deux héros (qui portent le même nom que dans *La foule**) vivent ces années de misère et de famine qu'a connues l'Amérique après 1929. Ce sujet ne plaisant pas aux grandes compagnies, Vidor le finance lui-même et obtient, avec l'aide de Chaplin, un contrat de distribution des Artistes Associés. *Notre pain quotidien* est ainsi l'un des premiers films américains indépendants. Tout en traitant une actualité immédiate concernant l'Amérique entière, Vidor réalise aussi un parfait film d'auteur. En 74 minutes, le film, tourné à l'économie, offre un condensé brillant et abouti de l'univers vidorien. Une part d'épopée (avec la superbe séquence de la construction du canal, l'une des plus belles qu'ait réalisées Vidor) et une part d'utopie. Utopie chaleureuse, apolitique, assez précise cependant dans ses tenants et ses aboutissants. Ajoutons-y des chants, des prières, un personnage à résonance biblique comme les aime Vidor, sans oublier la blonde tentatrice Sally, image toujours redoutée des dangers de la ville opposée à une campagne édénique. Le film présente enfin ce mélange de force tellurique et de fluidité narrative qu'on retrouvera tout au long de l'œuvre du réalisateur.

BIBLIO. : scénario et dialogues *in* « l'Avant-Scène » nº 187 (1977).

## NOT WANTED
### (Avant de t'aimer)

1949 – USA (92') • *Prod.* Emerald (Ida Lupino, Anson Bond) • *Réal.* ELMER CLIFTON, IDA LUPINO (non créditée) • *Sc.* Paul Jarrico, I. Lupino d'ap. une histoire de P. Jarrico et Malvin Wald • *Phot.* Henry Freulich • *Mus.* Leith Stevens • *Int.* Sally Forrest (Sally Kelton), Keefe Brasselle (Drew Baxter), Leo Penn (Steve Ryan), Dorothy Adams (Mrs. Kelton), Wheaton Chambers (Mrs. Kelton), Rita Lupino (Joan).

Marchant hagarde dans les rues d'une grande ville, Sally Kelton, dix-neuf ans, aperçoit un bébé dans un landau. Elle le prend dans ses bras et l'emporte. La mère survient et se met à hurler. Un policier accourt. « Il est à moi », dit Sally. Elle est arrêtée et conduite en cellule, où elle se demande comment elle en est arrivée là. Amoureuse d'un pianiste de bar, elle avait quitté ses parents pour le rejoindre à Capital City. Là, elle avait découvert que c'était un être très instable, pour qui elle ne comptait pas. Il était parti pour l'Amérique du Sud sans vouloir l'emmener. Sally trouva du travail dans une station-service appartenant à Drew Baxter, un brave garçon, invalide d'une jambe, qu'elle avait rencontré dans le car. Il était tombé amoureux d'elle et lui avait à plusieurs reprises demandé en vain un rendez-vous. Devant sa gentillesse, elle avait fini par accepter. Il l'avait emmené une première fois dans un établissement où fonctionnait un réseau de trains miniatures et une autre fois dans une foire. Il l'avait ce jour-là demandée en mariage. Elle voulait réfléchir. Elle eut un malaise et le docteur lui apprit qu'elle était enceinte. Elle quitta précipitamment la ville pour aller travailler ailleurs comme caissière. Un jour, elle s'écroula en pleine rue et dut se réfugier dans une institution pour mères célibataires. Drew avait obtenu son adresse par sa logeuse mais n'avait pas été autorisé à lui parler. Elle accoucha d'un bébé qu'elle préféra confier à des parents adoptifs. Elle ne voulait pas qu'il grandisse sans père. Dans les semaines qui suivirent, elle travailla dans une teinturerie. Une insupportable mélancolie s'emparait d'elle quand elle voyait des enfants dans la rue ou quand elle entendait la famille des voisins à travers la cloison. N'en pouvant plus, elle alla réclamer son enfant à l'institution. Mais il était trop tard pour le reprendre. C'est à ce moment qu'elle saisit le bébé dans le landau. La mère ne porte pas plainte. « Je voulais pas le kidnapper, lui dit Sally, mais seulement le tenir. » Elle sort libre. Drew l'attend devant la porte. Elle s'enfuit dès qu'elle le voit. Il essaie de la rattraper mais sa jambe est un trop lourd handicap. Il la poursuit jusqu'à un pont de chemin de fer d'où elle veut se suicider. Il s'écroule. Elle se retourne et va vers lui. Elle l'aide à se relever. Ils s'étreignent.

☞ Premier film de l'actrice Ida Lupino comme réalisatrice. Elle affirme avoir été amenée à la mise en scène tout à fait par hasard. Ayant fondé une compagnie de production avec son mari Collier Young, elle écrivit un scénario pour un film à tout petit budget dont elle confia la réalisation au vétéran Elmer Clifton. Il eut une crise cardiaque au bout de quelques jours de tournage et devait mourir dans l'année. Ida Lupino prit la direction du film. Élaboré dans des conditions aussi hasardeuses, *Not Wanted* est néanmoins un chef-d'œuvre et il suffit de le comparer aux autres films d'Ida Lupino pour voir qu'il lui appartient totalement. L'histoire est si simple que c'est presque comme s'il n'y en avait pas. Ce qui intéresse la réalisatrice, c'est la description des relations, des sentiments, de la vulnérabilité des personnages, placés dans une situation qui leur paraît sans issue. La fraîcheur de sa vision, la luminosité de la photo, la façon si naturelle dont la trajectoire sentimentale et morale de l'héroïne s'inscrit dans un décor urbain très expressif évoquent les premiers films de Losey, mais avec peut-être une franchise d'approche, une densité tragique, un intimisme encore plus accentués. La justesse du jeu est particulièrement impressionnante. C'est d'elle que découle, avec une maturité étonnante, la vérité des situations et des sentiments décrits. Sally Forrest, sorte de double américain de l'auteur (qui est, rappelons-le, d'origine anglaise) jouera encore sous sa direction dans *Never Fear,* 1950, et dans *Hard, Fast and Beautiful,* 1951.

## NOUS AVONS GAGNÉ CE SOIR (The Set-Up)

1949 – USA (72') • *Prod.* RKO (Richard Goldstone) • *Réal.* ROBERT WISE • *Sc.* Art Cohn d'ap. le poème de Joseph Moncure March • *Phot.* Milton Krasner • *Mus.* C. Bakaleinikoff • *Int.* Robert Ryan (Bill « Stoker » Thompson), Audrey Totter (Julie Thompson), George Tobias (Tony), Alan Baxter (Jo « Little Boy »), Wallace Ford (Gus), Percy Helton (Red), Hal Fieberling (« Tiger » Nelson), Darryl Hickman (Shanley).

Stoker Thompson, un boxeur sur le déclin – et qui n'a d'ailleurs jamais connu de vrais triomphes – va affronter un adversaire beaucoup plus jeune que lui dans un match truqué. Son manager et son soigneur ont empoché l'argent de la combine sans le mettre au courant. Stoker doit « se coucher » au troisième round. Son manager est persuadé qu'il le fera de toute façon. Mais quand il voit son poulain près de gagner la partie, il le prévient juste avant le quatrième round. Stoker refuse de participer à la combine et remporte la victoire. Le truand qui avait payé le manager fait tabasser Stoker par ses hommes. Ils lui écrasent la main avec une brique. La femme de Stoker avait refusé d'assister au combat car elle désire depuis longtemps le voir raccrocher les gants. Quand Stoker lui annonce qu'il a gagné mais qu'il ne pourra plus jamais boxer, soulagée, elle lui répond : « Nous avons gagné tous les deux ce soir. »

☞ Un sommet du classicisme américain. Le film reconnu comme un « classique » dès sa sortie en est un encore aujourd'hui, quarante ans après ; fait peu courant dans l'histoire du cinéma américain. Neuvième titre de Wise et son premier chef-d'œuvre, *The Set-Up* termine en beauté son apprentissage à la RKO. L'intrigue se déroule en *temps réel* de 21 h 05 à 22 h 17, gageure rarement tenue (cf. *Le déserteur** de Léonide Moguy ou *La corde** d'Hitchcock) et qui implique le respect absolu des trois unités. Ce parti pris, loin d'obliger le cinéaste à maintenir un rythme artificiellement vif et serré ou à construire une intrigue linéaire, lui permet au contraire de s'attarder longuement sur les réactions des spectateurs (cf. le sadisme de certains d'entre eux : la femme qui traite en hurlant tous les boxeurs de feignants, l'aveugle qui s'écrie : « C'est à l'œil qu'il faut frapper »), sur l'atmosphère des vestiaires et le portrait des boxeurs qui ont gagné ou perdu, sur l'errance de l'épouse de Stoker souffrant, plus encore que lui, du calvaire de son mari. Toutes ces notations, rassemblées en une dramaturgie de fer, vivifiées par la miseen scène éclectique – faite de plans très longs ou très brefs – mais toujours efficace et magistrale de Wise, laissent, par-delà leur réalisme documentaire, une impression de cohérence profonde et de densité tragique. Le monde de la boxe, dans le cinéma américain, a donné lieu tantôt à une description sociale, en générale corrosive, d'un milieu corrompu (ex. *Champion*, Mark Robson, 1949), tantôt à une représentation symbolique et condensée de la condition humaine. Cette représentation, selon les films, est d'une grande variété : ironique, triomphante et glorieuse dans *Gentleman Jim**, le chef-d'œuvre de Walsh, irrémédiablement pessimiste dans *Fat City** de Huston, autre chef-d'œuvre. Wise se place du côté de Huston et, dans ce registre, a été une sorte de pionnier. Il témoigne vis-à-vis de ses personnages d'une compassion virile, non totalement dénuée d'espoir. Dans son autre film sur la boxe, *Somebody Up There Likes Me** (1956), biographie de Rocky Graziano, c'est même l'espoir qui l'emportera, la boxe apparaissant comme le seul moyen de transformer un « hoodlum » en citoyen intègre et responsable. Dans *The Set-Up* le noir domine : dans la photo, dans ce grouillement urbain moite et nocturne qui enserre l'action. C'est une nuit traversée d'éclairs pathétiques : ils viennent souligner, sans complaisance ni sentimentalisme, l'attachement de l'auteur à son personnage de *loser* individualiste, obstiné et digne. Interprétation grandiose de Robert Ryan, l'un des rares acteurs américains à montrer autant d'envergure dans les rôles de héros que dans les « méchants » ou les épaves.

BIBLIO. : scénario et dialogues *in* « L'Avant-Scène » nº 243 (1980).

## NOUS IRONS A PARIS

1949 – France (93') • *Prod.* Hoche Production • *Réal.* JEAN BOYER • *Sc.* Franz Tanzler, Jean Boyer, Serge Veber • *Phot.* Charles Suin • *Mus.* Paul Misraki • *Int.* Philippe Lemaire (Jacques), Françoise Arnoul (Micheline), Maryse Martin (Maman Terrine), Henri Genès (Julien), Christian Duvaleix (Paul), Pasquali (Grosbois), Max Elloy (Honorin), Martine Carol, les Peter Sisters, George Raft, Henri Salvador, Monsieur Champagne, Ray Ventura et son orchestre.

Trois recalés de la Radiodiffusion française – Julien, un huissier renvoyé, Jacques, un chanteur qui, voulant sortir des chœurs, s'est fait sortir tout simplement, et Paul, un compositeur qui n'a pas réussi à faire recevoir son opérette – partent ensemble pour la province, à l'initiative de Julien. Ils habitent chez une vieille paysanne, Maman Terrine, qui avait hébergé Julien quand il était dans le maquis. Avec un poste émetteur datant de la guerre, les trois amis diffusent une émission clandestine de quelques minutes. Ils ont commencé par recruter le gendarme local pour tenir la batterie ainsi que Maman Terrine elle-même, à qui ils ont confié une rubrique : « Le franc-parler ». Succès foudroyant. A la fin de l'une des émissions, il est dit du mal de la gaine Lotus fabriquée par Grosbois, père de Micheline, la bien-aimée de Jacques. Cette contre-publicité provoque la colère de Grosbois qui s'aperçoit ensuite, à sa grande surprise, que cette intervention fait grimper les ventes. Micheline rejoint les clandestins et les persuade de dire du bien de la gaine. Nouvelle colère du papa qui redoute les effets inverses de ces éloges sur son commerce. Les Collégiens de Ray Ventura arrivent ensuite en renfort pour aider la petite équipe, cependant que, du ciel, descendent en parachute les Peter Sisters et Henri Salvador. D'autres vedettes viendront rendre visite aux clandestins : Martine Carol, Georges Raft, etc. La police s'élance à la poursuite des artistes qui vont alors circuler à travers toute la France, se faisant passer successivement pour une équipe de rugby, un convoi mortuaire, des romanichels. Ils utilisent ensuite une péniche pour remonter à Paris. Micheline, que son père était venu chercher, est devenue speakerine à la Radiodiffusion française. Elle accueille ses camarades et leur annonce qu'ils sont tous engagés officiellement à la Radio.

☞ Les comédies du cinéma français de l'immédiat après-guerre se caractérisent souvent par un optimisme laborieux, une gaieté factice dont l'échec est dû à un désir de renouer avec la verve des années 30, mais sans tenir compte du changement profond des mentalités. Ces films pâtissent aussi de la présence d'acteurs à qui des années d'inactivité ou de difficultés ont enlevé leur brio d'antan. Jean Boyer, pourtant un vieux de la vieille, échappe à tous ces pièges en faisant appel à une troupe où les nouveaux venus dominent, en trouvant une idée nouvelle (le lancement de ce qu'on n'appelait pas encore une radio libre) et en menant tout son petit monde tambour battant au rythme d'une musique agréable et endiablée. Il comprend aussi que la comédie ne doit pas faire semblant d'ignorer la période de la guerre. Elle peut au contraire y puiser des éléments de situations qui plairont au public par leur insertion dans un contexte inattendu (celui de la comédie légère) et même par le rappel de souvenirs déjà nostalgiques. *Nous irons à Paris,* triomphe commercial de l'époque, n'a pas pris une ride. Son ton enjoué reste sans artifice parce qu'il témoigne à sa façon, c'est-à-dire en mineur et jusque dans sa fantaisie loufoque, d'une aspiration juvénile et universelle au renouveau. Celle-là même qu'un Becker, par exemple, avec une tout autre ambition, était en train, au même moment, de capter dans son célèbre *Rendez-vous de juillet**.

## NOUS LES GOSSES

1941 – France (85') • *Prod.* Pathé Cinéma. • *Réal.* LOUIS DAQUIN • *Sc.* Gaston Modot, Maurice Hilero, Marcel Aymé • *Phot.* Jean Bachelet • *Mus.* Marius-François Gaillard • *Int.* Louise Carletti (Mariette), Gilbert Gil (l'instituteur), Jeanne Pérez (la mère de Jeannot), André Brunot (le commissaire), Madeleine Geoffroy (la mère de Fernand), Pierre Larquey (le père Finot), Louis Seigner (le directeur de l'école), Raymond Bussières (Gaston), Marcel Pérès (l'ouvrier).

Deux bandes de gosses abandonnent leur ancienne rivalité et s'allient afin de réunir les fonds nécessaires à la réfection d'une verrière détruite par l'un d'entre eux. Les gosses font toutes sortes de petits métiers jusqu'à ce qu'un mauvais garçon leur dérobe leur cagnotte. Le gamin chargé de la surveiller est d'abord accusé du vol, puis le vrai coupable est découvert et remis à la justice.

☞ En pleine Occupation, les débuts très remarqués de Louis Daquin comme réalisateur. L'ingéniosité des gosses, leur vitalité et leur spontanéité jamais prises en défaut se communiquent au ton et au rythme du film. Cela donne une œuvre vivante qui ne tombe jamais dans la mièvrerie et qui rompt surtout avec ce que pouvaient avoir de compassé et de fabriqué beaucoup de films français de l'époque. Néanmoins l'environnement de l'action, à cause notamment de méchants décors, est assez mal appréhendé et reste conventionnel. Défaut qu'on ne retrouvera jamais chez Louis Daquin. Les historiens du cinéma ont sans doute trop valorisé ce premier essai au détriment de certaines des œuvres ultérieures de l'auteur, autrement fortes et originales.

## NOUS NOUS SOMMES TANT AIMÉS
### (C'eravamo tanto amati)

1974 – Italie (115') • *Prod.* Dean Film, Delta (Pio Angeletti, Adriano De Micheli) • *Réal.* ETTORE SCOLA • *Sc.* Age, Scarpelli, Scola • *Phot.* Claudio Cirillo (noir et blanc et Technicolor) • *Mus.* Armando Trovajoli • *Int.* Nino Manfredi (Antonio), Vittorio Gassman (Gianni), Stefano Satta Flores (Nicola), Stefania Sandrelli (Luciana), Giovanna Ralli (Elide Catenacci), Marcella Michelangeli (Gabriella), Aldo Fabrizi (Romolo Catenacci) et Vittorio De Sica, Federico Fellini, Marcello Mastroianni (eux-mêmes).

Trente ans d'histoire italienne au quotidien (1945-1975) vue à travers la vie privée et professionnelle de trois amis, anciens résistants, Gianni, Nicola et Antonio. Après la guerre, Gianni, avocat stagiaire, devient le collaborateur d'un riche promoteur et ferme les yeux sur ses malversations. Il épouse par intérêt sa fille qu'il méprise et bâtit sans scrupule sa fortune personnelle. Antonio est et restera infirmier dans un hôpital de Rome. Nicola, l'intellectuel du groupe, quitte tout, sa province et sa famille, pour devenir critique de cinéma dans la capitale. La fiancée d'Antonio, Luciana, a le coup de foudre pour Gianni qu'elle quittera après une tentative de suicide pour vivre avec Nicola. Ayant renoncé à sa vocation d'actrice, elle revient à Antonio qu'elle épousera. Après plus de vingt ans, les trois amis se retrouvent. Gianni s'abstient de parler de sa « réussite » à ses compagnons qui le croient pauvre comme Job. Quand un peu plus tard Nicola, Antonio et Luciana veulent lui rendre visite et découvrent sa somptueuse villa, ils préfèrent rebrousser chemin.

☞ Superbe fresque désenchantée qui essaie, par d'autres moyens que *Mes chers amis*,* de dépasser la comédie italienne tout en conservant ses acquis formels et sa virtuosité. Impossible en effet d'oublier dans ce film que Scola et ses deux scénaristes, Age et Scarpelli, furent des piliers de la comédie italienne. Suffirait à la rappeler « l'impeccable mécanisme d'horlogerie » (selon l'expression de De Santi et Vittori dans leur livre sur Scola, Gremese, Rome, 1987) que constitue la structure de ce film, bâti sur des rencontres, des séparations et de subtils entrecroisements de destins. Au niveau de la séquence, plusieurs moments du film ont d'autre part cette qualité lapidaire et ramassée qu'on trouverait dans les meilleurs sketches du genre. Exemple : Nicola (Manfredi), ambulancier, retrouve par hasard Luciana sur le tournage de *La dolce vita.* Jaloux, il se bagarre avec le soi-disant impresario de son ancienne fiancée et repart dans son ambulance, mais cette fois comme patient à demi assommé. Voir aussi la séquence où Manfredi, qui n'a pas vu Gassman depuis plus de vingt ans, le prend pour un gardien de parking (alors qu'il est devenu richissime) et se met à discourir sur son idéalisme si mal récompensé par une société matérialiste, l'autre n'osant piper mot. Là où le film prolonge et dépasse la comédie italienne, c'est dans l'intérêt humain, la tendresse, voire l'indulgence que les auteurs ressentent pour leurs personnages, quels que soient leurs défauts, leur comportement décevant ou velléitaire. C'est aussi par le rôle essentiel donné au Temps que le film échappe complètement à l'univers mécanique et abstrait, aux portraits express et corrosifs de la comédie italienne. L'indulgence des auteurs est d'ailleurs la conséquence inévitable de ce rôle dévolu au Temps, car il devient presque impossible de condamner tout à fait des personnages dont on a minutieusement observé, au fil des années, les espoirs, les doutes, les hésitations, etc. Cela n'empêche pas le jugement global porté sur une génération (celle des hommes ayant 40-45 ans en 1970) d'être intentionnellement sévère et parfois même très négatif. Mais comme les critiques adressées par les auteurs aux personnages semblent, dans une certaine mesure, partagées par ces personnages eux-mêmes, cette double lucidité interdit un pessimisme total. Scola tient en effet à montrer que tout n'est pas perdu pour eux puisqu'ils ont, chacun à sa façon, une conscience aiguë des lacunes et de l'échec de leur vie, alors qu'elle est encore loin d'être achevée. Et finalement ce film sur les idéaux trahis (le néo-réalisme, la reconstruction sociale morale et politique du pays) a un ton beaucoup plus émouvant qu'amer. Des trois amis – Gianni, le bourgeois enrichi, Antonio, le prolétaire à peine embourgeoisé, Nicola, l'intellectuel un peu déphasé –, c'est sans doute le premier qui aura le plus de mal à redresser la barre. A l'intérieur de l'œuvre de Scola, *Nous nous sommes tant aimés* représente le premier de ces films-bilans dans une série où rentreront plus tard *La terrasse** et *La famille.* On notera chez Scola cette faculté assez rare de savoir intégrer à la matière de ses récits le cinéma comme donnée socio-culturelle fondamentale. On peut même considérer que l'amour du cinéma dont témoigne Scola, autant comme spectateur que comme créateur, est le fil rouge qui court à travers cette évocation d'une génération à demi perdue (cf. la discussion de ciné-club après la projection du

*Voleur de bicyclette,** le jeu télévisé sur le cinéma, le tournage d'une séquence de *La dolce vita* à la fontaine de Trevi, le discours de De Sica à qui le film est dédié, etc.). Ajoutons enfin que ce film de grands professionnels et de stars à tous les niveaux (scénario, réalisation, interprétation), voué à un légitime succès international, est aussi un « film de copains ». Jusque dans ses séquences les plus brillantes, il garde un peu de cet amateurisme inspiré, de cette complicité sentimentale à l'intérieur d'une équipe, qui l'ont empêché de se dessécher et de succomber à sa propre virtuosité.

BIBLIO. : Jean Gili : « Le cinéma italien », 10-18, 1978. Ce recueil d'interviews, cohérent et passionnant, contient une longue analyse du film par Scola. Celui-ci rappelle d'abord que la première version du scénario avait pour seul héros le personnage du critique de cinéma qui suivait comme une ombre (et comme sa conscience) l'évolution de De Sica, jouant son propre personnage. De Sica mourut pendant le mixage du film dont il avait apprécié le premier montage. « Le film, dit Scola, est un film sur l'amour et sur l'amitié et sur la décadence de l'amour et de l'amitié et donc sur la mélancolie. Cependant, la mélancolie, le regard sur le passé peuvent être quelque chose de réactionnaire s'ils sont une fin en soi, s'ils sont une nostalgie seulement liée au regret. Au contraire, il me semble juste d'éprouver de la tendresse et de la nostalgie et de représenter ces sentiments s'ils servent à une recherche qui puisse être utile pour le présent et pour le futur. »

## NOUS SOMMES TOUS DES ASSASSINS

1952 – France (115') • *Prod.* UGC • *Réal.* ANDRÉ CAYATTE • *Sc.* Charles Spaak, André Cayatte • *Phot.* Jean Bourgoin • *Int.* Mouloudji (René Le Guen), Raymond Pellegrin (Gino), Antoine Balpêtré (Dutoit), Julien Verdier (Bauchet), Claude Laydu (Philippe Arnaud), Jacqueline Pierreux (Yvonne Le Guen), Georges Poujouly (Michel Le Guen), Louis Seigner (l'abbé Roussard), Jean-Pierre Grenier (le Dr Detouche), André Reybaz (le père Simon), Yvonne de Bray (la chiffonnière), Henri Vilbert (Arnaud père), Paul Frankeur (Léon), Line Noro (Mme Arnaud), Anouk Ferjac (Agnès), Marcel Pérès (Malingré), Juliette Faber (Mme Sautier), Alexandre Rignault (le gendarme), Sylvie (Laetitia).

Paris sous l'Occupation. Vivant misérablement dans la Zone, le jeune René Le Guen, dont la mère est alcoolique et la sœur prostituée, est recruté par des résistants pour effectuer plusieurs missions violentes et dangereuses. La paix revenue, Le Guen toujours illettré et sans ressources continue dans une sorte d'inconscience opaque à vivre d'expédients et de crimes. Ayant tué dans un établissement de bains le policier qui venait l'arrêter, il est condamné à la guillotine. Au quartier des condamnés à mort de la prison de la Santé, il fera connaissance avec ses codétenus : un Corse auteur d'une vendetta, un médecin accusé d'avoir empoisonné sa femme et qui niera toujours le crime, un infanticide. Un avocat débutant obtiendra la grâce de René après avoir hébergé son jeune frère qui risquait de suivre le même chemin.

☞ Deuxième volet de ce que Cayatte et Spaak eux-mêmes ont considéré comme une trilogie sur la justice (entre *Justice est faite** et *Le dossier noir*). Film à thèse au sens le plus précis du mot, *Nous sommes tous des assassins* contient une mise en accusation de la peine de mort qui tire sa force de la conviction de l'auteur et d'une atmosphère naturaliste assez impressionnante. La condamnation systématique de l'œuvre en tant que film à thèse a souvent caché à l'époque ses qualités les plus réelles : un pessimisme sincère et même viscéral qui, s'il va peut-être à l'encontre des intentions généreuses et réformatrices de l'auteur, donne du relief à sa peinture ; une dramaturgie s'appuyant sur un grouillement expressif de personnages et – qualité indissolublement liée à la précédente – une distribution variée et talentueuse, typique d'une époque (elle touchait à sa fin) où le cinéma français disposait encore d'un immense vivier d'acteurs de seconds plans brillants et originaux. A côté des arguments traditionnels contre la peine de mort développés, parfois avec un certain artifice, dans le dialogue, les éléments les plus convaincants mis en avant par Cayatte proviennent de sa description concrète et souvent saisissante de la vie carcérale. L'attente des condamnés, et d'une manière générale, les conditions de détention imposées aux prisonniers sont placées par l'auteur sous le double signe de l'abject et de l'intolérable. On citera les scènes (restées célèbres) où le personnel pénitencier avance déchaussé et à pas de loup dans les couloirs le matin de l'exécution. Ou bien le cérémonial mis en place par les prisonniers non condamnés à mort lors de chaque exécution : extinction d'une bougie devant le portrait de la victime et formule rituelle : « Un tel, mort en beauté ». Cayatte illustre là avec originalité, en romancier cette fois et non plus seulement en avocat, la non-exemplarité du châtiment suprême, lequel aux yeux de certains prisonniers transforme *ipso facto* chaque guillotiné en héros. Par ailleurs Cayatte se montre très attentif à recréer l'atmosphère du temps. Et ainsi ce qui enlève peut-être du poids à l'universalité de sa dénonciation en ajoute à l'intensité particulière de son histoire : une bonne appréhension du climat et de la confusion des valeurs régnant dans la période de l'Occupation et de l'immédiat après-guerre.

N.B. Il existe une version italienne (*Siamo tutti assassini*) dirigée par Cayatte. Interprétation identique, à l'exception de Amedeo Nazzari et de Yvonne Sanson qui jouent les rôles de Jean-Pierre Grenier et de Jacqueline Pierreux.

BIBLIO. : *novelization* par Jean Meckert, Gallimard 1952.

## NOUS SOMMES VIVANTS
**(Dokkoi ikiteru)**

1951 – Japon (102') • *Prod.* Shinsei Eiga/Zenshinza • *Réal.* TADASHI IMAI • *Sc.* Kenzo Hirata, Ujitoshi Iwasa, T. Imai • *Phot.* Yoshio Miyajima, Shunichiro Nakao • *Mus.* Masao Oki • *Int.* Chojuro Kawarazaki, Shizue Kawarazaki, Kanemon Nakamura, Isao Kimura, Hatae Kishi, Choko Iida.

A l'aube, les journaliers se pressent vers les baraques où l'on délivre les tickets de travail. Il n'y en a jamais assez pour tout le monde. Mori s'accroche vainement à un camion déjà plein d'ouvriers choisis par un contremaître. Le véhicule démarre et Mori retombe sur la chaussée. Il rentre chez lui et apprend brutalement que sa baraque va être détruite. Il a une femme et deux enfants. Le lendemain, il obtient un ticket de travail pour la journée. Il s'agit de nettoyer les détritus accumulés sur une zone en ruines. Sa femme a décidé de son propre chef de vendre la totalité de leurs maigres biens et de partir à la campagne chez sa sœur avec les enfants. Mécontent d'abord de n'avoir pas été consulté, Mori accompagne les siens à la gare puis va coucher dans un asile de nuit. Par chance, on lui promet un travail fixe dans une petite usine, mais on lui refuse toute avance. Comme la plupart des journaliers, il n'a même pas de quoi acheter son prochain repas. Une femme du quartier bat le rappel des voisins et tous, même les plus pauvres, lui prêtent une petite somme. Mais le soir, pour fêter son nouvel emploi, Mori s'enivre et se fait voler le précieux pécule à l'asile. A l'usine, on lui refuse la place promise. Un ami le pousse à voler avec lui des tuyaux dans un chantier. Surpris, il est poursuivi à travers les rues. On le convoque à la police : sa femme a voyagé dans le train sans billet. Après une remontrance, elle est libérée. Le couple et les deux enfants errent à travers la ville, sans foyer. Le complice du vol remet à Mori sa part de butin. Il emmène sa famille à l'asile et commande un bon repas. Quand les enfants sont endormis, il suggère à sa femme un suicide collectif. Il offre à ses enfants une dernière journée de plaisir à la fête foraine. Le garçon tombe dans un marécage. Son père le repêche à temps. Ce sauvetage lui enlève toute idée de suicide. Le lendemain, il refait la queue parmi la foule qui attend les tickets de travail.

☞ Financé grâce à une souscription populaire et interprété par une troupe du parti communiste, le film fournit une description concrète et souvent terrible de la misère de l'après-guerre au Japon. L'engagement politique d'Imai et de ses collaborateurs ne donne lieu dans le film à aucun prêche, à aucune intervention idéologique. On reste au niveau du constat, sobre et cohérent dans sa forme, impressionnant et convaincant dans son humanité. Un certain idéalisme perce dans l'évocation de la solidarité spontanée existant entre les habitants du quartier. Cet aspect relativement artificiel ne détonne pas dans un film à l'inspiration proche du néo-réalisme, version De Sica. La leçon du *Voleur de bicyclette** est fidèlement suivie : l'errance d'un individu démuni et sa quête inlassable d'un travail sont décrites avec minutie et émotion. Mais il est faux de dire, comme cela a été fait parfois, que le film finit par délivrer un message optimiste. Certes le fait que l'enfant ait frôlé la mort éloigne le père de ses tentatives suicidaires, mais sa situation économique et sa misère quasi absolue restent exactement ce qu'elles étaient au début. Sans le moindre espoir de solution à l'horizon.

## NOUVEAUX MESSIEURS (LES)

1929 – France (3 700m) • *Prod.* Albatros et Sequana Films • *Réal.* JACQUES FEYDER • *Sc.* Charles Spaak et Jacques Feyder d'ap. R. de Robert de Flers et Francis de Croisset • *Phot.* Georges Perinal et Maurice Desfassiaux • *Int.* Gaby Morlay (Suzanne Verrier), Henry Roussell (comte de Montoire-Grandpré), Albert Préjean (Jacques Gaillac), Henri Valbel (député d'extrême gauche), Guy Ferrant (journaliste).

Suzanne Verrier, du corps de ballet de l'Opéra, est entretenue par le comte de Montoire-Grandpré, député de droite, et courtisée par un électricien du théâtre, Jacques Gaillac. Ce dernier se révèle être, au moment de la grève des transports, un des chefs de la gauche. Il est élu député, nommé ministre et Suzanne devient sa maîtresse. Au cours d'une inauguration en province par Gaillac, le comte de Montoire-Grandpré renverse le Ministère et la droite reprend le pouvoir. A l'instigation du comte, Gaillac accepte une mission à la SDN. Suzanne comprend alors qu'elle sera toujours sacrifiée par Gaillac à sa carrière et revient à son vieil ami. (Résumé tiré du « Bulletin international du Cinématographe » n° 1, juin 1949, entièrement consacré à Feyder.)

☞ Dernier film muet de Feyder et dernier film avant son départ pour les USA. Satire très modérée, un peu pâle, du parlementarisme, considéré globalement sans que la droite ou la gauche soient plus vilipendées l'une que l'autre. Avec le temps, le film a acquis une valeur documentaire qui fait aujourd'hui son prix. On s'intéresse, hors de toute polémique, à ces tableaux d'un certain Paris de la IIIe République : vieux députés courtisant des petits rats dans le foyer de l'Opéra ; séances à la Chambre ; réunion syndicale dans une foire de banlieue. Les décors de Lazare Meerson sont excellents. L'intrigue principale devient peu à peu indifférente. A la grande surprise de Feyder lui-même qui n'avait voulu que transporter fidèlement à l'écran « une comédie légère et aimablement satirique (...) de bonne compagnie » (cf. son livre « Le Cinéma notre métier » écrit avec Françoise Rosay, Genève, Skira, 1946), le film fut d'abord interdit « pour atteinte à la dignité du Parlement et des ministres ». Après diverses tractations et des coupures minimes, il put enfin sortir, mais le parlant sur ces entrefaites était arrivé et son succès s'en trouva très amoindri.

## NOUVEAUX MONSTRES (LES)
**(I nuovi mostri)**

1977 – Italie (105') • *Prod.* Dean Film (Pio Angeletti et Adriano De Micheli) • *Réal.* MARIO MONICELLI, DINO RISI, ETTORE SCOLA • *Sc.* Age, Scarpelli, Ruggero Maccari, Bernardino Zapponi, Ettore Scola • *Phot.* Tonino Delli Colli (couleurs) • *Mus.* Armando Trovajoli • *Int.* I *«L'uccellino della Val Padana»* : Ugo Tognazzi (le mari), Orietta Berti (la chanteuse). II *« Con i saluti degli amici »* : Gianfranco Barra (le mafioso). III *« Tantum Ergo »* : Vittorio Gassman (le cardinal), Luigi Diberti (le prêtre contestataire). IV *« Autostop »* : Ornella Muti (l'auto-stoppeuse), Eros Pagni (l'automobiliste). V *« First Aid »* : Alberto Sordi (le snob). VI *« Il sospetto »* : Vittorio Gassman (le commissaire). VII *« Hostaria »* Vittorio Gassman (le domestique), Ugo Tognazzi (le cuisinier). VIII *« Pornodiva »* : Eros Pagni. IX *« Come una regina »* : Alberto Sordi. X *« Cittadino esemplare »* : Vittorio Gassman (le bourgeois). XI *« Mammina mammona »:* Ugo Tognazzi (le fils), Nerina Montagnani (la mère). XII *« Sequestro di persona cara »* : Vittorio Gassman (le mari). XIII *« Senza parola »* : Ornella Muti (l'hôtesse), Yòrgo Voyagis (le terroriste). XIV *« Elogio funebre »* : Alberto Sordi (un comique).

I *Le pinson du Val Padovan* (11', Scola). Un parasite sans scrupules exploite sa femme comme chanteuse. Quand elle perd sa voix, il provoque sa chute dans un escalier afin que, se produisant comme invalide, elle obtienne, sinon le succès, du moins la compassion du public, et puisse ainsi continuer à travailler et à le nourrir. II *Con i saluti degli amici*, sketch coupé en France (1'30", Risi). Assassiné en plein jour par des tueurs agissant à visage découvert, un mafioso sicilien respecte la loi du silence jusqu'à déclarer, agonisant, à un policier qui l'interroge, qu'il ignore tout de l'affaire. III *Tantum Ergo* (11', Risi). Le temps qu'on répare sa voiture en panne, un cardinal calme avec de belles paroles, des chants et de la musique un comité de paroisse en révolte. IV *Autostop* (11', Monicelli). Un automobiliste prend une jeune fille en stop et exige une récompense en nature. Pour échapper à ses avances, elle se fait passer pour l'une des dangereuses détenues évadées d'une prison voisine. Il l'abat sans remords. V *Premiers soins* (14', Monicelli). Une nuit à Rome, un aristocrate snob et fortuné prend dans sa Rolls un piéton écrasé par une voiture. Sans cesser de parler de lui-même, il essaie de le déposer dans différents hôpitaux mais se heurte partout, pour des raisons administratives, à un refus. Il finit par remettre le blessé agonisant à l'endroit où il l'avait trouvé. VI *Il sospetto*, sketch coupé en France (3', Scola). Un commissaire très formaliste interroge longuement un collègue infiltré dans une bande de gauchistes qui viennent d'être arrêtés. Il veut savoir si ce collègue a fait un bruit obscène durant l'interrogatoire des gauchistes pour persuader ceux-ci qu'il était bien l'un des leurs ou par rancœur à son égard. VII *Auberge* (8', Scola). Dans une auberge fréquentée par des snobs, le serveur et le cuisinier, amoureux l'un de l'autre, se battent comme des chiffonniers dans la cuisine, mettant par exemple leur chaussure dans les casseroles, se servant des aliments comme projectiles et armes de combat. Cela n'empêche pas les clients de se délecter des mets régionaux et authentiques qui leur sont servis après ce pugilat. VIII *Pornodiva* (4', Risi). Un couple négocie avec un producteur de cinéma un contrat pour un rôle où la femme devra s'accoupler, nue, avec un singe de petite taille. En fait, le rôle est destiné à la fillette du couple. IX *Comme une reine* (13', Scola). Un bourgeois fait visiter à sa vieille mère un hospice de vieillards où l'on devine que les pensionnaires sont maltraités et battus. Sans l'avoir prévenue à l'avance, il la laisse aux mains des religieuses qui dirigent l'établissement. X *Citoyen exemplaire* (2', Scola). Ayant assisté à un meurtre, un homme rentre chez lui et dîne tranquillement en famille. XI *Grand fils à sa petite maman* (12', Risi). Un clochard et sa mère passent leurs journées à ramasser tout ce qui se présente sur leur chemin, y compris du crottin de cheval, et à l'entasser pieusement dans leur baraque. XII *Enlèvement d'une personne chère* (3', Scola). Un homme dont la femme a été kidnappée se fait filmer en train de réclamer, éperdu, à ses ravisseurs qu'on lui rende son épouse adorée. Après le départ des cinéastes, on découvre qu'il avait coupé les fils électriques alimentant la caméra. XIII *Sans paroles* (7', Risi).[8] Une superbe hôtesse de l'air est séduite par un jeune homme qui ne parle pas sa langue. Cette idylle sans paroles se termine à l'aéroport, quand l'amant, un terroriste, donne en cadeau à sa maîtresse d'une nuit un transistor. L'appareil, qui contient une bombe, explosera en vol. XIV *L'éloge funèbre* (7', Scola). Un groupe d'acteurs de music-hall enterrent l'un des leurs. La cérémonie se transforme bientôt en véritable représentation, chaleureusement applaudie par les promeneurs du cimetière.

☞ Réalisé une quinzaine d'années après *Les monstres** de Risi, c'est le bouquet final de la comédie italienne avec un dernier sketch qui représente même, concrètement et symboliquement, l'enterrement du genre dans ce qu'il a eu de créatif. Scénaristes, acteurs et metteurs en scène participèrent bénévolement à une œuvre dont le but était de permettre à l'un des leurs, le scénariste Ugo Guerra, atteint d'une grave et rare maladie, de bénéficier des soins coûteux qu'exigeait son état. Scénaristes et réalisateurs convinrent de faire œuvre collective en ne signalant pas leur participation respective aux différents sketches, laquelle ne fut connue qu'après la mort de Guerra (deux ans plus tard). L'unité du film est si profonde que la révélation du nom des metteurs en scène pour chaque sketch n'apporte en fait aucune surprise véritable, si ce n'est le fait que les signatures soient à ce point interchangeables. Cette unité souligne l'étonnante cohérence d'un genre qui fut réellement une création collective, basée sur une esthétique commune. Elle laissera dans l'histoire du cinéma italien la trace d'une entreprise quasi anonyme où l'éclat cynique d'une invention constamment renouvelée fut le fait d'un groupe assez vaste d'artistes travaillant en parfaite harmonie. Par rapport aux premiers *Monstres**, le film se distingue par un classicisme qu'on pourra considérer soit comme une relative régression, soit comme une sorte d'accomplissement et de définitive accession du genre à la maturité. Sur le plan des durées par exemple, les quatorze sketches des *Nouveaux monstres* se répartissent harmonieusement en trois catégories de 1 à 4 minutes (n^os^ II, VI, VIII, X, XII), de 7 à 8 minutes (n^os^ VII, XIII, XIV) et de 11 à 14 minutes (n^os^ I, III, IV, V, IX, XI). Cet équilibre tranche nettement avec les durées baroques et hétérogènes des premiers *Monstres** (20 sketches de 45 secondes à 17 minutes). Les acteurs recourent beaucoup moins aux grimaces, aux maquillages, à la monstruosité physique pour exprimer le caractère horrible de leurs personnages. L'un des sketches les plus forts (n° XIII) repose même sur la séduction et la jeunesse des deux protagonistes. La monstruosité des personnages, qui tendent à n'être plus des exceptions mais la norme banale d'un monde en décomposition, renvoie à celle de la société tout entière. Cette extrapolation atroce, d'autant plus efficace qu'elle met en jeu une grande part de réalisme, triomphe particulièrement dans deux des trois sketches de Sordi : *Premiers soins* et *Comme une reine.* Ce dernier sketch représente sans doute la quintessence classique parfaite – et parfaitement insupportable – de la comédie italienne.

## NUIT DE DÉCEMBRE

1939 – France (82') • *Prod.* Ciné-Alliance (Metzger et Woog) • *Réal.* KURT BERNHARDT • *Sc.* Jean Jacot, H. André Legrand, Lilo Dammert et Bernard Zimmer • *Phot.* Jean Isnard • *Mus.* Marcel Delannoy (et Chopin, Beethoven, Liszt, Berlioz) • *Int.* Renée Saint-Cyr (Anne et Helen Morris), Pierre Blanchar (Pierre Darmond), Gilbert Gil (Jacques Morel), Jean Tissier (Camille), Marcel André (James Morris), Bernard Blier (Édouard), Georges Flateau (le maître d'hôtel), Marcel Pérès (le chauffeur).

En 1919, un pianiste célèbre est enlevé après un concert par une belle inconnue. Ils passent la nuit ensemble. Le pianiste, fou d'amour, donne rendez-vous à la jeune femme au départ du Paris-Rome. Elle ne vient pas et ils ne se reverront jamais. Vingt ans plus tard, le pianiste contemple avec stupéfaction, parmi le public d'un de ses concerts, le sosie de son inconnue. Il fait sa connaissance et, quoiqu'elle soit aimée du jeune élève qu'il est en train de former, le pianiste projette de se marier avec elle. Le père de la jeune fille vient alors annoncer au pianiste qu'il doute de sa paternité. Le pianiste devine qu'elle risque d'être sa fille et, en se rendant volontairement odieux envers elle, provoque la rupture.

☞ Mélodrame original et mise en scène rigoureuse dans son baroquisme. Pierre Blanchar y trouve l'occasion d'une de ses compositions les plus nuancées et les plus attachantes. L'intrigue joue avec une poésie subtile sur les thèmes latents de la réminiscence, de la réincarnation et de l'immortalité de l'amour. Kurt Bernhardt, volontairement très discret, se garde d'exprimer la charge d'émotion maximum qui se dégage de certaines péripéties du scénario et transforme ainsi un mélodrame en élégie insolite.

N.B. La ressemblance entre Gilbert Gil (l'élève) et Pierre Blanchar ajoute au scénario une facette qui apparemment n'avait pas été prévue.

## NUIT DE LA SAINT-SYLVESTRE (LA)
## (Sylvester-Tragödie einer Nacht)

1924 – Allemagne (1 529 m) • *Prod.* Rex-Film (Berlin) • *Réal.* LUPU-PICK • *Sc.* Carl Mayer • *Phot.* Karl Hasselmann, Guido Seeber • *Int.* Eugen Klopfer (l'homme), Edith Posca (l'épouse), Frieda Richard (la mère), Rudolf Blümer (l'ivrogne), Karl Harbacher, Julius E. Herrmann.

Pendant une nuit de la Saint-Sylvestre, alors que les rues avoisinantes et son propre établissement sont en liesse, un patron de çafé ne peut plus supporter la tension qui existe entre sa mère et sa femme, toutes deux avides de son affection. Il s'échappe de cette prison dans le suicide.

☞ L'une des œuvres les plus célèbres du Kammerspiel écrite par Carl Mayer, l'auteur du film-manifeste de l'expressionnisme, *Le cabinet du Dr Caligari** (1919). Le Kammerspiel s'oppose à l'expressionnisme, dont il veut corriger les excès, par le naturel du jeu (qui n'exclut pas – loin de là – les paroxysmes), la banalité méticuleuse du décor, la volonté de décrire non symboliquement la réalité sociale, le classicisme de la dramaturgie (ici respect quasi absolu des trois unités). Il s'en rapproche, plus secrètement, par l'abstraction des personnages, la réduction au minimum de leur nombre (ici le mari, la belle-mère, l'épouse), et surtout par la densité asphyxiante de la mise en scène qui vise à éliminer le hasard et à révéler, chez les personnages, une part déterminante, mais cachée au départ, de pathologie et de monstruosité (cf. le comportement de la vieille femme que sa frustration pousse à vouloir étrangler sa belle-fille, et la soudaineté de la pulsion de mort précipitant le mari dans le suicide). Sur un fonds commun de noirceur et de folie, caractéristique de cette époque du cinéma allemand, expressionnisme et Kammerspiel reproduisent aussi, en variations constrastées, le conflit esthétique permanent du baroque et du classicisme, dont Fritz Lang élaborera tout au long de sa carrière la synthèse géniale. En ce qui concerne *La nuit de la Saint-Sylvestre,* c'est par la familiarité presque rassurante des lieux, des personnages et des situations (à l'exception de ce plan étonnamment inquiétant de l'ombre de la mère frappant à la porte) que le film attire le spectateur dans un piège se refermant sur lui avec une rapidité foudroyante. Comme ces fêtards soudain dessaoulés à la vue du cadavre, le spectateur se retrouve bientôt enfermé dans un cauchemar familial et freudien.

## NUIT DE L'IGUANE (LA)
## (The Night of the Iguana)

1964 – USA (115') • *Prod.* MGM-Seven Arts (Ray Stark) • *Réal.* JOHN HUSTON • *Sc.* Anthony Veiller et John Huston d'ap. P. de Tennessee Williams • *Phot.* Gabriel Figueroa • *Mus.* Benjamin Frankel • *Int.* Richard Burton (Rév. T. Lawrence Shannon), Ava Gardner (Maxine Faulk), Deborah Kerr (Hannah Jelkes), Sue Lyon (Charlotte Goodall), James Ward (Hank Prosner), Grayson Hall (Judith Fellowes), Cyril Delevanti (le vieux poète).

Larry Shannon, un pasteur alcoolique suspendu de son ministère, devient guide pour touristes au Mexique. A la tête d'un groupe d'Américaines, il est l'objet des avances d'une nymphette, Charlotte Goodall. Il est surpris avec elle par la chef du groupe, une femme frustrée et puritaine qui veut le dénoncer à son patron et le faire renvoyer. Ne sachant plus que faire, Larry oblige le groupe à séjourner dans un hôtel isolé au bord de la mer à Mismaloya, autrefois dirigé par son ami Fred. Mais Fred est mort et c'est sa femme, Maxine, qui maintenant le remplace. Le mari de Maxine était très vieux et Maxine a pris l'habitude de vivre en compagnie de deux « beach boys » qu'elle entraîne parfois dans des virées nocturnes sur la plage. Larry demande à Maxine de l'aider à reconquérir la sympathie de cette troupe hétéroclite de clientes. Arrivent dans l'hôtel une vieille fille, Hannah Jelkes, et son père, lequel, à plus de quatre-vingt-dix ans, est « le plus vieux poète du monde encore en exercice ». Ces deux originaux vivent en vendant des portraits-minute et en récitant des poèmes. La chef du groupe a réussi à joindre au téléphone le patron de Larry. Larry apprend de la bouche même de son employeur qu'il est renvoyé mais refuse d'accepter cette décision. Les touristes s'en vont et Shannon, pitoyable même à ses ennemis, empêche Maxine de dire à la chef ses quatre vérités. Il a une crise de désespoir et se suiciderait peut-être si Hannah et Maxine ne l'en empêchaient en le ligotant sur un hamac. Le vieux poète dicte un dernier poème avant de mourir. Le lendemain, Hannah s'en va, après avoir refusé une association que Maxine lui proposait pour la cogérance de l'hôtel. Shannon, lui, accepte. Il semble avoir trouvé dans la compagnie et l'hôtel de Maxine le havre de paix qu'il recherchait depuis toujours.

☞ Huston s'est servi de la pièce de Tennessee Williams pour faire vivre une bande de personnages picaresques comme il les aime, à la recherche de leur dignité et leur équilibre, trouvant après mille détours une certaine réussite humaine au sein même de leur échec et de leur incomplétude. Sans s'en rendre compte, tous les personnages agissent les uns contre les autres d'une manière en général positive. Car chez Huston il n'est pas de personnage si solitaire qu'il ne découvre un jour ou l'autre un lien avec ses semblables. C'est du moins ce qu'il a voulu dire ici. La fin heureuse est entièrement de son cru et ne fut jamais acceptée par Tennessee Williams. Pour l'écrivain, Maxine (Ava Gardner) était un personnage de mante religieuse qui devait fatalement dévorer le mâle. Huston exprime dans *La nuit de l'iguane* son thème permanent – grandeur et dérision de la condition humaine – mais il le fait ici avec une ironie narquoise et bienveillante, alors qu'ailleurs il choisira d'utiliser par exemple le tragique *(Fat City*)* ou une impassibilité inquiétante et classique *(Wise Blood)*. Huston est toujours de cœur avec ses personnages, mais cette parenté ou cette proximité s'exprime d'un film à l'autre avec une variété de tons et de moyens d'où provient une grande part de l'intérêt de son œuvre. Comme souvent chez lui, l'interprétation est le point fort du film. Trois héros à la maturité hésitante et complexe – Burton, Ava Gardner, Deborah Kerr – sont encadrés ici par une nymphette (Sue Lyon) et un magnifique patriarche du cinq ou sixième âge (Cyril Delevanti). A eux tous ils composent un tableau qui évoque plus la tumultueuse recherche de l'Eden d'un Henry Miller que les visions décadentes et évanescentes propres à l'univers de Tennessee Williams.

## NUIT DES FORAINS (LA)
### (Gycklarnas afton)

1953 – Suède (92') • *Prod.* Sandrews Productions (Rune Waldekranz) • *Réal.* INGMAR BERGMAN • *Sc.* Ingmar Bergman • *Phot.* Sven Nykvist, Göran Strindberg, Hilding Bladh • *Mus.* Karl-Birger Blomdahl • *Int.* Ake Grönberg (Albert Johansson), Harriet Andersson (Anne), Hasse Ekman (Frans), Anders Ek (Frost), Gudrun Brost (Alma), Annika Tretow (Agda Johansson), Gunnar Björnstrand (Sjuberg), Erik Strandmark (Jens).

La Suède au début du siècle. La caravane d'un petit cirque assez misérable progresse vers la ville. Le cocher d'une des voitures raconte au patron du cirque, Albert, un épisode qui s'est déroulé il y a quelques années : Frost, le clown de la troupe, avait été contraint d'aller chercher au milieu de l'eau sa femme Alma qui s'exhibait nue devant des artilleurs en manœuvre. Cette équipée fatigante et humiliante pour lui, une sorte de calvaire, l'avait conduit au bord de l'épuisement. Aujourd'hui Frost et Alma vivent toujours ensemble, rivés l'un à l'autre par une fatalité qui ne s'achèvera sans doute qu'avec leur vie. On installe la toile du cirque. Au cours de leur bref passage dans la ville, Albert et sa jeune maîtresse Anne vivront deux expériences parallèles qui finiront par un fiasco. Albert, vieillissant, demande à sa femme légitime, installée dans la ville avec ses deux enfants et qu'il a abandonnée depuis trois ans, de le reprendre avec elle dans la tranquillité de son foyer et de sa boutique. Il se heurte à un refus. Anne se laisse séduire par un acteur du théâtre où les membres du cirque sont allés emprunter des costumes pour effectuer leur parade (qui sera d'ailleurs interrompue par la police). Anne se donne à l'acteur pour le prix d'un bijou précieux qu'il lui a promis. Mais le bijou se révélera en toc quand elle le portera chez un bijoutier. Albert n'aura guère de mal à lui faire avouer son aventure. « Tu es lasse comme moi-même », lui dit-il. Durant la représentation du cirque, l'acteur se moque à voix haute d'Anne faisant son numéro d'écuyère gitane. Albert et l'acteur se battent à poings nus sur la piste. Albert est humilié et vaincu par un adversaire plus jeune et plus fort que lui. De retour dans sa roulotte, il tente de se suicider mais finit par tirer sur l'ours avec lequel Alma, la femme du clown, se livrait à un numéro de domptage. A l'aube, le cirque repart vers sa prochaine destination.

☞ Treizième film de Bergman, et le quatrième sorti en France. Après *L'éternel mirage* (1947, sorti en 1951) que personne ne remarqua, *Un été avec Monika* (1952, sorti en 1954), découvert par une très petite minorité de spectateurs, vint la révélation de *Sourires d'une nuit d'été** (1955, sorti en 1956) puis de *La nuit des forains* qui était antérieur aux *Sourires** de deux ans (1953, sorti en 1957) et qui renforça singulièrement aux yeux de la critique et du public français l'importance de Bergman. Cet énième vision de l'enfer du couple chez Bergman (mais à l'époque on ignorait les autres) est traitée dans un style au baroquisme lourd, à la théâtralité envahissante, à l'expressionnisme assez rétrograde culminant dans la séquence semi-onirique, mise en exergue à tout le récit, du calvaire du clown sur la plage. Si le décor pouvait faire penser un instant à une similitude d'univers et de thématique entre Bergman et Ophuls, stylistiquement la distance entre les deux cinéastes est considérable, tant les gros sabots du Suédois sont éloignés des pirouettes déchirantes du Viennois en exil. Dans sa continuité, le film est bâti sur la relation (une longue scène de ménage à la Strindberg) entre Albert, le directeur du cirque, et Anne sa jeune maîtresse. Sur cette ligne directrice viennent se greffer parfois assez artificiellement des développements symboliques : évocation de l'inaccessible tranquillité d'un foyer stable dans le cas d'Albert, fascination du luxe et de la sophistication du monde du théâtre dans le cas d'Anne, autant d'expériences négatives pour ces personnages. Elles leur confirment l'impossibilité où ils sont d'échapper à eux-mêmes, et « eux-mêmes », c'est avant tout cette relation de couple qui les emprisonne. L'enfer du couple est vécu comme claustrophobique, répétitif, humiliant (l'humiliation est le thème central du film) ; il tue peu à peu les désirs et la vitalité des personnages. Pourtant, au dénouement, la résignation au vieil amour (qui est aussi le seul amour) peut apparaître comme une ouverture vers la sérénité. Confronté (par un hasard de la distribution) à la relative légèreté et aux arabesques de *Sourires d'une nuit d'été**, *La nuit des forains* fit apparaître un autre versant de l'œuvre du cinéaste, faussement ophulsien et plus réellement sternbergien. Rien qu'en deux films la multiplicité et l'épaisseur quasi balzaciennes des personnages créés par Bergman contribuèrent à donner de lui l'image d'un cinéaste à la créativité puissante. Même s'il exprimait souvent des lieux communs, il le faisait dans un style dont la diversité, à la fois très littéraire et très concrète, ne manqua pas d'impressionner. Il faut d'autre part se replacer dans l'époque où ces films sont sortis pour comprendre l'impact que représentait la présence physique, crue et sensuelle, de Harriet Andersson. Pièce maîtresse du vaste bestiaire féminin bergmanien, elle incarnait un type de femme que le cinéma ne montrait pas, et surtout pas le cinéma ambitieux, littéraire et intellectuel auquel se rattachait l'œuvre de Bergman. On mentionnera pour mémoire l'éloquente déclaration d'amour que lui adresse son amant d'une heure : « Tu sens l'écurie, le mauvais parfum et la sueur ; et je te lécherai comme un chien. »

BIBLIO. : scénario et dialogues *in* Bergman : « Œuvres », Robert Laffont, 1962.

## NUIT DES MORTS VIVANTS (LA)
## (Night of the Living Dead)

1968 – USA (97') • *Prod.* Image Ten (Russell W. Streiner, Karl Hardman) • *Réal.* GEORGE ROMERO • *Sc.* John Russo • *Phot.* The Latent Image Inc. • *Int.* Judith O'Dea (Barbara), Russell W. Streiner (Johnny), Duane Jones (Ben), Karl Hardman (Harry), Keith Wayne (Tom), Judith Ridley (Judy), Marilyn Eastman (Helen), Kyra Schon (Karen).

Texas. Deux jeunes gens, frère et sœur, Barbara et Johnny, viennent de loin pour visiter la tombe de leur père, quand un orage survient sur le cimetière. Barbara est agressée par une étrange créature à forme humaine, à la démarche empruntée et mécanique, au regard vide. Johnny vient à la rescousse. Il se bagarre avec le zombie et fait une chute mortelle, sa tête ayant heurté une pierre tombale. Barbara se réfugie dans une maison apparemment abandonnée. D'autres zombies approchent. Un jeune Noir, Ben, rejoint Barbara dans la maison. Un cadavre en décomposition est découvert au premier étage. Ben abat un zombie qui a pénétré dans la maison. Il brûle son cadavre dehors et découvre ainsi que le feu fait fuir les autres zombies. Il est d'ailleurs assez facile de les enflammer. Se préparant à subir un siège, il cloue portes et fenêtres. Il est obligé de frapper Barbara qui, ayant perdu la tête, voulait aller dehors récupérer le corps de son frère. La radio recommande à tous de rester chez soi. D'autres attaques de zombies ont eu lieu dans divers coins des États-Unis. Deux hommes sortent alors de la cave où ils se tenaient. Helen, la femme du plus âgé, Harry Cooper – il a une quarantaine d'années –, est restée à la cave avec sa fillette, Karen, gravement blessée. L'autre homme, Tom, est un adolescent. Autoritaire, très nerveux, ne supportant pas la contradiction, Cooper veut obliger Ben et Barbara, maintenant complètement prostrée, à se réfugier comme lui dans la cave. C'est à son avis la seule façon de s'en sortir. Ben estime au contraire que ce serait s'enfermer dans un piège sans issue. La télévision, fonctionnant à nouveau, révèle que les zombies sont tous des morts très récents qu'un satellite, revenu de Vénus où il avait subi des radiations, a ranimés. Le speaker recommande de brûler les morts aussi vite que possible car le processus de réanimation a lieu immédiatement après le décès. Quant aux zombies, il faut, pour s'en débarrasser, y mettre le feu ou les décapiter. Ils cherchent à se nourrir en dévorant de la chair humaine. Tom décide de rejoindre en camion le poste de sauvetage le plus proche. Il doit convaincre Judy, sa petite amie, qui se terrait elle aussi à la cave, du bien-fondé de sa décision. Ben part avec eux. Le camion doit s'arrêter près d'un poste d'essence pour faire le plein. La jeune fille va chercher de l'essence mais le camion, entouré de zombies en flammes contre lesquels Tom se défend tant bien que mal, explosera. Ben, seul survivant, doit retourner vers la maison où Cooper essaie en vain de l'empêcher d'entrer. Les zombies tentent d'enfoncer la porte. Harry veut obliger Ben, sous la menace d'une arme, à descendre avec lui à la cave. Ben lui reprend l'arme et l'abat. Les zombies parviennent à rentrer dans la maison. Karen, la fillette, qui venait de mourir, renaît aussitôt à l'état de zombie. Elle tue sa mère et agresse Ben qui doit se débarrasser de Cooper (une seconde fois) et de sa femme devenus à leur tour des zombies. Une patrouille menée par le shérif liquidera tous les zombies mais abattra également Ben, pris pour l'un d'entre eux.

☞ Au cours des années 1960, deux cinéastes totalement indépendants et à l'écart des grandes firmes furent particulièrement novateurs. Herschell Gordon Lewis, dont *Blood Feast*, 1963, et *2000 Maniacs**, 1964, engendrèrent la vogue du « gore » (fantastique sanguinolent poussé avec une complaisance mêlée d'humour jusqu'aux extrêmes limites du répugnant) et George Romero dont *Night of the Living Dead,* variation contemporaine sur le thème du zombie, marqua une sorte d'intrusion, très efficace, du réalisme dans le fantastique le plus horrifique. Quatre éléments principaux donnèrent au film sa force et son originalité : 1) la condensation de l'action et de la durée au sein d'un crescendo dramatique constant ; 2) l'intervention permanente dans l'intrigue des médias (radio, télévision) pour commenter, visualiser et élargir l'action qui devient de ce fait de plus en plus crédible ; 3) l'utilisation conjointe de l'audace visuelle (point commun avec Herschell Gordon Lewis) et de la litote dans les scènes sanglantes ; 4) le refus des conventions et des clichés en usage dans le genre. Au lieu du happy end courant, le film se termine par un malentendu sanglant qui ajoute encore, sur un mode ironique, à l'horreur de tout ce qui a été montré. Pour ces diverses raisons, le film provoqua à sa sortie une immense surprise et même un certain scandale qui accentua son succès. Pour ce qui est de l'audace visuelle, elle est assez loin de la complaisance grand-guignolesque et guignolesque tout court des films de H.G. Lewis. Elle est justifiée par la rigueur de l'intrigue et par le cycle infernal où sont embarqués tous les personnages. Hélas, l'influence des deux cinéastes ne fut pas égale. Celle de H.G. Lewis, à peu près irrécupérable sur un plan esthétique, l'emporta de beaucoup et suscita pendant une longue période (qui dure encore aujourd'hui) une dégénérescence du film fantastique et d'horreur, illustrée par exemple par un film comme *Massacre à la tronçonneuse, The Texas Chainsaw Massacre,* Tobe Hooper, 1974. (A noter que cette dégénérescence s'accomplit parallèlement à une revitalisation du cinéma de SF jusqu'au milieu des années 70.) A part le fait d'avoir relancé le thème du zombie, la leçon réaliste de *Night of the Living Dead* resta pour ainsi dire sans écho, et même les films suivants de Romero ne furent pas à la hauteur de ce coup d'essai de maître, réalisé avec un budget presque dérisoire.

BIBLIO. : *novelization* écrite par le scénariste du film, John Russo, Warner Paperback, New York, 1974. Préface de George Romero qui rappelle qu'il avait écrit autrefois une nouvelle inspirée de « I Am a Legend » de Richard Matheson qui servit de base au scénario ; le film fut réalisé et interprété par un groupe d'amis se connaissant depuis le collège et travaillant dans la publicité pour la télévision à Pittsburgh. Il coûta 114 000 dollars et en rapporta cinq millions.

## NUIT DU CHASSEUR (LA) (The Night of the Hunter)

1956 – USA (95') • *Prod.* UA (Paul Gregory) • *Réal.* CHARLES LAUGHTON • *Sc.* James Agee d'ap. R. de David Grubb • *Phot.* Stanley Cortez • *Mus.* Walter Schumann • *Int.* Robert Mitchum (Harry Powell), Shelley Winters (Willa Harper), Lillian Gish (Rachel Cooper), Peter Graves (Ben Harper), Billy Chapin (Joe), Sally Jane Bruce (Pearl), Evelyn Varden (Icey Spoon), Don Beddoe (Walt Spoon), James Gleason (oncle Birdie), Gloria Castilo (Ruby).

En Virginie, au bord de l'Ohio, dans les années 30. Avant d'être arrêté par la police, Ben Harper a le temps de remettre le produit d'un hold-up, dix mille dollars, à ses deux enfants, le jeune John et la toute petite Pearl. Il leur fait jurer de ne dire à personne, pas même à leur mère, où le trésor se trouve, afin qu'ils l'aient encore à leur majorité. Ben est condamné à mort pour un double meurtre. En prison, il rencontre le pasteur Harry Powell. C'est un homme étrange, à demi fou, meurtrier d'une douzaine de veuves, vêtu entièrement de noir, dont les doigts de la main droite portent les lettres du mot LOVE et ceux de la main gauche le mot HATE. Ben parle dans son sommeil et, interrogé par Powell, laisse entendre qu'il a un magot. Une fois libéré, Powell se rend à la ferme des Harper. Il ne tarde pas à s'apercevoir que les enfants savent quelque chose. Il séduit leur mère, Willa, et l'épouse. Il interroge constamment les deux enfants, usant tantôt de la douceur et tantôt de la menace, mais n'obtient rien. Quand il comprend que Willa ne sait rien mais qu'elle commence à se douter de quelque chose et suspecte ses intentions, il la tue et fait courir le bruit qu'elle est partie. En fait son cadavre, placé dans sa voiture, repose au fond de la rivière, les cheveux flottant au gré du courant. Les gosses réussissent à enfermer Powell dans la cave. Il venait de faire avouer à la fillette que le magot se trouve dans sa poupée. John et Pearl descendent le fleuve en barque et sont recueillis par la vieille Rachel, une femme généreuse et maternelle qui s'occupe déjà de deux enfants. Powell vient réclamer John et Pearl comme s'ils étaient à lui, mais Rachel le chasse avec son fusil. Plus tard, il revient et elle tire sur lui avant d'appeler la police qui l'arrête. John assiste à cette arrestation, la confond avec celle de son père et, bouleversé, rend les dollars à Powell comme s'il était son père. Après son procès, la foule veut lyncher Powell. Les policiers sont obligés de le transférer dans une autre prison. Rachel élèvera les enfants.

☞ Ce film inclassable, qui fut un échec commercial et empêcha Charles Laughton de continuer une carrière de metteur en scène, a toujours été très apprécié de certains cinéphiles. Empruntant à plusieurs genres cinématographiques (western, *film noir*), il ne rentre dans aucun, mais, sur le plan littéraire, s'inscrit dans cette lignée de contes noirs, de récits d'aventures plus ou moins fantastiques et cauchemardesques dont les enfants sont à la fois les héros et les victimes (cf. *Moonfleet** de Fritz Lang, tiré du roman de John Meade Falkner, *Cyclone à la Jamaïque* de Mackendrick d'après Richard Hughes, *Our Mother's House* de Jack Clayton, adapté de Julian Gloag, etc.). Dans son autobiographie, Elsa Lanchester, l'épouse de Charles Laughton, affirme que Laughton commença à travailler au scénario avec David Grubb, l'auteur du roman original, puis commanda une adaptation à James Agee qu'il jugea trop longue et trop réaliste. Il dut la remodeler, la raccourcir, afin qu'elle retrouve une part de l'insolite et de l'onirisme de l'œuvre originale qu'elle avait perdue. (James Agee mourut en 1955 à quarante-cinq ans et ne put voir le film terminé.) La relative maladresse du film sur le plan dramatique renforce encore son étrangeté. A vrai dire, le développement de l'histoire, articulée en trois phases où se mêlent confusément un point de vue objectif de narrateur et le point de vue subjectif des enfants, compte beaucoup moins dans le film que son atmosphère et ses personnages. S'il est absurde de dire, comme cela a été fait, que Mitchum trouve là son meilleur rôle et fut découvert à partir de ce film ( !), il ne fait aucun doute que son personnage est d'une originalité peu commune. Il tient de Barbe-Bleue, de l'ogre et de tous ces êtres mythiques qui fascinent et terrorisent l'imagination enfantine. Certains, notamment à cause de la scène de l'arrestation finale, ont voulu voir en Powell un substitut de la figure paternelle pour les enfants. Bien qu'apparemment encouragé par la substance du film, ce type d'exégèse psychanalytique court le risque de la gratuité et laisse ici insatisfait. C'est surtout plastiquement que le film est surprenant. Il doit beaucoup au travail de l'opérateur Stanley Cortez. Les décors d'inspiration gothique et expressionniste évoquent aussi l'univers scandinave et celui de Dreyer en particulier. Les intérieurs (recréés en studios) ont en commun une qualité composite d'irréalité – ou de surréalité – qui donne au film sa bizarre cohérence. Au-delà de toute rationalité, le récit est ponctué d'images et de scènes inoubliables : le cadavre de Shelley Winters au fond de l'eau, le cantique que chantent à deux voix la nuit Lilian Gish assise sous sa véranda, un fusil sur les genoux, et Mitchum qui la guette dans le jardin. Tout noir qu'il soit sur le plan plastique, le film est loin d'être entièrement pessimiste. Une part importante de son message (dans la dernière partie) vise à montrer que l'endurance naturelle des enfants et leur innocence peuvent venir à bout de la folie, de la cupidité et du mal qui sont le lot de beaucoup d'adultes. Mais que deviendront-ils quand ils auront grandi ?

Biblio. : scénario et dialogues *in* « Agee on Film », volume 2, New York, McDowell, Obolensky, 1960, réédité à Londres, Peter Owen, 1965. Le texte est à peu de chose près celui du film définitif. Le volume contient aussi le scénario de *The African Queen** et un projet *Noa Noa* (vie de Gauguin) qui ne fut jamais tourné. Traduction française des deux scénarios chez Flammarion, 1988. Autre publication du scénario *in* « L'Avant-Scène » n° 202 (1978). Voir aussi le volume de Charles Tatum, Jr. consacré au film par les Éditions Yellow Now, Crisnée, Belgique, 1988.

## NUIT DU LOUP-GAROU (LA) (The Curse of the Werewolf)

1961 – Angleterre (91') • *Prod.* Hammer Films (Anthony Hinds) • *Réal.* TERENCE FISHER • *Sc.* John Elder d'ap. R. « The Werewolf of Paris » de Guy Endore • *Phot.* Arthur Grant (Eastmancolor) • *Mus.* Benjamin Frankel • *Int.* Clifford Evans (Don Alfredo Carido), Oliver Reed (Leon), Yvonne Romain (la servante), Catherine Feller (Christina), Anthony Dawson (le marquis Siniestro), Josephine Llewellyn (la marquise), Richard Wordsworth (le mendiant).

Espagne, XVIIIe siècle. Un mendiant arrive chez le marquis Siniestro, tyrannique et dépravé. Ce dernier lui donne à boire et à manger, le fait danser puis l'enferme dans une geôle et l'y oublie. La petite fille muette du geôlier prend soin de lui. Devenue adulte, elle repousse les avances du marquis et est alors enfermée avec le vieux mendiant, maintenant horriblement velu, qui la viole et meurt. Le marquis convoque à nouveau la jeune femme : elle le tue et s'échappe dans la forêt où le vieux professeur Alfredo Carido (narrateur de l'histoire) la recueille. Elle meurt chez lui en accouchant d'un enfant que Carido adopte. A huit ans déjà, le petit Leon est un loup-garou. Durant ses crises, où il se transforme en loup, il égorge d'autres animaux. Adulte, il tombe amoureux de Christina, la fille d'un riche propriétaire chez qui il travaille. Christina répond à son amour. Lorsqu'un ami l'amène dans un cabaret, Leon y massacre une prostituée, cet ami et un paysan. Comprenant qu'il est un monstre et ne voulant surtout pas nuire à celle qu'il aime, il supplie qu'on le fasse brûler vif. Carido le fait enfermer. Une nuit de pleine lune, il s'échappe par les toits. Les villageois le poursuivent. La mort dans l'âme, Carido doit l'abattre avec une balle en argent fondue à partir d'un crucifix, seule arme capable de le tuer.

☞ Le sommet de l'art de Fisher en tant qu'illustrateur fantastique. En cela, le film est le meilleur et le plus typique de sa première période. Par la suite, avec des œuvres comme *Frankenstein Created Woman* (Frankenstein créa la femme,* 1966), *The Devil Rides Out (Les vierges de Satan,* 1967), *Frankenstein Must Be Destroyed (Le retour de Frankenstein,* 1969), Fisher manipulera les thèmes et les personnages traditionnels de l'art fantastique avec beaucoup plus de liberté et d'originalité. A l'époque de ce film, son talent d'illustrateur repose essentiellement sur un exposé exhaustif du thème, accompagné de quelques éléments plus personnels placés discrètement en retrait. Le film présente l'existence du loup-garou depuis sa naissance jusqu'à sa mort. Il remonte même au-delà de sa naissance et livre l'historique de ses origines. Idée féconde à la fois sur le plan narratif et sur le plan du contenu mythique de l'œuvre. Les premières séquences (les plus réussies) évoquent le rythme des romans de Hugo – vagues successives d'événements tragiques que le Temps engendre dans un foisonnement baroque et une indifférence complète aux souffrances humaines. L'hérédité de l'enfant qui va naître est si lourde qu'elle constitue le terrain privilégié où vont s'engouffrer les forces du mal, toujours à l'affût. Du côté paternel : misère, décrépitude et dégénérescence physique allant jusqu'à la déshumanisation et la bestialité. Du côté maternel : terreur, dégoût et esprit de vengeance conduisant au meurtre. De plus, la naissance du bébé a lieu un 25 décembre : elle est une sorte de défi et d'insulte à la naissance divine. Tout concourt à la placer sous un signe maudit. Lors du baptême, le tonnerre gronde, l'eau du bénitier se trouble. Puis Fisher insistera longuement sur l'enfance du loup-garou, période où sa malédiction paraît la plus éprouvante et la plus injuste. Parmi les éléments personnels que Fisher a insérés dans le récit, il y a d'abord cette « Espagne anglaise », lieu géographique irréel et hybride, reflétant sur un plan plastique et décoratif les contradictions, les antinomies qui agitent l'être du héros. D'autre part, Fisher met l'accent sur la lucidité de son personnage et, ce faisant, minimise l'horreur pure du récit au profit de l'émotion qu'il peut dégager. Et le spectateur compatira d'autant plus à l'évocation du monstre qu'il le voit naître, grandir et mourir. Par cette lucidité, Fisher fait de son loup-garou un personnage humain et triste, exilé dans un univers où il n'aura jamais sa place. Un dernier élément exprime la personnalité de Fisher : le pessimisme total de l'œuvre. En effet, malgré la possibilité inclue dans l'économie du mythe d'une rédemption par l'amour, le film souligne l'impuissance de cet amour. Non seulement le héros ne sera pas libéré de sa malédiction par l'amour, mais son bienfaiteur devra devenir son bourreau.

## NUITS ENSORCELÉES
### (Lady in the Dark)

1944 – USA (100') • *Prod.* PAR. (Richard Blumenthal, B.G. De Sylva) • *Réal.* MITCHELL LEISEN • *Sc.* Frances Goodrich, Albert Hackett d'ap. P. de Moss Hart • *Phot.* Ray Rennahan (Technicolor) • *Mus.* Kurt Weill (lyrics : Ira Gershwin) • *Int.* Ginger Rogers (Liza Elliott), Ray Milland (Charley Johnson), Warner Baxter (Kendall Nesbitt), Jon Hall (Randy Curtis), Barry Sullivan (Dr Brooks), Mischa Auer (Russell Paxton), Phyllis Brooks (Allison Dubois), Edward Fielding (Dr Carlton), Don Loper (Adams), Gail Russell (Barbara), Hillary Brooke (Miss Barr).

New York. Se sentant en crise, très déprimée, effrayée de tout sans raison, Liza Elliott, rédactrice en chef du célèbre magazine de mode « Allure », consulte son médecin traitant. A sa grande surprise, il l'envoie chez un psychanalyste. Dans son travail, Liza n'éprouve aucune difficulté majeure, si ce n'est que son directeur de publicité, Charley Johnson, l'agace par son ironie et ses moqueries continuelles. Il l'appelle « Boss Lady » et ne rate pas une occasion de railler son comportement de femme autoritaire et sûre d'elle-même. La vie sentimentale de Liza est à la fois simple et frustrante : elle a une longue liaison avec Kendall Nesbitt, un homme marié qui réclame en vain, depuis plusieurs années, le divorce à sa femme. Le psychanalyste que Liza vient consulter, le Dr Brooks, désire commencer le traitement immédiatement. Liza s'allonge sur le divan et lui raconte son dernier rêve : perdue dans l'espace entièrement coloré de bleu, elle court après une robe bleue (couleur qu'elle déteste dans la réalité). Elle l'enfile. La robe est très sophistiquée et très féminine – tout le contraire des tenues qu'elle porte dans la vie réelle. On l'applaudit. Charley Johnson doit faire son portrait en vue de la fabrication d'un timbre auquel elle servira d'effigie. Ayant posé, elle découvre que Charley a fait d'elle une caricature grotesque. Retour à la réalité. Les bureaux du journal sont en ébullition à cause de la présence dans les lieux de Randy Curtis, une star hollywoodienne venue poser pour des photos. Liza méprise un peu l'excitation de toutes les employées devant cet Adonis. Pourtant c'est d'elle que Randy veut obtenir un rendez-vous. Elle temporise. Ce même jour, Liza apprend de Kendall que sa femme consent enfin au divorce. Lors de la séance suivante chez le psychanalyste, elle raconte un deuxième rêve. En robe blanche de mariée, dans un décor à dominante dorée, elle va épouser Kendall. Mais Charley, sous l'apparence du prêtre qui doit les marier, lui déclare tout net qu'elle n'aime pas son fiancé. Retour à la réalité. Le psychanalyste explique à Liza qu'elle aime Kendall comme un père, non comme un amant ou un mari. Il souligne et présente comme un élément significatif son refus de répondre à l'invitation de Randy, ce qui traduit la peur qu'elle a de sortir de sa coquille et d'affronter la compétition avec d'autres femmes. Liza se fâche et interrompt le traitement. Au journal, Charley lui remet sa démission. Un autre magazine vient de lui offrir le poste qu'il convoite et qu'il ne pourra jamais obtenir à « Allure », celui de rédacteur en chef. Liza demande à Kendall de ne pas précipiter la date de leur mariage. Randy vient la chercher pour le rendez-vous qu'elle a finalement consenti à lui accorder. Elle tient à changer de tenue et apparaît dans une robe très sophistiquée. Au restaurant, Randy rencontre une amie qui s'incruste à leur table. Liza quitte la place. Elle a repris son analyse. Elle raconte un troisième rêve au Dr Brooks. Sur la piste d'un cirque, elle est enfermée dans une cage. Charley, sous la double apparence de M. Loyal et d'un procureur, fait son procès. Il l'accuse d'incertitude et d'hésitation sur tous les plans : elle ne sait choisir entre deux couvertures pour le prochain numéro du journal ; elle hésite si elle doit épouser Kendall ; elle ne se décide pas à choisir entre le comportement d'une femme séduisante et adulée et celui d'une austère businesswoman. Retour à la réalité. Liza raconte au psychanalyste deux humiliations d'enfance et d'adolescence. Sa mère, une femme élégante, était très courtisée. Un soir, plusieurs de ses amis l'avait plaisantée sur le fait que sa fillette, Liza, ne lui ressemblait pas. L'enfant en avait conçu une grande honte et un complexe d'infériorité durable. Sa mère étant morte peu après, elle s'était vu interdire violemment par son père de porter une de ses robes, ce qu'elle ne faisait que pour lui plaire. Au collège, elle s'enfermait dans son travail. Pourtant un jour, par exception, elle avait accepté d'être la cavalière du garçon le plus recherché de l'école, lequel s'était disputé avec sa petite amie Barbara. Mais au bal il l'avait plantée là pour aller rejoindre Barbara. Le psychanalyste explique à Liza que son cas est clair : consciente de son infériorité devant les hommes, source d'anciennes blessures non cicatrisées, elle a voulu dominer ceux-ci dans le domaine professionnel, tout en refoulant sa propre féminité. Liza paraît libérée par cette explication. Son fiancé Kendall a compris qu'elle ne l'épouserait jamais. Quant à Randy qui voulait l'épouser, elle lui dit non, car elle a compris que c'était d'une mère, d'une protectrice dont il avait besoin, non d'une femme. Elle propose à Charley la co-direction du journal. C'est lui qu'elle aime.

☞ Cette adaptation de la pièce célèbre de Moss Hart (musique de Kurt Weill) est l'un des films les plus insolites de Mitchell Leisen et du cinéma hollywoodien de l'époque. Leisen venait d'aborder la psychanalyse dans son film précédent *No Time for Love,* 1943, sorti en France en 1989, sorte de brouillon de *Lady in the Dark* auquel il aurait pu donner son titre et qui contenait la première séquence onirique jamais réalisée par Leisen. Mais dans *Lady in the Dark,* son premier film en Technicolor, la psychanalyse devient le sujet essentiel du film. Les cinéastes hollywoodiens avaient commencé à en parler dans le *film noir,* mais le faire dans une comédie musicale était beaucoup plus inattendu. D'un bout à l'autre du film, Leisen va d'ailleurs jouer sur l'insolite, l'incongru, le baroque, le désaccordé. Il essaiera d'exprimer le sérieux par le futile, d'amener à la surface le profond, le souterrain en les rendant intentionnellement superficiels et décoratifs. Cela au prix de ruptures de ton incessantes et d'un étonnant travail sur la couleur et les costumes. En ce sens, le film représente un effort de transcription plastique de la méthode psychanalytique. L'héroïne effectue un voyage express au fond d'elle-même et ramène de l'aventure une moisson d'images oniriques, parfois agressives et vulgaires (qu'on qualifierait aujourd'hui de kitsch), étrangères en tout cas à l'harmonie et au bon goût, beaucoup plus audacieuses que la plupart des séquences de ce type qu'on trouve dans les films de Minnelli et de Cukor, que Leisen précède d'ailleurs dans ce domaine. Racontant l'histoire d'une femme amenée, grâce à la psychanalyse, à redécouvrir sa féminité et l'autre sexe, Leisen s'est peut-être amusé à évoquer, à travers elle, une déviation ayant chez lui des racines autobiographiques. Quoi qu'il en soit, *Lady in the Dark* possède, sur le plan psychologique et sur le plan formel, ce caractère d'aventure intime, surprenante et erratique, qui rend si attachants, malgré leurs défauts (ici surabondance de dialogues et casting parfois improbable), un grand nombre de films de Leisen.

N.B. Les difficultés de tournage rencontrées par cette énorme production (notamment mésentente de Leisen avec Ginger Rogers) accentuèrent encore son côté aventureux. Elles n'empêchèrent pas le film de connaître un très grand succès qui nous étonne autant aujourd'hui que celui de *L'aventure vient de la mer**. Deux séquences furent coupées dans la dernière séance chez le psychanalyste. Elles se situent l'une et l'autre, non dans le rêve, mais dans le flash-back sur l'adolescence de Liza. La première montrait Liza se voyant refuser un rôle dans la pièce jouée au collège. La seconde la montrait chantant « My Ship » pour son cavalier d'un soir ; cette deuxième séquence était très importante puisque l'héroïne se dit obsédée par cette chanson dès le début du film. Leisen a déclaré à David Chierichetti *in* « Hollywood Director », Curtis Books, New York, 1973 que le script de Frances Goodrich et Albert Hackett, crédités au générique, fut jeté à la corbeille et qu'il écrivit seul l'adaptation définitive. Il se souvient avec ironie de ce que Ginger Rogers et le producteur B.G. De Sylva ne comprenaient absolument rien à la psychanalyse et donc à l'évolution de l'intrigue, ce qui ne facilitait guère son travail. De Sylva était terrifié à l'idée qu'on puisse suggérer une possibilité d'inceste entre Liza et son père dans la séquence où il est dit qu'elle aime son fiancé comme un père.

## NUS ET LES MORTS (LES)
### (The Naked and the Dead)

1958 – USA (135') • *Prod.* RKO (Paul Gregory) distribué par Warner aux USA • *Réal.* RAOUL WALSH • *Sc.* Denis et Terry Sanders, Raoul Walsh, d'ap. R. Norman Mailer • *Phot.* Joseph LaShelle (Technicolor, Warnerscope) • *Mus.* Bernard Herrmann • *Int.* Aldo Ray (sergent Croft), Cliff Robertson (lieutenant Bob Hearn), Raymond Massey (général Cummings), Lily St. Cyr (Lily), Barbara Nichols (Mildred Croft), William Campbell (Brown), Richard Jaeckel (Gallagher), James Best (Ridges), Joey Bishop (Roth), Jerry Paris (Goldstein), L.Q. Jones (Woody Wilson), Robert Gist (Red), Casey Adams (colonel Dalleson).

Après avoir admiré bruyamment le strip-tease de Lily, amie de l'un des leurs, qui se produit dans un bar de Honolulu, les hommes du peloton du sergent Croft sont envoyés participer à la conquête d'une île du Pacifique. A peine ont-ils débarqué dans l'une des trois vagues d'assaut minutées avec jubilation par le général Cummings, que Croft leur ordonne de creuser des trous. Certains ronchonnent contre cet ordre qui pourtant, quelques instants plus tard, leur sauvera la vie. Croft, superbe brute guerrière bâtie pour tuer et pour survivre, est détesté par une partie de ses hommes qui haïssent sa dureté et son inhumanité. Il est admiré par d'autres que rassurent la justesse instinctive de ses décisions, sa connaissance du terrain, son autorité de chef. Croft aime l'armée comme sa seule et unique famille ; il n'a ni foyer ni parents et depuis que sa femme Mildred l'a trompé, sa misogynie ne connaît plus de limites. Après un coup de main contre les Japonais, il ordonne à l'un de ses soldats d'arroser les cadavres de balles. Bien lui en prend car, effectivement, un des Japonais était encore vivant. Croft lui donne une cigarette, du chocolat et lui prend ses papiers. Quelques secondes plus tard, il l'abat. Sadisme ou réalisme ? L'homme, en tout cas, s'apprêtait à lancer une grenade. Croft est sur le point d'abattre un groupe de prisonniers quand survient le jeune lieutenant Bob Hearn qui l'en empêche et emmène les Japonais. Hearn est le protégé du général Cummings qui en a fait son aide de camp. Ayant mené dans le civil une vie de play-boy, Hearn a acquis une certaine maturité au contact des réalités de la guerre et cherche à devenir un officier juste et aimé de ses hommes. Il s'oppose sur ce point à Cummings, lequel estime qu'il faut dominer ses inférieurs par la peur qu'on leur inspire : elle seule à son avis leur donnera le courage de se battre et de vaincre. Le peloton de Croft est envoyé appuyer une autre patrouille. Ses hommes abattent des Japonais pris à découvert en train de traverser une rivière. Cummings annonce à son état-major que l'ennemi a été repoussé. Il est félicité par le colonel Dalleson. Les hommes de Croft fabriquent un alambic au milieu de la jungle. Croft soigne en lui tapant dessus un soldat victime d'une crise de démence qui le prenait (ou feignait de le prendre) pour un Japonais. Au cours d'une beuverie, Croft, ivre, dit sa haine des femmes et reproche à ses hommes leur absence d'esprit de corps. Cummings est déçu du manque de compréhension de son protégé Hearn qui se refuse à entrer dans ses vues. Il essaie vainement de le mater puis l'envoie commander le peloton de Croft, récemment chargé d'une mission de renseignements très dangereuse dans une île montagneuse. Le peloton attaque une patrouille japonaise à la grenade et arrive aux abords d'un défilé gardé par des Japonais. Un soldat, blessé, meurt. Le lieutenant Hearn veut faire demi-tour. Pour l'en empêcher, Croft interdit à l'un de ses hommes revenant d'un repérage nocturne au défilé de dire qu'il y a vu des Japonais. Le lendemain, Hearn est gravement touché et trois hommes l'emportent sur un brancard. Croft reprend ainsi le commandement de son peloton qu'il oblige à contourner la montagne. Lors du franchissement d'une paroi à pic, un homme tombe. Plus tard, Croft allant au-devant de l'ennemi avec une extrême témérité est fauché par un tir. Un soldat a aperçu dans la vallée une masse considérable de Japonais, des tanks, de l'artillerie. Un message radio est envoyé au haut commandement. Hearn est ramené sain et sauf au bateau et exige qu'on attende l'arrivée du peloton. Les survivants apparaissent peu après. Une grande victoire est remportée sur l'ennemi grâce aux renseignements fournis par le peloton de Croft et grâce aux ordres donnés par le colonel Dalleson. Cummings, lui, s'était complètement trompé dans l'appréciation de la situation. Il va voir Hearn à l'infirmerie. Hearn lui affirme être maintenant persuadé qu'il est inefficace et dangereux de vouloir commander par la peur. Lui-même ne doit son salut qu'au dévouement de ses soldats qui l'ont transporté sur un brancard pendant des dizaines de kilomètres à travers la jungle. La tête basse, Cummings assiste au retour des troupes victorieuses.

☞ Un des très grands films de guerre du cinéma américain. L'œuvre a ceci d'unique et de grandiose qu'elle est à la fois une étude approfondie de caractères et un récit épique, à la mise en scène ample et dense, montrant l'homme face à l'ennemi militaire, et face aussi à son ennemi le plus intime, c'est-à-dire lui-même. Après la sérénité et le dynamisme d'*Objective, Burma !**, c'est pour Walsh le temps de l'ambiguïté, de la complexité des points de vue et des personnages. Le personnage du sergent Croft a fait couler beaucoup d'encre à cause de son réalisme agressif, de sa troublante vérité. Il n'entre dans aucun des stéréotypes de film de guerre, bien qu'étant une créature entièrement fabriquée par la guerre et à la fin détruite par elle. Si Raymond Massey incarne un haut gradé tenté par le fascisme en raison d'une fragilité, d'un déséquilibre intime qui font de lui le plus misérable sans doute des trois personnages principaux de l'histoire, si le lieutenant interprété par Cliff Robertson exprime le désir de trouver une conception humaniste des rapports entre gradés et hommes de troupe, Croft (auquel Aldo Ray a donné un visage inoubliable) est là pour rappeler qu'il n'y a pas de vision humaniste possible de la guerre. L'évolution de son personnage est caractéristique de ce qu'il y a de plus walshien dans les films de Walsh d'après-guerre. Croft, grand professionnel de la tuerie, as de la survie, sera finalement détruit par ses propres tendances destructrices, par un excès d'audace et de confiance en lui-même. (A noter qu'il ne mourait pas dans le roman de Mailer.) Ce franchissement des limites par un personnage dont l'instinct de vie, débordant, excessif, devient un instinct de mort, existe aussi dans *White Heat (L'enfer est à lui*)*. Deux autres aspects contribuent à la richesse de ce film-somme. Au milieu de ces conflits d'hommes, picaresques et cruels, Walsh installe, en particulier dans les flash-backs, une mémorable collection de femmes. Plus que le repos du guerrier, elles sont sa rêverie, son obsession et parfois sa folie. Enfin un humour constant, typiquement walshien, féroce et parfois énorme, donne à cette fresque une sombre couleur de farce, digne parfois d'un Breughel.

# O

## OBSÉDÉ (L')

**(Obsession ; titre US : The Hidden Room)**

1949 – Angleterre (98') • *Prod.* Rank • *Réal.* EDWARD DMYTRYK • *Sc.* Alec Coppel d'ap. sa P. « A Man About a Dog » • *Phot.* C. Pennington-Richards, Robert Day • *Mus.* Nino Rota • *Int.* Robert Newton (le Dr Clive Riordan), Sally Gray (Storm Riordan), Naunton Wayne (Finsbury), Phil Brown (Bill Kronin), Michael Balfour (le marin américain), Betty Cooper (Miss Stevens), James Harcourt (Aitkin), et le chien Monty.

Lassé des multiples infidélités de son épouse, un docteur décide de se venger sur la personne de son dernier amant en date. Il l'emprisonne pendant plusieurs mois dans un sous-sol abandonné et vient chaque jour lui apporter sa nourriture et remplir peu à peu d'acide sulfurique une baignoire dans laquelle il compte bien se débarrasser de lui, quand il l'aura tué. L'ingéniosité du prisonnier et l'arrivée de la police empêcheront le docteur de mener à bien son entreprise.

☞ Le film fut tourné en trente jours avec un tout petit budget. Dmytryk voulait prouver que, contrairement à la tradition, une équipe entièrement anglaise pouvait se montrer expéditive. Avec le chef-opérateur C. Pennington-Richards, il étudia un style de photo impressionniste qui, volontairement, ne mettait pas en valeur les détails du plan mais soulignait les déplacements d'ensemble de l'ombre et de la lumière. Le film est original aussi par son absence de pathos et de moralisme. Il décrit à froid et à fond une situation d'une cruauté et d'un sadisme insolites pour l'époque. Ils le sont d'autant plus qu'ils ne s'inscrivent pas dans un contexte fantastique, mais au contraire tout à fait réaliste. C'est avec un état d'esprit très différent, caractérisé par une volonté de prise de conscience sociale que, trois ans plus tard à Hollywood, Dmytryk livrera pour Stanley Kramer le portrait d'un autre tueur, dans son célèbre *Sniper (L'homme à l'affût*).*

## O CANGACEIRO

**(id. / Sans peur, sans pitié)**

1953 – Brésil (90') • *Prod.* Vera Cruz, Cid Leite da Silva • *Réal.* LIMA BARRETO • *Sc.* L. Barreto et Rachel de Queiroz • *Phot.* Chick Fowle • *Mus.* Gabriel Migliori • *Chansons* Ze do Norte • *Int.* Milton Ribeiro (Galdino Ferreira), Alberto Ruschel (Teodoro), Marisa Prado (Olivia), Vanja Orico, Andoniran Barbosa, Lima Barreto, Neusa Veras, Ricardo Campos.

Vers 1940, dans le Nordeste brésilien, le capitaine Galdino Ferreira et ses hommes, bandits notoires, ravagent un village. Ils pillent, violent, laissent sur le terrain une vingtaine de cadavres. Parfois même, ils marquent au fer rouge leurs victimes. Ferreira kidnappe l'institutrice afin d'obtenir une rançon.

Teodoro, le meilleur ami de Ferreira, tombe amoureux d'elle. Ils s'échappent ensemble. Ferreira ordonne aussitôt que soit traîné derrière un cheval l'homme qui les a aidés. Le supplice entraîne sa mort en quelques instants. Au cours de sa fuite, l'institutrice répond à l'amour de son libérateur. Il lui raconte qu'il a été élevé par des prêtres et qu'après une rixe où il tua un homme, il avait dû rejoindre les bandits avec lesquels il a peu de points communs. La brigade de vigilance constituée pour pourchasser les bandits a été décimée par eux. Teodoro, les sentant tout proches, se sépare de l'institutrice. Il est cerné dans la montagne et doit se rendre. Ferreira lui donne quatre mètres d'avance. Quand il les aura franchis, chacun des vingt-trois compagnons tirera une seule balle. Si Teodoro n'est pas atteint, il aura la vie sauve. Mais bien entendu il est abattu. Sa mort précède de peu celle de Ferreira, blessé lors du grand affrontement dans la montagne.

☞ Tourné pour les studios de la Vera Cruz, *O Cangaceiro* fut l'un des plus grands succès commerciaux brésiliens. Ce qui entraîna sa distribution internationale dans vingt-trois pays. Ce fut, avant les œuvres intellectuelles et esthétisantes du Cinema Nôvo, l'un des rares films populaires brésiliens qu'on ait vus en France. Sa célébrité est due à son pittoresque (très discuté au Brésil), à sa violence – l'élément le plus caractéristique du film – et bien sûr à sa musique. Très pauvre en péripéties, le film a mal vieilli. Son principal défaut est son abstraction. Impersonnel, manquant de repères concrets, *O Cangaceiro* a vécu de cette vie éphémère que peuvent donner à un film ses conventions et son artifice, parés ici d'un vernis insolite. La dernière séquence présente une variation simplifiée de « la course de la flèche » illustrée avec génie par Fuller dans *Run of the Arrow**.

## ODYSSÉE DU DR WASSELL (L')
### (The Story of Dr Wassell)

1944 – USA (136') • *Prod.* PAR. (DeMille) • *Réal.* CECIL B. DEMILLE • *Sc.* Alan LeMay, Charles Bennett d'ap. l'autobiographie du commandant Corydon M. Wassell, et le récit de James Hilton • *Phot.* Victor Milner, William Snyder (Technicolor) • *Mus.* Victor Young • *Int.* Gary Cooper (Dr Corydon M. Wassell), Laraine Day (Madeleine Day), Signe Hasso (Bettina), Carol Thurston (Tremartini), Dennis O'Keefe (Benjamin «Hoppy» Hopkins), Carl Esmond (lieutenant Dirk Van Daal), Stanley Ridges (Cdr. William B. « Bill » Goggins), Paul Kelly (Murdock), Elliott Reid (Anderson), Barbara Britton (Ruth), Richard Loo (Dr Wei), Ludwig Donath (Dr Vranken), Victor Varconi (capitaine Ryck).

Java, 1942. Le Dr Wassell, médecin de la marine, prend la tête d'un train sanitaire conduisant vers l'hôpital les rescapés du « Marbre Head », navire incendié en mer. On est à la veille d'une gigantesque offensive japonaise sur l'île. Lors du raid, les blessés doivent s'abriter sous leurs lits. L'un d'entre eux raconte à ses camarades comment Wassell, obscur médecin de campagne dans l'Arkansas, s'était un jour embarqué, avant la guerre, pour la Chine à la suite de la lecture d'un tract réclamant de l'aide pour ce pays. Y figurait la photo d'une infirmière, Madeleine Day, qui devint précisément la collaboratrice de Wassell dans ses recherches scientifiques sur une race particulière d'escargots. A ce moment, le narrateur blessé durant le raid meurt sans avoir pu achever son récit. Wassell passe outre aux ordres qui l'obligent à ne renvoyer chez eux que les blessés qui peuvent marcher. Il ordonne de procéder à l'embarquement sur le « Pecos » de la totalité des blessés. Mais le capitaine l'en empêche. Wassell obtient seulement de pouvoir rester à terre avec la quinzaine de grands blessés qui ne sont pas autorisés à partir. Il sera le seul officier américain à demeurer sur l'île. Un des hommes lui demande alors de continuer le récit laissé inachevé. Wassell accepte et raconte qu'amoureux de Madeleine il lui avait néanmoins conseillé d'épouser son rival dont il venait d'apprendre qu'il l'avait dépassé dans ses recherches. Retour au présent. Wassell obtient de quelques soldats anglais et hollandais restés sur l'île la possibilité de charger ses blessés sur des camions et des jeeps qui se dirigent vers la côte où les attend un bateau en partance pour l'Australie. Durant le voyage, une des jeeps est accidentée dans la jungle. Impossible, à cause de la destruction d'un pont, de parvenir jusqu'au blessé qui voyageait dans la jeep. L'infirmière qui l'accompagne, amoureuse de lui, sacrifiera sa vie pour rester à ses côtés. Armé de sa mitraillette, il tire sur l'ennemi japonais qui avance... Wassell transborde tous ses blessés sur le dernier navire quittant Java. Cela à l'insu du capitaine. On apprend durant le voyage que le « Pecos » a sombré. Madeleine qui ne s'était pas mariée avec le rival (mort depuis) de Wassell était à bord. A l'arrivée en Australie, Wassell, qui croit devoir affronter la cour martiale, est au contraire félicité par Roosevelt dans un message radiodiffusé. Il apprend que Madeleine fait partie des survivants du « Pecos ». Plus rien maintenant ne les sépare. Il reçoit la « Navy Cross ».

☞ Fresque héroïque et ultra-spectaculaire, pot-pourri de vertus morales et de bons sentiments poussés jusqu'à des paroxysmes baroques et grandioses, le film a été écrit à partir des témoignages de Wassell et des survivants de l'aventure. Il unit donc, dans un mélange qui ravissait DeMille, les caractéristiques d'une aventure extraordinaire et le réalisme du document brut. L'auteur y fait preuve d'une virtuosité de conteur et de metteur en scène qui a peu d'équivalents dans le cinéma américain. En effet, le récit est basé sur une multitude de détails, d'anecdotes, de portraits, de caractère, faisant vivre au moins, et avec un relief inoubliable, une trentaine de personnages. En même temps nous est montrée dans ses grandes lignes, avec un souffle épique incontestable, une aventure collective où se fondent totalement les innombrables destinées individuelles qui y ont participé. C'est que, chez DeMille, le sens épique ne procède pas d'un effacement des détails ; au contraire, il les exalte dans leur multiplicité et leur foisonnement, dans leur vivante et infinie diversité. De sorte que le spectateur a constamment l'impression d'avoir sous les yeux les plus infimes parcelles de l'action et en même temps de la dominer tout entière dans une vue cavalière qui englobe son immensité. Ubiquité caractéristique d'un cinéaste qui passe sans effort de l'infiniment petit à l'infiniment grand et les fait valoir l'un par l'autre. Accessoirement, DeMille se paie le luxe d'une audace narrative à peu près unique : au beau milieu du récit, il y a ce flash-back coupé en deux qui, après la mort du premier narrateur, reprend beaucoup plus tard avec un second narrateur qui en est le héros. Tout cela dans une coulée dramatique parfaite qui ne réclame du spectateur nul effort supplémentaire.

## OISEAUX (LES)
### (The Birds)

1963 – USA (115') • *Prod.* UI (Alfred Hitchcock) • *Réal.* ALFRED HITCHCOCK • *Sc.* Evan Hunter d'ap. une nouvelle de Daphné Du Maurier • *Phot.* Robert Burks (Technicolor) • *Effets spéciaux :* Ub Iwerks, Robert Hoag, L.B. Abbott, Linwood Dunn, Lawrence A. Hampton • *Mus.* Bernard Herrmann • *Int.* Rod Taylor (Mitch Brenner), « Tippi » Hedren (Melanie Daniels), Jessica Tandy (Lydia Brenner), Suzanne Pleshette (Annie Hayworth), Veronica Cartwright (Cathy Brenner), Ethel Griffies (Mrs. Bundy), Charles McGraw (Sebastian Sholes), Ruth McDewitt (Mrs. MacGruder).

San Francisco. Melanie Daniels, élégante jeune femme blonde dont l'existence agitée et parfois extravagante a souvent défrayé la chronique, est la fille du directeur d'un important journal de la ville. Dans la boutique d'un oiseleur, elle rencontre un jeune avocat, Mitch Brenner, qui l'avait vue au tribunal. Il fait semblant de la prendre pour une vendeuse et Melanie, croyant qu'il se trompe de bonne foi, joue le jeu et cherche pour lui les deux « love birds » (inséparables) dont il veut faire cadeau à sa jeune sœur Cathy pour son anniversaire. Les oiseaux ne sont pas disponibles ce jour-là. A la fois agacée et attirée par Mitch, Melanie retourne le lendemain à la boutique et achète les oiseaux. Elle les porte au domicile de Mitch et apprend d'un voisin qu'il passe le week-end à Bodega Bay, un petit port situé à cent kilomètres de là. Elle s'y rend et dépose dans la maison – vide – de Mitch la cage contenant les deux oiseaux. Elle observe de loin sa surprise, dans le hors-bord qu'elle a loué, quand soudain une mouette la blesse au front. Mitch vole à son secours. Il la présente à sa mère et l'invite à dîner. Ne voulant pas avouer qu'elle est venue pour lui, elle loue une chambre chez l'institutrice du village, Annie Hayworth. Annie a eu autrefois une liaison avec Mitch qu'elle aime encore ; elle affirme que c'est Mrs. Brenner, mère possessive, récemment veuve, vivant dans la crainte constante d'être abandonnée, qui a empêché leur union. Melanie et Annie constatent qu'un oiseau est venu s'écraser contre la porte de la maison. Le lendemain, au cours de la surprise-partie donnée pour l'anniversaire de Cathy, Melanie et Mitch qui s'étaient légèrement disputés, se réconcilient. Melanie révèle à Mitch que sa mère a abandonné son père quand elle avait onze ans. Brusquement, une quantité d'oiseaux attaquent les enfants en train de jouer. Une fillette est blessée ; plusieurs enfants courent s'abriter à l'intérieur. Le soir même, une nuée de moineaux très agressifs s'engouffrent dans la cheminée de la maison des Brenner et se ruent sur Mitch, sa mère, Cathy et Melanie. Le lendemain, Mrs. Brenner se rend chez un voisin fermier et découvre avec horreur son cadavre aux yeux arrachés. N'ayant pas même la force de hurler, elle rentre chez elle profondément traumatisée. Melanie la soigne et celle-ci, s'inquiétant pour Cathy, lui demande d'aller la chercher à l'école. Melanie y va et, en attendant la fin du cours, s'assoit sur un banc à l'extérieur du bâtiment. Elle s'aperçoit qu'une multitude de corbeaux ont pris place sur un portique et semblent attendre la sortie des enfants. Melanie prévient Annie qui ordonne aux élèves d'effectuer un exercice d'alerte à l'incendie. Courant à l'extérieur de l'école, ils sont pourchassés par les corbeaux qui s'acharnent à les frapper à la nuque et au visage. Melanie, Cathy et une autre fillette se réfugient dans une voiture. Au café principal du village, Melanie téléphone à son père pour le mettre au courant des événements. Une femme d'un certain âge, spécialiste en ornithologie, se déclare tout à fait sceptique quant à ces manifestations d'agressivité attribuées aux oiseaux. Un marin affirme que son bateau a été déchiqueté par des mouettes. Un ivrogne clame que la fin du monde est arrivée. Sur la grand-place, un pompiste en train de faire le plein d'un véhicule est attaqué par les oiseaux et l'essence se répand sur la chaussée. Un automobiliste jette une allumette par terre : sa voiture et lui-même sont immédiatement embrasés. L'incendie se propage. Les mouettes descendent sur la ville comme pour en prendre possession. Melanie se réfugie dans une cabine téléphonique aux vitres de laquelle les oiseaux se cognent sauvagement. Un peu avant la fin de l'attaque, Mitch la ramène dans le café où une mère de famille traumatisée accuse la jeune femme d'être cause de tout. Mitch et Melanie vont chercher Cathy à l'école : devant la porte d'entrée, ils trouvent le cadavre d'Annie. Cathy en pleurs explique que l'institutrice a sacrifié sa vie pour la sauver. Le soir, Mitch boucle toutes les ouvertures de la maison. A l'intérieur, la famille prostrée entend le vacarme des oiseaux autour du bâtiment. Après une première attaque au cours de laquelle les oiseaux n'ont pu pénétrer dans la demeure, car Mitch a réussi à fermer une persienne par laquelle ils voulaient s'engouffrer (plusieurs mouettes lui ont alors déchiré la main), un calme précaire s'est installé dans la maison. Alors que tout le monde somnole, Melanie monte au grenier et découvre un trou dans le toit. Les oiseaux en furie, ayant pénétré dans la pièce, se jettent sur elle avec une incroyable férocité. Mitch et sa mère la sortent de là, mais elle a besoin de soins urgents qui nécessitent son hospitalisation. Profitant de la période de répit qui sépare toujours deux attaques, Mitch réussit à sortir la voiture du garage et emmène Melanie, sa mère et sa sœur loin de la maison couverte d'oiseaux...

☞ De 1954 *(Fenêtre sur cour)** à 1963, Hitchcock donne en moins de dix ans une série – absolument unique dans l'histoire du cinéma – de neuf chefs-d'œuvre dont chacun recrée son univers sous un angle nouveau et exploite à fond une ou plusieurs possibilités fondamentales du cinéma. A part *La main au collet*, plus mineur, et *The Trouble with Harry**, chef-d'œuvre absolu mais réservé aux *happy few*, les films qui composent cette série sont universels et touchèrent toutes les catégories de public. *Les oiseaux* est le dernier d'entre eux et on peut le considérer comme le testament de l'auteur et l'aboutissement de ses recherches formelles. Le thème ici abordé – présent de façon évidente ou latente dans la plupart des films de Hitchcock – est celui de l'angoisse. Angoisse psychologique devant la solitude et l'abandon (principalement chez la mère du héros mais aussi chez plusieurs autres personnages de l'intrigue), angoisse morale devant l'inutilité et le vide de l'existence qu'il faut combler en s'inventant un rôle et une ligne de conduite (personnage de Melanie Daniels), enfin et surtout angoisse métaphysique quant à l'existence éventuelle d'un sens de l'univers et de l'instance qui jugera nos actes. Cette angoisse-là coiffe toutes les autres et se trouve matérialisée, d'une manière hyper-spectaculaire et énigmatique, par l'invasion agressive des oiseaux. Le scénariste Evan Hunter (alias Ed McBain) s'est déclaré mécontent du traitement de son scénario par Hitchcock, lequel en critiqua publiquement certaines « faiblesses ». (La nouvelle de Daphné Du Maurier présentait seulement une famille de paysans de Cornouailles, sans problèmes individuels, subissant l'attaque des oiseaux. Hitchcock transféra l'intrigue à Bodega Bay, petit village qu'il avait apprécié en tournant non loin de là, à Santa Rosa, *L'ombre d'un doute**. Il demanda à son scénariste d'inventer des personnages et des événements entièrement nouveaux pour constituer l'intrigue.) Cette double insatisfaction a de quoi surprendre, tant l'intrigue résume une bonne partie des obsessions hitchcockiennes et a bénéficié d'autre part, sur le plan technique, d'une maîtrise qui confine au prodige. Il était bon que les problèmes invididuels de Melanie et des Brenner, évoqués au sein d'une construction extrêmement fine et adroite qui donne aux personnages un relief juste suffisant, paraissent un peu dérisoires face à la péripétie tragique – et essentielle – de l'invasion des oiseaux. Sur le plan technique, Hitchcock avait rassuré son scénariste en décrétant que tout ce qu'il pourrait imaginer deviendrait réalisable, et le fut en effet. La préparation du film fut une des plus longues, une des plus minutieuses et une des plus coûteuses de toute la carrière de Hitchcock qui s'était entouré de collaborateurs précieux : Robert Burks, son opérateur habituel, Lawrence A. Hampton (qui avait déjà travaillé avec lui sur *Les trente-neuf marches** et *Une femme disparaît)** et Ub Iwerks, collaborateur de toujours de Walt Disney, furent chargés des effets photographiques aux différents stades de la réalisation du film ; le célèbre dresseur d'animaux Ray Berwick, qui avait travaillé sur la série TV des Lassie et sur *Birdman of Alcatraz* (John Frankenheimer, 1962), fut engagé après qu'on eut abandonné l'idée d'utiliser dans la plupart des cas des oiseaux mécaniques. Quatre cents des quinze cents plans du film nécessitèrent des trucages optiques (chiffre record à l'époque). En ce qui concerne les acteurs, et surtout Tippi Hedren, ils donnèrent de leur personne pour que le film atteigne le réalisme terrifiant recherché par le réalisateur. La séquence du grenier – environ deux minutes à l'écran – exigea une semaine de tournage et ce n'est qu'au dernier moment que T. Hedren fut prévenue qu'elle aurait à affronter des oiseaux véritables. « Tippi Hedren, écrit Donald Spoto (voir Biblio.), était placée quotidiennement dans une sorte de cage où l'on avait aménagé une ouverture pour laisser passer la caméra. Deux hommes munis de gants les protégeant jusqu'aux épaules ouvraient d'énormes caisses d'où ils extrayaient des mouettes qu'ils lançaient, heure après heure, au visage de la jeune actrice. La caméra la filma en train de se protéger des oiseaux, ce qui fut sa préoccupation essentielle au cours de ce qu'elle appelle " la pire semaine de mon existence ". (...) Tippi Hedren raconte que des représentants de la Human Society veillaient à ce qu'aucun oiseau ne fût blessé. " A cinq heures tapantes, se souvient-elle, l'un d'entre eux annonçait : Terminé ! Les oiseaux sont fatigués !" (...) A la fin de la séquence du grenier, Melanie, à terre, reçoit des coups de bec des oiseaux. Pour cette scène, on entoura les jambes, les bras et le buste de Tippi Hedren avec des bandes élastiques auxquelles on relia des fils de nylon. Ces fils servaient à attacher les pattes de plusieurs oiseaux pour qu'ils ne puissent pas s'envoler. Après plusieurs secondes de tournage, on incrustait dans ses vêtements une petite bulle peinte couleur sang, et le tournage reprenait (...) Des oiseaux lui étaient lancés au visage et attachés au corps. " Finalement, dit-elle, une mouette décida de rester perchée sur ma paupière et m'entailla profondément. Dieu merci, elle rata mon œil de très près. Je devins hystérique " (...) Le tournage fut interrompu une semaine au cours de laquelle elle fut placée sous surveillance médicale. » Et Spoto de conclure : « A ma connaissance, aucun autre acteur n'a enduré pareille épreuve pour la cause cinématographique. » L'accueil de la critique, à la sortie du film, fut plutôt mitigé. Certains regrettèrent l'absence d'explication rationnelle au comportement des oiseaux (Hitchcock déclara que c'était sans doute la rage qui provoquait chez les oiseaux ce genre de réactions dont certaines, rapportées par la presse dans la région de Los Angeles, lui avaient donné l'idée du film.) Mais comment ne pas voir que cette frustration relative à leur comportement fait partie intégrante du film et qu'elle exprime l'impuissance de l'humanité à accepter la cruauté de la nature, le chaos universel et son incertitude face au sens caché de l'univers ? Apocalypse, jugement dernier (hypothèse soutenue par Hitchcock dans son interview avec Peter Bogdanovich, « The Cinema of Alfred Hitchcock », Museum of Modern Art, 1963), punition biblique infligée à l'homme par un Dieu de colère et de vengeance, toutes les significations du récit doivent rester ouvertes, béantes même, et de la manière la plus dérangeante possible, afin que les interrogations morales et métaphysiques présentes dans des dizaines de films antérieurs de Hitchcock puissent ressurgir ici, dans un ultime flamboiement, avec une intensité plus physique et plus impressionnante que jamais. Le film est également testamentaire de Hitchcock par son minutieux réalisme onirique, son réalisme de cauchemar à la Delvaux, caractéristique de la dernière période de l'auteur et, dans une moindre mesure, de toute son œuvre.

BIBLIO. : passionnante et très longue description de la genèse et du tournage du film dans l'étude de Kyle B. Counts *in* « Cinefantastique », Illinois, vol. 16, nº 2 (1980). Voir aussi les deux livres de Donald Spoto : « The Art of Alfred Hitchcock », New York, Hopkinson and Blake, 1976 (traduit chez Édilig en 1986) et « The Dark Side of Genius : the Life of Alfred Hitchcock », New York, Ballantine Books, 1984 (traduit chez Albin Michel en 1989). Précédé de nombreux mois de préparation, le tournage proprement dit dura six mois (dont deux en extérieurs). La post-production dura un an. Des sommes considérables furent investies dans la fabrication d'oiseaux mécaniques finalement abandonnés (il n'en reste que quelques-uns dans le film). Un test de trois jours de Tippi Hedren coûta vingt-cinq mille dollars et l'acteur Martin Balsam (qui ne joue pas dans le film) fut engagé pour lui donner la réplique. Ce seul détail suffit à décrire le perfectionnisme de Hitchcock et du système hollywoodien. Il n'y eut pas que les acteurs qui eurent à souffrir des contraintes du tournage. Certains jours, on compta jusqu'à douze ou treize membres de l'équipe hospitalisés pour des morsures et des égratignures.

## OKAY AMERICA (id.)

1932 – USA (80') • *Prod.* U (Carl Laemmle, Jr.) • *Réal.* TAY GARNETT • *Sc.* William Anthony McGuire, Scott Pembroke d'ap. William Anthony McGuire • *Phot.* Arthur Miller • *Int.* Lew Ayres (Larry Wayne), Louis Calhern (Mileaway Rosso), Maureen O'Sullivan (Miss Barton), Edward Arnold (Alsotto), Margaret Lindsay (Ruth Drake), Walter Catlett (le rédacteur en chef), Alan Dinehart (Jones).

La fille d'un ami personnel du Président des États-Unis a été enlevée. Un journaliste, chroniqueur de radio, réussit à prendre contact avec le ravisseur, un des gangsters les plus recherchés du pays. Celui-ci exige du Président, contre la libération de sa prisonnière, la garantie d'une peine ne dépassant pas deux ans de prison pour tous les crimes relevés contre lui. Le Président ne peut évidemment céder à ce chantage, mais le journaliste, devenu intermédiaire dans l'affaire, fait croire le contraire au gangster qui libère alors la jeune fille. Le journaliste n'aura d'autre issue que d'abattre le gangster, avant d'être lui-même victime d'un tueur durant l'enregistrement de sa chronique radiophonique.

☞ Une œuvre peu connue mais dense et forte de Tay Garnett. La progression dramatique en est particulièrement efficace et expressive, qui part de la description ironique des activités d'un journaliste à potins et à scandales pour aboutir peu à peu à une implication de plus en plus grande de ce personnage superficiel dans l'affaire qu'il va devoir résoudre au prix d'un meurtre et de sa propre vie. La dénonciation du gangstérisme, fléau national dont l'ampleur menaçait l'équilibre du pays, s'exprime ainsi d'une manière doublement allégorique : par la prise de conscience du personnage-témoin qu'est le journaliste et par le comportement du gangster qui, dans le climat corrompu de son époque, ne voit plus de limite à son audace (cf. les propos qu'on lui prête : « Dans quelques années, je n'aurai plus de prière à adresser au Président. C'est moi qui lui dicterai mes ordres. »). Tay Garnett maintient dans sa mise en scène une tension constante et s'entoure d'une distribution excellente (Lew Ayres dans un de ses meilleurs rôles, Edward Arnold remarquable dans le rôle du gangster). Ce film explosif dans son propos, son rythme et sa mise en scène est aussi un remarquable exposé des pouvoirs de cet art nouveau qu'était le cinéma parlant.

## OKRAINA (id.)

1933 – URSS (2 700 m) • *Prod.* Mejrabpomfilm • *Réal.* BORIS BARNET • *Sc.* K. Finn, B. Barnet • *Phot.* M. Kirillov, A. Spiridonov • *Mus.* S. Vassilenko • *Int.* S. Komarov (Grechine), E. Kouzmina (Manka), R. Erdinan (Robert Karlovitch), A. Tchistiakov (Kadkine), N. Bogolioubov (Nikolai), N. Krioutchkov (Senka), A. Ermakov (le contremaître).

Durant l'été 1914, dans un bourg industriel de la Russie tsariste, parvient la nouvelle de la déclaration de guerre. Deux frères partent combattre l'un comme appelé, l'autre comme engagé volontaire. Ils perdront leurs illusions héroïques en découvrant que des milliers de jeunes soldats sont envoyés au massacre comme du bétail à l'abattoir. L'un des deux frères décide de ne plus se battre et sera fusillé. La révolution bolchévique progresse et arrive jusqu'au bourg où les ouvriers s'emparent des vivres.

☞ Ce film aux multiples personnages, au style très morcelé tant au niveau de l'ensemble qu'au niveau de chacune des séquences, est précieux à plus d'un titre. D'abord, par son absence d'unité de ton, ses ruptures continuelles qui cherchent à appréhender le mouvement interne d'une réalité complexe, non encore figée dans un dogme ou un académisme. Plus précieux encore : l'intimisme et l'attention constamment en éveil de Barnet, son sens de la fragilité des destins individuels pris dans la tourmente et dans la cruauté de l'Histoire. Grâce à cent détails significatifs relevés par l'œil lucide de l'auteur, le film donne à voir *comment* on vivait et comment on mourait à l'époque et la part d'idéal (ou d'illusion lyrique) mêlée aux gestes les plus quotidiens des personnages.

N.B On reprocha à *Okraïna* lors de sa sortie en Russie son absence de parti pris idéologique (qualifiée d'« égarement »), son lyrisme, sa volonté de présenter des personnages issus de toutes les couches de la société sans privilégier les seuls ouvriers, etc. bref tout ce qui fait aujourd'hui le prix du film. Voir à cet égard le dossier sur le film inclus dans le volume « Boris Barnet », Éditions du Festival international du film de Locarno, 1985.

## OLD WIVES FOR NEW

1918 – USA (6 bob.) • *Prod.* PAR. • *Réal.* CECIL B. DEMILLE • *Sc.* Jeanie Macpherson d'ap. R. de David Graham Phillips • *Phot.* Alvin Wyckoff • *Int.* Elliot Dexter (Charles Murdock), Florence Vidor (Juliet), Sylvia Ashton (Sophie Murdock), Wanda Hawley (Sophie, dans le flash-back), Theodore Roberts (Berkeley), Helen Jerome Eddy (Norma), Marcia Manon (Viola), Julia Faye (Jessie), J. Parke Jones (Charley Murdock), Edna Mae Cooper (Bertha), Gustav von Seyffertitz (Blagden).

L'épouse de Charles Murdock, Sophie, a depuis longtemps cessé de surveiller son apparence physique. Elle a grossi, elle a enlaidi. Elle laisse aussi la maison dans un état lamentable. Il arrive à Murdock de se souvenir avec nostalgie de l'époque idyllique de ses premières rencontres avec sa femme. Lors d'une chasse, il rencontre Juliet Raeburn, directrice d'un magasin de mode, et lui sauve la vie alors que son radeau allait être englouti dans un rapide. L'associé de Murdock, Berkeley, un viveur et un coureur, est surpris par sa maîtresse en compagnie d'une autre femme. Elle tire sur lui. Berkeley titube longtemps, se retenant pour ainsi dire de mourir ; il s'assoit dans un fauteuil et s'effondre après le départ de la meurtrière. Ainsi le scandale pourra-t-il être évité et le crime maquillé en crise cardiaque. Sophie croit à tort, se fondant sur des ragots, que Juliet Reaburn était l'objet d'une rivalité entre son mari et Berkeley. Elle se laisse alors courtiser par le secrétaire de Murdock, Blagden, qui l'aime en secret depuis longtemps. Pour sauver la réputation de Juliet, Murdock fait semblant d'aimer une autre femme et d'aller avec elle en Italie. Juliet se croit délaissée jusqu'à ce qu'un ami lui apprenne la vérité. Sophie maintenant divorcée épouse Blagden, cependant que Murdock et Juliet filent le parfait amour à Venise.

☞ Première grande réussite de DeMille dans le domaine de la comédie conjugale - comédie parfois proche du drame. C'est un genre qu'il mènera à sa perfection à travers de nombreux films muets. Très différent de *The Whispering Chorus** réalisé quelques mois auparavant, *Old Wives for New* prouve la même étonnante maîtrise des moyens cinématographiques, faisant sans doute de DeMille le meilleur cinéaste américain des années 1910, le plus moderne, le plus novateur. Cette peinture de mœurs de grand style, décrivant une société où la respectabilité est la valeur suprême, est livrée avec une froide ironie et une sobriété très expressive. Le film triomphe à la fois sur le plan de l'imbroglio vaudevillesque et sur le plan de la vérité des caractères, à un carrefour où Feydeau rencontrerait Daumier. Voir en particulier la composition de Gustav von Seyffertitz en faux bonhomme devenant radieux quand il voit son heure arriver. Stylistiquement, l'audace et l'avance de DeMille sur son époque sont souvent stupéfiantes : ainsi le flash-back nostalgique du héros où s'intègre brusquement un plan de son épouse (telle qu'elle est dans le présent), le rappelant ainsi à l'ordre et à la triste réalité.

## OLIVIA

1950 – France (95') • *Prod.* Memmon Films • *Réal.* JACQUELINE AUDRY • *Sc.* Colette Audry, Pierre Laroche d'ap. R. d'Olivia • *Phot.* Christian Matras • *Mus.* Pierre Sancan • *Int.* Edwige Feuillère (Mlle Julie), Simone Simon (Mlle Cara), Yvonne de Bray (Victoire), Suzanne Dehelly (Mlle Dubois), Marie-Claire Olivia (Olivia), Marina de Berg (Mimi), Rina Rhéty (Signorina).

Lors de son séjour dans un pensionnat de jeunes filles, une nouvelle venue, Olivia, subit comme toutes les autres élèves la fascination de Julie, le professeur de français. Quand Julie, brûlant d'un amour inavoué pour Olivia, veut quitter la pension et rompre son association avec sa sœur Cara, cette dernière se suicide. Peu après, l'atmosphère du collège s'est transformée, le calme est revenu et Olivia s'en va.

☞ Adaptation du roman-confession publié anonymement à Londres en 1946 par Dorothy Stratchey Bussy, la traductrice de Gide. Jacqueline Audry a toujours affectionné les sujets troubles, délicats, voire graveleux. Peut-être serait-il plus exact de dire que les sujets qui l'intéressaient (ici l'homosexualité féminine latente ou avouée) ne pouvaient, à l'époque où elle les traitait, être appréhendés qu'avec une ambiguïté, une discrétion forcée, un recours généralisé à la litote qui, plus encore que ces sujets eux-mêmes, appellent le qualificatif de trouble. Si les films de Jacqueline Audry sont troubles, c'est malgré elle et pour une bonne part à cause de l'époque. Belle photo, dialogue littéraire assez brillant, interprétation de premier ordre : *Olivia* est en tout cas l'œuvre la plus aboutie de Jacqueline Audry, celle qui a le plus de style, d'élégance, et aussi de tranquille assurance dans l'impudeur en un temps où il n'était pas si facile d'en avoir. Dans le collège d'Olivia règne une permanente atmosphère de sensualité frustrée et l'on ne sait plus très bien qui aime qui, qui est jaloux de qui. Mais personne n'est heureux, pas plus les êtres apparemment solides et pleins de vitalité comme Julie (Edwige Feuillère) que les faibles, les capricieux comme Cara (Simone Simon) qui s'estime persécutée. Jacqueline Audry sait aller un tout petit peu plus loin dans l'audace que ses contemporains. Cette légère avancée prouve à la fois son originalité d'auteur et une certaine aptitude à la critique de mœurs. Elle dénonce ici un univers trop confiné qui dénature les passions en les dissimulant et mène alors les personnages aux pires extrémités.

## OLVIDADOS (LOS)
**(Pitié pour eux/id.)**

1950 – Mexique (89') • *Prod.* Oscar Dancigers • *Réal.* LUIS BUNUEL • *Sc.* L. Buñuel et Luis Alcoriza • *Phot.* Gabriel Figueroa • *Mus.* Rodolfo Halffter sur des thèmes de Gustavo Pittaluga • *Int.* Estela Inda (la mère de Pedro), Miguel Inclan (l'aveugle), Alfonso Mejia (Pedro), Roberto Cobo (Jaïbo), Alma Delia Fuentes (Meche), Francisco Jambrina (le directeur de la ferme-école), Javier Amezcua (Julian).

Une banlieue déshéritée de Mexico. Jaïbo, un adolescent évadé d'une maison de correction, retrouve sa bande. Il l'entraîne à frapper un aveugle, à dévaliser un cul-de-jatte. Lui-même assomme et tue son camarade, Julian, qu'il accuse d'être à l'origine de son incarcération. Le jeune Pedro a été témoin de l'assassinat. Depuis un certain temps, Pedro ne rentre plus dormir chez sa mère, une veuve accablée de travail qui le délaisse. Il trouve du travail dans une coutellerie (où Jaïbo volera un couteau au manche d'argent) puis dans une fête foraine. Jaïbo va le chercher chez sa mère dont il devient l'amant. Pedro est soupçonné du vol du couteau. Sa mère le fait placer dans une ferme-école. Le directeur a des idées libérales. Il montre la porte ouverte à Pedro et lui confie une petite somme d'argent pour faire une course. Jaïbo la lui vole et Pedro ne peut plus rentrer à la ferme. Il le poursuit et se bagarre avec lui. Étant le plus jeune et le plus faible des deux, il n'a pas l'avantage. Il accuse publiquement Jaïbo du meurtre de Julian. Jaïbo s'enfuit mais un peu plus tard assassinera Pedro. Il est ensuite poursuivi et abattu par deux policiers, prévenus par l'aveugle qui avait entendu l'accusation portée contre lui par Pedro. Une jeune fille et son grand-père trouvent le cadavre de Pedro. Pour ne pas avoir d'ennuis, ils le placent sur un âne et vont le jeter dans une décharge.

☞ Dans *Terre sans pain*, son admirable documentaire de 1932, Buñuel avait non seulement dépeint l'extrême misère, l'extrême abandon d'une population espagnole, mais il avait trouvé (c'était l'aspect expérimental de ce film) un ton unique pour les peindre : une indignation secrète, lovée au plus profond de l'image, un recours au constat, glacial et presque insoutenable. Ce même ton est réutilisé dans ce troisième long métrage mexicain qui marque le début de la deuxième carrière du cinéaste (il en connaîtra plusieurs autres) grâce au succès remporté par le film au Festival de Cannes 1951. En effet la cruauté (exceptionnelle pour l'époque) des événements relatés par l'intrigue n'a d'égal que la froideur impassible avec laquelle cette cruauté est exprimée. Sans que Buñuel ait à insister ou à souligner ses intentions, tout ici accuse la misère, l'injustice sociale comme les principales responsables du sort tragique de ces enfants transformés en bourreaux, en assassins, ou en victimes abandonnées et martyrisées. Le film fut inspiré au dire même de Buñuel par *Sciuscia** de De Sica et d'une façon plus générale par le néo-réalisme italien. Un travail de documentation et d'enquête dans les quartiers misérables de la ville avait précédé la réalisation du film. Mais au sein du réalisme le plus cru percent en grand nombre des images insolites, érotiques, oniriques, des obsessions, des rêves entiers qui font replonger le film aux sources surréalistes de l'univers buñuelien. Et la terrible cruauté de l'œuvre est autant le résultat d'un regard froid jeté sur le monde que de l'influence d'une tradition esthétique espagnole. Avec toute sa force, le film cependant, comparé à d'autres Buñuel, n'est encore qu'un brouillon. La construction, le rythme en particulier sont loin d'être parfaits.

BIBLIO. : scénario et dialogues *in* « L'Avant-Scène » nº 137 (1973). Traduction anglaise dans le volume 35 de la collection « Classic and Modern Film Scripts », Londres, Lorrimer, 1972.

## OMAR GATLATO (id.)

1976 – Algérie (93') • *Prod.* ONCIC • *Réal.* MERZAK ALLOUACHE • *Sc.* M. Allouache • *Phot.* S. Lakdar Hamina (couleurs) • *Mus.* Ahmed Malek • *Int.* Boualem Benami (Omar), Farida Guenaneche (Selma), Aziz Degga (Moh), Abdelkader Chaov.

Omar est un jeune Algérois de vingt-cinq ans vivant sur les hauteurs de Bab el-Oued. Il pense qu'un homme doit avoir une haute idée de sa dignité et de sa virilité et ses amis se moquent souvent de lui pour cela. Son père, un docker, est mort victime d'une bombe à la fin de la guerre d'indépendance. Omar vit à l'étroit dans un petit appartement en compagnie de son grand-père, de sa mère, de sa sœur divorcée, mère d'une nombreuse progéniture, et de sa sœur cadette. Le trésor d'Omar, c'est son magnétophone de poche qu'il a toujours sur lui et sa collection de cassettes sur lesquelles il a enregistré de la musique populaire algérienne (chaabi), sa passion. Il aime aussi la musique des films hindous qu'il enregistre durant la projection dans un cinéma de quartier. Chaque matin, il fait les mêmes gestes, donne une chique au boucher du coin, adresse un regard à une femme installée à une fenêtre, qu'il a surnommée Zheira, et prend pour se rendre à son travail un bus bondé et plein de pickpockets. Il est fonctionnaire de police attaché au service du pointage de l'or. Parfois il participe à des rafles sur le marché clandestin des revendeurs d'or. Il lui arrive de passer la nuit à bavarder et à écouter de la musique avec ses copains. A Alger, les distractions sont rares. Il y a des spectacles de variétés mais il faut parfois supporter des pièces désuètes et ridicules comme « Les souffrances du sultan » avant que commence la partie musicale attendue par tous les spectateurs. Les rues, la nuit, ne sont pas toujours sûres et Omar se fait dévaliser par de jeunes bandits qui n'hésitent pas à manier le couteau. On lui dérobe son précieux mini-cassette. Moh, son ami d'enfance très débrouillard, lui fournit un nouvel appareil contenant une bande enregistrée par une femme dont la voix séduit Omar qui en devient aussitôt amoureux. Il interroge Moh sur l'inconnue et son copain lui apprend qu'elle est dactylo et syndicaliste. Omar ne cesse plus de penser à elle. Cependant la vie continue. Visite d'un hurluberlu à son bureau. Baignade durant les heures de loisir. Bavardages fastidieux de l'oncle beau parleur, chef prétendu d'un mouvement de guérilla pendant la guerre d'indépendance. Omar trouve le courage de téléphoner à la dactylo mais après une nuit d'ivrognerie, s'étant habillé de neuf, il n'osera pas l'aborder à la sortie de son bureau.

☞ Œuvre vivante et sympathique du jeune cinéma algérien. Le film décrit la réalité quotidienne de la vie dans la capitale, sans autre ambition que de chercher à saisir l'air du temps dans ce qu'il a de plus fugace et de plus ténu (de plus précieux aussi quand ce but est atteint). Le film est à la première personne et le héros interrompt souvent l'action pour monologuer face à la caméra et au public. Ce procédé répétitif n'altère pas la spontanéité du récit mais crée une distance critique tout en fournissant sur les personnages un certain nombre d'informations humoristiques. Le thème central de l'intrigue, qui n'en comporte pas vraiment, est cet amour de la musique populaire dont témoignent les jeunes Algérois du film et où ils trouvent à la fois un plaisir, une forme de solidarité et une expression non artificielle de leur identité. Les contradictions du héros, pris entre son « machisme » et sa timidité, entre son immaturité et son désir de se rattacher à une culture, reflètent celles d'une société encore suffisamment jeune pour pouvoir espérer les résoudre un jour. Parce qu'il ne semble pas avoir d'idée préconçue sur le cinéma ni sur ce que *doit* être un film algérien, Merzak Allouache a réussi, dans cette première œuvre non didactique, à raconter l'histoire sans histoire des gens heureux (ou moyennement heureux) de sa propre ville. Même si en définitive l'atmosphère d'Alger est beaucoup moins gaie que le tempérament ou les rêves de ses habitants. Dans sa modestie, le film *fixe* avec talent et exactitude un moment de l'histoire de l'Algérie, où la frustration est encore vécue dans une certaine bonne humeur, peut-être très provisoire.

## OMBRE D'UN DOUTE (L')
## (Shadow of a Doubt)

1943 – USA (106') • *Prod.* U (Jack H. Skirball) • *Réal.* ALFRED HITCHCOCK • *Sc.* Thornton Wilder, Alma Reville et Sally Benson d'ap. une histoire de Gordon McDonnell • *Phot.* Joseph Valentine • *Mus.* Dimitri Tiomkin • *Int.* Joseph Cotten (Charlie Oakley), Teresa Wright (Charlie Newton), Patricia Collinge (Emma Newton), MacDonald Carey (Jack Graham), Henry Travers (Joe Newton), Hume Cronyn (Herb Hawkins), Wallace Ford (Fred Saunders), Edna May Wonacott (Ann Newton).

Fatigué, traqué par la police (il est l'un des deux suspects recherchés pour l'assassinat de plusieurs riches veuves), Charlie Oakley se réfugie dans la famille de sa sœur, Emma Newton, installée dans une petite localité tranquille de Californie, Santa Rosa. Emma vit entourée de son mari, Joseph, un employé de banque et de ses trois enfants. Charlie, sa fille aînée, aspirait à ce que quelque chose de nouveau vînt rompre la monotonie des jours et l'arrivée de son oncle (qui est aussi son parrain) comble ses vœux. Elle était justement en train de lui envoyer un télégramme. Peu après l'installation de l'oncle à Santa Rosa, deux hommes, un journaliste, Jack Graham, et un photographe, Fred Saunders, qui effectuent, disent-ils, une étude sur la famille américaine moyenne type, demandent aux Newton de se laisser interviewer et photographier. Oncle Charlie refuse de répondre aux questions mais le photographe réussira à prendre un cliché de lui à son insu. Graham courtise la jeune Charlie et lui avoue qu'il est, comme elle l'avait d'ailleurs soupçonné, un policier. Sa mission est de rassembler des renseignements sur son oncle. La jeune fille, qui avait eu son attention attirée par le fait que son oncle avait arraché deux pages au journal de son père, se rend à la bibliothèque pour lire les pages manquantes. Elle découvre alors, horrifiée, qu'il y est question de l'assassinat de trois veuves. La dernière victime a les mêmes initiales que celles qui sont gravées sur une bague que son oncle lui a donnée... Lors d'un repas familial, la jeune fille fait des allusions au mystère que cache l'existence de son oncle et s'enfuit précipitamment de la maison. Elle marche à travers la ville ; son oncle la rattrape et l'emmène dans un café. Il ne nie pas la responsabilité des crimes qu'on lui reproche (« Sais-tu que le monde est une porcherie ? » dit-il à sa nièce). Il la supplie de l'aider et de garder le silence. Il met en avant le fait que la révélation de sa culpabilité tuerait sans doute sa sœur qui le vénère et briserait l'équilibre de toute la famille. La jeune fille promet de ne rien dire, à condition qu'il quitte au plus vite la ville. Le lendemain, elle doit promettre à Graham de lui signaler le départ de son oncle, mais refuse absolument de l'espionner. Un peu plus tard, on apprend que le deuxième suspect a été tué lors d'une poursuite, dans l'Est. Il est considéré comme le vrai coupable et l'enquête sur Oncle Charlie s'arrête donc par là même. Celui-ci, qui n'a plus du tout envie de quitter la ville dont les habitants le considèrent déjà comme un citoyen éminent et respecté, regrette ses aveux à sa nièce et va tenter à plusieurs reprises de l'assassiner. Il scie une marche d'un escalier de la maison. Il l'enferme dans un garage où elle est bien près d'être asphyxiée. La providence veut que ses tentatives échouent. Il décide alors de quitter la ville. Toute la famille l'accompagne à la gare. Au dernier moment, il retient sa nièce dans son compartiment, et après le départ du train, tente de la jeter hors du wagon. Au cours de cette ultime tentative pour la tuer, c'est lui qui tombe sur la voie et est écrasé par un train arrivant en sens inverse. La petite ville lui fait un enterrement somptueux. Parmi les assistants, seuls Graham et Charlie, qui font des projets de mariage, connaissent la vérité sur le défunt.

☞ Le film contient l'une des plus belles incarnations du Diable qu'ait jamais proposées l'œuvre d'Hitchcock. Le rôle est interprété par Joseph Cotten qui n'avait pas jusque-là interprété ce genre de personnage et en restera marqué pour le reste de sa carrière, un peu à l'image d'Anthony Perkins après *Psychose**. Cette incarnation a d'autant plus de relief qu'elle apparaît dans le contexte, très original et très insolite pour un film d'Hitchcock, d'une chronique familiale réaliste, située dans une petite cité de l'Amérique profonde. On est loin de l'atmosphère et des décors propres aux récits d'espionnage et d'aventures où excelle l'auteur. La peinture de la petite ville doit beaucoup au scénariste et dramaturge Thornton Wilder. C'est dans un paysage particulièrement rassurant (en apparence) et dans un récit minutieux qui, exceptionnellement, se fait un atout de sa lenteur de rythme, qu'Hitchcock a voulu, cette fois, installer sa description du mal dans le monde. Antithétique mais jumelle par rapport au personnage diabolique de l'oncle (le mot *twin* revient plusieurs fois dans le dialogue et les deux personnages portent le même prénom), l'innocence est incarnée par Teresa Wright. D'abord fascinée par l'oncle, qu'elle appelle de ses vœux comme pour remplir un vide, elle découvrira ensuite avec effroi et lucidité sa vraie nature. Elle sera amenée à se livrer à divers compromis tant avec son oncle, qui achètera par un chantage moral son silence, qu'avec la police dont elle ne veut pas contrecarrer tout à fait la progression vers la vérité. C'est que tous les personnages du film, qu'ils se définissent par leur aveuglement (Emma, les habitants de la ville), par leur superficialité (le père et son ami, l'amateur de romans policiers, qui jouent continuellement à échafauder des crimes parfaits), par leurs soupçons (les policiers) ou par leur lucidité (la jeune Charlie), sont *atteints* par la présence du mal dans le monde. La petite ville si paisible prend d'ailleurs dans les scènes de crépuscule et de nuit une allure quasi fantomatique et diabolique, qui se manifeste notamment dans la scène étonnante du café où la serveuse est prête à donner sa vie (à se damner) pour posséder un bijou semblable à celui que l'oncle a donné à sa nièce. Ainsi le monde, perverti par le mal, entre-t-il dans un cercle vicieux – et infernal – où il finit par donner raison à la philosophie-alibi que s'est inventée l'oncle pour justifier ses crimes. Comme dans le cas de *La femme au portrait** chez Lang, les éloges n'ont pas été ménagés, lors de sa sortie, à *L'ombre d'un doute*. Pourtant, à cette époque, l'œuvre d'Hitchcock (comme l'œuvre américaine de Lang) était loin d'être reconnue à sa juste valeur. Il semble que, pour ce film, l'originalité du cadre ait joué en sa faveur en amenant le public, et surtout la critique, à être plus attentifs aux intentions et au génie formel de l'auteur. Outre la direction d'acteurs, Hitchcock a particulièrement soigné le découpage (organisé souvent, comme il en a l'habitude autour d'un escalier cf. *The Lodger**, *Psychose**, etc.). Les diverses gradations des plans expriment, dans un grand laconisme, l'essentiel de ce qu'il veut dire sur les relations entre les personnages et sur la vérité intime de chacun. Quant à l'utilisation dramatique du son (la valse de « La Veuve joyeuse » se promenant dans la tête des personnages et véhiculant à travers l'intrigue, comme un parfum, l'idée de la culpabilité de l'oncle), Hitchcock la poussera beaucoup plus loin dans le deuxième *Homme qui en savait trop** (1956).

N.B. Remake par Harry Keller : *Step Down to Terror* (1958).

BIBLIO. : Éric Rohmer et Claude Chabrol ont analysé avec soin dans leur volume sur Hitchcock (Éditions Universitaires, 1957) le rôle des répétitions symétriques de scènes, qu'ils appellent des rimes, dans la dramaturgie et la signification d'ensemble du film.

## OMBRE D'UN HOMME (L')
### (The Browning Version)

1951 – Angleterre (90') • *Prod.* A Two Cities – Javelin Film (Terry Baird) • *Réal.* ANTHONY ASQUITH • *Sc.* Terence Rattigan d'ap. sa P. • *Phot.* Desmond Dickinson • *Int.* Michael Redgrave (Andrew Crocker-Harris), Jean Kent (Millie Crocker-Harris), Nigel Patrick (Frank Hunter), Wilfrid Hyde-White (Frobisher), Ronald Howard (Mr. Gilbert), Brian Smith (Taplow), Bill Travers (Mr. Fletcher).

Un professeur mal aimé de ses élèves et de ses collègues fait au soir de sa vie le bilan désolant de ses échecs.

☞ L'une des plus belles compositions de l'histoire du cinéma : celle de Michael Redgrave dans le rôle de Crocker-Harris (créé au théâtre à Londres par Eric Portman en 1948). L'adaptation filmée par Asquith de la pièce de Terence Rattigan (l'anti – « Goodbye Mr. Chips ») impressionne par son pessimisme sincère et poignant. La malédiction du professeur et l'antipathie qu'il suscite sont tout aussi irrémédiables que l'est son honnêteté, car elles tiennent à son caractère, au fondement même de sa personnalité. Son rigorisme impitoyable ne saurait être transformé, ni même véritablement expliqué. L'autocritique à laquelle se livre le professeur dans son discours d'adieu à ses élèves ne changera rien à la réalité ; elle indique seulement que le personnage est au bout de son rouleau et qu'il va sans doute bientôt mourir. Pour ce qui est de la responsabilité de son épouse infidèle, loin de fournir une explication objective et rationnellle à son échec, elle ne fait qu'ajouter une touche de misogynie féroce à un tableau déjà extrêmement sombre. A l'écart des modes, ce classique du cinéma anglais illustre en fait la remarque d'Héraclite selon laquelle le caractère d'un homme est son « daïmon » (son démon intime, sa fatalité).

## ON ACHÈVE BIEN LES CHEVAUX
### (They Shoot Horses, Don't They)

1969 – USA (121') • *Prod.* ABC (Irwin Winkler, Robert Chartoff, Sydney Pollack) • *Réal.* SYDNEY POLLACK • *Sc.* James Poe, Robert E. Thompson d'ap. R. de Horace McCoy • *Phot.* Philip Lathrop (Panavision, DeLuxe Color) • *Mus.* Johnny Green • *Int.* Jane Fonda (Gloria), Michael Sarrazin (Robert), Susannah York (Alice), Gig Young (Rocky), Red Buttons (le marin), Bonnie Bedelia (Ruby), Michael Conrad (Rollo), Bruce Dern (James), Robert Fields (Joel).

Un marathon de danse en 1931 en Californie. Le public, en ce temps de dépression et de misère, vient assister à l'exhibition (rassurante pour lui ?) de pauvres diables attirés là par les pièces que leur jettent les spectateurs, par la possibilité d'être remarqués d'un metteur en scène ou d'un producteur de cinéma, et par le mirage du gros lot de 1 500 dollars qu'un seul couple emportera (après déduction des frais de l'organisateur : ce que la plupart des participants ignorent). Les danseurs n'ont le droit qu'à dix minutes de repos par heure. De temps en temps, pour éliminer certains d'entre eux et rendre le marathon encore plus spectaculaire, l'organisateur procède à des « derbys » : courses à pied de quelques minutes autour de la piste, à l'issue desquelles les trois couples arrivés derniers doivent se retirer. Le marathon a déjà dépassé depuis longtemps le cap des mille heures quand Gloria, une jeune apprentie actrice, agressive et desespérée, quitte volontairement la course après avoir changé plusieurs fois de partenaires. Elle persuade Robert, un inconnu de passage avec qui elle a commencé et terminé la compétition, de l'aider à se suicider. Il accède à son désir et lui tire une balle dans la tempe. Aux policiers qui l'interrogent sur son geste, il dira : « On achève bien les chevaux, n'est-ce pas ? »

☞ Cinquième film de Sydney Pollack et adaptation assez brillante du chef-d'œuvre de Horace McCoy (1935). Tout en restant assez fidèle à la trame du récit original, Pollack n'a pas cherché à rivaliser avec la sobriété implacable, le regard impassible et la causticité de l'écrivain. Il a éliminé des épisodes qui auraient fait sortir l'action de la salle de danse. Mais surtout il a comblé les « blancs » que le style allusif de McCoy avait laissés à compléter à l'imagination du lecteur. Au lieu d'une gravure au burin, on a ici un vaste mélodrame aux multiples personnages (tous admirablement joués), plein de larmes, de souffrances et de sang, plus lyrique, plus naturaliste et plus superficiellement spectaculaire que l'œuvre originale. Le marathon de danse peut être vu comme une allégorie pessimiste de la condition humaine ou bien comme une caricature monstrueuse du « struggle for life » et de toutes les valeurs, inversées, du rêve américain. Le film reflète ainsi la contradiction féconde sur laquelle repose la meilleure part de l'œuvre de Pollack : une énergie, une vitalité souvent étonnantes de conteur et de dramaturge sont liées chez lui à une obsession de la dégradation et de la mort (Un autre film de Pollack, *Bobby Deerfield*, 1977, exprimera aussi avec une extrême acuité cette hantise et cette attirance de la mort chez un être jeune et plein de vitalité). Pour les danseurs du marathon, acculés par la misère à ce supplice, la seule « valeur » qui subsiste est leur énergie, même si elle les entraîne vers l'enfer et la destruction : Pollack lui rend un hommage ambigu, à la mesure du monde pourri où elle apparaît. Idée originale des « flash-forwards » (flashes dirigés vers le futur) remplaçant les flash-backs de McCoy. La description du marathon sera ainsi entrecoupée par des plans du héros (Michael Sarrazin) arrêté, emprisonné et jugé. On ne comprendra qu'à la fin que ces flashes se situent chronologiquement après la fin du marathon et donc, en quelque sorte, après la fin du film. L'idée est si originale qu'elle en devient presque inopérante. On trouvera une magistrale évocation, encore plus spectaculaire et réaliste, d'un marathon de danse dans *La traite des blanches* de Comencini (1952).

BIBLIO. : texte du livre de McCoy suivi du découpage (607 numéros) et des dialogues du film avec une préface de S. Pollack, Avon Books, New York, 1969.

## ONCLE VANIA
### (Diadia Vania)

1970 – URSS (105') • *Prod.* Mosfilm • *Réal.* ANDREI MIKHALKOV-KONTCHALOVSKI • *Sc.* A. Mikhalkov-Kontchalovski d'ap. P. de Tchekhov • *Phot.* Gueorgui Rerberg, Evgueni Gouslinski (couleurs) • *Mus.* A. Schnitke • *Int.* Innokenti Smoktounovski (Oncle Vania), Serguei Bondartchouk (Astrov), Irina Mirochnitchenko (Sonia), Irina Kouptchenko (Elena), Vladimir Zeldine (Serebriakov), I. Anissimova-Voulf, N. Pastouchov, E. Mazourova, V. Boutenko.

La province russe à la fin du XIXe siècle. En visite chez son ami Vania, le médecin Astrov se plaint comme toujours de sa fatigue et de l'inutilité de son existence. Il n'aime que les forêts, hélas détruites peu à peu par la main de l'homme. A l'intérieur de la demeure de Vania, la vie, les horaires sont bouleversés depuis l'arrivée du vieux Serebriakov, professeur d'histoire de l'art, et de sa jeune épouse Elena. Serebriakov incommode toute la maisonnée avec ses ennuis de santé. Il avait épousé en premières noces la sœur, aujourd'hui défunte, de Vania, qui lui avait donné une fille, Sonia. Celle-ci gère avec son oncle le domaine pour lequel Vania verse une lourde redevance au professeur. Vania est jaloux de lui, de sa réussite, de son succès auprès des femmes et ne se cache pas d'affirmer que ses écrits sur l'art ne valent rien. Tout comme Astrov, il est amoureux d'Elena. La jeune femme coquette, indécise, paresseuse, écoute d'une oreille complaisante les déclarations de ses soupirants, mais n'a jamais réellement trompé son mari. Quant à Sonia, elle est désespérément amoureuse d'Astrov qui se dit trop vieux et trop usé pour répondre à son amour. L'atmosphère lourde de la demeure s'épaissit encore quand Serebriakov déclare qu'il veut vendre la propriété qui appartient en fait à Sonia. Vania devient comme fou, brandit un revolver et tire plusieurs balles à travers la maison. Astrov craint qu'il ne se suicide et tente de l'en dissuader. Le professeur retire sa proposition et quitte la maison avec sa femme. Astrov s'en va également. Le calme revient chez Vania qui reprend le travail et les comptes avec sa nièce. Ils restent ensemble en compagnie de leur tristesse, de leur résignation, de leurs rêves impossibles de bonheur.

☞ L'oncle et le grand-oncle de Andrei Mikhalkov-Kontchalovski peignent. Son père et sa mère écrivent. Son frère cadet Nikita, après avoir été acteur, s'est mis à réaliser lui-même des films. Toute la famille vit, ou vivait, dans une datcha semblable à un navire voguant, à travers les générations, dans un sillage intemporel d'art et de beauté. Après deux essais sociaux, *Le premier maître* (1966) qui connut une diffusion et une renommée internationales et *Le bonheur d'Assia* (1967) sorti tardivement à l'étranger, Andrei illustra dans ses deux meilleurs films les grands maîtres : Tourgueniev (*Un nid de gentilhommes,* 1969) et Tchekhov *(Oncle Vania).* Dans l'adaptation de cette pièce qu'il amputa de nombreux passages essentiels, il accentua à dessein la lourdeur et la sévérité des personnages, le huis-clos et l'asphyxie du décor. Son style formaliste et distancié tue en partie la mélancolie, le lyrisme, l'ironie de Tchekhov qui nous paraissent, vus d'ici, ses plus précieuses qualités. Quoi qu'il en soit, avec ses défauts et ses qualités (en particulier, un très grand raffinement plastique), *Oncle Vania* semble le chant du cygne – provisoire ? – d'une carrière encore assez brève. Après cela, Andrei, dont la réputation n'allait pas tarder à pâlir à côté de celle de son cadet, doté d'une inspiration plus riche et plus soutenue, devint un peu pompier (*La romance des amoureux,* 1974, *Sibériade,* 1978), puis signa en Amérique quelques films relativement brillants mais assez superficiels et impersonnels : *Maria's Lovers,* 1984, *Runaway Train,* 1985, ancien projet de Kurosawa, *Shy People* (*Le bayou,* 1987, photo de Chris Menges), et *Duet for One* (*Duo pour une soliste,* 1986) avec Julie Andrews dans le rôle d'une violoniste atteinte de sclérose en plaques, le plus attachant de ces quatre titres.

## ONIBABA (id.)

1964 – Japon (103') • *Prod.* Toho • *Réal.* KANETO SHINDO • *Sc.* Kaneto Shindo • *Phot.* Kiyomi Kuroda • *Mus.* Hikaru Hayashi • *Int.* Nobuko Otowa (la vieille femme), Jitsuko Yoshimura (sa belle-fille), Kei Sato (Hachi), Uno Jukichi (le soldat), Taiji Tonomura (Ushi, le marchand).

Le Japon est déchiré par les combats que se livrent deux armées au service de deux empereurs différents. Dans la campagne, deux femmes, une mère et sa belle-fille, tuent ou achèvent tous les soldats survivants, égarés, déserteurs, etc. qui passent dans la région. Elles les dépouillent de leurs armures et de leurs armes afin de les revendre. Elles jettent ensuite les cadavres dans un trou très profond. C'est ainsi qu'elles survivent. Un camarade du fils de la plus âgée des deux femmes revient de la guerre, ayant déserté. Ce fils, quant à lui, est mort dans des circonstances obscures. Le survivant habite près des deux femmes. Il fait une cour rapide à la jeune veuve qui viendra régulièrement le retrouver dans sa hutte. Jalouse et concupiscente, la belle-mère s'offre à l'homme qui la repousse. Elle affirme ne pouvoir se priver de sa belle-fille dont elle a besoin pour vivre, c'est-à-dire pour tuer les soldats de passage. Un samouraï portant un masque de démon s'est égaré dans les roseaux. La belle-mère le fait tomber dans le trou et lui arrache son masque, qui cachait un visage dévoré par la lèpre. Avec ce masque, la vieille femme se fait passer pour un démon afin de terrifier sa belle-fille et de l'empêcher de rejoindre la nuit son amant. Celui-ci assure à sa maîtresse que ni le Bouddha ni les démons n'existent. Un jour, le masque rétrécit sous l'effet de l'humidité et la vieille ne peut plus l'enlever : il lui colle à la peau. Elle est obligée d'avouer à sa belle-fille la vérité et la supplie de lui arracher son masque. La belle-fille s'y emploie en frappant le visage de la vieille à coups de maillet. Le masque ôté, on découvre qu'elle est devenue lépreuse à son tour...

☞ Plus intéressant et moins fastidieux que *L'île nue**, cet autre film célèbre de Kaneto Shindo s'appuie également sur un certain nombre de partis pris formels et systématiques : abstraction de l'époque (ici une sorte d'an mil indifférencié), immobilité du temps, limitation extrême de l'espace et du décor, répétition des gestes et des allées et venues de quelques personnages, eux-mêmes réduits au minimum. Ces partis pris servent ici un conte païen où l'homme et la femme retournent, par la force des circonstances, à l'animalité et à la bestialité comme à la source naturelle de leur être. L'épisode le plus original est celui du masque du démon. Kaneto Shindo l'utilise pour montrer que l'un des personnages conserve dans l'abjection et la barbarie où il est tombé des traces d'inquiétude religieuse que l'auteur ne manque pas d'assimiler à de la pure et simple superstition. Il perfectionne ainsi cet anti-humanisme où il veut plonger ses personnages. Sa jubilation contraste avec l'horreur sacrée qu'un Ichikawa éprouvait et voulait faire ressentir au contact de personnages placés dans une situation semblable (dans *Les feux de la plaine**). Quoiqu'il entre beaucoup de complaisance dans la noirceur et dans la dérision de Kaneto Shindo, on peut aussi leur trouver un certain caractère roboratif.

## ONLY YESTERDAY
### (Une nuit seulement)

1933 – USA (105') • *Prod.* U • *Réal.* JOHN M. STAHL • *Sc.* William Hurlbut, Arthur Richman, Georges O'Neill d'ap. le livre de Frederick Lewis Allen • *Phot.* Merrit Gerstad • *Int.* Margaret Sullavan (Mary Lane), John Boles (James Stanton Emerson), Billie Burke (Julia Warren), Reginald Denny (Bob), Jimmy Butler (Jim, Jr.), Edna May Oliver (Leona), Benita Hume (Phyllis Emerson).

En octobre 1929, le jour du grand krach de Wall Street, Jim Emerson, un riche New-Yorkais, apprend comme tant d'autres sa ruine. Il est sur le point de se suicider quand il trouve dans son courrier une longue lettre de femme. Sa correspondante y raconte des parties de sa vie. Il y a une quinzaine d'années, alors que Jim était lieutenant dans une garnison de Virginie, elle avait dansé avec lui. Elle l'aimait en secret depuis deux ans. Ils avaient passé la nuit ensemble, puis n'avaient pu se revoir. Jim était parti combattre en France. Elle s'était installée à New York et avait accouché d'un garçon. Après l'armistice, elle était allée le voir défiler et s'était présentée devant lui. Il ne l'avait pas reconnue. Elle n'avait pas insisté. Un peu plus tard, elle avait appris son mariage dans la rubrique mondaine d'un journal. Dix ans s'écoulèrent pendant lesquels elle a élevé seule son fils et a beaucoup travaillé pour oublier son chagrin. Socialement, elle a réussi. Alors que le réveillon approche, un ami fidèle lui demande de l'épouser. Ils passent ensemble ce réveillon dans un restaurant. Là, elle voit Jim à une table voisine. Leurs regards se croisent. Il lui fait parvenir un petit mot et ensemble ils filent à l'anglaise. Il l'invite dans sa garçonnière d'où, à minuit, elle téléphone à son fils. Elle quitte Jim sans vouloir le revoir. Pas plus qu'au défilé, il ne l'a reconnue. Un an plus tard, elle lui écrit cette lettre, car elle est gravement malade du cœur. En lui disant adieu, elle lui recommande son fils. Jim se précipite chez elle : le jeune garçon lui apprend que sa mère vient de mourir. Il commence à bavarder avec lui, l'interroge sur ses médailles : il est élève dans une école militaire. Puis Jim lui dit : « Je suis ton père. »

☞ Moins connu que *Imitation of Life** et *Magnificent Obsession**, refaits par Douglas Sirk dans les années 50, et que *Back Street* qui connut l'année précédente un plus gros succès, *Only Yesterday* leur est sans doute supérieur. C'est un mélodrame non moins original que les trois autres, mais plus pur de style peut-être, plus intense, et où le talent de Stahl apparaît encore mieux. Dans ces quatre films, le mélodrame est pour Stahl le lieu où la femme a la parole. D'emblée et pour toute la durée du récit, c'est son point de vue – effacement et souffrance, amour débordant mais secret – qui dominera, aussi nettement que, dans quatre-vingt-quinze pour cent des films, domine le point de vue masculin. Audace tranquille et absolue, que le genre autorise et couvre de sa grande puissance d'émotion et de son universalité. L'intrigue est celle de *Back Street**, mais poussée à sa limite extrême, paradoxale et presque expérimentale. L'héroïne vit plus que jamais dans « l'arrière-cour » de l'univers de celui qu'elle aime : c'est même quasiment un autre monde. Son amant ne la verra que deux fois vivante, et durant quelques heures. De son vivant, elle n'existera pas dans sa mémoire ; n'y aura pas d'identité. Elle aura été pour lui trois femmes différentes : la jeune fille du bal de Virginie, l'inconnue du réveillon, l'auteur de la lettre. Seule cette lettre réunifiera dans l'esprit du héros et à titre posthume ces trois héroïnes en une seule et même personne. De cette intrigue tout à fait étonnante, John Stahl a voulu faire une allégorie extrême de la situation de la femme dans la société américaine. La femme est cette perpétuelle et douloureuse absente qui, même si une certaine réussite sociale lui est permise, restera toujours à mille lieues d'être l'égale de l'homme. Cette allégorie prend la forme d'un cri ou d'une complainte, très loin de tout discours logique, de toute tentative d'analyse ou de démonstration. Sa force poétique et sa force tout court viennent en grande partie, comme souvent chez Stahl, de sa cruauté.

N.B. Très grande similitude du scénario avec la nouvelle de Stefan Zweig « Lettre d'une inconnue » qu'Ophuls adaptera en 1948. En 1933, le critique de « Variety » remarque que *Only Yesterday* n'a rien à voir avec le livre de Frederick Lewis Allen dont il était censé être tiré. Une coïncidence étant exclue, il y a tout lieu de penser que l'intrigue a été volée à Stefan Zweig. Dans certains ouvrages de référence, le film d'Ophuls est d'ailleurs présenté comme un remake du film de Stahl !

## ONZE FIORETTI DE FRANÇOIS D'ASSISE
**(Francesco, giullare di Dio)**

1950 – Italie (85') • *Prod.* Cineriz (Peppino Amato) • *Réal.* ROBERTO ROSSELLINI • *Sc.* Roberto Rossellini, Federico Fellini et les Pères Félix Morlion et Antonio Lisandrini d'ap. les « Fioretti de Saint François », et « Vita di Frate Ginepro » • *Phot.* Otello Martelli • *Mus.* Renzo Rossellini et chants liturgiques du Père Enrico Buondonno • *Int.* Aldo Fabrizi (le tyran Nicolaio), Arabella Lemaître (Sainte Claire), Fra' Nazario Gerardi (François), Père Roberto Sorrentino, Fra' Nazareno, Peparuolo (Giovanni le Simple), et moines du couvent de Maiori.

Revenant de Rome sous la pluie, François et les frères trouvent leur cabane – qu'ils avaient construite de leurs mains – occupée par un paysan qui les chasse. « C'est la première fois que nous sommes utiles aux autres », dit François. Les frères en construiront une autre à Sainte-Marie-des-Anges. Un jour, Ginepro revient à moitié nu, ayant donné sa tunique à un pauvre. François lui ordonne de ne plus rien donner sans sa permission. Le vieux Giovanni, un innocent, se présente chez les frères pour prendre place parmi eux. Il veut imiter François en tout. François fait sa prière devant les oiseaux. A Sainte-Marie-des-Anges a lieu la merveilleuse rencontre entre François et Claire, laquelle revient dans la chapelle où elle avait prononcé ses vœux. « Que de souvenirs ! » dit François. Ginepro est encore trouvé à demi nu : cette fois il a recommandé à un pauvre de lui arracher sa tunique puisque son vœu d'obéissance lui interdit de la donner. Il coupe le pied d'un cochon pour satisfaire l'envie d'un frère qui jeûne depuis très longtemps. Le propriétaire de l'animal exprime sa colère aux frères, puis vient leur apporter les restes du cochon. Durant sa prière nocturne, François voit passer un lépreux. Il l'embrasse puis s'écroule en pleurant. Ginepro veut préparer en une seule fois la nourriture des frères pour quinze jours afin de pouvoir aller prêcher comme eux. François lui donne la permission de prêcher. Ginepro se rend au camp militaire du tyran Nicolaio qui, le prenant pour un espion, ordonne son exécution. Les soldats jouent avec le moine comme avec une corde à sauter, une balle, un projectile. Un prêtre plaide sa cause auprès de Nicolaio. Le tyran regarde de près, ausculte, palpe la très étrange créature qu'est Ginepro et le laisse aller. François et le frère Léon cherchent ce qu'est le parfait bonheur. Battus, chassés d'une maison où ils venaient mendier, ils disent : supporter tous les châtiments pour l'amour de Dieu, c'est cela le parfait bonheur. François décide la séparation de tous les frères. Ils distribuent leurs pauvres biens à plus pauvres qu'eux. Ils tournent sur eux-mêmes jusqu'à ce que le vertige les fasse tomber par terre : ils s'en iront dans la direction qu'indiquent leurs pieds. Le vieux Giovanni, qui a la tête solide, est le dernier à tomber. Les frères s'en vont, chacun suivant sa route, prêcher la paix.

☞ Utilisant encore quelques principes du néo-réalisme (les décors naturels, le son direct, inhabituel en Italie, les interprètes non professionnels mêlés à quelques rares professionnels), Rossellini veut exprimer par la forme même, par la chair de son film, le message franciscain. Le dénuement, l'austérité souvent lumineuse de l'image n'existent que pour engendrer une jubilation, une extase plastique qui sont la modeste pierre que le cinéaste entend apporter à la construction (à la découverte) du « parfait bonheur ». L'art de Rossellini ne cessa de surprendre, voire de choquer, car tout en étant le plus *incarné* qui soit, il est aussi le moins formaliste. Son ultime message tient en peu de mots : ce n'est pas le film, mais le message qui compte ; l'œuvre n'est rien, c'est la réalité qui est tout. Ce message est aussi l'aboutissement du néo-réalisme.

## OPÉRA DE QUAT' SOUS (L')
### (Die Dreigroschenoper)

1931 – Allemagne/USA (113') • *Prod.* Warner-First National/Tobis-Klang Film/ Nero-Film • *Réal.* GEORG WILHELM PABST • *Sc.* Leo Lania, Belà Bàlasz, Ladislaus Vajda d'ap. P. de Berthold Brecht, inspirée du « Beggar's Opera » de John Gay (1728) • *Phot.* Fritz Arno Wagner • *Mus.* Kurt Weill • *Int.* Rudolf Forster (Mackie Messer), Carola Neher (Polly Peachum), Valeska Gert (Mme Peachum), Reinold Schünzel (Tiger-Brown), Fritz Rasp (Peachum), Lotte Lenya (Jenny), Hermann Thimig (le vicaire), Ernst Busch (le chanteur des rues), Vladimir Sokoloff (Smith).

Mackie, prince de la pègre londonienne, rencontre Polly Peachum, la fille du roi des mendiants, et décide très vite de l'épouser. Le mariage a lieu dans un entrepôt fermé par une sorte de pont-levis et rempli des mille et un présents que la bande de Mackie a volés à l'intention des futurs époux. Tiger-Brown, le chef de la police, ami et complice de Mackie, assiste à la cérémonie. Mais Peachum voit d'un très mauvais œil l'union de sa fille avec Mackie. Il se rend chez Tiger-Brown et exige que Mackie soit arrêté ; sinon, il lancera dans les rues, lors des fêtes du couronnement de la reine, sa horde de mendiants, d'infirmes et de béquillards vrais ou faux, mais tous complètement dévoués aux ordres de leur maître qui, pourtant, les exploite sans vergogne. Le chef de la police prévient Mackie du danger. Celui-ci dit adieu provisoirement à sa femme en lui confiant le soin de diriger sa bande. Puis il se rend, au lieu de se cacher, dans le bordel où travaille Jenny, une prostituée amoureuse de lui. Par jalousie, elle complote avec Mme Peachum de le faire arrêter, mais au dernier moment lui permet de fuir par les toits. Mackie est néanmoins arrêté. Pendant qu'il croupit dans sa cellule, Polly ne perd pas son temps. Estimant que les affaires les plus fructueuses se font toujours dans la légalité, elle fonde une banque. Peachum a mis en branle ses innombrables mendiants. Mais il apprend que sa fille, qui fait maintenant partie du gratin de la ville, assistera au couronnement. Il tente vainement d'arrêter le cortège des manifestants, brandissant des pancartes et réclamant l'égalité pour tous. Jenny se rend à la prison et, grâce à un stratagème, favorise l'évasion de Mackie. Le chef de la police est destitué. Qu'à cela ne tienne : il sera associé ainsi que Peachum à la gestion extrêmement prospère de la banque fondée par Polly.

☞ *L'Opéra de quat' sous*, adapté d'une pièce de Brecht plusieurs fois remaniée par son auteur et lointainement tirée du « Beggar's Opera » de

John Gay, est évidemment tout le contraire des comédies musicales allemandes tendres et légères des débuts du parlant, dans la lignée du *Chemin du Paradis**. C'est une œuvre caverneuse, glauque, méthodiquement cynique tant dans son atmosphère plastique que dans ses péripéties et ses personnages. Le travail de Pabst, bien que désavoué par Brecht et Kurt Weill (qui intentèrent séparément un procès à la production) est d'une totale cohérence esthétique, au moins dans la version allemande, la véritable originale. (La version française, tournée simultanément, présente une vision plus gouailleuse, plus superficiellement plaisante de l'univers de Mackie.) Dans ce jeu de massacre, dans cet apologue anarcho-nihiliste dénonçant la pourriture d'une société, la pègre, la police et la haute finance s'entendent comme larrons en foire pour exploiter le pauvre monde. L'ironie y est sans joie et la satire sans gaieté. Pas de héros ni même de figure sympathique dans ces physiques durs, épais, criards, vulgaires jusque dans leur souci d'élégance. Les personnages féminins sont empreints d'une sensualité lourde et comme désespérée qui s'accorde au climat de l'œuvre baignant dans un demi-jour embrumé et malsain. Toute l'action obéit en outre à une théâtralité perverse : les cadeaux volés, amassés dans l'entrepôt, paraissent des accessoires de théâtre, les mendiants se démaquillent et enlèvent leurs prothèses, comme le feraient des figurants ou des acteurs. A cela s'ajoutent les commentaires de liaison dits par certains personnages et les lyrics interprétés face à la caméra. (La version allemande commence même par un plan de trois spectateurs commentant dans une loge le spectacle auxquels ils vont assister.) Effets de distanciation certes, mais qui accentuent surtout le malaise et l'incertitude du public, que charme d'autre part le lyrisme grinçant des mélodies célèbres de Kurt Weill. Metteur en scène à la personnalité protéiforme, Pabst n'est pas un « auteur » au sens rigide du terme. Mais son éclectisme, son intuition, sa curiosité et une impressionnante faculté de mimétisme lui ont permis de signer une série d'œuvres extrêmement importantes dans le cinéma allemand des années 25 à 32. De *Loulou** aux *Mystères d'une âme**, de *La rue sans joie** à *L'Opéra de quat'sous*, on n'en finit pas de les redécouvrir.

N.B. Acteurs de la version française : Albert Préjean (Mackie), Florelle (Polly), Lucy de Matha (Mme Peachum), Gaston Modot (Peachum), Margo Lion (Jenny). Le scénariste Ladislaus Vajda, qui travailla beaucoup avec Pabst, est le père du réalisateur Ladislao Vajda.

BIBLIO. : scénario et dialogues *in* « Masterworks of the German Cinema », Lorrimer, Londres, 1973 ; réédité en volume séparé chez le même éditeur, 1984 ; *in* « L'Avant-Scène » n° 177, 1976 (les versions allemande et française sont confrontées dans le détail).

## OPINION PERSONNELLE
**(Sobstvennoie minienie)**

Inédit en France. 1977 – URSS (105') • *Prod.* Mosfilm • *Réal.* YOULI KARASSIK • *Sc.* Valentin Tchernik • *Phot.* Anatoli Kouznetsov (Sovcolor, Cinémascope) • *Mus.* Boris Tchaïkovski • *Int.* Vladimir Menchov (Petrov), Ludmila Tchoursina (Olga Bourtseva), Elena Proklova (Tania), Nina Ourgant (Olympiada), Ergueni Karelskikh (Prokopenko), Pavel Pankov, Valeri Khlevinski.

Deux psychologues (formant un couple non marié) sont invités par le directeur d'une usine pour étudier comment elle fonctionne et pourquoi de nombreux ouvriers demandent à la quitter. Au cours de leurs investigations, le rigorisme excessif d'un jeune chef d'atelier sera mis en accusation sans que soient oubliés pour autant ses mérites individuels. Une promotion l'amènera à ne plus s'occuper que des machines. Après une brève liaison avec une ouvrière, le psychologue dira adieu à sa collègue.

☞ Dans un contexte voisin de celui de *La prime**, une œuvre plus en demi-teintes et moins brillante, où se font jour cependant les principales caractéristiques du cinéma soviétique des années 70. A savoir : 1) une ironie retenue, mais constante. Signe de détente, ce refus de dramatiser les problèmes exprime aussi une volonté de les traiter en profondeur, à un niveau où la psychologie prend souvent le pas sur l'idéologie ; 2) un désir de mettre sur le même plan la description des « petites choses de la vie » et la défense des grands principes, des grands idéaux. D'où un gain en naturel et en réalisme ; 3) un refus du manichéisme et du sectarisme. « A chacun ses compétences » pourrait être le mot d'ordre élémentaire et pragmatique à tirer de ce film. Paradoxalement, s'agissant d'un scénario concernant le monde du travail, le cinéma soviétique aboutit à des conclusions plus nuancées que le cinéma des démocraties européennes quand il traite pareil sujet.

## OPINION PUBLIQUE (L')
### (A Woman of Paris)

1923 – USA (75') • *Prod.* UA (Charles Chaplin) • *Réal.* CHARLES CHAPLIN • *Sc.* C. Chaplin • *Phot.* Rollie Totheroh, Jack Wilson • *Int.* Edna Purviance (Marie Saint-Clair), Adolphe Menjou (Pierre Revel), Carl Miller (Jean Millet), Lydia Knott (la mère de Jean), Charles French (le père de Jean), Clarence Geldert (le père de Marie), Betty Morrissey (Fifi), Malvina Polo (Paulette), Henry Bergman (le maître d'hôtel), Chaplin (porteur à la gare).

Un village en France. Le soir où le peintre Jean Millet s'apprête à partir pour Paris avec sa fiancée, Marie Saint-Clair, qu'il a enlevée car leurs parents à tous deux s'opposent à leur mariage, son père meurt. Marie attend Pierre à la gare pendant qu'il va prendre ses affaires encore ignorant du deuil qui le frappe. Inquiète de ne pas le voir revenir, Marie lui téléphone et apprend qu'il est obligé de retarder leur départ : elle croit alors qu'il manque de courage et raccroche sans attendre ses explications. Un an plus tard, dans le demi-monde parisien, Marie est devenue la maîtresse de Pierre Revel, financier richissime, cynique et bon vivant. Il s'apprête à faire un mariage de raison avec une femme aussi riche que lui, mais n'entend pas pour autant cesser ses relations avec Marie. Rendant visite à des amis, celle-ci se trompe d'appartement et se trouve nez à nez avec Jean Millet qui vit là avec sa mère. Elle lui commande son portrait. Lors de la dernière séance de pause, il lui dit qu'il l'aime toujours et qu'il veut l'épouser. Marie doit alors choisir entre la pauvreté dans l'amour et le luxe d'une femme entretenue. Elle choisit de rompre avec Pierre qui ne la prend pas au sérieux. Pour lui prouver qu'elle dit vrai, elle jette le collier qu'il lui avait offert par la fenêtre. Puis voyant qu'un clochard l'a ramassé, elle court le lui reprendre. Fou rire de Pierre. Marie se rend chez Jean et l'entend déclarer à sa mère qui le harcèle à ce sujet qu'il n'a nullement l'intention de l'épouser. Sa mère la juge en effet indigne de lui. Marie repart aussitôt. Désespéré, Jean déambule longuement sous ses fenêtres. Alors qu'elle se trouve dans un restaurant montmartrois avec Pierre, il lui fait passer un mot dans lequel il demande à la voir une dernière fois. Il vient à leur table, se bagarre avec Pierre puis, dans la pièce voisine, se tire une balle dans la tête. La mère de Jean veut se venger sur Marie de la mort de son fils, mais y renonce quand elle voit la profondeur de son chagrin. Les deux femmes se retirent à la campagne pour s'occuper d'enfants orphelins. Un jour, sur la route, la voiture de Pierre Revel croise à toute allure une charrette à l'arrière de laquelle Marie avait pris place en compagnie d'un enfant.

☞ Deuxième long métrage de Chaplin avant *The Kid**. C'est aussi le premier de ses films où il n'apparaît pas en vedette, expérience qu'il ne renouvellera que dans le décevant *Comtesse de Hongkong*. Ici, Chaplin est au sommet de son art et cette œuvre, marginale en apparence dans sa carrière, en dit long sur lui-même et sur sa vision du monde. C'est comme si tout le décor, tout l'arrière-plan social de ses autres films passaient soudain au premier plan, en même temps qu'en disparaissent le personnage de Charlot, l'émotion mélodramatique et la verve burlesque. Chaplin n'apparaît plus ici que comme peintre de mœurs – et quel peintre de mœurs ! – ironique et cruel, froid et réaliste, sans complaisance ni compassion pour son trio de personnages auxquels il a laissé une complexité et une amoralité étonnantes. Tout au long de l'intrigue, ils n'auront que ce qu'ils ont *mérité* et leur destin, au sein d'un monde impitoyable et finalement « juste », sera digne en tous points de leur caractère. C'est là la dure leçon qui se dégage d'un film tourné sans scénario, au gré de l'inspiration et de la vertigineuse virtuosité de l'auteur. Invisible pendant des décennies, *L'opinion publique* apparaît aujourd'hui stupéfiant de modernité, de sécheresse expressive, de sobriété dans le jeu, de concision dans le récit, d'acuité dans le découpage, rempli d'ellipses fulgurantes. Le classicisme est ici absolu. Aucune fioriture, aucun temps mort. Menjou et les autres acteurs jouent avec une force et une économie de moyens rarissimes en ce début des années 20, où le film, aux yeux des plus lucides, fit l'effet d'une bombe. On en viendrait presque à regretter que Chaplin n'ait pas plus souvent délaissé les attributs et les accessoires de son personnage pour s'exprimer uniquement derrière la caméra. Mais le film ne connut pas le succès et Chaplin reprit son personnage, qu'il entraîna alors sur les pentes de l'Alaska...

N.B. Le titre français est la traduction littérale d'un premier titre américain.

## ORANGE MÉCANIQUE
### (A Clockwork Orange)

1971 – Grande-Bretagne (136') • *Prod.* Warner-Polaris Productions (Stanley Kubrick) • *Réal.* STANLEY KUBRICK • *Sc.* Kubrick d'ap. R. d'Anthony Burgess • *Phot.* John Alcott (couleurs) • *Mus.* Walter Carlos, Beethoven, Purcell, Rossini, Elgar, Rimski-Korsakov • *Int.* Malcom McDowell (Alex DeLarge), Patrick Magee (Mr. Alexander), Michael Bates (le gardien-chef), Warren Clarke (Dim), James Marcus (Georgie), Adrienne Corri (Mrs. Alexander), Michael Gover (le directeur de la prison), Michael Tarn (Pete), Paul Farrell (le clochard), Miriam Karlin (Cat Lady), Anthony Sharp (le ministre), Aubrey Morris (P.R. Deltoid), Carl Duering (Dr Brodsky).

Dans un futur indéterminé mais relativement proche, Alex, un jeune chef de bande que la musique de Beethoven met en transe, se livre à des virées sanglantes durant lesquelles, avec ses trois compagnons Dim, Pete et Georgie, il donne libre cours à ses instincts agressifs. Les quatre voyous brutalisent un clochard, s'introduisent dans la maison isolée d'un écrivain, Mr. Alexander, qu'ils tabassent et dont ils violent la femme devant lui. Puis Alex rentre chez ses parents qui se plaignent de ses nombreuses absences à l'école. Le lendemain, il drague deux filles dans un magasin de disques et les ramène chez lui pour des ébats intimes. Au cours d'une autre virée, la bande s'en prend à la Cat Lady (la femme aux chats) qui vit seule et sera assassinée après avoir pu prévenir la police. Les compagnons d'Alex, lassés de son leadership qui s'était manifesté avec une extrême violence contre l'un d'entre eux, Dim, l'assomment et l'abandonnent aux bons soins des autorités. Condamné à quatorze ans de détention, Alex est volontaire pour subir le traitement Ludovico qui vise à extirper de son caractère et de son comportement toute pulsion agressive, y compris sur le plan sexuel. Alex est obligé de regarder, les paupières tenues artificiellement ouvertes, toutes sortes de scènes de violences et d'actualités filmées, accompagnées de musique de Beethoven qu'il est maintenant contraint – c'est la partie la plus cruelle de son supplice – de haïr. Le traitement ayant obtenu son effet, Alex est libéré. C'est à son tour maintenant de subir passivement les agressions du clochard qu'il avait maltraité et de ses ex-compagnons devenus policiers. Tabassé, il se retrouve au voisinage de la maison de l'écrivain dont il avait violé l'épouse, morte depuis. Mr. Alexander est devenu infirme des suites de l'agression qu'il avait subie. Il se vengera en amenant Alex à vouloir se tuer en l'enfermant dans une pièce où est diffusée sans interruption cette musique de Beethoven que le traitement l'a conditionné à détester. Cette vengeance est aussi pour Mr. Alexander un moyen de lutter contre le gouvernement. Alex se jette par la fenêtre mais ne meurt pas. Durant son séjour à l'hôpital, toutes ses pulsions anciennes lui reviennent. C'est alors qu'un ministre lui propose sa protection à des fins de propagande gouvernementale. Alex semble ravi...

☞ Moins novateur que *2001**, l'œuvre précédente de Kubrick, *Orange mécanique* est l'exemple même du film qui vient exactement à son heure, répond à une attente du public tout en provoquant chez lui une surprise et un choc, et le comble ainsi totalement. Le film est d'abord pleinement de son époque en empruntant à une grande variété de genres littéraires et dramatiques (conte philosophique, allégorie, film à thèse, théâtre, satire et humour noir), tous affectés d'un coefficient important de fantastique et de SF. A la fin des années 60, aucun genre cinématographique ne possède plus de statut dominant. Sur le plan créatif, le fantastique et la SF les ont à peu près tous supplantés ou contaminés. C'est le cas ici. Le fantastique et la SF interviennent dans le cadre chronologique de l'action, le langage des personnages et dans le type de traitement appliqué au héros. Mais surtout ils donnent une dimension apocalyptique à toute l'aventure. Du point de vue thématique et sociologique, le film traite le problème numéro un de la plupart des sociétés modernes (présent dans un très grand nombre de films), à savoir la violence. Mais Kubrick l'étudie sous un angle original, en comparant la violence de l'individu à celle de la société. Kubrick innove aussi en utilisant un style où, paradoxalement, le formalisme le plus échevelé renforce, au niveau des émotions ressenties par le spectateur, le caractère cruel, barbare et insupportable de cette violence. Quand il est le plus brillant, le style de Kubrick repose en effet sur un équilibre très efficace entre la sophistication et la brutalité. Le sens de la fable d'*Orange mécanique* (qui laisse comme dans toute fable digne de ce nom une part non négligeable à la réflexion et aux hypothèses du spectateur) est que la violence de la société est encore plus néfaste et plus dangereuse que celle de l'individu. Kubrick dénonce l'absurdité d'une société qui chercherait à créer de l'ordre et de la santé avec des individus affaiblis et malades (car c'est bien une maladie qu'on a inoculée à Alex). Dans un dénouement particulièrement noir et corrosif, Kubrick montre que la société, qui n'a peut-être pas aussi bien réussi son traitement qu'elle le croyait, cherche à récupérer la violence d'Alex et de ses compagnons. *Orange mécanique* représente le film le plus typique de son auteur par son ambivalence classique et baroque. Elle éclate aussi bien sur un plan formel que moral ou philosophique. Par la justesse, le bon sens (et on serait presque tenté de dire la banalité) de ses vues, par la clarté très distanciée de l'exposé qu'il en fait, ne dédaignant pas de recourir à des parallélismes théâtraux (rencontres identiques d'Alex avant et après son traitement) et aux saines habiletés d'une rhétorique bien comprise, Kubrick est un classique. Par sa volonté de démonstration à tout prix, par le martèlement avec lequel il tend à imposer ses effets et ses convictions, et surtout par son refus du réalisme, de la précision et du particularisme, refus par lequel il pense atteindre un public illimité sous toutes les latitudes, Kubrick est un baroque. Mais son refus du particularisme, et le fait par exemple que l'intrigue se passe dans un no man's land vaguement anglo-saxon et dans des décors inspirés tour à tour par le *film noir* et par l'opéra, entraînent parfois une certaine confusion, surtout si le spectateur cherche à mettre des étiquettes politiques trop précises sur les personnages et sur le type de société où ils vivent. Ce baroquisme à moitié assumé de Kubrick est sans doute aussi la part la plus fragile et la plus vulnérable au vieillissement de son œuvre.

BIBLIO. : retranscription du film à l'aide de photogrammes publiée par Kubrick et ses collaborateurs chez Ballantine Books, New York, 1972. (Kubrick innove dans la présentation de cet ouvrage qui précède les travaux similaires de Richard J. Anobile pour *Frankenstein**, *The General**, *Stagecoach**, etc.) Voir aussi Michel Ciment : « Entretien avec Stanley Kubrick » *in* « Positif » n° 139 (1972). Porte notamment sur certains aspects techniques de la mise en scène. Kubrick ne cache pas son éclectisme formel et montre bien qu'il fait feu de tout bois, utilisant selon l'occasion le statisme de la caméra, d'amples mouvements d'appareil ou des effets de caméra à la main quand il s'agit de valoriser un décor, une situation ou le jeu d'un acteur. Il commente aussi son intérêt pour le roman de Burgess : « Ce qui m'a attiré, ce fut la narration, le personnage et les idées ». Mais il trouve aussi « que le dialogue de Burgess dans le roman est presque parfait ». Sa principale modification apportée au livre concerne le dénouement : « Il y a deux versions du livre, mais je n'ai lu la version avec le chapitre supplémentaire qu'après plusieurs mois de travail sur le scénario. J'ai été stupéfait parce qu'il n'avait aucun rapport avec le style satirique du livre et je pense que c'est l'éditeur qui a réussi à convaincre Burgess de terminer sur une note d'espoir ou quelque chose de ce genre. Honnêtement, je ne pouvais en croire mes yeux lorsque j'ai lu le dernier chapitre. Alex sort de prison et retourne chez lui. Un des garçons se marie, l'autre disparaît et à la fin Alex prend la décision de devenir un adulte responsable. » Voir, pour l'analyse des éléments de fantastique et de SF, la critique de J. Lourcelles *in* « Fiction » nº 226 (1972).

## ORDET (id.)

1955 – Danemark (123') • *Prod.* Palladium (Tage Nielsen) • *Réal.* CARL THEODOR DREYER • *Sc.* Dreyer d'ap. P. de Kaj Munk • *Phot.* Henning Brendsten • *Mus.* Poul Schierbeck • *Int.* Henrik Malberg (Morten Borgen), Emil Hass Christensen (Mikkel), Birgitte Federspiel (Inger), Preben Lerdoff Rye (Johannes), Cay Kristiansen (Anders), Ann Elisabeth (Maren), Ejner Federspiel (Petersen), Sylvia Eckhansen (Kristine), Gerda Nielsen (Anna Petersen).

La ferme de Borgensgard dans le Jutland vers 1930. A l'aube, le vieux Morten Borgen et ses deux fils, Mikkel et Anders, partent à la recherche du troisième fils, Johannes, qui, une fois de plus, s'est enfui dans les dunes. Il y profère des imprécations et s'élève avec tristesse contre le peu de foi que les hommes manifestent envers lui, Jésus. C'est depuis qu'il a étudié la théologie et Kierkegaard que Johannes est devenu fou et se prend pour le fils de Dieu. Son père voulait qu'il devienne le réanimateur de la foi dans la région. L'aîné des trois fils, Mikkel, est, quant à lui, devenu athée. Sa femme Inger, mère de deux fillettes et actuellement enceinte, dit que cela n'a pas d'importance puisqu'il est juste et bon. Elle intercède auprès du vieux Morten pour qu'il permette à son cadet, Anders, d'épouser Anna, la fille du tailleur Petersen. Morten refuse obstinément ce mariage car le tailleur appartient à une secte protestante différente de la sienne et pour laquelle il n'a que mépris et dégoût. De son côté, le tailleur, à qui Anders vient demander la main de sa fille, la lui refuse pour les mêmes raisons. Apprenant ce refus, Morten entre en fureur et va immédiatement s'expliquer avec le tailleur. Il lui dit que leurs divergences religieuses ne doivent pas faire obstacle au bonheur de leurs enfants. Devant l'entêtement du tailleur, il le frappe et s'en va. Pendant son absence, Mikkel a dû appeler le docteur pour seconder la sage-femme. L'enfant qu'Inger portait sera mort-né. Le docteur se retire, sûr au moins d'avoir sauvé la mère. Quelques instants après son départ, comme l'avait prédit Johannes, Inger meurt. La nuit suivante, Johannes disparaît, laissant en guise de message une citation biblique : « Je m'en vais et vous chercherez après moi. Mais là où je vais, vous ne pourrez venir. » Le corps d'Inger a été mis en bière. Le pasteur fait son sermon. Le tailleur vient chez Morten et se réconcilie avec lui. Il donne sa fille à Anders. Johannes réapparaît. Il semble avoir recouvré la raison. « Aucun de vous n'a eu la pensée de prier Dieu de vous la rendre ? » demande-t-il à toute la famille rassemblée dans le désespoir autour d'Inger. La fillette demande à Johannes de se dépêcher de réveiller sa mère. Il prononce alors des paroles qui ressuscitent la morte. Inger décroise les doigts et ouvre les yeux. Son mari, Mikkel, se penche vers elle ; il a retrouvé la foi. Anders remet la pendule en marche. « La vie commence pour nous », dit Mikkel à sa femme. « La vie, oui, la vie », dit Inger.

☞ Le plus achevé des cinq longs métrages parlants de Dreyer. Adapté de la pièce de Kaj Munk déjà filmée par Molander en 1943, il tourne autour d'un groupe assez riche de personnages dont aucun n'est à proprement parler plus important que les autres. Morten Borgen, le *pater familias*, est un paysan têtu et orgueilleux, un tyran domestique, d'ailleurs loin d'être antipathique, comme Dreyer en a décrit plusieurs. Pétri de religion et défendant ce qu'il appelle un christianisme épanoui, il veut régenter la vie de chacun autour de lui, mais les conséquences de son influence lui échappent et bien souvent contredisent ses intentions. Son fils aîné a perdu la foi, son deuxième fils est un illuminé, son troisième est désespéré par les querelles religieuses opposant son père et le père de celle qu'il aime. Ce dernier, le tailleur, n'est pas moins fanatique et sectaire que Borgen, avec sans doute un supplément de ruse. S'il refuse sa fille, c'est pour amener Borgen à céder et un jour il espère faire triompher sa religion sur celle de son adversaire. Au centre de cet univers d'hommes, se trouve une femme, Inger. Elle est persuadée que des petits miracles secrets ont lieu constamment ; elle sera elle-même le lieu d'un miracle et Dreyer lui donnera, dans tous les sens de l'expression, le mot de la fin. Elle incarne dans son épanouissement physique le refus du sectarisme, la sagesse et la mystérieuse présence de la vie. D'ailleurs, les conflits psychologiques et religieux qui opposent les personnages ne sont dans *Ordet* que la *matière* du film ; la mise en scène seule exprime, au-delà des mots et des situations dramatiques, le regard de Dreyer et ce qu'il veut faire entrevoir au-delà de ce qu'il regarde. La lenteur du rythme mise au service d'une action riche et même, dramatiquement parlant, très abondante, de longs plans fixes prolongés par de calmes panoramiques accompagnant les déplacements des personnages, les variations de la lumière dans un espace clos et restreint (Borgensgard et ses environs immédiats) composent tout au long du film un rituel hypnotique. Ce rituel a pour but d'obtenir du spectateur le maximum d'attention et de la diriger sur l'espace étroit du film, considéré comme l'antichambre de l'invisible. Avec une minutie infinie, proche dans une autre tonalité de celle d'un Vermeer, Dreyer explore une petite parcelle d'univers où la foi et le scepticisme, la raison et la folie, l'enfance et la vieillesse, l'entêtement et le consentement au monde se côtoient comme ils le font depuis l'origine des temps. Il lui semble que plus cette parcelle sera étroite – un visage, un intérieur de ferme propre et bien rangé, un escalier de quelques marches montant vers la dune –, plus son regard aura chance d'y plonger jusqu'aux racines de l'être. Pour Dreyer, la foi seule est capable d'embrasser la totalité de l'univers, alors que l'athéisme et le scepticisme n'en voient qu'une partie dont ils ont la folie de croire qu'elle est le tout. On peut aussi regarder *Ordet* d'une autre façon : comme un film fantastique à l'envers, comme un film fantastique qui finirait bien, les forces de vie l'emportant pour une fois sur les forces de mort. Dans ce registre-là, qui consiste à créer une fascination formelle à partir de la menace constante de la mort, à partir de la peur et d'un encerclement de ténèbres, l'art de Dreyer est égal à celui d'un Murnau, d'un Lang ou d'un Jacques Tourneur.

N.B. Le prosaïsme, le caractère superficiel et anecdotique de l'adaptation de Molander aident à mieux saisir le travail de resserrement, d'intensification et d'épuration caractéristique de la mise en scène de Dreyer.

BIBLIO. : découpage *in* numéro spécial de « Bianco e Nero » (août-septembre 1956). Chacun des 114 plans est minuté ; la plupart d'entre eux est illustrée. Le texte se présente sur deux colonnes, la colonne de droite étant réservée au dialogue. Cette publication, l'une des toutes premières du genre, constitue la présentation la plus parfaite et la plus lisible d'un découpage de film. Le scénario d'*Ordet* a été repris en volume dans « Cinque Film », Turin, Einaudi, 1967 et dans « Four Screenplays », Londres, Thames and Hudson, 1970.

## ORDRES (LES)

1974 – Canada (107') • *Prod.* Productions Prisma Inc., Montréal – Les Ordres Inc., Montréal • *Réal.* MICHEL BRAULT • *Sc.* M. Brault et Guy Dufresne • *Phot.* François Protat (noir et blanc et couleurs) • *Mus.* Philippe Gagnon • *Int.* Jean Lapointe (Clermont Boudreau), Hélène Loiselle (Marie Boudreau), Claude Gauthier (Richard Lavoie), Louise Forestier (Claudette Dussault), Guy Provost (Dr Jean-Marie Beauchemin), Louise Pratte (Louise Boudreau), Martine Pratte (Martine Boudreau), Monique Pratte (Monique Boudreau).

Canada, octobre 1970. Après l'enlèvement d'un ministre et d'un attaché commercial anglais par le Front de Libération de Québec, le gouvernement décrète une loi d'exception, et une série apparemment incompréhensible d'arrestations commence. Les citoyens les plus ordinaires, les plus éloignés de la politique active sont touchés et subissent des sévices tant physiques que psychologiques. Quelques jours ou quelques semaines plus tard, on les relâche sans explication.

☞ Magistrale utilisation des méthodes du cinéma direct qui ne paraissent jamais aussi efficaces et fécondes que lorsqu'elles sont détournées de leur vocation initiale. Ici les interviews sont fictives, les séquences de reportage mises en scène comme du théâtre ou de la fiction. Ces méthodes, employées comme un leurre, fournissent un atout supplémentaire au cinéaste pour intensifier chez le spectateur l'impression de réel et lui conférer une brutalité plus grande. Quant au sujet, sa gravité et son actualité ne sont pas à démontrer puisqu'il s'agit du combat inégal du citoyen contre le pouvoir et la raison d'État, des risques permanents que court la démocratie de retomber en peu de temps dans la tyrannie et la barbarie. Les images nues et glaciales façonnées par Michel Brault peuvent à juste titre être qualifiées de kafkaïennes, même si le mot a trop servi. Elles restituent l'enfer d'une dictature quotidienne où l'individu n'est plus rien, est dépossédé de toute liberté de manœuvre, de tout pouvoir de décision et ne comprend même pas les motivations de ce qui lui arrive. Il se sent vivre dans un univers carcéral étendu aux dimensions d'un pays tout entier et – pourquoi pas ? – de l'univers.

## ORPHÉE

1950 – France (112') • *Prod.* André Paulvé, Les Films du Palais-Royal • *Réal.* JEAN COCTEAU • *Sc.* Jean Cocteau • *Phot.* Nicolas Hayer • *Mus.* Georges Auric • *Int.* Jean Marais (Orphée), Maria Casarès (la Princesse), Marie Déa (Eurydice), François Périer (Heurtebise), Juliette Gréco (Aglaonice), Édouard Dhermitte (Cégeste), Henri Crémieux (l'éditeur), Roger Blin (le poète), Pierre Bertin (le commissaire), Jacques Varennes, André Carnège, René Worms (les juges).

Orphée, poète à succès, gloire nationale, est méprisé par la jeunesse à la mode. Il est mêlé à une bagarre dans un café littéraire. Le jeune poète Cégeste, voulant échapper à la police, est écrasé par deux motards vêtus de cuir, aux yeux cachés par des lunettes noires. La Princesse, protectrice de Cégeste, l'emmène dans sa Rolls conduite par le chauffeur Heurtebise. Orphée est prié de monter aussi pour donner son témoignage. En route, il s'aperçoit que Cégeste est mort. La Princesse retrouve les motards et tous rentrent dans une maison en ruines. « Vous cherchez trop à comprendre », répond-elle à Orphée qui la presse de questions. Elle force Cégeste à dire : « Vous êtes ma mort. J'obéirai à vos ordres. » Désormais, il la servira comme Heurtebise. Ils pénètrent dans un miroir, suivis par les deux motards. Orphée se colle au miroir et se retrouve plus tard dans une carrière. Heurtebise le ramène chez lui où on s'inquiétait de son absence. Il refuse brutalement de répondre aux questions de sa femme Eurydice. Désormais, sa principale occupation est d'aller copier les messages hermétiques que diffuse, à l'instar de Radio-Londres, une radio inconnue captée par la Rolls d'Heurtebise. Il ignore qu'ils sont l'œuvre d'Heurtebise. Ils constituent pour lui une révélation poétique infiniment plus forte que tout ce qu'il a pu écrire jusque-là. Eurydice se sent délaissée et Heurtebise tombe amoureux d'elle. Elle est bientôt écrasée par les deux motards. La Princesse pénètre par le miroir dans sa chambre et l'emporte. Heurtebise l'accuse d'avoir agi sans ordre et parce qu'elle est amoureuse d'Orphée. Il donne à Orphée les gants permettant de traverser les miroirs et ensemble ils parcourent la zone intermédiaire entre la vie et la mort qui mène au royaume de l'au-delà. La Princesse est accusée par un tribunal d'avoir pris l'initiative d'enlever la vie d'Eurydice. Elle doit avouer son amour pour Orphée, lequel surgit accompagné d'Heurtebise qui doit à son tour avouer au tribunal qu'il aime Eurydice. Le tribunal remet Orphée et Eurydice en liberté provisoire. Eurydice vivra à condition qu'Orphée ne jette jamais les yeux sur elle. A cause de cette obligation, la vie sur terre devient difficile, jeu de cache-cache perpétuel auquel Heurtebise collabore de son mieux car il ne veut pas voir mourir Eurydice. Orphée passe à nouveau tout son temps dans la voiture à capter les messages ; un jour il aperçoit Eurydice dans le rétroviseur. Une ligue d'amoureux de la poésie vient accuser Orphée de la disparition de son jeune rival Cégeste. Durant l'échauffourée, il est mortellement blessé. Orphée et Eurydice refont ensemble le voyage vers le royaume des morts. Orphée revoit la Princesse : ils s'avouent leur amour. Mais la Princesse veut se sacrifier et, avec l'aide d'Heurtebise, renvoie Orphée dans le temps et dans la vie. Il y retrouve Eurydice. La Princesse et Heurtebise, ayant transgressé les lois, sont emmenés par les deux motards vers on ne sait quel châtiment terrible.

☞ Le XIXe siècle s'était réjoui de l'adaptation burlesque et satirique de la légende d'Orphée vue par Offenbach. Cocteau situe sa vision personnelle du mythe dans le Paris existentialiste de l'après-guerre. Tout ce qu'il avait splendidement réussi dans *La Belle et la Bête** (autre recréation d'une légende mais située dans un passé intemporel) s'effrondre ici, comme vaincu par la trivialité sinistre de la mise au présent tentée par l'auteur. La légende, semble-t-il, ne vit à l'aise que dans l'éternité ou dans l'anachronisme. Le pire jeu théâtral de l'époque (acteurs exécrables, si persuadés de dire un beau texte qu'ils le gâchent à trop le faire valoir), des trucages antédiluviens et utilisés sans innocence, le désir d'être à la fois actuel et intemporel sans vouloir choisir, la poésie et l'insolite constamment sollicités, composent ici, malgré quelques trouvailles, comme un manuel d'anti-cinéma. Et aucun film français des années 40, même le plus médiocre, n'a autant vieilli que celui-là. Il nous révèle par contrecoup que la vraie poésie ne peut jaillir au cinéma qu'avec naturel, hors de tout artifice et comme par mégarde : voir Feuillade, Renoir et les autres. Par ailleurs, le mythe d'Orphée n'existe qu'en fonction de l'amour qu'Orphée porte à Eurydice. Or Orphée, vu par Cocteau, s'intéresse passionnément à la poésie, à ce qu'on pense de lui, à la mort en général et à la sienne en particulier, mais très peu à sa femme. Cette variante trop excentrique suffirait à frapper le mythe de nullité.

BIBLIO. : scénario et dialogues, André Bonne, 1950, Éditions J'ai Lu, 1987, avec une introduction de Cocteau.

## ORPHELIN DE LA BROUSSE (L') (Orphan of the Wilderness)

1936 – Australie (85') • *Prod.* Cinesound Productions (Ken G. Hall) • *Réal.* KEN G. HALL • *Sc.* Edmond Seward d'ap. l'histoire « Wilderness Orphan » de Dorothy Cottrell • *Phot.* George Heath • *Mus. dir.* Hamilton Webber • *Int.* Brian Abbot (Tom Henton), Gwen Munro (Margot), Ethel Saker (Mme Henton), Harry Abdy (Shorry McGee), Ronald Whelan (Mel), Joe Valli (Andrew McMeeker), June Munro (June).

Un jeune kangourou voit sa mère tuée devant lui par un chasseur. Il est recueilli par Tom, un exploitant agricole, qui le soigne de son mieux et le baptise « Chut ». Au cours de leurs jeux, Tom met des gants de boxe aux pattes de devant de l'animal qui, en peu de temps, devient un boxeur émérite. En l'absence de son patron, un garçon de ferme voulant se faire un peu d'argent organise pour les voisins une exhibition de boxe payante avec le kangourou. Chut se montre peu coopératif et le garçon le brûle au visage avec une cigarette. Chut malmène alors son bourreau qui se plaint à la Justice. Tom doit se défaire du kangourou et le confie à un cirque dont il connaît l'écuyère. Elle lui assure que Chut sera bien traité. C'est le contraire qui se produit. Victime de divers sévices et longtemps privé d'eau, Chut occit à moitié le patron du cirque lors d'une exhibition de boxe. Puis il prend la fuite et sera traqué par un groupe de cavaliers jusqu'à ce que Tom le sauve à nouveau et puisse faire valoir que l'animal n'a eu d'autre réaction que défensive.

☞ Étonnant film animalier dont les qualités suscitèrent une sortie internationale. La représentation de l'animal y est dépourvue d'anthropomorphisme et, comme dans le *Bambi** de Disney, la cruauté de l'homme s'y trouve abondamment soulignée. Le scénario est cohérent et inventif. Néanmoins ce qu'on remarque le plus est le long prologue de douze minutes où kangourous, koalas, serpents, grenouilles, etc. s'ébattent dans un large espace forestier reconstitué dans ce qui fut le plus grand décor de studio australien. Le héros Chut obtint une popularité énorme à travers tout le pays. On vendit des figurines à son image, il devint un personnage de bandes dessinées et pour tous les petits Australiens son nom fut synonyme de kangourou.

## ORPHELINS (LES)
**(Podranki)**

1977 – URSS (92') • *Prod.* Mosfilm • *Réal.* NIKOLAI GOUBENKO • *Sc.* N. Goubenko • *Phot.* Alexander Kniajinsky (Sovcolor) • *Mus.* Vivaldi, Corelli, etc. • *Int.* Youssas Boudraitis (Barteniev), Aliocha Tcherstvov (Aliocha), Janna Bolotova (Alla Konstantinovna), Nikolai Goubenko (Krivoroutchko), Alexandre Kaliaguine (Denis Kuskov), Georgui Bourkov (Serguei Pogarcev).

Un écrivain se penche sur son passé : il revoit les années qui ont suivi la Seconde Guerre mondiale, quand il était pupille de la nation dans un centre d'éducation où les militaires s'étaient recyclés en éducateurs.

☞ A l'aide d'une suite de notations dont la vivacité et la fraîcheur de ton évitent le misérabilisme, l'auteur présente une évocation sensible de l'après-guerre russe. La période est vue par les yeux d'un enfant que sa situation particulière invite à la réflexion et à une certaine gravité naissante. La nécessité de rebâtir (et de repenser) le monde à partir de zéro dans cette époque cruciale ainsi que la critique d'une autorité parfois injuste par sa maladresse et son manque de réflexion constituent les deux pôles qui orientent cette évocation. Le compromis entre nostalgie et esprit critique sur lequel repose le film se révèle plutôt fructueux au plan esthétique.

## OSEN AUX CIGOGNES
**(Orizuru Osen)**

Inédit en France. 1935 – Japon (78') • *Prod.* Daiichi Sagano, Kyoto (Masaichi Nagata) • *Réal.* KENJI MIZOGUCHI • *Sc.* Tatsunosuke Takashima d'ap. la nouvelle « Baishoku Kamonanban » de Kyoka Izumi • *Phot.* Minoru (ou Shigeto) Miki • *Int.* Isuzu Yamada (Osen), Daijiro Natsukawa (Sokichi Hata), Mitsusaburo Ramon (Ukiki), Shin Shibata (Kumazawa), Genichi Fujii (Matsuda), Shizuko Takizawa (Osode), Junichi Kitamura (Sakazuki no Heishiro), Sue Ito (la grand-mère de Sokichi).

Attendant sur un quai de gare un train en retard, un médecin réputé, Sokichi Hata, repense à sa jeunesse. Une geisha, une esclave, Osen, exploitée par une bande de trafiquants d'œuvres d'art et d'objets sacrés, l'avait recueilli après l'avoir sauvé du suicide. Il était alors un jeune homme sans le sou, venu de sa province étudier la médecine à Tokyo. Il était devenu grâce à Osen le domestique de la bande, en butte à de mauvais traitements et à des humiliations sans nombre. Osen avait un jour, alors qu'il s'agissait d'escroquer un prêtre bouddhiste, rompu définitivement avec la bande dont les membres avaient été ensuite arrêtés. Dès ce moment, Osen s'était consacrée entièrement à Sokichi. Elle paya ses études, lui procura de la nourriture, le servit en toutes choses au fil des jours. Elle accomplissait ainsi les vœux de la grand-mère de Sokichi qui, dans sa pensée, s'était réincarnée en elle. Un jour, elle fut arrêtée devant Sokichi pour vol et prostitution. En lui disant adieu, elle envoya vers lui une petite cigogne en papier qu'elle avait sortie de son kimono. Bouleversé, Sokichi avait été renversé par la voiture de l'un de ses professeurs qui ensuite l'aida et le protégea. Le train arrive enfin sur le quai. Le docteur est appelé pour soigner d'urgence une voyageuse évanouie. Il reconnaît en elle Osen. Il la fait mettre dans un hôpital et là, dans sa chambre, essaie en vain de se faire reconnaître d'elle. Mais Osen ne vit plus désormais qu'enfermée dans le passé et dans ses songes. Quand parfois elle sort de sa torpeur, elle crie que tous les hommes sont des bêtes.

☞ Le dernier des films muets de Mizoguchi et de loin le plus beau de ceux (peu nombreux) qu'on a conservés de lui. Il est digne absolument des chefs-d'œuvre des années 50. Mizoguchi y manifeste déjà cette familiarité avec le sublime qu'aucun cinéaste n'a poussée aussi loin que lui. Si Mizoguchi s'essaie dans la première partie (la gare, les activités de la bande) à des mouvements d'appareils très « directifs » qui évoquent parfois Hitchcock, dans la seconde partie, la position des personnages, souvent très éloignés de la caméra, les attitudes de chacun d'eux, la durée de certains plans, la qualité à la fois apaisée et déchirante de l'émotion qui naît et se développe au cours du récit évoquent, avec vingt ans d'avance, *O'Haru** et *La rue de la honte**. D'une façon plus surprenante encore, la thématique centrale de l'auteur est déjà là, présente comme de toute éternité et telle que l'auteur n'aura guère ensuite à la retoucher. La générosité, le don sacrificiel de soi y sont présentés comme l'essence de la femme et de la féminité. Ils plongent l'héroïne dans la tragédie, voie royale et d'ailleurs unique pour accomplir son salut et celui du monde. La particularité de l'histoire d'Osen tient à l'insistance donnée à son passage de l'état de victime passive à celui de victime active et lucide, ayant décidé de faire l'offrande de ses souffrances à un être librement choisi par elle. Devant cette offrande, l'homme devient celui qui s'incline et reçoit, ne pouvant attribuer à ses mérites mais à l'ordre injuste du monde le don immense qui lui est fait. Cette thématique s'exprime en images simples et particulièrement intenses dans les scènes à deux personnages de la seconde partie : Osen occupée à coudre à côté de l'étudiant qui travaille, Osen immobile près de lui prenant le repas qu'elle lui a préparé, etc. La dernière demi-heure contient ainsi une sorte de condensé poétique de l'œuvre de Mizoguchi. Si l'homme doit tout à la femme, celle-ci, dépendante, sacrifiée, amoureuse jusqu'au-delà de l'amour, est chez Mizoguchi le pivot de l'univers et, pour l'artiste, le motif essentiel de toute peinture.

## OSSESSIONE
**(Les amants diaboliques/id.)**

1942 – Italie (140') • *Prod.* ICI (Libero Solaroli) • *Réal.* LUCHINO VISCONTI • *Sc.* Visconti, Mario Alicata, Giuseppe De Santis, Gianni Puccini et (non crédité) Antonio Pietrangeli • *Phot.* Aldo Tonti, Domenico Scala • *Mus.* Giuseppe Rosati • *Int.* Clara Calamai (Giovanna), Massimo Girotti (Gino Costa), Juan De Landa (Bragana), Elio Marcuzzo (l'Espagnol), Ghia Cristani (Anita), Vittorio Duse (le policier), Michele Riccardini (Don Remigio).

La plaine du Pô. Un vagabond, Gino Costa, qui a travaillé comme docker, comme mécanicien, etc., pénètre un jour dans le relais routier du vieux Bragana, marié à la jeune Giovanna. Dès qu'ils se voient, un attrait physique très fort enchaîne Giovanna et Gino l'un à l'autre. Gino sympathise aussitôt avec Bragana, tous deux ayant été « bersaglieri », et Bragana offre à Gino l'hospitalité pour quelques jours. Gino répare sa camionnette, la pompe à eau, etc. Chaque fois que Bragana est absent ou éloigné, Giovanna et Gino se jettent dans les bras l'un de l'autre. Giovanna se plaint de son mari, hypocrite, avare, qu'elle a épousé par intérêt. Gino a convaincu Giovanna de partir avec lui, mais sur la route elle change d'avis et rebrousse chemin. Seul, Gino prend le train pour Ancône ; un voyageur, l'Espagnol, qui travaille dans les foires, lui paiera son billet quand le contrôleur passe. Ils louent une chambre pour deux et Gino ne peut s'empêcher de parler à son compagnon de Giovanna qui le hante. L'Espagnol lui conseille de prendre la mer mais Gino ne l'écoutera pas. L'Espagnol vend des parapluies dans une foire tandis que Gino fait l'homme-sandwich. Giovanna et Bragana le rencontrent parmi la foule. Bragana lui reproche de l'avoir quitté pour un travail aussi misérable. Il va participer à un concours lyrique dans un café, tandis que Giovanna et Gino refont connaissance. Bragana, vainqueur du concours, a fêté son succès par des libations. Il est complètement ivre. Sans même avoir eu besoin de se parler, Giovanna et Gino ont scellé leur destin. La camionnette sera retrouvée au bas de la route ; près du véhicule, le cadavre de Bragana. Gino est indemne. Giovanna dira à la police qu'elle a pu sauter à temps du camion. On conclut provisoirement à un accident. Giovanna et Gino rentrent ensemble au relais. Ils n'y seront pas heureux. Le souvenir de Bragana les obsède. L'oisiveté pèse à Gino, qui se met à boire. Il ne parvient pas à persuader Giovanna de vendre l'établissement : elle a trop peur de la pauvreté. Lors d'un bal organisé au relais, l'Espagnol réapparaît. Il propose à Gino de l'emmener à Gênes ou bien en Sicile. Gino refuse. Il frappera l'Espagnol quand celui-ci émet certains soupçons. L'Espagnol s'en va. Les deux hommes ne se reverront jamais. L'Espagnol va dénoncer Gino à la police. A Ferrare, dans un jardin public où il attend Giovanna, Gino rencontre Anita, une prostituée, qui le séduit par sa douceur. Giovanna rejoint Gino et lui apprend que Bragana avait contracté une assurance sur la vie. Fou de rage, Gino l'accuse de s'être servie de lui pour se débarrasser de son mari. Il va retrouver Anita chez elle. En veine de confidence, il lui raconte son crime avant de s'apercevoir qu'il est suivi. Il fuit par les toits et retourne au relais. Giovanna, qui l'avait menacé de le dénoncer, ne l'a pas fait. Elle lui apprend qu'elle est enceinte. Les deux amants se réconcilient et décident de fuir définitivement leur passé. Leur camionnette aura un accident, véritable celui-là, dans le brouillard. Gino ramène le cadavre de Giovanna sur la route. Il est arrêté par les policiers qui avaient pris en chasse le véhicule. Tout semble l'accuser du meurtre de la jeune femme...

☞ Deuxième des quatre adaptations du roman de James Cain, « Le facteur sonne toujours deux fois » (non crédité au générique pour des questions de droits). L'importance historique d'*Ossessione* est sans commune mesure avec les trois autres films et ce n'est d'ailleurs pas en tant qu'adaptation littéraire que le film doit être analysé. *Ossessione* ouvre en effet à la fois la carrière de Visconti et le mouvement néo-réaliste. Le mot lui-même, prononcé pour la première fois à propos d'un film, le fut par le monteur Mario Serandrei dans un message adressé à Visconti durant les premiers jours du montage. (A noter qu'en Italie l'expression était déjà utilisée dans le domaine littéraire.) A l'intérieur de l'œuvre de Visconti, *Ossessione* figure parmi ses films les plus novateurs et les plus aboutis (qui prennent tous place au début de sa carrière). A l'intérieur du mouvement néo-réaliste, le film représente un début paradoxal et très insolite. En effet, il n'a rien de commun avec les autres films fondateurs du mouvement (*Le voleur de bicyclette**, *Rome, ville ouverte**, *Paisa**) qui, en dépeignant des ruines, sont animés par un esprit de renouveau moral et, par-delà leurs particularités individuelles, contiennent tous un message d'espoir. C'est en tant qu'œuvre de *rupture* qu'*Ossessione* inaugure le néo-réalisme. L'audace de son sujet, l'importance donnée au background social des personnages mais aussi et surtout à leurs élans et à leurs frustrations physiques, le pessimisme, la noirceur et la froideur du ton sont en opposition radicale avec le cinéma environnant des années fascistes. Visconti s'est d'ailleurs étonné que le film ait pu franchir, pendant sa préparation et son tournage, les barrières de la pré-censure. Une fois distribué, il connut une carrière erratique et limitée, à la merci des diverses censures locales. Son métrage se prêtait d'autant mieux à être amputé qu'il était très supérieur à la moyenne. Sur le plan esthétique, ce premier long métrage de Visconti est une œuvre accomplie et d'une grande maturité, qui utilise largement et sans aucun formalisme la profondeur de champ, les plans longs (proches du plan-séquence), les mouvements d'appareil savants et complexes. Malgré sa longueur d'ensemble et celle de certaines séquences en particulier, le film laisse une impression globale de laconisme, de réserve, de sécheresse, qui l'a empêché de vieillir. Ajoutons que ce film-pilote, si révolutionnaire dans son contexte national, est loin d'être sans filiation. L'influence du cinéma d'avant-guerre y est prépondérante et fut d'ailleurs reconnue par Visconti lui-même. Le film doit beaucoup au si mal nommé « réalisme poétique » (Carné, Duvivier) et plus encore à Renoir dont Visconti fut plusieurs fois l'assistant. On pense beaucoup à *Toni** et, dans une moindre mesure, à *La bête humaine** pour le climat tragique et oppressant qui pèse sur les personnages, pour l'intégration des paysages à l'action (ou de l'action aux paysages), pour la sobre et efficace élégance des cadrages.

BIBLIO. : découpage (490 plans) publié chez Cappelli, Bologne, 1977.

## OTHELLO (id.)

1952 – Maroc (95') • *Prod.* Scalera Films, Rome/Mercury Production (Orson Welles) • *Réal.* ORSON WELLES • *Sc.* Orson Welles d'ap. P. de William Shakespeare • *Phot.* Anchise Brizzi, G.R. Aldo, George Fanto • *Mus.* F. Lavagnino, A. Barberis • *Int.* Orson Welles (Othello), Suzanne Cloutier (Desdémone), Micheal Mac Liammoir (Iago), Robert Coote (Roderigo), Michael Lawrence (Cassio), Hilton Edwards (Brabantio), Fay Compton (Emilia), Nicholas Bruce (Ludovico).

☞ Le deuxième et le plus réussi des trois films de Welles consacrés à des adaptations de Shakespeare. Le tournage eut lieu principalement en Italie et au Maroc et fut particulièrement mouvementé : difficultés financières et faillite d'un des producteurs, longues interruptions, hésitations de Welles pour trouver sa Desdémone idéale (Léa Padovani, Betsy Blair, dont certains plans subsistent dans le film, et enfin Suzanne Cloutier). Ce tournage fut raconté par le menu dans un journal rédigé par l'acteur irlandais Micheal Mac Liammoir (cf. Biblio.) qui joue ici le rôle de Iago. Tenir son journal quotidiennement était une habitude de l'acteur, que Welles, dans la préface qu'il écrivit pour le livre, compare à ce vice secret qu'est la consommation de haschich. Il ajoute qu'à la différence de la drogue c'est une habitude qui détruit non seulement le moral de l'usager mais aussi celui de ses amis. C'est pourtant Welles lui-même qui, par curiosité de ce que ce journal, enfermé sous clé, pouvait bien contenir, supplia l'auteur d'en autoriser la publication. Le caractère erratique commun à la plupart des entreprises cinématographiques wellesiennes peut être ici saisi sur le vif. Sur l'écran, le film est d'une grande cohérence, due notamment à l'emploi systématique du montage court. L'utilisation des extérieurs, en particulier Venise et Soufi (au Maroc) est remarquable, comme le sont les décors de Trauner. Quant à la variété et à l'inventivité des cadrages, elles semblent inépuisables. Ces qualités, exaltées par la multiplication des plans brefs et d'assez nombreux changements de lieux, donnent comme dans *Mr. Arkadin** l'impression de la richesse. C'est pure illusion. Une habile et sélective adaptation de la pièce de Shakespeare aboutit à une œuvre où les dialogues ne sont pas plus abondants que dans un film normal et où le rythme reste constamment dynamique. De ce point de vue aussi – fidélité totale à l'esprit et fidélité partielle à la lettre – *Othello* est sans doute l'une des meilleures adaptations de Shakespeare à l'écran. Le jeu des interprètes, y compris de Welles lui-même, est d'une sobre expressivité et c'est uniquement sur le plan plastique qu'existe un foisonnement baroque. Si bien que, grâce à cet équilibre, *Othello* se trouve être le seul film de Welles qui autorise à parler d'une exploitation classique de son talent baroque. Pour achever de faire d'*Othello* le film de Welles sur lequel on dispose du plus de documents, on signalera l'existence de *Filming Othello*, un documentaire tourné par Welles pour la télévision allemande (1978) et sorti en France en 1980. C'est une méditation de Welles face à la moritone. Il évoque son passé et s'entretient de Shakespeare avec deux acteurs du film, Micheal Mac Liammoir et Hilton Edwards. On n'y trouvera hélas aucun document visuel inédit sur le tournage proprement dit.

N.B. Principales versions d'*Othello* : en Allemagne par Dimitri Buchowetski, 1922 (Emil Jannings joue Othello et Werner Krauss Iago) ; en URSS par Youtkevitch, 1955 (S. Bondartchouk joue Othello) ; en Angleterre par Stuart Burge, 1965 (Laurence Olivier joue Othello et Maggie Smith Desdémone). Le film de Cukor *A Double Life* (*Othello*, 1947) est une libre variation sur Othello (c'est la première collaboration du réalisateur avec les Kanin). En 1986, Franco Zeffirelli donna une adaptation cinématographique de l'opéra de Verdi, « Otello », avec Placido Domingo dans le rôle principal.

BIBLIO. : Micheal Mac Liammoir : « Put Money in Thy Purse, the Filming of Orson Welles' *Othello* », Londres, Methuen, 1952 (réédité en 1976). Préface de Welles.

## OU EST LA LIBERTÉ ? (Dov'è la libertà... ?)

1952 – Italie (89') (sorti en Italie en 1954, en France en 1961) • *Prod.* Lux-Ponti-De Laurentiis, Golden Film • *Réal.* ROBERTO ROSSELLINI • *Sc.* Vitaliano Brancati, Ennio Flaiano, Antonio Pietrangeli, Vincenzo Talarico d'ap. un sujet de R. Rossellini • *Phot.* Aldo Tonti, Tonino Delli Colli • *Mus.* Renzo Rossellini • *Int.* Toto (Salvatore Lojacono), Nyta Dover (la prostituée), Leopoldo Trieste (Abramo Piperno), Vera Molnar (Agnesina), Giacomo Rondinella (prisonnier chanteur), Franca Faldini (Maria), Vincenzo Talarico (l'avocat de la défense), Fernando Milani (Otello Torquati), Eugenio Orlandi (Romolo Torquati), Giacomo Gabrielli (Torquato Torquati), Augusta Mancini (Mme Teresa), Ines Targas, Fred et Aronne (danseurs).

Le barbier Salvatore Lojacono est jugé pour le délit inhabituel d'« invasion » de prison. Afin d'éclairer ses juges, il raconte les événements récents de sa vie. Condamné à vingt-cinq ans d'emprisonnement pour le meurtre de son meilleur ami qui avait « déshonoré » son épouse bien-aimée Aida, il venait de bénéficier d'une remise de peine, pour bonne conduite, de trois mois. Il retourne à Rome où il ne reconnaît plus rien. Il rencontre une prostituée qui le conduit dans un marathon de danse. Les danseurs en sont à leur quarante et unième jour de danse ininterrompue (ils dorment quinze minutes par heure). Salvatore leur avance un peu d'argent mais leur imprésario, qui devait le rembourser et régler tous les frais, disparaît sans laisser d'adresse. L'orchestre, non payé, cesse brusquement de jouer. Les danseurs refusent d'interrompre le marathon et de quitter les lieux. Ils sont finalement arrêtés avec Salvatore. Le commissaire rappelle à celui-ci qu'il doit se présenter régulièrement à la police locale et lui indique une pension où loger. Il rencontre un ancien codétenu qui, à son grand scandale, veut l'entraîner dans un trafic de faux billets. Salvatore gagne un peu d'argent en coiffant les locataires de la pension. Mais quand ils apprennent sa véritable identité, ils refuseront ses services. Salvatore courtise la fille de sa logeuse et compose une chanson pour elle. Sa logeuse alors le renvoie. Lors d'une vente de bestiaux, il rencontre les Torquati, trois beaux-frères de sa femme (décédée pendant son incarcération). Ils semblent heureux de le voir et l'invitent à habiter chez eux. Mais dès lors Salvatore va aller de déception en déception. Il apprend que sa femme qu'il idolâtrait lui était infidèle, et que la famille de celle-ci s'est enrichie pendant la guerre sur le dos des déportés juifs. Enfin, la jeune Agnesina qu'on avait poussée dans ses bras et qu'il croyait pure comme le lys, se révèle enceinte d'un des Torquati. Absolument dégoûté par la vie en liberté, Salvatore, empruntant une nuit l'identité du directeur, rentre dans la prison et réintègre son ancien dortoir... Ayant terminé son récit, Salvatore se voit infliger par les juges une amende. Afin d'être condamné, il agresse son avocat. Il peut ainsi retourner légalement dans sa chère prison.

☞ Cette fable insolite, amère et paradoxale, qui aurait des allures de conte voltairien si elle n'était empreinte d'une tenace mélancolie, nous rappelle que le paradoxe est au cœur de l'œuvre de Rossellini. Il n'est que de songer aux dénouements de *Voyage en Italie** et de *Europe 51**, film avec lequel *Dov'è la libertà... ?* présente d'ailleurs plusieurs analogies. Mais ici, c'est la totalité du récit qui est un vivant paradoxe, opposant la cruauté impitoyable de la vie en société à la douce tranquillité de la vie en prison, où l'on peut au moins cultiver ses illusions en rêvant sur les délices de la liberté. Toto est utilisé par Rossellini, non pour ses dons burlesques, mais pour sa profonde humanité. Rossellini a souligné en lui le cœur simple, le rêveur sensible et toujours amoureux, l'agneau prêt à tomber dans les pièges d'une société vénale et sans principes. Comédie austère (ce qui est aussi, formellement, un paradoxe), satire sociale écrite sur le mode de l'élégie, *Dov'è la libertà... ?,* titre mineur dans la filmographie de Rossellini, participe néanmoins de ce radical bouleversement des genres et des formes si caractéristique de son œuvre.

N.B. A la suite d'un différend entre Rossellini et le producteur Carlo Ponti et du désintérêt croissant du réalisateur pour le film, c'est Fellini et non Monicelli (comme cela est souvent dit) qui tourna les scènes du procès, les moins bonnes du film. Fellini (cf. son livre « Fare un film », Einaudi, Rome, 1980) ne travailla pas plus de trois jours avec Toto.

## OUTRAGE

Inédit en France. 1950 – USA (75') • *Prod.* RKO-Filmmakers (Collier Young) • *Réal.* IDA LUPINO • *Sc.* Ida Lupino, Collier Young, Marvin Wald • *Phot.* Archie Stout • *Mus.* Constantin Bakaleinikoff • *Int.* Mala Powers (Ann Walton), Tod Andrews (Ferguson), Robert Clarke (Jim Owens), Raymond Bond (Mr. Walton), Lilian Hamilton (Mme Walton), Rita Lupino (Stella Carter), Hal March (sergent Hendrix).

A la veille de se marier, une jeune comptable, Ann Walton, est violée. Quand elle reprend son travail, elle ne supporte plus les regards posés sur elle ni le comportement de ses proches. Elle disparaît et prend l'autocar pour Los Angeles. Sur une route, la nuit, elle se foule la cheville et, épuisée, s'évanouit. Un jeune homme la porte dans sa voiture et la confie au ranch Harrison, où elle reprend conscience le lendemain matin. Son sauveur, Paul Ferguson, est un pasteur des environs. La famille Harrison la traite avec chaleur et délicatesse. Elle trouve un emploi à la plantation d'oranges voisine. Paul l'emmène se promener dans son coin secret, une vallée paisible et solitaire. Il lui explique que, né dans la région, il lui a fallu vingt-cinq ans pour pouvoir y revenir et en goûter à nouveau la paix bienfaisante. Présentée au shérif, Ann disparaît à nouveau par peur des questions, car sa famille la fait rechercher. Puis elle revient d'elle-même chez Ferguson. Il lui dit qu'il faudra un jour qu'elle cesse de se fuir et de se comporter comme un être traqué. Lors d'un bal champêtre, un jeune homme l'invite à danser et veut l'embrasser. Le confondant dans un moment d'hallucination avec son agresseur, elle l'assomme à l'aide d'une clé anglaise, puis prend la fuite. Ferguson la retrouve. Elle est arrêtée. Le shérif apprend à Ferguson qui elle est. Quoique gravement atteinte, la victime, un ami de Ferguson, renonce à porter plainte. Ferguson défend Ann devant le juge d'instruction et s'en prend à une société qui fabrique des névrosés pareils à l'homme qui avait violé la jeune fille. Il obtient pour elle un non-lieu, à condition qu'il se porte garant qu'elle subira un traitement psychiatrique pendant un an. Ann voudrait demeurer chez lui. Il la convainc de partir, de faire face à la vie. Elle reprend le car vers l'Est.

☞ Troisième film d'Ida Lupino comme metteur en scène, ayant pour sujet les conséquences psychologiques de l'agression et du viol subis par une jeune femme. Compassion, indifférence, curiosité, quelles que soient les réactions de son entourage à son égard, elle ne peut les supporter et doit prendre la fuite. Elle devient ainsi un personnage errant, traqué, presque déséquilibré, faisant, après celle de la violence, l'expérience de l'étrangeté en ce monde. Itinéraire très comparable à celui d'un héros de *film noir* dont elle représente l'équivalent féminin. C'est alors que le vrai film commence. Les histoires préférées d'Ida Lupino racontent toutes la lente cicatrisation d'une blessure. Blessure physique autant que morale. Ses personnages, que leur féminité, leur caractère ou les circonstances ont transformés en écorchées vives, ont besoin de la sérénité, non comme d'un luxe, mais comme d'un remède indispensable à leur survie. Cette recherche vitale de la sérénité et de la lumière est la substance et la raison d'être des films d'Ida Lupino. Elle est exprimée par un style miraculeusement limpide. De quoi est-il fait ? On peut seulement énumérer les matériaux. Un minimum d'événements et de personnages ; des situations épurées de tout contenu anecdotique ; des acteurs familiers dans lesquels Lupino se dépeint elle-même à côté de personnages qu'elle a connus, sans cesser de porter sur eux un regard objectif ; un usage aisé et spontané du découpage classique avec une maîtrise invisible du plan long et parfois du plan-séquence ; une photo nuancée dans la violence et la tendresse qui fuit les grands contrastes ; par-dessus tout, une profonde humilité par rapport aux sujets traités, qui place toujours l'auteur au cœur de la réalité qu'elle cherche à exprimer. Loin d'être une marginale, Ida Lupino est au contraire, sur le plan de ce qui est exprimé dans ses films, un cinéaste central dans le cinéma américain et dans le cinéma tout court. Tout ce qu'ont réussi à exprimer, au meilleur d'eux-mêmes, Lang ou Losey, Preminger ou McCarey, Walsh ou Fejos, et parfois après combien d'expériences transitoires ou infructueuses, semble ici *donné* d'un coup, sans qu'il y ait eu apparemment pour l'auteur d'influence à subir, de maturation à attendre. Il suffit de voir les dernières scènes (conseils et adieu de Ferguson à l'héroïne) : elles ont la même intensité, la même clarté concentrée et poignante qu'on trouve chez Mizoguchi. Aucun cinéaste, à notre connaissance, n'a reçu en partage des dons aussi complets, aussi inexplicables. A moins, bien entendu, de faire entrer en ligne de compte l'hérédité (Lupino descend d'une lignée d'acteurs anglais vieille de plusieurs siècles) ou une faculté d'observation et d'assimilation qui avait eu tout loisir de se développer durant la quarantaine de films qu'elle avait interprétés depuis l'âge de quatorze ans sous la direction de Dwan, Hathaway, Walsh, Wellman, Curtiz, etc. Par ailleurs, sa carrière de réalisatrice de cinéma fut si brève que, pour notre bonheur, elle n'a pas eu le temps de gaspiller ses dons ni de nous décevoir en les abîmant.

# P

## PAIN, AMOUR ET FANTAISIE
**(Pane, amore e fantasia)**

1953 – Italie (88') • *Prod.* Titanus (Marcello Girosi) • *Réal.* LUIGI COMENCINI • *Sc.* Ettore M. Margadonna, Luigi Comencini d'ap. un sujet d'Ettore M. Margadonna • *Phot.* Arturo Gallea • *Mus.* Alessandro Cicognini • *Int.* Gina Lollobrigida (Maria, la Bersagliera), Vittorio De Sica (l'officier des carabiniers Carotenuto), Roberto Risso (le carabinier Stelluti), Marisa Merlini (Anna la sage-femme), Maria Pia Casilio (la nièce de Don Emidio), Tina Pica (Caramella), Virgilio Riento (Don Emidio).

Le maréchal des carabiniers Antonio Carotenuto, natif de Sorrente, arrive à Sagliena, petit village des Abruzzes de sept cents âmes, son nouveau poste. Ce fringant quinquagénaire, qui a conquis bien des cœurs, est encore célibataire. Et dans cette petite commune où les situations, les allées et venues de chacun sont commentées par tous, cela fait jaser. L'attention de Carotenuto est d'abord attirée par une jeune sauvageonne, aussi pauvre que belle, et de caractère très emporté, Maria, surnommée « la Bersagliera ». Elle vit de petites combines et aussi de petits larcins. Elle tourne autour du jeune carabinier Stelluti. Bien que follement amoureux d'elle, il n'ose jamais lui parler, par timidité et par respect du règlement. La sage-femme Anna intéresse également le maréchal, mais de fréquents déplacements à Rome, d'où elle revient toute épanouie, indiquent que sans doute son cœur n'est pas libre. La colérique Bersagliera a échangé des horions avec une jeune fille de son âge, la nièce du curé, méchante langue comme pas une. Afin de la calmer, le maréchal l'enferme pour la nuit. Bonne âme, il va sur sa demande s'occuper lui-même de son âne qui meurt de faim et de soif. Voyant le misérable logis dans lequel elle vit avec sa mère et ses frères et sœurs (partis pour un pèlerinage), il laisse sur la table un billet de cinq mille lires. « Miracle ! » criera le lendemain la mère en attribuant cette fortune à saint Antoine. Elle encadre le billet, le montre et le fait baiser aux gens du voisinage moyennant une obole. Quand elle apprend l'origine du billet, la Bersagliera, qui n'aime pas la pitié, le déchire. Poussé par le curé, le maréchal favorise les amours de la jeune fille et de Stelluti. Ce dernier apprend à sa belle que sa mère est venue, non pour le marier avec une autre, comme elle le croyait, mais pour la voir, elle, qu'il veut décidément épouser. Tout en conduisant sur sa bicyclette la sage-femme dans plusieurs fermes où ses soins sont requis d'urgence, le maréchal en profite pour lui faire la cour et lui prend même un baiser. Puis il reçoit d'elle une lettre, lui demandant de tout oublier. Il va aussitôt la voir et apprend qu'elle a à Rome un enfant naturel. Rassuré sur le motif de ses absences, il se montre avec elle à la fenêtre, lors d'une fête religieuse en l'honneur de saint Antoine rassemblant toute la population du village. La Bersagliera et Stelluti, Anna et Carotenuto forment maintenant deux couples heureux.

☞ Voir commentaire à *Pain, amour et jalousie.*

## PAIN, AMOUR ET JALOUSIE
**(Pane, amore e gelosia)**

1954 – Italie (95') • *Prod.* Titanus (Girosi) • *Réal.* LUIGI COMENCINI • *Sc.* Ettore Margadonna, Luigi Comencini, Eduardo et Titina De Filippo, Vincenzo Talarico • *Phot.* Carlo Montuori • *Mus.* Alessandro Cicognini • *Int.* Gina Lollobrigida (Maria, la Bersagliera), Vittorio De Sica (le maréchal Carotenuto), Roberto Risso (Pietro Stelluti), Marisa Merlini (Anna), Virgilio Riento (Don Emidio), Maria Pia Casilio (la mère de Don Emidio), Tina Pica (Caramella), Yvonne Sanson (la nouvelle sage-femme).

Le récit commence exactement là où s'arrête celui de *Pain, amour et fantaisie*. S'appuyant sur le succès de ce précédent film, les auteurs dédaignent toute introduction. Le lendemain de la fête de saint Antoine, le maréchal Carotenuto dicte une lettre de démission, car la situation familiale de sa future épouse est réprouvée par le règlement de la gendarmerie. Mais Anna lui demande de ne pas l'envoyer tout de suite, le père de son enfant lui ayant écrit pour réparer et voulant maintenant l'épouser. Stelluti part pour vingt mois comme le règlement (toujours le règlement !) l'exige de chaque fiancé, obligé de s'éloigner pour un temps de la région où il a trouvé sa promise. Dans son innocence, il confie la Bersagliera à Carotenuto qui n'a pas exactement le profil du tuteur idéal. Mais celui-ci assurera à la Bersagliera qu'il a renoncé depuis longtemps à la séduire. Anna a ramené de Rome son garçonnet Ottavio, un bambin agressif et insupportable que Carotenuto, en dépit de ses efforts, devra renoncer à amadouer. « Ce n'est pas un papa, ça, c'est un grand-père ! » s'écrie le gosse en voyant le maréchal. La Bersagliera aide la vieille bonne Caramella à s'occuper du ménage de Carotenuto et cela fait encore jaser les populations. La nièce du curé, toujours aussi venimeuse, exhorte la bonne d'Anna à aller cancaner auprès de sa patronne et de Stelluti. Deux familles ennemies font le repas de baptême de leur dernier-né le même jour. Carotenuto est tenu d'assister et de faire honneur aux deux banquets au risque d'une apoplexie. Il danse « à l'américaine » avec la Bersagliera, quand surviennent Anna et Stelluti, la tête tournée par les commérages villageois. Ils rompent l'un et l'autre avec leur fiancée et fiancé respectifs. La Bersagliera dit leur fait aux hommes du village. Elle leur reproche d'avoir tout essayé pour la perdre de réputation et, n'ayant pu y parvenir, d'assister muets aux commérages de leurs femmes. Folle de rage, elle déclare qu'elle se sentait faite pour être prostituée. Elle devient la domestique d'une troupe de comédiens ambulants. Le directeur, découvrant ses talents de danseuse et de chanteuse, la fait monter sur scène. Carotenuto essaie de faire la paix avec Anna. Mais le père de l'enfant, un garde-chasse, est arrivé et c'est maintenant à Anna de fixer son choix. Carotenuto devra lui dire adieu car elle a préféré la voie de la raison et de la respectabilité. Une petite secousse sismique dévaste le village. La maison de la Bersagliera s'est écroulée et il faut abattre son âne blessé. Elle s'est réconciliée avec Stelluti dont le père lui a promis à elle et à ses parents un toit et du travail. Carotenuto vient saluer à la gare le jeune couple qui s'en va. Le maréchal se retrouve seul. Mais dans le car qui le ramène à Sagliena il rencontre la nouvelle sage-femme. C'est une fort belle personne – qui n'a ni mari ni enfant.

☞ Les deux films forment un ensemble cohérent et complet au point que la vision d'un seul épisode (surtout s'il s'agit du premier) donne une impression d'inachèvement et laisse le spectateur sur sa faim. Ce triomphe commercial des années 50 révèle le goût naissant du public pour la comédie après des années d'austérité néo-réaliste. Il s'agit en effet d'une comédie très pure, très classique et parfaitement italienne. Les personnages ne sont pas éloignés de la *commedia* *dell'arte* : Carotenuto, vieux beau encore vert que les femmes regardent maintenant avec un mélange d'appétit et de compassion un peu ironique ; Stelluti, le grand dadais beau garçon ; la Bersagliera, aussi appétissante à regarder qu'elle est vive et emportée, fine mouche d'un côté et gardant de l'autre la fraîcheur d'âme et l'innocence d'une jeune première. La construction (très novatrice pour l'époque) en petits récits adroitement emmêlés évoque, elle aussi, l'atmosphère et le bonheur des improvisations de la *commedia dell'arte.* (Faut-il y voir une influence du premier *Don Camillo** sorti l'année précédente ? Toujours est-il que la formule utilisée avec brio dans ces deux séries à succès constitue sans doute la lointaine origine du renouveau du film à sketches italien dans les années 60.) L'interprétation est un régal : finesse dans la caricature chez De Sica (dont c'est le grand retour comme acteur), spontanéité, justesse et charme érotique de Gina Lollobrigida (dans le meilleur rôle de toute sa carrière), maturité un peu « coincée » de Marisa Merlini. Le remplacement – providentiel – de Gino Cervi par De Sica donna au film une rondeur, une bouffonnerie qui s'équilibrent avec un arrière-plan social que Comencini et son scénariste Margadonna auraient voulu plus dur et plus présent mais qui, tel quel, conserve une grande efficacité. Dans ce village aux maisons détruites tantôt par les bombardements, tantôt par les tremblements de terre, la misère s'étale au soleil ; mais c'est la misère quand même. « Que mettez-vous dans votre pain ? » demanda Carotenuto à un homme qui mange, assis sur la place. – « De la fantaisie », répond l'autre, et c'est l'explication de ce titre superbe. Outre la misère, il y a aussi la superstition (thème que l'auteur reprendra brillamment dans *La Bella di Roma*, son film suivant en 1955), le moralisme, l'hypocrisie, les commérages en tous genres de la population. On est tout près, comme l'a voulu Comencini, de Beaumarchais. A cet égard, le deuxième épisode est essentiel avec ses conflits non réglés et ses faux happy ends : la sage-femme qui obéit aux règles de la morale sociale et non à la passion, le vieux célibataire qui reste seul et devra encore courir, et la si vivante Bersagliera qui s'en va, surtout pour des raisons économiques, au bras d'un fiancé qui est visiblement le contraire de ce qu'il lui faut. La mise en scène fait corps avec le village tout entier et est riche de sève, de sens et de logique. Dans sa magnifique (et sobre) utilisation de l'espace, dans ses arrière-plans qui se prolongent à l'infini passe la vie diverse du village : sa sensualité et sa verdeur, son appétit de bonheur et son dénuement, ses bonnes âmes et ses vipères, sans oublier les oisifs qui n'ont rien d'autre à faire que critiquer le pauvre monde. Historiquement, les deux *Pain, amour...* font la transition et constituent le maillon précieux entre le néo-réalisme et la comédie italienne, sans pour autant appartenir à aucun de ces deux courants. Mais surtout *Pain, amour...* est l'une de ces œuvres épanouies, rondes et parfaites (notamment dans l'équilibre entre la douceur et l'acidité, la rusticité et l'élégance), étrangères à toute école, où d'heureux hasards ont stimulé la créativité des auteurs, et que le grand public en général comprend mieux et plus vite que les cinéphiles et la critique.

N.B. Autres épisodes de la série (très éloignés de l'inspiration des deux premiers) : *Pane, amore e..... (Pain, amour, ainsi soit-il),* franco-italien de Dino Risi, 1955 ; *Pane, amore e Andalusia/Pan, amor y Andalucia (Pain, amour et Andalousie),* hispano-italien de Javier Seto, 1959.

## PAISA (id.)

1946 – Italie (125') • *Prod.* MGM – OFI (Mario Conti, Roberto Rossellini, Rod E. Geiger) – Foreign Film Production • *Réal.* ROBERTO ROSSELLINI • *Sc.* Sergio Amidei, Roberto Rossellini, Federico Fellini avec la collaboration de Klaus Mann, Victor Hayes, Marcello Pagliero (et Vasco Pratolini pour l'épisode de Florence) • *Phot.* Otello Martelli • *Mus.* Renzo Rossellini • *Int.* I : Carmela Sazio (Carmela), Robert Van Loon (Robert), II : Alfonsino (Pasquale), Dots M. Johnson (Joe), III : Maria Michi (Francesca), Gar Moore (Fred), IV : Harriet White (l'infirmière), Renzo Avanzo (Massimo), Gigi

Gori (un partisan), Giuletta Masina (une locataire), V : Bill Tubs (Bill Martin) et des moines franciscains du couvent de Maiori, VI : Dale Edmonds (Dale), Cigolani (un partisan), Alan Dane, Van Loel.

Six sketches indépendants (23', 15'30", 17'30", 22', 21', 23'30") illustrent la progression des troupes américaines à travers l'Italie à la fin de la Seconde Guerre mondiale. I *Dix juillet 1943.* La flotte américaine aborde la Sicile. Un groupe de soldats investit un village que les Allemands ont abandonné le matin même. Une jeune fille, Carmela, s'offre à les guider. Elle reste seule dans une ruine sur une hauteur avec Joe, un soldat, pendant que les autres font une reconnaissance. Ils essaient maladroitement de communiquer. Joe est abattu par une balle allemande et un groupe d'Allemands ne tarde pas à arriver. Carmela ramasse l'arme de Joe et abat un Allemand. Ses compagnons la tuent et jettent son corps sur les rochers. Quand les Américains reviennent, ils croient que Joe a été tué par Carmela. II *Naples.* Adulte ou enfant, chacun se débrouille comme il peut dans la misère ambiante. Un G.I. noir complètement ivre est entouré par une nuée de gosses. L'un d'entre eux le prend en charge, l'emmène au théâtre de marionnettes pour adultes et, quand il cuvera son vin, l'enfant lui vole ses chaussures. Quelque temps plus tard, le G.I., qui appartient à la police militaire, retrouve son petit voleur. Il l'oblige à l'emmener chez lui. Quand il apprend que les parents du gosse sont morts, quand il voit sa misère et celle de ses pareils, il lui abandonne les chaussures et préfère filer. III *Rome, 4 juin 1944.* On accueille avec reconnaissance, dans les cris et le délire, les libérateurs américains. Six mois plus tard, la jeune Francesca, qui se livre à la prostitution pour survivre, drague un soldat américain, Fred. Il est complètement ivre. Elle l'emmène dans un meublé. Elle s'aperçoit alors que Fred est ce jeune soldat qu'elle avait rencontré le 4 juin et avec lequel elle avait par la suite échangé des serments d'amour. Au matin, alors qu'il dort encore, elle s'en va, lui laissant un mot avec son adresse et lui fixant un rendez-vous. Elle l'attendra vainement sous la pluie. Fred a déchiré son mot. Pour lui, ce n'est que l'adresse d'une prostituée parmi tant d'autres. Il ne l'a pas reconnue. IV *Florence.* Un Italien voulant rejoindre sa femme et son fils, et une infirmière anglaise de la Croix-Rouge à la recherche de son ami devenu un grand chef de la Résistance, surnommé Lupo, traversent la ville coupée en deux par les combats qui font rage de part et d'autre de l'Arno. En cours de route, soignant un agonisant, l'infirmière apprend que Lupo est mort. V *Dans l'Apennin.* Trois aumôniers américains, un catholique, un protestant et un juif, sont hébergés pour la nuit dans un couvent franciscain. Certains moines s'émeuvent de la présence de ce protestant et de ce juif et pressent l'autre de les convertir. Il n'en fait rien mais, dans un petit discours d'adieu, remercie la communauté de lui avoir redonné cette sérénité qu'il avait perdue au contact des horreurs de la guerre. VI *Hiver 1944.* Dans les marais du delta du Pô, tableau des luttes sanglantes opposant partisans et parachutistes alliés aux Allemands, qui se montrent là particulièrement cruels et inhumains.

☞ Rossellini conserve l'acquis de *Rome, ville ouverte** : description du présent immédiat – intense et frémissant – à l'aide des outils qu'il a pour ainsi dire forgés et inventés sur le tas dans ce film (improvisation, acteurs peu ou non professionnels, style documentaire de la photo). Il y ajoute une volonté de synthèse qui va caractériser son œuvre pendant quinze ans. A cette époque, Rossellini fait à chaque film des pas de géant. Ici, à travers six sketches qui sont, non pas six histoires structurées et savamment architecturées, mais six *visions* de l'Italie observée selon des points de vue géographiques et moraux différents, il entend donner une vision synthétique du pays. Cette synthèse s'aggrandira ultérieurement aux dimensions d'un continent et même de la planète. Si les moyens de Rossellini sont plutôt dérisoires, son ambition est déjà immense. Entre ces deux extrêmes (sa pauvreté et sa largeur de vue), Rossellini est à cette époque le cinéaste qui englobe le plus de réalité dans ses films. D'un point de vue traditionnel, la construction de chaque récit (qui ne possède pas toujours une chute), la façon dont aucun d'entre eux ne se *détache* de l'ensemble, pourraient être jugées maladroites. Selon les critères internes à l'œuvre de Rossellini, elles sont d'une efficacité totale. C'est en effet la masse indifférenciée des souffrances, des espoirs, des malentendus, des sacrifices de l'Italie agonisante et renaissante que Rossellini veut appréhender au moyen de ses six histoires. Quitte à avoir moins de relief en tant que tels, les personnages font corps avec les lieux, avec les paysages qu'ils traversent. Dans cet espace géographique et historique de l'Italie au présent, qui est le vrai sujet du film, les visages et les ruines ont la même importance, et c'est eux que Rossellini cherche à inscrire à même la pellicule. Celle-ci doit être, plus encore qu'un miroir, une sorte de *buvard* de la réalité.

BIBLIO. : découpage (828 plans) *in* Roberto Rossellini : « La trilogia della guerra », Bologne, Cappelli Editore, 1972. Chaque plan est numéroté et minuté ; le nombre d'images qu'il comporte est indiqué. Traduction en anglais, The Viking Press, New York, 1973. Le scénario d'un septième sketch non tourné, *Le prisonnier*, a été publié dans la revue « Cinema Nuovo » (avril 1955).

## PAMPA BARBARA
**(Pampa barbare)**

1945 – Argentine (95') • *Prod.* AAA (Artistas Argentinos Asociados) • *Réal.* LUCAS DEMARE et HUGO FREGONESE • *Sc.* Ulyses Petit de Murat et Homero Manzi • *Phot.* José Maria Beltran (intérieurs), Bob Roberts et Humberto Peruzzi (extérieurs) • *Mus.* Lucio Demare et Juan Elhert • *Int.* Francisco Petrone (Hilario Castro), Luisa Vehil (Camila Montes), Domingo Sapelli (Juan Padron), Maria Esther Gamas (Antonia), Tito Alonso (Chango), Judith Sulian (Micaela), Juan Bono (commandant Chavez), Margarita Corona (la Tordilla), Froilan Varela (Demetrio Yanez), Roberto Fugazot (Jacinto Pozos), Maria Conception (Luz Gonzalez).

En 1830, en Argentine, les pionniers et l'armée luttent de concert pour coloniser la « frontière ». La désertion est un fléau auquel l'armée doit faire face. Un officier supérieur estime que le manque de femmes explique l'importance du nombre de déserteurs. Beaucoup d'entre eux se sont regroupés autour de l'Indien Quilquil. C'est dans ce contexte que le capitaine Castro reçoit l'ordre de ramener avec ses hommes un convoi de femmes. Le recrutement s'effectue par la brutalité ou le chantage. Deux chanteuses de cabaret et une femme accusée de complicité d'assassinat, Camila, figurent parmi le groupe rassemblé par Castro. Au cours d'un voyage mouvementé, Castro se sent attiré par Camila à qui il confiera qu'il a perdu sa mère lors d'une attaque indienne. Craignant que les femmes soient uniquement réservées aux déserteurs, les soldats se révoltent et prennent la fuite avec les chariots. Castro est capturé par un chef rebelle, anciennement sous ses ordres, et est attaché sur le sol en plein soleil. Il parvient à se libérer et délivre ensuite ses hommes enfermés dans une casemate. Il rassemble toutes les forces disponibles et livre un sanglant assaut contre les Indiens de Quilquil qui avaient capturé les femmes. Castro mourra après avoir brandi devant ses hommes la tête de Quilquil.

☞ Œuvre importante du cinéma argentin des années 40. Premier film de Hugo Fregonese (en collaboration avec Lucas Demare). Faisant suite à *La guerra gaucha* signé par le seul Demare (film sur lequel Fregonese avait été assistant), *Pampa barbara* révèle bien l'apport spécifique de Fregonese : une stylisation plastique extrêmement poussée qui pourtant ne pétrifie jamais le mouvement de telle ou telle séquence, ni le rythme général de l'action. Le découpage de certaines séquences isolées (ex. celle où Castro se libère de ses liens) est, dans l'acuité et le dynamisme, d'un modernisme étonnant. Le futur auteur hollywoodien de *Apache Drums** semble avoir déjà assimilé la leçon fordienne, à quoi il ajoute une touche de baroque, de cruauté insolite, typique de sa personnalité et des sujets qu'il affectionne. Seul le scénario, assez riche mais mal construit, confus et parfois même obscur dans la caractérisation des personnages, empêche le film d'être un chef-d'œuvre. A partir de cette base partiellement défectueuse, *Pampa barbara* reste constamment écartelé entre deux tendances : un ton picaresque et osé que les contraintes morales de l'époque empêchent de se déployer normalement ; un élan épique censé représenter le vouloir-vivre indomptable d'une nation en devenir. C'est ce dernier aspect que Fregonese développe le mieux, tout en conférant à la violence de son récit un caractère fatal et halluciné qui contraste avec le style généralement optimiste des épopées analogues de DeMille, Curtiz ou Frank Lloyd. Pour ce qui est du picaresque, Fregonese devait prendre sa revanche, vingt ans plus tard exactement, avec son remake *Pampa salvaje* (1966, tourné en Espagne).

## PANDORA
## (Pandora and the Flying Dutchman)

1951 – Grande-Bretagne (115') • *Prod.* Dorkway Production-Romulus Film (Albert Lewin et Joseph Kaufman) • *Réal.* ALBERT LEWIN • *Sc.* A. Lewin • *Phot.* Jack Cardiff (Technicolor) • *Mus.* Alan Rawsthorne • *Int.* James Mason (Hendrick van der Zee), Ava Gardner (Pandora Reynolds), Nigel Patrick (Stephen Cameron), Harold Warrender (Geoffrey Fielding), Sheila Sim (Janet Fielding), Mario Cabre (Juan Montalvo), John Laurie (Angus), Pamela Kellino (Jenny Ford), Patricia Raine (Peggy), Marius Goring (Reggie Demarest), Margarita d'Alvarez (Senora Montalvo).

Le petit port d'Esperanza sur la Costa Brava en 1930. Les pêcheurs ramènent dans leurs filets deux cadavres enlacés. L'archéologue britannique Geoffrey Fielding, qui a reconnu le couple, raconte son histoire, à laquelle il met en exergue la sentence d'un écrivain de la Grèce antique : « La mesure de l'amour, c'est ce qu'on est prêt à sacrifier pour lui. » La jeune et superbe Pandora Reynolds avait autour d'elle une petite cour d'admirateurs et d'amoureux qui se recrutaient parmi la population anglo-saxonne et oisive du port. Geoffrey en faisait partie. Le jour du premier anniversaire de sa rencontre avec elle, Reggie Demarest avait demandé Pandora en mariage. Après son refus, il s'était empoisonné. Avec une sorte de cruauté lucide et honnête à la fois, Pandora avait déclaré qu'elle ne regrettait pas sa mort. Le coureur automobile Stephen Cameron lui avait également demandé sa main. Voulant tester la profondeur de son amour, Pandora lui avait demandé s'il lui sacrifierait son bien le plus précieux, à savoir cette voiture de course dont la construction lui avait pris deux ans. Aussitôt, Stephen avait fait basculer le véhicule dans la mer. Pandora promit alors de l'épouser au troisième jour du neuvième mois de l'année. Très intriguée par la vision d'un yatch solitaire ancré dans la baie, elle interrogea Geoffrey qui lui raconta la légende du Hollandais Volant, un marin du XVII^e^ siècle condamné à errer sur les mers jusqu'à la fin des temps. Tous les sept ans, il était autorisé à toucher terre pendant six mois. Si, lors d'une de ses haltes, il découvrait une femme prête à sacrifier par amour sa vie pour lui, alors c'en serait fini de sa malédiction, et il pourrait mourir comme n'importe quel humain. Il se trouve que Geoffrey traduisait à ce moment-là un manuscrit contenant la confession du Hollandais Volant. Pandora nage vers le bateau ancré dans la baie. Il paraît vide. Seul un homme se trouve à bord, le Hollandais Van der Zee, occupé à peindre une toile représentant une allégorie du mythe de Pandora. La Pandora du tableau ressemble étonnament à Pandora Reynolds. Un peu plus tard, Geoffrey demande à Van der Zee de l'aider dans sa traduction. Van der Zee lit à voix haute le manuscrit comme s'il le connaissait par cœur. L'ouvrage raconte l'étrange histoire de ce capitaine qui, ayant poignardé sa femme qu'il croyait à tort infidèle, avait été condamné à une errance perpétuelle. Il était toujours seul sur son bateau que conduisaient des mains invisibles obéissant à ses ordres muets.... Le grand matador Juan Montalvo arrive à Esperanza, son village natal, pour revoir sa mère. Il a connu, autrefois, Pandora. Elle lui apprend qu'elle va se marier le mois prochain. Cameron bat sur la plage le record mondial de vitesse. Lors de la fête donnée en l'honneur de cette victoire, Pandora revoit Van der Zee vers qui elle se sent irrésistiblement attirée. A une question de sa part, elle répond qu'elle lui sacrifierait volontiers sa vie. Quant à lui, il est prêt à lui sacrifier son salut éternel, preuve d'amour beaucoup plus grande encore, mais qu'elle ne peut comprendre. Soudain, Van der Zee redevient très froid et lui affirme qu'il n'a nulle intention de nuire à Cameron. Juan est décidé à empêcher à tout prix le mariage de Pandora, qu'il veut épouser. Il comprend vite que ce n'est pas Cameron qu'elle aime, mais Van der Zee. Il le poignarde, sans savoir que celui-ci ne peut mourir. Au milieu des arènes, sur le point de donner l'estocade final à son taureau, il voit avec stupeur sa victime bien vivante parmi les spectateurs. Cet instant de distraction permet au taureau de foncer sur lui et de le piétiner. Juan confesse son crime à Pandora avant de mourir. Van der Zee a décidé de partir, ne voulant pas que Pandora se sacrifie pour lui. Geoffrey confie à Pandora le manuscrit, pensant qu'il est trop tard maintenant pour qu'elle rejoigne le Hollandais. Mais le vent est tombé et Pandora a donc le temps de monter à bord. Van der Zee lui montre le portrait de sa femme dont elle est la réincarnation. Ayant embrassé Van der Zee, elle comprend qu'elle est entrée dans l'éternité avec lui. Une tempête soudaine fera croire à un accident. Dans les filets des pêcheurs, Geoffrey retrouvera le livre qu'il avait prêté à Van der Zee.

☞ Quatrième film de l'esthète Albert Lewin qui avait réalisé jusque-là une vie de Gauguin inspirée de Somerset Maugham et deux adaptations littéraires (*Le portrait de Dorian Gray* et *The Private Affairs of Bel Ami*), trois films originaux, singuliers, au style soigné dont l'application va jusqu'à l'académisme. Il se dépasse ici dans une œuvre plastiquement raffinée où l'emploi du Technicolor, le sujet, et la présence d'Ava Gardner galvanisent son talent. Une influence discrète mais constante du surréalisme se manifeste dans les trois principaux aspects de l'œuvre : 1) la confrontation du présent et du passé, réalisée grâce au flash-back principal et au flash-back dans le flash-back, mais aussi grâce aux « rencontres » plastiques comme celle qui se produit dans le plan où une voiture de course longe des statues anciennes ; 2) la juxtaposition essentiellement bancale de deux mythes, celui du Hollandais Volant et celui de Pandora ; 3) le climat puissamment onirique et fantastique qui vient recouvrir presque totalement une peinture sociale sans cela toute fitzgéraldienne. A travers ces différents heurts, Lewin ne cherche pas à accentuer la violence des contrastes qu'il a lui-même, à l'infini, suscités. Il tente au contraire de les atténuer en ajoutant à l'héritage surréaliste une retenue élégante, une douceur lente, une sérénité légèrement teintée de morbidité qui lui appartiennent en propre. Il voudrait réconcilier les apparences en conflit en les plaçant sous le signe de la beauté et de l'amour, mais il doit s'incliner devant cette évidence que la beauté et l'amour ne triomphent, à travers le récit, que dans la mort. *Pandora* a aussi le mérite d'être le premier des trois films où Ava Gardner se révèle, au sens littéral, irremplaçable, comme elle le sera dans *La comtesse aux pieds nus** et *Bhowani Junction**.

BIBLIO. : découpage (1 005 plans) *in* « L'Avant-Scène » n° 245 (1980). Belle préface de Jean-Paul Török : « On ne finirait pas de dénombrer les beautés dont *Pandora* se compose, et qu'on dirait amoncelées par l'avidité d'un amateur d'art conscient que pareil thesaurus ne sera jamais plus rassemblé. »

## PANIQUE

1946 – France (100') • *Prod.* Filmsonor • *Réal.* JULIEN DUVIVIER • *Sc.* Charles Spaak, Julien Duvivier d'ap. R. « Les fiançailles de Monsieur Hire » de Georges Simenon • *Phot.* Nicolas Hayer • *Mus.* Jacques Ibert • *Int.* Viviane Romance (Alice), Michel Simon (M. Hire), Lita Recio (Viviane), Paul Bernard (Alfred), Jenny Leduc (Irma), Lucas Gridoux (M. Fortin), Charles Dorat (Michelet), Max Dalban (Capoulade), Émile Drain (Breteuil).

Un bandit minable a assassiné une vieille femme. Dans le même quartier, un original détesté de tous ses voisins,

Hire, prétend détenir une preuve irréfutable qui confondra le coupable. L'assassin charge sa maîtresse de séduire M. Hire puis de déposer chez lui le sac de la victime. Une fois la pièce à conviction découverte, la population est prête à lyncher M. Hire qu'elle tient pour l'auteur du crime. Traqué, il fuit par les toits et glisse dans le vide. Un policier trouvera sur lui une photographie qu'il avait prise de l'assassin en train de commettre son crime.

☞ Revenant d'Hollywood et dégoûté par les happy ends de la cité du cinéma, Duvivier est plus que jamais décidé à œuvrer dans le noir et à dire au monde ses quatre vérités. Mais après son séjour en Amérique, son style est devenu plus dogmatique, plus artificiel, plus lourd. Plus abstrait aussi. Et ce qu'il perd en réalisme (ce réalisme qui rend ses films d'avant-guerre si convaincants), il le regagne dans une certaine mesure sur le plan d'un expressionnisme cauchemardesque. Voir à cet égard, dans le dernier quart d'heure, la fuite de M. Hire poursuivi par une populace déchaînée. Le quartier qui sert de cadre à l'intrigue, où tous se connaissent et entretiennent des relations étroites, n'existe dans aucune grande ville, et surtout pas à Paris. C'est un microcosme irréaliste, une image condensée et infernale de la promiscuité sociale dans ce qu'elle a de plus mesquin et de plus sordide, permettant à Duvivier d'exprimer le trop-plein de ses dégoûts. Le regard froid mais fraternel et secrètement tendre de Simenon fait place ici à la vision d'un misanthrope sans indulgence condamnant irrémédiablement les faiblesses de l'humanité. La composition de Michel Simon est extraordinaire : l'acteur se montre aussi surprenant ici, dans le registre de la sobriété et de l'intériorisation, qu'il peut l'être, ailleurs, dans le baroque le plus échevelé.

N.B. Remake tout à fait exsangue dû à Patrice Leconte, sous le titre *Monsieur Hire* (1989).

BIBLIO. : découpage des deux films (*Panique* : 493 plans, *Monsieur Hire* : 503 plans) *in* « L'Avant-Scène » n° 390-391 (1990).

## PANTHÈRE ROSE (LA)
### (The Pink Panther)

1964 – USA (115') • *Prod.* UA – Mirisch Company (Martin Jurow) • *Réal.* BLAKE EDWARDS • *Sc.* Maurice Richlin et Blake Edwards • *Phot.* Philip Lathrop (Panavision, DeLuxe Color) • *Mus.* Henry Mancini • *Int.* David Niven (Sir Charles Litton), Peter Sellers (inspecteur Jacques Clouseau), Robert Wagner (Georges Litton), Capucine (Simone Clouseau), Claudia Cardinale (princesse Dala), Brenda De Banzie (Angela Dunning).

L'inspecteur Jacques Clouseau est à la recherche d'un voleur international qui signe ses méfaits « Le Fantôme » et assiste en familier aux réceptions mondaines d'Angela Dunning. A Cortina d'Ampezzo, Clouseau est chargé de surveiller discrètement la princesse hindoue Dala, propriétaire du plus fabuleux diamant de la planète, « La Panthère rose », ainsi nommé à cause de son unique défaut, une minuscule tache en forme de panthère bondissante. L'élégant Sir Charles Litton s'est arrangé pour s'attacher la reconnaissance de la Princesse afin de pouvoir la séduire et la déposséder de son trésor. Ce qu'ignore Clouseau, c'est que sa propre femme Simone est la maîtresse et la complice du Fantôme, alias Sir Charles Litton. Celui-ci occupe d'ailleurs à l'hôtel la chambre contiguë à celle du couple Clouseau. A Rome, Clouseau, qui connaît maintenant les desseins de Sir Charles, en fait part à la Princesse. Lors d'un bal costumé donné chez elle, Sir Charles et son neveu essaient vainement de dérober le bijou : ils trouvent à sa place dans le coffre un gant aux initiales du Fantôme. A l'issue d'une fantastique poursuite automobile, Sir Charles et son neveu sont arrêtés. Simone, qui a gagné la confiance de la Princesse, apprend de celle-ci qu'elle s'est volé le diamant à elle-même. Simone obtient que la Princesse lui confie le bijou. Elle le dépose dans la poche de son mari. A l'audience où il est appelé comme témoin, l'infortuné Clouseau le sortira de sa poche au vu de tous. Il est immédiatement arrêté et devient la coqueluche des femmes qui croient voir en lui le fameux Fantôme. Grisé par ce succès, il admet être le célèbre voleur.

☞ Première des huit apparitions cinématographiques de l'inspecteur Clouseau dont six furent à la fois interprétées par Peter Sellers et dirigées par Blake Edwards. Cette série ne fut nullement conçue comme telle à l'origine et ici Clouseau n'a ni plus ni moins d'importance que Sir Charles Litton (David Niven), la Princesse Dala (Claudia Cardinale) ou sa propre épouse Simone (Capucine) qu'on ne reverra plus. Mais le relief comique de Clouseau-Sellers parut aussitôt prodigieux à tous et digne de nouvelles aventures. Dans *La Panthère rose*, Blake Edwards mélange selon un dosage savant et avec une grande sophistication visuelle, notamment dans l'utilisation de l'espace, la comédie de situations, le slapstick, le dessin animé, le vaudeville et le non-sens le plus délirant. Les dialogues sont toujours extrêmement savoureux et leur humour d'une absurdité très soignée. La situation de base de la série consiste à lancer le détective le plus nul et le plus maladroit du monde à la poursuite du voleur le plus astucieux. Mais attention : la maladresse de Clouseau est aussi son bon génie, voire son génie tout court ; elle lui permet de survivre à tous les traquenards et à tous les mauvais pas ; elle est la preuve tangible que cet ahuri est parfaitement bien dans sa peau et tout à fait adapté au monde extérieur. Plus que tous les autres épisodes de la série, *La Panthère rose* possède un charme irrésistible et communique au spectateur un sentiment de *bonheur* que partage la plupart des personnages (la musique de Mancini y est pour beaucoup). Dès sa deuxième apparition dans *A Shot in the Dark* (*Quand l'inspecteur s'emmêle,* 1964), film aussi talentueux que le premier, Clouseau devient définitivement le personnage principal, en même temps qu'apparaît son supérieur hiérarchique, l'inspecteur-chef Charles Dreyfus, qui sera toujours interprété par Herbert Lom. Haïssant la maladresse de Clouseau, il est encore plus maladroit que lui, mais, dans son cas, sa maladresse (décuplée par le spectacle de celle de Clouseau) le rend proprement fou et met sa vie en danger. Son principal désir est de tuer Clouseau et il n'y parvient jamais. Le face-à-face de ces deux maladroits, l'un heureux et en forme, l'autre malheureux et fou, donnera beaucoup de sel à la série. La sophistication et l'élégance visuelle de *A Shot in the Dark* sont peut-être encore supérieures à celle de *La Panthère rose.* A noter que Clouseau ne figurait pas dans le projet initial du film qui devait être tourné par Anatole Litvak. Il fut rajouté par Edwards qui en fit la condition sine qua non de sa reprise en main du projet. L'inspecteur Clouseau revient une troisième fois sous la direction de Bud Yorkin. Il est interprété par Alan Arkin qui, malgré son talent, ne peut rivaliser avec Peter Sellers (*Inspector Clouseau,* Grande-Bretagne, 1968, inédit en France). Dix ans après *A Shot in the Dark,* alors que sa carrière bat de l'aile, Blake Edwards reprend sa collaboration avec Peter Sellers (entretemps ils avaient tourné ensemble l'admirable *Party**) et l'inspecteur Clouseau réapparaît une quatrième fois, en Grande-Bretagne, dans *Le retour de la Panthère rose* (*The Return of the Pink Panther,* 1975). Seules les premières scènes avec Clouseau en simple agent de police sont remarquables. Première apparition de Burt Kwouk en Cato, domestique de Clouseau qui se livre sur son patron à des attaques surprises de karaté. L'année suivante sortira *Quand la Panthère rose s'emmêle (The Pink Panther Strikes Again,* 1976, Grande-Bretagne), le meilleur de toute la série avec les deux premiers, grâce notamment à une phénoménale composition burlesque de Herbert Lom. En 1978, *La revanche de la Panthère rose (Revenge of the Pink Panther)* déçoit beaucoup. En 1982, après la mort de Peter Sellers, Blake Edwards livre une compilation très risquée de scènes tournées avec l'acteur auxquels il ajoute d'autres scènes. Le résultat *(A la recherche de la Panthère rose, Trail of the Pink Panther)* est moins désastreux qu'on aurait pu s'y attendre. Un post-scriptum à la série, *Curse of the Pink Panther,* 1983, dirigé par Blake Edwards, présente un jeune homologue anglais de Clouseau, appelé

Clifton Sleigh et interprété par Ted Wass. Le film, inédit en France, est très mal jugé par ceux qui l'ont vu.

BIBLIO. : *Revenge of the Pink Panther*, scénario et dialogues publiés chez New English Library, Londres, 1978. Sur Blake Edwards en général, voir les deux volumes de Peter Lehman et William Luhr : « Blake Edwards », Ohio University Press, 1981, et « Returning to the Scene : Blake Edwards », vol. 2, Ohio University Press, 1989.

## PAPA D'UN JOUR
### (Three's a Crowd)

1927 – USA (56') • *Prod.* First National Pictures (Harry Langdon Corp.) • *Réal.* HARRY LANGDON • *Sc.* James Langdon, Robert Eddy d'ap. histoire de Arthur Ripley • *Phot.* Elgin Lessley, Frank Evans • *Int.* Harry Langdon (Harry, « The Odd Fellow »), Gladys McConnell (la fille), Cornelius Keefe (l'homme), Henry Barrows, Frances Raymond, Agnes Steele, Brooks Benedict, Bobby Young.

Cinq heures du matin. Dans son étrange mansarde située au sommet d'un escalier longiligne de plus de cinquante marches, Harry a bien du mal à se réveiller. Son patron, un transporteur, l'a fait travailler jusqu'à plus de minuit, et maintenant il hurle pour que son employé descende. Harry arrose son unique marguerite, fait une rapide gymnastique et prend une douche à l'aide d'un arrosoir rudimentaire. Il descend dans la cour et joue avec une poupée de chiffon à sa ressemblance, retrouvant les mêmes gestes que ceux de son patron avec son fils. La femme du patron a pris en sympathie Harry, lequel suscite ainsi, bien involontairement, la jalousie de son employeur. Les jours passent. Le temps change. Une neige abondante recouvre le quartier. Une femme a quitté son mari qu'elle considérait comme bon à rien. Elle s'effondre dans la neige. Harry la trouve et la transporte chez lui. A un ballot de vêtements de bébé qu'elle tient dans ses bras, Harry comprend après mûre réflexion qu'elle est enceinte. Il va chercher des commères du voisinage et plusieurs médecins afin que l'accouchement se passe bien. On le félicite car on pense que le bébé est à lui. Harry s'occupe de la mère et de l'enfant. Quand il berce le bébé, il s'endort en même temps que lui. Il rêve que le mari survient et qu'il doit le combattre sur un ring sous les yeux de la mère. Le mari apparaît en effet et se réconcilie avec sa femme. Le couple remercie Harry et s'en va. Harry ne dit rien : que pourrait-il bien dire, ou faire, sinon les laisser partir ? C'est la nuit. Il descend de sa mansarde et se plante devant la vitrine du Mage qui lui avait prédit que tout irait bien pour lui. Il hésite à la détruire avec une brique. A quoi bon ? Il laisse tomber la brique qui butte sur un mécanisme bloquant un énorme fût qui roule et va saccager entièrement ladite vitrine. Harry remonte précipitamment chez lui.

☞ Premier des trois longs métrages de Langdon comme metteur en scène. Il réalise enfin son rêve de diriger un film, comme Chaplin. Dans son autobiographie, Capra reproche à Langdon de ne pas comprendre son propre personnage. Ce film montre qu'il le comprenait admirablement. Ce qu'il comprenait moins bien, ce sont les réactions du public. Le public rejeta en effet cette œuvre aussi insolite qu'onirique dans ses décors, ses personnages, sa lenteur, ses péripéties limitées et allégoriques. Plus que jamais, Langdon, le marginal absolu, est incapable de pénétrer tout à fait dans la réalité. (Le film commence, de manière significative, par le réveil douloureux et quasi impossible du héros.) Son désir inconscient, puis conscient, de paternité, correspond surtout à une recherche de l'autre, de l'égal qui, dans son cas, ne saurait être qu'un bébé. Pauvre en gags, le film est parsemé de nombreux plans poétiques et admirables sur les motifs visuels de l'aube (plan initial avec les réverbères encore allumés), de la nuit (Langdon descendant l'interminable escalier avec sa lanterne) et de la neige. Dans les films dirigés par Capra, l'humour venait souvent du contraste et de la superposition de deux points de vue : celui, incomplet et irrationnel de Langdon et celui, plus informé et plus rationnel, du spectateur. Dans *The Strong Man**, le spectateur sait que l'aventurière en veut à l'argent de Langdon. Lui croit qu'elle n'en veut qu'à sa personne et n'y comprend rien.

Dans *Long Pants**, le public sait que le flic posé sur la malle n'est qu'un mannequin. Langdon l'ignore et se comporte comme s'il s'agissait d'une véritable personne. Ici, au contraire, le spectateur est invité à descendre au tréfonds du point de vue de Langdon : il n'en sait pas plus que lui sur le monde et se retrouve perdu dans un conte de fées inquiétant et parfois cauchemardesque, à la manière d'Alice quand elle tombe en chute libre vers le centre de la terre.

## PAPA EST EN VOYAGE D'AFFAIRES
**(Otac na sluzbenom putu)**

1985 – Yougoslavie (134') • *Prod.* Forum • *Réal.* EMIR KUSTURICA • *Sc.* Abdulah Sidran • *Phot.* Vilko Filac (couleurs) • *Mus.* Zoran Simjanovic • *Int.* Predrag Manojlovic (Mesa Malkoi), Mirjana Karanovic (Sena), Moreno de Bartoli (Malik), Mustafa Nadarevic (Zijo), Pavle Vuisic (Muzafer), Mira Furlan (Ankitza), Predrag Lakovic.

A Saravejo et dans divers endroits de Yougoslavie entre 1950 et 1952, une série d'événements marquants vécus par la famille Malkoi sont reflétés à travers la sensibilité du cadet Malik, un enfant de six ans, et ponctués par ses crises de somnambulisme. Son père, Mesa, est dénoncé pour quelques propos vaguement séditieux par sa maîtresse Ankitza, gymnaste et aviatrice, à qui il a fait miroité un divorce toujours retardé. C'est son propre beau-frère Zijo, le frère aîné de sa femme, qui fera procéder à l'arrestation de Mesa juste après la cérémonie de circoncision de ses deux fils, Mirza et Malik. Restés longtemps sans nouvelles de lui, la mère et ses deux fils vont le retrouver à la mine où il travaille et, plus tard, le rejoindront à Zvornic, sur la Drina, où il occupe un poste moins dur dans une centrale électrique. Là, Malik tombe amoureux d'une fillette de son âge qui sera emportée par une maladie du sang. Les virées de Mesa chez les prostituées de la ville voisine mettent en péril la cellule familiale. A Zvornik, Malik, meilleur élève de son école, remet le « bâton des pionniers » au maire, lors d'une cérémonie qui réunit toute la ville. Mesa apprend avec une joie et un soulagement immenses la fin de son « mandat ». Un beau jour de juillet 1952 a lieu à Sarajevo le mariage du frère cadet de la mère de Malik, belle occasion de réunion pour toute la famille. Mesa dit à Zijo qu'un jour sans doute il pourra oublier son acte mais qu'il ne lui pardonnera jamais. Ankitza, maintenant mariée à Zijo, tentera vainement de se suicider après avoir couché avec son ancien amant, Mesa. Zijo, lui, cherche refuge dans l'alcool. Quant au grand-père de Malik, témoin muet de tous ces événements, c'est ce jour de noces qu'il a choisi pour partir vers la maison de retraite, lassé des querelles politiques qui ont disloqué sa famille et son pays.

☞ Chronique familiale, bilan d'une société à un moment crucial de son histoire, description de l'enfance éternelle, le film est tout cela ensemble dans un brassage considérable d'événements, de situations et de personnages. Avec une maturité étonnante chez un cinéaste de trente et un ans, Emir Kusturica parvient à équilibrer dans un récit constamment varié, attachant et spectaculaire l'émotion et la dérision, la critique incisive et la chaleur humaine, une tendance au pessimisme et une sorte d'ébahissement joyeux devant la sagesse naturelle de la vie, plus forte que les idéologies et les mauvais penchants de l'homme. Comme un certain nombre de ses condisciples de la FAMU, l'école de cinéma de Prague, Kusturica aime les fresques foisonnantes et semble miraculeusement épargné par l'intellectualisme et le formalisme qui rongent de l'intérieur la plupart des œuvres des cinéastes ambitieux de sa génération dans beaucoup de pays européens. Interprétation de tout premier ordre.

N.B. Par exception, un jury de festival (Cannes 1985) fit œuvre utile en décernant son prix principal à ce film, lui permettant ainsi d'accéder à une distribution et à une notoriété auxquelles il n'aurait pu prétendre autrement.

## PARADIS PERDU

1939 – France (103') • *Prod.* Sofradis – Tarice Film (Joseph Than) • *Réal.* ABEL

GANCE • *Sc.* Joseph Than, Stève Passeur • *Phot.* Christian Matras • *Mus.* Hans May (*lyrics :* Roger Ferney) • *Int.* Fernand Gravey (Pierre Leblanc), Micheline Presle (Janine et Jeannette), Elvire Popesco (Sonia Vorochine), André Alerme (Calou), Robert Le Vigan (Édouard Bordenave), André Pizani (Lesage), Gérard Landry (Gérard), Monique Rolland (Laurence).

A Paris, lors d'un bal du 14 juillet, Pierre Leblanc, un peintre, rencontre Janine, une jeune employée de maison de couture. Coup de foudre réciproque. Jugeant affreuse la robe qu'a donnée à la jeune fille une riche cliente, le peintre la lui refait et la cousette gagne alors un concours d'élégance. Son patron engage le peintre qui modifie à son idée, et avec succès, toutes les robes de la collection. Pierre et Janine se marient. La déclaration de guerre et la mobilisation interrompent leur trop court bonheur. Janine travaille dans une fabrique d'obus. Victime du surmenage, elle meurt en donnant naissance à une petite fille. Pierre apprend la nouvelle, alors qu'il est sur le front. Il est blessé. Il fait élever sa fille dans un pensionnat sans vouloir la voir car, pour lui, elle est responsable de la mort de sa mère. Après la guerre, Pierre se remet à peindre et à vendre ses toiles. Il découvre qu'un couturier utilise ses anciens dessins. Il fait scandale chez lui et rentre dans ses droits. Il devient célèbre dans le monde de la mode. Sa fillette Jeannette a grandi et est maintenant le vivant portrait de sa mère. Elle demande à son père de ne plus s'enterrer dans ses souvenirs. Suivant ses conseils, il se fiance avec une toute jeune fille dont le frère, Gérard, est amoureux de Jeannette. Mais Gérard juge sa sœur beaucoup trop jeune pour épouser Pierre. Pierre sacrifie son bonheur pour permettre à sa fille d'être heureuse avec Gérard. Très malade, il assiste à leur mariage et meurt durant la cérémonie.

☞ Œuvre de commande jugée mineure par les uns (en général les inconditionnels de Gance) et considérée au contraire par les autres – plus critiques vis-à-vis du maître – comme l'un de ses meilleurs films parlants. On peut en tout cas y constater l'éclectisme du talent de Gance, puisque contrairement à toute attente c'est la partie heureuse, légère, vive et nuancée de ce mélodrame (la première) qui est la plus réussie. La sincérité des interprètes (Gravey, sauf dans *Le Capitaine Fracasse*, autre excellent film de Gance, n'a jamais été meilleur), l'ingénuité et la mobilité des péripéties (séparation des amants par une farce de potaches ; retrouvailles grâce à la Providence et à un portrait ; nouvelle séparation par la guerre), le lyrisme sans artifice et l'émotion discrète du ton (mis en valeur par la chanson-titre) font une des œuvres les plus séduisantes de l'auteur de *Napoléon**. Le public ne s'y est pas trompé, qui, malgré une deuxième partie beaucoup plus artificielle, fit un succès considérable au film durant l'Occupation. On en vient à se demander si, parmi les couleurs assez variées de sa palette, Gance n'a pas cédé trop souvent à une sorte de goût masochiste pour le martyre en cherchant à privilégier celles qui pouvaient le plus rebuter le public français (par exemple, frénésie didactique et démonstrative du propos, démesure baroque et shakespearienne de l'intrigue). Quoi qu'il en soit, rien que sur le plan de la dénonciation antibelliciste (thème cher à Abel Gance), ce petite mélo modeste et attachant possède une efficacité égale, sinon supérieure, à celle de *J'accuse** et autres « tragédies des temps modernes en x épisodes ».

## PARADIS POUR TOUS

1982 – France (110') • *Prod.* Parafrance, AJ Films et Films A2 • *Réal.* ALAIN JESSUA • *Sc.* Alain Jessua et André Ruellan • *Phot.* Jacques Robin (Fujicolor) • *Mus.* René Kœning • *Int.* Patrick Dewaere (Alain Durieux), Jacques Dutronc (Pierre Valois), Fanny Cottençon (Jeanne Durieux), Stéphane Audran (Édith), Philippe Léotard (Marc Lebel), Patrice Kerbrat (Armand), Jeanne Goupil (Sophie).

Un agent d'assurances dépressif tente de se suicider. Il subit un traitement révolutionnaire : le « flashage ». Lors de ce traitement, la région de l'hypothalamus est bombardée de rayons. L'ex-dépressif devient « un homme heureux », professant l'optimisme systématique de Pangloss et fonctionnant sexuellement et professionnellement comme un robot parfait. Ce faisant, il provoque le désespoir de sa femme, « flashée » à son tour. Quand le médecin inventeur du traitement découvre avec accablement les monstres béats qu'il a fabriqués, il n'imagine d'autre recours que de se « flasher » lui-même. Le pays entier entrera bientôt dans l'ère du « flashage », remboursé par la Sécurité sociale.

☞ Avec une grande cohérence, Alain Jessua continue son investigation, commencée dès son premier film, *La vie à l'envers*, 1964, sur le fonctionnement cérébral de l'homme contemporain. Son regard sur la dépression nerveuse, la maladie du siècle, relève à la fois de la sociologie et de la science-fiction, cependant que son film, sur un plan formel, recherche un équilibre périlleux entre l'essai, le conte allégorique et le divertissement spectaculaire. Le remède appliqué au personnage de Patrick Dewaere ressemble dans sa douceur à celui que les médecins et psychologues appliquaient, dans la violence, au héros d'*Orange mécanique**. Il est pire que le mal. Si inquiétant qu'il puisse être, le propos de Jessua échappe cependant au pessimisme total. Jessua et son scénariste André Ruellan suggèrent en effet que le malaise moral, l'angoisse existentielle et même la tentation suicidaire sont comme des sortes de signaux, des balises mentales que la sensibilité de l'individu suscite, quand celui-ci est sur le point d'être anéanti par son environnement psychologique et social. Paradoxalement, ce sont des signes de santé. Quand ils ne se manifesteront plus, c'est là que l'horreur se sera définitivement installée. Dernière interprétation – remarquable – de Patrick Dewaere avant son suicide.

## PARENTS TERRIBLES (LES)

1948 – France (97') • *Prod.* Ariane • *Réal.* JEAN COCTEAU • *Sc.* Jean Cocteau d'ap. sa P. • *Phot.* Michel Kelber • *Mus.* Georges Auric • *Int.* Jean Marais (Michel), Yvonne de Bray (Yvonne-Sophie), Gabrielle Dorziat (Léonie), Marcel André (Georges), Josette Day (Madeleine).

*Ier acte.* Par distraction autant que par angoisse, Yvonne a manqué s'empoisonner en se faisant sa piqûre quotidienne d'insuline sans respecter la dose, parce que ce jour-là, pour la première fois de sa vie, son fils Michel, vingt-deux ans, a découché. Yvonne est mariée à Georges, un inventeur. Elle vit, sans jamais sortir, avec son mari et sa sœur Léonie, dans un appartement que cette étrange famille, sédentaire jusqu'à l'asphyxie, appelle sa « roulotte ». Le couple irait à vau-l'eau sans la vigilance de Léonie, la seule de la famille qui ait les pieds sur terre. Autrefois, elle s'est sacrifiée en n'épousant pas Georges qu'elle aimait mais qui lui préférait Yvonne. Quand Michel rentre, il annonce à sa mère folle d'inquiétude qu'il a trouvé la femme de sa vie. C'est une jeune fille nommée Madeleine qui a vécu jusque-là entretenue par un vieux protecteur qu'elle a décidé de quitter. Yvonne, pour qui Michel compte plus que tout au monde, fait un scandale, hurle, trépigne, puis se calme. Georges, de son côté, comprend, horrifié, que le vieux protecteur, c'est lui. Il s'en ouvre à sa belle-sœur Léonie qui décide de prendre les choses en main. Elle commence par persuader Yvonne qu'il faut aller trouver cette jeune fille. *IIe acte.* Visite de la famille au domicile de Madeleine. Celle-ci aime passionnément Michel et garde une amitié sincère à son vieux protecteur. Elle s'évanouit quand elle découvre que Georges est le père de Michel. Restant seul avec elle, Georges l'oblige, sous menace de tout révéler, à dire à Michel qu'elle a un troisième amant qui la « tient » et qui l'oblige à rompre. Elle obéit et se livre à ces faux aveux. Georges, Yvonne, ainsi que Michel, désespéré, se retirent. Demeurée dans l'appartement, Léonie dit à Madeleine qu'elle désapprouve le chantage de son beau-frère et qu'elle passe désormais dans son camp. *IIIe acte.* La « roulotte » à nouveau. Georges a tout dit à sa femme puis finit par avouer aussi la vérité à son fils, en train de sombrer dans la dépression. Léonie introduit Madeleine dans la roulotte. Michel s'écroule d'émotion et de bonheur en la voyant. Yvonne contemple les quatre personnages en train de se réconcilier et se sent soudain très loin d'eux. Elle voit aussi à l'évidence qu'elle va perdre son fils. Elle se fait une piqûre qui n'est pas d'insuline cette fois et meurt pour de bon en criant qu'elle veut vivre.

☞ Quatrième des six longs métrages réalisés par Cocteau et sa meilleure réussite avec *La Belle et la Bête**. Cocteau joue ici à fond la carte du théâtre filmé (mais filmé à sa façon) et ouvre même le film par les trois coups. Il donne le texte de sa pièce quasi intégral, à peine modifié par quelques resserrements de répliques. Son parti pris sert admirablement ce huis-clos glauque et asphyxié où se déchirent cinq personnages. Le cinéma est utilisé ici comme un microscope impitoyable qui fouille et fouaille le décor autant, sinon plus, que les personnages, car le décor est sans doute le personnage le plus important de ce drame. Il est filmé sous tous les angles possibles et imaginables et c'est comme si le spectateur regardait la pièce en se glissant partout aux quatre coins de la scène. Le cinéma permet également à Cocteau d'immortaliser une distribution magnifique, et notamment l'interprétation d'Yvonne de Bray, inspiratrice et dédicataire de la pièce qu'elle n'avait pu créer en 1938 pour cause de maladie. D'elle, Cocteau a écrit : « Il suffisait de la laisser libre, en face du pire appareil d'indiscrétion : la caméra [...] qu'importe qu'elle regarde l'objectif, qu'importe si sa main passe au premier plan comme un oiseau rapide ! L'essentiel était d'attraper sur le vif son regard enfantin, sa grosse voix merveilleuse, râpeuse, douce, dure, de velours et de métal « (*in* « L'Écran français » du 9 novembre 1948 repris dans « Du cinématographe », Pierre Belfond, 1973). Il avait aussi confié à André Fraigneau dans les célèbres « Entretiens autour du cinématographe » (1951, réédités par Belfond en 1973) : « Mme de Bray entrait d'un bond et sans préparatifs dans un métier qui semble si contraire à son désordre. Il est incroyable de penser qu'elle n'y sacrifia rien et que quelques minutes suffirent à lui faire comprendre qu'on ne se meut dans un studio qu'en suivant des lignes à la craie et des cales. Je peux dire que j'ai mis cette lionne en cage et que son électricité n'en crépite qu'avec plus de force. » La pièce elle-même était cinématographique à plus d'un titre. Par les contradictions, d'abord, de sa structure : « Il n'existe aucun vaudeville mieux agencé que ce drame », dit au premier acte le personnage de Georges. Par celles, ensuite, de ses personnages : ce sont des êtres bourgeois et ultra-bohèmes, des cloîtrés qui pourtant évoluent sans cesse à cause des souffrances qu'ils éprouvent. Elles les mènent tantôt vers l'extrême de la passion (Michel et Madeleine), tantôt vers la vérité et la lucidité (Georges et Léonie) ou bien vers la tragédie et la mort (Yvonne). Pas de structure dramatique plus mobile, finalement, que cette roulotte avec ses prisonniers volontaires qui ne voient jamais la lumière du jour. L'œuvre enfin est très révélatrice de l'ambivalence profonde du style de Cocteau : d'un côté moiteur et fébrilité, proximité impudique avec la peau, les tripes de ces personnages au cœur par ailleurs si troublé ; de l'autre distance et réserve toute classique dans ce drame qui, bien que contemporain, a l'intemporalité d'une tragédie grecque. Cocteau apparaît ici comme un baroque d'instinct et de tempérament qui, toujours, redresse le cap vers le classicisme. La rigueur, l'universalité le tentent plus que l'arabesque, pourtant si facile à son talent de jongleur et d'acrobate.

N.B. Remake anglais : *Intimate Relations* (Charles Frank, 1953).

BIBLIO. : scénario et dialogues *in* « Le Monde illustré théâtral et littéraire » n° 37 (1948). Texte de la pièce avec quelques rares indications techniques ajoutées par Cocteau.

## PARRAIN (LE)
## (The Godfather)

1972 – USA (176') • *Prod.* PAR. (Albert S. Ruddy) • *Réal.* FRANCIS FORD COPPOLA • *Sc.* Mario Puzo et Coppola d'ap. R. de Mario Puzo • *Phot.* Gordon Willis (Technicolor) • *Mus.* Nino Rota • *Int.* Marlon Brando (Don Vito Corleone), Al Pacino (Michael Corleone), James Caan (Sonny Corleone), Richard Castellano (Clemenza), Robert Duvall (Tom Hagen), Sterling Hayden (McCluskey), John Marley (Jack Woltz), Richard Conte (Barzini), Diane Keaton (Kay Adams), Al Lettieri (Sollozzo), Abe Vigola (Tessio), Talia Shire (Connie Rizzi), Gianni Russo (Carlo Rizzi), John Cazale (Fredo Corleone), Al Martino (Johnny Fontane), Alex Rocco (Moe Greene), John Martino (Paulie Gatto), Lenny Montana (Luca Brasi), Tony Giorgio (Bruno Tattaglia), Victor Rendina (Philip Tattaglia), Simonetta Stefanelli (Apollonia).

Août 1945. Même le jour où il marie sa fille, Connie, avec le jeune bookmaker Carlo Rizzi, Don Vito Corleone, dit le Parrain, chef de l'une des six « familles » de la Mafia new-yorkaise (le mot Mafia ne sera pas prononcé dans le film) donne des audiences et reçoit des solliciteurs. Parmi eux se trouve l'un de ses protégés, le chanteur Johnny Fontane, dont il a favorisé la carrière. Johnny tient à obtenir un certain rôle dans un film que lui refuse obstinément le producteur Jack Woltz car Fontane lui a pris l'une de ses maîtresses. Don Corleone envoie Tom Hagen, son conseiller juridique et son fils adoptif, régler l'affaire. Jack Woltz, d'abord plus que réticent, sera convaincu d'accepter quand il trouvera à son réveil la tête ensanglantée de son cheval de course préféré dans son lit. Don Corleone est approché par le caïd de la drogue Sollozzo qui voudrait l'associer à ses affaires afin de bénéficier de la protection des nombreux juges et politiciens qui sont à sa solde. Don Corleone refuse de participer à ce qu'il juge un sale métier et son refus va déclencher une guerre entre les « familles ». Se méfiant de la famille des Tattaglia qui protègent Sollozzo, Don Corleone envoie son plus fidèle homme de main, Luca Brasi, enquêter chez eux. Luca Brasi sera étranglé et sa main clouée à un comptoir de bar par Sollozzo et ses alliés. Don Corleone lui-même est mitraillé alors qu'il achetait des fruits. Il échappe miraculeusement à la mort. Son fils aîné Sonny fait exécuter Paulie Gatto, le traître responsable de cette agression, tandis qu'un autre fils de Don Vito, Michael, héros de guerre que son père tient volontairement à l'écart de ses affaires, dans l'espoir d'en faire un jour un sénateur ou un gouverneur, sauve la vie à ce dernier en allant lui-même changer de place son lit à l'hôpital où ses ennemis projetaient de l'achever. Ayant appris que Sonny avait fait tuer le fils Tattaglia, Bruno, Michael décide de tuer de ses propres mains Sollozzo et son âme damnée le policier McCluskey. Il leur propose à tous deux une réunion de conciliation qui aura lieu dans un petit restaurant dont les Corleone ont pu obtenir l'adresse. Un revolver a été caché dans les toilettes et Michael s'en servira pour massacrer à l'improviste ses deux interlocuteurs. Après cet « exploit », Michael va changer d'air en Sicile. Il rencontre là-bas une jeune paysanne, Apollonia, qui lui fait oublier sa fiancée new-yorkaise, Kay, et qu'il décide d'épouser. A New York, Sonny, allant se porter au secours de sa sœur Connie, battue par son mari, tombe dans un guet-apens à l'entrée de l'autoroute. Il est abattu par une escouade de tueurs. En Sicile, Michael apprend sa mort et l'affaiblissement de la famille. Sa femme Apollonia meurt à sa place dans l'explosion de sa voiture. Remis de ses blessures, Don Corleone décide de ne pas venger dans le sang la mort de son fils. Il demande au contraire une grande réunion de paix entre les chefs des différentes familles au cours de laquelle il annonce qu'il accepte de participer au trafic de drogue sous certaines conditions. Lors de cette réunion, il comprend que son véritable ennemi n'est pas Philip Tattaglia comme il le croyait mais Barzini qui tire toutes les ficelles. Quelque temps plus tard, Michael, rentré de Sicile, a pris la succession de son père qui lui laisse carte blanche. Michael a revu Kay qu'il a épousée. Le vieux Don mourra de sa belle mort en jouant avec son petit-fils. Michael est maintenant résolu à éliminer physiquement tous les ennemis de la famille Corleone. Pendant qu'il assiste au baptême de son neveu et filleul, le fils de Connie et de Carlo, il fait abattre ses principaux adversaires, y compris Barzini. Puis il fait avouer à Carlo qu'il était de mèche avec Barzini et le fait étrangler. C'est à la suite de cette reprise en main que Michael, qui a froidement menti à sa femme quant à sa responsabilité dans ces crimes, commence à être appelé par son entourage *Don* Corleone tout comme son père.

☞ C'est l'immensité même de son succès, plus que son contenu ou que le point de vue du réalisateur sur son sujet, qui a donné à cette adaptation du best-seller de Mario Puzo son ambiguïté. L'interprétation étant le point fort du film et le public s'étant pris d'intérêt et même d'attachement pour les personnages, certains ont voulu les voir beaucoup plus « positifs » qu'ils ne l'étaient en réalité dans l'œuvre. Nulle complaisance en effet dans le regard de Coppola qui, au travers d'un récit parfaitement classique où l'indignation apparente n'a pas sa place, montre comment des valeurs fondamentales de l'Amérique, comme le culte de la famille ou l'esprit de libre entreprise, peuvent être dévoyées de leur sens et devenir profondément négatives quand elles se développent, de manière sauvage et forcenée, hors de tout contexte moral. Les analystes les plus clairvoyants du film ont vu au contraire dans *Le Parrain* une métaphore du déclin possible – ou réel – d'une Amérique où les anciens idéaux, entrés dans un véritable processus de nécrose, sont devenus le contraire de ce qu'ils étaient. Société à l'intérieur de la société, la Mafia révèle bien ici, dans la description qui est donnée de ses objectifs, de ses rites, de ses méthodes et de son développement interne, que la soif de cette respectabilité qui hante, par exemple, Don Corleone n'est que l'envers et la couverture de sa violence et de son abjection. A noter qu'une autre valeur fondamentale de l'Amérique, l'individualisme, est ici totalement absente d'un univers qui ressemble à l'enfer par la solidarité diabolique et la promiscuité fatale auxquelles sont contraints tous ses membres. Non ouvertement didactique, l'intrigue du film démonte – et démontre – cependant d'une façon spectaculaire et probante, durant les trois heures que dure son développement, la vampirisation inexorable du fils par le père. Le héros de guerre qu'on voulait tenir à l'écart des trafics et de la corruption de l'Honorable Société va devenir peu à peu la parfaite réincarnation de son père. Tous deux seront engloutis par un système plus fort même que la volonté de ses chefs. Accessoirement, Don Corleone qui voulait rejeter, par pragmatisme mais aussi par un certain scrupule moral, toute alliance avec les caïds de la drogue, devra se plier à une loi d'airain qui ne peut tolérer aucun scrupule de ce genre. Marlon Brando, grimé, vieilli, la voix changée, trouva une consécration légendaire dans cette composition à la limite de la parodie (et qui fut d'ailleurs magistralement parodiée par Ugo Tognazzi dans une séquence de *La grande bouffe**). *Le Parrain* lança d'autre part Al Pacino dont c'est le deuxième film important après le fragile et surestimé *Panic in Needle Park* de Jerry Schatzberg, 1971. Outre l'interprétation, le soin méticuleux, voire vériste, accordé au décor et une dramaturgie habile et adulte qui veut rester économe en explosions de violence tout en montrant celle-ci constamment présente, sont les principaux atouts du film. Certains critiques ont défendu l'idée que *Le Parrain* représentait vis-à-vis du cinéma hollywoodien des années 70 ce qu'était *Autant en emporte le vent** pour les années 40. Appliquée au seul premier *Parrain,* cette comparaison semble hors de mise car le film de Coppola possède une rigueur dramatique interne totalement étrangère à *Autant en emporte le vent**. Puis vint, trois ans plus tard, *Le Parrain II* (200') qui n'ajoutait pas grand-chose au premier, sinon une extraordinaire virtuosité narrative dans l'alternance entre les séquences au présent (activités de Michael/Al Pacino) et les séquences au passé, racontant l'ascension de Vito Corleone (joué ici par Robert DeNiro). Puis la télévision américaine présenta en 1977 sous le titre *The Godfather Saga* une version groupée des deux films remontés selon une chronologie linéaire et augmentés de scènes nouvelles. Cela forma un vaste feuilleton de 450' qui rend plus juste la comparaison avec *Autant en emporte le vent**. Il est par ailleurs hors de doute que *Le Parrain* est pour une bonne part à l'origine de la recrudescence des feuilletons policiers qui pullulent sur les chaînes de télévision du monde entier. A l'intérieur de l'œuvre de Coppola, âgé seulement de 33 ans à la sortie du film, *Le Parrain* première version représente une réussite dont la maturité formelle n'a pu être dépassée – ni même retrouvée – depuis lors par le réalisateur.

N.B. Avant d'être confié à Coppola qui y vit d'abord une sorte de pensum mais aussi un moyen de regagner son indépendance après l'échec de *The Rain People**, le projet de l'adaptation du livre de Mario Puzo fut proposé par Al Ruddy et la Paramount à Arthur Penn, Peter Yates et Costa-Gavras.

BIBLIO. : on trouvera dans « The Godfather Papers and Other Confessions » de Mario Puzo, Pan Books, Londres, 1972, un long chapitre consacré au film et intitulé « The Making of *The Godfather* ». Le romancier y raconte de manière vivante et sans préjugés son expérience de scénariste à Hollywood. Il estime que les gens de Hollywood ne sont pas plus « bidons » que les écrivains ou les hommes d'affaires. En ce qui concerne le travail du scénario, il affirme : « Je crois que je suis qualifié pour dire que le scénario est la forme littéraire la moins satisfaisante pour l'écrivain. Mais, comme pour la plupart des choses, c'est amusant d'essayer une fois. » Ses remarques concernent uniquement la préparation du film. Puzo est enclin à penser que Coppola fut choisi pour diriger le film « parce qu'il était un gamin de trente ans venant de signer deux échecs financiers et qu'ainsi il pourrait être plus facilement contrôlé. Coppola réécrivit une moitié du scénario et j'en réécrivis une autre. Puis nous échangeâmes nos pages et nous nous corrigeâmes mutuellement. J'avais suggéré que nous travaillions ensemble. Francis me regarda dans les yeux et refusa ». Alors que Puzo avait proposé Brando pour le rôle du Parrain, le producteur Al Ruddy voulait Robert Redford. Quant à Al Pacino, il n'obtint son rôle que grâce à Coppola, le seul à trouver son jeu et sa personnalité intéressants pour le film. « Pacino fut tout ce que j'avais voulu que le personnage soit sur l'écran, écrit Puzo, Je n'en revenais pas. Son interprétation était à mes yeux un chef-d'œuvre. » Puzo se mit alors à courir partout, une fois le film terminé, pour dire qu'il avait eu tort d'être contre le choix de Pacino. Al Ruddy lui déconseilla vivement de faire ainsi son *mea culpa* s'il voulait un jour devenir producteur. D'une façon générale, Puzo juge l'interprétation du film très supérieure au scénario « même si j'en ai écrit la moitié ». Puzo voit une similitude entre son cas et celui de Coppola. Tous deux ont fait *Le Parrain,* roman et film, pour des raisons commerciales. « Francis Coppola a déclaré qu'il avait dirigé *Le Parrain* de façon à obtenir le capital dont il avait besoin pour faire les films qu'il voulait vraiment réaliser. Ce qui m'a déprimé, c'est qu'il avait été assez malin pour faire ça à l'âge de trente-deux ans alors que moi il m'avait fallu quarante-cinq ans pour comprendre que je devais écrire "Le Parrain" afin de pouvoir écrire les autres livres que je voulais vraiment écrire ».

## PARTIE DE CAMPAGNE

1936 – France (40') • *Prod.* Pierre Braunberger • *Réal.* JEAN RENOIR • *Sc.* Jean Renoir d'ap. la nouvelle de Guy de Maupassant • *Phot.* Claude Renoir • *Mus.* Joseph Kosma • *Int.* Sylvia Bataille (Henriette Dufour), Jane Marken (Juliette Dufour), Gabriello (Cyprien Dufour), Georges Darnoux (Henri), Jacques Borel [= Jacques B. Brunius] (Rodolphe), Paul Temps (Anatole), Gabrielle Fontan (la grand-mère), Jean Renoir (le père Poulain), Marguerite Renoir (la servante), Pierre Lestringuez (le curé), Jacques Becker (un séminariste), Alain Renoir (un jeune pêcheur).

Un dimanche de l'été 1860, M. Dufour, quincailler à Paris, a décidé d'emmener sa femme, sa fille Henriette, sa belle-mère sourde comme un pot, et son commis Anatole, bête et borné, prendre un bol d'air à la campagne. Ils s'arrêtent à l'auberge du père Poulain et déjeunent assis sur l'herbe, au bord de la rivière. Deux canotiers les abordent avec une idée de derrière la tête. Ils prêtent leurs cannes à pêche à M. Dufour et à Anatole qui sont ravis, puis ils invitent ces dames sur leurs yoles. Henri, le plus sérieux des deux amis, emmène Henriette sur la sienne, tandis que Rodolphe, aux allures de faune, s'occupe de Mme Dufour, une femme encore appétissante et bien en chair. Henri fait visiter l'île à Henriette avant de la prendre sur l'herbe en la forçant un peu. Soudain le vent se lève, la pluie tombe sur la rivière... Les années ont passé. Henriette, comme prévu, a épousé Anatole. Un dimanche, Henri rencontre Henriette sur l'île. Ni l'un ni l'autre n'ont oublié leur aventure d'un jour. « J'y pense tous les soirs », dit Henriette avant de repartir avec son mari. A des années de distance, ces deux rencontres sans lendemain ne leur ont laissé que tristesse et regrets.

☞ Le destin a voulu que pour des raisons financières, psychologiques (mésentente de l'équipe) et techniques (mauvais temps persistant), ce film reste incomplet et soit présenté au public, dix ans après sa réalisation, dans une version de quarante minutes. En fait, sur tous les plans où on peut vouloir le juger, cette *Partie de campagne* reste une œuvre achevée et complète. Elle constitue même un condensé limpide et parfaitement épanoui de la thématique et du style de Renoir. Ébahissement presque sacré devant la beauté de la nature (et capacité de la caméra à saisir à la fois cet ébahissement et cette beauté). Caricature et tendresse dans l'appréhension des personnages (la caricature étant plus généralement réservée aux hommes et la tendresse aux femmes). Spontanéité bouleversante, justesse quasi miraculeuse du jeu et des intonations. Cruauté de la peinture sociale, sous-jacente mais très nette, où perce la permanente tendance anarchiste de l'auteur : les familles régulières et la société sont vouées à engendrer le malheur, la résignation, l'insatisfaction ; le bonheur, lui, ne peut être que clandestin, momentané et comme volé à la société. Parfaitement fidèle à lui-même, Renoir l'est aussi plastiquement à son père et à l'impressionnisme, et dramatiquement, émotionnellement et moralement à Maupassant. La fascination pour l'eau, élément dont la pérennité l'emporte sur toute vie humaine, dont le cours sinueux nie toute idée de domestication, est aussi importante chez le cinéaste que chez l'écrivain. Ce qui domine ici est une irrépressible mélancolie devant la perfection de la nature contrastant avec l'imperfection de l'homme en tant qu'animal social. Dans sa brièveté, cette *Partie de campagne* donne l'impression de ne contenir que l'essentiel de ce qui tenait vraiment à cœur à Renoir. Elle compte aussi parmi ce que l'auteur – et le cinéma français – ont produit de plus parfait.

N.B. Le film ne sortit qu'en 1946 dans un montage élaboré par une équipe dirigée par Marguerite Renoir. « Le tournage de *Partie de campagne*, écrit Claude Beylie (*in* « Anthologie du cinéma », tome 11, 1983), fut interrompu par Renoir à l'automne 1935, et un prémontage abandonné. Pierre Braunberger proposa alors à plusieurs metteurs en scène de le reprendre (parmi eux, Douglas Sirk, de passage en France). Il confia même à Jacques Prévert le soin de réécrire entièrement les dialogues (ceux-ci ont été publiés par la revue "Art et Essai", avril, mai et juin 1965 : ils diffèrent notablement de ceux de la version d'origine). Ce n'est qu'au lendemain de la guerre, Renoir étant aux États-Unis, que le film prit sa forme définitive [...]. La seule addition faite à ce moment-là, outre deux sous-titres, concerne la chanson "à bouche fermée" de Germaine Montero. »

BIBLIO. : découpage *in* « L'Avant-Scène » n° 21 (1962).

## PARTY (LA)
## (The Party)

1968 – USA (99') • *Prod.* UA (Blake Edwards) • *Réal.* BLAKE EDWARDS • *Sc.* Blake Edwards, Tom Waldman, Frank Waldman • *Phot.* Lucien Ballard (Panavision, Technicolor) • *Mus.* Henry Mancini • *Int.* Peter Sellers (Hrundi V. Bakshi), Claudine Longet (Michèle Monet), Marge Champion (Rosalind Dunphy), Sharron Kimberly (la princesse Helena), Denny Miller (Wyoming Bill Kelso), Gavin MacLeod (C.S. Divot), Buddy Lester (Davey Kane), Corinne Cole (Janice Kane), J. Edward McKinley (Fred Clutterbuck), Fay McKenzie (Alice Clutterbuck), Steve Franken (Levinson, le *butler*), Kathe Green (Molly Clutterbuck).

Ayant saboté plusieurs plans d'un film par ses maladresses et sa distraction, un petit acteur hollywoodien natif des Indes, Hrundi V. Bakshi, provoque la rage de son metteur en scène. « Je peux vous assurer que vous ne tournerez plus jamais dans un film ! » hurle-t-il comme une bête sauvage. – « Est-ce que cela inclut la télévision ? » demande placidement Bakshi. Le hasard veut que son nom, au lieu de figurer sur une liste noire, vienne s'inscrire au bas de la liste des invités du directeur du studio, Clutterbuck, qui a produit le film. Au cours de la party et du dîner donnés dans la luxueuse villa des Clutterbuck, Bakshi commet mille et une maladresses. Tombant d'un toit dans la piscine, il est sauvé par une jeune apprentie actrice, Michèle Monet, qu'un producteur trop entreprenant – et éconduit – menace également d'interdiction de tournage. La fille des Clutterbuck, une adolescente, surgit avec sa bande et un petit éléphant à la peau recouverte de slogans contestataires. Bakshi juge ces inscriptions incompatibles avec le caractère sacré de l'animal et entreprend de le laver. Toute la bande collabore à ce nettoyage : un gigantesque bain de mousse envahit peu à peu la maison. On décroche les tableaux de maître. Les musiciens continuent à jouer à demi enfouis dans la mousse. Invités et domestiques mêlés, auxquels s'est jointe une troupe de ballets russes tout juste arrivée, mènent une sarabande effrénée dans la villa. L'hôtesse est emmenée sur une civière, victime d'une crise nerveuse. A l'aube, Bakshi raccompagne Michèle chez elle dans sa Morgan à trois roues.

☞ Le chef-d'œuvre de Blake Edwards et de Peter Sellers. La comédie la plus réussie et la plus drôle qu'on ait vue dans les vingt dernières années. Blake Edwards renouvelle l'ancien burlesque – cet art fondé à l'époque du muet sur une succession ininterrompue de maladresses et de catastrophes de plus en plus gigantesques – en lui ajoutant les prestiges de la couleur, du luxe, et d'une mise en scène très savante à la lenteur onirique et fascinante. Les gags, nombreux et efficaces, n'ont pas besoin d'être tous originaux pour atteindre la perfection. Ils sont valorisés par trois éléments principaux. D'abord la composition, savoureuse jusqu'au sublime, de Peter Sellers en hindou placide, curieux de tout, enfantin, mais aussi redoutablement collant et destructeur. Le personnage, dans sa nature comique, possède une réelle ambivalence. Etre déplacé, venu d'ailleurs, il en appelle à la sympathie du public. On le regarde aussi, du coin de l'œil, avec une attention sadique, guettant les catastrophes que cette calamité vivante – pareille à un personnage de dessin animé – va encore susciter. En deuxième lieu, il faut noter la force des gags, décuplée par une mise en scène raffinée, utilisant les plans longs et toutes les ressources d'un unique décor clos aux ramifications complexes. Le héros y effectuera un véritable parcours du combattant. Enfin ces gags eux-mêmes tirent un surcroît de relief de leur insertion dans l'atmosphère – sèche, égoïste, distante – de la party. La plupart des maladresses du héros sont ignorées ou découvertes à la dernière extrémité par les autres convives. Tout comme le décor de la party constitue à lui seul un commentaire social silencieux sur les personnages et les coteries hollywoodiennes, le déroulement de la party elle-même exprime, plastiquement et ironiquement, le climat d'indifférence à autrui, d'hypocrite bienséance qui règle dans cet univers le comportement de chacun. Ultime touche personnelle de Blake Edwards : le film s'achève dans un délire visuel aussi splendide que cocasse. Blake Edwards tient en effet toujours à ce que la satire débouche finalement sur une sorte d'enchantement onirique.

## PASSAGE DU CANYON (LE)
**(Canyon Passage)**

1946 – USA (92') • *Prod.* UI (Walter Wanger) • *Réal.* JACQUES TOURNEUR • *Sc.* Ernest Pascal et William Fosche d'ap. R. d'Ernest Haycox • *Phot.* Edward Cronjager (Technicolor) • *Mus.* Frank Skinner • *Int.* Dana Andrews (Logan Stewart), Brian Donlevy (George Camrose), Susan Hayward (Lucy Overmire), Hoagy Carmichael (Hi Lennett), Andy Devine (Ben Dance), Ward Bond (Honey Bragg), Patricia Roc (Caroline Marsh), Lloyd Bridges (Johnny Steele), Stanley Ridges (Jonas Overmire).

Oregon, 1856. Retardé à cause de la pluie, Logan Stewart, un aventurier saisi par le démon du commerce et qui ambitionne de mettre sur pied une entreprise de transport par diligences et par mulets, arrive à Portland et prend de l'or à la banque. Puis il rend visite à Lucy qui séjourne dans le même hôtel que lui. Il a promis à son fiancé, George Camrose, de la ramener à Jacksonville. Pendant la nuit, un inconnu pénètre dans la chambre de Logan pour le voler. Logan, qui ne dormait pas, le met en fuite. A Lucy accourue à cause du bruit, il dit que le voleur est sans doute Bragg, un de ses concitoyens de Jacksonville. A l'aube, Lucy et Logan commencent leur traversée de l'Oregon. Logan s'arrête chez son ami Ben qui a recueilli une jeune Anglaise, Caroline, dont le père récemment installé dans l'Ouest a été tué par les Indiens. La menace indienne pèse d'ailleurs de façon permanente sur la région. Arrivé à Jacksonville avec Lucy qu'il confie à Camrose, Logan constate le retour tout récent de Bragg et voit ses soupçons confirmés. Il rejoint son associé, un Anglais tatillon venu de Liverpool, qui s'inquiète de ce que tous leurs avoirs soient engloutis dans leur comptoir de Jacksonville, alors que les affaires sont encore peu brillantes. Camrose, possédé par la passion du jeu, perd constamment au poker. Pour payer ses dettes, il prélève de petites quantités d'or dans les sacs laissés par les déposants à la banque où il travaille. Selon une coutume locale, toute la population s'est réunie pour construire aux environs de la ville une maison destinée à un couple de jeunes mariés. A cette occasion, Logan revoit Caroline. Il est charmé par sa jeunesse et son innocence. Elle lui avoue qu'elle aurait du mal à partager la vie d'un homme qui ne tient pas en place, mais accepte ses propositions de mariage. La fête qui suit la noce est interrompue par l'arrivée de quelques Indiens. Pour les apaiser, on leur donne des provisions. Mais la fête est gâchée. Le lendemain, Bragg vient narguer Logan. Le combat à poings nus que toute la ville attendait a enfin lieu. Il se termine à l'avantage de Logan qui s'est fait désormais de son adversaire un ennemi mortel. Logan donne de l'argent à Camrose pour payer ses dettes. Il lui fait jurer de ne plus jouer. Mais Camrose jouera et perdra de plus belle. Un déposant rentre plus tôt que prévu à la ville avec l'intention de réclamer son or. Camrose le suivra dans la forêt pour le tuer. Le lendemain, il annonce à sa fiancée son désir de quitter au plus tôt la ville. Mais celle-ci doit accompagner Logan à San Francisco pour y acheter sa robe de mariée. Ils tombent dans une embuscade tendue par Bragg, mais s'en sortent sains et saufs. Ils s'avouent mutuellement leur amour, ce que les péripéties de leurs existences respectives ne leur avaient jamais permis de faire jusqu'à présent. Bragg ayant tué leurs chevaux, ils retournent à pied à Jacksonville. Juste à temps pour que Logan puisse sauver Camrose du lynchage, après un procès sommaire où il a été reconnu coupable. Bragg ayant violé et tué une Indienne, son forfait a déchaîné la colère des Indiens qui lancent une série de raids dans la région. Bragg est poursuivi et scalpé. Une patrouille menée par Logan retrouve dans les bois Caroline miraculeusement sauvée. Elle déclare nettement à Logan qu'elle ne veut vivre ni à la ville ni en déplacements continuels. Logan apprend la mort de Camrose, tué par un Blanc. Il découvre aussi qu'il est ruiné en voyant sa boutique en cendres. Qu'à cela ne tienne, il est prêt à repartir à zéro. Il se prépare à aller solliciter du crédit à San Francisco. Lucy, dont le caractère ressemble au sien, l'accompagnera, et sans doute pour longtemps.

☞ Premier western, premier film en couleurs de Jacques Tourneur (et l'un de ses rares gros budgets). Juste avant que soient frappés les trois coups du western moderne (*Pursued**, Walsh, 1947 ; *Silver River**, Walsh, 1948 ; *Red River**, Hawks, 1948 ; *Colorado Territory**, Walsh, 1949 ; *I Shot Jesse James**, Fuller, 1949 ; *Winchester 73**, Mann, 1950), Tourneur coiffe tout le monde au poteau en signant une œuvre où rien ne se déroule plus comme avant, où aucun personnage n'obéit aux règles immuables du genre. L'Ouest est vu ici comme la patrie des apatrides, remplie de personnages fluctuants dans leur caractère, leur morale, leurs mœurs. De là un récit sinueux, presque tortueux, situé dans un décor aux détails extrêmement soignés, dans des paysages que la pluie, la boue, les accidents naturels rendent plus réalistes et plus passionnants à observer qu'ils ne l'ont jamais été. Avant les itinéraires assez rectilignes de Mann (et de Borden Chase), les itinéraires en boucle de Dwan, la boucle incluant à la fin la sérénité, retrouvée, des personnages, Tourneur montre sa préférence pour les étranges zigzags, les anomalies de parcours que connaît le destin des habitants de l'Ouest. Ceux-ci vivent dans une peur diffuse, aux motifs infiniment variés : peur des Indiens ; peur de ne pas tenir leurs engagements ou d'être victimes de leurs propres faiblesses ; peur – et en même temps secret désir – d'avoir toujours à repartir de zéro. L'Ouest est en effet aussi un pays de joueurs, d'instables dont beaucoup ne savent (ou ne veulent pas savoir) s'ils sont venus chercher là un remède à leur instabilité ou au contraire des situations, des aventures qui leur permettront de la nourrir indéfiniment. Désormais le western, affinant son réalisme, pulvérisant ses mythes et son manichéisme ancestral, ne va plus cesser de réfléchir sur lui-même, sur ses valeurs, sur les névroses et la soif d'équilibre de ses personnages. Les dialogues, sans être très abondants, y seront d'une importance extrême. A y regarder de près, c'est ici que cette réflexion, cette révolution commencent : *Canyon Passage*, 1946. Date essentielle, film essentiel.

BIBLIO. : parution en même temps que la sortie du film du volume contenant le roman d'Ernest Haycox : « Canyon Passage » (New York, Grosset and Dunlap, 1945), avec illustrations tirées du film, publié précédemment en feuilleton dans le « Saturday Evening Post ».

## PASSAGERS DE LA NUIT (LES) (Dark Passage)

1947 – USA (106') • *Prod.* Warner (Jerry Wald) • *Réal.* DELMER DAVES • *Sc.* Delmer Daves d'ap. R. de David Goodis • *Phot.* Sid Hickox • *Eff. sp.* H.F. Koenekamp • *Mus.* Franz Waxman • *Int.* Humphrey Bogart (Vincent Parry), Lauren Bacall (Irene Jansen), Bruce Bennett (Bob Rapf), Tom D'Andrea (Sam), Agnes Moorehead (Madge Rapf), Clifton Young (Baker), Douglas Kennedy (détective), Rory Mallinson (George Fellsinger), Houseley Stevenson (Dr Walter Coley).

Vincent Parry, condamné pour le meurtre de sa femme, s'évade du pénitencier de San Quentin. Il est recueilli par une dessinatrice de San Francisco, Irene Jansen, qui avait écrit un article pour protester contre les conditions dans lesquelles s'était déroulé son procès. Le fait que le propre père d'Irene, condamné injustement pour le meurtre de sa femme (la belle-mère d'Irene), soit mort en prison sans avoir pu se disculper, la rapproche de Parry. Il se trouve aussi qu'Irene est l'amie de Madge dont le témoignage avait été décisif au procès pour faire condamner Parry. Madge lutte présentement pour conserver son amant Bob, amoureux d'Irene qui le repousse poliment. Un chauffeur de taxi compatissant donne à Parry l'adresse d'un chirurgien esthétique qui lui modifiera le visage. Parry se rend chez son meilleur ami, George, et le trouve assassiné. Il est aussitôt accusé de ce crime. Madge fait irruption chez Irene et se dit effrayée par l'évasion de Parry dont elle redoute qu'il se venge sur elle de son témoignage au procès. Parry, dont les bandages ont été enlevés, va se consacrer à la recherche du double meurtrier de sa femme et de George. Il est anxieux et décidé, mais sans colère. Il doit subir la tentative de chantage d'un automobiliste qui l'avait pris en stop juste après son évasion. Au cours d'une bagarre opposant les deux hommes, le maître chanteur fait une chute sur les rochers. Avant de mourir, il a donné à Parry un renseignement qui lui fait comprendre que Madge est l'auteur des deux meurtres. Parry se rend chez elle. Ils ont une explication au cours de laquelle elle tombe accidentellement par la fenêtre. Elle avait tué la femme de Parry par jalousie. Quant au meurtre de George, il devait servir à perdre définitivement le prisonnier évadé. Parry prend la fuite. Il sait maintenant qu'il ne pourra plus jamais se disculper. Il téléphone à Irene et lui fixe rendez-vous dans un petit port du Pérou. C'est là qu'ils se reverront dans un bar et se mettront à danser, transfigurés par le bonheur inespéré de ces retrouvailles.

☞ *Film noir* dont l'originalité confine au paradoxe, dont la mise en scène fait preuve d'une invention (caméra subjective, utilisation des extérieurs réels) et d'une délicatesse constantes qui effacent les aspérités d'un script parfois peu vraisemblable. Contre toute attente et contre toutes les règles habituelles, Daves se sert de l'univers nocturne et désolé du *film noir* pour suggérer avec lyrisme, à travers la ville, l'existence de réseaux d'entraide efficaces et secrets, pour faire échapper ses personnages à la solitude et à l'influence exorbitante de la société sur l'individu. Un happy end solaire, inoubliable – et tout à fait unique dans le *film noir* – permettra même au couple principal de triompher de l'obscurité, de la malchance et de l'injustice des hommes. Stylistiquement, le film débute par un long morceau de bravoure où l'emploi magistral de la caméra subjective, parfaitement justifié par le scénario, aboutit à rendre attachant au spectateur un personnage dont il ne connaît même pas les traits. Le couple Bogart-Bacall avait été créé par Hawks (*To Have and Have Not*, 1945, *The Big Sleep**, 1946) dans une atmosphère d'ironie et de complicité. Seule demeure ici la complicité, que Daves a totalement annexée à son propre univers où elle devient tendresse et solidarité dans les périls. Elle conduit les personnages, dont l'obstination et la bonne volonté sont souvent pathétiques, sur le chemin de leur libération. Elle les entraîne à une certaine distance – à une distance certaine – de la société, de ses règles et de son ordre artificiels. C'est, à l'intérieur du rousseauisme de Daves, la part de l'anarchie et de l'idéalisme.

N.B. Jack Warner avait d'abord repoussé le projet de ce film tel que Daves le concevait et tel que nous le connaissons, c'est-à-dire avec emploi de caméra subjective pendant plus de la moitié du métrage, sous le prétexte que le public n'aurait droit qu'à un demi-film de Bogart. L'acteur en effet n'apparaît qu'à la soixante-quatrième minute d'un film qui en compte cent six. Le projet abandonné, Daves en parla à Robert Montgomery (pour lequel il avait écrit plusieurs scénarios). Montgomery décida alors de réaliser tout un film à partir de ce procédé. Ce fut *Lady in the Lake* où il ne s'agit que d'un « gimmick » nullement justifié par l'intrigue. Quand Jack Warner apprit que la MGM osait se lancer dans une telle entreprise, il changea d'avis et donna le feu vert à Daves.

## PASSAPORTO ROSSO

Inédit en France. 1935 – Italie (2 561 m) • *Prod.* Titanus Film • *Réal.* GUIDO BRIGNONE • *Sc.* Gian Gaspare Napolitano • *Phot.* Ubaldo Arata • *Mus.* Emilio Gragnani • *Int.* Isa Miranda (Maria Brunetti), Tina Lattanzi (Giulia Martini), Olga Pescatori (Manuela Martini), Filippo Scelzo (Lorenzo Casati), Ugo Ceseri (Antonio Spinelli), Giulio Donadio (Don Pancho Rivera), Mario Ferrari (Don Pablo Ramirez).

En 1890, sur un bateau rempli d'émigrés italiens, une jeune fille et son père rencontrent un médecin qui fuit la terre natale, découragé par les vaines luttes parlementaires qui épuisent son pays. Poseur de rails dans une contrée perdue d'Amérique du Sud, le père participera à la construction d'une importante ligne ferroviaire avant de mourir, comme beaucoup de ses frères, victime d'une épidémie. Sa fille, d'abord institutrice auprès des enfants d'émigrés, connaîtra une brève et humiliante expérience de chanteuse de cabaret. Après quoi, elle reprendra le chemin de la Mission locale où elle retrouve le docteur. Au milieu de nombreux et complexes conflits sociaux mettant aux prises paysans expropriés par la compagnie ferroviaire, ouvriers exploités, gros propriétaires, affairistes de tout poil, sans oublier l'armée appelée par le gouverneur pour rétablir l'ordre, l'héroïne et le docteur apprendront à se connaître et à s'aimer. Leur mariage sera célébré à l'église, peu avant l'inauguration officielle de la nouvelle ligne de chemin de fer. Les années passent. Le couple a un fils, ingénieur brillant qui se déclare américain à cent pour cent, ce qui provoque, quand ces questions sont remuées en famille, la colère du père, resté profondément italien de cœur. La Première Guerre mondiale arrive. Le père veut se porter volontaire. Désolée, sa femme soupire : « Au moment où nous connaissions enfin un peu de paix, il faut que tu partes. » Finalement, c'est le fils, gagné sur le tard par la fièvre patriotique, qui partira et ira mourir dans les tranchées après s'être conduit en héros.

☞ Un des films italiens les plus étranges et les plus significatifs de la période fasciste (1929-1943). A travers son foisonnement d'épisodes, le film est animé d'un double mouvement qui lui donne sa richesse spécifique. En tant que film d'aventures, *Passaporto rosso* présente une conquête de l'Ouest bien insolite (l'Amérique du Sud représentée dans le film en appelle allégoriquement à l'Amérique entière ainsi qu'à toute terre promise) ; elle est en effet décrite dans une atmosphère d'échec, de non-participation, de malaise et de désespoir. Dans cette épopée à rebours, les hommes qui façonnent la terre nouvelle et y apportent le progrès ne participent pas, sentimentalement ou moralement, à sa réussite. Ils gardent en effet au plus profond d'eux-mêmes une mentalité d'exilés, un sentiment amer de frustration. Le film apporte ainsi aux épopées américaines à la DeMille, exaltantes et dynamiques, une sorte de complément d'information qui nous paraît aujourd'hui étonnamment moderne. Fresque épique gâtée de l'intérieur, *Passaporto rosso*, si on l'examine du point de vue masculin de l'histoire, est donc un récit d'aventures. Mais, vu du point de vue de l'héroïne, c'est surtout un mélodrame, une suite ininterrompue d'heurs et malheurs sur laquelle sa volonté n'a aucune prise. L'Histoire, ses conflits et ses guerres correspondent pour la jeune émigrante, femme mariée puis mère de famille, à une fatalité qui façonne son destin sans lui laisser la moindre initiative. La famille unie dont elle rêvait, solide comme un roc, se détruira à peine édifiée, dans un enchaînement irréversible de malheurs de plus en plus graves : brouille, séparation et mort. Car sa génération, selon le message du film, est une génération sacrifiée. Elle se trouve coincée entre celle des pionniers (représentés par son père) qui auront envers et contre tout, et souvent contre eux-mêmes, bâti quelque chose et celle qui survivra à son fils et connaîtra, dans un futur non représenté sur l'écran et non vécu par l'héroïne, la paix et le bonheur au sein d'une patrie réunifiée. Une fois de plus, dans le cinéma fasciste italien, l'Histoire joue à plein son rôle de métaphore idéologique, sert la propagande du régime et invite à se sacrifier pour des lendemains qui chantent.

## PASSÉ ET LE PRÉSENT (LE)
### (O passado e o presente)

1971 – Portugal (115') • *Prod.* Manoel de Oliveira • *Réal.* MANOEL DE OLIVEIRA • *Sc.* Manoel de Oliveira, Vicente Sanches d'ap. P. de Vicente Sanches • *Phot.* Acacio de Almeida (couleurs) • *Mus.* Mendelssohn • *Int.* Maria de Saisset (Vanda), Barbara Vieira (Angelica), Manuela de Freitas (Noemia), Alberto Inacio (Ricardo), Pedro Pinheiro (Firmino), Antonio Machado (Mauricio), Duarte de Almeida (Honorio).

Vanda, une veuve remariée, regrette son premier mari, Ricardo. Elle lui voue un tel culte que son deuxième mari se suicide. Surgit alors Daniel, le jumeau de Ricardo, qui est en fait Ricardo lui-même. Il explique à Vanda que c'est son jumeau qui a péri et non lui, le mari. Ricardo et Vanda n'ont plus qu'à faire relégaliser leur union. Mais à partir de là Vanda se met à regretter son deuxième mari...

☞ Ayant tourné très peu de longs métrages, situés à des intervalles très espacés dans sa carrière, Oliveira était, jusqu'à *Amour de perdition*, l'un des très rares cinéastes à ne s'être jamais, tel l'homme d'Héraclite, baigné deux fois dans le même fleuve. Aucun de ses films ne faisait double emploi. Il explore ici le domaine de la « fiction perverse » où rien n'est sûr ni pour les personnages, ni pour le spectateur, ni vraisemblablement pour l'auteur lui-même. Si les péripéties du film sont douteuses, son sens ne l'est pas moins, sauf peut-être en ceci qu'il s'agit d'une mise en doute de la réalité (d'où l'aspect buñuélien et borgésien de l'œuvre). Satire de l'impossible vie à deux (à l'intérieur ou à l'extérieur de la légalité du mariage), satire de l'impossible résignation bourgeoise, le film captive par son feu intérieur et destructeur, savamment entretenu par beaucoup d'humour.

## PASSEPORT POUR PIMLICO
### (Passport to Pimlico)

1949 – Angleterre (84') • *Prod.* GFD (Ealing) • *Réal.* HENRY CORNELIUS • *Sc.* Henry Cornelius, T.E.B. Clarke

• *Phot.* Lionel Banes • *Mus.* Georges Auric • *Int.* Stanley Holloway (Arthur Pemberton), Hermione Baddeley (Edie Randall), Margaret Rutherford (Pr Hatton-Jones), Paul Dupuis (Duc de Bourgogne), Basil Radford (Gregg), Naunton Wayne (Straker), Jane Hylton (Molly).

Ayant découvert dans leur sous-sol un trésor et un édit datant du XVe siècle donnant leur quartier aux ducs de Bourgogne, les Londoniens de Pimlico décident de faire sécession d'avec la Couronne. Outre la libre jouissance de leur trésor, ils voient dans ce nouveau statut l'occasion d'échapper aux rationnements alimentaires de l'après-guerre et aux tracasseries administratives imposées au commerce, comme les limitations d'horaire des débits de boissons alcoolisées. L'État prend alors l'édit au pied de la lettre, installe des barrières douanières aux limites du quartier, coupe l'eau et entreprend le blocus alimentaire des natifs de Pimlico. De nombreux habitants des autres quartiers manifestent leur solidarité en leur faisant passer des vivres. A la fin, un compromis est trouvé : les habitants de Pimlico « prêteront » leur trésor à la Couronne qui, en retour, leur versera des intérêts.

☞ L'un des plus grands succès de la comédie d'humour anglais. Se prêtant à une satire des mesures d'austérité décrétées par le gouvernement durant la période d'après-guerre, l'idée centrale du film, amusante et ingénieuse, trouve sa justification profonde dans le légalisme britannique, attitude de principe chevillée au corps des habitants de l'île. (On en a vu un exemple, il y a une vingtaine d'années, avec l'épisode des squatters s'autorisant d'un texte très ancien pour occuper les locaux abandonnés dans certains quartiers de Londres ; ces événements ont inspiré à Fuller un roman « 144 Picadilly », publié en 1971.) Cette idée est traitée ici avec logique, flegme et reste dépourvue de tout développement burlesque. Parti pris qui, joint à un manque d'invention dans le scénario, enlève au film toute fantaisie et le rend finalement aussi austère qu'un documentaire de l'école anglaise. Vu aujourd'hui, *Passeport pour Pimlico* paraît bien mièvre, timide et inachevé à côté des œuvres de Mackendrick, Crichton, ou Hamer.

## PASSEZ MUSCADE
### (Never Give a Sucker an Even Break)

1941 – USA (70') • *Prod.* Universal • *Réal.* EDWARD CLINE • *Sc.* John T. Neville, Prescott Chaplin d'ap. un sujet de Otis Criblecoblis (W.C. Fields) • *Phot.* Jerome Ash • *Mus.* Frank Skinner • *Int.* W.C. Fields (« Le grand homme »), Gloria Jean (sa nièce), Anne Nagel (Mme Gorgeous), Franklin Pangborn (le producteur), Mona Barrie (la femme du producteur), Leon Errol (le rival), Margaret Dumont (Mme Hemogloben).

Aux abords des studios Esoteric, W.C. Fields entre dans un petit bar pour déjeuner. La serveuse qui n'est pas des plus aimables lui montre la carte, partiellement recouverte par les reliefs du repas des autres clients. Mais à présent il n'y a plus que des œufs au menu. Sur le 48e plateau de la firme, après le tournage d'une séquence musicale, le producteur Franklin Pangborn tente, au milieu du vacarme épouvantable des ouvriers construisant un décor, d'écouter la jeune chanteuse Gloria Jean, nièce de Fields, dans son répertoire. Fields se rend chez Pangborn pour lui lire son dernier scénario pendant que la femme de ménage se livre à son travail et reçoit un coup de téléphone. Dans ce scénario, Fields voyage en avion avec sa nièce (un avion où il y a des couchettes). Il se jette dans le vide pour rattraper sa bouteille de whisky et atterrit dans le nid d'aigle de Mme Hemogloben et de sa fille. Cette dernière, conformément aux vœux de sa mère que son mari a rendu malheureuse, n'a jamais vu un homme : Fields est donc le premier qu'elle ait l'occasion de contempler. Il lui apprend à jouer à « skidgy » (il s'agit de mettre les mains sur la tête et de baiser les lèvres de son partenaire). Plus tard, dans un village mexicain où Gloria Jean a l'occasion de chanter avec des paysans russes, Fields apprend que Mme Hemogloben est très riche. Il retourne chez elle pour l'épouser, ayant pris soin d'éliminer son rival en le faisant basculer dans un gouffre. Mme Hemogloben semble disposée à convoler. Sa fille, de son côté, veut épouser le maire du village avec lequel elle a beaucoup joué à « skidgy ». Mais Gloria Jean ne l'entend pas de cette oreille et ramène son oncle dans la vallée. Fin du scénario. Pangborn est furieux. Il n'a jamais entendu pareilles inepties. Il chasse Fields du studio. Gloria fait cause commune avec lui. Par complaisance, Fields conduit en voiture à la maternité une femme qui veut rendre visite à une parente. C'est l'occasion d'une virée indescriptible à l'issue de laquelle la passagère pénétrera dans la clinique sur une civière.

☞ Dans un élan d'enthousiasme, Michel Duran s'écria un jour à propos de *Cris et chuchotements* de Bergman : « Il est impossible de le raconter, ce qui prouve bien que c'est du cinéma total. » Dans cette optique, aucun film ne représente mieux le « cinéma total » que *Passez muscade*, dernier titre important de la carrière de Fields et le plus farfelu, le plus insane des trois qu'il a tournés avec Eddie Cline. Plus qu'une œuvre burlesque au sens strict, il s'agit d'une enfilade improbable d'antigags ou de non-gags, témoignant d'une liberté proche de l'ésotérisme mais qui, si on a l'esprit qu'il faut, paraîtront plus drôles que les gags les mieux élaborés et les plus en situation. On peut aussi rester de glace devant cette forme de comique. Mais quelle que soit l'opinion qu'on en ait, elle n'a rien à voir avec la lourdeur, la laborieuse loufoquerie, les clins d'œil appuyés d'*Helzapoppin* (autre film Universal sorti quelques mois plus tard). Ici au contraire on a parfois l'impression que le public est de trop, qu'il s'agit d'un divertissement privé que l'Usine à rêves se donne à elle-même, sorte d'exorcisme contre l'esprit de sérieux, antidote au surmenage qui guettait souvent ses ouvriers. Dans le domaine « Hollywood vu par Hollywood » (et surtout Hollywood *moqué* par Hollywood), rappelons le plan fabuleux où, dans un tournage de film, l'équipe technique au grand complet recule lentement puis avance pour suivre la trajectoire, identique à l'aller comme au retour, de la chanteuse Gloria Jean et de ses chœurs.

BIBLIO. : scénario et dialogues, New York, Simon and Schuster (1973) ; Londres, Lorrimer, collection « Classic and Modern Film Scripts » nº 37. Les deux éditions contiennent aussi le scénario d'un autre film avec W.C. Fields (*Tillie and Gus*, Francis Martin, 1933).

## PASSION DE JEANNE D'ARC (LA)

1928 – France (2 210 m à l'origine) • *Prod.* Société Générale de Films • *Réal.* CARL THEODOR DREYER • *Sc.* Dreyer en collaboration avec Joseph Delteil • *Phot.* Rudolph Maté • *Déc.* Hermann G. Warm et Jean Hugo • *Cost.* Valentine Hugo • *Musique d'origine* Victor Alix et Léo Pouget • *Int.* Renée Falconetti (Jeanne), Eugène Silvain (l'évêque Cauchon), Maurice Schutz (Nicolas Loyseleur), Louis Ravet (Jean Beaupère), André Berley (Jean d'Estivet), Antonin Artaud (Jean Massieu), Gilbert Dalleu (Jean Lemaître, inquisiteur), Jean d'Yd (Nicolas de Houppeville), Paul Delauzac (Martin Ladvenu), Armand Lurville, Jacques Arnna, Alexandre Mihalesco, Raymond Narlay, Henri Maillard, Michel Simon, Jean Ayme, Léon Larive, Paul Jorge (les juges).

Le procès de Jeanne se déroule à Rouen le 14 février 1431. Il a lieu d'abord dans l'enceinte du tribunal : les juges interrogent Jeanne sur son identité, sa vocation, ses visions de Saint Michel. Questionnée sur ses habits d'homme, Jeanne dit qu'elle les quittera lorsqu'elle aura rempli sa mission. Elle espère obtenir de Dieu le salut de son âme. Elle récuse ses juges et demande à être conduite auprès du Pape ; cela lui est refusé. L'interrogatoire se continue dans la cellule de Jeanne. Nicolas Loyseleur, pour faire avancer le procès dans le sens souhaité par les juges, fait fabriquer une fausse lettre du roi Charles adressée à Jeanne. Celle-ci ne sachant pas lire, Loyseleur la lui lit à haute voix. Dans cette lettre, le roi recommande à Jeanne de se mettre sous la protection de Loyseleur. Aussi le consulte-t-elle du regard avant de répondre à certaines questions. Il lui fait signe de répondre oui à la question de savoir si elle se sent assurée de recevoir son salut. A la question : « Etes-vous en état de grâce ? », Loyseleur, qui veut perdre Jeanne, reste impassible. Elle répondra : « Si j'y suis, que Dieu m'y tienne, si je n'y suis pas, que Dieu m'y mette. » Elle souhaite ardemment écouter la messe mais refuse néanmoins de quitter ses habits d'homme pour cela. On fait préparer la torture. Trois gardes la persécutent, l'un lui retirant de force son anneau, un autre la coiffant d'une couronne de paille. On la conduit dans la salle de torture. Elle refuse de signer l'acte d'abjuration. Effrayée à la vue des instruments de torture, elle déclare que, si on la fait parler de force, elle se rétractera ensuite. Elle s'évanouit. On la porte sur un lit. On lui fait une saignée au bras. Elle demande les sacrements, qu'on lui apporte, ce qui lui cause une très grande joie, mais qu'on enlève quand elle refuse à nouveau de signer. Elle dit à ses juges qu'ils sont les envoyés du Diable. On la mène, pour qu'elle réponde aux ultimes questions, devant les tombes du cimetière, non loin du lieu d'exécution. Elle signe l'acte d'abjuration. On lui indique qu'elle rentre ainsi dans le giron de l'église mais qu'elle est condamnée à l'emprisonnement à vie. On lui coupe les cheveux à ras. Elle fait rappeler les juges. « J'ai menti, dit-elle, j'ai nié Dieu pour survivre. » La nouvelle se répand dans les environs que Jeanne s'est rétractée. Revêtue d'une robe de pénitente, elle monte vers le bûcher. On la ligote. Le feu prend et la dévore. Un témoin dira : « Vous avez brûlé une sainte. » Les soldats anglais doivent réprimer une véritable émeute des habitants de Rouen et des environs autour du lieu d'exécution.

☞ Comme ce sera le cas un peu plus tard pour Fritz Lang, le bref séjour en France de Dreyer correspond chez lui à une période de recherche et d'expérimentation, voilant sans doute, comme chez Lang, une incertitude profonde quant à la tournure à donner à sa carrière. Durant cette période, deux œuvres fragmentaires et à bien des égards paradoxales, *La Passion de Jeanne d'Arc* et *Vampyr*, vont naître, qui connaîtront une réputation extraordinaire, à vrai dire démesurée par rapport à leurs mérites réels. C'est, dans *La Passion de Jeanne d'Arc*, l'usage très systématique du gros plan pendant le procès de Jeanne, élément déterminant de la stylistique du film, qui suscita l'étonnement du public puis le très grand succès d'estime que le film devait remporter. Il faut cependant rappeler que Dreyer avait en tête de réaliser un film parlant et que seule une impossibilité technique, l'absence de matériel adéquat dans les studios français de l'époque, l'empêcha d'y parvenir. Du coup, l'emploi des gros plans, dont l'abondance aurait sans doute paru presque normale dans un film parlant traitant d'un tel sujet, devint terriblement spectaculaire et omniprésent, à partir du moment où ces multiples gros plans avaient à être accolés à des intertitres qui en indiquaient le contenu. Leur statut devint quasiment avant-gardiste et *La Passion de Jeanne d'Arc* est l'un de ces quelques films qui doivent leur place dans l'histoire du cinéma à leur caractère expérimental (ici à moitié voulu). Il faut dire que, dans sa conception même, le film avait quelque chose de fragmentaire qui appelait peut-être ce traitement particulier. En effet, appréhender Jeanne d'Arc à la seule lumière de son procès et de ses dernières heures, c'est se condamner à ne pouvoir donner sur elle et sur sa destinée (à moins d'inclure évidemment des flash-backs) aucune vision d'ensemble qui soit à la fois analytique et réellement incarnée. On conçoit que, dans cette optique, la collaboration avec Delteil ne pouvait rien donner. Si Delteil s'était intéressé à Jeanne d'Arc et l'avait selon ses propres termes « amenée [à lui] à travers le désert archéologique » (cf. sa préface à « Jeanne d'Arc », Grasset, 1925), c'était pour lui restituer le maximum de naturel et d'incarnation. Le but de Dreyer était tout autre. Il voulait à la fois l'appréhender avec réalisme et avec dépouillement (deux partis pris étrangers l'un comme l'autre à Delteil). Dans le film, ces deux tendances, loin de s'enrichir, se contredisent et s'entredéchirent le plus souvent. D'un côté, le réalisme veut qu'on nous offre un « reportage » (terme employé par Cocteau, grand admirateur du film à l'époque) ; de l'autre, par volonté de dépouillement, Dreyer concentre toute l'action – procès et exécution – en une seule journée ! D'un côté, Jeanne est seule présente, pendant une grande partie du métrage du film, ce qui augmente le relief et l'intensité de son personnage ; de l'autre, l'absence de tout l'environnement concret, social, historique et même spirituel, de sa trajectoire nuit profondément au réalisme. A quelqu'un qui ignorerait tout de l'histoire de Jeanne, le film semblerait à coup sûr incompréhensible et presque absurde, non plus un reportage sur une réalité historique, mais un document sur un autre monde étrange, opaque et insaisissable. C'est là, peut-être, une vertu du film, mais pas une vertu réaliste. Le grand Dreyer n'apparaît d'ailleurs, dans ce film, qu'avec les dernières séquences et dans le dernier tiers qu'on peut faire commencer à l'évanouissement de Jeanne dans la chambre de torture et qui se continue par son abjuration puis sa rétractation et sa mort sur le bûcher au milieu d'une émeute. En ce qui concerne le personnage proprement dit, Dreyer n'a voulu montrer (ou s'est condamné lui-même à ne montrer) dans Jeanne que la femme souffrante et persécutée : non la combattante mais la victime, non la triomphatrice mais la martyre. La divine fraîcheur, la spontanéité, l'insolence géniale de Jeanne (qui constitue l'un des traits dominants des minutes de son procès) ont pour ainsi dire disparu de cette évocation. La vision si partielle et si limitée de Dreyer appelait sans doute, pour être défendue, un pur exercice de style et c'est ce que nous avons ici, magnifié par un final digne des films précédents de l'auteur.

N.B. La genèse du film fut étudiée par plusieurs auteurs (voir Biblio.) et on peut la résumer comme suit. Le succès français du *Maître du logis** amène à Dreyer des propositions de la société parisienne Omnium. Il songe à trois sujets, à trois portraits : Jésus, Médée, Jeanne d'Arc. D'autres sources indiquent qu'on lui proposa : Marie-Antoinette, Catherine de Médicis, Jeanne d'Arc. Les polémiques nées des œuvres de Bernard Shaw, Anatole France, etc. mettent en vedette la Pucelle et font choisir à Dreyer ce troisième sujet. La société de production envisage Lillian Gish pour le rôle mais ce choix provoque des remous « nationalistes ». Dreyer, lui, songe à Madeleine Renaud et à Marie Bell (qui refuse à cause de la scène de la tonsure). Dreyer découvre alors Renée Falconetti, actrice passée du classique au boulevard. La rencontre sera providentielle à la fois pour le film et pour l'actrice qui n'en tournera pas d'autre et obtiendra avec cette œuvre une gloire restée par là même intacte. (Dreyer réalise ainsi, avant lui, le rêve de Bresson qui souhaita toujours, à partir d'*Un condamné à mort s'est échappé**, que ses interprètes ne soient vus nulle part ailleurs.) Sans qu'il soit nécessaire de crier au génie devant sa composition, il faut reconnaître que Falconetti exprime pleinement la vision à la fois doloriste et extravertie qu'a Dreyer du personnage. Nulle intériorisation dans son jeu, que Bresson, champion de l'intériorité au cinéma, critiquera violemment, englobant dans sa condamnation tous les interprètes : « Je comprends qu'à son époque ce film ait fait une petite révolution, mais maintenant je ne vois plus, chez tous les acteurs, que d'horribles pitreries, des grimaces épouvantables qui me font fuir. » S'entourant de collaborateurs hors pair (les décorateurs Hermann Warm, le maître de *Caligari**, et Jean Hugo, la costumière Valentine Hugo, le chef opérateur Rudolph Maté), Dreyer tourne les scènes dans l'ordre chronologique de l'histoire, de mars à novembre 1927. Il dépense une fortune puisque le film coûtera huit millions de francs, somme qui paraît démesurée pour ce qu'on voit sur l'écran quand on la met en rapport avec les onze millions du *Napoléon** de Gance (produit par la même société). Sur le plateau, le *climax* de l'entreprise fut la scène de la coupe de cheveux. Falconetti avait cru jusqu'au bout pouvoir échapper à ce calvaire mais Dreyer demeura inflexible : « Cela a eu lieu en studio et ce fut toute une histoire : elle pleurait, elle pleurait, elle pleurait, elle ne voulait pas ! Elle voulait payer la plus chère des perruques. Dreyer essayait de la consoler en lui disant que ses cheveux allaient repousser. Il a obtenu que Maté tourne quelques bouts de plans pendant qu'elle pleurait et je crois me rappeler que quelques-uns de ces plans ont été insérés dans la scène du bûcher. » (Témoignage de l'assistant Ralph Holm *in* « L'Avant-Scène » nº 367-368.) Le film connut ses plus sérieux ennuis après sa finition. Il sort en avril 1928 à Copenhague où il est diversement apprécié, puis en octobre de la même année à Paris. Entre les deux sorties, les diverses censures officielles et religieuses ont sévi. En décembre 1928, le négatif brûle dans l'incendie de la UFA à Berlin. Le deuxième négatif, reconstitué par Dreyer à l'aide d'autres prises, est détruit également, l'année suivante, dans un autre incendie. En 1952, Lo Duca présente à Venise une copie reconstituée d'après un négatif tardif retrouvé chez Gaumont (elle est malheureusement sonorisée avec des musiques anachroniques de Bach, Albinoni, etc.) C'est cette copie, d'ailleurs belle dans son tirage, que connaîtront plusieurs générations d'admirateurs du film. Ses autres défauts sont de passer à une vitesse trop rapide (24 images au lieu de 20) et, comme elle comporte une bande sonore, de ne pas restituer l'image muette plein cadre. En 1981, on retrouve dans un asile psychiatrique norvégien une copie prêtée au directeur et jamais rendue. Miracle : elle provient du premier négatif. Les Danois établissent alors d'après ce matériel une copie (avec intertitres danois) que la Cinémathèque Française fait contretyper et traduire. Sa première présentation à Paris a été l'occasion de recherches « musicales » discutables, mais la meilleure façon pour l'apprécier est sans doute de la voir dans le silence, la plus belle musique pour un Dreyer (comme d'ailleurs pour beaucoup d'œuvres muettes). On notera que cette « nouvelle » copie n'est pas si éloignée des copies antérieures que certains l'ont dit. La continuité du récit n'est pas modifiée, les intertitres (à quelques exceptions près) sont identiques. Quelques modifications de montage et surtout des choix de prises différentes (donnant donc d'autres nuances de jeu) constituent les différences principales, qu'il faut rattacher aussi au fait bien connu que, très souvent à l'époque du muet, les diverses copies d'un même film diffèrent d'un pays à l'autre. (Nous avons pu comparer la copie Lo Duca avec une copie anglaise : elles aussi diffèrent entre elles. Toutes deux cependant contiennent l'étonnante séquence de la saignée à laquelle la dernière copie danoise retrouvée n'ajoute rien). Rappelons enfin qu'aux yeux des historiens le succès d'estime du film de Dreyer occulta complètement le succès commercial de *La merveilleuse vie de Jeanne d'Arc*, de Marco de Gastyne. Aujourd'hui, ce film est redécouvert et apprécié, et on peut constater que l'honnête classicisme de cette biographie interdit en tout cas de parler à son propos de « gigantesque navet », comme le faisait, en 1970, l'auteur d'un historique du film de Dreyer dans « L'Avant-Scène » (nº 100). Falconetti est restée la plus célèbre des Jeanne de l'écran. Dès les origines du cinéma, on s'intéressa au personnage de la sainte (cf. *L'exécution de Jeanne d'Arc*, 1898, attribué à Georges Hatot, courte bande qui fait partie du catalogue Lumière ; *Jeanne d'Arc* de Méliès, 1900, coloriée au pochoir ; *Jeanne d'Arc* de Capellani, 1909). Citons quelques-unes des interprètes de Jeanne qui, au fil des ans, ont laissé une trace dans les mémoires : Geraldine Farrar dans la Jeanne d'Arc (*Joan the Woman*) de DeMille, 1916, première superproduction de l'auteur où, plus que dans tout autre film, on entend le fracas des armes et la violence des combats à travers de saisissantes images de siège servant de métaphore à une évocation des tranchées de la Première Guerre qui ouvre le film (ici l'Anglais n'est plus un ennemi mais un allié) ; Simone Genevois dans *La merveilleuse vie de Jeanne d'Arc* de Marco de Gastyne, film contemporain de celui de Dreyer, où l'actrice, comme plus tard Jean Seberg chez Preminger, a l'âge du rôle ; Angela Salloker, seule (?) Jeanne des années 30, dans *Das Madchen Johanna (Une fille nommée Jeanne)*, film peu connu de Gustav Ucicky, 1935, avec Gustaf Gründgens (Charles VII) et Heinrich

George (le duc de Bourgogne), où, hélas, la sainte, disent les commentateurs, a des accents hitlériens ; Ingrid Bergman dans la *Jeanne d'Arc* (Joan of Arc)* de Fleming, 1948, et dans *Jeanne au bûcher (Giovanna d'Arco al rogo)*, 1954, film étrange, lancinant, avant-gardiste, tiré par Rossellini de l'oratorio de Claudel ; c'est une œuvre au demeurant plus claudélienne que rossellinienne ; Michèle Morgan dans le deuxième sketch réalisé par Jean Delannoy du film *Destinées*, 1954 ; Hedy Lamarr dans *The Story of Mankind* (inédit en France) d'Irwin Allen, 1957 (contrairement aux apparences, le choix de Hedy Lamarr pour interpréter Jeanne n'est pas le plus saugrenu d'un film où Napoléon a les traits de Dennis Hopper et Isaac Newton ceux de Harpo Marx) ; Jean Seberg, choisie parmi 2 000 candidates, dans *Sainte Jeanne** de Preminger, celle des Jeanne qui, à nos yeux, efface toutes les autres. Mentionnons enfin pour mémoire Florence Delay dans *Procès de Jeanne d'Arc* de Bresson, 1962, une Jeanne intellectuelle, volontairement « absente » et très peu convaincante. La plus récente des Jeanne qui méritent d'être citées est la sublime Inna Tchourikova dans *Le début** de Panfilov, 1970, variation libre sur le destin de notre héroïne, vue à travers une actrice qui essaie d'interpréter son rôle.

BIBLIO. : novelization par Pierre Bost dans la collection « Le cinéma romanesque », Gallimard, 1928 (avec des textes de Cocteau, Jacques de Lacretelle, Paul Morand). « *La Passione di Giovanna d'Arco* di Carl Theodor Dreyer » Milan, Editoriale Domus, 1951 (reconstruction du film en photogrammes). « Fire Films of Carl Theodor Dreyer », Copenhague, Gyldendal, 1964 (scénarios de travail de *La Passion de Jeanne d'Arc, Vampyr, Dies Irae, Ordet**). Traduction anglaise du précédent : « Four Screenplays », Londres, Thames and Hudson, 1970. Traduction italienne, avec le scénario de *Gertrud* en plus : « Cinque Film », Turin, Einaudi, 1967. Le scénario de travail de *La Passion de Jeanne d'Arc* est paru en français *in* Carl Th. Dreyer « Œuvres cinématographiques 1926-1934 », Cinémathèque Française, 1983. Dossier sur *La Passion de Jeanne d'Arc in* « L'Avant-Scène » nº 100 (1970) avec extraits d'un article de Jean Delmas paru dans « Jeune Cinéma » (février 1965). Découpage d'après la dernière copie retrouvée (1 343 plans et 174 titres) *in* « L'Avant-Scène » nº 367-368 (1988). C'est le travail de base à consulter sur *La Passion de Jeanne d'Arc.* Contient des témoignages de collaborateurs et des articles de Claude Beylie, Maurice Drouzy, Vincent Pinel, etc. Voir aussi : le nº spécial d'« Études cinématographiques » (18-19, 1962) sur Jeanne d'Arc à l'écran ; la biographie fondamentale de Maurice Drouzy « Carl Th. Dreyer né Nilsson », les Éditions du Cerf, 1982 ; la biographie attachante et documentée de Renée Falconetti par sa fille Hélène : « Falconetti », Les Éditions du Cerf, 1987. Ajoutons que le découpage d'une copie tirée du deuxième négatif a été publié en 1980 par la cinémathèque yougoslave : il s'agit d'une description de 1 140 plans, illustrée par autant de photogrammes. Quant au livre de Joseph Delteil « La Passion de Jeanne d'Arc », Éditions M.-P. Trémois, 1927, rédigé en vue du film de Dreyer, bien qu'il soit, comme le dit l'auteur dans sa préface, le produit « d'un voyage de la Littérature au pays du Cinéma », il n'a à peu près aucun rapport avec le film. (Delteil y a inclus deux chapitres de sa « Jeanne d'Arc » des « Cahiers Verts », Grasset, 1925.) Enfin, dans un article du « Bulletin de l'Association Française de Recherche sur l'Histoire du Cinéma » nº 3, 1987, Maurice Drouzy pose la question de savoir « à qui appartient la *Jeanne d'Arc* de Dreyer ? » Après la faillite de la S G F en 1932-33, ni Lo Duca ni la Gaumont n'étaient légalement propriétaires du film, même s'ils l'ont pendant longtemps « exploité » (le terme se charge ici d'un double sens passablement ironique). La question posée reste donc, pour le moment, sans réponse. « Une situation, dit l'auteur, qu'il faut bien qualifier de grotesque. » Sur Jeanne d'Arc à l'écran, voir « Études cinématographiques », nº 18-19 (1962), les « Cahiers de la cinémathèque », Toulouse, nº 42-43 (1985) et l'article « Jeanne d'Arc », dû à Vincent Pinel, dans le « Dictionnaire des personnages du cinéma », Bordas, 1988.

## PASSION FATALE (The Great Sinner)

1949 – USA (110') • *Prod.* MGM (Gottfried Reinhardt) • *Réal.* ROBERT SIODMAK • *Sc.* Ladislas Fodor, Christopher Isherwood d'ap. nouvelle de L. Fodor et René Fulop-Miller • *Phot.* George Folsey • *Mus.* Bronislau Kaper • *Int.* Gregory Peck (Fedor), Ava Gardner (Pauline Ostrovski), Melvyn Douglas (Armand de Glasse), Walter Huston (général Ostrovski), Ethel Barrymore (grand-mère), Frank Morgan (Aristide Atard), Agnes Moorehead (Emma Getzel).

A Wiesbaden en 1860, un écrivain tombe amoureux d'une femme qui a la passion du jeu. Il tente de l'en délivrer, y réussit mais succombe alors à son tour au démon des casinos.

☞ Le style très luxueux, soigné mais un peu guindé de la MGM a sans doute brimé le talent que pouvait déployer Siodmak dans ce récit d'une double passion – passion pour une femme, passion pour le jeu – poussée jusqu'au vertige après un étonnant phénomène de transfert et de contagion. Mais en même temps qu'elles ont été un obstacle au libre déploiement de ses dons, les contraintes de ce style révèlent bien la vraie nature de Siodmak : celle d'un semi-baroque toujours écartelé entre un penchant vers la rigueur et le classicisme (et parfois l'académisme) et un élan encore plus fort, parce que plus spontané, plus instinctif, vers le délire, le paroxysme, l'extravagance.

N.B. Le scénario et ses traitements multiples étaient basés à la fois sur « Le joueur » de Dostoïevski et sur la biographie du romancier. On préféra finalement ne mentionner ni l'un ni l'autre au générique. Dans son livre sur Siodmak, L'âge d'homme, 1981, Hervé Dumont affirme que Jack Conway termina le film et indique que Siodmak lui-même attribue un « rapiéçage de 25 minutes à Mervyn LeRoy » que ce dernier n'a jamais confirmé. Le roman de Dostoïevski a été adapté en Allemagne par Gerard Lamprecht : *Der Spieler*, 1938 (version française parallèle de Lamprecht et Louis Daquin avec Pierre Blanchar et Viviane Romance). Il a été également adapté en France par Autant-Lara, dans *Le joueur*, 1955, avec Gérard Philipe.

## PASSIONS JUVÉNILES
**(Kurutta kajitsu)**

1956 – Japon (86') • *Prod.* Nikkatsu • *Réal.* KO (YASUSHI) NAKAHIRA • *Sc.* Shintaro Ishihara • *Phot.* Shigeyoshi Mine • *Mus.* Masaru Sato • *Int.* Yujiro Ishihara (Natshuhisa), Masahiko Tsugawa (Haruji), Mie Kitahara (Eri).

La vie et les distractions d'un groupe d'adolescents à Tokyo : ski nautique, fêtes foraines, parties. Haruji, un adolescent du genre sérieux, tombe amoureux d'une jeune femme rencontrée dans une gare. Son frère aîné, Natshuhisa, découvre qu'elle est mariée à un Américain beaucoup plus âgé qu'elle. Elle affirme à Natshuhisa qu'elle est profondément amoureuse d'Haruji et qu'elle vit avec lui ce qu'elle n'a pu vivre avant son mariage prématuré. Les deux frères deviennent malgré eux des rivaux. L'aîné emmène la jeune femme pour une promenade en bateau. Haruji les recherche, les retrouve et jette son hors-bord contre l'autre bateau. Il repart après avoir longuement tourné autour de l'épave où se trouvent les deux cadavres.

☞ Le film a eu sa petite heure de célébrité en France à sa sortie. Il exprimait avec une très légère avance des thèmes et une vision des choses qu'allait exploiter la Nouvelle Vague. Preuve que les tendances de ce mouvement étaient en germe en même temps, comme cela arrive souvent au cinéma, dans différents pays du monde. Description mélancolique et cruelle de relations sentimentales et sexuelles décevantes ou inabouties, au vague parfum de scandale, et vécues par de très jeunes gens (ici proches de la délinquance) ; style affirmant, quant au jeu des acteurs, le primat de la spontanéité sur le métier, et préférant à une construction solide une continuité erratique proche du journal intime : voilà ce qui séduisit à l'époque le public. Mais le temps a figé et « académisé » la nouveauté d'un moment. Aujourd'hui la mollesse volontaire du récit paraît bien creuse et conventionnelle, et son dénouement tragique horriblement artificiel.

## PASTEUR

1935 – France (75') • *Prod.* Productions Maurice Lehmann, Films Fernand Rivers • *Réal.* SACHA GUITRY (supervision technique de Fernand Rivers) • *Sc.* Sacha Guitry • *Phot.* Jean Bachelet • *Mus.* Louis Beydts • *Int.* Sacha Guitry (Louis Pasteur), Jean Périer (le docteur), José Squinquel (l'élève), Henry Bonvallet (Sadi Carnot), Gaston Dubosc (le président de l'Académie), François Rodon (Joseph Meister), Maurice Schutz (son grand-père), Julien Bertheau (un des élèves).

Sacha Guitry lit à un interlocuteur placé de dos par rapport à la caméra et dans l'ombre une lettre de Pasteur songeant à s'inoculer la rage pour pouvoir tester sur lui-même son vaccin. Il montre des photos des lieux d'enfance de Pasteur, des portraits de ses parents dessinés par lui à l'âge de treize ans, énumère ses premières découvertes. L'évocation commence et comportera cinq tableaux. 1870. Pasteur s'inquiète de la guerre qui approche. Ses élèves parlent entre eux de l'adoration qu'ils lui vouent. Déclaration de guerre. Pasteur dit au revoir à quelques-uns de ses élèves mobilisés. 1880. A l'Académie de médecine, il fulmine contre ses adversaires rétrogrades. Le président doit lever la séance. Deux témoins viennent de la part d'un médecin s'estimant insulté le provoquer en duel. Pasteur juge cette démarche ridicule et consent à faire supprimer ses paroles du procès-verbal de la séance, mais il ne les renie pas. Le président lui remet alors les insignes de la grand-croix de la Légion d'honneur et Pasteur apprend qu'il est reçu à l'unanimité à l'Académie française. Il prévient que cela ne changera rien à son comportement. 1885. En Alsace, un gamin, le petit Joseph Meister, est mordu par un chien enragé. Son grand-père l'amène chez Pasteur qui n'avait jamais imaginé que le premier patient à bénéficier de son vaccin serait un enfant. Un médecin – car Pasteur n'a jamais été médecin – fait une piqûre de sérum à l'enfant que le savant veillera toute la nuit. Au quatorzième jour, il est guéri. 1888. Le médecin, son ami, vient voir Pasteur dans sa villa, à l'appel de ses proches. Il lui recommande le repos. Pasteur croit alors que ses jours sont comptés (et ses travaux en péril). Il apprend avec soulagement qu'il a encore des années devant lui s'il accepte de suspendre momentanément ses travaux. Visite du petit Meister qui vient lui montrer comme il est en bonne santé. Il apporte son livre de prix. Pasteur est profondément ému. Décembre 1892. Apothéose à la Sorbonne : pour ses soixante-dix ans, Pasteur reçoit les hommages du président de la République et des représentants de toutes les nations.

☞ Voici donc, après son documentaire *Ceux de chez nous* (1915), le vrai premier film de Guitry, tourné en quelques jours en avril et mai 1935. Guitry adapte une pièce d'exception dans son œuvre, écrite en 1918 pour sceller la réconciliation avec son père (ami personnel de Pasteur) et qui, tout en obtenant un grand succès, surprit beaucoup le public. Guitry avait déjà écrit deux pièces biographiques « Jean de la Fontaine », 1916, « Deburau », 1918 (qui donnera lieu à un film admirable en vers, sorti en 1951 et difficile à revoir depuis bientôt trente ans). Mais jamais il n'avait fait représenter une œuvre aussi sérieuse – sans femme de surcroît – et ne concernant ni un écrivain ni un artiste. Paul Léautaud, un des plus fidèles laudateurs de Guitry, ne cache pas dans sa chronique du « Mercure » sa déception et parle en termes extrêmement durs de la pièce, de Pasteur lui-même (qui « a peut-être plus inventé cette maladie [la rage] qu'il n'en a découvert le remède ») et du jeu de Lucien Guitry. Curieusement prophétique, il reproche (en 1919) à Guitry « de descendre [avec cette pièce] au rayon d'un simple fabricant de film pour cinématographe ». Marginale dans le théâtre de Guitry, cette évocation de Pasteur, une fois adaptée à l'écran, contient déjà plusieurs éléments caractéristiques de l'œuvre cinématographique ultérieure de l'auteur. Et d'abord le prologue où Guitry s'adresse à un interlocuteur à peine visible qui symbolise le public. Ce type de présentation que Guitry utilisera souvent a plusieurs fonctions, et notamment de créer, par un récit à la première personne, une intimité directe avec le public qui contraste violemment avec l'objectivité de la construction théâtrale. Ce mélange de deux formes de récit se retrouvera dans de nombreux films de Guitry, et en particulier ses fantaisies historiques. Les premières paroles que Guitry aura fait prononcer à un de ses héros dans un film sont donc les suivantes : « Une fois qu'on est fait au travail, on ne peut plus vivre sans lui. Il faut travailler. Il n'y a que ça. Il n'y a que ça qui amuse vraiment et aide à supporter les misères de la vie et l'inquiétude. » Ces phrases (absentes de la pièce) pourraient être mises en exergue à la vie de Guitry. Par cet éloge du travail vu comme source de plaisir, le savant Pasteur se retrouve, par exemple, en accord avec le domestique Désiré quand il prépare la table de ses patrons. Outre son propos pacifiste, le tableau que donne Guitry de son héros est loin d'être conventionnel. Au lieu de refléter la froide sérénité qu'on attribue par habitude aux savants, Pasteur, vu par Guitry, est un homme frémissant, à la sensibilité d'écorché vif, proche en cela d'un artiste, et éprouvant presque dans chaque scène une émotion différente, portée à son plus haut point d'intensité : inquiétude, fureur, angoisse, tendresse ou reconnaissance. Cette composition donne au film l'allure d'un mélodrame fiévreux où l'imagerie d'Épinal, dans sa rigidité et sa théâtralité, est transcendée jusqu'au sublime.

N.B. Persuadé par Fernand Rivers de faire un film, Guitry voulut en tourner deux, destinés à sortir dans le même programme : il écrivit ainsi le scénario comique de *Bonne chance*, son deuxième film, pour équilibrer le sérieux de *Pasteur*. Le livre de Fernand Rivers « Cinquante ans chez les fous (1894-1944) », Georges Girard, 1945, contient un chapitre savoureux sur le tournage de *Pasteur*. Le film fut un échec financier, même à Dole, la ville natale du savant ! Et Rivers regretta de n'avoir pas demandé à Guitry de filmer une autre pièce. Guitry fut, lui, ravi de l'expérience qu'il résuma dans ces quelques vers dédiés à son producteur : « Du ciné, volontiers je disais c'est idiot / Mais je pense aujourd'hui l'inverse / Depuis qu'avec Fernand Rivers / J'ai vécu deux mois au studio. » Dans *Le comédien*, 1947, le film consacré par Sacha à son père Lucien, un groupe important de séquences, d'ailleurs admirables, est consacré à la création de « Pasteur », la pièce, par Lucien Guitry (interprété par Sacha). Dans l'une de ces séquences, Sacha, qui joue aussi son propre rôle, a invité à l'une des répétitions la fille de Pasteur. Celle-ci, voyant arriver sur scène Lucien Guitry et saisie par sa ressemblance avec son père, s'écrie : « Papa ! » Sacha Guitry se tourne alors vers elle et dit, pointant l'index vers sa poitrine : « Non. Papa. » Il existe deux biographies cinématographiques de Pasteur : l'une est due à Jean Epstein, *Pasteur*, 1922, avec Charles Mosnier, l'autre à William Dieterle, *The Story of Louis Pasteur* (*La vie de Louis Pasteur*), 1936, avec Paul Muni.

## PATHER PANCHALI
### (La complainte du sentier/id.)

1955 – Inde (115') • *Prod.* Gouvernement du Bengale de l'Ouest • *Réal.* SATYAJIT RAY • *Sc.* Satyajit Ray d'ap. R. de Bibhutibhusan Bannerjee • *Phot.* Subrata Mitra • *Mus.* Ravi Shankar • *Int.* Kanu Bannerjee (Harihar Ray), Karuna Bannerjee (Sarbojaya), Subir Bannerjee (Apu), Runki Bannerjee (Durga à 6 ans), Uma Das Gupta (Durga à 12 ans), Chunibala Devi (Indir), Reba Devi (Mme Shejbou Mukherjee).

Apu naît en 1910 dans une famille très pauvre d'un village du Bengale. Son père est un brahmane dont les seules ressources – de plus en plus maigres – proviennent de ceux chez qui il est appelé à célébrer des rites religieux. C'est néanmoins un éternel optimiste doublé d'un rêveur : à la naissance d'Apu, il se félicite d'avoir trouvé un petit travail de comptable qui va lui permettre de rédiger en paix ses œuvres poétiques. La mère d'Apu ne cesse de ronchonner sur ses rêves de prospérité perdus et sur les difficultés de l'heure. Ses soucis l'ont rendue amère et presque dure. Elle se vexe souvent et finit par chasser la vieille tante Indir qui s'en ira mourir sans bruit dans la forêt. Il arrive que la sœur d'Apu, la petite Durga, chaparde des fruits à la riche voisine, Mme Mukherjee. Elle vole même une fois un collier à sa fille. La mère de Durga est toujours sur son dos, critiquant sa paresse et ses vols. C'est au milieu de ses parents souvent en conflit mais aussi dans la grande paix du village qu'Apu ouvre les yeux sur le monde. Il ira à l'école tenue par un épicier qui continue son négoce pendant les cours. Il assistera, fasciné, lors d'une fête religieuse, à la représentation d'un drame mythologique. Il découvrira avec sa sœur le cadavre de la vieille Indir qui lui racontait tant de contes et de légendes. Son père s'absente pour aller gagner un peu d'argent en célébrant des rites d'initiation chez un paysan. Sa femme reçoit une lettre de lui : la cérémonie a été décommandée au dernier moment et il part chercher un autre travail à la ville. Au village, l'orage approche. Les pluies seront diluviennes. Durga a pris froid et mourra dans la maison dévastée par la tempête. Il aurait fallu la consolider depuis longtemps. Le père revient après une absence beaucoup plus longue que prévue. Il apporte des cadeaux. Apu entend ses cris de douleur quand il apprend ce qui s'est passé. Quoi qu'il lui en coûte, le père décide de quitter le village de ses ancêtres et d'emmener sa famille ou du moins ce qu'il en reste vers Bénarès où elle vivra moins mal. Apu, son père et sa mère s'en vont dans un chariot tiré par deux bœufs.

☞ Premier film – tourné avec un budget dérisoire – de Satyajit Ray. Premier volet de la trilogie de l'histoire d'Apu dont l'auteur ignorait en la racontant qu'elle donnerait lieu à une trilogie. Premier film d'auteur à part entière du cinéma indien, totalement dégagé des genres et des règles traditionnels de ce cinéma. On notera particulièrement l'absence totale de chansons. En quête d'universalité, le film tente de la trouver dans la description d'un contexte très particularisé : un village perdu du Bengale au début du siècle, petit fragment d'un univers dont l'équilibre et les rites séculaires sont encore très présents quoique déjà engagés dans une mutation considérable et irréversible. (Déjà ces rites ne suffisent plus à assurer la subsistance de ceux qui sont censés les célébrer.) Apu découvre autour de lui un monde de relations et de croyances qui existe encore dans une sorte d'éternité. Mais cette éternité touche en quelque sorte à sa fin. Elle va bientôt se briser et, sur cette cassure, les expériences ultérieures d'Apu nous renseigneront mieux. Pour le moment, une apparente immobilité, une apparente sérénité assourdissent encore le bruissement d'une intense agitation souterraine : cette évidence sensible se dégage d'un film qui, première étape d'un long roman d'apprentissage, se termine de manière très significative par le début d'un voyage.

BIBLIO. : le précieux livre d'Henri Micciolo « Satyajit Ray » (L'âge d'homme, 1981) contient une minutieuse description séquence par séquence de tous les titres du cinéaste jusqu'à *Pikoo*. Il est utile de s'y référer, ne serait-ce que pour mieux comprendre la substance de ces films qui sont souvent très négligemment et très insuffisamment sous-titrés. Sur l'ensemble de la trilogie d'Apu voir « The Apu trilogy » de Robin Wood, Praeger, New York. Scénario et dialogues de *Pather Panchali* in « L'Avant-Scène » n° 241, 1980.

## PATRICK (id.)

1978 – Australie (105') • *Prod.* Australian International Film Corporation (Richard Franklin) • *Réal.* RICHARD FRANKLIN • *Sc.* Everett de Roche • *Phot.* Don McAlpine (Agfacolor) • *Mus.* Brian May et « Le Sacre du printemps » d'Igor Stravinsky • *Int.* Susan Penhaligon (Katy Jacquard), Robert Helpmann (Dr Roget), Rod Mullinar (Ed Jacquard), Bruce Barry (Dr Brain Wright), Julia Blake (Maton Cassidy), Helen Hemingway (Sœur Williams), Robert Thompson (Patrick).

Dans une clinique, un malade comateux est maintenu artificiellement en vie depuis plusieurs années. Il a développé un sixième sens et en est arrivé à posséder toutes sortes de pouvoirs. Il les utilise pour empoisonner la vie d'une infirmière en instance de divorce dont il est amoureux et jaloux.

☞ Un des petits jalons du renouveau du fantastique par le cinéma australien (et en même temps du renouveau du cinéma australien par le fantastique). Ce récit en vase clos se révèle relativement efficace et original à une époque où, dans le genre fantastique, il était déjà devenu extrêmement difficile d'innover. Ce n'est pas tant ses pouvoirs et l'usage que le héros en fait qui sont surprenants. Lévitation des objets (pour saccager l'appartement de l'héroïne), maîtrise de l'électricité (pour électrocuter l'infirmière-chef) : on avait déjà vu des « exploits » semblables dans *L'exorciste* et son abondante postérité (notons toutefois comme plus singulière la péripétie des lettres tapées à distance à la machine par le grabataire). Ce que le film a de frappant, il le doit à l'immobilité imposée au héros, par une conséquence particulièrement horrible du progrès médical. Cette immobilité inquiète, trouble et séduit l'imagination. Elle va servir la rébellion du héros contre la dictature de la science. L'extrême puissance, en effet, vient de l'intellect et du système nerveux (cf. Mabuse, Hercule Poirot, etc.). Elle n'a nul besoin de mouvement pour triompher. Cette évidence se trouve illustrée et rénovée de façon spectaculaire par ce petit film.

## PATTES BLANCHES

1948 – France (92') • *Prod.* Majestic Films • *Réal.* JEAN GRÉMILLON • *Sc.* Jean Anouilh, Jean Bernard-Luc • *Phot.* Philippe Agostini • *Mus.* Elsa Barraine • *Int.* Fernand Ledoux (Jack Le Guen), Suzy Delair (Odette), Paul Bernard (Julien de Keriadec), Michel Bouquet (Maurice), Arlette Thomas (Mimi), Sylvie (la mère de Maurice), Jean Debucourt (le juge d'instruction), Edmond Beauchamp (le gendarme).

En Bretagne, Jack Le Guen, propriétaire du Café du Port, ramène au village sa jeune maîtresse, Odette. Dans le même village vit en solitaire dans son château un aristocrate ruiné, le comte Julien de Keriadec, surnommé « Pattes Blanches » à cause de ses guêtres. Curieuse, sensuelle et un peu garce, Odette se rend au château et tourne autour de Keriadec sans autre résultat que de se faire jeter dehors. Le comte est idéalisé et adoré en secret par Mimi, la servante un peu bossue du Café du Port. Odette, convoitée par Maurice, le demi-frère de Keriadec, fils d'une ancienne servante du château, lui cède bientôt et conçoit alors pour lui une passion véritable. Aigri et envieux jusqu'à l'obsession, Maurice va utiliser cette passion pour se venger de son demi-frère. Il oblige Odette à se donner au comte. Celui-ci perd la tête et vend tous ses biens. Il offre à Odette de partir avec lui, le soir même de ses noces avec Jack. Elle ricane à cette proposition et l'insulte. Il la pousse du haut de la falaise surplombant la mer. Pour protéger le comte, Mimi s'accuse de ce crime. Keriadec s'apprête à se suicider dans l'incendie de son château. L'arrivée de Mimi et le spectacle de sa dévotion pour lui le font changer d'avis. Il se rend à la police.

☞ Quelques jours avant le tournage, Grémillon remplace comme metteur en scène Anouilh tombé malade. Il ramène l'intrigue de 1900 à nos jours et l'installe très concrètement dans sa Bretagne originelle. *Pattes Blanches* est dans sa genèse et son contenu le film des dissonances. Elles sont suscitées au départ par la différence de personnalité entre le scénariste et le réalisateur puis relayées dans l'intrigue par des péripéties à la fois chaotiques et circulaires. Au lieu de chercher à les gommer, Grémillon les a exaltées, valorisées d'une façon très moderne qui, malheureusement pour lui, décontenança le public et la critique. *Pattes blanches* fait partie de ces films qui, comme *Les dernières vacances**, ont été réhabilités peu après leur sortie par les ciné-clubs, alors influents et utiles dans le paysage du cinéma français. Voisinent et alternent constamment dans le film l'abstraction lyrique et l'enracinement concret, le trivial et la poésie, le naturalisme et une sorte d'approche presque fantastique de l'intrigue. Les scènes, les notations, les atmosphères insolites abondent, sans pour autant donner de dominante à un film qui n'en a pas et n'en veut pas, hors son creuset baroque (cf. la servante difforme dansant dans sa soupente en robe ancienne ; la cueillette des herbes sur la colline ; le rêve de splendeur de Mimi dans le château jonché de paille ; et bien entendu la célèbre séquence de l'assassinat de l'héroïne en robe de mariée). A l'aide de ces dissonances, Grémillon dépeint une France assez noire et toujours passionnée, complémentaire de celle du *Ciel est à vous**. Pays de marginaux et d'originaux, personne n'y ressemble à personne. Chacun, au-delà des clivages sociaux, se sent isolé, seul au monde, en butte à l'hostilité générale. Une faille, une tare, ou simplement une insatisfaction personnelle empoisonnent secrètement la vie de tous les personnages. Comment une œuvre au ton uni, égal, aurait-elle pu rendre ces aspérités et ces inquiétudes ? Seule imperfection du film : la surabondance des dialogues, souvent brillants mais encombrants et répétitifs, et infiniment moins modernes que la sensibilité et le travail de mise en scène du réalisateur.

**PEAU D'UN AUTRE (LA)**
**(Pete Kelly's Blues)**

1955 – USA (95') • *Prod.* Warner (Mark VII Ltd. Production) • *Réal.* JACK WEBB • *Sc.* Richard L. Breen • *Phot.* Hal Rosson (Cinémascope, Warnercolor) • *Mus. et chansons* Ray Heindorf, Sammy Cahn, Arthur Hamilton • *Int.* Jack Webb (Pete Kelly), Janet Leigh (Ivy Conrad), Edmond O'Brien (Fran McCarg), Peggy Lee (Rose Hopkins), Andy Devine (George Tenell), Lee Marvin (Al Gannaway), Ella Fitzgerald (Maggie Jackson), Martin Milner (Joey), Jayne Mansfield (vendeuse de cigarettes).

Heurs et malheurs d'un petit orchestre de jazz pendant la Prohibition. En 1927, à Kansas City, l'orchestre est dirigé par le trompettiste Pete Kelly, dont la vie n'est pas rose tous les jours. Il lui faut aller en service commandé à des parties à la fois snobs et mal famées comme celle d'Ivy Conrad qui veut le draguer et qu'il flanquera à l'eau dans un des bassins de la maison. Ou bien il doit subir le racket du gangster McCarg qui exige de prendre l'orchestre sous contrat avec une commission de 25 %. Pete demande à ses musiciens ce qu'ils comptent faire : seul le jeune batteur est partisan de lutter. Il sera abattu par l'un des tueurs de McCarg. Un autre musicien préfère aller rejoindre un grand orchestre. Prêt à sombrer dans la mélancolie, Pete trouve chez lui Ivy qui s'installe et puis s'incruste sans qu'il ait la force de lui résister. McCarg oblige Pete à prendre une chanteuse, Rose Hopkins, sa maîtresse, dans l'orchestre. Il le paie même pour cela. Rose est alcoolique et, victime des mauvais traitements de McCarg, deviendra folle. Un ancien complice de McCarg est prêt à le vendre pour 1 200 dollars ; il indique à Pete où trouver des documents compromettants qui suffiront à le perdre. Pete se rend à l'« Everglade », la nouvelle boîte de McCarg, fracture le secrétaire et s'empare des papiers. Mais Ivy tient à danser avec lui sur la piste déserte. Le couple perd un temps précieux et se retrouve bientôt encerclé par les hommes de McCarg. Fusillade. Le gangster est mortellement touché. Un de ses tueurs préfère abandonner le combat. Pete Kelly pourra ainsi diriger son orchestre. Ivy, heureuse, est la plus assidue de ses auditrices...

☞ Adapté d'une série radiophonique, ce petit film original dans son inspiration et dans son ton est parsemé d'excellents moments musicaux. Il emprunte au *film noir* certains éléments caractéristiques (ex. le commentaire *off* désabusé et fataliste), certains décors et certains personnages auxquels il confère, grâce à un emploi judicieux et spectaculaire de la couleur et du cinémascope, un lyrisme et un baroquisme assez attachants. Il parvient à donner une transposition visuelle et dramatique très convaincante du blues américain : déprime, découragement, tristesse, avec au loin une vague et vacillante lueur d'espoir. Dans sa modestie et son charme insolite, *Pete Kelly's Blues* vaut tous les *Cotton Club* du monde.

**PÉCHÉ (LE)**
**(El Haram)**

1965 – Égypte (105') • *Prod.* Mounir Rafla • *Réal.* HENRI BARAKAT • *Sc.* Saad El Din Wahba d'ap. histoire de Youssef Idris • *Phot.* Ahmed Dia El Mehdi • *Mus.* Suleiman Gamil • *Int.* Faten Hamama (Aziza), Abdallah Gueiss (son mari), Zaki Rostom.

1950, dans la campagne égyptienne. Un bébé mort est retrouvé aux abords d'un village. Les villageois accusent aussitôt de ce crime les journaliers qu'ils détestent et contre lesquels ils nourrissent toutes sortes de préjugés. Le gérant de l'exploitation agricole puis la police mènent les interrogatoires. Sans résultat. Enfin le gérant découvre, cachée dans un camp, l'une des journalières, Aziza, atteinte d'une fièvre qui la fait délirer. Elle est la mère du bébé. Sous les huées des villageois qui veulent chasser tous les journaliers, elle est emmenée sur un brancard pour être soignée. Après un mariage heureux, la situation du couple s'était assombrie du fait que le mari ne trouvait du travail que très occasionnellement. Puis il était tombé malade et ne fut plus capable de travailler du tout. Aziza assurait seule sa subsistance et celle des deux enfants. Un jour, son mari avait réclamé des pommes de terre. Elle était allée en déterrer. Un contremaître l'avait aidée, puis l'avait violée. Enceinte, elle avait essayé par divers moyens de provoquer une fausse couche. Son bébé était né : pour l'empêcher de crier et de manifester sa présence, elle lui avait posé la main sur la bouche et il était mort étouffé. Aujourd'hui, Aziza semble aller mieux. Puis, à la suite d'une crise, elle meurt subitement. La triste histoire de sa vie, grâce aux commentaires qu'elle suscite, a rapproché les deux communautés. Ni le parquet ni les autorités du Caire ne seront prévenus. Les villageois ont compris que les journaliers étaient des paysans comme eux, ayant à faire face à des conditions d'existence encore plus précaires que les leurs. Ils s'interrogent pour savoir si Aziza a payé par sa mort celle de son bébé ou si elle a été coupable d'un péché beaucoup plus grave : celui d'appartenir à une classe défavorisée. Plus tard, quand les journaliers furent libérés du fouet, l'arbre sous lequel Aziza avait accouché devint un lieu de pèlerinage pour les femmes stériles.

☞ L'un des films préférés de Faten Hamama, grande star (non chantante) du cinéma égyptien. La mise en scène proprement dite est souvent rudimentaire, le rythme assez défaillant. Mais l'emploi généralisé des extérieurs, une figuration abondante et authentique, et le jeu sincère, lyrique et parfois baroque de sa vedette permettent au film de s'enraciner profondément dans la réalité humaine et sociale qu'il cherche à décrire. L'intention de l'auteur est de souligner, au-delà du mélodrame, la prise de conscience provoquée par l'aventure tragique d'Aziza. Sa disparition contribua, pour une part, à entraîner celle des préjugés, des barrières qui séparaient jusque-là deux communautés défavorisées. L'absence de recherche esthétique accentue fortement l'impression de réel et se révèle finalement, dans le contexte du cinéma égyptien populaire, le plus court chemin pour atteindre le but recherché : immerger le spectateur dans les luttes quotidiennes menées par les personnages pour survivre et lui faire découvrir ensuite avec eux la signification sociale – et morale – de ces luttes.

N.B. L'œuvre de Barakat reste entièrement à découvrir. Les rares connaisseurs du cinéma égyptien soutiennent qu'il a réalisé plus d'une dizaine de films intéressants sur les cinquante environ qu'il a tournés.

## PÉCHÉ MORTEL
**(Leave Her to Heaven)**

1945 – USA (110') • *Prod.* Fox (William A. Bacher) • *Réal.* JOHN M. STAHL • *Sc.* Jo Swerling d'ap. R. de Ben Ames Williams • *Phot.* Leon Shamroy (Technicolor) • *Mus.* Alfred Newman • *Int.* Gene Tierney (Ellen Berent), Cornel Wilde (Richard Harland), Jeanne Crain (Ruth Berent), Vincent Price (Russell Quinton), Mary Phillips (Mme Berent), Ray Collins (Glen Robie), Gene Lockhart (Dr Saunders), Reed Hadley (Danny Harland), Chill Wills (Leick Thorne).

S'étant retiré dans le Maine pour travailler, un écrivain, Richard Harland, est séduit par une jeune femme, Ellen, qui trouve en lui une ressemblance frappante avec son propre père à qui elle vouait un culte. Ils se marient. Le caractère excessif et possessif de la jeune femme la conduit à faire le vide autour de son époux. Elle pousse à la mort par noyade son jeune beau-frère handicapé. Enceinte, elle se jettera du haut d'un escalier afin d'interrompre sa grossesse. Quand elle sent qu'elle a définitivement perdu l'amour de son mari, elle s'empoisonne, combinant un plan destiné à faire accuser de meurtre sa cousine Ruth dont elle était devenue jalouse. Mais cette machination échouera. Richard sera néanmoins condamné pour avoir gardé le silence sur les entreprises criminelles de sa femme. A sa sortie de prison, il ira rejoindre Ruth.

☞ La couleur, enchanteresse, contribue pour une grande part à échafauder cet univers paradisiaque au sein duquel John Stahl va installer une intrigue particulièrement noire et tragique. L'un des maîtres du mélodrame américain d'avant-guerre oppose ainsi, fidèle à l'esprit du genre, perfection de la nature et imperfection de la nature humaine. Avec habileté et subtilité, utilisant à merveille la personnalité ambiguë de Gene Tierney, il se livre à une description de l'insatisfaction névrotique et monstrueuse de son héroïne dans un étrange croisement de genres qui fait passer le spectateur d'un mélodrame flamboyant au plus vénéneux des *films noirs.* A la fois délirant et très contrôlé dans son délire, le film est marqué du sceau de la perfection. Le thème du bonheur impossible cher au mélodrame (le film pourrait s'intituler « Le paradis perdu ») s'y trouve évoqué dans une atmosphère peu à peu empoisonnée où l'obsession amoureuse se mêle au crime dans la meilleure tradition du film criminel de l'après-guerre. Deux moments inoubliables figurent à tout jamais dans la cinémathèque idéale des cinéphiles : la chevauchée de Gene Tierney répandant à tous vents les cendres de son père et sa chute volontaire dans l'escalier. Cette dernière scène s'attira les foudres de la censure mais fut finalement tolérée.

## PÉCHÉS DE JEUNESSE

1941 – France (95') • *Prod.* Continental Films • *Réal.* MAURICE TOURNEUR • *Sc.* Albert Valentin, Michel Duran, Charles Spaak • *Phot.* Armand Thirard • *Mus.* Henri Sauguet • *Int.* Harry Baur (M. Lacalade), Lise Delamare (Madeleine), Monique Joyce (Miss Florence), Guillaume de Sax (Dr Pelletan), Pierre Bertin (Gaston Noblet), Suzanne Dantès (Louise Noblet), Jeanne Fusier-Gir (Henriette Noblet), Pasquali (Edmond Vacheron), Yvette Chauviré (Gabrielle), Jean Bobillot (Lucien Noblet), Jacques Varennes (Firmin), Georges Chamarat (Fernand Noblet), Michel François (Maurice), Jean Buquet (Frédéric).

Lacalade, un riche négociant, a vécu une existence de célibataire égoïste. Se sentant vieillir dans la solitude, il est transporté de joie à la pensée d'élever son neveu qui va naître. Mais le bébé ne vit pas. Frustré de cette « paternité » tardive, Lacalade part à la recherche de ses quatre fils naturels. Le premier, Edmond, vit avec sa mère, directrice d'un boui-boui en banlieue. Elle a élevé son fils dans le respect d'un père imaginaire mort durant la Première Guerre mondiale. Lacalade, que la médiocrité satisfaite de son fils inspire peu, s'esquive prudemment. Le deuxième fils, Lucien, est un musicien de talent. Lacalade assiste à la générale de son premier ballet. Le jeune homme a été élevé avec dévouement par sa mère et son beau-père. Toute la famille se pâme d'admiration devant son génie musical. Lacalade se sent de trop dans cette chaude atmosphère familiale et préfère à nouveau s'esquiver. Son troisième fils, Frédéric, est le rejeton de Florence, une plongeuse acrobatique qui se produit dans les foires. Elle apprend à Lacalade qu'en réalité Frédéric n'est pas son fils. Son vrai mari est en prison et elle a fait à Lacalade le « coup de la paternité » comme à onze autres de ses amants. Lacalade aura plus de difficultés à retrouver son quatrième fils. Madeleine, sa dernière maîtresse, a dû rompre avec sa famille à cause de sa liaison avec lui. Depuis lors, elle se consacre à un groupe d'orphelins parmi lesquels se trouve son fils. Pour ne pas attrister ses petits camarades, elle lui a demandé de cacher sa parenté avec elle. Lacalade invite tous les pensionnaires de l'orphelinat dans son domaine de la Côte d'Azur. Madeleine se refuse obstinément à lui révéler lequel des gosses est son fils. Mais à la fin du séjour un enfant se présente à lui et dit : « C'est moi. » Lacalade décide alors de garder à demeure tous les enfants dans sa propriété.

☞ Maurice Tourneur est un styliste qui, durant l'essentiel de sa carrière, a œuvré dans le cadre des genres traditionnels. Son élégance discrète, une sorte de retenue et de recul dans le ton modifient parfois d'une façon subtile mais peu spectaculaire le contenu attendu des genres où il travaille (Jacques Tourneur, son fils, agira de même, mais beaucoup plus radicalement, vis-à-vis des genres hollywoodiens). Ici, le genre abordé est celui du film à sketches, très prisé en France à partir de 1935. Habituellement, il met en valeur la variété des atmosphères, des milieux sociaux, des personnages. A l'opposé, *Péchés de jeunesse* ne recherche nullement la diversité ni les contrastes. Il nous montre trois formes voisines de trivialité : satisfaite et bornée dans le premier sketch, admirative et béate dans le deuxième, douteuse et presque crapuleuse dans le troisième. Seul le quatrième y échappe (c'est un paradoxe qu'un cinéaste élégant comme Maurice Tourneur puisse dessiner avec autant de brio ces arabesques sur la trivialité). Le quatrième sketch prolonge de manière originale le reste du film et se présente sous la forme d'un petit mélodrame qui finit bien. Les trois autres histoires, plus acides que mélodramatiques, mettaient surtout l'accent sur le désarroi teinté d'agacement d'un homme déphasé et contraint de faire son autocritique. Dans cet avant-dernier film de sa carrière, Harry Baur trouve un rôle parfaitement à sa mesure et situé dans la thématique qui lui convient le mieux : celle de ses démêlés avec la paternité (cf. *Les Misérables**, *Nostalgie* de Tourjansky, *Tarass Boulba**, etc.).

## PECHEUR D'ISLANDE

1924 – France (2 700 m) • *Prod.* Les Films Baroncelli • *Réal.* JACQUES DE BARONCELLI • *Sc.* Baroncelli d'ap. R. de Pierre Loti • *Phot.* Louis Chaix • *Int.* Charles Vanel (Yann), Sandra Milowanoff (Gaud), Roger San Juana (Sylvestre), Mme Boyer (grand-mère Moan), Thomy Bourdelle.

A Paimpol, Gaud est amoureuse de Yann, pêcheur au large de l'Islande, qui se refuse au mariage pour des raisons secrètes et profondes tenant à son amour de la mer qu'il juge incompatible avec celui d'une femme. Le jeune Sylvestre épouserait, lui, volontiers Gaud mais son amour n'est pas payé de retour. Il part faire son service dans les mers de Chine et meurt au combat après un débarquement au Tonkin. Yann accepte enfin le mariage. Il repart ensuite en mer. Son bateau fait naufrage, comme pour justifier les scrupules du marin et sa résistance instinctive à se lier. Il continuera de vivre dans le cœur de Gaud qui jamais plus ne pourra poser les yeux sur lui.

☞ Bon exemple de cinéma non créatif, non personnel – cinéma d'illustration au sens le plus restreint du terme –, tel qu'on l'a pratiqué abondamment en France dans les années 20. On peut estimer que même dans ses défauts les plus graves, l'académisme et la pétrification, le « style » de Baroncelli (dont la figure de prédilection, cultivée jusqu'à satiété, est la surimpression) convient bien à son sujet : cet univers des marins bretons dominé par l'attente, l'absence, les séparations et la mort. Baroncelli n'exalte pas cet univers et ses frustrations, comme le fit Pierre Loti, avec des accents passionnés. Il se borne à les refléter par un usage très limitatif des pouvoirs de l'image et du cinéma. Néanmoins ce cinéaste sans génie (et qui semble le savoir, ce qui est plus étonnant) se rattrape sur l'authenticité. Les vêtements, les lieux, les coutumes, les danses sont fidèlement observés et reproduits ; mais cette exactitude s'arrête aux apparences et ne cherche pas à sonder les cœurs.

N.B. Autres versions par Henri Pouctal (1916), Pierre Guerlais (1933) et Pierre Schoendoerffer (1959).

## PÈLERIN (LE)
### (The Pilgrim)

1923 – USA (1 300 m) • *Prod.* First National • *Réal.* CHARLES CHAPLIN • *Sc.* C. Chaplin • *Phot.* Rollie Totheroh • *Int.* Charles Chaplin (le forçat évadé), Mack Swain (le bedeau), Edna Purviance (la jeune fille), Kitty Bradbury (sa mère), Tom Murray (le shérif), Raymond Lee (le vrai pasteur), Dinky Dean (le gosse insupportable), Sydney Chaplin (son père), Henry Bergman (un voyageur).

Un forçat évadé vole le costume d'un pasteur et choisit au hasard une destination à la gare ferroviaire. Il aboutit dans une petite ville de l'Ouest où les paroissiens, en ce dimanche matin, attendent justement leur nouveau ministre du culte. Il est amené à célébrer l'office, fait chanter un hymne et prononce (ou plutôt mime) un sermon sur le thème de David et Goliath. Il loge chez Mrs. Brown dont la fille lui plaît bien. Il regarde l'album de photos de la grand-mère et subit sans rien dire l'agressivité d'un bambin qui lui envoie force coups de poings dans la figure puis l'arrose avec l'eau du bocal au poisson rouge. Il aide la jeune fille dans sa cuisine. Le gosse recouvre d'un chapeau le gâteau qu'elle a préparé et que l'invité asperge ensuite de sauce. Il ne s'apercevra de la facétie de l'enfant qu'au moment du découpage. Un de ses anciens compagnons de cellule l'a reconnu et, se disant son ami, s'installe dans la maison. Il s'empare du portefeuille du bedeau que l'évadé rendra à ce dernier en faisant semblant d'accomplir un tour de prestidigitation. Durant la nuit, il essaie d'empêcher le voleur de mettre la main sur les économies de la famille, mais l'autre le laisse sur le carreau et file avec le magot. Le voleur se rend au saloon qui sera bientôt le théâtre d'un hold-up. L'évadé profite de la confusion pour reprendre l'argent qu'il va rendre à la jeune fille. Il est alors arrêté par le shérif. Celui-ci le reconduit à la frontière et lui fait comprendre, par un grand coup de pied dans les fesses, qu'il a sa bénédiction pour disparaître au Mexique. Mais là-bas des bandits se bagarrent, la poudre parle et l'évadé, prudemment, prendra le parti de marcher, les jambes écartées, de part et d'autre de la ligne de démarcation...

☞ *Opus* 63 de Chaplin ; dernier de ses huit titres pour la First National ; dernière interprétation d'Edna Purviance et dernière œuvre courte de l'auteur. C'est un western, c'est une comédie aux cent gags divers, c'est surtout la description haute en couleur, acide et très réaliste, d'une petite communauté sociale avec ses gosses insupportables et mal élevés, son bedeau cachant une bouteille d'alcool dans sa poche arrière, ses femmes mûres un peu vacillantes, etc. Le personnage que joue Chaplin est très riche et obéit à trois types de comportements dont le mélange ou la superposition constitue un chef-d'œuvre d'invention comique. Il agit tantôt comme le voleur et le « coupable » dans la peau duquel il habite provisoirement (au vu des fidèles rassemblés dans un coin de l'église, il songe à un jury de douze personnes dans leur box), tantôt comme le clergyman aux mines et aux attitudes dévotes qu'il s'efforce d'être puisque c'est après tout ce qu'on lui demande, tantôt encore comme le cabotin qu'il est de toute éternité : après son sermon sur David et Goliath, il revient plusieurs fois saluer son public. Au-delà de ses déguisements occasionnels et forcés (la tenue de bagnard ne lui *appartient* pas plus que celle de clergyman), le personnage manifeste une honnêteté, une bonté foncière qui le pousseraient volontiers à refaire le monde. Quant à l'auteur lui-même, si sensible qu'il soit à la cruauté et aux ridicules de la société, il ne tombe jamais dans le désespoir, la misanthropie ou le pessimisme. Cela n'empêcha pas le film de choquer certains par sa peinture cocasse et irrespectueuse d'un (faux) pasteur ; et *Le pèlerin* fut même interdit dans l'État de Pennsylvanie.

## PENALTY (THE)
### (Satan)

1920 – USA (7 bob.) • *Prod.* Goldwyn Pictures • *Réal.* WALLACE WORSLEY • *Sc.* Charles Kenyon et Phillip Lonergan d'ap. R. de Gouverneur Morris • *Phot.* Don Short • *Int.* Lon Chaney (Blizzard), Claire Adams (Barbara), Kenneth Harlan (Wilmot), Charles Clary (le docteur), Ethel Grey Terry (Rose), Edouard Trebaol (Bubble), Milton Ross (Lichtenstein), James Mason (Pete).

San Francisco. Un garçonnet victime d'un accident de la circulation est amputé des deux jambes. Il entend le patron de l'hôpital reprocher au chirurgien qui l'a opéré d'avoir pratiqué une intervention inutile. L'enfant grandit. Il devient, sous le nom de Blizzard, le chef de la pègre et de l'underground de la ville. Sous sa direction, des ouvrières fabriquent des chapeaux en quantité industrielle. La police se demande quel mauvais coup il prépare et charge une femme, Rose, de s'infiltrer dans la bande. Elle devient la maîtresse de Blizzard et tombe réellement amoureuse de lui. Elle apprend qu'il a l'intention de procéder au pillage de la ville après avoir suscité une diversion pour égarer la police. Ses hommes se reconnaîtront à leurs chapeaux. La femme policier découvre aussi une salle d'opération secrète dans la maison de Blizzard, lequel s'est fait engager comme modèle par Barbara, la fille du chirurgien qui l'avait autrefois amputé et qui est aujourd'hui un praticien connu et respecté. Blizzard pose pour un buste de Satan. Il se rapproche ainsi du chirurgien et l'oblige à l'opérer. Le chirurgien l'opère en effet, mais d'une contusion située à la base du cerveau et consécutive à l'accident. L'intervention provoque une transformation radicale chez Blizzard : il devient ... bon. Un peu plus tard, alors qu'il joue du piano, l'une de ses passions, il est abattu par un de ses anciens complices. Reste le buste de Satan pour conserver son souvenir...

☞ Cent dix-huitième film de Lon Chaney sur les cent cinquante-quatre qu'il a tournés d'après la filmographie fournie par DeWitt Bodeen dans « From Hollywood », Barnes, Cranbury, New Jersey, 1976, *The Penalty* est aussi l'un des premiers, avec *The Miracle Man* (George Loane Tucker, 1919), où son personnage, dans ses caractéristiques les plus originales, ses antithèses spectaculaires et monstrueuses, apparaît entièrement construit. Cela avant la collaboration avec Tod Browning. Une suite de péripéties feuilletonesques met en valeur différentes composantes de son caractère. Il est tour à tour un Mabuse, un Satan, un surmâle et aussi un amoureux transi qui ne réussira jamais à intéresser la seule femme (Barbara) qu'il ait jamais aimée. A la fois pitoyable et effrayant, fascinant et répugnant, le personnage est doté ici d'une puissance de séduction sexuelle sur laquelle l'intrigue insiste particulièrement (cf. les curieuses scènes métaphoriques où il joue du piano tandis que Rose, assise au pied de l'instrument, soumise, fascinée, actionne la pédale). Selon la mythologie du personnage, il convient que celui-ci subisse durant le drame les plus cuisantes humiliations. Il n'y échappera pas. Et en effet la « castration morale » qu'on lui impose ici (bien avant *Orange mécanique**) est l'une des épreuves les plus suppliciantes que l'imagination délirante de ses scénaristes ait inventées pour le tourmenter. Pour ce qui est des dons d'acrobate et de contorsionniste de Lon Chaney, sa performance d'homme-tronc constitue l'un de ces tours de force qui fondèrent sa réputation.

## PENDAISON (LA)
**(Koshikei)**

1968 – Japon (117') • *Prod.* Sozosha Production • *Réal.* NAGISA OSHIMA • *Sc.* Tsutomu Tamura, Mamoru Sasaiki, Michinori Fukao, Nagisa Oshima • *Phot.* Yasuhiro Yoshioka • *Mus.* Hikaru Hayashi • *Int.* Kei Sato (chef du groupe d'exécution), Fumio Watanabe (l'officier), Toshiro Ishida (l'aumônier), Masao Adachi (le docteur), Yun-Do Yun (R.), Akiko Koyama (la fille).

Après sa pendaison dans la chambre d'exécution, le condamné à mort R., coréen d'origine et de confession catholique, vit encore. Son cœur bat, son pouls fonctionne. Les représentants de la justice, les responsables de l'exécution se trouvent plongés dans une extrême perplexité. Le procureur déclare : « Moi, je suis là pour donner l'ordre d'exécuter ; après ça, je ne sais rien. » A quoi fait écho cette remarque désabusée du gardien-chef : « On ne réussit pas à tous les coups dans ce métier. » R., quant à lui, a perdu la mémoire. Il ne sait plus ce que c'est que le désir charnel, la famille, etc. C'est comme s'il débarquait d'une autre planète. L'aumônier affirme péremptoirement que, son âme s'étant envolée hors de son corps durant l'exécution, R. n'est plus R. Les autres responsables se demandent tout simplement si R. ne se moquerait pas d'eux dans les grandes largeurs. Ils entreprennent, avec une maladresse souvent ridicule, de mimer et de reconstituer, pour lui rafraîchir la mémoire, ses deux crimes : meurtres de deux jeunes filles suivis de viols. On lui demande ensuite de participer lui-même à la reconstitution de son enfance, vécue entre un père alcoolique et une mère muette. Le psychodrame se poursuit, hors du bâtiment d'exécution, le long de la mer puis sur les toits du lycée où R. a fait ses études. Le directeur de la prison étrangle une jeune fille, comme l'avait fait R. Il est le seul à la voir dans son cercueil durant la reconstitution du procès de R. qui a lieu après le retour du groupe dans le bâtiment d'exécution. D'autres membres du groupe se mettent à voir, eux aussi, la jeune morte. Elle se ranime et se lève de son cercueil. Elle est la sœur symbolique de R. et accuse l'impérialisme japonais d'être le vrai responsable des deux crimes. R. s'est servi de ses crimes comme d'un étendard de révolte contre le Japon tout entier. Le frère et la « sœur » sont maintenant allongés à même le sol ; autour d'eux les notables festoient et s'interrogent. Plusieurs se déclarent ennemis de la peine de mort et voudraient voir disparaître définitivement les exécutions. R. évoque avec sa sœur ses désirs inassouvis, ses pratiques d'onanisme ainsi que l'altération de ses sentiments sous l'effet de son imagination. Ses crimes ont été un effort désespéré pour faire coïncider ses fantasmes avec la réalité. Sa sœur affirme aux autres qu'il est maintenant devenu un nouveau R., prêt à affronter la réalité. On expie, dit-elle, en vivant et non en mourant. R. accepte enfin d'être R. au nom de tous les autres R., au nom de tous les humiliés et offensés du Japon. On lui laisse la vie sauve, mais il n'en veut pas. On le pend à nouveau.

☞ Il n'est certes pas facile d'être un « jeune cinéaste » japonais. Les grands ancêtres ont manifesté un tel génie, un tel sens de l'universel, parcouru tant de territoires et travaillé, malgré les vicissitudes particulières de leur carrière, dans un tel « confort » esthétique, à peu près unique au monde, reprenant dix fois, vingt fois les mêmes acteurs, les mêmes actrices, les mêmes sujets, les mêmes situations, se livrant à toutes sortes d'esquisses, de reprises de thèmes, à d'innombrables variations, infimes ou essentielles, sur leurs thèmes de prédilection, qui assimilent leur travail à celui des peintres et des musiciens, que venir après eux pour continuer leur œuvre et tenter de l'égaler avait de quoi désespérer plus d'un. Oshima, qui a l'âge des réalisateurs de la Nouvelle Vague française, a dressé ici une sorte de catalogue des moyens susceptibles d'être utilisés pour dépasser les Anciens à travers des chemins qu'ils n'avaient pas empruntés : l'humour noir, l'apologue fantastique, la distanciation, la dérision, l'agression caractérisée et généralisée. Même volonté d'audace et d'innovation dans les sujets traités : destruction des valeurs-clés et des rituels du Japon éternel, critique de son impérialisme, nécessaire abolition de la peine de mort, misère sexuelle et misère tout court des minorités opprimées du Japon. Mais bien vite abondance de biens nuit : les idées, les thèmes abordés, les recettes formelles s'épuisent à capter le réel qui les fuit et s'entrechoquent dans le film et dans la cervelle de l'auteur comme guêpes enfermées dans un bocal. En particulier, Oshima a eu grand tort d'abandonner le ton de la comédie noire, corrosif et percutant, qu'il avait maintenu avec brio dans le premier tiers du film, au profit de la gravité et du sérieux, devenant bientôt synonymes, dans le corps de l'œuvre, de redondance, de confusion, de gratuité et d'amphigouri.

## PEPO

1935 – URSS (75') • *Prod.* Armenkino • *Réal.* AMO BEK-NAZAROV • *Sc.* A. Bek-Nazarov d'ap. P. de Sundukian • *Phot.* Dimitri Feldman • *Mus.* Aram Katchaturian • *Int.* Gracia Nersesian (Pepo), Asmik Akopian (Susan), Tatiana Mahmurian (Kekel), David Malian (Kakuli), Avet Avetisian (Zimzimov), Armen Gulakian (Duduli), N. Gevorkian (Efemia).

1870. Pepo est un pêcheur qui travaille durement pour nourrir sa famille. Sa sœur Kekel doit épouser un petit marchand d'étoffe. Le repas de fiançailles a lieu mais il n'y aura mariage que si le marchand reçoit la dot de 1 000 roubles. Cette somme est due au père de Pepo par un riche négociant en tissu de Tiflis, mais la reconnaissance de dette s'est perdue et le négociant profite de la situation. Il ne veut rien savoir pour rembourser. Le mariage est annulé dans la honte pour la famille de Pepo. On retrouve le document qu'un enfant avait utilisé pour fabriquer un avion en papier. Le négociant est bien ennuyé, car il a peur que sa malhonnêteté ne soit rapportée à travers toute la ville. Au cours d'une réception donnée par lui, Pepo fait irruption, réclame son dû et est arrêté. Il passe en procès pour diffamation. Mais on a remplacé la vraie reconnaissance de dette par un faux et Pepo est emprisonné. Ses amis molestent – sans forcer la note – le négociant et vont en cortège vers la prison. La révolte gronde.

☞ Premier film parlant arménien dû au fondateur de ce cinéma, Amo Bek-Nazarov. (Mais dans les copies venues d'URSS, dont le générique a été refait et normalisé dans les années 60, les acteurs sont doublés en russe.) Adaptée d'une pièce classique arménienne, cette comédie vivante et pleine de sel oppose les pauvres, honnêtes pour la plupart, aux demi-riches mesquins et cupides (le fiancé de Kekel) et aux très riches, malhonnêtes et prêts à tout pour augmenter leur bien. L'administration et la justice tsaristes sont présentées comme étant les alliées objectives de ces derniers, voire leurs complices. Le récit est constamment coupé, en toutes circonstances, de chants et de danses (celles-ci étant parfois satiriques, quand il s'agit par exemple de l'exhibition du fiancé cupide). Outre ses intermèdes musicaux, le film possède un rythme sinueux et tranquille qui lui permet de décrire dans le détail la vie des Arméniens à Tiflis et dans les environs à la fin du siècle dernier. On voit les maisons plantées dans le rocher au bord du fleuve, les bains, où l'on prépare la fiancée à être belle (sous les yeux d'un petit gamin voyeur), la rue marchande et ses vendeurs à la criée, la boutique du négociant, etc., tout cela dans son « jus » le plus authentique. Comme Arsène, le paysan du film géorgien homonyme de Tchiaourelli (1937), Pepo devient un héros du prolétariat et de l'honneur bafoué des pauvres. Mais alors qu'Arsène évolue dans un contexte épique et tragique, Pepo, lui – et c'est toute l'originalité du film –, rencontre sa vocation dans un environnement de comédie populaire et insolente.

## PÈRE DE LA MARIÉE (LE)
### (Father of the Bride)

1950 – USA (92') • *Prod.* MGM (Pandro S. Berman) • *Réal.* VINCENTE MINNELLI • *Sc.* Albert Hackett et Frances Goodrich d'ap. R. d'Edward Streeter • *Phot.* John Alton • *Mus.* Adolph Deutsch • *Int.* Spencer Tracy (Stanley T. Banks), Joan Bennett (Ellie Banks), Elizabeth Taylor (Kay Banks), Don Taylor (Buckley Dunstan), Billie Burke (Doris Dunstan), Leo G. Carroll (Mr. Massoula), Moroni Olsen (Herbert Dunstan), Melville Cooper (Mr. Tringle).

Stanley Banks, bourgeois américain, marie son unique fille, la préférée de ses trois enfants. Il raconte les affres par lesquelles il est passé depuis le moment où il s'est aperçu qu'elle était amoureuse jusqu'au départ des invités, repus, après la noce.

☞ Dixième film et première « comédie familiale » de Minnelli. Moins spectaculaire et moins célèbre que le filon des comédies musicales, ce courant n'en est pas moins précieux et important dans la carrière du cinéaste. Il donnera lieu au chef-d'œuvre du genre, *The Courtship of Eddie's Father**, 1962. Ce courant comprend dans l'œuvre de Minnelli des films entiers mais aussi de nombreuses parties de films appartenant majoritairement à un autre genre. Si on composait, à partir de toute l'œuvre de Minnelli, une anthologie de scènes à deux personnages, père-fils, père-fille, etc., on se trouverait devant un ensemble cohérent, moins étendu quantitativement, mais aussi riche sur le plan de l'histoire des mœurs, que la collection des portraits féminins rassemblés par Cukor. D'une façon générale, la comédie familiale permet à Minnelli une étude en profondeur de la moyenne bourgeoisie américaine. La force particulière de *Father of the Bride*, c'est de n'être pas basé sur un récit entièrement objectif mais de privilégier la subjectivité du personnage interprété par Spencer Tracy. Le scénario a pour ligne directrice l'évocation conjointe de l'anxiété, des frustrations sentimentales, de la fragilité psychologique de ce personnage et, en même temps, de ses réactions de bon sens devant la dépense absurde occasionnée par la noce. Car si, dans sa famille, il lui arrive de se sentir isolé, marginalisé sur le plan psychologique, il est par contre tout à fait au centre de ce rituel social sur le plan financier puisque c'est lui qui en fait les frais ! Grâce au récit à la première personne, le récit alterne avec élégance les deux séries de notations. Autre mérite du film : la sobriété, la délicatesse avec lesquelles Minnelli, s'appuyant sur l'interprétation subtile et ferme de tous ses comédiens, manie la satire et la caricature, les soumettant toujours aux exigences de la vérité. De ce point de vue, son talent, pour une fois essentiellement classique, s'apparente au Becker d'*Édouard et Caroline**, 1951. *Father of the Bride* n'en comporte pas moins l'indispensable séquence onirique et fantasmagorique présente dans chaque film de Minnelli. Il s'agit ici d'un cauchemar du héros, sentant soudain le sol glisser littéralement sous lui dans l'église lors de la cérémonie nuptiale. Elle est d'ailleurs remarquable. L'immense succès commercial du film entraîna l'année suivante la réalisation d'une suite (excellente), *Father's Little Dividend*, *Allons donc, papa !* où Spencer Tracy raconte ses expériences de grand-père. Entre les deux, Minnelli avait eu le temps de signer *Un Américain à Paris**. L'Usine à films à cette époque fonctionnait à plein rendement, tant du point de vue de la quantité que de la qualité !

## PÈRE NOEL EST UNE ORDURE (LE)

1982 – France (105') • *Prod.* Trinacra/ Les Films du Splendid/ Films A2 • *Réal.* JEAN-MARIE POIRÉ • *Sc.* Josiane Balasko, Marie-Anne Chazel, Christian Clavier, Gérard Jugnot, Thierry Lhermitte, Bruno Moynot, J.-M. Poiré, d'ap. leur P. • *Phot.* Robert Alazraki (couleurs) • *Mus.* Vladimir Cosma • *Int.* Anémone (Thérèse), Thierry Lhermitte (Pierre Mortez), Marie-Anne Chazel (Josette), Gérard Jugnot (Félix), Josiane Balasko (Mme Musquin), Bruno Moynot (Preskovitch), Martin Lamotte (M. Leblé).

Une nuit de Noël mouvementée dans les locaux de l'association « SOS-Détresse ».

☞ Sans doute le meilleur film adapté d'un succès du café-théâtre. Les auteurs, c'est-à-dire toute la troupe, car il s'agit ici, plus encore que dans n'importe quel autre film, de création collective, ne cherchent nullement à cacher ou à modifier la nature théâtrale de leur matériau. Au contraire, ils savent tirer parti des unités de temps et de lieu conservées à l'intrigue, alors que la plupart des films venus du café-théâtre ont tendance à s'éparpiller dans toutes les directions pour donner l'illusion du mouvement. Dans le maniement du grinçant et de l'ubuesque, qui est leur domaine de prédilection, les acteurs de la troupe font preuve d'une belle dextérité. Elle n'exclut ni le comique d'observation ni la précision dans la caricature. Le cinéma français d'aujourd'hui ignore presque totalement les rôles de composition comiques : on n'en apprécie que mieux, dans ce domaine, la réussite de Thierry Lhermitte, d'Anémone et de Marie-Anne Chazel.

## PÈRE TRANQUILLE (LE)

1946 – France (95') • *Prod.* BCM • *Réal.* RENÉ CLÉMENT • *Sc.* Noël-Noël • *Phot.* Claude Renoir • *Mus.* René Cloérec • *Int.* Noël-Noël (M. Martin), José Arthur (Pierre Martin), Nadine Alari (Monique Martin), Marcel Dieudonné (Jourdan), Claire Olivier (Mme Martin), Paul Frankeur (Simon), Jean Varas (Peltier), Charles Lemontier (le père Charles), Howard Vernon, Jo Dest (officiers allemands).

A Moisson pendant la guerre, M. Martin, un sexagénaire pantouflard surnommé « le Père Tranquille » vit entre ses pilules, ses parties de cartes le soir au café et la culture de ses orchidées en serre. Il est en réalité le chef de la Résistance locale, communiquant quotidiennement avec Londres, organisant divers sabotages avec ses deux collaborateurs, Simon et Peltier, éliminant à l'occasion tel agent nazi venu espionner en ville. Sa famille ignore tout de ses activités. Sa femme vaque aux soins du ménage. Son fils, un adolescent, lui reproche de voir d'un œil trop complaisant les Fridolins. Seule sa fille aînée Monique, intriguée par plusieurs indices, commence à se douter de quelque chose. Ayant observé que l'usine voisine abrite des sous-marins de poche, Martin doit conseiller à Londres la destruction du bâtiment. Pour éviter à ses voisins d'être bombardés, il les invitera tous au repas de fiançailles de Monique et de Peltier (qui s'aimaient en secret) dans un restaurant suffisamment éloigné de l'usine. Le bombardement réussit. Martin est arrêté peu après. Les FFI, ayant pu l'arracher aux mains des Allemands, le ramènent blessé à la ville. Son fils qui s'était engagé dans le maquis (« pour qu'il y ait un résistant dans la famille ») comprendra alors le véritable rôle de son père.

☞ Ce triomphe commercial de l'immédiat après-guerre est le deuxième des six films de René Clément consacrés à la Seconde Guerre mondiale (cf. *La bataille du rail**, 1946, *Les maudits**, 1947, *Jeux interdits**, 1952, *Le jour et l'heure*, 1963, *Paris brûle-t-il*?, 1966). Tous ces titres, à l'exception du dernier, composent un ensemble varié et intéressant sur le sujet. Ici, se mettant au service de Noël-Noël, René Clément se livre à une hagiographie malicieuse de la Résistance dans les familles. L'originalité du film réside dans son ton de comédie, car le récit privilégie souvent, bien que le spectateur sache tout, le point de vue de ceux qui ne savent rien, c'est-à-dire de la mère, du fils et de tout l'entourage du Père Tranquille. Point de vue qui met en valeur la nature insolite de cette forme de Résistance domestique et nous vaut de belles scènes d'atmosphère et d'intérieur bourgeois : le repas terminé, la mère dessert tranquillement la table, la fille joue au piano pour son fiancé, le fils peste contre la passivité complaisante de son père, et le père lui-même, à mots couverts, met au point avec ses collaborateurs les prochains sabotages contre l'ennemi...

## PERLES DE LA COURONNE (LES)

1937 – France (105') • *Prod.* Tobis, Imperia-Film, Cinéas (Serge Sandberg) • *Réal.* SACHA GUITRY et CHRISTIAN-JAQUE • *Sc.* S. Guitry • *Phot.* Jules Kruger • *Mus.* Jean Françaix • *Déc.* Jean Périer • *Int.* Sacha Guitry (Jean Martin, François Ier, Barras, Napoléon III), Jacqueline Delubac (Françoise Martin, Marie Stuart, Joséphine de Beauharnais), Lynn Harding (Henry VIII, John Russell), Arletty (la reine d'Abyssinie), Jean-Louis Barrault (Bonaparte), Raimu (l'industriel marseillais), Dalio (le confident de la reine d'Abyssinie), Marguerite Moreno (Impératrice Eugénie, âgée), Raymonde Allain (Impératrice Eugénie, jeune), Pauline Carton (femme de chambre sur le « Normandie »), Enrico Glori (le camérier du pape), Ermete Zacconi (Clément VII), Barbara Shaw (Ann Boleyn), Robert Pizani (Talleyrand), Germaine Aussey (Gabrielle d'Estrées), Rosine Deréan (Catherine d'Aragon), Lisette Lanvin (l'amie de l'industriel), Yvette Pienne (la reine Victoria), Simone Renant (Madame Du Barry), Renée Saint-Cyr (Madeleine de la Tour d'Auvergne), Catalano (Spanelli).

L'écrivain Jean Martin raconte à sa femme l'histoire extraordinaire de sept perles fines absolument identiques. Quatre d'entre elles appartiennent à la couronne d'Angleterre dont elles ornent les arceaux. Comment y sont-elles parvenues ? François Ier destinait son fils à la jeune Catherine de Médicis, fille de Laurent de Médicis et d'une cousine du roi. Catherine était aussi la nièce du pape Clément VII. Pour écarter d'elle deux soupirants éventuels, il fit l'un cardinal à dix-huit ans, et envoya l'autre, Spanelli, chercher de par le monde cinq perles qui devaient être identiques en poids, en volume et en beauté aux deux qu'il lui confia. Spanelli trouva la première dans la bouche d'un pêcheur de perles du golfe Persique, la deuxième chez un marchand chinois, les deux suivantes aux oreilles de la cruelle reine d'Abyssinie qui l'avait pris comme amant. Quant à la dernière, c'est la Vierge d'une chapelle espagnole qu'il était allé prier qui la lui donna : la perle tomba de la couronne quand celle-ci inclina la tête. Il rentra en Italie où le pape, pour tout remerciement, le fit assassiner. Les sept perles furent alors données à Catherine à la veille de son mariage. Elle les remit beaucoup plus tard à Marie Stuart, l'épouse de son fils François dont Marie ne tarde pas à être la veuve. Quand elle est condamnée à avoir la tête tranchée sur ordre d'Élisabeth d'Angleterre, au moment même de l'exécution, trois voleurs s'emparent des sept perles. Dans la taverne où ils se réunissent pour les partager, deux voleurs se font prendre et quatre perles sont ainsi récupérées. Le troisième larron, le chef, réussit à s'enfuir avec trois perles. Trois siècles plus tard, la reine Victoria retrouve par hasard dans le double fond du coffre où Élisabeth les avait mises les quatre perles reprises aux voleurs. Elle les fait sertir sur la couronne d'Angleterre où elles sont restées jusqu'ici. Mais que sont devenues les trois autres perles ? Jean Martin ainsi qu'un aide de camp au service du roi d'Angleterre et un camérier du pape vont employer tous leurs efforts à les découvrir. Ils se rencontrent dans la fameuse taverne des voleurs et décident de s'associer. Ils se fixent rendez-vous dans ce même lieu et, quinze jours plus tard, chacun d'entre eux est fier d'apprendre aux deux autres qu'il a retrouvé la trace des perles. L'Italien raconte en premier ce qu'il a découvert. Le voleur voulut rendre une des perles. Dans cette intention, il s'engagea dans l'armée de Henri IV afin d'approcher le roi ; il ne put le faire que mourant, après une bataille, et donna alors la perle au souverain. Celui-ci la remit en dépôt sacré à Gabrielle d'Estrées. De siècle en siècle, passant de reines en maîtresses royales, elle aboutit dans les mains de la Du Barry à qui elle fut enlevée comme ses autres bijoux pendant la Révolution. Bonaparte, l'ayant achetée à un bijoutier, en fit cadeau à Joséphine de Beauharnais lors de son mariage express avec elle, juste avant de partir pour la campagne d'Italie. Mais en 1815, le cœur brisé, il confie la perle à la reine Hortense pour qu'elle la donne à son fils, le futur Napoléon III qui, une fois sur le trône, l'offrit à Eugénie. Celle-ci, en 1914, la remit au prêtre de la chapelle espagnole où Spanelli l'avait autrefois reçue de la Vierge. La vieille impératrice, venue prier pour que les soldats libèrent la France, souhaite que la perle vienne augmenter le trésor de la Vierge. Le prélat replace la perle sur la couronne de Marie où elle est encore. C'est au tour de l'Anglais de dire l'histoire de la deuxième perle, que le voleur perdit au jeu. Le gagnant l'offrit à sa bien-aimée. Et depuis, des générations de grands-mères la donnent à leurs petites-filles quand elles ont vingt ans. Il se trouve que la dernière grand-mère n'a qu'un petit-fils. Celui-ci reçoit la perle en don et la perd au jeu. Son partenaire s'aperçoit alors qu'elle est fausse et l'écrase. Jean Martin évoque maintenant le sort de la troisième perle. Ses différents propriétaires s'en servirent toujours pour se gagner les faveurs d'une belle. A commencer par le voleur. Mais les belles vieillissent parfois misérablement, et la cèdent alors pour manger. La perle aboutit dans les mains d'une descendante d'Agnès Sorel. Elle, qui avait durant sa jeunesse brisé tant de cœurs, en use pour s'offrir les faveurs d'un jeune Hongrois. De vieux amants en jeunes maîtresses, la perle finit à l'Hôtel Drouot où, de nos jours, un industriel marseillais l'achète. Il la destine à sa maîtresse comme cadeau d'adieu. La femme de Jean Martin, Françoise, a suivi l'acheteur. Elle est dans l'escalier quand celui-ci découvre l'infidélité de ladite maîtresse et décide alors de garder la bague, sans savoir qu'en faire. Il s'embarque sur le « Normandie » où Françoise le suit. Il lui fait la cour. Jean Martin, arrêtant là son récit, emmène ses deux associés à Southampton, escale du « Normandie ». A bord du paquebot, il leur présente sa femme et découvre alors que le Marseillais lui a fait cadeau de la perle. Furieux, il s'apprête à la rendre au monsieur avec une paire de claques quand – par mégarde – il la fait tomber à l'eau. Dans les grands fonds, la perle disparaît dans une huître qui se referme sur elle...

☞ Sortie au moment du couronnement de George VI en mai 1937, c'est la première fantaisie historique de Guitry écrite pour le cinéma. C'est aussi le film au budget le plus riche qu'il ait tourné avant *Si Versailles m'était conté* (1953) et, de tous ses films, c'est celui qui connut le succès le plus constant auprès du grand public, indépendamment des hauts et des bas de sa cote d'amour auprès de l'intelligentsia et des cinéphiles. *Les perles de la couronne* n'a pratiquement pas quitté les écrans pendant les vingt-cinq ans qui suivirent sa sortie. L'importance du budget et la variété des scènes expliquent sans doute que Guitry ait eu un conseiller technique, Christian-Jaque, qui signa le film comme coréalisateur. Guitry associe dans ses éloges et ses remerciements Christian-Jaque et le chef-opérateur Jules Kruger. Le film se caractérise par une invention foisonnante, débridée, délirante (séquences de la reine d'Abyssinie) et presque folle. En cela, Guitry est tout à fait en phase avec son environnement et son époque, le cinéma français des années 30, au sein duquel il occupe la situation paradoxale d'un leader, d'un chef de file très imité, mais aussi d'un marginal. Trois narrateurs, une multitude de personnages, un voyage de plusieurs siècles à travers l'Europe et le monde : tels sont les ingrédients du film. Sur le plan de la structure et du genre, *Les perles de la couronne* est une causerie, une narration plus ou moins chronologique, un conte, un cours d'histoire, un récit d'aventures, un vaudeville. Guitry s'ingénie à mélanger les tons et va jusqu'à donner au même comédien, à la même comédienne des rôles antithétiques (Jacqueline Delubac, par exemple, sera tour à tour une auditrice attentive et complice, une charmeuse, et la tragique Marie Stuart). Comme il ne cessera jamais de l'être, Guitry est frappé ici par la prédestination des êtres et les vicissitudes de leur destin, par les traces ineffaçables que certains laisseront sur le cours de l'Histoire. Sa fantaisie se déploie dans une invraisemblable variété de registres et engendre à l'infini digressions et parenthèses dont le cours jamais ne paraît lassant ou gratuit. Exemple : l'histoire de la perle de la couronne de la statue de Marie où une sorte de fatalité cyclique rend à la perle, après tant de détours, sa destination initiale. Voir aussi le cycle des grands-mères (toutes interprétées avec une extraordinaire cocasserie) faisant don d'une perle à leur petite-fille. Embrassant les siècles, Guitry voit l'enchevêtrement des destinées humaines – les plus anonymes et les plus célèbres – comme un vaste, un infini « roman d'amour et d'aventures » (titre du premier film écrit et interprété par lui en 1918) qui le plonge lui-même dans un abîme d'étonnement et de perplexité. Qui pourrait dénier à cette vision du monde un caractère hautement cinématographique ?

N.B. L'action se déroulant principalement dans trois pays (France, Angleterre, Italie), Guitry choisit des acteurs des trois nationalités et leur fit dire leur texte dans leur langue respective. Il utilise (rarement) les sous-titres, ou fait traduire le texte en langue étrangère par d'autres personnages, ou bien alors répète lui-même en français ce que venait de dire l'un d'entre eux (il en résulte à chaque fois des effets comiques très savoureux). A l'occasion de ce film, Guitry s'éleva contre le doublage avec fureur et indignation, prouvant une fois de plus la validité de ses options cinématographiques. « L'idée de faire *doubler* un grand acteur, écrit-il, est une idée de barbare – et c'est un crime en somme ! Et c'est un double crime, car c'est le commettre à l'égard du public, c'est méconnaître à la fois l'intelligence du public et la valeur réelle d'un comédien. (...) Quand je passe en auto sur une route et que je vois cette indication formelle fichée sur un poteau : " Défense de doubler", j'ai toujours envie de l'emporter et de la placer dans un studio. » (recueilli *in* Guitry : « Le cinéma et moi », Ramsay, 1984). Curieusement, malgré son succès, le texte des *Perles de la couronne* n'a jamais été publié. Il est vrai qu'en dépit de la vogue récente de Guitry auprès des éditeurs on est très loin de posséder une véritable édition de ses œuvres complètes.

## PETER IBBETSON (id.)

1935 – USA (85') • *Prod.* PAR. (Louis D. Lighton) • *Réal.* HENRY HATHAWAY • *Sc.* Constance Collier, Vincent Lawrence, Waldemar Young, John Meehan, Edwin Justus Mayer d'ap. R. de George Du Maurier et P. de Nathaniel Raphael • *Phot.* Charles Lang • *Mus.* Ernest Toch • *Int.* Gary Cooper (Peter Ibbetson), Ann Harding (Mary, duchesse de Towers), John Halliday (duc de Towers), Ida Lupino (Agnes), Douglas Dumbrille (colonel Forsythe), Virginia Weidler (Mimsie), Dickie Moore (Gogo), Donald Meek (Mr. Slade).

En 1850, à Paris, dans un quartier périphérique où séjournent plusieurs familles anglaises, deux enfants, Mary et Peter (surnommé Gogo), inséparables compagnons de jeu, doivent se dire adieu après la mort de la mère du garçon ; celui-ci est ramené par son oncle en Angleterre. Adulte, Peter Ibbetson, qui n'a jamais cessé d'être hanté par le souvenir de sa petite camarade de huit ans, est envoyé par le patron du bureau d'architecture où il travaille chez la duchesse de Towers. Elle lui demande de restaurer ses écuries, mais il préfère les reconstruire entièrement et c'est finalement son point de vue qui l'emporte. A sa grande surprise, il tombe amoureux de la duchesse et en arrive à oublier Mary quand il apprend que la duchesse n'est autre que son amour d'enfance. Le mari a deviné le lien qui les unit. Armé d'un revolver, il se précipite sur Peter qui l'assomme avec une chaise et le tue sans l'avoir voulu. Il est emprisonné à vie. Dans sa geôle, il est frappé par un codétenu lors d'une dispute puis par ses gardiens qui lui rompent le dos. Allongé, immobile, laissé pour mort, il entend la voix de Mary et la regarde s'approcher de lui. C'est un rêve qu'ils font ensemble. Elle lui promet une bague. Le lendemain, le docteur de la prison s'étonne qu'Ibbetson soit toujours en vie. Un envoyé de Mary apporte la bague. Peter et Mary font un deuxième rêve en commun et retournent dans la demeure où ils jouaient enfants. Peter montre à Mary un château qu'il a bâti pour elle au sommet d'une montagne, mais que la foudre abat. Beaucoup d'années ont passé. Peter vit toujours emprisonné. Dans le dernier rêve où Mary et Peter sont réunis, éternellement jeunes, elle lui dit qu'ils ne pourront pas se rencontrer toujours, puis elle disparaît. Elle est morte. Peter est maintenant seul dans la réalité et dans la vieillesse comme il l'est dans ses rêves. Un jour, il entend la voix de Mary, mais sans la voir. Elle lui dit qu'elle l'attend dans un monde d'une beauté indicible. Il meurt presque aussitôt.

☞ La première des grandes rêveries romantiques et fantastiques du cinéma hollywoodien à l'intérieur d'une lignée qui comprendra *The Ghost and Mrs. Muir**, *Rebecca**, *Portrait of Jennie**, etc. On peut s'étonner qu'elle émane de Hathaway, un cinéaste au style carré, spécialiste de la violence, peu enclin en général au romantisme. Mais cet éclectique réalisateur, réclamé par Gary Cooper en remplacement de Richard Wallace (cf. entretien *in* « Positif » n° 136) se prit au jeu et mit tout son talent à réussir ce qui était pour lui une gageure (et qu'il considéra toujours par la suite comme son meilleur film). Finalement, *Peter Ibbetson* n'est peut-être aussi achevé que parce qu'à l'origine il fut entrepris par un artiste aux qualités opposées à celles qu'on attendait. Hathaway a retiré à cette rêverie toute mollesse, tout vague à l'âme. Il lui a donné une rigidité élégante, un peu sèche, tant dans la structure du récit (quatre strophes nettement séparées et délimitées : l'enfance, partie la moins réussie ; les retrouvailles des deux adultes ; la prison et les rêves ; vieillesse et réunion dans la mort) que dans la direction d'acteurs et la plastique. Ce poème sans retouche, sans bavure aucune, s'est alors coulé dans le marbre et a pu ainsi défier le temps, non seulement par son sujet mais aussi par sa rigueur formelle. Dans sa sobriété, l'interprétation de Cooper est superbe de lyrisme et d'émotion contenus.

N.B. La Paramount avait déjà sorti une version du roman en 1921 (dirigée par George Fitzmaurice).

## PETIT A PETIT

1971 – France (version commerciale courte : 96', version longue : 245') • *Prod.* Les Films de la Pléiade (Pierre Braunberger) • *Réal.* JEAN ROUCH • *Sc.*

J. Rouch et ses interprètes • *Phot.* J. Rouch (Eastmancolor) • *Mus.* Ameloton Enos et Alhadji Doulsou • *Int.* Damouré Zika (Damouré), Lam Ibrahima Dia (Dia), Illo Gaoudel (Illo), Safi Fage (Safi), Ariane Bruneton (Ariane), Philippe Luzuy (le clochard), Tallou Mouzourane (Tallou), Moustapha Alasane (Moustapha), Marie (dactylo nigérienne).

Ire PARTIE : *Les lettres persanes* (81'). A Niamey, au Niger, Damouré, Lam et Illo ont créé une entreprise prospère d'import-export baptisée « Petit à Petit ». Pour augmenter le prestige de leur compagnie (et parce qu'ils ne savent que faire de leur argent), ils décident de construire un grand building (une maison à étages) à l'enseigne de « Petit à Petit ». Damouré se rend à Paris pour prendre contact avec un architecte mais aussi pour visiter la ville, étudier le comportement des habitants, voir comment ils travaillent et comment ils s'amusent. Tel un ethnologue, il interroge les gens dans la rue, prend leurs mesures, note le détail de leur costume et parfois même dénombre leurs dents malades. Lam le rejoint, car les nouvelles qu'il reçoit de Paris lui font craindre pour la santé mentale de son ami et associé. Rassuré sur son état, il arpente avec lui la capitale. Tous deux observent que les Parisiens sont tristes, que dans cette ville même les arbres sont prisonniers et que le bon air y fait cruellement défaut aux végétaux comme aux humains. A la terrasse des « Deux Magots », ils rencontrent une jeune fille dont Lam tombe immédiatement amoureux. Mais elle est vénale, cherche surtout à se faire offrir des cadeaux et au bout de quelques semaines entreprend de persuader Lam qu'elle est enceinte de ses œuvres. Devant pareil culot, Lam prend ses jambes à son cou.

IIe PARTIE : *Afrique-sur-Seine* (81'). Les deux associés vont voir leur architecte. Ils font une incursion en Italie dans un village (Alberobello) qui ressemble à l'Afrique, puis à New York où les gratte-ciel leur paraissent complètement fous. De retour à Paris, ils achètent un modèle unique de Bugatti pour cinq millions et demi de francs. Ils rencontrent une prostituée noire, Safi, qui se dit aussi mannequin. Elle devient leur amie. Dans une discothèque, ils font connaissance avec une dactylo parisienne, Ariane, qu'ils veulent engager et emmener à Niamey. Il lui font faire un essai. Sur les quais, Lam lie connaissance avec un clochard et l'invite à venir vivre avec lui à Niamey. Il persuade aussi Safi d'abandonner son métier. Damouré et Lam se rendent chez leur architecte qui leur donne le plan d'un building d'une dizaine d'étages. Les cinq amis quittent Paris.

IIIe PARTIE : *L'imagination au pouvoir* (83'). Dans la version courte, cette partie s'intitule « Paris-sur-Niger » et comprend un épilogue : « Le futur intérieur ». Damouré et Lam ont repris la direction de leurs affaires. La construction du building commence. Le clochard garde les troupeaux, vit dans une case et sert aussi de *boy* à Safi. C'est beaucoup pour lui. Safi sert occasionnellement de chauffeur mais passe le plus clair de son temps à se prélasser et à se baigner. Ariane travaille comme dactylo et est jalousée par une collègue noire beaucoup moins bien payée qu'elle. Damouré épouse Safi et Ariane qui deviennent ses épouses numéros 6 et 7. Cela n'empêche pas Ariane de continuer à travailler. Quant à Safi, elle essaie de fabriquer des robes pour les habitantes du lieu, mais elle n'a aucun succès et se dispute avec ses éventuelles clientes. Les deux femmes commencent à regretter Paris. Elles s'ennuient et décident de rentrer. L'ex-clochard fait de même. Vexé par ces abandons, Damouré se livre à son autocritique et s'accuse d'être un voleur. Lui et Lam revendent très cher ce qu'ils achètent bon marché : c'est pourquoi on ne les aime pas. Damouré décide d'abandonner l'entreprise « Petit à Petit ». Il reprend avec Lam la vie primitive. Ils vivront de la pêche, de la chasse ; Lam habitera une case et Damouré parcourra le pays à cheval, ivre de liberté. Les deux ex-associés se séparent et vont chacun leur chemin.

☞ Le contenu dramatique de la version courte de 96' (sortie à Paris en 1971) et de la version longue de 245' (programmée au Ciné-club d'Antenne 2 en 1985) est sensiblement identique, mais il est considérablement dilué et affaibli dans la version longue. La version courte est de loin la meilleure : la bouffonnerie y est pleine de tonus et le canular y possède les vertus concentrées de la fable. Pour interpréter cette fable, qui est aussi une farce et une improvisation picaresque, Rouch a choisi deux amis de toujours, Damouré Zika et Lam Ibrahima Dia, qu'il avait rencontrés lors de ses séjours en Afrique dans les années 40. Ils avaient déjà joué dans *Jaguar* (tourné en 54 et terminé en 67) et leurs personnages, ainsi que celui d'Illo Gaoudel, ouvraient à la fin du film un commerce. *Petit à Petit* est donc à sa façon une continuation de *Jaguar.* Et on reverra les deux compères, devenus marchands de poulets ambulants, dans le non moins picaresque *Cocorico, Monsieur Poulet* (1974). Plus que jamais ici, l'Afrique représente pour Jean Rouch un miroir cocasse et critique de l'Occident, en même temps qu'un remède à sa mélancolie et à son sérieux. Les deux héros renvoient aux Occidentaux une image caricaturale de leur société et de leur science, de leur ethnologie et de leur capitalisme. Dans sa facture et son ton, le film, comme la plupart des fictions de Jean Rouch, se veut un éloge d'un certain *désordre inspiré,* plus naturel et plus humain que l'ordre figé et conventionnel de nos sociétés ; un éloge aussi de la désinvolture, de la décontraction devant lesquelles les valeurs empesées et souvent impitoyables de la civilisation urbaine et industrielle s'effondrent dans un vide vertigineux. A la fin de l'histoire, les deux amis effectuent leur retour à la nature, à la vie primitive et ancestrale de leur peuple. Cette ultime pirouette est-elle la première étape d'une redécouverte par l'Afrique elle-même de son vrai visage et de sa vraie culture ? En tout cas, l'amateurisme cinématographique trouve dans *Petit à Petit* une expression limite, qui, en pulvérisant les méthodes du cinéma direct et du cinéma-vérité, rejoint la jubilation ludique, la liberté et l'ingénuité absolues des primitifs du cinéma, et notamment des premiers burlesques muets.

BIBLIO. : scénario et dialogues de la version courte *in* « L'Avant-Scène » nº 123 (1972).

## PETITE BOUTIQUE DES HORREURS (LA)
### (The Little Shop of Horrors)

1960 – USA (70') (sortie en France : 1970) • *Prod.* Filmgroup (Roger Corman) • *Réal.* ROGER CORMAN • *Sc.* Charles B. Griffith • *Phot.* Archie Dalzell • *Mus.* Fred Katz • *Int.* Jonathan Haze (Seymour Krelboined), Jackie Joseph (Audrey), Mel Welles (Mushnik), Jack Nicholson (le client du dentiste), Myrtle Vail (Winifred), Leola Wendorf (Mrs. Shiva), Dick Miller (Fouch).

Vendeur chez un fleuriste de Skid Row, le jeune Seymour Krelboined, maladroit et timide, est constamment sur le point d'être renvoyé. S'il reste au magasin, c'est grâce à la plante mystérieuse qu'il a fait pousser à partir d'une semence achetée chez un jardinier japonais. Selon un client, la plante devrait attirer dans la boutique bon nombre de curieux et d'acheteurs potentiels. Malheureusement pour Seymour, sa plante dépérit. Il s'aperçoit un jour qu'une goutte de sang (il s'était piqué au doigt) la réjouit et qu'elle en redemande. Le lendemain, elle a beaucoup poussé. Elle est si spectaculaire que les passants accourent. Les dix doigts de Seymour n'y suffisent plus. La plante s'enhardit et crie à l'intention du jeune homme : « Feed me » (nourris-moi), quand elle a faim. Seymour trouve encore une goutte de sang à l'un de ses doigts : « Feed me more », réclame la plante insatiable. Étant allé se promener la nuit pour réfléchir à ce qui lui arrive, Seymour est cause, sans le vouloir, qu'un homme se fait écraser par un train. Il nourrit la plante avec les pieds et les mains du malheureux. Le patron assiste par hasard à ce spectacle. Il en est estomaqué mais ne dit mot, par crainte de perdre sa clientèle. La plante mesure maintenant deux mètres au moins. Seymour se dispute avec son dentiste et l'occit sans préméditation. Il place son cadavre entre les mâchoires de la plante qui l'engloutit et pousse un rot de satisfaction. Sa taille a encore augmenté et elle touche le plafond. Alors que Seymour est de sortie avec une jeune collègue séduite par ses talents de botaniste, le patron reste au magasin pour surveiller la plante. « Nourris-moi. J'ai faim. » s'écrie-t-elle. Survient alors un cambrioleur armé. Le patron lui dit que l'argent est caché à l'intérieur de la plante. Le voleur met sa tête entre les mâchoires de celle-ci et disparaît. Quand Seymour rentre et refuse catégoriquement de lui apporter encore de la nourriture, la plante l'hypnotise et lui ordonne d'aller en chercher. Seymour ramène une prostituée et la donne en pâture à la plante. Lors de la cérémonie au cours de laquelle Seymour reçoit le trophée annuel de botanique, la plante ouvre largement ses fleurs qui laissent apparaître les visages des victimes qu'elle a dévorées. La police poursuit Seymour à travers la ville. Il lui échappe et revient à la boutique. Armé d'un couteau, il pénètre dans la plante. Elle ne fera de lui qu'une bouchée.

☞ Deuxième film entièrement comique de Roger Corman après *A Bucket of Blood* (1959), *La petite boutique des horreurs,* variation originale sur le thème de la plante carnivore, est devenue à juste titre un film mythique. Chaque fois qu'il le pouvait, Corman avait fait preuve d'humour, occasionnellement, dans ses films. Ici, il s'en donne à cœur joie et le film vaut surtout par cette recherche et ce triomphe d'un humour burlesque spécifiquement fantastique. Si *A Bucket of Blood,* œuvre également très réussie, empruntait beaucoup à la satire (satire du snobisme et des attitudes « beatnik » de Greenwich Village), ici, à part quelques traits d'humour juif dans la caractérisation des personnages, c'est la plante qui est la véritable héroïne du film, sa principale attraction et la source majeure de son humour. Son goût du sang, sa voracité insatiable, sa voix perçante et autoritaire (celle en fait du scénariste Charles B. Griffith) font d'elle un de ces personnages qu'on n'oublie pas parmi les monstres du cinéma fantastique des années 50 et 60. (Mentionnons aussi la composition savoureuse de Jack Nicholson dans le rôle du patient masochiste qui adore les tortures que lui inflige son dentiste.) Selon Corman, le film fut tourné en deux jours et une nuit, de manière à profiter d'un décor de boutique qu'on lui avait proposé. Cette rapidité (à laquelle le réalisateur était habitué) a sans doute contribué pour beaucoup à la jeunesse, à l'inventivité, à la cohérence et, bien entendu, à la brièveté de cette farce qui a été écrite et filmée d'un trait, sans hésitation ni remords.

N.B. On tira du film une comédie musicale à succès, puis de cette comédie un autre film (portant le même titre) réalisé par Frank Oz (1986). Il est complètement raté, à part la création, très spectaculaire, de la plante.

BIBLIO. : « *The Little Shop of Horrors* Book » par John McCarty et Mark Thomas McGee, New York, St Martin's Press, 1988 (histoire sommaire du film original, de la comédie musicale et du remake).

## PETITE PRINCESSE (LA)
### (The Little Princess)

1939 – USA (91') • *Prod.* Fox (Darryl F. Zanuck) • *Réal.* WALTER LANG • *Sc.* Ethel Hill, Walter Ferris d'ap. R. de France Hodgson Burnett • *Phot.* Arthur Miller et William Skall (Technicolor) • *Mus.* Louis Silvers • *Int.* Shirley Temple (Sara Crewe), Richard Greene (Geoffrey Hamilton), Anita Louise (Rose), Ian Hunter (Capitaine Crewe), Cesar Romero (Ram Dass), Arthur Treacher (Bertie Minchin), Beryl Mercer (la reine Victoria).

Angleterre, 1895. Un officier de l'armée des Indes doit partir combattre au Transvaal. Veuf, il confie sa fillette Sara, qu'il n'a jamais quittée, à une institution réputée. Quelque temps plus tard, Sara apprend la mort de son père, mais refuse d'y croire. Comme il n'a pas laissé d'argent, Sara, de pensionnaire choyée qu'elle était, devient la domestique de ses camarades. Elle se rend plusieurs fois à l'hôpital militaire voir si son père ne figure pas parmi les blessés nouvellement arrivés. Lors de la visite de la reine Victoria à cet hôpital, son obstination et sa foi sont récompensées : elle retrouve son père, traumatisé, qui ne cesse de répéter son nom. Elle réussit, en l'embrassant, à se faire reconnaître de lui.

☞ Adaptation du célèbre roman pour enfants de Frances Hodgson Burnett, l'auteur du « Petit Lord Fauntleroy ». Premier des deux films de Shirley Temple en Technicolor, procédé utilisé seulement depuis quatre ans. On peut s'étonner que la couleur ait été choisie pour l'une des intrigues les plus mélodramatiques où paraît Shirley Temple. Mais même dans les teintes sombres (ex. la séquence où Shirley court la nuit vers l'hôpital), le Technicolor fait merveille. On peut regretter que ce mélodrame, situé dans une atmosphère qui aurait pu être aisément « dickensienne », n'ait pas été poussé un peu plus loin, et que ce conte à la Cendrillon soit resté – sans doute par précaution commerciale – aussi mièvre de ton. Tous les personnages secondaires (et notamment le couple du professeur et de la surveillante dont Shirley favorise les amours) sont falots. L'intégration des numéros musicaux est maladroite (brefs intermèdes dansés avec Arthur Treacher). Même le grand numéro onirique – Shirley se rêvant princesse et regardant son double participer à un ballet classique – n'est guère convaincant. Il ne vaut que par l'abstraction des décors et un joli contraste des blancs et des bleus. Mais Shirley Temple, capable de tout jouer, est parfaitement à l'aise dans les scènes les plus dramatiques. On a dit que la Fox, grâce à ce film, aurait voulu rivaliser avec *Le magicien d'Oz** de la Metro. Malgré l'atout que représente la présence de Shirley Temple, elle était loin de compte !

## PETITES DU QUAI AUX FLEURS (LES)

1943 – France (92') • *Prod.* CIMEP • *Réal.* MARC ALLÉGRET • *Sc.* Jean Aurenche, Marcel Achard • *Phot.* Henri Alekan • *Mus.* Jacques Ibert • *Int.* Odette Joyeux (Rosine), Louis Jourdan (Francis), Bernard Blier (le Dr Bertrand), André Lefaur (Frédéric Grimaud), Marcelle Praince (Mme d'Aiguebelle), Simone Sylvestre (Édith), Danièle Delorme (Bérénice), Colette Richard (Indiana), Jacques Dynam (Paulo), Gérard Philipe (Jérôme Hardy), Jane Marken (Mme Chaussin).

Un vieux libraire, abandonné par sa femme, vit avec ses quatre filles. L'une d'entre elles, Rosine, aime d'un amour désespéré Francis, le fiancé de l'aînée de la famille, Édith. Afin de gagner le coeur de Francis, elle projette de simuler un suicide mais a tout préparé pour faire une fugue. Ses ruses, ses enfantillages, son vrai chagrin mettent la maison sens dessus dessous. Le calme reviendra grâce à un brave homme de médecin, amoureux d'Édith, qui joue les terre-neuve et saura raccommoder tous ces cœurs brisés, à l'exception du sien.

☞ Ce que Marc Allégret avait plus ou moins raté dans *Entrée des artistes** au profit d'une évocation quasi documentaire du monde des apprentis comédiens, il le réussit à merveille ici. Toute l'action consiste en un imbroglio sentimental entre sept ou huit jeunes gens décrits avec humour et émotion dans un style cruel et tendre qui se veut proche de Musset et n'est pas cette fois indigne du modèle. L'interprétation est superbe : Marc Allégret découvre et donne du talent à tout le monde. Comme tant d'autres acteurs, Gérard Philipe et Danièle Delorme font devant sa caméra leur première apparition significative. Par ailleurs, Marcel Achard n'a jamais rien écrit de meilleur pour le cinématographe que cette comédie si inventive dans ses demi-teintes.

## PETIT MONDE DE DON CAMILLO (LE)

1952 – Franco-italien (118') • *Prod.* Francinex, Rizzoli-Amato • *Réal.* JULIEN DUVIVIER • *Sc.* J. Duvivier, R. Barjavel d'ap. R. de Giovanni Guareschi • *Phot.* Nicolas Hayer • *Mus.* Aldo Cicognini • *Int.* Fernandel (Don Camillo), Gino Cervi (Peppone), Sylvie (Mme Cristina), Vera Talchi (Gina), Franco Interlenghi (Mariolino), Charles Vissières (l'évêque), Luciano Manara (Filotti) et la voix de Jean Debucourt (le Christ).

Fin du printemps 1946 dans un petit village du Nord de l'Italie. Les Rouges ont remporté la majorité au conseil municipal. Pour couvrir les discours des vainqueurs massés sur la place autour du maire communiste Peppone, le curé Don Camillo fait sonner à toute volée les cloches de son église. Le même jour, Peppone apprend qu'il a un rejeton de plus. Don Camillo refuse de le baptiser car son père veut l'appeler Lénine. Mais Jésus avec qui Don Camillo a de fréquentes conversations, pas toujours tendres pour son amour-propre, lui ordonne de faire ce que son devoir exige. Don Camillo baptisera donc l'enfant du maire que ce dernier veut maintenant prénommer Camillo. Peppone, pour la première fois depuis 1918, se confesse : c'est lui qui, une certaine nuit, a flanqué une rossée au curé à l'aide d'une bûche. Don Camillo se calme l'esprit en bottant les fesses de son adversaire agenouillé pour prier. La première pierre de la Maison du Peuple, projet qui fait pâlir d'envie Don Camillo, est posée. Le curé découvre que l'argent qui servira à la bâtir provient d'un trésor de guerre gagné au temps du maquis. Il s'élève à dix millions de lires et Don Camillo, pour prix de son silence, en exigera trois afin d'édifier sa cité-jardin. Le chômage sévit durement dans la région. Peppone veut taxer les propriétaires terriens et se heurte à un refus catégorique. Il déclenche alors la grève des ouvriers agricoles. On ne nourrit plus, on ne trait plus les vaches qui hurlent à la mort. Don Camillo donne tort aux propriétaires, trop égoïstes. Clandestinement, il va avec Peppone soigner les vaches durant la nuit. Les ouvriers devront céder. Chaque année a lieu une procession religieuse en direction du fleuve dont les eaux ont autrefois ravagé la région et englouti une église. Don Camillo a refusé aux Rouges la permission de défiler avec leur drapeau. Ceux-ci ont alors dissuadé par la menace la population de participer au cortège et Don Camillo se retrouve seul à transporter le lourd Christ en bois jusqu'au fleuve. Un match de football oppose ensuite l'équipe du curé à celle de Peppone, laquelle l'emportera à cause d'une décision favorable de l'arbitre. Poursuivi, ce dernier se réfugie à l'église où Don Camillo lui fait avouer qu'il a reçu des Rouges une somme plus forte que celle que lui-même lui avait donnée. La vieille institutrice catholique du village a exigé en mourant que son cercueil soit recouvert du drapeau royal. Peppone fera droit à sa requête. Mariolino et Gina, amis d'enfance, amoureux depuis toujours, sont fils et fille de familles ennemies. Ne pouvant se marier, car Gina est mineure et doit produire l'autorisation de ses parents, les jeunes gens décident de se noyer ensemble près de l'église engloutie. Ils en sont empêchés par le curé qui leur promet que l'évêque les mariera. Ce dernier, en venant au village, fera d'une pierre trois coups : il inaugurera la cité-jardin de Don Camillo, félicitera les partisans de Peppone pour leur magnifique Maison du Peuple et mariera les jeunes gens. A la foire, Don Camillo, fâché qu'on se complaise à abattre son effigie dans un jeu de massacre, déclenche une bagarre générale. Ce n'est pas la première manifestation publique de son caractère emporté. Mais cette fois la coupe est pleine et l'irascible curé est muté. A nouveau, les partisans de Peppone ont menacé de violence tous ceux qui viendraient assister à son départ et l'accompagner à la gare. Don Camillo monte dans le train, solitaire et presque désespéré. Mais au premier arrêt, ses ouailles, chorale en tête, emplissent son compartiment de cadeaux et au deuxième arrêt, les Rouges, Peppone et la fanfare sont là pour lui souhaiter de revenir bientôt.

☞ Voir commentaire au film *Le retour de Don Camillo.*

## PETIT PROF (LE)

1958 – France (88') • *Prod.* Films Marceau (Edmond Ténoudji) • *Réal.* CARLO RIM • *Sc.* Carlo Rim, Pascal Jardin • *Phot.* Nicolas Hayer • *Mus.* André Popp • *Int.* Darry Cowl (Jérôme Aubin), Béatrice Altariba (Françoise), Yves Robert (Dr Aubin), Christiane Barry (Mme Aubin), René Blancard (Boulard), Mathilde Casadesus (Mme Boulard), Georges Chamarat (l'adjudant Valentin), Rosy Varte (Mme Léa), Francis Blanche (le surveillant général), Jacques Dufilho (le chef de service de l'état civil), Edmond Beauchamp (le grand-père).

Biographie d'un Français moyen, né en 1925, l'année du pacte de Locarno, adolescent sous l'Occupation, conscrit peu après la Libération et enfin professeur de lycée.

☞ Dernier film de Carlo Rim. Son esprit se rattache à la fois à la comédie cynique de l'avant-guerre où l'auteur s'illustra comme scénariste (cf. certaines séquences et une forme de narration qui rappellent de loin *Le roman d'un tricheur**) et la gentillesse bon enfant des comédies d'après-guerre, style *Papa, maman, la bonne et moi.* Invention relativement riche mais qui a du mal à se placer dans une oeuvre bancale : l'époque aidant, c'est le deuxième aspect qui finit par l'emporter. Historiquement, le film, déjà désuet à sa date, est significatif de deux formes de comique (le cynisme et la gentillesse) qui allaient disparaître l'une et l'autre avec l'arrivée de la Nouvelle Vague.

## PEUR (LA)
### (Angst/La paura)

1954 – Italo-allemand (91') • *Prod.* Ariston Film (Munich) – Aniene Film (Rome) • *Réal.* ROBERTO ROSSELLINI • *Sc.* R. Rossellini, Sergio Amidei, Franz Graf Treuberg d'ap. le récit « Die Angst » de Stefan Zweig • *Phot.* Luigi Filippo Carta • *Mus.* Renzo Rossellini • *Int.* Ingrid Bergman (Irène Wagner), Mathias Wiemann (Albert Wagner), Renate Mannhardt (Johanna Schultze/Luisa Vidor), Kurt Kreuger (Heinrich Stola), Elise Aulinger (Martha).

Irène Wagner, épouse du directeur d'une usine de produits pharmaceutiques, met fin à sa liaison avec son jeune amant, quand une ancienne maîtresse de celui-ci apparaît pour la faire chanter. Irène lui donne une forte somme d'argent et croit s'être débarrassée d'elle, mais celle-ci fait une nouvelle apparition un soir qu'elle est dans sa loge à l'Opéra avec son mari. Profitant d'un moment d'absence du mari, elle dérobe à Irène sa bague. Le mari s'aperçoit de la disparition du bijou et interroge sa femme qui essaie de se justifier par des mensonges. Il la voit bouleversée et voudrait qu'elle lui parle. En fait c'est lui qui a mis sur pied cette comédie du chantage et a poussé la femme à réclamer de l'argent à Irène. Il espérait ainsi la faire sortir de son silence et l'amener à obtenir de lui son pardon. Il demande à la femme d'exiger d'Irène une énorme somme d'argent pour restituer le bijou. Lors d'un rendez-vous qu'elle a fixé à Irène dans un cabaret, la femme jugeant la machination trop cruelle lui avoue la vérité. Irène est bouleversée par l'attitude de son mari à son égard, qu'elle juge plus affreuse encore et plus difficile à supporter que sa propre honte et ses remords. Elle s'apprête à s'injecter un poison dans le laboratoire de l'usine quand son mari survient. Il la supplie de le pardonner. « Je t'aime », répond Irène.

☞ Dernier des cinq longs métrages de Rossellini avec Ingrid Bergman. D'une certaine façon, c'est aussi le dernier grand chef-d'œuvre de l'auteur, aboutissement d'une série où il aura poussé plus loin qu'aucun autre cinéaste l'exploration de l'âme de ses personnages, en relation avec leur milieu extérieur. Application stricte des principes du néo-réalisme (il s'agit toujours selon les propres termes de Rossellini « de suivre un être avec amour, dans toutes ses découvertes, ses impressions, etc. »), l'intrigue de *La peur* réconcilie la notion d'épure, basée ici sur le refus du sentimentalisme et des péripéties extérieures, avec la notion d'incarnation, au sens catholique du terme. Pour Rossellini, les formes de l'art n'ont d'autre raison d'être que d'épouser le plus intimement possible les mouvements intérieurs et secrets des personnages. *La peur* est à coup sûr le film le plus intimiste de cette série intimiste. N'ayant pas l'aspect cosmique ou tellurique de *Stromboli**, ne songeant pas à dresser un bilan de société comme dans *Europe 51** ou à orchestrer, fût-ce en mineur, le choc permanent de deux civilisations comme dans *Voyage en Italie**, le film vise seulement à faire pénétrer le spectateur dans le huis-clos glacé de deux âmes qui ont cessé de communiquer, coupables l'une comme l'autre de cette rupture qui leur est fatale à toutes deux. L'accompagnement méticuleusement néo-réaliste du personnage d'Irène s'enrichit, de façon musicale, de deux métaphores : celle, mineure, de la relation avec les enfants (où le père manifeste déjà un besoin quasi obsessionnel de forcer l'aveu chez autrui) et celle, tout à fait majeure, de l'expérimentation scientifique poussée jusqu'aux limites de la vie et de la mort. Cette deuxième métaphore invite à considérer Irène comme le cobaye de son mari. Et si Rossellini, dont le propos n'est pas de juger mais plutôt d'absoudre ses deux personnages, semble plus sévère avec le mari, c'est que précisément, initiateur d'une expérience dont le sujet est sa femme, il a cessé de la considérer comme son égale. Depuis longtemps, il a adopté sur elle le point de vue du juge, le point de vue de Dieu. Péché qui serait presque mortel (le serait au moins dans ses conséquences) si le miracle final, semblable à celui de *Voyage en Italie**, ne venait mettre fin à l'expérience et abattre le mur de silence séparant les deux protagonistes. La critique, surtout en Italie, accueillit le film avec une rare férocité. On alla jusqu'à recommander à Bergman et à Rossellini de se retirer dans un digne silence. Rossellini, un moment, fut tenté de suivre ce conseil. Quelle que soit la curiosité passionnée dont il fit preuve par la suite pour toutes sortes de sujets et d'expériences cinématographiques, la part essentielle de son œuvre s'arrête ici.

N.B. Il existe selon les pays et en Italie même plusieurs montages et plusieurs fins du film. Lors de sa ressortie italienne (sous le titre *Non credo più all'amore*, 75'), il arriva à *La peur* la même mésaventure qu'à *Stromboli** dans sa version américaine : le dénouement est tronqué et un commentaire *off*, surajouté, crée une sorte de happy end artificiel (Irène revient à ses enfants mais abandonne son mari). Autre adaptation du roman de Stefan Zweig (dans un tout autre contexte, romanesque et mélodramatique) par Victor Tourjansky (France, 1936) avec Gaby Morlay et Charles Vanel. Le film est connu sous deux titres *La peur* et *Vertige d'un soir*.

## PHANTOM LIGHT (THE)

Inédit en France. 1935 – Angleterre (76') • *Prod.* Gaumont British (Jerome Jackson) • *Réal.* MICHAEL POWELL • *Sc.* Ralph Smart, Jefferson Farjeon, Austin Melford d'ap. P. de Evadne Price, Joan Roy Byford. • *Phot.* Roy Kellino • *Mus.* Louis Levy • *Int.* Binnie Hale (Alice Bright), Gordon Harker (Sam Higgins), Ian Hunter (Jim Pierce), Donald Calthrop (David Owen), Milton Rosmer (Dr Carey), Reginald Tate (Tom Evans), Mickey Brantford (Bob Peters).

Au large de la côte galloise, une bande d'escrocs amène les bateaux à s'écraser contre les rochers afin de pouvoir piller les épaves et égarer les compagnies d'assurances.

☞ La médiocrité de l'intrigue policière (tirée d'une pièce) ne doit pas cacher les mérites de la mise en scène qui sont de l'ordre de la poésie et de l'insolite. Powell utilise à fond les ressources que lui offre la localisation de son intrigue, tant sur le plan linguistique (les Gallois s'expriment ici dans leur langue, étrangère à la plupart des Anglais) que sur le plan visuel. Le phare, lieu central du récit, offre en effet à la mise en scène un magnifique lieu clos aux possibilités expressives ambivalentes et multiples. Powell les exploite avec jubilation. Le phare apparaît tour à tour comme une machine scientifique bienfaisante à l'homme, comme une construction architecturale baroque et cauchemardesque, comme une prison isolée au milieu d'un univers nocturne et mystérieux aux limites indéfinissables. Le travail concret de Powell vise à faire décoller au maximum l'intrigue afin qu'elle s'élance et aille se perdre, au plus loin du réalisme, dans les domaines enchantés du rêve et du fantastique. En ce sens, cette commande ingrate, transformée par Powell en exercice de style souvent brillant, annonce bien, malgré les défauts du scénario et de l'interprétation, la tonalité ultérieure des grandes œuvres de l'auteur.

N.B. Ce film est le 17e des 24 « quota quickies » tourné par Powell. Sur cet aspect de son œuvre, voir la notice de *Crown Versus Stevens*.

## PHARAON
**(Faraon)**

1966 – Pologne (180') • *Prod.* Ensemble Kadr • *Real.* JERZY KAWALEROWICZ • *Sc.* Tadeusz Konwicki et J.

Kawalerowicz d'ap. R. de Boleslaw Prus • *Phot.* Jerzy Wojcik (Eastmancolor) • *Mus.* Adam Walacinski • *Int.* Jerzy Zelnick (Ramsès XIII), Piotr Pawloski (Herhor), Leszek Herdegen (Pentuer), Jerzy Buczacki (Tutmosis), Stanislaw Milski (Memphres), Wieslawa Mazurkiewicz (Nikotris), Krystyna Mikolajewska (Sarah).

Parvenu au pouvoir, le jeune Ramsès XIII se heurte à la puissance des prêtres qui l'avaient déjà manœuvré du vivant de son père. Connaissant la date de la prochaine éclipse, les prêtres annoncent au peuple l'apparition du dieu Osiris et renforcent ainsi leur autorité. Le jeune pharaon est assassiné et l'armée n'a plus qu'à s'incliner une nouvelle fois devant eux.

☞ Disposant d'un budget imposant, Kawalerowicz n'a pas voulu faire un film spectaculaire de plus sur l'ancienne Égypte. Son intention a été de bâtir une tragédie politique et shakespearienne fondée sur le conflit entre pouvoir religieux et pouvoir civil. Le film montre l'échec historique d'un pouvoir cherchant à s'affranchir de toute tutelle religieuse. Il dénonce aussi l'appropriation séculaire du savoir par le clergé qui l'utilise pour consolider sa puissance. S'il a eu les moyens de son ambition, Kawalerowicz a souvent manqué de profondeur. La politique efface trop les autres aspects de la vie égyptienne, et le récit s'en trouve appauvri. En tant que strictement politique, l'intrigue manque de personnages au relief puissant et sacrifie souvent à un romanesque de mauvais aloi. La splendeur des images tend à élargir le débat et à lui donner une sorte de retentissement cosmique qui masque en partie la superficialité de la réflexion de l'auteur.

## PICKPOCKET

1959 – France (75') • *Prod.* Lux (Agnès Delahaie) • *Réal.* ROBERT BRESSON • *Sc.* R. Bresson • *Phot.* Léonce-Henri Burel • *Mus.* Jean-Baptiste Lulli • *Déc.* Pierre Charbonnier • *Int.* Martin Lassalle (Michel), Marika Green (Jeanne), Pierre Leymarie (Jacques), Jean Pelegri (le commissaire), Kassagi (le premier complice), Pierre Étaix (le deuxième complice), Dolly Scal (la mère de Michel).

Michel, jeune intellectuel parisien sans profession, a pris la résolution de voler. Il relate ses expériences dans un journal intime. Sur un champ de courses, il vole de l'argent dans le sac d'une femme. Sortant de l'hippodrome, il est arrêté. Faute de preuves, le commissaire le relâche. Il se rend chez sa mère et, sans vouloir rentrer dans l'appartement, donne de l'argent pour elle à une jeune voisine, Jeanne. Dans son café habituel, il retrouve son ami Jacques à qui il demande des adresses pour un travail. Le commissaire fréquente aussi ce café. Michel lui expose une théorie qui lui est chère et selon laquelle certains êtres supérieurs devraient disposer du droit de se mettre au-dessus des lois – « C'est le monde à l'envers », dit le commissaire. – « Puisqu'il est déjà à l'envers, cela risque de le remettre à l'endroit », répond Michel. Dans un wagon de métro, il contemple un pickpocket en action. Il répétera chez lui les gestes qu'il lui a vu faire. Il commet dans un wagon son deuxième vol. Le vertige que lui cause sa réussite l'amène à récidiver pendant plusieurs mois sur différentes lignes. Une fois, il est obligé de rendre un portefeuille à sa victime. Jeanne vient lui dire que sa mère est malade. Il envoie Jacques chez elle. Un homme suit Michel dans la rue. Michel deviendra l'élève et le complice de cet homme. L'homme lui explique ses « tours » dans un café. « Il me les donna sans hésiter et de la meilleure grâce du monde », dit Michel qui apprend à assouplir ses doigts par des exercices et à cultiver ses réflexes en jouant au billard électrique. Il trouve chez lui un mot de Jeanne : elle lui apprend que sa mère est gravement malade. Il se rend à son chevet. Elle sait qu'elle est perdue. « Nous allons nous quitter », lui dit-elle, confiante que l'intelligence de son fils l'aidera à triompher de tout. Après l'enterrement, Jeanne aide Michel à déménager quelques affaires chez lui. Dans une banque, Michel exerce ses talents avec son complice. Ils partagent l'argent au café en jouant aux cartes. Le complice annonce alors à Michel la participation à leurs activités d'un troisième homme, qui apparaît silencieusement comme une ombre. Jacques emprunte à Michel le livre de Barrington « The Prince of Pickpockets ». Au café, le commissaire invite Michel à venir lui rendre visite à son bureau avec ce livre. Par défi, Michel accepte. Au sortir de l'entrevue au commissariat, il se rend compte que c'était un piège qu'on lui avait tendu pour pouvoir visiter son appartement en son absence. Il vole la montre d'un passant grâce à un « tour » difficile à exécuter et qu'il a répété longuement chez lui. Au cours d'une sortie dominicale avec Jacques et Jeanne, celle-ci dit à Michel : « Vous n'êtes pas dans la vie réelle. Vous ne vous intéressez à rien de ce qui intéresse les autres. » Il leur fausse compagnie, attiré par la montre d'un passant. Il rentre chez lui, blessé à la main. Il conseille à Jacques, amoureux de Jeanne, de lui faire des cadeaux. Dans une gare, Michel et ses deux complices exécutent des « tours » de plus en plus audacieux. Leur collaboration fonctionne à merveille. Ils vont jusqu'à remettre dans la poche de l'une de leurs victimes son portefeuille, après l'avoir vidé de ses billets. Jacques avertit Michel que Jeanne a été convoquée par le commissaire. Peu après, dans la même gare, Michel voit ses deux complices arrêtés. Le commissaire lui rend visite. Il lui parle d'une plainte retirée concernant un vol d'argent dont avait été victime chez elle une vieille dame. Le fils de la dame avait été arrêté sur un champ de courses, puis relâché. « Je voulais vous ouvrir les yeux », dit le commissaire avant de partir. Michel parle à Jeanne de la plainte retirée. « Comment avez-vous pu ? dit-elle. Il n'y a rien de plus laid. Vous ne le saviez pas ? » A la fin de l'entretien, elle tombe dans ses bras. Il va à la gare et prend le train pour Milan. Il passera ensuite deux ans en Angleterre, faisant de nombreux coups et dépensant aussitôt l'argent. De retour à Paris, il trouve Jeanne seule, avec un enfant. Jacques, le père de l'enfant, les a abandonnés. Elle ne voulait d'ailleurs pas se marier avec lui, ne l'aimant pas assez pour cela. Michel veut s'occuper d'eux. Il trouve un travail et porte sa paie à Jeanne. Sur un champ de courses, un ami de rencontre lui montre ses gains. Michel ne résiste pas à la tentation de le voler. L'homme lui met les menottes aux mains. Jeanne vient voir Michel en prison. Il lui dit que la prison l'indiffère mais que l'idée qu'il s'est laissé prendre lui est insupportable. Il pense à se suicider mais une lettre de Jeanne lui fait battre le cœur. Elle revient le voir. A travers les barreaux, il lui embrasse le front, elle lui embrasse les mains. « O Jeanne, pour aller jusqu'à toi, quel drôle de chemin il m'a fallu prendre ! »

☞ Très lointainement inspiré de « Crime et châtiment », c'est ici le sommet de l'œuvre de Bresson, un film limpide et mystérieux, évident et secret, un joyau du cinéma français. Non seulement son contenu, mais son sujet semblent laissés à la libre interprétation du spectateur. Pour nous, le vol est ici la métaphore de toutes activités accomplies hors et contre la société, de toutes formes d'énergie qui, ne servant pas la société, la nient. (*Pickpocket* pourrait être tout aussi bien, par exemple, un film sur la drague homosexuelle ou sur la passion du jeu.) Ne trouvant de justification qu'en elles-mêmes, ces activités ont un fort coefficient ludique. S'y ajoutent, dans la description donnée ici par Bresson, une passion, une virtuosité, une clandestinité, un sentiment de danger qui sont sources de plaisir à la fois pour qui les accomplit et pour qui les regarde. *Pickpocket* aurait pu emprunter son titre au film d'Ophuls tiré de Maupassant. Autre caractéristique de ces activités : elles ont lieu pour celui qui les accomplit, et même quand elles nécessitent des partenaires, dans une totale solitude, qui assimile parfois Michel à un héros de western, grisé jusqu'au vertige d'être seul à travers l'immensité des territoires qu'il parcourt. Libre interprétation du spectateur aussi en ce qui concerne le dénouement (c'est-à-dire tout ce qui prend place après le retour d'Angleterre auquel Bresson a voulu donner une sorte d'irréalisme, ou d'éternité, en montrant

Michel dans le même costume qu'avant son départ). On peut considérer ce dénouement comme un aboutissement spirituel de l'itinéraire vécu par Michel (aboutissement qui nie tout ce qu'il a été auparavant). Ou au contraire comme une convention, pareille à celle qui clôt certains romans licencieux où les personnages, après leurs débordements, rentrent ou feignent de rentrer dans l'ordre. Ici, Michel change radicalement, meurt à ce qu'il a été. Est-ce un leurre ou la découverte de sa vérité ? Au fond, peu importe, puisque c'est à ce moment-là que le rideau tombe et que l'œuvre est achevée. Bresson réutilise en l'épurant le mode de narration du *Journal d'un curé de campagne** : un journal lu et écrit (parfois lu seulement) par le héros et qui fragmente l'action en petites unités refermées sur elles-mêmes, lesquelles composent une temporalité spécifique, très éloignée du temps « réel » où vivent la société et le reste de l'humanité. Cette temporalité reflète aussi le temps tel qu'on le vit quand on est dans une totale solitude, proche du mysticisme ou de la folie. Le journal du curé de campagne s'adressait à Dieu, celui de Michel s'adresse au spectateur, obligé par cette ruse suprême de pénétrer dans son intimité et de devenir un peu lui. Somptueuse et jubilatoire, la musique de Lulli n'est pas *posée* sur le film, elle émane de lui comme celle de Vivaldi émane du *Carrosse d'or**. Le film de Bresson a d'ailleurs une rigueur, une ironie et des grâces héritées du Grand Siècle, un mélange de dépouillement et de préciosité tout à fait contraires à la sensibilité moderne (du moins à celle qui prévaut en France depuis trente ans).

N.B. Il convenait à ce film secret de renfermer un secret. On a longtemps murmuré que les dialogues en avaient été écrits ou largement revus par Cocteau (Cocteau déjà auteur de ceux des *Dames du bois de Boulogne**). Aucune preuve n'est venue confirmer (ou infirmer) cette rumeur.

BIBLIO. : Pierre Gabaston : « *Pickpocket* », Éditions Yellow Now, Crisnée, Belgique, 1990. Ce volume, très pauvre, contient deux brèves interviews de Pierre Pelegri et de Marika Green (« Bresson, dit-elle, qui ne veut en aucun cas des états d'âmes des acteurs, ne vous dira jamais quel film il veut faire. Je garde le souvenir de très nombreuses prises pour chaque scène. Il fait répéter le même texte pour expulser toute la psychologie du personnage. Il s'acharne à faire sortir, à extirper toute tentative d'interprétation personnelle pour récupérer ce qu'il appelle le naturel. »)

## PIÈCE DE MONNAIE DU NOUVEL AN (LA)
### (Ya sui qian)

Inédit en France. 1937 – Chine (90') • *Prod.* Studios Mingxing • *Réal.* ZHANG SCHICHUAN • *Sc.* Xia Yan • *Phot.* Dong Keyi • *Mus.* He Luting • *Int.* Gong Qiuxia (la cousine), Hu Rongrong (la petite fille), Li Minghui (la demi-mondaine), Li Lilian (la camarade d'école), Gong Jianong (le fiancé), Wang Xianzhai (le directeur de la banque), Ying Yin (la bonne), Wang Jiting (le chef de gang), Yan Gongshang (le grand-père).

Les tribulations d'un dollar en argent passant entre les mains d'une trentaine de personnes lors du nouvel an 1935 à Shanghai.

☞ Le sujet est universel. Il a été traité notamment par le Français Yves Mirande (*Le billet de mille,* 1934, réalisé par Marc Didier) et par l'Américain Allan Dwan (*The Inside Story**, 1948). Cette pièce de monnaie très convoitée nous promène à travers de multiples milieux de Shanghai. Elle sert à traiter par la comédie et l'ironie, en une sorte d'exorcisme gai, des situations et des thèmes identiques à ceux des mélodrames sociaux de l'époque. A savoir : misère, exploitation de la femme, corruption des responsables (encore un notable qui file avec la caisse). Cette sarabande menée avec talent nous entraîne d'un taudis où une femme agonise pour avoir mangé les restes avariés de ses voisins jusqu'à des bidonvilles en flammes, en passant par les sombres ruelles où l'on dévalise les passants et les provinciaux égarés, sans oublier ces dancings crasseux avec leurs taxi-girls épuisées dansant quinze fois de suite pour le même dollar. Une seule note de fraîcheur : les apparitions de Hu Rongrong, la Shirley Temple chinoise. En prime un happy end patriotique quand les douaniers mettent la main sur la piécette qui ira, avec beaucoup d'autres, servir à la lutte contre l'ennemi japonais...

## PIERRE ET PAUL

1969 – France (93') • *Prod.* La Guéville, Madeleine Films, Films de la Colombe • *Réal.* RENÉ ALLIO • *Sc.* R. Allio et Serge Ganz • *Phot.* Georges Leclerc (Eastmancolor) • *Int.* Pierre Mondy (Pierre), Bulle Ogier (Martine), Madeleine Barbulée (Mathilde), Robert Juillard (Paul), Pierre Santini (Moran).

Pierre, chef de travaux dans une entreprise de construction, quarante-deux ans, d'origine modeste, récemment marié à une secrétaire, subit un grand choc quand son père meurt. Il n'arrive pas, malgré la présence de sa mère, à retrouver son équilibre. Pris au piège de difficultés financières, il sent sa raison sombrer. Il conteste sa réussite passée et présente, la société qui l'entoure, les bases même de sa vie. Un jour, il tire sur des passants dans la rue.

☞ Le réalisme socio-psychologique, voire socio-psychanalytique, qu'Allio essaie de mettre en œuvre de film en film trouve ici sa meilleure application. L'auteur parvient à montrer avec rigueur comment l'aliénation d'un membre actif de la société dite de consommation, jusque-là entretenue et même favorisée par cette société, va devenir pathologique et tragiquement dangereuse lors du travail du deuil qui s'accomplit en lui après la mort de son père. Plus de *fatum* dans cette tragédie-là mais une accumulation de petites causes matérielles enchevêtrées que l'auteur s'emploie à dénouer et à examiner avec minutie. Belle interprétation de Pierre Mondy rendant concret et émouvant le produit de la méthode d'analyse (aux sens classique et freudien du terme) et des investigations de l'auteur. Louis Daquin et Bernard Paul aujourd'hui disparus, Allio semble le seul réalisateur français à savoir puiser dans son matérialisme une authenticité, un stimulant à sa curiosité, une rigueur d'approche propres à fonder une œuvre. Encore faudrait-il que le public le suive.

## PINOCCHIO (id.)

1940 – USA (88') • *Prod.* Walt Disney, distribué par RKO • *Réal.* WALT DISNEY, Ben Sharpsteen, Hamilton Luske, Bill Roberts, Norman Ferguson, Jack Kinney, Wilfred Jackson, T. Hee, Fred Moore, Franklin Thomas, Milton Kahl, Vladimir Tytla, Ward Kimball, Arthur Babbitt, Eric Larson, Woolie Reitherman, • *Sc.* Tead Sears, Otto Englander, Well Smith, William Cottrell, Joseph Sabo, Erdman Penner, Aurelius Battaglia d'ap. R. de Collodi • *Phot.* Technicolor • *Mus. et Lyrics* : Leigh Harline, Ned Washington, Paul J. Smith • *Voix* : Dickie Jones (Pinocchio), Christian Rub (Geppetto), Cliff Edwards (Jiminy Cricket), Evelyn Venable (la Fée Bleue), Walter Catlett (J. Worthington Foulfellow), Frankie Darro (Lampwick), Charles Judels (Stromboli et le cocher).

C'est Jiminy le criquet qui raconte l'histoire de Pinocchio, la marionnette de bois devenue un petit garçon. Une nuit, Jiminy trouve refuge dans la maison du menuisier-horloger Geppetto qui fabrique à longueur de jour quantités de pendules en bois et de boîtes à musique. Parmi ces objets se trouve une marionnette. Sous l'œil du chat Figaro et de Cleo, le poisson dans son bocal, Geppetto achève la marionnette et la baptise Pinocchio. Puis il la fait danser en agitant ses fils. Avant de se mettre au lit, Geppetto forme le vœu que Pinocchio devienne un jour un vrai petit garçon. Quand il est endormi, Jiminy, que tient éveillé le lancinant tic-tac des innombrables pendules de l'atelier de Geppetto, voit surgir du ciel la Fée Bleue : elle accomplit la première étape de la réalisation du vœu du menuisier. Elle fait de Pinocchio une marionnette vivante, douée de libre arbitre, pouvant parler et se déplacer sans l'aide d'aucun fil. La fée promet à Pinocchio que, s'il se montre courageux, véridique et dépourvu d'égoïsme, il deviendra un jour un vrai petit garçon. En l'adoubant comme un chevalier, elle charge Jiminy de devenir la conscience de Pinocchio. Après le départ, Jiminy, dont les vêtements sont redevenus miraculeusement neufs, essaie d'expliquer à Pinocchio ce que sont les tentations, le bien, le mal, etc. Geppetto, entendant parler Pinocchio, croit rêver. Mais non : sa marionnette est bien vivante. Il danse avec elle. Soudain le doigt de Pinocchio prend feu : il le trempe alors, pour l'éteindre, dans le bocal de Cleo qui n'en peut mais. Au matin, Pinocchio, muni d'une pomme pour son maître et d'un livre, part pour l'école. En chemin, il rencontre le renard Honest John et son compère, le chat Gédéon. Le renard, voyant cette merveille – une marionnette qui parle et qui marche – conçoit tout de suite l'idée d'en tirer profit en la vendant au forain Stromboli qui est justement en ville pour présenter son spectacle. Le renard n'a aucun mal à persuader Pinocchio qu'il est un acteur-né. Malgré les admonestations de Jiminy, Pinocchio suit le renard jusqu'au théâtre. Sur scène, il fait un numéro avec d'autres marionnettes qui dansent et obtient un triomphe si éclatant que Jiminy lui-même en est troublé. Durant la nuit, Geppetto, très inquiet, part à la recherche de Pinocchio. Celui-ci fait part à Stromboli de son désir de rentrer chez son père. Stromboli, nullement décidé à laisser échapper cette fortune, enferme Pinocchio dans une cage. Jiminy se hisse dans la roulotte de Stromboli qui fait route à travers l'orage vers sa prochaine destination. Malgré ses efforts, il ne parvient pas à ouvrir la serrure qui ferme la cage. Pinocchio pleure à chaudes larmes. La Fée Bleue survient. Pinocchio lui raconte ses tribulations en mentant énormément : son nez grandit alors à vue d'œil et s'orne bientôt de feuilles, de fleurs et même d'un nid d'oiseaux. Il fait son *mea culpa* et la fée ouvre la cage. Pinocchio et Jiminy descendent de la roulotte sans demander leur reste. Toujours à l'affût d'une bonne affaire, le renard a passé contrat avec un cocher qui cherche des petits garçons stupides pour les emmener à l'Ile des Plaisirs. Le renard rencontre Pinocchio et, feignant de l'examiner comme un docteur, le trouve bien affaibli et lui recommande un séjour sur l'Ile. Pinocchio se retrouve assis à côté du cocher et d'un garnement nommé Lampwick. Jiminy, lui, voyage comme il peut sous la voiture bourrée d'enfants. Ceux-ci s'embarquent sur un bateau puis abordent dans l'Ile. On leur distribue des friandises et des cigares ; on met à leur disposition une maison où ils peuvent tout casser, et tous découvrent avec ravissement ce pseudo-paradis sans école ni devoirs. A l'imitation de Lampwick, Pinocchio fume le cigare (ce qui le rend malade et tout verdâtre) et joue au billard. Il présente à Jiminy le garnement comme son meilleur ami. Profondément vexé (« Et moi, qu'est-ce que je suis alors ? »), Jiminy s'apprête à quitter l'Ile des Plaisirs quand il découvre que les enfants sont, durant la nuit, transformés en ânes et chargés sur un bateau pour diverses destinations (mine de sel, cirque, etc.) Il court prévenir Pinocchio qui voit soudain Lampwick se transformer complètement en animal : il lui vient des oreilles d'âne, une tête d'âne, des sabots d'âne. Horrifié, Pinocchio, à qui il a poussé également des oreilles et une queue, prend la fuite avec Jiminy. Ils se jettent dans la mer du haut d'une falaise et nagent vers le continent. Ils se rendent à la maison de Geppetto. Elle est vide. La fée leur envoie alors un message : « Geppetto, parti à la recherche de Pinocchio, a été avalé par une baleine. » Pinocchio ne fait ni une ni deux et saute dans la mer avec Jiminy en accrochant une grosse pierre à sa queue. Dans les fonds sous-marins peuplés de toutes sortes de créatures, il crie le nom de son père. Quand il dit qu'il recherche Monstro, la baleine, tout le monde s'enfuit. Au fond de la mer, la baleine dort. Dans son ventre, Geppetto, en compagnie de Figaro et de Cleo, se morfond. Il faut que la baleine ouvre la gueule et avale des quantités de poissons pour qu'il puisse enfin pêcher. Il retrouve Pinocchio parmi les poissons. Geppetto est persuadé qu'il est impossible de s'échapper du ventre de la baleine. Pinocchio a l'idée d'allumer un feu pour la faire éternuer : ils peuvent alors s'enfuir sur le radeau qu'avait fabriqué Geppetto. Jiminy a cherché vainement à pénétrer dans la baleine. Elle poursuit longuement les fugitifs avec une obstination terrifiante. Tous sont rejetés vers la côte. Pinocchio, qui a aidé Geppetto à sortir des flots, gît inanimé ; l'ayant ramené chez lui, Geppetto se désole de son état. Mais la

Fée Bleue survient et récompense Pinocchio de s'être montré enfin courageux, véridique et dépourvu d'égoïsme en le transformant en petit garçon. Au comble de la joie, Geppetto met en marche toutes les boîtes à musique et danse. Jiminy est remercié par la fée qui lui fait don d'une spendide médaille en or (18 carats) sur laquelle figure l'inscription : « Conscience officielle ».

☞ Après le triomphe de *Blanche-Neige**, Disney et ses collaborateurs se lancent dans une entreprise encore plus ambitieuse sur les plans artistique, technique et financier. Le choix du matériau adapté est particulièrement original, qui rend populaire dans le monde entier un ouvrage révéré à l'égal d'une Bible en Italie, mais connu seulement de quelques lettrés – et de quelques enfants – hors de ce pays. Le scénario présente les mêmes qualités que celui de *Blanche-Neige**, appliquées à un matériau tout différent : condensation extrême de l'action à partir d'un choix rigoureux d'épisodes ; accélération progressive du rythme ; importance donnée aux séquences d'introduction qui permettent de bien faire connaître et de rendre attachants les principaux personnages. Le livre de Collodi est lu et recréé ici comme un vaste roman d'aventures, un roman initiatique à coloration nettement fantastique. Le fantastique n'est pas seulement présent dans la base même de l'intrigue (une marionnette devenant vivante avant d'être transformée en un être de chair et de sang), mais dans bon nombre de développements particuliers, comme l'admirable séquence de la transformation de Lampwick en âne (variation ô combien efficace sur le thème de Jekyll et Hyde) ou la séquence se déroulant à l'intérieur du ventre de la baleine. Allant plus loin que dans *Blanche-Neige**, Disney a tenu à ce que l'intensité dramatique, la peur et parfois même la terreur l'emportent de beaucoup sur la grâce et l'humour, néanmoins présents dans le personnage de Jiminy Cricket, si humain dans son rôle de conscience officielle (voir sa réaction quand Pinocchio lui présente Lampwick) et dont le rôle est considérablement agrandi par rapport à Collodi. Grâce et humour également présents dans les charmants personnages, inventés et ajoutés au livre, de Figaro et de Cleo. La notion d'aventure domine tout le film, d'une part parce qu'il se passe énormément de choses au cours de ce voyage initiatique, mais aussi parce qu'à chaque étape de ce périple une profusion dramatique et plastique de détails, d'idées et de personnages envahit l'écran (cf. les pendules et boîtes à musique dans l'atelier de Geppetto, les partenaires de Pinocchio dans le spectacle de Stromboli ou les créatures si variées des fonds sous-marins), profusion que n'épuisent pas de multiples visions du film. On a un peu vite taxé le film de moralisme. Le point de vue de Disney sur Pinocchio est beaucoup plus celui d'un conteur, voire d'un philosophe, que d'un moraliste. Pinocchio est décrit comme un innocent, ignorant en toutes choses (comment pourrait-il en être autrement ?), qui découvre les pièges et les merveilles du monde souvent à ses dépens. En cela, quoique marionnette, il est l'enfant par excellence, dont l'initiation à la réalité s'accomplira sur un chemin semé d'embûches. Quoi de plus normal qu'il trébuche ? Mais chaque fois qu'il se relève, lui qui n'a pour ainsi dire ni parent ni conseiller, il le doit bien plus à ses propres ressources et à son énergie qu'à un credo moral imposé de l'extérieur. Constamment à ses côtés, Jiminy Cricket demeure un compagnon sympathique, mais impuissant, qui n'aura presque aucune influence réelle sur son destin. Bonnes ou mauvaises, c'est toujours Pinocchio qui prend les décisions. (Par ailleurs, le scénario ne concède que deux interventions providentielles à la fée : ouverture de la cage dans la roulotte de Stromboli et envoi d'un message concernant Geppetto.) Le tournage du film fut, lui aussi, une aventure. Après cinq mois, Disney et son équipe jetèrent tout leur travail antérieur pour reprendre le film à zéro et sur de nouvelles bases : les traits de Pinocchio seraient ceux d'un petit garçon dès le début de l'intrigue ; Jiminy Cricket aurait un rôle de narrateur et une présence quasi permanente dans l'action. Financièrement et techniquement, Disney ne recula devant aucune folie. Le panoramique qui présente avec tant de relief le village au matin quand Pinocchio se rend à l'école coûta, pour trente secondes d'écran, la bagatelle de 25 000 dollars. La nouvelle caméra « multiplane » pouvait embrasser un espace deux fois plus important que celle utilisée pour *Blanche-Neige** et pouvait aussi filmer en même temps, avec le point, un nombre plus élevé de dessins placés à des niveaux différents. Certaines séquences du film, comme celle où Pinocchio est enfermé dans une cage agitée d'un balancement quand la roulotte de Stromboli se déplace, furent les plus mouvementées, c'est-à-dire les plus riches en mouvements, de toute l'œuvre de Disney. Le film ne devint un triomphe commercial qu'au fil des ressorties. En 1940, son succès fut beaucoup moins considérable que ne l'avait été celui de *Blanche-Neige** et, à cause de la guerre, *Pinocchio* ne put être exporté en Europe que tardivement. A partir de 1947, il devint un succès mondial et figure depuis parmi les plus grandes réussites de Disney.

N.B. On revit Figaro dans une série de courts métrages basés sur lui et Jiminy Cricket dans un long métrage *(Fun and Fancy Free,* 1947), dans plusieurs courts métrages et dans un show de télévision. C'est Frankie Darro qui double Lampwick, le garnement, un rôle et un personnage assez proches de ceux qu'il joua en chair et en os dans de nombreux westerns et policiers. Autres films utilisant le personnage de Pinocchio : *Pinocchio* de Giulio Antamoro, Italie, 1911, avec le célèbre comique Ferdinand Guillaume (alias Tontolini, alias Polidor) ; *Le avventure di Pinocchio* de Raoul Verdini, Italie, 1936. Premier long métrage italien d'animation, en couleurs, resté inachevé. Fut précédé, un an auparavant, par un court métrage portant le même titre réalisé par Romolo Bacchini et dessiné par Verdini, Barbara, Attalo, Ramalli, en noir et blanc et en couleurs ; *Le avventure di Pinocchio**, série de télévision et film de Luigi Comencini. Ajoutons quatre œuvres venant des États-Unis : 1) *Pinocchio in Outer Space,* dessin animé de Ray Goosens, 1964. Le critique de « Variety » estime que les séquences de SF sont bien meilleures que celles présentant Pinocchio et Geppetto. 2) un *Pinocchio* érotique avec acteurs, dirigé par Corey Allen, 1971. Pinocchio est ici une jeune vierge se fabriquant un étalon. 3) un *Pinocchio* de télévision de Ron Field et Sidney Smith, 1976, avec Danny Kaye jouant trois rôles (Geppetto, le forain et Collodi) et Sandy Duncan dans le rôle de Pinocchio. Comédie musicale laborieuse et très médiocre. 4) *Pinocchio and the Emperor of the Night,* dessin animé de Hal Sutherland, 1987, qui se veut une suite au film de Disney (sorti en France en 1990).

BIBLIO. : parmi les innombrables albums tirés de *Pinocchio,* on recommandera celui édité par Penguin Books en 1982 ; il est constitué d'une centaine de photogrammes grand format tirés du film. Sur les films de Disney en général, voir le livre de Leonard Maltin : « The Disney Films », Bonanza Books, New York, 1973. Sur les aspects techniques de leur réalisation, voir « Disney Animation. The Illusion of Life », Abbeville Press, New York, 1981, ouvrage très documenté, écrit par deux piliers de l'équipe Disney, Frank Thomas et Ollie Johnston.

## PIONNIERS DE LA WESTERN UNION (LES)
**(Western Union)**

1941 – USA (95') • *Prod.* Fox (Harry Joe Brown) • *Réal.* FRITZ LANG • *Sc.* Robert Carson d'ap. R. de Zane Grey • *Phot.* Edward Cronjager, Allen M. Davey (Technicolor) • *Mus.* David Buttolph • *Int.* Robert Young (Richard Blake), Randolph Scott (Vance Shaw), Dean Jagger (Edward Creighton), Virginia Gilmore (Sue Creighton), John Carradine (Doc Murdoch), Slim Summerville (Herman), Chill Wills (Homer), Barton MacLane (Jack Slade), Russell Hicks (le gouverneur), Victor Kilian (Charlie), Minor Watson (Pat Grogan).

Dans les années 1860, la Western Union installe une ligne télégraphique à travers l'Ouest entre Omaha et Salt Lake City. L'aventurier Vance Shaw, après avoir participé au cambriolage d'une banque, est amené à sauver l'un des responsables de la ligne, Edward Creighton, blessé au milieu du désert. Plus tard, à Omaha, Vance sera engagé comme scout pour la Western Union par Creighton. Celui-ci a une sœur, Sue, que courtisent simultanément Vance et le gandin Richard Blake, travaillant comme ingénieur pour la ligne. Après le départ du convoi des ouvriers, le bétail est volé au camp. On accuse les Indiens. Vance n'est pas de cet avis. Il retrouvera les voleurs, des Blancs maquillés et déguisés en Indiens, qui sont en fait ses anciens complices, dirigés par le célèbre Jack Slade. Ils prétendent œuvrer pour les Confédérés mais ce n'est qu'un prétexte pour se remplir les poches. Vance, qui ne peut dénoncer ses ex-amis, rentre au camp et veut donner sa démission à Creighton qui la refuse. Un groupe de vrais Indiens, poussés par des bandits blancs, attaque le camp principal de la compagnie. Après le combat, on retrouvera un faux Indien parmi les morts. Creighton doit racheter les propres chevaux de la Compagnie à Slade qui prétend les avoir légalement acquis auprès des Indiens. Vance, Creighton et Blake vont parlementer auprès d'une tribu de Sioux pour obtenir le passage du télégraphe sur leur territoire. Ils obtiennent gain de cause grâce à une ruse qui impressionne beaucoup les Indiens : des fils électrifiés électrisent ceux-ci qui ont les pieds dans l'eau, tandis que les mêmes fils ne font rien aux Blancs (qui restent au sec !). Jack Slade attire alors Vance à l'extérieur du camp qu'il incendie ensuite avec ses hommes. Plus tard, Creighton interroge Vance, qui a pu s'échapper, sur son absence et le renvoie. Vance lui fait dire par Blake que Jack Slade est son frère. Un duel oppose Slade et Vance : Slade tue son frère avant d'être abattu par Blake. Quelque temps plus tard, la ligne est complètement installée.

☞ Deuxième des trois westerns de Lang. Le film est important car il est le premier où Lang recrée les données de son propre univers au sein d'un genre totalement extérieur à lui. *Fury** (1936), *You Only Live Once** (1937) possédaient suffisamment de « signes extérieurs » d'ambition et d'originalité pour être reconnus immédiatement comme des films de Lang à part entière. A partir de *Wester Union* commence pour le glorieux exilé de l'expressionnisme allemand une sorte de traversée du désert, une période d'anonymat apparent qui, à de rares exceptions près *(La femme au portrait*, Les bourreaux meurent aussi*)*, va durer jusqu'à la fin de son séjour aux États-Unis. C'est aussi durant cette période que Lang devient le plus génial et donne à son art son ultime perfection. Ici, dans le cadre d'un western « positif » et épique à la DeMille, voire à la Ford, il met l'accent sur un héros (Randolph Scott) victime de son destin et de son appartenance familiale, et dont l'effort de rédemption aboutira sur le plan individuel à un échec tragique. Les images de Randolph Scott ligoté, brûlant ses liens – avec une extrême souffrance – à un feu de camp qu'il a rallumé, la séquence de son combat contre son frère s'inscrivent harmonieusement dans la longue saga fatale de l'œuvre langienne. Toutefois la trajectoire de ce personnage perturbe de manière significative et expressive la structure traditionnelle du film : plus de happy end puisque R. Scott est mort et que d'autre part Lang se refuse à conclure par l'union (attendue) de Robert Young et de Virginia Gilmore. Un malaise caractérise les dernières séquences qui logiquement devraient être occupées par la célébration de la terminaison de la ligne ; et le film n'en est ainsi que plus langien. Même l'humour, figure obligée dans ce type de western, devient langien avec le personnage savoureux du cuisinier interprété par Slim Summerville. En contrepoint du personnage de R. Scott, on le verra tout au long du film essayer vainement de recouvrer sa liberté et de s'échapper du camp, mais il en sera toujours empêché par les ouvriers qui apprécient trop ses talents culinaires pour le laisser filer.

N.B. Gene Fowler, Jr., co-monteur (non crédité) du film a témoigné de la façon dont les méthodes de Lang l'avaient impressionné : « J'ai eu la chance de travailler avec lui lors de la pré-production de quelques-uns de ses films, ce qui me valut de comprendre à quel point le travail de préparation peut être une chose vitale. Non seulement le détail de chaque plan doit être prévu, mais celui-ci doit s'intégrer à la totalité du film. La composition d'un plan (et même son éclairage) doit être conçue en vue de son contenu dramatique. Les détails ne sont bons que s'ils s'inscrivent harmonieusement dans un ensemble » (tiré de Alfred Eibel : « Fritz Lang », Présence du Cinéma, 1964 puis Flammarion, 1989). Lang s'est servi des gros moyens mis à sa disposition par la Fox (couleur, 56 jours de tournage, équipe de 255 membres) pour satisfaire son goût de la minutie et de l'authenticité. Le réalisme du film a aussi contribué à le transformer en anti-épopée.

## PIQUE-NIQUE EN PYJAMA
**(The Pajama Game)**

1957 – USA (101') • *Prod.* Warner (George Abbott et Stanley Donen) • *Réal.* STANLEY DONEN et GEORGE ABBOTT • *Sc.* G. Abbott et Richard Bissell d'ap. leur comédie musicale tirée du R. « 7,5 Cents » de Richard Bissell • *Phot.* Harry Stradling (Warnercolor) • *Chansons :* Richard Adler et Jerry Ross • *Chor.* Bob Fosse • *Int.* Doris Day (Babe Williams), John Raitt (Sid Sorokin), Carol Haney (Gladys Hotchkiss), Eddie Foy, Jr. (Vernon Hines), Reta Shaw (Mabel), Barbara Nichols (Poopsie), Thelma Pelish (Mae), Jack Straw (Prez), Ralph Dunn (Hasler).

Dans une fabrique de pyjamas, le nouveau directeur d'atelier, Sid Sorokin, tombe amoureux d'une employée, déléguée syndicale, Babe Williams. Il lui fait la cour durant le pique-nique annuel qui réunit tous les employés. Le climat social est empoisonné dans l'usine par le refus obstiné du patron d'accorder aux employés l'augmentation légitime qu'ils réclament depuis longtemps. Les ouvrières décident de ralentir les cadences. Sorokin les en empêche, et Babe sabote alors une machine. Sorokin la renvoie. Cela met fin prématurément à leur histoire d'amour. Le patron refusant toujours le moindre compromis, Sorokin va agir personnellement pour lui faire entendre raison. Il invite la secrétaire personnelle du patron, Gladys Hotchkiss, au cabaret Hernando's Hideaway et la persuade de lui remettre la clé qui donne accès aux registres de comptabilité de la fabrique. Ce faisant, il provoque la jalousie du fiancé de Gladys, un vieil employé dont le hobby est de lancer des couteaux... Ayant épluché les comptes, Sorokin y trouve des anomalies qu'il utilisera de manière à obtenir du patron l'augmentation réclamée par le personnel. Sorokin et Babe n'ont plus qu'à tomber dans les bras l'un de l'autre.

☞ Sans être évidemment aussi révolutionnaire qu'*Un jour à New York**, *The Pajama Game* est cependant très représentatif de la volonté d'innovation permanente de Donen. Donen choisit ici de représenter à l'écran un sujet et un cadre (troubles syndicaux à l'intérieur d'une petite usine textile) les moins faits a priori pour donner lieu à une comédie musicale. A l'intérieur de ce cadre, il place des interprètes dont la plupart sont très éloignés des jeunes premiers traditionnels, soit par leur allure (John Raitt, imposé par les vendeurs des droits cinématographiques de la pièce, ressemble plus à un videur de boîte de nuit qu'à un héros d'opérette), soit par leur âge et leur physique (voir par exemple le ballet entre la grosse employée un peu mûre et Eddie Foy, Jr., séquence d'ailleurs coupée lors de sa sortie parisienne ainsi que plusieurs autres chansons ; mais la copie v.o. passée sur FR 3 en septembre 1980 est complète). Comme à son habitude, Donen fait un sort à des personnages caricaturaux, comme celui de l'irrésistible Carol Haney qui continue le genre d'emploi que tenait Alice Pearce dans *Un jour à New York**. La chorégaphie de Bob Fosse est à l'image du film : toujours surprenante par son invention, sa rapidité, son dynamisme et parfois même son caractère athlétique (elle ressemble sur ce point, mais en moins prononcé, à celle de Michael Kidd pour *Les sept femmes de Barberousse**). En ce qui concerne la photo de Harry Stradling, Donen lui-même lui a rendu un hommage mérité : « La photo de Stradling me plaît parce qu'elle est vigoureuse, dépourvue d'afféterie, de joliesse. » (*in* « Cahiers du cinéma » nº 143, 1963). Doris Day, si souvent critiquée par les cinéphiles, trouve ici un rôle qui lui convient parfaitement : franc, net, sans subtilité mais sans mièvrerie. Terriblement jeune et créatif, le film dans son ensemble n'a pas pris une ride en trente ans.

N.B. Donen a signé la réalisation avec George Abbott, acteur, scénariste, dramaturge, producteur et metteur en scène à Broadway et à Hollywood. Il avait co-écrit et monté « The Pajama Game » au théâtre. Donen collabora de nouveau avec lui pour *Damn Yankees*, 1958, comédie musicale très originale, également adaptée d'un show de Broadway. On doit à George Abbott une dizaine de films réalisés entre 1929 et 1940.

## PIRATE NOIR (LE)
### (The Black Pirate)

1926 – USA (84') • *Prod.* UA (Elton Corp.) • *Réal.* ALBERT PARKER • *Sc.* Jack Cunningham d'ap. une idée de Elton Thomas • *Phot.* Henry Sharp (Technicolor) • *Mus.* Mortimer Wilson • *Int.* Douglas Fairbanks (le pirate noir, Michel), Billie Dove (la princesse), Anders Randolf (le chef pirate), Donald Crisp (McTavish), Tempe Pigott (la duègne), Sam De Grasse (le lieutenant), Charles Stevens (artificier).

Son vaisseau ayant été pillé par de cruels et avides pirates, l'un des rares survivants, le duc Michel, jure à son père, mort entre ses bras, de le venger. Il voit bientôt les pirates venir cacher leur butin sur l'île où il a lui-même trouvé refuge. Il demande à faire partie de la bande et se dit prêt, pour montrer ses talents, à lutter en duel avec n'importe lequel d'entre eux. Il s'oppose ainsi au capitaine des pirates qui s'embroche, en tombant, sur sa propre épée. La preuve de ses mérites n'étant pas encore suffisante, il capture à lui seul un vaisseau. Une princesse est à son bord. Devenu plus ou moins le chef des pirates sous l'appellation du « Pirate Noir », Michel persuade les brutes de conserver le bateau et la femme en l'état, afin de pouvoir en tirer une forte rançon. Son but véritable est de protéger ainsi la princesse dont il est tombé amoureux. Cela ne fait guère l'affaire du premier maître qui l'a gagnée à la courte paille et voudrait profiter de sa chance. Il fait sauter, par des hommes à lui, le vaisseau capturé, à bord duquel se trouvait l'émissaire chargé d'obtenir la rançon. Michel essaie alors de faire échapper en barque la princesse, mais sa tentative échoue. Il est jugé par les pirates qui le condamnent à « marcher sur la planche ». Grâce à un sympathisant, il a pu dénouer ses liens et ne meurt pas noyé. Il rejoint la côte et ramène du renfort : une galère menée à vive allure par des rameurs émérites. Ne pouvant lutter d'égal à égal avec le vaisseau du pirate, ceux-ci se jettent à l'eau et démontrent qu'ils sont également d'excellents nageurs. Ils grimpent sur le navire. Les pirates sont décimés. Michel est porté en triomphe. Le gouverneur monte à bord et présente officiellement les amoureux l'un à l'autre « Le duc... La princesse ». Un mariage suivra.

☞ Douglas Fairbanks, dans ses productions dont il fut la plupart du temps le véritable auteur, tenta d'explorer toutes les formes de récit d'aventures en leur donnant le maximum d'atouts spectaculaires. Ici il fait bénéficier le film de pirates d'un budget très élevé (un million de dollars) et de l'attraction sensationnelle de la couleur. Celle-ci atteint un niveau de qualité jamais vu jusque-là dans un long métrage, compte tenu du fait que le film est *entièrement* en Technicolor. (Mais sur le plan de la beauté plastique, les quelques séquences couleurs de *Stage Struck* de Dwan sorti l'année précédente [1925] sont encore plus éblouissantes.) On en était alors, dans l'histoire du Technicolor, au deuxième procédé basé sur deux composantes, mis au point en 1916, que ce film utilise magistralement, et le premier long métrage intégralement filmé en Technicolor selon le procédé à trois composantes sera *Becky Sharp* de Mamoulian en 1935. Aidé par ses conseillers et notamment le célèbre Dr Herbert T. Kalmus, le fondateur en 1915 de la Technicolor Motion Picture Corp. (son épouse, Natalie Kalmus, fut créditée par contrat comme « color consultant » sur tous les films en Technicolor de 1933 à 1949), Fairbanks prit parti pour une combinaison de vert et de brun et fit impressionner des milliers de mètres de pellicule à titre d'essais. Le metteur en scène Albert Parker (cf. son témoignage *in* Bernard Eisenschitz : « Douglas Fairbanks », « Anthologie du cinéma » n° 50) se déclara, lui, influencé par Rembrandt et voulut éviter toute nuance trop violente dans les dominantes choisies. Après une tentative de tournage en extérieurs, Fairbanks préféra tout filmer dans les studios des Artistes Associés. Le film obtint un grand succès. Pourtant, étant donné le coût de l'opération, l'inaptitude des projectionnistes à faire le point correctement et le fait que beaucoup de copies avaient tendance à se gondoler, le Technicolor fut provisoirement abandonné pour les longs métrages. Au cours de l'intrigue, Fairbanks se ménage comme à son habitude plusieurs séquences acrobatiques et en particulier un *one-man show* inattendu quand il s'empare sans l'aide de personne d'un grand vaisseau. On le voit, entre autres performances, grimper comme un singe aux cordages et aux mâts et redescendre suspendu à son poignard qui déchire les voiles. En ce qui concerne le traitement du genre proprement dit, un mélange percutant d'humour et de cruauté caractérise la description de l'univers des pirates. A cet égard, certains détails ne manquent pas d'être plus violents que ce que pourront se permettre les illustrateurs du genre dans les années 50. Conséquence de la richesse du film, le grouillement des pirates innombrables, affairés comme des rats ou des fourmis à dépouiller les magnifiques vaisseaux dont ils se sont emparé, accentue encore l'impression de férocité animale qui se dégage de leurs actes pris individuellement. Les péripéties et les lieux de l'action manquent assurément de variété, mais Fairbanks tenait à ce que le spectateur eût le temps d'apprécier la couleur et les folles dépenses qu'il avait engagées pour elle. Alors que le film était impossible à voir en couleurs depuis plusieurs dizaines d'années, une somptueuse copie 35 mm tirée en Technicolor fut présentée au Festival de Paris en novembre 1975.

## PIROSMANI (id.)

1969 – URSS (85') (sortie en URSS : 1971 et en France : 1972) • *Prod.* Grouzia Film • *Réal.* GUEORGUI CHENGUELAIA • *Sc.* G. Chenguelaïa et Erlom Akhulediani • *Phot.* Constantin Apriatine (Sovcolor) • *Mus.* V. Kuhianidze • *Int.* Avtandil Varazi (N. Pirosmanichvili), David Abachidze (Savua), Zourab Capianidze (Usangi), Tejmuraz Beridze.

Scènes de la vie du peintre naïf géorgien Nicolas Pirosmanichvili (1862-1918) depuis le moment où il quitte ses parents adoptifs pour aller à Tiflis jusqu'à sa mort solitaire dans cette ville. Après avoir distribué ses pauvres biens à plus malheureux que lui, il fermera le petit commerce qui assurait tant bien que mal sa subsistance. Il vendit parfois une toile pour le prix d'un repas. Ses rares moments de bonheur auront été de contempler la danseuse Marguerita dans un cabaret de la ville. Une exposition organisée par deux confrères de passage suscitera le mépris de la critique officielle. Seuls, quelques très rares connaisseurs auront soupçonné son talent.

☞ · Œuvre significative du renouveau du cinéma géorgien dans les années 60 et 70. Plus poétique que strictement biographique, cette évocation essaie de créer une constante circulation d'images entre la réalité (la vie quotidienne à Tiflis à la fin du XIX$^{e}$ siècle) et la vision intérieure qu'en a un de ses habitants, le peintre Pirosmani, qui baigne dans cette réalité sans vouloir prendre aucune distance vis-à-vis d'elle. Parce qu'il vit chaque instant, chaque journée de sa vie dans leur pleine et intense nouveauté, Pirosmani est incapable d'accumuler une quelconque expérience, un quelconque savoir pratique qui lui permettraient de triompher, ou même simplement de subsister décemment, dans le monde social. Incapable et d'ailleurs peu désireux de se faire valoir, il sait seulement faire valoir le monde autour de lui dans des toiles qui donneront une touche d'éternité à certains instants, à certaines visions privilégiées de sa vie malheureuse. La rare délicatesse du film témoigne vis-à-vis de son sujet d'un respect qui se communique aisément au spectateur.

## PISTA DANKO

Inédit en France. 1941 – Hongrie (80') • *Prod.* Hunnia – Mester Film • *Réal.* LASZLO KALMAR • *Sc.* Laszlo Kalmar, Laszlo Bihari, Sandor Nagymihaly d'ap. Sandor Nagymihaly • *Phot.* Istvan Eiben • *Mus.* Tibor Polgar • *Int.* Pal Javor (Pista Danko), Erzsi Simor (Ilonka Jaky), Margit Lukacs (Rozsi), Sandor Tompa (Kukac), Kolman Rozsahegyi (Tonton Marci), Gyorgy Solthy (prince Vladimir).

Le tzigane Danko Pista, auteur de chansons populaires et chef d'orchestre, rêve d'être un grand musicien. Lors d'un bal, il rencontre Ilonka, une jeune fille de la noblesse, et tombe amoureux d'elle. Rozsi, qui aime Pista, le maudit et s'en va en Russie travailler comme danseuse. Ilonka a quitté les siens et vit avec Danko à Budapest. Des difficultés d'argent obligent Pista, la mort dans l'âme, à vendre son précieux violon hérité de sa mère. Bientôt la chance va tourner pour lui. Mais devenu célèbre comme chanteur, il garde encore la nostalgie de son ancien violon. Il part le chercher en Russie où ses tournées sont triomphales. Il retrouve Rozsi, son ancienne maîtresse. Elle appartient maintenant à la haute société et usera de diverses ruses pour le reconquérir. Elle présente Pista à un grand collectionneur de violons, parent du tsar. Dans la fabuleuse collection figure en effet le violon de Pista. Mais hélas il n'est pas à vendre. Sa femme, qu'il avait délaissée, lui est amenée par son meilleur ami. Mais Pista, usé par une vie trop mouvementée, est malade. Ilonka le conduit en Italie pour qu'il reprenne des forces. Il est trop tard. Pista mourra en jouant de son cher violon, récemment envoyé par Rozsi, et en chantant sa dernière composition.

☞ Toute la grâce, l'élégante mélancolie des artistes hongrois d'avant guerre sont présentes dans cette œuvre à la futilité apparente qui, lentement, insidieusement, et comme avec regret, vire au drame. Le ton spécifique du film, c'est cette résurgence de la gaieté au sein du plus grand désarroi (Pista ayant vendu son violon, malheureux comme les pierres, chante une chanson de lui avec les musiciens d'une taverne ; un client le remarque et l'engage ; une autre partie de sa vie commence) et c'est aussi cette mélancolie réapparaissant toujours dans la gaieté, dans le succès, dans le bonheur qu'on croyait solide. Ainsi Pista au sommet de la gloire regrette son violon, regrette aussi de n'être pas le grand musicien qu'il aurait voulu être. La musique imprègne le film de la façon la plus naturelle et la plus profonde ; elle seule peut exprimer ces arabesques, cet entremêlement permanent d'émotions contradictoires dont est faite la matière du film. La plus belle scène est celle où Pista revoit son violon chez le collectionneur. Il le saisit et se met à en jouer de façon sublime. Dans un mouvement d'une envolée superbe, la caméra le précède et effectue dans le décor une trajectoire complexe et assez différente de celle du musicien avant de le récupérer à la fin du plan. La caméra exprime, elle aussi, à sa façon, l'élan de la musique.

## PISTE DES GÉANTS (LA)
### (The Big Trail)

1930 – USA (158' ramené à 126') • *Prod.* Fox • *Réal.* RAOUL WALSH • *Sc.* Jack Peabody, Marie Boyle, Florence Postal d'ap. une histoire d'Hal G. Evarts • *Phot.* Lucien Andriot, Don Anderson, Bill McDonald, Roger Sherman et Henry Pollack (version 70 mm), Arthur Edeson, Dave Ragin, Sol Halprin, Curt Fetters, Max Cohn, Harry Smith, L. Kunkel, Harry Dawe (version 35 mm) • *Mus.* Joseph McCarthy et James F. Hanley • *Int.* John Wayne (Breck Coleman), Marguerite Churchill (Ruth Cameron), El Brendel (Gussie), Tully Marshall (Zeke), Tyrone Power, Sr. (Red Flack), David Rollins (Dave Cameron), Ian Keith (Bill Thorpe), Charles Stevens (Lopez), Ward Bond (Sid Bascom).

Sur les rives du Mississippi part le premier convoi de pionniers en direction de l'Oregon. Breck Coleman accepte d'en être l'éclaireur quand il apprend que Red Flack en sera le chef. Il le soupçonne en effet d'être le meurtrier de son vieil ami Ben, dévalisé de son chargement de peaux. Dès le début du voyage, Breck tombe amoureux de Ruth Cameron, la fille d'un général, à laquelle s'intéresse également Thorpe, joueur professionnel fuyant la justice, ami de Red Flack. Alors que Breck est parti chez les Pawnees chercher des scouts en renfort, Red Flack envoie Thorpe et Lopez pour le tuer. Pendant le passage d'un troupeau de bisons, ils tirent sur lui. Mais Breck rejoint indemne le convoi dont les chariots viennent d'effectuer la traversée d'un fleuve. Après des palabres avec les Cheyennes, les hommes du convoi obtiennent l'autorisation de traverser leur territoire, mais sans s'y arrêter. Dans un canyon, les chariots et les bêtes doivent être descendus avec des cordes le long d'une pente particulièrement raide. Thorpe projette de partir vers la Californie avec Ruth. Red Flack lui impose de tuer d'abord Breck Coleman. Alors qu'il s'apprête à le faire, il est abattu par Zeke, un vieux trappeur, ami de Coleman depuis toujours. Les chariots pénètrent dans le désert. Ils doivent se disposer en cercle pour affronter les Crows et les Cheyennes. Il y a de nombreuses victimes. On les enterre et le voyage reprend. Les roues des chariots embourbés sont pratiquement paralysées. Un orage éclate, à quoi fait suite une très rude tempête. On parle de revenir en arrière. Breck remonte le moral de tous. Lopez tente de le poignarder avec un couteau ayant appartenu à Ben. Breck a maintenant la preuve de sa responsabilité dans le meurtre de son ami. Il mène les émigrants jusque dans les verdoyantes vallées de l'Oregon, terme du voyage. Puis il repart vers les cimes à la poursuite de Lopez et de Red Flack. La neige tombe drue. Lopez a les jambes gelées. Il est abandonné mourant par Red Flack que retrouve et poignarde Breck un peu plus tard. Celui-ci rejoint ensuite Ruth, déjà installée aux abords d'une immense forêt de séquoias géants.

☞ Quatrième film parlant de Walsh. Les moyens considérables mis à sa disposition lui permettent de déployer toute l'ampleur de son génie. Le tournage s'étala sur un an et eut lieu presque intégralement en extérieurs (dans le Wyoming). Ce sera le meilleur film de Walsh pour la décennie et un sommet du cinéma. Plusieurs séquences – comme celle de la descente des chariots dans le canyon – sont parmi les plus spectaculaires qu'on ait vues sur un écran. Dans ce documentaire épique, Walsh qui s'intéresse tant aux individus parle avant tout de quelque chose qui dépasse l'individu. Par delà les innombrables obstacles – climatiques, géographiques, humains – entravant la marche des pionniers, ceux-ci sont poussés vers la ligne d'horizon par une force instinctive, tellurique. Ils obéissent à une loi qui s'apparente à celles qui régissent le cycle des marées, les migrations des oiseaux ou le mouvement des étoiles. On observera que le cinéaste ne cherche jamais à magnifier les personnages contre la nature ou par opposition à elle. Au plus fort de leur lutte, ils sont comme amalgamés à elle dans un tout indissoluble. Et les plans les plus généraux du film sont aussi les plus beaux. Parallèlement à la progression physique des pionniers se développe le combat permanent entre le bien et le mal. Avant *Pursued**, *The Big Trail* est le film où Walsh a tenté d'englober le plus de réalité possible, ici dans le registre du grandiose, depuis les profondeurs de la terre jusqu'au plus lointain des cieux. Son ambition est immense, cosmique pourrait-on dire, même si elle ne recourt à aucun des procédés habituels, humanistes ou littéraires, pour se mettre en avant.

N.B. Walsh a raconté, dans le chapitre de son autobiographie intitulé « Christophe Colomb n'a découvert que l'Amérique », comment il avait donné à John Wayne son premier rôle en vedette. *The Big Trail* fut tourné en deux versions : l'une en 35 mm courant, l'autre dans un procédé nouveau pour le grand écran « Grandeur 70 mm ». Le film sortit sous cette forme au Roxy Theatre à New York en 1930. Mais le procédé fut vite abandonné (à cause notamment du coût d'installation des salles). En 1986, le Museum of Modern Art de New York a reconstitué une copie 35 mm en Cinémascope. Une tireuse spéciale a été construite pour tranformer le négatif 70 mm (non utilisable en tant que tel) en « master » 35 mm anamorphosé. Le résultat semble avoir enthousiasmé les premiers spectateurs. (Sur cette nouvelle copie, voir l'article de Ronald Haver « Trail Blazing » dans la revue « American Film », mai 1986.)

## PLACE AUX JEUNES
### (Make Way For Tomorrow)

1937 – USA (90') • *Prod.* PAR. (Leo McCarey) • *Réal.* LEO McCAREY • *Sc.* Vina Delmar d'ap. R. « The Years Are So Long » de Josephine Lawrence et la P. de Helen et Nolan Leary • *Phot.* William C. Mellor • *Mus.* Victor Young et George Antheil • *Int.* Victor Moore (Barkley Cooper), Beulah Bondi (Lucy Cooper), Fay Bainter (Anita Cooper), Thomas Mitchell (George Cooper), Maurice Moscovitch (Max Rubens), Elizabeth Risdon (Cora Payne), Ray Meyer (Robert Cooper), Louise Beavers (Mamie), Minna Gombel (Nellie Chase), Louis Jean Heydt (le docteur), Ralph Remley (Bill Payne), Gene Morgan (Carlton Gorman).

Barkley et Lucy Cooper, un vieux couple ayant vécu cinquante ans ensemble, réunissent leur quatre enfants (la cinquième, Addie, vivant en Californie n'a pu venir) pour leur annoncer que la banque a décidé de leur retirer la maison dont ils n'ont pu payer les traites depuis plusieurs années. On leur a donné six mois pour déménager et ce délai va se terminer dans quelques jours. George propose de prendre sa mère avec lui, tandis que le père ira habiter chez l'une de ses filles, Cora. Aucun des enfants ne peut se charger des deux parents à la fois et ceux-ci vont donc se trouver très éloignés l'un de l'autre. Chez son fils, Lucy va se sentir constamment de trop. Elle gêne les cours de bridge que donne sa belle-fille pour se faire un peu d'argent ; elle met en fuite les amis de sa petite-fille Nellie, ce qui inquiète beaucoup sa mère car Nellie se met alors à fréquenter un homme marié. La bonne elle-même est prête à faire ses malles car la présence de la vieille dame l'oblige à accomplir des heures supplémentaires. Barkley, logeant chez sa fille Cora, n'est pas mieux loti. Son seul ami est le patron d'un petit drugstore, qui se félicitera, quoique abandonné par ses enfants, d'avoir pu, à la différence de Barkley, garder sa femme auprès de lui. Quand il a la grippe, Barkley insulte et mord le docteur qui ne saurait lui prodiguer les soins efficaces de Lucy. Cora en profite pour faire dire au docteur que Barkley serait beaucoup mieux en Californie. A la suite de ces événements, George apprend un jour à sa mère que son père va aller habiter chez Addie. Le climat de la côte ouest sera en effet beaucoup plus favorable à sa santé. Comprenant qu'elle ne pourra plus jamais vivre aux côtés de son mari, Lucy devance les projets de George en demandant qu'il la mette à l'hospice. Elle sait que de toute façon c'est ce qu'il avait l'intention de faire. Elle exige seulement que George ne dise jamais à son père qu'elle a quitté son domicile. Avant de se quitter, les Cooper ont la possibilité de passer cinq heures ensemble à New York. Ils marchent dans les rues, regardent les vitrines des magasins. Les prenant pour des clients potentiels, un représentant leur fait essayer une voiture et les conduit ainsi jusqu'à l'hôtel Vogard où ils avaient passé leur lune de miel, un demi-siècle auparavant. Oubliant volontairement le repas préparé par leurs enfants, ils boivent des cocktails au bar, puis dînent et dansent la valse dans la grande salle du Vogard. Lucy conduit ensuite son mari à la gare. Elle lui dit adieu, et, ce faisant, souligne combien elle a été heureuse d'être sa femme.

☞ C'est, malgré son insuccès notoire, le film préféré de McCarey (et comme on le comprend !). Sans s'en rendre compte, emporté par sa sincérité, McCarey franchit ici la limite à partir de laquelle le grand public américain (avec qui il sera en symbiose durant la plus grande partie de sa carrière) ne pouvait plus le suivre et rejettera ce mélange unique et détonant d'émotion, d'amertume, de cruauté et de colère rentrée. C'est peu de dire que *Make Way For Tomorrow* est dépourvu de happy end. Son dénouement – la séparation définitive des vieux époux – est plus bouleversante et plus insupportable qu'une fin franchement tragique qui montrerait par exemple la mort de l'un ou l'autre conjoint. Ceci aurait eu au moins un aspect *naturel,* plus acceptable pour le public. Cette séparation est au contraire anti-naturelle au possible et oblige le spectateur à réfléchir sur un type de société qui permet qu'un vieux couple de parents ayant élevé cinq enfants aux situations somme toute confortables en soit réduit à cette extrémité, et le soit avec douceur et hypocrisie par une sorte de consentement universel. McCarey veut nous amener à poser sur la société un regard non seulement social mais moral, et la morale passe toujours chez lui par ce climat d'émotion et de communication étonnant qu'il sait susciter entre les personnages et le spectateur. En ce qui concerne le dénouement, il n'est rien d'autre que le point d'orgue, la conclusion irrémédiablement logique d'une intrigue où les deux héros auront toujours été montrés séparés, sauf dans la scène d'introduction et dans leur longue déambulation finale (dont certains aspects ne sont pas sans ressemblance avec la pièce de Beckett « Oh ! les beaux jours »). La séparation des deux époux, cette mort plus cruelle que la mort, est le vrai sujet du film et découle, comme une conséquence morale terrifiante, de ce gouffre dont on dit qu'il *sépare* aussi les générations. La fluidité, la densité et la simplicité géniales du récit, où la virtuosité est comme annulée par sa perfection même, transforme le film en un discours à deux voix (celles des deux vieillards) qui pénètre le cœur du spectateur sans même passer par son esprit. Chaque scène est *tissée* d'une suite de minuscules détails à l'efficacité prodigieuse, qui reflètent et accélèrent le caractère inéluctable du destin des deux personnages : tout ce qu'ils font (et même s'ils sont éminemment sympathiques, ils sont loin d'être des saints) se retourne contre eux et, minute par minute, les rapproche de cette séparation finale qui clôt le film. On reconnaît dans ce tissage de détails l'improvisateur burlesque surdoué que fut McCarey au temps du muet. Son talent particulier nous oblige à regarder les réactions des personnages comme au microscope et c'est justement cette intimité de plus en plus intense avec eux qui rendra le dénouement si pénible. S'il a été fidèle à sa méthode esthétique, McCarey a violé ici une des règles qu'il s'était lui-même fixées quand il disait que dans ses films il voulait qu'on rie et qu'on pleure, que l'histoire raconte quelque chose et que le spectateur se sente à la sortie de la salle plus heureux qu'en y entrant. Certes dans *Make Way For Tomorrow* on rit et on pleure, mais aucun spectateur ne se sent plus heureux à la fin du film qu'au début. Mais violer ses propres règles, n'est-ce pas après tout le plus beau défi que puisse s'imposer un artiste ? Incompris du public, *Make Way For Tomorrow* a toujours bénéficié d'une estime considérable auprès des collègues metteurs en scène de l'auteur ; son titre a circulé parmi les cinéastes de sa génération et de la suivante comme un mot de passe servant à désigner quel sommet d'expressivité pouvait atteindre, hors de toutes contraintes, le cinéma hollywoodien. Il n'y a pas deux films pareils à celui-là dans le cinéma et dans ce dictionnaire, et c'est ce film que nous serions tentés de recommander au lecteur comme preuve ultime de la supériorité du récit cinématographique sur toutes les autres formes dramatiques de récit. Et cela au moins dans deux domaines : la rapidité à entrer dans le vif du sujet, l'intensité émotionnelle.

BIBLIO. : l'estime dans laquelle fut tenu le film dans les années qui suivirent sa réalisation se manifeste notamment dans le fait que son scénario et ses dialogues furent publiés dans le volume « Twenty Best Film Plays », rassemblés par John Gassner et Dudley Nichols, New York, Crown, 1943, à côté de ceux de films aussi célèbres et populaires que *Rebecca**, *Les raisins de la colère**, *La chevauchée fantastique**, etc.

## PLAISIR (LE)

1951 – France (97') • *Prod.* Stera-Film, CCFC (Edouard Harispuru et Ben Barkay) • *Réal.* MAX OPHULS • *Sc.* Jacques Natanson et Max Ophuls d'ap. trois contes de Maupassant • *Phot.* Christian Matras (I et II), Philippe Agostini (III) • *Mus.* Joe Hayos, Maurice Yvain • *Déc.* Jean d'Eaubonne • *Cost.* Georges Annenkov • *Int.* I : Claude Dauphin (le docteur), Gaby Morlay (Denise), Jean Galland (Ambroise) ; II : Jean Gabin (Joseph Rivet), Madeleine Renaud (Julie Tellier), Ginette Leclerc (Mme Flora), Danielle Darrieux (Mme Rosa), Mila Parély (Mme Raphaèle), Paulette Dubost (Mme Fernande), Mathilde Casadesus (Mme Louise), Héléna Manson (Marie Rivet), Pierre Brasseur (Julien Ledentu), Balpêtré (M. Poulin), Henri Crémieux (M. Pimpesse), Jean

Meyer (M. Dupuy), Louis Seigner (M. Tournereau), Marcel Pérès (M. Duvert), Palau (M. Vasse) ; III : Jean Servais (le chroniqueur), Simone Simon (Joséphine), Daniel Gélin (Jean).

Trois contes de Maupassant racontés par l'écrivain lui-même (auquel Jean Servais prête sa voix). I LE MASQUE. Au Palais de la Danse, un danseur perclus, rouillé, s'écroule brusquement sur la piste. Un docteur de la clientèle découvre qu'il a un masque et, sous ce masque, les traits d'un très vieil homme. Il le ramène chez lui. Sa femme n'est pas étonnée de son état. Elle explique au docteur que son mari, ancien coiffeur, très aimé des dames, a continué, l'âge venu, à fréquenter assidûment les dancings, par regret de sa jeunesse perdue. Lors de ces virées, il se couvre le visage d'un masque pour paraître jeune. L'aimant comme au premier jour, sa femme est indulgente à ce travers. II LA MAISON TELLIER. Dans un petit port de la Manche, la Maison Tellier reçoit les bourgeois côté rue et les marins côté cour. Un soir, c'est la catastrophe pour les habitués : la maison est fermée. Les bourgeois se désolent, les marins se bagarrent. Fermée... pour cause de première communion. En effet, la patronne s'est rendue avec ses pensionnaires à la campagne, pour assister à la communion de sa nièce, la fille de son frère Joseph Rivet, le menuisier. En train, ces dames ont rencontré un couple de vieux paysans et un commis voyageur trop entreprenant qu'elles ont jeté hors du wagon. A la descente du train, Joseph amène ses invitées en charrette jusqu'à sa ferme où il les installe pour la nuit. Le silence les empêchera de dormir. A l'église, émues, elles pleurent comme des Madeleine et, par contagion, font pleurer l'assistance. Au banquet qui suit la cérémonie, Joseph, un peu ivre, n'en finit pas de remercier les dames de la ville. Puis il s'attarde un peu trop dans la chambre de Mme Rosa qui lui plaît bien. Il raccompagne ses invitées au train. Dans le port, c'est le soulagement. Pour fêter le retour des pensionnaires, les habitués de la Maison Tellier dansent jusqu'à minuit. III LE MODÈLE. L'histoire est racontée comme les deux précédentes par le narrateur qui, cette fois, y tient son rôle en la personne d'un chroniqueur bien parisien (Jean Servais). Son ami Jean, le peintre, s'était amouraché d'un modèle, Joséphine, dont la grâce l'avait séduit. Puis il s'en était lassé. Après bien des querelles, il s'était réfugié chez le chroniqueur pour fuir Joséphine qui vint le relancer. Le chroniqueur avait essayé de ramener la jeune femme à la raison, lui expliquant que la famille de Jean voulait le marier. « Si tu te maries, je me tue », dit-elle à Jean. Il la mit au défi de le faire. Elle sauta par la fenêtre et se rompit les jambes. Aujourd'hui, sur une plage normande, il la promène en petite voiture. Il l'a épousée pour réparer ou, peut-être, ému par son amour. Il s'est fâché avec son ami, le chroniqueur, à cause de son intervention. « Il a eu tort, dit celui-ci à l'interlocuteur à qui il racontait l'histoire. Il a trouvé l'amour, la gloire, la fortune. Est-ce que cela n'est pas le bonheur ? » – « Tout de même, tu m'avoueras que cela est bien triste », dit l'autre. – « Mais, mon cher, le bonheur n'est pas gai. »

☞ Ces trois confrontations du plaisir avec l'amour, avec la pureté et avec la mort, pour reprendre les termes mêmes du narrateur, constituent l'un des films les plus brillants d'Ophuls et l'un de ceux où il a atteint la perfection de son art, comme dans *Lettre d'une inconnue** et *Madame de**. Interprétant librement Maupassant, Ophuls donne à chacune des trois histoires un ton majeur qui reparaît en mineur dans les deux autres : mélancolie dans la première, ironie et jubilation dans la deuxième, tristesse morbide dans la troisième. Tous ces tons et toutes ces histoires conduisent inexorablement à cette gravité à laquelle, dans l'univers d'Ophuls, l'homme ne peut échapper, même s'il a passé toute son existence à la fuir. Sur le plan du style, *Le plaisir* représente « l'idéale conciliation de l'impressionnisme français et du baroque germanique » (Claude Beylie). On remarquera en passant que ni le pléonasme ni la redondance ne gâtent ce style, mais au contraire l'enrichissent. Quelle plus mauvaise idée a priori que de faire décrire par le narrateur ce qu'on voit si bien représenté sur l'écran ! Et pourtant, de cette manière, le film nous touche doublement, par son récit verbal et par ses images. La technique particulière d'Ophuls – mouvements de caméra incessants et interposition d'objets et de parties de décor entre cette caméra et les personnages – va ici plus loin que jamais dans la mise en application de ses partis pris. Particulièrement dans la description des activités de la Maison Tellier, vues uniquement de l'extérieur du décor et de derrière les fenêtres. Comment justifier ce parti pris ? Et pourquoi le justifier ? Ici, caprice et génie, artifice et nécessité se rejoignent. On dira seulement qu'Ophuls apparaît comme une sorte d'Asmodée qui serait pudique. L'interprétation obéit à la règle d'or que s'était fixée une fois pour toutes Ophuls : mettre des grands acteurs partout et jusque dans les plus petits rôles. A cet égard, la séquence de la déception des clients de la Maison Tellier est particulièrement réjouissante. Les dialogues : il faut apprécier leur économie et cette sélection judicieuse pratiquée dans le texte de Maupassant, où ils sont plus abondants et ont une fonction beaucoup plus narrative. Ils s'enrichissent chez Ophuls d'ajouts admirables comme les phrases finales sur le bonheur qui n'est pas gai. Le demi-succès du film, critique et public, fut décevant pour Ophuls et ses admirateurs. Par la suite, les ciné-clubs et les salles d'art et essai réparèrent un peu les choses. On avait murmuré à l'époque que, si Ophuls ne s'était pas obstiné à mettre l'histoire la plus noire en dernier et avait terminé par *La Maison Tellier,* le public aurait vu le film autrement. Mais fallait-il, pour lui plaire, gâcher l'architecture d'ensemble du film, avec les deux sketches plus courts encadrant le panneau central ? Là aussi, caprice et génie, si bien mariés ensemble, se moquent de toute critique.

N.B. Avant de porter son choix sur « Le modèle », Ophuls avait envisagé d'adapter « La femme de Paul ». Anton Walbrook et Peter Ustinov, ces piliers de l'univers ophulsien, doublent Jean Servais respectivement dans les versions allemande et anglaise du film.

## PLANÈTE INTERDITE (Forbidden Planet)

1956 – USA (98') • *Prod.* MGM (Nicholas Nayfack) • *Réal.* FRED McLEOD WILCOX • *Sc.* Cyril Hume d'ap. une histoire de Irving Block et Allen Adler suggérée par « La Tempête » de Shakespeare • *Phot.* George Folsey (Eastmancolor, Cinémascope) • *Effets spéciaux et déc.* Arthur Lonergan, Mentor Huebner, A. Arnold Gillespie, Irving Block • *Mus.* Louis et Bebe Barron • *Int.* Walter Pidgeon (Dr Morbius), Anne Francis (Altaïra Morbius), Leslie Nielsen (commandant Adams), Warren Stevens (lieutenant « Doc » Ostrow), Jack Kelly (lieutenant Farman), Richard Anderson (Quinn), Earl Holliman (Cookie), Frankie Carpenter et Frankie Darro (Robby le robot).

En 2200, à bord d'un vaisseau spatial de type soucoupe volante, un groupe de militaires terriens se dirige vers la planète Altaïr IV où vingt ans auparavant une équipe de savants a disparu. Le voyage a duré toute une année. Alors que les terriens approchent de la planète, une voix – celle du Dr Morbius, le chef de l'expédition disparue – leur déconseille formellement d'atterrir. Morbius se déclare sain et sauf et n'a besoin d'aucune aide. Conformément aux ordres qui leur ont été donnés, les terriens débarquent quand même sur Altaïr. Ils font la connaissance de Robby, un robot ultra-perfectionné qui parle cent quatre-vingt dix-sept langues et est capable de synthétiser n'importe quelle molécule de matière dont on lui fournit un échantillon. Il peut aussi la reproduire, sans aide extérieure, en quantité industrielle. Quoiqu'il ne cache pas son désir de les voir repartir au plus vite, Morbius reçoit dignement ses hôtes : le commandant du vaisseau, son second et le docteur de bord. Il leur apprend qu'il est le seul survivant de l'expédition. Peu après leur arrivée sur Altaïr, tous ses collègues ont été anéantis par une force mystérieuse qui ne s'est plus manifestée par la suite. Les trois terriens découvrent l'existence de la ravissante fille de Morbius, née sur Altaïr et qui, à part son père, n'avait jusque-là vu aucun homme. Le second du commandant l'initiera à l'art du baiser mais sera supplanté ultérieurement dans le cœur de la jeune fille par son supérieur. La nuit, une créature invisible s'introduit dans le vaisseau spatial et détruit pendant leur sommeil une partie du système de communication que les terriens étaient en train de mettre sur pied pour contacter leur planète. Morbius explique à ses hôtes qu'autrefois Altaïr était habitée par les Krels, une race qui sur le plan technique et même éthique avait un million d'années d'avance sur les terriens. Ils avaient supprimé notamment le crime et la maladie. Mais la race entière des Krels fut anéantie en une seule nuit. Morbius utilise tout son temps à étudier leurs découvertes (grâce auxquelles il a pu construire très vite Robby) et à élever son quotient intellectuel en travaillant sur une machine inventée à cet effet par les Krels. Il fait visiter aux terriens les immenses réserves d'énergie d'Altaïr, les promène à travers les puits d'aération de 78 000 étages et leur montre les 9 200 thermoréacteurs en action. Un monstre invisible et géant pénètre à nouveau dans le périmètre, maintenant gardé, autour de la soucoupe. Il a déjà tué un ouvrier, quand les terriens parviennent à le rendre visible en l'attaquant avec leurs désintégrateurs. Ils repoussent momentanément le monstre qui a fait plusieurs victimes (dont le second du commandant). Le docteur a essayé de manière intensive la machine à développer l'intelligence. Son savoir dépasse maintenant celui de Morbius, mais l'effort cérébral qu'il a dû fournir est au-dessus de ses forces. Il meurt en évoquant les monstres provenant de l'« Id ». Morbius révélera que l'Id est le terme qui désigne le subconscient des Krels. Le commandant ne tarde pas à comprendre que le monstre auquel ils ont affaire est né du subconscient de Morbius et de celui des Krels. Les Krels avaient vaincu en effet la nature et le monde extérieur mais n'avaient pu triompher de leurs propres instincts et de leur subconscient. Étant parvenu à agir par la pensée, à matérialiser le produit de leur énergie psychique, ils avaient donné naissance à des monstres qui représentaient leur haine, leur agressivité refoulées. Les créatures nées de leur subconscient les avaient détruites en une seule nuit. Morbius, ayant atteint leur développement intellectuel, est devenu pareil à eux. Reniant aujourd'hui son « double maléfique » qui veut détruire sa fille (car elle aime le commandant), Morbius est anéanti. Avant de mourir, il fait accomplir au commandant les manœuvres qui provoqueront la désintégration de la planète par une gigantesque réaction en chaîne. Les terriens, à bord de leur vaisseau, ramènent vers leur planète la fille de Morbius et le précieux robot.

☞ Comme *Les survivants de l'infini** sorti l'année précédente, *Planète interdite* (transposition de « La Tempête » de Shakespeare) représente une date dans l'histoire de la SF cinématographique moderne. Malgré un récit un peu lâche et accordant trop de place à l'initiation amoureuse de l'héroïne (thème qui n'est pas spécifique à la SF !), trois éléments originaux et en partie inédits donnent au film son importance. Il y a d'abord le caractère spectaculaire provenant de la couleur et des décors de la planète Altaïr. On en avait vu d'aussi poétiques mais jamais d'aussi impressionnants (cf. les plongées sur les puits d'aération). Robby est ensuite le premier robot célèbre de la SF au cinéma et est devenu une figure légendaire du genre. Il fut réutilisé l'année suivante comme vedette d'une autre production de Nicholas Nayfack, *The Invisible Boy* (Herman Hoffman, 1957). Ses vertus d'obéissance, non dénuées d'une certaine morgue, ses talents inépuisables et son caractère pacifique – il est programmé pour ne pouvoir nuire à l'homme – l'assimilent à une sorte de super *butler* anglais des galaxies. L'idée la plus intéressante du film – même si sa représentation visuelle laisse à désirer – est bien entendu celle du monstre né à la fois du subconscient des Krels et de leur très haut niveau intellectuel. Cet « alien » surprenant prouve que les développements les plus récents de la SF actuelle (cf. *Chromosome 3**) étaient contenus en germe, et même plus qu'en germe, dans les premiers films importants du genre. On a beaucoup progressé depuis sur les plans de l'horreur et de l'impact dramatique et visuel mais l'innocence et la richesse narratives d'un tel film gardent encore tout leur charme et toute leur puissance de suggestion.

BIBLIO. : la genèse du film a été étudiée en détail dans un numéro spécial de la revue américaine « Cinefantastique », vol. 8, nº 2-3 (1979).

## PLUS BELLES ANNÉES DE NOTRE VIE (LES)
### (The Best Years of Our Lives)

1946 – USA (165') • *Prod.* Samuel Goldwyn (distribué par RKO) • *Réal.* WILLIAM WYLER • *Sc.* Robert E. Sherwood d'ap. R. « Glory For Me » de Mackinlay Kantor • *Phot.* Gregg Toland • *Mus.* Hugo Friedhofer • *Int.* Fredric March (Al Stephenson), Myrna Loy (Milly Stephenson), Dana Andrews (Fred Derry), Teresa Wright (Peggy Stephenson), Virginia Mayo (Marie Derry), Harold Russell (Homer Parrish), Cathy O'Donnell (Wilma Cameron), Hoagy Carmichael (Butch Eagle), Gladys George (Hortense Derry), Roman Bohnen (Pat Derry), Ray Collins (Mr. Milton), Steve Cochran (Cliff).

Trois soldats démobilisés habitant la même ville mais ne se connaissant pas rentrent ensemble chez eux. Joie et anxiété se partagent leur cœur. Homer Parrish, le plus jeune des trois, a perdu ses deux avant-bras et porte deux crochets qu'il a appris à utiliser avec une grande habileté. Il redoute plus que tout le sentiment de pitié que ses proches et surtout sa fiancée Wilma ne manqueront pas d'éprouver à son égard, alors qu'il voudrait tant être considéré comme un homme normal. Fred Derry, pilote de bombardier, apprend de la bouche de son père que sa femme, la jeune et belle Marie, qu'il avait épousée juste avant son départ, sans bien la connaître, a quitté la maison pour aller vivre seule. Elle travaille dans un night-club. Al Stephenson, le plus âgé des trois, retrouve sa femme et ses deux enfants qui ont grandi et qu'il reconnaît mal. A lui aussi, la réadaptation à la vie civile fait un peu peur. Son travail de banquier lui apparaît aujourd'hui d'un matérialisme assez dérisoire. Promu vice-président au service des prêts, il essaiera cependant de remplir ses fonctions le plus humainement possible. Ce même soir, les trois amis de fraîche date se retrouvent dans un bar que leur avait indiqué Homer et où officie son ami, le pianiste Butch. Homer et Al ont voulu prendre l'air et Fred n'a pu retrouver sa femme. Complètement ivre, Fred passera cette première nuit au foyer de Al. La fille de celui-ci, Peggy, tombe amoureuse de Fred. Fred retrouve sa femme et lui fait quitter son travail. Quant à lui, ses espoirs professionnels s'amenuisent au fil des jours. Il ne trouvera qu'un job de vendeur et deviendra l'assistant de son ex-assistant au drugstore où il travaillait avant guerre et qui a changé de direction. La pauvreté de ce nouveau poste décourage sa femme qui ne l'avait jamais aimé, et elle demande le divorce. Fred démissionne de son poste après une bagarre avec un client qui avait entrepris de démontrer à Homer qu'on s'était trompé d'ennemi durant la guerre et qu'il aurait fallu combattre les Rouges. Fred a dû promettre à Al de ne pas chercher à revoir Peggy. Visitant un cimetière d'avions, il trouve un job chez un démolisseur qui utilisera le matériau fourni par la destruction des avions pour bâtir des maisons préfabriquées. Homer a fait tout ce qu'il a pu pour décourager Wilma de s'intéresser à lui. Mais les deux jeunes gens sont profondément amoureux l'un de l'autre. Au mariage de Homer, Fred revoit Peggy et lui propose de l'épouser.

☞ Quarante ans après sa sortie, on constate que ce film couvert d'Oscars, de récompenses diverses, d'éloges dithyrambiques, les méritait tous. Parfois, il convient de remiser la politique des auteurs. William Wyler, auteur de second ordre, signe avec ce film, qui lui tint particulièrement à cœur et où les trois personnages décrits sont pour lui comme des frères d'armes, une sorte de chef-d'œuvre. Le métier s'est ici métamorphosé en talent, voire en génie (surtout dans la première heure qui exploite d'une manière étonnante le thème rebattu du retour du soldat). On sent, dans un tel film, que le moindre détail a été minutieusement préparé, répété, calculé, et pourtant l'émotion est constamment présente sur l'écran : dans chaque séquence, la plupart des idées de scénario et de mise en scène la nourrissent et la renouvellent. Sur le plan du scénario, l'entrelacs des trois destins et l'usage des scènes très longues sont admirables. Sur le plan de la mise en scène proprement dite, l'emploi des plans longs et de la profondeur de champ ne l'est pas moins. Wyler et son opérateur Gregg Toland (cent fois mieux inspiré que chez Welles) se servent souvent de la profondeur de champ dans les *climax* et les scènes d'émotion intense : par exemple le retour d'Al chez sa femme, le plan dans le café où Al écoute Homer et Butch jouer du piano et garde en même temps un œil sur Fred qui téléphone à sa fille, ou bien les retrouvailles de Fred et de Peggy au mariage de Homer. Pour émouvant qu'il soit, le tableau de l'après-guerre donné ici n'en cultive pas moins la nuance et la demi-teinte. Ce n'est pas un total bilan de faillite que Wyler cherche à présenter mais plutôt l'évidence d'un long désenchantement d'où sortira peut-être une énergie nouvelle pour les personnages. Parce que désenchanté, ce réalisme psychologique et social qui fait la force du film se teinte constamment d'un certain lyrisme, parfois poignant. Direction d'acteurs magistrale : Wyler tire le meilleur parti aussi bien de la vieille garde (Fredric March, Myrna Loy) que de la nouvelle génération : Dana Andrews (*Laura**, *Fallen Angel**), Cathy O'Donnell (la future interprète des *Amants de la nuit** de Nicholas Ray), tous deux héros de *films noirs* et tellement éloignés du cinéma psychologique d'avant guerre. Quant au choix et à l'interprétation du non-professionnel Harold Russell dans le rôle de l'infirme, ils résument bien les qualités du film : audace, émotion, sobriété, dignité.

N.B. A cause de ses films célèbres avec Bette Davis, on a peut-être surestimé chez Wyler le « woman's director ». Après 1945, Wyler devient excellent dans la peinture des personnages masculins, notamment ici et dans l'excellent *Carrie*, 1952, adapté du roman de Dreiser, où Laurence Olivier donne une de ses plus belles compositions. L'idée des *Plus belles années de notre vie* est généralement attribuée à Samuel Goldwyn. Il commanda un synopsis à l'écrivain Mackinlay Cantor et celui-ci rédigea (en vers blancs) un roman intitulé « Glory For Me ». C'est de ce roman que Robert E. Sherwood tira le scénario du film. A la même époque, Edward Dmytryk réalisa *Till the End of Time*, un film au scénario étonnamment proche de celui des *Plus belles années* (d'après le roman de Niven Busch « They Dream of Home »). Sortie quelques mois avant le film de Wyler, c'est une œuvre assez terne où seul l'épisode dirigé contre les extrémistes de droite a plus de virulence que chez Wyler. Sur ce film, voir les mémoires de Dmytryk, « It's a Hell of Life But Not a Bad Living », Times Books, New York, 1978.

## POIL DE CAROTTE

1926 – France (108') • *Prod.* Majestic Film – Films Legrand • *Réal.* JULIEN DUVIVIER • *Sc.* J. Duvivier et Jacques Feyder d'ap. R. et P. de Jules Renard • *Phot.* Ganzli Walter, André Dantan • *Int.* Henry Krauss (M. Lepic), André Heuzé (Poil de Carotte), Charlotte Barbier-Krauss (Mme Lepic), Fabien Haziza (Félix), Suzanne Talba (Annette), Renée Jean (Ernestine).

## POIL DE CAROTTE

1932 – France (91') • *Prod.* Vandal et Delac • *Réal.* JULIEN DUVIVIER • *Sc.* J. Duvivier d'ap. les œuvres (sic) de Jules Renard • *Phot.* Armand Thirard et Émile J. Monniot • *Mus.* Alexandre Tansman • *Int.* Harry Baur (M. Lepic ), Robert Lynen (Poil de Carotte), Catherine Fontenay (Mme Lepic), Christine Dor (Annette), Colette Segall (Mathilde), Simone Aubry (Ernestine), Louis Gauthier (le parrain), Max Fromiot (Félix).

La vie malheureuse du jeune François Lepic, dit Poil de Carotte, malmené entre une mère haineuse et malfaisante à son égard, un père taciturne et las qui se croit mal aimé de son fils, un frère et une sœur cupides et hypocrites. Seule, la jeune domestique Annette, une bonne âme, prend son parti et fait comprendre à son père combien il est malheureux. M. Lepic sauvera *in extremis* Poil de Carotte du suicide.

☞ A six ans d'intervalle, Julien Duvivier réalise deux versions du chef-d'œuvre de Jules Renard. L'âpreté naturelle, le pessimisme, la misanthropie de Duvivier font de lui un adaptateur tout indiqué de Jules Renard, même si son œuvre est en général dépourvue de cette dimension d'ironie féroce et d'humour noir qui caractérise l'écrivain. La continuité dramatique des deux films est assez proche, tirée dans les deux cas beaucoup plus de « Poil de Carotte » roman (1894) – il s'agit en fait d'une suite de saynètes munies d'un titre et réunies dans une construction singulière et non dynamique, tout à fait propre à Jules Renard – que de la courte pièce que Renard tira six ans plus tard de l'œuvre originale. Dans la version parlante, Duvivier supprime une invention de son cru qui ne s'imposait pas (la liaison platonique de Félix avec une chanteuse qui cherche à lui extorquer de l'argent) et replace le récit, curieusement situé en Haute-Savoie dans la version muette, dans son lieu original, la Nièvre. Les deux films se bouclent, en mélodrame, par le sauvetage du fils par le père et ceci est également une innovation assez conventionnelle de Duvivier. Le film muet est un peu plus varié en épisodes, en lieux, et aussi en trucages optiques que le film parlant. Il est surtout plus dur, plus naturaliste, plus violent dans la caricature (Mme Lepic en particulier est un monstre femelle, moustachu et affreux à voir, tout à fait abominable). C'est là la principale différence entre les deux films. La cruauté de Poil de Carotte, ses réactions instinctives et parfois perverses à la situation intenable où il se trouve sont totalement gommées dans l'une et l'autre version. Toutefois, le Poil de Carotte muet (André Heuzé) est plus rude, plus « nature » que celui de Robert Lynen qui pousse le personnage, d'ailleurs avec talent et vivacité, vers le pastel. Les deux adaptations sont honnêtes sans plus (avec une légère supériorité pour le film muet) et montrent la difficulté de servir au cinéma ce grand livre et de lui ajouter quelque chose qu'on puisse admirer. De toute façon, le reflet qu'elles en donnèrent, même édulcoré, aura suffi à passionner le public. Les autres adaptations sont très inférieures au travail de Duvivier : celle de Paul Mesnier (1952), devenue très rare, avec Raymond Souplex dans le rôle de M. Lepic, est médiocre mais acceptable, celle d'Henri Graziani (1972), avec Philippe Noiret, totalement ratée.

N.B. Dans sa célèbre thèse complémentaire, « L'interprétation graphique, cinématographique et musicale des œuvres de Jules Renard », Nizet, 1936, le spécialiste de Jules Renard, Léon Guichard, critique très violemment la version muette et se montre un peu plus indulgent pour le film parlant. Il fait précéder ses invectives de cet avertissement : « Je n'ai pas vu le film de 1926, mais j'en ai vu un programme, abondamment illustré et contenant le résumé du scénario... » Légèreté des universitaires !

## POINTE COURTE (LA)

1956 – France (74') • *Prod.* Films Tamaris • *Réal.* AGNÈS VARDA • *Sc.* Agnès Varda • *Phot.* Louis Stein • *Mus.* Pierre Barbaud • *Int.* Silvia Monfort, Philippe Noiret, les habitants de la Pointe Courte.

Dans la région de Sète, au bord de l'étang de Thau, les pêcheurs vivant dans de misérables cabanes sont en lutte constante avec les autorités qui veulent leur interdire, pour des raisons d'hygiène, de pêcher des coquillages là où ils sont en abondance. Un jeune pêcheur, fiancé, ira en prison pendant quelques jours à Montpellier mais aura une permission pour participer aux joutes aquatiques qui ont lieu tous les dimanches à Sète. Ses mérites en cette occasion lui vaudront l'admiration de son futur beau-père qui jusque-là voyait d'un très mauvais œil le projet de mariage de sa fille. Pendant ce temps, un couple de Parisiens en vacances fait son examen de conscience. Le mari, natif du lieu, y est revenu pour la première fois après quatre ans de mariage et sa femme, une intellectuelle parisienne, qui veut rompre avec lui, apprend à connaître les sites où il a passé son enfance. Cette découverte consolide le couple et révèle à la femme combien elle est attachée, que cela lui plaise ou non, à son mari.

☞ Deux films en un dans ce premier long métrage, modeste mais ambitieux, d'Agnès Varda. Ils ne fusionneront jamais quoiqu'un formalisme constant, parfois très maladroit, parfois inspiré, les habite tous les deux. La peinture des pêcheurs descend en droite ligne du néo-réalisme formaliste de *La terra trema** et dans une moindre mesure de l'austérité picturale de *Farrebique**: tournage en extérieurs et utilisation de la population locale qu'il fallut malheureusement post-synchroniser dans la plupart des cas. La caméra de Varda se promène dans le village et y dessine de longues arabesques attentives et indiscrètes : c'est le meilleur du film. L'autre aspect – les problèmes de couple de deux citadins – est formaliste par le hiératisme du jeu, la diction théâtrale et la recherche – pour ne pas dire l'affectation – des cadrages : ainsi ce double plan où apparaissent le profil de l'acteur et l'actrice vue de face, puis quelques instants plus tard l'acteur vu de face et l'actrice devant lui prise de profil. Ce couple mal assorti, un homme placide et une raisonneuse (« Ils parlent trop pour être heureux », dit une femme de pêcheur), devrait selon la logique du scénario avoir trouvé au terme du séjour la paix et le silence. Mais la réconciliation finale semble si fragile et artificielle qu'elle suscite le scepticisme du spectateur et, dans une certaine mesure, celui de l'auteur lui-même. Ce scepticisme est la faille et l'originalité du film : à l'inverse de Rossellini dans son *Voyage en Italie**, Agnès Varda n'a pas su métamorphoser les personnages à travers l'expérience qu'elle leur fait traverser. Et si cette expérience ne les transforme pas, à quoi bon le film ? Le double embranchement de *La Pointe Courte*, film aimé par la critique et immédiatement reconnu comme important, aboutira à la Nouvelle Vague. Il est sans doute regrettable que celle-ci ait surtout retenu le second aspect – logorrhée philosophico-sentimentale, journal intime (au fond assez peu intime) d'un couple en crise – au détriment du premier : cette belle étude de milieu à la fois réaliste, sociale et poétique auquel le noir et blanc convient admirablement.

N.B. Premier film de Philippe Noiret, alors membre du T.N.P., choisi par Varda au dernier moment en remplacement de Georges Wilson, tombé malade. Quoique ce film ait lancé sa carrière cinématographique, Noiret, pourtant infiniment supérieur à sa partenaire Silvia Monfort, juge sévèrement son interprétation : « Finalement, je suis absent du film (...) Je pensais que ça demeurerait une expérience unique (...). D'autant plus que dans les quelques critiques qu'il y a eues sur le film, je me suis fait « descendre » en flamme (...). C'était un personnage très loin de moi. Il aurait sûrement fallu quelqu'un de plus âgé et le choix de Wilson n'avait pas été un hasard. A vingt-six ans, j'étais resté très jeune et je n'avais pas la maturité nécessaire pour jouer cela. » (*in* « Philippe Noiret » par Dominique Maillet, Éditions Henri Veyrier, 1989).

## POISON (LA)

1951 – France (85') • *Prod.* Gaumont-SNEG, Paul Wagner • *Réal.* SACHA GUITRY • *Sc.* Sacha Guitry • *Phot.* Jean Bachelet • *Mus.* Louiguy • *Int.* Sacha Guitry (lui-même), Michel Simon (Paul Braconnier), Germaine Reuver (Blandine), Jeanne Fusier-Gir (la fleuriste), Jean Debucourt (maître Aubanel), Jacques Varennes (le procureur), Marcelle Arnold (Germaine), Pauline Carton (la mercière), Georges Bever (le pharmacien), Albert Duvaleix (le curé), Louis de Funès (André).

Sacha Guitry lit et signe une dédicace à Michel Simon puis a un mot aimable pour chacun des acteurs et techniciens de sa troupe. Dans un village situé près d'Évreux, Paul Braconnier, horticulteur de cinquante-trois ans, s'est pris de haine et de dégoût pour sa femme, une horrible mégère, qui boit, l'insulte constamment et ne se lave presque jamais. Il entend à la radio une interview du célèbre avocat d'assises, maître Aubanel. Ce ténor du barreau fête son centième acquittement et établit un distinguo aussi subtil qu'audacieux entre les criminels occasionnels, qu'il appelle meurtriers, et les criminels endurcis, qu'il appelle assassins. Braconnier se dit qu'il a trouvé son homme et va le consulter à Paris. Il prétend avoir tué sa femme et, en se basant sur les questions que lui pose l'avocat, découvre quels sont les meilleurs moyens à employer pour commettre, sinon le crime parfait, du moins le crime idéal du point de vue de l'acquittement du coupable. Coup de couteau (pour écarter l'idée de préméditation), soupière renversée (pour faire croire que sa femme l'a attaqué), scène de jalousie débitée à la cantonade (pour plaider le crime passionnel), etc. Rentré chez lui, Braconnier flanque à sa femme un coup de couteau dans le ventre et s'entoure de toutes les précautions qui lui ont été suggérées par son entretien avec l'avocat. Ce qu'il ignore, c'est que sa femme voulait, elle aussi, le tuer et avait versé de la mort-aux-rats dans son verre (qu'il n'a pas bu). Braconnier se rend immédiatement aux gendarmes (autre « conseil » arraché à l'avocat) et les amène devant le cadavre. Le pharmacien qui avait vendu la mort-aux-rats accourt avec un contrepoison, persuadé que c'est le mari qui a été empoisonné. Quand il voit la femme poignardée, il s'évanouit et on lui donne, pour le remonter, le verre de vin empoisonné destiné à Braconnier. Il meurt sur-le-champ. En prison, Braconnier reçoit la visite d'un de ses concitoyens qui lui apprend que, sur le plan commercial, le village est ravi de son crime. (Une délégation de commerçants avait autrefois sollicité le curé, horrifié par cette initiative, pour qu'il leur fabrique un petit miracle utile à la renommée du village.) Aubanel vient reprocher à Braconnier de l'avoir trompé ; celui-ci lui fait sentir qu'il est maintenant devenu un peu son complice. Lors du procès, Braconnier assurera lui-même une bonne partie de sa défense. Mettant en avant les intentions criminelles de sa femme à son égard, il déclare que, grâce à son action, « le châtiment a précédé le crime ». Il a donc effectué, avant même qu'elle intervienne, le travail de la Justice. Il est acquitté et sera porté en triomphe dans son village.

☞ Ce chef-d'œuvre absolument neuf marque la naissance cinématographique du troisième Guitry. Après les adaptations de ses propres pièces, puis les chroniques historico-fantaisistes style *Remontons les Champs-Élysées** qu'on peut relier, du fait de la présence d'un commentaire *off,* aux chroniques « subjectives » du *Roman d'un tricheur** et du *Trésor de Cantenac,* qui exploitent à fond l'ubiquité du cinéma, Guitry entame dans les années 50 une série de quatre films *(La poison*, La vie d'un honnête homme*, Assassins et voleurs, Les trois font la paire*),* épures sèches et parfaitement maîtrisées dans lesquelles une structure légère et en même temps implacable permet à l'auteur d'exprimer son point de vue sur la société contemporaine. Les différences avec ses films d'avant-guerre sont notoires. D'abord les personnages ne sont plus ces marginaux aimables, pleins d'urbanité jusque dans leur égoïsme extrême, qu'il avait l'habitude de dépeindre. Ce sont de véritables monstres, à tel point que Guitry ne peut plus et n'ose plus les interpréter lui-même. (Il a montré dans *La Malibran** la limite jusqu'à laquelle il pouvait aller dans l'incarnation d'un personnage négatif et antipathique : mais le mari de Maria Malibran était un ange à côté du personnage que Michel Simon interprète ici.) Les rapports des époux Braconnier, image atroce de la guerre conjugale décrite autrefois par Guitry sur un mode plaisant, aboutit à un duel de bêtes féroces et pleines de haine. Dans cette description, la limite de l'ironie, de la causticité et même de l'humour noir est très souvent franchie. Ainsi le toast que se portent debout, avant l'estocade finale, les deux époux, est un moment empreint d'une gravité si intense qu'elle fait froid dans le dos. Et si, dans ce duel à mort, le mari l'emporte, c'est uniquement parce qu'il a été plus vif et plus fin que son adversaire. Cette finesse est la part résiduelle de ce que l'auteur a en commun avec son personnage. Tous deux jugent la société avec lucidité et amertume. C'est ici que la structure du film dévoile ses pouvoirs. Non seulement elle développe le paradoxe sur lequel est fondée l'histoire (un meurtrier potentiel consulte son avocat avant d'accomplir son crime, agit suivant ses conseils en le commettant puis est acquitté grâce à lui), mais elle intègre la description d'un petit village de la France profonde, du monde de la Justice et même du monde pénitentiaire (avec ce clin d'œil que le connaisseur en la matière qu'a été Guitry à la Libération adresse dès le générique au spectateur). Le plaisir que dispense cette structure est double : c'est celui de la linéarité, qu'on pourrait aussi qualifier d'objectivité (stricte description du plan que s'est fixé le « héros » et qu'il accomplit au cours de l'intrigue), et c'est aussi celui de la digression, qu'on pourrait appeler subjectivité, par quoi le narrateur s'autorise, chemin faisant, toutes sortes de notations personnelles sur les différents univers que son héros traverse. La société, après guerre, n'est plus pour Guitry ce lieu béni où ses personnages pouvaient régner avec légèreté grâce à leur astuce, leur charme ou leur goût du travail bien fait. C'est maintenant une jungle où le poids des actes des personnages, et même leur astuce, le saisiraient presque de terreur, s'il ne s'en protégeait par une perpétuelle ironie. Se montrant sans complaisance à l'égard du crime, Guitry doute qu'il en soit de même avec la société. Qui sait, même, si elle ne serait pas en partie fondée sur lui ? Quoique Guitry dise dans sa dédicace à Michel Simon : « On ne m'empêchera pas d'appeler cela du théâtre », *La poison* est très éloigné du théâtre, du moins de celui qu'il écrivait avant guerre. Est-on pour autant plus près du roman, avec ses personnages ambigus et cruels et son terrible réalisme (Guitry, grand lecteur de Simenon), ou bien de la chronique, avec ses digressions et ses parenthèses, ou bien encore de l'essai satirique, rehaussé d'aphorismes qui résument toute l'atrocité du monde en quelques mots inoubliables ? Guitry a synthétisé ces diverses techniques dans cette série testamentaire de quatre films qui assurent par-dessus tout le triomphe du cinéma. L'interprétation, dans les grands comme dans les petits rôles, ne demande aucune remarque particulière ; elle est géniale.

N.B. Bref en tout (sa brièveté est spécifiquement française), Guitry filma *La poison* en onze jours. Michel Simon l'avait prié de faire le moins possible de deuxièmes prises, et il semble que Guitry ait pu accéder la plupart du temps à son désir.

BIBLIO. : scénario et dialogues (infimes changements dans le film définitif) publiés chez Solar en 1956. (Un tirage spécial pour la Belgique a été effectué chez Edifi à Bruxelles ; il est parfois plus facile à trouver.)

## POISON (LE)
## (The Lost Weekend)

1945 – USA (100') • *Prod.* PAR. (Charles Brackett) • *Réal.* BILLY WILDER • *Sc.* Charles Brackett et Billy Wilder d'ap. R. de Charles R. Jackson • *Phot.* John F. Seitz • *Mus.* Miklos Rozsa • *Int.* Ray Milland (Don Birnam), Jane Wyman (Helen St. James), Phillip Terry (Wick Birnam), Howard da Silva (Nat), Doris Dowling (Gloria), Frank Faylen (Bim), Mary Young (Mrs. Deveridge), Anita Bolster (Mrs. Foley), Lilian Fontaine (Mrs. St. James).

Don Birman, un New-yorkais de trente-trois ans, s'apprête à partir en week-end avec son frère Wick. Wick essaie vainement depuis six ans de désintoxiquer Don de l'alcool. Ce jour-là, il trouve encore une bouteille d'alcool suspendue par une ficelle à la fenêtre. Don comptait l'emporter subrepticement à la campagne. Il s'arrange pour que sa fiancée, Helen St. James, et Wick aillent ensemble au concert avant l'heure du départ du train. Pendant leur absence, il prend l'argent destiné à la femme de ménage et s'achète deux bouteilles de whisky. Puis il va dans son café habituel bavarder avec le barman Nat qui condamne sa façon de boire. Don lui explique que lorsqu'il boit il se sent devenir un génie, un Van Gogh, un John Barrymore ou un Shakespeare. Il rentre trop tard chez lui pour partir avec son frère. Le lendemain, au bar, il raconte à Nat le début du roman autobiographique, « La bouteille », qu'il compte écrire. Il a déjà commencé plusieurs ouvrages sans jamais les achever. Il y a trois ans, donc, à la fin d'une représentation de « La Traviata » au Metropolitan Opera, il avait rencontré Helen, native de l'Ohio. A la suite d'une erreur au vestiaire, ils avaient échangé leurs manteaux. Pendant un certain temps, l'amour qu'il éprouvait pour elle lui fit croire qu'il était guéri de son vice. Puis, au moment de rencontrer les parents d'Helen, il avait pris peur et s'était une fois de plus réfugié dans l'alcool. La jeune fille avait alors découvert son état et entreprit de le sauver. Tel est en résumé le contenu du livre que Don projette d'écrire. Nat pense que tout cela finira mal et qu'un jour Don se suicidera. Don rentre chez lui et se met devant sa machine : il ne tape que le titre du livre et la dédicace pour Helen. Puis, poussé par son démon familier, il sort afin de trouver de l'alcool. Il s'installe dans un café, et, n'ayant pas d'argent pour payer sa note, subtilise le sac de sa voisine. Il est découvert et jeté dehors. De retour dans son appartement, il retrouve une des deux bouteilles qu'il avait cachées dans un luminaire. Plusieurs heures plus tard, le téléphone le réveille mais il ne répond pas. Voulant mettre sa machine à écrire au clou, il erre longuement dans la Troisième Avenue. A sa grande surprise, tous les usuriers ont fermé boutique pour Yom Kippour. Il apprend que les Irlandais et les Juifs sont convenus de fermer ensemble leurs boutiques le jour de leurs fêtes respectives (Yom Kippour et Saint-Patrick). Il retourne chez Nat qui lui accorde un verre mais pas plus. Il emprunte quelques dollars à Gloria, une entraîneuse qui a un faible pour lui, et fait une chute dans l'escalier en sortant de chez elle. Il se retrouve dans la section des alcooliques à l'hôpital Bellevue. Un infirmier lui détaille complaisamment les horreurs du *delirium tremens*. La nuit, pendant qu'un malade a une crise et qu'on lui enfile la camisole de force, il profite du désordre pour s'enfuir. Il oblige par la menace un commerçant à lui remettre une bouteille d'alcool. Rentré chez lui, il voit une chauve-souris dévorer un rat caché dans le mur. Ses hurlements amènent la concierge à appeler Helen. Elle arrive immédiatement. Il lui prend son manteau pour le mettre au clou. Elle découvre qu'il a échangé le manteau contre un revolver. Elle use de tous ses dons de persuasion pour l'empêcher d'utiliser l'arme contre lui-même. Don décide alors de faire de ce week-end la matière de son roman.

☞ Quatrième long métrage américain de Billy Wilder et le troisième des six qu'il a écrits avec Charles Brackett. C'est le film qui assoit la réputation de Wilder comme grand metteur en scène. « Quatre-vingts pour cent d'un film, dit Wilder, tiennent dans son écriture. Les vingt pour cent qui restent vont à l'exécution : mettre la caméra au bon endroit et être capable de se payer des bons acteurs dans tous les rôles » (cf. Axel Madsen : « Billy Wilder », Cinema One, 1969). Le sujet de l'alcoolisme, s'il n'était pas nouveau à Hollywood, n'avait pas fait l'objet d'un film entier. Pendant le tournage, le doute planait quant à son succès (qui fut immense). Même si Wilder ne peut s'empêcher de laisser filtrer quelques gags (Milland disant à son frère qui lui vante les mérites de l'eau du puits et du lait de vache : « Cesse de me parler de ces breuvages insipides » ou la scène de la fermeture conjointe des usuriers juifs et irlandais), *The Lost Weekend* est un film très dramatique et très réaliste. L'utilisation des extérieurs (caméra cachée dans la Troisième Avenue, tournage dans l'hôpital de Bellevue) se révèle d'une grande efficacité. C'est l'époque où le cinéma mondial subit, à quelques exceptions près, la contagion du néo-réalisme italien. Avec un immense talent, Ray Milland incarne dans l'œuvre de Wilder le premier de ces personnages brillants mais brisés de l'intérieur, incapables de matérialiser leurs rêves, ne se rattachant plus à la vie que par une passion ou une obsession très destructrice (cf. la vieille star de *Sunset Boulevard** ou la vision très originale de Sherlock Holmes dans *The Private Life of Sherlock Holmes*). Le happy end, qui ne figurait pas dans le roman de Charles R. Jackson, manque un peu de conviction. Mais, pour l'essentiel, le film démontre avec brio les talents de romancier et de narrateur de Wilder. Non seulement Wilder dispose de plusieurs tons, traite à fond chacun de ses sujets mais trouve dans son propre éclectisme une discipline et une manière toujours nouvelle d'être personnel. Ici, la compréhension qu'il manifeste à l'égard de son personnage ne saurait être confondue avec une quelconque complaisance envers son vice. Mais pour le pessimiste qu'il a toujours été, les personnages les plus passionnants sont ceux qui ont en eux une angoisse, une faille, un déséquilibre, indissociables de leur qualité et de leur intérêt humains.

BIBLIO. : scénario et dialogue *in* « The Best Film Plays of 1945 » édité par John Gassner et Dudley Nichols, New York, Crown, 1946.

## PORT DE LA DROGUE (LE) (Pickup on South Street)

1953 – USA (83') • *Prod.* Fox (Jules Schermer) • *Réal.* SAMUEL FULLER • *Sc.* Samuel Fuller d'ap. une histoire de Dwight Taylor • *Phot.* Joe MacDonald • *Mus.* Leigh Harline • *Int.* Richard Widmark (Skip McCoy), Jean Peters (Candy), Thelma Ritter (Moe), Murvyn Vye (Capt. Dan Tiger), Richard Kiley (Joey), Willis B. Bouchey (Zara), Milburn Stone (Winoki).

Le métro de New York. Un pickpocket, Skip McCoy, déjà plusieurs fois emprisonné pour ses activités, vole dans le sac d'une femme, Candy, un portefeuille contenant un microfilm destiné à être passé à des agents communistes. Candy est suivie par la police depuis longtemps et ignore, comme le pickpocket, le contenu exact de ce qu'elle transporte. Elle accomplit cette mission, la dernière, pour son amant Joey, un espion communiste. L'agent fédéral qui a vu le pickpocket accomplir son geste fouille dans les fichiers de la police pour retrouver l'identité du voleur. Moe, une vieille indicatrice, « donne » pour cinquante dollars huit noms de pickpockets parmi lesquels se trouve effectivement celui de Skip. Menant ses recherches personnelles, Candy rencontre, elle aussi, Moe et obtient l'adresse de Skip qui habite au bout d'un quai de bois sur l'Hudson River. Zara arrête Skip et fait appel à son patriotisme pour qu'il rende le document. Skip nie tout et on est obligé de le relâcher. On lui proposera plus tard un casier vierge en échange du microfilm, mais il continuera à nier. Candy se rend à la cabane de Skip et, dans l'obscurité, se fait à moitié assommer par lui. Elle lui propose cinq cents dollars pour le microfilm mais il en réclame vingt-cinq mille. Les associés de Joey veulent maintenant tuer Skip et c'est Joey qui est chargé du crime. Candy s'est prise de passion pour Skip et donne à Joey l'adresse de Moe à la place de celle de Skip. Elle va prévenir Moe des menaces qui pèsent sur Skip. Moe est en effet une vieille amie du pickpocket, lequel ne lui garde pas rancune de l'avoir « donné » car il sait que c'est son gagne-pain. Moe met au courant Skip de ce qui l'attend ainsi que des sentiments de Candy à son égard. Elle refuse d'indiquer à Joey et aux communistes l'adresse de Skip. Joey l'abat. Skip est arrêté pour le meurtre de Moe mais il est relâché presque aussitôt. Ayant appris de Candy que Joey est l'assassin de Moe, Skip veut aller lui vendre directement le microfilm. Candy l'assomme et remet de sa part le document à la police. Zara la persuade de travailler avec eux. Elle rend le film à Joey, mais celui-ci s'aperçoit que Skip en a conservé une partie. Il laisse Candy sur le carreau quand elle refuse de lui donner l'adresse de Skip ; il la trouvera dans son sac avant de s'échapper par le monte-charge du building cerné par la police. Skip va voir Candy à l'hôpital et comprend qu'elle a trinqué pour lui. Il suit Joey venu fouiller sa cabane et, dans le métro, utilise ses dons de pickpocket pour lui subtiliser son revolver. Il attend que Joey ait remis le document à son « contact » pour lui sauter dessus et le tabasser méticuleusement. Blanchi par la police, il part en compagnie de Candy qui veillera personnellement à ce qu'il ne reprenne pas ses activités de pickpocket.

☞ Admirable leçon de cinéma dont chaque plan est *marqué* par la sensibilité à vif de Fuller, *Pickup on South Street* est à la fois le plus impersonnel et le plus personnel des films. Il s'inscrit dans la veine documentaire du *film noir,* c'est-à-dire qu'il comprend beaucoup d'extérieurs et décrit une enquête qui pourrait donner lieu à un excellent article de journal. Quand il était journaliste, Fuller avait d'ailleurs fréquenté les milieux de la petite pègre représentée ici. Les mérites de *Pickup* sont ceux d'un bon film d'action, parcouru de surcroît par le frémissement électrique que Fuller impose à tous ses récits : caractérisation aiguë des protagonistes secondaires et même des silhouettes (cf. l'homme s'empiffrant de riz qui vend des renseignements à Jean Peters et saisit avec ses baguettes les billets froissés qu'elle pose sur la table) ; tempo vif et parfois haletant ; utilisation savante de la profondeur de champ et des longs mouvements d'appareil pour donner à l'action sa juste dose de piment et de réalisme. (Par ailleurs, le baroquisme fullérien privilégie les plans très serrés ou très larges au détriment des plans moyens.) N'oublions pas l'humour, un certain humour sardonique et désabusé qui n'est pas spécifique à Fuller (cf. les films de Don Siegel) et qui a un double effet contradictoire, très fréquent dans le cinéma hollywoodien d'après-guerre : il distancie le spectateur d'un premier degré qui déjà ne fonctionnait plus à l'époque mais accroche ainsi plus efficacement ce spectateur à l'action en sollicitant sa complicité. Fuller laisse d'ailleurs tomber cet humour quand il juge bon, c'est-à-dire ici au milieu du récit. On jugera de son talent, de sa virtuosité et de son contrôle sur la matière du film au fait que la séquence la plus drôle de l'intrigue et la séquence la plus tragique ont pour protagoniste le même personnage, la vieille Moe (interprétée par la parfaite Thelma Ritter dont les compositions ont été souvent inoubliables cf. *Letter to Three Wives*, The Mating Season* de Mitchell Leisen, 1951, *Rear Window**, etc.). Dans la première de ces séquences, elle vend Widmark à la police selon son tarif habituel. Dans la seconde séquence, elle se laisse assassiner, vieille femme fatiguée, courageuse et intègre à sa façon, appelant la mort comme une délivrance. Passons à l'aspect le plus strictement fullérien du film. Toute l'action est vue du côté de deux rebuts de la société, deux personnages qui ne valent rien selon les valeurs bourgeoises de cette société, et donc traîtres l'un et l'autre à ces valeurs. La ressemblance profonde qui existe entre Jean Peters l'aventurière, et Widmark le pickpocket (passé trouble, dynamisme et vitalité puissante, situation précaire de survie dans la jungle des villes) rend crédible le coup de foudre qu'ils ressentent l'un pour l'autre entre deux tabassages (ils n'arrêteront pas de se cogner dessus tout au long du film). Le point de vue de Fuller est de montrer une certaine solidarité, une certaine intégrité chez ces personnages marginaux, assumant plus ou moins bien leur condition et adeptes à demi conscients d'une morale qui pourrait en remontrer aux piliers de la société. Personnages décalés, déphasés, constamment en déséquilibre entre l'univers des bons et celui des méchants et n'appartenant pas plus à l'un qu'à l'autre, ils permettent à l'auteur d'exprimer, au sein de son pessimisme explosif, une vision morale et non conventionnelle du monde. L'anticommunisme du sujet sert de critère pour juger de la relative pourriture des personnages. Ceux qu'affectionne particulèrement Fuller, tel le pickpocket joué par Widmark, se tiennent à la bordure du mal absolu, mais ne franchissent jamais la frontière. Quand ils sont tentés de le faire, leur bon ange les en empêche (scène où J. Peters assomme Widmark). Peut-être parce qu'ils sont les plus *exposés,* sont-ils aussi – dramatiquement et moralement – les plus attachants.

N.B. Selon le désir des dirigeants de la Fox française, les agents communistes furent transformés, dans la version française du film, en trafiquants de drogue. D'où le titre : *Le port de la drogue.* Remake : *The Cape Town Af-*

fair, 1967, de Robert D. Webb. Dans une séquence de l'émission de télévision « Cinéma Cinémas » (du 1-12-1982 sur Antenne 2), Fuller commente à la moviola les premiers plans de son film et indique notamment que la rame et la station de métro sont, contre toute attente, des décors construits en studio.

## PORT DE L'ANGOISSE (LE)
**(To Have and Have Not)**

1945 – USA (100') • *Prod.* Warner (Howard Hawks) • *Réal.* HOWARD HAWKS • *Sc.* Jules Furthman et William Faulkner d'ap. R. d'Ernest Hemingway • *Phot.* Sid Hickox • *Mus.* Franz Waxman • *Chansons* de Hoagy Carmichael (Lyrics de Johnny Mercer) • *Int.* Humphrey Bogart (Harry Morgan), Walter Brennan (Eddie), Lauren Bacall (Marie Browning), Dolores Moran (Hélène de Bursac), Hoagy Carmichael (Cricket), Walter Molnar (Paul de Bursac), Dan Seymour (Renard), Sheldon Leonard (Loyo), Marcel Dalio (Frenchy), Walter Sande (Johnson).

Fort-de-France, été 1940. Un Américain, le capitaine Harry Morgan, et son protégé Eddie, vieux marin alcoolique, gagnent leur vie en louant leur bateau à des touristes amateurs de pêche. Le dernier en date de leurs clients, Johnson, un Américain maladroit, met fin à son contrat de seize jours avec Morgan après avoir raté deux belles prises. Il promet à Morgan de payer ce qu'il lui doit le lendemain après l'ouverture des banques. A l'hôtel Marquis, Morgan rencontre une nouvelle arrivante, Marie Browning, une grande fille maigre, séduisante, fauchée, et terriblement insolente. Il la voit s'emparer du portefeuille de Johnson. Il l'oblige à le rendre à son propriétaire, non sans avoir constaté que Johnson avait acheté un billet d'avion pour un vol dont le départ devait avoir lieu bien avant l'ouverture des banques... Un groupe de Français, des gaullistes, sont venus à l'hôtel pour supplier Morgan de mettre son bateau à leur disposition. Il a déjà refusé à plusieurs reprises car il ne veut pas se mêler des affaires françaises. Quand les résistants quittent les lieux, une fusillade éclate, déclenchée par la police. Deux d'entre eux sont tués et une balle perdue atteint Johnson. Morgan et Marie sont interrogés par un policier de Vichy, l'antipathique inspecteur Renard, qui leur confisque leur argent. Du coup, Morgan décide d'accepter la mission que voulaient lui confier les résistants. Ayant tenté d'écarter Eddie de cette affaire dangereuse, il le retrouve cependant à son bord, tel un passager clandestin. Ils vont chercher sur une plage voisine Paul de Bursac, un chef de la Résistance, et sa femme (dont la présence n'était pas prévue au programme). Sur le chemin du retour, ils rencontrent un patrouilleur. Échange de coups de feu. Bursac est blessé. A Fort-de-France, ses compagnons le cachent dans la cave de l'hôtel Marquis et c'est Morgan lui-même qui doit lui extraire la balle qu'il a dans l'épaule. Sa femme n'est bonne à rien et renverse en s'évanouissant une bonne partie de l'anesthésique. Elle excite la jalousie de Marie qui tente de diriger vers elle les vapeurs d'éther. Après avoir vainement essayé de faire parler Eddie, l'inspecteur Renard et ses sbires le kidnappent pour obtenir de Morgan, par un chantage, qu'il révèle la cachette de Bursac. Jugeant Renard de plus en plus antipathique, Morgan abat son garde du corps puis réduit à l'impuissance Renard lui-même, ainsi que son second. Il leur met à tous deux les menottes et oblige Renard à faire libérer Eddie. Morgan est maintenant passé tout à fait du côté des résistants. Avec Marie qui avait trouvé une place de chanteuse à l'hôtel Marquis mais qui préfère le suivre, avec aussi son inséparable Eddie, Morgan quitte la ville et s'apprête à aller libérer de l'Ile du Diable un des principaux chefs de la Résistance.

☞ Un des films les plus caractéristiques et les plus parfaits de Hawks. Il est né d'une blague et d'un défi. Hawks avait assuré à Hemingway qu'il pourrait tirer un bon film même de sa plus mauvaise histoire. Hemingway proposa son roman « To Have and Have Not ». Jules Furthman se mit à l'œuvre et, avec l'aide de Faulkner, en tira une sorte de remake sophistiqué de *Casablanca**. Sur le plan du sujet, le film est pour ainsi dire le jumeau de *The Big*

*Sleep** : tous deux racontent la naissance d'un couple (en ce qui concerne *To Have and Have Not* cette naissance eut lieu aussi derrière la caméra) et l'engagement d'un homme dans une action qu'au départ il dédaignait ou traitait à la légère. Sur le plan du récit, aucune ruse dramatique. L'auteur refuse d'en savoir plus sur l'intrigue que ses personnages ou que le public (ce refus sera poussé dans *The Big Sleep** à une limite paradoxale puisque le réalisateur et ses scénaristes avoueront n'avoir jamais compris intégralement l'histoire). A l'inverse de ceux de *Casablanca**, les personnages de *To Have and Have Not* ne songent guère au passé, et l'avenir les tourmente peu. Ils vivent dans le présent et y évoluent à l'aise comme un poisson dans l'eau. Hawks est, dans son classicisme, le cinéaste du présent et, par extension, le cinéaste du bonheur. Son présent, en général, n'est pas un présent d'historien comme celui de Rossellini, mais le matériau dans lequel les personnages coulent, sans se prendre au sérieux, leur envie d'action et leur goût du bonheur. Pas plus qu'ils ne songent à composer sur le plan moral, à accepter tel ou tel compromis, les acteurs qui les incarnent n'ont à se soucier de la *composition*. Hawks est à la recherche de la distance minimale entre ses personnages et ses interprètes, au moins en ce qui concerne leur caractère, et il l'a trouvée ici au-delà de ses espérances. L'ironie, l'insolence tranquille de Lauren Bacall faisaient d'elle, dès l'origine, un personnage hawksien à part entière et Hawks a rassemblé autour d'elle, comme dans tant de ses films, un groupe de personnages qui se comprennent, s'estiment, se ressemblent et font de cette communauté de vues et de caractères la base de leur action. Ceux qui ne font pas partie du groupe et s'opposent à lui (comme l'inoubliable Dan Seymour) sont des «méchants», des poussifs, des sans-humour que l'auteur stigmatise avec une joyeuse férocité. L'action, l'aventure, le danger, le manichéisme, l'exotisme, la *love story*, toutes ces notions de base du cinéma hollywoodien sont ici repensées et recréées avec une élégance suprême qui les lave de tout caractère conventionnel ou académique en faisant plus de cas des personnages que de l'intrigue proprement dite et en restant, en même temps, très éloignée de toutes les obsessions, si créatrices, qu'ont apportées avec eux les Européens d'Hollywood. Superbes moments musicaux avec Hoagy Carmichael (qui participe pour une part non négligeable au *bonheur* de ce film). Interprétation royale de Walter Brennan qui véhicule à travers le film le thème de l'amitié, familier et indispensable à l'univers hawksien.

N.B. Lauren Bacall a raconté en détail et d'une manière passionnante dans son autobiographie « By Myself » (traduction française chez Stock, 1979) son arrivée à Hollywood, sa rencontre avec Hawks à qui elle donna l'occasion de jouer les Pygmalion (*To Have and Have Not* fut en effet son premier film) et son autre rencontre avec Bogart qui devint son Pygmalion numéro deux avant d'être son mari. L. Bacall laisse bien entrevoir la très grande souplesse d'esprit que gardait Hawks dans son travail et qui lui permettait d'intégrer à sa mise en scène des suggestions venues de divers côtés. Ainsi à propos d'un geste resté fameux dans le film, elle écrit : « [Bogart] expliqua à Howard qu'il avait vu un jour les Lunt dans une pièce se livrer à une mimique qui, d'après lui, s'accorderait très bien avec nos personnages. Après le baiser, je devais passer le dos de ma main sur sa joue mal rasée, puis lui donner une petite gifle rapide. C'était un geste extrêmement suggestif, intime. Plus efficace que si nous nous étions roulés l'un sur l'autre par terre.» *To Have and Have Not* fut refait deux fois, la première par Michael Curtiz (*The Breaking Point*, *Trafic en haute mer*, 1950), film assez apprécié des spécialistes de Curtiz, et par Don Siegel (*The Gun Runners*, 1958), un des plus mauvais titres du cinéaste.

BIBLIO. : scénario et dialogues publiés par The University of Wisconsin Press, 1980. C'est le scénario avant tournage, minutieusement annoté en ce qui concerne les modifications apportées dans le film définitif. Longue introduction sur la genèse du film par Bruce F. Kawin.

## PORTE DE L'ENFER (LA)
## (Jigoku – mon)

1953 – Japon (88') • *Prod.* Daiei (Masaichi Nagata) • *Réal.* TEINOSUKE KINUGASA • *Sc.* T. Kinugasa d'ap. R. de Kan Kikuchi • *Phot.* Kohei Sugiyama (couleurs) • *Mus.* Yasushi Akutagawa • *Int.* Kazuo Hasegawa (Morito), Machiko Kyo (Kesa), Isao Yamagata (Wataru), Koreya Senda (Kyo Mori), Yataro Kurokawa (Shigemori), Jun Tasaki (Kogenta).

Il y a huit siècles, en 1159, le clan Eigi a pris le pouvoir. Son chef, Kyo Mori, étant allé en pèlerinage, les hommes du clan adverse en profitent pour fomenter une révolution. On a fait partir l'impératrice à pied, cependant qu'une volontaire, une de ses dames de compagnie, Kesa, prenait sa place dans le chariot royal. Le samouraï Morito, fidèle à Kyo Mori, l'escorte, la protège et se prend d'une passion pour elle. Une fois qu'il a triomphé de ses adversaires, Kyo Mori accorde à ses partisans des présents ou satisfait à leurs requêtes. Morito demande à Kyo Mori de l'aider à obtenir la main de Kesa et provoque les rires de l'assistance. Il ignore en effet que Kesa est mariée depuis deux ans à un officier des gardes. Malgré cela, Morito s'entête. Kyo Mori organise une entrevue entre Kesa et Morito, d'où il ressort que Kesa aime et respecte son mari et lui restera toujours fidèle. Par la suite, elle refusera de recevoir Morito, lui faisant dire qu'elle est chez sa tante. Il s'y rend et oblige la vieille femme à envoyer à sa nièce un message, lui demandant d'accourir de toute urgence car elle se sent mourir. Kesa tombe dans le piège. Morito lui affirme qu'il tuera son mari, sa tante et elle-même si elle ne consent pas à se donner à lui. « Je serai à vous », lui dit-elle. De toute façon, Morito se dit prêt à tuer son mari. Kesa rentre chez elle, donne un présent à sa servante, joue de la cithare pour son mari à qui elle demande de dormir dans sa chambre, elle-même prenant sa place dans la sienne. La nuit venue, Morito pénètre dans la maison et tue Kesa, croyant frapper son mari. Il s'accusera ensuite de n'avoir pas deviné que Kesa se sacrifierait et il demande au mari de le tuer. Celui-ci s'y refuse. Morito ira finir ses jours dans un monastère.

☞ Le film fait sensation au Festival de Cannes 1954 où il remporte la Palme d'Or. Après l'obtention par *Rashomon** du Lion de Saint-Marc à Venise en 1951, après la présentation à ce même festival l'année suivante de *La vie de O'Haru, femme galante** qui obtint également un prix, *La porte de l'enfer* marque le début de la reconnaissance internationale des mérites du cinéma japonais et surtout la découverte pure et simple de ce cinéma en Europe. L'œuvre de Kinugasa (qui en aucun cas ne saurait être comparée à celle de Mizoguchi et de Kurosawa) oscille, dans ses deux titres les plus célèbres, entre l'avant-gardisme le plus débridé (*Une page folle,* 1926) et le tranquille académisme de cette *Porte de l'enfer* dont la violence et l'exotisme partirent, au sein d'un certain malentendu, à la conquête du monde. *La porte de l'enfer* fut en outre le premier film japonais en couleurs connu à l'extérieur du Japon et cela fit beaucoup pour sa réputation. Prodigieusement surévalué à sa sortie, le film ne doit pas être cependant méprisé à l'excès. Il offre une sorte de vulgarisation (destinée principalement à l'exportation) des thèmes et de quelques constantes formelles du cinéma japonais. Code de l'honneur, politesse raffinée, sacrifice de la femme, obstination tragique de l'homme sont les éléments et les situations que met en jeu l'intrigue et qui serviront de base à nombre de chefs-d'œuvre nippons. Le hiératisme, la lenteur, l'utilisation de la nature comme élément plastique figurent ici sous une forme qui paraîtra vite caduque après une meilleure connaissance du cinéma japonais.

## PORTES DE LA NUIT (LES)

1946 – France (120') • *Prod.* Pathé Cinéma • *Réal.* MARCEL CARNÉ • *Sc.* Jacques Prévert d'ap. son ballet « Le rendez-vous » • *Phot.* Philippe Agostini • *Mus.* Joseph Kosma • *Déc.* Trauner • *Int.* Yves Montand (Diego), Nathalie Nattier (Malou), Mady Berry (Mme Quinquina), Pierre Brasseur (Georges), Dany Robin (Étiennette), Serge Reggiani (Guy Sénéchal), Gabrielle Fontan (la vieille),

Julien Carette (Quinquina), Saturnin Fabre (Sénéchal). Jean Vilar (le Destin), Raymond Bussières (Raymond Lécuyer), Sylvia Bataille (Mme Lécuyer), Jane Marken (Mme Germaine), Fabien Loris (le chanteur des rues).

Durant une nuit du rude hiver 1945, Diego, un résistant, vient dans le quartier Barbès annoncer la mort de l'un de ses compagnons d'armes, Raymond, à sa veuve. Or, chez elle, Diego retrouve Raymond, bel et bien vivant. Les deux hommes fêtent avec chaleur leurs retrouvailles. La même nuit, Diego rencontre une jeune femme, Malou, qui devient aussitôt pour lui « la plus belle fille du monde ». Elle est la sœur de Guy, le dénonciateur de Raymond. Humilié par sa confrontation avec celui qu'il avait « donné », Guy, qui passait pour un héros, se vengera en faisant constater l'infidélité de Malou à son mari, Georges. Fou de jalousie, Georges abat sa femme. Guy se jette sous un train et Diego repart, le cœur vide.

☞ Dernière manifestation du courant du réalisme poétique créé par Carné et Prévert. Même condensation dans le temps que pour *Le jour se lève**. Même entrelacs fatal de personnages et de destins que dans *Quai des brumes**. Les dialogues de Prévert sont plus littéraires que jamais et jamais leur caractère allégorique et symbolique n'aura été aussi évident, notamment avec le personnage du clochard métaphysique (le Destin) interprété par Jean Vilar. Pour la dernière fois dans un film, la musique du texte de Prévert s'accorde au lyrisme de Kosma et aux images de fumées, de brumes et d'ombres affectionnées par Carné. Le pessimisme des deux auteurs, plus social et plus tonique chez Prévert, plus fondamental et plus désespéré chez Carné, se mêle au sein d'une intrigue dominée visuellement par le célèbre décor de la station de métro Barbès recréée en studio par Trauner. Cet îlot de réalisme est perdu au milieu d'un no man's land nocturne et lunaire qui n'est plus vraiment de Paris ni d'aucune ville précise. A mesure qu'on s'éloigne de la station elle-même, le décor devient de plus en plus abstrait et sert de toile de fond, comme le Moyen Age des *Visiteurs du soir**, à une sarabande effrénée de damnés, toujours victorieux des innocents et des cœurs purs. L'échec commercial du film fut notoire. On l'attribua généralement au remplacement de Gabin et de Marlene Dietrich (qui préférèrent aller tourner *Martin Roumagnac** auquel Gabin tenait énormément) par les débutants Yves Montand et Nathalie Nattier. Avec raison sans doute. Encore faut-il bien voir que ce sont les conséquences de ce nouveau choix, plus que ce choix lui-même, qui bouleversèrent l'équilibre du film. Placés dans la bouche de deux acteurs infiniment plus ternes que ceux initialement choisis, et totalement dépourvus d'aura mythologique, les dialogues poétiques de Prévert tombaient à plat, sonnaient creux (Carné devait regretter amèrement de ne pas avoir exigé leur réécriture pour les nouveaux comédiens). Du coup, la majeure partie de la force expressive et de l'impact dramatique du film bascule du côté des « salauds », des personnages les plus noirs (Brasseur, Saturnin Fabre, Reggiani : ces deux derniers, père et fils dans l'intrigue, sont grandioses de crapulerie et d'égoïsme monstrueux). Dernière conséquence : le pessimisme des deux auteurs, au lieu de s'harmoniser comme avant, s'en trouve accentué, épaissi jusqu'à la caricature. Certes il y a du relief et même de la fantaisie dans toute cette noirceur, mais il faut croire que les spectateurs de 1945 ne voulaient plus en entendre parler. Ils l'avaient adorée avant guerre, ils en avaient – hélas – constaté le bien-fondé dans la suite des événements historiques, mais aujourd'hui ils préféraient un autre réalisme, le message d'espoir d'un film comme *La bataille du rail** ou, dans un registre opposé, la dureté résolument anti-poétique, anti-romantique d'un Clouzot. Quoi qu'il en soit, le film représente le dernier travail cinématographique important de Prévert, très découragé par cet échec. A tous égards, ces *Portes de la nuit* ont bien l'allure et la résonance d'une « fin de partie ».

BIBLIO. : Marcel Lapierre : « Aux portes de la nuit, le roman d'un film de Marcel Carné », La Nouvelle Édition, 1946. Le récit de la genèse, du tournage et de l'accueil du film. La bande entourant le volume portait les mots suivants : « La vérité sur le film le plus controversé de l'année. » Scénario et dialogues publiés chez Gallimard, 1990 (avec *Le crime de Monsieur Lange*).

## PORTRAIT DE JENNIE (LE) (Portrait of Jennie)

1949 – USA (86') • *Prod.* David O. Selznick • *Réal.* WILLIAM DIETERLE • *Sc.* Paul Osborn, Peter Berneis, David O. Selznick, Ben Hecht, Robert Nathan, Leonard Bercovici d'ap. R. de Robert Nathan • *Phot.* Joseph H. August puis Lee Garmes et Paul Eagler • *Mus.* Dimitri Tiomkin d'ap. Debussy • *Chanson :* Bernhard Herrmann • *Int.* Jennifer Jones (Jennie Appleton), Joseph Cotten (Eben Adams), Ethel Barrymore (Miss Spinney), Cecil Kellaway (Mrs. Matthews), Florence Bates (Mrs. Jekes), Esther Somers (Mrs. Bunce), David Wayne (Gus O'Toole).

En 1934, à New York, un peintre pauvre et inconnu rencontre une enfant qui paraît vivre en 1910. Il fait l'esquisse de son portrait et trouve acquéreur. A chacune de ses réapparitions, Jennie semble avoir quelques années de plus, au point que le peintre en arrive à douter lui-même de la réalité de ses rencontres avec elle. Lors de la cinquième rencontre, Jennie est devenue une jeune fille épanouie et pourtant secrètement inquiète. Le peintre fait alors son portrait définitif, réalisant un chef-d'œuvre. Jennie disparaît à nouveau. Profondément amoureux de son modèle, le peintre essaie de la retrouver. Il apprend ainsi qu'elle est morte il y a longtemps. Mais peut-être, pour lui seulement, est-il encore temps de la revoir : leur dernière rencontre a lieu près d'un phare, une nuit de tempête, juste avant que Jennie soit emportée par une vague gigantesque. Au Metropolitan Museum, le « Portrait de Jennie » restera un objet d'admiration pour les amateurs.

☞ Le film a sa place parmi les grandes rêveries romantiques d'Hollywood, fantastiques ou para-fantastiques, à côté de *Peter Ibbetson** et de *The Ghost and Mrs. Muir** mais aussi de *Laura** et de *Vertigo**. Ce qu'il a d'unique est sa vision d'un New York hivernal et onirique, lieu privilégié des premières rencontres entre les deux personnages, qui vivent chacun dans une dimension temporelle différente. La photo est l'une des plus belles du cinéma américain. Elle réussit à merveille à donner sa force picturale et poétique, sa tonalité fascinante à cette étrange idylle où la puissance de l'art, plus encore que celle de l'amour, triomphe du temps, de ses illusions et de ses pièges. Le style glacé et méticuleux que Selznick aimait à conférer à ses productions n'a pas desservi le sujet puisque Dieterle, choisi parce qu'il venait de diriger avec succès Joseph Cotten et Jennifer Jones dans *Love Letters (Le poids d'un mensonge)*, a su introduire, à l'intérieur de ces contraintes, une dimension d'émotion et même d'angoisse qui en a chassé l'académisme.

N.B. A sa sortie, les copies comportaient une dernière bobine teintée en vert ; et le plan final (le portrait) était en Technicolor.

BIBLIO. : sur les nombreuses difficultés du tournage qui devait s'étaler d'avril 1947 à octobre 1948 (le script eut à être refait deux fois, le chef-opérateur Joseph August mourut d'une crise cardiaque en plein travail), voir « David Selznick's Hollywood » de Ronald Haver, Bonanza Books, New York, 1981 et bien entendu les célèbres « Memos » de Selznick. Un de ses collaborateurs proposa à Selznick de prendre Shirley Temple pour le rôle de Jennie en étalant le tournage sur plusieurs années de telle façon qu'elle passe réellement dans le film de l'adolescence au début de l'âge adulte. Selznick s'intéressa à l'idée un certain temps puis préféra donner le rôle à Jennifer Jones.

## POSTO (IL) (id.)

1961 – Italie (90') • *Prod.* Titanus – The 24 Horses (Alberto Soffientini) • *Réal.* ERMANNO OLMI • *Sc.* E. Olmi • *Phot.* Lamberto Caimi • *Mus.* Pier Emilio Bassi • *Int.* Sandro Panzeri (Domenico Cantoni), Loredana Detto (Antonietta Masetti), Tullio Kezich (le psychologue), Mara Revel (la vieille femme).

Un jeune homme pauvre de la province lombarde se rend à Milan pour trouver un emploi. Il subit des examens et des tests dans une grande entreprise où il est finalement engagé comme huissier en attendant qu'une place d'employé se libère. Il rencontre une jeune fille qui sera prise comme dactylo. Elle lui donne rendez-vous au bal de fin d'année de l'entreprise, mais ne vient pas. Un employé meurt et le jeune homme prend sa place.

☞ Deuxième film d'Ermanno Olmi. Couvert de prix et de récompenses diverses, le film parut à sa sortie d'une grande nouveauté, mais n'est rien d'autre en définitive qu'un avatar très tardif du néo-réalisme. Seul le caractère désespéré, voire kafkaïen, de la description du personnage central apporte quelque chose de relativement nouveau à la tradition néo-réaliste. Mais la dédramatisation extrême et l'abstraction du récit (on ne saura même pas dans quel secteur économique se situe l'entreprise) finissent par rendre ce personnage totalement indifférent. Un humour timide s'attache à la peinture des bureaucrates enlisés dans leur routine. Longue scène de bal à la gaieté funèbre qu'Olmi reprendra en l'améliorant au début de son film suivant : *Les fiancés* (1963).

## POURSUITE INFERNALE (LA) (My Darling Clementine)

1946 – USA (97') • *Prod.* Fox (Samuel G. Engel) • *Réal.* JOHN FORD • *Sc.* Samuel G. Engel, Winston Miller, Sam Hellman d'ap. le récit « Wyatt Earp, Frontier Marshal » de Stuart N. Lake • *Phot.* Joe MacDonald • *Mus.* Cyril J. Mockridge, David Buttolph • *Int.* Henry Fonda (Wyatt Earp), Linda Darnell (Chihuahua), Victor Mature (Doc Holliday), Walter Brennan (Old Man Clanton), Tim Holt (Virgil Earp), Cathy Downs (Clementine Carter), Ward Bond (Morgan Earp), Alan Mowbray (Granville Thorndike), John Ireland (Billy Clanton), Roy Roberts (le maire), Jane Darwell (Kate Nelson), Don Garner (James Earp).

Les quatre frères Earp conduisent pour le vendre leur troupeau vers la Californie. Pendant que le cadet James garde les bêtes au campement, les trois aînés, Wyatt, ex-marshal de Dodge City, Morgan et Virgil, vont faire un tour à la ville voisine de Tombstone, pleine de bruit et de fureur. Quand ils reviennent, le troupeau a disparu et James gît, assassiné. Wyatt accepte alors la place de shérif qu'on lui offrait à Tombstone ; ses deux frères seront ses adjoints. Wyatt a pris cette décision autant pour retrouver l'assassin de son frère que pour permettre à tous les jeunes de la ville de vivre dans la paix et la tranquillité. Il rencontre dans les bars de la ville Doc Holliday, chirurgien déchu, qui fait un peu la loi à Tombstone et soigne sa mélancolie et sa tuberculose au whisky. Doc a pour maîtresse la chanteuse Chihuahua. Une jeune fille de Boston, Clementine Carter, arrive à Tombstone après un long périple. Elle est à la recherche de Doc qu'elle aime et voudrait ramener avec elle. Doc la repousse sans ménagement cependant que Wyatt, vivement impressionné par sa beauté et son élégance, tombe amoureux d'elle. Il l'invite à danser après le service religieux qui a lieu en plein air devant la carcasse de bois de l'église encore à construire. Wyatt remarque sur Chihuahua un bijou que James avait acheté pour sa fiancée. Chihuahua assure qu'il lui a été donné par Doc. Aussitôt Wyatt se lance à la poursuite de Doc qui escorte un transport de fonds vers Tucson. Confrontée à Doc, Chihuahua avoue alors que le bijou lui a été donné par Billy, l'un des fils du vieux Clanton. Au même moment, Billy la blesse d'une balle de revolver pour l'empêcher de parler et s'enfuit, mortellement touché par Wyatt, jusqu'au repaire de sa famille, le O.K. Corral. Doc doit opérer Chihuahua sur-le-champ, sans préparation ni anesthésie. L'opération semble réussie et pourtant Chihuahua meurt peu après. Pendant ce temps, Virgil Earp, parti sur les traces de Billy, est tué par le vieux Clanton, responsable avec ses fils du vol du troupeau et de la mort de James. Au petit jour, Doc Holliday, Wyatt et Morgan Earp partent vers O.K. Corral. Au cours de l'affrontement, Clanton et ses quatre fils seront tués ainsi que Doc. Wyatt et Morgan partent annoncer les mauvaises nouvelles à leur père. Wyatt dit à Clementine, devenue institutrice de Tombstone, qu'il reviendra.

☞ Troisième western parlant de Ford (après *Stagecoach**, 1939 et *Drums Along the Mohawk**, 1939). Le film contribua pour beaucoup à donner ses lettres de noblesse au genre, en particulier par cette recherche, cette solennité plastiques qui installent autour des personnages déjà très célèbres une aura mythique supplémentaire : chacun de leurs gestes, de leurs déplacements dans l'espace du plan acquiert une importance infinie, comme c'était le cas dans l'évocation fordienne de la jeunesse de Lincoln. Avec *Stagecoach**, Ford avait fourni l'illustration la plus brillante du western classique. A l'époque de *My Darling Clementine* commence l'ère du western moderne *(Canyon Passage*, Pursued*, I Shot Jesse James*, Winchester 73*)*. Ford ne peut guère être rattaché à ce mouvement général de renouvellement. Il se contente d'être, si l'on peut dire, moderne par rapport à lui-même. En effet, cet art de la digression qui étonnera tant les admirateurs de sa dernière période (cf. *Les deux cavaliers*, 1961) existe déjà ici, et beaucoup plus qu'à l'état d'ébauche. Refusant toute continuité linéaire dans la structure dramatique, le film apparaît souvent comme un nonchalant chapelet de digressions. Un acteur shakespearien a moitié ivre récite des tirades de son auteur favori dans une taverne et il faut le raccompagner au théâtre. Plus loin, Wyatt Earp, dûment aspergé de parfum par le barbier, contemple au cours d'une paisible matinée dominicale à Tombstone la lente procession des habitants vers l'église...Cela n'empêche pas le film d'être un des plus noirs qu'ait réalisés Ford : neuf cadavres de personnages principaux jalonnent une narration particulièrement violente qu'atténue à peine la description idyllique de l'admiration tendre que voue le shérif Earp à la jeune Bostonienne. Le film progresse à l'aide de nombreux contrastes : action dure et violente parsemée de scènes lyriques et paisibles, vision mythique des personnages basée autant sur leurs hauts faits que sur le détail familier et pittoresque de leur comportement. Et la force créatrice de Ford est assez grande pour tirer de ces contradictions formelles, qui sont comme les caprices de son génie, une fidélité accrue envers lui-même. Ford est capable, à n'importe quel moment de la narration, d'introduire une de ces scènes qu'on ne trouve que chez lui et où le caractère spécifique de l'intrigue qu'il raconte est comme aboli et renvoie le spectateur à l'éternité globale de l'œuvre fordienne. Ainsi dans notre souvenir la scène où Fonda bavarde avec son frère sur la tombe de celui-ci se surimpressionne-t-elle à celle où John Wayne fait de même devant la tombe de sa femme *(She Wore a Yellow Ribbon*)* ou bien c'est l'opération effectuée à chaud par Doc Holliday qui vient relayer la non moins légendaire intervention de l'ivrogne Thomas Mitchell dans *Stagecoach**.

N.B. Ford avait souvent rencontré Wyatt Earp dans sa jeunesse (Earp lui-même figura d'ailleurs dans plusieurs films des années 10). « Il me raconta, dit John Ford à Bogdanovich (*in* « John Ford », Studio Vista, Londres, 1967), le combat qui eut lieu à O.K. Corral, et dans *My Darling Clementine* on l'a filmé exactement comme ça s'est passé. Les types ne s'étaient pas contentés de se promener dans la rue puis de se tirer dessus : ç'avait été une astucieuse manœuvre militaire. » Les événements ayant abouti au « gunfight » de l'O.K. Corral, raconté d'après le livre de Stuart Lake, inspirèrent avant le film de Ford *Frontier Marshal* (Lewis Seiler, 1934 et Allan Dwan, 1939) et plus tard le célèbre *Gunfight at the O.K. Corral* de John Sturges (1957). Le personnage de Wyatt Earp fut représenté dans de nombreux films et notamment *Wichita** (Jacques Tourneur, 1955), *Cheyenne Autumn* (Ford, 1964), *Hour of the Gun* (John Sturges, 1967).

BIBLIO. : scénario et dialogues (édition bilingue) *in* « L'avant-Scène » n° 337 (1985).

## POUSSE-POUSSE (LE) (Muhomatsu no issho)

1943 – Japon (79') • *Prod.* Daiei • *Réal.* HIROSHI INAGAKI • *Sc.* Mansaku Itami d'ap. R. de Shunsaku Iwashita • *Phot.* Kazuo Miyagawa • *Mus.* Goro Nishi • *Int.* Tsumasaburo Bando (Matsugoro), Ryunosuke Tsukigata (Shigezo), Yasushi Nagata (Kotaro Yoshioka), Keiko Sonoi (la femme de Yoshioka), Kamon Kawamura (le fils de Yoshioka), Hiroyuki Nagato, Kyoji Suji, Isamu Yamaguchi.

Kyushu, 1897. Le tireur de pousse-pousse Matsugoro, dit « Le Rebelle », connu pour son caractère susceptible et violent, raconte à ses voisins et amis sa dernière aventure : il s'est disputé avec un client qu'il ne voulait pas prendre, l'a frappé et s'est retrouvé assommé par son adversaire armé d'une canne. Il s'agissait du maître d'armes du chef de la police ! On refuse à Matsugoro une place gratuite au théâtre, contrairement à l'usage qui veut que les tireurs de pousse-pousse aient, comme les journalistes, la libre entrée à tous spectacles. Matsu paie sa place mais, une fois entré, se met à cuisiner et empeste la salle par une épouvantable odeur d'ail. On veut le déloger. Fort comme un turc, Matsu assomme tous ceux qui s'opposent à lui. Un ingénieur très respecté arbitre la querelle. Il donne tort au guichetier et amène Matsu à s'excuser auprès du public, injustement incommodé. Un jour, Matsu trouve un enfant blessé. Il le ramène à ses parents, mais refuse l'argent que la mère voulait lui donner : pour modeste que soit sa condition, elle ne saurait l'empêcher de rendre service gratis. Le père de l'enfant, un officier, connaît la réputation de Matsu : n'avait-il pas osé parler avec familiarité à un grand général, son client, qui l'avait d'ailleurs fort bien pris ? Matsu est invité à dîner par l'officier qui, ce soir-là, se trouve mal et meurt. Devant la tombe de son mari, l'épouse demande à Matsu d'aider son fils à devenir vigoureux comme son père, et surtout moins renfermé. Matsu s'occupe de l'enfant. Il lui raconte qu'il a pleuré une seule fois dans sa vie, à huit ans. Il avait décidé de fuir les coups de sa cruelle belle-mère et de rejoindre son père qui travaillait très loin, à Hirono. Il avait dû marcher longtemps et traverser une forêt pleine d'ombres et de fantômes effrayants. Il était enfin arrivé, les pieds en sang, jusqu'à une taverne que fréquentait son père, et là il avait pleuré tout son soûl. Lors d'une fête sportive, Matsu embarrasse le garçonnet par ses cris et ses invectives lancées aux concurrents. Mais il le réjouit en participant à l'épreuve de course et en la gagnant. Il lui apprend à nager. L'enfant devient grand et fort. Quand il est étudiant, il doit un jour se bagarrer contre les élèves d'une école privée. Matsu va lui prêter main-forte, ainsi qu'à ses camarades. Mais le jeune homme est gêné d'être toujours appelé « fiston » par son père adoptif. La mère demande à Matsu de l'appeler désormais « Monsieur ». Matsu, blessé, ravale son chagrin. Quand son fils part pour plusieurs mois étudier à la ville, la veuve dit à Matsu combien elle se sent solitaire. La différence de condition qui les sépare est un obstacle infranchissable et Matsu tait ses sentiments pour elle. Peu à peu, sa tristesse le détruit. Il boit et pense à la mort. L'étudiant revient avec un ami professeur. A la foire, Matsu martèle, à l'intention de cet ami qui voulait l'entendre, le tambourin géant selon « le rythme de Gion », une cadence que personne aujourd'hui n'est plus capable de reproduire. Les années passent. Après la mort de Matsu, la mère apprend que son fils est légataire de toutes les économies du tireur de pousse-pousse, amassées à son intention.

☞ Film-portrait : les flash-backs et les séquences au présent, situées sur le même plan, montrent, en autant de facettes, les différents aspects du caractère de Matsugoro, « Le Rebelle », figure quasi légendaire du petit peuple japonais. Matsugoro incarne, dans sa condition modeste, quelques traits éternels du caractère national : la fierté ombrageuse, le courage, le dévouement, la fidélité aux traditions, le respect, pouvant aller jusqu'au sacrifice, du code moral de l'époque. Plus que par ses quelques recherches formelles (liaison entre séquences et déroulement du temps marqués par le leitmotiv visuel de la roue du pousse-pousse toujours en mouvement), le film vaut surtout par sa spontanéité, sa fraîcheur, sa bonhomie. Sa pudeur aussi, qui traite par la litote le désarroi, voire le désespoir, du personnage. Quinze ans plus tard, Inagaki tournera en scope et en couleurs un remake extrêmement fidèle de son propre film, œuvre plus explicative, plus diluée, plus désuète, qui touche et convainc moins. Des coupes pratiquées par la très ombrageuse censure de l'époque, rappelle Max Tessier (*in* « Images du cinéma japonais », Veyrier, 1981), avaient amené l'auteur à vouloir entreprendre ce remake. Pourtant, dans l'original, sous une forme allusive et attachante, tout était dit. Dans la version de 1958 (seule sortie en France), l'interprétation trop cabotine et trop pittoresque de Toshiro Mifune, empêche que la figure de Matsugoro « sorte » aussi bien que dans la première version. Une troisième adaptation du roman d'Iwashita fut réalisée en 1965 par Kenji Misumi.

## PREMIER AMOUR
## (First Love)

1939 – USA (78') • *Prod.* U (Joe Pasternak) • *Réal.* HENRY KOSTER • *Sc.* Bruce Manning et Lionel Houser • *Phot.* Joseph Valentine • *Mus.* Airs de Johann Strauss, Puccini, etc. *Int.* Deanna Durbin (Connie Harding), Helen Parrish (Barbara Clinton), Robert Stack (Ted Drake), Eugene Pallette (James Clinton), Lewis Howard (Walter Clinton), Leatrice Joy (Mrs. Clinton), June Storey (Wilma van Everett), Charles Coleman (George), Marcia Mae Jones (Marcia Parker), Samuel S. Hinds (Mrs. Parker).

Au sortir du pensionnat, une jeune orpheline, Connie Harding, va habiter chez son oncle à New York. C'est un millionnaire taciturne dont la fille, Barbara, défraye la chronique mondaine. Connie, qui a suivi des cours de chant, possède une voix comme on en trouve une sur un million (*dixit* la directrice de son pensionnat) et interprète aussi bien l'opéra que la romance. Vivant assez seule dans la grande maison où on ne s'occupe guère d'elle, Connie fait, grâce à sa voix, grâce à son comportement sympathique et sans afféterie, le bonheur de la domesticité qui se cotisera pour lui acheter une somptueuse robe en prévision du grand bal qui va avoir lieu. Mais, au dernier moment, Barbara et sa mère, une femme futile toquée d'astrologie, lui interdisent d'y aller, sous prétexte qu'elle doit attendre la venue d'un parent, l'oncle Jason, pour l'accueillir. Ayant appris qu'il n'arrivera qu'à minuit, Connie se rend tout de même au bal, escortée par la police locale, amie de la domesticité du millionnaire. Un policier retient même sur la route la voiture de Barbara et de sa mère pour éviter tout incident. Lors du bal, Connie enchante tout le monde par sa voix d'or et retrouve le jeune Ted Drake dont elle avait fait la connaissance à un tournoi hippique, non sans rendre jalouse à cette occasion Barbara qui y participait. Mais, à minuit, elle doit disparaître. Dans sa fuite, elle perd une sandale. Le lendemain matin, Barbara s'est vengée en renvoyant toute la domesticité. Pour le père, c'est la goutte d'eau qui fait déborder le vase. Il reprend en main sa famille, déchire les livres d'astrologie de sa femme et botte le derrière de son fils qui passait ses journées avachi dans un fauteuil à expérimenter ses théories sur la relaxation. Quant à Connie, que la méchanceté de Barbara a fait pleurer, elle a préféré retourner dans son pensionnat où elle se destine à l'enseignement du chant. Mais, grâce à la sandale, Ted saura bien vite venir la chercher et lui faire changer d'avis. Une grande carrière l'attend.

☞ Deanna Durbin, découverte à quinze ans dans *Three Smart Girls* également de Koster (1937), connut un succès fulgurant au point qu'elle sauva de la faillite, à la fin des années 30, la Universal. On fit à ses mesures un type de comédie musicale sage et aseptisé, basé sur un mélange assez mièvre, mais dynamique, de fantaisie et de mélodrame qui a beaucoup vieilli. *First Love* est un des meilleurs titres de la série. Plaisante variation sur le thème de Cendrillon, d'où toute cruauté réelle est bannie, le scénario lui donnait l'occasion de recevoir son premier baiser (donné par le débutant Robert Stack, alors âgé de dix-neuf ans) et d'enrichir dans une certaine mesure son personnage. On la voit ici ennemie de ce snobisme et de cette sophistication qui caractérisent, par opposition avec elle, sa cousine (interprétée par la ravissante Helen Parrish).

## PREMIER BAL

1941 – France (100') • *Prod.* Discina et André Paulvé • *Réal.* CHRISTIAN-JAQUE • *Sc.* Charles Spaak • *Phot.* Roger Hubert • *Mus.* Georges Van Parys • *Int.* Marie Déa (Nicole), Gaby Sylvia (Danielle), Fernand Ledoux (Michel Noblet),

Raymond Rouleau (Jean de Lormel), Gabrielle Fontan (Marie), François Périer (Ernest Vilar), Bernard Blier (l'extra), Louis Salou (François), Jean Brochard (Thomas).

Au pays basque vit un vieil inventeur farfelu, père de deux filles : Danielle, coquette et sophistiquée, et Nicole, une sauvageonne aimant par-dessus tout la compagnie des animaux. Nicole tombe amoureuse d'un jeune docteur qui lui préfère Danielle qu'il épouse. Après trois ans de mariage, Danielle fuit le domicile conjugal parisien. Nicole vit quelque temps en compagnie du docteur qu'elle essaie à nouveau de conquérir. Resté seul au pays, le père se meurt d'ennui, puis meurt tout simplement. Le docteur revoit Danielle et reprend la vie commune avec elle. Nicole rentre au pays habiter la maison paternelle. Elle se laisse tendrement courtiser par le vétérinaire du lieu qu'elle avait toujours attiré.

☞ D'abord léger, gai et brillant, le film prend, après la césure de la séquence du bal (qui donne son titre à l'œuvre), une tout autre tournure, dramatique et mélancolique. Cette difficile rupture de ton est parfaitement réussie par un Christian-Jaque au mieux de sa forme et qui reste ainsi discrètement fidèle à l'un de ses thèmes favoris : l'esprit d'enfance, si inégalement réparti entre les humains. Totalement inexistant chez les uns, fugace chez la plupart, il durera toute la vie chez certains êtres privilégiés, comme l'inventeur interprété par Ledoux. Avec la maturité, viennent inévitablement les problèmes, les déceptions, les ruptures, les souffrances. La maturité marque en général la fin de l'insouciance et de cette faculté précieuse de goûter sans arrière-pensée la saveur du moment présent. Mais même ceux qui étaient passés maîtres, grâce à leur fantaisie, dans l'art de préserver en eux l'esprit d'enfance, souffriront à la fin comme les autres. Tel est le sens de ce petit film élégant et charmant qui bénéficie d'excellents dialogues de Spaak, d'une ravissante musique de Van Parys et donne à Fernand Ledoux ainsi qu'à Marie Déa un de leurs meilleurs rôles.

## PREMIÈRES ARMES (LES)

1950 – France (87') • *Prod.* Fred Orain et Cady Films • *Réal.* RENÉ WHEELER • *Sc.* R. Wheeler • *Phot.* M. Franchi • *Mus.* René Cloérec • *Int.* Paul Frankeur (Victor), Julien Carette (Simon), Guy Decomble (Émile), Serge Grave (Michel), Michèle Alfa (Yvonne), Henri Poupon (le père Lelarge), Jean Cordier (René), Albert Plantier (Josito), Serge Soltani (Bobo).

Une écurie de province. Le jeune René, quatorze ans, arrive de Paris pour subir un apprentissage de jockey. Son père a signé pour lui un contrat de cinq ans avec le propriétaire, Émile Lelarge. Celui-ci, un triste sire autrefois émasculé par un cheval, exploite les enfants et les jeunes (qu'il paie moins que des jockeys adultes et qu'il renvoie dès qu'ils ont atteint dix-huit ans). Il exploite aussi son propre frère Victor, responsable de l'entraînement. Victor est un être sale et disgracié qui frappe les enfants par dépit de n'être pas aimé d'eux. René fait connaissance avec les locaux à moitié en ruine, les brimades de certains de ses camarades, la sinistre cantine et les adultes du lieu qui sont tous des sortes d'épaves comme Simon, ancien jockey vivant dans ses souvenirs de gloire, d'ailleurs inventés pour la plupart. Il ne tarde pas à se sauver et retrouve son père à Paris en compagnie d'une nouvelle maîtresse. Le père fait comprendre à l'enfant qu'il le gêne et le gosse réintègre l'écurie. L'un des apprentis jockeys, Bobo, est victime d'un grave accident à cause d'une selle trop vétuste. René parvient à supporter l'atmosphère de l'écurie à cause de la présence d'Yvonne, la femme du patron, et de son amitié pour son camarade Josito, fils d'un épicier espagnol. Mais cette amitié fait jaser et Victor veut séparer les deux amis. Yvonne s'y oppose. Josito part avec René pour Périgueux où il doit participer à une course. Les deux enfants vont prendre un verre dans un bar louche et s'imaginent pouvoir y rencontrer des filles. Mais le patron, à cause de leur trop jeune âge, les renvoie. Juste avant la course, Josito s'enivre et, bien que seul concurrent (walk-over), perd l'épreuve. A leur retour, les incidents reprennent de plus belle. René se bagarre avec le vieux Lelarge, le père d'Émile et de Victor ; il tient tête à Victor avec une fourche ; Victor tabasse Josito et fera quelques jours de prison. Le vieux Lelarge laisse monter René sur la selle usée de Bobo. Il fait une chute et se casse un bras. Son père vient le reprendre ; il risque d'être manchot à vie.

☞ Premier des trois films réalisés par René Wheeler, plus connu comme scénariste et comme dialoguiste (cf. *Histoire de chanter*, Danger de mort*, Les amants du Pont Saint-Jean*, Jour de fête*, La vie en rose*, Fanfan la Tulipe*, Du rififi chez les hommes,* etc.). C'est une œuvre originale et extrêmement âpre qui unit l'émotion intime et subjective de l'autobiographie (Wheeler a vécu une expérience semblable à celle qu'il relate ici) à la vérité et à la force objective du constat. Outre la dénonciation vigoureuse de ce que l'auteur appelle « la traite des mômes », le film parle, d'une façon plus générale, de l'indifférence et de la dureté de l'adulte vis-à-vis de l'enfant. Parfois même, cette indifférence fait place chez l'adulte à une volonté pathologique et sadique d'avilir l'enfant pour qu'il ressemble à ce que lui-même est devenu et qui lui fait honte. Les personnages d'enfants et d'adultes ont le même relief. Guy Decomble, Paul Frankeur (déjà réunis dans *Jour de fête**, une autre production Fred Orain) et Carette incarnent avec talent trois épaves assez terrifiantes chacune dans son genre. Littérairement, la substance du film mériterait d'être comparée, toutes proportions gardées, au chef-d'œuvre de Raymond Guérin « L'Apprenti » (1946).

## PREMIÈRE SIRÈNE (LA)
### (Million Dollar Mermaid)

1952 – USA (115') • *Prod.* MGM (Arthur Hornblow, Jr.) • *Réal.* MERVYN LEROY • *Sc.* Everett Freeman • *Phot.* George J. Folsey (Technicolor) • *Mus. dir.* Adolph Deutsch • *Chor.* Busby Berkeley (qui dirige deux séquences) • *Int.* Esther Williams (Annette Kellerman), Walter Pidgeon (Frederick Kellerman), Victor Mature (Jimmy Sullivan), David Brian (Alfred Harper), Jesse White (Doc Cronnol), Donna Corcoran (Annette à 10 ans), Maria Tallchief (Pavlova).

Sydney, 1900. La petite Annette Kellerman, fille du directeur d'un conservatoire de musique, a été victime de la poliomyélite. Elle espère toujours, cependant, pouvoir faire des études de danse et, en attendant, s'entraîne chaque jour à nager. Elle remportera de nombreux concours de natation. Le conservatoire fait faillite. Kellerman et sa fille, maintenant adulte, vont à Londres où le père espère devenir l'assistant d'un collègue. Sur le bateau, ils rencontrent Sullivan, aventurier et entrepreneur de spectacles, qui insiste pour être le manager d'Annette. Il lui prédit une grande carrière de nageuse. mais Annette ne pense qu'à la musique et à la danse. A Londres, Kellerman apprend la mort de l'homme dont il espérait du travail. Les Kellerman sont sans le sou. Sullivan revient à la charge. Il rend Annette célèbre en la faisant nager dans la Tamise de Londres à Greenwich. Après quoi, il persuade les Kellerman d'aller à New York. Il veut qu'Annette se produise dans la piscine géante de l'Hippodrome. Mais le directeur de cette salle célèbre ne la juge pas assez connue pour bâtir un spectacle avec elle. Sullivan organise alors un autre exploit : elle nagera sur une longue distance à partir de la plage de Revere à Boston. Nous sommes en 1907. Son maillot une-pièce provoque un scandale considérable. Elle est arrêtée et, en plein tribunal, propose au juge un compromis : elle allongera son maillot jusqu'aux chevilles. Dans les foires, elle exécute un numéro de plongeuse qui remporte un grand succès. Elle apprend que c'est Sullivan lui-même qui avait organisé le scandale du maillot. Elle se dispute avec lui. Il part pour la Floride. Le directeur de l'Hippodrome lui ouvre les portes de son théâtre. Elle y triomphera dans une succession de numéros avec fontaines lumineuses, arcs électriques, trapèzes, etc. Elle dansera même en ballerine classique dans un aquarium. Son père, qui dirige l'orchestre, a un malaise et meurt. Sullivan, quant à lui, est sur la mauvaise pente. Ayant pris part avec onze autres aviateurs à un raid *coast to coast*, il se perd en route et sera blessé. Plus tard, il en est réduit à vendre de fausses couvertures indiennes dans un train, où Annette le rencontre. Il espère redorer son blason en amenant à Hollywood sa nouvelle découverte : le chien Rin Tin Tin. Annette a promis d'épouser le directeur de l'Hippodrome mais doit auparavant tourner un film à Hollywood. Au cours du tournage, l'aquarium dans lequel elle danse se fendille et explose. Annette, gravement atteinte à la colonne vertébrale, doit être opérée. On ignore si elle pourra de nouveau marcher. Sullivan vient la voir. Le directeur de l'Hippodrome comprend qu'elle et Sullivan se sont toujours aimés et s'efface. Sullivan assure à Annette qu'elle triomphera de cette épreuve avec le même courage qu'elle avait déjà déployé dans son enfance.

☞ Dans son autobiographie « Take One », Mervyn LeRoy s'attribue l'idée d'avoir fait interpréter le rôle d'Annette Kellerman (1887-1975) à Esther Williams, l'une des plus grandes vedettes de la Metro, qu'il était toujours difficile de « caser » dans une intrigue qui pût mettre en valeur ses talents de plongeuse et de danseuse aquatique. C'était bien entendu le cas de cette biographie de la célèbre nageuse et actrice australienne. En fait, l'idée était dans l'air puisqu'en 1949 Esther Williams avait interprété *Neptune's Daughter* (d'Edward Buzzell) dont le titre rappelait celui d'un film tourné par Annette Kellerman elle-même en 1914. Quoi qu'il en soit, cette biographie romancée remporta un énorme succès et fut toujours le film préféré d'Esther Williams. Les deux numéros imaginés et réglés par Busby Berkeley, qui combina pour l'occasion les évolutions géométriques des nageurs et des nageuses avec toutes sortes d'accessoires spectaculaires, sont les meilleurs qu'elle ait jamais tournés. L'intrigue, bâtie à partir d'événements réels (en particulier le scandale du maillot une-pièce en 1907 : le film devait primitivement s'appeler *The One-Piece Bathing Suit*), est relativement riche et originale. Elle garde cependant ce ton mélodramatique, mièvre et fade, qui plaisait tant à l'époque aux amateurs du genre biographique et musical. Excellente distribution : Esther Williams, qui révélera plus tard ses talents de comédienne (notamment dans *The Unguarded Moment, L'enquête de l'inspecteur Graham*, Harry Keller, 1956), est brillamment entourée par Walter Pidgeon et Victor Mature.

## PRENDS LA ROUTE

1936 – France (87') • *Prod.* ACE (Raoul Ploquin) • *Réal.* JEAN BOYER • *Sc.* Jean Boyer • *Mus.* Georges Van Parys • *Int.* Jacques Pills (Jacques), Georges Tabet (Potopoto), André Alerme (Dupont-Dernier), Claude May (Simone), Colette Darfeuil (Wanda), Marcel Simon (le comte), Jeanne Loury (Guiguitte).

A Paris, dans les bureaux du Touring Club, les futurs utilisateurs de la route viennent demander leurs itinéraires aux employées. Une femme entretenue, Wanda, a donné rendez-vous là à son amant, Jacques, pour lui annoncer que son ami sérieux, le banquier Dupont-Dernier, a décidé de l'emmener en voyage pour quelques jours et que, selon une habitude qu'elle déteste, il veut se promener au hasard des routes sans itinéraire préparé (« Quand on ne sait pas où on va/ Et qu'on y va quand même/C'est le bonheur suprême » : telle est sa profession de foi). Le week-end à Deauville prévu par Wanda et Jacques doit donc être annulé. Jacques en est ravi car son père, menaçant de le déshériter, l'a convoqué pour lui faire connaître la fiancée qu'il lui destine. Sur la route, dans sa Bugatti, Jacques rencontre la charmante Simone, flanquée de sa tante, la vigilante Guiguitte. Il leur porte secours car elles ont une panne d'essence. Au passage à niveau, tout le monde doit s'arrêter. L'attente est longue et la garde-barrière passe avec son chariot, proposant aux voyageurs glaces, bière, limonade etc. Le placier en assurances Potopoto (surnom en rapport avec les pétarades de sa moto) en profite pour recruter des clients. Il a élaboré une technique efficace mais qui le rend impopulaire : avec sa moto, il provoque volontairement des accidents et relance alors les conducteurs accidentés pour qu'ils signent une police. A l'Hostellerie de « La Magnéto d'Or » Jacques fait une cour pressante à Simone. Potopoto lui conseille de l'enlever et l'aidera dans cette entreprise. La tante se lance à la poursuite de sa nièce dans la voiture du banquier et de Wanda. Potopoto provoque un accident et tous seront recueillis dans un camp de scouts. Jacques a maintenant conquis Simone ; ils habitent un hôtel sous un faux nom et font semblant d'être des jeunes mariés. Cela provoque la fureur de Wanda quand elle retrouve Jacques à qui elle fait une scène. Simone les entend et prend la fuite, bien décidée à épouser le fiancé recommandé par sa tante. Jacques, de son côté, va devoir se résoudre à obéir à son père. Mais la providence fait bien les choses : c'était Simone que le père de Jacques destinait à son fils et c'était Jacques que la tante de Simone avait en vue pour sa nièce.

☞ La filmographie de Jean Boyer contient avant guerre plusieurs réussites (*Un mauvais garçon*, 1936, *La chaleur du sein*, 1938, *Noix de coco*, 1939, *Circonstances atténuantes*, 1939). Elles se caractérisent soit par une certaine acidité, une insolence venant relever la bonne humeur générale du ton, soit (et parfois en même temps) par le brio, l'ingéniosité avec lesquels interviennent les séquences musicales. Cela n'a rien d'étonnant puisque Jean Boyer fut d'abord librettiste et chansonnier avant d'être metteur en scène. Ces deux tendances sont tout à fait abouties dans *Prends la route*, qui est peut-être la meilleure comédie musicale purement française des années 30. On doit signaler comme assez rare le fait qu'il s'agit ici d'un scénario original et non d'une adaptation théâtrale. Les opérettes filmées de l'époque sont souvent si laborieuses, si mal mises en scène qu'elles en deviennent lugubres, et la plupart des bons films musicaux français de l'époque sont en réalité des versions françaises de comédies allemandes tournées avec des acteurs français. Seul, *Prends la route* nous donne une idée de ce que pouvait être l'atmosphère enjouée, dynamique, satirique, des meilleures opérettes jouées sur les scènes parisiennes durant l'entre-deux-guerres. En tant que film, *Prends la route* possède un rythme constamment animé. Ses chansons sont nombreuses, brèves, talentueuses, ironiques et parfois même enrichies de trouvailles visuelles. Plusieurs sont restées célèbres (« Y'a toujours un passage à niveau »). Leurs mélodies bénéficient d'une certaine influence de la musique américaine, leurs lyrics témoignent d'une plaisante vigueur satirique. Tout ce petit monde en mouvement compose une évocation cocasse et parfois acérée des premières ruées automobiles. Tabet, sur sa moto, fait en chantant l'éloge de son véhicule ; en cas d'accident, il n'y a rien à craindre puisque « c'est la mort sans phrase sur une moto ». Plus tard, Pills et Tabet en duo expliqueront que, sur la route, ni la nature ni les paysages ne comptent puisqu'on a toujours les yeux rivés sur le compteur.

## PRÉSIDENT (LE)
**(Præsidenten)**

1920 (réalisé en 1918) – Danemark (1 397 m) • *Prod.* Nordisk Film Kompagni • *Réal.* CARL THEODOR DREYER • *Sc.* Dreyer d'ap. R. de Karl Emil Franzos • *Phot.* Hans Vaagö • *Int.* Halvard Hoff (Karl Victor v. Sendlingen), Elith Pio (son père), Carl Meyer (son grand-père), Olga Raphael-Linden (sa fille Victorine), Betty Kirkeby (la mère de Victorine), Richard Christensen (l'avocat Berger), Peter Nielsen (l'avocat général).

En mourant, un aristocrate ruiné fait jurer à son fils, Karl Victor, de ne pas commettre l'erreur qui a gâché sa vie : épouser une femme au-dessous de sa condition. Trente ans plus tard, Karl Victor est devenu un juge respecté et fêté par tous. Il a à connaître d'une affaire d'infanticide, concernant une jeune femme, Victorine. Avec stupeur, Karl Victor comprend vite qu'il s'agit de sa propre fille. Il avait autrefois fréquenté la gouvernante de la fillette de son oncle. Il n'avait pu l'épouser par fidélité au serment fait à son père. Elle a eu une fille de lui, Victorine. Karl Victor s'arrange pour ne pas être juge de l'affaire. Au procès, on reconstitue la lamentable histoire de Victorine. Gouvernante comme sa mère, elle a pour amoureux le fils de la comtesse, sa patronne. Il lui promet le mariage. La comtesse, apprenant qu'elle est enceinte, la chasse en pleine nuit. On la retrouve au matin évanouie dans la campagne, son bébé mort à côté d'elle. Le tribunal inflexible condamne Victorine à mort. Karl Victor lui rend visite dans sa cellule. Le père et la fille tombent dans les bras l'un de l'autre. Karl Victor intercède pour obtenir sa grâce, mais en vain. La nuit même où un défilé aux flambeaux a lieu en son honneur, Karl Victor libère sa fille de la prison. Puis il envoie sa démission. Trois ans plus tard, ayant fait le bonheur de sa fille mariée, Karl Victor avoue la vérité au président Werner. Celui-ci refusant de le condamner publiquement pour ne pas ternir la réputation de la justice, Karl Victor se suicide.

☞ Ce premier film de Dreyer témoigne déjà de la personnalité de son auteur ainsi que d'une incontestable maîtrise. Le récit est vif, dense, nerveux. D'un canevas typiquement mélodramatique, Dreyer supprime le mélodrame (c'est-à-dire l'attendrissement). Il ne garde que la force d'une intrigue complexe mais parfaitement claire où les générations se mêlent, où les destins se répondent, où chaque personnage est responsable de tous les autres, car chaque individu, par les décisions qu'il prend, engage l'humanité entière. Le jeu des acteurs présente quelques scories naturalistes et théâtrales ; elles sont minimes. Le décor, par contre, familier et austère, nu et pourtant semé de détails expressifs, rend déjà compte de l'essentiel de l'univers de Dreyer. Son ordonnance dans les scènes cruciales sert à révéler le caractère d'éternité des conflits qu'il abrite. Le film est déjà beaucoup plus qu'une ébauche : les approches de la perfection s'y dessinent, avec une vitalité, un esprit de décision, une autorité stylistique que Dreyer exercera particulièrement durant sa période muette.

N.B. Les recherches biographiques de Maurice Drouzy (cf. son livre « Carl Th. Dreyer né Nilsson », Les Éditions du Cerf, 1982) ont révélé que Dreyer, abandonné par sa mère suédoise, fut adopté par une famille danoise. A la lumière de ces faits, on comprend qu'une histoire comme celle racontée ici l'ait particulièrement intéressé.

## PRIME (LA)
### (Premia)

1975 – URSS (87') • *Prod.* Lenfilm • *Réal.* SERGUEI MIKAELIAN • *Sc.* Alexandre Guelman • *Phot.* Vladimir Tchoumak (Sovcolor) • *Int.* Evgueni Leonov (Potapov), Vladimir Samoilov (Batarcev), Oleg Inakovsky (Solomahine), Mikhail Glousky (Boris Chatounov), Armen Djigarkhanian (Frolovsky), Nina Ourgant (Milenina), Leonid Diatchkov.

Le chantier d'un futur grand complexe industriel en URSS. Potapov, chef d'équipe de dix-sept ouvriers, refuse avec ses hommes d'encaisser la prime versée à tous les travailleurs du chantier pour les récompenser d'avoir si bien dépassé les objectifs fixés par le Plan. Un tel refus ne s'est jamais vu. Potapov refuse aussi de donner ses raisons à son chef de chantier. Une réunion du comité du Parti est organisée le jour même. Elle commence à quinze heures et finira à la nuit. Potapov y amène un jeune bétonnier de son équipe, membre des Jeunesses Communistes. Potapov affirme qu'une révolution scientifique et technique vient d'avoir lieu grâce à ce refus collectif de la prime à la base. Il explique d'abord que la prime de quarante roubles est loin de compenser, par exemple, la perte de quatre cents roubles qu'a subie son jeune ouvrier, qui est aux pièces, du fait des multiples arrêts de travail. Dans ces conditions, la prime est une rigolade. Potapov décrit ensuite le chantier comme une véritable foire. Les nombreux arrêts de travail sont dus selon lui au manque de matériaux, à un désordre généralisé, à une absence d'organisation et de prévision. Il sait que les objectifs du Plan originel ont été rognés et retaillés pour que le chantier soit à même de les atteindre et de les dépasser. A son avis, les objectifs premiers du Plan auraient pu être tenus. Il exhibe deux petits carnets remplis de chiffres prouvant ce qu'il avance. Le vieux Boris Chatounov, responsable financier du chantier, le traite d'abord d'ivrogne puis il exige de savoir d'où viennent certains chiffres figurant dans le carnet. Potapov refuse de répondre : là n'est pas la question. Boris et le reste du comité proposent que ces chiffres soient examinés et vérifiés par une économiste aux mérites reconnus par tous, Dina Molenina. Potapov demande alors quelques minutes pour aller chercher la personne qui lui a fourni certains chiffres et ramène... l'économiste en question. Potapov propose de reprendre le montant total de la prime illégalement distribué aux ouvriers et de le rendre à la Banque d'État. Les ouvriers, dit-il, comprendront. Pavel, le directeur du chantier, que cette décision mettrait en très mauvaise posture, explique qu'il a été obligé de commencer le chantier malgré l'absence des infrastructures nécessaires. Potapov et un membre du comité lui reprochent d'avoir accepter de travailler dans ces conditions. On apprend alors que sept des dix-sept ouvriers de Patopov ont accepté la prime. Déçu, il quitte la réunion. On met sa proposition aux voix : trois voix pour et trois contre. La voix de Pavel fait pencher la balance en faveur de l'acceptation de la proposition. Les membres du comité se séparent tard dans la nuit.

☞ Le film est passionnant par ce qu'il nous apprend des conditions de travail, des relations entre les hommes et les classes au sein d'une grande entreprise soviétique. Sa valeur analytique et critique (notamment sur le rôle de la bureaucratie), la netteté du débat mis ici sur la place publique, la variété de ses personnages et la qualité de son interprétation en font un document de premier ordre. Non moins passionnants, son habileté dramatique et théâtrale (dans le bon sens du mot), sa drôlerie, sa densité, ses coups de théâtre grâce auxquels un sujet et un propos extrêmement austères donnent lieu à un récit constamment divertissant et plein de surprises. Après un prologue de quelques minutes, le film se continue (jusqu'à la fin) en temps réel dans le décor unique du bureau où a lieu la réunion et dont les fenêtres ouvrent largement sur le chantier alentour. On assiste, comme dans *La corde** d'Hitchcock, à la lente tombée de la nuit sur les personnages. Au-delà du dialogue, réaliste et argumenté, beaucoup de choses sont dites sur ces personnages à travers la seule description de leurs attitudes et de leur comportement physique. Le film est caractéristique du cinéma russe des année 70 par la triple alliance du réalisme documentaire, du sens critique et du sens dramatique. Il a fait « un tabac » dans son pays d'origine. Seule la toute fin (vote masochiste de Pavel, le directeur du chantier) correspond à une concession qui réaffirme, de manière peu convaincante, la vigilance et la capacité d'autocritique du Parti. Cette concession est si évidente qu'elle n'altère pas vraiment la portée critique du film.

## PRINCE AU MASQUE ROUGE (LE)
### (Il cavaliere di Maison Rouge)

1953 – France-Italie (90') • *Prod.* Produzione Venturini – CFF • *Réal.* VITTORIO COTTAFAVI • *Sc.* Giuseppe Mangioni et Alessandro Sarrau d'ap. R. « Le Chevalier de Maison Rouge » d'Alexandre Dumas • *Phot.* Arturo Gallea • *Mus.* Carabella • *Int.* Armando Franciolini (le capitaine Lindet), Renée Saint-Cyr (la reine Marie-Antoinnette), Vittorio Sanipoli (le chevalier de Maison Rouge), Yvette Lebon (Margot), Alfred Adam (Dixmaire), Franca Marzi, Marcel Pérès.

Un groupe de royalistes fidèles essaie par deux fois de faire évader Marie-Antoinette de sa geôle.

☞ La carrière cinématographique de Vittorio Cottafavi eut la durée d'un éclair et la forme d'un paradoxe. Cottafavi n'aimait pas les genres – commerciaux – où il dut travailler. Loin de les tourner en dérision, il essaya au contraire de les magnifier, à sa façon, par un style à la dignité hautaine qui ne voulait rien avoir de populaire. *Le Prince au masque rouge* (il est permis de préférer – une fois n'est pas coutume – le titre français) est l'exemple le plus accompli de ce travail. Le film participe de quatre genres différents – cape et épée, mélodrame, drame psychologique, tragédie historique – et n'appartient à aucun. (Ils sont cités dans l'ordre croissant d'intérêt qu'ils semblent présenter pour Cottafavi.) Le plus original du film est dans sa construction et tient à l'entrelacement, chez certains conjurés (ex. le couple A. Franciolini - Y. Lebon), de leur recherche du bonheur individuel et de leurs efforts impuissants pour mettre fin au martyre historique de la reine. La dernière demi-heure du film est sans doute ce que Cottafavi a réalisé de plus convaincant : c'est là que les quatre genres se fondent et s'harmonisent le mieux, que la vitesse de l'action s'accélère et que chacun des personnages, subissant le poids de destin qui lui est imparti, se révèle dans son identité propre, sa grandeur et sa solitude. La liberté n'existe guère dans l'univers fatal de Cottafavi. Mais ses personnages ont toujours le choix entre l'élégance et la médiocrité, entre la bestialité et une forme de noblesse qui les assimilerait presque à des dieux.

## PRINCESSE DE SAMARCANDE (LA)
### (The Golden Horde)

1951 – USA (76') • *Prod.* UI (Howard Christie, Robert Arthur) • *Réal.* GEORGE SHERMAN • *Sc.* Gerald Drayson Adams d'ap. une histoire de Harold Lamb • *Prod.* Russell Metty (Technicolor) • *Mus.* Hans J. Salter • *Int.* Ann Blyth (Princesse Shalimar), David Farrar (Sir Guy), George Macready (Shaman), Henry Brandon (Juchi), Howard Petrie (Tucluk), Richard Egan (Gill), Marvin Miller (Gengis Khan), Donald Randolph (Torga).

Au XIIIe siècle, la princesse de Samarcande défend sa ville et son peuple contre les hordes de Gengis Khan. Elle utilise à cette fin sa rouerie féminine, la superstition et les prophéties locales ainsi que l'aide que lui apporte – ou plutôt que lui impose – une troupe de Croisés.

☞ Divertissement hollywoodien type, sans aucun apport d'auteur. Le spectaculaire, seul, est recherché. C'est par des films de ce genre qu'Hollywood imposa sa domination sur les spectateurs du monde entier. Caractéristiques principales : abondance de péripéties, splendeur plastique (avec un grand soin apporté aux costumes, aux décors, aux extérieurs, à quoi s'ajoute ici l'immense talent de Russell Metty) ; humour sous-jacent (notamment quand la princesse supplie les Croisés de ne plus l'aider). Et puis surtout, ce genre de films en appelait à l'esprit d'enfance en invitant à la rêverie.

## PRINTEMPS PRÉCOCE
### (Zaochun eryue)

1964 – Chine (120') • *Prod.* Studios de Pékin • *Réal.* XIE TIELI • *Sc.* X. Tieli d'ap. la nouvelle « Eryue » (« Février ») de Rou Shi • *Phot.* Li Wenhua (couleurs) • *Mus.* Jiang Dingxian • *Int.* Sun Daolin (Xiao Jianqiu), Xie Fang (Tao Lang), Shangguan Yunzhu (la veuve Wen), Gao Bao (Tao Mukan), Fan Xuepeng (Mme Tao), Wang Pei (Qian Zhengxing).

Dans les années 20, un intellectuel chinois, poussé par un besoin de réflexion et de solitude, se retire à la campagne dans un petit bourg où il occupe un poste d'enseignant. Il y retrouve la veuve d'un ancien condisciple, tombée dans la misère. Il tâche de lui venir en aide et prend sa fillette comme élève dans son école. La rumeur publique l'accuse d'avoir séduit la veuve qui se suicide peu après, ne pouvant supporter ces calomnies. L'instituteur quitte la région, décidé à participer à la lutte révolutionnaire afin de changer les mentalités.

☞ Intéressant essai d'analyse psycho-sociale en milieu fermé, offrant une vision caractéristique des conflits de mentalités dans la Chine des années 20. La mesquinerie et l'étroitesse d'esprit d'une petite communauté rurale poussent à la mort le plus honnête de ses membres. Si la perspective de la révolution n'était pas là pour jouer à la fin le rôle du *deus ex machina* et délivrer un message d'espoir, on ne serait pas loin de l'asphyxie du *Corbeau** de Clouzot. Au moins pour ce qui concerne la partie la plus critique du propos de l'auteur. Car pour le reste, et dans la forme, Xie Tieli se révèle un cinéaste essentiellement intimiste et lyrique qui refuse le pessimisme intégral et reste proche de ses deux héros, vulnérables et sensibles. Les nuances, l'esprit de finesse et l'insidieuse mélancolie dont témoigne le film lui ont valu à sa sortie des ennuis et un blâme officiel. L'œuvre fut jugée trop proche de l'art bourgeois et ses personnages trop individualistes.

N.B. Le film sortit pour le trente-troisième anniversaire de la mort de l'écrivain Rou Shi (tué à 30 ans en 1931). Il obtint un grand succès public qui fut confirmé lors de sa ressortie en 1978. L'actrice Shangguan Yunzhu fut tuée durant la Révolution culturelle.

## PRINTEMPS TARDIF
**(Banshun)**

1949 – Japon (108') • *Prod.* Shochiku/Ofuna • *Réal.* YASUJIRO OZU • *Sc.* Ozu et Kogo Noda d'ap. une histoire de Kazuo Hirotsu • *Phot.* Yuharu Atsuta • *Mus.* Senji Ito • *Int.* Chishu Ryu (Shukichi, le père), Setsuko Hara (Noriko, sa fille), Haruko Sugimura (la tante de Noriko), Yumeji Tsukioka (l'amie de Noriko), Jun Usami (Hattori), Tomihiro Aoki, Kuniko Miyake.

Un veuf vit avec sa fille de vingt ans qui n'est pas encore mariée. La tante de la jeune fille critique cette situation et cherche un époux pour sa nièce. Afin d'amener sa fille à l'idée de faire sa vie et de le quitter, le père lui fait croire qu'il va se remarier. Ayant accompli son rôle, il se retrouve seul.

☞ Chronologiquement, le premier de la dernière série des grands chefs-d'œuvre d'Ozu, qui fut à partir de cette date unanimement et définitivement reconnu comme un maître dans son pays. Les exégètes d'Ozu rapellent que *Printemps tardif* fut considéré au Japon comme le film le plus profondément japonais jamais réalisé. Participant à cette méditation, éternellement recommencée, sur le thème de la famille, le film est aussi parfaitement typique de l'auteur pour la simplicité raffinée et mélancolique de son style, l'un des plus aisément reconnaissables de l'histoire du cinéma. Pour Ozu, la famille représente la double image de la stabilité et de la fugacité des choses. La cellule formée par ce père et sa fille est parfaite ; et en même temps, selon les lois naturelles de la vie, elle est éphémère. La fille ne veut pas quitter son père car elle est heureuse avec lui et sait qu'il a besoin d'elle. Plus encore que lui peut-être, elle redoute l'avenir sans ce compagnonnage auquel elle est habituée. L'absence de péripéties extérieures, portée chez Ozu à un point rarement atteint, lui permet de sonder dans les êtres des sentiments universels et liés au temps qui passe : la recherche du bonheur, la peur de briser un équilibre fragile que peut-être on ne retrouvera jamais, et cette angoisse nichée au plus profond des personnages et qui se réveille à la pensée des ruptures inévitables que comporte toute existence humaine. Chaque étape de la vie, même la plus naturelle ou la plus désirée, est en effet pour l'homme une redoutable épreuve. On trouve dans ce film un exemple caractéristique de l'économie des moyens telle que la pratiquait Ozu. On ne voit jamais le fiancé de l'héroïne, personnage capital de l'histoire. Mais le spectateur à la fin du film doit s'y reprendre à deux fois pour constater qu'effectivement il ne l'a pas vu. Il était présent dans l'histoire sans l'être dans l'image, et rien ne manquait au récit.

BIBLIO. : scénario et dialogues en volume, Publications orientalistes de France, 1986.

## PRISONERS OF THE CASBAH

Inédit en France. 1953 – USA (78') • *Prod.* COL. (Sam Katzman) • *Réal.* RICHARD BARE • *Sc.* DeVallon Scott d'ap. une histoire de William Raynor • *Phot.* Henry Freulich (Technicolor) • *Int.* Gloria Grahame (la princesse Nadja), Cesar Romero (Firouz), Turhan Bey (Ahmed), Nestor Paiva (Marouf), Paul E. Newlan (le voleur), Lucille Barkley (Soura), Philip Van Zandr (Selim), Nelson Leigh (l'émir).

Le grand vizir s'est vu refuser la main de la fille de l'émir d'Alger. Ce dernier le trouve en effet trop cruel pour lui succéder au pouvoir. Le vizir projette de faire enlever la princesse, mais au cours de la tentative l'émir est tué. La princesse est sauvée par Ahmed, le chef des gardes qui avait juré à l'émir de la protéger. Ahmed et la princesse ne sympathisent guère mais ils sont traqués et obligés de se réfugier ensemble dans la Casbah où il leur faut se concilier les bonnes grâces des voleurs et des assassins qui tiennent la place. Ahmed réussira à éliminer le vizir qui avait usurpé le pouvoir et gagnera les faveurs de la princesse.

☞ Aventures, humour et une certaine joliesse décorative sont les ingrédients de ce divertissement hollywoodien typique, produit à bon compte mais sans nul bâclage par la Columbia à une époque où la Universal avait abandonné le filon des contes orientaux genre « Mille et Une Nuits ». En fait, c'est surtout l'humour de l'histoire qui a intéressé Richard L. Bare. Il a bien su exploiter la situation comique des deux héros, contraints par les circonstances de se faire bonne figure et même de se marier, alors qu'ils ne peuvent pas se sentir. Plusieurs gags à répétition dirigés contre le sadisme habituel à ce genre de films émaillent l'action. La caractéristique d'un tel film, c'est d'être fait à la fois *dans* le genre (aventures orientales mêlées d'érotisme, de cruauté et de puérilité) et *contre* le genre, à demi parodié ici à travers des variations dignes de la comédie américaine. Cette légère ambiguïté (que certains appellent second degré) donnait souvent du sel à de petites productions hollywoodiennes qui, sans cela, aurait été bien insipides.

## PRISONNIÈRE DU DÉSERT (LA) (The Searchers)

1956 – USA (119') • *Prod.* Warner – C.V. Whitney Pictures (Merian C. Cooper, C.V. Whitney) • *Réal.* JOHN FORD • *Sc.* Frank S. Nugent d'ap. R. d'Alan LeMay • *Phot.* Winton C. Hoch (Technicolor, VistaVision) • *Mus.* Max Steiner • *Int.* John Wayne (Ethan Edwards), Jeffrey Hunter (Martin Pawley), Vera Miles (Laurie Jorgensen), Ward Bond (Capitaine Révérend Samuel Clayton), Nathalie Wood (Debbie Edwards), Lana Wood (Debbie Edwards, enfant), John Qualen (Lars Jorgensen), Olive Carey (Mrs. Jorgensen), Henry Brandon (Scar), Ken Curtis (Charlie McCorry), Harry Carey, Jr. (Brad Jorgensen), Antonio Moreno (Emilio Figueroa), Hank Worden (Mose Harper), Walter Coy (Aaron Edwards), Dorothy Jordan (Martha Edwards), Pippa Scott (Lucy Edwards), Pat Wayne (lieutenant Greenhill), Beulah Archuletta (Look), Jack Pennick (soldat), Peter Mamakos (Futterman).

Texas, 1868. Plusieurs années après la fin de la Guerre Civile, Ethan Edwards revient dans la famille de son frère Aaron, marié à Martha. Le lendemain de son arrivée, Clayton, qui cumule les fonctions de capitaine des Texas Rangers et de Révérend, emmène Ethan et le fils adoptif d'Aaron, Martin Pawley, qui a un peu de sang cherokee dans les veines, à la chasse aux voleurs de bétail. Ceux-ci, probablement des Comanches, ont dépouillé le fermier Lars Jorgensen. A quelques kilomètres du village, Ethan et ses compagnons comprennent que les Indiens les ont volontairement éloignés, afin de se livrer au pillage des fermes isolées. Quand ils arrivent à la maison, Ethan et Martin trouvent les cadavres d'Aaron et de Martha, laquelle a été violée. Leurs deux filles, la jeune Lucy et la petite Debbie, ont sans doute été enlevées. La patrouille de Clayton repousse, en faisant beaucoup de victimes, une charge des Indiens sur le fleuve. Ethan annonce sa décision de partir à la recherche de Lucy et de Debbie. Il préférerait rester seul, mais Martin et Brad Jorgensen, fiancé à Lucy, tiennent à l'accompagner. Dans un canyon, Ethan retrouve le cadavre de Lucy. Fou de douleur, Brad s'élance en tirant sur le camp indien ; il est aussitôt abattu. La neige a commencé de tomber. Après de longues et vaines recherches, Ethan et Martin reviennent à la maison de Lars Jorgensen à qui Ethan avait appris, il y a un an, par une lettre, la mort de son fils Brad. Laurie Jorgensen est amoureuse de Martin qu'elle connaît depuis l'enfance. Elle regrette amèrement que Martin ne soit pas plus démonstratif avec elle. A l'aube, Ethan est déjà reparti sans prévenir personne. Il aurait souhaité que Martin reste travailler avec les Jorgensen, mais Martin préfère partir sur ses traces. Furieuse de sa décision, Laurie lui a quand même donné son meilleur cheval. Ethan et Martin se retrouvent au bar de Futterman, lequel détient des renseignements sur Debbie. Elle serait avec le chef indien Scar. La nuit, au campement, Ethan attire dans un piège Futterman et ses deux acolytes qui projetaient de le tuer, lui et Martin, pour les dévaliser. Ethan reprend sur le cadavre de Futterman la pièce d'or qu'il lui avait donnée pour prix des renseignements fournis. Laurie reçoit une longue lettre de Martin. Elle apprend ainsi qu'à l'issue d'un troc avec les Indiens, Martin s'est acheté sans le vouloir une squaw qui se considère comme son épouse et le suit partout. Elle donnera des renseignements sur Debbie avant de s'en aller. Ethan a dispersé, en tirant dessus, un troupeau de bisons, dans le but d'affamer les Comanches. Un détachement de l'armée régulière a massacré un village indien ; la squaw de Martin est parmi les victimes. Martin termine sa lettre en annonçant que ni lui ni Ethan ne seront de retour pour Noël. Au Nouveau-Mexique, un Indien ami des deux hommes, Mose Harper, les met en contact avec un Mexicain, Emilio Figueroa, qui les amène au camp de Scar. Martin retrouve Debbie, devenue une adulte, et se fait reconnaître d'elle. Il est clair qu'elle vit avec Scar. Parlant des Comanches, elle dit : « C'est mon peuple maintenant. » Ethan veut la tuer, mais Martin la protège de son corps. Ethan, blessé par un Indien, se réfugie dans une grotte avec Martin qui le soigne. Il lègue par testament tous ses biens à Martin qui n'en veut pas, car il ne peut admettre qu'Ethan considère que Debbie ne fait plus partie de sa race. Ethan et Martin arrivent chez les Jorgensen en plein milieu du mariage de Laurie avec Charlie McCorry, un voisin qui la courtisait depuis longtemps. Laurie se plaint à Martin de n'avoir reçu qu'une lettre de lui en cinq ans, puis tombe dans ses bras. Martin et Charlie se battent dans la cour à poings nus devant Laurie fascinée et les autres invités de la noce. Après le combat, Charlie préfère repousser le mariage. Clayton, en tant que capitaine des Texas Rangers, demande son revolver à Ethan qui a à répondre de la mort de Futterman. Mais un jeune officier vient demander à Clayton s'il est prêt à appuyer avec ses hommes un raid de la Cavalerie contre les Comanches. Arrivé à deux cents mètres de l'ennemi, Martin part en éclaireur vers le camp afin de retrouver Debbie vivante. Il est amené à tuer Scar. La Cavalerie et les Rangers chargent. Ethan part à la poursuite de Debbie. L'ayant rattrapée, il la soulève comme lorsqu'elle était enfant. Puis il la ramène à la ferme des Jorgensen. Toute la famille rentre à l'intérieur de la maison mais Ethan, lui, préfère repartir vers les grands espaces.

☞ L'un des westerns majeurs de Ford durant les années 50, et aussi l'un des plus complexes. Visuellement, il représente l'art de Ford à son sommet – immense odyssée étalée sur plusieurs années et se déroulant, sous la neige ou au désert, dans une impressionnante variété de paysages, dont le pivot est la Monument Valley, lieu sacré de l'œuvre westernienne de Ford. Cette odyssée a un but et est donc en même temps une quête. Comme il en va de toute description d'une quête véritable, l'espace où elle a lieu a autant d'importance, sinon plus, que son objet même. A l'origine de cette quête, il y a le personnage énigmatique, amer, violent, opaque même par instants, d'Ethan Edwards (John Wayne) qui semble avoir subi, comme par osmose, l'influence des héros névrotiques des westerns modernes des années 50 auxquels *The Searchers* est le seul film de Ford à pouvoir être rattaché. Ethan Edwards a combattu pour le Sud, il combat pour sa famille, il combat pour les Blancs, et pourtant il ne fait partie de rien, d'aucun cadre, d'aucun groupe, si ce n'est d'une Amérique mythique vouée à disparaître et qui n'a peut-être existé que dans les rêves de certains pionniers qui lui ont consacré leur vie. Sa soif de vengeance le pousse à haïr la race indienne, et pourtant on le sent souvent plus proche des Indiens que des Blancs. Cet homme d'action, un peu perdu quand il n'agit pas, quand il ne combat pas, est sans doute le personnage fordien qui, avec le Lincoln, de *Young Mr. Lincoln**, a suscité le plus de commentaires et d'analyses. Certains commentateurs (J.P. Place dans « The

Western Films of John Ford », The Citadel Press, 1974, Ed Lowry dans « The Macmillan Dictionary of Films and Filmakers », vol. I, Londres, 1984) ont voulu voir dans son amertume, dans sa dureté parfois obsessionnelle, la conséquence d'une histoire d'amour avortée, et même inavouée, avec sa belle-sœur Martha, histoire qui n'apparaît qu'en filigrane de l'action. Quoi qu'il en soit, à travers ce personnage d'aventurier, ce *loner* qui n'est chez lui nulle part et qui reste durant toute l'action presque complètement refermé sur lui-même, Ford a sans doute évoqué une part secrète de son expérience, lui qui sous des dehors bonhomme et pittoresques resta toujours quelqu'un d'insaisissable, très éloigné à la vérité du personnage simple et fruste qu'il a souvent voulu jouer. En tout cas, Ethan est là pour nous rappeler que l'œuvre de Ford possède, jusque dans la plus populaire de ses formes, le western, ses ambiguïtés et ses abîmes.

## PROCÈS DES DOGES (LE)
### (Il fornaretto di Venezia)

1963 – France-Italie (83') • *Prod.* Lux Film – Ultra Film – Gaumont • *Réal.* DUCCIO TESSARI • *Sc.* Marcello Fondato, Duccio Tessari • *Phot.* Carlo Carlini (Eastmancolor, Cinémascope) • *Mus.* Armando Trovajoli • *Int.* Jacques Perrin (Pietro), Michèle Morgan (comtesse Sophia Zeno), Enrico Maria Salerno (comte Lorenzo Parma), Sylva Koscina (comtesse Clemenza Parma), Stefania Sandrelli (Annella), Gastone Moschin (Garzoni), Fred Williams (Alvise Guoro).

Au début du XVIe siècle dans la République de Venise, un jeune boulanger est accusé injustement du meurtre d'un noble. Il est jugé par le Conseil des Dix. Deux factions s'y affrontent : celle de Garzoni, opposée à toute représentation populaire au gouvernement, qui estime le jeune plébéien coupable, et celle de Parma, plus libérale, qui plaide pour l'innocence de l'accusé. Parma lui-même aspire à être le futur doge. Quand il voit que sa cause ne triomphera pas, il révèle la vérité : il a tué la victime, qui était l'amant de sa femme. Cet aveu arrive trop tard. Le boulanger vient d'être exécuté.

☞ Dans la tradition des films sur Béatrice Cenci, une évocation historique en forme de drame judiciaire, d'énigme policière, mais aussi de conflit politique. Voulant ajouter quelque chose de plus à une intrigue souvent traitée (cf. les versions de Mario Almirante en 1923 et de John Bard (= Duilio Coletti) en 1939), Tessari cherche à fuir les facilités du mélodrame et à conférer à son récit les subtilités d'un exposé politique au travers duquel le vrai procès devient celui d'une aristocratie corrompue. Mais, du coup, sa mise en scène, privée d'intensité et de passion, n'évite pas une certaine fadeur qui nuit aux ambitions du film. Le dénouement, traité de façon mélodramatique, contraste avec le reste du film et ne fournit aucune conclusion valable à l'effort de réflexion politique esquissé par le cinéaste. Exemple de film populaire où l'auteur, visant plus haut qu'il ne peut atteindre, manque à la fois toutes les cibles. Après ce deuxième film, Tessari, qui s'était signalé à l'attention des cinéphiles par une première œuvre très plaisante, *Les Titans*, péplum plein de trouvailles et de trucages humoristiques, abandonna désormais toute ambition.

## PRODUCTEURS (LES)
### (The Producers)

1967 – USA (98') • *Prod.* Embassy (Sidney Glazier) • *Réal.* MEL BROOKS • *Sc.* Mel Brooks • *Phot.* Joe Coffey (couleurs) • *Mus.* John Morris • *Int.* Zero Mostel (Max Bialystock), Gene Wilder (Leo Bloom), Kenneth Mars (Franz Liebkind), Dick Shawn (L.S.D.), Estelle Winwood (la vieille dame), Renée Taylor (Eva Braun), Lee Meredith (Ulla).

Ex-roi de Broadway, le producteur Max Bialystock vit pour ainsi dire de ses « charmes », escroquant à tire-larigot de très vieilles dames qui lui confient des chèques destinés soi-disant à monter des spectacles. Un jour, son comptable, Leo Bloom, complexé et à l'occasion hystérique, découvre qu'on peut gagner beaucoup plus d'argent avec un « bide » qu'avec un succès. Il suffit de ne dépenser qu'une petite partie de l'argent collecté pour créer le spectacle. Ensuite, à l'issue de l'unique et catastrophique représentation, le producteur n'aura plus qu'à garder pour lui le reste de l'argent. Il ne versera aucun pourcentage sur des bénéfices restés nuls. Bialystock et Bloom s'associent et vont s'employer à mettre sur pied le bide des bides. Ils lisent des quantités de scripts et retiennent le plus débile : « Springtime for Hitler », un musical en l'honneur du Führer. Ils retrouvent l'auteur Franz Liebkind, un nostalgique du nazisme complètement cinglé. Ils lui font signer un contrat en lui promettant de montrer sur la scène le vrai Hitler, le Hitler qu'il aime, le Hitler « with a song in his heart ». Max fait ensuite la tournée de ses octogénaires préférées et ramasse un gros paquet d'argent. Au total, il a distribué vingt-cinq mille pour cent des parts du spectacle. Il engage le plus ringard des metteurs en scène, lequel s'intéresse beaucoup plus à ses déguisements qu'à son travail. Celui-ci se déclare intéressé par la valeur historique de la pièce, mais veut modifier la fin (la défaite du Reich) qui ne convient pas à une comédie musicale. Viennent enfin les auditions des nombreux candidats au rôle d'Hitler. Max choisit Lorenzo Saint-Dubois (L.S.D.), un acteur qui s'est trompé de show et interprète des chansons psychédéliques. Le soir de la première, tout se déroule au mieux, du moins pendant le premier acte : le public, horrifié, fait accueil glacial à la pièce. Mais, avec l'arrivée de L.S.D., il croit à une parodie et se met à rire à gorge déployée. Le show est parti pour durer des années. Bialystock et Bloom sont effondrés. L'auteur, scandalisé par la prestation de L.S.D. qui déshonore son idole, veut abattre les deux producteurs. Il revient à de meilleurs sentiments et, avec Bialystock et Bloom, se contente de dynamiter le théâtre. Blessés, les trois hommes passent en jugement. Au pénitencier, ils répètent une autre comédie musicale et Bialystock se remet à vendre des parts.

☞ Pour son coup d'essai, Mel Brooks réussit un coup de maître qu'il ne put jamais égaler par la suite. Dans cette première entreprise, tôtalement dénuée du laborieux humour référentiel qui sera sa seule source d'inspiration durant des années, Mel Brooks fait surgir sur l'écran, grâce à son mauvais goût acharné, des personnages burlesques et monstrueux d'un haut relief comique. Extraordinaires numéros de Kenneth Mars dans le rôle du nazi nostalgique et de Dick Shawn en Hitler psychédélique. Accessoirement, la versatilité du public et les hasards imprévisibles du succès dans le monde du show business figurent parmi les ressorts de cette farce énorme et grinçante. Ils lui confèrent une sorte de réalisme au troisième degré tout à fait réjouissant.

## PROIE DES HOMMES (LA)
**(Raw Edge)**

1956 – USA (76') • *Prod.* UI (Albert Zugsmith) • *Réal.* JOHN SHERWOOD • *Sc.* Harry Essex, Robert Hill d'ap. une histoire de William Kozlenko et James Benson • *Phot.* Maury Gertsman (Technicolor) • *Mus.* Terry Gilkyson • *Int.* Rory Calhoun (Tex Kirby), Yvonne De Carlo (Hannah Montgomery), Mara Corday (Paca), Rex Reason (John Randolph), Neville Brand (Pop Penny), Emile Meyer (Tarp Penny), Herbert Rudley (Gerald Montgomery).

Dans l'Oregon, au début du siècle, un propriétaire terrien, Montgomery, tient sous sa coupe un village. Il a édicté une loi qui porte son nom, selon laquelle toute femme appartiendra jusqu'à sa mort au premier homme qui mettra la main sur elle ; et ainsi se l'appropriera-t-il définitivement. Sa propre femme ayant été violée, Montgomery fait lyncher un suspect, en réalité innocent de ce crime. Le frère de la victime arrive au village, décidé à se venger et à tuer Montgomery. Trois amis, dont le vrai coupable, s'entre-tuent pour bénéficier de la « loi Montgomery » au cas où le justicier parviendrait à ses fins. Mais Montgomery sera tué par les Indiens et c'est le justicier qui partira avec la veuve.

☞ A l'ombre des chefs-d'œuvre du western réalisés par les maîtres du genre, tel Anthony Mann, la Universal produisit dans les années 50 de petits westerns dynamiques et colorés sans ambition apparente, mais non dénués de vigueur, voire d'originalité. Celui-ci est un des plus significatifs. La « Loi Montgomery » mérite de figurer dans l'histoire du western comme une tentative caricaturale et aberrante pour régir, avant l'installation du « law and order », le désordre et la misère sexuels des hommes de l'Ouest. Formellement, il faut noter que la couleur était en 1956 un perfectionnement encore suffisamment nouveau et attrayant pour que les opérateurs essaient d'en obtenir le maximum d'effet et d'intensité. Ainsi les premiers plans du film montrant seulement le bas de la robe rouge de l'actrice qui marche, suivie par la caméra, avant d'être violée, sont-ils restés justement célèbres auprès des cinéphiles.

## PSYCHOSE
**(Psycho)**

1960 – USA (106') • *Prod.* PAR. (Alfred Hitchcock) • *Réal.* ALFRED HITCHCOCK • *Sc.* Joseph Stephano d'ap. R. de Robert Bloch • *Phot.* John L. Russell • *Mus.* Bernard Herrmann • *Générique* Saul Bass • *Int.* Anthony Perkins (Norman Bates), Janet Leigh (Marion Crane), Vera Miles (Lila Crane), John Gavin (Sam Loomis), Martin Balsam (Milton Arbogast), John McIntire (shérif Chambers), Laureen Tuttle (Mrs. Chambers), Pat Hitchcock (Carolyn), Frank Albertson (Cassady), Simon Oakland (Dr Richmond), Vaughn Taylor (George Lowrey), John Anderson (vendeur de voitures), Mort Mills (le policier).

⊖ Phoenix, Arizona, vendredi 11 décembre, 14 heures 43. Ayant retrouvé son amant, Sam Loomis, dans un hôtel et passé avec lui l'heure du déjeuner, la jeune Marion Crane lui déclare que c'est la dernière fois qu'elle le rencontre ainsi clandestinement. Elle voudrait qu'ils se marient, mais il ne peut pas, à cause de certains problèmes financiers qu'il a à résoudre auparavant. Marion regagne son lieu de travail, une agence immobilière, et est chargée par son patron de déposer à la banque, juste avant la fermeture du week-end, une somme de 40 000 dollars, qu'un client vient d'apporter en liquide pour une transaction. Marion garde l'argent et décide d'aller retrouver Sam en Californie. Elle dort dans sa voiture toute la nuit et attire l'attention d'un policier. A cause de lui, elle préfère échanger son véhicule contre un autre chez un vendeur de voitures d'occasion. Elle reprend la route. La fatigue, la pluie, la nuit qui tombe l'amènent à s'arrêter dans un petit motel isolé, à quelques kilomètres de Fairvale, et toujours vide depuis que la route principale a été déviée. Elle est accueillie par le directeur, Norman Bates, un jeune homme qui, la voyant seule et affamée, lui propose de partager son repas avec lui. Marion entendra un peu plus tard les échos d'une dispute entre Norman et sa mère qui lui reproche d'avoir invité une jeune fille inconnue. Norman revient avec un plateau. Durant leur tête à tête, Norman parlera à Marion de sa passion pour la taxidermie : il empaille surtout des oiseaux dont les murs de la petite pièce où ils dînent sont couverts. Il devine que Marion fuit quelque chose. Il lui dit qu'à son avis chacun est prisonnier de son propre piège et que, quoi qu'on fasse, il est impossible de s'en échapper. Norman parle aussi de sa mère qui l'a élevée après la mort de son père. Elle a dû subir également la perte tragique de son amant et est sujette depuis à certaines crises psychologiques. Quand Marion lui suggère de la placer quelque part, il le prend très mal et elle préfère arrêter là l'entretien. Elle dit à Norman que demain elle compte rentrer à Phoenix pour tenter de sortir du piège où elle s'est mise. Elle regagne sa chambre. Par un trou pratiqué dans le mur, Norman la regarde un moment se déshabiller puis rentre dans la maison, de style gothique et vétuste, située derrière le motel, où il habite avec sa mère. Marion, dans sa chambre, fait ses comptes puis prend une douche. Soudain, une silhouette féminine apparaît derrière le rideau de la douche et la poignarde à plusieurs reprises sauvagement, avant de disparaître. On entend quelques instants plus tard Norman s'écrier dans la maison de derrière : « Mon Dieu, Maman, ce sang, ce sang ! » Il arrive dans la salle de bains, la nettoie méticuleusement pour effacer toute trace de sang, enveloppe le cadavre dans le rideau de la douche, rassemble les affaires de Marion et, sans avoir remarqué les billets cachés dans un journal, met le tout – cadavre et objets – dans la voiture de la jeune fille qu'il noie dans le marais avoisinant. Inquiète de l'absence de sa sœur, Lila Crane, se rend dans la quincaillerie de Sam, pensant que Marion est avec lui. Elle a été suivie par le détective privé Milton Arbogast qui enquête sur le vol des 40 000 dollars. Il explique à Sam et à Lila que le patron de Marion préférerait règler l'affaire à l'amiable sans avoir à prévenir la police. Il se dit persuadé que Marion est quelque part dans la région. Ses recherches minutieuses le mènent en peu de temps au motel Bates. Il n'a guère de mal à faire avouer à Norman, d'abord réticent, que Marion a passé une nuit au motel. Mais quand le détective demande à avoir une entrevue avec sa mère, Norman refuse catégoriquement. Arbogast s'en va et communique par téléphone à Sam et à Lila le résultat de ses recherches. Il pense qu'il y a anguille sous roche et veut retourner au motel. Il y retourne en effet, entre dans la maison de derrière, monte l'escalier jusqu'à la chambre de Mrs. Bates... et se fait sauvagement poignarder à son tour. Lila et Sam sont très inquiets de ne pas le voir revenir. Sam se rend vainement au motel, sans voir Bates debout dans la pénombre près du marais où il vient d'engloutir la voiture d'Arbogast comme il l'avait fait avec celle de Marion. Sam se rend ensuite avec Lila au domicile du shérif local, Chambers, qui leur apprend que la mère de Bates est morte il y a dix ans. Elle s'est suicidée après avoir empoisonné, par jalousie, son amant. Norman vit depuis au motel comme un reclus. Pourtant Sam est persuadé d'avoir vu une femme à la fenêtre de la maison de derrière. A l'intérieur de cette même maison, Norman descend à la cave, contre son gré, sa mère qu'il porte dans ses bras. Il veut ainsi la protéger de toute intrusion extérieure. Le lendemain, Lila et Sam, qui soupçonnent Norman d'avoir mis la main sur le magot de Marion, se rendent au motel et louent une chambre. Pendant que Sam occupe Norman en bavardant avec lui, Lila inspecte les chambres, pensant que Marion peut y être retenue prisonnière. Puis elle pénètre dans la maison de derrière. Elle monte l'escalier, visite les appartements vides de Mrs. Bates, découvre la chambre d'enfant de Norman. Elle redescend l'escalier. Comprenant soudain le jeu de Sam, Norman s'inquiète de savoir où se trouve Lila. Il bondit dans la maison. Lila le voit à travers les rideaux de la porte et va se cacher au sous-sol où elle découvre une femme qu'elle voit de dos, assise immobile dans un fauteuil d'osier. Lila lui touche l'épaule, le fauteuil pivote : Lila se trouve alors face à face avec le visage effrayant d'une femme quasi momifiée. Lila hurle. A ce moment, une silhouette féminine jaillit dans la pièce, armée d'un couteau. Sam désarme l'agresseur, qui se révèle être Norman, déguisé en femme. Après son arrestation, un psychiatre explique son cas à Lila, à Sam et au juge d'instruction. Ayant tué sa mère et l'amant de celle-ci par jalousie, Norman avait tenté de s'absoudre lui-même en devenant sa mère. S'identifiant par moments à elle, il éprouvait vis-à-vis des jeunes femmes qu'il pouvait rencontrer (et Marion n'était pas sa première victime) la jalousie qu'il pensait que sa mère devait ressentir à leur égard. La présence des deux personnalités – la sienne et celle de sa mère – dans son cerveau provoqua d'intenses conflits qui aboutirent au triomphe de la personnalité la plus forte. Aujourd'hui, Norman est complètement sous l'emprise de sa mère. Il *est* sa mère. Un policier va lui porter une couverture. On remonte à la surface la voiture de Marion engloutie au fond du marais...

☞ En 1959, cela fait déjà cinq ans qu'Hitchcock signe (depuis *Fenêtre sur cour**) un chef-d'œuvre par an et parfois deux. Caractéristique du tempérament créateur de Hitchcock : plus il est génial, plus il cherche à se renouveler. Autant que la maîtrise du suspense ou que l'intérêt pour les criminels machiavéliques, le renouvellement permanent des formes et des sujets est une des données essentielles de l'œuvre de Hitchcock. Dans ce domaine, avec *Psycho,* il va battre tous ses records. A tel point qu'il inquiète ses plus proches collaborateurs. Le producteur associé, Herbert Coleman (*L'homme qui en savait trop**, *Le faux coupable**, *Vertigo**, *North by Northwest**), s'esquivera avant le début du tournage. La fidèle Joan Harrisson qui travaille avec lui depuis 1935 (comme secrétaire, dialoguiste, scénariste, etc.) préférera une augmentation de salaire à des parts du film. La Paramount distribue le film mais ne fera pas grand-chose d'autre et Hitchcock, finançant en partie le film avec ses propres deniers, se retrouvera propriétaire, en guise de salaire, de 60 % du négatif. La Paramount ne prête même pas ses studios, ce qu'Hitchcock interprétera évidemment comme un manque de confiance, et il ira tourner dans les studios Revue, chez Universal, où il a l'habitude de filmer ou de faire filmer les petites bandes de 26' de la série « Alfred Hitchcock Presents ». Ainsi, le décor le plus célèbre de la Universal, haut lieu du tourisme hollywoodien – le motel de Bates et la maison gothique qui se trouve derrière – figure dans un film Paramount ! Principaux reproches adressés à Hitchcock avant tournage et exprimant les craintes terribles de son entourage quant à la viabilité du projet : le roman de Robert Bloch, écrit d'après un fait divers, l'affaire Ed Gein, ayant eu lieu dans le Wisconsin, est indigne de lui (c'est l'opinion, par exemple, du deuxième scénariste, Joseph Stefano, qui signera seul au générique) ; d'autre part, Hitchcock va trop loin dans la représentation « graphique » de la violence et dans la violation des tabous hollywoodiens (opinion notamment de Joan Harrisson). Étant son propre financier, ayant l'impression, délicieuse pour lui, de repartir à zéro, Hitchcock décide de tourner le film à l'économie (budget de 800 000 dollars, soit l'équivalent de trois épisodes moyens de télévision, tournage de 36 jours en décembre 1959 et janvier 1960). Le film sera en noir et blanc et visuellement proche du style télévision. Ce désir d'économie va contribuer à déterminer l'originalité et la cohérence formelle du film. Pour Hitchcock, la conséquence de l'économie est que rien dans le film ne devra distraire le spectateur de la narration proprement dite (« the telling of the tale », selon un propos rapporté par Stephen Rebello, cf. Biblio.). Comme dans le style télé, tout sera soumis à trois impératifs : vitesse, réalisme, aspect documentaire. Hitchcock engage un détective comme conseiller technique pour le scénariste et envoie une seconde équipe capter l'atmosphère de Phoenix et de ses environs. Il demande à son chef opérateur de privilégier l'emploi de l'objectif de 50 mm qui doit reproduire le plus simplement possible la vision du spectateur dans chaque plan. Robert Bloch s'étant déclaré indisponible pour l'écriture du scénario et un premier scénariste, James P. Cavanaugh, ayant été éliminé après quelques semaines de travail, Hitchcock engage Joseph Stefano. Stefano admire énormément Hitchcock. Il confiera à Stephen Rebello qu'il a presque tiré les larmes des yeux du maître en lui déclarant qu'il considère *Vertigo** comme son meilleur film. (Habituellement, Hitchcock se montre impassible comme un Bouddha ou bien rigolard, quand il veut distraire ses collaborateurs ou ses invités en leur racontant des blagues.) Stefano cependant ne s'intéressera vraiment à ce travail que lorsqu'Hitchcock lui aura dit qu'il pense engager Anthony Perkins pour le rôle de Bates, alors que, dans le roman, Bates est plutôt un « heavy » dans le genre Rod Steiger. Plus tard, Hitchcock engage Saul Bass comme conseiller visuel (« pictorial consultant »). Outre le générique, Saul Bass dessinera non seulement la célèbre scène de la douche mais plusieurs autres séquences, ses suggestions se trouvant ou non retenues. A toutes les étapes du film – préparation, tournage, montage et jusque dans les semaines précédant la sortie –, Hitchcock et ses collaborateurs paraissent anxieux, incertains quant aux possibilités de succès du film. A la projection du premier montage, c'est la grimace sur presque tous les visages ; seul, Bernard Herrmann sent les mérites exceptionnels du film et propose à Hitchcock une partition écrite exclusivement pour instruments à cordes. (Hitchcock projetait de ne mettre aucune musique sur la scène de la douche et avait songé, pour l'ensemble du film, à une partition de jazz). Pour l'exploitation, Lew Wasserman, un des associés de Hitchcock (et président de MCA), propose de réserver tout de suite le plus grand nombre de salles possible à travers l'Amérique. Stephen Rebello résume ainsi son état d'esprit : même si le bouche à oreille doit tuer le film, au moins le nom d'Hitchcock attirera le public dans les salles pendant une semaine ou deux. Le triomphe colossal que remportera le film partout dans le monde laissa pantois ses promoteurs. Ainsi *Psycho* fut-il le film de la surprise totale, pour les spectateurs mais aussi et surtout pour ceux qui en étaient responsables. La première originalité du film est d'ordre dramatique : disparition par mort violente de l'héroïne après 50' de projection (c'est-à-dire à peu près au milieu du récit). C'est d'ailleurs à cause de cela qu'Hitchcock s'intéressa au roman de Robert Bloch. Après cette mort, le public, qui s'identifiait peu ou prou à l'héroïne, Hitchcock ayant tout fait pour cela, est laissé dans un état d'abandon, dans un désarroi tout à fait inédits au cinéma ; il reste seul dans la réalité du drame, sans relais, sans repaire, comme au bord d'un gouffre. Cette mort fait ainsi le lien entre la culpabilité, relativement mineure et superficielle, de Marion Crane et celle de Norman Bates, infiniment plus grave et essentielle, venue des profondeurs de son inconscient et engendrée par de graves troubles mentaux. Dans un des tout premiers commentaires, et aussi l'un des plus perspicaces, que le film a suscités en France, *Psycho* était comparé à l'Enfer concentrique de Dante. « Ce film, écrivait Philippe Demonsablon dans une “Lettre de New York” (*in* “Cahiers du cinéma” nº 111, 1960), est construit comme l'Enfer de Dante, en cercles concentriques de plus en plus étroits et de plus en plus profonds. Une progression très sûre s'établit, depuis le début, dans l'asphyxie, dans l'enlisement, sans recours à une emphase spectaculaire, sans élision non plus. Le ton reste d'une minutie réaliste et finalement hallucinante qui rappelle les meilleurs moments de *Shadow of a Doubt** ou de *Lifeboat**, avec de courts basculements d'une violence inouïe. » La mort de Marion Crane nous fait passer sans solution de continuité d'un cercle à l'autre, sa culpabilité s'enchaînant à celle de Norman, personnage auquel le spectateur va maintenant, malgré lui, s'identifier. La culpabilité de Norman introduira insensiblement celle de l'humanité tout entière, selon un processus familier dans les films d'Hitchcock. Sans jamais cesser d'être inquiétant, Bates suscite à parts égales la compassion et l'horreur. Sentiments qui apparaissent de manière successive à la première vision du film, puis de manière conjointe dans les suivantes. Et sans doute la compassion finit-elle par l'emporter quand on revoit le film et que tout suspense et toute surprise sont alors abolis. Au-delà de la compassion et de l'horreur même, une mélancolie, une tristesse insidieuse envahissent inexorablement le film : c'est comme si les secrets les plus intimes des personnages s'étalaient soudain sur les murs. Le motel Bates, lieu de mort, est aussi le lieu du dévoilement des âmes. A cet égard, une scène capitale est celle du dialogue entre Marion et Norman dans la pièce aux oiseaux empaillés. A l'issue de cette scène, Marion se croit encore libre, prend la décision de faire marche arrière et, avant de pouvoir agir, tombe dans un gouffre. Comme souvent chez Hitchcock, et particulièrement dans *Strangers on a Train**, c'est dans les scènes de paroxysme, au moment où Hitchcock est sûr de bien tenir son public en main par l'attente, la peur ou la stupeur, qu'il se livre sans retenue à des recherches quasi expérimentales, comme dans la scène célèbre de la douche. Cette scène, si insolite soit-elle, ne fait que porter à son paroxysme le parti pris de découpage utilisé dans l'ensemble du film. Si Hitchcock a été à plusieurs reprises (*La corde**, *Under Capricorn**) le champion des plans longs et des plans-séquences (dans leur forme extrême : le « ten minutes take »), il défend dans *Psycho* le parti pris inverse en découpant beaucoup ses scènes et en recourant à un montage relativement court. La scène de la douche compte 70 plans en 45 secondes. Elle alterne avec une efficacité diabolique et maintient dans un équilibre instable l'insistance et la litote ; elle montre autant qu'elle dissimule ; elle modèle les émotions du spectateur grâce à des stimuli savamment dosés et qui, pourtant, se dispensent de représenter l'essentiel (la pénétration du couteau dans la chair de la victime). Les imitateurs de ce film, qui seront légion, oublieront toujours une bonne moitié du secret du Maître, à savoir que ce qu'il ne montre pas agit encore plus sur les nerfs du spectateur que ce qu'il montre. Hitchcock devait se déclarer particulièrement fier d'avoir réalisé avec ce film un spécimen de cinéma pur. « Dans *Psycho,* confie-t-il à Truffaut dans leurs entretiens publiés chez Laffont en 1966, le sujet m'importe peu, les personnages m'importent peu ; ce qui m'importe, c'est que l'assemblage des morceaux de film, la photographie, la bande sonore et tout ce qui est purement technique pouvaient faire hurler le public (...) Ce n'est pas un message qui a intrigué le public. Ce n'est pas une grande interprétation qui a bouleversé le public. Ce n'était pas un roman très apprécié qui a captivé le public. Ce qui a ému le public, c'était le film pur. » Il n'empêche que ce serait faire tort au film que de ne pas voir que sa force provient autant de la rigueur de sa construction dramatique que des variations de son tempo, autant de la qualité de son dialogue et de ses silences que de l'acuité inouïe de son découpage.

N.B. Saul Bass a revendiqué la paternité et même la réalisation de la scène de la douche. Pendant le tournage, c'est un fait qu'Hitchcock était fier de montrer à ses collaborateurs les dessins (*storyboard*) de Saul Bass pour cette scène et pour d'autres. Après le tournage, la scène devenant la plus fameuse du film et, peu à peu, de toute l'œuvre d'Hitchcock, le Maître devint d'un mutisme total quant à l'apport – indéniable – de Saul Bass. Il n'en parla jamais en public. Quand Truffaut lui demande : « Je crois qu'en dehors des lettres du générique, Saul Bass a exécuté des dessins pour le film ? », il répond : « Seulement pour une scène, et je n'ai pas pu les utiliser. » Il détaille alors un découpage de la scène du meurtre d'Arbogast qu'il n'a pas retenu ! On comprend que Saul Bass ait été révulsé par cet « oubli » qui dura jusqu'à la mort du Maître. De là à accentuer son rôle dans la fabrication de cette scène... Après la mort d'Hitchcock, Saul Bass, redevenu plus serein à propos des polémiques suscitées par cette affaire, devait déclarer : « Les gens me demandaient souvent : "Qu'est-ce que vous pensez du fait qu'il [Hitchcock] ait revendiqué entièrement la scène de la douche ?" et je répondais : "Ça ne me gêne pas d'avoir été l'instrument grâce auquel certaines choses se sont faites. *Psycho* est à 100 % un film d'Hitchcock. Beaucoup de personnes apportent leur contribution à un film et j'ai eu l'honneur d'être l'une d'entre elles pour *Psycho,* mais la vérité sur ce sujet est que chaque élément du film relevait de la décision d'Hitchcock. Même s'il n'y avait eu aucune controverse quant à mon rôle, même si tout le monde avait reconnu le fait que j'avais réalisé cette séquence, elle serait quand même entièrement d'Hitchcock." (cité dans l'article de S. Rebello). » Deux suites ont été données à *Psycho :* la première, *Psycho II* (id.) 1983, dirigée par Richard Franklin, avec Anthony Perkins, Vera Miles, Meg Tilly, est un honnête film d'horreur (sans commune mesure évidemment avec le film d'Hitchcock) qui utilise adroitement son caractère référentiel ; la deuxième, *Psycho III* (id.), 1986, a été mise en scène et interprétée par Anthony Perkins. C'est un film totalement bâclé, plutôt malsain et un peu inquiétant dans la mesure où on en arrive à se demander s'il n'a pas été réalisé... par Norman Bates lui-même.

BIBLIO : reconstitution du film en 1 300 photogrammes (avec dialogues complets) par Richard Anobile, collection « Film Classics Library », Universe Books, New York, 1974. Comme toujours dans cette collection, le début et la fin des plans ne sont pas indiqués, de sorte qu'il est impossible de reconstituer le véritable découpage du film. Quand les cadrages des plans sont respectés, ce qui est loin d'être toujours le cas, on peut en constater l'incroyable beauté, que la fixité de la reproduction photographique rend encore plus saisissante. Le texte majeur sur *Psycho* est le passionnant article de Stephen Rebello publié dans la revue « Cinefantastique », New York, octobre 1986, où l'auteur reconstitue minutieusement toute l'histoire du film (nous lui avons emprunté une grande partie des faits relatés ci-dessus). Cet article a été repris et augmenté dans le volume « Alfred Hitchcock and the Making of *Psycho* », Dembner Books, New York, 1990. Voir aussi le petit volume « Filmguide to *Psycho* » de James Naremore, Indiana University Press, 1973, et les deux livres de Donald Spoto : « The Art of Alfred Hitchcock », Hopkinson and Blake, New York, s.d. [1976], trad. française : « L'art d'Alfred Hitchcock », Édilig, 1986, et « The Dark Side of a Genius », Little, Brown and Company, New York, 1983, trad. française : « La face cachée d'un génie », Denoël, 1989. *Psycho* est l'un des films qui se prêtent le mieux à une étude psychanalytique : on en a un bon exemple avec celle de Robin Wood : « Psychanalyse de *Psycho* » *in* « Cahiers du cinéma », nº 113 (1960).

## PURITAIN (LE)

1937 – France (97') • *Prod.* Films Derby • *Réal.* JEFF MUSSO • *Sc.* Jeff Musso, Liam O'Flaherty d'ap. R. de O'Flaherty • *Phot.* Curt Courant • *Mus.* Jeff Musso, Jacques Dalin • *Int.* Jean-Louis Barrault (Francis Ferriter), Pierre Fresnay (commissaire Lavan), Viviane Romance (Molly), Alla Donell (Thérésa Burke), Mady Berry (Mme Kelly), Alexandre Rignault (Dr O'Leary), Louis-Jacques Boucot (M. Kelly).

« Un soir, dans une ville du monde... », un jeune journaliste exalté et fanatique, Francis Ferriter, poignarde une prostituée. Dans son esprit, ce geste a une signification religieuse et expiatoire. Interrogé par la police, Ferriter accuse du crime celui qui est à ses yeux le véritable responsable de la déchéance de la victime, c'est-à-dire le Dr O'Leary, fils d'un membre influent d'une société de vigilance morale dont Ferriter autrefois faisait lui-même partie. Il en a démissionné quand il l'a jugée aussi corrompue que le reste du monde. Alors que le commissaire joue avec lui au chat et à la souris, Ferriter va à l'église se confesser. Il n'arrive pas à se faire comprendre du prêtre et leur entretien finit par une dispute. Ferriter semble la proie d'un revirement moral et religieux. Il se laisse entraîner par une prostituée dans des cabarets et s'enivre. Dans l'un de ces lieux de plaisir, il déclame un sermon digne d'un illuminé. Arrêté chez la prostituée et interrogé par le commissaire, il avoue son crime. Il vient de découvrir qu'il a tué par frustration et par amour. Mais c'était aussi pour étonner l'humanité. Il déclare que tout homme a une mission divine à accomplir. On le conduit dans sa geôle plus délirant que jamais.

☞ Film célèbre de par sa différence avec le cinéma français de l'époque. Adapté d'une œuvre de l'Irlandais Liam O'Flaherty (l'auteur du roman dont Ford tira *Le mouchard**), *Le puritain* ne rentre à l'évidence dans aucun des genres traditionnels du cinéma français des années 30. Cela suffit-il à assurer au film un grand mérite ? On peut en douter. Jean-Louis Barrault joue ici l'un de ces rôles d'exaltés qu'il affectionne mais reste constamment à la limite de la caricature et du grotesque. (Bien meilleure dans ce registre est sa composition de *La part de l'ombre,* 1945, de Delannoy.) Quant au propos dostoïevskien de l'œuvre, il est également, dans son artifice et son pathos, quasi caricatural. (Sur ce plan aussi, grande infériorité de Jeff Musso comparé par exemple au Marc Allégret de *Sous les yeux d'Occident**, sorti l'année précédente.) Les auteurs n'ont osé ni reconstituer carrément Dublin en studio comme le fera Yves Allégret dans *La jeune folle,* 1952, ni transposer cette réalité irlandaise à Paris. Ils ont choisi la demi-mesure : une abstraction fumeuse (peut-être inspirée du réalisme poétique de Carné) qui n'aide nullement à rendre compte de la complexité psychologique et morale du héros dont l'itinéraire restera totalement opaque. Comme cela est fréquent aujourd'hui (mais l'était beaucoup moins avant guerre), le film fut jugé sur son ambition apparente, sur sa marginalité, plus que sur ses qualités réelles. Il obtint le prix Delluc 1938.

## PUTTING PANTS ON PHILIP

1927 – USA (2 bob.) • *Prod.* MGM (Hal Roach) • *Réal.* CLYDE BRUCKMAN et *supervision* LEO McCAREY • *Intertitres* H.M. Walker • *Phot.* George Stevens • *Int.* Stan Laurel (Philip), Oliver Hardy (Piedmont Mumblethunder), Sam Lufkin (le médecin), Harvey Clark (le tailleur), Ed Brandenberg (le conducteur du bus), Dorothy Coburn (la fille poursuivie).

Un Écossais vêtu d'un kilt, Philip, vient en Amérique rechercher la pièce d'un demi-dollar que son grand-père avait perdue en 1813. Après avoir subi divers examens médicaux auxquels sa timidité répugne, il est accueilli sur les docks par son oncle Piedmont Mumblethunder qui se passerait bien d'être vu en compagnie d'un tel olibrius. Piedmont découvre bientôt que le seul intérêt de son neveu dans la vie, c'est de courir après les filles – au sens littéral du terme. Piedmont doit lui apprendre les règles de la circulation et de la civilité urbaines. Mais rien ne peut empêcher Philip de se lancer à la poursuite des passantes quand elles lui plaisent. Il cause ainsi un attroupement dans la rue. Ses éternuements ont fait tomber sa culotte sur ses talons. L'oncle Piedmont doit réclamer à la foule en liesse un peu de tenue. Un ventilateur fait voleter le kilt de Philip, et deux femmes s'évanouissent à cette vision. Un policier ayant remarqué : « Cette dame ne porte aucune lingerie », Piedmont réplique : « Je vais faire porter à Philip des pantalons. » Ils se rendent chez un tailleur. Le tailleur n'a jamais vu un client pareil. Alors qu'il essaie de lui prendre ses mesures, Philip en larmes s'écrie : « Je n'ai jamais porté de pantalons de ma vie. » Un match de lutte et une course-poursuite s'organisent entre le tailleur et Piedmont d'une part, et Philip d'autre part. Le tailleur réussit tant bien que mal à prendre quelques mesures et Philip, tel une vierge effarouchée, jure qu'il ira tout raconter à son club. Un peu plus tard, il retrouve la fille qu'il avait poursuivie. Galant, il jette son kilt dans la boue pour qu'elle puisse marcher sans se salir « Une vieille coutume écossaise », dit-il. La fille rit, enjambe le kilt et disparaît. Philip et Piedmont se bagarrent à cause du kilt que Philip veut ramasser. Piedmont envoie un coup dans le nez de son adversaire. « Une vieille coutume américaine », commente-t-il avant de marcher volontairement sur le kilt et de s'enfoncer jusqu'aux épaules dans une immense flaque de boue.

☞ Quatorzième des trente et un « deux bobines » muets tournés par Laurel et Hardy. D'une rare perfection dans tous les éléments de la mise en scène et principalement les mouvements d'appareil et le montage, ce film entièrement tourné en extérieurs est original par la répartition des rôles entre Laurel et Hardy et par son audace. Tout sépare ici Laurel et Hardy : l'âge, la nationalité, le caractère. Hardy est un ancien à la fois puritain et pompeux ; Laurel une sorte d'adolescent un peu lunaire, venu d'une autre planète et tout à fait incapable de refréner ses instincts. Certains analystes tiennent à voir dans le personnage de Hardy une figure homosexuelle et c'est là un élément d'opposition supplémentaire par rapport à Laurel assoiffé du sexe opposé. Le fait que les deux compères jouent ici deux personnages indépendants plutôt que deux partenaires complémentaires ajoute du sel à une intrigue qui s'amuse à exploiter l'étroite frontière qui sépare le bon goût du mauvais et cherche constamment à savoir jusqu'où il est possible d'aller trop loin. Le kilt de Laurel et ce qu'il recouvre deviennent les accessoires principaux de l'action, et seuls l'élégance et le savant art de l'esquive dont témoigne le film l'empêchèrent d'être jugé trop osé. Il est vrai qu'à cette époque aucun code de censure n'avait fait son apparition et que même les esprits les plus chagrins n'auraient su résister à l'humour du seul tandem de l'histoire du cinéma qui pouvait *tout* se permettre.

N.B. La paternité des films de Laurel et Hardy pose souvent des problèmes insolubles. Il est probable que dans de nombreux cas l'apport créatif de Laurel fut déterminant. A propos de *Putting Pants on Philip,* Leo McCarey a déclaré aux « Cahiers du cinéma » (février 1965) : « Celui-là, je l'ai réalisé entièrement, c'est mon enfant. Je l'ai fait du début à la fin sans aucune aide extérieure. Car personne ne voulait le faire, celui-là. Bien qu'étant le producteur, le boss en somme (et j'avais trois films sur les bras), j'ai tenu à le réaliser, en me disant qu'au moins je serais populaire auprès des tailleurs ! [...] J'ai écrit et réalisé ce film à peu près en six jours. »

# Q

**QUAI DES BRUMES (LE)**

1938 – France (90') • *Prod.* Grégor Rabinovitch, Ciné-Alliance • *Réal.* MARCEL CARNÉ • *Sc.* Jacques Prévert d'ap. R. de Pierre Mac Orlan • *Phot.* Eugen Schüfftan • *Mus.* Maurice Jaubert • *Int.* Jean Gabin (Jean), Michèle Morgan (Nelly), Michel Simon (Zabel), Pierre Brasseur (Lucien), Robert Le Vigan (Michel Krauss), Aimos (Quart-Vittel), Edouard Delmont (Panama), René Génin (le docteur), Roger Legris (le garçon d'hôtel).

Jean, un soldat déserteur de l'armée coloniale, arrive en stop dans la nuit au Havre d'où il espère s'embarquer pour un pays lointain. Un clochard amical le conduit dans un bar périphérique de la ville. Il y rencontre Panama, le patron, un brave homme – guitariste à ses heures – qui lui donne à manger, un peintre suicidaire, Krauss, qui voit un crime dans chaque rose et peint malgré lui « les choses qui sont derrière les choses », et une jeune fille, Nelly, dont le regard clair ne cessera plus de le fasciner. Zabel, le tuteur de Nelly, un vieil homme assez répugnant et passionné de musique religieuse, se réfugie dans le bar pour échapper au truand Lucien et à ses deux acolytes qui veulent l'abattre. Lucien soupçonne Zabel d'avoir tué l'un de ses amis, Maurice. A l'aube, Jean part avec Nelly qui n'a pas voulu que son tuteur la voie. Le peintre s'apprête à mettre son projet de suicide à exécution et laisse ses vêtements et ses papiers à Panama. Quand Lucien, qui joue toujours les terreurs, veut forcer Nelly à le suivre, Jean le gifle et l'humilie devant ses deux acolytes. Lucien repart sans demander son reste. Jean et Nelly se quittent, s'étant donné rendez-vous pour le soir même. Sur le port, Jean trouve un bateau sur lequel il pourrait embarquer à destination du Venezuela. Par hasard, voulant acheter un cadeau à Nelly, il entre dans la boutique de Zabel qui l'accueille à bras ouverts car il a appris avec satisfaction comment il avait corrigé Lucien. Zabel propose même au soldat de l'aider s'il le débarrasse définitivement de Lucien. Se considérant comme insulté, Jean met fin brutalement à l'entretien. Pendant ce temps, Nelly a découvert la preuve que Zabel a bel et bien assassiné Maurice qu'elle avait un peu fréquenté. Le vieil homme a agi par jalousie et pour garder Nelly toute à lui. Chez Panama, Jean profite des vêtements et des papiers du peintre suicidé et endosse son identité. Le soir, Nelly et lui vont dans une fête foraine où Jean rencontre et corrige encore une fois Lucien. Nelly demande à Jean de l'emmener avec lui au Venezuela. Ils passent la nuit ensemble dans un hôtel. On a repêché dans le port le corps mutilé de Maurice, et Jean est accusé de ce meurtre, car on a également retrouvé ses vêtements que Panama avait jetés à l'eau. Jean fait irruption dans la boutique de Zabel en train d'avouer à Nelly qu'il a tué Maurice par jalousie. Il veut prendre de force la jeune fille. Après une brève altercation, Jean tue Zabel en lui écrasant la tête avec une brique. Nelly le supplie de courir vers le bateau mais il est abattu par Lucien qui disparaît au volant de sa voiture. Jean meurt, allongé sur le pavé, dans les bras de Nelly.

☞ Premier succès de Carné couvert de louanges et de prix en dépit des réactions de l'extrême gauche et de l'extrême droite de l'époque, scandalisées par la morbidité du film. Première collaboration Carné-Prévert-Gabin, à partir d'un roman de Mac Orlan dont l'intrigue et les personnages, largement modifiés, passent de Montmartre 1900 au Havre contemporain. Le caractère mythologique du film, à l'intérieur du cinéma français, n'est plus à démontrer. Il est dû évidemment au choix judicieux et à l'immense talent des acteurs, mais aussi à un équilibre maintenu de main de maître par Carné entre l'abstraction, le délire, l'irréalisme, le lyrisme, la poésie et, d'autre part, la vérité concrète de l'œuvre et son enracinement dans l'époque. Côté abstraction et délire, il y a les dialogues (Prévert n'est jamais allé si loin dans le refus du réalisme immédiat), les décors d'intérieurs (le bar de Panama), les rencontres des personnages au sein d'un entrelacs programmé comme par le destin lui-même, tandis que le pessimisme lyrique du film, ses extérieurs et sa photo mélancoliques et dépressifs font écho à l'inquiétude du temps. Pour ce qui est des personnages, ils poussent à leur limite et font basculer dans une poésie noire et prenante, à la saveur de néant, une série de types traditionnels qui avaient peuplé la décennie cinématographique : le soldat tête brûlée, violent, impulsif mais courageux et intègre (Gabin), l'héroïne de mélodrame dont la pureté de cœur a survécu aux souillures de l'environnement (Morgan), des « méchants » pittoresques et odieux (Simon, Brasseur), des rêveurs excentriques (Le Vigan dans un de ses rôles les plus caractéristiques). Mais, jusque dans leurs aspects les plus délirants, les arabesques et la poésie du film sont régis, de l'intérieur, par un souci d'ordre et de mesure, une rigueur, une absence de complaisance typiquement françaises (ou du moins qui l'étaient encore à l'époque). Après avoir connu des hauts et des bas dans l'estime de la critique et des cinéphiles, *Le quai des brumes* semble aujourd'hui avoir gagné sa place définitive parmi les grands classiques du cinéma français.

BIBLIO. : comme pour tous les films de Carné, le récit détaillé de la genèse et du tournage du *Quai des brumes* figure dans les remarquables mémoires du cinéaste « La vie à belles dents », Éditions Jean-Pierre Ollivier, 1975, puis Jean Vuarnet, 1979. Sur un plateau assez tendu, Gabin eut souvent l'occasion de défendre Carné qu'il avait surnommé « Le môme » contre les interventions hostiles du directeur de production Simon Schiffrin et du producteur Rabinovitch. Scénario et dialogues *in* « L'Avant-Scène » nº 234 (1979) et dans le volume « Jacques Prévert : *Jenny** – *Le quai des brumes* », Gallimard, 1988. Préface d'André Heinrich qui évoque les principales étapes de la genèse du film et rappelle que le rôle de Delmont avait été initialement proposé à Jouvet et celui de Le Vigan à Jean-Louis Barrault. Il écrit aussi : « Jacques Prévert m'a dit que Carné et lui-même se seraient difficilement relevés de l'échec de *Drôle de drame** si Gabin ne les avait littéralement imposés pour *Le quai des brumes.* »

## QUAI DES ORFÈVRES

1947 – France (105') • *Prod.* Majestic Films • *Réal.* HENRI-GEORGES CLOUZOT • *Sc.* H.-G. Clouzot, Jean Ferry d'ap. R. de S.A. Steeman « Légitime Défense » • *Phot.* Armand Thirard • *Mus.* Francis Lopez • *Int.* Louis Jouvet (inspecteur Antoine), Suzy Delair (Jenny Lamour), Simone Renant (Dora), Bernard Blier (Maurice Martineau), Charles Dullin (Brignon), Pierre Larquey (Émile), Raymond Bussières (Albert), René Blancard (le chef de la P. J.), Léo Lapara (Marchetti), Claudine Dupuis (Manon), Jeanne Fusier-Gir (la dame du vestiaire).

⊖ La chanteuse Jenny Lamour est en train de faire son petit bonhomme de chemin au music-hall. Issue de milieux pauvres, elle est gaie, résolue, ambitieuse. Le producteur Brignon, vieillard libidineux aimant à regarder poser devant l'objectif de jeunes beautés en petite tenue, lui a fait miroiter un contrat. Mais Maurice, le mari de Jenny, qui est aussi son pianiste accompagnateur, est jaloux comme un tigre. Il profère à l'endroit de Brignon des menaces de mort. Quand il découvre que Jenny est allée à un rendez-vous nocturne avec lui, il se rend à son domicile dans l'intention de l'assassiner, mais découvre que le travail a déjà été fait : Brignon baigne dans son sang. Jenny avoue à sa meilleure amie, Dora la photographe, qui brûle pour elle d'un amour sans espoir, qu'elle a tué Brignon en l'assommant avec une bouteille de champagne. Il était devenu trop entreprenant. L'inspecteur Antoine qui vit avec son fils, un petit Noir ramené des colonies, mène l'enquête. Maurice est le suspect numéro un. Tout l'accuse. Il est arrêté et s'ouvre les veines au dépôt durant la nuit de Noël. On arrivera à temps pour le sauver. Jenny, éperdue de désespoir, passe aux aveux. Mais Antoine a découvert le vrai coupable : un petit truand voleur de voitures.

☞ Le triomphe du film d'atmosphère. L'intrigue policière ne sert qu'à donner du rythme au récit, à entraîner le spectateur d'une petite maison d'édition musicale du faubourg Saint-Martin à un atelier de photo minable, des coulisses d'un music-hall de quartier aux couloirs de la P. J. Dans ces différentes atmosphères, Clouzot place des personnages hauts en relief qui collent aux lieux comme la misère et le drame collent au monde. Pour cela, il lui faut des monstres sacrés (Jouvet, génial comme d'habitude), des « natures » (l'éclatante Suzy Delair) et, de sa part à lui, cette minutie dans le détail, cette maniaquerie de perfectionniste qui lui ont valu sa bonne et sa mauvaise réputation. Le pessimisme de Clouzot n'est pas celui d'un idéaliste, épris d'absolu. Clouzot était persuadé au contraire du relativisme de toutes choses. Aussi tenait-il à voir et à montrer ses personnages dans leur décor, dans leur atmosphère, dans leur « jus » : il y trouvait l'explication de leur caractère, une intuition de leur destin et des circonstances atténuantes à porter au dossier de leurs fautes ou de leurs erreurs. C'est aussi dans ce film extrêmement brillant qu'apparaît le mieux la secrète compassion de Clouzot envers les êtres. Elle affleure particulièrement dans ses descriptions de couples et de solitaires : le policier et l'enfant, la chanteuse et le pianiste, et Dora la marginale qui, en tant que personnage, avait peut-être sa préférence.

BIBLIO. : scénario et dialogues *in* « L'Avant-Scène » n° 29 (1963).

## QUAND LA VILLE DORT
**(The Asphalt Jungle)**

1950 – USA (112') • *Prod.* MGM (Arthur Hornblow, Jr.) • *Réal.* JOHN HUSTON • *Sc.* Ben Maddow et John Huston d'ap. R. de W.R. Burnett • *Phot.* Harold Rosson • *Mus.* Miklos Rozsa • *Int.* Sterling Hayden (Dix Handley), Louis Calhern (Alonzo D. Emmerich), Jean Hagen (Doll Conovan), James Whitmore (Gus Minissi), Sam Jaffe (Doc Erwin Riedenschneider), John McIntire (Hardy), Marc Lawrence (Cobby), Marilyn Monroe (Angela Phinlay), Anthony Caruso (Louis Clavelli), Teresa Celli (Maria Clavelli).

Évadé de prison, un détenu d'origine allemande vend à un avocat marron l'idée d'un casse mirifique dans une bijouterie. Le coup sera préparé et accompli avec une grande minutie. Mais si le hold-up lui-même réussit, l'affaire tournera mal pour chacun des participants ; ils seront arrêtés, abattus ou blessés à mort. L'avocat, entre-temps, se sera suicidé.

☞ Un jalon important dans l'histoire du *film noir* et du film de gansters. Son originalité majeure vient de ce que Huston s'intéresse avant tout aux personnages. Chacun d'eux aurait pu faire à lui seul l'objet d'un film. Huston manifeste à leur égard une compassion d'essence tragique qui sera poussée beaucoup plus loin encore dans *Fat City**. On lui reprocha à l'époque aux USA sa complaisance pour la crapule. A la Metro même, qui l'avait produit, le film ne fut pas aimé ; on le défendit mal. La relative indifférence de Huston pour l'action proprement dite et pour le décor où elle se déroule ne l'a pas empêché d'être, là aussi, créatif. La peinture détaillée de la préparation et de l'exécution hyper-professionnelle du coup, bien qu'elle n'occupe que quelques minutes l'écran, impressionna beaucoup le public et ... certains cinéastes. Elle inspira le fameux hold-up de *Du rififi* *chez les hommes* (1954), le seul bon film non américain de Jules Dassin. Le décor, très éloigné des moiteurs habituelles du *film noir*, est une ville abstraite, glaciale, presque onirique, composée de plusieurs morceaux de villes (Cincinnati, Los Angeles). Deux séquences sont restées célèbres : celle où l'instigateur du coup (Sam Jaffe) perd de précieuses secondes à regarder danser une adolescente près d'un juke-box et se fait arrêter par la police ; et la fin (seule séquence diurne et non urbaine du film) où Sterling Hayden meurt dans son Kentucky natal parmi des chevaux. Le film a été refait trois fois : sous la forme d'un western (*The Badlanders, L'or du Hollandais,* Delmer Daves, 1958), d'un récit policier tourné partiellement en Égypte (*Cairo,* Wolf Rilla, 1963), enfin dans *Cool Breeze,* Barry Pollack, 1972, joué par des Noirs.

BIBLIO. : scénario et dialogues publiés par Southern Illinois University Press, 1980. Postface de W.R. Burnett. L'écrivain estime que *The Asphalt Jungle* est le meilleur film tiré d'une de ses œuvres, mais critique la dernière séquence : « This was overdramatization ».

## QUAND LES TAMBOURS S'ARRETERONT
### (Apache Drums)

1951 – USA (75') • *Prod.* UI (Val Lewton) • *Réal.* HUGO FREGONESE • *Sc.* David Chandler d'ap. « Stand at Spanish Boot » de Harry Brown • *Phot.* Charles P. Boyle (Technicolor) • *Mus.* Hans J. Salter • *Int.* Stephen McNally (Sam Leeds), Coleen Gray (Sally), Willard Parker (Joe Madden), Arthur Shields (Révérend Griffin), James Griffith (lieutenant Glidden), Armando Silvestre (Pedro Peter), Georgia Backus (Mrs. Keon), James Best (Bert Keon).

1880. A Spanish Boot, petit village du Sud-Ouest américain, le maire chasse un joueur professionnel, Sam Leeds, qui, en état de légitime défense, vient de tuer un homme. Sam Leeds et le maire, Joe Madden, recherchent tous deux les faveurs de Sally, la tenancière du bar. Poussé par le révérend gallois Griffin, le maire chasse également les prostituées. Sur sa route, Sam Leeds retrouve leurs cadavres dans les restes de la diligence saccagée par les Apaches Mescaleros qui hantent la région. Ils sont affamés depuis qu'une loi leur interdit l'accès à certains territoires. Sam Leeds retourne à Spanish Boot prévenir les habitants de ce qui les attend. Il n'est pas cru et serait même presque lynché sans l'arrivée d'une diligence vide de ses occupants et dans laquelle on découvre des flèches apaches. Un jeune homme est envoyé au fort le plus proche pour appeler du renfort. Son cadavre sera retrouvé au fond du puits. Sam Leeds, à la tête d'un petit groupe d'hommes, part s'approvisionner en eau. Le convoi est attaqué par les Apaches. Ce n'est que le prélude à une offensive générale sur le village. Toute la population se réfugie dans l'église. Par les hautes fenêtres impossibles à barricader, les Indiens sautent sur les assiégés. Selon leurs croyances, plus ils manifesteront de courage au combat, plus leurs chances seront grandes de susciter à leur race en voie de disparition une nombreuse descendance. Un peu plus tard, les Indiens demandent une trêve et un médecin pour soigner leur chef. Afin de gagner du temps, le maire se porte volontaire et sera peu après massacré. Les Indiens incendient ensuite le village. Tous les assiégés, hommes, femmes et enfants, se préparent à mourir. La porte de l'église est maintenant en flammes. A leur stupéfaction, ils voient, par-delà le feu, un détachement de la Cavalerie mettre en fuite les Indiens.

☞ Meilleur western de Fregonese et dernière production de Val Lewton (dont ce fut le seul film en couleurs). Les deux hommes ne pouvaient que faire bon ménage, étant tous deux d'un tempérament créatif et original et pareillement passionnés de recherches formelles et plastiques, pourvu qu'elles fussent exécutées à peu de frais. D'où, entre autres procédés stylistiques utilisés, quelques ellipses magistrales valant à la fois pour leur aspect économique (l'incendie du village vu dans sa réverbération sur les fenêtres de l'église) et leur surcroît d'intensité expressive (la non-présentation du cadavre dans le puits). Val Lewton se déclara très satisfait du travail de Fregonese et souligna que le budget employé fut le plus bas jamais consacré à un long métrage en Technicolor avec des acteurs dignes de ce nom (cf. Joel E. Siegel : « Val Lewton », Secker et Warburg, Londres, 1972). Sur le plan psychologique, la peinture des personnages ne manque pas de subtilité, qu'ils soient vus en tant qu'individus (complexité et ambiguïté de leurs motivations) ou en tant que groupe : leur puritanisme, leur étroitesse d'esprit, leurs préjugés raciaux sont alors l'objet de notations aussi sèches que significatives. Mais c'est surtout au final – un superbe morceau de bravoure de trente minutes – qu'éclate le génie pictural et dramatique de Fregonese dans une fantasmagorie cruelle, pleine d'éclairs baroques et quasi fantastiques. Immobilisés dans un lieu claustrophobique (et paradoxal dans un genre voué le plus souvent à l'exaltation des grands espaces), les prisonniers de l'église voient fondre sur eux, tombant des hautes fenêtres, des Indiens rouges, jaunes ou verts. Telles des apparitions surgies d'un autre monde, ils viennent leur apporter la mort avant de la subir eux-mêmes. Entre ces instants de violence, la caméra se glisse, avec un rare souci de la composition, entre les différents groupes d'assiégés qui cherchent encore à se défendre ou prient ou s'abandonnent à la résignation. Même le happy end conventionnel – l'arrivée de la Cavalerie vue uniquement de l'intérieur de l'église – redevient original par son caractère puissamment onirique, irréel et fantasmagorique. A l'inquiétude et à la morbidité propres à l'univers de Val Lewton (cf. dans l'intrigue l'impressionnante succession de cadavres scalpés, noyés, transpercés d'une lance, etc.), Fregonese a su donner une splendeur baroque et multicolore. En même temps, selon sa technique habituelle, il revivifie un genre en recourant à des paradoxes dramatiques et à des apports extérieurs, liés ici au fantastique. Ainsi rend-il le connu insolite et la convention surprenante.

## QUAND MINUIT SONNERA

1936 – France (80') • *Prod.* France-Europe-Films (Jean Rossi) • *Réal.* LÉO JOANNON • *Sc.* Alfred Machard d'ap. son R. « Qu'as-tu fait de mon cœur ? » • *Phot.* Boris Kaufman • *Mus.* Jean Wiener • *Int.* Marie Bell (Mattia), Pierre Renoir (Jean Verdier), Simone Barillier (Régine), Roger Karl (Rouque), Thomy Bourdelle (Éric Schutz).

Une aventurière livre son ancien amant, qu'elle veut reconquérir, à une société secrète – et internationale – de malfaiteurs dont il avait été autrefois l'un des fondateurs avant de refaire sa vie comme chef d'industrie.

☞ Belle adaptation d'un roman populaire d'Alfred Machard dans un style digne précisément de cette littérature-là, c'est-à-dire délirant, sans complexe, très rythmé et assez inventif. La deuxième moitié du film se déroule en temps continu. C'est un très long « climax » à la violence inhabituelle dans le cinéma français de l'époque. Les membres de la société sont tous réunis pour intenter un procès au renégat (on pense évidemment à *M le Maudit**). La police fait le siège de la villa des conjurés. Une hécatombe s'ensuit, dans la meilleure tradition de *Scarface** et des premiers *films noirs*. L'aventurière perd ses complices en les empêchant de fuir, cela dans le but de sauver son amant. Puis elle meurt à son tour. Mais elle a gagné les précieuses minutes qui permettent au héros de bénéficier de la prescription. Joannon (auquel on doit un des très rares vrais films d'action du cinéma français des années 30 : *Alerte en Méditerranée*, 1938) fait ici la démonstration que, si le cinéma et la littérature populaires n'exaltent pas forcément les grands sentiments, ils savent au moins mettre en valeur (et en scène) les sentiments intenses.

N.B. Version hollandaise parallèle, dirigée également par Léo Joannon avec une distribution entièrement différente.

## 42e RUE
## (42nd Street)

1933 – USA (88') • *Prod.* Warner • *Réal.* LLOYD BACON • *Sc.* James Seymour et Rian James d'ap. R. de Bradford Ropes • *Phot.* Sol Polito • *Chansons :* Al Dubin, Harry Warren • *Chor. et mise en scène des numéros musicaux :* Busby Berkeley • *Int.*

Warner Baxter (Julian Marsh), Bebe Daniels (Dorothy Brock), George Brent (Pat Denning), Ruby Keeler (Peggy Sawyer), Una Merkel (Lorraine Fleming), Guy Kibbee (Abner Dillon), Dick Powell (Billy Lawler), Ginger Rogers (Ann Lowell), George E. Stone (Andy Lee), Robert McWade (Al Jones), Ned Sparks (Thomas Barry), Eddie Nugent (Terry Neil), Allen Jenkins (MacElory), Henry B. Walthall (un acteur), Tom Kennedy (Slim Murphy).

En cette période de dépression, l'annonce que les entrepreneurs de spectacle Jones and Barry mettent en chantier une nouvelle comédie musicale, « Pretty Baby », crée un émoi considérable parmi la petite communauté des chanteurs, danseurs, chorus girls de Broadway. Le célèbre Julian Marsh sera le metteur en scène. C'est un homme amer, usé, victime de plusieurs dépressions, qui compte jouer là son va-tout. « Pretty Baby » sera sa dernière création et il a l'intention d'en tirer le maximum de succès et surtout d'argent. Le principal commanditaire, Abner Dillon, en pince pour la vedette, Dorothy Brock, et c'est d'ailleurs la seule raison de son intérêt pour le spectacle. Mais Dorothy a revu son ancien petit ami, Pat Denning, comédien lui aussi, qui par amour lui a sacrifié sa carrière. Cela ne fait pas du tout l'affaire de Marsh qui craint que Dillon ne se retire de l'entreprise si Dorothy lui échappe. Il n'hésite pas à demander à l'une de ses relations, le gangster Murphy, de l'aider à ramener Pat Denning à la raison. Pendant ce temps, les répétitions vont bon train. Elles dureront cinq semaines. Avant qu'elles ne commencent, Marsh a harangué ses troupes comme un général à la veille d'un assaut. Il les a prévenues que ce serait les cinq semaines les plus dures de leur vie. La nouvelle venue, Peggy Sawyer, soutenue par le jeune chanteur Billy Lawler, réussit à se faire engager dans la troupe. Elle s'écroulera de fatigue au milieu d'une répétition. En coulisses, Pat Denning s'occupe d'elle. Ils passent la soirée ensemble. En pleine rue, Murphy fonce sur Pat et le frappe pour le dissuader de revoir Dorothy. Échange de bons procédés : c'est maintenant Peggy qui soigne Pat. Il l'emmène ensuite chez lui et la laisse dormir seule dans sa chambre à coucher. Par prudence, elle ferme quand même la porte à clé. Le lendemain, Dorothy rompt gentiment avec Pat et lui conseille de penser à sa carrière. La première de « Pretty Baby » doit avoir lieu à Philadelphie. A la fin de la dernière répétition, Marsh déclare à la troupe : « Ce n'est ni bon ni mauvais. Ça ira. Oubliez le spectacle jusqu'au dîner et ensuite donnez la meilleure représentation de votre vie. » En proie à la mélancolie, il oblige son assistant à lui tenir compagnie, lequel aurait préféré partir avec sa petite amie Lorraine, qui joue aussi dans le spectacle. A l'hôtel, Dorothy a vu Pat bras dessus, bras dessous avec Peggy. Elle est de très mauvaise humeur. Elle gifle Abner au cours d'une party et renvoie tout le monde de chez elle. Abner exige de Marsh que Dorothy lui fasse des excuses. Ivre, elle fait une chute dans sa chambre et se casse la cheville. Elle ne pourra participer à la représentation qui va donc être annulée. Abner amène une autre chanteuse de la troupe pour la remplacer, Ann Lowell. Mais celle-ci s'en considère incapable et, bonne fille, insiste auprès de Marsh pour qu'il donne sa chance à Peggy qui connaît le rôle par cœur. Marsh fait répéter Peggy cinq heures d'affilée. Dorothy vient sur le plateau avec des béquilles pour lui souhaiter bonne chance. Pour elle, l'essentiel maintenant est son mariage avec Pat. La première est un succès. Les trois numéros « Shuffle off to Buffalo », Young and Healthy » et « 42nd Street » remportent un triomphe. Après la représentation, Marsh entend des spectateurs dire que, sans Peggy Sawyer, il n'aurait rien pu faire de bon et qu'il est injuste que le succès du spectacle lui revienne entièrement. Il s'assoit, solitaire, sur les marches de l'escalier qui mène à la sortie...

☞ Septième participation du chorégraphe Busby Berkeley à un film et sa plus significative jusque-là. Il travaille pour la première fois à la Warner et Darryl Zanuck, chef de production, lui donne une liberté entière et tous les moyens qu'il pouvait désirer. *42ᵉ Rue* sera un pas décisif dans sa carrière. Idem pour Dick Powell (qui n'avait joué auparavant que des rôles de moindre importance) et pour la débutante Ruby Keeler. Le film reste l'archétype de la comédie musicale d'avant-guerre basée sur la préparation s'un spectacle. Lloyd Bacon, remplaçant au dernier moment Mervyn LeRoy tombé malade, donne à toute l'histoire un rythme d'enfer qui pourrait être celui d'un film d'action, d'un film de gangsters ou même d'un film de guerre. La cohérence du film vient de sa sécheresse, de son absence de fioriture, de sa dureté. Cette dureté existe au moins à quatre niveaux. D'abord au niveau du climat social. Moins abondamment décrite que dans la série des *Gold Diggers,* la Dépression est cependant bien présente. Elle interdit toute mièvrerie, tout apitoiement sur soi, toute sentimentalité, toute effusion. Pour protéger son « entreprise », menacée par la liaison Dorothy-Pat, le metteur en scène n'hésite pas à recourir aux bons soins d'un gangster. L'argent tient souvent la première place dans les relations qui existent entre les personnages. S'il en faut beaucoup pour vivre, il en faut encore plus pour que le spectacle vive. Ensuite, cette dureté existe dans le sujet lui-même : la préparation et les répétitions de « Pretty Baby » ne sont pas un dîner de gala. Le tempo de chaque ballet n'est jamais assez vif au goût du metteur en scène. Et tout au long de ces répétitions le temps presse. On ne sera jamais prêt. Air connu, mais livré ici avec une grande brutalité. Sécheresse, dureté également dans la construction dramatique. A la préparation du show s'enchaîne sans la moindre précaution oratoire le spectacle lui-même qui sera livré en bloc, d'une seule pièce, en trois numéros. A la fin, pas de happy end. On se doute que Peggy et Billy convoleront. Mais, après tout, c'est leur affaire et on n'en sait rien. Le film s'achève par la vision d'un Marsh désabusé écoutant les avis – pas toujours aimables pour lui – des spectateurs quittant la salle. Dureté enfin dans le style visuel et la mise en scène de Lloyd Bacon. Non seulement le montage du film est assez court et cassant, mais on note une grande économie de plans et, en début de chaque séquence, une absence quasi totale de plans d'introduction. On rentre à chaque fois directement dans le vif du sujet. Restent les séquences de Berkeley. Son but avoué était de divertir, d'étonner, d'émerveiller. Mais ses séquences, basées sur des plateaux tournants, des alignements ou des figures géométriques de girls en mouvement, ont, jusque dans leur perfection, un aspect fonctionnel qui les rend semblables au produit bien fini d'une usine. L'art de Berkeley, c'est, sur le papier, une invention gestuelle et décorative tout à fait baroque qui, une fois sur l'écran, apparaît volontairement mécanisée, dénuée de grâce, d'incertitude et de poésie. Les sujets mêmes de ses séquences évoquent d'ailleurs la dureté des temps. Ici, il s'agit principalement d'une foule qui, dans le tumulte de la grande ville, n'a guère le loisir de goûter la douceur de vivre et assiste impuissante à un crime passionnel. La sécheresse et le dynamisme de *42ᵉ Rue* lui ont permis de bien vieillir. Le film a donné lieu à cent clichés, mais n'en est pas un lui-même. Ses nombreux imitateurs ne lui ont rien enlevé de ses qualités ; ils les auraient plutôt soulignées.

BIBLIO. : scénario de tournage publié par The University of Wisconsin Press, 1980. Très peu d'indications sur les différences avec le film définitif. Pas de lyrics ni de description des séquences musicales. Préface de Rocco Fumento analysant la genèse du scénario. Même pour un film dont la construction et les épisodes paraissent relativement simples, il y eut plusieurs états ou traitements du scénario. Le premier fut signé par Whitney Bolton dont le nom n'apparaît pas au générique. Le personnage de Julian Marsh fut inspiré par Florenz Ziegfeld, le grand impresario de Broadway dont la fin de carrière fut assombrie par la maladie et les difficultés financières. Henry B. Walthall, vedette de *Naissance d'une nation**, jouait un vieil acteur mourant en scène. Cette séquence fut coupée, et il n'apparaît plus que dans un rôle muet. Rocco Fumento avance l'idée que le scénario (et le film) auraient été meilleurs, s'ils avaient été plus fidèles à la trame du roman assez osé, mais sans valeur littéraire, de Bradford Ropes.

## QUARTET (id.)

1948 – Angleterre (120') • *Prod.* Gainsborough (Anthony Darnborough) • *Réal.* RALPH SMART (I), HAROLD FRENCH (II), ARTHUR CRABTREE (III), KEN ANNAKIN (IV) • *Sc.* R.C.

Sherriff d'ap. nouvelles de W. Somerset Maugham • *Phot.* Ray Elton, Reg Wyer • *Mus.* John Greenwod • *Int.* I *The Facts of Life :* Basil Radford (Henry Garnet), Naunton Wayne (Leslie), Jack Watling (Nicky), Mai Zetterling (Jeanne), James Robertson-Justice (Branksome), Angela Baddeley (Mrs. Garnet), Jack Raine (Thomas) II *The Alien Corn* : Dirk Bogarde (George Bland), Françoise Rosay (la Makart), Raymond Lowell (Sir Frederick Bland), Honor Blackman (Paula), Irene Browne (Lady Bland), George Thorpe (Uncle John) III *The Kite* : George Cole (Herbert Sunbury), Susan Shaw (Betty), Mervyn Johns (Samuel Sunbury), Hermione Baddeley (Mrs. Sunbury), Bernard Lee (Ned Preston), Frederick Leister (gouverneur de la prison) IV *The Colonel's Lady :* Cecil Parker (George Peregrine), Nora Swinburne (Eve Peregrine), Linden Travers (Daphne), Ernest Thesiger (Henry Dashwood), Felix Aylmer (Martin), Henry Edwards (duc de Cleverel), Claud Allister (clubman).

Somerset Maugham présente lui-même chacun des quatre sketches et conclut le film. Il déclare notamment : « Quand j'avais vingt ans, les critiques ont dit que j'étais brutal, quand j'en avais trente, que j'étais irrévérencieux, quand j'en avais quarante, que j'étais cynique, quand j'en avais cinquante, que j'étais compétent et quand j'en ai eu soixante, que j'étais superficiel. J'ai poursuivi mon chemin avec un haussement d'épaules, essayant dans mon œuvre de suivre la voie que je m'étais tracée. Vous savez que depuis l'origine des temps les hommes se sont réunis autour d'un feu de camp la nuit ou dans les marchés pour s'entendre raconter des histoires. J'ai la conviction que le désir d'écouter des histoires est aussi profondément ancré dans l'animal humain que le sens de la propriété. Je n'ai jamais prétendu être autre chose qu'un raconteur d'histoires. J'en ai raconté un grand nombre et je me suis diverti en les racontant. » I THE FACTS OF LIFE (L'expérience de la vie). Un jeune homme de dix-neuf ans, à la veille de partir pour Monte-Carlo disputer un tournoi de tennis, reçoit de son père, très inquiet, trois conseils : ne jamais jouer ; ne jamais prêter d'argent ; se garder des femmes. Le jeune homme joue et gagne au casino. Il prête de l'argent à une jeune femme qui l'entraîne chez elle. Comme il est tard, il reste dormir sur le canapé. Durant son sommeil, la femme – une aventurière – lui dérobe son argent qu'elle cache dans un pot de fleurs. Mais le jeune homme ne dormait pas, il se lève sans faire de bruit pour récupérer son argent. Le lendemain, il s'aperçoit que non seulement il a emporté son propre argent, mais toutes les économies de son hôtesse. Il revient à Londres avec une petite fortune. Le père, furieux de passer pour un vieil idiot auprès de son fils, calme sa colère en racontant l'histoire aux amis de son club. II THE ALIEN CORN (Le pain de l'exil). Un jeune homme de bonne famille s'oppose à ses parents quand il déclare vouloir devenir pianiste de concert. On lui permet cependant de partir étudier le piano pour un temps à l'étranger. Au terme de cette période d'étude, il devra faire la preuve de son talent. Une virtuose l'écoute alors jouer et déclare qu'il n'est pas suffisamment doué pour espérer une carrière professionnelle. Il se suicide ; on conclura à l'accident car se suicider est considéré comme indigne de son rang. III THE KITE (Le cerf-volant). Un couple est sur le point de se détruire, car la femme ne peut supporter la passion de son mari pour les cerfs-volants. Un tiers les réconciliera en persuadant la femme de partager le goût de son mari. IV THE COLONEL'S LADY (La femme du colonel). L'épouse d'un colonel qui a une maîtresse publie un recueil de vers. Le livre obtient un succès aussi stupéfiant qu'inattendu. Il relate, dans un style érotique et tragique, la passion de la poétesse pour un jeune homme plus jeune qu'elle et qui mourra alors qu'elle avait décidé de vivre avec lui. D'abord agacé par le succès littéraire de sa femme, le mari endure ensuite toutes les souffrances de la jalousie. Il veut à tout prix savoir qui est le jeune homme en question. Il se résout à interroger sa femme : le jeune homme mort, c'était lui, quand, il y a très longtemps de cela, il était réellement amoureux d'elle.

☞ Les dix sketches tirés de nouvelles de Somerset Maugham et rassemblés dans les trois films, *Quartet, Trio** et *Encore**, constituent la quintessence de l'« anglicité » traditionnelle. Dans un même mouvement, qui le pousse à accumuler paradoxes, surprises, et coups de théâtre ironiques, Maugham admire et critique sans pitié l'*establishment* britannique. Ce double point de vue sera fidèlement respecté par les différents réalisateurs. Première caractéristique : l'*establishment* n'est pas ce qu'il paraît. Fausses apparences, assez stimulantes pour le nouvelliste ou le romancier. Il abrite des drames cachés ; la pudeur, la retenue dont il se targue ne sont souvent qu'un voile jeté sur de vibrantes douleurs secrètes (*The Colonel's Lady*). Cet univers apparemment stable, plein de règles et d'usages, a aussi ses excentriques et ses marginaux. Ils intéressent Maugham, qui éprouve souvent pour eux une sorte de tendresse (ainsi, Max Keleda, l'impénitent raseur de *Mr. Know-All*). Maugham aime à souligner que, par quelque trait inattendu (ici cette galanterie, ce sens du secret qui amèneront Kelada à préférer l'honneur d'une femme à sa propre réputation d'infaillibilité), ces personnages appartiennent, eux aussi, à une société très civilisée. Dans son portrait des vertus anglaises (courage, sang-froid, réserve, obstination un peu grise), Maugham s'amuse à souligner la plus précieuse d'entre elles, celle qu'aucune nation ne peut revendiquer en propre : la chance. La chance qui fait la nique à toutes les formes de sagesse (*The Facts of Life*), la chance qui égale la plus haute sagesse quand elle est saisie par un homme habile à en tirer parti (*The Verger*), la chance qui vous suit ou vous abandonne mais vous invite dans tous les cas à considérer la vie comme une aventure, qu'il vaut mieux goûter en observateur et en esthète ; en romancier pour ainsi dire. Et c'est ainsi qu'agit Ashenden, le double de l'auteur, au milieu de ses malheurs, dans *Sanatorium.* Sur le plan formel et visuel, deux qualités précieuses ont empêché ces modestes récits de mal vieillir. D'abord l'excellence de leur adaptation cinématographique, leur maîtrise du rythme, qui font de la plupart d'entre eux un petit modèle de narration. La durée est ici subtilement accordée au contenu et laisse toujours quelque chose à désirer, à attendre ; c'est un secret qui semble aujourd'hui perdu. On notera que ce sont des auteurs d'un talent égal à celui de Maugham, parfois même supérieur au sien, qui ont adapté en toute humilité ses récits. En second lieu, le style de l'interprétation mérite tous les éloges. A travers une « troupe » étonnante de cohérence, de variété, de sobriété et de vrai talent, passent tous les personnages de la « comédie humaine » britannique, saisis dans leurs clubs, leurs églises, sur leurs terrains de sport, leurs paquebots, et dans ces croisières qui sont comme une continuation à travers tous les océans du globe d'un mode d'existence purement britannique. Sans oublier bien sûr, Monte-Carlo, lieu central de l'univers de Maugham, où la chance et le caractère des hommes s'affrontent dans des joutes parfois cocasses et parfois tragiques.

BIBLIO. : scénario et dialogues publiés avec le texte des nouvelles originales chez William Heineman, Londres, 1948 (préface de R.C. Sherriff).

## QUATORZE JUILLET

1932 – France (89') • *Prod.* Tobis • *Réal.* RENÉ CLAIR • *Sc.* René Clair • *Phot.* Georges Périnal • *Mus.* Maurice Jaubert • *Int.* Annabella (Anna), Pola Illery (Pola), Georges Rigaud (Jean), Raymond Cordy (Raymond), Thomy Bourdelle (Fernand), Paul Ollivier (M. Imaque), Aimos (Charles), Jane Pierson (la concierge), Anna Lefeuvrier (la mère d'Anna), Maximilienne (la locataire).

Idylle entre Anna, fille de fleuriste et vendeuse de fleurs elle-même, et Jean, chauffeur de taxi. Ils dansent dans un bal en plein air la nuit du 13 au 14 juillet. Ils se donnent rendez-vous pour le lendemain. Son ancienne maîtresse, Pola, revient chez Jean et demande à rester. La mère d'Anna tombe malade. Anna va prévenir Jean qu'elle ne pourra aller à leur rendez-vous et aperçoit Pola. Dispute avec Jean. La mère d'Anna meurt. Jean et Pola quittent le quartier. Anna devient serveuse dans un café. Jean s'acoquine avec deux voleurs. Ils s'apprêtent à cambrioler le café d'Anna. Quand elle est agressée pour les deux voleurs, Jean la défend et fait échouer le coup. Anna est néanmoins renvoyée. Elle se remet à vendre des fleurs dans la rue. Jean a repris le métier de taxi et sa voiture, un jour, heurte la charrette d'Anna. C'est l'occasion de leurs retrouvailles.

☞ Il ne reste presque plus rien des premiers films parlants de René Clair (*Sous les toits de Paris, Le million, Le dernier milliardaire*). Leur mièvrerie guindée, leur lenteur, la pauvreté de leur matériau dramatique, leur absence de fantaisie, le caractère lénifiant et pénible des acteurs secondaires (les inévitables Raymond Cordy et Paul Ollivier) les ont fait reculer dans le passé archéologique du cinéma où il vaut mieux les laisser dormir à tout jamais. Si on les compare aux films que réalisaient à la même époque Pierre Colombier, Christian-Jaque, Jean Boyer et tant d'autres metteurs en scène moins glorieux que René Clair, on reste stupéfait de leur archaïsme comme des éloges qu'ils ont suscités. Parmi ces films, on peut sauver à la rigueur *Quatorze juillet*. Certes il a les mêmes défauts que les autres ; son intrigue est informe ; mais cette poésie populiste et irréaliste de Paris dont on a tant crédité René Clair surgit de temps à autre à cause du décor de Meerson, de la grâce d'Annabella et surtout de la musique de Jaubert qui donnerait du génie aux images les plus usées.

## QUATRE CENTS COUPS (LES)

1959 – FRANCE (94') • *Prod.* Les Films du Carrosse-SEDIF (Georges Charlot) • *Réal.* FRANÇOIS TRUFFAUT • *Sc.* Marcel Moussy et François Truffaut • *Phot.* Henri Decae (Dyaliscope) • *Mus.* Jean Constantin • *Int.* Jean-Pierre Léaud (Antoine Doinel), Claire Maurier (Gilberte Doinel), Albert Rémy (Julien Doinel), Guy Decomble (« Petite Feuille »), Patrick Auffray (René), Georges Flamant (le père de René), Claude Mansard (le juge d'instruction), Pierre Repp (le professeur d'anglais), Henri Virlojeux (le gardien), Jacques Monod (le juge pour enfants).

Antoine Doinel, treize ans, vit avec sa mère et son beau-père dans un immeuble modeste du nord de Paris. Il n'aime guère l'école et est une des bêtes noires de son instituteur. Il lui arrive de faire l'école buissonnière avec son meilleur copain, René, et lors d'une de ces virées dans Paris, il rencontrera sa mère en train d'embrasser un amant. Antoine s'entend mieux avec son beau-père qu'avec sa mère qui le traite sans ménagement et sans tendresse. Pour justifier son absence, il déclarera tout net à son instituteur que sa mère est morte. Mais ce jour-là, sa mère, ayant appris son absence, vient le chercher à l'école... Antoine ne veut plus vivre avec ses parents. Il dort dans une vieille imprimerie appartenant à l'oncle de René. Sa mère essaie de l'amadouer et lui promet de lui donner mille francs s'il est dans les cinq premiers en composition de français. Il donnera en guise de rédaction une page de « La recherche de l'absolu » de Balzac et sera accusé de plagiat par l'instituteur. René l'invite alors à habiter chez lui : c'est la maison des courants d'air, où René vit entre un père passionné de courses de chevaux et une mère alcoolique. Antoine va voler une machine à écrire dans le bureau où travaille son père sur les Champs-Élysées. N'arrivant pas à la négocier, il la rapporte au bureau et c'est là qu'il est surpris par un gardien. Son beau-père le conduit au commissariat d'où il sera transféré, après une nuit passée au poste et une autre en prison, dans un Centre d'observation pour mineurs délinquants. Un jour, il s'en échappera pour courir vers la mer qu'il n'avait jamais vue...

☞ Sorti à Paris en juin 1959, *Les quatre cents coups*, premier long métrage de François Truffaut, est avec *Ascenseur pour l'échafaud** (janvier 1958), *Le beau Serge* (février 1959) et *A bout de souffle** (mars 1960) l'un des principaux films à l'origine du mouvement de la Nouvelle Vague. Il obtint une célébrité immédiate, grâce notamment à son Prix de la mise en scène remporté au Festival de Cannes le mois précédent. *Les quatre cents coups* n'a cependant rien d'une œuvre révolutionnaire ou même simplement novatrice. On peut la rattacher pour une part à *Zéro de* *conduite** de Vigo (révolte de l'enfance et de l'adolescence contre le monde des adultes) et pour une autre part aux acquis du néo-réalisme, tendance De Sica (cf. *Sciuscia**), avec une moindre attention au contexte social. Truffaut a cherché à casser les stéréotypes de mélodrame traditionnel en donnant à son film le rythme d'une chronique. Son récit, qu'il a voulu relativement dédramatisé, est souvent lâche, distendu et manque d'invention dans le détail des scènes. Son principal mérite est d'être parvenu à susciter, dans les dernières séquences, une émotion nullement sollicitée et s'appuyant même sur une certaine froideur de ton. La scène la plus célèbre est aussi la meilleure : c'est celle de l'interrogatoire de Doinel par un psychologue dont on entend seulement la voix. Dans cette séquence, où triomphe la spontanéité de Jean-Pierre Léaud, le film enjambe le néo-réalisme pour rejoindre le style reportage de télévision. *Les quatre cents coups* est le premier volet d'un cycle Doinel qui se continuera avec *Antoine et Colette*, sketch de *L'amour à vingt ans* (1962), *Baisers volés** (1968), *Domicile conjugal* (1970), *L'amour en fuite* (1978). Avec *La chambre verte**, ce cycle constitue, notamment à cause de son caractère autobiographique et de la présence du même interprète dans tous les films pendant une vingtaine d'années, la part la plus originale de l'œuvre de Truffaut.

N.B. Contrairement à l'opinion généralement reçue, ce n'est pas dans ce film que Jean-Pierre Léaud fit sa première apparition cinématographique mais dans *La Tour, prends garde* ! de Georges Lampin, tourné en été 1957.

BIBLIO. : scénario et dialogues dans le volume « Les aventures d'Antoine Doinel » (Mercure de France, 1970). En plus du scénario du film définitif, le volume contient un premier synopsis des *Quatre cents coups*. (Réédition chez Ramsay, 1987.)

## QUATRE ÉTRANGES CAVALIERS
### (Silver Lode)

1954 – USA (80') • *Prod.* RKO (Benedict Bogeaus) • *Réal.* ALLAN DWAN • *Sc.* Karen De Wolfe • *Phot.* John Alton (Technicolor) • *Mus.* Louis Forbes • *Int.* John Payne (Dan Ballard), Dan Duryea (Ned McCarthy), Lizabeth Scott (Rose Evans), Dolores Moran (Dolly), Emile Meyer (shérif Wooley), Harry Carey, Jr. (Johnson), Morris Ankrum (Zachary Evans), Robert Warwick (juge Cranston), Stuart Whitman (Wickers), Alan Hale, Jr. (Kirk).

A Silver Lode, le jour de la fête nationale, Dan Ballard s'apprête à se marier. Il est arrêté par un marshal fédéral, Ned McCarthy, et ses trois adjoints pour le meurtre du frère dudit marshal. En fait, Ned veut tout simplement que Dan lui abandonne la totalité de ses biens en échange de sa liberté. Dan demande deux heures de répit, qu'il met à profit en obtenant le témoignage d'un des trois adjoints qui révèle que Ned n'est nullement marshal. Mais Ned tue cet adjoint et accuse aussitôt Dan de ce meurtre, ainsi que celui du shérif de Silver Lode. Toute la ville, d'abord favorable à Dan, se retourne peu à peu contre lui. Seules sa fiancée et une entraîneuse de saloon, autrefois sa maîtresse, travaillent à le sauver. Elles forcent l'employé du télégraphe à demander des renseignements sur Dan. Poursuivi, Dan se réfugie dans le clocher d'une église. Ned tire sur lui mais l'une des balles ricochant sur la cloche revient frapper le tireur et le tue. Le télégramme arrive enfin, qui annonce l'usurpation de fonction de Ned et confirme l'innocence de Dan.

☞ Premier de la fabuleuse série des dix films de Dwan produits par Benedict Bogeaus entre 1954 et 1958. Chef-d'œuvre du western, *Silver Lode* est l'une des œuvres les plus âpres de Dwan dont ce n'est pas le ton le plus fréquent. S'y trouvent rassemblés plusieurs thèmes que le western permet d'exprimer avec une force particulière mais qui figureraient aussi bien dans un drame social (donc politique) du type *Furie** de Fritz Lang : injustice, solitude de l'homme opposé à toute une communauté, médisance sociale, retournement éclair de l'opinion publique. Quoique foisonnant par ses thèmes, le film est, sur le plan formel, d'un classicisme absolu. Sur le plan dramatique, Dwan utilise avec génie et peut-être avec plus d'intensité qu'on ne l'a jamais fait au cinéma la contrainte et la discipline des trois unités. Pour ce qui est de sa mise en scène proprement dite, elle assure le triomphe du découpage dit « classique », enrichi de prodigieux plans-séquences en mouvement qui ponctuent les moments les plus forts du récit. Deux femmes d'origine sociale, d'expérience et de caractère opposés viennent au secours du héros au cours de son itinéraire tragique. Leur double présence prouve chez Dwan plus d'intérêt pour les individus que pour la notion de classe sociale. Son attention s'est souvent portée sur les isolés, les marginaux, les exclus. Ici, il a tenu à montrer que n'importe quel citoyen établi, apparemment bien intégré dans une communauté, peut se retrouver d'une heure à l'autre dans la situation d'un isolé et d'un exclu. Au sein d'une œuvre très dure, qui stigmatise les préjugés et l'absence de générosité morale, la présence des deux personnages féminins apporte enfin l'indispensable note d'espoir et de confiance en l'humanité sans laquelle un film de Dwan ne serait plus tout à fait un film de Dwan.

N.B. Le fait que le « méchant » de l'intrigue s'appelle McCarthy confirme la volonté politique du film.

## QUATRIÈME ALLIANCE DE DAME MARGUERITE (LA)
**(Prästänkan)**

1920 – Suède (1 901 mètres) • *Prod.* Svensk Filmindustri • *Réal.* CARL THEODOR DREYER • *Sc.* Dreyer d'ap. nouvelle de Kristofer Janson • *Phot.* George Schnéevoigt • *Int.* Hildur Carlberg (Dame Marguerite), Einar Röd (Söfren), Greta Almroth (Kari, sa fiancée), Olav Aukrust et Kurt Welin (candidats au pastorat), Emil Helsengreen et Mathilde Nielsen (les domestiques).

En Norvège, le jeune Söfren, candidat au pastorat dans un village, doit faire face à ce dilemme inextricable : pour obtenir celle qu'il aime, Kari, il doit être pasteur, mais pour obtenir cette charge il lui faut épouser, selon la coutume locale, la veuve du précédent pasteur, âgée de plus de soixante-dix ans. Il s'y résout cependant et passe au doigt de Dame Marguerite son quatrième anneau nuptial, car elle a déjà enterré trois maris. Söfren estimera avoir été ensorcelé par les pratiques magiques de Marguerite. Elle lui a notamment fait absorber, avec beaucoup d'alcool, un hareng aux pouvoirs mystérieux. Söfren fait passer Kari pour sa sœur afin qu'elle vive aussi au presbytère. Il espère qu'avec un peu de patience il verra bientôt mourir la vieille. En attendant, il subit la tyrannie méticuleuse de Dame Marguerite toujours bon pied bon œil ; et il a bien du mal à se retrouver seul avec sa bien-aimée. Une nuit, il se déguise en diable pour effrayer son épouse. Mais elle en a vu d'autres et chasse l'apparition à coups de bâton. Le destin veut que Kari tombe d'une échelle. A partir de là, tout va changer. Dame Marguerite la soigne avec une telle sollicitude que Söfren en est touché et lui avoue ses méchants projets. « Pauvres enfants ! » murmure la vieille femme avant de se mettre au lit pour mourir. Elle disparaît en paix avec elle-même et avec Söfren et Kari qui sont devenus ses amis. « Nous lui devons beaucoup », dira, après ses funérailles, le jeune homme à sa bien-aimée.

☞ Chronique médiévale vigoureuse et pleine de sève, aux facettes et aux qualités multiples. Le mélange des tons assure à la fable sa variété et sa subtilité. L'humour et la malice, le picaresque, la verdeur puis une poésie grave et sereine habitent successivement un récit où les personnages se métamorphosent au contact les uns des autres et surtout au contact de la Vérité. Le réalisme supérieur de Dreyer agit à la fois au plan visuel et au plan des mentalités et des comportements. Les décors, les costumes, les rites minutieusement recréés, les visages primitifs et burinés des acteurs (et particulièrement celui de l'extraordinaire Hildur Carlberg, Dame Marguerite, qui sentit et repoussa les approches de la mort jusqu'à la fin du tournage) communiquent au spectateur une impression de réalité extrêmement forte et durable, rarement atteinte à ce degré dans un film historique. Cette impression de réalité

sortir le film en Europe (il ne fut distribué commercialement aux États-Unis que dans les années 60-70), elle amputa le récit et fit tourner une fin à elle : Kelly n'est pas sauvée de la noyade et le prince, apprenant sa mort, se suicide. Dans les années 50, la Cinémathèque Française présentait une copie amputée, à la demande de Stroheim lui-même, de ce dénouement. Dans les années 60 furent ajoutées à cette copie les scènes de mariage en Afrique. La copie « Connaissance du cinéma » essaie de reconstituer par quelques photos et des cartons explicatifs la continuité du récit. De cette œuvre mutilée et inachevée, les quelques scènes qui subsistent ont été étirées dès la version Swanson pour constituer un long métrage sortable. Elles restent terriblement typiques et expressives de l'univers stroheimien. Jusque dans leur caractère fragmentaire, elles témoignent de l'impuissance de l'auteur à concevoir une dramaturgie cohérente et synthétique. De ce point de vue, tous les films de Stroheim sont des œuvres tronquées, inférieures à l'idée que lui-même s'en faisait, maigres vestiges d'un rêve infiniment plus vaste. On est donc en présence d'une suite de fantasmes, auxquels nul lien logique n'est nécessaire, où l'innocence est constamment fascinée – comme la proie par l'œil du serpent – par la corruption, la monstruosité, le pourrissement intérieur et extérieur des corps et des âmes. Aucun mouvement de révolte chez la future épouse africaine devant l'effarante cérémonie express de son mariage. Elle reste figée, subissant les effets de cette contamination du mal, comme s'il s'agissait d'une expérience faisant partie de toute éternité de son destin. La plupart des fragments du film possèdent un fort coefficient érotique, mais cet érotisme est toujours mêlé à un élément étranger qui, à la fois, le corrompt et l'exalte : la gêne et l'humour dans la scène de la culotte, la cruauté et le sadisme dans la scène de la cravache, la pure et simple horreur dans la scène du mariage. L'innocence (chez les personnages) et l'érotisme (dans l'atmosphère générale du film) ont chez Stroheim un point commun : ils ont besoin de ce qui les corrompt. Finalement si *Queen Kelly* semble quelque peu inférieur aux œuvres précédentes de Stroheim, c'est autant à cause de son interprétation que de son caractère fragmentaire. Gloria Swanson est peu à son aise et peu à sa place dans la partie du rôle où l'héroïne est une innocente orpheline ; elle aurait sans doute été parfaite dans le reste de la partie africaine. Walter Byron ne peut pas ne pas nous faire regretter Stroheim dans un type de rôle que celui-ci avait souvent tenu. Seena Owen et Tully Marshall sont remarquables.

## QUE LA FETE COMMENCE

1974 – France (119') • *Prod.* Fildebroc, UPF, Les Films de la Guéville (distribué par CIC) • *Réal.* BERTRAND TAVERNIER • *Sc.* Jean Aurenche et B. Tavernier • *Phot.* Pierre-William Glenn (Eastmancolor) • *Mus.* Philippe d'Orléans, retranscrite par Antoine Duhamel • *Chanson :* Gilles Servat • *Déc.* Pierre Guffroy • *Cost.* Jacqueline Moreau • *Int.* Philippe Noiret (Philippe d'Orléans), Jean Rochefort (l'Abbé Dubois), Jean-Pierre Marielle (le marquis de Pontcallec), Christine Pascal (Émilie), Gérard Desarthe (le duc de Bourbon), Alfred Adam (Villeroi), Marina Vlady (Mme de Parabère), Thierry Lhermitte (le comte de Horn), Bernard Lajarrige (Amaury de Lambilly), Nicole Garcia (La Fillon), Jean-Roger Caussimon (le cardinal), Jean-Paul Farré (le père Burdo), Raymond Girard (Chirac), Georges Riquier (Brunet d'Ivry).

Scènes de la vie en France sous la Régence. En Bretagne, le marquis de Pontcallec rêve d'un soulèvement qui obligerait le Régent, Philippe d'Orléans, à instaurer la République de Bretagne. Il est prêt pour cela à solliciter l'aide de l'Espagne, ennemie de la France. Lors d'une réunion secrète, Pontcallec, qui n'a pas le sou, demande à ses rares partisans de financer son voyage à Paris où il ira remettre un ultimatum au Régent. Présentement, celui-ci pleure la disparition de l'une de ses filles, la duchesse de Berry, morte à 24 ans. Il ordonne à son ministre, l'Abbé Dubois, auquel le lie une amitié d'enfance (et puis Dubois lui a sauvé la vie durant la bataille de Neerwinden) d'arrêter Pontcallec, mais sans effusion de sang. A travers la France, des soldats arrêtent, kidnappent des vagabonds – ou décrétés tels – pour les envoyer de force coloniser la Louisiane. Pontcallec, sur le chemin de Paris, est ainsi capturé, mais réussit à se faire libérer en donnant une bague. Un peu plus tard, Dubois le fait arrêter et envoyer en Louisiane. Avant de partir, il est, comme tous les autres « colons », marié de force. Le seul souci de l'Abbé Dubois est de devenir archevêque. Il a besoin pour cela de l'appui des Anglais, alliés de la France. Mais les Anglais réclament, par la bouche de leur ambassadeur, une répression sévère en Bretagne et l'exécution de Pontcallec. Comme le marquis est déjà en route pour la Louisiane, cela ne fait pas du tout l'affaire de l'Abbé. Mais Pontcallec s'est échappé, et Dubois est ravi. Lors de l'une de ces orgies dont il est friand, Philippe, pris d'un malaise, réclame la présence d'Émilie, une jeune prostituée qui est sa protégée et pour laquelle il a de l'affection. Après s'être caché dans un couvent où séjourne Séverine, la filleule du Régent, Pontcallec est repris. Pendant ce temps, le clergé, en révolte contre Philippe qui veut lui faire vendre ses terres pour les distribuer aux paysans, provoque la banqueroute de Law, soutenu par le Régent. Sur ordre de Dubois, qui va bientôt être nommé archevêque, Pontcallec subit un simulacre de procès et est condamné à mort. Philippe veut le gracier, ainsi que les trois dragons condamnés avec lui, mais doit céder à Dubois qui menace de démissionner. Dubois a démesurément grossi la réalité, au demeurant dérisoire, de la rébellion bretonne pour s'acquérir la reconnaissance des Anglais en la matant et en exécutant Pontcallec. Ce faisant, il s'est aussi attiré la haine et le mépris du Régent. Au terme d'une nuit d'orgie et de mascarade, Philippe veut être conduit auprès de son chirurgien, Chirac, pour qu'il lui coupe la main car, dit-il, elle pue. En chemin, son carrosse, conduit sans nulle prudence, a un accident et écrase un enfant. Après le départ de Philippe, la sœur de l'enfant pousse les paysans des environs à brûler le carrosse du Régent. C'est le prélude à de plus graves et lointaines révoltes...

☞ Deuxième film de Bertrand Tavernier qui reprend pour cette chronique historique une bonne partie de l'équipe de son premier film, *L'horloger de Saint-Paul,* adapté de Simenon : Philippe Noiret, Jean Rochefort, Christine Pascal, Jean Aurenche, Pierre-William Glenn, etc. Dramatiquement, les trois premiers films de Tavernier (*L'horloger de Saint-Paul*, celui-ci et *Le juge et l'assassin*) sont bâtis sur un dialogue, une relation privilégiée et approfondie au cours de l'œuvre entre deux personnages, ici l'amitié de plus en plus empoisonnée du Régent et de son ministre. A cette ligne de force s'en ajoute une autre, la conjuration ratée du noble donquichottesque, Pontcallec. L'entrecroisement des deux permet à Tavernier, qui n'a pas le goût des intrigues linéaires, de bâtir sans artifice son film, un peu comme Pasquale Festa Campanile (*Le sexe des anges*, Une vierge pour le prince*), à partir d'une moisson d'anecdotes, de détails insolites et significatifs, de digressions variées qui concourent à dresser un véritable état de la France à une époque donnée. (Tavernier réutilisera avec bonheur ce type de construction dans *La vie et rien d'autre,* 1989, écrit par Jean Cosmos, et qui, au carrefour de trois lignes de force enchevêtrées, donne une description de la France dans les années suivant la Première Guerre. Ces deux films sont à ranger parmi les tentatives de reconstitution historique les plus abouties du cinéma français.) Aimant cultiver des registres différents à l'intérieur du même film, tant dans la peinture des personnages que dans le travail de caméra, qui souffre un peu ici de l'absence du Cinémascope, format où le cinéaste est le plus à l'aise, Tavernier fait alterner, dans *Que la fête commence,* le lyrisme un peu dérisoire des entreprises de Pontcallec avec la satire grinçante du cynisme égoïste de Dubois ou bien encore avec ces notations sur la lucidité désabusée et impuissante du Régent, sur son dégoût intermittent de lui-même, qui donnent un ton plus grave au film. Les principaux personnages sont d'ailleurs tous marqués par une certaine folie qui atteste de leur relation bancale, et pleine de malaise, à une époque elle-même bancale. Dans cette époque de transition, faite, chez les puissants, de décisions prises au jour le jour, de débauche triste, parfois d'inquiétude sourde et larvée, tout le monde finit par être perdant : et sans doute plus que tous les autres, le Régent, aussi rêveur que Pontcallec à sa façon, qui aurait voulu faire triompher – sans y croire lui-même – la justice et la modération. Cette vision est-elle suffisamment nuancée pour satisfaire les historiens ? Ce n'est pas à nous de le dire, mais on sait bien que, même chez le conteur le plus soucieux de vérité historique, l'Histoire n'est rien d'autre qu'un matériau servant à illustrer quelque point de vue sur le monde. Éclectique à l'intérieur de chaque film, c'est-à-dire donnant sur le sujet plusieurs éclairages différents, Tavernier l'est plus encore au fil de sa carrière, comme l'atteste la variété des sujets traités. Il est aussi l'un des rares cinéastes français de ces vingt dernières années à entretenir avec le public un rapport qu'on peut qualifier de sain, c'est-à-dire où l'esbroufe, le snobisme, la complaisance intellectuelle n'entrent pour rien. Qu'il atteigne ou non son but, il tente à chaque nouveau film d'explorer, en repartant à zéro, un univers différent. Travail et curiosité dominent une œuvre où l'ego de l'auteur, loin d'être complètement absent, reste cependant discrètement en retrait. Les films de Tavernier illustrent un cinéma artisanal et soigné, très bien représenté en France jusqu'au début des années 50 et qui disparut ensuite avec la Nouvelle Vague (sauf parfois chez Louis Malle). A certains égards, les succès qu'ils ont remportés ont enterré les pseudo-acquis de la Nouvelle Vague (nombrilisme, vacuité, bâclage triomphant, etc.) ; et ceci également est à mettre à leur actif. On ne veut pas dire par là que ces films marquent un retour en arrière. Bien au contraire : mais cette liberté plus grande, acquise par les cinéastes durant les années 60 quant aux choix des sujets et à la manière de les traiter, Tavernier cherche à l'utiliser, à l'inverse de tant d'autres, dans une optique de rigueur et de respect accru du public.

N.B. L'origine lointaine du scénario d'Aurenche fut le roman de Dumas « Une fille du Régent ». Le film (d'abord intitulé *La grande dame du royaume* par allusion à la misère du temps) comporte un très grand nombre de lieux et de personnages ; sous les traits de nombre de ces derniers, l'observateur attentif retrouvera des acteurs qui se sont faits connaître depuis : Thierry Lhermitte, Hélène Vincent, Christian Clavier, Michel Blanc, Gérard Jugnot, etc.

## QU'ELLE ÉTAIT VERTE MA VALLÉE

**(How Green Was My Valley)**

1941 – USA (118') • *Prod.* Fox (Darryl F. Zanuck) • *Réal.* JOHN FORD • *Sc.* Philip Dunne d'ap. R. de Richard Llewelyn • *Phot.* Arthur Miller • *Mus.* Alfred Newman • *Int.* Walter Pidgeon (Mr. Gruffydd), Maureen O'Hara (Angharad Morgan), Donald Crisp (Mr. Morgan), Anna Lee (Bronwen Morgan), Roddy McDowall (Huw Morgan), John Loder (Ianto Morgan), Sara Allgood (Beth Morgan), Barry Fitzgerald (Cyfartha), Patrick Knowles (Ivor Morgan), Morton Lowery (Mr. Jonas), Arthur Shields (Mr. Parry), Ann Todd (Ceiwen), Rhys Williams (Dai Bando).

Au moment de quitter sa maison natale, Huw Morgan se souvient de son enfance, passée il y a cinquante ans dans cette vallée du Pays de Galles qui, pour lui, restera toujours aussi verdoyante qu'elle l'était alors. Son père et ses cinq grands frères travaillaient à la mine de charbon. La vie quotidienne était réglée par des habitudes qui équivalaient à de véritables rites. Autour de la table, personne n'ouvrait la bouche tandis qu'on goûtait les plats préparés par la mère, Beth Morgan, et par sa fille, Angharad. L'autorité du père n'était jamais contestée, mais à l'occasion d'une baisse des salaires dans la mine, les fils décidèrent de faire grève et, à cause de cela, se fâchèrent avec lui. Ils quittèrent la maison, à l'exception bien entendu du petit Huw. Auparavant l'un d'eux, Ivor, avait épousé Bronwen et le couple avait été marié par le nouveau pasteur, Mr. Gruffydd, dont Angharad tomba immédiatement amoureuse. La grève dura vingt-deux semaines. Les hommes étaient devenus amers et sombres. Ils en voulurent au père qui s'était opposé à la grève. Des vitres de sa maison furent brisées. Au cours d'une réunion nocturne sur la colline, dans le froid et la neige, la mère s'adressa aux mineurs. Elle dit qu'on calomniait son mari et jura qu'elle tuerait le premier qui lui ferait tort. Sur le chemin du retour, elle tomba avec Huw dans une crevasse. C'est un miracle, dira le docteur, que Huw ait pu en réchapper. Il aura une longue convalescence. On ne sait quand il pourra marcher de nouveau, mais le pasteur lui promet que ce sera au printemps. Bronwen lui lit « L'île au trésor » et quand la mère, qui logeait à l'étage au-dessus, fait ses premiers pas, c'est pour aller embrasser son fils. Le pasteur se déclare favorable au syndicat à condition qu'il soit animé par un esprit de justice. Il ramène ainsi la concorde parmi la famille Morgan et les cinq fils reviennent habiter chez leur père. La grève prend fin ; mais le chômage commence. Deux fils doivent partir pour l'Amérique. Au printemps, comme prévu, le pasteur emmène Huw cueillir des primevères et le persuade qu'il peut marcher. Le fils du propriétaire de la mine, un jeune homme très méprisant, demande Angharad en mariage et l'obtient. Le pasteur avait dit clairement à Angharad qu'il ne pourrait jamais l'épouser, étant beaucoup trop pauvre pour lui assurer une vie décente. Les jeunes mariés partent pour l'Afrique du Sud. Premier jour d'école pour Huw. Il est le premier Morgan à aller dans une école d'État. Son instituteur le persécute ; ses camarades le bousculent et le frappent. Il rentre à la maison le visage en sang. Le père décide que Dai Bando, un costaud, lui donnera des leçons de boxe. Huw peut alors se défendre. Mais l'instituteur le surprend au milieu d'un combat et le fouette sauvagement. Dai Bando ira donner une leçon de boxe de sa façon à cet enseignant qui martyrise les enfants. Accident dans la mine : Ivor a été écrasé par un wagonnet. Il meurt juste avant la naissance de son fils. Huw a fini sa scolarité et possède un beau diplôme rédigé en latin. Son père lui demande s'il veut être médecin ou avocat. Huw tient à être mineur et descend pour la première fois dans la mine. Ses deux frères qui y travaillaient encore sont congédiés. Angharad rentre seule du Cap où elle n'a pas été heureuse. Les cancans et les calomnies commencent, concernant ses relations avec le pasteur. Celui-ci fait son dernier sermon devant les paroissiens et s'en prend à l'hypocrisie et à la lâcheté de certains d'entre eux. Un éboulement a eu lieu à la mine. Le père ne remonte pas. Le pasteur, Huw et Dai Bando descendent à sa recherche. L'enfant le retrouve, coincé sous les éboulis. Il se jette dans ses bras et le père meurt en l'embrassant. La mère, Angharad et Bronwen assistent à la remontée du corps. Avant de partir, Huw adulte (dont on n'entend que la voix) revoit encore quelques images inoubliables du passé...

☞ Le classique par excellence. Le film est tissé dans la même étoffe que celle de ces « nobles livres » (Stevenson, Dickens) que lit le jeune Huw durant sa convalescence. *Qu'elle était verte ma vallée* est un roman d'apprentissage, une chronique familiale et sociale, et surtout l'évocation de certaines valeurs supposées éternelles ayant forgé une société. Le film trouve son originalité et son émotion principale dans son rapport au Temps. La famille ici décrite (et que, selon son petit-fils Dan, Ford a dessiné à la ressemblance de la sienne propre, notamment en ce qui concerne les personnages du père et de la mère) repose sur des valeurs et des rites qui semblent immémoriaux, mais l'extrême dureté du métier de la mine et les contraintes de la vie sociale les menacent constamment de disparition et d'extinction. Qu'en restera-t-il, hormis un souvenir, quand les quatre fils exilés pour cause de chômage et quand le héros (dont le départ n'est pas explicité) auront quitté la vallée ? Les transmettront-ils à leurs descendants ? Cette interrogation et cette incertitude contrebalancent la vision mythique, idyllique que le film donne de la famille avant la première grande grève. Dans son cœur et dans son âme, Ford se situe du côté des valeurs d'éternité. Par l'acuité de son regard et son sens de la justice, qui font de lui un témoin social de première grandeur, il appartient au présent, pétri de menaces et de questions. C'est la superbe composition de l'image, avec ses décors dont le plafond et le plancher sont visibles dans le même plan, qui exprime le mieux l'unité du monde, apparemment indestructible, où Huw a passé sa petite enfance. Mais c'est la continuité du récit et la dramaturgie qui rendent compte de l'éparpillement de cette famille, de la souffrance cachée de ses membres et notamment de ces trois femmes auxquelles ne restent plus, à la fin de l'histoire, que leurs yeux pour pleurer. L'œuvre de Ford est impossible à classer dans ces catégories superficielles et souvent vides de sens que sont la droite et la gauche, l'optimisme et le pessimisme. Elle charrie, dans son lyrisme et sa générosité, les doutes, les regrets, les espoirs et l'écho sensible de tous les grands bouleversements de la société occidentale dans la première moitié du XX^e^ siècle. Le tableau qu'elle en donne est semblable, par sa dimension et sa vérité, à celui que dressent Satyajit Ray de la société indienne et Ozu de la société japonaise.

N.B. C'est William Wyler qui devait à l'origine diriger le film.

BIBLIO. : scénario et dialogues *in* « Twenty Best Film Plays » réunis par John Gassner et Dudley Nichols, Crown Publishers, New York, 1943.

## QUELQUE PART EN EUROPE
### (Valahol Europaban)

1947 – Hongrie (100') • *Prod.* Mafirt (Geza Radvanyi) • *Réal.* GEZA RADVANYI • *Sc.* Bela Balazs, Judit Fejer [Mariassy], Felix Mariassy, G. Radvanyi • *Phot.* Barnabas Hegyi • *Mus.* Denes Buday • *Int.* Artur Somlay (Peter Simon), Miklos Gabor (« Long »), Zsuzsa Banki (la jeune fille), György Bardi (le régisseur), Laszlo Horvath (Kuksi), Endre Harkanyi (« Le Roux »).

Quelque part au bord du Danube en 1944. Un enfant jeté d'un train de prisonniers, une fillette dont le père a été exécuté sous ses yeux, un gosse rescapé d'un bombardement, un adolescent en ayant sauvé un autre et l'ayant chargé sur ses épaules, tous ces jeunes et d'autres avec eux se sont rencontrés au hasard des routes bordées d'arbres hérissés de pendus. Ils forment un petit groupe affamé et prêt à tout pour survivre. Ils dévalisent un camion dont ils ont maîtrisé le conducteur. • Ils découvrent un champ de patates et les dévorent toutes crues avant d'être chassés par un paysan armé. Ils attaquent des voitures, volent un cochon. On fait la chasse à ces « pillards ». L'un d'entre eux est tué. Ses camarades l'enterrent et fuient devant leurs poursuivants. Ils franchissent un fleuve en barque. A cette occasion, l'adolescent qui est leur chef, « Long », s'aperçoit qu'il y a une fille parmi eux. Deux gosses découvrent un château au sommet d'une colline, habité par un musicien solitaire. Le premier des deux enfants est enfermé par l'adulte ; l'autre court prévenir ses camarades. Ils pénètrent dans le château. La cave est pleine de victuailles qu'ils dévorent après avoir ligoté le musicien. Long avoue à la jeune fille qu'il n'a jamais eu d'expérience sexuelle. Elle lui raconte la sienne : elle avait dû se laisser prendre par un soldat de la Gestapo qui lui avait promis la vie sauve pour sa famille. Quand elle s'était aperçue qu'il avait menti, elle l'avait abattu à bout portant. Les gosses sont sur le point de pendre le musicien. « C'est pour se marrer », dit l'un d'entre eux à Long qui délivre l'adulte et s'oppose violemment à ses compagnons. Les enfants dorment partout dans le château, sur le sol et dans les escaliers. Au matin, le gosse chargé de surveiller l'adulte l'a laissé filer. Les enfants pensent qu'il va les dénoncer. Mais il revient tranquillement avec des provisions. Il leur joue du piano. C'est un chef d'orchestre connu dans le monde entier. Il amène les gosses à restaurer une partie du toit du château à demi en ruines. Trois enfants sans lien avec la bande ont été capturés par la police locale. On les frappe pour les faire parler. Les cinq plus âgés de la bande du château jugent qu'il est de leur devoir d'aller les délivrer et les ramènent au château. Des policiers viennent interroger le musicien et repartent bredouilles. Bien sûr, ils reviendront. Les enfants décident, non de fuir, mais de se défendre sur place. Ils construisent des barricades, lancent de grosses pierres sur des adultes qui montent vers le château et font bientôt demi-tour. Un des gosses a été gravement blessé par balle. On le mène chez un docteur. Les gosses sont interrogés par les autorités. Le musicien prend leur défense et accuse les adultes, cause de tout le mal. Il affirme que le délit de vagabondage ne s'applique pas à ces gosses, victimes de la guerre et de la folie des adultes. Et d'ailleurs il leur a légué le château : les enfants possèdent maintenant un toit. Le petit blessé meurt. Les enfants retournent au château en chantant « La Marseillaise » dont le musicien leur a appris la mélodie et le sens.

☞ C'est le film qui, de toute l'histoire du cinéma hongrois, a bénéficié de la plus vaste audience internationale. Tourné avec un tout petit budget, l'œuvre s'est créée dans un contexte de pauvreté matérielle, d'exigence et d'exaltation morales mêlées à un grand désarroi. Un contexte semblable engendra le néo-réalisme. La force spécifique du film vient de ce qu'il s'agit d'enfants et d'une fable sur les enfants au milieu de la guerre. Ce sont eux qui en sont les principales victimes et ces victimes seraient bientôt sur le point de reprendre à leur compte les gestes des adultes et des bourreaux (pillages, destructions, crimes), si n'intervenait le sens moral du plus âgé et de l'adulte, un vagabond, un isolé pareil à eux, qui a voulu s'extirper de l'enfer de la guerre et en tire *in fine* la leçon. Aucune vindicte particulière, dans ce film, dirigée contre tel ou tel peuple, mais une sobre et mûre et véhémente application à dénoncer globalement la monstruosité de la guerre. Comme guidés par les personnages, la caméra et le style général du film ont une grande mobilité. L'équilibre rigide du découpage classique est détruit au profit d'une réinvention des cadrages, maintenus en constant déséquilibre pour saisir la spontanéité des enfants, leur promptitude à commettre l'irréparable (pendaison du musicien), à le subir, ou au contraire à recréer par leur énergie un univers assaini, purifié, véhiculant le message d'espoir que les auteurs (Radvanyi et ses scénaristes) souhaitent exprimer au terme de ce reportage en forme de fable morale.

## QUELQUES JOURS DE LA VIE D'OBLOMOV
**(Neskolko dnei iz jizni Oblomova)**

1979 – URSS (160') • *Prod.* Mosfilm • *Réal.* NIKITA MIKHALKOV • *Sc.* Alexandre Adabachian, N. Mikhalkov d'ap. R. « Oblomov » d'Ivan Gontcharov • *Phot.* Pavel Lebechev (couleurs) • *Mus.* Edouard Artemier, Bellini, Rachmaninov • *Int.* Oleg Tabakov (Ilya Ilitch Oblomov), Youri Bogatyrev (Andrei Stolz), Elena Solovei (Olga), Andrei Popov (Zakhar), Gleb Strijenov (le baron), Evgueni Steblov (Oblomov père).

Oblomov, aristocrate et petit propriétaire terrien vivant près de Saint-Pétersbourg, passe son temps à dormir, à rêvasser sur son enfance et à manger. Son meilleur ami, un homme actif et plein de ressouces, lui fait rencontrer une jeune femme qui, durant un séjour à la campagne, tombe amoureuse de lui. Mais Oblomov est trop velléitaire pour soutenir longtemps cette relation. Il s'éloigne ; plus tard il se marie et meurt quelques années après d'un coup de sang.

☞ Adaptation poétique et inspirée de l'œuvre de Gontcharov. Oblomov représente moins un caractère qu'une tendance de l'âme humaine : celle qui conduit au refus du monde extérieur, de la réalité sociale, de l'action et en somme du présent. Oblomov est l'homme qui s'abandonne à cette tendance au point de devenir, grâce à elle, un type universel. Mikhalkov a su appréhender ce type à travers un personnage à la fois complexe et touchant. Ni dandy blasé, ni misanthrope, Oblomov est un être aux convictions incertaines, naïf et doux, à l'âme souvent bourrelée de remords. Un onirisme et un lyrisme très discrets se conjuguent dans ce film intimiste pour faire passer le spectateur du côté d'Oblomov ; comme lui, il se prend à penser que toute action, toute entreprise humaine a aussi peu de consistance qu'un rêve ; et s'il en est ainsi, pourquoi ne pas se contenter de rêver ? Dans la logique de ses intentions, le film abandonne toute velléité de satire individuelle ou de critique sociale. Il emploie toute son insidieuse persuasion à nous faire pénétrer le plus loin possible dans le monde intérieur de son héros.

## QU'EST-IL ARRIVÉ A BABY JANE ?
### (What Ever Happened to Baby Jane ?)

1962 – USA (132') • *Prod.* Warner (Seven Arts – Associates and Aldrich) • *Réal.* ROBERT ALDRICH • *Sc.* Lukas Heller d'ap. R. d'Henry Farrell • *Phot.* Ernest Haller • *Mus.* Frank De Vol • *Int.* Bette Davis (Jane Hudson), Joan Crawford (Blanche Hudson), Victor Buono (Edwin Flagg), Marjorie Bennet (Della Flagg), Maidie Norman (Elvira Stitt), Anna Lee (Mrs. Bates), Julie Allred (Baby Jane), Gina Gillespie (Blanche enfant).

⊖ Dans les années 20, la petite Baby Jane Hudson, enfant prodige du music-hall, fait vivre par son succès ses parents et sa sœur Blanche, laquelle doit subir en silence ses colères et ses caprices de star en herbe. Blanche amasse ainsi de la rancune pour plus tard. Dans les années 30, la situation s'est retournée : Blanche est devenue célèbre à Hollywood et dans le monde, tandis que Jane cherche vainement à percer. Pourtant Blanche oblige par contrat ses producteurs à faire tourner à Jane autant de films qu'à elle. Un jour, sa carrière est brisée par un accident de voiture provoqué involontairement par Jane, devenue une alcoolique. Blanche est désormais invalide des deux jambes. A la fin des années 50, les deux femmes vivent toujours ensemble. Jane n'a cessé de s'occuper de Blanche, mais avec une mauvaise humeur, une autorité, une méchanceté qui confinent parfois au sadisme. Quand Jane apprend que sa sœur veut vendre leur maison et qu'elle risque de se retrouver seule, sa cruauté et une sorte de folie qui l'accompagne dans ses malheurs vont empirer dangereusement. En même temps qu'elle loue les services d'un pianiste en vue d'un improbable retour à la scène, Jane martyrise sa sœur, la séquestre, la prive de nourriture et imite sa signature sur des chèques qu'elle endosse. Ayant surpris une conversation téléphonique entre Blanche et un docteur qu'elle a appelé à l'aide, Jane frappe sauvagement sa sœur et la traîne jusqu'à sa chambre où elle la ligote sur son lit. Elle tuera la femme de ménage qu'elle avait renvoyée et qui, s'inquiétant du sort de Blanche, s'était introduite dans la maison pour la voir. Le pianiste, voyant le corps ligoté et bâillonné de Blanche sur son lit, s'enfuira avec horreur. Comprenant qu'il va prévenir la police, Jane emmène sa sœur moribonde sur la plage. Dans les dernières secondes qui lui restent à vivre, Blanche apprend à Jane qu'elle n'est pas responsable, comme elle le lui a toujours fait croire, de son accident. C'est elle-même qui, voulant écraser Jane, avait fait une erreur de manœuvre et avait jeté son véhicule contre un mur. Cette ultime révélation plonge définitivement Jane dans la folie. Un peu plus tard, la police la découvre en train de danser non loin du cadavre de sa sœur.

☞ Inaugurant une nouvelle direction dans l'œuvre d'Aldrich, *Qu'est-il arrivé à Baby Jane ?* est le premier d'un ensemble de quatre films (cf. *Hush... Hush, Sweet Charlotte*, 1964, *The Legend of Lylah Clare*, 1968 et *The Killing of Sister George*, 1968) reliés entre eux d'une façon évidente et secrète par le thème du double et de la gémellité. Trois de ses films se situent dans les milieux du show business (cinéma et télévision) qu'Aldrich présente comme une sorte d'usine à fabriquer des monstres. C'est en effet un fabuleux duel de monstres (avec mise à mort à la clé) qu'orchestre ici Aldrich dans un mélange complexe et explosif de qualités : virtuosité technique et dramatique, humour sardonique, férocité mêlée à un étrange sentiment de compassion pour ses personnages, qui, surtout vers la fin, donne au film une intensité tout à fait insolite. La révélation finale est capitale pour la compréhension de l'œuvre et *Qu'est-il* *arrivé à Baby Jane ?* fait partie de ces films qu'il faut voir au moins deux fois, la première pour subir l'habileté diabolique du réalisateur et le suivre dans les méandres où il a décidé de nous entraîner, la seconde pour saisir tout à la fois la réalité et la perversité de son propos. Jane et Blanche sont deux moitiés de la même âme noire façonnée par les déceptions et par le temps, deux sœurs jumelles en monstruosité. A Jane, le bourreau, sont impartis la colère, la laideur, le vieillissement ridicule, la cruauté, la violence extérieure et la folie ; à Blanche, la soi-disant victime, appartiennent la violence intérieure, l'hypocrisie, l'obstination secrète dans le mensonge et la cruauté. Alors que le film semble se dérouler, au sein de l'horreur, dans un manichéisme bon teint, le dénouement vient pulvériser cette apparence et fait éclater au visage du spectateur le pessimisme gigantesque et total d'Aldrich. Ayant parcouru (en un seul film génial *Kiss Me Deadly**) tout l'univers du *film noir*, rendu plus noir encore après son passage, Aldrich se sentit poussé à explorer d'autres territoires pour exprimer sa vision apocalyptique du monde. Il les a trouvés ici en créant un genre qui fut beaucoup imité et en indiquant à de vieilles et prestigieuses actrices la route à suivre pour s'éviter à elles-mêmes l'académisme et l'ennuyeuse sérénité du grand âge. Elles comprirent parfaitement la leçon et continuèrent l'une et l'autre à tourner des films d'inspiration fantastique et d'horreur, hélas, très inférieurs pour la plupart à celui-ci.

# R

## RACCROCHEZ, C'EST UNE ERREUR
**(Sorry, Wrong Number)**

1948 – USA (89') • *Prod.* PAR. (Hal B. Wallis et Anatole Litvak) • *Réal.* ANATOLE LITVAK • *Sc.* Lucille Fletcher d'ap. sa P. radiophonique • *Phot.* Sol Polito • *Mus.* Gene Merritt, Walter Oberst • *Int.* Barbara Stanwyck (Leona Stevenson), Burt Lancaster (Henry Stevenson), Ann Richards (Sally Lord Dodge), Wendell Corey (Dr Alexander), Harold Vermilyea (Waldo Evans), Ed Begley (James Cotterell), Leif Erickson (Fred Lord).

⊖ Invalide, clouée au lit, seule au milieu de son grand appartement newyorkais, la riche Mme Leona Stevenson, fille du patron d'une chaîne de drugstores et de pharmacies, cherche vainement à joindre son mari au téléphone. Elle surprend sur la ligne une conversation entre deux hommes préparant le meurtre d'une femme pour 23 h 15. Elle essaie de prévenir la police mais n'est pas prise au sérieux. Grâce aux coups de fil multiples qu'elle donne et qu'elle reçoit, elle apprend dans les heures qui suivent de terribles nouvelles. Elle est la victime désignée de l'assassinat qui se trame. Son mari, Henry, un petit employé qu'elle avait amené au mariage par un effet de sa volonté, de son charme et de son argent, est à l'origine d'une ténébreuse affaire de trafic de drogue. La drogue a été volée dans les établissements mêmes du beau-père de Henry dont celui-ci est devenu, une fois marié, le principal auxiliaire. Devant de l'argent à l'un de ses complices qu'il a voulu trahir, Henry n'a plus d'autre solution pour payer ses dettes que de faire tuer sa femme afin de toucher l'assurance. Leona apprend enfin le diagnostic que son médecin a formulé sur son état : ses crises cardiaques à répétition ont une origine nerveuse et non organique. Revenant sur sa décision, son mari, traqué par la police, l'appelle quelques instants avant l'heure fatidique. Il lui dit de se précipiter vers la fenêtre et de hurler. Trop tard : le tueur est entré dans l'appartement et attaque Leona. Henry appelle à nouveau. Le tueur, prenant l'appareil, se contente de répondre sèchement : « Raccrochez, c'est une erreur. »

☞ Le film adapte et étoffe une courte pièce radiophonique consistant principalement en un monologue. Réalisé avec la virtuosité du petit maître souvent brillant que fut Anatole Litvak, *Raccrochez, c'est une erreur* est une œuvre marginale du *film noir*. Quelques tendances caractéristiques du genre (le pessimisme, la complexité du mode de récit, la veulerie de certains personnages) y trouvent un aboutissement à la fois très spectaculaire et proche de la décadence. Le film fut un immense succès commercial de l'époque, ce qui amène à certaines réflexions d'origine historique sur l'évolution des goûts du grand public. Une histoire assez embrouillée au départ (mais qui tient parfaitement debout) est racontée ici dans un mode de narration qui en augmente singulièrement la complexité : sept flash-backs, dont deux prennent leur source dans l'un d'entre eux. Le public raffolait à l'époque de cette complexité à la limite de la gratuité. Il était prêt à suivre le narrateur dans les méandres les plus obscurs de son récit pourvu qu'ils le fascinent et qu'il puisse s'y engloutir. Aujourd'hui, en admettant que le public fasse l'effort de chercher à comprendre une telle histoire, on peut parier qu'il n'y prendrait aucun plaisir. Son goût le porte vers les histoires simples, monocordes où les idées-forces, quand il y en a, sont martelées et enfoncées comme un clou dans sa tête, où le récit donne constamment ses chances à l'inattention du spectateur, lequel peut aller et venir, sortir de la salle et rentrer sans rien perdre de la ligne directrice de l'intrigue. La complexité de l'histoire servait ici le même but que l'extrême vivacité du rythme. Le spectateur voulait être littéralement *emporté* par le flot du récit. Aujourd'hui, il affectionne plutôt les films que l'on peut arpenter avec un train de sénateur. Une autre remarque qu'appelle le succès de ce film concerne le dénouement. Celui de *Raccrochez, c'est une erreur* est d'une noirceur qui fait froid dans le dos. A la même époque, le happy end concluait une infinité d'intrigues dans d'autres genres de films. On s'est souvent mépris sur le rôle du happy end et, d'une manière générale, sur les dénouements des films hollywoodiens. Ils obéissaient tous, à l'intérieur de chaque genre, à une fatalité – noire ou rose – qui régissait le film jusqu'à ses dernières secondes. Quel qu'il fût, ce dénouement devait communiquer le sentiment qu'il ne pouvait être différent de ce qu'il était. Et le public appréciait qu'une logique donnât à chaque moment du film, et en particulier aux derniers, une plénitude absolue, indiscutable. La fin heureuse ou malheureuse était chargée de vérifier le bien-fondé du point de vue et des hypothèses de départ du narrateur. Ce qui n'empêchait pas les ambiguïtés d'interprétation, les débats moraux, voire les exceptions à la règle. Mais il y avait une règle et dans neuf cas sur dix il fallait qu'elle fût respectée. Le spectateur n'aimait pas plus le rose que le noir, et n'aimait pas plus le rose qu'on ne l'aime aujourd'hui : à preuve le dénouement particulièrement horrible et désespérant de ce film-ci. Il voulait que le rose restât rose jusqu'au bout, et le noir de même. Aujourd'hui, on veut moins de couleurs vives et plus d'incertitude dans les dénouements.

## RACHAT SUPREME (LE)
**(The Whispering Chorus)**

1918 – USA (75') • *Prod.* PAR. (Cecil B. DeMille) • *Réal.* CECIL B. DEMILLE • *Sc.* Jeanie Macpherson d'ap. R. de Perley Poore Sheehan • *Phot.* Alvin Wyckoff • *Int.* Raymond Hatton (John Tremble), Kathlyn Williams (Jane Tremble), Edythe Chapman (la mère de John), Elliot Dexter (George Coggeswell), Noah Beery, Sr. (un docker), Guy Oliver (McFarland), Tully Mashall (F.P. Clumley), John Burton (Charles Barden), J. Park Jones (Tom Burns), Gustav Von Seyffertiz (le visage qui ricane).

Poussé par des voix intérieures maléfiques qui le hantent, un comptable ayant du mal à joindre les deux bouts finit par détourner à son profit une grosse somme d'argent en falsifiant les livres de son employeur. Celui-ci, accusé de recevoir des pots-de-vin, subit une vérification en règle. Le comptable, effrayé, prend la fuite et se réfugie dans une cabane au milieu de la forêt. Il découvre dans un étang voisin un cadavre dont il prend l'identité et dont il imite autant que possible l'apparence physique. Il laisse sur le cadavre un mot faisant croire qu'il s'agit de lui et qu'on l'a assassiné pour le motif qu'il refusait de falsifier les comptes. La police découvre le corps et tombe dans le panneau. Le comptable, sous sa nouvelle identité, essaie de trouver du travail sur les docks. Pendant ce temps, sa femme devient la secrétaire du contrôleur fiscal, lequel mène une carrière politique et se fait élire gouverneur. Le temps passe. Le comptable erre à Chinatown et devient vendeur ambulant. Sa femme épouse le gouverneur. Le comptable, de plus en plus malheureux, décide d'aller retrouver sa mère. Elle meurt juste après l'avoir revu. Il est arrêté et ne peut prouver son identité. Il passe en procès, accusé du meurtre... de lui-même. Il est finalement condamné. Sa femme, l'épouse du gouverneur, ne l'avait pas d'abord reconnu. Mais elle est si troublée par la suite qu'elle vient le visiter à la prison. Pour ne pas briser le destin de trois êtres (car sa femme a eu un enfant du gouverneur), il préfère garder le silence. Il ira à la chaise électrique une rose à la main, don de celle qui fut autrefois sa femme.

☞ Dans ce film qu'il considérait comme son meilleur, tout l'univers de DeMille est déjà en place. A travers un récit d'aventures psychologiques et métaphysiques extrêmement mouvementé, DeMille décrit un monde dominé par une providence divine aux voies impénétrables. Ce rôle de la providence, DeMille l'exprime, pour le plus grand agrément du spectateur, à l'aide d'une dramaturgie de l'imprévisible où chaque péripétie entraîne la suivante selon une dialectique bien personnelle de la surprise et de la nécessité. La nécessité, c'est pour l'individu celle de se soumettre aveuglément à ce que la providence a décidé pour lui. Après une lutte souvent farouche, la volonté individuelle doit finalement céder. La surprise provient des multiples péripéties que les personnages traverseront avant d'accepter cette soumission. Pour DeMille, l'équilibre des sociétés humaines et du monde repose sur une loi morale que l'individu ne saurait ignorer et à laquelle il doit tout sacrifier, y compris le cas échéant sa propre identité. Le récit illustre d'une façon spectaculaire cette nécessité en utilisant la situation hautement paradoxale de l'homme obligé d'endosser, sous l'identité d'un autre, la responsabilité du meurtre de sa propre personne. S'étant tué deux fois, sa deuxième mort sacrificielle sera en quelque sorte la rédemption de la première, frauduleuse et mensongère. La hauteur de vue du cinéaste s'accompagne d'une recherche formelle parfaitement aboutie, notamment dans la matérialisation des voix intérieures du héros par des surimpressions de visages tour à tour tendus, féroces ou sereins. La direction d'acteurs est d'un modernisme stupéfiant. Le récit, souple et savant, progresse d'abord sans recherche excessive du paroxysme avec une régularité sèche, une série de montages parallèles efficaces et subtils. Puis le rythme s'accélère, cependant que l'intrigue et le style s'élancent peu à peu vers le lyrisme et le délire pour faire accepter la plus paradoxale et en même temps la plus inéluctable des conclusions. On ne peut qu'être impressionné par la maîtrise qu'avait déjà acquise, après quatre ans d'activités, l'un des plus grands créateurs du cinéma.

## RACHEL, RACHEL (id.)

1968 – USA (101') • *Prod.* Warner (Paul Newman) • *Réal.* PAUL NEWMAN • *Sc.* Seymour Stern d'ap. R. « A Jest of God » de Margaret Laurence • *Phot.* Gayne Rescher (Technicolor) • *Mus.* Jerome Moross • *Int.* Joanne Woodward (Rachel Cameron), James Olson (Nick Kazlik), Kate Harrington (Mrs. Cameron), Estelle Parsons (Calla Mackie), Donald Moffatt (Mr. Cameron), Geraldine Fitzgerald (la Révérende Wood), Terry Kiser (le prédicateur).

Dans une petite ville de la Nouvelle-Angleterre, la vie monotone et étouffante d'une institutrice de trente-cinq ans, Rachel Cameron, vivant seule avec sa mère. Son père, un embaumeur, est mort depuis quatorze ans. Rachel pense souvent à son enfance ou bien rêve, éveillée, à des élans d'amour ou de tendresse qu'elle n'ose jamais avoir dans la réalité. Sa meilleure amie, une collègue, Calla Mackie, l'entraîne un jour à une veillée religieuse où un prédicateur parle hystériquement de l'amour. A l'issue de la séance, Calla embrasse passionnément Rachel puis s'enfuit, honteuse. Rachel accepte l'invitation d'un ami d'enfance, Nick Kazlik, récemment réapparu dans la région. Elle a avec lui une courte liaison amoureuse, la première de sa vie. Quand elle parle mariage, Nick disparaît sans laisser d'adresse. Enceinte, elle décide de garder l'enfant. Mais, en fait de grossesse, il s'agit d'un kyste qu'elle doit se faire enlever. Après l'intervention, elle annonce à sa mère qu'elle a accepté un nouveau poste dans l'Oregon. Elle lui propose de partir avec elle si elle le désire. Dans le bus où les deux femmes ont pris place, quittant définitivement la ville, Rachel songe à son avenir « Là où je vais, se dit-elle, tout peut arriver, ou bien rien (...) J'aurai peur toujours, je serai peut-être seule toujours. Que va-t-il se passer ? »

☞ Premier film de Paul Newman comme metteur en scène. Il n'avait réalisé avant cela qu'un court métrage, adaptation de la pièce en un acte de Tchekhov, « Les méfaits du tabac ». Ce portrait d'une femme frustrée, à mi-chemin de l'enfance et de la vieillesse, et plus proche à la fois de l'une de l'autre que de la maturité, fait songer aux héroïnes de Tennessee Williams dont Rachel est la sœur, mais dans une atmosphère plus feutrée, moins dramatique, moins violente – aussi étouffante. On pense également à Carson McCullers. Le film – et cela constitue son originalité principale – peut être vu comme une véritable œuvre de couple, procédant et bénéficiant d'une double sensibilité, d'un double point de vue masculin et féminin, la relation Newman-Woodward dépassant de beaucoup, sur le plan créatif, celle d'un metteur en scène avec son interprète. Comme ce sera le cas dans *De l'influence des rayons gamma sur le comportement des marguerites* (*The Effect of Gamma Rays on Man-in-the-Moon Marigolds,* 1972), Joanne Woodward et Paul Newman doivent sans doute être considérés comme les deux auteurs du film. L'importance donnée, par l'entremise de plans-flashes intégrés dans le récit, aux dimensions du rêve, du souvenir, de l'imaginaire, n'est pas une simple concession à la mode. Elle exprime une volonté de pousser plus loin l'investigation de l'univers mental de l'héroïne, qui est à vrai dire le seul sujet du film.

## RACINES
### (Raices)

1954 – Mexique (90') • *Prod.* Teleproducciones – Manuel Barbachano Ponce • *Réal.* BENITO ALAZRAKI • *Sc.* Francisco Rojas Gonzales, Carlos Velo, B. Alazraki, Manuel Barbachano, Maria Elena Lazo, J.M. Garcia Ascot, Fernando Espejo • *Phot.* Ramon Muñoz (prologue), Walter Reuter (I, III et IV), Hans Beimler (II) • *Mus.* Silvestre Revueltas (prologue), Guillermo Noriega (I), Rodolpho Halfter (II), Blas Galindo (III), Pablo L. Moncayo (IV) • *Int.* I Beatriz Flores, Juan De La Cruz, Conchita Montes ; II Olimpia Alazraki, Dr Gonzales, Juan Hernandez ; III Miguel Angel Negron, Antonia Hernandez, Angel Laraj ; IV Alicia del Lago, Carlos Robles Gil, Teodulo Gonzales.

Quatre récits concernant la vie contemporaine des Indiens du Mexique. I LAS VACAS (Les vaches). Un jeune couple de paysans est réduit à la plus extrême misère. Ayant vainement essayé de vendre pour survivre des couvertures et un dindon, la femme devra se séparer de son bébé et de son mari pour suivre à la ville deux Blancs qui ont acheté ses services comme nourrice. II NUESTRA SEÑORA (Notre-Dame). Une jeune anthropologue écrit une thèse sur « la vie sauvage des Indiens ». Elle vient sur place étudier leurs coutumes, leurs fêtes et les soumet à un test d'appréciation esthétique. Notant leurs réactions face à des reproductions de tableaux célèbres (Vinci, Picasso, etc.), elle conclut que leur sens artistique est inexistant. Sa thèse publiée, elle revient au village et se heurte à l'hostilité incompréhensible pour elle des habitants. Elle serait même en passe d'être malmenée si elle ne trouvait refuge dans l'église où le prêtre lui explique que les habitants ont placé sur l'autel la reproduction de La Joconde qu'ils assimilent à la Vierge. Ils s'imaginent que l'anthropologue est venue pour la reprendre. Après une discussion avec le prêtre, elle déchirera sa thèse. III EL TUERTO (Le borgne). Un jeune borgne est le souffre-douleur de ses camarades à cause de son infirmité. Sa mère l'emmène participer à un pèlerinage. La fusée d'un feu d'artifice le blesse à l'œil et il revient aveugle au village. Sa mère crie quand même au miracle : « Maintenant, dit-elle, tes camarades ne te frapperont plus ». Elle retournera l'an prochain témoigner sa gratitude aux saints qui l'ont exaucée. IV LA POTRANCA (La pouliche). Un archéologue est hanté par la beauté de la jeune servante de sa femme. Il la poursuit partout de ses assiduités : dans un ancien temple, au bord de la mer, etc. Il vient proposer à son père de l'acheter pour améliorer la race : « Tu auras un petit-fils beaucoup plus intelligent que toi. » L'Indien croit aux vertus du métissage et réclame alors, d'un ton menaçant, la femme de l'archéologue qu'il est prêt à payer très cher. Le couple quitte bientôt la région.

☞ Un des rares films mexicains d'après-guerre à avoir connu une audience internationale. Ces quatre contes cruels présentent les Indiens – racines de la civilisation mexicaine – comme les victimes de la misère et de la superstition, ainsi que de l'incompréhension et de l'oppression blanches. Dans un style qui essaie d'unir une dramatisation percutante (notamment dans le déroulement et la chute des histoires) à un certain hiératisme, Alazraki ne veut pas seulement stigmatiser l'abandon et le mépris où est laissée la population indienne. Il veut aussi exalter la beauté, la dignité silencieuse et la fierté innée de cette race.

## RAISINS DE LA COLÈRE (LES)
### (The Grapes of Wrath)

1940 – USA (129') • *Prod.* Fox (Darryl F. Zanuck) • *Réal.* JOHN FORD • *Sc.* Nunnally Johnson d'ap. R. de Steinbeck • *Phot.* Gregg Toland • *Mus.* Alfred Newman • *Int.* Henry Fonda (Tom Joad), Jane Darwell (Ma Joad), John Carradine (Casey), Charley Grapewin (le grand-père), Doris Bowdon (Rosasharn), Russell Simpson (Pa Joad), O.Z. Whitehead (Al), John Qualen (Muley), Eddie Quillan (Connie), Zeffie Tilbury (la grand-mère), Frank Sully (Noah), Frank Darien (Oncle John), Darryl Hickman (Windfield), Shirley Mills (Ruth Joad), Ward Bond (policier).

Après quatre ans passés dans un pénitencier pour avoir tué en état de légitime défense un homme qui l'avait agressé dans un bal, Tom Joad fait du stop pour rejoindre la ferme de son père en Oklahoma. Il trouve la maison vide, les champs désertés. Le pasteur Casey qui l'avait autrefois baptisé a perdu la foi et erre comme une âme en peine. Une autre âme en peine est le voisin Muley qui raconte que tout le monde, sauf lui, est parti en Californie. Les tempêtes successives ont ravagé les terres. La compagnie Shawnee a expulsé toutes les familles. Lui seul a refusé de partir et se compare à un fantôme errant dans un cimetière. La famille Joad a trouvé provisoirement refuge chez l'oncle John. Tom se rend chez lui pour retrouver ses parents. Sa mère, très émue de le revoir, lui serre la main et s'inquiète de savoir si ses années de prison l'ont rendu « méchant ». L'oncle John doit lui aussi quitter sa terre. Au moment du départ, toute la famille – douze personnes et Casey qui s'est joint à elle – monte dans un très vieux camion. Outre son fardeau humain, le véhicule doit transporter tous les pauvres biens qu'ont pu emporter les Joad. Au matin, le grand-père refuse de partir. Il faut l'endormir avec un sirop calmant et le porter dans le camion. L'odyssée commence, direction la Californie. La première halte sera pour le grand-père qui n'en peut plus et meurt. La famille l'enterre non loin de la route et Casey prononce quelques mots en guise d'oraison funèbre. Deuxième arrêt dans un campement. Un boutiquier ruiné, venant de l'Arkansas, affirme que les prospectus, imprimés à des dizaines de milliers d'exemplaires, qui proposent des travaux de ramassage de fruits, mentent effrontement, car il est faux qu'il y ait du travail pour tout le monde. Pris à ce piège, il a vu lui-même sa femme et ses deux gosses mourir de faim. Le camion des Joad, ayant repris la route, pénètre en Arizona et traverse le désert la nuit. La grand-mère réclame à toute force son mari. Ce n'est qu'après le passage de la frontière californienne, ne voulant pas stopper la marche en avant de la famille, que la mère apprendra à Tom et aux autres que la grand-mère est morte. Dans un camp, les Joad découvrent une misère encore pire que la leur. Le travail manque. Les enfants ont faim. Ma Joad doit leur donner une assiette de soupe. Un homme, accompagné d'un policier, vient proposer du travail à bas prix. Un habitant du camp se rebiffe. Le policier, voulant tirer sur lui, blesse une femme. Tom l'assomme, mais Casey s'accusera à sa place et sera arrêté. Tom a appris qu'on allait incendier le camp. La famille est encore obligée de partir. Connie, le jeune époux de Ruth, la sœur de Tom, a déjà pris la fuite. Il n'en pouvait plus. Il a abandonné Ruth, enceinte. La nuit, sur la route, une horde entoure le camion et ordonne aux Joad de quitter la région. Un automobiliste leur indique qu'il y a du travail au Ranch Keene. La famille s'y rend. On lui attribue une baraque. Tom découvre qu'on utilise les nouveaux venus comme briseurs de grève en leur donnant provisoirement un salaire double de celui que les autres ont refusé. Tom retrouve Casey, devenu le leader de la révolte. Des gardes de la Compagnie poursuivent Casey et ses amis. Casey, sauvagement frappé, reste sur le carreau. Il est mort. Ulcéré, sentant monter en lui la rage et la douleur, Tom frappe un garde et le tue. Il rentre dans la baraque. Il veut partir immédiatement mais sa mère le retient. La famille repart de nuit dans le camion et arrive à proximité d'un camp créé par le ministère de l'Agriculture pour les ouvriers agricoles. Il possède des installations sanitaires. Il est régi par les habitants eux-mêmes. Le directeur s'adresse poliment aux nouveaux arrivants. Pour les Joad, c'est comme une autre planète. Pendant qu'ils sont au travail dans les champs, quelqu'un vient prévenir les habitants qu'il y aura du grabuge samedi au bal. En effet, des provocateurs s'infiltrent ce soir-là parmi les danseurs. Mais les hommes, sur leurs gardes, les neutralisent et privent ainsi les policiers, qui croyaient avoir bien préparé leur coup, d'un prétexte pour pénétrer dans l'enceinte du camp. Durant la nuit, Tom s'aperçoit que les policiers relèvent les numéros des voitures. Il sait qu'on le recherche. Il préfère quitter le camp sans prévenir personne. Sa mère, qui ne dormait pas, lui fait ses adieux. Il lui explique qu'il va continuer le travail et la mission de Casey. Elle le regarde s'éloigner...

☞ Avec *Stagecoach** dans le domaine du western, c'est ici le film le plus célèbre de Ford, unanimement reconnu comme un chef-d'œuvre. A sa façon, il ressemble d'ailleurs à un western et à *Stagecoach** en particulier, étant lui aussi une longue chevauchée, ponctuée de haltes, en territoire hostile. Vu d'un autre point de vue, *Les raisins de la colère* est l'ancêtre et le plus sublime des *road movies* du cinéma américain. Il contient en tout cas l'une des plus poignantes et plus violentes dénonciations de la misère qu'on ait vues dans un film. A cet égard, *Les raisins de la colère* souligne bien le caractère politiquement inclassable de l'œuvre de Ford, considéré par les uns comme un « radical » (une sorte de gauchiste) et par les autres comme un ultra-conservateur. Ces notions de radicalisme et de conservatisme sont en vérité étrangères à Ford qui s'attache ici, comme il l'a fait souvent (et notamment dans *Qu'elle était verte ma vallée**), à traiter un sujet se déroulant dans une époque de transition, c'est-à-dire de rupture, de cassure entre deux mondes. Un monde disparaît : celui de la famille unie et des traditions séculaires. Un autre monde, peut-être, va naître, enfanté dans le désarroi, le doute, la souffrance. Le Tom Joad qui part à la fin est à la fois le messager et l'artisan de ce nouveau monde en devenir. Ford a déclaré s'être intéressé au roman de Steinbeck, dont Zanuck avait acheté les droits, parce qu'il lui rappelait une expérience similaire vécue par les paysans irlandais, quand la famine jetait sur les routes des familles entières. L'aspect actuel et l'aspect éternel, l'aspect individuel et l'aspect collectif du sujet l'ont également attiré, stimulant son penchant (et son génie) à atteindre, hors de tout parti, une vérité d'ordre universel où l'homme est saisi comme un éternel errant à la recherche du port. Le film tout entier procède d'une vision à la fois réaliste et idéaliste, documentaire et littéraire, sociale et poétique de la réalité. Et il est tout à fait artificiel, et à vrai dire presque impossible, de séparer chez Ford l'artiste et l'honnête homme, le citoyen indigné par les injustices de l'heure et le poète nostalgique de toute communauté, de toute appartenance permettant à l'homme, même provisoirement, de se sentir chez lui dans le monde. Ford a demandé à Gregg Toland une photo proche du documentaire. Mais ce documentaire-là ignore la grisaille ; il cultive au contraire les contrastes et fait souvent vivre l'action dans une lumière épique, fantomatique, donnant aux personnages un relief inouï : ainsi, par exemple, quand les phares du camion éclairent les visages, lors d'un de ces nombreux départs dans la nuit qui rassemblent en hâte la famille. Quant à l'interprétation, qu'on la saisisse au niveau individuel ou collectif, elle est restée à juste titre l'une des plus légendaires du cinéma américain.

N.B. La fin du film pouvait paraître à certains trop dure, trop cruelle, trop « radicale » aussi. Zanuck en fit écrire une autre et proposa à Ford, non de la substituer, mais de l'ajouter à celle qu'il avait tournée. Ford passe pour avoir approuvé cette fin mais en laissant à Zanuck le soin de la tourner. Par la suite, il n'en dit jamais de mal. La famille Joad quitte le camp pour un travail de 20 jours (cueillette du coton) : une vraie aubaine. Au volant du camion, Ma Joad dit à son mari que désormais, quoi qu'il arrive, elle n'aura plus jamais peur. Certes les Joad en ont vu de toutes les couleurs : mais justement ces épreuves les ont rendus forts. Elle conclut : « Nous durerons toujours car nous sommes le peuple. » Le dernier plan de cette deuxième fin montre une file de camions sur la route au crépuscule. Cette fin (de 4') est assez belle par son texte (choisi dans divers passages du roman de Steinbeck) et par l'interprétation de Jane Darwell. Elle ne dépare pas le film, même si la première fin épouse mieux, par son caractère déchirant, l'esprit général de l'œuvre. En fait, il est préférable de voir les deux fins plutôt que de choisir entre elles.

BIBLIO. : scénario et dialogues *in* « Twenty Best Film Plays », volume réuni par John Gassner et Dudley Nichols, Crown Publishers, New York, 1943.

## RAISON, DISCUSSION ET UN CONTE

**(Jukti, takko ar gappo)**

1974 – Inde (bengali) (115') • *Prod.* Rit Chitra • *Réal.* RITWIK GHATAK • *Sc.* R. Ghatak • *Phot.* Baby Islam • *Mus.* R. Ghatak • *Int.* Ritwik Ghatak, Tripti Mitra, Shaolni Mitra, Bijon Bhattacharya, Utpal Dutt, Gyanesh Mukherjee, Ananya Roy.

A Calcutta, une femme part avec son fils et dit adieu à son mari Neelkantha. Intellectuel, écrivain réfugié du Bangladesh qui a toute sa vie milité dans ses œuvres pour la réunification des deux Bengale, il a sombré aujourd'hui, telle une épave, dans l'alcool, et sa femme ne peut plus le supporter. Elle emporte ses derniers biens, ses livres et ses disques, lui laissant seulement un ventilateur qu'il s'empresse de monnayer pour une bouteille d'alcool. Sans domicile, il part vivre dans les rues en compagnie d'un jeune chômeur qui veille sur lui et d'une jeune réfugiée du Bangladesh dont le père a été tué. Un ancien prof, Jagai le Fou, vient grossir le petit groupe. La nuit, assis dans un parc, intellectuels et artistes déboussolés discutent, une bouteille à la main, des destinées de l'art et de l'Inde. Neelkantha décide de rejoindre le village où sa femme est institutrice. Avec ses amis, il entame une marche de 120 kilomètres au cours de laquelle le petit groupe sera hébergé par un danseur sacré, aujourd'hui sans travail et sans élèves. La campagne est bouleversée par les luttes entre policiers et militants communistes du mouvement naxaliste. Enfin, le groupe arrive à la maison de l'épouse. Elle prend sous sa protection la jeune réfugiée mais interdit à son mari de rester. Il contacte les militants et discute avec eux. Lors d'un affrontement entre ceux-ci et la police, Neelkantha reçoit une balle dans le ventre.

☞ Dernier des huit films de Ritwik Ghatak. L'aspect autobiographique et pathétique de l'œuvre est encore accentué par la présence de Ghatak lui-même dans le rôle principal. Dans un style baroque, allégorique et incantatoire, Ghatak exprime le dénuement absolu, moral et physique, de quatre personnages errants et déplacés, sans attache, sans espoir et sans projet. D'une structure originale et très prenante, le film, qui n'est que digressions et cris de détresse, progresse de manière chaotique à l'aide de rencontres et de discussions en tous genres, philosophiques, esthétiques, politiques ou théologiques. Ni le désespoir des personnages ni, chez certains, leur penchant pour l'alcool ne leur ont ôté le besoin de commenter, de disséquer en paroles la confusion de leur situation et de celle de l'Inde. Le héros ne perdra cette envie qu'en mourant, citant jusqu'à son dernier souffle ses auteurs favoris. La dérive de ce personnage est celle d'une région, d'un type d'homme et de tout un pays. Mais Ghatak a le talent (ou le génie) de la décrire avant tout comme quelque chose d'individuel et d'intime qui, à ce titre, touche le spectateur comme le malheur d'un ami.

## RAMSHASTRI

Inédit en France. 1944 – Inde (marathi) • *Prod.* Prabhat Film Company • *Réal.* GANAJAN JAGIRDAR • *Phot.* Pandurang Naik • *Mus.* G. Damle • *Int.* Anant Marathe, Baby Shakuntala, Meenakshi.

Au XVIII^e^ siècle, Ram, élevé par sa mère qui est veuve, manifeste dès son plus jeune âge un sens aigu de l'honnêteté et de la justice. Par exemple, il refuse l'argent qu'on distribue aux apprentis brahmanes et aux enfants qui étudient, car il estime, ne sachant rien, qu'il n'y a pas droit. Plus tard, il quitte sa mère et sa femme (car sa mère selon une coutume du pays l'a marié très jeune) pour aller étudier. Douze ans après, il est gratifié du titre honorifique de « shastri » et reconnu comme une autorité en matière de religion. Dix ans s'écoulent encore. Ayant pris parti pour la victime d'un marchand d'esclaves, Ram s'attire les bonnes grâces du prince Peshwas qui le nomme chef de la Justice. Le prince meurt et son frère lui succède sur le trône. Poussé par sa femme, l'oncle du prince fait assassiner son second neveu afin de prendre le pouvoir. Ram dénoncera pùbliquement ce méfait avant de quitter ce pays corrompu et d'aller sur les routes, avec sa femme et son fils, mener une vie d'ascétisme et de prière.

☞ Récit hagiographique et moralisant bâti à partir d'une série de petites saynètes aux tons très variés. Le film relève tour à tour de la fable humoristique, du mélodrame, de la tragédie politique à la « Macbeth ». Cette diversité fait passer le message en donnant à l'intrigue une certaine vivacité qui, jointe aux attraits d'une reconstitution historique assez opulente, empêche le film de sombrer tout à fait dans le prêche ou le didactisme le plus fastidieux.

## RAPACES (LES)
### (Greed)

1924 – USA (42 bob. réduites à 10) • *Prod.* MGM • *Réal.* ERICH VON STROHEIM • *Sc.* Stroheim d'ap. R. « McTeague » de Frank Norris • *Phot.* Ben Reynolds, William Daniels, Ernest B. Schoedsack • *Int.* Gibson Gowland (McTeague), ZaSu Pitts (Trina Sieppe), Jean Hersholt (Marcus Schouler), Tempe Piggott (Mother McTeague), Chester Conklin (« Popper » Sieppe), Sylvia Ashton (« Mommer » Sieppe), Dale Fuller (Maria), Frank Hayes (Old Grannis), Fanny Midgley (Miss Baker), Cesare Gravina (Zerkow, rôle coupé).

La Californie, au début du siècle. Un employé d'une mine d'or, McTeague, un colosse à cheveux bouclés, sujet à de terribles crises de colère, quitte un jour la mine pour suivre, selon les conseils de sa mère, un dentiste itinérant. Il ouvre bientôt un cabinet à San Francisco et a pour clients Marcus et sa petite amie Trina à qui Maria, le femme de ménage de l'immeuble, vend un billet de loterie. Au cours des nombreuses séances où il soigne Trina, McTeague se sent violemment attiré par elle. Il ne pourra s'empêcher de l'embrasser alors qu'elle est sous anesthésie. Il l'avouera à Marcus qui, noblement, lui laisse la place et lui fait même rencontrer la famille de Trina à Oakland. McTeague fréquente maintenant officiellement Trina et ils ne tardent pas à se fiancer. Trina lui apprend qu'elle a gagné 5 000 dollars grâce au billet de loterie. Marcus se met alors à regretter amèrement son comportement chevaleresque. Trina et McTeague se marient. Cruellement déçue par le mariage dont elle ignorait les réalités physiques, Trina développe une passion maladive pour l'argent. Elle compte et recompte son magot, nettoie inlassablement ses pièces d'or, refuse de l'argent à sa mère, fait même les poches de son mari. Des tics lui viennent, comme de se mettre un doigt dans la bouche. Quant à Marcus, il s'est querellé avec McTeague à propos des 5 000 dollars et lui a lancé un couteau qui lui a presque éraflé le visage. Mais McTeague n'a pas de rancune. Quand Marcus, à la veille de partir s'installer dans un ranch, vient lui dire adieu, il lui serre franchement la main. Peu après, on lui dénie le droit d'exercer la profession de dentiste car il ne possède aucun diplôme. Trina y voit la conséquence d'une dénonciation de Marcus. La chute du couple commence, mais Trina ne voudra jamais toucher à son or. McTeague cherche du travail. Sa femme lui refuse même l'argent pour prendre le bus et, le plus souvent, il se retrouve au café. Peu à peu il se prend de dégoût pour Trina et décide de la quitter. Elle travaille comme femme de ménage. Un jour , il frappe à la porte de chez elle, affamé. Elle refuse de lui ouvrir. Il revient plus tard et, l'ayant tué, emporte le magot. Il disparaît dans l'Ouest, à la recherche de quelque mine d'or. Marcus voit un avis de recherche le concernant et se lance à sa poursuite avec une patrouille. Mais celle-ci refuse de pénétrer dans la Vallée de la Mort où règne une chaleur torride. Marcus retrouve seul McTeague. Les deux hommes souffrent atrocement de la soif. McTeague frappe mortellement Marcus et se retrouve ensuite attaché à lui par des menottes. Il n'a plus qu'à attendre la mort à côté du cadavre et de son tas d'or.

☞ Pour tous les historiens, *Greed* représente le plus grand chef-d'œuvre mutilé de l'histoire du cinéma. Son métrage passa, au fil d'édulcorations successives, de 9 heures à 2 heures 30 (ou 100' à 24 images/seconde). C'est le seul film de Stroheim, avec *The Merry Widow,* qui soit tiré d'un matériau non original (mais de *The Merry Widow,* Stroheim altéra tellement la substance initiale, à savoir l'opérette de Franz Lehar, qu'il n'en reste pratiquement rien). C'est aussi le seul film de Stroheim dont les héros soient à ce point primitifs, presque des primates, en opposition flagrante avec la plupart de ceux qui évoluent dans ces histoires de princes et d'aristocrates décavés qu'il affectionnait tant. Les personnages de *Greed* sont victimes d'une triple fatalité qu'on peut dire tour à tour héréditaire, sociale et existentielle, mais en donnant à ce mot un sens particulier qui ne vaut que chez Stroheim. Les passions qui les dévorent (avarice chez Trina, faiblesse de caractère, alcoolisme chez McTeague) ont certainement une part héréditaire mais difficile à déceler, étant donné notamment la disparition des séquences consacrées au père de McTeague. La fatalité sociale est évidente, mais elle cède le pas devant cette fatalité spécifique à l'univers de Stroheim et qui veut que tous les êtres qu'il décrit aillent jusqu'au bout de la décomposition et de la déchéance. Cette fatalité revêt d'ailleurs chez lui un caractère arbitraire, subjectif, « poétique » qui traduit son incapacité à se tenir à distance des personnages qu'il a créés ou à les dépeindre avec un quelconque détachement. En cela, il s'oppose radicalement à un Lang ou à un Mizoguchi. On a fait valoir à juste titre que son naturalisme était l'envers d'un romantisme secret, inavoué, qui ne trouve jamais à s'incarner dans l'œuvre. (Il faut dire aussi que, dans *Greed*, les rares personnages positifs, tel ce couple de vieillards timides formés par Miss Baker et le propriétaire de « l'hôpital pour chiens » où travaille épisodiquement Marcus, ont été coupés de la version définitive.) Comme toujours chez Stroheim, la part la plus originale de son naturalisme se situe au niveau sexuel. C'est le déséquilibre sexuel du couple Trina-McTeague qui entraîne sa chute, dont la trahison de Marcus n'est que l'agent extérieur. Ce naturalisme n'est d'ailleurs si convaincant que par le relief saisissant que donne aux personnages la direction d'acteurs, notoirement baroque, délirante et comme hantée par les obsessions intimes de l'auteur. Obéissant au gigantisme de la plupart des entreprises de Stroheim, le tournage de *Greed* dura neuf mois et coûta 470 000 dollars. Stroheim exigea que tous les épisodes soient tournés en extérieurs réels sur les lieux mêmes de l'action (San Francisco, Vallée de la Mort, etc.) Une seule scène, le rêve du ferrailleur Zerkow trouvant de la vaisselle d'or dans un cimetière, fut tournée en studio. Il n'en subsiste, dans la version connue, qu'un plan symbolique et énigmatique de mains tripotant ladite vaisselle. Il semble qu'il y ait eu au moins cinq montages successifs du film (là-dessus les commentateurs sont loin d'être d'accord). Les trois premiers étaient de neuf heures, sept heures et quatre heures ; Stroheim aurait voulu sortir cette dernière version en deux parties distinctes. Puis il travailla avec Rex Ingram sur une version de trois heures qui ne fut pas non plus acceptée. Il y eut enfin le montage que nous connaissons (10 bobines) renié par Stroheim et résultant de la compression d'une version établie par la scénariste Junie Mathis sous la supervision de Irving Thalberg. C'est June Mathis qui changea le titre original du film *McTeague* (identique à celui du roman) en *Greed.* La fusion (qui eut lieu pendant ces différents essais de montage) entre la Goldwyn, firme productrice du film à l'origine, et la Metro n'arrangea pas les affaires de Stroheim. Herman Weinberg, dans son ouvrage « The Complete *Greed* » (voir Biblio) a reconstitué en 350 clichés une continuité photographique illustrant la majeure partie du film tel que l'avait tourné Stroheim. Une soixantaine de séquences coupées (c'est-à-dire à peu près autant que le nombre composant la version connue) sont représentées dans le livre. La partie la plus saisissante de ces séquences concerne les relations – un véritable film dans le film – entre Maria, la femme de ménage qui vend le billet de loterie, jouée par Dale Fuller, et le ferrailleur-usurier Zerkow, joué par Cesare Gravina, le Ventucci de *Foolish Wives**. Non seulement les interprètes de ces personnages mais leurs aventures sont étonnantes et tout à fait caractéristiques de Stroheim. Maria donne à Zerkow des objets à vendre. Il en rêve la nuit. Ils ont un enfant qui ne vit pas. Le soir de l'enterrement, Maria refuse que Zerkow place le cercueil de l'enfant dans la charrette où il transporte habituellement sa marchandise. Elle monte à côté de Zerkow, portant le petit cercueil dans ses bras (deux photos étonnantes de cette séquence). Plus tard, Trina découvre Maria assassinée (la scène, vue en ombre chinoise, donne lieu à l'une des plus belles photos du livre). Le coupable n'est autre que Zerkow qui en voulait à l'argent de sa compagne et qu'on retrouvera noyé, sans qu'on sache s'il s'agit d'un accident ou d'un suicide. Cette odyssée des deux personnages fournissait un parallélisme fondamental à l'histoire des relations Trina-McTeague. Un autre parallélisme, qui a été conservé, est celui des oiseaux que sauve McTeague, qu'il garde en cage (le chat les guette comme Marcus guette McTeague), puis qu'il relâche dans le désert, inutilement d'ailleurs, car le dernier oiseau retombera bientôt, mort. L'absence de multiples séquences ampute gravement la connaissance que le spectateur a des personnages (ex. suppression du père de McTeague qui s'adonnait à l'alcool, fréquentait des prostituées et mourait dans un café) ou bien des relations qui se nouent entre eux (début de l'amitié McTeague-Marcus) comme elle nuit à la construction poétique et allégorique sur laquelle reposait tout le film. Absence très dommageable également de l'errance de McTeague après son crime. Ces coupes affectent aussi le rythme d'ensemble du film à l'intérieur duquel les séquences se déroulant dans l'Ouest et au désert ne nous semblent pas mériter l'admiration qu'elles ont suscitée chez beaucoup de commentateurs. Les efforts inouïs qu'elles ont demandés aux acteurs et aux techniciens, travaillant dans une chaleur torride, la fortune qu'elles ont coûtée ne paraissent plus guère dans le digest qui en subsiste dans la version connue. Le livre de Weinberg, qui fait maintenant partie intégrante de la connaissance qu'on a du film et qui est devenu, lui aussi, un *fragment* de ce film, prouve à l'évidence qu'un montage un peu plus long (de 30 ou 45' de plus) aurait été viable et infiniment supérieur à la version connue : c'était sans doute le cas du 4ᵉ montage Stroheim-Ingram. Thalberg, intouchable aux yeux de certains, a sans doute commis là une faute irréparable. Et c'est presque sans exagération que Stroheim a pu dire : « Je considère que j'ai fait un seul film dans ma vie et personne ne l'a vu. Ses pauvres restes, mutilés, furent projetés sous le titre de *Greed* ».

BIBLIO. : quatre ouvrages ont grandement aidé à la connaissance progressive qu'on a eue du film : 1) le découpage de la version « complète » publiée en anglais en 1958 par la Cinémathèque de Belgique à Bruxelles (d'après un exemplaire personnel du scénario de Stroheim conservé par sa veuve, Denise Vernac) ; 2) le nº 83-84 (1968) de « L'Avant-Scène » : continuité narrative du film tel qu'il est dans sa version connue, à quoi s'ajoutent des résumés des séquences coupées ou non tournées, telles qu'on peut les connaître d'après le scénario de Bruxelles ; 3) le volume contenant (et confrontant) le scénario de Bruxelles et une description de la version connue, Lorrimer, Londres, 1972, réédité chez Faber and Faber, Londres, 1989. Le volume contient aussi des textes de Stroheim, Jean Hersholt, William Daniels, Herman G. Weinberg, Joel W. Finler ; 4) enfin le précieux ouvrage de Herman G. Weinberg : « The Complete *Greed* », Arno Press, New York, 1972, puis E.P. Dutton, New York, 1973. Outre la reconstitution du film, le livre comprend une évocation du tournage en 50 photos.

## RAPT

1934 – Suisse-France (102') • *Prod.* Mentor-Film, Zurich (Dr Stefan Markus). Distribué en France par Cinédis • *Réal.* DIMITRI KIRSANOFF • *Sc.* Benjamin Fondane d'ap. R. « La séparation des races » de Ch. F. Ramuz • *Phot.* Nicolas Toporkoff • *Mus.* Arthur Honegger, Arthur Hoérée • *Int.* Geymond Vital (Firmin), Dita Parlo (Elsi), Lucas Gridoux (l'idiot), Nadia Sibirskaïa (Jeanne), Jeanne-Marie Laurent (la mère), Auguste Bovério (le colporteur), Dik Rudens (Hans), Ramuz (un Valaisan).

Pour se venger des Bernois, après que l'un des leurs lui a tué son chien, Firmin, un berger valaisan, kidnappe la jeune Elsi, fiancée à Hans, et la ramène chez lui, ficelée sur un mulet. Il cloue la porte de sa chambre. Le jeune frère d'Elsi, parti à sa recherche, se tue dans la montagne. On est à l'automne et les Bernois devront attendre le retour du printemps pour aller libérer Elsi, car la neige sépare les habitants des deux versants de la montagne. Condamné par les Bernois mais aussi par les Valaisans qui jasent à propos de l'arrivée de l'étrangère, Firmin dans sa solitude est dévoré d'amour pour sa prisonnière et entreprend de faire sa conquête. Un colporteur unijambiste apporte en secret à Elsi une lettre des siens. Elle apprend ainsi la mort de son frère. La mère de Firmin somme son fils de choisir entre elle et l'étrangère ; puis elle quitte la maison. Depuis un certain temps, Elsi s'est fait un ami de l'idiot du village. Elle lui a même permis de l'embrasser. Quand tous les habitants sont partis pour leur fête annuelle, elle le persuade de mettre le feu au village. Cela servira de signal aux Bernois, postés à la lisière du bois. Firmin et Elsi se trouvent enfermés dans leur maison qui brûle. Elsi avoue à Firmin que c'est elle qui a amené l'idiot à commettre ce forfait. Firmin essaie d'étrangler la coupable mais ne peut s'y résoudre. Ils meurent dans les bras l'un de l'autre.

☞ Cette production franco-suisse fut jusqu'à une période récente la seule adaptation pour le cinéma de Ramuz, avec *L'or dans la montagne** de Max Haufler (1938). L'œuvre est plus singulière que réussie, semblable en cela à la plupart des films de Kirsanoff. L'adaptation, signée Benjamin Fondane, a suscité la curiosité des chercheurs. En tout état de cause, il faut reconnaître qu'elle est loin d'être parfaite. L'adjonction de l'épisode « dramatique » du chien tué au début du récit est artificielle et assez confuse ; l'invention du personnage de la fiancée de Firmin, figée dans une attitude de muet reproche, est conventionnelle. Plus grave encore : le thème central de la séparation des races est à peine abordé, sans doute par précaution commerciale. L'antinomie profonde exprimée par Ramuz entre Bernois et Valaisans que tout sépare – la montagne, mais aussi le physique, la langue et les habitudes – laisse place à une querelle de clocher et surtout à l'aventure individuelle d'un paysan (Firmin, l'auteur du rapt) seul contre tous. Dans son opacité, le personnage ne manque pas d'être original, obéissant aveuglément à ses instincts, de haine puis d'amour, au mépris de toute prudence. Grand relief aussi du personnage de l'idiot du village et, dans une moindre mesure, du colporteur. Un aspect du film mérite surtout d'être remarqué : la présence capitale de la nature – soulignée par la partition d'Honegger et Hoérée – à l'intérieur du drame. Elle situe ce drame bien au-delà de la psychologie, de la raison et de la commune mesure. La volonté d'exprimer cette présente stimule Kirsanoff, éternel nostalgique du muet, dans son goût des recherches visuelles et de l'utilisation du montage. Elle communique enfin au film une rudesse baroque beaucoup plus proche du cinéma allemand que du cinéma français.

BIBLIO. : on lira avec intérêt les pages consacrées à *Rapt* par Freddy Buache *in* « Le cinéma suisse », L'Age d'Homme, 1974. Le volume « Écrits pour le cinéma » de Benjamin Fondane, rassemblés par Michel Carassou, Plasma, 1984, contient une correspondance Fondane-Kirsanoff relative à *Rapt*. Kirsanoff s'y révèle jaloux de ses prérogatives de créateur (en 1934) dans des termes qui anticipent sur la politique des auteurs telle qu'elle triomphera dans les années 50. Mécontent des articles parus dans la presse qui faisaient la part trop belle à Fondane, il lui écrit : « Il ne peut être question que d'un seul auteur en matière de film (collaborateurs à part). On ne doit pas confondre la mise en scène (la réalisation d'un film) avec l'établissement de son *plan*, c'est-à-dire du scénario. Je travaille *seul* quand je « transcris » mes idées en image et mouvement (ou les idées d'un collaborateur, avec qui, après discussion, je me suis mis d'accord). » Il va jusqu'à sommer son correspondant d'adresser une mise au point aux journaux ! Il cherche aussi à réfuter René Daumal qui venait d'écrire à propos de *Rapt* : « Qui est l'auteur d'un film ? A cette question je propose une réponse : Tous ceux qui ont souffert pour le réaliser. » Voir aussi le commentaire de Hervé Dumont dans sa monumentale « Histoire du cinéma suisse », Cinémathèque suisse, Lausanne, 1987.

## RASHOMON (id.)

1950 – Japon (88') • *Prod.* Daiei (Masaichi Nagata, Shojiro Motoki, Jingo Minoura) • *Réal.* AKIRA KUROSAWA • *Sc.* Akira Kurosawa, Shinobu Hashimoto d'ap. deux nouvelles de Ryunosuke Akutagawa • *Phot.* Kazuo Miyagawa • *Mus.* Fumio Hayasaka • *Int.* Toshiro Mifune (le bandit Tajomaru), Masayuki Mori (le samouraï Takehiro), Machiko Kyo (Masago, son épouse), Takashi Shimura (le bûcheron), Minoru Chiaki (le prêtre), Kichijiro Ueda (le passant), Daisuke Kato (l'agent de police), Fumiko Homma (le médium).

Kyoto, capitale du Japon, il y a mille deux cents ans. Les guerres civiles et la famine ont détruit partiellement la ville. Le célèbre bandit Tajomaru a violé une femme dans la forêt et a tué son mari, un samouraï. Sur cette ténébreuse affaire, six témoignages donneront des versions complémentaires et souvent contradictoires. Trois témoignages émanent de témoins, trois autres des protagonistes eux-mêmes (la victime parlera par la bouche d'un médium). A la porte de Rasho, alors que la pluie semble vouloir inonder le monde, un des témoins, un bûcheron, revient sur son témoignage, qu'il avait volontairement amputé devant le tribunal. Parce que cette histoire le hante, il complète sa version en conversant avec un étranger et un prêtre, lui-même témoin de l'affaire. L'étranger à l'affaire dira : « Les hommes préfèrent oublier ce qui ne leur plaît pas. » Professant que l'égoïsme est aujourd'hui la seule façon de survivre, il dérobe les vêtements d'un bébé qu'on vient de déposer à la porte. Cela scandalise le bûcheron qui prend l'enfant dans ses bras et l'emporte chez lui. Il en a déjà six et un septième ne saurait augmenter beaucoup ses charges. Son attitude rend courage au prêtre qui commençait à désespérer de l'homme.

☞ Montré et primé au Festival de Venise 1951, *Rashomon* est à l'origine de la vague d'intérêt de l'Occident pour le cinéma japonais. Douzième film de Kurosawa, tiré de deux nouvelles de Ryunosuke Akutagawa (1892-1927), c'est une œuvre de la maturité du cinéaste. Pleine de bruit et de fureur, riche en mouvements d'appareil qui courent après les personnages, les dépassent ou les encerclent et zèbrent l'espace avec une fébrilité baroque, elle révèle à l'évidence que la sérénité et le détachement ne figurent pas parmi les données premières de l'univers de l'auteur. Maniant en virtuose l'abstrait et le concret (par exemple dans les lieux de l'action, l'abstraction du tribunal où l'on ne peut voir ni entendre les interrogateurs s'opposant à la présence quasi cosmique de la porte de Rasho noyée dans un déluge), utilisant une direction d'acteurs variée et spectaculaire, tantôt introvertie et tantôt extravertie, Kurosawa s'acharne à démontrer qu'un seul point de vue, un seul type de valeurs, une seule tonalité ne sauraient permettre de déchiffrer l'énigme du monde. Et s'il entrecroise dans le récit de ce fait divers tragique des témoignages contradictoires, c'est moins pour souligner la vanité ou la faiblesse de l'homme (elles existent cependant) que pour faire sentir le gouffre qui sépare les mots et les choses, la subjectivité et la réalité. Ce gouffre vient confirmer et aggraver l'opacité du réel. A cet égard, *Rashomon* est plus près de Faulkner que de Pirandello. L'épilogue « heureux » concernant le bébé peut paraître surajouté. Il l'est en effet et ne faisait pas partie des deux nouvelles adaptées ; mais, comme tel, il exprime bien le rôle et la place de l'humanisme dans l'œuvre de Kurosawa. C'est une sorte d'acquis secondaire, un remède, un baume appliqué avec l'énergie du désespoir sur le désordre et les convulsions du monde, lequel demeure à toutes les époques fondamentalement barbare et indéchiffrable à l'homme.

BIBLIO. : découpage (407 plans) et photogrammes *in* « Rashomon », volume édité par Donald Ritchie et Robert Hughes, Grove Press, New York, 1969. Le volume contient aussi les deux nouvelles d'Akutagawa. Voir aussi le volume collectif « Focus on Rashomon », Englewood Cliffs, N.J., Prentice-Hall, 1972.

## RATS (LES)
## (Die Ratten)

1955 – RFA (97') • *Prod.* CCC (Arthur Brauner) • *Réal.* ROBERT SIODMAK • *Sc.* Jochen Huth d'ap. P. de Gerhart Hauptmann • *Phot.* Göran Strindberg • *Mus.* Werner Eisbrenner, Fritz Rotter • *Int.* Maria Schell (Pauline Karka), Curd Jürgens (Bruno Mechelke), Heidemarie Hatheyer (Anna John), Gustav Knuth (Karl John), Ilse Steppart (Sidonie Knobbe), Fritz Rémond (Harro Hassenreuther), Lore Seitz (Kielbacke, la sage-femme).

Dans le Berlin de l'après-guerre, une réfugiée sans le sou, Pauline Karka, a été abandonnée par son amant. Enceinte, elle est recueillie par une blanchisseuse, Anna John, mariée à un transporteur. Paniquée à l'idée de perdre son mari si elle lui avoue la vérité, Anna lui a caché qu'elle venait de faire une nouvelle fois une fausse-couche. Elle persuade Pauline de faire passer son bébé pour le sien. Pauline accepte le marché afin de recevoir une somme d'argent et un passeport lui permettant d'aller rejoindre son amant. Mais l'instinct maternel reprend bientôt le dessus et elle cherche à revoir son bébé, puis à l'enlever. Elle se trompe d'enfant et emporte le bébé d'une voisine d'Anna. Mal soigné, il mourra quelques heures plus tard. Anna suggère alors à son frère Bruno qui vit à ses crochets de supprimer Pauline. Celle-ci, comprenant que Bruno à l'intention de la poignarder, lui fracasse le crâne avec une brique. Après quoi, elle erre, à demi-folle, à travers les rues nocturnes de la ville. Une explication générale a lieu au poste de police. Le mari d'Anna apprend la vérité. Pauline retrouve son bébé. Tous forment le vœu que l'enfant connaisse des conditions d'existence meilleures que celles de la génération précédente.

☞ Premier film allemand de Siodmak après son départ des États-Unis, puis son bref et peu significatif passage en France (remake du *Grand Jeu** de Feyder). Le mélodrame naturaliste de Gerhart Hauptmann (1911) a été subtilement modernisé et situé au sein du climat de décomposition de la cité berlinoise, à peine sortie de la Seconde Guerre mondiale. Certes, ni le lieu ni l'époque ne sont l'objet d'une description clinique comme dans *L'affaire Nina B.** que Siodmak réalisera quelques années plus tard. Mais Berlin est néanmoins appréhendé de manière évocatrice, comme un no man's land fantomatique, propice au développement irrationnel des pulsions des personnages. Ceux-ci obéissent en effet tout au long du drame à des instincts contradictoires de survie et de destruction. Sous l'invraisemblance des comportements, Siodmak a su découvrir le cheminement souterrain des convoitises sexuelles, les appétits de vengeance, les affres d'une quête quasi animale de la sécurité. Son style, à l'aise dans la description des atmosphères asphyxiées et glauques, a retrouvé en Allemagne toute sa puissance concrète. On appréciera en particulier la gestuelle des interprètes, toujours juste et signifiante, ainsi que le choix des décors insolites, comme ce garde-meuble poussiéreux abritant les décors et les costumes d'un théâtre et servant pendant quelques jours de refuge à une accouchée. A ces extérieurs déshumanisés de la ville internationale, à ces intérieurs baroques car dénués de fonction propre, s'accroche le vertige des personnages. C'est aussi celui d'une époque et d'un pays, recréé avec talent par Siodmak à partir d'une vieille pièce du répertoire d'avant 1914.

## RAYA ET SAKINA
**(Raya wa Sakina)**

1953 – Égypte (100') • *Prod.* Al Hilal Films • *Réal.* SALAH ABOU SEIF • *Sc.* S. Abou Seif et Naguib Mahfouz d'ap. une idée de Loutfi Osman • *Phot.* Wahid Farid • *Int.* Anwar Wagdi, Farid Chawky, Negma Ibrahim, Zouzou El Hakim.

Vingt-six femmes ont disparu en un mois et demi à Alexandrie. Leur enquête conduit les policiers au marché aux poulets, dans les bars mal famés, les ruelles et les souks de la ville. Mais les choses n'avancent guère. Un officier de police décide de prendre le taureau par les cornes. Déguisé en petit truand, puis en vendeur de cigarettes, il pénètre peu à peu dans la bande responsable des disparitions, dirigée par deux femmes avides et sans pitié, Raya et Sakina. L'un des principaux membres de cette bande est Amine, un séducteur, employé chez le père d'une amie de la dernière disparue. Son rôle consiste à donner des rendez-vous à des jeunes filles avec qui il a fait connaissance. Venant à l'heure dite, elles sont conduites dans le repaire de la bande, empoisonnées, dépouillées de leurs bijoux, puis égorgées. La dernière victime est une bohémienne qui danse dans les cafés. Le policier a su gagner la confiance de la bande. On lui donne des bijoux à porter à un receleur qu'il n'a plus ensuite qu'à dénoncer. Mais, au cours de son arrestation, l'homme est assassiné par un complice qui veut l'empêcher de parler. Une autre femme est encore assassinée. Le policier est amené à participer à l'arrestation de l'indicateur borgne, membre de la bande, poursuivi par d'autres policiers. Le borgne découvre à cette occasion la véritable identité du policier. Pour ce dernier, tout commence à se gâter. C'est à ce moment qu'Amine conduit la fille de son patron, à qui il est censé être fiancé, dans le repaire de la bande. Une amie accompagne la jeune fille que rejoint plus tard le jeune frère de cette amie, un garçonnet très déluré. Les deux femmes et l'enfant vont être assassinés. Ne voyant d'autre solution pour les sauver, le policier révèle qui il est en tenant toute la bande sous la menace de son revolver. Une bagarre homérique s'ensuit, cependant que l'enfant, ayant pu s'échapper, court à travers la ville, alerte un commissariat (où il n'est pas cru), puis le patron d'Amine. Le borgne, de retour au repaire, saute sur le policier. Les deux hommes roulent à terre. Le policier parvient à poignarder son adversaire. La police et les habitants du quartier accourent. Fusillade. La bande, terrée dans une cave, est enfin arrêtée. Raya et Sakina seront pendues.

☞ Tiré d'un fait divers ayant fait grand bruit dans les années 20 à Alexandrie, ce récit mouvementé comme un roman populaire utilise pour une part la structure des films de gangsters américains (avec le thème connu de l'infiltration d'une bande par un policier courageux). En outre, Salah Abou Seif possède un sens aigu du rythme et du suspense (cf. les séquences finales), proche du cinéma anglais et américain. Pour le reste, le ton général du film est bien à lui. Un humour tonique, et souvent paradoxal, imprègne la plupart des péripéties d'une aventure particulièrement atroce. Cet humour a pour fonction de désacraliser le mal, de le démythifier. Le cinéma de Salah Abou Seif, dans son éclatante santé, est le contraire d'un cinéma de fascination. La perversité des bandits, leur goût de l'ombre sont ressentis avant tout par l'auteur comme une offense, une injure à la vie exubérante et baignée de soleil qui s'étale partout dans la ville. (Un point de vue semblable s'exprime dans *La fumeria d'oppio* – alias *Ritorna Za-la-mort* –, 1947, de Matarazzo). La prodigieuse vitalité du narrateur pénètre l'intrigue tout comme la mise en scène investit la ville dans ses recoins cachés. Il s'agit d'en extirper le mal, la cruauté, la noirceur afin de pouvoir repartir ensuite, du bon pied, vers la lumière et les mille activités quotidiennes de la grande cité bruyante, vivante et pacifique.

## REBECCA (id.)

1940 – USA (130') • *Prod.* David O. Selznick • *Réal.* ALFRED HITCHCOCK • *Sc.* Robert E. Sherwood, Joan Harrison, Philip MacDonald, Michael Hogan d'ap. R. de Daphné du Maurier • *Phot.* Georges Barnes • *Mus.* Franz Waxman • *Int.* Laurence Olivier (Maxime de Winter), Joan Fontaine (Mrs. de Winter), George Sanders (Jack Favell), Judith Anderson (Mrs. Danvers), Nigel Bruce (major Lacey), C. Aubrey Smith (colonel Julyan), Reginald Denny (Frank Crawley), Florence Bates (Mrs. Van Hopper), Melville Cooper (le coroner), Leo G. Carroll (Dr Baker).

A Monte Carlo, une jeune fille (à laquelle le film ne donne pas de nom), dame de compagnie de la grosse Mrs. Van Hopper, une bourgeoise américaine, rencontre Max de Winter, aristocrate anglais richissime et apparemment inconsolable de la mort de sa femme, Rebecca, qui a péri en mer. Il l'invite à des promenades en voiture et, séduit par sa fraîcheur, sa jeunesse, sa naïveté, demande bientôt à l'épouser. Aussitôt après leur mariage, il l'emmène dans son manoir de Manderley. L'héroïne, qui aime profondément son époux, ne peut croire à son bonheur et à sa chance. Mais la gouvernante, Mrs. Danvers, qui dirige l'importante domesticité de Manderley, va s'ingénier à lui faire sentir qu'elle est tout à fait incapable de remplacer la première Mrs. de Winter. Max, sujet à des accès de colère, est furieux quand il apprend que sa femme a visité le cottage de Rebecca au bord de la mer. L'héroïne interroge le régisseur qui lui dit que Rebecca a été retrouvée noyée deux mois après le naufrage de son yacht. « C'était la plus belle créature que j'aie jamais rencontrée », ajoute-t-il. Tous les témoignages que la jeune femme recueille sur Rebecca renforcent son sentiment d'infériorité. Alors que Max est à Londres, elle rencontre brièvement le cousin de Rebecca, Jack Favell, qui lui recommande de ne pas parler de lui à son mari. Elle visite la chambre de Rebecca et Mrs. Danvers lui montre complaisamment la garde-robe de son ancienne patronne. « Croyez-vous que les morts reviennent pour observer les vivants ? » demande-t-elle à la jeune femme. Dans son esprit, il est clair que Rebecca hante toujours Manderley. Au retour de Max, l'héroïne lui demande de lui permettre d'organiser un grand bal masqué comme autrefois. Elle choisit sur le conseil de Mrs. Danvers de porter une robe faite à l'image de celle qu'on voit à une ancêtre de Max sur un des tableaux du grand salon. Mais quand il la découvre dans cette tenue, Max, croyant qu'elle a voulu imiter Rebecca, la repousse durement. Désespérée, elle va se plaindre à Mrs. Danvers qui lui dit qu'elle n'a rien à faire à Manderley et lui suggère même de mettre fin à ses jours. A la suite d'un orage, on retrouve l'épave d'un bateau contenant le cadavre de Rebecca. Dans une longue confession, Max révèle à sa femme médusée qu'il détestait Rebecca après avoir été un moment fasciné par elle. Elle l'avait souvent trompé mais, aux yeux du monde, ils jouaient la comédie du parfait amour. Max regrette aujourd'hui d'avoir participé à cette comédie destinée à sauvegarder l'honneur de son nom. Un soir, Rebecca avait annoncé à Max qu'elle était enceinte d'un enfant qui n'était pas de lui. Ils s'étaient disputés. Max l'avait giflée et sa tête avait heurté mortellement un objet. Estimant qu'on ne croirait jamais à la thèse de l'accident, Max avait porté le corps de Rebecca dans son bateau dont il avait troué la coque. Plus tard, il avait faussement reconnu le cadavre d'une noyée pour celui de Rebecca. Une nouvelle enquête commence. Après avoir vainement tenté de le faire chanter, Favell accuse Max d'assassinat. Il réfute la thèse du suicide de Rebecca car il avait reçu d'elle une lettre lui annonçant sa grossesse. Le docteur que Rebecca consultait secrètement à Londres est contacté. Il révèle que Rebecca n'était pas enceinte mais atteinte d'un cancer. Elle avait laissé entendre qu'elle était décidée à mettre fin à ses jours. Max comprend qu'en le provoquant elle avait voulu se servir de lui pour accomplir son suicide. L'enquête est close. Favell apprend la nouvelle à Mrs. Danvers. Ne pouvant supporter l'idée de voir Max et sa femme heureux à Manderley, elle met le feu au château. La jeune femme réussit à échapper à l'incendie. Mrs. Danvers restera prisonnière des flammes. Max et sa femme devront essayer de recommencer leur vie à zéro.

☞ Premier film américain d'Hitchcock, invité à travailler à Hollywood par Selznick. Première de ces rêveries romantiques qui occupent une place importante dans son œuvre (cf. *Under Capricorn**, *Vertigo**). Bien qu'il ait parfois déclaré que le matériau qu'on lui avait offert ici (à savoir le romantisme victorien du roman de Daphné du Maurier) ne lui convenait guère, *Rebecca* s'inscrit parfaitement dans la continuité de son œuvre (et Daphné du Maurier lui fournira vingt ans plus tard la matière des *Oiseaux**). La relative maladresse du film – rarissime chez Hitchcock – ne l'empêche pas d'être attachant. Une longue (sans doute trop longue) introduction, dépourvue d'effets et de péripéties, laisse place à une seconde partie où interviennent deux retournements de taille et passablement artificiels (Max de Winter n'aimait pas sa femme. Celle-ci n'était pas enceinte mais atteinte d'un mal incurable). Curieusement, ces revirements ne modifient en rien l'impression que le spectateur a ressentie tout au long du film en s'identifiant à Joan Fontaine, à savoir ce sentiment d'infériorité dans l'amour qu'elle éprouvait vis-à-vis de son mari et qui a renforcé l'atmosphère à la fois impressionnante et déprimante du château, encore tout imprégné de la présence de Rebecca. Ce sentiment d'infériorité dans l'amour est la vérité du film et Hitchcock le développera beaucoup plus magistralement dans *Under Capricorn** (personnage de Bergman) et dans *Vertigo** (personnage de James Stewart puis de Kim Novak dans son deuxième rôle). Cette infériorité est liée au fait que non seulement l'amante (ou l'amant) se sent indigne de l'objet aimé mais ne comprend pas du tout la situation réelle où se trouve l'être aimé qui, ainsi, lui échappe doublement. Cette incompréhension (attribuée dans *Under Capricorn** au personnage de Michael Wilding par rapport à Bergman mais aussi au personnage de Bergman par rapport à Cotten), cette énigme donnent au film un caractère angoissant et para-fantastique très hitchcockien. Une autre maladresse significative de *Rebecca* traduit une sorte de désarroi d'Hitchcock vis-à-vis de son nouvel espace de création. Les personnages ne parviennent pas à s'intégrer vraiment à l'action. Ils *flottent* pour ainsi dire dans l'intrigue et valent surtout comme brouillons d'une création future, comme archétypes trop abstraits de personnages et de situations auxquels Hitchcock donnera par la suite une incarnation beaucoup plus convaincante. Le personnage de Florence Bates, malgré son relief et son pittoresque, paraît un peu gratuit dans l'intrigue. (Elle aurait fait plus tard une victime idéale pour l'oncle Charlie de *L'ombre d'un doute**.) George Sanders est un de ces « méchants » pleins de charme comme en comptera beaucoup l'œuvre américaine d'Hitchcock mais son personnage reste ici un peu flou et lointain. Il y a surtout la figure maléfique et diabolique de Judith Anderson, très réussie en elle-même, mais dont le rapport à l'intrigue est assez artificiel. Son emprise sur Joan Fontaine a quelque chose de caricatural et d'excessif qu'Hitchcock corrigera avec génie dans *Under Capricorn**. Quant au caractère un peu vague de sa relation obsessionnelle avec son ancienne patronne, la censure doit sans doute en être tenue responsable puisque Selznick fut même obligé de transformer la culpabilité réelle de Max (dans le livre) en une sorte de fatalité accidentelle (dans le film).

Quoi qu'il en soit, le charme puissant du film survit à ses maladresses qui, par ailleurs, soulignent une certaine parenté entre Hitchcock et son héroïne, tous deux provisoirement dépaysés et mal à l'aise dans leur nouveau territoire.

BIBLIO. : scénario et dialogues *in* « Twenty Best Film Plays », volume réuni par John Gassner et Dudley Nichols, Crown Publishers, New York, 1943. Repris dans « Great Film Plays », Crown Publishers, 1959. Voir aussi le chapitre 7 des « Memos » de Selznick entièrement consacré à *Rebecca*. Selznick rappelle que, sur le conseil de Cukor en qui il avait toute confiance pour le casting, il porta son choix sur Joan Fontaine parmi un groupe d'actrices qui comptait Vivien Leigh, Margaret Sullavan, Anita Louise, Loretta Young et Anne Baxter. On peut voir un essai de Vivien Leigh jouant avec Laurence Olivier une scène de *Rebecca* dans le documentaire anglais de Bob Bee *Laurence Olivier: a Life* (1982) programmé sur FR3 en octobre 1987.

## REBELLE (LE)
## (The Fountainhead)

1949 – USA (114') • *Prod.* Warner (Henry Blanke) • *Réal.* KING VIDOR • *Sc.* Ayn Rand d'après son R. • *Phot.* Robert Burks • *Mus.* Max Steiner • *Int.* Gary Cooper (Howard Roark), Patricia Neal (Dominique Francon), Raymond Massey (Gail Wynand), Kent Smith (Peter Keating), Robert Douglas (Ellsworth Toohey), Henry Hull (Henry Cameron), Ray Collins (Roger Enright), Moroni Olsen (membre d'un conseil d'administration), Morris Ankrum (le procureur).

Renvoyé de l'école d'architecture pour ses idées anticonformistes, Howard Roark devient le disciple de Henry Cameron, un architecte qu'il admire mais que son esprit d'indépendance a conduit à la ruine et à une mort sans doute prématurée. Restant obstinément fidèle à ses principes, Roark ne construit que quatre immeubles en plusieurs années et se trouve bientôt sans le sou. Il refuse les conseils – et l'argent – de son ancien condisciple Peter Keating qui a « réussi » et lui recommande d'accepter les concessions que réclament les clients. Sollicité pour construire un gratte-ciel, Roark refuse la commande quand il découvre que ses clients veulent y ajouter des éléments néo-classiques. Il préfère travailler comme ouvrier sur un chantier. Là, Dominique Francon, une journaliste du « Banner », quotidien à gros tirage, le remarque et lui commande une dalle de cheminée, qu'elle a préalablement brisée, afin d'avoir ce prétexte pour le faire venir chez elle. Mais il envoie quelqu'un d'autre à sa place. Humiliée, elle vient lui cravacher le visage sur le chantier. Plus tard, quand il fait irruption chez elle, leur bagarre se terminera en empoignade passionnée. Folle d'orgueil, Dominique se refuse à éprouver de l'amour ou de l'admiration pour quiconque, sentiments qu'elle considère comme des chaînes, des entraves à sa liberté d'action. Quelques jours plus tard, elle apprend que Roark a quitté le chantier sans laisser d'adresse. Il a enfin obtenu la commande qu'il attendait. Le building qu'il construit, un chef-d'œuvre d'originalité, suscite une polémique. Le directeur du « Banner », Gail Wynand, conseillé par le responsable de la rubrique d'architecture, Ellsworth Toohey, déclenche une campagne contre le building en question. N'approuvant pas cette initiative, Dominique démissionne du journal avant même de savoir que la cible de cette campagne est cet ouvrier qu'elle avait invité chez elle. S'étant revus, Roark et Dominique s'avouent leur amour. Mais elle veut le faire renoncer à l'architecture. Devant son refus, elle épouse par défi Gail Wynand qui l'aime depuis longtemps. La campagne du « Banner » a fait grand tort à la carrière de Roark. Il est amené à accepter des commandes plus modestes, telle une station-service, qu'il réalise de son mieux et avec beaucoup d'humilité, pourvu qu'il puisse accomplir son travail sans aucune intervention extérieure. Impressionné par l'obstination et l'intégrité de Roark, et admirant infiniment son talent, Wynand lui commande sa demeure personnelle, qu'il veut à l'image d'un temple ou d'une forteresse dédiée à sa femme Dominique. Étant au-dessus de toute rancune, Roark accepte de travailler pour son ancien ennemi et rival. Entre temps l'étoile de Keating a pâli. Il n'est plus à la mode. Il vient demander son aide à Roark pour un immense projet, le Courtland, qu'il a fini par décrocher. Roark accepte d'en dessiner les plans sans les signer, à condition qu'il puisse agir entièrement à sa guise. Mais les clients exigeront au dernier moment des modifications que Keating ne pourra refuser. Avec la complicité de Dominique, Roark fait sauter le Courtland et demande un procès public. Toohey, son plus implacable ennemi, prend la tête de l'offensive qui se dessine contre lui. Wynand renvoie Toohey et lance une campagne en faveur de Roark. Pour la première fois de sa vie, il va défendre ce en quoi il croit. Mais Toohey, qui très consciemment flatte la médiocrité du public et des collaborateurs de Wynand pour asseoir sa puissance, fait avouer la vérité à Keating sur son accord secret avec Roark. Il oblige ainsi Wynand à faire machine arrière. Wynand s'aperçoit tardivement qu'il a été, à travers son journal, non le maître, mais l'instrument de l'opinion publique. Il doit signer un éditorial contre Roark. Au tribunal, Roark assume seul sa défense sur le terrain même où se situe l'enjeu principal du procès : un individu peut-il refuser de servir la société ? Il fait valoir que seuls les visionnaires, qui commencent tous par susciter l'hostilité, font réellement avancer l'humanité. Leur unique moyen d'action est leur intelligence, leur cerveau. Or, il n'existe pas d'intelligence collective. Le vrai créateur ne peut donc agir que selon ses propres critères et estimations. Il ne peut se soumettre aux diktats d'autrui. Après cette diatribe, Roark est acquitté. Un de ses anciens clients a racheté les ruines du Courtland et lui propose de le rebâtir à son idée. Wynand a liquidé son journal. Avec les fonds récupérés, il songe à bâtir le rêve de sa vie : le plus grand gratte-ciel de New York. Quelques instants après en avoir donné la commande à Roark, il se suicide. Dominique rejoint Roark au sommet du building en construction...

☞ Inspirée de la vie et de l'œuvre de Frank Lloyd Wright, cette adaptation du roman d'Ayn Rand est sans doute le film le plus significatif et le plus personnel de Vidor, à défaut d'être le plus convaincant. Son audace principale tient dans le fait que Vidor a délibérément utilisé cette matière biographique et romanesque pour construire non un roman ou un drame, mais une allégorie philosophique, un poème abstrait où chaque personnage représente une idée, une entité, incarne une valeur ou une non-valeur à l'intérieur du credo vidorien. Wynand représente la puissance illusoire, la non-créativité : il croit manipuler les foules alors qu'il est manipulé par elles. Le critique Toohey représente la démagogie intellectuelle et politique qui a besoin d'une impersonnalité, d'une uniformité collectives pour asseoir sa puissance. Dominique représente, elle, une autre aspiration illusoire et dangereuse : la recherche de la liberté absolue qui l'entraîne à vouloir détruire en elle l'amour, l'admiration, qui sont nos liens naturels avec le monde. Au personnage de Roark est échu le rôle capital de représenter le créateur indépendant dans l'action duquel s'incarnent les forces vives de l'univers. C'est à travers lui que Vidor a bâti son éloge – plus métaphysique que moral – de l'intégrité, de l'individualisme et d'un orgueil qui rend à l'homme cette étincelle divine par quoi il se sent supérieur à toute matière. Seul cet individualisme divin est capable de servir la société, la multitude, alors que toute autre forme de pouvoir se sert d'elles et les asservit. Ainsi voit-on l'orgueil critiqué chez Dominique comme négatif et destructeur, et loué chez Roark pour son caractère créatif. Ce combat d'abstractions, cet affrontement de titans, Vidor a voulu les dépeindre dans un style déclamatoire et solennel, à la limite de la grandiloquence. Paradoxe : ce poème à la gloire de l'individualime se soucie peu de décrire des individus ; cette évocation d'un érotisme « bigger than life » reliant les deux héros a fort peu d'intensité charnelle. C'est aussi que Vidor a situé l'action dans des décors immenses, géométriques et glacés. Bien que vêtus du complet veston et des tenues modernes, les personnages qui s'y déplacent ressemblent plutôt à des héros bibliques ou à des Pharaons de l'Ancienne Égypte. Une certaine asphyxie règne partout dans le récit : c'est que la foule des citoyens ordinaires, enjeu de ces combats titanesques, et que Vidor sait, quand il le veut, admirablement décrire, en est totalement absente.

## RÉCIT D'UN PROPRIÉTAIRE
**(Nabaya shinshi roku)**

Inédit en France. 1947 – Japon (72') • *Prod.* Shochiku/ Ofuna • *Réal.* YASUJIRO OZU • *Sc.* Y. Ozu, Tadao Ikeda • *Phot.* Yuharu Atsuta • *Int.* Choko Iida (la veuve), Tomihiro Aoki (l'enfant), Chishu Ryu, Takeshi Sakamoto, Reikichi Kawamura, Eitaro Ozawa, Mitsuko Yoshikawa.

Dans un quartier pauvre de Tokyo, un homme ramène un gamin perdu sans parents et sans foyer. Il essaie vainement de le confier à un voisin puis, non sans mal, le donne pour une nuit à une veuve. Le lendemain, la veuve va avec l'enfant à l'ancienne maison habitée par son père. Personne. Elle essaie de semer le gamin au bord de la plage, mais sans résultat. Elle doit le ramener chez elle et le garder une autre nuit. Elle le tance vertement car il a la mauvaise habitude de mouiller le matelas. C'est lorsque l'enfant disparaît qu'elle mesure combien il lui est devenu précieux. A son retour, elle l'emmène au zoo et le considère peu à peu comme son fils. Le père réapparaît. Il n'avait nullement l'intention d'abandonner son fils, mais l'avait perdu dans la foule. Il remercie la veuve et repart avec le gosse. La femme reste seule et pleure. « Mais c'est de joie », dit-elle à ses voisins, le cœur réjoui à la pensée des deux êtres qui se sont retrouvés.

☞ Films délicieux de par son invention constante, son humour, la plénitude de son style et notamment cette maîtrise absolue du réalisateur sur les émotions du spectateur au fur et à mesure que l'intrigue avance. Quoique mineur, *Récit d'un propriétaire* est une œuvre charnière dans la carrière de Ozu. D'un équilibre parfait, elle se situe exactement à mi-chemin entre le dynamisme des films muets, pleins de gaieté et de gags au sein même de situations mélodramatiques, et la lancinante et mélodique douceur, la mélancolie quasi hypnotique des derniers titres de l'auteur. Outre l'histoire du gosse, Ozu peint avec justesse, et comme par mégarde, le petit univers d'un quartier très modeste de Tokyo où chacun est tout à la fois solidaire du groupe et puissamment égoïste. L'arrivée du gosse changera un peu cela, au moins pour le personnage de la veuve, lui révélant que l'égoïsme absolu est une position impossible à tenir tant sur le plan sentimental que social. La séduction de ce petit cours de morale, sa simplicité et son humanité sont profondes.

## RED (LA)
**(Le filet/id.)**

1953 – Mexique (78') • *Prod.* Reforma Films (Salvador Elizondo) • *Réal.* EMILIO FERNANDEZ • *Sc.* E. Fernandez et Neftali Beltran • *Phot.* Alex Phillips • *Mus.* Antonio Diaz Conde • *Int.* Rossana Podesta (Rossana), Crox Alvarado (Antonio), Armando Silvestre (José Luis), Guillermo Cramer, Carlos Riquelme, Armando Velasco, Lilia Fresno.

Deux hommes ont commis un hold-up. L'un, blessé, a été capturé et mis au pénitencier. L'autre vit dans un endroit reculé non loin de la mer, avec une toute jeune fille. Évadé, son complice les rejoint. La jeune fille l'avait aimé autrefois. Son amant est jaloux. Il tuera son rival avant d'être abattu par la police.

☞ Érotisme et académisme. Les personnages passent le plus clair de leur temps à marcher le long de la plage. Quand Rossana Podesta traverse le village (plusieurs fois), tous les habitants ont les yeux brûlants de désir. On peut s'étonner qu'à Cannes en 1953 *La Red* ait obtenu le prix du film « le mieux raconté par l'image ». C'est peut-être parce qu'il n'y a pas beaucoup de dialogue et pas grand-chose à raconter. Ce culte de la belle image auquel sacrifie Fernandez, même en l'absence de Figueroa, son opérateur attitré, est bien démodé aujourd'hui. Il a pour effet de faire le vide autour de l'action et rend les personnages et leur conflit totalement abstraits, sans pour autant créer le climat de tragédie recherché. Seule la présence de Rossana Podesta, qui a sa place dans une longue lignée de nymphettes cinématographiques allant de Maj-Britt Nilsson à Pia Zadora, sauvera – un peu – le film de l'oubli.

## REGAIN

1937 – France (126') • *Prod.* Films Marcel Pagnol • *Réal.* MARCEL PAGNOL • *Sc.* Marcel Pagnol d'ap. R. de Jean Giono • *Phot.* Willy • *Mus.* Arthur Honegger • *Int.* Gabriel Gabrio (Panturle), Orane Demazis (Mlle Irène, alias Arsule), Marguerite Moreno (Mamèche), Fernandel (Urbain Gédémus), Robert Le Vigan (le brigadier), Henri Poupon (l'Amoureux), Edouart Delmont (le père Gaubert), Odette Roger (Alphonsine), Charles Blavette (Jasmin), Paul Dullac (M. Astruc).

Il n'y a plus que trois habitants dans le village en ruine d'Aubignane (Basses-Alpes) : le forgeron Gaubert qui, à cause de son grand âge, devra aller vivre – et mourir – dans sa famille à la ville, la vieille italienne Mamèche et Panturle, un colosse aux allures d'homme des bois. La Mamèche part chercher une femme pour Panturle afin que le village ne meure pas. C'est elle qui mourra en route. Durant son absence, Panturle rencontre Arsule, la compagne du rémouleur Gédémus qui lui-même venait de l'arracher à des ouvriers qui la violentaient. Mais Gédémus exploite Arsule et elle préfèrera vivre auprès de Panturle. Avec elle et grâce à elle, Panturle aura le courage de semer et de couvrir la terre alentour de blé. Arsule est bientôt enceinte. Autant de signes qui peuvent laisser espérer la renaissance prochaine d'Aubignane.

☞ Plus nettement que les autres films tirés par Pagnol de Giono (*Jofroi**, *Angèle**, *La femme du boulanger**), celui-ci se ressent de l'influence de l'auteur de « Solitude de la pitié ». Les personnages, plus primitifs que ceux venus directement de l'imagination de Pagnol, ont infiniment moins de rondeur, plus de brutalité. Ce sont aussi des personnages plus littéraires, un peu abstraits et qui sont là avant tout pour servir un thème, le retour à la terre, qui commence d'abord ici par le *maintien* dans la terre. Ce thème n'a jamais inspiré aussi profondément un film dans le cinéma français. Il est lié dans *Regain* à un refus de la vie sociale et politique, plus marqué que dans les autres films de Pagnol. La présence, le jeu, la diction méridionale laborieusement étudiée de Gabriel Gabrio donnent la mesure de la relative étrangeté de cette œuvre à l'intérieur de l'univers pagnolesque. Fernandel dans son rôle de semi-méchant, à demi-inconscient de sa méchanceté, fait aussi une composition très insolite. Pagnol avait d'abord souhaité tourner dans le village réel qui avait inspiré Giono (Redortiers). Il dut y renoncer pour différentes raisons, et notamment à cause des difficultés d'accès à ce lieu redevenu à peu près sauvage. Il fit alors reconstruire entièrement ce village en ruine dans une propriété à lui sur le massif d'Allauch, à vingt minutes de ses studios de Marseille où furent construits les trois ou quatre intérieurs nécessaires au film. En cas de caprice météorologique, l'équipe filait au studio sans perdre une journée. Producteur avisé, Pagnol réunissait ainsi sur le terrain les qualités nécessaires au travail cinématographique : autonomie, liberté de manœuvre, économie.

BIBLIO. : scénario et dialogues : Éditions Marcel Pagnol, 1937 (avec préface de Jean Giono) ; *in* tome 4 des « Œuvres complètes », Club de l'Honnête Homme, 1970 (préface de Giono ; édition originale de la préface de Pagnol) ; Éditions Pastorelly, 1973 (avec les deux préfaces) ; Presses Pocket, 1978 (sans les préfaces). Préface de Pagnol seule *in* « Confidences », Julliard, 1980, Presses Pocket, 1983.

## REGARDS ET SOURIRES
**(Looks and Smiles)**

1981 – Grande-Bretagne (104') • *Prod.* Black Lion Films, Kestrel Films (Irving Teitelbaum) • *Réal.* KEN LOACH • *Sc.* Barry Hines • *Phot.* Chris Menges • *Mus.* Mark Wilkinson, Richard et les Taxmen • *Int.* Graham Green (Mick Walsh), Carolyn Nicholson (Karen Lodge), Phil Askham (Mr. Walsh), Pam Darell (Mrs. Walsh), Tony Pitts ( Alan Wright), Patti Nichols (Mrs. Wright), Stuart Golland (Mr. Wright).

A Sheffield, deux amis à peine sortis de l'adolescence, Mick et Alan, sont chômeurs. Alan s'engage dans l'armée.

Mick l'imiterait volontiers, mais il est mineur et son père s'y oppose. Il fait de nombreuses tentatives infructueuses pour trouver du travail. Sa petite amie Karen quitte un jour sa mère avec qui elle s'est brouillée pour aller rejoindre son père, divorcé, à Bristol. Elle découvre qu'il vit en ménage et a un bébé. Mick revoit Alan qui lui conseille de s'engager. Karen est contre. Mick repart à la recherche d'un travail.

☞ Évocation réaliste de l'Angleterre *telle qu'elle est* au moment du tournage. Dépourvu de l'originalité de *Kes* ou de *Black Jack*, de la violence et des paroxysmes de *Family Life**, *Looks and Smiles* est pourtant une œuvre de la même étoffe, qui cherche à émouvoir et à faire réfléchir par le spectacle brut de la réalité. Ce constat qui ne s'appuie que sur des faits réels et archiconnus – chômage des jeunes, séparation des couples, monotonie généralisée d'une société bloquée – réussit à toucher le spectateur, notamment par son ton de grande douceur et par une direction d'acteurs remarquablement juste et sensible. Elle permet au cinéaste de montrer les êtres dans leur nudité sans le recours ou l'alibi d'aucune idéologie. Le film se rattache aussi, en profondeur, au grand courant documentariste anglais qui traverse l'histoire du cinéma de ce pays et ambitionne à chaque époque de montrer dans un même mouvement les problèmes et les souffrances des gens, tout en rendant hommage de manière très sobre à leur dignité. Par ailleurs, Ken Loach reste fidèle à sa thématique personnelle : ici le chômage, semblable au collège de *Kes* ou à l'asile de *Family Life** et de *Black Jack*, est la forme de l'enfermement social que doivent subir les personnages, et non la moins perverse.

## RÈGLE DU JEU (LA)

1939 – France (copie restaurée : 110') • *Prod.* N.E.F. • *Réal.* JEAN RENOIR • *Sc.* Jean Renoir • *Phot.* Jean Bachelet • *Mus.* Roger Désormières, Mozart, Monsigny, Chopin, Saint-Saens, Vincent Scotto, Johan Strauss, etc. • *Déc.* Eugène Lourié • *Int.* Marcel Dalio (le marquis Robert de La Chesnaye ; au générique : La Cheyniest), Nora Gregor (Christine), Roland Toutain (André Jurieu ; au générique : Jurieux), Jean Renoir (Octave), Mila Parely (Geneviève de Marrast ; au générique : de Marras), Julien Carette (Marceau), Gaston Modot (Schumacher), Paulette Dubost (Lisette), Pierre Magnier (le général), Odette Talazac (Charlotte de la Plante), Pierre Nay (Saint-Aubin), Roger Forster (l'inverti), Nicolas Amato (le Sud-Américain), Richard Francœur (La Bruyère), Claire Gérard (Mme de La Bruyère), Anne Mayen (Jackie), Corteggiani (Berthelin), Eddy Debray (le majordome), Larive (le cuisinier), Lise Elina (la reporter), André Zwobada (l'ingénieur de chez Caudron).

Émule de Lindbergh, l'aviateur André Jurieu atterrit triomphalement au Bourget aprés avoir traversé, dans son avion monoplace, l'Atlantique en vingt-trois heures. Il est accueilli par son ami Octave et déclare à la radio, au micro de Lise Elina, qu'il est très malheureux, car la femme pour laquelle il avait entrepris ce raid, Christine, n'est pas là. Christine, qu'il a connue avant son mariage, a épousé le marquis de la Chesnaye, un riche aristocrate, d'origine juive par sa mère, qui vit sur un grand pied à Paris et collectionne les automates musicaux. Le marquis a une maîtresse, Geneviève, avec laquelle il voudrait rompre. Mais il est faible et, quand Geneviève lui déclare que cela la rendrait très malheureuse, il y renonce. Désemparé au point même de vouloir mourir, Jurieu provoque un accident de voiture – sans gravité – alors qu'il roule en compagnie d'Octave. Ce dernier, autrefois ami du père de Christine, un grand chef d'orchestre autrichien, plaide la cause de Jurieu auprès d'elle. Il la persuade, ainsi que son mari, d'inviter Jurieu pour le week-end dans leur domaine de la Colinière en Sologne où ils vont chasser avec des amis. Tous les familiers du couple La Chesnaye sont réunis au château. Lisette, la femme de chambre de Christine, y retrouve son mari Schumacher, garde-chasse dans la propriété, et qui voudrait que sa femme quitte le service de sa patronne pour vivre auprès de lui. Schumacher prend en flagrant délit le braconnier Marceau qui se rend immédiatement sympathique au marquis et se fait engager comme domestique. Après l'arrivée de Jurieu, Christine met tout le monde à l'aise en parlant de la grande amitié qu'elle a toujours éprouvée pour lui. A l'office, on ne se prive pas de commenter les relations qu'entretiennent les maîtres. Marceau en profite pour flirter avec Lisette et provoque la jalousie de Schumacher. Au matin a lieu la battue, puis la chasse elle-même. Grâce à une lunette d'approche, Christine voit son mari embrasser Geneviève. Elle ignore qu'il s'agit d'un baiser d'adieu. Un petit spectacle est donné au château par une partie des invités pour le divertissement des autres. Marceau tente de fuir Schumacher et son encombrante jalousie, tandis que Jurieu surprend Christine avec un des invités, Saint-Aubin, et qu'Octave, revêtu d'une peau d'ours, a bien du mal à enlever son déguisement. Jurieu et Saint-Aubin en viennent aux mains. Quelques instants plus tard, Christine avoue à Jurieu qu'elle le fuit parce qu'elle l'aime. Elle voudrait partir immédiatement avec lui et s'étonne que, pour respecter les formes, il veuille en informer son mari. Clou de la fête, le marquis montre à ses invités sa dernière acquisition : un somptueux limonaire. Schumacher poursuit Marceau qu'il a surpris dans la cuisine avec sa femme. Tentant de s'entreposer entre les deux hommes, le marquis surprend Christine en compagnie de Jurieu et se bat avec lui. Christine, elle, confie à Octave qu'elle se demande si elle aime vraiment Jurieu, dont les scrupules l'inquiètent. Un coup de fusil tiré par Schumacher en direction de Marceau interrompt la bagarre entre le marquis et Jurieu. Geneviève supplie La Chesnaye de partir avec lui. Poursuivant toujours Marceau, Schumacher tire encore plusieurs coups de fusil, incident que certains invités prennent pour une attraction faisant partie du spectacle. Le marquis renvoie Schumacher et Marceau. Octave s'isole dans la serre avec Christine revêtue d'une pèlerine que Lisette lui a prêtée. Ils échangent des aveux. Octave a toujours aimé Christine mais sa timidité de raté l'a empêché jusque-là de parler. Schumacher et Marceau, réconciliés dans leur malheur commun, se consolent l'un l'autre. Ils prennent de loin Christine pour Lisette. Schumacher veut la tuer ainsi qu'Octave. Octave va au château chercher le manteau de Christine. Lisette lui fait comprendre qu'avec lui Christine ne sera pas heureuse. Il dit alors à Jurieu que Christine l'attend dans la serre et, tout en lui remettant le manteau de la jeune femme, il lui prête le sien, que Jurieu jette sur ses épaules. Quand il sort, Schumacher l'abat, l'ayant pris pour Octave. La tragédie consommée, Octave et Marceau quittent le château. Sur le perron, le marquis, s'adressant à ses hôtes, leur déclare qu'il s'agit d'un regrettable accident, Schumacher ayant pris Jurieu pour un braconnier. Puis il les invite à rentrer, à cause du froid.

☞ Insuccès commercial notoire lors de la sortie et de sa première ressortie de 1945, c'est sans doute le film de Renoir qui a été successivement le plus attaqué et le plus loué. Non seulement le public ne l'a ni compris ni aimé pendant des années, mais jusque dans les années 50 les principaux historiens ont mêlé, dans leurs commentaires sur lui, bien du venin à leur miel. Bardèche parle de « salmigondis étrange », Sadoul « d'incohérence », « d'œuvre inégale », Charles Ford de « gloire quelque peu usurpée ». En 1945, quand le film était ressorti, certains, comme Georges Charensol, n'avaient pas désarmé par rapport à leur invectives d'avant-guerre et regrettaient même la réapparition du film : « *La règle du jeu* fut réalisé à la veille de la guerre et serait aujourd'hui oublié si on ne venait pas d'avoir la fâcheuse initiative de la ressusciter », écrit Charensol en unissant la vindicte du censeur au truisme d'un La Palice. Vingt ans plus tard, *La règle du jeu* sera à peu près unanimement considéré comme le meilleur Renoir et l'un des plus grands films français. Entre temps, les cinéphiles d'après-guerre avaient découvert le film, l'avaient vu et revu dans les ciné-clubs, si influents à l'époque, et c'est l'un des nombreux exemples de réputation créée par le cinéphiles contre la critique établie officielle des « professionnels » et des historiens. A cette époque, le film est souvent aimé et décrit comme un météore, tombé du ciel au milieu de la production courante, avec laquelle il n'aurait eu ni rapport ni ressemblance ni commune mesure. Ce point de vue, complètement erroné, est à mettre en relation avec les préjugés que nourrissaient les cinéphiles d'après-guerre et des années 50 à l'égard du cinéma français, qu'ils connaissaient d'ailleurs très mal. A partir des années 70, ce cinéma est redécouvert, réestimé et, dès lors, on s'aperçoit que *La règle du jeu,* loin d'être une exception dans la production de l'époque, appartient au contraire à une longue et riche lignée de films qui décrivent la société du temps selon une vision critique et panoramique et en s'appuyant sur une multitude de personnages appartenant à toutes les classes. Qu'il s'agisse ou non de films à sketches, qu'ils soient signés Guitry (*Ils étaient neuf célibataires**), Yves Mirande (*Café de Paris*, Derrière la façade**) ou Duvivier *(Un carnet de bal*)*, ces films mêlent l'humour à la cruauté, déclinent sur tous les tons leur pessimisme et, avec une lucidité plus ou moins aiguë, ont bien conscience de décrire le crépuscule d'un monde. On trouverait même dans l'argument de l'un d'entre eux (*Sept hommes... une femme,* Mirande, 1936) une source possible au scénario de *La règle du jeu* : une jeune et riche veuve réunit dans son manoir sept prétendants (artistes, aristocrates oisifs, financier, entrepreneur, etc.) pour choisir celui qu'elle épousera. Lassée par leurs mensonges, leur cupidité ou leur vulgarité, elle les repoussera tous. Auparavant, pour les divertir, elle a organisé une chasse et, là, le film contient des plans quasiment identiques à ceux de Renoir. Constamment, un parallélisme s'est établi entre le monde des maîtres et celui de l'office. Il s'agit, hélas, d'un des films les plus paresseux et les moins réussis de Mirande et il ne peut être question de le comparer, sur le plan créatif, à *La règle du jeu.* Mais la ressemblance des deux canevas en dit long sur l'appartenance du film de Renoir à un filon en vogue à l'époque. D'une manière générale, ces films remportaient un grand succès et le public, loin d'être désorienté, appréciait leur foisonnement, leurs ruptures de ton, leur nihilisme plus ou moins teinté de blague. Comment expliquer alors l'insuccès total de Renoir à l'intérieur de ce courant ? Certains ont avancé des causes externes, comme la sortie trop tardive du film à la veille de la guerre. Quant aux causes internes, elles sont tellement nombreuses qu'on hésiterait à les énumérer si certaines d'entre elles n'aidaient à mieux cerner le génie spécifique du film. Parmi elles, on peut citer d'abord cette parenté si profonde avec une tradition littéraire allant de Marivaux à Beaumarchais et à Musset, qui, outre qu'elle aurait dû séduire la critique, a pu effaroucher le public (l'un des premiers titres du film fut d'ailleurs *Les caprices de Marianne).* Ensuite, il y a cette distribution variée mais très insolite et parfois discordante. La mélancolie languissante, velléitaire de Nora Gregor, princesse autrichienne qui avait joué dans *Michael* de Dreyer et dans de nombreux films allemands et autrichiens avant de paraître ici pour la première fois dans un film français, a sans doute dérouté le public, tout comme la volubilité maladroite et étrange de Renoir lui-même dans le rôle d'Octave, en filigrane duquel apparaissent des hantises d'ordre autobiographique. Est-ce cette discordance qui a empêché le public d'applaudir aux prestations si savoureuses et certes plus classiques d'un Carette ou d'une Paulette Dubost ? Durant la préparation du film, cette distribution connut de multiples changements : le rôle de Nora Gregor avait été prévu pour Simone Simon, celui de Renoir pour son frère Pierre, celui de Dalio pour Claude Dauphin, celui de Roland Toutain pour Gabin et celui de Modot pour Fernand Ledoux. Plus rédhibitoire encore était la gravité du ton qui s'installe progressivement dans l'intrigue et recouvre peu à peu ses péripéties burlesques et guignolesques. Avec les personnages incongrus, innocents, vulnérables, sincères de Jurieu et d'Octave, si déplacés dans l'universel mensonge social que stigmatise le film, Renoir abolissait d'un coup le cynisme, la distance et le recul que le public appréciait dans les fresques ironiques d'un Mirande. Distance et cynisme qui, pour le spectateur de l'époque, étaient partie intégrante de son plaisir. Privé de cette distance, insensible à la construction savante de l'intrigue, à ses références permanentes à une tradition littéraire, le public adhéra encore moins au film quand il le vit ressembler, par moments, à une confession intime, notamment lorsqu'il est question de l'impuissance de certains êtres (Octave, Jurieu) à s'insérer dans le jeu du monde. Les qualités formelles du film ne seront appréciées qu'après guerre. Alors on louera sans réserve cette virtuosité inouïe dans l'usage de la profondeur de champ, des plans longs, des mouvements d'appareil, complexes et fluides, transformant un décor théâtral en une suite continue d'espaces où défile, comme en une mascarade, toute une société. Loin de regretter que ce vaudeville, cette comédie des erreurs se change – et se fige – en une tragédie grinçante et passablement dérangeante, un nouveau public de cinéphiles, d'amateurs passionnés, d'apprentis cinéastes verra là la synthèse géniale d'un artiste qui utilise à fond, dans ce qu'elle a à la fois de visuel et de littéraire, l'écriture cinématographique.

N.B. Renoir est par excellence un auteur d'œuvre : son génie éclate bien sûr dans tel ou tel de ses films mais plus encore dans leur réunion, dans leur confrontation. S'il est étonnant d'être l'auteur de *La grande illusion** ou de *La règle du jeu,* il l'est beaucoup plus d'avoir réalisé *l'un et l'autre* de ces films et d'avoir ainsi touché *toutes* les couches de public, comme un écrivain qui serait capable d'écrire à la fois « Les Misérables » *et* « La Chartreuse de Parme ». L'histoire des copies de *La règle du jeu* témoigne des vicissitudes de l'accueil qu'on lui a fait. En 1939, sort, pour l'exclusivité, une copie de 113' déjà réduite à 100'. Au vu des réactions du public, on coupe encore une dizaine de minutes dans le film et le rôle d'Octave est largement amputé. En 1945, ressortie sans succès d'une copie courte. Pendant plus de dix ans circuleront des copies de 90, 85 et 80'. Le négatif original, lui, a été détruit dans un bombardement à Boulogne en 1942. En 1965, apothéose de la réévaluation cinéphilique du film, sort par les soins de la Société des Grands Films Classiques une copie très complète de 3 000 m (110') établie dès 1958-59 par Jean Gaborit, Jacques Maréchal et Jacques Durand à partir d'une copie assez longue retrouvée en 1946 et d'un vaste stock de doubles et de chutes. L'entreprise a bénéficié des conseils de Renoir lui-même et le film connaît – enfin – le succès.

BIBLIO. : découpage de la copie des Grands Films Classiques (336 plans) *in* « L'Avant-scène » n° 52 (1965). Le nombre d'images contenues dans chaque plan est indiqué, mais non sa durée. Préface de Philippe Esnault relatant notamment la genèse du film (improvision constante de Renoir, écriture des dialogues juste avant le tournage, etc.). Un volume de la nouvelle collection « Synopsis » est consacré au film par Francis Vanoye, Nathan, 1989. Voir aussi, outre les nombreux écrits et interviews de Renoir, André Bazin : « Jean Renoir », Champ Libre, 1971 (avec un commentaire sur le film par François Truffaut) ; Claude Gauteur : « Jean Renoir, la double méprise », Les Éditeurs Français Réunis, 1980 ; Claude Beylie : « Jean Renoir » *in* « Anthologie du cinéma » vol. IX, 1983 ; Célia Bertin : « Jean Renoir », Librairie Académique Perrin, 1986.

## RÈGLEMENT DE COMPTES (The Big Heat)

1953 – USA (90') • *Prod.* COL. (Robert Arthur) • *Réal.* FRITZ LANG • *Sc.* Sidney Boehm d'ap. R. de William P. McGivern • *Phot.* Charles Lang, Jr. • *Mus.* Daniele Amfitheatrof • *Int.* Glenn Ford (Dave Bannion), Gloria Grahame (Debbie Marsh), Jocelyn Brando (Katie Bannion), Alexander Scourby (Mike Lagana), Lee Marvin (Vince Stone), Jeannette Nolan (Bertha Duncan), Peter Whitney (Tierney), Willis Bouchey (lieutenant Wilkes), Robert Burton (Gus Burke), Adam Williams (Larry Gordon), Carolyn Jones (Doris), Dan Seymour (Atkins), Edith Evanson (Selma Parker).

Une petite ville américaine. Le policier David Bannion enquête sur le suicide d'un collègue, Duncan, lié selon lui à un homme influent et corrompu de la ville, Lagana, associé à des gangsters.

La veuve de Duncan dissimule à la police les documents laissés par son mari et s'en sert pour se faire verser par Lagana une forte rente. Une entraîneuse, Lucy Chapman, maîtresse de Duncan affirme à Bannion que Duncan n'avait aucune crainte pour sa santé, contrairement à ce que prétend sa veuve. Lucy est retrouvée peu après assassinée, son cadavre recouvert de brûlures de cigarettes. Bannion retourne interroger la veuve, démarche qui lui attire les vifs reproches de son chef, Wilkes. Ayant reçu un coup de téléphone de menace, Bannion se rend chez Lagana qu'il insulte et accuse de corruption. Nouvelle convocation de Bannion dans le bureau de Wilkes, sermonné cette fois par son supérieur Higgins. La femme de Bannion meurt dans l'explosion de sa voiture piégée. Bannion démissionne de la police après avoir accusé Higgins d'être aux ordres de Lagana et mène sa propre enquête en commençant par les garages de la région. Il est mis ainsi sur la trace d'un certain Larry Gordon fréquentant un bar appelé « La Retraite ». Dans cet établissement, repaire des truands de la ville, Bannion assiste à une explosion de colère sadique d'un client, Vince Stone, qui brûle avec sa cigarette la main d'une femme avec qui il jouait aux dés. Bannion le jette hors du bar. Impressionnée par le courage et l'intégrité du policier, mais aussi pour rendre jaloux son amant, la maîtresse de Vince, Debby Marsh, suit Bannion qui l'invite chez lui à prendre un verre dans l'espoir d'en apprendre plus sur Larry Gordon. Pour cette courte rencontre avec le policier, Debby sera brutalisée par Vince qui lui lance à la figure du café bouillant. Le visage à moitié défiguré, elle se réfugie dans la chambre d'hôtel de Bannion et le renseigne sur Gordon, un petit tueur travaillant avec Vince. Bannion fait parler Gordon, lequel sera noyé par Vince peu après ses aveux. Vince annonce cette nouvelle à Lagana qui projette de kidnapper la fillette de Bannion pour empêcher son père de parler. Debby abat la veuve de Duncan, sachant qu'ainsi les documents compromettants de son mari seront rendus publics, dénonçant la collusion de Lagana, du chef-inspecteur Higgins et des gangsters. Puis elle rend la pareille à Vince en l'ébouillantant à son tour avec du café. Il la blesse mortellement. Bannion pourrait l'abattre mais préfère le remettre aux policiers. Lagana et Higgins passeront aux assises. Bannion reprend son poste à la police.

☞ C'est sans aucun doute, à son époque, le film le plus constamment et le plus intensément violent qui soit sorti d'un studio hollywoodien, celui aussi dont la violence est la plus porteuse de sens. Tout au long de sa carrière, Lang a beaucoup montré la violence, en a aussi écrit et parlé. « Je n'utilise pas la violence pour la violence, a-t-il précisé, mais toujours dans le but d'illustrer un argument ou d'arriver à une conclusion morale. » Ici elle sert à dénoncer la corruption qui pèse sur une petite ville de province et l'écrase. Dans son strict et rigoureux effort de réalisme, et particulièrement de réalisme social, *The Big Heat* sort du champ du *film noir*. Quoiqu'il soit toujours analysé dans les films traitant de ce sujet, il n'en comporte ni l'atmosphère ni les personnages ; et son contenu ne s'inscrit même pas dans les limites chronologiques du genre puisqu'il est clair – et d'ailleurs précisé dans le dialogue – que Lang stigmatise ici un pourrissement social dont la genèse remonte à beaucoup plus loin que l'après-guerre, à savoir aux années 30 et à la prohibition. La violence et la corruption recouvrent la cité en couches successives : au plus profond – au plus invisible – il y a celle des notables et des policiers, puis celle des fonctionnaires (ici hauts fonctionnaires de police), enfin celle des exécutants, petits truands minables et sadiques, serviles, ignorants même des intérêts qu'ils défendent. A mesure qu'elle remonte à la surface, la violence devient de plus en plus voyante, sordide et répugnante. Mais son abjection n'est rien d'autre que le produit décomposé et pestilentiel de ce qui se trame dans les couches profondes (à cet égard, le corps social réagit comme un individu malade et psychotique). S'étendant comme une gangrène, elle risque de contaminer – et c'est l'enjeu spécifique de ce film – ceux qui sont chargés de lutter contre elle. Dans l'économie dramatique du film, le thème de la vengeance assure le lien entre la violence sociale et la violence individuelle. Décrite sous l'angle de l'irréalité et de l'impossibilité dans *Rancho Notorious** (elle ne peut, quoi qu'elle fasse, modifier le passé), la vengeance est ici évoquée sous l'angle moral : le désir de vengeance rendra-t-il le policier Bannion semblable à ceux qu'il pourchasse ? A chaque péripétie nouvelle, la question est reposée en des termes plus pressants et plus intenses. Pour bien montrer le caractère essentiellement individuel de la réponse à donner à cette question, Lang fait démissionner son personnage de la police durant la partie essentielle de sa trajectoire. La réponse ne sera pas ici entièrement désespérée, car les personnages des fictions langiennes n'ont pas encore à cette époque basculé dans la culpabilité universelle et irrémédiable – ontologique pour ainsi dire – de l'univers de *While the City Sleeps** et *Beyond a Reasonable Doubt**. (Toute l'œuvre américaine de Lang peut être vue comme un cheminement rectiligne, sans retour en arrière, mais marqué de haltes significatives, vers un pessimisme total.) Bien que contenant un catalogue atroce et infernal de violences de toutes sortes, le film se caractérise dans sa forme et le rythme de sa progression par une sorte de sérénité inexorable, un classicisme parfait et nullement convulsif. Les personnages de femmes y sont particulièrement importants. Pour la plupart – on pourrait presque dire : pour toutes – il s'agit de victimes, infirmes à des degrés divers. Celui de Gloria Grahame reste parmi les plus grandes créations langiennes. On notera que son caractère et son évolution sont à l'opposé absolu d'un personnage de femme fatale. On se rappellera aussi que Lang est un des maîtres de l'émotion tragique, celle qui surgit quand rien ne peut plus être sauvé, quand tout est consommé. Voir la dernière scène, sublime, entre Gloria Grahame blessée et Glenn Ford, quand celle-ci le fait parler de sa femme et meurt en l'écoutant.

## RÈGNE DU JOUR (LE)

1965 (sortie à Montréal en 1968) – Canada (118') • *Prod.* Office National du Film du Canada (Jacques Bodet, Guy L. Coté) • *Réal.* PIERRE PERRAULT • *Sc.* P. Perrault • *Phot.* Bernard Gosselin, Jean-Claude Labrecque • *Mus.* Jean-Marie Cloutier • *Int.* Alexis Tremblay, Léopold Tremblay, Marcellin Tremblay, Marie Tremblay, Marie-Paule Tremblay, Diane Tremblay, l'abbé Jean-Paul Tremblay, Louis Harvey, Louise Lemarchand, Françoise Montagne (eux-mêmes).

Deux couples de Canadiens de l'Ile-aux-Coudres au Québec, Alexis Tremblay, le patriarche, 80 ans, et sa femme Marie, leur fils Léopold et leur belle-fille, sont officiellement invités à visiter le Perche, berceau de leur famille. Une historienne de l'émigration canadienne leur montre le contrat de mariage (1623) du père et de la mère de Pierre Tremblay, le premier émigrant de la famille et l'ancêtre de tous les Tremblay du Canada. Entre autres rencontres et expériences vécues lors de leur séjour en France, les Tremblay participent à la fête du cochon (où l'on saigne un animal), visitent Carnac, assistent à une chasse à courre en Sologne, conversent avec un résistant, ancien déporté. A Saint-Malo, ils suivent les traces de Jacques Cartier avant de rapporter quelques souvenirs de France pour les 72 petits-enfants d'Alexis. Au retour, Alexis et sa femme commentent leur voyage et font des réflexions sur leur passé et la société moderne. Ces commentaires s'insèrent dans la relation même de leur voyage.

☞ Ethnologue, linguiste, ancien avocat, ancien homme de radio, artisan inspiré – qu'inspirent autant ces deux outils que sont la caméra et le magnétophone –, Pierre Perrault utilise les moyens du cinéma direct, auxquels seul le cinéma canadien semble capable de donner ses lettres de noblesse, pour livrer cet admirable poème historico-sociologique sur le thème de la recherche des origines. Volet central d'une trilogie consacrée aux habitants de l'Ile-aux-Coudres, *Le règne du jour* se situe entre *Pour la suite du monde,* 1963 (sur la résurrection de la pêche aux marsouins, co-réalisé avec Michel Brault) et *Les voitures d'eau*, 1969 (sur la fabrication d'un bateau selon les vieilles méthodes artisanales). Bouleversant comme une expérience vécue, aigu comme un commentaire critique qui se distancie de l'objet traité pour mieux l'apercevoir, *Le règne du jour* offre une réflexion constamment contrastée sur le présent et le passé, l'éphémère (« le règne du jour ») et l'éternel, la jeunesse et la vieillesse. La somme des débats, des contradictions, des points de vue alternés qui nourrissent le film procurent *in fine* au spectateur un sentiment d'harmonie et de sagesse. En toutes choses abordées ici passe et circule une dialectique serrée qui aboutit toujours à produire de la beauté en montrant la profonde *unité*, la profonde *continuité* du monde. Sur le sujet de la vieillesse par exemple, qui est l'une des nombreuses lignes de force du film, Perrault fait alterner, comme les strophes d'un poème, le point de vue serein, détaché, généreux, apaisé de Marie et celui, colérique, dur, plein de regret, d'amertume, de rage contre le présent, d'Alexis. Deux regards, deux attitudes qui sont comme les deux moitiés d'une pomme, aussi indispensables l'une que l'autre. De ses personnages, réels comme ceux d'un documentaire, mais qu'il a magnifiés jusqu'à en faire les héros d'une fiction épique, Perrault a déclaré : « [Ils] ne sont pas des "types" de Canadiens. Ils ne sont même pas nécessairement "typiques" des habitants de l'Ile. Ce sont des individus qui vivent des situations authentiques et à travers lesquels j'atteins à l'universel (...) Mes personnages, je les endosse totalement. Cette conscience qui est la leur, j'y participe. Pour moi, Alexis Tremblay a autant d'importance que Jean-Paul Sartre. Je considère que ces êtres-là, avec leurs raisons qui ne sont pas nécessairement les miennes, ont atteint un équilibre de vie, et que personne n'aurait pu faire mieux qu'eux dans les mêmes circonstances. Ce sont des êtres parfaits dans une situation donnée. »

BIBLIO. : Pierre Perrault, Bernard Gosselin, Yves Leduc : « Le règne du jour », Éditions Lidec Inc., Montréal, 1968. Texte du film et nombreux photogrammes. Sur les cinq premiers longs métrages de P. Perrault, voir l'étude détaillée de Michel Brûlé : « Pierre Perrault ou un cinéma national », Les Presses de l'Université de Montréal, 1974.

## REINE CHRISTINE (LA)
## (Queen Christina)

1933 – USA (101') • *Prod.* MGM (Walter Wanger) • *Réal.* ROUBEN MAMOULIAN • *Sc.* H.M. Harwood, Salka Viertel, S.N. Behrman d'ap. une histoire de Salka Viertel et Margaret F. Levin • *Phot.* William Daniels • *Mus.* Herbert Stothart • *Int.* Greta Garbo (Christine), John Gilbert (Don Antonio), Ian Keith (Magnus), Lewis Stone (Oxenstierna), Elizabeth Young (Ebba), Sir C. Aubrey Smith (Aage), Reginald Owen (prince Charles), George Renavent (ambassadeur français), Gustav von Seyffertitz (général), Akim Tamiroff (Pedro).

En 1632, durant la guerre de Trente Ans, le roi de Suède Gustave-Adolphe meurt sur le champ de bataille. Encore enfant, sa fille Christine, élevée comme un garçon, est couronnée roi *(sic)*. Devenue adulte, elle reçoit son cousin Charles, qui revient victorieux de la guerre. Il est destiné à devenir son époux. Contre la volonté du Parlement et de l'Église, elle réussit à imposer la paix. Les soucis de l'État, la politique extérieure (relations à maintenir avec l'Espagne, avec Cromwell) lui laissent peu de loisir. Elle passe souvent ses nuits à lire. Comme les artistes et les savants, elle voudrait transformer le monde et surtout lui faire oublier le fracas des armes. Toute la Suède souhaite son mariage avec Charles. Même son amant, le Grand Trésorier Magnus, la pousse à cette union. Pour fuir ses problèmes, il lui arrive de partir seule à cheval et de chasser. Au cours d'une de ces randonnées, elle trouve l'envoyé espagnol Don Antonio de la Prada bloqué dans son carrosse par la neige. Elle l'aide à repartir. Comme elle est toujours vêtue en homme, il la prend pour quelque garçon d'écurie et lui donne une pièce. La revoyant à l'auberge, il s'excuse de son erreur mais continue à penser qu'il a affaire à un homme. Christine l'interroge avec passion sur les dernières œuvres de Velasquez et de Calderon. L'auberge est pleine et ils doivent partager la même chambre. Quand elle enlève son pourpoint, il comprend sa méprise. Au matin, ils sont devenus amants. Avant de la quitter, elle emplit longuement sa mémoire de cette chambre où elle a été pleinement heureuse ; elle caresse un à un tous les objets et compare son bonheur à la satisfaction de Dieu quand il a créé le monde. Elle promet à Don Antonio de le revoir à Stockholm. Il la revoit en effet lors de la réception officielle où il découvre qu'elle est la reine. Dans un entretien privé, il ne lui cache pas sa colère, d'autant qu'il a pour mission de lui transmettre la demande en mariage de son souverain. Elle met fin à ses reproches par l'aveu de son amour. Elle le retient dans la ville beaucoup plus longtemps que prévu. Magnus monte le peuple contre l'Espagne. « Nous voulons un mariage suédois », crie la foule qui envahit le palais. En quelques mots, Christine calme ses sujets. Son fidèle chancelier et toute la cour la pressent d'épouser Charles. Sa décision est prise : elle abdique et laisse le trône à Charles. Lors de la cérémonie, personne ne veut enlever la couronne de sa tête : elle le fait elle-même. Son peuple est en larmes. Elle gagne la côte et monte à bord du bateau où elle doit retrouver Don Antonio. Ayant été blessé en duel par Magnus, il agonise et meurt dans ses bras. Elle part quand même, puisque le vent est avec elle.

☞ Le film préféré – et sans doute le meilleur – de Garbo qui avait choisi son réalisateur et son partenaire (en remplacement de Laurence Olivier). Dans une reconstitution à la fois élégante et sobre, aidé par des dialogues à l'intelligence subtile, Mamoulian a cherché à dessiner de son héroïne historique un portrait varié et nuancé. Il montre en elle une femme indépendante, intelligente et cultivée, amie des arts et de la paix, se consacrant à son pays au maximum de ses forces, mais jusqu'à une certaine limite, celle où commence sa vie privée. Quand son bonheur et son devoir s'opposent, dans un conflit par trop insoluble, elle disparaît. Le portrait dessiné par Mamoulian fait sa place à la femme de tête autant qu'à la femme de cœur. Et l'aspect romantique, si essentiel du film, va surgir, à l'intérieur même du cadre historique, de cette recherche menée par Christine d'un équilibre introuvable entre les exigences de sa vie privée et celles de sa vie publique. La richesse de son personnage a permis au film d'être aussi bien un film d'auteur qu'un film d'actrice. Nul doute que, pour Mamoulian, la reine Christine fasse partie de ces êtres multiples et divisés qui le passionnent et auxquels il aime à s'identifier. Peut-être même s'est-il particulièrement reconnu dans cette héroïne, lui qui tout au long de sa carrière abandonna tant de projets en cours et ne voulut jamais sacrifier un iota de sa liberté. Quant à Garbo, absente des écrans pendant un an après *Comme tu me veux* de Fitzmaurice, ce film symbolise sa tentation permanente de retraite et annonce avec quelques années d'avance son effacement définitif en 1943. Avec lyrisme, mais aussi avec une certaine retenue, caractéristique de l'esthète qu'il a toujours été, Mamoulian fait sentir l'insatisfaction profonde de son héroïne et celle de son interprète. Garbo ou Christine, le personnage avait en lui, sur le plan physique, sentimental, artistique, des aspirations trop contradictoires pour pouvoir être à l'aise dans un seul rôle, une seule fonction, une seule image. Leur conciliation relevait du domaine de l'improbable ou, comme dans le film, de la tragédie. Il fallait bien à la fin qu'elle partît.

N.B. John Gilbert, partenaire de Greta Garbo dans plusieurs de ses films, remplaça Laurence Olivier après quelques jours de tournage.

## REINE DE LA PRAIRIE (LA)
## (Cattle Queen of Montana)

1954 – USA (89') • *Prod.* RKO (Benedict Bogeaus) • *Réal.* ALLAN DWAN • *Sc.* Robert Blees, Howard Estabrook d'ap. une histoire de Thomas Blackburn • *Phot.* John Alton (Technicolor) • *Mus.* Lou Forbes • *Int.* Barbara Stanwyck (Sierra Nevada Jones), Ronald Reagan (Farrell), Gene Evans (Tom McCord), Lance Fuller (Colorados), Anthony Caruso (Nachakoa), Jack Elam (Yost), Yvette Dugay (Starfire), Chubby Johnson (Nat), Morris Ankrum (Pop Jones), Myron Haley (Hank).

Sierra Nevada Jones et son père ont conduit leur troupeau depuis le Texas jusqu'à leur nouvelle propriété du Montana. C'était le rêve de leur vie. Ils goûtent le calme et la beauté de la région quand ils sont brusquement attaqués par l'Indien félon Nachakoa de la tribu des Pieds-Noirs. Nachakoa et ses hommes créent une panique parmi le bétail et, au cours de l'échauffourée, le père de la jeune femme est tué. Nachakoa a commis ce forfait au profit de McCord qui lui a promis des fusils et du whisky. Sierra Nevada est recueillie par le jeune chef de la tribu des Pieds-Noirs, Colorados, qui a étudié à l'Université. Pendant ce temps, McCord s'empare des terres et du bétail de la jeune femme. Aidée par Colorados et par Farrell, un employé de McCord, qui se révélera être un agent de l'Armée enquêtant en secret sur les ventes d'armes aux Indiens, Sierra Nevada déjouera les entreprises de son ennemi McCord, et récupérera son bien. Avec Farrell, elle fait sauter le chariot d'armes destiné à Nachakoa, lequel est abattu par Colorados qui l'avait précédemment vaincu – et épargné – en combat singulier ; mais Nachakoa n'avait su profiter de cette générosité. Quant à McCord, il sera tué par Sierra Nevada elle-même. Elle se retire du lieu des combats en compagnie de Farrell et de Colorados qui tous deux la courtisent ; mais son cœur est acquis à l'Américain.

☞ Troisième de la série des neuf films d'aventures en Technicolor réalisés par Allan Dwan pour le producteur Benedict Bogeaus. Comme le suivant de la série (*Escape to Burma),* il a pour vedette Barbara Stanwyck. Le film représente la quintessence du cinéma hollywoodien. Il engendre une sorte de ravissement, né en particulier de l'aisance avec laquelle le réalisateur réussit, avec un budget limité et en respectant les règles d'un genre assez strict, à s'exprimer de la manière la plus personnelle qui soit. A l'intérieur d'un scénario assez classique, mais riche en événements et admirablement construit, Dwan raconte *exactement* l'histoire qu'il veut : histoire d'une défaite tranformée en victoire, d'un Paradis perdu et retrouvé ; histoire d'amour commençant par de l'amitié et des services rendus ; histoire d'une pérégrination mouvementée à travers la splendeur d'une nature parfaitement calme. Les plans d'extérieurs précédant l'attaque indienne sont parmi les plus beaux qu'un cinéaste américain ait jamais filmés en couleurs (et n'allons pas oublier de saluer au passage le génie de John Alton). Le rousseauisme inné du cinéaste l'amène aussi à exprimer un paisible antiracisme, quand il montre que les Indiens comme les Blancs ont leurs « méchants » et doivent, les uns comme les autres, se livrer, à une guerre interne pour éliminer leurs poisons. Un cinéma aussi abouti, qui puise sa substance dans les seules péripéties de l'action et dans la contemplation du monde, qui n'a nul besoin des facilités du *discours* pour se faire entendre, semble aujourd'hui appartenir à un âge d'or totalement révolu.

N.B. Les extérieurs furent tournés dans le « Glacier National Park » du Montana. Dwan engagea un groupe de Pieds-Noirs. C'étaient tous des millionnaires car ils étaient en affaire avec le Standard Oil Company et la plupart vinrent sur le *set* en Cadillac. Ils construisirent un vrai camp Pied-Noir pour les besoins du film. Le professionnalisme et la gentillesse de Barbara Stanwick étaient célèbres et se manifestèrent sur ce film comme sur les autres. Barbara Stanwyck impressionna particulièrement les Pieds-Noirs en refusant d'être doublée, notamment pour la scène de la baignade (dans des eaux glacées). Ils l'adoptèrent dans leur tribu et la baptisèrent au cours d'une cérémonie rituelle « Princesse Nombreuses Victoires ». C'est par ce nom que son ex-collègue Ronald Reagan l'appelait quand il la rencontrait.

## RÉJEANNE PADOVANI

1973 – Québec (90') • *Prod.* Cinak, Montréal • *Réal.* DENYS ARCAND • *Sc.* Jacques Benoît et Denys Arcand • *Phot.*

Alain Dostie (couleurs) • *Mus.* Willibald Gluck et Walter Boudreau • *Int.* Luce Guilbeault (Réjeanne Padovani), Jean Lajeunesse (Padovani), Roger Lebel (Desaulniers), Pierre Thériault (Dominique), Frédérique Collin (Hélène Caron), Jean-Pierre Lefèbre (le secrétaire, Jean-Pierre Caron).

Montréal. La veille de l'inauguration d'un tronçon d'autoroute, le responsable des travaux, Padovani, reçoit à dîner quelques amis dont le maire de la ville et le ministre de la voirie qui l'ont grandement aidé à décrocher le contrat. Les invités sont traités avec égard ; chacun reçoit un ou plusieurs cadeaux. La maîtresse de Padovani, qui a des dons vocaux, chante du Gluck pour le maire, grand amateur d'opéra. Plus tard, sur un yacht, deux prostituées l'attendent pour d'autres réjouissances. Divers incidents marquent la soirée ; leur écho arrivera à peine aux oreilles des invités. Deux journalistes, un homme et une femme, veulent voir le ministre et ne sont pas reçus ; ils prennent une photo de la villa et sont violemment frappés par les gardes du corps de Padovani. Ayant appris qu'une manifestation de contestataires devait avoir lieu sur l'autoroute lors de l'inauguration, le secrétaire du ministre fait saccager les locaux des organisateurs de la manifestation ; un homme est tabassé, une femme défenestrée. Enfin, l'ancienne femme de Padovani, Réjeanne, qui l'avait quitté pour se remarier avec le fils du chef du clan rival des Tennenbaum, vient supplier son mari de lui permettre de vivre aux côtés de ses enfants. Elle est prête pour cela à lui donner des renseignements secrets sur les activités des Tennenbaum. Padovani refuse de la voir et la fait assassiner pendant le feu d'artifice qui termine en beauté sa réception. Son cadavre sera coulé dans le béton de l'autoroute. Le lendemain, l'inauguration a lieu comme prévu et sans la moindre fausse note.

☞ Le film se situe au cœur du boom – très momentané – du cinéma québécois dans les années 70-75 (dû en partie au système des « tax-shelters » institué par le gouvernement). Œuvre de dénonciation politique et sociale, *Réjeanne Padovani* se caractérise par un hiératisme glacé qui évoque l'univers du *film noir* américain revu et corrigé par un calligraphe japonais : lenteur du rythme, lenteur des plans, concentration de l'action en une nuit et en un lieu presque unique, déplacements minimums des acteurs à l'intérieur du plan. Denys Arcand a utilisé ce formalisme pour sensibiliser le public aux tares évoquées dans l'intrigue : corruption des politiciens, toute-puissance des clans, utilisation généralisée de la violence. Il le fait d'une manière qui va à l'encontre des divertissements policiers traditionnels où ce type de situations – surtout en Europe – est rarement l'occasion d'une réflexion sociale. Son mérite est aussi d'universaliser le débat, de transformer une œuvre de polémique journalistique en tragédie abstraite, au déroulement inexorable, reflétant des situations susceptibles d'exister en tous les lieux et de tout temps. Venant d'un cinéma traditionnellement (et sans doute abusivement) limité aux expériences de cinéma-vérité, à la recherche de ses origines, à l'expression d'une certaine santé panthéiste et communicative, ce film maîtrisé et très noir contredit la plupart des idées reçues sur le Québec. Ce seul point lui confère déjà une force critique non négligeable.

## REMONTONS LES CHAMPS-ÉLYSÉES

1938 – France (100') • *Prod.* Cinéas (Serge Sandberg) • *Réal.* SACHA GUITRY • *Sc.* Sacha Guitry • *Phot.* Jean Bachelet • *Mus.* Adolphe Borchard • *Int.* Sacha Guitry (Ludovic à 40 ans, Louis XV à 54 ans, Napoléon III, Jean-Louis en 1860, le professeur), Jean Davy (Jean-Louis en 1840), Raymond Galle (Louis XIII), Lucien Baroux (Chauvelin), Jacqueline Delubac (Flora), Jeanne Boitel (la marquise de Pompadour), Lisette Lanvin (Louisette), Ariane Pathé (la Du Barry), Maurice Schutz (Louis XIV vieux), Robert Pizani (Offenbach, Wagner, Olivier Métra), Émile Drain (Napoléon Ier), Robert Seller (Charles X), Germaine Dermoz (Marie de Médicis), Geneviève de Séréville (une biche), Jane Marken (la mère de Louisette), Jacques Erwin (Louis XIV jeune, le duc de Montpensier), Sylvio de

Pedrelli (Concini), Pierre Mingand (le montreur de marionnettes), Pauline Carton, Mila Parély (tricoteuses).

Pendant sa classe, un instituteur parisien s'aperçoit qu'on est le 15 septembre 1938, jour de son soixante-quatrième anniversaire. Il se met alors à parler à ses élèves des Champs-Élysées dont l'histoire se confond avec celle de la France, « diverse, inattendue, divertissante parfois ». Il va la leur raconter « par le menu, par le détail, selon [ses] goûts ». En 1617, Marie de Médicis fait percer une route dans des bois touffus à l'instigation de son ministre Concini. Le futur Louis XIII, qui voit dans le parc situé autour de la route une prison faite à son intention, fera pendre par les pieds et brûler Concini lors d'une chasse à courre. Sous Louis XV, la route devient avenue. Des saltimbanques s'y installent. Le marquis de Chauvelin, ami de Louis XV, s'entend dire par une pythonisse qu'il mourra la même année que le roi, mais six mois avant lui. Chauvelin rapporte cette prédiction au roi qui la prend très au sérieux. Dès ce jour, les ennuis de Chauvelin commencent. Il est constamment soigné – et saigné – par deux médecins. On surveille sa nourriture ; on lui interdit les maîtresses trop juvéniles. Pendant ce temps, le roi, assuré de vivre aussi longtemps que Chauvelin, ne se prive de rien. Sous l'identité de son ami, il visite tous les deux jours une jeune maîtresse de seize ans, Louisette. La Pompadour, sur le point d'être délaissée, se voit conseiller de donner au roi une « poupée » pour l'amour. C'est Louisette qu'elle choisit et conduit au lit du roi, où se trouve présentement Chauvelin qui doit céder la place. Naîtra de cette union le petit Ludovic auquel le roi fera faire ses premiers pas et donner une voiture à chèvres (origine de la concession accordée aux Champs-Élysées en 1762). En 1783, Chauvelin meurt, suivi six mois plus tard par le Bien-Aimé, maintenant haï de tous, et pleuré seulement par Louisette et Ludovic. L'instituteur apprend à ses élèves médusés qu'il est le petit-fils de Ludovic et donc l'arrière-petit-fils de Louis XV. Cette révélation faite, il continue son récit. Louisette épouse le marionnettiste des Champs-Élysées. En 1791, Ludovic âgé de 26 ans, entreprend de séduire une par une les « tricoteuses » pour qu'elles embrassent la cause de Louis XVI (son neveu). L'une d'entre elles, la servante de Marat, voudra lui crever les yeux quand elle apprendra qui il est. Ses parents sont arrêtés et décapités. Plus tard, il crée un café à la mode et rencontre la fille de Marat et de la tricoteuse. Au lieu de se venger sur elle comme il en avait d'abord l'intention, il l'épouse et elle le rend très heureux. A 54 ans, comme son père, il a un enfant et, comme lui, il meurt à 64 ans. Le fils de Ludovic, Jean-Louis, transforme le café de son père en vaste salle de mille places, « Les Ambassadeurs », selon des plans donnés autrefois à sa grand-mère par Jean-Jacques Rousseau. Il épousera Léonie, la fille naturelle que Napoléon eut à Sainte-Hélène d'une Suédoise follement amoureuse de lui qui l'avait suivi dans son exil. Au café des « Ambassadeurs » il engage comme chef d'orchestre, puis renvoie, Richard Wagner qui, contrairement à ses ordres formels, s'obstine à faire jouer des œuvres de sa composition. Après la Révolution de 1848, Jean-Louis et Léonie se séparent à cause de leurs convictions politiques opposées. Ils se réconcilieront après la guerre de 1870. En 1874 naît l'instituteur qui au terme de son cours fantaisiste d'Histoire de France révèle un autre secret à ses écoliers. Si dans la semaine, il instruit les enfants, le dimanche, il les distrait puisqu'il est depuis 32 ans le marionnettiste du Guignol des Champs-Élysées. Dernière révélation : il désigne à ses élèves celui qui, parmi leurs condisciples, est son fils (qu'il a eu à 54 ans), descendant à la fois des rois de France et de Napoléon. Il invite tous les Français, enfants et adultes, à s'unir pour l'éternité.

☞ Deuxième fantaisie historique de Guitry, réalisée un an après *Les perles de la couronne**. Guitry perfectionne le genre qu'il a créé. Il va encore plus loin dans le délire, dans l'invention échevelée. Il laisse le spectateur constamment suspendu aux lèvres du narrateur, stimulant et satisfaisant sa curiosité par cent parenthèses, anecdotes et développements inattendus, de dimensions et d'importance très diverses. Ils constituent, en prenant pour fil conducteur la succession des différents gouvernements de la France, la plus acrobatique et la plus imprévisible des causeries historiques. La structure du récit, son contenu et la situation du narrateur par rapport à ce récit sont entièrement nouveaux et originaux. Face à un auditoire qui lui est toujours indispensable (ici une classe de jeunes écoliers), le narrateur ne se contente pas d'exposer les faits mais y participe étroitement (par les liens du sang !). Maîtrise du discours et autobiographie inventée s'unissent chez ce narrateur-démiurge qui doit être aussi un enchanteur et un humoriste pour représenter Guitry au complet. L'auteur conclut son récit en exprimant sous une forme symbolique – un garçonnet héritier des rois de France et de l'Empereur – son désir profond de voir réconciliées toutes les tendances politiques de la France. Conjuration sans effet et prophétie a rebours de ce qui allait se passer, moins de deux ans plus tard, sur le territoire national.

BIBLIO. : continuité narrative du film (sans les dialogues) parue dans « L'Intransigeant » du 30 mars au 6 avril 1938. En volume : chez Raoul Solar, 1957, puis Librairie Académique Perrin, 1962.

## REMOUS

1934 – France (84') • *Prod.* H.O. Films • *Réal.* EDMOND T. GRÉVILLE • *Sc.* Edmond T. Gréville, Kurt Alexander, André Doderet, d'ap. R. « A Kiss in the Dark » de Peggy Thompson • *Phot.* Roger Hubert • *Mus.* Pierre Sandrey, A. de Sviroky • *Int.* Jeanne Boitel (Jeanne Saint-Clair), Jean Galland (Henri Saint-Clair), Diana Sari (Paulette), Françoise Rosay (Mme Gardanne), Maurice Maillot (Robert Vanier), Robert Arnoux (Pierre), Lyne Clevers (Lydia, la chanteuse).

Durant son voyage de noces, un ingénieur travaillant à la construction d'un barrage est victime d'un accident de voiture qui le laisse impuissant. Sa femme prend un amant, tout en continuant à l'aimer profondément. Le mari se suicide. Les amants se séparent.

☞ Une œuvre unique dans le cinéma français des années 30 : par son thème et par l'ambition de Gréville de le traiter gravement, en se mettant à l'écoute profonde des personnages et de leurs différents niveaux de conscience. C'est d'abord le film du désir sexuel, lu sur le visage du personnage et de l'actrice Jeanne Boitel dans chaque plan. Désir, insatisfaction (laquelle se communique peu à peu à toutes les fibres de l'être) : le film les exprime sans unité de style – si elle existait, ce ne serait plus une œuvre de Gréville – en recourant tantôt à un symbolisme assez vieillot, tantôt à une mise en scène extrêmement moderne. Côté symbolisme, il y a des inserts (les « remous ») et les incidents caractéristiques, comme cette séquence où J. Boitel et son amant ramassent chacun un morceau d'un disque caché et les rapprochent l'un de l'autre. Mais Gréville tente aussi – à cet auteur baroque tout moyen semble bon qui peut mener au but recherché – d'exprimer l'angoisse, la tension, l'écart se creusant entre les personnages par le seul pouvoir de la caméra, du découpage et d'un jeu intense des acteurs. Ceux qu'il a choisis ne sont pas des stars mais *seulement* d'excellents comédiens (cf. la scène où J. Galland au cabaret « Le Phare » regarde sa femme danser avec son futur amant et, plus tard, l'échange des aveux d'amour entre les époux juste avant le suicide de Galland). Gréville ne dédaigne pas non plus de porter ses efforts sur la composition plastique de l'image : ainsi le final où, en haut du barrage, les silhouettes de J. Boitel en deuil et de son amant se séparent définitivement. Au-delà de son expression du désir et de l'insatisfaction, *Remous* est surtout un film d'amour, où l'amour est l'incarnation même de la fatalité. A cause de lui, les deux époux, qui ne peuvent se satisfaire, ne peuvent pas non plus se quitter. Le suicide de Galland devient logique et inévitable, c'est-à-dire tragique. Tragique aussi, car il ne saurait en aucun cas atteindre le but recherché : la libération de l'épouse. Les personnages secondaires (Françoise Rosay, Robert Arnoux) sont vraiment secondaires et soulignent par là que le film n'est rien d'autre que l'histoire intime et charnelle d'un couple pris dans l'engrenage d'un amour impossible. Étant donné son isolement dans la production de l'époque et son absence de vedettes, le très grand succès du film à sa sortie surprend. On reprocha même à Gréville pendant plusieurs années d'être incapable de le répéter.

## RENARDE (LA) (Gone to Earth)

1950 – Angleterre (110') • *Prod.* London Film Productions/Vanguard (David O. Selznick) • *Réal.* MICHAEL POWELL • *Sc.* Michael Powell, Emeric Pressburger d'ap. R. de Mary Webb • *Phot.* Christopher Challis (Technicolor) • *Mus.* Brian Easdale • *Int.* Jennifer Jones (Hazel Woodus), David Farrar (Jack Reddin), Cyril Cusack (Edward Marston), Sybil Thorndyke (Mme Marston), Edward Chapman (Mme James), Esmond Knight (Abel Woodus), Hugh Griffith (Andrew Vessons).

Au XIXe siècle, entre le pays de Galles et l'Angleterre, dans un territoire où règnent les superstitions, la croyance aux fantômes et maintes pratiques magiques, Hazel Woodus, fille d'une gitane aujourd'hui morte et d'un fabricant de cercueils joueur de harpe, vit en communion avec la nature et les animaux dont elle se sent beaucoup plus proche que des hommes. Elle élève ainsi une renarde qu'elle a recueillie. Le nouveau révérend demande Hazel en mariage. Elle ne l'aime pas vraiment, mais, à cause de la douceur qu'il lui a témoignée, elle accepte de s'unir à lui. En même temps, elle ne cesse de rêver au petit hobereau Jack Reddin, qu'elle a rencontré un soir sur la route et qui l'avait invitée à passer la nuit dans sa demeure, ce qu'elle avait fait, mais sans lui et dans une chambre prêtée par le domestique. Au matin, elle était repartie sans le revoir et depuis il la cherche partout. Il la retrouve enfin chez le révérend et elle ne peut s'empêcher de le suivre. Mais avec lui elle ne connaîtra pas le bonheur. L'amour qu'il éprouve pour elle ne peut en effet modifier son caractère cruel et dur. Elle retourne chez le révérend. Aussitôt, la mère de celui-ci, offusquée, quitte la place. Une délégation de citoyens honorables exige du révérend qu'il renvoie cette épouse dévergondée. Il pense alors partir s'installer ailleurs avec Hazel ; mais lors d'une chasse à courre à laquelle participe Reddin, elle veut protéger sa renarde traquée par la meute, elle court et tombe avec l'animal qu'elle porte dans ses bras au fond d'un immense puits de mine.

☞ C'est l'une de ces œuvres (cf. *The Garden of Allah** ou *Leave Her to Heaven**) où la couleur est l'élément, voire même le personnage, principal du film ; elle est ce qu'on regarde avant tout, elle détient pour ainsi dire le sens du film et en ordonne la matière. Ici la flamboyance irrationnelle des sentiments, la magie d'un univers païen où l'héroïne vit au sein de la nature plus près des animaux que des hommes, sont exprimés essentiellement par la couleur. Sans elle, le film n'ajouterait rien à la banalité de son sujet : hésitations, oscillations d'une femme immature entre l'ennuyeuse sérénité d'un foyer conjugal apaisant et la complicité physique avec un amant frustré, incompréhensif et cruel. Mais, maniée par le grand styliste qu'est Powell, la couleur fournit un équivalent du sensualisme littéraire de Mary Webb et y ajoute une composante de vertige, de morbidité baroque, caractéristique de l'univers du cinéaste. Hormis l'interprétation de Jennifer Jones (le second pôle d'intérêt du film), l'œuvre achevée laissa insatisfaits tous ceux qui s'en étaient occupé : Alexandre Korda qui avait suggéré l'idée d'adapter Mary Webb, Powell et Pressburger qui ne réussirent pas à y puiser une matière dramatique suffisamment dense (comme cela leur arriva souvent), Selznick enfin qui se livra à d'abondants tripatouillages. Il existe ainsi deux versions du film : l'originale de 110 minutes (devenue rarissime ; copie au British Film Institute) et la version courante de 82 minutes raccourcie, remontée, retitrée (*The Wild Heart*) et additionnée, selon Powell, de plans tournés par Mamoulian. C'est elle qui passe le plus souvent sur les chaînes de télévision.

## RENCONTRES DU TROISIÈME TYPE
### (Close Encounters of the Third Kind)

1977 – États-Unis (135' – ressortie de 1980 : 132') • *Prod.* COL. – Emi (Julia Phillips, Michael Phillips) • *Réal.* STEVEN SPIELBERG • *Sc.* S. Spielberg • *Phot.* Vilmos Zsigmond, William A. Fraher et pour les séquences indiennes Douglas Slocombe (Métrocolor, Panavision) • *Direction des effets spéciaux :* Douglas Trumbull • *Mus.* John Williams • *Int.* Richard Dreyfuss (Roy Neary), François Truffaut (Claude Lacombe), Terri Garr (Ronnie Neary), Melinda Dillon (Jillian Guiler), Bob Balaban (David Laughlin), J. Patrick McNamara (le chef du projet), Warren Kemmerling (Wild Bill), Gary Guffey (Barry Guiler), Shawn Bishop (Brad Neary), Adrienne Campbell (Silvia Neary), Justin Dreyfuss (Toby Neary).

Désert de Sonora au Nouveau-Mexique. Une escadrille de la Seconde Guerre est retrouvée intacte par une équipe scientifique internationale dirigée par le Français Claude Lacombe, spécialiste des OVNI. Les avions avaient été portés manquants en 1945. Au centre de contrôle aérien d'Indiapolis, la trace d'un OVNI apparaît sur un écran-radar. A Muncie, toujours dans l'Indiana, des phénomènes électriques inhabituels se produisent en pleine nuit. Un garçonnet, le petit Barry, a la surprise de voir ses jouets se mettre en marche tout seuls. Une panne générale d'électricité se produit. Le petit Barry part seul dans la campagne. Le réparateur de câbles électriques Roy Neary se retrouve perdu en voiture. Un vaisseau spatial apparaît au voisinage de son véhicule dans une lumière intense. Roy retourne chez lui et emmène sa femme et ses enfants sur les lieux de sa « vision ». Dans le désert de Gobi, un navire est retrouvé enfoncé dans les sables. Le lendemain matin, Roy s'aperçoit qu'il a la moitié de son visage... bronzée. Il est renvoyé de son travail et cela le laisse dans une indifférence complète. En Inde, Claude Lacombe écoute des groupes immenses de chanteurs et repère dans leur chant cinq notes particulières, toujours répétées. Le petit Barry construit chez lui une sorte de monticule : il a une forme que Roy voit partout et qui le hante. Le radio-télescope de Golstone capte des émissions particulières, des séries identiques de pulsions. L'interprète de Lacombe pense que ces messages indiquent une latitude et une longitude. Barry joue les cinq notes repérées par Lacombe sur son xylophone et ne cesse de dessiner des monticules. A nouveau, des phénomènes anormaux se produisent à Muncie. La nuit, une lumière orange apparaît quand Barry ouvre la porte de sa maison. Sa mère, Jillian, bouche toutes les issues, mais plus tard le gosse s'échappera et sera enlevé par un OVNI. Roy a un comportement de plus en plus étrange. Sa femme et ses enfants quittent la maison. Roy ne cesse d'entasser des matériaux pour construire un monticule dont il détruira le sommet conique. Le monticule se termine maintenant par une surface à peu près plane qui lui donne une autre forme. Le monticule occupe bientôt toute une pièce de la maison. A la télévision, on diffuse des nouvelles sur la mise sur pied d'une évacuation, pour raisons écologiques, d'une partie du territoire du Wyoming. Dans cet État, la montagne dite Devil's Tower ressemble étrangement au monticule de Roy. Et Jillian dessine des formes semblables. Poussé par une force irrésistible, Roy se rend au Wyoming où il retrouve la mère de Barry. Il comprend que cette évacuation et les raisons qui soi-disant la nécessitent ne sont qu'une mise en scène décidée par les autorités pour vider la région de ses habitants. Placés dans un hélicoptère avec d'autres « prisonniers », Roy et Jillian réussissent à fuir et se dirigent vers la Devil's Tower. Ils échapperont aux soldats qui les recherchent, mais le compagnon avec lequel ils avaient fui sera atteint par les gaz anesthésiants répandus sur la région. Montés sur une colline, Roy et Jillian découvrent une vaste station scientifique installée au bas de la Devil's Tower. Lacombe, dirigeant les travaux, fait jouer à une cadence de plus en plus accélérée les cinq fameuses notes. Des vaisseaux spatiaux passent au-dessus des savants et des techniciens réunis dans la station. Les vaisseaux répondent aux cinq notes par des signaux lumineux. Le vaisseau principal atterrit. Il répond aux cinq notes et essaie d'enseigner aux Terriens un code musical. Des soldats américains, disparus depuis des décennies, descendent du vaisseau. Ils n'ont pas vieilli. Le petit Barry apparaît lui aussi : sa mère le prend dans ses bras. Lacombe admet Roy parmi les hommes qui vont repartir dans le vaisseau. Des extra-terrestres regardent les Terriens. Lacombe leur fait un signe de la main – traduction gestuelle des cinq notes – qu'ils comprennent. Le vaisseau repart dans les cieux.

☞ Venant une dizaine d'années après *2001**, *Rencontres du troisième type* est à peu de chose près aux années 70 ce que le film de Kubrick était aux années 60. En une décennie, le cinéma américain s'est considérablement puérilisé. *Rencontres* atteste de ce phénomène en y contribuant et en l'accentuant. Les deux films – et c'est à peu près leur seul point de contact – se veulent avant tout une expérience visuelle dont le contenu se situe au-delà des mots. *2001** rompait avec le cinéma de SF des années 50 afin de donner au genre un prolongement philosophique. *Rencontres,* lui, renoue avec le cinéma des années 50 (nostalgie oblige) mais élimine d'une manière originale tout ce que ce cinéma comportait d'agressif dans la description des relations Terriens/extra-terrestres. Il tente au contraire de présenter ces relations comme une source de béatitude pour le spectateur (quitte à ce que cette béatitude équivale parfois, et notamment à la fin, à un état tout simplement béat). Où le film prolonge et dépasse le cinéma des années 50, c'est dans la richesse et la perfection des effets spéciaux. A cet égard, il faut sans doute considérer, Douglas Trumbull comme le co-auteur du film puisqu'il est responsable de ce qu'il contient de meilleur. *Rencontres* est l'histoire de l'établissement d'un contact, d'une communication. Le contenu et les conséquences de cette communication sont laissés à la libre imagination du spectateur. Spielberg offre un cadre : au spectateur de le remplir. On ne peut pas moins se mouiller. Le cinéma de Spielberg repose sur deux caractéristiques qui auraient pu lui être fatales mais qu'il a su tranformer en éléments de réussite. En ce domaine, son habileté tient du miracle. Il est d'abord le contraire d'un explorateur, d'un novateur. Il n'entraîne pas le spectateur vers des terres inconnues (contrairement à Kubrick et à *2001**). A une époque où (grâce notamment à *2001**) la SF est devenue le genre dominant, il donne au spectateur ce qu'il a envie de voir, mais avec plus de somptuosité qu'on ne l'a jamais fait avant lui. Dans la version révisée du film, baptisée « Édition spéciale » (1980), Spielberg mange d'ailleurs le morceau. Autrement dit : que le spectateur manifeste sa volonté, Spielberg obéira. Dans cette nouvelle édition, il raccourcit les séquences où Richard Dreyfuss construit son monticule (qui avaient un peu lassé le public) et rallonge la séquence finale avec les extra-terrestres, jugés trop absents du film original. Nullement supérieure à la première, cette « édition » montre seulement la complaisance de l'auteur vis-à-vis des goûts du public. L'autre caractéristique du cinéma de Spielberg est son impuissance à créer des personnages de chair et de sang. Il sait montrer des machines qui se comportent comme des hommes ou des hommes qui se comportent comme des machines (c'était la magistrale ambiguïté de *Duel**, son film le plus personnel jusqu'ici) et on pourrait dire de lui, en retournant la phrase célèbre, que « tout ce qui est humain lui est étranger ». Avant les deux dernières décennies, cela lui aurait barré la route à toute carrière. Aujourd'hui, cela assure son triomphe. Mais pour combien de temps ?

BIBLIO. : la majeure partie du nº 7, vol. 3 (1978) de la revue américaine « Cinefantastique » est consacrée au film (description minutieuse des effets spéciaux, interview de Spielberg, etc.). D'autre part, l'un des acteurs du film, Bob Balaban, a publié un journal de tournage : « *Close Encounters of the Third Kind* Diary », Paradise Press, 1978.

## RENDEZ-VOUS DE JUILLET

1949 – France (112') • *Prod.* UGC et SNEG • *Réal.* JACQUES BECKER • *Sc.* Jacques Becker, Maurice Griffe • *Phot.* Claude Renoir • *Mus.* Jean Wiener et Mezz Mezzrow • *Int.* Daniel Gélin (Lucien Bonnard), Pierre Trabaud (Pierrot Rabut), Nicole Courcel (Christine Courcel), Brigitte Auber (Thérèse Richard), Maurice Ronet (Roger Moulin), Louis Seigner (Levase), Philippe Mareuil (François Courcel), Bernard La Jarrige (Guillaume Rousseau), Gaston Modot (le professeur), Louisa Colpeyn (Mme Courcel).

Lucien Bonnard, un étudiant en ethnographie, cherche vainement des subventions pour son expédition en Afrique. Des apprentis comédiens, parmi lesquels sa petite amie Christine, montent une pièce écrite par un jeune auteur. Quand il apprend que les fonds vont enfin lui être accordés, Lucien doit exhorter trois de ses camarades à prendre leurs responsabilités et à ne pas lui faire faux bond. Parmi eux figure un opérateur diplômé de l'IDHEC qui, ne trouvant pas de travail, joue de la trompette dans une cave avec Claude Luther. Au moment du départ, Lucien emmène avec lui son équipe au complet, mais découvre que Christine, devenue entre temps la maîtresse de son metteur en scène, n'est pas faite pour lui.

☞ Chronique du passage de la vie estudiantine à la vie sociale, assemblage significatif de portraits individuels, tableau d'une époque, le film est un peu tout cela en même temps, unifié par le dynamisme, la justesse de ton, l'attention minutieuse au réel du plus sensible – sensible comme un sismographe – des cinéastes français. De dépassement en dépassement, le tournage s'étala sur des mois, comme si le temps ne comptait pas. Il fit largement appel à l'improvisation et fut nourri des échanges de vues entre le réalisateur et ses jeunes comédiens, si proches, par l'âge, l'ambition et l'espoir, des personnages qu'ils interprétaient dans le scénario. Becker a toujours affirmé s'intéresser beaucoup plus aux personnages qu'à l'intrigue. Il a nié catégoriquement toute prétention à décrire l'ensemble d'une époque. Mais, pour réunir harmonieusement ces portraits si nombreux dans la durée limitée d'un film, il a été amené à créer un entrelacs dramatique d'une extrême virtuosité (c'était déjà le cas dans *Goupi Mains Rouges**). Et ses personnages, subtilement reliés entre eux par l'air du temps et l'esprit d'observation de leur créateur, finissent par donner de l'époque où ils évoluent une vision globale très pénétrante. Indirectement, le modeste conteur s'est transformé en peintre d'une génération. Indirectement aussi, il regarde sa propre jeunesse à travers celle de ses personnages et une très discrète nostalgie perce à travers leurs aventures. Ici, dans son film le plus optimiste, Becker oppose sans artifice les meneurs et les velléitaires, ceux qui entraînent et ceux qui sont entraînés, ceux qui regardent la vie de face et ceux qui l'abordent de biais et par des détours. Ceux-là peut-être, comme le personnage finement dessiné de Nicole Courcel, seront les moins heureux. Mais sait-on jamais ? Tous, en tout cas, ont besoin les uns des autres dans cet immédiat après-guerre où l'horizon paraît s'ouvrir largement devant eux. Becker a su capter avec un rare bonheur ce moment privilégié d'une époque, quand la jeunesse des personnages semble s'accorder au désir de renouveau émanant de la société tout entière. Par une logique à la fois profonde et immédiate, le film donne également sa chance à une brochette de jeunes acteurs dont plusieurs (Daniel Gélin, Nicole Courcel, Brigitte Auber, Maurice Ronet) allaient figurer parmi les talents les plus caractéristiques de leur génération. Comme il arrive fréquemment au cinéma, la qualité et l'ampleur du résultat final ont été inversement proportionnels aux ambitions avouées du réalisateur.

BIBLIO. : Jean Queval : « Rendez-vous de juillet », Chavanne, s. d. Cet opuscule consiste en une brève évocation du tournage du film, préfacée par Raymond Queneau qui cosigne le livre. « Jacques Becker, écrit Queval, fait recommencer cinq, six, quinze, vingt fois, il n'a de cesse qu'il n'ait trois ou quatre bonnes prises, des éléments de choix et de montage, et, comme il tourne un plus grand nombre de plans que ses confrères, ainsi tourne-t-il un plus grand nombre de prises [...] Un plus grand nombre de plans, qui feront un plus grand nombre de collures ; un plus grand nombre de prises ; un plus grand nombre de modifications du texte original ; un plus grand nombre d'ajouts au découpage. C'est ce qui distingue et définit Jacques Becker entre les metteurs en scène. »

## REPAS (LE)
## (Meshi)

1951 – Japon (91') • *Prod.* Toho • *Réal.* MIKIO NARUSE • *Sc.* Toshiro Ide, Sumie Tanaka d'ap. R. de Fumido Hayashi • *Phot.* Masao Tamai • *Mus.* Fumio Hayasaka • *Int.* Ken Uehara, Setsuko Hara, Yukiko Shimazaki, Haruko Sugimura, Kan Nihonyanagi, Keiju Kobayashi, Kumeko Urabe, Yoko Sugi, Akiko Kazami.

Dans la partie sud d'Osaka, on a plus l'impression de se trouver dans une lointaine banlieue que dans une ville. Michyio est mariée depuis cinq ans avec un petit agent de change. Mariage d'amour contracté contre la volonté des parents. Mais le temps use les passions ; et parfois la monotonie des soins du ménage, l'obligation de toujours économiser pèsent à Michyio. La nièce de son mari a fui sa famille qui voulait la marier contre son gré et arrive de Tokyo. Elle apporte avec elle la nostalgie de la capitale. Le mari l'invite à une excursion touristique en car. Michyio ne peut s'empêcher de se sentir jalouse. Le mari, sorti avec ses amis, rentre ivre. La nièce, invitée par un voisin, rentre elle aussi au milieu de la nuit. Michyio décide de la raccompagner à Tokyo. Elle aura ainsi l'occasion de revoir sa mère. Son mari reste seul. La vaisselle et le désordre s'accumulent. Une amie de sa femme vient l'aider. Les deux époux ne s'écrivent pas. Michyio, qui songe à trouver un travail à Tokyo, rédige une lettre mais ne la poste pas. La nièce a encore fui sa famille et se réfugie chez la mère de Michyio. Cette fois, elle est amoureuse du cousin de Michyio. Il arrive à Michyio de penser qu'elle aurait peut-être mieux fait d'épouser ce cousin-là. Son mari vient d'arriver à Tokyo. Il dit à sa femme que son voyage est lié à son travail. Les deux époux rentrent ensemble à Osaka.

☞ Chronique conjugale et familiale aussi ténue qu'elle est prenante et passionnante. Les réactions des personnages, tout comme les éléments de leur milieu social, semblent observés comme au microscope. La précision et la finesse de la mise en scène, sans oublier son élégance, sa retenue, créent chez le spectateur une attention fascinée d'une qualité rare. Mais le dépouillement du style n'aboutit pas ici à un sentiment de plénitude, comme chez Ozu. C'est que l'hésitation, la perplexité restent le lot essentiel des personnages et font obstacle à leur sérénité. Sont-ils heureux, sont-ils à plaindre, ont-ils une place réelle dans la société, doivent-ils décider de modifier le cours de leur destin ? Ils ne le savent pas eux-mêmes. Le film est comme le graphique de ces incertitudes, à peine formulées. Il apparaît étonnamment moderne.

## RESTLESS BREED (THE)

Inédit en France. 1957 – USA (81') • *Prod.* Edward L. Alperson • *Réal.* ALLAN DWAN • *Sc.* Steve Fisher • *Phot.* John W. Boyle (Eastmancolor), • *Mus.* Edward L. Alperson, Jr. • *Chor.* Miriam Nelson • *Int.* Scott Brady (Mitch Baker), Anne Bancroft (Angelita), Jay C. Flippen (marshal Steve Evans), Jim Davis (Ed Newton), Leo Gordon (Cherrokee), Rhys Williams (Révérend Simmons), Scott Marlowe (James Allan), Myron Healey (shérif William).

En 1865, un avocat, Mitch Baker, apprend que son père, membre du Service secret américain et chargé d'enquêter sur un trafic d'armes à la frontière mexicaine, a été assassiné par Ed Newton, le chef de la bande organisant le trafic. Mitch décide immédiatement de venger son père et se rend dans la petite ville frontière du Texas où le meurtre a eu lieu. Il retrouve la mission qui avait hébergé son père et fait connaissance avec le révérend Simmons et sa fille adoptive, Angelita. Il assiste à la mort du shérif, piégé et assassiné dans le saloon par les complices de Newton. C'est le troisième shérif qui meurt en deux mois dans le village. Peu de temps après, Mitch, au lieu de tomber dans le même piège, abat deux hommes de main de Newton. Aussitôt, le calme revient, ce qui ne s'était pas produit depuis des mois, et la réputation de Mitch, dont personne ne connaît le secret, grandit. Un quatrième représentant de la loi arrive, Steve Evans, ancien ami personnel du père de Mitch. Evans critique violemment le désir de vengeance de Mitch et révèle aux habitants du lieu les raisons de sa présence. Essayant d'arrêter légalement Newton, Evans meurt dans la fusillade qui s'ensuit. Ses derniers mots sont pour nommer Mitch son adjoint. Celui-ci abat alors Newton et son principal complice.

☞ Réalisé parallèlement à la série des dix films de Dwan produits par Benedict Bogeaus, *The Restless Breed*, moins parfait et disposant d'un budget encore plus réduit que les films de cette série, est pourtant loin d'en être indigne. Dans ce qui nous est présenté comme une « légende de l'Ouest des premiers âges », Dwan renouvelle son expérience de *Silver Lode** en l'adaptant à des contraintes financières extrêmement difficiles. La ville de *Silver Lode** dont les lieux symboliques et représentatifs (l'école, la prison, le tribunal, l'église, etc.) jalonnaient l'itinéraire tragique du personnage central, devient ici un village minuscule, une sorte de lieu théâtral étroit et unique. Cet espace resserré et hautement symbolique est peuplé de personnages quasi allégoriques (le Tueur, le Traître, la Jeune Fille, etc.). La mission – exiguïté oblige – fait face au saloon et n'en est séparée que de quelques mètres. Dwan utilise ces contraintes pour tenter de dégager la quintessence du western traditionnel. Cela à partir de ses composantes morale, religieuse, voire même mystique. Cette dernière composante constitue l'apport le plus original du film. Vêtu d'une chemise blanche, le héros, qui vient de nulle part et ne dit mot de son secret, incarne la violence destinée à mettre fin à la violence, celle qui doit interrompre le cycle infernal des désordres et des assassinats. Le héros semble du même coup investi d'une surpuissance mythique, non totalement dénuée d'ambiguïté puisque, pour un temps, il paraîtra subir la contagion du mode de vie de ses ennemis. Aux yeux des enfants, il passe pour un archange, aux yeux des adultes pour un sauveur et aux yeux des représentants de la loi pour un irrégulier et un dissident. C'est toutefois sans se départir de son habituelle bonhomie, sans se prendre le moins du monde au sérieux (ce qui ne doit pas nous empêcher, nous, de le prendre au sérieux) que Dwan se livre à cette variation métaphysique sur les thèmes archaïques du western. Il n'oublie pas au passage de signer nombre de plans mémorables, marqués au coin de son génie pictural et poétique.

## RÉSURRECTION (id.)

1980 – USA (103') • *Prod.* UI (Renee Missel, Howard Rosenman) • *Réal.* DANIEL PETRIE • *Sc.* Lewis John Carlino • *Phot.* Mario Tosi (Technicolor) • *Mus.* Maurice Jarre • *Int.* Ellen Burstyn (Edna), Sam Shepard (Cal), Richard Farnsworth (Esco), Roberts Blossom (John Harper), Clifford David (George), Pamela Payton-Wright (Margaret), Jeffrey DeMunn (Joe).

Victime d'un très grave accident de voiture qui coûta la vie à son mari, une femme revient d'entre les morts et se découvre un pouvoir de guérisseuse.

☞ Le beau scénario original de Lewis John Carlino tourne résolument le dos aux effets traditionnels et à l'esprit du film fantastique contemporain. C'est, basé sur des faits dont le caractère surnaturel est indubitable, un mélodrame poétique et émouvant. Les pouvoirs de l'héroïne ne sont attribués ni à Dieu ni au diable, mais à l'amour, à ce don que possède l'héroïne de savoir partager, avant de l'effacer, la souffrance d'autrui. Remarquable interprétation d'Ellen Burstyn, en accord avec les intentions profondes du script.

## RETOUR A LA VIE

1948 – France (115') • *Prod.* Jacques Roitfeld et Films Marceau • *Mus.* Paul Misraki. I *Le retour de Tante Emma* (20') : • *Réal.* ANDRÉ CAYATTE • *Sc.* Charles Spaak • *Phot.* René Gaveau • *Int.* Bernard Blier (Gaston), Héléna Manson (Simone), Jane Marken (Tante Berthe), Lucien Nat (Charles), Nane Germon (Henriette), Mme de Revinsky (Tante Emma). II *Le retour d'Antoine* (24') : • *Réal.* GEORGES LAMPIN • *Sc.* Charles Spaak • *Phot.*

Nicolas Hayer • *Int.* François Périer (Antoine), Patricia Roc (le lieutenant Evelyne), Tanis Chandler (le capitaine Betty), Max Elloy (le vieux barman), Gisèle Préville (Lilian), Janine Darcey (Mary). III *Le retour de Jean* (26') : • *Réal.* HENRI-GEORGES CLOUZOT • *Sc.* Henri-Georges Clouzot, Jean Ferry • *Phot.* Louis Page • *Int.* Louis Jouvet (Jean Girard), Noël Roquevert (le commandant), Monette Dinay (Juliette), Jeanne Pérez (la mère de famille), Jean Brochard (l'hôtelier), Jo Dest (l'Allemand), Léo Lapara (Bernard). IV *Le retour de René* (22') : • *Réal.* JEAN DRÉVILLE • *Sc.* Charles Spaak • *Phot.* Nicholas Hayer • *Int.* Noël-Noël (René), Madeleine Gérôme (la jeune veuve), Suzanne Courtal (la concierge), Jean Croué (Oncle Hector), Marie-France (la gamine), François Patrice (le trafiquant), Lucien Guerville (le vieux garçon). V *Le retour de Louis* (23') : • *Réal.* JEAN DRÉVILLE • *Sc.* Noël-Noël • *Phot.* Louis Page, Marcel Weiss • *Int.* Serge Reggiani (Louis), Cécile Didier (Mme Froment), Élisabeth Hardy (Yvonne), Paul Frankeur (le maire), Anne Campion (Elsa), Léonce Corne (Virolet).

Un commentaire *off* précise que ces cinq histoires de prisonniers et de déportés rentrant chez eux après la fin des hostilités veulent montrer l'immense bonne volonté de ceux qui reviennent et les déceptions auxquelles ils se trouvent confrontés. I LE RETOUR DE TANTE EMMA (20'). Rescapée de Dachau, Tante Emma a à peine la force de parler et d'ouvrir les yeux. Elle repose chez une parente sur un matelas posé à même le sol, car un lit normal est trop doux pour elle après ce qu'elle a connu et ajouterait à sa fatigue. Ses neveux et nièces, tout en se lançant à la figure d'innombrables vacheries, n'ont rien de plus pressé que de lui faire signer des papiers notariés. En effet, en son absence, pour toucher leur part d'héritage sur les biens d'un parent décédé, ils avaient imité sa signature. II LE RETOUR D'ANTOINE (24'). Célibataire, sans famille et sans autre souci que de trouver du travail, Antoine devient barman de nuit dans un hôtel réservé aux WACS. Le règlement obligeant les soldats mâles à quitter les lieux à minuit, les WACS sonnent ensuite Antoine sans arrêt pour qu'il vienne dans leur chambre leur apporter à boire, leur tenir compagnie, danser, faire la cuisine, remplacer – en paroles – le compagnon dont elles rêvent ou le mari qu'elles regrettent. Victime, elle aussi, de cette tentation de voir en lui un partenaire possible, la capitaine des WACS confie désormais à Antoine le service de jour et le remplace pour la nuit par un barman beaucoup plus âgé. III LE RETOUR DE JEAN (26'). Jean Girard vit dans une modeste pension de famille dirigée par un ancien compagnon d'oflag. Blessé à la jambe lors d'une tentative d'évasion, il est devenu depuis son retour complètement amer et désespéré. Accablé de paresse, un vice attrapé au camp, il ne songe plus qu'à observer son semblable pour tenter de le comprendre. La Providence va lui permettre d'élargir son champ d'investigation. Un soldat allemand évadé et blessé se réfugie dans sa chambre. Girard le cache et lui évite de tomber entre les mains des policiers qui fouillent la pension. Il apprend bientôt que le blessé est un horrible tortionnaire condamné à mort. Il le presse de questions. L'autre lui assure qu'il n'est pas un sadique, mais qu'il a appris à s'endurcir : « La seule excuse à la brutalité, c'est l'efficacité. » Aussi menait-il ses interrogatoires jusqu'à leur terme extrême. A ce bourreau agonisant auquel il ne trouve pas d'excuse, Girard administre une piqûre mortelle de morphine. Il le remet ensuite à la police. IV LE RETOUR DE RENÉ (22'). René Martin est le 1 500 000<sup>e</sup> prisonnier à revenir en France. A cette occasion a lieu une cérémonie officielle. Un représentant du gouvernement adresse à René un petit discours et lui remet une statuette. En réalité, il y a une erreur, René n'est que le 1 499 998<sup>e</sup>, mais on ne va pas recommencer la cérémonie pour si peu. René est considéré comme une sorte de « prisonnier inconnu ». « Vous vous appelez Martin, donc vous n'avez pas de nom », lui dit le représentant officiel... De retour chez lui, René apprend que sa femme l'a quitté et que son appartement est occupé par un couple de sinistrés du Havre dont les trois enfants ne se sont pas privés de saccager ses livres et ses collections. Le mari déclare avoir été blessé à Wagram, c'est-à-dire pendant l'arrivée de Leclerc à Paris. René logera dans la chambre de bonne. Un cousin débrouillard lui conseille de courtiser la mère des trois enfants (qui est veuve et vit là en réalité avec son frère, l'oncle des enfants), afin de récupérer ainsi l'appartement. René suit le bon conseil et commence par acheter des fleurs... V LE RETOUR DE LOUIS (23'). Louis ramène dans son village natal une jeune Allemande, Elsa, qu'il a épousée. Les villageois lui font subir tant d'avanies qu'à la fin elle se jette dans l'étang. Le maire la repêche, mais le docteur n'est pas sûr de pouvoir la sauver. Les habitants comprennent l'odieux de leur comportement et font amende honorable avant d'apprendre qu'Elsa est sauvée.

☞ Premier film à sketches français réalisé par différents metteurs en scène. Cette structure (d'où il faut exclure les « films de revues » type *Paramount on Parade* ou *Elstree Calling)* triomphera dans la comédie italienne des année 60. Elle apparaît tardivement et restera relativement rare dans les différentes cinématographies (cf. *If I Had a Million**, USA, 1932, *Dead of Night**, Grande-Bretagne, 1946). Elle repose sur un équilibre délicat entre la nécessité de préserver une unité de ton générale et celle de permettre à la personnalité de chacun des réalisateurs d'apparaître. Cet équilibre est ici remarquablement maintenu. Chacune des histoires se rattache, sans artifice, à une expérience commune mais très diverse dont le ton variera en fonction des obstacles et des difficultés rencontrés par les différents protagonistes. Le sketch de Clouzot est le plus noir et le plus réussi. Admirablement interprété, c'est un chapitre de plus dans cette étude de la monstruosité humaine à laquelle s'est consacré l'auteur du *Corbeau** et des *Diaboliques**. Même noirceur chez Cayatte. Son sketch traite à chaud et pourtant avec une grande véracité (confirmée par d'innombrables témoignages ultérieurs) de la relation d'incommunicabilité qui s'est tout de suite installée entre les rescapés des camps et ceux qui avaient tant bien que mal continué de vivre dans une relative liberté. La satire anti-bourgeoise du sketch reste sobre, mais plus convenue. A Georges Lampin, qui n'est pas du tout l'homme de la situation, échoit le rôle difficile de mettre un peu d'humour dans un ensemble très âpre. Son sketch se caractérise surtout par sa mièvrerie, due en partie à l'autocensure de l'époque quant à l'évocation de la sexualité. Plus osé, le sketch aurait eu parfaitement sa place dans le tableau général présenté ici. Cette mièvrerie contraste avec l'extrême causticité du premier des deux sketches de Jean Dréville (*Le retour de René*). Dréville et Noël-Noël, qui avaient déjà fait équipe pour *La cage aux rossignols* et *Les casse-pieds**, livrent une vision ironique et virulente de l'époque avec ses « bons Français », épurés ou non, ses sinistrés encombrants, ses débrouillards de tout poil qui déversent sur le héros anonyme un flot de catastrophes tragi-comiques dont il se serait bien passé. Dréville a également la charge de conclure avec un dernier sketch (*Le retour de Louis*) assez dur mais peu original, chargé de laisser le spectateur sur une ultime note d'espoir. Toutes les histoires sont écrites avec acuité et invention (multiplicité de personnages, d'incidents, de notations). On y sent encore, sur le plan de la richesse dramatique, l'influence du cinéma des années 30. L'actualité du sujet n'a pas empêché le film de prendre sur les événements racontés un recul tout à fait étonnant, lié à une constante justesse d'observation. Une grande partie des qualités du film est due à Charles Spaak ainsi qu'aux interprètes.

BIBLIO. : Charles Spaak, H.-G. Clouzot, Jean Ferry « Retour à la vie » (continuité dialoguée), La Nouvelle Édition, 1949 (collection : « Les classiques du cinéma français »).

## RETOUR D'AFRIQUE (LE)

1973 – Suisse/France (110') • *Prod.* Groupe 5, SSR, Filmantrope (Suisse), Nouvelles Éditions de Films, CECRT (France) • *Réal.* ALAIN TANNER • *Sc.* A. Tanner • *Phot.* Renato Berta • *Mus.* Jean-Sébastien Bach • *Int.* Josée Destoop

(Françoise), François Mathouret (Vincent), Juliet Berto, Anne Wiazemsky, Jacqueline Cuénod, Roger Ibanez, Roger Jendly.

A Genève, Vincent, un ouvrier jardinier de vingt-six ans, titulaire d'un diplôme d'horticulteur, et sa femme Françoise, secrétaire d'une galerie de peinture, décident de partir vivre en Algérie. C'est un projet qui tenaille Vincent depuis dix ans. Ils écrivent à un ami, Max, installé là-bas, qui leur donne le feu vert pour venir, au moins à titre d'essai. Le couple vend tout ce qu'il possède : voiture, mobilier, etc. La veille du départ, un télégramme de Max leur demande instamment de reculer leur départ. Une lettre suit. Vincent et Françoise ne décommandent pas la soirée d'adieux avec leurs amis et font comme s'ils devaient partir. Puis ils se terrent dans l'appartement, se faisant livrer de la nourriture par un traiteur. La lettre de Max n'arrive pas. Vincent refuse toujours de sortir de peur de rencontrer quelqu'un. Françoise, elle, n'en peut plus et fait une promenade de deux heures un dimanche matin dans la ville qui lui paraît une terre étrangère. Huit jours se sont passés. Françoise va poster un télégramme à Max. La réponse arrive enfin : Max, ayant eu des difficultés dans son travail, va rentrer en Suisse dans quelques jours. Il leur donnera des tuyaux. Au bout de douze jours, Vincent et Françoise savent qu'ils ne partiront plus. Neuf mois plus tard, ils ont emmenagé dans un logement neuf ; leur ancienne maison a été détruite. Françoise travaille à la poste, Vincent a repris son travail de jardinier. Ils participent à la vie de leur immeuble et se mobilisent contre un projet de vente forcée. Ils repensent à avoir un enfant et tirent au sort pour savoir lequel des deux restera à la maison pour s'occuper de lui.

☞ L'œuvre la plus originale de Tanner. La plupart de ses films décrivent des cavales ; celui-ci montre une cavale immobile. Quand ils ont dit à tous qu'ils étaient partis, pour les deux héros, c'est un peu comme s'ils étaient partis. Mais ils sont toujours là, ne pouvant partager l'espace de la ville, vivant en étrangers dans un *no man's land* invivable puisqu'il n'existe pas. Ils ne sont ni ici ni là-bas. De cette expérience négative, qui n'est pas tout à fait un échec (semblable en cela à la fuite de Charles dans *Charles mort ou vif** et à la non-écriture du scénario par les deux auteurs dans *La salamandre*),* ils tireront un enseignement, feront un tout petit pas en avant qui les aidera à participer plus activement, plus lucidement à la vie sociale, au monde défectueux dans lequel ils vivent, avec l'espoir lointain – reporté en partie sur la génération suivante – de l'améliorer. L'effet de distanciation voulu par Tanner et obtenu par toutes sortes de moyens (commentaire *off,* intermèdes irréalistes et brechtiens, dédramatisation de l'intrigue dont le noyau reste cependant extrêmement solide) amène le spectateur à regarder les deux personnages de deux façons différentes, à deux distances différentes : avec eux, tout près d'eux, partageant leurs craintes, leurs scrupules, leurs hésitations, leur critiques ; mais aussi à des kilomètres d'eux, car, installés dans l'un des lieux les plus abrités du monde, ils poussent la mauvaise conscience jusqu'à une sorte d'inconscience (et d'indécence) en criant misère et en s'apitoyant sur leur sort. Un certain humour secret, parcimonieux et d'une qualité rare caractérise ce second point de vue.

## RETOUR DE DON CAMILLO (LE)

1953 – France-Italie (100') • *Prod.* Francinex-Film Sonor – Ariane (Pierre Cocco), Paris, et Rizzoli-Amato, Milan • *Réal.* JULIEN DUVIVIER • *Sc.* J. Duvivier, René Barjavel, G. Amato, G. Guareschi d'ap. R. de Giovanni Guareschi • *Phot.* Anchise Brizzi • *Mus.* Alessandro Cicognini • *Int.* Fernandel (Don Camillo), Gino Cervi (Peppone), Alexandre Rignault (Nero), Edouard Delmont (Spiletti), Thomy Bourdelle (Cagnola), Leda Gloria (la femme de Peppone), Paolo Stoppa (Marchetti), Charles Vissière (l'évêque), Claude Chapelan (Beppo).

L'intrigue commence au moment exact où se termine *Le petit monde de Don Camillo**. Le prêtre arrive dans son lieu d'exil : un village de montagne difficile d'accès, froid, peuplé de vieillards qui ne mettent pas le pied à l'église, car la réputation de violence faite à Don Camillo les terrifie. Et, pour comble de malheur, Jésus, avec qui Don Camillo avait de fréquentes et familières conversations, se tient obstinément coi. Aussi le prêtre décide-t-il de retourner au village pour aller chercher son grand Christ en bois dont la présence, toute matérielle qu'elle soit, lui manque cruellement dans sa nouvelle église. Il se rend chez Peppone dont il utilisera les services comme transporteur. Au village, tout va mal depuis le départ de Don Camillo. Le propriétaire Cagnola refuse qu'on construise sur son domaine une digue qui protégerait les basses terres – les plus pauvres – contre l'inondation mais lui mangerait quelques arpents de vigne. Peppone se réfugie chez Don Camillo et lui demande de lui fournir un alibi : il pense avoir tué Cagnola au cours d'une bagarre. C'est ensuite au tour de Cagnola lui-même de venir demander asile au curé, car il s'imagine avoir assassiné l'un des hommes de Peppone. Don Camillo leur fait entendre raison à tous les deux après qu'ils se sont copieusement battus. Cagnola promet de laisser percer la digue. Mais, une fois revenu dans la vallée, il oublie la parole donnée. Sans la présence de Don Camillo, estime Peppone, rien de durable ne s'accomplira au village, et le maire s'en va réclamer à l'évêque le retour du curé. L'évêque y consent pour le bien public. Peppone a induit en erreur ses concitoyens quant à l'heure d'arrivée de Don Camillo, de telle sorte que personne n'est là pour l'accueillir à la gare. Pour faire bonne mesure, il a organisé au même moment un match de boxe. Dénué de rancune, Don Camillo montera sur le ring pour venger Peppone qui avait imprudemment tenté de donner une leçon à l'un des boxeurs, déclaré injustement vainqueur du combat. Don Camillo essaie ensuite de rappeler à Cagnola sa promesse, mais en vain. Peppone demande à Don Camillo de raisonner son fils, pensionnaire dans un lycée-prison dont il s'est échappé à plusieurs reprises. Don Camillo prend le gosse sous sa protection et explique à son père qu'il vaut mieux faire un bon paysan par goût (c'est ce que veut l'enfant) qu'un mauvais professeur par force. Le gosse réintègre ainsi l'école du village. Les querelles des adultes gagnent bientôt le petit monde des enfants. À l'issue d'une bagarre, le fils de Peppone est laissé à demi mort sur le sol. Grâce notamment aux prières du curé et aussi à celles de son père, il s'en sortira. Les inondations ravagent la région, donnant tort tout à la fois aux partisans de la digue, car elle n'aurait pas tenu, et à Cagnola dont les vignes sont noyées. Don Camillo tient à rester dans son église, alors que l'exode des villageois commence. Peppone peste contre ce coup d'éclat qui va permettre à la réaction de dire qu'elle a sauvé le village. Cela ne l'empêchera pas de sauver la vie du curé qui allait se noyer. Quand le soleil revient, l'horloge de la Maison du peuple et celle de l'église sonnent pour la première fois ensemble. Jusque-là les deux adversaires n'avaient cessé de les avancer pour prendre sur l'autre l'avantage.

☞ Les deux premiers *Don Camillo* forment un ensemble cohérent et peuvent être vus comme une seule et même œuvre. C'est l'un des plus beaux fleurons de la coproduction franco-italienne, abondante et souvent féconde dans les années 50 et 60. Tout en restant habile et sensible artisan, Duvivier transplanté au Sud adoucit notablement son ton pour servir les personnages nés de l'imagination de Guareschi. Dans ce qu'il a appelé lui-même des commandes, son intuition et aussi son honnêteté lui dictent d'abandonner son pessimisme foncier pour dégager le vrai sens de l'œuvre de Guareschi. L'objet du film est en effet de montrer le triomphe de l'amitié et du bon sens sur les conflits politiques et les idéologies adverses. L'entente profonde que manifestent les deux adversaires (c'est même bien souvent une totale identité de vues), l'estime qu'ils se portent à titre individuel par-delà une rivalité permanente mais superficielle, leur permettent de régler la plupart des problèmes. Elles donnent au récit un caractère utopique et réconfortant qui est sans doute à l'origine du prodigieux succès de l'œuvre. Superbe composition de Fernandel unissant avec génie la maturité et le pittoresque, la sérénité et la malice. Gino Cervi accepte de lui servir de faire-valoir avec une sobriété et une humilité qui en disent long sur son talent (Giovanni Guareschi brûlait de tenir son rôle mais ne put l'obtenir). Dans le deuxième film, l'intervention des personnages secondaires est particulièrement heureuse, enrichissant la trame d'un récit très habilement construit. (Bien que basé sur une poussière de petits épisodes, il évite en effet constamment les risques de la dispersion.) Très savoureuse est la figure du vieux Dr Spiletti (magistralement interprété par Delmont) qui, ne voulant recevoir l'extrême-onction que de son curé habituel, se fait conduire chez lui dans la montagne et à partir de là se porte comme un charme. Ennemi du matérialisme, il achète à l'un des sbires de Peppone (Alexandre Rignault) son âme pour mille lires. Celle-ci fera si cruellement défaut à son ancien propriétaire qu'il voudra la racheter pour apaiser ses tourments.

N.B. Fernandel interprétera encore trois fois le rôle de Don Camillo dans *La grande bagarre de Don Camillo* (Carmine Gallone, 1955), *Don Camillo Monseigneur* (Gallone, 1961), *Don Camillo en Russie* (Comencini, 1965). En 1970, la maladie l'oblige à interrompre définitivement le tournage de *Don Camillo et les contestataires* (Christian-Jaque). Le projet fut repris à zéro en 1971 sous la direction de Mario Camerini avec Gastone Moschin (Don Camillo) et Lionel Stander (Peppone).

## RETURN OF DRAW EGAN (THE)

1916 – USA (62') • *Prod.* Triangle/ Kay-Bee sous la supervision de Thomas Ince • *Réal.* WILLIAM S. HART • *Sc.* C. Gardner Sullivan • *Phot.* Joe August • *Int.* William S. Hart (« Draw » Egan/ William Blake), Louise Glaum (Poppy), Margery Wilson (Myrtle Buckton), Robert McKim (Arizona Joe), J.P. Lockney (Mat Buckton).

« Draw » Egan est un des chefs de bande les plus recherchés de l'Ouest. Poursuivie par un groupe de cavaliers, sa bande est assiégée dans une ferme. Egan réussit à s'enfuir. Dans la ville de Broken Hope, son courage et son sang-froid attirent l'attention de Mat Buckton, citoyen influent de Yellow Dog, petite cité voisine où la pègre tient le haut du pavé. Buckton propose à Egan de devenir shérif. Il accepte et, sous le nom de William Blake, il rétablit le calme à Yellow Dog en matant les mauvais éléments. Mais ce qui le pousse à rester du bon côté de la barrière, c'est surtout son intérêt pour Myrtle, la fille de Buckton. Poppy, reine du saloon, qu'Egan a dédaignée, cherche à monter la ville contre lui. Elle y est aidée par l'arrivée d'Arizona Joe, un ancien compagnon d'Egan, qui veut recréer du désordre dans la ville. Il répond à l'autorité que manifeste le nouveau shérif dans l'exercice de ses fonctions par un chantage qui restera sans effet. Finalement, en public, il révèle tout du passé d'Egan et celui-ci ne cherche pas à nier. Il promet de se livrer avant six heures. Il tue en duel Arizona Joe et remet ses deux revolvers à Buckton. Buckton et les habitants de la ville le supplient de rester. Myrtle se joint à eux dans cette requête et tombe dans ses bras.

☞ Film parfaitement caractéristique de la production William Hart à la Triangle par ses thèmes, la personnalité du héros et l'équilibre classique de la mise en scène. L'utilisation sobre et presque documentaire des extérieurs et une abondante figuration créent une très forte impression de réel que ne viendront altérer ni humour ni pittoresque, lesquels ne sont pas dans les cordes de Hart. On notera que, dès cette époque primitive du western, et au moins dans des films adultes comme celui-ci, le manichéisme traditionnel du genre est beaucoup plus un manichéisme de valeurs que de personnages. La frontière entre le Bien et le Mal est nette, celle entre les bons et les méchants l'est beaucoup moins. Le héros passera ainsi sans tragédie et presque sans effort de l'état de bandit recherché à celui de shérif respecté et admiré. C'est avec une ironie sous-jacente mais évidente que

William Hart (auteur) indique que le rachat de Hart (personnage) est affaire d'amour bien plus que de morale. Sans la présence de Myrtle à Yellow Dog, Hart (personnage) aurait sans doute cédé à la tentation de rejoindre les méchants de la ville, présentés comme plus amusants à vivre que les honnêtes gens. La « morale » de l'Ouest est vue ici dans son réalisme et son relativisme : peu importe le passé du nettoyeur de villes, du moment qu'il est utile à la communauté.

**REVANCHE DE FRANKENSTEIN (LA)**
**(The Revenge of Frankenstein)**

1958 – Angleterre (89') • *Prod.* Hammer (Anthony Hinds) • *Réal.* TERENCE FISHER • *Sc.* Jimmy Sangster d'ap. R. de Mary Shelley • *Phot.* Jack Asher (Technicolor) • *Mus.* Leonard Salzedo • *Int.* Peter Cushing (Victor Frankenstein), Eunice Gayson (Margaret), Francis Matthews (Dr Hans Kleve), Michael Gwynn (Karl), John Welsh (Bergman), Lionel Jeffries (Fritz), John Stuart (l'inspecteur), Oscar Quitak (le nain).

(Le film reprend exactement là où finissait *Frankenstein s'est échappé*.)* Nous sommes en 1860. Le baron marche donc vers la guillotine. Mais ce n'est pas lui qui sera exécuté : grâce à la connivence du bourreau et d'un gardien de prison boiteux, c'est le prêtre accompagnant l'exécution qui mourra sous le couperet. Frankenstein, sous le nom de Stein, s'est installé à Carlsbruck où il est devenu un praticien éminent et respecté, bien qu'il refuse de participer à l'Association des médecins de la ville. Il s'est constitué une riche clientèle et, en même temps, a ouvert un département hospitalier pour les pauvres, qu'il soigne bénévolement, ce qui lui vaut l'estime de la bonne société. En fait, cette activité lui permet de prélever sur le vif les membres et les organes nécessaires à ses expériences qu'il continue inlassablement. Il ampute ainsi un pickpocket de son bras et de sa main pour les greffer sur la créature à laquelle il va bientôt donner vie et dont il veut faire, cette fois, un spécimen sans défaut. Un jeune docteur, Hans Kleve, sait qu'il a tué le savant Bernstein (cf. *Frankenstein s'est échappé**). Passionné par ses recherches, il utilise le chantage pour devenir son assistant. Frankenstein a besoin d'un homme compétent et prêt à tout pour effectuer avec lui son expérience ; la demande de Hans tombe à pic. Frankenstein ne veut pas commettre à nouveau l'erreur qui avait gaché sa première tentative et greffera à sa créature un cerveau encore tout chaud, celui de l'ancien gardien de prison boiteux et difforme qui est d'accord pour que son cerveau soit placé dans le corps parfait de la créature à naître. L'expérience est accomplie. La créature, d'abord agitée de convulsions violentes qui nécessitent l'emploi d'anesthésiques, semble parfaitement réussie sur le plan de l'apparence physique. Mais l'idée qu'elle va devoir affronter les regards des savants du monde entier la tourmente. Le boiteux en effet n'avait eu que trop sa part de la curiosité d'autrui. Une infimière de l'hôpital, Margaret, pistonnée par son père, un ministre, a été placée chez Frankenstein qui a dû l'accueillir contre son gré. Un collègue infirmier lui donne la clé de la pièce où est enfermé le « malade spécial ». Margaret lie conversation avec lui (alors que la première créature créée par le baron n'avait pas le don de la parole). Un peu plus tard, la créature s'échappe pour aller brûler son ancien corps (celui du boiteux). Agressée par le concierge, elle l'étrangle, mais les coups distribués par la brute ont endommagé son cerveau. Elle trouve refuge dans une grange où Margaret la découvrira. Elle prend la fuite à nouveau et ne peut s'empêcher de dévorer une jeune fille qui bavardait avec son amoureux dans la campagne. En effet, comme cela s'était produit avec le chimpanzé à qui Frankenstein avait greffé la tête d'un orang-outan, la créature est maintenant atteinte de cannibalisme. Redevenant peu à peu difforme, elle fait irruption au milieu d'une soirée musicale donnée par une comtesse et s'écroule, morte, devant les invités. Frankenstein, après avoir dû comparaître devant l'Association des médecins, est agressé et sauvagement frappé par les malades de son hôpital qui semblent avoir compris à quoi ils servaient. A son assistant qui l'emporte agonisant, il murmure « Vous savez ce qui vous reste à faire ». Hans procédera à la greffe du cerveau et de la tête du baron sur le corps préparé pour la troisième expérience. A Londres, dans la rue des grands médecins, Harley Street, le « nouveau » Dr Stein ouvre son cabinet...

☞ *The Curse of Frankenstein* (*Frankenstein s'est échappé**) et *The Revenge of Frankenstein* s'enchaînent et se complètent comme s'ils étaient les deux parties d'un même film. (Mais contrairement à ce qu'on pourrait penser aucune suite n'avait été envisagée au départ.) Le cycle Frankenstein de Fisher se compose de cinq films : après *The Curse* et *La revanche* viendront *Frankenstein Created Woman** (1966), *Frankenstein Must Be Destroyed* (1969) et *Frankenstein and the Monster From Hell* (1973). Ils constituent la brillante résurrection d'un mythe cinématographique d'abord illustré à Hollywood par James Whale. A chaque étape du cycle, on eut l'impression que Frankenstein, vu par Fisher, évoluait vers toujours plus de méchanceté, plus de monstruosité. Illusion d'optique due à l'étonnement renouvelé du spectateur devant l'horrible nature du baron, en réalité toujours égal à lui-même. En effet, dès le premier film, sa vocation criminelle est totalement assumée. Il tue notamment un savant dont il veut prélever le cerveau et fait tuer par sa créature une servante qui le gêne, afin de s'assurer la tranquillité domestique dont il a besoin pour travailler. Dans les cinq films, la collaboration Fisher-Cushing se révèle extrêmement féconde, les deux artistes trouvant là l'occasion de donner le meilleur d'eux-mêmes. Peter Cushing compose un Frankenstein émacié, glacial, féroce sous son urbanité de surface, tranquillement et constamment monstrueux, et pour qui rien ne compte que ses expériences scientifiques. Sans aucun orgueil apparent, il agit comme un dieu à qui tout est permis au sein de son univers de chercheur. A l'inverse de ce qui se passe dans les Frankenstein hollywoodiens, c'est le baron qui est le véritable héros de ce cycle et sa créature n'est rien d'autre que le produit plus ou moins réussi de ses travaux (ceci vaut surtout pour les deux premiers films). Fisher note la monstruosité du personnage sans se croire obligé de la souligner par des commentaires moraux inutiles. Chacun des films est d'ailleurs assez peu loquace et cela est à mettre à leur actif. Le style de Fisher est un style classique, équilibré, parfois un peu lent. Dénué d'esbroufe et d'insistance, il va cependant jusqu'au bout de ce qu'on pouvait tenter, à l'époque où chacun des films fut réalisé, dans le domaine de l'horreur visuelle. Fisher sait aussi manier habilement l'ellipse de manière à faire intervenir un humour noir, une ironie très efficaces et très personnels (cf. dans *La revanche* l'ellipse de la mort du prêtre au début et la résurrection finale de Frankenstein à Londres : à la fin de *La revanche* en effet, le baron et sa créature ne font plus qu'un, ce qui constitue une très grande originalité thématique à l'intérieur du mythe). D'un bout à l'autre du film, la bonne société victorienne en prend pour son grade, notamment dans sa complaisance aveugle à l'égard de Frankenstein qu'elle tend confusément à prendre pour l'un des siens sans se donner le mal de chercher à savoir qui il est vraiment. Mais peut-être, comme Dr Jekyll, Frankenstein est-il une sorte d'émanation démoniaque de cette société hypocrite et faussement policée. Dans les cinq films, la couleur sert des fins moins strictement dramatiques et horrifiques que dans le cycle Dracula. Elle aide à dépeindre la société environnante et a tendance à évoluer vers un esthétisme raffiné qui, en ce qui concerne les éclairages, culminera dans *Frankenstein and the Monster From Hell. La revanche de Frankenstein* est sans doute le plus riche et le plus parfait des cinq films, mais de nombreux éléments dramatiques et stylistiques (personnages secondaires, utilisation de la couleur, aspects du comportement de Frankenstein) se trouveront mieux développés et avec plus d'invention dans tel ou tel des quatre autres films.

N.B. Comme l'a remarqué Stéphane Bourgoin dans son livre sur Fisher (Edilig, 1984), la médiocrité de *The Horror of Frankenstein* (*Les horreurs de Frankenstein*, 1970), remake de *The Curse...*, réalisé par le scénariste du film, Jimmy Sangster, et interprété par Ralph Bates, souligne bien l'apport déterminant de Fisher. On pourrait en dire presque autant de *The Evil of Frankenstein* (*L'empreinte de Frankenstein*, 1964), réalisé par Freddie Francis et interprété par Cushing, qui, bien que supérieur au film de Sangster, n'a pas la cohérence ni la solidité des œuvres de Fisher. Par contre, le personnage de la sauvageonne (interprété par KatyWild), toute dévouée au baron, à son assistant et à sa créature, possède ici un certain relief qui manque aux héroïnes des deux premiers films du cycle des Fisher.

## RÉVEIL DE LA SORCIÈRE ROUGE (LE)
### (Wake of the Red Witch)

1948 – USA (106') • *Prod.* Republic (Edmund Grainger) • *Réal.* EDWARD LUDWIG • *Sc.* Harry Brown, Kenneth Gamet d'ap. R. de Garland Roark • *Phot.* Reggie Lanning • *Mus.* Nathan Scott • *Int.* John Wayne (le capitaine Ralls), Gail Russell (Angélique Desaix), Luther Adler (Mayrant Ruysdaal Sidneye), Gig Young (Sam Rosen), Adele Mara (Teleia Van Schreeven), Henry Daniell (Jacques Desaix), Eduard Franz (Harmenszoon Van Schreeven), Jeff Corey (Mr. Loring).

Travaillant pour la Batjak, compagnie commerciale des Indes néerlandaises, le capitaine Ralls coule volontairement son navire, la « Sorcière Rouge », pour en récupérer plus tard le chargement d'or. Les autorités maritimes enquêtent mais, au cours des investigations, le grand patron de la Batjac, Mayrant Ruysdaal Sidneye, retire soudainement sa plainte. Avec son nouveau premier maître, Sam Rosen, et quelques marins, Ralls fait route à bord d'un schooner vers une île du Pacifique où il veut soi-disant pêcher des perles. Sidneye, qui habite l'île, invite Ralls et Sam. Sam tombe amoureux de la jeune Teleia Van Schreeven, laquelle l'avertit que cette invitation renferme bien des pièges. Ralls et Sidneye sont en effet deux ennemis implacables, étrangement semblables dans leur goût de l'aventure et du lucre. Sam apprendra d'ailleurs de la bouche même de Sidneye, puis de Teleia, que le passé des deux hommes recèle une rivalité qui n'a rien à voir avec l'argent. Ils ont aimé autrefois l'un et l'autre la belle Angélique Desaix, nièce du commissaire français de l'île. Après que Ralls eut tué, en état de légitime défense et par accident, le commissaire, Angélique, pourtant amoureuse de Ralls, avait décidé d'épouser Sidneye. Plus tard, elle s'était réconciliée avec Ralls, et atteinte d'une grave maladie tropicale, était morte dans ses bras. Aujourd'hui les deux hommes s'associent de nouveau pour récupérer l'or de la Sorcière Rouge. Vêtu d'un scaphandre, Ralls plonge vers l'épave et en ramène un premier chargement d'or. Puis il meurt écrasé par le bateau qui s'enfonce peu à peu dans les eaux. Ralls et Angélique se rejoignent dans l'éternité et leurs fantômes voguent ensemble sur la Sorcière Rouge, elle-même ressuscitée...

☞ C'est d'abord parce qu'il est un conteur né qu'Edward Ludwig est un spécimen parfait de cinéaste hollywoodien classique. Son art repose avant tout sur l'imprévisibilité de l'histoire qu'il raconte. Imprévisibilité qui s'étend au caractère des personnages et même à leurs passions. Ces passions, décrites par Ludwig sans aucun moralisme, créent bientôt les conditions d'une *exacerbation romanesque* qui n'a nul besoin, pour s'accomplir pleinement sur l'écran, de lyrisme ou d'emphase, auxquels le ton Ludwig est d'ailleurs étranger. Au fil d'un récit passablement complexe et rempli de méandres (une partie seulement en est résumée plus haut), on verra que chez Ralls et chez Sidneye, ces deux frères ennemis si étrangement proches l'un de l'autre, le goût de l'or, pour puissant qu'il soit, dissimule une rivalité, une passion autrement fortes pour une femme. Ces deux passions sont elles-mêmes contenues, dépassées et même magnifiées dans une passion encore plus vaste, plus enivrante pour la mer, synonyme de liberté et d'aventure.

Tout au long de l'intrigue, le manichéisme hollywoodien traditionnel en prend pour son grade. Le « bon » (Ralls) et le « méchant » (Sidneye) ne valent guère mieux l'un que l'autre : ils sont, sur le plan moral, parfaitement interchangeables. Et le happy end classique ne s'applique qu'à un couple de personnages secondaires, Sam et Teleia. Sidneye, lui, reste une sorte de mort-vivant immobilisé sur son île. Quant à Ralls et Angélique, ayant péri sur des chemins et par des moyens différents, ils se retrouveront côte à côte hors du temps, fantômes triomphants, voguant pour l'éternité sur leur beau navire. Image poétique qui vient après beaucoup d'autres, égrenées avec une négligence de grand seigneur par Ludwig. On n'oublie pas non plus, par exemple, la fragile Angélique (Gail Russell) jouant du Chopin sur une île du Pacifique ou la remontée du corps, apparemment brisé, de Ralls à la surface, après son combat contre la pieuvre. Ludwig le méconnu, Ludwig le magnifique évoluait à Hollywood comme un poisson dans l'eau. Il écartait de sa route les poncifs et les remplaçait par une originalité étrange, un flamboiement parfois royal, une poésie calme et discrètement foisonnante. Cinéaste des « happy few », il plaisait aussi à la foule et... à ses propres collaborateurs. *Le réveil de la Sorcière Rouge* était l'un des films préférés de John Wayne qui, à la même époque, tournait sans cesse avec les Hawks, les Ford, les Wellman et autres grands seigneurs. On jugera par là de son goût et de son indépendance d'esprit. Il baptisa, dans la réalité, sa propre compagnie Batjac, d'après celle pour laquelle son personnage travaillait ici dans la fiction.

## RÉVOLTE A BORD
**(Two Years Before the Mast)**

1946 – USA (98') • *Prod.* PAR. (Seton I. Miller) • *Réal.* JOHN FARROW • *Sc.* Seton I. Miller, George Bruce d'ap. R. de Richard Henry Dana • *Phot.* Ernest Laszlo • *Mus.* Victor Young • *Int.* Alan Ladd (Charles Stewart), Brian Donlevy (Richard Henry Dana), William Bendix (Amazeen), Barry Fitzgerald (Dooley), Howard da Silva (capitaine Francis Thompson), Albert Dekker (Brocon), Esther Fernandez (Maria Dominguez), Albert Dekker (Brown), Luis Van Rooten (Foster), Darryl Hickman (Sam Hooper), Roman Bohnen (Macklin), Ray Collins (Gordon Stewart).

Boston, 1834. Le navire marchand « Le Pèlerin », commandé par le sinistre capitaine Thompson, rentre au port, ayant encore battu un record de vitesse. Son propriétaire, l'armateur Gordon Stewart, est très satisfait et ne cherche pas à s'informer sur les méthodes qui ont abouti à ce résultat. Mais son fils Charles va se trouver recruté de force, la nuit dans une taverne, comme le reste de l'équipage du « Pèlerin », qui repart aussitôt. Charles découvre le sort inhumain des marins de l'époque, esclaves de la toute-puissance du maître à bord. Il subit les mêmes brimades, les mêmes châtiments, le même régime de famine qu'eux. Il devient l'ami du marin Dana. Celui-ci rédige un récit minutieux de la vie en mer qu'il compte publier afin de venger la mort de son frère, victime de mauvais traitements sur un autre bateau. A cause d'une nourriture insuffisante, plusieurs hommes sont atteints du scorbut et deux d'entre eux meurent. Le capitaine refuse d'aller à terre pour ne pas prendre de retard sur l'horaire. Charles, le tenant sous la menace d'une arme, essaie de le faire changer de cap. Sa tentative échoue et il est mis aux fers. Après l'escale, une mutinerie éclate. Le second du capitaine, jusque-là fidèle à son chef, prend le parti des mutins. Thompson l'abat froidement, avant d'être lui-même abattu par un des membres de l'équipage. Les mutins aux commandes du navire sont décidés à gagner la haute mer, quitte à passer pour des pirates. Dana et Charles les en dissuadent, faisant valoir qu'il est préférable de retourner à Boston et de témoigner sur ce qu'ils ont vu et souffert. De leur témoignage et de la publication du livre de Dana naîtra la reconnaissance légale des premiers droits jamais acquis par les marins de la marine marchande en Amérique.

☞ Adaptation du récit autobiographique de Richard Henry Dana (interprêté ici par Brian Donlevy). La violence quasi sadique caractérisant beaucoup de productions Paramount des années 40, surtout celles où apparaît Alan Ladd, trouve une justification historique dans le propos central du film. Il s'agit en effet de dénoncer l'esclavage des marins de la marine marchande au XIX$^{e}$ siècle. John Farrow donne aux épisodes les plus cruels de l'intrigue (flagellations, rixes, assassinats) une force, une authenticité indéniables. Si les personnages manquent un peu d'envergure et d'épaisseur, c'est la faute du scénario et non des interprètes. Tous les *heavies* de la Paramount sont là (Donlevy, Albert Dekker, etc.) et sont excellents. Autre défaut du scénario : une absence de rigueur sans doute volontaire qui empêche le film d'aller jusqu'au bout de son propos. L'introduction de péripéties inutiles et mièvres (un jeune garçon monte clandestinement à bord pour se faire engager ; une passagère espagnole noue une intrigue sentimentale avec A. Ladd) disperse l'intérêt et donne au film un caractère hybride. Au réquisitoire, au documentaire historique se mêlent, placés là par précaution commerciale, quelques éléments empruntés à la tradition la plus conventionnelle du film d'aventures maritimes hollywoodien.

## RÉVOLTÉS DE LA CLAIRE-LOUISE (LES)
**(Appointment in Honduras)**

1953 – USA (79') • *Prod.* RKO (Benedict Bogeaus) • *Réal.* JACQUES TOURNEUR • *Sc.* Karen DeWolf d'ap. une histoire de Mario Silveira et Jack Cornall • *Phot.* Joseph Biroc (Technicolor) • *Mus.* Louis Forbes • *Int.* Glenn Ford (Jim Corbett), Ann Sheridan (Sylvia Sheppard), Zachary Scott (Harry Sheppard), Rodolfo Acosta (Reyes), Jack Elam (Castro), Stuart Whitman (le radio).

Sur un bateau progressant au large du Honduras, un des passagers, le planteur américain Jim Corbett, reçoit un message-radio du général Prieto, ex-président du Honduras, renversé par un dictateur. Il lui est demandé de porter dans les plus brefs délais une ceinture pleine d'argent à Port Honduras. Le capitaine du bateau refusant d'aborder au Honduras à cause de la révolution en cours, Corbett s'associe avec cinq bandits, prisonniers sur ce même bateau, pour neutraliser l'équipage et aller à terre. Il leur promet la liberté. Durant ce coup de force, Corbett est amené à prendre comme otages jusqu'à la côte un couple de passagers, le richissime Harry Sheppard et sa femme, Sylvia. Sur la plage, Sheppard glisse dans l'oreille de Reyes, le chef des bandits, que Corbett est sur la piste d'un trésor caché. C'est la première d'une longue série de ruses – et de maladresses – destinées de la part de Sheppard à nuire à Corbett et qui vont au contraire se retourner contre lui. Reyes refuse maintenant de relâcher les deux otages mais veut les garder avec lui pour en savoir plus. Corbett, suivi par le groupe des bandits et des otages dont il ne peut plus se débarrasser, remonte à bord d'un petit bateau un fleuve infesté de crocodiles, serpents et autres poissons cannibales. Sheppard croit judicieux – autre maladresse – de s'acoquiner à l'un des bandits pour prendre la fuite. Mais le bandit en question disparaîtra seul avec le bateau. Dès lors, le petit groupe, traqué par les soldats à la solde du dictateur, est contraint de se frayer un chemin à pied à travers la jungle. De plus en plus lassée par les initiatives de son mari qu'elle a cessé d'aimer depuis longtemps, Sylvia se jette dans les bras de Corbett, après que celui-ci ait abattu un puma qui avait bondi sur un des bandits. Corbett l'avait déjà sauvée quand, suite au passage d'un épais nuage de moustiques, elle était tombée à l'eau. Plus tard a lieu un échange de tirs entre les soldats et le petit groupe. Il y a des pertes de part et d'autre, plus nombreuses du côté des soldats. Quand Corbett est victime d'un accès de malaria, Sylvia le soigne. Elle donne la ceinture pleine d'argent à Reyes afin qu'il épargne la vie du malade. Muni de cet argent, Reyes s'en va avec les survivants de son groupe, après avoir tué deux envoyés de Prieto qui se faisaient passer pour des paysans affamés. Le couple Sheppard ainsi que

Corbett arrivent enfin au premier village. Corbett cherche Reyes et ses acolytes. Reyes abat Sheppard qui pourtant voulait lui indiquer comment se débarrasser de Corbett. Corbett tue Reyes et lui reprend l'argent qu'il remet à Prieto. En repartant vers sa plantation, il précise à Sylvia qu'il sera lundi prochain à Port Honduras.

☞ Comme il avait réécrit le film fantastique dans ses années de collaboration avec Val Lewton, comme il avait réécrit le western dans *Canyon Passage**, Tourneur réécrit ici à sa façon le film d'aventures hollywoodien. Cette réécriture passe d'abord par un extrême laconisme. Le héros (Glenn Ford) ne se confie pas, ou si peu, n'exprime à peu près rien, n'est rien d'autre que l'action qu'il accomplit dans le moment où il l'accomplit. « Revoyant le film l'autre jour après tant d'années, confie Tourneur à Simon Mizrahi en juillet 1964 (cf. « Présence du cinéma » nº 22-23), j'ai eu l'impression que Glenn Ford se consacrait tellement à sa tâche qu'il en était devenu très terne. J'ai exagéré ce côté-là. » Dans cette exagération tient l'originalité essentielle du film – et sa force de rupture. L'action, intériorisée dans celui qui l'accomplit, exclut maintenant toute exaltation, toute fébrilité (à l'inverse des films de Walsh), exclut aussi tout épanouissement de soi dans le présent (à l'inverse des films de Hawks). Tout se passe comme si, pour mener à bien son entreprise, Jim Corbett suivait le conseil donné par le héros d'une fiction de Borges (« Le jardin aux sentiers qui bifurquent »). Cette entreprise, il « doit s'imaginer qu'il l'a déjà réalisée, il doit s'imposer un avenir irrévocable comme le passé ». On le verra en effet accepter comme une fatalité déjà accomplie les accidents, les conséquences diverses qu'entraîne son action : s'associer à des bandits, prendre des otages, traverser la jungle à pieds etc. Ainsi l'imprévu même s'intégrera à son projet et sera, en tant qu'imprévu, réduit à néant. Tourneur saisit aussi, à travers l'aventure de son petit groupe, l'occasion de décrire une situation où l'homme expérimente une hostilité à peu près absolue du milieu extérieur par rapport à lui. Cette hostilité provient aussi bien du règne animal, du règne végétal que de son semblable. Tout en restant un adepte du style sec – ô combien – dans sa manière de présenter les choses, Tourneur met à profit son scénario pour que le film soit abondant, voire luxuriant, en ce qui concerne les formes que revêt cette hostilité. Peu à peu, au milieu de tant de menaces et de pièges, les personnages parviennent à un état d'insensibilité qui est l'antichambre, pour les uns de la mort, pour les autres (Corbett en particulier) de la réussite. Le film d'aventures classique avait pour but d'exalter l'homme. Ici, c'est plutôt de déshumanisation qu'il s'agit, elle aussi, à sa façon, exaltée. Cette usure, cette tension extrême engendrant l'insensibilité sont précisément ce que recherche Tourneur : il les trouve en général là où se croisent et se confondent tous les genres hollywoodiens, aventures, fantastique, *film noir*, etc.

## RÉVOLTÉS DE LOMANACH (LES)

1953 – Franco-italien (88') • *Prod.* Cinéphonic-Gaumont (Paris)/Orso Film (Rome) • *Réal.* RICHARD POTTIER • *Sc.* Léo Joannon, Jacques Sigurd • *Phot.* Jean Le Hérissey (Eastmancolor) • *Mus.* Georges Van Parys • *Int.* Dany Robin (Monique), Amedeo Nazzari (général Barnaud), Jacques Castelot (De Rocheville), Jean Danet (De Varadec), Jean Debucourt (le marquis de Lomanach), Michel François (Jean Latour), Michel Vitold (Rabuc).

A la fin de la guerre de Vendée, un général connu pour sa brutalité est désigné pour aller lutter contre les chouans. Son ardeur à combattre se trouve redoublée du fait que, fils d'un régisseur de la région, il cherche à se venger de son amour déçu pour une aristocrate. La sœur de celle qu'il avait aimée autrefois, fille du marquis de Lomanach, s'introduit dans son camp pour l'assassiner. Le général la garde auprès de lui et un grand amour naît entre eux. Ils essaieront, chacun de leur côté, d'empêcher le combat fratricide qui se prépare et paieront de leur vie ces efforts.

☞ L'éclectique Pottier se montre assez à l'aise dans cette évocation historique et romanesque. Le soin apporté à la couleur, aux décors, apparente le film aux bonnes productions hollywoodiennes moyennes de l'époque, ce qui n'était pas courant dans le cinéma français des années 50. *Les révoltés de Lomanach* se fit d'ailleurs remarquer pour son luxe, d'ailleurs très relatif, au moment de sa sortie. Un certain charme se dégage de cette chronique sentimentale et pacifiste aux allures de photoroman qui professe que toutes les révolutions ne sont que des règlements de comptes.

## RÉVOLTÉS DU BOUNTY (LES) (Mutiny on the Bounty)

1935 – USA (132') • *Prod.* MGM (Irving Thalberg, Frank Lloyd, Albert Lewin) • *Réal.* FRANK LLOYD (et James C. Havens pour les scènes maritimes) • *Sc.* Talbot Jennings, Jules Furthman et Carey Wilson d'ap. le livre de Charles Nordhoff et James Norman Hall • *Phot.* Arthur Edeson • *Mus.* Herbert Stothart • *Int.* Clark Gable (Fletcher Christian), Charles Laughton (capitaine Bligh), Franchot Tone (Roger Byam), Herbert Mundin (Smith), Eddie Quillan (Ellison), Dudley Digges (Bacchus), Donald Crisp (Burkitt), Henry Stephenson (Sir Joseph Banks), Spring Byington (Mrs. Byam), Mamo Clark (Maimiti).

Portsmouth, décembre 1787. Le vaisseau anglais « Bounty » fait route vers Tahiti pour une mission scientifique qui durera deux ans. Il s'agit de ramener des îles du Pacifique des spécimens d'arbres fruitiers (ainsi que les données lexicologiques). Le « Bounty » est commandé par le capitaine Bligh, excellent marin mais homme cruel jusqu'à la perversion, tyrannique et malhonnête, abusant des prérogatives que lui confèrent les usages de la mer à l'époque. Dès avant le départ, Bligh a fait fouetter devant l'équipage au grand complet un homme déjà mort qui s'était opposé à lui. Le jeune aspirant Roger Byam, descendant d'une longue lignée de marins, connaîtra les rigueurs de Bligh et devra séjourner lors d'une tempête au sommet du mât. Toutes sortes de punitions et de sévices entraîneront la mort de plusieurs hommes d'équipage. La nourriture est si mauvaise et si insuffisante que maître Fletcher Christian, respecté de tous, déclare publiquement à Bligh, quand il est contraint de signer le livre de bord, qu'il exigera une enquête au retour. Tahiti est en vue. Les indigènes montent à bord. Coup de foudre entre Fletcher et la petite fille du chef de l'île. Mais, après un séjour idyllique dans ces terres paradisiaques, la vie auprès du capitaine Bligh paraît plus intolérable encore. Bligh exige que le vieux médecin de bord, très malade, assiste sur le pont à un châtiment infligé à plusieurs hommes accusés de désertion. Le vieillard obéit puis s'écroule et meurt. Fletcher accuse Bligh d'assassinat et, quelque temps plus tard, prend la tête de la révolte qui couvait à bord. Bligh et ses partisans sont placés dans un petit bateau avec quelques jours de vivres. Fletcher, qui a empêché que Bligh ne soit purement et simplement massacré, ramène le « Bounty » à Tahiti où il épouse Maimiti qui lui donnera un bébé. Après quarante-cinq jours d'efforts et de souffrances surhumains, Bligh réussit à ramener son embarcation à bon port. Un vaisseau anglais, le « Pandora », apparaît au large de l'île. Fletcher et ses hommes filent à bord du « Bounty », tandis que Byam et quelques autres qui n'avaient pas participé à la mutinerie rejoignent le « Pandora ». Ils ont la surprise d'y retrouver Bligh qui les met aux fers. Bligh tente vainement de rattraper le « Bounty », et le « Pandora » dans cette course folle heurte un récif. Bligh ramène ses prisonniers à Londres. Là, Byam passe en procès, ne peut prouver sa bonne foi et, après avoir dénoncé avec force les cruautés et les malversations de Bligh, est condamné à mort. Son père obtient du roi son pardon. Le conflit de Byam avec Bligh aura abouti à assainir dans la législation les rapports entre officiers et hommes de mer. A l'autre bout du monde, Fletcher a enfin trouvé son île de rêve. Avec ses compagnons, il brûle le « Bounty » afin d'être définitivement coupé du monde civilisé. Byam, quant à lui, reprend du service dans la Navy.

☞ Le classique du film d'aventures maritimes des années 30. Malgré ses qualités – minutie dans la reconstitution technique et historique, caractère d'archétype des trois protagonsites principaux, force et authenticité de l'interprétation –, le film reste très impersonnel, académique et conventionnel (notamment dans sa vision des paradis des mers du sud). Sa plus grande utilité est de servir de référence, d'étalon moyen du genre et de rendre ainsi facilement mesurable l'apport respectif des grands cinéastes qui, en puisant dans leur génie propre, ont rendu ce genre passionnant et inoubliable. Walsh y apporte le sens de l'aventure (cruellement absent ici), la fantaisie, l'élégance plastique, la truculence des personnages ; Curtiz, la fougue, le panache ou bien, dans le chef-d'œuvre absolu du genre qu'est *The Sea Wolf** (1941), l'intensité dramatique de l'action et le relief tragique des personnages. Pour ce qui est du sujet spécifique traité ici – une mutinerie entraînant un changement historique dans les comportements au sein de la hiérarchie de la mer –, on peut préférer le récit plus modeste et plus efficace de John Farrow : *Two Years Before the Mast**.

N.B. Remake par Lewis Milestone en 1962, resté célèbre en tant que catastrophe financière. Il existe trois versions australiennes des aventures du capitaine Bligh : *The Mutiny of the Bounty* (Raymond Longford, 1916) ; *In the Wake of the Bounty* (Charles Chauvel, 1933). Cette version semi-documentaire, où Errol Flynn fit sa première apparition cinématographique dans le rôle de Fletcher Christian, fut achetée par la MGM qui en tira deux « travelogues », *Pitcairn Island Today* et *Primitive Pitcairn,* destinés à la promotion du film de Frank Lloyd. Enfin, en 1983, Roger Donaldson donna une nouvelle version de l'histoire dans *The Bounty (Le Bounty)* avec Mel Gibson (Fletcher Christian) et Anthony Hopkins (Bligh).

## RICH AND STRANGE (id.)

1931 – Angleterre (92') • *Prod.* BIP (John Maxwell) • *Réal.* ALFRED HITCHCOCK • *Sc.* Alma Reville et Val Valentine d'ap. un sujet de Dale Collins • *Phot.* Jack Cox, C. Martin • *Mus.* Hal Dolphe • *Int.* Henry Kendall (Fred Hill), Joan Barry (Emily Hill), Betty Amman (la princesse), Percy Marmont (Gordon), Elsie Randolph (Miss Imerey), Hannah Jones (Mrs. Porter), Aubrey Dexter (le colonel).

Fred Hill, un bureaucrate londonien, est lassé de la monotonie de son existence quotidienne. Il aspire à une autre vie, plus riche en expériences et en aventures. Une lettre de crédit de son oncle va lui permettre de réaliser ses rêves. Avec son épouse Emily, il part d'abord pour la France, séjourne quelques jours à Paris puis s'embarque à Marseille vers l'Orient. Au cours de la croisière, le couple va se disloquer peu à peu. Fred, malade, passe les premiers jours de la traversée alité dans sa cabine. Emily rencontre un élégant voyageur, Gordon, et se laisse faire un peu la cour. Quand il est remis sur pied, Fred est séduit par une princesse. Port Saïd. Le canal de Suez. Colombo. Aux escales, Fred et Emily visitent maintenant les sites touristiques séparément, avec leur partenaire respectif. A Singapour, Gordon conseille à Emily de ne plus se considérer comme la femme de Fred. Il lui apprend que la conquête de son mari n'a de princesse que le nom. Il s'agit en réalité d'une aventurière. Emily refuse cependant de quitter son mari pour vivre avec Gordon, comme ce dernier le lui propose. Après une dispute plus violente que les autres avec sa femme, Fred s'aperçoit qu'il a bel et bien été grugé par sa princesse ; elle a disparu avec ses cent livres. Trajet de retour. Le bateau fait naufrage. Fred et Emily sont bloqués dans leur cabine ; l'eau commence à apparaître sous la porte. Fred s'excuse de sa conduite auprès d'Emily et cette repentance sincère est l'amorce d'une réconciliation profonde entre les deux époux aux approches de la mort. Mais après quelques heures l'épave n'a pas complètement sombré. Fred et Emily s'extirpent de leur cabine par le hublot. Ils sont recueillis dans une jonque pleine de Chinois, venus dévaliser l'épave avant qu'elle ne disparaisse. Les Chinois assistent impassibles à la noyade de l'un des leurs. Un chat est dépecé et l'un des Chinois clouera sa peau à une paroi de la jonque. Les deux Anglais assistent aussi à l'étrange baptême d'un nouveau-né chinois. Enfin ils sont de retour dans leur maison, reprennent leurs habitudes, écoutent la radio et jettent un regard attendri sur leur chat bien vivant...

☞ Placé sous l'invocation de Shakespeare (« Nothing of him that doth face / But doth suffer a sea change / Into something rich and strange. » « Rien chez lui de périssable / Que le flot marin ne change / En tel ou tel faste étrange », « La Tempête », acte I, scène 2, trad. P. Leyris et E. Holland), ce film ambitieux et ultra-personnel est l'un des plus originaux de toute la carrière d'Hitchcock, anglaise et américaine. Originalité d'abord négative : le film n'appartient à aucun des genres traditionnels du cinéma policier. Il ne contient ni suspect ni coupable (au sens légal du terme) ni assassinat, si ce n'est – hors champ – celui d'un chat. *Rich and Strange* peut être vu comme une sorte de roman d'apprentissage vécu par deux adultes et doté constamment d'un double aspect réaliste et onirique (par exemple au début la lettre de l'oncle accomplit comme par un coup de baguette magique la volonté du héros). D'un bout à l'autre de l'intrigue, Hitchcock s'emploie à suggérer que la connaissance réelle de soi doit obligatoirement passer par la réalisation des désirs les plus profonds ; sinon elle sera imparfaite et factice. Dans cette intention, le film obéit à une dialectique morale bâtie avec une rigueur magistrale. Après un prologue expressionniste (le décor du bureau) et burlesque (le trajet en métro), une première partie (le voyage aller) accumule les notations acides et satiriques, très caractéristiques de la période anglaise de l'auteur ; elles décrivent par le menu la faillite du couple. Cette partie paraît aujourd'hui un peu longuette et c'est le seul défaut notable de ce film étonnant. La deuxième partie, le voyage du retour, est délibérément étrange. Elle apporte sa contradiction au sein même de l'évolution récente du couple, qu'elle replace, pour ainsi dire, devant sa vérité. Cette vérité surgit et s'impose providentiellement sur fond de dépaysement, de cruauté et de dangers mortels. Au cours de l'itinéraire constrasté du film, c'est le personnage de la femme qui déclenche l'engrenage des catastrophes en succombant – ne serait-ce que mentalement – à la tentation de l'adultère. Mais c'est aussi un personnage nettement plus riche, plus nuancé, et d'une pâte humaine plus attachante que celui du mari. Souvent puérile et petite-bourgeoise dans ses réactions vis-à-vis du monde extérieur (cf. sa remarque au début du spectacle des Folies-Bergère : « Ils ont levé le rideau trop tôt ; les danseuses ne sont pas encore habillées »), Emily fait preuve d'une totale honnêteté en ce qui concerne ses sentiments et sa vie intérieure. Son personnage et l'interprétation lyrique et passionnée qu'en donne Joan Barry vont à l'encontre, comme c'est le cas de beaucoup d'héroïnes hitchcockiennes, d'une soi-disant misogynie du maître du suspense.

## RILEY, THE COP

Inédit en France. 1928 – USA (67') • *Prod.* Fox • *Réal.* JOHN FORD • *Sc.* James Gruen, Fred Stanley • *Phot.* Charles G. Clarke • *Mus.* Alex Troffey • *Int.* J. Farrell McDonald (Riley), Louise Fazenda (Lina Krausmeyer), Nancy Drexel (Mary), David Rollins (Davy), Harry Schultz (Krausmeyer), Billy Bevan (chauffeur de taxi), Tom Wilson (le sergent).

Un jeune employé boulanger part pour l'Allemagne à la recherche de celle qu'il aime. Là-bas, il est pris à tort pour un voleur et emprisonné. Son ami Riley, policier new-yorkais, est chargé d'aller le chercher et de le rapatrier. Riley en Allemagne trouve l'amour en la personne d'une accorte serveuse de taverne. Il ramène le jeune homme, bientôt lavé de tout soupçon. Un double mariage clôt leur aventure.

☞ Le film est à l'image de son héros, Riley, flic anticonformiste, bonhomme, plein de sagesse et d'astuce, aimant la bonne chère, la rigolade et l'alcool, et professant qu'« un bon policier se juge au nombre d'arrestations qu'il n'a pas effectuées ». Avec le talent picaresque qu'on lui connaît, Ford donne à son héros une dimension quasi mythique et accorde le minimum d'attention à l'action proprement dite. Le portrait de Riley est composé à l'aide d'une foule de petites notations, anecdotes, plaisanteries répétitives, livrées sur un rythme caracolant, où l'auteur prouve déjà, trente ans avant *Les deux cavaliers* ou *La Taverne de l'Irlandais*, son génie de la désinvolture. Grâce à elle se développe chez lui cette faculté étonnante de s'exprimer dans les marges du film et de s'arranger pour que ces marges deviennent peu à peu le film lui-même. On assistera, tout au long de sa carrière, à cet envahissement progressif de l'intrigue par les seconds rôles et même les tout petits rôles, par les digressions et les parenthèses.

## RIO BRAVO (id.)

1959 – USA (141') • *Prod.* Warner (H. Hawks) • *Réal.* HOWARD HAWKS • *Sc.* Jules Furthman, Leigh Brackett d'ap. une nouvelle de B. H. McCampbell • *Phot.* Russell Harlan (Technicolor) • *Mus.* Dimitri Tiomkin • *Chansons* Paul Francis Webster, Dimitri Tiomkin • *Int.* John Wayne (shérif John T. Chance), Dean Martin (Dude), Ricky Nelson (Colorado), Angie Dickinson (Feathers), Walter Brennan (Stumpy), Ward Bond (Pat Wheeler), John Russell (Nathan Burdette), Pedro Gonzalez-Gonzalez (Carlos), Claude Akins (Joe Burdette), Malcom Atterbury (Jake), Harry Carey, Jr. (Harold), Bob Steele (Matt Harris), Myron Healey (le pilier de bar).

John T. Chance, shérif de Rio Bravo, a arrêté Joe Burdette, un vaurien et un assassin, frère de Nathan Burdette, le plus gros propriétaire de la région. En attendant l'arrivée du marshal (shérif fédéral), John T. doit protéger sa prison contre les entreprises de Nathan bien décidé à libérer son frère. Pour cela, Nathan utilise les services de mercenaires, payés en pièces d'or. Plusieurs personnes cherchent à aider John T. qui pourtant ne les sollicite pas : et d'abord Dude, son ancien « deputy », aujourd'hui alcoolique au dernier degré à cause d'une déception amoureuse. En l'aidant, en essayant de ne plus boire, il retrouvera son équilibre et sa dignité. Ensuite il y a le vieux Stumpy qui, malgré sa jambe boiteuse, veut encore servir et râle et se plaint sans cesse qu'on ne s'occupe pas assez de lui. Chargé de garder le prisonnier, il doit rester en prison et n'a presque jamais le droit de sortir. Feathers, une joueuse professionnelle arrivée récemment dans la ville, doit prouver à John T., plus que méfiant envers la gent féminine, qu'elle est honnête. Amoureuse de lui, elle essaiera également de l'aider contre son gré. Le jeune Colorado, second du chef de convoi Pat Wheeler, ami de John T., passera du côté du shérif (et lui sauvera la mise à un moment crucial), après la mort de son patron assassiné par les tueurs de Burdette qui cherche à isoler le shérif. Pour user ses nerfs, il fait interpréter en permanence à un trompettiste le « Degüello », l'air mexicain joué à Alamo. Les hommes de Burdette réussissent à capturer par la ruse le deputy Dude. Un échange de prisonniers est décidé et minutieusement réglé. Au moment où il croise Joe Burdette, Dude se jette sur lui et après un combat le met K.-O. Pendant ce temps, la fusillade a commencé. Grâce à des bâtons de dynamite trouvés dans les chariots de Pat Wheeler et que le vieux Stumpy balance sur la maison où se sont réfugiés Burdette et sa bande, John T. prend finalement l'avantage. Il retourne à l'hôtel voir Feathers qui essaiera, et la tâche n'est pas aisée, de lui arracher quelque chose qui pourrait ressembler à une déclaration d'amour.

☞ Le plus célèbre des westerns de Hawks (qui remportera à sa sortie à Paris un succès long et considérable que le distributeur n'attendait pas). Comme Ford dans *Les deux cavaliers*, Hawks se soucie moins de renouveler le genre ou de se renouveler lui-même que de prendre ses aises à l'intérieur du genre et d'y approfondir ce qu'il a toujours aimé exprimer, que ce soit dans le western ou dans tout autre genre. Cela donne chez Ford un goût pour l'autocontradiction et d'étonnantes ruptures de ton et ici, chez Hawks, beaucoup d'humour, peu d'intrigue et une attention particulière à mettre en valeur le relief des personnages. Les 141 minutes du film sont utilisées avec plénitude et discernement à faire vivre un petit groupe de personnages étroitement liés les uns aux autres (et interprétés par des acteurs admirables). Les groupes ont toujours passionné Hawks, à commencer par les plus petits et les plus solides d'entre eux, les couples et les duos d'amis. Un groupe, plus encore qu'un individu, est quelque chose qui évolue sans cesse. Il faut avoir du temps, l'œil vif et pas mal de flair pour saisir ces évolutions-là. Dans un groupe, chacun doit supporter le regard de l'autre posé sur lui et, en même temps, cherche à modifier ce regard en se modifiant lui-même. Pour raconter, une fois de plus, l'histoire – morale – d'un groupe, Hawks part de la situation de base, mais inversée et critiquée, du *Train sifflera trois fois**. Pour lutter contre un ennemi plus fort en nombre, un shérif a besoin d'aide. Dans *Le train...**, il supplie qu'on lui en donne et n'en reçoit de personne. Ici, il supplie qu'on ne lui en donne pas et en reçoit de tout le monde. Ce shérif est un maître en pédagogie. Il obtient des autres ce qu'il voulait en obtenir sans jamais les solliciter. Mieux encore : ce sont les autres qui ont l'impression de lui demander quelque chose. Dude demande à être considéré comme un homme et non comme une épave. Le vieux Stumpy veut être traité comme un membre actif de la communauté et non comme une charge inutile. Il y a aussi chez lui une demande d'affection, qui le rend pareil à un enfant et que Hawks note avec malice sans jamais vouloir s'attendrir. Feathers, quant à elle, ne veut plus passer pour une tricheuse ni pour un simple objet décoratif. Mais c'est avec le plus jeune personnage de l'histoire, Colorado, que la pédagogie du shérif est la plus efficace. Il ne force pas sa décision (quand il voit qu'elle est contraire à ses vœux). Il attend patiemment que Colorado vienne vers lui et ait ainsi le sentiment de conserver son libre arbitre. Colorado est aussi, avec John T. lui-même, le meilleur professionnel du groupe et, à travers eux, Hawks livre avec nonchalance son éloge habituel du professionnalisme.

N.B. Hawks livrera deux variations sur les personnages et le thème de *Rio Bravo* dans *El Dorado* (1967) et *Rio Lobo* (1970), son dernier film. Ces variations sont loin de valoir l'original, dont l'histoire, rappelons-le, fut écrite par la propre fille de Hawks (B. H. McCampbell).

## RIVIÈRE D'ARGENT (LA) (Silver River)

1948 – USA (110') • *Prod.* Warner (Owen Crump) • *Réal.* RAOUL WALSH • *Sc.* Stephen Longstreet, Harriet Frank, Jr. d'ap. R. de Longstreet • *Phot.* Sid Hickox • *Mus.* Max Steiner • *Int.* Errol Flynn (capitaine Mike J. McComb), Ann Sheridan (Georgia Moore), Thomas Mitchell (John Plato Beck), Bruce Bennett (Stanley Moore), Tom D'Andrea (« Pistol » Porter), Barton MacLane (« Banjo » Sweeney), Monte Blue (« Buck » Chevigee), Joseph Crehan (le président Grant).

Alors que l'issue de la bataille de Gettysburg semble favorable au Sud, un officier nordiste, Mike McComb, brûle un million de dollars dont il avait la garde pour éviter que les billets ne tombent aux mains de l'ennemi et ne lui permettent de continuer la guerre. Quand la bataille est gagnée par le Nord, il passe en cour martiale, est dégradé et chassé de l'armée. Désormais, après ce jugement, il est bien décidé à ne s'occuper que de lui-même. Sous un uniforme d'emprunt, il s'empare d'une partie de la caisse d'un tripot dont le patron l'avait fait jeter dehors. Avec ce petit pactole, il ouvre un salon de jeu dans l'Ouest, à Silver City. Stanley Moore, propriétaire d'une des principales mines d'argent de la région, lui achète les chariots qu'il a gagnés au jeu durant le voyage contre des actions de sa mine. L'ascension de McComb commence. Il utilise, pour s'occuper de ses affaires, les services de John Beck, un avocat philosophe et alcoolique sans clientèle. Il crée une banque et prend bientôt des parts dans toutes les mines de la région. Le président Grant en visite officielle le charge de transmettre son message aux propriétaires des environs : il faut accélérer la production d'argent pour que les État-Unis soient solvables vis-à-vis de l'étranger. McComb approuve le projet de Moore (dont il convoite la femme, Georgia, depuis longtemps) d'aller prospecter de nouveaux territoires. Mais il se garde bien de lui dire qu'ils sont infestés d'Indiens en guerre. Beck le compare au David biblique et condamne sans réserve son attitude. Quand McComb veut avertir Moore, il est trop tard. Il part à sa recherche et ne ramènera que son cadavre. Quelque temps plus tard, McComb, qui s'est fait construire une vaste résidence dans le désert, donne une grande réception en compagnie de Georgia qu'il a épousée. Beck, complètement ivre, l'insulte devant tout le monde. C'est à partir de ce moment que, pour McComb, les ennuis commencent. Un consortium s'est créé, le « Groupe de l'Ouest », pour le ruiner en bourse. Il décide de tout vendre. Le travail dans les mines s'arrête. Sweeney, son ennemi juré depuis son arrivée dans l'Ouest, monte contre lui les mineurs au chômage. Beck brigue maintenant le poste de sénateur. Il déclare à McComb que, défenseur du peuple avant tout, il luttera aussi bien contre lui que contre le Groupe de l'Ouest. Les mineurs envahissent la banque. McComb ordonne qu'on les paie jusqu'à la banqueroute totale. Alors qu'il prononce un discours électoral dans une tribune en plein air, Beck est abattu par les hommes de Sweeney, à la solde du Groupe de l'Ouest. McComb promet à sa femme de s'employer à réaliser les dernières volontés de Beck qu'elle a recueillies de la bouche de celui-ci mourant : recoller les morceaux de son empire éparpillé et remettre tout le monde au travail. En attendant, avec les mineurs, McComb se bat contre les hommes de Sweeney. Il lui évitera le lynchage et Sweeney sera remis aux autorités. McComb avoue à sa femme qu'il a perdu là une belle occasion de se débarrasser de Sweeney en lui tirant dans le dos. Elle lui répond en riant qu'il ne changera jamais.

☞ Bénéficiant d'un budget somptueux, c'est ici le dernier des sept films de Walsh avec Errol Flynn, et c'est une œuvre importante dans la carrière du réalisateur aussi bien que dans l'évolution du western, à cause de la complexité du personnage central, le plus riche et le plus ambigu de tous ceux qu'a interprétés Flynn pour Walsh. Ambition personnelle, individualisme forcené allant presque jusqu'au meurtre, cynisme et remords, tentative de rachat moral, solitude ironique du conquérant que son succès isole : toutes ces notions, mêlées, façonnent un personnage subtil et attachant dont Walsh fait sobrement ressortir l'amertume et le désenchantement. C'est la première fois qu'une telle amertume apparaît dans son œuvre et dans un western. Elle y introduit un malaise, et, par ce malaise, une réflexion sur le rôle du héros, qui renouvelle totalement le genre, en même temps que l'œuvre du cinéaste. Oscillant entre le désir de servir la société et un secret mépris pour elle, car tantôt elle le rejette au nom d'une fausse idée de la justice, tantôt elle lui répugne par ses « lobbies » aux appétits féroces, le héros est tenté de s'enfermer en lui-même. Attitude qui, bien vite, ne manque pas de lui apparaître mesquine, étouffante et incompatible finalement avec cet orgueil viril qui est sa raison d'être. A côté de lui, par sa lucidité et son étoffe shakespearienne, le personnage complémentaire mais essentiel de l'avocat (interprété par Thomas Mitchell) nourrit la réflexion de l'œuvre et élève son inspiration jusqu'au lyrisme. La mise en scène, le ton, et la composition de Flynn témoignent tout au long du film d'une suprême élégance.

## RIVIÈRE ROUGE (LA)
**(Red River)**

1948 – USA (133' réduites dans certaines copies à 125) • *Prod.* UA (Monterey Prod. = H. H.) • *Réal.* HOWARD HAWKS (co-réalisateur : Arthur Rosson) • *Sc.* Borden Chase, Charles Schnee d'ap. « The Chisholm Trail » de Borden Chase paru dans le « Saturday Evening Post » • *Phot.* Russell Harlan • *Mus.* Dimitri

Tiomkin • *Int.* John Wayne (Tom Dunson), Montgomery Clift (Matt Garth), Joanne Dru (Tess Millay), Walter Brennan (Groot Nadine), Coleen Gray (Fen), John Ireland (Cherry), Noah Berry, Jr. (Buster), Harry Carey, Sr. (Mr. Melville), Harry Carey, Jr. (Dan Latimer), Mickey Kuhn (Matt enfant).

En 1851, Tom Dunson quitte avec son ami, le vieux Groot, le convoi qu'il accompagnait et se dirige vers le Texas. Il dit au revoir à sa fiancée qu'il laisse contre son gré avec le convoi, ne voulant pas qu'elle partage les dangers de sa randonnée. Mais, peu après, les deux hommes voient de loin les Indiens attaquer le convoi. Eux-mêmes sont attaqués et Dunson trouve sur un Indien qu'il vient d'abattre le bracelet qu'il avait donné à sa fiancée. Dunson et Groot recueillent un adolescent, Matt Garth, qui a échappé par miracle au massacre. Arrivé sur les terres qu'il s'est choisies près de la Rivière Rouge, Dunson doit abattre un des deux envoyés du soi-disant propriétaire qui habite à six cents kilomètres de là. Il se promet d'avoir le plus beau troupeau du Texas. Quatorze ans plus tard, il a atteint son but mais son bétail est invendable dans le Sud ruiné par la guerre civile. Il décide alors de conduire – ce qui n'a jamais encore été accompli – son troupeau de neuf mille têtes (auquel il a incorporé le cheptel de quelques éleveurs voisins) à travers les deux mille kilomètres séparant le Texas du Missouri où les bêtes seront vendues sans difficulté. Dunson engage des hommes. Il leur précise qu'ils n'auront pas le droit de rompre leur contrat durant le voyage. Les haltes sont brèves et espacées. Un jeune cow-boy qui a l'habitude de voler du sucre dans les provisions de Groot, devenu cuisinier, renverse une nuit des casseroles, et le vacarme provoque alors un *stampede* (panique générale du bétail). Un cowboy meurt écrasé par le troupeau et plusieurs centaines de têtes de bétail sont perdues. Dunson a l'intention de fouetter le coupable qui reconnaît ses torts mais refuse de subir cette humiliation. Matt le blesse pour lui éviter d'être tué par Dunson qui n'aurait pas hésité à lui tirer une balle dans le crâne. Au quarantième jour, la pluie et un rationnement de plus en plus sévère accablent les hommes. Au soixantième jour, la fatigue est extrême. Un conducteur de bétail qui a échappé aux Indiens et perdu son troupeau se joint au convoi. Il rapporte que le chemin de fer est arrivé jusqu'à Abilene. Beaucoup commencent à penser qu'il vaudrait mieux emprunter la piste de Chisholm et faire route jusqu'au Kansas plutôt que d'aller au Missouri. Dunson ne veut pas entendre parler de ce changement d'itinéraire et tue trois hommes qui s'opposaient à ses projets. Pendant la nuit, trois autres cow-boys prennent la fuite en emportant des provisions. Dunson lance Cherry à leur poursuite. Le convoi traverse un fleuve. Cherry ramène deux des fuyards (il a tué le troisième). Dunson s'apprête à les pendre. Matt s'y oppose et entraîne tous les autres avec lui. Il décide que le convoi suivra la piste de Chisholm. On abandonne Dunson qui jure à Matt de le tuer. Matt et ses hommes vont porter secours à un groupe de Blancs encerclés par les Indiens qui sont alors abattus ou mis en fuite. Matt extraie une flèche de l'épaule d'une jeune femme, Tess Millay. Elle est exaspérée par le comportement de Matt mais cela ne l'empêche pas de tomber éperdument amoureuse de lui. Elle se fait raconter l'histoire de la rivalité entre Matt et Dunson. Tout au long du parcours, et particulièrement la nuit, les hommes frémissent à l'idée de la réapparition inévitable de Dunson. Huit jours plus tard, Tess, qui n'accompagne pas le convoi, accueille Dunson dans son campement. Il a réuni une poignée d'hommes et court sur les traces de Matt. Tess lui dit qu'elle aime Matt. Au centième jour du périple, Matt et ses hommes voient de leurs propres yeux que le chemin de fer d'Abilene n'est pas un mirage. Matt n'a aucun mal à vendre son troupeau. Et le 14 août 1865 restera comme une date historique : la piste Chisholm est officiellement ouverte aux convois. Le lendemain matin, Matt attend Dunson de pied ferme. Ce dernier tue Cherry qui avait dégainé et s'élance vers Matt qui ne réagit pas. Il le frappe alors à poings nus. Matt encaisse les coups puis se met à répondre. Tess, folle de rage, interrompt, revolver au poing, cet absurde combat. Dunson retrouve son bon sens et permet à Matt, qu'il a toujours considéré comme son fils, de mettre son initiale à côté de la sienne pour le marquage des bêtes.

☞ Si l'on excepte *Barbary Coast* (1935) qui n'appartient qu'à moitié au genre, c'est le premier western de Hawks. Il se rattache au courant de rénovation profonde que connaît le genre à partir de *Canyon Passage** (Jacques Tourneur, 1946). Ici, le modernisme vient des ambiguïtés et de la complexité du personnage de John Wayne dont l'obstination et l'autorité presque pathologiques cachent un déséquilibre, une instabilité et même une certaine immaturité dangereuse, utilisés par Hawks pour enrichir l'action grâce à un suspense moral très intense. Mais les mérites de *Red River* existent bien au-delà d'un débat entre les anciens et les modernes. Avant tout, le film est impressionnant par l'ampleur de son budget, par son ampleur tout court, par son classicisme, sa sobriété et une photo constamment sublime alternant avec équilibre scènes de jour et scènes de nuit. Grâce à elle, *Red River* est un des rares westerns où l'absence de la couleur ne se fait nullement regretter. Entre l'humanité et le pittoresque fordiens d'une part, et le dramatisme tragique d'un Anthony Mann d'autre part, Hawks trace une voie étroite qui devient peu à peu suffisamment large et même immense pour contenir une histoire morale individuelle ainsi qu'un fragment de l'histoire d'une époque et d'un pays tout entier. Cela ne veut pas dire que *Red River* soit une épopée : Hawks est bien trop attentif au relief individuel des personnages et aux relations subtiles qui se nouent entre eux pour avoir la tête épique. De ces portraits contrastés naît peu à peu une image de l'homme, faite de maturité, de refus du lyrisme, de froideur calculée, qui caractérisera l'humanisme hawksien tout au long de son œuvre. La trinité de personnages autour desquels s'articule l'action (le vieil homme, l'homme mûr et le jeune homme) sera reprise dans *Rio Bravo**. Le personnage de Joanne Dru n'est ni le premier ni le dernier exemple de ces héroïnes volontaires, souvent plus lucides et plus mûres que les hommes, qui peuplent l'univers du cinéaste. Le scénariste Borden Chase reprendra, quant à lui, dans un tout autre contexte psychologique et moral mais avec un agencement dramatique assez voisin, le thème du héros obstiné, mis provisoirement en état d'infériorité et qui inquiète et effraie tout le monde par le caractère inéluctable de sa vengeance (cf. le personnage de James Stewart dans *Bend of the River**, Anthony Mann, 1952).

## RIVIÈRE SANS RETOUR
**(River of No Return)**

1954 – USA (91') • *Prod.* Fox (Stanley Rubin) • *Réal.* OTTO PREMINGER • *Sc.* Frank Fenton d'ap. une histoire de Louis Lantz • *Phot.* Joseph La Shelle (Technicolor, Cinémascope) • *Mus.* Cyril Mockridge • *Chansons* Lionel Newman (*lyrics* Ken Darby) • *Chor.* Jack Cole • *Int.* Robert Mitchum (Matt Calder), Marilyn Monroe (Kay), Rory Calhoun (Harry Weston), Tommy Rettig (Mark Calder), Murvyn Vye (Dave Colby), Douglas Spencer (Sam Benson), Arthur Shields (le prêtre).

Récemment installé comme agriculteur dans une région où pullulent les chercheurs d'or, Matt Calder vient chercher son fils Mark, neuf ans, qu'il n'a pas vu depuis longtemps (l'enfant a été élevé par sa mère, récemment morte), dans un camp de mineurs, agglomération improvisée et désordonnée de tentes entre lesquelles passent tous les vices du monde. Avant de repartir avec son père, Mark tient à dire adieu à une chanteuse de saloon, Kay, qui s'est occupée de lui et est devenue son amie. L'amant de Kay, Harry Weston, a gagné au jeu, dans des conditions assez douteuses, une concession pour une mine d'or. Il est si pressé d'aller la faire enregistrer à la ville voisine de Council City qu'il veut s'y rendre en radeau, sur le fleuve que les Indiens appellent « the river of no return ». Matt le lui déconseille fortement, mais rien n'y fait. Un peu plus tard, dans leur ferme située au bord du fleuve, Matt et Mark voient arriver Harry et Kay en bien mauvaise posture sur leur radeau. Ils les aident à accoster. Pour tout remerciement, Harry s'empare du fusil et du cheval de Matt, que ce dernier se refusait à lui vendre, en cette période où les Indiens semblent repartis sur le sentier de guerre. Harry assomme Matt. Se sentant responsable de l'enfant, Kay préfère rester auprès de lui et fait valoir à Harry qu'il atteindra plus vite sans elle Council City. Harry repart sur son radeau. Très peu de temps après, fuyant les Indiens, Matt, Kay et Mark doivent eux aussi s'enfuir en radeau. De loin, ils voient la ferme de Matt incendiée. Les trois personnages vont donc faire ce voyage ensemble, partageant leur temps entre de paisibles haltes nocturnes sur la rive et la dangereuse navigation sur les rapides. La constante menace indienne, une rencontre avec deux inconnus (dont l'un est l'homme à qui appartenait la concession de Harry) seront parmi les nombreux dangers qu'ils croiseront sur leur route. Au contact de Kay, le caractère bougon de Matt, son intolérance, la rigidité de sa nouvelle morale d'aventurier repenti s'atténueront quelque peu. Mais pas au point de le faire renoncer à se venger de Harry en le tuant, ce que Kay voudrait éviter à tout prix. A Council City, Harry tire sur Matt avant même que celui-ci ne l'attaque. Le petit Mark devra l'abattre en lui tirant dans le dos pour l'empêcher de tuer son père. Il comprendra ainsi qu'on puisse tirer dans le dos de quelqu'un sans être forcément un lâche, mais pour empêcher quelqu'un de nuire, comme l'avait fait autrefois son père, ce que l'enfant, ayant appris la chose, avait du mal à lui pardonner. Kay redevient chanteuse dans un saloon où Matt viendra la chercher. La chargeant sur ses épaules, il l'emporte sans lui demander son avis vers sa ferme, leur nouvelle demeure.

☞ Premier film de Preminger en Cinémascope, *Rivière sans retour* marque une significative rupture formelle et thématique avec les films précédents du cinéaste, dominés pour la plupart par l'univers du *film noir.* Pour le Viennois qu'est Preminger, chaque film équivaut à une petite psychanalyse secrète d'où sortent parfois les résultats les plus inattendus. Ici jaillissent pour la première fois du cœur même de l'œuvre une sérénité, un goût du bonheur qui réapparaîtront souvent par la suite et jusque dans la fresque d'*Exodus**, mêlés aux événements les plus dramatiques. Le bonheur de *Rivière sans retour* est une notion à la fois formelle et morale. Sur le plan formel, Preminger valorise tous les éléments mis à sa disposition – les extérieurs canadiens, le Cinémascope, Marilyn Monroe – avec une énergie, une brillance qui procurent au spectateur, à chaque nouvelle vision, une jubilation cinéphilique intense. Les rapports de Preminger et de Marilyn furent assez tendus. « Diriger Marilyn Monroe, aurait-il déclaré, c'est comme diriger Lassie. Il faut quatorze prises pour obtenir l'aboiement adéquat. » Dans son autobiographie, il s'en prend surtout au professeur de diction de Marilyn, Natasha Lytess, qui ne la quittait pas et mettait en péril par ses conseils sa spontanéité et le naturel de son jeu. Quoi qu'il en soit, Preminger a livré ici un des portraits les plus attachants qu'on ait vus d'elle, faisant un sort à sa séduction, à sa gentillesse, aussi bien qu'à son côté maternel frustré ou à ses incertitudes sur son identité. Sur le plan moral, *Rivière sans retour* est par excellence le film de la libération. Au fur et à mesure des péripéties, les personnages se débarrassent, s'allègent de leurs préjugés, de leurs illusions comme de leurs biens matériels. Les étiquettes, les idées fausses, les vieux démons volent en éclat ou sont anéantis, tandis que les personnages, formant peu à peu une véritable famille, découvrent, avec une gravité teintée d'humour, ce qui leur convient le mieux. La traversée du fleuve équivaut pour eux à un bain de jouvence, d'où le spectateur sort lui aussi régénéré. Le film est typique de cette époque bénie de Hollywood durant laquelle les films les plus mineurs – et particulièrement les westerns – favorisaient une sorte de dialogue intime des cinéastes avec le spectateur. Allégorie de la libération que chacun doit provoquer en lui-même, *Rivière sans retour*, qui est dans la filmographie de Preminger l'avant-dernier film de son contrat avec la Fox, abonde en signes avant-coureurs de cette indépendance que le cinéaste allait conquérir dans son travail, moins de deux ans plus tard (*L'homme au bras d'or*), après y avoir pris goût durant le tournage d'*Angel Face** et de *La lune était bleue*.

N.B. Jean Negulesco a toujours revendiqué la réalisation de certaines scènes du film.

## RIZ AMER
### (Riso amaro)

1949 – Italie (108') • *Prod.* Lux (Dino De Laurentiis) • *Réal.* GIUSEPPE DE SANTIS • *Sc.* Giuseppe de Santis, Carlo Lizzani, Gianni Puccini, Corrado Alvaro, Carlo Musso, Ivo Perilli • *Phot.* Otello Martelli • *Mus.* Goffredo Petrassi • *Int.* Vittorio Gassman (Walter), Doris Dowling (Francesca), Silvana Mangano (Silvana), Raf Vallone (Marco), Checco Rissone (Aristide), Nico Pepe (Beppe), Adriana Sivieri (Celeste).

Traqué par la police, Walter, un voleur de bijoux confie un collier de diamants à sa complice Francesca et lui fait prendre le train des « mondine », les travailleuses des rizières qui, au mois de mai, partent en groupe vers la province de Vercelli. Arrivée sur les lieux et n'ayant pas de contrat, Francesca fait partie des « clandestines » qui travaillent deux fois plus vite pour se faire engager et sont considérées comme des « jaunes » par les ouvrières régulières. L'une de celles-ci, Silvana, désigne Francesca comme la meneuse des clandestines. Un sergent du cantonnement voisin, Marco, prend sa défense. Ayant dérobé à Francesca son collier, qui la fascine, Silvana a bien compris qu'elle est une voleuse. Francesca lui raconte sa vie de misère et les deux femmes deviennent amies. Walter arrive au campement et se bagarre avec Marco pour les beaux yeux de Silvana. Il apprend à sa complice que les bijoux sont faux. Mais il projette un gros coup : dévaliser le stock de riz du camp. Silvana doit repousser à plusieurs reprises les avances de Marco et saura lui faire admettre qu'une union entre eux serait sans avenir. La pluie s'est abattue sur la rizière, privant les ouvrières de plusieurs journées de travail et amputant leur prime de riz. Elles décident d'aller travailler quand même. Walter prend Silvana de force, cependant que dans la rizière une femme brisée par l'effort hurle de douleur et avorte parmi ses camarades. Walter met son plan à exécution. Silvana, entièrement sous sa coupe, ouvre les vannes et inonde les rizières afin de détourner l'attention générale. Walter et ses complices remplissent de riz les camions prêts à partir. Francesca et Marco tentent de s'opposer à ce projet. Walter poignarde Marco et est alors blessé par balle par Silvana. Les deux hommes étant immobilisés, Walter pousse Silvana à achever Marco. Mais, apprenant que les bijoux que Walter lui a donnés en gage de fiançailles sont faux, celle-ci retourne son arme contre lui et le tue. Puis elle monte tout en haut de l'entrepôt et se jette dans le vide. Au moment de quitter la rizière, chacune des ouvrières dépose sur le corps de Silvana quelques grains de riz. Francesca et Marco, enfin démobilisé – il a trouvé, après dix ans de service, le courage d'affronter la vie civile – partent la main dans la main.

☞ Un mélange d'éléments à la fois très traditionnels et très nouveaux, liés entre eux par une combinaison habile, assura le triomphe commercial de ce film important dans l'histoire du cinéma italien, quoique sans génie. Du côté de la tradition : un scénario romanesque et violent, digne d'un mauvais photo-roman. Du côté de la nouveauté : une appartenance ambiguë au mouvement néo-réaliste. Pour homogénéiser l'ensemble, De Santis eut recours à un érotisme torride, dû à cet insolite rassemblement de femmes au travail et à la séduction personnelle de Silvana Mangano. La description de la misère d'un milieu social éphémère dota le film d'un aspect sociologique, renforcé ici par la tendance unanimiste toujours présente chez De Santis. C'est même la part la plus personnelle de son œuvre, présente également dans *Roma ore 11*

(*Onze heures sonnaient,* 1952). La médiocrité de la partie policière de l'intrigue n'empêche pas le cinéaste de montrer le petit univers qu'il décrit sous une très grande variété d'angles et, en même temps, de faire sentir sa respiration collective, d'appréhender ses élans, ses déceptions comme les manifestations d'un groupe homogène. Il utilise pour cela avec discernement les plans-séquences, les mouvements à la grue en extérieurs et les chœurs chantés par les femmes de la rizière. Les personnages principaux (à l'exception du « méchant » incarné par Gassman, figure conventionnelle et mélodramatique tout à fait déplacée dans une évocation néo-réaliste) expriment l'ambivalence de comportement de la génération qui sortait de la guerre. D'un côté, il y a ses tentations, ses frustrations et leurs conséquences tragiques ; de l'autre, ses efforts pour sortir de l'ornière et recréer un monde nouveau. Cette dualité apparaît encore mieux à travers la plus notoire originalité du film : sa volonté de privilégier nettement, dans la narration, le point de vue des femmes. Cela aboutit à des scènes d'action tout à fait inhabituelles où les deux hommes se trouvent immobilisés et passifs, alors que les deux femmes, l'arme au poing, sont agissantes. Elles se libéreront l'une et l'autre de leurs chaînes, mais leur trajectoire respective connaîtra un aboutissement opposé. Celle de Silvana s'achève dans le meurtre et le suicide. Celle de Francesca dans une sorte de happy end porteur d'espoir. Cette double fin correspond, elle aussi, à un compromis ambigu entre la vision sociale du néo-réalisme et le moralisme du mélodrame traditionnel.

BIBLIO. : Carlo Lizzani : « Riso amaro », Rome, Officina Edizioni, 1978. Ouvrage consacré au film et contenant son découpage (622 plans) ainsi que de nombreuses photos et photogrammes.

## RODEUR (LE)
## (The Prowler)

1951 – USA (92') • *Prod.* UA – Horizon Pictures – Eagle Production (S.P. Eagle = Sam Spiegel) • *Réal.* JOSEPH LOSEY • *Sc.* Dalton Trumbo puis Hugo Butler d'ap. une histoire de Robert Thoeren et Hans Wilhelm • *Phot.* Arthur Miller • *Mus.* Lyn Murray • *Int.* Van Heflin (Webb Garwood), Evelyn Keyes (Susan Gilvray), John Maxwell (Bud Crocker), Katherine Warren (Mrs. Crocker), Emerson Treacy (William Gilvray), Wheaton Chambers (Dr James), Robert Osterloh (coroner).

Croyant avoir aperçu un rôdeur, Susan Gilvray, seule dans une luxueuse villa de Los Angeles, appelle la police. Deux policiers arrivent et ne découvrent rien de suspect. L'un des deux hommes, Webb Garwood, devient un familier de la maison et une liaison commence entre lui et Susan. Celle-ci est une bourgeoise, à la fois frustrée et couvée par un mari qui ne peut avoir d'enfant. Elle passe ses soirées à écouter l'émission radiophonique qu'effectue en direct son mari. Quand il est persuadé que Susan ne peut plus se passer de lui, Webb Garwood met à exécution le plan qu'il a échafaudé. Une nuit, il s'approche de la villa de manière à faire croire à la présence d'un rôdeur. Le mari sort et Webb l'abat. Au procès, les jurés concluront à un accident. Webb a démissionné de la police et se remet à fréquenter Susan qu'il parvient à convaincre de son innocence. Ils se marient et passent leur lune de miel dans un motel que Webb convoitait depuis longtemps et qu'il a pu acquérir grâce à l'héritage de Susan. Celle-ci apprend alors qu'elle est enceinte de quatre mois. Webb s'affole à l'idée que cette nouvelle va prouver sa culpabilité. Il emmène Susan dans une ville fantôme au milieu du désert pour qu'elle y accouche en secret. Mais la présence d'un docteur s'avère nécessaire. Webb part en chercher un. Susan comprend soudain que Webb est décidé à le tuer comme il a tué son mari. Webb avoue d'ailleurs avoir eu connaissance du testament fait en faveur de Susan par le défunt. Susan fournit au docteur la possibilité de fuir. Il alerte la police. Au terme d'une brève poursuite, Webb sera abattu.

☞ Troisième film de Joseph Losey et le premier du réalisateur à comporter une intrigue très noire se refermant peu à peu sur les personnages et ne leur laissant aucune chance. La frustration sociale de l'homme, les frustrations sentimentales et sexuelles de la femme constituent les ingrédients de la tragédie. Cette tragédie commence par une analyse très fine, très aiguë des personnages cernés dans des intérieurs clos et nocturnes. Elle progresse en sourdine et finit par éclater au milieu du désert dans des scènes d'une puissance cosmique que n'aurait pas reniée Raoul Walsh. Trajectoire magistrale que Losey élabore avec une grande économie de moyens, se révélant aussi doué comme cinéaste d'action que comme psychologue et comme analyste social. Ce qu'il y a de plus étonnant dans le film reste sans doute l'inoubliable portrait du personnage principal, révélé dans ses diverses composantes : frustration, envie, complexe d'infériorité sociale, machiavélisme, hypocrisie, appétit forcené de bonheur débouchant sur une certaine paranoïa. A ces éléments s'ajoute une sorte de sincérité amoureuse indéniable, inextricablement mêlée à ses pulsions criminelles. Sur le plan social, les aspirations de ce personnage représentent une dérive, un pourrissement pathologique des valeurs de la moyenne bougeoisie américaine. Les trois premiers films américains de Losey (une sorte de trilogie sur l'enfance, la maturité, le pourrissement) et deux de ses films anglais (*Temps sans pitié*, The Gypsy and the Gentleman**) constituent l'essentiel de son œuvre. Tant du point de vue de la forme que de l'acuité de l'analyse sociale, *Le rôdeur* semble le plus parfait de tous.

N.B. Le nom de Dalton Trumbo, victime de la Liste Noire, ne figure pas au générique. Par contre celui de Hugo Butler, autre victime de la Liste Noire, y figure.

## ROI (LE)

1936 – France (113') • *Prod.* Films Modernes (Emile Natan) • *Réal.* PIERRE COLOMBIER • *Sc.* Louis Verneuil d'ap. P. de Robert de Flers, Gaston Arman de Caillavet et Emmanuel Arène • *Phot.* Jules Krüger, Marc Fossard • *Mus.* Billy Colson • *Int.* Victor Francen (Le roi Jean IV de Cerdagne), Raimu (M. Bourdier), Gaby Morlay (Marthe Bourdier), Elvire Popesco (Thérèse Marnix), André Lefaur (le marquis de Chamarande), Hélène Robert (Suzette Bourdier), Frédéric Duvallès (M. Blond), Albert Duvaleix (Cormeau), Jean Gobet (Rivelot), Gaston Dubosc (l'évêque).

Le roi de Cerdagne vient en visite officielle à Paris pour signer un traité de commerce avec la France et aussi pour s'amuser. Durant son bref séjour dans la capitale, il va amener par deux fois et sans le vouloir le député démocrate Bourdier, récemment enrichi, à être trompé, d'abord par sa maîtresse, Thérèse Marnix, puis par sa femme légitime. Thérèse, que Bourdier avait chipée à son voisin et ennemi politique, le marquis de Chamarande, est en effet une vieille amie et une compatriote du roi ; ils renoueront ensemble. Bourdier sera dédommagé de son infortune par une visite que le roi lui rendra dans ses terres pour chasser, visite qui remplacera celle qu'il comptait faire au marquis. C'est durant la nuit passée dans son domaine que le roi obtiendra les faveurs de Mme Bourdier. Dédommagement de cette seconde infortune : le roi signe le traité à des conditions très favorables pour la France et Bourdier devient ministre. Le roi conclut : « Messieurs, ce cher Bourdier nous donne un grand exemple. Il nous montre comment, dans votre démocratie, un homme peut, par son exclusif mérite, arriver aux plus hautes charges de l'État ».

☞ Adaptation actualisée mais très fidèle de la pièce de Flers, Caillavet et Arène créée en 1908. Pour l'essentiel, la structure de l'original est conservée, à savoir un mariage très réussi entre les vertus du vaudeville classique et celles, plus caustiques et plus désabusées, de la satire sociale et politique (satire du parlementarisme et des relations diplomatiques internationales). Dans ses meilleurs moments, le film est mis en scène avec une vivacité, une jeunesse, une saine allégresse iconoclaste qui effacent complètement le côté « musée » de l'intrigue. Occupé surtout à valoriser certaines scènes particulièrement brillantes, Pierre Colombier se soucie peu du rythme général de l'action qui sera très languissante durant le premier tiers. L'interprétation, où emplois et contre-emplois s'équilibrent admirablement, est responsable en grande partie du plaisir qu'on peut prendre au film. Gaby Morlay est une Madame Sans-Gêne au petit pied, égarée dans les coulisses de la grande diplomatie et gardant toujours son franc-parler. Victor Francen, qui a joué si souvent des rôles nobles, renverse ici la vapeur et, avec cet accent inventé (qui contribua pour beaucoup au succès de la pièce), compose un roi de Cerdagne extrêmement savoureux. Deux scènes sont restées célèbres : la petite bouffe nocturne du roi et de Mme Bourdier ; la réception où Bourdier (Raimu) note de 1 à 20 l'importance des invités afin que sa femme module en conséquence la chaleur de son accueil à leur égard.

N.B. Remake détestable de Marc-Gilbert Sauvajon (1949) avec Maurice Chevalier dans le rôle de V. Francen.

## ROI DES GUEUX (LE)
## (If I Were King)

1938 – USA (100') • *Prod.* PAR. (Frank Lloyd) • *Réal.* FRANK LLOYD • *Sc.* Preston Sturges d'ap. P. et R. de Justin Huntly McCarthy • *Phot.* Theodor Sparkuhl • *Int.* Ronald Colman (François Villon), Basil Rathbone (Louis XI), Frances Dee (Katherine de Vaucelles), Ellen Drew (Hughette), Henry Wilcoxon (capitaine de la garde), Heather Thatcher (la reine), Stanley Ridges (René de Montigny), Sidney Toler (Robin Turgis).

Paris est assiégé par les Bourguignons. C'est la famine. A la recherche d'un espion, le roi Louis XI, déguisé, se rend à la Cour des Miracles. L'espion en question n'est autre que le Grand Connétable que tue, sous les yeux du roi, François Villon, lui-même poursuivi pour vol. Pour le remercier, Louis XI, qui vient de l'entendre exprimer tout ce qu'il ferait *s'il était roi*, le nomme Grand Connétable à la place du traître. Mais il n'a qu'une semaine pour faire ses preuves ; sinon, il sera pendu. Afin d'amener les soldats, trop passifs, à se défendre, Villon distribue leur stock de provisions au peuple qui prend les armes et se libère des Bourguignons.

☞ Énième adaptation de l'œuvre de Justin McCarthy. Divertissement à grand spectacle à mi-chemin entre le film d'aventures traditionnel et l'évocation historique plus ambitieuse, plus relevée et teintée d'humour. Ronald Colman, reprenant le rôle de John Barrymore, interprète un François Villon très patricien, récitant avec talent ses propres poèmes, au côté de Rathbone incarnant un Louis XI pittoresque, un peu guignolesque et au dessin finalement assez flou. Le film est caractéristique de Frank Lloyd chez qui la truculence et une certaine verve n'arrivent jamais à donner corps à des œuvres entièrement satisfaisantes.

N.B. Outre une version anglaise de 1915, la pièce de McCarthy a été adaptée plusieurs fois : *If I Were King*, 1920, de J. Gordon Edwards avec William Farnum dans le rôle de François Villon ; *The Beloved Rogue*, 1927, de Alan Crosland avec John Barrymore (François Villon), Conrad Veidt (Louis IX). Il existe aussi deux adaptations de l'opérette tirée de la pièce. (musique de Rudolf Friml) : *The Vagabond King*, 1930, de Ludwig Berger avec Dennis King (François Villon), Jeanette MacDonald (Katherine) ; version homonyme (titre français : *Le roi des vagabonds*), 1956, de Michael Curtiz. Ces deux derniers films sont en couleurs.

## ROI ET QUATRE REINES (LE)
## (The King and Four Queens)

1956 – USA (84') • *Prod.* UA (David Hampstead) • *Réal.* RAOUL WALSH • *Sc.* Margaret Fitts, Richard Alan Simmons d'ap. une histoire de M. Fitts et R. Walsh • *Phot.* Lucien Ballard (Eastmancolor, Cinémascope) • *Mus.* Alex North • *Int.* Clark Gable (Dan Kehoe), Eleanor Parker (Sabina McDade), Jo Van Fleet (Ma McDade), Jean Willes (Ruby), Barbara Nichols (Birdie), Sarah Shane (Oralie), Roy Roberts (shérif Tom Larabee), Arthur Shields (Padre), Jay C. Flipper (barman).

Dan Kehoe, un aventurier recherché par la police, apprend que, dans le village abandonné de Wagon Mound, la veuve McDade et ses quatre belles-filles vivent sur une montagne d'or, produit d'un hold-up réalisé par le clan des quatre fils McDade. Trois sont morts dans la bagarre et on ignore lequel a survécu. En attendant son retour, la veuve protège aussi farouchement la vertu de ses belles-filles que le trésor. Les filles ne restent auprès de leur belle-mère que pour obtenir, le moment venu, leur part du butin, dont la veuve s'est bien gardée de leur révéler la cachette. Kehoe arrive aux abords du village et est reçu par les balles de la veuve. Blessé, il est soigné par les quatre filles dont il suscite la convoitise, elles qui sont privées d'hommes depuis deux ans. Il y a Sabina, la femme de tête, Birdie, une danseuse de cabaret plutôt naïve, la blonde Oralie que Dan comparera à un ange et Rudy la brune, la plus provocante et la plus possessive du lot. Une fois remis sur pied, Dan, qui s'est fait passer pour un compagnon de cellule du survivant des McDade, explore pas à pas le terrain, essaie de tirer le maximum de renseignements de chacune des filles et réussit même à se faire accepter par la veuve. Il finit par mettre la main sur le trésor, enfoui dans une tombe. Il l'emporte avec celle qu'il a choisie, Sabina. Mais la veuve ameute le shérif et sa patrouille. Dan rend l'argent. Il prétend qu'il avait toujours eu l'intention de le faire ; il se contentera de prélever le montant de la récompense qui lui permettra de couler des jours heureux en compagnie de Sabina, laquelle par parenthèse n'avait jamais été mariée à l'un des McDade, mais espérait par ce mensonge mettre la main sur une part du gâteau.

☞ Œuvre mineure mais très caractéristique de Walsh par sa liberté de ton, son ironie, sa truculence et cette espèce de plénitude plastique que le cinéaste parvient à conférer, sans effort apparent, au moindre de ses films. Avec une décontraction extrême qui bafoue toutes les règles du film d'action et du western en particulier, Walsh s'amuse à promener nonchalamment l'un de ses acteurs favoris (et celui sans doute qui lui ressemblait le plus) au milieu de quatre ravissantes créatures qui unissent à une frustration sexuelle lourde à porter un puissant appétit de lucre. Occasion pour le cinéaste de livrer – car il est peintre autant que cinéaste – quatre portraits de femmes très diverses par leur comportement et leur type de séduction. Le film n'est pas entièrement dépourvu d'ambiguïté dans la mesure où il maintient un équilibre instable entre une vision où l'homme dominerait tout à fait la situation et se conduirait en maître au milieu de son petit harem occasionnel et celle, tout opposée, où il serait la victime de ce clan féminin dans un type de récit qui trouvera son expression limite dans *Les proies* de Don Siegel, 1971. (Dans ce film qui se déroule durant la guerre de Sécession, un soldat nordiste blessé se cache dans un collège du Sud dont la directrice et les pensionnaires, telles des mantes religieuses, finiront par le dévorer et l'éliminer.) Entre le machisme et la misogynie, Walsh trouve, lui, une sorte de voie royale qui lui permet de concilier avec élégance et non sans une certaine audace le respect des conventions de l'époque et son plaisir de cinéaste. Car c'est ici, avant tout, une œuvre de plaisir, pour son auteur d'abord, et ensuite pour le spectateur. Magnifique photo de Lucien Ballard pour son premier cinémascope.

## ROMA
**(id./Fellini-Roma)**

1972 – France-Italie (120') • *Prod.* Ultra Film (Turi Vasile), Rome – Artistes Associés, Paris • *Réal.* FEDERICO FELLINI • *Sc.* F. Fellini et Bernardino Zapponi • *Phot.* Giuseppe Rotunno (Technicolor) • *Mus.* Nino Rota • *Int.* Peter Gonzales, Britta Barnes, Pia De Doses, Fiona Florence, Marne Maitland, Renato Giovannoli, Elisa Mainardi, Paule Rout, Galliano Sbarra, Paolo Natale, Marcelle Ginette Bron, Mario Del Vago, Alfredo Adami, Stefano Mayore, Gore Vidal, Anna Magnani.

Cette évocation de Rome commence par les souvenirs d'un petit provincial. Son instituteur franchit avec sa classe un Rubicon symbolique. En 1939, le jeune homme arrive à la Stazione Termini. Il se rend chez la populeuse famille Palletta pour y loger. Le soir, il va dîner en plein air dans une trattoria, comme c'est la coutume à Rome. Sur le périphérique, de nos jours, une équipe de cinéma installée sur un « car-caméra » extrêmement sophistiqué filme les automobilistes, les prostituées, les accidents, les manifestations, les embouteillages qui, eux aussi, font partie de la ville. Un autre jour, les caméras de Fellini montées sur une grue essaient de prendre la ville d'en haut. Des jeunes gens demandent au réalisateur s'il va parler dans son film des luttes sociales. Il répond qu'il préfère évoquer le music-hall de la Barafonda pendant les années de guerre. Là, le spectacle est autant dans la salle que sur la scène. Les spectateurs mangent, discutent, invectivent les artistes et les obligent parfois à quitter la scène. Une femme fait uriner son mioche entre les fauteuils (« Deux gouttes seulement »). Quelqu'un lance un chat mort sur la scène et l'artiste, un danseur imitant Fred Astaire, le renvoie dans la salle. Le spectacle est interrompu par la lecture d'un bulletin militaire puis par une alerte. De nos jours, dans le sous-sol de la ville, on prépare le terrain pour le métro dont les travaux sont reportés depuis un siècle. On découvre des fresques appartenant à une ville romaine d'il y a deux mille ans. Mais elles s'effacent très vite et bientôt disparaissent complètement au contact de l'air. Le film évoque ensuite les bordels de la guerre, l'un très ordinaire, l'autre luxueux, où les filles, pour se présenter aux clients, descendent dans un grand ascenseur. De nos jours, la princesse Domitilla vit seule dans son immense demeure. Elle regrette les fêtes d'antan. Se rappelle (ou imagine) ce défilé de mode pour religieuses, prêtres et hauts dignitaires ecclésiastiques qui fut une véritable apothéose. Aujourd'hui dans le quartier de Trastevere, Fellini et ses collaborateurs interviewent les dîneurs et notamment l'écrivain américain Gore Vidal. Il dit que Rome, lieu de tous les mensonges et de tous les déguisements puisque siège du gouvernement, de l'Église et du cinéma, est aussi le meilleur endroit où attendre l'apocalypse. Anna Magnani, rentrant chez elle, refuse de parler devant la caméra. Pour Fellini, elle est, louve et vestale, le symbole de Rome. Une horde de jeunes à motos traverse la ville dont plusieurs monuments apparaissent furtivement dans la lumière des phares.

☞ A partir des *Clowns*, Fellini a abandonné la dramaturgie traditionnelle. Il a sans doute bien fait, car ses intrigues étaient le plus souvent lourdes, lentes et pleines de poncifs (cf. *La dolce vita*). Ni le néo-réalisme ni le réalisme ne lui conviennent. Il est plus à son aise quand il traite ses sujets à l'aide d'arabesques plastiques qui mettent en valeur son tempérament baroque, sa sensibilité impressionniste, sa tendance à mêler le présent et le passé, le réel et l'imaginaire. Dans cette seconde partie de sa carrière, *Roma* est son film le plus riche, le plus spectaculaire, le plus inventif sur le plan pictural. C'est en effet grâce à une vision essentiellement picturale de son propre univers, recréé en studio, que Fellini parvient à une réelle variété de tons et passe sans effort (et sans transition) de la nostalgie à la satire, de la truculence au lyrisme ou à l'insolite. Les séquences du théâtre de la Barafonda, des fresques souterraines qui disparaissent et du défilé de mode ecclésiastique figurent parmi les plus réussies de l'œuvre fellinienne. Dans *Intervista* (1987), Fellini tentera de raconter sa vie de cinéaste et le monde de Cinecittà en leur appliquant le même traitement qu'ici avec la ville de Rome. Mais il y mettra beaucoup moins d'invention et de brio.

N.B. Les apparitions de Mastroianni et de Sordi dans la séquence où figure Gore Vidal ont été coupées par Fellini dans les copies destinées au public non italien.

BIBLIO. : scénario et dialogues, Cappelli, Bologne, 1972. Le volume contient le scénario de tournage et un scénario pré-définitif avant mixage. Longue préface du scénariste Bernardino Zapponi. Elle est traduite dans le volume « Roma », Solar, Paris, 1972, où elle est suivie d'une narration dialoguée assez fidèle du film. Voir aussi « L'Avant-Scène » n° 129 (1972). Description du film à partir de différentes copies (et mention de scènes coupées au montage).

## ROMAN DE MARGUERITE GAUTIER (LE) (Camille)

1937 – USA (108') • *Prod.* MGM (Irving Thalberg, David Lewis, Bernard Hyman) • *Réal.* GEORGE CUKOR • *Sc.* Zoë Akins, Frances Marion, James Hilton d'ap. R. et P. d'Alexandre Dumas fils • *Phot.* William Daniels, Karl Freund • *Mus.* Herbert Stothart • *Int.* Greta Garbo (Marguerite Gautier), Robert Taylor (Armand Duval), Lionel Barrymore (le général Duval), Henry Daniell (le baron de Varville), Elizabeth Allan (Nichette), Lenore Ulric (Olympe), Laura Hope Crews (Prudence), Jessie Ralph (Nanine), Rex O'Malley (Gaston), E.E. Clive (St. Gadeau), Russell Hardie (Gustave), Joan Brodel (= Joan Leslie) (Marie Janette).

Un soir de 1847, dans un théâtre parisien, Marguerite Gautier a un rendez-vous arrangé par son amie Prudence avec le baron de Varville. Mais elle pose les yeux sur Armand Duval, dont la beauté juvénile lui fait comme un coup au cœur. Lui-même l'avait remarquée depuis longtemps. Elle le revoit quelques mois plus tard lors d'une vente aux enchères. Entre temps, le baron de Varville est devenu son amant en titre et elle a été gravement malade. Armand, sans se faire connaître, lui a fait porter des fleurs chaque jour. Elle l'invite à la fête donnée chez elle pour son anniversaire. Là, il lui avoue son amour. Le baron, revenu à l'improviste, devine ce qui se passe entre eux. Marguerite est obligée de fermer sa porte à Armand. Un peu plus tard, elle ne peut s'empêcher d'aller le rejoindre. Il voudrait l'emmener loin de Paris. Elle doit pour cela emprunter de l'argent au baron qui consent à lui en donner mais la gifle pour lui marquer son mépris. Marguerite et Armand passent un séjour idyllique à la campagne. Marguerite est décidée à vendre tous ses bijoux pour payer ses dettes et sortir définitivement du monde de la galanterie. Armand veut l'épouser. Durant une absence du jeune homme, le père de ce dernier vient supplier Marguerite de rompre avec Armand et de sacrifier l'amour sincère qu'elle éprouve pour lui à son bonheur et à sa situation. Le vieil homme se montre si convaincant que Marguerite accepte. Mais elle ne voit d'autre moyen de le détourner d'elle que de se faire haïr de lui en le quittant pour le baron. La mort dans l'âme, elle met son plan à exécution. Les deux amants se quittent. Dans un club de jeu à Paris, Armand rencontre Marguerite en compagnie du baron. Au cours d'un tête à tête avec elle, il lui redit qu'il veut partager sa vie. Elle lui assure qu'elle aime le baron. Il lui jette alors à la figure les billets qu'il vient de gagner au baron et gifle ce dernier. Un duel est fixé : Armand blesse son adversaire et doit s'exiler. Quelques mois plus tard, au théâtre, Armand apprend que Marguerite est au plus mal et ne voit plus aucun homme. Elle a vendu tous ses bijoux à son amie et rivale, Olympe. Elle est éperdue de bonheur quand Armand vient lui rendre visite. Il comprend, sans qu'elle ait rien à dire, l'étendue de son sacrifice. Elle fait un effort surhumain pour se lever à son arrivée. Il veut l'emmener à la campagne. Elle meurt dans ses bras alors qu'il continue de lui parler...

☞ Premier des deux films de Cukor avec Garbo. Mais *Camille* est beaucoup plus qu'une rencontre de superstars. C'est un modèle d'adaptation littéraire où le calligraphisme du réalisateur, transcendant le style Metro traditionnel (romantisme et bon goût) dépouille le matériau original de toutes ses scories d'époque. C'est une suite de variations élégantes et délicates sur l'amour impossible qui réunit et sépare une femme apparemment frivole, hautaine et souvent humiliée, et un jeune homme peut-être trop beau pour être heureux. Les notations mélodramatiques, si insistantes dans la pièce, sur la maladie de l'héroïne disparaissent ici au profit d'une vision tragique et globale du sujet à l'intérieur de laquelle cette maladie, comme la différence de condition existant entre les deux héros, n'est plus qu'un des multiples obstacles à leur bonheur. C'est le meilleur des films de Cukor consacrés à un sujet non contemporain. Le rythme du récit, le découpage, les décors, les nuances du jeu des interprètes donnent constamment une impression de perfection : celle-ci est à la fois logique, étant donné la somme de talents réunis ici, et mystérieuse par l'harmonie intense et étrangement naturelle qui règne entre ces différents apports. *Camille* se rattache au reste de l'œuvre de Cukor en tant que portrait d'une femme blessée, écartelée, et comme fragment de cette vaste tragédie de la frivolité, que l'auteur n'a cessé de représenter et qui donne à ce film des accents ophulsiens.

N.B. On dénombre au moins une trentaine de films basés sur le personnage de Marguerite Gautier, qu'il s'agisse d'adaptations dramatiques de la pièce ou de l'opéra de Verdi, « La Traviata ». Citons les plus importantes, désignées par le nom de leur réalisateur : Viggo Larsen, Danemark, 1907 ; Ugo Falena, Italie, 1909 ; Calmettes et Pouctal, France-USA, 1912, avec Sarah Bernhardt ; Albert Capellani, USA, 1915, avec Clara Kimball Young ; Gustavo Serena, Italie, 1915, avec Francesca Bertini ; J. Gordon Edwards, 1917, avec Theda Bara ; Paul Leni, Allemagne, 1917 ; Ray C. Smallwood, USA, 1921, avec Nazimova, l'une des meilleures Marguerite Gautier de l'écran, et Rudolph Valentino dans le rôle d'Armand ; Olof Molander, Suède, 1925 ; Fred Niblo, USA, 1927, avec Norma Talmadge ; Fernand Rivers, France, 1934, avec Yvonne Printemps et Pierre Fresnay ; Carmine Gallone (*La Traviata*), 1948, Italie avec Nelly Corradi doublée pour le chant par Onelia Fineschi ; Raymond Bernard, France, 1952, avec Micheline Presle. Rappelons que le film de Cottafavi, *Fille d'amour**, Italie, 1953, est une libre adaptation de l'œuvre de Dumas.

BIBLIO. : voir le chapitre consacré au film dans le livre d'interviews avec Cukor de Gavin Lambert « On Cukor », G.P. Putnam's Sons, New York, 1972. Cukor dit là toute son admiration pour Garbo : « Sa façon de se tenir, ses mouvements (...) ont leur propre plastique (...) Et même quand elle est au repos, complètement immobile, elle communique encore un sentiment de mouvement. » Il décrit en détail son apport au film et son comportement sur le tournage. Il cite un très beau texte de Henry James sur la pièce : elle est pour l'écrivain « toute champagne et larmes ». La fin du film – mort de Marguerite Gautier –, si impressionnante dans sa concision, est le résultat d'un choix entre deux versions également tournées ; la version rejetée était beaucoup plus bavarde. A Carlos Clarens (*in* « Cukor », Secker and Warburg, Londres, 1976), Cukor a déclaré : « *Camille* fut aussi le film de Thalberg, bien que son nom n'apparaisse pas au générique. C'était rarement le cas. Thalberg ne vécut pas assez longtemps pour voir le film terminé. Il assista aux *rushes* aussi longtemps qu'il le put. Il dit que pour la première fois Garbo apparaissait comme une créature de chair et de sang. »

## ROMAN DE WERTHER (LE)/ WERTHER

1938 – France (85') • *Prod.* Nero-Films (Seymour Nebenzahl) • *Réal.* MAX OPHULS • *Sc.* Hans Wilhelm, Max Ophuls, Fernand Crommelynck d'ap. R. de Goethe • *Phot.* Eugène Schufftan • *Mus.* Paul Dessau d'ap. Schubert, Haydn, Mozart, Grétry et Beethoven • *Int.* Pierre Richard-Willm (Werther), Annie Vernay (Charlotte), Jean Périer (le président), Jean Galland (Albert Hochstatter), Paulette Pax (tante Emma), Georges Vitray (le bailli), Roger Legris (Franz, le valet), Henri Guisol (le greffier), Maurice Schutz (le bedeau), Léon Larive (le cabaretier).

A Walheim, en Allemagne, à la fin du XVIII^e^ siècle, les amours impossibles de Werther, nouveau référendaire au Palais de Justice, jeune homme délicat et raffiné, poète, musicien, et de Charlotte, la fille du bailli, promise au juge Albert, collègue et ami de Werther. Après le mariage de Charlotte, Werther passe ses nuits au cabaret, se livre à diverses extravagances qui suscitent la compassion mais aussi la réprobation de ses supérieurs. Werther écrit à Charlotte une lettre contenant un appel désespéré. Au lieu d'y répondre, Charlotte va se confesser. A l'occasion d'un conflit d'ordre professionnel, Albert, qui se doute de quelque chose, demande à Werther sa démission. Une nuit, dans la campagne, Werther se tire une balle de revolver.

☞ Avec *Liebelei**, c'est le plus beau film réalisé par Ophuls avant guerre. L'harmonie créée par l'auteur entre la plastique des décors et des paysages, la sobriété des interprètes, le tragique latent puis évident des événements, atteint aisément au sublime. C'est aussi le film d'Ophuls où le classicisme l'emporte le plus sur le baroque, révélant ainsi tout ce que ce cinéaste amoureux du mouvement, des changements de lieux, des déplacements continuels de la caméra et des acteurs, avait en lui de profondément classique, quant à la pudeur, la retenue et la gravité des sentiments. C'est le seul côté « français » d'un film qui l'est bien peu, en particulier dans son lyrisme plastique, et qui prouve par là même la richesse du cinéma français de cette époque. Elle tenait notamment à sa faculté d'intégrer des influences et des créateurs de toutes tendances.

N.B. Autres versions : par Henri Pouctal (*Werther*, France, 1910) et par Karl Heinz Stroux (*Begegnung mit Werther*, Allemagne, 1949).

## ROMAN D'UN TRICHEUR (LE)

1936 – France (78') • *Prod.* Tobis – Cinéas (Serge Sandberg) • *Réal.* SACHA GUITRY • *Sc.* S. Guitry d'ap. son R. « Mémoires d'un tricheur » • *Phot.* Marcel Lucien • *Mus.* Adolphe Borchard • *Int.* Sacha Guitry (le tricheur), Serge Grave (le tricheur, enfant), Pierre Assy (le tricheur, jeune homme), Jacqueline Delubac (sa femme), Marguerite Moreno (la comtesse), Rosine Deréan (la voleuse), Pauline Carton (Mme Moriot), Fréhel (la chanteuse), Henri Pfeiffer (Charbonnier), Pierre Labry (Moriot), Gaston Dupray (le garçon de café).

L'auteur présente ses techniciens et ses acteurs. A la terrasse d'un petit café parisien, un homme de cinquante-quatre ans, le héros, écrit ses mémoires. Il est né dans le Vaucluse où ses parents tiennent une épicerie. Famille nombreuse : on est douze à table. Un jour, ayant volé huit sous pour s'acheter des billes, le gamin est privé de champignons. Ils étaient vénéneux et il sera le seul survivant des douze convives. Sa malhonnêteté lui a sauvé la vie. Il est recueilli par un notaire, cousin de sa mère, qui le dépouille de son héritage et lui fait mener une vie d'enfant martyr. Il pense au suicide puis se sauve pour devenir chasseur dans un restaurant de Sainte-Maxime. Il voit pour la première fois des gens riches et rêve de devenir comme eux. Il est ensuite groom au Grand Hôtel de Saint-Raphaël. Il adore son métier, et particulièrement l'agitation continuelle de l'hôtel qui lui donne l'impression qu'il la commande et que tout le monde lui obéit. Adolescent, il est chasseur chez Larue, place de la Madeleine, à Paris. Un plongeur, anarchiste d'origine russe et roumaine, veut l'entraîner dans une tentative d'assassinat du tsar Nicolas II, et il le dénonce, lui et ses complices, à la police. Il file à Monaco, cette opérette en deux décors, où on le retrouve liftier à l'Hôtel de Paris. Il apprend l'amour dans les bras d'une comtesse de vingt ans son aînée. Le hasard veut qu'elle vienne s'asseoir aujourd'hui à côté du narrateur dans le café où il rédige ses souvenirs. Il utilise une ruse pour qu'elle ne le reconnaisse pas, puis continue son récit. Trois ans de service militaire à Angoulême. Seule distraction : le café chantant où la chanteuse et ses deux filles se prostituent avec la bénédiction du père qui tient le piano et de son frère qui s'occupe de la limonade. Sitôt libéré, le narrateur retourne à Monaco et embrasse la seule profession qui lui interdise d'être malhonnête : celle de croupier. Les années passent. En 1914, il a trente-quatre ans et est brancardier. Blessé, il sera sauvé par un héros, Charbonnier, qui devra être amputé d'un bras. Le narrateur est maintenant un homme mûr. Il rencontre dans une auberge une femme pour laquelle il a le coup de foudre. C'est une voleuse professionnelle qui travaille dans les hôtels où elle effectue d'astucieux coups montés. Elle s'empare notamment d'un diamant qu'un bijoutier était venu lui présenter dans sa chambre. Le narrateur préférera mettre un terme rapide à sa liaison avec cette charmante et dangereuse créature. Il redevient croupier et, au fil des années, connaît de multiples aventures sans lendemain avant de rencontrer celle qui deviendra sa femme. C'est une joueuse qui, à sa table de roulette, joue toujours « le tiers du cylindre ». Elle semble inviter du regard le narrateur à la faire gagner. Il ne demande pas mieux et s'aperçoit qu'il peut le faire. Inexplicable miracle qui va faire gagner à la jeune femme beaucoup d'argent. Ils ont décidé de s'associer et la meilleure association est le mariage sous le régime de la communauté. Et puis un jour, il ne parvient plus à faire tomber la bille dans le tiers du cylindre. Il fait sortir une succession incroyable de zéros et il est renvoyé. Son destin le poursuit : récompensé quand il est malhonnête, on le punit quand il n'a pas réussi à tricher. Il décide de s'entraîner au métier de tricheur professionnel. Il se fait des têtes afin d'être remarqué des inspecteurs et des physionomistes. Il emprunte pendant vingt ans les identités les plus diverses, mais c'est toujours à visage découvert et sous son véritable nom qu'il triche. Un jour, au baccara, à Aix-les-Bains, il reconnaît sa prochaine victime : Charbonnier, l'homme qui l'a sauvé. Il réussit à ne pas l'escroquer, ce dont il aurait honte, et les deux hommes deviennent amis. Charbonnier lui propose une association pour jouer. Désormais le narrateur joue honnêtement et se prend alors de passion pour le jeu. Il reperd en quelques mois ce qu'il avait gagné en sept ans. Ici s'achève son récit. La comtesse revient à la terrasse du café : elle a reconnu le petit liftier d'autrefois. Elle propose à notre héros une association pour cambrioler des hôtels particuliers. Il lui recommande alors de s'éloigner au plus vite : depuis deux mois, il est agent de la sûreté !

☞ Quatrième long métrage de Guitry et le seul à peu près qui ait eu de son vivant l'heur de plaire aux historiens et à la critique officielle. Cela au nom d'une prétendue spécificité cinématographique à laquelle Guitry aurait pour une fois sacrifié. L'emploi de ce critère est ici à la fois cocasse et plutôt dérisoire si l'on songe que cette œuvre tournée en 1936 est en fait à 90 % un film muet dans lequel le commentaire *off* du narrateur remplacerait les intertitres. Parfaitement admirable, *Le roman d'un tricheur* ne l'est pas plus que *Mon père avait raison**, *Désiré** ou *Faisons un rêve**. Il est adapté d'un récit écrit par Guitry deux ans auparavant, « Mémoires d'un tricheur », auquel l'auteur a fait subir un significatif changement de titre : les Mémoires deviennent *Roman*. Et c'est bien en effet d'un roman – d'un roman d'aventures – dont il s'agit, appartenant à une veine qui évoque, sous un certain aspect, Simenon, dont Guitry était très friand. Dans cette veine, il donnera beaucoup plus tard le pendant au *Roman d'un tricheur : La vie d'un honnête homme**. Par les multiples visages, vrais ou fabriqués, de son héros (interprété par trois acteurs différents), par les voyages qu'il effectue à l'intérieur des différentes couches sociales, traversant le monde de la richesse et de la pauvreté, *Le roman d'un tricheur* n'est pas sans ressemblance, l'humour en plus, avec « Le passage de la ligne » (1958), l'un des romans les plus caractéristiques de Simenon. En même temps, le film offre une suite de variations paradoxales et brillantes sur les thèmes de l'honnêteté et de la mahonnêteté. Selon les propres termes de Guitry, le film raconte « quarante années de la vie d'un homme auquel ses mauvaises actions portent bonheur – et que la chance abandonne aussitôt qu'il veut s'amender ». « Il faut en convenir, ajoute Guitry, ce sujet était bien tentant. » Tentant en effet, car il permettait à l'auteur de fustiger avec plus d'allégresse que de férocité (la férocité viendrait plus tard) l'injustice, l'aveuglement moral d'une société qui traite ses membres en fonction inverse de leur mérite. Mais, sous ses masques (dont le plus efficace est son propre visage nu), le héros-narrateur, qui tantôt se raconte au public et tantôt à quelques clients de passage au café, et qui le plus souvent se parle à lui-même, ne fait rien d'autre au fond qu'énumérer ses plaisirs. Ses aventures conjugales et extra-conjugales, sa malhonnêteté et ses tricheries, puis sa passion du jeu et de la reconnaissance l'auront continuellement aidé à être heureux. Le film est ainsi une sorte de « cours de bonheur » que l'auteur délivre à son public, dans une société qu'il critique mais où il a vécu jusque-là comme un poisson dans l'eau. C'est même là sa principale tricherie. N'appartenant vraiment à aucune couche sociale particulière, à aucun clan, à aucun groupe, il va de l'un à l'autre en touriste, en comédien, en homme Protée, en homme libre, et surtout en inlassable ironiste.

BIBLIO. : on trouvera dans le recueil « Sacha Guitry : le cinéma et moi » rassemblé par A. Bernard et C. Gauteur, Ramsay, 1977, une description du générique et plusieurs textes écrits par Guitry à propos de son film.

## ROME, VILLE OUVERTE
**(Roma città aperta)**

1945 – Italie (97') • *Prod.* Excelsa-Film, Carla Politi, Aldo Venturini • *Réal.* ROBERTO ROSSELLINI • *Sc.* Sergio Amidei, Federico Fellini, R. Rossellini, Alberto Consiglio • *Phot.* Ubaldo Arata • *Mus.* Renzo Rossellini • *Int.* Anna Magnani (Pina), Marcello Pagliero (Giorgio Manfredi alias Luigi Ferraris), Aldo Fabrizi (Don Pietro Pellegrini), Harry Feist (Major Fritz Bergmann), Francesco Grandjacquet (Francesco, le typographe), Giovanna Galetti (Ingrid), Maria Michi (Marina Mari), Vito Annichiarico (Marcello, fils de Pina), Carla Rovere (Lauretta), Akos Tolnay (le déserteur autrichien), Joop Van Hulzsen (Major Hartmann), Nando Bruno (Agostino, le sacristain).

Rome. Les Allemands perquisitionnent un immeuble où habite Giorgio Manfredi, un des chefs du Comité de Libération Nationale. Il a le temps de filer par les toits. Il se rend dans l'appartement de son ami Francesco, un typographe, qui va se marier le lendemain avec sa voisine de palier, Pina, veuve et mère du petit Marcello. Manfredi confie au prêtre Don Pietro Pellegrini, ami des résistants, la mission d'aller chercher à sa place une somme d'argent dans une imprimerie clandestine et de la remettre à un cheminot. Ce même soir, Manfredi retrouve Francesco de retour dans son appartement. Une explosion provoquée par les gosses a lieu à la gare voisine. Quand ils rentrent chez eux, ces petits résistants en herbe sont beaucoup plus terrorisés à l'idée de se faire engueuler par leurs parents, ce qui ne manque pas de leur arriver, que par les risques courus lors de l'entreprise qu'ils ont menée à bien. Parmi eux se trouve Marcello, le fils de Pina. Celle-ci, découragée, à bout de force, fond en larmes et Francesco doit lui remonter le moral. Il ne faut pas se décourager, lui dit-il, car notre cause est juste. La maîtresse de Manfredi, la danseuse de music-hall Marina Mari, se drogue. Elle se fournit auprès d'Ingrid, une aventurière qui travaille pour le compte du Major Bergmann, officier de la Gestapo chargé de retrouver Manfredi. Le lendemain matin, jour du mariage de Pina et de Francesco, les Allemands encerclent l'immeuble. Don Pietro dissimule les bombes artisanales fabriquées par un des gosses sous le lit d'un vieillard paralytique auquel il est censé donner les derniers sacrements. Il a dû préalablement assommer le vieil homme, rétif, avec une poêle à frire. Francesco est arrêté et monte dans un camion de prisonniers. Pina court vers lui en hurlant et est abattue par un soldat allemand. Les résistants attaquent le convoi et libèrent les résistants. Francesco et Manfredi logent chez Marina. Manfredi découvre qu'elle se drogue et a une violente dispute avec elle. Le lendemain, dans la rue, la Gestapo arrête Manfredi, Don Pietro et un déserteur allemand qui s'était réfugié chez le prêtre. Cette arrestation a pu avoir lieu grâce aux renseignements fournis par Marina à Ingrid. Les trois hommes sont emprisonnés. Manfredi sera longuement torturé et mourra sans avoir parlé ; Don Pietro sera exécuté sous l'œil des enfants dont il s'occupait dans le quartier de Pina.

☞ Cinquième long métrage de Rossellini, *Rome, ville ouverte* tourné en même temps que *Sciuscia** de De Sica, fonde avec ce film le néo-réalisme. Fonder veut dire ici chercher, expérimenter, tâtonner, et ce cheminement ne va pas sans certaines « impuretés » par rapport aux objectifs qui seront définis plus tard comme essentiels au mouvement. (D'un point de vue strictement néo-réaliste, *Paisa** sera une œuvre beaucoup plus pure.) Rossellini a voulu regarder la réalité sous un angle et dans une lumière plus vrais, plus documentaires que tout ce qui avait été tenté auparavant. Cela impliquait une critique radicale de tout le cinéma précédent. Cette volonté révolutionnaire est-elle véritablement le point de départ du film ? Cela n'est pas du tout certain. A la toute première origine du film, si tant est qu'on puisse remonter jusque-là, il semble qu'il y ait eu, de la part de Rossellini, le désir de capter le présent, rien que le présent, et le plus à chaud possible. D'aller contre la vocation passéiste du cinéma, cette machine à transformer le présent en passé. Ce désir premier a tout entraîné avec lui. Le parti pris documentaire de Rossellini a été servi au-delà de toute mesure par l'extravagante précarité de ses conditions de travail (lumière insuffisante ou intermittente, durée des plans soumise à la quantité variable de pellicule disponible, etc.). Tourner des images de cette période de la guerre finissante en Italie et la vivre (ou venir de la vivre) sont deux expériences qui se sont confondues dans le film en lui donnant une stupéfiante authenticité historique. Vu aujourd'hui, ce journal exploratoire du présent tenu par Rossellini, ou d'un passé si récent et si crucial qu'il imbibait encore tout le présent, semble à la fois le fruit d'un amateurisme inspiré et d'un professionnalisme hautement qualifié, mais constamment mis en doute, contrarié et finalement amélioré par cet amateurisme lié aux aléas du tournage. La variété spectaculaire du jeu des acteurs – célébrités et anonymes mélangés – reste très loin de la neutralité austère que Rossellini obtiendra dans *Paisa** et qui n'existe ici que chez l'acteur Pagliero, professionnel utilisé comme un non-professionnel. La construction ultra-habile du récit, avec ce resserrement de l'action autour des trois martyrs, cet allongement progressif de la durée des scènes à mesure que l'histoire avance et devient de plus en plus tragique, témoigne d'un art consommé de la narration. De sorte que *Rome, ville ouverte* apparaît comme une œuvre doublement unique : révolutionnaire d'une part, créant un élan, un mouvement nouveaux, suscitant un espoir de changement quasi illimité sur le plan esthétique, et restant fidèle d'autre part au savoir et au savoir-faire accumulés avant elle par le cinéma. Elle renchérit même sur cet acquis puisque aucun film de guerre, avant celui-ci, n'avait été aussi loin dans la violence et dans la cruauté.

Biblio. : le scénariste Ugo Pirro a écrit un récit sur le tournage de *Rome, ville ouverte :* « Celluloide », Rome, Rizzoli, 1983, dont il est question de faire un film. Voici comment Ugo Pirro relate les faits. Le scénariste Sergio Amidei reçoit du producteur Peppino Amato une avance pour écrire un scénario sur le marché noir à Rome. Chaque jour Amidei retrouve Rossellini et ce projet va être la base du film. Amidei écrit un début, tiré d'une aventure qu'il a personnellement vécue : les Allemands débarquent un jour chez lui, ayant appris qu'il héberge des antifascistes. Il s'enfuit par les toits. Consiglio, un journaliste napolitain, ami d'Amidei et de Rossellini, leur parle de deux prêtres, connus pour avoir aidé des résistants et des juifs. L'un des deux a été exécuté par les Allemands. On réunit les deux personnages en un seul dont l'histoire constituera un deuxième épisode. Rossellini, en quête d'argent – son souci de tous les instants – propose à la comtesse Politi un film à épisodes car ce type de film est selon lui plus facile à réaliser en ce temps de désordre (remarquons la similitude avec *Paisa**). Consiglio écrit l'épisode de la mort du prêtre. Amidei exige que dans un autre épisode un communiste soit torturé pour rétablir l'équilibre politique du film. Rossellini pense à un troisième épisode sur des enfants. Amidei se rappelle une nouvelle qu'il a lue dans « l'Unità » clandestine et qui lui remet en mémoire les faits suivants : les Allemands tuent une femme enceinte qui voulait empêcher qu'on emmène son mari. Ce crime crée une révolte parmi les gens présents qui libèrent le prisonnier et ses compagnons. Cela pourrait constituer un quatrième épisode pour le film (histoire de Pina). Amidei pense qu'Anna Magnani, qui à l'époque chante tous les soirs des couplets satiriques dans un music-hall, serait l'interprète idéale de Pina. Face à elle, il verrait très bien Aldo Fabrizi dans le rôle du prêtre. Fellini a déjà écrit pour cet acteur des sujets de film et des revues ; Fabrizi lit ce qui est écrit du script et, saisi par la force du sujet, accepte d'emblée de participer à l'aventure. Rossellini contacte Fellini et le fait travailler comme scénariste en cachette d'Amidei. L'avance de la comtesse Politi étant dépensée, Rossellini trouve de l'argent auprès d'un berger enrichi, amoureux du cinéma et surtout des actrices. On construit les premiers décors dans un manège situé dans une rue où se trouve une maison close. Amidei se demande si Rossellini ne va pas solliciter les pensionnaires en vue d'une participation financière au film. Peppino Amato s'intéresse de nouveau au projet et propose le titre *Rome, ville ouverte* (Rossellini, pour une fois mal inspiré, avait pensé à *Histoires d'hier*). La comtesse Politi réapparaît, elle aussi, avec une valise pleine d'argent. Elle exige que le communiste disparaisse du script. Rossellini promet qu'il sera fait selon ses vœux. Premier jour de tournage : 17 janvier 1945. On tourne la nuit pour éviter les coupures de courant. La lumière sera faible mais c'est exactement ce que souhaite Rossellini, ravi de déroger aux habitudes du cinéma. Après visionnement de la première semaine de tournage, Peppino Amato préfère se retirer de l'affaire. Pour le remplacer, Rossellini trouve un commerçant en tissus (Venturini) et un des premiers soldats américains à être entrés dans Rome (le sergent Geiger). Geiger, qui travaille dans la publicité, promet de faire connaître le film dans le monde entier. Pendant le tournage, le fils de Magnani et de Massimo Serato est frappé par la poliomyélite. Anna Magnani pense un moment à renoncer au cinéma. Une idylle commence entre elle et Rossellini. Une bagarre épique oppose Magnani et M. Serato. M. Serato s'enfuit dans une camionnette et Magnani tombe dans la poussière. Amidei propose de filmer ainsi la mort de Pina. A la première projection privée, tout le monde est catastrophé, et particulièrement le distributeur. Non seulement le style est insolite, mais l'intrigue accumule les tabous : drogue, lesbianisme, tortures, etc. Rossellini reproche à Amidei d'avoir mis trop de sang dans le script. Mais, lors de la première projection publique, dans le cadre d'un festival de musique et de théâtre au Théâtre Quirino où se produisait Anna Magnani, l'enthousiasme l'emporte nettement sur les sifflets. On trouvera les témoignages des principaux collaborateurs du film dans « L'avventurosa storia del cinema italiano » de F. Faldini et G. Fofi, Milan, Feltrinelli, 1979. Le découpage du film a été publié dans le volume « Roberto Rossellini : la trilogia della guerra » (avec *Paisa** et *Allemagne année zéro**), Bologne, Cappelli, 1972. (Chacun des 760 plans est comptabilisé en secondes et en images.) Préface capitale de Rossellini : « L'intelligence du présent ». Traduction anglaise de ce volume chez Viking Press, New York, 1973. Scénario et dialogues en français *in* « L'Avant-Scène » nº 71 (1967). Il faut enfin citer la lettre célèbre qu'écrivit, sans le connaître, Ingrid Bergman à Rossellini concernant *Rome, ville ouverte,* puisqu'elle eut une importance historique dans l'évolution du cinéma en déclenchant leur rencontre et la série des cinq longs métrages mémorables qu'ils tournèrent ensemble : « Cher Monsieur, j'ai vu vos films *Rome, ville ouverte* et *Paisa**, et je les ai beaucoup aimés. Si vous avez besoin d'une actrice suédoise qui parle très bien l'anglais, qui n'a pas oublié son allemand, qui n'est pas très compréhensible en français, et qui, en italien, ne sait dire que " ti amo", je suis prête à venir faire un film avec vous. »

## RONDE (LA)

1950 – France (97') • *Prod.* Sacha Gordine • *Réal.* MAX OPHULS • *Sc.* Jacques Natanson, Max Ophuls d'ap. P. d'Arthur Schnitzler « Der Reigen » • *Phot.* Christian Matras • *Mus.* Oscar Strauss (Lyrics : Louis Ducreux) • *Déc.* Jean d'Eaubonne • *Int.* Anton Walbrook (le meneur de jeu), Simone Signoret (Léocadie, la prostituée), Serge Reggiani (Franz, le jeune militaire), Simone Simon (Marie, la femme de chambre), Daniel Gélin (Alfred, le puceau), Danielle Darrieux (Emma, la femme mariée), Fernand Gravey (Charles, le mari), Odette Joyeux (Anna, la jeune fille), Jean-Louis Barrault (Robert, le poète), Isa Miranda (Charlotte, la comédienne), Gérard Philipe (le comte).

Longeant une scène de théâtre, traversant un studio de cinéma, marchant sur un pont où se trouve un manège et qui mène à un simulacre de ville, le meneur de jeu déclare au public : « Je suis vous... Je suis l'incarnation de votre désir de tout connaître ». Il montrera et commentera au spectateur la ronde des couples, jouant auprès d'eux de multiples petits rôles, dans la Vienne de 1900. Une prostituée hèle un client rétif, un jeune militaire, qui change d'attitude quand elle lui dit que, pour lui, ce sera gratuit. Elle l'entraîne sous un pont. Quand il la quitte, il ne lui donne même pas une cigarette. Au bal, il séduit une femme de chambre que le meneur de jeu entraîne dans une petite promenade dans le temps de deux mois. Elle a trouvé une nouvelle place où elle dépucèle le fils de la maison qui louera ensuite un appartement pour recevoir en secret une femme mariée. Après un petit incident de parcours – le manège s'arrête et puis repart – il pourra s'exclamer : « Me voilà l'amant d'une femme mariée ! ». Le soir, son mari et elle, tous deux installés dans des lits jumeaux, parlent des femmes : il y a les créatures qu'il a connues dans sa jeunesse et puis les femmes mariées et, parmi elles, celles qui ne sont pas irréprochables, catégorie où bien entendu l'idée ne lui viendrait jamais de ranger sa femme. Plus tard, il invite une jeune fille dans un cabaret particulier et lui propose de la retrouver régulièrement dans un petit nid qu'il aura installé pour elle – en location naturellement. Elle y invite un poète, un original blasé qui écrit des pièces et parle sans arrêt. Il a pour maîtresse une interprète de sa pièce. Leurs scènes d'amour : gifles et baisers. Elle reçoit un jeune ami de sa mère, un comte. « L'amour, le matin, non », lui dit-il. Elle lui fera changer d'avis. (Ici le meneur de jeu coupe la pellicule pour raison de censure.) Le comte doit revoir l'actrice le soir même mais passera la nuit, ivre, dans le lit d'une prostituée, celle qui avait commencé la ronde et dont les deux clients, à la fin, se saluent puisqu'ils sont l'un et l'autre des militaires.

☞ Début de la deuxième carrière française d'Ophuls. Comme Buñuel, mais quelques années avant lui, l'exilé permanent qu'est Ophuls s'intègre parfaitement au cinéma français, comme il l'avait fait à Hollywood, et cela bien que la France d'après-guerre ne soit pas du tout, cinématographiquement parlant, une terre d'asile. Il s'y intègre, mais entendons-nous, pour faire son cinéma à lui dont la *différence* avec ce qui l'entoure saute aux yeux, qu'il s'agisse d'un succès comme *La ronde*, d'un demi-échec comme *Le plaisir** ou d'un échec complet (*Lola Montès**). Pour ce qui est de *La ronde*, jamais dialogues aussi littéraires n'ont été entendus dans le cinéma français (« J'ai deux mots à te dire à propos de nos âmes »), jamais les acteurs n'ont été dirigés avec autant de familiarité et de recul (notamment G. Philipe) et jamais un schéma aussi abstrait n'aura autant séduit le grand public. *La ronde* représente la fine fleur du baroque ophulsien. Si l'artiste classique dissimule au maximum la construction de son œuvre, qui en est la part la plus secrète, faite pour influencer le public sans qu'il s'en aperçoive, Ophuls au contraire l'exhibe et la souligne au point qu'elle devient quasiment le sujet du film, comme ici cette ronde insatiable des amants qui, de désir en désir, échangent leurs fantaisies entre deux goujateries et un mensonge, qui ne connaîtront de l'amour et du bonheur que leurs apparences les plus illusoires. Il faut toute la chair du style d'Ophuls, toute l'élégante plénitude de ses arabesques pour que ces pantins vivent, pour que ce film sans intrigue et sans psychologie, qui n'est fait que de vides et de manques comme le cœur de ses personnages, n'éclate pas au visage du spectateur comme une bulle de savon.

N.B. On a retrouvé récemment la copie d'origine (110') qui n'avait été projetée qu'une fois publiquement en juin 1950. « Ophuls, dit Claude Beylie dans un article de "L'Avant-Scène" n° 372 (1988) [avait dû] taillader dans son œuvre, supprimant ou adoucissant quelques scènes essentielles ». Cette copie est ressortie commercialement en 1989. Outre un plan d'Anton Walbrook jouant du clairon quand Reggiani rentre précipitamment à la caserne, ses additions concernent deux sketches de la dernière partie, présentant le poète et la comédienne puis le comte et la prostituée. La durée du premier de ces deux sketches est augmentée au moins de moitié. Ce métrage supplémentaire nuit au rythme du sketch et ne lui apporte guère. Dans ce métrage nouveau apparaît Jean Ozenne. Par contre, les additions au deuxième de ces sketches sont d'un grand intérêt. Le dialogue Signoret-Philipe se trouve considérablement augmenté et monté autrement. Comme il s'agit d'un des moments les plus forts du film, ce métrage supplémentaire enrichit beaucoup le sketch et le film . Remake – à oublier – de Roger Vadim en 1964.

BIBLIO. : scénario et découpage *in* « L'Avant-Scène » n° 25 (1963).

## ROSE BLANCHE (LA) (The White Rose)

1923 – USA (128') • *Prod.* UA – D.W. Griffith Inc. • *Réal.* DAVID WARK GRIFFITH • *Sc.* Irene Sinclair (= D.W. Griffith) • *Phot.* Billy Bitzer, Hendrik Sartov, Hal Sintzenich • *Int.* Mae Marsh (Bessie « Teazie » Williams), Carol Dempster (Marie Carrington), Ivor Novello (Joseph Beaugarde), Neil Hamilton (John White), Lucille La Verne (Auntie Easter).

Les destinées parallèles de Marie, héritière d'une grande famille de Louisiane, amoureuse d'un jeune homme sans fortune qui part conquérir le monde, de Teazie, orpheline « de première classe », sortie tout droit de l'orphelinat avant de devenir serveuse de restaurant, et de Joseph, un jeune noble promis à l'état de pasteur, qui veut auparavant voyager et découvrir la réalité des choses. Il rencontre Teazie qu'il prend à tort pour une séductrice et qu'il abandonnera. Celle-ci, enceinte, puis fille-mère, agonise. Joseph comprend alors son erreur, l'épouse et confesse publiquement ses fautes. Quant à Marie, elle lit le premier ouvrage de son bien-aimé qui reviendra bientôt vers elle, étant maintenant son égal sur le plan de la fortune.

☞ Griffith se veut ici observateur de mœurs, analyste des différentes couches sociales, plus qu'auteur de mélodrame. Mais le poète et l'âme sensible qu'il est avant tout reprennent vite le dessus. D'abord par le style, fait de douceur élégiaque, de compassion, dépourvu de l'acuité, voire de la férocité, nécessaire au peintre de mœurs. Ensuite par l'angle unique sous lequel l'auteur ne peut s'empêcher de regarder ses personnages : il contemple surtout leur cœur et n'y voit que naïveté. Cette naïveté est, sur un plan moral et philosophique, leur caractéristique, leur qualité majeure. Mais elle les perdrait dans le monde réel, si, par son immense capacité d'amour, la femme (et là Griffith précède Mizoguchi) n'était en mesure d'assurer sa propre rédemption et celle de ses proches, qui en ont encore plus besoin qu'elle.

## ROSE DU CRIME (LA)
**(Moss Rose)**

1947 – USA (82') • *Prod.* Fox (Gene Markey) • *Réal.* GREGORY RATOFF • *Sc.* Jules Furthman, Tom Reed, Niven Bush d'ap. R. de Joseph Shearing • *Phot.* Joe MacDonald • *Mus.* David Buttolph • *Int.* Peggy Cummins (Belle Adair), Victor Mature (Michael Drego), Ethel Barrymore (Lady Margaret Drego), Vincent Price (inspecteur Clinner), Margo Woode (Daisy Arrow), George Zucco (Craxton), Patricia Medina (Audrey Ashton).

⊖ Londres à l'époque victorienne. Une chorus girl, Belle Adair, mène sa propre enquête sur l'assassinat de l'une de ses camarades. Elle a vu sortir de sa loge, peu après le meurtre, Michael Drego, un gentleman appartenant à une très noble et très riche famille anglaise. Drego donnait souvent rendez-vous à la victime. A son chevet, la police a trouvé une bible ouverte avec une rose d'une espèce peu courante – la rose moussue – en guise de signet. Depuis l'enfance, le plus cher désir de Belle est de vivre comme une lady. Son accent cockney prononcé et son manque de fortune sont parmi les raisons qui font obstacle à la réalisation de son rêve. Le destin semble pourtant en l'occurrence favoriser ses desseins : elle retrouve Drego et ne tarde pas à le faire chanter. Pour prix de son silence, elle exige de séjourner pendant quelque temps dans le manoir familial où Drego habite en compagnie de sa mère, Lady Margaret. Drego accepte. Lady Margaret s'imagine que son fils s'intéresse une fois de plus à un tendron, tandis que la fiancée en titre de Michael, Audrey Ashton, crève de jalousie. Belle découvre qu'Audrey a fait récemment l'acquisition de trois bibles. La police est également au courant de cet achat et l'inspecteur Clinner s'introduit au manoir dont le jardin, et plus particulièrement la serre, s'ornent de magnifiques roses moussues. Michael et Belle sont tombés amoureux l'un de l'autre. Peu de temps après, Audrey est retrouvée assassinée, une bible et une rose à son chevet. Ce serait ensuite le tour de Belle d'être empoisonnée par Lady Margaret puis étouffée avec un oreiller, si la police et Michael ne survenaient à temps pour la tirer de ce mauvais pas. Mère abusive, frustrée par son mari de la présence de son fils alors qu'il était enfant, Lady Margaret élimina une à une les femmes auxquelles Michael faisait la cour. Après ce cauchemar, Belle et Michael semblent promis à une union prochaine.

☞ Ce thriller sophistiqué et parfois peu crédible est un parfait exemple de « film de firme », quasiment dénué de tout apport d'auteur. En tant que tel, il nous permet de dégager, à l'état neutre, certaines tendances caractéristiques de la Fox d'après-guerre, reflet des goûts de Zannuck et de ses « executives ». Reconstitutions soignées, instaurant un climat d'élégante inquiétude (ici le Londres victorien des films sur Jack l'Eventreur et de *Forbidden Street* de Negulesco, 1949). Exploration du décor par des mouvements d'appareil en arabesque, sinueux et compliqués à souhait (particulièrement dans les premières séquences situées dans des rues nocturnes). Recherche d'intrigues vénéneuses où le décor et les interprètes puissent se mettre mutuellement en valeur. Tout est ici en place pour susciter ce cinéma de fascination à l'intérieur duquel des auteurs tels que Preminger (*Laura**, *Forever Amber**) ou Mankiewicz (*Dragonwyck,* The Ghost and Mrs. Muir**) purent installer et développer à loisir leur univers personnel. Excellente composition de Peggy Cummins trouvant, trois ans avant *Gun Crazy**, un rôle à la mesure de son originalité d'actrice dans ce personnage enfantin et obstiné, jouant avec le feu, qui serait victime des forces qu'il a voulu domestiquer si un happy end plutôt artificiel ne venait la délivrer.

## ROSEMARY'S BABY (id.)

1968 – USA (134') • *Prod.* PAR. (William Castle) • *Réal.* ROMAN POLANSKI • *Sc.* R. Polanski d'ap. R. d'Ira Levin • *Phot.* William Fraker (Technicolor) • *Mus.* Christopher Komeda • *Déc.* Richard Sylbert • *Int.* Mia Farrow (Rosemary Woodhouse), John Cassavetes (Guy Woodhouse), Ruth Gordon (Minnie Castevet), Sidney Blackmer (Roman Castevet), Maurice Evans (Hutch), Ralph Bellamy (Dr Sapirstein), Angela Dorian (Terry), Patsy Kelly (Laura-Louise), Elisha Cook (Mr. Nicklas), Charles Grodin (Dr Hill).

Un jeune couple, Rosemary et Guy Woodhouse, s'installent dans un vieil immeuble de New York connu pour avoir abrité deux sœurs accusées du meurtre d'enfants qu'elles avaient ensuite dévorés ; un célèbre sorcier a également vécu dans cet immeuble. Rosemary fait la connaissance d'une jeune fille, Terry, hébergée par un vieux couple, les Castevet, qui la considèrent comme sa fille adoptive. Ces Castevet habitent l'appartement mitoyen des Woodhouse. A quelque temps de là, on retrouve le cadavre ensanglanté de Terry sur la chaussée. Elle se serait jetée par la fenêtre. Les Castevet lient connaissance avec Rosemary et Guy et se montrent même très souvent indiscrets. Minnie Castevet tient à remettre à Rosemary un pendentif semblable à celui que portait Terry. Rosemary l'accepte mais ne le portera pas. Guy, après de fréquents entretiens avec Roman Castevet, obtient le rôle qu'il convoitait depuis longtemps. L'acteur qui le tenait est subitement devenu aveugle. Rosemary, à qui Guy vient d'annoncer – pour sa plus grande joie – qu'il veut un enfant, rêve qu'elle est violée et engrossée par une sorte de bête au cours d'une cérémonie rituelle où paraissent, entre autres, les Castevet et son mari. S'agit-il vraiment d'un rêve ? Quelque temps plus tard, elle est enceinte. Les Castevet lui conseillent, en lui forçant la main, de prendre pour gynécologue leur ami, le docteur Sapirstein. Celui-ci lui recommande diverses potions et boissons que fabriquera pour elle Minnie Castevet. Rosemary commence à maigrir. Ses traits se tirent et elle ressent fréquemment d'intenses douleurs. Le docteur Sapirstein lui assure que c'est normal. Un vieil ami, Hutch, rend visite à Rosemary et s'inquiète de son état. Elle le présente à son mari. Un peu plus tard, Hutch ne peut se rendre au rendez-vous qu'il avait fixé à Rosemary. Il est brusquement tombé dans le coma. Au cours d'une réception qu'elle a organisée, Rosemary se voit conseiller par plusieurs de ses amis de consulter un autre médecin. Mais son mari le lui interdit. Elle apprend que Hutch est mort. Lors de l'enterrement, la compagne du défunt remet à Rosemary un livre que celui-ci avait préparé pour elle. C'est un ouvrage sur la sorcellerie. Elle y découvre que Roman Castevet ne serait autre que Steven Marcato, le fils du célèbre sorcier Adrian Marcato qui habitait l'immeuble (Roman Castevet est l'anagramme de Steven Marcato). Son mari détruit le livre. Elle apprend ensuite que l'acteur aveugle dont le rôle avait échu à son mari avait échangé avec lui des objets avant d'être frappé de cécité. Elle confie ses soupçons, qui sont maintenant des certitudes, concernant les activités sataniques de ses voisins et vraisemblablement de son mari, à son ancien gynécologue. Loin de la croire, il convoque immédiatement Guy et Sapirstein. Rosemary leur échappe et s'enferme dans son appartement ; mais les Castevet la rejoignent en utilisant le passage secret reliant les deux appartements. On lui donne de force un sédatif. Elle accouche. Sapirstein lui dira que son bébé n'a pas vécu. Mais, quelques jours plus tard, elle pénètre dans l'appartement des Castevet et les découvre au milieu d'une secte d'adorateurs de Satan. Le bébé est né. Il est le produit monstrueux de son accouplement forcé avec Satan, venu des profondeurs de la terre pour l'engrosser. Elle a la confirmation que son mari, en vue d'obtenir certains avantages matériels, a conclu un pacte avec la secte. Elle lui crache au visage. Elle regarde son bébé. Roman Castevet fait appel à son instinct maternel : n'est-ce pas son enfant après tout ? Il semble que Rosemary ne pourra résister à cet instinct-là. Elle s'approche tendrement du berceau...

☞ Dans trois chapitres, « Le Paradis », « Le Purgatoire » et « L'Enfer », de son autobiographie « Step Right Up ! I'm Gonna Scare the Pants Off America », New York, Putnam, 1976, William Castle a raconté la genèse de *Rosemary's Baby.* Deuxième lecteur des épreuves du livre d'Ira Levin après Hitchcock, il avait imaginé aussitôt le triomphe que ne manqueraient pas de remporter ce roman et le film qu'on pourrait en tirer (sans toutefois prévoir l'extraordinaire ampleur internationale de ce triomphe). Il achète les droits d'adaptation à prix d'or avec ses propres deniers dans l'intention de produire et de réaliser lui-même le film. Le récent acquéreur de la Paramount, Charles Bluhdorn, lui demande alors de faire le film pour la firme. Castle négocie sa collaboration et les droits du livre pour une somme égale à plusieurs fois le montant qu'il avait déboursé. Bluhdorn lui suggère d'engager (sans diminution de salaire pour lui !) Polanski comme réalisateur, de façon à rassembler sur le film, dont personne ne semble douter du succès, les talents conjugués d'un vieux routier et d'un jeune Turc (Polanski n'avait réalisé jusque là que quatre longs métrages). Castle rencontre Polanski et le trouve immédiatement très antipathique. Mais quand il voit que, sur les points essentiels concernant la conception du film, ils sont parfaitement d'accord, il change d'opinion et l'engage. Quels sont ces points ? Fidélité absolue au livre. Refus des coquetteries techniques et des effets d'horreur. Sobriété de la mise en scène. Castle impose Mia Farrow (Polanski voulait Tuesday Weld) et Ruth Gordon. Tous deux espèrent longtemps avoir Robert Redford pour le rôle de Guy mais un conflit oppose l'acteur à la Paramount et le rôle échoit à John Cassavetes. Le choix de Cassavetes fait craindre à Bob Evans, l'un des dirigeants de la Paramount, que sa personnalité de méchant soit trop évidente pour le rôle. Tous auraient préféré de loin un jeune premier romantique dont le caractère satanique aurait été révélé progressivement au cours du film. Castle assiste au tournage. Il est ravi par le perfectionnisme de Polanski, mais se désespère de sa lenteur et ses dépassements. Il décrit leur collaboration comme un « délicat supplice ». Dans son autobiographie, « Roman », Robert Laffont, 1984, Polanski note qu'il aura dépassé de quatre semaines le plan de tournage initial (de cinquante jours) et de 20 % le budget prévu (1 900 000 dollars). Comme on lui mène la vie dure à cause de son retard, il fait part de ses inquiétudes à Preminger. Celui-ci lui assure qu'il peut dépasser autant qu'il le veut et que, tant qu'ils seront satisfaits des *rushes*, les producteurs ne le renverront pas. (Il en fut bien ainsi et cela souligne, soit dit en passant, leur très grande sagesse. De même ne s'opposèrent-ils pas à une durée finale bien supérieure à la moyenne en usage dans ce genre de films.) Polanski demanda à Castle de jouer le rôle de Sapirstein, mais celui-ci refusa et ne fit qu'une brève apparition dans la scène de la cabine téléphonique. *Rosemary's Baby* apparaît à l'évidence comme le meilleur film de Polanski et sans doute le seul où son travail n'ait pas été largement en dessous des espérances qu'il avait suscitées. Le mystère de la personnalité de Polanski, qui fait de lui un cinéaste particulièrement caractéristique de l'ère hollywoodienne post-classique, est son aptitude à provoquer chez les producteurs et chez les financiers, au niveau du projet, un très grand enthousiasme que les déceptions – commerciales ou esthétiques – qui s'ensuivent ne semblent nullement entamer. *Rosemary's Baby* fait exception à la règle et n'est pas un film décevant, bien qu'il soit assez loin d'être un chef-d'œuvre de première grandeur. L'ombre d'Hitchcock plane sur le film, comme elle plane sur la première demi-heure de *Frantic* (1988), variation brillante sur le deuxième *Homme qui en savait trop**. Mais la comparaison de l'un ou l'autre de ces films avec n'importe quel chef-d'œuvre d'Hitchcock montre vite l'abîme qui les sépare. Quoi qu'il en soit, dans *Rosemary's Baby*, Polanski a su bâtir, sans aucune ruse dramatique, sans aucun effet ponctuel d'horreur, un climat de malaise de plus en plus inquiétant, angoissant et fantastique. Cette construction s'appuie sur une description réaliste et familière des personnages mis en cause. La direction d'acteurs est le point fort du film et le quatuor formé par Mia Farrow, John Cassavetes, Ruth Gordon et Sidney Blackmer, tous très talentueux et parfaitement à l'unisson, s'inscrit durablement dans la mémoire. Polanski précise dans son autobiographie qu'il créa ce climat et cette atmosphère en traitant une bonne partie de l'histoire comme vue à travers la subjectivité de l'héroïne, ce qu'il avait déjà tenté dans *Répulsion* (1965). « Pour atteindre à cette immédiateté de la subjectivité, écrit-il, je filmai fréquemment de longs plans compliqués avec des focales très courtes qui nécessitent une extrême précision dans le placement de la caméra et des comédiens. On a souvent recours à l'expédient qui consiste à utiliser des focales plus longues, qui permettent d'éloigner la caméra de la scène. Et certes, on peut travailler plus vite mais on perd beaucoup d'efficacité visuelle et l'image est moins convaincante. Dans l'idéal, il faudrait que l'objectif soit à la même distance du sujet que l'œil de l'observateur qu'il est censé remplacer. » Par ailleurs, ne croyant ni à Dieu ni au Diable et ne voulant pas donner l'impression qu'il y croyait, Polanski tenta de conserver à l'histoire un caractère d'ambiguïté. On devait pouvoir penser qu'elle était peut-être le fruit de la seule imagination de l'héroïne. Il faut dire que cette intention ne paraît guère à l'écran. A tous égards, les expériences vécues par le personnage de Mia Farrow sont perçues comme réelles et comme indubitables. Quant au thème principal du film – les affres d'une femme enceinte des œuvres de Satan –, il eut sur le public l'impact extraordinaire qu'avaient prévu Castle et les premiers lecteurs du livre. L'intervention de Polanski ne fut en effet, dans l'esprit des initiateurs du film, qu'un appoint supplémentaire apporté à un matériau en or. Dans le dernier des trois chapitres consacrés au film, Castle ne peut s'empêcher d'évoquer – sans complaisance – l'étrange et terrifiante postérité du film. Elle commença par un flot de lettres de menaces de mort arrivant à son bureau. Castle lui-même fut hospitalisé pour une série de calculs rénaux qui nécessitèrent plusieurs interventions. Dans la clinique où il était soigné vint mourir le compositeur du film, Christopher Komeda, victime d'un accident. Quand Castle sortit enfin de cette clinique, les manchettes des journaux annonçaient le massacre où périt Sharon Tate, l'épouse de Polanski.

N.B. La Paramount produisit en 1976 pour la télévision une suite, généralement mal jugée, du film de Polanski, *Look What's Happened to Rosemary's Baby* alias *Rosemary's Baby II*, réalisée par Sam O'Steen.

## ROUTE SEMÉE D'ÉTOILES (LA) (Going My Way)

1943 – USA (125') • *Prod.* PAR. (Leo McCarey) • *Réal.* LEO McCAREY • *Sc.* Frank Butler, Frank Cavett d'ap. une histoire de McCarey • *Phot.* Lionel Lindon • *Mus.* Chansons de James Van Heusen, J.R.S. Raimon • *Int.* Bing Crosby (Père Charles Francis Patrick « Chuck » O'Malley), Rise Stevens (Genevieve Linden), Barry Fitzgerald (Père Fitzgibbon), Frank McHugh (Père Tim O'Dowd), James Brown (Ted Haines), Gene Lockhart (Haines, Sr.), Jean Heather (Carol James), William Frawley (Max Dolan).

Le Père O'Malley est chargé par l'évêque du diocèse d'assister le vieux prêtre Fitzgibbon qui s'occupe de la paroisse de Saint-Dominique à New York depuis quarante-cinq ans. L'église est lourdement endettée et hypothéquée. Les allures sportives et modernes de O'Malley, autrefois chanteur et pianiste, surprennent d'abord Fitzgibbon, un vieillard têtu aimant mener les choses à sa guise. Durant son passage à Saint-Dominique, O'Malley organisera en chorale un gang de gosses dont certains risquaient de mal tourner, recueillera une jeune chanteuse mineure qui a fui sa famille (elle épousera le fils du principal créancier de l'église), vendra une chanson dont les royalties permettront de remettre sur pied la paroisse. Par-dessus tout, il se sera fait un ami de Fitzgibbon. Après l'incendie accidentel de l'église, une chanteuse d'opéra, ancienne connaissance de O'Malley, paiera la réfection de l'édifice. Appelé au secours d'une autre paroisse, O'Malley quitte Saint-Dominique. Son ami de collège, le père Tim O'Dowd, le remplacera auprès de Fitzgibbon qui, grâce à O'Malley, a pu revoir sa mère, nonagénaire.

☞ Baignant dans toutes sortes de musiques (cantiques, folklore, opéra, chanson populaire), c'est le chef-d'œuvre de McCarey, à voir en liaison avec *The Bells of St. Mary's** qui en est la suite. Le projet du film et sa distribution suscitèrent un scepticisme général avant et pendant le tournage : Bing Crosby, pour la première fois de sa carrière dans un rôle non purement musical, et de surcroît en soutane ! Barry Fitzgerald, le vieux luthérien ronchonneur qui ne savait même pas s'agenouiller, en prêtre catholique ayant passé quarante-cinq ans de sa vie dans la même paroisse !... *Going My Way* (7 Oscars) et *The Bells** atteignirent cependant les sommets du box-office et, l'année qui suivit *The Bells**, McCarey régla la plus forte note d'impôts de tout Hollywood. C'est d'ailleurs une spécificité du cinéma américain que le génie d'un film aille souvent de pair avec sa fabuleuse réussite commerciale. (Il en va, hélas, autrement en Europe.) Quoi qu'il en soit, *Going My Way* est une œuvre parfaite dont le sujet, le lieu, les personnages sont d'une totale originalité. C'est le cas aussi de son rythme et de sa construction, faite d'une suite de digressions, de parenthèses paisibles, sans aucune recherche de *climax*. Toutes les possibilités de drame (conflit entre les deux prêtres, éviction du plus âgé, etc.) s'évanouissent les unes après les autres et cèdent la place à une atmosphère d'harmonie universelle. Dans le déroulement d'une durée sans crise et sans heurts spectaculaires, chaque personnage est amené à se métamorphoser en ce qu'il a de meilleur, sous l'effet conjoint du regard de l'auteur, de la musique, de la présence d'un « révélateur » (le Père O'Malley interprété par Bing Crosby) et de ce qu'il faut bien appeler la miraculeuse richesse morale du film. Selon le postulat qui est à la base de l'œuvre, chaque être vivant conduit seul sa destinée mais, par sa présence attentive à autrui, se transforme lui-même en transformant les autres. Cette idée rejaillit au plan formel. Humour et émotion, à force de se côtoyer, n'existent plus séparément en tant que tels. Ils sont transformés en quelque chose d'autre : une sorte de béatitude, de contentement profond de l'âme qui passe des personnages aux spectateurs comme un courant magique. C'est ici le triomphe d'un cinéma de fascination absolue, fondé non pas sur le malheur et la souffrance des êtres, comme c'est habituellement le cas, mais sur une alchimie de bons sentiments que McCarey semble être le seul de tous les réalisateurs à avoir su mener à son terme.

BIBLIO. : scénario et dialogues dans le volume « Best Film Plays of 1943-1944 » composé par John Gassner et Dudley Nichols, Crown Publishers, New York, 1945.

## RUE (LA)
## (Die Strasse)

1923 – Allemagne (2057 m) • *Prod.* Stern-Film, Berlin • *Réal.* KARL GRUNE • *Sc.* K. Grune, Julius Urgiss d'ap. idée de Carl Mayer • *Phot.* Karl Hasselmann • *Int.* Eugen Klopfer (l'homme), Lucie Hoflich (sa femme), Aud Egede Nisson (la prostituée), Leonhard Haskel (le provincial), Anton Edthofer (le souteneur), Max Schreck (l'aveugle).

Un petit bourgeois vivant avec sa femme sent avec force l'appel de la rue dont les passants qui se croisent et s'entrecroisent se reflètent en ombres chinoises sur le plafond de son salon. Il suit son instinct qui le pousse à aller se plonger dans cette rue si populeuse et si fascinante. Il suit une prostituée qui entre dans un dancing. Elle retrouve là un homme assez âgé, son client, que deux souteneurs surveillent de près. Après une partie de cartes où le bourgeois a d'abord perdu puis regagné au vieux client ce qu'il avait perdu, la fille, suivie par les souteneurs, emmène le vieil homme dans l'appartement, situé dans un immeuble misérable, du père aveugle de l'un des deux souteneurs. Le vieillard aveugle y vit en compagnie de son petit-fils. La prostituée fait entrer dans une autre partie de l'appartement le bourgeois qui l'a également suivie. Les deux souteneurs agressent le vieux client pour le dévaliser. Proie moins facile qu'ils ne le pensaient, il sort un revolver de sa poche et est alors poignardé. Les deux souteneurs et la fille disparaissent, tandis que le bourgeois, suspecté du crime, est emmené par la police. Au poste, la prostituée l'accuse. Le bourgeois est sur le point de se pendre avec sa ceinture dans sa cellule quand il est libéré. En effet, les deux souteneurs viennent d'être arrêtés. Quand son garçonnet arrive, le fils de l'aveugle s'effondre. On enferme les deux souteneurs et la fille. Le bourgeois rentre chez lui où sa femme l'attend.

☞ *« La rue*, lit-on dans l'excellent ouvrage collectif "Le cinéma réaliste allemand", Serdoc, Lyon, 1965, est une œuvre composite où se mêlent expressionnisme, Kammerspiel et réalisme. » En fait, beaucoup des meilleurs films muets allemands dits expressionnistes présentent ce caractère composite, cet entremêlement fructueux de tendances stylistiques différentes. A la dramaturgie de les unifier. Elle y réussit ici avec une grande virtuosité en obéissant à peu de choses près aux unités de temps et d'action. Le caractère composite appartient surtout aux personnages et aux décors. Les premiers sont à la fois des abstractions de mélodrame sans patronymes (le Bourgeois, la Fille, le Souteneur, l'Enfant, l'Aveugle, etc.) et des personnages bien définis socialement, décrits avec soin et minutie. Les décors sont des lieux abstraits (la Rue, le Dancing...) qui, eux aussi, se différencient nettement les uns des autres par l'atmosphère et la précision du détail. Il n'est que de comparer par exemple l'immeuble presque sordide de l'aveugle à l'ordonnance et à la morne quiétude de l'intérieur du bourgeois. On est ainsi amené à se demander si l'expressionnisme dans ce qu'il a de meilleur, c'est-à-dire d'anti-caricatural, d'anticaligaresque, n'a pas correspondu avant tout à une nouvelle forme de réalisme. Un réalisme élargi, plus signifiant, incorporant les domaines du désir et de la rêverie. (Tout le film pourrait s'intituler : « Un mauvais rêve ».) Un médiocre fait divers peut prendre alors la dimension d'un drame social tout autant que celle d'une tragédie. Tragédie consommée pour les uns, évitée – de justesse – pour les autres. Ce nouveau réalisme mène à une appréhension assez complète du monde tant sur le plan moral que social. A mi-chemin entre les innocents (l'aveugle, l'enfant) et les coupables (la fille, les souteneurs) se trouve le personnage ambigu et central du Bourgeois, « innocent » par prudence et par timidité mais tenté par l'aventure, le diable et les plaisirs interdits. Utilisant avec économie et efficacité les procédés visuels courants à l'époque du muet (montage court, images subjectives, surimpressions), le film les dépasse en les intégrant dans une représentation globale et comme transparente (à force notamment d'exactitude dans le détail) de la réalité. En cela, Karl Grune signe une œuvre parfaitement typique de cet âge d'or allemand dont la puissance évocatrice s'est conservée intacte jusqu'à aujourd'hui.

## RUE DE LA HONTE (LA)
**(Akasen chitai)**

1956 – Japon (85') • *Prod.* Daiei, Kyoto (Masaichi Nagata) • *Réal.* KENJI MIZOGUCHI • *Sc.* Masashige Narusawa d'ap. la nouvelle « Susaki no Onna » de Yoshido Shibaki • *Phot.* Kazuo Miyagawa

• *Mus.* Toshiro Mayuzumi • *Int.* Machiko Kyo (Mickey), Ayako Wakao (Yasumi), Aiko Mimasu (Yumeko), Michiyo Kogure (Hanae), Kumeko Urabe (Otane), Yasuko Kawakami (Shizuko), Hiroko Machida (Yorie).

Yoshiwara, le quartier du plaisir à Tokyo, florissant depuis trois cents ans. Mais aujourd'hui (1956), on s'inquiète d'une loi discutée au parlement sur l'interdiction de la prostitution. Ce projet inquiète, scandalise le patron et la patronne du « Paradis », une maison où arrive une nouvelle venue, Mickey. Fille d'un commerçant de Kobe, elle a fui sa famille et a vécu avec des G.I. Bien faite et sans complexe, elle est décidée à gagner le plus d'argent possible, et il lui en faut toujours plus pour étancher sa soif de dépenses : parfums, bijoux, toilettes, etc. Le fils d'une autre prostituée, Yumeko, arrive à l'improviste. Il a trouvé une place dans une usine et demande à voir sa mère. Elle ne veut pas le recevoir ici. Il comprend dans quelle atmosphère elle travaille et en ressent une honte profonde. Plus tard, sa mère lui donne rendez-vous quelque part dans Tokyo. Bien qu'elle lui explique qu'elle a fait ce métier pour pouvoir l'élever, il lui dit qu'il ne veut plus jamais la revoir. Elle espérait au contraire pouvoir vivre avec lui. De retour au « Paradis », elle deviendra folle et devra être emmenée en ambulance. Mickey a volé un client à Yorie, une prostituée plus âgée qui l'insulte et s'en prend également à son ancien client. « Celui qui paie préfère le poisson frais au poisson pourri », lui dit-il tranquillement. Elle se met à pleurer puis se console en songeant à son prochain mariage avec un paysan. Profitant d'un article de la loi (non encore votée) qui amnistie les prostituées de leurs dettes envers les propriétaires de maisons, si elles abandonnent leur métier, Yorie quitte Tokyo et va rejoindre son fiancé. Mais elle ne tardera pas à revenir. Elle a été traitée comme une bonne et une esclave. « Au moins ici, dit-elle à ses compagnes après son retour, je dépense l'argent que je gagne ». Hanae travaille à temps partiel au « Paradis » pour nourrir son mari tuberculeux et son bébé. Un jour, rentrant chez elle, elle arrive justement au moment où son mari allait se pendre. Elle le dépend et, dans un moment de colère, lui reproche sa lâcheté. Mickey reçoit la visite de son père. Il l'exhorte à rentrer à la maison au nom de l'honneur de la famille. Il lui apprend la mort de sa mère, décédée il y a un an. Il s'est déjà remarié avec une de ses anciennes maîtresses. Mickey lui reproche d'avoir fait le malheur de sa mère par ses habitudes de débauche. Le traitant comme s'il s'agissait d'un client, elle fait mine de l'attirer vers sa couche. Il s'enfuit, horrifié. « Quel mélodrame ! » s'écrie-t-elle après son départ. Yasumi, surnommée « la banquière », ne pense qu'à économiser. Elle extorque une somme considérable à un client qui espère l'épouser. Puis elle lui déclare : « J'ai vendu mon corps mais ma vie n'est pas à vendre ». Ayant volé cette somme à sa société, il fait un scandale au « Paradis » pour la récupérer et blesse Yasumi. La police se lance à ses trousses. Plus tard, ayant repris le magasin de literie et d'étoffes de l'homme qu'elle a ruiné, elle fournit le « Paradis » et propose ses services d'usurière à ses anciennes collègues. La loi contre la prostitution a été repoussée. Une toute jeune adolescente, fille d'un mineur victime d'un accident, commence à travailler. La patronne la maquille, la coiffe et l'habille en geisha pour la première fois. Mickey l'encourage : « Pense à toutes celles qui se donnent pour rien. Sois enthousiaste ». Elle se met à draguer timidement les clients.

☞ Quatre-vingt-cinquième et dernier film de Mizoguchi (un peu plus d'une trentaine seulement sont conservés). Les proches du cinéaste affirment qu'en 1956 Mizoguchi avait de nombreux projets et s'apprêtait à prendre un nouveau tournant. Pour nous cependant *La rue de la honte* reste son testament, non seulement en tant que dernière œuvre, mais pour des raisons internes tenant à son sujet, à son cadre, minutieusement reconstitué en studio, et à sa construction récapitulative. Quelques figures, quelques destins de femmes savamment emmêlés résument tout l'univers du cinéaste. A côté des sentiments et des situations de toujours – sacrifice et courage, désespoir et folie – Mizoguchi fait place ici à des personnages et à des attitudes plus modernes : la jeune Mickey avec son égoïsme crispé mais hautement revendiqué, Yasumi la cynique, une créature en apparence parfaitement épanouie. Mizoguchi observe une dernière fois ces êtres qui peuplent un monde à la cruauté intemporelle, par-delà les apparentes évolutions sociales. Sa caméra est toujours placée là où la tragédie apparaît en filigrane de la trivialité, là où les personnages tirent leur dignité du caractère immémorial de leur malheur. Son regard, toujours intense et impassible, s'applique à saisir les gestes les plus anodins et les plus révélateurs de ses actrices. Parfois il se laisse aller à une sorte d'ironie grinçante vis-à-vis d'un milieu qu'il connaissait bien pour l'avoir fréquenté en tant qu'artiste et en tant qu'homme. En effet, *La rue de la honte* témoigne surtout de la honte secrète de l'homme, créateur des geishas et enchaîné à elles dans une relation d'inexorable et réciproque dépendance. Grand succès commercial, le film aida, dit-on, au passage de la nouvelle législation sur la prostitution, votée en 1957.

## RUÉE VERS L'OR (LA)
## (The Gold Rush)

1925 – USA (version originale : 2720 m ; version sonorisée pour les ressorties de 1942 et 1956 : 2150 m) • *Prod.* UA-Chaplin • *Réal.* CHARLES CHAPLIN • *Sc.* Chaplin • *Phot.* Roland Totheroh • *Int.* Chaplin (le prospecteur solitaire), Georgia Hale (Georgia), Mack Swain (Big Jim McKay), Tom Murray (Black Larsen), Henry Bergman (Hank Curtiss), Betty Morrissey (Betty), Malcolm Waite (Jack Cameron), John Rand, Albert Austin (prospecteurs).

Charlot est venu se joindre à la foule des prospecteurs qui espèrent trouver la fortune en Alaska. Le hasard réunit dans la cabane de Black Larsen, recherché par la police, trois hommes plus ou moins endurcis : le propriétaire lui-même, Charlot au terme d'une course épuisante au milieu d'un ouragan, et Big Jim, un prospecteur qui vient de trouver un magnifique filon. Pour l'heure, le trio meurt de faim. On tire aux cartes celui qui devra aller aux provisions : c'est Larsen qui est désigné. Pendant son absence, la disette est telle que Charlot sert à Big Jim et à lui-même une chaussure en guise de plat de résistance. Big Jim, en proie à une hallucination, voit en Charlot un poulet appétissant et le poursuit, armé d'un couteau, puis d'un fusil et plus tard d'une hache. Charlot se défend tant bien que mal. Larsen, durant son périple à la recherche de nourriture, est tombé sur la mine de Big Jim, lequel rentrant chez lui est assommé par Larsen à l'aide d'une pelle. Larsen s'enfuit avec l'or extrait par Big Jim et tombe dans une crevasse. Un soir, Charlot s'approche du saloon de la ville voisine et découvre, éperdu d'admiration, la beauté de Georgia, la danseuse. Elle est amoureuse de Jack, le Don Juan local. Pour le rendre jaloux, elle danse avec Charlot. Celui-ci utilise malencontreusement comme ceinture la laisse d'un chien avec... le chien au bout. Plus tard, Charlot affamé fait semblant de tomber évanoui près de la cabane d'un ingénieur des mines et obtient ainsi de la nourriture. Quand l'ingénieur s'absente, plusieurs semaines durant, pour son travail, Charlot est chargé de garder la cabane. Il fait de petits travaux pour gagner un peu d'argent et s'imagine que Georgia viendra réveillonner avec lui (dans son rêve, pour l'amuser, il pique deux fourchettes dans des petits pains et les fait danser). Big Jim, que son coup de pelle a rendu amnésique, ne sait plus où est l'emplacement de sa mine. Il retrouve Charlot et tente de le faire parler. La nuit, la cabane, entraînée par une tempête, se déplace et aboutit au bord d'un précipice. Au cours d'un suspense infernal, car la baraque oscille au moindre mouvement, Big Jim et Charlot réussissent à s'en extirper juste avant qu'elle tombe dans le gouffre. En se déplaçant, la cabane était arrivée tout près de la montagne d'or de Big Jim. Lui et Charlot, maintenant associés, sont riches à millions. Sur le bateau, Charlot retrouve Georgia qui quitte définitivement la région. Un moment, elle le prend pour un passager clandestin et veut même lui payer sa place. Le malentendu dissipé, ils s'en vont bras dessus, bras dessous vers leur cabine. Charlot est bien décidé à faire de Georgia sa femme.

☞ Deuxième long métrage de Chaplin (après *L'opinion publique**) pour les Artistes Associés qu'il avait co-fondés en 1919 avec Douglas Fairbanks, Mary Pickford et David Wark Griffith. C'est le film de Chaplin qui ressemble le plus à un film d'aventures et le cinéaste utilise cette caractéristique pour accentuer encore et perfectionner la solitude de son personnage. Seul dans la société, dans ses amours malheureuses, Charlot l'est aussi au milieu de l'immensité d'une nature hostile. Ses émotions et ses difficultés (peur, famine, etc.) sont encore plus vives ici et plus fondamentales que dans les villes. Cela n'empêche pas la plupart des scènes de se dérouler dans des espaces clos et assez réduits (la cabane, le saloon), car l'aspect chorégraphique du burlesque de Chaplin exige des limites précises ainsi que la possibilité d'examiner comme au microscope les déplacements et les mimiques de l'acteur. Le tournage commença en extérieurs dans la Sierra Nevada avec Lita Grey dans le principal rôle féminin. Ne subsistent de cette première phase du tournage que les plans de la file des prospecteurs au début. Chaplin refit ensuite en studio la plupart des scènes déjà tournées et donna le rôle féminin à Georgia Hale. (Ici les biographes divergent quant aux raisons de ce changement : le mariage de Chaplin avec Lita Grey commence à battre de l'aile ; Lita Grey est enceinte et ne peut tourner ; Chaplin est insatisfait de son jeu.) La réalisation très coûteuse de *La ruée vers l'or* dura quatorze mois mais fut largement bénéficiaire, étant donné le succès gigantesque du film (il ne se démentit jamais au cours des ressorties d'après-guerre : on vit alors une copie sonorisée où les intertitres, au regret de beaucoup de critiques, furent remplacés par un commentaire un peu insistant et grandiloquent). La beauté du noir et blanc, la sobriété, les nuances et l'émotion du jeu des interprètes, la perfection comique des scènes se déroulant en lieu clos (le repas avec la chaussure ; Charlot pris par son compagnon pour un poulet ; les oscillations dangereuses de la baraque au bord du gouffre) ont contribué à faire du film l'un des plus universellement appréciés et l'un des moins discutés de l'œuvre de Chaplin. Par-delà la virtuosité du style et la drôlerie du ton, le personnage de Charlot va de frustration en frustration. Il possède une tristesse et une envergure tragique par rapport auxquelles l'épilogue heureux semble une conclusion passablement convenue et artificielle.

N.B. La version sonorisée (1942 et 1956) est amputée, par rapport à l'originale, de deux petites scènes (avec l'ours et dans la cabane).

BIBLIO. : narration en 95 photogrammes *in* « L'Avant-Scène » n° 219-220 (1979).

## RUELLES DU MALHEUR (LES)
**(Knock on Any Door)**

1949 – USA (100') • *Prod.* COL. – Santana Productions • *Réal.* NICHOLAS RAY • *Sc.* Daniel Taradash et John Monks, Jr. d'ap. R. de Willard Motley • *Phot.* Burnett Guffey • *Mus.* George Antheil • *Int.* Humphrey Bogart (Andrew Morton), John Derek (Nick Romano), George Macready (Kerman), Allene Roberts (Emma), Susan Perry (Adele), Mickey Knox (Vito), Barry Kelley (juge Drake), Cara Williams (Nelly), Jimmy Conlin (Kid Fingers), Sumner Williams (Jimmy), Pepe Hern (Juan), Dewey Martin (Butch), Robert A. Davis (Sunshine).

Un jeune habitant des bas quartiers de New York, déjà arrêté plusieurs fois pour des petits délits, est accusé du meurtre d'un policier. Persuadé de son innocence, un avocat qui est aussi son ami de longue date (ils sont nés dans le même quartier) accepte de prendre sa défense. Il raconte sa vie aux jurés : la mort de son père en prison alors qu'il était tout jeune adolescent, le déménagement de sa famille ruinée, ses petits trafics d'objets volés, son séjour dans une maison de redressement où il fut témoin du sadisme des gardiens, son mariage avec une jeune employée qui se suicidera au gaz quand il aura participé à un hold-up après avoir abandonné son travail. A la fin du procès, le procureur réussit à arracher au jeune homme l'aveu de sa culpabilité. Il a bien tué le policier, ce qu'ignorait son avocat. Il est condamné à la chaise électrique.

☞ Dès les années 30, la Columbia produisit une longue série de films, souvent à très petits budgets, sur la délinquance juvénile. Celui-ci, première production de Bogart, plus riche d'ambition que de moyens, rentre tout à fait dans ce cadre. Nicholas Ray parvient à s'y exprimer de manière personnelle, même si son film n'a pas l'originalité de sa première œuvre à la RKO *(They Live by Night*)* ni la maturité des suivantes. Son portrait d'un adolescent découvrant et cédant à sa propre violence est attachant en lui-même et aussi comme première esquisse des personnages de *Rebel Without a Cause**. Nicholas Ray refuse catégoriquement la complaisance dans la description visuelle de la violence, au risque de paraître un peu mièvre, en particulier par comparaison avec les *films noirs* de l'époque. Mais le dénouement (la révélation de la culpabilité de l'accusé) n'en acquiert que plus de force tragique, surtout par la surprise qu'il cause au spectateur. C'est le point culminant d'un plaidoyer social qui n'a pas toujours su éviter une certaine rhétorique maladroite – mais sincère – dans le personnage de l'avocat interprété par Bogart. A travers cette maladresse perce le vrai propos du film. Ray n'a pas plus de solution précise à proposer qu'il n'a d'accusation vengeresse à formuler. Son but est de souligner l'impuissance des adultes, dont il se sent tout à fait solidaire, devant le naufrage d'adolescents plongés dans un environnement désastreux que les aînés ont laissé s'installer. Et le film suggère avec force que c'est seulement à partir d'un constat d'échec total qu'un changement positif pourra éventuellement survenir.

## RUE SANS JOIE (LA)
### (Die freudlose Gasse)

1925 – Allemagne (3 738 m) • *Prod.* Sofar-Film, Berlin • *Réal.* G.W. PABST • *Sc.* Willy Haas d'ap. R. de Hugo Bettauer • *Phot.* Guido Seeber, Curt Oertel, Robert Lach • *Int.* Greta Garbo (Grete Rumfot), Asta Nielsen (Maria Lechner), Einar Hanson (lieutenant Davy), Werner Krauss (Fleischhauer), Jaro Fürth (Hofrat Rumfort), Max Kohlbase (le père de Maria), Sylvia Torf (la mère de Maria), Henry Stuart (Egon Stirner), Robert Garrison (Don Alfonso Cañez), Agnes Esterhazy (Regina Rosenow), Tamara Tolstoï (Lia Leid), Valeska Gert (Mme Greifer), Karl Ettlinger (Rosenow), Herta von Walter (Else), Loni Nest (Mariandt Rumfort).

Rue Melchior, à Vienne, des clients misérables attendent interminablement devant la boutique du boucher. Dans un taudis en sous-sol vit la famille Lechner. Maria Lechner est amoureuse de Egon Stirner, le secrétaire du spéculateur international Cañez qui hante à l'autre bout de la ville le somptueux hôtel Carlton. Egon, quant à lui, brûle d'un amour inassouvi pour Regina, une jeune fille très riche qui lui conseille de devenir aussi riche qu'elle, s'il veut la séduire. Egon courtise alors pour son argent Lia Leid, la femme d'un avocat. Par perversité, elle lui demande de l'entraîner dans quelque endroit sinistre et discret. Rue Melchior, le conseiller Rumfort, lassé de sa misère de fonctionnaire, démissionne de son poste afin de pouvoir toucher l'allocation réglementaire égale à deux ans de salaire. Il cherche à spéculer et achète des actions des mines Petrowicz que Cañez s'apprête à faire baisser pour les racheter ensuite. Il fait courir le bruit d'un arrêt de travail dans ces mines. Grete Rumfort, la fille aînée du conseiller, achète avec de l'argent donné par son père un manteau de fourrure chez Mme Greifer qui tient une maison de plaisir sous couverture d'une boutique de mode. Maria, venue lui emprunter de l'argent, voit dans son bouge Egon en compagnie de Lia. Après le départ d'Egon, Maria étrangle Lia. Elle se laisse courtiser par Cañez dont la manœuvre boursière a réussi. Rumfort est ruiné : Grete est obligée de sous-louer l'appartement familial à Davy, un lieutenant américain en mission pour la Croix-Rouge. Elle tombe amoureuse de lui. Mais à la suite d'un incident au cours duquel sa petite sœur est soupçonnée de vol, Rumfort renvoie le locataire. Maria accuse Egon du meurtre de Lia. Il est emprisonné et va être condamné. Plus tard, parvenue au dernier degré de la tuberculose, Maria passera aux aveux et révélera à Egon qu'elle n'a jamais cessé de l'aimer. Grete, renvoyée par son patron qui voulait abuser d'elle, s'endette auprès de la Greifer et devra paraître à ses soirées. Davy la rencontre chez la tenancière et crie à l'infamie. Il comprend bientôt qu'elle a son père à sa charge et l'emmène avant qu'elle ait commencé à se prostituer. Les pauvres de la rue Melchior se révoltent. Ils détruisent la maison de la Greifer dont le luxe et la débauche insultent à leur misère et frappent à mort le boucher qui les avait si longtemps exploités.

☞ Troisième film de Pabst, succès retentissant et international dès sa sortie, *La rue sans joie* représente à la fois la quintessence de l'expressionnisme et du cinéma réaliste allemand. Le film montre que ces deux catégories esthétiques s'interpénètrent et que cette interprétation est caractéristique de beaucoup de chefs-d'œuvre du cinéma allemand muet. L'expressionnisme est ici un réalisme de l'intolérable où les décors n'ont nul besoin d'être artificiellement déformés pour révéler leur monstruosité. La variété et l'entrelacs de personnages (qui font aussi de *La rue sans joie* un passionnant et populeux mélodrame unanimiste), la qualité exceptionnelle de l'interprétation, le relief à la fois abstrait et sensuel des décors, la mobilité du découpage, le rythme général de l'intrigue et son habileté à jouer sur des changements de lieux incessants sont d'un étonnant modernisme. La grande force de Pabst en tant que narrateur, c'est de ne croire en rien, de n'adhérer à aucune idéologie, de se contenter d'être le témoin et l'observateur désabusé d'un monde en putréfaction, aux tares infiniment variées : inégalités sociales, spéculation, omnipotence de l'argent, abus de pouvoir en tous genres, et notamment du patron sur l'employé, du boucher sur sa clientèle (surtout féminine), du spéculateur sur ses victimes, de la tenancière sur ses pensionnaires et débitrices.

N.B. La censure de l'époque élimina plusieurs scènes (ex. le boucher à l'affût des jambes de ses clientes derrière un soupirail) rétablies depuis dans les copies qui circulent. Contrairement à ce qu'ont affirmé pendant des décennies les historiens et même des spécialistes de Marlene Dietrich, celle-ci ne figure pas dans un plan où des femmes font la queue devant la boucherie. On l'a confondue avec Herta von Walther, qui jour Else (rôle quasiment disparu même des copies les plus longues du film). La veuve de Pabst, Trude Pabst, a confirmé ce fait à Patrick Brion (cf. son livre sur Garbo, Éditions du Chêne, 1985). Remake français du film en 1938 réalisé par André Hugon (mélodrame de dernier ordre).

## RUMEURS

1946 – France (90') • *Prod.* CAPAC • *Réal.* JACQUES DAROY • *Sc.* Simon Gantillon • *Phot.* Maurice Barry • *Mus.* Jacques Dupont • *Int.* Jacques Dumesnil (Jean), Jany Holt (Aline), Roger Karl (le patron), Annette Poivre (la serveuse), Serge Grave (le mécano), Pierre Palau (le coiffeur), Janine Viénot (Rose), Jérôme Goulven (François), Arius (le maire).

Dans une petite ville de province, Jean, un garagiste connu pour ses nombreuses bonnes fortunes, est soupçonné du meurtre d'une prostituée. Cette fausse accusation tourne chez lui à l'obsession. Il finit par se demander s'il n'est pas vraiment coupable, d'autant que, la nuit du meurtre, il était ivre et n'a pu ensuite reconstituer son emploi du temps. Son obsession l'amène à vouloir commettre un meurtre semblable à celui dont il est accusé. Il rencontre une prostituée qui cherche l'âme sœur et croit l'avoir trouvé en lui. Il ira jusqu'à lui acheter une jarretelle identique à celle de la victime. On apprend alors que le meurtre a été commis par deux marins qui sont passés aux aveux. Jean plante là la prostituée et retourne auprès de sa femme qui l'aimait en silence et ne l'avait jamais soupçonné.

☞ Une œuvre étrange et méconnue du cinéma français d'après-guerre. Son scénario policier, ambitieux et risqué, a des résonances simenoniennes. La naissance et la progression de l'obsession du héros, l'attitude des habitants à son égard sont montrées à travers une multitude de petites séquences qui ajoutent chacune leur pierre à l'édifice. Certes le film, bien interprété par Jacques Dumesnil mais desservi par une Jany Holt au jeu très démodé, est plus intrigant que convaincant. A tout moment, il donne l'impression de pouvoir bifurquer vers d'autres routes. La fin en particulier est contestable, car la révélation de son innocence pourrait tout aussi bien rejeter le héros dans ce crime dont l'obsession a grandi en lui. Mais plus le film est discutable, plus il est attachant. Cette plongée dans la perversité d'une âme dont les tourments sont nés d'un environnement social agressif et injuste a quelque chose d'unique dans le cinéma français de l'époque. On peut certes rapprocher *Rumeurs* du *Corbeau**, mais ici c'est l'innocence qui ouvre le champ à toutes sortes de spéculations et de perplexités. Le scénariste et dramaturge Simon Gantillon collabora à quelques films insolites de la période : *L'amour autour de la maison* (Pierre de Hérain, 1946) d'après T'Serstevens, *Erreur judiciaire* (Maurice de Canonge, 1947), *Maya* (Raymond Bernard, 1949) tiré de sa propre pièce.

## RUY BLAS

1947 – France (93') • *Prod.* André Paulvé, Georges Legrand • *Réal.* PIERRE BILLON • *Sc.* Jean Cocteau d'ap. P. de Victor Hugo • *Phot.* Michel Kelber • *Mus.* Georges Auric • *Déc.* Georges Wakhévitch • *Cost.* Marcel Escoffier • *Int.* Danielle Darrieux (la reine d'Espagne), Jean Marais (Ruy Blas et Don César de Bazan), Gabrielle Dorziat (la duchesse d'Albuquerque), Marcel Herrand (Don Salluste de Bazan), Ione Salinas (Casilda), Armand Lurville (l'archevêque), Alexandre Rignault (Goulatromba), Paul Amiot (Santa Cruz)

☞ Pour filmer l'adaptation écrite par Cocteau de la pièce de Victor Hugo, Pierre Billon sut réunir une équipe prestigieuse où pas un des techniciens émérites qu'il avait choisis ne manqua à l'appel. Le résultat fut supérieur à un simple film de prestige, sans toutefois restituer fidèlement l'équilibre parfait – et périlleux – entre picaresque et tragique sur quoi repose l'œuvre de Hugo. C'est que Pierre Billon réussit beaucoup mieux les scènes dramatiques filmées en intérieurs que les séquences de fantaisie truculente et les moments épiques nécessitant des extérieurs. Le jeu de Jean Marais, remarquable dans le registre tragique, est plus décevant dans les scènes d'humour ou de fougue extérieure. Mais quel acteur aurait pu jouer avec autant de talent deux rôles aussi opposés que ceux de Ruy Blas et Don César ? Sans doute le film fut-il, dans sa conception même, de trop bon goût pour pouvoir restituer les aspérités et les contrastes sauvages du génie hugolien. Le plaisir principal qu'il dispense tient à ses jeux de lumière filtrant à travers les somptueux décors à marqueterie composés par Wakhévitch. Les photos de plateau dues à Raymond Voinquel sont, elles aussi, un chef-d'œuvre d'élégance.

BIBLIO. : scénario et dialogues, publiés chez Paul Morihien, 1947 (avec une courte préface de Cocteau et de nombreuses photos du film ; tirage à part pour la Suisse, avec couverture différente). « A l'étude, la pièce, dit Cocteau, montre des invraisemblances. Le travail du film oblige à un mécanisme rigoureux. Ce ne fut pas simple. En outre, le théâtre empêche Hugo de recourir à la similitude physique de Ruy Blas et de Don César. Cette similitude devient, par contre, la base même du film. Le même artiste interprétera les deux rôles. C'est le prétexte d'un quiproquo comique et tragique absolument conforme au style de l'œuvre ».

# S

## SABOTAGE A BERLIN
## (Desperate Journey)

1942 – USA (107') • *Prod.* Warner (Hal B. Wallis, Jack Saper) • *Réal.* RAOUL WALSH • *Sc.* Arthur T. Horman • *Phot.* Bert Glennon • *Mus.* Max Steiner • *Int.* Errol Flynn (lieutenant Terence Forbes), Ronald Reagan (officier Johnny Hammond), Nancy Coleman (Kathe Brahmas), Raymond Massey (major Otto Baumeister), Alan Hale (sergent Kirk Edwards), Arthur Kennedy (officier Jed Forrest), Sig Rumann (Preuss), Ronald Sinclair (sergent Lloyd Hollis), Albert Basserman (Dr Mather), Elsa Basserman (Frau Raeder).

L'équipage d'un bombardier ayant à sa tête le pilote australien Terence Forbes reçoit pour mission d'aller anéantir loin en territoire allemand une gare importante située à proximité de la frontière polonaise. Une fois l'objectif atteint, l'avion touché par la DCA allemande doit faire un atterrissage forcé. Il y a quatre survivants outre Forbes : le Canadien Forrest, l'Américain Hammond, le vétéran écossais Edwards qui s'est teint les cheveux pour paraître plus jeune et être admis à combattre (son fils est mort à Dunkerque), enfin le jeune Anglais Hollis, fils d'un héros de la Première Guerre mondiale. Ils mettent le feu à l'avion, un prototype, et se cachent dans la forêt voisine. Ils sont encerclés et capturés par l'ennemi. Le major Baumeister les interroge. Ils réussissent à lui fausser compagnie, non sans emporter les plans des usines secrètes Messerschmitt. Ils prennent à un détachement allemand des uniformes puis empruntent pour aller jusqu'à Berlin le wagon-salon de Goering. Poursuivis par Baumeister, mais lui échappant toujours, ils mettent le feu à une usine de produits chimiques et de bombes incendiaires. Hollis est blessé ; un médecin anti-nazi tente de l'opérer mais échoue à le sauver. Le groupe, réduit à quatre hommes, traverse l'Allemagne. A Münster, ils demandent asile aux parents de l'assistante du chirurgien dont celle-ci leur avait donné l'adresse. Mais ils tombent dans un piège car un couple de nazis a pris la place des parents. Les quatre hommes fuient par les toits ; Edwards fait une chute mortelle. Pourchassés en voiture par l'obstiné Baumeister, ils abandonnent leur véhicule et marchent à travers champs. Ils découvrent un avion anglais que les Allemands sont en train d'armer pour détruire les réserves d'eau de Londres. Ils s'emparent de l'appareil et regagnent l'Angleterre.

☞ Walsh a décrit la guerre dans des tons et sous des aspects bien différents : éloge du courage et du sacrifice dans *Objective, Burma !**, analyse critique et dénonciatrice dans *Les nus et les morts**. Ici, c'est sous la forme d'un grand jeu de piste, dynamique et échevelé, qu'apparaît la guerre, à travers des péripéties proches de la bande dessinée par leur rythme et la chance permanente qui sert les desseins des protagonistes, encore que, équipage complet au départ, ils finiront trois survivants à l'arrivée. Le personnage joué par Flynn défendra, dans une séquence, cette conception de la guerre comme un jeu, en affirmant qu'avec une chance sur mille de revenir saine et sauve, la petite équipe, s'amenuisant de jour en jour, n'a rien de mieux à faire qu'à semer le plus de destruction possible sur le chemin, hérissé d'obstacles, de son retour. Cette exaltation de l'énergie et d'une joie de vivre paradoxale, sur fond de cataclysme et d'anéantissement, exprime l'une des dimensions les plus caractéristiques de l'art de Walsh : l'action y fait constamment la nique à la mort, à la barbarie, à la bêtise ubuesque d'un ennemi borné que l'auteur se refuse à prendre au sérieux. (Ce qui n'a pas manqué de lui être reproché.) Bande dessinée allègre et incroyablement rythmée, *Sabotage à Berlin* est aussi une saisissante apocalypse vue au travers de l'admirable photo nocturne de Bert Glennon, remplie d'éclairs éblouissants et de fulgurants feux d'artifice. Ainsi, les personnages expriment sans phrase et avec les seuls moyens dont ils disposent leur croyance en la vie. Et toujours cette sublime distance de Walsh par rapport à ses matériaux : ici dans un film de circonstance, tourné on ne peut plus à chaud, il a l'audace de montrer que la guerre n'est pas une affaire sérieuse, mais qu'il vaut mieux cependant la gagner, ne serait-ce que pour pouvoir un jour en rire, s'amuser et se retrouver en frères.

## SABOTEUR SANS GLOIRE
**(Uncertain Glory)**

1944 – USA (102') • *Prod.* Warner (Robert Buckner) • *Réal.* RAOUL WALSH • *Sc.* Laszlo Vadnay, Max Brand d'ap. une histoire de Joe May et Vadnay • *Phot.* Sid Hickox • *Mus.* Adolph Deutsch • *Int.* Errol Flynn (Jean Picard), Paul Lukas (Marcel Bonet), Jean Sullivan (Marianne), Lucile Watson (Mme Maret), Faye Emerson (Louise), James Flavin (capitaine des gardes mobiles), Douglas Dumbrille (commissaire), Sheldon Leonard (Henri Duval).

France, 1943. Condamné à mort pour des vols multiples et un meurtre, Jean Picard, un malfaiteur endurci, s'avance vers la guillotine. Un raid aérien sur l'usine voisine lui donne la possibilité de fuir. Il se rend chez Henri, un ancien complice, pour lui demander de l'argent et des faux papiers. Il séduit *illico presto* sa maîtresse en se faisant passer pour un grand résistant. Il part avec elle pour Bordeaux où son vieil ennemi, l'inspecteur Bonet, qui le pourchasse depuis quinze ans, le cueille et lui met les menottes. Bonet a été renseigné par Henri. Dans le train qui les ramène vers Paris, Picard et Bonet apprennent qu'après le sabotage d'un pont la Gestapo a emprisonné cent otages et va les exécuter si le saboteur ne se rend pas. Picard songe soudain qu'il préférerait mourir devant le peloton d'exécution avec les honneurs plutôt que sous le couperet de la guillotine. Il suggère à Bonet de lui permettre de se faire passer pour ce saboteur. Il sauverait ainsi la vie de cent innocents. Bonet refuse d'abord, pensant à une ruse, puis l'idée fait son chemin dans son esprit. Picard et Bonet s'installent à l'hôtel du village où ont été capturés les otages. Bonet prépare l'éventuelle reddition de Picard à la Gestapo et annonce à ses supérieurs que Picard s'est noyé lors d'une tentative de fuite. Picard devient Jean Émile Dupont, saboteur et résistant. Le délai fixé par la Gestapo avant l'exécution des otages s'achève dans trois jours. Picard supplie Bonet de lui donner ces trois jours. Il a rencontré Marianne, une jeune commerçante du village, qu'il invite à un pique-nique au bord de l'eau. Bonet est amené à sauver le véritable saboteur en le faisant passer pour un de ses hommes. Le saboteur lui indique ainsi qu'à Picard comment il s'y est pris pour faire sauter le pont malgré la surveillance des Allemands. Picard fera remarquer à Bonet qu'il a volontairement gâché une chance de se libérer en laissant le saboteur échapper à la Gestapo. Il laissera encore passer d'autres occasions de fuir. Mais une nuit, alors que Bonet est malade, Picard disparaît. Au même moment les habitants du village s'apprêtent à exécuter un plan préparé depuis quelque temps déjà et qui consiste à accuser Picard d'être le saboteur du pont. Le curé du village les détourne de leur projet. Marianne prévient Picard du danger et l'accompagne dans sa fuite. Ils sont recueillis par un couple de paysans dont le fils est l'un des otages. Picard annonce à Marianne qu'il va aller seul à Paris chercher l'argent nécessaire à leur départ pour la Martinique. En fait, une fois arrivé à Paris, il se rend chez Bonet qui l'accompagne à la Gestapo. Les officiers allemands sont sceptiques quant aux aveux de Picard. Mais quand il leur décrit minutieusement la méthode employée pour faire sauter le pont, ils ne doutent plus d'avoir affaire au vrai saboteur, et il sera exécuté.

☞ Le plus étrange et le plus sombre des sept films de Walsh avec Errol Flynn. C'est presque un film expérimental. Walsh transporte dans un autre contexte, mélange selon d'autres proportions certains ingrédients de ses héros habituels. Beaucoup d'entre eux (et Flynn en tête) flirtent avec l'idée d'être « un aventurier sans foi ni loi ». Ici, nous y sommes en plein. Flynn, dès les premières minutes du film, est un voleur et un assassin. On n'en croit pas ses yeux. Et pourtant, c'est bien lui, avec la même élégance, la même nonchalance ironique, le même culot dévastateur, marqués seulement d'une touche de noir, comme l'est le film dans son entier. D'un bout à l'autre de l'intrigue, Flynn va tromper tout le monde, en mal comme en bien, se trouver sans cesse là où on ne l'attend pas, surprendre ceux qui le connaissent le mieux (et en particulier l'inspecteur Bonet qui le traque depuis quinze ans, sorte de Javert moderne). Le héros walshien n'a pas de place très définie au sein de la morale. Du fait de son extrême individualisme, il est difficile à situer sur ce terrain et reste le plus souvent « au-delà du bien et du mal ». Autre ingrédient, autre caractéristique du héros walshien : son amour de la vie, lié indissolublement à sa séduction et à son humour. Ils existent aussi chez Jean Picard (à peine « sorti » de prison, il séduit la première femme qui se présente à lui : l'étonnante Faye Emerson). Seulement voilà, cet amour de la vie, il n'a que trois jours pour le satisfaire. Même dans ce film très sombre, l'humour existe, de façon à la fois inopinée (voir la scène géniale de la fausse confession de Picard à Bonet) et permanente, puisque le héros joue ici constamment avec son destin et celui d'autrui. Restent sa décision finale, son sacrifice. Comme l'ensemble du personnage, cette décision a quelque chose d'impénétrable, et presque d'insondable. On peut risquer une hypothèse. En mourant de cette façon-là, le personnage triomphe deux fois de la fatalité. Une première fois en décidant lui-même de sa mort – de son heure et de son contenu (le scénario lui prête dix occasions de fuir qu'il ne saisit pas). Une seconde fois en s'inventant, en se créant pour lui-même un autre destin. Jean Picard, voleur et assassin, devient Jean Émile Dupont, le grand résistant. Et pas seulement dans les apparences : dans la réalité aussi, puisqu'il sauve par cette mort cent otages et le vrai saboteur. Il ajoute un rôle de plus à une existence diverse et bien remplie. On est toujours dans Shakespeare : « Each man in his time plays many parts... » (cité par Walsh à la fin de son autobiographie). On peut aussi voir le film comme un rêve que fait Picard sous le couperet de la guillotine. Mais quelle que soit la façon dont on la regarde, l'œuvre souligne la modernité du génie de Walsh. Et Flynn, héros ou anti-héros, est toujours aussi admirable.

## SACRIFICE DU NOUVEL AN (LE)
**(Zhufu)**

1956 – Chine (2757 m) • *Prod.* Studios de Pékin • *Réal.* SANG HU • *Sc.* Xia Yan d'ap. la nouvelle homonyme de Lu Xun (ou Lou Siun), tirée du recueil « Panhouang » (trad. « Hésitation » ou « Errements ») • *Phot.* Qian Jiang (couleurs) • *Mus.* Liu Ruceng • *Int.* Bai Yang (la veuve de Xianglin), Wei Heling (He le sixième), Li Jingho (4^e^ maître Lu), Shi Lin (4^e^ maîtresse Lu), Di Li (la femme de Liu), Li Jian (la belle-mère), Guan Zongxiang (Wei le deuxième).

En 1916, dans les montagnes du Zhejiang, une paysanne aidée par son cousin, un entremetteur, vend sa belle-fille récemment veuve à un montagnard pour quatre-vingts colliers de sapèque. Le jeune fils de la paysanne, dégoûté par le procédé, prévient la femme qui prend la fuite. Elle trouve un emploi de servante chez la riche famille (bouddhiste) des Lu. Le printemps arrive. La jeune femme, dure à la besogne, donne satisfaction à ses maîtres et a retrouvé une certaine tranquillité d'esprit. Mais l'entremetteur la fait kidnapper et elle se retrouve mariée de force au montagnard. Elle s'est blessée en essayant de fuir et assiste, inconsciente, à la cérémonie. Le montagnard la soigne et, quand elle le supplie de la laisser partir, il accepte. Touchée, elle découvre qu'il est loin d'être un mauvais bougre. Le couple trouve peu à peu le bonheur. Seule ombre au tableau : le mari ne réussit pas à rembourser les dettes contractées pour le mariage. Il se tue à la tâche et finit par mourir pour de bon. L'enfant du couple disparaît, dévoré par un loup. La jeune femme, deux fois veuve, retrouve du travail chez ses anciens patrons. Elle est obsédée par ses nombreux malheurs et, la superstition aidant, consacre ses économies à l'achat d'un « seuil » au temple voisin. (Une vieille servante des Lu lui a affirmé qu'au royaume des morts elle serait coupée en deux et que chacun de ses deux maris obtiendrait la moitié de son corps.) Jugeant qu'elle porte malheur, ses maîtres lui interdisent de souiller en les touchant les offrandes du nouvel an. Elle découvre que son « seuil » ne la transforme pas aux yeux des gens et, de rage, elle le saccage avec une hachette. Elle est bientôt renvoyée. Elle devient mendiante et meurt quelque part dans une rue, abandonnée de tous.

☞ Première adaptation de Lu Xun (1881-1936) après la Révolution, réalisée à l'occasion du vingtième anniversaire de sa mort. Filmé dans des couleurs élégantes et douces, il s'agit d'un mélodrame très cohérent et très pur de forme, prouvant s'il en était besoin l'universalité du genre sous toutes les latitudes et à toutes les époques. La trame du récit est constituée par l'errance d'une femme (due à un enchaînement de situations caractéristique de la société chinoise et décrit dans de nombreux films de ce pays) et par la succession des heurs et des malheurs de cette héroïne poursuivie par une fatalité à la fois sociale et individuelle. Le style discrètement lyrique de Sang Hu donne autant d'importance – selon la loi fondamentale du genre – aux instants de paix et de sérénité vécus par l'héroïne, qu'aux vicissitudes, aux brusques rappels à l'ordre du destin et aux catastrophes jalonnant son existence. Remarquable interprétation de Bai Yang en accord avec toutes les nuances nécessitées par le genre. A la différence de *La fille aux cheveux blancs**, mélodrame moins homogène et moins réussi, la propagande révolutionnaire n'intervient que dans un bref commentaire *off* qui débute et termine cette histoire « située en des temps révolus qui, heureusement, ne reviendront plus jamais ».

## SADDLE TRAMP

Inédit en France. 1950 – USA (77') • *Prod.* UI (Leonard Goldstein) • *Réal.* HUGO FREGONESE • *Sc.* Harold Shumate • *Phot.* Charles P. Boyle (Technicolor) • *Int.* Joel McCrea (Chuck Conner), Wanda Hendrix (Della), John Russell (Rocky), John McIntire (Jess Higgins), Jeanette Nolan (Ma Higgins), Russell Simpson (Pop), Ed Begley (Mr. Hartnagle), Antonio Moreno (Martinez).

Chuck Conner, un aventurier paisible, rêve de rejoindre la Californie. Heureux à l'idée de quitter le Nevada, il s'arrête dans le ranch d'un ami, veuf et père de quatre jeunes garçons. Cet ami meurt accidentellement d'une chute de cheval. Il avait emprunté la monture de Chuck, une bête de rodéo aux réactions imprévisibles. Chuck se sent un peu coupable de cet accident. Lui, qui fuit comme la peste les responsabilités, se sent soudain obligé de prendre sous sa protection les quatre garçons. Il trouve du travail au ranch de Higgins. Il est obligé de cacher à son patron, qui déteste les enfants depuis qu'il s'est brouillé avec son fils, l'existence des gosses. Il les installe dans la forêt

voisine. Ceux-ci sont bientôt rejoints par une adolescente de dix-neuf ans, Della, orpheline ayant fuit un oncle qu'elle déteste. La nuit, Chuck est obligé de voler des victuailles dans la cuisine des Higgins pour nourrìr ces cinq bouches avides. Mais les enfants l'aident aussi dans sa besogne. Sommé de s'expliquer sur sa rapidité au travail, Chuck s'en tire en parlant des « little people » que la femme de Higgins, très superstitieuse, assimile aussitôt à ces créatures bienfaisantes peuplant les contes de fées irlandais. Elle sait qu'elles ont l'habitude de venir voler de la nourriture la nuit. Chuck laisse dire. Higgins est résolument sceptique. Depuis longtemps, Higgins a pour ennemi mortel son voisin Martinez qu'il accuse de lui voler son bétail. En réalité, Chuck, aidé par les enfants, découvrira que ce sont les deux « seconds » de Higgins et de Martinez qui organisent ces vols. Les méchants seront châtiés et empêchés de nuire ; les deux propriétaires reconciliés. Pour les quatre garçons, une autre vie commence : ils doivent aller à l'école et n'ont guère le sourire. Chuck, marié à Della, connaîtra les joies du foyer. Il n'est pas prêt d'aller en Californie.

☞ Deuxième film américain et premier western de l'Argentin Hugo Fregonese. Alors que son tempérament le porte naturellement vers une expression baroque de la cruauté, Fregonese se plie ici de bonne grâce et avec infiniment de talent aux règles du western avec enfants en faveur à la Universal et tout particulièrement chez le producteur Leonard Goldstein (cf. *Take Me to Town* de Douglas Sirk, 1953). Ses dons fabuleux de peintre et de coloriste éclatent dès les premiers plans du film et donneront une intensité et une originalité constantes au récit. Fregonese met particulièrement en valeur le gris pommelé des ciels d'orage, la pluie battante, les sous-bois obscurs auxquels il opposera plus tard des plans de blés mûrs noyés de soleil. Le récit, dans sa nonchalance ironique, présente une espèce de solitaire jaloux de son indépendance, que les circonstances amèneront à se retrouver en charge d'enfants, d'épouse, et de tous les problèmes de son employeur. Il les résoudra en utilisant avec une habileté savoureuse la crédulité (qui est aussi goût pour la poésie et pour les légendes) de l'épouse de son patron. A cet aventurier rêvant de terre promise arrivera la plus inattendue des aventures : trouver le bonheur là exactement où il ne l'aurait jamais cherché. Joel McCrea, l'un des plus authentiques acteurs de western, renforce par la justesse de son interprétation la douceur malicieuse, le charme poétique de cette méditation en rose sur le thème de l'exil et des surprises de la vie.

## SADIE McKEE

Inédit en France. 1934 – USA (88') • *Prod.* MGM (Lawrence Weingarten) • *Réal.* CLARENCE BROWN • *Sc.* John Meehan d'ap. une nouvelle de Vina Delmar • *Phot.* Olivier T. Marsh • *Mus. et lyrics* de Nacio Herb Brown et Arthur Freed • *Int.* Joan Crawford (Sadie McKee), Franchot Tone (Michael Alderson), Gene Raymond (Tommy Wallace), Edward Arnold (Jack Brennan), Esther Ralston (Dolly Merrick), Earl Oxford (Stooge), Jean Dixon (Opal).

La difficile ascension de la fille d'une cuisinière, plus en quête de bonheur que de réussite sociale. Abandonnée par son fiancé, elle devient entraîneuse. Elle rencontre un millionnaire alcoolique qu'elle épouse et qu'elle sauve de son vice. Elle retrouve son fiancé qu'elle n'avait cessé d'aimer. Il meurt, peu après leurs retrouvailles, dans un sanatorium.

☞ Mélodrame psychologique au ton très adulte dont le déroulement, sans être vraiment original, reste constamment nuancé, à la fois émouvant et critique, et toujours imprévisible. Dans le cinéma américain du début des années 30 existe un riche courant de films psychologiques, souvent peu connus en Europe (cf. *Baby Face**, 1933 de Alfred E. Green, *Downstairs**, 1932 de Monta Bell). Ces films ont su analyser avec subtilité et audace, grâce à la liberté permise aux cinéastes avant l'instauration du code Hays, la destinée de personnages de conditions diverses et donner ainsi un véritable tableau social

de l'époque en milieu urbain. La femme s'y heurte souvent, quand elle veut s'élever, à un préjugé défavorable. Sans avoir l'audace corrosive de *Baby Face**, le film fait bien sentir la cruauté mêlée de tristesse de cette lutte très âpre, très inhumaine que doit mener l'héroïne pour faire valoir son droit au bonheur. Interprétation superbe des quatre protagonistes principaux. Grand professionnalisme à tous les niveaux techniques de la réalisation.

## SAFETY LAST
## (Monte là-dessus)

1923 – USA (96') • *Prod.* Hal Roach – Pathé Exchange Inc. • *Réal.* FRED NEWMEYER et SAM TAYLOR • *Sc.* Hal Roach, Sam Taylor, Tim Whelan (intertitres : H.M. Walker) • *Phot.* Walter Lundin • *Int.* Harold Lloyd (Harold), Mildred Davis (Mildred), Bill Strothers (Limby Bill), Noah Young (le policier), Wescott B. Clarke (Mr. Stubbs), Mickey Daniels (l'enfant), Anna Townsend (la grand-mère).

Harold quitte son petit bled de Great Bend pour aller faire fortune à la ville. Une fois là-bas, afin de faire plaisir à sa fiancée Mildred et lui donner à penser qu'il a réussi, il lui envoie un pendentif, mais sans la chaîne. La chaîne, il lui en fera cadeau plus tard et alors tout son salaire de la semaine y passera. Car en réalité Harold est vendeur dans un grand magasin. Il doit subir les remontrances de son chef de rayon et – ce qui est beaucoup plus dangereux – faire face à la meute sauvage des clientes. Mildred lui fait la surprise de venir à l'improviste sur son lieu de travail. Elle le prend pour un grand chef et Harold, naturellement, pour ne pas la décevoir, se met à jouer les chefs. Il entend le grand patron déclarer qu'il donnerait une fortune pour une bonne idée publicitaire. Harold médite et en trouve une : il se souvient que son meilleur copain (qui est aussi son co-locataire), ayant été un jour poursuivi par un policier, lui avait échappé en grimpant à la verticale sur la façade d'un immeuble. Il demande à son copain de faire l'ascension du Bolton Building qui abrite le grand magasin où il travaille. Il fait passer des communiqués dans les journaux et, le jour dit, à l'heure dite, la foule se presse pour assister à l'exploit. Mais le flic vindicatif se dit que le héros du jour pourrait bien être son ancien « client ». Pour détourner son attention, Harold est obligé de faire l'ascension du premier étage. Comme son copain a été repéré par le flic qui le poursuit obstinément, Harold doit escalader le deuxième étage, puis le troisième, puis le quatrième... jusqu'au sommet. Au cours de la montée, Harold doit supporter la présence de pigeons venus picorer des friandises répandues sur sa tête et sur ses épaules ; il doit se débattre dans un filet qui lui est malencontreusement tombé dessus. Son copain ayant fait basculer la vitre d'une fenêtre de l'étage où il se trouvait, et lui-même ayant basculé avec la vitre, il se raccroche aux aiguilles d'une horloge dont le cadran se détache dangereusement du mur où elle est accrochée. Son copain lui tend une corde à laquelle il se suspend. Une souris pénètre dans la jambe de son pantalon et le fait danser littéralement sur le rebord de l'avant-dernier étage. Parvenu jusqu'à la terrasse, il est assommé par un anémomètre, titube et tombe dans le vide, le pied accroché à une corde. Un mouvement de pendule le ramène dans les bras de sa fiancée, montée à sa rencontre sur la terrasse.

☞ Quatrième des dix-huit longs métrages d'Harold Lloyd et le plus célèbre de tous. La première partie du film est plaisante mais Lloyd a fait beaucoup mieux ailleurs. C'est la séquence de l'ascension du building – un défi assez courant à l'époque, cf. le film *Gizmo*, 1977, géniale compilation de documents sur des inventeurs et des pionners du XXᵉ siècle due à Howard Smith – qui a fait de *Safety Last* une œuvre inoubliable et géniale. Elle occupe un tiers du métrage total. Comme dans les plus grandes séquences du cinéma burlesque muet (cf. Keaton), le rire est *en plus.* Ce qui est premier, c'est le vertige, la fascination de la difficulté et un emploi franc et direct des moyens du cinéma. Aucun trucage photographique. De même que les séquences d'intérieur avaient été tournées dans un

véritable grand magasin, l'ascension de l'immeuble est filmée sur une vraie façade. Certes, des précautions ont été prises contre le danger (plate-forme installée sous les pieds de l'acteur) mais, pour l'essentiel, la réalité n'est pas truquée et c'est bien la vie réelle de la rue qu'on voit pendant l'exhibition du héros (doublé par Bill Strothers, véritable alpiniste urbain, pour les plans généraux). En ce qui concerne le rythme, aucune accélération artificielle n'est donnée au tempo. Dans de nombreux plans, la durée est celle qu'il faut à l'acteur pour accomplir tel ou tel mouvement, tel ou tel rétablissement délicat. Et si, même aujourd'hui, le spectateur retient autant son souffle pendant cette séquence, c'est que quelque chose de vrai, de non fabriqué s'accomplit devant lui dans un respect total de l'espace et de la durée. Thématiquement, le film prouve le mouvement en marchant et l'équilibre profond du héros en le soumettant à la pire épreuve de vertige qu'on puisse imaginer. (D'une manière semblable, si le thème du suicide, non traité ici, est si fréquemment utilisé chez Lloyd, c'est afin de prouver la stabilité et la sérénité intérieure du personnage.) L'art de Lloyd et de ses metteurs en scène repose sur une utilisation harmonieuse et significative de la force des contraires. Aussi légendaire que la dernière séquence est l'ouverture du film : Lloyd paraît aller à une exécution capitale derrière des grilles ; ses proches pleurent ; une potence se profile au fond du plan. La caméra fait un 180 degrés et on découvre que, loin de se trouver en prison, Lloyd est dans une gare. Il s'apprête à accomplir, non pas son dernier voyage, mais son grand départ vers la ville et vers la réussite. L'ambition chez Lloyd n'est pas une passion perverse. La réussite est naturelle à son personnage ; elle correspond à une réaction saine face aux défis de la réalité. Harold, dans *Safety Last*, ne comptait jamais accomplir lui-même cette ascension : c'est la situation qui l'a poussé, d'étage en étage, à atteindre le sommet. En Harold Lloyd, qui fut dans son pays, ne l'oublions pas, le plus populaire de tous les grands burlesques, l'Amérique s'est reconnue. Elle a aimé dans cet homme sans tare et sans complexe une sorte de héros super-normal, un anti-superman, un être dont la vitalité sans cesse renouvelée représentait pour chacun une preuve de sécurité et une promesse de bonheur.

## SAINTE JEANNE
**(Saint Joan)**

1957 – USA (110') • *Prod.* UA (Otto Preminger) • *Réal.* OTTO PREMINGER • *Sc.* Graham Greene d'ap. P. de Bernard Shaw • *Phot.* Georges Périnal • *Mus.* Mischa Spoliansky • *Déc.* Roger Furse • *Générique* Saul Bass • *Int.* Jean Seberg (Jeanne), Richard Widmark (le Dauphin), Richard Todd (Dunois), Anton Walbrook (Cauchon), John Gielgud (le comte de Warwick), Felix Aylmer (l'Inquisiteur), Harry Andrews (John de Stogumber), Barry Jones (De Courcelles), Finlay Currie (l'archevêque de Reims), Bernard Miles (l'exécuteur des hautes œuvres), Archie Duncan (Baudricourt), Kenneth Haigh (Frère Martin), David Oxley (Barbe-Bleue), Victor Maddern (le soldat anglais qui a fabriqué la croix).

Le roi Charles VII a des nuits agitées où réveils brusques et cauchemars s'entremêlent. Il voit apparaître Jeanne debout près de sa couche. « Je suis un rêve que tu rêves », lui dit-elle. Il lui demande si elle a beaucoup souffert sur le bûcher. Il lui apprend que ses parents ont fait annuler son procès. « Peuvent-ils me dé-brûler ? » demande-t-elle ironiquement. Évoquant son destin, le roi remarque : « Tu es toujours arrivée à tes fins, n'est-ce pas ? » Elle acquiesce en souriant. *(Premier flash-back.)* Déjà, à dix-sept ans, elle avait su convaincre Baudricourt, seigneur de Vaucouleurs, de lui donner une armure, une petite escorte et une lettre d'introduction pour le Dauphin. Elle avait parlé à Baudricourt de ses voix, qui lui enjoignaient d'aller lever le siège des Anglais à Orléans. – « Elles viennent de ton imagination ! » avait affirmé Baudricourt – « Bien sûr, puisque c'est ainsi que les messages de Dieu viennent à nous », avait rétorqué Jeanne. Dès son arrivée à Chinon, un soldat l'avait importunée ; elle lui avait prédit une mort rapide et, effectivement, l'homme s'était effondré aux pieds de son cheval. A la cour, elle avait reconnu Barbe-Bleue qui, par jeu, s'était installé sur le trône à la place du Dauphin, lui le plus contrefait et le plus emprunté des seigneurs du royaume. Elle avait essayé de lui redonner courage et énergie, alors qu'il ne rêvait que de vie tranquille loin des combats auxquels il préférait les traités. Il lui avait donné le commandement des armées. Les soldats français attendaient face à Orléans, de l'autre côté de la Loire, que souffle le vent d'ouest. Jeanne avait demandé à Dunois, qui commandait les troupes, la faveur de mener l'attaque. Puis elle avait prié et le vent d'ouest était venu. Comme elle le lui avait promis, le roi, après la victoire contre les Anglais, avait été couronné à Reims avant d'être acclamé par la foule. Jeanne était restée dans l'ombre afin que toute la gloire rejaillisse sur le nouveau roi. Il n'avait manifesté vis-à-vis d'elle qu'ingratitude, n'ayant pas eu un mot pour la retenir quand elle avait exprimé sa décision de partir. Elle était allée pleurer dans la chapelle. Elle avait demandé à Dunois, son seul ami, pourquoi on la haïssait tant à la cour. Puis elle lui avait confié : « C'est dans le son des cloches que j'entends mes voix. » Mais, pour le sceptique Dunois, elle avait toujours su justifier chacun de ses actes de bonnes et solides raisons. « J'aurais voulu que tu sois un bébé de mon village, lui dit-elle, j'aurais pu te cajoler un instant. » Mais son souci était maintenant Paris, qu'il fallait prendre absolument. Elle essaya d'en persuader le roi, qui jouait à la marelle avec ses courtisans. Il prétexta qu'il n'avait pas d'argent. « Mais l'Église est riche », dit Jeanne en s'adressant à l'archevêque qui ne la portait pas dans son cœur et n'avait que menaces à son endroit. Si elle persistait dans son entêtement, affirmait-il, elle serait rejetée de l'Église. Si elle était capturée à Paris, elle serait sans aucun doute brûlée comme sorcière. « La solitude de Dieu est sa force, avait proclamé Jeanne. Ma solitude sera ma force à moi aussi. » *(Retour à la chambre du roi et à son rêve.)* « On t'avait bien prévenue ! » fait remarquer Charles à Jeanne. Le comte de Warwick apparaît. C'est lui qui avait payé pour que Jeanne lui soit livrée. Il tient à s'excuser auprès d'elle. Ses raisons étaient purement politiques, et nullement personnelles. *(Deuxième flash-back.)* En prison, Jeanne avait reçu la visite de l'Inquisiteur qui avait demandé à l'exécuteur des hautes œuvres de montrer à la prisonnière ses instruments. Warwick et surtout son chapelain, Maître Stogumber, trouvaient les préparatifs du procès bien longs. Ils s'en étaient plaints à Cauchon, l'évêque de Beauvais, qui présiderait le tribunal. Au procès, Jeanne avait refusé de jurer qu'elle dirait la vérité. Elle avait refusé aussi de quitter ses vêtements d'homme, car ses voix le lui interdisaient. « Tout ce que j'ai accompli l'a été par le commandement de Dieu » fut sa principale défense. Apprenant que le bûcher était prêt pour elle, elle avait admis que ses voix l'avaient trompée et signa l'acte d'abjuration. Elle rentrait ainsi dans le giron de l'Église. Stogumber, furieux, était allé prévenir Warwick qui préférait rester à l'écart du procès. Quand elle avait entendu l'annonce de sa condamnation à la prison à vie, Jeanne s'était écriée : « Allumez votre feu ! Mes voix avaient raison. » Les soldats de Warwick l'emmenèrent, tout comme ils l'auraient fait si Jeanne n'avait pas déchiré l'acte d'abjuration. L'Inquisiteur ne fit rien là contre. Sa pensée profonde était que, s'il y avait quelque faute de procédure dans le procès et dans le déroulement de l'exécution, cela ne serait peut-être pas un mal car, comme il l'avait confié à Cauchon stupéfait, Jeanne était à ses yeux innocente : elle n'avait pas compris un mot de tout ce qui s'était dit durant le procès. On avait traîné Jeanne sur le bûcher au milieu des hurlements de la foule. Quand le feu prit, Stogumber, le plus farouche accusateur de Jeanne, fut aussi le plus bouleversé parmi les assistants. Il était sûr maintenant d'être damné. Il s'était traîné auprès de Warwick, qu'agaçaient ces débordements d'émotion. « Calmez-vous, Maître Stogumber », avait dit Warwick, glacial. *(Retour à la chambre du roi.)* Cauchon apparaît. Après sa mort, son cadavre a été excommunié et jeté dans une fosse commune. Dunois, lui, est toujours vivant. Il confirme que les Anglais ont été boutés hors de France. Un soldat apparaît. C'est lui qui avait confectionné, à la demande de Jeanne sur le bûcher, une croix à l'aide de deux morceaux de bois. Cette seule bonne action de sa vie lui vaut chaque année un jour de liberté pendant lequel il peut sortir des demeures infernales. Voguant à travers l'éternité, il apprend au roi, dépité, que la république s'est installée en France, d'où il a fallu chasser les Allemands. Toutes les apparitions, à l'exception de Jeanne, ont maintenant disparu. Le roi va se recoucher. Restée seule, Jeanne demande : « O Dieu qui as fait cette belle terre, dans combien de temps sera-t-elle prête à recevoir tes saints, dans combien de temps ? » Le roi, toujours agité, se retourne dans son lit.

☞ *Sainte Jeanne* est l'un des rares vrais films maudits de l'histoire du cinéma. Non seulement il fut boudé par le public, massacré par la critique, mais il passa et fut décrit pour le contraire de ce qu'il était : un film infidèle à la pièce de Shaw. La critique anglaise fut à cet égard particulièrement féroce et injuste. Comment Preminger aurait-il pu être infidèle à Shaw, lui dont l'œuvre entière devenait, au fil des années, de plus en plus shavienne, lui qui avait avec l'écrivain anglais tant d'affinités et de points communs : le scepticisme, le goût du paradoxe, le refus de la sentimentalité et, sous la froideur et la pudeur, une vraie générosité ? Dans *Sainte Jeanne,* pièce et film, le goût du paradoxe éclate à travers cette héroïne à la fois réaliste et mystique qui peut plaire (ou déplaire) à la fois aux agnostiques et aux croyants. Paradoxe aussi, cette évocation apparemment objective de son destin, qui n'est peut-être après tout que le rêve enfiévré d'un monarque à moitié simple d'esprit. Au-delà de sa fidélité à Shaw, *Sainte Jeanne* est aussi un film d'auteur à cent pour cent. Comme dans *Laura*, The Fan*, Bonjour tristesse*,* etc., la réalité y est vue à distance, comme de l'autre côté du miroir, et dans une éternité qui lui restitue sa complexité et sa subtilité mieux que si elle était prise dans le filet des apparences immédiates. (L'idée de présenter l'histoire de Jeanne en flash-backs à partir du rêve de Charles VII revient à Preminger et à Graham Greene qui se sont servis pour cela de l'épilogue de la pièce de Shaw. Dans la pièce, les événements sont évoqués dans l'ordre chronologique.) La Jeanne à laquelle Jean Seberg prête ses traits, avec une spontanéité et une authenticité géniales, est une vraie héroïne premingérienne, obstinée et fascinante, multiple et pourtant une, et dont la victoire, l'apothéose sera aussi une tragédie. Le cœur secret de l'œuvre, et ce qui a sans doute le plus intéressé Preminger dans la pièce de Shaw, c'est la relation Dunois-Jeanne. A travers elle, on voit, comme souvent dans l'œuvre de Preminger, que l'amour n'est jamais autant l'amour que lorsqu'il est inaccompli. Le tendre platonisme de la relation Dunois-Jeanne est une des nombreuses variations qu'a dessinées Preminger, avec une mélancolie souvent déchirante, sur cet inaccomplissement. L'amour est ici une délicate frustration qui a plus de plénitude que la plénitude même. Pour ce qui est de la mise en scène, Preminger a mené jusqu'à une extrême sophistication son goût des plans longs, complexes, sinueux, reptiliens, qui transforment, comme dans la scène de la marelle, un espace théâtral en espace cinématographique. Le cinéma, presque toujours, naît théâtre et ne devient lui-même qu'au terme d'une ascèse, d'une alchimie dont très peu de cinéastes sont capables. Preminger est passé maître dans cette alchimie. Quand elle est réussie, les mots perdent un peu de leur pouvoir ; et ce qui était explication au théâtre redevient mystère derrière cette vitre d'aquarium qu'est l'écran. Il est arrivé plus d'une fois à Preminger de tirer d'un petit sujet une œuvre à portée universelle. Dans *Sainte Jeanne,* à partir d'un sujet universel, il a tiré un film intime et secret, un film de chevet, fait pour se faire plaisir et destiné aux *happy few,* qui sont ici comblés.

N.B. Un court métrage d'une vingtaine de minutes, *The Making of a Movie,* réalisé parallèlement au film par Tom Ryan, relate les principales étapes de la genèse et du tournage. Il comprend le plan où Jean Seberg sur le bûcher pousse un cri alors qu'une flamme en vient presque à l'effleurer. Le plan fut retourné ultérieurement avec un trucage.

BIBLIO. : Marjorie Mattern : « *Saint Joan* », Royal Publications, New York, 1957, récit du film illustré de photos de Bob Willoughby avec un appendice sur le tournage (on y voit notamment la mise en place du trucage qui, après l'accident qui avait manqué de se produire, permit de filmer sans danger Jean Seberg à travers la réflexion des flammes allumées loin d'elle). L'auteur rappelle que les principales scènes furent répétées dans leur intégralité et dans les décors du film pendant trois semaines avant le premier jour de tournage à Londres.

## SAINT TUKARAM

Inédit en France. 1936 – Inde (135') • *Prod.* Prabhat Film Co. • *Réal.* V. DAMLE et S. FATEHAL • *Phot.* V. Avadhoot • *Mus.* Keshavrao Bhole • *Int.* Vishunpant, Mlle Gouri, Pandit Damle, Kusum Bhagawat, Shree Bhagawat, Master Chlotoo, B. Nandrekar.

Au XVII$^{e}$ siècle, sur la côte ouest de l'Inde, à Dahu, vit Tukaram, un saint homme qui passe son temps à composer des chants en l'honneur de son dieu, Pandurang. Sa femme, une râleuse impénitente, se plaint qu'il soit incapable de nourrir sa famille. Elle traîne son garçonnet malade dans le temple jusqu'aux pieds de la statue de Pandurang dont son mari lui ressasse les oreilles et qu'elle ose défier. Miracle ! L'enfant guérit et saute de joie. Salomalo, le brahmane du village, est jaloux de l'influence de Tukaram et de l'admiration qu'il suscite. Il prétend que Tukaram lui vole les chants qu'il compose, alors que c'est lui en réalité qui plagie le saint homme. Prenant prétexte des imprécations proférées par sa femme dans le temple, Salomalo en interdit l'accès à Tukaram. Ce dernier, à la fin convaincu par les récriminations de sa femme qu'il adore, décide de travailler. Un fermier lui confie la surveillance de son champ. Solomalo ordonne à ses partisans d'y pousser le bétail afin qu'il soit dévasté. Mais, après le passage des bêtes, la récolte est dix fois plus abondante que de coutume. Salomalo, jamais découragé, envoie sa maîtresse séduire Tukaram. Mais c'est elle qui sera transformée par l'influence spirituelle du sage. Salomalo manœuvre alors pour que l'érudit local, maître en sciences religieuses, entre en conflit avec Tukaram. Après une discussion théologique contradictoire où Tukaram défend l'idée que les Écritures sont diverses mais que leur essence est Une, il est condamné à jeter ses compositions musicales à la rivière. Il obéit, puis jeûne pendant treize jours jusqu'à ce qu'une déesse à quatre bras, sortant de l'onde, lui rende ses manuscrits. L'érudit se prosterne alors devant Tukaram. Celui-ci refuse les présents d'un roi qui devient aussitôt son disciple. Les ennemis du roi surgissent, les armes à la main. Ils sont mis en déroute par des créatures suscitées par la statue de Pandurang. Le 16 février 1652, Tukaram part pour le royaume des cieux sur un palanquin fixé entre les ailes d'un oiseau géant.

☞ Basé sur une figure religieuse légendaire aux Indes, ce plaisant récit hagiographique est bien dans la tradition indienne et tout à fait opposé à la mentalité occidentale, en ce sens que la destinée morale et spirituelle du saint donne lieu à une série de saynètes où l'on ne quitte pratiquement jamais le domaine de la comédie. Que ce soit avec le personnage de l'épouse acariâtre qui pour contrarier son mari n'en réfère qu'à sa divinité à elle, Mangalai, ou bien dans sa description du sournois et onctueux Salomalo, le film développe son message religieux à travers toutes sortes de personnages et d'épisodes pittoresques et humoristiques. Le mépris de l'argent et des honneurs, le respect d'autrui, la victoire d'une foi innocente et sans complication sur le ritualisme du clergé officiel : tels sont les enseignements qui se dégagent d'une intrigue au ton familier et bon enfant, ponctuée par les miracles du dieu-enfant Pandurang, métamorphosé parfois en vieillard ou en jeune fille. Si le style du film est volontairement primitif par sa naïveté et ses trucages, il ne manque pas d'adresse, notamment dans le rythme de sa narration et dans son interprétation savoureuse. Produit par la Prabhat, l'une des trois plus importantes firmes indiennes des années 30, *Saint Tukaram* fut le premier film indien à recevoir un prix à Venise.

## SALAIRE DE LA PEUR (LE)

1953 – France-Italie (148') • *Prod.* CICC – Filmsonor – Vera Films (Paris), Fonorama (Rome). • *Réal.* HENRI-GEORGES CLOUZOT • *Sc.* H.-G. Clouzot d'ap. R. de Georges Arnaud • *Phot.* Armand Thirard • *Mus.* Georges Auric • *Int.* Yves Montand (Mario), Charles Vanel (Jo), Véra Clouzot (Linda), Folco Lulli (Luigi), Peter Van Eyck (Bimba), Dario Moreno (Hernandez), William Tubbs (O'Brien), Jo Dest (Smerloff).

Las Piedras, petite bourgade d'Amérique latine écrasée de chaleur sous un ciel plombé, où les distractions sont rares et l'argent encore plus. Outre la population locale, traînent dans les rues des épaves venues des quatre coins de monde rêvant d'un hypothétique retour au pays. Seule source d'emplois : la SOC, compagnie américaine qui pratique des forages dans tout le pays. Jo, un petit gangster ayant passé l'âge de la retraite, débarque de l'avion quotidien en jouant au grand seigneur. Il se lie d'amitié, car il est parisien comme lui, avec Mario qu'il impressionne et qui délaissera pour lui son ami, le maçon italien Luigi. Jo et Mario sont sans le sou et Jo est prêt à tout pour sortir de cette misère. A cause de l'explosion d'une poche de gaz, un puits de la SOC est en flammes à six cents kilomètres de là. Il y a eu treize victimes et la seule façon d'éteindre l'incendie est de le souffler avec une énorme charge d'explosif. Deux camions devront aller porter au puits neuf cents kilos de nitroglycérine. Avec le mauvais état des routes, transporter un tel chargement sur des centaines de kilomètres équivaut à une mission-suicide. Pourtant, une dizaine de candidats convoitent les quatre jobs de camionneur payés deux mille dollars par tête. Le gérant de la compagnie procède à des essais et choisit Mario, Luigi, Smerloff et l'Allemand Bimba. Jo, qui connaissait autrefois le gérant, lui reproche de ne pas l'avoir choisi. « Tu es trop vieux, lui répond l'autre. Mais le premier qui abandonne, tu prends sa place ». A trois heures du matin, heure du départ, Smerloff ne paraît pas et il semble bien que Jo l'ait supprimé pour prendre sa place. Il fera équipe avec Mario qu'une serveuse de bar, amoureuse de lui, suppliera vainement de ne pas partir. L'odyssée commence. Les obstacles se succèdent sans laisser aux conducteurs le moindre répit. C'est d'abord une partie de la route dite « en tôle ondulée » qui présente la difficulté de devoir être parcourue soit au ralenti soit à toute allure pour éviter les vibrations. Plus loin, à la suite de travaux sur la route, une difficile manœuvre en marche arrière ne peut être accomplie que sur une plate-forme en bois pourri donnant sur un gouffre. Luigi et Bimba s'en tirent en brisant une planche. Jo, lui, déclare qu'il veut abandonner et à partir de ce moment ne sera plus qu'une loque en proie à la terreur « Toi, tu conduis et moi, je crève de peur, dit-il à Mario. Crois-moi : t'as la meilleure place. » Mario, qui a besoin de lui, n'a pas hésité à le tabasser pour l'obliger à continuer. Plus loin encore, un énorme rocher barre la route. Bimba le fait sauter habilement en utilisant une petite dose de nitroglycérine. Sa réussite dans ce périlleux exercice ne l'empêche pas de sauter lui-même avec Luigi quelque temps plus tard dans son camion. Jo et Mario ne retrouveront comme trace des deux hommes qu'un simple fume-cigarette. Le pipeline a été sectionné par l'explosion : une mare de pétrole noirâtre s'agrandit au milieu de la route. Mario la traverse à bord du véhicule, cependant que Jo le guide, immergé jusqu'à la taille dans le pétrole. Mais il trébuche et Mario, ne voulant pas arrêter son camion de peur de ne pouvoir le faire repartir, lui écrasera la jambe. Le voyage reprend. La gangrène dévore Jo qui meurt juste avant l'arrivée au puits. Mario, seul survivant des quatre conducteurs, reçoit sa part et celle de son compagnon. Le surlendemain, sur le chemin du retour, faisant des zigzags joyeux au son d'une valse de Strauss, il s'écrase avec son camion dans un précipice. Mort, il tient encore dans la main son fétiche, un ticket de métro acheté à Pigalle.

☞ Pour les Américains, c'est le *thriller* absolu, un film où la situation initiale engendre un suspense constamment renouvelé, efficace et parfait. (Ils en rachetèrent les droits pour en faire un remake, d'ailleurs médiocre : *Sorcerer*, William Friedkin, 1977.) C'est, après *Le corbeau**, le film le plus libre et le plus personnel de Clouzot. Celui-ci se paie d'abord le luxe d'une introduction démesurée (une heure entière avant le démarrage des camions), peinture étale d'un enfer immobile, prélude à l'enfer en mouvement du voyage lui-même. Le tout sera filmé avec un brio de prestidigitateur génial... en Camargue et aux environs de Nîmes. A noter que durant ce très long prologue Clouzot s'intéresse exclusivement à l'atmosphère, à la description psychologique d'un groupe de personnages à la dérive, en prenant soin de nous épargner l'évocation-poncif du passé des protagonistes. D'un bout à l'autre de l'œuvre sera évidente la jubilation du cinéaste à mettre en scène ces péripéties spectaculaires qui stimulent à la fois son goût pour le naturalisme le plus dur et sa minutie, sa méticulosité maniaque de narrateur, toujours maître de ses effets. Au cours du périple, les personnages révèlent la vérité de leur être dans une totale nudité. Mario, qui avait peur avant le départ, fera face aux circonstances avec courage, mais aussi avec une terrible cruauté, tandis que Jo, le personnage le plus choyé par Clouzot, parce que le plus noir, révélera sa lâcheté, qui vient s'ajouter à ses mauvais instincts et sa crapulerie criminelle. Pour Clouzot, il représente l'animal humain dans toute sa splendeur : un composé de vices reliés entre eux par une indéfectible volonté de survivre. Vanel, dans le rôle le plus physique de sa carrière (refusé par Gabin), effectuera à cette occasion un come-back mémorable. Quant à Yves Montand, ce premier rôle à succès reste sans aucun doute le plus intéressant de toute sa carrière. La relation entre Jo et Mario possède une ambiguïté et une complexité qui ont ravi et passionné le réalisateur. Enfin, ce grand film français qui déplaça les foules et dont le temps semble avoir accentué une dimension originale d'humour noir peut être vu comme une illustration hyper-pessimiste et parfois même ricanante du mythe de Sisyphe.

BIBLIO. : scénario et dialogues *in* « L'Avant-Scène » n° 17 (1962).

## SALAMANDRE (LA)

1971 – Suisse (123') • *Prod.* Alain Tanner • *Réal.* ALAIN TANNER • *Sc.* A. Tanner et John Berger • *Phot.* Renato Berta • *Mus.* Patrick Moraz et Main Horse Airline • *Int.* Bulle Ogier (Rosemonde), Jean-Luc Bideau (Pierre), Jacques Denis (Paul), Véronique Alain (Suzanne), Marblum Jéquier (la femme de Paul), Marcel Vidal (l'oncle de Rosemonde), Dominique Catton (Roger), Daniel Stuffel (le patron du magasin de chaussures) et François Simon « qui passait par là ».

A Genève, un journaliste, Pierre, et un écrivain, Paul, peintre en bâtiment à ses heures (ce qui assure son indépendance matérielle) travaillent sur un scénario commandé par la télévision et tiré d'un fait divers récent. Rosemonde, une jeune femme de vingt-trois ans, avait été accusée par son oncle d'avoir tiré sur lui avec le fusil que la Défense civile confie à tout citoyen suisse. Rosemonde a toujours proclamé que son oncle s'était blessé en nettoyant son arme. Aucune preuve n'étant venue étayer l'une ou l'autre déclaration, l'affaire s'est soldée par un non-lieu. Pierre accumule des documents, rassemble des interviews concernant Rosemonde. Paul recrée l'affaire de l'intérieur en faisant appel à son imagination et à sa réflexion. Les deux démarches se rejoignent, mais Paul précède souvent Pierre et voit plus juste que lui. Rosemonde, septième d'une famille campagnarde de onze enfants, a eu elle-même un enfant naturel à dix-sept ans, que sa mère a élevé. Rosemonde a été confiée à son oncle qui habite la ville. Il l'a fait travailler comme une bonne, ce à quoi elle a toujours été habituée. Elle a occupé différentes petites places, sans jamais y rester longtemps. Après que Pierre l'a interviewée, elle quitte brusquement son travail dans une fabrique de charcuterie et s'installe chez lui, dans son lit, lui ayant à peine demandé son avis. Paul, qui ne voulait pas la voir, fera peu après sa connaissance, ce qui mettra, comme il l'avait prévu, du trouble et du désordre dans son travail. Les deux hommes se rendent avec Rosemonde dans la lointaine et glaciale vallée où habite sa famille. C'est à partir de là que leur travail et leur collaboration commencent à dégénérer en une sorte de délire. Et l'argent commence sérieusement à manquer. Pierre et Paul songent à écrire leur scénario à la première personne. C'est la voix de Rosemonde qui parle : « Les gens détestent mon indépendance et essaient de me briser. » Elle a un nouvel emploi comme vendeuse dans un magasin de chaussures (que l'ami de sa co-locataire dévalisera en lui volant sa clé). Rosemonde avoue à Paul, qui l'avait toujours su, que c'est elle qui a tiré sur son oncle. Peut-être pour ne pas se tuer elle-même. Pierre et Paul renoncent à écrire leur scénario ; ils connaissent maintenant trop bien Rosemonde. Pierre pense à monter à Paris. Paul persuade Rosemonde de ne pas quitter tout de suite son travail, car son départ serait interprété comme un aveu de complicité. Au cours de son travail de vendeuse, elle se met à caresser les jambes des clients et est renvoyée.

☞ Deuxième film d'Alain Tanner, *La salamandre* établit la réputation internationale du réalisateur et par là même celle du cinéma suisse, jusque-là en gestation. Ce portrait d'une jeune femme d'aujourd'hui (1971), mal dans sa peau, mal dans la société, est livré dans un style grinçant et drôle, disparate, moderne, qui se situe dans une voie ouverte superbement par l'Italien Pietrangeli (*Io la conoscevo bene*, 1965). Sur les côtés de l'œuvre, deux portraits d'hommes qui, malgré leur origine sociale et leur degré de culture très différents, ne sont pas sans ressemblance avec l'héroïne centrale. Tous trois cherchent à maintenir leur indépendance, leur intégrité morale, dont ils ont un besoin vital, au sein d'une société qu'ils critiquent et qui les ennuie. Mais leur désir, plus ou moins intense, plus ou moins conscient, de la changer, ne fait que souligner leur impuissance. Dans son malaise, Rosemonde est comme le miroir des tendances schizophréniques de la société où elle vit. Ce qui ne va pas en elle est ce qui ne va pas dans le monde. Les deux amis, et surtout Paul, essaient de lui faire comprendre cela, en essayant eux-mêmes de mieux le comprendre. Empruntant tour à tour à la comédie, au sketch d'avant-garde, à l'analyse psychologique et sociale, à la divagation lyrique et philosophique, au cinéma-vérité, ce film-enquête zigzague constamment au bord du vide. Sa poésie est finalement politique par la nostalgie qu'elle exprime d'une harmonie sociale si lointaine, si lente à venir que le monde, un jour, peut-être en mourra.

BIBLIO. : scénario et dialogues *in* « L'Avant-Scène » nº 125 (1972).

## SALON DE MUSIQUE (LE)
**(Jalsaghar)**

1958 (sorti en France en 1981) – Inde (100') • *Prod.* Satyajit Ray • *Réal.* SATYAJIT RAY • *Sc.* S. Ray d'ap. une nouvelle de Tarashankar Bannerjee • *Phot.* Subrata Mitra • *Mus.* Ustad Vilayat Khan • *Int.* Chhabi Biswas (Biswambhar Roy), Padma Devi (son épouse), Gangapada Basu (Mahim Ganguli), Tulsi Lahiri (l'intendant), Kali Sarkar (le serviteur), Pinaki Sen Gupta (Bireswar, le fils de Biswambhar).

Le Bengale dans les années 20. Biswambhar Roy, aristocrate et propriétaire terrien, a passé l'essentiel de sa vie à assouvir sa passion pour les fêtes musicales, les concerts donnés dans le salon de musique de son palais, devant un petit public d'amis, par des musiciens, des chanteurs, des danseuses. Cette passion l'a ruiné, alors que dans le même temps son voisin Mahim Ganguli, bourgeois et nouveau riche, prospérait et cherchait également à rivaliser avec lui sur le plan musical. Peu à peu, Roy s'est enfoncé dans la contemplation passive et nostalgique de sa propre décadence. Après la mort accidentelle de sa femme et de son fils dans le naufrage d'un bateau lors d'une tempête, il a fermé son salon de musique. Quatre ans plus tard, il le rouvre pour un dernier concert dans lequel il engloutit ses dernières ressources, mais qui lui procure le plaisir suprême d'humilier son rival, Ganguli. Resté seul après le départ des invités, il s'enivre toute la nuit et porte un toast à ses nobles ancêtres, à sa propre noblesse et à lui-même. Malgré les recommandations de son domestique, il tient à monter à cheval et fait une chute mortelle.

☞ Quatrième long métrage de Satyajit Ray (alors âgé de trente-sept ans). Changement spectaculaire de ton par rapport au lyrisme cosmique et biographique de ses deux premiers films (les deux premiers volets de sa trilogie d'*Apu**), et à la satire de *La pierre philosophale.* Avec ce film, Ray démontre son très grand éclectisme formel à l'intérieur d'une œuvre dont l'unité et la cohérence sont par ailleurs indiscutables. A la fois somptueux et extrêmement austère, *Le salon de musique* fait le portrait complexe et ambigu d'un passionné de la musique qui trouve dans cette passion le moyen d'assouvir son immense orgueil et de s'adonner à un narcissisme inné : narcissisme de caste et de classe. Sa passion, telle qu'il la conçoit, est essentiellement auto-destructrice car elle le prive de toute énergie, de tout lien avec le monde extérieur et – défaut sans doute rédhibitoire aux yeux de S. Ray – de toute humilité. Cela étant, le personnage inspire à l'auteur et au spectateur une compassion et une sorte de respect quasi fraternels, qui donnent à l'œuvre une vibration unique. Le noir et blanc utilisé avec un luxe raffiné et discret, comme on ne le verra sans doute jamais plus, les lents mouvements d'appareil qui nous font pénétrer dans l'âme du personnage comme dans une ville dévastée et fascinante, la composition de l'acteur Chhabi Biswas montrent en Satyajit Ray un artiste au sommet de son art. Les séquences finales (le dernier concert, la nuit d'ivresse du héros et sa chute de cheval) sont parmi les plus parfaites qu'il ait tournées. *Le salon de musique* fut découvert très tard en France. Il revient au Ciné-club d'Antenne 2 de l'avoir fait connaître au public français, bien avant sa sortie commerciale en 1981. Très rare exemple du rôle spécifique – et bénéfique – que pourrait jouer la télévision pour la défense et l'illustration du grand cinéma.

## SAMSON ET DALILA
### (Samson and Delilah)

1949 – USA (131') • *Prod.* PAR. (Cecil B. DeMille) • *Réal.* CECIL B. DEMILLE • *Sc.* Jesse L. Lasky, Jr. et Fredric M. Frank d'ap. un traitement de Harold Lamb tiré de La Bible (Juges 13-16) et R. « Judge and Fool » de Vladimir Jabotinsky • *Phot.* George Barnes et, pour les séquences tournées en Égypte, Dewey Wrigley (Technicolor) • *Mus.* Victor Young • *Chor.* Theodore Kosloff • *Int.* Victor Mature (Samson), Hedy Lamarr (Dalila), George Sanders (le Saran), Angela Lansbury (Semadar), Henry Wilcoxon (Ahtur), Olive During (Miriam), Fay Holden (Hazeleponit), Rusty (= Russ) Tamblyn (Saul), William Farnum (Tubal), Lane Chandler (Teresh), Moroni Olsen (Targil), Francis J. McDonald (le vieux conteur).

Mille ans avant Jésus-Christ, la tribu hébraïque des Danites subit le joug des Philistins. Le berger Samson, doué d'une force herculéenne, s'est juré de libérer son peuple de cet asservissement. Mais, au grand désespoir de sa mère, il aime une Philistine, la blonde Semadar, la fille aînée d'un riche marchand de Gaza, Tubal. Il se trouve ainsi être le rival du gouverneur philistin Ahtur. La sœur cadette de Semadar, la brune et séduisante Dalila, convoite Samson et voudrait l'enlever à sa sœur. Elle offre à Samson des chevaux pour guider son char jusqu'à l'endroit où le Saran, roi des Philistins, va conduire une chasse au lion. Dans le désert, Dalila et Samson se retrouvent bientôt seuls face au fauve. Samson le terrasse de ses mains nues quand survient le Saran, accompagné de sa suite. Dalila leur fait le récit de ce qui vient de se passer. Très sceptique, le Saran oblige Samson à combattre contre son lutteur préféré que le Danite soulève et fait tournoyer au-dessus de sa tête avant de le projeter sur le sol. Maintenant convaincu de la force de Samson, le Saran veut lui donner un bijou en récompense de son exploit. Samson préfère la main de Semadar, qu'il obtient. Violemment déçue, Dalila, qui espérait être choisie, ne s'avoue pas vaincue. Avant le festin de noces chez Tubal, Samson propose une énigme aux trente soldats qu'a amenés avec lui Ahtur. Si l'un d'eux est capable de découvrir la solution, Samson s'engage à leur donner à chacun une tunique. Dalila pousse Ahtur à exiger que Semadar révèle la solution de l'énigme. Mais elle ne la connaît pas. Elle apitoiera Samson pour qu'il la lui livre. Juste avant que Tubal ne donne sa fille à Samson, Ahtur dit à voix haute la solution de l'énigme. Samson comprend qu'il a été joué. Il paiera sa dette avec la même monnaie. Ayant dépouillé des Philistins dans les rues, il jette leurs vêtements en pâture aux soldats d'Ahtur. Il s'aperçoit alors qu'en son absence Semadar a été donnée à Ahtur. Tubal lui propose Dalila en échange. Une deuxième fois, il la repousse et elle en est mortifiée. Une bataille s'engage entre Samson et les soldats d'Ahtur dans la demeure de Tubal. Semadar est mortellement blessée. La douleur de Samson décuple sa colère et il se battra comme un lion. Au matin, la demeure de Tubal incendiée n'est plus qu'un champ de ruines. Pleurant la mort de son père et de sa sœur, Dalila jure de se venger. Les collecteurs d'impôts du Saran taxent de plus en plus lourdement les Danites pour qu'ils révèlent la cachette de Samson. A la fin, il se rend et Ahtur, pour l'humilier et affirmer sa puissance, le traîne derrière son char. Ayant prié son Dieu, Samson défait ses chaînes et ses liens et s'attaque victorieusement à toute l'armée d'Ahtur, avec pour seule arme une machoire d'âne. Au Saran et à sa cour mis au courant de cette humiliante défaite, Dalila, devenue la favorite du roi, propose de livrer Samson par ses propres moyens. Elle exige 1 100 pièces d'argent de chacun des princes de la cour et met comme condition à la capture de Samson que pas une goutte de son sang ne soit répandue et qu'aucune lame ne touche sa chair. Le Saran y consent. La caravane de Dalila campe dans les montagnes où se cache Samson. Il pénètre dans la tente de Dalila pour la piller et explique à celle-ci qu'il s'agit d'une sorte de contre-impôt qu'il prélève sur les Philistins. Mais il ne saurait résister au charme de sa victime et lui révèle bientôt le secret de sa force : elle tient dans son opulente chevelure. Dalila, toujours amoureuse de Samson, serait bien près de renoncer à sa vengeance quand arrive Miriam, la jeune Danite que Samson devait épouser. Elle lui apprend que sa mère a été flagellée et son père lapidé par les Philistins. Samson doit la suivre et reprendre le chemin du combat. Les beaux projets de départ pour l'Égypte s'effondrent pour Dalila. Alors, après avoir drogué son vin, elle coupe les cheveux de Samson avant d'appeler les soldats d'Ahtur cachés dans la montagne. Ahtur ordonne que les yeux de Samson soient brûlés au fer rouge. A la ville, l'esclave Samson fait tourner tout le jour la meule d'un moulin. Le Saran emmène Dalila le voir et elle découvre avec horreur qu'il est aveugle. Le Saran rappelle qu'il a tenu parole : le sang de Samson n'a pas coulé, aucun glaive n'a touché sa peau. Les saisons succèdent aux saisons. Dalila est toujours pleine d'amour pour Samson et pleine de remords à la pensée de sa trahison. Une nuit, elle retourne le voir. Croyant à quelque nouvelle provocation, Samson la soulève au-dessus de sa tête. Ses chaînes se sont miraculeusement brisées et il comprend que sa force lui est revenue. Dalila veut l'emmener. Mais il refuse de fuir afin de participer à cette fête où le Saran veut l'obliger à se prosterner au temple de Dagon devant l'idole des Philistins. Il a pris cette décision dès qu'il a su, de la bouche de Dalila, que tout le temple reposait sur deux colonnes, peu distantes l'une de l'autre. Le jour de la fête, il demande à Dalila de le guider entre ces deux colonnes, puis il exige qu'elle quitte le temple. Mais elle restera là, à quelque distance. Usant de sa force retrouvée,

Samson repousse les deux colonnes et provoque la destruction du temple ainsi que la mort de nombreux Philistins venus assister à son ultime humiliation.

☞ La parfaite illustration ou enluminure biblique à la DeMille, pleine de sang, de sexe, de violence, et proche en cela de la substance même de l'Ancien Testament qui l'a inspirée. DeMille choisit à l'intérieur du cinéma moderne ce qui lui convient, à savoir ici le Technicolor qu'il utilise d'une manière particulièrement somptueuse. Chronologiquement le cinquième film de DeMille en couleurs, *Samson et Dalila* est le premier récit biblique qu'il ait traité ainsi. Pour le reste, DeMille demeure fidèle à son style de découpage du muet et à ses habitudes de toujours, quant à la construction du récit. Ainsi, une part importante de l'action est constituée de scènes intimistes et, par exemple, le groupe de séquences relatant la trahison de Dalila occupe presque un quart du métrage total. Malgré les critiques qui lui furent adressées et les difficultés occasionnées pendant le tournage par les multiples phobies de Victor Mature (qui avait peur de l'eau, des armes et de mille autres choses), le casting élaboré par DeMille est exemplaire. Le trio Mature-Lamarr-Sanders a la force de l'évidence. Et le côté un peu statique – on pourrait dire aussi : statuaire – que DeMille aimait à conférer aux attitudes et aux poses de ses personnages dans les moments essentiels de l'intrigue est plus que jamais partie intégrante de son art. Les plans d'Hedy Lamarr assise sur le muret et jetant des noyaux vers Mature ou bien la scène où, sous la tente, elle approche un couteau de sa chevelure apparaissent comme des instants plastiques inoubliables qui unissent avec génie simplicité et préciosité. Parce que DeMille a ignoré superbement toutes les modes, sauf la sienne, ses films semblent assurés de durer plus longtemps – beaucoup plus longtemps – que les anathèmes, encore violents aujourd'hui, que profèrent contre lui ses détracteurs.

**SANGSUE (LA)**
**(Chabab Emraa ; trad. : La jeunesse d'une femme)**

1956 – Égypte (126') • *Prod.* Aflam Warid Farid et Ramsès Naguib • *Réal.* SALAH ABOU SEIF • *Sc.* S. Abou Seif, Amin Youssef Ghorab, Sayed Bedeir d'ap. une idée de Amin Youssef Ghorab • *Phot.* Wahid Farid • *Int.* Tahia Carioca (la veuve), Choucri Sarhane (le jeune homme), Abdel Waress Assar (le contremaître), Chadia, Fardoss Mohamed, Serag Mounir.

Un jeune paysan innocent et pieux, Iman, quitte sa famille pour aller étudier au Caire. Sa logeuse, une veuve exubérante, autoritaire, insatisfaite sexuellement mais non sans charme, s'entiche de lui et, grâce à son expérience et à ses ruses de femme mûre, arrive à vaincre sa timidité. Elle l'entretient mais, de par son caractère très possessif, l'amène peu à peu à rompre tous ses liens avec le monde extérieur. Il cesse d'aller à l'université, de rendre visite à son amie d'enfance, Salwa, et d'écrire à sa famille. Le surmenage que lui imposent les exigences de sa maîtresse le plonge dans un état d'épuisement assez inquiétant. Un vieil employé de la veuve, autrefois son amant et sa victime, avait averti Iman de la mauvaise pente sur laquelle il s'engageait. (Cela, par humanité mais aussi par un dernier feu, mal éteint, de jalousie.) Il alerte la famille de Salwa. Le père de celle-ci vient chercher Iman, l'héberge chez lui, le soigne, et le jeune homme est vite remis sur pied. Il se rend chez la veuve pour reprendre ses affaires. Elle lui propose le mariage et essuie un refus. Elle glisse alors un bijou dans un de ses vêtements et plus tard fait perquisitionner chez lui. Il est accusé de vol. Elle exerce sur lui un chantage : le mariage ou la prison. Il cède. Elle se dispute avec son vieux secrétaire, fait une chute d'un balcon et meurt écrasée sous une meule entraînée par un mulet qu'elle faisait travailler jour et nuit. Au comble de l'excitation, le vieillard a fouetté le mulet pour que la meule tourne plus vite. Iman, libéré de sa tutelle, repart avec ses parents récemment arrivés de leur village et avec la famille de Salwa.

☞ Baignée d'humour, une intéressante étude de mœurs où l'aspect sexuel est dominant. Les étapes de la prise de possession d'un être faible par une femme despotique et inassouvie sont décrites avec une précision, une audace tranquille qui font penser à Buñuel ou à Ferreri. Mais Salah Abou Seif tient toujours à conserver à ses récits une note de jovialité et même d'optimisme tout à fait originale. Cela ne l'empêche pas de se passionner pour l'aliénation de certains personnages que leur faiblesse de caractère ou la force de leurs passions entraînent sur des chemins insolites et dangereux (cf. le portrait subtil et quasi sternbergien du vieux contremaître encore attaché à sa patronne qui le traite comme un chien). Mais, à la fin de ses récits, la vie reprend toujours le dessus, avec son exubérance, sa lumière, sa variété salvatrice. Interprétation remarquable dans les grands et les petits rôles. Merveilleuse description des quartiers populaires du Caire.

## SANS ANESTHÉSIE
**(Bez Znieczulenia)**

1978 – Pologne (131') • *Prod.* PRF Zespoly Filmowz Zespol X • *Réal.* ANDRZEJ WAJDA • *Sc.* A. Wajda, Agnieszka Holland, Krzysztof Zaleski • *Phot.* Edward Klosinski (couleurs) • *Mus.* Jerzy Derfel, Wojciech Mlynarski • *Int.* Zbigniew Zapasiewicz (Jerzy Michalowski), Ewa Dalkowska (Ewa Michalowska), Andrzej Seweryn (Jacek Rosciszewski), Kristina Janda (Agata), Emilia Kralowska (Wanda, la dentiste), Roman Wilhelmi (Bronski), Kazimicrz Kaczor (le rédacteur en chef), Iga Mayr (la mère d'Ewa), Aleksandra Jasienska (Ola Michalowska).

Au retour d'un de ses déplacements professionnels, Jerzy Michalowski, grand reporter et spécialiste réputé des questions internationales, apprend de la bouche de sa femme Ewa qu'elle veut divorcer et qu'elle a emmené avec elle leur fillette. C'est le début de l'effondrement progressif de tous les éléments qui composaient la vie de Jerzy et faisaient d'elle une réussite. On lui fait savoir que la prestation qu'il a fournie lors d'une nouvelle émission politique de télévision qui lui était consacrée a déplu. Dans un jury littéraire, il est pris à parti par un jeune collègue arriviste qui n'est autre que l'amant de sa femme. Ses conférences à l'école de journalisme sont annulées sans explication. A la rédaction de son journal, il découvre que son nom ne figure plus sur la liste des lecteurs de la presse étrangère et on lui refuse un voyage à l'étranger. Une de ses anciennes étudiantes, Agata, s'est installée silencieusement à son domicile, et il n'y voit rien à redire. Elle en sera chassée par Ola, sa fille aînée qui, de retour de Moscou, essaie vainement de réconcilier ses parents. Au procès en divorce, une suite de faux témoignages donne tous les torts à Jerzy. Même Ewa en est gênée. Quelque temps plus tard, Jerzy meurt dans l'explosion d'une chaudière. Suicide ? Accident ? Meurtre prémédité ?

☞ Très loin du romantisme juvénile et de l'esthétisme de ses premières œuvres – très surestimées – des années 50 (ex. *Cendres et diamants*), *Sans anesthésie* appartient à la maturité de Wajda. Il se situe chronologiquement entre *L'homme de marbre,* 1976, et *L'homme de fer,* 1981, mais manifeste beaucoup plus de subtilité que ces deux films dans le rapport qui s'établit ici entre la forme du récit, lisse, neutre, quasi documentaire, et le contenu même de l'action, à savoir cette dépossession brutale et inexpliquée de tous ses acquis subie par le héros et qui le mènera tout droit à la mort. Cette absence de causalité apparente donne à la brève aventure du héros un caractère kafkaïen, générateur de malaise et d'asphyxie. Wajda a voulu dénoncer à travers ce mode de récit la persistance d'un état d'esprit stalinien selon lequel nul individu ne peut être considéré comme un sujet qui s'appartient véritablement à lui-même mais comme un objet dont l'autorité politique disposera à sa guise, l'utilisant ou le rejetant selon ses besoins. C'est l'immixtion – et la dictature – du politique à tous les niveaux de l'existence d'un individu que Wajda a illustrées dans ce film énigmatique d'une façon à la fois très sobre et très spectaculaire. Remarquable interprétation de Zbigniew Zapasiewicz qui avait paru l'année précédente dans l'excellent *Camouflage** de Zanussi, film qui n'est pas sans similitude de contenu avec celui-ci, mais où il jouait un rôle inverse de cynique et d'ambitieux triomphant.

## SCANDAL IN PARIS (A)

Inédit en France. 1946 – USA (100') • *Prod.* UA – Arnold Pressburger • *Réal.* DOUGLAS SIRK • *Sc.* Ellis St Joseph d'ap. les « Mémoires » de François Eugène Vidocq • *Phot.* Guy Roe • *Mus.* Hanns Eisler, Heinz Roemheld • *Déc.* Gordon Wiles, Frank Sylos • *Int.* George Sanders (Vidocq), Signe Hasso (Thérèse), Carole Landis (Loretta), Akim Tamiroff (Émile), Gene Lockhart (Richet), Jo Ann Marlowe (Mimi), Alma Kruger (la marquise), Alan Napier (Houdon), Vladimir Sokoloff (oncle Hugo), Gisella Warbiseck (tante Ernestine), Fred Nurney (cousin Gabriel).

Celui qui se baptisera plus tard lui-même Vidocq, et qui présentement nous raconte son histoire, naît en 1775 de père inconnu dans une prison non loin de Paris. Sa mère fait dans ce genre d'établissement des séjours fréquents et Vidocq lui-même y retournera souvent, éprouvant en ces lieux la nostalgie de son enfance et de sa jeunesse. Il y passe son temps à dormir et à lire Casanova. Il y fait aussi des rencontres, comme celle d'Émile, voleur et à l'occasion assassin, qui deviendra son ami, son confident, son serviteur et son factotum. La tante d'Émile, Ernestine, a la bonne idée de faire parvenir aux deux prisonniers un gâteau contenant une lime grâce à laquelle ils peuvent s'évader. En chemin, un peintre leur demande de poser pour la restauration d'un vitrail représentant saint Georges terrassant le dragon. Le peintre se dit frappé par l'air d'innocence que reflète le visage de Vidocq (saint Georges), et par la vilenie, la cupidité intense qui émanent de la physionomie d'Émile (le dragon). Au cours de la séance de pose, Vidocq- saint Georges vole le cheval qu'il avait enfourché et file avec ses complices vers Paris. Émile présente Vidocq à sa famille dont les membres sont tous voleur, cambrioleur, faussaire, etc. L'oncle Hugo (cambrioleur) conseille aux deux hommes de faire route vers Marseille et, avec les faux papiers fabriqués par le cousin Gabriel, de s'enrôler dans l'armée de Bonaparte pour la campagne d'Égypte. A Marseille, le lieutenant Rousseau (*id est* Vidocq) fait la connaissance de la belle chanteuse Loretta, fiancée au chef de la police Richet. L'embrassant dans un fiacre, il lui vole sa jarretière ornée de rubis. Deux ans plus tard, ayant mis fin à sa carrière militaire (dont il préfère ne pas parler), il rencontre près de Paris une vieille marquise dans un cimetière et c'est là que, regardant la tombe d'un certain François Vidocq dont il se dit le petit-neveu, il s'attribue pour la première fois le patronyme sous lequel il deviendra célèbre. La petite-fille de la marquise, Thérèse, est depuis longtemps amoureuse du saint Georges du vitrail pour lequel Vidocq avait posé autrefois. Aussi quelle n'est pas sa stupéfaction de trouver son sosie dans la personne du nouvel ami de sa grand-mère ! Vidocq, quant à lui, tombera bientôt amoureux de la jeune fille, de sa réserve, de ses silences, de ses airs rêveurs et étonnés. Son père, gendre de la marquise, n'est autre que le ministre de la Police Houdon. Vidocq, qui avait dérobé les bijoux de la comtesse et les avait cachés, jouera auprès du ministre les Sherlock Holmes et, à force de déductions, les découvrira dans la serre... où il les avait lui-même placés. Il provoque ainsi, comme il l'avait prévu, l'admiration et la reconnaissance du ministre qui le nomme au poste de Richet qu'il venait de renvoyer pour cause d'incompétence. Entre-temps, Thérèse a appris du curé de la paroisse qu'un repris de justice a autrefois posé pour saint Georges. Elle sait donc à quoi s'en tenir sur Vidocq. Devenu chef de la police, celui-ci s'empresse d'installer à la Banque de Paris, qu'il compte dévaliser plus tard, les parents d'Émile : Gabriel est caissier, Hugo veilleur de nuit, etc. Ils sont censés être des détectives chargés de surveiller la banque. Vidocq rencontre par hasard Loretta, maintenant mariée à Richet. Elle veut reconquérir Vidocq, son amoureux d'un jour, par tous les moyens, y compris le chantage. Elle l'oblige d'abord à payer ses dettes chez sa modiste puis lui fixe un rendez-vous chez cette même modiste. Pour les beaux yeux de Thérèse, Vidocq a décidé de devenir honnête, c'est-à-dire un autre homme ; il s'apprête à quitter son poste à Paris. Il l'annonce à Thérèse dans un parc dont le plus bel ornement est un manège chinois. Mais elle l'aime tellement qu'elle se déclare prête à devenir voleuse pour lui. Il a oublié l'heure du rendez-vous avec Loretta. Bien lui en prend, car elle a été suivie par son mari jaloux, déguisé en colporteur, qui la tue chez la modiste. Vidocq interdit aux parents d'Émile de dévaliser la banque et se débarrasse physiquement d'Émile lui-même dans le parc au manège, illustrant ainsi littéralement la légende de saint Georges et du dragon. Après quoi, s'étant confessé à la marquise, à Houdon et même à la petite sœur de Thérèse, il épouse celle-ci et devient un homme de bien, consacrant son existence à la recherche des malfaiteurs.

☞ Entre ses mélodrames allemands des années 30 et sa rénovation du mélodrame américain dans les dernières années de sa carrière (1954-1958) se situe la part la moins connue de l'œuvre de Sirk, nouvel arrivant à Hollywood. De 1942 à 1954, il fait preuve d'un extraordinaire éclectisme et illustre un grand nombre de genres : le film de guerre (*Hitler's Madman,* 1942 : ce portrait d'Heydrich est l'un des plus étonnants pamphlets anti-nazis de l'histoire du cinéma hollywoodien), l'adaptation littéraire (*Summer Storm,* 1944, tiré de l'œuvre de Tchékhov), le thriller à tendance psychiatrique et psychanalytique (*Lured,* 1946, *Sleep, My Love,* 1947), le film religieux (*The First Legion,* 1950, *Thunder on the Hill,* 1951), la satire sociale (*No Room for the Groom,* 1952), la recréation nostalgique du passé américain, genre dit *americana* (*Meet Me at the Fair,* 1952), le western (*Taza, Son of Cochise,* 1953), le péplum (*Sign of the Pagan,* 1954), etc., etc. Dans cette période, aucun film n'est plus caractéristique de sa personnalité et de ses tendances profondes que *A Scandal in Paris,* fantaisie et libre variation sur le destin de Vidocq, interprété par un George Sanders en grande forme et particulièrement à l'aise dans ce rôle qui lui va comme un gant. Sirk dessine ici une série d'arabesques ironiques et, en même temps, tout à fait sérieuses et sincères, sur le Bien et le Mal, la double nature de l'homme, la présence de saint Georges et du dragon à l'intérieur de chaque individu. Au cœur de ces arabesques, il y a cet étrange Vidocq, personnage cynique et intelligent, lucide et désabusé, à cheval entre deux mondes, et qui cherche à échapper à son passé, comme beaucoup de héros de Sirk. A l'évidence, le réalisateur a été stimulé par un scénario riche en péripéties et par le dialogue extrêmement brillant d'Ellis St Joseph qui a multiplié les aphorismes. (Certains d'entre eux ont été « empruntés » aux meilleures sources, telle la maxime 19 de La Rochefoucauld : « Nous avons tous assez de force pour supporter les maux d'autrui », faisant ainsi de Vidocq un voleur de mots et d'idées autant que de bijoux.) Cela explique que, malgré un budget assez réduit, la palette de Sirk se révèle d'une variété étonnante et presque infinie. Outre l'humour incisif et caustique qui est le ton majeur du film, il faut signaler la délicatesse des apparitions muettes de Thérèse (qui séduisent tant Vidocq), le décor et l'atmosphère surréaliste de nombreuses scènes, et en particulier celles qui se déroulent dans le jardin au manège, ou encore l'intensité tragique de l'épisode du meurtre de Loretta, séquence pleine de tension, de désespoir et de nostalgie. Film d'esthète où la gravité affleure sans cesse sous les scintillements d'un divertissement très raffiné, *A Scandal in Paris* reflète bien la mentalité et la situation de Sirk à l'époque. Sans doute un peu perdu et dépaysé à Hollywood, il ne se retrouve pleinement chez lui que dans son art, traitant ici un sujet qui a en outre le mérite de le replonger dans la vieille Europe.

## SCARAMOUCHE (id.)

1952 – USA (115') • *Prod.* MGM (Carey Wilson) • *Réal.* GEORGE SIDNEY • *Sc.* Ronald Millar et George Froeschel d'ap. R. de Rafael Sabatini

• *Phot.* Charles Rosher (Technicolor) • *Mus.* Victor Young • *Int.* Stewart Granger (André Moreau), Eleanor Parker (Lénore), Janet Leigh (Aline de Gavrillac), Mel Ferrer (marquis de Maynes), Henry Wilcoxon (de Chabrillaine), Nina Foch (Marie-Antoinette), Richard Anderson (Philippe de Valmorin), Robert Coote (Gaston Binet), Lewis Stone (Georges de Valmorin), Elisabeth Risdon (Isabelle de Valmorin), John Dehner (Doutreval), Richard Hale (Perigore).

La France à la veille de la Révolution. La reine s'inquiète de pamphlets qui circulent, signés Marcus Brutus. Le marquis de Maynes, son cousin, secrètement amoureux d'elle, lui jure de retrouver et de tuer de ses propres mains ce Marcus Brutus. De Maynes est un des meilleurs escrimeurs du royaume, mais il use et abuse de ses talents pour éliminer ses adversaires. La reine lui conseille fermement d'épouser sa protégée, la jeune Aline de Gavrillac, de manière à pouvoir continuer sa lignée. L'auteur des pamphlets est un jeune noble idéaliste, Philippe de Valmorin, le meilleur ami d'André Moreau, un aventurier élégant et cynique qui ne croit à rien, sinon à l'amitié et à l'amour. Moreau courtise la pétulante Lénore, actrice de la troupe Binet. Elle cherche en vain à se faire épouser par Moreau qu'elle aime sincèrement. Moreau contraint son notaire à lui révéler le nom de son père naturel qu'on a toujours refusé de lui communiquer. Il s'appelle de Gavrillac. Sur une route, Moreau tire d'affaire la jeune Aline dont le carrosse a été accidenté. Il lui fait la cour mais s'arrête quand il apprend qu'elle est la fille de ... Gavrillac. Moreau arrive trop tard pour voir son père vivant et décide de ne jamais révéler ses origines. Il réprime son amour pour Aline qui est également amoureuse de lui mais ignore qu'ils sont frère et sœur. De Maynes a retrouvé Valmorin et le tue en duel sous les yeux de Moreau. C'est un véritable assassinat. Moreau jure de consacrer toute son énergie à venger son ami. Poursuivi, il est amené à prendre le masque et l'identité de Scaramouche, le comédien-vedette de la troupe Binet. Il apprend ainsi parallèlement la comédie et l'escrime. Il pratique les armes sous la férule du propre instructeur de De Maynes, le célèbre Doutreval. Quand le marquis surprend Moreau chez son maître d'armes, il veut l'embrocher mais l'arrivée d'Aline et une porte dérobée ouverte par Doutreval sauvent la mise à Moreau. Ce dernier entraîne la troupe Binet à Paris afin de pouvoir suivre les leçons du maître des maîtres, l'escrimeur Perigore, dont Doutreval fut l'élève. Lénore va trouver Aline, et les deux femmes mettront en commun leur ingéniosité pour empêcher une rencontre fatale entre De Maynes et Moreau. Moreau est sollicité de devenir député par un membre de l'Assemblée qui regrette de voir ses pairs assassinés en duel par De Maynes et ses compagnons. Moreau accepte immédiatement et enverra dans l'autre monde, ou blessera, plusieurs des partisans de De Maynes. Mais ce dernier, lors des séances, se trouve toujours retenu ailleurs : c'est Aline qui manœuvre habilement pour que la reine, son amie, ait besoin de lui chaque fois que Moreau veut le provoquer. Mais, un soir, De Maynes emmène Aline à l'Ambigu où se produit Scaramouche. Scaramouche reconnaît son ennemi parmi les spectateurs et l'entraîne dans un long duel qui fera traverser toute la salle aux deux adversaires. Moreau a l'occasion de frapper mortellement le marquis, mais l'épargne. Plus tard, il se reproche sa faiblesse. Le père de son ami Philippe de Valmorin lui explique les raisons inconscientes de son geste : De Maynes est son frère. Le père naturel d'André était un De Maynes et non un Gavrillac. Fou de bonheur, Moreau découvre soudain qu'il peut donc épouser Aline. Il le fait avec la bénédiction généreuse de Lénore dont le nouvel amant est un petit officier qui a la curieuse manie de placer sa main droite dans son gilet comme pour se tâter l'estomac...

☞ Remake du *Scaramouche* muet de Rex Ingram (1923), c'est le film de cape et d'épée le plus célèbre de l'après-guerre. Les duels sont très nombreux et, comme les figures d'un ballet, ponctuent un récit assez complexe par leur chorégraphie inventive et bondissante. Le duel final de sept minutes qui déplace les acteurs à travers tout un théâtre, commençant sur le rebord des loges au balcon pour se continuer dans les couloirs et sur les fauteuils de l'orchestre avant de s'achever sur la scène et dans les coulisses, est un morceau d'anthologie inégalé dans sa spécialité. La distribution du film est d'une rare perfection. Les quatre vedettes (Stewart-Granger, Eleanor Parker, Mel Ferrer, Janet Leigh) se mettent mutuellement en valeur, tant sur le plan physique que dramatique. Sans être un auteur au sens complet du terme, George Sidney a signé un nombre suffisamment impressionnant de films réussis pour que son œuvre soit prise en considération et étudiée avec soin. Elle représente un sommet dans le domaine de cette élégance hollywoodienne née avec la couleur et plus particulière à la Metro. C'est une élégance à la fois très calculée, très sophistiquée (le hasard n'y est bien entendu pour rien) et très naturelle, car personne ne pourrait l'« attraper » sans être naturellement doué pour cela. Sidney est une sorte d'artisan dandy. Il a trouvé en Scaramouche, homme sans parti qui ne s'engage que pour des raisons privées, son meilleur modèle.

N.B. Mel Ferrer fut doublé dans les scènes de duel par Jean Heremans, maître d'armes et champion d'escrime, qui avait été l'instructeur de Stewart Granger, lequel n'eut pas de doublure. Ce dernier a raconté dans son autobiographie « Sparks Fly Upward » (Londres, Granada, 1981) les risques énormes pris par les escrimeurs durant le tournage. Granger blessa d'ailleurs Heremans et fut lui-même victime d'une grave chute lors du passage du duel final qui se déroule sur les fauteuils de l'orchestre. Pendant quelques instants, il fit le mort et put entendre l'assistant-réalisateur et Sidney se lamenter non pas sur son sort mais sur celui du film : « Mon Dieu, qu'allons-nous faire ? Le tournage n'en est qu'à la moitié ! »

## SCARFACE/SCARFACE, SHAME OF A NATION
**(Scarface)**

1932 – USA (92') • *Prod.* Atlantic Pictures (Howard Hawks – Howard Hughes) distribué par Artistes Associés • *Réal.* HOWARD HAWKS • *Sc.* Ben Hecht, Seton I. Miller, John Lee Mahin, William R. Burnett, Fred Pasley d'ap. R. d'Armitage Trail • *Phot.* Lee Garmes • *Mus.* Adolph Tandler, Gus Arnheim • *Int.* Paul Muni (Tony Camonte), Ann Dvorak (Cesca Carmonte), George Raft (Guido Rinaldo), Karen Morley (Poppy), Vince Barnett (Angelo), Osgood Perkins (Johnny Lovo), Boris Karloff (Tom Gaffney), C. Henry Gordon (Ben Guarino), Tully Marshall (rédacteur en chef), Harry J. Vejar (Louie Costillo).

Chicago. Tony Camonte, dit Scarface, garde du corps du gangster Big Louie Costillo, assassine son patron resté seul dans un bar. La police l'arrête, ainsi que son acolyte Guido Rinaldo. Ils sont bientôt relâchés faute de preuves. Camonte reçoit sa récompense de son nouveau « boss », Johnny Lovo, et devient son lieutenant. Lovo lui recommande de ne pas aller piétiner les plates-bandes de ceux qui règnent sur la zone nord de la ville. Rentrant chez lui, Camonte hurle contre sa sœur qu'il a vue embrasser un homme. Il fait preuve à son égard d'une jalousie tout à fait pathologique et peu « fraternelle ». Lovo et Camonte se rendent dans une salle de billard où ils prennent la tête des équipes de feu Costillo. Camonte met K.-O. un truand qui rechignait contre la nouvelle direction. Dans plusieurs bars Scarface, Rinaldo et Angelo, le secrétaire factotum de Scarface, usent de violence pour persuader les patrons d'acheter leur bière chez le fournisseur de Lovo. Ils font un raid pour éliminer Meehan, un des rivaux de Lovo. Mais Meehan survit à ses blessures. Qu'à cela ne tienne : Scarface va l'achever dans son lit d'hôpital. Lovo, effrayé par l'audace de Scarface, lui reproche d'avoir sévi au nord et de s'en être pris à O'Hara. La riposte ne tarde pas à arriver. D'une voiture, un cadavre est jeté sur la chaussée à l'intention de Lovo et Scarface. Il s'agit d'un de leurs hommes. On a accroché sur lui un morceau de papier où il est inscrit : « Ne touchez pas à la zone nord. » Rinaldo a été assassiner O'Hara dans son magasin de fleurs, répondant à la menace et au crime par un défi plus violent encore. Mais Tom Gaffney, ennemi juré de la bande à Lovo, s'est fait livrer un lot de mitraillettes toutes neuves et particulièrement efficaces. Alors que Scarface déjeune avec Poppy, la maîtresse de Lovo qu'il convoite depuis longtemps, le restaurant est mitraillé. Rinaldo saisit sur le cadavre d'un des attaquants une des mitraillettes de Gaffney. Angelo, lui, n'a été conscient de rien, sauf du bruit qui pendant l'attaque l'a empêché de comprendre son interlocuteur au téléphone. Bien que secrétaire de Scarface, il ne sait toujours ni lire ni écrire, ce qui lui donne bien du fil à retordre dans ses nouvelles activités. Lovo, blessé par un commando de Gaffney, accuse Scarface de se faire beaucoup trop d'ennemis. Mais celui-ci, tout à la joie d'essayer sa nouvelle mitraillette, n'a nulle intention de s'arrêter en si bon chemin. La guerre des gangs est maintenant à son comble. C'est alors qu'a lieu le massacre de la Saint-Valentin où sept gangsters sont exécutés dans un garage. Gaffney, qui a échappé par miracle à la mort, est arrêté par la police. En haut lieu, on juge dangereuse la mythification des gangsters que la presse encourage et on prévoit des mesures pour y mettre fin. Scarface, Rinaldo et Angelo assistent à la représentation de « Rain ». Puis ils vont massacrer Gaffney dans un bowling. (A son grand désespoir, Angelo doit rester voir la fin de la pièce pour la raconter aux deux autres.) Au dancing « Paradise », Scarface s'en prend au cavalier de sa sœur Cesca et gifle celle-ci. Il monte dans sa voiture et est pris en chasse par des poursuivants armés de mitraillettes. Les deux voitures tombent dans un chantier. Scarface sort indemne de son véhicule et contacte Rinaldo. Tous deux vont chez Lovo : ils lui tendent un piège pour savoir si c'est lui qui a lancé ses hommes sur Scarface. En ayant acquis la certitude, Scarface fait signe à Rinaldo de supprimer Lovo. Scarface, au sommet de sa puissance, s'absente un mois en Floride. A son retour, sa mère lui dit que Cesca vit avec un homme. Il se rend chez elle et la trouve en train de chanter et de jouer du piano avec Rinaldo qu'il abat aussitôt « Je l'aimais, s'écrie Cesca, nous nous étions mariés hier ! » Elle ajoute : « Tu ne m'aimes pas comme un frère ». La police, décidée à agir, cerne le bâtiment où se trouve l'appartement de Scarface. Angelo est abattu, puis c'est au tour de Cesca. Scarface est affolé à l'idée de la perdre. Elle le traite de lâche en mourant. Effectivement, il supplie les policiers de lui donner un chance, puis il essaie de fuir. Il sera abattu comme un chien sur le trottoir.

☞ Produit en indépendants par Hawks et Howard Hughes, *Scarface* contribua à donner sa popularité et ses lettres de noblesse au film de gangsters. Tourné en 1931, mais sorti seulement en 1932, *Scarface* (dont le personnage principal est calqué sur Al Capone) eut beaucoup d'ennuis avec la censure. Hawks dut concevoir trois fins. La première (interdite) montrait Scarface abattu par une bande rivale. La deuxième est celle que nous connaissons. La troisième figurait encore récemment dans des copies distribuées dans certains pays (par exemple au Brésil). On y voit Scarface à son procès : c'est là qu'il est qualifié de « honte de la nation » (shame of the nation), expression qui servit d'abord de sous-titre au film puis fut abandonnée. Il est ensuite traîné à la potence. Sa lâcheté éclate encore plus que dans la deuxième fin où elle est néanmoins abondamment soulignée par le dialogue mis dans la bouche de sa sœur et par son comportement vis-à-vis des policiers. Des scènes comme celle où le commissaire compare les gangsters à des rats ou celle où le directeur de l'« Evening Record », Garston, indique aux représentants du gouvernement des méthodes pour combattre le gangstérisme furent ajoutées pour satisfaire la censure. Il peut sembler étrange que *Scarface* ait subi ce type d'ennuis car, à l'intérieur du genre, c'est le film qui glorifie le moins ses personnages. Le jugement de Hawks tient dans son regard. Il montre constamment les gangsters dans leur analphabétisme, leur puérilité, leurs attitudes primaires et bestiales. Ils sont si peu héroïques qu'ils suscitent souvent sa dérision, laquelle assure par ailleurs ce mélange des tons auquel il tient tant. Seul Rinaldo, par son silence, garde une certaine dignité. Le film, très cohérent malgré sa construction hachée, traite son sujet avec classicisme et distance. Hawks a souvent souligné que son scénariste, Ben Hecht, et lui-même avaient pris les Borgia comme référence pour dépeindre le héros, et en particulier sa jalousie incestueuse vis-à-vis de sa sœur. Cette référence historique n'a conféré au récit aucune transcendance lyrique ou tragique. Ce qui domine ici, comme dans la plupart des films de Hawks, est son sens critique, toujours en éveil, sa permanente et volontaire sécheresse de ton. Techniquement, *Scarface* possède une maturité, une décontraction, un dynamisme superbes, surtout si l'on songe à la date réelle du tournage (1931). Hawks assimile tranquillement le parlant. Ses premiers films parlants s'enchaînent harmonieusement, sans effort ni rupture, à son œuvre muette.

N. B. Remake sanglant, inutile et très long (170'), en 1983 par Brian De Palma avec Al Pacino dans le rôle principal.

BIBLIO. : scénario et dialogues *in* « L'Avant-Scène » nº 132 (1973).

## SCÈNES DE CHASSE EN BAVIÈRE
### (Jagdszenen aus Niederbayern)

1969 – Allemagne (82') • *Prod.* Rob Houver Film Produktion • *Réal.* PETER FLEISCHMANN • *Sc.* P. Fleischmann d'ap. P. de Martin Sperr • *Phot.* Alain Derobe • *Int.* Martin Sperr (Abram), Angela Winkler (Hannelore), Else Quecke (Barbara), Michael Strixner (Georg), Maria Stradler (la bouchère), Gunja Seiser (Maria), Hanna Schygulla (Paula), Johann Fuchs (le maire), Hans Elwenpoek (le curé), Eva Berthold (l'institutrice).

Un village de Bavière. Abram, un jeune mécanicien, revient de la ville dans le car qui transporte aussi des ouvriers turcs. On murmure qu'Abram a fait de la prison à cause de ses pratiques homosexuelles. Au fil des jours, durant les travaux de la moisson, les allusions se font de plus en plus nombreuses, de plus en plus précises et vulgaires. Elles sont insupportables à la mère d'Abram qui demande à son fils de quitter le village où elle veut vivre en paix avec tous. Hannelore, une servante qui couche avec les hommes du village, tantôt pour de l'argent, tantôt gratuitement, prétend être enceinte d'Abram. Il n'est pas le seul à être l'objet des malveillances des villageois : une jeune veuve et son amant Volker, infirme d'une jambe, subissent des critiques incessantes. La veuve a un fils débile, qui est vu avec Abram sur un pont. Une mère de famille téléphone alors à la police pour dénoncer Abram. Il veut quitter le village, mais on l'empêche de prendre le car. Un peu plus tard, comme Hannelore s'accroche à lui, il la poignarde. Une vaste battue est organisée dans la forêt. Abram est retrouvé et emmené dans une voiture de police. A la fête du village, le maire offre en guise de discours électoral un litre de bière à chacun. La veuve et Volker annoncent qu'ils vont légaliser leur union.

☞ Œuvre importante des débuts du « jeune cinéma » allemand. Sans chercher à plaire, sans aucun souci du rythme et du tempo, rejetant également toute recherche formaliste, Fleischmann accumule sur un milieu donné une série de notations dont le caractère documentaire, voire ethnographique, fait totalement oublier l'origine théâtrale du film. Trivialité, fermeture d'esprit, préjugés, violence latente et contagieuse, débilité même : le tableau ici dressé suscite le malaise chez le spectateur et engendre, dans la réalité de l'intrigue, une tragédie banale et sordide qui n'aura rien appris à ses participants. Dans l'histoire du « jeune cinéma » allemand, le regard froid de l'auteur et son pessimisme clinique fournissent une sorte de matériau de base dru et sans concession, à partir duquel un Fassbinder par exemple bâtira des arabesques beaucoup plus intellectuelles et esthétisantes, mais à dire vrai beaucoup moins convaincantes. Apport essentiel de Martin Sperr, ici auteur de la pièce originale et acteur principal : c'est lui aussi qui écrivit le scénario de *Mathias Kneissl** (Reinhard Hauff, 1971), film qui n'est pas sans similitude de contenu et de ton avec ces *Scènes de chasse*.

## SCHEHERAZADE
## (Song of Scheherazade)

1947 – USA (105') • *Prod.* UI (Edward Kaufman) • *Réal.* WALTER REISCH • *Sc.* Walter Reisch inspiré par la musique de Rimsky-Korsakov • *Phot.* Hal Mohr, William V. Skall (Technicolor) • *Mus.* Miklos Rosza • *Chor.* Tilly Losch • *Int.* Jean-Pierre Aumont (Rimsky-Korsakov), Yvonne De Carlo (Cara), Brian Donlevy (capitaine), Eve Arden (Mme de Talavera), Philip Reed (prince Mischetsky), John Qualen (Lorenzo), Richard Lane (lieutenant), Terry Kilburn (Lorin).

☞ En 1865, le jeune Rimsky-Korsakov, dont plusieurs parents occupent des postes importants dans la marine russe, fait partie de l'équipage du vaisseau-école Almaz qui vient de faire le tour du monde. Lors d'une permission dans un port du Maroc espagnol, Rimsky-Korsakov n'a rien de plus pressé que de trouver un piano pour pouvoir jouer l'opéra qu'il a composé durant le voyage. Mais son capitaine lui conseille – et même lui ordonne – de laisser là la musique pour aller boire, se bagarrer et courir les filles comme tous les autres matelots. « La postérité ne fera rien pour toi, lui dit-il. Aussi n'en fais pas plus pour elle. » Afin d'avoir la paix, Rimsky demande à Cara, une danseuse qui se produit au café Oriental, de bien vouloir faire semblant de dîner avec lui. Cara est en réalité la fille d'une des dames de la haute société du lieu, la comtesse de Talavera, qui malgré son veuvage et sa ruine continue de dépenser sans compter. Pour payer les dettes de sa mère, Cara danse la nuit dans cette taverne des bas quartiers de la ville. Au cours d'une grande réception donnée par la comtesse en l'honneur de l'équipage russe, celle-ci entraîne le prince Mischetsky dans une partie de cartes qu'elle a préalablement marquées. Mais la chaleur efface les marques et la comtesse perd une grosse somme d'argent que Cara doit emprunter au patron de la taverne. Ce n'est que lorsqu'elle aura déclaré à Rimsky son amour que celui-ci comprendra à son tour qu'il est amoureux d'elle. « Vous êtes de la musique ! » s'exclame-t-il, enthousiaste. Dans sa bouche, il n'est pas de plus grand éloge. Il lui avait dit auparavant qu'elle lui faisait penser à Scheherazade, la conteuse des « Mille et Une Nuits ». Rimsky devra la disputer à Mischetsky dans un duel au fouet dont il sort vainqueur. Un jeune marin ayant déserté pour les beaux yeux d'une servante de la comtesse, Cara, déguisée en matelot, le remplace à bord. Elle espère ainsi gagner la Russie et devenir une grande ballerine. Le capitaine découvre le pot aux roses. Le jeune marin revient à bord. Rimsky, pour éviter à l'équipage la cour martiale, doit jurer de ne plus s'occuper de musique tant qu'il portera l'uniforme. Il dit adieu à Cara qui lui a inspiré ses plus belles pages. Mais quelques mois plus tard son ballet « Scheherazade » est joué à Saint-Pétersbourg et c'est Cara elle-même qui en interprète le rôle principal. Le capitaine délie Rimsky de son serment pour qu'il puisse assister à la représentation. Générosité inutile : Rimsky vient de quitter l'uniforme. Il se glisse dans la fosse d'orchestre pour remplacer le chef et contemple d'un œil amoureux les évolutions de sa bien-aimée.

☞ A la fin des années 40, en même temps qu'elle produit quelques-uns des chefs-d'œuvre du *film noir* et qu'elle tente de renouveler le courant fantastique par la parodie, la Universal s'emploie à tirer parti du Technicolor dont elle fait chaque année la véritable star de plusieurs de ses productions. Plus encore que dans les autres firmes, y compris la Metro, le Technicolor est, à la Universal, synonyme d'exotisme, d'excentricité, d'extravagance. Ici, dans un récit ultra-fantaisiste, inspiré non de la vie mais de la musique de Rimsky-Korsakov, les péripéties du scénario et les exhibitions chorégraphiques d'Yvonne De Carlo (en danseuse orientale, en Espagnole à castagnettes, en ballerine de l'opéra russe) sont d'une puérilité qu'on jugera, selon l'humeur, délicieuse ou inepte. Tout n'est que prétexte à mettre en valeur la couleur, qui est constamment riche, variée et superbe : y sont privilégiés les tons les plus profonds et les plus sombres (en particulier les bleus). Le film contient en effet très peu de scènes de jour et encore moins d'extérieurs. Le peu d'action que comporte le scénario se déroule à l'intérieur d'un univers pseudo-mauresque, clos, théâtral, baroque et volontairement artificiel – pur produit de l'Usine à rêves, alors dépourvue de tout complexe.

## SCHLUSSAKKORD

1936 – Allemagne (101') • *Prod.* UFA (Bruno Duday) • *Réal.* DOUGLAS SIRK (Detlef Sierck) • *Sc.* Kurt Heuser, Detlef Sierck • *Phot.* Robert Baberske • *Mus.* Kurt Schröder, Beethoven, Tchaïkovsky, Haendel • *Int.* Willy Birgel (Erich Garvenberg), Lil Dagover (Charlotte Garvenberg), Maria von Tasnady (Hanna), Theodor Loos (Dr Obereit), Maria Koppenhöfer (Freese, la gouvernante), Albert Lippert (Gregor Carl-Otto), Kurt Meisel (baron Salviany), Peter Bosse (le petit Peter), Erich Ponto (le président du tribunal).

Durant la nuit de la Saint-Sylvestre, un homme est retrouvé mort sur un banc dans Central Park à New York. C'est un musicien venu d'Allemagne avec sa femme Hanna. Il n'a pu trouver de travail et s'est suicidé. Hanna, ayant appris la nouvelle, tombe malade pendant quelque temps. Elle est soignée par des voisins et reprend un peu goût à la vie quand elle écoute à la radio un concert dirigé par le chef Garvenberg. L'orchestre exécute la IXe symphonie de Beethoven. Ce qu'Hanna ignore, c'est que Garvenberg, pour sauver son mariage du naufrage, a décidé d'adopter un enfant et que cet enfant n'est autre que son propre fils resté en Allemagne aux bons soins d'une femme qui a un jour cessé de s'occuper de lui et n'a pu contacter ses parents. L'épouse de Garvenberg, Charlotte, a été la maîtresse d'un astrologue charlatan. Elle veut rompre ce lien mais doit alors subir un chantage de la part de l'astrologue. Hanna décide de rentrer en Allemagne et a la douloureuse surprise d'apprendre que son garçonnet a été adopté par Garvenberg. Elle se fait engager chez lui comme gouvernante de l'enfant sans dire qu'il s'agit de son fils. S'étant toujours intéressée à la musique, elle assiste aux concerts de Garvenberg qui est surpris de ses connaissances en la matière. Leur commun amour de la musique les rapproche. Quand, jalouse de l'affection que l'enfant porte à sa gouvernante, Charlotte veut la renvoyer, Hanna clame alors haut et fort la vérité. Avant d'emmener son enfant, elle donne à Charlotte un médicament à base de morphine, obéissant strictement à la prescription du médecin. Cette nuit-là, rentrant de tournée, Garvenberg apprend la mort de sa femme. Hanna est arrêtée et accusée du meurtre de Charlotte. Au tribunal, la cuisinière des Garvenberg, qui avait juré à sa patronne de se taire, vide son sac. Elle est scandalisée par les mensonges que l'astrologue vient débiter à la barre. Elle raconte qu'elle a assisté aux derniers instants de sa patronne : celle-ci s'était empoisonnée en buvant tout le flacon de morphine pour échapper à l'emprise de l'astrologue. Hanna est libérée. Elle assiste avec son fils à un concert de Garvenberg qui dirige du Haendel dans une église...

☞ Premier grand mélodrame allemand de Douglas Sirk. Saisissant l'occasion de pouvoir démontrer ses qualités de metteur en scène à partir d'un matériau moins noble et moins littéraire que ceux qu'il avait utilisés jusque-là (roman de Lagerlof : *Das Mädchen vom Moorhof,* 1935 ; pièce d'Ibsen : *Stützen der Gesellschaft,* 1935), Sirk commence ici brillamment son investigation du mélodrame comme genre universel. Et d'abord il retourne à ses sources les plus profondes. Le mélodrame étant originellement drame mêlé de musique, la musique aura dans cette œuvre un rôle essentiel. Dépassant ou abolissant le temps et l'espace, elle crée avant même qu'ils se connaissent un lien quasi mystique entre l'héroïne vivant en Amérique et le futur père adoptif de son enfant, vivant en Allemagne. Elle a alors valeur de prémonition, comme en témoigne la scène magnifique et capitale de l'audition du concert à la radio. Plus tard, quand les deux héros auront fait connaissance, la musique consolidera et enrichira le lien qui les unit. A l'inverse, Charlotte Garvenberg voit dans la musique une sorte d'ennemie intime et considère la passion de son mari comme un obstacle insurmontable à leur bonheur conjugal. Ce faisant, elle se sépare, sans même le savoir, irrémédiablement de lui. La musique est également à la base de nombreux parallélismes et symétries, à l'aide desquels Sirk aime construire et ordonner ses récits mélodramatiques. A savoir ici : pauvreté et richesse, échec et réussite des deux maris musiciens ; suicide des époux respectifs de l'héroïne et du chef d'orchestre ; séparations, allées et venues entre l'Ancien Monde et le Nouveau. Sans qu'aucune scène ne cède jamais ni dans son contenu dramatique ni dans sa mise en scène à une quelconque sensiblerie, Sirk peaufine déjà ce qu'on pourrait appeler son *lyrisme froid*, qui lui permet d'explorer à fond le genre mélodramatique tout en refusant ses excès lacrimaux. Çà et là, un discret baroquisme, élégant et aristocratique, orne d'une valeur allégorique et symbolique certaines scènes qui anticipent sur des œuvres situées à l'autre bout de sa carrière, comme *Le temps d'aimer et de mourir* (*A Time to Love and a Time to Die*, 1958) ou *La ronde de l'aube* (*The Tarnished Angels*, 1958). Ainsi leur fait écho par exemple la première scène, magistrale, de la découverte du cadavre dans le parc glacé, avec ce plan d'un masque écrasé sur la neige par le pied d'un passant. Cela dit, au-delà de toute référence, *Schlussakkord* est déjà une œuvre parfaite qui se suffit à elle-même. C'est, toutes époques confondues, l'un des meilleurs films de Sirk.

## SCHPOUNTZ (LE)

1938 – France (160') • *Prod.* La Société Nouvelle des Films Marcel Pagnol • *Réal.* MARCEL PAGNOL • *Sc.* M. Pagnol • *Phot.* Willy • *Mus.* Casimir Oberfeld • *Int.* Fernandel (Irénée Fabre), Fernand Charpin (l'oncle Baptiste Fabre), Orane Demazis (Françoise), Léon Bélières (M. Meyerboom), Robert Vattier (Astruc), Alice Robert (Rita Camélia), Odette Roger (tante Clarisse), Pierre Brasseur (Cousine), Jean Castan (Casimir Fabre), Enrico Glori (le metteur en scène), Henri Poupon (Galubert), Charles Blavette (Martelette), André Pollack (l'avoué), Alida Rouffe (Mme Fénuze).

Recueilli et élevé par son oncle, un épicier, Irénée Fabre, vingt-cinq ans, se refuse à travailler dans le négoce de son bienfaiteur. Il se croit bénéficiaire d'un don divin : une vocation d'acteur de cinéma. Il est, dans l'argot d'une troupe de techniciens cinématographiques de passage dans la région, ce qu'on appelle un « schpountz » : un passionné de cinéma à qui sa passion fait perdre tout bon sens et qui se sent appelé à connaître, par le cinématographe, une carrière mirifique. Les techniciens jouent à Irénée une farce cruelle en lui signant un contrat bidon qui l'amènera à monter à Paris pour rencontrer le producteur Meyerboom. Une fois détrompé, Irénée obtiendra un poste d'accessoiriste grâce à la monteuse de l'équipe, Françoise. Par la suite, c'est lui qui se fera prier pour accepter un petit rôle. Alors qu'il pense l'avoir joué de manière sérieuse et dramatique, ses dons comiques éclatent au grand jour. Il devient une vedette. Ayant épousé Françoise, il revient au pays et, avec force ménagements, met au courant son oncle de sa nouvelle situation.

☞ Le plus mal connu des chefs-d'œuvre de Pagnol. A partir d'une histoire vraie arrivée à son équipe durant le tournage d'*Angèle**, Pagnol bâtit une fable comique qui n'a plus guère d'attache avec le théâtre, qui n'entre dans aucun genre connu et dont le sens et le contenu moral se modifient plusieurs fois, au gré des péripéties d'une intrigue riche et constamment renouvelée. Cette petite fable pleine de mouvement est une sorte d'art poétique qui n'affiche pas la prétention d'en être un. Elle sert à Pagnol de prétexte pour dépeindre avec pittoresque et acidité le petit monde du cinéma français des premières années du parlant, pour livrer concrètement ses idées sur le rôle des comiques et du comique dans la société, pour imaginer des personnages qui, tout en illustrant fidèlement son propos, vivent de leur vie propre et inspirent au spectateur des sentiments contradictoires et parfois même ambigus. Œuvre d'un grand écrivain, d'un grand directeur d'acteurs, d'un créateur de personnages à l'imagination débordante, *Le*

*Schpountz* donne à Fernandel l'un de ses rôles les plus riches. Dans les scènes qui ouvrent et ferment le film, s'opposant et se répondant – critique puis éloge de l'épicerie, chamaillerie suivies d'une réconciliation émue – Fernandel et Charpin sont grandioses.

N.B. Le film fut tourné en même temps que *Regain**, l'équipe allant d'un plateau à l'autre. Tour de force où Pagnol, toujours en avance d'une saison et d'une technique, précédait Gilles Grangier (*L'homme de joie* et *L'amant de paille*, 1950) et Edgar Ulmer (*Beyond the Time Barrier* et *The Amazing Transparent Man*, 1960).

BIBLIO. : scénario et dialogues, Les Éditions Marcel Pagnol, 1938 ; Fasquelle, 1959 ; *in* tome V des « Œuvres complètes », Club de l'Honnête Homme, 1970 ; Éditions Pastorelly, 1976 ; Presses Pocket, 1976. Et *in* « L'Avant-Scène » nº 105-106 (1970). Cette dernière publication est la seule à indiquer les passages non retenus dans le film lui-même. La première de ces publications appelle une remarque. Non content de posséder son équipe régulière, ses studios, ses laboratoires, son camion-son, Pagnol créa une maison d'édition, domiciliée à Paris et à Marseille, pour éditer ses scénarios. Il édita, dans une collection qu'il appela « Les films qu'on peut lire », trois volumes, « Regain* » (1937), « Le Schpountz » (avril 1938), « La femme du boulanger* » (août 1938) imprimés à Cavaillon par l'imprimerie Mistral (et illustrés de photos des films). Pagnol fut ainsi le premier – et sans doute le seul – cinéaste au monde à publier lui-même ses scénarios. Cinquante ans plus tard, ces mêmes textes, ainsi que beaucoup d'autres, se vendent toujours en librairie sous forme de livres de poche. Avoir donné un statut littéraire durable à des scénarios de films que les lecteurs achètent au même titre que des romans ou des pièces de théâtre participe ,aussi à ce qu'a d'absolument unique le destin de Pagnol comme cinéaste.

## SCIPION L'AFRICAIN
### (Scipione l'Africano)

1937 – Italie (111') • *Prod.* Consorzio Scipione – ENIC • *Réal.* CARMINE GALLONE • *Sc.* Carmine Gallone, Camillo Mariani dell'Anguillara, Sebastiano A. Luciani • *Phot.* Ubaldo Arata, Anchise Brizzi • *Mus.* Ildebrando Pizzetti • *Int.* Annibale Ninchi (Publio Cornelio Scipione), Camillo Pilotto (Annibale), Fosco Giachetti (Massinissa), Isa Miranda (Velia), Francesca Braggiotti (Sofonisbe), Guglielmo Barnabo (Furio), Memo Benassi (Caton), Carlo Lombardi (Lucio), Carlo Ninchi (Lelio), Lamberto Picasso (Hasdrubal), Marcello Spada (Arunte), Marcello Giorda (Syphax).

Le film relate les principaux événements de la seconde guerre punique entre 207 avant J.-C. (départ de Scipion pour l'Afrique) et 202 (victoire de Zama). Dans un discours aux sénateurs romains, le consul Scipion déclare qu'il faut chasser Hannibal d'Italie où il s'est installé depuis quinze ans et qu'il faut aussi, pour se débarrasser définitivement de lui, aller porter la guerre jusqu'à Carthage. Si les sénateurs tergiversent un peu quant au soutien à donner à ces projets, le peuple, lui, ne lui marchande pas son appui et l'acclame : « Scipion, nous te suivons ! » Prêt à partir, Scipion embrasse ses enfants : un bébé et un garçonnet de quatre ans. Dans le camp d'Hannibal, les désertions se font de plus en plus nombreuses. Hannibal est obligé de déclarer à ses soldats qu'il leur paiera double solde s'ils sont loyaux mais qu'il tuera tous les traîtres. La patricienne Velia est faite prisonnière par les soldats d'Hannibal. Dans le camp des prisonniers, elle entrevoit son fiancé Arunte qui a subi le même sort qu'elle. Hannibal apprend que Scipion se dirige vers Carthage ; il pense être à Rome avant que Scipion n'atteigne son but. Velia, séparée de son fiancé, est amenée devant Hannibal et le défie : « Tout le monde aime Scipion, alors que toi, on te déteste ». Hannibal admire son courage et se jette sur elle. En Sicile, Scipion adresse un discours à ses hommes au moment où sa flotte s'apprête à traverser la Méditerranée. A Carthage, le Conseil des Anciens est divisé à propos de l'attitude à tenir à l'égard des Romains. Massinissa, l'allié numide de Scipion, vient le voir sous sa tente et lui apprend que Hannibal approche. Fort de ses 84 000 hommes, Scipion reste serein. L'ambassadeur de Scipion, son fidèle lieutenant Lelio, reproche à Syphax, roi des Numides qui a supplanté Massinissa, d'être passé du côté des Carthaginois à cause de son épouse Sophonisbe, ennemie jurée des Romains. Celle-ci, dans un songe, voit la chute de Carthage. Bouleversée, elle fait part de sa vision prémonitoire à

Syphax. Massinissa lui-même s'oppose à Syphax dans un duel dont il sort victorieux. Syphax, enchaîné, paraît devant Scipion. « Comment as-tu pu trahir Rome ? » lui demande Scipion. – « Quand Sophonisbe est entrée dans ma maison, la sagesse en est sortie », dit le vaincu. Massinissa entre à Carthage. Usant de sa puissance de séduction, Sophonisbe le supplie de ne pas la livrer vivante aux Romains. Plus tard, Scipion apprend que Massinissa a épousé Sophonisbe. Il le félicite de sa victoire mais lui reproche d'être tombé dans les rêts de Sophonisbe. Celle-ci boit une coupe de poison et s'évite ainsi l'humiliation d'être prisonnière des Romains. Scipion proclame Massinissa roi de Numidie et le couronne de sa main. Des émissaires de Carthage viennent en grand nombre réclamer la clémence de Scipion pour le peuple. Il leur dit qu'il leur fera part de ses conditions, une fois rentré à Rome où ces émissaires eux-mêmes se rendront pendant la trêve. Hannibal apprend la défaite de son armée. Il déclare, désespéré, que sa vraie patrie est l'Italie ; à ce moment Velia, prête à le poignarder, laisse retomber son glaive. Hannibal retourne à Carthage et critique les Anciens qui ont rompu la trêve. Dans le camp romain, trois espions sont capturés. Scipion les relâche après leur avoir fait visiter le camp. Ils pourront dire chez eux la générosité de Scipion et raconter aussi qu'il n'a rien à cacher. Arunte parvient à s'échapper et rejoint le camp romain. Un envoyé d'Hannibal demande à Scipion une entrevue. Les deux chefs se retrouvent face à face mais les pourparlers n'aboutiront pas. Leurs armées s'affrontent à Zama. Hannibal lance ses éléphants contre l'ennemi. Scipion fait donner la cavalerie, puis les fantassins avancent en lignes pleines. Ensuite, il fait mine de se retirer pour prendre l'ennemi à revers. Au cours de la bataille, Arunte retrouve Velia : blessée, elle meurt dans ses bras. Après d'innombrables corps à corps sanglants, Hannibal est défait. A Rome, la foule brandissant des torches envahit le Forum. Scipion retrouve sa femme et ses enfants.

☞ Exaltant le courage, le patriotisme, le culte du chef, vantant les élans spontanés du peuple par-delà les tergiversations du Sénat, prônant qu'en matière de politique extérieure la meilleure défense est encore l'offensive, *Scipion l'Africain* est le film le plus riche produit pendant l'ère fasciste et sans doute la plus imposante superproduction de l'histoire du cinéma. Distribuée par l'organisme officiel ENIC créé en 1935, le film bénéficie d'une aide de l'État et de la participation active et spectaculaire de l'armée italienne pendant des semaines. *Scipion* est cependant très loin d'être une grande œuvre. Incapable de souffle épique, Gallone essaie tant bien que mal de tirer le film du côté de l'opéra, son domaine de prédilection. Cela lui réussit assez bien dans les scènes décrivant les hantises, le songe, la séduction et le suicide de Sophonisbe. Pour le reste, cette suite de discours et de proclamations officielles relève d'un académisme pompier et ennuyeux. Aucun personnage, à part Sophonisbe, ne retient vraiment l'attention. Si Camillo Pilotto est un Hannibal acceptable, par contre Annibale Ninchi (frère de l'excellent Carlo Ninchi qui joue ici son lieutenant Lelio) est un Scipion terne et insignifiant. Chaque fois qu'il le peut, Gallone fait chanter la foule ou les soldats et accompagne les séquences par des chœurs en *off* (cf. les plans assez beaux de l'avant-dernière séquence quand la foule envahit de nuit le Forum.) *Scipion* reprend la trame historique et les personnages qui avaient fait leur preuve auprès du public dans *Cabiria** mais sans ce mélange original de personnages inventés et de figures historiques. Ici, la plus grande partie de l'action est vue au niveau des chefs et des héros de l'Histoire, ce qui renforce son caractère officiel. Seuls Velia et Arunte sont là pour réintroduire – très partiellement – une émotion de type mélodramatique. A noter que *Scipion* est l'unique péplum du cinéma italien des années 30. En effet le moralisme fasciste s'accommodait de plus en plus mal des audaces visuelles et dramatiques qui, à la fin du muet, avaient envahi le genre (cf. *Les derniers jours de Pompéi**,

1926 de Palermi et Gallone). Malgré toutes les réserves qu'il mérite, *Scipion l'Africain* reste mémorable par le clou final de la bataille de Zama, l'une des plus longues, des plus mouvementées et des plus spectaculaires séquences de batailles du cinéma. Dans cette dernière demi-heure, le colossal triomphe véritablement sur l'écran et fait entrer le film dans la catégorie « à voir absolument ».

N.B. Les scènes les plus spectaculaires de *Scipion* furent littéralement pillées (c'est-à-dire intégrées) dans l'épopée indienne *Sikandar (Alexandre le Grand)* de Sohrab Modi, 1940. Elles constituent d'ailleurs la seule partie intéressante de ce film. *Scipion l'Africain* a d'autre part inspiré une séquence d'un film italien assez original, *Volontari per destinazione ignota* (Alberto Negrin, 1977), présenté au Festival de Paris la même année. Ce film raconte l'histoire d'un groupe de paysans du Sud recrutés pour aller effectuer des travaux agricoles dans un pays inconnu et qui se retrouvent bientôt enrôlés, sans l'avoir voulu, en Espagne aux côtés des Nationalistes. Sommés de combattre contre leurs propres compatriotes luttant avec les Républicains, beaucoup refuseront et beaucoup mourront. Une des premières étapes de leur étrange périple a consisté à aller grossir les rangs de la figuration du film de Gallone.

BIBLIO. : un somptueux numéro des débuts de la revue « Bianco e Nero » nº 7-8 (juillet-août 1937), fut consacré à la publication du scénario et de documents concernant le film. On y trouve même un fac-similé du « plan de travail » pour 101 jours de tournage sur les 232 que dura la fabrication totale du film entre le 10 août 1936 et le 29 mars 1937.

## SCIUSCIA (id.)

1946 – Italie (90') • *Prod.* Societa Cooperativa Alfa Cinematografica (Paolo William Tamburella) • *Réal.* VITTORIO DE SICA • *Sc.* Cesare Zavattini, Sergio Amidei, Adolfo Franci, Vittorio De Sica, Cesare Giulio Viola • *Phot.* Anchise Brizzi • *Mus.* Alessandro Cicognini • *Int.* Aniello Mele (Raffaele), Bruno Ortensi (Arcangeli), Emilio Cigoli (Staffora), Rinaldo Smordoni (Giuseppe), Franco Interlenghi (Pasquale Maggi), Gino Saltamerenda (le « panza »), Anna Pedoni (Nannarella), Maria Campi (la voyante).

A Rome, en 1944, deux petits cireurs, Giuseppe et Pasquale (appelés *sciuscia*, dérivé phonétique de l'américain *shoe shine*), rêvent d'acheter le cheval « Bersagliere » et se livrent dans ce but à divers trafics. Ils vendent à une voyante des couvertures américaines volées et participent sans le savoir à une machination montée par trois adultes (dont le frère de Giuseppe, le plus jeune des deux enfants) et visant à dépouiller la cliente. Giuseppe et son ami Pasquale achètent leur cheval favori, puis sont arrêtés et envoyés en maison de correction. Il s'agit en fait d'une véritable prison, aux cellules pleines de poux, remplies d'enfants en attente de jugement. La loi du plus fort, en l'occurrence des plus grands, y triomphe constamment. Giuseppe et Pasquale sont séparés. Par un sens instinctif de l'honneur, ils ont fait cause commune, taisant, malgré les menaces, le nom des adultes qui les ont trompés. Mais les gardiens emploient vis-à-vis de Pasquale une ruse qui aura raison de son silence. Ils font semblant de frapper Giuseppe dans une pièce voisine, cependant qu'un autre enfant pousse des cris de douleur. Pour arrêter le supplice, Pasquale donne le nom des adultes. Giuseppe l'apprend et, ignorant qu'il est la cause de ces aveux, considère son camarade comme un traître. Il se venge en faisant placer une lime dans sa paillasse puis en le dénonçant aux gardiens. Un prisonnier un peu plus âgé veut empêcher la réconciliation des deux amis. Pasquale le frappe ; l'autre tombe et se blesse à la nuque. Pasquale figure désormais dans les registres de la direction comme « élément dangereux, à isoler ». Au procès, l'avocat du frère de Giuseppe charge Pasquale, lequel, orphelin et sans ressources, ne bénéficie que d'un avocat commis d'office qui n'a pas le temps d'étudier le dossier et se borne à réclamer un verdict de clémence. Pasquale écope de deux ans et Giuseppe d'un an. Lors d'une séance de cinéma, Giuseppe participe à une tentative d'évasion. Pasquale conduit la police là où il pense que son camarade s'est réfugié : à l'écurie de « Bersagliere ». Effectivement, on le trouve chevauchant avec un autre évadé le cheval que les deux amis avaient acheté. Pasquale frappe Giuseppe qui tombe accidentellement d'un pont et se tue.

☞ Cette histoire d'enfants persécutés et d'amitié brisée est le film qui fonde historiquement, après *Ossessione** et avec *Rome, ville ouverte**, le néoréalisme. Caractéristiques du nouveau mouvement : la volonté de description et de dénonciation sociales, l'utilisation systématique d'extérieurs réels et d'acteurs non professionnels. Pour le reste, il s'agit d'un récit très construit, très dramatisé, où l'intensité dramatique et la densité de l'action ne le cèdent en rien, par exemple, à celles des films de prisons de la Warner. Maintes péripéties évoquent dans le détail ce type de films, plus cruelles encore de mettre en jeu ici de jeunes enfants et des adolescents. C'est comme si la prison suscitait, quels que soient l'âge et la nationalité des prisonniers, la même violence, la même corruption, la même tristesse glacée, caractéristiques d'une humanité coupée du monde. Le scénario, aussi charpenté, sans en avoir l'air, que le sera celui du *Voleur de bicyclette**, présente, sur le plan dramatique, une série de fausses culpabilités rejaillissant en chaîne les unes sur les autres. (Les enfants n'ont pas voulu participer à la machination qui les mène en prison, l'aîné des deux amis n'a pas trahi son camarade comme celui-ci le croit, etc.) Il vise ainsi à désigner le plus concrètement possible la véritable responsable de ces malentendus tragiques : la misère. Comme le meilleur de l'œuvre de De Sica (*Les enfants nous regardent**, *Le voleur de bicyclette**, *Umberto D**), le film est centré sur l'idée de culpabilité. Culpabilité de l'adulte envers l'enfant, de celui qui sait envers l'ignorant, du nanti (ne serait-il « nanti » que d'un travail) envers l'exclu. Idée exprimée avec d'autant plus de conviction intime qu'elle ne veut refléter aucune idéologie. Mais, par sa douceur, par une note très discrète d'inspiration chrétienne (peut-être même franciscaine), le style de De Sica essaie de faire contrepoids à l'atrocité sans mélange des faits évoqués par l'intrigue. On se rappellera aussi que, pour De Sica, l'idée de culpabilité est au cœur de l'évolution qui le mena du cinéma des « téléphones blancs » à la création du néo-réalisme. « Nous cherchions à nous libérer du poids de nos fautes, a-t-il déclaré, nous voulions nous regarder en face, et nous dire la vérité, découvrir ce que nous étions réellement, et chercher le salut » (*in* Pierre Leprohon, « Vittorio De Sica », Seghers, 1966).

## SÉCHERESSE
**(Vidas secas)**

1963 – Brésil (95') • *Prod.* Herbert Richers, Luiz Carlos Barreto, Danilo Trelles • *Réal.* NELSON PEREIRA DOS SANTOS • *Sc.* Nelson Pereira Dos Santos d'ap. R. de Graciliano Ramos • *Phot.* Luis Carlos Baretto, José Rosa • *Mus.* Leonardo Alencar • *Int.* Atila Iorio (Fabiano), Maria Ribeiro (Sinha Vitoria), Orlando Macedo, Jofre Soares, les petits Gilvan et Genivaldo.

1940. Le Nordeste brésilien. Une famille de paysans affamés avance dans la campagne ravagée par la sécheresse. Elle parvient jusqu'à la maison de Tomas, un ami parti tenter sa chance ailleurs. La famille s'installe dans la maison abandonnée. La pluie tombe un peu. Fabiano, le père, est employé par l'ancien patron de Tomas comme vacher. Sa femme rêve de posséder un jour un lit en cuir. Mais, à cause des prélèvements que le patron opère sur le salaire de Fabiano pour payer les intérêts de l'argent qu'il lui a prêté, ce rêve n'est pas près de se réaliser. Humble par nécessité et non par caractère, Fabiano devra même s'excuser auprès du patron pour avoir un moment critiqué ses comptes. Un dimanche, avant la fête folklorique, Fabiano joue aux cartes avec un policier et gagne. Le policier le fait enfermer et Fabiano est frappé. Une fois libre, il se remet au travail. Sécheresse et misère reprennent de plus belle. Sa femme persuade Fabiano de partir de nouveau. Avant le départ, il doit tuer sa chienne malade, au grand désespoir des enfants. La famille reprend la route. La femme espère qu'un jour ses enfants seront libres et ne vivront plus comme des bêtes errantes. Fabiano, lui, en doute.

☞ Tableau accablant de la misère dans le Nordeste brésilien à travers des événements allant de 1940 à 1942. L'aridité de la nature et du climat, l'injustice d'un système social oppressif se conjuguent pour créer un véritable enfer (le mot revient plusieurs fois dans la bouche des protagonistes, et même chez les plus jeunes enfants). Estimant son sujet suffisamment dramatique en lui-même, le réalisateur se refuse à le dramatiser davantage. Le film est dépourvu également de toute recherche plastique. C'est seulement par son contenu social qu'il se rattache au Cinema Novo dont il n'épouse nullement, par ailleurs, les partis pris esthétisants. Sa force est censée jaillir de la description documentaire la plus nue. Évidente dans les premières minutes, cette force se perd un peu sur la durée d'un long métrage. *Vidas secas* figure toujours dans les sondages réalisés auprès de la critique brésilienne sur les meilleurs films de l'histoire du cinéma national. En 1968, il vient en cinquième position ; en 1980, en deuxième. (cf. « Les Cinémas de l'Amérique latine », Lherminier, 1981).

## SECONDA B

Inédit en France. 1934 – Italie (2 146 m) • *Prod.* ICAR – Pittaluga • *Réal.* GOFFREDO ALESSANDRINI • *Sc.* Alessandrini et Umberto Barbaro • *Phot.* Carlo Montuori • *Mus.* Virgilio Ranzato • *Int.* Sergio Tofano (Pr Monti), Dina Perbellini (Pr Vanni), Maria Denis (Marta Renzi), Cesar Zoppetti, Ugo Ceseri.

Un collège de jeunes filles durant l'année scolaire 1911-1912. Le professeur de sciences naturelles Monti se fait chahuter. Dans un conflit qui l'oppose à une élève, fille d'un député, le directeur lui donne tort. Il est timidement amoureux de la professeur de gymnastique Vanni. Elle lui apprend à être plus élégant dans son maintien et sa tenue vestimentaire. Le résultat ne se fait pas attendre : l'élève insupportable, Marta, lui fait du charme. A tel point que la prof de gym en est jalouse. Lors d'une soirée, Monti en habit danse avec Marta et est présenté aux notabilités. Au collège, Marta fait une déclaration à Monti. Quand il comprend qu'il ne s'agit que d'une farce, il pleure. Écœurée par cette cruauté, la prof de gym gifle Marta au cours de sa leçon et est renvoyée. Elle se réconcilie avec Monti qu'elle boudait depuis quelque temps.

☞ La description de l'univers scolaire a inspiré des films à toutes époques, en tous pays. Une seule fois, à notre connaissance, ce sujet s'est constitué en genre. En Italie, dans les années fascistes, naît le film de collège. Il obéit à des règles strictes qui n'ont jamais été édictées nulle part, ni étudiées par la suite. Le collège est toujours féminin, et privé. Il est huppé. C'est un monde clos propice à une réflexion sur les classes sociales et sur l'autorité (notion qui ne se discute pas dans les autres films italiens), propice aussi au marivaudage, et même à l'expression d'un certain érotisme diffus, proscrit de toute la production italienne de l'époque. Deux variantes : le genre est contemporain (cf. *Leçon de chimie à neuf heures**) ou nostalgique. *Seconda B* est le triomphe du film de collège nostalgique. La reconstitution (décors, costumes, ambiance de la soirée mondaine) est d'une extrême délicatesse ; elle engendre un ton de léger attendrissement, non dépourvu d'ironie (plus légère encore). Les acteurs (et en particulier l'exquis Sergio Tofano) ont une subtilité de touche qui rappelle que les Italiens descendent de la plus riche tradition théâtrale européenne, celle de la *commedia dell'arte.* Dans le petit univers feutré du collège, les enseignants n'ont pas le beau rôle (c'est-à-dire : ne sont pas en position de force). Soumis à l'autorité directoriale, à celle des parents, supérieurs à eux sur le plan social, ils ne détiennent pour eux-mêmes et pour exercer leur fonction aucune part de cette autorité qui les brime et qui leur serait si utile. Se rebellent-ils un instant contre une injustice (cas de la Pr Vanni), les voilà bientôt éliminés du collège. Encore heureux si, dans leur vie privée (cas du Pr Monti), ils arrivent à surmonter leur timidité, trait de caractère individuel mais aussi conséquence de leur statut social. Et, en somme, l'histoire de ce couple en gestation satisfait – en mineur – un désir de libération, psychologique et sociale, que le cinéma italien de ces années-là ne pouvait illustrer nulle part ailleurs. Cette intention deviendra beaucoup plus nette et beaucoup plus consciente dans *Il birichino di Papa** de Matarazzo. A dose infinitésimale, passe dans le film de collège un peu de l'interdit (et du non-dit) de tout le reste du cinéma italien de l'époque. Divertissement exutoire : c'est peut-être le secret du succès de ce genre insolite dont Alessandrini attribue curieusement la naissance au triomphe récent en Italie des *Jeunes filles en uniforme**. Il faut y ajouter à partir de 1936 l'influence des films avec Deanna Durbin qui remportaient partout un immense succès.

N.B. Alessandrini et 114 autres participants du cinéma italien des années 30 se sont exprimés longuement sur leur carrière dans le livre de Francesco Savio : « Cinecittà anni trenta », 3 volumes, Rome, Bulzoni Editore, 1979, ouvrage capital et d'une richesse inouïe sur cette période du cinéma italien.

## SECRET DERRIÈRE LA PORTE (LE)
## (Secret Beyond the Door)

1948 – USA (99') • *Prod.* Universal-Diana Prod. (Fritz Lang, Walter Wanger) • *Réal.* FRITZ LANG • *Sc.* Silvia Richards d'ap. une histoire « Museum Piece nº 13 » de Rufus King • *Phot.* Stanley Cortez • *Mus.* Miklos Rozsa • *Int.* Joan Bennett (Celia Lamphere), Barbara O'Neil (Miss Robey), Michael Redgrave (Mark Lamphere), Anne Revere (Caroline Lamphere), Nathalie Schaefer (Edith Potter), Paul Cavanagh (Rick Barrett), Rosa Rey (Paquita), Mark Dennis (David).

Après la mort de son frère, son seul parent, Celia, une jeune et riche oisive new-yorkaise, épouse durant un séjour au Mexique un architecte, Mark Lamphere, qu'elle a rencontré lors d'une rixe où deux hommes se battaient au couteau pour une femme. Elle a été fascinée par l'intensité du regard de Mark. Il lui a fait la cour, rendant hommage à sa beauté et à son mystère, persuadé qu'un tumulte intérieur existe quelque part chez elle sous son apparence de calme et de sérénité. Il l'a comparée à la Belle au bois dormant. Et aujourd'hui, jour de ses noces, Celia se dit avec une certaine angoisse qu'elle a épousé un total étranger. Lors de leur lune de miel à Mexico, parce qu'elle a un soir fermé sa porte à clé, Mark disparaît sous un faux prétexte pendant plusieurs jours. Elle reçoit un télégramme l'appelant à le rejoindre dans sa demeure de Lavender Falls aux environs de New York. Là, en l'absence de Mark, elle apprend de sa sœur qu'il a un fils, David, un adolescent, et que la mère de David s'est suicidée dans des circonstances mystérieuses. Elle fait la connaissance de Miss Robey, la secrétaire particulière de Mark, au visage en partie défiguré et caché par un voile ; elle avait autrefois sauvé David dans un incendie. Celia va chercher Mark à la gare. Remarquant un rameau de lilas à sa boutonnière, il devient brusquement lointain et la plante là. Elle songe à le quitter, mais finalement son amour pour lui est le plus fort et elle préfère rester. Au cours d'une réception, Mark, qui a l'étrange manie de collectionner les pièces où un crime a eu lieu (il les reconstitue avec leur mobilier original), fait visiter à ses invités ses trésors. Dans la première pièce, un homme a tué sa femme parce qu'il avait appris qu'elle était huguenote. Dans la deuxième, un fils a tué sa mère pour de sordides raisons financières. Dans la troisième, un seigneur du Paraguay a assassiné plusieurs de ses épouses. Mais Mark refuse à tous, y compris à sa femme, de montrer la chambre numéro 7. Restée seule avec lui, elle l'interroge, mais ses questions n'aboutiront qu'à susciter sa lassitude et sa colère : il regrette d'avoir été constamment dans sa vie gouverné par les femmes. Celia fait faire en secret un double de la clé de la pièce interdite. Elle découvre que Miss Robey n'est plus défigurée mais continue à tirer parti de cette (fausse) infirmité pour garder sa place auprès de Mark dont elle est amoureuse. Ayant pénétré dans la chambre numéro 7, Celia découvre avec horreur qu'il s'agit d'une réplique exacte de la sienne. Elle décide de partir immédiatemment et Miss Robey ne demande pas mieux que de l'aider dans ce projet. Mark voit alors en rêve un procès imaginaire où il est tout à la fois le procureur et l'accusé. Il s'accuse d'avoir causé la mort de sa première femme en lui refusant son amour. Celia, une fois de plus, n'a pas trouvé le courage de partir. Mark renvoie Miss Robey à qui il reproche de vouloir intervenir dans sa vie privée. Celle-ci se croit trahie par Celia. Celia s'installe dans la chambre numéro 7, une brassée de lilas dans les bras, prête à recevoir la mort de la main de son mari. Elle le force à plonger dans son passé, dans son inconscient. L'association d'une porte fermée à clé et des lilas ramène à la surface de sa conscience l'image torturante et frustrante de sa mère, adoratrice de lilas, qui l'avait enfermé un soir, alors qu'il était enfant, pour aller danser. Une flamme apparaît sous la porte : la secrétaire a mis le feu à la maison. Au prix d'efforts surhumains, Mark parvient à s'extirper de la maison et à sauver sa femme. La secrétaire dit, éperdue, à Mark qu'elle le croyait absent. Deuxième lune de miel des époux : Mark est sur la voie de la guérison, mais il a encore beaucoup de chemin à parcourir.

☞ Deuxième et dernier film de Diana Productions, société fondée par Lang, Walter Wanger, sa femme Joan Bennett et Dudley Nichols. (Diana était le nom de la fille de Joan Bennett et de son premier mari.) Après l'échec de ce film et la disparition de la Diana, commencera pour Lang la partie la plus erratique de sa carrière. *Secret Beyond the Door* est le plus onirique, le plus baroque, le plus chargé de poésie de tous ses films américains. La psychanalyse, qui n'est pas approfondie en tant que méthode scientifique et thérapeutique, sert surtout de support concret à la révélation de l'obsession criminelle du héros, laquelle se rattache de manière centrale à l'univers langien. « Nous sommes tous les enfants de Caïn », dit le personnage joué par Redgrave lors de son procès imaginaire, et cette phrase pourrait être mise en exergue à tous les films de Lang. Le fait que le personnage ne soit pas un criminel à part entière mais soit hanté par l'idée du crime le rend plus langien encore. Que chaque homme est un criminel en puissance, Lang en était intimement persuadé et l'exprimait dans des conversations privées. Il lui arrivait de demander sur un ton faussement interrogatif à tel ou tel de ses interlocuteurs s'il avait jamais désiré tuer quelqu'un. Une réponse négative suscitait chez lui un scepticisme complet. L'une des particularités du film (engendrant sa puissance poétique) est sa construction profondément subjective qui nous fait descendre au cœur des pensées et des sentiments de l'héroïne, grâce notamment à un des plus beaux commentaires *off* jamais entendus dans un film. A l'intérieur de la vision de l'héroïne (qui existe dans le film en tant que *sujet*), le personnage masculin est considéré tour à tour comme objet de fascination, puis d'amour, enfin de stupeur et de terreur, lesquelles seront toujours mêlées intimement à la présence de l'amour. La liberté extrême de la dramaturgie permet à cet *objet* de devenir sujet à son tour dans l'unique et célèbre séquence du procès imaginaire que le héros s'intente à lui-même. La photo, les décors, le découpage, minutieusement médités à l'avance par Lang avec l'aide de Stanley Cortez, donnent au moindre intérieur une intensité expressive proche du fantastique. Le plan type du film est celui de l'héroïne traversant quelque corridor ou vestibule, transformé par les zébrures de l'ombre et de la lumière en un lieu dangereux, à la fois menaçant et fascinant. Elle se doit de le parcourir intégralement pour venir à bout de sa peur, de l'obstacle, de l'énigme et du secret qui la séparent encore du bonheur. Car *Secret Beyond the Door* est, dans la chronologie de l'œuvre de Lang, le dernier film où l'auteur laisse encore à ses personnages une chance – si minime soit-elle – de bonheur.

## SECRET D'ÉTAT
## (State Secret)

1950 – Angleterre (104') • *Prod.* British Lion / London Films Company (Frank Launder, Sidney Gilliat) • *Réal.* SIDNEY GILLIAT • *Sc.* S. Gilliat • *Phot.* Robert Krasker • *Mus.* William Alwyn • *Int.* Douglas Fairbanks, Jr. (Dr John Marlowe), Glynis Johns (Lisa), Herbert Lom (Theodor), Jack Hawkins (colonel Galcon), Walter Rilla (général Niva), Karel Stepanek (Dr Revo), Carl Jaffe (Prada), Hans Moser (Sigrist), Anton Diffring (policier), Eric Pohlmann (chauffeur).

Un brillant chirurgien américain est venu en Angleterre effectuer auprès de ses collègues une opération qui en est encore au stade expérimental et qu'il est le seul à pouvoir réaliser. Il est sollicité par le gouvernement de Vosnie pour le même travail. Il accepte et se rend en Vosnie. Il s'aperçoit au cours de l'opération que son patient n'est autre que le général Niva, dictateur du pays, qui doit être réélu dans quelques jours. On a caché au peuple la nouvelle de sa maladie. Le chirurgien est retenu de force jusqu'à la guérison de son malade. Au moment où il va être autorisé à partir, Niva meurt d'une embolie. Le chirurgien est sans illusion sur le sort qu'on lui réserve. Il prend la fuite. Il est traqué par les autorités du pays qui cachent au peuple la mort du général, remplacé, pour ses apparitions publiques, par un sosie. Ne pouvant pénétrer dans l'ambassade américaine, le chirurgien se réfugie dans un music-hall où il contacte une chanteuse, américaine par sa mère, afin de la persuader, non sans mal, de l'héberger. Les autorités diffusent partout le signalement du fugitif. Celui-ci oblige un trafiquant de devises auquel il a volé sa veste et ses papiers à le mettre en rapport avec des passeurs qui doivent le guider en haute montagne jusqu'à la frontière. Également recherchée depuis qu'elle l'a aidé, la chanteuse l'accompagne. Mais le couple est repris et ne doit son salut qu'au fait que le sosie du dictateur a été assassiné. Les autorités peuvent ainsi annoncer officiellement la mort du général. Le chirurgien regagne l'Europe avec la chanteuse.

☞ Sur un thème très voisin de celui de *Crisis* de Richard Brooks (réalisé presque en même temps), Gilliat compose un récit adroit, intelligent et qui tient le spectateur en haleine de la première à la dernière minute. Le film approfondit moins l'aspect moral du sujet que ne l'avait fait Richard Brooks. Toutefois il est clairement noté que le chirurgien, qui aurait pu facilement tuer le dictateur, ou ne pas le soigner, a mûrement réfléchi ses actes et fait passer son éthique de médecin avant toute autre considération. Gilliat a particulièrement mis en valeur la variété des péripéties et des lieux qui jalonnent cette longue poursuite. Il a écarté toute mièvrerie et fui les clichés comme la peste. Il a ménagé de nombreuses surprises et savamment distillé une angoisse provenant d'une parfaite identification du spectateur au personnage principal, perdu dans un univers étranger et hostile. Cette angoisse n'exclut pas l'humour, à l'intérieur d'un habile dosage de tons (cf. le personnage du trafiquant excellemment joué par Herbert Lom). Gilliat a poussé la minutie jusqu'à demander à une enseignante de la « London School of Languages » de fabriquer une langue spéciale pour les habitants de Vosnie. (Une telle expérience avait été sommairement tentée par Launder et Gilliat dans leur scénario de *The Lady Vanishes** d'Hitchcock.) Quoique les auteurs aient prétendu représenter une nation totalitaire qui puisse être aussi bien une dictature fasciste (ex. l'Espagne) que communiste (ex. la Yougoslavie), c'est inévitablement à un pays de l'Est que fait penser la Vosnie. Les extérieurs furent tournés dans les Dolomites.

N.B. Il faut lire absolument la filmographie commentée de Launder et Gilliat établie par Geoff Brown et publiée par le British Film Institute en 1977. Elle contient à elle seule une sorte de condensé du cinéma anglais parlant, car les deux auteurs ont collaboré ensemble ou séparément à quelque 170 films entre 1928 et 1972. Leur mémoire est restée excellente et ils présentent souvent, en duo, des passages de leurs films sur les chaînes de la télévision britannique.

## SECRET MAGNIFIQUE (LE)
## (Magnificent Obsession)

1935 – USA (112') • *Prod.* Universal (John M. Stahl) • *Réal.* JOHN M. STAHL • *Sc.* George O'Neill, Sarah Y. Mason, Victor Heerman, Finley Peter Dunne d'ap. R. de Lloyd C. Douglas • *Phot.* John Mescall • *Mus.* Franz Waxman • *Int.* Irene Dunne (Helen Hudson), Robert Taylor (Bobby Merrick), Charles Butterworth (Tommy Masterson), Betty Furness (Joyce Hudson), Sara Haden (Nancy Ashford), Ralph Morgan (Randolph), Henry Armetta (Tony).

Voir résumé à la notice suivante.

☞ Contrairement aux deux *Imitation of Life* (Stahl, 1934 et Sirk, 1959), le scénario des deux *Magnificent Obsession* est très semblable. Cela aide à voir la différence de tempérament et d'intentions qui sépare les deux cinéastes. Elle est considérable. Ce à quoi tend John Stahl, c'est un effet de cruauté obtenu par des contrastes violents dans le caractère des différents personnages, par l'évolution de leurs destins et l'opposition entre ce qu'ils attendaient de la vie et ce qu'ils en ont reçu. La structure de base de *Imitation of Life* et de *Magnificent Obsession* est déjà en elle-même une structure contrastée. Dans *Imitation of Life*, il y a une opposition continuelle entre la vie d'une Noire et celle d'une Blanche et surtout, chez la fille de la Noire, entre ce qu'elle est et ce qu'elle paraît, entre son désir d'intégration et les obstacles qui l'en séparent. Dans *Magnificent Obsession*, il y a dès le début une opposition fondamentale (d'où sort tout le récit) entre le sauvetage du play-boy oisif et la mort du médecin utile à tous. Ainsi la providence fait vivre ceux qu'elle aurait pu abattre et abat ceux qu'elle aurait dû sauver. Le héros ira de métamorphoses en catastrophes avant d'aboutir au rachat final : il sera alors à peu près devenu celui qui était son antithèse absolue au début du film. On est surpris (si on a vu d'abord le film de Sirk) de l'étonnant humour du film de Stahl, que Sirk gommera complètement. Mais quelle source de contrastes dans cet humour ! Quand Irene Dunne a son accident, comme il vient après plusieurs gags, on croirait presque à un gag supplémentaire. Le spectateur, le rire rentré dans la gorge, reçoit comme les personnages les gifles de la vie. Le film est pour partie une comédie américaine, pour partie un mélodrame. Le mélodrame convient à Stahl puisque c'est la fonction du genre que de présenter les plus grandes oscillations possibles entre le bonheur et le malheur des personnages. Mais l'espèce d'intense émotion lyrique qui est l'apothéose du mélodrame, son point d'orgue et en même temps la conclusion de ses oscillations, n'intéresse guère Stahl. Il aime surtout les zigzags cruels que permet le genre et qui sont comme autant de coups au cœur infligés aux personnages et aux spectateurs (son chef-d'œuvre d'ailleurs, *Leave Her to Heaven**, ne sera pas un mélodrame mais un film romantique transformé avec perversité en terrifiant *film noir*). Dans ses intrigues, ce qui brise le cœur de l'homme (ou de la femme), ce n'est pas la tristesse ou la monotonie, mais la soudaineté de tel ou tel changement, semblable à ces bonnes nouvelles qui tuent parfois, d'être trop brusquement annoncées, ceux qu'elles devraient combler. Ce dont meurt l'héroïne de *Only Yesterday**, par exemple, ce n'est pas d'avoir perdu son amant d'un soir, c'est de l'avoir revu deux ans après et puis encore treize ans plus tard, par le plus grand des hasards. Les personnages s'habitueraient à tout avec du calme et de la monotonie. Mais le destin ne les laisse pas en repos. Et c'est ce destin-là, imprévisible, acharné, bouleversant, que Stahl a voulu appréhender dans ses films. Apparemment, il n'avait aucune consolation d'ordre religieux ou social à apporter à ses personnages ni au public. (A l'inverse de Sirk, il n'essaie même pas de s'intéresser au contenu mystique des croyances exprimées dans le livre de Lloyd C. Douglas.) Il demeure, face à ce destin si inventif et si têtu, dans une sorte de saisissement continuel qu'il a voulu transmettre au public avec calme et brutalité. Son style demeure toujours sobre et classique ; ses décors restent neutres, presque indifférents, nullement baroques, quand les péripéties du récit le sont au plus haut point. Il y avait là, encore, un dernier contraste qui, sans même qu'il en soit conscient, a dû frapper le public et contribuer aussi au succès – considérable – de ses films.

## SECRET MAGNIFIQUE (LE) (Magnificent Obsession)

1953 – USA (108') • *Prod.* UI (Ross Hunter) • *Réal.* DOUGLAS SIRK • *Sc.* Robert Blees, Sarah Y. Mason, Victor Heerman, Wells Root d'ap. R. de Lloyd C. Douglas • *Phot.* Russell Metty (Technicolor) • *Mus.* Frank Skinner, Joseph Gershenson • *Int.* Jane Wyman (Helen Phillips), Rock Hudson (Bob Merrick), Agnes Moorehead (Nancy Ashford), Otto Kruger (Randolph), Barbara Rush (Joyce Philipps), Gregg Palmer (Tom Masterson), Sara Shane (Valerie), Paul Cavanagh (Dr Giraud).

Le jour même où Bob Merrick, fils de milliardaire, play-boy et casse-cou, a un accident dans son hors-bord qu'il conduisait trop vite, le chirurgien Dwayne Phillips, praticien et philanthrope estimé de tous, est victime d'une crise cardiaque. L'appareil de réanimation qui aurait pu le sauver est utilisé, de l'autre côté du lac, pour Merrick. Merrick survit. Phillips meurt. Merrick est soigné dans la clinique de Phillips. Par impatience, il se sauve de sa chambre avant la fin de son traitement et est pris en stop sur la route par Helen Phillips. Encore faible, Merrick s'évanouit quand il apprend que la conductrice est l'épouse de l'homme dont il a indirectement causé la mort. Plus tard, il la relance dans un taxi ; pour le fuir, elle sort du côté de la chaussée et est happée par une voiture. Elle aura la vie sauve mais restera aveugle. Merrick devient son ami sous une autre identité et finance secrètement son voyage en Suisse afin qu'elle consulte les plus grands spécialistes en ophtalmologie. Présentement, ils ne peuvent rien pour elle mais lui laissent un petit espoir pour l'avenir. Bob la rejoint en Suisse où ils passent quelques jours de parfait bonheur. Il lui dit qui il est et lui propose le mariage. Sur le moment, Helen paraît comblée mais préfère disparaître pour ne pas lui être à charge. Pendant plusieurs années, elle demeure introuvable. Merrick a repris des études de médecine et exerce maintenant comme chirurgien. Il apprend qu'Helen est gravement malade dans un hôpital du Nouveau-Mexique. Il s'y rend en hâte. Il trouve Helen dans le coma et doit l'opérer lui-même d'une tumeur au cerveau. L'opération réussit au-delà de toute espérance ; en ouvrant les yeux, Helen entrevoit le visage de Bob.

☞ Remake du film de John Stahl (1935) tiré du best-seller de Lloyd C. Douglas. Le premier d'une série de mélodrames en Technicolor qui termina en beauté la carrière de Douglas Sirk. Le manichéisme du genre opppose ici, non le bien et le mal, mais l'être utile à l'inutile. L'itinéraire parcouru par le personnage interprété par Rock Hudson le conduira, d'une manière à la fois exemplaire et sinueuse, de l'oisiveté la plus négative à un apostolat bénéfique aussi bien pour lui-même que pour autrui. Sirk s'adapte à un matériau qu'il n'a pas choisi par un style subtilement équilibré entre la flamboyance et la retenue. Cet équilibre vaut pour la plastique comme pour la dramaturgie du film. Le Technicolor tantôt exaltera les événements dramatiques et porteurs de menace dans l'intrigue (course du hors-bord pourpre sur le lac), tantôt adoucira par la litote et l'atténuation les sentiments extrêmes d'un personnage, et par exemple l'insondable tristesse de l'héroïne durant une nuit d'insomnie lors de l'épisode suisse (admirable séquence noyée dans les bleus les plus tendres). Dramatiquement, Sirk ne fait rien pour dissimuler le caractère abrupt, invraisemblable, outrageusement non cartésien d'un scénario riche en accidents imprévisibles et en catastrophes diverses. Mais, les intégrant sèchement, sans fioritures, à sa narration, il se garde de les exploiter outre mesure sur le plan émotionnel. Sa retenue est aussi un gage de réalisme vis-à-vis du public des années 50, beaucoup plus critique que celui des années 20 et 30. Mais il ne faudrait pas, à l'inverse, interpréter cette retenue comme un démenti infligé insidieusement aux accidents multiples et extraordinaires qui constituent le scénario. Sirk est tout à fait à l'aise dans la description de cet univers providentiel où le malheur et l'amour transforment miraculeusement les êtres, où un personnage meurt pour qu'un autre vive (situation qui lui paraît plein d'une ironie proche d'Euripide), où la cécité, par exemple, permet une communication intérieure beaucoup plus profonde et plus sûre que celle que connaissent les voyants. A la fin, le film donne un sentiment d'harmonie à la fois plastique et morale qui n'existait pas (et c'était volontaire) dans la version Stahl.

## SECRETS DE FEMMES
**(Three Secrets)**

1950 – USA (98') • *Prod.* Warner-United States Production (Milton Sperling) • *Réal.* ROBERT WISE • *Sc.* Martin Rackin et Gina Kaus d'ap. R. « Rock Bottom » de Gina Kaus • *Phot.* Sid Hickox • *Mus.* David Buttolph • *Int.* Eleanor Parker (Susan Chase), Patricia Neal (Phyllis Horn), Ruth Roman (Ann Lawrence), Frank Lovejoy (Bob Duffy), Leif Erickson (Bill Chase), Ted De Corsia (Del Prince), Edmon Ryan (Hardin), Larry Keating (Mark Harrison), Katherine Warren (Mrs. Connors), Arthur Franz (Paul Radin).

Un petit avion de tourisme survolant la Sierra Nevada s'est écrasé dans la montagne. Les parents adoptifs d'un enfant sont morts dans l'accident, mais l'enfant vit encore. Les sauveteurs partent à sa recherche. En bas, parmi la foule attirée par l'événement, trois femmes sont particulièrement anxieuses. Vu la date de naissance de l'enfant (15-9-1944) et les quelques renseignements qu'on possède sur lui, chacune d'elles pourrait être sa mère. Elles conjurent l'angoisse de leur attente en songeant au passé. Susan, aujourd'hui mariée, a toujours caché à son mari son secret : enceinte, elle avait été abandonnée par un soldat de la base de San Diego qui ignorait son état. Après une tentative de suicide, elle avait écouté les conseils de sa mère et abandonné l'enfant à un orphelinat. Phyllis vit une situation paradoxale. Journaliste, elle couvre cette affaire qui la concerne personnellement. Son métier la passionne et fut la cause de ses malheurs. Son mari ne supportait plus ses absences continuelles et décida de divorcer. Correspondante de guerre dans le Pacifique, elle avait alors appris qu'elle attendait un enfant. Elle aussi prit la décision de l'abandonner au même orphelinat. L'histoire d'Ann est plus tragique encore. Danseuse, elle était tombée amoureuse de son directeur de troupe et avait eu une liaison avec lui. Un jour, il n'avait plus voulu la revoir et lui avait donné congé avec un gros chèque. Chaque fois qu'elle croyait pouvoir le rencontrer, elle tombait sur son secrétaire qui lui barrait la voie et avait même acheté un faux témoin prétendant qu'elle avait été sa maîtresse. Écœurée par ce procédé, Ann avait tué son amant. Condamnée à plusieurs années de prison, elle accoucha et son bébé lui fut enlevé. Le mari de Susan arrive sur les lieux de l'accident. Elle préfère tout lui raconter. Il déclare que si cet enfant est le sien, ils l'élèveront ensemble. Phyllis, la journaliste, veut en avoir le cœur net. Elle menace de quitter son journal si le directeur, qui tient beaucoup à sa collaboration, ne lui obtient pas le renseignement que l'orphelinat refuse de donner : qui est la mère de l'enfant ? Elle apprend ainsi qu'il s'agit d'Ann. Elle la met au courant. L'enfant est ramené sain et sauf. Phyllis et Ann décident spontanément de cacher la vérité à Susan. Elles lui disent que, dans l'ignorance où elles sont toutes les trois de l'identité de la vraie mère, elles ont décidé de lui confier l'enfant. C'est elle qui, avec son mari, sera la mieux placée pour l'élever.

☞ Sans être une œuvre majeure de Robert Wise, le film (à la structure inspirée de *Letter to Three Wives**) est typique de l'une des tendances de son style : le goût de la sobriété poussée jusqu'à la grisaille. Un style « à l'anglaise » en quelque sorte. Il s'applique ici paradoxalement à un sujet qui se prêtait aux pires excès mélodramatiques. Wise tombe presque dans l'excès inverse : réserve et demi-teintes. C'est là que le film devient attachant : mélodrame rentré qui renouvelle le genre de l'intérieur, cachant les larmes sous la psychologie. Les trois actrices, d'où se détache aisément Patricia Neal (la journaliste), avec son regard d'aigle, sa mélancolie agressive, son énergie presque névrotique, incarnent trois visages d'une même féminité frustrée, au moins sur le plan sentimental, et qui réagira par la résignation (Eleanor Parker, la fiancée de guerre ), par la violence (Ruth Roman, la meurtrière) ou par l'affirmation de soi dans le travail et l'indépendance. En face d'elles, mollesse, lâcheté et une sorte d'absentéisme du « sexe fort ». Est-ce la conséquence de la guerre ? Au dénouement, la résignée recevra l'enfant en cadeau, avec quelques mensonges. Solution bancale, mais sans doute en accord avec la vie, qui l'est aussi. Wise observe ses personnages avec attention et dignité, sans conclure. Toute l'histoire est racontée prudemment, car on frôle des abîmes. Défendre une thèse paraîtrait ici à Wise déplacé et presque malhonnête. Et le film ne moralise jamais, ce qui dans un tel sujet et pour l'époque est plutôt rare. Wise, auteur à succès et souvent méprisé à cause de cela, respecte toujours son public. Pur américain, il n'est pas doué pour le style pompier. Au cinéma, c'est plutôt l'Europe qui l'est.

## SEL DE LA TERRE (LE)
## (Salt of the Earth)

1953 – USA (92') • *Prod.* Independant Production Corporation – Paul Jarrico • *Réal.* HERBERT J. BIBERMAN • *Sc.* Michael Wilson, Herbert J. Biberman • *Phot.* Leonard Stark, Stanley Meredith • *Mus.* Sol Kaplan • *Int. professionnels :* Rosaura Revueltas (Esperanza Quintero), Will Geer (le shérif), David Wolfe (Barton), David Sarvis (Alexander), Mervin Williams (Hartwell) ; *non professionnels :* Juan Chacon (Ramon Quintero), E.A. Rockwell (Vance), William Rockwell (Kimbrough), Ernest Velasquez (Charley Vidal), Henrietta Williams (Teresa Vidal), Angela Sanchez (Consuelo Ruiz), Clorinda Alderette (Luz Morales), Virginia Jencks (Ruth Barnes), Clinton Jencks (Frank Barnes), Joe T. Morales (Sal Ruiz), Frank Talavera (Luis Quintero).

Au Nouveau-Mexique, dans le village de San Marcos, rebaptisé Zinc Town, les ouvriers mexicains de la mine se mettent en grève. La grève est racontée par Esperanza Quintero, trente-cinq ans, enceinte de son troisième enfant et mariée à Ramon qui travaille depuis dix-huit ans à la mine. Les deux revendications principales des grévistes sont l'égalité des salaires avec les ouvriers américains et la sauvegarde de la sécurité par la suppression du travail en solitaire (cette suppression est déjà effective chez les ouvriers américains). Les femmes voudraient faire inscrire une troisième revendication concernant l'hygiène et la nécessité d'avoir, dans les baraques louées à la Compagnie par les familles, l'eau chaude courante. Dans un premier temps, elles ne réussissent pas à obtenir gain de cause auprès des hommes à ce sujet. Les mineurs défilent avec des pancartes pendant des semaines. Leur persévérance et leur nombre découragent les éventuels briseurs de grève. Peu à peu, les femmes se joignent à eux. Ramon pourchasse un « jaune » et lui crache à la figure. Il est arrêté et frappé. Il fera huit jours d'hôpital et vingt jours de prison. Esperanza a accouché. Après sept mois de grève, les plus pauvres des mineurs (dont Ramon ne fait pas partie) sont autorisés à travailler et partageront leur salaires avec les grévistes qui reçoivent par ailleurs des aides financières du Syndicat et de diverses associations internationales. Le tribunal, se référant au « Taft-Hartley Act », ordonne de cesser la grève. Les femmes, au cours d'une réunion, font valoir que cette décision ne concerne que les mineurs. Elles réussissent – non sans mal – à persuader les hommes de les laisser faire le piquet de grève à leur place. Ramon votera contre cette décision qui est finalement adoptée à une majorité de 103 voix contre 85. Divers moyens (gaz lacrymogène, voiture lancée contre les manifestantes) sont utilisés pour briser le piquet de grève. Mais rien n'y fait. Les meneuses sont arrêtées. Elles font tant de raffut dans la prison qu'on les libère. Ramon, comme d'autres mineurs, doit effectuer les travaux ménagers et découvre à cette occasion le bien-fondé de la revendication concernant l'eau chaude. Cela ne l'empêche pas de se disputer avec sa femme quand elle revient de prison. La direction de la mine semble avoir renoncé à briser la grève. Employant une autre tactique, elle lance un ordre d'expulsion contre Ramon. Les policiers jettent son mobilier hors de la maison. Mais la population se masse aux alentours et les policiers préfèrent filer. Les femmes remettent tout en place à l'intérieur de la maison. « Nous ne savions pas encore, dit Esperanza, que nous avions gagné la grève. »

☞ Réalisé, écrit et produit par trois cinéastes figurant sur la Liste Noire à l'époque du maccarthysme (Biberman fut même l'un des « Dix d'Hollywood » condamnés à plusieurs mois de prison pour avoir refusé de témoigner devant la Commission des Activités Anti-américaines), *Le sel de la terre* ne connut à l'époque qu'une minuscule sortie commerciale en Amérique. (« Variety », toutefois, après avoir exprimé les plus expresses réserves sur l'objectivité idéologique du film, lui reconnaît des « moments de grande perfection cinématographique ».) Le film fut ensuite exploité dans les circuits parallèles et dans les universités. En Europe par contre, il remporta très vite un grand succès ainsi qu'en Chine où il fut doublé dans quatorze dialectes différents. Parce qu'il avait été aimé pour des raisons essentiellement idéologiques, cela devint au fil des années une sorte d'idée reçue que de dire que sa réalisation était maladroite et vétuste. Il n'en est rien. Vu aujourd'hui, le film apparaît comme une œuvre au style dense, nerveux, sec, dépouvu de sentimentalisme et dont le rythme ne faiblit pas. L'influence, très forte, du néo-réalisme lui a donné une aridité et une rusticité, en particulier dans la photo, tout à fait cohérentes avec son cadre et son propos. Le mélange entre acteurs professionnels et non professionnels s'est effectué avec une homogénéité parfaite. Le plus grand mérite du film est d'avoir intégré à son propos un ensemble de notations sur le racisme, l'inégalité des sexes et l'évolution des mentalités durant la lutte. *Le sel de la terre* est un des films où le point de vue des femmes est défendu avec le plus de vérité concrète, d'efficacité et même parfois d'humour. C'est d'ailleurs à l'héroïne que revient le soin de commenter en *off* l'évolution de la grève et ses implications.

N.B. Outre Paul Jarrico, Biberman et Michael Wilson, l'acteur Will Geer fut également mis sur la Liste Noire à la suite de ce film.

BIBLIO. : scénario et dialogues dans le volume de Herbert Biberman : « Salt of the Earth, the Story of a Film », Boston, Beacon Press, 1965. Biberman raconte en détail la genèse du film et les obstacles nombreux que son tournage et sa distribution ont rencontrés. L'auteur insiste évidemment sur les aspects politiques et légaux de cette aventure qui occupa une grande partie de sa vie ; et son livre, récit d'une entreprise assez unique, est lui-même sans équivalent. Publication du scénario en français *in* « L'Avant-Scène » n° 115 (1971).

## SENSO (id.)

1954 - Italie (122') • *Prod.* Lux (Renato Gualino) • *Réal.* LUCHINO VISCONTI • *Sc.* L. Visconti et Suso Cecchi d'Amico d'ap. récit de Camillo Boito, avec la collaboration de Carlo Alianello, Giorgio Bassani, Giorgio Prosperi, Tennessee Williams, Paul Bowles • *Phot.* G.R. Aldo et Robert Krasker (Technicolor) • *Mus.* Anton Bruckner • *Déc.* Ottavio Scotti • *Costumes* Marcel Escoffier, Piero Tosi • *Int.* Alida Valli (comtesse Livia Serpieri), Farley Granger (lieutenant Franz Mahler), Massimo Girotti (marquis Ussoni), Heinz Moog (comte Serpieri), Rina Morelli (Laura, la gouvernante), Christian Marquand (un officier), Sergio Fantoni (un patriote), Tino Bianchi (Meuci), Ernest Nadherry (le commandant de la Place de Vérone), Tonio Selwart (colonel Kleist), Marcella Mariani (la prostituée).

Venise, printemps 1866. Les derniers jours de l'occupation autrichienne. Au théâtre de la Fenice, à la fin du troisième acte du « Trouvère » de Verdi, une manifestation anti-autrichienne éclate. L'un de ses organisateurs, le comte Roberto Ussoni, défie en duel un lieutenant autrichien, Franz Mahler, qui a prononcé des paroles insultantes pour les Italiens. La comtesse Livia Serpieri, cousine d'Ussoni et qui partage en principe son idéal patriotique, prie le lieutenant Mahler, présent dans sa loge, de ne pas relever le défi. En fait, Ussoni a été dénoncé : à sa sortie du théâtre, il est arrêté et devra purger un an d'exil. Tombée amoureuse de Franz, la comtesse cherche à le revoir et ils passeront une nuit à bavarder et à se promener à travers Venise. Quatre jours plus tard, la comtesse court rejoindre le lieutenant dans le logement qu'il partage avec d'autres officiers. Ils se reverront souvent et loueront une chambre en ville. Un jour, Livia attend Franz en vain et, n'en pouvant plus, se rend au logement des officiers dont elle doit essuyer les sarcasmes. Son mari, le comte Serpieri, qui collabore avec les Autrichiens, juge qu'il est temps de quitter la ville et a décidé un déplacement précipité vers sa résidence d'Aldeno. Ussoni, libéré, confie à sa cousine trois mille florins destinés à financer un corps de volontaires. Elle doit les remettre à un patriote qui la contactera à Aldeno. Un peu plus tard, Mahler réapparaît clandestinement dans la villa et Livia, qui avait décidé de l'oublier, le cache dans un grenier. Sa passion n'est pas éteinte et elle donnera à Franz une partie du dépôt de son cousin pour qu'il puisse « acheter » un médecin et se faire réformer. Ussoni participe à la bataille de Custoza où les Autrichiens prendront l'avantage. Il combat avec un groupe de patriotes qui refusent d'obéir à l'ordre de retraite générale et sera blessé. Livia rejoint Franz à Vérone. Arrivant à l'improviste, elle trouve un homme amer et défait qui s'adonne à l'alcool et vit avec une prostituée. Il l'humilie avec sadisme, lui fait comprendre qu'il n'a apprécié en elle que sa position et son argent, et lui avoue enfin que c'est lui qui avait dénoncé son cousin. Horrifiée, Livia s'en va et, dans un état second, dénonce son amant comme déserteur au commandement autrichien. Après quoi, elle s'enfuit dans les rues en hurlant. Mahler est arrêté et exécuté sur-le-champ.

☞ Le bref récit de Camillo Boito (1883) a fourni à Visconti la matière de son meilleur film et d'un des chefs-d'œuvre du cinéma italien. On pourrait presque affirmer qu'il s'agit là du seul film « calligraphique » italien en couleurs. Visconti retourne à ce mouvement esthétique et à cette inspiration nés, on le sait, d'une secrète opposition au fascisme dans les dernières années de ce régime (et dont *Malombra** est le film-clé). Ils constituent, beaucoup plus que le néo-réalisme, son véritable univers d'artiste. L'intrigue de *Senso* montre l'enlisement de deux personnages dans leur amour, qualifié par eux-mêmes de triste et de honteux et qui aboutira à leur réciproque destruction. Ils sont l'un à l'autre leur prison et leur bourreau. Toute leur aventure se déroule *à côté* de l'Histoire, à laquelle leur veulerie, leur passivité et une sorte de malédiction sociale les empêchent de participer. Ils sont les représentants impuissants mais lucides d'un monde en train de disparaître. Le positif est mort en eux et c'est pourquoi il est difficile de parler à leur propos de mélodrame ou d'opéra. Certes l'opéra est la référence esthétique majeure qui accompagne leur trajectoire, mais elle agit à la manière d'un requiem dont le lyrisme glacé et funèbre ne permet pas d'éprouver à leur endroit la moindre pitié. Visconti pose sur ses personnages un regard froid et détaché, les décrit dans de longues scènes non dynamiques où les plans généraux abondent et mettent entre eux et le spectateur le recul maximum qu'autorise la mise en scène. Sur le plan esthétique, la réussite du film (malgré les difficultés et les obstacles qu'a rencontrés Visconti) approche la perfection. Les deux interprètes principaux sont inoubliables et Alida Valli prolonge avec une cohérence profonde le rôle qu'elle tenait dans *Piccolo mondo antico* et ceux d'Isa Miranda à l'époque du calligraphisme. Le même raffinement caractérise les scènes intimes du film et les « tableaux de guerre ». Ces derniers figurent parmi les plus beaux d'un genre que le cinéma hésitait à cette époque à traiter en couleurs. Dans la partie consacrée à la bataille de Custoza, Visconti a dû supprimer quelques scènes dont l'absence nuit à la clarté du récit (ex. celle où Ussoni se voit refuser que ses partisans puissent venir appuyer les troupes régulières). Néanmoins, le « point de vue de Fabrice », si souvent et si vainement appelé à la rescousse, permet ici de justifier sans artifice la confusion, plastiquement superbe, de cette partie du récit. La production et la censure pesèrent ensemble pour arracher au film tout le côté négatif que Visconti souhaitait y mettre. Il lui fut interdit par ailleurs d'appeler le film *Custoza,* du nom de la célèbre défaite italienne, comme il l'aurait voulu. C'est sous la contrainte qu'il filma, en guise de dénouement, la mort de Mahler qu'il jugeait inutile de montrer. Il la tourna au château Saint-Ange à Rome et non à Vérone que l'équipe avait déjà quittée. Voici la description qu'il a donnée aux « Cahiers du cinéma » (nº 93) de la séquence qu'il avait tournée en lieu et place de l'exécution du lieutenant : « Nous y voyions Livia passer parmi des groupes de soldats ivres, et toute la fin montrait un petit soldat autrichien, très jeune, seize ans à peu près, complètement ivre, appuyé contre un mur, et qui chantait une chanson de victoire, comme celles qu'on entend dans la ville. Puis il s'arrêtait, il pleurait et criait : Vive l'Autriche ! » On ne peut évidemment juger la qualité de cette fin mais celle que nous connaissons est parfaitement logique et admirable. Elle a procuré au film quelques-uns des plans les plus significatifs du style de Visconti. Dans les vingt années qui suivirent *Senso,* Visconti fut sans doute plus libre mais ne retrouva jamais le génie qu'il manifeste ici. Il s'enfonça peu à peu dans l'académisme et, comparé à la rigueur et à la plénitude esthétique de ce film, son *Guépard* si vanté, où il a tenté de vulgariser sa thématique et son univers, n'est qu'un pensum assez laborieux.

N.B. Le chef-opérateur G.R. Aldo mourut dans un accident de voiture au cours du tournage.

BIBLIO. : découpage (repris de la copie définitive, avec description de quelques scènes coupées) publié chez Cappelli à Bologne (1955, puis réédition au format de poche, 1977). Cette édition contient les premiers états du scénario et le texte du récit de Boito.

## SENTIERS DE LA GLOIRE (LES) (The Paths of Glory)

1957 – USA (88') • *Prod.* UA (James B. Harris) • *Réal.* STANLEY KUBRICK • *Sc.* S. Kubrick, Calder Willingham, Jim Thompson d'ap. R. de Humphrey Cobb • *Phot.* George Krause • *Mus.* Gerald Fried • *Int.* Kirk Douglas (colonel Dax), Adolphe Menjou (général Broulard), George Macready (général Paul Mireau), Ralph Meeker (colonel Paris), Wayne Morris (lieutenant Roget), Joseph Turkel (soldat Arnaud), Richard Anderson (major Saint-Auban), Timothy Carey (soldat Férol), Emile Meyer (le prêtre), Ken Dibbs (soldat Lejeune), Suzanne Christian (la jeune Allemande).

France, 1916. La guerre piétine depuis un certain temps déjà dans les tranchées. Le général d'armée Georges Broulard vient demander à son subordonné, le général de division Paul Mireau, de s'emparer de la « Fourmilière », une position importante et jusque-là imprenable, tenue par les Allemands. Mireau refuse d'abord la mission, qu'il juge impossible, puis accepte d'obéir quand Broulard lui fait miroiter une étoile à la clé. Mireau visite la tranchée et s'entretient avec le colonel Dax, avocat dans le civil. Dax essaie vainement de dissuader son supérieur d'entreprendre l'attaque de la « Fourmilière ». Lors d'une reconnaissance de nuit, le lieutenant Roget, pris de panique, tue sans le vouloir le soldat Lejeune en lançant une grenade. L'acte a été commis sous les yeux du caporal Paris qui reprochera plus tard au lieutenant de rédiger un rapport mensonger. Dax lance l'assaut, dont il prend la tête, contre la « Fourmilière ». Les pertes sont nombreuses. Furieux, le général Mireau ordonne, depuis son Q.G., au commandant de la batterie de 75 de tirer sur la tranchée où se sont réfugiés les soldats de Dax. Le commandant refuse d'obéir sans ordre écrit. Constatant que l'assaut est impossible, Dax ordonne la retraite. Mireau veut faire condamner en cour martiale et exécuter cent hommes de troupe à titre d'exemple. Broulard réussit à lui faire admettre que trois hommes, c'est-à-dire un soldat par compagnie, suffiront. Dax obtient seulement la possibilité d'assurer la défense des trois malheureux qui seront désignés. Le caporal Paris est l'un d'entre eux (son lieutenant a vu là une bonne occasion de se débarrasser de lui). A ses côtés se trouvent le soldat Arnaud, victime du tirage au sort, et le soldat

Férol, choisi parce qu'étant, dit-il, socialement indésirable. Au cours de ce qui ne sera qu'un simulacre de procès, Dax protestera en vain contre pareille mascarade. Les trois hommes sont condamnés à mort. Dans leur cellule commune, ils songent à s'évader. Paris et Férol se confient au prêtre venu les assister. Arnaud, lui, l'insulte et veut le frapper. Paris l'envoie rouler à terre : Arnaud se fracture le crâne. Dax désigne à dessein le lieutenant Roget pour commander le peloton d'exécution. Puis il essaie d'intercéder auprès du général Broulard pour que l'exécution soit annulée. La rencontre a lieu au cours d'une soirée dansante que donne le général dans le château servant de résidence à l'état-major. Dax parle aussi à Broulard de l'ordre donné par Mireau de faire tirer sur ses propres troupes. Pour n'avoir pas à répondre, Broulard met fin brutalement à l'entretien et va rejoindre ses invités. L'exécution a lieu. Férol pleure. Paris reste impassible. Arnaud, à demi conscient, est fusillé sur sa civière dressée et attachée à un poteau. Ce n'est qu'après l'exécution que Broulard fera ouvrir une commission d'enquête sur les agissements de Mireau, lequel se déclare alors poignardé dans le dos. Après quoi, Broulard offre à Dax le poste de Mireau. Outré, Dax le traite de sadique et de dégénéré. A la cantine, on a obligé une jeune Allemande à chanter « Lilli Marlene ». Les soldats français, émus, reprennent l'air en chœur. Un soldat vient transmettre aux troupes l'ordre de rejoindre le front. « Donnez-leur encore quelques minutes », dit Dax.

☞ Quatrième film de Kubrick et le projet le plus original de son début de carrière. L'aide de Kirk Douglas fut décisive pour que le film se fasse et l'acteur l'imposa aux Artistes Associés. (Dans ses interviews et dans son autobiographie, il insiste sur le fait qu'il obligea Kubrick à revenir à son scénario initial, que celui-ci, juste avant le tournage, avait édulcoré et abîmé pour le rendre plus commercial.) On sait que le film ne sortit en France qu'en 1975, non qu'il ait été interdit officiellement, mais on avait tout simplement omis (c'est-à-dire jugé inutile) de le présenter à la censure ! Cette omission semble faire écho à une réplique du film, prononcée par Arnaud quand il évoque un café de sa ville natale où il y a, sur le comptoir, la pancarte suivante : « N'ayez pas peur de demander du crédit car nous avons une façon très polie de refuser. » Le point fort du film, c'est avant tout sa distribution et sa direction d'acteurs (Adolphe Menjou génial, George Macready étonnant comme toujours). C'est en effet à travers le jeu des acteurs que l'ironie glaciale de Kubrick, son indignation contenue passent le mieux. A la différence du roman de Humphrey Cobb, où les trois soldats condamnés étaient les véritables héros de l'histoire, les hauts gradés occupent ici le devant de la scène. Pour Kubrick, c'est en regardant de près leurs manigances, leur ambition féroce, leurs calculs machiavéliques qu'on découvre le mieux les racines de l'inhumanité et de l'absurdité des conflits dont ils sont les principaux responsables. Pour exprimer son point de vue pacifiste avec le plus d'efficacité et de précision possible, Kubrick a choisi de s'attaquer au sommet de la hiérarchie militaire. Ce point de vue, notons-le en passant, n'a rien de spécifiquement anti-français. On peut le juger limité et affaibli par la volonté de l'auteur de s'abstenir de tout commentaire politique. Le style de Kubrick, solide, brillant (cf. les travellings arrière dans la tranchée), contrasté, est fondamentalement classique. Mais on le voit déjà travaillé de l'intérieur par une touche de baroque, qui apparaît notamment dans le choix de ce château XVIII^e^ (des environs de Munich où tout le film fut tourné) et de la séquence du bal des invités de Broulard. Ce léger baroquisme donne à l'atmosphère de plusieurs scènes une composante hallucinatoire qui, loin de nuire au réalisme virulent du sujet et du propos, en augmente au contraire l'intensité. Comme dans *Orange mécanique**, mais d'une façon beaucoup plus voilée, le baroque visuel et plastique est chez Kubrick l'adjuvant d'une vision classique, humaniste et finalement très « raisonnable » du monde. La dernière séquence, assez ambiguë, est l'une des plus belles de l'œuvre de Kubrick. Une sentimentalité superficielle efface chez les soldats la trace récente des horreurs et des injustices qu'ils ont vécues. Elle efface aussi la haine, le nationalisme et toutes ces barrières artificielles qui sont l'aliment le plus courant des guerres.

N.B. Le roman de Humphrey Cobb, ancien combattant de l'armée canadienne gazé sur le front français en 1917, repose sur divers épisodes réels de la Guerre de 14. Par exemple, l'exécution ordonnée par le général Deletoille de six soldats tirés au sort. L'exécution du soldat attaché à la civière s'inspire de la mort du sous-lieutenant Chapeland. Les historiens estiment à deux mille le nombre de soldats fusillés pour l'exemple durant la Première Guerre.

## SEPT ÉPÉES POUR LE ROI
### (Le sette spade del vendicatore)

1962 – France-Italie (94') • *Prod.* Comptoir Français du Film, Paris – Adelphia, Compagnia Cinematografica, Rome • *Réal.* RICCARDO FREDA • *Sc.* R. Freda et Filippo Sanjust d'ap. P de Dumanoir et D'Ennery et le scénario de *Don Cesare di Bazan* • *Phot.* Raffaele Masciocchi (Technicolor, Totalscope) • *Mus.* Franco Mannino • *Int.* Brett Halsey (Don Carlos de Bazan), Beatrice Altariba (Isabella), Giulio Bosetti (duc de Saavedra), Gabriele Antonini (Philippe III), Mario Scaccia (le cardinal), Gabriele Tinti (Corvo), Alberto Sorrentino (Sancho).

L'Espagne à la fin du XVIe siècle. Après avoir guerroyé trois ans dans l'armée de Philippe III contre la France, le comte Don Carlos de Bazan rentre dans son château. Il apprend que son père est mort et que ses biens ont été légués à son cousin, le duc de Saavedra, lequel promet de les lui restituer. Don Carlos découvre qu'un complot se trame contre Philippe III. Après avoir échappé à diverses tentatives d'assassinat et survécu à une exécution capitale (pour le meurtre, qu'il n'a pas commis, du Premier ministre), il va consacrer son énergie à lutter contre les conjurés. Ceux-ci, à la tête desquels se trouve le duc de Saavedra, ont projeté d'attirer le roi, à qui un joli minois peut faire tout oublier, au château de Bazan. Philippe III s'est en effet entiché de la belle Isabella qu'a dû épouser Don Carlos, durant son séjour en prison. Son cousin l'y avait contraint, soi-disant pour lui permettre d'échapper à l'exécution, sa nouvelle épouse devant plaider sa cause en haut lieu. C'est durant la représentation d'une pièce écrite par le cardinal, conseiller spirituel du souverain, que Philippe III doit être capturé. Mais grâce à Don Carlos et à une bande de brigands, qui sont en réalité de fidèles serviteurs du trône, l'opération échouera. Don Carlos abattra son cousin lors d'un duel dans la salle de tortures du château. Le duc tombera dans la fosse aux piranhas qu'il réservait à ses ennemis. Plein de reconnaissance, Philippe III remercie Don Carlos et Isabella, maintenant très heureux d'être unis, de leur hospitalité et de leur courage. Puis il monte dans son carrosse en compagnie du cardinal qui a promis – hélas – de lui réciter sa pièce dont la représentation a été interrompue.

☞ Sur un scénario proche de celui de son premier long métrage, *Don César de Bazan,* Freda livre ici un superbe récit d'aventures qui contient et illustre toutes les composantes de son talent : suprême élégance plastique de l'image, mouvement et suspense constants de l'action, à quoi s'ajoutent un certain désenchantement de ton lié à une causticité des plus réjouissantes. Celle-ci s'exprime particulièrement dans la description de ce cardinal dont le chef des conjurés cultive la vanité d'auteur afin qu'il pousse le roi à aller s'installer dans le château où le piège est préparé. Pour cela, le conspirateur fait représenter au château, non pas une de ces farces pleines d'inconvenances que déteste le prélat, mais la tragédie morale que celui-ci a écrite « La tentation d'un cœur chrétien », monument d'ennui que personne n'a jamais voulu jouer. Tout au long de l'intrigue, ce sont d'ailleurs les personnages les plus considérables (le roi, le cardinal) qui sont montrés comme les plus imprévoyants et les plus inconsistants. Sans l'action secrète du héros et de ses compagnons, les faux bandits, ils iraient tout droit à leur perte. Le film bénéficie enfin d'une musique très originale de Franco Mannino, interprétée à la guitare et au tambourin. Avec *Il magnifico avventuriero* (*L'aigle de Florence,* 1964), portrait ironique et somptueux de Benvenuto Cellini, *Sept épées pour le roi* constitue à ce jour le testament de Freda dans le domaine du film d'aventures et de cape et d'épée.

N.B. La version française du film fut amputée de nombreuses séquences concernant le cardinal. Ces coupes furent effectuées à l'instigation de l'Office Catholique Français du Cinéma en accord avec le coproducteur français, selon une pratique détestable qui sévit jusqu'à la fin des années 60. C'est malheureusement à partir d'une telle copie que fut tirée la cassette commerciale (de marque Sunset Vidéo), seul matériau facilement accessible de ce film devenu aujourd'hui assez rare.

## SEPT FEMMES DE BARBE-ROUSSE (LES)
### (Seven Brides for Seven Brothers)

1954 – USA (103') • *Prod.* MGM (Jack Cummings) • *Réal.* STANLEY DONEN • *Sc.* Albert Hackett, Frances Goodrich, Dorothy Kingsley d'ap. une histoire « The Sobbin' Women » de Stephen Vincent Benet • *Phot.* George Folsey (Anscocolor, Cinémascope) • *Mus.* Gene de Paul (*Lyrics* de John Mercer), • *Chorégraphie :* Michael Kidd • *Int. Les frères Pontipee :* Howard Keel (Adam), Jeff Richards (Benjamin), Russ Tamblyn (Gideon), Tommy Rall (Frank), Marc Platt (Daniel), Matt Mattox (Caleb), Jacques d'Amboise (Ephraïm). *Les épouses :* Jane Powell (Milly), Julie Newmeyer (Doreas), Nancy Kilgas (Alice), Betty Carr (Sarah), Virginia Gibson (Liza), Ruta Kilmonis (Ruth), Norma Doggett (Martha). *Les habitants de la ville :* Ian Wolfe (Révérend Elcott), Howard Petrie (Révérend Perkins), Earl Barton (Harry), Dante Di Paolo (Matt), Kelly Brown (Carl), Matt Moore (oncle de Ruth), Dick Rich (père de Dorcas), Marjorie Wood (Mrs. Bixby), Russell Simpson (Mr. Bixby).

Oregon, 1850. Le bûcheron Adam Pontipee descend de sa montagne pour faire ses achats et trouver chaussure à son pied. Il remarque la vigoureuse et énergique Milly, serveuse dans un restaurant, et lui demande *illico* de l'épouser. Elle accepte, le Révérend les marie et Adam l'emmène vers les sommets. Il s'est bien gardé de lui annoncer qu'il vivait avec ses six grands flandrins de frères, sales comme des porcs, mangeant comme des sauvages et dépourvus de tout rudiment de politesse. Milly devra les mettre au pas, leur enseigner l'hygiène et la civilité. Elle devient leur amie en leur apprenant comment aborder les jeunes filles de la ville. Lors d'un pique-nique où se retrouve toute la population du voisinage, chacun des six frères fait son choix. Quatre équipes rivales (dont celle d'Adam et de ses frères) aident, comme c'est la coutume, à construire la ferme d'un des habitants. Mais les montagnards sont harcelés par les villageois ; une gigantesque bagarre s'ensuit et la ferme, à peine construite, est démolie sous le choc des combattants. Durant l'hiver, les six frères languissent après leur compagne d'un après-midi. Adam leur raconte l'histoire de l'enlèvement des Sabines et leur fait honte d'avoir moins d'initiative que ces vieux Romains. Les six frères descendent à la ville et kidnappent leurs belles. Ils sont poursuivis par les villageois, mais une avalanche coupe l'accès à la montagne. Milly est scandalisée par la conduite des frères. Elle se dispute avec Adam qui s'en va habiter dans une cabane. Au printemps, Milly accouche d'une fillette. Le col est de nouveau ouvert et Adam rentre à la maison. Les villageois armés viennent chercher leurs filles ou leurs sœurs. Celles-ci ne veulent en aucun cas rentrer. Elles disent toutes qu'elles sont la mère du bébé. Afin que la morale soit sauve, il faut donc immédiatement les marier avec leurs kidnappeurs...

☞ Huitième film (et sixième comédie musicale) de Donen. Il s'agit d'une œuvre originale et non d'une adaptation d'un succès de Broadway. C'est une réussite totale, tant sur le plan de la comédie tout court (histoire plaisante, qui progresse bien, remplie de personnages hauts en couleur) que sur le plan de la comédie musicale. La chorégraphie dynamique, athlétique et humoristique de Michael Kidd est une merveille de rythme, d'énergie, d'utilisation inventive de l'espace (en particulier dans la séquence anthologique de la construction de la ferme). L'Anscocolor pète le feu et contribue à donner au film sa véritable tonalité, celle d'une stylisation hardie et sans complexe : l'action est en effet géographiquement très située mais a été recréée presque exclusivement en studio. Quant au Cinémascope, s'il n'existait pas, il aurait fallu l'inventer pour contenir – souvent dans le même plan – ces quatorze personnages débordants de vitalité. Si les comédies musicales de Minnelli sont celles qui ont le plus de substance, celles qu'a signées Donen possèdent une jeunesse, une élasticité, une joie de vivre qui en font les modèles inusables et intemporels du genre, tel qu'on l'a pratiqué après guerre durant le deuxième âge d'or d'Hollywood.

N.B. Le film fut le premier Cinémascope de la MGM. Il fut également tourné en format standard, ce qui permet aujourd'hui aux télévisions qui se refusent à passer du scope (ex. l'Angleterre) de présenter une copie certes moins satisfaisante mais correcte et non trafiquée.

## SEPTIÈME SCEAU (LE)
### (Det sjunde inseglet)

1956 – Suède (95') • *Prod.* Svensk Filmindustri • *Réal.* INGMAR BERGMAN • *Sc.* Ingmar Bergman d'ap. sa P. « Peinture sur bois » • *Phot.* Gunnar Fischer • *Mus.* Erik Nordgren • *Int.* Max von Sydow (le chevalier Antonius Block), Gunnar Björnstrand (Jöns, l'écuyer), Nils Poppe (Jof, le jongleur), Bibi Andersson (Mia, sa femme), Inga Gill (Lisa, la femme du forgeron), Ake Fridell (Plog, le forgeron), Bengt Ekerot (la Mort), Inga Landgré (la femme de Block).

Au XIVe siècle, le chevalier Antonius Block, revenant de Terre Sainte avec son écuyer Jöns, voit la Mort s'approcher de lui. Le chevalier pense gagner du temps en lui proposant une partie d'échecs. La Mort accepte. Le chevalier lui confie ses interrogations et son principal désir : il veut atteindre la connaissance, et pas seulement la foi. L'écuyer Jöns ne croit, lui, qu'au néant. Il retrouve le séminariste qui a poussé son maître à partir à la croisade : il est devenu voleur et détrousseur de cadavres, ce qui n'est pas pour étonner Jöns. Jöns emmène avec lui la jeune fille que le séminariste avait tenté de violer. Trois acteurs ambulants – Jof, sa femme et leur directeur – donnent en place publique une représentation qui sera interrompue par une procession de flagellants annonçant la peste pour tous et la fin du monde. Le directeur du théâtre file avec une plantureuse femme blonde. Son mari, un forgeron, s'en prend à Jof à qui l'écuyer sauve la vie. Le chevalier prend sous sa protection les deux époux et leur bébé. Plus tard, le forgeron se joint à leur groupe. Il retrouve dans la forêt sa femme et le directeur du théâtre ambulant : « Tue-le », dit l'infidèle en se jetant dans les bras de son époux. Le directeur préfère se tuer lui-même. Ou plutôt faire semblant. Mais bon acteur, il a convaincu tout le monde qu'il était passé de vie à trépas. Sauf la Mort elle-même qui scie l'arbre sur lequel il s'était réfugié. Sa dernière heure est en effet arrivée et aucun simulacre ne pourra le tirer d'affaire. Le groupe croise sur son chemin une jeune sorcière qu'on mène au bûcher. Block l'interroge passionnément sur le démon mais ne trouve comme réponse qu'une infinie terreur dans ses yeux. Il lui donne un poison pour lui éviter la douleur du supplice. La Mort a gagné la partie d'échecs. La prochaine fois qu'elle réapparaîtra devant le chevalier, ce sera pour l'emporter définitivement. Avec le petit groupe, le chevalier revient dans son château où il revoit sa femme. La Mort ne tarde pas à manifester sa présence. Jof, sa femme et son bébé seront les seuls survivants. Jof voit sur la colline la Mort entraîner le chevalier, l'écuyer et les autres dans une folle sarabande.

☞ Appartenant à la tradition suédoise du mystère (cf. le très académique *Chemin du ciel* de Sjöberg, 1942), c'est le film qui assura définitivement la réputation internationale de Bergman.

C'est pourtant une œuvre à la pâte assez molle, sans rythme, remplie de dialogues souvent vides que défendent avec conviction d'excellents acteurs au physique original et de très belles comédiennes. L'ambition du film, qui frappa la critique, est infiniment plus grande que son talent. Son principal défaut tient à une relative pauvreté visuelle, à un prosaïsme de l'image qui bloquent la rêverie au lieu de la stimuler. A cet égard, Bergman se révèle très inférieur à un Sjöström ou à un Dreyer. La réflexion de l'auteur s'appuie sur des thèmes philosophiques traditionnels – doute et inquiétude métaphysique, effroi devant la mort, vanité des entreprises humaines – mais garde une coloration moderne et nihiliste, encore proche de l'existentialisme. Le recours à une imagerie médiévale donne à ces thèmes une apparence, souvent trompeuse, d'historicité ou au contraire d'intemporalité. Comme dans ses films antérieurs, beaucoup moins ambitieux, l'originalité de Bergman apparaît surtout dans le regard posé – ici en arrière-plan – sur la versatilité, la force ou la plénitude des personnages féminins.

BIBLIO. : scénario et dialogues *in* Bergman : « Œuvres », Robert Laffont, 1962. Scénario en anglais dans le volume « Four Screenplays of Ingmar Bergman », Simon and Schuster, New York, 1960, réédition chez Touchstone, 1989 (contient aussi *Sourires d'une nuit d'été**, *Les fraises sauvages**, *Le visage*).

## SEPTIÈME VICTIME (LA) (The Seventh Victim)

1943 – USA (71') • *Prod.* RKO (Val Lewton) • *Réal.* MARK ROBSON • *Sc.* Charles O'Neal, DeWitt Bodeen • *Phot.* Nicholas Musuraca • *Mus.* Roy Webb • *Int.* Kim Hunter (Mary Gibson), Tom Conway (Dr Louis Judd), Jean Brooks (Jacqueline Gibson), Hugh Beaumont (Gregory Ward), Erford Gage (Jason Hoag), Isabel Jewell (Frances Fallon), Chef Milani (Mr. Romari), Marguerite Sylva (Mrs. Romari), Evelyn Brent (Natalie Cortez), Mary Newton (Mrs. Redi), Elizabeth Russell (Mimi), Lou Lubin (Irving August), Feodor Chaliapin (Leo).

Ayant appris par la directrice de son collège que sa sœur Jacqueline a disparu depuis un mois et ne paie plus sa pension, Mary Gibson part pour New York à sa recherche. Elle se rend à la fabrique de produits de beauté « La Sagesse » que possédait et dirigeait sa sœur, et y apprend que Mrs. Redi, son ancienne associée, a acheté l'établissement à Jacqueline. Mrs. Redi dit ignorer où celle-ci se trouve. Une employée, Frances, conseille à Mary de se rendre à la pension-restaurant Dante que fréquente Jacqueline. Les patrons de la pension montrent à Mary la chambre que sa sœur occupait de temps à autre : elle est vide et contient seulement une chaise placée en dessous d'une potence... S'étant rendue au bureau des personnes disparues, au commissariat, elle y rencontre un détective privé, Irving August, qui lui propose de s'occuper de l'affaire. Mais Mary n'a pas d'argent. A la morgue, on mentionne le nom de l'avocat Gregory Ward, qu'elle va voir. Il aime sa sœur et tâche de faire comprendre à Mary que celle-ci vit dans un monde à part et trouve un certain réconfort dans la chambre à la potence que Mary vient de visiter. August, le privé, est maintenant décidé à retrouver Jacqueline, même sans être payé. Il se dit persuadé que Mrs. Redi a menti et que Jacqueline est séquestrée quelque part dans la fabrique. Mary et August s'y rendent la nuit. Poussé par Mary, le privé, qui n'en mène pas large, ouvre la porte de la pièce où il pense qu'est gardée Jacqueline et en ressort bientôt, blessé à mort. Paniquée, Mary s'enfuit et descend dans le métro. Elle voit deux hommes entrer dans son wagon. Ils en soutiennent un troisième : Mary s'aperçoit qu'il s'agit d'August et qu'il est mort. Elle va prévenir le contrôleur mais quand ils reviennent dans le wagon, le groupe a disparu. Mary va raconter son aventure à Gregory et lui reproche de la traiter comme une enfant. Il lui a pourtant trouvé du travail. Le Dr Judd, psychanalyste, vient au bureau de Gregory réclamer de l'argent de la part de Jacqueline. Il refuse de révéler son adresse et se contente de dire qu'elle est en grand danger de devenir folle. Gregory lui donne l'argent. Judd vient chercher Mary à son travail (elle s'occupe d'enfants) et se propose de la conduire auprès de sa sœur. Ils trouvent l'appartement vide. Judd s'en va brusquement et Jacqueline apparaît soudain devant Mary : elle met mystérieusement un doigt devant sa bouche, comme pour lui faire signe de se taire, et disparaît aussitôt. Mary essaie vainement de la rattraper. Elle revient à l'appartement où deux détectives ont fait irruption : ils recherchent Jacqueline sur ordre de son mari, Gregory Ward. Au restaurant Dante, Gregory essaie de se faire pardonner par Mary son mensonge par omission. Un client, le poète raté Jason Hoag, les rejoint à leur table et se propose, lui aussi, de retrouver Jacqueline. Il les entraîne à une party donnée par Natalie Cortez, une femme manchot qui joue du piano d'une seule main. Judd est présent. Les invités semblent connaître Jacqueline. Dans les jours qui suivent, Hoag mène son enquête. Il découvre que Mrs. Redi et Judd lisent les mêmes livres sur les sectes religieuses et les sociétés secrètes. Il soupçonne Mrs. Redi de faire partie d'une secte d'adorateurs du démon, les « Palladistes », dont le logo est identique à celui qui orne les produits de beauté de « La Sagesse ». Mary retourne à la fabrique et essaie d'obtenir de Frances, l'employée, des renseignements sur sa patronne. Pendant que Mary prend sa douche à la pension Dante où elle séjourne, Mrs. Redi pénètre dans sa chambre et lui parle derrière le rideau de sa douche. Menaçante, elle lui conseille de retourner à son collège. Elle lui révèle que sa sœur est une criminelle (c'est elle qui a tué August) et qu'il vaut mieux que Mary cesse ses recherches, qui pourraient attirer l'attention de la police sur Jacqueline. Mrs. Redi se rend ensuite à une réunion des Palladistes où il est question de se débarrasser de Jacqueline qui les a trahis en allant se faire analyser par le Dr Judd. Certains membres débattent autour des règles contradictoires de la secte qui prône à la fois la non-violence et la nécessité absolue de se débarrasser physiquement des traîtres. Ils mettent généralement en accord ces différentes règles en obligeant les traitres à se suicider, ce qui s'est déjà produit six fois. Mary confie à Hoag son désir de retourner au collège. Hoag, quant à lui, dit qu'il s'est remis à écrire. Il apprend à Mary que Gregory est amoureux d'elle. Judd, qui estime que Jacqueline devrait aller se constituer prisonnière à la police, emmène Mary, Gregory et Hoag chez la jeune femme, qui se cache à Greenwich Village. Les deux sœurs se retrouvent enfin et s'embrassent. Le groupe va ensuite chez Hoag. Jacqueline explique qu'après être entrée par désespoir dans la secte elle a vainement essayé d'en sortir. On l'a alors séquestrée. Elle a frappé August avec des ciseaux en le prenant pour un de ses bourreaux. Durant cette réunion, Hoag, amoureux de Mary, se compare à Cyrano. Le lendemain, Mary apprend que Jacqueline a été kidnappée par deux Palladistes. Les membres de la secte veulent qu'elle s'empoisonne devant eux. Elle est tentée de le faire mais une des Palladistes brise son verre. A minuit, le chef de la secte la libère. Elle erre dans les rues, terrorisée, se sentant poursuivie. Un homme, près d'elle, ouvre un couteau à cran d'arrêt. Elle se mêle à une troupe d'acteurs qui sortent, grimés et costumés, d'un théâtre pour se rendre dans un café voisin. Elle rentre à la pension Dante. Une voisine, Mimi, malade incurable, lui confie qu'elle voudrait éprouver encore quelques instants de joie avant de mourir. Judd et Hoag interrogent les membres de la secte. Hoag ne leur cache pas qu'il les trouve pathétiques. Mary et Gregory s'avouent mutuellement leur amour. La voisine Mimi part faire la fête une ultime fois, comme elle se l'était promis. En descendant l'escalier de la pension, elle entend un bruit qu'elle ne cherche pas à interpréter : c'est la chaise dont s'est servie Jacqueline pour se pendre qui vient de tomber...

☞ Le cinéma aura bientôt cent ans. C'est trop peu sans doute pour dresser un bilan. Pourtant, au vu des réussites qu'il a engendrées, on voit nettement trois lignes de force traverser cet art, septième du nom, le plus jeune et le plus vieux de tous (jeune et vieux pour la même raison : c'est le dernier venu). Ses chefs-d'œuvre en effet s'inscrivent, pour une grande part, dans trois catégories :

l'aventure, les bons sentiments (ou le mélodrame) qui font peut-être de la mauvaise littérature mais de l'excellent cinéma ; enfin – catégorie la plus mystérieuse et la plus difficile à définir – celle du fantastique et de la morbidité. Cette catégorie a trait, à l'intérieur de cet art fabriqué dans la lumière mais consommé dans l'ombre, à tout ce qui est nocturne, maléfique, abouché avec les forces du mal, du vide, du non-être, peu importe le nom qu'on veut leur donner. Durant le muet, *Nosferatu** est le film-clé, incontestable et incontesté, de cette catégorie. A l'époque du parlant, son joyau secret, son diamant noir est assurément ce film de Val Lewton signé Mark Robson. Il est clair, pour autant que quoi que ce soit puisse être clair dans ce film, que Robson (dont c'est ici le premier film) a agi, plus encore que dans *Bedlam**, comme le bras, l'agent, l'intermédiaire de Val Lewton. Lewton est à 100 % l'auteur de cette *Septième victime*, l'une des œuvres les plus *hantées* de l'histoire du cinéma. Le film impressionne d'abord par son incroyable richesse en personnages, séquences, détails étonnants. Richesse nullement handicapée par la très grande modicité du budget et un métrage assez bref de 71'. Pareil prodige n'était pas rare dans le cinéma hollywoodien, mais il est saisissant de le voir relié ici à un sujet aussi insolite et aussi, pourrait-on dire, intime. Lewton s'exprime ici comme il le ferait dans un poème ou dans une confession, à tel point que, lors d'une projection récente de *La septième victime* à laquelle assistait Joël E. Siegel (voir Biblio.), des membres de la famille de Lewton eurent l'impression qu'il était présent dans la pièce. Nombreux, variés, inquiétants ou mystérieux, la plupart des personnages représentés dans l'intrigue ont une relation particulière et personnelle avec la mort – abandon, attirance, frayeur fascinée, résignation, plus rarement répulsion – qui donne au film son caractère unique. Cette relation est leur principal souci et Lewton la décrit, ou plutôt l'effleure, sans recourir à aucun décor insolite, à aucun effet d'horreur, à aucune représentation de personnage monstrueux ou extérieurement anormal. On a pu souligner à juste titre la banalité apparente des réunions des Palladistes. Ce sens aigu, pour ne pas dire obsessionnel, qu'avait Lewton de la litote, du non-dit, du non-montré (ou du peu montré) se manifeste constamment dans le film et culmine bien entendu avec le bruit final de la chaise renversée qui atteint, dans l'expression de la morbidité, une limite extrême et quasi indépassable. Comme tous les vrais créateurs, Lewton travaillait pour l'avenir, et d'autres recueilleraient après lui la gloire de ce qu'il avait semé. C'est une évidence – et aussi une surprise intense à la première vision de *La septième victime* – que de découvrir que l'essentiel de la scène de la douche de *Psycho** (le rideau, l'ombre derrière le rideau, le bruit de l'eau, la menace), figure déjà ici, avec la discrétion insidieuse et habituelle à Lewton. Par ailleurs, les deux scènes de la découverte du cadavre dans le métro et de la poursuite de Jean Brooks à la fin égalent, et peut-être dépassent, quant à leur composante cauchemardesque et labyrinthique, tout ce que le *film noir*, Siodmak et même Fritz Lang ont donné de meilleur. Poète de l'instinct de mort, de l'anxiété, de la consomption, de ces forces qui envahissent l'être pour le détourner de son épanouissement vital, Val Lewton a, comme le Murnau de *Nosferatu**, modelé sa matière dans le registre du *surgissement* et de la fascination morbide. Il y a ajouté une nuance personnelle de réserve, de désespoir poli, de romantisme à peine murmuré, sans équivalent au cinéma.

N.B. L'excellente Jean Brooks qui traverse le film comme un spectre parut à l'écran dans les années 30 sous le nom de Jeanne Kelly qu'elle changea en Jean Brooks après son mariage avec le réalisateur Richard Brooks.

BIBLIO. : « Val Lewton. The Reality of Terror » de Joël E. Siegel est l'ouvrage indispensable (malheureusement non traduit en français) sur le sujet. Siegel décrit plusieurs séquences coupées et dissipe (un peu) le caractère énigmatique de certains aspects du film. Voir aussi l'article de DeWitt Bodeen (scénariste du film et l'un des très rares créateurs hollywoodiens à avoir une activité critique importante) : « Val Lewton » *in* « Films in Review », avril 1963, New York. Le même DeWitt Bodeen a confié à Doug

McClelland (cf. son très recommandable ouvrage « The Golden Age of B Movies », Charter House, Nashville, 1978) qu'originellement le personnage joué par Evelyn Brent (Natalie Cortez) était une célèbre pianiste de concert qui était entrée dans la secte des Palladistes à cause de l'amertume que lui avait causée la perte de son bras. Cette notation a été coupée du film définitif, ce qui rend le personnage si mystérieux que des spectateurs purent croire de bonne foi, lors de la sortie du film, que l'actrice avait subi une amputation.

## SEPTIÈME VOILE (LE)
## (The Seventh Veil)

1945 – Angleterre (94') • *Prod.* Theatercraft – Sydney Box – Ortus • *Réal.* COMPTON BENNETT • *Sc.* Muriel et Sydney Box • *Phot.* Reginald H. Wyer • *Mus.* Benjamin Frankel • *Int.* James Mason (Nicholas), Ann Todd (Francesca Cunningham), Herbert Lom (Dr Larsen), Albert Lieven (Maxwell Leyden), Hugh McDermott (Peter Gay), Yvonne Owen (Susan Brook), David Horne (Dr Kendall), Manning Whiley (Dr Irving), Arnold Goldsborough, Muir Mathieson (les chefs d'orchestre).

Francesca Cunningham, une jeune pianiste de concert, s'échappe une nuit de la clinique où elle est soignée et tente de se suicider en se noyant. Un policier la voit. Ramenée à la clinique, elle ne veut parler à personne et s'enferme dans un silence catatonique. Un psychanalyste, le Dr Larsen, veut expérimenter sur elle la technique de la narcose. Il explique au directeur que c'est la seule façon de soulever les sept voiles derrière lesquels, tel Salomé, s'abrite le cerveau humain pour se protéger. Selon Larsen, chaque individu peut consentir à lever six de ces voiles, mais le septième ne sera enlevé que par le traitement hypnotique et narcotique, prélude à une cure psychanalytique. Larsen réussit à faire parler Francesca. Elle évoque ses années au collège. Un jour, pour la punir d'une faute légère, on l'avait frappée sur les mains avec une règle. Elle avait cru ne plus pouvoir jouer convenablement du piano, un instrument qui était déjà sa passion. Après la mort de son père, n'ayant pas de famille, elle est confiée à dix-sept ans à un lointain cousin, Nicholas. C'est un solitaire, un misogyne au comportement taciturne et bizarre. Autrefois, sa mère l'avait abandonné pour aller vivre avec un chanteur. Affligé d'un boitillement, il se déplace avec une canne et impressionne beaucoup Francesca. Découvrant ses dons pour le piano, il la fait d'abord travailler lui-même cinq à six heures par jour, puis l'inscrit au Conservatoire. Quoique menant une vie très solitaire et assez frustrante, Francesca est heureuse de pouvoir se consacrer à son art. Un jeune étudiant américain, Peter Gay, jouant la nuit du saxo dans des cabarets pour payer ses études, la courtise. Il essaie de la faire rire car il la juge trop sérieuse. Quand il apprend ses projets de fiançailles, Nicholas gifle sa pupille et, usant de ses prérogatives légales de tuteur, l'emmène à Paris, puis à Vienne, Rome, Milan où elle travaille d'arrache-pied sans qu'il la quitte des yeux. Il lui enseigne une vigilance quasi obsessionnelle pour ses mains, son bien le plus précieux. Elle donne avec succès son premier concert mais, à la fin de la représentation, s'écroule, victime de sa fatigue nerveuse et du désarroi où l'a plongée la visite impromptue de son amie de collège (celle-là même qui avait été mêlée à l'épisode du châtiment corporel sur les mains). Après un autre concert triomphal à Londres, elle retrouve Peter, mais sur ce sujet refuse d'en dire plus long au docteur. On apprend ultérieurement que Peter à cette époque était déjà marié. Sa confession sous hypnose reprend. Nicholas ayant commandé à un peintre célèbre, Maxwell Leyden, un portrait d'elle, Francesca était tombée amoureuse de lui. Mis au courant d'un second projet de mariage, Nicholas, au cours d'un accès de colère névrotique, avait violemment frappé Francesca sur les mains. Leyden emmena Francesca en voiture. Accident. Francesca est légèrement blessée aux mains, mais s'obstine à croire qu'elle ne pourra plus jamais jouer. C'est là qu'a lieu sa tentative de suicide. Utilisant encore la méthode hypnotique, Larsen réussira à la faire jouer, plaçant lui-même ses mains sur le clavier. Selon lui, chaque coup porté à ses mains a provoqué dans le subconscient de la jeune femme une fixation qui maintenant la paralyse complètement. Quand Maxwell refuse au docteur de continuer son traitement, celui-ci va trouver Nicholas qui accepte de plaider sa cause. Le docteur réunit chez Francesca Nicholas, Peter et Maxwell. Ce jour-là, elle joue sans hypnose dans la pièce voisine. Le docteur dit aux trois hommes qu'ils doivent s'attendre à voir apparaître une nouvelle Francesca, épanouie, libérée comme elle ne l'a jamais été auparavant. C'est à elle qu'il appartiendra de choisir celui des trois hommes qui lui est le plus nécessaire. Nicholas s'apprête alors à sortir, mais c'est vers lui que va Francesca... (N.B. Ce dénouement aurait été ajouté après le vote du public lors d'une *sneak-preview.*)

☞ Un grand film anglais. Première œuvre de Compton Bennett qui, comme Terence Young avec *Corridor of Mirrors**, ne devait jamais faire mieux par la suite. Cette production indépendante, financièrement modeste mais riche en talents, fut la première à aborder dans le cinéma anglais le genre alors en vogue à Hollywood du film psychanalytique. L'introduction de la psychanalyse sert à enrichir une évocation lyrique et romantique, souvent violente, des conflits intimes vécus par des âmes troublées à la recherche de leur équilibre. Le film inclut cette nouveauté dans une variation semi-maléfique sur le thème de Pygmalion. Pygmalion et Galatée sont tous deux malades, mais diversement, au sein d'une relation complexe qui se dénoue (partiellement) à la fin. Le film connut un grand succès et servit la carrière de chacun de ses participants. Compton Bennett ne devait pas tarder à aller travailler à Hollywood. Le producteur et scénariste Sidney Box et sa sœur Muriel occupèrent une place importante dans le cinéma de leur pays. Quant à James Mason, ce rôle ténébreux et fascinant lui convient à merveille et marqua le début de sa célébrité internationale. La mise en scène est habile dans la mesure où, sans éclairer les nombreuses zones d'ombre du scénario, elle aborde l'intrigue d'une manière directe, intense et inventive et ménage en outre des plages de rêverie au spectateur, libre de reconstruire à sa guise la destinée mystérieusement parallèle des deux protagonistes.

## SEPTIÈME VOYAGE DE SINBAD (LE)
### (The Seventh Voyage of Sinbad)

1958 – USA (89') • *Prod.* COL. (Charles Schneer) • *Réal.* NATHAN JURAN • *Sc.* Kenneth Kolb • *Phot.* Wilkie Cooper (Technicolor) •. *Effets spéciaux* Ray Harryhausen • *Mus.* Bernard Herrmann • *Int.* Kervin Mathews (Sinbad), Kathryn Grant (Parisa), Richard Eyer (le génie), Torin Thatcher (Sokurah), Alec Mango (le calife), Danny Green (Karim), Harold Kasket (le sultan).

Sinbad, que le calife de Bagdad considère comme son fils, est sur le point d'épouser Parisa, la fille du sultan de Chandra. Une paix durable s'établira ainsi entre les deux royaumes. Mais le magicien Sokurah s'est fait dérober par le Cyclope sa précieuse lampe : elle contient ce bon génie aux pouvoirs infinis, capable d'accomplir tous les vœux à condition qu'on prononce les formules magiques qui le font sortir de la lampe. Sokurah a demandé à Sinbad de la lui rapporter, mais il a essuyé un refus. En secret, il rapetisse Parisa jusqu'à une taille minuscule, puis annonce publiquement qu'il est capable de restituer à la princesse sa taille normale grâce à un philtre contenant notamment un fragment de coquille d'un œuf de Roc, l'oiseau géant à deux têtes qu'on ne trouve que dans l'île des Cyclopes. Voilà donc Sinbad, sa précieuse fiancée miniaturisée, Sokurah et l'équipage partis vers le territoire de ces redoutables monstres. Sinbad et plusieurs de ses compagnons sont mis en cage par le Cyclope qui s'apprête à faire rôtir et à dévorer l'un d'entre eux. Sokurah, trop occupé à récupérer sa lampe, abandonne les prisonniers à leur triste sort. Mais la « petite » princesse réussit à se glisser entre les barreaux et à pousser le loquet de la cage. Sinbad aveugle le Cyclope et l'attire dans un gouffre. Ses hommes découvrent un œuf de Roc et Sinbad emporte un morceau de la coquille. Ayant repris la lampe à Sokurah, il fait descendre Parisa à l'intérieur. Là, elle conclut un pacte d'entraide avec le bon génie qui a l'apparence d'un enfant de dix ans et voudrait bien sortir définitivement de sa prison dorée. Sokurah séquestre Parisa dans son château, gardé par un féroce dragon. Aidé par le génie, Sinbad s'y rend et contraint Sokurah à préparer le philtre. Parisa retrouve sa taille normale. Sinbad doit encore lutter avec un squelette armé d'une épée avant de pouvoir s'échapper du château. Sokurah lance sur lui son dragon qui, d'abord victorieux du Cyclope, sera ensuite abattu par l'arbalète géante actionnée par les compagnons de Sinbad. En tombant lourdement sur le sol, le dragon écrase Sokurah. Sinbad et Parisa regagnent leur navire. Conformément à leur promesse, ils avaient jeté la lampe dans une coulée volcanique, condition *sine qua non* pour la libération du génie. Il apparaît maintenant en chair et en os sur le pont. Il sera le premier mousse de Sinbad. Il a apporté en cadeau de noces le fantastique trésor des Cyclopes.

☞ Deuxième des trois films de Nathan Juran réalisés avec Ray Harryhausen (entre *20 Million Miles to Earth**, 1957 et *First Men in the Moon*, 1964). Deuxième film de Harryhausen en couleurs. Avec *Jason et les Argonautes**, réalisé cinq ans plus tard, c'est la meilleure réussite du plus grand créateur d'effets spéciaux des trente dernières années. C'était aussi à son époque un film unique et qui, dans son domaine, n'a pas été dépassé. Un équilibre rarement atteint existe ici entre l'invention très riche et souvent pleine d'humour du scénario, une remarquable interprétation (Torin Thatcher et Kathryn Grant sont excellents), la qualité de la couleur et de la musique, le brio visuel extraordinaire des effets spéciaux et de l'emploi des techniques d'animation les plus sophistiquées. Ainsi, par exemple, la miniaturisation de la princesse Parisa est-elle savamment utilisée tant sur le plan visuel que dramatique (Parisa libère les prisonniers de la cage ; elle descend dans la lampe). L'atmosphère d'un conte des « Mille et Une Nuits » (mêlé de mythologie grecque !) convient parfaitement à Harryhausen, plus à l'aise dans l'insolite et le merveilleux que dans l'horreur. Le duel avec le squelette est une première esquisse de la célèbre séquence de *Jason**. Harryhausen garde une tendresse particulière (cf. son album « Film Fantasy Scrapbook », New York, 1972, où il commente tous ses films) pour la danseuse-serpent aux quatre bras en quoi le magicien Sokurah a transformé la servante de la princesse.

N.B. Ray Harryhausen illustrera encore les aventures de Sinbad dans *The Golden Voyage of Sinbad, Le voyage fantastique de Sinbad,* film anglais de Gordon Hessler, 1974 (avec de bons effets spéciaux) et dans *Sinbad and the Eye of the Tiger, Sinbad et l'œil du tigre,* autre film anglais de Sam Wanamaker, 1977, beaucoup plus décevant.

## SEPT SAMOURAIS (LES)
### (Sichinin no Samurai)

1954 – Japon (200') • *Prod.* Toho (Shojiro Motoki) • *Réal.* AKIRA KUROSAWA • *Sc.* Akira Kurosawa, Shinobu Hashimoto, Hideo Oguni • *Phot.* Asakazu Nakai • *Mus.* Fumio Hayasaka • *Int.* Takashi Shimura (Kambei), Toshiro Mifune (Kikuchiyo), Yoshio Inaba (Gorobei), Seiji Miyaguchi (Kyuzo), Minoru Chiaki (Heihachi), Daisuke Kato (Shichiroji), Ko Kimura (Katsushiro), Kamatari Fujiwara (Manzo), Kuninori Kodo (Gisaku), Bokuzen Hidari (Tohei), Yoshio Kosugi (Mosuke), Yoshio Tsuchiya (Rikichi), Keiko Tsushima (Shino), Toranosuke Ogawa (l'Ancien).

Résumé de la version de 200'. Au XVIe siècle, la paysannerie japonaise vit dans la terreur des bandits qui violent, qui tuent, qui pillent les récoltes. Le chef d'un groupe de bandits à cheval s'apprête à piller un village, mais se rend aux raisons de l'un des siens qui lui fait valoir qu'ils ont déjà pillé ce village à l'automne dernier. « C'est bon, dit le chef, nous reviendrons après la moisson. » Épouvantés par cette menace, les habitants du village se lamentent sur leur sort et hésitent sur la conduite à tenir. Ils vont consulter l'Ancien qui déclare : « Nous nous battrons. Engageons des samouraïs. » Encore faut-il en trouver, des honnêtes et qui acceptent de risquer leur vie pour trois bons repas par jour, car c'est tout ce que peuvent donner les paysans. Quelques-uns d'entre eux, Rikichi, Mosuke, etc., se rendent à la ville voisine pour trouver ces perles rares. Leurs premières recherches sont vaines, décourageantes, voire humiliantes. Ils sont prêts à renoncer quand ils voient le samouraï Kambei venir à bout habilement, en se faisant passer pour un bonze, d'un voleur qui avait kidnappé un enfant. Ayant engagé la conversation avec le voleur réfugié dans une grange, il le tue et libère l'enfant. Contacté après ce haut fait par les paysans dont la détresse l'émeut, il affirme qu'il faut plus de deux ou trois samouraïs pour défendre le village. Selon lui, sept serait un bon chiffre. Il commence à recruter. Il met à l'épreuve les candidats en les faisant attaquer à l'improviste par le jeune Katsushiro qui brûle de devenir son disciple. (Katsushiro, quand les paysans avaient découvert avec désespoir qu'on leur avait volé la provision de riz qu'ils destinaient aux samouraïs, leur avait donné tout l'argent qu'il possédait). Gorobei devinera l'épreuve avant même qu'elle ait lieu. Il accepte de se joindre à Kambei par admiration pour lui. Il enrôlera Heihachi, samouraï très pauvre qui coupe du bois chez un boutiquier afin de se faire un peu d'argent. Pendant ce temps Kambei a retrouvé un ami de longue date, Shichiroji, qu'il associe à son entreprise. Ayant assisté à un duel entre samouraïs, il engage le vainqueur, le taciturne et très efficace Kyuzo. Les paysans pressent Kambei d'engager Katsushiro qui le désire tant. Kambei accepte puis déclare que six hommes suffiront. Mais un des paysans a recruté un samouraï qu'il estime féroce. Kambei le soumet à l'épreuve improvisée. Complètement saoul, le samouraï en question se fait assommer par Katsushiro. Personne ne peut croire qu'il soit un samouraï. Pourtant il affirme être de noble extraction et produit ses papiers de famille. Il dit s'appeler Kikuchiyo. Kambei lit les papiers et s'aperçoit que Kikuchiyo est âgé de treize ans... Le soi-disant samouraï a volé ces papiers. Il s'endort pour cuver son vin. Un peu plus tard, les samouraïs, guidés par Rikichi, font route vers le village. Le soi-disant samouraï, que tous appellent par dérision Kikuchiyo, les suit en gesticulant et en fanfaronnant. Au village, le paysan Manzo, qui craint les samouraïs comme la peste, oblige sa fille Shino à s'habiller en garçon. Quand les samouraïs arrivent au village, personne n'est là pour les accueillir. Rikichi les mène auprès de l'Ancien qui s'excuse pour la conduite des villageois. Une panique se produit parmi eux, provoquée par un prétendu assaut des bandits. En fait, c'est Kikuchiyo (que les samouraïs ont fini par admettre parmi eux) qui a suscité cette fausse alerte pour faire sortir les paysans de leur tanière. Dans les jours qui suivent, Kambei commence à préparer un plan de défense. Il faudra construire une barricade, noyer une partie des champs pour créer une douve, sacrifier deux ou trois maisons et le moulin. Kikuchiyo entraîne, tel un adjudant, un groupe de paysans sous l'œil rigolard des enfants. Katsushiro découvre Shino (habillée en garçon) dans les champs et lui ordonne de se rendre immédiatement à l'entraînement, avant de découvrir qu'il s'agit d'une femme. Kikuchiyo a trouvé chez les paysans des tenues de samouraïs, dépouilles sans doute volées à des cadavres de samouraïs tués dans la région. Cette découverte choque profondément les défenseurs du village. Kikuchiyo accuse les paysans qui en outre, dit-il, cachent des vivres. Puis, d'un seul coup, il se met à les défendre, révélant ainsi à ses interlocuteurs qu'il est lui-même d'origine paysanne. Kyuzo a vu Katsushiro se rendre à un rendez-vous avec Shino. Katsushiro lui demande le silence. Kikuchiyo distribue du riz aux enfants, pris sur les rations des samouraïs. Kambei se fâche quand il voit des paysans abandonner leurs armes : « C'est la guerre, dit-il. Celui qui a un comportement égoïste se détruira lui-même ». Pour faire la moisson, les femmes sont sorties de leur cachette. Les samouraïs ne les avaient jamais vues. Pendant une garde de nuit, Heihachi, ayant vu la tristesse du paysan Rikichi, essaie de le faire parler, mais en vain. Pendant le jour, on creuse la douve. Kikuchiyo essaie un cheval et est bientôt jeté à terre. Shino veut se donner à Katsushiro qui, par timidité, ne la touche pas. Ils voient des chevaux étrangers au village et vont prévenir les samouraïs. Des bandits arrivés en éclaireurs sont tués ; l'un d'eux est capturé. Kambei empêche les paysans de le massacrer, puis autorise une femme qui avait perdu son fils du fait des bandits à se venger sur lui. Trois samouraïs, guidés par Rikichi, vont incendier les maisons habitées par les bandits dans leur forteresse du Pic de l'Aigle. Rikichi s'élance comme un fou vers la compagne d'un des bandits qui a décidé de périr dans les flammes : il s'agit en fait de sa femme. En voulant protéger Rikichi, Heihachi se fait tuer. Cérémonie autour du tertre funéraire d'Heihachi. Les bandits arrivent au village en dévalant la colline. L'un d'entre eux, qui sondait la douve, est tué. Les parents de l'Ancien vont chercher le vieillard qui a tenu obstinément à demeurer dans sa maison, laquelle faisait partie de celles qu'il fallait sacrifier... Les paysans, poussés par les samouraïs, attaquent les bandits sur tous les fronts. Kikuchiyo va chercher dans la maison de l'Ancien, incendiée par les bandits, sa fille et le bébé de celle-ci. « J'ai été comme ce bébé ! » crie-t-il en pleurant quand il tient le bébé dans ses bras. Les paysans sont félicités par les samouraïs pour leur ardeur au combat. Les bandits ont été défaits à l'est, à l'ouest et au sud. Au nord, où les bandits survivants se sont regroupés, le plan de Kambei consiste à faire en sorte qu'ils soient attirés, un par un ou deux par deux, dans un piège. Kyuzo a pris deux arquebuses sur deux bandits qu'il a tués en un instant. Katsushiro veut lui dire son admiration mais Kyuzo a plus besoin de sommeil que d'éloges. Au matin, on met en pratique le plan de Kambei. Kikuchiyo, vêtu comme les bandits, bavarde avec l'un d'entre eux qui le prend pour un ami avant d'être massacré par lui. Kikuchiyo sera réprimandé pour avoir agi seul et de sa propre initiative. Deux bandits réussissent à pénétrer au cœur du village et font des ravages. Gorobei est tué. Il y a beaucoup de pertes du côté des paysans. « Le prochain combat sera décisif », annonce Kambei en faisant allusion aux treize bandits qui restent à tuer. Shino, pensant bientôt mourir, se donne à Katsushiro. Son père le lui reproche et se met à la frapper. Kambei l'arrête. Combat final dans la pluie et la boue. Kyuzo est abattu par le chef des bandits caché dans la maison où s'étaient réfugiées les femmes. Kikuchiyo l'abat après avoir été lui-même mortellement blessé. Tous les bandits sont morts. La paix revenue dans les champs, les trois samouraïs survivants, Kambei, Katsushiro et Shichiroji, regardent les paysans planter leur riz. Allant au travail, Shino se détourne, craintive, de Katsushiro. « Ce sont les paysans les vainqueurs. Pas nous », dit Kambei.

☞ Ce fut longtemps le film japonais le plus célèbre de par le monde, après avoir nécessité l'un des tournages les plus longs et les plus coûteux jamais effectués au Japon. A tel point que la Toho, firme productrice, effrayée par les dimensions qu'il prenait, l'avait un moment interrompu. Plus tard, répétant le dommage causé par la Shochiku à *L'Idiot** (1951), réduit de 245 à 165', la Toho ne sortit le film complet (200') qu'en exclusivité dans les grandes villes. Le reste des spectateurs japonais eurent droit à une version de 160' et un montage encore plus court fut réservé à l'exportation. La version complète ne sortit en France qu'en 1980 et passa à la télévision en 1984 (Ciné-club d'Antenne 2). *Les sept samouraïs* ne saurait être considéré comme représentatif de la production japonaise la plus ambitieuse, étant plus un film d'action que de contemplation, un film de mouvement que d'intériorité. Néanmoins, l'humanisme de Kurosawa imprègne l'œuvre d'un bout à l'autre, et notamment dans son aspect de confrontation entre deux conditions, deux cultures, la paysanne et la militaire. Outre qu'elle obscurcit le déroulement des combats dans la deuxième partie, la version courte appauvrit la peinture des paysans et des sept personnages de samouraïs. Sans chercher à créer de véritables caractères, Kurosawa a voulu cependant que ses sept héros soient nettement différenciés.

Chacun d'eux incarne un aspect, une attitude particulière à l'intérieur de la morale et de l'esprit samouraï dont ils représentent en quelque sorte des variations vivantes. Kambei incarne la sagesse samouraï, avec une grande part de désenchantement, qui ne l'empêche pas d'agir mais souligne le caractère fugace et auto-destructeur de cette action. Heihachi et Gorobei incarnent l'astuce, la jovialité, le bon sens de cette morale. Kyuzo : la concentration ascétique qui s'exprime en faits d'armes et en prodiges physiques, accomplis avec une sorte d'humilité indifférente à la louange. Katsushiro : la jeunesse, l'enthousiasme, la générosité, l'idéalisme du samouraï débutant. Shichiroji : le professionnalisme effacé qui reste volontairement dans l'ombre. Kikuchiyo, qui n'a pas de nom, sauf celui qu'il a volé et que par dérision on lui a laissé, est le personnage le plus complexe, le plus spectaculaire et le plus novateur du film. Il est à cheval entre ces deux cultures dont la comparaison fonde une part du propos du film. Paysan d'origine, samouraï par volonté, il se montrera hâbleur, fanfaron, timide sous ses audaces, et surtout mal dans sa peau. Kurosawa a dépeint cette espèce de déclassé picaresque en donnant au personnage une grande truculence et un caractère plus artificiel que celui des autres samouraïs. Étant trop de choses à la fois, il n'est finalement personne et apparaît comme une sorte de pantin théâtral très attachant, tour à tour comique et pathétique. La phrase finale de Kambei a fait couler beaucoup d'encre. En fait, aux yeux de Kurosawa, il n'y a pas, à l'exception des bandits, de vrais perdants dans le film. Les paysans ont remporté une victoire sur leur ennemi séculaire, mais surtout sur eux-mêmes. Ils ont découvert, en combattant, leur propre force et leur solidarité. Les samouraïs, par leur sacrifice, ont fait gagner les habituels perdants et sont eux, dans cette mesure, aussi des gagnants, comme le sera plus tard le médecin Barberousse, même si son combat contre la misère, la maladie, la méchanceté, l'injustice est constamment à recommencer. Combat décourageant par excellence. Et tout le propos de Kurosawa vise à désigner le découragement, la lassitude comme l'ennemi principal de l'homme. Dans cette perspective, humanisme est synonyme pour lui d'épopée et l'ensemble de ses films constitue une vaste épopée de l'endurance morale. Dans *Les sept samouraïs*, c'est peut-être la part la plus extérieure de cette épopée qui apparaît. Kurosawa a stylisé la lutte des samouraïs et des paysans contre les bandits dans des instants visuels d'une haute qualité plastique. Chez les personnages, la psychologie s'efface souvent devant l'explosion de sentiments intenses et bouleversants, mais passagers, comme cette stupéfaction tragique de tel ou tel paysan face à la mort donnée ou reçue.

N.B. Remake américain par John Sturges *The Magnificent Seven* (*Les sept mercenaires,* 1960) qui, en les transposant au Mexique, a vulgarisé les personnages et le propos de Kurosawa jusqu'à les rendre méconnaissables. Plusieurs suites : *Return of the Seven* (*Le retour des sept,* Burt Kennedy, 1966), *Guns of the Magnificent Seven* (*Les colts des sept mercenaires,* Paul Wendkos, 1969), *The Magnificent Seven Ride !* (George McCowan, 1972).

BIBLIO. : scénario et dialogues de la version courte (avec quelques additions provenant d'une copie anglaise plus longue) *in* « L'Avant-Scène » n° 113 (1971). Voir aussi le volume consacré au film par Donald Richie, Grove Press, New York, 1970.

## SERGENT YORK
## (Sergeant York)

1941 – USA (134') • *Prod.* Warner Bros (Jesse L. Lasky, Hal B. Wallis, Howard Hawks) • *Réal.* HOWARD HAWKS • *Sc.* Abem Finkel, Harry Chandler, Howard Koch, John Huston d'ap. « War Diary of Sergeant York », « Sergeant York and His People » de Sam K. Cowan et « Sergeant York – Last of the Long Hunters » de Tom Skeyhill • *Phot.* Sol Polito (séquences de guerre : Arthur Edeson) • *Mus.* Max Steiner • *Int.* Gary Cooper (Alvin C. York), Joan Leslie (Gracie Williams), Walter Brennan (pasteur Rosier Pile), George Tobias (Michael T. « Pusher » Rose), Stanley Ridges (major Buxton), June Lockhart (Rosie

York), Dickie Moore (George York), Clem Bevans (Zeke), Howard da Silva (Lem), Joseph Sawyer (sergent Early), Robert Poterfield (Zeb Andrews), Elisha Cook, Jr. (le pianiste), Ward Bond (Ike Botkin), Noah Berry, Jr. (Buck Lipscomb), Erville Alderson (Nate Tompkins).

1916, au Tennessee. Le jeune Alvin York, d'un naturel plutôt naïf et timide, cultive une terre particulièrement ingrate. Pour se distraire, il se livre parfois dans les rues et dans les bars à des virées un peu bruyantes avec ses amis Ike et Buck, et sa mère est obligée de demander au pasteur de le raisonner. Celui-ci affirmera à Alvin, qui ne croit en rien, qu'un jour la foi lui viendra à l'improviste. Alvin courtise la jeune Gracie Williams qu'il a connue enfant et voudrait l'épouser. Il écarte d'elle, avec ses poings, son rival Zeb Andrews. Le grand rêve d'Alvin est d'acheter une bonne terre. Il convoite celle qu'a mise en vente Nate Tompkins. Après avoir fait un premier dépôt provenant de la vente de quelques biens (deux mulets, des peaux de bêtes, etc.), il travaille jour et nuit pour trouver les 70 dollars qui lui manquent. Il a une option de deux mois sur la terre, mais est obligé de demander un délai supplémentaire de quatre jours à Tompkins, qui le lui accorde. Excellent tireur, il remporte un concours de tir et gagne un bœuf entier dont la vente lui permettra de compléter la somme. Hélas, Tompkins n'a pas tenu parole et a vendu la terre à Zeb Andrews. Après une beuverie, Alvin s'apprête à aller tuer Andrews. Mais, durant cette nuit d'orage, la foudre frappe son fusil et cela lui remet les idées en place. Il se rend à l'église toute proche et chante avec les fidèles. Sa conversion subite lui enlève toute rancune à l'égard d'Andrews. Il déclare même à Gracie que celui-ci fera un très bon mari. Gracie, que cette noblesse d'âme inattendue rend folle de rage, lui déclare en retour qu'elle ne veut épouser que lui. L'Amérique est entrée en guerre contre l'Allemagne. Ses convictions religieuses interdisent à Alvin de porter les armes et il refuse de s'engager. Mais sa demande d'exemption est rejetée. Il rejoint son régiment en Géorgie. Durant l'exercice de tir, il fait des merveilles et ses supérieurs le proposent au grade de caporal, chargé de l'instruction du tir. Il refuse cette promotion. Le capitaine lui prête un livre sur l'histoire des États-Unis et lui donne une permission de huit jours pour qu'il réfléchisse et décide si la défense de la liberté, valeur sur laquelle est fondé le destin de son pays, ne vaut pas qu'on prenne les armes pour elle. Il retourne au Tennessee, lit et médite des journées entières dans la montagne. Puis il retourne à la caserne et accepte sa promotion. Envoyé en France, il se comporte en héros durant la seconde offensive sur l'Argonne en octobre 1918. Il nettoie un nid de mitrailleuses qui massacraient son régiment. Avec sept survivants, il fait 132 prisonniers. Cet exploit lui apporte une réputation gigantesque en France et aux États-Unis. Le général Foch lui décerne la médaille militaire. Il reçoit beaucoup d'autres décorations avant d'être acclamé à New York. Repoussant toutes les offres provenant des milieux du cinéma, du théâtre et de la publicité, car au fond il n'est pas fier d'avoir tué des hommes pour défendre son régiment, il préfère retourner auprès de sa famille dans le Tennessee. Là, il retrouve Gracie et découvre que les habitants de l'État lui ont fait bâtir, sur la terre qu'il n'avait pu acquérir et qui est maintenant la sienne, la maison de ses rêves.

☞ Le film occupe une place à part dans la filmographie de Hawks. Correspondant à une sorte de devoir d'amitié, il a été réalisé par Hawks et interprété par Cooper pour aider Jesse Lasky qui traversait une mauvaise passe après avoir été autrefois, à l'un comme à l'autre, leur premier employeur. C'est l'une des très rares œuvres de Hawks à présenter un personnage complètement primitif et c'est aussi l'un de ses rares films où le mélange des tons n'intervient pas directement. Le classicisme de Hawks, son honnêteté, son refus si caractéristique de tout formalisme, également son respect du personnage qu'il a à traiter, transcendent cette imagerie d'Épinal à laquelle, d'autre part, s'accorde parfaitement la naïveté sublime du style de jeu de Cooper. La destinée de York ne manque pas d'une certaine ambiguïté puisqu'il triompha en accomplissant toujours ce qu'il détestait le plus. Sans vouloir insister là-dessus, Hawks le fait néanmoins sentir avec une extrême discrétion. Il suit pas à pas l'itinéraire de son personnage, mécréant converti, objecteur de conscience devenu grand héros militaire. Il montre que les différentes étapes de sa vie correspondent toujours, de sa part, à un désir sincère de s'adapter, par volte-face successives, à une réalité plus complexe que lui. Il y aurait même quelque chose de comique et d'ironique dans ce destin en forme de paradoxe, si York n'avait traversé une époque et des circonstances aussi tragiques.

## SEULS LES ANGES ONT DES AILES
### (Only Angels Have Wings)

1939 – USA (121') • *Prod.* COL. (H. Hawks) • *Réal.* HOWARD HAWKS • *Sc.* Jules Furthman d'ap. une histoire de H. Hawks • *Phot.* Joseph Walker (prises de vues aériennes : Elmer Dyer) • *Mus.* Dimitri Tiomkin • *Int.* Cary Grant (Geoff Carter), Jean Arthur (Bonnie Lee), Richard Barthelmess (Bat McPherson), Rita Hayworth (Judith McPherson), Thomas Mitchell (Kid Dabb), Sig Ruman (Dutchie), Allyn Joslyn (Les Peters), Victor Kilian (Sparks), John Caroll (Gent Shelson), Donald Barry (Tex Gordon), Noah Berry, Jr. (Joe Souther), Manuel Maciste (le guitariste).

Barranca, petit port bananier d'Amérique du Sud. Geoff Carter, associé au tenancier de bar Dutchie, possède une petite compagnie d'aviation effectuant le transport du courrier et de diverses marchandises. Les avions sont plutôt vétustes, le temps souvent mauvais au-dessus de la cordillère des Andes, et les accidents ne sont pas rares. Ainsi, peu après l'arrivée de Bonnie Lee, une chorus-girl dont le bateau a fait escale à Barranca pour une nuit, un pilote de Carter, Joe Souther, a pris trop de risques à l'atterrissage et s'est écrasé. Bonnie Lee s'étonne de l'apparente froideur avec laquelle les hommes ont appris la nouvelle. Tombée amoureuse de Carter, elle a volontairement raté son bateau. Le prochain ne passera que dans une semaine. Carter, dont la devise consiste à ne jamais rien demander à une femme, est devenu misogyne à la suite de sa rupture avec Judith, une jeune femme qu'il aime encore et qui ne supportait plus les risques que son métier l'oblige à prendre. Carter a maintenant besoin d'un autre pilote et s'apprête à engager un nouveau venu, Bat McPherson. Celui-ci a eu autrefois une mauvaise histoire. Il a sauté en vol d'un avion, laissant mourir son copilote. L'ayant reconnu malgré sa nouvelle identité, les pilotes de Carter le traitent comme un lépreux. L'un des plus anciens collaborateurs et amis de Carter, le vieux Kid Dabb, se trouve être le frère du pilote avec qui McPherson faisait équipe. Il a beaucoup de mal à se retenir de lui casser la figure. Mais pour Carter, nécessité fait loi : Joe est mort et doit être remplacé ; de plus il vient de découvrir que Kid Dabb n'a plus une vue suffisamment bonne pour voler. Il doit le clouer au sol après 22 ans de bons et loyaux services, et cela lui fait encore un pilote de moins. Il engage donc McPherson sans lui cacher qu'il lui donnera les missions les plus risquées. La première consiste à transporter jusqu'à une mine des environs un médecin, puis, de là, à emmener un blessé qui a besoin de soins urgents. Ensuite McPherson devra transporter, en plus du courrier, un chargement de nitroglycérine refusé par un autre pilote. McPherson est arrivé à Barranca avec sa nouvelle épouse, Judith, l'ancienne fiancée de Carter. Elle demande à ce dernier pourquoi son mari est si mal vu de ses camarades et pourquoi on lui confie toujours les missions dont personne ne veut. Carter lui répond de s'adresser à son mari et essaie de lui apprendre à se montrer loyale envers lui. Bonnie, quant à elle, n'a pu s'empêcher d'avouer son amour à Carter, mais elle voudrait éviter – sans y parvenir – de lui montrer son inquiétude quand il participe à des vols difficiles. Essayant de l'empêcher de partir durant une tempête et le menaçant d'un revolver, elle le blesse accidentellement à l'épaule. Le vol doit absolument être assuré car l'obtention d'un contrat providentiel pour la compagnie en dépend. En l'absence de tout autre pilote, McPherson doit donc partir avec Kid Dabb comme co-pilote. La tempête les force à rebrousser chemin. Un oiseau heurte le pare-brise de l'avion et blesse Kid Dabb. L'avion est en feu. McPherson refuse de sauter et réussit à atterrir, regagnant ainsi l'estime de tous. Mais Kid Dabb a la colonne vertébrale brisée. Au moment de mourir, il demande à tous de quitter la pièce. Le temps s'est éclairci. Carter assurera le vol. Le bateau de Bonnie va bientôt partir. Elle dit adieu à Carter, sans parvenir à ce qu'il lui demande de rester. Il veut bien jouer son départ à pile ou face. Il choisit face et gagne. Avant de s'envoler, il remet la pièce à Bonnie. Un peu plus tard, elle constate que la pièce a deux côtés face. Estimant qu'après tout le geste de Carter vaut bien une demande en bonne et due forme, elle décide de rester...

☞ Cocktail particulièrement harmonieux et réussi de thèmes hawksiens : danger, professionnalisme, esprit d'équipe, amitié et estime entre hommes, misogynie et guerre des sexes. Tout est là, réuni, condensé dans un scénario d'acier qui s'appuie sur des personnages et des faits réels, dans une mise en scène à la fois aérée et confinée (paradoxe que la maîtrise de Hawks rend évident comme une vérité première). Avec sa fantaisie permanente et constamment renouvelée, on ne peut imaginer de film plus personnel. Et pourtant aucun de ses mérites ne fut à l'époque rattaché à la personnalité du metteur en scène. Il est vrai que, dans l'âge d'or d'Hollywood, la personnalité des cinéastes leur servait beaucoup moins à se fabriquer de la gloire qu'à faire de grands films. Et c'était bien ainsi. Si on suit le cheminement de Hawks à travers les années 30, on s'aperçoit que sa maîtrise ne lui est pas venue d'un seul coup, tant s'en faut. A part le coup de maître de *Scarface** et des réussites relativement mineures comme *Tiger Shark* ou *Barbary Coast,* il lui a fallu dépasser, transformer pendant presque dix ans une certaine forme d'académisme (sensible dans *The Dawn Patrol, The Crowd Roars, Today We Live, Ceiling Zero, The Road to Glory*) pour acquérir cette décontraction suprême qui est la marque de son génie. Il ne l'a réellement possédée, cette décontraction, qu'à partir du moment où il a su mélanger les genres et les tons à l'intérieur d'un même film. Et c'est avec *Seuls les anges ont des ailes* que ce mélange triomphe pour la première fois aussi royalement dans son œuvre. On meurt beaucoup dans ce film (dont l'action ne dure pourtant qu'une semaine). On y chante aussi ; on y ravale ses larmes ; on s'y dispute et on y passe aux aveux ; on y regagne l'estime d'autrui et la sienne propre. Et, finalement, il n'y a pas tant d'action à la surface du sol ou dans les airs qu'il n'y en a à l'intérieur des cœurs. Le grave et le divertissant se partagent constamment la scène, même si le grave à la fin l'emporte, et presque contre le gré du réalisateur. Comme ses personnages, il a une pudeur extrême à montrer son émotion et cherche à cacher qu'il parle avant tout de morale. Cette pudeur fait partie de son charme, encore efficace aujourd'hui.

N.B. *Seuls les anges ont des ailes* est le 24e titre de la filmographie de Rita Hayworth et son premier film important. A noter la présence insolite de Bartolomeo Pagano (= Manuel Maciste), le Maciste de *Cabiria**, dans le rôle d'un guitariste.

## SEULS SONT LES INDOMPTÉS
**(Lonely Are the Brave)**

1962 – USA (107') • *Prod.* UI (Edward Lewis pour Joel Production) • *Réal.* DAVID MILLER • *Sc.* Dalton Trumbo d'ap. R. « Brave Cowboy » d'Edward Abbey • *Phot.* Phil Lathrop (Panavision) • *Mus.* Jerry Goldsmith • *Int.* Kirk Douglas (Jack Burns), Gena Rowlands (Jerri Bondi), Walter Matthau (shérif Johnson), Michael Kane (Paul Bondi), Carroll O'Connor (Hinton), William Schallert (Harry), Karl Swenson (Révérend Hoskins).

Jack Burns, un cow-boy épris de liberté, est mal à l'aise à l'ère des avions supersoniques et des autoroutes à grand trafic. A la frontière du Mexique, dans la région d'Albuquerque, il rend visite à

Jerri, une jeune femme qu'il a aimée autrefois et qui s'est mariée à Paul, un ami d'enfance à lui. Il apprend que Paul purge actuellement une peine de deux ans de prison pour avoir aidé des émigrants mexicains. L'emprisonnement paraît à Burns un châtiment contre nature et il va aussitôt s'employer à libérer son ami. Il se rend dans un bar pour y déclencher une bagarre et se faire ainsi arrêter. Mais c'est lui qui est attaqué, avant d'avoir tenté quoi que ce soit, par un manchot particulièrement agressif qui l'entraîne dans un corps à corps très violent. La police arrive et enmène Burns. Après examen des faits, on décide de le relâcher, ce qui ne fait pas du tout son affaire. Burns frappe alors les policiers qui voulaient le libérer et en prend pour un an. A peine arrivé en prison, il se met à dos un gardien, véritable tortionnaire qui le tabassera et lui cassera une dent. Avec deux limes cachées dans ses bottes, Burns scie un barreau de sa cellule. Mais Paul n'est pas du tout décidé à s'évader. Il préfère accomplir ses deux ans tranquillement. Burns ne le comprend pas plus qu'il ne comprend le monde qui l'entoure. Il s'enfuit à cheval à travers les montagnes avec l'intention de passer au Mexique. Au cours d'une longue traque, une jeep, un hélicoptère ne pourront venir à bout du cow-boy, pourtant considérablement retardé par son cheval qu'il adore et ne veut abandonner. Le shérif Johnson qui dirige la poursuite ne peut s'empêcher d'admirer les efforts et la ténacité du cow-boy qui va sans doute réussir à lui échapper. Mais, au moment de traverser l'autoroute et de franchir la frontière, le cheval de Burns prend peur et est écrasé par un poids lourd. Il faut l'abattre. Burns lui-même est emmené par une ambulance.

☞ Produit par Kirk Douglas qui en a inspiré l'esprit et guidé l'élaboration, le film est une sorte de suite directe (mais jamais officiellement donnée comme telle) à *L'homme qui n'a pas d'étoile** que Douglas avait interprété pour la même firme en 1955. Comme Dempsey Rae, le héros du film de King Vidor, Jack Burns déteste les barbelés (il les coupe à l'occasion), tout comme il déteste les frontières, les pancartes et toutes leurs interdictions. Il déteste également la civilisation urbaine et industrielle. Elle est représentée ici par une prison aux allures de bagne, une jeep et un hélicoptère aussi bruyants qu'inefficaces, des autoroutes meurtrières. Sept ans séparent les deux films mais dix fois plus de temps s'est écoulé entre les histoires qu'ils racontent. Dempsey Rae était un indépendant, un individualiste qui pouvait encore espérer vivre quelques années – et peut-être même le reste de son existence – à sa guise et sans rien renier de ses aspirations fondamentales. Jack Burns, lui, est devenu un véritable dinosaure. Il n'a plus sa place dans un monde qui lui est aussi étranger que la planète Mars. La mise en scène de David Miller, qu'on aurait voulu parfois plus ramassée et moins démonstrative, n'est pas indigne pourtant du script de Trumbo. Elle en rend bien le pathétique, la colère rentrée, l'étrangeté. Mais c'est évidemment l'interprétation de Kirk Douglas qui constitue le noyau, le cœur d'un film qui veut rendre un hommage passéiste à deux valeurs dont l'homme contemporain semble avoir fait son deuil, au moins sous leurs formes les plus absolues : l'individualisme et le besoin instinctif et irrépressible de liberté. Le passéisme du film redevient actuel à l'heure écologique. Dans les deux œuvres, l'interprétation et le personnage de Kirk Douglas entraînent la même adhésion du spectateur, quoiqu'elle soit obtenue ici avec plus d'artifice, dans un contexte plus pauvre et plus schématique que celui du film de Vidor.

## SEVEN FACES OF DR LAO

Inédit en France. 1964 – USA (100') • *Prod.* MGM (George Pal) • *Réal.* GEORGE PAL • *Sc.* Charles Beaumont d'ap. R. « The Circus of Dr Lao » de Charles G. Finney • *Phot.* Robert Bronner (Metrocolor) • *Mus.* Leigh Harline • *Int.* Tony Randall (Dr Lao/la méduse/Apolonnios de Tyane/Pan/l'abominable homme des neiges/le serpent géant), Barbara Eden (Angela Benedict), Arthur O'Connell (Clint Stark), John Ericson (Ed

Cunningham), Noah Beery, Jr. (Tim Mitchell), Lee Patrick (Mrs. Howard Cassan), Minerva Urecal (Kate Lindquist).

Le Dr Lao, un magicien chinois de 7322 ans, possède un cirque, en tournée dans la petite ville d'Abalone, dans l'Arkansas. Durant son séjour dans la petite cité, le magicien s'appliquera à favoriser les amours d'un journaliste honnête et d'une institutrice, jeune veuve, mère d'un garçonnet à laquelle il apparaîtra sous la forme du dieu Pan. Il aidera également le journaliste dans sa campagne contre un businessman impitoyable, Clint Stark, qui veut acheter toute la ville car il a appris que le chemin de fer allait y passer. Sous divers déguisements, le Dr Lao tente de montrer aux citadins leurs défauts et leur étroitesse d'esprit. Par exemple, sous les traits du devin aveugle Apolonnios de Tyane, il prédit un avenir de morne et interminable ennui à la plus grande commère de la ville « Quand vous mourrez, ce sera comme si vous n'aviez jamais vécu. » Devenu serpent et ressemblant alors à Clint, il attire l'attention de ce dernier sur sa laideur physique et morale. En Gorgone, il pétrifie une vieille femme sceptique que son mari devra emporter comme il ferait d'une statue. Mais Merlin l'Enchanteur (autre incarnation de Lao) la métamorphose en une femme à nouveau vivante et miraculeusement aimable. Il rebâtit le journal saccagé par les hommes de main de Clint. Plus tard, une petite créature contenue dans un bol et grandissant à vue d'œil jusqu'à atteindre les dimensions gigantesques du monstre du Loch Ness leur flanquera une bonne correction. Il engloutirait Lao lui-même si le fils de l'institutrice ne venait tirer le magicien de ce mauvais pas. Les habitants, auxquels Lao aura montré la vision prémonitoire de la cité de Woldercan engloutie et détruite à cause de sa cupidité, ne se vendront pas à Clint. Quand le cirque s'en va, il laisse derrière lui une ville meilleure, plus libre et plus lucide que celle qu'il avait trouvée à son arrivée.

☞ Le merveilleux, ce genre si rare au cinéma et pourtant lié de manière indélébile à ses origines (Méliès), n'a jamais été mieux illustré que dans cette adaptation du livre de Charles G. Finney (1935) à la fantaisie étonnante et variée, aux trucages et aux maquillages prodigieusement réussis. Le propos est à cheval entre le conte moralisant pour enfants et la satire sociale caustique et même cruelle destinée aux adultes. Cette dualité riche de sens, qui de plus se situe dans un univers de western, déconcerta le public et valut au film un insuccès notoire. Pourtant, rien que sur le plan du spectaculaire, il mérite tous les éloges. La séquence du monstre du Loch Ness, par exemple, nécessita vingt poupées de tailles différentes et trois mois de tournage pour neuf minutes de projection (cf. Gail Morgan Hichman : « The Films of George Pal », New York, Barnes, 1977). Cette œuvre très riche et venue trop tôt est à redécouvrir.

## SEXE DES ANGES (LE)
### (Le voci bianche)

1965 – France-Italie (105') • *Prod.* Franca Film – Cinematografica Federiz, Rome. Francoriz, Paris. • *Réal.* PASQUALE FESTA CAMPANILE et MASSIMO FRANCIOSA • *Sc.* Pasquale Festa Campanile, Massimo Franciosa, Luigi Magni • *Phot.* Ennio Guarnieri (Technicolor, Techniscope) • *Déc., Cost.* Pier Luigi Pizzi • *Mus.* Gino Marinuzzi, Jr. • *Int.* Paolo Ferrari (Meo), Sandra Milo (Donna Carolina), Anouk Aimée (Lorenza), Vittorio Caprioli (Matteucio), Claudio Gora (Marchionne), Graziella Granata (Teresa), Philippe Leroy (le prince Ascanio), Jacqueline Sassard (Eugenia), Barbara Steele (Giulia), Jean Tissier (le prince Savello), Leopoldo Trieste (Orapronobbi), Jeanne Valérie (Maria).

Rome au XVIIIe siècle. Aîné de cinq enfants d'une famille très pauvre, Meo, homme d'un naturel plutôt paresseux mais plein d'initiative, est prêt à tous les expédients pour survivre. La famille de Meo a « vendu », pour payer ses dettes, le plus jeune des cinq garçons, Checchino, au Conservatoire où il deviendra un castrat. Mais juste avant d'être conduit chez le chirurgien, Checchino a pris la fuite. La famille ayant déjà dépensé l'argent, Meo est sommé par son frère, le très dévôt Orapronobbi, de remplacer Checchino. Pour le persuader, il exerce sur lui un chantage. En effet, peu de temps auparavant, Meo a joué un tour pendable au prince Ascanio sur lequel il avait une revanche à prendre. Il a chauffé à blanc le marchepied de son carrosse, de telle sorte que le prince a vu son pied transformé en « miche de pain de campagne ». Un innocent a été condamné à mort à la place de Meo. Or il se trouve que, lors de cette farce, Orapronobbi était présent. Il menace donc de dénoncer son frère si ce dernier refuse de remplacer Checchino. Meo n'a plus qu'à s'exécuter. Heureusement pour lui, il réussit à soudoyer « à crédit » le chirurgien qui devait l'opérer, en lui promettant une part de ses gains futurs. Meo restera intact. Sa nouvelle situation de pseudo-eunuque, si rassurante pour les maris, lui permet de fréquenter en toute tranquillité de nombreuses épouses romaines. Un jour, à l'occasion d'une tournée musicale, il se retrouve en présence de son ancienne fiancée, Teresa, à qui il avait fait croire, pour qu'elle consente enfin à lui céder, qu'il allait être réellement opéré. Ayant découvert la vérité, elle participera avec rage et délices aux diverses humiliations que son mari, le prince Savello, un octogénaire un peu sadique, fera subir à Meo. Par ailleurs, celui-ci doit supporter la vengeance d'Ascanio qui lui fera déguster un festin où les mets sont composés de crottes de bique. Les retrouvailles de Meo et Teresa ont porté leurs fruits et celle-ci est bientôt enceinte. Vu son âge, Savello sait fort bien qu'il n'y est pour rien. Pour sauver sa vie, et la situation de Teresa, la seule femme qu'il ait jamais aimée, Meo devra passer par les mains du chirurgien, seule façon pour lui de prouver son innocence...

☞ Œuvre en dehors de tous les courants et de toutes les modes, *Le sexe des anges* reflète la vitalité du cinéma italien à travers le talent d'un de ses représentants les plus prolifiques durant les trente dernières années, Pasquale Festa Campanile (1927-1986), à la fois scénariste, metteur en scène de théâtre et de cinéma, dramaturge, écrivain, etc. Originalité du sujet, profusion de l'invention scénaristique, extrême liberté de ton qui évoque Boccace, Machiavel et plus encore Suétone, ces différentes qualités sont mises ici au service d'une reconstitution non-conformiste d'un XVIIIe siècle libertin et féroce. Sa douceur de vivre tant vantée n'était – et pour cause – accessible qu'à quelques-uns. Trouvant son fil conducteur dans les aventures picaresques de cet italien typique qu'est Meo, le film progresse par digressions successives, anecdotes, détails piquants et significatifs qui recomposent, à partir du sujet véridique des castrats, tout un monde social injuste, cruel et souvent atrocement vulgaire sous son vernis d'élégance. Ce monde, pour les auteurs, n'a guère changé depuis. « Nous voulons, ont-ils déclaré, que notre histoire soit une allégorie de ce qui se passe encore de nos jours dans tous les pays du monde, sous n'importe quel régime politique. Jadis, on se soumettait à une espèce de torture, de déformation et de mutilation pour arriver à un résultat bien déterminé ; aujourd'hui, les tortures ne sont plus physiques mais se présentent sous un autre aspect : l'aspect moral. Et ce sont des tortures qui nous sont imposées dès la plus tendre enfance par nos parents, nos maîtres, et puis par nos supérieurs ; il existe donc des tortures volontaires auxquelles nous nous plions pour obtenir le succès dans la vie, pour faire bonne figure, pour être conformistes, pour notre carrière, en vertu de l'émulation ou tout simplement de l'envie. D'une certaine façon, chacun de nous doit faire le *soprano* et dissimuler sa conscience et sa dignité. » En tout cas, pour notre plus grand plaisir, règnent à tous les niveaux du film (choix et direction des acteurs, construction du récit, décors, etc.) une créativité généreuse, une impertinence grinçante et rare.

N.B. L'œuvre foisonnante et souvent inégale de Festa Campanile comprend au moins une dizaine de films très originaux. On recommandera particulièrement *Una vergine per il principe* (*Une vierge pour le prince,* 1965), évocation historique de mêmes envergure et tonalité que celle-ci ; *Il merlo maschio* (*Ma femme est un violon,* 1971), essai de psychopathologie sexuelle malicieux et réjouissant ; *Il ladrone* (*Le larron*, 1979), réécriture très personnelle de la vie de Jésus.

## SHANGHAI D'HIER ET D'AUJOURD'HUI (Xinjiu Shanghai)

1936 – Chine (90') • *Prod.* Studios Mingxing • *Réal.* CHENG BUGAO • *Sc.* Hong Shen • *Phot.* Dong Kuji • *Int.* Shu Xiuwen, Wang Xianthai, Huang Naishuang, Gong Qiuxia, Zhu Qiuhen, Gu Meijun, Yuan Shaomei.

Six familles logeant dans un meublé de Shanghai connaissent une misère plus ou moins prononcée : un chauffeur de maître et sa femme ; un professeur qui tente de faire publier ses articles dans les journaux ; un vendeur de meubles au chômage avec sa femme malade et ses nombreux enfants affamés (ce sont les plus à plaindre de la maison) ; deux sœurs taxi-girls ; la logeuse et son fils ; un chômeur, ex-employé d'une usine de textile, et sa femme, acariâtre et malgré tout séduisante. Tous les jours, l'ex-employé sort de bon matin de la maison pour faire croire à la logeuse, qui surveille les faits et gestes de tout le monde, qu'il travaille encore. La logeuse est elle-même sollicitée sur le plan pécuniaire par son fils, voleur à l'occasion, et par sa fille, mère d'un bébé. La femme acariâtre a vendu ses bijoux pour payer une dette de son mari. Celui-ci ne peut s'empêcher de prêter une partie de cet argent à son voisin, le père de famille. D'où un surcroît de récriminations de la part de son épouse. Elle gagne une grosse somme à la loterie. Le couple place son argent chez un agent de change qui fait faillite. Entre-temps, il y a eu des départs dans la maison : l'une des taxi-girls se marie, l'autre retourne dans son village ; le chauffeur suit son maître qui s'installe à Nankin. Le couple, ruiné, dépensera le peu d'argent qui lui reste à éviter la prison au fils de la logeuse et à payer le médecin qui soignera l'un des enfants du vendeur de meubles. L'usine textile ouvre à nouveau. A six heures du matin, le mari doit se lever, faire ses ablutions, tandis que sa femme continue ses jérémiades habituelles...

☞ Unanimisme et populisme dans un huis-clos peuplé et divers, semblable à celui de *Du haut en bas* (Pabst, 1933), *Sixième étage* (Cloche, 1939) ou *Derrière la façade** (Mirande, 1939). Les difficultés d'argent, très gênantes pour les uns, intolérables pour les autres, sont l'unique moteur de l'intrigue. Elles cimentent la communauté des habitants de l'immeuble, car on se rend visite constamment entre parents, amis et co-locataires pour s'emprunter pièces et billets. Une bonne moitié du film est occupée par les disputes continuelles d'un couple de petits-bourgeois ruinés, où il est surtout question de jambonneau braisé (le plat préféré du mari), de notes de coiffure trop élevées et de produits de beauté dispendieux. Le film est primitif par son statisme, mais beaucoup moins que certaines œuvres de l'époque, comme par exemple *Le jour se lève* de Yue Feng (1938). Il devient assez moderne quand il tend à évoquer d'une façon paradoxale toute la misère de Shanghai à travers une longue et interminable scène de ménage. Excellemment interprétée, rattachée sur le plan dramatique à tout ce qui passe dans la maison, cette séquence exprime, par-delà la colère et la rancœur des deux époux, l'union indélébile d'un couple dont les malheurs sont à la fois très caractéristiques de l'environnement social et quasiment dérisoires, si on les compare à ceux d'autres habitants de l'immeuble ou de la ville. Un ton enjoué, roboratif, même dans les scènes les plus pénibles, a préservé le film du sentimentalisme et du vieillissement.

## SHERLOCK, JR. (id.)

1924 – USA (5 bob.) • *Prod.* Buster Keaton Productions • *Réal.* ROSCOE ARBUCKLE (non crédité), BUSTER KEATON • *Sc.* Clyde Bruckman, Jean C. Havez et Joseph A. Mitchell • *Phot.* Elgin Lessley, Byron Houck • *Int.* Buster Keaton (le projectionniste), Kathryn McGuire (sa fiancée), Joe Keaton (son père), Ward Crane (le rival), Erwin Connelly (le butler), Jane Connelly, Ford West.

Buster court deux lièvres à la fois. Il est projectionniste de cinéma et voudrait être détective. Il courtise une jeune fille mais a un rival, lequel vole sa montre au père de la jeune fille et va la placer chez un prêteur. Avec le produit du vol il achète une gigantesque boîte de chocolats qu'il offre à la jeune fille ; puis il place le ticket du prêteur dans la poche du détective en herbe. Le père s'aperçoit du vol. Buster mène l'enquête et suivant les indications de son manuel de bon détective se met à fouiller tout le monde ; on le fouille ensuite lui-même : on retrouve le ticket dans sa poche. Le père chasse Buster aussitôt ; la jeune fille lui rend sa bague de fiançailles. Buster rejoint sa cabine de projection où il s'endort tristement. Le film qui passe dans la salle s'appelle « Hearts and Pearls ». Le double de Buster (c'est-à-dire Buster dans son rêve) descend dans la salle et pénètre dans l'écran où s'agitent des personnages semblables à ceux qu'ils fréquentent quotidiennement : la fiancée, son père, le rival. A ceci près qu'ils sont tous des sortes d'aristocrates, évoluant dans les hautes sphères, et toujours luxueusement vêtus. Le rival rejette Buster dans la salle. Têtu, celui-ci retourne sur l'écran et se retrouve – parfois bien embarrassé – dans toutes sortes de décors et d'espaces. Le rival vole des perles appartenant à la famille de la jeune fille. Le père appelle alors à la rescousse le plus célèbre détective du monde, Sherlock, Jr. (qui n'est autre bien sûr que notre Buster). Celui-ci, toujours vêtu d'un frac, vient enquêter dans la famille. Il échappe à tous les pièges mortels tendus par le rival et son complice : poison, hallebarde actionnée par un mécanisme placé sous un fauteuil, balle de billard remplacée par une grenade. Puis il poursuit le rival qui était allé remettre les bijoux à sa bande. Celui-ci a fait également kidnapper la jeune fille. Au terme d'une cavalcade épique, Buster, juché à l'avant d'une moto pilote, retrouve la cabane où la jeune fille est prisonnière et la libère. Dans sa cabine, Buster se réveille. La jeune fille surgit et s'excuse de sa méprise. Ayant mené elle aussi son enquête, elle a découvert qu'il n'était pas coupable. Buster l'embrasse en prenant modèle sur le héros de l'écran.

☞ Troisième long métrage de Keaton, *Sherlock, Jr.* est l'un des plus courts mais aussi l'un des plus denses et l'un des plus étonnants du grand comique. Keaton ne cherche pas dans ce film à maîtriser géométriquement l'espace ni à réaliser des prouesses physiques (sauf dans la séquence de la poursuite à moto). C'est au niveau du récit et de l'invention des gags que ses principales innovations ont lieu. Keaton élabore une intrigue où l'univers du rêve existe au même titre que la réalité et s'entrecroise avec elle par le moyen d'une fiction dans la fiction, d'un film dans le film. Le double imaginaire de Buster pénètre dans l'écran et y vit les expériences enrichissantes et glorieuses dont la réalité le prive ; à la fin, la réalité imite un peu le rêve et rend justice au héros. Keaton anticipe, par le principe même de l'histoire et par nombre de trouvailles, sur les narrations les plus risquées de Buñuel ou de Woody Allen. (En particulier, *Sherlock, Jr.* n'a rien à envier à *La rose pourpre du Caire* (1985) qu'il dépasse constamment par une verve plus naturelle et plus dense.) Sur une trame d'une audace stupéfiante et tranquille, Keaton pique quelques gags d'essence surréaliste extrêmement spectaculaires et, par exemple, le gag de la porte du coffre-fort ouvrant sur la rue l'emporte en efficacité et en magie sur les meilleurs moments du *Chien andalou* ou de *L'âge d'or**. Il s'agit en général de gags de fuite permettant au personnage de pénétrer non seulement dans le rêve et l'irréel, mais aussi dans l'impossible et dans l'absurde. Poursuivi, Buster échappe par exemple à ses adversaires en sautant dans une boîte tenue par son associé dont il traverse le corps, ainsi que le mur placé derrière lui. Auparavant Buster avait échappé à la bande du rival en sautant à travers une fenêtre devant laquelle était placée une mince boîte circulaire ressemblant à un cerceau et contenant une robe de femme. Buster traverse le « cerceau » et jaillit soudain revêtu de la robe... Ce dernier gag exigeait, pour être vu par le spectateur en continuité, qu'un mur soit enlevé à la pièce où Buster prenait son élan. Qu'à cela ne tienne : Keaton (metteur en scène) fait disparaître tout simplement le mur comme si de rien n'était ! Ces gags, hautement sophistiqués dans leur conception, leur trucage, leur exécution physique et leur mise en scène, n'ont jamais été dépassés.

N.B. Selon Keaton, Roscoe Arbuckle (= Fatty) n'aurait dirigé le film que pendant quelques jours. Selon David A. Yallop, le biographe de Fatty (cf. « The Day the Laughter Stopped. The True Story of Fatty Arbuckle », Hodder and Stoughton, Londres, 1976), Fatty aurait co-dirigé le film d'un bout à l'autre et en aurait même fourni l'idée initiale. Yallop s'appuie sur un témoignage de Doris Deane, l'épouse de Fatty, présente sur le plateau.

## SHOCK CORRIDOR (id.)

1963 – USA (101') • *Prod.* Allied Artists (Leon Fromkess, Sam Firks, Samuel Fuller) • *Réal.* SAMUEL FULLER • *Sc.* S. Fuller • *Phot.* Stanley Cortez (noir et blanc et quelques séquences en couleurs) • *Mus.* Paul Dunlap • *Int.* Peter Breck (Johnny Bennet), Constance Towers (Cathy), Gene Evans (Boden), James Best (Stuart), Hari Rhodes (Trent), Larry Tucker (Pagliacci), Paul Dubov (Dr Menkin), Chuck Robertson (Wilkes), John Matthews (Dr Cristo), Neyle Morrow (Hyde).

Pour gagner le prix Pulitzer, un journaliste, Johnny Bennet, projette de se faire interner dans un asile psychiatrique où un pensionnaire avait été poignardé sans qu'on ait jamais découvert le coupable. Bennet espère durant son séjour résoudre l'énigme et en tirer un article sensationnel. Sa fiancée, Cathy, une strip-teaseuse, quoiqu'en désaccord avec son projet, se fait passer pour sa sœur et l'accuse de comportement incestueux envers elle. Bennet a répété pendant un an avec un psychiatre ce qu'il devait dire durant les interrogatoires pour se faire passer pour un maniaque sexuel. Le plan réussit. Une fois sur place, Bennet, en entrant dans leur jeu et dans leur folie individuelle, devient l'ami des trois témoins du crime et essaie de les faire parler. Le premier d'entre eux se prend pour un général sudiste et revit perpétuellement des événements de la guerre de Sécession. Il a subi, dans la réalité, un lavage de cerveau durant sa captivité en Corée et a dénoncé des camarades. Il apprend à Bennet que l'assassin est un médecin ou un infirmier. Il n'en sait pas plus. Le deuxième témoin est un Noir autrefois incrit dans une université du Mississippi où il était le seul étudiant de sa race. Il se promène aujourd'hui dans le couloir principal de l'hôpital, « la Rue », en brandissant des pancartes où sont inscrits des slogans anti-noirs. La tête couverte d'une cagoule du Ku Klux Klan, il tient des discours racistes et pousse ses compagnons à l'émeute raciale. Il agresse un employé noir de l'hôpital. Il confirme à Bennet que l'assassin est bien un infirmier, mais le journaliste ne parviendra pas à lui soutirer un nom. Le comportement de Bennet commence à devenir étrange. Recevant la visite de Cathy, il la repousse avec dégoût quand elle veut l'embrasser. Il la prend parfois pour sa sœur. Il subit une séance d'électrochocs et interroge le troisième témoin : Boden, Prix Nobel, retombé en enfance après avoir travaillé sur la fission nucléaire. Boden lui dit le nom de l'assassin : Wilkes, un infirmier. Bennet a alors une crise et se met à frapper violemment son interlocuteur. Plus tard, il est incapable de se rappeler le nom prononcé par Boden. Il a des hallucinations, voit « la Rue » noyée sous la pluie. Il attaque l'infirmier Wilkes et l'oblige à avouer son crime. Il a ainsi atteint son but mais sombre alors dans un état catatonique dont personne, pas même Cathy, ne pourra le faire sortir. Il fait maintenant partie pour de bon des malades de l'hôpital.

☞ Un film-somme qui récapitule l'essentiel des thèmes fullériens : le journalisme, la folie et surtout cette tentation infernale de changer d'identité et de destin qu'éprouvent les plus torturés des héros de l'auteur. Parfois, comme ici, ce changement d'identité n'est qu'un moyen utilisé en vue d'une certaine fin. Dans *House of Bamboo* (*Maison de bambou*, 1955), un policier s'infiltre parmi des gangsters pour accumuler des preuves contre eux et devient, moralement parlant, semblable à eux. Le sudiste vaincu de *Run of the Arrow* (*Le jugement des flèches**, 1956) veut à tout prix devenir un Indien pour fuir une nation qu'il exècre. Ici un journaliste sain de corps et d'esprit (mais son ambition dévastatrice n'est-elle pas déjà une forme de folie ?) pénètre parmi les fous pour écrire un fabuleux papier et deviendra l'un d'entre eux. Chez tous ces personnages, cette traîtrise à ce qu'ils ont de plus fondamental en eux (leur identité), cette transgression suprême ne pourra *in fine* que se retourner contre eux : ici le retournement sera particulièrement cruel et spectaculaire. Les insuffisances du budget, le jeu rudimentaire de certains acteurs ont rendu l'intrigue plus schématique, plus onirique encore qu'elle ne l'était sans doute sur le papier et dans l'esprit de Fuller. Mais, dans ce cauchemar ultra-signifiant qui stigmatise à travers ses différentes figures de fous plusieurs tares de l'Amérique, le style, les effets et le baroquisme fullériens apparaissent et sautent aux yeux dans une nudité et une originalité saisissantes. Chez le grand baroque qu'est Fuller, l'idée, l'image, l'effet vont droit au sens, deviennent sens avec une vitesse fulgurante qui fait fi de tout détour par le réalisme et par le vraisemblable. La pauvreté de moyens qu'a souvent connue Fuller ne fait en général qu'accélérer cette vitesse.

N.B. Les séquences d'hallucinations en couleurs et en Cinémascope non désanamorphosé sont constituées de plans de *Maison de bambou* et de *Tigrero* (film inachevé de Fuller, commencé au Brésil en 1955).

BIBLIO. : scénario et dialogues *in* « L'Avant-Scène » n° 54 (1965). Une *novelization* du film a été écrite par Michael Avallone. Elle parut chez Belmonte, New York, 1963, et en traduction dans la « Série noire » n° 1028, 1966, puis dans la collection « Carré noir », Gallimard, 1980.

## SHOP AROUND THE CORNER (THE)
### (Rendez-vous)

1940 – USA (97') • *Prod.* MGM (Ernst Lubitsch) • *Réal.* ERNST LUBITSCH • *Sc.* Samson Raphaelson d'ap. P. « Illatszertar » de Miklos Laszlo • *Phot.* William Daniels • *Mus.* Werner R. Heymann • *Int.* Margaret Sullavan (Klara Novak), James Stewart (Alfred Kralik), Frank Morgan (Hugo Matuschek), Joseph Schildkraut (Ferencz Vadas), Sara Haden (Flora), Felix Bressart (Pirovitch), William Tracy (Pepi Katona), Inez Courtney (Ilona Novotni), Charles Smith (Rudy).

Budapest. Les employés de la boutique de cadeaux Matuschek and Company battent le pavé avant l'heure de l'ouverture. C'est que pour rien au monde ils ne voudraient être en retard et risquer de déplaire à leur patron. Matuschek, qui a passé la cinquantaine, est un brave homme, même s'il apprécie assez peu la contradiction. Son plus ancien employé, Kralik, aujourd'hui premier vendeur, n'hésite pas pourtant à le contredire quand c'est nécessaire à la bonne marche des affaires. Ferencz Vadas, employé du type servile et cauteleux, donne, lui, toujours raison à son patron. Quant au vieux Pirovitch, lorsqu'il entend le patron solliciter l'opinion de ses vendeurs, il disparaît dans la remise ou ailleurs pour n'avoir pas à prendre parti. Une jeune femme, Klara Novak, recherchant désespérément du travail, réussit à se faire engager par Matuschek. Kralik confie à son ami Pirovitch qu'il a engagé une correspondance avec une jeune fille par le moyen des petites annonces. Mais il n'ose la rencontrer par crainte de la décevoir. Pendant les semaines qui suivent, Kralik et Klara Novak s'entendent mal et ne cessent de se disputer à tout propos. D'autre part, Kralik constate, sans pouvoir se l'expliquer, qu'il n'est plus dans les petits papiers de Matuschek, lequel finit par le renvoyer sans donner de motif. Ce soir-là précisément, Kralik devait rencontrer sa correspondante. Il ne s'en sent pas le courage et envoie Pirovitch lui porter un message au café où était fixé le rendez-vous. Pirovitch reconnaît Klara et, du coup, Kralik, qui ne s'est pas fait connaître, annule son message. Matuschek reçoit le détective qu'il avait chargé de suivre sa femme et apprend qu'elle fréquente Ferencz Vadas. Matuschek soupçonnait Kralik et l'a donc renvoyé injustement. Bouleversé par la conduite de sa femme, Matuschek veut se suicider mais en est empêché par son coursier. Il fait un séjour en clinique pour une dépression et réintègre Kralik comme vendeur. Sa première tâche est de mettre Vadas à la porte. A la boutique, les relations entre Klara et Kralik sont loin de s'améliorer. Noël arrive : la boutique est pleine de monde et Matuschek s'échappe un moment de sa clinique pour assister à ce spectacle qui lui ravit le cœur. Klara avoue à Kralik que, dès le début de son engagement, elle était tombée amoureuse de lui. Devant son indifférence, elle avait tout fait pour le faire sortir de ses gonds. Il lui révèle enfin qu'il est son correspondant adoré.

☞ Étrangement, les deux meilleurs films de Capra *(It's a Wonderful Life*)* et de Lubitsch *(The Shop Around the Corner),* l'un et l'autre interprétés par James Stewart, sont assez peu représentatifs de leurs auteurs. James Stewart dans *It's a Wonderful Life** n'est plus le pantin idéologique de *Monsieur Smith au Sénat** mais un être de chair et de sang qui devra traverser plusieurs univers, vagabonder dans le réel et l'irréel, pour découvrir et imposer sa vérité. Dans *The Shop Around the Corner,* les personnages ne sont plus ces princes, ces marginaux vivant dans l'insouciance et le luxe auxquels Lubitsch nous a habitués, mais des êtres ordinaires, fragiles, soucieux, connaissant une situation précaire tant sur le plan social que sentimental. Consciemment ou non, les deux films semblent influencés de l'intérieur par le grand maître occulte de la comédie américaine de toute cette époque, Leo McCarey. *The Shop...* obéit en effet, dans ses profondeurs, au *système McCarey* qui veut que l'émotion et le rire aient partie liée, que la meilleure comédie soit aussi la plus chargée d'universalité, la moins frivole et celle où les personnages se montrent humains, trop humains de la première à la dernière seconde du récit. Le miracle de *The Shop* est que, tout en passant sur un autre registre qui leur est moins familier, Lubitsch et son scénariste, Samson Raphaelson, démontrent la même virtuosité irrésistible à tous les stades de leur travail. Une intrigue merveilleusement nouée, une interprétation subtile et variée, un contexte social décrit avec une grande acuité, quoique l'essentiel de l'action reste enfermé entre les quatre murs d'une boutique, ont permis au film de garder une jeunesse intacte. Et *The Shop Around the Corner* a connu à Paris, quarante ans après sa première sortie, une ressortie triomphale, comparable à celle des Buster Keaton dans les années 60 et de *Ruggles of Red Gap** en 1968. Ce succès, le film le doit bien sûr à son génie mais aussi, d'une façon plus circonstancielle, à son étonnante description de la précarité sociale des personnages et de la menace diffuse qui pèse sur leur emploi et sur eux-mêmes. Il est vrai qu'aucun film d'aujourd'hui n'a su appréhender avec autant d'humanité les craintes d'une société en proie au chômage.

N.B. Remake musical : *In the Good Old Summertime* (Robert Z. Leonard, 1949).

BIBLIO. : scénario et dialogues publiés dans le volume « Three Screen Comedies by Samson Raphaelson », The University of Wisconsin Press, 1983 (avec *Trouble in Paradise** et *Heaven Can Wait).* Préface générale de l'auteur sur sa collaboration avec Lubitsch et notes sur chaque film. A propos de *The Shop...,* Raphaelson écrit : « Ce travail fut très excitant. Lubitsch avait respecté la nature du matériau original et pour la première fois il n'y avait pas de "Lubitsch touches". Cette fois, Lubitsch et moi retournâmes vers notre jeunesse, l'émotion était présente et il n'y eut aucune recherche de rouerie cinématographique. »

## SIGNE DU COBRA (LE) (Cobra Woman)

1944 – USA (71') • *Prod.* U (George Waggner) • *Réal.* ROBERT SIODMAK • *Sc.* Richard Brooks, Gene Lewis d'ap. nouvelle de W. Scott Darling • *Phot.* George Robinson, W. Howard Greene (Technicolor) • *Mus.* Edward Ward • *Int.* Maria Montez (Tollea/Nadja), Sabu (Kado), Jon Hall (Ramu), Lois Collier (Veeda), Edgar Barrier (Martok), Lon Chaney, Jr. (Hara), Samuel S. Hinds (le Père Paul), Mary Nash (la Reine).

La vieille reine du peuple du Cobra fait kidnapper sa petite fille afin qu'elle revienne en son île natale (au milieu de l'océan Indien) et supplante sa sœur jumelle, grande prêtresse cruelle et sanguinaire, dans la direction du royaume.

☞ Film devenu mythique de par l'extravagance de son scénario, de son Technicolor flamboyant, de ses costumes, de ses décors et par la présence de Maria Montez dans un double rôle. L'intrigue est en fait celle d'un *serial* condensé, filmé de manière un peu plus luxueuse que le *serial* ordinaire, mais non moins délirante. Séquence anthologique : Maria Montez en grande prêtresse danse face au cobra et désigne dans la foule, par un geste du bras imitant la fulgurance du reptile, ceux qui vont mourir, sacrifiés au volcan. Quant au thème, il serait presque sérieux (le scénario est de Richard Brooks), si le film ne l'était aussi peu. On y voit en effet les ravages du fanatisme religieux, dont les racines plongent dans la crédulité du peuple aussi bien que dans ses peurs et son sentiment de culpabilité. La mise en scène proprement dite est – hélas – très statique au point qu'on douterait qu'elle soit de Siodmak. Elle semble avoir subi l'influence du producteur George Waggner, grand tâcheron devant l'Éternel. A noter que le film reprend le thème des jumelles, identiques au physique mais opposées au moral, qui sera développé par Siodmak dans *The Dark Mirror* (1946). L'œuvre est typique d'une époque où Hollywood allait sans complexe jusqu'au bout de ses fantasmes et de ses délires. Un charme ambigu se dégage du film, qui vient de son mélange insolite de sérieux (à dose homéopathique), d'ironie (l'intrigue est parfois très drôle dans sa dérision de la superstition religieuse) et d'extrême puérilité.

## SIGNOR MAX (IL)

1937 – Italie (2 347 m) • *Prod.* Astra Film • *Réal.* MARIO CAMERINI • *Sc.* Mario Camerini et Mario Soldati d'ap. sujet de Amleto Palermi • *Phot.* Anchise Brizzi • *Mus.* Renzo Rossellini • *Int.* Vittorio De Sica (Gianni), Assia Noris (Lauretta), Rubi Dalma (Donna Paola), Lilia Dale, Giovanni Barrella, Umberto Melnati.

Pour se donner l'illusion de la grande vie, Gianni, un vendeur de journaux, neveu d'un employé des chemins de fer, s'offre une croisière en Méditerranée. Sous l'identité de Signor Max, il joue au grand seigneur et tombe amoureux d'une aristocrate, Donna Paola. Ayant perdu tout son argent à San Remo, il doit rentrer à Rome. Il retrouve par hasard la caméariste de Donna Paola et, par elle, peut recontacter la dame de ses pensées. Vis-à-vis de la caméariste, il doit jouer un périlleux double rôle. Peu à peu, il se déprend de ses « amis » aristocrates et devient sensible à l'amour et à la simplicité de la caméariste. Quand elle a démissionné de son poste, il décide de l'épouser.

☞ Grâce au talent de Camerini, le cinéma des « téléphones blancs » matérialise ici les rêves de la toute petite-bourgeoisie italienne et, en même temps, en livre la satire avec ironie et tendresse. Le caractère précieux du film vient de ce qu'à aucun moment le héros, dans son double rôle à transformation, ne devient un fantoche, pas plus que sa partenaire ne sombre dans la mièvrerie. Camerini les montre l'un et l'autre vulnérables, humains, victimes du snobisme et des idées artificielles qu'ils se font du bonheur. A la fin ces idées tomberont comme des masques. Légèreté, émotion, humour et lucide observation de mœurs cohabitent dans un récit aussi charmant que riche de sens.

N.B. Remake italo-espagnol : *Il conte Max*, 1957, de Giorgio Bianchi, avec Alberto Sordi et Vittorio De Sica.

## SI J'AVAIS UN MILLION (If I Had a Million)

1932 – USA (83' sans le sketch V) • *Prod.* PAR. (Louis D. Dighton ; supervision : Ernst Lubitsch) • *Réal.* LOTHAR MENDES (non crédité ; prologue), STEPHEN ROBERTS (I), JAMES CRUZE (II et VIII), NORMAN McLEOD (III), NORMAN TAUROG (IV), H. BRUCE HUMBERSTONE (V), ERNST LUBITSCH (VI), WILLIAM A. SEITER (VII) • *Sc.* Claude Bynion, Malcom Stuart Boylan, Sidney Buchman, Isabel Dawn, Olivier H.P. Garrett, Grover Jones, Lawton MacKall, William Slavens McNutt, Whitney Bolton, John Bright, Lester Cole, Boyce DeGaw, Harvey Gates, Ernst Lubitsch, Joseph Mankiewicz, Robert Sparks, Walter DeLeon,

Seton I. Miller, Tiffany Thayer d'ap. une histoire de Robert Andrews • *Int. Prologue :* Richard Bennett (John Glidden), Gail Patrick (secrétaire) ; I Charlie Ruggles (Henry Peabody), Mary Boland (Mrs. Peabody) ; II Wynne Gibson (Violet Smith) ; III George Raft (Eddie Jackson) ; IV W.C. Fields (Rollo La Rue), Alison Skipworth (Emily La Rue) ; V Gene Raymond (John Wallace), Frances Dee (Mary Wallace) ; VI Charles Laughton (Phineas V. Lambert) ; VII Gary Cooper (Steven Gallagher), Jack Oakie (Mulligan), Roscoe Karns (O'Brien), Joyce Compton (Marie) ; VIII May Robson (Mary Walker), Blanche Frederici (infirmière en chef).

Méprisant ses employés et détestant sa famille, un milliardaire, à la veille de mourir, décide de donner un chèque d'un million de dollars à une série d'inconnus dont il trouve les noms dans l'annuaire. Il remettra personnellement à chacun d'entre eux sa part du fabuleux héritage. I En possession du chèque, un vendeur en porcelaine, persécuté par son patron et sa femme, fait un massacre dans le magasin où il travaille. II Une prostituée loue une suite dans un palace et connaît alors la plus grande volupté qui soit au monde : être seule dans un grand lit. III Un faussaire poursuivi par la police n'arrive pas à faire croire que le chèque est bon. Il le donne au patron d'un asile de nuit pour prix d'une bonne nuit de sommeil. Le patron s'en servira pour allumer sa cigarette. IV Un couple d'anciens acteurs de music-hall est propriétaire d'un *tea-room.* Ils consacrent les économies de toute une vie à acquérir une belle voiture qu'un chauffard emboutit le jour même où ils en prennent livraison. A la tête d'une petite armada de véhicules, ils utilisent leur nouvelle fortune à traquer dans les rues des chauffards et à esquinter leurs voitures. V Un condamné à mort reçoit le chèque trop tard pour pouvoir se payer les services du grand avocat qui l'aurait peut-être sauvé. VI Un employé de bureau anonyme se paie le luxe de grimper jusqu'au bureau du grand patron et de l'insulter en faisant devant lui un bruit de bouche significatif. VII Trois Marines courtisent la même fille. Pour pouvoir la sortir, l'un d'entre eux donne le chèque d'un million de dollars reçu en ce jour de premier avril (il croit donc qu'il s'agit d'une blague) à un vendeur de hamburgers myope qui le prend pour un chèque de dix dollars. Quand, plus tard, il verra le vendeur sortir d'une riche limousine, habillé comme un prince, il comprendra son erreur. VIII Le dernier chèque est donné à la vieille pensionnaire d'une maison de retraite. Elle l'utilise pour réformer l'asile et s'offrir à elle-même ainsi qu'à ses compagnes le confort et les petites joies que leur interdisaient les mille et un articles d'un règlement draconien. Le milliardaire, de plus en plus en forme, se met à fréquenter la bénéficiaire du dernier chèque et a l'impression de retrouver sa jeunesse.

☞ Ce célébrissime film à sketches des débuts du parlant a gardé sa vigueur et son homogénéité en raison de l'extrême laconisme de sa narration. Ce laconisme, qui est autant affaire de ton que de construction dramatique, triomphe tout particulièrement dans les sketches de la prostituée (II) et de l'employé de bureau (VI). L'autre raison du non-vieillissement du film tient à l'actualité de certaines des cibles visées : ex., dans les sketches IV et VII, le danger des chauffards et la réglementation humiliante et parternaliste des maisons de retraite, deux plaies contre lesquelles on lutte encore aujourd'hui. Le dernier sketch, modèle de narration réaliste, cruel et dynamique, traite son sujet avec la même justesse d'observation que des films plus récents comme *The Whisperers* de Bryan Forbes (Angleterre, 1967) ou le sketch de Yves Yersin (*Angèle*) dans le film *Quatre d'entre elles* (Suisse, 1968). Les sketches III et VII qui exploitent le thème de la fortune tombée du ciel sous l'angle de l'incrédulité et du scepticisme sont les plus conventionnels. Les sketches I, II, IV et VI expriment avec force le besoin de défoulement d'une société sous pression, à la fois complexée et frustrée. La distribution est éblouissante.

N.B. A la sortie, les sketches II et V furent coupés, le II pour des raisons vraisemblablement morales, le V (seul sketch dramatique) à cause de la très forte rupture de ton qu'il introduisait dans la continuité du récit. Le II fut rétabli ensuite mais le V est aujourd'hui encore absent de la plupart des copies. Sauf en ce qui concerne le sketch de Laughton dirigé par Lubitsch et celui du condamné à mort dirigé par Bruce Humberstone, toutes les attributions de sketches à tel ou tel metteur en scène sont douteuses et varient selon les sources.

## SILENCE EST D'OR (LE)

1946 – France (106') • *Prod.* Pathé et RKO (Henri Lepage) • *Réal.* RENÉ CLAIR • *Sc.* René Clair • *Phot.* Armand Thirard • *Mus.* Georges Van Parys • *Int.* Maurice Chevalier (M. Émile), Dany Robin (Lucette), Marcelle Derrien (Madeleine), François Périer (Jacques), Christiane Sertilange (Marinette), Raymond Cordy (le Frisé), Robert Pizani (M. Duperrier).

Au début du siècle, M. Émile, metteur en scène de cinéma, est un Don Juan vieillissant qui tente d'enseigner à son jeune ami et collaborateur Jacques qu'il ne faut jamais prendre les femmes au sérieux : cette conviction est à ses yeux la base même de l'art de séduire. Émile reçoit la visite de Madeleine Célestin, la fille de la seule femme qu'il ait jamais aimée et de la seule aussi qui lui ait résisté. Elle avait épousé un petit comédien et est aujourd'hui décédée. Émile installe Madeleine chez lui et – contrairement à tous ses principes – en tombe amoureux. Il l'utilisera comme actrice dans ses films, puisque c'est là, dit-elle, sa vocation. De retour de ses vingt-huit jours de service militaire, Jacques rencontre par hasard Madeleine dans l'omnibus et lui fait la cour avec des phrases apprises par Émile. Les deux jeunes gens passent la soirée ensemble et sont très amoureux l'un de l'autre. Le lendemain Jacques a la surprise de retrouver Madeleine sur le plateau d'Émile où elle est sa partenaire (car Jacques à l'occasion fait aussi l'acteur). Il apprend par la suite qu'Émile tient à Madeleine au point de vouloir l'épouser. Jacques est très malheureux : il l'aime profondément et en même temps ne veut faire aucune peine à son vieil ami. Émile s'effacera devant la jeunesse.

☞ Le plus réussi des films de René Clair après guerre. L'aimable passéisme de l'histoire fait bon ménage avec la mièvrerie élégante du style de l'auteur et de sa direction d'acteurs. A côté d'un Maurice Chevalier plutôt agaçant (il remplaça Raimu mort avant le tournage), Marcelle Derrien, qui ne fit pas carrière, est charmante. L'intrigue sentimentale (comparée abusivement par René Clair lui-même à celle de « L'École des femmes ») n'est guère originale. Cela n'a pas d'importance car elle sert avant tout de prétexte à une recréation amusée et émue, quoique très sommaire, de la Belle Époque, avec ses omnibus à impériale, ses music-halls et surtout ses vieux plateaux de cinéma où l'on tourne à toute allure des burlesques et d'effroyables mélodrames, quand le soleil veut bien éclairer le studio.

BIBLIO. : scénario et dialogues *in* supplément nº 3 de « France-Illustration » (1947) ; en feuilles (sous emboitage) à Société Générale d'Éditions, 1947 (illustrations de Léon Barsacq, décorateur du film) et dans le recueil « Comédies et commentaires », Gallimard, 1959. Dans ses commentaires, René Clair mentionne l'existence d'une version américaine, *Man About Town*, de 89', pour laquelle certaines scènes furent spécialement tournées (en particulier un prologue où M. Chevalier chantait « Place Pigalle »). Cette version était commentée en *off* par Chevalier. Ce procédé qui devait éviter les inconvénients du doublage et du sous-titrage se révéla catastrophique auprès du public. « Ce que nous n'avions pas prévu et dont nous nous aperçumes aussitôt, dit René Clair, c'est que ce commentaire détruisait l'illusion de réalité indispensable à la crédibilité ». Ce procédé, malgré son échec, fut repris tout aussi catastrophiquement dans la version américaine d'*Éléna et les hommes* : Paris Does Strange Things.*

## SI PARIS L'AVAIT SU (So Long at the Fair)

1950 – Angleterre (86') • *Prod.* Gainsborough/Sydney Box Production (Betty E. Box) • *Réal.* TERENCE FISHER • *Sc.* Hugh Mills, Anthony Thorne • *Phot.* Reginald Wyer • *Mus.* Benjamin Frankel • *Int.* Jean Simmons (Vicky Barton), Dirk Bogarde (George Hathaway), David Tomlinson (Johnny Barton), Marcel Poncin (Narcisse), Cathleen Nesbitt (Mme Hervé), Honor Blackman (Rhoda O'Donovan), Betty Warren (Mme O'Donovan), Felyx Aylmer (le consul britannique), André Morell (Dr Hart).

Une jeune Anglaise, Vicky Barton, et son frère John arrivent à Paris pour visiter l'Exposition Universelle de 1889. Le lendemain de leur installation à l'hôtel, le frère a disparu. Les patrons et le personnel de l'hôtel prétendent que la jeune fille est arrivée seule et ajoutent que la chambre 19, censée avoir été occupée par son frère, n'existe pas. Désemparée, Vicky va trouver le consul britannique. Il l'écoute attentivement mais déclare qu'elle doit fournir des preuves de ce qu'elle avance. Il l'emmène à l'Exposition où elle espère retrouver une femme de chambre qui a vu son frère. Le fiancé de l'employée organise des vols en ballon. Vicky aperçoit la jeune femme dans un ballon au moment même où il s'élance dans les airs. Quelques instants plus tard, un incendie se déclare en vol et le ballon s'écrase au sol. Ayant l'impression d'une malédiction pesant sur elle, Vicky se rend néanmoins à la police qui enquête alors dans l'hôtel. La patronne affirme que les déclarations de la jeune Anglaise lui servent d'alibi pour ne pas payer la note. C'est son frère en effet qui détenait l'argent. Par chance, Vicky trouve sous sa porte un mot écrit par un jeune peintre qui avait emprunté à John Barton quelques francs pour payer son fiacre. Simulant un départ pour Londres, Vicky prend contact avec lui et lui raconte toute l'affaire. Le peintre loue une chambre à l'hôtel et trouve dans le coffre de l'établissement un bijou ayant appartenu à John. Poursuivant ses recherches, il découvre l'existence de la fameuse chambre 19 qui avait été murée. Le consul interroge l'hôtelière et obtient ses aveux : John Barton, malade, a été conduit secrètement la nuit de sa disparition dans un hôpital tenu par des religieuses. Vicky et le peintre s'y rendent aussitôt et apprennent la terrible vérité : John est atteint de la peste, sans doute contractée à Naples ou à Marseille. Pour éviter une panique générale et le désastre financier de l'Expo, les autorités ont préféré cacher l'existence de la maladie de Barton et, pour cela, effacer toute trace de son existence. Vicky apprend avec soulagement que son frère a une petite chance de s'en tirer.

☞ Ce sujet insolite aurait pu donner lieu très logiquement à un thriller ou à un récit intensément fantastique à la Val Lewton. Terence Fisher a préféré privilégier l'aspect « reconstitution d'époque ». Il a donné au film le soin et les allures désuètes d'une œuvre rétro avant l'heure. Solution assez originale qui n'enlève rien – au contraire – à l'inquiétude et au malaise que dispense une histoire à laquelle par ailleurs le charme de la toute jeune Jean Simmons, dans le rôle de la persécutée, ajoute une note subtile d'émotion et de sadisme. *So Long at the Fair* contient donc, à l'état virtuel, la première ébauche de récit fantastique due à Fisher. Datant des années obscures de la carrière de l'auteur, le film est loin d'être négligeable. On pourrait même aller jusqu'à prétendre qu'il l'emporte sur ses réalisations ultérieures par une dose plus forte « d'inquiétante étrangeté ».

N.B. Le thème du risque d'épidémie comme solution d'une énigme policière (qui semble tirer son origine d'événements survenus pendant la Foire mondiale de Chicago en 1893) a été illustré dans l'un des sketches de *Umheimliche Geschichten (Histoires extraordinaires)* de Richard Oswald (1919), *The Midnight Warning* de Spencer Gordon Bennett (1932), *Verwehte Spuren* de Veit Harlan (1938). Ce thème apparaît aussi, dans un contexte un peu différent, dans *Bulldog Drummond Strikes Back* de Roy Del Ruth (1934). Le cinquième épisode de la série de la télévision « Alfred Hitchcock Presents », *Into Thin Air* (autre titre : *The Vanishing Lady)*, Don Medford, 1955, est un remake assez fidèle, en 26 minutes, du film de Terence Fisher, bien qu'Hitchcock – avec une grande mauvaise foi – dise seulement dans sa présentation que le sujet avait déjà été traité par lui dans *The Lady Vanishes** (1938). Pat Hitchcock, la fille du réalisateur, reprend le rôle de Jean Simmons.

## SI PARIS NOUS ÉTAIT CONTÉ

1956 – France (135') • *Prod.* Gaumont – CLM, SNEG, FLF • *Réal.* SACHA GUITRY • *Sc.* Sacha Guitry • *Phot.* Philippe Agostini (Technicolor) • *Mus.*

Jean Françaix • *Int.* Sacha Guitry (le narrateur, Louis XI), Lana Marconi (Marie-Antoinette), Michèle Morgan (Gabrielle d'Estrées), Marguerite Pierry (la centenaire), Robert Lamoureux (Latude), Françoise Arnoul (duchesse de Bassano), Danielle Darrieux (Agnès Sorel), Jean Marais (François Ier), Giselle Pascal (comtesse de Montbello), Gérard Philipe (le troubadour), Gilbert Boka (Louis XVI/Hughes Aubriot), Sophie Desmarets (Rose Bertin), Clément Duhour ( Aristide Bruant), Pierre Larquey (Pierre Broussel), Jean Tissier (le gardien du musée Carnavalet), Andrex (Paulus), Jean Weber (Henri III), André Duvaleix (Béranger), Antoine Balpêtré (Verlaine), Aimé Clariond (Beaumarchais), Bernard Dhéran (Voltaire jeune), Jacques de Féraudy (Voltaire vieux), Utrillo (lui-même), Paul Fort (lui-même).

Pour cinq étudiants, Sacha Guitry accepte d'évoquer l'histoire de Paris à sa façon, c'est-à-dire du Paris d'autrefois vu avec des yeux d'aujourd'hui, et en laissant de côté la morne exactitude. Paris, ville des défilés militaires et des victoires, mais aussi des occupations, parfois très longues, comme celle des Anglais durant la Guerre de Cent Ans ; Paris, ville des poètes (Villon, Hugo). Louis XI reçoit le premier livre imprimé des mains de Commynes ; François Ier admire des trésors venus d'Italie : ils manquaient à Paris et lui donneront une légèreté dont il avait grand besoin. Henri III, qui a vu tant d'assassinats, individuels et collectifs (massacre de la Saint-Barthélemy) durant sa vie et en a aussi ordonné (assassinat du duc de Guise) est tué à son tour par un « méchant moine ». Henri IV se convertit pour épouser la belle Gabrielle d'Estrées et c'en est fini des guerres de religion. Elle a ce mot : « Paris vaut bien une messe » dont elle fera cadeau pour l'éternité à son royal époux. Le conseiller Broussel s'est élevé contre les impôts trop lourds infligés au peuple. Il a été enfermé à la Bastille, dont la première pierre fut posée en 1370. Mazarin le libérera, si l'on peut dire, en le nommant directeur de la prison. Désormais, Broussel ne la quittera plus. La Bastille : séjour de prisonniers mystérieux (l'Homme au masque de fer) ou illustres (le jeune Voltaire et Latude qui personnifie le peuple et tentera si souvent de s'en évader durant ses trente-cinq années de détention). Quand la citadelle-symbole est prise le 14 juillet 1789, les révolutionnaires n'en libéreront que sept prisonniers sous l'œil de Beaumarchais qui habite en face. Exécution de Louis XVI. Procès odieux de Marie-Antoinette. Le roi Louis-Philippe croit se faire aimer du peuple en vivant comme un bourgeois et ne réussit qu'à provoquer la Révolution de 1848. Caroline Delanoy, une cocotte du Second Empire, fête aujourd'hui (1955) ses cent ans et parle de ce qu'elle a vu à deux journalistes : les fêtes somptueuses aux Tuileries avec l'Impératrice, les cent trois gouvernements de la Troisième République, Paulus immortalisant le général Boulanger par une chanson et Yvette Guilbert chantant son célèbre « Fiacre ». Guitry lui-même évoque la création de « Cyrano de Bergerac », l'Exposition de 1900 où un troubadour éternel, qu'on a vu traverser les siècles, loue les mérites du Français moyen. Et sur la place du Tertre la peinture (Utrillo) côtoie la poésie (Paul Fort).

☞ Dernier film historique de Guitry et troisième volet d'une trilogie commencée avec *Si Versailles m'était conté* et *Napoléon*, évocations spectaculaires faisant défiler des centaines de personnages interprétés pour la plupart par des vedettes. *Si Versailles...* et *Napoléon*, sans doute les deux seuls films académiques de l'œuvre de Guitry, constituaient la revanche officielle qu'il voulut prendre – sans être dupe de rien – sur ses déboires de la Libération. Guitry, grâce à son génie, pouvait presque tout se permettre, sauf d'être un peintre officiel, et ce n'est que dans *Si Paris...*, sorte de post-scriptum hâtif mais brillant ajouté aux deux autres films, qu'on le retrouve entièrement. On avait dit à l'époque qu'il ne s'agissait là, en quelque sorte, que des « chutes » de *Versailles* et de *Napoléon*. Remarque désobligeante, mais non dénuée de vérité, puisque Guitry utilise ici de larges extraits de son œuvre passée, et par exemple les épisodes de Louis XI,

François Ier et Henri IV viennent en partie d'« Histoires de France », pièce écrite en 1929. Mais c'est ce qu'il en fait *aujourd'hui* qui nous intéresse. Très peu « cinéaste de l'espace », Guitry est par contre jusqu'au bout des ongles « cinéaste du Temps ». Il rêve constamment à une sorte d'ubiquité chronologique que seul le cinéma peut permettre. « Mais n'anticipons pas... » dit-il à un moment à ses jeunes auditeurs. « Pourquoi ? demande l'un deux. – Ah ! si vous l'admettez, alors là, c'est le rêve ! » Et tout au long de cette évocation, si libre, si inattendue dans ses rapprochements, les souvenirs, les thèmes et les personnages vont se regrouper par affinité, par-delà le temps et selon la fantaisie inépuisable de l'auteur. Certes, on est loin de la gaîté, de la jovialité, de la jeunesse conquérante et irrésistible de *Remontons les Champs-Élysées**. A côté de certaines faiblesses et même de mièvreries (le personnage du troubadour interprété – très mal – par Gérard Philipe), les séquences concernant la vieillesse, la mort, les longues suites de crimes et tout le côté sombre de l'Histoire sont celles qui ont le plus de relief. (Déjà dans *Si Versailles...* la vieillesse de Louis XIV était l'épisode le plus réussi.) Et, parmi les innombrables génies qu'il a admirés et représentés, Guitry laisse ici éclater sa ferveur, souvent retenue, pour le très vieux Voltaire. Voltaire qui dit quelques instants avant de mourir : « Toute plaisanterie doit être courte, j'en conviens, mais le sérieux aussi devrait bien être court. » Et puis : « Je meurs en adorant Dieu et en haïssant l'hypocrisie. »

N.B. En 1955, la maladie commence à terrasser Guitry. Il écrira à la production une lettre où il déclare que, s'il se trouvait dans l'impossibilité d'achever le film, il s'en remet à Marcel Achard pour la partie écrite et à Clouzot pour la mise en scène. Cette lettre figure dans le recueil de textes et de génériques « Sacha Guitry : le cinéma et moi », Ramsay, 1977 et 1984, rassemblés avec amour par Claude Gauteur et André Bernard.

BIBLIO. : scénario et dialogues publiés dans un album (somptueux) chez Raoul Solar, 1956.

## SO DARK THE NIGHT

Inédit en France. 1946 – USA (71') • *Prod.* COL. (Ted Richmond) • *Réal.* JOSEPH H. LEWIS • *Sc.* Martin Berkeley, Dwight Babcock d'ap. une histoire d'Aubrey Wisberg • *Phot.* Burnett Guffey • *Mus.* Hugo Friedhofer • *Int.* Steven Geray (Henri Cassin), Micheline Cheirel (Nanette Michaud), Eugene Borden (Pierre Michaud), Ann Codee (Mama Michaud), Paul Marion (Léon Achard), Egon Brecher (Dr Boncourt), Helen Freeman (la veuve Bridelle), Theodore Gottlieb (Georges), Gregory Gay (le commissaire Grande), Jean Delval (Dr Manet), Louis Mercier (le préfet Duval), Emil Ramu (Père Cortot)

⊖ Pour la première fois depuis onze ans, le célèbre détective parisien Henri Cassin, qui n'est plus loin de la retraite, prend des vacances. Il se rend dans le petit village de Sainte-Margot où il suscite l'admiration de Nanette Michaud, la fille des hôteliers qui l'hébergent. Elle lui demande sans cesse de lui parler de Paris, de Londres et de ces grandes capitales qui la fascinent. Cassin tombe sous le charme de cette jeune admiratrice qui délaisse pour lui son fiancé et ami d'enfance, Léon Achard. Malgré la différence d'âge qui les sépare et que souligne le père d'Annette, ils en viennent à parler mariage. Léon Achard ne cache pas qu'il est mauvais perdant et qu'il tentera de regagner par tous les moyens sa fiancée. Quelques jours plus tard, on repêche le cadavre de Nanette étranglée et noyée. Léon est retrouvé dans sa ferme, assassiné ; le crime a été maquillé en suicide. La mère de Nanette sera la troisième victime de cette impressionnante série de crimes. Cassin enquête bien entendu sur cette tragédie qui va bientôt devenir le plus grand mystère qu'il ait eu à résoudre durant toute sa vie. Il rentre à Paris et avoue à son supérieur, le commissaire Grande, sa totale impuissance. Il fait dessiner un portrait-robot du criminel et examine avec beaucoup d'attention la maquette d'une empreinte de chaussure qu'il a fait relever près du cadavre de Léon. Il arrive à l'ultime conclusion qu'un seul homme peut être le coupable : lui-même. Pourtant, il ne se souvient nullement d'avoir commis ces crimes. Grande le fait surveiller. Mais Cassin s'échappe et retourne au village. Il s'en prend au père de Nanette qu'il va achever avec un tisonnier quand il est abattu par Grande.

☞ Variation infiniment étrange et originale sur le thème de Jekyll et Hyde. La schizophrénie du héros est donnée, à la fin d'un récit prenant et insidieux, comme la seule solution possible à une énigme sans cela impénétrable. Le cadre faussement rassurant, pittoresque et un peu ridicule d'un village français vu par Hollywood tient le spectateur en haleine mieux que ne saurait le faire le scénariste le plus roué. Pendant la première partie du film, on ne cesse en effet de se demander où Lewis veut en venir. Dans la seconde partie, il apparaît évident qu'il nous a entraînés une fois de plus, avec une maestria stupéfiante, dans une de ces études sur la monstruosité de la nature humaine dont il a le secret et qui constituent l'essentiel (sinon la majeure partie) de son œuvre. Le cadre artificiel et irréaliste où Cassin était allé se reposer change peu à peu de statut et devient le décor infernal où sa maladie et sa monstruosité vont éclater aux yeux de tous, et d'abord aux siens. Le dernier cercle de cet enfer sera pour lui la découverte de sa propre culpabilité, au terme d'un cheminement calqué en partie sur celui d'Œdipe. Sa prison intérieure est alors évoquée à travers de nombreux plans où s'entreposent entre lui et la caméra des objets, des reflets, des ombres et une baie vitrée qu'il brisera à la fin, ayant percé le secret de son moi le plus intime. Il aura été à lui-même son propre analyste, son propre investigateur et son propre bourreau. Le spectateur le plus blasé retrouvera au contact de ce film ses facultés d'étonnement absolument intactes. Il en éprouvera pour l'auteur une reconnaissance d'autant plus grande que celui-ci signe ses chefs-d'œuvre d'une écriture aiguë et élégante, et s'accorde de surcroît le luxe suprême de paraître tout à fait dépourvu d'ambition.

## SŒURS D'ARMES

1937 – France (125') • *Prod.* SACIC • *Réal.* LÉON POIRIER • *Sc.* Antoine Rédier, Léon Poirier d'ap. « La guerre des femmes » d'Antoine Rédier • *Phot.* Georges Million • *Mus.* Claude Delvincourt, J.E. Szyffer • *Int.* Jeanne Sully (Louise de Bettignies), Josette Day (Léonie Vanhoutte), Thomy Bourdelle (Goldschmidt), Henriette Dupray (Mme Pandelaers), André Nox (le prêtre), Gaston Dupray (Lamot), Jeanne Marie-Laurent (Mme Vanhoutte).

Trois parties. I Servir. II Souffrir. III Mourir. Durant la guerre 14-18, Louise de Bettignies et Léonie Vanhoutte créent un service de renseignements dans le Nord, en Belgique et en Hollande, en liaison avec les Anglais.

☞ Document précieux sur l'état d'esprit d'une époque. Léon Poirier filme en 1937 à peu de chose près comme il aurait filmé en 1917, demeurant attaché par toutes les fibres de son être à une ère déjà lointaine au moment où il réalise le film. Le caractère archaïque et hagiographique de son style et de son point de vue contribue puissamment à nous rapprocher du sujet traité : une évocation de destins exemplaires où les notions de dévouement patriotique, de pureté morale et d'élan religieux sont si étroitement mêlées qu'on ne peut, sauf par l'analyse, les dissocier. S'y ajoute un idéal de solidarité entre les classes – la patricienne Louise de Bettignies travaillant en complète harmonie avec la plébéienne Léonie Vanhoutte – typique, lui aussi, d'une certaine mentalité du début du siècle. Sur le plan dramatique, le récit présente une unité assez moderne : l'intrigue est constituée d'une série très répétitive de voyages, de franchissements de frontières, d'allers et retours, brisée parfois de haltes tragiques. Cette structure est particulièrement apte à exprimer la routine et la monotonie du travail de renseignements. Elle présente une similitude de contenu avec certains récits d'espionnage contemporains. Archaïque sur le plan moral et esthétique, moderne et même futuriste quant à sa structure dramatique, *Sœurs d'armes* n'a à peu près rien de commun avec son époque (les années 30), et cela renforce singulièrement son côté insolite. On le voit un peu comme un film de la fin des années 10 qui serait parlant.

## SOIF DU MAL (LA)
### (Touch of Evil)

1958 – USA (95') • *Prod.* UI (Albert Zugsmith) • *Réal.* ORSON WELLES • *Sc.* Orson Welles, Paul Monash d'ap. R. « Badge of Evil » de Wit Masterson • *Phot.* Russell Metty • *Mus.* Henry Mancini • *Int.* Charlton Heston (Ramon Miguel « Mike » Vargas), Orson Welles (Hank Quinlan), Janet Leigh (Susan Vargas), Marlene Dietrich (Tanya), Joseph Calleia (Pete Menzies), Akim Tamiroff (oncle Joe Grandi), Joanna Moore (Marcia Linnekar), Valentin de Vargas (Pancho), Victor Milan (Sanchez), Ray Collins (district attorney Adair), Lalo Rios (Risto), Mercedes McCambridge (le blouson noir), Joseph Cotten (le coroner), Zsa Zsa Gabor (la tenancière).

Dans une bourgade située à la frontière américano-mexicaine, une bombe explose dans la voiture de Linnekar, un homme qui tenait la ville sous sa coupe. Il périt dans l'attentat. Mike Vargas, un Mexicain, président de la Commission panaméricaine des stupéfiants, de passage dans la région durant son voyage de noces, va mener l'enquête sur cet attentat aux côtés de Hank Quinlan, célébrité locale, policier corrompu et fascisant dont les soupçons se portent immédiatement sur Sanchez, le fiancé de la fille de Linnekar. Ce dernier s'était opposé à leur mariage et, selon Quinlan, Sanchez aurait volé de la dynamite sur le chantier où il travaillait pour fabriquer la bombe. Quinlan interroge Sanchez brutalement et « trouve » deux bâtons de dynamite dans sa salle de bains. Vargas est persuadé que Quinlan les y a déposés lui-même. Il mène sa propre investigation sur le passé de Quinlan et découvre que celui-ci a toujours été un expert dans la fabrication des preuves. Pendant ce temps, la femme de Vargas, Susan, que son mari a fait conduire dans un motel à la périphérie de la ville, est la victime d'une bande de voyous, amis des neveux de Joe Grandi, un hôtelier dont Vargas a fait emprisonner le frère à Mexico City pour trafic de stupéfiants. Susan est droguée au pentothal et conduite dans l'hôtel de Grandi. C'est le résultat d'un « accord » entre Grandi et Quinlan, lequel n'a pas du tout l'intention de laisser Vargas saboter sa carrière et sa réputation. Pour plus de précautions, Quinlan étrangle Grandi dans la chambre où repose, inconsciente, Susan. Elle sera plus tard arrêtée pour usage de drogue et pour le meurtre de Grandi ; c'est dans sa prison que Vargas la retrouvera. Le bras droit de Quinlan, Pete Menzies, voue à son patron une reconnaissance éternelle car il lui a autrefois sauvé la vie ; néanmoins, écœuré par ses méthodes, il signale à Vargas que celui-ci a oublié sa canne sur les lieux du crime. Vargas fixe un micro dans le dos de Menzies et le suit à la trace avec talkie-walkie, alors qu'il essaie de faire parler Quinlan. Mais, à cause d'un écho qui suit toutes ses paroles, le policier devine ce qui se trame contre lui. Il abat Menzies puis veut tirer sur Vargas mais est à son tour abattu par Menzies dans son dernier souffle de vie. Quinlan tombe dans le fleuve. Après qu'on a appris que Sanchez avait avoué, confirmant ainsi les soupçons de Quinlan, Tanya, une vieille entraîneuse qu'il avait connue autrefois et à qui il venait parfois tenir compagnie dans son bar, prononcera cette oraison funèbre : « He was some kind of a man. »

☞ *Mr. Arkadin** et *Touch of Evil* constituent le sommet du baroque wellesien. Le baroque, dont Borges a donné une définition brève et radicale (« j'appellerais *baroque* l'étape finale de tout art lorsqu'il exhibe et dilapide ses moyens »), convient à merveille à Welles pour décrire un monde usé, pourrissant, presque parvenu au stade ultime de sa décomposition en cette fin de deuxième millénaire. Et certes aucune des deux histoires racontées dans ces films ne saurait se passer ailleurs qu'au XXe siècle, dans un univers terriblement vieux aux yeux de Welles, qui a toujours tenté de créer et d'incarner des personnages à l'image et à la mesure de cet univers. Dans cette entreprise, sa jeunesse l'a beaucoup gêné, et c'est là une des raisons de son goût pour les maquillages et les postiches dont il a souvent abusé. Si ceux qu'il utilise dans *Mr. Arkadin** sont presque aussi catastrophiques que ceux de *Citizen Kane**, il exécute par contre dans *Touch of Evil* une composition saisissante d'épave boursouflée et à la dérive qui fait complètement oublier que l'acteur n'avait à l'époque que quarante-deux ans. Techniquement, les styles de *Mr. Arkadin** et de *Touch of Evil* peuvent paraître opposés : montage court, pluie de plans créant un rythme haletant et riche en surprises dans l'un, plans-séquences dont la durée gonfle jusqu'à éclater dans l'autre. Pourtant ces deux styles aboutissent à un résultat identique, qui est de dresser le portrait et le bilan d'un monde à l'agonie dont l'auteur fixe avec passion les derniers soubresauts. Welles a d'ailleurs expliqué qu'il recourait aux plans courts quand il avait peu d'argent, et aux plans longs, aux plans-séquences, quand il en avait un peu plus. Bien entendu, Welles utilise le plan-séquence dans une optique à l'opposé de celle d'un Preminger qui veut par là faire oublier le découpage et le montage, dans ce rêve idéalement classique d'un film qui ne serait composé que d'un seul plan. Le plan-séquence de Welles se remarque et se revendique comme tel dans chacune de ses secondes. C'est une prouesse destinée à couper le souffle au spectateur et à engendrer un suspense interne qui concerne moins l'action proprement dite que la virtuosité du réalisateur. Dans le premier plan de *Touch of Evil* – trajet de la voiture piégée – (sans doute le plus étonnant et le plus significatif de toute l'œuvre de Welles), ces deux suspenses coexistent et coïncident absolument. Pour le reste, c'est-à-dire la photo violente et contrastée (Welles est le cinéaste le plus étranger à la couleur), l'usage des courtes focales et des cadrages insolites (plongées et contre-plongées), les deux films sont identiques et recréent l'un et l'autre cet espace crépusculaire, parcouru de fantômes pressés, à quoi le cinéphile le plus débutant reconnaît immanquablement la patte de Welles. Les deux films, sur le plan du scénario, sont d'un niveau très inférieur, mais cela stimule Welles qui s'intéresse plus aux personnages qu'à l'action et plus encore à l'atmosphère qu'aux personnages. Les thèmes de la corruption et du pouvoir, de la mémoire inaltérable et suppliciante, de l'impossible changement d'identité (souligné par cette profusion de masques et de lieux différents où les personnages essaient vainement de se cacher) ressurgissent perpétuellement entre les lignes et entre les images. Le scénario d'*Arkadin** est légèrement supérieur à celui de *Touch of Evil* car il emprunte sa construction à celle de certains *films noirs* dont *Citizen Kane** fut le précurseur et parce qu'il ne contient aucun manichéisme. Tous les personnages sont logés à la même enseigne et participent à l'universelle corruption du monde. Par contre le scénario de *Touch of Evil,* plein de conventions, de complaisances et d'invraisemblances, est un des plus médiocres qu'on ait vus dans un policier américain d'après-guerre. Peu importe, puisqu'il a permis à Welles d'installer une dernière fois, dans toute sa splendeur minée de l'intérieur, son théâtre d'ombres et de cauchemars.

N.B. Il est sans doute abusif de vouloir placer Welles parmi les plus grands artistes de ce premier siècle du cinématographe. Le temps fera justice de cette erreur, commise après tant d'autres par les histoires du cinéma qui ont à explorer un art si difficile à saisir du fait de sa nouveauté. Il serait tout aussi injuste de dénier à Welles les qualités qui lui sont propres : celles d'un grand « petit maître » qui aura su persuader ses contemporains qu'il avait du génie, celles d'un prince de l'artifice et parfois de la poudre aux yeux, celles d'un brillant mégalomane que sa mégalomanie aura fait connaître et surestimer au-delà de toute mesure et aura, dans le même temps, privé d'accomplir l'œuvre abondante et suivie, secrète et définitive, que d'autres à Hollywood ont patiemment échafaudée dans le confort ingrat de l'obscurité. Mais n'est-ce pas aussi le destin et la dernière pirouette de certains baroques que de nous faire regretter, à travers la dilapidation de leurs dons, les œuvres sublimes qu'ils n'auront pas données ?

BIBLIO. : découpage (738 plans) avec dialogues en anglais et en français dans un superbe numéro de « L'Avant-Scène » n° 346-347 (1986), qui essaie de faire le point sur les multiples tripatouillages qu'a subis le film. (On sait que certaines séquences furent même tournées, à la demande du producteur, par Harry Keller.)

## SOLEIL BRILLE POUR TOUT LE MONDE (LE)
### (The Sun Shines Bright)

1953 – USA (90') • *Prod.* Republic (John Ford, Merian C. Cooper) • *Réal.* JOHN FORD • *Sc.* Laurence Stalling d'ap. les récits « The Sun Shines Bright », « The Mob From Massac », « The Lord Provides » de Irvin S. Cobb • *Phot.* Archie Stout • *Mus.* Victor Young • *Int.* Charles Winninger (le juge William Pittman Priest), Arleen Whelan (Lucy Lee), John Russell (Ashby Corwin), Stepin Fetchit (Jeff Poindexter), Russell Simpson (Dr Lake), Ludwig Stossel (Herman Felsburg), Francis Ford (Finney), Milburne Stone (Horace K. Maydew), Paul Hurst (le sergent Jimmy Bagby), Dorothy Jordan (la mère de Lucy), James Kirkwood (le général Fairfield), Jane Darwell (Amora Ratchitt), Mae Marsh (l'amie d'Amora), Eva March (Mallie Cramp), Jack Pennick (Beaker).

En 1905, dans une petite localité du Kentucky, le juge Billy Priest vit des heures chargées durant sa campagne électorale. Il règle les affaires courantes au tribunal. Il préside une réunion de vétérans de l'armée sudiste. Il sauve du lynchage un jeune Noir accusé de viol et poursuivi par une bande d'habitants du district voisin. Il révèle aussi à Lucy Lee, la fille adoptive du Dr Lake, qu'elle est en réalité la fille du général Fairfield qui n'a jamais voulu la reconnaître. Sa mère, une femme « ballottée par la vie », arrive agonisante dans la petite ville pour jeter un dernier regard sur sa fille. Elle mourra dans la maison close de Mallie Cramp. Après sa mort, Mallie Cramp transmet au juge la dernière volonté de la défunte : elle a souhaité être enterrée religieusement et en plein soleil dans le cimetière de la ville. Le juge veillera à ce que ce vœu soit exaucé et marchera d'abord seul, avec Mallie Cramp et quelques-unes de ses pensionnaires, derrière le corbillard. Bientôt de nombreux habitants de la ville les rejoignent et, durant le service religieux, le général Fairfield vient s'asseoir au premier rang à côté de sa fille. Tout cela devrait mettre en péril l'élection de Priest. Effectivement son adversaire, Horace K. Maydew, semble sur le point de l'emporter. Mais les habitants du district voisin, les lyncheurs en puissance, viennent voter pour Priest et défilent ensuite avec des banderoles portant ces mots : « Priest nous a sauvés de nous-mêmes. » Les voix sont maintenant égales : 1 700 contre 1 700. Mais Priest n'a pas encore voté et fait pencher la balance en sa faveur en votant pour lui-même. Les habitants, Blancs et Noirs réunis, viennent défiler en musique devant sa maison et lui font la sérénade. Après avoir demandé à son fidèle Poindexter un cruchon de vin, Priest se retire au fond de sa demeure.

☞ Entre 1933 et 1935, Ford avait tourné trois films avec Will Rogers (*Dr Bull, Judge Priest, Steamboat' Round the Bend*). Dans le deuxième de ces films, Will Rogers jouait le rôle du juge Priest et, dans *The Sun Shines Bright,* Charles Winninger reprend ce rôle à travers une intrigue dont l'essentiel figurait dans le film de 1934. Autour du personnage picaresque et généreux du juge Priest, *The Sun Shines Bright,* l'un des films préférés de Ford, fait revivre avec un merveilleux relief concret toute une petite communauté du Sud. Chaque séquence et presque chaque plan apportent des personnages nouveaux et, à la fin du film, on a l'impression de connaître intimement toute la ville. Le film ruisselle de cet amour et de cette sympathie profonde qu'éprouve Ford pour les fantaisistes, les farfelus, les êtres pittoresques et saugrenus qui habitent à demeure dans la ville, et dont le juge Priest est le prince incontesté. Mais son amour et son respect sont peut-être plus grands encore pour les marginaux, les déclassés, les persécutés, les montrés du doigt qui traversent la ville, vivent à ses confins ou bien encore, telle la mère de Lucy Lee, viennent y mourir. Inchangés et comme éternels à travers les décennies de son abondante carrière sont l'ironie et le mépris que Ford a toujours manifestés envers les préjugés, les ligues de décence et d'abstinence, les hypocrites et les pharisiens de tout poil qui peuplent cette ville comme toutes les autres à la surface de la terre. Aux yeux de Ford, ils pervertissent et saccagent de l'intérieur toute solidarité, toute joie de vivre. Ils brisent cet élan spontané de reconnaissance et d'admiration qui doit monter naturellement vers le Seigneur et rattacher à lui les âmes simples dont sont peuplés ses films. Mêlant toujours l'émotion à la fantaisie la plus débridée, l'évocation grave des drames individuels et des tares sociales à la peinture hilarante de multiples personnages hauts en couleur, *The Sun Shines Bright* est une sorte d'évangile fordien qui rassemble en quelques épisodes et en de multiples silhouettes toute l'expérience du vieux cinéaste. Admirable morceau de bravoure de la traversée de la ville par le corbillard de la « pécheresse ». A noter que les inénarrables Stepin Fetchit et Francis Ford (le frère de John) figurent à la fois dans les aventures de Priest en 1934 et en 1953.

## SOLITUDE
## (Lonesome)

1929 – USA (Version muette avec scènes parlantes sans le son : 87') • *Prod.* Universal (Carl Laemmle) • *Réal.* PAUL FEJOS • *Sc.* Edward T. Lowe, Jr. d'ap. une histoire de Mann Page • *Phot.* Gilbert Warrenton • *Int.* Barbara Kent (Mary), Glenn Tryon (Jim), Fay Holderness (la femme élégante), Gustave Parthos (le jeune homme romantique), Eddie Phillips (le sportif), Fred Esmelton.

New York, au matin d'une chaude journée de juillet. Une jeune fille, Mary Dale, vivant seule, se prépare en toute hâte et sort de son appartement en courant. Un jeune homme, Jim Parson, s'aperçoit, lui, qu'il n'a pas entendu son réveil. Il fait à toute allure sa toilette et sa gymnastique. Jim et Mary prennent, sans se connaître, leur café dans le même bar. Jim s'engouffre dans le métro bondé. Dans son wagon, un petit homme accroché par les deux mains à une poignée de soutien semble suspendu au-dessus du sol. Mary est standardiste dans un bureau. Jim est ouvrier d'usine. A la fin de la journée de travail, chacun de leur côté, Mary et Jim quittent leurs collègues respectifs et rentrent chez eux. C'est la canicule. Jim écoute un disque et, de sa fenêtre, voit passer dans la rue un camion publicitaire vantant les plaisirs de Coney Island. Lassitude et ennui de Mary, seule dans sa chambre. Elle feuillette un journal. Le camion circulant dans les rues attire aussi son attention. Elle décide de mettre une robe neuve. De son côté, Jim se rase et s'habille. Ils se rendent à Coney Island dans le même bus et c'est là que Jim remarque Mary pour la première fois. Il la suit dans l'enceinte du parc d'attractions. Elle met une certaine coquetterie à le fuir. Il la rejoint. Tous deux, en maillot, se dirigent vers la plage. Pour la première fois, il lui parle. Il fait d'abord semblant d'être un homme du monde puis lui avoue qu'il est un simple ouvrier. Ils cherchent la bague – une alliance – qu'elle a perdue dans le sable. Un gosse la retrouve et Jim est heureux d'apprendre que l'alliance n'est pas celle de Mary, mais de sa mère. La nuit est tombée sur le parc d'attractions. Sur la plage déserte, Jim et Mary semblent seuls au monde. Ils rejoignent la foule et parcourent une à une toutes les attractions (assiette au beurre, miroirs déformants, stand de tir, diseur de bonne aventure, etc.). Leur conversation devient de plus en plus intime, mais Jim se dit gêné quand il faut parler d'amour. Ils décident de faire un tour de *scenic railway* et se retrouvent dans des wagonnets différents. Jim voit soudain celui de Mary prendre feu. Elle s'évanouit. Le train s'immobilise. Les gens s'affairent autour de Mary. Jim a une altercation avec un policier qui veut l'empêcher d'approcher. Il se retrouve au poste. Il devra conter son histoire au commissaire avant d'être libéré. Il retourne à Coney Island. Mary le cherche. Plusieurs fois, ils passent à peu de distance l'un de l'autre sans se voir. Un orage éclate. Fuite générale des clients de la foire. Mary et Jim rentrent séparément chez eux. Mary pleure. Jim écoute un disque. Mary frappe à la muraille car le bruit l'énerve. Jim se précipite chez ce voisin désagréable et... découvre qu'il s'agit de Mary. Ils tombent dans les bras l'un de l'autre.

☞ C'est la première et la plus célèbre des histoires simples de Paul Fejos. Dans l'espace d'une journée, deux jeunes gens solitaires se rencontrent, font connaissance, se perdent de vue malgré eux, puis, par le plus miraculeux (ou le plus banal) des hasards, se retrouvent : ils étaient voisins. Fejos suit ses deux personnages, saisis dans le cadre de leur vie quotidienne, sans les quitter d'une semelle. Il invente ainsi sans le savoir, et comme en se jouant, le néo-réalisme – bien avant Matarazzo, Renoir, Pagnol, Shimizu et les autres précurseurs du mouvement. Son regard est attentif, documentaire et tendre : la tendresse est chez lui comme lovée dans l'attention et ne saurait en être détachée. A la différence des personnages du néo-réalisme, Mary et Jim ne subissent pas les effets d'une situation historique particulièrement difficile. Ne pèse sur eux aucune malédiction sociale particulière, si ce n'est celle d'être des individus noyés dans la masse, avec cette difficulté à communiquer que cela entraîne chez les êtres les plus sensibles et les plus fragiles. Cette difficulté, le futur ethnologue que sera Fejos la décrit ici, sans pathos, comme le véritable mal du siècle. Son regard est aussi extrêmement pénétrant, quoique jamais complaisant, quand il montre l'intimité des personnages et ces gestes dérisoires et significatifs qu'on accomplit quand on est seul, à l'abri du regard d'autrui. Sur le plan formel, l'originalité du film tient dans l'imbrication génialement réussie entre l'extrême simplicité de la trame et la complexité savante des procédés mis en œuvre pour la tisser (surimpressions, *split screen*, panoramiques optiques pour passer d'un décor à l'autre, etc.). La variété et l'efficacité de ces procédés est le produit de l'état du cinéma à l'époque (à savoir l'extrême sophistication technique de cette fin du muet) et de la personnalité de Fejos : un peintre de la vie ordinaire doté d'une humilité et d'une virtuosité extraordinaires. On peut s'interroger sur les raisons qui ont permis à Fejos de si bien saisir ses personnages. Sa sensibilité aiguë, son inlassable curiosité (voir le déroulement ultérieur de sa carrière dans le cinéma et hors du cinéma) le mettaient en mesure de comprendre toutes sortes d'individus dans toutes sortes de pays. A ces deux éléments, s'en ajoute peut-être un troisième : le fait que Fejos était au fond très semblable aux personnages de son film. Les cadences, les valeurs dominantes de la vie américaine n'étaient pas faites pour lui – encore moins sans doute que pour ses personnages. Malgré la liberté dont il bénéficia à la Universal (choix du sujet, budget confortable, supervision du montage), Fejos ne se sentit jamais complètement à l'aise à Hollywood et sa carrière y fut à la fois fulgurante et frustrante.

N.B. Le film existe en trois versions. Version muette, sans les séquences parlantes. Version sonore, teintée et même coloriée (dans les séquences de nuit) avec trois séquences parlantes : dialogue entre les deux héros sur la plage de jour ; puis de nuit ; explication de Jim au commissariat. La première de ces séquences est tout simplement sublime car elle donne au spectateur l'impression que le parlant s'invente devant lui pour que les deux personnages, qui ne l'ont jamais fait, puissent enfin se parler. Une troisième version contient toutes les séquences de la première et de la deuxième, mais en muet. C'est la plus répandue.

## SON HOMME
**(Her Man)**

1930 – USA (90') • *Prod.* Pathé (E.B. Derr), Tay Garnett • *Réal.* TAY GARNETT • *Sc.* Tom Buckingham d'ap. une histoire de Tay Garnett et Howard Higgin • *Phot.* Edward Snyder • *Mus. dir.* Josiah Zuro • *Int.* Helen Twelvetrees (Frankie), Marjorie Rambeau (Annie), Ricardo Cortez (Johnnie), Phillips Holmes (Dan), James Gleason (Steve), Harry Sweet (Eddie), Stanley Fields (Al), Matthew Beltz (Red), Slim Summerville (le Suédois), Thelma Todd (Nelly), Franklin Pangborn (Sport).

Annie, une vieille entraîneuse, est empêchée par la police de débarquer à New York et doit retourner dans cet univers qu'elle voulait tant quitter : un quartier populeux d'un port d'Amérique du Sud et le bar à matelots du « Thalia » où elle oubliera encore une fois ses chagrins et ses échecs dans l'alcool. Au Thalia, la jeune Frankie escroque les marins de passage en leur racontant ses malheurs, son désir éperdu de fuite, toutes choses avec lesquelles elle n'a aucun mal à apitoyer le monde car elle les ressent profondément. Quand un marin renâcle à se faire vider les poches, Johnnie, le protecteur de Frankie, intervient. Il écarte les récalcitrants et aussi, par jalousie, les soupirants de Frankie. Au besoin, il les tue. Ainsi, dans le tumulte d'une bagarre qu'il a volontairement déclenchée, il lance son poignard sur Red qui n'y survivra pas. Au Thalia, Frankie rencontre Dan, un jeune et blond marin, toujours flanqué de ses deux acolytes, Steve et Eddie. Eddie a de la chance : il gagne toujours aux machines à sous, tandis que Steve, constamment stupéfait de la veine de son copain, ne peut jamais en tirer la moindre piécette. Frankie a le coup de foudre pour Dan, quoiqu'Annie lui ait bien recommandé de ne jamais se fier aux paroles d'un marin. Dan ne prend pas son bateau et reste pour Frankie. Il lui invente un anniversaire (elle ne sait même pas quand elle est née) et lui offre son premier cadeau d'anniversaire : une paire de chaussures. Dan et Frankie vont prier dans une église. Ils échangent des serments sur la plage. Dan veut emmener Frankie et l'épouser. Avant de partir avec lui, Frankie doit retourner au Thalia. Là, elle découvre que Johnnie a préparé un piège pour se débarrasser de Dan. Quand Dan arrive, Frankie feint de s'être moquée de lui en écoutant ses serments. Comédie destinée à faire renoncer Johnnie à son sinistre projet. Dan s'en va, amer et déçu. Annie lui apprend la vérité. Il retourne au bar et attaque Johnnie. Bagarre générale. Johnnie lance sur Dan son poignard qui ne l'atteint pas et se plante dans une porte. Plus tard, Johnnie viendra s'empaler sur cette arme. Annie hurle de joie. Les deux amants quittent pour toujours le quartier.

☞ La plus cohérente, la plus stylisée et la plus caractéristique des œuvres de Tay Garnett. C'est beaucoup plus un film d'atmosphère qu'un film d'action. Il a le ton canaille et poignant des chansons de marins. C'est d'ailleurs une chanson célèbre, « Frankie et Johnnie », qui donna à Tay Garnett l'idée du film où s'expriment avant toutes choses une truculence triste, une sentimentalité romantique, enjouée en apparence, amère et désabusée au fond. La forme et le style reflètent bien l'ambivalence du ton : des mouvements d'appareil d'une grande virtuosité décrivent (et délimitent) un univers populeux mais clos où les personnages s'agitent, passent constamment de l'exubérance à la mélancolie, de la fébrilité à la désespérance, mais restent enfermés dans leur destin. Cette foule grouillante, ces lieux de plaisir sont la plus étroite des prisons. La véritable héroïne de cet univers, c'est Annie la vieille entraîneuse, lucide dans sa déchéance, et pour cela chère au cœur du réalisateur. En contraste avec ses déceptions et sa vie gâchée, Garnett va dessiner des arabesques sur le thème de l'amour fou, de l'amour parfait échappant au temps et à ses vicissitudes : les deux amants du film et l'amour qui les lie ont en effet un côté irréel. Le happy end les projette directement dans l'éternité et conclut par un point d'orgue poétique une fiction qui est, comme la plupart des films de Garnett, un appel au rêve. Un rêve dur, âcre et qui n'a rien de mièvre, semblable encore aux goualantes de marins. Superbe générique : les noms écrits sur le sable sont effacés par les dernières vagues venant mourir sur la grève. Remake : *Cafe Hostess* (Sidney Salkow, 1939).

## SORCELLERIE À TRAVERS LES AGES (LA)
**(Haxan)**

1922 (sortie en France : 1926) – Suède (2 506 m) • *Prod.* Svensk Filmindustri • *Réal.* BENJAMIN CHRISTENSEN • *Sc.* B. Christensen • *Phot.* Johan Ankerstjerne • *Int.* Maren Pedersen (la sorcière), Clara Pontoppidan (la nonne), Tora Teje (l'hystérique), Elith Pio (le jeune moine), Benjamin Christensen (le Diable / le médecin à la mode), Oscar Stribolt (le docteur), Johs Andersen (le grand Inquisiteur), Karen Winther (Anna), Emmy Schonfield (Marie).

A l'aide de documents graphiques, évocation de l'histoire de la représentation des démons et des sorcières dans l'Antiquité et au Moyen Age. A la fin du XVe siècle, la vieille sorcière Karna fabrique une mixture à l'aide de serpents, grenouilles, etc. Une servante vient lui demander à plusieurs reprises un philtre pour rendre le moine chez qui elle travaille amoureux d'elle. Diverses apparitions du Diable, tantôt en créature cauchemardesque, tantôt en séducteur irrésistible ; il enlève une femme au lit de son mari. Satan accueille dans son château infernal situé très haut dans le ciel la vieille Karna : elle se réveille dans une pièce où le sol, son lit et même son visage sont recouverts de pièces d'or qui disparaîtront par la suite. Anna, épouse de Jesper, alité à la suite d'une grave maladie, accuse la mendiante Marie la Tisserande d'avoir envoûté son mari. La vieille femme est capturée par les moines de l'Inquisition et emportée dans une cage montée sur roues. On utilise pour la faire parler des moyens spirituels (corde bénie autour de la taille) et d'autres qui le sont beaucoup moins. Pour que la torture cesse, elle avoue tout ce qu'on veut et notamment qu'elle a donné naissance à des monstres engendrés par Satan. Illustrant son évocation, divers monstres sortent de dessous ses jupes. Elle avoue avoir participé à un sabbat. Satan fouette celles d'entre les sorcières qui ont été insuffisamment mauvaises. Toutes les participantes du sabbat doivent baiser avec délice son derrière. Karna se venge en dénonçant comme sorcières plusieurs femmes qu'elle déteste et ainsi s'agrandit le cercle vicieux de l'Inquisition. De plus, Anna, comme c'est la règle, est considérée comme complice pour avoir empêché l'arrestation de l'une de ces « sorcières ». Elle subit divers interrogatoires qui ne donnent rien. Les prêtres de l'Inquisition utilisent alors leur ultime ruse. L'un d'eux lui demande de lui rendre service en expliquant comment on provoque le tonnerre à partir d'un seau d'eau. Si elle consent à lui rendre ce service, le prêtre lui promet qu'elle sera libérée et que son bébé pourra vivre. Anna donne une vague réponse et elle est aussitôt condamnée au bûcher. Huit millions de personnes subiront le même sort en deux siècles. Description des instruments de torture. Scènes de démence collective et mystique chez les religieuses d'un couvent : le démon est entré dans les lieux. De nos jours, l'hystérie, le somnambulisme, la kleptomanie ne sont-elles pas comparables à ce qu'on appelait autrefois des conduites sataniques ? Évocation de patientes atteintes de ces maladies. Et l'internement (parfois abusif), la douche et autres méthodes de traitement ne sont-ils pas l'équivalent moderne du bûcher ? A travers les siècles, l'énigme de la présence de Satan dans le monde demeure intacte.

☞ Ce film célèbre du mystérieux Benjamin Christensen, le seul qu'il ait réalisé en Suède (il travailla aussi au Danemark, son pays d'origine, en Allemagne et aux États-Unis) ne se range dans aucune catégorie traditionnelle. C'est à la fois un documentaire et une fiction, un récit réaliste et une œuvre fantastique. Il est réaliste parce qu'il examine une époque en fonction de ses croyances et de ses superstitions. Il est fantastique parce qu'il *représente* ces croyances, tantôt comme réalistes (efficacité d'un philtre d'amour), tantôt comme des fables (aveux complets de la « sorcière » visant à faire cesser les souffrances de la torture). Bientôt le spectateur ne peut faire le départ, dans la matière du film, entre l'imaginaire et le vécu, la fable et la chronique. Sur le plan idéologique, on a mis le film à toutes les sauces, voulant lui faire servir diverses causes – comme celle de l'anticléricalisme le plus primaire –, alors que c'est en fait l'œuvre d'un sceptique pour qui la réalité ne cesse jamais d'être complexe et énigmatique et ne s'arrête pas aux apparences. Ado Kyrou écrit notamment : « Le plus violent réquisitoire contre la criminelle Église, son inquisition et ses instruments de tortures. Ce documentaire devrait passer dans tous les lycées du monde » (reproduit avec satisfaction par Sadoul dans son « Dictionnaire des films »). Mais c'est surtout sur le plan esthétique que le film exerça une durable emprise.

Il a l'originalité d'être, dans le cinéma muet, le plus abondant catalogue de situations sado-masochistes, ainsi qu'une évocation saisissante de la folie et de la cruauté immémoriales de l'homme. Cet album d'images sanglantes et atroces, non dénuées parfois d'ironie, conserve une force plastique que les années n'ont guère entamée. Les gros plans de visages (moines tourmentés et démoniaques, vieilles femmes suppliciées) dépassent encore par le relief des traits et des éclairages ceux de Dreyer. Peu de films en tout cas ont suscité, dans les commentaires, autant de références picturales : Bosch, Breughel, Goya, Callot, etc. Sur le plan historique, Christensen a bien montré le cercle infernal à l'intérieur duquel avaient lieu les atrocités de l'Inquisition : chaque déposition de « sorcière » amenait d'autres inculpations et d'autres supplices. Les séquences modernes, dépassées dans leur contenu psychiatrique, ont le mérite de ne pas reléguer l'obscurantisme uniquement dans les temps reculés ; elles suggèrent avec force qu'il appartient à toutes les époques, et en particulier à la nôtre, étant lié pour l'éternité aux énigmes de l'être et du mal.

## SORELLE MATERASSI
## (L'homme à femmes)

1943 – Italie (80') • *Prod.* Universal-Cines (Sandro Ghenzi) • *Réal.* FERDINANDO M. POGGIOLI • *Sc.* Bernard Zimmer d'ap. R. de Aldo Palazzeschi • *Phot.* Arturo Gallea • *Mus.* Enzo Masetti • *Int.* Emma Gramatica (Carolina Materassi), Irma Gramatica (Teresa Materassi), Massimo Serato (le petit-fils Remo), Clara Calamai (Peggy), Loris Gizzi (le prêtre).

Dans la région de Florence, deux sœurs très âgées et vieilles filles dirigent une blanchisserie. Elles reçoivent la visite de leur neveu et seul héritier, un jeune homme au physique avantageux, qui va les charmer l'une et l'autre. Elles ne jurent que par lui, se faisant des illusions sur son innocence, sa vertu, alors qu'il s'agit en réalité d'un personnage amoral et frivole. Ayant fait des dettes importantes, il enferme les deux vieilles femmes dans un débarras et les contraint à les acquitter pour lui. Délivrées, elles ne semblent même pas lui en vouloir. Elles retombent presque aussitôt sous sa coupe. Il va travailler à la ville comme vendeur de voitures et rencontre une jeune héritière américaine avec laquelle il se fiance. Il vient la présenter à ses deux tantes. Après le mariage, il leur fait ses adieux. Elles sont désespérées.

☞ Étude de type balzacien sur la vie de province, liant description de milieu et analyse de caractères. L'attachement immédiat et complet qu'elles éprouvent pour leur neveu emplit jusqu'au vertige le cœur des deux sœurs (interprétées à la perfection par Emma et Irma Gramatica). Leur univers étriqué, tant sur le plan affectif que social, est littéralement envahi par la présence du jeune homme qui joue pour elles le rôle de fils, de petit-fils, d'amant, etc. Poggioli, en observateur classique, garde vis-à-vis de ses personnages une distance, une réserve qui lui permettent de noter la double dimension, à la fois pathétique et ridicule, de cette dernière « expérience » amoureuse des deux vieilles femmes. Scène anthologique du mariage où elles paraissent toutes deux, comme la mariée, vêtues de blanc.

## SORTIE DES USINES LUMIÈRE (LA)

1895 – France (50 secondes) • *Prod., Réal., Phot.* LOUIS LUMIÈRE, assisté de Francis Doublier • *Int.* Ouvriers et ouvrières de l'usine.

☞ C'est le premier film mondial. Là-dessus, tout le monde est d'accord. Mais le consensus s'arrête vite. Sur la date de tournage, les différentes versions et leur contenu, il y a désaccord. Selon les dernières recherches, dues à Bernard Chardère, Guy et Marjorie Borgé (cf. Biblio.), la version universellement connue, où les ouvriers et ouvrières sortent dans la rue en tenues d'été, version dépourvue de voiture, n'est pas la première. C'est un remake, et même un deuxième remake ! Mais la première version, quand a-t-elle été tournée ? Selon les déclarations de Louis Lumière et de son collaborateur, Francis Doublier, elle l'aurait été en août 1894. La plaque qui commémore à Lyon la rue du Premier-Film donne d'ailleurs comme date de *La sortie des usines Lumière* 1894. Mais, selon Bernard Chardère, à cette date Lumière n'avait ni pellicule ni caméra. Chardère, comme Vincent Pinel (cf. Biblio.), propose la date du mardi 19 mars 1895. « Le lundi 18 mars, écrit-il, un centre de hautes pressions de 769 mm de mercure se forme sur la Hollande et oriente vers la France un flux de nord sec. La température à l'ombre ne dépassera pas 13°. Le lendemain mardi 19, le thermomètre atteint 19° à l'ombre, 26° à l'air libre : c'est ce jour-là, certainement, que Louis peut actionner enfin sa manivelle, donnant avec ces cinquante secondes de *La sortie des usines Lumière* – 800 images – le coup d'envoi du cinéma mondial. La pluie reviendra le mercredi et le jeudi. Le vendredi 22, les Lumière père et fils sont à Paris, rue de Rennes, pour la conférence de Louis. Devant quelque deux cents spectateurs, c'est donc la première projection publique d'un film – en Europe en tout cas. » De cette version, il ne subsiste que deux photogrammes (reproduits *in* « Positif » n° 340, 1989) dont l'un montre une voiture de maître tirée par deux chevaux. Les premiers essais cinématographiques de Lumière dataient du début du mois de mars 1895. « Louis va s'installer, écrit Chardère, derrière la fenêtre de l'appartement de son contremaître Vernier, situé au rez-de-chaussée d'un petit immeuble, 20, chemin Saint-Victor, presque en face du portail de l'usine. (La maison appartient aux Lumière, qui ont ainsi fait disparaître le débit de boisson installé là, un peu trop ostensiblement.) A la sortie de midi, le soleil donnera un bon éclairage... A condition que le ciel veuille bien s'y prêter : or il fait un mauvais temps exceptionnel en ce début de printemps, tous les journaux le déplorent. Jusqu'au samedi 16, malgré la pluie et la grisaille, Louis a certainement tourné quelques bandes d'essai, ne serait-ce que pour mettre au point le cadrage, la durée de la prise de vues (moins d'une minute) et résoudre les problèmes techniques, même s'ils sont assez sommaires : les films [dira Louis Lumière] étaient développés par moi dans des seaux hygiéniques en terre émaillée contenant le révélateur, puis l'eau de lavage et les fixateurs, les positifs nécessaires étaient ensuite impressionnés en me servant comme source lumineuse d'un mur blanc éclairé par le soleil. » La version universellement connue et présentée à Paris en juillet 1895 aurait été tournée fin juin ou début juillet. A la fameuse séance publique du Grand Café (Hôtel Scribe), le 28 décembre 1895, Chardère estime que les deux versions, celle du 19 mars et celle de juin-juillet, ont été projetées en alternance. En mai 1988, deux Lyonnais apportent à l'Institut Lumière de Lyon un rouleau de film qui, une fois développé, montre une autre version de *La sortie des usines Lumière,* avec un unique cheval tirant une voiture de livraison. Chardère la date d'avril 1895. C'est donc chronologiquement la deuxième version du film. L'existence de ces versions multiples (il y en a également plusieurs de *L'arrivée d'un train à La Ciotat*) prouve amplement qu'il ne s'agit pas là de documents pris sur le vif mais de plans soigneusement mis en scène avec des figurants qui jouent à être le plus naturel possible. Personne ne doute plus aujourd'hui qu'il faille désigner en Lumière le premier *metteur en scène* de l'histoire du cinéma. On le verra, tout comme ses opérateurs et disciples qui parcouraient le monde, fasciné par le mouvement. Cette fascination est contagieuse. Elle provient généralement de ce que Lumière recherche l'angle sous lequel le plus de mouvement, et le plus harmonieux, sera aperçu par la caméra. Caméra évidemment immobile, mais que Lumière et ses opérateurs placeront le plus souvent possible sur un support mobile (cf. les plans admirables de l'Exposition universelle de Paris pris du train circulant à l'intérieur de l'exposition ; on en trouve un certain nombre dans les deux documentaires de Marc Allégret, *Lumière* et *Exposition 1900,* 1966). Nécessité faisant loi, une grande partie du génie de Lumière tient dans son choix des angles dont les plus naturels sont parfois aussi les plus savants. Dans l'immobilité de la caméra de Lumière, moins avide de bouger que de *capter le mouvement,* sont déjà contenus les plans (volontairement fixes) que réaliseront quelques décennies plus tard Ford ou Lang au sommet de leur art.

N.B. Il faut bien préciser que ce qui autorise à parler, comme le fait Chardère, de « coup d'envoi du cinéma mondial » à propos de *La sortie des usines Lumière* est le fait que ce film fut le support immédiat de projections publiques et collectives qui désormais ne s'arrêteraient plus. Sur le plan strictement chronologique, le tournage de films sur pellicule, notamment par Leprince en France et par Edison aux États-Unis, est antérieur.

BIBLIO. : Vincent Pinel : « Lumière », Anthologie du cinéma n° 78, 1974 ; Georges Sadoul : « Lumière et Méliès », Lherminier, 1985 (réédition des ouvrages de 1961 et 1964) ; Léo Sauvage : « L'affaire Lumière », Lherminier, 1985 ; Bernard Chardère, Guy et Marjorie Borgé ; « Les Lumière », Payot, Lausanne, Bibliothèque des Arts, Paris, 1985 ; Bernard Chardère : « Les sorties des usines Lumière : jamais deux sans trois ! » *in* « Positif » n° 340 (1989).

## SOUPCONS
**(Suspicion)**

1941 – USA (99') • *Prod.* RKO (A. Hitchcock) • *Réal.* ALFRED HITCHCOCK • *Sc.* Samson Raphaelson, Joan Harrison, Alma Reville d'ap. R. « Before the Fact » de Francis Iles • *Phot.* Harry Stradling • *Mus.* Franz Waxman • *Int.* Cary Grant (John Aysgarth), Joan Fontaine (Lina MacKinlaw), Sir Cedric Hardwicke (le général MacKinlaw), Nigel Bruce (Beaky), Dame May Whitty (Mrs. MacKinlaw), Isabel Jeans (Mrs. Newsham), Heather Angel (la bonne), Leo G. Carroll (le capitaine Melbeck).

⊖ Dans un train, une jeune Anglaise, Lina MacKinlaw, fille d'un général, rencontre John Aysgarth, un play-boy dont les journaux commentent fréquemment les aventures. Ils se revoient par hasard lors d'une chasse. Il lui fait la cour et, de son côté, elle se sent violemment attirée par lui. Quand il la laisse sans nouvelle pendant une semaine, elle se morfond, pleure, ne veut plus voir personne. Enfin il réapparaît et l'épouse sans plus attendre. Après leur voyage de noces à travers l'Europe, il lui montre leur nouvelle maison. Elle est alors stupéfaite d'apprendre qu'il n'a pas un sou, qu'il vit d'emprunts, d'expédients et du jeu. Quand elle lui dit qu'il faut qu'il travaille, il la traite de rêveuse. Un cousin de John procure à celui-ci un travail. Mais Lina va bientôt découvrir qu'il a vendu le cadeau de noces du général (deux fauteuils anciens), qu'il s'est remis à jouer aux courses et peut-être n'avait jamais cessé de le faire, qu'enfin il a été renvoyé de son travail pour vol. Quand son père meurt, Lina n'hérite de rien, et cela sans doute à cause de son mariage. John se lance avec son ami Beaky, un être charmant mais faible de caractère, dans l'exploitation d'un terrain situé au bord d'une falaise. Bien entendu, c'est Beaky qui finance tout. Lina imagine, comme dans un cauchemar, que John pousse son ami du haut de la falaise. En fait, elle apprendra qu'il lui a sauvé la vie. Ses soupçons la reprennent quand, en l'absence de son mari, deux policiers lui font part de la mort de Beaky, survenue à Paris ; un inconnu l'a entraîné dans un duel à l'alcool. Or Lina découvre que son mari a quitté Londres plus tôt que prévu et qu'il aurait très bien pu se trouver ce jour-là à Paris. Elle est angoissée par une autre découverte : elle s'aperçoit que John presse de questions une amie écrivain, auteur de romans policiers, sur un poison indétectable. De plus en plus affaiblie, Lina s'alite. Un soir, son mari vient lui porter un verre de lait. Elle est presque résignée à le boire, à être tuée de sa main. Cependant, elle ne touche pas au verre et, le lendemain, elle est bien décidée à retourner chez sa mère. John tient à la conduire en voiture. Lina est persuadée qu'il veut la tuer, mais au contraire il l'empêche de tomber, alors que la portière s'était ouverte. Elle lui avoue ses soupçons. Il lui révèle alors qu'il avait quitté Londres pour se rendre à Liverpool et tenter d'emprunter de l'argent sur son assurance à elle. Quant au poison, il était pour lui. Il avait l'intention de se suicider. Mais après cette explication, il jure de s'amender et rentre avec sa femme à la maison.

☞ Quatrième film américain de Hitchcock. C'est encore la période de ses « débuts » sur le nouveau continent. Comme *Rebecca**, il s'agit d'une œuvre d'atmosphère anglaise (mais où le décor compte peu) et Joan Fontaine incarne une seconde fois l'héroïne. Plus encore que dans *Rebecca**, tout repose sur elle. *Soupçons* peut être en effet considéré comme un long monologue intérieur, un film entièrement subjectif, rempli de doutes, d'incertitudes, et surtout d'anxiété. Les circonstances ont voulu une seconde fois que l'intrigue soit privée de la parfaite netteté qu'ont en général les intrigues du maître. La fin n'est pas celle du roman de Francis Iles (où l'héroïne acceptait la mort des mains de son mari) ni celle que l'auteur aurait voulu idéalement filmer et qu'il a racontée à François Truffaut : « Lorsqu'à la fin du film Cary Grant apporte le verre de lait empoisonné, Joan Fontaine eût été en train d'écrire une lettre à sa mère : "Chère Maman, je suis désespérément amoureuse de lui, mais je ne veux pas vivre. Il va me tuer et je préfère mourir. Mais je pense que la société devrait être protégée contre lui". Alors Cary Grant lui donne le verre de lait et elle lui dit : "Chéri, est-ce que tu veux envoyer cette lettre à Maman pour moi, s'il te plaît ?" Il dit oui. Elle boit le lait et meurt. Fondu, ouverture, une courte scène : Cary Grant arrive en sifflotant, ouvre une boîte aux lettres et jette la lettre dedans ». La fin heureuse fut dictée par des considérations d'ordre moral et, plus encore, par le fait que Cary Grant, en tant qu'acteur, ne *pouvait* jouer le rôle d'un criminel. Plusieurs exégètes ont défendu la fin telle qu'elle est (ex. Donald Spoto dans « The Art of Alfred Hitchcock », New York, Hopkinson and Blake, s.d., traduit chez Édilig en 1986), et d'autres, en même proportion, ont regretté que Hitchcock ait eu les mains entravées. Cela a-t-il finalement beaucoup d'importance ? Étant donné qu'un point de vue subjectif domine tout le récit, on peut admettre que jamais l'héroïne n'aura connu la vérité. Et après tout, même dans la fin tournée, qui dit que son mari ne lui ment pas encore une fois ? Ce qui compte dans *Soupçons*, c'est ce nouveau portrait d'une femme amoureuse, laquelle, à l'inverse de l'héroïne de *Rebecca**, ne se sent pas indigne de son amour mais éprouve de l'amour pour un objet indigne. Le film peut être vu comme l'exposé des éléments rendant possible une psychanalyse de l'héroïne, que l'auteur, dans sa grande sagesse, laisse à effectuer au spectateur. En ce qui concerne la scène célèbre du verre de lait, il est loisible de penser que Lina envisage un moment d'accepter la mort des mains de son mari, à la fois par amour pour lui (et elle tombe là en effet dans une extrémité poignante de l'amour) et pour se châtier – son éducation rigoriste la poussant dans ce sens – de l'attachement qu'elle ne peut s'empêcher de lui porter. Autant le film, sur le plan du sens, reste ouvert, intrigant, énigmatique, autant sur le plan formel est-il clos, achevé, parfait. C'est un des films les plus découpés de Hitchcock. Non seulement il comporte un nombre élevé de plans mais beaucoup d'entre eux, quoique très brefs, contiennent des mouvements d'appareil d'une grande prestesse qui modifient le cadre plusieurs fois au cours de leur durée. Le découpage est pour Hitchcock un instrument de haute précision lui permettant d'appréhender l'instabilité psychologique constante de l'héroïne, sa métamorphose initiale de vieille fille en femme passionnée, puis son balancement entre des élans de bonheur et d'insouciance, et enfin ses déceptions quand, à plusieurs reprises, elle retombe de haut (là, le film possède un aspect mélodramatique évident). Hitchcock a trouvé en Joan Fontaine une interprète idéale dont la fragilité, la spontanéité équilibrent et complètent parfaitement le caractère toujours très rigoureux et très prémédité de sa mise en scène. Le film n'a pas pris une ride : et même son incertitude finale lui a donné un « tremblé », un mystère, une palpitation supplémentaires qui l'enrichissent. Le manque partiel de contrôle qu'a eu Hitchcock sur sa matière a ici mieux servi son propos que dans *Rebecca**.

## SOUPIRANT (LE)

1963 – France (85') • *Prod.* Production Capac (Paul Claudon) •*Réal.* PIERRE ÉTAIX • *Sc.* Pierre Étaix, Jean-Claude Carrière • *Phot.* Pierre Levent • *Mus.* Jean Paillaud • *Int.* Pierre Étaix (le soupirant), Denise Perronne (la mère), Claude Massot (le père), Karin Veseli (la Suédoise), France Arnell (la chanteuse), Laurence Lignères (la femme de la boîte de nuit), Lucien Frégis (le peintre).

Féru de science et d'astronomie, un jeune bourgeois rêveur se lance à la recherche de l'âme sœur. Il y fait montre d'une obstination maniaque digne de tous les succès. Mais le succès fuit. Il croit avoir – enfin – trouvé l'âme sœur en la personne d'une chanteuse de music-hall, mais c'est l'impasse. Il rattrapera sur le quai de la gare, alors qu'elle allait partir, la jeune Suédoise au pair qui habitait chez ses parents.

☞ On salua dans ce premier film aux gags abondants et soignés la naissance d'un grand burlesque français, disciple de Tati. Rapides mais très préparés, les gags du *Soupirant* définissent un personnage gaffeur et rêveur, voué à l'échec, un peu abstrait et un peu absent, un pied dans la réalité, un autre ailleurs. Ces gags empruntent l'essentiel de leur force à la surprise, à l'immobilité, à l'hésitation et à une certaine mélancolie en demi-teintes où le réalisateur-acteur tirait parti d'un physique assez neutre et sans relief comique. Il était aisé de déceler, dès ce premier film, que si l'auteur s'enfermait dans l'univers du music-hall et du cirque (la séquence tournée dans les coulisses de l'Olympia était médiocre), il risquait de compromettre lui-même le développement naturel de sa carrière. Ce qui, hélas, arriva. A signaler toutefois dans cette carrière avortée la fantaisie satirique et burlesque, très inventive, de *Tant qu'on a la santé* (1965).

## SOURIRE AUX LARMES (LE)
## (Griffin and Phoenix : a Love Story)

1976 – USA (95') • *Prod.* ABC Circle Film (Tony Thomas) • *Réal.* DARYL DUKE • *Sc.* John Hill • *Phot.* Richard C. Glouner (couleurs) • *Mus.* George Aliceson Tipton • *Int.* Jill Clayburg (Sarah Phoenix), Peter Falk (Geoffrey Griffin), Dorothy Tristan (Jean Griffin), John Lehne (George Griffin), George Chandler (le vieillard), John Harkins (Dr Glenn), Milton Parsons (le professeur), Sally Kirkland (Jody).

En Californie, un homme et une femme se rencontrent à un cours de psychologie sur la mort. Tous deux sont atteints d'un cancer incurable. Amoureux l'un de l'autre, ils décident de passer quelque temps ensemble, puis de se séparer avant les derniers jours.

☞ Le mélodrame a souvent inclus parmi ses péripéties privilégiées le thème de la maladie incurable. Il est en général traité avec un grand sens de la litote et n'occupe qu'une partie de l'intrigue (exception notoire : le célèbre mélodrame hollywoodien avec Bette Davis, *Dark Victory,* Edmund Goulding, 1939). Ici, il est abordé en clair, presque avec provocation et constitue la seule raison d'être du film. De façon plus originale encore, il s'y ajoute une volonté d'humour qui, exprimée à travers le dynamisme et l'étonnante vivacité de réaction des acteurs principaux, rend plus pathétique le destin tronqué des personnages. Constamment sur la corde raide, Daryl Duke a essayé de trouver, à l'aide de nombreuses séquences ludiques, un point de vue personnel sur le sujet : face à la mort imminente, tous les êtres redeviennent pareils à des enfants. Son invention, son doigté, son ironie lui ont permis d'atteindre à une émotion souvent poignante, tout en évitant le piège suprême de la mièvrerie. Meilleur rôle de Jill Clayburgh.

N.B. Il s'agit à l'origine d'un téléfilm qui fut distribué commercialement hors des États-Unis (parfois sous le titre *Today Is Forever).* Daryl Duke a prouvé son éclectisme en tournant l'un des meilleurs films policiers de ces dernières années, *The Silent Partner (L'argent de la banque,* Canada, 1978) avec Elliott Gould et Christopher Plummer.

## SOURIRES D'UNE NUIT D'ÉTÉ
## (Sommarnattens Leende)

1955 – Suède (102') • *Prod.* Svensk Filmindustri • *Réal.* INGMAR BERGMAN • *Sc.* Ingmar Bergman • *Phot.*

Gunnar Fischer • *Mus.* Erik Nordgren • *Int.* Ulla Jacobsson (Anne), Gunnar Björnstrand (Frédérik Egerman), Eva Dahlbeck (Désirée Armfeldt), Björn Bjelvenstam (Henrik Egerman), Margit Carlquist (la comtesse Charlotte), Jarl Kulle (le comte Carl Magnus Malcolm), Harriet Andersson (Petra), Ake Fridell (le cocher Frid).

Au début du siècle, l'avocat Frédérik Egerman, un homme d'âge mûr, a pour seconde femme depuis deux ans la très jeune Anne qui est encore vierge. Il n'a pas voulu la contraindre et attend qu'elle vienne vers lui. Il revoit son ancienne maîtresse Désirée, une actrice de théâtre ayant depuis six mois pour amant un militaire jaloux et intraitable, le comte Malcolm. Egerman découvre chez Désirée un petit garçon dont elle ne veut pas lui confirmer qu'il est son fils, quoiqu'il porte le même prénom que lui. Ayant rencontré Egerman chez Désirée, Malcolm se dispute avec elle et c'est la rupture. Désirée n'a plus qu'une idée en tête : regagner Egerman qu'elle aime toujours. Elle invite tous ses amis dans le manoir de sa mère. Là, durant cette nuit d'été, la chance, plus encore que ses manœuvres, la servira. Henrik, le fils d'un premier lit de Egerman, étudiant en théologie que Petra, la bonne de sa belle-mère avait déjà bouleversé, avouera à Anne qu'il l'aime ; elle aussi l'a toujours aimé. Ils fuient ensemble. Désirée voit Egerman pénétrer dans un pavillon avec Charlotte, la femme du comte Malcolm. Elle prévient ce dernier qui oblige Egerman à jouer avec lui à la roulette russe. Egerman éprouve la frayeur de sa vie quand il se tire une balle dans la tempe. Mais elle était à blanc. Désirée n'a plus qu'à consoler et apaiser Egerman, cependant que Charlotte récupère son mari et que Petra, qui s'est donnée au cocher, lui arrache une promesse de mariage.

☞ Le film qui révèle Bergman à la presse internationale durant le Festival de Cannes 1956. Quelques semaines plus tard, le film sort à Paris avec un grand succès. C'est un vaudeville à la fois sérieux et ironique, où les épisodes les plus dramatiques dégénèrent en péripéties de comédie : ex. la pendaison ratée de Henrik qui déclenche dans sa chute le mécanisme du lit mobile venu de la chambre contiguë sur lequel repose sa bien-aimée. *Sourires d'une nuit d'été* traite de la guerre des sexes de manière à mettre en valeur les différences psychologiques séparant les hommes et femmes. A l'homme appartiennent l'égoïsme, la lourdeur empesée ou maladroite, une volonté d'affirmer, notamment par la violence, une dignité constamment menacée par le ridicule. A la femme, la légèreté, les calculs conscients et inconscients, la connivence avec la vie et finalement la sagesse. A certains moments privilégiés, ces différences irréconciliables s'anéantissent dans les jeux du plaisir et de l'amour. L'entrelacs des personnages, la qualité littéraire et l'humour des dialogues, la conduite aisée et classique du récit, la variété du ton et des péripéties, le climat d'érotisme et de sensualité lié à la poésie de l'heure et du lieu, atteignent ici une plénitude que Bergman ne retrouvera jamais plus. Il faut la goûter une dernière fois avant qu'elle soit gâtée par le pathos, l'intellectualisme et les prétentions métaphysiques de l'auteur. Ce film qui clôt la première période de Bergman, la plus féconde et la plus riche (seize films en dix ans pour un metteur en scène de trente-sept ans) contient aussi l'un des plus beaux quatuors d'actrices de l'histoire du cinéma : Eva Dahlbeck, Ulla Jacobsson, Harriet Andersson, Margit Carlquist.

N.B. Peu de scénarios originaux ont suscité de la part de la critique autant de références littéraires. Ont été notamment cités : Anouilh, Beaumarchais, Feydeau, Kafka, Laclos, Marivaux, Musset, Pirandello, Shakespeare, Strindberg, etc.

BIBLIO. : scénario et dialogues *in* Bergman : « Œuvres », Robert Laffont, 1962. Scénario en anglais dans le volume « Four Screenplays of Ingmar Bergman », Simon and Schuster, New York, 1960, réédition chez Touchstone, 1989, (contient aussi *Le septième sceau**, *Les fraises sauvages**, *Le visage*).

## SOUS LE PLUS GRAND CHAPITEAU DU MONDE
### (The Greatest Show on Earth)

1953 – USA (153') • *Prod.* PAR. (De Mille) • *Réal.* CECIL B. DEMILLE • *Sc.* Frederic M. Frank, Barre Lyndon, Theodore St John d'ap. une histoire de F. M. Frank, T. St John et Frank Cavett • *Phot.* George Barnes (Technicolor) • *Mus.* Victor Young • *Int.* Betty Hutton (Holly), Cornel Wilde (The Great Sebastian), Charlton Heston (Brad Braden), Dorothy Lamour (Phyllis), Gloria Grahame (Angel), James Stewart (Buttons), Henry Wilcoxon (inspecteur Gregory), Lyle Bettger (Klaus).

Les grands patrons du cirque géant Ringling, Barnum et Bailey envisagent de réduire la saison habituelle de huit mois à dix semaines. On ne passera que dans les grandes villes. Pour contrer cette décision qui lui semble injuste pour la population des petites localités, le directeur Brad Braden utilise sa botte secrète: il révèle qu'il a engagé pour la totalité de la saison le Grand Sebastian, l'un des trapézistes les plus célèbres du monde. Brad obtient ainsi gain de cause. Mais cela ne fait pas l'affaire de Holly, la trapéziste vedette du cirque, qui va devoir abandonner la piste centrale à son illustre collègue et se contenter de l'une des deux pistes latérales. Bien décidée à lui reprendre la vedette, Holly se livre chaque soir avec Sebastian à un duel d'audace passionnant pour le public mais très inquiétant en ce qui concerne leur sécurité. Un soir, Brad interrompra même le numéro de Holly qui allait battre le record des « bras roulés » en effectuant cette exhibition avec un matériel non adéquat. Il lui sauve ainsi la vie. Quoiqu'elle soit depuis longtemps amoureuse de Brad, la réputation de bourreau des cœurs qu'on prête à Sebastian et ses beaux discours tournent un peu la tête à Holly. Sebastian décide de faire un double saut périlleux avant dans un cerceau, exploit particulièrement dangereux. Brad lui impose la présence d'un filet mais au dernier moment, devant les moqueries de Holly, Sebastian le fait retirer. Il rate son saut et fait une chute qui, par miracle, ne sera pas mortelle. Trois mois plus tard, il revient au cirque prendre ses agrès et déclare qu'il va travailler pour un cirque rival. Brad découvre aussitôt la raison de ce mensonge : il a un bras paralysé. Holly, se sentant responsable de son accident, veut s'occuper de lui et le convainc de la sincérité de son amour. Sebastian restera au cirque comme vendeur de ballons. Une ancienne conquête de Sebastian, Angel, la dompteuse d'éléphants, voyant que la voie est libre, entreprend de séduire Brad. Cela provoque la jalousie de son partenaire, Klaus, qu'elle avait toujours repoussé. Il menace sa vie durant leur numéro et Brad le renvoie. Klaus s'associe alors avec un escroc pour dévaliser le train du cirque qu'ils ont obligé à s'arrêter à l'aide d'une torche. Un autre train surgit sur la même voie. Klaus met sa voiture en travers de la voie pour tenter de l'arrêter. Il sera pulvérisé avec son véhicule sans avoir pu empêcher une terrible collision entre les deux convois. Brad, victime d'une grave hémorragie, a besoin d'un médecin sur l'heure. Buttons, un clown du cirque venu s'y cacher de la police (ancien médecin, il avait tué sa femme pour abréger ses souffrances), révélera son identité en sauvant Brad. Holly, de son côté, s'occupe de sauver le cirque en organisant une représentation en plein air. Elle se montre si active que Brad aura à peine le temps de lui avouer – enfin – son amour. Sebastian, dont le bras malade manifeste à nouveau des signes de sensibilité, demande à Angel, sa vieille amie, de l'épouser. Et Buttons est emmené, menottes aux mains, par un inspecteur de police. Toute la ville assistera à la représentation exceptionnelle du cirque.

☞ Avant-dernier film de DeMille, impressionnant et magnifique. Une des multiples sources du génie de DeMille, c'est l'amour qu'il porte à ses sujets. Il n'aura parlé la plupart du temps, tout au long de sa carrière, que de ce qu'il aime et admire. Sa méthode est simple et résiste au temps. Il rend d'abord justice à son sujet par une grande véracité documentaire qui signifie pour lui : recherche du détail vrai, de l'extraordinaire et du poétique (ex. la montée du chapiteau). Il utilise ensuite son sujet comme métaphore de réalités beaucoup plus vastes et auxquelles nul ne peut rester indifférent – autre façon de lui rendre hommage. Ici les gens du voyage, outre la provision de risques et de spectaculaire qu'ils trimballent avec eux, lui fournissent la métaphore d'une petite société à ses yeux idéale. Elle est fondée sur la solidarité de tous, le respect de la hiérarchie et du chef, sur des efforts constamment renouvelés en vue de l'amélioration du travail individuel et de l'accomplissement d'une mission quasi sacrée : servir le public. Sous le chaos apparent des répétitions, des allées et venues, des préparatifs, l'ordre règne. (Accessoirement, la description du travail du cirque est *aussi* la métaphore d'un tournage de film). Cette métaphore s'incarne dans un luxe de personnages que leur relief à la fois romanesque et mélodramatique rend inoubliables (cf. le clown jamais démaquillé qu'incarne James Stewart). Beaucoup de personnages auront ainsi beaucoup de malheurs pour que la vie du spectacle et le spectacle de la vie, *id est* le cinéma, puissent continuer...

## SOUS LES YEUX D'OCCIDENT (autre titre : **Razumov**)

1936 – France (95') • *Prod.* André Daven • *Réal.* MARC ALLÉGRET • *Sc.* Hans Wilhelm, H.G. Lustig, Jacques Viot d'ap. R. de Joseph Conrad • *Phot.* Michel Kelber. • *Mus.* Georges Auric • *Int.* Pierre Fresnay (Razumov), Michel Simon (Lespara), Danièle Parola (Nathalie), Jacques Copeau (Mikulin), Pierre Renoir (un policier), Jean-Louis Barrault (Haldin), Gabriel Gabrio (Nikita), Roger Karl (le père de Razumov), Vladimir Sokoloff.

En Russie tsariste, Razumov, étudiant bien noté, se trouve forcé d'héberger un ancien condisciple, Haldin, terroriste responsable de l'assassinat du Président du Conseil. Razumov se fait manœuvrer par le ministre de la Police et accepte de tendre un piège à Haldin qui est pris et exécuté. Parallèlement, le ministre de la Police s'est arrangé pour que Razumov passe pour un héros auprès du groupe d'étudiants révolutionnaires auquel appartenait Haldin. Ainsi transforme-t-il Razumov en indicateur. Envoyé à Genève, Razumov, prisonnier d'une situation intenable, tente de se suicider, mais se rate et est soigné par la propre sœur d'Haldin. Pour éviter à la jeune fille d'être arrêtée, il avoue toute la vérité au groupe. On le laisse partir mais un homme du groupe, opposé à cette décision, le suit et l'abat. En mourant, Razumov lui dit merci.

☞ Œuvre inégale mais passionnante et tout à fait insolite, par son ambition philosophique, dans le contexte du cinéma français d'avant-guerre. Il est exceptionnel en effet qu'un film français de cette époque suscite, comme ici, des références à Dostoïevski et à Hitchcock. A partir d'une intrigue adaptée de Conrad, le spectateur est amené à plonger dans le gouffre et les ténèbres d'une âme faible, image tragique de l'humanité tout entière. Traître malgré lui, mais vrai traître, Razumov serait un être entièrement négatif, s'il n'était un homme justement, c'est-à-dire une créature complexe et bourrelée de remords, constamment écartelée entre les notions du bien et du mal. S'il fallait le juger – mais précisément le propos de l'œuvre veut se situer au-delà du jugement –, sa seule circonstance atténuante serait d'avoir été victime d'un engrenage et d'une machination trop subtils pour lui. On passera sur la discutable reconstitution des groupes révolutionnaires de l'époque pour apprécier le talent des interprètes, et surtout des trois plus vieux comédiens de la troupe : Copeau en ministre de la Police, dans son rôle le plus impressionnant au cinéma, Pierre Renoir, odieux fonctionnaire de police, et Roger Karl, le père de Razumov, présent dans une seule scène, tout à fait étonnante. On s'étonnera aussi de l'éclectisme de Marc Allégret, peintre occasionnel mais talentueux de l'ambiguïté et des abîmes de la condition humaine (cf. aussi *Félicie Nanteuil*)*.

## SPARROWS (Moineaux)

1926 – USA (105') • *Prod.* Pickford Corp. • *Réal.* WILLIAM BEAUDINE • *Sc.* C. Gardner Sullivan d'ap. une histoire de Winifred Dunn • *Phot.* Charles Rosher, Karl Struss, Hal Mohr • *Int.* Mary Pickford (Mama Mollie), Roy Stewart (Richard Wayne), Marie-Louise Miller (Doris Wayne), Gustav von Seyffertitz (Grimes), Charlotte Mineau (Mme Grimes), Spec O'Donnell (Ambrose Grimes), Lloyd Whitlock (Bailey).

Dans une région marécageuse du Sud, un couple de paysans et leur fils, les Grimes, utilisent une bande d'enfants abandonnés pour s'occuper de leur ferme. Les enfants, traités comme des prisonniers, voire des esclaves, sont souvent brutalisés et le plus souvent affamés. Il arrive que le paysan « vende » un des enfants à un voisin. Mollie, une adolescente, la plus âgée des gosses, s'occupe d'eux, les réconforte de son mieux et leur assure que Dieu veille sur eux comme il veille sur les petits moineaux. Doris, une fillette, a été kidnappée à la ville. Pour que la police ne retrouve pas sa trace, Grimes envoie son fils la noyer dans le marais. Mollie la sauve et, après s'être violemment opposée à Grimes, organise la fuite de ses protégés. Parcourant les marais infestés de crocodiles, les enfants font face vaillamment à tous les dangers. La police arrête les Grimes, puis poursuit les kidnappeurs qui trouveront la mort dans les marais. Mollie a le bonheur de voir tous ses moineaux adoptés par un milliardaire.

☞ Une grande réussite de William Beaudine, réalisateur prolifique et souvent talentueux, et un rôle en or pour Mary Pickford. A trente-trois ans elle peut jouer les adolescentes courageuses, pleines de vitalité et de gaieté, faisant face et aidant les autres à faire face aux pires calamités. Le cadre et l'intrigue sont très originaux. Beaudine, pour les mettre en valeur, use d'un style très pur et très efficace qui donne au récit l'intensité délirante d'un cauchemar sans recourir pour cela à aucun artifice, à aucune distorsion de l'image ou de la réalité. *Sparrows* appartient à la tradition ancestrale et toujours renouvelée du conte d'horreur pour (et avec) enfants où l'on pourrait ranger des films aussi divers que *Moonfleet** (Lang, 1955), *La nuit du chasseur** (Laughton, 1955), *A High Wind in Jamaica* (Mackendrick, 1965), *Our Mother's House* (Jack Clayton, 1967), *La dame en couleurs** (Claude Jutra, 1984). Dans ce type de films, l'enfance découvre toute l'hostilité du monde, qui parfois la fascine comme le serpent fascine sa proie ; elle réussit plus ou moins bien, selon le pessimisme de l'auteur, à conjurer le danger grâce aux réserves d'insouciance et de courage qu'elle trouve en elle-même. Après une première partie statique mais remplie de détails insolites et pittoresques (les enfants affamés ouvrant la bouche et se regardant mutuellement dans le gosier pour savoir lequel d'entre eux a le gosier le plus vide), le film prend sa véritable dimension dans les séquences du périple à travers le marais et de la course-poursuite sur le bateau. Le happy end, cohérent avec le personnage de Mary Pickford, n'efface pas complètement les visions de stupeur et d'effroi que le film a fait naître.

## SPAWN OF THE NORTH

Inédit en France. 1938 – USA (110') • *Prod.* PAR. (Albert Lewin) • *Réal.* HENRY HATHAWAY • *Sc.* Talbot Jennings, Jules Furthman d'ap. R. de Barrett Willoughby • *Phot.* Charles Lang • *Mus.* Dimitri Tiomkin • *Int.* Henry Fonda (Jim Kimmerlee), George Raft (Tyler Dawson), Dorothy Lamour (Nicky Duval), Louise Platt (Diane), John Barrymore (« Windy » Turion), Akim Tamiroff (Red Skain), Lynne Overman (Jackson), Fuzzy Knight (Lefty Jones), Vladimir Sokoloff (Dimitri).

Jim et Tyler, deux pêcheurs de saumon au large de l'Alaska, sont amis depuis l'enfance. Jim possède maintenant une conserverie, alors que Tyler, qui n'a rien, est toujours tenté par l'aventure. La région est infestée par les pirates de la pêche, russes pour la plupart. Ils sont devenus un tel fléau que les pêcheurs doivent leur réserver le sort des voleurs de chevaux dans l'Ouest : une mort expéditive et sans jugement. Jim redoute que Tyler passe du côté des pirates et s'allie à la bande de Red Skain pour payer le schooner qu'il a acheté à crédit. Il le retrouve en effet dans la ligne de mire de son fusil lors d'un affrontement violent entre pêcheurs et pirates. Il est obligé de tirer. Tyler est gravement blessé. Il utilisera ses dernières forces à attirer vers les glaciers le bateau de Red, afin de l'empêcher de tuer Jim. Une avalanche de glace, déclenchée par la sirène du bateau, engloutira l'embarcation avec Red et Tyler.

☞ Réalisation solide de Hathaway dont le relief puise à deux sources traditionnelles du spectaculaire américain : le manichéisme et le documentaire exotique. Le manichéisme engendre ici un conflit entre l'amitié et le devoir opposant deux acteurs quasi mythiques dans les rôles qui leur sont attribués. Le jeu de Fonda, le justicier, possède déjà, avant *Young Mr. Lincoln**, quelque chose de sombre et de déchiré dans l'expression d'une volonté par ailleurs inflexible. En face de lui, le trouble George Raft confère à son personnage une sympathie, voire une sorte de générosité qui le rendent plus attachant. Par l'effet du scénario et surtout des acteurs, le manichéisme se nuance ainsi, non au détriment mais au bénéfice de l'intensité dramatique de l'intrigue. L'activité professionnelle des personnages et le cadre géographique et historique fournissent d'autre part à l'action, filmée en extérieurs, son originalité spécifique ; cf. les deux scènes d'engloutissement des bateaux dans les glaces : le premier en partie accidentel, quand une partie de l'iceberg surgit de dessous un bateau, le fait grimper en l'air puis retomber et s'écraser dans les glaces ; le second, volontairement provoqué, boucle l'intrigue avec force (absence de happy end) tout en permettant au personnage de Raft de se racheter. D'une façon générale, les scènes d'affrontement sont marquées de cette cruauté caractéristique du style de Hathaway : ainsi la scène où les pêcheurs ramènent chez Red Skain (Akim Tamiroff) les cadavres de deux hommes, qu'ils viennent de tuer, enveloppés dans des filets, et la grande bagarre entre pêcheurs et pirates utilisant tout ce qui leur tombe sous la main – harpons, poignards, chaînes – pour en découdre.

**SPECTRE DE FRANKENSTEIN (LE)**
**(The Ghost of Frankenstein)**

1942 – USA (67') • *Prod.* Universal (George Waggner) • *Réal.* ERLE C. KENTON • *Sc.* W. Scott Darling d'ap. histoire de Eric Taylor et les personnages de Mary Shelley • *Phot.* Milton Krasner et Woody Bredell • *Int.* Bela Lugosi (Ygor), Lon Chaney, Jr. (la créature), Sir Cedric Hardwicke (Frankenstein), Ralph Bellamy (Erik), Lionel Atwill (Dr Bohmer), Evelyn Ankers (Elsa).

Se croyant toujours menacés par la malédiction que ferait peser sur eux le monstre créé par feu le baron Frankenstein, les habitants du village dynamitent son château. Dans l'amas de ruines provoqué par les explosions, Ygor retrouve le monstre que sa carapace de soufre a protégé. Il est toujours vivant. Ygor le conduit chez le deuxième fils du baron (le premier est en exil), Ludwig Frankenstein, qui travaille en association avec le Dr Bohmer, l'ancien maître du baron. Les deux savants viennent d'expérimenter avec succès une greffe de cerveau. Il sera donc question de greffer un autre cerveau au monstre pour améliorer son comportement. Mais quel cerveau ? C'est là que les difficultés commencent. Ludwig Frankenstein veut que ce soit celui d'un collègue, récemment tué par le monstre. Ygor propose le sien afin d'abandonner son corps contrefait et de revivre dans celui, vigoureux, du monstre. Quant au monstre lui-même, il indique clairement qu'il souhaiterait que ce soit celui d'une fillette qu'il vient de rencontrer. Ygor, ayant essuyé un refus de la part de Ludwig Frankenstein, se tourne vers le Dr Bohmer. Il lui fait valoir que, si sa proposition est acceptée, il fera tout son possible pour rendre célèbre son bienfaiteur. Sensible à cet argument, Bohmer substitue le cerveau d'Ygor à celui prévu pour la greffe par le Dr Frankenstein. Après l'opération, le monstre vit quelques instants avec son nouveau cerveau et parle avec la voix d'Ygor. Mais Bohmer a oublié la non-compatibilité des groupes sanguins d'Ygor et du monstre. Les deux savants, bousculés par le monstre agonisant, ne survivront pas à leur échec.

☞ Quatrième titre de la série de Frankenstein et suite directe du troisième *(Le fils de Frankenstein*)*. Le film régresse au niveau d'un agréable feuilleton assez inventif et mouvementé dont Lugosi devient le personnage principal. Erle C. Kenton effectue sans se fatiguer la transition entre le talent plastique et l'humour de Rowland V. Lee dans *Le* *fils de Frankenstein** et la morbidité de Roy William Neill dans *Frankenstein Meets the Wolf Man**.

BIBLIO. : fac-similé du scénario de tournage publié chez MagicImage Filmbooks, Absecon, NJ, 1990.

## SPECTRE DU PR HICHCOCK (LE)
### (Lo spettro)

1963 – Italie (93') • *Prod.* Panda Film – Louis Mann (= Luigi Carpentieri, Ermanno Donati) • *Réal.* ROBERT HAMPTON (= Riccardo Freda) • *Sc.* Robert Hampton, Robert Davidson • *Phot.* Donald Green (= Raffaele Masciocchi) (Technicolor) • *Mus.* Frank Wallace (= Franco Mannino) • *Int.* Barbara Steele (Margaret Hichcock), Peter Baldwyn (Charles Livingstone), Harriet White (Catherine), Leonard G. Elliot (= Elio Jotta) (Pr John Hichcock), Carol Bennet, Charles Kechler, Raoul H. Newman (= Umberto Raho) (le Père Owens), Reginald Price Anderson.

⊖ Un manoir en Écosse, en 1910. Invalide, cloué dans son fauteuil, le Pr John Hichcock, chirurgien de renom, adepte des sciences occultes, se fait soigner par le jeune Dr Charles Livingstone, le seul de ses confrères qui accepte de lui injecter un mélange de poisons de sa composition. Livingstone est l'amant de la jeune femme de Hichcock, Margaret. Elle le supplie à maintes reprises de la libérer en tuant son mari. A la fin, Charles y consent et, comme le lui avait dit Hichcock lui-même, rien ne saurait être plus facile puisqu'il suffit de le priver de l'antidote qu'il a l'habitude de lui administrer. Après l'enterrement de Hichcock, le notaire donne lecture du testament : Margaret reçoit la maison et, en prime, Catherine, l'inquiétante gouvernante. Les titres, valeurs, bijoux, etc., enfermés dans le coffre, iront à l'orphelinat du Père Owens. Encore faut-il pouvoir ouvrir le coffre. Restés seuls, Charles et Margaret cherchent fiévreusement la clé. Catherine dit qu'elle est restée dans la poche du mort. Charles ouvre le cercueil, fouille les vêtements du défunt déjà en putréfaction et trouve la clé. Hélas, le coffre ne contient que des papiers sans valeur. Margaret a une crise de nerfs. A partir de là, des signes funestes et terrifiants ne vont plus cesser de la persécuter : bruits de chaînes, apparition de Hichcock avançant vers elle, tel un zombie, et sur lequel elle videra son revolver, gouttes de sang tombant du plafond sur son lit, etc. Charles lui-même verra Hichcock pendu au grenier. Souvent, Margaret entend la boîte à musique que son mari mettait en marche quand il voulait évoquer les souvenirs heureux de leur passé. La gouvernante, qui a des pouvoirs de médium, parle avec la voix du mort et déclare que sa fortune est placée sous son cercueil. Margaret descend dans la crypte et trouve un coffre enchâssé dans la pierre qui soutient le cercueil. Elle se blesse à la main en voulant l'ouvrir et découvre avec stupeur qu'il ne contient qu'une tête de mort... Charles s'apprête à quitter la maison. Margaret trouve dans son sac de voyage les bijoux de Hichcock. Cette trahison la rend folle de rage et elle lacère le visage de son amant à coups de rasoir. Puis elle brûle son cadavre et s'apprête à se suicider en buvant un poison. C'est alors que Hichcock réapparaît. Ce n'est pas un fantôme. Il marche. Il semble en parfaite santé. Depuis longtemps, il n'était plus malade. Il s'était fait administrer par Charles un breuvage provoquant un sommeil semblable à la mort. Il a créé, pour se venger, toutes ces manifestations faussement surnaturelles qui ont tourmenté le couple. Il ajoute que c'est lui qui a placé les bijoux dans le sac. Charles aimait vraiment Margaret et ne l'avait pas trahie. C'est Catherine qui a aidé le chirurgien à mettre en œuvre sa machiavélique vengeance. Il la remercie et la tue, car il ne veut pas de témoin gênant. Il place le revolver dans les mains de Margaret qu'on accusera ainsi du crime. La blessure qu'elle s'est faite en ouvrant le coffre, sur la serrure duquel Hichcock avait mis du curare, a commencé de la paralyser. Hichcock lui dit adieu. Il part jouir de sa liberté, de sa fortune et de sa vengeance. Juste avant de quitter la pièce, il boit le verre de poison préparé par Margaret, croyant qu'il s'agissait de gin. Elle se met soudain à rire comme une folle. La police l'emmène, complètement paralysée. Hichcock mourra seul, coincé dans un passage secret derrière la bibliothèque. Comme le répète le Père Owens : « Le Démon est encore plus puissant quand on n'y croit pas. »

☞ Troisième film pseudo-britannique de Freda signé Robert Hampton. Le réalisateur avait adopté ce pseudonyme pour ses films d'horreur en raison de l'insuccès des *Vampires** qu'il avait attribué à l'origine italienne du film. *Le spectre* représente la plus belle réussite formelle de Freda dans le domaine fantastique. Certes *Les vampires** était plus original et plus novateur historiquement. Certes le premier Hichcock *(L'orribile segreto del dottor Hichcock**, dont ce film-ci n'est pas la suite, mais reprend seulement un personnage de médecin à demi fou) était plus surprenant par l'audace de son scénario, fondé sur le thème de la nécrophilie. Mais dans *Le spectre* l'art fantastique de Freda est à son comble. Freda a toujours fui la sobriété comme la peste et son film fourmille d'effets, tant sur le plan dramatique et horrifique que sur le plan purement esthétique et plastique. Les tendances lyrique et baroque de sa sensibilité se donnent ici libre cours dans une frénésie qui rénove *de l'extérieur* l'aspect un peu vieillot du scénario (cf. la scène où Barbara Steele larde de coups de rasoir le visage de son amant dont le sang coule en rigoles, d'une manière surréaliste, sur l'objectif de la caméra). Quant à la couleur, Freda l'utilise avec la même violence, la même efficacité dans le maniement des contrastes que le noir et blanc, et cela n'est pas donné à tout le monde. Le soin accordé aux décors et aux accessoires, aux mouvements d'appareil, aux extérieurs autour de la maison, le visage étrange et le regard stupéfié de Barbara Steele aident enfin le cinéaste à ciseler un univers entièrement maléfique et diabolique où Satan agit sur les personnages, non seulement en remuant en eux leurs vices habituels (cupidité, jalousie, esprit de vengeance, etc.) mais en les torturant par la nostalgie d'un paradis et d'un bonheur perdus.

## SQUAW MAN (THE)

Inédit en France. 1931 – USA (105') • *Prod.* MGM (DeMille) • *Réal.* CECIL B. DEMILLE • *Sc.* Lucien Hubbard, Lenore J. Coffee, Elsie Janies, d'ap. P. d'Edwin Milton Royle • *Phot.* Harold Rosson • *Mus.* Herbert Stothart • *Int.* Warner Baxter (James Wynnegate alias Jim Carston), Eleanor Boardman (Diana, comtesse de Kerhill), Lupe Velez (Naturich), Paul Cavanagh (Lord Henry Kerhill), Roland Young (Sir John Applegate), Julia Faye (Mrs. Chichester-Jones), Lawrence Grant (général Strafford), Charles Bickford (Cash Hawkins).

Un aristocrate anglais, Jim Wynnegate, s'aperçoit que la femme qu'il aime, Diana, aime son cousin Henry, et non lui. C'est Henry qu'elle épouse. Jim s'efface, acceptant en outre d'endosser la responsabilité du vol commis par ce cousin dans la caisse du fonds de charité dont ils s'occupent tous les deux. Il change d'univers et s'installe dans un ranch du Wyoming où il ne tarde pas à se faire un ennemi mortel de Cash Hawkins, un voleur de bétail qu'il veut empêcher de nuire. Par reconnaissance pour Jim qui l'a tirée des griffes de Hawkins, l'Indienne Naturich tuera le bandit. Elle soignera également Jim, blessé par deux complices de Hawkins. Elle ne veut plus le quitter. Quand Jim l'oblige à partir, elle va s'asseoir sous la pluie à l'extérieur de la maison. Jim et Naturich vivent ensemble et ont un fils. Henry, le cousin d'Angleterre, est mort dans un accident de chasse. Diana et un ami de Jim font le voyage vers le Nouveau Monde pour annoncer à Jim la nouvelle. Son nom a été complètement blanchi. Diana lui conseille de faire éduquer son fils en Angleterre. Naturich, poursuivie par la police, voit son fils partir. Elle se suicide. Quelques secondes avant sa mort, elle murmure à Jim l'un des rares mots d'anglais qu'elle ait appris : « Je comprends. »

☞ Troisième adaptation (et la première parlante) de la pièce de Edwin Milton Royle, déjà filmée par DeMille en 1914 (son premier film) et en 1918. C'est la version la plus épurée de cette histoire – mélodrame dans un cadre western – que le réalisateur aimait et qui lui a porté chance. La mise en scène est sereine et intense ; elle atteint au tragique dans la plus grande simplicité. A part le changement de lieu au début de l'intrigue, typique de DeMille, l'œuvre est sans détours et ne recherche pas le spectaculaire. C'est un poème lyrique aux accents tendres et poignants qui mettent en valeur les sentiments des personnages. Sublime interprétation de Lupe Velez dans un rôle quasi mizoguchien.

## STALAG 17 (id.)

1953 – USA (119') • *Prod.* PAR. (Billy Wilder) • *Réal.* BILLY WILDER • *Sc.* Billy Wilder, Edwin Blum d'ap. P. de Donald Bevan, Edmund Trzinski • *Phot.* Ernest Laszlo • *Mus.* Franz Waxman • *Int.* William Holden (sergent Sefton), Don Taylor (lieutenant Dunbar), Otto Preminger (Oberst von Scherbach), Robert Strauss (« Animal » Stosh), Harvey Lembeck (Harry), Richard Erdman (Hoffy), Peter Graves (Price), Neville Brand (Duke), Sig Ruman (Schultz), Michael Moore (Manfredi), Edmund Trzinski (Triz).

Le stalag 17 quelque part sur les bords du Danube. Les baraquements réservés aux prisonniers américains abritent 630 hommes. Dans la baraque 4, on prépare activement l'évasion nocturne de deux prisonniers. Seul le sergent Sefton est contre cette entreprise qu'il juge trop risquée. Il parie même quelques paquets de cigarettes sur l'échec de la tentative. Il gagnera. Les deux prisonniers sont massacrés dès qu'ils mettent le pied hors de la baraque. Le sergent Sefton est un débrouillard né. Il utilise son intelligence à se fabriquer la vie la plus confortable possible au sein de sa captivité. Il organise des courses de souris, a mis sur pied une petite distillerie et loue un télescope aux soldats qui souhaitent contempler les prisonnières russes d'un baraquement voisin. Toutes ces initiatives lui rapportent des provisions et toutes sortes de monnaies d'échange. Sefton n'était déjà pas très populaire avant la mort des deux candidats à l'évasion. Il est maintenant franchement détesté et on l'accuse – sans preuve – d'être l'espion qui rapporte au commandant les faits et gestes des prisonniers de la baraque 4. Récemment, un nouveau venu, l'aviateur Dunbar, a raconté à ses camarades comment il avait bombardé un train de marchandises allemand. Il est alors convoqué et interrogé par le commandant. Il est persuadé qu'il a été dénoncé par Sefton, lequel est alors tabassé par ses camarades qui détruisent ses provisions et le mettent en quarantaine. Sefton va employer son temps et son intelligence à découvrir le véritable espion. Il observe d'abord que l'espion communique avec le gardien par des messages déposés dans les pièces du jeu d'échecs. Il démasque ensuite l'espion lui-même, un Allemand qui s'était infiltré parmi les prisonniers à seule fin d'obtenir des renseignements et, le cas échéant, des secrets militaires. Pour empêcher que Dunbar soit emmené par les SS, les prisonniers l'aident à se cacher dans la citerne du camp. Sefton se déclare volontaire pour s'évader avec lui, tandis que, suivant son plan, l'espion sera contraint à sortir la nuit hors de la baraque sous le feu de ses compatriotes. Cette diversion facilitera le départ des deux évadés. Le plan réussit. Mais avant de partir, Sefton, qui n'a pas apprécié le comportement de ses compagnons, leur a précisé : « Si nous nous rencontrons un jour dans la rue, faisons comme si nous ne nous connaissions pas ».

☞ Connu surtout pour ses comédies, sa verve cynique et satirique, Billy Wilder est en fait – on l'oublie parfois – l'un des plus éclectiques parmi les grands cinéastes américains. Il peut réussir avec le même brio un *film noir* (*Double Indemnity**) un drame psychologique (*The Lost Weekend**), l'évocation d'un pionnier de l'aviation (*The Spirit of St. Louis*), une adaptation parfaite d'Agatha Christie sur les rapports du mensonge et de la vérité (*Witness for the Prosecution*), une plongée insolite dans la psychologie secrète du plus célèbre détective de l'histoire du roman policier (*The Private Life of Sherlock Holmes*). Dans toutes ces œuvres, son exigence, son goût de la perfection sont identiques. Il ne consent en général à mettre la main à la pâte qu'après avoir peaufiné un script impeccable dans ses tenants et ses aboutissants. Un bon script pour Wilder doit : 1°) traiter un sujet original (ici la vie quotidienne des prisonniers, rarement évoquée dans le cinéma de guerre américain) ; 2°) faire vivre une foule de personnages hauts en couleur permettant à l'auteur d'exprimer sa vision misanthropique et désabusée de l'homme ; 3°) contenir un certain suspense car les entreprises humaines sont par essence douteuses dans leur issue comme dans leur inspiration ; 4°) délivrer une sorte de message. Wilder, l'un des moins esthètes parmi les Hollywoodiens, ne saurait en aucun cas parler pour ne rien dire. Il nous donne ici, en s'attaquant à nos préjugés, une leçon de tolérance bien dans sa manière, c'est-à-dire originale, brillante, amère et un tant soit peu déplaisante. Tolérance à l'égard des surdoués, des petits et gros malins de tout poil dont l'intelligence, la supériorité peuvent, dans certaines circonstances favorables, engendrer l'antipathie, l'envie, la haine et même susciter des vocations de bourreau. Cette leçon est donnée par Wilder sans la moindre complaisance. Il s'arrange en effet pour qu'il soit aussi difficile de s'identifier au héros (William Holden) qu'à ceux qui, injustement, le persécutent. Interprétation admirable comme toujours chez Wilder. Holden, chez Wilder, a du génie (et n'en a que chez lui). Ailleurs, il est seulement très bon. Mémorable composition d'Otto Preminger en nazi, rôle dont il s'était fait une spécialité depuis qu'il l'avait interprété sur scène en 1939 dans la pièce de Clara Booth Luce, « Margin for Error », puis dans *The Pied Piper* (Irving Pichel, 1942), *They Got Me Covered* (David Butler, 1943) et dans sa propre adaptation de *Margin for Error* (1943). Sig Ruman est excellent dans le rôle du gardien Schultz, faux bonhomme et faux brave type.

## STAR (THE)

Inédit en France. 1953 – USA (90') • *Prod.* Fox (Bert E. Friedlob) • *Réal.* STUART HEISLER • *Sc.* Katherine Albert et Dale Eunson • *Phot.* Ernest Laszlo • *Mus.* Victor Young • *Int.* Bette Davis (Margaret Elliot), Sterling Hayden (Jim Johannson), Natalie Wood (Gretchen), Warner Anderson (Harry Stone), Minor Watson (Joe Morrison), June Travis (Phyllis Stone), Katherine Warren (Mrs. Morrison), Barbara Lawrence (Barbara Lawrence).

Une actrice hollywoodienne d'une cinquantaine d'années, Margaret Elliot, autrefois célèbre, ne trouve plus de rôle et vit dans le plus grand dénuement. On vient de vendre aux enchères son mobilier et ses objets personnels. Son agent lui laisse peu d'espoir d'obtenir le rôle qu'elle convoite. A sa fille, une adolescente qui vit chez son mari dont elle est divorcée, elle se sent obligée de mentir en lui annonçant qu'elle se prépare à tourner très prochainement. Quant à sa sœur et à son beau-frère, ayant toujours vécu à ses crochets, ils ne veulent pas comprendre qu'elle est ruinée. Le tableau de sa vie présente est si noir qu'elle n'imagine d'autre distraction que de se saouler et de faire une virée en voiture qui se terminera au poste. Un ancien amant qu'elle avait aidé et pistonné pour un film, Jim Johannson, paie sa caution et l'invite à venir habiter chez lui, dans un hangar sur le port tranformé en demeure confortable. Il répare des bateaux et vit apparemment heureux dans une indépendance dont il se montre jaloux. On propose à Margaret le rôle de la sœur aînée du personnage qu'elle voulait obtenir. Elle tourne un essai où, sans tenir compte des indications du metteur en scène, elle interprète le rôle à contresens, essayant de se rajeunir et de faire jouer son sex-appeal. En projection, elle découvre avec accablement l'étendue de son erreur. Dans les jours qui suivent, elle comprend qu'elle ne réussira pas à effectuer d'une manière satisfaisante sa transformation de jeune actrice en vieille actrice. Elle prend la décision de passer le restant de son existence en compagnie de ceux qui constituent maintenant sa vraie famille, Jim et sa fille.

☞ Sur un sujet voisin de *Sunset Boulevard**, *The Star* développe des situations et un point de vue radicalement différents. Le film se veut avant tout réaliste et décrit la vie quotidienne d'une actrice sur le déclin et ses possibilités de s'adapter à une nouvelle carrière. L'échec de la star tient ici à son incapacité à modifier son image et ses rôles. Peintre d'une violence souvent déchaînée, Heisler sait aussi nous surprendre, comme ici, par la maturité et la sérénité de son style sur un sujet prêtant à tous les excès de dramatisation. On admire en outre la justesse de son étude psychologique et de son observation du monde hollywoodien. Différence notoire avec *Sunset Boulevard** : pour Wilder et son héroïne, hors la mythologie et la fascination du monde du spectacle, il n'est point de salut. L'héroïne de Stuart Heisler découvrira au contraire, par-delà les scintillements du show-business, une vie qui vaut aussi d'être vécue. Conclusion non-conformiste qu'on retrouverait, par exemple, dans *Young People* d'Allan Dwan (1940), histoire d'un couple d'acteurs de music-hall rêvant d'une vie simple et régulière. Le portrait de l'actrice interprétée par Bette Davis, créature violente qui saura passer de la crispation à la sérénité, a bien sa place parmi ces héroïnes à forte personnalité, parfois névrosées, qu'aime décrire Heisler : la fille de l'éleveur de *Tulsa**, l'alcoolique de *Smash-Up, the Story of a Woman*, ou la courageuse accusatrice du Ku Klux Klan dans *Storm Warning**. On les croit un moment vaincues par les circonstances, mais elles finissent toujours par effectuer un spectaculaire rétablissement. Indirectement, le film constitue aussi un éloge solide et circonstancié de l'art du comédien, puisqu'il montre secrètement l'intelligence, la puissance d'invention et de renouvellement, l'humilité qu'il exige de la part de ceux qui veulent continuer à l'exercer pendant plusieurs décennies.

## STARS IN MY CROWN (id.)

1950 – USA (89') • *Prod.* MGM (William H. Wright) • *Réal.* JACQUES TOURNEUR • *Sc.* Margaret Fitts, Joe David Brown d'ap. R. de Joe David Brown • *Phot.* Charles Schoenbaum • *Mus.* Adolph Deutsch • *Int.* Joel McCrea (Josiah Doziah Gray), Ellen Drew (Harriet Gray), Dean Stockwell (John Kenyon), James Mitchell (Dr Daniel Kalbert Harris, Jr.), Lewis Stone (Dr Daniel Kalbert Harris, Sr.), Alan Hale (Jed Isbell), Amanda Blake (Faith Radmore Samuels), Jack Lambert (Perry Lokey), Juano Hernandez (Oncle Famous), Connie Gilchrist (Sarah Isbell), Ed Begley (Lon Backett), Arthur Hunnicutt (Chloroform Wiggins), Charles Kemper (Pr Jones).

Un vieil homme, John Kenyon, raconte son enfance à Walesburg, petite ville du Sud, après la guerre de Sécession. Très jeune, il avait perdu ses parents et le pasteur J.D. Gray, ainsi que sa femme Harriet, l'avaient recueilli et élevé. Le pasteur était arrivé à Walesburg avant sa naissance et avait prononcé son premier sermon dans un saloon : il avait dû sortir ses deux revolvers pour faire cesser les rires... Le gosse va souvent pêcher avec Oncle Famous, un Noir dont le marchand Lon Backett convoite la terre et la maison depuis que sa mine de mica s'est tarie et qu'il a découvert que le filon se prolongeait sous la maison de Famous. Mais Famous refuse de vendre. Le vieux docteur Kalbert Harris est malade et sent la mort approcher. Son fils Dan a peur de ne pas être accepté comme médecin par la communauté. Il courtise l'institutrice Faith Samuels et, au retour de son premier pique-nique avec elle, apprend la mort de son père. Une nuit, John et un camarade voient les hommes du Ku Klux Klan, la tête recouverte d'une cagoule, ravager la terre et la maison d'Oncle Famous. Le lendemain, Lon Backett fait une nouvelle offre. Refus catégorique de Famous. Jed Isbell, un bon chrétien mais qui déteste aller à l'église, l'aidera avec ses quatre fils à tout remettre sur pied. Alors qu'il assiste – et participe – au numéro du Pr Jones, magicien et hypnotiseur, venu se produire à Walesburg, John s'écroule. Il a la typhoïde. L'épidémie se répand dans le village. John va déjà mieux mais d'autres enfants sont gravement atteints. Dan, qui a pris la suite de son père, accuse le pasteur d'avoir répandu la maladie en allant parler aux gosses de l'école au lieu de rester chez lui en quarantaine. Un des petits malades meurt. Inquiet, puis dévoré de peur et de remords, Gray se demande si Dan n'a pas raison. Il ferme l'église et sa propre maison. Sa détresse, morale et matérielle, est grande, car personne ne vient plus le chercher pour administrer les sacrements. John découvre alors la source du mal : le puits de l'école à l'eau duquel il avait bu avant l'ouverture des classes. Le pasteur n'y est donc pour rien. L'épidémie a permis à Dan de faire ses preuves auprès des habitants et de mieux comprendre le pasteur qui est devenu son ami. Les hommes du Klan donnent à Famous vingt-quatre heures pour filer. Le lendemain, ils reviennent pour le lyncher. Gray leur lit à haute voix le testament de Famous : il lègue quelque chose à chacun des hommes présents (dissimulés sous leurs cagoules) et sa maison ira à Lon Backett. Honteux, les lyncheurs en puissance quittent la place. John regarde les pages qu'a lues le pasteur : elles sont blanches. Il a tout inventé. Grâce à lui, la paix est revenue au village et, le dimanche suivant, même Isbell est présent à l'église.

☞ Deuxième des six westerns de Jacques Tourneur et le premier des trois qu'il a tournés avec Joel McCrea. Le film appartient au genre dit *americana* – description nostalgique, attendrie, pointilliste et en général souriante de l'Amérique profonde, rurale et croyante. L'essence du genre est d'être rassurant. Tourneur est ici fidèle au cadre extérieur du genre, mais son film n'a rien de réconfortant. Plastiquement, l'atmosphère est étrangement dure et ténébreuse (les films du genre *americana* sont le plus souvent en couleurs). La plupart des anecdotes relatées dans l'intrigue sont profondément dramatiques et les rares moments heureux débouchent brutalement sur le drame (après un pique-nique, un homme trouve son père mort ; un gosse assiste aux tours d'un prestidigitateur et s'écroule, victime de la fièvre typhoïde, etc.). Dans la dernière partie du film, une véritable peste, à la fois physique et morale, s'est abattue sur le village, détruisant les corps, les esprits et les âmes. Une ruse superbe du pasteur, particulièrement bien inspiré, permettra de clore le récit sur une note optimiste. Comme à son habitude, Tourneur a détruit en douceur et de l'intérieur, par le poids insolite de drame et d'inquiétude dont il l'a chargé, le genre dans lequel il travaille. Une autre façon de le détourner de sa voie la plus courante et de se l'approprier fut de donner à la nostalgie un caractère nettement fantomatique. Tous les personnages qu'évoque le narrateur sont probablement morts. Le village tel qu'il était et sa population n'existent plus que dans ses souvenirs dont la trace sur l'écran est mi-réelle, mi-onirique. Un autre aspect très tourneurien du film et un peu secret tient dans la lutte que se livrent le docteur et le pasteur. Apparemment, c'est une lutte « philosophique » : matérialisme contre spiritualisme. En vérité, les deux hommes ont des problèmes d'intégration, sont des exilés de l'intérieur, et c'est la raison profonde de leur conflit. Après l'épidémie, tous deux se retrouveront mieux intégrés, et amis. Typiquement hollywoodien, ce « petit » film de maître est un film d'auteur à cent pour cent, où le metteur en scène a pétri sa matière à rebrousse-poil des habitudes d'un genre et de ce qu'on attendait de lui, et l'a rendue si personnelle qu'elle en est devenue universelle. Tourneur reçut d'ailleurs les félicitations de l'auteur du roman original. Néanmoins le film est resté semi-clandestin et s'adresse aux *happy few.* C'est l'un des préférés de Tourneur. Son budget était minime, comparé à celui de ses films précédents, *Canyon Passage*, Out of the Past*, Berlin Express.* Tourneur tenait tant à le réaliser qu'il a dû faire un sacrifice en acceptant un salaire beaucoup moins élevé que celui qu'il obtenait auparavant et qu'il ne put jamais retrouver par la suite ! (cf. ses déclarations *in* « Présence du cinéma » n° 22-23, 1966).

## STORM WARNING

Inédit en France. 1951 – USA (91') • *Prod.* Warner (Jerry Wald) • *Réal.* STUART HEISLER • *Sc.* Daniel Fuchs, Ricard Brooks • *Phot.* Carl Guthrie • *Mus.* Daniele Amfitheatrof • *Int.* Ginger Rogers (Marsha Mitchell), Doris Day (Lucy Rice), Steve Cochran (Hank Rice), Ronald Reagan (Burt Rainey), Hugh Sanders (Charlie Barr), Raymond Greenleaf (Faulkner), Ned Glass (George Athens).

Marsha Mitchell arrive de nuit dans une petite ville du Sud pour rendre visite à sa sœur Lucy qu'elle n'a pas vue depuis des années et qui s'est mariée entre-temps. Dans la ville volontairement désertée par ses habitants, elle assiste à dix heures du soir au tabassage et au meurtre d'un homme qu'un groupe de membres du Ku Klux Klan en cagoules vient d'arracher à la prison. Elle a pu voir les traits de deux des tueurs qui ont retiré leur cagoule. Ayant retrouvé sa sœur, elle a la stupéfaction de constater que le mari de celle-ci, Hank Rice, un camionneur, est l'un des deux hommes qu'elle a vus à visage découvert parmi les assassins. Hank essaie de persuader sa femme et sa belle-sœur qu'il ne s'agissait que d'effrayer cet homme – un journaliste enquêtant sur le Klan et emprisonné sous un faux prétexte – et que sa mort fut un accident. Le lendemain matin, pour protéger le bonheur de sa sœur, enceinte et très amoureuse de son mari, Marsha s'en irait sans rien dire, si le procureur Burt Rainey ne l'empêchait de prendre son car afin de l'interroger. Elle avoue seulement que l'assassinat dont elle a été témoin a été perpétré par des hommes en cagoules. Elle dit n'avoir pu identifier aucun d'entre eux. Le patron de Hank, Charlie Barr, qui est l'autre homme que Marsha a pu voir la nuit du crime, la menace, si elle parle du Klan à l'audience, de dénoncer son beau-frère comme étant le tireur qui a abattu le journaliste. A l'audience de l'après-midi, où sont présents de nombreux journalistes des radios et des chaînes de télévision nationales, Marsha revient sur son témoignage de la matinée et dit qu'il faisait trop nuit pour discerner la tenue des assassins. Aucune personne physique ou morale n'est officiellement accusée du crime. Charlie Barr, Hank et d'autres fêtent leur victoire. Ayant beaucoup bu, Hank se jette sur sa belle-sœur qui s'apprête à partir. Lucy arrive. Hank la frappe. Suivant les conseils de sa sœur, elle fait alors sa valise. Marsha déclare qu'elle n'a plus aucune raison de cacher la vérité. Hank l'assomme et avec deux complices l'entraîne en voiture sur les lieux d'une grande réunion du Klan : là, devant une croix, on procède à des initiations. Marsha est fouettée. Rainey arrive et reconnaît à leur voix plusieurs habitants de la ville. Charlie Barr, se sentant acculé, accuse Hank du meurtre. Hank, paniqué, tire sur lui mais atteint Lucy. Il est abattu par un policier. Tous les participants de la réunion filent au plus vite. Lucy meurt dans les bras de Marsha.

☞ En 1936, la Warner avait produit *Black Legion* (de Archie Mayo), récit solide et édifiant à propos d'un ouvrier (H. Bogart) qui se laissait piéger et devenait membre du Ku Klux Klan avant de découvrir son erreur et de témoigner contre l'organisation. Quinze ans plus tard, la firme récidive avec *Storm Warning* qui stigmatise à nouveau l'influence désastreuse et les méfaits du Klan. D'une rare cohérence, réunissant des talents variés à tous les niveaux, ce film dû à l'excellent Stuart Heisler unit les mérites de l'efficacité dramatique à ceux du réalisme et d'une vigoureuse dénonciation sociale. *Storm Warning* a été tourné en décors naturels dans une petite ville américaine type, distante de quelques dizaines de kilomètres de Hollywood (le Klan y était, dit-on, assez actif et un habitant proposa à la production de lui louer de nombreuses tenues de l'organisation). Le remarquable script de Daniel Fuchs et Richard Brooks va droit au but, est d'une habileté et d'une honnêteté constantes, ne contient aucun prêche et présente les réactions d'un personnage moyen (Ginger Rogers), nullement héroïque, qui utilise d'abord toutes les possibilités qui lui sont offertes de mentir et de fuir ses responsabilités. La concision du récit et ce qu'on pourrait appeler sa « justesse de tir » renforcent son audace : il est parfaitement clair dans le film que le Klan a gangrené toute la ville (et on verra même dans la réunion finale un enfant vêtu comme les membres du Klan). Le métier de Stuart Heisler est étonnant d'équilibre et de maturité dans l'utilisation et le dosage de la violence. Sobre et parfaite interprétation de tous, et notamment de l'insolite duo féminin formé par Doris Day (dans sa première composition dramatique) et par Ginger Rogers (dans un rôle prévu pour Lauren Bacall).

## STRADA (LA) (id.)

1954 – Italie (115') • *Prod.* Ponti – De Laurentiis • *Réal.* FEDERICO FELLINI • *Sc.* F. Fellini, Tullio Pinelli, Ennaio Flaiano • *Phot.* Otello Martelli • *Mus.* Nino Rota • *Int.* Giulietta Masina (Gelsomina), Anthony Quinn (Zampano), Richard Basehart (Il « Matto »), Aldo Silvani (Giraffa), Marcella Rovena (la veuve), Lina Venturini (la sœur), et beaucoup de non-professionnels.

Zampano, un athlète de foire, entraîne dans son village une jeune campagnarde, Gelsomina, confiée à lui par sa mère incapable d'assurer sa subsistance. Ils vont de village en village, travaillant parfois dans un cirque. L'athlète a une sorte de rival, ironique et lunaire, en la personne d'un fildefériste qu'il tuera par accident lors d'une bagarre. Peu de temps après, Gelsomina tombe malade. Zampano l'abandonne sur la route. Il apprendra sa mort, revenant sur les lieux quelques années plus tard.

☞ Le succès mondial du film, plus que son maigre contenu, intrigue le spectateur d'aujourd'hui. Quelle fibre Fellini a touché dans le public pour que cette œuvre, somme toute mineure, atteigne un tel retentissement ? Il semble que, l'un des premiers, il ait eu le pressentiment de la marginalisation inévitable qui allait être le lot d'un nombre grandissant de personnages cinématographiques. Il donne en tout cas, en plein milieu des années 50, à deux marginaux complets le statut de héros à part entière. Ne serait-ce que par la compassion dont il les enveloppe, la même exactement que celle dont bénéficient *a priori* les héros (nullement marginaux) des mélodrames italiens de l'époque. Aux dernières heures du néoréalisme, Fellini tire la leçon de l'œuvre de Chaplin, peintre de marginaux exceptionnels et exemplaires (de Charlot à Calvero en passant par Landru) et l'applique à des personnages anonymes mais qui possèdent en même temps un caractère insolite et minoritaire. Marginaux, ses deux personnages le sont par leur rapport à la société environnante et plus encore par leur relation de couple – cette étrange et improbable union d'un primate taciturne et d'une adolescente ( ?) asexuée et sans âge. A l'inverse des héros du mélodrame italien traditionnel, ils ne sont représentatifs de rien, sinon d'eux-mêmes. Et c'est peut-être en définitive son étrangeté (pour l'époque) et son éventuelle valeur prophétique qui, plus que tout autre chose, ont suscité la magie de ce film.

BIBLIO. : scénario et dialogues : *in* « Bianco e nero » septembre-octobre 1954, repris en volume, Bianco e nero Editore, Roma, 1958 ; *in* « L'Avant-Scène » n° 102 (1970). Contient les scènes coupées après le passage au Festival de Venise 1954 (le film a beaucoup circulé en copies amputées). Réédition (avec dialogues en français et en italien) dans le n° 381 (1989) de la même revue. *La Strada* figure aussi dans le volume « Il primo Fellini », Cappelli, 1969, et a été publié dans des recueils de scénarios de films italiens parus à Moscou (1958) et à Prague (1966).

## STRANGE DEATH OF ADOLF HITLER (THE)

Inédit en France. 1943 – USA (74') • *Prod.* Universal (Prod. associé Ben Pivar) • *Réal.* JAMES HOGAN • *Sc.* Fritz Kortner d'ap. une idée de Fritz Kortner et de Joe May • *Phot.* Jerome Ash • *Mus.* H.J. Salter • *Int.* Ludwid Donath (Adolf Hitler/Franz Hubert), Gale Sondergaard (Anna Hubert), George Dolenz (Herman Marbach), Fritz Kortner (Bauer), Ludwig Stossel (Graub), William Trenk (colonel von Zechwitz), Fred Giermann (Heinrich Himmler).

Vienne, 1942. Un fonctionnaire libéral et plutôt anti-nazi est doué d'un talent d'imitation vocale. Il s'amuse souvent à imiter Hitler. Les nazis l'emprisonnent. Ils annoncent à sa femme et à ses deux enfants qu'il a été abattu comme traître. En fait, après une opération de chirurgie esthétique, il découvre avec horreur qu'on l'a transformé en sosie d'Hitler. On l'utilise à remplacer Hitler dans diverses circonstances et cérémonies publiques. Il conçoit le projet d'assassiner Hitler. Sa femme, consternée par l'endoctrinement de ses deux garçonnets dont l'un a même dénoncé son projet de départ vers la Suisse, conçoit de son côté le même projet. Elle tirera sur le sosie d'Hitler, qui meurt en prononçant son prénom, avant d'être elle-même abattue sans savoir qu'elle a tué son propre mari. Un membre de l'underground (*interprété par Fritz Kortner, auteur du scénario*) conclut prophétiquement : « Mieux vaut qu'Hitler soit vivant. Ses généraux, livrés à eux-mêmes, pourraient gagner la guerre. Lui, dans sa folie, la perdra. »

☞ Curiosité. Le point de départ est très original. Il se trouve développé sans logique rigoureuse, avec des méandres imprévisibles qui augmentent son étrangeté et son expressivité. Le film est typique de la Universal, firme vouée non seulement aux grands mythes du fantastique (Frankenstein, Dracula) mais aussi, et peut-être plus encore, aux œuvres visitées par l'ange du bizarre. C'est le cas ici de ce cauchemar, de cette « histoire abominable » témoignant à sa façon et sans aucun effort de réalisme des ravages d'une idéologie et de la folie d'une époque.

## STRANGE IMPERSONATION

Inédit en France. 1946 – USA (68') • *Prod.* Republic (William Wilder) • *Réal.* ANTHONY MANN • *Sc.* Mindret Lord d'ap. une histoire d'Anne Wigton et Lewis Herman • *Phot.* Robert W. Pittack • *Mus.* Alexander Laszlo • *Int.* Brenda Marshall (Nora Goodrich), William Gargan (Stephan Lindstrom), Hillary Brooke (Arline Cole), George Chandler (J.W. Rinse), Ruth Ford (Jane Karaski), H.B. Warner (Dr Mansfield), Lyle Talbot (inspecteur Malloy).

⊖ Nora Goodrich, une jeune chimiste, a élaboré un nouvel anesthésique. Elle l'expérimente sur elle-même en compagnie de son assistante, Arline, qui doit noter ses réactions. Une fois Nora endormie, Arline provoque volontairement une explosion qui défigure Nora. Durant le séjour de Nora à l'hôpital, Arline manœuvre habilement pour qu'un malentendu sépare Nora de son fiancé, le Dr Stephan Lindstrom. De retour chez elle, Nora reçoit la visite d'une jeune femme, Jane Karaski, qu'elle avait renversée avec sa voiture lors d'un accident sans gravité. Jane entend exercer un chantage sur Nora et, revolver en main, s'empare de ses bijoux. Une bagarre s'ensuit. Jane est accidentellement défenestrée et son cadavre impossible à identifier est considéré comme étant celui de Nora. Nora part pour la côte Ouest, subit une opération de chirurgie esthétique et se fait reconstituer le visage à la ressemblance de celui de Jane dont elle prend l'identité. Se disant une amie d'enfance de Nora, elle contacte Stephan, maintenant marié à Arline : Nora comprend alors les raisons de son comportement machiavélique. Nora est engagée par Stephan qui tombe amoureux d'elle. Elle est ensuite arrêtée pour le meurtre de Nora et ne parvient pas à se faire entendre quand elle affirme être Nora. Elle est réveillée par Arline et découvre que tout son cauchemar était un effet de son nouvel anesthésique.

☞ Entre son premier film à la Paramount (*Dr Broadway*) et ses premiers policiers documentaires, Anthony Mann a réalisé de 1942 à 1946 une série de films à tout petits budgets qui lui ont servi d'apprentissage et qui sont restés pratiquement inconnus. Celui-ci est certainement le plus remarquable d'entre eux. Il se situe, comme *Strangers in the Night* et *Two O'Clock Courage,* dans cette zone limitrophe entre le policier et le fantastique, passionnément explorée durant les années 40 par beaucoup des meilleurs cinéastes américains (Lang, Siodmak, Tourneur, J.H. Lewis, Ulmer notamment). Comme l'amnésie dans *Two O'Clock Courage,* le sommeil artificiel constitue ici le déclic permettant de descendre dans les ténèbres de l'inconscient des personnages. Le film est d'autant plus original que tout se joue à l'intérieur d'un huis-clos entre trois femmes dont l'une est animée vis-à-vis des deux autres par des sentiments de jalousie et de crainte totalement refoulés (les personnages masculins ne comptent pratiquement pas). Cédant à un vertige de dépossession, elle s'imagine tour à tour être privée de sa beauté, de son identité, de ses biens matériels, de son fiancé. Propos complémentaire de celui de ses westerns ultérieurs : Mann montre combien les structures d'ordre et de morale érigées à grand peine par la société sont fragiles, presque dérisoires, devant le combat que se livrent les forces occultes qui occupent le tréfonds de l'âme des personnages. A partir d'un scénario quasi parfait dans sa concision, dans son abandon progressif de tout repère logique, le film, malgré un budget minuscule, témoigne d'une étonnante virtuosité formelle. Il abonde en images insolites, à l'onirisme inquiétant, comme ces plans où l'héroïne défigurée derrière ses lunettes noires, encore toute bouleversée par les événements qui viennent de transformer sa vie, séjourne dans la salle d'attente d'un aéroport glacial et nocturne. *Strange Impersonation* bénéficie aussi de la présence d'Hillary Brooke, actrice fascinante dont la moindre apparition fait en général basculer l'atmosphère dans le trouble et le démoniaque, surtout quand elle est dirigée par des metteurs en scène tels que Mann, Lang, Ulmer ou Roy William Neill.

## STROMBOLI
### (Stromboli, terra di Dio)

1949 – Italo-américain (106') • *Prod.* RKO – Berit Film (Bergman, Rossellini) • *Réal.* ROBERTO ROSSELLINI • *Sc.* Rossellini, Sergio Amidei, Gian Paolo Callegari, Renzo Cesana, Art Cohn, Père Felix Morlion • *Phot.* Luciano Trasatti, Roberto Gerardi, Ajace Parolin • *Mus.* Renzo Rossellini • *Int.* Ingrid Bergman (Karin Bjorsen), Mario Vitale (Antonio Mastrostefano), Renzo Cesana (le prêtre), Mario Sponza (le gardien de phare), Roberto Onorati (l'enfant), et les habitants de Stromboli.

Dans un camp de personnes déplacées à Farfa, à quatre-vingts kilomètres de Rome, Karin Bjorsen, réfugiée tchèque qui a passé la guerre en Yougoslavie puis en Italie où elle est entrée clandestinement, rencontre le jeune soldat Antonio Mastrostefano qui tombe amoureux d'elle et la demande en mariage. Comme elle ne peut obtenir son visa pour l'Australie, elle accepte de l'épouser et le suit dans son île natale de Stromboli, vidée de la plupart de ses habitants qui ont été travailler sur le continent ou même en Australie et en Amérique. Antonio, qui possédait autrefois son bateau, s'engage dans l'équipage d'autres pêcheurs. Karin s'est tout de suite sentie mal à l'aise sur cette île inhospitalière à ses yeux et éloignée de tout. Elle devra lutter contre – ou plutôt intégrer à sa propre expérience – l'aridité et l'austérité de cette terre, l'étroitesse d'esprit de ses habitants et surtout de ses habitantes, l'immaturité et la jalousie de son mari. Elle le rejoint sur son bateau lors d'une pêche au thon mais sera dégoûtée par la violence de ce spectacle. Un peu plus tard, une éruption volcanique oblige les habitants de l'île à quitter leurs maisons et à aller attendre la fin du cataclysme sur leurs bateaux. Enceinte de trois mois, Karin déclare à Antonio qu'elle veut quitter définitivement l'île. Il l'enferme en clouant la porte de sa maison. Elle s'échappe avec l'aide d'un ami, un gardien de phare, qui lui donne un peu d'argent. Elle veut rejoindre le village situé au bas de l'autre versant du volcan afin de prendre le bateau. Épuisée, elle s'écroule en pleurs au sommet du volcan. Ayant dormi, elle est saisie par le mystère et la beauté qui se dégage de ces lieux. Elle demande à Dieu de lui donner la force de protéger son enfant.

☞ Premier des six longs métrages que Rossellini réalisera avec Ingrid Bergman, série de films capitale dans le cinéma d'après-guerre par sa modernité, sa cohérence et sa beauté. La plupart de ces films relatent l'expérience d'un couple au départ mal assorti. Mais ici Bergman occupe presque seule le centre de l'action et son aventure essentielle est la découverte d'une terre et, à travers elle, de la présence de Dieu. Le titre italien *Stromboli, terra di Dio* doit être pris au pied de la lettre. Rossellini est par excellence le cinéaste de l'incarnation et cette découverte ne saurait s'accomplir que dans une dimension cosmique, fondamentale au film. Intimisme et intuition cosmique, reliés entre eux par un besoin viscéral d'appréhender la réalité au plus concret d'elle-même, sont les deux axes du cinéma moderne d'après-guerre dont Rossellini est à la fois le fondateur et le meilleur représentant. La modernité de *Stromboli* et des autres films de la série ne serait rien, ou plutôt ne serait pas, si elle n'était aussi le fruit des recherches d'un admirable artiste, aussi grand *peintre* que grand dramaturge et chez qui le soi-disant amateurisme recouvre une capacité foudroyante de donner à sa vision un caractère de nouveauté absolue en même temps que d'universalité. Seuls Walsh et Murnau ont été capables, par exemple, d'intégrer en une seule séquence autant de couches de réalité – intégration qui aboutit à relier à une expérience individuelle le cosmos tout entier (cf. la séquence de la pêche au thon où à l'attente et au silence succèdent l'allégresse et la liesse avant qu'éclate cette violence panique qui conclura la scène). Toute l'action du film est aussi d'un seul tenant, d'une seule coulée, qui voit passer l'héroïne sans transition, ni progression, ni dialectique, d'un refus total de la réalité qui l'environne à une acceptation quasi miraculeuse de cet environnement, appréhendé alors comme un milieu divin. Sur le plan formel, cette coulée unique se réfère à la même ambition que celle, par exemple, d'un Preminger ou de tous les cinéastes qui souhaitent que leurs films donnent l'impression de n'être constitués que d'un seul et long plan. Cette exigence d'unité caractérise cette modernité du cinéma qui est apparue après guerre. *Stromboli* bénéficia, si l'on peut dire, du scandale, né pendant le tournage, de la révélation des amours entre l'actrice, mariée et mère d'une fillette de dix ans, et du réalisateur, époux d'Anna Magnani, dans un pays où le divorce n'existait pas. Cela n'empêcha pas le film de connaître un insuccès notoire et d'être massacré par la critique internationale. Dans son autobiographie, Ingrid Bergman évoque de manière passionnante le tournage du film qui s'étala sur cent deux jours, les méthodes de travail insolites de Rossellini qui la heurtèrent souvent, et surtout sa propre tension intérieure. Exilée en quelque sorte, piégée par son isolement et les responsabilités que les producteurs américains tentaient de faire peser sur elle (n'hésitant pas à lui faire valoir, par exemple, que si elle ne changeait pas de comportement, ses trois derniers films, *Jeanne d'Arc**, *Under Capricorn** et celui-ci risquaient d'être interdits à jamais), comment ne se serait-elle pas sentie la sœur de l'héroïne qu'elle interprétait ? Et tout au long du film cette proximité semble donner au génie de l'actrice une intensité supplémentaire. Bergman et Rossellini, producteurs du film, se brouillèrent avec la RKO, firme distributrice, pendant le tournage. Rossellini monta sa propre version du film (de 106') exploitée en Italie seulement et bien entendu doublée en italien, tandis que les Américains fabriquèrent une version de 77' distribuée aus États-Unis et en Europe. (Le Ciné-club d'Antenne 2 montra en 1987 une version fidèle au montage de Rossellini pour les images et contenant le son original anglais, ce qui fait d'elle vraisemblablement la meilleure version possible de ce film.) La comparaison entre le montage de Rossellini et le montage américain (accessible en cassettes commerciales anglaises et américaines) offre l'occasion d'une extraordinaire leçon de cinéma, tant le travail des monteurs américains est détestable, à côté de la plaque, et met ainsi en valeur d'une façon spectaculaire celui de Rossellini. Outre l'addition d'une petite présentation documentaire (dans le style « travelogue ») de l'île au début du film, outre la suppression d'une des plus belles scènes (l'errance de Bergman dans le labyrinthe du village et sa rencontre avec les vieux ouvriers qui restaurent sa maison), outre l'intervention à trois ou quatre reprises d'une voix *off* explicative qui crée son propre happy end en lieu et place de la fin en suspens voulue par Rossellini (la voix dit en effet que Karin a compris qu'elle ne trouverait la paix de l'âme qu'en retournant auprès de son mari), tous les choix ponctuels des monteurs américains sont catastrophiques. Tantôt ils suppriment des morceaux de plans (ex : l'arrivée du mari dans la scène de la sérénade, lequel semble alors tomber de la lune) ou des plans entiers (ex : l'ouverture admirable de la séquence où Karin allongée dans les rochers voit accourir une bande d'enfants) ou des séries de plans (début de l'interrogatoire de Karin au camp), tantôt ils ajoutent un plan général pour conclure de la manière la plus conventionnelle une séquence (ex : celle de la messe), etc. Seule addition intéressante de la version américaine : une courte séquence où Antonio oblige sa femme à s'agenouiller devant la tombe de sa mère.

BIBLIO. : Rossellini commenta son film (« Ce qu'il m'intéressait de traiter, c'était le thème du cynisme, sentiment qui représentait le plus grand danger de l'après-guerre... ») dans divers textes et entretiens donnés aux « Cahiers du cinéma » en 1954 et 1955. Ils ont été repris dans le volume « Rossellini : le cinéma révélé » (Éditions de l'Étoile, 1984) qui contient une remarquable filmographie du cinéaste due à Adriano Apra, Philippe Arnaud, Marco Giusti. (Réédition chez Flammarion, 1988.)

## STRONG MAN (THE)
## (L'athlète incomplet)

1926 – USA (73') • *Prod.* First National/Harry Langdon • *Réal.* FRANK CAPRA • *Sc.* Arthur Ripley, Frank Capra, Hal Conklin, Robert Eddy, Clarence Hennecke • *Phot.* Elgin Lessley, Glenn Kershner • *Int.* Harry Langdon (Paul Bergot), Gertrude Astor (Gold Tooth), Priscilla Bonner (Mary Brown), William V. Mong (Parson Brown), Arthur Thalasso (Zandow), Robert McKim (Roy McDewitt), Brooks Benedict.

En Belgique, le soldat Paul Bergot se défend mieux, sur le front, avec son lance-pierres qu'avec sa mitrailleuse. Grâce à cette arme ancestrale, il met en fuite un soldat allemand qui, peu après, le capture et l'emporte comme un paquet. La paix revenue, l'Allemand – dans le civil The Great Zandow, l'homme-canon – emmène Paul comme assistant en Amérique. Dans les rues de New York, Paul recherche Mary Brown, sa marraine de guerre. Une aventurière poursuivie par la police place un rouleau de billets dans sa poche. L'argent tombe dans la doublure de sa veste. Pour le récupérer, l'aventurière affirme être Mary Brown, feint de s'évanouir et oblige Paul à la ramener dans sa chambre d'hôtel. Elle se saisit alors d'un couteau et embrasse passionnément Paul pendant qu'elle reprend l'argent. Paul n'a pas vu son manège et s'étonne de l'étrange comportement de cette femme dont il a compris qu'elle n'était pas sa marraine. Dans la petite ville de Cloverdale, le « Palace » où doit se produire l'homme-canon, est un saloon-music-hall très prospère et très mal famé. Pour lutter contre la corruption qui s'installe partout à cause du saloon, le pasteur fait défiler et chanter ses ouailles autour du mauvais lieu. La fille du pasteur n'est autre que Mary Brown, la marraine de guerre de Paul. Elle n'a jamais osé lui avouer dans ses lettres qu'elle est aveugle. Paul se rend en car à Cloverdale : enrhumé, il incommode tous les voyageurs par les quantités de produits pharmaceutiques qu'il absorbe ou dont il se couvre le corps. Il retrouve Mary et lui raconte ses aventures. Ivre, Zandow ne peut faire son numéro. Paul doit le remplacer au pied levé. Après avoir un moment séduit le public, il provoque une émeute. Au lieu d'entrer dans le canon comme tous les spectateurs le réclament, il se sert de l'engin pour détruire le « Palace ». La paix revient ainsi à Cloverdale. Paul, devenu policeman, se promène dans les rues avec Mary à son bras.

☞ Deuxième des trois long métrages de Langdon dirigés par Capra (puisqu'il est convenu d'attribuer partiellement *Tramp, Tramp, Tramp,* réalisé avant *The Strong Man,* à Capra, auteur du scénario et non crédité pour la mise en scène, laquelle est signée par le seul Harry Edwards). Par l'ambition et l'ampleur, c'est le film de Langdon qui se rapproche le plus de Chaplin, que Langdon rêvait d'égaler. Naïf, rêveur et solitaire, le personnage incarné par Langdon vit un véritable roman d'aventures aux allures de western et aux péripéties variées. Celles-ci sont inégales en qualité et, plus encore, quant à leur aptitude à faire ressortir la spécificité du personnage de Langdon. La partie la plus significative et la plus drôle est celle de ses démêlés avec l'aventurière. La deuxième partie, située dans la petite ville de Cloverdale reste, malgré son caractère mouvementé et brillant, assez inaboutie dans ses situations et n'enrichit guère le personnage de Langdon. Le film connut un énorme succès et apporta à Langdon une gloire qui allait se révéler très éphémère.

## STRUGGLE (THE)

Inédit en France 1931 – USA (87') • *Prod.* D.W. Griffith • *Réal.* D.W. GRIFFITH • *Sc.* Anita Loos, John Emerson et D.W. Griffith • *Phot.* Joseph Ruttenberg • *Mus.* Philip A. Scheib, D.W. Griffith • *Int.* Hal Skelly (Jimmie Wilson), Zita Johann (Florrie), Charlotte Wynters (Nina), Evelyn Baldwin (Nan Wilson), Jackson Halliday (Johnnie Marshall), Edna Hagan (Mary), Claude Cooper (Sam).

En 1911, la mode est de se saouler à la bière dans des guinguettes en plein air. En 1923, après la Prohibition, des alcools infiniment plus forts sont réclamés par la clientèle des bars clandestins. Jimmie, un ouvrier, promet à Florrie de ne plus boire, si elle consent à l'épouser. Marché conclu. Le couple a une fillette. Un jour, Jimmie reprend un verre et, par la suite, se remet à boire en cachette, provoquant même un scandale le jour du mariage de sa sœur. Il est victime d'un escroc rencontré dans un bar qui lui extorque l'argent de son assurance en vue d'un achat d'alcool de contrebande. La famille doit déménager. Sans travail, Jimmie devient une épave et se livre à la mendicité dans les rues. Il faut aller le rechercher, lors d'une crise plus violente que les autres, dans un taudis où il s'est réfugié. Sa femme le soigne. Il retrouve du travail et a même des idées pour faire fortune.

☞ C'est donc le dernier film de Griffith, un tout petit budget, sans vedettes, tourné en un mois dans les rues et un studio du Bronx. La tendresse de l'auteur, son intérêt pour les êtres ordinaires saisis dans le courant, souvent âpre et douloureux, de leur vie quotidienne, apparaissent ici plus clairement que jamais. Le fait que cette œuvre modeste dans tous ses aspects clôture la carrière gigantesque du réalisateur de *Naissance d'une nation** et d'*Intolérance** invite à bien des réflexions. A l'arrivée du parlant, Griffith ne s'intégra pas au système hollywoodien. S'y était-il jamais intégré ? Cet immense cinéaste qui créa Hollywood et, indirectement, son système n'en fit jamais totalement partie. D'ailleurs ses pairs, ou plutôt ses disciples (Walsh par exemple), car Griffith à son époque n'eut pas vraiment d'égal, le considéraient avant tout comme un solitaire : *a loner*. Le gigantisme d'un certain nombre de ses films était dû uniquement à son goût pour l'Histoire, à sa volonté de la restituer dans son ampleur et sa vérité. Dès qu'il sortait de l'Histoire, une autre tendance, peut-être la plus profonde, conduisait Griffith vers des anecdotes aux dimensions étroites, vécues par des personnages humbles et chers à son cœur : des innocents, des êtres vulnérables ayant à mener une lutte gigantesque, disproportionnée par rapport à leurs moyens, simplement pour survivre et conserver un fragile équilibre. Nul doute que le personnage d'exception que fut Griffith se reconnaissait en eux, se sentait secrètement relié à eux, à leur douce obstination, à leurs accès de faiblesse et de découragement, à leurs rêves enfantins de bonheur. Ce sont des personnages de cette sorte que Griffith dépeint ici avec une telle absence de sophistication et de recul que le film suscita les risées du public et fut un désastre commercial.

## SUEZ (id.)

1938 – USA (104') • *Prod.* Fox (Darryl F. Zanuck) • *Réal.* ALLAN DWAN • *Sc.* Philip Dunne et Julien Josephson d'ap. une histoire de Sam Duncan • *Phot.* J. Peverell Marley • *Mus. Dir.* Louis Silvers • *Int.* Tyrone Power (Ferdinand de Lesseps), Loretta Young (comtesse Eugénie de Montijo), Annabella (Toni Pellerin), J. Edward Bromberg (prince Saïd), Joseph Schildkraut (vicomte René De Latour), Henry Stephenson (comte Mathieu de Lesseps), Sidney Blackmer (marquis Du Brey).

Amoureux sans espoir de la comtesse Eugénie de Montijo, Ferdinand de Lesseps, fils d'un diplomate en poste en Égypte, rêve de réunir la Méditerranée et la mer Rouge par un canal. Durant les journées révolutionnaires de 1848, il se fait le défenseur d'un projet de compromis proposé par Louis Napoléon Bonaparte à l'Assemblée législative. Sitôt le compromis accepté, Louis Napoléon Bonaparte fait arrêter tous ses opposants, à l'exception du père de Ferdinand qui, estimant comme tous ses amis que son fils est un traître, meurt d'une attaque. Poussé par le fils du vice-roi d'Égypte qui vient de succéder à son père, Ferdinand commence les travaux en vue du percement du canal. Mais Louis Napoléon veut les arrêter pour ne pas se mettre les Anglais à dos. Ferdinand va plaider la cause du canal auprès du Premier Ministre anglais et essuie un refus. Disraeli, le chef de l'opposition, promet son appui s'il gagne les élections. Un cyclone anéantit ce qui subsistait des travaux entrepris par Ferdinand sur le site du canal. En cherchant à le sauver d'une mort certaine durant la catastrophe, son amie et collaboratrice de toujours, Toni Pellerin, trouve la mort. Disraeli gagne les élections et soutient le projet du canal dont le percement est mené à bien.

☞ Le plus célèbre et le plus riche des films de Dwan durant les années 30. C'est loin d'être l'un de ses meilleurs. Le scénario n'est pas plus satisfaisant sur le plan historique que sur le plan romanesque. Ses lacunes, liées à une volonté d'utiliser à outrance les effets spéciaux les plus spectaculaires, ont abouti à souligner dans l'intrigue tout ce qui est échec et destruction. Ainsi en va-t-il des deux principaux clous du film, magnifiquement mis en scène : les explosions provoquées par des terroristes arabes poussés par les Turcs et le grandiose cyclone final réduisant à zéro les premiers travaux du canal. Cet aspect négatif se retrouve, plus curieusement, dans les épisodes de la vie familiale et sentimentale du héros. Injustement considéré comme un traître, il provoque sans le vouloir la mort de son père. Et au cours de l'aventure qu'est la construction du canal, il perdra les deux femmes qui l'avaient aimé et soutenu. Sa réussite, due à sa seule volonté, ne lui apportera pas le bonheur. Hélas, cette thématique aurait beaucoup mieux convenu à King qu'à Dwan. Dwan laisse en effet se creuser un fossé entre la mièvrerie générale du ton et le caractère tragique et négatif de la plupart des événements composant la trame du récit. Il semble que Zanuck, pour une fois, ait manqué de discernement dans son choix du réalisateur. Il est vrai aussi que, durant cette période, King fut très occupé puisqu'il tourna coup sur coup *In Old Chicago**, *Alexander's Ragtime Band** et *Stanley and Livingstone*, trois énormes superproductions.

## SUIVEZ CET HOMME

1952 – France (95') • *Prod.* SFC – Sirius • *Réal.* GEORGES LAMPIN • *Sc.* Jacques Rémy, Denys de la Patellière, Alexandre Breffort • *Phot.* Jean Bourgoin • *Mus.* Maurice Thiriet • *Int.* Bernard Blier (commissaire Basquier), Suzy Prim (Olga), Andrée Clément (Arlette Génod), Guy Decomble (Kortenwirth), Yves Robert (Roland), Véronique Deschamps (Yvonne), Paul Frankeur (Mallet), René Blancard (le médecin), Julien Verdier (Courvoisier), Madeleine Barbulée (la concierge).

Un commissaire de police, veuf, habitant la banlieue, se remémore deux enquêtes qui l'ont particulièrement marqué : l'assassinat d'une prêteuse sur gages, homosexuelle et perverse, et une escroquerie à l'assurance, exécutée par un bijoutier et deux figurants déguisés en flics, qui avait fini dans le sang.

☞ Ce n'est pas, et de loin, le film le plus ambitieux de Georges Lampin. Mais c'est peut-être le plus réussi. Dans une narration très fluide, malgré le caractère insolite de sa construction (deux sketches enchâssés dans une description de la vie quotidienne d'un policier), Lampin a capté avec une justesse étonnante l'atmosphère de la fin des années 40 et du début des années 50 : une époque qui se remet à goûter la paix, qui redevient tranquille et routinière, au moins en apparence, car elle possède, elle aussi, son lot de drames violents et sordides. Mais ils restent pour la plupart dans la coulisse. On est dans ces années qui précèdent la généralisation de la télé ; la morale ou l'hypocrisie ambiante, ainsi que des médias plus discrets qu'aujourd'hui, cantonnent les faits divers dans une sorte d'ombre, de lointain un peu mystérieux. A signaler un excellent commentaire *off*, ironique et juste, donnant comme une seconde vie au film et justifiant ainsi son existence (cf. le remarquable début, avec le départ matinal du commissaire qui prend son train de banlieue, achète « Rustica », s'assoit près de la vitre parce que, l'âge venant, sa vue baisse et qu'il a besoin de plus de lumière pour lire). Bernard Blier parfait dans un rôle parfaitement à ses mesures.

## SUR LA PISTE DES MOHAWKS (Drums Along the Mohawk)

1939 – USA (103') • *Prod.* Fox (Darryl F. Zanuck, Raymond Griffith) • *Réal.* JOHN FORD • *Sc.* Lamar Trotti et Sonya Levien d'ap. R. de Walter D. Edmonds • *Phot.* Bert Glennon et Ray Rennahan (Technicolor) • *Mus.* Alfred Newman • *Int.* Claudette Colbert (Lana Borst Martin), Henry Fonda (Gilbert Martin), Edna May Oliver (Mrs. McKlennan), Eddie Collins (Christian Reall), John Carradine (Caldwell), Dorris Bowdon (Mary Reall), Jessie Ralph (Mrs. Weaver), Arthur Shields (Père Rosenkranz), Robert Lowery (John Weaver), Roger Imof (général Herkimer), Francis Ford (Joe Boles), Ward Bond (Adam Hartmann), Chief Big Tree (Blue Back).

1776. A Albany, près de New York, on célèbre le mariage de Gilbert Martin et de Lana. Aussitôt après la cérémonie, les époux partent en chariot pour l'Ouest vers le pays de Gil, la vallée du Mohawk, où il a bâti sa maison. C'est en réalité une cabane en ruines qui déçoit profondément Lana dès qu'elle l'aperçoit. A peine remise de sa déception, elle est terrifiée par l'apparition de Blue Back, un Indien catholique, ami de son mari. Ces émotions s'ajoutent aux fatigues du voyage et la poussent à vouloir rentrer immédiatement chez elle. Mais, une fois ce moment de découragement passé, elle se livrera avec énergie aux travaux des champs. Son mari la présente à ses amis de Clos-Holland, l'agglomération la plus proche. Bientôt, Lana attend un enfant. Selon la coutume du pays, les gens du voisinage viennent défricher la terre et couper des arbres pour le couple nouvellement arrivé. Poussé par le borgne Caldwell à la solde des Anglais, les Indiens font un raid sur la région, incendient les fermes et se livrent au pillage. La maison et la récolte sont brûlées. L'enfant de Lana n'a pas vécu. C'est au tour de Gil d'être complètement découragé. Ayant tout perdu, les deux époux se placent comme domestiques chez Mrs. McKlennan, veuve d'un général et encore très vigoureuse, malgré son grand âge. Les Martin ont une petite maison pour eux deux. A l'église, le pasteur, après son sermon, lit des annonces d'intérêt général et exhorte les fidèles à aller combattre contre les Anglais. Gil va partir à la guerre. Du haut d'une colline, Lana regarde s'éloigner son régiment. Plus tard, sous la pluie et dans la nuit, les soldats reviennent, en piteux état. Avec sa lanterne, Lana recherche son mari et le trouve, blessé, à l'écart de la route. Pendant qu'on le soigne, il fait, hagard, le récit interminable de sa guerre. Lana dormira à côté de lui à même le sol. Le lendemain, on emporte le cercueil du général qu'il fallait amputer et qui n'a pas survécu à l'opération. Gil se meurt d'angoisse pendant que sa femme accouche. Il sera éperdu de bonheur en prenant dans ses bras son premier né. Plus tard, alors que Gil berce l'enfant, Lana murmure : « Seigneur, faites que cela dure toute la vie ! » Nouveau raid indien. La veuve McKlennan ne veut pas quitter ses meubles ni sa maison. Le fermier Adam Hartmann doit l'emporter sur son dos. Tout le monde se réfugie dans le fort et s'apprête à soutenir un siège. Les Indiens attaquent. La veuve, atteinte par une flèche, lègue avant de mourir sa ferme aux Martin. Gil tente une sortie et, après une course éperdue, talonné par les Indiens, réussit à trouver du renfort. Il retourne au fort et retrouve sa femme. Les fermiers ont gagné. Blue Back arbore fièrement le bandeau de Caldwell qui ne pourra plus nuire. La guerre d'Indépendance a pris fin. On hisse au sommet du fort le nouveau drapeau américain.

☞ Premier film de Ford en couleurs. C'est sans doute l'œuvre la plus « plastique » de toute sa carrière : une suite de tableaux sublimes et familiers reliés entre eux par l'intense émotion qu'ils dégagent, leur valeur historique, leur universalité. Dans les plans les plus fordiens, la tragédie s'efface pour laisser place au bonheur, alors parfait, des personnages. Cette peinture des origines de la nation américaine permet au génie pictural de Ford d'effectuer une synthèse parfaite entre l'émotion esthétique et l'émotion humaine, entre l'historique et l'intemporel. Quand Claudette Colbert monte sur la colline pour regarder son mari partir à la guerre ou le cherche, avec sa lanterne, parmi les éclopés qui reviennent, « nous ne voyons pas seulement, comme le disait Philippe Demonsablon à propos des *Contes de la lune vague**, une représentation didactique de la guerre mais, par un raccourci dont l'invention étonne, *la figure* même de toutes les guerres ».

## SUR LA SOUNGARI
**(Songhuajiang Shang)**

Inédit en France. 1947 – Chine (13 bob.) • *Prod.* Studios de Changchun • *Réal.* JIN SHAN • *Sc.* Jin Shan • *Phot.* Yang Jiming et Chen Minhun • *Int.* Zhan Ruifang (la jeune fille), Wang Renlu (le jeune homme), Zhov Diao (Dahan), Pu Ke (le grand-père), Zhu Wenshun (le père), Fang Hua (le sous-officier japonais), Yi Ping (la mère).

L'occupation japonaise dans un village de Mandchourie après le 18 septembre 1931 (date de l'attaque surprise de Shenyang), telle qu'elle est vécue par un jeune couple, victime de nombreux malheurs avant d'aller rejoindre les rangs des partisans.

☞ Dans ce récit des horreurs de la guerre subies par les civils, le réalisateur privilégie nettement l'anecdote intimiste et les réactions de quelques individus bien particularisés devant la cruauté de l'occupation étrangère. Si le film manque de rythme et de souffle épique, il contient – conséquence de son parti pris – plusieurs séquences isolées, réalisées avec talent et sensibilité : l'arrivée du régiment japonais dans le silence du village, rompu seulement par les gémissements de l'héroïne contemplant le cadavre de son père ; la dernière visite du couple à la tombe du grand-père avant la fuite ; la remontée des corps après l'inondation de la mine. Les séquences les plus intenses sont, en général, dépourvues de dialogue. Leur mise en scène, rythmée par le montage et la musique, conserve quelque chose du lyrisme contemplatif du cinéma muet. Et le film prend alors la forme d'un plaidoyer humaniste contre la guerre.

## SUR LE PAVÉ DE BERLIN
**(Berlin – Alexanderplatz)**

1931 – Allemagne (80') • *Prod.* Allianz – Film • *Réal.* PHIL JUTZI • *Sc.* Alfred Döblin, Hans Wilhelm, Karl Heinz Martin d'ap. R. « Berlin Alexanderplatz. Die Geschichte vom Franz Biberkopf » d'Alfred Döblin • *Phot.* Nikolaus Farkas, Erich Giese • *Mus.* Allan Gray, Arthur Guttmann • *Int.* Heinrich George (Franz Biberkopf), Maria Bard (Cilly), Margarete Schlegel (Mieze), Bernhard Minetti (Reinhold), Gerhard Bienert (Klempner-Karl).

Franz Biberkopf, un camelot, sort de prison. Il reprend son travail au centre de Berlin, sur l'Alexanderplatz. Dans un café voisin, il rencontre Cilly, une fille aux allures très libres, qui devient son amie. Il est entraîné, par une bande qui fréquente le café, dans le cambriolage d'un atelier de tailleur. Mais au dernier moment il se révolte et les autres le poussent hors de la camionnette. Il est écrasé par une voiture et se réveille à l'hôpital. Guéri, ayant perdu un bras dans l'affaire, il fait la connaissance d'une chanteuse des rues, Mieze. Il reprend ses mauvaises fréquentations du café et s'enrichit par le vol. Mieze et Cilly, qui s'entendent bien, travaillent à le ramener dans le droit chemin. L'un des truands assassinera dans un bois Mieze qui le repoussait. Franz veut l'abattre mais est arrêté par la police, puis relâché. Il reprend son travail sur l'Alexanderplatz.

☞ Ce film du début du parlant ne veut rien abandonner des conquêtes du muet dans le domaine de l'agilité et de la virtuosité de la caméra, ni dans celui de la fluidité et de la vivacité du montage. Une sorte de documentaire alerte et vivant sur le centre populeux de Berlin est offert ici au public avec, de temps en temps, l'accompagnement en *off* de la voix du bonimenteur dans des effets sonores très originaux pour l'époque. Cette maturité technique tourne résolument le dos à la rigidité, au statisme des premiers films parlants. Elle met en valeur le grouillement, le bouillonnement urbains où vivent les personnages, tout en fournissant un équivalent cinématographique des procédés stylistiques de Döblin. Documentaire et morale se trouvent alors associés car, au sein de ce grouillement, les êtres sont montrés comme étant susceptibles, non seulement de mouvement, mais aussi de progrès. Celui qui s'est abaissé peut se relever : c'est la morale du récit. Les multiples va-et-vient du scénario, construit en balançoire, délivrent finalement un message optimiste qui tranche à la fois avec le fatalisme tragique de l'expressionnisme et avec la noirceur naturaliste de la plupart des films réalistes allemands. On peut juger artificiel cet optimisme, mais Heinrich George, l'un des meilleurs acteurs allemands, a suffisamment de carrure et de vitalité pour le rendre, le temps d'un film, convaincant.

## SURPRISES DE LA TSF (LES)
## (So This Is Paris)

1926 – USA (58') • *Prod.* Warner • *Réal.* ERNST LUBITSCH • *Sc.* Hans Kraly d'ap. P. « Réveillon » de Henri Meilhac et Ludovic Halévy • *Phot.* John Mescall • *Int.* Monte Blue (Dr Giraud), Patsy Ruth Miller (Suzanne Giraud), Lilyan Tashman (Georgette Lalles), André de Berenger (M. Lalles), Myrna Loy (la servante), Sidney D'Albrook (l'agent).

Un couple d'acteurs amateurs, les Lalles, répètent un ballet à l'orientale. Le mari, costumé en cheik, se montre sans le vouloir torse nu à la femme du Dr Giraud, Suzanne, qui habite l'immeuble en face. Celle-ci, à la fois séduite et outrée, demande à son mari d'aller châtier l'audacieux. Le docteur, plutôt pusillanime, est bien forcé de se rendre chez son voisin. Là, surprise : la danseuse, Georgette Lalles, est une ancienne maîtresse à lui. Apparemment, elle voudrait reprendre leur histoire là où ils l'avaient laissée. Quand apparaît le mari, Giraud lui fait compliment sur sa plastique. Puis il retourne chez lui et dit à sa femme qu'il a rossé l'autre d'importance. Il affirme même lui avoir cassé sa canne sur le dos. Une petite sieste lui permettra de reprendre des forces. Le danseur arrive : il rapporte à Mme Giraud la canne en parfait état. Il en profite pour faire la cour à sa voisine, mais disparaît derrière une tenture quand Giraud fait mine d'entrer. Le lendemain, Georgette téléphone à Mme Giraud pour que le docteur vienne au chevet de son mari, mais lui donne l'adresse d'un café. Giraud s'y rend et y retrouve à sa grande surprise Georgette. Un policier, qui avait renoncé à infliger une contravention pour excès de vitesse à Giraud parce qu'il se rendait au chevet d'un mourant, le voit maintenant en pleine conversation avec une jolie femme. Il verbalise. Échange d'insultes. L'agent copie fidèlement les injures du médecin. Arrive bientôt au domicile de Giraud une convocation pour trois jours de prison, suite à l'altercation avec l'agent. Giraud est ravi : cela lui donne un prétexte pour quitter sa femme et aller avec Georgette au Bal des Artistes. Pendant ce temps, Lalles se rend chez sa voisine et continue à lui faire une cour empressée. Mais un homme du commissariat (on saura plus tard que c'est un complice de Georgette) vient chercher Giraud, prend Lalles pour lui et l'emmène en prison. Suzanne écoute à la radio la retransmission du bal ; elle apprend que son mari a remporté avec Georgette le concours de charleston. Masquée, elle se rend au bal et en ramène son mari complètement ivre. Elle reprendra désormais en main son ménage tandis que le danseur purge la peine de Giraud à sa place...

☞ La plus parfaite et la plus drôle, la plus mince et en même temps la plus dense des comédies muettes de Lubitsch. Soixante minutes, deux couples, trois lieux, une cavalcade de gags admirablement dosés et filés, une invention purement visuelle basée sur la finesse du jeu, une utilisation génialement adroite de l'espace et des objets.

Pour tout propos : l'irrésistible attirance des sexes, à peine dissimulée sous l'hypocrisie et le mensonge des comportements. Arrivé depuis trois ans à Hollywood, Lubitsch continue à réaliser les plus européens des films : ici, une superbe et minutieuse construction de vaudeville à la française s'allie à une ironie et un sens de la caricature dignes du vrai Berlinois qu'était Lubitsch. Nul contenu social et moral comme chez DeMille ; au contraire : un immoralisme joyeux qui dessine avec jubilation des arabesques presque abstraites à propos de la lâcheté des hommes, de la rouerie des femmes et de la si commode complémentarité de tous leurs défauts.

BIBLIO. : sur le film et sur Lubitsch, voir les commentaires de l'actrice Patsy Ruth Miller dans ses mémoires : « My Hollywood. When Both of Us Were Young », O'Raghailligh, Atlantic City, N.J., 1988. (Le volume contient aussi le fac-similé du scénario de tournage original de *The Hunchbach of Notre Dame*, 1923, annoté par le metteur en scène, Wallace Worsley.)

## SURVIVANTS DE L'INFINI (LES) (This Island Earth)

1954 – USA (86') • *Prod.* UI – Sabre Productions (William Allard) • *Réal.* JOSEPH NEWMAN • *Sc.* Franklin Coen, Edward G. O'Callaghan d'ap. R. de Raymond F. Jones • *Phot.* Clifford Stine (Technicolor) • *Effets spéciaux* Clifford Stine, David S. Horsley • *Déc.* Alexander Golitzen, Richard H. Riedel, Russell A. Gausman, Julia Heron • *Mus.* Joseph Gershenson • *Int.* Jeff Morrow (Exeter), Faith Domergue (Ruth Adams), Rex Reason (Meacham), Lance Fuller (Britt), Russell Johnson (Steve Carlson), Douglas Spencer (The Monitor), Regis Parton (le mutant).

Meacham, un électronicien, travaille sur la transformation de certains corps simples en sources d'énergie nucléaire. Il reçoit un catalogue mystérieux qui lui permet, une fois commandé le matériel décrit dans les pages du livre, d'assembler les milliers de pièces qui constitueront un complexe appareil de télévision à écran triangulaire (« interociter ») où apparaîtra le savant Exeter, dont le crâne et le front très proéminents sont surmontés d'un casque de cheveux blancs. Exeter invite Meacham à monter dans l'avion sans pilote qui se posera la nuit prochaine pendant quelques instants sur le terrain d'atterrissage de la société. Poussé par la curiosité, Meacham obéit et se retrouve en Géorgie dans un club de savants internationaux. Exeter en personne lui parle d'un projet destiné à installer, grâce à la technique, une paix universelle. Il s'agit en réalité de tout autre chose. Alors que ses collègues sont pulvérisés, Meacham et Ruth Adams, une scientifique de ses amis, prennent la fuite dans un avion qui, en vol, sera aspiré par une soucoupe volante. Les deux savants se retrouvent à bord d'un vaisseau spatial, prisonniers des Métaluniens, extra-terrestres au crâne énorme et aux cheveux blancs, parmi lesquels ils reconnaissent Exeter. Après avoir fait un séjour dans les tubes de décompression, Meacham et Ruth arrivent sur la planète Métaluna, constamment bombardée de météorites envoyés par une planète ennemie. La couche ionisée qui protège l'atmosphère de Métaluna s'amincit de jour en jour, mettant ainsi en péril la vie des habitants. Ceux-ci sont à court d'uranium, qu'ils ne savent pas synthétiser ; la plupart de leurs savants sont morts et ils cherchent à les remplacer. Le Monitor, chef suprême de la planète, annonce à Meacham que les Métaluniens vont bientôt coloniser la Terre. Il ordonne que Meacham et Ruth Adams passent dans le « convertisseur », appareil destiné à soumettre définitivement les cellules nerveuses de leur cerveau aux Métaluniens. Exeter, par une sorte de fraternité scientifique, se range à leur côté et les aide à réintégrer le vaisseau spatial. A plusieurs reprises, ils auront à lutter contre un mutant – en l'occurrence, un homme à tête d'insecte – domestiqué par les Métaluniens. Au cours de leur voyage, les trois savants voient la planète Métaluna entièrement embrasée se transformer en soleil. Meacham et Ruth montent à bord du petit avion dans lequel ils avaient fui la Géorgie, tandis qu'Exeter, ayant refusé de les accompagner, reste dans la soucoupe qui s'embrase à son tour et sombre dans l'océan.

☞ Une date dans les débuts de la SF cinématographique américaine et plus particulièrement dans le domaine du « space-opera ». On soulignera d'abord l'intelligence de la conception du film : une grande économie de personnages et de péripéties sert à exprimer sans esbroufe et sans répétition un faisceau de thèmes dont le plus original est celui de l'épuisement en énergie d'une planète victime de la guerre des étoiles. Cela nous vaut un voyage merveilleux mais surtout mélancolique et désolé au sein des espaces sidéraux, où la couleur mise au service de l'insolite des décors est pour la première fois réellement expressive dans un film de ce type. Au-delà de l'étonnement devant la technologie avancée des Métaluniens, de la frayeur suscitée par leur agressivité pour survivre (laquelle engendre un nombre assez réduit de séquences de violence), les auteurs ont cherché à créer chez le spectateur un sentiment plus rare dans un film de SF : la pitié, la compassion devant l'inévitable dépérissement de cette planète en perdition. Ce faisant, ils ont ajouté un caractère discrètement allégorique à leur histoire : ce qui arrive aux Métaluniens est un des destins possibles de toute planète, et notamment de la Terre. Venue bien avant l'arrivée de l'écologie, la poésie à la fois attachante et inquiétante de ce film lui ont donné un charme et une valeur durables.

BIBLIO. : fac-similé du scénario original de tournage publié par Philip J. Riley chez Magic-Image Filmbooks, Absecon, N.J., 1990. Le volume contient divers articles sur le film où l'on apprend notamment que la musique fut composée par Herman Stein, Hans J. Salter, Henry Mancini, sous la supervision de Joseph Gershenson.

## SUSANA LA PERVERSE
### (Susana, demonio y carne)

1950 – Mexique (85') • *Prod.* Internacional Cinematografica (Sergio Kogan, Manuel Reachi) • *Réal.* LUIS BUNUEL • *Sc.* Luis Buñuel, Jaime Salvador d'ap. une histoire de Manuel Reachi • *Phot.* José Ortiz Ramos • *Mus.* Paul Lavista • *Int.* Rosita Quintana (Susana), Victor Manuel Mendoza (Jesus), Fernando Solder (Don Guadalupe), Maria Gentil Arcos (Feliza), Luis Lopez Somoza (Alberto), Matilde Palau (Dona Carmen).

Susana, jeune pensionnaire d'une maison de redressement, a été punie et enfermée dans une geôle peuplée de rats, chauves-souris et mygales. Par une nuit de grand orage, elle prie pour qu'un miracle la sauve, et soudain c'est un jeu d'enfant pour elle que de détacher les barreaux de la fenêtre. Elle s'échappe et tombe évanouie devant l'hacienda de Don Guadalupe. Elle y est recueillie et employée comme domestique. Elle gagne la confiance de la femme de Don Guadalupe qui la prend pour une innocente orpheline. Elle séduit un à un tous les hommes de la maison, usant chaque fois d'une approche un peu différente. Sa beauté fouette le sang de tous ces mâles qui ne tardent pas à s'affronter. Le contremaître Jesus fait le premier les frais de cette lutte et est renvoyé. Le fils ose répondre à son père et quand la patronne parle de jeter dehors Susana, Don Guadalupe, subjugué, répond à sa femme que c'est elle qui doit prendre la porte. Mais Jesus a ramené les gendarmes et ils arrêtent Susana qu'ils recherchaient. Après son départ, une réconciliation générale a lieu dans la famille. Jesus retrouve sa place. Et même la jument, auparavant malade, se remet à gambader dans l'hacienda.

☞ Quatrième film mexicain de Buñuel, tourné juste après *Los Olvidados**. Dans cette période difficile de sa carrière, Buñuel doit utiliser les ruses et le savoir-faire d'un réalisateur hollywoodien pour parvenir à s'exprimer. Il manipule ici un genre conventionnel de l'époque et du pays où il travaille – le mélodrame érotico-religieux – pour le retourner comme un gant et en altérer subtilement le sens. Loin d'être un récit édifiant, l'histoire de Susana prouve au contraire la force dévastatrice de l'érotisme, qui pulvériserait les vertus et l'ordre bourgeois sans l'intervention finale de la police et surtout la règle sacro-sainte du happy end. Le mélodrame s'efface pour faire place à une comédie grinçante, un jeu de massacre, un guignol pour adultes où le spectateur se réjouit à l'avance des coups que se portent les personnages, bouleversés par la présence de Susana. La fidélité de l'auteur à ses thèmes, sa rigueur toute classique, une ironie sous-jacente mais jamais prise en défaut font une œuvre percutante et d'une éclatante jeunesse. Parce qu'elle est sans ambition apparente, on peut la juger mineure ; elle porte en réalité les marques de la perfection. Comme beaucoup de cinéastes de sa génération, Buñuel apprit dans sa deuxième patrie mexicaine que sa liberté d'expression tenait avant tout dans son habileté à se moquer du monde, à manier les faux-semblants et à atteindre ainsi, par des voies détournées, son véritable public.

## SUSAN SLADE

Inédit en France. 1961 – USA (116') • *Prod.* Warner (Daves) • *Réal.* DELMER DAVES • *Sc.* Delmer Daves d'ap. R. de Doris Hume • *Phot.* Lucien Ballard (Technicolor) • *Mus.* Max Steiner • *Int.* Troy Donahue (Hoyt Brecker), Connie Stevens (Susan Slade), Dorothy McGuire (Leah Slade), Lloyd Nolan (Roger Slade), Brian Aherne (Stanton Corbett), Natalie Schafer (Marian Corbett), Kent Smith (Dr Fain), Grant Williams (Conn White).

Sur le bateau qui ramène son père, Roger Slade, aux États-Unis après dix ans d'activités passés au Chili comme ingénieur minier, une jeune fille inexpérimentée, Susan, tombe amoureuse d'un jeune alpiniste. Au moment de se quitter, ils se considèrent comme fiancés. Mais le jeune homme a une difficile ascension à accomplir avant de revoir Susan. Les Slade emménagent dans leur nouvelle maison près de la mer. Les jours passent et Susan ne reçoit aucune nouvelle. Elle est d'autant plus désespérée qu'elle s'aperçoit qu'elle est enceinte. Elle apprend alors par le père de l'alpiniste que le jeune homme est mort en montagne. Susan confie son secret à sa mère qui échafaude le plan suivant : toute la famille partira pour le Guatemala où le père a son nouveau poste ; Susan accouchera de son bébé qui passera pour celui de sa mère. Là-bas, le père meurt d'une crise cardiaque. Le plan réussirait parfaitement si, à la suite d'un accident non mortel dont le bébé a été victime, Susan n'en pouvait plus de vivre dans ce mensonge qui la prive d'une maternité normale et ne trouvait alors le courage d'annoncer à tous qu'elle est la mère de l'enfant. Elle épousera le fils du comptable de l'associé de Slade : cet associé s'était autrefois suicidé après avoir été condamné pour malversation. Mais Slade et ses proches avaient gardé leur estime à son fils qui, tout en gagnant sa vie comme palefrenier, travaille ardemment à devenir écrivain.

☞ Troisième film du cycle des quatre mélodrames Warner réalisés par Daves sur les problèmes sexuels et sentimentaux des jeunes (cf. *A Summer Place**). C'est le seul de la série à ne comporter aucun conflit de générations. D'une façon tacite, parents et enfant se trouvent d'accord pour participer au plan absurde qui doit sauvegarder la respectabilité de la famille. L'art subtil de Daves vise à analyser les préjugés et les idées reçues des personnages sans critiquer ces personnages eux-mêmes. L'épisode de l'accident du bébé servira de catharsis et fera s'exprimer (et triompher) la nature contre la culture, la culture étant ici un ensemble de préjugés moraux et sociaux que les personnages n'ont jamais songé à passer au crible. Ils vivent les dernières heures d'une société rigoriste où le regard d'autrui est investi du rôle et de la puissance d'un juge impitoyable. Ils sont les victimes de ce regard, alors qu'ils ont, dans l'intimité de leur conscience, des rapports beaucoup plus chaleureux avec leur Dieu (cf. les divers apartés et prières dont Daves a parsemé le récit). Lyrisme et préciosité caractérisent le style de Daves dans ce cycle mélodramatique. Par son lyrisme, par ses mouvements d'appareil rythmés comme une musique, Daves montre l'accord des personnages avec leur cadre de vie naturel (qu'il s'agisse du littoral californien ou des sites escarpés du Guatemala et du Chili) et, au niveau de la séquence, il fait participer émotionnellement le spectateur aux moments de crise vécus par les personnages. A l'inverse, sa préciosité et ses recherches de coloriste l'aident à réintroduire un recul dans le récit en tuant le réalisme immédiat. Enfin, Daves utilise de manière délibérée le mélodrame comme le genre le plus apte à faire surgir, dans le comportement de personnages apparemment normaux et sains, cette part de folie qui traduit leurs angoisses cachées.

N.B. Le septième épisode du *Décalogue* de Krzysztof Kieslowski, 1988-89, illustrant le commandemment « Tu ne voleras pas », reprend le même sujet.

## SUSPECT (LE)
**(The Suspect)**

1944 – USA (85') • *Prod.* Universal (Islin Auster) • *Réal.* ROBERT SIODMAK • *Sc.* Bertram Millhauser, Arthur T. Norman d'ap. R. « This Way Out » de James Ronald • *Phot.* Paul Ivano • *Mus.* Frank Skinner • *Int.* Charles Laughton (Philip Marshall), Ella Raines (Mary Grey), Rosalind Ivan (Cora Marshall), Dean Harens (John Marshall), Stanley C. Ridges (inspecteur Huxley), Henry Daniell (Gilbert Simmons), Molly Lamont (Edith Simmons).

⊖ Londres, 1902. La vie de Philip Marshall, homme méticuleux et intègre d'une soixantaine d'années, gérant d'un magasin de tabac, est empoisonnée par une épouse acariâtre et méchante, Cora, dont le caractère odieux a déjà provoqué le départ de John, le fils de la maison, pour le Canada. Philip rencontre une jeune secrétaire, Mary Grey, en quête d'un emploi. Il ne peut la faire travailler chez lui mais lui obtient une place dans une boutique de mode. Ils sortent fréquemment ensemble et leur différence d'âge n'est pas un obstacle à leur amour naissant. Philip demande le divorce à sa femme mais elle refuse pour des raisons de convenance sociale et de respectabilité. Philip s'aperçoit que sa femme le suit et déclare à Mary qu'il doit cesser de la voir, maintenant qu'il sait qu'il ne pourra jamais divorcer. Le soir de Noël, Cora, qui s'est renseignée sur Mary, menace d'aller la trouver et de faire scandale. N'y tenant plus, Philip s'arme d'une canne... Quelques jours plus tard a lieu l'enterrement de Cora, victime d'une malencontreuse chute dans l'escalier intérieur de son appartement. Après l'enquête, l'inspecteur Huxley de Scotland Yard vient encore interroger Philip et lui explique en détail comment à son avis s'est déroulé l'assassinat de Cora. Il se garde bien d'accuser Philip puisqu'il ignore encore le mobile du crime. Philip et Mary se revoient, filés par la police. Huxley interroge Mary qui, de toute façon, ne pourrait témoigner contre Philip qu'elle vient d'épouser. L'inspecteur obstiné continue son travail de recherche et interroge un voisin de Philip, Gilbert Simmons, dandy décavé qui a des dettes et s'adonne à l'alcool. Simmons voit tout de suite le parti à tirer de cette affaire et entreprend de faire chanter Philip qui lui sert aussitôt un whisky empoisonné. Il doit cacher le cadavre sous un sofa, car Mary, John, sa fiancée et les parents de celle-ci arrivent plus tôt que prévu à la maison. Il traînera plus tard le corps jusqu'au fleuve voisin. Philip convainc sa femme qu'un départ définitif pour le Canada leur ferait le plus grand bien. Sur le bateau qui va partir, Philip rencontre Huxley. L'inspecteur lui apprend que la femme de Simmons va être jugée pour le meurtre de son mari ; tout l'accable. A terre, quand le bateau est parti, Huxley confie à un collègue qu'il a dit ce mensonge pour troubler la conscience de Philip. Son plan a parfaitement fonctionné. Philip n'a pas pris le bateau et se dirige maintenant à pas mesurés vers le Yard.

☞ Tiré d'un fait divers célèbre dans les annales judiciaires anglo-saxonnes (l'affaire Crippen), c'est le film préféré de Siodmak. Il ne s'inscrit pas à proprement parler dans le cadre du *film noir* où le réalisateur donna la plupart de ses chefs-d'œuvre mais dans ce Londres embrumé de Sherlock Holmes et du « Lodger », alors en vogue à la Fox et à la Universal. Il s'agit avant tout d'une étude psychologique très âpre et très fouillée, où une discrète mais très caustique satire sociale fait bon ménage avec le pessimisme le plus noir. Étudier l'homme, pour Siodmak, c'est étudier la pulsion criminelle tapie au fond de chaque individu, même le plus paisible et le plus scrupuleux ; c'est dire aussi comment, les circonstances aidant, cette pulsion se déchaînera dans la réalité, obéissant alors à des lois dictées par le caractère particulier du criminel. Ici : patience puis détermination ; application et froideur dénuée de toute hypocrisie. Siodmak présente ses observations avec l'œil d'un entomologiste. Il ne condamne pas, il n'absout pas. Il suggère que la monstruosité inscrite dans le caractère de chaque être humain est au fond quelque chose de banal, de naturel et d'inévitable ; par quoi son pessimisme est plus radical encore et plus complet que celui de Lang ou d'Hitchcock, cinéastes de la même « famille ». Servie par un découpage et une photo éblouissants, l'intrigue possède l'autorité, la souple aisance, la minutie sereine et rigoureuse, tantôt elliptique, tantôt insistante, d'un récit parfait. L'entente entre Laughton et Siodmak fut totale et nourrit l'œuvre d'une vérité et d'une fascination qu'un suspense terriblement habile et profond vient encore enrichir. Ce suspense tient moins au déroulement factuel de l'histoire qu'à son contenu moral. A cet égard, le dénouement est d'une admirable logique par rapport au portrait global – psychologique et social – qui a été donné du personnage. Très inattendu, il porte aussi la marque d'une extrême originalité.

## SWING HIGH, SWING LOW

Inédit en France. 1937 – USA (95') • *Prod.* PAR. (Arthur Hornblow, Jr.) • *Réal.* MITCHELL LEISEN • *Sc.* Virginia Van Upp, Oscar Hammerstein II d'ap. P. « Burlesque » de George Manker Watters et Arthur Hopkins • *Phot.* Ted Tetzlaff • *Mus.* Boris Morros • *Int.* Carole Lombard (Maggie King), Fred MacMurray (Skid Johnson), Charles Butterworth (Harry), Jean Dixon (Ella), Dorothy Lamour (Anita Alvarez), Harvey Stephens (Harvey Howell), Charles Judels (Tony), Cecil Cunningham (Murphy), Franklyn Pangborn (Henry), Anthony Quinn (Dan de Panama).

En route pour aller retrouver son fiancé, une jeune Américaine, Maggie King, rencontre dans la zone du canal de Panama un soldat, Skid Johnson, sur le point d'être démobilisé. Skid est un trompettiste amateur extrêmement doué, mais le jeu, la paresse, une instabilité naturelle font qu'il n'a aucun but précis dans la vie. Maggie le persuade de se consacrer à plein temps à son instrument et ils montent ensemble, dans un cabaret, un numéro (il joue et elle chante) qui connaît le succès. Ils se marient. Un imprésario décroche pour Skid un engagement à New York. Il ne veut pas se séparer de Maggie mais celle-ci le persuade d'accepter. Au cabaret El Greco à New York, Skid retrouve une ancienne partenaire, amoureuse de lui, Anita Alvarez, et effectue avec elle le numéro qu'il avait créé avec Maggie. Anita profite de la faiblesse de caractère de Skid pour lui faire oublier sa femme. Maggie arrive à New York et demande le divorce. Skid essaie un moment de prendre la chose à la légère puis s'enfonce peu à peu dans l'alcool, cesse de jouer et se réengagerait dans l'armée, s'il n'était refusé pour des raisons de santé. Il est bientôt réduit à l'état d'épave. Alors que le public l'a à peu près oublié, son imprésario lui obtient un engagement dans une émission de radio. Maggie, autant par amour que par pitié, s'emploie à lui redonner le goût et la force de jouer. L'audition, commencée sous les plus mauvais auspices, s'achève alors que Skid semble avoir retrouvé son talent d'autrefois. Maggie, pour lui redonner confiance, a chanté auprès de lui, comme dans leur numéro de Panama.

☞ Sans être une réussite complète, le film est un des plus caractéristiques de Leisen par le double statut des personnages (et en particulier de celui interprété par Fred MacMurray) : pour une part, personnages de comédie, sympathiques, farfelus, excentriques ; pour une autre part – plus secrète –, aventuriers instables, mal à l'aise dans leur peau, et se connaissant mal. Ils sont gais, charmants, superficiels ; un peu plus tard, ils côtoient des abîmes. Ils ont du talent, ou des talents, qu'ils ne songent pas à exploiter, par manque d'obstination et incapacité à suivre une ligne régulière. On ne peut les enfermer dans un rôle ou un genre. Pour cette raison, le film évolue sans cesse, mais irrégulièrement, par vagues, de la comédie au drame, du mélodrame à l'étude de caractère. Ces incertitudes de l'œuvre (qui la rendent très moderne) demandent beaucoup aux acteurs. Et si savoir diriger les acteurs, c'est constamment exiger d'eux un peu plus qu'ils ne paraissent pouvoir donner, alors Leisen est sans conteste l'un des meilleurs directeurs d'acteurs de Hollywood. Carole Lombard et Fred MacMurray (déjà dirigés par lui dans *Hands Across the Table*, 1935) trouvent ici leur meilleur rôle. Leur interprétation avait surpris tout le monde à l'époque. Cette surprise reste intacte aujourd'hui.

N.B. Autres versions : *The Dance of Life*, 1929, de John Cromwell et Edward Sutherland, et *When My Baby Smiles at Me*, 1948 de Walter Lang.

## SYMPHONIE NUPTIALE
**(The Wedding March)**

1926 – USA (116') • *Prod.* MGM • *Réal.* ERICH VON STROHEIM • *Sc.* E. von Stroheim et Harry Carr • *Phot.* Hal Mohr, Bill McGann, Harry Thorpe, Roy Klaffki • *Int.* Eric von Stroheim (prince Nicki Wilderliebe-Rauffenburg), Fay Wray (Mitzi Schrammell), George Fawcett (prince Ottokar Wilderliebe-Rauffenburg), Maude George (princesse von Wilderliebe-Rauffenburg), Zasu Pitts (Cecelia Schweisser), Matthew Betz (Schani Eberle), George Nichols (Fortunat Schweisser), Cesare Gravina (Martin Schrammell), Dale Fuller (Katerina Schrammell).

Vienne, 1914. Comme tous les matins, le prince Ottokar et la princesse Maria Immaculata von Wilderliebe-Rauffenburg se réveillent de mauvaise humeur. Ils échangent des insultes. Leur fils Nicki, joueur et débauché, essaie de les « taper » à tour de rôle. Seule sa mère lui donne un peu d'argent et lui conseille d'épouser une femme riche. Nicki lui demande d'en choisir une pour lui. C'est le jour de « Corpus Christi », la plus grande fête religieuse de l'année. La jeune Mitzi est venue assister à la procession en compagnie de sa famille et de Schani, un boucher vulgaire et brutal, que sa mère voudrait lui voir épouser. Mitzi admire Nicki, cet élégant lieutenant monté sur son cheval à la tête du régiment des gardes. Ils échangent des regards et des signes. Après la salve d'honneur, le cheval de Nicki s'emballe et vient bousculer Mitzi qui s'évanouit. Schani insulte le prince et est arrêté. Nicki rend visite à Mitzi à l'hôpital. Il la revoit alors qu'elle joue de la harpe dans la taverne de ses parents en banlieue. Il lui fait la cour au bord du Danube sous les pommiers en fleurs. Elle évoque les superstitions locales auxquelles elle croit dur comme fer : des sirènes, parfois, jaillissent du fleuve et portent bonheur, mais l'Homme de Fer, la statue qui domine l'Hôtel de Ville, surgit à son tour, emporte les sirènes et laisse derrière lui un sillage de malheur et de mort. Sa mère appelle Mitzi et la gifle plusieurs fois. Elle ne veut pas qu'une liaison avec un inconnu compromette le mariage avec Schani. Celui-ci, sorti de prison, veut embrasser Mitzi de force : elle lui crie son dégoût et sa haine. Dans une petite maison isolée, Nicki participe à une orgie. Il annonce aux dames du lieu qu'il va bientôt aller retrouver une jeune fille honnête et cela les fait ricaner. En partant, il croise son père qui arrive. Nicki, par une échelle, rejoint Mitzi à son balcon. Puis ils se promènent sous les pommiers. Pendant ce temps, l'orgie continue ; le prince Ottokar et le riche commerçant Schweisser, père d'une fille atteinte de claudication, Cecelia, combinent un mariage d'argent et de convenance pour leurs enfants. Nicki et Mitzi se promènent toujours le long du Danube : Mitzi voit apparaître avec terreur l'Homme de Fer, présage de catastrophe. Le père de Nicki annonce à son fils que son mariage avec Cecelia Schweisser est fixé pour le premier juin. C'est un ordre et Nicki a intérêt à ne pas le discuter. La nature semble comme en deuil du bonheur de Nicki et de Mitzi et il pleut durant des jours et des jours. Schani n'est que trop heureux de montrer à Mitzi le journal où est annoncé le mariage du prince. Voyant que Mitzi est toujours amoureuse de lui, Schani jure de le tuer lors de la cérémonie. Le mariage a lieu en grande pompe à l'église Saint-Stephan. Mitzi promet à Schani de l'épouser s'il renonce à son funeste projet. En ricanant, il permet à Mitzi de faire ses adieux au prince. Elle est en larmes sur le passage de Nicki qui lui adresse à peine un regard. Dans le carrosse, Cecelia demande à Nicki qui sont cette jeune fille et cet affreux jeune homme. Il répond qu'il ne les a jamais vus. En haut de son perchoir, l'Homme de Fer ricane sous la pluie.

☞ Avant-dernier des huit films muets tournés par Stroheim. Le lyrisme noir de l'auteur triomphe dans cette œuvre, la plus classique et la moins délirante de sa carrière. C'est un anti-mélodrame où les bons sentiments sont constamment bafoués, où l'amour est vaincu par l'argent, les convenances sociales, la vulgarité, la laideur, le sordide. La vision donnée par Stroheim d'une Vienne décadente et pourrie dépasse l'histoire pour atteindre l'intemporel ; Vienne est surtout un cadre particulièrement expressif, convenant au déploiement du pessimisme sans recours de l'auteur. Dans son univers, aucune classe sociale n'a le privilège du malheur, même si les aristocrates savent en général mieux que les autres dissimuler leurs sentiments. Dans leur gloire (toute apparente) comme dans leur déchéance (inévitable), l'homme et la femme sont chez Stroheim des êtres incomplets et souvent disgraciés qui ont le pouvoir d'éprouver des sentiments intenses mais sont privés des moyens de transformer ces sentiments en bonheur et en équilibre durable. Le problème reste posé de savoir si cette humanité déchue et la malédiction qui pèse sur elle expriment autre chose que *l'ego* tourmenté de l'auteur. En tout cas, le classicisme où il s'est maintenu ici donne à ses personnages et à leurs souffrances une dimension universelle. La deuxième partie du film, *Honeymoon (Mariage de prince),* fut remontée par Sternberg, qui travaillait aussi pour la Paramount, et désavouée par Stroheim. Elle est considérée aujourd'hui comme perdue. Dans cette partie, Nicki et Cecelia passent leur lune de miel au Tyrol. Schani vient tuer le prince mais abat accidentellement la princesse. Au cours de sa fuite, il fait une chute mortelle dans la montagne. Mitzi prend le voile. Nicki mourra sur le front.

N.B. La copie muette de la Cinémathèque de Vienne est plus longue de sept minutes que la copie sonorisée (109') de la Cinémathèque Française et contient une courte séquence en couleurs (procession à la sortie de l'église pour la fête de « Corpus Christi »).

**BIBLIO. : reconstitution en 255 clichés de *The Wedding March* et *Honeymoon* dans le somptueux volume de Herman G. Weinberg « The Complete *Wedding March* », Little, Brown and Company, Boston, Toronto, 1974.**

# T

## TABOU
### (Tabu)

1931 – USA (muet : 2 311 m) • *Prod.* PAR. (Murnau, Flaherty) • *Réal.* F.W. MURNAU et ROBERT FLAHERTY • *Sc.* Flaherty, Murnau • *Phot.* Floyd Crosby, Robert Flaherty • *Int.* Réri (la fille), Matahi (le garçon), Hitu (le vieux chef), Jean (le policier), Jules (le capitaine), Kong Ah (le Chinois).

Bora Bora. Le jeune Matahi pêche avec ses amis dans le lagon. Il sépare deux jeunes filles qui se battent dans la rivière. L'une d'elles est sa bien-aimée, Réri. Tous les habitants de l'île s'élancent en pirogue, derrière leur chef, vers un voilier qui va accoster. Le chef de Bora Bora monte à bord et reçoit un message du vieil Hitu, émissaire du chef de l'île voisine de Fanuma. Dans ce message, il est dit que, la vierge consacrée aux dieux à Fanuma étant morte, Réri a été choisie, à cause de sa beauté, de sa vertu et de son sang royal, pour la remplacer. Désormais aucun homme ne peut la toucher. Elle est tabou. Hitu a reçu mission de la conduire auprès du chef de Fanuma et répondra de sa vie. Réri est accablée de chagrin. Matahi, lui, reste prostré. Pourtant, durant les fêtes données en l'honneur de la visite de Hitu, Matahi et Réri se livreront à une danse endiablée à laquelle Hitu met brutalement fin. Pendant la nuit, Matahi a enlevé Réri qui était montée à bord du voilier. Le capitaine note dans son livre de bord que l'effervescence est grande à travers l'île. Le chef de Bora Bora propose à Hitu une autre jeune fille, mais celui-ci la refuse. Les deux fugitifs, sur une frêle embarcation, cherchent une île où règne l'homme blanc et où les anciens dieux soient oubliés. Épuisés, ils en trouvent une, où Matahi deviendra bientôt un pêcheur de perles réputé. Pour lui, pêcher des perles n'est qu'un jeu. Il ignore tout de la valeur de l'argent. Une prime a été promise à qui permettra l'arrestation du couple : c'est ce qu'apprend aux deux jeunes gens le brigadier chargé par le gouvernement français de s'emparer d'eux. Le gouvernement veut en effet empêcher tout désordre dans les îles. Matahi donne au brigadier une magnifique perle et celui-ci l'accepte, abandonnant là ses poursuites. Un pêcheur, ayant plongé dans un endroit considéré comme tabou par les indigènes, a été dévoré par un requin. Le brigadier fait placer à cet endroit une pancarte portant l'inscription : tabou. Réri a reçu un message de Hitu : si elle ne revient pas avant trois jours, Matahi mourra. Elle va se renseigner à l'agence maritime sur le prochain départ d'un bateau pour Papeete et sur le prix des billets. Matahi veut acheter deux billets mais, sous le prétexte qu'il a des dettes, on lui prend son argent. La nuit, il rêve qu'il paie ses dettes avec une perle. Hitu, armé d'une lance, veut frapper Matahi endormi. Réri se jette à ses pieds et jure de lui obéir. Pendant que Matahi est parti pêcher à l'endroit tabou, elle lui écrit un mot d'adieu. A son retour, Matahi trouve la case vide et le message de Réri. Il s'élance à la nage vers le petit bateau de Hitu qui gagne le large. Réri, dans la cale, n'a rien vu, mais Hitu sur le pont suit des yeux la progression de Matahi. Il coupe la corde à laquelle Matahi s'était accroché. Matahi, épuisé, se laisse porter par les flots. Bientôt, la surface des eaux redevient totalement lisse. Seule apparaît à l'horizon la voile du bateau de Hitu. Bientôt, il n'y a plus que la mer.

☞ *Tabou* ne marque pas, comme on aurait pu s'y attendre, la rencontre d'un anthropologue (Flaherty) et d'un dramaturge (Murnau), mais celle de deux poètes aux univers complémentaires et diamétralement opposés : un poète du jour et un poète de la nuit, associés dans une compagnie qu'ils avaient créée pour avoir plus de liberté que Hollywood n'en concédait généralement à ses cinéastes. A l'optimisme cosmique de Flaherty, à sa conviction instinctive qu'il existe un équilibre entre l'homme et les éléments, s'oppose, chez Murnau, le triomphe absolu des forces nocturnes et maléfiques sur l'épanouissement éventuel de la créature humaine. Il se trouve que c'est l'univers de Murnau qui a supplanté dans ce film l'univers de Flaherty. Cela a eu lieu dans la réalité du tournage, Flaherty étant peu à peu réduit à la fonction de cameraman et de technicien de laboratoire, alors que Murnau prenait avec une obstination inexorable tout le contrôle du film. Cela a eu lieu à l'intérieur de l'œuvre, puisque l'ère du « Paradis Perdu » (sous-titre dans certaines copies de la 2e partie) y succède au « Paradis » tout court, sous-titre de la première, la plus flahertienne. A l'intérieur de la carrière prématurément interrompue de Murnau, *Tabou,* son dernier film, est celui où le cinéaste atteint le summum de sa simplicité et de son efficacité. Le mouvement esthétique du film consiste d'ailleurs en une épuration progressive qui réduit à la fin son territoire expressif à quelques signes, ces signes englobant alors la totalité de l'univers : un corps épuisé nageant faiblement à la surface des flots, une voile minuscule entre ciel et mer consommant le malheur de deux êtres et, par extension, celui de l'humanité tout entière. La figure du vieillard buté qui incarne, d'un bout à l'autre du film, un Fatum omniprésent apparaît, sur le plan esthétique, comme l'emblème ultime de l'univers de Murnau : silence, certitude, perfection. Image en effet *parfaitement* haïssable d'un Fatum qui n'a d'autre raison d'être que d'écraser l'homme. « Enfin c'est en raison de l'écriture de Murnau, écrit Henri Agel dans "Inter-Ciné" (voir Biblio.), de son découpage souple mais impitoyable, du hiératisme chorégraphique des interprètes, de l'écoulement inexorable de la durée que *Tabou* s'impose à nous comme une tragédie. Le combat mythique du jour et de la nuit, de la vie et de la mort ne se résout point ici comme chez Renoir, Mizoguchi ou Satiajit Ray, en une harmonie unificatrice ; il s'achève par l'écrasement des êtres vulnérables et la douceur qui baigne certaines séquences nous dit la compassion de Murnau pour ces innocents dont la seule faute est d'être né. »

BIBLIO. : deux synopsis préliminaires du film écrits l'un et l'autre par Flaherty et Murnau ont été publiés *in* « Film Culture », New York, nº 20 (1959). Un découpage effectué par Vincent Pinel d'après une copie française est paru *in* « Inter-Ciné », Toulouse, nº 5-6 (1967), avec une préface d'Henri Agel. Mention est faite pour chacun des 709 plans et intertitres décrits du nombre d'images qu'il comporte et de sa durée en secondes. Article sur le tournage du film : « *Tabou,* the Making of a Film » par Mark J. Langer *in* « Cinema Journal », printemps 1985. Voir aussi le chapitre 12 du « Murnau » de Lotte Eisner, Le Terrain Vague, 1964, ou le chapitre 13 de l'édition anglaise, Secker and Warburg, Londres, 1973, qui contient des lettres et une documentation confiées à l'auteur par le frère de Murnau. Lotte Eisner rappelle que l'accident de voiture où périt le cinéaste en 1931 fut mis en relation avec des interdits qu'il aurait violés durant son séjour dans les îles, installant notamment son bungalow sur un ancien cimetière indigène et tournant dans des endroits tabous. Murnau, pourtant superstitieux, n'aurait pas pris au sérieux les avertissements d'un chef indigène, pas plus que la malédiction sur lui jetée par le vieux prêtre Tuga.

## TAKE CARE OF MY LITTLE GIRL

Inédit en France. 1951 – USA (94') • *Prod.* Fox (Julian Blaustein) • *Réal.* JEAN NEGULESCO • *Sc.* Julius J. et Philip G. Epstein d'ap. R. de Peggy

Goodin • *Phot.* Harry Jackson (Technicolor) • *Mus.* Alfred Newman • *Int.* Jeanne Crain (Liz), Dale Robertson (Joe Blake), Mitzi Gaynor (Adelaïde), Jean Peters (Dallas), Jeffrey Hunter (Chad Carnes), Betty Lynn (Marge), Helen Wescott (Merry Coombs), Lenka Peterson (Ruth), Carol Brannon (Casey), Beverly Dennis (Janet).

Suivant les traces de sa mère, Liz, une jeune fille de la bonne société, se fait une joie d'entrer dans le collège très huppé où ses parents autrefois avaient fait connaissance. Diverses « fraternities » et « sororities » (groupes auxquels sont affiliés des jeunes gens ayant prêté le même serment et accompli le même rituel) se partagent le collège. La sorority la plus recherchée est celle des TRI-U (trois fois upsilon). Elle n'accepte chaque année que quinze nouveaux membres. Liz, comme la plupart de ses camarades, brûle d'en faire partie. Elle est admise à passer la période probatoire. Janet, son amie, d'un niveau social moins élevé, est rejetée et, du coup, préfère quitter le collège. Liz fait la connaissance de Joe Blake, un étudiant directeur d'études, qui ironise sur les sororities. Elle se laisse courtiser par Chad, le « tombeur » de la fraternity la plus en vue. Impressionnée par lui, elle l'aidera à tricher à son examen de français. Vient la semaine où les postulantes doivent agir en esclaves des membres de la TRI-U. A chacune sont affectées des besognes absurdes et fatigantes. Quoiqu'elle ait appris qu'elle n'obtiendrait jamais la majorité de voix nécessaire à son admission, Ruth, une élève de bonne volonté mais très maladroite et non fortunée, s'échine jusqu'à tomber malade afin de remplir ses missions. On devra la conduire à l'infirmerie, atteinte d'une pneumonie. Réfléchissant sur les événements de ces dernières semaines, Liz renonce à entrer chez les TRI-U et rejoint Joe.

☞ Sans avoir l'air de rien, avec une ironie à la fois retenue et cinglante, Negulesco décrit minutieusement, à la manière d'un entomologiste, certains rites sociaux d'un collège bourgeois américain. Il en révèle la puérilité dérisoire mais aussi l'extrême cruauté, plus significative encore quand elle s'exerce en milieu féminin. Cette maçonnerie féminine qui se paye de mots et prétend promouvoir les notions d'amitié, de solidarité, est basée en réalité sur le goût du paraître, le snobisme, le respect de l'argent, le culte des relations sociales. Elle peut, le cas échéant, servir d'alibi à la malhonnêteté. Negulesco serre de près son sujet et n'introduit aucun élément dramatique extérieur à l'action. Par une mise en scène judicieusement spectaculaire où les scènes nocturnes aux teintes lourdes sont nombreuses, il donne à voir un petit univers clos et artificiel, symbolique de tant de groupements sociaux qui fabriquent des victimes sans pouvoir fournir de contrepartie positive. Corrélativement, le film est un éloge de l'individualisme et de l'indépendance d'esprit. Technicolor admirable, bien servi par l'excellent Harry Jackson, l'opérateur de *Anne of the Indies** et de *Way of a Gaucho.* Critique et spectaculaire, c'est ici Hollywood à son meilleur. Car, comme le dit Carlos Clarens dans la préface de son livre sur George Cukor (Londres, Secker and Warburg, 1976), « l'art hollywoodien à son meilleur est un art de la subversion ».

## TARASS BOULBA

1936 – France (90') • *Prod.* GG Film • *Réal.* ALEXIS GRANOWSKY • *Sc.* Pierre Benoit, Carlo Rim, Jacques Natanson, d'ap. R. de Gogol • *Phot.* Franz Planer • *Mus.* Joe Hajos, Paul Dessau • *Int.* Harry Baur (Tarass Boulba), Jean-Pierre Aumont (André Boulba), Roger Duchesne (Ostap Boulba), Danielle Darrieux (Marina), Janine Crispin (Galka), Nane Germon (Zélima), Pauline Carton (la gouvernante).

Le chef cosaque Tarass Boulba retrouve ses deux fils, André et Ostap, revenus de l'université de Kiev. Ostap n'a même pas été capable d'y apprendre à lire, ce dont il n'est pas peu fier, tandis qu'André a fait de brillantes études. André aime Marina, la fille d'un prince polonais contre lequel les Cosaques, pour un mauvais prétexte, partent en guerre. Mais peu importe le prétexte ; l'essentiel est de se battre car « la vie n'est pas drôle lorsqu'on n'a que des amis ». Pour l'amour de sa belle, enfermée dans le château qu'assiègent les Cosaques, André passe à l'ennemi. Durant le combat, Tarass le trouve en face de lui. Il lui ordonne de descendre de cheval, lui dit : « Fais ta prière » et l'abat froidement. Ostap a été fait prisonnier et va être pendu. Son père et quelques hommes, cachés dans des charrettes de paille, s'introduisent dans le château et le libèrent. Des renforts venus de Varsovie prêtent main forte au prince. Blessé à mort, Tarass lègue son commandement à son fils et meurt debout.

☞ Œuvre caractéristique des films d'atmosphère russe, très populaires en France durant les années 30. Dans une époque pauvre en film d'aventures (à part les films coloniaux), le courant offrait au public deux éléments qu'il apprécie : le dépaysement et des personnages plus grands que nature. Peu de scènes de dialogues et à deux personnages. Par contre, abondance de beuveries, de fêtes, de défilés, de combats. Certes la reconstitution et la truculence sonnent souvent faux. Mais Harry Baur au moins est à sa place, et dans une thématique chère à ce grand acteur : démêlés avec sa descendance, enfants qui le trahissent ou l'abandonnent.

N.B. Autre version : *Taras Bulba* (id.), John Lee Thompson, USA, 1962.

## TARZAN, L'HOMME-SINGE (Tarzan, the Ape Man)

1932 – USA (99') • *Prod.* MGM • *Réal.* WOODBRIDGE STRONG VAN DYKE II • *Sc.* Cyril Hume, Ivor Novello d'ap. les personnages créés par Edgar Rice Burroughs • *Phot.* Harold Rosson, Clyde DeVinna • *Int.* Johnny Weissmuller (Tarzan), Maureen O'Sullivan (Jane Parker), Neil Hamilton (Harry Holt), C. Aubrey Smith (James Parker), Doris Lloyd (Mrs. Cutten), Forrester Harvey (Beamish), Ivory Williams (Riano).

Miss Jane Parker rejoint son père, James Parker, en Afrique, où ce dernier, associé au jeune Harry Holt, est à la recherche du fabuleux et mythique cimetière des éléphants, caché quelque part derrière les Montagnes Escarpées qui sont tabous pour de nombreuses tribus indigènes. Au cours du voyage, Jane dit à Harry qui lui fait vainement la cour qu'elle se sent envoûtée par la jungle au point qu'elle a l'impression d'y être née. Un indigène blessé, qui a osé regarder les Montagnes Escarpées, trouve refuge au camp. Parker le cache afin qu'il ne soit pas massacré par les Oubangas. Il mourra de ses blessures après avoir indiqué à Parker la direction des fameuses montagnes. Quoiqu'elles soient d'un accès très difficile, l'expédition en commence l'ascension. On entend soudain un cri étrange, très modulé, qui ressemble à celui d'une hyène. Plus tard, les porteurs doivent fabriquer un radeau pour la traversée d'un fleuve infesté d'hippopotames et de crocodiles ; ils feront des ravages parmi les membres de l'expédition. On entend à nouveau le mystérieux cri qui éloigne les hippopotames. Celui qui a poussé le cri, Tarzan l'homme-singe, apparaît dans les arbres. Il emporte Jane. Effrayée, le traitant de brute, elle lui dit cependant son nom et lui enseigne quelques mots d'anglais. Elle apprend ainsi qu'il s'appelle Tarzan. Grâce à son cri, Tarzan appelle un éléphant qui le conduit au plus profond de la jungle, où il dépèce un animal pour Jane. En l'absence de Tarzan, l'expédition retrouve Jane et tue un singe ami de Tarzan. Tarzan noiera un des porteurs. Jane tente d'expliquer à son père que Tarzan n'est pas un sauvage. Elle ne pourra empêcher que Harry tire sur lui. Blessé, perdant son sang, Tarzan doit combattre avec un lion, puis avec une lionne attirés par l'odeur du sang. Il s'évanouit d'épuisement. Un éléphant l'emporte et essaie de le ranimer en lui faisant faire, avec sa trompe, quelques mouvements respiratoires. Les singes vont alors chercher Jane et, se la passant comme ils le feraient avec une balle, la ramènent auprès de Tarzan. Elle éponge son sang avec un morceau de sa jupe et lui fait un bandage au front. Éperdue de reconnaissance, la guenon Cheetah embrasse Jane. Une fois guéri, Tarzan entraîne Jane dans l'eau. Elle découvre ses yeux gris-vert. Elle flirte avec lui et trouve cela d'autant plus grisant qu'il ne comprend rien à ces jeux. Elle lui dira qu'elle se trouve parfaitement bien avec lui et n'éprouve aucun remords. Elle pleure quand il la ramène à son père et qu'elle doit le quitter. Les membres de l'expédition sont capturés par une tribu de nains et emmenés sur des pirogues. Jane ordonne à Cheetah d'aller chercher Tarzan. Une fois dans le camp, certains des porteurs sont victimes d'un jeu cruel : on les suspend par une corde au-dessus d'une fosse où se trouve un gorille géant. Jane, elle aussi, subit ce supplice. Tarzan poignarde le gorille. Les éléphants envahissent le camp. L'un d'entre eux délivre Tarzan, Jane et Harry. L'éléphant que monte Parker a été blessé. Il est mourant. Parker, lui-même également blessé, présume que l'animal va le conduire au cimetière des éléphants. C'est effectivement ce qui se produit : mais Parker y mourra avec l'éléphant qui le portait. Une fortune en ivoire est répandue là, dans ce lieu secret et sacré. Harry fait ses adieux à Jane : il reviendra. Jane reste dans la jungle, en compagnie de Tarzan et de Cheetah.

☞ Malgré le succès du premier Tarzan muet, *Tarzan of the Apes,* 1918, de Scott Sidney avec Elmo Lincoln, suivi la même année de *Romance of Tarzan* de Wilfred Lucas, c'est la série des six Tarzan MGM avec Johnny Weissmuller et Maureen O'Sullivan qui fonde le mythe cinématographique de Tarzan. Contenant la première apparition d'un Tarzan parlant, *Tarzan l'homme-singe* inaugure superbement une série qui se continuera avec *Tarzan and His Mate (Tarzan et sa compagne),* 1934, de Cedric Gibbons, *Tarzan Escapes (Tarzan s'évade),* 1936, *Tarzan Finds a Son (Tarzan trouve un fils),* 1939, *Tarzan's Secret Treasure (Le trésor de Tarzan),* 1941, et *Tarzan's New York Adventure (Tarzan à New York),* 1942, ces quatre derniers films signés Richard Thorpe. Paradoxalement, les films qui assurèrent la gloire mondiale de Tarzan furent beaucoup moins fidèles à Edgar Rice Burroughs que la plupart des films qui leur sont antérieurs ou postérieurs. On ne chercha même pas à donner à Johnny Weissmuller (champion olympique de natation en 1924 et 1928) l'aspect traditionnel du Tarzan de Burroughs avec son bandeau sur le front (que portait Elmo Lincoln, le premier Tarzan, à qui certains reprochèrent toutefois de trop ressembler à un héros de péplum, d'être une sorte de Maciste au torse bombé et avantageux). Le mythe hollywoodien de Tarzan, tel qu'il se crée dans les films Metro, est un mythe très peu narratif et très peu explicatif. Le patronyme originel de Tarzan, Greystoke, n'est même pas prononcé et il n'y a pas l'ombre d'une explication pour dire comment est arrivé et a vécu dans la jungle cet homme-singe qui bondit de liane en liane et pousse un cri dont la modulation, plus qu'aucune de ses aventures, est à l'origine de sa gloire. Ce qui importe dans ce mythe, c'est son aboutissement, son milieu ambiant, à savoir cet univers paradisiaque situé hors du temps, hors de la civilisation, hors du péché, où Tarzan et Jane apprennent à vivre et à s'aimer. Ce mythe abolira certains tabous hollywoodiens (qui n'existaient d'ailleurs que pour être violés), avec en particulier cet érotisme apparemment naïf et en réalité assez sophistiqué qui émane de la personne de Maureen O'Sullivan. (Il sera encore plus éclatant dans *Tarzan et sa compagne.*) Un tel univers innocent et épanoui est celui auquel font référence une multitude de films hollywoodiens, mais dans la série des Tarzan il trouve une expression systématique et parfaite qui assurera sa pérennité pendant des décennies. Dans *Tarzan trouve un fils,* le quatrième film de la série et le meilleur avec les deux premiers, le monde animal vit avec la famille idéale constituée par Tarzan, Jane et l'enfant, dans une symbiose, une harmonie parfaites qui semblent capables d'écarter, au moins sur un plan mythique, tous les dangers que lui font courir l'ordre artificiel, la cupidité, la cruauté et tous les autres vices de la « civilisation ». En ces années qui suivirent la grande Dépression de 29, le mythe de Tarzan fut particulièrement bienvenu. Il procurait aux spectateurs un substitut délicieux, magique, aux contraintes que faisait peser sur eux un monde en crise et singulièrement étouffant. Dans ce premier épisode de la série, le style de Van Dyke apparaît comme assez primitif, à cause notamment des nombreuses transparences servant à présenter un matériel de plans non utilisés pour le montage de *Trader Horn,* film réalisé par Van Dyke l'année précédente. C'est d'ailleurs l'existence de ce matériel qui orienta la MGM vers la reprise du personnage de Tarzan. Cedric Gibbons et Richard Thorpe donnèrent aux aventures suivantes de Tarzan une facture plus brillante et plus sophistiquée. Il n'empêche que c'est à ce film un peu vieillot de Van Dyke, où Tarzan-Weissmuller se fait longtemps attendre et n'apparaît qu'à la 30e minute de projection, que revient le mérite d'avoir ouvert au public l'une des rêveries les plus durables de l'histoire du cinéma...

N.B. Johnny Weissmuller, sans Maureen O'Sullivan, interprétera encore six *Tarzan* à la RKO sous la direction successive de William Thiele, Kurt Neumann et Robert Florey. Si Buster Crabbe et Herman Brix (Bruce Bennett), interprètes de Tarzan contemporains de Weissmuller dans l'univers du serial, avaient pu faire relativement bonne figure à côté de lui, par contre aucun des interprètes ultérieurs du personnage (Lex Barker, Gordon Scott, Dennis Miller, Jock Mahoney, Mike Henry, Ron Ely, Joe Lara, Miles O'Keefe, Christophe Lambert) n'arrive à la cheville du partenaire de Maureen O'Sullivan. Parmi eux, Gordon Scott a la faveur de certains amateurs.

BIBLIO. : sur les adaptations cinématographiques de Tarzan, voir Gabe Essoe : « Tarzan of The Movies », Citadel Press, New York, 1968. Sur Tarzan en littérature, bande dessinée, théâtre, cinéma, radio, etc., voir « Tarzan ou le chevalier crispé » de Francis Lacassin, 10-18, 1971 (avec une filmographie). Sur Van Dyke, voir « Van Dyke and the Mythical City, Hollywood » de Robert C. Cannom, Murray and Gee, Culver City, California, 1948 (une des premières biographies consacrées à un metteur en scène).

## TAXI DRIVER (id.)

1975 – USA (115') • *Prod.* COL. (Michael Phillips – Julia Phillips) • *Réal.* MARTIN SCORSESE • *Sc.* Paul Schrader • *Phot.* Michael Chapman (couleurs) • *Mus.* Bernard Herrmann • *Int.* Robert De Niro (Travis Bickle), Cybill Shepherd (Betsy), Jodie Foster (Iris), Peter Boyle (Wizard), Leonard Harris (Charles Palantine), Harvey Keitel (Sport), Albert Brooks (Tom), Martin Scorsese (le client bizarre).

New York. Travis Bickle, un ex-Marine insomniaque, devient chauffeur de taxi de nuit afin de pouvoir s'abrutir de travail et oublier la laideur et la pourriture de la ville. Il tombe amoureux de Betsy, une élégante blonde, secrétaire à la permanence du sénateur Palantine briguant la présidence. Elle accepte de sortir avec lui mais quand il veut l'emmener voir un film pornographique, le seul type de film qu'il connaisse, elle le plante là et ne veut plus le revoir. Le moral de Travis est au plus bas. Il achète toutes sortes de revolvers et fait de la gymnastique. Il tire sur un Noir, auteur d'un hold-up dans une petite épicerie et le tue. Coiffé à l'iroquois, il tente de tuer Palantine lors d'une réunion publique, mais est pris en chasse par un de ses barbouzes. S'étant intéressé à une prostituée de douze ans qu'il veut sortir de l'enfer où elle vit, il tue les trois proxénètes qui l'exploitent. Blessé au cours du massacre, il tente de se tirer une balle dans la gorge mais son chargeur est vide. Il survivra à la tuerie et sera salué comme un héros.

☞ Le film reflète bien l'aspiration, les difficultés et finalement l'impuissance des jeunes cinéastes américains à prolonger les anciens genres qui ont fait autrefois la force de leur cinéma. Usant avec une certaine complaisance de la liberté que lui offre la disparition quasi totale de la censure, Scorsese tente d'appréhender en une continuation du *film noir* certains des aspects les plus négatifs de la vie nocturne new-yorkaise. Son récit est empreint d'une mollesse constante et décadente tant au niveau de la séquence (alourdie en général de multiples détails inutiles) que du film tout entier. Non sans ressemblance avec son héros, victime de ses humeurs et de ses impulsions, Scorsese ne parvient pas à se désengluer du sordide qu'il dépeint pour adopter à son endroit une distance ou un quelconque point de vue. Malgré de très grandes qualités d'interprétation, les personnages restent inconsistants et incohérents. Les deux séquences finales (massacre filmé avec une auto-satisfaction puérile, suivie d'un happy end qui, même chargé de dérision, n'en reste pas moins inepte) soulignent la déconcertante immaturité du cinéaste et de son scénariste Paul Schrader. Le seul élément d'unité à l'intérieur du film vient de la partition de Bernard Herrmann.

## TEMPS DE LA COLÈRE (LE) (Between Heaven and Hell)

1956 – USA (94') • *Prod.* Fox (David Weisbart) • *Réal.* RICHARD FLEISCHER • *Sc.* Harry Brown d'ap. R. « The Day the Century Ended » de Francis Gwaltney • *Phot.* Leo Tover (Cinémascope, DeLuxe Color) • *Mus.* Hugo Friedhofer • *Int.* Robert Wagner (Sam Gifford), Terry Moore (Jenny Gifford), Buddy Ebsen (Willie Crawford), Broderick Crawford (capitaine Waco Grimes), Brad Dexter (lieutenant Joe Johnson), Mark Damon (Terry), Robert Keith (colonel Gozzens), Ken Clark (Morgan), Harvey Lembeck (Bernie Meleski), Skip Homeier (Swanson), Frank Gorshin (Millard), Biff Elliott (Tom Pouce), L.Q. Jones (Kenny).

Une île du Pacifique en 1945. Le jeune lieutenant Sam Gifford, fils d'un riche planteur de coton dans le Sud, a été condamné à la prison par les autorités militaires. Il avait frappé un autre lieutenant qui, au cours d'une mission, s'était affolé et avait tiré à la mitrailleuse sur ses compagnons. A cause de sa conduite héroïque en d'autres circonstances, Sam voit sa peine commuée en un simple transfert à la compagnie G., commandée par l'étrange capitaine Waco Grimes. Waco exige qu'on l'appelle par son prénom et ne maintient dans son camp – un amas de baraques en bois mal entretenues – aucun des signes extérieurs habituels de la discipline militaire. Waco semble vivre dans une crainte perpétuelle de l'ennemi et de ses propres hommes. Il se fait constamment accompagner de deux gardes du corps aux allures troubles. Au cours de son périple guerrier, Sam a eu l'occasion de réfléchir sur lui-même et sur son comportement trop dur avec les métayers travaillant sur ses terres. C'est d'ailleurs avec des hommes de condition modeste qu'il s'entend le mieux au combat et dans les brefs intervalles de détente. Willie Crawford, son meilleur ami, et même tout simplement son premier ami, est un métayer pareil à ceux qu'il maltraitait avant la guerre. Sam participe à plusieurs missions dangereuses. Il verra Waco pleurer lorsqu'un de ses gardes du corps est abattu. Waco lui-même qui prenait tant de précautions sera tué à quelques mètres de son Q.G. par un Japonais dissimulé dans un arbre. Il s'apprêtait à quitter le camp, relevé de son commandement à cause de ses nombreuses excentricités. La patrouille de Sam est décimée dans la montagne. Sam et Willie sont les seuls survivants, mais Sam est gravement blessé. Sam dévale en courant la montagne pour aller chercher du secours. Les deux hommes, allongés sur des civières, se retrouveront côte à côte dans l'hélicoptère qui les ramène au pays.

☞ Le seul film de guerre de Richard Fleischer (outre le peu significatif *Tora, Tora, Tora*). Plus qu'à la description spectaculaire des combats, Fleischer s'intéresse presque exclusivement (allant pour cela jusqu'à compromettre le succès commercial du film) à la psychologie des combattants. A travers différents personnages, il étudie la gradation des comportements pathologiques engendrés par la guerre. De telle sorte que, sans le moindre pathos, le film devient un plaidoyer radical contre la guerre. Il montre simplement que l'homme n'est pas fait pour elle : elle crée ou accentue ses névroses. Le « héros » (interprété par Robert Wagner) est un être normal, normalement courageux, que la guerre transforme en semi-névrosé, atteint de crises nerveuses à répétition. Le lieutenant qui s'affole et tue ses propres hommes marque un degré supplémentaire dans la pathologie du combattant déboussolé par la guerre. Quant au capitaine Waco (grande composition de Broderick Crawford), il fait partie de ces psychopathes à part entière qui abondent dans l'œuvre de Fleischer et auxquels la guerre fournit un terrain privilégié pour l'accentuation de leur anormalité. Vis-à-vis de tous ces personnages, Fleischer garde le regard froid du clinicien qui jamais ne juge ni ne condamne. Le film n'est pas cependant entièrement pessimiste. Fleischer y développe une thèse inverse à celle de *La grande illusion** : à ses yeux, la guerre favorise le rapprochement entre les classes sociales. Point de vue américain opposé au point de vue européen de Jean Renoir. En avance sur son époque par son contenu psycho-pathologique, le film est aussi une grande réussite formelle : habile construction en flashbacks à la fois lyriques et analytiques ; mise en scène ample et classique découpant l'espace par de larges mouvements d'appareil qu'un emploi à la fois fonctionnel et inspiré du Cinémascope rend plus efficaces et plus impressionnants encore.

## TEMPS MODERNES (LES) (Modern Times)

1936 – USA (88') • *Prod.* UA • *Réal.* CHARLIE CHAPLIN • *Sc.* Charlie Chaplin • *Phot.* Rollie Totheroh, Ira Morgan • *Mus.* Ch. Chaplin • *Int.* Chaplin (le vagabond), Paulette Goddard (la gamine), Henry Bergman (le propriétaire du café), Chester Conklin (le mécanicien), Allan Garcia (le président de la Steel Co), Stanley Sanford (le compagnon de chaîne), Hank Mann (le voisin de cellule).

Charlot est ouvrier dans une usine. Il travaille sur une chaîne à serrer des boulons et est tout à fait incapable de suivre le rythme infernal imposé aux équipes par le patron. Comble de malchance : c'est lui qui est choisi pour essayer la « machine à manger » individuelle, un prototype destiné à améliorer encore le rendement des ouvriers. Elle se transforme vite en instrument de torture au point que même le patron la juge peu pratique. Charlot reprend son travail et glisse par accident parmi les rouages des installations qui font fonctionner la chaîne. Quand il en ressort, il est atteint d'une sorte de danse de Saint-Guy et prend les boutons des robes de femmes pour des boulons à resserrer. Cela le conduit tout droit à l'hôpital. Une fois guéri, il se lance dans une vie nouvelle. On lui a bien recommandé d'éviter les émotions violentes. Dans l'une des rues les plus populeuses de la ville, il ramasse un drapeau rouge tombé d'un camion et se retrouve sans le vouloir à la tête d'une manifestation. Il est arrêté comme meneur. Premier séjour en prison. Il y mène une vie tranquille et confortable, sauf quand le hasard veut qu'il utilise comme sel une pincée de drogue placée par un trafiquant dans la salière ou quand il met fin presque malgré lui à une révolte interne. Hélas, ce haut fait lui vaut d'être grâcié et il doit maintenant sortir et gagner de quoi assurer sa subsistance. Il trouve du travail dans un chantier naval mais, à la recherche d'un morceau de bois, il enlève la cale d'un navire en réparation sur le quai qui glisse alors prématurément dans les eaux. Cette catastrophe lui démontre que ce boulot n'est pas fait pour lui. Il n'a plus qu'une idée en tête : retourner en prison. Il s'accuse du vol d'un pain commis par une orpheline. Celle-ci est seule pour nourrir sa famille depuis que le père, chômeur, a été tué dans une manifestation. Mais c'est peine perdue. Il mange alors sans payer et appelle un flic à la rescousse. Dans le fourgon de police, il retrouve l'orpheline et ils s'échappent ensemble en sautant en marche du véhicule. Il trouve une place de veilleur de nuit dans un grand magasin. Trois cambrioleurs surviennent parmi lesquels Charlot reconnaît un ancien compagnon d'usine. Au matin, il est arrêté comme complice et fait son deuxième séjour en prison. Libéré après dix jours, il devient l'assistant d'un vieux mécanicien qui répare les machines de l'usine où il travaillait autrefois. Le voilà de nouveau plongé dans cette ambiance infernale. Mais pas pour longtemps, car une grève est déclenchée. Charlot est arrêté pour avoir bousculé un flic. Troisième séjour en prison. L'orpheline gagne sa vie comme danseuse des rues. Puis elle travaille dans un café et y fait engager Charlot. S'il réussit assez mal comme serveur, il remporte un triomphe en tant que chanteur. Il a noté les paroles de sa chanson sur ses manchettes qu'il perd en arrivant sur la piste. Il se met alors à chanter en prononçant des paroles inintelligibles : son numéro réjouit les dîneurs. Deux policiers veulent arrêter la jeune fille pour vagabondage. Charlot et elle prennent la fuite. Sur la route, il lui recommande de faire face et ils partent, plein d'énergie, vers de nouvelles aventures.

☞ Au fil des années, les durées des films de Chaplin s'allongent ainsi que celles des tournages et de l'intervalle qui sépare deux œuvres. (Le tournage des *Temps modernes* dura dix mois et cent mille mètres de pellicule environ furent impressionnés.) Parallèlement, l'ambition et l'universalité de l'auteur augmentent, mais pas toujours son succès (celui des *Temps modernes* sera très mitigé à l'époque). Inspiré très partiellement par *A nous la liberté** de René Clair, Chaplin livre ici une grande fresque sur (et contre) le machinisme, attaqué au nom de la dignité de l'individu. Le film est aussi une satire dirigée contre la mécanisation de toute la vie sociale qui amène à ne juger les hommes qu'en fonction du rendement et des apparences. Que de malentendus et de quiproquos dans cette intrigue ! ils ont lieu aussi bien à la prison, à l'usine (autre bagne) que dans la rue et fournissent à l'auteur une source inépuisable de gags et de situations comiques. Individualiste forcené, Chaplin l'est autant comme personnage que comme créateur. Cinq ans après la sortie des *Lumières de la ville** (février 1931 à New York), il persiste à offrir au public un film sonore mais non parlant où les « dialogues » consistent principalement en borborygmes, aboiements, cris divers et enfin en une chanson aux paroles informes interprétée par Chaplin lui-même dont on entend la voix pour la première fois. Le son demeure pour lui objet de dérision et matière à nombreux gags : ex. le chien qui aboie quand il entend les bruits d'estomac de la femme du pasteur en visite à la prison. Le rire chez Chaplin vient à la fois du plus profond du sujet (la société vue comme lieu privilégié du triomphe des masques et des faux-semblants) et d'une rare virtuosité à employer ou à refuser telle ou telle technique (ici la sonorisation utilisée *contre* le dialogue). Techniquement, le style de Chaplin, sous une apparente simplicité, devient de plus en plus mûr et sophistiqué : voir par exemple l'avant-dernière séquence du restaurant et son mélange de plans fixes (à l'intérieur de la cuisine) et de plans en mouvement dès que Chaplin pénètre sur la piste et dans la salle où dînent les clients. Paulette Goddard interprète l'une des héroïnes les moins intéressantes de l'œuvre de Chaplin. Son personnage, dénué de relief et d'émotion, sert surtout à assurer à la fin la victoire de l'amour allié à l'individualisme contre l'anonymat servile et la cruauté de la société. *Les temps modernes* apparaît comme le film le plus dynamique et le plus serein de l'auteur. L'individu y est certes, par essence, la victime de la société mais c'est une victime qui peut à l'occasion se moquer de ce qui l'opprime en passant à travers les mailles du filet et les rouages de la machine.

N.B. La troisième émission de la série « Chaplin inconnu » de K. Brownlow et David Gill contient une scène coupée des *Temps modernes* : démêlés de Charlot avec un policier au milieu d'une circulation très dense.

## TEMPS SANS PITIÉ (Time Without Pity)

1956 – Angleterre (88') • *Prod.* Harlequin (Leon Clore, John Arnold, Anthony Simmons) • *Réal.* JOSEPH LOSEY • *Sc.* Ben Barzman d'ap. P. « Someone Is Waiting » d'Emlyn Williams • *Phot.* Frederick Francis • *Mus.* Tristram Cary • *Int.* Michael Redgrave (David Graham), Ann Todd (Honor Stanford), Leo McKern (Robert Stanford), Peter Cushing (Jeremy Clayton), Alec McGowen (Alec Graham), Renee Houston (Mme Harker), Paul Daneman (Brian Stanford), Joan Plowright (Agnes Cole).

⊖ Prégénérique : un homme (dont on voit assez nettement le visage) assassine une jeune fille dans un appartement moderne aux murs ornés de tableaux, dont un « Taureau » de Goya. David Graham, un romancier, arrive à Londres où son fils Alec doit être exécuté dans les vingt-quatre heures pour le meurtre de Jennie Cole, une jeune fille assassinée dans l'appartement des parents adoptifs (Robert et Honor Stanford) de son meilleur ami, Brian. David n'a pu assister au procès de son fils car il était en cure de désintoxication alcoolique au Québec. Il se rend dans la prison auprès d'Alec qui lui reproche de l'avoir abandonné et se refuse à parler avec lui de son rôle dans l'affaire. Persuadé de l'innocence de son fils, David n'a que quelques heures pour en apporter une preuve tangible. En obtenant et en confrontant les témoignages de la sœur de la victime, *girl* dans un music-hall, de Brian, de Robert Stanford (l'homme du prégénérique), un ancien mécanicien du Nord de l'Angleterre devenu constructeur de voitures de sport, de sa femme Honor, amoureuse d'Alec mais qui n'a pas eu de liaison avec lui, enfin de Vicky Harker, secrétaire et maîtresse de Stanford récemment promue, en retrouvant trace d'un mot de suicide écrit par Stanford, David acquiert la certitude de la culpabilité de ce dernier. Mais il ne possède aucun élément concret susceptible d'amener les autorités à retarder l'exécution. Alors que l'aube pointe, il rejoint Stanford sur le circuit où celui-ci essaie son dernier modèle puis le suit dans son bureau. Stanford ne nie même pas son crime, persuadé qu'aucune preuve ne pourra être produite contre lui. En désespoir de cause, David téléphone que Stanford l'a menacé de mort. Puis il le piège en le provoquant et en l'obligeant à l'assassiner. Il presse lui-même sur la gâchette du revolver pointé vers lui que tient Stanford. Et ainsi, par le sacrifice de sa vie, par ce suicide maquillé en meurtre, il fournit à tous une preuve de la culpabilité de Stanford qui innocentera son fils.

☞ Troisième film de Losey durant son exil anglais et le premier qu'il ait pu tourner avec une certaine liberté et en le signant de son nom. C'est aussi ce film, découvert par les Mac-Mahoniens, qui a fait connaître plus largement Losey en France, et cette première reconnaissance fut le prélude à sa renommée internationale. A tous points de vue, c'est un film-pivot qui, sans l'évolution extrêmement négative de la carrière de Losey, eut été un film de maturité, alors qu'il apparut bientôt comme situé au crépuscule de la créativité du cinéaste dont les derniers feux jailliraient dans le superbe et méconnu *Gipsy**. *Temps sans pitié* fut aussi l'occasion pour Losey de sa première collaboration avec Richard MacDonald qui dessina minutieusement les décors et les plans à tourner et fournit au metteur en scène nombre d'idées fécondes (l'idée du « Taureau » de Goya dans le prégénérique vient de lui). Le film est homogène par son génie plus que par ses ingrédients : tout son style est en effet dominé par une utilisation paradoxalement sobre et maîtrisée du baroque et repose, pourrait-on dire, sur un emploi classique du baroque. L'espace du plan est fréquemment divisé en surfaces antinomiques, en niveaux différents, créant un malaise et une tension. La réflexion à l'intérieur du plan (par le recours varié aux miroirs) d'une partie de ce plan ou d'un espace extérieur au plan enrichit encore la densité de la mise en scène et les effets de vertige qu'elle produit. Sur le plan du rythme, de la photo et du jeu, Losey réussit à maintenir une tension tragique permanente. Elle n'a rien à voir avec l'habituel suspense des énigmes policières (puisqu'on connaît, avant même le commencement de l'intrigue, l'identité du coupable) et provient beaucoup moins du caractère inexorable de l'écoulement du temps à l'intérieur des vingt-quatre heures dont dispose le héros que de ce baroquisme magistralement mis en place par Losey. La tragédie se nourrit ici de l'apparition et de l'explosion de la part secrète des personnages à la surface des apparences et de l'image. L'antagonisme mêlé de fascination réciproque qui naît entre Michael Redgrave (en proie comme son personnage à l'alcoolisme dans les intervalles du tournage) et Leo McKern est d'une force étonnante. On est particulièrement surpris par la composition de Leo McKern, acteur assez moyen en général que Losey a poussé au-delà de lui-même. Les complexes individuels et sociaux du personnage remontent à la surface dans des accès de colère, d'*ubris* véritablement tragique, qui sont le noyau du film. Losey est, par excellence, le peintre de la violence qui jaillit du plus profond d'un être et l'envahit, justifiant *a priori* la nécessité de ces remparts humanistes que doivent rebâtir continuellement, pour s'en protéger, l'individu et la société. Dans les dernières scènes du film (sur la piste de course et dans le bureau de Leo McKern) se déploie tout le talent de Losey, peintre de l'aube et du crépuscule, de la sérénité et de la violence, le moins intellectuel des grands cinéastes américains, qui allait bientôt se perdre dans des entreprises complètement étrangères à sa vraie nature.

## TERRASSE (LA)
### (La terrazza)

1980 – France-Italie (160') • *Prod.* Dean Film, Rome (Pio Angeletti, Adriano De Micheli) – Les Films Marceau-Cocinor, Paris • *Réal.* ETTORE SCOLA • *Sc.* Age, Scarpelli, Scola • *Phot.* Pasqualino De Santis (Eastmancolor) • *Mus.* Armando Trovaioli • *Déc.* Luciano Riccari • *Int.* Ugo Tognazzi (Amedeo), Vittorio Gassman (Mario Dorazio), Jean-Louis Trintignant (Enrico Dorsi), Marcello Mastroianni (Luigi), Serge Reggiani (Sergio Stiller), Stefano Satta Flores (Tizzo), Stefania Sandrelli (Giovanna), Carla Gravina (Carla), Ombretta Colli (Enza, compagne d'Amedeo), Galeazzo Benti (Galeazzo), Milena Vukotic (Emanuela), Age (Emilio, psychiatre), Marie Trintignant (Isabella), Simonetta Del Frate (Ada, femme de Tizzo), Marie-Claire Solleville (Marcella, femme de Mario), Gheorghiera Danon Zora (Nicoletta, sœur de Carla).

Lors d'une soirée mondaine, tout le gratin de la société intellectuelle romaine se retrouve : scénaristes, journalistes, députés, etc. La plupart des invités ont réussi ou en donnent l'impression. Pourtant, beaucoup sont en état de crise. Enrico Dorsi, scénariste, essaie d'éviter un producteur à qui il doit un scénario. Au cours de la soirée, il se bagarre avec le critique Tizzo qui prétend que ses satires constituent une compromission avec le pouvoir. « Mais regarde-toi, s'écrit Enrico en furie, comment faire un portrait dramatique d'une marionnette, d'un fantoche, d'un polichinelle comme toi ? » Il ajoutera plus tard : « Oui, je veux faire de la caricature et de la satire et pas des petits drames à problèmes. » Puis il quitte la soirée en claquant la porte. Toute la nuit, il essaie de travailler. Mais la page blanche le nargue. Impuissance, lassitude, dépression : il est submergé par ses états d'âme. Pourtant il raconte au téléphone à son producteur Amedeo un sketch comique qu'il invente au moment même et dont la vulgarité réjouit son auditeur. Dans son for intérieur, il se sent prisonnier de son passé d'auteur : il n'a plus le droit d'écrire autre chose que des comédies. Il met volontairement le doigt dans le taille-crayon électrique que lui a offert Amadeo, et on doit le conduire à la clinique. Mais sa tête est plus malade que son doigt. Luigi, un journaliste politique qui a écrit cent fois le même article, cherche à reprendre sa femme, qui fait carrière à la télévision. Il proclame partout qu'il est son Pygmalion, alors qu'en fait il a constamment contrecarré ses projets. Il l'invite à dîner dans un restaurant de luxe. Elle serait prête à reprendre la vie commune avec lui, mais c'est lui qui découvre, comme une évidence, que leur temps est passé. Sergio Stiller, conseiller culturel à la RAI, ne croit plus depuis longtemps à sa mission. D'ailleurs, il n'a plus aucun pouvoir. Il ne peut empêcher le président de la chaîne d'acheter un énième feuilleton américain ou de laisser produire une misérable adaptation avant-gardiste du « Capitaine Fracasse ». Il poursuit sur lui-même une lente et systématique entreprise de dénutrition qui l'amènera à mourir dans la fausse neige du décor de « Fracasse ». Amedeo, cherchant à reconquérir sa femme, produit pour lui faire plaisir un film moderniste qui n'est pas du tout dans ses cordes. Le film dirigé par un metteur en scène débutant, prétentieux et arrogant, s'intitule *L'apostat* et se termine par une mutilation sexuelle. A l'issue de la première projection, on félicite Amedeo. Mais un ami psychiatre lui affirme que, quel que soit le sort du film : succès ou échec, il est, quant à lui, un producteur fini. Le député communiste Mario Dorazio a une liaison momentanée avec la jeune épouse d'un publicitaire. Cet épisode sentimental pourrait l'amener à remettre son existence en question, tant sur le plan politique que privé, mais cette remise en cause restera purement verbale et théorique. Quelques mois plus tard, lors d'une autre soirée très semblable à la première, tout ce beau monde s'invective et s'injurie. Dorazio est le plus virulent de tous : « Les privilégiés déprimés sont encore pires que les privilégiés satisfaits ! » s'exclame-t-il. Il reproche à ses amis de lui faire honte en lui présentant, comme en un miroir, sa propre image, qui lui est odieuse. L'acteur comique Galleazo Benti, qui avait autrefois quitté l'Italie pour aller faire carrière en Amérique du Sud, s'apprête à y retourner après un bref et décevant séjour à Rome où il voulait retravailler. Il insulte ses compatriotes qui l'ont profondément blessé par leurs moqueries ou leur indifférence. Ceux qui restent, s'étant copieusement engueulés, se mettent à chanter ensemble des airs de leur jeunesse, après qu'un violent orage les a délogés de la terrasse...

☞ Ce cent neuvième titre de la carrière des deux scénaristes Age et Scarpelli qui en compte aujourd'hui environ cent vingt (cf. Marie-Christine Questerbert : « Les scénaristes italiens », Hatier, 1988) n'est pas tout à fait un film comme les autres. La part d'autobiographie collective y est si importante, et si étonnante la liberté qui s'y manifeste par rapport aux impératifs du cinéma traditionnel qu'on a presque l'impression d'être en présence d'un film rêvé, que les auteurs auraient imaginé pour le seul plaisir de livrer un bilan de leur vie, d'évoquer un type de cinéma qui leur est cher, replacé dans l'environnement même où celui-ci s'était développé. Sans qu'il soit question de rien retirer à Scola, initiateur, coscénariste et réalisateur du film, il faut dire que *La terrasse* apparaît essentiellement comme l'œuvre-somme de ses deux prolifiques scénaristes, Age et Scarpelli, ne serait-ce que pour une raison de génération et de regard. Des cinq protagonistes principaux de l'intrigue, quatre sont à peu près des sexagénaires, ce qui est également l'âge de nos deux scénaristes à l'époque où le film s'est tourné. Seuls dans l'équipe, Trintignant (par ailleurs le moins bien distribué des héros du film) et Scola lui-même sont des « jeunots », nés au début des années 30. Cet écart peut paraître minime, et pourtant il ne l'est pas, car c'est dans l'âge de ses protagonistes que le film trouve l'une des composantes essentielles de sa cohérence et de sa signification. Sa liberté et son inventivité commencent, elles, avec sa construction. De la figure-mère et du « tronc » que représentent les séquences de la party se détachent cinq branches, cinq anecdotes, cinq portraits qui contiennent chacun une histoire individuelle et une variation sur une situation sociale, morale et psychologique commune, dominée par le doute, la lassitude, le dégoût de soi, et aussi par une volonté d'autocritique poussée jusqu'à une certaine complaisance. Au-delà des différences personnelles, au fond peu importantes, qui séparent les invités principaux de la party, les auteurs ont voulu faire sentir la solidarité immanente et passive des membres de cette société, leur commune responsabilité dans le fiasco qu'ils constatent en eux et autour d'eux. Pour une bonne part de son propos, *La terrasse* est une sorte de post-scriptum à l'histoire de la comédie italienne, genre qui fut à l'Italie des années 60 et 70 ce que le néo-réalisme avait été à l'Italie des années 40 et 50. A cette différence près, qui n'est pas négligeable, que les œuvres du néo-réalisme avaient été conçues dans une atmosphère d'approbation de la part de l'intelligentsia alors que la comédie italienne a toujours été plus ou moins méprisée par elle. Ce qu'ajoute *La terrasse* aux films de la comédie italienne, outre son aspect de synthèse et de bilan, c'est un lyrisme pathétique que la sécheresse volontaire du style des comédies italiennes avait toujours repoussé, même dans le cas où les intrigues de ces films faisaient place au tragique (cf. la fin de *Il sorpasso* *). L'union de la satire la plus aiguë et du pathétique constitue d'ailleurs le ton spécifique de *La terrasse.* Ce pathétique provient de la part autobiographique contenue dans le film, d'une certaine difficulté d'être qui s'accroît chez les principaux personnages avec la vieillesse, et enfin de ce qu'il faut bien appeler leur impuissante lucidité. Le plus pathétique de ces personnages est sans doute celui qu'interprète Galleazo Benti (jouant son propre rôle). La construction particulière de l'intrigue ne le fait vivre que sur la terrasse (introduction et conclusion) et à l'intérieur des sketches du scénariste et du producteur. Il paraît si démuni qu'il n'a d'existence que sous le regard et dans les histoires des autres. Du côté de la satire, notons, comme preuve supplémentaire de l'habileté et de la fidélité à eux-mêmes des deux scénaristes-auteurs, le fait que les cinq histoires principales intègrent plusieurs séquences dont la causticité et la brièveté efficace n'ont rien à envier aux meilleurs sketches de la comédie italienne proprement dite. Ainsi, à l'intérieur de la deuxième histoire (Mastroianni), figure la réaction ultra-conventionnelle de ce critique de cinéma aux idées avancées, scandalisé et honteux que sa belle-mère, une quinquagénaire, attende un enfant. « Pas un mot au professeur Pomarangio ! » implore-t-il, ignorant que Pomarangio est en fait le père de l'enfant. L'histoire de Mastroianni contient aussi ce repas aux chandelles dont l'atmosphère sentimentale et romantique est mise à mal par les grincements du chariot poussé par un maître d'hôtel sénile et tremblotant. La troisième histoire contient la séquence fulgurante où le grand bureau à parois mobiles de Reggiani se trouve réduit en quelques secondes à des proportions minuscules, reflet de la perte d'influence et de pouvoir que subit le personnage dans sa vie professionnelle. Une part importante du film est consacrée aux femmes. Cependant, aucune d'entre elles n'a droit à une histoire individuelle. Elles se trouvent ainsi dépeintes à travers l'œil de ces sexagénaires qui, pour la plupart, vivent avec des femmes beaucoup plus jeunes qu'eux et qu'ils ne réussissent jamais ni à rattraper ni à comprendre. Pour tenter de le faire, ils s'embarquent parfois dans des entreprises étranges qui soulignent leur manque de prise sur la réalité présente. Quoique sans indulgence pour les défauts et les nouveaux ridicules de ces femmes (cf. les plans où Reggiani ironise sur les courbettes et la servilité de Carla Gravina vis-à-vis du président de la chaîne : « Un vrai petit homme ! »), la misogynie des auteurs, qui s'aggrave ici d'un conflit de générations, n'est pas plus poussée que leur misanthropie. Quant aux personnages encore plus jeunes (cf. celui de Marie Trintignant), il ne s'agit plus de conflit, mais d'un véritable gouffre, comme si la nouvelle génération appartenait à une autre planète. Sur un plan strictement cinématographique, ce bilan très noir semble attester aussi la fin d'un cinéma à la fois populaire et critique auquel les auteurs gardent toute leur tendresse. Testament de la comédie italienne, *La terrasse* prend, dix ans après, une valeur plus générale encore, et son interrogation paraît s'être étendue au cinéma tout entier. « Où va le cinéma ? », cette question permanente que le septième art se pose à lui-même trouve dans ce film-fleuve qu'est *La terrasse* un écho particulièrement vivace et inquiétant.

BIBLIO : découpage (477 plans) *in* « L'Avant-Scène » n° 262 (1981), précédé d'un entretien avec Age et Scarpelli.

## TERRE (LA)
## (Zemlia)

1930 – URSS (muet, 84') • *Prod.* Ukrainfilm, Kiev • *Réal.* ALEXANDRE DOVJENKO • *Sc.* A. Dovjenko • *Phot.* Danilo Demutsky • *Int.* Stephan Skurat (Opanas Trubenko), Semen Svasenko (son fils Vassili), Julia Solnceva (la fille d'Opanas), Elena Maximova (Natalka, la fiancée de Vassili), Nikolaï Nademsky (le vieux Semion), I. Franko (Belokov, un koulak), Pietr Masoka (Khoma, son fils), V. Mikhailov (le pope).

Un vieux paysan ukrainien se sent mourir auprès de sa famille en plein champ. Il a soudain l'envie de manger quelque chose, croque une pomme et meurt. Le jeune kolkhozien Vassili annonce à son père, inquiet des changements récents, qu'un tracteur va être livré au village. Les paysans attendent la merveille. Le tracteur cale, mais la panne est de courte durée et le véhicule reprend sa marche triomphale. Tout cela ne fait pas l'affaire du koulak et de son fils Khoma dont les terres vont être distribuées et travaillées par les machines. La nuit venue, les couples songeurs entrent avec gravité dans une ère nouvelle. Baigné d'ombre, Vassili danse sa joie mais est abattu par Khoma. Le lendemain, le père de Vassili déclare : « Mon fils est mort pour une ère nouvelle. Je veux qu'on l'enterre sans pope ni diacre. » Un immense cortège suit le cercueil de Vassili. Dans le cercueil ouvert, le visage du jeune homme est caressé par les branches des pommiers. Une vieille femme s'interroge : « Sans pope : ça va s'il n'y a pas de Dieu, mais s'il y en a un ? » Le pope, quant à lui, fulmine contre les impies. La fiancée de Vassili, dénudée dans sa chambre, crie sa rage et sa douleur. La mère de Vassili, enceinte, s'allonge pour accoucher. Khoma court comme un fou vers le cortège et hurle : « Je ne donnerai pas ma terre ! » Il s'accuse de son crime et en relate les détails. Mais personne ne prête attention à lui ; tous écoutent le discours de l'un des kolkhoziens qui exprime la gloire et l'utilité universelle du destin de Vassili qu'il compare à cet avion bolchévique traversant le ciel. Une pluie réparatrice arrose les champs et les fruits de la terre.

☞ La plupart des films de Dovjenko sont des œuvres de combat, témoignant d'une rare violence visuelle et idéologique. Leur spécificité tient dans le fait que leur poésie, souvent intense, est tout entière mise au service de la propagande. *La Terre* ne fait pas exception à la règle. Refusant la contemplation et l'intemporalité, Dovjenko s'attache au contraire à décrire un moment très particulier de l'histoire politique de son pays : le début de la collectivisation des terres et de la mécanisation du travail. Moment privilégié où s'opposent tragiquement deux univers et deux classes de paysans. Les uns (les koulaks) incarnent à ses yeux le passé, l'obscurantisme, l'oppression et la violence, les autres (les kolkhoziens) le progrès, l'harmonie, l'avenir et les joies d'un travail moins rude. Hormis dans la première séquence, de portée simple et universelle (mort sereine du grand-père après une vie longue et remplie), Dovjenko utilise avec maestria les ressources de la métaphore poétique, des faisceaux d'images convergentes et significatives comme autant de munitions destinées à remporter le combat idéologique. Avocat et polémiste avisé, il cherche dans l'image, dans le chant, dans le lyrisme, la force de conviction que d'autres réclament à la seule dramaturgie. Non qu'il méprise ou sous-estime la dramaturgie, mais il la soumet toujours à un élan poétique qui doit emporter l'adhésion du spectateur. Ainsi les dernières séquences, où s'entremêlent les chants des kolkhoziens suivant le convoi funèbre, la douleur éruptive de la veuve, les imprécations du pope, les aveux et le délire haineux du coupable, la naissance du frère de Vassili, obligent-elles par leur virtuosité visuelle et dialectique à condamner le koulak comme opposé à la fois au progrès, à la collectivisation, à la mécanisation, ainsi qu'à toutes les forces de vie et à la simple justice. Il appartient aux historiens (non ceux du cinéma, mais ceux de l'histoire russe) de dire si cette condamnation, notamment en Ukraine, est légitime. A noter qu'à l'époque la « Pravda » reprocha à Dovjenko d'avoir insuffisamment caractérisé le koulak, condamné avant même d'être décrit. L'allégorie poétique possède souvent chez Dovjenko le schématisme dangereux des procès d'intention.

BIBLIO. : la collection « Classic Films Scripts », vol. n° 41, a publié (Londres, 1973) un texte rédigé par Dovjenko entre 1949 et 1952. C'est un équivalent littéraire et tardif du film, plus nuancé, moins abrupt et comportant de notables différences avec l'œuvre originale. Ce texte avait été publié auparavant en 1958 par la Cinémathèque royale de Belgique en français et en 1965 à Moscou en russe, anglais et français.

## TERRE DES PHARAONS (LA) (Land of the Pharaohs)

1955 – USA (103') • *Prod.* Warner Bros – Continental Company (Howard Hawks) • *Réal.* HOWARD HAWKS • *Sc.* Harry Kurnitz, William Faulkner, Harold Jack

Bloom • *Phot.* Lee Garmes, Russell Harlan (Cinémascope, Warnercolor) • *Déc.* Alexandre Trauner • *Mus.* Dimitri Tiomkin • *Int.* Jack Hawkins (Khéops), Joan Collins (Nellifer), James Robertson Justice (Vashtar), Dewey Martin (Senta), Alexis Minotis (Hamar), Luisa Boni (Kyra), Sydney Chaplin (Treneh), Kerima (la reine Nailla), James Hayter (l'esclave Mikka), Pietro Giagnoni (Zani, fils du pharaon).

Ayant remporté de nombreuses victoires sur ses ennemis, le pharaon Khéops veut faire construire à Louxor une gigantesque pyramide destinée à contenir son corps après sa mort, ainsi que ses trésors dont il aura, selon les croyances égyptiennes, l'usage dans l'autre monde. Ses propres architectes ne l'ayant pas satisfait, Khéops commande un projet à Vashtar, le chef d'une tribu qu'il a fait prisonnière. Le projet de Vashtar, reposant sur un mécanisme permettant d'encastrer les unes dans les autres les immenses pierres de taille grâce à un écoulement de sable, ravit Khéops. En le réalisant, Vashtar gagnera la liberté de son peuple mais devra lui-même mourir enfermé dans le tombeau car nul ne doit connaître son emplacement. La construction dure quinze années et l'enthousiasme du peuple fait place à la lassitude et même au désespoir. Pour achever les travaux, le pharaon doit soumettre les peuples voisins à l'impôt. La princesse de Chypre, Nellifer, vient se proposer à Khéops en remplacement du tribut imposé à son peuple. Khéops ordonne d'abord qu'elle soit fouettée puis en fait sa maîtresse et son épouse numéro deux. Nellifer est autant que Khéops fascinée par l'or et la puissance. Utilisant la complicité du capitaine des gardes, Treneh, qui la désire, elle éloigne son mari et met en péril la vie du jeune fils du pharaon auprès duquel elle fait déposer un serpent. Sa mère et première épouse de Khéops, Nailla, meurt en se jetant sur le serpent pour protéger son fils. Nellifer envoie ensuite son esclave assassiner Khéops. Il ne réussit pas dans sa mission et sera tué par le pharaon qu'il a blessé. Puis Khéops se bat en duel avec Treneh et l'abat. Mortellement blessé, il découvre trop tard la félonie de Nellifer. Ses obsèques ont lieu trente jours après sa mort. Avide de régner, Nellifer descend au cours de la cérémonie avec le grand prêtre Hamar et les autres prêtres muets dans la chambre centrale du labyrinthe secret de la pyramide, là où le tombeau va être scellé. Hamar et les prêtres ont fait vœu de mourir avec le pharaon. Hamar fait mettre en marche le mécanisme. Une à une, les grosses pierres s'encastrent les unes dans les autres. Nellifer, dont les crimes sont connus d'Hamar, restera à tout jamais prisonnière dans le tombeau. A la surface de la terre, Vashtar, qui a obtenu d'Hamar sa liberté ainsi que celle de son fils, s'en va avec son peuple...

☞ Unique superproduction de ce type réalisée par Hawks, dont c'est aussi le seul film en Cinémascope. Contrairement à l'habitude dans ce genre de film, le scénario ne contient ni message spirituel ni aspect fantastique. Le réalisme seul a intéressé Hawks. Réalisme dans le caractère des personnages dont les passions – l'avidité et l'orgueil – sont à la mesure des situations qu'ils occupent, c'est-à-dire gigantesques, et les mèneront à leur chute. Réalisme aussi en ce qui concerne les modes de vie égyptiens et surtout les méthodes de construction des pyramides. Ici, le réalisme ne pouvait être que spéculatif et une partie de la substance technique fut empruntée au livre « Le Problème des pyramides » de l'archéologue français Jean-Philippe Lauer que Hawks et ses collaborateurs rencontrèrent pour préparer le tournage. Dans les deux domaines où ce réalisme s'applique, le classicisme du style de Hawks obtient des résultats impressionnants. Sur le plan du spectaculaire et des déploiements de foule, qui en général le retient peu, Hawks livre un travail admirable et manie ses seize mille figurants comme s'ils n'étaient qu'une poignée. Néanmoins le public ne fut pas convaincu par le film. Hawks attribua son échec au fait qu'il s'était laissé aller à dépeindre des personnages trop noirs. Effectivement, cela n'est guère courant chez lui. *La terre des pharaons* est cependant un film parfaitement hawksien : c'est l'œuvre à la fois d'un moraliste pour qui, à toutes

☞ Cette œuvre de la fin de carrière de Laurel et Hardy (elle devait même constituer leur ultime collaboration, mais fut suivie d'une douzaine d'autres films) connut un grand succès en France dans les années 40. Comme *Les as d'Oxford, Laurel et Hardy en croisière* ou *Les cuistots de Sa Majesté, Têtes de pioche* fut constamment et longtemps programmé dans les salles de quartier après guerre. Ces titres enchantèrent la génération née justement avec la guerre et furent pour beaucoup d'enfants de ces années-là les premiers films vus — revus ensuite avec délices maintes et maintes fois. Après cela, le jugement esthétique est un peu difficile à formuler. Composé de bric et de broc à l'aide d'idées pillées dans leurs courts métrages, *Têtes de pioche* apporte peu sans doute à l'œuvre des deux grands comiques. Il aide simplement à se perpétuer, comme dans l'éternité, la jeunesse inaltérable de leur relation amicale et querelleuse, à alimenter un peu plus longtemps le génie, sans équivalent au cinéma, de leur complémentarité. Personne n'a su comme eux mettre en valeur avec une jubilation calme qui écarte toute possibilité d'ennui une dizaine de gags éculés, étirés sur une heure de projection : succession de séquences sans surprises mais s'emboîtant les unes dans les autres avec une perfection qui semble vieille comme le monde. On remarque une fois de plus, mais bien nettement, que les deux compères ne vivent vraiment, ne connaissent la saveur de la vie que lorsqu'ils sont réunis. De 1917 à 1938 Stan, seul dans sa tranchée, n'est qu'une sorte de Rip Van Winkle qui garderait les yeux ouverts, cependant qu'Oliver, subissant le calvaire de l'homme marié, attend sans le savoir le retour de son ami pour se libérer de ses liens infernaux. Créature aux dons surnaturels dans son innocence faussement banale, Stan est capable de tout : il ferme un store rien qu'en touchant l'ombre de ce store projeté sur le mur ; il sort de sa poche un verre d'eau et des glaçons ; il allume son pouce et le fume comme une pipe. Mais à quoi serviraient, sans la stupéfaction et le scepticisme d'Oliver pour les mettre en valeur, ces « misérables miracles » qui ont si longtemps diverti l'enfant qui sommeille en chacun de nous ?

## THAT CERTAIN THING

Inédit en France. 1928 – USA (69') • *Prod.* COL. • *Réal.* FRANK CAPRA • *Sc.* Elmer Harris • *Phot.* Joseph Walker • *Int.* Viola Dana (Molly Kelly), Ralph Graves (Andy B. Charles, Jr.), Burr McIntosh (A.B. Charles, Sr.), Aggie Herring (Mme Maggie Kelly), Carl Gerard (Brooks), Syd Crossley (valet).

Ayant sa mère et ses deux jeunes frères à charge, une vendeuse de tabac dans un hôtel rêve d'épouser un milliardaire. Le hasard lui en fait rencontrer un, le fils du propriétaire de la chaîne de restaurants ABC. Coup de foudre réciproque suivi d'un mariage express. Mais le père du jeune homme ne l'entend pas de cette oreille. Il coupe les vivres à son rejeton qui, obligé de travailler, a soudain une idée géniale : vendre aux ouvriers qui font de maigres et tristes repas dans les restaurants ABC des colis-repas beaucoup plus substenciels, ancêtres du *fast food*. Le succès de l'entreprise est tel qu'il menace la chaîne ABC. Aussi le père se propose-t-il de la racheter. Sa belle-fille et son fils sauront lui faire payer le prix fort.

☞ Ce film éblouissant, le premier de Capra pour la Columbia qu'il ne quittera plus jusqu'en 1939, comporte dans sa majeure partie un gag par plan et un autre par intertitre. C'est la plus méconnue des œuvres muettes de Capra. Sa rapidité, son invention, la perfection sobre et efficace des acteurs la mettent au rang des chefs-d'œuvre de l'auteur. En une courte séquence – l'héroïne rentrant chez sa mère sous les huées des voisins après avoir vécu pendant quelques heures la vie des milliardaires –, Capra résume même ce qui sera le contenu d'un de ses films les plus fameux, *Lady for a Day.* Capra, tout au long de ce film, propose une satire souriante de l'arrivisme féminin. Mais surtout il attaque un capitalisme de l'avarice et de la raréfaction (les tranches de jambon fines comme du papier à cigarettes, symbole de la réussite des restaurants ABC) auquel il voudrait voir se substituer un capitalisme de l'abondance et de la générosité (les tranches épaisses des colis-repas proposés dans l'entreprise du jeune couple). Sans doute, dans son message, le film est-il moins optimiste et plus inquiétant que ne l'aurait souhaité Capra (le deuxième capitalisme est sans doute appelé à devenir aussi féroce que le premier). En tout cas, le talent multiple de l'auteur, comme gagman, comme observateur social, comme créateur de fables allégoriques et prophétiques, apparaît déjà ici dans une surprenante maturité.

## THÉ ET SYMPATHIE (Tea and Sympathy)

1956 – USA (122') • *Prod.* MGM (Pandro S. Berman) • *Réal.* VINCENTE MINNELLI • *Sc.* Robert Anderson d'ap. sa P. • *Phot.* John Alton (Metrocolor-Cinémascope) • *Mus.* Adolph Deutsch • *Int.* Deborah Kerr (Laura Reynolds), John Kerr (Tom Lee), Leif Erickson (Bill Reynolds), Edward Andrews (Herb Lee), Darryl Hickman (Al), Norma Crane (Ellie Martin), Dean Jones (Ollie), Jacqueline de Witt (Lily Sears), Tom Laughlin (Ralph).

Un collège de garçons aux États-Unis. Parce qu'il préfère la compagnie et la conversation des femmes aux jeux sportifs de ses condisciples, parce qu'on l'a vu coudre sur la plage auprès de trois épouses de professeurs, parce qu'il aime la musique classique et la lecture, Tom est la risée de ses camarades qui exercent sur lui diverses brimades. Laura Reynolds, l'épouse délaissée et incomprise du professeur de gymnastique, est la seule personne dans le collège à sympathiser avec lui et avec ses goûts. Après avoir vainement essayé de lui enseigner une façon de marcher plus virile, le compagnon de chambre de Tom, qui l'avait souvent défendu devant les autres élèves, lui annonce, suite à un ordre de son père, son intention de déménager. Bien qu'il avoue n'avoir lui-même aucune expérience féminine à son actif, il lui conseille d'aller voir Ellie Martin, la serveuse du snack-bar, prostituée à ses heures perdues. Nul doute que par ses bavardages – elle est cancanière comme pas une – la réputation de Tom ne ressorte grandie de l'aventure auprès de ses camarades. Tom prend rendez-vous avec elle. Mais leur rencontre tourne mal et Tom tente de se suicider. Le lendemain, Laura se donne à lui. Dix ans plus tard, Tom, qui s'est marié et est devenu écrivain, revient au collège à l'occasion d'une réunion d'anciens élèves. Le mari de Laura qu'elle a quitté lui remet une lettre que celle-ci avait écrite à l'intention de Tom sans l'envoyer. Dans cette lettre, Laura révèle à Tom qu'elle a brisé la vie de son mari. Elle l'encourage à écrire d'autres livres et lui souhaite une vie heureuse.

☞ Film peu connu en France mais qui compte parmi les grandes réussites de Minnelli comme peintre de mœurs. Minnelli a subtilement déplacé le centre d'intérêt de la pièce de Robert Anderson. Qu'il l'ait fait sous l'influence d'une certaine censure de l'époque n'a au fond que peu d'importance puisque le résultat s'en est trouvé enrichi. Plus que le portrait d'un jeune homosexuel, Minnelli dessine celui d'un personnage encore très adolescent, aux pulsions mal définies, persécuté par le conformisme de son environnement et par une représentation conventionnelle de la virilité à laquelle tout le monde autour de lui souscrit ou feint de souscrire. Le style de l'œuvre s'équilibre entre une grande délicatesse de touche, notamment dans l'utilisation de la couleur et des extérieurs, dans le jeu de Deborah Kerr et de John Kerr, dans la mise en place des scènes dramatiques et, d'autre part, une ironie acérée, voire même féroce dans sa retenue, vis-à-vis de l'univers des collèges américains. A cet égard, le film est un peu l'équivalent masculin de *Take Care of My Little Girl** de Negulesco (1951). Cet équilibre aboutit à une œuvre parfaitement sereine, en rupture avec les tendances de l'époque. Loin des éclats baroques d'un Ray ou d'un Kazan (Kazan avait mis en scène la pièce au théâtre), cinéastes qui n'auraient pas manqué de décrire le héros comme un personnage névrotique, Minnelli le voit comme un garçon équilibré, plutôt paisible, ayant ses goûts à lui et une sensibilité beaucoup plus développée que celle de ses camarades. C'est là en quelque sorte, dans le milieu conformiste où il vit, son talon d'Achille et sa principale source d'ennuis. Dramatiquement, le film n'a pas cherché d'aération inutile. Il s'organise selon une succession d'admirables scènes à deux, où chaque personnage a l'occasion de se définir pleinement et intensément. Outre l'interprétation des deux héros, il faut saluer comme particulièrement brillante la composition d'Edward Andrews, en père navré de l'impopularité de son fils et qui croit qu'une bonne coupe de cheveux arrangera toute l'affaire, sans oublier Leif Ericson, superbe en prof de gym cocu et mécontent qui n'aura rien compris, d'un bout à l'autre de l'histoire, à ce qui lui arrive.

## THÉODORA, IMPÉRATRICE DE BYZANCE

### (Teodora, imperatrice di Bisanzio)

1954 – France-Italie (93') • *Prod.* Lux Film, Rome et Lux Compagnie Cinématographique de France • *Réal.* RICCARDO FREDA • *Sc.* André-Paul Antoine, Riccardo Freda, René Wheeler, Claude Accursi, Ranieri Cochetti • *Phot.* Rodolfo Lombardi (Pathécolor) • *Mus.* Renzo Rossellini • *Int.* Georges Marchal (Justinien), Gianna Maria Canale (Théodora), Renato Baldini (Arcas), Irène Papas (Saïdia), Carlo Sposito (Scarpios), Henri Guisol (Jean de Cappadoce), Roger Pigaut (Andreas), Nerio Bernardi (Belisaire), Olga Sobelli (Egina), Loris Gizzi (Smyrnos, le monstre aveugle).

En 547, l'Empire d'Orient est à son apogée. Lors de la consécration de la basilique San Vitale à Ravenne, l'empereur Justinien se souvient... A Byzance, les patriciens (les « Bleus ») et le peuple (les « Verts ») vivaient en conflit permanent. Le peuple abhorre Jean de Cappadoce, ministre de l'empereur et chef des patriciens. L'empereur a coutume de se promener anonymement parmi le peuple qu'il aime et qu'il voudrait mieux comprendre. C'est ainsi qu'un jour il rencontre Théodora la danseuse, fille adoptive d'une dompteuse de fauves. Elle essaie de lui voler un collier d'or qu'il lui donnera quelques instants plus tard, séduit par sa beauté. Elle disparaît sans savoir l'identité de son généreux donateur. Elle l'apprendra à ses dépens au tribunal présidé, pour sa première audience annuelle, par Justinien lui-même. Car, entre-temps, elle a été arrêtée pour le vol du bijou. Afin d'exorciser l'attrait physique que Théodora exerce sur lui, Justinien la fait emprisonner et se repent un peu plus tard de cette décision injuste. Théodora parvient à s'échapper en soudoyant un gardien. Elle rejoint son fiancé Arcas qui doit participer à la course de quadriges opposant les Verts (qu'il représente) et les Bleus. Théodora l'endort avec un poison afin de pouvoir le remplacer. Elle gagnera la course contre Justinien qui, au dernier moment, a décidé de participer lui-même à l'épreuve. Théodora est invitée au palais. Justinien redouble de désir pour elle. Mais elle lui déclare qu'elle n'est pas une courtisane et ne lui cédera que s'il l'épouse. Justinien éclate de rire. Quelque temps plus tard, le mariage a lieu. Le général Belisaire revient victorieux des Perses. Il demande des effectifs supplémentaires pour protéger les frontières. Théodora propose qu'on libère les esclaves prêts à combattre pour le pays. Elle inspire à l'empereur auprès de qui elle incarne les aspirations profondes du peuple une politique libérale provoquant la colère des Bleus. Jean de Cappadoce prend la tête d'une conjuration. Il donne mission à Arcas, l'ancien fiancé de Théodora, d'assassiner celle-ci. Au dernier moment, Arcas ne trouve pas la force d'agir. Justinien les surprend ensemble et sa jalousie, toujours vive, explose contre l'impératrice. Arcas, sur le point d'être arrêté, parvient à fuir. Jean de Cappadoce livre une seconde tentative pour perdre Théodora. Il pousse Saïdia, la sœur envieuse et cupide de l'impératrice, à affirmer devant Justinien que Théodora et Arcas sont réellement amants. Pendant ce temps, les Bleus se sont soulevés et tentent de prendre le pouvoir. S'adressant directement au peuple, Théodora le pousse à lutter contre la sédition en attendant l'arrivée de Belisaire. Justinien retrouve sa femme auprès d'Arcas agonisant. Toujours aveuglé par sa jalousie, il l'abandonne aux gardes. Belisaire arrive pour sauver son trône : Justinien comprend l'infâmie de Jean de Cappadoce et sauve *in extremis* Théodora de la mort... Dans la basilique, le couple vieillissant songe aux longues années passées à régner côte à côte.

☞ Troisième et dernier film de Freda pour la Lux où il a trouvé une grande liberté de manœuvre. C'est aussi sa première œuvre en couleurs et l'un de ses plus gros budgets. Expérimentant avec un négatif Eastman Kodak un nouveau procédé exigeant que le tirage soit effectué à New York, Freda ne recevra des *rushes* en couleurs qu'après vingt jours de tournage. On s'étonne d'autant plus de la qualité du résultat : variété, contraste, intensité. Quoique n'étant pas par l'époque et le lieu de l'action un « péplum » au sens strict, *Théodora*, après *Fabiola*, *id.*, 1948 de Blasetti, *Les derniers jours de Pompéi*, *Gli ultimi giorni di Pompei*, 1950, de Marcel L'Herbier, *Messaline*, *Messalina*, 1951, de Carmine Gallone, et surtout *Spartacus*, *Spartaco* du même Freda, peut être vu comme un jalon important annonçant le renouveau (1959-1965) d'un genre passablement délaissé – à part le colossal *Scipion l'Africain** – depuis le début du parlant. A l'intérieur de la carrière de Freda, il s'agit d'une œuvre d'équilibre et de sérénité. L'interprétation est d'une grande égalité, le scénario, d'une écriture maîtrisée et adroite. On notera en particulier l'équilibre entre les scènes de dialogue et les scènes spectaculaires et, à l'intérieur de cette dualité, une autre dualité, admirablement utilisée, entre la lumière et l'ombre (cf. dans la série des scènes spectaculaires le contraste entre la luminosité de la course de chars et la sombre sauvagerie des combats dans les souterrains). Corrélativement, c'est une des rares œuvres optimistes de l'auteur. L'union de la sensualité et de la tendresse chez le couple Justinien-Théodora trouve son équivalent, sur le plan politique, dans une synthèse heureuse entre la fermeté patricienne et un libéralisme d'inspiration populaire. Des correspondances constantes (au sens baudelairien du terme) s'établissent ainsi entre la vie privée des deux personnages et leur destin public. Elles donnent un tour étonnamment positif à la rêverie politique d'un auteur en général plus cynique et plus amer. On admirera, dans de multiples séquences, la science du découpage, du placement de la caméra et du rythme des plans qui font de Freda l'un des grands stylistes de l'histoire du cinéma. Exemple : la scène où Théodora traquée par le monstre aveugle cherche à forcer la ligne des gardes lui barrant le passage.

BIBLIO. : le numéro de juin 1985 du fanzine français « Kolossal » sur le thème « Byzance dans le péplum » est partiellement consacré à *Théodora*.

## TIGRE DU BENGALE (LE) – LE TOMBEAU HINDOU

**(Der Tiger von Eschnapur – Das indische Grabmal)**

1959 – Germano-franco-italien (97' + 101') • *Prod.* Regina, Criterion, Paris – Rizzoli, Rome – CCC Film, Berlin (Arthur Brauner) • *Réal.* FRITZ LANG • *Sc.* Fritz Lang, Thea von Harbou • *Phot.* Richard Angst (Eastmancolor) • *Déc.* Willy Schatz, Helmut Nentwig • *Cost.* Gunther Brosda, Claudia Herberg • *Chor.* Robby Gay, Billy Daniel • *Mus.* Michel Michelet (pour *Le tigre*), Gerhard Berger (pour *Le tombeau*) • *Int.* Debra Paget (Seetha), Paul Hubschmid (Harald Berger), Walther Reyer (Chandra), Claus Holm (Walter Rhode), Sabine Bethmann (Irene Rhode), Valery Inkijinoff (Yama, le chef des prêtres), Rene Deltgen (Ramigani), Jochen Brockmann (Padhu), Jochen Blume (Asagara), Luciana Paluzzi (Bharani).

LE TIGRE DU BENGALE. L'Inde au début du siècle. L'architecte allemand Harald Berger a été appelé par le maharadjah d'Eschnapur Chandra pour effectuer différents travaux (restauration du palais, construction d'hôpitaux). Avant d'arriver à Eschnapur, Berger a sauvé la vie de Seetha, jeune danseuse du temple de Bénarès dont Chandra, veuf depuis peu, est épris et qu'il a invitée. A l'aide d'une branche enflammée, Berger a éloigné un tigre qui avait sauté sur le toit de la voiture de la danseuse. A Eschnapur, les proches du maharadjah, c'est-à-dire le prince Ramigani, son frère aîné, et Padhu, son beau-frère, ainsi que les prêtres, estiment qu'il subit trop, dans son comportement et dans sa politique, l'influence de l'Europe. Chandra reçoit Berger et lui offre une superbe émeraude pour avoir sauvé Seetha. Pendant que Berger fait un relevé topographique des souterrains du palais où se produisent de nombreuses infiltrations, Seetha danse devant les prêtres dans le temple de la Déesse, interdit aux étrangers. Son exhibition au caractère à la fois sacré et puissamment érotique fascine Chandra. Guidé par le son de la musique, Berger apparaît un instant dans le temple ; Seetha le voit, s'immobilise et il lui semble qu'un voile passe devant les yeux de la statue géante de la Déesse. Cherchant son assistant Asagara, Berger ouvre la porte de l'enceinte où ont été regroupés, tels des morts-vivants, les lépreux. Asagara survient et, après avoir écarté Berger vers lequel les lépreux s'avançaient menaçants, referme brusquement la porte. Berger est profondément choqué par ce qu'il a vu et par la façon dont sont traités les malades. Chandra a invité Seetha à séjourner dans son palais d'été. C'est une cage dorée où se morfond la jeune femme que ne peut plus visiter Berger, ignorant sa nouvelle résidence. Chandra apporte à Seetha un somptueux collier qui appartenait à sa défunte femme et lui offre avec humilité son amour. Seetha, amoureuse de Berger, en est accablée. Ramigani, qui convoite le trône de Chandra, complote avec les prêtres. Padhu refuse de s'associer à la conspiration mais, lors d'une chasse au tigre organisée par Chandra, fait kidnapper Seetha pour la donner en pâture à ses hommes. Il estime que l'intérêt que lui porte le maharadjah est une insulte à la mémoire de sa défunte sœur. Chandra reprend Seetha et cravache Padhu au visage. Il a désormais en lui un ennemi mortel. Quant à Seetha, elle est maintenant liée à Chandra par une dette de reconnaissance. Ramigani est ravi du conflit Chandra-Padhu qui, selon lui, sert ses intérêts. Il tient à ce que Chandra épouse Seetha car cela ne saurait manquer à son avis de susciter la colère du peuple et des prêtres. Guidé par la servante de Seetha, Bharani, Berger a pu revoir Seetha qui lui conseille de partir et de l'oublier. Yama, le grand prêtre, raconte à Chandra cette entrevue. Ramigani est fâché de cette dénonciation qui nuit à ses plans. Il veut empêcher à tout prix Bharani de confirmer à Chandra que sa maîtresse a rencontré Berger. Lors d'un banquet donné par Chandra, un fakir invite Bharani à se coucher, pour l'un de ses tours, dans un panier qu'il transpercera ensuite à l'aide de plusieurs sabres. Quelques instants plus tard, une flaque de sang s'écoule du panier... C'est bien entendu la main de Ramigani qui a armé celle du fakir. Cette même nuit, Berger réussit à contacter Seetha, invitée par Chandra à séjourner dans son propre palais. Il lui dit qu'il faut fuir et lui fixe rendez-vous au temple. Chandra assiste de loin à cette entrevue. Une fois sorti de la chambre de Seetha, Berger trouve toutes les issues bloquées, sauf celle qui le mène à la fosse aux tigres. S'estimant trahi, Chandra l'oblige à combattre le fameux tigre qui terrorisait la région et avait été capturé lors de la dernière chasse. Berger tue l'animal et a un jour pour quitter Eschnapur. Il se rend au temple et emmène Seetha. Chandra lance ses meilleurs cavaliers sur les traces des deux fugitifs. Pendant ce temps, la sœur de Berger, Irene, et son mari, l'architecte Walter Rhode, arrivent au palais, répondant à une invitation ancienne du maharadjah qui voulait les associer aux travaux de Berger. Ils sont étonnés de n'être pas accueillis par leur parent. On leur répond qu'il participe à une chasse au tigre. Chandra demande à Rhode de lui construire une sépulture digne d'un amour infini. Il lui dit qu'elle est destinée à abriter très bientôt le corps d'une femme, encore vivante aujourd'hui, qui s'est détournée de lui. Rhode refuse de construire un tel mausolée, si semblable dans son inspiration à un gibet. Ayant dû abandonner leurs chevaux, Berger et Seetha traversent à pied le désert où s'élève bientôt une tempête de sable. Épuisée de fatigue, Seetha s'écroule. Dans un geste dérisoire, Berger décharge son revolver en direction du soleil puis tombe dans le sable à côté d'elle.

Le tombeau hindou. Après la tempête, les corps de Seetha et de Berger, inanimés mais vivants, sont découverts et emportés par une caravane de marchands. Un paysan, obéissant au devoir sacré de l'hospitalité, les recueille malgré la menace terrible que Chandra fait peser sur tous ceux qui aideront les fugitifs. Un homme, d'ailleurs, a été les dénoncer pour toucher la prime. Seetha et Berger fuient dans la montagne et se cachent dans une grotte. Seetha prie la déesse Shiva et, à ce moment, une araignée commence à tisser sa toile à l'entrée de la grotte. Les poursuivants jugeront inutile, à cause de cela, d'y pénétrer. Mais un peu plus tard, alors que Seetha s'est absentée pour aller chercher de l'eau, Berger touche à un fruit consacré par la danseuse à la déesse et instantanément Seetha tombe aux mains de ses poursuivants. En luttant avec l'un d'entre eux, Berger tombe dans un précipice. Chandra annonce à Irene et Walter Rhode que leur parent est mort accidentellement durant la chasse au tigre et qu'il a été enterré sur place. Il produit, en guise de preuve, une chemise ensanglantée appartenant à Berger. Irene ne tardera pas à découvrir qu'elle n'a pu être portée par son frère avant sa mort puisqu'elle l'avait elle-même raccommodée il y a peu de temps. Voulant toujours favoriser l'union de Chandra et de Seetha, Ramigani affirme à son frère que la danseuse a été enlevée contre son gré. Sa conjuration reçoit l'appui de Padhu et de ses troupes. Pour savoir si Seetha a quelque chose à se reprocher, les prêtres la contraignent à une sorte de « jugement de Dieu » qui consiste à ce qu'elle danse presque nue dans le temple de la Déesse devant un cobra. A la fin de son exhibition, elle vacille, le cobra va bondir sur elle, mais Chandra l'écrase avec un chaudron et met ainsi fin à l'épreuve, au grand scandale des prêtres. Son désir est d'épouser Seetha envers et contre tout. Quand il lui demande si elle l'aime un peu, elle répond qu'elle le hait et l'accuse d'avoir tué Berger. Jamais elle ne l'épousera. Chandra lui promet qu'elle règnera un seul jour sur Eschnapur puis qu'elle sera enterrée vivante dans le mausolée qu'il lui destine. Pour persuader Seetha de consentir au mariage, Ramigani lui montre Berger enfermé dans un profond cachot. Si elle épouse Chandra, Berger sera libéré et franchira la frontière ; si elle refuse, il mourra. Irene réussit à contacter Seetha qui lui apprend que Berger est enfermé quelque part dans les souterrains du palais. Une fois que Seetha a consenti au mariage et semble faire la paix avec Chandra, Ramigani envoie un garde « mettre fin aux souffrances du prisonnier ». Mais Berger parvient à l'étrangler avec ses chaînes et s'empare de la clé du cachot. Ramigani, Padhu et le prêtres mettent au point leur plan d'attaque. Le général Dagh, chef des troupes de Chandra, refusant de rester neutre, Ramigani le poignarde. S'aidant des plans de son mari, Irene recherche son frère à travers les souterrains. Ils se croisent sans se voir juste avant qu'Irene ne tombe dans une crevasse et ne se retrouve dans l'enclos des lépreux. Ils s'avancent vers elle mais Asagara réussit à la tirer de là, avant de mourir avec eux dans un éboulement. Irene et son frère se rejoignent enfin. Durant la cérémonie de mariage, les hommes de Padhu font prisonnier Chandra qui sera enchaîné et fouetté dans la fosse aux tigres. Mais les troupes du général Dagh, qui a survécu à ses blessures, ont maté la rébellion. Padhu est tué, Chandra libéré. Dans les souterrains, prisonnier des eaux, Ramigani fait sauter un amas de pierres à la dynamite et devient la proie des crocodiles. Berger et Chandra se retrouvent face à face. Épuisé par son long emprisonnement et par les combats qu'il a dû mener pour protéger Seetha, Berger lache son arme et s'écroule. Chandra, lui, laisse volontairement tomber la sienne... Auprès d'un vieux sage, dont il est devenu le domestique, il tâchera de découvrir la paix dans le renoncement. Seetha et Berger, réunis, quittent Eschnapur dans une caravane.

☞ Vingt-six ans après son départ d'Allemagne, Lang y retourne pour signer cette œuvre testamentaire qui a bénéficié de moyens très importants (budget de plus de 4 millions de marks).

C'est un double retour aux sources, géographiques d'abord, dramatiques ensuite, puisque *Le tigre* et *Le tombeau* sont une nouvelle version d'un scénario écrit en 1921 avec Thea von Harbou et que Lang n'avait pu alors réaliser, devant à regret en abandonner la mise en scène à Joe May. A sa sortie, cette nouvelle version suscita de nombreuses polémiques. Elle fut attaquée non seulement par les adversaires permanents de Lang (ce qui n'avait rien d'extraordinaire) mais aussi par une grande partie des défenseurs du cinéaste. Seule une minorité d'admirateurs la défendit avec ferveur et peu à peu le film obtint son statut de classique. Il faut sans doute mettre ces polémiques au crédit de Lang, lui qui, à chaque étape de sa carrière, eut le don d'étonner, d'intriguer, voire de désorienter ou de décourager ses propres laudateurs. La fidélité qu'il manifeste ici à son propre univers est à la fois formelle et philosophique. Comme il est usuel chez Lang, la substance du film se développe à partir d'une série de contradictions internes qui ne peuvent se résoudre que dans l'ultime perfection esthétique de l'œuvre achevée : épure obtenue à partir d'une extraordinaire richesse de moyens et d'un foisonnement de péripéties ; dynamisme perpétuel résultant d'une quasi immobilité de la caméra ; message philosophique délivré à l'aide d'une trame de bande dessinée. Chez les personnages, la même dialectique triomphe. La plupart d'entre eux sont animés par un mobile à peu près unique (amour et fascination érotique chez Chandra, soif de pouvoir chez Ramigani, désir de vengeance chez Padhu, etc.), qui emplit leur âme et leur cœur jusqu'au trop-plein. Mais ce trop-plein est aussi un vide car il chasse de leur être, non seulement toute humanité mais toute autre forme de réalité que celle que prend leur désir. Du choc de ces multiples volontés, qui sont comme autant d'obsessions, jaillit la trajectoire du récit, semblable dans sa simplicité, dans sa rigueur, dans son absolue logique à un théorème mathématique. Chez Chandra, personnage-pivot du film (en fait, il est le vrai héros de l'histoire), c'est lorsque le trop-plein s'acceptera comme vide, c'est-à-dire lorsque les passions s'annihileront dans le renoncement, que la sérénité pourra faire son apparition. Message qui n'est qu'*apparemment* positif car il implique la suppression du désir, l'abolition des passions pour que survienne une paix qui a quelque chose de sépulcral (ou, diront les détracteurs, de tout à fait conventionnel). Cette paix est vue « comme du fond de la mort », selon l'expression de Michel Mourlet (voir Biblio.) : « Ce qu'il y a de plus profond dans les films de Lang, écrit Mourlet, c'est une certaine manière de regarder de très loin, comme du fond de la mort, les hommes, les femmes, le meurtre et la fatalité. Dans ses quatre ou cinq derniers films, on ne distingue plus que cela. Si on n'entend pas ce ton d'éternité, on n'entend rien. Le silence et le vide. » A vrai dire, ce qui a choqué les premiers détracteurs du *Tigre,* et qu'ils ont détesté, voire méprisé dans l'œuvre, est peut-être exactement la même chose (et ceci serait très langien) que ses laudateurs y ont admirée : une *inactualité géniale* qui réduit l'univers à quelques désirs contradictoires et monstrueux de l'homme, l'amour accouchant du meurtre (ou de la volonté de meurtre), la soif de pouvoir accouchant de la destruction, et la philosophie devenant à la fin cette inutile – mais fascinante – contemplation du néant. Parfois, Lang a exprimé sa vision à travers des récits à portée sociale ou politique, et ce n'était peut-être qu'un leurre. Ici, dans un serial, forme qui représentait pour lui l'alpha et l'oméga de toute fiction, il l'a livrée à nu et sans alibi.

N.B. Autres versions : allemande de Joe May (1921), française et allemande de Richard Eichberg (1937). Même titres des deux épisodes pour les deux versions Eichberg (l'allemande est moyenne, la française très médiocre). Le titre général de la version de Joe May est *Das indische Grabmal.* Les deux épisodes s'intitulent *Die Sendung des Yoghi* (trad. La mission du Yogi) et *Der Tiger von Eschnapur.* Acteurs : Conrad Veidt, Mia May, Paul Richter, Bernhard Goetzke, Lya de Putti.

BIBLIO. : « L'Avant-Scène » a consacré à ces deux films qui n'en sont qu'un deux beaux numéros. Le découpage du *Tigre du Bengale* (625 plans) figure dans le nº 339 (1985), le découpage du *Tombeau hindou* (623 plans dont 26 pour le résumé du *Tigre*) dans le nº 340 (1985). Dans le premier numéro, deux articles importants de Michel Mourlet et de Claude Beylie. Analysant les différentes versions du film, Beylie note à propos de la version Lang : « C'est la dualité fondamentale d'Éros et de Thanatos, qui court à travers toute l'œuvre du cinéaste, et qui trouve peut-être ici son illustration la plus pure. Il est permis aussi de gloser sur les subtiles connotations géométriques, et ésotériques, dont le film regorge : ainsi le motif principal apparaît-il – dès le générique – comme étant celui d'une étoile à six branches, rayonnant autour d'un cercle central. Au gré des épisodes, cette figure prendra la forme d'un labyrinthe, d'un soleil ou d'une araignée. (...) Tout le film n'est qu'un immense réseau de symboles. Nous sommes loin, pourtant, de l'algèbre cabalistique : car le génie propre de Lang ajoute une splendeur plastique et un mouvement émotionnel qui confère à l'ensemble une intensité prodigieuse. » Dans le deuxième numéro, on trouvera un florilège d'opinions émanant des laudateurs et des détracteurs du film ; celles des seconds composent un assez beau sottisier. On trouvera aussi des documents sur la genèse du *Tigre* et du *Tombeau* et des témoignages des collaborateurs du film dans le livre d'Alfred Eibel sur Lang, Présence du cinéma, 1966, réédité chez Flammarion en 1989 sous le titre « Fritz Lang. Trois Lumières ».

## TIMBUKTU

Inédit en France. 1958 – USA (81') • *Prod.* Artistes Associés – Imperial Pictures (Edward Small) • *Réal.* JACQUES TOURNEUR • *Sc.* John Kean, Anthony Veiller, Paul Dudley • *Phot.* Maury Gertsman • *Mus.* Gerald Fried • *Int.* Victor Mature (Mike Conway), Yvonne De Carlo (Nathalie Dufort), George Dolenz (colonel Dufort), John Dehner (l'émir Ibn Bakhai), Marcia Henderson (Jeanne Marat), Leo Mudie (Mohamed Adani), Paul Wexler (Suleyman), Robert Clark (capitaine Girard), James Fox (lieutenant Marat).

En 1940, alors que l'armée française a à se défendre sur d'autres fronts, au Soudan français, les tribus Touareg en profitent pour se révolter. Lors d'une attaque dans le désert, le général responsable de la garnison de Tombouctou est tué. Un trafiquant d'armes américain, Mike Conway, et le capitaine nouvellement en poste à Tombouctou délivreront un chef religieux prisonnier d'un émir qui cherche à utiliser l'influence du saint homme pour s'emparer du pouvoir. Le chef religieux, seul capable de ramener la paix, s'adressera au peuple. Le capitaine est tué par l'émir, lui-même abattu par Conway qui préférera s'éloigner de l'épouse du capitaine qu'il avait un moment courtisée.

☞ Encore un récit tortueux, plein de méandres (comme *Canyon Passage**) où Jacques Tourneur, à l'intérieur du genre particulièrement conventionnel du film colonial, s'emploie à lézarder le manichéisme et à bâtir une figure d'aventurier ambigu, sans vocation, sans credo et, d'une certaine façon, sans patrie. S'il y a des méchants dans l'intrigue (en particulier l'émir et son complice, le balafré), ils servent simplement de repoussoir, de décorum baroque, de prétexte à l'action proprement dite. Les bons, eux, semblent plutôt absents. Le trafiquant d'armes américain (Victor Mature), écœuré par la cruauté et la perfidie de l'émir, prête un moment main-forte aux Français, mais c'est aussi pour séduire la femme du capitaine. Rien de glorieux dans tout cela. La gloire étant absente, reste l'égoïsme. Le trafiquant a fait graver sur le boîtier de sa montre, cadeau d'un ami qui l'aime beaucoup, cette inscription : « From Conway to Conway ». Cet égoïsme est au fond une sorte de nihilisme : et c'est bien dans ce sens que va la réflexion du cinéaste. Mais le nihilisme, dans l'action, équivaut à une impossibilité. Il faut bien se battre pour ou contre quelqu'un. Les mercenaires en savent quelque chose. Et voilà comment, à travers le personnage de Victor Mature, apparaît ce qui est sans doute, sur le plan psychologique, le seul portrait véridique de mercenaire dans le cinéma américain. Le mercenaire, autrement dit le non-héros de l'action, l'exilé de l'aventure, le combattant de passage, trouve ainsi sa place parmi les exilés en tous genres qui peuplent secrètement les films de Jacques Tourneur. Comme beaucoup de ses œuvres, *Timbuktu* est un « faux » film américain, où le genre illustré est détruit de l'intérieur, ne vaut que comme prétexte à un pur jeu de formes. Dans les films de Tourneur, il s'agit toujours d'*enlever* quelque chose au genre. Ici, la nudité du désert (source d'images admirables), la pauvreté du budget et quelques personnages déplacés et ambigus installent, comme sur un théâtre, un univers désolé et cruel qui retire à l'action et aux combats toute justification profonde, tout caractère positif et exaltant. Certains, lassés des sagas héroïques au triomphalisme douteux, diront que c'est là une façon de re-moraliser le film d'action. Peut-être.

N.B. Bien qu'inédit en France, le film fut doublé en français et cette version française sortit dans quelques pays francophones. Le cas est peu courant. Il s'explique par le contexte de la guerre d'Algérie. Dans ce contexte, la fin du film, où le chef religieux déclare à son peuple qu'il faudra un jour réclamer avec dignité l'indépendance, fut jugée inopportune.

## TO BE OR NOT TO BE
**(Jeux dangereux/id.)**

1942 – USA (99') • *Prod.* UA (Ernst Lubitsch – Alexander Korda) • *Réal.* ERNST LUBITSCH • *Sc.* Edwin Justus Mayer d'ap. une histoire de Lubitsch et Melchior Lengyel • *Phot.* Rudolph Maté • *Mus.* Werner Heymann • *Int.* Carole Lombard (Maria Tura), Jack Benny (Joseph Tura), Robert Stack (lieutenant Stanislav Sobinski), Felix Bressart (Greenberg), Lionel Atwill (Ravitch), Stanley Ridges (Pr Siletsky), Sig Ruman (Ravitch).

A Varsovie, en août 1939, une troupe théâtrale répète une pièce anti-nazie et donne des représentations d'« Hamlet ». Maria et Joseph Tura sont le couple vedette de la troupe. Chaque soir, pendant le spectacle, quand Joseph récite le célèbre monologue d'Hamlet, Maria reçoit la visite d'un jeune aviateur amoureux d'elle. Invasion de la Pologne ; Varsovie en ruines. L'aviateur fait partie de l'escadrille polonaise de la RAF. Ayant deviné les projets d'un espion nazi, Siletsky, qui doit remettre à la Gestapo de Varsovie les noms des principaux résistants polonais, le jeune homme est parachuté non loin de la ville. Grâce à l'aide de la troupe théâtrale, de sa bien-aimée Maria qui l'a recueilli et du mari de celle-ci, il élimine Siletsky. Joseph Tura le remplace au pied levé, postiche à l'appui, et empêche que la liste des résistants tombe aux mains des nazis. Tous les acteurs grimés en officiers allemands, autour d'un faux Hitler, feront la nique à l'occupant.

☞ Le titre le plus célèbre de Lubitsch. Cette célébrité fut loin d'être immédiate, le public ayant été choqué par les audaces satiriques, le ton ultra-grinçant du film. L'incompréhension de ses véritables intentions fut d'abord si grande que Lubitsch dut se défendre auprès d'une journaliste de Philadelphie et dans une lettre ouverte au « New York Times » d'avoir voulu se moquer de la tragédie vécue par le peuple polonais. Avec les années, ce « mauvais goût » très salubre et extrêmement culotté n'a cessé d'être de mieux en mieux compris et apprécié. Le scénario à la construction savante et complexe, aux rebondissements nombreux et imprévus, obéit à une logique de fer. Le talent de Lubitsch est de présenter avec une trépidation, une vivacité heurtée qui n'appartiennent qu'à lui cette mécanique dramatique impeccable. Alors la mécanique prend vie et atteint une à une toutes ses cibles. Vanité infinie des acteurs, petit ballet éternellement recommencé de l'infidélité conjugale, et surtout monstruosité et imbécillité sans borne des dignitaires nazis, tous ces sujets sont justiciables, aux yeux de Lubitsch, de l'ironie du satiriste. Elle seule donne à chacun d'entre eux son juste relief et les place par rapport au spectateur à la bonne distance critique. L'ironie chez Lubitsch, avec sa forte tonalité de farce et de burlesque, correspond au plus nuancé des jugements de valeur. Elle exprime tour à tour une tendresse complice envers les uns (les cabots célèbres ou anonymes de la troupe polonaise), un mépris et une horreur sans mélange pour les autres (les guignols inquiétants ou stupides de la Gestapo). On détecte aisément à travers cette œuvre ce que ses principaux héritiers doivent à Lubitsch : Billy Wilder, un sens de la cruauté satirique appliquée aux sujets les plus graves ; Mankiewicz, le goût des constructions sophistiquées, elliptiques et circulaires, mêlant souvent théâtre et réalité ; Preminger, son plus lointain disciple, une élégance distante et un peu sèche qui fuit l'attendrissement comme la peste et cherche dans le même mouvement à divertir et à analyser (cf. sa comédie anti-nazie *Margin for Error* 1943). Dernier film de Carole Lombard avant son accident d'avion.

N.B. Plaisant remake (sous le même titre) dirigé par Alan Johnson avec Mel Brooks et Anne Bancroft (1983, sorti en France en 1984).

**TOILE D'ARAIGNÉE (LA)**
**(The Cobweb)**

1955 – USA (124') • *Prod.* MGM (John Houseman) • *Réal.* VINCENTE MINNELLI • *Sc.* John Paxton d'ap. R. de William Gibson • *Phot.* George Folsey (Eastmancolor, Cinémascope) • *Mus.* Leonard Rosenman • *Int.* Richard Widmark (Dr Stewart McIver), Lauren Bacall (Meg Faversen Rinehart), Charles Boyer (Dr Douglas N. Devanal), Gloria Grahame (Karen McIver), Lillian Gish (Victoria Inch), John Kerr (Steven W. Holte), Susan Strasberg (Sue Brett), Oscar Levant (Mr. Capp), Fay Wray (Edna Devanal).

Dans une clinique psychiatrique américaine, trois tendances s'affrontent à propos d'un problème qui, ailleurs, pourrait paraître mineur mais qui, ici, occupe tous les esprits : le remplacement des rideaux du salon de lecture. La doctoresse Meg Faversen Rinehart a lancé l'idée qu'un des patients, Steven Holte, jeune peintre traumatisé dans son enfance, pourrait dessiner les maquettes des rideaux. Steven a pensé représenter des scènes et des personnages de la vie de la clinique. Le Dr McIver qui le soigne voit là une excellente thérapie et le projet a reçu l'aval du Comité des malades. L'intendante, Victoria Inch, vieille fille agressive et routinière, estime que la décoration de l'établissement est de son seul ressort et tient à passer commande au fournisseur habituel. Elle a pour allié le Dr Devanal, brillant fondateur de la clinique, mais qui a peu à peu baissé les bras et s'est réfugié dans l'alcool et dans un donjuanisme un peu pitoyable de vieux beau. Karen, l'épouse délaissée de McIver, a commandé du tissu à Chicago et voit dans son initiative une façon de se rapprocher de son mari en l'aidant dans son travail. Elle se laisse courtiser par Devanal dans l'espoir d'obtenir son appui. McIver met les choses au point avec Victoria Inch et lui apprend à cette occasion que son contrat fait de lui le seul directeur en titre de l'établissement (ce qu'avait toujours caché Devanal). Mlle Inch va trouver Devanal et ne lui cache pas son mépris. Il dicte aussitôt une note approuvant le choix de l'intendante et provoque ainsi une première crise de Steven qui veut détruire ses maquettes. McIver le calme en annulant la décision de Devanal : les rideaux seront fabriqués comme l'ont décidé les malades. Devanal, quant à lui, une fois son coup de force exécuté, s'est réfugié dans un hôtel avec son whisky et sa secrétaire, qui est aussi sa maîtresse. Ayant appris que son mari passait la soirée en compagnie de Meg, Karen contre-attaque et va arracher les rideaux du salon pour les remplacer par les siens. Seconde crise, beaucoup plus grave, de Steven qui, dans une course éperdue, se dirige vers la rivière. On pense qu'il s'est noyé et plus tard on draguera la rivière pour retrouver son corps. Lors du conseil d'administration, Victoria, qui est passée du côté de McIver, lui obéit et retire le rapport qu'elle avait rédigé contre Devanal. Mais ce dernier présente au conseil sa lettre de démission. McIver, tout en faisant son autocritique, maintient son programme d'autonomie pour les malades. Il a avec sa femme une longue et franche discussion. Le couple retrouve dans le garage Steven, épuisé, qui n'est pas allé jusqu'au bout de sa tentative de noyade. Le choc des récents événements semble l'avoir remis sur le chemin de la guérison. Il s'endort dans l'appartement des McIver sur un divan où les anciens rideaux du salon lui servent de couverture.

☞ Le film présente un entrelacs extraordinaire de personnages et de situations, tant sur le plan de la construction du scénario (actions entrecroisées, parallèles, subtilement emboîtées les unes dans les autres) que sur celui de la mise en scène proprement dite. Usage fascinant du Cinémascope dans les limites duquel Minnelli tantôt inscrit dix personnages à la fois, fait vivre d'intenses scènes à deux ou bien fignole ces plans, qu'il affectionne, de personnages subitement solitaires au sortir d'une scène de groupe ou après un tête à tête. Ce film adulte et moderne situe exactement sur le même plan, et sans la moindre précaution oratoire, médecins (avec leur entourage) et malades. Tous ont leurs moments de crises, explosions de souffrance où la relation avec autrui est vécue comme un supplice. Pour Minnelli, l'adaptation au monde et à l'autre n'est jamais spontanée, non conflictuelle. On voit à quel point ce sujet psychiatrique pouvait lui convenir. *La toile d'araignée* est l'un de ces films révélateurs qui apparaissaient de temps à autre dans la carrière des plus grands cinéastes hollywoodiens. Des thèmes et des situations jusque-là exprimés à mots couverts dans des genres, dans des systèmes de conventions et de références où ils restaient pour ainsi dire tapis, apparaissent brusquement au grand jour, comme si les cinéastes avaient soudain décidé (ou trouvé la possibilité) de parler à cœur ouvert de leurs préoccupations les plus secrètes. L'inadaptation au monde est à l'évidence le thème-clé de Minnelli et le problème fondamental de ses personnages, dessinés ici avec une richesse et une pénétration quasi balzaciennes. Pour l'auteur, ce problème ne peut trouver de solution que dans la créativité. Qu'elle se situe au niveau le plus élevé ou le plus modeste importe peu. Elle consistera souvent à bâtir un cadre harmonieux et expressif autour d'un individu ou d'une communauté. Ceux qui sortiront des sentiers de la créativité, ou ne les auront jamais trouvés, risquent bien de rester des inadaptés. Mais, qu'ils soient créatifs ou non, Minnelli ne condamne aucun de ses personnages et ce que son talent peut avoir de cruel par son pouvoir de dévoilement et de mise à nu est toujours compensé par une compassion discrète et attentive que ce film exprime admirablement.

## TOMBEUR DE CES DAMES (LE) (The Ladies' Man)

1961 – USA (106') • *Prod.* PAR. – York Pictures Prod. (Jerry Lewis) • *Réal.* JERRY LEWIS • *Sc.* J. Lewis et Bill Richmond • *Phot.* W. Wallace Kelley (Technicolor) • *Mus.* Walter Scharf • *Int.* Jerry Lewis (Herbert H. Heebert / sa mère), Helen Traubel (Mrs. Welenmelon), Kathleen Freeman (Katie), Buddy Lester (Willard C. Gainsborough), Marty Ingles (Marty), Georges Raft (lui-même), Jack Kruschen (le professeur), Fritz Feld (coiffeur TV), Harry James et son orchestre.

Milltown (4 234 âmes) dans le New Jersey. Ayant reçu son diplôme au collège, le jeune Herbert H. Heebert découvre sa fiancée, celle qui lui était promise depuis toujours, en train d'embrasser un autre homme. C'est pour lui un véritable traumatisme, qui le pousse à s'éloigner des femmes et à chercher, à la ville, un emploi où il soit hors de leur portée. Ayant vu sur une porte une affiche proposant un emploi pour célibataire, il croit avoir enfin trouvé son affaire. La cuisinière de la maison, Katie, l'accueille et compatit à ses malheurs. Elle lui montre sa chambre. Le lendemain matin, dans la salle à manger, il se trouve nez à nez avec plusieurs dizaines de jeunes femmes. Il bondit pour prendre la fuite mais la fondatrice de cette pension pour actrices débutantes, Mrs. Welenmelon, une ancienne cantatrice, saura le persuader de rester. Il exige comme condition qu'on ne le touche pas. Herbert devient ainsi le factotum de toutes ces femmes. Jusqu'à présent, personne n'a pu tenir plus de trois jours dans cet emploi. Mais Katie a su découvrir qu'Herbert est incapable de dire non et se trouve animé par un irrésistible désir de se rendre utile. Son travail consiste à nettoyer la maison (il brise la plupart des objets qu'il nettoie), à nourrir Baby, un petit chien qui hurle comme un monstre et dévore comme un ogre, à distribuer les lettres (et chacune des pensionnaires a une réaction inattendue en recevant son courrier). Herbert persécute sans le vouloir un homme aux allures de truand, venu rendre visite à l'une des filles. Il oblige Georges Raft lui-même à lui prouver qu'il est bien Georges Raft. Il remonte le moral d'une fille, sa protégée, en lui apprenant à ne plus douter d'elle-même. Il assiste au tournage d'un reportage de télévision sur Mrs. Welenmelon et son home et perturbe passablement le travail des techniciens. Il ouvre la porte de la seule pièce qui lui ait été interdite et là, dans un décor tout blanc, danse avec une femme en noir un peu inquiétante au son d'un orchestre de jazz. Plusieurs fois, il a voulu quitter la pension, mais il en a été empêché. Sa protégée demande qu'on le laisse enfin faire ce qu'il veut. Voulant à nouveau s'en aller, il voit qu'on ne le retient pas et en est tout démonté. Il finit par rester et éprouve alors la peur de sa vie en voyant un lion traverser la salle à manger...

☞ Deuxième film de Jerry Lewis comme metteur en scène et son premier en couleurs. Moins parfait, moins réellement insolite dans ses gags de caractère fantastique que *The Bellboy** et *The Errand Boy**, il eut plus d'impact sur le public. *The Ladies' Man* présente un double intérêt : il enrichit et systématise le personnage d'adolescent retardé et complexé que Lewis avait joué avec Dean Martin ; il indique la direction dans laquelle Lewis entend utiliser la mise en scène : comme jeu et comme exercice de pouvoir. Herbert H. Heebert est traumatisé par les femmes. Materné par elles (scène où Katie le nourrit comme un bébé) ou les maternant, il n'a jamais de relation d'égal à égal avec elles et n'entretient de relation privilégiée avec aucune. Ce qu'il y a de pathologique en lui (cf. son goût de l'esclavage et d'un certain masochisme) révèle aussi sa normalité : il veut être aimé et se sentir utile comme n'importe quel individu. La triple appartenance du personnage au burlesque (ses innombrables maladresses), au pathologique et au normal définit son étrangeté et sa richesse. Lewis metteur en scène utilise la mise en scène comme le ferait – dans l'idéal – son personnage. Il joue avec elle d'une manière à la fois enfantine et créatrice. Il se bâtit un décor, sorte de maison de poupée géante, dont il souligne bien qu'il s'agit d'un décor. Le véritable espace du film, ce n'est pas en effet la maison de Mrs. Welenmelon mais le studio de la Paramount qui contient cette maison. Lewis, en démiurge mégalomane qu'il a toujours été, crée dans ce studio le *vide* et le *plein* à sa volonté : voir le premier plan du film où un village paisible se trouve soudain comme traversé par un cyclone (sous l'effet d'une réaction en chaîne de maladresses) ou bien la séquence de l'arrivée bruyante des techniciens surgis du néant. La mise en scène est pour Lewis une baguette magique grâce à laquelle tout devient possible, et même de convoquer une grande star (Georges Raft) pour pouvoir la taquiner et danser avec elle. La mise en scène est espace de jeu (donc de liberté) et manifestation d'une volonté de puissance. La mégalomanie suractivée du metteur en scène équilibre et compense d'une manière fascinante la passivité de son personnage. Ce mélange de liberté et de puissance est une revanche de l'auteur sur une période (celle de ses films avec Dean Martin) où il ne s'amusait pas comme il le voulait et avait peu de pouvoir – ou en tout cas moins qu'il n'en aurait voulu. Pour le reste, Lewis se moque éperdument des règles de la fiction traditionnelle. Il entasse dans cette boîte à malices qu'est le film ses séquences sans ordre apparent ; elles n'obéissent qu'à l'ordre supérieur de sa fantaisie. Et il tient à garder devant l'écran – parfois envahi de couleurs pures, et notamment de blanc comme dans la séquence de la chambre interdite – la même disponibilité créatrice qu'un peintre abstrait devant sa toile.

## TONI

1934 – France (84') • *Prod.* Films d'Aujourd'hui • *Réal.* JEAN RENOIR • *Sc.* Jean Renoir, Carl Einstein d'ap. un fait divers recueilli par Jacques Levert (Jacques Mortier) • *Phot.* Claude Renoir • *Mus.* Paul Bozzi • *Int.* Charles Blavette (Antonio Canova dit Toni), Jenny Hélia (Marie), Célia Montalvan (Josefa), Max Dalban (Albert), Édouard Delmont (Fernand), Andrex (Gabi), André Kovachevitch (l'oncle Sébastian), Paul Bozzi (le guitariste).

Un immigré italien, Toni, récemment arrivé aux Martigues et travaillant dans une carrière, est devenu l'amant de sa logeuse, Marie. Mais il est attiré par une jeune espagnole, Josefa, qu'il demande en mariage à son oncle. Celle-ci par coquetterie s'est laissé prendre par le contremaître Albert qui l'épousera en même temps que Toni épouse Marie. Après deux ans de vie commune, le couple Toni-Marie s'épuise en disputes continuelles. Marie tente de se noyer, est sauvée et ne veut plus jamais revoir Toni. Il va vivre dans une cabane sur la colline d'où il surveille constamment la maison de Josefa qu'il aime toujours. Le cousin de Josefa est devenu l'amant de celle-ci. Il la pousse à dérober l'argent d'Albert pendant son sommeil. Mais Albert se réveille et la fouette avec sa ceinture. Elle lui tire une balle de revolver. Toni va déposer le cadavre dans la campagne, essayant de maquiller le crime en suicide. Il est surpris par un gendarme. Il s'accuse à la place de Josefa et fausse compagnie au gendarme. Pendant ce temps, Josefa a avoué son crime. Toni essaie de prendre la fuite et est abattu par un homme de la région cherchant à aider la police. Comme il l'avait fait lui-même trois ans auparavant, de nouveaux ouvriers étrangers arrivent par le train en quête de travail.

☞ Tourné sur le territoire de Pagnol, tiré dans ses laboratoires et distribué par sa firme de distribution, cette œuvre dure, tragique et sans humour, basée sur un fait divers raconté à Renoir par un ami commissaire de police (le Jacques Levert du générique), n'a rien de pagnolesque. Certes Renoir, cédant à ce qu'il appelle lui-même une de ses crises de réalisme aigu, mêlant aux acteurs professionnels des habitants du cru, filmant en intérieurs réels, se trouve préparer le terrain au néo-réalisme, comme l'ont fait à cette époque Matarazzo en Italie et Pagnol dans certains aspects de son œuvre. Mais la description du présent immédiat (qui sera la vraie conquête du néo-réalisme) n'intéresse pas essentiellement Renoir ; il voit en ses personnages « les héritiers les plus authentiques de cette civilisation gréco-romaine qui nous a faits ce que nous sommes » (texte de 1956, repris dans « Écrits de Jean Renoir », Belfond, 1974). En 1935, il écrivait déjà : « Chez ces déracinés, les passions sont vives et les hommes qui me servirent de modèles pour Toni m'ont semblé traîner derrière eux cette atmosphère lourde, signe du destin fatal des héros de tragédie, voire de chanson populaire. » Le réalisme, on le voit, n'est ici qu'un cadre esthétique, un moyen efficace et fécond pour guider le spectateur au cœur d'une tragédie, d'un conflit de passions au caractère éternel, intemporel, et même cyclique. Faussement primitif, le film est à la recherche d'une certaine *rugosité* cosmique, sensible dans les personnages comme dans la nature. Renoir essaie de l'atteindre, de la capter à travers les voix, les accents, les parlers, les chansons de ses acteurs, la sécheresse des paysages et la sinuosité cruelle des événements. Au terme de l'alchimie renoirienne, cette rugosité équivaut à un suprême raffinement et c'est elle qui nous attire dans ce film fait pour être vu plusieurs fois et dont chaque vision accuse le caractère unique dans le cinéma français de l'époque.

BIBLIO. : découpage (268 plans) *in* « L'Avant-Scène » n° 251-52 (1980).

## TOPAZE

1932 – France (89') • *Prod.* PAR. • *Réal.* LOUIS GASNIER • *Sc.* Léopold Marchand d'ap. P. de Marcel Pagnol • *Phot.* Fred Langenfeld • *Int.* Louis Jouvet (Topaze), Marcel Vallée (M. Muche), Edwige Feuillère (Suzy Courtois), Simone Héliard (Ernestine Muche), Pauley (Castel-Benac), Pierre Larquey (Tamise), Jeanne Loury (baronne Pitart-Vergniolles), Camille Beuve (le maître-chanteur), Maurice Rémy (Roger de Tréville), Jacqueline Delubac (une dactylo).

## TOPAZE

1951 – France (140') • *Prod.* Films Marcel Pagnol • *Réal.* MARCEL PAGNOL • *Sc.* M. Pagnol d'ap. sa P. • *Phot.* Philippe Agostini • *Mus.* Raymond Legrand • *Int.* Fernandel (Topaze), Marcel Vallée (M. Muche), Jacqueline Pagnol (Ernestine Muche), Pierre Larquey (Tamise), Jacques Morel (Castel-Vernac), Hélène Perdrière (Suzy Courtois), Milly Mathis (baronne Pitart-Vergniolles), Jacques Castelot (Roger Gaétan de Bersac), Robert Moor (le maître-chanteur).

Topaze accomplit consciencieusement et avec dévouement son travail de professeur à la pension Muche. Ayant refusé à une mère d'élève, la baronne Pitart-Vergniolles, de remonter les notes de son fils, un parfait cancre, Topaze est renvoyé par le directeur. Il devient involontairement l'homme de paille et le complice d'un couple d'escrocs, le conseiller municipal Castel-Benac (ou Castel-Vernac) et sa maîtresse Suzy Courtois. Quand il découvre la nature des activités de Castel-Benac (prévarication, corruption de fonctionnaires, etc.), il veut le dénoncer mais succombe au charme de Suzy et n'en fait rien. Ses affaires prospèrent. Un maître-chanteur, vénérable vieillard à la barbe blanche, veut lui extorquer de l'argent mais Castel-Benac possède une fiche sur le directeur de la feuille pour laquelle travaille l'escroc et réduit ainsi à néant ses prétentions. Muche, le directeur de la pension, vient offrir à Topaze sa fille Ernestine qui l'avait toujours repoussé. Le caractère frauduleux des activités de l'ancien professeur ne sont pas pour Muche un obstacle à cette union. Écœuré, Topaze repousse la jeune fille. Castel-Benac, estimant avoir suffisamment pressé le citron, veut mettre un terme à son accord avec Topaze. Il lui remet un gros chèque, ainsi que les palmes académiques que Topaze n'avait jamais pu obtenir du temps qu'il était enseignant. Mais maintenant qu'il a découvert ce qu'est réellement le monde, Topaze n'entend pas s'arrêter en si bon chemin. Il dirigera à lui seul et pour lui seul l'agence Topaze, expulsera Castel-Benac et lui prendra sa maîtresse. Son vieux collègue Tamise vient l'informer du caractère douteux des affaires dont il s'occupe. Topaze le rassure et lui rétorque que ses affaires n'ont rien de douteux : elles sont parfaitement malhonnêtes. Le premier moment de stupéfaction passé, Tamise caresse le projet de devenir le secrétaire de Topaze.

☞ Premier triomphe théâtral de Pagnol (après l'honnête succès de « Jazz ») écrit dans la lignée de « Knock » de Jules Romains (1923). Pagnol en a raconté la genèse dans une longue et superbe préface qu'il faut absolument lire même si elle ne concerne pas directement le film. La pièce avait été acceptée d'emblée par cinq théâtres mais Pagnol obéit à Antoine (le dédicataire de l'œuvre) qui lui en conseilla un sixième, les « Variétés » de Max Maurey, où elle fut effectivement montée en 1928. Il y eut en France trois versions cinématographiques de la pièce. La seconde (dirigée par Pagnol) n'obtint aucun succès, fut retirée de la circulation par Pagnol et est devenue invisible. La première et la troisième sont à peu près d'égale valeur et pas tout à fait convaincantes ni l'une ni l'autre. La première « enrichit » la pièce de quelques aérations et resserre beaucoup le texte. Celle de 1951 supprime toutes les aérations de la précédente et restitue à la fois les lieux et la verbosité originale de la pièce, inséparable du talent de Pagnol. Jouvet (l'un des cinq directeurs à qui Pagnol avait refusé la pièce) et Fernandel font deux compositions complémentaires. Il semble que le cinéma serve de révélateur à ce que la pièce comporte de fondamentalement artificiel : il est difficile d'admettre que l'idéaliste, naïf et dévoué Topaze de la première partie et le requin féroce et cynique de la fin soient une seule et même personne. Le talent d'un grand acteur peut parvenir à le faire croire sur la scène, mais beaucoup moins dans la lumière révélatrice et impitoyable de l'écran. Jouvet en pion miteux est caricatural et daté ; il ne donne sa vraie mesure qu'à la fin. Au contraire Fernandel est comique et touchant en professeur mais sa composition de financier véreux est en toc. Pagnol avait entièrement raison quand il écrivait : « Pour que l'histoire soit vraisemblable, il faut que Topaze soit un très jeune homme... Trente ans au plus. S'il enseigne depuis vingt ans chez M. Muche, et s'il n'a jamais compris que M. le directeur est un marchand de soupe de troisième ordre et un hypocrite, c'est un niais, qui n'en sortira jamais. D'autre part, pour qu'il soit si aisément dupé par une coquette professionnelle, il faut qu'il soit presque vierge. Enfin, il ne sera pas transformé par cet amour en un redoutable homme d'affaires, parce qu'il n'aura plus la naïveté, ni la fraîcheur, ni l'agressivité de la jeunesse. » Or le rôle est si abondant et si difficile qu'il exige un acteur très expérimenté. C'est la quadrature du cercle. Peut-être verra-t-on un jour un Topaze juvénile et parfaitement crédible que le cinéma en tout cas n'a pas su trouver. Sur le plan de la rigueur dramatique, de la virulence, de la dénonciation d'un type particulier d'escroquerie, Topaze est loin d'avoir la densité de « Knock » qui fut un peu son modèle. Tout l'univers de Topaze et Topaze lui-même ont quelque chose d'un peu vague, d'un peu abstrait qui nuit au classicisme de l'œuvre. Sur le plan de l'invention, de la jubilation dans la dérision, *Topaze* n'arrive pas à la cheville, par exemple, d'un film comme *Gardez le sourire**. La veine cynique n'est d'ailleurs pas celle où triomphe Pagnol. L'originalité de *Topaze* tient dans sa description de la préhistoire psychologique d'un cynique, d'un idéaliste trompé et déçu. Mais même dans ce domaine, le *Baccara** de Mirande lui est infiniment supérieur. Sans aller jusqu'à dire que « Topaze » est une fausse grande pièce, il est certain que, malgré ses qualités, elle n'a pas l'ampleur ni l'universalité des chefs-d'œuvre de Pagnol ; d'où le relatif échec de sa mise en film, même lorsque l'auteur est aux commandes.

N.B. C'est André Lefaur qui créa à cinquante ans la pièce au théâtre. Il avait bien compris le handicap du rôle quand il dit à Pagnol : « Si tu m'avais donné ce rôle quand j'avais vingt-cinq ans, j'aurais été célèbre du jour au lendemain. Aujourd'hui je suis un peu trop vieux, mais ne crains rien. Je connais mon affaire, et je te réponds du succès. » Marcel Vallée créa le rôle de Muche aux « Variétés » et le garda dans les films de 1932 et de 1951. Lauréat d'un concours de comédiens amateurs organisé par le journal Comœdia dont le prix était un petit rôle aux « Variétés », Pierre Larquey fit ses premiers pas dans le rôle de Tamise qu'il interpréta également dans les films de 1932 et de 1951. A signaler que la scène « audacieuse » où Ernestine, refusée comme épouse par Topaze, se propose à lui comme maîtresse et accepte finalement un rendez-vous de Castel-Benac est absente de la pièce et n'apparaît que dans la version filmée de 1951. Versions étrangères : aux USA en 1933 par Harry d'Abbadie d'Arrast avec John Barrymore (œuvre très grinçante pour un film américain de l'époque mais un peu sèche et schématique) ; en Égypte en 1933 par Nagib El Rihani ; en Chine en 1939 sous le titre *Le monde de l'or et de l'argent* par Li Pingqian ; en Grande-Bretagne en 1961 *Mr. Topaze* réalisé et interprété par Peter Sellers.

BIBLIO. : la préface apparaît dans le volume III des œuvres complètes de Pagnol au « Club de l'Honnête Homme » (1970) et figure dans « Confidences » (Julliard 1981, Presses Pocket 1983).

## TORNADE
### (Passion)

1954 – USA (84') • *Prod.* RKO (Benedict Bogeaus) • *Réal.* ALLAN DWAN • *Sc.* Joseph Leytes, Beatrice A. Dresher, Howard Estabrook, d'ap. une histoire de J. Leytes, B.A. Dresher et Miguel Padilla • *Phot.* John Alton (Technicolor) • *Mus.* Louis Forbes • *Int.* Cornel Wilde (Juan Obregon), Yvonne De Carlo (Rosa Melo, Tonya Melo), Rodolfo Acosta (Salvador Sandro), Raymond Burr (Capitan Rodriguez), Lon Chaney, Jr. (Castro), John Qualen (Gaspar Melo), Anthony Caruso (sergent Muñoz), Richard Hale (Don Domingo), James Kirkwood (Don Rosendo), John Dierkes (Escobar).

La Californie d'il y a plus d'un siècle, encore sous domination mexicaine. Revenant des montagnes avec son troupeau, Juan Obregon apprend, éperdu de bonheur, que sa fiancée Rosa a accouché d'un bébé en son absence. Le père de Rosa, Gaspar Melo, qui loue à Juan ses pâturages, est sommé par Don Domingo d'abandonner sa terre dont il ne détient aucun titre légal de propriété. L'ancêtre de Don Domingo avait donné cette terre aux Melo qui l'exploitent depuis toujours, mais Don Domingo refuse de reconnaître ce don oral. Cinq hommes de main payés par Don Domingo incendient la demeure de Gaspar et le tuent, ainsi que sa femme. L'un des tueurs, Salvador Sandro, abat Rosa qui l'a reconnu. Juan et Tonya, la sœur de Rosa, partent à la recherche des criminels. Dans une taverne, Tonya reconnaît la voix de l'un d'entre eux, Castro. Après un duel au couteau où il a pris l'avantage, Juan fait avouer à Castro le nom de ses complices. Mais Castro sort un deuxième couteau et Juan doit le tuer pour se défendre. Le policier Rodriguez laisse Juan prendre la fuite. Juan traque un à un les assassins et les tue dans un duel au couteau. Sandro est le dernier survivant. Juan confie Tonya à un ami de sa famille, Don Rosendo, et part dans les montagnes recouvertes de neige sur les traces de Sandro qui cherche à passer la frontière. Tonya apprend que la fille d'un domestique de Don Rosendo a sauvé et recueilli le bébé de Juan. Elle s'élance à la poursuite de Juan, traqué par la police, pour lui annoncer la nouvelle, espérant ainsi mettre fin à sa soif de vengeance. Sandro fait une chute dans la montagne. Juan le ramène sur son dos, agonisant, jusqu'au relais. Avant de mourir, Sandro fait des aveux complets devant Rodriguez qui témoignera en faveur de Juan lors de son procès.

☞ Deuxième des dix films que Dwan tourna à la fin de sa carrière pour le producteur Benedict Bogeaus. Sur une trame d'une simplicité biblique, Dwan filme une « tragédie optimiste » comme il les aime, un poème raffiné et délicat sur le thème du bonheur perdu puis retrouvé (au moins en partie). Comment faire un film tendre sur la violence, comment dépeindre la violence en montrant qu'on la hait mais sans tomber dans le pathos ni à l'inverse dans la complaisance, c'est le secret de Dwan. Ici, dans cette atmosphère plastique espagnole que le réalisateur affectionne tant, des intérieurs sublimes (la chambre au berceau), des plans de ruelles en pente à demi éclairées par une lanterne (plans bricolés avec des bouts de décors volés ici et là dans le studio), des fenêtres ouvertes sur la lumière apaisante du soleil unissent le génie de la peinture à celui du cinéma. Dans tel plan d'une femme (la femme de Sandro) regardant d'un œil dur son mari partir vers quelque basse besogne éclate soudain sur l'écran, l'espace d'un instant, toute la violence de la peinture espagnole du XVII^e^. Les sommets qu'atteint Dwan semblent avoir demandé à leur auteur si peu d'efforts et si peu de moyens qu'ils se prêtent à être ignorés ou sous-estimés. Mais un œil avisé ne saurait s'y tromper.

## TOUBIB OR NOT TOUBIB
### (Doctor in the House)

1954 – Angleterre (91') • *Prod.* Rank (Betty Box) • *Réal.* RALPH THOMAS • *Sc.* Richard Gordon, Nicholas Phipps, Ronald Wilkinson d'ap. R. de Richard Gordon • *Phot.* Ernest Steward (Technicolor) • *Mus.* Bruce Montgomery • *Int.* Dirk Bogarde (Simon Sparrow), Muriel Pavlov (Joy), Kenneth More (Grimsdyke), Donald Sinden (Benskin), Kay Kendall (Isobel), James Robertson Justice (Sir Lancelot), Donald Houston (Taffy Evans), Suzanne Cloutier (Stella).

Les années d'apprentissage d'un groupe d'étudiants à l'hôpital Saint-Swithin de Londres : leurs amours, leurs farces, leurs échecs et leurs progrès, assez lents, en médecine.

☞ Construction faite d'une multitude de très courtes séquences qui iraient dans tous les sens s'il n'y avait la progression chronologique des cinq années de cours pour leur donner un semblant d'unité. A cause de la pruderie de l'époque, plus sensible encore dans le cinéma anglais que dans les autres cinémas européens, inutile de chercher la moindre audace dans la description de la vie privée des personnages, étrangement pudique. Leurs plaisanteries même paraissent dénuées du mauvais goût traditionnellement attribué aux carabins dans l'exercice de leur – future – profession. Il faudra attendre presque trente ans pour que les Anglais se défoulent enfin et se rattrapent dans ce déluge de mauvais goût où pataugent avec délectation les auteurs d'un film comme *Monthy Pyton's the Meaning of Life.* A vrai dire les étudiants de *Doctor in the House* se comportent encore comme de vrais boy-scouts. Il n'empêche que l'exploitation au cinéma d'un milieu jusque-là peu traité, l'esprit bon enfant du scénario et le rythme accéléré dû à la brièveté des séquences ont suffi à assurer le triomphe commercial de cette bluette, suivie de six « séquelles » beaucoup plus médiocres. (*Doctor at Sea, Toubib en mer,* 1955 ; *Doctor at Large, Toubib en liberté,* 1957 ; *Doctor in Love,* 1962 ; *in Distress,* 1963 ; *in Clover,* 1965 ; *in Trouble,* 1970 ; tous dirigés par Ralph Thomas.)

## TOUCHEZ PAS AU GRISBI

1954 – France – Italie (94') • *Prod.* Del Duca Films, Paris, Antarès Films, Rome • *Réal.* JACQUES BECKER • *Sc.* Jacques Becker, Maurice Griffe et Albert Simonin d'ap. R. de Albert Simonin • *Phot.* Pierre Montazel • *Mus.* Jean Wiener • *Int.* Jean Gabin (Max), René Dary (Riton), Jeanne Moreau (Josy), Lino Ventura (Angelo), Paul Frankeur (Pierrot), Paul Oettly (Oscar), Daniel Cauchy (Fifi), Michel Jourdan (Marco), Dora Doll (Lola), Gaby Basset (Marinette), Delia Scala (Hugette), Dominique Davray (une prostituée).

Deux truands sur le retour, Max-le-Menteur et Riton, amis de longue date, ont réussi un coup sensationnel à Orly en mettant la main sur une centaine de kilos d'or. Dans l'esprit de Max, ce coup est le dernier, celui qui doit lui assurer la retraite paisible et confortable à laquelle il aspire. Mais Riton n'a pu s'empêcher de parler de l'affaire à sa jeune maîtresse, Josy, qui est allée tout raconter à Angelo, un truand de la nouvelle génération avec lequel elle trompe Riton. Angelo, avec deux sbires, kidnappe Riton et réclame l'or comme rançon. Une fois encore, Max est obligé d'aller au secours de son ami comme il l'a fait si souvent dans sa vie, et parfois avec lassitude et exaspération. L'échange doit avoir lieu sur une route de campagne, la nuit. Max, son jeune protégé Marco, et un vieil ami, Pierrot, donneront les lingots à Angelo qui libérera Riton. La rencontre est sanglante. Marco est tué. Max, après avoir abattu Angelo et ses tueurs, doit abandonner le magot dans une voiture en flammes afin de ramener Riton, gravement blessé, au plus vite à Paris. Riton est opéré et semble tiré d'affaire. Pour détourner les soupçons, Max se montre dans les lieux qu'il a coutume de fréquenter au bras d'une de ses conquêtes, l'Américaine Betty. Dans un restaurant, il apprend par téléphone que Riton n'a pas survécu à ses blessures.

☞ Le minutieux Becker opère dans un récit policier le même décentrage d'intérêt – discrètement révolutionnaire – qu'avait opéré Huston, trois ans auparavant, dans *Asphalt Jungle**. Les personnages, leurs traits de caractère, leurs manies, leurs sentiments, les relations qui existent entre eux passent nettement au premier plan par rapport à l'action proprement dite. Cela est encore plus net dans *Touchez pas au grisbi* que dans *Asphalt Jungle**. A partir de ce parti pris, l'originalité du film est double. D'abord l'accumulation des notations concernant les personnages apparaît au sein d'une trame extrêmement linéaire et continue, et à cet égard quasiment hawksienne. (*Touchez pas au grisbi* est sans doute le plus hawksien des films français). Nous suivons Max (Gabin) durant une nuit, une journée et puis une autre nuit – décisive – de sa vie. Le personnage est présent dans chaque scène et le récit, sans cesser d'être objectif, sans flashback ni détour, sans pittoresque ni artifice, le donne à voir tout entier dans ces quelques heures de son existence. A un moment de l'action, le film a besoin de faire référence au passé pour souligner combien de fois déjà Max a dû tirer d'affaire son courageux et imprudent camarade. Becker résout la difficulté en recourant, avec une tranquille assurance, à un monologue en voix *off* très simple et très efficace (déjà dans *Rue de l'Estrapade* * il avait fait monologuer en « direct » et de façon très savoureuse la vieille domestique Paquerette). Autre originalité, liée à la précédente : le portrait de Max (ami fidèle et parfois lassé de l'être, Don Juan désabusé mais encore vert, truand fatigué aspirant au repos, etc.) est livré avec un laconisme rarissime dans le cinéma français de l'époque. Réserve, pudeur, sobriété et comme une paresse de grand seigneur à n'insister sur rien caractérisent non seulement le protagoniste mais surtout le style de Becker. Il est inutile de rappeler que le film fut un triomphe, mais il peut être bon de noter que Becker démontra à cette occasion que, même en France, le grand public pouvait être sensible au classicisme le plus exigeant et le plus naturel. Il eut sans doute aussi de la chance car d'autres que lui s'y essayèrent et se cassèrent les dents. Quoi qu'il en soit, *Touchez pas au grisbi* reste aujourd'hui comme à sa sortie l'un des meilleurs films policiers français et peut-être, tout simplement, le meilleur.

**TOUCH OF ZEN (A)**
**(Xia nu)**

1969 – Hongkong (180') • *Prod.* Union Film Company • *Réal.* KING HU • *Sc.* King Hu d'ap. livre de P'Ou Song-Ling • *Phot.* Hua Hui-Ying (Cinémascope, Eastmancolor) • *Mus.* Tai-Kwong • *Int.* Hsu Feng (Yang Hui-Chen), Pai Ying (Shin Wen-Chiao), Roy Chiao Hung (le moine), Shih Chun (Ku Sheng-Chai), Tien Peng (Ou-Yang Nien), Wan Jei (Men Ta).

En Chine, sous la dynastie Ming, un jeune peintre sans ambition sociale habite avec sa mère dans une petite ville et projette de se marier avec une jeune fille, Yang, récemment installée près de chez lui où elle semble se cacher. Elle lui raconte que sa famille a été massacrée pour des raisons politiques et que, seule survivante, elle fuit la persécution de ses ennemis. Deux généraux déchus l'ont aidée et l'aident encore à échapper à la mort. Elle a appris les arts martiaux chez des moines bouddhistes. (Elle est par exemple capable de lancer simultanément quatre lames sur une cible.) Le peintre, pour la défendre, fait usage de ses connaissances en stratégie, une discipline qui l'intéresse depuis l'enfance. Stratégie aussi bien psychologique que strictement militaire. Les adversaires de Yang approchent. Dans le but de les démoraliser, le peintre fait courir le bruit que le fort voisin où ils comptent s'installer est hanté. Il y installe également toutes sortes de mannequins articulés qui les effraieront, la nuit venue. Un massacre a néanmoins lieu. A l'aube, Yang a disparu. Le peintre part à sa recherche. Il apprend qu'elle s'est retirée définitivement dans un monastère bouddhiste. Elle lui fait remettre, sans qu'il ait pu la voir, leur bébé. Elle sortira cependant de sa retraite pour le défendre contre une dernière vague d'ennemis lancés contre lui. Les prêtres devront eux aussi se mettre de la partie. Après une lutte très meurtrière, le Bouddha indique au couple la direction commune à suivre.

☞ Pour certains spécialistes, c'est une des œuvres les plus ambitieuses venues de Hongkong où elle connut un désastre commercial. Son tournage s'était étalé sur quatre ans, comprenant notamment la construction de décors qui auraient dû servir de façon permanente à d'autres productions. Le film participe à la compétition de Cannes en 1975. Il ne fut jamais distribué en France mais a été projeté dans diverses rétrospectives du cinéma chinois. Il semble tout à fait excessif de crier au génie. Les aspects politiques et religieux de l'intrigue laissent de marbre le spectateur occidental. Celui-ci a nettement l'impression que ces aspects n'ont pas d'existence réelle et ne servent qu'à susciter cette violence chorégraphique affectionnée par le public local, même si King Hu, après une très longue introduction, ne situe le premier combat qu'à la 50e minute de projection (dans la version de trois heures). La mise en scène use des mouvements d'appareil et surtout des zooms avec une surabondance qui devient vite lassante. Plus que dans la reconstitution historique, sa principale qualité réside dans une participation parfois intense de la nature à la description plastique de l'action. Qualité qui n'est pas sans évoquer, de façon lointaine, les westerns d'Anthony Mann. Exemples : la fuite de l'héroïne parmi les immenses rochers blancs (deuxième flash-back), le combat dans la forêt de bambous où les irréelles performances acrobatiques des adversaires (sauts, jets de poignard, etc.), les couleurs vives de leurs tenues composent, au milieu d'une architecture de lignes verticales, une abstraction lyrique assez insolite. On repense à Anthony Mann quand le réalisateur s'installe, pour filmer les derniers combats, dans un sous-bois verdoyant et s'y trouve aussi à l'aise que s'il s'agissait d'un décor spécialement construit pour la séquence. Minutes éparses dans un ensemble de trois heures dont l'esthétique générale, malgré ses alibis culturels, reste beaucoup plus proche de Sergio Leone que de Walsh ou de Mizoguchi.

## TOURNANT DÉCISIF (LE)
**(Veliki perelom)**

1945 – URSS (102') • *Prod.* Studio Lenfilm • *Réal.* FRÉDÉRIC ERMLER • *Sc.* Boris Tchirskov et F. Ermler • *Phot.* Avram Kaltzaty • *Mus.* Gavril Popov • *Int.* Mikhail Derjavine (général Mouraviov), P. Andrievsky (général Vinogradov), Youri Tolubeev (général Lavrov), Andrei Abrikossov (général Krivenko), Pavel Volkov (Stepan), Alexandre Krajevsky (général Panteleev), Marc Bernes (Minutka, le chauffeur), Vladimir Marev (lieutenant Fedorov).

Sous la direction du général Von Kraus, les troupes allemandes attaquent en force la ville de Stalingrad. Après le retrait du général Vinogradov, partisan d'abandonner la ville, le général Mouraviov, qui vient de perdre sa femme, est le nouveau commandant en chef, à la tête de l'état-major. Il pense qu'il faut garder d'importantes réserves d'hommes à l'écart de la bataille et sur ce point s'oppose au bouillant général Krivenko qui estime au contraire que l'état-major devrait décider l'envoi massif de toutes les troupes disponibles contre les Allemands. Avec le peu d'hommes qu'il avait, Krivenko vient cependant de colmater une brèche importante faite par les Allemands dans la défense russe. Au cours d'une réunion générale de l'état-major, Mouraviov félicite Krivenko mais le remplace sur le front par le vieux général Panteleev. Il donne comme raison que Krivenko ne croit pas assez à la victoire dans les conditions où lui, Mouraviov, veut l'obtenir. Krivenko avait assisté à la réunion blessé et doit ensuite aller se faire soigner. Quand il est guéri, Mouraviov lui apprend que Panteleev a réussi avec ses maigres troupes à attirer vers lui d'importants effectifs allemands que Kraus avait retirés de ses flancs pour les jeter dans la bataille. Mouraviov souhaite intensifier cette manœuvre pour que, l'heure venue, les réserves russes puissent partir à l'assaut des flancs allemands complètement dégarnis. Krivenko est nommé à la tête d'une nouvelle unité. Dans une seconde réunion générale, Mouraviov livre à l'état-major les plans du haut commandement de Moscou dont il avait communiqué la substance à Krivenko. Mais brusquement et contrairement à toutes les prévisions, les Allemands cessent leurs attaques sur Stalingrad. D'abord tout à fait décontenancé, l'état-major ne tarde pas à comprendre qu'il s'agit là du calme précédant la tempête. Von Kraus s'apprête à lancer une attaque en masse sur la ville dont il est indispensable de connaître l'heure exacte, car le plan russe consistera à pilonner l'ennemi en lançant sur lui en quelques heures la quantité d'obus utilisée habituellement en un mois. Les Russes capturent un sapeur allemand et apprennent que l'attaque est fixée pour quatre heures du matin. Dans l'heure qui précède ce moment fatidique, Mouraviov se pose des questions angoissées. Si l'attaque allemande n'a pas lieu à l'heure prévue et qu'il dilapide cette impressionnante puissance de feu, ne compromet-il pas définitivement ses chances de victoire ? Mais n'en serait-il pas de même s'il n'utilisait pas l'occasion qui lui est donnée de prendre immédiatement l'avantage ? Il met fin à cette tempête sous un crâne en décidant de s'en tenir au plan prévu. Un peu avant quatre heures, il donne l'ordre de tirer. Jusqu'à quatre heures dix, aucun signe des Allemands. Puis leur tir d'artillerie préparatoire commence. Mouraviov éprouve un soulagement immense. Pour résister au tir russe, Kraus, dans sa furie de vaincre, enlèvera de ses flancs trois divisions, chiffre encore plus élevé que ce que les Russes avaient prévu. Panteleev lance les deux divisions qu'il a obtenues de Mouraviov sur les flancs allemands. Victoire complète. Le lieutenant Fedorov capture l'état-major de Kraus. Krivenko remercie Mouraviov de son habileté stratégique. Ce dernier déclare qu'un tournant décisif a été pris dans la guerre.

☞ Le film occupe une place originale non seulement dans l'histoire du cinéma russe mais surtout dans celle du film de guerre en tant que genre. Dans les quatre cinquièmes de sa durée, *Le tournant décisif* décrit en effet la guerre au niveau des états-majors, des élaborations de plans, des prises de décisions avec la part non négligeable de risque, d'incertitude et de spéculation qu'elles comportent. A partir de matériaux ingrats – décors nus, allées et venues de stratèges soucieux, sanglés dans leurs uniformes impeccables – le style rigide et rigoureux d'Ermler, riche en plans longs et en mouvements d'appareil dont le caractère spectaculaire est gommé au maximum, réussit à créer une tension véritable et même un certain suspense. Le film veut montrer la victoire de l'esprit de calcul, de la rationalité sur la fougue et l'ardeur combative (représentée par le général Krivenko), tout en soulignant combien cette rationalité a besoin pour triompher de cette fougue elle-même. Il montre aussi que la rationalité suprême consiste dans la connaissance de l'ennemi. On peut regretter qu'Ermler n'ait pas poussé plus loin encore le parti pris du huis-clos dans ce jeu d'échecs où le meilleur coup est celui qui anticipe avec le plus de perspicacité l'action de l'adversaire. Il a intégré dans le récit une série de scènes de combat qui sont à la fois trop et trop peu abondantes pour trouver leur justification au sein de ce cours de stratégie et de réalisme militaire au plus haut niveau.

N.B. Dans la copie « restaurée » en 1967, la séquence où Mouraviov reçoit un message de condoléances de Staline a été coupée. Dans aucune des copies, le nom de Stalingrad n'est prononcé.

## TOUS EN SCÈNE
**(The Band Wagon)**

1953 – USA (112') • *Prod.* MGM (Arthur Freed) • *Réal.* VINCENTE MINNELLI • *Sc.* Betty Comden et Adolph Green • *Phot.* George Folsey remplacé par Harry Jackson (Technicolor) • *Chor.* Michael Kidd • *Mus.* Howard Dietz, Arthur Schwartz • *Int.* Fred Astaire (Tony Hunter), Cyd Charisse (Gabrielle Gerard), Oscar Levant (Lester Marton), Nanette Fabray (Lilly Marton), Jack Buchanan (Jeffrey Cordova), James Mitchell (Paul Byrd), Robert Gist (Hal Benton), Thurston Hall (colonel Tripp), Ava Gardner (elle-même).

Tony Hunter, un acteur de music-hall et de cinéma autrefois célèbre, revient à New York où il semble oublié de tout le monde. Ses deux fidèles amis, Lily et Lester Marton, l'attendent sur le quai de la gare avec le dernier script qu'ils ont écrit pour lui : « The Band Wagon », une comédie musicale dont le héros est un auteur de livres pour enfants obligé pour survivre d'écrire des romans policiers. Ils ont l'intention de la faire monter par Jeff Cordova, célèbre metteur en scène et acteur de Broadway, spécialisé dans la tragédie grecque et dans Shakespeare. Cordova est emballé par le script où il voit une version moderne de « Faust ». Tony Hunter, qui en sera la vedette, reste sceptique en ce qui concerne l'aptitude de Cordova à diriger une comédie musicale, les modifications qu'il introduit dans le script et sa collaboration personnelle avec la danseuse classique Gabrielle Gerard que Cordova lui a choisie comme partenaire. Les faits lui donneront raison : la première à New York est un bide complet. Toutefois Hunter et la troupe ne s'avouent pas vaincus. Ils emmèneront « The Band Wagon » en tournée, mais dans sa version originale. Cordova, bon prince, se met aux ordres de Hunter. Le spectacle connaît un franc succès, puis triomphe à New York. Toute la troupe, réunie sur la scène après le spectacle, dit à Tony Hunter son admiration et sa gratitude. Gabrielle lui avoue son amour.

☞ Un des classiques incontestés de la comédie musicale hollywoodienne, produite par le génial Arthur Freed, compositeur de chansons puis fondateur d'une équipe responsable de la plupart des chefs-d'œuvre du genre musical à la MGM. (Sur cette personnalité exceptionnelle, on recommandera chaudement l'ouvrage de Hugh Fordin « The World of Entertainment, Doubleday,

New York, 1975, traduit chez Ramsay en 1987 sous le titre aberrant « La comédie musicale américaine ».) A la demande de Fred, les scénaristes Comden et Green ont bâti leur histoire à partir de revues écrites par Howard Dietz et Arthur Schwartz durant les trente dernières années. (La revue qui donne son titre au film avait été interprétée en 1931 par Fred Astaire et sa sœur Adèle.) Astaire s'intéressant au projet, les scénaristes (qui se représentent eux-mêmes dans l'intrigue à travers les personnages joués par Oscar Levant et Nanette Fabray) créent un rôle pour le danseur en rapport avec son âge et certaines de ses manies (ex. son allergie vis-à-vis des partenaires de grande taille). Minnelli, ici, ne cherche nullement à révolutionner la structure ou le contenu de la comédie musicale. Au contraire, *The Band Wagon* représente l'apogée de la forme la plus traditionnelle du genre, celle qui est basée sur la préparation d'un spectacle et naquit avec les débuts du parlant. Mais il l'enrichit de l'intérieur en y introduisant les thèmes du vieillissement, de l'échec et du nécessaire renouvellement, qu'il traite avec une émotion très discrète, un humour dynamique et presque cinglant. Se renouveler, ce n'est pas afficher des ambitions extravagantes, mélanger les genres, saper systématiquement les vieilles traditions (au passage Minnelli égratigne l'avant-gardisme de Broadway). C'est, par un retour aux sources qui exige humilité et courage, rénover, revitaliser de l'intérieur son domaine et son propre talent. C'est aussi, comme l'a dit Mamoulian à propos d'Astaire, « améliorer la perfection ». Tous les numéros dansés de *The Band Wagon* sont passés dans la légende du genre : le solo d'Astaire (« Shine on Your Shoes ») au parc d'attractions, le duo « Dancing in the Dark » avec Cyd Charisse dans le jardin derrière lequel se profilent les gratte-ciel éclairés, ou bien « Triplets », numéro burlesque où Astaire, Buchanan et Nanette Fabray apparaissent par un habile et simple trucage en bébés (les acteurs dansent à genoux, leurs genoux enserrés dans des bottes de cuir prolongées par des chaussons d'enfants). Le ballet final de treize minutes, « Girl Hunt, a Murder Mystery in Jazz », évocation satirique de l'univers de la série noire où Cyd Charisse apparaît en blonde, puis en brune, est avec celui d'*Un américain à Paris* * et de *Chantons sous la pluie** le plus célèbre morceau de bravoure de la comédie musicale hollywoodienne. Quant à la chanson « That's Entertainment » (qui donna son titre aux anthologies de la MGM), elle fut écrite spécialement pour le film en une demi-heure par Dietz et Schwartz. Elle contient toute la philosophie du genre et mérite d'être mise en exergue à l'ensemble des *musicals* Metro.

BIBLIO. : scénario et dialogues, Lorrimer, Londres, 1986.

## TOUT CE QUE LE CIEL PERMET (All That Heaven Allows)

1956 – USA (89') • *Prod.* UI (Ross Hunter) • *Réal.* DOUGLAS SIRK • *Sc.* Peg Fenwick d'ap. une histoire de Edna Lee et Harry Lee • *Phot.* Russell Metty (Technicolor) • *Mus.* Frank Skinner • *Int.* Jane Wyman (Cary Scott), Rock Hudson (Ron Kirby), Agnes Moorehead (Sara Warren), Conrad Nagel (Hervey), Virginia Grey (Alida Anderson), Gloria Talbott (Kay Scott), William Reynolds (Ned Scott), Jacqueline De Wit (Mona Plash), Charles Drake (Mike Anderson).

Dans la petite ville de Stoningham en Nouvelle Angleterre, Cary Scott, une veuve, mère de deux grands enfants, vit assez solitaire. Elle tombe amoureuse de Ron Kirby, un homme plus jeune qu'elle, passionné d'horticulture et qui a effectué pour elle des travaux de jardinage. C'est un disciple de Thoreau, un esprit indépendant et serein qui a exclu de son existence toute idée d'ambition et de compétition sociale. La différence d'âge, la différence sociale existant entre Cary et Ron alimentent les rumeurs dans la petite ville. Quand Cary annonce à ses enfants son intention d'épouser Kirby, c'est la désolation chez sa fille et la colère chez son fils. Elle dit alors à Kirby qu'il faut retarder le mariage, puis elle rompt avec lui. A Noël, elle apprend que sa fille est sur le point de se marier, que son fils va partir pour l'étranger. Elle va donc se retrouver seule dans sa grande maison. Son fils lui achète un poste de télévision pour qu'elle ne manque pas de compagnie. Elle comprend l'erreur qu'elle a faite en se laissant influencer et se rend chez Kirby. Il n'est pas chez lui. Il voit sa voiture repartir et se précipite vers elle. Il fait alors une grave chute dans la neige. Cary passe la nuit à son chevet, dans la maison qu'il avait transformée pour elle. A l'aube, il se réveille et lui sourit. Ils resteront ensemble.

☞ Un mélodrame « froid » de Douglas Sirk, superbe d'intelligence et de perspicacité. L'intrigue épouse les sentiments de l'héroïne, ses élans de bonheur et ses déceptions, et c'est pourquoi il s'agit bien d'un mélodrame. Mais Sirk utilise le genre de manière à y insérer le plus grand nombre possible de notations sociales. Le film devient alors un exposé des pressions qui accablent l'héroïne et la poussent vers le malheur ; elles viennent de l'opinion publique, de ses voisins, de ses amis et même de ses enfants. Pas de catastrophe spectaculaire ni de délire comme dans *The Magnificent Obsession** (joué par les mêmes acteurs principaux), mais une description incisive et extrêmement juste de la moyenne bourgeoisie américaine à l'époque où le film fut tourné. Sirk démontre que l'ironie et l'émotion peuvent aller de pair dans la scène extraordinaire où arrive sur une table à roulettes le cadeau du fils à sa mère, un poste de télévision, ainsi commenté par le vendeur : « Tout ce que vous avez à faire, c'est de tourner le bouton et vous aurez toute la compagnie que vous pouvez désirer, là sur l'écran : le drame, la comédie, la parade de la vie sont à la pointe de vos doigts. » Splendide Technicolor de Russell Metty qui oppose à la mesquinerie citadine des habitants de Stoningham la beauté de la nature et le credo de « Walden ». Les plans qui terminent le film (ex. le cerf passant devant la baie vitrée de la maison de Rock Hudson) sont parmi les plus beaux de l'œuvre de Sirk.

## TOUTE LA FAMILLE TRAVAILLE
**(Hataraku ikka)**

1939 – Japon (65') • *Prod.* Toho (Masanobu Takeyama) • *Réal.* MIKIO NARUSE • *Sc.* Mikio Naruse • *Phot.* Hiroshi Suzuki • *Mus.* Tadashi Ota • *Int.* Musei Tokugawa (le père), Fumiko Honma (la mère), Akira Ubukata (Kiichi), Kaoru Ito, Den Ohinata (le professeur).

Une famille nombreuse et pauvre, à l'époque de la guerre sino-japonaise. Le salaire de chacun est indispensable à la survie du groupe. Aussi l'un des enfants devra-t-il abandonner l'école pour devenir apprenti. Mais l'aîné de la famille se révolte contre son sort. Il voudrait abandonner son travail et partir afin de commencer des études de droit. Il hésite longuement et, finalement, remet à plus tard sa décision.

☞ Dès avant la guerre, l'univers – immuable – de Naruse est en place : monotonie des jours et sentiment aigu de la précarité de l'existence. Naruse n'est pas seulement le cinéaste de la difficulté de vivre mais surtout celui de la difficulté de survivre. Cette difficulté paralyse l'esprit d'initiative et la faculté de décision des personnages. Elle s'exprime dans un style d'une austérité étonnante résultant de plusieurs facteurs : 1) un travail de mise en scène qui cherche à estomper le relief des lieux et des sentiments et fuit toute occasion de faire apparaître, à propos des malheurs évoqués, une quelconque fraîcheur de ton (en ce sens, le film, proche par les situations des mélodrames familiaux d'Ozu à la même époque, s'en démarque totalement) ; 2) un scénario qui expulse toute dramatisation, mais aussi tout événement susceptible de trouver sa résolution dans le temps du film ; 3) enfin le sujet même de l'intrigue interdit à chaque élément de la cellule familiale, en vertu des règles séculaires de la société japonaise, de se distinguer du tout dont il fait partie. L'indifférenciation des personnages est un élément primordial de la mise en scène conférant à l'œuvre cette austérité paradoxalement spectaculaire du style de Naruse.

BIBLIO. : sur Naruse, il ne faut pas manquer de lire le volume de Audie E. Bock publié par les Éditions du Festival International du Film de Locarno, 1983.

## TOWER OF LONDON (id.)

1939 – USA (93') • *Prod.* Universal (Rowland V. Lee) • *Réal.* ROWLAND V. LEE • *Sc.* Robert N. Lee • *Phot.* George Robinson • *Mus.* Frank Skinner • *Int.* Basil Rathbone (le duc de Gloucester), Boris Karloff (Mord), Barbara O'Neil (la reine Elizabeth), Ian Hunter (le roi Édouard IV), Vincent Price (Clarence), Nan Grey (Lady Alice Barton), Leo G. Carroll (Hastings), John Rodion (Lord DeVere), John Sutton (John Wyatt), Miles Mander (Henry VI), Ralph Forbes (Henry Tudor), G. P. Huntley (le prince de Galles).

Au XVe siècle en Angleterre, les intrigues criminelles de Richard, duc de Gloucester, frère du roi Édouard IV, pour s'approcher du trône en éliminant un à un tous les prétendants éventuels, avec l'aide du bourreau Mord qui le considère à l'égal d'un dieu. Leurs victimes avant la mort – naturelle – d'Édouard seront le prince de Galles (tué par Richard à la bataille de Tewkesbury), son père Henry VI (tué par Mord), le duc de Clarence, le demi-frère d'Édouard, noyé dans une cuve de Malvoisie par Richard et Mord. Après la mort d'Édouard, ses deux jeunes fils dont Richard est devenu le tuteur seront assassinés par Mord à la Tour de Londres. Le trône appartient alors à Richard. Mais John Wyatt exilé en France revient en Angleterre et sous l'injonction de la veuve d'Édouard vole le trésor royal qu'il fait parvenir à l'exilé Henry Tudor. Arrêté et torturé à la Tour de Londres, Wyatt réussit à s'enfuir. Tudor, à la tête d'une armée nouvelle, s'oppose à Richard à la bataille de Bisworth (1485) où Richard et Mord trouveront la mort. Cette même année, Tudor est proclamé roi sous le nom d'Henry VII.

☞ Le courant fantastique de la Universal, toujours à la recherche de nouveaux territoires, s'empare ici de l'Histoire, de la tragédie historique (basée sur les faits relatés dans « Richard III » de Shakespeare) pour en extraire un conte de terreur et d'effroi. La tentative est originale et partiellement réussie ; elle resta pratiquement sans suite. L'omnipotence des Grands à une époque reculée de l'Histoire d'Angleterre – la naïveté des uns, la malignité des autres – délimite un espace où toutes horreurs deviennent possibles, sinon permises. Le Mal n'a plus alors à s'incarner dans des créatures extraordinaires (le monstre de Frankenstein et consorts) mais circule librement à travers les épisodes sanglants qui jalonnent le destin de personnages ayant réellement existé. Le film serait presque *sadien,* si les ambitions trop strictement politiques de Gloucester (le futur Richard III) n'en limitaient la portée. (On notera quand même l'épisode de sa convoitise pour la femme du prince de Galles qu'il épousera après l'assassinat de ce dernier.) Les recherches plastiques du film créent un monde à mi-chemin entre la reconstitution fidèle et la fantasmagorie. Les scènes de bataille, vues comme en ombres chinoises sous la pluie et dans la nuit, ont une allure extraordinaire et créent une atmosphère quasi hallucinatoire. Mais il appartient surtout aux interprètes de distiller un subtil malaise et de donner au film son aspect de vrai cauchemar : vont dans ce sens la mollesse sournoise de Vincent Price (dans le rôle de Clarence, un personnage aux initiatives courageuses, mais qui n'a pas l'étoffe d'un grand destin), le mépris glacial de Basil Rathbone (Richard III) et surtout la monstruosité multiforme de Boris Karloff. Surveillant consciencieux de la chambre des tortures, bourreau officiel, tueur d'enfants à l'occasion, Karloff, avec sa calvitie, sa jambe torve que souligne l'étroitesse des chausses, son pied bot, fait ici, dans le rôle de Mord, une de ses compositions les plus horrifiques. Sa complicité avec le futur roi semble le faire accéder à un statut social qui l'enivre et le stupéfie lui-même. A ce stade de sa carrière, l'absence totale d'ironie est un des points forts de ce très grand acteur. Successeur mais non disciple de Lon Chaney, il impressionna le public par un usage plus sobre, plus moderne et encore plus convaincant des maquillages et des malformations physiques qu'affectionnait « l'homme aux mille visages ». Remake semi-parodique en 1962 par Roger Corman : Vincent Price reprend le rôle de Basil Rathbone et abandonne le sien à Richard McCauly.

## TRAIN DE 8 H 47 (LE)

1934 – France (80') • *Prod.* Lux (Alex Nalpas) • *Réal.* HENRY WULSCHLEGER • *Sc.* René Pujol d'ap. P. de Léo Marchès tirée du R. de Georges Courteline • *Phot.* René Guychard, Maurice Guillemin • *Mus.* Vincent Scotto • *Int.* Bach (La Guillaumette), Fernandel (Croquebol), Fernand Charpin (le capitaine Hurluret), Fernand Ledoux (l'adjudant Flick), Georges Prieur (le colonel), Hennery (M. Frédéric), Georges Chepfer (l'officier alsacien).

L'équipée ferroviaire et nocturne de La Guillaumette et Croquebol, deux militaires de Commercy chargés de récupérer quatre chevaux égarés dans une caserne voisine.

☞ Si la mise en scène est rudimentaire, Courteline n'aurait pu rêver meilleurs interprètes pour son épopée à rebours que le vieux routier Bach allant bras dessus, bras dessous avec le presque débutant Fernandel. (On voit ici les deux acteurs réunis pour la seule et unique fois de leur carrière.) Ces deux caricatures vivantes, admirables de verve, de santé, de puérilité, se mettent mutuellement en valeur et rendent à l'univers courtelinesque sa saveur première, sa force comique venue du tréfonds de l'art français et proche, par exemple, d'un fabliau du Moyen Age.

## TRAIN DE NUIT
## (Pociag)

1959 – Pologne (95') • *Prod.* Ensemble Kadr • *Réal.* JERZY KAWALEROWICZ • *Sc.* Jerzy Lutowski et J. Kawalerowicz • *Phot.* Jan Laskowski • *Mus.* Andrzej Trzaskowski • *Int.* Lucyna Winnika (Marthe), Leon Niemczyk, Teresa Symigielowna (la blonde), Zbigniew Cybulski (Stachek, le chirurgien), H. Dabrowska, Ignacy Machowski, Roland Glowacki, A. Sewaruk.

Entrecroisement de destins lors du trajet nocturne d'un train de vacances en Pologne. S'y côtoient notamment un chirurgien angoissé par l'échec de sa dernière opération, une jeune femme à la vie sentimentale agitée et décevante, un assassin en fuite après le meurtre de sa femme, et une épouse frustrée en quête d'aventure extra-conjugale.

☞ Le récit mélange assez habilement intériorisation et action, description psychologique et drame policier. La séquence la plus mouvementée (la fuite de l'assassin et son arrestation au milieu d'un cimetière) représente à la fois la culmination de l'intérêt dramatique de l'intrigue et de son intérêt humain : c'est après ce point d'orgue et cette catharsis que les personnages se sentiront capables d'aborder avec plus de sérénité leurs problèmes. Son dynamisme à l'américaine qui fit remarquer le film est aussi sa limite : les personnages, trop abstraits, restent à l'état d'archétypes dans un contexte social insuffisamment particularisé.

## TRAITRE (LE)
## (Decision Before Dawn)

1950 – USA (119') • *Prod.* Fox (Anatole Litvak – Frank McCarthy) • *Réal.* ANATOLE LITVAK • *Sc.* Peter Viertel d'ap. R. « Call It Treason » de George Howe • *Phot.* Frank Planer • *Mus.* Franz Waxman • *Int.* Richard Basehart (lieutenant Rennick), Gary Merrill (colonel Devlin), Oskar Werner (Karl Maurer), Hildegarde Neff (Hilde), Dominique Blanchar (Monique), O.E. Hasse (von Ecker), Wilfried Seyfert (Scholtz), Hans Christian Blech (« Tiger »), Helene Thimig (Fraulein Schneider).

Décembre 1944. Le lieutenant Rennick, officier de liaison, rejoint le QG du colonel Devlin installé dans un couvent. Devlin recrute parmi les prisonniers allemands des espions chargés de collecter des renseignements au-delà des lignes allemandes. Certains, comme « Tiger », accomplissent cette tâche par opportunisme et pour de l'argent. D'autres, comme le jeune caporal Karl Maurer, fils d'un chirurgien, pour des raisons plus complexes et plus nobles.

Karl est amené à penser qu'une victoire rapide des Américains sera bénéfique à son peuple égaré par des chefs irresponsables. « Tiger », Karl et Rennick sont parachutés en différents points de l'Allemagne. Karl, dont la mission est de localiser la onzième Panzerdivision, rejoint Munich et de là est censé regagner son régiment à Mannheim. Il utilisera entre les deux villes de nombreux moyens de transport, fera diverses rencontres et subira toutes sortes de contrôles. Il est contraint pendant quelque temps de servir d'infirmier à un haut gradé allemand installé dans un château. Il pourrait le tuer en augmentant la dose du produit qu'il doit lui administrer pendant ses crises. Mais il ne le fait pas et réussit à se libérer de ses obligations envers lui. Il obtient l'autorisation de rejoindre son régiment. Il découvre alors qu'il figure sur la liste noire, constamment remise à jour, des individus suspectés d'espionnage. A un poste de contrôle de Mannheim, il jette ses papiers, prend la fuite et réussit à échapper à ses poursuivants en se cachant dans les ruines d'un théâtre. Il rejoint « Tiger » et Rennick, ce qui n'était pas prévu, et communique à ce dernier les renseignements obtenus durant son périple. Dénoncés, les trois hommes n'ont d'autre issue que de traverser le Rhin à la nage. Rennick abat « Tiger » qui essayait de s'enfuir. Karl est capturé et promis à une exécution certaine. Il s'arrange pour laisser à Rennick le temps de parvenir jusqu'à l'autre rive du fleuve.

☞ Récit de guerre et d'espionnage très original. Le propos du film est de découvrir la clé permettant d'expliquer la signification de la trahison, de réfléchir sur les justifications éventuelles à donner au comportement de certains traîtres. Le personnage central est un traître réfléchi et idéaliste, une sorte de super-patriote sacrifiant sa vie et son honneur à la cause de son peuple. L'élégance aristocratique et désenchantée du jeu d'Oskar Werner exprime admirablement le désarroi, les scrupules, les doutes, l'angoisse de son personnage. Mais le mérite essentiel de ce film est d'être autant un récit psychologique qu'un film d'action et d'atmosphère. Sur le plan du réalisme et du spectaculaire, la description de cette Allemagne apocalyptique, en ruines et en flammes à la veille de la défaite finale, est extraordinaire. C'est l'époque où Zanuck, grand patron de la Fox, encourage la production de films tournés à l'étranger (cf. *Prince of Foxes, Échec à Borgia* de Henry King en Italie, *Way of a Gaucho, Le Gaucho* de Jacques Tourneur en Argentine, *Viva Zapata* de Kazan au Mexique, etc.). En général les films américains tournés en Europe sont relativement décevants mais Litvak est en pays de connaissance et tire le meilleur parti des moyens considérables mis à sa disposition. A travers les nombreuses péripéties du scénario, il livre un portrait minutieux et efficace d'un personnage essayant de trouver sa voie – une voie qui ne peut être que tragique – dans un pays en déroute. *Le traître* s'inscrit, à l'intérieur de l'œuvre de Litvak, dans une série de films consacrés à la Deuxième Guerre mondiale et à ses prémisses (cf., outre ses documentaires dans la série « Pourquoi nous combattons », *Confession of a Nazi Spy,* 1933, *Act of Love, Un acte d'amour,* 1953, *Night of the Generals, La nuit des généraux,* 1967).

## TRAQUENARD
## (Party Girl)

1958 – USA (98') • *Prod.* MGM (Joe Pasternak) • *Réal.* NICHOLAS RAY • *Sc.* George Wells d'ap. une histoire de Leo Katcher • *Phot.* Robert Bronner (Cinémascope, Metrocolor) • *Mus.* Jeff Alexander • *Chor.* Robert Sidney • *Int.* Robert Taylor (Thomas Farrell), Cyd Charisse (Vicki Gaye), Lee J. Cobb (Rico Angelo), John Ireland (Louis Canetto), Kent Smith (le procureur général), Claire Kelly (Geneviève Farrell), Corey Allen (Cookie La Motte), David Opatoshu (Lou Forbes).

Dans le Chicago des années 30, un avocat de la pègre et une danseuse de night-club, semblablement orgueilleux et marqués par la vie, mettent tout en œuvre pour gagner leur estime réciproque.

☞ En ajoutant au film de gangsters la dimension dont il est par nature privé – celle de l'amour lié à la tendresse et à l'admiration morale – Nicholas Ray tente sur le film policier une opération analogue à celle qu'il avait, dans *Johnny Guitare**, génialement pratiquée et réussie sur le western. Enrichissant le genre d'une dimension perdue, considérant ses éléments traditionnels comme le cadre d'une aventure morale, il révèle par là même la nature profonde du genre en question. La cruauté et la barbarie monstrueuses qui en sont les fondements essentiels n'ont jamais été aussi bien désignés et dégagés que dans ce récit tendre et sentimental. Bien entendu, cette opération qui nous distancie du genre et nous rapproche des personnages n'est pas le fait d'un expérimentateur desséché ou tenté par l'abstraction. Elle émane au contraire d'un poète sensible à la vulnérabilité des êtres et à la splendeur des apparences. L'utilisation lyrique du Cinémascope et d'une gamme de teintes pourpres et violacées est restée justement célèbre. Il semble aussi que, décrivant deux personnages adultes ayant victorieusement surmonté les échecs de leur adolescence et de leurs débuts dans la vie, Ray ait trouvé, l'espace d'un film, une sorte de chemin vers la sérénité. Dix-septième film de la brève carrière de Nicholas Ray, *Party Girl* peut être à juste titre considéré comme le testament final de l'artiste, auquel ses œuvres ultérieures n'ajouteront rien d'essentiel.

## TRAVERSÉE DE PARIS (LA)

1956 – France-Italie (85') • *Prod.* Franco-London Film (Paris), Continental Produzione (Rome) • *Réal.* CLAUDE AUTANT-LARA • *Sc.* Jean Aurenche et Pierre Bost d'ap. la nouvelle de Marcel Aymé • *Phot.* Jacques Natteau • *Mus.* René Cloérec • *Int.* Jean Gabin (Grandgil), Bourvil (Martin), Louis de Funès (Jambier), Jeannette Batti (Mariette), Robert Arnoux (Marchandot), Myno Bruney (Mme Marchandot), Georgette Anys (patronne du café), Monette Dinay (Mme Jambier), Anouk Ferjac (la jeune fille).

Paris, sous l'Occupation. Marcel Martin, ex-chauffeur de taxi, chômeur, doit transporter pendant une nuit à travers Paris, du V$^{e}$ arrondissement à la rue Lepic, un cochon découpé dans quatre valises : un véritable trésor en cette époque de marché noir. Son associé pour le transport venant d'être arrêté par la Gestapo, il propose l'affaire à un inconnu, Grandgil, rencontré dans un café et dont il croit à tort qu'il a participé à un vol de charbon. Grandgil est peintre ; c'est un costaud placide et fort en gueule que rien ne semble effrayer. Il contraste avec Martin, personnage timoré et falot, essayant pitoyablement de jouer les caïds. Les deux hommes se rendent chez l'épicier pour prendre livraison des valises. Utilisant le chantage et la peur, Grandgil contraint le trafiquant à lui verser dix fois la somme prévue pour le transport. Au cours de leur traversée nocturne de la ville, Grandgil et Martin sont amenés, à cause d'une patrouille, à se réfugier dans un café, encore ouvert malgré le couvre-feu. Grandgil oblige les patrons, impressionnés et effrayés par son autorité, à décliner leur identité et à subir ses sarcasmes. Il met les clients au défi de le dénoncer aux policiers, allant même jusqu'à les insulter : « Salauds de pauvres ! », lance-t-il. Plus tard, suivi par deux policiers, Grandgil se met à parler allemand et les policiers passent leur chemin. « Ce cochon me donne du génie », s'écrie-t-il. Il propose à Martin de garder le trésor pour eux. Plus tard, un autre policier leur demande leurs papiers. Grandgil fonce sur lui et l'assomme. Martin proteste contre ce traitement un peu rude qui, de plus, le met gravement en danger car on est dans son quartier et la victime pourra le reconnaître. Une femme cache les deux hommes lorsque passe une autre patrouille ; elle les a pris pour des résistants. Grandgil entraîne Martin chez lui : Martin découvre un appartement somptueux. Grandgil est un peintre assez célèbre qui l'a suivi tout au long de la nuit en curieux, en spectateur, presque en expérimentateur, curieux d'observer le monde du marché noir et de voir jusqu'où pourrait aller le « déculottage » des pauvres et des riches. Ce dilettantisme provoque la légitime fureur de Martin qui, lui, accomplit ce travail pour survivre. Il avait cru jusque-là que Grandgil, qui s'est pris de sympathie pour lui, était peintre en bâtiment. Ils se rendent chez le boucher pour effectuer leur livraison. Devant le magasin, ils font tant de tapage qu'une patrouille allemande les arrête. Au poste de gendarmerie allemand, un officier vient saluer le peintre qu'il connaît de réputation. Grandgil fait passer Martin pour son homme de confiance et son modèle. Ils seraient libérés sur l'heure si on n'apprenait au même moment qu'un colonel a été tué par des résistants. Tous les hommes raflés durant la nuit sont embarqués dans un camion, à l'exception de Grandgil. Après la guerre, Grandgil se trouve dans un train. Penché à la fenêtre de son compartiment, il reconnaît Martin, travaillant comme porteur à la gare : il porte encore des valises et ce sont toujours celles des autres.

☞ Avec les films de la série « désuète » *(Le mariage de Chiffon, Lettres d'amour*, Douce*)*, c'est le chef-d'œuvre d'Autant-Lara. Il semble qu'Autant-Lara ait besoin d'un certain recul dans le temps par rapport à ce qu'il raconte pour exprimer le meilleur de sa verve acerbe et grinçante. C'est que son art est avant tout un art de préparation, de composition, de reconstitution, de peintre et de décorateur, où l'effet produit n'est jamais aussi efficace que lorsqu'il résulte d'un ensemble très médité de conditions soigneusement remplies, de talents savamment équilibrés. Ici tout est en place pour une grande réussite : l'admirable matériau de la nouvelle de Marcel Aymé (tirée du recueil « Le Vin de Paris », 1947) ; une adaptation dense et neuve d'Aurenche et Bost substituant à une fin tragique (Martin tuant Grandgil) un dénouement et un épilogue désabusés ; une atmosphère d'époque reconstituée avec justesse et servie par le dynamisme interne que donne à l'action le respect non artificiel des unités d'action et de temps ; des personnages au caractère original ; des interprètes parfaits ; et l'audace de leur choix soulignera constamment l'insolite et la vérité de leurs personnages. Bourvil, imposé avec une étonnante perspicacité par Autant-Lara, trouve ici (après une première expérience intéressante dans *Seul dans Paris*, Bromberger, 1951, faite à l'instigation de Pagnol, producteur du film) son premier grand rôle sérieux avec ce personnage de trafiquant plus pitoyable que sympathique, lâche et influençable. De même, Gabin, dans un rôle ambigu, inattendu et plein de relief, surprend une fois de plus son public, qui assiste comblé à sa métamorphose.

N.B. Marcel Aymé s'opposa si violemment au choix de Bourvil qu'il finit par inquiéter la production. Autant-Lara dut marchander le maintien de Bourvil contre l'abandon de la couleur pour le film. Juste avant la sortie, Marcel Aymé, dans une lettre au réalisateur, se déclara prêt à confesser hautement son erreur concernant Bourvil. Il écrivit en outre : « C'est vraiment la toute première fois qu'on ait fait au cinéma quelque chose tiré d'un de mes livres qui soit non seulement bien, mais d'une très grande qualité. Et dans ce cas particulier, ce n'était pas facile. » (cf. Pierre Berruer « Bourvil », Presses de la Cité, 1975, où l'on trouvera un récit coloré de la genèse du film.)

BIBLIO. : scénario et dialogues *in* « L'Avant-Scène » nº 66 (1967).

## TREIZE (LES)
## (Trinadcat)

1936 – URSS (85') • *Prod.* Mosfilm • *Réal.* MIKHAIL ROMM • *Sc.* Iosif Prout et M. Romm • *Phot.* Boris Voltchek • *Mus.* Anatole Alexandrov • *Int.* Ivan Novoseltsev (le commandant), Elena Kouzmina (sa femme), Alexandre Tchistiakov (le géologue), Andrei Fait (le lieutenant-colonel Skuratov), Ivan Kouznetsov (Aksurine), A. Dolinine (Timoskine), Pietr Massokha (Sviridenko), I. Loudine (Petrov).

Le film commémore le vingtième anniversaire des combattants de 1917. Après la guerre, treize soldats démobilisés et deux civils, un vieillard et une femme, progressent à cheval dans un désert d'Asie centrale. Ils doivent affronter une tempête de sable. Ils arrivent près d'un puits, trouvent une mitrailleuse mais presque pas d'eau. Au fond du puits, un minuscule filet remplit un bidon en sept minutes. Surgit un membre d'une bande de hors-la-loi contre-révolutionnaires recherchés depuis longtemps. Le commandant des treize le renvoie à son chef en lui faisant transmettre ce message : ici il y a de l'eau et des Rouges. L'un des treize, ayant bu tout son soûl, part à la recherche de renforts. Le chef « blanc » vient parlementer. Inutilement. Regroupés autour du puits comme s'il s'agissait d'une forteresse, les treize se font décimer un à un. Le chef revient parlementer à nouveau. L'officier supérieur des survivants des treize donne l'ordre à l'un d'entre eux de jouer de la musique tandis que deux autres font semblant de se laver avec l'eau contenue dans un seau ; mais c'est toujours la même eau, reversée dans le seau qui sert. Le chef « blanc » tombe dans le panneau et repart. Celui qui était allé chercher de l'aide est trouvé à demi-mort dans le sable par les renforts. La bande passe à l'attaque. Il ne reste plus qu'un survivant quand les renforts arrivent. Après la victoire, les soldats saluent les morts devant leurs tombes de sable.

☞ Deuxième film de Mikhaïl Romm. Le réalisateur a raconté (cf. Luda et Jean Schnitzer : « Histoire du cinéma soviétique 1919-1940 », Pygmalion, 1979) comment, après *Boule de suif,* on lui avait commandé une transposition de *La patrouille perdue* de John Ford (1934), film dont la copie était repartie avant même qu'il ait pu la voir. « L'important, lui avait-on dit, c'est qu'il y ait un désert (nous en avons d'excellents), des gardes-frontières, des pillards contre-révolutionnaires, et que presque tous périssent. » Romm se souvient d'un tournage extrêmement difficile où l'équipe est accablée par la chaleur, où la menace d'une interruption pèse constamment sur le film. Déjà, au départ, à cause de la maladie d'un interprète, les treize n'étaient plus que douze. Les difficultés des cinéastes reflétèrent en mineur celles des personnages de l'intrigue, et ceci est souvent bon pour un film. Le comble cependant fut que certains gros plans, où l'impression de chaleur n'était pas assez forte sur le visage des acteurs, durent être refaits en studio à Moscou. Quoi qu'il en soit, le film est d'un plasticien accompli, au talent presque abstrait, qui ne sert aucune thèse et n'a rien d'autre à prouver que ses dons formels. Ils éclatent par exemple dans la très belle séquence de la tempête de sable avec les silhouettes des hommes à pied et des chevaux en ombres chinoises. Au-delà de quelques menues caractérisations de détail, le groupe décrit par le film réagit comme un seul homme. Et c'est là l'autre caractéristique des *Treize,* apparaissant dans ce film avec une très grande pureté : le sens de l'épopée, Mikhaïl Romm en fournit ici un condensé exemplaire (qu'il appelle – inexactement à notre avis – « unanimisme »). Qu'il s'agisse d'une foule ou d'un groupe plus ou moins important, l'essentiel est qu'elle (ou il) devienne un organisme cohérent et complet, obstinément tendu vers un but unique. La supériorité du groupe ainsi constitué par rapport à l'individu, c'est que, même décimé, il demeure animé par une sorte d'immortalité, par une puissance surhumaine et immatérielle que le rôle du poète épique sera précisément de faire jaillir et de chanter.

N.B. La postérité de *La patrouille perdue*, *The Lost Patrol* de John Ford, 1934, est assez riche, plus riche même que le film lui-même, puisqu'elle a suscité, outre cette épopée russe, au moins trois remakes ou transpositions : *Bad Lands* de Lew Landers, 1939, *Sahara, id.* de Zoltan Korda, 1943, *Last of the Comanches*, *Le sabre et la flèche* de André De Toth, 1952 (à noter que De Toth fut aussi réalisateur de seconde équipe sur *Sahara*).

## TREIZE A LA DOUZAINE
**(Cheaper by the Dozen)**

1950 – USA (85') • *Prod.* Fox (Lamar Trotti) • *Réal.* WALTER LANG • *Sc.* Lamar Trotti d'ap. l'ouvrage de Frank B. Gilbreth, Jr. et Ernestine Gilbreth Carey • *Phot.* Leon Shamroy (Technicolor) • *Mus.* Cyril J. Mockridge • *Int.* Clifton Webb (Frank Bunker Gilbreth), Jeanne Crain (Ann Gilbreth), Myrna Loy (Mrs. Lilian Gilbreth), Betty Lynn (Libby Lancaster), Edgar Buchanan (Dr Burton), Barbara Bates (Ernestine), Mildred Natwick (Mrs. Mebane).

Au début du siècle, Frank B. Gilbreth travaille à introduire le taylorisme dans l'industrie. Il éduque selon les mêmes préceptes sa famille de douze enfants. Il meurt brusquement, à la veille d'aller donner des conférences en Europe.

☞ Tiré du livre écrit par deux enfants de Frank B. Gilbreth, le film se rattache au genre, très apprécié en Amérique, de la comédie familiale. Ce genre plaît plus encore lorsqu'il est majoré d'un coefficient nostalgique dû à la recréation d'une époque révolue. C'est le cas ici et le Technicolor, toujours très soigné à la Fox, sert on ne peut mieux cette reconstitution. Les excentricités scientifiques du *pater familias* donnent à l'intrigue son fil conducteur. Plusieurs séquences sont particulièrement plaisantes : l'irruption d'une militante du planning familial dans cette demeure bourrée d'enfants ou bien la série des opérations des amygdales pratiquées en chaîne à domicile et que le père de surcroît a l'intention, au nom du progrès, de faire filmer. Mais le cameraman, traumatisé par toute cette chirurgie, oublie de mettre la pellicule dans l'appareil. Et c'est toujours un régal que de voir un acteur de la classe de Clifton Webb être aussi à l'aise dans des rôles sophistiqués et tragiques *(Laura*)* que dans des compositions farfelues et bon enfant, comme ici ou dans la série des « Belvedere » dont il venait de tourner le premier épisode (*Mr. Belvedere Goes to College, M. Belvédère au collège,* Elliott Nugent, 1949) juste avant ce film.

N.B. La Fox produisit deux ans plus tard, avec le même soin dans la reconstitution, une suite à *Cheaper by the Dozen : Belle on Their Toes* (Henry Levin, 1952). Myrna Loy et Jeanne Crain y reprennent leur personnage.

## TREIZE, RUE MADELEINE
### (13 Rue Madeleine)

1946 – USA (95') • *Prod.* Fox (Louis de Rochemont) • *Réal.* HENRY HATHAWAY • *Sc.* John Monks, Jr. et Sy Bartlett • *Phot.* Norbert Brodine • *Mus.* Alfred Newman • *Int.* James Cagney (Bob Sharkey), Annabella (Suzanne de Bouchard), Richard Conte (Bill O'Connell), Frank Latimore (Jeff Lassiter), Walter Abel (Charles Gibson), Melville Cooper (Pappy Simpson), Sam Jaffe (Galimard).

L'entraînement, organisé par les Américains en Angleterre, d'un groupe d'agents secrets parmi lesquels s'est infiltré un espion nazi particulièrement habile. Leur première mission sur le sol français consiste à obtenir des renseignements sur les emplacements d'une série de lance-missiles pointés vers Southampton.

☞ Exemple typique du style semi-documentaire propre aux productions Louis de Richemont. Les informations concrètes abondantes que l'intrigue a pour but de porter à la connaissance du public sont bien mises en valeur par la narration carrée et sans repentir d'Hathaway. Celui-ci excelle particulièrement à montrer la violence et la cruauté, parfois très insolite, des situations auxquelles sont confrontés les apprentis espions.

## TRENO POPOLARE

Inédit en France. 1933 – Italie (60') • *Prod.* SAFIR (Gastone Bosio) • *Réal.* RAFFAELLO MATARAZZO • *Sc.* Gastone Bosio, R. Matarazzo, Gino Mazzucchi • *Phot.* Anchise Brizzi • *Mus.* Nino Rota • *Int.* Marcello Spada (Giovanni), Lina Gennari (Lina), Carlo Petrangeli (Carlo), Maria Denis (Maria), Cesare Zoppetti, Jone Frigerio, Giuseppe Pierozzi, Gino Viotti.

Bénéficiant d'un de ces abaissements de tarif que le gouvernement de Mussolini a décrétés sur certaines lignes les jours fériés pour encourager et démocratiser le tourisme, les voyageurs se pressent, en ce dimanche ensoleillé, sur la ligne Rome-Orvieto. Un bureaucrate d'un certain âge a emmené avec lui une jeunesse, Maria, mais sa femme surgira dans le wagon juste avant le départ du train. L'homme dira piteusement que la jeune fille n'est pas avec lui. On la verra, mélancolique et esseulée, traîner son ennui tout au long de cette journée. Lina, une jeune femme accompagnée de son chevalier-servant, Giovanni, qui a dû lui promettre de se comporter avec elle en simple camarade, fait les yeux doux à Carlo, un jeune voyageur au physique avantageux de bellâtre. Un gros homme observe silencieusement le manège du trio. Un père de famille surveille son abondante progéniture, etc. A Orvieto, beaucoup prennent le funiculaire. Carlo, qui prétend connaître Orvieto comme sa poche, fait visiter à Lina et à Giovanni les principaux monuments de la ville. Trompant un moment la surveillance de sa femme, le mari va dire un mot à la jeune fille. Il lui donne une pièce qu'elle jette aussitôt par terre avec mépris. Il la ramasse et disparaît. Tout le monde pique-nique puis fait la sieste. Un touriste qui prônait l'abstinence vole un fond de bouteille au gros homme endormi. Carlo propose une balade à bicyclette. Avec Lina, il sème Giovanni. Il emmène Lina faire un tour en barque. La barque se retourne, Lina tombe à l'eau et Carlo doit la ramener sur la rive. Ils se cachent de Giovanni qui les cherche et s'imagine alors que Lina s'est noyée. Il ameute les populations. Carlo devra expliquer que rien de grave n'est arrivé. Dans le train du retour, les voyageurs succombent à une douce fatigue qui ressemble presque au bonheur. Un voyageur enlève son col dur et pousse un soupir de soulagement. Carlo appuie sa tête sur l'épaule de Lina, tandis que Giovanni sourit à Maria et lui offre un bonbon.

☞ Un des films phares du cinéma européen des années 30. Exprimant comme une nouvelle naissance du cinéma avec le parlant, *Treno popolare* rassemble et harmonise avec génie plusieurs caractéristiques du cinéma de l'époque. Le parlant, dont on a trop dit qu'il avait rendu le cinéma théâtral, a aussi accentué et avivé son réalisme. Les historiens citent toujours le bruit de chasse d'eau dans l'adaptation par Renoir de *On purge bébé ;* mais il y a de meilleurs exemples. Ce réalisme, né du son et de la possibilité de faire parler les personnages dans leur langage propre et avec leur vraie voix, s'étend ici à une description unanimiste de la société italienne, et notamment de la petite bourgeoisie de l'époque, dépeinte avec une grande véracité dans ses faits et gestes quotidiens. Et le fait que le film se déroule entièrement en extérieurs a pu faire parler à son endroit – il précède d'un an *Toni** de Renoir – de première œuvre néo-réaliste. Cette description est livrée avec un lyrisme délicat qui provient en partie de la structure musicale du film auquel la partition de Nino Rota, l'une des plus belles de l'histoire du cinéma, apporte une émotion et une grâce sans pareil. C'est Matarazzo qui avait persuadé Nino Rota de travailler pour le cinéma et la musique de *Treno popolare* est la première qu'il ait signée. Parfois mélancolique ou nostalgique, le film exhale aussi une sensualité tendre, sensible dans les paysages, la photographie et les gestes de certains personnages. Un accord miraculeux existe dans le film entre l'acuité du réalisme sociologique et le lyrisme émanant de la description de la nature et de cette brève exaltation qui saisit les personnages à son contact. Le secret du film, et ce par quoi il échappe au pointillisme qui aurait pu naître d'un fil conducteur aussi mince, c'est que Matarazzo nous amène à regarder les petites silhouettes dessinées dans l'intrigue comme un personnage unique, qui est peut-être la société italienne tout entière. Ce personnage, peu habitué à la liberté, éprouve un mal infini à sortir de sa peau ; il songe sans cesse au bonheur mais plus comme à un rêve qu'à une réalité ; il s'effraie à l'idée du changement quoiqu'il le désire de toutes ses forces. Ce personnage est mobile, fragile et peut-être, à cause de cela, prêt à tous les bouleversements. Sur le plan formel, la richesse d'invention et l'exquise légèreté du film témoignent constamment de la sensibilité d'un grand artiste, maîtrisant dès son premier film le découpage, le montage et le rythme interne de son œuvre. Le fait que Matarazzo ne soit pas encore considéré comme l'un des premiers cinéastes d'Italie est une erreur que les générations futures de cinéphiles ne manqueront pas de rectifier. En ce qui concerne plus particulièrement les années 1929-43, Blasetti et Camerini, généralement considérés comme les meilleurs cinéastes de la période, et qui certes ne manquent pas de talent, sont des écoliers comparés à lui.

BIBLIO. : sur Matarazzo en général, on consultera avec profit les deux volumes « Raffaello Matarazzo materiali » publiés par le Movie Club de Turin en 1976.

## TRENTE-NEUF MARCHES (LES) (The Thirty-Nine Steps)

1935 – Grande-Bretagne (81') • *Prod.* Gaumont British (Michael Balcon) • *Réal.* ALFRED HITCHCOCK • *Sc.* Charles Bennett et Alma Reville d'ap. R. De John Buchan • *Phot.* Bernard Knowles • *Déc.* Otto Wendorff et Albert Jullion • *Mus.* Louis Levy • *Int.* Robert Donat (Richard Hannay), Madeleine Carroll (Pamela), Lucie Mannheim (Annabella Smith), Godfrey Tearle (Pr Jordan), Helen Haye (Louisa Jordan), John Laurie (John Crofter, le fermier), Peggy Ashcroft (Mrs. Crofter), Wylie Watson (Mister Memory), Frank Cellier (le shérif Watson), Miles Malleson (le directeur du Palladium), Gus McNaughton et Jerry Vernon (deux voyageurs dans le train).

Richard Hannay, citoyen canadien récemment installé à Londres, assiste dans un petit music-hall au numéro de Mr. Memory, un phénomène de mémoire capable de répondre à toutes les questions. Une bagarre éclate dans la salle ; deux coups de feu sont tirés. Les spectateurs se précipitent vers la sortie. Une inconnue, Annabella Smith, demande à Hannay de l'héberger. Une fois chez lui, après avoir soigneusement tiré les rideaux, elle lui apprend qu'elle est une espionne chargée d'empêcher qu'un secret relatif à la Défense nationale ne quitte le pays. Elle dit que c'est elle qui a tiré les deux coups de feu pour provoquer une panique et se débarrasser des deux tueurs qui la traquaient. Elle fait constater à Hannay que deux hommes font le guet, en bas dans la rue, au pied d'un réverbère. Elle mentionne une organisation d'espions « Les Trente-Neuf Marches », qui cherchent à faire passer à l'étranger le renseignement en question. Le chef de l'organisation a la particularité d'avoir une phalange coupée au petit doigt. Miss Smith doit contacter en Écosse un certain professeur Jordan. Un peu plus tard, alors que Hannay se repose sur un sofa, Miss Smith apparaît dans la pièce et tombe à la renverse sur lui, un poignard planté dans le dos. Hannay lui arrache le document qu'elle tenait à la main : une carte d'Écosse et de la région où elle devait se rendre. Empruntant sa tenue à un laitier, Hannay réussit à quitter l'immeuble et à échapper aux deux guetteurs. Dans le train qui l'emmène en Écosse, il comprend à la lecture d'un journal qu'il est accusé d'être l'assassin de Miss Smith. Des policiers le cherchent et, pour leur échapper, il embrasse une voyageuse qui le dénonce immédiatement. Lors d'un arrêt du convoi sur le pont de Forth, il parvient à s'enfuir. Dans la lande, il loue une chambre à un paysan avare, puritain et jaloux. L'homme est marié à une très jeune femme qui comprend tout de suite qui est Hannay et sympathise avec lui. Elle l'aidera à fuir la police et lui donnera le pardessus de son mari. Hannay se rend chez le Pr Jordan, un homme très respecté dans la région qui, ce jour-là, fête l'anniversaire de sa fille. Hannay découvre que ce Jordan est l'homme à la phalange coupée ; il possède déjà le fameux renseignement qu'il s'apprête à faire passer à l'étranger. Il tire sur Hannay mais la balle vient se ficher dans la Bible qui se trouvait dans le pardessus du paysan. Miraculeusement sauvé, Hannay se rend chez le commissaire et lui raconte toute l'histoire. Il n'est pas cru et on l'arrête pour le meurtre de Miss Smith. Il saute par la fenêtre et se mêle à une foule qui suit une fanfare de l'Armée du Salut. Il se réfugie dans un local où se tient une réunion politique. Pris pour un orateur, il se voit contraint de faire un discours. Ne sachant quoi dire, il se lance avec fougue dans l'éloge d'un monde sans persécution, où régnerait, à la place de la suspicion, de la cruauté, de la peur habituelles, un esprit d'entraide universelle. Il est acclamé par le public et reconnaît parmi les assistants la voyageuse du train, Pamela. Elle le dénonce à nouveau à deux policiers qui les emmènent, elle et lui, en voiture vers Inverary. Hannay comprend qu'il a affaire en réalité à deux tueurs de Jordan. Lors du passage d'un troupeau de moutons, il s'enfuit avec Pamela dont le poignet est relié au sien par une menotte. Elle est très rétive à le suivre, ne croit pas un mot de son histoire et il doit la menacer pour qu'elle lui obéisse. Ils réussissent à échapper à leurs poursuivants et louent une chambre dans un hôtel en se faisant passer pour des jeunes mariés, puis pour un couple en fuite. Durant la nuit, alors que Hannay a sombré dans le sommeil, Pamela parvient à se défaire de sa menotte et va prendre la fuite, quand elle entend la conversation des deux faux policiers venus interroger la patronne de l'hôtel. Le contenu de cette conversation lui révèle que Hannay a dit vrai. Au matin, elle lui rapporte ce qu'elle a entendu : Jordan doit rencontrer quelqu'un au Palladium de Londres. Tandis que Pamela va prévenir Scotland Yard qui lui assure qu'aucun secret militaire n'a été volé, Hannay se rend au Palladium où se produit encore Mr. Memory. Hannay comprend que c'est lui que doit contacter Jordan. Il a mémorisé tous les renseignements, ce qui explique qu'aucun document n'ait été volé. La police, qui a suivi Pamela dans l'espoir de mettre la main sur Hannay, cerne le music-hall. Durant son numéro, Hannay interroge Memory sur « Les Trente-Neuf Marches ». Memory est sur le point de tout révéler quand il est abattu par Jordan, bientôt capturé par la police. Dans la coulisse, Hannay fait dire à Memory, mortellement blessé, la formule qu'il avait mémorisée. Libéré de ce lourd secret, Memory meurt en paix, tandis que les mains de Hannay et de Pamela se rejoignent.

☞ C'est, avec *Une femme disparaît* *, le film anglais le plus célèbre de Hitchcock et c'est déjà l'un de ses grands chefs-d'œuvre, nullement inférieur (comme d'ailleurs *Murder* * et *Rich and Strange* *) à ses meilleurs films américains. A sa date, le film est confondant de virtuosité, notamment dans son rythme tendu à se rompre qui, sans aucune accélération artificielle, fait traverser au spectateur une si grande variété d'épisodes, de lieux et d'atmosphères qu'on s'étonne qu'elle puisse tenir dans une durée inférieure à 90 mn. On admire également l'usage magistral des plans longs comme dans la séquence du laitier ou dans celle des aveux de Memory à la fin. Dans la construction du récit, une alternance ville-campagne montre une influence déterminante de Murnau, mais mise au service de la thématique personnelle de l'auteur. Hitchcock, qui aura la tête plus métaphysique durant sa période américaine, apparaît ici avant tout comme un moraliste. Le fil rouge de l'intrigue, c'est l'incrédulité, le scepticisme, le manque de confiance que les personnages manifestent constamment les uns envers les autres et qui transforment les relations humaines en une trame de conflits, de mensonges et d'agressivité sans fin. Pour être traité avec un ton badin et sur le mode de l'*understatement* (cf. la séquence où Hannay, afin d'obtenir que le laitier lui prête sa tenue, doit inventer de toutes pièces un mensonge après lui avoir dit vainement la vérité telle quelle), ce thème de l'incrédulité n'en est pas moins essentiel au film et à l'univers hitchcockien. Robert Donat est déjà, quant à lui, le parfait héros hitchcockien, un séduisant M. Tout-le-Monde plongé dans un flot de péripéties extraordinaires. Son apparente désinvolture de gentleman britannique dissimule à peine une tension, une anxiété de tous les instants, puisqu'il est pris d'un bout à l'autre de l'intrigue pour un assassin et qu'il ne saura se faire entendre, même de l'héroïne, qu'aux toutes dernières minutes de l'action. Le film se présente comme une suite quasi ininterrompue de morceaux d'anthologie, dépourvue de scènes de transition et livrée avec une vivacité, une fraîcheur d'inspiration, un sens des contrastes et de l'harmonie tout à fait saisissant. Le film alterne en effet des séquences d'action (poursuites, bagarres) typiques du film d'espionnage avec d'autres, beaucoup plus graves (celles qui se passent dans la lande et chez le paysan), d'une grande intensité plastique et d'une inspiration presque expressionniste. Le film contient aussi un marivaudage digne des meilleures comédies américaines dans les séquences où Robert Donat et Madeleine Carroll sont « unis » malgré eux par le destin et par une paire de menottes.

Le tout est piqué de pointes savoureuses d'humour anglais, comme en témoignent la conversation des deux représentants en lingerie féminine dans le wagon de chemin de fer, ou la souriante complicité de la vieille hôtelière qui croit avoir affaire à un couple de jeunes amoureux en fuite. Dans toute cette variété, le contrôle qu'exerce le réalisateur sur les différents éléments de la mise en scène (direction d'acteurs, décor, photo, rythme, montage, etc.) est absolu et il est clair dès 1935 que Hitchcock, capable de maîtriser le parlant sans rien perdre de la densité visuelle et plastique du muet, n'avait plus rien à apprendre du cinéma. Il lui restait seulement à explorer son propre univers avec une volonté d'approfondissement et de renouvellement permanent qui allait se manifester pendant quarante ans.

BIBLIO. : découpage (574 plans) *in* « L'Avant-Scène » nº 249 (1980).

## 36 HEURES AVANT LE DÉBARQUEMENT (36 Hours)

1964 – USA (115') • *Prod.* MGM (Perlberg-Seaton) • *Réal.* GEORGE SEATON • *Sc.* George Seaton d'ap. « Beware of the Dog » de Roald Dahl, et une histoire de Clark K. Hittleman et Luis H. Vance • *Phot.* Philip Lathrop (Panavision) • *Mus.* Dimitri Tiomkin • *Int.* James Garner (major Jefferson Pike), Eva Marie Saint (Anna Hedler), Rod Taylor (major Walter Gerber), Werner Peters (Otto Schack), Celia Lovsky (Elsa), Alan Napier (colonel Peter MacLean), John Banner (Ernst).

En 1944, le major américain Jefferson Pike est kidnappé à Lisbonne par les Allemands. Ils savent qu'il connaît les plans du futur débarquement américain. Pour le faire parler, ils ont recours à une méthode insolite : ils le droguent et l'emmènent en Bavière dans un faux hôpital américain où un major nazi en uniforme américain, Gerber, tente de lui faire croire avec l'aide de tout le personnel qu'on est en 1950, que la guerre est finie et qu'il est amnésique. Gerber est censé le soigner de cette amnésie afin que, mis en confiance, il dise peu à peu tout ce qu'il sait. Mais un infime détail permet à Pike de comprendre où, et surtout à quelle époque, il se trouve. Il refuse bien entendu de faire les révélations qu'on attend de lui. Devant l'échec de son plan, Gerber se suicide et Pike réussit à gagner la Suisse avec la complicité d'une infirmière allemande.

☞ Réalisation terne (malgré une splendide photo) faisant sentir, sans l'utiliser à fond, l'originalité du sujet. Au moins ne la dessert-elle pas. Cette originalité se situe aux confins du domaine fantastique : une mise en scène, à l'intérieur de la mise en scène qu'est le film, vise à créer un faux espace et une fausse époque (en avance de six ans sur la chronologie réelle) pour abuser un personnage. Sans doute est-ce une erreur du scénario que d'avoir voulu « blanchir » à ce point le savant allemand : les nazis ont dévoyé une technique qu'il avait mise au point pour soigner les choqués revenant du front russe ; il leur faisait croire que la guerre était finie et cela les apaisait. Le caractère sympathique du personnage de Rod Taylor enlève de l'horreur à l'usage de cette « torture douce » employée contre le soldat américain. Le film est surtout intéressant et caractéristique pour cette part de spéculation para-fantastique, de plus en plus abondante et complexe dans le cinéma américain des années 60, et qui devait précéder l'explosion spectaculaire du genre fantastique dans les deux décennies suivantes. Par ailleurs la guerre de 1939-45 avec son intense activité d'espionnage, ses pièges et ses machinations de grande envergure fournit un réservoir presque infini d'anecdotes et de situations à ce type de spéculation (cf. parmi de nombreux titres *I Was Monty's Double, Contre-espionnage à Gilbraltar,* John Guillermin, 1958 ou *The Eagle Has Landed, L'aigle s'est envolé,* John Sturges, 1977).

## TRÉSOR DE LA SIERRA MADRE (LE) (The Treasure of the Sierra Madre)

1948 – USA (126') • *Prod.* Warner (Henry Blanke) • *Réal.* JOHN HUSTON

• *Sc.* John Huston d'ap. R. de B. Traven • *Phot.* Ted McCord • *Mus.* Max Steiner • *Int.* Humphrey Bogart (Dobbs), Walter Huston (Howard), Tim Holt (Curtin), Bruce Bennett (Cody), Barton MacLane (McCormick), Alfonso Bedoya (Gold Hat), Arthur Soto Rangel (Presidente), Manuel Donde (El Jefe), José Torvay (Pablo), Margarito Luna (Pancho), Robert Blake (le petit Mexicain), John Huston (l'homme au complet blanc).

Tampico (Mexique), 1925. Deux aventuriers sans le sou, Dobbs et Curtin, s'associent avec un vieux chercheur d'or, Howard, qui a plusieurs fois gagné et perdu des fortunes, et vont tenter leur chance dans la sierra Madre. Au cours de la traversée de la jungle et des premières prospections, Dobbs et Curtin sont stupéfaits de la vitalité du vieil homme. Épuisé de fatigue, Dobbs veut renoncer quand Howard lui annonce en dansant de joie qu'il y a des masses d'or sous leurs pieds. Dobbs devient riche et paranoïaque en même temps. Il s'imagine que Curtin, qui pourtant lui a sauvé la vie lors de l'effondrement d'un couloir de la mine, en veut à sa part de butin. Un inconnu, Cody, surgit et, persuadé que les trois associés ont trouvé de l'or, exige de devenir leur partenaire. Les trois autres s'apprêtent à le tuer mais ils doivent tous quatre faire front commun contre des bandits locaux qui ont dévalisé un train et recherchent des armes. Ils réussiront à les repousser jusqu'à l'arrivée de l'armée régulière, les Federales. Cody est tué. Estimant que la mine a donné tout ce qu'elle pouvait, le trio décide de rentrer. Des paysans indiens viennent leur demander de l'aide pour un enfant, victime d'une noyade. Howard part avec eux et saura ranimer l'enfant. Il est fêté comme un prince et doit rester quelques jours avec les paysans qui veulent lui témoigner leur gratitude, sinon les dieux seraient mécontents et les paysans sont prêts à se servir de leurs armes pour éviter cela. A contrecœur Howard confie son or aux deux autres et leur donne rendez-vous à Durango. En route, Dobbs propose à son compagnon de partager la part d'Howard, ce que refuse catégoriquement Curtin dont la droiture n'a pas été atteinte par la fièvre de l'or. Les deux hommes s'affrontent et un peu plus tard Dobbs tire sur Curtin sans être sûr de l'avoir tué. Curtin rampe vers un village et des paysans le conduisent jusqu'à Howard. Pendant ce temps, le chef des bandits du train, « Gold Hat », s'intéresse au chargement de Dobbs et l'abat à la machette. Il va avec quelques compagnons vendre les chèvres de Dobbs au village, mais ils sont alors découverts, emprisonnés et exécutés. Howard et Curtin arrivent et demandent où sont les sacs d'or. Les voleurs n'y ont même pas prêté attention, croyant qu'il s'agissait de sacs de sable destinés à alourdir les chèvres afin de les vendre plus cher. Un gamin leur indique un couvent où pourraient se trouver les sacs. Howard et Curtin s'y rendent et les trouvent à même le sol, vides de leur contenu. Un rire homérique secoue Howard qui a, une fois de plus, perdu tout ce qu'il avait gagné. Il retournera chez les paysans indiens où il est considéré à l'égal d'un dieu. Quant à Curtin, il partira à la recherche de la veuve de Cody, fermière au Texas...

☞ Ce fut pendant longtemps, avec *Le faucon maltais**, le film le plus célèbre de John Huston. La critique et les cinéphiles américains, si réticents à vanter les grands films d'aventures de leur pays (qu'ils soient de Hawks, de Walsh ou d'autres) et qui ne les apprécient en général que *via* l'admiration qu'on leur porte en France, ne ménagèrent pas, dès sa sortie, leurs éloges envers celui-ci. Cela n'est peut-être pas aussi étonnant qu'il y paraît. Le réalisme, ou à tout le moins la recherche permanente du vraisemblable, l'authenticité (sensible dans les extérieurs et l'utilisation d'acteurs mexicains, en particulier du savoureux Alfonso Bedoya), l'absence de « glamour » hollywoodien et de toute héroïne féminine attirèrent l'attention. Et plus encore, sans doute, le fait que les personnages s'expriment et se définissent avant tout par le dialogue (rarement aussi abondant dans un film d'aventures). *Le trésor de la Sierra Madre* est en effet un film habilement et secrètement théâtral. Huston sait faire passer pour du brio les excès de Bogart (qui, dans la deuxième partie, retrouve la dureté un peu maladroite et parfois même cocasse de ses « méchants » d'avant-guerre) et ceux de Walter Huston, père du réalisateur, qui délivre ses longs speeches à une vitesse époustouflante et souvent comique. Les ressemblances évidentes entre ce film et *Le faucon maltais** donnèrent immédiatement à Huston un statut d'auteur ; en France particulièrement, on disserta sur sa thématique de l'échec. Loin d'être morose ou pessimiste, cette thématique atteste que la vie est une immense farce où la première sagesse consiste à rire de tout et d'abord de soi-même. Même les diverses apparitions des bandits et des paysans ont quelque chose de comique dans leur répétition, puisque ce sont elles en vérité, et non la volonté des trois protagonistes, qui rythment leurs aventures et règlent leur sort, les transformant tour à tour en gagnants et en perdants. C'est finalement sous la forme d'une sorte de comédie théâtrale à personnages pittoresques que se présente ce film d'aventures, au style visuel assez neutre et étroit, mais suffisamment riche en péripéties inattendues et violentes pour passionner aussi les adeptes du genre et le public populaire. On traverse de grands espaces mais la plupart des scènes importantes sont statiques et se déroulent dans les lieux relativement clos. Le film n'est pas sans avoir également un certain intérêt quasi ethnologique. Huston note par exemple avec respect et curiosité l'habitude des paysans indiens d'attendre un certain temps avant de faire à leur interlocuteur une demande, fût-elle vitale pour eux. Il note aussi, non sans humour, que ces mêmes paysans seraient prêts à trucider leur bienfaiteur si celui-ci en venait à refuser leur hospitalité et l'hommage de leur gratitude.

N.B. Un coin du voile s'est levé ces dernières années sur l'auteur du roman original B. Traven (B. pour ?) qui s'efforça toute sa vie de dissimuler son identité. De son vrai nom Traven Torsvan, né à Chicago, il émigra au Mexique après avoir écrit des pamphlets socialistes en Allemagne, durant les années 20, qu'il signa Ret Marut. Il délégua un certain Hal Croves pour le représenter et aider Huston au cours du tournage. Huston ne put jamais dire avec certitude si cet Hal Croves était B. Traven lui-même. Le travail d'adaptation d'Huston reste relativement fidèle au roman qu'il dépouille cependant de ses développements sur l'histoire et les mythes mexicains ainsi que de sa virulence sociale. A la fin, Huston met sa marque sur l'histoire puisque chez Traven les deux survivants emportent chacun un sac d'or...

BIBLIO. : scénario de tournage publié par The University of Wisconsin Press (1979). Certaines différences avec le film définitif sont commentées en notes. Importante préface de James Naremore.

## TRIO (id.)

1950 – Angleterre (91') • *Prod.* Gainsborough (Anthony Darnborough) • *Réal.* KEN ANNAKIN (I et II), HAROLD FRENCH (III) • *Sc.* R.C. Sherriff, Noel Langley d'ap. des nouvelles de W. Somerset Maugham • *Phot.* Reginald Wyer, Geoffrey Unsworth • *Mus.* John Greenwood • *Int.* I *The Verger* James Hayter (Albert Foreman), Kathleen Harrison (Emma), Felix Aylmer (banquier), Lana Morris (Gladys), Henry Edwards (Warden), Eliot Makeham (Sexton), Michael Hordern (vicaire) ; II *Mr. Know-All* Anne Crawford (Mrs. Ramsay), Nigel Patrick (Kelada), Naunton Wayne (Mr. Ramsay), Wilfrid Hyde White (Grey), Clive Morton (le capitaine), Michael Medwin (le steward) ; III *Sanatorium* Jean Simmons (Eve Bishop), Michael Rennie (Templeton), Roland Culver (Ashenden), Raymond Huntley (Mr. Chester), Andre Morell (Dr Lennox), John Laurie (Mr. Campbell), Finlay Currie (Mr. McLeod).

Somerset Maugham présente personnellement chacune des histoires : I THE VERGER *(Le bedeau)*. Un bedeau qui toute sa vie a travaillé dans la même église est renvoyé par le nouveau prêtre, parce qu'il ne sait ni lire ni écrire et qu'il juge qu'il est trop tard pour apprendre. Il se marie, achète un bureau de tabac, puis un autre, et encore un autre... et fait fortune. Il avoue au banquier qui veut lui faire placer le produit – considérable – de ses gains qu'il ne sait ni lire ni écrire. Médusé, le banquier s'exclame : « Eh bien, Dieu sait où vous en seriez aujourd'hui, si vous aviez su ! – Je puis vous le dire, répond son interlocuteur, je serais bedeau à Saint-Peters. » II Mr. KNOW-ALL *(M. Je-sais-tout)*. Tout au long d'une croisière, Max Kelada se rend insupportable à tous les passagers par son insistance à s'imposer partout, par ses prétentions d'avoir la science infuse. On ne peut ni le vexer ni se débarrasser de lui. Pourtant, il saura rendre service à une femme dans l'embarras. Elle a juré à son mari que son collier est faux, alors qu'il est constitué de perles magnifiques, don d'une relation qu'elle préfère passer sous silence. Kelada reconnaîtra publiquement qu'il s'était trompé quand il avait affirmé qu'elles étaient vraies. Il perd ainsi son pari avec le mari et suscite la moquerie de tous. C'est pourtant lui qui avait raison. Son voisin de cabine, qui ne le ménageait pas, lui sera reconnaissant de ce geste chevaleresque. III SANATORIUM. Entre les quatre murs d'un sanatorium de luxe se côtoient divers échantillons de la bonne société anglaise. Amis ou ennemis selon leur caractère et leur manière de réagir à l'adversité, les pensionnaires de l'établissement sont observés avec vigilance et compassion par l'un d'entre eux, l'écrivain Ashenden. A une époque où la tuberculose connaissait encore une issue souvent fatale, le destin des patients est tragiquement divers et inégal. Les uns guériront et partiront ; d'autres finiront leur existence dans ce petit univers confiné ; d'autres encore, habitués à leur cocon, ne pourront plus faire face, même guéris, à la réalité extérieure. Nouvel arrivant au sanatorium, un libertin tombe amoureux, pour la première fois de sa vie, d'une jeune malade et se transforme du tout au tout. Le docteur, à qui les deux amants demandent la vérité sur leur état, ne leur cache pas qu'ils n'en ont plus que pour quelques mois à vivre s'ils partent se marier et consacrent à leur bonheur le peu d'énergie qui leur reste. Tout bien pesé, c'est pourtant la solution qu'ils choisiront.

☞ Pour le commentaire général, voir *Quartet*. *Trio* est le deuxième et le meilleur des trois films à sketches anglais adaptés de Somerset Maugham. Cela tient à la qualité d'ensemble des trois récits. De plus, *Sanatorium* est sans doute le plus riche des dix sketches qui composent les trois films. Véritable microcosme de la société anglaise vue par Maugham, il contient en outre une grande part de l'expérience personnelle de l'auteur qui s'est représenté sous les traits d'Ashenden. Dans le deuxième sketch, interprétation hors pair de Nigel Patrick dans le rôle de Max Kelada.

BIBLIO. : scénario et dialogues (et texte original des nouvelles) publiés par William Heinemann, Londres, 1950.

## TRISTANA (id.)

1970 – France-Italie-Espagne (105') • *Prod.* Epoca-Film et Talia-film (Madrid), Selenia Cinematografica (Rome), Films Corona (Paris) • *Réal.* LUIS BUNUEL • *Sc.* Luis Buñuel et Julio Alejandro d'ap. la nouvelle de Benito Perez Galdos • *Phot.* José F. Aguayo (Eastmancolor) • *Int.* Catherine Deneuve (Tristana), Fernando Rey (Don Lope), Franco Nero (Horacio), Lola Gaos (Saturna), Antonio Casas (Don Cosme), Jesus Fernandez (Saturno), Vicente Soler (Don Ambrosio).

Tolède, 1929. Après la mort de sa mère, Tristana est recueillie par son tuteur, Don Lope, un aristocrate de soixante ans vivant péniblement de ses rentes. Il a toujours refusé de travailler et affiche des opinions de libre penseur. L'ayant pour ainsi dire séquestrée en douceur, Don Lope fait la conquête de sa pupille dont il deviendra, selon les circonstances et selon ses désirs, tantôt le père et tantôt l'amant, à sa convenance. Deux ans ont passé. L'amour que lui témoigne Don Lope lasse maintenant Tristana. Elle le trouve vieux et ridicule. Ayant rencontré un peintre de passage dans la ville, elle le revoit fréquemment et finit par partir avec lui hors de Tolède. Don Lope n'a pu empêcher son départ. Ayant reçu l'héritage de sa sœur décédée, il vit maintenant dans une certaine opulence. Après deux ans d'absence, Tristana revient à Tolède, gravement malade. Horacio, le peintre, dit à Don Lope qu'elle a toujours refusé de l'épouser, qu'ils ont été assez heureux, mais que maintenant Tristana désire mourir dans la maison de son tuteur.

« Si elle rentre chez moi, murmure Don Lope, éperdu de bonheur, à sa gouvernante, je te jure bien que jamais plus elle n'en sortira. » Atteinte d'une grave tumeur à la jambe, Tristana doit être amputée. L'opération réussit. Horacio part pour un mois et ne revient plus. Tristana supporte de plus en plus difficilement la vie avec Don Lope qui, en ce qui le concerne, trouve Tristana encore plus désirable qu'avant. Un prêtre lui conseille de se marier religieusement. Don Lope, que la vieillesse amène peu à peu à abandonner toutes ses anciennes idées, accepte la cérémonie. Il fait de généreuses donations à la police et s'attire ainsi sa reconnaissance. Il reçoit chez lui des prêtres. Une nuit, se sentant au plus mal, il demande à Tristana d'appeler d'urgence le docteur. Elle fait semblant de lui téléphoner puis, dans la chambre du malade, ouvre grand la fenêtre au vent glacial de l'hiver.

☞ Ce sobre récit, fascinant de calme, de lenteur et aussi de concision, prouve que le « behaviorisme » recèle encore bien des ressources pour un cinéaste de l'envergure de Buñuel. L'absence d'intervention directe de l'auteur fait ici le prix du film. Buñuel peint ses personnages de manière tranquille et impassible à l'aide de petites touches qui en disent long mais préservent en même temps le secret intime des âmes. Deux êtres enchaînés l'un à l'autre par un destin plus fort que leur volonté évoluent, cohabitent et se déchirent sous le poids des années. En possédant et en s'attachant Tristana, Don Lope a cru avoir ce qu'il voulait, et c'est la mort qu'il fait entrer chez lui. Tristana, de victime consentante qu'elle était, s'est faite bourreau, en proie à un pourrissement intérieur né d'un ressentiment que les années n'ont cessé d'accentuer. Toute sa vie, Don Lope a exprimé les idées les plus commodes à son confort moral et intellectuel. Quand, avec le temps, elles ne lui convinrent plus, il en changea. Ce qui n'a pas changé, c'est son égoïsme paisible et féroce. Le temps a peu à peu révélé des monstres sous les visages du libre penseur aimable et respecté et de l'innocente orpheline. Ils sont devenus l'un à l'autre leur châtiment. Le cinéma se révèle ici égal, sinon supérieur, aux plus grands romans, ceux où la psychologie associée à l'idée de destin permet au narrateur de suggérer l'évolution – considérable – de personnages façonnés par le temps. Buñuel reste doublement fidèle à lui-même. Il sème des images insolites (cf. celles qui ont trait à l'amputation et à la prothèse de Tristana) tout au long d'un récit qui garde une apparence d'objectivité, de classicisme, d'équilibre. Une seule séquence onirique. Pas d'interférence entre le réel et l'imaginaire. Mais cela ne l'empêche pas de stimuler la curiosité du spectateur par une fiction limpide, feutrée et en même temps tout à fait hermétique. Il continue de créer des énigmes que le public doit résoudre. Il fait vivre des personnages ; et c'est à chaque spectateur de dire qui ils sont.

BIBLIO. : scénario et dialogues *in* « L'Avant-Scène » n° 110 (1971).

## TROIS AGES (LES) (The Three Ages)

1923 – USA (57') • *Prod.* Buster Keaton Productions (Joseph M. Schenck) • *Réal.* BUSTER KEATON, EDDIE CLINE • *Sc.* Clyde Bruckman, Joseph Mitchell, Jean Havez • *Phot.* William McGann, Elgin Lessley • *Int.* Buster Keaton (le héros), Margaret Leahy (la fille), Wallace Beery (le méchant), Joe Roberts (le père), Horace Morgan (l'empereur), Lilian Lawrence (la mère).

L'amour à travers les âges est éternellement identique à lui-même. Il y a les aventuriers, les conquérants prêts à tout pour l'emporter, comme Wallace, et les rêveurs, tel Buster. A l'âge de pierre, Wallace et Buster convoitent la même femme. Wallace, le plus fort physiquement, est préféré à Buster par les parents de la jeune fille. A l'époque de la Rome antique, Wallace est encore le préféré des parents car il a un grade élevé dans l'armée. A l'époque moderne, Wallace l'emporte toujours sur son rival en montrant aux parents son carnet de chèques de la First National Bank. Buster, lui, n'a qu'un chéquier de la Last National. Age de pierre : Buster veut susciter la jalousie de sa belle en courtisant une autre femme. Mais celle-ci est une géante qui le pousse à l'eau. Rome : Buster, toujours malchanceux, reçoit un vase sur la tête, tombé du balcon de sa dulcinée. Époque moderne : dans un bar, Buster a bu de l'alcool mélangé à son eau par un *bootlegger* qui voulait se débarrasser de cette marchandise prohibée et compromettante. Buster, ivre, s'endort. Un client du bar croit à tort que c'est lui qui a envoyé à sa femme un billet doux et se met à le boxer. Age de pierre : un duel à la massue oppose les deux soupirants. Buster ne peut triompher que par la ruse. Il met une pierre dans sa massue et l'emporte ainsi sur son adversaire. En guise de punition, il est traîné derrière un éléphant. Rome : une course de chars départagera les deux rivaux. Comme il neige, Buster prend part à la course sur un char tiré par des chiens de traîneau (il a un animal de rechange dans sa malle arrière). Il excite les chiens à courir en accrochant à une perche qu'il tend devant eux un petit chat que son adversaire déloyal avait jeté dans leurs pattes. Buster gagne. Son ennemi le fait tomber dans une fosse où se trouve un lion. Époque moderne : match de football américain. Buster, par son agilité, triomphe de son adversaire en le faisant écraser par un groupe de joueurs. A la sortie du stade, Wallace glisse un fiasque d'alcool dans la poche de Buster qui est arrêté (prohibition oblige). Age de pierre : Buster enlève sa dulcinée qu'il charge sur son épaule. Il catapulte des pierres sur ses poursuivants et au cours de la lutte se catapulte lui-même auprès de sa bien-aimée. Il la traîne ensuite par les cheveux : elle est ravie. Rome : il devient l'ami du lion de la fosse en lui faisant les ongles comme une manucure. Il sort de la fosse et se débarrasse de son rival en faisant s'écrouler sur lui les colonnes de la maison. Époque moderne : il s'échappe du commissariat et enlève la fiancée de Wallace à l'église même où ce dernier allait l'épouser. A l'âge de pierre puis à Rome, les deux époux ont une nombreuse progéniture. A l'époque moderne, ils vivent en compagnie d'un petit chien.

☞ Premier long métrage réalisé par Keaton. C'est une œuvre extrêmement riche qui combine l'invention burlesque pure (gags ponctuels, poursuites, anachronismes), la parodie cinématographique et des éléments de satire sociale. Empruntant à *Intolérance* * sa structure pour la caricaturer, le film se promène à travers les époques et les entremêle. L'intrigue présente cinq fois la même série chronologique (Âge de pierre, Rome antique, époque moderne) et ne se contente pas d'un unique va-et-vient entre l'époque d'Adam et Ève et le XX$^{e}$ siècle comme dans *Fig Leaves* de Hawks (1926). Outre *Intolérance* *, *Les trois âges* parodie le genre du péplum dans son ensemble. Les pointes de satire sociale concernent surtout l'époque moderne : toute-puissance de l'argent, disparition de la famille. Pour son premier grand film, Keaton s'en donne à cœur joie dans les travestissements burlesques, lesquels par leur cocasserie baroque contrastent violemment avec l'impassibilité légendaire du héros. Tout rêveur qu'il soit, celui-ci utilise son ingéniosité et ses étonnantes facultés d'adaptation pour triompher d'un adversaire plus costaud ou plus riche que lui. Aux trois époques, il gagne finalement le cœur de sa belle. La scène où Buster se promène sur son dinosaure comporte un des plus anciens trucages connus mêlant dessin animé et action réelle.

## TROIS DE SAINT-CYR

1938 – France (95') • *Prod.* Productions Calamy • *Réal.* JEAN-PAUL PAULIN • *Sc.* Paul Fékété • *Phot.* Marcel Lucien • *Mus.* Pierre Dupont • *Int.* Roland Toutain (Paul Parent), Jean Mercanton (Jean Le Moyne), Jean Chevrier (Pierre Mercier), Paul Amiot (le général), Hélène Perdrière (Françoise), Léon Bélières (M. Le Moyne), Chukry-Bey (le chef de tribu), Jean Parédès (Bréval).

Le jeune Jean Le Moyne est entré à l'école militaire de Saint-Cyr contre le vœu de son père, un financier qui aurait voulu le voir prendre sa suite mais sera ultérieurement fier de son choix. Son ami d'enfance, Paul Parent, est le « système » (c'est-à-dire le dernier) de la promotion précédente dont Pierre Mercier est le major. Instructeur des nouveaux (les « bazards »), Mercier mène la vie un peu dure à Le Moyne mais c'est pour lui enseigner l'ordre, la patience, la maîtrise de soi, etc., toutes vertus nécessaires au métier des armes et qui tremperont son caractère. Mercier a rencontré au cours de plusieurs réceptions Françoise, la sœur de Jean, qui est tombée amoureuse de lui, provoquant ainsi la jalousie de Parent qui l'aimait. La mère de Mercier s'est saignée aux quatre veines pour que son fils puisse faire des études. Aujourd'hui elle a perdu toutes ses économies dans un krach financier. Elle est maintenant sans ressources et vivra à la charge de l'école dont la caisse de secours est utilisée à régler des cas semblables. Pour payer cette dette d'honneur, Mercier renonce à une carrière brillante et prend du service comme officier de renseignement dans le désert syrien, où la solde est plus élevée. Il quitte Françoise qui est au désespoir. Cinq ans plus tard, le lieutenant Le Moyne qui a servi à Compiègne et Parent qui, de retour du Maroc, a été nommé capitaine sont mis à la disposition du capitaine Mercier en lutte contre des dissidents. Mercier sera amené à sauver la vie de Parent dont la reconnaissance effacera alors d'un seul coup la jalousie (sentimentale et professionnelle) qu'il avait toujours éprouvée pour l'ancien major. Le Moyne est envoyé par Mercier au poste T 7 du pipe-line qui a réclamé de l'aide, en raison d'une importante concentration de troupes dissidentes dans la région. Le poste est encerclé. Une caisse de grenades explose au milieu de la réserve de munitions du camp. Mercier et Parent montent dans un avion et larguent des caisses de munitions sur le poste. Le Moyne meurt glorieusement au combat. La nouvelle promotion de Saint-Cyr est baptisée : promotion « Lieutenant Jean Le Moyne ». A cette occasion, Mercier retrouve Françoise.

☞ L'un des titres les plus célèbres du courant militariste et colonialiste du cinéma français des années 30. Sa construction est plutôt inhabituelle. Une première partie, filmée sur place, livre une vision documentaire du quotidien de l'école de Saint-Cyr : cours, bizutages, cérémonies solennelles (ex. la remise des casoars par les anciens aux nouveaux à la fin de la première année). Le film est assez peu technique, n'entre pas dans les détails de l'instruction des élèves et se contente de faire l'éloge de certaines vertus morales et patriotiques. Elles trouvent assez mal à s'incarner dans la deuxième partie où le brillant capitaine Mercier, qui s'est mis lui-même sur une voie de garage pour rembourser sa dette, lutte contre un ennemi assez abstrait (les dissidents arabes, aussi appelés « salopards ») qui ne semblent guère menacer la sauvegarde de la France vers laquelle toute l'énergie des Saint-Cyriens est spécialement tendue. Par contre le personnage de Le Moyne ajoute aux vertus morales qu'on lui a enseignées celle du sacrifice. On a souvent critiqué ce type de films et en particulier celui-ci pour sa propagande et son idéologie. Or ce qui frappe dans *Trois de Saint-Cyr,* c'est l'absence de conviction profonde. Le propos du film fuit le concret, le terrain politique par exemple, et se réfugie sur le pré carré de la morale qui, seule, suscitera sans trop de peine l'assentiment du public. Formellement, le film est assez sobre pour le genre. Le trio Toutain-Chevrier-Mercanton défend assez bien le caractère conventionnel des personnages. Bien incapable d'être épique, le récit s'engage d'abord sur la voie d'un certain réalisme documentaire puis bifurque vers le mélodrame moral et patriotique.

N.B. Si un certain aspect de document a donné, ici, à l'intrigue et au ton du cinéaste leur sobriété, il n'en est pas de même dans un autre film du même Paulin, *Le chemin de l'honneur,* 1939. Là, l'éloge de la légion, effectué avec la même absence de conviction, a entraîné les auteurs vers un invraisemblable imbroglio mélodramatique, basé sur le thème des jumeaux. Après le suicide de son frère, officier de valeur atteint d'une blessure incurable, son jumeau qui allait mal tourner prend son identité. Il assure son salut en devenant un légionnaire exemplaire et en sacrifiant sa vie au combat.

## TROIS FONT LA PAIRE (LES)

1957 – France (80') • *Prod.* Gaumont (Clément Duhour) • *Réal.* SACHA GUITRY • *Sc.* S. Guitry • *Phot.* Philippe Agostini • *Mus.* Hubert Rostaing • *Int.* Michel Simon (le commissaire Bernard), Philippe Nicaud (Jojo / Teddy and partner), Darry Cowl (le metteur en scène), Sophie Desmarets (Titine), Clément Duhour (le chef de bande), Jean Rigaux (Bornier), Robert Dalban (un inspecteur), Pauline Carton (Évelyne Bernard), Jane Marken (Georgette Bornier), Carette (le patron du café), André Chanu (Cotteret), Christian Méry (un gangster), Gilbert Bokanowski (Duval).

Sacha Guitry reçoit un coup de fil de son ami d'enfance, Albert Willemetz. « Non, tu ne me déranges pas. Si tu m'avais téléphoné dans une minute tu m'aurais dérangé, car je ne te cacherai pas que dans l'instant même où je te parle, je commence un nouveau film qui sera, je l'espère, un film nouveau. » Il lui en raconte brièvement le sujet. Puis le film commence. Pour entrer dans une bande de gangsters dont le chef l'a sommé de commettre une action d'éclat, un jeune voyou parisien, Jojo, n'y va pas de main morte et tue d'un coup de couteau, dans la rue et en plein jour, un passant. Il se trouve que le passant en question était un acteur en train de tourner un film. Après avoir interrogé le metteur en scène de ce film, un farfelu, puis le producteur et un machiniste, le commissaire Bernard, qui ne dédaignerait pas d'être comparé à Maigret, est invité par un technicien à la projection du plan contenant le meurtre. Un peu plus tard, Bernard donne un agrandissement de la photo du tueur à ses trois inspecteurs. L'un d'eux, passant la soirée au Cirque Médrano, croit retrouver l'assassin en la personne du clown Teddy, qui est en fait un sosie du tueur. Il l'arrête aussitôt. Mais Teddy a un jumeau, son partenaire, qui accourt aux nouvelles dans les bureaux de la P.J., où il est également arrêté. Heureux d'avoir trouvé si vite le coupable, le commissaire Bernard en a maintenant deux sur les bras car les deux jumeaux s'accusent chacun du meurtre pour protéger l'autre. La prostituée Titine, avec qui le vrai tueur avait passé la nuit, est convoquée chez le commissaire ; elle déduira du comportement des jumeaux qu'aucun des deux n'est le véritable assassin. Ce dernier se réfugie chez elle, avant d'être emmené par la bande dont le chef le trouve trop compromettant pour être laissé en vie. Il l'abat sur le lieu du premier crime et laisse à côté du corps une note de suicide. Le commissaire la lira et tombera dans le panneau. L'enquête est close. Sacha Guitry conclut : « Je m'en serais voulu de passer pour être bienveillant à l'égard des criminels, mais d'autre part, qu'il y ait des criminels, je l'admets volontiers, car il faut bien que tout le monde vive. »

☞ Voici la fantaisie à l'état pur, qui n'est en elle-même ni gaie ni triste, mais procure au spectateur une intense jubilation. Avant guerre, la fantaisie de Guitry lui avait servi à parler du plaisir de vivre, de la beauté et de la séduction des femmes, de la satisfaction née du travail bien fait, etc. Après guerre, et durant la dernière partie de sa vie, elle lui servira à parler du crime, de la police et de la justice qui ne comprennent goutte aux affaires qu'elles traitent, à tous ces vices de la société qui paraissent parfois en constituer l'essence ou du moins les fondements. Dans tous les cas, il s'agit, comme l'écrivit Cocteau juste après la mort de Guitry, « de charmer et de vaincre la difficulté de vivre ». Pour cela, ne jamais se laisser prendre au piège du sérieux, même quand on est le plus sérieux ; et dans cette ultime pochade qu'est *Les trois font la paire,* Guitry entremêle avec une divine insolence, et comme pour se moquer du monde, les deux thèmes les plus éculés de la comédie de situations : les jumeaux et les sosies. Le film fut réalisé par intérim par Clément Duhour, producteur et acteur, agissant suivant les indications de Guitry déjà très malade (Guitry sut toujours utiliser très bien l'acteur Duhour, lui donnant par exemple dans *Assassins et voleurs* le rôle de la grande brute qui terrorise son ami d'enfance et, ici, celui du chef de bande effrayé par l'audace de sa dernière recrue). Cet intérim renforce encore l'extrême et fascinante économie des moyens de la mise en scène. Guitry possède tellement la connaissance de ce qu'il veut dire et des moyens pour y parvenir que son art finit par ressembler au style du dernier film américain de Lang, *Invraisemblable vérité**. Par coïncidence, les deux septuagénaires jonglent l'un et l'autre avec l'idée d'une universelle culpabilité humaine, prétexte à leurs variations et à leur dérision. C'est bien à côté de Lang, de Mizoguchi, de McCarey ou de Ford – c'est-à-dire des plus grands – que l'œuvre de Guitry, close avec ce film, vient d'elle-même se placer, grâce à la variété de ses thèmes et à la perfection de leur traitement. Quelques-unes des meilleures phrases des *Trois font la paire,* plaisanteries sans jeux de mots témoignant de l'humour le plus noir, résonnent déjà comme dans l'éternité : Christian Méry aidant Philippe Nicaud à trouver le mot « désarroi » ; Jane Marken sollicitant un rôle auprès du réalisateur Darry Cowl devant la dépouille de son mari qu'on va mettre en bière (« Je ne demande que trois répliques à condition qu'elles mettent en valeur ce que j'ai en moi de gaieté, de bonne humeur, de cocasserie ») ; ou bien Clément Duhour emmenant P. Nicaud pour l'assassiner et lui ordonnant : « Dis au revoir à ta camarade ».

## TROIS FRÈRES
### (Tre fratelli)

1981 – Italie/France (115') • *Prod.* Iter Film Spa, Gaumont • *Réal.* FRANCESCO ROSI • *Sc.* Tonino Guerra, Francesco Rosi d'ap. la nouvelle « Le Troisième Fils » de Platonov • *Phot.* Pasqualino De Santis (Technicolor) • *Mus.* Piero Piccioni • *Int.* Philippe Noiret (Raffaele Guiranna), Charles Vanel (Donato Giuranna), Michele Placido (Nicola Giuranna), Vittorio Mezzogiorno (Rocco Giuranna et Donato jeune), Andréa Ferréol (femme de Raffaele), Maddalena Crippa (Giovanna), Sara Tafuri (Rosaria).

A l'occasion de la mort de leur mère, trois frères – un juge, un ouvrier et un éducateur travaillant dans une maison de redressement – reviennent pour quelques jours dans le Sud à la maison paternelle.

☞ L'évocation du destin respectif des personnages, leurs discussions et leurs problèmes constituent une sorte de radiographie de l'Italie contemporaine et de ses crises majeures : violence sociale et terrorisme, distance toujours considérable entre le Nord et le Sud, couples séparés et familles défaites. Rosi n'a pas cherché à bâtir une histoire linéaire et compacte. Il a simplement voulu réunir quelques bribes significatives aidant à comprendre la réalité sociale et morale de l'Italie actuelle. La mémoire et l'imagination, l'allégorie et les symboles tiennent dans le récit une large place. Le film est plus un film de sentiments que d'idées, d'impressions plus que de certitudes. L'appel direct à l'émotion, la volonté d'universaliser les problèmes et les situations sont nouveaux chez Rosi, de même que la sérénité et l'équilibre du ton. Ces éléments témoignent d'un désir de présenter comme urgente la réconciliation de toutes les bonnes volontés d'Italie à partir de la reconnaissance commune d'un certain nombre de « valeurs » éternelles. De cette œuvre honnête et un peu laborieuse, l'évolution ultérieure de Rosi et le temps diront mieux que tout commentaire s'il s'agit d'une étape vers la découverte d'un nouveau classicisme, ou d'une halte – voire d'une régression – dans l'académisme.

BIBLIO. : scénario et dialogues *in* « L'Avant-Scène » n^os^ 289-290 (1982).

## TROIS HEURES DIX POUR YUMA
### (3 : 10 to Yuma)

1957 – USA (92') • *Prod.* COL. (David Heilweil) • *Réal.* DELMER DAVES • *Sc.* Halsted Welles d'ap. une histoire de Elmore Leonard • *Phot.* Charles Lawton, Jr. • *Mus.* George Duning (Chanson de Ned Washington et George Duning interprétée par Frankie Laine) • *Int.* Glenn Ford (Ben Wade), Van Heflin (Dan Evans), Felicia Farr (Emmy), Leora Dana (Alice Evans), Henry Jones (Alex Potter), Richard Jaeckel (Charlie Prince), Robert Emhardt (Butterfield).

Après l'attaque sanglante d'une diligence, le célèbre chef de gang Ben Wade est arrêté par le shérif d'une bourgade d'Arizona, aidé par un fermier, témoin de l'attaque, Dan Evans, marié et père de deux enfants. Le shérif a besoin de deux adjoints pour garder Wade pendant une journée et le conduire à la ville voisine de Contention City où il prendra le train de trois heures dix pour Yuma afin d'y être jugé. Le patron de la ligne de transport, M. Butterfield, offre deux cents dollars aux volontaires. Dan Evans, que la longue sécheresse qui sévit dans la région est sur le point de ruiner, accepte la mission, tout comme l'ivrogne Potter qui veut prouver à son entourage qu'il est bon à quelque chose. Ben Wade passe la soirée dans la ferme de Dan Evans dont il partage le repas à la table familiale. Durant la nuit, il est conduit à Contention City et séjourne en secret dans un hôtel de la ville. Dan est chargé de le surveiller et ne le quitte pas d'une semelle. Ben Wade essaie de l'acheter en lui proposant une petite somme d'argent puis une association secrète de plusieurs milliers de dollars. Pour parvenir à ses fins, il use subtilement de la tentation, de la menace, de la peur, faisant valoir que les membres de sa bande ne tarderont pas à découvrir sa cachette et tenteront alors par tous les moyens de le délivrer. Dans la matinée, le convoi funèbre du conducteur de la diligence tué par Wade traverse la ville. Le frère de la victime monte dans la chambre de Wade et tente de le tuer, mais en est empêché par Evans. Un des complices de Wade, qui faisait le guet dans l'hôtel, l'aperçoit à une fenêtre (les membres de la bande s'étaient ainsi répartis dans les diverses localités de la région). Il s'enfuit à bride abattue et va prévenir tous ses compagnons. Butterfield réunit avec difficultés cinq hommes pour faire face au gang ; un peu plus tard, quand la bande investit la ville, ils quitteront la place. Evans abat un tireur placé sur un toit. Plusieurs membres du gang s'emparent de Potter et le pendent dans le hall de l'hôtel. Maintenant ce n'est plus pour de l'argent ni pour tenir ses engagements, dont l'a d'ailleurs délivré Butterfield, que Dan Evans veut aller jusqu'au bout. C'est pour honorer la mémoire et le sacrifice de son compagnon. Peu avant trois heures, Evans et son prisonnier traversent la place cernée par les membres du gang. Les deux hommes parviennent jusqu'à la gare et réussissent à sauter dans le train. En fait, Ben Wade, qui aurait pu rester sur le quai et provoquer un massacre, a préféré épargner Evans qui lui avait sauvé la vie à l'hôtel. Il sait d'autre part qu'il n'est pas très difficile de s'évader de la prison de Yuma... Du train, Evans voit avec une immense satisfaction la pluie tomber enfin à grosses gouttes et ruisseler sur la campagne avoisinante.

☞ Cinquième des neuf westerns de Daves et l'un des plus importants des années 50. L'œuvre est composite mais possède néanmoins une très grande unité. Le lyrisme fondamental de Daves y est présent jusqu'au baroque et même au formalisme, lesquels se trouvent équilibrés dans le film par la profonde sincérité de l'auteur. Le lyrisme provient d'abord d'un sentiment aigu de la nature. Il s'exprime par une sorte de ballet, de chorégraphie que dessine la caméra autour des personnages (cf. les célèbres travellings verticaux à la grue). Il sert aussi à approfondir leurs relations, leurs sentiments qui sont le plus souvent vifs, intenses, inattendus. Ainsi, la relation unissant Ben Wade et la serveuse du bar (Felicia Farr, actrice-fétiche de Daves) dans une séquence anthologique de l'œuvre du réalisateur ; ainsi, le courant d'inexprimable sympathie qui va du bandit au fermier et dans une certaine mesure du fermier au bandit, duo extraordinaire et antithétique d'un Satan et d'un honnête homme un peu terne et nullement héroïque. Le lyrisme du film ne l'empêche pas d'être aussi une œuvre de suspense, rigoureusement construite à partir de quelques lieux savamment choisis et d'une habile et minutieuse concentration du temps. Là, le film se présente comme une variation sur le thème du *Train sifflera trois fois**, mais avec cette notable différence que le héros n'est pas un « professionnel » mais un homme quelconque que rien ne prédestinait à cette tâche. L'aspect social et moral de l'histoire s'en trouve par là même enrichi et confère au film une dimension universelle. Poème lyrique, récit de suspense et de tension, le film apparaît enfin comme la réflexion d'un humaniste, élément sans lequel d'ailleurs il ne pourrait appartenir tout à fait à l'univers de Daves. Le débat sur la responsabilité du citoyen imprègne le récit sans avoir pratiquement à passer par le dialogue. Le protagoniste est amené à découvrir, au cours même de l'action, les valeurs sur lesquelles repose sa vie. Les trois registres, lyrique, dramatique, humaniste, qui engendrent la richesse du film sont unifiés par une photo qu'on peut qualifier de géniale : théâtrale au meilleur sens du mot, mais en même temps extraordinairement réaliste et documentaire. Elle exprime, sur tous les plans où le film veut se situer, l'aridité, la cruauté, la beauté de l'univers vu à travers la sensibilité d'un artiste qui cherche autant à montrer qu'à démontrer, à émouvoir qu'à enseigner.

## TROISIÈME HOMME (LE)
**(The Third Man)**

1949 – Angleterre (105') • *Prod.* London Film Productions (Alexander Korda) • *Réal.* CAROL REED • *Sc.* Graham Greene et C. Reed • *Phot.* Robert Krasker • *Mus.* Anton Karas • *Int.* Joseph Cotten (Holly Martins), Alida Valli (Anna Schmidt), Orson Welles (Harry Lime), Trevor Howard (major Calloway), Bernard Lee (sergent Paine), Ernst Deutsch (baron Kurtz), Erich Ponto (Dr Winkel), Paul Hoerbiger (portier), Wilfrid Hyde-White (Crabbin), Siegfried Breuer (Popescu).

⊖ Holly Martins, un écrivain américain auteur de westerns, débarque dans la Vienne de l'après-guerre divisée en quatre zones pour revoir son ami d'enfance Harry Lime qui lui a promis un boulot. Il arrive juste à temps pour assister à son enterrement : Harry a été écrasé par une voiture conduite par son propre chauffeur. Les circonstances de l'accident paraissent tout de suite suspectes à Martins. Certains témoins affirment qu'il est mort sur le coup, d'autres disent qu'il est resté un certain temps dans le coma. Trois personnes ont porté son corps après l'accident : le baron Kurtz, actuellement violoniste dans une taverne, un Roumain nommé Popescu et un troisième homme que Martins n'arrive pas à identifier. Entretemps, il a fait connaissance de la maîtresse de Harry Lime, Anna Schmidt, une actrice dont il est tombé amoureux. La police anglaise a confisqué à celle-ci son passeport autrichien, un faux que lui avait procuré Harry. Anna est en effet de nationalité tchèque et ne veut pas retourner dans son pays. Le major Calloway de la police anglaise a vainement tenté de détourner Martins de mener une enquête personnelle qui pourrait être dangereuse pour lui. Le concierge de la maison devant laquelle a eu lieu l'accident a d'ailleurs été assassiné par les « amis » de Harry alors qu'il allait faire une importante déclaration à Martins. Martins lui-même au cours d'une conférence qu'il a été obligé de donner est menacé par le Roumain et, à l'issue de la réunion, est poursuivi à travers la ville en ruines. Calloway apprend à Martins que son cher ami Harry Lime, escroc et sans doute assassin, était à la tête d'un trafic de pénicilline volée à l'hôpital militaire par l'infirmier Harbin (ce dernier ne serait-il pas le « troisième homme » ?) puis revendue par Lime mélangée à de l'eau. Ce trafic a coûté la vie à de nombreux malades, en particulier des enfants, ou bien a encore aggravé leur état. Accablé par ces révélations, Martins aperçoit une nuit dans la rue Harry Lime qui disparaît aussitôt comme un fantôme. Il prévient Calloway. On déterre le cercueil de Lime : c'est Harbin qui s'y trouve à sa place, vraisemblablement assassiné par les autres membres de la bande. Martins fixe rendez-vous à Lime près de la Grande Roue. Au cours d'une discussion qui a lieu dans une cabine, Harry fait preuve d'un cynisme qui provoque le dégoût de Martins. Celui-ci accepte de « vendre » Lime à la police contre un nouveau passeport pour Anna qu'elle déchirera en apprenant son origine. Harry, retrouvé par la police, est poursuivi dans les égouts. Il est mortellement blessé après avoir abattu un policier. Martins donnera le coup de grâce à son ami qui le suppliait de l'achever. Après l'enterrement, cette fois véritable, de Harry Lime, Martins attend Anna. Elle passe devant lui sans lui accorder un regard.

☞ L'un des plus grands succès commerciaux de l'après-guerre. Ce film qui n'est ni un chef-d'œuvre ni un film d'auteur exerça sur le public une véritable fascination. On peut tenter de l'expliquer par le caractère très composite de l'œuvre. A l'originalité de la musique et de l'instrument utilisé (la cithare d'Anton Karas) fut attribuée avec raison une bonne part de son succès. Mais il y eut aussi les apparitions mythiques de Welles (qui refusa d'abord un si petit rôle puis s'y attacha et inventa même des répliques pour son personnage), la thématique très actuelle du film à l'époque (destruction des illusions au sein d'un après-guerre impitoyablement décevant), la force objective d'un récit très bien construit et pas si mal mis en scène que ça (habile transposition d'une structure et d'un contenu de *film noir* dans un contexte profondément européen). Tous ces éléments sont unifiés et magnifiés par le cadre lui-même : cette vision nocturne et ravagée de Vienne, la ville cosmopolite, emblématique des triomphes et des ruines de l'Europe dans toute la première moitié du XXe siècle. Le film est composite aussi dans les influences qu'il a subies : l'ironie et la violence latente des films anglais d'Hitchcock (cf. la séquence de la conférence), le baroquisme visuel des films de Welles, le thème de la corruption universelle et la mythologie de l'escroc à la personnalité impressionnante qui fascine son monde, qu'on retrouvera à travers toute l'histoire du *film noir*). Se mêlent enfin à ces influences les caractéristiques propres à Graham Greene et à son univers, peuplé de naïfs, de dupes, de Machiavel au petit pied, de vrais et faux coupables parfois difficiles à distinguer. Dans ce film européen, le ton spécifiquement anglais est procuré par l'ellipse permanente de la violence physique et par la mélancolie romantique des amours impossibles chère à tant de cinéastes britanniques.

BIBLIO. : Graham Greene : « Le troisième homme », Robert Laffont, 1951. (Le volume contient aussi la nouvelle qui avait inspiré en 1948 *The Fallen Idol*, première collaboration – très réussie – entre le romancier et Carol Reed.) De la longueur d'un court roman, « Le troisième homme » a été écrit pour le cinéma comme premier traitement du scénario. Dans la préface, Greene note : « Il est à mon avis à peu près impossible d'écrire un film sans avoir au préalable écrit une nouvelle (...) l'acte de création ne saurait s'accomplir sous forme de script. Il est nécessaire de sentir qu'on possède plus de matériaux qu'on n'en peut utiliser. Par conséquent, "Le troisième homme", bien qu'il ne fût jamais destiné à paraître, dut commencer par être une nouvelle avant de subir les transformations en apparence interminables qui le firent passer d'un état à l'autre. Sur ces états successifs, nous travaillâmes, Carol Reed et moi, en très étroite collaboration, accomplissant chaque jour une tâche déterminée, nous jouant certaines scènes l'un à l'autre. Personne ne fut jamais admis en tiers dans nos entretiens : ces discussions claires, ces assauts d'estoc et de taille entre deux hommes ont trop de prix. » Il reconnaît que Carol Reed a eu entièrement raison de refuser son happy end. Dans un autre texte (préface à « The Pleasure Dome », Secker et Warburg, Londres, 1972, recueil d'articles sur le cinéma, publiés entre 1935 et 1940), il précise que David O'Selznick, coproducteur minoritaire, était lui-même partisan de ce happy end tout en jugeant le titre du film impossible et son échec certain ! (On sait par ailleurs que Selznick aurait voulu Noël Coward à la place de Welles, lequel fut choisi par Carol Reed, responsable également de la découverte d'Anton Karas dans un petit restaurant viennois.) Le scénario et les dialogues du film ont été publiés chez Lorrimer à Londres dans la collection « Classic and Modern Film Scripts » nº 13, et chez le même éditeur dans un volume collectif « British Cinema » avec *Brève rencontre** de David Lean, *Noblesse oblige** de Robert Hamer et *Samedi soir et dimanche matin* de Karel Reisz. Enfin le découpage (1 257 plans) a été publié en français *in* « L'Avant-Scène » nº 379 (1989). Le dialogue figure en bilingue.

## TROIS LANCIERS DU BENGALE (LES)
### (The Lives of a Bengal Lancer)

1935 – USA (107') • *Prod.* PAR. (Louis D. Lighton) • *Réal.* HENRY HATHAWAY • *Sc.* Waldemar Young, John L. Balderston, Achmed Abdullah, Grover Jones, William Slavens McNutt • *Phot.* Charles Lang • *Mus.* Milan Roder • *Int.* Gary Cooper (lieutenant McGregor), Franchot Tone (lieutenant Fortesque), Richard Cromwell (lieutenant Stone), Sir Guy Standing (colonel Stone), C. Aubrey Smith (major Hamilton), Monte Blue (Hamzulia Khan), Kathleen Burke (Tania Volkanskaya), Colin Tapley (lieutenant Barrett), Douglas Dumbrille (Mohammed Khan), Akim Tamiroff (Emir), J. Carrol Naish (grand vizir), Mischa Auer (Afridi), Major Sam Harris (officier britannique).

Au nord-ouest de l'Inde, le quarante et unième Lanciers a la difficile mission de protéger la frontière contre des rebelles Afridi. Le lieutenant McGregor accueille deux nouvelles recrues, le tout jeune lieutenant Stone, frais émoulu de son école militaire, fils du colonel du régiment et le lieutenant Fortesque dont l'assurance et l'ironie de pince-sans-rire l'agacent immédiatement. Stone est reçu froidement par son père, un homme timide et incapable d'extérioriser ses sentiments. Il n'est d'ailleurs pas à l'origine de l'affectation de son fils et ne l'approuve guère. Malgré tout ce qui les différencie, l'âge, le caractère et l'expérience militaire, Stone, McGregor et Fortesque deviennent vite des inséparables. McGregor est envoyé à la recherche d'un espion qui, déguisé en Indien, s'est mêlé aux rebelles. Celui-ci, contacté lors d'une escarmouche, transmet à McGregor un message : Mohammed Khan, le principal ennemi des Anglais dans la région, est en train de rassembler toutes les tribus. Invités par l'émir de Gopal, les militaires anglais ne doutent pas un instant que le chargement d'armes et de munitions qu'ils doivent lui remettre n'aboutisse finalement entre les mains de Mohammed Khan. Lors d'une chasse donnée par l'émir, le colonel Stone est blessé par un sanglier en voulant sauver son fils. Celui-ci, tombé amoureux de la jeune Tania, en réalité une espionne, est capturé par les hommes de Mohammed Khan. Le colonel refuse de déplacer ses Lanciers pour aller au secours de son fils ; il s'attire ainsi une remarque désobligeante de McGregor, scandalisé par son inhumanité. McGregor et Fortesque, déguisés en Indiens, pénètrent dans la citadelle de Mohammed Khan. Vite reconnus, ils sont faits prisonniers et torturés, tout comme le jeune Stone avec lequel ils sont emprisonnés. Mohammed Khan veut à tout prix obtenir des renseignements sur le train de munitions qui va être livré à l'émir de Gopal. Stone parle. Les trois hommes voient bientôt arriver dans le camp le stock de mitrailleuses et deux millions de cartouches. Sacrifiant sa vie, McGregor fait sauter avec une torche le dépôt de munitions. Fortesque explique à Stone que ce sacrifice avait avant tout pour but de sauvegarder le secret de ses aveux sous la torture. En conséquence, Stone ne devra jamais évoquer cet épisode et sa défaillance. Il réussit à poignarder Mohammed Khan ; aussitôt les rebelles se retirent du combat. Fortesque et Stone reçoivent la « Distinguished Service Cross ». McGregor reçoit à titre posthume la « Victoria Cross » : elle est accrochée à la selle de son cheval.

☞ Comme dans *Peter Ibbetson**, le film suivant d'Hathaway, c'est encore grâce à l'extrême froideur du ton, à la tranquille impassibilité du narrateur que *Les trois lanciers du Bengale* a pu si bien résister aux outrages du temps, après avoir captivé à son heure et lors de multiples ressorties des millions de spectateurs, passionnés par ses qualités et sa densité de récit d'aventures, par ses personnages au relief sobre et sans complaisance. Maître de l'action, peintre attentif de la violence, Hathaway, cinéaste assez méconnu et dont les points de vue sont souvent très originaux, est on ne peut plus éloigné de ses pairs. Il diverge autant de Ford, par exemple, et de sa chaleureuse identification aux idéaux des groupes sociaux qu'il dépeint, que de Walsh, si proche quant à lui, non de l'idéologie de ses personnages (qui en général n'en ont guère), mais de leurs combats, de leurs élans et de leurs appétits quotidiens. Hathaway préfère cultiver la distance. Il note et observe avec une sécheresse volontaire les réactions des personnages et leur plus ou moins grande aptitude à maîtriser leurs émotions. Il ne cache pas, même s'il n'y insiste jamais, que le personnage qu'il admire le plus est sans doute le colonel Stone, le moins sympathique et le moins « humain » des héros du film, mais celui auquel l'intrigue donnera constamment raison. Avant les autres, il avait jugé et critiqué l'inexpérience dangereuse de son fils, qui entraînera effectivement la perte des biens les plus précieux et la mort d'un des hommes les plus valeureux du régiment. Avec une sorte de cruauté minutieuse et réaliste – celle d'un homme qui ne veut pas s'en laisser conter – Hathaway fait ainsi l'éloge du professionnalisme, avant même celle du sacrifice et de l'héroïsme, exprimant très nettement sa méfiance vis-à-vis du sentimentalisme et de l'attendrissement.

## TROIS LUMIÈRES (LES)
### (Der Müde Tod)

1921 – Allemagne (2 311 m) • *Prod.* Decla-Bioscop • *Réal.* FRITZ LANG • *Sc.* Thea von Harbou • *Phot.* Erich Nitzschmann, Hermann Saalfrank, Fritz Arno Wagner • *Déc.* Robert Herlth, Walter Röhrig, Hermann Warm • *Int.* Bernhard Goetzke (La Mort), Lil Dagover (l'héroïne dans tous les épisodes), Walter Janssen (le jeune homme dans tous les épisodes), Rudolf Klein-Rogge (le derviche Girolamo), Eduard von Winterstein (le Calife), Paul Biensfeldt (A Hi), Karl Huzsar (l'Empereur).

PROLOGUE – Aux abords d'une petite ville, La Mort, sous les apparences d'un étranger à la silhouette longiligne et au visage grave et triste, monte dans une diligence où se trouve déjà un couple d'amoureux. Ils s'arrêtent dans une auberge et La Mort les suit et s'assoit à leur table. Autour d'une table voisine, un groupe de notables vient de rappeler que l'Étranger avait acheté à la commune un terrain situé près du cimetière et l'avait entouré d'un très haut mur de pierre sans porte ni fenêtre. La jeune femme s'absente un moment pour aller jouer à la cuisine avec un chiot et des chatons. Quand elle revient, le jeune homme et La Mort ont disparu. Suivant les indications d'un mendiant, la jeune femme arrive près du haut mur qu'elle voit traversé (en surimpression) par une foule d'éclopés de tous âges vêtus de blanc. Elle s'évanouit. Un vieil apothicaire la ranime et l'emmène chez lui. Pendant qu'il lui prépare une potion, la jeune femme feuillette un livre où il est écrit que « l'Amour est aussi fort que la Mort ». Elle approche de ses lèvres une fiole de poison et se retrouve instantanément devant le mur, maintenant percé d'une haute porte de forme ogivale derrière laquelle se trouve un escalier presque vertical. Elle monte les marches et La Mort l'entraîne parmi une forêt de bougies allumées dont chacune représente un destin et une vie. Quand la flamme d'une bougie s'éteint, c'est une vie qui s'achève. La jeune femme supplie La Mort d'épargner son bien-aimé. La Mort, lassée de voir dans son sillage tant de souffrances humaines, ne demanderait pas mieux que de changer de métier si quelqu'un avait la force de la défier. Elle montre à la jeune femme trois bougies presque consumées. Si elle est capable de sauver l'une de ces vies, La Mort lui rendra son bien-aimé. PREMIÈRE HISTOIRE – Bagdad, au XIX^e siècle, pendant les fêtes du Ramadan. La sœur du Calife, Zobeide, est amoureuse d'un infidèle, un Franc, qui s'introduit, déguisé, dans la mosquée. Il est découvert par un fidèle qui ameute la foule contre lui. Grâce à Zobeide qui s'interpose, le Franc parvient à fuir. Mis au courant des faits, le Calife n'est pas convaincu par les protestations d'innocence de sa sœur. La suivante de Zobeide va chercher le Franc qui rejoint Zobeide chez elle. Mais les gardes du Calife le font prisonnier. Il sera enterré vivant. Le jardinier qui creuse sa tombe n'est autre que La Mort... DEUXIÈME HISTOIRE – Venise au XIV^e siècle. La jeune Fiametta, promise à Girolamo, un homme d'âge mûr, aime Giovanfrancesco. Comme Girolamo a prédit la mort de Giovanfrancesco, Fiametta bâtit un plan pour se débarrasser de Girolamo. Elle fait envoyer par un messager une lettre à chacun des deux hommes. Mais Girolamo, après avoir lu la missive qui lui est destinée, fait tuer le messager et s'empare de l'autre lettre. Il fait tenir à Giovanfrancesco la lettre qui lui était destinée à lui, Girolamo. Dans cette lettre, Fiametta invite le destinataire à se rendre, sous un déguisement, en un certain lieu à une certaine heure. Giovanfrancesco obéit et se fait poignarder par un serviteur maure. Fiametta avait enduit la lame de poison. Elle découvre avec horreur que c'est son bien-aimé qui a été frappé. Au serviteur noir se substitue l'image de La Mort. TROISIÈME HISTOIRE – Invité par l'Empereur, le vieux magicien chinois A Hi se rend en son palais sur un tapis volant, accompagné de sa fille et de son jeune assistant, amoureux l'un de l'autre. Le magicien démontre à l'Empereur quelques-uns de ses tours, comme de faire sortir de dessous sa robe une armée de soldats miniatures. Mais, plus qu'à ses tours, l'Empereur, gros et laid, s'intéresse à sa fille. Il s'y intéresse tant qu'il la fait prisonnière. A l'aide de la baguette magique de son père, elle change ses gardiens en pourceaux, puis elle s'enfuit avec son bien-aimé sur un éléphant. L'armée de l'Empereur les poursuit. La jeune fille se change en statue et son bien-aimé en tigre. Hélas, l'archer de l'Empereur tue le tigre ; la statue pleure et n'y peut rien changer. Bien entendu, l'archer est La Mort. ÉPILOGUE – La jeune femme, qui incarnait les trois héroïnes, n'a pu sauver aucun des fiancés. Elle s'apprête à boire le poison mais l'apothicaire le lui reprend. La rencontre avec La Mort et ce qui s'en est suivi a eu lieu, dans son imagination, entre l'instant où elle a approché la fiole de ses lèvres et celui où l'apothicaire est intervenu. Elle demande au vieillard de donner sa vie en échange de celle de son bien-aimé. L'apothicaire refuse catégoriquement. Elle le demande aussi au mendiant qui lui avait indiqué la route : il veut lâcher son chien sur elle. Dans un hospice, elle adresse la même requête à un groupe de vieillards des deux sexes. Sitôt qu'elle a parlé, ils prennent la fuite. Dans un incendie, elle sauve un bébé. La Mort lui demande la vie de l'enfant contre celle de son fiancé. Elle refuse. Sa bonne action lui vaudra, après sa mort (qui survient dans cet incendie) d'être réunie pour l'éternité à son bien-aimé. Ils marchent côte à côte dans une prairie pleine de fleurs. Sur terre, il est minuit.

☞ Huitième film muet de Lang, alors en pleine maturité. Plus qu'aucune de ses œuvres précédentes, *Les Trois Lumières* assoit la réputation de Lang comme grand créateur. Le film se voulait une « chanson populaire allemande en six strophes ». (Pour comprendre cette structure, il faut admettre que le prologue vaut deux strophes.) Lotte Eisner a trouvé comme origines du film l'esprit des ballades viennoises romantiques, un conte d'Andersen (« Histoire d'une mère »), un conte de Grimm (« La Mort comme parrain ») où des cierges représentent des vies humaines. Les références picturales sont plus variées encore : Carl Spitzweg, Caspar David Friedrich, Böcklin, Dürer, Grünewald, Rembrandt, etc. Inspiration très composite donc, pour un film dont la substance ne l'est pas moins, traversée qu'elle est de principes contraires qui se fondent pourtant en une harmonie quasi parfaite : sérieux et fantaisie, caricature et tragédie, foisonnement narratif et rigueur plastique. L'idée-mère sur laquelle repose le film est elle-même double : tous les destins sont variés, différents, mais tous finissent de même, par l'extinction et l'anéantissement. Monotonie terrible qui rend La Mort lasse dans son univers asphyxié de lignes verticales (bougies) et horizontales (marches d'escalier) en perpétuel contraste. Le sublime (notamment dans l'interprétation de Bernhard Goetzke) et les clins d'œil satiriques se côtoient dans ce film auquel son extraordinaire richesse narrative et visuelle a donné une sorte de nouveauté permanente. *Les Trois Lumières* est sans doute le film le plus jeune de l'expressionnisme, mouvement qui sert ici de miroir à de multiples formes esthétiques : fable, allégorie, farce picaresque, poème métaphysique, ballade, conte onirique et fantastique... Dans une éternité à la fois pesante et légère, Méliès y croise le Voleur de Bagdad et les grands romantiques allemands. Allégorie de toute existence vue comme un combat perdu contre le Destin (ce en quoi il ressemble aux autres films de Lang), *Les Trois Lumières* laisse plus à la fin une impression d'apaisement que de frustration et de défaite. Cette sérénité, même relative, ne se retrouvera guère dans les œuvres ultérieures de Lang. La joie de créer et de conter l'a emporté ici sur le pessimisme foncier du conteur.

## TROIS TÉLÉGRAMMES

1950 – France (96') • *Prod.* UGC et Films Modernes • *Réal.* HENRI DECOIN • *Sc.* Alex Joffé, Henri Decoin • *Phot.* Nicolas Hayer • *Mus.* Joseph Kosma • *Int.* Pierrette Simonet (Amélie), Gérard Gervais (Antoine), Germaine Michel (la bouquetière), Olivier Hussenot (le commissaire), Henri Crémieux (le directeur), Jacqueline Carlier (la mère d'Arthur), Jacques Tarride (M. Grandjean), Émile Genevois (le concierge), Yves Robert (sergent Chauvin).

A la fin de la journée, dans le quartier de la rue Mouffetard, un petit télégraphiste, Antoine, rentre avec son vélo dans un camion. L'accident est sans gravité, mais l'enfant retrouve sa sacoche vide. Elle contenait trois télégrammes dont l'un était destiné à Herriot, le président de l'Assemblée nationale. Les habitants du quartier, une fois passé le premier moment de méfiance à l'égard de l'enfant, participent aux recherches nocturnes destinées à retrouver les précieux messages. Le premier télégramme, qui a servi à confectionner un avion en papier, sera découvert sur le balcon d'un appartement inhabité. Il aura fallu pour cela recourir clandestinement à la grande échelle des pompiers. Un gamin avait trouvé le deuxième et le remet à Antoine. Mais le message pour Herriot manque toujours. Le petit télégraphiste est désespéré. La fillette qui avait pris avec énergie la direction des recherches s'imagine qu'Antoine, brusquement disparu, est allé se jeter dans la Seine. Elle appelle tous les enfants du voisinage à la rescousse. Une marchande de fleurs retrouve le troisième télégramme et le donne à Antoine. Les enfants se dispersent. Antoine délivre le message à Herriot, qui était en réalité un charbonnier. Le lendemain matin au bureau, il apprend que la poste garde un double de tous les télégrammes.

☞ Grand succès commercial du début des années 50. Juste avant *Sans laisser d'adresse**, c'est le premier travail important de Joffé comme scénariste. Il signe ici avec Decoin un excellent scénario populiste et mouvementé qui donne lieu à l'exploration mi-réaliste, mi-poétique d'un quartier de Paris et de ses habitants les plus anonymes. Un accent particulier est mis sur le monde de l'enfance, souvent séparé de celui des adultes par une mince barrière de peur et d'incompréhension que quelques événements insolites peuvent suffire à briser. On peut certes juger que le film – du Prévert mâtiné de De Sica – est bâtard : trop fabriqué (studio, transparences) pour être réaliste, trop banal et trop terre à terre pour posséder un réel élan poétique. Mais l'humour savoureux et constant des dialogues sauve souvent sa mise au film. Celui-ci apportait un petit souffle nouveau de fraîcheur à l'intérieur d'un cinéma français dans lequel ambition était presque toujours synonyme de pessimisme et de noirceur. *Trois télégrammes* est représentatif d'un modeste courant de comédie néo-réaliste à la française auquel se rattachent, dès la fin des années 40, certains films de Le Chanois, Bromberger (*Seul dans Paris*, 1951) et Joffé lui-même (*Lettre ouverte*, 1953). On peut en faire remonter l'origine à *Antoine et Antoinette* (1947) de Jacques Becker, film qui, malgré son importance historique, a mal vieilli car il ne reflétait que très incomplètement le talent de Becker, lequel ne peut s'épanouir sans un élément important de fantaisie ou de tragique.

## TUEUR A GAGES (This Gun for Hire)

1942 – USA (80') • *Prod.* PAR. (Richard M. Blumenthal) • *Réal.* FRANK TUTTLE • *Sc.* Albert Maltz, W.R. Burnett d'ap. R. de Graham Greene • *Phot.* John Seitz • *Mus.* David Buttolph • *Int.* Alan Ladd (Raven), Veronica Lake (Ellen Graham), Robert Preston (Michael Crane), Pamela Blake (Annie), Laird Cregar (Willard Gates), Tully Marshall (Alvin Brewster), Mikhail Rasumny (Sluky).

A San Francisco, le tueur à gages Raven exécute un maître chanteur en possession d'un document volé à une usine de produits chimiques. Raven se fait payer par Gates, un employé important de l'usine, dont le hobby consiste à financer des night-clubs. Mais Gates a relevé le numéro des billets qu'il a donnés à Raven puis les a communiqués à la police comme s'il s'agissait d'un vol. Raven est ainsi repéré et traqué par la police. Dans un train allant à Los Angeles, il rencontre Ellen, une chanteuse nouvellement engagée par Gates et qui a reçu mission de surveiller son patron, soupçonné d'espionnage. Elle est aussi la fiancée du policier recherchant Raven. Gates s'imagine qu'elle est la complice de Raven et ordonne à son homme de main de la supprimer. Elle est sauvée *in extremis* par Raven. Tous deux prennent la fuite et se cachent dans une usine à gaz. En confrontant leurs informations, ils comprennent que le document volé par le maître chanteur contenait une formule de gaz toxique destinée à être vendue aux Japonais. Raven se confie à Ellen. Il lui raconte son enfance malheureuse. Élevé par une tante qui le frappait, il l'a tuée et s'est retrouvé en maison de redressement. Il lui raconte aussi un rêve qui l'obsède. Elle lui permet, grâce à une ruse, d'échapper seul à la police. Il se rend au bureau de Gates qu'il contraint à l'accompagner chez le patron de l'usine de produits chimiques, un vieillard infirme, qui, juste après avoir signé ses aveux, meurt d'une crise cardiaque. Raven abat Gates avant que la police ne fasse irruption dans la pièce. Atteint par les balles des policiers, il prononce quelques mots à l'intention d'Ellen placée à côté de son fiancé qu'il aurait pu tuer mais qu'il a épargné.

☞ L'un des premiers *films noirs* importants, moins par l'intrigue ou le style que par le personnage et l'interprétation d'Alan Ladd. L'acteur trouve ici, après dix ans d'une carrière quasi anonyme, le rôle qui le fait connaître et *Tueur à gages* marque aussi sa première association avec Veronica Lake. (Ils firent cinq films ensemble et constituèrent l'un des couples cinématographiques les plus en vue des années 40.) Tueur glacial et méthodique, mais sujet à de brusques accès de colère, affirmant qu'« il se sent bien » quand il tue, n'ayant d'affection que pour les chats (qui lui renvoient une image symbolique de lui-même, faite de solitude et d'indépendance), le personnage s'humanisera d'une manière inattendue au contact de sa partenaire. Si la mise en scène est rigide et peu originale, plusieurs éléments confèrent au tueur une certaine subtilité. Son intérêt, d'abord, pour l'héroïne qu'il a sauvée corrige son statut de méchant absolu. Dans sa confession, il évoque confusément le rôle de la psychanalyse, un des thèmes nouveaux véhiculés dans le cinéma américain à travers le *film noir* (cf. *The Dark Past**). Le film suggère que cette méthode aurait pu en d'autres circonstances le traiter, le faire changer de statut mais non le sauver définitivement car, selon le code moral de l'époque, il s'est placé de par ses crimes au-delà du salut et doit mourir inévitablement à la fin. Son salut ne saurait être ici que purement moral et, à ce titre, se trouve partiellement accompli avant sa mort physique. Tourné pendant la guerre (alors que l'essentiel du *film noir* se développe après guerre), *This Gun for Hire*, obéit aux règles de la propagande du moment et présente un ennemi encore plus nuisible, encore plus compromis que le tueur psychopathe : l'espion anti-patriotique qui vend au plus offrant des secrets scientifiques. Aidant à démasquer et à éliminer cet ennemi-là, le tueur, si noir qu'il soit, progresse encore d'un cran sur la voie du salut. Ainsi la conjonction d'un scénario infidèle à Graham Greene (où Raven était un personnage uniquement répugnant) et du talent propre à Alan Ladd (mélange de désespoir et de cruauté avec une minuscule lueur d'humanité) créèrent une nouvelle star dont l'emprise sur le public allait durer une bonne dizaine d'années. Remake : *Short Cut to Hell (A deux pas de l'enfer)*, James Cagney, 1957.

## TUEURS (LES)
## (The Killers)

1946 – USA (105') • *Prod.* UI (Mark Hellinger) • *Réal.* ROBERT SIODMAK • *Sc.* Anthony Veiller d'ap. une nouvelle d'Ernest Hemingway • *Phot.* Elwood Bredell • *Mus.* Miklos Rozsa • *Int.* Burt Lancaster (Pete Lunn), Ava Gardner (Kitty Collins), Edmond O'Brien (Jim Reardon), Albert Dekker (Big Jim Colfax), Sam Levene (lieutenant Sam Lubinsky), John Miljan (Jake), Virginia Christina (Lily Lubinsky).

Deux hommes viennent dans une petite ville de province tuer un pompiste, ex-boxeur, ex-truand, surnommé « Le Suédois ». Prévenu de leur arrivée, l'homme ne fait rien pour leur échapper et se laisse abattre. Un agent d'assurances, travaillant pour la compagnie auprès de laquelle il avait souscrit une police, reconstitue à l'aide de divers témoignages la trajectoire de sa vie.

« Le Suédois » avait participé à un hold-up. Persuadé par Kitty Collins, dont il était amoureux, qu'on voulait l'exclure du partage du butin, il rafla tout l'argent et prit la fuite avec elle. Peu après, elle l'abandonna en emportant l'argent. Ce qu'il n'aura jamais su, c'est qu'elle avait agi conformément à un plan établi par le chef de gang avec qui elle était secrètement mariée.

☞ Classique du *film noir* et le titre le plus célèbre de Siodmak. Grands débuts de Lancaster et d'Ava Gardner. L'enquête sur laquelle repose l'intrigue, réalisée à partir de brefs flash-backs, prend ici des allures de chant funèbre commémorant la rencontre d'un *loser* et d'une femme fatale. La morbidité extrême du film pétrifie le style de Siodmak (qui d'habitude oscille entre baroque et classicisme) dans un classicisme parfait. Tout étant joué pour le héros après la deuxième séquence, le récit ne fera que confirmer jusqu'à satiété que, d'un bout à l'autre de sa vie, la liberté lui avait fait défaut. Au point que cette absence de liberté du héros put fournir, après ce film, l'un des éléments de définition du genre. Exploration-limite d'un genre par la photo, l'interprétation, la construction et la conduite du récit (cela lui valut même le reproche d'avoir été trop consciemment composé), *Les tueurs* laisse une impression de malaise et de désespoir sans recours. L'absence de notations sociales, et donc d'explications, où l'on peut voir l'influence de l'expressionnisme allemand transplanté et dénaturé, renforce d'autre part jusqu'à l'asphyxie l'abstraction étouffante de l'œuvre.

N.B. Remake homonyme de qualité par Don Siegel en 1964 (le film sortit en France sous le titre *A bout portant*). Réalisé initialement pour la télévision, il fut jugé trop violent pour le petit écran et sortit donc commercialement dans les salles. Remarquable interprétation de Lee Marvin, John Cassavetes, Angie Dickinson, Ronald Reagan.

## TUEURS DE DAMES
## (The Ladykillers)

1955 – Angleterre (88') • *Prod.* Ealing (Seth Holt) • *Réal.* ALEXANDER MACKENDRICK • *Sc.* William Rose • *Phot.* Otto Heller (Technicolor) • *Mus.* Tristram Cary • *Int.* Alec Guinness (Pr Marcus), Cecil Parker (le major), Herbert Lom (Louis), Peter Sellers (Harry), Danny Green (One-Round), Jack Warner (le policier), Katie Johnson (Mme Wilberforce).

Cinq gangsters louent une chambre dans la maison d'une charmante vieille dame soi-disant pour s'y livrer à des répétitions musicales. Les membres du pseudo-quintet à cordes utilisent leur hôtesse comme complice involontaire de leurs activités répréhensibles en lui demandant d'aller chercher à la gare de King's Cross le produit de leur hold-up caché dans une malle. Quand elle découvre le pot aux roses, les gangsters tirent à la courte paille celui qui aura pour mission de la supprimer. L'« exécuteur » préfère s'enfuir par les toits et fait une chute mortelle. A partir de là, les quatre autres complices commencent à s'entre-tuer et le dernier survivant mourra accidentellement. La vieille dame va tout raconter à la police. Elle n'est pas crue et on lui demande de conserver bien gentiment le magot pardevers elle.

☞ L'une des plus célèbres comédies anglaises d'humour noir bénéficiant de l'apport paradoxal de la couleur. On peut la considérer comme le chant du cygne d'un genre dont les plus grandes réussites furent tournées au studio d'Ealing. Ironie due à un indéfectible « bon goût » dans la présentation en litote de la violence et des meurtres, brio satirique dans la description de différents comportements sociaux typiquement anglais caractérisent cette comédie allant bon train et toujours finement ciselée. La stylisation de la couleur, des décors, de l'interprétation (tous les rôles sont par excellence des rôles de composition) apportent ici sa cohérence à une œuvre qui fuit comme la peste le réalisme. De ce fait, grâce à son caractère entièrement et volontairement artificiel dès l'origine, elle a beaucoup moins vieilli qu'on aurait pu le craindre. Le morceau de bravoure du film tient dans la séquence du thé des vieilles dames auquel sont obligés d'assister les gangsters. Et l'interprétation savoureuse de Katie Johnson, une célébrité du théâtre anglais, l'emporte aisément sur le reste de la distribution, de la même façon que son personnage domine dans l'intrigue tous les autres.

### TULSA (id.)

1949 – USA (90') • *Prod.* Eagle Lion Films (Walter Wanger) • *Réal.* STUART HEISLER • *Sc.* Frank Nugent, Curtis Kenyon d'ap. une histoire de Richard Wormser • *Phot.* Winton C. Hoch (Technicolor) • *Mus.* Irving Friedman • *Int.* Susan Hayward (Cherokee Lansing), Robert Preston (Brad Brady), Pedro Armendariz (Jim Redbird), Lloyd Gough (Bruce Tanner), Chill Wills (Pinky Jimpson), Ed Begley (Johnny Brady), Roland Jack (Steve).

Dans les années 20, près de Tulsa en Oklahoma, un éleveur, Nelse Lansing, meurt accidentellement lors de l'explosion d'un puits de pétrole dont il s'était trop approché. Cherokee, sa fille, essaie vainement d'obtenir un dédommagement de Tanner, le propriétaire du puits. Joueuse de caractère et ayant reçu en don d'un pétrolier rencontré par hasard des concessions pour des terrains de la région, Cherokee décide de prendre sa revanche et de risquer le tout pour le tout. Bien qu'elle ne connaisse rien au pétrole, elle entreprend des travaux de forage, grâce à l'argent prêté par son ami d'enfance, l'éleveur indien Jim Redbird. Les trois premières semaines ne donnent rien. Un jeune ingénieur géologue, Brad Brady, le fils de son donateur, l'engage à continuer. Quelque temps plus tard, le pétrole jaillit et dès lors la fortune ne cessera plus de sourire à Cherokee, bientôt surnommée la « Reine du Pétrole » à Tulsa. Elle s'associe avec son ancien adversaire Tanner pour exploiter une grande partie de la région. Brad est inquiet de la prolifération des puits qui risque de saccager définitivement la terre. Il essaie d'obtenir l'accord du gouverneur sur une limitation du nombre des puits et de leur capacité de pompage. Prise d'une véritable frénésie de profit, Cherokee a signé des contrats pour une quantité de pétrole supérieure à ce qu'elle peut produire elle-même. Elle en vient à rompre une promesse faite à Jim. Elle lui avait en effet juré de ne pas dépasser un certain nombre de puits sur ses terres, qu'il veut continuer à utiliser pour son bétail. L'affaire vient en justice et l'Indien se voit donner tort. La détresse de Jim ainsi que la rupture récente de ses fiançailles avec Brad amènent Cherokee à réfléchir et à revenir sur ses positions. Voyant à nouveau des cadavres de bestiaux baignant dans le pétrole, Jim, dans un moment de folie, met le feu aux puits. Les pétroliers font sauter un à un les puits pour venir à bout de l'incendie. Cherokee sauve Jim de la mort. Brad déclare que cette catastrophe aura un rôle bénéfique en accélérant la mise en place d'une réglementation utile à tout l'état de l'Oklahoma. Quant à lui, il pourra de nouveau s'entendre avec Cherokee.

☞ Troisième et dernier film de Stuart Heisler avec Susan Hayward. A travers l'évocation du boom pétrolier de l'Oklahoma, Heisler dessine le portrait d'une héroïne énergique et volontaire qui incarne à la fois les forces vives d'un pays et les risques de bouleversement grave que ces forces, mal contrôlées, peuvent déclencher. Américain par excellence, Heisler s'est toujours intéressé à ce moment privilégié et dangereux d'une vie, ou d'une entreprise, où le bouillonnement de l'énergie est en passe de devenir destructeur et d'anéantir ce qu'il avait d'abord contribué à bâtir. Cherokee, l'héroïne, a su transformer après la mort de son père l'échec et la fatalité en victoire ; il lui restera à savoir trouver dans cette victoire un équilibre aussi nécessaire à la justice qu'à sa propre sérénité. L'originalité du film est de construire, sans artifice, un parallélisme constant entre l'évolution d'un individu et celle d'un groupe social représentant le nouvel élan donné à une région par la découverte de ses richesses naturelles. Vues sous un certain angle, les phases de cette double évolution sont comparables, et la plus délicate d'entre elles est celle où l'individu et le corps social doivent s'inventer de nouvelles contraintes, de nouvelles règles, pour préserver les équilibres naturels. Le film se trouve ainsi porteur d'une réflexion pré-écologique. Malgré les limites d'un budget assez réduit (sauf dans l'extraordinaire séquence de l'incendie final) et celles d'un scénario et d'une distribution assez mornes (sauf Susan Hayward), Heisler réussit à maintenir de bout en bout l'intérêt de ce parallélisme, tout en restant fidèle à sa thématique personnelle. Par ailleurs *Tulsa* est très représentatif d'un type de film situé à mi-chemin entre la superproduction et la série B, et indispensable à l'équilibre économique et esthétique du cinéma américain considéré dans son ensemble.

## TWO THOUSAND MANIACS

Inédit en France. 1964 – USA (88') • *Prod.* Friedman-Lewis Production (David F. Friedman) • *Réal.* HERSCHELL GORDON LEWIS • *Sc., Phot., Mus.* H.G. Lewis (Eastmancolor) • *Int.* Connie Mason (Terry Adams), Thomas Wood (Tom White), Jeffrey Allen (maire Buckman), Ben Moore (Lester), Shelby Livingston (Bea Miller), Gary Bakeman (Rufe), Jerome Eden (John Miller).

Un village sudiste, Pleasant Valley, entièrement rasé par les Nordistes durant la guerre de Sécession, revit pour vingt-quatre heures une fois tous les cent ans. Ce jour-là, six malheureux touristes du Nord subiront, dans le village en liesse, toutes sortes de châtiments inventés par l'imagination vengeresse et perverse des ressuscités. Un habitant du village taille avec un couteau, comme s'il s'agissait d'un crayon, le pouce de la jeune Bea jusqu'à ce qu'il tombe ; trois ou quatre brutes lui coupent ensuite le bras avec une hache et le font cuire comme une brochette lors d'un barbecue. Son mari John est écartelé par quatre chevaux attachés à ses membres. David est placé dans un tonneau au sommet d'une colline. On plante des clous dans le tonneau qui dévale la pente. A l'arrivée, David est réduit à l'état de masse sanguinolente. Sa femme Beverly est installée sous une énorme pierre. En lançant des balles sur une cible, les villageois tentent de faire basculer la pierre. A chaque tir, l'infortunée victime est contrainte de répéter : « Ça n'est pas encore tombé. » A la fin, la pierre l'écrase. Le troisième couple, Tom et Terry, des instituteurs, parvient à s'échapper et va prévenir les policiers qui restent sceptiques car, lorsqu'ils arrivent sur les lieux, tout a disparu.

☞ Après avoir réalisé six « nudies » (films érotiques à petit budget et, en général, à prétentions comiques), Herschell Gordon Lewis invente le « gore » (cinéma sanglant cherchant plus à dégoûter qu'à faire peur) avec le célèbre *Blood Feast* (1963), histoire d'un obsédé, féru d'égyptologie, qui fait bouillir des viscères et des membres arrachés à des jeunes femmes et se livre à des sacrifices humains. Le succès est tel que Herschell Gordon Lewis récidive l'année suivante avec cette variation – plus originale – sur le thème de la comédie musicale de Broadway *Brigadoon** (adaptée au cinéma par Minnelli en 1954). Le « gore », en fait, n'est qu'un avatar, une actualisation cinématographique du vieux Grand-Guignol. Grâce au réalisme de la couleur et à une certaine libéralisation de la censure, le genre, revisité, touche un public plus large que les seuls *aficionados* de ces petits films d'horreur américains de série Z qui avaient toujours existé depuis le début du parlant. (La plupart de ceux qui furent réalisés par les petits studios indépendants durant les années 30 se trouvent minutieusement analysés dans le livre de George E. Turner et Michael H. Price « Forgotten Horrors », New York, Barnes, 1979.) Quant à Herschell Gordon Lewis, son principal talent fut d'aller un peu plus loin que ses prédécesseurs dans la représentation des mutilations, dans l'utilisation de l'hémoglobine et des viscères d'animaux. Il y faisait preuve d'une absence de complexe assez stupéfiante et le sens du ridicule semble lui faire totalement défaut. A ce talent, il en ajoutait un autre selon ses collaborateurs : celui de savoir limiter au maximum les budgets et d'obtenir, partout où il tournait, la collaboration plus ou moins bénévole de la population locale. Ainsi de nombreux habitants de Saint-Cloud (Floride), où fut réalisé le film, figurent parmi les 2 000 maniaques de Pleasant Valley. Il faut enfin ajouter qu'une grande partie du cinéma fantastique actuel étant allé dans son sens, Herschell Gordon Lewis fait aujourd'hui figure de pionnier.

BIBLIO. : sur Herschell Gordon Lewis, voir « The Amazing Herschell Gordon Lewis and His World of Exploitation Films » de Daniel Krogh et John McCarty, Fantaco, New York, 1983.

# U

## ULTIMATUM
### (Seven Days to Noon)

1950 – Angleterre (94') • *Prod.* London Films/Boulting Brothers • *Réal.* JOHN et ROY BOULTING • *Sc.* Frank Harvey, Roy Boulting d'ap. une histoire de Paul Dehn, James Bernard • *Phot.* Gilbert Taylor • *Mus.* John Addison • *Int.* Barry Jones (Pr Willington), Andre Morell (Folland), Olive Sloane (Goldie), Sheila Manahan (Ann Willington), Hugh Cross (Stephen Lane), Joan Hickson (Mme Peckett), Marie Ney (Mme Willington).

⊖ Un savant atomiste s'empare d'une bombe qu'il a contribué à fabriquer, puis disparaît. Il envoie une lettre au Premier ministre, lui enjoignant de faire un communiqué public annonçant l'arrêt des recherches sur ce type d'armement, faute de quoi le savant fera lui-même exploser la bombe au centre de Londres dans une semaine au plus tard. Il se déclare prêt à sacrifier une ville si cela doit aider à éviter la destruction de l'humanité. Le gouvernement prend très au sérieux cette menace et, après avoir vainement essayé d'entamer le dialogue avec le savant, procède à l'évacuation de Londres. Les recherches continuent pour retrouver le savant qui s'est réfugié chez une actrice vieillissante et sans emploi. Une patrouille le découvre finalement dans une église. Il sera abattu par un soldat nerveux, cependant que son plus proche collaborateur désamorce la bombe quelques instants avant l'heure fatidique.

☞ Le débat sur le formidable danger des armes atomiques et l'opportunité d'en continuer la fabrication s'exprime ici à travers une fiction à suspense aux qualités multiples et dont la moindre n'est pas d'exposer ce débat au spectateur en le laissant libre de sa réflexion tout en fixant son attention par un récit habile et serré. Le désarroi du personnage central, troublé jusqu'à l'égarement par ses convictions religieuses et par son remords de collaborer à ce qui est devenu une entreprise de destruction, reflète bien les angoisses qu'ont suscitées dans les années 40, chez ceux-là même qui les conduisaient, les progrès de la recherche atomique. Le personnage du savant, qui n'est jamais chargé, inspire à la fois de la sympathie et de l'inquiétude au public et stimule ainsi sa réflexion. Sur le plan formel, deux éléments méritent d'être particulièrement signalés : une interprétation hors pair et originale en ce sens que les deux héros, qui ont dépassé de beaucoup l'âge des jeunes premiers, sont interprétés par d'excellents acteurs de second plan, promus ici au rang de vedette. Une qualité documentaire renforce d'autre part, de façon permanente, le talent narratif des auteurs. Les séquences de l'évacuation de Londres acquièrent ainsi une force réaliste qui, paradoxalement, donne au film un aspect de science-fiction très en avance sur son époque. Ce réalisme inquiétant sera utilisé d'une manière analogue par le réalisateur anglais Peter Watkins dans son film d'« avertissement-fiction », *The War Game, La bombe*, 1967.

## UMBERTO D. (id.)

1952 – Italie (90') • *Prod.* Rizzoli-De Sica-Amato (Giuseppe Amato) • *Réal.* VITTORIO DE SICA • *Sc.* Cesare Zavattini • *Phot.* G.R. Aldo • *Mus.* Alessandro Cicognini • *Int.* Carlo Battisti (Umberto D.), Maria Pia Casilio (Maria), Lina Gennari (Olga Belloni, la logeuse), Ilena Simova (la dame surprise par Umberto), Elena Rea (la Sœur à l'hôpital), Memmo Carotenuto (le voisin de lit d'Umberto), Alberto Albani Barbieri (le « fiancé » de la logeuse) et interprètes non professionnels.

Ayant participé à une manifestation de retraités, Umberto Domenico Ferrari, autrefois fonctionnaire dans un ministère pendant trente ans, mange à la soupe populaire puis rentre chez sa logeuse. Elle le déteste et a juré de le renvoyer à la fin du mois s'il ne lui a pas donné les quinze mille lires qu'il lui doit. Umberto vend sa montre et quelques livres mais n'arrive pas à réunir la somme. Il bavarde avec Maria, la jeune bonne de la logeuse. Elle lui apprend qu'elle est enceinte de trois mois. Elle a deux amis carabiniers, mais ne sait lequel est le père. Ayant mal à la gorge, atteint de fièvre, Umberto se fait hospitaliser. Il confie son chien à Maria. Atteint d'une légère amygdalite, il ne réussira à rester à l'hôpital que quelques jours. Quand il rentre chez lui, sa chambre est en pleins travaux et son chien a disparu. Il le retrouve à la fourrière et le sauve de justesse de la mort. Il essaie de mendier mais n'a pas la vocation. Il tend la main, mais quand un passant va lui donner quelque chose, il la retourne comme pour voir s'il pleut. Il retrouve des connaissances qui n'ont pas le temps de lui parler. Il pense à se jeter du balcon de sa chambre mais il est retenu par la pensée de son chien. Il tente alors de le confier à diverses personnes. Elles n'en veulent pas ou le soigneraient mal. Il essaie de l'abandonner : le chien le retrouve. Il pense à se jeter sous un train. Le chien s'échappe de ses bras et court au loin. Umberto le rattrape et se met à jouer avec lui.

☞ Dans son apparente simplicité, c'est le plus riche des quatre films nés de la collaboration de De Sica – Zavattini (cf *Sciuscia**, *Le voleur de bicyclette**, *Miracle à Milan*). C'est le seul des quatre où Zavattini ait signé seul le scénario. Umberto, le héros du film, expérimente plusieurs fatalités à la fois : celle d'être pauvre, celle d'être vieux, celle d'être seul. On pourrait ajouter aussi, tout simplement, celle d'être un homme. Vieux et pauvre, Umberto ne peut plus modifier la réalité, n'a plus aucune prise sur elle, n'a plus aucune liberté quelle qu'elle soit. Mais est-ce bien sûr ? Autour de cette interrogation va s'articuler la substance la plus profonde du film et c'est à partir d'elle que le récit se met secrètement en mouvement. Dans son malheur, Umberto peut encore *observer* la réalité. S'il ne le fait pas assez, péchant parfois par indifférence, De Sica le fera pour lui. Le plus grand talent de De Sica tient dans une étonnante capacité de s'identifier à ses héros, si différents soient-ils par l'âge ou la condition. Dans ce film, il se met comme à la place de son héros pour regarder – plus et mieux que lui – le monde qui l'entoure, sensible à l'extrême aux bruits, aux images, aux plus infimes détails de cet environnement. L'observation semble ici une faculté étrangement vierge, hors d'atteinte de la fatalité, de la tristesse. (C'est là une part du message néo-réaliste.) D'une certaine façon, correspondant à un intérêt passionné pour la réalité, elle peut changer la réalité. Sans liberté, Umberto ? Il peut choisir de continuer à vivre : ce qu'il fera. (La tentation du suicide occupe une grande place dans le film.) Il peut choisir de continuer à aimer la réalité en quelque chose, en quelqu'un, et jusque dans le plus insignifiant des êtres. Ce film, une des rares expériences réussies de dédramatisation, reste néanmoins, comme son héros, constamment en mouvement. Est-il alors vraiment dédramatisé ? Umberto touche le fond de la détresse humaine, puis remonte. Il retombera peut-être un jour, mais l'inertie, la pétrification ne sont pas dans sa nature. En cela, il est bien un personnage de De Sica, cet humaniste toujours à mi-chemin, toujours oscillant entre un matérialisme qui donne à l'image son poids de réel et son actualité, èt un spiritualisme qui teinte d'humour le désespoir et le transforme alors en quelque chose d'autre.

BIBLIO. : scénario et dialogues *in* « L'Avant-Scène » nº 246 (1980). Carlo Battisti (1882-1977), professeur de philologie à l'université de Florence et interprète principal du film a publié un recueil de souvenirs sur le tournage de *Umberto D.* : « Come divenni Umberto D. » Rome, Edizioni delle Cineteca Scolastica, 1955. (Une partie de l'ouvrage est consacrée à des considérations philologiques sur le cinéma et aux documentaires réalisés par l'auteur.) Scénario également publié en russe dans le recueil : « Szenarii italianskovo Kino », Iskusstvo, Moscou, 1958.

## UN AMÉRICAIN A PARIS
**(An American in Paris)**

1951 – USA (113') • *Prod.* MGM (Arthur Freed) • *Réal.* VINCENTE MINNELLI • *Sc.* Alan Jay Lerner • *Phot.* Alfred Gilks, et John Alton pour le ballet final (Technicolor) • *Mus.* George Gershwin • *Chor.* Gene Kelly • *Int.* Gene Kelly (Jerry Mulligan), Leslie Caron (Lise Bouvier), Oscar Levant (Adam Cook), Georges Guétary (Henri Baurel), Nina Foch (Milo Roberts), Eugene Borden (Georges Mathieu), Martha Bamattre (Mathilde Mathieu), Ann Codee (Thérèse), Anna Q. Nilsson (Kay Jansen).

Voisins de palier, deux Américains vivent sous les toits dans un petit hôtel parisien. Jerry Mulligan, qui a préféré rester en France après la guerre, aime Paris pour bien des raisons mais surtout parce qu'il estime que c'est la seule ville qui puisse inspirer un peintre. D'un naturel gai et enjoué, il part tous les matins vendre ses toiles dans les rues de Montmartre. Adam Cook, lui, est pianiste. Moins jovial que son voisin et ami, il se considère un peu comme un raté. Il se qualifie lui-même de « doyen des enfants prodiges ». Il a pour ami la vedette de music-hall Henri Baurel, qui vient à son hôtel lui annoncer qu'il s'est fiancé avec la toute jeune Lise. Elle est la fille de parents résistants et Henri l'avait cachée et protégée durant la guerre. Henri fait à Adam un portrait d'elle si varié et si contradictoire qu'il n'y comprend plus rien. Adam présente Henri à Jerry et les trois compères chantent et dansent dans le café qui se trouve au rez-de-chaussée de l'hôtel, pour la plus grande joie des clients. A Montmartre, Jerry rencontre une richissime Américaine, Milo Roberts, qui lui achète deux toiles et lui propose de le lancer. Jerry rentre à son hôtel dans la somptueuse voiture de Milo, ce qui fait la joie des enfants du voisinage auxquels il apprend une chanson en anglais « I Got Rhythm ». Ce soir-là, Milo emmène Jerry dans une boîte où il a le coup de foudre pour une jeune inconnue, Lise, dont il obtient le numéro de téléphone. Cela irrite profondément Milo qui le trouve mal élevé. Le lendemain, Jerry, s'étant rendu à la parfumerie où elle travaille, fait une cour pressante à Lise et lui arrache un rendez-vous. Fou de bonheur, il chante sa joie (« Tra la la ») debout sur le piano d'Adam. A la nuit tombée, il se promène avec Lise sur les quais de la Seine et ils chantent « Our Love Is Here to Stay ». Elle se sauve pour aller rejoindre Henri (car Lise n'est autre que sa fiancée) à la sortie du théâtre où il se produit. Elle est arrivée trop tard pour voir le numéro final de sa revue : « I'll Build a Stairway to Paradise. » Henri lui annonce qu'il veut l'épouser et partir ensuite avec elle pour l'Amérique. Dans sa mansarde, Adam rêve à des succès imaginaires. Il se voit diriger un grand orchestre symphonique interprétant un concerto. C'est lui également qui est le pianiste virtuose, ainsi que tous les autres instrumentistes. Il est même ce spectateur qui, à la fin, applaudit à tout rompre les musiciens. Milo montre à Jerry le nouvel atelier qu'elle lui a loué. Il se met à travailler comme un fou afin d'être prêt pour son exposition qui doit avoir lieu dans trois mois. A l'hôtel, Adam est le premier à comprendre que ses deux amis, Jerry et Henri, aiment la même fille. Henri conseille même à Jerry, qui lui a fait des confidences, d'avouer très vite son amour à celle qu'il aime. Sur les quais, le soir même, Jerry suit ce conseil : Lise lui annonce alors que c'est la dernière fois qu'ils se voient car elle va épouser Henri, non par amour mais par reconnaissance. Bouleversé, Jerry se précipite chez Milo qui a toujours été amoureuse de lui et l'invite au Bal des Quat'z'arts. Là, il revoit Lise en compagnie de Henri qui ne sait toujours rien. C'est la dernière nuit que la jeune fille passe à Paris. Resté seul après lui avoir dit adieu, Jerry se voit en imagination poursuivre et croiser Lise dans divers quartiers de Paris, tels qu'auraient pu les peindre Dufy (place de la Concorde), Renoir (marché aux fleurs près de la Madeleine), le douanier Rousseau (jardin des Plantes), Utrillo (une rue), Toulouse-Lautrec (illustration de son tableau « Chocolat dansant dans le bar d'Achille »), Van Gogh (place de l'Opéra). Quand, sa rêverie finie, il revient à la réalité, il voit arriver vers lui Lise qui a tout expliqué à Henri et que celui-ci a ramenée auprès de son bien-aimé.

☞ C'est encore une des productions-miracles d'Arthur Freed, située chronologiquement après *Meet Me in St. Louis**, *Le pirate*, *Un jour à New York**, *Mariage royal** et avant *Chantons sous la pluie**, *The Band Wagon**, *Brigadoon**, *It's Always Fair Weather**, etc. A l'origine du film, il y a la volonté d'Arthur Freed d'illustrer par un film les compositions de George Gershwin à partir du titre de l'une d'entre elles : « Un Américain à Paris ». Ce point de départ ressemble, à un niveau musical évidemment beaucoup plus élevé, à celui de *Chantons sous la pluie**, basé sur le catalogue des chansons de Nacio Herb Brown et d'Arthur Freed. Le film, peut-être à cause de cette origine, possède un caractère disparate évident ; pourtant les différents apports qui le composent finissent par s'imbriquer dans un ensemble tout à fait cohérent, et il est injuste de dire, comme le font certains, que sans le ballet final *Un Américain à Paris* serait une comédie musicale « comme les autres ». Trois parties en effet s'articulent harmonieusement dans la trame d'un scénario qui n'a guère plus d'importance que le livret d'une opérette ou de certains opéras-comiques. Il y a d'abord ce tableau, plus idyllique et onirique que réaliste, d'un Paris vu comme lieu idéal de création, de plaisir, de joie de vivre naturelle et permanente. La présentation des trois amis, les promenades de Jerry à Montmartre, la chanson qu'il chante avec les gosses ou juché sur le piano d'Adam délivrent un message de bonne humeur parfaite qui nécessite une grande virtuosité et un contrôle absolu de tous les éléments de la mise en scène (photo, décor, chorégraphie, interprétation). « Il est beaucoup plus simple, a déclaré Gene Kelly, de pleurer, de gémir et de se contorsionner que de sourire et de dire : quelle belle journée ! » Cette profession de foi résume admirablement, sur un plan à la fois esthétique et moral, la première partie du film où certes l'influence de Kelly est déterminante (elle le sera d'ailleurs sur tout le film en ce qui concerne l'atmosphère, certaines idées, la chorégraphie et même la direction d'acteurs, puisque Leslie Caron a pu affirmer qu'elle avait été plus dirigée et conseillée par Kelly que par Minnelli). La deuxième partie, basée sur une situation qui aurait pu être traitée sur un mode vaudevillesque, vire au contraire un peu au mélodrame (frustration de Nina Foch, déception de Kelly et séparation d'avec L. Caron), enrichit avec délicatesse la palette du film et sert surtout de transition à l'étonnant ballet final (17′) au ton plus romantique et plus grave que la première partie. Considéré à juste titre comme le meilleur ballet filmé du cinéma hollywoodien, ce tour de force musical, chorégraphique et pictural souligne l'emprise de l'imaginaire sur les personnages (en cela il est très minnellien) ou, plus exactement, *déplace* cette emprise dans un autre registre, car il est évident que la première partie reflétait déjà, comme nous l'avons dit, une vision subjective et onirique de Paris. Minnellien, le film l'est aussi par cette succession d'espaces plastiques dans lesquels se déplacent les personnages et qui expriment leur univers mental mieux que ne saurait le faire le plus brillant développement littéraire ou théâtral. Mansarde et rues pimpantes de la première partie ; quais sombres et un tantinet mélancoliques de la deuxième ; flamboiement multiforme et baroque du ballet final. Le film est typique de l'âge d'or de la comédie musicale hollywoodienne par la diversité des talents qui y ont collaboré. Dans une certaine mesure, le hasard a encore accentué cette diversité puisque Minnelli, étant allé tourner (en 22 jours) *Allons donc, Papa* avant le ballet final, garda le chef opérateur, John Alton, de ce dernier film pour photographier le fameux ballet. Et le contraste entre la photo naïve, épanouie, un peu chromo d'Alfred Gilks et celle, infiniment plus complexe et nuancée d'Alton, loin d'appauvrir le film, lui a ajouté des harmoniques supplémentaires. *Un Américain à Paris* est enfin typique de l'esprit d'invention perpétuel qui régnait dans les productions d'Arthur Freed. Esprit qu'on mesure aux très nombreuses idées, innovations, astuces qui enrichissent chaque scène : depuis les marches qui s'illuminent dans le numéro légèrement satirique de Georges Guétary jusqu'à la symphonie noir et blanc du bal masqué qui précède l'explosion de couleurs du ballet final en passant par le concerto mégalomaniaque d'Oscar Levant qui joue de tous les instruments et s'applaudit lui-même à la fin, sans oublier l'élégante résolution de l'intrigue par un happy end totalement silencieux. Arthur Freed avait comme personne le don précieux de plonger tous ses collaborateurs dans une atmosphère stimulante et créatrice d'où ils ressortaient chaque jour avec une idée nouvelle et inédite.

BIBLIO. : Donald Knox : « The Magic Factory », Praeger, New York, 1973. Livre à notre connaissance unique où les différentes étapes de la genèse du film sont retracées et commentées à l'aide d'un montage de déclarations des vingt-cinq principaux collaborateurs interviewés par l'auteur, lequel réalise ainsi un ouvrage très original et très instructif sans écrire une seule ligne. Plusieurs numéros musicaux (solos de Georges Guétary et de Gene Kelly) furent coupés au montage. Parmi eux, un numéro (« I've Got a Crush on You ») dont Gene Kelly estime qu'il lui a donné plus de mal à répéter que tous ceux réunis de *Chantons sous la pluie**. Voir aussi l'indispensable Fordin (« The World of Entertainment ») et les mémoires de Minnelli : « I Remember It Well », Doubleday, New York, 1974 (traduction : « Tous en scène », Jean-Claude Lattès, 1981). Le cinéaste s'y fait, non sans une certaine virulence, le défenseur absolu de la politique des auteurs : « Certains érudits, écrit-il, ont désigné *Un Américain à Paris* comme le parfait exemple de la théorie du "studio comme auteur". Je ne suis pas d'accord (...) Bien que je ne veuille minimiser la contribution de personne, un seul homme fut responsable de la synthèse de tous les éléments. Cet homme, c'était moi. »

## UN AMÉRICAIN BIEN TRANQUILLE
### (The Quiet American)

1958 – USA (122') • *Prod.* UA – Figaro Inc. (Mankiewicz) • *Réal.* JOSEPH L. MANKIEWICZ • *Sc.* J.L. Mankiewicz d'ap. R. de Graham Greene • *Phot.* Robert Krasker • *Mus.* Mario Nascimbene • *Int.* Audie Murphy (l'Américain), Michael Redgrave (Thomas Fowler), Claude Dauphin (Inspecteur Vigot), Georgia Moll (Phuong), Kerima (Miss Hei), Bruce Cabot (Bill Granger), Fred Sadoff (Dominguez), Richard Loo (Mr. Heng), Peter Trente (Eliot Wilkins), Yoko Tani (hôtesse).

Saigon, 1952. Français et communistes se battent à deux cents kilomètres au nord de la ville où, durant les fêtes du nouvel an chinois, un jeune Américain est retrouvé assassiné au bord du fleuve. Le journaliste anglais quinquagénaire Thomas Fowler, qui devait dîner avec lui ce soir-là, est appelé par l'inspecteur Vigot à identifier le cadavre à la morgue. Devant le corps de l'Américain, Fowler se remémore ses diverses rencontres avec lui. L'Américain était un jeune idéaliste, membre d'associations de bienfaisance, qui cherchait à se rendre utile et pratiquait l'amitié comme d'autres pratiquent la médecine ou l'architecture. Il militait à titre privé pour l'émergence d'une Troisième Force et fréquentait l'entourage du général Tag, un seigneur de la guerre qui, avec ses quelques milliers d'hommes, était le bras armé d'un leader religieux d'obédience caodaïste se prétendant résolument neutre. Fowler vivait depuis deux ans avec Phuong, une jeune Vietnamienne qu'il avait rencontrée alors qu'elle était hôtesse de bar. Il ne pouvait l'épouser parce qu'il était déjà marié et que sa femme refusait par principe le divorce. Dès qu'il vit Phuong, l'Américain en tomba éperdument amoureux. Sa jeunesse, sa bonne mine, son état de célibataire et surtout sa nationalité d'Américain avaient sur Phuong et surtout sur sa sœur (qui veillait sur elle comme une mère) d'immenses pouvoirs de séduction. Huit jours après sa première rencontre avec l'Américain, Fowler devait le retrouver sur les lieux des combats, alors que l'Américain, en toute inconscience, venait de traverser depuis Hanoi la zone des bombardements. Il déclara à Fowler qu'il aimait Phuong et voulait l'épouser. De retour à Saigon, Fowler se retrouva dans la situation absurde de devoir traduire à Phuong la déclaration d'amour et la proposition de mariage que désirait lui faire l'Américain. Fowler avait appris par son assistant Dominguez que l'Américain emportait du plastique. Après une fête religieuse que Fowler avait « couverte » pour son journal à l'extérieur de Saigon et au cours de laquelle le leader religieux allié au général Tay répondit aux questions des journalistes, l'Américain et Fowler se retrouvèrent en panne d'essence la nuit en pleine campagne. Ils furent pris dans une attaque des communistes et l'Américain sauva la vie de Fowler blessé. Le jour de sa sortie de l'hôpital, Fowler mentit à Phuong et lui dit que sa femme consentait enfin au divorce. Plus tard, elle découvrit son mensonge et ce fut le début de leur brouille. Fowler est amené, par l'intermédiaire de Dominguez, à rencontrer un communiste chinois, Mr. Heng, qui lui laisse entendre que le plastique importé par l'Américain est destiné à servir à divers attentats et que la Troisième Force qu'il appelle de ses vœux va s'imposer par la violence. Phuong a quitté Fowler et sort souvent avec l'Américain. Bouleversé par un attentat qui a fait des dizaines de victimes en pleine ville, Fowler se laisse persuader par Mr. Heng de faire tomber l'Américain dans un piège qui permettra à ses hommes de mettre la main sur lui. Fowler reçoit l'Américain pour l'inviter à dîner, et c'est ce même jour que son cadavre sera découvert près du fleuve. Fowler sort de la morgue *(fin du flash-back).* Il refuse de collaborer avec Vigot et lui ment sur la date de sa dernière entrevue avec l'Américain. Vigot percera facilement à jour son mensonge et lui explique que Mr. Heng (aujourd'hui arrêté) s'est moqué de lui en jouant sur la similitude phonétique qui existe entre le mot français plastique, synonyme d'explosif, et le mot anglais *plastic* qui signifie matière plastique, celle-là même que l'Américain avait effectivement importée pour fabriquer notamment des jouets. La machination du Chinois et de Dominguez n'a si bien fonctionné, ajoute Vigot, que parce que Fowler était sentimentalement en conflit avec l'Américain. Ce conflit a complètement obscurci ses facultés de jugement. « Vous avez été manipulé comme un enfant » conclut Vigot. Ayant reçu une lettre de sa femme acceptant cette fois pour de bon le divorce, Fowler court annoncer la nouvelle à Phuong, mais il est trop tard et elle le repousse.

☞ Le film le plus étrange et le plus déroutant de Mankiewicz, passionnant comme un roman à énigme. Mais ce roman ne contient pas à proprement parler d'énigme : il est lui-même tout entier une énigme. La maîtrise de sa construction ne surprend pas les familiers de Mankiewicz. Comme dans *La comtesse aux pieds nus**, une substance romanesque très riche (en épaisseur, en perspectives) est segmentée en longues scènes théâtrales au dialogue abondant, insérées dans un flash-back. Ici, à la différence de *La comtesse**, il n'y a qu'un flash-back et un seul narrateur, qui nous entraîne avec lui dans sa rêverie impuissante face à la réalité, dans sa confusion, son désarroi, sa mauvaise conscience, dans sa culpabilité et son hypocrisie, dans ses mensonges puérils, toujours très vite déjoués. Son récit possède la texture d'un « cauchemar éveillé » (selon l'expression de N.T. Binh dans le premier livre publié en français sur Mankiewicz, Rivages, 1986) et file immanquablement vers une issue tragique que rien ni personne ne pourra empêcher. Ce mouvement vers la tragédie est le seul élément *net* du film. Pour le reste, *Un Américain bien tranquille* est le film du malaise, de l'incertitude, du porte-à-faux. Un destin bancal prive les personnages (et surtout le narrateur) de leur lucidité ou la rend dérisoirement inopérante. Même le rôle important attribué aux dialogues finit par être négatif. Plus les personnages parlent, moins ils comprennent le monde, leur histoire et eux-mêmes. Mankiewicz joue habilement sur les différentes langues parlées par les personnages pour ajouter, souvent avec ironie, à leur confusion. L'intrigue mêle un aspect sentimental et psychologique à un aspect politique, mêler voulant dire ici emmêler, brouiller, obscurcir. Loin de se mettre en valeur, ces deux aspects s'annihilent, et ce film sans message politique cohérent présente l'une des héroïnes féminines les plus ternes de l'œuvre de Mankiewicz. Celui-ci vivait, à l'époque du tournage, l'une des plus éprouvantes périodes de sa vie. (L'état mental de sa femme, l'actrice Rosa Stradner, se dégradait de plus en plus et elle devait se suicider l'année suivante, en 1958). Mankiewicz a expliqué que son intérêt pour le roman de Graham Greene venait surtout du personnage de Fowler : « J'avais souvent voulu faire un film à propos de ces intellectuels glacés dont l'intellectualisme n'est qu'un masque recouvrant des réactions totalement irrationnelles » (cité dans le livre de Kenneth Geist sur Mankiewicz « People Will Talk », New York, Charles Scribner's Sons, 1958). Le message du film serait ainsi de montrer, chez un être apparemment évolué et maître de lui, le triomphe déconcertant de l'émotionnel et de l'irrationnel sur la raison et la lucidité. Triomphe bien fait pour justifier cette colère, cette amertume misanthropique que Mankiewicz ressent par intermittence vis-à-vis de l'humanité, et sans doute, au premier chef, vis-à-vis de lui-même. Car, dans ses ténèbres et son ambiguïté, *Un Américain bien tranquille* reste, à l'intérieur de la carrière de Mankiewicz, une œuvre extrêmement personnelle et même intime.

N.B. Graham Greene détesta cordialement le film et s'éleva publiquement contre son infidélité et son incohérence. Dans le roman, l'Américain est un agent de la CIA et le malentendu sur le mot plastic/plastique n'existe pas. On peut signaler, sur le même sujet, le film intéressant de George Englund *The Ugly American* (*Le vilain Américain*, 1963) avec Marlon Brando.

BIBLIO. : découpage de la dernière bobine *in* « Présence du cinéma » n° 18 (1963), consacré à Mankiewicz.

## UN CARNET DE BAL

1937 – France (123') • *Prod.* Productions Sigma (Jean Lévy-Strauss) • *Réal.* JULIEN DUVIVIER • *Sc.* Julien Duvivier, Henri Jeanson avec la collaboration de Jean Sarment (scènes de Harry Baur et Pierre Richard-Willm) et de Bernard Zimmer (scènes de Françoise Rosay et Pierre Blanchar) • *Phot.* Michel Kelber, Philippe Agostini, Pierre Levent • *Mus.* Maurice Jaubert • *Int.* Marie Bell (Christine), Françoise Rosay (Mme Audié), Gabrielle Fontan (la bonne), Louis Jouvet (Pierre Verdier, dit Jo), Harry Baur (Alain Regnault), Pierre Richard-Willm (Éric Irvin), Pierre Blanchar (Thierry Raynal), Sylvie (Gaby), Raimu (François Patusset), Milly Mathis (sa cuisinière), Andrex (Paul), Fernandel (Fabien Coutissol), Maurice Bénard (Brémond), Robert Lynen (Gérard) et la Manécanterie des Petits Chanteurs à la Croix de Bois.

PROLOGUE (14'). Sur l'une des rives du lac de Côme, Christine Surgère, récemment veuve, se sent très seule au monde et tout à fait inutile. Pour tromper son ennui, elle décide de revoir quelques-uns de ses cavaliers dont les noms figurent sur le carnet de son premier bal, quand elle avait seize ans, en 1919. Ier SKETCH (13'). Elle est reçue par la mère de Georges Audié, une femme névrotique et à demi-folle qui vit dans le passé et qui, bien que son fils soit mort, agit comme s'il était toujours vivant. Elle l'attend comme s'il devait rentrer d'un instant à l'autre. Elle prend la visiteuse pour la mère de Christine et celle-ci découvre avec stupeur qu'elle a été la cause du suicide de Georges qui, peu après le bal, s'est tiré une balle de revolver par désespoir d'amour pour elle. Toute à son délire, la mère de Georges finira par chasser Christine. IIe SKETCH (15'). Pierre Verdier, ex-avocat d'avenir, est devenu directeur d'une boîte de nuit louche. Le soir où Christine vient à sa rencontre, ses complices sont en train d'effectuer un cambriolage. Christine et Pierre évoquent des souvenirs anciens et redisent ensemble un poème de Francis Jammes. Des policiers viennent arrêter Pierre. Il les suit, toujours parfaitement élégant, ironique et lucide dans sa déchéance. IIIe SKETCH (17'). Le compositeur et pianiste virtuose Alain Regnault est devenu le Père Dominique. Il a créé en province une chorale d'enfants. Il était autrefois profondément amoureux de Christine au point de vouloir partager sa vie avec elle. Mais la différence d'âge (il avait 40 ans et elle en avait 16) et surtout l'indifférence et la frivolité de Christine l'avaient détourné de ce projet. Sa déception l'amena à renoncer à la fois à la jeune fille et à une carrière brillante pour entrer dans les ordres et se consacrer entièrement aux enfants. IVe SKETCH (12'). Éric Irvin, autrefois libertin, joueur et même poète à ses heures, a abandonné la vie parisienne pour mener, comme guide de montagne à Val-d'Isère, une existence saine et active dans l'oubli des femmes. Elles ont, dit-il, gâché sa jeunesse. Il avait fait autrefois la cour à Christine comme à tant d'autres. Exaltés par leurs retrouvailles, Éric et Christine envisagent, dans un refuge d'altitude, de refaire leur vie ensemble. Mais au matin Christine a quitté la place, estimant qu'il valait mieux laisser Éric à sa nouvelle maîtresse, beaucoup plus exigeante qu'elle : la montagne. Ve SKETCH (21'). Dans un petit village du Midi, François Patusset épouse sa cuisinière. Le bonheur de cet homme simple et jovial, qui a renoncé à toutes les ambitions de sa jeunesse, serait complet s'il n'y avait pour l'obscurcir la présence de son fils adoptif Paul. Celui-ci en effet, un voleur et un salaud, fait une apparition au repas de noces et y voit l'occasion d'exercer un chantage sur le vieil homme car il s'est imaginé que Christine est sa maîtresse. Enflammé par la colère, François fouette Paul dans l'écurie et cet incident violent gâche un beau jour de fête. VIe SKETCH (15'). A Marseille, Thierry Raynal, que Christine avait connu brillant étudiant en médecine, est aujourd'hui un avorteur opérant dans un local sordide sur le port. Sujet à des crises d'épilepsie, il est flanqué d'une vieille maîtresse acariâtre et possessive, Gaby. La visite de Christine lui fait honte de sa jeunesse et l'entraînera dans la tragédie. Il tue en effet Gaby peu après le départ de Christine. VIIe SKETCH (13'). Dans une petite ville du Midi, celle-là même où avait eu lieu son premier bal, Christine retrouve Fabien Coutissol, coiffeur et expert en tour de cartes. Il la ramène dans la salle de bal d'autrefois. Cruelle et cuisante déception pour Christine : la salle est étroite et morne, les couples communs et sans grâce. Ses souvenirs avaient embelli et métamorphosé une réalité qui maintenant lui donne la nausée. ÉPILOGUE (4'). « Ils ont tous trahi leur jeunesse » confie Christine à son confident Brémond au retour de ses pérégrinations. Brémond a retrouvé l'adresse de Gérard, celui de ses cavaliers qu'elle préférait à tous. Par coïncidence, il habite – ou plutôt habitait – depuis quinze ans de l'autre côté du lac. Mais il vient de mourir. Christine fait la connaissance de son fils qui lui ressemble trait pour trait. Elle l'emmène à son premier bal.

☞ C'est le film du désenchantement devant la vie. Ce thème clé du cinéma français des années 30 est traité par Duvivier avec un brillant, une sincérité, une cohérence, une richesse de variations et de personnages qui en font l'une des œuvres les plus caractéristiques de tout le cinéma français. Utilisant tour à tour les ressources du naturalisme (sketch VI), de la comédie amère (sketches II et VII) ou du mélodrame (sketches I et III), Duvivier, à travers les multiples déceptions qu'ont vécues les personnages et celles qu'ils causent à la narratrice, s'attache à montrer la maturité comme un champ de ruines et la jeunesse comme une source d'illusions et de rêves qui ne résistent pas à la dure trivialité du réel. Même les deux destinées positives que présentent les sketches III et IV dissimulent, aux yeux de l'auteur, une trahison de l'idéal ancien, une fuite devant la réalité, typiques d'âmes insuffisamment trempées. Chez Duvivier, l'homme est toujours inférieur à son destin, et son cœur se retrouvera à la fin brisé par la réalité. La structure du film à sketches, magistralement utilisée, permet à l'auteur de rassembler une ample variété d'histoires et d'arguments pour justifier son pessimisme, le plus noir, mais aussi le plus dénué de complaisance, du cinéma français. Chaque acteur, par un miracle de justesse dans le « casting » et par un effet de l'extrême professionnalisme du cinéma de l'époque, trouve un rôle qui, tout en s'insérant harmonieusement dans l'ensemble du film, constitue une sorte d'archétype de toute sa carrière. Françoise Rosay, Jouvet, Harry Baur, Pierre Richard-Willm, etc., n'ont jamais été plus *eux-mêmes* que dans ce film qui offre au spectateur la quintessence de leur personnage et de leur talent. Notons que Fernandel, sous l'angle critique qu'a pris sur lui Duvivier, est vu avec plus de distance que dans ses rôles d'amuseur habituel. Si le film a si bien échappé au vieillissement, c'est que Duvivier, à partir d'histoires dramatiquement très fortes, s'est laissé aller à décrire le désenchantement des personnages dans une tonalité quasiment onirique. De sketch en sketch, le film prend peu à peu l'allure d'une rencontre de fantômes, d'un dialogue d'ombres qui découvrent qu'elles n'ont rien à se dire, car elles vivent chacune dans une dimension temporelle et un espace mental différents. Cette coloration semi-fantastique ajoute à une œuvre très datée et solidement assise sur ses bases concrètes une fragilité, une incertitude toutes modernes. Par le choix des lieux, de l'atmosphère et de certains personnages (notamment dans le prologue et l'épilogue), ce *Carnet de bal* annonce même le morbide et glacial calligraphisme italien (*Malombra**, *Piccolo mondo antico,* etc.).

## UN CHAPEAU DE PAILLE D'ITALIE

1927 – France (110') • *Prod.* Films Albatros (Alexandre Kamenka) • *Réal.* RENÉ CLAIR • *Sc.* René Clair d'ap. la comédie d'Eugène Labiche et Marc Michel • *Phot.* Maurice Desfassiaux, Nicolas Roudakoff • *Déc.* Lazare Meerson • *Cost.* Souplet • *Int.* Albert Préjean (Fadinard), Geymond-Vital (le lieutenant Tavernier), Olga Tschekowa (Anaïs de Beauperthuis), Jim Gérald (Beauperthuis), Yvonneck (Nonancourt), Louis Pré fils (Bobin), Marise Maïa (Hélène), Alice Tissot (une cousine), Valentine Tessier (la cliente de la modiste), Paul Olivier (l'oncle Vezinet), Chouquette (Clara).

Paris à la fin du siècle dernier. Le jour de ses noces, Fadinard traverse tranquillement le bois de Vincennes pour aller retrouver sa fiancée au rendez-vous fixé dans leur futur appartement commun. En chemin, le cheval de sa voiture dévore le chapeau (en paille d'Italie) d'une jeune femme passant cette belle journée en compagnie d'un militaire, le fringant et irascible lieutenant Tavernier. C'est le début des ennuis de Fadinard. Car la belle est mariée et Tavernier, son amant, exige que Fadinard retrouve un chapeau identique, sans quoi le mari risquerait de découvrir le pot aux roses. Fadinard est obligé de se lancer illico à la recherche du galurin. Pour cela il va, tout au long de la journée, retarder, immobiliser, détourner la noce éberluée par ces attentes, ces zigs-zags interminables. Ayant obtenu d'une modiste l'adresse de la dernière cliente, Mme Beauperthuis, à laquelle elle a vendu un pareil couvre-chef, Fadinard se rend chez la dame. Il ne trouve que son mari et comprend que Beauperthuis est en fait le mari de la belle infidèle dont le chapeau est précisément celui que le cheval avait saccagé. Mais la providence veille et Fadinard découvrira parmi les cadeaux de la noce un chapeau de paille, offert par un oncle sourd comme un pot, qui est la réplique exacte de celui qu'il cherchait. Il n'y a plus qu'à le faire passer à Mme Beauperthuis et le tour sera joué.

☞ « Un chapeau de paille d'Italie » (1851), chef-d'œuvre et pièce non typique de Labiche, est considéré comme la première apparition au théâtre du burlesque fondé sur la course-poursuite. Il était légitime qu'un cinéaste français, même à l'époque du muet, fût tenté de puiser à cette source-là du burlesque pour réaliser un film comique. La force et le mouvement des situations devaient pallier l'absence de dialogue. Hélas, ce fut René Clair qui s'en chargea. Il illustre – et défigure – Labiche, dont il n'a aucune des qualités, par une succession de scènes plus statiques les unes que les autres, terriblement répétitives et dépourvues de la moindre invention dans le geste, dans la direction d'acteurs. De satire sociale et d'humour, point ; de sarabande facétieuse, effrénée et gentiment absurde, point non plus. Le soin apporté aux décors (de Lazare Meerson) et aux costumes, à peine satiriques, donne parfois au film l'allure d'une jolie gravure de mode et c'est là sa principale qualité. On est stupéfait par contre de la totale impuissance de René Clair à individualiser ses personnages. Et il faut bien avouer que ce faux chef-d'œuvre est tout à fait lugubre.

N.B. Dans deux courtes séquences oniriques et subjectives, René Clair laisse percer une petite originalité d'auteur et son goût pour le surréalisme. Ces deux scènes rompent avec le style général du film. Dans le première, Fadinard s'inquiète à distance des déprédations que Tavernier doit être en train de commettre dans son appartement. Au ralenti ou en accéléré, les meubles sortent par la fenêtre ou par la grande porte. Bientôt un pan de l'immeuble s'écroule (dans un plan presque buñuélien). Plus tard, Fadinard raconte en flash-back ses mésaventures à Beauperthuis (celles-là même qu'on avait vues racontées au présent dans la première séquence). Son récit se déroule maintenant sur une scène devant une toile peinte et dans le style des comédies désuètes de l'époque. C'est la meilleure idée du film. Un tel type d'inventions se retrouve ça et là dans *Paris qui dort*, réalisé en 1923, sorti en 1925, *Le fantôme du Moulin-Rouge*, 1925, ou *Le voyage imaginaire*, 1926, et permet de considérer la période muette de René Clair comme la moins compassée de sa carrière. De même, dans *Les deux timides*, 1929, le seul élément créatif est un emploi ingénieux du *split screen* (écran divisé en plusieurs portions d'espace). Pour le reste, il s'agit d'une très mauvaise adaptation de Labiche, où une admirable étude de mœurs devient une comédie languissante et mièvre à laquelle on a rajouté des péripéties et des développements burlesques et policiers superflus, quand ils ne sont pas absolument dérisoires. Durant le parlant « Un chapeau de paille d'Italie » a été adapté deux fois : en Allemagne par Wolfgang Liebeneimer *Der Florentiner Hut* (1939) et en France par Maurice Cammage dans un film exécrable, *Un chapeau de paille d'Italie*, 1940, sorti en 1944. *Les deux timides* a été filmé une nouvelle fois en 1941 sans fantaisie par Yves Allégret (sous le pseudonyme d'Yves Champlain). Le film est sorti en 1943. Il existe aussi une version argentine du « Chapeau de paille d'Italie » : *Un modelo de Paris*, 1946, de Luis Bayon Herrera (l'action est actualisée et située à Buenos-Aires ; et le chapeau est un modèle parisien !)

BIBLIO. : découpage publié dans le volume nº 55 de la collection « Classic Film Scripts », Londres, Lorrimer, et aussi dans le volume « Masterworks of French Cinema », New York, Harper and Row, 1974 (avec La *grande illusion**, *La ronde**, *Le salaire de la peur**).

## UN CONDAMNÉ A MORT S'EST ÉCHAPPÉ ou LE VENT SOUFFLE OU IL VEUT

1956 – France (102') • *Prod.* Gaumont-NEF (Alain Poiré, Jean Thuillier) • *Réal.* ROBERT BRESSON • *Sc.* R. Bresson d'ap. article d'André Devigny (*in* «Figaro littéraire» du 20-1-1954) • *Phot.* Léonce-Henry Burel • *Mus.* Mozart • *Int.* François Leterrier (Fontaine), Roland Monod (le pasteur), Charles Le Clainche (Jost), Maurice Beerblock (Blanchet), Jacques Ertaud (Orsini), Jean-Paul Delumeau (Hébrard), Roger Treherne (Terry), Jean-Philippe Delamarre (le prisonnier 110).

Lyon, 1943. Un résistant, le lieutenant Fontaine, est incarcéré par les Allemands dans la prison du Fort de Montluc pour acte de sabotage. A l'inverse de la plupart de ses compagnons, il ne songe qu'à s'évader et pense qu'une évasion est possible. A l'aide d'un manche de cuillère, il démonte les panneaux de bois de la porte de sa cellule. Il utilise le grillage de son châlit, son traversin, ses couvertures et diverses étoffes contenues dans un colis pour confectionner une corde. Il fabriquera aussi un crochet. Orsini, un prisonnier qui tentait de s'évader selon une autre méthode que la sienne, sera repris puis exécuté. Fontaine tirera un enseignement de ses erreurs pour améliorer son plan. Bien qu'ayant fait plusieurs reconnaissances à l'extérieur de sa cellule, il hésite à se décider. Lors d'un interrogatoire, il apprend qu'il sera fusillé pour sa participation au sabotage d'un pont. Il est ramené providentiellement dans la cellule qu'il occupait. Mais on lui donne un compagnon : un adolescent déserteur. Fontaine l'entraînera dans sa fuite nocturne et tous deux se retrouveront bientôt libres, n'en revenant pas, dans les rues de la ville.

☞ Quatrième long métrage de Robert Bresson. Bien que son précédent film, *Le journal d'un curé de campagne**, ait connu le succès, Bresson n'est encore qu'un cinéaste à la renommée discrète, connu et apprécié de la critique et d'un petit public. *Un condamné à mort s'est échappé*, sorti dans une combinaison de salles qui incluait le Gaumont-Palace, le fit connaître du grand public. Bresson avait fait précéder le générique de la mention suivante : « Cette histoire est véritable. Je la donne comme elle est, sans ornements ». Sans ornements ? Voire. Certes le contenu du sujet (une évasion réelle) et certaines méthodes de tournage se rapprochent du néo-réalisme : absence d'acteurs professionnels, pour la première fois chez Bresson ; tournage sur les lieux mêmes de l'action, avec des accessoires ayant servi à l'évasion, et présence du héros réel de l'aventure (André Devigny) comme conseiller technique. (Mais il fut, paraît-il, très peu consulté.) A partir de ces éléments, Bresson met en pratique ses théories sur le dépouillement du style, ne les poussant pas encore jusqu'aux limites où elles peuvent devenir auto-destructrices. Faisant l'ellipse (il vaudrait mieux dire : l'impasse) de la violence physique et de toutes sortes de circonstances annexes de l'action, Bresson bâtit son récit avec une succession de plans rapprochés ou de gros plans de visages, mais surtout de mains et d'objets. Tous les acteurs ont la même voix, dominée, presque effacée par la voix *off* du héros-narrateur. Ce style est voyant, presque trop : n'est-ce pas là un ornement, et le plus spectaculaire ? Jamais auparavant un récit d'action n'avait été relaté de cette manière-là, à la fois minutieuse et elliptique, sobre et discrètement lyrique, toute braquée sur l'aspect matériel des choses pour atteindre à travers lui l'intérieur des personnages. Le dépouillement est pour Bresson une voie d'accès vers l'essentiel : la mise en évidence de l'obstination d'un homme face à la matière et aux événements, inspirée et guidée par la volonté divine. « Aide-toi, le ciel t'aidera », ce précepte de bon sens, que le film illustre fidèlement et intensément, est ici replacé dans son contexte original de spiritualité et de foi. (Un des premiers titres prévu pour le film fut d'ailleurs : *Le ciel t'aidera*.) Parce que son héros a foi en Dieu, Bresson a foi en ce héros. Le public fut sensible à l'universalité et à l'aspect positif de ce message, incarné dans la plus palpitante des anecdotes. Même le resserrement formel voulu par Bresson autour de son personnage stimula l'attention du plus grand nombre et se révéla favorable au succès du film. Replacé dans l'ensemble de l'œuvre de Bresson, *Un condamné à mort*... apparaît comme une œuvre de transition entre la théâtralité classique et racinienne des premiers films et la théâtralité de plus en plus abstraite et anti-naturelle des œuvres postérieures à *Pickpocket**. Haïssant le théâtre, Bresson ne l'aura jamais quitté. Il a, étape par étape, façonné son théâtre à lui, sans doute le plus « artificiel » de tout le cinéma français, rempli de personnages fiers, orgueilleux, obstinés, qui tentent d'empoigner le monde à travers leur soumission souvent douloureuse – elle l'est ici assez peu – à la Divinité. Mais quels que soient leur ténacité, leurs efforts et leur souffrance, c'est en fin de compte la Providence qui règlera leur sort.

BIBLIO. : deux acteurs du film ont écrit sur le tournage. Roland Monod (« En travaillant avec Robert Bresson » *in* « Cahiers du cinéma » nº 64) note : « C'est une des choses qui frappent le plus lorsqu'on voit Robert Bresson au travail. Il sait d'emblée et admirablement ce qu'il ne veut pas mais il ne découvre que peu à peu ce qu'il veut, au long des mètres de pellicule, à travers la maladresse même des interprètes qui reproduisent ses indications. Ce qui explique que soixante mille mètres de film auront été tournés et que deux mille cinq cents seulement seront projetés. » R. Monod signale que le tournage dura cent jours, le temps de la détention de Devigny à Montluc. François Leterrier, qui, comme un autre acteur du film (Jacques Ertaud) deviendra metteur en scène, donna également un texte aux « Cahiers du cinéma » : « Robert Bresson l'insaisissable » (*in* nº 66).

## UN DÉJEUNER DE SOLEIL

1937 – FRANCE (100') • *Prod.* Société des Films Roger Richebé • *Réal.* MARCEL COHEN (= Marcel Cravenne) • *Sc.* André-Paul Antoine, André Birabeau d'ap. la P. d'André Birabeau • *Phot.* Armand Thirard, Louis Née • *Mus.* Georges Auric • *Int.* Jules Berry (Pierre Haguet), Gaby Morlay (Manon Watteau), Josseline Gaël (Évelyne), Jacques Baumer (Fleury Vallée), Charles Dechamps (Vernisset), Marcelle Praince (la mère de Manon).

Le directeur du nouveau palace de Villepin-Les-Pins a eu l'idée, pour lancer son établissement, d'engager des figurants millionnaires, faux hommes du monde et fausses grandes dames. Le séduisant Pierre Haguet, autrefois richissime, est l'un d'entre eux. Mais la coupe pour lui est bien amère. Il n'a droit qu'à une infime partie de la carte du restaurant, il doit essuyer les rebuffades du personnel et obéir aux ordres du tyrannique directeur. Il flirte avec une Américaine qui se révèle être une figurante comme lui. Une autre femme, Manon Watteau, engage la conversation et Pierre la prend naturellement pour une collègue. Mais il se trompe. C'est une femme riche – et légère. Son amant vient de la quitter et, pour en trouver un autre, elle a besoin de paraître richement entretenue. Elle propose à Pierre le rôle de protecteur. Encore de la figuration. Vivant dans l'intimité de Manon sans pouvoir la toucher, il ne tarde pas à devenir follement amoureux d'elle. Après une prise de bec avec la mère-figurante de Manon, il doit subir les critiques de son employeuse et en est très déprimé. Il retrouve par hasard Évelyne, la fausse Américaine, qui devient sa maîtresse. Il veut donner sa démission à Manon. Elle refuse. Il faut que ce soit elle qui le quitte. Elle se pique au jeu et n'a de cesse que Pierre ne lui ait avoué son amour. Quand cela se produit, elle en est touchée jusqu'aux larmes. Mais leur association n'est plus possible et ils y mettent fin. Pierre devient maître d'hôtel chez un traiteur. Un soir, il est envoyé à l'hôtel particulier de Fleury Vallée, le nouveau protecteur de Manon, qui donne une grande réception. Situation cruelle pour Pierre. Mais les circonstances le servent. Il apprend que Fleury Vallée est un escroc et l'oblige à disparaître. Manon, qui aime Pierre, s'apprête à vivre avec lui dans une honnête pauvreté. N'est-elle pas modiste ? Mais Pierre obtient l'héritage qu'il attendait depuis longtemps et la vie de château, le déjeuner de soleil ne sont pas près de prendre fin pour lui.

☞ Jules Berry est le plus extraordinaire personnage de roman du cinéma français. Chacune de ses interprétations – la récompense du cinéphile – se voit comme un chapitre ajouté au roman d'aventures que furent sa carrière et sa vie. Aucun acteur ne s'est plus exprimé lui-même sur un écran, n'a autant révélé de son époque, dans ses nuances comme dans son atmosphère générale. Ici sa condition de figurant-esclave, pseudo-homme du monde, pseudo-amant en titre d'une femme dont il ne fera la conquête que bien plus tard, se prête à merveille à mettre en valeur la valse brillante des faux semblants sur lesquels s'appuient son personnage et son époque. Autour de lui, le luxe et le dénuement, le mensonge et la vérité, l'honnêteté et l'escroquerie, la liberté et l'esclavage sont des notions interchangeables, dépourvues de contenu comme de stabilité. La seule constante de sa vie, qu'il exprime avec une jubilation ininterrompue, est celle de son charme, de son élégance, de son ironie – celle aussi de ses sentiments amoureux, unique domaine où il soit souvent étonnamment sincère.

## UN, DEUX, TROIS
**(One, Two, Three)**

1961 – USA (110') • *Prod.* UA-Mirish Production et Pyramid Productions A.G. (Billy Wilder) • *Réal.* BILLY WILDER

• *Sc.* Billy Wilder, I.A.L. Diamond d'ap. P. de Ferenc Molnar • *Phot.* Daniel Fapp (Panavision) • *Mus.* André Prévin • *Int.* James Cagney (C.P. MacNamara), Horst Bucholz (Otto Ludwig Piffl), Pamela Tiffin (Scarlett), Arlene Francis (Mrs. MacNamara), Lilo Pulver (Ingeborg), Howard St. John (Hazeltine), Hanns Lothar (Schlemmer).

Berlin Ouest, en juin 1961, quelques semaines avant l'installation du Mur. A la veille de conclure un fabuleux contrat d'exportation avec les Russes, le directeur de Coca-Cola pour l'Allemagne, C.P. MacNamara, reçoit mission du grand patron de la firme à Atlanta, Hazeltine, de veiller pendant quelques jours sur sa fille Scarlett, 17 ans, que ses parents ont voulu faire voyager pour qu'elle oublie ses nombreux fiancés. MacNamara tient à ce que tout se passe bien, car il espère qu'en récompense de ce service rendu il obtiendra le poste de directeur pour l'Europe qu'il convoite depuis longtemps et qui lui permettrait enfin de s'installer à Londres. Scarlett est une adolescente excitée qui, au cours de son séjour dans la famille MacNamara, passe toutes les nuits en secret de l'autre côté de la frontière pour rejoindre un jeune Allemand de l'Est, communiste et idéaliste, étudiant en aéronautique. La veille de l'arrivée de son père, Scarlett reste introuvable. MacNamara, catastrophé, ne sait où donner de la tête. Scarlett réapparaît enfin dans son bureau pour lui annoncer tout simplement qu'elle est mariée depuis six semaines avec son étudiant, Otto Ludwig Piffl. Ils s'apprêtent à partir l'un et l'autre pour Moscou. MacNamara s'arrange pour faire arrêter le jeune homme par les Russes comme espion. Il apprend alors que Scarlett est enceinte. MacNamara doit maintenant retrouver Piffl à tout prix. Il utilise pour cela le charme de sa secrétaire (et maîtresse) Ingeborg. Elle a tapé dans l'œil des trois délégués avec lesquels MacNamara est sur le point de signer son contrat d'exportation. Au cours d'une soirée endiablée où Ingeborg danse et fait un strip-tease debout sur la table, MacNamara promet aux trois hommes qu'elle travaillera désormais pour eux s'ils font libérer Piffl. Le trio s'exécute mais ne reçoit en cadeau que le secrétaire allemand de MacNamara, travesti dans la robe d'Ingeborg. Il ne reste plus maintenant à MacNamara qu'à transformer Piffl en citoyen respectable aux yeux du grand patron. Il l'habille de pied en cap, le fait adopter par un comte dans la débine et l'engage comme chef d'atelier au service de l'embouteillage. Hazeltine est si ravi de son gendre qu'il le nomme aussitôt... directeur pour l'Europe. A la satisfaction de sa femme et de sa fille, MacNamara doit se contenter du poste de vice-président et reprend le chemin d'Atlanta...

☞ C'est vers la fin de sa carrière que Billy Wilder aura pu délivrer la note la plus originale et la plus personnelle de son œuvre dans une série de quatre films en Cinémascope et en noir et blanc, véritables épures comiques où le cynisme dévastateur du cinéaste triomphe sans restriction (*Un, deux, trois*), s'accompagne d'une compassion plus ou moins explicite pour les personnages féminins (Shirley Maclaine dans *The Apartment**, Kim Novak dans *Kiss Me, Stupid*), ou se teinte d'une émotion tardive (*The Fortune Cookie)*. Dans *Un, deux, trois* explose un véritable génie de la caricature appliquée à la satire politique et s'appuyant sur un rythme endiablé, un brio inouï de l'interprétation et une profusion de gags verbaux et visuels. James Cagney, dans le dernier rôle très important de sa longue et riche carrière, se voit offrir par Billy Wilder l'une de ses plus spectaculaires compositions. (On le verra une dernière fois en 1981 dans un rôle de moyenne importance dans *Ragtime, id.* de Milos Forman.) Muni de cette superbe marionnette montée sur ressorts, au débit prodigieusement vif, comme animée d'un mouvement perpétuel, et en possession d'un script au dynamisme et à la mécanique impeccables, Wilder ne se prive pas de tirer dans tous les azimuts : sur la Russie et sur le communisme bien sûr, mais aussi sur l'Allemagne de l'après-guerre, sa discipline, son militarisme, ses relents de nazisme, enfin sur l'Amérique elle-même à travers ses *teenagers* débiles, ses *executives* prêts à tout pour sauvegarder leur avancement. Si la notion de virtuosité a jamais eu un sens au cinéma, c'est ici qu'il faut le chercher et jusque dans cette faculté de métamorphoser la minceur extrême des personnages, l'artifice des situations, l'épaisseur des gags et du trait en sources de jubilation pour le spectateur.

N.B. Suprême injustice, le film connut à sa sortie un « bide » retentissant. Le public n'était sans doute pas encore mûr pour ce massacre en règle des idéologies, pour cette ravageuse absence de sérieux. A l'époque des films-catastrophes (années 70), Billy Wilder, qui n'en était plus à un échec près, devait déclarer : « Les vrais films-catastrophes, c'est moi qui les fais. » Notons cependant qu'à peine quelques années après sa sortie, quand il arrivait qu'*Un, deux, trois* fût projeté en ciné-club, c'était devant un public enthousiaste. Le film connút enfin une brillante ressortie à Paris en 1986.

## UNE AVENTURE DE BUFFALO BILL
### (The Plainsman)

1936 – USA (113') • *Prod.* PAR. (Cecil B. DeMille) • *Réal.* CECIL B. DEMILLE • *Sc.* Waldemar Young, Harold Lamb, Lynn Riggs d'ap. une adaptation de Jeanie Macpherson du livre de Courtney Riley Cooper, Frank J. Wilstach et Grover Jones « The Prince of Pistoleers » • *Phot.* Victor Milner et George Robinson • *Mus.* George Antheil • *Int.* Gary Cooper (Wild Bill Hickok), Jean Arthur (Calamity Jane), James Ellison (Buffalo Bill Cody), Charles Bickford (John Latimer), Porter Hall (Jack McCall), Helen Burgess (Louisa Cody), John Miljan (général George Armstrong Custer), Victor Varconi (Painted Horse), Anthony Quinn (guerrier cheyenne), George « Gabby » Hayes (Breezy), Fuzzy Knight (Dave).

La guerre de Sécession a pris fin. Lincoln, juste avant d'aller assister à la représentation théâtrale au cours de laquelle il sera assassiné, déclare à ses proches que pour lui la priorité des priorités est d'installer la sécurité dans l'Ouest. Cela n'empêche pas le trafiquant Latimer de s'apprêter à vendre aux Indiens une cargaison de fusils à répétition. Buffalo Bill Cody a quitté le service de l'armée pour se marier et aller s'installer dans l'Ouest. Son mariage suscite le scepticisme de son ami Wild Bill Hickok, grand misogyne (du moins c'est ce qu'il veut paraître) devant l'Éternel. Lui-même tient la dragée haute à Calamity Jane, la célèbre tireuse de l'Ouest, aussi habile au lasso qu'à la carabine. Elle rêve de s'unir à Hickok. Au grand désespoir de sa femme Louisa qui attend un bébé (ce qu'il ignore), Cody doit rempiler pour guider un groupe de quarante-huit cavaliers escortant un convoi de munitions en plein territoire indien. Accomplir cette mission est pour lui un devoir moral car sans son aide les soldats iraient à une mort certaine. Les Sioux, en effet, les Cayowas et les Cheyennes ont repris ensemble le sentier de la guerre. Hickok, quant à lui, veut aller contacter en solitaire le chef indien Yellow Hand. Calamity Jane se trouve dans la maison de Louisa quand des Indiens surgissent. Elle est désormais leur captive et ils veulent lui faire avouer la direction prise par le convoi de munitions. Hickok essaie vainement de l'échanger contre sa précieuse montre à musique. Yellow Hand prend la montre mais garde Calamity ainsi que Hickok prisonniers. Hickok va même être torturé en présence de Calamity afin qu'elle dise aux Indiens ce qu'ils veulent savoir. Hickok la supplie de se taire, mais elle est incapable de le laisser mourir devant ses yeux. Munis du précieux renseignement, les Indiens font tomber le détachement de cavalerie dans une embuscade. Tandis que Calamity va prévenir le général Custer, Hickok prête main-forte aux soldats, harassés par un siège de sept jours. Enfin les renforts arrivent. A St. Louis, Calamity est en passe d'être chassée de la ville pour avoir parlé. Hickok la défend et déclare qu'il va une bonne fois pour toutes mettre fin au trafic de Latimer, vrai responsable du massacre des cavaliers. D'abord blessé par des soldats à la solde de Latimer (il a dû les abattre), Hickok ne s'avoue pas vaincu et continue de poursuivre Latimer. Cody est chargé par l'armée de le ramener mort ou vif. Un Indien apprend aux deux hommes la défaite et la mort de Custer à Little Big Horn. C'est en pleine ville, à St. Louis, que Hickok retrouvera et abattra Latimer. Il jouera aux cartes avec ses complices, le temps que Cody et la cavalerie arrivent. Mais l'un des plus anciens et plus vils complices de Latimer, le tristement célèbre Jack McCall, abat Hickok dans le dos. Celui-ci meurt dans les bras de Calamity Jane.

☞ Première collaboration DeMille-Gary Cooper (avant *L'odyssée du Dr Wassell**, 1944, et *Les conquérants d'un nouveau monde**, 1947) et première fresque de DeMille sur l'histoire de l'Ouest depuis les débuts du parlant, avant *Union Pacific, Pacific-Express*, 1939, et *Les conquérants d'un nouveau monde**. Au prix de certaines licences romanesques (il n'y a jamais eu par exemple de relation sentimentale entre Hickok et Calamity Jane), DeMille condense en un seul film un grand nombre d'épisodes et de péripéties célèbres de l'histoire de l'Ouest. Il le fait avec un sens aigu de l'exactitude historique dans le détail (lieux, costumes, armes et accessoires) mais s'emploie surtout à donner aux actes et aux hommes une dimension légendaire, « bigger than life ». En même temps – et c'est là l'un des secrets de la permanente jeunesse de son œuvre – il sait préserver au sein même de l'épopée un ton familier et humoristique qui rend ces personnages mythiques extraordinairement proches du spectateur. En particulier, les relations Hickok-Calamity Jane, interprétés par Cooper et Jean Arthur (qui venaient d'être réunis dans *L'extravagant Monsieur Deeds)* conservent quelque chose du sel et du ton de la « comédie américaine ». Leur marivaudage constant témoigne, surtout de la part de Hickok, d'une pudeur extrême et d'une défiance devant l'expression des grands sentiments : quoiqu'il garde une photo d'elle dans le boîtier de sa montre, il n'avouera son amour à Jane que lorsqu'ils seront tous les deux en grand danger de mort. Cette attitude fait aussi partie des secrets de l'art de DeMille. Chez lui, le grandiose et l'épique, la peinture du courage et du sacrifice veulent toujours une extrême réserve dans l'expression. Ce qui explique que Cooper, pour qui l'*understatement* et la litote étaient comme une seconde nature, fut sans doute son interprète idéal. Dans ce film, c'est la personnalité de Cooper qui, au dire même de DeMille, amena son personnage à prendre le pas sur celui de Buffalo Bill, contrairement à ce qui avait été prévu.

## UNE BALLE SIGNÉE X... (No Name on the Bullet)

1959 – USA (77') • *Prod.* UI (Howard Christie) • *Réal.* JACK ARNOLD • *Sc.* Gene L. Coon d'ap. une histoire de Howard Amacker • *Phot.* Harold Lipstein (Cinémascope, Eastmancolor) • *Int.* Audie Murphie (John Gant), Charles Drake (Dr Luke Canfield), Joan Evans (Anne), Virginia Grey (Mrs. Fraden), Warren Stevens (Lou Fraden), R.G. Armstrong (Asa Canfield), Willis Bouchey (le shérif Buck Hastings), Edgar Stehli (le juge Benson).

⊖ L'arrivée de John Gant, un tueur à gages responsable de nombreux assassinats, sème la panique dans une petite ville de l'Ouest. Personne ne sait après qui il en a et beaucoup se sentent visés. Un banquier, après avoir vainement essayé d'acheter le tueur, se terre chez lui puis se suicide. Le shérif tente de chasser Gant, mais est blessé à la main. Le seul homme à ne rien craindre du tueur est Luke Canfield, le fils du forgeron, devenu après des études dans l'Est le docteur de la petite cité. Il est fiancé à la fille du juge Benson, un invalide qui n'en a plus que pour six mois à vivre. A la tête d'un groupe d'habitants, Luke essaie de convaincre le tueur de partir, mais sans résultat. Luke ne déteste pas personnellement Gant mais comprend peu à peu l'extrême danger que sa présence fait courir à la ville. Les deux associés du banquier s'entretuent pour la possession d'une mine. L'un des deux croit que l'autre a payé le tueur pour le supprimer. Le nombre des victimes ne cesserait d'augmenter au sein de la petite communauté si Gant n'avait enfin trouvé sa cible : le juge Benson. Gant n'aura pas à le tuer car, lui ayant fait croire qu'il avait violé sa fille, cela afin de l'amener à prendre son arme contre lui, il verra le vieil homme s'écrouler devant ses yeux, terrassé par une crise cardiaque. Luke survient et blesse Gant à la main, mettant fin à sa carrière de tueur tout-puissant.

☞ Le plus original et le plus réussi des westerns de Jack Arnold. Scénario bien construit et non dénué de suspense ; mise en scène simple et dense ; excellente composition d'Audie Murphy dans un rôle absolument à l'opposé de ses personnages habituels. C'est l'ambiguïté morale de son propos qui donne au film tout son intérêt. John Gant (Audie Murphy) n'est pas seulement le méchant tueur des westerns conventionnels, il est aussi une sorte d'ange exterminateur, de justicier placé au-dessus des lois, incarnant la mauvaise conscience de nombreux citoyens respectables et réveillant des culpabilités enfouies. Ceux qu'il tue sont rarement innocents. Sa relation avec le docteur, l'homme sain par excellence (interprété par Charles Drake), illustre les nuances du point de vue de l'auteur. Les mauvais desseins du tueur et sa réputation n'arriveront jamais à détruire totalement la sympathie que le docteur lui avait accordée spontanément à son arrivée. Et si le « héros » ne tue pas le « méchant » à la fin, c'est que l'auteur refuse de le faire entrer dans le jeu maléfique du tueur. Il faut seulement que le héros mette fin à cet exercice d'une justice supra-humaine, c'est-à-dire trop inflexible pour l'homme et qui, si elle existait, serait la fin de toute communauté sociale. « Tuez tous les coupables, et vos villes seront vite dépeuplées », tel est en quelque sorte le message du film : on voit qu'il s'éloigne considérablement du manichéisme des westerns les plus traditionnels.

## UNE ESPIONNE A BORD
**(Contraband)**

1940 – Angleterre (92') • *Prod.* British National (John Corfield) • *Réal.* MICHAEL POWELL • *Sc.* Emeric Pressburger, Michael Powell, Brock Williams • *Phot.* F.A. Young • *Mus.* Richard Addinsell • *Int.* Conrad Veidt (capitaine Andersen), Valérie Hobson (Mme Sorensen), Hay Petrie (Helving), Esmond Knight (Mr. Pidgeon), Raymond Lovell (Van Lyne), Charles Victor (Hendrick), Henry Wolston (premier serveur danois).

Un capitaine de la marine marchande danoise aide une espionne anglaise à lutter, à Londres, contre un réseau d'agents nazis.

☞ Le succès de *The Spy in Black* (1939) entraîna cette suite qui accentue les caractéristiques du premier film. C'est, encore plus nettement que *The Spy in Black*, un exercice de style où l'aspect visuel est constamment privilégié par rapport aux caractères, à l'intrigue et au contenu moral. On peut y voir un chef-d'œuvre de mise en scène formaliste, pur jeu de formes et de lumières que l'humour et la virtuosité du réalisateur rendent assez fascinant. La photo, quasiment géniale, tire des effets inattendus du *black-out* londonien, jamais aussi bien appréhendé dans un film. Ce combat d'espions où la violence est mise entre parenthèses est à peine une guerre d'adultes. Plutôt une activité ludique décrite sur un ton volontairement dégagé et ironique qui paraît aujourd'hui, dans sa décontraction et son onirisme, tout à fait moderne.

## UNE ÉTOILE EST NÉE
**(A Star Is Born)**

1937 – USA (111') • *Prod.* David O. Selznick (distribué par Artistes Associés) • *Réal.* WILLIAM A. WELLMAN • *Sc.* Dorothy Parker, Alan Campbell, Robert Carson d'ap. une histoire de William A. Wellman et Robert Carson inspirée par le film *What Price Hollywood ?* (1932) • *Phot.* W.H. Greene (Technicolor) • *Mus.* Max Steiner • *Int.* Janet Gaynor (Esther Blodgett/Vicki Lester), Fredric March (Norman Maine), Adolphe Menjou (Oliver Niles), Andy Devine (Danny McGuire), May Robson (la grand-mère Lettie), Lionel Stander (Matt Libby), Owen Moore (Casey Burke), Elizabeth Jenns (Anita Regis), J.C. Nugent (Theodore Blodgett), Clara Blandick (la tante Mattie), Franklin Pangborn (Billy Moon), Edgar Kennedy (Pop Randall), Marshall Neilan (Bert, metteur en scène), Vince Barnett (Bernie, photographe), Carole Landis, Lana Turner (figurantes au bar Santa Anita).

Esther Blodgett vit avec sa grand-mère, son père, sa tante et son jeune frère dans une ferme du North Dakota. Elle est folle de cinéma et voudrait tenter sa chance à Hollywood. Son père et sa tante critiquent cette lubie, mais sa grand-mère, fidèle à l'esprit pionnier de sa jeunesse, l'encourage à partir et à réaliser son rêve. Elle lui confie pour cela ses économies. A Hollywood, Esther loue une chambre dans une petite pension et apprend qu'on n'engage plus de figurants depuis deux ans. Tout le monde lui affirme qu'elle aurait mieux fait de rester chez elle, et un jeune assistant metteur en scène qu'elle a rencontré à la pension enfonce le clou. Alors qu'elle assiste avec lui à un concert à l'Hollywood Bowl, elle remarque dans la salle une de ses idoles, l'acteur Norman Maine, ivre comme d'habitude. Il a une altercation avec un photographe. L'assistant lui ayant trouvé un job d'un soir comme serveuse pour une party donnée par un producteur, Esther revoit à cette occasion Norman Maine. Séduit par sa fraîcheur, il lui fait la cour et la raccompagne. Il réveille en pleine nuit le producteur Niles pour qu'il fasse tourner un test à sa nouvelle découverte. Il lui donnera lui-même la réplique. Esther signe un contrat avec Niles, qui souligne qu'il l'a engagée bien que sa spontanéité dépourvue de toute sophistication aille à l'encontre des goûts actuels du public. L'agent de publicité Matt Libby transforme sa biographie de manière à la rendre plus attrayante pour le public. Niles lui trouve un nouveau nom : Vicki Lester. On lui apprend à marcher, à parler ; on la maquille. Norman, en mal de partenaire, a soudain l'idée de la prendre comme héroïne de son prochain film. Niles dit O.-K. Elle s'évanouit. Après la *preview*, son nom est sur toutes les lèvres, alors qu'on mentionne à peine celui de Norman. Ils regardent ensemble la ville qui, dit Norman, est maintenant aux pieds de la nouvelle star. Il lui recommande de ne pas gâcher sa chance comme il l'a fait lui-même. Durant un match de boxe où il l'a emmenée, il la demande en mariage. Libby veut tout organiser, mais Norman et Esther préfèrent un mariage incognito, suivi d'une lune de miel en caravane. A leur retour, Norman montre à sa femme la somptueuse demeure qu'il vient d'acquérir pour elle. Il apprend de la bouche de Niles que sa carrière est en pleine dégringolade et bientôt son contrat est résilié (*à partir de là, la version Cukor sera à peu près identique à celle-ci, séquences musicales en plus évidemment).* Norman passe ses journées à la maison. Il devient pour ainsi dire le secrétaire et le factotum de sa femme et lui prépare même à dîner. A la remise des Oscars, Esther obtient l'Oscar de la meilleure actrice et Norman, ivre, interrompt son discours de remerciement. Il réclame pour lui-même l'Oscar du plus mauvais acteur et gifle sans le vouloir sa femme. Cure de désintoxication. Refus d'un petit rôle qu'on lui avait proposé. A sa sortie, rencontre de Libby qui l'insulte et le frappe. Il boit pour se remettre. Après qu'il ait disparu pendant plusieurs jours, sa femme obtient du tribunal qu'on le lui confie. De retour chez lui, il l'entend annoncer à Niles qu'elle va sacrifier sa carrière pour s'occuper de lui. Au crépuscule, il entre dans l'eau et se suicide. C'est la grand-mère d'Esther, venue spécialement à Hollywood, qui empêchera celle-ci de rentrer dans le North Dakota et de gâcher sa carrière. Lors de la Première de son dernier film, elle se présente au micro de la radio comme Mrs. Norman Maine...

☞ Il est difficile pour qui a vu le film de Cukor en premier (voir notice suivante) de considérer le film de Wellman autrement que comme l'honnête et talentueux brouillon d'un chef-d'œuvre. Il lui manque en effet l'ampleur et le lyrisme, la véracité documentaire, l'émotion tragique, bref tout ce qui fait le génie de la version Cukor. La version Wellman (qui est, pour une bonne part, un film de Selznick) apparaît comme un mélodrame sobre, classique, souvent émouvant, qui comporte un vibrant éloge du courage et de l'obstination à réaliser ses rêves, thème cher à Wellman, et une touche de romantisme propre à Selznick. L'intrigue raconte une de ces histoires d'amour-passion vouées à l'échec, comme celui-ci les adorait. C'est pour ne pas allonger excessivement la durée du film qu'il décida de supprimer la description des activités techniques de la Cité du cinéma qui figuraient dans le projet du film et occuperont une place essentielle dans la version Cukor. Aucun acteur de la version Wellman n'est médiocre, et pourtant aucun ne possède le relief inoubliable de son homologue dans la version Cukor. Ceci vaut autant pour les premiers rôles que pour les seconds rôles : voir par exemple l'abîme qui sépare la composition de Lionel Stander dans le rôle du chef de publicité (inspiré de Russell Birdwell qui travaillait pour Selznick) et celle de l'admirable Jack Carson, pourtant à contre-emploi, chez Cukor. Cela dit, un grand nombre d'idées et de dialogues magnifiques figurent dans la première version qu'il faut absolument voir : la gifle involontaire donnée par Norman à sa femme lors de la remise des Oscars, le suicide au crépuscule, le discours du juge à Norman (délivré, dans la réalité, à Wellman lors d'une circonstance analogue).

BIBLIO. : chapitre sur le film *in* Roland Haver : « David Selznick's Hollywood », New York, Knopf, 1980. L'auteur analyse les différents états du scénario. C'est le scénariste John Lee Mahin, dont la contribution intervint après la première *sneak preview* et après le départ de Dorothy Parker et d'Alan Campbell, qui écrivit la dernière séquence et la réplique célèbre « This is Mrs. Norman Maine ». L'idée lui en vint à la lecture de la séquence (conservée dans le film) où Adolphe Menjou quitte l'héroïne en lui disant : « Good bye, Vicki... good luck, Mrs. Norman Maine. »

## UNE ÉTOILE EST NÉE
### (A Star Is Born)

1954 – USA (182' réduites à 134' et à 115' ; version restaurée de 170') • *Prod.* Warner (Sidney Luft) • *Réal.* GEORGE CUKOR • *Sc.* Moss Hart d'ap. scénario de Dorothy Parker, Alan Campbell, Robert Carson tiré d'une histoire de William A. Wellman, Robert Carson, elle-même inspirée du film *What Price Hollywood ?* (1932) • *Phot.* Sam Leavitt (Cinémascope, Technicolor) • *Mus.* Harold Arlen. • *Lyrics* Ira Gershwin (le numéro « Born in a Trunk » est de Leonard Gershe) • *Chor.* Richard Barstow • *Int.* Judy Garland (Esther Blodgett / Vicki Lester), James Mason (Norman Maine), Charles Bickford (Oliver Niles), Jack Carson (Matt Libby), Danny McGuire (Tommy Noonan), Lucy Marlow (Lola Lavery), Amanda Blake (Susan Ettinger), Grady Sutton (Carven), Frank Ferguson (juge).

*Nous résumons ici la version restaurée de 1983 en mettant entre parenthèses les séquences reconstituées tant bien que mal à l'aide de la bande-son, des photos et de plans intacts isolés.* Au Gala de la Caisse de Secours du Cinéma, à Hollywood, le célèbre acteur Norman Maine, complètement ivre comme cela lui arrive souvent, risque d'interrompre en montant sur scène le numéro de l'orchestre Glenn Williams. Esther Blodgett, la chanteuse de l'orchestre, sauve la mise à tout le monde en ayant la présence d'esprit d'effectuer un pas de danse en compagnie de l'acteur, ce que le public prendra pour un plaisant intermède comique. Le scandale est ainsi évité. Durant la nuit, Norman, dégrisé, rejoint Esther dans un petit bar de Sunset Boulevard où elle chante pour son plaisir, accompagnée par quelques musiciens de l'orchestre. L'ayant entendu interpréter « My Man Got Away », il est frappé par l'originalité et l'intensité de sa voix. Il la raccompagne à son hôtel et lui assure qu'elle a ce petit quelque chose qui fait les stars. Il la convainc de quitter l'orchestre et de tenter sa chance au cinéma. La même nuit, il réveille le producteur Oliver Niles pour lui annoncer qu'il a découvert une future star. (Au matin, Esther assiste au départ de l'orchestre. De son côté, Norman, à demi conscient, est entraîné sur un lieu de tournage assez éloigné. Il tourne à bord d'un yatch. Il demande qu'on fasse des recherches pour retrouver Esther qui, entre-temps, a changé d'hôtel. Norman est immobilisé par la grippe. Esther double une marionnette pour une publicité. Bien que sans argent, elle refuse de reprendre les tournées avec l'orchestre Glenn Williams. Elle est serveuse dans un restaurant pour automobilistes. Norman entend sa voix lors du passage de la publicité à la télévision. Il retrouve son adresse et se rend à son hôtel. Ils tombent dans les bras l'un de l'autre.) Au studio, Esther, qui va passer un test, est la victime des maquilleurs. Quand elle sera sortie d'entre leurs mains, Norman ne la reconnaîtra pas. Il lui fait immédiatement enlever sa perruque, son faux nez et son horrible maquillage. Ayant signé un contrat avec le studio, elle prend contact avec le chef de publicité, Matt Libby, et ses collaboratrices. Elle entrevoit à peine le producteur Niles à qui elle est présentée dans une salle de projection où il visionne un western. Elle tourne un petit rôle, mais il ne faut pas qu'on voie son visage à l'écran. Au moment de toucher sa paie hebdomadaire, elle apprend que son nouveau nom est Vicki Lester. Norman invite Niles dans son bureau afin qu'il entende, par la fenêtre, la voix d'Esther. Son stratagème atteint son but : Niles engage Esther comme vedette d'une comédie musicale. (Durant leur trajet en voiture vers le cinéma où va avoir lieu la *sneak preview* de ce film, Esther a tellement le trac qu'elle demande à Norman de s'arrêter, afin qu'elle puisse aller vomir.) Le film d'Esther passe donc en projection-surprise après un film de Norman régulièrement programmé. Esther y interprète notamment une longue séquence chantée et dansée. « Born in a Trunk » (Née dans une malle). Les spectateurs sont enthousiasmés par sa prestation. Norman lui dit qu'Hollywood est maintenant à ses pieds. Il regrette de l'avoir rencontrée si tard dans sa vie. Dans le studio d'enregistrement, elle post-synchronise son prochain film. Norman est venu l'écouter. Ils ont une conversation à voix basse que les techniciens s'amusent à enregistrer puis font écouter à tous par les haut-parleurs du studio : Norman venait de demander à Esther de l'épouser. Elle répond publiquement qu'elle accepte. Ils tiennent à ce que leur mariage ait lieu incognito. Cela ne fait pas l'affaire du chef de publicité Libby qui, dans le passé, a dépensé beaucoup d'énergie pour dissimuler à la presse les frasques de Norman à l'égard duquel il nourrit une vive antipathie. Il estime qu'avec ce mariage-éclair Norman a dépassé les bornes et a perdu une bonne occasion de remonter dans l'estime du public. Les jeunes mariés louent une chambre dans un motel. Norman demande à Esther de chanter pour lui seul « It's a New World ». Lors d'une party donnée dans la nouvelle maison qu'il s'est fait construire, avec salle de projection, Norman apprend de Niles que son contrat est résilié. Ses crises éthyliques rendent les tournages beaucoup trop risqués et par ailleurs ses films marchent de moins en moins. Norman, devenu inactif malgré lui, passe ses journées à la maison. Il est le secrétaire de sa femme, et parfois même son cuisinier. Un soir, elle lui raconte le scénario d'un musical exotique un peu ridicule qu'elle est en train de tourner. Elle mime et chante toutes les séquences. Lors de la cérémonie des Oscars, Esther obtient celui de la meilleure actrice. Encore ivre, Norman, arrivant en retard, interrompt son discours de remerciement et supplie qu'on lui donne un rôle. Par un geste maladroit, il gifle sa femme. Cela le dégrise aussitôt et elle le reconduit tendrement à leur table. Entre deux plans du numéro musical « Love That Long Face » qu'elle tourne pour son nouveau film, Esther confie à Niles, venu la saluer dans sa loge, son immense désarroi : elle est incapable d'empêcher son mari de se détruire. Il est actuellement en cure de désintoxication dans une clinique. Niles s'y rend pour proposer à Norman un petit rôle que celui-ci refusera. Leur conversation a lieu en présence du garde du corps qui ne quitte jamais Norman afin de l'empêcher de boire. Sa cure une fois terminée, Norman rencontre sur un champ de courses Matt Libby qui en profite pour l'insulter. Ils se battent et Libby envoie Norman au tapis. Pour se remettre, Norman commande aussitôt au bar un double scotch. Il disparaît pendant plusieurs jours et Esther doit aller le rechercher au tribunal où il est condamné à trois mois de prison pour conduite en état d'ivresse et agression contre un policier. Esther supplie le juge de lui confier la garde de son mari et l'obtient. De son lit, Norman entend Esther déclarer à Niles qu'elle est décidée à sacrifier sa carrière afin de le sauver. Il marche alors vers la plage et, au crépuscule, entre dans la mer pour se suicider. Après l'enterrement, Esther mène une vie de recluse. Son ami, le pianiste de l'orchestre Glenn Williams, la persuade de participer, comme elle l'avait promis, au Gala de la Caisse de Secours du Cinéma. Il lui fait valoir qu'elle est la seule part de réussite de la carrière de Norman et qu'elle serait infidèle à sa mémoire en sabotant sa carrière. Sur la scène, elle se présente au public sous le nom de Mrs. Norman Maine...

☞ Cette superbe et poignante déambulation à travers la Cité du cinéma est sans conteste le meilleur film, le plus réaliste et le plus concret, qu'on ait réalisé, de l'intérieur, sur Hollywood. Un grand nombre d'aspects de la création cinématographique (test, tournage, post-synchro, *preview*, lancement publicitaire, etc.) sont évoqués au cours de l'intrigue avec une grande véracité documentaire, une ironie latente et surtout une objectivité saisissante. Cukor avait déjà dépeint Hollywood dans le cruel *What Price Hollywood ?** (1932) qui avait inspiré la première version, mise en scène par Wellman, d'*Une étoile est née** (1937), en sorte que la deuxième version n'est pas un simple remake mais appartient en propre à Cukor, lequel avait d'ailleurs donné des idées pour la version Wellman qu'il a reprises ensuite ici : ex. la visite du producteur dans la clinique de Norman. Cukor avait vécu une scène semblable en venant proposer à John Barrymore le rôle que joua finalement Henry Daniell dans *Camille**. La description quasi technique d'Hollywood, si importante dans *Une étoile est née*, s'intègre parfaitement à l'évolution des personnages, et le couple formé par Judy Garland et James Mason est l'un des plus attachants du cinéma américain. Ni l'amour intense et sans mélange que les deux époux se portent, ni l'énergie d'Esther ne pourront empêcher le développement des tendances suicidaires de l'acteur et la brisure finale du couple. En traçant le portrait conjoint de ces deux étoiles, l'une dans son ascension et l'autre dans sa chute, Cukor témoigne d'un sens du tragique qui apparaît assez fréquemment dans son œuvre. James Mason, dans un personnage offrant une variation originale et déchirante sur le thème de Pygmalion, fait une des compositions les plus marquantes de sa carrière. Film documentaire, film de personnages, *Une étoile est née* est aussi un film de stars et, conçu en partie pour cela, assure avec magnificence le triomphe de Judy Garland. Qu'on soit ou non un fan de cette actrice, il est impossible de ne pas la trouver sublime dans ce rôle (indirectement) névrotique dont la substance est beaucoup plus accordée à sa vraie nature que les divertissements qu'elle fut amenée à tourner sous la direction de Minnelli, George Sidney ou Charles Walters. Constamment assombrie par la chute inéluctable de son partenaire, la montée d'Esther au firmament des stars possède un caractère de frustration et de désenchantement qui transforme son destin en une véritable et authentique tragédie. Par l'effet d'un jeu de miroir pirandellien entre fiction et réalité, le personnage de Norman Maine se trouve être un reflet secret de la nature tourmentée et autodestructrice de Garland elle-même. Et ce film destiné à faire redémarrer sa carrière fut en réalité une sorte d'adieu qu'elle adressa au public puisque sa filmographie n'allait plus compter après cela que quatre titres tout à fait mineurs. Utilisant pour la première fois la couleur et le Cinémascope, Cukor, aidé par son chef opérateur Sam Leavitt et par son conseiller pour la couleur, le célèbre photographe Hoyningen-Huene, fait des merveilles. Les tonalités lourdes, denses et chaudes des studios et de la nuit hollywoodienne participent avec raffinement et efficacité à l'accomplissement du drame. L'ampleur de champ donné à chaque scène, le brio du montage, tantôt court dans les séquences de reportage, tantôt parfaitement invisible dans les scènes dramatiques, donnent l'impression que le nouveau format a été inventé pour Cukor et spécialement pour ce film. Malgré l'événement que représenta la Première de ce film à Hollywood, où Judy Garland, après une absence de quatre ans depuis son départ de la MGM, avait été particulièrement fêtée, la Warner jugea bon de réduire la durée de 182′ (à vrai dire hors norme pour l'époque) à 154′ puis à 135′. En

1983 parut une copie restaurée de 170', absolument magnifique. Sans pouvoir redonner au public la totalité initiale de l'œuvre (qui semble définitivement perdue), elle a apporté une sorte d'enrichissement au propos même du film. Ses séquences reconstituées de bric et de broc et d'une façon souvent touchante constituent en elles-mêmes un commentaire significatif sur Hollywood, sur son inconscience face à ses trésors et à son propre génie. Il est maintenant évident que le film original n'était pas trop long puisqu'une dramaturgie parfaite enfermait ses personnages dans la plus ample et la plus véridique de toutes les évocations d'Hollywood. Outre les séquences reconstituées, on retrouve dans cette version deux séquences coupées très importantes : la scène de la post-synchronisation (où Norman demande Esther en mariage) et le ballet « Love That Long Face » dont l'absence rendait un peu artificiel le monologue de Judy Garland durant la visite de Charles Bickford dans sa loge.

N.B. Cukor n'a pas tourné la séquence « Born in a Trunk » (mise en scène par le chorégraphe Richard Barstow). Elle fut ajoutée contre la volonté du réalisateur qui l'a toujours dénigrée, quoiqu'elle soit assez belle. Troisième version, superficielle et vite oubliée, de *A Star Is Born* par Frank Pierson (1976) avec Barbra Streisand.

BIBLIO. : Ronald Haver : « *A Star Is Born.* The Making of the 1954 Movie and its 1983 Restoration », Alfred Knopf, New York, 1988.

## UNE FEMME DISPARAIT
## (The Lady Vanishes)

1939 – Angleterre (97') • *Prod.* Gainsborough Pictures (Edward Black) • *Réal.* ALFRED HITCHCOCK • *Sc.* Sidney Gilliatt, Frank Launder, Alma Reville d'ap. R. « The Wheel Spins » de Ethel Lina White • *Phot.* Jack Cox • *Mus.* Cecil Milner • *Int.* Margaret Lockwood (Iris Henderson), Michael Redgrave (Gilbert), Paul Lukas (Dr Hartz), Dame May Whitty (Miss Froy), Googie Withers (Blanche), Cecil Parker (Mr. Todhunter), Linden Travers (Mrs. Todhunter), Mary Clare (la baronne), Naunton Wayne (Caldicott), Basil Radford (Charters), Emile Boreo (le patron de l'hôtel), Catherine Lacey (la religieuse).

⊖ Dans un petit village des Balkans, un groupe de voyageurs dont le train a été retardé par une avalanche doit passer la nuit dans une petite auberge qui n'a jamais eu autant de clients. Le lendemain matin, dans le train, Iris Henderson, une jeune fille qui se rend en Angleterre pour y faire un mariage de raison, sympathise avec une charmante vieille dame, Miss Froy. Au cours du voyage, celle-ci disparaît alors que le train ne s'est pas arrêté. Iris a toutes les peines du monde à faire admettre aux autres voyageurs que Miss Froy existe vraiment. Elle parvient enfin à convaincre un jeune musicologue, Gilbert, qui rédige un ouvrage sur le folklore de la région, de rechercher avec elle la vieille dame. Ensemble, ils découvriront que Miss Froy, espionne elle-même, a été kidnappée par un groupe d'espions ennemis dirigé par un chirurgien. Gilbert et Iris aideront la courageuse vieille dame à s'échapper du wagon que le chirurgien a immobilisé en le séparant du reste du train. Après un échange de coups de feu entre les occupants du wagon et les autorités locales venues prêter main-forte aux espions, Gilbert réussira à faire repartir le convoi. Lui et Iris, devenus inséparables, retrouveront Miss Froy saine et sauve dans l'immeuble du Foreign Office à Londres.

☞ Ce divertissement d'une suprême habileté, plein de trouvailles visuelles au brio inégalé, est le film qui fit le plus pour la renommée internationale de Hitchcock. Curieusement, c'est la seule fois de sa carrière où Hitchcock ait repris un projet destiné à quelqu'un d'autre. Le scénario de Launder et Gilliatt devait être en effet tourné par l'excellent Roy William Neill (qui travaillait alors en Angleterre). Le « second-unit director » s'étant blessé en extérieur en Yougoslavie, le film avait été abandonné et fut repris ensuite sur de tout autres bases. Les extérieurs réels furent supprimés. Hitchcock apporta diverses modifications au scénario et remodela totalement la fin. Minutieusement irréaliste (tout le film a l'allure d'un ironique cauchemar), *Une femme disparaît* est pourtant l'un des rares récits d'Hitchcock à se situer dans un contexte historique et politique précis, ici l'immédiat avant-guerre plein de menaces et d'ambiguïtés. Le pacifisme sera même vivement brocardé au cours de l'intrigue. Avec jubilation, Hitchcock s'est approprié ce projet à trois niveaux différents. Il voit d'abord dans cette aventure mouvementée mais située pour l'essentiel en lieu clos l'occasion de peaufiner toute une galerie de petites silhouettes pittoresques, prétextes à variations sur la notion de couple, comme il le fera beaucoup plus tard dans *Fenêtre sur cour**. Il satirise ensuite différentes attitudes propres à l'insularité et au caractère anglais. Mais, pardessus tout, le film est d'un grand moraliste, captivant et acerbe, pour qui la séduction d'une histoire est inséparable de sa vérité morale. Ainsi tous les obstacles que rencontre l'héroïne pour se faire entendre et pour trouver de l'aide, obstacles qui nourrissent – avec quel bonheur ! – le suspense du film, fournissent à l'auteur autant de motifs propres à stigmatiser l'indifférence, l'égoïsme, l'étroitesse d'esprit, l'obstination bornée et dangereuse de l'humaine nature en qui chaque spectateur – à un moment ou à un autre du récit – est bien forcé de se reconnaître. On a souvent mis en valeur, dans l'exégèse autour d'Hitchcock, le constructeur d'histoires, l'humoriste, le maître du suspense, le métaphysicien. Dans la période anglaise (muette et parlante), le moraliste domine, avec son humour, sa virtuosité, mais aussi son absence de complaisance, cette lucidité dans l'observation et cette sécheresse impitoyable du trait qui rendent, aujourd'hui encore, ses films les plus anciens si neufs et si passionnants. Remake homonyme anglais par Anthony Page, 1979.

BIBLIO. : scénario et dialogues publiés dans la collection « Classic Film Scripts », Londres, Lorrimer, 1984.

## UNE FEMME EN ENFER
## (I'll Cry Tomorrow)

1955 – USA (117') • *Prod.* MGM (Lawrence Weingarten) • *Réal.* DANIEL MANN • *Sc.* Helen Deutsch et Jay Richard Kennedy d'ap. le livre de Lillian Roth, Mike Connolly et Gerold Frank • *Phot.* Arthur E. Arling, A.S.C. • *Mus.* Alex North • *Int.* Susan Hayward (Lillian Roth), Richard Conte (Tony Bardeman), Eddie Albert (Burt McGuire), Jo Van Fleet (Katie Roth), Don Taylor (Wallie), Ray Danton (David Tredman), Margo (Selma), Virginia Gregg (Ellen), Carole Ann Campbell (Lillian enfant).

Dès l'enfance, la petite Lillian Roth est poussée sur les planches par une mère autoritaire. A dix-huit ans, elle est déjà une chanteuse connue. Son premier amour, qu'elle avait connu enfant, meurt d'une tumeur au cerveau. Elle plonge dans l'alcoolisme. Un premier mariage décidé sur un coup de tête par une nuit d'ivresse durera peu. Puis elle rencontre un autre alcoolique, plus habile qu'elle à contrôler son vice. C'est un homme très brutal sous des dehors civilisés. Il ne lui apportera pas le bonheur. Elle devient peu à peu une épave. N'ayant pas le courage de sauter par la fenêtre comme elle le voudrait, elle entre un jour en désespoir de cause aux Alcooliques Anonymes. Elle est prise en main, désintoxiquée. Elle participe aux réunions. Elle se remet à chanter, aidée par un autre alcoolique repenti qu'elle aime tendrement. Elle accepte de raconter sa vie dans une émission de télévision.

☞ Tiré de l'autobiographie de Lillian Roth, le film vaut surtout par l'interprétation extraordinaire de Susan Hayward, son meilleur rôle (avec celui de *I Want to Live**). Le talent de Susan Hayward a intéressé un très grand nombre de grands metteurs en scène : DeMille, Heisler, Mankiewicz, Jacques Tourneur, Daves, Wise, Hathaway, Henry King, Nicholas Ray, etc. Ici, chez un metteur en scène plus que mineur, il se manifeste néanmoins avec une particulière intensité dans les paroxysmes que connaît le personnage au sein de sa déchéance. Par un phénomène étrange et intéressant à observer, plus le film avance, plus l'actrice paraît pénétrer dans son personnage et faire corps avec lui. Daniel Mann, sans être vraiment original, se montre assez adroit pour maintenir le film dans les limites d'un réalisme efficace et sobre, loin de toute complaisance naturaliste.

## UNE FEMME QUI S'AFFICHE (It Should Happen to You)

1954 – USA (88') • *Prod.* COL. (Fred Kohlmar) • *Réal.* GEORGE CUKOR • *Sc.* Garson Kanin • *Phot.* Charles Lang • *Mus.* Frederic Hollander • *Int.* Judy Holliday (Gladys Glover), Peter Lawford (Evan Adams III), Jack Lemmon (Pete Sheppard), Michael O'Shea (Brad Clinton), Vaughan Taylor (Entrikin), Connie Gilchrist (Mrs. Riker), Walter Klavun (Bert Piazza), Whit Bissell (Robert Grau) et, en *guest stars*, Constance Bennett, Ilka Chase, Wendy Barrie.

Gladys Glover, un jeune mannequin, est venue à New York pour se faire connaître et sortir de la foule. A Central Park, elle rencontre un photographe, Pete Sheppard, qui tombe amoureux d'elle. Elle lui confie que son rêve le plus cher est de devenir célèbre. Elle consacre ses économies à louer un grand panneau publicitaire sur Columbus Circle afin d'y faire figurer son nom en lettres géantes qu'elle contemple, sans se lasser, avec ravissement. Peter juge cette dépense absurde. Le play-boy Evan Adams III, propriétaire de la marque de savon Adams, a absolument besoin du panneau pour sa campagne de promotion annuelle. Après diverses tractations, il offre à Gladys six panneaux disséminés dans New York en échange de celui-là. Gladys a son moment de triomphe quand, dans un grand magasin situé en face de l'un de ces panneaux, des clients lui demandent des autographes. Un commentateur de télévision parle d'elle et prend en main ses intérêts. Il la fait participer à une table ronde en compagnie de célébrités comme Constance Bennett et Ilka Chase. Adams veut bâtir une campagne de publicité axée sur elle, l'Américaine moyenne type. Elle pose pour des photos publicitaires la montrant dans son bain et à skis. Adams entreprend alors de la séduire. Elle comprend que sa nouvelle vie va la brouiller définitivement avec Pete et que son travail publicitaire repose sur le mensonge et l'escroquerie. Elle plante là le play-boy, la pub et rejoint son photographe.

☞ Cinquième et dernier film de Judy Holliday sous la direction de Cukor. Avec *The Marrying Kind** et *Bells Are Ringing (Un numéro du tonnerre,* Minnelli, 1960) qui achèvera sa trop brève carrière, il s'agit là de son meilleur film. Cukor et son scénariste Garson Kanin visent et atteignent ici deux cibles à la fois. Ils font la satire des moyens et des méthodes de la publicité. Ils stigmatisent chez certains individus le désir irrationnel et puissant de devenir célèbre. Tout cela à travers un personnage féminin touchant et comique. L'art de Cukor est parvenu à une telle maturité, à une telle invention dans le détail (il arrive souvent d'ailleurs que le réalisateur retienne des suggestions venant d'un technicien ou des acteurs eux-mêmes) que le portrait individuel de l'héroïne et le contenu social de la satire ont, dans le film, la même importance et le même relief. Seul le dénouement, trop conformiste, a vieilli, car on ne voit pas que Gladys Glover renonce si facilement, alors même qu'ils sont en voie de réalisation, à ses rêves et à sa folie. Pour le reste, la portée sociologique de l'intrigue était largement en avance sur son temps. C'est d'ailleurs une caractéristique du cinéma américain des années 50. Outre ses qualités formelles, qui sont considérables, c'est à cause de la justesse des intuitions de ses réalisateurs et de ses scénaristes que ce cinéma nous passionne encore autant aujourd'hui. Les cinéastes américains de cette époque ont été souvent perspicaces, voire même prophétiques. Vision écologique du monde dans *Wind Across the Everglades** (1958) de Nicholas Ray. Description et critique de la société de consommation dans *No Room for the Groom* (1952) de Douglas Sirk. Dénonciation de la politique-spectacle dans *Un homme dans la foule** (1957) de Kazan. Ici, satire de la publicité et de la célébrité bâtie sur le vide. Et ce ne sont là que quelques exemples parmi de nombreux autres.

## UNE HEURE AVEC VOUS (One Hour With You)

1932 – USA (80') • *Prod.* PAR. (Ernst Lubitsch) • *Réal.* ERNST LUBITSCH • *Sc.* Samson Raphaelson d'ap. P. « Only a Dream » de Lothar Schmidt • *Phot.* Victor Milner • *Mus.* Oscar Strauss, Richard Whiting • *Int.* Maurice Chevalier (Dr André Bertier), Jeanette MacDonald (Colette Bertier), Genevieve Tobin (Mitzi Olivier), Roland Young (Pr Olivier), Charles Ruggles (Adolphe), George Barbier (le policier), Josephine Dunn (Mlle Martel).

A Paris, au printemps. Le Dr André Bertier est si amoureux de son épouse légitime, Colette, qu'il lui arrive de l'embrasser encore dans les parcs la nuit, suscitant l'étonnement et la colère de la maréchaussée qui a reçu l'ordre de vider les jardins publics de leurs amoureux, afin de remplir les cafés, déficitaires. Colette tient absolument à présenter à André sa meilleure amie, Mitzi. Elle semble ignorer que, dans ses rapports avec les hommes, Mitzi, créature délicieusement délurée et libérée de tout scrupule, fait preuve d'un esprit de conquête auquel peu d'entre eux savent résister. Mais André, s'adressant au public, assure qu'il ne faiblira pas. Lors d'une grande réception qu'elle donne dans ses appartements, Colette s'imagine à tort que son mari s'intéresse à une demoiselle Martel. Dans son inconscience, elle ne se sent rassurée que lorsque André danse avec Mitzi. Celle-ci manœuvre pour qu'André la ramène chez elle. Le lendemain, le mari de Mitzi lit à André un rapport de son détective privé selon lequel il ne fait aucun doute que Mitzi et lui ont passé la nuit ensemble. Le mari trompé demande à André d'être témoin de son divorce. En guise d'excuse, André interroge le public en chantant : « Qu'auriez-vous fait à ma place ? » Il avoue la vérité à sa femme ; elle-même avoue que, la nuit, il lui arrive de rêver à Adolphe, un vieil ami, amoureux fou d'elle depuis toujours. Ces aveux respectifs entraînent la réconciliation des époux, plus épris que jamais l'un de l'autre.

☞ Troisième film de Maurice Chevalier avec Lubitsch. Remake de *The Marriage Circle* (Lubitsch, 1924). Occupé par le remontage de *Broken Lullaby*, œuvre sérieuse qui avait suscité de mauvaises réactions, Lubitsch confie au débutant Cukor la réalisation de *One Hour With You* qu'il avait minutieusement préparé. Son travail sur *Broken Lullaby* une fois terminé, Lubitsch critique Cukor et lui reprend le film, retournant la plupart des plans qu'il avait dirigés. *One Hour With You* est donc un film entièrement de Lubitsch, et l'un de ses plus réussis. La *Lubitsch touch* a rarement été aussi présente qu'ici, dans son élégance moqueuse et sa grâce inimitable. L'intrigue est si mince, et si parfaite dans sa minceur, que cela devient un tour de force que de bâtir un film à partir d'elle. Puisque les péripéties habituelles des comédies et des vaudevilles sont ici absentes ou en pointillé, il faut bien les remplacer par des gags inattendus, des trouvailles, une invention de tous les instants. Lubitsch s'y emploie et sait s'entourer d'experts au talent aussi délié que le sien, comme par exemple celui de ses cinq interprètes principaux. Parmi les trouvailles les plus heureuses, il y a évidemment ces adresses directes au public, effectuées à intervalles réguliers par un ou deux acteurs, parlant ou chantant. Il y a aussi cette étonnante continuité entre les parties chantées et le dialogue, réalisée avec une sophistication, une liberté, un sens du « timing » presque invraisemblables quand on songe qu'à l'époque le parlant était encore un domaine entièrement neuf. A tout moment, quand ça leur chante, les personnages se mettent à chanter ; et ce qu'ils disent quand ils ne chantent pas et qui est parfois en vers est une sorte de chanson aussi, un badinage rythmé et dynamique, une musique sans musique. Les thèmes de ce badinage ? Le désir amoureux qui inspire tous les gestes et tous les sentiments des personnages ; la jalousie qu'ils ont le bon goût de ne pas pousser trop loin et qui s'évanouit lorsqu'elle est sur le point de les rendre malheureux. Lubitsch préfère dans ses films éviter l'émotion, comme nuisant à la grâce et à la légèreté. N'oublions pas enfin le thème principal : l'amour, que Lubitsch se garde de confondre (voyez comme il est sérieux à sa manière) avec ce désir amoureux dont il aime tant parler, en clair ou de préférence à l'aide de sous-entendus. Quand, par bonheur, l'amour et le désir amoureux coïncident, alors c'est vraiment le bonheur et c'est aussi le sujet de ce film, dédié à la parfaite entente conjugale des deux personnages interprétés par Chevalier et Jeanette MacDonald.

N.B. Il existe une version tournée en français, *Une heure près de toi*, avec les deux mêmes vedettes, mais où Lily Damita remplace Geneviève Tobin.

## UNE NATION EN MARCHE
### (Wells Fargo)

1937 – USA (115') • *Prod.* PAR. (Frank Lloyd) • *Réal.* FRANK LLOYD • *Sc.* Paul Schofield, Gerald Geraghty, John Boland, d'ap. une histoire de Stuart N. Lake • *Phot.* Theodor Sparkuhl • *Mus.* Victor Young • *Int.* Joel McCrea (Ramsay MacKay), Bob Burns (Hank York), Frances Dee (Justine Pryor), Lloyd Nolan (Dale Slade), Henry O'Neill (Henry Wells), Mary Nash (Mrs. Pryor), Ralph Morgan (Nicholas Pryor).

De 1840 à 1865, Ramsay MacKay, réalisant les projets audacieux de Henry Wells, jette les bases d'un trafic postal régulier et rapide à l'aide d'un réseau de diligences allant d'abord de Batavia à Buffalo, puis de Buffalo à St. Louis et de St. Louis à San Francisco. Durant la guerre de Sécession, Ramsay entre en conflit avec sa belle-famille sudiste. Lincoln lui demande d'assurer le transport d'un important convoi d'or nécessaire pour mettre fin à des luttes fratricides. La belle-mère de Ramsay communique l'itinéraire aux Confédérés qui attaquent vainement le convoi. A cause d'un malentendu, Ramsay s'imaginera longtemps que c'est sa femme qui l'a trahi. Lors de la party d'anniversaire donnée pour les dix-sept ans de sa fille, la vérité éclate et Ramsay se réconcilie avec sa femme.

☞ Avec des moyens et des ambitions comparables à ceux d'un DeMille, mais le génie en moins, Frank Lloyd livre ici une épopée en mineur, un peu terne malgré son honnêteté et sa franchise. Les scénaristes ont voulu brasser trop de réalités différentes dans leur récit et il en résulte un sympathique album d'images qui court la poste, c'est le cas de le dire, qui n'a le temps de rien approfondir et où un seul individu semble avoir traversé et influencé vingt-cinq ans d'Histoire américaine.

## UNE NUIT A L'OPÉRA
### (A Night at the Opera)

1935 – USA (96') • *Prod.* MGM (Irving Thalberg) • *Réal.* SAM WOOD • *Sc.* George S. Kaufman et Morrie Ryskind d'ap. une histoire de Kevin McGuinness • *Phot.* Merritt B. Gerstad • *Mus.* Herbert Stothart • *Int.* Groucho Marx (Otis B. Driftwood), Chico Marx (Fiorello), Harpo Marx (Tomasso), Kitty Carlisle (Rosa Castaldi), Allan Jones (Ricardo Baroni), Walter Woolf King (Rudolfo Lassparri), Sig Rumann (Herman Gottlieb), Margaret Dumont (Mrs. Claypool), Billy Gilbert (assistant mécanicien/paysan), Leo White (aviateur).

A Milan, Otis B. Driftwood est chargé par Mrs. Claypool, une veuve richissime qu'il courtise avec un mélange surprenant de muflerie et de flagornerie, de dépenser son argent à bon escient, c'est-à-dire de manière à la faire pénétrer dans la haute société. Il la présente au directeur de l'Opéra de New York, Gottlieb, qui la persuade d'engager à prix d'or le célèbre ténor Rudolfo Lassparri. Lassparri est un personnage antipathique et cruel. Son fidèle domestique Tomasso, un muet aussi malicieux qu'inoffensif, est son souffre-douleur. Un ami de Driftwood, Fiorello, s'est juré de lancer un jeune chanteur de talent Ricardo Baroni, aussi sympathique que Lassparri est odieux. Par ailleurs, les deux ténors sont rivaux en amour auprès de la chanteuse Rosa qui préfère Baroni. Fiorello fait signer à Baroni un contrat en bonne et due forme avec Gottlieb. Il a fait également engager Rosa. Sur le bateau qui l'emmène vers New York, Driftwood découvre dans sa cabine Fiorello, Baroni et Tomasso qui jouent les passagers clandestins à l'intérieur de sa malle. La cabine est minuscule et viendront encore s'y entasser des femmes de chambre, des serveurs, des ouvriers, etc. Les clandestins participent à une soirée musicale sur le pont mais sont bientôt dénoncés par Lassparri et mis aux arrêts. A terre, ils prennent la place de trois Russes barbus, héros de l'aviation. Tomasso leur a coupé à chacun la barbe pour s'en servir avec ses amis comme postiche. Le maire de New York leur adresse un discours solennel. Sur le point d'être reconnus, les trois complices disparaissent sans demander leur reste. Le soir, à l'Opéra de New York, Driftwood, Tomasso et Fiorello sabotent la représentation du « Trouvère » de Verdi et permettent à Baroni de remplacer Lassparri. En compagnie de Rosa, le jeune chanteur remportera un triomphe.

☞ Après le relatif échec commercial de *Duck Soup**, le cinquième film des Marx Brothers, produit comme les précédents par la Paramount, la carrière cinématographique du groupe battait un peu de l'aile. Irving Thalberg leur signe un contrat à la Metro, les fait bénéficier de ses critiques et de ses suggestions, met à leur disposition la puissante organisation de ses studios et un budget élevé, leur donne enfin comme metteur en scène le méticuleux et perfectionniste Sam Wood. Filmé sous les meilleurs auspices, *Une nuit à l'Opéra* sera ainsi l'un de leurs grands succès et, de très loin, leur meilleur film. Cinquante ans après sa sortie, le film met encore le public en joie sans lui laisser, tout au long de ses 96', une seule seconde de répit. C'est un divertissement superbement construit, à la fois comme film musical et comme tremplin spécifique pour les Marx. Ils interprètent quelques-unes de leurs meilleures scènes dont certaines furent rodées jusqu'à la perfection dans des tournées préparatoires. On n'a pas oublié la scène du contrat entre Groucho et Chico, la séquence anthologique de la cabine du bateau et le final sur la scène, dans la fosse d'orchestre et dans les coulisses de l'Opéra. Ici, sans doute pour l'unique fois de leur carrière, le génie iconoclaste des Marx s'inscrit dans une véritable mise en scène où l'espace, le tempo, les changements de décors à vue, la musique et les gags s'ordonnent admirablement en un feu d'artifice à la fois délirant et très contrôlé, que tous les spectateurs (et pas seulement ceux qui raffolent des répliques insolentes et « nonsensiques » de Groucho) peuvent apprécier.

BIBLIO. : scénario et dialogues publiés par The Viking Press, New York, 1973. Le volume présente *à la suite* le premier scénario et celui qui a été filmé. Cette double publication a été rendue nécessaire par les différences considérables qui existent entre les deux versions. (On possède rarement un tel document sur un film.)

## UN ENVOYÉ TRÈS SPÉCIAL
**(Too Hot to Handle)**

1938 – USA (105') • *Prod.* MGM (Lawrence Weingarten) • *Réal.* JACK CONWAY • *Sc.* Laurence Stallings et John Lee Mahin d'ap. une histoire de Len Hammond • *Phot.* Harold Rosson • *Mus.* Franz Waxman • *Int.* Clark Gable (Chris Hunter), Myrna Loy (Alma Harding), Walter Connolly (Gabby MacArthur), Walter Pidgeon (Bill Dennis), Leo Carrillo (Joselito), Johnny Hines (Harry), Virginia Weidler (Hulda), Betty Ross Clarke (Mrs. Harding), Henry Kolker (Pearly Todd).

Deux opérateurs d'actualités rivalisent de ruse et d'énergie pour filmer aux quatre coins du monde les images les plus spectaculaires. Au besoin, ils font carrément de la mise en scène à la seule fin de mettre en boîte des reportages vraiment sensationnels. Mais un jour ils vont trop loin dans l'audace ; leur culot provoque leur renvoi et un scandale qui éclabousse une aviatrice travaillant avec eux. Pour se racheter à ses yeux, ils l'aident à retrouver son frère disparu en Guyane.

☞ Le parfait film d'aventures, tel qu'on le concevait et qu'on l'aimait en Amérique durant les années 30. Une explosion d'énergie et de santé, qui ne s'embarrasse guère de morale, encore moins de mauvaise conscience. Ce refus du moralisme est roboratif. Les personnages ne sont pas idéalisés sur le plan de la psychologie ou de la morale mais sur celui de la pure et simple vitalité, laquelle galvanise leurs défauts comme leurs qualités. Même quand ils ont entrepris d'accomplir une « bonne action », ils ne changent pas de méthode ni de caractère. S'ils ont provoqué une catastrophe par leurs mensonges, c'est par des mensonges plus gros encore qu'ils la répareront. A noter un scénario éblouissant qui fonde précisément ses nombreux rebondissements sur les mensonges continuels des personnages. Quant aux acteurs, Clark Gable en tête, ils collent d'autant plus à leurs rôles que leurs personnages deviennent de véritables cabotins à cause de leur joie de vivre enfantine, d'un mélange de cynisme et d'innocence présent dans tout ce qu'ils font. Ce sont des adultes qui utilisent leur intelligence et leurs capacités d'adultes à s'amuser et à plastronner comme des enfants. Tout comme le cinéma de l'époque, ils sont tellement absorbés à nier le sérieux de la vie qu'ils n'ont plus le temps de s'occuper de rien d'autre.

## UNE QUESTION DE VIE OU DE MORT
### (A Matter of Life and Death)

1946 – Grande-Bretagne (104') • *Prod.* The Archers (Michael Powell et Emeric Pressburger) • *Réal.* MICHAEL POWELL • *Sc.* M. Powell, E. Pressburger • *Phot.* Jack Cardiff (Technicolor avec séquences tirées en noir et blanc) • *Mus.* Allan Gray • *Déc.* Alfred Junge • *Int.* David Niven (Peter Carter), Kim Hunter (June), Roger Livesey (Dr Frank Reeves), Robert Coote (Bob Trubshaw), Raymond Massey (Abraham Farlan), Marius Goring (l'envoyé céleste), Abraham Sofaer (le juge/le chirurgien), Kathleen Byron (l'ange réceptionniste), Joan Maude (l'ange chef), Bonar Colleano (capitaine américain), Richard Attenborough (pilote anglais).

Nuit du 2 mai 1945. Après un très gros bombardement sur l'Europe, le chef d'escadrille anglais Peter Carter, poète et professeur dans le civil, lance un appel à la tour de contrôle. Son radio, Bob Trubshaw, est mort. Son avion est en flammes. Un dialogue vibrant et bref s'engage entre l'aviateur et une jeune employée américaine de la tour, June, qui capte ses dernières paroles sans rien pouvoir tenter pour lui éviter la mort. En effet, Peter n'a pas de parachute et préfère sauter dans le vide plutôt que de brûler. Contre toute vraisemblance, son corps surnage, encore en vie, à la surface des eaux et apparaît près de la côte. Dans l'autre monde, et plus précisément dans la salle de réception des nouveaux arrivants, de nombreux aviateurs britanniques se pressent et sont accueillis par l'ange réceptionniste avant de recevoir leurs ailes. Bob attend son compagnon et ami Carter et ne s'explique pas son retard. Il pense qu'une erreur a sans doute été commise. L'ange réceptionniste lui affirme qu'il n'y en a pas eu au moins depuis mille ans. En bas, sur la terre, Carter reprend conscience et marche sur la plage. Il se croit dans l'autre monde jusqu'à ce qu'un jeune berger lui apprenne qu'il se trouve dans la région de Lee Wood. Il interroge une jeune femme en uniforme qui roule à vélo sur la route : c'est June. Elle reconnaît son interlocuteur de la tour ; ils s'embrassent. Dans l'autre monde, l'ange chef envoie sur terre le responsable de l'erreur due au brouillard. C'est un Français, guillotiné pendant Germinal. Il prend contact avec Carter qui se repose auprès de June allongée. La conversation entre l'envoyé céleste et Carter a lieu hors du temps. Carter ne manifeste aucune envie de suivre son interlocuteur. Il fait valoir qu'hier il était tout prêt à mourir mais qu'aujourd'hui, à cause de l'erreur céleste et du sursis dont il a bénéficié, il est tombé amoureux de June, et cet amour l'empêche absolument d'accepter sa mort. L'envoyé disparaît après avoir assuré qu'il reviendrait. Au mess de la base aérienne, June fait examiner Carter par le Dr Frank Reeves, un grand neurologue qui se cache sous les apparences d'un petit médecin de campagne. Reeves comprend tout de suite que les hallucinations de Carter mettent en jeu son intellect et tous ses sens, notamment son sens olfactif. Carter doit reconnaître qu'effectivement, lors de la visite de l'envoyé céleste, il avait senti une très forte odeur d'oignon frit. Reeves installe Carter chez lui et le munit d'une sonnette que celui-ci devra agiter lors de la prochaine visite de l'envoyé céleste. Elle a lieu au beau milieu d'une partie de ping-pong entre June et le docteur.

La balle s'immobilise dans l'espace et la sonnette agitée par Carter ne produit aucun son. L'envoyé apporte une bonne nouvelle à Carter : sa demande d'appel devant le tribunal céleste a été acceptée. Le procureur sera Abraham Farlan, le premier Américain tué par une balle anglaise durant la guerre d'Indépendance. Inutile de dire qu'il ne porte pas les Anglais dans son cœur. Après le départ de l'envoyé, Carter explique à Reeves ce qui s'est passé. Il est très anxieux de trouver un défenseur. Reeves décide que c'est ce soir – avant le procès – que Carter doit être opéré ; sinon il sombrera dans la folie. Sur l'immense escalier roulant qui mène de la Terre à l'autre monde, l'envoyé céleste propose à Carter divers défenseurs : Lincoln, Platon, etc. Aucun ne semble lui convenir et il se réveille en transes auprès de June. Reeves essaie de lui rendre espoir en lui promettant de lui trouver un défenseur. Roulant à moto à travers la nuit, Reeves quitte subitement la route pour éviter une ambulance et a un accident mortel. Cette même ambulance transporte Carter au bloc opératoire. Devant un immense auditoire composé de représentants de toutes les races et de toutes les époques, le tribunal céleste commence ses audiences au moment même où débute l'opération. C'est Reeves qui assure la défense de Carter. Abraham Farlan, tout en faisant le procès de l'impérialisme britannique à travers les âges, nie qu'un véritable amour existe entre Carter et June. Pour prouver qu'il se trompe, Reeves demande à June de remplacer Carter dans l'autre monde. Elle accepte. Carter gagne ainsi son procès en appel. Le juge suprême (qui n'est autre que le chirurgien qui opère Carter) lui accorde un long et généreux délai de vie. Après son opération, Carter reprend conscience. « Nous avons gagné, dit-il à June. » – « Je sais », répond-elle.

☞ En 1945, le ministère de l'Information britannique demande aux « Archers » (Michael Powell et Emeric Pressburger) de réaliser une fiction susceptible d'améliorer les relations anglo-américaines, paradoxalement moins bonnes aujourd'hui, à la veille de la victoire, qu'elles ne l'étaient hier, au milieu des pires difficultés. Pour ces deux cinéastes qui avaient déjà produit et réalisé plusieurs œuvres de circonstances, semblable demande n'était pas une nouveauté. Ils y répondent comme à leur habitude en humoristes, en poètes et surtout en vrais créateurs, par cette rêverie métaphysique en Technicolor qui prouve de leur part une fabuleuse originalité d'auteurs, une liberté d'esprit totale et un sacré culot. (Culot moindre cependant que dans *Colonel Blimp** qui, en pleine guerre, prônait une indispensable réconciliation entre Anglais et Allemands.) *Une question de vie ou de mort* commence par une extraordinaire séquence de « coup de foudre verbal » entre un pilote en perdition voué à une mort certaine et son interlocutrice au sol, impuissante et bouleversée. Il se continue par un parallélisme entre le monde terrestre, polychrome, aux paysages naturels pleins de séduction, et un au-delà monochrome, un peu inquiétant par son caractère mécanisé et artificiel, à vrai dire tourné en dérision par l'humour des auteurs. Seul l'amour sera capable de fusionner les deux univers et de produire chez les personnages un élan lyrique qui abolira, au moins dans leur cœur, la morbidité d'une planète décimée par la guerre. La part d'audace et de culot tient notamment au personnage de Raymond Massey qui débite avec conviction une litanie de slogans anti-anglais. La séquence du procès où a lieu cette diatribe reflète aussi le péché mignon des « Archers » : leur goût du pathos, leur indifférence à la concision dramatique qui, dans des métrages plus longs que celui-ci, a rendu leurs films si vulnérables aux ciseaux des censeurs et des coupeurs de pellicule. Mais il faut aimer les films de Powell-Pressburger dans leur structure originale et tels qu'ils sont, avec leur généreuse coulée baroque, leur démesure, leurs contrastes (lyrisme et dérision, bon sens et délire), avec leurs décors plus grands que nature, leurs trucages aux astuces infinies, leurs inventions visuelles et leurs tirades interminables, leur ésotérisme et leurs plaisanteries de collégiens. Ce sont avant tout des films d'*inventeurs* qui réinventent à chaque fois le cinéma, et témoignent au public et à son ouverture d'esprit une confiance quasi illimitée. Rappelons qu'*Une question de vie ou de mort* est le film préféré de Powell, tandis que *Blimp** a les faveurs de Pressburger. « A partir de ce gigantesque holocauste, Emeric et moi avons essayé de tirer une comédie d'une envergure et d'une énergie titaniques » écrit Powell d'*Une question de vie ou de mort* dans son passionnant ouvrage « A Life in the Movies », Heinemann, Londres, 1986, sept cents pages bien tassées qui ne sont que la première partie de son autobiographie allant ici jusqu'à sa quarante-troisième année.

N.B. Le titre français du film sur les pavés publicitaires de l'époque était *Question de vie ou de mort.* L'usage l'a transformé en *Une question de vie ou de mort.*

BIBLIO. : découpage (832 plans) *in* « L'Avant-Scène » n° 258 (1981). Novelization d'Eric Warman parue en 1946 à Londres chez World Film Publications. Nombreuses photos du film et du tournage et reproductions de dessins d'Alfred Junge (Powell apprécie beaucoup ce petit livre et en parle longuement dans son autobiographie).

## UNE RICHE AFFAIRE
### (It's a Gift)

1934 – USA (73') • *Prod.* PAR. (William Le Baron) • *Réal.* NORMAN McLEOD • *Sc.* Jack Cunningham, J.P. McEvoy d'ap. un sujet de Charles Bogle (W.C. Fields) • *Phot.* Henry Sharp • *Int.* W.C. Fields (Harold Bissonette), Jean Rouverol (Mildred Bissonette), Julian Madison (John Durston), Kathleen Howard (Amelia Bissonette), Tom Bupp (Norman Z. Bissonette), Tammany Young (Everett Ricks), Baby LeRoy (Baby Dunk).

L'enfer quotidien de Harold Bissonette, caricature de tous les pères de famille résignés à subir la tyrannie de leur entourage familial. Harold vit en compagnie de sa femme Amelia, acariâtre et vociférante de nuit comme de jour, de sa fillette Mildred, égoïste et pleurnicharde (elle l'empêche, sans même s'en rendre compte, de se raser dans la salle de bains), de son gamin turbulent qui sème ses patins à roulettes dans l'appartement. Au petit drusgtore dont il est propriétaire, la vie n'est guère plus drôle. Il faut supporter les clients irascibles ou pressés, ou bien maladroits comme cet aveugle, sourd de surcroît, qui casse tout avec sa canne, ou bien encore comme ce gamin qui ouvre le robinet à mélasse. Harold apprend que son oncle à héritage vient de mourir. Il va enfin pouvoir réaliser son rêve de toujours : acheter une orangerie en Californie. Mais dans celle qu'on lui a vendue, il ne pousse aucune orange : elle est incultivable. Au grand désespoir de sa femme et de sa fille (qui ne veut pas quitter son fiancé, lequel a fait réaliser à son père cette mauvaise affaire), Bissonette emmène sa famille en voiture vers la Californie. La nuit, au camping, sa femme ne lui laisse pas de place sous la tente et lui interdit même de pousser la chansonnette avec des campeurs musiciens. Au matin, le voyage reprend. Après un pique-nique dans un parc privé dont ils sont bientôt chassés, les Bissonette arrivent sur leurs terres : un terrain en friche flanqué d'une vieille cabane en ruines. Amelia dit qu'elle ne veut pas rester une minute de plus. Harold apprend que son terrain est convoité par les constructeurs d'un hippodrome. Il le leur vend à prix d'or contre une belle orangerie – pleine d'oranges celle-là – et un bon paquet de dollars. Dans sa nouvelle propriété, il coule des jours heureux et paisibles, surtout lorsque sa famille a la bonne idée de prendre le large pour une excursion et qu'il reste en compagnie de ses seuls amis au monde : son flacon de whisky et un chien abandonné.

☞ L'un de ces nombreux films de Fields qui furent totalement méprisés à leur époque puis redécouverts très tardivement au cours des années 60. Les aventures picaresques et quotidiennes du vieux compère qui ne respecte rien – et surtout pas les enfants ni les aveugles – sont émaillées de gags surréalistes (« Tiens, ce cadran solaire retarde de dix minutes », dit Bissonette en le comparant avec sa montre) et possèdent un ton moderne, grinçant, non-conformiste qui fit les délices d'une nouvelle génération de cinéphiles. Le personnage de Fields, en bon iconoclaste, fuit l'émotion comme la peste. On plaint cependant cet « esclave domestique » d'être si maltraité par les siens. Mémorable séquence de l'insomnie du héros : pour fuir les éternels reproches de sa femme, il veut essayer de dormir sur le balcon. Mais les bruits d'alentour le persécutent : bouteilles du laitier, boule dévalant l'escalier, boniments d'un placier en assurances, taquinerie d'un gosse du balcon du dessus qui lui jette toutes sortes d'objets sur la figure, poulie qui grince, hurlements des voisins et d'un vendeur ambulant...

## UN ÉTÉ AVEC MONIKA/MONIKA/MONIKA ET LE DÉSIR (Sommaren med Monika)

1952 – Suède (95') • *Prod.* Svenk Filmindustri • *Réal.* INGMAR BERGMAN • *Sc.* Ingmar Bergman, P.A. Fogelström d'ap. R. de P. A. Fogelström • *Phot.* Gunnar Fischer • *Mus.* Erik Nordgren • *Int.* Harriet Andersson (Monika), Lars Ekborg (Harry), John Harryson (Lelle), Georg Skarstedt (le père de Harry), Dagmar Ebbesen (la tante de Harry), Naemi Briese (la mère de Monika), Ake Fridell, Ake Grongberg.

Dans les quartiers pauvres de Stockholm, l'idylle entre Harry, dix-neuf ans, magasinier-livreur dans une boutique de porcelaine, et Monika, dix-huit ans, employée dans une épicerie. A la suite d'une dispute avec son père alcoolique, elle quitte la maison et se réfugie chez Harry. Ayant lui aussi abandonné son travail, il emmène Monika dans le canot à moteur de son père. Avides d'aventures et de dépaysement, les deux jeunes gens passeront l'été dans l'île d'Orno. Harry a perdu sa mère à huit ans et a vécu dans le voisinage d'un père taciturne ; il a toujours été seul. Monika au contraire n'a connu que la promiscuité d'une famille trop nombreuse dans un logement trop étroit. Entre deux baignades, Monika et Harry font l'amour et des projets d'avenir : il deviendra ingénieur et travaillera ardemment ; elle élèvera leurs enfants dans une belle maison bourgeoise. Elle est d'ailleurs enceinte. Le bel été s'achève, gâché par le manque d'argent et de nourriture, l'apparition d'un ancien amant de Monika venu saccager le bateau, et beaucoup de disputes. Harry et Monika retournent à la ville, se marient. Harry rentre dans une équipe d'ouvriers et doit souvent s'absenter pour son travail. Le désœuvrement, la solitude et à nouveau le manque d'argent ne conviennent pas à Monika qui a des aventures et quitte le foyer conjugal. Harry reste seul avec le bébé.

☞ Premier film de Bergman sorti en France, dans l'indifférence générale. *Monika* ne sera apprécié et remarqué qu'au contact des œuvres voisines de Bergman lors de la grande rétrospective de la Cinémathèque en 1958. Le film présente deux aspects. Le début et la fin, situés à Stockholm, sacrifient à un certain sordide social, hérité à la fois du naturalisme littéraire et du réalisme poétique de Carné. Le centre de l'œuvre – l'été sur l'île – en est la partie essentielle. Là, les deux personnages vivent un retour à la nature saisi dans l'éternité de l'instant et dans un climat de sensualité dont la tendresse et le lyrisme cosmique paraissent aujourd'hui plus frappants que l'audace, si remarquée – à juste titre – à l'époque. A noter qu'à l'intérieur de l'œuvre de Bergman, en général très polyphonique, *Monika* possède l'originalité d'être consacré à l'aventure linéaire et solitaire d'un couple. L'adolescence finissante des deux personnages est décrite par l'auteur comme un moment d'équilibre très fugitif qui garde encore la trace de la spontanéité de l'enfance avant l'inévitable déclin de ce qu'on appelle la « maturité ». Les besoins affectifs et sensuels des deux héros se trouvent comblés dans une plénitude niant les pesanteurs et la laideur de la vie sociale. Cette vie sociale est appréhendée par Bergman à travers des poncifs et des lieux communs qui lui servent à mettre en valeur, par contraste, le paradis très provisoire du bonheur dans l'île. Harriet Andersson crée son personnage dans un style de jeu instinctif qui apparaît aujourd'hui très daté et pourtant tout à fait hors des modes. L'actrice arrive numéro deux au palmarès des comédiennes les plus utilisées par Bergman, *ex aequo* avec Liv Ullmann, neuf rôles, et derrière Bibi Andersson, onze rôles.

## UNE VIE DE CHIEN
## (A Dog's Life)

1918 – USA (860 m) • *Prod.* Chaplin – First National • *Réal.* CHARLES CHAPLIN • *Sc.* Chaplin • *Phot.* Roland Totheroh • *Int.* Chaplin (le vagabond), Edna Purviance (la chanteuse), Tom Wilson (le policeman), Sidney Chaplin (le marchand ambulant), Chuck Reisner (employé à l'agence de placement / batteur), Henry Bergman (chômeur à l'agence de placement / la grosse dame au dancing), Albert Austin (un escroc), Granville Redmond (patron du dancing).

Charlot le vagabond a dormi dans un terrain vague. En passant la main à travers une palissade, il vole des saucisses à un vendeur de hot-dogs. Un policier le voit et Charlot remet alors les saucisses à leur place. Il échappe au policier en se glissant à plusieurs reprises de part et d'autre de la palissade grâce à une brèche pratiquée dans la clôture. Charlot agace le flic autant qu'il le peut. Un autre flic apparaît. Charlot leur échappe à tous les deux. Il va dans un bureau de placement assez encombré et se retrouve toujours, malgré sa vélocité, le deuxième devant chaque guichet. Il n'obtient pas de travail. Il arrache le chien bâtard Scraps à une meute de molosses qui en voulaient à un os qu'il venait de trouver. Scraps sera désormais son compagnon fidèle et reconnaissant. Charlot dérobe des victuailles à un vendeur ambulant puis entre dans un dancing. Il doit en ressortir aussitôt à cause de son chien. Il le cache dans son pantalon et pénètre à nouveau dans le dancing ; la queue du chien, sortant d'un trou de son vêtement, frappera à coups redoublés sur la grosse caisse de l'orchestre. Une jeune chanteuse, Edna, interprète une chanson mélodramatique et fait pleurer abondamment spectateurs et spectatrices. Après son numéro, le patron lui conseille de sourire pour pousser les clients à la consommation. Elle cligne de la paupière à l'intention de Charlot et il s'imagine alors qu'elle a une poussière dans l'œil. Il est jeté dehors par le videur du dancing quand il ne peut payer les consommations. Dans la rue, deux voleurs détroussent un bourgeois éméché. Un des voleurs enterre dans le terrain vague le butin : un portefeuille bien rempli. Edna est renvoyée par le directeur, mécontent de ses réticences à faire l'entraîneuse. Elle s'est même disputée avec un client. Elle s'effondre à une table en sanglots. Charlot s'endort à l'endroit habituel, se servant de Scraps comme oreiller. Le chien déterre le portefeuille. Charlot se rend alors au dancing et console Edna en lui montrant sa fortune. Mais l'un des voleurs lui reprend l'argent. Charlot est une fois de plus jeté dehors par le videur de l'endroit. Nullement découragé, il y revient en catimini et réussit, grâce à un subterfuge, à récupérer l'argent des mains mêmes des deux voleurs, préalablement assommés. Mais très vite ils reprennent conscience et poursuivent Charlot qui se réfugie dans la baraque du marchand ambulant. Les voleurs tirent sur lui comme s'ils se trouvaient devant un stand de tir. Les policiers accourent. Dans la bousculade, Scraps a pris le portefeuille entre ses dents. Le rêve de Charlot s'est réalisé : il se livre aux travaux des champs dans une campagne paradisiaque. Edna l'attend à la ferme où elle lui a préparé un succulent repas. Émus, ils contemplent avec ravissement un berceau où s'ébattent... les petits de Scraps.

☞ Pour Jean Mitry (cf. « Tout Chaplin », Seghers, 1972), *Une vie de chien* représente, après *The Vagabond,* 1916, « le second tournant essentiel de Chaplin et, bien entendu, de Charlot (...) Toute la tragédie de l'homme seul, misérable et qui essaie vainement de lutter contre la fatalité est là ». Pour Louis Delluc, « ce conte, ce film, cette *pietà,* c'est la première œuvre complète du cinéma » (*in* « Charlot », 1921, texte repris dans ses « Écrits cinématographiques I », Cinémathèque Française, 1985). Delluc avait aussi noté : « *Une vie de chien* est pour Chaplin le commencement d'une confidence nouvelle. » (article écrit en 1918 dans la revue « Le Film » et repris dans ses « Écrits II »).

En effet, plus qu'un récit savamment construit comme Chaplin aime aussi en livrer, le film propose une suite de libres variations, à tonalité nettement autobiographique, sur la faim, le froid, la solitude, sur l'exclusion, le compagnonnage avec un animal (le chien, comme l'enfant de *The Kid**, réalisé trois ans plus tard, est ici un double, un frère de misère de Charlot), ou bien encore sur la découverte de l'amour. Ce surcroît de gravité que les commentateurs reconnaissent au film ne limite en rien ses vertus comiques ou chorégraphiques. Pour ce dernier aspect, voir notamment le cache-cache avec le policeman dans le terrain vague ou bien la séquence au bureau de placement où Charlot court dans tous les sens et arrive toujours bon deuxième aux différents guichets. Pour Chaplin, le malheur fait rire et – élément aussi important – il se danse... La fin heureuse – et même miraculeuse – ne saurait abolir la mélancolie ni la dureté du film. A vrai dire, son très fort pouvoir onirique la rend totalement incrédible.

## UNE VIE DIFFICILE
**(Una vita difficile)**

1961 – Italie (118') • *Prod.* Dino De Laurentiis • *Réal.* DINO RISI • *Sc.* Rodolfo Sonego • *Phot.* Leonida Barboni • *Mus.* Carlo Savina • *Int.* Alberto Sordi (Silvio Magnozzi), Lea Massari (Elena Pavinato), Franco Fabrizi (Franco Simonini), Lino Volonghi (signora Pavinato), Claudio Gora (Bracci), Antonio Centa (Carlo, ami d'Elena), Loredana Cappelletti (Giovanna, amie d'Elena), Daniele Vargas (le marquis Capperoni), Vittorio Gassman, Silvana Mangano, Alessandro Blasetti (eux-mêmes).

Silvio Magnozzi, partisan durant la guerre, est sauvé de la mort par Elena Pavinato, la fille de la propriétaire du « Lion d'or », un petit hôtel en Italie du nord. Elena tue d'un coup de fer à repasser l'Allemand qui allait abattre Silvio. Elle le cache dans un moulin où il vivra à ses côtés, ayant fait d'elle sa maîtresse, pendant trois mois. Après lui avoir promis le mariage, il se sauvera pour aller rejoindre ses camarades. Sept mois après la fin de la guerre, il la retrouve, à l'occasion d'un reportage qu'il effectue comme journaliste dans sa région. Elle lui fait d'abord grise mine puis elle le suit à Rome où elle découvre avec tristesse son minuscule logement. Le jour du référendum république-monarchie, ils ont du mal à trouver un repas à crédit. Elena rencontre un ami de sa mère, le marquis Capperoni, qui les invite à dîner chez ses parents, tous des monarchistes convaincus. Silvio et Elena resteront seuls à manger et à se réjouir quand la radio aura annoncé que l'Italie est désormais une république. Silvio est sur le point de publier dans son journal des noms d'industriels ayant fait passer de l'argent à l'étranger. Il est convoqué par l'un d'entre eux, Bracci, qui lui propose une fortune pour rayer son nom de la liste. Il refuse. L'article une fois publié, il est condamné pour diffamation et, un peu plus tard, pour participation à une manifestation de rues. Après un séjour de deux ans en prison, il ne retrouve plus sa place au journal. Elena, qui a maintenant un enfant de lui, et sa mère l'obligent, alors qu'il a trente-trois ans, à faire des études d'architecture qu'elles financent. Il écrit un roman « Une vie difficile ». Il rate son examen, se saoule et ne veut plus rentrer chez Elena. Ils ont une dispute au cours de laquelle il lui affirme qu'ils n'ont jamais rien eu en commun, sinon les sens. Ils se séparent. Resté seul, Silvio essaie vainement de faire publier son roman, puis de le faire adapter au cinéma. Il contacte Mangano, Gassman, Blasetti. Toujours amoureux de sa femme, il tente de renouer avec elle. Il la suit sur une plage et apprend qu'elle fréquente un homme riche qu'elle compte épouser. Ivre encore une fois, il se bat avec son soupirant puis la supplie de reprendre la vie avec lui. Il lui assure qu'il a complètement changé et qu'il est décidé à réussir coûte que coûte. Le jour de l'enterrement de la mère d'Elena, il suit le convoi dans une Mercedes blanche. Il amène Elena à une réception chez l'industriel Bracci dont il est devenu le secrétaire et l'homme à tout faire. Bracci l'humilie devant Elena, et Silvio, en lui balançant une gigantesque gifle, le fait tomber dans la piscine. Puis il sort dignement de la maison au bras d'Elena.

☞ Avant *Il Sorpasso** et *Les monstres**, Dino Risi donne cette petite fresque de quinze ans de vie italienne observés à travers les efforts et le ratage d'un petit journaliste luttant pour le triomphe de son idéal démocratique. Le film est essentiel en tant que maillon entre l'esprit constructif et tourné vers l'avenir du néo-réalisme et le cynisme, la dérision de la « comédie italienne » des années 60. *Une vie difficile* est le film des espoirs déçus, de la générosité bafouée, une première étape, apparemment irréversible, dans le processus de désillusion de la société italienne. S'il s'agit, moralement et socialement, d'une œuvre de transition, *Une vie difficile* est sur le plan formel une œuvre parfaitement achevée, maintenant un équilibre admirable entre l'ambition, la gravité du propos (qui anticipe sur les films-panoramas des années 70, tels *Nous nous sommes tant aimés** de Scola, 1974) et l'humour, l'ironie, l'amertume encore pleine d'émotion (pour la dernière fois) du ton. Les séquences du repas chez les monarchistes, de l'examen de Sordi, ses deux scènes d'ivrognerie sont anthologiques. On doit d'ailleurs considérer comme auteurs du film, au même titre que Risi, Alberto Sordi et son scénariste attitré Rodolfo Sonego. Pendant quarante ans, Sordi, incarnant ses espoirs et ses déceptions, a pour ainsi dire élaboré une véritable biographie sociale du peuple italien. Aucun acteur en Europe ne peut, sur ce plan, rivaliser avec lui.

N.B. La plupart des grands acteurs du cinéma italien d'après-guerre sont plus que les simples interprètes de leur rôle. Soucieux de donner leur point de vue sur la société, chacun d'entre eux est passé derrière la caméra et a donné un ou plusieurs films importants dans l'histoire du cinéma italien contemporain. Citons quelques titres : de Sordi deux sketches mémorables *La camera* (*La chambre*) dans *Le coppie* (*Drôles de couples*, 1970) et *Vacanze intelligenti* dans *Dove vai in vacanza ?* (*Où es-tu allé en vacances ?* 1978) ainsi que *Polvere di stelle* (*Poussière d'étoiles*, 1973) montré seulement à la télévision dans une version doublée et tronquée, odyssée glorieuse et misérable d'une troupe de comédiens, et *Finche c'è guerra c'è speranza*, 1974 (*Tant qu'il y a de la guerre, y'a de l'espoir*), fable corrosive sur un représentant en armes ; de Nino Manfredi *Per grazia ricevuta* (*Miracle à l'italienne*, 1971), farce pleine de vitalité sur les méfaits d'une éducation religieuse rétrograde ; d'Ugo Tognazzi *I viaggatori della sera*, 1979, récit de science-fiction sur l'élimination des vieillards ; de Vittorio Gassman *Senza famiglia nullatenenti cercano affetto*, *Sans famille*, 1972, regard à la fois attentif et ironique sur les mythes de la littérature populaire recréés dans une superbe mise en scène.

BIBLIO. : scénario et dialogues *in* « L'Avant-Scène » nº 182 (1977).

## UN FILS UNIQUE

1969 – France (80') • *Prod.* ORTF • *Réal.* MICHEL POLAC • *Sc.* Michel Polac • *Phot.* Éric Dalmat • *Mus.* Jean-Pierre Drouet, Michel Portal et Beethoven, Déodat de Séverac • *Int.* Éric Ancian (Éric), Serge Hureau (Serge), Eléanor Farouel (Florence, mère d'Éric), Francis Bouvet (le père), Guy Schoeller (le peintre Guy), Paul Vanier-Baulier (l'ami de Guy).

Le fils d'un commerçant recherche la compagnie d'un peintre, autrefois l'amant de sa mère, dont il se demande s'il ne serait pas son vrai père.

☞ Portrait fouillé, à travers la nonchalance voulue de l'intrigue, d'un adolescent bourgeois et de son entourage immédiat. Refus de la trivialité des choses, insatisfaction, interrogation philosophique, manque de prise sur le réel, timidité, audace : tous ces éléments caractéristiques de l'adolescence se trouvent regroupés et concrétisés ici dans une forme originale de quête du père et dans la recherche d'un nouveau rapport père-fils, thème qui allait devenir l'une des lignes de force du cinéma français dans la décennie suivante (cf. *Lacombe Lucien**, *L'horloger de Saint-Paul**, etc.). La pauvreté de ses moyens ne gêne pas Polac ; elle le pousse à mieux cerner son sujet et les résultats qu'il obtient de ses acteurs non professionnels sont remarquables. Comme auteur, sa démarche, littéraire dans le meilleur sens du terme, reste essentiellement française. Tout chez lui – la compréhension des êtres, la satire, la nostalgie, la cruauté – passe par l'analyse psychologique. Et cette analyse, riche en observations perspicaces, sait aussi nous attacher aux personnages par la connaissance de leurs défauts et le spectacle de leur intimité. Polac cinéaste apparaît ainsi comme une sorte de descendant lointain de Benjamin Constant.

BIBLIO. : scénario et dialogues *in* « L'Avant-Scène » nº 99 (1970).

## UN FLIC

1947 – France (95') • *Prod.* Sirius • *Réal.* MAURICE DE CANONGE • *Sc.* Jacques Companeez, Michel Duran • *Phot.* Georges Million • *Int.* Lucien Coëdel (inspecteur Renaud), Raymond Pellegrin (Georges Monnier), Suzy Carrier (Josette), Michèle Martin (Mme Renaud), Gaby Bruyère (Ginette), Jean-Jacques Delbo (Zattore), Albert Dinan (Bouthillon), Léo Lapara, René Lacour, Thomy Bourdelle, Maurice Salabert, Roger Bontemps (inspecteurs).

Un faux résistant se livre après la Libération à différents trafics de marché noir. Il entre dans une bande de gangsters, participe à leurs exactions et sera mêlé à de nombreux crimes. Son beau-frère, un policier, essaie de le ramener dans le droit chemin. Mais en vain. Le jeune homme, blessé à mort, sera capturé au cours de l'arrestation générale de la bande.

☞ Beaucoup d'extérieurs, une large figuration et une bonne interprétation aident Maurice de Canonge à livrer une description prenante et quasi documentaire de la pègre de l'immédiat après-guerre, dépeinte à travers un personnage significatif de jeune homme que sa lâcheté et sa faiblesse de caractère conduisent peu à peu, sans solution de continuité, à passer des petits trafics à la grande criminalité. Et ce film au réalisme « ordinaire », sans ambition mais non sans force ni vérité, laisse entrevoir à l'arrière-plan tout le trouble et le déséquilibre d'une époque.

## UN HOMME DANS LA FOULE
## (A Face in the Crowd)

1957 – USA (125') • *Prod.* Warner-Newton (Elia Kazan) • *Réal.* ELIA KAZAN • *Sc.* Budd Schulberg d'ap. sa nouvelle « Your Arkansas Traveller » du recueil « Some Faces in the Crowd » • *Phot.* Harry Stradling, Gayne Rescher • *Mus.* Tom Glazer • *Int.* Andy Griffith (« Lonesome » Rhodes), Patricia Neal (Marcia Jeffries), Anthony Franciosa (Joey Kiely de Palma), Walter Matthau (Mel Miller), Lee Remick (Betty Lou Fleckum), Percy Waram (le général Haynesworth), Rod Brasfield (Beanie), Charles Irving (Mr. Luffler), Marshall Neilan (le sénateur Fuller), Howard Smith (J.B. Jeffries), Paul McGrath (Macey), Kay Medford (Mrs. Rhodes), Alexander Kirkland (Jim Collier).

Dans une petite ville de l'Arkansas, Marcia Jeffries, une journaliste travaillant pour son oncle, propriétaire d'une radio locale, fait un reportage sur une prison. Elle y découvre une sorte de vagabond inspiré, chanteur et compositeur, ironiste et individualiste à la langue bien pendue. Il s'appelle Rhodes et a été emprisonné pour ivresse sur la voie publique. Marcia le baptise « Lonesome » Rhodes et le fait passer sur les antennes de son oncle. Il accompagne ses chansons de commentaires sur la vie, sur la société, sur un passé qu'il s'est plus ou moins inventé. Son impact sur le public est aussitôt extrêmement puissant. Il invite ses auditeurs à mener leurs chiens chez le shérif qui lui est antipathique ; il conseille aux enfants d'aller se baigner dans la piscine privée de l'oncle de Marcia. Dans les deux cas, c'est l'invasion. On lui propose de travailler pour la télévision à Memphis. Il accepte et en profite pour faire une collecte, qui se révélera un grand succès, destinée à une mère de famille noire dans le besoin. Il parle ironiquement de son « sponsor », un fabricant de matelas dont les ventes montent alors en flèche. Joey de Palma, un employé du fabricant de matelas, s'improvise son imprésario et lui décroche un contrat à New York pour une émission de portée nationale. « Lonesome » Rhodes prend en main la campagne publicitaire de pilules Vitajex et devient le protégé d'une éminence grise de la politique, le général Haynesworth. Il fait la couverture de tous les grands magazines du pays. Quelque peu dépassé par ce qui lui arrive, il demande à Marcia de l'épouser. Elle hésite et apprendra plus tard qu'il est déjà marié. Il estime, quant à lui, avoir légalement divorcé au Mexique et épouse, à quelque temps de là, la très jeune Betty Lou Fleckum qu'il a remarquée et favorisée dans un concours de majorettes. (Elle le trompera par la suite avec Joey.) Ulcérée, Marcia exige alors la moitié de tous les gains de Rhodes puisque c'est elle qui l'a découvert. Sous l'impulsion d'Haynesworth, Rhodes entreprend d'améliorer l'« image » du sénateur d'extrême-droite Fuller, candidat à la présidence des États-Unis. Ses émissions ont pris un tour nettement démagogique et les téléspectateurs sont les dupes, éblouies et consentantes, du cynisme colossal de leur idole. Mel Miller, journaliste et écrivain de télé, ami de Marcia, rédige un pamphlet contre lui. Quand elle apprend que Rhodes sera gratifié d'un ministère de la « Moralité publique » si Fuller est élu, Marcia juge qu'il est nécessaire de stopper l'irrésistible ascension de son poulain. A l'issue d'une émission enregistrée en direct, elle laisse le son branché à l'antenne et les téléspectateurs entendent avec effarement les propos cyniques et méprisants que Rhodes tient sur son public. Le temps qu'il redescende en ascenseur les quarante-deux étages du building de la chaîne, sa carrière est définitivement enterrée. Revenu dans ses appartements, il menace Marcia de se suicider en sautant par la fenêtre, mais cela la laisse de marbre...

☞ Un sacré film ! Trente ans après sa réalisation, tout ce que dit Kazan sur la publicité, le show-business politique, le rôle et la puissance des médias reste d'une actualité et d'une vérité stupéfiantes. L'énergie, la fougue, la virulence de son propos et du jeu des acteurs n'ont pas subi le moindre dépérissement. Certes le film est loin d'être sans défauts. Les premières scènes sont les meilleures (découverte du « hobo » dans sa prison, impact de cet individualiste jovial sur un public provincial qui n'en avait jamais tant entendu), mais il faut ensuite regretter que l'évolution qui transforme ce marginal insolent en propagandiste effréné et vénal soit un peu trop rapide et artificielle. Il y a constamment dans le film un tiraillement entre la volonté de démonstration de Budd Schulberg et l'intérêt primordial que Kazan accorde au relief humain des personnages, lequel est souvent au-delà de la morale et de toute démonstration. Il y a quelque chose de picaresque, de millerien dans le personnage de « Lonesome » Rhodes et les deux journalistes libéraux (Marcia Jeffries et Mel Miller) paraissent le plus souvent mesquins par rapport à ce torrent de vitalité et d'énergie. Schulberg voudrait guider, canaliser la réflexion du spectateur. Kazan préfère la voir errer, vagabonder et puis soudain jaillir à partir d'un choc d'images où se reflète d'un coup tout le désordre significatif de la vie sociale américaine. Extraordinaire prestation d'Andy Griffith, plus connu comme chanteur et qui ne fera plus rien d'important au cinéma. Comme la plupart des films en avance sur leur temps, *Un homme dans la foule* connut un échec à sa sortie.

BIBLIO. : scénario et dialogues en volume chez Random House, New York, 1957 (avec une préface de Kazan, traduite dans le nº 69 des « Cahiers du cinéma »). Également *in* « L'Avant-Scène » nº 40 (1964).

## UN HOMME DE FER
## (Twelve O'Clock High)

1949 – USA (132') • *Prod.* Fox (Darryl F. Zanuck) • *Réal.* HENRY KING • *Sc.* Sy Bartlett et Beirne Lay, Jr. d'ap. leur R. • *Phot.* Leon Shamroy • *Mus.* Alfred Newman • *Int.* Gregory Peck (général Frank Savage), Hugh Marlowe (lieutenant-colonel Ben Gately), Gary Merrill (colonel Keith Davenport), Dean Jagger (major Harvey Stovall), Millard Mitchell (général Pritchard), Robert Arthur (sergent McIllhenny), Paul Stewart (capitaine « Doc » Kaiser), John Kellog (major Cobb), Robert Patten (lieutenant Bishop),

Lee MacGregor (lieutenant Zimmerman), Sam Edwards (Birdwell), Richard Anderson (lieutenant McKessen), Lawrence Dobkin (capitaine Twombley), Kenneth Tobey (sentinelle).

En 1942, à Archbury en Grande-Bretagne, les aviateurs américains tentent de prouver que le bombardement précis de jour peut être une arme décisive dans la guerre contre l'Allemagne. Mais le « groupe » 918 a subi de grosses pertes en hommes et en matériel ; son moral est au plus bas et le chef de l'état-major, le général Pritchard, estime qu'il y a un risque très grave pour les autres groupes de subir la contagion de cette démoralisation. Le général Frank Savage pense que son ami le colonel Keith Davenport, qui commande le 918, est victime d'une suridentification avec ses hommes, laquelle nuit aux bons résultats du groupe. Pritchard nomme Savage à la place de Davenport. Cette nouvelle affectation est loin de réjouir les aviateurs du 918. Savage annule toutes les permissions, rétablit avec une extrême fermeté la discipline, reprend l'entraînement à zéro. S'adressant aux hommes, il leur dit : « Considérez-vous comme déjà morts et cela ira beaucoup mieux ». Il met aux arrêts le lieutenant-colonel Gately qu'il juge indigne de sa tâche puis lui confie les moins bons éléments du groupe en l'obligeant à peindre sur son avion l'inscription « Colonie des lépreux ». Tous les hommes du 918 demandent en bloc leur transfert. Savage obtient la collaboration de l'officier administratif, le major Harvey Stovall, et le persuade de faire traîner les papiers pendant une dizaine de jours, le temps que sa reprise en main donne quelques résultats. Effectivement, les pertes diminuent et, lors d'une mission, le 918 remporte un grand succès. Savage demande à Pritchard une citation pour le groupe et convainc l'un de ses plus jeunes et plus brillants aviateurs, Bishop, que ses camarades et lui ne sont en aucune façon des cobayes. Les demandes de transfert sont retirées. Loin de s'attendrir sur ce changement d'attitude de la part de ses hommes, Savage y voit un encouragement à continuer dans la voie qu'il s'est tracée. Il annonce au groupe que le prochain objectif à détruire sera situé, pour la première fois, en territoire allemand. L'enthousiasme est si grand que même les « rampants » (le chauffeur de Savage, l'aumônier, le vieux major Stovall) participent clandestinement à l'attaque. C'est un autre succès et Savage, par exception, se refuse à sévir contre les « fraudeurs ». Encouragé par cette victoire, Pritchard ordonne la destruction d'une importante usine de roulements à billes en plein cœur de l'Allemagne. Savage qui participe à des vols de plus en plus nombreux ressemble maintenant, aux yeux de Pritchard, à son prédécesseur Davenport. Le deuxième jour où ont lieu les raids contre l'usine, il est incapable de se hisser dans l'avion, ne reconnaît plus ses hommes et tombe dans un état de prostration. Il n'en sortira que lors du retour des avions du 918. Quoique momentanée, cette crise aiguë signifie pour lui qu'il a franchi la frontière de cet « effort maximum » qu'il réclamait constamment à ses hommes. En 1949, le major Stovall redevenu civil revient seul à Archbury pour méditer sur ces heures intenses vécues durant la guerre.

☞ L'œuvre de King est comme un immense continent à demi inconnu à l'intérieur du cinéma hollywoodien. King lui-même est sans doute le plus moderne des cinéastes de sa génération (DeMille, Dwan, Ford, Walsh, etc.). Historien des mentalités quand il traite de l'Amérique profonde (*Tol'able David, State Fair, Jesse James**, etc.), il s'intéresse aux êtres représentatifs, anonymes ou célèbres, humbles ou exceptionnels, moins pour dégager le particularisme de leur personnalité et de leur caractère que pour observer, dans leur comportement, ce qu'ils ont à révéler de l'homme en général quand il est confronté à des expériences extrêmes, au niveau affectif, mental ou spirituel. De ce type d'expériences, King s'est fait le peintre privilégié et occupe, à cause de cela, une place unique dans le cinéma américain. La notion de *limite* (dans l'effort, l'endurance, le stress, la responsabilité) est au cœur de *Twelve O'Clock*

*High* et y est appréhendée avec une rigueur qui force l'admiration. De prime abord, le film propose une réflexion sur la notion de commandement et oppose deux conceptions antagonistes du chef : celle où le chef se veut le soutien, le camarade de ses hommes, avec le sentimentalisme, le paternalisme caché et le risque de déséquilibre que cela comporte, et celle où le chef se définit comme guide, comme incitateur, comme autorité froide poussant l'homme à se dépasser et à tirer le meilleur de lui-même. Dans la première conception, les subalternes sont considérés comme des enfants ou, à tout le moins, comme des êtres fragiles qu'il faut protéger, dans la seconde comme des adultes, des êtres autonomes dont on ne recherche pas la complicité ou l'assentiment mais l'obéissance et le respect. Bientôt, dans l'intrigue, les deux conceptions se rejoignent et se superposent par les conséquences qu'elles entraînent sur le comportement du chef lui-même. Savage (G. Peck), qui repousse la première conception, finit par s'assimiler, par s'identifier à ses hommes comme le faisait son prédécesseur, mais sans l'amitié, la chaleur affective que celui-ci recevait d'eux. Il franchit en ce qui le concerne, et sans même s'en apercevoir, la limite à ne pas dépasser qu'il avait peu à peu définie et respectée pour ses hommes. Il fait alors l'expérience d'une zone où un air comme raréfié, la solitude et une concentration extrême de l'énergie amènent une rupture (sinon une pulvérisation) de la personnalité. Située dans un contexte qu'il connaît particulièrement bien, étant lui-même aviateur et s'étant de surcroît appuyé sur le portrait véridique du général Frank K. Armstrong (responsable des premiers bombardements de jour en Allemagne) tel qu'il était dessiné dans le roman de ses deux scénaristes, cette expérience du franchissement des limites est relatée par King dans un impeccable style classique, où la densité, l'intensité sont toujours, elles aussi, à la limite de la rupture. (Il est intéressant de comparer sur un sujet voisin le traitement classique de King et le traitement baroque de Fuller dans *Merrill's Marauders**.) *Twelve O'Clock High* est le premier et le meilleur des six films que King et Gregory Peck ont tournés ensemble. L'entente était parfaite et féconde entre ces deux hommes qui se comprenaient à demi mot. Elle renouvelait après guerre la collaboration qui avait été celle de King avec Tyrone Power à partir de 1936. Gregory Peck incarna pour King l'acteur idéal. Sur le jeu et les méthodes de cet acteur idéal, les idées de King sont parfaitement claires. Il les a exprimées avec une grande netteté dans l'entretien passionnant qu'il a accordé à Pierre Guinle (*in* « Écran 78 » n^os^ 70 et 71) : « Mon souhait a toujours été le suivant : qu'on me donne un acteur totalement détaché de son rôle, ayant envers ce rôle une attitude froide et objective. Vous pouvez être sûr que c'est cet acteur-là qui fournira le meilleur travail. La soi-disant nécessité pour l'acteur de s'enfermer à l'intérieur de son rôle est une idée d'amateur. Un acteur inexpérimenté peut très bien jouer son rôle en le ressentant de la manière la plus intense qui soit : il peut même devenir, pendant le temps où il joue ce rôle, le personnage qu'il interprète, il peut verser de vraies larmes et éprouver en lui-même chaque émotion du personnage, cela ne l'empêchera pas de fournir une interprétation misérable qui fera rigoler le public. A l'opposé, j'ai toujours remarqué qu'un véritable acteur professionnel donnera une interprétation beaucoup plus émouvante dans un détachement et un sang-froid total. La marque du professionalisme est justement la capacité de dire un texte ou de donner une scène sans être ému le moins du monde par ce texte ou cette scène. »

## UN HOMME EST PASSÉ
## (Bad Day at Black Rock)

1955 – USA (81') • *Prod.* MGM (Dore Schary) • *Réal.* JOHN STURGES • *Sc.* Millard Kaufman d'ap. une histoire de Howard Breslin • *Phot.* William C. Mellor (Cinémascope, Eastmancolor) • *Mus.* André Previn • *Int.* Spencer Tracy (John J. Macreedy), Robert Ryan (Reno Smith), Anne Francis (Liz Wirth), Dean Jagger

(Tim Horn), Walter Brennan (Doc Velie), John Ericson (Pete Wirth), Ernest Borgnine (Coley Trimble), Lee Marvin (Hector David).

⊖ 1945. Deux mois après la fin de la guerre, John Macreedy, un vieil homme manchot d'une soixantaine d'années, débarque par le train dans une minuscule bourgade de l'Ouest, Black Rock : quelques baraques en planches le long de la route. Il ne compte y séjourner que vingt-quatre heures. La surprise des habitants (le rapide ne s'est pas arrêté ici depuis quatre ans) n'a d'égal que le sentiment de panique qui s'empare de certains d'entre eux et que l'agressivité évidente que manifestent les autres. Personne ne sait ce que vient faire l'étranger, mais ce qui est sûr, c'est qu'il n'est pas le bienvenu. Il obtient avec peine une chambre à l'hôtel, loue une voiture et, malgré les manœuvres d'intimidation dont il est l'objet, se rend à la Rivière Morte, lieu où habitait un certain Japonais, Komoko, qu'il recherche. Il ne trouve là-bas qu'un puits abandonné et une tombe dont rien ne signale la présence si ce n'est les quelques fleurs sauvages poussant habituellement sur les sépultures. Cette découverte déplaît particulièrement à Reno Smith, un rancher, et à ses hommes de main, Trimble et David. Macreedy est persuadé de leur responsabilité dans la disparition du Japonais. Se sentant menacé, il télégraphie un appel à l'aide à la police (mais son message ne sera pas envoyé). Il craint, à mesure que les heures passent, de ne pouvoir quitter vivant Black Rock, et cela d'autant plus qu'il n'a plus de voiture à sa disposition. Il s'est fait pourtant deux alliés : le shérif, honteux de sa lâcheté et de son impuissance durant ces quatre dernières années, et le docteur qui voit dans l'arrivée de Macreedy une occasion offerte à la ville de se racheter. Macreedy leur dit enfin la raison de sa venue. Il n'est investi d'aucune mission officielle. Il voulait simplement remettre au Japonais une médaille obtenue à titre posthume par son fils qui l'avait sauvé, lui Macreedy, pendant la dernière guerre. L'hôtelier apprend alors à Mac reedy ce qui s'est réellement passé : peu après Pearl Harbor, Reno Smith, n'ayant pu s'engager, avait à la suite d'une beuverie collective incendié la maison du Japonais puis abattu son occupant, au vu et au su de tous les habitants qui, depuis, ont gardé le silence. Liz, la sœur de l'hôtelier, emmène Macreedy dans sa voiture. Mais Reno Smith, armé d'un fusil, les attend sur la route. La voiture manquant d'eau doit s'arrêter. Reno tue la jeune fille car il ne veut pas de témoin. Macreedy, s'abritant derrière son véhicule, parvient à confectionner un cocktail Molotov qu'il lance sur son adversaire qui périra brûlé. Le train s'arrête une deuxième fois à Black Rock pour emmener Macreedy. A la demande du docteur, il fait don à la ville de la médaille du Japonais, symbole de sa conscience et de sa dignité retrouvées.

☞ Située dans un cadre de western moderne, cette fable libérale, anti-raciste et anti-maccarthyste emprunte à *High Noon**, *Le train sifflera trois fois*, 1952, ses deux lignes de force : dramatisation de l'attente, dénonciation d'une irresponsabilité et d'une lâcheté collectives. (Ce thème était dans l'air et figure dans plusieurs westerns de l'époque cf. *At Gunpoint* d'Alfred Werker, 1955.) Mais l'efficacité du style de John Sturges, caractérisé ici exceptionnellement par son classicisme et une véritable rigueur tragique, permet au film de l'emporter aisément sur son trop célèbre modèle. Outre un suspense habile et savant (on ignorera presque jusqu'à la fin le statut exact du personnage de Tracy), l'utilisation remarquable du Cinémascope et des extérieurs désertiques établit une métamorphose très forte, très concrète – qui pénètre l'inconscient du spectateur plus encore que son intelligence – entre l'aridité des lieux et le dessèchement moral des personnages, chez qui la mauvaise conscience, la lâcheté, la peur et la passivité sont devenues une seconde nature. Interprétation sobre et pleine de relief de tous les acteurs animant cette dense et forte parabole.

**UN JOUR A NEW YORK**
**(On the Town)**

1950 – USA (98') • *Prod.* MGM (Arthur Freed) • *Réal.* STANLEY DONEN et GENE KELLY • *Sc.* Betty Comden et Adolph Green d'ap. leur comédie musicale elle-même inspirée du ballet « Fancy Free » de Jerome Robbins • *Phot.* Harold Rosson (Technicolor) • *Mus.* Leonard Bernstein, Roger Edens • *Lyrics* Betty Comden et Adolph Green • *Chor.* Gene Kelly • *Int.* Gene Kelly (Gabey), Frank Sinatra (Chip), Betty Garrett (Brunhilde Esterhazy), Ann Miller (Claire Huddesen), Jules Munshin (Ozzie), Vera-Ellen (Ivy Smith), Florence Bates (Madame Dilyovska), Alice Pearce (Lucy Shmeeler), George Meader (le professeur), Hans Conried (François), Eugene Borden (serveur), Robert B. Williams (policier).

Les vingt-quatre heures de permission de trois jeunes marins, Gabey, Chip et Ozzie, à New York. Durant ce bref laps de temps, ils veulent découvrir la ville et même – sait-on jamais ? – une compagne. Dans le métro, Gabey, natif de Meadowville, Indiana, voit sur une affiche la photo de « Miss Turnstiles for June » et tombe immédiatement amoureux d'elle. Il imagine qu'il s'agit d'une célébrité connue de toute la ville, alors que c'est une jeune fille comme les autres, sélectionnée pour incarner la jeune Américaine type dans un concours qui se renouvelle tous les mois. Le hasard veut que, sur le quai d'une station, Gabey fasse quelques photos publicitaires avec elle. Puis elle disparaît. Gabey oblige ses deux compagnons à partir avec lui à sa recherche. En chemin, Chip tape dans l'œil d'une conductrice de taxi, Brunhilde Esterhazy, qui ne le quittera plus d'une semelle, et Ozzie séduit une ravissante archéologue, Claire Huddesen, rencontrée au Musée d'Histoire naturelle. Il la passionne car elle voit en lui une réplique exacte de l'homme préhistorique *pithecanthropus erectus.* En quittant le musée, Ozzie retire un os du squelette géant d'un diplodocus qui s'écroule aussitôt. A cause de cette bévue, les trois marins et leurs amies auront la police à leurs trousses durant toute la journée. Les trois amis se séparent sous prétexte de chercher Miss Turnstiles dans des directions différentes. Gabey la retrouve enfin au Symphonic Hall où elle prend des cours de danse sous la direction de Madame Dilyovska. Il lui arrache un rendez-vous pour le soir même au sommet de l'Empire State Building. Là, les trois couples se retrouvent et font ensuite la tournée des night-clubs. Bonnes âmes, Claire et Brunhilde arrosent les maîtres d'hôtel pour qu'ils traitent Miss Turnstiles, Ivy Smith dans le civil, en VIP et préservent ainsi les illusions de Gabey à son sujet. Mais à vingt-trois heures trente précises Ivy disparaît comme Cendrillon. Elle doit aller travailler dans une baraque de foire à Coney Island pour payer ses leçons de danse, alors que Gabey s'imagine qu'elle est richissime et ne fréquente que la haute société. Un moment, Gabey sert de cavalier à la *room-mate* de Brunhilde, une petite bonne femme sympathique et enrhumée, et laide comme un pou. Il la raccompagne chez elle avant de repartir en quête d'Ivy. Il apprend de Madame Dilyovska qu'elle travaille à Coney Island. Les cinq amis s'y rendent dans le taxi de Brunhilde qui sème habilement les flics. Gabey découvre les activités – plutôt modestes – de Miss Turnstiles comme danseuse et apprend aussi qu'elle est sa payse. Cela ne fait qu'augmenter sa passion pour elle. Les policiers sévissent à nouveau. Les trois marins se déguisent en danseuses orientales pour leur échapper mais sont finalement arrêtés. Brunhilde et Claire attendrissent la maréchaussée en faisant l'éloge de la Marine et des marins. Les trois amis seront libérés et au matin Ivy, Claire et Brunhilde viennent leur dire au revoir sur le port avant qu'ils reprennent la mer.

☞ Premier film comme réalisateur de Stanley Donen et de Gene Kelly. Parallèlement à la révolution néo-réaliste en Europe, *On the Town* offre l'exemple d'une révolution beaucoup plus modeste mais tout aussi efficace dans le domaine qui est le sien, celui de la comédie musicale. Sous la houlette du producteur Arthur Freed, prêt à toutes les innovations, Comden et Green récrivent un de leurs succès de Broadway (« On the Town » tiré du ballet

« Fancy Free » de Leonard Bernstein pour la musique et Jerome Robbins pour la chorégraphie) que Donen et Kelly vont sortir de leur cadre théâtral pour l'installer en plein New York. On n'avait jamais filmé jusque-là autant de plans et de séquences musicales dans des extérieurs urbains aussi vastes et aussi populeux. Et même si les deux auteurs n'ont pas réussi à tourner, comme ils l'auraient voulu, *tout* le film au milieu de la ville, les séquences en extérieur sont suffisamment réussies pour donner à l'œuvre une place unique dans l'histoire du cinéma. Outre cette révolution structurelle, c'est un dynamisme, une juvénilité, un humour nouveaux qui entrent en force dans le genre. Donen a le génie de la caricature et les traits humoristiques, légers ou soulignés, sont innombrables dans le film, servant tantôt à cerner le détail d'un personnage ou d'une atmosphère, tantôt à enrichir une péripétie ou à donner à la chorégraphie un relief plus percutant. Ainsi l'écueil principal du genre, la mièvrerie, est-il admirablement évité. Deux des six numéros ajoutés au *musical* original (« Prehistoric Man », situé dans le musée d'Histoire naturelle, et « Count on Me », parodie de western dans laquelle Sinatra, Jules Munshin, Betty Garrett, Ann Miller et Alice Pearce, l'admirable Alice Pearce, essaient de remonter le moral à Gene Kelly), surprennent aujourd'hui par leur jeunesse prodigieuse qui a survécu à toutes les modes. Le film a aussi l'allure – très originale – d'un carnet de croquis et d'esquisses chorégraphiques présentés sur des fonds de décors assez simples qui mettent en valeur les mouvements et les attitudes : tous les types de figures de un à six danseurs sont utilisés, à l'exclusion des grands ensembles avec bataillons de girls et figuration importante dont Busby Berkeley avait gavé le public. La nouveauté de *On the Town* s'inscrit d'ailleurs dans le droit fil d'une évolution naturelle puisqu'une grande partie de son équipe (Donen, Kelly, Comden, Green, Sinatra, Jules Munshin, Betty Garrett) avaient déjà travaillé ensemble dans *Take Me Out to the Ball Game* (*Match d'amour,* 1949) de Busby Berkeley, dont Donen et Kelly avaient écrit l'histoire et préparé les numéros musicaux. Quant à Kelly et à Sinatra, on les avait déjà vu jouer ensemble des rôles de marins dans le plaisant *Anchors Aweigh* (*Escale à Hollywood,* 1943) de George Sidney. Tout en étant très conscient de la valeur du film, Donen (âgé seulement de vingt-cinq ans en 1949) a commenté avec une certaine modestie son apport et celui de Kelly à l'évolution de la comédie musicale. « Nous ne nous sommes pas rendu compte que nous innovions. Nous ne nous sommes jamais dit : "Maintenant nous allons faire quelque chose que personne n'a jamais fait." Nous pensions simplement que c'était *comme cela* qu'il fallait traiter, qu'il fallait concevoir la comédie musicale. C'était comme cela que nous la sentions. On avait montré avant nous des gens en train de chanter dans la rue. Lubitsch l'avait fait et Mamoulian aussi. Nous avons seulement un peu approfondi cette idée, afin de donner une chance égale à l'histoire, à la musique, à la caméra, au rire, sans mettre en valeur l'un de ces éléments au détriment des autres. La comédie musicale était pour nous une question de dosage. Auparavant, elle était toujours l'esclave de l'un de ces éléments » (interview par Daniel Palas et Bertrand Tavernier *in* « Cahiers du cinéma » n° 143, 1963). Il faut enfin noter que cette bouffée d'air frais, cet emploi magistral des extérieurs n'allaient pas du tout dans le sens du réalisme. C'est que, comme le fit remarquer Donen beaucoup plus tard, la comédie musicale avait *commencé* par le réalisme, présentant dans la plupart de ses intrigues des chanteurs et des danseuses en train de répéter, de bâtir un spectacle. Faire chanter et danser des personnages dans le métro, dans les rues, près des monuments célèbres, etc., c'était au contraire anti-réaliste au possible. Mais quelle fête et quel bain de jouvence !

N.B. Dans le ballet onirique « A Day in New York », les danseurs Alex Romero et Lee Sheddon remplacent Sinatra et Jules Munshin auprès de Kelly. Aux côtés de Vera-Ellen dansent Maria Groscup et Carol Haney, assistante-chorégraphe de Kelly, à qui Donen donna un rôle de premier plan, extrêmement comique, dans *The Pajama Game* *.

## UN JOUR, UN CHAT
**(Az prijde kocour)**

1963 – Tchécoslovaquie (90') • *Prod.* Ceskoslovensky-Film • *Réal.* VOJTECH JASNY • *Sc.* V. Jasny et Jiri Brdecka • *Phot.* Jaroslav Kucera (Agfacolor, Cinémascope) • *Mus.* Svatopluk Havelka • *Int.* Jan Werich, Vlatismil Brodsky, Jiri Sovak, Emilia Vasaryova.

Dans une petite ville, un vagabond excentrique raconte, avec l'approbation de l'instituteur, des histoires aux enfants de l'école afin d'éveiller leur fantaisie personnelle. Arrive une troupe de comédiens et de magiciens ayant à sa tête un sosie du conteur. Après la représentation, un chat savant appartenant à la troupe s'échappe et disparaît. Il possède d'étranges pouvoirs et tous ceux qu'il regarde se trouvent aussitôt coloriés d'une teinte dominante – peau et vêtements réagissant à l'unisson – qui révèle leur vraie nature et transforme leur comportement. Toute la ville est en émoi et part à sa recherche. Le directeur de l'école, connu pour sa passion des animaux empaillés qu'il préfère de beaucoup aux animaux vivants, s'en est constitué une petite collection dont il n'est pas peu fier. Le concierge, esclave docile du directeur, est le responsable des « naturalisations ». Il a retrouvé l'animal et sans doute va-t-il procéder sur lui à son sinistre travail. C'est du moins ce que souhaite le directeur. Mais les élèves se révoltent et quittent en secret la ville. Ils obtiendront gain de cause. Le directeur renonce à son projet et les comédiens repartent, emportant avec eux le précieux animal.

☞ Le film est placé sous l'invocation du chat, animal mystérieux, imprévisible, indépendant, impossible à domestiquer tout à fait. Plus onirique que celle de Forman, moins iconoclaste que celle de Vera Chytilova, la verve de Jasny participe au renouveau du cinéma tchèque du début des années 60. Dans ses recherches formelles, la fantaisie de ce conte pour enfants et pour adultes est souvent laborieuse. Dans certains de ses développements narratifs, elle reste souvent empreinte de gratuité. Émanant d'un cinéaste « libre », on l'aurait sans doute jugée insignifiante. Venant de l'Est, son côté frondeur, si bénin soit-il, prit valeur de manifeste politique.

## UN SEUL AMOUR
**(Jeanne Eagels)**

1957 – USA (109') • *Prod.* COL. (George Sidney) • *Réal.* GEORGE SIDNEY • *Sc.* Daniel Fuchs, Sonya Levien, John Fante d'ap. une histoire de D. Fuchs • *Phot.* Robert Plank • *Mus.* George Duning • *Int.* Kim Novak (Jeanne Eagels), Jeff Chandler (Sal Satori), Agnes Moorehead (Mme Neilson), Charles Drake (John Donahue), Larry Gates (Al Brooks), Virginia Grey (Elsie Desmond), Gene Lockhart (le président de l'Equity Board), Joe de Santis (Frank Satori), Murray Hamilton (Chick O'Hara).

Participant dans un parc d'attractions à un concours de beauté truqué, Jeanne Eagels, une serveuse de Kansas City, croit remporter la victoire. Elle se trompe lourdement car, si elle est la plus belle, elle n'est pas la mieux pistonnée. Elle se plaint à l'organisateur, Sal Satori, qui l'invite à travailler avec lui. De ville en ville, elle connaîtra tous les emplois que sa beauté peut lui apporter dans l'univers forain de son nouvel amant et partenaire : danseuse hawaïenne, cible pour lanceur de couteaux, plongeuse dans un stand de tir, strip-teaseuse à la mode « orientale » (ce qui la conduit à faire un séjour en prison pour outrage aux bonnes mœurs). Elle confie à Satori, dont elle est tombée réellement amoureuse, que son rêve est de devenir actrice. Elle voudrait tenir le rôle principal de « Becky Sharp » et lui demande de pirater pour elle cette pièce à succès. Satori refuse. A New York, Jeanne réussit à se faire admettre comme élève d'un célèbre professeur de diction, Mme Neilson. La chance lui sourit quand, doublure d'une vedette, elle a l'occasion de remplacer celle-ci et remporte un triomphe. Mme Neilson croit d'ailleurs dur comme fer à son talent. Les disputes avec Satori sont fréquentes, mais les deux amants terribles ne peuvent se passer l'un de l'autre. Toutefois, Jeanne refuse de se marier. Lors d'une party donnée par un mécène, Jeanne rencontre un footballeur de Princetown. Elle l'épousera et ils vivront ensemble pendant cinq ans. Elsie Desmond, une actrice au talent détruit par l'alcool et dont aucun directeur ne veut plus entendre parler, lui confie le manuscrit de « Rain », une pièce adaptée d'une nouvelle de Somerset Maugham et la supplie de dire un mot pour elle à un producteur de théâtre. Jeanne Eagels, trouvant que le rôle lui convient parfaitement, vole tout simplement la pièce et la joue avec succès deux années durant à New York. La veille de la première, Elsie, surgissant dans la coulisse, assure à Jeanne que la pièce ne lui portera pas chance. Sa conduite lui vaudra aussi des insultes de la part de Satori. Mme Neilson lui conseille d'aller s'expliquer avec Elsie. Quand elle arrive chez elle, Elsie vient de se jeter par la fenêtre. C'est pendant les tournées de « Rain » que Jeanne commence, elle aussi, à boire. Plusieurs représentations doivent être annulées. La presse lui donne le surnom de Gin Eagels. Elle décide d'aller à Hollywood. Elle tournera notamment pour la Paramount sous la direction de Borzage. (N.B. *Jeanne Eagels n'a jamais été dirigée par Borzage.*) Elle passe la nuit du nouvel an 1928 à se saouler avec son mari. Peu après, ils divorceront, restant bons amis. Quelques instants avant la première de « Careless Lady », elle revoit Satori. Il a réussi et possède de gros intérêts dans divers parcs d'attractions. Mais il semble maintenant indifférent à Jeanne. Elle en est désespérée. La drogue depuis quelque temps s'est ajoutée à l'alcool dans les désordres de Jeanne. Avant de se montrer au public, le soir de cette première, son « docteur » personnel la pique. Soudain, en scène, elle ne peut plus parler et s'écroule. Le syndicat des acteurs dont elle n'avait jamais voulu faire partie la condamne à dix-huit mois d'interdiction de scène. Réconciliée avec Satori, elle jouera des extraits de ses pièces dans son théâtre de foire. Elle se drogue toujours et meurt, n'ayant pas reparu dans un vrai théâtre. Satori, qui n'aima jamais aucune autre femme, va la voir au cinéma quand sort son dernier film.

☞ Ne pas chercher ici une évocation documentaire rigoureuse de la biographie de Jeanne Eagels. Sa carrière prématurément interrompue a fourni à George Sidney l'occasion de signer – et de fignoler – un mélodrame romantique et cruel dont les qualités principales tiennent à la personnalité de la vedette et à certaines recherches formelles du metteur en scène. Jeanne Eagels, à l'évidence, a moins intéressé Sidney que Kim Novak elle-même. (C'est ici le deuxième des trois films que Sidney a tournés coup sur coup avec elle, entre *The Eddie Duchin Story* et *Pal Joey*, et c'est, en ce qui la concerne, le plus intéressant.) Sidney a donné à son actrice une présence intense et insolite, fondée sur des caractéristiques contradictoires et dont on ne sait plus très bien si elles appartiennent au modèle ou à l'interprète : charme et blondeur presque irréels mais mêlés de vulgarité et de trivialité ; entêtement, orgueil farouche, mais manque total de confiance en soi (elle croit qu'elle a été mauvaise quand elle a le mieux joué) ; ambition sans limite et tendances autodestructrices. A tous les stades de l'histoire, c'est l'insécurité psychologique et professionnelle du comédien qui est le vrai sujet du film. Pour être le lot de tant et tant d'acteurs, ce sentiment s'est acquis une portée universelle. Sidney en a traduit les paroxysmes dans des scènes où dominent les gros plans et où le noir et le blanc – magnifique – prend des accents quasi fantastiques. En leitmotiv, le thème de l'amour raté et magnifique de Jeanne et de Satori réapparaît au cours de séquences filmées dans des décors de foire et de Luna Park, tantôt bondés, tantôt déserts. Les qualités stylistiques de Sidney parviennent le plus souvent à transcender l'aspect « photo-roman » de l'intrigue.

## UN SI DOUX VISAGE
**(Angel Face)**

1953 – USA (91') • *Prod.* RKO (Howard Hughes) • *Réal.* OTTO PREMINGER • *Sc.* Frank Nugent et Oscar Millard d'ap. une histoire de Chester Erskine • *Phot.* Harry Stradling • *Mus.* Dimitri Tiomkin • *Int.* Robert Mitchum (Frank Jessup), Jean Simmons (Diana Tremayne), Mona Freeman (Mary Wilton), Herbert Marshall (Charles Tremayne), Leon Ames (Fred Barrett), Barbara O'Neil (Mrs. Tremayne), Kenneth Tobey (Bill Compton), Raymond Greenleaf (Arthur Vance), Griff Barnett (le juge), Robert Gist (Miller), Jim Backus (Judson).

Une ambulance traverse la nuit et progresse vers une luxueuse villa californienne dont la propriétaire, la riche Mrs. Tremayne, a été victime d'un empoisonnement au gaz. Mariée à un écrivain qui l'a épousée en secondes noces, elle clame qu'il s'agit d'une tentative d'assassinat. La police concluera à un accident. En partant, l'un des deux ambulanciers, Frank Jessup, remarque Diana, la fille que Mr. Tremayne a eue d'un premier lit. Elle joue du piano. Elle a bientôt une crise de nerfs et Frank tente de la calmer. L'ayant suivi, elle le rejoint dans un café. Ils dîneront ensemble et iront danser. Durant toute la soirée, Diana presse Frank de questions et apprend qu'il rêve de monter un garage spécialisé pour voitures de sport. Le lendemain, Diana prend contact avec Mary, une infirmière fiancée à Frank, et lui propose de lui remettre secrètement une certaine somme pour concrétiser le projet de Frank. Mary refuse car elle voit clair dans l'initiative de Diana : celle-ci a voulu semer le trouble dans son esprit en l'amenant à découvrir que Frank, la veille, lui avait menti. Diana réussit à faire engager Frank comme chauffeur chez ses parents. Cela facilite leur liaison. Diana parle du projet de Frank à sa belle-mère qui songe un moment à s'associer avec lui, mais cette intention n'aura pas de suite. Sans cesse, Diana dit du mal de sa belle-mère qui serait jalouse de sa complicité avec son père. Ce dernier est incapable d'écrire depuis son remariage. Une nuit, Diana rejoint Frank dans sa chambre et lui assure que sa belle-mère a tenté de l'empoisonner au gaz. Frank ne croit pas un mot de son histoire et laisse entendre que c'est plutôt Mrs. Tremayne qui aurait à se plaindre d'une pareille tentative de la part de Diana. A la suite de cette conversation, il tente de renouer avec Mary. Il est décidé à quitter son emploi chez les Tremayne et explique à Diana qu'ils vivent l'un et l'autre dans deux univers différents. Elle parviendra néanmoins à le faire changer d'avis. Un jour que Diana a éloigné Frank en le chargeant d'une course, sa belle-mère est obligée de conduire elle-même sa voiture pour se rendre à un tournoi de bridge. Son mari lui demande de le conduire en ville et monte dans le véhicule. Mrs. Tremayne démarre : le véhicule fait une marche arrière précipitée et tombe dans un précipice. Frank est interrogé par la police, car on a retrouvé la valise de Diana dans sa chambre. Un ténor du barreau, Fred Barrett, se rend à l'infirmerie de la prison pour parler à Diana, en état de choc depuis l'accident. Elle s'accuse du meurtre et tient à innocenter Frank, de qui elle tenait ses renseignements sur la façon de trafiquer une voiture. L'avocat lui fait comprendre que, si elle maintient ses aveux, elle ne sera pas crue et que, de plus, elle perdra Frank. L'avocat tient à ce que la défense des deux accusés soit conjointe. Il les invite même, pour faire bonne impression devant le jury, à se marier au plus vite. La cérémonie a lieu dans l'infirmerie. Au procès, un expert assurera que le véhicule a été saboté, mais Barrett obtiendra l'acquittement des deux accusés. Tout de suite après le verdict, Frank fait part à Diana de son intention de divorcer. Il se rend auprès de Mary qui le repousse. Diana donne congé aux domestiques et erre longuement dans la grande demeure vide. Elle se rend au bureau de Barrett et veut dicter une déposition où elle se reconnaît seule coupable de la mort de ses parents. L'avocat lui démontre qu'une telle déclaration n'a aucune valeur légale et aura seulement pour effet de la faire enfermer dans un asile. Elle rentre chez elle. Frank est venu lui rapporter sa voiture. Il part pour le Mexique. Diana s'offre à le conduire en voiture jusqu'à l'arrêt du bus. Une fois que Frank a pris place dans le véhicule, Diana fait machine arrière et précipite la voiture dans le vide. Quelques instants plus tard, le taxi appelé par Frank arrive et corne inutilement devant la villa...

☞ « Prêté » à Howard Hughes et à la RKO par Zanuck qui l'avait sous contrat, Preminger fut contraint d'accepter la commande de ce film. En conflit avec Jean Simmons, Hughes tenait absolument à lui faire tourner encore un film avant la fin – toute proche – de son contrat à la RKO. Il avait besoin pour cela d'une poigne de fer et voyait en Preminger (qui était par ailleurs son ami) l'homme de la situation. Il lui offrit une liberté totale. Preminger n'aimait pas l'histoire écrite par Chester Erskine et confia le scénario à deux auteurs, Frank Nugent et Oscar Millard, ce dernier lui ayant été conseillé par son frère, Ingo Preminger, agent littéraire. Le tournage devait commencer immédiatement ; la préparation fut donc réduite au strict minimum et les scènes à tourner étaient souvent écrites pendant la nuit qui précédait leur réalisation. Preminger, qui adore au contraire une lente maturation du scénario, une préparation minutieuse et des répétitions préalables avec les acteurs, jugea ces conditions de travail exécrables. Par un miracle assez fréquent à Hollywood, elles ne l'empêchèrent pas de réaliser un de ses films les plus personnels, à la finition parfaite, où la hâte et l'impréparation ne se sentent aucunement. Jean Simmons et son personnage figurent parmi les héroïnes les plus typiques et les plus fascinantes de l'auteur. Quintessence rénovée de l'ingénue perverse, obstinée et calculatrice, Diana Tremayne se sent à distance de tout et de tous, et en particulier de ceux qu'elle aime. Croyant pouvoir abolir par sa seule volonté cette distance, elle fabriquera une tragédie. Il est difficile de la juger car elle est à elle-même son propre jugement et son châtiment le plus terrible. Le style délié, élégant, glacial de Preminger, à la fois très proche et très détaché de son sujet, relève autant de la peinture que de la psychologie des profondeurs. La surface et le fond secret de l'œuvre ne font qu'un, sont appréhendés dans une seule visée qui a quelque chose de diamantaire. Au diamant, les films de Preminger empruntent d'ailleurs plusieurs caractéristiques : le brillant, les multiples facettes, la dureté, le mystère. Comme dans *Laura**, la caméra analyse les relations entre les personnages et sonde le gouffre qui les sépare. Un lyrisme déchirant finit par surgir de la rigueur avec laquelle cette analyse spectrale est menée. *Angel Face* est une œuvre poignante, parfaite, qui se suffit à elle-même et qu'on peut admirer hors de toute référence aux autres films du réalisateur. Pourtant, sa beauté s'intègre aussi à l'harmonie générale dont témoigne l'œuvre de Preminger pendant vingt ans (de 1944 à 1965, de *Laura** à *Bunny Lake**). Il arrive souvent en effet que l'œuvre des grands créateurs possède une harmonie secrète, presque cosmique, qui leur échappe à eux-mêmes. Ainsi pendant ces vingt années, l'œuvre de Preminger s'est développée un peu à la manière d'une longue journée qui avait commencé au crépuscule pour s'enfoncer ensuite peu à peu dans la nuit, et renaître à la lumière de l'aube avant de s'achever en plein midi avec *Exodus** et *Le cardinal**, *Bunny Lake** marquant à la fin de cette trajectoire un ultime rappel de son origine crépusculaire. Dans *Angel Face*, nous sommes au point le plus fort de la nuit, au bord du vide, ce vide même où résonne, à la dernière seconde du film, le klaxon inutile d'un taxi que personne n'attend plus.

# V

## VACANCES DE MONSIEUR HULOT (LES)

1953 – France (96') • *Prod.* Cady Films, Discina, Éclair Journal (Fred Orain) • *Réal.* JACQUES TATI • *Sc.* J. Tati, Henri Marquet, Pierre Aubert, Jacques Lagrange • *Phot.* Jacques Mercanton, Jean Mousselle • *Mus.* Alain Romans • *Int.* Jacques Tati (Monsieur Hulot), Nathalie Pascaud (Martine), Michèle Rolla (la tante), Valentine Camax (l'Anglaise), René Lacourt (le promeneur), Marguerite Gérard (la promeneuse), Louis Perrault (Monsieur Fred), André Dubois (le commandant), Suzy Willy (la commandante), Michèle Brabo (l'estivante), Lucien Frégis (l'hôtelier), Raymond Carl (le garçon), Monsieur Schmutz (l'homme d'affaires), Georges Adlin (le Sud-Américain).

Monsieur Hulot va passer quelques semaines de vacances à l'Hôtel de la Plage dans une petite station de la côte bretonne. A l'écart de la foule, du bruit des gares et des trains, il arrive seul dans sa petite teuf-teuf d'un autre âge. Il observe les touristes de l'hôtel et essaie de se mêler à eux. Il y a ce vieux couple de promeneurs (le mari marchant toujours à deux mètres derrière sa femme), cette jeune fille qui vit avec sa tante dans la villa d'en face et qu'il tentera vainement d'emmener avec lui en promenade à cheval (plus tard, il dansera avec elle, déguisé en pirate, lors d'un bal masqué), cet homme d'affaires qui ne s'éloigne jamais beaucoup du téléphone, cette vieille Anglaise qui semble la seule à apprécier la fantaisie d'Hulot et en particulier son étrange service qui lui fait gagner tous les matches de tennis. Voulant aider un estivant à rattraper le car qu'il a raté, Hulot l'emmène dans sa voiture qui se retrouve bientôt au milieu du cimetière. Hulot sort ses outils pour réparer son véhicule ; une chambre à air tombe sur le sol et se couvre de feuilles. Un croque-mort l'emporte, la prenant pour une couronne... Lors d'une excursion qui doit clore en beauté les vacances, sa voiture s'égare de nouveau. Il rentre à la nuit tombée et, dans une cabane, met le feu sans le vouloir à un stock de feux d'artifice qui explosent les uns après les autres. Le vacarme réveille tout l'hôtel. Le lendemain, jour du départ, on boude Hulot. Il se réfugie du côté des enfants. Seuls la vieille Anglaise et l'estivant timide qui marche derrière sa femme viendront lui dire au revoir. Il repart seul dans sa voiture.

☞ Le plus burlesque des films français et le plus français des films burlesques. Dans un style limpide, élégant et très élaboré, Tati enchaîne une incalculable collection de gags sur une trame qui exprime la monotonie et la langueur d'une station estivale. On a rarement vu autant d'invention livrée sur un rythme aussi calme et nonchalant. Alliance unique aussi, dans le style de Tati, entre l'acuité du réalisme social et ce qu'il faut bien appeler une indéfinissable poésie, faite d'une certaine mélancolie extérieure et d'une profonde jubilation intérieure. Au milieu d'un petit monde étriqué vivant de conventions et de routines, le personnage de Hulot apparaît comme un *étranger* poli, un modeste perturbateur et surtout un révélateur. Il est le dernier dépositaire d'un esprit d'enfance et d'une sorte de légèreté de l'être qui ne seront bientôt plus de ce monde. Tati, on le sait, manifeste aussi peu de goût pour les dialogues que le Chaplin des *Temps modernes**. Aux paroles, il préfère les bruits, ou plutôt les paroles ne sont pour lui que des bruits, et souvent les plus inutiles d'entre eux. Le premier gag du film est basé sur une dérision du texte avec ces haut-parleurs de la gare délivrant un message incompréhensible qui fait errer les voyageurs entre les voies à la recherche de leur train. Cela dit, si Hulot ne parle guère aux autres et si on ne lui parle pas, ce n'est pas en raison d'une quelconque fidélité au style ancien du burlesque. Il ne faut pas s'y tromper : *Hulot* est un film moderne, et l'incommunicabilité, chez le moins sentencieux des cinéastes, montre nettement le bout de son nez. L'emploi que fait Tati du plan général où la réalité est appréhendée avec distance et dans sa globalité est également d'un extrême modernisme. Le personnage de Hulot réapparaîtra dans *Mon oncle* (1958), première description inquiète de l'arrivée du monde moderne dans l'univers de Tati (*Jour de fête** était, lui, totalement dépourvu d'inquiétude), puis *Playtime* (1967), superbe naufrage, pour autant qu'un naufrage puisse l'être, où Tati s'engloutira corps et biens par les effets conjugués d'une ambition excessive et d'une mégalomanie contraire à sa vraie nature, enfin dans *Trafic* (1971), satire aiguë et infiniment juste de l'univers automobile. L'accueil réservé par le public au génie de Tati inspire un sentiment ambigu. D'un côté, déception et regret que Tati n'ait pu signer que six longs métrages en quarante ans de cinéma. D'un autre côté, on ne peut s'empêcher de penser qu'il arriva au bon moment, surtout en ce qui concerne *Les vacances de Monsieur Hulot*. Le grand public d'aujourd'hui, souvent si assourdi, fêterait-il comme il l'a fait en 1953 un artiste aussi discret et aussi peu flatteur ?

BIBLIO. : Geneviève Agel : « Hulot parmi nous », Éditions du Cerf, 1955. (L'auteur fait œuvre de pionnier en saluant comme un cinéaste majeur un réalisateur qui n'a signé que deux longs métrages.) Jacques Kermabon : « Les vacances de Monsieur Hulot », Éditions Yellow Now, 1988. Dans la partie « documents » de ce volume, intéressante comparaison portant sur différentes variations existant entre une première version écrite du film, le scénario original, la *novelization* de Jean-Claude Carrière publiée chez Laffont en 1958 et le film définitif. Pour rédiger son texte, Jean-Claude Carrière se serait appuyé sur un premier montage du film différent de celui que nous connaissons. A noter qu'après vision des *Dents de la mer* (*Jaws*, Steven Spielberg, 1975) Tati a rajouté un gag qui figure maintenant dans toutes les copies récentes (le canoë plié en deux de Hulot ressemble à la machoire d'un requin et fait peur aux estivants).

## VAISSEAU FANTOME (LE) (The Sea Wolf)

1941 – USA (100') • *Prod.* Warner (Jack Warner Hal, B. Wallis, Henry Blanke) • *Réal.* MICHAEL CURTIZ • *Sc.* Robert Rossen d'ap. R. de Jack London • *Phot.* Sol Polito • *Mus.* Erich Wolfgang Korngold • *Int.* Edward G. Robinson (Wolf Larsen), John Garfield (George Leach), Ida Lupino (Ruth Webster), Alexander Knox (Humphrey Van Weyden), Gene Lockhart (Dr Louie Prescott), Barry Fitzgerald (Cooky), Stanley Ridges (Johnson), Francis McDonald (Svenson), David Bruce (jeune marin), Howard Da Silva (Harrison).

San Francisco, 1900. Poursuivi par la police, George Leach accepte de s'engager dans l'équipage du bateau de pêche « The Ghost », malgré son exécrable réputation. Au large de San Francisco, un transatlantique percute un autre vaisseau : deux voyageurs, l'écrivan Humphrey Van Weyden et Ruth Webster, évadée d'un bagne de femmes, échappent miraculeusement à la catastrophe et seront recueillis par le « Ghost ». Son redoutable capitaine, Wolf Larsen, déclare aussitôt aux deux naufragés qu'ils devront rester à bord durant toute la traversée car il n'a nulle intention de perdre du temps en retournant à Frisco. Quant à contacter un autre navire, il n'en est pas question.

Van Weyden va trouver ample matière à réflexion (et à écriture) dans la personnalité tyrannique et contradictoire de Larsen dont l'ego monstrueux se nourrit des humiliations constantes qu'il inflige à ses hommes, prisonniers de son univers paranoïaque et impitoyable. Beaucoup d'entre eux ne manquent pas de pittoresque : ainsi le cuisinier pour qui c'est une volupté que de dénoncer à Larsen tout ce qui se trame à bord contre lui, ou bien le docteur déchu et alcoolique Louie Prescott que Leach poussera néanmoins à soigner Ruth Webster en pratiquant sur elle une transfusion de sang qui la sauvera. Après cet exploit, Prescott, humilié plus encore que de coutume par Larsen, grimpera au sommet du grand mât et, après avoir dit ses quatre vérités au capitaine, se jettera dans le vide. Avant de mourir, il a notamment appris à l'équipage que « The Ghost » se livrait à la piraterie et non à la pêche et qu'un jour ou l'autre le navire serait attaqué par le frère de Larsen qui voue à ce dernier une haine féroce. Une première mutinerie menée par Leach échoue. Pendant la nuit, un petit groupe d'hommes attaquent Larsen et le premier maître et les jettent à la mer. Mais Larsen, qui semble invulnérable, trouve la force de remonter à bord. Il regagne l'« estime » de l'équipage en promettant à chaque homme une bonne part de butin et en leur livrant leur mouchard, le cuisinier. Celui-ci est aussitôt jeté par-dessus bord et sera à moitié dévoré par les requins. Leach, Van Weyden et Ruth mettent une barque à la mer et s'éloignent du « Ghost ». Mais Larsen qui avait deviné leur projet a mélangé du vinaigre à leur provision d'eau. Il faut retourner auprès du « Ghost » qui n'est plus qu'une épave s'enfonçant lentement dans les eaux après le combat sanglant qu'il a dû mener contre le « Macedonia », le vaisseau du frère de Larsen. Leach monte à bord. Larsen l'enferme dans une cabine. Sujet dans le passé à de violentes migraines et à des accès soudains de cécité, Larsen est maintenant définitivement aveugle. Il tire sur Van Weyden qui réussira à lui cacher qu'il est mortellement touché. Au prix d'une ultime ruse, l'écrivain lui échange sa vie contre la libération de Leach. Leach rejoint Ruth sur la barque : ils voient l'épave s'enfoncer complètement dans la mer, emportant avec elle son capitaine aveugle et l'écrivain idéaliste et courageux qui ne pourra jamais raconter son histoire.

☞ On peut considérer ce film comme le chef-d'œuvre de Curtiz. Certes il en a signé beaucoup, mais son éclectisme, son goût pour les bariolages et les conventions hollywoodiennes, qu'il a utilisés en tant que figures de style, ont souvent caché sa vraie personnalité : on devine qu'elle apparaît ici plus nettement qu'ailleurs. Cette adaptation du grand roman de Jack London, admirablement construite par Robert Rossen et où la condensation de l'action et l'approfondissement de la pathologie des personnages sont prodigieux, lui a servi à aller plus loin dans la découverte de son propre univers. La plupart de ses films ont une rudesse de touche, une dureté de trait que l'accent mis sur les héros positifs tendait le plus souvent à corriger ou à effacer. Ici, la brochette de damnés, de créatures déchues et abandonnées des dieux, qu'il a rassemblée dans son vaisseau fantôme, au sein d'une pénombre fantastique et cruelle, ne laisse aucun doute sur la vision impitoyablement noire qu'il avait de l'univers, à peine éclairée par un espoir tenace dans le triomphe ultime de l'humanisme. Écrit et réalisé au début de la Seconde Guerre mondiale, *The Sea Wolf* est aussi la plus convaincante dénonciation qu'on ait faite au cinéma du fascisme, de la dictature et de toutes les maladies du pouvoir. Curtiz et Rossen ne prêchent pas : ils montrent. Et l'âpre vérité de leur peinture s'incarne dans une distribution particulièrement intelligente et brillante. E.G. Robinson, Alexander Knox, John Garfield, Ida Lupino, Barry Fitzgerald et Gene Lockhart trouvent chacun, dans *The Sea Wolf,* l'un des rôles les plus complets et les plus surprenants de leur carrière.

N.B. Le roman de Jack London a été adapté de nombreuses fois : par Hobart Bosworth (1913), par George Melford

(1920), par Ralph Ince (1925), par Alfred Santell (1930), sous forme de western, *Barricade, id.*, par Peter Godfrey (1950). Ajoutons, en 1958, *Wolf Larsen* de Harmon Jones, et en Italie *Il lupo dei mari* de Giuseppe Vari (1975).

## VALLÉE DE LA PEUR (LA) (Pursued)

1947 – USA (101') • *Prod.* Warner-United States Pictures (Milton Sperling) • *Réal.* RAOUL WALSH • *Sc.* Niven Busch • *Phot.* James Wong Howe • *Mus.* Max Steiner • *Int.* Robert Mitchum (Jeb Rand), Teresa Wright (Thorley Callum), Judith Anderson (Medora Callum), Dean Jagger (Grant Callum), Alan Hale (Jake Dingle), John Rodney (Adam Callum), Harry Carey, Jr. (Prentice McComber).

Le Nouveau-Mexique à la fin du siècle dernier. Une femme, Thorley, vient à cheval porter de la nourriture à Jeb Rand dans un vieux ranch en ruines à la Butte aux Ours, où il se cache pour échapper à une patrouille. Il s'est réfugié là, car, dans son enfance, il y avait été témoin d'événements qui avaient marqué sa vie et que pourtant il ne peut se remémorer parfaitement. Il est hanté par une vision de bottes et d'éperons allant et venant sur un parquet de bois à la hauteur de son visage. Avec Thorley, Jeb évoque son passé. Le jour où il avait eu cette vision, une femme avait rampé vers lui et l'avait emmené. C'était Mrs. Callum, la mère de Thorley, alors âgée de dix ans, et d'Adam, onze ans, le même âge que Jeb. Après ces événements, Mrs. Callum avait élevé Jeb comme s'il était son propre enfant. Quelque temps plus tard, un inconnu avait essayé de tuer Jeb mais avait seulement atteint son poulain. Mrs. Callum s'était rendue à la ville voisine et, dans un hôtel, avait contacté son beau-frère Grant qui était effectivement, comme elle l'avait deviné, l'agresseur de Jeb. Grant portait une haine féroce à toute la famille Rand et voulait exterminer ses membres jusqu'au dernier. Pourtant, il avait promis à sa belle-sœur de laisser grandir Jeb en paix. Devenu adulte, Jeb avait rencontré à la ville Grant Callum qui s'occupait du recrutement pour la guerre contre les Espagnols. On exigeait un homme par ranch. Jeb et Adam avaient tiré à pile ou face pour savoir celui qui partirait. Jeb avait perdu. Blessé à la jambe durant les combats, il rentra chez lui en héros. Callum, qui poursuivait Jeb de sa haine, avait tenté de monter Adam contre lui. Ce même soir, on fêta le retour de Jeb dans sa famille. Il voulait emmener Thorley et l'épouser immédiatement, afin de devancer le malheur. Depuis toujours, en effet, Jeb se sentait un étranger chez les Callum et avait constamment l'impression qu'une obscure malédiction pesait sur lui. Mais Thorley tenait à être courtisée dans les règles. Pour réfléchir et mettre de l'ordre dans ses idées, Jeb retourna au vieux ranch en ruines. A son retour, il interrogea Mrs. Callum sur ce qui s'était passé dans son enfance ; elle refusa de répondre. Adam manifestait une hostilité grandissante à l'égard de Jeb, à tel point que celui-ci avait proposé de jouer à pile ou face sa part du ranch. A nouveau, il perdit. Après s'être battu avec Adam que sa victoire avait rendu encore plus agressif, il s'en alla et dit qu'il reviendrait le lendemain chercher Thorley pour l'épouser. Au saloon Dingle, Jeb gagna une forte somme et le patron lui proposa une association. Alors que Jeb chevauchait dans les rochers, un cavalier tira sur lui. Jeb se défendit et abattit son adversaire inconnu : s'approchant du cadavre, il découvrit qu'il s'agissait d'Adam. Un procès eut lieu et Jeb fut acquitté. Mais Thorley et Mrs. Callum lui vouèrent une haine éternelle. Jeb accepta la proposition de Dingle et s'associa avec lui. Pour revoir Thorley qu'il aimait toujours, il se rendit à un bal où il savait qu'elle irait. Il l'obligea à danser avec lui. Grant Callum poussa le cavalier de Thorley, Prentice, à venger son honneur et lui donna même un revolver. Prentice tira plusieurs fois sur Jeb qui aurait préféré éviter le combat. Finalement, il dut abattre son adversaire en état de légitime défense. Dans l'ombre, Callum aurait tué Jeb si Dingle, ayant deviné ses intentions, ne l'en avait empêché. Thorley se laissa courtiser par Jeb dans les règles. A sa mère qui condamnait sa conduite, elle révéla qu'elle avait l'intention de tuer Jeb le soir même de ses noces. La cérémonie eut lieu. Jeb emmena son épouse dans la demeure qu'il avait achetée et installée pour elle. N'ignorant rien de son plan, car il lisait en elle comme en lui-même, il lui apporta sur un plateau un revolver pour qu'elle le tue. D'une main tremblante, elle le visa et le rata, avant de tomber dans ses bras. Callum avait rassemblé son clan et assiégea la maison de Jeb. Celui-ci réussit à s'enfuir et se réfugia dans le vieux ranch de la Butte aux Ours. *Retour au présent.* Jeb a enfin compris que Grant Callum est sa malédiction. Il comprend aussi qu'enfant il avait assisté à la mort de son père, l'homme aux bottes et aux éperons. Celui-ci avait été abattu par Grant au milieu des cadavres de sa jeune sœur et de ses frères. Grant voulait venger son frère que le père de Jeb avait tué après lui avoir pris sa femme, Mrs. Callum. Jeb décide de se rendre aux hommes de Grant. Grant l'assomme et s'apprête à le pendre mais Mrs. Callum l'abat avant qu'il n'ait mis son plan à exécution. Enfin libérés du passé, Jeb et Thorley peuvent envisager l'avenir avec sérénité.

☞ *Pursued* est l'un des quelques films – une poignée – qui démontrent de manière définitive les pouvoirs du cinéma, quand il est entre les mains d'un artiste génial, comme ici Raoul Walsh. Western psychanalytique d'une part, poème et fresque cosmiques de l'autre, le territoire et l'ambition du film sont immenses, presque illimités. La trajectoire de cette destinée d'un personnage subissant l'emprise de son passé (thème walshien par excellence) permet à Walsh de bâtir et d'explorer un univers qui commence au plus profond du cœur d'un homme et va se perdre quelque part dans l'infini des cieux. Récit concret, physique d'une haine plus dense encore que la pierre (celle de Grant Callum pour la famille des Rand), *Pursued* est aussi une immatérielle histoire de fantômes où, par exemple, une mariée vêtue de blanc rêve d'accomplir, la nuit même de ses noces, un improbable projet de vengeance contre celui qu'elle vient d'épouser. Et la tragédie du héros et de l'héroïne, telle qu'elle est décrite ici, c'est qu'il leur faut triompher non seulement de l'hostilité bien concrète de leurs ennemis, mais aussi de leurs propres rêves, de leurs cauchemars et de toutes les obsessions que charrie leur imaginaire. Au cinéma, avoir du génie pour un metteur en scène, c'est d'abord et surtout être capable d'en donner aux autres. Walsh n'y a pas manqué. Dans *Pursued,* Max Steiner livre la quintessence de ses partitions : une musique sombre, épique, grandiose, qui renferme aussi un lyrisme secret. Les ciels noirs, les rochers, les intérieurs à peine éclairés de James Wong Howe sont des eaux-fortes à côté desquelles, par instants, l'art plastique d'un Dreyer ressemble à une esquisse de débutant. Du côté des acteurs, Robert Mitchum a le regard impénétrable de ceux qui ne parviennent pas à déchiffrer l'énigme de leur destin ; autour de lui, Teresa Wright et surtout Judith Anderson sacrifient à une emphase théâtrale, à une solennité venue du fond des âges, mais qui se trouvent l'une et l'autre comme rajeunies, réinventées par le cinéma.

## VALSE DANS L'OMBRE (LA)
**(Waterloo Bridge)**

1940 – USA (193') • *Prod.* MGM (Sidney Franklin) • *Réal.* MERVYN LEROY • *Sc.* S.N. Behrman, Hans Rameau, George Froeschel d'ap. P. « Waterloo Bridge » de Robert E. Sherwood • *Phot.* Joseph Ruttenberg • *Mus.* Herbert Stothart • *Int.* Vivien Leigh (Myra), Robert Taylor (Roy Cronin), Lucile Watson (Lady Margaret Cronin), Virginia Field (Kitty), Maria Ouspenskaya (Mme Olga Kirowa), C. Aubrey Smith (le duc), Janet Shaw (Maureen).

Durant la Première Guerre mondiale, un officier britannique de la bonne société rencontre à Londres au cours d'une attaque aérienne une jeune danseuse classique. En quelques jours, ils décident de se marier. L'officier doit repartir avant que la cérémonie ait eu lieu. Ayant appris dans un journal la (fausse) nouvelle de sa mort, la jeune fille à bout de ressources sombre dans la prostitution. Elle retrouve un jour l'officier à la gare de Waterloo. Toujours aussi amoureux d'elle, il met tout en œuvre pour un mariage rapide. Ne voulant ni lui avouer la vérité ni vivre dans la dissimulation, l'héroïne ne voit d'autre issue à son destin que le suicide.

☞ L'un des plus grands succès commerciaux des années 40. Le fim a peu vieilli et est encore proche de nous. Son succès par contre se situe à des années-lumière de l'époque actuelle. La pudeur dans l'expression des sentiments et la haute idée que les personnages se font de leur dignité, même quand elle est bafouée, sont les véritables ressorts dramatiques de l'action. Ils étaient aussi à l'époque des gages de réussite commerciale. Pour le genre, il s'agit d'un mélodrame quasi parfait : une série d'oscillations violentes entre les moments de bonheur et les moments de détresse que vivent les personnages est enregistrée par le narrateur et livrée au public avec la menace constante que le pire finisse par triompher ; ce qui arrive en effet. Mervyn LeRoy cultive la litote et la sobriété. Son puritanisme, qui est aussi celui de la firme pour laquelle il travaille, la MGM, adhère parfaitement à l'esprit de l'époque. Son style un peu raide et glacé atteint ici son apogée : il n'a jamais été, sauf dans *I Was a Fugitive From a Chain Gang**, aussi efficace et générateur d'émotion.

N.B. La pièce de Robert E. Sherwood fut adaptée deux autres fois : par James Whale en 1931 et par Curtis Bernhardt, sous le titre *Gaby, id.*, en 1956.

## VAMPIRES (LES)

1915-1916 – France (10 épisodes : 504') • *Prod.* Gaumont • *Réal.* LOUIS FEUILLADE • *Sc.* Louis Feuillade • *Phot.* plusieurs opérateurs dont Guérin • *Int.* I Édouard Mathé (Philippe Guérande), Marcel Lévesque (Uscar Mazamette), Jean Ayme (le Grand Vampire), Mme Simoni (Mme Guérande) ; II Stacia Napierkowska (Marfa Koutiloff) ; III Musidora (Irma Vep), Louis Leubas (le Père Silence, geôlier) ; IV et V Fernand Hermann (Juan-José Moreno) ; VI Gaston Michel (Benjamin), Renée Carl (l'Espagnole) ; VII Louis Leubas (Satanas), Bréon (son secrétaire), Keppens (Geo Baldwyn), Mlle Delvé (Fleur-de-Lys), Jacques Feyder (un Vampire) ; VIII Bout-de-Zan (Eustache Mazamette), Moriss (Vénénos) ; IX et X Louise Lagrange (Jane Brémontier), Jeanne-Marie Laurent (sa mère), Mlle Lebret (Hortense), Mlle Rouer (Augustine).

I. LA TETE COUPÉE (40'). Philippe Guérande, reporter au « Mondial », se rend à Saint-Laurent-du-Cher où on a découvert le corps décapité de l'inspecteur Durtal, chargé de l'enquête sur la terrible bande des « Vampires ». Le chef de la bande, surnommé le Grand Vampire, supprime le Dr Nox pour prendre son identité. Démasqué, il s'enfuit après avoir assassiné une riche Américaine.

II. LA BAGUE QUI TUE (20'). A l'aide d'une bague empoisonnée, le Grand Vampire tue Marfa Koutiloff, danseuse connue, fiancée à Philippe Guérande, lui-même capturé et condamné à mort par la bande. Mazamette, garçon de bureau au « Mondial » et membre de la bande, le délivre.

III. LE CRYPTOGRAMME ROUGE (48'). Grâce à un cryptogramme trouvé dans un carnet ayant appartenu à un membre important de la bande, Philippe, qui a pu le déchiffrer, parvient jusqu'à Irma Vep (anagramme de vampire), chanteuse et égérie de la bande qui se produit au cabaret « Le Chat-Huant ». Irma cherche à reprendre le carnet et se fait engager comme bonne chez les Guérande. La mère de Philippe est enlevée. Libérée grâce au « stylo qui tue » contenant de l'encre empoisonnée (arme donnée à Philippe par Mazamette, redevenu honnête citoyen), la prisonnière retrouve son fils.

IV. LE SPECTRE (38'). Les Vampires assassinent Métadier, le fondé de pouvoir de la banque Renoux-Duval, car il doit porter 300 000 francs à Rouen le lundi prochain. Or, s'il est empêché d'accomplir sa mission, c'est Juliette (alias Irma Vep), la secrétaire du directeur, qui le remplacera. Pourtant, au jour dit, c'est Métadier lui-même qui transporte l'argent. En fait, il s'agit de Juan-José Moreno, cambrioleur qui a pris son identité. Moreno est capturé par Philippe Guérande.

V. L'ÉVASION DU MORT (47'). Moreno, emprisonné, réussit à s'enfuir après avoir étranglé un gardien. Il enlève Philippe puis lui laisse la vie sauve en échange d'un renseignement précieux : le baron de Mortesaigues et le Grand Vampire ne sont qu'une seule et même personne. A Neuilly, les invités du faux baron sont asphyxiés, puis dépouillés par la bande. Mais Moreno réussit à s'emparer de tout le butin.

VI. LES YEUX QUI FASCINENT (70'). Moreno et les Vampires se disputent la possession d'un coffret de bank-notes appartenant au milliardaire américain Geo Baldwyn. Utilisant ses pouvoirs hypnotiques, Moreno soumet Irma Vep à sa volonté, en fait sa maîtresse et l'amène à tuer le Grand Vampire.

VII. SATANAS (53'). Moreno apprend que le véritable chef de la bande n'était pas le Grand Vampire mais Satanas, lequel bombarde avec son canon silencieux le repaire de la bande de Moreno, obligeant ce dernier, ainsi qu'Irma Vep, à lui obéir. Tous n'ont désormais qu'un but : escroquer Geo Baldwyn. Mazamette réussit à faire arrêter Irma et Moreno en possession d'un magot de 500 000 dollars, propriété du milliardaire.

VIII. LE MAITRE DE LA FOUDRE (62'). Moreno a été exécuté. A Port-Vendres, Satanas, déguisé en évêque, coule avec son canon le bateau qui emportait Irma Vep, condamnée à perpétuité vers une colonie pénitentiaire. (Miraculeusement sauvée, ce qui était après tout le but de Satanas, elle rejoindra plus tard ses complices.) Mazamette et son fils Eustache découvrent un obus dans les bagages de Satanas, de retour à Montmartre. Satanas pose une bombe à retardement chez Philippe qu'il a immobilisé à l'aide d'une pointe paralysante. Mazamette le sauvera. Satanas, arrêté, s'empoisonne dans sa prison.

IX. L'HOMME DES POISONS (59'). Les Vampires empoisonnent le champagne destiné au repas de fiançailles de Philippe et de Jane. Mais seul le concierge en boira et mourra. Philippe décide de mettre sa mère, Jane et la mère de celle-ci à l'abri dans un lieu secret. Irma découvre la cachette et avertit Vénénos, le nouveau chef des Vampires. Irma est capturée par Philippe, puis délivrée par Vénénos. Après une poursuite en voiture, les Vampires échappent à Philippe et à Mazamette.

X. LES NOCES SANGLANTES (67'). Philippe et Jane se sont mariés. Leur domestique, Augustine, hypnotisée par une voyante complice des Vampires, ouvre l'appartement à la bande. Mazamette empêche les bandits d'asphyxier le jeune couple pendant son sommeil. Les Vampires enlèvent Jane et Augustine. Ils célèbrent par une orgie les noces de Vénénos et d'Irma, qui seront abattus quand la police fera irruption dans le repaire de la bande. Philippe et Jane peuvent enfin couler des jours heureux. Mazamette épousera bientôt Augustine dont il était depuis longtemps amoureux. (Résumé établi à partir de celui publié dans « Les restaurations de la Cinémathèque Française », volume I, La Cinémathèque Française, 1986.)

☞ Malgré l'immensité de son œuvre (800 films entre 1906 et 1924), l'apport de Louis Feuillade à l'histoire du cinéma est l'un des plus difficiles à cerner. Cet apport est évidemment à chercher dans ses films à épisodes (dont les plus célèbres sont *Fantomas,* 1913-1914, *Les Vampires, Judex,* 1916, *La nouvelle mission de Judex,* 1917, *Tih Minh,* 1918), quoiqu'ils ne représentent qu'une fraction minime de son œuvre. D'une part, ces films sont si profondément liés à une certaine forme de littérature populaire et à leur époque qu'il est difficile de les en détacher. « La belle époque, écrit Henri Fescourt dans sa préface au livre de Francis Lacassin sur Feuillade (Seghers, 1964), marqua un penchant bizarre pour la violence, la guillotine, M. Deibler. Elle se délectait aux récits d'agressions nocturnes, d'exploits d'escarpes et de gigolettes, de crimes mystérieux, de chantages sombres. Casque d'Or, ses amants Leca et Manda avec les fusillades des bandes rivales dans les rues ; Mme Steinheil et les assassins en cagoule noire qu'une femme rousse accompagnait ; la bande à Bonnot et son auto grise, etc., voilà des événements dignes d'enivrer les foules et dont le cinéma s'inspira quitte à les amplifier, les hausser jusqu'au lyrisme :

*Fantomas, Les Vampires.* Oui, vraiment Feuillade fut bien un homme de son temps. » D'autre part, en étant cela, Feuillade a révélé l'une des tendances fondamentales du cinéma, qu'on dira, selon une terminologie variée et qui importe peu, surréaliste, délirante, onirique, fantastique, etc. « Ce que son œuvre manifeste de poétiquement insensé, écrit encore Fescourt à propos de Feuillade, correspond peut-être à une case de son cerveau. J'y vois, quant à moi, le fait même du cinématographe. » Miroir d'une époque, miroir d'une tendance du cinéma (qui est pour certains *le* cinéma), les films de Feuillade gardent pour eux leur mystère. Un auteur sans doute est enfoui dedans, mais si profondément qu'il en devient encore plus mystérieux qu'eux, ayant été d'ailleurs sur le plan biographique tout le contraire de ce qu'on aurait pu croire (à savoir un solide bonhomme, le moins rêveur du monde). Deux aspects caractérisent plus que les autres le mystère de ses films. Par vocation, les serials de Feuillade sont basés sur une profusion de personnages, de péripéties, de décors. Pourtant peu d'idées originales ou vraiment extravagantes figurent dans chaque épisode : une, deux, parfois aucune. Mais elles pénètrent la mémoire du spectateur, peut-être justement à cause de leur petit nombre, comme un rêve personnel qu'il ferait, surpassant en cela les inventions plus calculées d'un Buñuel. Même quand on a tout oublié des *Vampires,* une image comme celle des invités du faux baron couchés à même le sol, endormis, anesthésiés, vulnérables à tous les outrages, reste gravée dans le souvenir. Autre étonnement : on peut se désintéresser complètement des intrigues de ces feuilletons et de ce qui s'y passe, juger dérisoires les fantoches du Mal qui s'y agitent comme des marionnettes, les lieux où ils ont passé gardent sur l'imagination un pouvoir étrange. Et non seulement les lieux particuliers où se sont déroulés les forfaits de la bande, mais leurs environs, proches ou lointains. Telle rue déserte de banlieue, tel immeuble bourgeois vu de l'autre côté d'un carrefour qu'a traversé la bande s'intègre à l'histoire sans avoir même besoin de sortir de l'anonymat et la surpasse alors en relief et en insolite. Un tel phénomène existe dans pas mal de films, mais jamais avec l'intensité, la spontanéité, l'absence d'artifice et de calcul qu'il a chez Feuillade. On a l'impression que l'auteur même n'en est pas responsable et ne s'en est pas soucié. Dans son livre « En lisant en écrivant » (1980), Julien Gracq écrit : « La part de remplissage neutre, inactif et insignifiant (le Q.S. d'eau distillée des préparations pharmaceutiques), nulle en principe dans un tableau, dans un poème, et même dans un roman, atteint dans le cinéma à son maximum. Dans l'image la plus rigoureusement composée et expurgée, la plus purement significative, la caméra, dans le cadre de son rectangle, accueille un fouillis d'objets ; bric-à-brac de décorateur, détails paysagistes, scintillement d'eaux, ombres portées, nuages, mouvements de feuilles, qui sont de trop, qui sont seulement *là ;* capturés en état de totale non-participation par la pellicule sensible (...). La couleur et le goût assez récent du décor naturel accroissent dans le film considérablement cette part du lion prélevée par la contingence pure... » La fausseté de cette remarque, comme d'ailleurs de toutes celles qui dans le livre de Gracq concernent le cinéma, est absolue, mais il suffit de la retourner pour qu'elle devienne lumineusement vraie. Chez les grands cinéastes, « cette part du lion prélevée par la contingence pure » est en effet nulle, tout comme celle du « remplissage » dont parle Gracq. Et l'absence de l'une comme de l'autre témoigne justement (est le critère) du génie de ces cinéastes. Plus loin, Gracq écrit : « Il n'y a pas un seul élément de son art, ni visuel, ni auditif, ni même rythmique, dont le cinéaste soit maître *au premier degré,* comme l'écrivain l'est de ses mots et le musicien de ses notes. » Là est justement aussi la grandeur de cet art – et l'une des causes de l'admiration que certains lui portent. S'il est « relativement » facile d'être personnel avec un matériau dont on est maître *au premier degré,* comme le sont les écrivains, les peintres et les musiciens, cela devient à chaque œuvre une gageure nouvelle que de l'être avec des reflets photographiques d'une réalité appartenant à tous. Et le génie des grands cinéastes se mesure bien à leur mainmise sur une matière qui *ne pouvait d'abord* leur appartenir en propre. Celle de Feuillade sur le décor, sur les lieux proches et éloignés de l'action qu'il montre fut totale, inquiétante et quasi inexplicable.

N.B. Il fallut attendre 1986 pour qu'une copie complète des *Vampires* soit restaurée par la Cinémathèque. Jacques Champreux, le petit-fils de Feuillade, assura la supervision de ce travail et réintégra de très nombreux intertitres indispensables à la compréhension de l'œuvre. Pendant des décennies, la disparition de la plupart des intertitres avait rendu artificiellement obscure une intrigue qui ne cherchait nullement à l'être.

## VAMPIRES (LES)
### (I vampiri)

1956 – Italie (85') • *Prod.* Titanus-Athena Cinematographica (Ermanno Domati – Luigi Carpentieri) • *Réal.* RICCARDO FREDA • *Sc.* Piero Regnoli, Rijk Sjostrom, Riccardo Freda • *Phot.* Mario Bava (Cinémascope) • *Mus.* Roman Vlad • *Int.* Gianna-Maria Canale (Gisèle Du Grand/Marguerite Du Grand), Antoine Balpêtré (Dr Julien Du Grand), Paul Muller (Joseph Seignoret), Dario Michaelis (Pierre Valentin), Wandisa Guida (Laurette), Carlo D'Angelo (l'inspecteur Santel), Renato Tontini (l'assistant du Dr Du Grand), Riccardo Freda (un médecin).

A Paris de mystérieux assassinats de jeunes femmes font la une des journaux. Une étudiante a été retrouvée noyée. Une actrice a été agressée et kidnappée dans sa loge. Le journaliste Pierre Valentin mène sa propre enquête pour pallier les défaillances de la police. Il interroge des amies de l'étudiante. L'une d'elles, Laurette, déclare qu'alors qu'elle se promenait avec la victime un homme les avait suivies. Valentin, dont le père avait autrefois inspiré un amour malheureux à la duchesse Marguerite Du Grand, est aujourd'hui l'objet des assiduités de la nièce de celle-ci, Gisèle. Mais, lui trouvant quelque chose de malsain, il la repousse malgré sa très grande beauté. L'homme qui avait kidnappé l'actrice, Joseph Seignoret, un drogué, veut exercer un chantage auprès du célèbre savant Julien Du Grand, cousin de la duchesse. Un assistant de Du Grand l'étrangle et la duchesse dit alors à son cousin qu'il doit savoir ce qui lui reste à faire. Le suicide de Julien est annoncé dans la presse et son corps est placé dans la crypte voisine du château des Du Grand. En réalité, c'est Seignoret qui a été mis dans le caveau. Le savant, bien vivant, tente de redonner vie aux organes encore intacts de Seignoret. La duchesse exige qu'il procède à l'opération promise. Laurette est sollicitée par un aveugle d'aller remettre pour lui une lettre à une certaine adresse. Elle s'y rend et est alors capturée. L'aveugle a été retrouvé par la police mais à l'adresse où la jeune fille est allée porter la lettre, on ne trouve qu'une maison déserte. Le directeur du journal interdit à Valentin de continuer son enquête et le sanctionne en l'obligeant à tenir la chronique mondaine. Il se rend ainsi à un bal donné par les Du Grand. Gisèle dit à Valentin qu'il ressemble à son père. Il la traite d'enfant gâtée et la laisse en plan. Un photographe du journal de Valentin, fasciné par la beauté de Gisèle, s'est introduit dans le château. Il veut l'embrasser et assiste alors avec stupeur à son vieillissement accéléré. Ses traits se fanent. Sa peau se ride. Elle avoue être la duchesse Marguerite et abat le photographe qui a vu ce qu'il ne devait pas voir. Elle presse Julien de tenter le tout pour le tout. Il lui explique que l'effet des transfusions de sang qu'il pratique sur elle à partir des jeunes femmes capturées ne dure plus, à chaque fois, que quelques heures et disparaît totalement quand elle ressent une émotion violente. Julien avait mis au point autrefois cette technique pour conserver à la duchesse qu'il aimait (et aime toujours) une jeunesse et une beauté éternelles. Laurette, destinée à être la victime de la prochaine opération, est immobilisée par une piqûre. Son sang est transfusé à la duchesse qui rajeunit de cinquante ans en quelques secondes et retrouve la pureté de ses traits. Elle rencontre par hasard Valentin dans une rue de Paris. Elle se rend avec lui chez un antiquaire pour acquérir un Guardi et quand elle signe son chèque le journaliste remarque avec étonnement qu'elle est gauchère comme sa tante. Valentin réclame en vain à la police de perquisitionner le château des Du Grand. Il s'y rend seul la nuit et voit Seignoret tituber dans le jardin. Il le conduit à la police où celui-ci déclare au commissaire médusé que Julien Du Grand l'a ressuscité. La police fouille enfin le château et découvre un passage secret reliant la grande salle à la crypte. Interrogée par les policiers, la duchesse subit à nouveau un phénomène de vieillissement accéléré. Une fusillade éclate. Julien est touché. On retrouve Laurette dans le caveau de la duchesse. Elle survivra. Valentin est à son chevet et lui déclare son amour. Une ambulance l'emporte. On apprend que la duchesse est morte. Le commissaire résume toute l'affaire au père de Laurette qui exprime sa reconnaissance au journaliste.

☞ Le film a d'abord une grande importance historique, puisque Freda opère la résurrection d'un grand thème fantastique avant les entreprises similaires de Corman (cycle Edgar Poe), de Terence Fisher (cycle Frankenstein), de Franju (*Les yeux sans visage**). Freda agit là en pionnier, comme il l'avait fait dans l'immédiat après-guerre en voulant rendre au film d'aventures son essence dynamique et spectaculaire en même temps que littéraire et poétique (adaptations de Pouchkine, Hugo, Dante, etc.). Parce qu'il travaille dans des conditions d'économie draconiennes – surtout dans ce film auquel les producteurs Donati et Carpentieri ne croyaient guère –, son génie éclate encore mieux, à travers l'utilisation du décor, le rythme saccadé et haletant imposé au récit, et surtout la création d'une atmosphère très personnelle. Cette atmosphère à la fois glacée et nostalgique, où la vie est décrite à distance de la vie, exalte en même temps la morbidité, la frustration et la beauté. Ce faisant, elle sert admirablement le sujet (variation sur le thème de la comtesse Bathory). Dans ses films fantastiques, Freda aime à décrire des personnages qu'une obsession, une passion extrême de la vie, de la puissance ou de la beauté hantent et font passer de l'autre côté du miroir, dans un univers de frustrations et de souffrances infernales qui les transforment en monstres. Ainsi du nécrophile de *L'orribile segreto del dottor Hichcock (L'effroyable secret du docteur Hichcock*) et ici de la passion amoureuse de la duchesse incarnée par la superbe Gianna-Maria Canale. S'il a eu peu d'argent, Freda a par contre bénéficié dans ce film de collaborateurs de tout premier ordre : G.-M. Canale, le décorateur Beni Montresor, le compositeur Roman Vlad. Le montage final du film ne correspond pas entièrement au travail effectué par Freda. Les modifications apportées s'expliquent en partie par la crainte des producteurs Donati et Carpentieri (d'ailleurs habitués à refaire les films derrière le dos des metteurs en scène) de donner au public un film trop noir et trop violent. La séquence prégénérique (Paul Muller guillotiné) a été supprimée. Le film a perdu là une partie de son caractère fantastique puisque le personnage de Paul Muller ressuscitait vraiment grâce au traitement de Balpêtré, alors que dans la version finale ce dernier l'a simplement *cru* mort (comme l'explique le policier dans la dernière scène). Après les douze jours de tournage effectués par Freda, son chef opérateur Mario Bava a filmé les deux scènes, mièvres et gênantes, du pseudo-happy end (le journaliste au chevet de l'étudiante, l'explication du policier et les remerciements du père au journaliste). Bava a également tourné la première rencontre entre le journaliste et l'étudiante (pour amorcer l'idylle qui se concrétiserait à la fin). Il est également responsable de la scène où l'on retrouve la jeune fille dans le caveau, en remplacement des plans de Freda qui la montrait pendue (mais elle survivait aussi à la fin dans la version Freda). Autant qu'on puisse en juger par la beauté des photos des scènes non retenues et par les ruptures et affaiblissements de ton apportés par les scènes ajoutées (de Bava), toutes ces modifications semblent avoir été dommageables au film. Elles sont loin cependant d'avoir entamé sa nouveauté et sa force, dont furent frappés ceux qui le découvrirent à sa sortie. Il faut mettre au crédit de Bava une remarquable utilisation du trucage par filtres (procédé employé par Mamoulian pour son *Dr Jekyll et Mr. Hyde**) dans les séquences des transformations de Gianna-Maria Canale. Ces filtres, placés devant l'objectif, sont ajoutés ou retirés *pendant le plan* pour créer le vieillissement ou le rajeunissement du personnage. Leur efficacité est liée bien entendu aux différents maquillages de l'actrice dans ces plans ou portions de plans.

## VARIÉTÉS
**(Varieté)**

1925 – Allemagne (2 844 m) • *Prod.* Ufa (Erich Pommer) • *Réal.* EWALD ANDRÉ DUPONT • *Sc.* E.A. Dupont, Leo Birinski d'ap. R. « Der Eid des Stephan Huller » de Felix Hollander • *Phot.* Karl Freund • *Int.* Emil Jannings (Stephan Huller), Lya de Putti (Bertha-Marie), Warwick Ward (Artinelli), May Delschaft (Mme Huller), Georg John (le marin), Kurt Gerron (le docker), Charles Lincoln (l'acteur) et les trois Codonas (doublant au trapèze Emil Jannings, Lya de Putti, Warwick Ward).

Le détenu numéro 28, Stephan Huller, prisonnier depuis dix ans, raconte son histoire au directeur de la prison qui doit statuer sur son recours en grâce. Ancien marin et trapéziste, il tenait à Hambourg une baraque de foire et regrettait le temps glorieux de ses activités au cirque. Il engagea un jour une jeune danseuse exotique Bertha-Marie dont il tomba follement amoureux. Il abandonna pour elle femme et enfant et en fit sa partenaire au trapèze. Ils se produisirent dans une foire à Berlin. Le célèbre Artinelli cherchait, après l'accident de son frère, des partenaires. Il engagea Stephan et Bertha-Marie. Leur numéro obtint un grand succès. Artinelli devint l'amant de Bertha-Marie. La nouvelle du cocuage de Stephan se répandit et il en fut bien entendu le dernier averti. Découvrant son infortune, il pensa d'abord entraîner son rival dans un accident mortel au trapèze. Puis il préféra le contraindre à un duel au couteau. Il le tua et alla se rendre à la police. Ayant écouté ce récit, le directeur libère Stephan qui voit s'ouvrir devant lui les portes de la prison.

☞ Troisième adaptation du roman de Felix Hollander après celle de Viggo Larsen (1912) et de Reinhard Bruck (1919, sorti en 1921). A partir d'un sujet simple, banal, qui aurait pu être traité avec une extrême concision, Dupont réalise un film plus long que *Caligari** ou *Nosferatu**, dans lequel il cherche surtout à prouver sa virtuosité. C'est une virtuosité impersonnelle dont le principal intérêt est de nous renseigner sur l'état du cinéma allemand au milieu des années 20, vu à travers la maîtrise d'un excellent technicien. *Variétés* (curieusement le titre s'applique encore plus au style du film qu'à son sujet) utilise brillamment tous les types de plans : fixes et en mouvement, avec la caméra placée dans toutes sortes d'endroits, notamment sur les balançoires de la foire ; longs et courts ; objectifs et subjectifs. Le réalisme général du film (décor, jeu, intrigue) est ponctué de quelques plans expressionnistes : ex. les yeux du public vus par Jannings du haut de son trapèze. Il y a aussi des trouvailles à la Hitchcock. Ce pot-pourri de tendances serait au fond assez vain (sauf pour l'étudiant de cinéma et l'historien) si ce film n'avait au moins un mérite : celui d'axer toute son intrigue autour de la fascination érotique du héros pour la danseuse. A ce titre, le film est comme une première version de *L'Ange bleu**.

N.B. Dupont reprit en partie ce scénario au début du parlant dans *Salto mortale* (1931), film allemand dont il existe une version française (sous le même titre) assez médiocre. Un remake du film de 1925 fut tourné à l'époque du parlant en trois versions : française, par Nicolas Farkas (*Variétés,* 1935), avec Annabella et Jean Gabin, allemande par N. Farkas et Jacob Geis (*Varieté,* 1936), avec Annabella et Hans Albers, anglaise par Herbert Wilcox (*The Three Maxims,* 1936), avec Anna Neagle.

## VARVARA/L'INSTITUTRICE DU VILLAGE
### (Selskaia Ouchitelniza)

1947 – URSS (100') • *Prod.* Soyouzfilm • *Réal.* MARC DONSKOI • *Sc.* Maria Smirnova • *Phot.* Serguei Ouroussevsky • *Mus.* Lev Schwartz • *Int.* Vera Maretskaia (Varvara), Daniel Sagal (Martinov), Pavel Olenev (Egor), Vladimir Maruta (Voronov), Vladimir Belokurov (Bukor), Dimitri Pavlov (Prov. Voronov), Volodia Lepesinsky (Prov. enfant).

A la veille de la Première Guerre mondiale, une jeune Moscovite devient institutrice en Sibérie. Elle s'attire très vite la confiance des habitants du village. L'un de ses élèves passe brillamment le concours d'entrée d'un collège, mais ne peut y entrer car il est pauvre. Le fiancé de Varvara revient au village, après avoir purgé trois ans de prison comme opposant au régime tsariste. Il meurt en 1914. Les koulaks veulent brûler l'école et attenter à la vie de l'institutrice en qui ils voient un apôtre de la collectivisation. A mesure que les années passent, le village et l'école s'agrandissent. Varvara revoit fréquemment ses anciens élèves qui ne l'ont jamais oubliée. Elle reçoit aussi différents témoignages honorifiques rendant hommage à sa longue carrière.

☞ De la nuit noire du cinéma stalinien d'après-guerre, on peut retenir ce titre comme l'un des plus visibles aujourd'hui. Le lyrisme visuel de Donskoï, son amour pour la terre russe et sa tendresse pour certains des personnages arrivent parfois à compenser, surtout au début, la propagande rudimentaire du scénario et l'extrême rigidité de la direction d'acteurs. La deuxième partie, purement commémorative et hagiographique, est sans intérêt.

## VASSA (id.)

1982 – URSS (135') • *Prod.* Mosfilm • *Réal.* GLEB PANFILOV • *Sc.* G. Panfilov d'ap. P. « Vassa Jeleznova » de Maxime Gorki • *Phot.* Leonid Kalchnikov (couleurs) • *Mus.* Vadim Bibergan • *Int.* Inna Tchourikova (Vassa Borissovna Jeleznova), Vadim Medvedev (Serguei Petrovitch Jeleznov), Nikolaï Skorobogatov (Prokhor Borissovitch Khrapov), Olga Machnaia (Natalia), Iana Poplavskaia (Lioudmila), Valentina Iakoumina (Rachel), Vania Panfilov (Kolia), Valentina Telichkina (Anna Onochenkova), Viatcheslav Bogatchev (Piatiorkine).

1913. A Nijni-Novgorod, Vassa Borissovna, mère de trois enfants, dirige presque à elle seule une entreprise de marine marchande. Son mari, un débauché, va passer en procès pour détournement de mineure. Au nom de l'honneur familial, Vassa l'exhorte à se suicider. Repoussant d'abord violemment cette idée, il s'empoisonnera peu après. Quand Vassa est absente pour son travail, son frère se livre couramment à des beuveries avec ses deux nièces, les filles de Vassa. Sa secrétaire, Anna, lui ayant fait le récit fidèle de ce qui s'est passé, Vassa décide d'envoyer son frère travailler à l'usine de goudron. Rachel, la bru de Vassa, une révolutionnaire pourchassée par les autorités, vient lui apprendre que son mari (le seul fils de Vassa) est mourant. Elle voudrait reprendre Kolia, son fils agé de six ans, à la garde de Vassa. Celle-ci lui déclare tout net qu'elle ne rendra jamais l'enfant, qui sera un jour à la tête de l'entreprise familiale. Vassa invite Rachel à rester auprès d'elle mais plus tard, devant la menace que représente Rachel pour la réalisation de ses projets, elle s'emploie à la faire dénoncer à la police par Anna. Les responsabilités qui pèsent sur elle l'amènent à une mort prématurée et subite, précédée d'hallucinations où elle croit revoir son mari. Son frère s'imagine alors hériter de tous ses biens, mais Anna brandit un testament en sa faveur.

☞ Adaptation d'une pièce de Gorki datant de 1910 et réécrite par l'auteur peu avant sa mort en 1936. Le huis-clos de l'étouffante demeure familiale possède des vertus hautement cinématographiques, mais le rythme général et des scènes de dialogues extrêmement longues accusent une origine théâtrale ressentie alors comme une contrainte. La pièce, vue par Panfilov. reste néanmoins moderne par sa densité et sa violence contenue. Plus qu'à la critique – évidente – d'une bourgeoisie corrompue et décadente, Panfilov s'est intéressé à la charpente qui soutient, pour quelques instants encore, la maison branlante, c'est-à-dire la figure féminine, puissante et centrale, de Vassa. Celle-ci est à la fois le complément et l'antithèse de l'admirable portrait de femme contemporaine de *Je demande la parole**. Les deux héroïnes, interprétées par Inna Tchourikova, épouse et inspiratrice permanente du réalisateur, portent à bras le corps, dans la solitude, un univers qui dépend, pour sa survie, presque entièrement d'elles. Comme il s'agit ici d'un univers agonisant, Vassa se trouve irrésistiblement attirée dans sa chute. Le caractère spectaculaire de cette chute sera proportionnel à l'énergie et à l'esprit de décision du personnage. Panfilov semble fasciné par son obstination quasi animale, cette tension extrême, cette volonté protéiforme qui va bientôt se rompre, comme une digue, sous le poids de l'Histoire et de ses fatalités. Son propos est ainsi beaucoup plus descriptif que moral ou politique.

## VENGEANCE EST A MOI (LA)
**(Fukushu suru wa wareni ari)**

1979 – Japon (130') • *Prod.* Shochiku-Imamura Productions (Kazuo Inoue) • *Réal.* SHOHEI IMAMURA • *Sc.* Masuru Baba d'ap. R. de Ryuzo Saki • *Phot.* Shinsaku Imeda (couleurs) • *Mus.* Shinishiro Ikebe • *Int.* Ken Ogata (Iwao Enokizu), Rentaro Mikuni (Shizuo Enokizu), Cho Cho Miyako (Kayo Enokizu), Mayumi Ogawa (Haru Asano), Nijiko Kiyokawa (Hisano Asano), Mitsuko Baisho (Kazuko Enokizu).

Janvier 1964. Auteur de deux meurtres particulièrement sanglants, perpétrés, après beaucoup d'autres, durant une cavale de plusieurs semaines, Iwao Enokizu est arrêté. En 1938, encore enfant, il avait vu son père, un catholique, contraint de vendre ses bateaux de pêche à un officier de l'armée régulière. Dégoûté par la lâcheté de son père, il avait essayé de frapper l'officier. Il passa la guerre en maison de correction. En 1946, son père veut le marier mais Iwao lui présente une jeune fille qui se convertira pour l'épouser. Elle lui donnera deux enfants. Une dizaine d'années plus tard, le père et sa belle-fille se découvrent sexuellement attirés l'un vers l'autre. Iwao fait des séjours en prison pour diverses escroqueries. Il pose à l'avocat (il conservera longtemps le cadavre d'un de ses « clients » qu'il a tué dans un placard) ou bien au professeur d'université. Sous cette dernière identité, il loge dans une auberge dont la patronne vit de la prostitution. Il devient son amant. Le fait qu'elle découvre la vérité sur lui à l'occasion du passage d'un avis de recherche lors d'une séance de cinéma n'entame en rien son amour pour Iwao. Au contraire. Il l'étranglera un peu plus tard, alors qu'elle était enceinte de ses œuvres. Motifs de ce crime : parce qu'elle lui avait fait sentir qu'elle voulait mourir ; pour qu'elle n'ait pas à se suicider après sa mort ; pour qu'elle ne connaisse plus d'autre homme que lui. Il tuera aussi sa belle-mère. Après son exécution, son père et sa femme, qui vivent ensemble, jettent ses cendres du haut d'une colline mais elles restent inexplicablement suspendues dans les airs...

☞ A travers ses films, Imamura peint la résurgence des pulsions et des instincts les plus primitifs chez des êtres appartenant à des sociétés dites civilisées. Il aime raconter l'histoire (ou la contre-histoire) du Japon à travers plusieurs décennies. La période de l'après-guerre le fascine particulièrement. Son Japon est un monde barbare où chacun essaie de survivre par le marchandage des corps et des biens, la ruse, la violence. L'histoire d'Enokizu, le héros de *La vengeance est à moi,* qui se venge d'être vivant sur ceux qui transmettent la vie (son père, sa maîtresse enceinte de lui), est une histoire de sexe et de sang décrite, au fil d'un récit heurté et zigzagant, par un clinicien, un entomologiste qui ne croit qu'au behaviorisme. Il se méfie de toute explication se référant à la psychanalyse, à la psychologie, à la sociologie, quoique ses films regorgent de faits susceptibles d'enrichir ces différents domaines. Les causes, les intentions qu'on pourrait trouver derrière chaque acte humain sont pour lui un gouffre qu'il est impossible – et donc inutile – de sonder. Sa thématique, à l'intérieur du cinéma japonais, ne lui appartient pas en propre, mais il la porte, dans la mise en scène, à un niveau de brutalité, d'intensité et d'impassibilité tout à fait impressionnant. Il tient surtout à ce que ses films – et particulièrement *La vengeance est à moi* – ne soient pas moins obscurs, moins impénétrables, moins opaques que l'univers lui-même. A cet égard, *La vengeance est à moi* est un des quelques films de l'histoire du cinéma qu'on peut qualifier de faulknériens.

## VENT (LE) (The Wind)

1928 – USA (muet : 8 bob.) • *Prod.* MGM (Victor Sjostrom) • *Réal.* VICTOR SJOSTROM • *Sc.* Frances Marion (intertitres : John Colton) • *Phot.* John Arnold • *Int.* Lillian Gish (Letty), Lars Hanson (Lige), Montagu Love (Roddy), Dorothy Cumming (Cora), Edward Earle (Beverly), William Orlamond (Sourdough), Carmencita Johnson, Laon Ramon, Billy Kent Schaefer (les enfants de Cora).

Letty, une jeune femme totalement démunie et d'apparence plutôt frêle, a quitté la Virginie pour aller habiter dans l'Ouest chez ses cousins. C'est une région de sable et de vent où le terrible vent du nord est, selon les croyances indiennes, un cheval sauvage perdu dans les nuages. Un commerçant en bétail, Wirt Roddy, rencontre Letty dans le train et lui fait la cour. Il lui affirme que ce pays n'est pas fait pour elle. A la descente du train, deux hommes attendent Letty et la conduisent en carriole chez ses cousins. Le cousin la reçoit chaleureusement mais sa femme la regarde tout de suite d'un mauvais œil. Lors d'un bal, Letty revoit Roddy et danse avec lui. Un cyclone interrompt momentanément la fête, qui reprend aussitôt le danger passé. Roddy réitère à Letty sa proposition de l'emmener dans des terres plus accueillantes. Les deux hommes qui étaient allés chercher Letty à la gare se proposent de l'épouser. Elle leur dit de la jouer à pile ou face. Le plus jeune des deux, Lige, gagne. A sa stupéfaction, Letty découvre qu'il parlait sérieusement. La femme du cousin, maladivement jalouse, la met en demeure d'épouser l'un des deux prétendants. Sinon, elle la chassera. Letty se sent plus attirée par Roddy mais apprend qu'il est déjà marié. Elle épouse Lige, partage avec lui une cabane des plus inconfortables et doit repousser ses élans passionnés et brutaux. Le temps passe et Letty ne s'habitue pas à son existence. Les éleveurs sont partis assister à une réunion devant leur permettre de trouver un moyen pour sortir de la misère. Crevant de solitude dans sa maison fouettée par le vent et le sable, Letty aurait voulu les accompagner. Mais elle a dû rebrousser chemin à cause d'un cheval rétif qu'elle ne sait pas faire obéir. Plus tard, on amène un blessé à la cabane. Letty croit d'abord qu'il s'agit de Lige, mais c'est en réalité Roddy qu'elle doit soigner. Une fois remis sur pied, il profite de la situation et de la solitude de Letty pour la prendre de force. Au matin, elle saisit un revolver. Il veut la désarmer ; elle tire. Hébété, Roddy s'écroule. Letty enterre son cadavre dans le sable. A son mari qui revient, elle avoue son crime. Elle ajoute que maintenant elle l'aime vraiment, qu'elle veut rester avec lui et qu'elle n'a plus peur du vent.

☞ Le chef-d'œuvre américain de Sjostrom et l'un des plus grands films muets de l'histoire du cinéma. Dans un récit fluide, dense, concis, pur de tout pathos comme de toutes précautions oratoires, Sjostrom présente le conflit physique et métaphysique opposant un être faible et désarmé à un milieu hostile et aux éléments constamment déchaînés. La nature et ses violences sont au cœur de ce film comme elles le sont souvent dans l'œuvre suédoise de Sjostrom. Arrivé en Amérique, Sjostrom trouve à sa disposition les grands espaces, des sites arides et désertiques aptes à prolonger et à renouveler son inspiration. Sjostrom regarde ces lieux qui parlent à son imagination avec un étonnement froid et passionné qui ajoute à leur étrangeté. C'est à ce regard d'un homme venu d'ailleurs que le film doit une grande part de sa force, cette tendance permanente à s'échapper vers le fantastique et, tout compte fait, sa modernité. Au fur et à mesure que l'intrigue progresse, le personnage incarné par

Lillian Gish sort de lui-même, sort de toute psychologie rationnelle pour atteindre à un état second, proche de l'hallucination. Au leitmotiv visuel de la célèbre charrette fantôme succède ici celui du cheval sauvage ruant dans les nuages. Sjostrom y ajoute d'autres images insolites et surprenantes, comme celle du cadavre dont le visage à demi enfoui dans le sable est pareil à un terrifiant masque mortuaire. Par l'intermédiaire du personnage du Lillian Gish disparaissent aussi de l'intrigue les conventions de la morale traditionnelle de l'époque et, à cet égard, le film est d'une audace souvent confondante. Les extérieurs furent tournés dans des conditions très difficiles dans le désert de Mojave. Le film s'achevait originellement par des plans de Lillian Gish errant folle dans le désert après son crime. Fin absolument logique mais que les exploitants jugèrent trop difficile à faire avaler. On tourna pour eux la fin que nous connaissons. Elle conserve au moins une audace importante : le crime de l'héroïne restera vraisemblablement impuni.

**Biblio.** : découpage (747 plans et 105 intertitres) *in* « L'Avant-Scène » n° 331-332 (1984).

## VÉNUS DE L'OR (LA)

1938 – France (95') • *Prod.* Consortium Général du Film • *Réal.* CHARLES MÉRÉ et JEAN DELANNOY • *Sc.* Jean-Louis Bouquet d'ap. P. « Business » elle-même tirée du R. « Judith » de Pierre Sabatier • *Phot.* Nicolas Hayer • *Mus.* René Sylviano • *Int.* Mireille Balin (Judith Harfstrong), Jacques Copeau (Théo Harfstrong), Andrée Guize (Michèle Devrard), Daniel Lecourtois (André de Saint-Guillon), Suzanne Delvé (Diane d'Aiguebelle), Pierre Magnier (le colonel Devrard), Gaston Séverin (Silverstein), Mihalesco (Ibrahim), Rivers cadet (Boinaud), Saturnin Fabre (le duc de Sartène).

Deux époux, un banquier levantin sans scrupule et une aventurière, se livrent à toutes sortes de trafics d'espionnage. Amoureux chacun de leur côté, ils ne trouveront pas le bonheur. Elle se lie à un homme riche qu'elle n'aime pas et lui se suicide.

☞ Deuxième film de Jean Delannoy. Il n'a pas encore d'ambition, mais déjà du talent. Un talent qu'il aura souvent dévoyé par la suite, guidé par son goût des sujets sérieux et se connaissant mal. Ici la dénonciation de l'affairisme ne donne pas lieu à une satire, comme ce fut souvent le cas dans le cinéma français des années 30, mais sert de point de départ à un feuilleton romanesque et populaire, très bien noué, à l'écriture fluide et homogène. On ne devinerait pas que le scénario vient d'une pièce ; c'est sans doute l'apport de Jean-Louis Bouquet. Évoluant dans un univers à la Sternberg en plus primaire, les personnages cherchent vainement à concilier leurs vices (cupidité, soif de domination, etc.) et leurs passions, car ces vices n'ont pas aboli en eux la faculté d'aimer. Mais c'est peine perdue : une sorte de justice poétique les empêche d'être heureux. Au centre de leurs manigances, la figure symbolique d'un jeune aviateur, loyal et pur, qu'on retrouvera dans *La règle du jeu**, film somme de la période. Dans le rôle principal, Jacques Copeau dont c'est ici la plus longue prestation au cinéma.

N.B. Une autre version de la mort du personnage de Jacques Copeau, par crise cardiaque, aurait été tournée pour l'exploitation dans certains pays. Selon Delannoy (cf. la monographie de Guiguet, Papillon et Pinturault, publiée à Aulnay-sous-Bois en 1985), Charles Méré n'est nullement intervenu dans la mise en scène.

## VERA CRUZ (id.)

1954 – USA (93') • *Prod.* Artistes Associés – Hecht-Lancaster Productions (James Hill) • *Réal.* ROBERT ALDRICH • *Sc.* Roland Kibbee et James R. Webb d'ap. une histoire de Borden Chase • *Phot.* Ernest Laszlo (Technicolor, Superscope) • *Mus.* Hugo Friedhofer • *Int.* Gary Cooper (Benjamin Trane), Burt Lancaster (Joe Erin), Denise Darcel (comtesse Marie Duvarre), Cesar Romero (marquis de Labordère), Sarita Montiel (Nina), George Macready (l'empereur Maximilien), Jack Lambert (Charlie), Ernest Borgnine (Donnegan), Morris Ankrum (le général Aguilar), Henry Brandon (Danette), Charles Buchinsky (= Bronson) (Pittsburgh), Jack Elam (Tex).

En 1866, après la guerre de Sécession, le peuple mexicain lutte pour se débarrasser de l'empereur Maximilien d'Autriche. Il est fréquent à cette époque que des Américains participent d'une façon ou d'une autre à ce conflit. Deux aventuriers, Benjamin Trane, colonel sudiste ruiné par la guerre, et Joe Erin, chef cynique et égoïste d'une petite bande de mercenaires sans foi ni loi, sont payés par l'aide de camp de l'empereur, le marquis de Labordère, pour escorter jusqu'à Vera Cruz avec un détachement militaire la comtesse Marie Duvarre, maîtresse du marquis. En cours de route les deux Américains constatent que le carrosse est chargé de coffres contenant une impressionnante quantité de pièces d'or. Cet argent – trois millions de dollars – est destiné à lever des troupes en Europe pour l'empereur. Mais la comtesse a l'intention de s'en emparer. Un bateau l'attend à Vera Cruz. La comtesse propose à Trane et à Erin de s'associer avec elle : chacun aura un tiers de la somme. Avant d'arriver au port, le convoi sera attaqué deux fois sans succès par les révolutionnaires juaristes. En payant le capitaine qui doit l'embarquer à son bord, la comtesse ne lui cache pas qu'elle a l'intention de partir seule. Mais quand Erin survient et la brutalise quelque peu, elle convient avec lui de partager moitié-moitié sans se soucier de Trane. Les soldats du marquis se doutent de quelque chose et emportent l'or. Trane, Erin et ses hommes les poursuivent mais ne trouvent qu'un carrosse vide. Le marquis a fait habilement diversion et mis l'or en sûreté dans un fort. Trane propose alors au chef des insurgés, le général Ramirez, de reprendre l'or avec eux pour un salaire de cent mille dollars. Le fort est attaqué. Les révolutionnaires combattent avec un courage qui fait l'admiration de Trane. Ils sont victorieux. Le marquis essaie de prendre la fuite avec l'or mais il est abattu. Quant à Erin, il a bien l'intention de garder le trésor pour lui seul. Trane veut au contraire remplir loyalement le contrat passé avec Ramirez. Il lui faudra pour cela abattre Erin dans un duel au revolver.

☞ En l'espace d'une année (de juillet 1954 à mai 1955) Aldrich sort en Amérique trois films, trois chefs-d'œuvre éblouissants, *Apache**, *Vera Cruz* et *Kiss Me Deadly** qui marquent son entrée fracassante dans l'histoire du cinéma. *Vera Cruz* peut paraître le plus mineur des trois mais n'est pas, loin de là, le moins personnel. Il possède cette dimension de pessimisme jovial, d'humour et de vitalité dévastatrice qui est indissociable de l'univers du cinéaste. Ici, tout le monde trompe tout le monde, ou du moins s'y emploie, et devant la ruse, la cupidité, l'égoïsme omniprésent de chaque personnage, rien ne résiste : ni l'amitié, ni l'amour, ni la loyauté, ni l'honneur. A la fin, la présence du « gentleman » Gary Cooper (qui ne l'est en réalité que par intermittence) permet de terminer le film sur un happy end d'ailleurs assez amer. Disposant de plus d'argent qu'il n'en avait eu jusque-là, Aldrich utilise au mieux de ses possibilités le format bâtard du Superscope et installe les multiples retournements de son scénario au milieu d'espaces très vastes, bourrés de figurants disséminés à perte de vue tantôt dans un bal (filmé au somptueux palais de Chapultepec), sur les remparts encadrant une grande place ou tout simplement sur le versant d'une colline. Dans les grands comme dans les petits rôles, la distribution est, comme toujours chez Aldrich, haute en couleur. Le face-à-face Cooper-Lancaster tourne à l'avantage de Lancaster dont l'éclatant sourire d'ivoire domine une œuvre à la fois tonique et nihiliste.

## VERTIGO
### (Sueurs froides)

1958 – USA (126') • *Prod.* PAR. (Alfred Hitchcock) • *Réal.* ALFRED HITCHCOCK • *Sc.* Alec Coppel et Samuel Taylor d'ap. R. « D'entre les morts » de Pierre Boileau et Thomas Narcejac • *Phot.* Robert Burks (Technicolor, Vistavision) • *Mus.* Bernard Herrmann • *Int.* James Stewart (John « Scottie » Ferguson), Kim Novak (Madeleine/Judy), Barbara Bel Geddes (Midge Wood), Tom Helmore (Gavin Elster), Henry Jones (le coroner), Raymond Bailey (le docteur), Ellen Corby (la gérante de l'hôtel).

⊖ C'est en poursuivant un suspect sur les toits de San Francisco que le policier John « Scottie » Ferguson s'aperçoit qu'il est sujet à l'acrophobie. Il glisse et se raccroche au rebord d'un toit. En essayant de le sauver, un autre policier fait une chute mortelle. Ferguson préfère quitter la police. Un de ses anciens condisciples, Gavin Elster, directeur d'une entreprise de construction navale appartenant à sa femme Madeleine, lui propose alors une mission délicate : suivre Madeleine qui est hantée, possédée par une mystérieuse créature et se livre à de longues virées sur lesquelles Elster voudrait être mieux informé avant de la confier aux médecins. D'abord réticent, Ferguson accepte. La beauté de la malade, qu'Elster lui a fait entrevoir au restaurant Ernie's, a achevé de le convaincre. Ferguson se met donc à suivre Madeleine en voiture au sortir de chez elle. Elle achète des fleurs, se rend dans un petit cimetière sur la tombe d'une certaine Carlotta Valdes dont elle va ensuite contempler longuement le portrait dans un musée. Elle a d'ailleurs le même chignon en vrille que la Carlotta du tableau. Elle se rend ensuite dans un vieil hôtel où elle a loué une chambre sous le nom de Carlotta Valdes. Ayant demandé à Midge, son ancienne fiancée qui l'aime toujours, de lui faire connaître un spécialiste de la petite histoire de la ville à la fin du siècle dernier, Ferguson la suit chez un vieux libraire qui lui raconte la triste et célèbre histoire de Carlotta Valdes. Protégée par un richissime habitant de la ville qui avait construit pour elle la demeure où va parfois se réfugier Madeleine, Carlotta lui avait donné un enfant. Son protecteur l'avait ensuite abandonnée. Devenu folle, elle réclamait partout son enfant et se suicida à 28 ans (l'âge de Madeleine). Ferguson fait son rapport à Elster qui lui apprend que Carlotta Valdes était l'arrière-grand-mère de sa femme, ce que celle-ci ignore. Ferguson suit de nouveau Madeleine qui va se jeter dans la baie de San Francisco. Ferguson la sauve et la ramène chez lui. Avant de reprendre connaissance, elle murmure : « Où est mon enfant ? ». Une fois revenue à elle, elle semble avoir tout oublié de sa noyade. Elle disparaît pendant que Ferguson reçoit un coup de fil d'Elster, inquiet de l'absence de sa femme. Ferguson suit Madeleine une troisième fois : cette filature le ramène chez lui où Madeleine était venue déposer un mot de remerciements et d'excuses. Il l'emmène se promener dans une forêt de séquoias millénaires. Là, elle lui parle de sa mort qu'elle sent toute proche et d'un rêve qui la hante où elle se retrouve près d'un cloître espagnol surmonté d'une tour. Elle est persuadée qu'une femme, à l'intérieur d'elle-même, veut sa mort. Après ces aveux, Ferguson et Madeleine s'embrassent passionnément. Le lendemain, Ferguson conduit Madeleine à une vieille mission espagnole devenue un musée. C'est l'endroit que Madeleine voit dans son rêve et Ferguson est persuadé qu'elle y est déjà venue dans la réalité. Soudain, après lui avoir dit qu'elle l'aime mais qu'il est trop tard, elle monte précipitamment dans la tour. Il la suit mais son acrophobie ralentit son ascension. Elle arrive avant lui au sommet. Il voit, par une lucarne, son corps retomber après une chute de plusieurs mètres sur le toit de la mission. Atterré, il quitte les lieux. Bien qu'il n'ait pu empêcher la mort de Madeleine, il sera considéré légalement innocent. Surmontant mal le choc, il est sujet à l'insomnie ou aux cauchemars. Il est soigné dans une clinique pour dépression. Il reste complètement prostré lors des visites de Midge. A sa sortie de clinique, il se rend au restaurant Ernie's, au musée et croit voir partout Madeleine. Dans la rue, il aperçoit un jour une jeune femme qui, quoique brune, lui paraît le sosie parfait de Madeleine. Il la suit jusque dans la chambre d'hôtel où elle habite et l'interroge. Elle s'appelle Judy. Elle est vendeuse. Ferguson lui arrache un rendez-vous à dîner. Il reviendra la chercher dans une demi-heure. Après son départ, Judy, qui n'est autre que Madeleine, songe au piège tendu à Ferguson. Quand elle était montée au sommet de la tour, Gavin Elster, son complice et son amant, avait poussé dans le vide sa femme légitime et Ferguson avait cru voir tomber Madeleine. Ayant pour témoin de la mort de sa femme un ancien policier, Elster pouvait croire avoir accompli le crime parfait. Judy s'apprête à faire sa valise et à laisser un mot à Ferguson. Mais son amour pour lui est le plus fort et elle préfère l'attendre. Dans les jours qui suivent, ils se revoient souvent. Fasciné par elle comme il l'était par Madeleine, Ferguson lui achète des vêtements, un tailleur semblable à celui que portait Madeleine. Il l'oblige à changer de coiffure pour ressembler à la morte. Elle ne peut s'empêcher de le laisser la transformer en Madeleine, quitte pour cela à risquer d'être découverte. Un soir, alors qu'elle est redevenue physiquement identique à Madeleine, Ferguson voit à son cou un bijou semblable à celui que portait la Carlotta du tableau. Soudain il comprend tout : la fausse noyade, le meurtre de la femme de Gavin Elster, l'utilisation qu'on a faite de son acrophobie, etc. Il oblige Madeleine-Judy à monter au sommet de la tour. Il découvre là-haut que son acrophobie a disparu. Une Sœur de la mission apparaît près de Judy que cette vision nocturne et quasi fantomatique impressionne ; elle recule et tombe dans le vide...

☞ *Vertigo* contient, à l'état de condensé poétique, psychanalytique et métaphysique, tout ce que le cinéma peut offrir : une histoire d'amour, un récit d'aventures, un voyage que les personnages entreprennent au fond d'eux-mêmes, une énigme policière dont l'auteur se plaît à révéler la solution trente minutes avant la fin. Comme à son habitude, Hitchcock enserre le spectateur dans l'intrigue au point qu'elle lui devient aussi énigmatique que la réalité elle-même. Admirer le film (qui est assurément l'un des plus admirables qu'on puisse voir) et l'analyser, c'est plus encore qu'analyser l'auteur, s'analyser soi-même dans le sens psychologique et psychanalytique du terme. Ainsi *Vertigo* est, dans l'amour et l'admiration qu'on peut lui porter, une œuvre si *privée* qu'elle invite au silence et à la méditation plus qu'au bavardage, comme un journal intime qu'on n'aurait pas dû lire. Il n'y a pas *un* fil rouge dans le film mais plusieurs, qui s'entrecroisent indéfiniment : le crime (qui abolit pour celui qui y est mêlé tout avenir), la nécrophilie, l'illusion, le sentiment amoureux. Sur le sentiment amoureux, Hitchcock a tressé d'infinies variations. Ce sentiment est souvent, dans son œuvre, sentiment d'infériorité, voire d'indignité. Ici, tous les personnages l'éprouvent dans ses différentes composantes à un moment ou à un autre de l'intrigue ; le personnage de Midge en fournit le contrepoint caricatural (et totalement désespéré). L'histoire principale des deux héros de *Vertigo* tient en ceci que, même dans l'amour, ils ne se rencontreront pas. Quand il est enfin sorti du piège des illusions qu'il se faisait sur elle, Ferguson tue celle qu'il aime (c'est à peu près le sens de la scène finale). Quand elle a à peu près tout fait ce qui était en son pouvoir pour rejoindre Ferguson, Madeleine-Judy le perd. L'un et l'autre se perdent avant même de se trouver. La morale, évidemment, et le crime auquel a participé Judy resteront éternellement entre eux comme un obstacle insurmontable. Ce cache-cache tragique unit l'extrême sensualité et proximité physique des personnages (l'interprétation de Kim Novak a été reconnue comme l'une des plus *animales* de tout le cinéma américain) à une non moins extrême cérébralité, puisque tout le film est aussi le récit des gesticulations mentales de Ferguson pour appréhender l'être de Madeleine-Judy qui lui échappera dans la mort au moment où il croira l'avoir trouvé. Pour rendre sensible – et en même temps impénétrable – au public cette histoire de vertige et de chute plus forts que l'amour, Hitchcock a usé de tous ses trucs, certains médités depuis quinze ans (l'effet de vertige ressenti par le héros dans la tour). Ils sont comme les rimes d'un poème, visibles, décelables, faites pour être repérables mais aussi pour s'abolir à la fin dans la magie déchirante de la musique qu'elles ont aidé à produire. Jamais dans aucun film le cinéma n'a été autant fabrication *et* confession, spectacle *et* intimité.

BIBLIO. : il faut lire évidemment les commentaires de Hitchcock sur son film tels qu'il les a confiés à François Truffaut (*in* « Le cinéma selon Hitchcock », Robert Laffont, 1966 ; édition définitive, Ramsay, 1983). Par ailleurs, Truffaut apprend à Hitchcock, qui semble l'ignorer, que le roman de Boileau-Narcejac « D'entre les morts » (1954), le quatrième de leur abondante production, a été écrit spécialement pour lui, après que les auteurs aient appris que le Maître avait voulu acquérir les droits de « Celle qui n'était plus », 1952 (devenu au cinéma *Les diaboliques**). Voir aussi la belle étude de Donald Spoto *in* « The Art of Alfred Hitchcock », Hopkinson and Blake, New York, 1976 ; trad. française : « L'art d'Alfred Hitchcock », Édilig, 1986.

## VEUVE JOYEUSE (LA)
## (The Merry Widow)

1934 – USA (110') • *Prod.* MGM (Irving Thalberg) • *Réal.* ERNST LUBITSCH • *Sc.* Ernest Vajda et Samson Raphaelson d'ap. l'opérette de Victor Leon et Leo Stein • *Mus.* Franz Lehar • *Phot.* Oliver T. Marsh • *Mus.* Franz Lehar, Richard Rodgers • *Int.* Maurice Chevalier (Danilo), Jeanette MacDonald (Sonia), Edward Everett Horton (l'ambassadeur), Una Merkel (la reine Dolorès), George Barbier (le roi Achmed), Minna Gombell (Marcelle), Ruth Channing (Lolo), Sterling Holloway, Donald Meek, Herman Bing, Akim Tamiroff.

1885. En Marshovie, le chef de la garde, le comte Danilo, grand séducteur devant l'Éternel, courtise vainement Sonia, une veuve richissime qui lui refuse tout, y compris d'enlever son masque devant lui. Elle décide un jour de mettre fin à son deuil et de partir s'amuser à Paris. Son départ est une catastrophe nationale, car si elle retire ses fonds de la banque centrale du pays, c'est la banqueroute. Surpris dans la chambre à coucher de la reine, Danilo est envoyé en mission à Paris, où il séjourne fréquemment, afin de séduire Sonia et de la ramener au pays. Chez Maxim's, Danilo, connu comme le loup blanc, rencontre Sonia qui se fait passer un moment pour une entraîneuse. Quand il affirme détester les femmes du monde et leurs exigences en matière de fidélité, elle le plante là. Plus tard, amoureux fou d'elle, Danilo apprend sa véritable identité. Mais Sonia se méprend sur son amour et s'imagine que Danilo ne s'est déclaré que parce qu'il était en service commandé. De retour en Marshovie, Danilo passe en cour martiale pour trahison, ayant échoué dans sa mission, dont il a – circonstance aggravante – livré le secret aux petites femmes de Maxim's. Sonia vient le défendre au tribunal, puis va le voir dans sa prison. Le roi les y enferme tous deux, leur laissant le temps de s'expliquer, puis de décider de leur mariage, qui a lieu sur-le-champ.

☞ Dernier des quatre longs métrages de Chevalier dirigés par Lubitsch. Dans cet exercice de style, toute la palette de Lubitsch n'est pas représentée, mais seulement le plus caractéristique, et c'est ce qui rend le film si précieux : une sensualité discrète mais constante, une élégance qui tient à rester dans le registre du superficiel, une certaine froideur de ton dans le charme et l'exubérance, l'absence de tout sentimentalisme. La beauté du film est avant tout formelle et quasi picturale. Le spectateur est fasciné par l'aisance de Lubitsch qui cultive la caricature mais rejette l'outrance, qui recherche un certain relief charnel des êtres mais refuse la trivialité et sacrifie tout finalement à la légèreté miraculeuse du trait. Avec des pantins, du luxe, les nuances et les contrastes du noir et blanc, il peint une petite comédie humaine où les personnages, charmants et futiles, ont toutes les peines du monde à se comprendre et à se connaître. Pour un peu, ces pantins, si on les laissait faire, auraient presque l'audace d'être malheureux. Mais Lubitsch veille au grain et les ramène, d'une main ferme, dans le droit chemin du bonheur et de la frivolité. C'est cette volonté qui le différencie d'Ophuls avec lequel il a plus d'un trait commun.

N.B. Lubitsch tourna parallèlement une version française légèrement différente avec les deux mêmes vedettes. Marcel Achard en signa l'adaptation. A l'accent français très comique de Chevalier dans la version américaine succède ici le charmant accent anglais de Jeanette MacDonald qui joue et chante en français. Autres versions par Stroheim (1925) et par Curtis Bernhardt (1952).

## VIE DE O'HARU, FEMME GALANTE (LA)
### (Saikaku Ichidai Onna)

1952 – Japon (135') • *Prod.* Shin Toho-Koi Productions (Hideo Koi) • *Réal.* KENJI MIZOGUCHI • *Sc.* Yoshikata Yoda d'ap. R. « Koshoku Ichidai Onna » de Saikaku Ihara • *Phot.* Yoshimi Hirano • *Mus.* Ichiro Saito • *Int.* Kinuyo Tanaka (O'Haru), Toshiro Mifune (Katsunosuke), Masao Shimizu (Kikuoji), Ichiro Sugai (Shinzaemon), Tsukue Matsuura (Tomo), Kiyoko Tsuji (propriétaire de l'auberge), Toshiaki Konoe (Harutaka Matsudaira).

Au XVII^e^ siècle, dans un temple rempli de statues du Bouddha dont l'une lui rappelle les traits de son premier amant, O'Haru, vieille prostituée encore en activité, se remémore sa vie. Jeune fille de petite noblesse, elle devait épouser un jeune seigneur du voisinage. Mais elle avait cédé aux avances de Katsunosuke, un homme au service de ce seigneur, et de plus basse extraction qu'elle. Il l'avait approchée en usant de ruse mais elle l'admirait depuis longtemps. La police du seigneur les surprend ensemble et O'Haru est alors traitée à l'égal d'une prostituée. Elle est condamnée à l'exil ainsi que sa famille, et son amant est exécuté. Un envoyé du chef du clan Matsudaira recherche une femme pour son maître, resté jusque-là sans héritier. La description physique qu'a donnée le maître de la femme rêvée est si précise que sa découverte paraît hautement improbable. Par miracle, O'Haru, remarquée par l'envoyé parmi des danseuses, répond dans le détail aux exigences du maître. Elle est ainsi vendue au chef du clan. Mais aussitôt qu'elle a accouché, elle est renvoyée et à peine dédommagée. Couvert de dettes parce qu'il s'était cru riche du fait de la nouvelle position de sa fille, le père de O'Haru lui intime l'ordre de rejoindre le quartier des prostituées. Là, un client apparemment très riche la veut pour femme. C'est en réalité un faux-monnayeur, rapidement arrêté. O'Haru retourne à nouveau chez ses parents. Elle entre au service de la femme d'un drapier qui lui confie son secret : devenue chauve, elle n'a jamais osé avouer son infortune à son mari. Et O'Haru passera son temps à soigner ses perruques. Ayant eu connaissance de son passé de courtisane, le drapier, tout excité, entend profiter de la situation. L'épouse accuse alors O'Haru d'avoir des visées sur son mari. O'Haru s'arrange pour que le chat de la maison arrache la perruque de l'épouse, puis s'en va. Plus tard, mariée à un marchand d'éventails, elle devrait enfin connaître la paix et le bonheur, quand son époux est assassiné par des voleurs. Sans un sou, elle trouve refuge dans un temple bouddhique. Le drapier, venu récupérer des étoffes qu'elle avait achetées à crédit, la contraint à se donner à lui. Une religieuse du temple les surprend, et elle est renvoyée. Elle vit quelque temps avec le domestique du drapier qui a volé son maître et se fait bientôt arrêter. Elle devient mendiante puis est recueillie par des prostituées de la rue qui l'engagent à faire comme elles. Un jour, un homme la paie pour qu'elle s'exhibe devant un groupe de pèlerins : « Regardez, leur dit-il, ce qui reste d'une vie de plaisir. » La rêverie de O'Haru s'achève et la ramène au présent. Elle retrouve sa mère, maintenant veuve, et qui la croyait morte. Gravement malade, O'Haru est soignée par elle. Le fils du chef du clan Matsudaira a succédé à son père. O'Haru s'imagine que son périple va prendre fin, qu'elle pourra vivre désormais auprès de son fils. Au contraire, elle est à nouveau exilée pour payer le prix de ses fautes. Elle est toutefois autorisée à contempler son fils lors du passage de son cortège officiel. L'ayant revu, elle déjoue la surveillance des gardes et prend la fuite. On n'entendra plus parler d'elle par la suite : elle est devenue prêtresse errante.

☞ Tiré d'un roman célèbre de Saikaku Ihara (1686), c'est le film qui, au festival de Venise 1952, révèle aux critiques du monde entier le nom de Mizoguchi. Il se trouve que c'est aussi le premier film-somme de l'auteur, récapitulation synthétique et géniale des thèmes et des recherches formelles de toute une vie. L'impressionnante série de malheurs qu'elle a vécus à travers ses pérégrinations dans toutes les couches de la société fait de O'Haru l'héroïne-tragique – et mizoguchienne – par excellence. Son destin, placé sous le signe permanent de la privation du libre-arbitre, souligne aussi que, pour Mizoguchi, seule la femme peut faire l'expérience extrême de la tragédie. Cette expérience est en effet la résultante d'une fatalité (individuelle) et d'une organisation sociale (dont les bases reposent sur la sujétion de la femme). Sa vie, telle que O'Haru la revoit, est une succession d'esclavages imposés par l'autre sexe sous les différents aspects du père, du seigneur, du patron, de l'amant, du mari, du fils ou du simple client de maison de thé. Vie répétitive et pourtant étonnamment variée, où seules changent la nature et l'intensité du supplice. *O'Haru* est aussi une réflexion subtile et poignante sur les thèmes emmêlés du temps, de l'instant, de l'éternité. La rêverie de O'Haru se situe à la fois dans le temps et hors du temps. Dans le temps puisqu'elle suit l'ordre chronologique des faits et que la narration proprement dite se continue après elle. Hors du temps, parce que Mizoguchi n'a pas cherché à rajeunir vraiment son héroïne dans les premiers épisodes de sa biographie, pas plus qu'il n'a voulu accentuer particulièrement son vieillissement progressif. Elle est à peu près, tout au long du film, telle que l'éternité l'a faite et l'a voulue. Chacun des principaux événements de sa vie reflète et contient la totalité de ses malheurs. Cette identité est mise en valeur par le style contemplatif, implacable et tendre de Mizoguchi. Un seul *instant,* un seul paroxysme de fureur et de tremblement paraîtra détaché du reste, dans ce long itinéraire : la vision fugitive qu'aura O'Haru de son fils. Là seulement, dans la mise en scène, le règne quasi absolu du plan-séquence s'abolit au profit de quelques travellings d'une charge émotive presque insupportable. Passé ce point où culminent les frustrations de l'héroïne mais aussi l'exaucement de tous ses vœux, elle est prête pour entrer dans le dernier des univers qu'il lui aura été donné de connaître ici-bas, celui du détachement, qui, à l'extrême de l'humain, n'est plus tout à fait humain.

BIBLIO. : découpage (en allemand) publié chez Helmut Farber, Munich, 1986. Un volume est consacré au texte et un volume aux photogrammes.

## VIE D'UN HONNETE HOMME (LA)

1953 – France (100') • *Prod.* General Production, S.B. Films (distribué par Gaumont) • *Réal.* SACHA GUITRY • *Sc.* S. Guitry • *Phot.* Jean Bachelet • *Mus.* Louiguy • *Int.* Michel Simon (Albert et Alain Ménard-Lacoste), Marguerite Pierry (Madeleine), Pauline Carton (la patronne de l'hôtel), Lana Marconi (la Comtesse), François Guérin (Pierre), Laurence Badie (Juliette), Louis de Funès (Émile), Claude Gensac (Évelyne), André Brunot (le Dr Ogier), Marcel Pérès (le commissaire), Max Déjean (le restaurateur), Mouloudji (le chanteur), Georges Bever (le chauffeur de taxi).

Le conteur, Sacha Guitry, ayant présenté ses acteurs, nommé ses techniciens, frappé les trois coups sur son bureau avec un briquet, l'histoire peut commencer. Albert Ménard-Lacoste, richissime industriel qui n'a que le mot d'honnêteté à la bouche, reçoit son jumeau Alain. Bien que les deux hommes se ressemblent physiquement au point d'être interchangeables, on ne peut concevoir caractères et destins plus différents. Alain a mené une vie d'indépendance et de fantaisie ; il a fait de nombreux métiers. Récemment, il a été emprisonné au Canada pour vagabondage. Il vient demander à son frère une place, ou au moins une recommandation, qui lui sont refusées, puis de l'argent, qu'il obtient. L'entretien des deux hommes a été froid, polémique, sans aménité. Albert avait caché à sa femme l'existence de son jumeau, ou plutôt l'avait fait mourir à dix-huit ans. Aujourd'hui, Madeleine se doute de quelque chose et Albert doit lui avouer la vérité. Malgré l'hostilité qu'il lui a manifestée, Albert ne peut s'empêcher de penser à son frère et se rend dans le petit hôtel où il loge près de la gare du Nord. Il lui propose une situation en province. Atteint d'un malaise cardiaque, Alain meurt en sa présence. Avant de mourir, il avait affirmé à Albert n'avoir aucun regret de sa vie, rocambolesque, amusante, passée pour une bonne part à escroquer les autres sous différentes identités : « Etre un autre que soi pendant... un mois, deux mois, c'est plus qu'intéressant », avait-il dit. Devant le cadavre de son frère, Albert a soudain l'idée d'emprunter son identité. Il lui enlève ses vêtements qu'il enfile et l'habille avec les siens. Il écrit un codicille à son testament qu'il place dans la poche du mort. Après quoi, il téléphone à Madeleine. Le commissaire, puis Madeleine et son médecin personnel, le Dr Ogier, arrivent à l'hôtel. Madeleine trouve cette mort suspecte. Une autopsie est demandée. Albert mène pendant quelque temps la vie d'Alain et loge dans sa chambre. Il a la surprise de voir arriver un soir une prostituée, maîtresse d'Alain, qui le prend évidemment pour son frère et lui remet de l'argent. Albert lui demande de rester avec lui à demeure. Elle refuse : elle aime trop son indépendance. Le Dr Ogier vient annoncer à Madeleine le résultat de l'autopsie : Albert est mort de mort naturelle. Le commissaire apporte le permis d'inhumer et les objets et papiers personnels du défunt qu'il avait mis sous enveloppe scellée. Parmi ces papiers, il y a évidemment le codicille au testament. Chez le notaire, Madeleine, son fils Pierre et sa fille Juliette apprennent avec stupéfaction qu'Albert a nommé son frère légataire universel, lui confiant le soin de verser une rente à sa femme, une dot à sa fille et un salaire à son fils (pourvu qu'il le mérite par son travail). Lors de l'enterrement, Madeleine invite Albert à marcher à côté d'elle derrière le corbillard. Elle lui donne la libre disposition du bureau de son mari. Elle l'invite à prendre le café et, quelque temps plus tard, à dîner. Au cours de la soirée, devant la télévision, elle va jusqu'à l'embrasser. Juliette fait remarquer à son frère que leur mère va trop loin. « Oui, dit-il, mais si elle nous rattrape une dizaine de millions... » Un coup de téléphone du Dr Ogier révèle à Madeleine que le cadavre ne portait pas de cicatrice ; or Albert venait de se faire enlever l'appendice... Albert, pendant la conversation, a préféré filer. Il disparaît dans la nuit sans laisser de traces, juste après que le chanteur dont la complainte a accompagné le film en a prononcé les derniers vers : « Mais bien qu'on soit/Son pire ennemi/Dégoûté de soi/Et de son lot/On ne peut pas/Passer sa vie/A se foutre à l'eau. »

☞ N'aurait-il réalisé que cet unique film, Sacha Guitry serait déjà, dans le domaine de la création cinématographique, l'égal des plus grands, et l'on ne voit pas, dans l'histoire du cinéma français, de film qui soit supérieur à celui-ci. La maîtrise du dialogue, de l'interprétation, du rythme, du découpage est absolue, et Guitry réinvente par exemple, dans la scène capitale de l'entrevue des deux jumeaux, le procédé du champ-contrechamp auquel il restitue sa vérité première de choc frontal, en dédaignant de recourir au moindre trucage pour réunir les deux personnages dans la même image. Sur le plan moral et philosophique, *La vie d'un honnête homme* se place dans la même lignée que *La poison**, avec une causticité plus féroce, une amertume plus sombre et plus désespérée encore, puisqu'elles s'appliquent, non à des monstres, mais à un univers bourgeois considéré comme « normal ». Dans le portrait qu'il donne des deux jumeaux, Guitry se garde de tomber dans le manichéisme. Il montre en eux deux solitaires, ayant chacun leur vérité, l'un (Alain) content de sa vie, ne regrettant rien et surtout pas de s'être amusé, même si la farce finit dans un meublé immonde, l'autre (Albert) mécontent au contraire de lui-même, de son existence de droiture et d'hypocrisie, de son ennui, et envieux de l'autre, qui ne l'envie pas du tout. Sur le plan du style, Guitry réussit ce prodige (qu'il a recherché toute sa vie) de faire se rejoindre et coïncider exactement la force de la caricature et le réalisme absolu. *La vie d'un honnête homme* a par ailleurs la saveur d'un vrai roman d'aventures alliée au charme d'un roman policier sans apprêt, où Simenon croiserait Dostoïevski sous le regard aigu d'un grand ironiste. Cela paraît un pléonasme que de vanter le génie de Michel Simon dans ce double rôle qui est comme l'apogée d'une carrière en tous points hors du commun. Marguerite Pierry, Pauline Carton, De Funès, Bever et tous les autres qui l'entourent sont au diapason de son génie. Et la scène unique où paraît Lana Marconi est pour ainsi dire la quintessence de Guitry : drôlerie, vérité, noirceur, émotion, cette dernière née de l'adoration qu'avait Guitry pour la liberté et l'indépendance sous toutes leurs formes.

BIBLIO. : scénario et dialogues publiés chez Raoul Solar, 1956 (menues différences avec le film définitif, notamment dans le commentaire *off* du conteur).

## VIE EN ROSE (LA)

1947 – France (100') • *Prod.* Raoul Ploquin • *Réal.* JEAN FAUREZ • *Sc.* René Wheeler, Henri Jeanson • *Phot.* Louis Page • *Mus.* Georges Van Parys • *Int.* François Périer (François Lecoc), Louis Salou (Robert Turlot), Colette Richard (Colette), Simone Valère (Simone), François Patrice (Della Rocca), Claire Olivier (Mme Palisse), Serge Emrich (Plancoët).

François, jeune pion d'un lycée de province, retrouve, le jour de la distribution des prix, son collègue Turlot assommé par une chute consécutive à une pendaison ratée. Il trouve à côté de lui son journal intime et le lit. Turlot y décrit complaisamment son ascendant sur les élèves, la séduction qu'il exerce avec désinvolture sur Colette, la fille du principal nouvellement arrivée au collège, ainsi que ses activités d'auteur, retaillant une pièce que Jouvet doit monter. Cette lecture scandalise François qui traite Turlot, revenu à lui, de Tartufe. François est en effet l'amant de Colette et fait une scène à celle-ci à propos de sa liaison et de ses relations épistolaires avec Turlot. Stupéfaite, Colette nie en bloc ces accusations et déclare que Turlot est un mythomane. Un élève en pleurs, Plancoët, se croyant responsable de la mort de Turlot, se confesse alors à François. Deux de ses camarades et lui-même, voulant faire une farce à leur surveillant, avaient imité la voix de Colette et fabriqué de toutes pièces une correspondance amoureuse attribuée à la jeune fille. Turlot, tombant dans le panneau, allait régulièrement chercher les lettres de sa « conquête » dans un arbre du jardin. Plus tard, l'un des trois farceurs vola à Turlot son journal intime et, malgré ses supplications, refusa de le rendre. Pendant la distribution des prix, Plancoët alla lui rendre son journal et, le trouvant inanimé, l'avait cru mort. François le rassure. Puis il se réconcilie avec Colette, tandis que Turlot, quittant le collège, leur donne un morceau de sa corde de pendu. Selon la croyance, elle devrait leur porter bonheur.

☞ Ce film aujourd'hui oublié – version moderne du « Petit Chose » – eut son heure de gloire. Les festivals de Locarno et de Venise se le disputèrent. Le texte de son scénario fut publié dans « Le Monde illustré, théâtral et littéraire » (l'ancêtre de « L'Avant-Scène du cinéma ») à côté du *Corbeau** et des *Dernières vacances**. Une construction originale et parfois un peu artificielle permet à Louis Salou, acteur aussi talentueux que méconnu, de jouer le même rôle sous deux éclairages successifs et différents. Il interprète d'abord son personnage tel que celui-ci se rêve : Don Juan avantageux, brillant, plein de morgue et de répartie. On voit ensuite le personnage tel qu'il est en réalité et tel que les autres le voient : besogneux, timide, velléitaire, crédule et mélancolique. Un ton de cruauté et d'amertume sans complaisance et sans concession caractérise tout le film. C'est vraisemblablement l'apport particulier de René Wheeler.

BIBLIO. : scénario et dialogues *in* « Le Monde illustré, théâtral et littéraire » n° 33 (1948).

## VIE EST BELLE (LA)
## (It's a Wonderful Life)

1946 – USA (129') • *Prod.* RKO – Liberty Films • *Réal.* FRANK CAPRA • *Sc.* Frances Goodrich, Albert Hackett, Jo Swerling d'ap. la nouvelle « The Greatest Gift » de Philip Van Doren Stern • *Phot.* Joseph Walker, Joseph Biruc • *Mus.* Dimitri Tiomkin • *Int.* James Stewart (George Bailey), Donna Reed

(Mary Hatch), Henry Travers (Clarence Oddbody), Lionel Barrymore (Mr. Potter), Gloria Grahame (Violet Bick), Samuel S. Hinds (Mr. Bailey), Frank Faylen (Ernie), Ward Bond (Bert), Thomas Mitchell (Oncle Billy), Frank Albertson (Sam Wainwright), H.B. Warner (Mr. Gower), Todd Karns (Harry Bailey), Beulah Bondi (Mrs. Bailey), Carl « Alfalfa » Switzer (Freddie).

En cette nuit de Noël 1945, montent de la petite ville de Bedford Falls des prières pour le salut de George Bailey qui est au bord du désespoir et du suicide. Les autorités célestes décident d'envoyer Clarence, un ange de seconde classe (il n'a pas encore obtenu ses ailes) pour s'occuper de lui. Mais il faut qu'il soit informé sur la vie de celui qu'il va secourir, et on la lui raconte. En 1919, à l'âge de douze ans, George sauve son frère cadet Harry de la noyade. George perd à cette occasion l'usage d'une oreille. Il travaille comme serveur au drugstore de Mr. Gower, un vieil homme qui, le jour où il apprend la mort de son fils, fait une erreur dans une préparation pharmaceutique destinée à un enfant. Heureusement, George s'en aperçoit et s'abstient de porter à l'enfant un remède qui l'aurait empoisonné. Devenu adulte, George ne rêve que d'aventure et de découvertes. Son plus cher désir est d'explorer le monde. Toute sa vie, ce rêve restera lettre morte. Il veut aussi être architecte et cela non plus ne s'accomplira pas. Il aurait souhaité ne pas travailler à la société de prêts immobiliers « Crédit et Construction » fondée par son père en vue d'améliorer l'habitat des classes les plus modestes, obligées sans cela de louer les masures du millionnaire Potter. Homme cupide autant que méchant, Potter rêve, lui, de posséder toute la ville. Une party est donnée, dans le gymnase de l'école, en l'honneur de Harry qui part pour l'Université. George rencontre là Mary Hatch qui sera l'amour de sa vie. Ils dansent un charleston endiablé quand soudain la piste de danse s'ouvre et laisse place à une piscine. George et Mary tombent ensemble et continuent de danser dans l'eau. Gagnés par leur enthousiasme juvénile, beaucoup d'autres invités les imitent. Le père de George meurt d'une attaque. Pour empêcher que « Crédit et Construction » ne soit dissous ou avalé par Potter, George doit accepter de prendre la direction de l'affaire. Adieu les études, les voyages, l'architecture. Il épouse Mary qui lui donnera quatre enfants. Mais le jour de son mariage, une panique se produit à son organisme de crédit. Affolés, les clients veulent retirer leur argent. Potter se propose de tout racheter à cinquante pour cent. George doit user d'éloquence pour persuader ses clients de lui garder sa confiance. Afin de sauver l'établissement, il répond aux demandes de fonds en utilisant son propre argent. Adieu le voyage de noces. Mary a d'ailleurs préparé le repas de noces dans une vieille demeure en ruine où George rêvait d'habiter. Il repousse le pont d'or que Potter voulait lui faire à condition qu'il vienne travailler avec lui et abandonne son organisme de crédit. Durant la Seconde Guerre, Harry se conduit en héros. George, lui, à cause de son oreille, doit rester à Bedford Falls. Arrive la fameuse journée du 24 décembre 1945. Un inspecteur de la banque vient vérifier les comptes de « Construction et Crédit ». Ce jour-là, le vieil Oncle Billy est si fier de montrer à Potter le journal où l'on annonce que le Président Truman en personne va décorer Harry qu'il en oublie dedans les 8 000 dollars qu'il venait porter à la banque. Trop heureux de nuire à ses adversaires de toujours, Potter garde le journal et les billets. George, après avoir quelque peu malmené le vieux Billy incapable de dire ce qu'il a fait de l'argent, vient supplier Potter de l'aider. Pour toute réponse, Potter lui annonce qu'il l'a dénoncé à la police pour escroquerie. Désespéré, George songe à se jeter à l'eau. C'est ici qu'intervient Clarence. Il devance George et saute dans la rivière. Comme il l'avait prévu, George plonge pour le sauver et en oublie ainsi ses propres idées de suicide. Un peu plus tard, George ayant souhaité n'être jamais né, l'ange exauce son vœu. George découvre alors que la ville s'appelle Potterville et non Bedford Falls. Elle est remplie de bars et de dancings. Son ancien patron, Mr. Gower, est un mendiant méprisé par tous depuis qu'il a empoisonné un enfant. Oncle Billy est à l'asile. George découvre au cimetière la tombe de son petit frère Harry (qui n'a pu donc sauver tant de vies humaines par son héroïsme à la guerre). Mary est une vieille fille qui travaille à la bibliothèque. Le quartier Bailey, cet ensemble d'immeubles modernes destiné aux habitants les plus modestes, n'existe évidemment pas. Devant ce tableau infernal, George supplie le ciel qu'on lui rende sa femme et ses enfants. Ayant compris que sa vie n'avait pas été inutile, il est exaucé. Il découvre alors que tous les habitants sont venus lui porter leur obole pour qu'il puisse faire face à ses dettes...

☞ Venant se placer de lui-même sous l'invocation de Leo McCarey que Capra considéra toujours comme un maître, sinon comme son maître, ce sublime conte de Noël est le film le plus riche et le plus complet de Capra. Il combine non seulement la comédie et le drame mais fait appel au romanesque, à la poésie et même au fantastique pour relater l'histoire d'une destinée reliée, au sein de la communauté où elle se déroule, à toutes les autres destinées de cette communauté et, par extension, à l'humanité tout entière. Le propos du film est d'ailleurs beaucoup plus de raconter l'histoire de ce *lien* que celle d'un individu. Et ce conte qui veut souligner la solidarité de tous les hommes en fournit, dans son intrigue, une démonstration aussi étincelante qu'émouvante. Dans les trois premiers quarts du film, Capra se révèle habile, prenant, parfois touchant. Dans le dernier quart, il se surpasse et le spectateur s'aperçoit qu'il n'a pas seulement affaire à un excellent film comme Capra en a réalisé beaucoup, mais à un chef-d'œuvre, tel que les meilleurs réalisateurs en donnent un ou deux dans toute leur carrière. Le dernier quart du film amène le spectateur – ainsi que le héros – à revoir ce qui s'est passé jusque-là dans une autre lumière et sous un autre point de vue. En permettant au héros de contempler pendant quelques instants un monde où il ne serait pas né, Capra (et son bon ange Clarence) l'obligent à sentir le caractère irrémédiable de chacun de ses actes. Comme, pour la plupart, il s'agit d'actes utiles et inspirés par le bien, le fait de les supprimer de la surface de la terre devient une véritable catastrophe. Mais, au-delà de la bonté du personnage, c'est bien le caractère de responsabilité absolue, infinie, de chaque action humaine qui est ici démontrée à travers l'infinité des réactions en chaîne qu'elle a déclenchée. Si Capra était un pessimiste (et son héros un anti-héros), *It's a Wonderful Life* serait le film le plus noir de l'histoire du cinéma, une sorte d'*Invraisemblable vérité** en pire. Quand la RKO proposa à Capra la nouvelle de Philip Van Doren Stern, il estima que « c'était l'histoire qu'il avait recherchée toute sa vie » (cf. son autobiographie). Trois scénarios complets avaient déjà été écrits à partir d'elle, par Dalton Trumbo, Marc Connelly et Clifford Odets, sans donner satisfaction à la firme. Capra confia une nouvelle réécriture du scénario aux Hackett (Frances Goodrich et Albert Hackett) et produisit le film dans le cadre de sa maison de production Liberty Films qu'il avait fondée avec William Wyler et George Stevens afin d'obtenir une indépendance absolue. L'interprétation de James Stewart est l'une des plus étonnantes de toute sa carrière : elle donne au film à la fois sa crédibilité de base et son couronnement ultime dans l'authenticité et l'émotion ; on ne voit guère d'autre acteur qui aurait pu incarner aussi naturellement George Bailey. Bien que s'étant souvent senti très seul au milieu des difficultés du tournage, Capra se montra satisfait – c'est le moins qu'on puisse dire – du résultat. Exprimant son impression à la sortie, il écrit dans son autobiographie : « Je pensais que c'était le plus grand film que j'avais fait. Mieux : je pensais que c'était le plus grand film que quiconque ait jamais fait. »

BIBLIO. : *It's a Wonderful Life* est l'un des films américains sur lequel la documentation publiée est la plus riche : elle prouve l'intérêt – d'ailleurs relativement récent – des Américains pour le film. Un scénario de tournage (signé par les scénaristes figurant au générique) a été publié par

St Martin's Press, New York, 1986, hélas, sans aucun commentaire. Les différences avec le film définitif ne sont donc pas notées. Pourtant elles sont importantes. Le scénario s'ouvre par exemple sur des scènes se déroulant dans les cieux entre Benjamin Franklin et son interlocuteur Joseph. Les scènes furent limitées à leur contenu sonore accompagnant des plans de ciel dans la version définitive (où l'on ignore que l'un des anges en chef prend l'aspect de Benjamin Franklin). Le découpage du film définitif a été publié dans « The *It's a Wonderful Life* Book » de Jeanine Basinger, Alfred A. Knopf, New York, 1986. Il s'agit d'un véritable monument érigé à la gloire du film. Parmi les nombreux documents figure une liste des acteurs pressentis pour les différents rôles. Si James Stewart fut toujours le seul comédien envisagé pour incarner George Bailey, on pensa pour certains rôles comme ceux de Potter ou d'Oncle Billy à une quinzaine, voire une vingtaine d'acteurs différents. On peut lire également l'étude sur le film contenue dans le volume « The Films of Frank Capra » de Donald C. Willis, The Scarecrow Press, Metuchen, N.J., 1974.

## VIEIL HOMME ET L'ENFANT (LE)

1966 – France (90') • *Prod.* PAC • *Réal.* CLAUDE BERRI • *Sc.* Claude Berri, Gérard Brach, Michel Rivelin • *Phot.* Jean Penzer • *Mus.* Georges Delerue • *Int.* Michel Simon (le vieil homme), Alain Cohen (Claude), Charles Denner (le père de Claude), Luce Fabiole, Roger Carel, Paul Préboist, Jacqueline Rouillard.

Après plusieurs déménagements dans la France occupée, un couple de jeunes juifs français décide de confier leur enfant de huit ans à une famille vivant dans les environs de Grenoble. Elle est composée d'un vieillard, de sa femme et de leurs deux enfants. Le vieil homme, antisémite notoire, deviendra le plus grand ami de l'enfant qu'il adore et dont il ne soupçonnera jamais l'origine. Il le gardera avec lui jusqu'à la fin de la guerre.

☞ Une intrigue relativement paradoxale permet au génie de Michel Simon et à l'habileté naturelle de Claude Berri de faire bon ménage. A travers une quantité de petites scènes alertes, significatives et souvent imprévisibles, le vieil acteur et le débutant rendent attachante cette histoire d'enfance et d'amitié située sous l'Occupation et filmée bien avant que la mode s'empare de cette période. Le principal mérite de Claude Berri, c'est d'avoir réussi à suggérer que cette enfance, si particulière, si menacée, du héros, comportait aussi quelques-uns des traits éternels de toute enfance heureuse : la découverte de la nature, l'étonnement devant les êtres, l'impression de vivre dans un monde clos et qui durera toujours. L'œuvre est autobiographique, mais sans complaisance. Elle possède, dans sa construction comme dans son ton, la distance, la tendresse ironique, la richesse d'anecdotes de certains journaux intimes. Claude Berri arrive à l'heure de ce qu'on peut appeler la deuxième Nouvelle Vague. La notion d'auteur, surtout si l'auteur est jeune, a maintenant droit de cité et suscite par principe la sympathie des spectateurs. Encore faut-il la justifier. Claude Berri s'y emploie et son film devait toucher immédiatement le cœur du public.

BIBLIO. : synopsis, scénario et dialogues publiés en volume chez Jérôme Martineau, 1967.

## VIE PRIVÉE D'ÉLISABETH D'ANGLETERRE (LA) (The Private Lives of Elizabeth and Essex)

1939 – USA (106') • *Prod.* Warner (Hal B. Wallis) • *Réal.* MICHAEL CURTIZ • *Sc.* Norman Reilly Raine et Aeneas MacKenzie d'ap. P. « Elizabeth The Queen » de Maxwell Anderson • *Phot.* Sol Polito (Technicolor) • *Mus.* Erich Wolfgang Korngold • *Int.* Bette Davis (la reine Élisabeth), Errol Flynn (Essex), Olivia de Havilland (Lady Penelope), Donald Crisp (Francis Bacon), Alan Hale (Tyrone), Vincent Price (Sir Walter Raleigh), Henry Stephenson (Lord Burghley), Henry Daniell (Sir Robert Cecil), James Stephenson (Sir Thomas Egerton), Nanette Fabray (Margaret Radcliffe), Ralph Forbes (Lord Knollys), Robert Warwick (Lord Mountjoy), Leo G. Carroll (Sir Edward Coke).

Londres, 1596. Le comte d'Essex revient triomphalement dans la capitale à la tête de son armée, victorieuse des Espagnols à Cadix. Mais la reine Élisabeth, dont l'amour qu'elle porte à cet homme beaucoup plus jeune qu'elle est de notoriété publique, lui fait publiquement le reproche d'avoir préféré sa gloire à l'intérêt du pays en coulant le vaisseau ennemi qui contenait le trésor de guerre escompté. Humilié, Essex se retire dans son manoir ancestral de Wanstead. Quand il apprend la défaite subie par l'Angleterre en Irlande, il accepte de retourner à la cour et de revoir la Reine qu'il n'a jamais cessé d'aimer. Sir Walter Raleigh et ses partisans manœuvrent habilement pour qu'il se sente obligé de prendre la tête des troupes qui vont partir pour l'Ulster. Une fois qu'il est là-bas, ses ennemis poussent une dame de compagnie de la Reine, Lady Penelope Gray, amoureuse d'Essex, à intercepter les lettres qu'échangent celui-ci et la Reine. Privée de soutien et de renfort, acculée dans les marais, l'armée anglaise est contrainte de capituler. Essex revient et, encouragé par l'accueil triomphal que lui réserve le peuple, occupe le palais royal avec une armée payée de ses propres deniers. Il a une entrevue avec la Reine ; le malentendu des lettres se dissipe. Essex oblige la reine à partager le pouvoir avec lui. Elle accepte. Essex, confiant en sa parole, éloigne ses hommes. Aussitôt, la Reine le fait arrêter. Il sera condamné à mort. Il ira à l'exécution sans avoir voulu supplier la Reine de le gracier. Tous deux en effet placent leur amour de l'Angleterre et leur ambition politique au-dessus de leurs sentiments personnels. L'un des deux est de trop : Essex tirera les conclusions de cette situation en choisissant de se sacrifier.

☞ Cette somptueuse superproduction en Technicolor (l'un des tout premiers films parlants de la Warner en couleurs) prouve l'étendue du registre et du talent de Curtiz. Le sujet ici traité – une tragédie politique à la véracité historique d'ailleurs très contestable – et le matériau utilisé (la pièce de Maxwell Anderson) exigeaient une immobilité, un statisme dont Curtiz a tiré, avec un sens aigu de la cohérence esthétique, le meilleur parti. Les scènes à deux sont évidemment le pivot de l'action. Curtiz les a voulu longues et magnifiques, pleines de revirements et de changements de ton, bien qu'à chaque fois leur issue soit connue et inévitable. Ici, nul sentiment d'aventure, nul espoir qu'une métamorphose interne ou quelque péripétie extérieure vienne changer le rapport des forces en présence. Et, par exemple, la machination concernant les lettres n'empêchera pas, une fois dévoilée, le mécanisme de la tragédie de continuer à se resserrer autour des protagonistes. C'est que tout est joué d'avance au fond de leur cœur : ils s'aiment parce qu'ils se ressemblent, ils se ressemblent parce qu'ils préfèrent toujours, en fin de compte, leurs idées politiques à leurs sentiments. Ils s'engagent ainsi dans un combat mortel où l'un ou l'autre doit périr. Celui qui aime le plus sera la victime de cette lutte sans vainqueur. La réussite du film est due à l'audace des producteurs de la Warner qui n'ont pas hésité à mettre une grande richesse de moyens au service d'un sujet sombre, statique, ambitieux. Elle est due aussi à Curtiz, cet amateur d'épopées flamboyantes qui, à l'occasion, s'intéresse autant à des tragédies en lieu clos comme celle-ci ou comme celle de l'admirable *Sea Wolf**. La mésentente des deux acteurs principaux (Bette Davis s'était résignée à contrecœur à avoir Flynn comme partenaire en lieu et place de Laurence Olivier qu'elle avait toujours réclamé pour le rôle) a sans doute ajouté au climat d'agressivité et de frustration né de cette relation sans espoir entre les deux héros.

## VIE PRIVÉE D'HENRY VIII (LA)
## (The Private Life of Henry VIII)

1933 – Angleterre (93') • *Prod.* London Film Productions • *Réal.* ALEXANDER KORDA • *Sc.* Lajos Biro, Arthur Wimperis • *Phot.* Georges Périnal • *Mus.* Kurt Schroeder • *Int.* Charles Laughton (Henri VIII), Merle Oberon (Anne Boleyn, la deuxième femme), Wendy Barrie (Jane Seymour, la troisième femme), Elsa Lanchester (Anne de Clèves, la quatrième femme), Binnie Barnes (Katherine Howard, la cinquième femme), Everley Gregg (Katherine Parr, la sixième femme), Lady Tree (la nurse), Robert Donat (Thomas Culpepper), Franklin Dyall (Thomas Cromwell), Miles Mander (Wriothesly), John Loder (Peynell).

Un bourreau français choisi pour sa main particulièrement légère s'apprête à exécuter Anne Boleyn, la deuxième femme d'Henry VIII, que son ambition et le désir manifesté par son mari de prendre une troisième épouse ont conduite sur le billot. Aussitôt après l'exécution, Henry VIII épouse Jane Seymour. Elle lui donne un garçon et meurt en couches. Très affecté, Henry VIII est poussé par son entourage à avoir d'autres héritiers mâles. Un seul héritier, souligne Thomas Cromwell, n'est pas suffisant et fait courir trop de risques à la Couronne. En bref, on le presse d'envisager la perspective d'un quatrième mariage : « Je considère... dira-t-il, que ce serait une victoire de l'optimisme sur l'expérience. » Katherine Howard, une dame de la cour très intrigante, maîtresse de Thomas Culpepper, son conseiller, attire son attention par sa belle voix et le séduit par ses nombreuses qualités. Mais la raison d'État veut qu'il sollicite la duchesse de Clèves, laquelle n'a pas plus envie que lui de ce mariage. Elle s'enlaidit à plaisir, en rajoute quant à son accent allemand, joue les idiotes et les demeurées. « Ce que j'aurai fait pour l'Angleterre ! » soupire le roi avant de la rejoindre pour la nuit de noces. Ils l'occuperont à jouer aux cartes. Henry perd tout ce qu'il veut. Elle en profite pour lui dicter ses conditions pour le divorce. Henry VIII épouse ensuite Katherine Howard et se croit enfin heureux. Mais elle est bien jeune pour lui. Il veut lui démontrer ses talents de lutteur en maîtrisant un adversaire lors d'un banquet. Mais l'effort l'a épuisé, il s'écroule et on doit le porter jusqu'à son lit. Il apprend officiellement qu'il est trompé. Les témoins de son infortune sont nombreux. Encore une exécution... 1543 : le roi a vieilli. Il reçoit la visite d'Anne de Clèves qui est toujours son amie et qui lui conseille d'épouser Katherine Parr. Elle sera sa sixième épouse. 1546 : le roi est maintenant très vieux. Il lui faut subir les remontrances perpétuelles de sa femme qui veille sur lui et lui impose de nombreuses privations. Resté seul, il soupire face à la caméra : « Six épouses – et la meilleure est la pire de toutes ! »

☞ C'est le huitième film – et le premier d'envergure – de la London Film Productions fondée en 1932 par les frères Korda avec l'intention de créer de grands films destinés à l'exportation. A cet égard, *La vie privée d'Henry VIII* marque une date dans l'histoire du film britannique du fait de son triomphe international. Bien que refusé au départ par tous les distributeurs, il fut considéré à l'époque comme le film anglais le plus important, rehaussant de son prestige une production jugée dans son ensemble très médiocre. Plus que d'une véritable biographie, il s'agit d'un album, d'un recueil d'images tantôt tragiques et tantôt picaresques, tantôt sarcastiques et tantôt mélancoliques. Il trouve son unité dans une composition plastique, des costumes et des décors (dus à Vincent Korda) extrêmement soignés. Ces qualités allaient assurer la renommée des reconstitutions historiques ultérieures des Korda. Pour cette première tentative, le budget fut néanmoins relativement modeste ; il n'y eut que cinq semaines de tournage et tous les salaires furent mis en participation. On jugeait périlleux à l'époque, dans le Royaume-Uni, les films à costumes. Charles Laughton, au milieu d'une distribution dont tous les membres étaient promis à la célébrité, saisit l'occasion d'imposer son immense talent en campant un Henry VIII aux multiples facettes : cruel, égoïste, cynique, sensuel mais aussi vulnérable à la tristesse et constamment trahi par la vie. Paradoxalement, dans ce scénario ironique et malicieux, ce dernier aspect l'emporte. Le Henry VIII qui nous est dépeint ici et qui déplut fort aux historiens apparaît moins comme un monstre que comme un pauvre homme. Et c'est presque une victime. Certes, il y a de sa part une certaine complaisance à se présenter ainsi. Mais justement cette complaisance, liée à une tendance à la mélancolie, complète utilement ce portrait d'une figure historique complexe et souvent caricaturée.

BIBLIO. : chronologiquement, c'est le premier scénario anglais à avoir été publié intégralement en volume, chez Methuen, Londres, 1934. Introduction et notes de Ernest Betts. Le découpage, présenté sur deux colonnes, est divisé en 239 « scènes ». *Reprint* chez Garland, New York, 1978.

**VIKINGS (LES)**
**(The Vikings)**

1958 – USA (114') • *Prod.* UA – Bryna Production (Jerry Bresler) • *Réal.* RICHARD FLEISCHER • *Sc.* Calder Willingham, Dale Wasserman d'ap. R. « The Viking » de Edison Marshal • *Phot.* Jack Cardiff (Technicolor, Technirama) • *Mus.* Mario Nascimbene • *Int.* Kirk Douglas (Einar), Tony Curtis (Eric), Ernest Borgnine (Ragnar), Janet Leigh (Morgana), James Donald (Egbert), Alexander Knox (Père Godwin), Frank Thring (Aella), Maxine Audley (Enid), Eileen Way (Kitala).

Aux alentours de l'an 900, l'Angleterre, mosaïque de royaumes rivaux, redoute plus que tout les hommes du Nord qui font chez elle de fréquentes et sanglantes incursions. Lors de l'une d'entre elles, Ragnar, roi des Vikings, tue Edwin, le roi de Northumbria, et viole sa femme, la reine Enid. Aella, cousin du défunt roi, en profite pour s'installer sur le trône. La reine Enid, préfère cacher qu'il y aura un héritier, puisqu'elle est enceinte des œuvres de Ragnar. Seul le Père Godwin est détenteur de son secret. Enid ayant accouché, il envoie le bébé en Italie. Vingt ans plus tard, voulant consolider son royaume, Aella s'apprête à s'unir avec Morgana, la fille du roi de Galles. Il accuse son cousin Egbert de comploter contre lui avec les Vikings et le fait emprisonner. Il envoie un homme pour le tuer mais Egbert a pris la fuite et rejoint le drakkar de Ragnar. Il dessinera pour les Vikings une précieuse carte des côtes anglaises. Arrivé à bon port, Ragnar présente à Egbert son fils, le fougueux Einar. Einar veut démontrer à l'Anglais l'habileté de son faucon mais c'est un autre animal, celui de l'esclave Eric, qui fonce avant le sien sur sa proie. Eric, capturé en Italie, n'est autre que le fils d'Enid et le demi-frère d'Einar, ce que tous ignorent. Mais Egbert devine de qui il s'agit à cause d'une amulette qu'il porte à son cou. Einar veut s'emparer du faucon d'Eric. Ce dernier lance contre lui l'animal, qui lui crève l'œil gauche. Normalement, l'esclave devrait mourir sur-le-champ, si Einar ne tenait à l'épargner afin de lui infliger une mort très lente. Il est attaché sur un rocher à marée basse. Aidé par la sorcière Kitala, il prie le dieu Odin de l'épargner et celui-ci envoie vers lui le vent du nord qui repousse la marée. Egbert obtient alors qu'Eric lui soit donné. Il suggère à Ragnar de capturer la princesse Morgana, future épouse d'Aella, dont il pourra tirer une forte rançon. En mer, les hommes d'Einar attaquent le bateau où se trouve Morgana et la kidnappent. Séduit par sa beauté, Einar veut la garder pour lui. La haine qu'elle lui témoigne semble être aux yeux du Viking un attrait de plus. Einar rentre chez son père qui, renonçant à la rançon, lui donne Morgana en cadeau. Mais Eric, tombé lui aussi amoureux de Morgana, la fait fuir en barque après avoir assommé Einar. Les bateaux d'Einar et de Ragnar poursuivent le frêle esquif. Mais ils sont victimes du brouillard, alors qu'Eric garde la bonne direction grâce à un poisson façonné dans un métal magique que lui a donné Kitala et qui indique toujours le nord ! Le bateau de Ragnar s'échoue sur un rocher. Ragnar est repêché par Eric. Quoiqu'aimant aussi Eric, Morgana lui a demandé de la ramener à la cour d'Aella par fidélité à la promesse faite par son père qui l'a promise au roi. Aella condamne Ragnar à être jeté dans la fosse aux loups. Ragnar supplie Eric de lui donner une épée car un Viking ne saurait pénétrer après sa mort dans le Walhalla qu'une épée à la main. Eric, ignorant que Ragnar est son père, exauce son vœu et Ragnar bondit en riant dans la fosse. Pour le punir de son geste, Aella veut tuer Eric mais Morgana obtient sa grâce en lui confirmant qu'elle s'unira à lui. Aella se contente de couper la main d'Eric. Celui-ci retourne chez Einar et lui apprend dans quelles conditions son père est mort. Malgré la haine qu'il éprouve pour Einar, Eric s'offre à le guider jusqu'au château d'Aella, le mieux protégé de toute l'Angleterre. Avec ses hommes, qui lui avaient d'abord refusé leur concours, Einar attaque victorieusement le château. Eric envoie Aella dans la fosse aux loups, tandis qu'Einar escalade une tour du château et saute dans la chapelle où s'était réfugiée Morgana « Vous serez ma reine », lui dit-il – « Je ne vous aime pas. C'est Eric que j'aime. » Elle lui apprend du même coup qu'Eric est son frère, l'ayant su elle-même du Père Godwin. Cela n'empêche pas les deux hommes de s'affronter dans un duel à mort au sommet de la tour. Einar brise en deux le glaive de son adversaire. Il hésite un instant à le tuer et Eric en profite pour le transpercer avec un morceau d'épée. Monté sur le trône et uni à Morgana, Eric fait à son demi-frère des funérailles dignes d'un Viking. Son corps est placé sur une barque lancée vers la haute mer. Les Vikings envoient sur la voile des flèches enflammées qui embrasent la barque et son contenu...

☞ C'est, dans le domaine du film d'aventures à grand spectacle, le chef-d'œuvre de Fleischer, non surpassé depuis par lui ou par quiconque. Le film fut réalisé dans des conditions difficiles (liées à son sujet) mais idéales. Fleischer eut tout le temps de se livrer à des recherches minutieuses sur l'époque traitée, qui lui permirent de donner au récit une authenticité historique et visuelle très poussée. Les bateaux utilisés dans le film furent construits sur le modèle de ceux conservés au musée viking d'Oslo. Fleischer bénéficia d'un budget quasi illimité. Quand celui qui avait été initialement prévu fut dépassé, son producteur, Kirk Douglas, qui croyait dur comme fer à l'aventure, n'hésita pas à s'endetter (fort heureusement pour lui, le film remporta un grand succès). Les extérieurs furent tournés sur les lieux mêmes de l'action (Norvège, côte anglaise) et seule la séquence du château fort fut réalisée en France au Fort de La Latte près de Dinard. (On tourna les intérieurs à Munich.) A la sortie du film, les amateurs découvrirent avec délices en Fleischer un cinéaste qui avait, certes, fait maintes fois ses preuves mais qui était aujourd'hui capable d'égaler par sa maîtrise les œuvres d'un Walsh ou d'un Curtiz. Il leur ajoutait un lyrisme, une touche baroque, une sorte d'emphase picturale témoignant à la fois de sa personnalité propre et d'un renouvellement de la matière du film d'aventures. Le lyrisme s'applique ici à deux domaines en particulier. Il jaillit de la description sans complaisance de la violence viking, vue comme une flambée sauvage, un élan panique caractéristique d'un univers et d'une société. Il accompagne aussi, et plus secrètement, l'évocation de la décadence (thème préférentiel de Fleischer) qui envahit vers la fin du film cet univers et cette société. Il est à peu près évident en effet que, dans la deuxième partie du récit, l'homogénéité du monde viking a commencé d'être entamée. On se met à parler de prudence. Einar éprouve pour Morgana un amour-passion qui l'entraîne vers des rivages inconnus. Il hésite à tuer son adversaire quand il en a la possibilité (peut-être parce qu'il vient d'apprendre qu'il est son frère), et cette conjonction de sentiments « humains » précipitera sa perte. Ses funérailles, filmées par Fleischer avec une splendeur inoubliable, ne sont pas seulement celles d'un individu mais, d'une manière plus allégorique, celles d'un peuple tout entier. Pas plus qu'il n'a cherché à juger le monde viking, s'abstenant seulement d'y montrer aucun personnage tout d'une pièce, Fleischer n'a voulu approuver ou critiquer ce que ce mode de vie devient quand il entre en décadence. Il préfère de beaucoup constater cette décadence en historien et se laisser fasciner par elle en poète.

N.B. Comme tous les éléments du film, la photo et la musique sont remarquables. Le dessin animé qui ouvre et ferme le film (dû à UPA) est tiré de la tapisserie de Bayeux. Le commentaire *off* qui l'accompagne est dit par Orson Welles dans la version originale et – curieusement – par Yves Montand dans la version française. Bel exemple de *casting* audacieux et réussi : Ernest Borgnine qui joue le père de Kirk Douglas est, dans la réalité, son cadet d'un mois !

BIBLIO. : on peut jeter un œil sur les mémoires de Kirk Douglas « The Ragman's Son », Simon and Schuster, New York, 1988 ; trad. française : « Le fils du chiffonnier », Presses de la Renaissance, 1988.

## VILLAGE DES DAMNÉS (LE)
### (The Village of the Damned)

1960 – Angleterre (78') • *Prod.* MGM (Ronald Kinnoch) • *Réal.* WOLF RILLA • *Sc.* Stirling Silliphant, Geoffrey Barclay, Wolf Rilla d'ap. R. « The Midwich Cuckoos » de John Wyndham • *Phot.* Geoffrey Faithfull • *Mus.* Ron Goodwin • *Int.* George Sanders (Gordon Zellaby), Barbara Shelley (Anthea Zellaby), Martin Stephens (David Zellaby), Michael Gwynn (Alan Bernard), Laurence Naismith (Dr Willers), Richard Warner (Harrington), Jenny Laird (Mme Harrington).

Pendant plusieurs heures toute la population d'un petit village anglais est tombée en catalepsie. Puis les habitants se réveillent et la vie reprend comme si de rien n'était. Dans les semaines qui suivent, la femme du savant Gordon Zellaby lui annonce qu'elle est enceinte. Beaucoup d'autres femmes du village le sont aussi, quoique certaines d'entre elles n'aient pas été fécondées. Une douzaine de bébés naîtront à peu près à la même période. Ils grandiront normalement, mais leurs cheveux blonds présentent une anomalie rarissime, leurs ongles sont plus étroits que la normale et tous sont des surdoués. Leurs yeux brillent d'un étrange scintillement et ces enfants inquiétants ont la faculté d'hypnotiser leurs interlocuteurs et de deviner leurs pensées avant qu'elles soient exprimées. Dans le Nord de l'Australie, en Russie et chez les Esquimaux, des cas semblables ont été observés. L'hypothèse la plus plausible est que ces enfants sont le produit de radiations dirigées vers la Terre depuis une autre planète. Zellaby affirme que les enfants sont gouvernés par un cerveau collectif. Ce que l'un apprend, les autres le savent. Pour lui, ils incarnent peut-être l'avenir. Il obtient du gouvernement qu'on les lui confie pour un an. Un automobiliste ayant par mégarde manqué d'écraser l'un des enfants, ceux-ci l'hypnotisent et provoquent un accident mortel. Ils suscitent également une amnésie temporaire chez le seul témoin de l'accident, la femme de Zellaby. Le frère de la victime est décidé à tuer les enfants ; ils l'amèneront, en agissant sur sa volonté, à se suicider. Au village, la colère monte. Les enfants se défendent en pétrifiant sur place les adultes qui avancent vers eux, provoquant la mort ou la paralysie de certains d'entre eux. Conscient du danger que les enfants représentent pour l'humanité, Zellaby est maintenant décidé à les supprimer coûte que coûte. Il prépare une bombe et la dépose, cachée dans sa serviette, sur son bureau. Durant le dernier entretien qu'il aura avec eux, il s'efforce d'écarter de son esprit la pensée de son projet pour ne pas le laisser deviner aux enfants. Il sautera en même temps qu'eux dans l'explosion du bâtiment. Mais d'entre les flammes s'élève le reflet des visages au regard magnétique...

☞ L'un des premiers et l'un des meilleurs films de SF sur le thème des enfants diaboliques. L'originalité de l'œuvre tient avant tout à son style : extrême froideur ; sobriété ; condensation des événements dans une dramaturgie plus proche de la nouvelle que du roman ; absence d'effets d'horreur ; absence de palabres pseudo-humanistes et pseudo-scientifiques. Une très grande tension naît de cette rigueur et le film, sans jamais déroger au classicisme qu'il s'est imposé, tient le spectateur en haleine jusqu'aux dernières secondes. En marge de l'évolution du cinéma fantastique des années 50-60, le film est aussi isolé dans le genre que dans la carrière de son réalisateur. Un monolithe.

N.B. Le film a néanmoins suscité une suite, ou plus exactement une variation sur le même thème, tournée en Angleterre trois ans plus tard : *Children of the Damned,* Anton Leader, 1963, inédit en France.

## VIPÈRE (LA)
### (The Little Foxes)

1941 – USA (116') • *Prod.* RKO (Samuel Goldwyn) • *Réal.* WILLIAM WYLER • *Sc.* Arthur Kober, Dorothy Parker, Alan Campbell, Lillian Hellman d'ap. la P. de Lillian Hellman • *Phot.* Gregg Toland • *Mus.* Meredith Willson • *Int.* Bette Davis (Regina Giddens), Herbert Marshall (Horace), Teresa Wright (Alexandra), Richard Carlson (David

Hewlitt), Dan Duryea (Leo), Charles Dingle (Ben), Carl Benton Reid (Oscar), Patricia Collinge (Birdie).

Le « Deep South » en 1900. Les deux frères Ben et Oscar Hubbard, commerçants et banquiers, sont sur le point de signer un accord avec un industriel qui veut installer une filature près de leur plantation de coton de Lionnet. Autrefois, Oscar n'avait épousé sa femme que parce qu'elle possédait cette plantation. Depuis lors, celle-ci vit malheureuse dans cette famille que seuls l'argent et le profit intéressent. Aujourd'hui, pour concrétiser l'accord avec l'industriel, Ben et Oscar ont besoin de l'argent d'Horace, le mari de leur sœur Regina. Horace, grand malade du cœur, est en traitement à Baltimore. Regina, la plus âpre au gain de toute la tribu des Hubbard, fait revenir son mari mais en exigeant de ses frères non plus trente-trois mais quarante pour cent des bénéfices. Or, une fois revenu dans sa famille, Horace refuse de s'associer à un accord qui, selon lui, entraînera un surcroît d'exploitation et de misère pour la main-d'œuvre locale. Oscar pousse son fils Leo, employé à la banque de son oncle où Horace a un coffre, à subtiliser, dans ce coffre, la quantité de titres correspondant au montant de la somme qui manque pour conclure l'accord. Horace s'aperçoit du vol et déclare alors à sa sœur qu'il considérera ces titres comme un prêt et non comme un investissement dans l'affaire en cours. Héritière des titres après la mort de son mari, Regina n'en tirera ainsi aucun profit indu. Furieuse de voir ses projets tomber à l'eau, Regina exprime à son mari tout le mépris qu'elle a commencé de ressentir pour lui peu après leur mariage. Atteint par ses insultes, Horace brise par nervosité la fiole de médicament qu'il allait prendre. Regina refuse de bouger pour l'aider et le laisse ainsi subir une attaque qui lui sera fatale. Après sa mort, elle exige de ses frères la moitié des bénéfices. Sinon, elle les traînera devant les tribunaux. Sa fille, Alexandra, révulsée par les turpitudes des Hubbard qui voulaient en outre lui faire épouser le triste personnage qu'est Leo, quitte la maison familiale. Au cas où sa mère s'opposerait à son départ, elle brandit la menace d'une enquête sur les conditions exactes de la mort de son père. Elle part faire sa vie avec un jeune journaliste intègre qui la courtisait depuis longtemps. Regina reste seule avec ses richesses et sa misère.

☞ Un sommet de l'académisme wylérien. Long préambule pour introduire les personnages avant le début de l'action, dans la manière du cinéma des années 10 ; affrontements purement verbaux où s'expriment le relief sommaire et le manichéisme des personnages ; absence de rapports vrais avec l'époque et le milieu (le thème de la cupidité est traité de façon abstraite et ne s'inscrit pas dans un contexte particularisé) : la pièce de Lillian Hellman, rehaussée de l'apport de la méchanceté superficielle de Dorothy Parker (co-adaptatrice du scénario) paraît ainsi sous son jour le plus primaire et le moins intéressant. De même que les personnages n'ont que l'apparence d'une psychologie fouillée, la mise en scène de Wyler donne l'illusion de la rigueur et de la densité. Dans les périodes de grande créativité, ce style est très décrié ; il est à nouveau prisé dans les périodes de relâchement. Son principal mérite est, comme dans *The Heiress*, 1949 (où l'intrigue avait plus d'étoffe), de ne pas trop brimer les qualités des interprètes. Belle composition d'Herbert Marshall (Horace) et de Patricia Collinge (l'épouse d'Oscar) dans les rôles des deux victimes de ce monde d'affairisme féroce. Bette Davis est bien entendu la star du film avec ses traits fardés de petite porcelaine de Saxe, blanche et maléfique.

N.B. Le passé de la famille Hubbard (ancêtre des clans qui triomphent aujourd'hui dans des séries télé de type *Dallas*) sera évoqué, pour des faits plus anciens de vingt ans, dans *Another Part of the Forest* (Michael Gordon, 1948, inédit en France).

## VISAGES D'ENFANTS

1925 – Suisse-France (2 500 m) • *Prod.* Mundus-Film, Lausanne et Paris (Charles Schuepbach) ; Société Zoubaloff et Porchet, Lausanne ; Société des Grands Films Indépendants, Paris • *Réal.* JACQUES

FEYDER • *Sc.* J. Feyder, Françoise Rosay, Dimitri de Zoubaloff • *Phot.* Léonce-Henry Burel, Paul Parguel • *Int.* Rachel Devyris (Jeanne Dutois), Jean Forest (Jean Amsler), Victor Vina (Pierre Amsler), Arlette Peyran (Arlette Dutois), Pierrette Houyez (Pierrette Amsler), Suzy Vernon (la mère de Jean), Jeanne-Marie Laurent (la servante), Arthur Porchet (le curé).

Le Valais en Suisse. Après l'enterrement de sa femme, Pierre Amsler, directeur d'une exploitation forestière et président du village de Saint-Luc, confie son jeune fils, Jean, traumatisé par la disparition de sa mère, au parrain de l'enfant. Il lui demande de l'emmener pour un temps hors du village. Lui-même veut se remarier et le prêtre est chargé d'apprendre avec ménagements la nouvelle à Jean. Quand celui-ci revient, il trouve Arlette, la fillette de sa belle-mère, bien installée dans la maison. Les deux enfants se prennent vite en grippe. Jean ne peut comprendre que sa belle-mère veuille tailler des vêtements dans la robe de sa mère. Il la déchire et s'attire la colère de tous. Durant un voyage en traîneau, il laisse volontairement tomber dans la neige la poupée de la fillette. Elle va la rechercher et se trouve prise dans une avalanche. Elle se réfugie dans une petite chapelle qui sera enfouie sous la neige et où on la retrouvera. Pris de remords, se considérant comme un misérable, le garçonnet décide de s'en aller. Du haut d'un arbre, il se jette dans le torrent. Sa belle-mère le sauve et pour la première fois il l'appelle maman.

☞ Tourné pour une grande part en extérieurs en Suisse, le film, présenté au public dix-huit mois après sa réalisation (à cause d'un différend juridique entre Feyder et les distributeurs français), est remarquable par sa sobriété, sa simplicité qui contrastent violemment avec les recherches formelles de l'avant-garde française. Son originalité principale provient de ce que le récit est situé au niveau des enfants et en particulier du héros, le petit Jean. Ce point de vue se maintient sans artifice tout au long de l'intrigue et s'appuie sur une connaissance profonde de l'âme, de la psychologie et des comportements enfantins. Dramatiquement, stylistiquement, Feyder se met quelque peu dans les traces de Griffith : il s'attache à lier des péripéties de caractère mélodramatique à une description saisissante des éléments naturels (cf. *Way Down East, A travers l'orage,* 1920). Mais la comparaison s'arrête là. Car la simplicité chez Feyder équivaut toujours à une certaine rigidité, à une sécheresse de ton (qui a ses mérites), à un refus du lyrisme et encore plus du délire. Pour toutes ces raisons, le film, dans les limites qu'il s'est lui-même fixées, est à son époque très représentatif du « goût français » au sens large, un goût que les « avant-gardistes » (Gance, L'Herbier, Epstein) avaient passablement malmené. Ce goût, on le voit, peut très bien s'accommoder et même s'enrichir d'une certaine influence américaine. Ainsi que le rappelle Feyder dans « Le Cinéma, notre métier » (Cailler, Genève, 1946), livre écrit avec Françoise Rosay, qui remplaça son mari à la réalisation du film pendant une partie du tournage, *Visages d'enfants* « fit intégralement le tour du monde et la presse japonaise lui décerna le prix du meilleur film européen ». Admiré par la critique, le film fut néanmoins à sa sortie un fiasco complet et, en particulier, sonna « le glas de la production romande des années 20 » (Hervé Dumont, « Histoire du cinéma suisse »).

## VISITA (LA)
## (Annonces matrimoniales)

1964 – Italie-France (115') • *Prod.* Zebra Film-Aera Films (Morris Ergas) • *Réal.* ANTONIO PIETRANGELI • *Sc.* A. Pietrangeli, Ettore Scola, Ruggero Maccari • *Phot.* Armando Nannuzzi • *Mus.* Armando Trovajoli • *Int.* Sandra Milo (Pina), François Périer (Adolfo), Mario Adorf (Cucaracha), Angela Minervi (Chiaretta), Gastone Moschin (Renato), Didi Perego (Nella).

Un dimanche à la campagne, la première rencontre d'Adolfo et de Pina, qui se sont contactés par les petites annonces. Lui est un Romain employé de librairie et plutôt malmené par ses chefs. Elle, une femme d'environ quarante ans que son amant, un camionneur marié, ne peut épouser. Elle vit en province, dans la plaine du Pô, et travaille dans une exploitation agricole. Tout au long de la journée, Adolfo, venu rendre visite à Pina, découvrira les avantages qu'il y aurait à s'installer définitivement dans la confortable maison de sa correspondante. Promenade en barque, petit bal de village et altercation avec les habitants du cru : Adolfo ne cesse de boire et il tient très mal l'alcool. Pina le ramène chez elle. Il passera la nuit dans son lit avec des compresses glacées sur le front. Avant de se quitter, ils se disent leur quatre vérités. Plus tard, ils continueront à s'écrire.

☞ Antonio Pietrangeli, metteur en scène aussi discret que sous-estimé, se fait ici le poète grinçant des existences médiocres, étroites et grises, minées de l'intérieur par le vide et la solitude. Le portrait du personnage masculin – vulgaire, mesquin, cupide, hypocrite – est dans sa banalité l'un des plus noirs qu'on ait vus au cinéma. Plus sincère, plus naïve, même dans ses calculs, la femme semble plus épargnée. L'observation est reine dans le film, et l'intrigue presque inexistante. Dans un équilibre subtil, cette observation fait sa part à l'humour, mais plus encore à la détresse des personnages, laquelle, arrivant peu à peu au premier plan, suscite alors un étrange malaise. C'est là où le film échappe au courant de la comédie italienne. Ni marionnettes, ni monstres, les personnages de Pietrangeli participent de l'humanité la plus courante. Ils sont observés de près, avec la compassion et la minutie du néo-réalisme ; mais ils sont affreux. Et justement parce qu'elle est criante de vérité et dépourvue de toute exagération, leur laideur nous glace.

## VISITEUR (LE)

1946 – France (90') • *Prod.* Majestic Films (R. de Venloo) • *Réal.* JEAN DRÉVILLE • *Sc.* Jean Bernard-Luc • *Phot.* André Thomas • *Mus.* René Cloérec • *Int.* Pierre Fresnay (Sauval), Michel Vitold (Oxner), Antoine Balpêtré (Louberger), Simone Sylvestre (Simone), Jean Debucourt (l'inspecteur), Edmond Beauchamp (Ledru), Roger Laugier-Krebs (Clarens), le petit Dubois (La Savate), le petit Tabary (Bouton), Les Petits Chanteurs à la Croix de Bois.

Sauval, un avocat parisien coupable d'un meurtre, se réfugie dans un petit orphelinat de province dont il a été autrefois le pensionnaire et qu'il a, depuis sa réussite, financé avec largesse. Le directeur Louberger, un vieil original, attendait cette visite depuis dix ans. Il a dessiné aux enfants un portrait idéalisé de leur bienfaiteur, faisant de lui un grand avocat d'assises dont les plaidoiries sont célèbres dans tout Paris. Sauval, admiré comme un héros par les gosses, les utilise et les emmène à Paris afin d'avoir la possibilité de filer vers la Belgique. Mais il s'aperçoit que sa maîtresse, sur laquelle il comptait et à qui il avait fait parvenir un message par l'entremise d'un des gosses, l'a « donné » à la police. De retour à l'orphelinat, Sauval peut de moins en moins supporter le gouffre qui sépare l'image qu'ont de lui les enfants et la réalité. Il avoue à Louberger qu'il ne s'est jamais occupé que d'affaires louches et qu'il a bâti sa carrière en ne songeant qu'à son intérêt et en écrasant autrui. La maîtresse de Sauval vient voir le directeur et acquiert la certitude que son amant se cache à l'orphelinat. Les gosses voient bientôt leur héros, menottes aux mains, encadré par deux gendarmes. Louberger s'empresse de leur expliquer qu'il s'agit d'une erreur judiciaire prêtant plus à rire qu'à pleurer. Les gosses s'arrangent pour immobiliser les deux policiers et donnent à Sauval l'occasion de fuir. Il préfère se cacher en attendant la nuit. Quand l'inspecteur va révéler aux gosses qui il est réellement, Sauval se rend et obtient du policier une heure de liberté. Il obtient aussi que l'inspecteur lui fasse des excuses devant les enfants. Puis il leur fait ses adieux et va rejoindre les policiers qui l'attendent sur une route voisine. Un seul des enfants, le plus âgé, aura soupçonné depuis longtemps la vérité sur Sauval sans d'ailleurs lui en vouloir.

☞ Superbe scénario original de Jean Bernard-Luc (qui écrivit aussi

*Docteur Laennec** et, avec Anouilh, *Monsieur Vincent** et *Pattes blanches**) filmé par Dréville avec l'honnêteté, la minutie artisanale qu'on lui connaît. De l'un des meilleurs scénarios qu'il ait eus à tourner, Dréville tire logiquement son meilleur film. Après son succès de *La cage aux rossignols* (1944), c'est encore une histoire d'enfants que Dréville raconte ici, mais plus dure, plus subtile et moins rassurante pour le public. Une histoire morale, mais non moralisante, où tous les personnages ont du mal à regarder la réalité en face. Les enfants, qu'il est facile de leurrer, vivent dans une espèce de conte de fées qui atténue un peu leur malheur. Le plus âgé d'entre eux, presque un adolescent, entrevoit la vérité mais ne renoncera pas facilement à sacrifier au culte de son héros. Le directeur, un vieux fou, a enfermé les enfants dans une imagerie d'Épinal à laquelle lui aussi participe et qui l'arrange. Quant au « héros », il ne se verra – et avec dégoût – tel qu'il est que lorsque les enfants auront posé sur lui ce regard reconnaissant et admiratif, destiné en fait à un autre. Réflexion sur la difficulté d'affronter la vérité, cette histoire qui n'est imitée de personne se suit d'un bout à l'autre avec curiosité et émotion.

## VISITEURS DU SOIR (LES)

1942 – France (121') • *Prod.* André Paulvé • *Réal.* MARCEL CARNÉ • *Sc.* Jacques Prévert et Pierre Laroche • *Phot.* Roger Hubert • *Mus.* Maurice Thiriet et Joseph Kosma • *Int.* Arletty (Dominique), Alain Cuny (Gilles), Marie Déa (Anne), Jules Berry (le Diable), Fernand Ledoux (le baron Hughes), Marcel Herrand (Renaud), Pierre Labry (le seigneur), Roger Blin (le montreur de monstres), Gabriel Gabrio (le bourreau), Jean d'Yd (le baladin), Roland Piéral (un nain).

En mai 1485, le Diable dépêche sur terre deux de ses créatures afin de désespérer les humains. Deux ménestrels, Dominique et Gilles – censés être frère et sœur alors qu'en réalité Dominique a été autrefois la maîtresse de Gilles –, arrivent au château du baron Hughes, un veuf sur le point de marier sa fille, la douce Anne, avec le seigneur Renaud, un être égoïste et brutal. Pour créer le malheur et le désordre, Dominique s'emploie à séduire à la fois Renaud et le baron Hughes, tandis que Gilles s'attache aux pas d'Anne et tombe réellement amoureux d'elle. Trouvant que les choses prennent un tour qu'il n'avait pas prévu, le Diable en personne survient au château. Gilles, surpris en compagnie d'Anne, est enchaîné et fouetté dans les caves du château. Pour les beaux yeux de Dominique, Renaud a l'intention de tuer le baron Hughes en duel mais c'est lui qui sera abattu par son rival au cours d'un grand tournoi. Le baron est plein de remords de sa victoire. Le Diable commande à Dominique d'emmener sa conquête jusqu'en... enfer. Lassée de la monotone méchanceté du Diable mais indifférente à tout, Dominique obéit. Elle entraîne derrière elle le baron à cheval dans une course éperdue... Le Diable désire Anne et entreprend de se faire aimer d'elle. Il lui promet de libérer Gilles si elle se donne à lui. Elle accepte. Gilles est libre. Le Diable alors est pris à son propre piège : la pure Anne lui avoue qu'elle a menti pour la première fois de sa vie et n'a nulle intention de remplir sa part du contrat. Pour se venger, le Diable enlève la mémoire à Gilles. Mais dès que celui-ci revoit Anne, il se souvient d'elle et de leur amour. Furieux le Diable les pétrifie. Mais sous la pierre, le couple enlacé étant maintenant pareil à une statue, il entend un cœur battre. Il a perdu la partie pour l'éternité.

☞ Le manichéisme poétique de Prévert trouve ici sa plus parfaite expression littéraire. Pour lui, l'humanité se divise entre ceux qui savent aimer (les bons) et ceux qui en sont incapables (les méchants). Les allusions contemporaines à la guerre, au nazisme, à Hitler, qu'avait voulu introduire Prévert, se sont diluées dans le contenu mythique et intemporel du conte. Sans qu'on puisse être sûr que les auteurs l'aient voulu, le film est le plus optimiste qui soit issu de la collaboration Prévert-Carné. Non seulement parce que le Diable est battu à la fin, mais parce que d'un bout à l'autre de l'intrigue son intervention est quasi providentielle. Tout était loin d'être parfait au château lors de l'arrivée des deux ménestrels : un mariage voué à l'échec se préparait, le baron se mourait d'ennui dans son triste veuvage. Le Diable et ses deux créatures, dont une au moins lui échappe, vont ramener la vie au château, rallumer les passions et assurer en définitive le triomphe de l'amour. Le sinistre Renaud sera éliminé, Anne trouvera le prince de ses rêves et même le vieil Hughes n'aura pas perdu au change : son désir pour Dominique, si insatisfait et si bref soit-il, vaut mieux pour lui que la monotonie de son veuvage. La fable démontre au fond l'impuissance du Mal dans le présent et dans l'éternité. Carné a mis sa rigueur et sa sérénité habituelles au service du texte de Prévert. Il a dirigé d'une manière originale et cohérente les acteurs de manière à les rendre comme apparemment insensibles aux malheurs et aux bonheurs qui fondent sur eux. Seule Marie Déa, qu'il a dû introduire dans la distribution car elle était sous contrat chez le producteur Paulvé, a été utilisée comme une héroïne émouvante au premier degré. Ce manquement à la logique de l'œuvre déséquilibre en partie le film (l'actrice avait mieux donné sa mesure dans l'excellent *Premier bal** de Christian-Jaque). Quant à Jules Berry, son rôle lui convient presque trop bien et on l'a vu souvent meilleur. La principale originalité du film vient de son aspect plastique. Alors que la plupart des metteurs en scène et décorateurs tentent de donner au spectateur le sentiment du temps passé par l'usure des décors, de la pierre et des accessoires, Carné, Wakhévitch et Trauner ont fabriqué un Moyen Age au présent, tout neuf et rutilant de blancheur. Dans ses mémoires, Carné s'attribue l'entière paternité de cette innovation. Comme *Le quai des brumes**, *Les visiteurs du soir* fut un film célèbre dès sa sortie, puis tour à tour porté au pinacle et vilipendé. Il n'a certes pas la perfection du *Quai* mais ne manque pas, quoi qu'on en ait dit, de fantaisie : sans doute faut-il moins la chercher dans la forme que dans le fond et en particulier dans cet optimisme imprévu qui fait de l'œuvre un correctif à tous les autres Carné-Prévert.

BIBLIO. : scénario et dialogues 1) en volume, La Nouvelle Édition, 1946 ; 2) *in* « L'Avant-Scène » nº 12 (1962) ; 3) récit en photogrammes avec dialogues : premier titre de la « Bibliothèque des Classiques du cinéma », Balland, 1974.

## VITELLONI (I) (id.)

1953 – Franco-italien (108') • *Prod.* Peg Films (Paris), Cité Films (Rome) • *Réal.* FEDERICO FELLINI • *Sc.* F. Fellini, Ennio Flaiano, Tullio Pineli • *Phot.* Otello Martelli, Luciano Trasatti, Carlo Carlini • *Mus.* Nino Rota • *Int.* Franco Fabrizi (Fausto), Franco Interlenghi (Moraldo), Alberto Sordi (Alberto), Leopoldo Trieste (Leopoldo), Riccardo Fellini (Riccardo), Elenora Ruffo (Sandra), Jean Brochard (le père de Fausto), Claude Farell (la sœur d'Alberto).

Le désœuvrement et l'ennui d'un groupe de jeunes habitants d'une petite ville de la riviera romagnole. Ayant entre vingt-cinq et trente ans, ils se conduisent pour la plupart comme des adolescents attardés et plusieurs vivent même aux crochets de leurs parents. Fausto, le leader du groupe, a mis enceinte Sandra, la sœur du plus jeune, Moraldo, et s'apprête à prendre la fuite. Mais son propre père l'oblige à épouser la jeune fille. Après son mariage suivi d'une lune de miel à Rome, son beau-père lui trouve un travail dans un magasin d'objets de piété. Ayant courtisé à la blague, dans les jours qui suivent le Carnaval, la femme de son patron, il est renvoyé. Il entraîne Moraldo dans le cambriolage de la boutique où il travaillait, sous prétexte de se dédommager des indemnités qu'il n'a pas reçues. Les deux jeunes gens volent un angelot en bois et essaient vainement de le vendre à des communautés religieuses. Alberto, qui vit avec sa mère, ne pourra empêcher le départ de sa sœur avec son amant, un homme marié. Lors du passage d'une troupe de music-hall, Leopoldo, l'intellectuel du groupe, auteur de pièces de théâtre, lit au directeur une de ses œuvres. Il reçoit des compliments mais prend peur quand ce directeur veut l'attirer dans un coin sombre de la ville. Fausto, lui, passera la nuit avec une des danseuses. Lassée de ses infidélités, Sandra s'enfuit avec son bébé. Fausto et ses amis passeront la journée à la rechercher. Fausto la retrouve finalement chez son père à lui, qui lui administre une bonne correction avec sa ceinture. Moraldo est le seul à accomplir le rêve de tous : un beau matin, il se rend à la gare et quitte la ville.

☞ Ce premier grand succès de Fellini paraît aujourd'hui assez terne et vieillot. D'inspiration autobiographique de la part de Fellini et de ses scénaristes Ennio Flaiano et Tullio Pinelli, il se trouve en porte à faux entre le néo-réalisme dont il n'a pas l'innocence ni l'aspect novateur (Fellini, même jeune, a toujours été un vieux roublard) et la comédie italienne, très éloignée de lui par sa concision, sa verdeur corrosive et satirique. Bien que les personnages et certains épisodes (Sordi faisant à bord de sa voiture un bras d'honneur aux ouvriers qui travaillent le long de la route et se trouvant tout penaud quand sa voiture tombe en panne près d'eux) annoncent très directement ce courant, Fellini préfère adopter une structure et un ton de chronique dont la mélancolie et la mollesse lui paraissent plus en accord avec la veulerie de ses personnages et la monotonie d'une époque incertaine. De ce point de vue, *I Vitelloni* peut être considéré comme un brouillon d'*Amarcord** (sans l'aspect rétrospectif). Sordi dans un rôle pauvre et décevant est ici très inférieur à lui-même.

BIBLIO. : scénario et dialogues dans le volume « Il primo Fellini » (avec *Lo Sceicco bianco, La Strada*, Il Bidone**) Bologne, Cappelli, 1969, et dans le volume « Fellini : Quattro Film », Turin, Einaudi, 1974.

## VIVA LAS VEGAS
### (L'amour en quatrième vitesse)

1964 – USA (85') • *Prod.* MGM (Jack Cummins, George Sidney) • *Réal.* GEORGE SIDNEY • *Sc.* Sally Benton • *Phot.* Joseph Biroc (Panavision et Metrocolor) • *Mus.* George Stoll • *Chor.* David Winters • *Int.* Elvis Presley (Lucky Jordan), Ann-Margret (Rusty Martin), Cesare Danova (le comte Elmo Mancini), William Demarest (Mr. Martin), Nicky Blair (Shorty Farnsworth).

Idylle entre un jeune homme désargenté qui veut participer au grand prix automobile de Las Vegas et une monitrice de natation.

☞ La série des films interprétés par Elvis Presley a été globalement méprisée par la critique. Condamnation un peu injuste, car quelques titres surnagent du lot (*Love Me Tender* de Robert D. Webb, 1956, *King Creole* de Curtiz, 1958, *G.I. Blues** de Taurog, 1960, *Follow That Dream* de Gordon Douglas, 1962, *Roustabout* de John Rich, 1964, avec une superbe photo de Lucien Ballard). *Viva Las Vegas* a au moins le mérite de donner à Elvis une partenaire digne de lui sur le plan musical (Ann-Margret), et c'est d'ailleurs la seule fois où cela s'est produit. L'intrigue, plus que linéaire, est pratiquement dépourvue de péripéties. Au moins évite-t-elle les mauvais gags et le burlesque facile. C'est autant de minutes gagnées et le film est ainsi bourré de chansons, inédites ou célèbres et pour la plupart agréablement interprétées. Sidney fut souvent mieux inspiré, mais rarement aussi décontracté. Datant d'une époque où la grande comédie musicale était déjà morte, cet ersatz reste consommable.

## VIVA LA VIE

1984 – France (110') •-*Prod.* Les Films 13, UGC Top n° 1 • *Réal.* CLAUDE LELOUCH • *Sc.* Claude Lelouch • *Phot.* Bernard Lutic (Cinémascope, Eastmancolor) • *Mus.* Didier Barbelivien • *Int.* Charlotte Rampling (Catherine Perrin), Michel Piccoli (Michel Perrin), Jean-Louis Trintignant (François Gaucher), Evelyne Bouix (Sarah Gaucher), Charles Aznavour (Edouard Takvorian), Laurent Malet (Laurent Perrin), Tanya Lopert (Julia).

Un P.-D.G. et une actrice organisent leur propre enlèvement, puis réapparaissent porteurs d'un message venu soi-disant d'extra-terrestres. Leur intention est d'éviter au monde une troisième guerre mondiale.

☞ Le plus au second degré des films d'un réalisateur qui a toujours incarné dans le cinéma français ce que le premier degré a de plus fruste et de plus racoleur. Depuis ses débuts, Lelouch manifeste un plaisir évident, et parfois communicatif, à filmer, raconter une histoire, diriger des acteurs, choisir ses cadrages, etc. Le malheur veut que cette passion ait du mal à se mettre au service de quelque chose qui ne soit pas un poncif, une idée reçue, une fausse vérité. La généralité des titres cache – à peine – le vide vertigineux de l'inspiration. Ici, dans une fiction au prétexte si vaste (sauver l'humanité) qu'il autorise les développements les plus risqués et les plus saugrenus, Lelouch parle du mensonge, de la mise en scène considérée comme une illusion, de la communication universelle assimilée à un gigantesque coup de bluff. Il parle en fait un peu de lui-même. Cette réflexion donnerait presque à son film un caractère expérimental. Un certain suspense naît ainsi du film. Il concerne moins l'enjeu réel de l'intrigue que la façon dont l'illusionniste qui l'a créée va la boucler et s'en sortir. Il s'en sort finalement assez bien. *Viva la vie* est le film de Lelouch qu'il faut voir, pour les méandres ingénieux de sa construction (le scénario est-il, comme l'indique le générique, l'œuvre d'un seul homme ?), pour ses qualités spectaculaires (Lelouch utilise très bien le Cinémascope), et pour l'espèce de suspense haletant qui l'habite. Comme les titres suivants de Lelouch, *Viva la vie* témoigne d'un désir constant de surprendre le public qui stimule l'invention du réalisateur et entraîne, dans sa mise en scène, un certain renouvellement.

## VIVRE
### (Ikiru)

1952 – Japon (141') • *Prod.* Toho (Shojiro Motoki) • *Réal.* AKIRA KUROSAWA • *Sc.* Shinobu Hashimoto, Hideo Oguni, Akira Kurosawa • *Phot.* Asakazu Nakai • *Mus.* Fumio Hayasaka • *Int.* Takashi Shimura (Kanji Watanabe), Nobuo Kaneko (Mitsuo Watanabe), Kyoko Seki (Kazue Watanabe), Makoto Kobori (Kichii Watanabe), Kumeko Urabe (Tatsu Watanabe), Yoshie Minami (la bonne), Miki Odagiri (la collègue de Watanabe).

A Tokyo, Watanabe, un employé de l'Hôtel de Ville, végète dans son bureau depuis trente ans. Veuf depuis vingt-cinq ans, il ne s'est pas remarié pour se consacrer à l'éducation de son fils. Watanabe apprend qu'il est atteint d'un cancer de l'estomac et qu'il en a plus que pour quelques mois à vivre. Abasourdi par cette nouvelle, il rencontre dans un bar un auteur de roman-fleuve avec lequel il fait la tournée des dancings et des lieux de plaisir. Il sort plusieurs fois avec une toute jeune employée de son bureau qui, par ennui, a démissionné et travaille maintenant dans une fabrique de jouets. Elle s'étonne de ses assiduités envers elle et il lui avoue alors qu'il est malade et condamné. L'énergie qu'il voit chez elle le réchauffe. Elle lui conseille de démissionner et de se consacrer à quelque chose d'utile. Au bureau, Watanabe prend en main une demande d'assainissement des égouts qui se promenait depuis des mois dans toutes les administrations. Cinq mois plus tard, Watanabe est mort. Au cours de la réunion qui suit ses funérailles, un groupe de journalistes demande s'il est exact que le véritable responsable du parc de jeux pour enfants récemment créé est bien Watanabe, et non le maire qui s'en attribue les mérites. Les collègues de Watanabe se mettent à discuter de ce point et de la carrière du défunt. D'abord ignorants de son rôle réel et plutôt critiques envers lui, ils découvrent peu à peu en confrontant leurs souvenirs que c'est uniquement grâce à lui que le parc existe. Watanabe avait fait le siège de nombreuses administrations, jusqu'au bureau du maire. Il n'avait craint ni les menaces ni les tentatives d'intimidation. Au cours de la discussion, le propre fils de Watanabe révèle sa complète ignorance de la maladie et de la courageuse obstination de son père. Il croyait que celui-ci passait son temps avec une maîtresse. Heureux de la tâche accomplie, Watanabe, par grand froid, s'était laissé mourir assis sur l'une des balançoires du parc. La réunion touche à sa fin. Complètement ivres, les collègues de Watanabe jurent de prendre modèle sur lui et de ne plus se laisser engluer dans la routine bureaucratique. Mais le lendemain au bureau, avec le nouveau remplaçant de Watanabe, tout recommence comme avant.

☞ Le film-somme de Kurosawa. Le manichéisme fondamental qui sous-tend toute son œuvre s'exprime ici avec une intensité et une variété formelle prodigieuses. Ce manichéisme repose sur une opposition entre, d'une part, les forces d'inertie et de mort, l'absence de dessein dans une destinée humaine et, d'autre part, les forces de création, l'émergence d'une énergie tendue vers l'accomplissement d'un projet utile à la communauté. Cette opposition existe autant, pour Kurosawa, dans la société prise globalement que dans la vie individuelle de chacun. Ici, le combat entre forces opposées a lieu au cours d'un itinéraire individuel, jalonné de rencontres dont chacune entraîne un progrès du héros dans la prise de conscience de son destin et dans la découverte de sa propre énergie. Le film est profondément occidental à plusieurs titres. Par cette notion d'itinéraire (où l'écoulement du temps entraîne un progrès moral). Par son goût du paradoxe, vu comme source de sagesse. C'est quand il est presque mort que le héros découvre en lui-même une énergie accumulée et intacte. Occidentale aussi, la recherche constante du dynamisme et de la variété dans les tons, dans les procédés stylistiques employés, dans les cibles visées. Si la tournée des bars de la première partie (séquence anthologique) contient une gaieté, une force salvatrice dans le désespoir qui évoquent Henry Miller, la vie intense que fait surgir à tout moment Kurosawa sur l'écran évoque celle – satire et émotion mêlées – qui irrigue les meilleurs moments de Chaplin. Satire impitoyable de la bureaucratie et dénonciation de l'aveuglement familial figurent parmi les thèmes qui accompagnent sans lui nuire l'évocation du destin pathétique du personnage principal. La virtuosité de Kurosawa est manifeste, par exemple, quand il fait voisiner de brefs flash-backs (cf. l'évocation de l'éducation du fils) avec de très longues scènes de dialogue à deux personnages. Toute la seconde partie, quant à elle, présente une originalité de construction que les années n'ont nullement entamée et qui permet de faire converger l'ironie, l'analyse et ce sens de la commémoration si ancré dans l'âme japonaise. De très courts et nombreux flash-backs s'insèrent dans une immense scène de groupe occupant presque une heure de film. La boisson, le sens du dialogue retrouvé et un effort tardif de compréhension aboutissent à une prise de conscience collective de la vérité, autre thème essentiel du film. Vérité jusque-là cachée, comme dans une intrigue policière, par l'aveuglement des uns, l'hypocrisie et le cynisme des autres. Interprétation géniale de Takashi Shimura, l'une des plus étonnantes de l'histoire du cinéma japonais.

BIBLIO. : scénario et dialogues *in* vol. 6 des « Complete Works of Akira Kurosawa », Kinema Jumpo Sha Co. (texte bilingue japonais et anglais ; chaque plan est illustré par un ou plusieurs photogrammes). Le volume contient aussi *L'idiot**. Autre publication : chez Lorrimer à Londres dans la collection « Classic Film Scripts », 1968, réédité en 1981.

## VIVRE EN PAIX
### (Vivere in pace)

1947 – Italie (88') • *Prod.* Lux (Carlo Ponti) • *Réal.* LUIGI ZAMPA • *Sc.* L. Zampa, Suso Cecchi D'Amico, Aldo Fabrizi, Piero Tellini • *Phot.* Carlo Montuori • *Mus.* Nino Rota • *Int.* Aldo Fabrizi (l'oncle Tigna), Gar Moore (Ronald), Mirella Monti (Silvia), Johnny Kitzmiller (Joe), Heinrich Bode (Hans), Ave Ninchi (Corinna), Ernesto Almirante (le grand-père), Nando Bruno (le secrétaire politique), Aldo Silvani (le médecin).

A la fin de la guerre, dans un petit village italien qui pourrait se croire oublié précisément par la guerre car il est éloigné des théâtres d'opérations, un seul Allemand veille sur un dépôt d'intendance. Partis à la recherche d'un cochon qui a disparu dans le bois, une adolescente et son jeune frère découvrent deux G.I. L'un d'entre eux, un Noir, est grièvement blessé. Des affiches couvrant les murs du village promettent une récompense à qui dénoncera les soldats ennemis en fuite, menacent de mort, de la destruction de leur maison et des maisons avoisinantes ceux qui les protégeront. Cela n'empêche pas la jeune fille et son frère de porter aux Américains des vêtements et des vivres, puis de les cacher dans l'étable de leur oncle Tigna, un brave homme dont la seule ambition est d'essayer de vivre en paix, d'être bien avec tout le monde et de ne nuire à personne. Un médecin viendra chercher les deux soldats, les cachera chez lui et soignera le blessé. Alors que celui-ci est à peu près rétabli et a fait force libations, l'Allemand du village, un soir, arrive à l'improviste chez Tigna. On enferme précipitamment le Noir dans un réduit. Il faut là-dessus faire la fête, arroser copieusement l'Allemand, chanter, danser afin de couvrir les vociférations du Noir furieux d'être enfermé. Il démolit la porte et se retrouve face à face avec l'Allemand, aussi ivre que lui. Les deux hommes fraternisent et parcourent les rues de la ville en chantant et en tirant des coups de feu sur les lanternes. « Avec du vin, dit Tigna, la guerre est finie ». Et du coup les habitants se mettent à le croire pour de bon. Mais le secrétaire politique les fait bientôt déchanter. On remet dans le dépôt les sacs de provisions qu'on y avait pris. Craignant les réactions de l'Allemand à son réveil – il s'est présentement écroulé sur le sol –, les habitants préfèrent s'éloigner en masse du village. Selon l'attitude de l'Allemand, le curé tantôt sonnera joyeusement les cloches pour indiquer à ses concitoyens que tout va bien et qu'ils peuvent revenir, tantôt fera retentir le glas afin qu'ils restent éloignés. Mais l'Allemand vient d'apprendre l'arrivée imminente des Américains et demande à Tigna des vêtements civils. Tigna sera abattu par une patrouille allemande juste avant que les Américains n'entrent dans le village. Il meurt dans son lit en demandant qu'on ne l'oublie pas. Après l'enterrement, le G.I., qui avait fait des projets d'avenir avec la nièce de Tigna, s'éloigne sans doute pour toujours du village.

☞ « *Un americano in vacanza* (1945), *Vivere in pace* (1946), *L'onorevole Angelina* (1947), *Anni difficili* (1947), écrit Jean Gili dans " La comédie italienne ", Veyrier 1983, forment un ensemble cohérent sur la vie de l'Italie depuis les années du fascisme jusqu'aux années de l'immédiat après-guerre. » Située à mi-chemin entre l'étude de mœurs et le mélodrame, cette description d'un village durant les dernières heures de la guerre est un jalon important entre le néo-réalisme et la comédie pure, telle qu'elle se développera sous diverses formes dans les années 50. On a parlé à son propos de « néo-réalisme rose ». Expression assez juste si elle signifie que le rose caractérise ici le monde tel que le souhaitent, tel que le rêvent les personnages, et non le monde tel qu'il est. L'humanité du personnage central, pivot de l'intrigue (l'oncle Tigna, interprété par Aldo Fabrizi, coauteur du scénario), a retiré au film toute velléité d'ironie et de causticité, registre où excellera Zampa, à petite dose, dans *Anni difficili* tourné l'année suivante et beaucoup plus tard, à haute dose, dans des films comme *Una questione d'onore* (1966) ou *Il medico della Mutua* (1968). C'est à l'intérieur de l'œuvre de certains cinéastes mineurs comme Zampa ou Germi qu'on peut le mieux observer l'évolution considérable intervenue en une vingtaine d'années dans le cinéma italien, passant de l'attendrissement humaniste *(Vivere in pace)*, de la recherche d'une nouvelle morale (*Il camino della speranza,* Germi, 1950) au cynisme le plus complet.

## VOICI LE TEMPS DES ASSASSINS

1956 – France (115') • *Prod.* CICC-Société Nouvelle Pathé Cinéma-Films Agiman • *Réal.* JULIEN DUVIVIER • *Sc.* Julien Duvivier, Maurice Bessy, Charles Dorat, P.A. Bréal • *Phot.* Armand Thirard • *Mus.* Jean Wiener • *Int.* Jean Gabin (André Chatelin), Danièle Delorme (Catherine), Lucienne Bogaert (Gabrielle), Gérard Blain (Gérard Delacroix), Germaine Kerjean (Mme Chatelin), Gabrielle Fontan (Mme Jules), Jean-Paul Roussillon (Amédée), Alfred Goulin (Armand), Robert Arnoux (Bouvier), Liliane Bert (Antoinette), Aimé Clariond (Prévost), Robert

Manuel (Mario Bonnarcorci), Robert Pizani (le président), Gaby Basset (la serveuse de la guinguette).

En plein cœur des Halles, Chatelin, un quinquagénaire, possède un restaurant coté, fréquenté par des politiciens, des aristocrates, des gens du show-business. Grand cuisinier, il veille à tout dans son établissement. Il a pour protégé un jeune étudiant en médecine, Gérard, brouillé avec son oncle et qui, plutôt que de recevoir de l'argent de son parent, préfère travailler la nuit aux Halles. Chatelin qui le considère un peu comme son fils a souvent voulu l'aider mais Gérard a toujours refusé. Une jeune provinciale, Catherine, arrive au restaurant de Chatelin et lui apprend le décès de son ex-femme Gabrielle dont elle est la fille. Chatelin et Gabrielle se sont quittés il y a vingt ans dans les plus mauvais termes. Chatelin est touché par le charme juvénile de Catherine qui lui rappelle sa femme. Mais, sous des dehors innocents, Catherine cache une âme noire et perverse. Elle s'emploie d'abord à séparer, par d'habiles calomnies, Chatelin et Gérard. Dans un hôtel borgne, elle rejoint périodiquement sa mère qui, en réalité, n'est pas morte et échafaude avec elle de sombres machinations. Ruinée, droguée, physiquement délabrée par une existence proche de la prostitution, Gabrielle pousse sa fille à manœuvrer afin de se faire épouser par Chatelin. Catherine y parvient en peu de temps. Un jour, un client du restaurant dit à Chatelin qu'il fréquentait à Marseille la maison de la mère de Catherine, un endroit où l'on ne s'ennuyait pas. Catherine met sa mère au courant de l'incident car Chatelin lui a posé beaucoup de questions. Gabrielle conseille maintenant à sa fille de songer à se débarrasser de son mari par un « accident » habilement préparé. Un peu plus tard, Chatelin reçoit un coup de fil du « tôlier » de Gabrielle. Le manque de drogue a provoqué chez elle un état voisin du coma. Chatelin se rend à l'hôtel et constate la présence de sa femme qui, inconsciente, ne peut le reconnaître. Il l'emmène alors chez sa mère, propriétaire d'une guinguette en banlieue, et lui fait avouer la vérité. Il la confie à sa mère, devant retourner à Paris s'occuper de son restaurant. Restées seules, les deux femmes s'injurient et en viennent aux mains. La mère de Chatelin fouette sa belle-fille avec le fouet qu'elle utilise pour tuer les poulets et l'enferme à double tour. Catherine parvient à téléphoner à Gérard, qu'elle a toujours entretenu dans l'idée que Chatelin la maltraitait et la battait ; elle s'était même donnée au jeune homme avec l'intention d'en faire son complice dans le meurtre de son mari. Gérard se rend à un rendez-vous nocturne : Catherine a préparé un anesthésique qu'elle compte utiliser pour endormir Chatelin avant de pousser sa voiture à la rivière. Mais Gérard n'a nulle envie de participer à ce meurtre. Il comprend un peu tard que ce sont les mensonges de Catherine qui l'ont séparé de son ami Chatelin. Gérard prend alors, dans le plan de Catherine, la place de son mari : elle l'endort et le pousse à la rivière au volant de sa voiture. Chatelin identifiera le cadavre de son ami. Il devine rapidement que Catherine est la coupable. Il l'entraîne jusqu'à l'hôtel de Gabrielle. Elle sera tuée par le chien de Gérard, rendu fou par la perte de son maître, avant qu'ait lieu la confrontation des deux femmes voulue par Chatelin.

☞ Le meilleur film de Duvivier après guerre. Dans cette sorte de testament apparaissent en clair les deux sources du naturalisme de l'auteur (un courant auquel il n'a jamais cessé d'être fidèle) : réalisme, et pessimisme souvent poussé jusqu'au délire. Ici la part du réalisme vient d'une splendide reconstitution de milieu : la vie d'un grand restaurant dans le vieux quartier des Halles. Cette part importante de l'œuvre l'est cependant moins que l'autre, à laquelle elle sert d'introduction, de support, de décor et peut-être seulement d'alibi : une description féroce de la méchanceté et de la monstruosité humaines culminant avec le personnage de Catherine (remarquable interprétation de Danièle Delorme). Catherine est une étrange ingénue perverse, plus perverse qu'ingénue et victime dans une certaine mesure de son hérédité. Autour d'elle s'agite un trio de vieilles femmes maléfiques : la première épouse de Chatelin (Lucienne Bogaert), image baroque de la déchéance physique et morale ; sa mère, abusive et haineuse (Germaine Kerjean) ; enfin sa gouvernante, venimeuse et hypocrite (rôle tenu par l'excellente Gabrielle Fontan). L'intrigue aux péripéties extravagantes et dignes d'un roman populaire du début du siècle possède une force tragique intemporelle, encore apte à empoigner le spectateur d'aujourd'hui. C'est que Duvivier, dans ses délires, sait rester incisif et vrai. Il reprend des personnages, des thèmes, des situations et des lieux de ses films d'avant guerre pour les porter à un degré d'abstraction lyrique très fascinant. Il y est aidé par la superbe photo de Thirard. Scintillements glacés de l'aube à Paris et dans ses environs : c'est la lumière où baignent ces horreurs et ce naturalisme. Elle est, à sa manière, étrangement poétique.

## VOIE LACTÉE (LA)

1969 – France (92') • *Prod.* Greenwich Films Production (Serge Silberman), Paris-Fraia Film, Rome • *Réal.* LUIS BUNUEL • *Sc.* Luis Buñuel, Jean-Claude Carrière • *Phot.* Christian Matras (Eastmancolor) • *Int.* Paul Frankeur (Pierre), Laurent Terzieff (Jean), Alain Cuny (l'homme à la cape), Édith Scob (Marie, mère de Jésus), Bernard Verley (Jésus), Jean Piat (le janséniste), François Maistre (le curé fou), Claude Cerval (le brigadier), Michel Piccoli (le marquis de Sade), Muni (la religieuse janséniste), Michel Etcheverry (le juge de l'Inquisition), Pierre Clémenti (l'ange).

Deux vagabonds, Pierre et Jean, se rendent à Saint-Jacques-de-Compostelle pour se faire un peu d'argent. Chemin faisant, ils rencontrent des fous, des illuminés et toutes sortes d'adeptes des diverses hérésies du catholicisme. Six mystères ou dogmes principaux sont illustrés : l'Eucharistie, la nature du Christ, la Trinité, l'origine du Mal, la Grâce et la Liberté, les mystères mariaux concernant la Vierge.

☞ Film qu'on peut dire, sans grand risque d'erreur, unique dans l'histoire du cinéma : un précis de théologie tout imbibé d'humour et d'ironie, mais habité dans ses couches profondes par la perplexité et l'effroi de l'auteur. En surface, c'est toute une mythologie qui s'anime, pleine d'absurdités et de contradictions ; mais il faut peu de chose pour que tel ou tel élément de cette mythologie, considérée comme une vérité absolue, engendre la haine, le fanatisme et un cortège de massacres. L'intrigue du film (qu'on peut à peine appeler une intrigue) est extrêmement libre et inventive ; le passé s'y mêle constamment au présent, l'imaginaire à la réalité, cependant que la trame principale du récit est dévorée de parenthèses, de digressions, de monologues, d'apartés liant le picaresque au fantastique. C'est la première intrigue de ce type qu'ait échafaudée Buñuel (avec l'aide de Jean-Claude Carrière). Elle communique un très vif sentiment d'aventure que Buñuel utilise pour stimuler la curiosité du spectateur, semer le doute dans son esprit et surtout rendre contagieuse – par l'humour et par le vertige – cette inquiétude qui l'habite.

BIBLIO. : scénario et dialogues *in* « L'Avant-Scène » n° 94-95 (1969). Contient des notes prises par Buñuel et Carrière pendant l'élaboration de leur travail.

## VOL AU-DESSUS D'UN NID DE COUCOU
### (One Flew Over the Cuckoo's Nest)

1975 – USA (134') • *Prod.* Artistes Associés – Fantasy (Saul Zaentz, Michael Douglas) • *Réal.* MILOS FORMAN • *Sc.* Lawrence Hauben, Bo Goldman d'ap. l'adaptation théâtrale de Dale Wasserman du R. de Ken Kesey • *Phot.* Haskell Wexler (DeLuxe) • *Mus.* Jack Nitzsche • *Int.* Jack Nicholson (Randel P. McMurphy), Louise Fletcher (infirmière Ratched), Dean Brooks (Dr Spivey), Will Sampson (chief Bromden, l'Indien), William Duell (Sefelt), Danny DeVito (Martini), Brad Dourif (Billy Bibbit), William Redfield (Harding), Sidney Lassick (Cheswick), Vincent Schiavelli (Fredrickson), Christopher Lloyd (Taber), Marya Small (Candy), Louisa Moritz (Rose).

Randel P. McMurphy, détenu dans une ferme d'État pour plusieurs agressions, est envoyé dans un hôpital psychiatrique afin que le personnel hospitalier détermine s'il est fou ou s'il simule la folie pour échapper au travail obligatoire. Sa vitalité, son insolence, ses appétits d'homme absolument normal vont déclencher dans l'institution un puissant désordre. Il s'attire immédiatement l'hostilité de l'infirmière-chef Ratched qui exerce sur les malades une emprise qu'elle tient à conserver par tous les moyens. McMurphy essaie vainement de faire modifier les horaires habituels pour que lui-même et les autres malades puissent assister à la retransmission télévisée de la Coupe du Monde de base-ball. Un jour, il emmène ses compagnons en car et leur fait faire, sur un yacht volé pour l'occasion, une partie de pêche. A son retour il apprend, éberlué, que les dirigeants de l'hôpital peuvent le garder ici bien au-delà de son temps légal de détention, c'est-à-dire tout simplement aussi longtemps qu'ils le désirent. Il apprend aussi, avec la même stupéfaction, que plusieurs de ses compagnons ne sont pas internés, mais sont des pensionnaires volontaires. A propos d'une dérisoire affaire de cigarettes, une bagarre générale se déclare dans le service. McMurphy est placé dans la section des agités en compagnie d'un Indien sourd-muet dont il s'est fait un ami. Il découvre à cette occasion que l'Indien, fort comme un Turc et grand comme une montagne, parle et entend parfaitement bien. Qu'il ait pu ainsi tromper son monde provoque chez McMurphy une joie sans pareille. Il subit sans révolte apparente plusieurs séances d'électrochocs. Une nuit, il introduit dans le service, avec la complicité d'un gardien noir, deux filles, les bras chargés de bouteilles d'alcool. Au cours d'une longue séance collective de beuverie, qui devait fêter le départ de McMurphy, le jeune Billy Bibbit, bègue et complexé, connaîtra sa première expérience sexuelle avec l'une des filles. McMurphy boit trop, oublie de partir et, au matin, sera retrouvé cuvant son vin parmi les autres malades allongés sur le sol. L'infirmière Ratched fait honte à Billy de sa conduite et le menace d'en parler à sa mère, provoquant ainsi le suicide du jeune homme qui s'ouvrira les veines. Fou de rage, McMurphy étrangle à moitié l'infirmière. Dans les jours qui suivent, il subit un traitement qui le transforme en légume. L'Indien, auquel McMurphy avait par son exemple donné le courage de s'enfuir, veut l'emmener avec lui. Mais voyant son état, il préfère l'étouffer sous un oreiller avant de sauter lui-même par la fenêtre, prenant son vol au-dessus du nid de coucou vers le Canada et la liberté.

☞ De 1963 à 1967, Milos Forman réalise dans son pays d'origine une courte série de films (*Concours,* moyen métrage, *L'as de pique, Les amours d'une blonde*) à la facture plaisante, juvénile, témoignant d'une liberté de ton nouvelle, en relation avec ce qu'on a appelé le Printemps de Prague. Cette série s'achève de manière significative dans la causticité et la noirceur faussement souriante d'*Au feu, les pompiers.* La période américaine de Forman commence avec un film inventif et brillant, d'une grande acuité sociale dans la peinture de la bourgeoisie américaine (*Taking off,* 1971), basé sur une fictive mais très crédible « Association de parents à la recherche de leurs enfants ». Cette œuvre est le prélude à la nouvelle manière de Forman, qui s'est exprimée dans des films à l'immense succès international (*Vol au-dessus d'un nid de coucou ; Hair,* 1979 ; *Amadeus* 1984). Forman part à chaque fois d'un matériau très riche, ayant connu un triomphe sous une forme dramatique ou romanesque, qu'il adapte habilement pour le cinéma, en accentuant encore son caractère brillant et populaire. Les qualités dont fait preuve Forman dans ce travail d'adaptateur invitent à considérer sa mise en scène comme une véritable revitalisation du matériau traité. (Dans le cas de *Hair,* comédie musicale emblématique de toute une génération, cette revitalisation équivaut à une remise en perspective, à un élargissement et à un approfondissement très impressionnant du matériau original.) Les qualités principales de Forman sont une extraordinaire énergie pour redynamiser l'œuvre adaptée, une volonté de retourner à ses sources géographiques réelles (les théâtres d'Autriche et d'Europe centrale dans *Amadeus*, l'hôpital de Salem, Oregon, pour *Vol au-dessus d'un nid de coucou*) et surtout une sorte de génie dans le choix et la direction des acteurs. Jack Nicholson trouve ici son meilleur rôle. Les personnages qui l'entourent ont tous un grand relief. Ils sont interprétés notamment par Danny DeVito qui deviendra célèbre dix ans plus tard et par Brad Dourif qu'on a revu dans *Wise Blood* de Huston. Les compositions de Louise Fletcher (l'infirmière) et de Will Sampson (l'Indien) ont été à juste titre saluées comme superbes. Il faut signaler que le best-seller beatnick de Ken Kesey racontait l'histoire de manière onirique et délirante, à la première personne et du point de vue de l'Indien qui avait subi deux cents électrochocs. La substance du roman a été clarifiée et transformée en une allégorie universelle dans l'adaptation scénique de Dale Wasserman que le film prend comme base (quoique cela ne soit pas clairement indiqué au générique). Dans le film, Forman s'intéresse surtout au combat titanesque, à la fois grandiose et cocasse, qui oppose le détenu, individu raisonnablement sain et raisonnablement fou, à un système affreux symbolisé par la glaciale et terrifiante infirmière Ratched, toujours persuadée d'avoir raison. Elle est l'artisan d'une normalisation, d'une répression, d'un ordre maléfique et implacable qui fabriquent les esclaves et les dictateurs. Ce combat est perdu d'avance pour l'individu tant qu'il reste isolé, mais il devient fécond par la contagion qu'il peut susciter. Le compagnonnage des malades avec McMurphy aura été pour eux la meilleure thérapie, même si elle n'a pas abouti à les transformer. Le film est admirable par son absence de discours, de prêche, de pathos : sa force ne vient que de l'atmosphère des lieux, de ses péripéties, de ses sautes de ton et du relief – si précieux – de ses personnages. Pour n'être pas une œuvre totalement originale et personnelle (ce que ne sont pas non plus *Hair* et *Amadeus*), *Vol au-dessus d'un nid de coucou* n'en reste pas moins un chef-d'œuvre absolu du cinéma américain des années 70 (qui en compte assez peu).

N.B. Le film obtint les cinq Oscars principaux (meilleur film, meilleure mise en scène, meilleur scénario, meilleurs acteur et actrice), ce qui ne s'était pas vu depuis *It Happened One Night** (1934). La pièce, interprétée à Broadway en 1963 par Kirk Douglas, n'avait été qu'un demi-succès. Elle fut un triomphe en 1973 hors de Broadway (avec William Devane dans le rôle principal). Kirk Douglas avait toujours voulu en tirer un film et poussa son fils Michael à tenter l'entreprise comme producteur.

## VOLEUR DE BAGDAD (LE)
## (The Thief of Bagdad)

1924 – USA (140') • *Prod.* Artistes Associés – Douglas Fairbanks Pictures • *Réal.* RAOUL WALSH • *Sc.* Lotta Woods et Elton Thomas (= Douglas Fairbanks) • *Phot.* Arthur Edeson, P. H. Whitman, Kenneth MacLean • *Effets spéciaux* Hampton Del Ruth • *Déc.* William Cameron Menzies, Irvin J. Martin, Anton Grot, Paul Youngblood, H. R. Hopps, Harold V. Grieve, Park French, William Hutwich, Edward M. Langley • *Cost.* Mitchell Leisen • *Int.* Douglas Fairbanks (Ahmed), Snitz Edwards (le complice), Charles Belcher (le saint homme), Julanne Johnston (la princesse), Anna May Wong (l'esclave mongole), Brandon Hurst (le calife), Winter-Blossom (l'esclave au luth), Tote Du Crow (le devin), Sojin Kamiyama (le prince mongol), Noble Johnson (le prince hindou).

A Bagdad, dans le présent éternel des contes, Ahmed, jeune homme athlétique et jovial, vit de rapines et de bonne humeur. Quand il est pris la main dans le sac, sa vélocité ou sa ruse lui permettent en général d'échapper au châtiment. Il professe qu'Allah est un mythe et qu'il faut trouver son bonheur ici-bas. Un jour, il vole à un magicien sa corde magique et grâce à elle peut pénétrer dans le palais du calife. Mais là il trouve un trésor beaucoup plus précieux que les bijoux qu'il était venu voler : la princesse elle-même, fille du calife. Elle va bientôt se marier mais n'a pas encore choisi son époux. Des prétendants royaux défilent au palais : le prince des Indes, le prince de Perse gras comme un poussah, le prince de Mongolie qui veut s'emparer non seulement de la belle mais aussi du pouvoir et de la ville de Bagdad. Puis vient le prince des Iles et des Mers : ce n'est autre que Ahmed qui s'est baptisé ainsi pour faire bonne figure. C'est lui que choisit sans hésiter la princesse. Démasqué, il doit lui avouer qu'il n'est qu'un voleur et cela la fait pleurer. Il est capturé et fouetté par les sbires du calife mais la princesse s'arrange pour qu'il puisse s'évader par un passage secret. Elle dit à son père qu'elle épousera celui des prétendants qui lui rapportera le trésor le plus rare. Tandis que le prince de Perse achète au bazar de Chiraz un tapis volant, que le prince des Indes s'empare d'un cristal magique arraché à une idole près de Kandahar et que le prince des Mongols met la main sur une pomme non moins magique dans l'île de Wak, Ahmed veut les dépasser tous en affrontant les plus grands périls pour les beaux yeux de celle qu'il veut conquérir. Il traverse la Vallée du Feu, puis la Vallée des Monstres où il tranche la gorge d'un monstre préhistorique. Dans la caverne des Arbres Enchantés, un arbre lui donne une carte pour qu'il puisse aller à la rencontre du vieillard de la Mer de Minuit, lequel vieillard, après qu'Ahmed a tué une chauve-souris géante, lui indique où trouver au fond des eaux, à condition de ne pas subir la tentation des sirènes, une clé qui lui ouvrira l'accès au repaire du Cheval Ailé. Sur son dos, Ahmed traverse les cieux. Dans la Citadelle de la Lune, il trouve un manteau qui peut rendre invisible et un coffret magique. Une servante traîtresse, complice du prince mongol, a empoisonné la princesse. Les trois princes accourent, utilisant tour à tour le cristal pour découvrir à distance qu'elle est mal en point, le tapis volant pour aller vers elle et la pomme magique pour la soigner. Mais les armées du prince mongol, depuis longtemps prêtes à bondir, s'élancent et s'emparent de la ville. Grâce à son coffret, Ahmed fait jaillir du sol une armée de cent mille hommes qui mettent en fuite les Mongols. A l'aide de son manteau qui le rend invisible, il délivre la princesse, que le calife lui donne en mariage. Les deux amants s'élancent dans le ciel sur le tapis volant, tandis que le conteur inscrit dans les cieux cette maxime : le bonheur doit être conquis.

☞ Le long métrage le plus célèbre de Douglas Fairbanks et l'un des films américains les plus populaires du muet. La magie et la féerie des « Mille et Une Nuits » s'accordent à merveille et pour ainsi dire ontologiquement à la magie du cinéma muet (que seuls les spectateurs de cette époque ont put ressentir dans sa plénitude, n'ayant rien à quoi la comparer et la mesurer). On sait que Fairbanks était le véritable artisan de ses films, choisissant le sujet, ses collaborateurs, supervisant en détail la réalisation, conférant à ses œuvres le ton ludique et joyeux de son propre personnage. Sa décision la plus importante fut d'engager William Cameron Menzies dont les immenses et innombrables décors constituent, par leur stylisation géométrique et abstraite, le principal attrait du film. Fairbanks voulut créer, avec son aide, ce qu'on pourrait appeler un film expressionniste à l'envers, un film expressionniste rempli d'optimisme et de joie de vivre. Walsh, dont c'est ici une œuvre très mineure et beaucoup moins personnelle par exemple que le *Robin des Bois* que Dwan avait réalisé l'année précédente avec Fairbanks, donna au film un dynamisme évident mais qui reste superficiel ; en effet si Walsh s'entendit parfaitement avec Fairbanks, son personnage de bande dessinée l'inspira peu. Vu aujourd'hui, *Le voleur de Bagdad* se signale autant à l'attention par ses défauts que par ses qualités. Son rythme est déficient tout du long. Il ne se passe presque rien dans la première partie, très languissante, et dans la seconde les épreuves initiatiques de Fairbanks défilent sous nos yeux sur un rythme saccadé et artificiel. Il est donc presque impossible aujourd'hui de prendre au film le même plaisir qu'y trouvèrent ses contemporains.

N.B. Les trucages et les couleurs (un merveilleux Technicolor) firent de la version anglaise du *Voleur de Bagdad*

(1940), produite par Alexander Korda et dirigée par Ludwig Berger, Michael Powell, Tim Whelan, William Cameron Menzies, Zoltan Korda et Alexander Korda lui-même, une œuvre très supérieure à celle-ci. Par contre, la version italienne de 1961 dirigée par Arthur Lubin (avec Steve Reeves dans le rôle principal) et la version franco-anglaise de Clive Donner (1978) sont tout à fait médiocres.

## VOLEUR DE BICYCLETTE (LE)
### (Ladri di biciclette)

1948 – Italie (85') • *Prod.* PDS (Vittorio De Sica) • *Réal.* VITTORIO DE SICA • *Sc.* Cesare Zavattini, Oreste Biancoli, Suso D'Amico, Vittorio De Sica, Adolfo Franci, Gerardo Gherardi, Gerardo Guerrieri d'ap. R. de Luigi Bartolini • *Phot.* Carlo Montuori • *Mus.* Alessandro Cicognini • *Int.* Lamberto Maggiorani (Antonio Ricci), Enzo Staiola (Bruno, son fils), Lianella Carell (Maria Ricci), Elena Altieri (la dame patronnesse), Gino Saltamerenda (Baiocco), Vittorio Antonucci (le voleur).

Chômeur depuis deux ans, Antonio Ricci, un Romain père de deux enfants, trouve une place d'afficheur. Condition *sine qua non* pour l'obtention de ce poste, il faut posséder une bicyclette. La femme d'Antonio porte ses draps au Mont-de-Piété pour que son mari puisse retirer sa bicyclette, déposée quelque temps auparavant. Lors de sa première journée de travail, la précieuse bicyclette posée contre un mur est volée par un jeune homme après lequel Antonio courra vainement. Le lendemain, accompagné de son jeune fils, il la recherche à l'aube avec des amis éboueurs au marché aux vélos où l'on revend souvent des objets volés. Les recherches restent vaines mais soudain, sous la pluie, Antonio entrevoit son voleur qui lui échappe encore. Antonio a repéré un vieil homme qui a échangé quelques mots avec le voleur. Il suit le vieillard jusque dans une église où une messe est donnée par un organisme de charité. Il l'oblige à lui révéler l'adresse du voleur et veut le forcer à l'accompagner chez ce jeune homme. Mais le vieillard réussit à lui fausser compagnie. Mis en fureur par ce nouvel échec, Antonio gifle injustement son fils puis répare son injustice en lui offrant un bon repas. Il va consulter ensuite la voyante de sa femme (qu'il avait autrefois vivement critiquée pour cette dépense inutile). Sortant de chez la voyante, il se trouve nez à nez avec son voleur. Cette fois, il ne le lâche pas d'une semelle et le poursuit jusque dans son quartier. Là, le voleur nie catégoriquement son vol et a (ou feint d'avoir) une crise d'épilepsie. Les habitants du quartier se montrent agressifs vis-à-vis d'Antonio qui n'a plus qu'à décamper. Aux abords d'un stade, il cède à la tentation de s'emparer d'une bicyclette pareille à celle qu'il recherche. Il est poursuivi et vite rattrapé par un groupe d'hommes. Le propriétaire du vélo le laisse repartir sans porter plainte. Accablé de honte, Antonio s'éloigne avec son fils.

☞ Avec *Rome, ville ouverte**, le film révolutionnaire qui fonda le mouvement, c'est l'œuvre la plus célèbre du néo-réalisme. Réflexion immédiate sur le présent, compassion minutieuse envers les humbles luttant pour leur survie dans un monde où tout est à reconstruire : telles sont les deux lignes de force principales du néo-réalisme. Présentes dans l'un et l'autre film, elles s'y répartissent différemment. La réflexion l'emporte chez Rossellini, la compassion (toujours très pudique) chez De Sica. Celui-ci avait réuni dans son film un certain nombre d'éléments qui allèrent droit au cœur du public : dignité du ton et des personnages, lyrisme sous-jacent, refus du désespoir. Il s'en ajoute un autre, un peu plus mystérieux. Comme s'il se méfiait du réalisme pur, du réalisme pour le réalisme, De Sica sème sur le parcours de son personnage des signes ambigus qui maintiennent en éveil l'attention du spectateur. Il satirise d'abord la superstition populaire, mais dans la seconde scène où apparaît la voyante, elle dit au héros : « Ta bicyclette : ou tu la retrouves tout de suite ou tu ne la retrouves jamais. » Il se trouve qu'elle a raison sur les deux points. Rome, d'autre part, est décrite tout au long du film comme un labyrinthe (assez peu réaliste) où le héros et son voleur, toujours très proches l'un de l'autre dans l'espace, semblent jouer à cache-cache et finissent par échanger leurs rôles comme dans la thématique hitchcockienne. Le voleur, découvert, apparaîtra comme une victime et la victime deviendra voleur à son tour. Cette péripétie finale – très habile – se répercute à plusieurs niveaux : psychologique, social, moral, spirituel. L'ultime misère du chômeur est en effet cette perte d'identité accompagnée d'une perte, non moins grave, d'estime de soi. On voit nettement à travers ce film ce qui impressionna le public dans le néo-réalisme : qu'une intrigue au départ extrêmement ténue, faite de péripéties quotidiennes et minuscules, finisse par avoir des échos si considérables qu'ils atteignent peu à peu toutes les couches de conscience du protagoniste et, en même temps, du spectateur.

BIBLIO. : scénario et dialogues *in* « L'Avant-Scène » n° 76 (1967).

## VOLPONE

1941 – France (94') • *Prod.* Ile-de-France Films • *Réal.* MAURICE TOURNEUR • *Sc.* Jules Romains d'ap. sa pièce tirée de celle de Ben Jonson • *Phot.* Armand Thirard • *Mus.* Marcel Delannoy • *Int.* Louis Jouvet (Mosca), Harry Baur (Volpone), Jacqueline Delubac (Colomba), Charles Dullin (Corbaccio), Fernand Ledoux (Corvino), Jean Temerson (Voltore), Alexandre Rignault (Leone).

Venise au XVIe siècle. Son bateau qui contenait l'essentiel de sa fortune, une cargaison de pierres précieuses, ayant sombré, le Levantin Volpone est mis en prison pour dettes et pour escroquerie à la suite des plaintes du vieil usurier Corbaccio, du marchand d'étoffe Corvino et du notaire Voltore. Mais c'était un faux bruit et le bateau de Volpone avait seulement une avarie. Volpone est libéré, et riche de nouveau. Avec l'aide de Mosca, rencontré en prison, Volpone va mystifier ses trois ennemis en se faisant passer pour moribond. Ceux-ci, poussés par la cupidité, viennent le voir, protestent de leur amitié et lui apportent présents et deniers. Chacun espère, le sachant sans enfants, être couché sur son testament. Exploitant habilement leur rivalité, Mosca persuadera même Corvino d'amener sa femme, qu'il couve comme un trésor, dans le lit de Volpone, et Corbaccio de déshériter son fils en sa faveur. Ce dernier traîne Volpone devant le tribunal mais c'est lui finalement qui, à cause de son tempérament emporté, sera mis en état d'arrestation. Afin de corser la farce et de voir la déconfiture du trio, Volpone désigne Mosca comme légataire universel et se fait passer pour mort. Mosca convoque le juge pour l'ouverture du testament. Le juge comprend, aux récriminations des victimes, la filouterie de Volpone et ordonne qu'on pende son cadavre. Mosca obtient qu'il soit seulement jeté dans le canal. Quand tout le monde est parti, Mosca n'a pas grand-chose à dire pour persuader Volpone de filer sans demander son reste. Mosca, maintenant riche et puissant, ouvre les portes du palais de Volpone et se met aussitôt à distribuer ses richesses. La fête commence. L'avarice est morte. Vive la prodigalité !

☞ Adaptation cinématographique de la pièce à succès tirée par Jules Romains (avec Stefan Zweig, non mentionné au générique) de la pièce ancienne de Ben Jonson, 1606. Le film vaut surtout par son interprétation, composite mais brillante. Harry Baur cabotine à plaisir et pousse son jeu aux limites de la bouffonnerie et de la puérilité. Il est celui des trois acteurs principaux qui prend son rôle le moins au sérieux. Jouvet, en Arlequin sobre et rusé, n'essaie nullement de se mettre en avant et rend évident l'éclectisme de son talent (c'est d'ailleurs un acteur beaucoup moins monolithique et envahissant qu'on ne l'a dit). Dullin met sa puissance d'expression baroque au service d'un rôle pas plus monstrueux que les autres mais dont il est le seul à rendre vraiment tangible la monstruosité. C'est par lui – et par lui seul – que le film est mémorable. Les autres acteurs (Ledoux, Temerson) sont un peu ternes. Delubac est complètement « miscast » dans un rôle d'oie blanche et d'idiote. Mise en scène, décors assez poussiéreux. Le film n'a en définitive d'autre intérêt que de prolonger et de compléter, de manière inattendue, la vie théâtrale de la pièce. Elle avait été confiée par Jules Romains à Jouvet qui devait la monter (et interpréter Mosca). C'est finalement Dullin qui la créa en 1928 à L'Atelier en jouant le rôle de Volpone.

BIBLIO. : découpage (447 plans) *in* « L'Avant-Scène » nº 189 (1977). Préface de Jacques Deslandes qui rappelle que le premier metteur en scène à avoir voulu adapter « Volpone » au cinéma fut Marcel L'Herbier avec Raimu dans le rôle-titre. Puis Jacques de Baroncelli commença le film en juin 1938 (avec la distribution que nous connaissons) et dut l'interrompre pour des raisons financières. Maurice Tourneur reprit le tournage au point où il en était resté et l'acheva peu avant la débâcle.

## VOUS NE L'EMPORTEREZ PAS AVEC VOUS
### (You Can't Take It With You)

1938 – USA (127') • *Prod.* COL. (Frank Capra) • *Réal.* FRANK CAPRA • *Sc.* Robert Riskin d'ap. P. de Georges S. Kaufman et Moss Hart • *Phot.* Joseph Walker • *Mus.* Dimitri Tiomkin • *Int.* Jean Arthur (Alice Sycamore), Lionel Barrymore (Martin Vanderhof), James Stewart (Tony Kirby), Edward Arnold (Anthony P. Kirby), Mischa Auer (Kolenkhov), Ann Miller (Essie Carmichael), Spring Byington (Penny Sycamore), Samuel H. Hinds (Paul Sycamore), Donald Meek (Poppins), H.B. Warner (Ramsey).

Un des plus gros banquiers de Wall Street, Anthony P. Kirby, veut acheter tout un quartier de New York pour y construire une gigantesque usine et réaliser ainsi, contre son rival Ramsey, la fusion de toute l'industrie américaine de l'armement. Une seule maison lui manque, celle des Vanderhof et des Sycamore, une tribu de farfelus et de marginaux passant leur temps à faire ce qui leur plaît, à se livrer dans le bonheur et l'enthousiasme à toutes sortes d'activités telles que théâtre, musique, peinture, danse, fabrication de jouets et de feux d'artifice... Tony Kirby, le fils du banquier, ne se sent aucune vocation pour amasser de l'argent et tombe amoureux de la fille du clan des Sycamore, Alice. Un soir, il amène chez eux ses parents qui seront catastrophés par la vision de ce petit univers joyeusement anticonformiste. La police fait irruption ce même soir dans la maison, à l'initiative de l'agent immobilier de Kirby. Depuis longtemps, il persécute, sur ordre du banquier, les Sycamore pour qu'ils s'en aillent. Tout le monde – y compris les invités – est arrêté pour tapage nocturne et fabrication illicite d'explosifs. Devant le tribunal, Alice, scandalisée par le snobisme de Mrs. Kirby, dira qu'elle refuse absolument de l'avoir comme belle-mère. L'affaire fait grand bruit et les journaux titrent : « Cendrillon refuse le Prince charmant. » Alice disparaît et va s'installer à la campagne. Le grand-père Vanderhof décide de vendre la maison et d'aller la rejoindre. Kirby triomphe. Son rival Ramsey meurt d'un infarctus. Tony dit à son père ses quatre vérités et part à la recherche d'Alice. Le père et le fils se retrouvent par hasard chez les Sycamore. Le banquier Kirby dit qu'il a réfléchi. Un duo d'harmonica entre lui et le vieux Vanderhof amènera la réconciliation définitive des deux familles. Kirby revend la maison à Vanderhof et Tony pourra épouser Alice.

☞ Une des comédies américaines les plus fameuses et un des très grands succès commerciaux de Capra. Il s'agit d'un apologue opposant l'argent au plaisir de vivre, l'ambition à l'amitié, notions irrémédiablement antithétiques aux yeux de l'auteur. On a parfois douté de la sincérité de Capra. Elle tient tout entière dans son adresse, et celle-ci est immense. Au lieu de bâtir une action dramatique serrée et linéaire avec le matériau dont ils disposaient et qui s'y prêtait parfaitement (lutte du banquier contre les farfelus pour obtenir la dernière maison qui lui manque), Capra et Riskin préfèrent exprimer la situation de base par une série de petits morceaux de bravoure, un faisceau de variations inattendues et brillantes. Ils dédaignent tout l'aspect mécanique de l'intrigue au profit d'un portrait pittoresque et fouillé de chacun des personnages. Comme ceux-ci sont très nombreux, cela donne au film une structure originale où Capra, excellent directeur d'acteurs, équilibre avec une maestria étonnante les scènes de groupe (parmi les plus fournies qu'on ait vues sur un écran) et les scènes à deux. Chez tous ses personnages, et même les plus ingrats, il cherche à déceler quelque chose de positif, une étincelle d'humanité. Cette attitude donne une amorce de justification et de vraisemblance à un happy end qui serait sans cela hautement improbable.

N.B. Si le grand-père Vanderhof a dans le film des béquilles, c'est que Lionel Barrymore, à cause de son arthrose, fut lui-même obligé d'en porter tout au long du tournage.

### VOYAGE A TOKYO
**(Tokyo monogatari)**

1953 (sortie en France : 1978) – Japon (135') • *Prod.* Shochiku (Ofuna) • *Réal.* YASUJIRO OZU • *Sc.* Kogo Noda et Y. Ozu • *Phot.* Yushun Atsuta • *Mus.* Kojun Saito • *Int.* Chishu Ryu (Shukichi Hirayama), Chieko Higashiyama (Tomi Hirayama), So Yamamura (Koichi Hirayama), Myake Kuniko (Fumiko Hirayama), Zen Murase (Minoru Hirayama), Mitsuhiro Mori (Isamu Hirayama), Haruko Sugimura (Shige Kaneko), Nobuo Nakamura (Kurazo Kaneko), Setsuko Hara (Noriko Hirayama), Shiro Osaka (Keizo Hirayama), Kyoko Kagawa (Kyoko Hirayama), Toake Hisao (Osamu Hattori), Teruko Nagaoka (Yone Hattori), Eijiro Tono (Sanpei Numata).

Shukichi et Tomi Hirayama, un vieux couple ayant vécu depuis toujours avec leur fille Kyoko dans le petit port d'Onomichi au sud du Japon, se rendent à Tokyo pour visiter leurs enfants. C'est un très long voyage et c'est sans doute la dernière fois de leur vie qu'ils peuvent l'entreprendre. Ils séjournent d'abord quelques jours chez leur fils Koichi, un petit médecin de quartier qui n'a guère le temps de s'occuper d'eux. Ses enfants, un garçonnet d'une douzaine d'années qui râle sans cesse et un enfant plus jeune, se montrent assez indifférents vis-à-vis de leurs grands-parents. Puis les deux vieillards vont habiter chez leur fille Shige, une femme assez avare, propriétaire d'un salon de coiffure. Elle charge Noriko, la veuve d'un des fils Hirayama, mort à la guerre il y a huit ans, de leur faire visiter Tokyo. Shukichi et Tomi passent une excellente journée avec Noriko, jeune femme généreuse et chaleureuse, et ont plaisir à évoquer avec elle le souvenir de leur fils Soji. Pour des raisons d'économie, Shige suggère à Koichi d'envoyer ses parents à la station thermale d'Atami. Mais le bruit, la chaleur, la fatigue les en font revenir plus tôt que prévu. Il est alors convenu que la mère ira loger chez Noriko et le père chez un vieil ami d'Onomichi, installé depuis longtemps à Tokyo : M. Hattori, écrivain public. « Maintenant nous sommes des sans-abri » conclut le père en riant. Avec Hattori et un autre ami, il passe la soirée et une partie de la nuit à boire. La police le ramène avec le troisième ami chez Shige ; tous deux sont complètement ivres. La mère, elle, passe la meilleure nuit de son séjour chez Noriko qui, en la quittant, tient à lui donner un peu d'argent de poche. Durant le voyage de retour, la mère a un malaise et doit s'arrêter avec son mari chez leur fils Keizo qui vit à Osaka. Plus tard, Koichi reçoit un télégramme lui annonçant que ses parents sont bien rentrés mais que la mère est au plus mal. Tous les enfants se retrouvent bientôt à ses côtés. Elle est dans le coma et ne peut les reconnaître. Keizo arrive après sa mort. La cérémonie funèbre terminée, les enfants repartent tout de suite, à l'exception de Noriko qui tient compagnie pendant quelques jours à son beau-père et à Kyoko. Kyoko juge ses frères et sœurs égoïstes. Le père conseille à Noriko, angoissée par la monotonie de sa vie, d'oublier Soji et de se remarier. Quant à lui, il doit apprendre maintenant à mener une vie beaucoup plus solitaire.

☞ Le film le plus connu d'Ozu à l'étranger. Les Japonais, eux, placent encore plus haut *Printemps tardif** et ils ont sans doute raison. « A travers l'évolution des parents et des enfants, j'ai montré, a déclaré Ozu, comment le système familial japonais commençait à se désintégrer. » Il l'a fait comme à son habitude avec une extrême pudeur, laquelle s'applique tout particulièrement à ne jamais forcer les choses de crainte, en les forçant, de les aggraver. Sa pudeur ressemble à celle du personnage de Chishu Ryu qui s'abstient de juger trop sévèrement ses enfants (« Ils sont moins gentils qu'auparavant mais plus gentils que la moyenne » s'accordera-t-il à dire avec sa femme.) Le style du film est inspiré par le désir de préserver un équilibre entre d'une part le constat lucide d'un certain assèchement du cœur chez les enfants et d'autre part la résignation, non moins lucide, devant les circonstances qui peuvent expliquer, sinon justifier, cette attitude d'égoïsme. Équilibre aussi, dans le ton de l'auteur, entre la plainte et la sérénité. *Voyage à Tokyo* est le type même de l'œuvre élégiaque où l'auteur fait sentir sa douleur tout en refusant qu'elle vire au noir absolu. Le personnage de la belle-fille (Setsuko Hara) est essentiel au film. Non seulement il souligne paradoxalement le manque de chaleur des autres enfants, mais surtout il révèle que ce défenseur de la famille qu'était par excellence Ozu défendait plus fermement encore les vertus de l'individu. Ce personnage sert enfin à faire surgir la morale spécifique du film, élément essentiel pour Ozu, en montrant que celui qui a le moins reçu est aussi celui qui donnera le plus.

BIBLIO. : découpage (770 plans) *in* « L'Avant-Scène » n° 204 (1978). Scénario et dialogues en volume, aux Publications Orientalistes de France, 1986.

## VOYAGE A TRAVERS L'IMPOSSIBLE

1904 – France (19' ou 21' 30") • *Prod.* Star-Film (Méliès) • *Réal.* GEORGES MÉLIÈS • *Sc.* G. Méliès • *Int.* G. Méliès (Pr Mabouloff), Fernande Albany (Mme Latrouille), May de Lavergne (une infirmière), Jehanne d'Alcy (une paysanne).

Une expédition de savants, membres de l'Institut de Géographie Incohérente, entreprennent un voyage vers le Soleil sous la direction de l'ingénieur Mabouloff. Après bien des péripéties, ils parviennent à prendre le départ à bord de leur train spécial et atteignent le Soleil. Ils en repartent grâce à une sorte de sous-marin qui les entraîne dans les profondeurs de l'océan. Après une explosion, ils se retrouvent tous sains et saufs sur la terre ferme et se congratulent (tiré de l'« Essai de reconstitution du catalogue français de la Star-Film », CNC, 1981). Le film comprend quarante ou quarante-trois tableaux selon les copies. Il en existe une copie coloriée à la main.

☞ Occupe les numéros 641 à 659 de la Star-Film (soixante-dix-huitième des cent quarante titres conservés à la date de 1981). C'est une sorte de remake et une amplification du *Voyage dans la Lune**. Dans son enquête sur « Le premier Wells », Borges écrit : « Verne a écrit pour l'adolescence, Wells pour tous les âges de l'homme. Il y a entre eux une autre différence, indiquée déjà à l'occasion par Wells lui-même : les fictions de Verne jouent sur l'avenir probable [...], celles de Wells sur le pur possible. » Méliès, qui s'est inspiré de Verne *et* de Wells, mêle sans vergogne et sans complexe les deux sources. Pour lui, la fiction cinématographique englobe le documentaire et la science-fiction, la description du réel et de l'imaginaire, la rêverie sur le probable et sur le possible. Ces limites que la SF moderne veut effacer (cf. *The Andromeda Strain** de Wise), il les a, lui, niées dès l'origine. Inventeur du spectacle cinématographique, il sent que tout ce qui apparaît sur l'écran doit être par essence spectaculaire, c'est-à-dire fascinant et crédible, qu'il s'agisse des actualités reconstituées ou de la féerie la plus délirante. Cette intuition pulvérise les distinctions fallacieuses, et l'histoire du cinéma (à défaut des historiens eux-mêmes) lui donnera entièrement raison. En effet, un film comme *La voix humaine* de Rossellini (une femme au téléphone seule dans une pièce pendant 35') et *Les Dix Commandements** de DeMille sont aussi spectaculaires l'un que l'autre. Notons en passant qu'avec ses actualités reconstituées, Méliès a anticipé sur la politique-spectacle. Sa formation de prestidigitateur était la meilleure possible, non seulement pour inventer le spectacle cinématographique, mais pour en fixer les données essentielles, encore valables aujourd'hui. La mise en scène consiste en effet, comme la prestidigitation, à diriger et à s'approprier le regard du spectateur, à lui faire voir ce qu'on veut qu'il voie, à l'exclusion de tout le reste. Les qualités psychologiques et les intentions du prestidigitateur sont aussi celles du vrai cinéaste. L'un et l'autre font douter de la réalité en lui substituant la leur. Ils rendent l'émerveillement inséparable de l'inquiétude, le fantastique et l'humour indissociables du vertige. Sur le plan technique, certains exégètes modernes veulent à tout prix qu'il y ait du montage chez Méliès, comme si cela augmentait sa modernité. Au contraire, les plans longs et généraux, auxquels il était contraint et qu'il n'a voulu enrichir que d'une profusion de trucages et éventuellement de personnages, rejoignent le cinéma le plus moderne ou plutôt sont rejoints par lui. En donnant à voir au spectateur la portion de réel qu'il a choisie (par la place de la caméra et par le cadre), en lui laissant une (fausse) impression de liberté par rapport au contenu de ce cadre, son cinéma annonce, pour ne citer que deux noms, celui de Tati et de Fritz Lang. La réflexion sur Méliès commence à peine ; elle n'est sans doute pas près de s'achever puisque chez ce précurseur génial les notions de base du cinéma comme spectacle sont déjà très largement explorées.

N.B. Il reste à souhaiter qu'avant la célébration du premier centenaire de la naissance du cinéma on puisse voir enfin la totalité existante de l'œuvre de Méliès (environ quatorze heures de projection ; on retrouve quelques films chaque année), non dans de capricieuses sélections thématiques mais dans sa stricte continuité chronologique. Cela n'a encore jamais été proposé au public.

## VOYAGE AU BOUT DE L'ENFER
### (The Deer Hunter)

1978 – USA (185') • *Prod.* Universal-Emi Films (Barry Spikings, Michael Deeley, Michael Cimino, John Peverall) • *Réal.* MICHAEL CIMINO • *Sc.* Deric Washburn, Michael Cimino, Louis Garfinkle, Quinn K. Redeker • *Phot.* Vilmos Zsigmond (Technicolor, Panavision) • *Int.* Robert De Niro (Michael Vronsky), John Cazale (Stan), John Savage (Steven), Christopher Walken (Nick Chevotarevitch), Meryl Streep (Linda), George Dzundza (John), Chuck Aspegren (Axel), Shirley Stoler (la mère de Stanley), Rutanya Alda (Angela).

Les gigantesques aciéries de Pennsylvanie. Cinq copains sortent, à l'aube, du travail. C'est ce jour-là que le plus jeune d'entre eux, Steven, doit se marier avec Angela. La cérémonie a lieu selon le rite russe orthodoxe. Durant la fête qui suit le mariage, Nick demande à Linda si, à son retour, elle accepterait de l'épouser. Elle dit oui. Nick doit en effet, tout comme ses amis Michael et Steven, partir dans quelques jours combattre au Viet-nam. Sous l'impulsion de Michael,le groupe de copains, à l'exception du jeune marié, s'en va dans les montagnes pour une dernière chasse au chevreuil. Michael, un perfectionniste, un maniaque de la précision, n'accepte comme compagnon de chasse que Nick, le seul en qui il ait confiance. Il met son point d'honneur à abattre son chevreuil d'une seule balle. Au Viet-nam, Michael, Nick et Steven se retrouvent ensemble prisonniers du Vietcong. Ils sont contraints de jouer à la roulette russe sous l'œil de leurs geôliers qui font des paris sur l'issue de la « partie ». Michael est le seul à supporter l'épreuve avec une relative sérénité. Il demande qu'on place trois balles dans son barillet, ce qui va augmenter pour les parieurs le frisson du jeu, ce qui va lui permettre, à lui, de décharger son arme sur ceux qui l'entourent. Avec Steven et Nick, il parvient ainsi à fuir et descend avec eux la rivière. Ils essaient de grimper dans un hélicoptère américain qui survole le fleuve, mais Michael et Steven retombent à l'eau. Steven a une fracture ouverte à la jambe. Michael le ramène sur la terre ferme et le remet plus tard à des militaires conduisant une Jeep au milieu d'une interminable cohorte de civils errant le long d'une route. Nick sort physiquement guéri de l'hôpital militaire de Saigon. Au moral, il est complètement sonné. Il rencontre un Français qui l'entraîne dans un tripot où on joue à la roulette russe. Là, Michael entrevoit Nick un instant mais est incapable de le rattraper. Il rentre en Pennsylvanie, décoré et glorieux. Pour éviter la fête donnée en son honneur, il loue une chambre dans un motel et se rend ensuite chez Linda qu'il a toujours secrètement aimée. Elle n'a, comme lui, aucune nouvelle de Nick. Ils se consolent mutuellement en passant la nuit ensemble. Michael apprend que Steven est rentré et obtient de sa femme (qui a accouché d'un bébé qui n'est pas de lui) son numéro de téléphone. Il retourne chasser avec ses anciens copains mais rate volontairement un chevreuil qu'il aurait pu aisément abattre. Il téléphone à Steven : celui-ci a perdu ses jambes et refuse de quitter l'hôpital où il mène depuis son retour une existence végétative à laquelle il s'est habitué. Michael l'entraîne de force hors de l'hôpital. Il retourne à Saigon et se met en quête de Nick. Les Américains sont en train de quitter la ville en proie au chaos et une foule se presse à l'ambassade dans l'espoir de partir avec eux. Michael retrouve Nick complètement amnésique et drogué dans un tripot clandestin où il est devenu un « professionnel » de la roulette russe. Pour essayer de communiquer avec lui et le sortir de sa torpeur, Michael doit participer au jeu. Nick semble alors le reconnaître, puis saisit son arme et appuie sur la gâchette : la balle lui traverse la tempe. En Pennsylvanie, les amis se retrouvent à l'enterrement de Nick. Puis ils vont manger ensemble et, durant le repas, Linda chante : « God Bless America ».

☞ Le grand film américain des années 70. Avec une ambition immense, Cimino tente de bâtir un cinéma épique et wagnérien, qui soit aussi lyrique et contemplatif et non dépourvu d'épaisseur romanesque. En ce qui concerne la force de la mise en scène, Cimino est le seul cinéaste de sa génération en qui on puisse voir, à travers ce seul film, un héritier de Walsh et, en particulier, des *Nus et les morts**. Cela ne l'empêche pas de mener à travers d'autres aspects de son film une recherche absolument personnelle et originale. Il atteint notamment la puissance par la longueur démesurée des scènes, qui les rend mystérieuses et incantatoires, par un sens quasi magique du décor et par l'attention accordée à certaines caractéristiques individuelles des personnages sans aucun souci de la rigueur dramatique apparente. Il cherche à aller au centre de son propos, non par le réalisme, mais à l'aide d'un faisceau d'allégories qui transmue le réalisme en éléments de réflexion morale et philosophique. Les thèmes privilégiés de cette réflexion concernent l'énergie et la volonté de puissance de l'Amérique. La chasse, la guerre lointaine, le jeu atroce de la roulette russe sont autant de motifs dramatiques et visuels, extrêmement spectaculaires, qui permettent de confronter cette volonté de puissance au réel. Selon les personnages, on la verra se briser, se fracturer ou bien perdurer en se transformant et en changeant de contenu. Épopée de l'échec, *The Deer Hunter* est aussi un requiem grandiose dédié aux souffrances et à la stupéfaction de l'Amérique face à la plus grande défaite de son histoire.

N.B. Un exemple des recherches effectuées par Cimino sur le décor : il a expliqué (*in* « American Cinematographer », octobre 1978) comment il avait bâti visuellement le site de sa petite ville de Pennsylvanie en utilisant huit extérieurs différents, filmés dans l'Ohio : seul moyen d'obtenir, selon ses vœux, qu'une usine se profile à l'horizon dans chacun des plans généraux d'extérieurs figurant dans les séquences censées se dérouler en Pennsylvanie.

## VOYAGE DANS LA LUNE

1902 – France (13') • *Prod.* Star-Film (Méliès) • *Réal.* GEORGES MÉLIÈS • *Sc.* G. Méliès • *Phot.* Michaut • *Int.* Georges Méliès (Barbenfouillis), Bleuette Bernon (Phoebé, la Lune), Victor André, Depierre, Farjaux, Kelm, Brunnet (membres de l'expédition), les danseuses du corps de ballet du Châtelet (étoiles et girls servant le canon), acrobates des Folies-Bergère (les Sélénites).

Six savants, membres du Club des Astronomes, entreprennent une expédition qui doit les conduire sur la Lune. Ils partent dans un obus tiré par un canon géant. Arrivés sains et saufs sur la Lune, ils y rencontrent ses habitants, les Sélénites, échappent à leur roi et reviennent sur la Terre grâce à leur obus qui, tombé dans la mer, est repêché par un navire. Ovations, décorations et défilé triomphal pour les six héros de cette aventure spatiale (tiré de l'« Essai de reconstitution du catalogue français de la Star-Film », CNC, 1981). Le film comprend trente tableaux (les deux derniers ne figurent dans aucune des copies conservées).

☞ Occupant les numéros 399 à 411 des 1 535 numéros du catalogue, de la Star-Film, la firme de Méliès, trente-cinquième par ordre chronologique des cent quarante titres de Méliès conservés à la date de 1981, c'est le premier film de fiction à avoir connu un succès mondial et un piratage non moins mondial, dû principalement à Edison qui fit contretyper le film pour le distribuer à son profit. Il y eut aussi de nombreux plagiats, notamment par Ferdinand Zecca. Voir commentaires à la notice *Voyage à travers l'impossible.*

BIBLIO. : outre l'« Essai de reconstitution... » publié par le CNC, on trouvera des renseignements de première main dans le livre de Madeleine Malthète-Méliès : « Méliès l'enchanteur », Hachette, 1973. Le chapitre XVII contient les réponses de Méliès à un questionnaire de 1933 concernant le film. Méliès déclare s'être inspiré des ouvrages de Jules Verne « De la Terre à la Lune » et « Autour de la Lune ». « Le coût fut environ de 10 000 francs, ajoute-t-il, somme relativement élevée pour l'époque, provenant surtout de la construction des décors et du prix des costumes en carton et grosse toile pour les Sélénites (ou habitants de la Lune), genoux, têtes, pieds, tous ces articles étant faits spécialement et par conséquent très coûteux. J'ai fait moi-même les modèles, sculptés en terra-cotta, et les moules en plâtre, et les costumes furent exécutés par un fabricant de masques habitué à mouler le carton. »

## VOYAGE EN ITALIE
### (Viaggio in Italia)

1953 – Italie-France (Version angl. : 79', ital. : 76') • *Prod.* Sveva Film (Rossellini), Junior Film (Adolfo Fossataro), Italia Film (Alfredo Guarini) et Ariane, Francinex, Paris (Distribution en Italie : Titanus) • *Réal.* ROBERTO ROSSELLINI • *Sc.* Vitaliano Brancati et R. Rossellini • *Phot.* Enzo Serafin • *Mus.* Renzo Rossellini • *Int.* Ingrid Bergman (Katherine Joyce), George Sanders (Alexander Joyce), Maria Mauban (Marie Rastelli), Anna Proclemer (la prostituée), Leslie Daniels (Tony Burton), Natalia Ray (Natalia Burton), Tony La Penna (Bartolo), Paul Muller (Paul Dupont), Lyla Rocco (Signora Sinibaldi), Bianca Maria Cerasoli (Signora Notari).

Un couple de grands bourgeois anglais sans enfants, Alexander et Katherine Joyce, mariés depuis huit ans, viennent dans la région napolitaine régler une affaire d'héritage. Pour la première fois depuis leur mariage, ils se retrouvent seuls l'un en face de l'autre et constatent qu'ils n'ont rien à se dire. Katherine visite les musées, les sites touristiques et regarde avec envie les multitudes de femmes enceintes qui circulent dans la ville. Alexander recherche des compagnies féminines. Leur ennui et leur insatisfaction les conduisent au bord de la rupture. Mais après avoir assisté, à Pompéi, à l'exhumation des corps d'un jeune homme et d'une jeune femme récemment retrouvés sur un site archéologique, ils se réconcilient lors d'une fête religieuse.

☞ Troisième des cinq longs métrages de Rossellini avec Ingrid Bergman. La richesse du film, sa géniale limpidité, la paisible et immense ambition du propos sont de celles qui découragent l'analyse, surtout en peu de lignes. Tout en respectant l'inévitable linéarité du récit cinématographique (aussi consubstantielle au cinéma que le déroulement de la pellicule dans l'appareil), Rossellini décrit en cercles concentriques une réalité de plus en plus vaste. Au départ de l'intrigue et au centre des cercles, il y a un couple, un homme et une femme proches par la nationalité et le milieu social, profondément séparés par le caractère et l'approche des choses. Homme d'affaires ne sachant rien faire d'autre que travailler, le mari ne communique nullement avec le monde (étranger) qui l'entoure. La femme, elle, communique un peu plus avec ce monde, ne serait-ce que par ses frustrations. Frustration d'enfants (alors que les rues de la ville semblent une ode à la maternité). Frustration de savoir et de culture, qu'elle comble comme elle peut par ses excursions et ce que son mari appelle avec mépris ses « pèlerinages ». Frustration plus générale de contacts humains. Dans le deuxième cercle, il y a deux civilisations qui s'opposent, le Nord et le Sud : le Nord de l'hyper-activité et du « time is money », le Sud du farniente, de la contemplation et de la poésie (auxquels est sensible le personnage d'Ingrid Bergman). La civilisation en tant que valeur, suggère Rossellini, n'est pas plus au Nord qu'au Sud, n'est pas un dilemme, un choix à faire entre les deux. C'est une souhaitable, et d'ailleurs inévitable, union, synthèse, harmonie – à moins que le monde n'aille à sa perte – entre les deux attitudes, les deux regards devant la vie que représentent le Nord et le Sud. Dans le troisième cercle se trouve la fragile et impalpable frontière entre le monde de l'intimité et le cosmos, entre l'intérieur et l'extérieur, entre la matière et la grâce, la banalité quotidienne et le miracle. Aux dernières secondes du film, les deux personnages sentent que cette frontière est illusoire ; ils éprouvent, sans le formuler, que « tout est grâce ». La sérénité, suggère Rossellini, serait d'être à la fois dehors et dedans. En témoignent ces plans dits subjectifs pris de la voiture par quoi commence le film, où rien n'indique qu'on soit séparé du paysage, où on absorbe la réalité comme on respire, où le subjectif se confond avec l'objectif, et le spectateur (qu'il s'agisse du public ou des protagonistes) avec ce qu'il regarde. Si l'art du cinéma consiste à raconter une histoire simple qui, peu à peu, absorbe et contient toutes les histoires, et le spectateur, et le monde, alors *Voyage en Italie* peut être considéré comme l'un des films qui exploitent jusqu'à leur extrême limite les pouvoirs de cet art. Autre particularité du film : plus on le regarde de loin et de haut, plus il paraît central et essentiel, étant situé au carrefour des deux courants fondamentaux de l'histoire des cinquante dernières années du cinéma. Quels sont ces deux courants ? En 1942, sous l'influence de Val Lewton, Jacques Tourneur aborde les genres hollywoodiens avec un nouveau regard, un regard autre. Il commence par le genre fantastique *(Cat People*)*. La nouveauté de son approche réinvente et accroît l'*intimisme* du cinéma. Intimisme signifie dans son cas voyage à travers les profondeurs de l'être des personnages. Il s'agit, en filmant, d'être à la fois plus près de la peau et de la psyché des personnages. Cette tendance caractérisera les films de Lang à partir de *House of the River**, les premiers Preminger, des films plus tardifs de Hitchcock comme *Vertigo** et *Psycho**. A des milliers de kilomètres de là, en 1944, Rossellini sort comme tout le monde du plus grand cataclysme que la terre ait connu. Il veut faire, avec les moyens du bord, la chronique des derniers jours de l'ancien monde. Ce faisant, il réinvente le présent et le *réalisme* au cinéma. Normalement ces deux courants, intimisme et réalisme, ne devaient pas se rencontrer. Mais s'il entre une certaine dose de réalisme dans le nouveau regard de Jacques Tourneur, l'intimisme finira par devenir partie intégrante du néo-réalisme puisqu'il s'agit, là aussi, de suivre au plus près les personnages, leur évolution, leurs sentiments. Cet intimisme du néo-réalisme culmine dans *Voyage en Italie,* film cardinal à tous égards, puisque non seulement il parle du Nord et du Sud en tant que pôles de civilisation mais il unit le bricolage génial et plein d'espoir du novateur artisanal à l'élégance désabusée et parfaite de l'esthète qui n'espère plus rien changer dans le monde. Cette élégance provient en partie de la rencontre Rossellini-Sanders. Si elle n'avait eu lieu dans ce film, on aurait pu la croire improbable, et même impossible. Ayant eu lieu, elle se révéla sur le plan anecdotique pleine de sel et d'imprévu. Ingrid Bergman dira avoir vu George Sanders, totalement décontenancé par la manière de filmer de Rossellini, pleurer dans sa chambre comme un gosse. Il s'entendit dire, en guise de consolation, par son metteur en scène : « Mon vieux, ce n'est pas le premier navet que tu fais, et ce ne sera certainement pas le dernier... »

N.B. La version originale est la version anglaise. La version italienne doublée est particulièrement monstrueuse. Elle a au moins le mérite de souligner, plus qu'aucune autre, la monstruosité de tout doublage. N'y figure pas l'une des meilleures scènes du film (Sanders constatant que tout le monde fait la sieste et n'arrivant pas à faire comprendre qu'il veut un verre de vin) car elle était littéralement indoublable. La scène entre Sanders et la prostituée (Anna Proclemer), conservée dans la version italienne, est totalement absurde dans son texte. Sanders (ou plutôt son doubleur italien) dit d'abord ne rien comprendre à l'italien, puis se met à parler avec son interlocutrice italienne, qu'il comprend parfaitement, un italien non moins parfait.

BIBLIO. : scénario et dialogues publiés dans la revue italienne « Film Critica » nº 156-157 (1965). Découpage (465 plans) publié *in* « L'Avant-Scène » nº 361 (1987). Les dialogues figurent en bilingue, anglais et français. Le texte des neuf chansons napolitaines qui jalonnent le film est donné en appendice. Voir aussi le chapitre 19 de l'autobiographie d'Ingrid Bergman où elle rappelle que le film devait être à l'origine une adaptation de « Duo » de Colette dont les droits avaient été déjà vendus. Elle évoque le désarroi de George Sanders devant les méthodes de tournage particulières de Rossellini (absence de scénario et de plan de travail, ponctualité inexistante, séances impromptues de plongée sous-marine). George Sanders, dans ses mémoires, « Memoirs of a Professional Cad », Hamish Hamilton, Londres, 1960, qui sont un chef-d'œuvre, consacre une dizaine de pages au tournage du film. (Il ajoute parmi les nombreuses excentricités de Rossellini celle qui consistait à faire de temps à autre la course dans sa Ferrari avec l'express Naples-Rome qu'il finissait toujours par dépasser). Il faut lire enfin l'article de Jacques Rivette « Lettre sur Rossellini » *in* « Cahiers du cinéma », nº 46, 1955), qui marque, avec le texte du même auteur sur Hawks « Génie de Howard Hawks » *in* « Cahiers du cinéma » nº 23, 1953, la naissance de la critique cinématographique moderne.

## VOYAGES DE SULLIVAN (LES) (Sullivan's Travels)

1941 – USA (90') • *Prod.* PAR. (Paul Jones) • *Réal.* PRESTON STURGES • *Sc.* P. Sturges • *Phot.* Farciot Edouard • *Mus.* Leo Shuken, Charles Bradshaw • *Int.* Joel McCrea (John L. Sullivan), Veronica Lake (l'héroïne), Robert Warwick (Mr. LeBrand), William Demarest (Mr. Jones), Franklin Pangborn (Mr. Casalsis), Porter Hall (Mr. Hadrian), Byron Foulger (Mr. Valdelle), Margaret Hayez (la secrétaire), Robert Greig (le butler), Eric Blore (valet).

John L. Sullivan, metteur en scène hollywoodien spécialisé dans le divertissement et la comédie musicale, souhaite réaliser pour la première fois de sa carrière un film engagé sur le thème de la misère du peuple américain à l'époque contemporaine. L'un de ses producteurs lui ayant fait valoir qu'il ne connaît rien au sujet, il s'habille de vêtements en lambeaux et, sans un sou en poche, part sur les routes. Ses pérégrinations le ramènent malgré lui à Hollywood où il rencontre une apprentie actrice en quête d'un mot d'introduction auprès de Lubitsch. Lui ayant dit qui il est, il l'emmène dans sa luxueuse demeure. Peu après, ils repartent ensemble mener la vie des « hoboes » et des vagabonds de tout poil. Ils connaissent le froid et la faim, montent dans des trains en marche où ils voyagent clandestinement, dorment dans des asiles de nuit surpeuplés, etc. Quand il juge que l'expérience est terminée, Sullivan revient dans les lieux de misère qu'il a traversés afin de distribuer quelques dollars aux vagabonds. L'un d'entre eux l'assomme pour le dévaliser, puis meurt écrasé par un train. Son cadavre déchiqueté est pris pour celui de Sullivan. Ayant frappé un employé des chemins de fer, Sullivan est arrêté et condamné à six ans de bagne. Il n'a pas été capable de prouver son identité. Au bout de quelque temps, voulant échapper à cet enfer, il a l'idée de s'accuser de son propre meurtre pour se faire reconnaître. Son plan réussit et Sullivan, se souvenant du plaisir qu'avaient pris les détenus et lui-même à regarder du fond de leur détresse un film comique, recommence à réaliser des œuvres de divertissement et d'humour. Ses producteurs sont surpris et ravis.

☞ Le meilleur et le plus célèbre des films de Preston Sturges, dédié « à tous les bouffons qui tentent par leurs pitreries d'alléger le fardeau de la douleur humaine ». Original dans son propos, riche en invention, le film relate les expériences fictives d'un réalisateur ayant à affronter le dilemme de beaucoup de cinéastes hollywoodiens et d'ailleurs : faut-il opter pour une œuvre engagée décrivant les difficultés et l'injustice sociale dont sont victimes certaines couches de la société ou bien pour des films de pur divertissement, destinés à faire oublier un moment aux spectateurs ces mêmes difficultés ? Sturges choisit la seconde solution et rend hommage au genre si décrié de la comédie. (Notons au passage qu'elle l'est bien plus encore en Europe qu'en Amérique où la hiérarchie supposée des genres est beaucoup moins contraignante et pesante qu'ici.) Il le fait dans un film adroit et à double fond, démontrant brillamment qu'il est possible de bâtir un divertissement, agréable pour tous, qui n'oublie pas de faire allusion à différents aspects de la misère sociale. *Les voyages de Sullivan* ajoute en effet à une remarquable description des « hoboes » celle, non moins saisissante, de l'univers des détenus et des bagnards. Comme plusieurs héros de Sturges, le metteur en scène Sullivan est un idéaliste hanté par le besoin de se rendre utile à la communauté. Il recherche ardemment – et c'est là le moteur principal de l'action – le meilleur moyen d'y parvenir.

BIBLIO. : scénario de tournage *in* Preston Sturges : « Five Screenplays », University of California Press, Berkeley et Los Angeles, 1985. Reproduction du script utilisé par la production et portant en exergue : « Ceci est l'histoire d'un homme qui voulut laver un éléphant. L'éléphant manqua fichtrement le renverser. » La préface de Brian Henderson étudie en détail les différents états du script.

## VOYEUR (LE)
## (Peeping Tom)

1960 – Angleterre (109') • *Prod.* Michael Powell Theatre (M. Powell, Albert Fennell) • *Réal.* MICHAEL POWELL • *Sc.* Leo Marks • *Phot.* Otto Heller (Eastmancolor) • *Mus.* Brian Easdale, Wally Scott • *Int.* Carl Boehm (Mark Lewis), Anna Massey (Helen), Maxine Audley (Mrs. Stephens), Moira Shearer (Vivian), Esmond Knight (Arthur Baden), Michael Goodliffe (Don Jarvis), Shirley Ann Field (Diane Ashley), Bartlett Mullins (Mr. Peters), Jack Watson (inspecteur Gregg), Nigel Davenport (sergent Miller), Pamela Green (Milly), Martin Miller (Dr Rosen), Brian Wallace (Tony), Brenda Bruce (Dora), Miles Malleson (le vieux client), Michael Powell (le père de Mark), le fils de Michael Powell (Mark enfant).

A Soho, un jeune homme, Mark Lewis, paie une prostituée pour la filmer. Il filme son visage horrifié et ses cris de terreur quand la caméra s'approche d'elle... Plus tard, il filme l'enlèvement de son cadavre par la police. Dans ses heures de loisir, Mark photographie des jeunes femmes dévêtues dans un appartement situé au-dessus d'une boutique de journaux dont le patron fait aussi le commerce des photos légères. Helen, une jeune habitante de la maison où vit Mark, fête son vingt et unième anniversaire. A cette occasion, elle lui adresse pour la première fois la parole et apprend qu'il est le propriétaire de la maison. Il l'a héritée de son père, un célèbre biologiste. Helen vient inviter Mark à participer à la fête et il lui confie qu'il souhaite un jour devenir metteur en scène. En guise de cadeau d'anniversaire, et sur sa demande, il lui montre un film où il apparaît enfant. Son père, qui se servait de lui comme cobaye, ne lui laissait pas une seconde d'intimité et filmait toutes ses réactions. Il allait jusqu'à mettre un lézard dans son lit pour observer – et filmer – sa peur. C'est lui qui avait offert à Mark sa première caméra. Assez choquée par ce qu'elle voit, Helen demande à Mark d'arrêter la projection. Mark travaille comme caméraman sur un tournage. Il a donné rendez-vous à une doublure, Vivian, sur le plateau vide à la fin de la journée. Il a l'intention de la filmer et lui demande d'avoir un regard terrorisé. Il approche de sa gorge un des pieds de la caméra, pointu comme une épée. Elle hurle... Helen, dont la mère est aveugle et écoute assidûment les activités de Mark qui vit au-dessus d'elle, vient demander à Mark d'illustrer par des photos un recueil de contes pour enfants qu'elle va publier et où il est question d'une caméra magique. Mark accepte avec enthousiasme. Sur le plateau, il filme avec sa caméra personnelle la réaction d'effroi de la vedette quand elle découvre dans une malle le cadavre de Vivian. Comme tous les autres membres de l'équipe, Mark est interrogé par les deux policiers chargés de l'enquête. Plus tard, il les filmera à leur insu lors de l'enlèvement du corps. Après avoir été présenté à sa mère, Mark invite Helen au restaurant. Elle obtient que, pour une fois, il n'emporte pas avec lui sa précieuse caméra. A la fin de la soirée, il lui déclare qu'il ne veut ni la filmer ni la photographier car, dit-il, « je perds tout ce que je photographie ». Un jour, la mère d'Helen monte chez Mark et inspecte de ses yeux morts (mais ses autres sens ont une extraordinaire acuité) son laboratoire et sa salle de projection. Elle estime que son activité de cinéaste amateur a quelque chose de malsain et elle lui interdit de revoir Helen. Sur le plateau, deux policiers et un psychiatre assistent maintenant au tournage. Le psychiatre dit à Mark qu'il a bien connu son père et l'interroge sur les dernières activités de celui-ci. Elles concernaient la scoptophilie. Le psychiatre explique à Mark qu'il faut une cure psychanalytique de plusieurs années pour venir à bout de cette maladie. Mark va filmer Milly, un des mannequins de la boutique aux journaux. Elle ne survivra pas à la séance. Mark est vu sortant de la boutique par un policier. Pénétrant chez lui en son absence, Helen met en marche l'appareil de projection. Elle est horrifiée par ce qu'elle voit. Mark revient et lui avoue ses crimes. Il lui fait entendre les enregistrements que son père faisait de ses cris d'horreur quand il avait cinq ans, sept ans, etc. Appelée par le patron de la boutique, la police a découvert le cadavre de Milly. Mark explique à Helen qu'avant d'enfoncer le pied de la caméra dans la gorge de ses victimes il avait l'habitude de fixer un miroir parabolique au-dessus de l'objectif afin de les obliger à contempler leur propre mort pendant qu'il les filmait. Lui-même se suicide en s'enfonçant le pied de la caméra dans la gorge, alors que des caméras et des magnétophones fonctionnant automatiquement enregistrent son agonie. La police arrive et emmène Helen.

☞ Toute la morbidité latente de l'univers de Powell éclate au grand jour dans ce *Peeping Tom* qui fit scandale à sa sortie. « Cela fait longtemps qu'un film ne m'avait autant dégoûté » écrit dans l'« Observer » C.A. Lejeune, critique de l'establishment britannique, tandis qu'un de ses confrères (Derek Hill) proclame que le film est à jeter dans l'égout le plus proche. Les années passant, *Peeping Tom* sera reconnu pour ce qu'il est, non une œuvre complaisante ou racoleuse, mais un chef-d'œuvre à l'originalité et à l'étrangeté quasi expérimentales. « *Peeping Tom*, note les auteurs du volume "Horror", Aurum Press, Londres 1985, reste une des réussites suprêmes du cinéma britannique – et du cinéma en général ». Le héros, Mark Lewis, ressemble à un croisement entre un avatar de Jack l'Éventreur et une réincarnation de *M le Maudit** (Carl Boehm a même parfois la voix et des accents de son compatriote Peter Lorre). Cobaye voué aux expériences de son père, il est resté une sorte d'enfant perdu et triste qui n'a survécu et toléré la réalité qu'en s'abandonnant à sa perversité de voyeur et d'assassin-cinéaste. Comme *Fenêtre sur cour**, *Peeping Tom* est une métaphore du cinéma, mais beaucoup plus crue et plus gênante encore que celle d'Hitchcock. Elle est aussi plus complète puisqu'elle concerne non seulement la vision mais la fabrication des films, ici réunies dans une appréhension sadomasochiste du monde. *Peeping Tom* se rattache également aux œuvres antérieures de Powell par ses recherches essentielles sur la couleur. Son flamboiement glauque, si on peut risquer l'expression, aide en effet puissamment à situer l'univers mental du personnage central.

BIBLIO. : sur ce film et sur Powell (et Pressburger) en général, voir l'excellent « Powell, Pressburger and Others » de Ian Christie, BFI, Londres, 1978. Contient un article sur le scandale de *Peeping Tom* en Angleterre et rappelle qu'un des tout premiers articles favorables au film, dû à Jean-Paul Török, parut en France, *in* « Positif » n° 36 (1960).

# W

## WAIT 'TIL THE SUN SHINES, NELLIE

Inédit en France. 1952 – USA (108') • *Prod.* Fox (George Jessel) • *Réal.* HENRY KING • *Sc.* Allan Scott et Maxwell Shane d'ap. R. de Ferdinand Reyher • *Phot.* Leon Shamroy (Technicolor) • *Mus.* Alfred Newman • *Int.* David Wayne (Ben Halper), Jean Peters (Nellie/la petite fille de Nellie), Hugh Marlowe (Ed Jordan), Albert Dekker (Lloyd Slocum), Helene Stanley (Eadie Jordan), Tommy Morton (Benny Halper, Jr.), Alan Hale, Jr. (George Oliphant), Richard Karlan (Kava), Merry Anders (Adeline), Jim Maloney (Austin Burdge), Warren Stevens (McCauley), William Walker (le domestique de Ben Halper).

En 1945, la petite ville de Sevillinois située à 150 kilomètres environ de Chicago fête son cinquantième anniversaire. A cette occasion, le patron du plus ancien salon de coiffure de la ville, Ben Halper, se remémore son arrivée dans la bourgade en 1895 avec sa femme, Nellie, épousée ce même jour. Il lui avait promis qu'ils iraient à Chicago, où elle rêvait de vivre, mais il l'avait fait descendre du train à Sevillinois : première surprise et première déception pour Nellie (elle en connaîtrait bien d'autres). Le couple passa sa nuit de noces dans ce salon que Ben avait loué avec l'appartement privé du premier étage. A l'inverse de sa jeune femme, Ben avait beaucoup bourlingué. Il souhaitait aujourd'hui se fixer dans une petite communauté comme celle-ci, en pleine expansion. Quelque temps plus tard, il emmena Nellie, sous le prétexte d'aller visiter des amis, dans une maison qu'il venait de louer et où les attendaient, pour pendre la crémaillère, tous leurs amis et clients. Deuxième surprise pour Nellie. Ben lui avait assuré qu'il n'avait pas touché à l'argent destiné au voyage à Chicago. C'est dans cette maison que Nellie aura son premier bébé, un garçon. La ville grandit vite et la clientèle de Ben augmente. Chez son notaire, il rédige son testament et veut que sa femme ignore qu'il a en fait acheté sa boutique, le terrain qui l'entoure et leur nouvelle maison. Nellie a son deuxième bébé, une fille, pendant que Ben participe, en volontaire, à la guerre hispano-américaine. En son absence, Nellie apprend qu'il a acquis la maison, le salon de coiffure et même une concession au cimetière. Elle comprend que son mari n'a cessé de lui mentir et qu'elle est prisonnière pour la vie à Sevillinois. Folle de rage et aussi de désespoir, elle accepte de partir pour Chicago avec Ed Jordan, un homme marié qui l'avait toujours courtisée. Ironiquement, Ed avait été le premier client de Ben. C'est toujours sous l'uniforme que Ben apprend le décès de sa femme dans un accident de train en route vers Chicago. Il rentre à Sevillinois où la veuve de Ed Jordan le maudit. Découvrant du même coup que sa femme était partie en compagnie de

Jordan, Ben essaiera – vainement – de la chasser de son souvenir. Complètement démoralisé, il ne rouvre pas sa boutique et se met à boire. Le maire Slocum le ramène à la raison. Ben a bien du mal à élever seul ses deux enfants. Quoique la ville regorge de filles à marier, il n'en trouve aucune qui soit à son goût. Comble de malchance : sa boutique est la proie d'un incendie. Grâce à un prêt, il en reconstruira une plus moderne et plus spacieuse. Dans les années 10, la ville a pris une grande extension. Benny, le fils de Ben, veut faire du music-hall à Chicago. Son père exige qu'il soit docteur. Devant son entêtement, Benny disparaît pendant plus d'un an. Ben assiste à son numéro de danse sur une scène de Chicago où il remporte un grand succès. Benny s'est marié à Eadie, la fille d'Ed Jordan, ce qui n'est pas pour réjouir son père. Benny part pour le front. Juste après son départ, Eadie annonce à Ben qu'il sera bientôt grand-père. Elle n'a rien dit à Benny pour ne pas le soucier. Il revient de la guerre, blessé à la jambe. Le show-business est terminé pour lui. Son père s'imagine qu'il va lui succéder dans le salon de coiffure. Mais Benny, grâce à un ancien compagnon d'armes, entre dans la bande de Kava, un gangster de Chicago. Fuyant ses ennemis et la police, Kava se réfugie un jour à Sevillinois. Il vient se faire coiffer chez Ben. Benny alerte son père par téléphone et lui demande de cacher immédiatement Kava dans l'arrière-boutique, car ses ennemis arrivent. Ben n'en fait rien. La boutique est mitraillée. Kava est abattu et Benny, qui n'était pas directement visé, meurt aussi. Les années passent. Ben marie sa fille. Ayant conduit les jeunes mariés au train, il traverse la ville en solitaire. *Retour au présent.* Ben, jouant du trombone, ouvre avec ses amis le défilé du cinquantenaire.

☞ Henry King est sans doute le meilleur spécialiste hollywoodien de l'*americana,* genre voué aux évocations nostalgiques, idylliques de l'Amérique rurale et des petites communautés urbaines. Ce genre est le plus souvent rassurant, « positif », parfois même lénifiant. Ici, King, d'une manière aussi radicale mais plus insidieuse que Jacques Tourneur dans *Stars in My Crown*,* mine le genre de l'intérieur, le subvertit en fondant sa chronique sur un personnage complexe, ambigu et très inattendu dans un tel contexte. Ayant participé activement à l'expansion de la ville, Ben Halper est constamment dépeint comme un être obstiné, buté même, un égoïste féroce qui accomplit ses rêves au détriment de ceux de ses proches. Intimement persuadé de son bon droit, il croit toujours avoir choisi la meilleure voie, sans même se rendre compte que son obstination, soutenue au besoin par des mensonges et une grande dissimulation, aura hâté – sinon provoqué – la mort des êtres qui lui étaient le plus chers, sa femme et son fils. King est fasciné par cette énergie « négative », intensément et involontairement destructrice, qu'il décrira aussi dans le personnage central de *The Bravados* (1958). Dans ce western, Gregory Peck, acteur fétiche du réalisateur, incarne un vengeur tenace et crispé qui, après avoir commis plusieurs crimes, s'aperçoit soudain qu'il a fait erreur sur la personne. Poète des extrêmes, et moderne par là-même, King a consacré une part secrète et non négligeable de son œuvre à des personnages conduits ainsi aux limites de l'erreur et de l'aveuglement. Dans *Wait 'Til,* le contraste qui naît entre la peinture nostalgique et tendre du développement de la cité cinquantenaire et ce portrait d'un petit notable impavide et presque monstrueux est étonnant : comme un cocktail qui mêlerait à parts égales vitriol et sirop d'orgeat.

## WEEK-END
(Titre original : **Bank Holiday**)

1938 – Angleterre (86') • *Prod.* Gainsborough (Edward Black) • *Réal.* CAROL REED • *Sc.* Hans Wilhelm, Rodney Ackland, Roger Burford • *Phot.* Arthur Crabtree • *Int.* John Lodge (Stephen Howard), Margaret Lockwood (Catherine Lawrence), Hugh Williams (Geoffrey), René Ray (Doreen Richards), Linden Travers (Ann Howard), Merle Tottenham (Milly), Wally Patch (Arthur).

Bank Holiday. Les gares de Londres sont bondées. Tout le monde part en week-end. Un homme attend avec anxiété que sa femme accouche. Elle meurt en donnant naissance à son bébé. L'infirmière, qui avait beaucoup bavardé avec elle, propose au père de ne pas rester seul. Il refuse sa compagnie. L'infirmière rejoint son fiancé. Ils se rendent à la station balnéaire de Bixborough. L'esprit de la jeune femme est préoccupé à l'idée que le père pourrait accomplir l'irréparable. Elle quitte son fiancé, ayant découvert qu'elle ne l'aimait pas vraiment. Prise en stop par un conducteur qui s'est enfui avec la caisse, elle est arrêtée par la police. Elle supplie les policiers de la conduire chez le veuf. Ils arrivent juste à temps : il s'était à demi suicidé. On réussira à le sauver.

☞ Deux films en un. Ils sont complémentaires. D'abord un film d'observation réaliste, avec une nette tendance unanimiste. A chaque séquence, l'intrigue bifurque vers un nouveau personnage, un nouveau destin. Le film veut montrer que chaque personnage, isolé dans ses problèmes personnels, fait cependant partie d'un tout social cohérent, même s'il n'en a aucunement conscience, et cela surtout dans les moments tragiques de son existence. Le film est aussi un mélodrame, prolongeant et dépassant l'unanimisme, avec deux personnages reliés entre eux par une sorte de télépathie sentimentale. L'aspect télépathique est souvent important dans le mélodrame. Ici il rapproche et met en contact deux cases du quadrillage social. Cette « liaison » est décrite par Carol Reed (dont c'est ici le premier film remarqué) avec une grande délicatesse qui, curieusement pour un film de 1938, évoquerait plutôt les premières années du parlant. A cette époque, le cinéma découvrait avec jubilation son aptitude à décrire les migrations quotidiennes et régulières des êtres (au sein de la ville et de la campagne cf. *Solitude** de Fejos, ou *Treno popolare** de Matarazzo). Il s'émerveillait de pouvoir se fondre dans le mouvement des foules et, à partir de là, bâtissait souvent une symphonie de bruits, de contacts, de frôlements, de rencontres inabouties dont les personnages étaient à peine conscients. Si la fin du muet avait été l'époque triomphante des impérialistes de la mise en scène (Stroheim, Sternberg, Murnau, etc.), qui reconstruisaient le monde en studio, le début du parlant, au moins chez les artistes les plus sensibles, se mit plus volontiers à l'écoute des êtres banals et se voulut attentif à la réalité la plus anodine et la plus fugitive. C'est pourquoi on n'en finit pas d'y retrouver les origines du néo-réalisme. Le film de Carol Reed, en retard de quelques années sur son époque, la résume cependant parfaitement par sa fraîcheur de ton et son ouverture au monde.

## WEEKEND WITH FATHER

Inédit en France. 1951 – USA (83') • *Prod.* UI (Ted Richmond) • *Réal.* DOUGLAS SIRK • *Sc.* Joseph Hoffman d'ap. une nouvelle de George F. Slavin et George W. George • *Phot.* Clifford Stine • *Mus.* Frank Skinner • *Int.* Van Heflin (Brad Stubbs), Patricia Neal (Jean Bowen), Gigi Perreau (Anne Stubbs), Virginia Field (Phyllis Reynolds), Richard Denning (Don Adams), Jimmy Hunt (Gary Bowen), Janine Perreau (Patty Stubbs).

Un veuf, père de deux fillettes, et une veuve, mère de deux garçons, se rencontrent au départ de la colonie de vacances de leurs enfants. Ils tombent amoureux l'un de l'autre et bientôt parlent mariage. Pour annoncer la nouvelle à leurs enfants, ils se rendent ensemble à la colonie. Mais là tout va mal pour eux : les enfants ne sympathisent pas ; ils trouvent leurs futurs beaux-parents respectifs détestables ; en particulier, le manque d'entraînement sportif du veuf désole les deux garçons et, de plus, l'arrivée de son ancienne fiancée gâche le peu d'espoir qui restait aux deux parents d'assainir la situation. Mais soudain l'aînée des deux fillettes se rend compte que les parents ont aussi le droit de vivre leur vie et d'être heureux. Elle échafaude alors un plan destiné à faire tomber les deux héros dans les bras l'un de l'autre. Ce plan réussira parfaitement.

☞ Au départ, l'un des projets les plus ingrats qu'ait eus à réaliser Sirk, et l'un des plus éloignés de son univers. A l'intérieur du genre de la comédie familiale, voué à une certaine mièvrerie, il s'amuse à accumuler des notations sur la cruauté naturelle des enfants, accessoirement sur leur esprit de décision et d'initiative. Si le film, à notre surprise, a si peu vieilli en trente ans, cela tient à plusieurs raisons. A l'Amérique elle-même, en avance sur l'Europe quant au comportement social des gens, aux mœurs, aux relations parents-enfants. Ayant tant influencé l'Europe et le monde, elle est cause que le film paraît aujourd'hui ressembler à notre présent. La perspicacité de Sirk a fait le reste. Il a su dégager parmi les traits qui pouvaient donner du relief à cette insidieuse satire ceux qui risquaient de rester justes le plus longtemps. Et le film nous séduit par cette malice typiquement hollywoodienne d'un cinéaste qui a su faire contre mauvaise fortune bon cœur et tirer le meilleur parti possible de la plus morne des commandes.

## WERTHER
Voir **ROMAN DE WERTHER (LE)**

## WHAT PRICE HOLLYWOOD ?

Inédit en France. 1932 – USA (87') • *Prod.* RKO (David O. Selznick) • *Réal.* GEORGE CUKOR • *Sc.* Gene Fowler et Rowland Brown, Jane Murfin, Ben Markson d'ap. une histoire de Adela Rogers St. John • *Phot.* Charles Rosher • *Mus.* Max Steiner • *Int.* Constance Bennett (Mary Evans), Lowell Sherman (Maximilian Carey), Neil Hamilton (Lonny Borden), Gregory Ratoff (Julius Saxe), Brooks Benedict (Muto), Louise Beavers (Bonita), Eddie Anderson (James).

Une serveuse d'un restaurant de Hollywood fréquenté par des célébrités rêve de devenir actrice. Aidée par l'un de ses clients, un metteur en scène, elle est lancée. Elle épouse un homme du monde qui, très vite, se lasse du rôle ingrat et limité d'époux de star. Le divorce est prononcé. Parallèlement, le metteur en scène qui avait lancé l'héroïne et l'avait toujours guidée de ses conseils sombre dans l'alcoolisme. Il finit par se suicider chez elle. Elle est éclaboussée par le scandale, personne n'ayant compris l'absolu désintéressement de la longue relation d'amitié qui les avait unis. Elle fait une retraite en France, retrouve son ex-mari et s'apprête à faire son « come-back ».

☞ Comme à son habitude, Cukor mêle la comédie et le mélodrame, la satire et l'analyse psychologique et sociale. Tous ces genres mélangés ne l'intéressent dans ce film que dans la mesure où ils sont capables, chacun à leur manière, d'aider à composer une chronique fidèle de la vie hollywoodienne. Une succession de scènes très théâtrales et très refermées sur elles-mêmes parvient, du fait de l'excellence du jeu et de la mise en place, à constituer en une coulée continue un exposé passionnant des personnages et de leurs problèmes. A travers eux, c'est toute la petite communauté hollywoodienne, si vulnérable aux effets du puritanisme et de l'hypocrisie populaire, qui se reflète ici. Cukor jette sur cet univers qu'il connaît bien un regard à la fois critique et très compatissant. Le film, en tant que témoignage porté de l'intérieur, a une valeur indiscutable. Certes Cukor donnera dans *A Star Is Born**, dont *What price Hollywood ?* est une première esquisse, une vision plus riche et surtout plus intense de la Cité du cinéma. Cela ne diminue en rien l'originalité de ce film-ci, le premier peut-être à traiter Hollywood, selon le vœu de Selznick, comme un monde vrai et parfois tragique. En effet, la plupart des films sur le sujet, note Cukor, se bornaient à souligner son extravagance et son irréalisme.

BIBLIO. : scénario et dialogues publiés chez Frederic Ungar, New York, s.d. (Il s'agit d'un scénario de tournage.)

## WHILE PARIS SLEEPS

Inédit en France. 1932 – USA (66') • *Prod.* Fox • *Réal.* ALLAN DWAN • *Sc.* Basil Woon • *Phot.* Glen McWilliams • *Int.* Victor McLaglen (Jacques Costaud), Helen Mack (Manon Costaud), William Bakewell (Paul Renoir), Jack La Rue (Julot), Rita Le Roy (Fifi), Maurice Black (Roca), Doc Farley (concierge), Paul Porcasi (Kapas).

Un bagnard, ancien héros de 14-18, s'évade pour aller revoir à Paris sa fille qui le croit mort. Il n'ose lui dire qui il est et se prétend un ami de son père. Durant son court séjour auprès d'elle, il aura l'occasion de favoriser une idylle qui se noue entre elle et un jeune accordéoniste. Mais surtout il la fera échapper aux griffes d'une bande de souteneurs et de truands, et devra sacrifier sa vie dans l'aventure.

☞ Dès ses premiers films parlants, Dwan maîtrise totalement le nouveau moyen d'expression, comme en témoigne l'usage judicieux et économe qui est fait ici du dialogue, au fil d'une suite de courtes séquences efficaces et poétiques. Le dialogue ne ralentit ni n'alourdit jamais l'action. Le récit, d'une habileté consommée, sait être à la fois resserré, dense et souple, de manière à laisser aux interprètes toute licence d'exprimer les nuances et la sourde complexité de leurs personnages. La photo souvent très sombre possède également une grande richesse de nuances qui n'a rien à voir avec le pittoresque des films « d'atmosphère française ». Il y a quelque chose d'hugolien dans le récit : cela tient à la nature de l'intrigue (proche par certains aspects des « Misérables ») mais aussi à un mélange de puissance et de douceur dans la description des personnages. Dwan se montre comme à son habitude particulièrement sensible au pathétique de leur destin. Le film offre ainsi le premier exemple dans l'œuvre parlante de Dwan de cette fusion entre l'élégie et le tragique qu'on retrouvera vingt ans plus tard dans les dernières œuvres du grand cinéaste.

## WHIRLPOOL
### (Le mystérieux Dr Korvo)

1949 – USA (97') • *Prod.* Fox (Otto Preminger) • *Réal.* OTTO PREMINGER • *Sc.* Ben Hecht et Andrew Solt d'ap. R. « Methinks the Lady » de Guy Endore • *Phot.* Arthur Miller • *Mus.* David Raksin • *Int.* Gene Tierney (Ann Sutton), Richard Conte (Dr William Sutton), Jose Ferrer (David Korvo), Charles Bickford (lieutenant Colton), Barbara O'Neil (Theresa Randolph), Eduard Franz (Martin Avery), Constance Collier (Tina Cosgrove), Fortunio Bonanova (Ferruccio Di Ravallo), Larry Keating (Mr. Simms), Larry Dobkin (Dr Wayne).

⊖ Los Angeles. Une kleptomane, Ann Sutton, épouse d'un psychanalyste connu, est prise en flagrant délit de vol à l'étalage dans un grand magasin. David Korvo, un aventurier aux talents multiples (il est notamment astrologue et hypnotiseur) la tire de ce mauvais pas en démontrant au directeur du magasin quelle mauvaise publicité lui occasionnerait l'arrestation de cette riche cliente. Ann rentre chez son mari qui l'adore et ne sait voir en elle que l'aspect sain et adorable de sa personnalité. Quoique psychanalyste, il ignore tout des conflits intimes qui la déchirent. Korvo recontacte Ann et fait d'elle sa cliente. Il la soigne de ses insomnies en lui ordonnant, sous hypnose, de s'endormir à onze heures précises pour une longue nuit de sommeil. Quelque temps plus tard, durant la nuit, elle prend dans le coffre de son mari un des enregistrements concernant une de ses patientes, Theresa Randolph, ancienne maîtresse de Korvo, puis se rend dans la luxueuse demeure de cette patiente et cache le disque dans sa penderie. Elle trouve ensuite, hébétée, le cadavre de Theresa, étranglée avec son foulard. La police arrive et l'accuse de cet assassinat. Les indices, fabriqués par Korvo, s'accumulent contre elle au point qu'elle se demande si elle n'est pas devenue folle. Son mari est à la fois stupéfait et effondré devant le tour que prennent les événements. Il apprend au policier Colton, qui enquête sur l'affaire, que la victime réclamait à Korvo le remboursement d'une somme de soixante mille dollars. Sutton et Colton se rendent à l'hôpital où Korvo a été opéré la veille. On ne peut apparemment disposer d'un alibi plus solide. Le disque de l'enregistrement reste introuvable. Devant son avocat, Ann reproche à son mari de n'avoir rien su deviner de ses troubles. Son père est à l'origine de la plupart d'entre eux. Quoique milliardaire, il la privait toujours de ce qu'elle désirait ; c'est enfant qu'elle avait commencé à voler. Sutton essaie de démêler l'imbroglio dont sa femme est victime. Il acquiert la certitude qu'elle s'est rendue chez Theresa sous hypnose. Il est même persuadé, s'appuyant sur un fait divers récent, que Korvo a pu s'hypnotiser lui-même pour sortir de la clinique et aller tuer Theresa. Effectivement, la nuit suivante, Korvo s'hypnotise avec une lampe et un miroir et va dans la maison de Theresa pour écouter sa confession enregistrée. Elle y fait mention de menaces de mort proférées à son endroit par Korvo. A ce moment, Sutton, Colton et Ann font irruption dans l'appartement. Korvo se cache. Sutton essaie de réveiller la mémoire de sa femme. Il découvre que c'est son propre aveuglement, sa volonté de la faire vivre, à ses débuts, comme l'épouse d'un médecin pauvre qui a ravivé chez elle des frustrations et une névrose infantile originellement provoquées par son père. Peu à peu, Ann se rappelle avoir apporté et caché quelque part l'enregistrement. Profitant que Sutton et Colton cherchent le disque dans une pièce voisine, Korvo réapparaît et, un revolver à la main, oblige Ann à entraîner les deux hommes au premier étage. Mais Ann leur indique sa présence. N'en pouvant plus de fatigue, Korvo s'écroule en vidant le chargeur de son arme. Colton constate sa mort et appelle une ambulance pour emporter le corps.

☞ Deuxième des quatre films de Preminger avec Gene Tierney. Variation ultra-sophistiquée sur un triangle de personnages proches de celui de *Laura**. Ce récit d'une aventure plus pathologique encore, mais non moins criminelle que celle de *Laura**, est fondé sur le contraste entre les deux points de vue différents que prennent deux hommes sur la même femme. Le cynisme et le pessimisme de Preminger (qui tendront à s'effacer par la suite) veulent ici que l'amour soit aveugle et que la malice voie plus clair, plus juste et plus loin que l'amour. C'est Jose Ferrer, le sans foi ni loi, qui, voulant se servir de Gene Tierney, comprendra ses tourments intérieurs, que son mari pourtant spécialiste en la matière, n'avait su ni voir ni deviner. C'est ici le triomphe d'un cinéma de fascination, laquelle joue aussi bien entre les personnages qu'entre ces personnages et le spectateur. Ayant à rendre crédible, attachante, voire même touchante, une intrigue beaucoup plus tirée par les cheveux que celle de *Laura**, Preminger a usé en maître de tous les prestiges de sa mise en scène à la fois souple et autoritaire : mouvements d'appareils enfonçant les personnages dans le décor comme dans une eau dormante et dangereuse, subtils contrastes d'ombre et de lumière isolant parfois les visages dans une dure clarté d'aquarium. Il les a mis au service de cette exploration des gouffres intimes des personnages et, plus particulièrement, de ceux de son héroïne, qui est, comme bien souvent dans son œuvre, le pivot de l'histoire (très grande similitude des scènes d'interrogatoires de Laura et, ici, d'Ann). Personne d'autre que Gene Tierney ne pouvait livrer avec autant de sincérité et d'ambiguïté la double nature de son personnage : élégance et sérénité à l'extérieur, malaise, bouleversements, régression douloureuse et crispée vers l'enfance à l'intérieur. A côté d'elle, l'excellent Jose Ferrer cisèle avec talent son personnage diabolique, à la fin victime de ses diableries. Il appartient à cette catégorie, toujours perdante, des grands solitaires premingériens, experts en charme et en sortilèges, manipulateurs d'âmes et de volontés, où se recrutent quelques-uns des plus attachants personnages de l'auteur.

## WHISTLER (THE)

Inédit en France. 1944 – USA (59') • *Prod.* COL. (Rudolph Flothow) • *Réal.* WILLIAM CASTLE • *Sc.* Eric Taylor d'ap. une histoire de J. Donald Wilson suggérée par l'émission de radio CBS « The Whistler » • *Phot.* James S. Brown • *Int.* Richard Dix (Earl Conrad), J. Carrol Naish (le tueur), Gloria Stuart (Alice Cooper), Alan Dinehart (Gorman), Don Costello (Lefty Vigran), Joan Woodbury (Tony Vigran), Cy Kendall (barman), Trevor Bardette (le voleur), Robert E. Keane (Charles McNear), Clancy Cooper (Briggs), Byron Foulger (employé).

Torturé à l'idée que sa femme est morte et que ses amis le tiennent pour responsable de cette mort, un industriel, Conrad, commandite sa propre mort. Il contacte un truand qui est tué par la police après avoir donné le « contrat » à un tueur professionnel. Conrad apprend alors que sa femme n'est pas morte. Le tueur s'apprête à accomplir sa besogne, quand un mystérieux personnage invisible qui raconte l'histoire (« The Whistler », le siffleur) le gêne et l'empêche de tirer. Ayant lu un livre de psychologie, le tueur entend alors se débarrasser de sa victime par la terreur, en la traquant sans cesse. Les recherches de Conrad pour retrouver le truand et annuler son « contrat » restent vaines. Il se cache dans un asile de nuit. La police et sa secrétaire, amoureuse de lui, le recherchent et le croient atteint d'amnésie. Le tueur, toujours suivi de près par « The Whistler », essaie à nouveau d'éliminer Conrad mais se fait repérer et abattre par la police.

☞ Deuxième film de Castle et premier titre de la série des huit « Whistler », basée sur un célèbre héros d'émissions de radio. C'est une œuvre assez terne, malgré les efforts du jeune réalisateur pour créer par la photo une atmosphère terrifiante et pour amener sa vedette, Richard Dix, aux limites de l'énervement afin d'obtenir de lui la meilleure interprétation possible d'un personnage traqué et terrorisé. (Il lui interdit notamment de fumer, le contraignit à un régime et le fit attendre de longues heures avant de tourner). Le sujet, plusieurs fois traité, de l'homme cherchant à décommander sa propre mort convient mieux à une comédie qu'à un drame. Bizarrement, il y a déjà chez Castle la tentation de faire virer au comique ce drame policier quand le tueur, influencé par un livre, se prend subitement pour un intellectuel et essaie d'agir mentalement sur sa victime afin de la détruire. La principale originalité du film vient du personnage du « Whistler » qui, en sifflant, introduit l'action, la commente et intervient dans ses moments clés : « Je suis le "Whistler", je sais beaucoup de choses car je déambule la nuit, je connais beaucoup d'histoires étranges, beaucoup de secrets enfouis dans les cœurs ». Originalité poétique mais surtout saugrenue que cette présence d'un homme invisible, à la fois récitant et *deus ex machina*, passant de la radio au film sans pour autant devenir autre chose qu'une voix dans la nuit.

## WHITE ZOMBIE (id.)

1932 – USA (68') • *Prod.* UA (Halperin Brothers) • *Réal.* VICTOR HALPERIN • *Sc.* Garnett Weston • *Phot.* Arthur Martinelli • *Mus.* Abe Meyer • *Int.* Bela Lugosi (Murder Legendre), Madge Bellamy (Madeline), Joseph Cawthorn (Dr Bruner), Robert Frazer (Beaumont), John Harron (Nell), Clarence Muse (chauffeur), Brandon Hurst (Silver), Dan Crimmins (Pierre).

A Haïti, Nell et Madeline, un jeune couple d'Américains, se rendent chez le propriétaire Beaumont qu'ils ont rencontré sur le bateau en provenance de New York. Il veut leur être utile et doit trouver un travail au jeune homme. Nell et Madeline ont prévu de se marier chez lui. Le pasteur qui doit accomplir la cérémonie s'étonne de ce soudain accès de gentillesse de la part de Beaumont. En fait, Beaumont est amoureux de Madeline. Il se rend chez son voisin Murder Legendre, une espèce de sorcier qui fait travailler dans sa plantation de canne à sucre une horde de *zombies* (morts-vivants sans volonté propre, doués d'une force surnaturelle). Beaumont demande à Legendre comment conquérir Madeline. Legendre lui remet un élixir : une goutte, déposée par exemple sur une rose, suffira à faire d'elle son esclave. Bien que ce moyen lui répugne, Beaumont, pris de court, fait respirer juste avant le mariage la rose à Madeline, tandis que Legendre taille une bougie à l'effigie de la jeune fille et la brûle ensuite à la flamme d'une lanterne. Madeline alors semble morte et sera très vite enterrée. Legendre se rend au cimetière avec ses *zombies* (il s'agit d'anciens ennemis à lui maintenant domestiqués : un docteur, un ministre, un chef de bande, un bourreau), déterre le cercueil qui est emmené jusqu'à son château, un nid d'aigle surplombant la mer. Nell, désespéré, met au courant le pasteur de la disparition du cercueil. Peu à peu, ce dernier, grand connaisseur des superstitions locales, commence à entrevoir la vérité. Beaumont, quant à lui, ne peut se contenter de voir Madeline jouer interminablement du piano, les yeux dans le vide, triste comme une morte. « Rendez-lui le sourire » demande-t-il suppliant à Legendre. En guise de réponse, celui-ci lui donne une goutte de son élixir. Beaumont se retrouve bientôt paralysé et incapable d'articuler une seule parole. Nell campe au bas du rocher où se trouve le château de Legendre. Il entend comme un appel de Madeline. Marchant jusqu'à l'épuisement, il parvient à pénétrer dans le château. Legendre, utilisant ses méthodes hypnotiques, pousse Madeline à se poignarder. Mais une main sortant de derrière un rideau l'en empêche. Les *zombies* de Legendre font leur apparition : « Voici mes anges de la mort » dit-il. Nell tire vainement sur eux, invulnérables aux balles. Le pasteur – c'était lui qui avait déjà sauvé Madeline – assomme Legendre. N'étant plus sous sa domination, les *zombies* basculent dans la mer. Madeline, l'espace d'une seconde, reconnaît Nell. Legendre essaie de se débarrasser de ses adversaires par un ultime recours : une capsule de gaz. Mais Beaumont trouve la force de le précipiter dans le gouffre où il plonge lui-même à sa suite. Madeline murmure à Nell : « J'ai rêvé. »

☞ Chronologiquement, le premier film important basé sur des personnages de *zombies.* Produit par les frères Halperin, distribué par les Artistes Associés, le film reste cependant redevable à la Universal d'une partie de ses qualités techniques et artistiques : maquillages de Jack Pierce (le créateur de Frankenstein), présence de Bela Lugosi dans un rôle très voisin de *Dracula** sorti l'année précédente, tournage sur le *backlot* même de la Universal dans une atmosphère décorative et plastique proche de celle des grands films fantastiques de la firme. Son originalité propre tient à un climat onirique de pesanteur et de désespérance. Cet onirisme, très poussé, est dû à divers éléments dont certains pourraient être considérés comme des défauts mais finissent par tourner à l'avantage du film. Citons notamment la lenteur (parfois la maladresse et la puérilité) de l'action, l'artifice « romantique et sauvage » des décors avec un usage parfois très insolite des toiles peintes, l'étrange et lancinante musique à base de chœurs d'opéra, l'utilisation des sons (grincement de la presse à canne à sucre, cris sinistres des vautours, etc.) sans oublier l'imprécision – assez stimulante pour l'imagination – du statut des *zombies* et des pouvoirs du sorcier Murder Legendre. Les *zombies* montrés ici semblent être des créatures profondément endormies et maintenues hypnotiquement sous la dépendance et le contrôle de leur maître. Ils peuvent, une fois libérés de son emprise, recouvrir leur identité, leur individualité et reprendre une existence normale. C'est du moins ce qui arrive à l'héroïne, en contradiction flagrante avec le contenu des grands films illustrant ce thème durant les années 40, 50 et 60 (cf. *I Walked With a Zombie**, Jacques Tourneur, 1943, *Zombies of Mora Tau,* Edward L. Cahn, 1957, *Night of the Living Dead**, George A. Romero, 1968).

## WHY CHANGE YOUR WIFE ?
### (L'échange/La proie pour l'ombre)

1919 – USA (7 bob.) • *Prod.* PAR. – Artcraft • *Réal.* CECIL B. DEMILLE • *Sc.* Olga Printzlau, Sada Cowan d'ap. un sujet de William C. DeMille • *Phot.* Alvin Wyckoff • *Int.* Gloria Swanson (Beth Gordon), Thomas Meighan (Robert Gordon), Bebe Daniels (Sally Clark), Theodore Kosloff (Radinoff), Sylvia Ashton (Tante Kate), Clarence Geldart (le docteur), Mayme Kelso (Harriette).

Robert Gordon est marié à Beth, une femme totalement différente de lui. Elle est sérieuse et intellectuelle. Il est plutôt léger et frivole. Quand il lui achète une robe, elle la juge généralement trop excentrique. Quand il veut l'emmener dans un cabaret, elle préfère recevoir le violoniste classique Radinoff, qui donne chez elle un concert privé. Gordon retrouve une ancienne connaissance, Sally, toujours éperdument amoureuse de lui. Elle partage ses goûts, notamment en matière de musique. Gordon se sépare de Beth et épouse Sally. Mais la Providence veille. Dans un établissement à la mode, sorte de salon de thé-dancing installé autour d'une piscine, Gordon rencontre par hasard Beth, devenue maintenant tout à fait excentrique, en compagnie de Radinoff paraissant dans un accoutrement indescriptible : sorte de tenue de sport dans un style à l'antique. Plus tard dans un train, les anciens époux se rencontrent à nouveau. La Providence veille toujours. « Dans une œuvre de fiction, dit un intertitre, il y aurait un accident de voiture ou quelque chose de ce genre. Ici, dans la réalité, il suffit d'une peau de banane. » Effectivement, à la descente du train, un gosse jette une peau de banane sur le trottoir et Gordon fait une chute grave. Immobilisé, il assiste de son lit aux disputes violentes opposant Beth et Sally. Il voit même Sally jeter ce qu'elle croit être du vitriol, et qui n'est en fait qu'un collyre, au visage de Beth ; puis elle disparaît. Après cet incident Beth et Gordon resteront sans doute unis à jamais. Gordon guérit. Un jour, Beth brise volontairement un disque de musique classique et apparaît dans une robe excentrique.

☞ Film capital de DeMille appartenant à la série de ses comédies conjugales et tourné dans la foulée du succès prodigieux de *Male and Female** (avec les deux mêmes vedettes). Le film est d'abord typique de la structure de beaucoup d'œuvres de DeMille à l'époque : une heure de comédie satirique, pleine de notations réalistes, malicieuses, et manifestant une liberté de ton étonnamment moderne ; puis commencent le délire, le baroque, les « miracles » (rencontre dans le train, la peau de banane) par quoi le doigt de Dieu indique aux personnages le sens de leur destin. Dans cette deuxième partie, apparaît au grand jour le credo de DeMille : la femme doit se conformer au désir de l'homme et répondre à l'image qu'il se fait d'elle, afin qu'il puisse appliquer et respecter la loi stricte de la monogamie (une femme à la fois et une femme pour la vie). Ce qui n'était au départ chez Beth (Gloria Swanson) que ruse pour reconquérir son mari deviendra ensuite sa seconde nature. L'intérêt d'un tel credo, c'est d'enrichir singulièrement la dramaturgie du film, car bien entendu dans la continuité du récit, ce credo est d'abord bafoué de mille et une façons et ne se révèle que peu à peu, par des détours, des complications et une foule de péripéties inventives et surprenantes qui, à l'époque, parurent souvent immorales. Excentricité (dans les décors, les costumes, les péripéties) et réalisme (dans le jeu des acteurs) s'allient à un sens très vif de l'observation quotidienne pour que, *in fine*, la démonstration soit parfaite et que le bonheur retrouvé du couple constitue l'illustration indiscutable du bien-fondé du credo en question. Mais de toute façon, qu'on s'intéresse ou non aux idées de DeMille, son sens du spectacle et l'acuité malicieuse de son regard emportent l'adhésion. Sa mise en scène est si moderne et, à cette époque, si en avance sur celle de tous ses contemporains qu'il n'est nul besoin d'approuver ses idées pour apprécier ses films.

## WHY WORRY ?
**(Faut pas s'en faire)**

1923 – USA (6 bob.) • *Prod.* Hal Roach Studio • *Réal.* FRED NEWMEYER et SAM TAYLOR • *Sc.* Sam Taylor • *Phot.* Walter Lundin • *Int.* Harold Lloyd (Harold Van Pelham), Jobyna Ralston (la nurse), John Aasen (Colosso), Leo White (premier lieutenant), James Mason (Jim Blake), Wallas Howe (Mr. Pipps, le valet), Charles Stevenson (le révolutionnaire).

Harold Van Pelham est un millionnaire hypocondriaque qui se rend dans une petite république des Tropiques, Paradiso, afin d'y soigner ses nombreuses maladies imaginaires. Il est accompagné de son valet et de son infirmière, secrètement amoureuse de lui. Mais Paradiso est ravagé par une révolution. Harold ne voit rien de ce qui se passe et trouve que tout est calme. Un homme assommé tombe dans un hamac : Harold croit qu'il dort. Un autre titube : il croit qu'il danse. Une escorte militaire conduit Harold en prison : il croit qu'on l'emmène à son hôtel. Ce n'est que derrière les barreaux qu'il comprend sa situation. Dans la même cellule se trouve Colosso, le géant de la montagne, qui est à lui seul une menace pour l'armée tout entière. On n'a pu l'arrêter que parce qu'il est handicapé par une rage de dent. Harold et Colosso s'évadent ensemble. Harold arrache à l'aide d'un lasso la dent malade de Colosso. Dès lors, le géant lui est dévoué comme un caniche. Son valet apprend à Harold que le pays est en proie à la révolution. Harold exige qu'elle s'arrête car il est venu pour se reposer. Il veut également empêcher les canons de tonner, car c'est mauvais pour son cœur. Il les fait détruire par le géant qui abat ensuite tous les combattants un par un, à l'aide d'un boulet : ils s'écrouleront les uns sur les autres comme des quilles. Harold installe sur le dos de Colosso un fût de canon, et l'utilise pour mettre fin aux combats. Il retrouve son infirmière et, en luttant pour la protéger contre le chef révolutionnaire qui la convoitait, il découvre qu'il est amoureux d'elle. Harold, le géant et l'infirmière rivalisent d'ingéniosité pour faire croire qu'ils sont à eux seuls une armée au grand complet. A eux trois, ils mettent le reste des soldats en déroute. Harold renonce définitivement aux produits pharmaceutiques. De retour à New York, l'infirmière, qu'il a épousée, accouche d'un garçon. Harold court annoncer la nouvelle au policier réglant la circulation au milieu du carrefour, et qui n'est autre que... Colosso.

☞ Chef-d'œuvre (sous-estimé à son époque) de Harold Lloyd, le plus inaltérablement sain et le moins égocentrique des grands comiques américains. A côté de lui, tous les burlesques (à l'exception de Keaton) font figure de névrosés. L'intrigue de *Why Worry ?* – histoire d'un hypocondriaque qui se débarrasse au milieu du danger de toutes ses lubies – est d'ailleurs un éloge non dissimulé de la santé mentale et physique. *Why Worry ?* séduit avant tout par son invention et son équilibre. C'est à cela qu'on reconnaît les films de Harold Lloyd : tout y est soumis, avec discipline et sobriété, presque avec humilité, à une architecture d'ensemble. Harold Lloyd, en tant qu'acteur et que personnage, ne tire jamais la couverture à lui. Les gags les plus saisissants servent souvent à bâtir l'atmosphère plus qu'à enjoliver son personnage (cf. la séquence où le calme régnant à Paradiso avant la révolution est décrit notamment par un plan d'un vieillard endormi, une toile d'araignée installée dans sa barbe.) Et Harold Lloyd ne craint même pas de donner au géant Colosso (John Aasen) un rôle presque aussi important que le sien.

## WICHITA
### (Un jeu risqué)

1955 – USA (81') • *Prod.* Allied Artists (Walter Mirisch) • *Réal.* JACQUES TOURNEUR • *Sc.* Daniel B. Ullmann • *Phot.* Harold Lipstein (Cinémascope, Technicolor) • *Mus.* Hans J. Salter • *Int.* Joel McCrea (Wyatt Earp), Vera Miles (Laurie McCoy), Lloyd Bridges (Gyp), Wallace Ford (Arthur Whiteside), Edgar Buchanan (Doc Black), Peter Graves (Morgan Earp), Keith Larsen (Bat Masterson), Carl Benton Reid (le maire Andrews), John Smith (Jim Earp), Walter Coy (Sam McCoy), Walter Sande (Clint Wallace), Robert J. Wilke (Ben Thompson), Jack Elam (Al), Mae Clarke (Mary Elizabeth McCoy).

Wyatt Earp arrive à Wichita. Il n'a d'autre intention que d'y fonder un commerce, comme n'importe quel businessman. La ville en effet est en pleine expansion à cause des éleveurs et des cow-boys ; le chemin de fer vient d'y être inauguré. Wyatt devient très vite l'ami d'un vieux directeur de journal, Arthur Whiteside, un veuf désabusé et alcoolique, et de son jeune reporter, Bat Masterson. Il va déposer ses économies à la banque ; mais à peine l'a-t-il fait qu'elle est le théâtre d'un hold-up. Avec l'aide de Bat, Wyatt réduit les bandits à l'impuissance. Reconnaissants et admiratifs, les notables de la ville lui proposent le poste de shérif. Il refuse. Il a déjà « nettoyé » plusieurs villes et voudrait échapper à son destin de justicier. Les cow-boys du gros éleveur Wallace font irruption dans la ville pour y boire et trouver des filles. La nuit venue, ivres, ils tirent dans tous les sens. Un gamin ensommeillé les regarde de sa fenêtre et reçoit une balle en pleine poitrine. Wyatt ne peut faire autrement que de reprendre l'insigne de shérif et de prêter serment. Il arrête les hommes de Wallace, et le lendemain Wallace lui-même, qui le menaçait. Il les reconduit tous à la frontière où, avec le jeune Bat, devenu son adjoint, il a apposé une affiche interdisant le port d'armes. Les notables commencent à trouver qu'il y va un peu fort car, après tout, les cow-boys assurent la prospérité de la ville. Ils essaient, à la fin d'un bon repas, de raisonner Wyatt, mais avec lui, qui n'est pas l'homme des demi-mesures, aucun compromis n'est possible. Doc Black, patron d'un saloon, passe à l'action et loue les services de deux tueurs qu'il fait venir d'une ville voisine. Las, ce sont les propres frères de Wyatt, Morgan et Jim ! Doc Black se retrouve vite arrêté, puis expulsé. Wyatt s'est mis maintenant tous les notables à dos, mais le maire refuse de le renvoyer. Sam McCoy, l'homme qui a amené le chemin de fer jusque dans la ville, et qui est aussi le père de Laurie que courtise Wyatt, semble le plus virulent contre lui. Doc a ramené en ville deux cow-boys de Wallace pour qu'ils tuent Wyatt, mais c'est la propre épouse de Sam qui, lors de la fusillade, sera mortellement touchée. Wyatt et ses frères poursuivent les deux assassins et les abattent. Doc, lui, a pu s'enfuir. Les hommes de Wallace reviennent en force à Wichita : Sam, passé du côté de Wyatt depuis son veuvage, les empêche d'avancer avec son fusil. Le frère de l'un des deux assassins tués veut combattre Wyatt en duel et est abattu, tandis que Sam abat son ancien ami Doc Black qui, d'une fenêtre, allait tirer sur Wyatt. Wyatt épouse Laurie et s'en va avec elle vers Dodge City, autre ville à « nettoyer ».

☞ Avant-dernier des six westerns de Jacques Tourneur pour le cinéma (on mettra à part la série réalisée avec George Waggner pour la télévision). Dans ce film sobre, rigoureux, austère – où ces qualités suscitent à elles seules l'émotion – les points de vue abondent. Les énumérer ne saurait rendre justice – mais comment faire autrement ? – à leur prolifération, à leur entrelacs si naturel et si savant dans l'intrigue et au sein de l'espace élargi du Cinémascope, un format que Tourneur aimait beaucoup car il oblige, disait-il, à soigner la composition. Le monde décrit par la plupart des films de Tourneur et par *Wichita* en particulier est celui de l'insécurité, de la peur diffuse, de la surprise continuelle. Dès le prologue, un groupe de cow-boys s'inquiète à la vision d'un inconnu descendant au loin la colline. (C'est Wyatt Earp.) Plus tard, accueilli et nourri par ses hôtes, Wyatt sera dépouillé au milieu de la nuit. Mais il était resté sur ses gardes et saura reprendre son bien. Dans la ville, les bons et les méchants changent constamment de rôle selon les circonstances et leur intérêt. Ainsi le personnage de Sam McCoy, allié de Wyatt (il est de ceux qui l'engagent pour « nettoyer » la ville) deviendra son ennemi puis son allié à nouveau, quand le malheur (*id est* la mort de sa femme) l'aura frappé. Les méchants ne sont pas à proprement parler des « méchants » professionnels mais des cow-boys que l'alcool et une vie frustrante et trop rude ont rendus, dans leurs divertissements, pareils à des fauves. (Dans ses westerns, Tourneur n'a jamais cessé de réduire à néant le manichéisme traditionnel.) A Wichita, ville sans loi et sans « valeurs », en plein boom économique, Wyatt Earp, incarnation de ces valeurs absentes, apparaît comme un être venu d'ailleurs, une sorte d'extra-terrestre. La morale, chez Tourneur, est souvent frappée d'étrangeté et s'incarne dans des êtres qui reflètent cette étrangeté. Son destin de justicier, Wyatt le vit comme une fatalité ; il est *usé* par elle et le jeu calme et un peu las de Joel McCrea exprime admirablement cette usure. C'est que Wyatt lutte à la fois contre l'évidence de son propre destin, contre ses pseudo-alliés (les notables de la ville qui veulent un peu d'ordre, mais pas trop) et contre ses agresseurs directs qui ne sont pas, à ses yeux, les plus dangereux. L'art spécifique de Tourneur, dans un western comme dans un film d'aventures, c'est de susciter au sein d'une trame austère et presque grise (basée ici sur le refus des extérieurs saisissants, des personnages pittoresques et hauts en couleur) une multitude de petites variations de ton. Elles entretiennent un courant d'anxiété permanent et souterrain. Elles font que, pour le héros en particulier, rien n'est sûr, hormis sa propre tenacité. Même le pire n'est pas sûr, puisqu'il y a parfois – comble de l'ironie – au sein de l'intrigue la plus tendue, de bonnes surprises et des événements presque comiques qui surgissent : ainsi l'arrivée des deux frères Earp qui fait pousser à tous, sauf à leur employeur, un immense ouf de soulagement. Chez Tourneur, la tension naît de l'incertitude. Il obtient en général du spectateur une étonnante qualité d'attention, née de ce qu'on pourrait appeler un anti-suspense (au sens hitchcockien du terme). Dans ses films, ce qui va arriver ne s'annonce pas à l'avance, mais surgit à l'improviste de l'obscurité, de la brume, d'une attente imprécise et sans axe.

## WINCHESTER 73 (id.)

1950 – USA (92') • *Prod.* UI (Aaron Rosenberg) • *Réal.* ANTHONY MANN • *Sc.* Borden Chase, Robert L. Richards d'ap. une histoire de Stuart N. Lake • *Phot.* William Daniels • *Mus.* Joseph Gershenson • *Int.* James Stewart (Lin McAdam), Shelley Winters (Lola Manners), Dan Duryea (Waco Johnny Dean), Stephen McNally (Dutch Henry Brown), Millard Mitchell (High Spade), Charles Drake (Steve Miller), John McIntire (Joe Lamont), Jay C. Flippen (sergent Wilkes), Rock Hudson (Young Bull), Will Geer (Wyatt Earp), Abner Biberman (Latigo Means), Anthony (= Tony) Curtis (Doan).

Dodge City, 1873. A l'occasion des fêtes du centenaire de l'Indépendance, le prix offert au gagnant du concours de tir est un magnifique fusil Winchester 73, « l'arme qui a conquis l'Ouest », et pour la possession duquel bien des Blancs et des Indiens donneraient jusqu'à leur âme. Les deux finalistes sont Lin McAdam et Dutch Henry Brown. Lin semble bien connaître et détester Dutch. Il remporte le concours et obtient le précieux fusil. Dutch et deux complices l'agressent dans son hôtel et s'emparent de l'arme. Ils se rendent dans un bar des environs de la ville. Dutch perd au jeu sa Winchester. Joe Lamont, l'heureux gagnant, se rend auprès de l'Indien Young Bull à qui il a l'habitude de vendre des armes. Il est dépouillé de la Winchester et scalpé. La défaite de Custer a rendu les Indiens plus agressifs et plus audacieux que jamais dans toute la région. Une chanteuse de saloon, Lola Manners, et son fiancé, Steve Miller, sont poursuivis par les Indiens de Young Bull. Pris de panique, Steve abandonne lâchement Lola puis la rejoint et tous deux trouvent refuge dans un campement de la Cavalerie. Ils sont bientôt rejoints par Lin, toujours accompagné de son vieil ami High Spade, que les Indiens avaient également pris en chasse. Au matin, les Indiens attaquent en force le campement. Ils sont mis en déroute par la mort de leur chef Young Bull. Après le départ de Lin, un jeune soldat retrouve la Winchester abandonnée sur le terrain. Le sergent Wilkes la donne à Steve pour qu'il protège Lola. Steve conduit Lola dans la maison qu'il lui destine après leur mariage. Y fait bientôt irruption la bande de Waco, le Kansas Kid, avec lequel Steve s'était acoquiné. Waco veut la Winchester et, après avoir humilié Steve, l'abat et s'empare du fusil. La police assiège et incendie la maison. Waco réussit à filer avec Lola. Il rejoint son associé qui n'est autre que Dutch, lequel, dès qu'il voit la Winchester, clame qu'elle est à lui et la reprend. Waco, Dutch et les autres préparent l'attaque d'une banque à Tascosa. Lin retrouve Waco dans un bar et le malmène pour lui faire avouer où se trouve Dutch. Il abat Waco, alors que ce dernier tentait de dégainer. La fusillade gêne Dutch qui sort de la banque avec le butin. Lin le poursuit jusque dans les montagnes. Les deux hommes s'épient et se traquent entre les rochers. Lin tire sur Dutch qui tombe dans une crevasse. La Winchester s'échappe de ses mains. A Tascosa, l'ami de Lin explique à Lola que Lin et Dutch sont frères. Dutch avait tué leur père qui ne tolérait pas qu'il soit devenu un bandit. Lin rejoint Lola, amoureuse de lui depuis l'attaque de Young Bull. Il détient à nouveau la précieuse Winchester.

☞ Première œuvre du cycle des cinq westerns de Mann interprétés par James Stewart dont l'ensemble constitue la plus belle « défense et illustration du western moderne » qu'on puisse trouver à travers toute l'histoire du genre. La force et la nouveauté du film sont avant tout d'ordre stylistique. Sur le plan de la construction du récit, l'itinéraire circulaire du fusil universellement convoité sert d'introduction et de prétexte élégant à une série de variations percutantes et extrêmement denses sur les thèmes de la violence, de la vengeance et de la haine quasi biblique que se vouent deux frères ennemis. Sur le plan visuel, l'acuité de la photo noir et blanc (où dominent largement les scènes de nuit), l'utilisation de la profondeur de champ et des mouvements d'appareil, la mise en valeur dramatique et tragique des paysages constituent quelques-uns des éléments de la maturité – déjà étonnante – du style de Mann dans ce genre nouveau pour lui (*Winchester 73* n'est que son troisième western). Les personnages n'ont pas encore la profondeur morale et psychologique qu'ils allaient acquérir dans les étapes ultérieures du cycle. Le manichéisme apparaît relativement strict et dénué de nuances. Mann cherche essentiellement ici à l'utiliser comme ingrédient de l'épure tragique à laquelle il veut parvenir. Il affinera ce manichéisme, le nuancera et finira par le détruire totalement par la suite. Quelques éclairs de violence sauvage chez James Stewart annoncent déjà l'ambiguïté et la complexité du personnage dans ses développements futurs. Après *Pursued** de Walsh et ce film, le western entre dans la phase décisive de son évolution. La virtuosité s'y met définitivement au service de la plus extrême gravité. Le western va pouvoir désormais raconter toute l'histoire de l'homme ; remonter aux origines de sa psychologie (de ses psychoses) et de sa morale, décrire la genèse des sociétés qu'il a voulu bâtir et tout ce qu'il a dû sacrifier ou sublimer pour y parvenir.

## WINSTANLEY (id.)

1975 – Angleterre (96') • *Prod.* BFI Production (Kevin Brownlow et Andrew Mollo) • *Réal.* KEVIN BROWNLOW, ANDREW MOLLO • *Sc.* K. Brownlow et A. Mollo d'ap. R. « Comrade Jacob » de David Caute • *Phot.* Ernest Wincze • *Mus.* Serge Prokofiev • *Int.* Miles Halliwell (Gerrard Winstanley), Jerome Willis (général Lord Fairfax), Terry Higgins (Tom Haydon), Phil Oliver (Will Everard), David Bramley (pasteur John Platt), Alison Halliwell (Mrs. Platt), Dawson France (capitaine Gladman).

1649. L'Angleterre panse ses plaies après la Révolution de Cromwell et l'exécution du roi. Sous la direction de Gerrard Winstanley, ancien soldat et marchand de tissu ruiné par la guerre, un groupe de paysans, les Diggers, s'installent sur d'anciens terrains communaux dans le Surrey et commencent à cultiver la terre. Winstanley, sorte de pionnier franciscain du socialisme utopique qui fleurira au XIXe siècle, est l'auteur d'écrits révolutionnaires prônant l'égalité pour tous dans le travail et la paix. Le pasteur Platt, de West Horsley, s'oppose aux Diggers pour la bonne raison que de nombreux paroissiens et même sa femme subissent beaucoup trop à son goût l'influence de Winstanley et de ses idées. Le général Fairfax, ancien compagnon de Cromwell, *a priori* favorable aux Diggers, dont beaucoup ont combattu sous lui, maintient vis-à-vis d'eux une attitude de stricte neutralité. Mais diverses condamnations, l'hostilité du propriétaire du terrain Francis Drake, l'incendie de leurs maisons, la confiscation de leurs bêtes, la violence physique des habitants pratiquée à leur endroit et même une attaque en règle menée par le capitaine Gladman, un allié de Fairfax, amènent les Diggers à s'éparpiller. Ailleurs en Angleterre d'autres Diggers réussissent à se regrouper...

☞ Faisant preuve de la même minutie qu'ils avaient manifestée pour concrétiser leur fiction d'une Angleterre occupée par les Allemands durant la Seconde Guerre mondiale dans *It Happened Here, En Angleterre occupée,* 1964, Kevin Brownlow et Andrew Mollo se retrouvent pour reconstituer l'odyssée sociale et philosophique d'un groupe d'Anglais et de leur chef spirituel à l'époque de Cromwell. Ce qui était investigation du possible dans le premier film devient ici illustration d'une utopie qui avait pu – brièvement – s'incarner dans l'Histoire. Le film opère une double plongée dans le passé. Par son sujet d'abord. Mais aussi par sa forme qui se veut explicitement une résurrection de certaines tendances stylistiques du cinéma muet et un hommage à quelques-uns de ses plus grands artistes (Gance, Dreyer, Eisenstein : la musique de Prokofiev pour *Alexandre Nevski** est même reprise ici dans la bande sonore). Inutile de rappeler que Kevin Brownlow est un des meilleurs connaisseurs du cinéma muet (cf. son livre « The Parade's Gone By » Londres, Secker and Warburg, 1968). A sujet original, traitement original. Dans *Winstanley*, un formalisme très insolite, qui pourrait être fastidieux, réussit pourtant à convaincre, car il est le fruit d'une véritable passion archéologique pour l'histoire d'un pays et d'un art.

# Y

## Y A-T-IL UN PILOTE DANS L'AVION ?
**(Airplane !)**

1980 – USA (85') • *Prod.* PAR. – Howard W. Koch Production (Jon Davison) • *Réal.* JIM ABRAHAMS, DAVID ZUCKER, JERRY ZUCKER • *Sc.* Jim Abrahams, David Zucker, Jerry Zucker • *Phot.* Joseph Biroc (Metrocolor) • *Mus.* Elmer Bernstein et Bee Gees • *Int.* Kareem Abdul-Jabbar (Roger Murdock), Lloyd Bridges (McCroskey), Peter Graves (capitaine Oveur), Julie Haggerty (Elaine Dickinson), Lorna Patterson (Randy), Robert Stack (Kramer), Robert Hays (Ted Striker), Leslie Nielsen (Dr Rumack), Stephen Stucker (Johnny).

Au cours d'un vol régulier sur une ligne intérieure des États-Unis, tous les membres de l'équipage d'un long-courrier sont victimes d'une intoxication alimentaire.

☞ Tournée par ce qui est presque un collectif de réalisation, cette suite hétéroclite de gags percutants et inventifs se passe fort bien de stars. On va du burlesque pur à la parodie (parodie de films célèbres, parodie du genre « film-catastrophe ») en passant par le « non-sense », la satire, le comique d'observation poussé jusqu'à la caricature la plus délirante. Dans cette bousculade de trouvailles, le rythme est suffisamment vif pour que les gags les moins réussis disparaissent aussitôt de la mémoire sans nuire à la qualité de l'ensemble. Le film montre également combien les Américains sont éloignés de considérer le burlesque comme un parent pauvre, comme un sous-produit qui devrait toujours être traité à l'économie. Un budget assez considérable a été confié aux jeunes auteurs de ce film. Ils ont pu à loisir donner la force de l'évidence à des gags qui, sur le papier, étaient souvent extrêmement tirés par les cheveux. D'où l'immense succès international d'un film qui a su réunir et réconcilier des publics d'âges très différents. Phénomène devenu de plus en plus rare dans les années 70 et 80.

N.B. Une suite : *Airplane II : The Sequel, Y a-t-il un pilote dans l'avion ?,* 1982, écrit et dirigé par Ken Finkleman. Moins réussi que le premier film mais contient un excellent gag parodique de *E.T.**

## YOL
**(La permission/id.)**

1981 – Turquie (111') • *Prod.* Edi Hubschmid • *Réal.* SERIF GOREN (d'ap. les indications de Yilmaz Güney) • *Sc.* Yilmaz Güney • *Phot.* Erdogan Engin • *Mus.* Sebastian Argol, Kendal • *Int.* Tarik Akan (Seyit Ali), Seri Sezer (Zine), Halil Ergün (Mehmet Salih), Meral Orhonsay (Emine), Necmettin Cobanoglu (Omer), Semra Ucar (Gülbahar).

Quelques permissionnaires d'une prison « semi-ouverte » rejoignent aux quatre coins de la Turquie leurs parents ou leurs amis. Des événements très dramatiques scellent à chaque fois ces retrouvailles, cependant que l'armée omniprésente ensanglante le terrain.

☞ Premier film turc à avoir obtenu une vaste audience internationale. Cela en partie à cause de la Palme d'or du Festival de Cannes 1982 et de la publicité faite autour de la personnalité du scénariste-auteur Yilmaz Güney et des conditions de réalisation du film. Tourné sur les indications de Güney alors que celui-ci était en prison, *Yol* a été monté par lui en Suisse, après son évasion. L'entremêlement des histoires, appréhendées de manière à la fois réaliste et allégorique, vise à décupler la force et le sens qu'aurait pu avoir chacune d'elles en particulier. Grâce à ce procédé, Güney se livre à une radiographie des paysages, des mentalités et de l'oppression politique existant en Turquie où, par ailleurs, un code de l'honneur impitoyable et des préjugés moraux d'un autre âge (notamment le mépris de la femme) ont encore force de loi. La pesanteur tragique du style témoigne bien de l'accablement des personnages, victimes autant de leurs traditions que de la tyrannie de leurs maîtres politiques de l'heure. Ceux-ci régissent un territoire encerclé et surveillé comme une prison où chaque citoyen se trouve pour ainsi dire assigné à résidence.

## YOUNG AND INNOCENT (id.)

1937 – Angleterre (82') • *Prod.* Gainsborough, Gaumont British (Edward Black) • *Réal.* ALFRED HITCHCOCK • *Sc.* Charles Bennett, Alma Reville, Anthony Armstrong, Edwin Greenwood, Gerald Savory d'ap. R. « A Shilling for Candles » de Josephine Tey • *Mus.* Louis Levy • *Int.* Nova Pilbeam (Erica Burgoyne), Derrick de Marney (Robert Tisdall), Percy Marmont (le colonel Burgoyne), Edward Rigby (Old Will), Mary Clare (Tante Margaret), John Longden (Kent), George Curzon (Guy), Basil Radford (Oncle Basil).

Une scène de ménage très violente. Le mari, au sommet de la colère, a un tic qui lui ravage le visage : il cligne violemment des deux yeux. Le lendemain, un cadavre de femme est apporté par les vagues sur la plage. Un ami de la victime, Robert Tisdall, découvre le corps et court appeler la police. Un peu plus tard, deux filles qui passaient sur la plage, l'ayant vu courir, le désignent comme le coupable. La victime, une star de cinéma pour laquelle Tisdall avait écrit autrefois un scénario, lui a fait un legs important et ainsi les présomptions s'amassent contre lui. De plus, la femme a été étranglée avec la ceinture de son imperméable qui venait de lui être volé. Au cours d'un interrogatoire, Tisdall réussit à fuir. Traqué, mais bénéficiant de l'aide et de la confiance de la fille du commissaire, Erica, il retrouve en Cornouailles dans un asile de nuit l'actuel propriétaire de son imperméable. C'est un clochard un peu brocanteur auquel un inconnu – l'homme au tic dans les yeux – avait fait cadeau du vêtement. Mais sans la ceinture. Tisdall, Erica et le clochard chercheront – et retrouveront – le coupable dans un hôtel où il est, grimé en Noir, le batteur d'un orchestre de jazz. Il avouera son crime en ricanant. Maintenant, Tisdall n'est plus seulement innocent : il est innocenté. Erica, radieuse, demande à son père d'inviter le jeune homme à dîner.

☞ Ce divertissement infiniment brillant, situé vers la fin de la période anglaise de l'auteur, traite l'un des thèmes hitchcockiens de base – le faux coupable – avec humour et gaieté. « Je ris, dit le héros, parce que je suis innocent. » Autre thème hitchcockien : l'appel à la confiance d'autrui pour faire triompher la vérité (cf. *Les trente-neuf marches**, *Une femme disparaît**, etc.). Sur une des trames les plus minces qu'il ait eues entre les mains, Hitchcock pique une multitude de notations à la fois réalistes et symboliques. (Rien que sur le plan des symboles, ce film apparemment anodin peut être mis en relation avec une quinzaine d'autres du réalisateur.) Ces notations sont cocasses, ironiques, parfois touchantes, toujours très légères, jusqu'à l'imperceptible. Elles tiennent au scénario, au dialogue, au jeu des acteurs, à leur place dans le plan, à tel mouvement de caméra, inattendu et parfait. C'est du cinéma en liberté, mais qui s'impose la discipline de fer de séduire, de captiver le public, grâce notamment à un rythme étourdissant où chaque seconde est gorgée d'invention et d'attente. Réussite d'autant plus difficile à atteindre qu'aucune scène n'est à strictement parler indispensable au récit, sauf la première et la dernière, les plus belles. L'ouverture (la scène de ménage, la découverte du cadavre) est le résultat d'une combinaison très savante entre un montage sophistiqué, la beauté plastique et angoissante des lieux et une violence elliptique dans la plus pure tradition du maître. (A plus de vingt ans de distance, on n'est pas si loin de la séquence de la douche de *Psycho*.*) La dernière scène contient le fameux mouvement d'appareil à la grue qui parcourt le salon où dansent les clients de l'hôtel et aboutit peu à peu au visage grimé du batteur, dévoré par son tic. Sur toute sa durée, la scène est prodigieuse. Après la pause (et maintenant le spectateur sait qu'il est le coupable), le musicien reprend sa place. Il a reconnu le clochard et voit que la police est présente dans le bâtiment. Son tic augmente comme son énervement et son angoisse. Il vit un martyre comparable à celui du coupable de *Murder** avant son suicide au trapèze. Il tape à contretemps sur ses instruments. Il s'évanouit. L'héroïne, qui a la manie de jouer les secouristes, vient vers lui avec l'intention – idée géniale – de l'aider et découvre alors son tic. Dans cette séquence, le thème de l'aveu représente de la part du personnage, non seulement un désir de libération intérieure, mais une sorte d'imploration du châtiment. En contraste avec l'ironie et la légèreté où a baigné l'essentiel du récit, il émane de cette fin – comme de l'ouverture du film – une émotion intense et singulière.

## YOUNG MR. LINCOLN
**(Vers sa destinée)**

1939 – USA (101') • *Prod.* Fox – Cosmopolitan (Kenneth Macgowan) • *Réal.* JOHN FORD • *Sc.* Lamar Trotti • *Phot.* Bert Glennon et, non crédité, Arthur Miller (extérieurs près du fleuve) • *Mus.* Alfred Newman • *Int.* Henry Fonda (Abraham Lincoln), Alice Brady (Albigail Clay), Ward Bond (John Palmer Cass), Donald Meek (John Felder), Dorris Bowdon (Carrie Sue Clay), Pauline Moore (Ann Rutledge), Arleen Whelan (Sarah Clay), Eddie Collins (Efe Turner), Marjorie Weaver (Mary Todd), Richard Cromwell (Matt Clay), Eddie Quillan (Adam Clay), Spencer Charters (le juge Herbert A. Bell), Francis Ford (Sam Boone), Fred Kohler, Jr. (Scrub White), Jack Pennick (Big Buck).

New Salem, Illinois, 1832. Le jeune Abe Lincoln est candidat aux élections. Il explique ses préférences à un groupe de fermiers. Elles sont simples : elles vont à la création d'une Banque nationale et au protectionnisme douanier. Arrivant en chariot, la famille d'Abigail Clay propose, contre des marchandises, quelques livres. Parmi ceux-ci, Abe choisit un livre de droit. Il va le lire dans la campagne et désormais le droit deviendra sa passion. La jeune Ann Rutledge interrompt sa méditation : elle évoque les qualités d'Abe et, en particulier, cette éloquence qu'elle voudrait le voir utiliser pour le bien public. Ensemble, ils longent le fleuve, auquel Abe voue une véritable adoration. A la veille du printemps suivant, au dégel, Abe vient fleurir la tombe d'Ann et lui parle. Il lui confie son indécision quant à son propre avenir ; il décide de faire carrière selon ses vœux, c'est-à-dire d'œuvrer pour le bien public dans le domaine du droit. Sur sa mule, coiffé d'un haut chapeau, il arrive à Springfield où il s'installe comme avocat. Il convainc deux paysans en conflit d'accepter le compromis qu'il leur propose. Le jour de la fête de l'Indépendance, il participe à divers jeux et concours. Dans une clairière, les deux fils d'Abigail Clay, Matt et Adam, se bagarrent avec Scrub White qui durant la journée avait importuné Sarah, l'épouse de Matt. Un coup de feu part ; Scrub est blessé par le couteau de Matt et d'Adam. Un ami de la victime, Palmer Cass, retire le couteau du corps de Scrub et constate qu'il est mort. Adam et Matt sont emprisonnés sur-le-champ. La foule veut les lyncher et assiège la prison. Usant de la menace physique puis de la persuasion, Lincoln tient tête à la foule, qu'il amuse et émeut tour à tour. « Vous me volez mes premiers clients » dit-il aux lyncheurs potentiels qui, bientôt calmés, rentrent chez eux. Abigail Clay, éperdue de reconnaissance envers le jeune homme, lui confie ses deux enfants. Abe retrouve en la vieille femme le souvenir de sa mère, morte il y a longtemps. La maison des Clay lui rappelle son enfance dans le Kentucky. Pour préparer la défense de ses fils, Lincoln interroge Abigail Clay. Mais elle refuse de dire lequel, de Matt ou d'Adam, elle a vu armé du couteau ; elle ne peut se résoudre à faire condamner l'un de ses enfants pour sauver l'autre. Durant le procès, Lincoln met les rieurs de son côté en brocardant le procureur John Felder, personnage solennel et ridicule. Palmer Cass affirme à la barre avoir vu le meurtrier porter le coup mortel : il désigne le plus grand des deux frères Clay, c'est-à-dire Matt. Palmer Cass se trouvait à cent mètres du lieu de la tragédie qui a eu lieu à onze heures du soir. Mais la clarté de la lune, dit-il, tombant sur la clairière, lui a permis de voir distinctement la scène. Lincoln, à l'aide d'un almanach, prouvera qu'il a menti : la lune était ce soir-là invisible. Et s'il a menti, c'est qu'il avait lui-même poignardé Scrub White avec lequel il venait de se disputer. Les deux accusés sont libérés. Après avoir accepté l'argent et la reconnaissance d'Abigail Clay, Lincoln monte lentement la colline sous un ciel d'orage...

☞ L'une des œuvres les plus mystérieuses et les plus personnelles de Ford. N'ayant remporté à sa sortie ni succès ni récompense, c'est avec le temps que le film gagna sa réputation et finit par être considéré comme un titre majeur de la filmographie fordienne. Le scénario, dû à Lamar Trotti et à Ford lui-même (non crédité au générique comme c'était l'usage pour un metteur en scène mais Ford a signalé par exception sa participation), est très original. Il ne se veut pas une biographie de Lincoln mais un portrait mythique, basé sur quelques anecdotes, et qui vaut autant par ce qu'il suggère – ou même par ce qu'il cache – que par ce qu'il dit en clair. Traits caractéristiques de ce portrait : l'éloquence, faite d'appel à l'humour et à l'émotion ; la capacité de comprendre les humbles et de se faire comprendre d'eux ; une certaine violence latente dont Lincoln use, à l'occasion, pour faire triompher ses vues (scène des deux paysans, scène du siège de la prison) ; l'amour de la nature et en particulier du fleuve, avec lequel Lincoln entretient une relation cosmique et philosophique qui va au-delà des mots. Au-delà des mots également, la relation avec Ann Rutledge, inspiratrice de la vocation du futur grand homme, ayant eu sur son destin une influence à la fois brève et incalculable. La plupart de ces traits, quoique décrits avec familiarité, baignent dans une aura de légende. Ils seront repris dans un registre plus dramatisé lors de l'épisode du procès qui est comme un film dans le film et où c'est l'homme d'action qui chez Lincoln prend le dessus, c'est-à-dire essentiellement l'homme capable d'*agir* sur les autres, de les accoucher de leur vérité, notamment par la parole. Parole et silence sont d'ailleurs liés dans le film et dans la personnalité de Lincoln d'une manière tout à fait insolite et impressionnante. La composition d'Henry Fonda, aidée par un maquillage très efficace (regard approfondi, nez refait), puise sa force dans le travail intérieur de l'acteur. Comme un certain nombre de très grands acteurs (Sanders, Jouvet, Louis Salou, Gassman, pour n'en citer que quelques-uns), Fonda cherche à exprimer un état, une intensité d'être où la fièvre cohabite avec le détachement selon un équilibre instable et qui varie sans cesse au gré des circonstances et des différentes péripéties du récit. La puissance singulière de ce film doit beaucoup à la collaboration du metteur en scène et de l'acteur, l'une des plus étroites et fécondes qu'ait connues l'histoire du cinéma. Ford et Fonda s'appliquent ensemble à faire de leur modèle un personnage très proche du public et des autres personnages du film et, à d'autres moments, un être extrêmement lointain, une sorte de dieu ou de sphinx, que son génie et sa profondeur de vues, déjà entièrement présents ici, excluent du reste de l'humanité. Au regard qu'il jette sur le fleuve ou sur tel de ses interlocuteurs, on a parfois l'impression qu'il a résolu, mais pour lui seul, l'énigme du monde.

BIBLIO. : signalons à titre de curiosité la longue étude collective et non signée publiée par les « Cahiers du cinéma », nº 223 (1970). Elle est écrite dans une optique matérialiste, structuraliste et jargonnante tout à fait étrangère à Ford. Dans le chapitre intitulé « Le poème », les auteurs écrivent : « La rétroaction du savoir mythique du spectateur sur la chronique événementielle, et la réinscription naturaliste du mythe dans le morcellement de cette chronique obligent donc à une lecture au *futur antérieur* (...) Opération *idéologique* de type classique se manifestant ici, normalement, par des questions post-posées dont la réponse déjà donnée est la condition d'existence même de la question. » L'article contient par ailleurs certaines précisions historiques intéressantes.

# Z

## ZAZA

Inédit en France. 1942 – Italie (108') • *Prod.* Lux Film (Dino De Laurentiis) • *Réal.* RENATO CASTELLANI • *Sc.* Castellani et Alberto Moravia (non crédité) d'ap. P. de Pierre-Francis Berton et Charles Simon • *Phot.* Massimo Terzano • *Mus.* Nino Rota • *Int.* Isa Miranda (Zaza), Antonio Centa (Dufresne), Aldo Silvani (Cascard), Ada Dondini (la mère), Nico Pepe (l'imprésario), Gildo Bocci (un spectateur), Anna Maria Millo (la petite Toto), Agnese Dubini (une chanteuse).

Ayant raté son train, un ingénieur parisien, Dufresne, rencontre dans un café-concert de province Zaza, la vedette du spectacle. La même nuit, elle devient sa maîtresse. Il lui cache qu'il est marié et père de famille. Sa femme et ses enfants prenant leurs vacances à Vichy, Dufresne passe quelque temps avec elle. Ils sont tous deux réellement amoureux l'un de l'autre. Plus tard, Zaza apprend qu'il a été vu en compagnie d'une femme. Elle s'imagine qu'il s'agit d'une maîtresse. Elle se rend à son domicile et, bavardant avec la fillette de l'ingénieur, découvre qu'il a une famille. Elle rompt avec lui, après lui avoir avoué qu'elle n'a rien révélé à sa femme de leur liaison.

☞ Quoique Castellani s'en défende (cf. Jean Gili : « Le cinéma italien II », 10-18,1982), l'influence du calligraphisme ambiant est nette sur le style du film. Elle accentue l'expression du caractère fatal de cette passion impossible, révélée telle après la première nuit d'amour. Le film trace alors, pour les deux protagonistes, un chemin rectiligne vers l'insatisfaction et l'échec. Tout sépare en effet les deux héros : leur milieu, leurs activités, la situation familiale de l'ingénieur. Avec minutie, Castellani met en valeur toutes ces différences. Sur le plan décoratif, l'univers surchargé de la théâtreuse, plein de fanfreluches et de tentures (à la Ophuls), tranche avec la demeure bourgeoise, austère et un peu pompeuse du héros. Sur le plan psychologique, son comportement terne et figé, sa veulerie sont à mille lieues de la vivacité, de l'agressivité, de l'authenticité du personnage interprété par Isa Miranda. Certes Castellani – et c'est là l'originalité de sa situation dans le cinéma de l'époque – a plus *subi* le calligraphisme qu'il ne l'a dominé. Et sans doute le calligraphisme a-t-il plus enlevé qu'ajouté à son œuvre : l'émotion dispensée par le film a perdu en intensité et en suspense du fait que les dés ont été jetés trop tôt. D'autre part, Castellani est trop un petit maître pour réussir à hisser ce mélodrame fin de siècle au niveau de la tragédie.

N.B. Selon Castellani (cf. Gili *op. cit.*), Isa Miranda n'a interprété le rôle que parce qu'elle venait de perdre la vedette dans le *Zaza* de Cukor au profit de Claudette Colbert. Castellani aurait préféré Luisa Ferida. Sur le calligraphisme, voir notice *Malombra**. La pièce de Berton et Simon avait déjà été adaptée deux fois, dans un ton très différent, par Allan Dwan, avec Gloria Swanson (1923) et par George Cukor, avec Claudette Colbert (1939).

## ZELIG (id.)

1983 – USA (79') • *Prod.* Warner-Orion (Jack Rollins, Charles H. Joffe) • *Réal.* WOODY ALLEN • *Sc.* W. Allen • *Phot.* Gordon Willis • *Mus.* Dick Hyman • *Int.* Woody Allen (Leonard Zelig), Mia Farrow (Dr Eudora Fletcher), John Buckwalter (Dr Sindell), Paul Nevens (Dr Birsky), Marvin Chatinover, Stanley Swerdlow, Howard Eskin, George Hamlin (docteurs). Interviews de Susan Sontag, Saul Bellow, Bricktop, Bruno Bettelheim, John Morton Blum.

A l'aide d'images d'archives réelles ou fabriquées et d'interviews récentes, une évocation de la vie étrange de Leonard Zelig, caméléon humain, qui défraya la chronique en Amérique durant les années 20. En compagnie d'obèses, Zelig grossissait ; avec des Noirs, sa peau noircissait. Au milieu de médecins, il empruntait leur langage et se disait l'un des leurs. Enfermé dans un asile psychiatrique, il suscite la perplexité du corps médical. Il est ensuite confié à la garde de sa demi-sœur et de son beau-frère, sa seule famille. On l'exhibe comme une bête curieuse. Après un drame passionnel qui causa la mort de ses deux parents, Zelig retourne à l'hôpital. C'est alors que la doctoresse Eudora Fletcher commence à s'intéresser à lui. Utilisant l'hypnose et diverses approches psychologiques, elle le soigne et l'aide à retrouver sa propre personnalité. Ils sont sur le point de se marier quand un scandale éclate : on apprend que Zelig a été marié plusieurs fois sous diverses identités dans sa vie antérieure. L'opinion publique se déchaîne contre lui. Il disparaît. Eudora le retrouve dans l'entourage d'Hitler. Avec elle, il fuit les nazis en avion. Aux commandes de l'appareil, Zelig qui n'avait jamais piloté se révèle un aviateur émérite. Sa « maladie », pour une fois, lui a sauvé la vie. L'opinion publique le fête à nouveau. Il se marie avec Eudora et, retrouvant la santé, retombe peu à peu dans l'anonymat des gens heureux et sans histoire.

☞ Fable burlesque aux significations multiples et presque illimitées, qui se situe dans la lignée de *Dov'è la liberta ?** ou de *Being There**. Au niveau le plus superficiel, *Zelig* incarne – et stigmatise – à lui seul la servilité de tous les *yes-men* du monde. A un niveau plus profond, il incarne par exemple, de manière à la fois loufoque et absurdement spectaculaire, le besoin d'assimilation de certains juifs ou bien le désir d'universalité enfoui au cœur de tout artiste. (« Shakespeare, écrit Hazlitt cité par Borges, ressemblait à tous les hommes, sauf en ceci qu'il ressemblait à tous les hommes. ») *Zelig* offre aussi une représentation universelle et touchante de l'homme moyen. A travers ses diverses transformations, Zelig reste un petit être démuni et pathétique, en quête de sécurité et d'identité, toujours prêt, si besoin est, à sacrifier celle-ci à celle-là. Sur le plan formel, *Zelig* est le film le plus directement borgésien qu'il ait été jusqu'ici donné de voir. Composé d'archives truquées ou fabriquées avec art, ce pseudo-documentaire qui raille nos habitudes intellectuelles, notre ébahissement et notre passivité devant le « document », cette biographie imaginaire d'un personnage réel (ou cette biographie réelle d'un personnage imaginaire) mérite de prendre place à côté des études sur Pierre Ménard ou sur Funes écrite par l'auteur de « Fictions ». Avec le naturel et l'innocence des pionniers, Woody Allen déploie librement son œuvre sur le terrain de la littérature la plus moderne, quelque part entre Kafka et Borges. Comme Kafka, il garde toujours l'ambition d'être comique, l'humour lui tenant lieu de garde-fou personnel. Son immense célébrité ne doit pas faire oublier que la trajectoire de ce gagman de la télévision et du cabaret new-yorkais est l'une des plus étonnantes et des plus étranges du cinéma actuel. Il y a encore peu d'années, les distributeurs hésitaient à sortir ses films hors des États-Unis. Avec *Annie Hall,* il a réalisé son premier saut qualitatif en s'adressant directement au public et en faisant de son « moi » le protagoniste principal de ses mises en scène. Aujourd'hui, comme le Buñuel de la dernière période, il est devenu un explorateur inlassable des formes et des possibilités du cinéma. Et ses recherches, loin de lui aliéner le grand public, en font au contraire un des cinéastes les plus populaires du monde. A une époque où le cinéma semble souvent usé et inapte à toute métamorphose, il réussit constamment à surprendre. Ici, il met la limpidité classique de son style au service d'une fable polyvalente, énigmatique et dont on a l'impression, une fois le film terminé, qu'elle avait toujours existé quelque part dans la mémoire de l'humanité.

BIBLIO. : scénario et dialogues *in* « Three Films of Woody Allen », Random House, New York, 1987 (avec *Broadway Danny Rose* et *The Purple Rose of Cairo*).

## ZÉRO DE CONDUITE

1938 – France (44') • *Prod.* Argui Films (Jacques Louis-Nounez) • *Réal.* JEAN VIGO • *Phot.* Boris Kaufman • *Mus.* Maurice Jaubert • *Int.* Jean Dasté (le surveillant Huguet), Robert Le Flon (le surveillant Parrain), le nain Delphin (le principal), Blanchar (le surveillant général), Mme Émile (la mère Haricot), Louis Lefebvre (l'élève Caussat), Gilbert Pruchon (l'élève Colin), Gérard de Bedarieux (l'élève Tabard), Michelle Fayard (la petite fille), Léon Larive (le professeur de chimie), Henri Storck (le curé).

Les vacances sont finies. Deux gosses rentrent au collège par le train et se montrent leurs dernières trouvailles (diabolo, trompette, etc.). Ils arrivent à la nuit tombée. Au dortoir, les punitions pleuvent sur quelques-uns. Un enfant somnambule se promène. Dans la cour, le matin, quatre gosses commencent à comploter. Le pion, Huguet, un doux rêveur aux allures de poète, imite Charlot puis, durant l'étude, fait le poirier sur le bureau. Quand il conduit les enfants en promenade, il se perd et c'est eux qui doivent le retrouver. La promenade se termine sous la pluie. Le principal, un nain, à peine assez grand pour se hisser jusqu'à la cheminée où il a l'habitude de mettre son chapeau sous cloche, convoque l'élève Tabard aux longs cheveux de fille (c'est l'un des quatre conjurés) et lui adresse une mise en garde. Le dimanche, un des gosses passe la journée chez son correspondant et un autre chez sa mère, la cuisinière, surnommée « mère Haricot ». Elle se plaint en effet souvent au surveillant général de ce qu'on donne toujours des haricots aux enfants. Dans la salle de classe en amphithéâtre, le professeur de chimie ventru, sale et à moitié chauve caresse complaisamment la main de Tabard qui lui dit merde. Quand le principal lui réclame des excuses publiques, Tabard répète : « Je vous dis merde. » C'est le signe avant-coureur d'une révolte qui éclatera au dortoir parmi les lits en l'air et les polochons défoncés. Au matin, les quatre conjurés ligotent le pion « Pète-sec » endormi et mettent son lit à la verticale devant la fenêtre en y accrochant des lampions. Sortis du grenier où ils s'étaient réfugiés, ils bombardent de projectiles les notabilités réunies pour la fête de l'école avant de grimper en chantant jusqu'au faîte du toit.

☞ Produit par un producteur débutant, Jacques Louis-Nounez, ayant conclu un accord avec la Gaumont, *Zéro de conduite* (1^er^ titre : *Les cancres*) est conçu comme un film de première partie. Les intérieurs seront tournés en huit jours et les extérieurs en douze, ce qui est tout à fait honorable pour un film de ce type et de cette durée. Vigo dira d'ailleurs dans sa présentation de Bruxelles, lors de la première projection en Belgique (octobre 1933) : « Personne et rien n'est venu contrarier notre travail. » Ceci pour le tournage lui-même. Pour la suite, ce fut une autre affaire et elle fait partie de la légende vraie du cinéma français : interdiction totale de sortie par la censure en avril 1934, passages dans les ciné-clubs jusqu'en 1945 puis sortie commerciale à Paris au Panthéon (avec *Espoir* de Malraux). Deux films marginaux dans leur conception et leur distribution, l'un et l'autre destinés à sortir avec un autre film, *Zéro de conduite* et *Merlusse**, auront donc dans les années 30 parlé de manière inoubliable de l'enfance, du collège et de l'internat. Deux films absolument antithétiques dans leur style comme dans leur esprit et qu'on ne peut imaginer plus éloignés l'un de l'autre. A un Pagnol réaliste, bavard, extraordinairement moderne dans son appréhension des lieux et des personnages, cherchant à analyser d'une façon à la fois détachée et poignante les malentendus entre adultes et enfants, et à les dénouer, fût-ce au prix d'une conclusion en forme de conte de fées, s'oppose un Vigo violent et irréaliste, proche du muet, opposant deux mondes irrémédiablement étrangers et hostiles : les enfants et les adultes, ces derniers ayant charge d'incarner la société organisée. Chez Vigo, les adultes – à l'exception du pion Jean Dasté, sorte d'enfant lunaire monté en graine – ne sont que des ombres, et nullement tutélaires, ou bien des monstres, vociférants et odieux. Une forte dose de haine et d'agressivité habite le film, souvent édulcoré par ses commentateurs, et il n'y a guère de doute qu'elle soit à l'origine de la longévité de l'œuvre et de l'espèce de pureté radicale qu'elle a pu conserver jusqu'à aujourd'hui. Quant au style proprement dit, l'irréalisme outrancier de la caricature (combien de nains ont-ils occupé les fonctions de Principal de collège depuis Jules Ferry ?), l'utilisation de procédés très vétustes comme le ralenti dans la procession des gosses en révolte, empêchent de ranger Vigo du côté des modernes (le jeu de massacre final ressemble même fâcheusement à du René Clair). Cela ne souciait nullement Vigo : il voulait avant tout se servir de ses souvenirs d'enfance et de son expérience de lycéen pour créer un brûlot anarchiste, pour clamer son mépris et sa haine de la société. Ses partis pris de pamphlétaire suffisent-ils à expliquer la neutralité des personnages d'enfants, leur regrettable indifférenciation face à la caricature des adultes ? Toutes choses évidemment qui constrastent beaucoup avec la sérénité olympienne de Pagnol et l'étonnant relief concret de *tous* ses personnages. Quelques années plus tard, Christian-Jaque viendrait réconcilier tout le monde avec ses *Disparus de Saint-Agil** et son romanesque de bon aloi.

BIBLIO. : scénario et dialogues *in* « L'Avant-Scène » n° 21 (1962). Puis dans Jean Vigo : « Œuvre de cinéma », Cinémathèque Française – Lherminier, 1985. Le volume, un des plus complets jamais consacrés à un réalisateur, contient les divers états du scénario, un historique du film et de nombreux documents.

## ZINZIN D'HOLLYWOOD (LE) (The Errand Boy)

1961 – USA (92') • *Prod.* PAR. (Ernest D. Glucksman) • *Réal.* JERRY LEWIS • *Sc.* Jerry Lewis et Bill Richmond • *Phot.* W. Wallace Kelley • *Mus.* Walter Scharf • *Chanson* Jerry Lewis, Bill Richmond, Lou Y. Brown • *Int.* Jerry Lewis (Morty S. Tashman), Brian Donlevy (Mr. T.P., directeur des studios Paramutual), Howard McNear (Dr Sneak), Dick Wesson (A.D., l'assistant metteur en scène), Pat Dahl (Miss Carson), Renée Taylor (Miss Giles), Rita Hayes (la chanteuse).

Ayant besoin d'un espion discret et complètement anonyme pour le renseigner sur les excessives dépenses de fonctionnement qui mettent en péril l'équilibre financier du studio, le directeur de la Paramutual engage comme garçon de courses Morty S. Tashman, un colleur d'affiches particulièrement maladroit. Loin de remplir sa tâche, Morty, esclave obéissant mais imprévisible, évolue dans le studio en semant après lui toutes sortes de catastrophes. Figurant involontaire, il sabote par sa participation vocale intempestive le tournage d'un plan de comédie musicale. Il crée une pagaille apocalyptique dans le bureau des secrétaires quand il vient porter quelques feuillets à taper. Il rend fou un metteur en scène qui découvre aux rushes sa présence indésirable et insistante dans un plan qu'il vient de tourner. Resté seul dans le studio d'enregistrement, il double la voix d'une chanteuse et lors de la *preview* le public sera pris de stupeur à l'audition de cette monstruosité vocale. Lors d'une grande première, il donne le bras à la vedette féminine qui ne le remarque pas de toute la soirée mais le videra avec perte et fracas, une fois rentrée chez elle. Au département des costumes et des accessoires se trouvent les seuls amis que possède Morty dans la Cité du cinéma : deux marionnettes – un petit clown et une autruche – avec lesquelles il converse librement. Il inonde de champagne les participants à une fête donnée à l'occasion de l'anniversaire d'une grande vedette dramatique qui vient de donner sur le plateau un échantillon de son talent. La scène de l'inondation a été filmée. Elle rend évidents, en projection, les dons comiques de Morty, qui devient à son tour une immense vedette.

☞ Vingt-sixième film de Jerry Lewis et son *opus* 3 comme metteur en scène. Dans la lignée du *Bellboy**, Lewis, revenant au noir et blanc, livre un second catalogue de gags épurés, abstraits et totalement libérés de la nécessité de raconter une histoire. A la différence du *Bellboy**, les gags purement fantastiques et surréalistes sont ici assez rares, car le but de Lewis est avant tout de décrire un milieu bien précis : l'Usine à films et sa vie quotidienne, observée de la coulisse, qu'il connaît mieux que personne. Vision assez cruelle et négative. L'absence de vraies relations humaines (remplacées par la servilité et les faux-semblants) renforcent le manque de prise sur la réalité d'un univers toujours prêt, de par sa fonction même, à basculer dans le vide et l'artifice. (Discrètement, Lewis arrive ainsi à donner une dimension psychologique et sociale à son goût pour l'onirisme et le non-sens.) Les catastrophes que produit son personnage apparaissent alors comme d'indispensables *signes de vie*, éclatants et incompris, au sein d'un univers qui ne connaît plus de la vie que l'illusion qu'il en donne. Inversant, pour mieux les vérifier, les termes de la célèbre formule de Bergson sur l'origine du rire (du mécanique plaqué sur le vivant), Lewis provoque, lui, un triomphe comique en utilisant du vivant plaqué sur du mécanique. Ce film expérimental et foisonnant comme le carnet d'esquisses d'un peintre restera sans doute, avec *The Bellboy**, la part la plus précieuse de son œuvre.

## ZOZOS (LES)

– 1973 – France (112') • *Prod.* Albina – Les Films du Chef-Lieu • *Réal.* PASCAL THOMAS • *Sc.* P. Thomas et Roland Duval • *Phot.* Colin Mounier (Eastmancolor) • *Mus.* Vladimir Cosma • *Int.* Frédéric Duru (Frédéric Duru), Edmond Raillard (François), Jean-Marc Chollet (Paringaux), Virginie Thévenet (Martine), Annie Collé (Élisabeth), Caroline Cartier (Nelly), Jean-Claude Antezac (Vénus), Daniel Ceccaldi (Oncle Jacques), Serge Rousseau (le professeur de français), Jacques Debary (le surveillant général), Tove Nilsson (Tove), Pierre Laurent (le proviseur), Birgitta Klerk (Birgitta), Marie-Louise Donner (Marie-Louise).

Un lycée de province, dans le centre de la France, au début des années 60. Deux internes, Frédéric et François, dix-sept ans, sont amis. François est plutôt bon élève, Frédéric un cancre parfait. Cette disparité n'est pas un obstacle entre eux, car ils ne parlent presque jamais travail, la recherche des filles étant leur principale préoccupation. Quelques semaines avant les vacances de Pâques, François, qui a une correspondante suédoise, essaie de persuader Frédéric de partir avec lui pour la Suède, paradis mythique de la sexualité libérée. Frédéric se montre un peu réticent. François a des disputes de plus en plus fréquentes avec sa petite amie Martine (une petite amie qui ne veut rien lui accorder). Ils conviennent d'ouvrir une parenthèse d'un mois dans leur histoire, qui reprendra après les vacances. Au cours d'un week-end où il repeint une vieille bicoque avec son oncle, Frédéric se sent attiré par Nelly, la sœur de Martine. Il ratera plusieurs occasions de la séduire. Martine s'efforce de favoriser leurs amours, à vrai dire pas encore nées, puis s'aperçoit que Frédéric lui plaît bien. Retour au lycée. Frédéric et François mettent au point les derniers détails de leur départ. Le premier soir des vacances de Pâques a lieu une surprise-party lugubre donnée par Élisabeth qui voudrait se rapprocher de François... On retrouve les deux amis faisant du stop la nuit sur une route suédoise. Birgitta, trente ans, fille de pasteur, les prend dans sa voiture et les héberge pour la nuit. Le lendemain, dans leur tente installée devant la Baltique, François dira à Frédéric son regret de l'occasion perdue. Ils tirent à pile ou face pour savoir lequel des deux se vantera, au retour, de l'avoir eue. C'est Frédéric qui gagne ; sa victoire est assombrie par une colique de tous les diables, partagée plus tard par François. François va voir sa correspondante, Marie-Louise. Elle lui présente son

« fiancé ». Après un dîner au restaurant, François, dont l'anglais laisse à désirer, ne comprend pas l'invitation de Marie-Louise qui sans doute aurait volontiers passé la nuit avec lui. Le lendemain, il retourne chez elle, mais elle est absente. Il fait connaissance avec Tove, sa meilleure amie, qui lui offre sans hésiter l'hospitalité de son lit. Cette rapidité provoque chez François un fiasco, un peu réparé par la suite. Quand François raconte – sans l'embellir – son aventure à Frédéric, celui-ci le traite d'incapable. Au moment de prendre le bateau du retour, François se fera expliquer par Marie-Louise leur malentendu linguistique. Au lycée, la vie reprend comme avant. Frédéric et François évoquent complaisamment, pour leurs camarades, le paradis suédois. Paringaux, le spécialiste du troc et de la combine, leur propose une virée au « Canari Bleu » pour y rencontrer des filles. Ils font le mur mais, près de l'établissement, se retrouvent face à face avec le surveillant général qui venait de quitter l'une de ces dames. Les trois lycéens seront consignés jusqu'à la fin du trimestre, cependant que le proviseur recommande un peu plus de discrétion au surveillant général.

☞ Classique immédiat du cinéma français. Le talent d'un jeune cinéaste et le sujet qu'il traite coïncident miraculeusement avec une envie latente du public de voir représenter une fois encore les émois, les découvertes, les velléités, les échecs de l'éternelle adolescence. A cause de son sujet et d'une diction des acteurs au naturel volontairement débraillé, on s'empressa d'inclure le film dans une lignée Renoir-Truffaut-Rozier. Il est vrai que le jeu de Duru et de Raillard évoque parfois celui des deux compères de la *Partie de campagne** (Darnoux et Brunius). Vingt ans plus tard, les références, s'il en faut, se situeraient plutôt du côté des ethnologues-poètes un tantinet falsificateurs du genre Flaherty et surtout Jean Rouch. La chronique de Pascal Thomas contient en effet une sorte d'ethnologie souriante (et parfois grinçante) dont l'aspect documentaire est relié à la réalité traitée par des liens assez lâches. Il s'agit, comme chez Rouch, d'organiser un désordre qui ait l'apparence du vrai et d'habiller les gens dans des costumes qui sont les leurs mais aussi ceux qu'on veut leur faire porter. Ainsi l'originalité des *Zozos* (premier titre : *Frédéric et François sur plusieurs coups à la fois)* est-elle double. Le film traite avec les méthodes du lointain un sujet extrêmement proche et même autobiographique de son auteur. Il ôte d'autre part à la vision traditionnelle de l'adolescence son romantisme, sa mélancolie, pour les remplacer par de la trivialité, de la cruauté et une vocation plus ou moins hilare à l'échec, qui lui appartiennent aussi. Dans son décousu apparent, le scénario promène adroitement ses personnages dans trois petits univers révélateurs : un lycée d'avant la mixité (avec ses types scolaires merveilleusement croqués : le combinard, la tête de turc, l'éternel collé, etc.) ; une province française d'ennui paisible et sain, de flirts entrecroisés (avec des portraits de filles aussi réussis que ceux des garçons) ; enfin une Suède mythique, décevante et à peine abordée où l'incommunicabilité prend l'aspect dérisoire d'une méconnaissance des rudiments de la langue anglaise. Sur le plan du style et du découpage, la leçon du cinéma américain classique a porté ses fruits. Et cette chronique reste sobrement à distance de son sujet. Peu de plans rapprochés. Aucun gros plan. Il faut enfin rappeler que le film, à cause de son succès commercial, fut en France le plus imité de sa décennie. Le nombre et la médiocrité de ses imitateurs lui ont certainement nui. Comme pour toutes les œuvres durables, il vaut mieux se reporter à l'original plutôt qu'à ses pâles et complaisantes copies.

N.B. Pascal Thomas avait fait ses débuts au cinéma avec un excellent court métrage *Le poème de l'élève Mikovsky* (1972), première ébauche des *Zozos*, dont le personnage principal, un élève souffre-douleur de ses camarades, a été repris dans le long métrage sous le nom de Vénus (joué dans les deux films par Jean-Claude Antezac). Scénario et dialogues du court métrage publiés *in* « L'Avant-Scène » n° 198 (1977).

# SUPPLÉMENT

**Nous regroupons ici quelques opinions rapides sur des films qui n'ont pu trouver place dans le corps principal de l'ouvrage. On a glissé parmi eux quelques mauvais films célèbres qui, par contraste, soulignent la qualité des autres.**

**AFRICAN QUEEN (THE)**
**(La reine africaine/id.)**

1951 – USA (105') • *Prod.* Horizon-Romulus Production (S.P. Eagle) distribué par UA • *Réal.* JOHN HUSTON • *Sc.* James Agee, J. Huston d'ap. R. de C.S. Forester • *Phot.* Jack Cardiff (Technicolor) • *Mus.* Alan Gray • *Int.* Humphrey Bogart, Katharine Hepburn, Robert Morley.

Au début de la Première Guerre, en Afrique centrale, une missionnaire anglaise et un aventurier canadien fuient dans un vieux rafiot, à travers rapides et marécages, les soldats allemands. Ils réussiront, la Providence servant leur entreprise, à torpiller un navire allemand ayant à son bord une grosse pièce d'artillerie. Le plus célèbre des films de Huston, mais aussi l'un des plus superficiels. Le contraste est frappant, et d'ailleurs assez plaisant, entre l'authenticité de la description du milieu naturel où se déroule l'intrigue (filmée sur place) et le caractère romanesque, farfelu, hautement invraisemblable de ladite intrigue. Outre cette authenticité, l'interprétation est évidemment le point fort du film, H. Bogart et K. Hepburn occupant seuls l'écran pendant la majeure partie du film. Très beau Technicolor de Jack Cardiff. *The African Queen* est l'un des films qui a suscité le plus de documents écrits. Le scénario en a été publié dans le volume « Agee on Film II », McDowell, Obolensky, New York, 1960 (trad. française des deux principaux scénarios de ce volume « L'odyssée de l'*African Queen* » et « *La nuit du chasseur** » chez Flammarion, 1988). Récemment Katharine Hepburn a publié ses souvenirs du tournage sous le titre « The Making of *The African Queen* or How I Went to Africa With Bogart, Bacall and Huston and Almost Lost My Mind », Alfred A. Knopf, New York, 1987, avec de superbes illustrations (trad. française « *African Queen* ou Comment je suis allée en Afrique avec Bogart, Bacall et Huston et faillis perdre la raison », Flammarion, 1988). L'écriture du scénario et la préparation du film inspirèrent au scénariste et romancier Peter Viertel (non crédité au générique) le roman « White Hunter, Black Heart », 1953 (trad. française « Chasseur blanc cœur noir », Presses Pocket, 1990), lequel inspira un film (homonyme) interprété et réalisé par Clint Eastwood, 1990. Les deux ouvrages constituent un portrait attachant et sans complaisance de Huston et d'un certain type d'Hollywoodien haut en couleur, férocement égocentrique et très créatif. L'action du roman et du film s'arrêtent juste avant le commencement du tournage et – phénomène curieux – cela, qui passe très bien dans le livre, devient terriblement frustrant à l'écran.

**AILES DU DÉSIR (LES)**
**(Der Himmel über Berlin)**

1987 – RFA-France (126') • *Prod.* Argos Film, Paris ; Road Movies, Berlin ; Westdeutscher Rundfunk, Cologne • *Réal.* WIM WENDERS • *Sc.* Wim Wenders, Peter Handke • *Phot.* Henri Alekan • *Int.* Bruno Ganz, Solveig Dommartin, Otto Sander, Curt Bois, Peter Falk.

Dans le ciel de Berlin et à Berlin même, un ange essaie de devenir un homme. Pourquoi parler de Wim Wenders ? Peut-être parce qu'il y a dans ses films encore un peu plus de « mort du cinéma » que dans les autres. Il admire et rêve d'imiter les cinéastes hollywoodiens de série B (au sens qu'on donne en France à cette expression), mais son envie et son impuissance ne servent qu'à souligner le gouffre qui le sépare d'eux. Moins ils avaient l'air de s'exprimer dans leurs films, plus leurs films étaient expressifs. Chez Wenders, c'est exactement le contraire. Le drame est que son impuissance paraît s'être étendue à tout le cinéma. Il s'est intéressé à Nicholas Ray quand il avait un pied et demi dans la tombe et le film qu'il lui a consacré, *Lightning Over Water, Nick's Movie*, 1981, est l'un des plus déplaisants de l'histoire du cinéma. Il donne envie de crier : pitié pour les agonisants ! On verrait très bien, dans un cauchemar, Wenders venir annoncer avec la calme obséquiosité des ordonnateurs de pompes funèbres : « Monsieur le Cinéma est mort dans la nuit du tant au tant. Il n'a pas souffert. »

**AMANTS TERRIBLES (LES)**

1936 – France (86') • *Prod.* Pan Films • *Réal.* MARC ALLÉGRET • *Sc.* Irma von Cube, H.G. Lustig, Claude-André Puget, d'ap. P. de Noël Coward • *Phot.* Armand Thirard, Louis Née • *Mus.* Maurice Thiriet, Billy Colson • *Int.* Gaby Morlay, André Luguet, Marie Glory, Henri Guisol, Charles Granval, Henri Crémieux, Robert Vattier.

Deux ex-époux se retrouvent après leur divorce. Ils ne peuvent empêcher que les griefs, les querelles, mais aussi l'attirance qu'ils éprouvent l'un pour l'autre, ne réapparaissent, plus violents que jamais. Ils reprendront la vie commune. Encore une belle réussite de Marc Allégret durant les années 30. Ses deux atouts : le dynamisme, la légèreté de l'action qui se déroule en partie sur les routes de France, et le génie de Gaby Morlay, grande parmi les grandes, à laquelle Marc Allégret laisse, plus que jamais, les coudées franches. Elle est d'une vitalité prodigieuse dans ce rôle de petite-bourgeoise capricieuse, instable, terriblement têtue, image vivante d'une certaine mauvaise foi féminine. Si les grandes stars américaines (Garbo, Dietrich, etc.) incarnent par vocation l'éternel féminin, la Femme avec un grand F, des sortes de déesses qui semblent inaccessibles, les actrices françaises préfèrent incarner une femme en particulier, qu'on pourrait voir déboucher à n'importe quel coin de rue, quoiqu'elle soit inimitable et, en cela, non moins précieuse. A marquer d'une pierre blanche, la très longue scène de ménage homérique entre Gaby Morlay et André Luguet. Autre adaptation de la pièce : *Private Lives*, Sidney Franklin, USA, 1931.

**AMOUR DE PERDITION**
**(Amor de Perdição)**

1978 – Portugal (260') • *Réal.* MANOEL DE OLIVEIRA • *Sc.* Oliveira d'ap. R. de Camilo Castelo Branco • *Phot.* Manuel Costa e Silva • *Mus.* João Paes, Haendel • *Int.* Antonio Sequeira Lopes, Cristina Hauser, Elsa Wallenkamp, Antonio Costa, Henrique Viana.

Il y a 200 ans, les amours tragiques et impossibles de deux jeunes nobles, Simão et Teresa, séparés par l'antagonisme de leurs familles. Le film marque le point après lequel Manoel de Oliveira, cinéaste original, mystérieux, insolite, qui ne s'était jamais répété et n'avait cessé de surprendre, perd la plupart de ses qualités, devient un fabricant de produits culturels indigestes et fastidieux, et ne nous surprend plus que par sa désolante chute. Cela pour dire qu'il serait navrant qu'un spectateur, ayant vu *Francisca* (1981) ou *Mon cas* (1985), films encensés par une critique aveugle au même titre que ses chefs-d'œuvre, renonce à voir, les croyant de la même eau, *Aniki-Bobo** (1942), *Le passé et le présent** (1971) ou *Benilde ou la Vierge-Mère* (1974). *Amour de perdition* est fondé sur l'emploi systématique du pléonasme (lecture en *off* d'importants extraits de l'œuvre écrite accompagnant leur représentation visuelle), procédé esthétique qui, joint à la lenteur du rythme, accentue le caractère d'inéluctabilité et d'éternité de la tragédie représentée. Chaque scène est *tout* le film et la plus belle est sans doute la descente au fond des eaux des cadavres de Simão et de Mariana, amoureuse non payée de retour de Simão. Scènes qui rappellent d'autres moments semblables dans *Distant Drums** et *Gipsy**, les scènes sous-marines étant en général des plus photogéniques (cf. aussi *La nuit du chasseur**), à condition qu'elles soient très brèves. Deux autres adaptations avaient été faites au Portugal du roman de Camilo Castelo Branco : une muette de Georges Pallu (1921), volontairement statique et très ennuyeuse, une autre d'Antonio Lopes Ribeiro (1943), pleine de fougue et d'élégance, proche par le style d'un film de cape et d'épée de Freda.

**ANNÉE DERNIÈRE A MARIENBAD (L')**

1961 – France-Italie (93') • *Prod.* Terra Films – Société nouvelle des Films Cormoran – Como Films – Précitel – Argos Films – Les Films Tamara – Cinétel – Silver Films – Cineriz • *Réal.* ALAIN RESNAIS • *Sc.* Alain Robbe-Grillet • *Phot.* Sacha Vierny (Dyaliscope) • *Mus.* Francis Seyrig • *Int.* Delphine Seyrig, Giorgio Albertazzi, Sacha Pitoeff.

Rencontre imaginaire ou réelle d'un homme et d'une femme dans les salons et les jardins d'un palace de Marienbad. Pour les uns, Resnais est le cinéaste de l'intelligence ; pour les autres, son œuvre bat des records de bêtise. Faut-il entrer dans le débat ? A notre avis, non, car l'œuvre de Resnais est surtout caractéristique d'un certain monde moderne tel que l'a décrit dans un de ses aphorismes le très sage Scutenaire : « Nous vivons dans un monde où ceux qui sont contre sont aussi ennuyeux que ceux qui sont pour et que ceux qui s'en foutent. » (« Mes inscriptions 1964-1973 »). Pour le lecteur qui souhaiterait une analyse de ce film, l'un des plus insanes que le cinéma ait produits (formule à vrai dire injuste car il semble que le cinéma ne puisse être tenu pour responsable des productions de Resnais), renvoyons-le au texte de Michel Mourlet « Il y a trente ans à Marienbad » *in* « Sur un art ignoré », La Table Ronde, 1965, réédité sous le titre « La mise en scène comme langage », Henri Veyrier, 1987. L'auteur conclut son étude par ces lignes : « Il y a un phénomène "Marienbad" qui, beaucoup plus que l'accident pelliculaire qui l'a provoqué, mérite réflexion. Que dans ce film ne se manifeste aucune intelligence de l'acteur et du décor, aucune compréhension des possibilités du cinéma, et que la plupart des critiques s'y soient intéressés. Que son esthétique soit, pour des raisons précises, entièrement démodée, et qu'on en ait loué l'audace. Que pour s'ennuyer une heure trente, d'un ennui noir, dense, irrémédiable, des foules puissent piétiner devant la porte et payer... C'est par des considérations de cet ordre que l'intérêt de *L'année dernière à Marienbad* apparaît considérable. » Sans vouloir apporter la contradiction à Michel Mourlet, nous dirions volontiers, quant à nous, que même *par des considérations de cet ordre* l'intérêt de *L'année dernière à Marienbad* n'apparaît pas considérable. Et pour reprendre en partie une des formules du cher Paul de Gondi à propos de l'un de ses ennemis favoris, on pourrait dire de Resnais qu'il s'est montré digne en tout point de passer pour l'intellectuel le plus ennuyeux qui ait paru dans son siècle, titre que seul pourrait lui disputer l'Italien Pasolini.

**ASSOCIATION DE MALFAITEURS**

1987 – France (104') • *Prod.* Films 7-FR3 • *Réal.* CLAUDE ZIDI • *Sc.* Michel Fabre, Simon Michael, C. Zidi, Didier Kaminka • *Phot.* Jean-Jacques Tarbes (couleurs) • *Mus.* Francis Lai • *Int.* François Cluzet, Christophe Malavoy, Jean-Pierre Bisson, Claire Nebout.

Deux anciens élèves de HEC ayant brillamment réussi décident de jouer une bonne farce à un de leurs condisciples moins chanceux. Elle aura pour leurs auteurs des conséquences inattendues. Depuis *Les sous-doués* (1980) et *Les Ripoux* (1984), Zidi filme des scénarios de plus en plus élaborés, mêlant habilement réalisme et irréalisme. Leur invention et leur solide mécanique finissent par lui donner du talent. Si l'on considère d'où il vient et par où il a commencé (*Les bidasses en folie,* 1971, *Le grand bazar,* 1973), Claude Zidi est sans nul doute le cinéaste français qui a fait le plus de chemin durant ces vingt dernières années. Son parcours ressemble à celui de Mocky, mais en sens inverse.

**ATALANTE (L')**

Voir la notice dans le corps principal du livre. En 1990 est sortie, par les soins de la Gaumont, une nouvelle copie du film, remontée et plus complète, mettant à profit des chutes conservées par la Cinémathèque Française. Elle sera désormais la copie de référence. Elle comprend une douzaine d'additions principales par rapport aux copies généralement connues. Barthélémy Amengual les a minutieusement répertoriées dans un article de « Positif » n° 355 (1990). On ne peut dire toutefois qu'elles modifient de façon radicale la substance du film. Et il faut répéter que, pour les cinéphiles qui ont fait leurs classes à la fin des années 40 et durant les années 50, la « révolution du regard » concernant ce film eut lieu avec la ou les copies montrées à la télévision à partir de la fin des années 60. Il s'agissait vraisemblablement de copies tirées du négatif grâce auquel Franfilmdis (Henri Beauvais) avait pu ressortir le film en 1940 au Studio des Ursulines sous son vrai titre *L'Atalante* et non *Le chaland qui passe* (voir à ce propos le livre essentiel de P.E. Salès Gomès : « Jean Vigo », Éditions du Seuil, 1957). Jusque-là des contretypes au xᵉ degré montrés dans les ciné-clubs et à la Cinémathèque laissaient à penser – ce qui est faux – que la photo du film était non seulement très sombre mais complètement brouillonne et amateuriste.

**AUBERGE ROUGE (L')**

1951 – France (95') • *Prod.* Cocinor • *Réal.* CLAUDE AUTANT-LARA • *Sc.* Jean Aurenche, Pierre Bost, Autant-Lara • *Phot.* André Bac • *Mus.* René Cloérec • *Int.* Fernandel, Françoise Rosay, Carette, Marie-Claire Olivia, Jean-Roger Caussimon, Grégoire Aslan, Jacques Charon.

Au siècle dernier, dans les Cévennes, un moine passe une nuit dans une auberge où le couple des patrons a coutume d'assassiner les clients pour les dévaliser. Le moine, épouvanté, reçoit la confession de l'épouse criminelle... Gros succès commercial et demi-réussite artistique d'Autant-Lara. L'interprétation bon enfant et rassurante de Fernandel fait virer vers le burlesque une œuvre que son auteur aurait sans doute voulu beaucoup plus grinçante et plus noire. Autre version par Jean Epstein (1923), caractéristique de toute une partie non négligeable de l'œuvre de ce cinéaste rattaché à l'avant-garde mais qui a également manifesté un grand talent, fait de relief et d'élégance, dans le traitement de récits populaires (cf. aussi *Les aventures de Robert Macaire*, 1925).

**AVENTURES DE JUAN QUINQUIN (LES)**
**(Las Aventuras de Juan Quinquin)**

1968 – Cuba (115') • *Prod.* ICAIC (Humberto Hernandez) • *Réal.* JULIO GARCIA ESPINOSA • *Sc.* J. Garcia Espinosa d'ap. R. « Juan Quinquin en Pueblo Mocho » de Samuel Feijoo • *Phot.* Jorge Haydu (Cinémascope) • *Mus.* Leo Brouwer, Luis Gomez, Manuel Castillo • *Int.* Julio Martinez, Erdwin Fernandez, Adelaida Raymat, Enrique Santisteban, Agustin Campos.

Dans son enfance et sa jeunesse, Juan Quinquin fut enfant de chœur, toréador, fakir, etc. Puis il devint guérillero. Dans la paix comme dans la guerre, il mena une existence des plus mouvementées. Sorte de western picaresque, comique et sanglant, fantaisiste et bien entendu engagé. Le ton est vif, enjoué, inventif, malgré des longueurs et des puérilités. Des effets de distanciation – car il faut sous certains régimes un alibi au talent – s'expriment notamment par le mélange du présent et du passé (qui ne sont jamais donnés comme présent ni comme passé mais comme un temps éclaté et pulvérisé). Ces effets n'ont pas empêché le grand public d'adhérer au film et d'en goûter les qualités spectaculaires et divertissantes. En décembre 1988, *Les aventures de Juan Quinquin* arrivait toujours largement en tête des recettes de tous les films cubains. Sur le cinéma cubain, voir l'excellent volume publié sous la direction de Paulo Antonio Paranagua, Centre Georges Pompidou, 1990.

**BAL DES POMPIERS (LE)**

1949 – France (95') • *Prod.* MAIC • *Réal.* ANDRÉ BERTHOMIEU • *Sc.* Berthomieu, Jean Nohain d'ap. P. de Jean Nohain • *Phot.* Jean Bachelet • *Mus.* Georges Dervaux • *Int.* Claude Dauphin, Pierre Louis, Dominique Nohain, Paulette Dubost, Robert Arnoux, Henri Crémieux, Robert Rollis.

Tableau de la désintégration d'une famille, mêlant héros et profiteurs, dans les premiers jours de la Libération. On est surpris par l'audace, la malice, la causticité de ce petit film tiré d'une pièce (homonyme) de Jean Nohain (publiée par les Éditions du Livre Français, 1946). La virulence du propos est sans exemple dans le cinéma de l'époque. Excellente interprétation. Claude Dauphin (qui joue trois personnages), Dominique Nohain, Pierre Louis et Henri Crémieux reprennent les rôles qu'ils interprétaient en 1946 au théâtre dans la Compagnie Claude Dauphin. Sens du titre (qui n'est pas un très bon titre) : « Comme au Bal des Pompiers, c'est toujours les mêmes qui dansent ».

**BARATTAGE (LE)**
**(Manthan)**

Inédit en France. 1976 – Inde (langue hindi) 134' • *Prod.* Gujarat Cooperative Milk Manufacturer Federation, Bombay • *Réal.* SHYAM BENEGAL • *Sc.* Vijay Tendulkar, Kaifi Azmi • *Phot.* Govind Nihalani • *Mus.* Vanraj Bhatia • *Int.* Girish Karnad, Smita Patil, Naseeruddin Shah.

La carrière de Benegal, qui a souvent connu le succès, représente la victoire conjointe de l'éclectisme, de l'authenticité et du spectaculaire. Peu de cinéastes aujourd'hui réunissent ces trois qualités dans leur œuvre. Benegal est capable de rendre passionnant le plus austère et le plus ingrat des sujets, comme ici la création d'une coopérative laitière en milieu rural.

**BILLY JACK (id.)**

1971 – USA (114') • *Prod.* Warner-National Students Film Corp. (Mary Rose Solti) • *Réal.* T.C. FRANK (= TOM LAUGHLIN) • *Sc.* Frank et Teresa Christina • *Phot.* Fred Koenekamp, John Stephens (couleurs) • *Mus.* Mundell Lowe • *Int.* Tom Laughlin, Dolores Taylor, Clark Howat.

Produit, écrit, mis en scène et interprété par Tom Laughlin, cet ancêtre des films d'ultra-violence et d'autodéfense, où le héros, un jeune métis d'Arizona, fonde une école, essaie de lutter contre le racisme et d'installer la paix par le recours à la violence, mérite de ne pas tomber tout à fait dans l'oubli. Son immense succès commercial entraîna la réalisation de deux suites : *The Trial of Billy Jack* (1974) et *Billy Jack Goes to Washington* (1977). Le scénario du premier film a été publié à New York chez Avon Books, 1973 (avec une préface de l'auteur).

**BOAT PEOPLE**
**(id./Passeport pour l'enfer)**

1982 – Hongkong (103') • *Prod.* Bluebird Movie, Chui Po-Chu • *Réal.* ANN HUI • *Sc.* K.C. Chiu d'ap. une histoire de Tien Kor • *Phot.* Chung Chi-Man (couleurs) • *Mus.* Law Wing-Fai • *Int.* Lam Chi-Cheung, Cora Miao, Season Ma, Andy Lau.

En 1978, un reporter-photographe retourne au Viet-nam et découvre la misère physique et morale des habitants, puis les camps d'internement et les travaux forcés. Il mourra en aidant une adolescente à fuir le pays. Dans les années 80, un nouveau genre de films est né, axé sur les tribulations et les dilemmes de journalistes évoluant dans des pays en crise. Le personnage du journaliste, nouveau héros des temps modernes, apparaît comme le truchement idéal pour faire ressentir et comprendre au spectateur la complexité morale, politique, économique des situations que le film veut évoquer. Ainsi en est-il de *L'année de tous les dangers* (*The Year of Living Dangerously*, 1983), film australien de Peter Weir, situé en Indonésie ; *Under Fire* (*id.*, 1983), film américain de Roger Spottiswoode, situé au Nicaragua ; *La déchirure* (*The Killing Fields*, 1984), film anglais de Roland Joffé, situé au Cambodge ; *Salvador* (*id.*), film américain d'Oliver Stone, 1986. Tous ces films sont réussis et souvent passionnants. Leur écueil est que les problèmes spécifiques aux journalistes finissent par occulter ceux des populations locales. En reprenant le même schéma, la jeune réalisatrice Ann Hui évite totalement cet écueil, tant elle immerge le spectateur dans la réalité vietnamienne qu'elle prend à bras le corps avec force et honnêteté. Son héros oublie très vite, comme nous, qu'il est journaliste et devient un protagoniste à part entière du drame, ou plutôt de la tragédie, qu'il traverse, à savoir celle d'un peuple subissant dans toutes ses couches sociales l'horreur de la dictature.

**CAMOUFLAGE**
**(Barwy ochronne)**

1977 – Pologne (106') • *Prod.* Film Polski. (Groupe « Tor ») • *Réal.* KRZYSZTOF ZANUSSI • *Sc.* K. Zanussi • *Phot.* Edward Klosinski (couleurs) • *Mus.* Wojciech Kilar • *Int.* Zbigniew Zapasiewicz, Piotr Garlicki, Christine Paul, Mariusz Dmochowski.

Lors d'une université d'été, un professeur et un assistant expriment en paroles et en actes leurs conceptions du monde tout à fait opposées. Le professeur est un cynique, arriviste et désabusé ; l'assistant, un idéaliste aux idées généreuses et parfois naïves, que l'autre entend rallier à ses vues. Dans *L'amateur* de Kieslowski, 1979, où il joue son propre rôle, Zanussi déclare qu'il a réalisé ce film parce qu'il regrettait de voir les gens honnêtes être toujours les perdants. Avec une virtuosité qu'il a mis six ou sept ans à conquérir et un humour détaché, assez exceptionnel dans son œuvre, Zanussi parvient à faire du débat d'idées qui se développe ici à la fois une parabole philosophique et une sorte de joute sportive dont on attend l'issue. Il montre, démontre et dénonce une attitude de cynisme absolu qui est comme la métaphore de toute une société et particulièrement de ses sphères politiques. Interprétation et dialogue excellents.

**CASSE-PIEDS (LES)**

1948 – France (75') • *Prod.* Cinéphonic (François Chavane), distribué par Gaumont • *Réal.* JEAN DRÉVILLE • *Sc.* Noël-Noël • *Phot.* Léonce-Henri Burel • *Mus.* René Cloérec • *Int.* Noël-Noël, Marguerite Deval, Jean Tissier, Bernard Blier, Henri Crémieux, Pierre Destailles, Claire Olivier, Paul Frankeur.

Le titre suffit à résumer le contenu éternel (et international) du sujet. Là-dessus, Noël-Noël fait une causerie qui se place dans la lignée des « Fâcheux » de Molière. Qui n'a pas connu l'étendue de certains succès cinématographiques à la fin des années 40 – et ce film en fut un – ne sait pas ce que c'est que d'avoir du succès pour un film (gags et péripéties mêlés à la conversation des familles, affiches sur les murs de la ville pendant des mois, voire des années, etc.). A l'époque, les nombreux trucages (à la Méliès) qui ponctuent la narration du conteur et introduisent les différents sketches ravissaient le public. Aujourd'hui, on aurait peut-être moins d'indulgence à leur égard, mais la satire, pour bon enfant qu'elle soit, atteint encore son but. On apprécie aussi, et peut-être plus encore qu'à l'époque, combien Noël-Noël et Dréville sont gens de bonne compagnie, n'ayant pour but que de divertir et servir le public, sans jamais se sentir supérieurs à lui.

**CHARLIE CHAN AT MONTE CARLO**
**(Charlie Chan à Monte-Carlo)**

1937 – USA (71') • *Prod.* Fox (John Stone) • *Réal.* EUGENE FORDE • *Sc.* Charles S. Belden, Jerry Cady, Robert Ellis, Helen Logan d'ap. les personnages créés par Earl Derr Biggers • *Phot.* Dan Clark • *Mus.* Samuel Kaylin • *Int.* Warner Oland, Keye Luke, Virginia Field, Sidney Blackmer, Harold Huber, Louis Mercier.

Charlie Chan, le célèbre détective de Honolulu, enquête à Monte-Carlo sur trois meutres liés aux activités d'un financier. Seizième et dernier des films de la série interprétés par Warner Oland et produits de 1931 à 1937 par la Fox. Outre ces seize titres, la série se compose de vingt-deux autres titres interprétés par Sidney Toler entre 1938 et 1947. Les onze premiers jusqu'en 1942 sont produits par la Fox, les onze suivants par la Monogram. Enfin, de 1947 à 1949, Roland Winters jouera le rôle, dans six productions Monogram. (Rappelons qu'avant d'être interprété par Warner Oland, Charlie Chan parut dans trois films dont le dernier *Behind That Curtain*, Irving Cummings, 1929, était déjà produit par la Fox.) Le paradoxe de cette série si fameuse est que l'intrigue y occupe une place essentielle tout en étant, à chaque fois, parfaitement dénuée d'intérêt. Les raisons de sa longévité sont donc plutôt à chercher dans ses à-côtés, dans ses marges : le pittoresque exotique du héros, ses proverbes (dont il semble avoir une provision presque infinie), son fils numéro un, Lee, naïf et encombrant (excellemment interprété par Keye Luke), et cet humour à la fois simplet et facétieux qui s'exprime plus particulièrement dans certains épisodes farfelus comme celui-ci où l'inspecteur Joubert (Harold Huber) parle français et gesticule comme un personnage de dessin animé. Du point de vue de la mise en scène et du dynamisme, les meilleurs *Charlie Chan* sont ceux réalisés par Norman Foster avec Sidney Toler (*Charlie Chan in Reno,* 1939, *Charlie Chan at Treasure Island,* 1939, *Charlie Chan in Panama,* 1940). Sur les grandes séries policières américaines, voir « Famous Movie Detectives » par Michael R. Pitts, Scarecrow Press, Metuchen, N.J., 1979.

### CHÉRI

1950 – France (90') • *Prod.* Codo Cinéma (Claude Dolbert) • *Réal.* PIERRE BILLON • *Sc.* Pierre Laroche et Colette d'ap. les R. de Colette « Chéri » et « La fin de Chéri » • *Phot.* Nicolas Toporkoff • *Mus.* Marcel Landowski • *Int.* Jean Desailly, Marcelle Chantal, Yvonne de Bray, Jane Marken, Marcelle Derrien, Suzanne Dantès, Jane Faber, Mag Avril, Maia Poncet.

Fils d'une ancienne demi-mondaine, le beau Fred Peloux, dit Chéri, ne se remet pas d'avoir quitté sa vieille maîtresse Léa pour faire un mariage de raison arrangé par sa mère. Après des années de séparation, il se tire une balle de revolver. Adaptation originale, attachante et très osée pour l'époque de deux romans de Colette, « Chéri » (1920) et « La fin de Chéri » (1926). Pierre Laroche et Colette mettent une grande partie de l'histoire au passé, la faisant ainsi virer encore plus au noir, et écartent du héros tout personnage masculin important. Le voici donc seul au milieu d'une collection de « vieilles peaux », anciennes cocottes ou entremetteuses, comme on en a rarement vu au cinéma. Elles sont interprétées par des comédiennes de grand talent qui ont toutes l'âge de leur rôle. A l'intérieur de cet univers asphyxié, Chéri (joué à la perfection par Jean Desailly) vit un certain nombre de passions humaines – amour, désespoir, ennui – avec intensité, mais aussi avec une sorte de langueur fatale qui causera sa perte. C'est peut-être l'œuvre la plus personnelle de Pierre Billon qui suit là sa pente naturelle vers une description psychologique très noire, qu'on retrouve dans *L'homme au chapeau rond** et *Agnès de rien* (1949), film très caractéristique du cinéaste, même s'il est moins réussi. La copie de *Chéri* que nous avons visionnée ne comportait aucun nom de scénariste. L'adaptation présentée ici n'emprunte quasiment rien à la pièce « Chéri » tirée du premier roman par Colette et Léopold Marchand (1921).

### CLÉOPATRE
**(Cleopatra)**

1963 – USA (243') • *Prod.* Fox (Walter Wanger) • *Réal.* JOSEPH L. MANKIEWICZ • *Sc.* Mankiewicz, Ranald Mac Dougall, Sidney Buchman • *Phot.* Leon Shamroy (couleurs, Cinémascope) • *Mus.* Alex North • *Int.* Elizabeth Taylor, Richard Burton, Rex Harrison, Pamela Brown, George Cole, Hume Cronyn.

Cléopâtre a fait plus de mal que de bien aux cinéastes qui ont voulu la peindre. A Mankiewicz, elle a demandé tant d'énergie qu'elle a sans doute hâté son retrait du monde et, ce qui est plus grave et dont nous ne nous consolons pas, son retrait du monde du cinéma. *Cléopâtre* de Mankiewicz, film au demeurant assez terne, n'est un miracle d'ingéniosité qu'en fonction des conditions épouvantables dans lesquelles il a été conçu. La *Cléopâtre* de DeMille (1934, avec Claudette Colbert) donne plus d'arguments aux détracteurs du cinéaste que de satisfaction à ses laudateurs. C'est une bande dessinée assez rigolote, assez pataude aussi, qui ne reflète pas (ou si peu) la grandeur et les qualités habituelles de DeMille. A ces deux films il faut sans doute préférer *Les légions de Cléopâtre* (*Le legioni di Cleopatra,* 1960) de Cottafavi où l'auteur a délaissé – et c'est tant mieux – son goût du burlesque et de la distanciation pour la pure et simple tragédie. Mentionnons pour mémoire le coloriage audacieux (pour l'époque) du film que l'Anglais Gabriel Pascal a tiré de la pièce de Shaw, *César et Cléopâtre,* 1946. Sur le tournage du film de Mankiewicz, on peut lire « The Cleopatra Papers » de Jack Brodsky et Nathan Weiss, Simon and Schuster, New York, 1963, et « My Life With Cleopatra » de Walter Wanger, Bantam Books, New York, 1963.

### COMPAGNI DI SCUOLA

Inédit en France. 1988 – Italie (110') • *Prod.* Mario et Vittorio Cecchi Gori • *Réal.* CARLO VERDONE • *Sc.* Leo Benvenuti, Piero de Renardi, Carlo Verdone • *Phot.* Danilo Desideri (couleurs) • *Int.* Carlo Verdone, Christian De Sica, Nancy Brilli, Eleonora Giorgi.

Les élèves d'une classe terminale, garçons et filles, se retrouvent quinze ans plus tard. Ils ne s'aimaient pas à l'époque. Ils s'aiment encore moins aujourd'hui. Ils ne se l'envoient pas dire et se font, lors de cette réunion, des farces atroces. Brillant jeu de massacre qui prouve que la comédie italienne n'est pas morte. Qualités principales du film : un sujet universel et immédiatement compris par tous ; une observation jamais prise en défaut ; une noirceur très poussée mais non dénuée de réalisme. En prime, le ricanement du sage pour éclairer, comme avec une lanterne, ce cloaque. Aucun des dix films de Carlo Verdone (celui-ci est le 8e) n'est sorti en France. En ces temps de ruine (pour l'exploitation traditionnelle) et d'art et essai triomphants, les distributeurs ne sauraient-ils plus reconnaître un film *commercial* ?

**COSI PARLO BELLAVISTA**

Inédit en France. 1984 – Italie (105') • *Prod.* Mario Orfini et Emilio Bolles • *Réal.* LUCIANO DE CRESCENZO • *Sc.* Luciano de Crescenzo et Riccardo Pazzaglia d'ap. R. de Luciano de Crescenzo • *Phot.* Dante Spinotti (couleurs) • *Int.* Luciano de Crescenzo, Renato Scarpa, Isa Danieli, Loretta Morlotti, Marina Confalone, Benedetto Casillo.

Dans un immeuble et un quartier de Naples, deux conceptions du monde s'opposent : la milanaise et la napolitaine, tandis qu'un professeur de philosophie, Bellavista, tente d'enseigner à ses voisins les réalités fondamentales de la vie. Admirable et jubilatoire comédie qui a un pied dans la « comédie italienne » et un autre dans le non-sens, le savoir, la sagesse et le plaisir de vivre. Luciano de Crescenzo, professeur de philosophie dans la réalité et dans la fiction (c'est lui qui joue Bellavista), a par ailleurs écrit un livre sur « Les grands philosophes de la Grèce antique » (trad. française en 2 volumes chez Julliard, 1988 et 1989) où il intercale, parmi des études consacrées à des philosophes connus, des chapitres sur des amis et connaissances à lui, tels Peppino Russo ou Gennaro Bellavista (« le géomètre du bonheur »). Ce livre, du genre de ceux qu'on ne cesse de relire dès qu'on a posé les yeux dessus, est un vrai régal. Nous ne résistons pas au plaisir de citer quelques lignes extraites du chapitre sur Aristote : « A propos des distinctions que le philosophe opère entre les divers genres de théâtre (tragédie, comédie, poésie épique), il n'est pas sans intérêt de relever ce qu'il pensait des auteurs comiques. Il écrit : "La tragédie est une œuvre imitant une action sérieuse, exécutée dans un langage orné et avec des personnages nobles." Et, quant au genre comique : "La comédie est une imitation de sujets bas, souvent même laids, et son élément essentiel est le ridicule." Après quoi, il n'en parlera plus. Cette dévaluation du comique, née avec Aristote, n'a plus jamais cessé de punir tous ceux qui, d'une façon quelconque, participent à la création de choses divertissantes. L'accusation est d'autant plus injuste qu'une bonne part de ce que nous savons des Grecs, nous le devons à Aristophane et à Ménandre, et certainement pas à Eschyle, Sophocle et Euripide. De même, si vers l'an 3000 nos descendants avaient envie de connaître les habitudes des Italiens du XXe siècle, ils en apprendraient beaucoup plus dans les films d'Alberto Sordi que dans ceux d'Antonioni. »

**DAME DE PIQUE (LA)**

1965 – France (90') • *Prod.* Paris-Cité Production, UGC, CFDC • *Réal.* LÉONARD KEIGEL • *Sc.* Julien Green, Éric Jourdan d'ap. la nouvelle de Pouchkine • *Phot.* Alain Levent • *Mus.* Schubert • *Int.* Dita Parlo, Michel Subor, Simone - Bach, Bernard Tiphaine, Jean Negroni, Philippe Lemaire.

A la fin du XVIIIe siècle, en possession d'une martingale infaillible pour gagner aux cartes, qu'elle ne doit utiliser qu'une seule fois, une comtesse russe sème derrière elle envie, frustration et mort. Troisième adaptation parlante – et de loin la plus brillante – du conte de Pouchkine. (Il y avait eu une version muette réalisée en Russie par Protozanov, 1916.) En 1937, Fedor Ozep travaillant en France donne un film d'atmosphère russe, comme on les aimait à l'époque, pseudo-exotique et assez terne, avec une Marguerite Moreno volontairement caricaturale et un peu décevante. En 1949, la version de l'Anglais Thorold Dickinson, *Queen of Spades* (*La reine des cartes*) est un film soigné, au baroque assez superficiel, qui fait surtout le portrait d'un ambitieux (Anton Walbrook), égaré dans une histoire fantastique. Là aussi, le traitement de l'héroïne (Edith Evans) est pittoresque et caricatural. Et puis Léonard Keigel vint. Ayant Julien Green pour scénariste (avec lequel il avait déjà donné une excellente adaptation de l'un des romans de l'écrivain, *Léviathan,* 1962), il livre, à contre-courant du cinéma français de l'époque, un film lyrique, fascinant, très élaboré malgré son peu de moyens, mystérieux et fantomatique, contenant de surcroît une interprétation extraordinaire de l'héroïne par Dita Parlo. Elle y apparaît à la fois comme une image déchirante de la vieillesse et comme la mystérieuse initiatrice à un monde de passion et d'éternité qui est le noyau secret du conte original. Le scénario de cette *Dame de pique* est à notre connaissance le seul scénario de film tourné à avoir été publié dans la Bibliothèque de la Pléiade, *in* Julien Green : « Œuvres complètes », tome III, 1973. N.B. Il existe une version filmée de l'opéra de Tchaïkovski par Roman Tikhomirov (1960), sortie en France sous le titre *La dame de pique.*

**DAME EN COULEURS (LA)**

Inédit en France. 1983 (sortie à Montréal 1985) – Canada (111') • *Prod.* Les Productions Pierre Lamy • *Réal.* CLAUDE JUTRA • *Sc.* Claude Jutra, Louise Rinfret • *Phot.*

Thomas Vamos (couleurs) • *Int.* Guillaume Lemay-Thivierge, Ariane Frédérique, François Méthé, Mario Spénard, Jean-François Lesage.

Un groupe d'orphelins est amené dans un asile psychiatrique. C'est là qu'ils devront vivre. Ils font connaissance d'un peintre installé dans les sous-sols de l'établissement. Lors d'une révolte, une partie des enfants prend la fuite, une autre reste. Ceux qui auront fui vivront normalement ; les autres deviendront « fous ». Dernier film de Claude Jutra. Originale confrontation entre la folie et l'enfance délaissée. Mal construite, manquant de nerf et de tension, l'œuvre donne néanmoins à rêver sur un sujet éminemment cinématographique qui évoque *Sparrows** et *Moonfleet** en posant une fois de plus la question : les enfants peuvent-ils réinventer le monde ?

**DANGER DE MORT**

1947 – France (77') • *Prod.* Pathé et Prisonniers Associés • *Réal.* GILLES GRANGIER • *Sc.* René Wheeler d'ap. une idée de Charles Exbrayat • *Phot.* Raymond Clunie • *Mus.* Raymond Gallois Montbrun • *Int.* Fernand Ledoux, René Blancard, Piéral, Georges Lannes, Maurice Schutz, Colette Richard, François Joux, Christiane Hayrel, Micheline Francey.

Dans une ville de province, le jour où sa femme accouche, un pharmacien de 50 ans perd un peu la tête et met du cyanure dans son célèbre sirop Soleil. S'étant aperçu de sa méprise, il passe la nuit à essayer de retrouver les cinq clients à qui il a vendu la mixture afin de récupérer les flacons. Le premier client est un notable qui convoite sa pharmacie : heureusement le gamin à qui le sirop était destiné a refusé de le boire. Le deuxième client est un assureur : le pharmacien terrorise sans le vouloir sa femme en fouillant son appartement et finit par retrouver la dangereuse bouteille avant qu'elle n'ait servi. Le troisième client est un nain travaillant dans un cirque. Ce nain est persécuté par les autres artistes. Le pharmacien arrive trop tard pour l'empêcher de boire et lui annonce alors qu'il est empoisonné. Croyant qu'il n'a plus que quelques heures à vivre, le nain, armé d'un revolver, oblige l'écuyère, qu'il désire, à se déshabiller devant lui puis monte au sommet du chapiteau et fait, durant la représentation, un numéro de trapèze. Apprenant que le fils du directeur a remplacé le sirop par de la citronnade, il est pris de vertige et tombe dans le filet tendu pour le sauver. Le quatrième client est un collaborateur responsable de la mort d'un résistant : le pharmacien le laisse boire le poison. On croira qu'il s'est suicidé. Le pharmacien désespère de retrouver ses derniers clients : un couple de jeunes mariés en voyage de noces. Mais au matin ils se présentent à sa boutique : au lieu du sirop, ils avaient emporté le paquet contenant le collier que le pharmacien destinait à sa femme. La jovialité naturelle de Grangier et aussi sa virtuosité de débutant encore enthousiaste font bon ménage avec la dureté, la sécheresse, la densité du scénario de Wheeler. Quoique construit à partir d'une structure de film à sketches chère à l'avant-guerre, le film est bien de son époque. Sous une apparence réaliste, ce petit voyage au bout de la nuit a des accents oniriques, voire fantastiques. On lira avec plaisir les souvenirs de Grangier dans « Flash-back », Presses de la Cité, 1977. A compléter par « Passé la Loire c'est l'aventure », recueil d'interviews réalisées avec Grangier par François Guérif, Terrain Vague Losfeld, 1990. Dans « Flash-back », Grangier parle d'une « hypothétique cinémathèque du film sans faux-col ». Il explique ainsi ce qu'il entend par là : « Elle existera peut-être un jour, et les cinéphiles de l'an 2000 y découvriront, hors des grands classiques reconnus, admirables et admirés, quantité de "petits" films sans autre prétention que celle de distraire. Un courant se dessine en ce moment dans ce sens, en ce qui concerne le cinéma américain. L'on commence à se rendre compte que c'est dans les films de série B que l'on retrouve un reflet exact de l'époque à laquelle ils ont été tournés... Un jour l'on vous rendra justice, Jean Boyer, Georges Lacombe, Pierre Chenal, Julien Duvivier, Marc Allégret, Maurice de Canonge, Christian-Jaque, Berthomieu, Pierre Billon, Maurice Tourneur, Henri Decoin, Richard Pottier, Louis Daquin, Pierre Prévert... Vous me direz que la gloire posthume, vous n'en avez rien à foutre, moi non plus. »

**DÉCLIN DE L'EMPIRE AMÉRICAIN (LE)**

1985 – Canada (95') • *Prod.* Corporation Image M et M (René Malo) – Office National du Film du Canada (Roger Frappier) – Téléfilm, Canada – Société Générale du Cinéma du Québec – Société Radio-Canada • *Réal.* et *Sc.* DENYS ARCAND • *Phot.* Guy Dufaux (couleurs) • *Mus.* François Dompierre • *Int.* Pierre Curzi, Rémy Girard, Yves Jacques, Daniel Brière, Dominique Michel, Louise Portal, Dorothée Berryman, Geneviève Rioux, Gabriel Arcand.

Les aventures amoureuses et sexuelles d'un groupe d'universitaires canadiens à Montréal. « Comme je n'avais pas fait de film personnel depuis douze ans, écrit Arcand, et que selon toute vraisemblance cette chance ne me serait pas donnée encore bien souvent dans ma vie, je me disais que ce film serait probablement l'avant-dernier que j'écrirais avant de mourir (je suis naturellement pessimiste). J'ai donc décidé de me faire plaisir et de fabriquer un film qui irait contre toutes les lois communément admises de l'art cinématographique : peu d'action, beaucoup de dialogues, beaucoup de références très personnelles. Or il se trouve que ce film a du succès. Comme quoi on ne sait jamais ce qu'on fait. » En faisant rimer liberté et succès, Denys Arcand a non seulement atteint le but rêvé par la plupart des cinéastes mais il a également indiqué la principale voie d'approche pour faire des films aujourd'hui. En effet, les vieilles règles, les recettes, les combines, les genres sont morts de leur belle mort et les ressusciter n'aboutit bien souvent qu'à de cuisants échecs. A l'aide de mots, puis de personnages et d'images, Denys Arcand a réfléchi au quotidien sur la décadence inévitable des civilisations, étape préalable à leur mort définitive. Si cette décadence est inscrite dans leur processus, comme il semble le penser, alors l'homme n'a plus d'autre attitude à choisir que celle montrée ici : un pessimisme amusé qui accepte l'inéluctable comme une aimable plaisanterie du destin. Remarquable justesse des dialogues et de l'interprétation. Scénario publié chez Jade-Flammarion, 1987, avec une préface de l'auteur.

**DERNIÈRES FIANCAILLES (LES)**

1973 – Canada (91') • *Prod.* Cina Compagnie Cinématographique, Montréal – Les Productions Prisma, Montréal (Marguerite Duparc, Bernard Lalonde) • *Réal.* et *Sc.* JEAN-PIERRE LEFEBVRE • *Phot.* Guy Dufaux, Jean-Claude Tremblay (couleurs) • *Mus.* Andrée Paul • *Int.* Marthe Nadeau, Jean-Léo Gagnon, Marcel Sabourin.

S'étant promis de ne pas être séparés, mais au contraire unis par la mort, deux septuagénaires vivant ensemble depuis cinquante ans quittent au même moment la surface de la terre, entraînés par deux petits anges blancs. Oubliant l'influence détestable de la Nouvelle Vague française sur ses premiers films (qu'elle a rendus infiniment plus ennuyeux qu'ils n'auraient dû l'être), Jean-Pierre Lefebvre recherche ici, avec beaucoup d'obstination, une certaine nudité naïve et touchante de l'image. Elle lui semble nécessaire et même indispensable pour que les sentiments qui unissent les personnages finissent peu à peu par occuper toute la surface de l'écran et tout l'être du film.

**DIMANCHE D'AOUT**
**(Domenica d'agosto)**

1950 – Italie (80') • *Prod.* Colonna Film (Sergio Amidei) • *Réal.* LUCIANO EMMER • *Sc.* Sergio Amidei, Franco Brusati, Luciano Emmer, Giulio Macchi, Cesare Zavattini • *Phot.* Domenico Scala, Leonida Barboni, Ubaldo Marelli • *Mus.* Roman Vlad • *Int.* Anna Baldini, Franco Interlenghi, Vera Carmi, Massimo Serato, Corrado Verga, Ave Ninchi, Andrea Campagnoni, Marcello Mastroianni (doublé pour la voix par Alberto Sordi).

En ce dimanche de canicule, 7 août, fête de San Gaetano, des Romains de toutes classes sociales se rendent à Ostie ou bien restent, à cause de leurs occupations, prisonniers dans la capitale. Ce film assez oublié aujourd'hui, premier ouvrage de fiction du documentariste Luciano Emmer, fut un moment célèbre pour avoir pratiqué, à l'intérieur du néo-réalisme, une ouverture vers la comédie et la satire. Cette nouveauté est due sans doute autant au producteur et scénariste Sergio Amidei qu'au réalisateur Luciano Emmer. Ouverture d'ailleurs bien timide et bien limitée. Quant à la volonté unanimiste de l'intrigue, elle tombe souvent dans les pièges du pointillisme et de l'éparpillement. Elle n'évite pas d'autre part un certain artifice et des ruptures de ton ratées (cf. le hold-up manqué et sanglant). A propos de la « nouveauté » de l'entreprise, on n'oubliera pas que, quinze ans auparavant, Matarazzo avait signé un film de même structure et de même ambition, *Treno popolare**, qui possédait une grâce, un lyrisme, une profondeur sociologique, bref un génie, qui font totalement défaut à *Dimanche d'août.*

**ÉLÉGIE**
**(Agit)**

Inédit en France. 1971 – Turquie (105') • *Prod.* Akün Film • *Réal.* YILMAZ GUNEY • *Sc.* Y. Güney • *Phot.* Gani Turanli • *Mus.* Arif Erkin • *Int.* Yilmaz Güney, Hayati Hamzaoglu, Bilâl Inci, Atilla Olgaç, Yusuf Koç, Sahin Dilbaz.

De nos jours, dans les montagnes turques où ont lieu de fréquentes avalanches, un groupe de contrebandiers célèbres luttent contre la police, attendant vainement l'amnistie. Leur chef, blessé, est soigné par une doctoresse qui le sauve de la mort. Ses compagnons sont peu à peu décimés. Il sera le dernier à mourir. A travers un récit qui se veut plus lyrique que dramatique, Yilmaz Güney met en parallèle l'aridité sauvage d'un cadre naturel et le vouloir vivre désespéré de personnages condamnés à des conditions d'existence inhumaines par leur précarité. Le film est une allégorie de la révolte. Même vouée à l'échec, elle reste le seul moyen qu'ont les personnages d'affirmer leur dignité d'homme. L'œuvre atteint par instants au tragique grâce à la rudesse sans concession du ton, au refus de l'anecdote et surtout à l'appréhension quasi cosmique du combat des personnages.

**ENTERRÉ VIVANT (L')**
**(The Premature Burial)**

1962 – USA (81') • *Prod.* AIP • *Réal.* ROGER CORMAN • *Sc.* Charles Beaumont et Ray Russell d'ap. une nouvelle d'Edgar Allan Poe • *Phot.* Floyd Crosby (Panavision, couleurs) • *Mus.* Ronald Stein • *Int.* Ray Milland, Hazel Court.

Londres, XIXe siècle. Par peur d'être enterré vif comme l'avait été son père atteint de catalepsie, un étudiant en médecine se construit un mausolée et s'entoure de toutes sortes de précautions et de systèmes de sécurité (porte secrète, échelle, dynamite, poison) pour le cas où pareille mésaventure lui arriverait... Du cycle de huit films – *House of Usher,* 1960, *The Pit and the Pendulum,* 1961, *The Premature Burial,* 1962, *Tales of Terror,* 1962, *The Raven,* 1963, *The Haunted Palace,* 1963, *The Masque of the Red Death,* 1964, *The Tomb of Ligeia,* 1964 – assez superficiels mais souvent formellement brillants, que Corman consacra à Edgar Poe, retenons particulièrement celui-ci qui, un peu marginal dans le cycle, illustre un thème original et peu traité au cinéma. Ce thème permet à Corman de mêler humour noir, inquiétude et extravagance : cocktail qui exprime bien, en dépit des nombreuses faiblesses et facilités du scénario, les différentes facettes de son talent. Quant à Ray Milland, sa sobriété – inappréciable – donne une intensité extraordinaire à certaines séquences et offre un correctif intéressant aux excès baroques de Vincent Price dans les sept autres films du cycle. Ray Milland compose ici un attachant portrait d'obsédé essayant tour à tour de dominer son obsession, de l'oublier ou bien, vaincu, de composer avec elle.

**ÉTERNEL RETOUR (L')**

1943 – France (115') • *Prod.* Discina (André Paulvé) • *Réal.* JEAN DELANNOY • *Sc.* Jean Cocteau • *Phot.* Roger Hubert • *Mus.* George Auric • *Int.* Jean Marais, Madeleine Sologne, Jean Murat, Junie Astor, Roland Toutain, Alexandre Rignault, Yvonne de Bray, Jean d'Id, Piéral.

Réactualisation du mythe de Tristan et Yseult. Ici, la légende grince, la rêverie a du mal à décoller du sol. L'alliance Delannoy – Cocteau n'est pas bonne. L'académisme règnerait partout en maître s'il n'y avait Marais, comédien maladroit et génial, dont la fièvre, la sincérité, le désir de bien faire poussé jusqu'au sublime, donnent au film sa vibration et font qu'on est ému quand le personnage meurt. C'est donc qu'avant il *vivait* et le film, dans une certaine mesure, aussi. Scénario et dialogues *in* « Paris Théâtre » nº 22 (1949).

**ÉTRANGE CRÉATURE DU LAC NOIR (L')**
**(Creature of the Black Lagoon)**

1954 – USA (79') • *Prod.* UI (William Alland) • *Réal.* JACK ARNOLD (scènes sous-marines dirigées par James C. Havens) • *Sc.* Harry Essex, Arthur Ross d'ap. une histoire de Maurice Zimm • *Phot.* William E. Snyder (3-D) • *Mus.* Joseph Gershenson • *Int.* Richard Carlson, Julia Adams, Richard Denning, Antonio Moreno, Nestor Paiva, Whit Bissell, Ricou Browning, Ben Chapman.

Une équipe de savants découvre dans un lagon rattaché à l'Amazone une créature aquatique, mi-homme mi-poisson, dont l'origine remonte à des millions d'années. De 1952 à 1959, les Américains produisirent une cinquantaine de films en relief 3-D nécessitant le port de lunettes. Ils furent dirigés notamment par De Toth (*House of Wax, L'homme au masque de cire,* 1953 ; *The Stranger Wore a Gun, Les massacreurs du Kansas,* 1953) ; Ludwig (*Sangaree, id.,* 1953, *Jivaro, L'appel de l'or,* 1954) ; Fleischer (*Arena,* inédit en France, 1953) ; Boetticher (*Wings of the Hawk, Révolte au Mexique,* 1953) ; Walsh (*Gun Fury, Bataille sans merci,* 1953) ; Sirk (*Taza, Son of Cochise, Taza, fils de Cochise,* 1954) ; John Brahm (*The Mad Magician,* inédit en France, 1954) ; Hitchcock (*Dial M for Murder, Le crime était presque parfait**, 1954) ; Dwan (*Silver Lode, Quatre étranges cavaliers**, 1954), etc. Chronologiquement le trente-deuxième de la série, *L'étrange créature du Lac Noir* fut, grâce au procédé Vectograph fabriqué par Polaroïd, le premier à pouvoir être projeté à l'aide d'une seule copie. Jusque-là il fallait deux copies et deux appareils de projection fonctionnant simultanément, ce qui entraînait des coûts élevés pour les exploitants ainsi que de nombreux défauts de projection. Le procédé Vectograph vint trop tard pour sauver le 3-D qui n'avait jamais connu la faveur du grand public. *L'étrange créature* était par ailleurs le troisième des quatre films où Jack Arnold utilisa le relief (après *It Came from Outer Space, Le météore de la nuit**, 1953, et *The Glass Webb, Le crime de la semaine,* 1953). *L'étrange créature* fut en Amérique l'un des plus grands succès du relief 3-D (en France le film sortit seulement en plat) et a plusieurs mérites à faire valoir. Il suscita l'un des rares monstres de l'après-guerre à avoir connu une certaine vogue et, à ce titre, il fut souvent imité. Le film possédait un charme poétique évident que certains n'ont pas hésité à qualifier de cocteauesque. Pour ces deux raisons, le film n'était pas indigne des grands films fantastiques Universal des années 30. (Parmi les descendants de *L'étrange créature,* il faut citer *The She Creature* d'Edward L. Cahn, 1956 qui, certes, lui doit beaucoup mais lui est très supérieur.) La créature du film de Jack Arnold fut interprétée par deux acteurs différents selon qu'elle évoluait sous l'eau (Ricou Browning) et à l'air libre (Ben Chapman). Ricou Browning était un champion olympique de natation capable de rester en apnée pendant quatre ou cinq minutes. Techniquement, les scènes sous-marines représentèrent une prouesse et Clifford Stine dut fabriquer pour les besoins du film une double camera Arriflex 35 mm installée dans un caisson étanche. Le film, du fait de son succès commercial, connut deux suites : *Revenge of the Creature, La revanche de la Créature,* 1955, de Jack Arnold, dernier film en relief 3-D et *The Creature Walks Among Us, La créature est parmi nous,* 1958, de John Sherwood, deux films inférieurs au premier mais non sans qualités. A la fin des années 70 ressortirent en Amérique et en Angleterre des copies en relief de *L'étrange créature du Lac Noir* et du *Météore de la nuit.* Enfin à la télévision française (FR3) eut lieu en 1982 une expérience de projection en relief de *L'étrange créature.* Insuffisamment expliquée, mais parfaitement réussie sur le plan technique, elle déçut le public et n'a pas été renouvelée depuis lors.

**ÉTRANGE SURSIS (L')**
**(On Borrowed Time)**

1939 – USA (99') • *Prod.* MGM (Sidney Franklin) • *Réal.* HAROLD S. BUCQUET • *Sc.* Alice D.G. Miller, Frank O'Neill, Claudine West d'ap. P. de Paul Osborn et R. de Lawrence Edward Watkin • *Phot.* Joseph Ruttenberg • *Mus.* Frank Waxman • *Int.* Lionel Barrymore, Sir Cedric Hardwicke, Beulah Bondi, Bobs Watson.

Un garçonnet et son grand-père parviennent à immobiliser la Mort (alias Mr. Brink) dans un arbre. Elle ne peut plus tuer personne. Évidemment, cela ne saurait durer longtemps et Mr. Brink entraîne bientôt le vieil homme et son petit-fils dans l'autre monde. Conçu pour le public des familles, autant que pour les solitaires et les misanthropes, ce bouleversant conte fantastique illustre avec un immense talent une des définitions les plus adéquates du cinéma : l'art qui fait pleurer.

**FESTIN DE BABETTE (LE)**
**(Babette Gaestebud)**

1987 – Danemark (105') • *Prod.* Panorama Film International, Nordisk Film – Institut du Film Danois • *Réal.* GABRIEL AXEL • *Sc.* Gabriel Axel d'ap. la nouvelle de Karen Blixen • *Phot.* Henning Christiansen • *Mus.* Per Norgard • *Int.* Stéphane Audran, Jean-Philippe Lafont, Gudmar Wivesson, Jarl Kulle, Bibi Andersson, Hanne Steensgard, Bodil Kjer, Vibeke Hastrup, Birgitte Federspiel.

Fuyant la répression contre la Commune en 1871, une Française devient dans le Jutland la servante de deux sœurs, filles d'un pasteur luthérien décédé. Quatorze ans plus tard, ayant gagné à la loterie, elle consacre ses gains à donner un somptueux « dîner français » aux deux sœurs et à leurs amis pour commémorer le centième anniversaire de la naissance du pasteur. A l'issue du repas, elle révélera à ses patronnes qu'elle était chef cuisinière au célèbre Café Français à Paris et qu'elle n'a aujourd'hui, contrairement à ce que redoutaient les deux sœurs, aucune raison de retourner en France. Illustrant fidèlement un conte de Karen Blixen, Gabriel Axel retrouve deux vertus fondamentales du cinéma : le plaisir de conter, la polyvalence de significations de l'histoire ainsi racontée. Le festin donné par Babette est un acte moral (de reconnaissance). Il est aussi – et plus encore – un acte esthétique, un chef-d'œuvre. Comme tel, il intrigue et inquiète les uns, il ravit les autres. A la fin, il réconcilie tout le monde, ainsi que la chair avec l'esprit. Il est enfin un acte d'affirmation de soi où l'humilité le dispute à l'orgueil. Toute l'affaire est finement jouée et Stéphane Audran apparaît comme transfigurée par rapport à ses interprétations chez Chabrol. *Le festin de Babette* fait partie de ces films qui sont uniques parce qu'ils contiennent quelque chose d'unique, à savoir ici le plus beau repas montré à l'écran. C'est un des meilleurs films des années 80 et il s'est peu à peu acquis, par ses seuls mérites, un public varié et reconnaissant.

**FILLE DE LA CINQUIÈME AVENUE (LA)**
**(Fifth Avenue Girl)**

1939 – USA (82') • *Prod.* RKO • *Réal.* GREGORY LA CAVA • *Sc.* Allan Scott • *Phot.* Robert de Grasse • *Int.* Ginger Rogers, Walter Connolly, Verree Teasdale, Tim Holt, Franklin Pangborn, Louis Calhern.

Un vieux PDG rencontre une jeune chômeuse et l'utilise pour régler ses difficultés familiales et professionnelles. De tous les grands auteurs de comédies américaines, Gregory La Cava (qui a réalisé aussi des mélodrames) est sans doute celui qui a mis le plus l'accent sur la condition sociale de ses personnages. Ce point est-il à relier au fait qu'il soit le plus méconnu de ses pairs ? Dans *La fille de la Cinquième Avenue,* l'aspect de description sociale finit par devenir l'essentiel du film. Comme celles de Mitchell Leisen et de Siodmak, l'œuvre de Gregory La Cava demande, à l'intérieur du cinéma hollywoodien, un réexamen complet.

**FRIC-FRAC**

1939 – France (105') • *Prod.* Productions Maurice Lehmann • *Réal.* MAURICE LEHMANN • *Collaborateur technique* (sic)

Claude Autant-Lara • *Sc.* Michel Duran d'ap. P. d'Édouard Bourdet • *Phot.* Armand Thirard, Louis Née • *Mus.* Casimir Oberfeld • *Int.* Michel Simon, Arletty, Fernandel, Marcel Vallée, Hélène Robert, Jacques Varennes, Andrex.

Un naïf employé de bijouterie devient momentanément la victime puis l'ami et le complice involontaire d'une prostituée et d'un petit truand avant de reprendre sa vie d'honnête homme. Dernier des trois films que Maurice Lehmann a réalisés avec Autant-Lara comme collaborateur technique. Adaptation plutôt faible sur le plan dramatique ; peu d'action ; peu de rythme. Mais l'interprétation d'un prodigieux trio (dont deux membres parlent une langue – l'argot – étrangère au troisième) suffit à rendre au film le dynamisme et l'inventivité qui manquaient à son scénario. Grâce aux acteurs, le film n'a jamais cessé d'être un succès. Seule la musique peut servir de métaphore pour exprimer le plaisir qu'on prend à les voir et à les entendre. Ils *jouent* leur rôle – et par bonheur les scènes où ils sont tous les trois présents abondent – comme on joue d'un instrument, avec une virtuosité et un phrasé qui tiennent constamment compte de la mélodie du partenaire. Leur registre : le naturel dans la caricature ; la spontanéité dans la convention. C'est l'unique film où Michel Simon et Fernandel apparaissent ensemble. Ils ne s'entendirent pas sur le plateau, mais sur l'écran leur jeu est d'une harmonie parfaite. Évidemment Michel Simon l'emporte, mais c'est inévitable, étant donné le génie de ce phénoménal acteur.

**FURIE**
**(The Fury)**

1978 – USA (117') • *Prod.* Fox (Frank Yablans) • *Réal.* BRIAN DE PALMA • *Sc.* John Farris d'ap. son R. • *Phot.* Richard H. Kline (DeLuxe Color) • *Mus.* John Williams • *Int.* Kirk Douglas, John Cassavetes, Carrie Snodgress, Amy Irving, Fiona Lewis, Charles Durning.

Pour retrouver son fils, médium aux pouvoirs extraordinaires capturé par une agence d'espionnage, un homme utilise la collaboration d'une très jeune femme également médium. Brian De Palma, disciple peu inventif et très superficiel d'Hitchcock, se dépasse légèrement ici, à travers cette suite de variations sur un thème relativement original. Ces variations ont un intérêt moins dramatique que plastique, qu'elles doivent à une utilisation brillante et sophistiquée des couleurs, surtout dans les paysages urbains. Un des multiples aspects du génie d'Hitchcock était sa faculté de charger ses abstractions visuelles d'un poids immense de concret ; ce poids fait totalement défaut ici.

**GARÇON SAUVAGE (LE)**

1951 – France (112') • *Prod.* Les Films Gibé (Joseph Bercholz) • *Réal.* JEAN DELANNOY • *Sc.* Henri Jeanson, J. Delannoy d'ap. R. d'Édouard Peisson • *Phot.* Robert Lefebvre • *Mus.* Paul Misraki • *Int.* Madeleine Robinson, Frank Villard, Pierre-Michel Beck, Henri Vilbert, Edmond Beauchamp.

A Marseille, un enfant de onze ans découvre que sa mère est une prostituée. Delannoy décrit avec une audace tranquille ce vert paradis des amours enfantines où c'est la mère qui est l'objet d'amour pour un fils exigeant et frustré. Que deviendra plus tard le jeune héros, l'histoire ne le dit pas, mais le spectateur ne peut s'empêcher d'y penser et de compléter le film à sa manière. Extraordinaire trio d'acteurs : Madeleine Robinson (la mère), Pierre-Michel Beck (le fils) et le grand Frank Villard dans un rôle de maquereau craintif et fier-à-bras. « Jeanson, dit Delannoy, avait une âme d'enfant. Toute son enfance lui est remontée à la gorge pour écrire les dialogues de ce film et c'est un de ses meilleurs. » (*in* Guiguet, Papillon, Pinturault : « Jean Delannoy », Institut Jacques-Prévert, Aulnay-sous-Bois, 1985).

**GASTONE**

Inédit en France. 1960 – Italie • *Prod.* Maxima Film – Variety – Spes • *Réal.* MARIO BONNARD • *Sc.* Oreste Biancoli, Rodolfo Sonego, Ettore M. Margadonna, Luciana Corda, M. Bonnard d'ap. un sujet d'Ettore M. Margadonna et Luciana Corda inspiré par un personnage créé par Ettore Petrolini • *Phot.* Aldo Tonti (Eastmancolor) • *Mus.* A. Francesco Lavagnino, Gorni Kramer • *Int.* Alberto Sordi, Vittorio De Sica, Anna Maria Ferrero, Paolo Stoppa, Franca Marzi, Magali Noël.

Grandeur puis décadence et solitude de Gastone, danseur mondain en vogue, dandy et bellâtre, figure emblématique d'une Belle Époque à jamais révolue. Le vétéran Mario Bonnard (qui fit l'acteur dès 1907 et réalisa des films dès 1917) s'attendrit et s'amuse en même temps à dépeindre ce personnage qu'avaient inspiré au comédien et chansonnier Ettore Petrolini les rôles que Bonnard lui-même jouait à l'époque du muet. Ce retour sur soi par personnage interposé à cinquante ans de distance a quelque chose d'unique dans l'histoire du cinéma. Le film contient une agréable recréation d'époque (malgré un budget un peu pauvre) et une savoureuse composition d'Alberto Sordi à laquelle on peut seulement reprocher (comme d'ailleurs à l'ensemble du film) de se situer un peu trop au second degré. Facile audace que le cinéma en général juge – et fait juger – sévèrement. Elle était peut-être inévitable, étant donné le jeu de miroir auquel Bonnard acteur et metteur en scène se prête ici, étant donné aussi la nécessité pour Sordi de se démarquer de Petrolini. Le personnage de Gastone, interprété par Petrolini, figure dans l'un des quatre sketches de *Nerone* de Blasetti (1930). Sur Petrolini, voir Jean A. Gili : « La comédie italienne », Henri Veyrier, 1983.

**GENS DE LA PLUIE (LES)**
**(The Rain People)**

1969 – USA (101') • *Prod.* Warner-Seven Arts (Bart Patton, Ronald Colby) • *Réal.* FRANCIS FORD COPPOLA • *Sc.* Coppola • *Phot.* Wilmer Butler (couleurs) • *Mus.* Ronald Stein • *Int.* James Caan, Shirley Knight, Robert Duvall, Marya Zimnet, Tom Aldredge.

Fuyant le domicile conjugal alors qu'elle est enceinte, une jeune femme qui en a assez de jouer à la parfaite petite épouse américaine prend en stop un jeune sportif trépané et diminué mentalement. Elle s'attache à lui mais causera involontairement sa mort. Ce mélodrame moderne et intimiste sur le thème de la rencontre de deux inadaptés et de deux désarrois est une œuvre à laquelle Coppola, qui en a écrit le scénario, tient beaucoup. Il y témoigne d'une sensibilité – notamment dans la direction d'acteurs – qu'ailleurs il met le plus souvent en veilleuse. Avec une douceur insidieuse, plus persuasive que la polémique et l'agressivité, il fait le procès d'une Amérique impitoyable à ses inadaptés et à ses marginaux : à ses yeux, il existe une société, mais pas encore une *civilisation* américaine. Malgré certaines maladresses et effets inutiles, le film est très supérieur à la moyenne de ce que produit Coppola.

**GIBIER DE POTENCE**

1951 – France (106') • *Prod.* Roger Richebé • *Réal.* ROGER RICHEBÉ • *Sc.* Jean Aurenche, Maurice Blondeau d'ap. R. de Jean-Louis Curtis • *Phot.* Philippe Agostini • *Mus.* Henry Verdun • *Int.* Arletty, Georges Marchal, Nicole Courcel, Pierre Dux, Mona Goya, Mouloudji, Palau.

A la fin des années 30, un jeune homme au physique avantageux tombe sous la coupe d'une entremetteuse. Après la guerre, amoureux d'une jeune fille, il veut changer de vie. Film assez méconnu, original, très audacieux pour l'époque. Preuve que la mauvaise réputation de Richebé comme cinéaste est totalement injustifiée. Selon la formule consacrée, *Gibier de potence* est : à voir absolument.

**GRAFFITI PARTY**
**(Big Wednesday)**

1978 – USA (118') • *Prod.* Warner-Columbia • *Réal.* JOHN MILIUS • *Sc.* John Milius et Dennis Aaberg • *Phot.* Bruce Surtees (couleurs, Cinémascope) • *Mus.* Basil Polédoures • *Int.* Jan-Michael Vincent, William Katt, Gary Busey, Patti d'Arbanville, Lee Purcell, Barbara Hale.

Les années 60 vécues par trois jeunes passionnés de surf. John Milius fait la démonstration à la fin des années 70 – où elle redevenait nécessaire – qu'un sujet minuscule peut donner lieu à un film grandiose, épique, ultra-spectaculaire. Interprétation superbe, notamment de Gary Busey qu'il faut absolument voir aussi dans *The Buddy Holly Story* de Steve Rash (1978), sorti en France (sous son titre original) en 1980.

**GRANDES ESPÉRANCES (LES)**
**(Great Expectations)**

1946 – Angleterre (118') • *Prod.* Cineguild Production pour J. Arthur Rank Organisation (Ronald Neame) • *Réal.* DAVID LEAN • *Sc.* D. Lean, Ronald Neame, Anthony Havelock-Allan, Kay Walsh, Cecil McGivern d'ap. R. de Charles Dickens • *Phot.* Guy Green • *Mus.* Walter Goehr, Kenneth Pakeman, G. Linley • *Int.* John Mills, Valerie Hobson, Bernard Miles, Francis L. Sullivan, Finlay Currie, Martita Hunt, Anthony Wager, Jean Simmons, Alec Guinness, Torin Thatcher.

**OLIVIER TWIST**
**(Oliver Twist)**

1948 – Angleterre (116') • *Prod.* Cineguild Production pour J. Arthur Rank Organisation (Ronald Neame) • *Réal.* DAVID LEAN • *Sc.* D. Lean et Stanley Haynes d'ap. R. de Charles Dickens • *Phot.* Guy Green • *Mus.* Sir Arnold Bax • *Int.* Robert Newton, John Howard Davies, Alec Guinness, Kay Walsh, Francis L. Sullivan, Henry Stephenson, Mary Clare, Anthony Newley.

Ces deux excellentes adaptations de Dickens sont sans doute les meilleures qu'on ait faites du grand écrivain. Cinquième et sixième titres de sa filmographie, Lean les avait entreprises pour sortir de l'univers de Noël Coward qui avait inspiré ses quatre premiers films. Lean avait vu au théâtre une adaptation des « Grandes espérances » qui lui avait donné l'idée d'un film. Il reprit deux acteurs de la distribution de la pièce : Alec Guinness et Martita Hunt. Guinness fit ses « petits » débuts dans *Les grandes espérances* et ses grands débuts dans *Olivier Twist* avec le rôle de Fagin qui valut au film le reproche (absurde) d'antisémitisme. Le rôle de Fagin fut coupé en Amérique jusqu'en 1970. (A noter que la triomphale comédie musicale *Oliver* de Lionel Bart, assez médiocrement filmée par Carol Reed en 1968, s'inspire beaucoup du scénario du film de David Lean.) La qualité des *Grandes espérances* et d'*Olivier Twist* vient de ce qu'ils ont réussi à transcrire en termes visuels et plastiques l'univers du romancier. La photo de Guy

Green dans les deux films est remarquable et le réalisateur sait admirablement mêler dans une même séquence (exemple : celle qui ouvre *Les grandes espérances*) les plans en extérieurs et les plans en décor. Dans ce film, les séquences les plus impressionnantes sont celles du début, quand Pip et Estella sont enfants. A travers les deux films, Lean se montre fidèle à Dickens en ce sens que le monde où évoluent Pip et Oliver est décrit comme une très étrange planète, pleine de surprises, de bizarreries, mais aussi de violence et d'effroi. Et beaucoup des personnages y sont véritablement *hantés*, comme Chesterton en avait fait la remarque à propos de l'écrivain. Sur l'œuvre de David Lean en général, voir le livre de Stephen M. Silverman, André Deutsch, Londres, 1989.

**GUERRIERS DE L'ENFER (LES)**
**(Who'll Stop the Rain.** En Angleterre : **Dog Soldiers)**

1978 – USA (125') • *Prod.* UA (Herb Jaffe, Gabriel Katzka) • *Réal.* KAREL REISZ • *Sc.* Judith Roscoe, Robert Stone d'ap. R. « Dog Soldiers » de Robert Stone • *Phot.* Richard H. Kline • *Mus.* Laurence Rosenthal • *Int.* Nick Nolte, Tuesday Weld, Michael Moriarty, Anthony Zerbe.

Quittant le Viet-nam, un aventurier et un correspondant de guerre opposés en tout, se lancent dans le trafic de drogue. C'est à travers deux films américains, *The Gambler* (*Le flambeur*, 1974) et celui-ci que l'œuvre de Karel Reisz aura découvert une autre dimension et sa vraie nature. L'éternel exilé qu'est Karel Reisz a décrit durant sa carrière des personnages très différents : ouvrier anglais (*Saturday Night and Sunday Morning, Samedi soir et dimanche matin*, anglais, 1960), mythomane (*Morgan, id.*, anglais, 1969), danseuse célèbre (*Isadora, id.* anglais, 1969). Non sans adopter à chaque fois un style différent et qu'il croyait conforme à son sujet : néo-réalisme débilitant, avant-gardisme farceur, minutie quasi calligraphique. Pourtant, il n'était pas plus doué pour l'enquête sociologique que pour la comédie loufoque ou la biographie académique. Dans *Le flambeur* et *Les guerriers de l'enfer*, il évoque des personnages sans doute plus proches de lui, déplacés, bousculés, saisis dans la tourmente d'une guerre ou dans l'enfer confortable des salles de jeux. Sans le moindre effort, alors que jusque-là son œuvre justement sentait un peu l'effort, son style se transforme en devenant intensément romanesque et lyrique. Nick Nolte (qui nous doit encore les films que celui-ci faisait espérer) et Michael Moriarty, James Caan dans *Le flambeur*, font des compositions étonnantes entre drame et mélodrame, émotion et dérision.

**HASARD (LE)**
**(Przypadek)**

1982 (sortie en France : 1988) – Pologne (112') • *Prod.* Zespoly Filmowe (Groupe « Tor ») • *Réal.* KRZYSZTOF KIESLOWSKI • *Sc.* K. Kieslowski • *Phot.* Krzysztof Paluski (couleurs) • *Mus.* Wojciech Kilar • *Int.* Boguslaw Linda, Tadeusz Lomnicki, Zbighiew Zapasiewicz, Boguslawa Pawelec, Marzena Trybala.

Après la mort de son père, un étudiant en médecine de Lodz veut faire une pause et prend un billet de train pour Varsovie. A partir de ce moment, trois voies possibles s'ouvrent pour lui : 1) il attrape son train, fait connaissance avec un communiste et travaille pour le Parti. En même temps, il retrouve Czuszka, ses premières amours. Par maladresse, il fera arrêter certains de ses compagnons d'armes ; 2) il rate son train, ce qui le met en rage. Ayant bousculé un employé, il écope d'une peine d'intérêt public et se trouve mêlé à certains milieux catholiques proches de Solidarnosc. Un peu malgré lui, il passera pour un traître ; 3) il rate son train et ne s'en trouve pas plus mal : il devient bon mari, bon père, bon médecin et ne prend jamais parti. Il meurt dans un accident d'avion. Avant de crier au génie, comme nous y invite un lancement publicitaire et culturel particulièrement réussi (sortie conjointe à Paris de quatre longs métrages d'un cinéaste dont jusque-là on ignorait tout, ce qui à notre connaissance ne s'était jamais vu), on peut essayer de voir en quoi Kieslowski est d'abord un bon cinéaste. Quelques caractéristiques de son style se retrouvent de film en film. Une lenteur très calculée du rythme de l'intrigue (qui, pour autant, ne cesse jamais de progresser) donne à celle-ci son relief, son poids concret et aussi son mystère. Une direction d'acteurs particulièrement fouillée rappelle Bergman dans ce qu'il a de meilleur, l'amour et l'intérêt que porte le cinéaste à ses personnages se manifestant en premier lieu par l'amour et l'attention accordés aux acteurs. Un éclectisme philosophique, allant d'un pessimisme nihiliste radical à un certain respect humaniste des valeurs chrétiennes, fait de ses films (et notamment du *Décalogue*, 1988-1989) une auberge espagnole assez passionnante, aspect qui, dans *Le hasard*, conditionne la structure même de l'intrigue, constituée par trois variations originales sur un même destin.

**HERCULE A LA CONQUETE DE L'ATLANTIDE**
**(Ercole alla conquista di Atlantide)**

1961 – France-Italie (98') • *Prod.* Spa Cinematografica, Rome – Comptoir Français du Film, Paris • *Réal.* VITTORIO COTTAFAVI • *Sc.* V. Cottafavi, Sandro Continenza, Ducio Tessari • *Phot.* Carlo Carlini (couleurs, Supertechnirama) • *Mus.* Gino Marinuzzi • *Int.* Fay Spain, Reg Park, Ettore Manni, Enrico Maria Salerno, Gian Maria Volonte.

Malgré sa vogue commerciale, le péplum italien des années 60 fut un genre sacrifié, voire massacré par la pauvreté des budgets et le bâclage technique de la réalisation. Aussi les deux maîtres du genre (Cottafavi et Freda), qui ne furent reconnus comme tels qu'après sa disparition, eurent-ils recours à des ruses pour faire œuvre personnelle et créatrice. Cottafavi utilisa comme ici, avec une certaine verve vengeresse, l'humour et les clins d'œil de la bande dessinée, où certains ont voulu voir une forme de distanciation brechtienne. Freda préféra retrouver, à l'intérieur du genre, les chemins de l'aventure (*Le Géant de Thessalie,* 1960) ou un certain baroque, bizarre et composite (*Maciste en enfer,* 1962) qui renouait avec les origines du péplum à l'époque du muet.

**HONEYMOON KILLERS (THE)**
**(Les tueurs de la lune de miel/id.)**

1969 – USA (106') • *Prod.* Roxanne (Warren Steibel) • *Réal.* LEONARD KASTLE • *Sc.* L. Kastle • *Phot.* Oliver Wood • *Mus.* Gustav Malher • *Int.* Shirley Stoler, Tony Lo Bianco, Mary Jane Higby, Doris Roberts, Kip McArdle.

Un couple maudit – un bellâtre d'origine hispanique, Ray Fernandez, et une infirmière obèse, Martha Beck – escroque des « cœurs solitaires ». Ray épouse ou promet d'épouser ses victimes et fait passer Martha, terriblement jalouse, pour sa sœur. Martha empoisonnera l'un de ces « cœurs solitaires ». Plus tard, le couple tue à coups de marteau et par étranglement une autre victime. De plus en plus jalouse, Martha fait tuer par Ray l'une de ses nombreuses fiancées, dont elle venait d'apprendre qu'elle était enceinte de lui. Martha tuera elle-même la fillette de cette femme puis, toujours par jalousie, appellera la police. En prison, Martha reçoit des lettres d'amour passionnées de Ray. Ils seront tous deux électrocutés en 1951. Curiosité. Traitement hyper-réaliste d'une suite de faits divers atroces (et réels). Visuellement, le film s'engouffre dans la brèche pratiquée par *Psycho** : nudité glaciale de l'image et transcription « graphique » de l'horreur. La ressemblance s'arrête là : le film contient de nombreux temps morts et est assez pauvre de sens. En ce qui concerne la description des personnages féminins, il l'emporte en misogynie et en férocité sur les biographies de Landru par Chaplin (*Monsieur Verdoux**) et Chabrol (*Landru**).

**HONKY TONK FREEWAY**

Inédit en France. 1981 – USA (107') • *Prod.* EMI/Kendon Films (Don Boyd, Howard W. Koch, Jr.) • *Réal.* JOHN SCHLESINGER • *Sc.* Edward Clinton • *Phot.* John Bayley (Technicolor) • *Mus.* George Martin, Elmer Bernstein • *Int.* William Devane, Beau Bridges, Teri Garr, Beverley D'Angelo, Hume Cronyn, Jessica Tandy, Geraldine Page.

Privés d'une sortie sur la nouvelle autoroute, les habitants d'une petite ville de Floride sont néanmoins décidés à attirer par tous les moyens les touristes. Ils font sauter la route à la dynamite et obligent ainsi les automobilistes à passer la nuit dans leurs murs. Peu de cinéastes disposent de deux registres aussi différents que John Schlesinger, dont l'œuvre se partage entre l'Angleterre et les États-Unis. Tantôt il a le ton sobre, mesuré, presque académique d'un gentleman anglais, traitant son sujet avec la méticulosité et le recul d'un entomologiste (*Sunday, Bloody Sunday, Un dimanche comme les autres,* film anglais de 1971 ; *Yanks, id.,* américain de 1979), tantôt il se défoule dans un délire baroque qui ne connaît plus de limites. Voir sa description de Hollywood dans les années 30 (*The Day of the Locust, Le jour du fléau,* 1975, d'après le roman de Nathanael West) ou bien ici l'évocation énorme, ubuesque et apocalyptique d'un microcosme américain aux cent actes divers. On peut préférer, chez Schlesinger, le second registre, cette autre manière qu'il a d'être lui-même.

**HOPE AND GLORY**
**(id./La guerre à sept ans)**

1987 – Grande-Bretagne (113') • *Prod.* John Boorman, Michael Dryhurst • *Réal.* et *Sc.* JOHN BOORMAN • *Phot.* Philippe Rousselot (couleurs) • *Mus.* Peter Martin • *Int.* Sebastian Rice Edwards, Geraldine Muir, Sarah Miles, David Hayman, Jean-Marc Barr, Ian Bannen.

La Seconde Guerre vue par les yeux d'un gamin de neuf ans, habitant la banlieue londonienne. Il regarde la guerre mais aussi sa famille et la vie. Boorman a essayé de revitaliser l'un des sujets les plus traités au cinéma (l'enfant devant la guerre) par un retour à ses propres origines familiales et par l'autobiographie, rare dans le cinéma anglo-saxon, du moins à ce niveau de précision (cf. sa préface au scénario publié). Le film est assez riche en événements, en personnages, et aussi en talent et en argent. Pourtant il n'a pas atteint le grand succès commercial. Le public, qui voit tout, a senti que quelque chose manquait et peut-être l'essentiel : une douceur cruelle dans la peinture, une précision dans le relief qui aurait atteint l'universel en accentuant les traits particuliers des personnages et surtout du héros. Pour une certaine fadeur qui ne pardonne pas, Boorman a manqué son but ; mais de très peu. Scénario et dialogues publiés chez Faber and

Faber, Londres, 1987 (longue préface de Boorman et histoire du montage financier du film).

## HOTEL DU LIBRE ÉCHANGE (L')

1934 – France (100') • *Prod.* Or-Films (Alex de Traversac) • *Réal.* MARC ALLÉGRET • *Sc.* Pierre Prévert, Marc Allégret, Jacques Prévert d'ap. P. de Georges Feydeau et Maurice Desvallières • *Phot.* Roger Hubert • *Déc.* Lazare Meerson, Alexandre Trauner • *Int.* Fernandel, Raymond Cordy, Saturnin Fabre, Ginette Leclerc, Pierre Larquey, Mona Lys, Alerme.

Quelques personnages plus ou moins farfelus qui n'auraient jamais dû se rencontrer se retrouvent à l'Hôtel du Libre Échange. Comme Christian-Jaque, Marc Allégret est l'un de ces auteurs « mineurs » dont les nombreuses réussites enrichissent considérablement le patrimoine d'un cinéma national. Il signe ici ce qui est peut-être la meilleure adaptation d'une pièce de Feydeau. Il semble à la lecture que l'œuvre de ce dramaturge génial soit éminemment cinématographique et propre à susciter de multiples chefs-d'œuvre. Cela n'a pas été le cas. L'équilibre rigueur/délire sur lequel sont fondées ses pièces paraît avoir demandé trop de discipline et de concentration aux réalisateurs qui se sont attaqués à son œuvre. Ici le délire l'emporte, mais il est si jovial et si spontané qu'il retrouve en lui-même une sorte de rigueur. Jacques Prévert a collaboré aux dialogues et a ajouté au texte, avec une fantaisie axée sur le non-sens qui n'aurait sans doute pas déplu à Feydeau. Ainsi voit-on le garçon d'hôtel (joué par Fernandel) passer le matin dans le couloir, frappant à chaque porte et criant une heure différente aux différents clients – celle-là même que chacun avait demandé pour son réveil.

## INDIA SONG

1975 – France (120') • *Prod.* Sunchild Production-Les Films Armorial • *Réal.* MARGUERITE DURAS • *Sc.* M. Duras • *Phot.* Bruno Nuytten (Eastmancolor) • *Mus.* Carlos d'Alessio • *Int.* Delphine Seyrig, Michel Lonsdale, Matthieu Carrière, Didier Flamand, Claude Mann, Vernon Dobtcheff.

Aux Indes, dans les années 20 et 30, la passion impossible du vice-consul de France à Lahore pour une jeune femme, Anne-Marie Stretter, épouse de l'ambassadeur de France. Les clivages sont parfois si forts dans la vie artistique en France que cela fait autant ricaner, dans certains cercles, de dire qu'on n'aime pas Marguerite Duras que cela semble ridicule, dans d'autres cercles, d'affirmer qu'on l'aime et qu'on s'intéresse à ses films. Quoi qu'il en soit, la plus grande erreur à commettre à son endroit serait de la confondre, en tant que cinéaste, avec les représentants (Resnais, Robbe-Grillet, etc.) de l'environnement culturel où elle semble évoluer et avec lesquels elle a parfois travaillé. Son art, tel qu'il apparaît dans ce film, est le plus concret qui soit – jusqu'à une sorte de folie. Les (minces) péripéties de l'action, les voix *off*, les sentiments des personnages, les noms mêmes des lieux et des gens, la musique sont considérés par elle au même titre que des objets – ces objets : une horloge, un vase de fleurs, un miroir, qu'elle ne se lasse pas de filmer dans d'interminables gros plans d'où provient la magie particulière du film. Son entreprise n'a d'égal, dans un tout autre domaine, que celle d'un Paradjanov dans *Sayat Nova*, 1968. Pour la musique, il est impossible de ne pas considérer la partition de Carlos d'Alessio comme l'une des plus belles et des plus lancinantes de l'histoire du cinéma. Il est évident d'ailleurs que, pour M. Duras, la bande-son a autant d'importance, sinon plus, que l'image. Voulant exprimer cette conviction à l'extrême de ce qui était faisable, elle a filmé une deuxième bande-image à partir de la bande-son d'*India Song*. Ce fut *Son nom de Venise dans Calcutta désert*, sorti en 1976. L'idée était originale, voire unique. Elle donna lieu à un fiasco complet, le deuxième film n'étant qu'une sorte d'escroquerie avant-gardiste comme il y en a tant. De Marguerite Duras, il faut citer aussi *Des journées entières dans les arbres*, 1977, simple mise en film de la pièce (hélas, en 16 mm), mais qui mérite d'être vue : 1) parce qu'il s'agit de l'une des meilleures pièces du théâtre français contemporain ; 2) parce que l'interprétation du trio Madeleine Renaud, Jean-Pierre Aumont, Bulle Ogier est exceptionnelle. Le découpage d'*India Song* (74 plans) et de *Son nom de Venise* (78 plans) a été publié conjointement *in* « L'Avant-Scène » nº 225 (1979). Voir aussi Marguerite Duras : « India Song, texte, théâtre film », Gallimard, 1973. Sur le tournage d'*India Song*, voir Nicole-Lise Bernheim : « Marguerite Duras tourne un film », Albatros, 1975 (avec interviews de tous les collaborateurs).

## INSIANG (id.)

1977 – Philippines (95') • *Prod.* Ruby Tiong Tan/Cinemanila Corporation • *Réal.* LINO BROCKA • *Sc.* Mario O'Hara, Lamberto E. Antonio • *Phot.* Conrado Balthazar (couleurs) • *Mus.* Minda Azarcon • *Int.* Hilda Koronel, Mona Lisa, Riz Cortez, Marlon Ramirez.

Pour échapper à un environnement particulièrement oppressif, une jeune fille des faubourgs de Tondo, blanchisseuse de son état, pousse habilement sa mère à tuer un caïd local qui la persécutait. Lino Brocka, à travers l'œuvre duquel a commencé dans les années 70 une découverte du cinéma philippin, utilise généralement les stéréotypes du mélodrame pour aboutir à une description violemment dénonciatrice de la réalité économique et sociale où sont englués ses personnages. Il le fait parfois, comme ici, avec une spontanéité, une authenticité qui font penser aux premiers films de Losey. Il lui arrive aussi de le faire avec une rouerie un peu mécanique qui peut lasser.

**INVITATION (L')**

1973 – France-Suisse (100') • *Prod.* Citel Film, Groupe V, Genève/Planfilm, Paris • *Réal.* CLAUDE GORETTA • *Sc.* C. Goretta et Michel Viala • *Phot.* Jean Zeller (couleurs) • *Mus.* Patrick Moraz • *Int.* Michel Robin, Jean-Luc Bideau, Jean Champion, Pierre Collet, François Simon, Cécile Vassort.

A Genève, durant un week-end, un modeste employé de bureau invite ses collègues à une fête lors de laquelle chacun se dévoile et se révèle. Modeste, mais vrai et incompréhensible miracle que l'irruption de ce film dans la carrière de Goretta. Pendant un instant, comme si on inventait de nouveau le cinéma, tout le monde semble avoir du génie : les scénaristes, le réalisateur, les interprètes (à la tête desquels le trop méconnu Michel Robin). Dans les autres films de Goretta, on dirait que le point n'est pas fait. Ici l'image et tout ce qu'elle raconte sont d'une netteté aveuglante : le scalpel de Maupassant (dont Goretta avait réalisé pour la télévision une version moderne d'« Une partie de campagne ») marié à la truelle poétique de Ramuz.

**IRONWEED**
**(id./La force d'un destin)**

1987 – USA (143') • *Prod.* Taft Entertainment Pictures / Keith Barish Productions / Home Box Office • *Réal.* HECTOR BABENCO • *Sc.* William Kennedy d'ap. son R. • *Phot.* Lauro Escorel (Technicolor) • *Mus.* John Morris • *Int.* Jack Nicholson, Meryl Streep, Carroll Baker, Michael O'Keefe, Diane Venora, Fred Gwynne, Tom Waits.

En 1938 à Albany, l'errance de deux épaves : Francis, ancien ouvrier ayant provoqué accidentellement la mort de son bébé de treize jours, et Helen, ancienne chanteuse, qui mourra un peu plus tard, laissant Francis encore plus seul. L'une des caractéristiques de l'Hollywood classique était, chez ses stars (Fonda, Cooper, etc.) et ses metteurs en scène, une familiarité avec le sublime qui provenait certes de leur talent mais aussi de la gravité (pas forcément avouée) avec laquelle ils choisissaient leurs rôles et leurs sujets. Cette familiarité a aujourd'hui disparu. Parfois elle réapparaît, comme un fantôme. C'est le cas dans ce vrai et puissant mélodrame qui ose dire son nom. Jack Nicholson n'est pas l'égal des Fonda, Cooper, etc., mais une fois sur vingt il les rejoint, comme ici et comme dans *Vol au-dessus d'un nid de coucou**, et son jeu possède alors, dans la force et la sincérité, quelque chose d'hugolien. Meryl Streep, elle, est sublime quand, faisant en une sorte de prière le bilan de sa vie, elle murmure : « Au moins, je n'ai trahi personne. » Maudit dès sa sortie, bafoué même (on a été jusqu'à reprocher à Babenco sa virtuosité et ses superbes plans à la grue), *Ironweed* est pourtant l'un des quelques films américains des années 80 qu'on puisse recommander.

**IT**
**(Le coup de foudre)**

1927 – USA (muet ; 7 bob.) • *Prod.* PAR. (Zukor, Lasky) • *Réal.* CLARENCE BADGER • *Sc.* Hope Loring, Louis D. Lighton, Elinor Glyn (Intertitres de Georges Marion, Jr.) • *Phot.* H. Kinley Martin • *Int.* Clara Bow, Antonio Moreno, William Austin.

Une jeune vendeuse travaillant dans un grand magasin séduit le meilleur ami de son patron, puis ce patron lui-même. Ne voulant pas être une femme entretenue, elle préfère quitter son emploi. A la suite d'une méprise, le patron croit qu'elle a un enfant. Durant une croisière en yatch, elle utilise l'ami pour rendre le patron jaloux et l'amener à la demander en mariage. Tout le film n'est que la mise en valeur du charme (le *it*, le sex-appeal, le je-ne-sais-quoi) de Clara Bow, incarnation de la « flapper » des années 20, jeune femme libérée, séduisante par son sourire conquérant et son énergie. Ayant le cœur sur la main, elle se montre aussi capable d'élans spontanés et généreux. Elle est l'anti-femme fatale par excellence. Délaissant tout développement annexe, Clarence Badger traite intégralement et exclusivement son sujet. Il y a ainsi une élégance particulière à choisir un sujet et à s'y tenir. Clarence Badger la possédait parfaitement. Mais il possédait aussi une verve comique, volontairement bridée ici, qui explose dans *Hands Up !*, 1926, comédie située durant la guerre de Sécession, avec Raymond Griffith. N.B. Comme pour *Children of Divorce* de Frank Lloyd, 1927, autre film avec Clara Bow, Sternberg aurait dirigé certaines scènes de *It*, en l'absence de Badger malade.

**JAMES BOND CONTRE DR NO**
**(Dr No)**

1962 – Angleterre (110') • *Prod.* UA-Eon Productions (Harry Saltzman, Albert R. Broccoli) • *Réal.* TERENCE YOUNG • *Sc.* Richard Maibaum, Johanna Harwood, Berkely Mather d'ap. R. de Ian Fleming • *Phot.* Ted Moore (Technicolor) • *Mus.*

Monty Norman • *Déc.* Ken Adam • *Générique* Maurice Binder • *Int.* Sean Connery, Ursula Andress, Joseph Wiseman, Jack Lord, Bernard Lee, Anthony Dawson.

James Bond, agent secret britannique 007, enquête à la Jamaïque sur la mort d'un collègue. Il sera amené à détruire le centre de recherches atomiques du méchant Dr No, installé sur une île. Quand, au début des années 60, les cinéphiles de vingt ans virent ce premier James Bond, ils froncèrent les sourcils : « Tiens ! Tiens ! Il se passe quelque chose de nouveau. » – « Pas du tout, dirent les Anciens, ce n'est que le serial revisité. » Revisité en effet, mais avec un luxe de moyens qui changeait tout, ou du moins qui changeait beaucoup de choses, et qui irait d'ailleurs en s'accroissant. Personne à cette époque ne pouvait deviner que le public, qui a la mémoire courte – ou peut-être qui n'a pas de mémoire du tout – raffolerait pendant trente ans (et ce n'est pas fini) des aventures du héros de Ian Fleming, interprété successivement par Sean Connery (7 films), George Lazenby (1 film), Roger Moore (7 films), Timothy Dalton (2 films). Ce n'est pas la nostalgie, mais la simple évidence, qui fait dire que le premier James Bond (Sean Connery) fut aussi le plus mémorable, et nul ne pouvait non plus prévoir que S. Connery deviendrait l'un des meilleurs acteurs des années 70 et 80. Dans le cocktail mis au point dès l'origine (manichéisme, violence, exotisme, gadgets, décors sophistiqués, érotisme, cascades, humour), certains regrettèrent assez vite que les gadgets l'emportent sur l'humour ou tout autre élément, évolution peut-être précipitée par le manque de personnalité de Roger Moore comparé à son prédécesseur. Quoi qu'il en soit, toute appréciation excessive des mérites ou des défauts de la série semble un peu vaine. Il est aussi absurde de la rejeter en bloc que d'y voir l'ultime illustration des possibilités du cinéma. En général, les amateurs préfèrent les quatre premiers films de la série, c'est-à-dire, outre celui-ci : *Bons baisers de Russie* (*From Russia With Love,* Terence Young, 1963), *Goldfinger* (*id.,* Guy Hamilton, 1964), *Opération Tonnerre* (*Thunderball,* Terence Young, 1965). A la rubrique exotisme, nous aurions personnellement un faible pour *Octopussy,* 1983, tourné partiellement aux Indes par John Glen. Sur les *James Bond* en général, voir « The Official James Bond 007 Movie Book » de Sally Hibbin, Hamlyn, Londres, 1987 et « The James Bond Bedside Companion » de Raymond Benson, Boxtree, Londres, 1984. Roger Moore a raconté ses souvenirs de tournage de *Live and Let Die (Vivre et laisser mourir*), son premier *James Bond,* 1973, de Guy Hamilton, dans un volume intitulé « Roger Moore as James Bond 007 », Pan Books, Londres, 1973 (trad. française Roger Moore : « James Bond 007. Le film d'un film », Plon, 1973.)

## J'ÉTAIS UN PRISONNIER
**(The Captive Heart)**

1946 – Angleterre (104') • *Prod.* Ealing Studios (Michael Balcon) • *Réal.* BASIL DEARDEN • *Sc.* Angus MacPhail, Guy Morgan d'ap. une histoire de Patrick Kirwan • *Phot.* Douglas Slocombe • *Mus.* Alan Rawsthorne • *Int.* Michael Redgrave, Mervyn Johns, Basil Radford, Jack Warner, Jimmy Hanley, Gordon Jackson.

En 1940, la vie d'un camp de prisonniers en Allemagne avec, pour histoire principale, celle d'un officier tchèque qui a pris pour survivre l'identité d'un officier anglais décédé et correspondra avec l'épouse de ce dernier. En décrivant le courage effacé, presque secret, des prisonniers de guerre, Dearden met subtilement en valeur un grand nombre de vertus du cinéma anglais : la retenue, la pudeur, l'émotion contenue, l'attention méticuleuse au réel, le choix d'un angle insolite – mais qui refuse de s'avouer comme tel – pour traiter un sujet. Dearden est par ailleurs un cinéaste très éclectique, capable de manier la gravité (cf. *Victim, La victime,* 1961, drame policier sur le thème de l'homosexualité) aussi bien que l'ironie et la sophistication la plus brillante (cf. *The League of Gentlemen, Hold-up à Londres,* 1960, récit d'un casse réalisé comme un exploit militaire par un groupe d'anciens officiers, avec une interprétation éblouissante).

## JEUDI ON CHANTERA COMME DIMANCHE

1967 – Franco-belge (90') • *Prod.* Films de la Toison d'Or – Films de L'Hermine • *Réal.* LUC DE HEUSCH • *Sc.* Luc de Heusch, Hugo Claus, Jacques Delcorde • *Phot.* Fernand Tack • *Mus.* Georges Delerue • *Int.* Marie-France Boyer, Bernard Fresson, Françoise Vatel.

Fidèle à sa double formation, Luc de Heusch, dans ce seul film de fiction qu'il ait réalisé, pose un regard documentaire et ethnologique sur ses personnages : un jeune couple d'habitants de Liège (elle : vendeuse de grande surface, lui : conducteur de poids lourd) pris dans les pièges de ce qu'on commençait à peine d'appeler la société de consommation. Dans cette tentative de renouveler le néo-réalisme par la critique et la satire, d'innombrables courtes séquences introduisent une multitude d'aperçus et de points de vue qui enrichissent le sujet. Si certains essais, dit-on, se lisent « comme un roman », ce film-ci, tissé de savoir et de faits, se lit « comme un essai » ; et rarement le cinéma de fiction a approché d'aussi près la méthode de l'essayiste et du sociologue.

**KISAPMATA**

Inédit en France. 1981 – Philippines • *Prod.* Bancon Audiovision • *Réal.* MIKE DE LÉON • *Sc.* Clodualdo Del Mundo, Jr., Raquel N. Villavicencio, Mike De Léon • *Phot.* Rody Lacap (couleurs) • *Mus.* Lorrie Ilustre • *Int.* Vic Silayan, Charito Solis, Charos Santos, Jay Ilagan, Ruben Rustia, Aida Carmona.

Dadong, un policier en retraite de Manille, s'adonne à l'élevage des vers de terre et des cochons. Il voit d'un très mauvais œil le mariage prochain de sa fille, enceinte. Il réclame de l'argent aux futurs beaux-parents pour donner son consentement. Le soir du mariage, il oblige sa femme à prétexter une indisposition pour que les jeunes mariés, au lieu de partir en voyage de noces, restent chez lui quelques jours. Durant cette période, il surveille étroitement leurs faits et gestes. Puis il veut contraindre sa fille à rester définitivement avec lui. Elle confesse à sa mère qu'il l'a violée plusieurs fois. Elle simule l'arrivée des douleurs pour être conduite à l'hôpital et, de là, parvient à s'échapper. Les deux époux se réfugient en province. Dadong rend visite au père du jeune homme et paraît revenu à de meilleurs sentiments. Une réunion générale a lieu. Dadong accepte que le couple vive chez le père du mari. Puis il recommence à supplier sa fille de rentrer. Le couple va chez Dadong chercher les affaires de la jeune femme. Dadong abat sa femme, son gendre et sa fille à bout portant et se loge une balle dans la tête. Dû au représentant le plus important, avec Lino Brocka (son aîné de quelques années), du nouveau cinéma philippin, ce film a une double structure : étude psycho-pathologique d'un cas-limite de tyrannie domestique, et mélodrame. Le mélodrame concerne les victimes de cette tyrannie. Dans un style sobre et froid, mais qui manque un peu de maturité, l'auteur recompose un fait divers réel ayant eu lieu au sein de la petite-bourgeoisie catholique de Manille. Il évoque, comme le Torre Nilsson de *La maison de l'ange**, un univers clos, sans relation avec l'extérieur, favorisant la domination des plus arriérés et des plus déséquilibrés sur les plus sains. L'auteur voit dans la relative résignation de ces derniers la meilleure preuve – et la plus tragique – de l'immobilisme de cette société. Le thème de la séquestration, comme symbole et représentation extrême de l'aliénation subie par certaines couches sociales, figure aussi dans *Manille* (ou *Manille dans les griffes du néon*) de Lino Brocka (1975), produit par Mike De Léon. Forte ressemblance avec les films mexicains de Buñuel, l'ironie en moins.

**KOLBERG (id.)**

1945 – Allemagne (118') • *Prod.* UFA • *Réal.* VEIT HARLAN • *Sc.* V. Harlan, Alfred Braun • *Phot.* Bruno Mondi (Agfacolor) • *Mus.* Norbert Schultze • *Int.* Kristina Söderbaum, Heinrich George, Paul Wegener, Horst Caspar, Gustav Diessl, Otto Wernicke, Irene von Meyendorff.

Breslau, 1813. Pour persuader le roi Frederic Guillaume III de continuer la lutte contre Napoléon, l'officier Gneisenau lui rappelle la résistance héroïque et victorieuse, menée quelques années auparavant en Poméranie, par le petit village de Kolberg face à l'invasion des troupes françaises. « La dernière cartouche du cinéma nazi » (Cadars et Courtade dans leur remarquable « Histoire du cinéma nazi », Éric Losfeld, 1972). Ce monument de stuc au budget le plus élevé du cinéma allemand, aux deux ans de tournage (1943-1944) pendant lesquels le Reich sent souffler le vent de la défaite, est typique de l'auteur du *Juif Süss*, l'exécutant sans âme et sans style des grandes commandes hithlériennes. Académique, dénuée de souffle épique, cette propagande basée sur des faits historiques passablement altérés (les Français sont entrés vainqueurs à Kolberg) finit par se retourner contre elle-même, comme cela est coutumier au cinéma. Vu en France, à La Rochelle (où la copie avait été parachutée), le film put être ressenti, au milieu des troupes d'occupation, comme un appel à la libération de tous les peuples opprimés. Vu en Allemagne, où sa carrière est bientôt interrompue par la défaite, il prend l'allure d'une vision prémonitoire de l'écroulement inévitable du pays. « Dans cette époque désespérée de ténèbres universelles pour l'Allemagne, dit à peu près le commandant du village, Kolberg brille comme une étoile solitaire. » Dans ses mémoires, Veit Harlan a regretté la suppression des scènes de combat les plus violentes. A l'actif du film, on mettra la séquence à la tonalité féerique de la rencontre entre la Reine et la petite paysanne (Kristina Söderbaum) venue lui remettre un message de Kolberg et celle où les paysans creusent une tranchée et inondent leurs terres pour empêcher l'avance des Français. La dernière demi-heure, du fait de l'ampleur des moyens mis en œuvre, est assez impressionnante. Il existe une autre présentation du film, due à Erwin Leiser, Lothar Kompatzki et Raimond Ruelh, sortie en Allemagne en 1965 sous le titre *Der 30. Januar 1945*. Elle a été montrée au ciné-club d'Antenne 2 en mai 1987 sous le titre *L'affaire Kolberg*. Un prologue d'une trentaine de minutes retrace la situation historique dans lequel le film a été conçu et tourné. Puis succède une version écourtée du film où, à plusieurs reprises, on a surimpressionné des plans d'actualités de l'époque, procédé qui, même pour un film de cette sorte, est discutable. On trouvera dans le livre de Cadars et Courtade un résumé séquence par séquence d'une copie de 110' conservée à la Cinémathèque de la RDA.

**LITTLE BIG HORN**

Inédit en France. 1951 – USA (86') • *Prod.* Lippert Pictures (Carl K. Hittleman) • *Réal.* CHARLES MARQUIS WARREN • *Sc.* C.M. Warren d'ap. une histoire de Harold Shumate • *Phot.* Ernest W. Miller • *Mus.* Paul Dunlap • *Int.* Lloyd Bridges, John Ireland, Marie Windsor, Reed Hadley, Jim Davis, Wally Cassell, Hugh O'Brian.

En 1876, un détachement militaire tente d'aller prévenir le général Custer qu'il va tomber dans une embuscade tendue par des milliers de Sioux. Le détachement, ou plutôt ce qu'il en reste, sera massacré à quelques kilomètres de Little Big Horn, lieu de la sanglante défaite de Custer, avant d'avoir pu accomplir sa tâche. *Little Big Horn* a l'insigne honneur d'avoir été placé en tête de la liste des neuf meilleurs films de l'année 1951 dressée par le critique américain Manny Farber en 1952. Cette liste comprend aussi *Fixed Bayonets** de Fuller, *The Thing** de Christian Nyby et Howard Hawks, *The Prowler** de Losey et fait de Manny Farber un des pionniers de la critique moderne. (Un choix de ses articles a été recueilli dans le volume « Negative Space. Manny Farber on the Movies », Praeger Publishers, New York, 1971.) *Little Big Horn,* premier film réalisé par Charles Marquis Warren (1912-1990), est un western à petit budget, insolite, peu mouvementé, très austère (à l'image de *Only the Valiant, Fort Invincible,* Gordon Douglas, 1951, écrit par Warren à partir d'un de ses romans), inégal et surtout extrêmement noir. La tentative de ces quelques soldats (dont Manny Farber apprécie la description très individualisée et non conventionnelle) apparaît, parce qu'on la sait vouée à l'échec, comme une sorte de chant funèbre, une ode au sacrifice inutile, une amère et inévitable victoire de la Fatalité. Les problèmes de chacun, évoqués sans recherche de la dramatisation, ont un aspect fantomatique que leur confère, d'un bout à l'autre du récit, l'entrée imminente des personnages dans l'éternité de la mort.

**LUMIÈRE SUR LA PIAZZA**
**(Light in the Piazza)**

1962 – USA (102') • *Prod.* MGM (Arthur Freed) • *Réal.* GUY GREEN • *Sc.* Julius J. Epstein d'ap. une histoire de Elizabeth Spencer • *Phot.* Otto Heller (Cinémascope, Metrocolor) • *Mus.* Mario Nascimbene • *Int.* Yvette Mimieux, Rossano Brazzi, Olivia de Havilland, George Hamilton, Barry Sullivan.

Sensibilité de l'œil mais aussi du cœur chez cet ancien chef opérateur, quand il portraiture une jeune retardée à laquelle son handicap (à 25 ans elle a l'âge mental d'une fillette) semble apporter comme une embellie de l'âme et du corps. Sensibilité polyvalente de Guy Green qu'on verra aussi aiguë et perméable à l'étrange dans le pur mélodrame (*A Patch of Blue, Un coin de ciel bleu,* 1966), l'étude psychopathologique d'un cas de déviation sexuelle (*The Mark, La marque,* 1961) ou dans un récit policier original et parafantastique (*The Snorkel, L'homme au masque de verre,* 1958). Plus exigeant quant à l'élaboration et à la construction de ses scénarios, Guy Green eût sans doute été un grand metteur en scène. A noter que ce film a été produit par l'empereur de la comédie musicale MGM : l'indispensable Arthur Freed.

**MAHLER (id.)**

1974 – Angleterre (115') • *Prod.* Goodtimes Enterprises (Roy Baird) • *Réal.* KEN RUSSELL • *Sc.* K. Russell • *Phot.* Dick Bush (Technicolor) • *Mus.* Mahler • *Cost.* Shirley Russell • *Chor.* Gillian Gregory • *Int.* Robert Powell, Georgina Hale, Richard Morant, Lee Montague, Rosalie Crutchley, Benny Lee, Antonia Ellis.

1911. Les souvenirs, les rêves, les phantasmes, les visions du compositeur Gustav Mahler durant un voyage en train qui le ramène, avec son épouse Alma, à Vienne, après un séjour aux États-Unis. Mahler ignore à ce moment qu'il ne lui reste plus que quelques jours à vivre. Le cinéma est cruel aux baroques. Ils ne peuvent s'y exprimer que par flambées, en général très courtes, et quand la flambée est éteinte, on se demande même si elle a eu lieu. Pendant cinq ou six ans (1969-1975), Ken Russell a été l'une des sensibilités dominantes du cinéma mondial. Aujourd'hui, on se demande presque si son œuvre n'a pas été un rêve que nous aurions fait avec lui. Il commence en 1969 à se manifester par une admirable – et presque sobre – adaptation de D. H. Lawrence, son troisième long métrage, *Women in Love* (*Love*), sans doute la meilleure adaptation qu'on ait jamais faite de l'écrivain, et pendant quelques années il va se consacrer à présenter des êtres d'exception – en général des artistes – traversant la vie sur une corde raide avec folie et paroxysmes à la clé. *The Music Lovers* (*Music Lovers,* 1971), sur Tchaïkovski, et *Malher* sont sans doute ses deux films les plus représentatifs. Dans *Mahler*, la biographie traditionnelle vole en éclats pour susciter des équivalences plastiques (souvent superbes) et dramatiques de la musique du compositeur. Tout y est allégorie, métaphore, avec parfois un sens violemment outré de l'humour grinçant, du grotesque, de la caricature (cf. la conversion de Mahler au catholicisme pour complaire à Cosima Wagner et obtenir une place), ton qui trouvera son expression limite dans *Lisztomania, id.*, 1975. Aujourd'hui, vue globalement, l'œuvre cinématographie de Russell n'apparaît pas plus importante que son œuvre télévisuelle (voir en particulier ses étonnants films sur *Elgar*, 1962, et sur *Bartók*, 1964). Là aussi, peut-être, aura-t-il été un pionnier, dans cette utilisation conjointe de deux médias qui lui servirent l'un comme l'autre à faire chanter – et exploser – la culture. On souhaite en tout cas qu'il se réveille un jour de la léthargie où il est entré depuis quinze ans. Sur Russell, voir les ouvrages de John Baxter, « An Apalling Talent. Ken Russell », Michael Joseph, Londres, 1973, et de Joseph Gomez, « Ken Russell », Frederic Muller, Londres, 1976.

**MANDAT (LE)**
**(Mandabi)**

1968 – Sénégal (tournée en 2 versions : 90' pour la version française, 105' pour la version ouolof) • *Prod.* Les Films Domirev, Comptoir Français du Film • *Réal.* OUSMANE SEMBENE • *Sc.* O. Sembene • *Phot.* Paul Soulignac, Georges Caristan (couleurs) • *Int.* Mamadou Gueye, dit Makhourédia Gueye, Younousse N'Diaye, Issa Niang, Serigne Sow, Medoune Faye.

Les tribulations d'un habitant de Dakar cherchant à toucher un mandat (envoyé par un parent travaillant en France), dont finalement le montant lui échappera. Dans cette comédie qui est une chronique, une fable et une satire, l'écrivain Ousmane Sembene, qui est aussi un cinéaste original et extrêmement doué, crée les bases de ce qu'on pourrait appeler un *réalisme humoristique* dissimulant sous une jovialité apparente une causticité des plus cinglantes (celle-ci s'accentuera encore dans une de ses œuvres ultérieures, *Xala*, 1975). L'esprit critique et la sévérité souriante de Sembene s'appliquent à tous : au héros, petit potentat local, dépourvu de métier et de fortune mais non d'épouses et d'enfants, tyrannique et paresseux, naïf et illettré, désireux de paraître à tout prix, et à son entourage, constitué d'escrocs que ses défauts stimulent. Son neveu, un affairiste vivant à l'européenne, est le plus voleur de tous. Sembene décrit une société en porte à faux entre la dissolution des vieilles structures, des valeurs traditionnelles et une rénovation qui tarde à venir. Y règnent en maître le désordre administratif, une malhonnêteté et une corruption universelles. On appréciera chez Sembene la minutie, le sens du détail, une certaine lenteur calculée du rythme qui lui permettent, sur le plan narratif, de sonder à fond un petit univers qui lui est proche mais qu'il se refuse à absoudre. Au dire de ceux qui ont connu ce dont il parle, son film n'est rien d'autre, sur le plan sociologique, que la stricte transcription de la réalité. Sur Ousmane Sembene, voir le dossier réuni par Daniel Serceau *in* « CinémAction » n° 34 (1985).

**MÉNAGERIE DE VERRE (LA)**
**(The Glass Menagerie)**

1987 – USA (134') • *Prod.* Warner – Columbia – Aspetuck • *Réal.* PAUL NEWMAN • *Sc.* Tennesse Williams • *Phot.* Michael Balhaus (couleurs) • *Mus.* David Ray • *Int.* Joanne Woodward, John Malkovich, Karen Allen, James Naughton.

A St. Louis, un jeune homme tente d'échapper à la tyrannie affective de sa mère. Pour la première fois, on a l'impression de voir une œuvre de Tennesse Williams vivre véritablement sur l'écran. Victime de tâcherons ou, au contraire, de très grands cinéastes, l'œuvre de Tennesse Williams a été le plus souvent phagocytée, vampirisée par ces derniers. Kazan dans *Un tramway nommé désir*, 1951, a tiré de la pièce un exercice de style – ou plus précisément un exercice de direction d'acteurs – daté, figé, presque momifié, en l'honneur de deux superstars (Marlon Brando et Vivien Leigh). Dans *Soudain, l'été dernier*, 1951, adaptant une œuvre plus mineure de l'auteur, Mankiewicz l'a totalement annexée à son propre univers. Ici, le respect de Paul Newman pour son matériau – respect qui lui a dicté ce style au classicisme éblouissant – force l'admiration comme le ferait une œuvre originale. La haute tenue littéraire du texte, l'étrangeté de personnages torturés et prisonniers d'eux-mêmes, la subtile maturation des scènes où ces personnages commencent à changer avant même de s'en apercevoir, ressurgissent en pleine lumière. Voulant éterniser sur la pellicule une représentation parfaite de la pièce telle qu'elle avait triomphé longtemps sur scène, ainsi que le talent de Joanne Woodward, Paul Newman a surtout servi le génie de Tennesse Williams et l'acteur étonnant – au moins ici – qu'est John Malkovich. Autre adaptation de la pièce par Irving Rapper (1950) avec Jane Wyman, Kirk Douglas, Gertrude Lawrence, Arthur Kennedy. Sur le tournage du film de Paul Newman, voir l'ouvrage de Stewart Stern : « Paul Newman Directs », 1987.

**MIRACLE EN ALABAMA**
**(The Miracle Worker)**

1962 – USA (106') • *Prod.* UA-Play-Films Production (Fred Coe) • *Réal.* ARTHUR PENN • *Sc.* William Gibson d'ap. sa P. • *Phot.* Ernest Caparros • *Mus.* Laurence Rosenthal • *Int.* Anne Bancroft, Patty Duke, Victor Jory, Inga Swenson.

Une jeune femme originaire de Boston, élevée dans un asile, réussit à éveiller l'esprit d'une jeune handicapée mentale, aveugle et sourde-muette. Il n'est pas sûr du tout que le traitement choisi par Penn – baroque, décadent, paroxystique, parfois grandiloquent – soit le plus apte à servir le contenu de la pièce et du scénario de William Gibson. Rien n'est vraiment satisfaisant dans le travail de Penn et pourtant l'essentiel de la force du matériau original survit : à savoir cette façon de montrer l'éducation comme une joute sans merci, visant seulement au résultat, entre l'éducateur et l'éduqué. Rappelons que trois œuvres de William Gibson ont donné lieu à des films de valeur diverse : un chef-d'œuvre, *La toile d'araignée* (*The Cobweb**) de Minnelli d'après un roman de W.G., et deux films intéressants, ce film-ci et *Deux sur la balançoire* (*Two for the Seesaw,* Robert Wise, 1962) d'ap. une pièce de W.G.

**MOLIÈRE**

1978 – France (250' ; version télé et cassettes : 260') • *Prod.* Les Films du Soleil et de la Nuit - Claude Lelouch Films 13 - Antenne 2 - RAI (distribué par Artistes Associés) • *Réal.* ARIANE MNOUCHKINE • *Sc.* A. Mnouchkine • *Phot.* Bernard Zitzermann (Eastmancolor) • *Mus.* René Clemencic et Lulli, Rameau, Monteverdi, Purcell • *Int.* Philippe Caubère, Joséphine Derenne, Brigitte Catillon, Claude Merlin, Louba Guertchikoff, Jonathan Sutton, Jean Dasté, Jean-Claude Penchenat, Roger Planchon.

Enfin un film sur Molière ! La vision qu'a de lui la réalisatrice n'est pas très éloignée de celle de Suarès (dans l'admirable « Ames et visages ») : « Ce grand peintre, maître du rire, ne rit guère. Molière a beaucoup souffert. Ses comédies sont pleines d'aveux pour qui sait les entendre. Entre tous les hommes de son temps, il est le plus isolé ; et d'autant plus qu'il n'est jamais seul (...) Il est usé d'ailleurs ; il est bien plus vieux que ses quarante à cinquante ans (...) il n'a pas de bonheur et il n'en donne pas. » En ce qui concerne le XVIIe siècle, Ariane Mnouchkine, qui ne l'aime guère, en montre pourtant – et comme malgré elle – la grandeur, la noblesse, la sombre dureté. Molière, qui va contre son siècle, en est aussi le produit et la parfaite illustration, comme tous les génies. C'est un Molière intime et vu de près qu'elle nous donne, puisque décrit par quelqu'un de la boutique. La scène où, pour écrire une scène du « Malade imaginaire », il se voit conseiller par Madeleine de se piller lui-même, lui qui avait tant pillé les autres, est superbe. Quant aux scènes « visuelles », comme le transport de la gondole dans les neiges, elles sont moins déplacées qu'on l'a dit. Le goût du décorum n'éclate-t-il pas dans les comédies-ballets de Molière ? Après tout, il n'était pas janséniste.

**MORE**

1969 – Luxembourg (110') • *Prod.* Barbet Schroeder – Films du Losange – Jet Films • *Réal.* BARBET SCHROEDER • *Sc.* Paul Gegauff et B. Schroeder • *Phot.* Nestor Almendros (couleurs) • *Mus.* The Pink Floyd • *Int.* Mimsy Farmer, Klaus Grunberg.

Les derniers mois de la vie d'un jeune Allemand qui a découvert la drogue à Paris puis à Ibiza sous l'influence d'une Américaine. Dans des films rigoureux, sans complaisance et esthétiquement cohérents, qui relatent des expériences auto-destructrices, Barbet Schroeder réussit à transformer la froideur godardienne en quelque chose de documentaire. On ne participe pas une seconde au destin des personnages, mais on a l'impression qu'ils existent. C'est déjà beaucoup. (Ce premier film de l'auteur sortit à l'époque où la grande presse française commençait à parler des problèmes de la drogue ; d'où son succès.)

**MOUCHARD (LE)**
**(The Informer)**

1935 – USA (91') • *Prod.* RKO • *Réal.* JOHN FORD • *Sc.* Dudley Nichols d'ap. R. de Liam O'Flaherty • *Phot.* Joseph H. August • *Mus.* Max Steiner • *Int.* Victor McLaglen, Heather Angel, Preston Foster, Margot Grahame, Wallace Ford, Una O'Connor, J.M. Kerrigan, Joseph Sawyer, Donald Meek, Francis Ford.

A Dublin, en 1932, durant la révolte des Sinnfeiners, un homme trahit un ami pour pouvoir aller en Amérique avec l'argent de la récompense. Il sera découvert et abattu. Malgré sa célébrité, c'est le film par lequel il faut se garder d'aborder Ford. Certes ses thèmes, sa localisation, ses personnages et ses acteurs sont très fordiens, mais le réalisateur y cède plus que jamais à cette tendance à l'académisme qui traverse toute son œuvre (cf. *The Long Voyage Home, Le long voyage,* 1940, *The Fugitive, Dieu est mort,* 1947, ou même *Cheyenne Autumn, Les Cheyennes,* 1964). Cette tendance cohabite chez lui avec le classicisme le plus pur, celui qui a inspiré ses nombreux grands chefs-d'œuvre, tels *Stagecoach*, Qu'elle était verte ma vallée*, Les raisins de la colère*,* etc. Elle cohabite aussi avec une autre tendance, tout à fait inverse, à la fantaisie la plus novatrice (cf. *Steamboat 'Round the Bend,* id., 1935, *When Willie Comes Marching Home, Planqué malgré lui,* 1950, *The Sun Shines Bright*, Le soleil brille pour tout le monde,* 1953, *The Wings of Eagles*, L'aigle vole au soleil,* 1957, *Two Rode Together, Les deux cavaliers,* 1961, *Donovan's Reef, La Taverne de l'Irlandais,* 1963). Bien des détracteurs de Ford ont été obnubilés par la première tendance et on peut expliquer ainsi leur agacement ou leur mépris vis-à-vis de ce grand cinéaste. Quoi qu'il en soit, le cumul de ces trois tendances à toutes époques de sa carrière fait de l'œuvre de Ford l'une des plus étranges, sur le plan formel, du cinéma américain. Scénario et dialogues *in* « Modern British Dramas », édité par Hatlan Hatcher, New York, Harcourt, Brace and Company, 1941 et 1944, et *in* « L'Avant-Scène » nº 45 (1965).

**NOI VIVI – ADDIO, KIRA**

1942 (sorti en France en 1991 sous le titre *We the living*) – Italie (174') • *Prod.* Scalera Film – Era Film • *Réal.* GOFFREDO ALESSANDRINI avec la collaboration d'Anton Giulio Majano • *Sc.* Anton Giulio Majano, Corrado Alvaro, Orio Vergani d'ap. R. de Ayn Rand • *Phot.* Giuseppe Caracciolo • *Mus.* Renzo Rossellini • *Int.* Fosco Giachetti, Alida Valli, Rossano Brazzi, Giovanni Grasso, Emilio Cigoli.

Dans la Russie des années 20, les vicissitudes d'une famille de Russes blancs, petits commerçants contraints d'émigrer vers Saint-Petersbourg. Ce feuilleton anti-soviétique, tiré d'Ayn Rand, fut si abondant qu'il dut être exploité en deux épisodes, ce qui n'était pas prévu au départ. Plus que d'une œuvre réellement politique, il s'agit d'une grande fresque mélodramatique et romanesque aux qualités esthétiques souvent impressionnantes, notamment dans l'interprétation et la photo. Le film présente le tableau d'un monde en pleine déliquescence où l'on peut apercevoir, au-delà de la volonté des auteurs, comme une image de la révolution fasciste.

**NOUS SOMMES TOUS EN LIBERTÉ PROVISOIRE**
**(L'istruttoria è chiusa : dimentichi)**

1971 – Italie (106') • *Prod.* Fair Film (Mario Cecchi Gori) • *Réal.* DAMIANO DAMIANI • *Sc.* Dino Mauri, Massimo De Rita, D. Damiani d'ap. R. « Tante sbarre » de Leros Pittoni • *Phot.* Claudio Ragona (Eastmancolor) • *Mus.* Ennio Morricone • *Int.* Franco Nero, Riccardo Cucciola, Georges Wilson, John Steiner.

Arrêté pour homicide involontaire, un architecte découvre les horreurs de la vie carcérale et la puissance occulte de la Mafia à l'intérieur de sa prison. Il assistera impuissant à l'assassinat d'un compagnon de cellule. On n'oubliera pas, dans le tableau du cinéma italien des trente dernières années, de faire une petite place au talent assez erratique, parfois tenté par le style pompier (*Confession d'un commissaire de police au procureur de la République*, 1971) de l'humaniste Damiano Damiani. Ici, il dénonce quelques plaies de la société italienne avec une cruauté souvent difficile à soutenir mais qui vise juste et traduit une indignation contagieuse et de bon aloi. Excellente inteprétation de Riccardo Cucciola. (Pour une fois, un remarquable titre français : c'est celui de la traduction du roman publiée chez Denoël.)

**OLIVIERS DE LA JUSTICE (LES)**

1962 – France (81') • *Prod.* Studios Africa (Georges Derociès) • *Réal.* JAMES BLUE • *Sc.* Jean Pelegri, Sylvain Dhomme, J. Blue d'ap. R. de Jean Pelegri • *Phot.* Julius Rascheff • *Mus.* Maurice Jarre • *Int.* Pierre Prothon, Saïd Achaibou, Mohamed Bennou, Jean Pelegri.

En 1956, un pied-noir, qui a quitté l'Algérie et vit en France depuis des années, revient dans son pays natal pour assister à l'agonie de son père. A cette occasion, il repense à son passé de fils de colon. Bien des paradoxes dans cette œuvre attachante et originale qui est le premier film français sur l'Algérie d'après 1954. Le film est tourné par un jeune Américain, ancien élève de l'IDHEC, établi en Algérie, qui a travaillé en étroite collaboration avec Pelegri, auteur du scénario et acteur (c'est son rôle dans *Pickpocket** qui lui donna le goût du cinéma). Le film fait l'éloge de la paix, de la justice et de la sérénité sur un territoire ravagé par la guerre (mais le plateau lui-même fut, entre Européens et Algériens, une étrange oasis de paix). Le film emprunte à certaines techniques du documentaire mais obéit en profondeur à la construction et aux nécessités intimes d'une œuvre de fiction. Enfin, le regard posé sur la colonisation est un regard clair et apparemment simple alors qu'il s'agit du plus controversé et du plus complexe des sujets. Nous n'avons pu revoir le film depuis sa sortie, qui nous avait paru alors une œuvre d'humaniste et d'honnête homme. Sur le tournage et la genèse du film, voir l'article de Jean-Michel Meurice *in* « Cahiers du cinéma » nº 134 (1962).

**ON DEMANDE UN EMPLOYÉ**

1933 – France (35') • *Prod.* Société d'Édition et de Location de Films • *Réal.* PIERRE-JEAN DUCIS • *Sc.* René Dorin • *Phot.* Michel Kelber • *Mus.* Raymond Wraskoff • *Int.* Paul Colline, René Dorin, Monette Dinay, Georges Bever.

Deux chômeurs viennent se présenter pour une place et, se prenant l'un l'autre pour le patron, s'offrent des conditions financières mirobolantes. Raymond Chirat, bienfaiteur lyonnais du cinéma, a donné en 1975 le « Catalogue des films français de long métrage 1929-1939 » publié par les soins de la Cinémathèque Royale de Belgique et réédité par le même organisme avec une photo par film en 1981. Ce travail artisanal et exemplaire a largement contribué à relancer l'intérêt pour cette période du cinéma français. En 1981, Chirat récidivait avec le « Catalogue des films français de long métrage 1940-1950 », publié cette fois par la Cinémathèque Municipale de Luxembourg. En 1984, Chirat, associé avec Roger Icart, donnait le « Catalogue des films français de long métrage 1919-1929 » publié par les soins de la Cinémathèque de Toulouse (enfin un organisme français s'intéressait à ses travaux). Cette même année, Chirat, associé à Jean-Claude Romer, livrait le « Catalogue des films de fiction de première partie 1929-1939 », publié par le CNC, complément au premier Catalogue 1929-1939. Vrai régal de science et d'érudition, ce dernier travail en dit long sur la période. 938 courts métrages sont ici répertoriés, qui vont de la chanson filmée de quelques minutes au récit policier de 40 ou 45'. Un grand nombre de ces titres sont des farces, des vaudevilles, des pochades, etc., qui témoignent du goût insatiable du spectateur de l'époque pour la comédie, déjà si bien représentée en quantité, qualité et variété dans les longs métrages de la décennie. Aucun programme de l'époque (constitué en général de deux longs métrages et de plusieurs courts métrages) n'était concevable qui ne comportât au moins un film comique. Beaucoup de pochades rassemblées dans ce catalogue sont basées sur le thème du quiproquo (cf. *La Claque* de Robert Péguy, 1933 ; *Mon cousin de Marseille* de Germain Fried, 1936, etc.). *On demande un employé* sacrifie à cet usage, mais avec un sel, une verve, une justesse sociologique qui méritent d'être particulièrement salués. On notera que la plupart des saynètes comiques de la période sont des œuvres originales et que, lorsqu'il s'agit d'adaptations littéraires (3 Molière, 2 Labiche, 7 Courteline, 4 Feydeau pour la décennie), ces matériaux plus nobles ne donnent pas forcément des résultats meilleurs. C'est même en général le contraire qui se produit. En fait, l'apport principal de ces petites bandes tient dans un surcroît de liberté pour les auteurs et les interprètes. Donnons-en pour preuve un film comme *Le réserviste improvisé*, réalisé par André Hugon (qui n'a jamais rien signé de meilleur) à partir d'un scénario de Georges Fagot. C'est un mini-vaudeville militaire désopilant, quintessence d'un genre libéré ici – encore plus que dans les longs métrages – de toute entrave et de tout complexe. Parfois, comme dans *La place est bonne* de Roger Lion, 1930, toute mise en scène étant pour ainsi dire absente, l'acteur – en l'occurrence l'immortel Armand Bernard – s'en donne à cœur joie et, oubliant les contraintes de la technique, se livre (en plan fixe) à une improvisation délirante et inspirée. Ces petits films, difficiles à trouver, sont rarement projetés. En en procurant la liste, Chirat et Romer ont facilité la tâche de ceux qui les recherchent et se sont attiré la reconnaissance des amateurs, déjà comblés par les catalogues précédents. N.B. Les deux catalogues de longs métrages 1929-1939 et 1940-1950 ont été réédités sous une forme plus luxueuse (et plus encombrante) par les éditions Pygmalion en trois volumes : 1940-1950 (en 1986), 1935-1939 (en 1987), 1929-1934 (en 1988) avec à chaque fois une introduction de Maurice Bessy.

**OR DANS LA MONTAGNE (L')/ FARINET**

1938 – Suisse-France (91') • *Prod.* Prod. Clarté-Film, Bâle (Charles Ferdinand Vaucher) – Clarté Films, Paris (Paul Falkenberg, Max Haufler) – Compagnie Internationale Cinématographique, Paris • *Réal.* MAX HAUFLER • *Sc.* Charles Ferdinand Vaucher, Louis Robert, Max Haufler, Charles A. Brun d'ap. R. « Farinet ou la fausse monnaie » de Ramuz (1932) • *Phot.* Georges Million, Maurice Barry • *Mus.* Arthur Honegger • *Int.* Jean-Louis Barrault, Suzy Prim, Alexandre Rignault, Alerme, Jim Gérard, Janine Crispin, Heinrich Gretler, Walburga Gmur, Delmont, Sinoël.

Deux fois évadé de la prison de Sion, le faux-monnayeur Farinet, anarchiste et ivre de liberté, se cache dans la montagne au-dessus de Mièges. Les habitants de son pays l'aiment bien, car ils le considèrent comme un « vrai-monnayeur ». L'or avec lequel il fait ses pièces, d'après un gisement que lui avait indiqué son père dans la montagne, est meilleur en effet que celui du gouvernement. A cause de la fille du maire qui lui plaît, il songe à se rendre et à rentrer dans le rang. S'estimant trahie, une servante d'auberge, qui l'avait aidé et qui l'aime, le dénonce. Les gendarmes tirent sur lui. Il meurt peu après. Tirée d'un roman de Ramuz inspiré par un personnage réel, le contrebandier Joseph Samuel Farinet (1845-1880), cette ode à la liberté, à la révolte et même à l'anarchie surprend par ses accents sombres, voire tragiques. Elle effraya le public suisse et son insuccès plaça sous de bien mauvais auspices l'œuvre naissante de Max Haufler, également peintre et plus tard acteur à son corps défendant, redécouvert en tant que metteur en scène dans les années 70. Tout en regrettant que le trop grand nombre d'acteurs français nuise à l'authenticité du film, laquelle s'exprime par ailleurs dans les nombreux extérieurs et la figuration, il faut reconnaître à cette œuvre si peu complaisante une sincérité, une noirceur de ton et en même temps une sorte de maladroite innocence qui témoignent bien de la sensibilité d'écorché vif du réalisateur. Sur Max Haufler, voir « Travelling » n° 50 (1977-78) et bien entendu la prodigieuse « Histoire du cinéma suisse » de Hervé Dumont, Cinémathèque Suisse, Lausanne, 1987.

**ORDRE ET LA SÉCURITÉ DU MONDE (L')**

1978 – France (105') • *Prod.* Dedalus, Seuil Audiovisuel, FR3, distribué par CIC • *Réal.* CLAUDE D'ANNA • *Sc.* Claude d'Anna, Marie-Françoise Bonin • *Phot.* Eddy van der Enden (couleurs) • *Mus.* Claude Nougaro, Maurice Vander • *Int.* Bruno Crémer, Donald Pleasence, Laure Deschanel, Dennis Hopper, Joseph Cotten, Gabriele Ferzetti, Michel Bouquet.

Tombée par accident en possession du passeport d'un journaliste enquêtant sur une multinationale, une jeune femme recherche ce journaliste et trouvera la mort au cours de sa quête. Claude d'Anna fait partie des 900 cinéastes français qui ont signé un long métrage sorti commercialement depuis 1971 et qui se trouvent minutieusement et exhaustivement répertoriés, par une équipe de journalistes dirigée par René Prédal, dans le volume « 900 cinéastes français d'aujourd'hui », Éditions du Cerf, 1988. Ce nombre est énorme puisqu'il équivaut environ à celui des réalisateurs travaillant à Hollywood à la grande époque. A l'intérieur de cette immense cohorte, Claude d'Anna a une place à part. Il est l'esthète, le dandy de la bande. Une sorte d'oiseau rare. Dans ses films, et particulièrement dans celui-ci, un baroque froid exprime la façon dont le metteur en scène entend privilégier le cadre, l'atmosphère, des heurts de couleurs vives et glacées, et la toute-puissance de la nuit, par rapport aux autres éléments du film, y compris le sujet. Un jour peut-être, sur ces bases-là, Claude d'Anna, qui a déjà montré sa persévérance, réalisera-t-il un chef-d'œuvre.

**PAGINE CHIUSE**

Inédit en France. 1969 – Italie (88') • *Prod.* Istituto Luce • *Réal.* GIANNI DA CAMPO • *Sc.* G. Da Campo, Laura Borin, Margherita Borin • *Phot.* Livio Sposito • *Mus.* Gianni Casciello • *Int.* Duilio Laurenti, Silvano De Manari, Maria Gazziola, Luigi Nadali, Giorgio Da Ros.

Dans une institution religieuse, la scolarité difficile et irrémédiablement solitaire d'un garçon de onze ans dont les parents sont en train de divorcer. Le marginal absolu qu'est Gianni Da Campo a réalisé deux films : celui-ci et *La ragazza di passagio* (1971). *Pagine chiuse* fut présenté à la Semaine de la Critique à Cannes en 1969 (c'est la possibilité de donner à voir au public une œuvre comme celle-là – d'ailleurs non distribuée par la suite en France – qui justifierait, même si elle ne se produit qu'une fois tous les dix ans, le tintamarre futile et souvent assommant des festivals). L'auteur a choisi de poser sur son personnage un regard *neutre.* Cette neutralité – expression d'une sensibilité d'écorché vif qui jugerait pour ainsi dire obscène toute insistance émotionnelle et qui est en même temps si requise par son sujet qu'elle en devient comme pétrifiée et sans révolte –, cette neutralité est l'un des secrets du cinéma. Faisant penser à ce qu'Emmanuel Bove a atteint dans certains de ses romans, elle est ici inoubliable.

**PARAPLUIES DE CHERBOURG (LES)**

1964 – France-Allemagne (90') • *Prod.* Parc Film – Madeleine Films, Paris (Mag Bodard), Beta Film, Munich • *Réal.* JACQUES DEMY • *Sc.* J. Demy • *Phot.* Jean Rabier (couleurs) • *Mus.* Michel Legrand • *Int.* Catherine Deneuve, Nino Castelnuovo, Anne Vernon, Marc Michel, Mireille Perrey, Ellen Farner.

La vie sépare Geneviève et Guy, appelé sous les drapeaux en Algérie. Geneviève est enceinte de Guy. Ils se marieront chacun de leur côté et Genenième élèvera avec son mari l'enfant de Guy. L'art convalescent de Jacques Demy a trouvé avec ce film le chemin du grand public. Rencontre hautement paradoxale puisqu'elle a lieu dans un film musical et l'on connaît la haine – le mot n'est pas trop fort – du public français pour les films où les personnages chantent. Chaque cinéphile a dans l'oreille les ricanements, les lazzi, etc. qui saluaient inévitablement, à l'époque de leur sortie, le début des chansons dans les grandes comédies musicales américaines. Comment alors expliquer ce petit miracle ? Les mérites – d'ailleurs modestes – du film n'y suffisent pas. C'est sans doute que Demy est allé *jusqu'au bout* de son entreprise en surmontant un obstacle apparemment infranchissable et qu'il n'a peut-être même pas redouté. Il a voulu filmer une sorte d'opéra où les personnages chanteraient sans interruption, évitant ainsi les passages du parlé au chanté qui hérissent tant les spectateurs. Pour le reste, il s'agit d'un mélodrame assez joliment colorié.

**PARIS NOUS APPARTIENT**

1958 (sorti en 1961) – France (137') • *Prod.* Ajym Film (Claude Chabrol) – Les Films du Carrosse (François Truffaut) • *Réal.* JACQUES RIVETTE • *Sc.* J. Rivette, Jean Gruault • *Phot.* Charles Bitsch • *Mus.* Philippe Arthuys • *Int.* Betty Schneider, Gianni Esposito, Françoise Prévost, François Maistre, Jean-Claude Brialy.

Une atmosphère de complot pèse sur la capitale où un metteur en scène de théâtre essaie de monter, au milieu des pires difficultés, « Périclès » de Shakespeare. Premier long métrage de Jacques Rivette qui s'efforce de bâtir, en balbutiant, un univers situé entre Feuillade et Fritz Lang. Tout balbutiant qu'il soit, ce premier film est de loin le meilleur Rivette. Gianni Esposito donne à son personnage de velléitaire suicidaire une certaine épaisseur qui ne se retrouvera plus dans les films ultérieurs de l'auteur, sauf peut-être chez le personnage de Bulle Ogier dans *L'amour fou.* Avec *Paris nous appartient,* le cinéma français ne s'est pas enrichi. Il a perdu un excellent critique sans gagner un cinéaste. Or, comme il y a moins de bons critiques que de bons cinéastes...

**PASQUALINO**
**(Pasqualino Settebellezze)**

1976 – Italie (115') • *Prod.* Medusa (Lina Wertmuller, Giancarlo Giannini, Arrigo Colombo) • *Réal.* LINA WERTMULLER • *Sc.* L. Wertmuller • *Phot.* Tonino Delli Colli (Eastmancolor) • *Mus.* Enzo Jannacci • *Int.* Giancarlo Giannini, Fernando Rey, Shirley Stoler, Elena Fiore, Enzo Vitale.

Durant la Deuxième Guerre, Pasqualino, un déserteur, ancien malfrat enfermé dans un asile d'aliénés après avoir commis un « crime d'honneur », se retrouve prisonnier dans un camp de concentration. Pour survivre, il séduit le monstre femelle qui dirige le camp. Devenu kapo du stalag, il devra exécuter six prisonniers et notamment son ancien compagnon de route, le socialiste Francesco. La guerre finie, de retour sain et sauf en Italie, il épouse une prostituée. La bouffonnerie énorme, les outrances, le délire de Lina Wertmuller plaisent plus aux États-Unis qu'en France où d'ailleurs très peu de ses films sont sortis. Dans *Pasqualino,* sur le plus tragique des sujets, qui est aussi l'un de ceux qui se prêtent le moins à être représentés dans une œuvre de fiction, la réalisatrice ne re..once à aucune de ses caractéristiques habituelles, dépeignant un anti-héros que sa rage de survivre absout (ou n'absout pas) aux yeux de l'auteur de tous les crimes et horreurs qu'il peut commettre. Le principal intérêt de *Pasqualino* est d'avoir inspiré à Bruno Bettelheim, en 1976, un texte long et important, « Survivre », qui donne son titre au recueil où il figure « Surviving and Other Essays », traduction française sous le titre « Survivre », dans la collection Pluriel, 1984. L'auteur y dénonce l'ambiguïté du film (« "Survivre ! A tout prix ! Seule compte la survie" ou "La survie est dénuée de signification !" Quel est celui de ces deux messages que veut nous transmettre le film de la cinéaste italienne : l'appel à la vie, ou l'avertissement nihiliste ? ») et commente les diverses erreurs de points de vue que le film contient sur le sujet de la survie dans les camps de concentration.

**PÉPÉ LE MOKO**

1937 – France (93') • *Prod.* Paris Film Production (Robert et Raymond Hakim) • *Réal.* JULIEN DUVIVIER • *Sc.* J. Duvivier, Détective Ashelbé, Jacques Constant, Henri Jeanson d'ap. R. du Détective Ashelbé • *Phot.* Jules Kruger, Marc Fossard • *Mus.* Vincent Scotto, Mohamed Yguerbouchen • *Int.* Jean Gabin, Mireille Balin, Line Noro, Lucas Gridoux, Fernand Charpin, Saturnin Fabre, Gilbert Gil, Robert Legris, Gaston Modot, Fréhel, Dalio.

Caché dans le labyrinthe grouillant de la Casbah d'Alger, le célèbre voyou Pépé le Moko demeure inaccessible à la police. Il tombe amoureux d'une Parisienne qui lui plaît par son élégance et par son charme mais aussi parce qu'elle lui parle de la capitale dont il a la nostalgie. Voulant la rejoindre sur le port, alors qu'elle quitte la ville, car on lui a fait croire qu'il était mort, il tombe dans une embuscade tendue par la police et se suicide. Au sein du cinéma français, c'est le film mythique par excellence, mais un film qui n'est *rien d'autre* que mythique ; non une œuvre de chair et de sang mais une suite de stéréotypes livrés dans une mécanique parfaite (un peu comme *Les Misfits* dans le cinéma américain). Interviewé en 1968, Gabin jugeait cette œuvre avec une sévérité excessive mais qu'on peut comprendre : « Quand je me revois dans *Pépé le Moko* ou dans *La Bandera**, je me trouve con comme la lune. C'était pas possible, du faux romantisme. » (cité par Claude Gauteur *in* « Positif » n° 119, 1970). A notre avis *La Bandera** est une œuvre très supérieure à *Pépé,* qui néanmoins ne manque pas de qualités. Servi par les dialogues souvent éblouissants de Jeanson, les seconds rôles sont superbes, notamment Lucas Gridoux dans le rôle de l'inspecteur Slimane (« Avoir l'air du faux jeton à ce point-là, j'te jure que c'est vraiment de la franchise ! » lui dit Pépé) et l'immortel Charpin (« Je suis un indicateur, je ne suis pas un hypocrite. ») Le film a été refait deux fois aux États-Unis : par John Cromwell, *Algiers,* 1938, avec Charles Boyer (film très terne) et par John Berry, *Casbah,* 1948 (film musical décourageant de nullité). N.B. Outre un volume de photogrammes reproduisant la continuité du film publié en 1945 aux Éditions Domus, Milan, sous le titre « Il bandito della Casbah », le découpage (448 plans) de *Pépé le Moko* figure *in* « L'Avant-Scène » n° 269 (1981).

**PICKUP**
**(La racoleuse)**

1951 – USA (78') • *Prod.* COL.-Forum Production (Hugo Haas) • *Réal.* HUGO HAAS • *Sc.* H. Haas, Arnold Phillips d'ap. R. de Joseph Kopta • *Phot.* Paul Ivano

• *Mus.* Harold Byrns • *Int.* Hugo Haas, Beverly Michaels, Allan Nixon, Howland Chamberlin.

Dragué par une blonde sans le sou dans une fête foraine, un garde-barrière, veuf et proche de la retraite, tombe amoureux d'elle et l'épouse. Il a quelque temps plus tard un accès de surdité d'origine psychosomatique. Puis il entend de nouveau. Mais il profite de cet accident pour se faire accorder une retraite anticipée et satisfaire ainsi aux désirs de sa jeune épouse qui veut à tout prix quitter les lieux. Devant elle, il continue de se prétendre sourd. Elle a une liaison avec un jeune employé de la gare. Le mari entend leurs conversations et apprend ainsi tout le mal que sa femme pense de lui. Elle tente en vain de pousser le jeune homme à le tuer afin de toucher l'héritage. Mais ce serait plutôt elle que le jeune homme a envie d'étrangler. Le mari les sépare et chasse l'infidèle. Un ami lui ayant fait cadeau d'un chiot, le vieil homme conclut que c'est ce petit animal qu'il aurait dû amener dans sa maison au lieu d'une épouse. « Le suprême masochiste du cinéma », comme l'appelle Wheeler W. Dixon (*in* « The " B " Directors. A Biographical Directory », Scarecrow Press, Metuchen, N.J., 1985), Hugo Haas fut d'abord acteur et réalisateur en Tchécoslovaquie avant de l'être à Hollywood. On ne lui disputera pas le statut d'auteur pour deux raisons principales. D'abord, il fait tout lui-même (production, scénario, réalisation, interprétation). Ensuite, il a une thématique si restreinte qu'elle comble d'aise ceux qui adorent détecter des ressemblances littérales entre les films d'un même cinéaste. Dans la plupart de ses œuvres, il s'agit de vieillards trompés, bafoués, humiliés (qu'il interprète lui-même) par des blondes agressives et sans pitié. Mais dans ses films tchèques, il avait d'autres sujets de préoccupation, comme en témoigne l'intéressant *Bila Nemoc,* 1937 (sorti en France en 1945 sous le titre *La chute du tyran*) : un médecin ne consent à vacciner contre une maladie mortelle un dictateur que s'il renonce à la guerre ; ce dernier refuse et entraînera son pays et lui-même dans la ruine (sujet voisin de *Crisis* de Richard Brooks, 1950 et de *State Secret** de Sidney Gilliat, 1950). Cela dit, *auteur* ne signifie pas pour autant génie, grand maître ou même petit maître. Hugo Haas n'est rien de tout cela (et il serait oiseux, par exemple, de le comparer à Edgar Ulmer). Il fut une personnalité curieuse, obsessionnelle, comme les aimait Hollywood qui, loin d'entraver la carrière de pareils spécimens, non seulement les tolérait mais, dans une certaine mesure, les favorisait. C'est de cela surtout que témoigne, en définitive, une œuvre comme celle de Hugo Haas.

## PIQUE-NIQUE A HANGING ROCK
**(Picnic at Hanging Rock)**

1975 – Australie (115') • *Prod.* McElroy-Pat Lovell • *Réal.* PETER WEIR • *Sc.* Cliff Green d'ap. R. de Joan Lindsay • *Phot.* Russell Boyd (couleurs) • *Mus.* Bruce Smeaton • *Int.* Rachel Roberts, Dominic Guard, Helen Morse, Jacki Weaver.

En 1900, un groupe de pensionnaires d'un collège de jeunes filles disparaît corps et biens lors d'une excursion au volcan de Hanging Rock. Trois jeunes filles ne reviendront jamais. Une amie des disparues se suicidera. Le cadavre de la directrice du collège sera retrouvé au pied du volcan. Il y a loin du malaise et de l'inquiétude insidieuse que dispense ce film à la démagogie *clean* du *Cercle des Poètes Disparus* (*Dead Poets Society,* 1989). Néanmoins, Peter Weir demeure depuis son premier film, *Les voitures qui ont mangé Paris, The Cars That Ate Paris,* 1974, film rugueux et suscitant lui aussi le malaise, l'un des meilleurs réalisateurs contemporains, l'un de ceux dont on peut encore attendre surprises et réussites. Dans *Pinic at Hanging Rock,* Peter Weir, adaptant le roman de Joan Lindsay, procède vis-à-vis du contenu fantastique de l'intrigue comme Simenon vis-à-vis du contenu policier de son roman « La mort de Belle » (1952) : mise en place savante du mystère et absence de solution. Dans *Picnic,* il est suggéré que le cosmos tout entier est responsable de la disparition. C'est là un thème qui semble obséder les Australiens : comme si le cosmos était en lui-même une source inépuisable de menace et de mystère, comme si l'énigme du monde n'était pas tant métaphysique que tout simplement physique.

## PLANÈTE DES SINGES (LA)
**(Planet of the Apes)**

1968 – USA (112') • *Prod.* Fox (Arthur P. Jacobs) • *Réal.* FRANKLIN J. SCHAFFNER • *Sc.* Michael Wilson et Rod Serling d'ap. R. de Pierre Boulle • *Phot.* Leon Shamroy (Panavision, DeLuxe Color) • *Maquillage* John Chambers • *Mus.* Jerry Goldsmith • *Int.* Charlton Heston, Roddy McDowall, Kim Hunter, Maurice Evans, James Whitmore, James Daly, Linda Harrison.

En 3900 et quelque, un vaisseau spatial atterrit sur une planète inconnue à 300 années-lumière de la Terre. Les trois membres survivants de l'équipage (une femme est morte pendant le voyage) sont attaqués par des gorilles qui règnent en maîtres sur la planète et considèrent une tribu d'hommes primitifs vivant sur cette planète comme des êtres inférieurs qu'ils massacrent ou emprisonnent à leur guise. L'un des trois cosmonautes est tué ; un autre sera « décervelé ».

Le troisième, capturé, amène un couple de savants (des chimpanzés) à s'intéresser à lui. Il les aidera à prouver qu'une civilisation humaine a préexisté sur cette planète. Cette découverte est considérée comme hérétique et les deux savants passeront en jugement. Quant au cosmonaute, ayant réussi à échapper aux gorilles, il découvre que cette planète est en fait la Terre, détruite par une explosion atomique il y a deux mille ans. L'œuvre de Franklin Schaffner est difficile à appréhender. Des projets ambitieux (*The War Lord, Le seigneur de la guerre,* 1965 ; *Patton, id.*, 1970) finissent souvent, une fois réalisés, par décevoir, comme si l'énergie dépensée par Schaffner pendant la préparation s'était tarie au premier jour de tournage. Le cas est un peu différent avec *La planète des singes,* projet qui ne lui était pas destiné et qu'il a repris après le refus de plusieurs réalisateurs. C'est un film assez biscornu comme l'œuvre entière de Schaffner elle-même dans la filmographie duquel elle représente sans doute le titre le plus significatif. Diverses virtualités s'y côtoient et s'y mélangent : grand spectacle, récit de SF inquiétant et dépaysant, apologue pacifiste et anti-religieux, satire de l'orgueil humain bâtie à partir d'un renversement radical (et parfois comique) de la hiérarchie homme/animal. L'accent mis sur ce dernier aspect est peut-être l'apport plus particulier de Rod Serling : en tout cas, il évoque plusieurs épisodes de la série de télévision *The Twilight Zone* dont Serling était le scénariste attitré. Schaffner préfère ne privilégier aucune de ces virtualités. Son attentisme et sa prudence, sans empêcher le film d'être attachant, lui ont permis d'atteindre un immense succès. Remarquable utilisation des extérieurs filmés dans les parcs nationaux d'Utah et d'Arizona. Non totalement dénuées d'intérêt, les quatre suites (*Le secret de la planète des singes, Beneath the Planet of the Apes,* Ted Post, 1970 ; *Les évadés de la planète des singes, Escape From the Planet of the Apes,* Don Taylor, 1971 ; *La conquête de la planète des singes, Conquest of the Planet of the Apes,* J. Lee-Thompson, 1972 ; *La bataille de la planète des singes, Battle for the Planet of the Apes,* J. Lee-Thompson, 1973) deviendront de plus en plus superficielles et beaucoup moins brillantes sur le plan formel que le film de Schaffner.

**PLEIN SOLEIL**

1960 – France-Italie (115') • *Prod.* Paris Film Production (Paris) et Titanus (Rome) • *Réal.* RENÉ CLÉMENT • *Sc.* René Clément, Paul Gégauff d'ap. R. « Monsieur Ripley » de Patricia Highsmith • *Phot.* Henri Decae (Eastmancolor) • *Mus.* Nino Rota • *Int.* Alain Delon, Marie Laforêt, Maurice Ronet, Billy Kearns, Erno Crisa, Frank Latimore, Romy Schneider.

Une jeune homme tue un richissime Américain de son âge et prend son identité. Surprenant comme le vieux routier qu'est René Clément se fond ici, véritable caméléon, dans l'atmosphère ambiante et sacrifie aux diktats d'une Nouvelle Vague à peine née. Dissolution d'une intrigue policière solide en longue déambulation un peu molle. Effacement des personnages et des acteurs secondaires (qui se souvient que la grande Elvire Popesco joue ici un petit rôle ?) Culte de la jeunesse. L'apport du scénariste Gégauff n'est sans doute pas étranger à tout cela. Et ce qui reste du film, c'est uniquement le spectacle de la jeunesse des corps, presque scandaleuse à cette époque du cinéma français. Découpage (714 plans) *in* « L'Avant-Scène » nº 261 (1981).

**POUR UNE POIGNÉE DE DOLLARS**
**(Per un pugno di dollari)**

1964 – Italie (95') • *Prod.* Jolly Film, Ocean Film, Constantin Film • *Réal.* SERGIO LEONE (sous le pseudonyme de Bob Robertson) • *Sc.* Leone, Duccio Tessari, Victor A. Catena • *Phot.* Federico Larraga, Jack Dalmas (= M. Dallamano) • *Mus.* Dan Savio • *Int.* Clint Eastwood, Marianne Koch, John Welles (= Gian Maria Volonte), Carol Browne, Margarita Lozano.

A la frontière du Mexique, un jeune aventurier cherche à jouer les arbitres entre deux clans ennemis. Il assistera et participera au massacre total des deux clans. Durant les trente dernières années, deux cinéastes ont eu, par leur succès et le nombre élevé de leurs imitateurs, une influence particulièrement catastrophique sur l'évolution du cinéma : Jean-Luc Godard et Sergio Leone. Le premier en flattant l'ego de certains cinéastes en herbe et leur vocation au bâclage ; le second en abaissant – ce qui est peut-être encore plus grave – le niveau moyen du spectacle cinématographique populaire. En trois films (celui-ci, ... *Et pour quelques dollars de plus,* 1965 et *Le bon, la brute et le truand,* 1966), Leone a dévitalisé un genre fondamental du cinéma dont il a accentué complaisamment l'un des éléments (la violence) tout en recourant à des intrigues de plus en plus sommaires, de plus en plus débiles. Dans la trajectoire fatale qui a mené la plupart des salles de quartier à passer des films hollywoodiens de genre aux westerns italiens puis aux films pornographiques avant de fermer leur porte pour se transformer en supermarchés ou en toute autre forme de commerce, le moment décisif, le point de non-retour a été atteint durant l'invasion des westerns-spaghetti. Il serait injuste d'attribuer au seul Leone et à ses pairs la responsabilité de cette évolution, mais ils y ont largement contribué et l'ont accélérée.

**PRINCE VAILLANT**
**(Prince Valiant)**

1954 – USA (100') • *Prod.* Fox (Robert L. Jacks) • *Réal.* HENRY HATHAWAY • *Sc.* Dudley Nichols d'ap. la bande dessinée de Harold Foster • *Phot.* Lucien Ballard (DeLuxe Color, Cinémascope) • *Mus.* Franz Waxman • *Int.* James Mason, Janet Leigh, Robert Wagner, Debra Paget, Sterling Hayden, Victor McLaglen, Donald Crisp.

Les aventures et les épreuves d'un jeune prince viking cherchant à devenir chevalier à Camelot. Adaptation très fidèle, dans sa juvénilité et son élégance, à l'esprit de Foster. Entre, par exemple, la fresque âpre et dense qu'il a consacrée aux Mormons (*Brigham Young*, 1940) et le coloriage dynamique et comme délivré de la pesanteur de ce film, il est facile de s'apercevoir que la palette de Hathaway est l'une des plus variées de l'histoire du cinéma hollywoodien.

**PROMESSE**
**(Ningen no yakusoku)**

1986 – Japon (123') • *Prod.* Seibu Saison Group, TV Asahi, Kinema Tokyo • *Réal.* YOSHISHIGE (KIJU) YOSHIDA • *Sc.* Yoshida, Fukiko Miyauchi d'ap. R. de Shuichi Sae • *Phot.* Yoshihiro Yamazaki (Fujicolor) • *Mus.* Haruomi Hosono • *Int.* Rentaro Mikuni, Sachiko Murase, Choichiro Kawarazaki, Orie Sato, Tetsuta Sugimoto.

Dans une banlieue de Tokyo, la mère, très âgée, d'un publicitaire ne supporte plus son environnement et préfère se suicider. Mais un membre de sa famille l'a peut-être aidée... Après treize ans de silence, Yoshida, « le plus intellectuel des cinéastes de sa génération », selon Max Tessier (cf. « Images du cinéma japonais », Henri Veyrier, 1990), revient au cinéma de fiction avec ce film qui nous paraît le plus abouti de ceux qu'on a pu voir de lui en France. Ici, plus d'intellectualisme ni d'hermétisme, mais une description, qu'on peut dire à la fois très crue et assez retenue, de la déchéance physique et mentale de la vieillesse, jointe à une dénonciation impassible de l'indifférence des jeunes générations vis-à-vis des anciens. *Promesse* frappe autant par l'audace de son sujet que par la tranquille violence de son style.

**RAYON VERT (LE)**

1986 – France (98') • *Prod.* Les Films du Losange (Margaret Ménégoz) • *Réal.* ÉRIC ROHMER • *Sc.* É. Rohmer • *Phot.* Sophie Maintigneux (couleurs) • *Mus.* Jean-Louis Valero • *Int.* Marie Rivière.

Les vacances ratées et solitaires de Delphine finissent bien à cause du « rayon vert », le dernier rayon du soleil couchant. Nous incluons ici un film d'Éric Rohmer par pure concession à la mode et aussi à titre documentaire puisque, des quelque vingt mille longs métrages parmi lesquels nous avons choisi ceux qui figurent ici, *Le rayon vert* est sans doute l'un des plus mauvais, sinon le plus mauvais. A l'intérieur de la série dite « Comédies et proverbes », peuplée comme le reste de l'univers de Rohmer de midinettes et de Marie-Chantal plus ou moins esseulées, bavardes, nombrilistes, il n'y a guère de différence entre le meilleur titre (*La femme de l'aviateur*, qui a ouvert la série) et le pire *(Le rayon vert)*. On remarque seulement que les séquences tournées à l'intérieur de Paris et avec des acteurs masculins seraient plutôt légèrement supérieures aux séquences tournées hors de Paris avec des personnages féminins. Sur le plan de l'intrigue, *Le rayon vert* pourrait être décrit comme l'histoire d'une héroïne antonionienne effectuant à travers la France des randonnées à la Wim Wenders et se retrouvant à chaque fois plongée dans l'univers de Michel Lang. Un cauchemar. Les « Comédies et proverbes » se réfèrent à une riche tradition littéraire où se sont illustrés par exemple Carmontelle et Musset. Il y faut une fantaisie, une invention, une légèreté, un mordant dont Rohmer n'a pas idée ou plutôt dont il n'a *que* l'idée. On a rarement vu un cinéaste mettre autant d'obstination à inscrire son œuvre dans un cadre totalement étranger à ses capacités. Dans cette tradition, le texte, le dialogue ont beaucoup d'importance. Ceux des films de Rohmer oscillent entre deux excès également haïssables : le texte trop écrit, logorrhée rhétorique qui peut plaire à certains acteurs car ils y voient l'occasion d'un « tour de force » (cf. les tirades d'André Dussolier dans *Un beau mariage*) et le texte trop improvisé qui n'est pas un texte mais une succession fastidieuse d'hésitations, d'approximations, de redites, héritées des expériences du « cinéma-vérité » des années 60 et que rejettent même, aujourd'hui, les réalisateurs de télévision travaillant sur le direct. Le seul intérêt d'un film comme *Le rayon vert* est qu'il permet de mesurer jusqu'où le cinéma peut tomber dans les domaines de l'improvisation creuse, de l'autocomplaisance et de l'inexpressivité. Il y a notamment dans ce film de longues fins de plans si vides, si embarrassantes pour le spectateur, qu'un cinéaste digne de ce nom, s'il les avait laissées par malchance s'enregistrer, ne les aurait jamais fait tirer ni *a fortiori* incluses dans un premier montage. Rohmer, lui, les présente au public avec une sorte d'impavidité ou d'inconscience qu'il faut renoncer à qualifier. Voir en particulier les propos de l'héroïne sur les viandes et les légumes ; la scène de la Suédoise et du dragueur. Filmés avec des moyens inférieurs à ceux d'un cinéaste amateur moyen, fondés sur des personnages rudimentaires privés de relief, de contour, évoluant au sein d'un contexte social dérisoirement pauvre quand il n'est pas criant de fausseté, les films de Rohmer « existent » dans une absence de stylisation, un au-delà du bâclage qui appartiennent en propre à la Nouvelle Vague, mouvement auquel, quoi qu'on dise, Rohmer reste inébranlablement fidèle. Découpage (335 plans) *in* « L'Avant-Scène » nº 355 (1986).

**ROI DE CŒUR (LE)**

1966 – France-Italie (110') • *Prod.* Fildebroc, Paris - Artistes Associés, Paris - Compania Cinematografica Montoro, Rome • *Réal.* PHILIPPE DE BROCA • *Sc.* Daniel Boulanger et Philippe de Broca d'ap. une idée de Maurice Bessy • *Phot.* Pierre Lhomme (Eastmancolor) • *Mus.* Georges Delerue • *Int.* Alan Bates, Pierre Brasseur, Jean-Claude Brialy, Geneviève Bujold, Adolfo Celi, Françoise Christophe, Julien Guiomar, Micheline Presle, Michel Serrault, Palau.

Octobre 1918, dans une petite cité du Nord. Chargé de retrouver une importante charge d'explosifs, un soldat anglais découvre que la ville est vidée de sa population, à l'exception des pensionnaires d'un asile de fous. On doit de la reconnaissance à Philippe de Broca, pour avoir été à peu près le seul réalisateur (avec Michel Boisrond) à égayer un peu les débuts de la Nouvelle Vague, époque de pisse-froid s'il en fut. Rappelons-nous *Les jeux de l'amour*, 1960, avec Geneviève Cluny, la star de la publicité Colgate, et *Le farceur*, 1961. Son chef-d'œuvre est sans conteste ce *Roi de cœur* à l'humour à la fois grinçant et souriant, mieux compris en Amérique (où il a même inspiré une comédie musicale) qu'en France, où on ne l'a d'ailleurs jamais assez montré. Dans cette farce élégante et insolite, De Broca, sans jamais se prendre au sérieux, s'amuse à décrire la folie comme une sorte d'art de vivre et de sagesse défiant la « raison » des hommes, source de tant de maux et de cataclysmes. Sur De Broca, voir le bel album collectif publié aux Éditions Henry Veyrier, 1990. Préface de F. Truffaut rappelant l'apport de De Broca à la réalisation des *Quatre cents coups**, film sur lequel il fut assistant.

**ROSE ET LA FLÈCHE (LA)**
**(Robin and Marian)**

1976 – Angleterre (112') • *Prod.* COL. Rastar Pictures (Ray Stark, Richard Shepherd) • *Réal.* RICHARD LESTER • *Sc.* James Goldman • *Phot.* David Watkin (Technicolor) • *Mus.* John Barry • *Int.* Sean Connery, Audrey Hepburn, Robert Shaw, Richard Harris, Nicol Williamson, Denholm Elliott, Ian Holm.

Après les Croisades, Robin des Bois revient à Sherwood avec bien des années en plus et des illusions en moins. Il revoit son ancienne bien-aimée, Marian, devenue nonne. Il lutte une dernière fois contre l'horrible shérif de Nottingham, le seul à n'avoir pas changé, et le tue en combat singulier. Ayant senti sa passion renaître pour Robin, Marian l'empoisonne et se tue afin qu'ils soient réunis dans la mort. Lester aura couru constamment, avec une obstination inlassable et souvent lassante, à la recherche de l'extrême pointe de la modernité. A cette fin, il use du burlesque, de la loufoquerie, de la démystification pour renouveler ses sujets, et il utilise à foison ces plans-flashes qui cisaillent et brisent le récit et sont devenus la tarte à la crème de toute une génération. Cette recherche forcenée de la modernité la plus visible l'a fait passer, peut-être à tort, pour un cinéaste superficiel. Ce que semble contredire *Petulia, id.*, 1968, avec son obsession de l'accident, de la blessure, des lieux hospitaliers (si peu hospitaliers). Mais partout son œuvre sent l'effort. Par exception dans *Robin and Marian* il semble ne s'efforcer à rien, retrouve la beauté d'un style classique et nous touche autant par le mûrissement et le vieillissement de ses personnages que par l'inattendue maturité de sa mise en scène. Sur la carrière de Lester vue sous un angle très positif, voir la notice de Christian Viviani *in* « Dictionnaire du cinéma », Librairie Larousse, 1986. Le scénario et les dialogues de *Robin and Marian* ont été publiés avec une longue introduction de James Goldman, l'unique auteur du script, chez Bantam Books, New York, 1976.

**ROUTE DU BAGNE (LA)**

1945 – France (103') • *Prod.* Sirius • *Réal.* LÉON MATHOT • *Sc.* Pierre Lestringuez d'ap. R. « Manon 326 » de Pierre-Gilles Veber • *Phot.* Léonce-Henry Burel • *Mus.* Henry Verdun • *Int.* Viviane Romance, Lucien Coëdel, Paulette Élambert, Jean Meyer, Sylvie, Simone Valère.

Ayant tué son proxénète, la jeune Manon en prend pour vingt ans. L'administration du Second Empire voulant stimuler la colonisation comme les Anglais en Australie, elle obtient une remise de peine, à condition de se rendre à Cayenne, d'y contracter mariage avec un forçat et de ne jamais retourner en France. Sur le bateau, elle tombe amoureuse d'un médecin militaire qui doit épouser la fille du gouverneur de Cayenne. Pour sauver la réputation de son bien-aimé, Manon épouse comme prévu, mais à son corps défendant, un forçat. Cherchant à revoir le médecin, elle est rabrouée. Elle pousse alors les hommes à la révolte avant de se tirer une balle de revolver.

Il faut saluer en Viviane Romance l'une des quelques vraies stars du cinéma français, c'est-à-dire une actrice dont la personnalité était capable d'inspirer des sujets, des personnages, un certain type d'intrigue, cohérents et reconnaissables. La plupart du temps, les héroïnes qu'elle interprète sont des passionnées oscillant entre désabusement et désespoir au sein d'un univers mélodramatique et aventureux. *La route du bagne* est l'un de ses films les plus modestes, mais aussi l'un des plus typiques.

**SALLY IN OUR ALLEY**

Inédit en France. 1931 – Grande-Bretagne (77') • *Prod.* TV APT (Radio) (Basil Dean) • *Réal.* MAURICE ELVEY • *Sc.* Milles Malleson, Alma Reville, Archie Pitt d'ap. P. « The Likes of 'er » de Charles McEvoy • *Phot.* Robert G. Martin, Alex Bryce • *Int.* Gracie Fields, Ian Hunter, Florence Desmond.

En 1930, une chanteuse de taverne attend encore le retour de son fiancé parti à la guerre. L'Angleterre profonde transparaît dans les films de Gracie Fields, une douzaine de comédies musicales filmées entre 1931 et 1939 par Maurice Elvey, Basil Dean ou Monty Banks. Celle-ci est la première et la plus authentique d'entre elles. (On recommandera aussi *Sing As We Go*, 1934 de Basil Dean, évocation d'un été à Blackpool, et *Look Up and Laugh*, 1935, de Basil Dean, histoire d'une grève sur le tas au marché couvert de Plumborough.) Il faut avoir vu pas mal de ses films pour que la figure de l'actrice et du personnage se dessine bien : gaie et mélancolique, terriblement dynamique et secrètement désabusée, très ingrate au premier abord et finalement attachante.

**SECONDS**
**(L'opération diabolique)**

1966 – USA (106') • *Prod.* PAR. (John Frankenheimer – Edward Lewis) • *Réal.* JOHN FRANKENHEIMER • *Sc.* Lewis John Carlino d'ap. R. de David Ely • *Phot.* James Wong Howe • *Mus.* Jerry Goldsmith • *Int.* Rock Hudson, Salome Jens, John Randolph, Will Geer, Jeff Corey, Richard Anderson, Murray Hamilton.

Un banquier américain d'une soixantaine d'années lassé par la monotonie de sa vie accepte de signer un contrat avec une compagnie qui lui fournira – grâce entre autres à la chirurgie esthétique – une nouvelle jeunesse, une nouvelle identité, un nouveau destin. Il supportera très mal l'expérience et sera finalement éliminé par ceux qui l'avaient rajeuni. John Frankenheimer peut être considéré comme le chef de file d'une génération de cinéastes américains qui ont donné l'essentiel de leur œuvre dans les années 60 (Ralph Nelson, Robert Mulligan, Franklin Schaffner, etc.) La plupart avait beaucoup travaillé pour la télévision. On peut leur adjoindre un peu plus tardivement Alan J. Pakula. Ils avaient l'ambition individuelle et collective de rompre avec les genres hollywoodiens traditionnels, qu'ils ont très peu illustrés, et de révolutionner – à tout le moins d'améliorer – le cinéma américain par plus de lucidité et d'intelligence et en traitant des sujets plus riches de sens. Tous ont signé un ou plusieurs films réussis. Pourtant leur carrière à chacun donne une impression décevante d'inachèvement. Leur apport global et individuel fut très inférieur à leurs ambitions. Dans *Seconds*, son meilleur film, Frankenheimer entend révéler l'inanité du rêve américain (recherche de la réussite matérielle et de l'éternelle jeunesse). En fait, l'originalité du film se situe moins au niveau thématique qu'au niveau visuel et formel. Ce conte fantastique contemporain vaut surtout par l'incursion qu'il nous oblige à faire dans l'angoisse, le vide, la claustrophobie. Frankenheimer utilise pour cela des moyens très voyants (plans très courts, très gros plans, objectifs inhabituels), mais dont on ne peut contester l'efficacité. L'interprétation est remarquable, particulièrement de la part de Rock Hudson, un acteur souvent sous-estimé quoiqu'il ait tourné avec les plus grands (Walsh, Anthony Mann, Sirk, Hawks). Le film est aussi l'un des derniers triomphes du noir et blanc, grâce au travail admirable de James Wong Howe. Signalons deux autres grands films de Frankenheimer, deux études sur le Middle West et l'Amérique profonde : *All Fall Down, L'ange de la violence*, 1962, d'après un excellent scénario de William Inge, et *The Gypsy Moths, Les parachutistes arrivent*, 1969.

**SÉRIE NOIRE**

1979 – France (110') • *Prod.* Prospectable – Gaumont • *Réal.* ALAIN CORNEAU • *Sc.* Georges Pérec, Alain Corneau d'ap. R. « A Hell of a Woman » (« Des cliques et des cloaques ») de Jim Thompson • *Phot.* Pierre-William Glenn (couleurs) • *Mus.* Duke Ellington, Juan Tizol • *Int.* Patrick Dewaere, Myriam Boyer, Bernard Blier, Marie Trintignant.

Un petit représentant de commerce combine l'assassinat d'une vieille dame pour lui voler ses économies, puis tue lui-même sa femme pour s'en débarrasser. Il finira par être obligé de remettre le magot à son patron. Depuis des années, Alain Corneau tente de rénover le film policier français. Autant nettoyer les écuries d'Augias. Ici, il est presque parvenu à son but, notamment grâce à l'interprétation conjointe de Patrick Dewaere et de Bernard Blier qui, chacun dans leur style, rivalisent de brio pour qu'on ne puisse décider lequel est le plus glauque. Hélas, en ce qui concerne le scénario, Corneau n'a pas du tout indiqué la voie à suivre. Elle devrait être, semble-t-il, en ce domaine : fuir comme la peste les adaptations, les transpositions d'œuvres américaines ; retrouver la nudité, l'horreur, parfois le baroque inexplicable du fait divers local. C'est ce qui est fait parfois dans ce film, mais *contre* le matériau original, quelle qu'en soit, par ailleurs, la qualité. Scénario et dialogues *in* « L'Avant-Scène » nº 233 (1979).

**SERVANT (THE) (id.)**

1963 – Angleterre (115') • *Prod.* Springbok (Joseph Losey, Norman Priggen) • *Réal.* JOSEPH LOSEY • *Sc.* Harold Pinter d'ap. R. de Norman Priggen • *Phot.* Douglas Slocombe • *Mus.* John Dankworth • *Int.* Dirk Bogarde, James Fox, Sarah Miles, Wendy Craig, Catherine Lacey, Patrick Magee.

Aidé par sa maîtresse qu'il fait passer pour sa sœur, un domestique parvient à mettre totalement sous sa coupe son patron, un jeune aristocrate londonien. Triste importance de ce film qui marque le début du naufrage de Losey. Cette laborieuse dissertation sur la déchéance et la servitude fait un usage à la fois outrecuidant, vieillot et mécanique de certains éléments visuels comme les miroirs et les escaliers. Pour la première fois dans l'œuvre de Losey, la rhétorique remplace la force originelle, la spontanéité brute qui se manifestaient dans ses films américains, ainsi que dans *Temps sans pitié** et *Gipsy**. Pinter, avec son univers déliquescent à l'ambiguïté terriblement convenue, aura été le mauvais génie de Losey. A tel point qu'on peut discerner dans l'intrigue du *Servant* une sorte de reflet superficiel et prémonitoire de la décadence dans laquelle le cinéaste était en train de tomber sous l'influence de son scénariste. Que représenta celui-ci pour Losey ? La magie de l'intelligentsia européenne ? Le moyen d'être reconnu par elle ? Une ouverture vers un impossible renouvellement ? En tout cas, ce fut un cadeau empoisonné que le cinéaste accepta avec délice et inconscience. Sur *The Servant,* voir le numéro spécial (février 1964) de la revue « Isis » publiée à Oxford. Traduction partielle des interviews contenus dans cet ensemble *in* « Présence du cinéma », nº 20 (1964). Voir aussi l'ouvrage de Pierre Rissient sur Losey, Éditions Universitaires, 1966 et « Le livre de Losey » par Michel Ciment, Stock, 1979 (édition anglaise : « Conversations With Losey », Methuen, Londres et New York, 1985).

**SHOW BUS**
**(Honeysuckle Rose)**

1980 – USA (119') • *Prod.* Warner (Gene Taft, Sydney Pollack) • *Réal.* JERRY SCHATZBERG • *Sc.* Carol Sobievski, William D. Wittliff, John Binder d'ap. une histoire de Gosta Steven, Gustav Mollander • *Phot.* Robby Muller (Panavision, Technicolor) • *Chansons* Willie Nelson • *Int.* Willie Nelson, Dyan Cannon, Amy Irving, Slim Pickens, Joey Floyd.

Bien que quinquagénaire, un chanteur de « country » se refuse à quitter la route. Cela met en péril sa relation avec sa femme mais à la fin, sur scène, ils se réconcilient. D'un bout à l'autre de sa carrière, Jerry Schatzberg apparaît comme un artiste qui ne parvient pas à découvrir son domaine, son terrain d'élection. Son talent égaré erre de film en film à la recherche d'un gîte et d'une patrie. Il semble qu'il les ait, pour un moment, trouvés ici : dans ces images sereines d'une Amérique profonde, représentée – paradoxalement – par un marginal heureux de l'être et qui entend le rester. La symbiose entre, d'une part, les chansons de Willie Nelson (textes et musiques) et, d'autre part, les péripéties de l'intrigue et les aventures de son personnage est totale. Elle procure au spectateur un plaisir rare. Dyan Cannon est épatante.

**SIGNORE E SIGNORI**
**(Ces messieurs-dames)**

1966 – France-Italie (85') • *Prod.* Dear (Rome) – R.P.A. (Rome) – Les Films du Siècle (Paris) • *Réal.* PIETRO GERMI • *Sc.* P. Germi, Luciano Vincenzoni, Age, Scarpelli • *Phot.* Ajace Parolin • *Mus.* Carlo Rustichelli • *Int.* Alberto Lionello, Gastone Moschin, Olga Villi, Beba Loncar, Gigi Ballista, Nora Ricci, Virna Lisi, Franco Fabrizi.

Dans une cité de Vénétie, trois exemples et trois images de la turpitude de quelques petits et grands bourgeois de la société italienne d'aujourd'hui, observés par un « chœur » de témoins indiscrets, malveillants et hypocrites. On peut voir à travers l'œuvre de Pietro Germi comme un graphique de l'évolution morale de beaucoup de cinéastes italiens dans les vingt-cinq années qui suivirent le néo-réalisme. A l'idéalisme un peu boy-scout et aujourd'hui très vieilli d'*Au nom de la loi,* 1949, et du *Chemin de l'espérance,* 1950, ont succédé la satire, l'amertume, le cynisme de la « comédie italienne » dont Germi est l'un des fondateurs avec *Divorce à l'italienne,* 1961. A chacune de ces étapes, Germi manifeste la même conviction pesante, la même honnêteté abrupte. Si la dérision s'exprime avec légèreté dans l'œuvre de Risi, elle a au contraire chez Germi la lourdeur encombrante et monumentale d'une idéologie ou d'un credo.

**SILENT RUNNING (id.)**

1972 – USA (89') • *Prod.* U (Michael Gruskoff) • *Réal.* DOUGLAS TRUMBULL • *Sc.* Deric Washburn, Mike Cimino, Steve Bochco • *Phot.* Charles F. Wheeler (Technicolor) • *Mus.* Peter Schickele • *Int.* Bruce Dern, Cliff Potts, Ron Rifkin, Jesse Vint.

Après les ravages d'une guerre nucléaire, toute végétation s'est éteinte sur la Terre. Dans une station spatiale, un botaniste conserve et protège les derniers spécimens de la flore terrestre. Quand il apprend l'annulation de ce programme de sauvetage, il se mutine... Cette fable écologique extrêmement attachante est la première réalisation du maître des effets spéciaux de nombreux films américains importants des vingt dernières années (*2001*, Le mystère Andromède*, Rencontres du troisième type**, etc.). Grâce à une dialectique riche en émotion, l'auteur met en valeur tour à tour la foi naïve de son héros, qui pense que quelque chose est toujours faisable, et son désespoir quand il voit que cela n'est pas fait. Son attitude vis-à-vis d'une situation qu'on peut encore – heureusement – qualifier de « futuriste » rejoint celle de n'importe lequel de nos contemporains vis-à-vis de ce qui se passe aujourd'hui sur terre. Esthétiquement, le film est beau, tendre et contient plusieurs gageures comme celle de conduire une intrigue qui, pour l'essentiel, ne comporte qu'un personnage, entouré de deux robots (interprétés par des hommes-troncs). Sur les aspects techniques du tournage, voir la revue « American Cinematographer », Hollywood, juillet 1972. A noter la collaboration de Michael (Mike) Cimino au scénario.

**SŒURS DE SCÈNE**
**(Wutai Jiemei)**

1964 (sortie en France : 1981) – Chine (114') • *Prod.* Tianma Film Studio, Shanghai • *Réal.* XIE JIN • *Sc.* Lin Gu, Xu Jin, Xie Jin • *Phot.* Zhou Daming (couleurs) • *Mus.* Huang Zhun • *Int.* Xie Fang, Cao Yindi, Feng Li, Gao Yuansheng, Shen Fengjuan, Xu Caigen.

La Chine du Sud en 1935. Une paysanne fuyant sa famille, Chunhua, rejoint une troupe d'opéra itinérante. Durant les tournées, elle est protégée par Yuehong, fille de l'acteur principal, qui la considère comme sa sœur. Elles mènent des carrières parallèles jusqu'à leur séparation à Shanghai en 1946. Yuehong épouse un directeur de troupe et renonce à la scène. Chunhua rencontre une journaliste qui lui ouvre les yeux sur l'oppression qu'elle a subie. Elle joue « Le sacrifice du nouvel an », pièce de Lu Xun, considérée par les autorités comme de la propagande communiste. La pièce est interdite. Chunhua fonde une coopérative théâtrale. Un homme de main est payé pour l'agresser et lui jeter de l'acide dans les yeux. Au procès, pour couvrir les politiciens qui ont commandité l'agression, le mari de Yuehong essaie vainement de l'obliger à dire que c'est elle qui a payé l'agresseur. En 1950, les deux sœurs sont réunies de nouveau et interpréteront des opéras révolutionnaires. Xie Jin est l'un des très rares metteurs en scène chinois à être considérés en France comme un auteur pour la simple et bonne raison que c'est à peu près le seul dont on ait vu plus d'un ou deux films – une petite demi-douzaine environ ! Aucun d'entre eux n'est un chef-d'œuvre ; aucun non plus n'est indifférent et le meilleur semble être ce *Sœurs de scène* qui, dans sa première partie, montre la vie des chanteuses d'opéra itinérantes, victimes d'une triple oppression : celle du directeur de troupe qui les exploite financièrement, celle des petits seigneurs locaux qui estiment avoir sur elles une sorte de droit de cuissage, celle de l'opinion publique qui les considère comme appartenant à une classe inférieure. Toute cette partie, inspirée par les souvenirs d'enfance de l'auteur qui avait vu de telles troupes, est assez dense et d'une rare beauté plastique. La deuxième partie, située à Shanghai, est un mélodrame didactique qui n'a pas beaucoup d'intérêt et commente avec lourdeur ce qu'on avait très bien saisi dans la première. La fin, tout à fait de circonstance, baigne dans la fausse lumière paradisiaque d'une révolution qui résoudra tous les problèmes.

**SORCERERS (THE)**
**(La créature invisible)**

1967 (sortie en France : 1973) – Angleterre (85') • *Prod.* Tigon-Curtwell-Global • *Réal.* MICHAEL REEVES • *Sc.* M. Reeves, Tom Baker d'ap. une histoire de John Burke • *Phot.* Stanley Long (Eastmancolor) • *Mus.* Paul Ferris • *Int.* Boris Karloff, Catherine Lacey, Ian Ogilvy, Elizabeth Ercy, Victor Henry, Susan George.

Un couple de vieillards, le professeur Montserrat et sa femme, persuadent un jeune homme de participer, en tant que cobaye, à leurs expériences d'hypnotisme, de télépathie et de domination mentale. Ayant mis au point un appareillage compliqué, Montserrat et sa femme font accomplir à leur cobaye toutes sortes de méfaits par lesquels ils exorcisent leurs instincts refoulés. La volonté de la femme se révèle supérieure à celle de son mari et amènera le jeune homme à assassiner deux jeunes filles. Voulant mettre un terme à l'expérience, Montserrat provoque sa mort dans un accident de voiture qui entraînera aussi la mort du vieux couple. Carrière tragiquement tronquée – par un suicide accompli dans des circonstances mal éclaircies – que celle de Michael Reeves, jeune talent prometteur et inspiré. Il donne ici l'un des meilleurs rôles de la fin de sa carrière à Karloff (un an avant

*Targets** de Bogdanovich) et cisèle un conte fantastique moderne où le personnage le plus original est sans doute cette vieille dame indigne, cupide et sadique qui, sur le tard, cède par personne interposée à tous les démons qu'elle avait jusque-là muselés. Le sens plastique et le sens dramatique s'unissent à la perfection dans ce récit palpitant qui ne lâche pas sa proie (*id est* le spectateur). Le voyeurisme du vieux couple auquel est obligé de participer le spectateur évoque *Peeping Tom**, une œuvre qui n'est pas sans affinités avec celle-ci.

**SOUDAINE RICHESSE DES PAUVRES GENS DE KOMBACH (LA)**
**(Der plotzliche Reichtum der armen Leute von Kombach)**

1970 – Allemagne Fédérale (110') • *Prod.* et *Réal.* VOLKER SCHLONDORFF • *Sc.* V. Schlöndorff et Margarethe von Trotta • *Phot.* Franz Rath • *Mus.* Klaus Doldinger • *Int.* Georg Lehn, Reinhard Hauff, Margarethe von Trotta, Wolfgang Bachler, Maria Donnerstag.

Volker Schlöndorff sort de son académisme habituel pour raconter en images sobres et percutantes cette étonnante histoire de quelques paysans misérables de la Hesse en 1821 qui doivent s'y reprendre à six fois pour dévaliser la diligence des impôts qu'ils ont choisie pour cible, avant d'être – très rapidement – arrêtés et exécutés. La description du monde paysan et de ses aliénations donne décidément des ailes aux jeunes réalisateurs allemands (cf. *Mathias Kneissl**, 1971, de Reinhard Hauff, ici acteur de Schlöndorff, ou le célèbre *Scènes de chasse en Bavière**, 1969, de Peter Fleischmann).

**SPECTRE DU CHAT (LE)**
**(The Shadow of the Cat)**

1961 – Grande-Bretagne (79') • *Prod.* BHP Films (Jon Penington) • *Réal.* JOHN GILLING • *Sc.* George Baxt • *Phot.* Arthur Grant • *Mus.* Mikis Theodorakis • *Int.* William Lucas, Barbara Shelley, Andre Morell, Conrad Philips.

Seul témoin du meurtre de sa maîtresse, assassinée par son mari et deux domestiques, un chat se fait le vengeur de la victime. Plaisant exercice de style en noir et blanc produit par la Hammer (dont le nom cependant n'apparaît pas au générique). Après la résurrection de Frankenstein et de Dracula par Fisher, c'est un des films qui fit le plus pour relancer le fantastique auprès des cinéphiles des années 60. Particulièrement bien venus et impressionnants, les plans subjectifs vus par les yeux du félin-justicier (par exemple, celui où le majordome s'enfonce dans le marais).

**STRATÉGIE DE L'ARAIGNÉE (LA)**
**(La strategia del ragno)**

1970 – Italie (100') • *Prod.* RAI-Red Film (Giovanni Bertolucci) • *Réal.* BERNARDO BERTOLUCCI • *Sc.* Bertolucci, Marilu Parolini, Edoardo De Gregorio d'après la nouvelle de Borges « Thème du traître et du héros » • *Phot.* Vittorio Storaro, Franco Di Giacomo (couleurs) • *Mus.* Verdi, Schönberg • *Int.* Giulio Brogi, Alida Valli, Tino Scotti, Pippo Campanini, Franco Giovannelli.

Enquêtant dans la petite ville de Tora en Émilie sur les circonstances de la mort de son père, assassiné en 1936, un homme découvre que celui-ci, qu'on vénérait comme un héros, était en réalité un traître. Aux fresques sans âme (*1900*, *Le dernier empereur*), aux films parfumés de scandale (*Le dernier tango à Paris*, *La luna*) qui ont fait connaître Bertolucci, on peut préférer dans l'œuvre du cinéaste cette adaptation modeste et soignée d'une des meilleurs nouvelles de Borges. Au moins, ici, le sujet et le thème donnent à réfléchir et à rêver. Outre ses couleurs stendhaliennes et l'interprétation remarquable de Giulio Brogi (le héros de *Saint Michel avait un coq* des frères Taviani), le film a une allure sympathique de bon devoir qui tranche avec le vide pompeux des films cités plus haut.

**SUPERMAN (id.)**

1978 – USA (143') • *Prod.* Warner (Pierre Spengler, Ilya et Alexander Salkind) • *Réal.* RICHARD DONNER • *Sc.* Mario Puzo, David Newman, Leslie Newman, Robert Benton d'ap. les personnages créés par Jerry Siegel et Joe Shuster • *Phot.* Geoffrey Unsworth (Panavision, Technicolor) • *Mus.* John Williams • *Int.* Christopher Reeve, Marlon Brando, Gene Hackman, Ned Beatty, Jackie Cooper, Glenn Ford, Trevor Howard, Margot Kidder, Valerie Perrine, Maria Schell, Terence Stamp, Phyllis Taxter, Susannah York.

La double identité et les aventures du seul survivant de la planète Krypton : journaliste à lunettes et justicier volant, défendant la veuve et l'orphelin et luttant contre l'affreux Lex Luthor. La meilleure des superproductions récentes prenant pour héros un personnage de bande dessinée. L'abondance des qualités du film ressort encore mieux quand on la compare à la pauvreté lugubre de tentatives ultérieures comme *Batman, id.*, Tim Burton, 1989 (celui de Leslie Martinson de 1966 était plus sympathique) ou *Dick Tracy, id.*, de Warren Beatty, 1990. Citons quelques-unes de ces qualités : l'excellence des décors et des effets spéciaux (ceux-ci n'étant pas une garniture de l'œuvre mais son essence même : en particulier les plans de Superman volant au-dessus de Métropolis) ;

le mouvement et la variété de l'intrigue, équilibrant avec astuce simplisme et sophistication ; l'interprétation habilement naïve de Christopher Reeve (au milieu de ce qu'il est convenu d'appeler « une pléiade de vedettes »). Richard Lester a réalisé les deux suites *Superman II, id.* 1980 et *Superman III, id.*, 1983 en essayant d'y mettre un peu de burlesque et de dérision sans réussir à dépasser le premier film. Il y eut enfin *Superman IV : The Quest for Peace*, 1987, de Sidney J. Furie, que même les aficionados de ce type de film ont jugé débile.

**TANDEM**

1987 – France (90') • *Prod.* Cinéa, Hachette Première et Cie, Films A2 (Philippe Carcassonne, René Cleitman) • *Réal.* PATRICE LECONTE • *Sc.* P. Leconte et Patrick Dewolf • *Phot.* Denis Lenoir (Cinémascope, couleurs) • *Mus.* François Bernheim (chanson par Richard Cocciante) • *Int.* Jean Rochefort, Gérard Jugnot, Sylvie Granotier, Julie Jézéquel.

Un animateur de radio sur le déclin sillonne les routes de France en compagnie de son factotum qui lui sert d'esclave, de confident et d'ami. Une étonnante alchimie se crée ici entre un désenchantement, une tristesse à la française et une ironie, crue et coriace, à l'italienne. Les personnages continuent d'exister et de vivre dans la mémoire, une fois le récit terminé ; cela suffit à dire la qualité rare de ce film dans le cinéma français contemporain. Jean Rochefort dans un rôle enfin à sa mesure, comme il en trouve trop rarement.

**TÉMOINS MUETS**
**(Nemye Svideteli)**

1914 – Russie (1245 m) • *Prod.* A. Hanzonkov • *Réal.* EVGUENI BAUER • *Sc.* Alexandre Voznesenski • *Int.* Dora Citorina, Alexandre Heruvimov, Alexandre Cargonin, Elza Krivger, Andrei Gromov.

On se bornera à signaler ici que la redécouverte (ou tout simplement la découverte) d'Evgueni Bauer grâce aux « Journées du cinéma muet » de Pordenone, 1989, programme repris en partie au Musée d'Orsay à Paris la même année, est à coup sûr l'un des événements cinématographiques majeurs de la dernière décennie, comparable à ce que fut précédemment l'apparition dans les cinémathèques des films d'Ozu, Naruse ou Shimizu. (Et l'on s'était presque habitué à croire qu'il n'y avait plus que du Japon que pouvaient nous venir ces surprises de taille qui justifient – et stimulent – l'investigation cinéphilique tous terrains.) La morbidité, l'esthétisme et le décadentisme, la beauté de décors savants, qui sont comme une psychanalyse de certains personnages, l'utilisation de la profondeur de champ, le modernisme de la mise en place des acteurs et de leur jeu composent, dans les mélodrames crépusculaires de Bauer, un univers dont la cohérence et la fascination s'imposent au spectateur après quelques minutes de projection. Sur le cinéma tsariste et sur Bauer, voir « Testimoni Silenziosi. Films russes 1908-1919 », filmographie et recueil de textes publiés en deux langues (anglais et italien) par le British Film Institute et Edizioni Biblioteca dell'Immagine. Voir aussi « Le cinéma russe avant la révolution », Réunion des Musées Nationaux/Ramsay, 1989, et l'article de Barthélemy Amengual *in* « Positif » n° 353-354 (1990).

**TEMPS DE VIVRE (LE)**

1969 – France (105') • *Prod.* Orphée Production • *Réal.* BERNARD PAUL • *Sc.* B. Paul d'ap. R. d'André Remacle • *Phot.* William Lubchansky • *Mus.* Georges Moustaki • *Int.* Marina Vlady, Frédéric de Pasquale.

La vie difficile d'un jeune couple et de ses deux enfants aux Martigues. Le mari, ouvrier du bâtiment, travaille tellement qu'il met en péril l'équilibre conjugal. En trois films, celui-ci, une adaptation de Roger Vailland, *Beau Masque*, 1976, et *Dernière sortie avant Roissy*, 1977, sur la vie à Sarcelles, Bernard Paul, mort prématurément à cinquante ans, s'est fait le disciple de Louis Daquin, livrant une tentative de description sociologique et néanmoins romanesque de certains aspects du monde ouvrier contemporain. Moins brillant que René Allio, son aîné de six ans, dont les ambitions sont voisines des siennes, il fait montre parfois d'une sensibilité plus vive et d'une finesse de touche plus attachante.

**TERRE (LA)**

1921 – France (2300 m) • *Prod.* S.C.A.L.G. • *Réal.* ANDRÉ ANTOINE • *Sc.* Antoine d'ap. R. d'Émile Zola • *Phot.* Paul Castanet, Léonce-Henri Burel, René Gaveau • *Int.* Berthe Bovy, René Alexandre, Jean Hervé, Germaine Rouer, Jeanne Briey, Armand Bour, René Hieronimus.

Deux axes dans cette adaptation du foisonnant roman de Zola. Le premier axe concerne les déplacements et déménagements du vieux Fouan, devenu veuf, allant tour à tour habiter chez ses trois enfants (deux garçons et une fille) après qu'il leur a donné sa terre moyennant une rente. Sa fille est un cœur sec ; ses habitudes de maniaque le font fuir. Son premier fils vit dans un climat de disputes continuelles. Son second fils, un sauvage, un brigand, vit avec sa fille. Ces marginaux sont plus sympathiques, mais le vieux Fouan ne trouvera le bonheur et la paix chez aucun d'entre eux. Le second axe concerne les tribulations de la sœur (Françoise) de l'épouse du premier fils. Elle veut épouser un journalier qui est le héros « positif » du film. Mais sa sœur et surtout son beau-frère lui mettront des bâtons dans les roues. Elle mourra. La dernière séquence est la plus belle du film : parallélisme entre la mort de Françoise et celle du vieux Fouan qui tombe face contre terre. Il y a aujourd'hui un retour à Antoine, provoqué en partie par la réapparition en 1982 de *L'hirondelle et la mésange,* tourné en 1920 et projeté une seule fois en 1924. Ce dernier des neuf films d'Antoine, dont le montage initial a été perdu, fut remonté par Henri Colpi à partir de négatifs conservés à la Cinémathèque Française. De ce film apparaissent surtout extraordinaires les plans documentaires des berges filmées de la péniche durant ce long voyage qui constitue la matière de l'intrigue. Ces plans sont très supérieurs à la dramaturgie et à l'interprétation d'ensemble du film. D'une manière générale, l'apport cinématographique d'Antoine (qui tourna son premier film à près de soixante ans) ne saurait être mis sur un pied d'égalité avec son apport théâtral. Lui-même déclarait en 1921 : « Si j'avais vingt ans de moins, au lieu de bavarder, je ferais le Cinéma-Libre, libre des routines, des combinaisons, des trusts et des paresseux qui l'ont mené là où il est tombé. » Dans *La terre,* on constate d'un bout à l'autre du film, une sorte de déperdition de relief chez chacun des personnages due à un manque de contrôle du cinéaste sur le rythme de l'action. Beaucoup de scènes sont trop brèves et le récit devient une succession essoufflée de vignettes plus ou moins expressives, mais dont certaines sont saisissantes. (C'est là un défaut inverse à celui de la production française de l'époque.) Antoine, au milieu de la richesse des matériaux et des acteurs qu'il manipule, manque aussi d'un certain esprit de synthèse, indispensable à tout auteur de fresque. Car c'est bien une fresque qu'il échafaude ici – et non un film simplement réaliste –, même si elle est inspirée par une vision peu exaltante et passablement grinçante du monde paysan. Sur les films d'Antoine, voir l'ensemble composé par Philippe Esnault *in* « La Revue du Cinéma » n° 271 (avril 1973) et le n° 8-9 de « 1895 », revue de l'Association Française de Recherche sur l'Histoire du Cinéma (1990), entièrement consacré au cinéaste.

**THÉATRE DE SANG**
**(Theater of Blood)**

1973 – Grande-Bretagne (102') • *Prod.* Cineman (John Kohn, Stanley Mann) • *Réal.* DOUGLAS HICKOX • *Sc.* Anthony Greville-Belle • *Phot.* Wolfgang Suschitzky (DeLuxe Color) • *Mus.* Michael J. Lewis • *Int.* Vincent Price, Harry Andrews, Robert Coote, Jack Hawkins, Robert Morley, Dennis Price.

Un acteur shakespearien à demi fou se venge des critiques qui lui ont refusé un « award » en les assassinant par des moyens qui évoquent des pièces de Shakespeare. A l'un, il arrache une livre de chair comme dans « Le Marchand de Venise » ; un autre est décapité alors qu'il est au lit avec sa femme comme dans « Cymbeline » ; un troisième est amené à tuer sa propre épouse comme dans « Othello ». Le quatrième, ayant échappé à la mort dans un duel à la « Roméo et Juliette » est sommé, sous peine d'être aveuglé comme dans « Le Roi Lear », de mimer la cérémonie où l'acteur reçoit son fameux « award »... Grand-guignol sophistiqué et au second degré. Un scénario extrêmement savoureux, illustrant l'antagonisme ancestral qui existe entre créateurs et critiques, est filmé avec un certain raffinement plastique et bénéficie de la démesure et de la verve baroque de Vincent Price, entouré de grands acteurs anglais. Amateurs ou contempteurs du Grand Will trouveront ici leur pâture, notamment dans la très cocasse parodie de « Richard III » par V. Price.

**THUNDERHOOF**

Inédit en France. 1948 – USA (77') • *Prod.* COL. (Ted Richmond) • *Réal.* PHIL KARLSON • *Sc.* Hal Smith, Kenneth Gamet • *Phot.* Henry Freulich • *Mus.* Mischa Bakaleinikoff • *Int.* Preston Foster, Mary Stuart, William Bishop.

Trois personnages – un cow-boy d'un certain âge, sa jeune femme et un autre cow-boy que le premier a élevé comme si c'était son frère cadet – recherchent le mythique Thunderhoof, un cheval sauvage inapprochable. Ils le trouvent finalement assez vite, le capturent et, à partir de là, leurs ennuis commencent... Datant des débuts de la carrière de Phil Karlson, cette minuscule odyssée est un western très pur de forme, une étude de mouvement en pleine nature, une fugue pour cinq chevaux et trois humains. On ne sait si l'âpreté des sites, la beauté des paysages et de l'animal captif servent de contrepoint aux problèmes – un peu lassants par leur complexité – des personnages, ou bien si c'est le contraire. Quoi qu'il en soit, il semble qu'aux yeux de Karlson les chevaux soient plus importants, plus sages, plus simples que les hommes ; en tout cas, ici, ils sont plus nombreux, ce qui, même dans un western, n'est pas courant !

**THX 1138 (id.)**

1971 – USA (88') • *Prod.* Warner (Lawrence Sturhahn) • *Réal.* GEORGE LUCAS • *Sc.* G. Lucas, Walter Murch • *Phot.* Dave Meyers, Albert Kihn (couleurs, Cinémascope) • *Int.* Robert Duvall, Donald Pleasence, Maggie McOmic, Don Pedro Colley.

Dans un futur lointain, la vie de la planète est devenue entièrement souterraine. Les hommes et les femmes n'ont plus de patronyme, mais un numéro. Les machines règlent le détail de la vie individuelle et collective. L'amour est interdit. Un couple, THX 1138 et LUH 3417, décide de briser l'interdit, de réinventer l'amour et de remonter à la surface de la Terre. La femme mourra. L'homme réussira à voir la lumière du soleil. Admirable exemple de SF adulte essayant, par un ensemble de recherches visuelles très abouties, de susciter l'horreur d'un monde anti-humaniste. Les séquences finales de poursuite correspondent à une résurrection du vieux *serial*, mais transcendé et doté d'une étonnante beauté plastique. Ce film, le premier de Georges Lucas, ayant connu un insuccès notoire, se prête à une variation sur le thème : si le nez de Cléopâtre... En effet, si le film avait marché, il aurait peut-être empêché qu'à la fin des années 70 le cinéma américain de SF se puérilise autant, avec la saga des *Star Wars, La guerre des étoiles,* George Lucas, 1977, *The Empire Strikes Back, L'Empire contre-attaque,* Irvin Kershner, 1980, et autres *Return of the Jedi, Le retour du Jedi,* Richard Marquand, 1983. Le talent (considérable) de Lucas aurait alors persévéré dans la voie qu'il avait ouverte. Le destin en a décidé autrement et on eut droit à cette série de films qui, eux aussi, recréent le vieux *serial* mais dans une optique rétrograde et quelque peu débile, lui apportant seulement – ce qui n'est pas rien – l'atout d'un budget colossal et d'effets spéciaux ultra-sophistiqués. Pour ceux qui raffolent de ces grandioses inepties, l'insuccès de *THX 1138* fut providentiel.

**TIN MEN**
**(id./Les Filous)**

1987 – USA (115') • *Prod.* Mark Johnson, Touchstone Pictures, Silver Screen Partners II, distribué par Walt Disney • *Réal.* et *Sc.* BARRY LEVINSON • *Phot.* Peter Sova (couleurs) • *Mus.* David Steele • *Int.* Richard Dreyfus, Danny DeVito, Barbara Hershey.

A Baltimore en 1963, le monde pittoresque et implacable – souvent en marge de la légalité – des représentants en tôlerie. Satire de haut niveau, basée sur un juste dosage de réalisme social, d'extravagance et de relief humain. Révélation de l'acteur Danny DeVito, gnome ubuesque et infiniment drolatique. Barry Levinson représente aujourd'hui la perle rare : un réalisateur américain capable de signer coup sur coup plusieurs films de genres différents et également réussis (cf. *Diner,* id., 1982, *Young Sherlock Holmes, Le secret de la pyramide,* 1984, et l'excellent *Rain Man,* 1988).

**TOP HAT**
**(Le danseur du dessus)**

1935 – USA (101') • *Prod.* RKO (Pandro S. Berman) • *Réal.* MARK SANDRICH • *Sc.* Dwight Taylor et Allan Scott • *Phot.* David Abel • *Mus. et lyrics* Irving Berlin • *Int.* Fred Astaire, Ginger Rogers, Edward Everett Horton, Erik Rhodes, Eric Blore.

A Londres, un danseur américain fait du bruit avec ses claquettes et dérange le sommeil d'une jeune femme : c'est le début d'un grand amour... Quatrième des dix films interprétés par Fred Astaire et Ginger Rogers et deuxième des cinq qu'a dirigés Mark Sandrich. C'était le metteur en scène qui leur convenait le mieux par son robuste entrain et la précision sans remords de son écriture. Outre *Top Hat,* le meilleur film qu'ils ont fait ensemble est à notre avis *Follow the Fleet* (*Suivons la flotte,* 1936). Inutile de prédire à ces films une très grande longévité. Elle s'est déjà vérifiée en plus de cinquante ans et n'est pas près de finir. L'élégance, la perfection du travail des deux danseurs permettent à la photogénie de la danse (la danse étant sans doute de toutes les activités humaines la plus photogénique au cinéma) d'atteindre des sommets indépassables. Pour le reste, *en tant que films,* il s'agit d'œuvres assez ingrates, aux intrigues désespérément mornes, au comique lointain, convenu et assez artificiel. L'analyse des relations qu'entretiennent ces films a d'ailleurs suscité peu d'exégèses : la plus récente est due à Yann Tobin dans un article de « Positif » nº 323 (1988). Sur les films d'Astaire-Rogers, voir « The Fred Astaire and Ginger Rogers Book » d'Arlene Croce, W.H. Allen, Londres, 1972. Sur la carrière d'Astaire, voir « Starring Fred Astaire », de Stanley Green et Burt Goldblatt, W.H. Allen, Londres et New York, 1974.

**TOUT LE MONDE IL EST BEAU, TOUT LE MONDE IL EST GENTIL**

1972 – France (106') • *Prod.* Cinéquanon • *Réal.* JEAN YANNE • *Sc.* J. Yanne et Gérard Sire • *Phot.* Jean Boffety (couleurs) • *Mus.* Michel Magne • *Int.* Jean Yanne, Bernard Blier, Marina Vlady, Michel Serrault, Jacques François.

Pour faire des sous, la station de radio Radio-Plus se lance dans le culte de Jésus. Même s'il a beaucoup déçu par la suite, il faut se rappeler que Jean Yanne débuta sa carrière cinématographique par une satire adroite et assez soigneusement réalisée contre le mercantilisme et la nouvelle hypocrisie, celle qui consiste à flatter sans retenue la bonne conscience de l'auditeur (ou du spectateur). Au moins par son contenu, ce film est très loin d'être démodé.

**TRAIN SIFFLERA TROIS FOIS (LE)**
**(High Noon)**

1952 – USA (85') • *Prod.* Stanley Kramer, distribué par United Artists • *Réal.* FRED ZINNEMANN • *Sc.* Carl Foreman d'ap. la nouvelle « The Tin Star » par John W. Cunningham • *Phot.* Floyd Crosby • *Déc.* Rudolph Sternad • *Mus.* Dimitri Tiomkin • *Int.* Gary Cooper, Thomas Mitchell, Lloyd Bridges, Katy Jurado, Grace Kelly.

Pour arrêter quatre bandits, un ex-marshal recherche vainement de l'aide parmi la population de la bourgade d'Hadleyville. Ce petit western dont l'action se déroule en temps réel avec un suspense très appuyé fut en son temps extraordinairement surévalué. Il possède néanmoins deux mérites. Son scénario, et en particulier le comportement du héros, s'étant attiré les critiques de certains grands maîtres du western, ont suscité, en guise de rectification, au moins deux chefs-d'œuvre, *3 heures 10 pour Yuma** (1957) et *Rio Bravo** (1959) qui racontent d'une autre façon une histoire semblable. D'autre part, la distribution comprend un grand nombre de ces acteurs de second plan dont le génie, autant que celui des stars, est inséparable de la grandeur de Hollywood. Nommons-en quelques-uns : Bob Wilke, alias Robert J. Wilke, Lee Van Cleef, Henry Morgan, Lon Chaney, Jr., le très grand Jack Elam, John Doucette, Paul Dubov, etc. A noter qu'après une *sneak preview* désastreuse le film fut remonté, de manière à ce que son suspense soit intensifié, par le producteur Stanley Kramer. Scénario de tournage *in* « Film Scripts Two », Irvington Publishers, New York, 1989.

**317e SECTION (LA)**

1965 – France-Espagne (98') • *Prod.* Benito Perojo, Madrid – Rome – Paris Films (Georges de Beauregard), Paris • *Réal.* PIERRE SCHOENDOERFFER • *Sc.* Schoendoerffer d'ap. son R. • *Phot.* Raoul Coutard • *Mus.* Pierre Jansen • *Int.* Jacques Perrin, Bruno Crémer, Pierre Fabre, Manuel Zarzo.

En mai 1954, durant les derniers jours de la guerre d'Indochine, le repli et la destruction quasi totale d'une section de soldats français et vietnamiens. Une des très rares réussites du cinéma français dans le domaine du film de guerre. Le film impressionne par son authenticité documentaire et son ton de sobriété désespérée (c'est la guerre vue du côté des perdants). Le problème de Schoendoerffer, c'est qu'il a beaucoup plus l'âme d'un documentariste que d'un auteur de fiction. La part de fiction, dans ses films, semble toujours le gêner ou l'embarrasser. Ici, comme cette part est minime, il est très à son aise.

**TROIS JOURS DE BRINGUE A PARIS**

1954 – France (88') • *Prod.* Burgus Film (Émile Couzinet) • *Réal.* ÉMILE COUZINET • *Sc.* É. Couzinet d'ap. P. « La cagnotte » d'Eugène Labiche • *Phot.* Scarciafico Hugo • *Mus.* Vincent Scotto, Paulette Zévaco • *Int.* Lucien Baroux, Pierre Larquey, Félix Oudart, Armand Bernard, Milly Mathis, Robert Arnoux, Georges Bever, Raymond Cordy.

Un groupe d'habitants de La Ferté-sous-Jouarre décide de dépenser leur cagnotte dans la capitale. Pris pour des voleurs, ils sont arrêtés puis emprisonnés. Ils s'enfuient durant un transfert et se rendent chez un marieur qui a promis à la sœur d'un des voyageurs de lui trouver un parti. Terrible coïncidence : le parti en question n'est autre que le commissaire de police qui les avait arrêtés. Nouvelle fuite du groupe. Tous dormiront dans un immeuble en cours de démolition avant de regagner – enfin – leur province originelle. Il sera beaucoup pardonné à Émile Couzinet (dont la fantaisie personnelle est loin d'égaler celle des titres de ses films) pour avoir donné ce qui est en définitive la moins mauvaise adaptation cinématographique d'une pièce de Labiche. Certes, le budget est misérable ; certes, l'actualisation de l'intrigue ne s'imposait pas (si ce n'est justement pour des raisons de budget) ; certes, il y a des ajouts de texte qui frôlent la débilité. Mais enfin quelques-unes des qualités du grand dramaturge (satire féroce et bonhomme à la fois, fantaisie débridée, mouvement continuel) sont présentes ici, ne serait-ce qu'à dose homéopathique. Ces qualités sont servies par une troupe de vieux routiers (Larquey, Oudart, Armand Bernard, Baroux, Milly Mathis) qui n'ont plus à faire leurs preuves et témoignent, sans jamais forcer leur talent, d'une parfaite virtuosité.

**TROIS MOUSQUETAIRES (LES)**
**(The Three Musketeers)**

1948 – USA (126') • *Prod.* MGM (Pandro S. Berman) • *Réal.* GEORGE SIDNEY • *Phot.* Robert Planck (Technicolor) • *Mus.* Herbert Stothart • *Déc.* Cedric Gibbons et Malcolm Brown • *Int.* Gene Kelly (D'Artagnan), Lana Turner (Lady de Winter), Van Heflin (Athos), Gig Young (Porthos), Robert Coote (Aramis), June Allyson (Constance), Angela Lansbury (Anne d'Autriche), Frank Morgan (Louis XIII), Vincent Price (Richelieu), Keenan Wynn (Planchet).

Parmi les innombrables adaptations du roman de Dumas, considéré comme le plus cinématographique de tous les romans, on recommandera particulièrement celle du petit maître, élégant et raffiné, que fut toujours George Sidney. Grâce à ses interprètes, ses décors, ses costumes, ses couleurs, elle a une *allure* folle et, comme telle, a bien mérité de Dumas. Lana Turner est la Milady idéale et insurpassable. Le film, qui par ailleurs rend bien compte, sur le plan dramatique, de l'ensemble du livre, est comme une comédie musicale sans musique, un chef-d'œuvre chorégraphique où la plupart des péripéties donnent lieu à une figure de ballet. Le duel d'Artagnan-Jussac, accompagné d'une musique (très arrangée) de Tchaïkovski, fut à l'époque le plus long duel cinématographique (5 mn) avant celui de *Scaramouche** du même Sidney. Le film comprend aussi un gag génial – un seul – dont on ne peut révéler sans dommage le contenu. N.B. Un mot sur quelques autres adaptations du roman. Celle de Fred Niblo, USA, 1921, avec Douglas Fairbanks, est superficielle, dynamique et somme toute visible (c'est sans doute celle à laquelle le film de Sidney doit le plus). Celle de Henri Diamant-Berger, douze épisodes sortis en 1921, est remarquable (comme sa suite *Vingt ans après*, dix épisodes sortis en 1922) par sa reconstitution d'époque (décors costumes, extérieurs, etc.) mais la mise en scène en est très statique. La version parlante du même Diamant-Berger, 1932, sortie en deux épisodes, *Les ferrets de la reine* et *Milady*, ne conserve plus rien des qualités du film muet. Elle est fauchée, confinée et extrêmement ennuyeuse. La version de Rowland V. Lee, USA, 1935, est assez terne malgré une bonne distribution. On ne saurait recommander la version comique d'Allan Dwan, USA, 1939, avec les insupportables Ritz Brothers ni non plus celle de Max Linder *L'étroit mousquetaire**. Après guerre, la version française d'André Hunebelle, 1953, où Bourvil (Planchet) se taille sans effort la part du lion et où les couleurs ne sont pas vilaines, est un petit film sans grande envergure. La version de Bernard Borderie, en deux épisodes, *Les ferrets de la reine* et *La vengeance de Milady*, sortis en 1961, est plus pâle encore. Richard Lester a essayé de revitaliser l'œuvre dans deux films (anglais) réalisés simultanément, avec la même distribution, mais sortis séparément : *The Three Musketeers* (*Les Trois Mousquetaires*, sorti en France en 1973) et *The Four Musketeers* (*On l'appelait Milady*, sorti en France en 1976). Beaucoup d'efforts, un parti pris laborieux d'insolence et d'irrévérence, mais le cœur n'y est pas. Ces deux films ont néanmoins des défenseurs. Notons enfin que Vittorio Cottafavi est peut-être le seul adaptateur du roman à avoir fait grâce à lui un film d'auteur, en utilisant un bref passage de l'action dans son *Milady et les mousquetaires* (*Il boia di Lilla*, France-Italie, 1953).

**TROUPEAU (LE)**
**(Suru)**

1978 – Turquie (129') • *Prod.* Güney Filmcilik • *Réal.* ZEKI OKTEN • *Sc.* Yilmaz Güney • *Phot.* Izzet Akay (couleurs) • *Mus.* Zultu Livaneli • *Int.* Milike Demirag, Tarik Akan, Tuncel Kurtiz.

En conflit avec son père, mécontent de son mariage avec la fille d'un clan ennemi, un nomade accepte d'accompagner en train jusqu'à Ankara un troupeau de moutons, afin qu'une partie du produit de la vente serve à soigner sa femme malade. Incidents et péripéties se multiplient durant le trajet. La femme mourra à l'hôpital avant d'avoir pu être soignée. Fou de douleur, le mari tue un homme qui avait fait, à propos de cette mort, une remarque désobligeante. Encore un film qui décrit une société coincée entre le crépuscule des traditions, des valeurs anciennes et la pénible émergence d'un « modernisme » qui ne suscite pour le moment que confusion, injustice et corruption. (De ce point de vue, le film d'Okten, basé sur un scénario de Güney, peut apparaître comme une version tragique du *Mandat** de Sembene.) Sa force et son originalité tiennent dans l'imbrication des différents genres qui le composent (mélodrame, aventures, pamphlet social). Le film a le mouvement, la puissance d'un grand western ; et l'émotion d'un mélodrame. On peut le définir comme un authentique roman d'aventures sociales.

**UN AMOUR DE TCHEKHOV**
**(Sioujet dlia nebolchovo rasskaza)**

1969 – France – URSS (85') • *Prod.* Mosfilm, Moscou-Telsia Film, Paris • *Réal.* SERGUEI YOUTKEVITCH • *Sc.* Léonide Malouguine • *Phot.* N. Ardachnikov • *Déc.* A. Vaïsfeld • *Mus.* R. Chtchedrine • *Int.* Marina Vlady, Nikolaï Grinko, I. Savvina.

Évocation de la vie professionnelle, artistique, sentimentale du grand écrivain à l'époque de « La mouette », réalisée grâce à une succession de tableaux d'art naïf : personnages au maintien assez raide filmés le plus souvent devant des toiles peintes aux couleurs harmonieuses. Il y a aussi des extérieurs qui ressemblent, plus encore que ces toiles, à des décors de théâtre. Le lyrisme discret, la délicate irréalité, l'innocence insolite du style choisi par Youtkevitch donnent à ce film unique la tonalité schubertienne d'une confidence murmurée à l'oreille.

**UN HOMME MARCHE DANS LA VILLE**

1950 – France (95') • *Prod.* Sacha Gordine • *Réal.* MARCELLO PAGLIERO • *Sc.* d'ap. R. de Jean Jausion • *Phot.* Nicolas

Hayer • *Int.* Jean-Pierre Kérien, Ginette Leclerc, Robert Dalban, Aslan, Dora Doll, Yves Deniaud, André Valmy, Fréhel.

Au Havre, un contremaître a une brève liaison avec la femme d'un docker, lequel sera tué par un marin qu'il avait agressé par erreur. Délaissée, la femme dénonce le contremaître comme coupable du meurtre de son mari. Le contremaître est très vite disculpé. La femme se suicide. Croisement original entre un entrelacs tragique digne du « réalisme poétique » d'avant guerre et une volonté d'observation et de véracité documentaire proche du néo-réalisme. (Pagliero, rappelons-le, fut acteur dans *Rome, ville ouverte** et co-scénariste de *Païsa**.) Si ce croisement est si réussi, il le doit à la maturité du style du réalisateur et notamment à la constante justesse des dialogues et de l'interprétation. L'œuvre de Pagliero metteur en scène est d'ailleurs à revisiter dans son ensemble. N.B. Aucun nom de scénariste ni de compositeur ne figure au générique.

**UN HOMME TRAQUÉ**
**(A Man Alone)**

1955 – USA (96') • *Prod.* Republic (Herbert J. Yates) • *Réal.* RAY MILLAND • *Sc.* John Tucker Battle d'ap. une histoire de Mort Briskin • *Phot.* Lionel Lindon (Trucolor) • *Mus.* Victor Young • *Int.* Ray Milland, Mary Murphy, Ward Bond, Raymond Burr, Lee Van Cleef.

Pour se blanchir, un aventurier solitaire déjoue les méfaits des notables d'une petite ville. Modeste western, très soigné, très taciturne, joliment photographié en Trucolor, et qui contient aussi ce qu'il faut de désabusement pour être une œuvre personnelle. Ray Milland fait partie de ces grands acteurs américains, finalement assez nombreux, qui ont réalisé un ou plusieurs films intéressants. On lui doit aussi un film de SF assez original, *Panique année zéro* (*Panic in Year Zero,* 1962) qui, eu égard à son sujet – fuite d'une famille après une explosion atomique –, réussissait à tirer de la pauvreté de ses moyens un surcroît d'expressivité.

**UN MONDE FOU, FOU, FOU**
**(It's a Mad Mad Mad Mad World)**

1963 – USA (192') • *Prod.* UA (Stanley Kramer) • *Réal.* STANLEY KRAMER • *Sc.* William et Tania Rose • *Phot.* Ernest Laszlo (couleurs, Cinérama, Ultra Panavision) • *Mus.* Ernest Gold • *Int.* Spencer Tracy, Milton Berle, Sid Caesar, Buddy Hackett, Ethel Merman, Mickey Rooney, Dick Shawn, Phil Silvers, Terry-Thomas, Edie Adams, Dorothy Provine, Jim Backus, Barry Chase, Buster Keaton, The Three Stooges.

Dans la région de Las Vegas, un groupe d'Américains moyens motorisés convoitent et poursuivent un trésor. Adepte des sujets sérieux (*Inherit the Wind,* 1960, procès d'un instituteur accusé dans les années 20 d'enseigner la théorie sur l'évolution de Darwin, ou *Jugement à Nuremberg, Judgment at Nuremberg,* 1961) qu'il traite en général avec une absence totale de nuance mais non de subtilité, le cinéaste en béton qu'est Stanley Kramer s'est lancé ici, à la surprise de tous, dans le genre comique. Il l'a fait avec tous les handicaps possibles et imaginables : lourdeur volontaire du style (comme dans ses autres films), utilisation du Cinérama et des grands espaces, scénario mammouth de plus de trois heures, etc. Il a transformé ces handicaps en autant de qualités et ce *Monde fou, fou, fou,* tableau de la monstruosité contemporaine, est une des comédies les plus étranges et les plus réussies des trente dernières années. Comme on pouvait s'y attendre, le film a été diversement amputé et sa version intégrale est devenue difficile à voir.

**UN REVENANT**

1946 – France (100') • *Prod.* Compagnie Franco-coloniale Cinématographique • *Réal.* CHRISTIAN-JAQUE • *Sc.* Henri Jeanson, Christian-Jaque, Louis Chavance • *Phot.* Louis Page • *Mus.* Arthur Honegger • *Int.* Louis Jouvet, Gaby Morlay, François Périer, Ludmilla Tchérina, Louis Seigner, Jean Brochard, Marguerite Moreno.

Venant présenter à Lyon son nouveau spectacle de ballet, un directeur de troupe retrouve les fantômes de son passé. Ils ne sont guère reluisants. Dans cette satire anti-bourgeoise, conçue pour marquer le retour en France de Louis Jouvet (le titre a ainsi un double sens), Henri Jeanson transforme un fait divers local en une véritable odyssée du souvenir et du dégoût (thème repris dans le premier sketch de *Souvenirs perdus,* Christian-Jaque 1950, avec Edwige Feuillère et Pierre Brasseur). On a loué à juste titre la verdeur et la férocité des dialogues de Jeanson ; il ne faut pas oublier leur lyrisme, relayé ici par la diction sublime de Jouvet. Principal défaut du film : les scènes où Jouvet n'est pas, sans être mauvaises, loin de là, descendent de trois crans dans la qualité. Quant à Christian-Jaque, il prouve une fois de plus son éclectisme. Peut-être n'a-t-il pas réalisé de chefs-d'œuvre impérissables (expression qui paraît parfois vide de sens), mais il a réalisé plusieurs dizaines de films passionnants et divers. Son palmarès est de ceux qui font la richesse d'un cinéma national et on ne saurait trop rendre hommage à cet artisan modeste et indispensable. Sur ce film et sur Christian-Jaque en général, voir l'excellent opuscule de R. Chirat et O. Barrot *in* « Travelling », revue suisse, nº 47 (1976). Scénario et dialogues *in* « Paris Théâtre » nº 18 (1948).

**UN VRAI CINGLÉ DE CINÉMA**
**(Hollywood or Bust)**

1956 – USA (95') • *Prod.* PAR. (Hal B. Wallis) • *Réal.* FRANK TASHLIN • *Sc.* Erna Lazarus, F. Tashlin • *Phot.* Daniel Fapp (Technicolor, Vistavision) • *Mus.* Walter Scharf • *Int.* Jerry Lewis, Dean Martin, Anita Ekberg, Pat Crowley, Maxie Rosenbloom.

Ayant gagné une voiture à la loterie, un jeune fan de cinéma se rend à Hollywood pour y réaliser son rêve : rencontrer Anita Ekberg. Il est accompagné par un escroc qui deviendra peu à peu son ami. Le hasard le met une première fois en présence de son idole à Las Vegas : hélas, il la pousse malencontreusement dans une piscine. Il la revoit à Hollywood et sème alors le désordre sur le plateau où elle tourne. Elle ne lui en veut pas et lui emprunte son chien, un gros danois, pour les besoins d'un film qui fera un triomphe. Il ne reste plus grand-chose de l'œuvre de Tashlin après les coups de tonnerre que furent les quatre premières réalisations de Jerry Lewis (*The Bellboy**, *The Ladies' Man**, *The Errand Boy**, *The Nutty Professor**). La caricature, le non-sens, le technicolor agressif et criard, etc. ont trouvé chez Lewis metteur en scène une utilisation infiniment plus profonde et plus expressive. Aujourd'hui, les films de Tashlin, sans doute énormément surestimés à leur époque, n'apparaissent pas vraiment meilleurs que ceux d'un Norman McLeod ou d'un Norman Taurog, metteurs en scène d'ailleurs nullement méprisables. On peut apprécier ici, à travers l'éternel adolescent qu'est le personnage de Jerry Lewis, le portrait amusant d'un fou de ciné sympathique et à demi taré. Mais à condition de ne pas s'attendre à une description interne ou externe de l'Usine à Rêves. Les quatre cinquièmes du film se déroulent en effet sur les routes des États-Unis avec des gags livrés à la va-comme-j'te-pousse et qui pourraient figurer dans n'importe lequel des films du tandem Martin-Lewis. Sur Hollywood même, voir plutôt le génial *Errand Boy**.

**VECCHIA GUARDIA**

Inédit en France. 1935 – Italie (87') • *Prod.* Fauno Film (Alfredo Viglietti) • *Réal.* ALESSANDRO BLASETTI • *Sc.* Giuseppe Zucca, L. Apolloni, A. Blasetti, Leo Bomba, Guido Albertini • *Phot.* Otello Martelli • *Int.* Gianfranco Giachetti, Mino Doro, Franco Brambilla, Maria Puccini, Barbara Monis, Graziella Antonelli.

A la veille de la Marche sur Rome d'octobre 1922, description d'une petite bourgade proche de la capitale. Film passionnant parce qu'unique dans le cinéma italien des années 29-43. C'est en effet le seul qui décrive directement – pour les exalter bien sûr – certains aspects du fascisme et leur implantation insidieuse dans les mentalités. Vu aujourd'hui, le film distille malaise et inquiétude et, grâce à un retournement de sens fréquent dans les œuvres militantes, l'emporte en efficacité sur toutes les dénonciations anti-fascistes de l'après-guerre.

**VERTES ANNÉES (LES)**
**(Zoldar)**

1965 (sortie en France : 1968) – Hongrie (95') • *Prod.* Studio n° 4 Mafilm • *Réal.* ISTVAN GAAL • *Sc.* Imre Gyongyossy et I. Gaal • *Phot.* Miklos Herczenik • *Mus.* Andros Szollosy • *Int.* Istvan Szilagyi, Judit Mezleri, Benedek Toth, Virag Darab.

Dans les années 50, les étonnements et les déceptions d'un jeune paysan découvrant la ville et l'université de Budapest où il vient faire ses études. Istvan Gaal, cinéaste à la maturité précoce, s'est fait le poète et, en même temps, le dénonciateur d'une certaine vacuité de la communication sociale qui existe autant à la ville qu'à la campagne. Ici un conte naïf et presque fleur bleue est bientôt envahi par le doute, les soupçons, un malaise ambigu qui se répand partout. Gaal apparaît ainsi comme un descendant de Fejos, mais torturé et empoisonné par la politique. Il dépeint avec lyrisme et discrétion une mélancolie qui deviendra carrément funèbre dans ce film-limite, et à sa façon admirable, qu'est *Paysage mort*, 1972. Dans *Les vertes années*, il semble évident que le choix des années 50 et la description de la pesante atmosphère stalinienne sont aussi un alibi pour aborder – avec plus de liberté – la réalité contemporaine.

**VIAGER (LE)**

1972 – France (90') • *Prod.* Artistes Associés – Dargaud Films • *Réal.* PIERRE TCHERNIA • *Sc.* P. Tchernia et René Goscinny • *Phot.* Jean Tournier (couleurs) • *Mus.* Gérard Calvi • *Int.* Michel Serrault, Michel Galabru, Rosy Varte, Jean-Pierre Darras, Odette Laure, Yves Robert, Noël Roquevert.

En 1930, un célibataire de cinquante-neuf ans met en viager sa maison de Saint-Tropez. Ceux qui passent contrat avec lui croient avoir fait la bonne affaire. Mais vingt ans plus tard le célibataire a encore bon pied bon œil. Et toutes les tentatives pour le faire passer de vie à trépas se retourneront contre leurs auteurs. En 1971, notre héros est centenaire et tient toujours la forme. Excellente comédie de situations et de caractères, illustrant quarante ans de vie française. Scénario ingénieux et cocasse, mise en scène adroite et invisible, et une des meilleurs compositions de Michel Serrault.

**20 000 LIEUES SOUS LES MERS**
**(Twenty Thousand Leagues Under the Sea)**

1954 – USA (127') • *Prod.* Walt Disney • *Réal.* RICHARD FLEISCHER • *Sc.* Earl Felton d'ap. R. de Jules Verne • *Phot.* Franz Planer (Technicolor, Cinémascope) • *Mus.* Paul J. Smith • *Int.* Kirk Douglas, James Mason, Paul Lukas, Peter Lorre, Robert J. Wilke, Carleton Young, Ted De Corsia, Percy Helton.

C'est non seulement la meilleure adaptation de Jules Verne au cinéma, mais l'une des meilleures adaptations romanesques – tous genres confondus – qu'on ait vues sur un écran. La pauvreté, on le sait, convient à certains cinéastes ; à d'autres, la richesse. A très peu conviennent à la fois la pauvreté *et* la richesse. Fleischer est l'un de ceux-là et on assiste dans cette grandiose production Walt Disney à son magnifique passage de l'une à l'autre. Jusque-là, rappelons-le, il n'avait réalisé que de petites et fulgurantes séries B. Ici, dans ce film de plus de deux heures, où il travailla sur des bases entièrement nouvelles, tout, néanmoins, porte la marque de la perfection : le rythme, le sens du spectaculaire, les effets spéciaux, la juste description de personnages enjoués et solaires (celui interprété par Kirk Douglas) et de personnages ténébreux et suicidaires – admirable composition de James Mason en Nemo. Marque personnelle de Fleischer : Nemo finit par être beaucoup plus attachant et même plus sympathique que les autres. Sur le tournage du film, voir l'article très documenté de Joel Frazier et Harry Hathorne *in* « Cinefantastique », revue new-yorkaise, numéro de mai 1984. Sur Fleischer en général, voir l'ouvrage de Stéphane Bourgoin, Édilig, 1986.

**VOYAGE SANS RETOUR**
**(One Way Passage)**

1932 – USA (69') • *Prod.* Warner (Hal B. Wallis) • *Réal.* TAY GARNETT • *Sc.* Wilson Mizner, Joe Jackson, Tay Garnett (non crédité) d'ap. une histoire de Robert Lord • *Phot.* Robert Kurrle • *Mus.* Leo F. Forbstein • *Int.* William Powell, Kay Francis, Frank McHugh, Aline MacMahon, Warren Hymer, Frederick Burton, Roscoe Karns.

Durant une croisière Hongkong-San Francisco, une idylle se noue entre un repris de justice, accompagné par un policier qui doit le conduire à la prison de San Quentin où il sera exécuté, et une passagère, atteinte d'un mal incurable. Film doublement mythique par son succès et les éloges qu'il a reçus, ensuite par sa rareté. Aujourd'hui la vidéo donne accès à ce film difficile à voir, même dans les cinémathèques. Sixième et dernier titre du couple Powell-Francis, Tay Garnett y démontre comment faire une œuvre déchirante sans cesser d'enfiler des gags (Walsh aussi était maître à ce jeu-là). Il y faut du cran (*guts* pour les anglicistes), une grande invention et une appréhension quasi instinctive des pouvoirs spécifiques du cinéma. Où ailleurs qu'au cinéma pourrait-on raconter une histoire aussi triste avec un sourire planté au coin des lèvres ? Remake en 1940 par Edmund Goulding sous le titre *'Til We Meet Again* avec George Brent et Merle Oberon (Frank McHugh reprend son rôle).

**VOYAGEUR DE LA TOUSSAINT (LE)**

1943 – France (103') • *Prod.* Francinex • *Réal.* LOUIS DAQUIN • *Sc.* Marcel Aymé d'ap. R. de Georges Simenon • *Phot.* André Thomas • *Mus.* Jean Wiener • *Int.* Jean Desailly, Assia Noris, Gabrielle Dorziat, Jules Berry, Guillaume de Sax, Simone Valère, Louis Seigner, Serge Reggiani, Roger Karl, Jacques Castelot, Alexandre Rignault, Marie-Hélène Dasté.

Après la mort de ses parents, des artistes de music-hall, Gilles Mauvoisin revient dans sa ville natale, La Rochelle. Là, il apprend qu'il est le légataire universel de son oncle, mort récemment, qui était l'un des hommes les plus influents et les plus riches de la ville. La femme de ce dernier, Colette, est accusée de l'avoir empoisonné. Menant son enquête avec un ancien policier, Gilles résoudra l'énigme de la mort de son oncle et innocentera Colette. Puis il part avec elle vers d'autres cieux. Belle et assez fidèle adaptation de Simenon. Solitude et promiscuité caractérisent l'état où se trouve le jeune héros quand il traverse la ville et ses différentes couches sociales pour éclaircir le mystère de la mort de son oncle. Comme dans tous ses films, c'est le tissu social, plus que les individus, qui intéresse Daquin, et l'intrigue populeuse de Simenon lui a donné une excellente occasion de se livrer à une de ses investigations favorites. Ennemi du spectaculaire et encore plus du tape-à-l'œil, Daquin est un cinéaste chez qui la grisaille n'est pas une notion péjorative ; elle est partie intégrante de son style, de sa vision du monde et de son honnêteté. Cela ne l'empêche nullement d'être un remarquable directeur d'acteurs. Outre une composition mémorable de Gabrielle Dorziat, on remarque surtout, au milieu de nombreux grands acteurs, le débutant Jean Desailly qui, pour son premier film, est déjà l'acteur simenonien par excellence (cf. par la suite *Maigret tend un piège,* Delannoy, 1958, *Le Baron de l'Écluse,* Delannoy, 1960, *La mort de Belle,* Molinaro, 1961). Il arrive même à Desailly d'être simenonien quand l'intrigue n'est pas tirée de Simenon (cf. *La peau douce,* 1964, l'un des meilleurs Truffaut).

**VRAIE NATURE DE BERNADETTE (LA)**

1972 – Canada (94') • *Prod.* Les Productions Carle-Lamy, La Société de Développement de l'Industrie Cinématographique Canadienne, La Compagnie France Film, Montréal • *Réal.* GILLES CARLE • *Sc.* G. Carle • *Phot.* René Verzier (couleurs) • *Mus.* Pierre F. Brault • *Int.* Micheline Lanctot, Donald Pilon, Reynald Bouchard, Maurice Beaupré, Ernest Guimont.

Lassée de toutes les pollutions de la grande ville, une petite-bourgeoise de Montréal quitte son foyer et va vivre avec son bébé de deux ans à la campagne. Au milieu des paysans en lutte, elle donne alors de sa personne à qui en a besoin et la réclame. Alors qu'elle est considérée par certains comme une sainte et comparée à Bernardette Soubirous, son odyssée finira mal. Durant une manifestation paysanne, après qu'un de ses amis infirme a été tué, elle se met à tirer sur la foule... On a un peu oublié aujourd'hui que pendant une dizaine d'années, de 1965 à 1975, Gilles Carle fut le représentant le plus actif et le plus célèbre du cinéma québécois au point d'occulter la plupart de ses confrères. Dans *La vraie nature de Bernadette*, fable et farce à la fois, il fait dans un même mouvement l'éloge et la critique de ce qu'il montre au public : le retour à la terre, l'écologie, l'espoir libertaire de changer le monde. Le talent de Gilles Carle est que sa fable, pour délirante qu'elle soit, reste toujours *ouverte* et en même temps très articulée. On peut néanmoins préférer à ce film les quatre qu'il tourna avec et pour Carole Laure qui fut, entre ses mains, l'une des plus belles comédiennes du cinéma : *La mort d'un bûcheron* (1973), le plus tragique, *Les corps célestes* (1974), le plus truculent et le plus élégant, *La tête de Normande Saint-Onge* (1975), le plus imprévisible, *L'ange et la femme* (1977), le plus osé et le mieux photographié. Oublions *Fantastica* (1979) et *Maria Chapdelaine* (1983), languissante adaptation du roman de Louis Hémon, une œuvre que personne ne semble capable d'adapter au cinéma (cf. les échecs de Duvivier en 1934 avec Madeleine Renaud et de Marc Allégret, 1950, avec Michèle Morgan qui fut peut-être quand même la meilleure Maria Chapdelaine de l'écran). Sur le plan cinématographique, les quatre films de Gilles Carle représentent l'un des plus vibrants hommages qu'un metteur en scène ait rendu à la beauté d'une femme. Le scénario et les dialogues de *La vraie nature de Bernadette* figurent *in* « L'Avant-Scène » n° 130 (1972).

**WEST SIDE STORY (id.)**

1961 – USA (155') • *Prod.* UA – Mirish Pictures (Robert Wise) – Seven Arts Production • *Réal.* ROBERT WISE, JEROME ROBBINS • *Sc.* Ernest Lehman d'ap. P. d'Arthur Robbins • *Phot.* Daniel L. Fapp (Technicolor, Panavision) • *Mus.* Leonard Bernstein (Lyrics : Stephen Sondheim) • *Int.* Natalie Wood, Richard Beymer, Russ Tamblyn, Rita Moreno, George Chakiris, Simon Oakland.

Dans les bas quartiers de New York, les amours, qui finiront dans le sang, de Tony, ancien chef de bande des Jets (américains), et de Maria, sœur du chef de la bande rivale des Sharks (portoricains). Une des plus célèbres comédies musicales mondiales (adaptée d'une pièce musicale qui transposait « Roméo et Juliette » de Shakespeare). En France, elle fut l'exception notoire qui confirme la règle – non moins notoire – de l'échec permanent du genre auprès du grand public. Une certaine critique (qui détestait Wise) voulut que tout ce qu'il y avait de bon dans le film vînt de Jerome Robbins, co-réalisateur du film, chorégraphe et initiateur du spectacle théâtral. Elle accusait Wise de gâchis, alors que les deux hommes s'étaient parfaitement entendus. Certes, le film est bancal. Mais à deux autres niveaux. D'abord les numéros musicaux l'emportent – et de très loin – sur les scènes dramatiques, souvent banales (dans leur mise en scène) et sirupeuses. Ensuite, et c'est beaucoup plus grave, il y a une grande ambiguïté dans le regard porté sur les personnages, considérés, selon les besoins de la dramaturgie, tantôt comme des petits anges un peu trop bruyants et remuants, tantôt comme de véritables démons, fléau social engendré par une Amérique en décomposition. Cette ambiguïté, nullement créatrice, retire à peu près toute signification à l'œuvre. Le clou du film est assurément le très long générique final de Saul Bass (sur des motifs de graffiti muraux et de panneaux de signalisation) ; mais peu de spectateurs restent dans leur fauteuil pour le voir.

**YEUX SANS VISAGE (LES)**

1960 – France-Italie (86') • *Prod.* Champs-Élysées Production, Paris (Jules Borkon) - Lux Film, Rome • *Réal.* GEORGES FRANJU • *Sc.* Robert Boileau, Thomas Narcejac, Jean Redon, Claude Sautet, Pierre Gascar d'ap. R. de Jean Redon • *Phot.* Eugen Schufftan • *Mus.* Maurice Jarre • *Int.* Pierre Brasseur, Alida Valli, Édith Scob, Juliette Mayniel, Béatrice Altariba.

Le film est, par son sujet, l'un des premiers à participer au renouveau du fantastique en Europe à la fin des années 50 (cf. *I Vampiri** de Riccardo Freda, 1956, *The Curse of Frankenstein** de Terence Fisher, 1957). Hélas, son horreur de pacotille et sa poésie de bazar sont indignes des courts métrages admirables que Franju avait réalisés durant la première partie de sa carrière : *Le sang des bêtes*, 1948,

*Hôtel des Invalides,* 1951, *Poussières,* 1953, *Mon chien,* 1955. (*Les yeux sans visage* est néanmoins son meilleur long métrage). Le passage de Franju au long métrage fut une grande perte pour le cinéma français. La causticité du cinéaste, son agressivité et sa cruauté fécondes, son génie de l'ironie et du double sens, ses dons poétiques disparurent corps et biens dans les laborieuses adaptations littéraires ou reprises de serials muets qu'il signa de 1958 à 1973. Découpage (445 plans) *in* « L'Avant-Scène » nº 188 (1977).

**ZONE FRONTIÈRE**

1950 – France (87') • *Prod.* Films Lutétia et SFP • *Réal.* JEAN GOURGUET • *Sc.* Jean et Michèle Gourguet • *Phot.* Hugo • *Mus.* Émile Noblot et Georges Gherstern • *Int.* André Le Gall, Alexandre Rignault, Perrette Souplex, Raymond Galle, la petite Zizi.

A la frontière belge, un groupe de jeunes se livrent à divers trafics de contrebande à la barbe des douaniers. C'est d'ailleurs un sport pratiqué, avec plus ou moins de bonheur et de danger, par beaucoup d'habitants de la région. Dès 1948 *(Les orphelins de Saint-Vaast),* c'est-à-dire dix ans avant la Nouvelle Vague, Gourguet l'indépendant applique certains principes du néo-réalisme et, vingt ans avant le Pialat de *L'enfance nue**, donne la chronique d'une modeste famille du Nord : très peu d'acteurs professionnels, beaucoup d'extérieurs, intrigue minimaliste. Il continue sur sa lancée dans *Zone frontière,* film par ailleurs plus riche, plus abouti et plus mouvementé, qui garde aujourd'hui un certain intérêt documentaire. Trop souvent assimilé à un simple fabricant d'œuvres légères, Gourguet mérite un petit détour.

Arrivés à cette dernière notice, car il faut bien que tout finisse, nous invitons encore le lecteur à tenter de voir quelques films (inédits en France) dus à Harry d'Abbadie d'Arrast, Américain d'origine française, 1897-1968 (*Laughter,* 1930) ; Rowland V. Brown, Américain, 1901-1963 (*Quick Millions,* 1931, *Hell's Highway,* 1932) ; Togo Mizrahi, Égyptien, 1898- ? (*Sallefni Talata Gueneh,* trad. : *Prête-moi trois livres,* 1938 ; *Al Tarik al Moustakim,* trad. : *Le droit chemin,* 1943) ; Fei Mu, Chinois, 1906-1951 (*Xiaocheng zhi chun,* trad. : *Le printemps d'une petite ville,* 1948) ; Edgar Neville, Espagnol, 1899-1967 (*El ultimo caballo,* 1950) ; Juan de Orduña, Espagnol, 1917-1974 (*Locura de amor,* 1948) ; Lester James Peries, Cingalais, né en 1919 (*Gamperalya,* trad. : *Changements au village,* 1963) ; Alfred Zeisler, Américain 1892- ? (*Crime over London,* 1938, *Enemy of Women,* 1944).

# INDEX

Cet index a volontairement été limité aux titres de FILMS et aux *réalisateurs*. Sauf exception, les noms répertoriés ici concernent les réalisateurs dans leur seule activité de mise en scène à l'exclusion de tout autre dans laquelle ils ont pu s'illustrer. Les chiffres en gras renvoient aux pages où des notices complètes sont consacrées aux films, soit dans le corpus, soit dans le « Supplément ».

## A

# B

## C

## D

# E

## F

## G

## H

## I

## J

## K



* Ce titre a été attribué par erreur dans le corpus de l'ouvrage au film THE OLD-FASHIONED WAY

## L

## M

## N

# O

# P

## Q

## R

## S

## T

## U

## V

## W

## X



## Y



## Z

ACHEVÉ D'IMPRIMER POUR
LES ÉDITIONS ROBERT LAFFONT
SUR LES PRESSES DE
BPCC HAZELLS LTD
AYLESBURY (GRANDE-BRETAGNE)
*Printed in Great Britain*

DÉPÔT LÉGAL : NOVEMBRE 1993
N° D'ÉDITEUR : S 1411

## Crédits photographiques

Recherche iconographique : Anne Mensior - Studio CLAM! pour : P. 1, *The Cure,* © British Film Institute ; P. 15, *Barberousse,* coll. Cinémathèque française.

Tous les autres documents reproduits dans le cahier hors texte, ainsi que les photos de couverture, proviennent des collections privées de Gabriel Depierre (D.R.), Simon Mizrahi (D.R.) et de l'auteur (D.R.).